IPSOA In **Pratica**

FISCO

2022

Wolters Kluwer

Il volume è stato ideato da Wolters Kluwer Italia S.r.l.

Hanno collaborato alla presente edizione:
Gianmario Camisasca
Saverio Cinieri
Massimiliano De Bonis
Roberto Fanelli
Katia Guarini
Antonio Iorio
Fabio Pace
Valeria Russo

Il volume è stato chiuso in redazione il 4 febbraio 2022

Finito di stampare nel mese di febbraio 2022
Stampato da LEGO S.p.a.
Viale dell'industria, 2 - 36100 - Vicenza

PRESENTAZIONE

Fisco, il volume della collana **IPSOA In Pratica**, nasce dall'esperienza editoriale di Wolters Kluwer per fornire immediate soluzioni operative a tutte le problematiche che professionisti e uomini d'azienda affrontano quotidianamente.

Il libro offre un inquadramento completo ed esaustivo dell'intera materia tributaria: dalle imposte sui redditi (IRPEF, IRES e IRAP) a quelle indirette (IVA, Registro, Bollo, successioni e donazioni, ipotecaria e catastale) dalle tasse e imposte locali (tra cui IMU, TARI e Canone unico patrimoniale) all'accertamento e riscossione, dal contenzioso alle sanzioni fino alle operazioni straordinarie.

La **struttura** dei capitoli appare chiara e di facile lettura; l'immediatezza del **linguaggio** rende la consultazione più efficace e l'uso del **colore** evidenzia i casi di interesse. I numerosi **rimandi** fra i paragrafi creano un sistema informativo completo e integrato.
Il **taglio** pratico, grazie alla presenza di schemi e tabelle, facilita la lettura e l'individuazione delle informazioni.
La **completezza** e la **scientificità** sono garantite dai **professionisti** che hanno collaborato alla stesura dell'opera, applicando la loro esperienza rispetto alla concreta gestione di casi di studio. La puntuale indicazione della documentazione ufficiale (normativa, prassi e giurisprudenza) fornisce inoltre al lettore la possibilità di consultare le fonti di riferimento.
L'innovativo sistema di identificazione delle **parole chiave,** contrassegnate da un elemento grafico, consente il collegamento con le soluzioni digitali.
La presenza di **molteplici tipologie di indici** (sommario, analitico, adempimenti, casi) facilita infine l'individuazione puntuale di tutti gli argomenti trattati.

La soluzione digitale "**Sempre aggiornato**"
Il volume è pubblicato ne "La Mia Biblioteca" con la formula "Sempre Aggiornato" che consente la consultazione della versione digitale aggiornata in tempo reale con tutte le novità. Inoltre, dagli estremi normativi citati e dalle **parole chiave** è sempre possibile navigare verso le **soluzioni digitali** Wolters Kluwer.

IPSOA In Pratica:
- un metodo editoriale innovativo
- una nuova modalità per fornire risposte complete grazie all'integrazione tra elementi cartacei e supporti digitali
- una soluzione semplice ed operativa per risposte immediate a problemi concreti

SOMMARIO

IRES

IRAP

IVA

INDIRETTE

ACCERTAMENTO E RISCOSSIONE

SANZIONI

CONTENZIOSO

OPERAZIONI STRAORDINARIE

ADEMPIMENTI

INDICI

IRPEF

SOGGETTI PASSIVI

1.

IRPEF

PRINCIPI DI TASSAZIONE 1.1.

L'IRPEF colpisce tutte le persone fisiche residenti e non in Italia (art. 2, D.P.R. n. 917/1986), in base a due criteri:

– principio della "**tassazione su base mondiale**" (si applica ai soggetti residenti e prevede la tassazione di tutti i redditi ovunque prodotti e agli stessi riferibili);
– principio della "**tassazione su base territoriale**" (interessa i contribuenti non residenti e si fonda sul criterio dell'assoggettamento a tassazione in base alla localizzazione dei redditi nello Stato).

Esistono **eccezioni** a tali regole: le norme interne per evitare le doppie imposizioni, come il ricorso al credito d'imposta sulle imposte versate all'estero (➔33.1.) (art. 165, D.P.R. n. 917/1986), e le disposizioni previste dalle Convenzioni internazionali contro le doppie imposizioni.

NOZIONE DI RESIDENZA FISCALE 1.2.

Ai fini della tassazione IRPEF, è necessario stabilire se il soggetto possa essere qualificato **non residente**, oppure se lo stesso, pur trovandosi all'estero, mantenga la **residenza** in Italia.
Nel primo caso è tassato in Italia limitatamente ai redditi prodotti nel territorio dello Stato; nel secondo caso mantiene la soggettività anche per i redditi prodotti all'estero.
I neo residenti possono optare per un regime sostitutivo di tassazione sui redditi prodotti all'estero (➔9.6.7.).

Requisiti

Si considerano residenti in Italia le persone fisiche che, per la **maggior parte del periodo d'imposta**:
– risultano **iscritte nell'anagrafe della popolazione residente nello Stato**;
– hanno il **domicilio nello Stato**, cioè hanno ivi stabilito la sede principale dei loro affari ed interessi, anche morali e sociali;
– hanno la **residenza nello Stato**, hanno cioè in Italia la loro dimora abituale.

I **requisiti** sono **alternativi** tra loro e **non concorrenti**: è sufficiente, pertanto, la presenza di uno solo di essi, affinché un soggetto possa essere considerato fiscalmente residente in Italia.

CASO 1 - Residenza - Requisiti

1) L'avere stabilito il proprio domicilio civilistico (art. 43 c.c.) in Italia ovvero l'avere fissato la propria residenza nel territorio dello Stato sono condizioni **sufficienti** per l'integrazione della fattispecie di residenza fiscale, indipendentemente dall'iscrizione nell'anagrafe della popolazione residente.

2) La sola iscrizione nell'**anagrafe della popolazione residente** per la maggior parte del periodo d'imposta è elemento di per sé sufficiente a determinare la soggettività passiva IRPEF dell'individuo.

Requisito della maggior parte del periodo d'imposta - È verificato se il periodo di permanenza in Italia è di **almeno 183 giorni** (184 giorni negli **anni bisestili**), anche non continuativi. Non rileva il periodo complessivo superiore a 183 giorni se cade **a cavallo di due anni solari** e se, in ciascun anno, è inferiore a 183 giorni (circ. 8 giugno 2004, n. 22/E).
Per il **conteggio** dei giorni di permanenza in Italia (o all'estero) è necessario utilizzare il criterio dell'effettiva presenza fisica.

I giorni di presenza fisica di un **soggetto** che **lavora all'estero come dipendente** devono essere **calcolati** includendo (circ. 17 agosto 1996, n. 201/E; circ. 16 novembre 2000, n. 207/E):
- una **frazione** di giorno;
- il giorno di **arrivo**;
- il giorno di **partenza**;
- i **sabati** e le **domeniche,** i giorni **festivi** e di **ferie** goduti indipendentemente dal luogo in cui sono trascorsi;
- i congedi per **malattia**, a meno che tale malattia non impedisca alla persona di lasciare il Paese quando avrebbe avuto, altrimenti, diritto ad essere ivi esonerata dall'imposizione sui redditi da attività di lavoro dipendente;
- i giorni trascorsi nel Paese ove è svolta l'attività per le seguenti ragioni:
  a. decesso o malattia di un familiare;
  b. interruzione dovuta a scioperi o serrate;
  c. interruzione dovuta a ritardi delle consegne.

Iscrizione all'AIRE - La semplice cancellazione dall'anagrafe della popolazione residente e l'iscrizione all'anagrafe degli italiani residenti all'estero (AIRE) non costituiscono elementi determinanti a far perdere lo *status* di residente sotto il profilo fiscale, allorché il soggetto abbia nel territorio dello Stato il proprio **domicilio**, inteso come sede principale degli affari ed interessi economici, nonché delle relazioni personali (Cass. 15 marzo 2013, n. 6598).

L'**Amministrazione**, per legittimare la pretesa tributaria nei confronti del contribuente che abbia provveduto alla cancellazione dai registri anagrafici e alla contestuale iscrizione all'AIRE, **deve dimostrare** che lo stesso abbia conservato comunque in Italia il centro dei suoi **interessi e attività professionali** (Cass., Sez. trib., 26 febbraio 2007, n. 4303).

Domicilio

È il luogo in cui la persona ha stabilito la sede principale dei suoi "affari e interessi" (art. 43, c.c.), indipendentemente dalla propria effettiva presenza nel territorio nazionale.
La locuzione "**affari ed interessi**" deve intendersi in senso ampio, comprensivo non solo di rapporti di **natura patrimoniale** ed **economica** ma anche **morali**, **sociali e familiari** (circ. 2 dicembre 1997, n. 304/E; circ. 26 gennaio 2001, n. 9/E).
La **volontà** del soggetto di stabilire in un determinato luogo (quindi, in Italia) il centro dei propri interessi e relazioni familiari, economici e sociali è condizione per determinare il domicilio (Cass. 22 maggio 1963, n. 1342; Cass. 12 febbraio 1973, n. 435; Cass. 5 maggio 1980, n. 2963) e **prescinde** dall'**effettiva presenza fisica** del soggetto (ris. 7 agosto 2008, n. 351/E). Le autorità fiscali italiane possono contestare la perdita della **residenza fiscale in Italia**, ad esempio, nel caso in cui un soggetto mantenga la propria famiglia in Italia, con la conseguenza che lo stesso sarebbe tassato sui redditi ovunque prodotti (*world-wide taxation*).

Residenti	Il domicilio coincide, normalmente, con il Comune nella cui anagrafe si è iscritti. Tuttavia, l'Amministrazione finanziaria, può stabilire il domicilio fiscale del contribuente nel Comune ove è svolta in via continuativa l'attività (art. 59, D.P.R. n. 600/1973).
Non residenti	Il domicilio è fissato nel Comune in cui si è prodotto il reddito o, se il reddito si è prodotto in più Comuni, nel Comune in cui è prodotto il reddito più elevato. I cittadini italiani residenti all'estero in forza di un rapporto di servizio con la Pubblica Amministrazione e quelli considerati residenti in quanto emigrati in Stati a fiscalità privilegiata, hanno il domicilio nel Comune di ultima residenza in Italia (art. 58, D.P.R. n. 600/1973).

È da considerare in Italia il domicilio di un contribuente se la famiglia risiede in Italia e sono **intestati** a suo nome **contratti d'affitto e utenze**. Nel caso invece di contestuale residenza fiscale in Italia e in uno Stato estero, si determina un **conflitto di residenza** da risolvere facendo riferimento a quanto stabilito all'interno della **Convenzione contro le doppie imposizioni** (se stipulata) tra Italia e Stato estero (risposta a interpello 4 ottobre 2018, n. 25).

Centro degli interessi economici e personali in Italia - Gli elementi di **prova** che dimostrano che i contribuenti - pur avendo residenza anagrafica in Paesi esteri (alcuni dei quali a fi-

scalità privilegiata) - hanno comunque mantenuto i propri interessi economici e personali in Italia, possono essere (Agenzia delle Entrate, comunicato stampa 23 dicembre 2008):
- **lunga permanenza** in località italiane (dimostrata dai viaggi aerei di rientro dall'estero);
- partecipazione a **concerti**, sfilate di moda, **eventi mondani** tenuti in diverse città italiane;
- frequente apparizione in **trasmissioni televisive nazionali**, oltre che vari contratti stipulati con case discografiche e compagnie assicurative italiane;
- presenza in Italia degli **affetti familiari**.

Se il soggetto mantiene in Italia i propri **legami familiari** o il centro dei propri interessi **patrimoniali e sociali**, ciò è di per sé sufficiente a realizzare un collegamento effettivo e stabile con il territorio italiano. In particolare, indipendentemente dalla presenza fisica e dalla circostanza che l'attività lavorativa sia esplicata prevalentemente all'estero, sono indici significativi - ai fini dell'eventuale residenza fiscale - la disponibilità di una abitazione permanente, la **presenza della famiglia**, l'accreditamento di propri proventi dovunque conseguiti, il **possesso di beni anche mobiliari**, la partecipazione a **riunioni d'affari**, la titolarità di **cariche sociali**, il sostenimento di spese alberghiere o di iscrizione a circoli o club, l'organizzazione della propria attività e dei propri impegni anche internazionali, direttamente o attraverso soggetti operanti nel territorio italiano (ris. 7 agosto 2008, n. 351/E).

Residenti in Stati e territori aventi un regime fiscale privilegiato 1.2.1.

Si considerano residenti, salvo prova contraria, i cittadini italiani **cancellati dalle anagrafi** della popolazione residente e **trasferiti** in **Stati** o territori a **fiscalità privilegiata** (c.d. Paesi black list *o tax heaven*) individuati con il D.M. 4 maggio 1999 (art. 2, c. 2-bis, D.P.R. n. 917/1986).
Si tratta di una **presunzione relativa**, in base alla quale l'Amministrazione finanziaria considera **fiscalmente residente** in Italia il soggetto, che abbia dichiarato la propria residenza in uno dei Paesi tassativamente elencati dal decreto.
È posto a carico del contribuente che si è trasferito in Paese a fiscalità privilegiata **l'onere di dimostrare** la propria residenza all'estero, generalmente incombente sull'Amministrazione finanziaria, adducendo fatti o atti che comprovino l'effettività della situazione dichiarata, in coerenza con un reale e duraturo collegamento con lo Stato di emigrazione.

Si assiste ad un'**inversione dell'onere della prova**, per cui, in presenza di un eventuale accertamento, l'individuo deve fornire tutti gli elementi idonei a provare la non sussistenza di legami familiari ed economici con l'Italia, anche in relazione alla durata del periodo di permanenza all'estero e la sussistenza di legami reali e duraturi con lo Stato di emigrazione.

Stati e territori con regime fiscale privilegiato	
Alderney (Aurigny)	Andorra (Principat d'Andorra)
Anguilla	Antigua e Barbuda (Antigua and Barbuda)
Antille Olandesi (Nederlandse Antillen)	Aruba
Bahama (Bahamas)	Bahrein (Dawlat al-Bahrain)
Barbados	Belize
Bermuda	Brunei (Negara Brunei Darussalam)
Costa Rica (Repùblica de Costa Rica)	Dominica
Ecuador (Repuplica dell'Ecuador)	Emirati Arabi Uniti (Al-Imarat al-'Arabiya al Muttahida)
Filippine (Pilipinas)	Gibilterra (Dominion of Gibraltar)
Gibuti (Djibouti)	Grenada
Guernsey (Bailiwick of Guernsey)	Hong Kong (Xianggang)
Isola di Man (Isle of Man)	Isole Cayman (The Cayman Islands)
Isole Cook	Isole Marshall (Republic of the Marshall Islands)
Isole Vergini Britanniche (British Virgin Islands)	Jersey
Libano (Al-Jumhuriya al Lubnaniya)	Liberia (Republic of Liberia)

Stati e territori con regime fiscale privilegiato	
Liechtenstein (Furstentum Liechtenstein)	Macao (Macau)
Malaysia (Persekutuan Tanah Malaysia)	Maldive (Divehi)
Maurizio (Republic of Mauritius)	Monaco (Principauté de Monaco)
Monserrat	Nauru (Republic of Nauru)
Niue	Oman (Saltanat 'Oman)
Panama (Repubblica de Panamà)	Polinesia Francese (Polynesie Francaise)
Saint Kitts e Nevis (Federation of Saint Kitts and Nevis)	Saint Lucia
Saint Vincent e Grenadine (Saint Vincent and the Grenadines)	Samoa (Independent State of Samoa)
Sark (Sercq)	Seichelles (Republic of Seychelles)
Singapore (Republic of Singapore)	Svizzera (Confederazione Svizzera)
Taiwan (Chunghua MinKuo)	Tonga (Pule'anga Tonga)
Turks e Caicos (The Turks and Caicos Islands)	Tuvalu (The Tuvalu Islands)
Uruguay (Republica Oriental dell'Uruguay)	Vanuatu (Republic of Vanuatu)

Residenza fiscale	
Centro interessi vitali	I cittadini italiani, pur formalmente residenti all'estero, sono considerati soggetti passivi laddove stabiliscano in Italia, per la **maggior parte del periodo d'imposta**, il proprio domicilio, inteso come la sede principale degli affari ed interessi economici nonché delle relazioni personali, come desumibile da elementi presuntivi. La volontà individuale alla base delle libere scelte del soggetto deve essere contemperata con le esigenze di tutela dell'affidamento dei terzi, per cui il **centro principale degli interessi** vitali del soggetto va individuato dando prevalenza al **luogo** in cui la gestione degli interessi viene esercitata abitualmente in modo riconoscibile dai terzi stessi (Cass. pen., sent. 12 luglio 2017, n. 45752; Cass. civ., sent. 16 gennaio 2015, n. 678; Cass. civ., sent. 25 marzo 2011, n. 6934; Cass. pen., Sez. III, 30 ottobre 2017, n. 13114 Cass. civ., sent. 13 maggio 2015, n. 9723; Cass. civ., sent. 15 giugno 2016, n. 12311). Inoltre, l'iscrizione all'AIRE non esclude la residenza fiscale in Italia in quanto prevale il **centro di interessi** così come appare **riconoscibile ai terzi** (Cass. civ., sent. 4 aprile 2012, n. 5382).
Attività lavorativa svolta all'estero	Il soggetto residente all'estero (nel caso di specie in Belgio), che svolge l'attività di chiropratico in Italia è obbligato a presentare le dichiarazioni relative alle imposte sui redditi o sul valore aggiunto in quanto considerato fiscalmente residente in Italia (Cass. pen., sent, 29 marzo 2017, n. 37849).
Dichiarazione di emersione di attività estere	La **dichiarazione** riservata presentata ai fini della **regolarizzazione** di alcune **attività finanziarie detenute all'estero** (art. 15, D.L. n. 350/2001) non ha di per sé natura decisiva di "autodichiarazione" o "autodenuncia" della propria residenza in Italia, sicché può essere **oggetto di valutazione** al fine di confermare la presunzione di residenza in Italia (art. 2, c. 2-bis, D.P.R. n. 917/1986), senza, tuttavia, rendere superfluo l'esame dei relativi elementi probatori addotti dal contribuente (Cass. civ. sent., 30 settembre 2016, n. 19484).
Residenza nel Principato di Monaco	Si presume residente in Italia un soggetto, iscritto all'AIRE e residente nel Principato di Monaco. Tale presunzione, contenuta nell'art. 2, D.P.R. n. 917/1986, ovvero la fittizietà della **residenza monegasca**, è superabile dall'interessato mediante prova contraria (Cass. civ., sent. 30 settembre 2016, n. 19484).

Residenza fiscale	
Iscrizione nelle anagrafi della popolazione residente	Ai fini delle imposte dirette, le persone iscritte nelle anagrafi della popolazione residente si considerano in ogni caso residenti, e pertanto soggetti passivi d'imposta, in Italia. Il trasferimento della residenza all'estero non rileva fino a quando non risulti la **cancellazione dall'anagrafe** di un Comune italiano (Cass. civ., sent., 28 ottobre 2015, n. 21970).
Paesi a fiscalità privilegiata	Per vincere la presunzione di residenza (art. 2, c. 2-bis, D.P.R. n. 917/1986), i cittadini italiani trasferiti in Paesi a fiscalità privilegiata hanno l'onere di provare che è effettivamente ivi localizzato il centro dei loro interessi vitali, per individuare il quale le **relazioni affettive e familiari non hanno** una **rilevanza prioritaria** rispetto agli interessi di natura economico-patrimoniale (Cass. civ., sent. 31 marzo 2015, n. 6501).
Affitto di abitazione all'estero	Al fine di dimostrare l'effettiva residenza all'estero è sufficiente provare il **pagamento dell'affitto** e delle relative **utenze**; non rilevano invece i numerosi biglietti aerei aventi come città di partenza e di arrivo l'Italia (Cass. civ., sent. 4 settembre 2013, n. 20285).
Funzionario dell'Unione europea	Non può essere considerato fiscalmente residente in Italia il funzionario/agente dell'Unione europea che risulta **fiscalmente residente in Belgio** (in ragione di quanto stabilito dall'art. 13 del protocollo sui privilegi e sulle immunità dell'UE) che ha **trasferito** fisicamente la propria **residenza** in Italia (Agenzia delle entrate, interpello 19 settembre 2018, n. 7).
Doppia residenza fiscale	Se in base alla normativa interna di due Stati, un contribuente risulta essere residente di entrambi, è l'accordo contro le doppie imposizioni che risolve il problema (Agenzia delle Entrate, risposta a interpello 25 giugno 2019, n. 203).

Controlli dei Comuni 1.2.2.

I Comuni, entro i 6 mesi successivi alla richiesta di iscrizione nell'anagrafe degli italiani residenti all'estero, confermano all'Ufficio dell'Agenzia delle Entrate, competente per l'ultimo domicilio fiscale, che il richiedente ha effettivamente **cessato** la residenza nel territorio nazionale (art. 83, c. 16 e 17, D.L. n. 112/2008).

Per il triennio successivo alla richiesta di iscrizione, l'effettività della cessazione della residenza nel territorio nazionale è sottoposta a **vigilanza** da parte dei Comuni e dell'Agenzia delle Entrate, la quale si avvale delle facoltà istruttorie previste ai fini dell'accertamento delle imposte (D.P.R. n. 600/1973).

Redditi detenuti in Paesi black list 1.2.3.

Gli investimenti e le attività di natura finanziaria detenuti negli Stati o territori a regime fiscale privilegiato (D.M. 4 maggio 1999 e D.M. 21 novembre 2001), senza tener conto delle **limitazioni** ivi previste, in violazione degli obblighi di **monitoraggio fiscale** (e cioè di compilazione del quadro RW del Mod. Redditi - PF) (➡17.5.), ai soli fini fiscali si presumono costituiti mediante redditi sottratti a tassazione, salva la prova contraria (art. 12, D.L. n. 78/2009).

In tale caso sono **raddoppiati**:

- i **termini di accertamento** ai fini delle imposte sui redditi (art. 43, c. 1 e 2, D.P.R. n. 600/1973) e IVA (art. 57, c. 1 e 2, D.P.R. n. 633/1972) (➡72.2.);
- le **sanzioni** (art. 1, D.Lgs. n. 471/1997) (➡76.2.).

SOGGETTI NON RESIDENTI 1.3.

I soggetti non residenti sono tassati in Italia **esclusivamente sui redditi ivi prodotti**.

A tal fine, si applicano le disposizioni IRPEF previste per i non residenti (➡9.) (artt. 23 e 24, D.P.R. n. 917/1986). Per coloro che **trasferiscono** la residenza in Italia sono previste alcune agevolazioni (➡9.6.).

IMPUTAZIONE DEI REDDITI NELLA FAMIGLIA 1.4.

Redditi dei beni in comunione 1.4.1.

I redditi derivanti dai beni in regime di **comunione legale** sono imputati a ciascuno dei coniugi per **metà** del loro ammontare netto o per la diversa quota, se così è stabilito da una convenzione modificativa (art. 4, c. 1, lett. a), D.P.R. n. 917/1986).

Fanno parte della comunione legale (art. 177 c.c.):
- gli acquisti compiuti dai due coniugi insieme o separatamente **durante il matrimonio**, ad esclusione di quelli relativi ai beni personali;
- i **frutti dei beni propri** di ciascuno dei coniugi, percepiti e non consumati allo scioglimento della comunione;
- i **proventi** dell'attività separata di ciascuno dei coniugi se, allo scioglimento della comunione, non siano stati consumati;
- le **aziende** gestite da **entrambi i coniugi** e costituite dopo il matrimonio;
- i **beni** destinati all'esercizio dell'impresa di uno dei coniugi, costituita dopo il matrimonio, e gli incrementi dell'impresa costituita anche precedentemente (solo se sussistono al momento dello scioglimento della comunione).

Proventi dell'attività separata di ciascun coniuge - Sono imputati a quest'ultimo per l'intero ammontare, anche in presenza di comunione legale.

Redditi esclusi dalla comunione - Sono imputati unicamente **al coniuge** che li possiede.

Non costituiscono oggetto della comunione e **sono beni personali** del coniuge (art. 179 c.c.):

a. i beni di cui, **prima del matrimonio**, il coniuge era proprietario o rispetto ai quali era titolare di un diritto reale di godimento;
b. i beni acquisiti successivamente al matrimonio per effetto di **donazione** o **successione**, quando nell'atto di liberalità o nel testamento non è specificato che essi sono attribuiti alla comunione;
c. i beni di **uso strettamente personale** di ciascun coniuge ed i loro accessori;
d. i beni che servono all'**esercizio della professione** del coniuge, tranne quelli destinati alla conduzione di una azienda facente parte della comunione;
e. i beni ottenuti a titolo di **risarcimento del danno** nonché la pensione attinente alla perdita parziale o totale della capacità lavorativa;
f. i beni acquisiti con il **prezzo del trasferimento** dei beni personali sopraelencati o col loro scambio purché ciò sia espressamente dichiarato all'atto dell'acquisto.

Scioglimento della comunione - I beni vengono divisi tra i coniugi. Questi ultimi, per il futuro, diventano quindi titolari solo dei redditi derivanti dai beni loro spettanti.

I **frutti dei beni propri** e i proventi delle attività personali (ad esempio dividendi su azioni) **percepiti** e **non consumati** al momento dello scioglimento della comunione si considerano appartenenti alla comunione.

1.4.2. Redditi dei beni in separazione

Nel caso in cui i coniugi siano in regime di separazione legale dei beni (art. 215 c.c.), ciascuno mantiene la **titolarità esclusiva** dei beni acquistati durante il matrimonio. In tal caso, ad ognuno è imputato il reddito derivante dai beni di sua proprietà.

1.4.3. Fondo patrimoniale

I redditi dei beni che formano oggetto del fondo patrimoniale sono imputati **per metà del loro ammontare** netto a ciascuno dei coniugi (art. 4, c. 1, lett. b), D.P.R. n. 917/1986).

Il fondo patrimoniale è un **complesso di beni**, appartenenti ad un terzo, o ad entrambi i coniugi, o ad uno solo di essi, destinati dal loro titolare al soddisfacimento dei bisogni e degli interessi della famiglia.
L'**atto costitutivo** del fondo patrimoniale è rappresentato:
- necessariamente da un atto tra vivi, nel caso di costituzione ad opera di entrambi i coniugi;
- da un atto tra vivi o da testamento, nel caso di costituzione ad opera di terzo.

Nel caso di cessazione del fondo si applicano le stesse regole relative allo scioglimento della comunione (➡1.4.1.).

1.4.4. Figli minorenni

I redditi derivanti dai beni appartenenti ai figli minori, non emancipati, subiscono un diverso trattamento fiscale a seconda che ricadano o meno nell'usufrutto legale dei genitori.

Per i beni **soggetti all'usufrutto legale**, i redditi sono imputati a ciascun genitore per metà del loro ammontare netto (art. 4, c. 1, lett. c), D.P.R. n. 917/1986).
Se vi è un solo genitore o se l'usufrutto legale spetta ad un solo genitore, i redditi gli sono imputati per l'intero ammontare.
I beni che **non ricadono nell'usufrutto legale** (art. 324, c. 3 c.c.) sono, invece, ricondotti direttamente al minore, in qualità di autonomo soggetto passivo d'imposta.

Beni esclusi dall'usufrutto legale
Proventi derivanti da attività proprie di lavoro e i beni acquistati con tali proventi
Beni lasciati al minore per intraprendere una professione, un'arte o una carriera
Beni lasciati o donati con la condizione che i genitori esercenti la responsabilità genitoriale o uno di essi non ne abbiano l'usufrutto (tale condizione, però, non ha effetto per i beni spettanti al figlio a titolo di legittima)
Beni pervenuti al figlio per eredità, legato o donazione e accettati nell'interesse del figlio contro la volontà dei genitori (se uno solo di essi era favorevole all'accettazione, l'usufrutto legale spetta esclusivamente a lui)
Pensioni di reversibilità attribuibili pro quota al figlio minore (circ. 23 dicembre 1997, n. 326, par. 1.4)

SOCI DI SOCIETÀ DI PERSONE 1.5.

I soci delle **società di persone** e assimilate residenti in Italia sono soggetti all'IRPEF per i redditi da queste derivanti (➔**14.7.**) (art. 5, D.P.R. n. 917/1986), mentre la società non è soggetta ad IRPEF, ma sconta solamente l'IRAP (➔**37.1.**).
Rientrano in tale ipotesi i soci di:

- **società di persone** (società semplici, società in nome collettivo, società in accomandita semplice);
- società **equiparate alle società di persone**;
- **associazioni** senza personalità giuridica tra artisti e professionisti per lo svolgimento di attività professionale;
- **Gruppi Europei di Interesse Economico** (GEIE) residenti in Italia, ovvero che vi abbiano una Stabile Organizzazione.

DECESSO DEL CONTRIBUENTE 1.6.

In caso di morte del contribuente, salvo che si sia in presenza di eredità giacente (art. 187, D.P.R. n. 917/1986), i redditi del *de cuius* sono tassati **in capo agli eredi** e ai legatari che li hanno percepiti, secondo le disposizioni della tassazione separata (➔**8.9.**) (art. 7, c. 3, D.P.R. n. 917/1986).

Ipotesi	**Soggetti passivi e adempimenti**
Eredità giacente e non ancora accettata	Non esiste un soggetto passivo d'imposta. Se questa situazione si protrae oltre il periodo d'imposta nel quale è avvenuto il decesso, responsabile per la dichiarazione dei redditi e per il versamento delle imposte gravanti sull'eredità è il **curatore dell'eredità**. Il reddito imponibile è calcolato, **in via provvisoria**, applicando le regole proprie di ciascuna categoria di reddito.
Eredità accettata	Soggetti passivi diventano gli eredi, con effetto retroattivo sin dal momento dell'apertura della successione. Gli eredi sono **responsabili delle obbligazioni del defunto,** distinguendo tra: - redditi posseduti dal defunto (o nella sua disponibilità) anteriormente alla sua morte: gli eredi rispondono solo dell'imposta dovuta e rispondono in solido delle obbligazioni tributarie (art. 65, D.P.R. n. 600/1973). La sanzioni, quindi, non possono essere trasmesse agli eredi (art. 8, D.Lgs. n. 472/1997); - redditi prodotti dal defunto, ma percepiti dagli eredi: ne rispondono gli eredi, i quali assumono la veste di soggetti passivi d'imposta. Si applica la **tassazione separata** (➔**8.9.**).

Ipotesi	Soggetti passivi e adempimenti
Eredità accettata con beneficio d'inventario	Gli eredi sono soggetti obbligati per i debiti d'imposta (compresi gli interessi, ma escluse le sanzioni) del defunto nei limiti del valore dei beni ereditati.
Eredità devoluta sotto condizione sospensiva	- Prima del verificarsi della condizione: non esiste un soggetto passivo d'imposta; - se il mancato verificarsi della condizione si protrae oltre il periodo di imposta del decesso: l'amministratore dell'eredità è responsabile per la dichiarazione dei redditi e per il versamento delle imposte gravanti sull'eredità.
Eredità devoluta nei confronti di un nascituro non ancora concepito	Dopo il verificarsi della condizione, soggetti passivi sono gli eredi, con effetto retroattivo sin dal momento dell'apertura della successione, ed è possibile effettuare la liquidazione definitiva delle imposte.
Scomparsa e dichiarazione di morte presunta	Soggetti passivi d'imposta sono gli immessi nel possesso dei beni dell'assente (in caso di scomparsa) o del defunto (in caso di morte presunta).

1.6.1. Adempimenti del curatore di eredità giacente

I curatori di eredità giacenti e gli amministratori di eredità devolute sotto condizione sospensiva o in favore di nascituri non ancora concepiti devono presentare:

1. le dichiarazioni dei redditi, nei termini ordinari, relative al periodo d'imposta nel quale hanno assunto le rispettive funzioni e quelle relative ai periodi d'imposta successivi fino al periodo d'imposta anteriore a quello in cui cessa la curatela o l'amministrazione, **entro 6 mesi dalla data di assunzione delle funzioni** (art. 5-ter, D.P.R. n. 322/1998);
2. le dichiarazioni relative al **periodo d'imposta nel quale si è aperta la successione**, se anteriore a quello nel quale hanno assunto le funzioni, e agli altri periodi d'imposta già decorsi anteriormente a quest'ultimo;
3. la dichiarazione dei **redditi posseduti nell'ultimo periodo d'imposta dal contribuente deceduto** e, se il relativo termine non era scaduto alla data del decesso, quella dei redditi posseduti nel periodo d'imposta precedente.

I curatori e gli amministratori devono inoltre:

a. adempiere per i periodi d'imposta nei quali hanno assunto le rispettive funzioni e per i periodi d'imposta successivi fino a quello anteriore al periodo d'imposta nel quale cessa la curatela o l'amministrazione, se nell'asse ereditario sono comprese **aziende commerciali o agricole**, gli obblighi contabili e quelli a carico dei sostituti d'imposta;
b. presentare, **entro 6 mesi** dalla data di assunzione delle funzioni, le dichiarazioni di sostituto d'imposta relative ai **pagamenti** effettuati nei periodi d'imposta considerati nei punti 2) e 3) di cui sopra;
c. comunicare mediante **raccomandata all'ufficio dell'Agenzia delle Entrate**, entro 60 giorni, l'assunzione e la cessazione delle funzioni; la comunicazione di cessazione deve contenere l'indicazione dei dati identificativi degli eredi e delle quote ereditarie di ciascuno di essi.

L'erede, nella dichiarazione dei redditi relativa al periodo d'imposta nel quale è cessata la curatela o l'amministrazione, deve darne comunicazione e indicare l'ufficio dell'Agenzia delle Entrate del domicilio fiscale del contribuente deceduto, i dati identificativi del curatore o dell'amministratore e degli altri eredi e la propria quota di eredità. Nella stessa dichiarazione può essere esercitata, per ciascuno degli anni per i quali i redditi sono stati determinati in via provvisoria, la **facoltà di tassazione separata** (➡8.9.) (art. 17, c. 3, D.P.R. n. 917/1986).

Dalla data di presentazione della dichiarazione o, in mancanza, dalla data in cui avrebbe dovuto essere presentata, decorre il termine per la **liquidazione definitiva delle imposte**.

Nei confronti del curatore o dell'amministratore i termini pendenti alla data di apertura della successione e quelli aventi inizio prima della data di assunzione delle funzioni sono sospesi fino a tale data e sono prorogati di 6 mesi.

1.7. SOGGETTI FALLITI

Nel caso di **fallimento**, il fallito resta il soggetto sul quale grava il prelievo, mentre il curatore fallimentare o il commissario liquidatore agiscono solo come organo di gestione per la liquidazione del patrimonio del contribuente (art. 183, D.P.R. n. 917/1986).

Periodo di riferimento	Regole
Periodo compreso tra l'inizio dell'esercizio e la dichiarazione di fallimento	- Il reddito di impresa è determinato in base al **bilancio** redatto dal curatore. - Per le **imprese individuali** e per le **società in nome collettivo e in accomandita semplice** tale reddito concorre a formare il reddito complessivo dell'imprenditore, dei familiari partecipanti all'impresa o dei soci relativo al periodo di imposta in corso alla data della dichiarazione di fallimento.
Periodo compreso tra l'inizio e la chiusura del procedimento concorsuale	- Il reddito di impresa è costituito dalla differenza tra il residuo attivo e il patrimonio netto dell'impresa o della società all'inizio del procedimento, determinato in base ai valori fiscalmente riconosciuti. - Per le imprese individuali e per le società in nome collettivo e in accomandita semplice la predetta differenza è diminuita dei corrispettivi delle **cessioni di beni personali dell'imprenditore** o **dei soci compresi nel fallimento** o **nella liquidazione** ed è aumentata dei debiti personali dell'imprenditore o dei soci pagati dal curatore o dal commissario liquidatore. - Ai fini IRPEF il reddito che ne risulta è imputato all'imprenditore, ai familiari partecipanti all'impresa o ai soci nel periodo di imposta in cui si è **chiuso il procedimento**. - Il **patrimonio netto** dell'impresa o della società all'inizio del procedimento concorsuale è determinato mediante il confronto secondo i valori riconosciuti ai fini delle imposte sui redditi, tra le attività e le passività risultanti dal bilancio redatto e allegato alla dichiarazione iniziale del curatore. - Il patrimonio netto è considerato **nullo** se l'ammontare delle passività è pari o superiore a quello delle attività.

NUDO PROPRIETARIO E USUFRUTTUARIO 1.8.

In caso di **usufrutto** o altro **diritto reale**, soggetto passivo dell'imposta è solo l'usufruttuario o il titolare del diritto reale di godimento.
Se l'usufrutto è parziale, il reddito deve essere imputato *pro-quota* anche al proprietario.

IRPEF

2. DETERMINAZIONE REDDITO IMPONIBILE E IMPOSTA

2.1. CALCOLO DELL'IRPEF

L'imposta lorda è determinata applicando al **reddito complessivo**, al netto degli **oneri deducibili** (➡3.) (art. 10, D.P.R. n. 917/1986), le relative **aliquote** per scaglioni di reddito (➡2.9.) (art. 11, D.P.R. n. 917/1986).

L'imposta netta è determinata operando sull'imposta lorda, fino alla concorrenza del suo ammontare, le **detrazioni** previste per **carichi di famiglia** (➡4.) (art. 12, D.P.R. n. 917/1986), **per lavoro** (➡5.) (art. 13, D.P.R. n. 917/1986), per **oneri e spese** (➡6.) (➡7.) (artt. 15, 16 e 16-bis, D.P.R. n. 917/1986), nonché le altre detrazioni previste da specifiche disposizioni di legge.

Dall'imposta netta si detraggono (art. 22, c. 1, D.P.R. n. 917/1986):

- il **credito d'imposta** per le imposte pagate all'estero (➡33.1.) (art. 165, D.P.R. n. 917/1986) e gli altri crediti d'imposta (se l'ammontare dei crediti d'imposta è superiore a quello dell'imposta netta il contribuente può scegliere di scomputare l'eccedenza dall'imposta relativa al periodo d'imposta successivo oppure di chiederne il rimborso con la dichiarazione dei redditi);
- gli **acconti d'imposta**;
- le **ritenute** alla fonte a titolo di acconto operate sui redditi che concorrono a formare il reddito complessivo e su quelli tassati separatamente.

Schema di calcolo dell'IRPEF	
	REDDITO COMPLESSIVO (➡2.5.)
-	Oneri deducibili (➡3.)
-	Perdite anni precedenti deducibili (➡2.5.1.)
=	**REDDITO IMPONIBILE**
*	Aliquote IRPEF (➡2.9.)
=	**IMPOSTA LORDA**
-	Detrazioni per carichi di famiglia (➡4.)
-	Detrazioni per lavoro (➡5.)
-	Detrazioni per oneri e spese (➡6.)
-	Crediti d'imposta (➡16.)
-	Acconti d'imposta
-	Ritenute d'acconto
=	**IMPOSTA NETTA**

2.1.1. Scomputo ritenute

Dall'imposta lorda si scomputano le ritenute alla fonte a titolo di acconto.

Tipologia	Regole (art. 22, c. 1, D.P.R. n. 917/1986)
Ritenute operate **nell'anno successivo** a quello di competenza dei redditi e anteriormente alla presentazione della dichiarazione dei redditi.	Possono essere scomputate, alternativamente: - dall'imposta relativa al periodo d'imposta di competenza dei redditi; - dall'imposta relativa al periodo d'imposta nel quale sono state operate.
Ritenute operate **dopo la presentazione della dichiarazione** dei redditi.	Si scomputano dall'imposta relativa al periodo d'imposta nel quale sono state operate.
Ritenute operate sui redditi delle **società di persone** ed enti equiparati (art. 5, D.P.R. n. 917/1986).	Si scomputano dalle imposte dovute dai singoli soci, associati o partecipanti, in **proporzione** alle loro quote di partecipazione agli utili.

Eccedenza a credito 2.1.2.

Se l'ammontare complessivo dei crediti di imposta, dei versamenti e delle ritenute, è superiore a quello dell'imposta netta sul reddito complessivo, l'eccedenza può essere (a scelta) (art. 22, c. 2, D.P.R. n. 917/1986):

- scomputata **in diminuzione** dall'imposta del periodo d'imposta successivo;
- chiesta a **rimborso** in sede di dichiarazione dei redditi.

Per i redditi **tassati separatamente**, se l'ammontare delle ritenute, dei versamenti e dei crediti è superiore a quello dell'imposta netta, il contribuente ha diritto al rimborso dell'eccedenza.

CLASSIFICAZIONE DEI REDDITI 2.2.

Redditi soggetti a tassazione 2.2.1.

Il principio di tassazione ai fini IRPEF distingue tra:

- redditi **riconducibili** in una delle categorie disciplinate dal TUIR (D.P.R. n. 917/1986): devono essere considerati redditi imponibili;
- redditi **non riconducibili** ad alcuna categoria: sono da considerarsi redditi **non tassabili** ai fini IRPEF.

I redditi imponibili ai fini IRPEF sono suddivisi in **6 categorie** (art. 6, D.P.R. n. 917/1986):

1. redditi **fondiari** (➡10.);
2. redditi **di capitale** (➡11.);
3. redditi **di lavoro autonomo** (➡13.);
4. redditi **di lavoro dipendente** (➡12.);
5. redditi **d'impresa** (➡14.);
6. redditi **diversi** (➡15.).

Ai fini dell'imponibilità dei redditi tale classificazione è da considerarsi tassativa.

Tipo di reddito	Definizione	Riferimenti D.P.R. 917/1986
Terreni - Dominicale	Reddito medio ordinario del terreno adibito ad **uso agricolo** imputabile alla proprietà (➡10.2.2.)	artt. 27-31
Terreni - Agrario	Reddito medio ordinario del **terreno agricolo** imputabile all'organizzazione impiegata nell'esercizio dell'attività (➡10.2.3.)	artt. 32-35
Fabbricati	Reddito medio ordinario di ogni **unità immobiliare urbana** suscettibile di reddito autonomo, ad eccezione delle unità espressamente escluse (➡10.3.)	artt. 36-43
Capitale	**Interessi** e **proventi** derivanti da: - mutui, depositi, c/c, obbligazioni e titoli similari (➡11.3.); - rendite perpetue (➡11.4.1.); - compensi per prestazioni di fidejussione o garanzia (➡11.4.2.); - utili anche da associazione in partecipazione con apporto di capitale o di capitale e lavoro (➡11.2.);	artt. 44-48

Tipo di reddito	Definizione	Riferimenti D.P.R. 917/1986
	- proventi derivanti dalla gestione di masse patrimoniali costituite con somme di denaro e beni affidati da terzi (➡11.4.4.); - proventi derivanti da riporti e pronti contro termine su titoli e valute (➡11.4.5.); - proventi derivanti dal mutuo di titoli garantito (➡11.4.3.); - redditi compresi nei capitali corrisposti in dipendenza di contratti di assicurazione sulla vita (➡11.4.6.); - redditi delle pensioni integrative e delle rendite vitalizie previdenziali, senza tenere conto dei rendimenti finanziari (➡11.4.7.); - redditi imputati al beneficiario del trust (➡11.4.8.); - interessi ed altri proventi derivanti da altri rapporti aventi per oggetto l'impiego del capitale.	
Lavoro dipendente e assimilati	- Reddito derivante da rapporti aventi ad oggetto prestazioni di **lavoro subordinato** (➡12.1.); - **pensioni** (➡12.1.); - redditi da lavoro dei **soci di cooperative**; (➡12.2.2.); - **borse di studio** (➡12.2.4.); - redditi derivanti da rapporti di collaborazione coordinata e continuativa (➡12.2.5.); - **rendite vitalizie** (➡12.2.6.); - altre fattispecie (➡12.2.8.).	artt. 49-52
Lavoro autonomo	- Redditi derivanti dall'**esercizio di arti e professioni** (➡13.1.); - **redditi assimilati** a quelli di lavoro autonomo (➡13.3.).	artt. 53-54
Impresa	Redditi derivanti dall'esercizio di **imprese commerciali** (➡14.)	artt. 55-66
Diversi	- **Cessioni** di **aree edificabili** o **immobili** (➡15.2.1.) (➡15.2.2.); - **cessione** di **partecipazioni** societarie e capital gain (➡15.3.); - **premi e vincite** (➡15.4.1.); - redditi fondiari non determinabili catastalmente (➡15.4.2.); - redditi di **immobili situati all'estero** (➡15.4.3.); - utilizzazione di **brevetti**, opere dell'ingegno e formule (➡15.4.4.); - concessione in **usufrutto**, sublocazione di beni di immobili e di aziende (➡15.4.9.); - redditi derivanti dalla **concessione in godimento** di **beni d'impresa** a soci e familiari (➡15.4.5.); - **attività** commerciali e di lavoro autonomo **non esercitate abitualmente** (➡15.4.6.) (➡15.4.7.); - **indennità di trasferta** e simili per **attività sportive dilettantistiche** ed altre attività (➡15.4.8.); - altri redditi.	artt. 67-71

2.2.2. Redditi non tassabili

Alcune tipologie di redditi sono in ogni caso esclusi dalla base imponibile e, quindi, **non soggetti ad IRPEF** (art. 3, c. 3, D.P.R. n. 917/1986).

Redditi esenti	- **Pensioni di guerra**; - alcune **borse di studio** (➡12.1.8.); - somme corrisposte a titolo di **borsa di studio** dal Governo italiano a cittadini stranieri in forza di accordi e intese internazionali (art. 1, c. 336, Legge n. 296/2006); - compensi percepiti dai **componenti dei seggi elettorali** per le consultazioni elettorali e referendarie, in Italia e all'estero (Legge n. 53/1990), tranne quelli tassabili percepiti dai componenti degli uffici elettorali centrali (ris. 11 aprile 2008 n. 150/E); - **pensioni sociali**; - **rendite Inail**, esclusa l'indennità giornaliera per inabilità temporanea assoluta; - **pensioni**, assegni indennità di accompagnamento e assegni erogati ai **ciechi civili**, ai **sordomuti** e agli **invalidi civili**;

	- **maggiorazione sociale** dei trattamenti pensionistici prevista per i soggetti con redditi minimi (art. 1, Legge n. 544/1988); - **compensi** per un importo complessivamente non superiore a euro 10.000,00 derivanti da **attività sportive dilettantistiche**; - **indennità** corrisposte a titolo di risarcimento di un danno consistente in una **perdita patrimoniale** (c.d. danno emergente); - altre ipotesi previste da disposizioni specifiche (ad esempio, il reddito dei fabbricati non locati soggetti a IMU (➡**10.3.7.**) o il reddito dei terreni di coltivatori diretti e IAP per gli anni 2017-2022 (➡**10.2.19.**).
Assegni	- **Assegni periodici** destinati al mantenimento dei figli spettanti al coniuge in conseguenza di **separazione** legale ed effettiva o di **annullamento**, **scioglimento** o cessazione degli effetti civili del **matrimonio**, nella misura in cui risultano da provvedimenti dell'autorità giudiziaria (l'esenzione vale anche per gli assegni destinati al mantenimento dei **figli naturali** - circ. 13 maggio 2011, n. 20/E); - **assegno di divorzio non periodico**, cioè stabilito dal tribunale e corrisposto al coniuge in un'unica soluzione (ris. 15 giugno 2009, n. 157/E); - **assegni familiari** e somme sostitutive o integrative nonché, con gli stessi limiti e alle medesime condizioni, gli emolumenti per carichi di famiglia comunque denominati, erogati nei casi consentiti dalla legge; - **assegni di maternità** per **donne non lavoratrici** (art. 74, D.Lgs. 151/2001).
NAspl	Nuova assicurazione sociale per l'impiego (NASpI) destinata alla **sottoscrizione di capitale sociale di una cooperativa** nella quale il rapporto mutualistico ha ad oggetto la prestazione di attività lavorativa da parte del socio (art. 1, c. 12, Legge n. 160/2019).
Altre tipologie	- Redditi soggetti a **ritenuta** alla fonte **a titolo d'imposta**; - redditi soggetti a **imposta sostitutiva**.

Somme risarcitorie

A fini fiscali, il discrimine è rappresentato dalla natura del danno da risarcire, e precisamente se il danno in questione sia diretto a risarcire un **danno emergente** o piuttosto un **lucro cessante**. Pertanto, in linea generale (art. 6, c. 2, D.P.R. n. 917/1986):

- sono **tassate** le **indennità** conseguite a titolo di risarcimento di danni consistenti nella perdita di redditi, che, se percepiti, avrebbero costituito redditi in capo al percipiente (**lucro cessante**);
- sono **escluse** da tassazione le somme percepite a titolo di risarcimento di **danno emergente**, in quanto riferite alla mera perdita patrimoniale subita dal soggetto.

Danno emergente - Rientrano nella definizione di "danno emergente" e, quindi, **non sono tassabili**:

- somme corrisposte a seguito della stipula di **accordi transattivi con le banche** (ris. 18 dicembre 2017, n. 153/E);
- **indennizzi** erogati dal fondo di solidarietà a favori di soggetti **vittime** della risoluzione di taluni **istituti di credito** - c.d. decreto salvabanche (ris. 12 gennaio 2017, n. 3/E);
- **contributi erogati** da enti privati di previdenza e assistenza ai professionisti, propri assicurati, **per calamità naturali** che hanno procurato danni ad immobili adibiti a prima abitazione o studio professionale (circ. 13 maggio 2011, n. 20/E);
- somme liquidate a titolo di **perdita di chance professionali** se l'interessato è in grado di fornire - in conformità alle indicazioni della Suprema Corte di Cassazione (Cass., SS.UU., 24 marzo 2006, n. 6572) - prova concreta dell'esistenza e dell'ammontare di tale danno (ris. 22 aprile 2009, n. 106/E); se le somme sono fissate in via forfetaria, costituiscono lucro cessante e sono, pertanto, tassate (ris. 7 dicembre 2007, n. 356/E);
- **penali** erogate per il **mancato rilascio** nei termini contrattuali **dell'immobile** dato in comodato o in locazione (circ. 12 giugno 2002, n. 50/E);
- **indennizzi** percepiti dai **soggetti danneggiati** da complicazioni di tipo irreversibile a causa di **vaccinazioni** obbligatorie, trasfusioni, ecc. (ris. 15 aprile 1994, n. III-5-393).

Lucro cessante - Il **rimborso** per il mancato guadagno giornaliero corrisposto ai **volontari lavoratori autonomi** costituisce, per espressa previsione normativa, "**lucro cessante**" per il percipiente, in quanto sostitutivo del mancato guadagno giornaliero, a nulla rilevando l'attività volontaria effettivamente svolta dal professionista (risposta a interpello 7 novembre 2019, n. 474).

Relativamente ai **trattamenti assistenziali** corrisposti dall'INAIL ai **titolari di reddito agrario** valgono le seguenti regole (ris. 18 aprile 2001, n. 50/E):
- sono sostitutivi di redditi agrari;
- non sono soggetti all'applicazione di ritenute alla fonte;
- i soggetti titolari degli stessi sono tenuti a presentare la dichiarazione dei redditi per indicare l'imponibile determinato su base catastale;
- le ritenute eventualmente subite devono essere riconosciute in sede di presentazione della dichiarazione dei redditi in quanto l'ammontare del trattamento assistenziale (reddito sostitutivo) è assorbito nella determinazione forfettaria del reddito agrario dichiarato.

2.2.3. Proventi derivanti da attività illecite

Classificazione redditi da attività illecite

Rientrano nelle categorie di reddito **tassabile** ai fini IRPEF (➔**2.2.1.**) se in esse classificabili, i **proventi derivanti** da fatti, atti o attività qualificabili come **illecito civile**, **penale o amministrativo** se non già sottoposti a sequestro o confisca penale (art. 14, c. 4, Legge n. 537/1993); in alcuni casi è prevista anche l'indeducibilità dei relativi costi.
I redditi derivanti da tali attività sono determinati secondo le disposizioni riguardanti **ciascuna categoria**.
Se, invece, non possono essere classificati in una delle altre categorie vanno inquadrati, anche ai fini della loro determinazione, nella categorie dei redditi diversi (art. 36, c. 34-bis, D.L. n. 223/2006).
In caso di violazione che comporta obbligo di denuncia penale (art. 331 c.p.p.) per qualsiasi reato da cui possa derivare un provento o vantaggio illecito, anche indiretto, le competenti autorità inquirenti ne danno immediatamente notizia all'Agenzia delle Entrate, affinché proceda al conseguente accertamento.

Possono considerarsi proventi illeciti:
1. attività di **prestiti** ad interessi **usurari** (Cass. 14 novembre 2002, n. 15984, 24 luglio 2013, n. 17953 e 25 maggio 2011, n. 11460);
2. somme percepite a titolo di **tangente** (Cass. 18 gennaio 2008, n. 1058);
3. proventi dell'attività di **prostituzione** svolta autonomamente (Cass. 27 luglio 2016, n. 15596);
4. ricavi del **gioco d'azzardo** (Cass., ord. 19 luglio 2006, n. 16504; sent. 11 settembre 2003, n. 13305).

La disciplina è applicabile in sede di determinazione del **reddito d'impresa** e di **lavoro autonomo** e, in generale, con riferimento a quelle fattispecie reddituali per le quali la norma tributaria prevede la deducibilità delle spese specificamente inerenti alla produzione del reddito.

Deducibilità dei costi da delitto non colposo - Nella determinazione dei redditi soggetti ad IRPEF **non sono ammessi in deduzione** i costi e le spese dei beni o delle prestazioni di servizio direttamente utilizzati per il compimento di atti o attività qualificabili come delitto non colposo (ad esempio, una spesa finalizzata alla corruzione di un pubblico ufficiale ai fini dell'aggiudicazione di un appalto pubblico, così come le spese postali sostenute per realizzare truffe) se si verifica una delle seguenti **condizioni**:
- il pubblico ministero ha esercitato l'**azione penale**;
- il giudice ha emesso il decreto che dispone il **rinvio a giudizio** (art. 424 c.p.p.) o, comunque, una sentenza di non luogo a procedere (art. 425 c.p.p.) per prescrizione del reato di cui all'art. 157 c.p., sempre che il contribuente non abbia rinunciato alla prescrizione (art. 14, c. 4-bis, Legge n. 537/1993).

Spetta il **rimborso** delle maggiori imposte versate in relazione alla non ammissibilità in deduzione e dei relativi interessi se interviene:
- una sentenza definitiva di **assoluzione** (art. 530 c.p.p.);
- una sentenza definitiva di **non luogo a procedere** fondata sulla sussistenza di motivi diversi dalla causa di estinzione del reato;
- una sentenza definitiva di **non doversi procedere** (art. 529 c.p.p.).

Il rimborso spetta anche nel caso in cui il pagamento è avvenuto mediante gli istituti definitori (accertamento con adesione, acquiescenza, ecc.).

L'**indeducibilità** riguarda i soli delitti non colposi, mentre fa salva la deducibilità degli oneri correlati al compimento dei delitti colposi.

L'indeducibilità va **riferita** ai costi di tutti i **fattori produttivi** che si pongano in un **rapporto diretto con il delitto**, mentre i costi per l'acquisto di beni o servizi sostenuti nell'esercizio dell'ordinaria attività d'impresa devono considerarsi deducibili se non direttamente utilizzati nell'esercizio dell'attività delittuosa (circ. 3 agosto 2012, n. 32/E). Si pensi al caso di una società autorizzata all'attività di smaltimento di rifiuti che abbia, tuttavia, smaltito anche rifiuti rientranti in categorie non autorizzate e, per questo, abbia sostenuto costi diretti alla commissione del relativo delitto ambientale.
In tale ipotesi l'Amministrazione finanziaria potrà procedere al recupero dei soli costi correlati al delitto ambientale; saranno, invece deducibili, secondo le regole generali, i componenti negativi sostenuti per lo smaltimento dei rifiuti autorizzati.
L'indeducibilità riguarda, altresì, la quota dei **costi afferenti all'ordinaria attività** che abbiano avuto un **rapporto di strumentalità** con la **commissione del reato**, seppur sostenuti non esclusivamente per il compimento dello stesso, compresi interessi passivi, accantonamenti, sopravvenienze passive, ammortamenti, minusvalenze ecc.

Costi per operazioni inesistenti - In merito alla deducibilità dei costi sostenuti per operazioni inesistenti occorre fare una netta distinzione tra costi **soggettivamente** (il caso tipico è quello delle frodi carosello) o **oggettivamente** inesistenti (art. 8, c. 2, D.L. n. 16/2012; circ. 3 agosto 2012, n. 32/E; circ. Assonime 28 settembre 2012, n. 25).

Tipo di operazione	Regole
Soggettivamente inesistente	L'indeducibilità non trova applicazione: i relativi **costi sono deducibili**, sempreché ricorrano i requisiti generali di deducibilità (es. effettività, inerenza, competenza ecc.). Infatti, anche in presenza del reato di dichiarazione fraudolenta mediante uso di fatture o altri documenti per operazioni inesistenti (art. 2, D.Lgs. n. 74/2000), il costo esposto nella fattura soggettivamente inesistente non rappresenta, solo per tale motivo, quello dei beni o delle prestazioni di servizio direttamente utilizzati per la commissione del reato stesso. Rimangono applicabili le regole generali in materia di detrazione dell'IVA. Pertanto, con riferimento alle fatture passive soggettivamente inesistenti, permane l'indetraibilità dell'IVA ove il contribuente non dimostri la sua buona fede e quindi l'estraneità alla frode.
Oggettivamente inesistente	In caso di beni o servizi non effettivamente scambiati o prestati, i componenti positivi direttamente correlati alle spese relative a tali beni o servizi **non concorrono alla formazione del reddito** oggetto di rettifica entro i limiti dell'ammontare non ammesso in deduzione delle predette spese. In tal caso si applica la sanzione amministrativa dal 25 al 50% dell'ammontare delle spese o altri componenti negativi relativi a beni o servizi non effettivamente scambiati o prestati indicati nella dichiarazione dei redditi (il versamento va effettuato con il Mod. F24 utilizzando il cod. tributo 9695 - ris. 7 agosto 2012, n. 83/E). Se non ci sono componenti positivi di reddito direttamente afferenti a componenti negativi relativi a operazioni inesistenti, ovvero nel caso in cui questi ultimi siano di ammontare superiore ai correlati componenti positivi, l'indeducibilità dei componenti negativi, o della quota di questi ultimi eccedente i correlati componenti positivi, determina invece l'applicazione delle ordinarie sanzioni, quali quelle per infedele dichiarazione. Operando la non imponibilità nei limiti dell'ammontare dei costi non ammessi in deduzione, l'eventuale differenza dei componenti positivi deve necessariamente continuare a considerarsi imponibile. Ai fini dell'IVA, è indetraibile, in ogni caso, l'imposta relativa alle fatture per operazioni inesistenti per l'acquirente/committente, mentre per il venditore/prestatore resta dovuta per l'intero ammontare esposto in fattura.

Regime fiscale dei beni sequestrati 2.2.4.

I **redditi derivanti** dai **beni sequestrati** continuano ad essere **assoggettati a tassazione** con riferimento alle categorie di reddito IRPEF (➔**2.2.1.**) con le medesime modalità applicate prima del sequestro (art. 51, D.Lgs. n. 159/2011).

Se il sequestro si protrae **oltre il periodo d'imposta** in cui ha avuto inizio, il reddito derivante dai beni sequestrati, relativo alla **residua frazione** di tale periodo e a ciascun successivo periodo intermedio è **determinato**, ai fini fiscali, **in via provvisoria** dall'amministratore giudiziario.
Quest'ultimo è tenuto, nei termini ordinari, al **versamento** delle relative imposte, nonché agli **adempimenti dichiarativi** e, ove ricorrano, agli obblighi contabili e quelli a carico del sostituto d'imposta.
In caso di **confisca**, la tassazione operata in via provvisoria si considera **definitiva**.
In caso, invece, di **revoca del sequestro** l'amministratore giudiziario ne dà comunicazione all'Agenzia delle Entrate ed agli altri enti competenti che provvedono alla liquidazione delle imposte, tasse e tributi dovuti per il periodo di durata dell'amministrazione giudiziaria ed il cui versamento, in capo al soggetto cui i beni sono stati restituiti, è stato sospeso.

Immobili - Durante la vigenza dei provvedimenti di **sequestro e confisca** e, comunque, fino all'assegnazione o destinazione dei beni cui si riferiscono, **è sospeso il versamento di imposte**, tasse e tributi dovuti con riferimento agli immobili oggetto di sequestro il cui presupposto impositivo consista nella titolarità del diritto di proprietà o nel possesso degli stessi (art. 51, c. 3-bis, D.Lgs. n. 159/2011).
Pertanto, non concorrono alla formazione del reddito imponibile i redditi prodotti dai beni immobili situati nel territorio dello Stato e dai beni immobili situati all'estero, anche se locati, quando determinati secondo le disposizioni del D.P.R. n. 917/1986 in materia di redditi di natura fondiaria (artt. 25-43 e 70, D.P.R. n. 917/1986) e proventi immobiliari (art. 90, c. 1, D.P.R. n. 917/1986).

Essendo la "sospensione" limitata al "versamento", ne consegue che, anche con riguardo ai beni immobili, non viene meno, in capo all'amministratore giudiziario, l'obbligo di adempiere agli ulteriori oneri fiscali, compresi quelli dichiarativi, durante la vigenza dei provvedimenti di sequestro e confisca non definitiva (circ. 30 dicembre 2014, n. 31/E).

Gli atti e i contratti relativi a tali immobili **sono esenti dalle imposte di registro**, ipotecarie e catastale e di bollo.

Anche se il **reddito degli immobili** non concorre alla determinazione del reddito imponibile, lo stesso deve comunque essere **esposto in dichiarazione** dei redditi, al fine di consentire all'Amministrazione finanziaria la liquidazione dell'imposta dovuta in caso di revoca della misura cautelare (circ. 30 dicembre 2014, n. 31/E).

2.3. MOMENTO IMPOSITIVO

I **redditi** possono essere assoggettati a tassazione in base ad uno dei seguenti criteri:
- cassa;
- competenza;
- titolarità.

Criterio	Modalità di funzionamento	Categorie di reddito assoggettate
Cassa	I redditi sono disponibili (e, quindi, imponibili) al momento della loro **percezione**	Redditi di lavoro dipendente Redditi di lavoro autonomo Redditi di capitale (salva l'applicazione per il regime del risparmio gestito) Redditi diversi (salva l'applicazione per il regime del risparmio gestito)
Competenza	I redditi sono imponibili in base alla loro **competenza economica**, a prescindere dalla loro effettiva percezione	Redditi d'impresa
Titolarità	Si tiene conto della mera **disponibilità** del bene in base alla proprietà del medesimo o ad un altro diritto reale, a prescindere dalla percezione.	Redditi fondiari

2.4. PERIODO D'IMPOSTA

L'imposta è dovuta per anni solari (**1° gennaio - 31 dicembre**), a ciascuno dei quali corrisponde un'obbligazione tributaria autonoma (art. 7, D.P.R. n. 917/1986). In ciascun periodo d'imposta, pertanto, devono essere imputati i redditi complessivi prodotti dal contribuente.

I redditi vanno **attribuiti all'intero anno solare**, secondo le regole proprie della categoria di appartenenza, anche se il tempo occorso per la loro produzione è stato inferiore all'anno e anche in caso di nascita o decesso del contribuente nel corso dell'anno (ris. 3 luglio 1975, n. 2/332).

A tale principio sono previste solo due **eccezioni**:
- il **riporto delle perdite** di anni precedenti previsto per le imprese in contabilità ordinaria (➡2.5.);
- la possibilità di **compensare**, in sede di versamento, il debito d'imposta dell'anno corrente con eventuali crediti d'imposta dell'anno precedente.

REDDITO COMPLESSIVO 2.5.

La **base imponibile** su cui applicare l'imposta è costituita dal **reddito complessivo** prodotto dal contribuente nel **periodo d'imposta** (art. 8, c. 1, D.P.R. n. 917/1986).
Il reddito complessivo si determina sommando i redditi di ogni categoria che concorrono a formarlo e sottraendo le perdite derivanti dall'esercizio di imprese commerciali in contabilità semplificata e quelle derivanti dall'esercizio di arti e professioni.
Il reddito può essere **negativo** nel caso in cui le perdite superino i redditi.

Non concorrono a formare il reddito complessivo le somme percepite a titolo di compenso del lavoro prestato o dell'opera svolta dall'imprenditore, dal coniuge, dai figli, affidati o affiliati minori di età o permanentemente inabili al lavoro e dagli ascendenti, nonché dai **familiari partecipanti all'impresa** (art. 60, D.P.R. n. 917/1986).

Redditi		Redditi dei terreni (➡10.2.)
	+	Redditi dei fabbricati (➡10.3.)
	+	Redditi di lavoro dipendente (➡12.)
	+	Redditi di lavoro autonomo (➡13.)
	+	Redditi d'impresa (➡14.)
	+	Redditi diversi (➡15.)
Perdite	-	Perdite derivanti dall'esercizio di imprese commerciali in regime semplificato (➡2.5.1.)
	-	Perdite derivanti dall'esercizio di arti e professioni (➡2.5.1.)
	=	**REDDITO COMPLESSIVO**

Perdite 2.5.1.

Con effetto dal periodo d'imposta successivo al 31 dicembre 2017, la disciplina sulle perdite dei soggetti IRPEF (art. 8, D.P.R. n. 917/1986) è stata modificata, ma solo per le imprese, permettendo il **riporto illimitato** delle perdite, a prescindere dal regime contabile adottato.

Perdite di esercenti arti e professioni

Possono essere utilizzate a riduzione del reddito complessivo, sino a concorrenza di quest'ultimo.
L'eccedenza non utilizzata non può essere "riportata" ai periodi d'imposta successivi (art. 8, c. 1, D.P.R. n. 917/1986).
Pertanto, gli esercenti arti e professioni possono scomputare le perdite realizzate nell'esercizio in corso dai redditi di altra natura effettuando la diretta riduzione del reddito complessivo.

Perdite di imprese

Le perdite derivanti dall'esercizio di imprese commerciali e quelle derivanti dalla partecipazione in società in nome collettivo e in accomandita semplice sono computate in diminuzione dei relativi redditi conseguiti nei periodi d'imposta e, per la differenza, nei successivi, in misura non superiore all'80% dei relativi redditi conseguiti in detti periodi d'imposta e per l'intero importo che trova capienza in essi. Pertanto:
- le imprese in contabilità semplificata sono incluse nel novero dei soggetti che possono riportare le perdite **negli esercizi successivi**;
- è modificata la disciplina delle perdite per i soggetti IRPEF in **contabilità ordinaria** (imprenditori individuali, società in nome collettivo e in accomandita semplice), eliminando il limite quinquennale alla riportabilità delle perdite e introducendo invece il limite secondo cui le perdite ottenute nell'esercizio d'impresa sono computate in diminuzione dei relativi redditi conseguiti nei periodi

d'imposta e, per la differenza, nei successivi, nella misura dell'80% dei redditi conseguiti in detti periodi d'imposta, per l'intero importo che trova capienza in essi.

CASO 1 - Perdita di società di persone

Si supponga il caso di una Snc con due soci A (partecipazione al 60%) e B (partecipazione al 40%) che, nel periodo d'imposta x abbia conseguito una perdita di 50.000 euro.
I soci A e B non possiedono altri redditi d'impresa.
Nel periodo d'imposta x+1, la società consegue un reddito pari a 60.000 euro.
In tal caso si avrà:
1) Periodo d'imposta x:
Perdita attribuita dalla snc al socio A: 50.000 * 60% = 30.000 euro
Perdita attribuita dalla snc al socio B: 50.000 * 40% = 20.000 euro
2) Periodo d'imposta x+1:
Reddito attribuito dalla snc al socio A: 60.000 * 60% = 36.000 euro
Plafond massimo disponibile per il socio A: (36.000 * 80%) = 28.800 euro
Reddito netto del socio A: 36.000 - 28.800 = 7.200 euro
Reddito attribuito dalla snc al socio B: 60.000 * 40% = 24.000 euro
Plafond massimo disponibile per il socio B: (24.000 * 80%) = 19.200 euro
Reddito netto del socio B: 24.000 - 19.200 = 4.800 euro
Per entrambi i soci, il plafond disponibile (28.800 euro per A e 19.200 euro per B) è minore della perdita a loro attribuita nel periodo d'imposta x (30.000 euro per A e 20.000 euro per B). Pertanto, la compensazione avviene nel limite di tali plafond.

Compensazione perdite di periodo con altri redditi d'impresa

Le perdite del periodo possono compensare eventuali ulteriori redditi d'impresa conseguiti dal soggetto IRPEF nel medesimo periodo d'imposta derivanti o dall'esercizio di attività d'impresa in forma individuale, o dalla partecipazione a società di persone o, infine, dalla partecipazione a Srl in regime di trasparenza fiscale (art. 116, D.P.R. n. 917/1986). In questi casi, la compensazione **non è soggetta al limite dell'80%**.

CASO 2 - Perdita compensata con altro reddito del periodo

Si supponga il caso di una Snc con due soci A (partecipazione al 60%) e B (partecipazione al 40%) che, nel periodo d'imposta x abbia conseguito una perdita di 60.000 euro.
Il socio A, nello stesso periodo d'imposta x, ha anche redditi derivanti da impresa individuale per 50.000 euro.
In tal caso:
1) per il socio A si avrà:
Perdita attribuita dalla snc al socio A: 60.000 * 60% = 36.000 euro
Reddito netto del socio A: 50.000 - 36.000 = 14.000 euro
2) al socio B si attribuirà la perdita di 24.000 euro che potrà eventualmente scomputare l'anno seguente, nel limite dell'80% dell'eventuale reddito attribuitogli dalla Snc.

Disciplina transitoria

Sono previste due diverse **discipline transitorie**:
- la prima applicabile solo alle **imprese in contabilità semplificata** (➔14.6.) (art. 1, c. 25, Legge n. 145/2018);
- l'altra di **carattere generale** (art. 1, c. 26, Legge n. 145/2018).

Per le imprese in **contabilità semplificata** le perdite:
- del periodo d'imposta 2018, sono computate in diminuzione dei relativi redditi conseguiti nei periodi di imposta 2019 e 2020 in misura non superiore, rispettivamente, al **40%** e al **60%** dei medesimi redditi e per l'intero importo che trova capienza in essi;
- del periodo d'imposta 2019 sono computate in diminuzione dei relativi redditi conseguiti nel periodo d'imposta 2020 in misura non superiore al **60%** dei medesimi redditi e per l'intero importo che trova capienza in essi.

IRPEF

CASO 3 - Perdita soggetti in contabilità semplificata - Disciplina transitoria

Si supponga il caso di una impresa individuale in contabilità semplificata che presenta la seguente situazione:

	Periodo d'imposta			
	2018	2019	2020	2021
Reddito o (perdita) d'impresa in euro	(40.000)	30.000	20.000	40.000

L'utilizzo delle perdite avverrà nel seguente modo:

1) **Reddito 2019** = 30.000 euro
- Perdita utilizzabile = (30.000 euro × 40%) = 12.000 euro
- Reddito netto = (30.000 - 12.000) = 18.000 euro
- Perdita residua = 40.000 - 12.000 = 28.000 euro

2) **Reddito 2020** = 20.000 euro
- Perdita utilizzabile = (20.000 euro × 60%) = 12.000 euro
- Reddito netto = (20.000 - 12.000) = 8.000 euro
- Perdita residua = 28.000 - 12.000 = 16.000 euro

3) **Reddito 2021** = 40.000 euro
- Perdita utilizzabile = (40.000 × 80%) = 32.000 euro > 16.000 euro
- Reddito netto = (40.000 - 16.000) = 24.000 euro
- Perdita residua = 0

L'altra disciplina transitoria di **carattere generale** si applica alle perdite del periodo d'imposta 2017, per la parte non compensata in base alle regole previgenti alle modifiche apportate dalla Legge di bilancio 2019.

In particolare, è disposto che tali perdite sono computate in diminuzione dei relativi redditi conseguiti:
- nei periodi di imposta 2018 e 2019: in misura **non superiore al 40%** dei medesimi redditi, per l'intero importo che trova capienza in essi;
- nel periodo d'imposta 2020, in misura **non superiore al 60%** dei medesimi redditi e per l'intero importo che trova capienza in essi.

Le **limitazioni** previste dal regime transitorio in relazione all'utilizzo delle perdite prodotte negli anni 2017, 2018 e 2019 dalle imprese in contabilità semplificata **si applicano** anche se l'impresa abbia **successivamente adottato** la **contabilità ordinaria**. Infatti, la limitazione prevista dalla norma intende colpire l'ammontare delle perdite maturate nel 2017 dalle imprese in contabilità semplificata per effetto dell'introduzione del regime di cassa e, quindi, opera indipendentemente dall'eventuale e successiva opzione per il regime di contabilità ordinaria (circ. 10 aprile 2019, n. 8/E).

DETERMINAZIONE DEI REDDITI 2.6.

I redditi (e le perdite) che concorrono a formare il reddito complessivo sono determinati **distintamente per ciascuna categoria** (art. 9, c. 1, D.P.R. n. 917/1986).

Per ogni singola categoria reddituale sono previsti **autonomi criteri** di determinazione della base imponibile e il reddito complessivo è costituito dalla **somma algebrica** di tutti i redditi prodotti dalla persona fisica.

Costituiscono **redditi della stessa categoria** di quelli cui si riferiscono:
- i proventi conseguiti in **sostituzione di redditi**, anche per effetto di cessione dei relativi crediti;
- le indennità conseguite, anche in forma assicurativa, a titolo di **risarcimento di danni** consistenti nella perdita di redditi, esclusi quelli dipendenti da invalidità permanente o da morte;
- gli **interessi moratori** e interessi per dilazione di pagamento;
- i proventi derivanti da fatti, atti o attività **illecite** (➜2.2.3.).

Mentre per le **persone fisiche** e per gli **enti non commerciali** il reddito complessivo è determinato dalla somma algebrica di tutti i redditi, per le **società e** gli **enti commerciali** dotati di personalità giuridica il reddito complessivo, da qualsiasi fonte provenga, è considerato **reddito d'impresa**.

Conseguentemente, per le società e gli enti commerciali, le singole categorie reddituali concorrono alla formazione del reddito complessivo determinato secondo i criteri e le regole proprie del reddito di impresa.

IRPEF

2.7. CRITERI DI VALUTAZIONE

Accanto ai normali criteri di valutazione dei redditi, sono previsti alcuni principi generali di **valutazione**, applicabili quando le componenti di reddito non sono costituite da **moneta corrente** (art. 9, c. 2, 3 e 4, D.P.R. n. 917/1986).

2.7.1. Valore normale

I corrispettivi, i proventi, le spese e gli oneri **in natura** sono valutati in base al **valore normale** dei beni e dei servizi da cui sono costituiti.

Regola generale

La determinazione del valore normale deve essere effettuata facendo riferimento al **prezzo o corrispettivo** mediamente praticato (art. 9, c. 3, D.P.R. n. 917/1986):

- per i beni e per i servizi della stessa specie o **similari**;
- in condizioni di **libera concorrenza** e al medesimo stadio di commercializzazione;
- nel tempo e nel luogo in cui i beni o servizi sono stati acquistati (o prestati) e, in mancanza, nel tempo e nel luogo **più prossimi**.

Per la determinazione del prezzo mediamente praticato occorre far riferimento:

- ai **listini** o alle **tariffe** del soggetto che ha fornito i beni o i servizi;
- alle **mercuriali**, ai **listini delle camere di commercio** e alle **tariffe professionali**;
- tenendo conto degli eventuali **sconti d'uso** praticati.

Partecipazioni e titoli quotati

Per le azioni, le obbligazioni e gli altri titoli negoziati in mercati regolamentati italiani o esteri, la determinazione del valore normale avviene in base alla **media aritmetica** dei prezzi rilevati nell'ultimo mese (art. 9, c. 4, lett. a), D.P.R. n. 917/1986).

Per "**ultimo mese**" non deve intendersi il mese solare precedente, ma il periodo che va dal giorno di riferimento allo stesso giorno del mese solare precedente (circ. 25 febbraio 2000, n. 30/E).

Partecipazioni e titoli non quotati

Il valore normale delle altre azioni, delle quote di società non azionarie e dei titoli o quote di partecipazione al capitale di enti diversi dalle società, è determinato in **proporzione** al valore del **patrimonio netto** della società o ente.

Nel caso in cui una società sia di nuova costituzione, il valore normale va determinato in proporzione all'ammontare complessivo dei conferimenti (art. 9, c. 4, lett. b), D.P.R. n. 917/1986).

Obbligazioni e altri titoli non quotati

Per le obbligazioni e gli altri titoli diversi dai titoli quotati e dalle partecipazioni non quotate, il valore normale è determinato comparativamente al valore normale dei titoli aventi **analoghe caratteristiche** negoziati in mercati regolamentati italiani o esteri (art. 9, c. 4, lett. c), D.P.R. n. 917/1986). In mancanza di tali riferimenti, il valore normale è determinato in base ad altri elementi determinabili in modo obiettivo (ris. 25 luglio 2005, n. 99/E).

2.7.2. Valutazione proventi ed oneri in valuta estera

Per la determinazione dei redditi e delle perdite i corrispettivi, i proventi, le spese e gli oneri in valuta estera sono valutati:

- secondo il **cambio del giorno** in cui sono stati percepiti o sostenuti o del giorno antecedente più prossimo;
- in mancanza, secondo il **cambio del mese** in cui sono stati percepiti o sostenuti.

I **redditi in natura** sono valutati in base al valore normale dei beni e dei servizi da cui sono costituiti (➜2.7.1.).

In caso di **conferimenti** o **apporti in società** o in altri enti, si considera corrispettivo conseguito il valore normale dei beni e dei crediti conferiti.

Se le azioni o i titoli ricevuti sono negoziati in **mercati regolamentati** italiani o esteri e il conferimento o l'apporto è proporzionale, il corrispettivo non può essere inferiore al valore normale determinato secondo le regole espresse in relazione ai **titoli quotati**.

2.8. CONFERIMENTI IN SOCIETÀ

Ai fini delle imposte sui redditi, gli atti a titolo oneroso che importano **costituzione** o **trasferimento** di **diritti reali di godimento** e i conferimenti in società sono equiparati alle cessioni a titolo oneroso (art. 9, c. 5, D.P.R. n. 917/1986).

ALIQUOTE IRPEF 2.9.

Dal 1° gennaio 2022, sono cambiate le aliquote e gli scaglioni IRPEF.
Sul reddito imponibile si applicano le seguenti aliquote IRPEF, **progressive per scaglioni di reddito** (art. 11, D.P.R. n. 917/1986):

Da euro	A euro	Aliquota
0,00	15.000	23%
15.001	28.000	25%
28.001	50.000	35%
50.001		43%

CASO 4 - Calcolo dell'IRPEF lorda 2022

Si supponga il caso di una persona fisica che, per il periodo d'imposta 2022, abbia percepito un **reddito imponibile** pari a **35.870 euro**.
Il calcolo dell'IRPEF lorda avviene nel seguente modo:
- su 15.000 euro si applica l'aliquota del 23%;
- da 15.000 euro a 28.000 euro (quindi su 13.000 euro) si applica l'aliquota del 25%;
- da 28.000 a 35.870 euro (quindi su 7.870 euro) si applica l'aliquota del 35%.

Quindi l'**IRPEF lorda** sarà:
(15.000 * 23%) + (13.000 * 25%) + (7.870 * 35%) = 3.450 + 3.250 + 2.754,50 = **9.454,50 euro**.

Aliquote fino al 2021 - Fino al periodo d'imposta 2021, sul reddito imponibile si applicano le seguenti aliquote IRPEF, **progressive per scaglioni di reddito**:

Da euro	A euro	Aliquota
0,00	15.000	23%
15.001	28.000	27%
28.001	55.000	38%
55.001	75.000	41%
75.001		43%

CASO 5 - Calcolo dell'IRPEF lorda 2021

Si riprenda la situazione del contribuente di cui al Caso 4, ma con riferimento al periodo d'imposta 2021.
Il calcolo dell'IRPEF lorda avviene nel seguente modo:
- su 15.000 euro si applica l'aliquota del 23%;
- da 15.000 euro a 28.000 euro (quindi su 13.000 euro) si applica l'aliquota del 27%;
- da 28.000 a 35.870 euro (quindi su 7.870 euro) si applica l'aliquota del 38%.

Quindi l'**IRPEF lorda** sarà:
(15.000 * 23%) + (13.000 * 27%) + (7.870 * 38%) = 3.450 + 3.510 + 2.990,60 = **9.950,60 euro**.

ESONERI IRPEF 2.10.

Pensionati e redditi di terreni 2.10.1.

L'IRPEF non è dovuta qualora al reddito complessivo concorrano esclusivamente redditi di pensione di importo non superiore a 7.500 euro, redditi di terreni di importo non superiore a 185,92 euro e reddito dell'unità immobiliare adibita ad abitazione principale e delle relative pertinenze (c.d. ***no tax area***) (art. 11, c. 2, D.P.R. n. 917/1986).
Di conseguenza:
- non sono dovute neppure le relative addizionali IRPEF regionale e comunale;
- non deve essere presentata la dichiarazione dei redditi (sempreché il contribuente non sia obbligato alla tenuta delle scritture contabili).

Il limite di pensione di 7.500 euro deve essere riferito all'**intero anno**.

Pertanto, in caso di possesso di redditi di pensione percepiti per un periodo inferiore all'anno, fermo restando la sussistenza delle altre condizioni richieste dalla norma, l'esonero spetta solo se il reddito, **rapportato all'intera annualità** risulta uguale o inferiore al predetto limite.

2.10.2. Redditi fondiari non superiori a 500 euro

L'IRPEF non è dovuta se alla formazione del reddito complessivo concorrono soltanto redditi fondiari (art. 25, D.P.R. n. 917/1986) di importo complessivo non superiore a 500 euro (art. 11, c. 2-bis, D.P.R. n. 917/1986).

Ai fini della verifica del superamento del limite di 500 euro occorre tener conto degli effetti sostitutivi dell'IMU rispetto a IRPEF e relative addizionali sui redditi fondiari relativi agli immobili non locati o non affittati (➡**10.1.6.**).

ONERI DEDUCIBILI

3.

REGOLE GENERALI

3.1.

Nella determinazione del reddito imponibile, a parte spese specifiche per ogni tipologia di reddito, esistono alcuni **oneri e spese**:

- **deducibili dal reddito complessivo**, a prescindere dalla composizione del reddito stesso;
- **detraibili** dall'imposta (➡**6.** e ➡**7.**).

Gli oneri e le spese abbattono il reddito complessivo nel **periodo d'imposta** in cui sono stati effettivamente sostenuti (**principio di cassa**).

> In caso di spese effettuate mediante **carta di credito** rileva il momento in cui è stata utilizzata la carta e non assume nessuna rilevanza, invece, il diverso e successivo momento in cui avviene l'addebito sul conto corrente del titolare della carta, momento che può quindi collocarsi anche in un periodo d'imposta successivo (ris. 23 aprile 2007, n. 77/E).

IRPEF

Limite alla deduzione - La deduzione nella maggior parte dei casi può essere fruita solo nel **limite del reddito complessivo**.

L'eventuale **eccedenza** non può quindi essere chiesta a rimborso né portata in deduzione nel periodo d'imposta successivo, tranne che non vi sia un'espressa previsione normativa.

Un'**eccezione** a tale regola generale è prevista per le somme restituite al soggetto erogatore che hanno concorso a tassazione negli **anni precedenti** (➡**3.11.**) (art. 10, c. 1, lett. d-bis), D.P.R. n. 917/1986).

3.1.1. Condizioni per la deducibilità

Affinché l'onere sia **deducibile** occorre che vengano rispettate alcune **condizioni** (circ. 4 aprile 2017, n. 7/E e circ. 27 aprile 2018, n. 7/E):

- gli oneri e le spese devono rientrare tra quelli **previste dalla legge** (D.P.R. n. 917/1986 o altre disposizioni di legge), in quanto esiste una elencazione tassativa;
- gli oneri e le spese devono essere indicati nella **dichiarazione dei redditi** relativa all'anno in cui sono stati sostenuti e idoneamente documentati;
- la deduzione spetta solo se gli oneri e le spese restano effettivamente **a carico di chi li ha sostenuti**;
- per alcuni oneri è prevista la deducibilità anche se sostenuti nell'**interesse di persone fiscalmente a carico** del contribuente (➡**3.1.2.**), mentre per altri, tale possibilità è riservata anche per i **familiari non a carico**;
- gli oneri e le spese devono risultare da **apposita documentazione** (fattura, ricevuta, ecc.).

3.1.2. Spese sostenute dal contribuente nell'interesse di terzi

Regole generali

Tipologia	Regola
Spese sostenute a favore di persone fiscalmente a carico **di più soggetti** (ad esempio, per il figlio a carico di entrambi i genitori)	L'onere va ripartito in **proporzione** alla quota effettivamente sostenuta
Spesa sostenuta **per i figli**	La deduzione/detrazione spetta, ove possibile, al genitore cui **è intestato** il documento che certifica la spesa
Documento che comprova la spesa **intestato al figlio**	Le spese devono essere ripartite **tra i due genitori** nella proporzione in cui le hanno effettivamente sostenute
Volontà di ripartire le spese in **misura diversa** dal 50%	Nel documento che comprova la spesa occorre **annotare** la percentuale di ripartizione
Uno dei due coniugi **fiscalmente a carico** dell'altro	Il coniuge non a carico può considerare **l'intero ammontare** della spesa
Spese sostenute per soggetti **non a carico** (ad eccezione delle spese sanitarie sostenute per familiari affetti da gravi patologie e delle spese mediche e di assistenza specifica per portatori di handicap)	**Non sono deducibili** né per la persona che ha sostenuto l'onere né per quella che ha beneficiato della prestazione (circ. 14 giugno 2001, n. 55/E)

Coniuge e figli fiscalmente a carico

Possono essere considerati a carico (➡**4.1.**) (art. 12, c. 2, D.P.R. n. 917/1986; art. 433 c.c.):

- il **coniuge** non legalmente ed effettivamente separato;
- i **figli** naturali riconosciuti, adottivi, affiliati a affidati, indipendentemente dal superamento di determinati limiti di età e dal fatto che siano o meno dediti agli studi o al tirocinio gratuito.

Altri familiari fiscalmente a carico

Possono essere considerati a carico anche i seguenti altri familiari, a condizione che **convivano** con il contribuente o che ricevano dallo stesso, **assegni alimentari** non risultanti da provvedimenti dell'Autorità giudiziaria:

- coniuge **legalmente ed effettivamente separato**;
- **discendenti** dei figli;
- **genitori**, compresi i genitori naturali e quelli adottivi;

- **generi** e **nuore**;
- **suocero** e **suocera**;
- **fratelli** e **sorelle**, anche unilaterali;
- **nonni** e **nonne**, compresi quelli naturali.

Familiari	Oneri deducibili
Fiscalmente a carico[1]	- **spese sanitarie** sostenute per i soggetti affetti da grave e permanente invalidità o menomazione (➡3.6.) (art. 10, c. 1, lett. b), D.P.R. n. 917/1986); - **contributi previdenziali ed assistenziali** (art. 10, c. 1, lett. e), D.P.R. n. 917/1986) (➡3.2.); - oneri di **previdenza complementare** e i contributi versati ai fondi integrativi del servizio sanitario nazionale, per la quota non dedotta dal familiare stesso (art. 10, c. 1, lett. e-ter), D.P.R. n. 917/1986).
Fiscalmente non a carico	**spese sanitarie** sostenute per i soggetti affetti da grave e permanente invalidità o menomazione (➡3.6.) (art. 10, c. 1, lett. b), D.P.R. n. 917/1986).
[1] La deduzione spetta anche se non si fruisce delle detrazioni per carichi di famiglia (quest'ultime, invece, sono attribuite interamente ad un altro soggetto).	

Tipologie di oneri deducibili 3.1.3.

Tipologia onere deducibile	Spese sostenute dal contribuente	Riferimenti
Contributi previdenziali e assistenziali (➡3.2.)	Nell'interesse proprio o dei familiari fiscalmente a carico	art. 10, c. 1, lett. e), D.P.R. n. 917/1986
Assegno periodico corrisposto al coniuge (➡3.7.)	Nell'interesse proprio	art. 10, c. 1, lett. c), D.P.R. n. 917/1986
Contributi per gli addetti ai servizi domestici e familiari (➡3.9.)	Nell'interesse proprio	art. 10, c. 2, D.P.R. n. 917/1986
Contributi ed erogazioni liberali a favore di Istituzioni religiose (➡3.8.1.)	Nell'interesse proprio	art. 10, c. 1, lett. i) e l), D.P.R. n. 917/1986
Spese mediche e di assistenza specifica per le persone con disabilità (➡3.6.)	Nell'interesse proprio o di familiari anche se non fiscalmente a carico	art. 10, c. 1, lett. b), D.P.R. n. 917/1986
Contributi versati ai fondi integrativi del servizio sanitario nazionale (➡3.4.)	Nell'interesse proprio o dei familiari fiscalmente a carico	art. 10, c. 1, lett. e-ter), D.P.R. n. 917/1986
Contributi alle ONG (➡3.8.2.)	Nell'interesse proprio	art. 10, c. 1, lett. g), D.P.R. n. 917/1986
Erogazioni liberali alle Onlus, alle associazioni di promozione sociale e ad altri enti (➡3.8.3.)	Nell'interesse proprio	D.Lgs. n. 460/1997, Legge n. 383/2000, D.Lgs. n. 42/2004
Erogazioni liberali a favore di università, enti di ricerca, ecc. (➡3.8.4.)	Nell'interesse proprio	art. 10, c. 1, lett. l-quater), D.P.R. n. 917/1986
Erogazioni liberali a favore di trust (➡3.8.5.)	Nell'interesse proprio	art. 6, c. 9, Legge n. 112/2016
Contributi versati a casse di assistenza sanitaria con fini esclusivamente assistenziali (➡3.5.)	Nell'interesse proprio o di familiari anche se non fiscalmente a carico	art. 51, c. 2, lett. a), D.P.R. n. 917/1986
Contributi e premi per forme pensionistiche complementari ed individuali (➡3.3.)	Nell'interesse proprio o dei familiari fiscalmente a carico	art. 10, c. 1, lett. e-bis), D.P.R. n. 917/1986
Somme restituite al soggetto erogatore (➡3.1.11.)	Nell'interesse proprio	art. 10, c. 1, lett. d-bis), D.P.R. n. 917/1986

Tipologia onere deducibile	Spese sostenute dal contribuente	Riferimenti
Altri oneri (➡3.11.)	Nell'interesse proprio	art. 10, c. 1, lett. a), d), f), h), l-bis), l-ter), D.P.R. n. 917/1986

3.1.4. Unioni civili

Le norme che si riferiscono al matrimonio e quelle contenenti le parole "coniuge", "coniugi" o termini equivalenti, ovunque ricorrono nelle leggi, negli atti aventi forza di legge, nei regolamenti nonché negli atti amministrativi e nei contratti collettivi, si applicano anche ad ognuna delle parti dell'unione civile tra persone dello stesso sesso (art. 1, c. 20, Legge n. 76/2016 - c.d. Legge Cirinnà).

Tale equiparazione non è, invece, disposta per le **convivenze di fatto** (art. 1, c. 36 e 37, Legge n. 76/2016), tra due persone maggiorenni, unite stabilmente da legami affettivi di coppia e di reciproca assistenza morale e materiale, coabitanti ed aventi dimora abituale nello stesso comune (circ. 4 aprile 2017, n. 7/E).

3.1.5. Spese rimborsate

Fattispecie	Regole
Rimborso che **non ha concorso al reddito**	La deduzione **non spetta**.
Rimborso inferiore alla **spesa sostenuta**	La deduzione è calcolata solo sulla parte **non rimborsata**.
Rimborso che riguarda oneri sostenuti in **anni precedenti** per i quali il contribuente ha già beneficiato della deduzione[1]	Il rimborso avviene **nello stesso anno** in cui gli oneri sono sostenuti: le spese sostenute sono **ininfluenti** ai fini delle detrazioni spettanti. Il rimborso avviene **in anni successivi**: le somme rimborsate sono assoggettate a **tassazione separata** (art. 17, c. 1, lett. n-bis), D.P.R. n. 917/1986) nell'anno del rimborso.

[1] Fanno eccezione i rimborsi di spese mediche che non rilevano in presenza di alcune condizioni (➡6.2.).

3.1.6. Somme erogate dal datore di lavoro sotto forma di rimborsi spese

Sono **escluse** dal reddito di lavoro dipendente le somme erogate dal datore di lavoro sotto forma di **rimborsi spese** che, se non rimborsate, avrebbero dato diritto a detrazioni d'imposta o alla deduzione dal reddito (➡12.1.2.) (art. 51, c. 2, lett. f-bis) e f-ter), D.P.R. n. 917/1986).
Devono ricorrere entrambe le seguenti **condizioni**:
- il rimborso **non concorre** alla formazione del reddito;
- la spesa rimborsata costituisce **onere detraibile o deducibile**.

Tali spese, se sostenute dal dipendente in misura maggiore al rimborso ottenuto dal datore di lavoro, danno diritto alla detrazione/deduzione per la parte non rimborsata.
Nel caso di **spese detraibili entro determinati limiti di importo**, la detrazione spetta nei limiti indicati per l'importo non rimborsato.
Se il rimborso riguarda **oneri sostenuti in anni precedenti** per i quali il contribuente ha **già beneficiato della detrazione**, le somme rimborsate devono essere assoggettate a tassazione separata (art. 17, c. 1, lett. n-bis), D.P.R. n. 917/1986).

Le detrazioni possono essere fruite solo nel **limite dell'imposta lorda**, al netto delle detrazioni per familiari a carico e da lavoro.
L'eventuale **eccedenza** viene quindi persa dal contribuente, non potendo essere chiesta a rimborso né portata in detrazione nel periodo d'imposta successivo.
Eccezione a tale regola generale è prevista per i **canoni di locazione** detraibili (➡6.16.) (art. 16, D.P.R. n. 917/1986).
In caso di incapienza dell'imposta lorda, agli affittuari viene riconosciuta una somma corrispondente alla detrazione non fruita.

Soci di società semplice 3.1.7.

I soci di **società semplice** hanno diritto di detrarre dal reddito o dedurre dall'imposta personale gli oneri, nella **stessa misura** con la quale partecipano al reddito della società (art. 15, c. 3 e art. 10, c. 3, D.P.R. n. 917/1986).

CASO 1 - Calcolo spese deducibili/detraibili in caso di società semplice

Si consideri il caso di una società semplice ALFA costituita dai seguenti soci:

- socio X al 30%;
- socio Y al 20%;
- socio Z al 50%.

Nel corso del periodo d'imposta la società ALFA sostiene spese deducibili (o detraibili) per 10.000 euro.

In dichiarazione, i singoli soci indicheranno la parte di spesa rapportata alla loro quota di partecipazione nella società ALFA. In particolare:

- il socio X indicherà 3.000 euro;
- il socio Z indicherà 2.000 euro;
- il socio K indicherà 5.000 euro.

CONTRIBUTI PREVIDENZIALI E ASSISTENZIALI OBBLIGATORI E FACOLTATIVI 3.2.

Sono deducibili i **contributi previdenziali e assistenziali** (art. 10, c. 1, lett. e), D.P.R. n. 917/1986) versati:

- a seguito di disposizioni imperative di legge, la cui **inosservanza** dà luogo a **sanzioni** dirette o indirette;
- alla gestione della forma pensionistica **obbligatoria d'appartenenza** qualunque sia la causa che origina il versamento (ad esempio il contributo versato dai biologi all'ENPAB - ris. 3 marzo 2011, n. 25/E).

Inoltre, sono deducibili dal reddito complessivo i contributi previdenziali **versati facoltativamente** alla gestione della forma pensionistica obbligatoria di appartenenza, qualunque sia la causa che origina il versamento, che può rinvenirsi nei riscatti, nella prosecuzione volontaria del versamento dei contributi nonché nella ricongiunzione di periodi assicurativi maturati presso altre gestioni previdenziali obbligatorie (risposta a interpello 19 ottobre 2020, n. 482).

Tipologia contributi	Deducibilità
Contributi previdenziali e assistenziali **obbligatori**	Sì
Contributi previdenziali versati alla **gestione separata dell'INPS** nella misura effettivamente rimasta a carico del contribuente e assistenziali	Sì
Contributi **agricoli unificati** versati all'INPS - Gestione *ex* SCAU - per costituire la propria posizione previdenziale e assistenziale (è indeducibile la parte dei contributi che si riferisce ai lavoratori dipendenti) (circ. 15 maggio 1997, n. 137/E, risposta 4.2.1)	Sì
Contributi previdenziali e assistenziali versati facoltativamente alla gestione della forma pensionistica obbligatoria di appartenenza per la **ricongiunzione di periodi assicurativi**	Sì
Contributi versati per il **riscatto degli anni di laurea** (sia ai fini pensionistici che ai fini della buonuscita) e per la **prosecuzione volontaria**, ecc.	Sì
Contributi versati per l'assicurazione obbligatoria INAIL riservata alle persone del nucleo familiare per la tutela contro gli infortuni domestici (cosiddetta "**assicurazione casalinghe**") (circ. 7 giugno 2002, n. 48/E, risposta 1.7)	Sì
Contributi intestati al **coniuge defunto** e versati dal coniuge superstite, in quanto il mancato pagamento degli stessi avrebbe impedito a quest'ultimo, in qualità di erede, di beneficiare del trattamento pensionistico (ris. 28 aprile 2009, n. 114/E) N.B. Dalle ricevute di pagamento deve risultare che l'onere è stato integralmente assolto dal coniuge superstite sebbene il titolo di pagamento sia intestato al *de cuius*	Sì

Tipologia contributi	Deducibilità
Premi INAIL a carico dei collaboratori coordinati e continuativi, nonché quelli dovuti dalle casalinghe (circ. 14 giugno 2001, n. 55/E e 7 giugno 2002, n. 48/E)	SÌ
Contributi previdenziali dovuti dal **contribuente defunto** (ris. 28 aprile 2009, n. 114/E) N.B. Possono essere portati in deduzione nella dichiarazione dei redditi del coniuge superstite che ha provveduto al versamento per ottenere la pensione di reversibilità	SÌ
Somme versate all'INPS per ottenere l'abolizione del divieto di cumulo tra pensione di anzianità e di attività di lavoro e quelle relative alla **regolarizzazione dei periodi pregressi** (circ. 10 giugno 2004, n. 24/E, risposta 7)	NO
Contributi versati al SSN con i **premi di assicurazione RC auto**	NO
Contributi previdenziali INPS, versati alla gestione separata, rimasti a carico del titolare dell'**assegno di ricerca** né per il titolare dell'assegno stesso, né per il familiare di cui è, eventualmente, a carico (circ. 13 maggio 2011, n. 20/E, risposta 5.5)	NO
Tasse di iscrizione all'albo versate da figure professionali	NO
Somme versate per **sanzioni ed interessi moratori** comminati per violazioni inerenti i contributi versati (ris. 28 aprile 2009, n. 114/E)	NO
Contributi previdenziali, trattenuti e versati all'INPS dall'ente di ricerca in caso di conferimento di assegni per la **collaborazione ad attività di ricerca** (art. 51, c. 6, Legge n. 449/1997) (circ. 13 maggio 2011, n. 20/E)	NO

3.2.1. Contributi corrisposti per conto di altri

Nel caso in cui i contributi siano corrisposti per conto di altri, se la legge prevede il **diritto di rivalsa**, la **deduzione compete** alle **persone per conto delle quali i contributi sono versati**.

Tale regola subisce una **eccezione** in merito ai contributi obbligatori versati dal datore di lavoro per gli addetti ai **servizi domestici** (colf) e all'**assistenza personale e familiare** (ad es. baby sitter, badanti per anziani, ecc.), che sono deducibili per il datore stesso (entro il limite di 1.549,37 euro) (➡**3.9.**).

Ai fini della deducibilità, da parte dell'**erede**, dei contributi previdenziali corrisposti alla forma pensionistica obbligatoria di appartenenza del *de cuius*, è necessario che l'onere sia stato integralmente assolto dall'erede (risposta a interpello 18 luglio 2019, n. 267).

3.2.2. Contributi versati nell'interesse di persone fiscalmente a carico

I contributi sono deducibili anche se versati nell'interesse di persone fiscalmente a carico (circ. 12 giugno 2002, n. 50/E, risp. 3.4) tenendo conto che:

- la deduzione può essere fruita **indifferentemente** dal soggetto nel cui interesse i contributi sono versati o dal soggetto di cui questi è a carico;
- la **spesa può essere suddivisa fra i due soggetti**, sempreché effettivamente rimasta a carico di chi intende fruire della deduzione;
- se il soggetto a favore del quale sono stati versati i contributi è a carico di più soggetti, i contributi si **ripartiscono in proporzione alla spesa sostenuta da ciascuno** secondo le regole generali (➡**3.1.2.**).

3.2.3. Contributi sospesi per calamità

I contributi sospesi in conseguenza di calamità pubbliche:

- sono **deducibili** nei periodi d'imposta in cui opera la sospensione (circ. 4 agosto 2006, n. 28/E, risp. 41);
- se non sono stati dedotti negli anni della sospensione, possono essere dedotti **nell'anno del versamento** (art. 36, c. 32, D.L. n. 223/2006).

3.2.4. Contributi versati da imprenditori e professionisti

I contributi, obbligatori e facoltativi, versati da **imprenditori e lavoratori autonomi**, non sono deducibili dal singolo reddito, ma dal **reddito complessivo**, poiché sono a vantaggio della persona e non costituiscono costo di produzione di alcun reddito (ris. 8 marzo 2002, n. 79/E).

Per i contributi versati da professionisti a **casse di previdenza professionali**, occorre distinguere tra:
- contributo soggettivo;
- contributo oggettivo.

Tipo di contributo	Deducibilità
Contributo soggettivo	**SÌ**: la deducibilità riguarda i contributi versati a **casse professionali**, da parte dei professionisti iscritti alle stesse (ad esempio dottori commercialisti, ragionieri, avvocati, notai, ingegneri, architetti, consulenti del lavoro, geometri, medici, farmacisti, veterinari, ecc.).
Contributo integrativo	**SÌ**: se rimasto effettivamente a carico del contribuente (per l'intero, nel caso di volume d'affari uguale a zero, o unicamente per quella quota differenziale che prescinde dal volume d'affari realizzato e che non è suscettibile di rivalsa); **NO**: se il professionista non esercita la rivalsa sul cliente, ancorché il contributo integrativo rimanga (in tutto o in parte) a proprio carico (ris. 18 maggio 2006, n. 69/E; ris. 3 marzo 2011, n. 25/E); **NO**: se addebitato in fattura (in genere del 2%, 4% o 5%), in quanto onere a carico del cliente, ancorché versato dal professionista (Cass. n. 20784/2016, 13465/2014, Cass. n. 14019/2007).

CONTRIBUTI PER PREVIDENZA COMPLEMENTARE 3.3.

Sono deducibili dal reddito complessivo i contributi versati (art. 10, c. 1, lett. e-bis), D.P.R. n. 917/1986):
- ai **fondi negoziali** residenti nel territorio dello Stato su **base contrattuale collettiva** (fondi chiusi o aperti);
- alle **forme pensionistiche individuali** (adesione a fondi pensione aperti o a contratti di assicurazione);
- alle forme pensionistiche complementari istituite negli **Stati membri dell'Unione Europea** e in Norvegia e Islanda (sono i Paesi aderenti allo Spazio economico europeo con i quali l'Italia ha stipulato un accordo che assicuri un effettivo scambio di informazioni).

Il **limite di deducibilità** è, salvo eccezioni, di **5.164,57 euro** ed è riferibile ai contributi:
- versati dal datore di lavoro o da esso trattenuti;
- versati direttamente dal contribuente;
- relativi ai familiari fiscalmente a carico (➔3.3.4.).

Non rileva il conferimento del TFR maturando ai fondi pensione.
In caso di versamenti di contributi di **importo inferiore** al predetto limite, l'ammontare residuo della deduzione non utilizzata non può essere riportato **in avanti** e utilizzato nei periodi d'imposta successivi.

Le condizioni e i limiti di deducibilità sono **applicabili a tutti i contribuenti**, compresi coloro che producono redditi diversi da quelli di lavoro e coloro che hanno scelto di proseguire volontariamente il versamento dei contributi oltre l'età pensionabile prevista dal regime obbligatorio di appartenenza.

Se, oltre al contributo, viene versata una quota associativa, il relativo importo non è deducibile, anche se è trattenuto dal datore (ris. 25 luglio 2005, n. 96/E).

Lavoratori dipendenti - Il datore di lavoro trattiene l'importo a carico del dipendente, riconoscendo l'esclusione di tali somme dalla formazione del reddito di lavoro dipendente su cui applicare le ritenute alla fonte e ne dà indicazione dettagliata nel Mod. CU (➔12.6.26.).

Contributi a deducibilità ordinaria 3.3.1.

I contributi versati dal contribuente e dal datore di lavoro alle forme pensionistiche complementari relative sia ai fondi negoziali che alle forme pensionistiche individuali sono deducibili nel **limite di 5.164,57 euro**.

Contributi versati da lavoratori di prima occupazione 3.3.2.

I lavoratori di prima occupazione, successiva **al 1° gennaio 2007**, oppure i contribuenti che a quella data non avevano una posizione contributiva aperta presso un qualsiasi ente di previdenza obbligatoria, possono dedurre i contributi versati entro il **limite di 5.164,57 euro** (circ. 18 dicembre 2007, n. 70/E, paragrafo 2.8).

Se tali lavoratori nei **primi 5 anni** di partecipazione ad una forma di previdenza complementare hanno effettuato versamenti per un importo **inferiore al limite di 5.164,57 euro**, possono beneficiare di un limite di deduzione più elevato **per i 20 anni successivi** al **quinto anno** di partecipazione.
Tali soggetti possono dedurre i contributi eccedenti il limite massimo di 5.164,57 euro, fino ad un ammontare pari alla **differenza** tra:
- l'importo di **25.822,85 euro** (5.164,57 euro per 5 anni);
- i contributi effettivamente versati nei primi 5 anni e, comunque, nel limite di **2.582,29 euro** annui.

Il plafond accumulato dai lavoratori di prima occupazione nei **primi 5 anni** può essere utilizzato ogni volta che viene effettuato un versamento di contributi eccedenti di 5.164,57 euro:
- a decorrere dal **sesto anno**;
- entro il limite complessivo annuo di **7.746,86 euro**.

3.3.3. Contributi versati a fondi in squilibrio finanziario

I soggetti iscritti alle forme pensionistiche, per le quali è stato accertato lo **squilibrio finanziario** e approvato il **piano di riequilibrio** da parte del Ministero del lavoro e della previdenza sociale, possono dedurre **interamente** i contributi versati.
In caso di **contemporanea** iscrizione ad un fondo in situazione di squilibrio finanziario e ad altre forme di previdenza complementare, il contribuente può dedurre dal reddito complessivo i contributi versati:
- al fondo in squilibrio finanziario, **integralmente**;
- al fondo non in squilibrio finanziario, nel limite pari alla **differenza** tra 5.164,57 euro e l'ammontare dei contributi versati ai fondi in squilibrio finanziario (circ. 18 dicembre 2007, n. 70/E, par. 2.7).

3.3.4. Contributi versati per familiari a carico

È possibile dedurre i contributi versati per i familiari fiscalmente a carico per la quota da questi non dedotta.
La deduzione spetta prioritariamente al soggetto titolare della posizione previdenziale e, solamente se il reddito complessivo del familiare a carico non è capiente e non consente la deducibilità delle somme versate, l'eccedenza può essere portata in deduzione dal familiare cui è fiscalmente a carico.
Se la persona a favore della quale sono stati versati i contributi di previdenza complementare è **a carico di più soggetti**, si applica la regola generale in base alla quale il beneficio fiscale spetta al soggetto cui è intestato il documento comprovante la spesa (circ. 4 aprile 2017, n. 7/E).
Nel caso in cui il documento sia intestato al **familiare a carico**, è possibile **annotare** sul documento stesso la percentuale di spesa imputabile a ciascuno degli aventi diritto (circ. 18 dicembre 2007, n. 70/E, par. 2.5).

3.3.5. Contributi versati a fondi pensione negoziali da dipendenti pubblici

A decorrere dal 1° gennaio 2018, ai dipendenti delle amministrazioni pubbliche si applicano le disposizioni concernenti la deducibilità dei premi e contributi versati e il regime di tassazione delle prestazioni previste per tutti gli altri contribuenti (➜**3.3.1.**) (D.Lgs. n. 252/2005).
In particolare, è previsto che (art. 1, c. 156, Legge n. 205/2017):
- per i dipendenti delle amministrazioni pubbliche che, a tale data, risultano iscritti a forme pensionistiche complementari, le disposizioni generali concernenti la deducibilità dei contributi versati e il regime di tassazione delle prestazioni, sono applicabili a decorrere dal 1° gennaio 2018;
- per gli stessi soggetti, relativamente ai montanti delle **prestazioni accumulate fino a tale data**, continuano ad applicarsi le disposizioni previgenti secondo cui l'importo deducibile **non** può essere **superiore al 12% del reddito complessivo** (compreso anche il reddito dei fabbricati assoggettato a cedolare secca) (➜**10.3.10.**) e comunque a 5.164,57 euro.

Inoltre, con riferimento ai soli **redditi di lavoro dipendente**, la deduzione non può essere superiore al doppio della quota di TFR destinata ai fondi pensione.

3.3.6. Dichiarazione dei redditi

Il contribuente, che in dichiarazione dei redditi **non ha dedotto** in tutto o in parte i contributi versati, **comunica** alla forma pensionistica complementare l'**importo non dedotto**, entro il **31 dicembre dell'anno successivo** a quello in cui è stato effettuato il versamento, ovvero, se antecedente, alla data in cui sorge il diritto alla prestazione (art. 8, D.Lgs. n. 252/2005).

Se il contribuente oltre alla CU è in possesso anche della **certificazione** del **fondo aperto** che indica l'importo deducibile, senza l'indicazione se tale contributo sia già stato dedotto direttamente dal sostituto, deve annotare e sottoscrivere sul documento di spesa che la stessa **non è stata esclusa** dal reddito di lavoro dipendente (circ. 21 aprile 2009, n. 18/E, risposta n. 7).

Documentazione 3.3.7.

Tipologia	Documenti
Contributi per forme pensionistiche complementari ed individuali versati dal contribuente per se stesso	- Certificazione Unica - Ricevuta di versamento dei contributi
Contributi per forme pensionistiche complementari ed individuali versati dal contribuente per i familiari a carico	Se il familiare ha presentato una propria dichiarazione dei redditi, il documento da verificare è il Mod. 730/3 o il Mod. Redditi in cui è riportata la parte di spesa che non ha trovato capienza nel reddito complessivo Se il familiare non ha presentato (o ancora presentato) una propria dichiarazione dei redditi, occorre acquisire i seguenti documenti: - Autocertificazione del familiare a carico che la spesa non è stata dedotta o sarà dedotta soltanto nella misura di ...... euro - Ricevuta di versamento dei contributi - Certificazione Unica

CONTRIBUTI VERSATI AI FONDI SANITARI INTEGRATIVI 3.4.

Sono deducibili i contributi versati, **fino ad un massimo di 3.615,20 euro**, ai **fondi integrativi del Servizio Sanitario Nazionale** (art. 9, D.Lgs. n. 502/1992), che erogano prestazioni negli ambiti di intervento stabiliti con Decreto del Ministro della salute.
Si tratta di **prestazioni**:
- **aggiuntive**, non comprese nei livelli essenziali e uniformi di assistenza, erogate da **professionisti** e strutture accreditate;
- **erogate dal SSN** comprese nei livelli uniformi ed essenziali di assistenza, per la **sola quota** posta a carico dall'assistito, inclusi gli oneri per l'accesso alle prestazioni erogate in regime di libera professione **intramuraria** e per la fruizione dei servizi alberghieri su richiesta dell'assistito;
- **socio-sanitarie** erogate in **strutture accreditate** residenziali e semiresidenziali o in forma domiciliare, per la quota posta a carico dell'assistito (circ. 27 aprile 2018, n. 7/E).

Gli ambiti di intervento comprendono inoltre (art. 1, c. 2, D.M. 31 marzo 2008 e D.M. 27 ottobre 2009):
- prestazioni **socio sanitarie** (art. 3-septies, D.Lgs. n. 502/1992);
- prestazioni **non ricomprese** nei livelli essenziali di assistenza e prestazioni finalizzate al recupero della salute di soggetti temporaneamente inabilitati da **malattia** o **infortunio** per la parte non garantita dalla normativa vigente (art. 26, Legge n. 328/2000);
- prestazioni di assistenza **odontoiatrica** non comprese nei livelli essenziali di assistenza per la prevenzione, cura e riabilitazione di patologie odontoiatriche.

Gli **enti**, **casse** e **società di mutuo soccorso** aventi esclusivamente finalità assistenziale (art. 51, c. 2, lett. a), D.P.R. n. 917/1986), non possono essere equiparati ai Fondi sanitari integrativi (art. 9, D.Lgs. n. 502/1992 e, pertanto, ad essi **non può applicarsi** la deducibilità (D.M. 31 marzo 2008; ris. 3 dicembre 2014, n. 107/E).

Ai fini del **limite di deducibilità** (3.615,20 euro), **concorrono** anche:
- l'importo già **dedotto** dal sostituto d'imposta e indicato nel Mod. CU;
- l'importo **versato** direttamente dal **lavoratore in quiescenza** a casse di assistenza sanitaria (➔3.5.) (art. 51, c. 2, lett. a), D.P.R. n. 917/1986).

La deduzione spetta anche se la spesa è stata sostenuta per le **persone fiscalmente a carico** per la sola parte non dedotta da queste ultime.

Sono deducibili i contributi versati dai **pensionati**, anche se in favore dei familiari non a carico, al Fondo Sanitario integrativo del gruppo bancario presso cui erano dipendenti (ris. 2 agosto 2016, n. 65/E).

3.5. CONTRIBUTI VERSATI A CASSE DI ASSISTENZA SANITARIA CON FINI ESCLUSIVAMENTE ASSISTENZIALI

Non concorrono alla formazione del reddito di lavoro dipendente i contributi previdenziali e assistenziali versati dal **datore di lavoro** o dal **lavoratore** a enti o casse aventi **esclusivamente** fine **assistenziale** in conformità a disposizioni di contratto o di accordo o di regolamento aziendale, purché di ammontare non superiore complessivamente ad **3.615,20 euro** (art. 51, c. 2, lett. a), D.P.R. n. 917/1986). Si tratta dei **contributi di assistenza sanitaria** versati dai pensionati (*ex* lavoratori dipendenti) ad enti o casse aventi esclusivamente fine assistenziale, in conformità a disposizioni di contratto o di accordo o di regolamento aziendale che prevede la possibilità per gli *ex* lavoratori, che a tali casse hanno aderito durante il rapporto di lavoro, di rimanervi iscritti anche dopo la cessazione del rapporto di lavoro, continuando a corrispondere in proprio il contributo previsto senza alcun onere a carico del datore di lavoro.

È **indeducibile** la quota dei contributi versati da parte degli ***ex* lavoratori**, qualora il meccanismo di funzionamento del fondo preveda, in favore del pensionato, un versamento contributivo anche da parte dell'*ex* datore di lavoro e non sia possibile rinvenire un **collegamento diretto** tra il versamento stesso e la posizione di ogni singolo pensionato (ad esempio, situazione del FASI - ris. 28 maggio 2004, n. 78/E), con la conseguenza che le spese sanitarie sostenute, anche se rimborsate, in tutto o in parte, dal Fondo di appartenenza risultano detraibili/deducibili.
Qualora il **FASI**, per effetto dei contributi versati, **rimborsi al dirigente** in pensione anche le spese mediche sostenute dal familiare non a carico, dette spese sono detraibili/deducibili da parte dello stesso familiare che le ha sostenute (circ. 23 aprile 2010, n. 21/E, risposta 4.8).

Le **spese mediche** sono detraibili da parte del dirigente in pensione anche se **sostenute dal FASI in nome e per conto del dirigente in pensione**, in quanto questo particolare modo di sostenimento dell'onere determina gli stessi effetti del "rimborso" previsto dall'art. 15, D.P.R. n. 917/1986 (ris. 25 novembre 2005, n. 167/E).

Possono essere dedotti i contributi versati dal **pensionato**:
- nell'**interesse proprio**;
- nell'interesse di familiari **anche non a carico** (ris. 2 agosto 2016, n. 65/E).

3.6. SPESE MEDICHE E DI ASSISTENZA PER PERSONE CON DISABILITÀ

Le persone disabili possono dedurre dal reddito complessivo (Legge n. 104/1992) nei casi di grave e permanente invalidità o menomazione (art. 10, c. 1, lett. b), D.P.R. n. 917/1986):
- le **spese mediche generiche** (prestazioni rese da un medico generico, acquisto di medicinali);
- le spese **assistenza specifica**.

Tali spese sono deducibili anche se sono state sostenute per i **familiari** indicati nell'art. 433 c.c., anche se **non fiscalmente a carico** (art. 10, c. 2, D.P.R. n. 917/1986).

3.6.1. Persone con disabilità

Soggetti	Particolarità
Disabili in generale	Sono coloro che: - hanno ottenuto il riconoscimento dalla **Commissione medica** (art. 4, Legge n. 104/1992); - sono stati ritenuti invalidi da **altre Commissioni mediche** pubbliche incaricate ai fini del riconoscimento dell'invalidità civile, di lavoro, di guerra.
Portatori di handicap ai sensi della Legge n. 104/1992	La grave e permanente invalidità o menomazione non implica necessariamente la condizione di handicap grave (art. 3, c. 3, Legge n. 104/1992) essendo sufficiente l'ordinaria condizione di handicap (art. 3, c. 1, Legge n. 104/1992).
Invalidi civili	Occorre accertare la grave e permanente invalidità o menomazione; questa, laddove non sia espressamente indicata nella certificazione, può essere comunque ravvisata nelle ipotesi in cui sia attestata un'invalidità totale nonché in tutte le ipotesi in cui sia attribuita l'indennità di accompagnamento (ris. 23 settembre 2016, n. 79/E).

Soggetti	Particolarità
Grandi invalidi di guerra (art. 14, Legge n. 915/1978)	Sono considerati portatori di handicap in situazione di gravità e non sono assoggettati agli accertamenti sanitari della Commissione medica. In questo caso è sufficiente possedere il provvedimento definitivo (decreto) di concessione della pensione privilegiata (art. 38, Legge n. 448/1998).

Spese ammesse 3.6.2.

Sono deducibili le **spese mediche generiche** (**medicinali**, **prestazioni medico generiche**, ecc.) nonché quelle di assistenza **medica specifica** quali le spese per:

- l'assistenza **infermieristica** e riabilitativa;
- il personale in possesso della qualifica professionale di addetto all'assistenza di base o di **operatore tecnico assistenziale**, esclusivamente dedicato all'assistenza diretta della persona;
- il personale di **coordinamento** delle attività assistenziali di nucleo;
- il personale con la qualifica di **educatore professionale**;
- il personale qualificato addetto ad attività di **animazione** e/o di **terapia occupazionale**.

Le prestazioni sanitarie rese alla persona dalle **figure professionali** elencate nel D.M. 29 marzo 2001 sono **deducibili anche senza una specifica prescrizione medica**.
La prescrizione medica non viene richiesta nell'ottica di semplificare gli adempimenti fiscali per i contribuenti, ma ciò non implica, né sul piano normativo né sul piano del concreto esercizio delle professioni sanitarie, alcuna legittimazione allo svolgimento di attività sanitarie in difformità alle disposizioni legislative e regolamentari che le disciplinano (circ. 27 aprile 2018, n. 7/E).

Ai fini della deduzione, il contribuente deve essere in possesso di un **documento** di **certificazione del corrispettivo**, rilasciato dal professionista sanitario, dal quale risulti la figura professionale che ha reso la prestazione e la descrizione della prestazione sanitaria resa (circ. 1° giugno 2012, n. 19/E, risp. 2.2).

Casi particolari

Spese	Deducibilità
Attività di ippoterapia e musicoterapia	**SÌ** A condizione che le stesse vengano **prescritte** da un **medico** che ne attesti la necessità per la cura del portatore di handicap e siano eseguite in centri specializzati direttamente da personale medico o sanitario specializzato (psicoterapeuta, fisioterapista, psicologo, terapista della riabilitazione, ecc.), ovvero sotto la loro direzione e responsabilità tecnica (circ. 1° giugno 2012, n. 19/E, risp. 3.3).
Prestazioni rese dal pedagogista	**NO** Non può essere considerato un professionista sanitario, in quanto opera nei servizi socio-educativi, socio-assistenziali e socio-culturali (circ. 2 marzo 2016, n. 3/E, risp. 1.2)
Spese sanitarie specialistiche	**NO** Tali spese (analisi, prestazioni chirurgiche e specialistiche) nonché quelle per l'acquisto dei dispositivi medici danno diritto alla detrazione del 19% sulla parte che eccede euro 129,11 (➔**6.2.**).

Limite di deducibilità 3.6.3.

Le spese mediche generiche e di assistenza specifica sono **interamente deducibili** dal reddito complessivo anche se sono sostenute dai familiari dei disabili e anche se questi non sono fiscalmente a carico.

In caso di **ricovero di un portatore di handicap** in un **istituto di assistenza e ricovero** non è possibile portare in deduzione l'intera **retta** pagata, ma solo la parte che riguarda le spese mediche e di assistenza specifica, anche se sono determinate sulla base di una percentuale forfetaria in applicazione di delibere regionali. A tal fine, è necessario che le spese risultino indicate **distinta-**

IRPEF

mente nella documentazione rilasciata dall'istituto di assistenza (circ. 10 giugno 2004, n. 24/E, risp. 2.1).

3.6.4. Documentazione

Tipologia	Documenti
Spese mediche generiche	- Fattura o scontrino fiscale parlante - Ricevuta fiscale o fattura rilasciata dal medico
Spesa per l'assistenza specifica	- Fattura o ricevuta fiscale rilasciata dal soggetto che ha erogato la prestazione attestante che si tratta di assistenza medica o paramedica - Fattura rilasciata dalla casa di assistenza e ricovero in cui è chiaramente distinta, dalla retta complessiva, la quota relativa all'assistenza - Certificazione relativa al riconoscimento dell'handicap. È possibile autocertificare il possesso della documentazione attestante il riconoscimento della sussistenza delle condizioni personali di disabilità - Autocertificazione che attesti che le spese sono sostenute per uno dei familiari indicati all'art. 433 c.c. e, qualora la fattura/ricevuta fiscale risulti intestata solo al soggetto portatore di handicap, annotazione sul documento della quota di spesa sostenuta
Ippoterapia e musicoterapia	- Prescrizione medica - Fattura o ricevuta fiscale rilasciata dal centro specializzato con attestazione che la prestazione è stata effettuata direttamente da personale medico o sanitario specializzato ovvero sotto la loro direzione e responsabilità tecnica

Qualora il documento di spesa risulti **intestato solo al soggetto portatore di handicap**, la deduzione spetta al familiare che ha sostenuto in tutto o in parte il costo, a condizione che **integri** la fattura annotando sulla stessa l'importo da lui sostenuto (circ. 1° luglio 2010, n. 39/E, risp. 3.1).

3.7. ASSEGNI PERIODICI

Sono interamente deducibili dal reddito dell'erogante:

- gli **assegni periodici corrisposti al coniuge**, anche se residente all'estero e anche se stabiliti in base ad una sentenza di una giurisdizione estera (risposta a interpello 17 dicembre 2020, n. 598), ad **esclusione** di quelli destinati al **mantenimento dei figli**, in conseguenza di separazione legale ed effettiva o di scioglimento o annullamento di matrimonio o di divorzio, nella misura in cui risultino da provvedimenti dell'autorità giudiziaria (art. 10, c. 1, lett. c), D.P.R. n. 917/1986);
- gli assegni periodici, quali **rendite e vitalizi**, corrisposti in forza di testamento o di donazione modale e nella misura in cui risultino da provvedimenti dell'autorità giudiziaria (art. 10, c. 1, lett. d), D.P.R. n. 917/1986);
- gli **assegni alimentari corrisposti ai familiari** indicati nell'art. 433 c.c.: il coniuge, i figli legittimi o legittimati o naturali o adottivi, i discendenti prossimi, anche naturali; i genitori, gli ascendenti prossimi, anche naturali; gli adottanti; i generi e le nuore; il suocero e la suocera; i fratelli e le sorelle germani o unilaterali (art. 10, c. 1, lett. d), D.P.R. n. 917/1986).

3.7.1. Assegni corrisposti al coniuge

La deducibilità riguarda i versamenti periodici effettuati al coniuge, anche se **residente all'estero**, a seguito di separazione legale ed effettiva, di scioglimento o annullamento del matrimonio o di cessazione dei suoi effetti civili, nella **misura indicata nel provvedimento dell'autorità giudiziaria**.

Se la somma indicata nel provvedimento è comprensiva anche della quota relativa al **mantenimento dei figli**, salva diversa indicazione, si considera destinato al mantenimento di questi ultimi il **50% della somma**, indipendentemente dal numero dei figli (art. 3, D.P.R. n. 42/1988).

La quota-parte destinata al mantenimento dei figli **non è deducibile** dal coniuge che la corrisponde.

Casi particolari	
Maggiori somme corrisposte al coniuge a titolo di **adeguamento Istat**	Sono **deducibili** solo nel caso in cui la sentenza del giudice preveda espressamente un criterio di adeguamento automatico dell'assegno dovuto all'altro coniuge. Resta esclusa, quindi, la possibilità di dedurre assegni **corrisposti volontariamente** al fine di sopperire alla mancata indicazione da parte del Tribunale di meccanismi di adeguamento dell'assegno di mantenimento (ris. 19 novembre 2008, n. 448/E).
Assegni alimentari periodici corrisposti dal contribuente all'*ex* coniuge, tramite trattenute sulle rate di pensione	Sono **deducibili** anche qualora tali importi siano utilizzati dal contribuente in compensazione di un credito vantato nei confronti dell'*ex* coniuge per **somme eccedenti** al dovuto che sono state versate in suo favore (ris. 15 giugno 2009, n. 157/E).
Contributo casa	Sono **deducibili** le somme corrisposte per il pagamento del canone di locazione e delle spese condominiali dell'alloggio del coniuge separato che siano disposte dal giudice, quantificabili e corrisposte periodicamente (circ. 24 aprile 2015, n. 17/E risp. 4.1). La **quantificazione** di tale contributo, se non stabilito direttamente dal provvedimento dell'autorità giudiziaria, può avvenire facendo riferimento a fonti esterne, qualora il provvedimento preveda, ad esempio, l'obbligo di pagamento dell'importo relativo al canone di affitto o delle spese ordinarie condominiali relative all'immobile a disposizione dell'*ex* coniuge. Nel caso in cui dette somme riguardino **l'immobile** a disposizione della moglie e dei figli, la deducibilità è limitata alla **metà** delle spese sostenute.
Assegno una tantum	**Non è deducibile** l'assegno corrisposto al coniuge, qualificato dal provvedimento dell'autorità giudiziaria nella forma dell'**una tantum**, anche se il relativo pagamento avviene in maniera rateizzata. In tal caso la rateizzazione del pagamento costituisce solo una diversa modalità di liquidazione dell'importo pattuito tra le parti, il quale mantiene comunque la caratteristica di dare risoluzione definitiva ad ogni rapporto tra i coniugi e non va quindi confuso con la corresponsione periodica dell'assegno, il cui importo è invece rivedibile nel tempo (ris. 11 giugno 2009, n. 153/E).
Assegno in unica soluzione somme corrisposte in sostituzione dell'assegno di mantenimento per il **pagamento delle rate di mutuo** intestato all'*ex* coniuge	**Non spetta la deduzione** per le **somme** corrisposte in **unica soluzione** al **coniuge separato o divorziato** (circ. 12 giugno 2002, n. 50/E, risp. 3.1). Tali somme sono deducibili nel caso in cui dalla sentenza di separazione risulti che l'altro coniuge non abbia rinunciato all'assegno di mantenimento (circ. 4 aprile 2017, n. 7/E). Non sono invece deducibili nel caso in cui l'altro coniuge abbia comunque rinunciato all'assegno di mantenimento (circ. 12 giugno 2002, n. 50/E, risp. 3.2).
Contributo per il **sostenimento del canone di locazione** da parte dell'*ex* **convivente**	La norma, avendo natura agevolativa, e quindi eccezionale, non può applicarsi in via analogica a casi diversi da quelli espressamente contemplati dalla norma. Pertanto, **non è possibile dedurre** dal proprio reddito complessivo l'importo del contributo erogato ad una *ex* convivente per il pagamento del canone di locazione (risposta a interpello 5 ottobre 2021, n. 657)

CONTRIBUTI, DONAZIONI E LIBERALITÀ 3.8.

Erogazioni liberali a favore di istituzioni religiose 3.8.1.

Sono deducibili, fino ad un importo massimo di **1.032,91 euro**, le **erogazioni liberali** in denaro a favore di (art. 10, c. 1, lett. i) e l), D.P.R. n. 917/1986):

- Istituto centrale per il sostentamento del clero della **Chiesa cattolica italiana**;
- Unione italiana delle **Chiese cristiane avventiste del 7° giorno**;
- Ente morale **Assemblee di Dio** in Italia;
- **Tavola valdese**;
- Unione Cristiana **Evangelica Battista,** Chiese ed enti facenti parte nell'UCEBI;
- **Chiesa Evangelica Luterana** in Italia e le comunità ad essa collegate;

- Unione delle **Comunità ebraiche** italiane;
- **Sacra arcidiocesi ortodossa** d'Italia ed **Esarcato per l'Europa Meridionale**, enti da essa controllati e comunità locali;
- Ente Patrimoniale della **Chiesa di Gesù Cristo dei Santi degli ultimi giorni**;
- **Chiesa Apostolica** in Italia ed enti e opere da essa controllati;
- **Unione Buddhista Italiana** e organismi civilmente riconosciuti da essa rappresentati;
- **Unione Induista Italiana** e organismi civilmente riconosciuti da essa rappresentati;
- **Istituto Buddista Italiano Soka Gakkai** (IBISG), per la realizzazione delle finalità istituzionali dell'Istituto (art. 12, c. 1, lett. a), Legge n. 130/2016).

Modalità di versamento - L'erogazione deve essere effettuata tramite **versamento bancario o postale**, **carta di debito**, di **credito**, **prepagate**, **assegno bancario o circolare** (D.M. 12 dicembre 1988) e può essere documentata conservando le ricevute di versamento bancario o postale ovvero, in caso di pagamento con carta di credito, carta di debito o carta prepagata, dall'estratto conto della società che gestisce la carta.
È necessario, inoltre, che dalla documentazione attestante il versamento sia possibile **individuare il carattere di liberalità** del versamento.

> Anche le erogazioni liberali a favore dell'**Istituto centrale per il sostentamento del clero**, pur in assenza di una espressa previsione normativa in materia, possono essere effettuate, ai fini della deducibilità dal reddito complessivo dell'erogante, tramite **carta di credito** (ris. 3 agosto 2009, n. 199).

La deduzione non spetta per le erogazioni effettuate **in contanti** tranne che per quelle in favore della Chiesa Evangelica Valdese.
Le erogazioni liberali effettuate nei confronti della **Chiesa Evangelica Valdese**, **Unioni delle Chiese metodiste e Valdesi** possono risultare, oltre che dalla attestazione o ricevuta di versamento in conto corrente postale e, in caso di bonifico bancario, dalla ricevuta rilasciata dall'azienda di credito, anche dall'attestazione o certificazione **rilasciata dalla Tavola valdese**, su appositi stampati da questa predisposti e numerati (D.M. 11 dicembre 1993).
Detti stampati devono contenere il **numero progressivo** dell'attestazione o certificazione, cognome, nome e comune di residenza del donante, l'importo dell'erogazione liberale, la causale dell'erogazione liberale. L'attestazione o certificazione può essere rilasciata e sottoscritta, oltre che dal legale rappresentante della Tavola valdese, anche da soggetti incaricati dalla Tavola valdese presso le chiese facenti parte dell'Unione delle Chiese metodiste e valdesi (circ. 23 aprile 2010, n. 21/E, risp. 4.1 e ris. 27 giugno 2011, n. 69/E).

> Le indicazioni fornite per le Chiese Valdesi sono valide anche per le erogazioni liberali effettuate a favore:
> - dell'Istituto centrale per il sostentamento del clero della Chiesa cattolica italiana (art. 46, Legge n. 222/1985, D.M. 12 dicembre 1988);
> - dell'Unione delle Chiese Cristiane Avventiste del settimo giorno (art. 29, Legge n. 516/1988; D.M. 1° dicembre 1989);
> - dell'Unione Cristiana Evangelica Battista d'Italia (UCEBI) (art. 16, Legge n. 116/1995);
> - della Chiesa Evangelica Luterana in Italia (CELI) (art. 26, Legge n. 520/1995; ris. 19 giugno 2017, n. 72/E).

3.8.2. Contributi alle ONG

Sono deducibili, nel **limite del 2% del reddito complessivo** dichiarato (in cui va ricompreso il reddito dei fabbricati assoggettato a cedolare secca (➡**10.3.10.**), le erogazioni liberali effettuate nei confronti delle Organizzazioni non governative riconosciute idonee alla cooperazione con i **Paesi in via di sviluppo** (art. 10, c. 1, lett. g), D.P.R. n. 917/1986).
La deduzione spetta a condizione che, per le medesime erogazioni a favore della ONG che abbia mantenuto la qualifica di Onlus, **non si fruisca** (art. 89, c. 12, D.Lgs. n. 117/2017; ris. 24 febbraio 2015, n. 22/E):

- della **detrazione** prevista per le **erogazioni effettuate a favore delle Onlus** (art. 15, c. 1.1, D.P.R. n. 917/1986) (➡**6.15.3.**);
- della **deduzione** nel limite del **10%** del reddito complessivo e comunque entro **70.000 euro** annui (art. 14, c. 1, D.L. n. 35/2005; circ. 19 agosto 2005, n. 39/E) (➡**3.8.3.**).

L'**elenco aggiornato** delle ONG riconosciute idonee è consultabile sul sito www.esteri.it.

Modalità di versamento - L'erogazione deve essere effettuata tramite versamento **bancario o postale**, nonché tramite **sistemi di pagamento elettronici** (bancomat, carte di credito, carte prepagate, assegni bancari e circolari).
La deduzione **non spetta** per le erogazioni effettuate in **contanti**.

Erogazioni a fondazioni e associazioni riconosciute 3.8.3.

Sono deducibili nel limite del **10%** del reddito complessivo (incluso il reddito dei fabbricati assoggettato a **cedolare secca**) (➡**10.3.10.**) e, comunque, nella misura massima di **70.000 euro**, le liberalità a favore di (art. 14, D.L. n. 35/2005):

– **fondazioni e associazioni** riconosciute aventi per oggetto statutario la tutela, la promozione e la valorizzazione dei **beni di interesse artistico, storico e paesaggistico** (D.Lgs. n. 42/2004);
– fondazioni e associazioni riconosciute aventi per oggetto statutario lo svolgimento o la promozione di attività di **ricerca scientifica** (D.P.C.M. 12 ottobre 2016).

Riforma del Terzo Settore - In relazione agli enti iscritti nel Registro Unico Nazionale del Terzo Settore (➡**27.2.5.**) a decorrere dal periodo di imposta successivo all'autorizzazione della Commissione europea (art. 101, c. 10, D.Lgs. n. 117/2017), e, comunque, non prima del periodo di imposta successivo di operatività del predetto Registro, le deduzioni sopra elencate sono abrogate.
Quindi, a decorrere dal periodo d'imposta **2018** e fino all'abrogazione di cui sopra, non è possibile fruire delle deduzioni per (art. 99, c. 3, D.Lgs. n. 117/2017):

– **Onlus** (art. 10, c. 1, 8 e 9, D.Lgs. n. 460/1997) comprese nell'elenco consultabile sul sito www.agenziaentrate.gov.it;
– associazioni di promozione sociale (**APS**) iscritte nel registro nazionale (art. 7, c. 1 e 2, Legge n. 383/2000).

In particolare, **dal periodo d'imposta 2018**, le liberalità in denaro o in natura erogate a favore delle organizzazioni non lucrative di utilità sociale (Onlus), delle organizzazioni di volontariato e delle associazioni di promozione sociale (APS) sono **deducibili** dal reddito complessivo netto del soggetto erogatore nel **limite del 10%** del reddito complessivo dichiarato (➡**3.8.7.**).
Qualora la deduzione sia di ammontare superiore al reddito complessivo dichiarato, diminuito di tutte le deduzioni, l'**eccedenza** può essere **computata** in aumento dell'importo deducibile dal reddito complessivo dei **periodi d'imposta successivi**, ma **non oltre il quarto**, fino a concorrenza del suo ammontare.
I criteri, le modalità di valorizzazione delle liberalità e le tipologie dei beni in natura che danno diritto alla deduzione devono essere individuati con apposito Decreto interministeriale.
Per maggiori dettagli sull'abrogazione si rimanda alla trattazione delle agevolazioni introdotte dal **Codice del Terzo Settore** (➡**27.2.11.**).

Donazione di beni in natura - La deduzione **spetta**. In tal caso, si deve considerare il **valore normale** (➡**2.7.2.**) del bene (per particolari categorie di beni, come, ad esempio, opere d'arte, gioielli, ecc., è possibile ricorrere alla **stima di un perito**).
In ogni caso, il **donante** avrà cura di acquisire, a comprova dell'effettività della donazione e della congruità del valore attribuito al bene oggetto della donazione in natura, in aggiunta alla documentazione attestante il valore normale, anche una **ricevuta** da parte del donatario che contenga la **descrizione analitica** e dettagliata dei beni donati con l'indicazione dei relativi valori (circ. 19 agosto 2005, n. 39/E, risposta 4).

Cumulabilità - Il contribuente che intenda avvalersi della deduzione **non può fruire**, sia per le medesime erogazioni che per erogazioni distinte, effettuate anche a diversi beneficiari:

– né della deduzione spettante per le erogazioni a favore delle **ONG** (➡**3.8.2.**) (art. 10, c. 1, lett. g), D.P.R. n. 917/1986; ris. 24 febbraio 2015, n. 22/E);
– né della **detrazione** prevista per le **erogazioni effettuate a favore delle Onlus**, delle iniziative umanitarie, religiose e laiche, gestite da fondazioni, associazioni ed enti appositamente individuati (art. 15, c. 1.1, D.P.R. n. 917/1986; circ. 24 aprile 2015, n. 17/E, risp. 4.3) (➡**6.15.3.**).

Modalità di versamento - L'erogazione deve essere effettuata tramite versamento **bancario o postale**, nonché tramite **sistemi di pagamento elettronici** (bancomat, carte di credito, carte prepagate, assegni bancari e circolari).
La deduzione non spetta per le erogazioni effettuate in **contanti**.

IRPEF

IRPEF

3.8.4. Erogazioni liberali in denaro a favore di enti universitari, di ricerca pubblica e vigilati, enti parco regionali e nazionali

Sono deducibili, per l'**intero importo**, le liberalità effettuate a favore di **università**, **fondazioni universitarie** (art. 59, c. 3, Legge n. 388/2000), del **Fondo per il merito degli studenti universitari**, di istituzioni universitarie pubbliche, **enti di ricerca pubblici**, ovvero di enti di ricerca vigilati dal MIUR ivi compresi l'Istituto Superiore di Sanità (**ISS**) e l'Istituto Superiore per la Prevenzione e la Sicurezza del Lavoro (**ISPESL**), e degli Enti Parco regionali e nazionali (art. 10, c. 1, lett. l-quater), D.P.R. n. 917/1986).

> Sono deducibili anche le erogazioni liberali effettuate a favore delle **Aziende Ospedaliere Universitarie**, in forza della loro partecipazione alla realizzazione delle finalità istituzionali delle università, e quelle effettuate a favore degli Istituti di ricovero e cura a carattere scientifico (IRCCS), sia pubblici che privati (ris. 7 luglio 2010, n. 68/E; ris. 19 agosto 2011, n. 87/E).

Cumulabilità - La deduzione **non può cumularsi** con altre agevolazioni fiscali.
Pertanto, il contribuente che intende avvalersi della deduzione, non potrà fruire, sia per le medesime erogazioni che per erogazioni distinte, effettuate anche a diversi beneficiari, della deduzione prevista per le erogazioni liberali a **fondazioni e associazioni riconosciute** (➡3.8.3.).

Modalità di versamento - L'erogazione deve essere effettuata tramite versamento **bancario o postale**, nonché tramite **sistemi di pagamento elettronici** (bancomat, carte di credito, carte prepagate, assegni bancari e circolari).
La deduzione non spetta per le erogazioni effettuate in **contanti**.

3.8.5. Erogazioni liberali, donazioni e altri atti a titolo gratuito a favore di trust o fondi speciali

A decorrere **dal 3 agosto 2017**, alle erogazioni liberali, alle donazioni e agli altri atti a titolo gratuito effettuati dai privati nei confronti di trust ovvero dei fondi speciali si applicano le agevolazioni, contenute nella "Riforma del Terzo Settore" (D.Lgs. n. 117/2017) previste per le organizzazioni di volontariato (➡3.8.7.) (art. 83, c. 1 e 2, D.Lgs. n. 117/2017).
In merito all'applicabilità di tale norma, occorre tener conto di una disciplina transitoria (➡6.15.12.) (➡27.2.11.) (art. 5-bis, D.L. n. 148/2017).
I Fondi speciali devono essere composti da beni sottoposti a vincolo di destinazione e disciplinati con contratto di affidamento fiduciario anche a favore di Onlus riconosciute come persone giuridiche, che operano nel settore della beneficenza.

Modalità di versamento - L'erogazione deve essere effettuata tramite versamento **bancario o postale**, nonché tramite **sistemi di pagamento elettronici** (bancomat, carte di credito, carte prepagate, assegni bancari e circolari).
La deduzione non spetta per le erogazioni effettuate in **contanti**.

3.8.6. Documentazione

Tipo di onere	Documenti
Erogazioni liberali a favore di istituzioni religiose (➡3.8.1.) Contributi alle ONG (➡3.8.2.) Erogazioni fondazioni e associazioni riconosciute (➡3.8.3.) Erogazioni liberali in denaro a favore di enti universitari, di ricerca pubblica e vigilati, enti parco regionali e nazionali (➡3.8.4.) Erogazioni liberali, donazioni e altri atti a titolo gratuito a favore di trust o fondi speciali (➡3.8.5.)	- Ricevuta del versamento bancario o postale da cui risulti anche il beneficiario - In caso di pagamento con carta di credito, carta di debito o carta prepagata, estratto conto della banca o della società che gestisce tali carte da cui risulti anche il beneficiario - Nel caso di pagamento con assegno bancario o circolare ovvero nell'ipotesi in cui dalla ricevuta del pagamento effettuato con le modalità in precedenza definite non sia possibile individuare uno degli elementi richiesti, ricevuta rilasciata dal beneficiario dalla quale risulti anche il donante e la modalità di pagamento utilizzata - Dalle ricevute deve risultare il carattere di liberalità del pagamento

Erogazioni liberali per il Terzo Settore

3.8.7.

La Riforma del Terzo Settore ha introdotto alcune agevolazioni, sotto forma di deduzioni e detrazioni, per le erogazioni liberali, in denaro o in natura, effettuate a favore degli enti non commerciali (art. 83, D.Lgs. n. 117/2017; D.M. 28 novembre 2019) (➔**27.2.11.**).

Contestualmente, sono state eliminate le sovrapposizioni esistenti tra le disposizioni del D.P.R. n. 917/1986 e quelle contenute nell'art. 14, D.L. n. 35/2005.

Inoltre, con una disposizione di coordinamento, è stata fatta salva l'applicazione di specifiche disposizioni di favore previste settorialmente, al fine di evitare eventuali penalizzazioni a carico di determinati Enti del Terzo Settore.

Le elargizioni devono essere **esclusivamente destinate allo svolgimento delle attività istituzionali** (non commerciali) degli enti beneficiari; pertanto, una diversa destinazione può portare a riqualificare l'ente come commerciale nonché a verificare i presupposti per la cancellazione dal Registro degli Enti del Terzo Settore (RUNTS) (➔**27.2.5.**).

Soggetti che possono effettuare le erogazioni liberali	**Persone fisiche, enti e società**
Beneficiari delle erogazioni	- **Enti del Terzo Settore non commerciali** a condizione che dichiarino la loro natura vale a dire il possesso dei requisiti di cui all'art. 79, c. 5, D.Lgs. n. 117/2017. - Enti del Terzo Settore, comprese le **cooperative sociali** ed **escluse le imprese sociali in forma di società** a condizione che le liberalità ricevute siano utilizzate per lo svolgimento dell'attività statutaria ai fini dell'esclusivo perseguimento di finalità civiche, solidaristiche e di utilità sociale. Fino al periodo d'imposta nel corso del quale interverrà l'autorizzazione della Commissione europea e, comunque, fino al periodo di imposta di operatività del Registro Unico Nazionale del Terzo Settore, se successivo all'autorizzazione, possono essere destinatari delle erogazioni anche le Onlus, iscritte negli appositi registri, le organizzazioni di volontariato iscritte nei registri e le associazioni di promozione sociale iscritte nei registri nazionali, regionali e delle Provincie autonome di Trento e Bolzano, a condizione che utilizzino i beni ricevuti in conformità alle proprie finalità statutarie.
Valorizzazione della deduzione	L'ammontare della deduzione si determina in vari modi: - in caso di **erogazioni liberali in natura**, è quantificato sulla base del valore normale del bene oggetto di donazione (art. 9, D.P.R. n. 917/1986). - in caso di erogazione liberale avente ad oggetto un **bene strumentale**, è determinato con riferimento al residuo valore fiscale all'atto del trasferimento. - in caso di erogazione liberale avente ad oggetto i **beni alla cui produzione o al cui scambio è diretta** l'**attività dell'impresa** o le materie prime sussidiarie, semilavorati e altri beni mobili, esclusi quelli strumentali, acquistati o prodotti per essere impiegati nella produzione, è determinato con riferimento al minore tra il valore normale e quello determinato applicando le disposizioni sulla valutazione delle rimanenze (art. 92, D.P.R. n. 917/1986). Qualora, al di fuori delle ipotesi di cui sopra, il valore della cessione, singolarmente considerata sia superiore a 30.000 euro, ovvero, nel caso in cui, per la natura dei beni, non sia possibile desumerne il valore sulla base di criteri oggettivi, il donatore dovrà acquisire una perizia giurata che attesti il valore dei beni donati, recante data non antecedente a 90 giorni il trasferimento del bene e consegnarne copia al soggetto destinatario dell'erogazione copia della perizia giurata di stima.

IRPEF

	L'erogazione liberale in natura deve risultare da atto scritto contenente la dichiarazione del donatore recante la descrizione analitica dei beni donati, con l'indicazione dei relativi valori, nonché la dichiarazione del soggetto destinatario dell'erogazione contenente l'impegno ad utilizzare direttamente i beni medesimi per lo svolgimento dell'attività statutaria, ai fini dell'esclusivo perseguimento di finalità civiche, solidaristiche e di utilità sociale.
Limite di deducibilità dal reddito complessivo netto del soggetto erogatore	**10% del reddito complessivo** dichiarato.
Deduzione di ammontare superiore al reddito complessivo dichiarato, diminuito di tutte le deduzioni	L'eccedenza può essere computata in aumento dell'importo deducibile dal reddito complessivo dei periodi d'imposta successivi, **ma non oltre il quarto**, fino a concorrenza del suo ammontare.
Modalità di versamento	L'erogazione deve essere effettuata tramite versamento **bancario o postale**, nonché tramite **sistemi di pagamento elettronici** (bancomat, carte di credito, carte prepagate, assegni bancari e circolari). La deduzione non spetta per le erogazioni effettuate in **contanti**.
Dichiarazione da parte dell'ente	L'ente deve dichiarare la propria **natura non commerciale**, al momento dell'iscrizione nel **Registro unico** (art. 45, D.Lgs. n. 117/2017). La perdita della natura non commerciale va comunicata dal rappresentante legale dell'ente all'Ufficio del Registro Unico Nazionale del Terzo Settore della Regione o della Provincia autonoma in cui l'ente ha la sede legale, entro 30 giorni dalla chiusura del periodo d'imposta nel quale si è verificata. In caso di mancato tempestivo invio di detta comunicazione, il legale rappresentante dell'ente è punito con la **sanzione amministrativa da 500 euro a 5.000 euro** (art. 83, c. 3, D.Lgs. n. 117/2017).
Cumulo	I soggetti che effettuano le erogazioni liberali non possono cumulare la deducibilità con la detraibilità, o entrambe, con altra agevolazione fiscale prevista a titolo di deduzione o di detrazione di imposta da altre disposizioni di legge a fronte delle medesime erogazioni.
Entrata in vigore	(➡**6.15.12.**) (➡**27.2.11.**)

3.9. CONTRIBUTI PER GLI ADDETTI AI SERVIZI DOMESTICI E FAMILIARI

Sono deducibili dal reddito complessivo i contributi previdenziali ed assistenziali versati per gli **addetti ai servizi domestici** e all'**assistenza personale o familiare** (es. **colf**, **baby-sitter** e assistenti delle persone anziane) per la parte rimasta **a carico del datore** di lavoro, fino ad un importo massimo di **1.549,37 euro** (art. 10, c. 2, D.P.R. n. 917/1986).
La deducibilità è limitata alle somme **effettivamente versate** applicando il principio di cassa, senza tener conto della competenza dei trimestri.

> Ai fini della deducibilità, il datore di lavoro deve indicare i contributi versati nell'anno di imposta, per la **parte** rimasta **a suo carico** (risposta a interpello 19 luglio 2019, n. 278).

Sono inoltre deducibili:
- i contributi previdenziali sostenuti per una **badante** assunta tramite un'**agenzia interinale** e rimborsati all'agenzia medesima qualora quest'ultima rilasci una certificazione attestante: gli importi pagati, gli estremi anagrafici e il codice fiscale del soggetto che effettua il pagamento (utilizzatore) e del lavoratore (circ. 4 aprile 2017, n. 7/E);
- i contributi previdenziali, pari al 13% del valore nominale del voucher (c.d. **buoni lavoro**) (circ. 1° giugno 2012, n. 19/E, risposta 5.3).

Non sono deducibili (circ. 4 aprile 2017, n. 7/E):
- i versamenti alla **CASSACOLF**;
- i contributi forfettari sostenuti per la **regolarizzazione** dei lavoratori dipendenti stranieri (art. 5, D.Lgs. n. 109/2012).

DEDUZIONE PER L'ABITAZIONE PRINCIPALE 3.10.

Nei casi di **abitazioni principali** non di lusso (cioè quelle inquadrate in categorie catastali diverse da A/1, A/8 o A/9) compete una deduzione dal reddito complessivo fino all'ammontare della rendita catastale dell'unità immobiliare adibita ad abitazione principale e delle relative pertinenze (art. 10, c. 3-bis, D.P.R. n. 917/1986).

La deduzione:

- corrisponde all'ammontare dell'**intera rendita catastale** dell'abitazione principale e relative pertinenze, rivalutata del 5% (di fatto, quindi, l'abitazione principale comprensiva di pertinenze non viene tassata);
- deve essere rapportata al **periodo e** alla **quota di possesso** dell'immobile, nonché ai giorni di permanenza del requisito di abitazione principale;
- nel caso in cui la **percentuale di possesso** sia **variata** nel corso dell'anno, va calcolata in base alla percentuale media di possesso;
- in caso di unità immobiliare utilizzata come abitazione principale **solo per una parte dell'anno** e concessa in locazione per il residuo periodo (rapportata alla percentuale di possesso e al periodo di utilizzo), spetta solo se la rendita catastale rivalutata risulti superiore al canone annuo di locazione;
- compete per **una sola unità immobiliare** adibita ad abitazione principale (circ. 29 dicembre 1999, n. 247/E);
- nel caso in cui l'abitazione principale venga utilizzata anche come **luogo di esercizio dell'attività d'impresa, arte o professione,** e quindi in maniera promiscua, va ridotta al 50% (circ. 27 maggio 1994, n. 73/E; circ. 10 agosto 1994, n. 150/E);
- **non spetta** alle persone fisiche **residenti all'estero** (circ. 10 agosto 1994, n. 150/E);
- spetta anche alle **cooperative a proprietà indivisa** che possono dedurre un importo pari alle rendite catastali delle abitazioni dei soci (circ. 3 gennaio 2001, n. 1/E).

È possibile fruire della deduzione nel caso di acquisto in **comproprietà,** da parte di due soggetti, proprietari di due distinti appartamenti nei quali dimorano abitualmente, di un garage che utilizzano congiuntamente.
Tale **unità immobiliare**, accatastata in categoria **C/6**, può essere considerata **pertinenza per entrambi** i soggetti e quindi godere della deducibilità IRPEF insieme all'abitazione principale.
Pertanto, ogni comproprietario **può dedurre la quota di rendita della pertinenza**, adibita a servizio dell'abitazione principale, pari alla **percentuale di possesso** della pertinenza stessa (circ. 2 marzo 2016, n. 3/E).

CASO 2 - Calcolo deduzione abitazione principale

Contribuente che possiede, al 50% con il coniuge, un'abitazione principale con rendita catastale di 1.200 euro più una pertinenza con rendita catastale di 400 euro.
L'immobile è stato posseduto, durante il periodo d'imposta, per 200 giorni.
In tal caso la deduzione (che poi andrà ad azzerare il reddito dell'immobile) viene calcolata nel seguente modo: [(1.200 + 400) x 1,05] x 50% x 200/365 = 460 euro.

ALTRI ONERI DEDUCIBILI 3.11.

Fattispecie	Riferimenti
Canoni, **livelli**, **censi** ed altri oneri gravanti sui redditi degli immobili che concorrono a formare il reddito complessivo, compresi i contributi ai consorzi obbligatori per legge o in dipendenza di provvedimenti della pubblica amministrazione; sono in ogni caso **esclusi** i **contributi agricoli unificati**[1].	art. 10, c. 1, lett. a), D.P.R. n. 917/1986
Indennità per perdita dell'avviamento, corrisposte per disposizioni di legge al conduttore in caso di cessazione della locazione di immobili urbani adibiti ad usi diversi da quello di abitazione	art. 10, c. 1, lett. h), D.P.R. n. 917/1986
50% delle spese sostenute dai genitori adottivi per l'espletamento delle procedure di **adozione di minori stranieri** (Legge n. 184/1983) certificate nell'ammontare complessivo dall'ente autorizzato che ha ricevuto l'incarico di curare la procedura[2-3].	art. 10, c. 1, lett. l-bis), D.P.R. n. 917/1986

IRPEF

Fattispecie	Riferimenti
Erogazioni liberali in denaro per il **pagamento degli oneri difensivi** dei soggetti ammessi al **patrocinio a spese dello Stato** (D.P.R. n. 115/2002), anche quando siano eseguite da persone fisiche.	art. 10, c. 1, lett. l-ter), D.P.R. n. 917/1986
Somme che **non avrebbero dovuto concorrere a formare il reddito di lavoro dipendente e assimilato** e che invece sono state **erroneamente** assoggettate a tassazione.	Istruzioni Mod. Redditi
Somme restituite al soggetto erogatore, se hanno concorso a formare il reddito in anni precedenti	art. 10, c. 1, lett. d-bis), D.P.R. n. 917/1986
Erogazioni liberali a sostegno delle misure di contrasto all'**emergenza** epidemiologica da Covid-19 (c.d. **Coronavirus**), effettuate dai soggetti titolari di reddito d'impresa. Si applica la norma sulla deduzione delle erogazioni in favore di popolazioni colpite da calamità (art. 27, Legge n. 133/1999). Ai fini dell'IRAP, le erogazioni liberali sono deducibili nell'esercizio in cui avviene il versamento.	Art. 66, c. 2, D.L. n. 18/2020

[1] Sono compresi anche i **contributi obbligatori** relativi ad **immobili non locati e non affittati**, il cui reddito non concorre alla determinazione del reddito complessivo in conseguenza dell'effetto di sostituzione dell'Irpef da parte dell'IMU, sempreché il contributo obbligatorio non sia stato già considerato nella determinazione della rendita catastale. La deduzione dei **contributi ai consorzi obbligatori** non è invece ammessa per gli immobili ad uso abitativo locati con opzione cedolare secca (ris. 4 luglio 2013, n. 44/E).

[2] A tal fine i **genitori** rilasciano all'Ente autorizzato una **dichiarazione sostitutiva di atto notorio**, con cui attestano che le spese, per le quali chiedono la deduzione sono riferibili esclusivamente alla procedura di adozione. Tra le spese deducibili sono comprese anche quelle riferibili all'assistenza che gli adottanti hanno sostenuto per la **legalizzazione o traduzione dei documenti**, la richiesta di visti, i trasferimenti, il soggiorno all'estero, l'eventuale quota associativa nel caso in cui la procedura sia stata curata da enti, ed altre spese documentate finalizzate all'adozione del minore (ris. 28 maggio 2004, n. 77/E).

Qualora nella certificazione rilasciata dall'Ente di adozione sia indicata la quota di spesa sostenuta da ciascun genitore, tale indicazione è da prendere a riferimento per la **ripartizione della deduzione tra i genitori**; diversamente se la spesa è stata sostenuta da un solo genitore, in quanto l'altro coniuge è a suo carico, la deduzione spetta esclusivamente al coniuge che ha sopportato la spesa. In quest'ultimo caso sarà cura del contribuente chiedere all'ente la certificazione dell'intera spesa (circ. 24 aprile 2015, n. 17/E, risposta 4.2).

[3] Se i genitori adottivi sono tenuti a sottoporsi a **verifiche post adozione** sulla base di accordi stipulati con il Paese di origine del minore, le spese sostenute per le verifiche sono deducibili dal reddito complessivo, in quanto adempimenti necessari per l'espletamento della procedura di adozione (ris. 9 ottobre 2019, n. 85/E).

DETRAZIONI PER CARICHI DI FAMIGLIA 4.

DEFINIZIONE DI FAMILIARE A CARICO 4.1.

Sono previste alcune detrazioni d'imposta per i **familiari a carico** (art. 12, D.P.R. n. 917/1986).
Possono essere considerati a carico, i seguenti soggetti:

- il **coniuge** non legalmente ed effettivamente separato;
- i **figli**, compresi quelli **naturali** riconosciuti;
- i figli **adottivi** e gli **affidati** o **affiliati**;
- i **genitori**, gli **adottanti**, i **generi**, le **nuore**, i **suoceri**, i **fratelli** e le **sorelle** germani o unilaterali, che **convivono** con il contribuente o percepiscano **assegni alimentari** non risultanti da provvedimenti dell'Autorità giudiziaria.

Limiti di reddito 4.1.1.

Lo *status* di familiare a carico è riconosciuto se nel corso dell'anno i predetti soggetti hanno posseduto un reddito complessivo **non superiore a 2.840,51 euro**, al lordo degli oneri deducibili, computando (art. 12, c. 2, D.P.R. n. 917/1986):

- le retribuzioni corrisposte da **enti e organismi internazionali**, rappresentanze **diplomatiche** e **consolari** e **missioni**, nonché quelle corrisposte dalla **Santa sede**, dagli enti gestiti direttamente da essa e dagli enti centrali della Chiesa cattolica;
- il reddito d'impresa o di lavoro autonomo assoggettato ad imposta sostitutiva in applicazione del regime **fiscale forfetario** (➨**14.11.9.**) o dei **minimi** (➨**14.11.10.**);
- il reddito dei fabbricati assoggettato ad imposta sostitutiva sulle locazioni (c.d. **cedolare secca** - art. 3, D.Lgs. n. 23/2011) (➨**10.3.10.**);
- la quota esente prevista per i redditi di lavoro dipendente prestato all'estero in zone di frontiera e in altri Paesi limitrofi (c.d. **lavoratori transfrontalieri**) (➨**12.1.6.**).

A partire dal 1° gennaio 2019, per i **figli di età non superiore a 24 anni** il limite di reddito complessivo per essere considerato fiscalmente a carico passa a **4.000 euro** (art. 1, c. 252-253, Legge n. 205/2017). I figli che abbiano superato tale limite di età applicano le regole generali e quindi sono fiscalmente a carico se possiedono un reddito complessivo non superiore a 2.840,51 euro. Inoltre, il requisito anagrafico sussiste per l'intero anno in cui il figlio raggiunge il limite di età, a prescindere dal giorno e dal mese in cui ciò accade.

> Il reddito complessivo del soggetto a carico deve essere calcolato senza tener conto della rendita catastale degli **immobili** da questi **posseduti e non locati** qualora gli stessi siano **soggetti ad IMU** (e siano situati in un Comune diverso da quello in cui si trova l'abitazione principale).
> Il reddito dei fabbricati adibiti ad **abitazione principale** e relative pertinenze, in quanto immobili per i quali **non è dovuta l'IMU**, va computato ai fini del calcolo del reddito complessivo del familiare. Tuttavia, ai fini della tassazione IRPEF, spetta una deduzione dal reddito pari all'ammontare della rendita catastale dell'unità immobiliare adibita ad abitazione principale e delle relative pertinenze (art. 10, c. 3-bis, D.P.R. n. 917/1986).
> Qualora l'immobile adibito ad abitazione principale sia classificato nelle **categorie catastali A/1, A/8, A/9** (appartamenti di lusso, castelli, ville, ecc.), l'IMU continua ad essere dovuta e, pertanto, il relativo reddito non confluisce nel reddito complessivo del familiare in virtù dell'effetto sostitutivo dell'IMU (circ. 7 luglio 2015, n. 26/E).

4.1.2. Condizioni

Nel rispetto del limite reddituale di 2.840,51 euro (4.000 euro per i figli di età inferiore a 24 anni), le condizioni per essere considerati a carico variano a seconda del grado di parentela:

1. **coniuge** (e soggetti in unione civile): sono a carico se:
   - non legalmente ed effettivamente separati, anche se non conviventi o residenti all'estero;
   - separati o divorziati (anche a seguito di scioglimento dell'unione civile): solo se sono conviventi o se percepiscono assegni alimentari volontari, non risultanti da provvedimenti dell'autorità giudiziaria;
2. **figli**, compresi i figli naturali riconosciuti, i figli adottivi o affidati: sono considerati a carico a prescindere dall'età del figlio, dalla residenza in Italia o all'estero, dalla convivenza con i genitori e dalla eventuale circostanza che siano portatori di handicap;
3. **altri familiari** (genitori, compresi quelli naturali e adottivi, nonni, compresi quelli naturali, nipoti, fratelli e sorelle, anche unilaterali, suoceri, nuore e generi): sono considerati a carico solo se conviventi o se percepiscono assegni alimentari volontari, non risultanti da provvedimenti dell'autorità giudiziaria.

4.1.3. Assegno unico universale

A decorrere **dal 1° marzo 2022** è istituito l'assegno unico e universale per i figli a carico, che sostituisce, oltre agli assegni familiari, il c.d. "bonus bebé" e il c.d. "bonus mamma", le detrazioni IRPEF per i figli a carico al di sotto dei 21 anni di età (D.Lgs. n. 230/2021).

L'assegno unico costituisce un beneficio economico, non tassato ai fini IRPEF, attribuito, su base mensile, per il periodo compreso **tra marzo di ciascun anno e febbraio dell'anno successivo**, ai nuclei familiari sulla base della condizione economica del nucleo, in base all'indicatore della situazione economica equivalente (ISEE).

L'assegno è riconosciuto ai nuclei familiari:

a. per **ogni figlio minorenne a carico** e, per i **nuovi nati**, decorre dal settimo mese di gravidanza;
b. per ciascun **figlio maggiorenne a carico**, **fino** al compimento dei **21 anni** di età, per il quale ricorra una delle seguenti condizioni:
   1. frequenti un corso di formazione scolastica o professionale, ovvero un corso di laurea;
   2. svolga un tirocinio ovvero un'attività lavorativa e possieda un reddito complessivo inferiore a 8.000 euro annui;
   3. sia registrato come disoccupato e in cerca di un lavoro presso i servizi pubblici per l'impiego;
   4. svolga il servizio civile universale;
c. per ciascun **figlio con disabilità a carico**, senza limiti di età.

La **domanda** per il riconoscimento dell'assegno va presentata all'INPS, annualmente, a decorrere dal 1° gennaio di ciascun anno ed è riferita al periodo compreso tra il mese di marzo dell'anno di presentazione della domanda e quello di febbraio dell'anno successivo.

4.2. CALCOLO DELLE DETRAZIONI

Le detrazioni devono essere **rapportate ai mesi** dell'anno per i quali i familiari sono rimasti a carico e competono dal mese in cui si sono verificate a quello in cui sono cessate le condizioni richieste (art. 12, c. 3, D.P.R. n. 917/1986).

Inoltre:

- i periodi inferiori al mese sono, comunque, considerati **mese intero**;
- le detrazioni per coniuge e figli a carico spettano anche se questi **risiedono all'estero**.

Esempio

Matrimonio avvenuto durante l'anno: matrimonio avvenuto il **21 ottobre**, la detrazione per coniuge a carico spetta per **3 mesi**.

4.3. DETRAZIONI PER IL CONIUGE (O PARTE DELL'UNIONE CIVILE) A CARICO

Per il coniuge (o parte dell'unione civile) a carico non legalmente ed effettivamente separato sono previste le seguenti detrazioni (art. 12, c. 1, lett. a) e b), 2, 3, 4, 4-bis, D.P.R. n. 917/1986).

Reddito complessivo[1]	Importo detrazione
Non superiore a 15.000	800 - (110 x reddito complessivo)/15.000[2-3]
da euro 15.001 a euro 29.000	690

IRPEF

Reddito complessivo[1]	Importo detrazione
da euro 29.001 a euro 29.200	700
da euro 29.201 a euro 34.700	710
da euro 34.701 a euro 35.000	720
da euro 35.001 a euro 35.100	710
da euro 35.101 a euro 35.200	700
da euro 35.201 a euro 40.000	690
da euro 40.001 a euro 80.000	690 x (80.000 - reddito complessivo)/40.000
oltre euro 80.000	0

[1] Il reddito complessivo è al netto dell'abitazione principale e relative pertinenze. Nel reddito complessivo va compreso anche il reddito dei fabbricati assoggettato alla cedolare secca sulle locazioni.
[2] Se il rapporto è uguale a 1, la detrazione compete nella misura di 690 euro.
[3] Se il rapporto è uguali a zero, la detrazione non compete. Negli altri casi, il risultato del rapporto si assume nelle prime 4 cifre decimali.

Nel caso di un soggetto che fa parte di un **nucleo familiare** composto da padre, madre e due figli, dove il padre e uno dei figli sono disoccupati e la madre, lavorando solo nel periodo estivo, ha un reddito annuo di **circa 3.500 euro** lordi, il padre e l'altro figlio sono "a carico".
Ne consegue che la madre ha il **diritto di fruire delle detrazioni per il coniuge e per i figli**, con precedenza rispetto al figlio, per il quale gli stessi rientrano tra gli altri familiari (circ. 24 aprile 2015, n. 17/E).

CASO 1 - Detrazione per il coniuge a carico
1) Reddito complessivo pari a 7.500 euro
Calcolo della detrazione spettante = 800 - [110 x (7.500/15.000)] = 800 - 55 = **745 euro**.

2) Reddito complessivo pari a 20.000 euro
Non occorre fare calcoli: la detrazione è pari a **690 euro**.

3) Reddito complessivo pari a 75.000 euro
Calcolo della detrazione spettante = 690 x [(80.000 - 75.000)/40.000] = 690 x 0,125 = **86,25 euro**

DETRAZIONE PER I FIGLI A CARICO 4.4.

Importi spettanti fino al 28 febbraio 2022 4.4.1.

Dall'imposta lorda si detraggono per ciascun figlio, compresi i figli naturali riconosciuti, i figli adottivi e gli affidati o affiliati, i seguenti importi (art. 12, c. 1, lett. c), 1-bis e 4, D.P.R. n. 917/1986).

N. figli	Età figli	Importo detrazione per ciascun figlio (da rapportare alla percentuale di detrazione)[1-2-3]
1	Inferiore a 3 anni	1.220 x (95.000 - reddito complessivo)/95.000
	Non inferiore a 3 anni	950 x (95.000 - reddito complessivo)/95.000
2	Inferiore a 3 anni	1.220 x (110.000 - reddito complessivo)/110.000
	Non inferiore a 3 anni	950 x (110.000 - reddito complessivo)/110.000
3	Inferiore a 3 anni	1.220 x (125.000 - reddito complessivo)/125.000
	Non inferiore a 3 anni	950 x (125.000 - reddito complessivo)/125.000
4	Inferiore a 3 anni	1.420 x (140.000 - reddito complessivo)/140.000
	Non inferiore a 3 anni	1.150 x (140.000 - reddito complessivo)/140.000
5	Inferiore a 3 anni	1.420 x (155.000 - reddito complessivo)/155.000
	Non inferiore a 3 anni	1.150 x (155.000 - reddito complessivo)/155.000

N. figli	Età figli	Importo detrazione per ciascun figlio (da rapportare alla percentuale di detrazione)[1-2-3]
Oltre 5		L'importo sopraindicato di 155.000 euro è aumentato per tutti di 15.000 euro per ogni figlio successivo al quinto. Restano invariate le detrazioni (1.420 o 1.150 a seconda dell'età).
[1] Il reddito complessivo è al netto dell'abitazione principale e relative pertinenze. Nel reddito complessivo va compreso anche il reddito dei fabbricati assoggettato alla cedolare secca sulle locazioni. [2] Le detrazioni (950, 1.220, 1.150 e 1.420) sono aumentate di un importo pari a 400 euro per ogni figlio disabile. [3] Se i rapporti sono uguali a zero, la detrazione non compete. Negli altri casi, il risultato dei rapporti si assume nelle prime 4 cifre decimali.		

Le detrazioni per figli **spettano a prescindere dall'età** del figlio e **dalla convivenza** di questo con i genitori, ferma restando la sussistenza della condizione del limite di reddito.

CASO 2 - Detrazione per figli a carico

1) Due figli interamente a carico di **un solo genitore**, con reddito complessivo pari a 20.000 euro, per 12 mesi, di cui il primo maggiore di 3 anni e l'altro minore di 3 anni.
Detrazioni teoriche: 950 (figlio maggiore di 3 anni) + 1.220 (figlio minore di 3 anni) = 2.170
Detrazione spettante: 2.170 x [110.000 - 20.000] / 110.000 = **1.775,28 euro**

2) Genitore con **quattro figli a carico**, di cui gli ultimi due minori di 3 anni e il secondo portatore di handicap e un reddito complessivo di 90.000.
I primi tre figli sono a carico per l'intero anno, mentre l'ultimo per 6 mesi.
Per quest'ultimo, quindi, spetterà una detrazione teorica pari a: 1.420 x 6/12 = 710
Il calcolo è il seguente:
(1.150 + 1.550 + 1.420 + 710) x (140.000 - 90.000) / 140.000 = 4.830 x 0,3571 = **1.725 euro**

4.4.2. Ripartizione della detrazione tra i genitori

I genitori non possono ripartire **liberamente** tra loro la detrazione per figli a carico in base alla convenienza economica.

Genitori non legalmente ed effettivamente separati - La detrazione per figli a carico è ripartita nella misura del **50% ciascuno**.
Tale criterio può essere derogato nella sola ipotesi in cui i genitori stessi si accordino per attribuire l'intera detrazione a quello dei due che possiede il **reddito complessivo di ammontare più elevato**.

È possibile, tuttavia, dar corso all'accordo anche in assenza di tale condizione "di incapienza" (circ. 16 marzo 2007, n. 15/E).

Genitori legalmente ed effettivamente separati ovvero in caso di annullamento, scioglimento o cessazione degli effetti civili del matrimonio

Situazione	Regole
Affidamento congiunto o condiviso	La detrazione è ripartita, in mancanza di accordo, nella misura del 50% tra i genitori.
Genitore affidatario (ovvero, in caso di affidamento congiunto, uno dei genitori affidatari) che non può usufruire **in tutto o in parte** della detrazione per limiti di reddito	La detrazione è assegnata **per intero** al secondo genitore che, salvo diverso accordo tra le parti, è tenuto a **riversare** all'altro genitore affidatario un importo pari all'intera detrazione ovvero, in caso di affidamento congiunto, pari al 50% della detrazione stessa.
Genitori separati	- **Affidamento del figlio ad uno solo dei genitori**: la detrazione spetta interamente al genitore affidatario salvo la possibilità di un diverso accordo. Tale accordo può essere finalizzato a ripartire la detrazione nella misura del 50% ovvero ad attribuire l'intera detrazione al genitore che ha il reddito più elevato.

Situazione	Regole
	- **Affidamento congiunto o condiviso:** la detrazione è ripartita tra i genitori nella misura del 50% salvo la possibilità di un diverso accordo. Tale accordo può avere il contenuto di attribuire l'intera detrazione al genitore che ha il reddito più elevato.

Al di fuori delle ipotesi riportate nella tabella di cui sopra, in caso di **imposta incapiente** del genitore che ha diritto alla detrazione, è possibile **devolvere** in favore dell'altro genitore la **detrazione non fruita** per incapienza anche parziale dell'imposta e quest'ultimo, salvo diverso accordo, è tenuto a riversare al genitore affidatario un importo pari all'intera detrazione o, in caso di affidamento congiunto, un importo pari al 50% della detrazione stessa.
Al verificarsi di tale condizione, la **rinuncia** da parte del genitore con imposta incapiente a fruire della detrazione spettante in favore dell'altro, **non opera automaticamente**, ma deve essere portata a conoscenza dell'altro genitore e presuppone **un'intesa tra i genitori**, i quali devono rendere reciprocamente note le rispettive condizioni reddituali.
L'intesa **non è obbligatoria** e può intervenire solo nel caso in cui un genitore, non avendo la possibilità di usufruire della detrazione per limiti dell'imposta dovuta, comunichi all'altro la volontà di attribuire la detrazione per l'intera quota.

In caso di **genitori non coniugati** si applica la medesima disciplina delle detrazioni prevista per i figli a carico con riferimento ai genitori separati, qualora siano presenti provvedimenti di affidamento relativi ai figli.
In assenza di detti provvedimenti, la detrazione va ripartita al 50% tra i genitori, salvo accordo per attribuire la detrazione a quello dei due con il reddito più elevato (circ. 16 marzo 2007, n. 15/E).

Ripartizione in caso di reddito in regime forfetario - In caso di contribuente che aderisce al regime forfetario (➡**14.11.9.**), ai fini del riconoscimento delle detrazioni per carichi di famiglia, rileva anche il reddito determinato con tale regime.
Quindi, il reddito determinato secondo i criteri del regime forfetario rileva, unitamente al reddito complessivo, ai fini della determinazione del limite di euro 2.840,51 (4.000 euro per i figli di età inferiore a 24 anni) per considerare i familiari fiscalmente a carico.
Analogamente, il reddito determinato con il regime forfetario, al lordo dei contributi previdenziali, rileva anche ai fini della comparazione del reddito più elevato, per stabilire quale genitore possa fruire della detrazione per figli a carico per l'intero importo (ris. 22 luglio 2019, n. 69/E).

Età e convivenza con i genitori - La detrazione per figli a carico **spetta a prescindere dall'età del figlio** e **dalla convivenza con i genitori** e dall'eventuale circostanza che il figlio sia **portatore di handicap**.
Nelle ipotesi in cui è richiesta la condizione dell'affidamento disgiunto o congiunto per l'assegnazione della detrazione, rispettivamente, nella misura intera ovvero nella misura del 50%, i genitori possono continuare, **salvo diverso accordo**, a fruire per il figlio maggiorenne e non portatore di handicap, della detrazione ripartita nella medesima misura in cui era ripartita nel periodo della minore età del figlio.

Accordo tra i genitori (separati, non coniugati, non separati) - È possibile definire, nel rispetto delle condizioni sopra indicate, un'attribuzione della detrazione per figli a carico **diversa** da quella legale, presupponendo che se la detrazione è richiesta da un genitore, l'altro genitore vi abbia rinunciato. A tal fine, non è prevista una particolare forma dell'accordo.

In caso di richiesta della detrazione da parte di entrambi i genitori in misura **superiore** a quella che sarebbe loro consentita, in sede di liquidazione della dichiarazione, la detrazione viene riconosciuta ai due genitori nella **misura legale del 50%**, presupponendosi - salvo prova contraria fornita dagli interessati - l'assenza dell'accordo.
Resta ferma la possibilità da parte dei genitori di fornire la **prova dell'accordo** e usufruire della detrazione nella misura convenuta, in caso di richiesta da parte dell'Amministrazione in sede di controllo (circ. 16 marzo 2007, n. 15/E).

Primo figlio - Si intende quello di **età anagrafica maggiore** tra quelli a carico.
Ai fini della verifica della convenienza occorre confrontare la detrazione spettante con riferimento al coniuge e quella spettante con riferimento al figlio.

In presenza di più figli, qualora risulti più conveniente la detrazione per coniuge a carico rispetto a quella spettante per il figlio, le detrazioni per i figli successivi al primo vanno calcolate tenendo conto del numero di tutti i figli a carico, compreso il primo.

4.4.3. Detrazione per famiglie numerose

Fino al 28 febbraio 2022, in presenza di **almeno quattro figli a carico**, ai genitori, oltre alle detrazioni sopra indicate, è riconosciuta un'ulteriore **detrazione di importo pari a 1.200 euro** (art. 12, c. 1-bis, D.P.R. n. 917/1986).

In tale contesto, valgono le seguenti regole:

- la detrazione è ripartita nella **misura del 50%** tra i genitori non legalmente ed effettivamente separati;
- in caso di **separazione legale ed effettiva** o di **annullamento**, **scioglimento** o cessazione degli effetti civili del matrimonio, la detrazione spetta ai genitori in **proporzione** agli affidamenti stabiliti dal giudice;
- nel caso di coniuge fiscalmente a carico dell'altro, la detrazione compete a quest'ultimo **per l'intero importo**;
- qualora la detrazione di cui sopra sia di ammontare **superiore all'imposta lorda**, diminuita delle altre detrazioni per familiari a carico (➡4.) (art. 12, D.P.R. n. 917/1986), per lavoro (➡5.) (art. 13, D.P.R. n. 917/1986), per oneri e spese (➡6.) (➡7.) (artt. 15 e 16-bis, D.P.R. n. 917/1986), per canoni di locazione (➡6.16.) (art. 16, D.P.R. n. 917/1986), nonché delle detrazioni previste da altre disposizioni normative, è riconosciuto un **credito** di ammontare pari alla quota di detrazione che non ha trovato capienza nella predetta imposta.

4.4.4. Importi spettanti dal 1° marzo 2022

A partire dall'entrata in vigore dell'assegno unico universale (➡4.1.3.) e, quindi, dal 1° marzo 2022, resta in vigore solo la detrazione pari a 950 euro per ciascun figlio, compresi i figli nati fuori del matrimonio riconosciuti, i figli adottivi o affidati, **purché di età pari o superiore a 21 anni**.

Restano confermate le regole secondo cui:

- la detrazione spetta per la parte corrispondente al rapporto tra l'importo di 95.000 euro, diminuito del reddito complessivo, e 95.000 euro;
- in presenza di più figli che danno diritto alla detrazione, l'importo di 95.000 euro è aumentato per tutti di 15.000 euro per ogni figlio successivo al primo.

Anche per la **ripartizione** si applicano le regole in vigore precedentemente (➡4.4.2.), così come per il **limite di reddito** per essere considerati fiscalmente a carico (➡4.1.2.).

Scompaiono, invece:

- la detrazione aumentata a 1.220 euro per ciascun figlio di età inferiore a 3 anni;
- gli aumenti di un importo pari a 400 euro per ogni figlio portatore di handicap e di 200 euro per ciascun figlio a partire dal primo per i contribuenti con più di tre figli a carico;
- l'ulteriore detrazione di 1.200 euro per le famiglie numerose (➡4.4.3.).

Pertanto, la formula da applicare per determinare la detrazione è la seguente:

950 x (95.000 - reddito complessivo)/95.000

dove, per ogni figlio in più rispetto al primo, l'importo di 95.000 al numeratore e al denominatore viene incrementato di 15.000.

Ai fini delle disposizioni fiscali che fanno riferimento alle persone fiscalmente a carico, i figli per i quali non spetta la detrazione sono considerati al pari dei figli per i quali spetta tale detrazione.

4.5. DETRAZIONE PER ALTRE PERSONE A CARICO

Per ogni altra persona indicata nell'art. 433 c.c. (➡4.1.) che conviva con il contribuente o percepisca assegni alimentari non risultanti da provvedimenti dell'autorità giudiziaria esclusi in ogni caso i figli, ancorché per i medesimi non spetti la detrazione per figli a carico (➡4.4.), dall'imposta lorda si detraggono **750 euro**, da ripartire *pro quota* tra coloro che hanno diritto alla detrazione (art. 12, c. 1, lett. d) e 4, D.P.R. n. 917/1986). La detrazione effettiva va calcolata applicando la seguente formula:

750 x (80.000 - reddito complessivo) / 80.000

Se è pari a zero, minore di zero o uguale a uno, la detrazione non compete.
Negli altri casi, il risultato del rapporto si assume nelle prime quattro cifre decimali.

DETRAZIONI PER CITTADINI NON RESIDENTI 4.6.

In linea generale, le detrazioni per carichi di famiglia non competono per i soggetti non residenti (art. 24, c. 3, D.P.R. n. 917/1986).

È però previsto il riconoscimento integrale delle detrazioni e deduzioni fiscali nei confronti dei contribuenti residenti all'estero che producano in Italia almeno il 75% del proprio reddito complessivo (c.d. **non residenti Schumacker**) (art. 24, c. 3-bis, D.P.R. n. 917/1986) (➡9.5.).

In tal caso, i soggetti non residenti devono rilasciare al proprio sostituto d'imposta un'apposita dichiarazione sostitutiva di atto di notorietà.

IRPEF

5. DETRAZIONI PER LAVORO

IRPEF

5.1. ASPETTI GENERALI

Sono previste alcune detrazioni per i contribuenti che percepiscono (art. 13, D.P.R. n. 917/1986):

- **redditi da lavoro dipendente** (➡**5.2.**) (comprese alcune tipologie di **reddito assimilato a quello di lavoro dipendente**);
- redditi **di pensione** (➡**5.3.**);
- redditi di **lavoro autonomo e d'impresa in contabilità semplificata** (➡**5.4.**).

Regole generali:

- le detrazioni si applicano **anche per i soggetti non residenti**;
- in caso di possesso di redditi di **differenti tipologie**, le diverse detrazioni non sono cumulabili tra loro (resta libera la scelta da parte del contribuente di quale detrazione fruire);
- nel reddito complessivo va compreso anche il **reddito dei fabbricati** assoggettato alla **cedolare secca** sulle locazioni (art. 3, D.Lgs. n. 23/2011) (➡**10.3.10.**) **e del regime forfetario** (➡**14.11.9.**).

5.2. REDDITI DI LAVORO DIPENDENTE E ASSIMILATO

5.2.1. Applicazione delle detrazioni

Le detrazioni spettano se alla formazione del reddito complessivo concorrono:

- **uno o più redditi di lavoro dipendente** (➡**12.**) (art. 49, D.P.R. n. 917/1986), ad esclusione delle pensioni (art. 49, c. 2, lett. a), D.P.R. n. 917/1986) per le quali sono previste altre detrazioni (➡**5.3.**);
- compensi percepiti, entro i limiti dei salari correnti maggiorati del 20%, dai **lavoratori soci delle cooperative di produzione e lavoro**, delle cooperative **di servizi**, delle cooperative **agricole** e di prima trasformazione dei prodotti agricoli e delle cooperative della piccola pesca (➡**12.2.2.**) (art. 50, c. 1, lett. a), D.P.R. n. 917/1986);
- **indennità e compensi percepiti a carico di terzi** dai prestatori di lavoro dipendente per incarichi svolti in relazione a tale qualità, esclusi i compensi che per clausola contrattuale devono essere riversati al datore di lavoro e di quelli che per legge devono essere riversati allo Stato (➡**12.2.3.**) (art. 50, c. 1, lett. b), D.P.R. n. 917/1986);
- somme da chiunque corrisposte a titolo di **borsa di studio** o di assegno, premio o sussidio per fini di studio o di addestramento professionale, se il beneficiario non è legato da rapporti di lavoro dipendente al soggetto erogante (➡**12.2.4.**) (art. 50, c. 1, lett. c), D.P.R. n. 917/1986);
- somme e valori in genere percepiti dagli **amministratori**, **sindaci** o **revisori di società**, **associazioni e altri enti,** dalla **collaborazione a giornali**, riviste, enciclopedie e simili, dalla partecipazione a **collegi e commissioni**, nonché quelli percepiti in relazione ad altri **rapporti di co.co.co.** e simili (➡**12.2.5.**) (art. 50, c. 1, lett. c-bis), D.P.R. n. 917/1986);
- **remunerazioni dei sacerdoti** (➡**12.2.8.**) (art. 50, c. 1, lett. d), D.P.R. n. 917/1986);
- **prestazioni pensionistiche** (➡**12.2.8.**) (art. 50, c. 1, lett. h-bis), D.P.R. n. 917/1986);
- compensi percepiti dai soggetti impegnati in **lavori socialmente utili** (➡**12.2.8.**) (art. 50, c. 1, lett. l), D.P.R. n. 917/1986).

5.2.2. Importi e limiti

Regole in vigore dal 2022

Nella tabella che segue si riportano gli importi spettanti a partire dal 1° gennaio 2022:

Reddito complessivo in euro[1]	Importo della detrazione[2]
Non superiore a 15.000	1.880[3]

Reddito complessivo in euro[1]	Importo della detrazione[2]
Compreso tra 15.001 e 28.000	1.910 + [1.190 x (28.000 - reddito complessivo) / 13.000][4]
Compreso tra 28.001 e 50.000	1.910 x [(50.000 - reddito complessivo) / 22.000][4]
Oltre 50.000	0

[1] Il **reddito complessivo** è al netto dell'abitazione principale e relative pertinenze. Nel reddito complessivo va compreso anche il reddito dei fabbricati assoggettato alla **cedolare secca** (➡**10.3.10.**) e del **regime forfetario** (➡**14.11.9.**).
[2] Se il **risultato dei rapporti** è **maggiore di 0**, lo stesso si assume nelle prime 4 cifre decimali.
[3] L'ammontare della **detrazione effettivamente spettante** non può essere inferiore a 690 euro per i rapporti di lavoro a tempo indeterminato e a 1.380 euro per i rapporti di lavoro a tempo determinato.
[4] La detrazione spettante è aumentata di un importo pari a **65 euro**, se il reddito complessivo è superiore a 25.000 euro ma non a 35.000 euro.

Regole in vigore fino al 2021

Nella tabella che segue si riportano gli importi spettanti fino al 31 dicembre 2021:

Reddito complessivo in euro[1]	Importo della detrazione[2]
Non superiore a 8.000	1.880[3]
Compreso tra 8.001 e 28.000	978 + [902 x (28.000 - reddito complessivo) / 20.000]
Compreso tra 28.001 e 55.000	978 x [(55.000 - reddito complessivo) / 27.000]
Oltre 55.000	0

[1] Il **reddito complessivo** è al netto dell'abitazione principale e relative pertinenze. Nel reddito complessivo va compreso anche il reddito dei fabbricati assoggettato alla **cedolare secca** (➡**10.3.10.**) e del **regime forfetario** (➡**14.11.9.**).
[2] Se il **risultato dei rapporti** è **maggiore di 0**, lo stesso si assume nelle prime 4 cifre decimali.
[3] L'ammontare della **detrazione effettivamente spettante** non può essere inferiore a 690 euro per i rapporti di lavoro a tempo indeterminato e a 1.380 euro per i rapporti di lavoro a tempo determinato.

Regole applicative 5.2.3.

Ai fini dell'attribuzione delle detrazioni in commento, l'anno deve essere sempre assunto come composto di **365 giorni**, **anche quando è bisestile**.
In **presenza di più redditi di lavoro dipendente**, nel calcolare il numero dei giorni per i quali spettano le detrazioni, i giorni compresi in periodi contemporanei devono essere computati **una sola volta**.
In caso di **reddito complessivo non superiore a 8.000** euro, le detrazioni spettanti nella misura di 690 euro per i rapporti di lavoro a tempo indeterminato e di 1.380 euro per i rapporti a tempo determinato:
- **non devono essere rapportate al periodo di lavoro**;
- **non sono cumulabili** tra loro né con quelle minime previste per i pensionati (➡**5.3.**) né con quelle previste per i redditi diversi (➡**5.4.**).

Il contribuente che può fruire di più di una delle detrazioni minime, può scegliere di applicare quella **più favorevole**.

Rapporti di lavoro inferiori all'anno 5.2.4.

Le detrazioni fisse di 690 euro e di 1.380 euro, rispettivamente per i rapporti di lavoro a tempo indeterminato e per quelli a tempo determinato, devono essere rapportate dal **sostituto** al periodo di lavoro nell'anno (art. 23, c. 2, lett. a), D.P.R. n. 600/1973).
Il percipiente può comunque fruire della parte di detrazione eventualmente non goduta in sede di **dichiarazione dei redditi** ovvero, su richiesta, in sede di **conguaglio**.
Se il percipiente dichiara di **non possedere altri redditi**, il sostituto deve assumere, ai fini del calcolo della detrazione spettante, il reddito di lavoro dipendente che egli stesso corrisponde e, pertanto, ricorrendone i presupposti, tener conto della **misura minima** della detrazione, attribuendola a partire dalla corresponsione della prima retribuzione.
A tal fine, il sostituto può comunque **invitare** i dipendenti a fornire, ove lo ritengano opportuno, gli elementi che consentano un'applicazione più precisa della detrazione.
La detrazione minima deve quindi essere applicata per l'intero ammontare previsto e **ragguagliata al periodo di paga** (circ. 16 marzo 2007, n. 15/E).

IRPEF

5.3. REDDITI DI PENSIONE

In caso di coesistenza nello stesso periodo d'imposta di redditi di lavoro dipendente e di redditi di pensione, la **non cumulabilità delle rispettive detrazioni** deve essere intesa con riferimento alle medesime giornate in cui si svolge il rapporto di lavoro e viene percepita la pensione.

La detrazione si applica anche ai contribuenti che percepiscono **assegni periodici** indicati fra gli **oneri deducibili** (➡3.7.1.) (artt. 10, c. 1, lett. c), 13, c. 5-bis e 50, c. 1, lett. i), D.P.R. n. 917/1986).

5.3.1. Importi e limiti

Regole in vigore dal 2022

Nella tabella che segue si riportano gli importi spettanti a partire dal 1° gennaio 2022:

Reddito complessivo in euro[1]	Importo detrazione[2]
Non superiore a 8.500	1.955[3]
Compreso tra 8.501 e 28.000	700 + [1.255 x (28.000 - reddito complessivo) / 19.500][4]
Compreso tra 28.001 e 50.000	700 x [(50.000 - reddito complessivo) / 22.000][4]
Oltre 50.000	0

[1] Il **reddito complessivo** è al netto dell'abitazione principale e relative pertinenze. Nel reddito complessivo va compreso anche il reddito dei fabbricati assoggettato alla **cedolare secca** (➡10.3.10.) **e del regime forfetario** (➡14.11.9.).
[2] Se il **risultato dei rapporti** è maggiore di 0, lo stesso si assume nelle prime 4 cifre decimali.
[3] L'ammontare della **detrazione effettivamente spettante** non può essere inferiore **a 713 euro**.
[4] La detrazione spettante è aumentata di un importo pari a **50 euro**, se il reddito complessivo è superiore a 25.000 euro ma non a 29.000 euro

La detrazione di 713 euro **non deve essere rapportata al periodo di pensione**.

Regole in vigore fino al 2021

Nella tabella che segue si riportano gli importi spettanti fino al 31 dicembre 2021:

Reddito complessivo in euro[1]	Importo detrazione[2]
Non superiore a 8.000	1.880[3]
Compreso tra 8.001 e 15.000	1.297 + [583 x (15.000 - reddito complessivo) / 7.000]
Compreso tra 15.001 e 55.000	1.297 x [(55.000 - reddito complessivo) / 40.000]
Oltre 55.000	0

[1] Il **reddito complessivo** è al netto dell'abitazione principale e relative pertinenze. Nel reddito complessivo va compreso anche il reddito dei fabbricati assoggettato alla **cedolare secca** (➡10.3.10.) **e del regime forfetario** (➡14.11.9.).
[2] Se il **risultato dei rapporti** è maggiore di 0, lo stesso si assume nelle prime 4 cifre decimali.
[3] L'ammontare della **detrazione effettivamente spettante** non può essere inferiore **a 713 euro**.

La detrazione di 713 euro **non deve essere rapportata al periodo di pensione**.

5.4. ALTRI REDDITI

5.4.1. Applicazione delle detrazioni

Le detrazioni per altri redditi spettano se alla formazione del reddito complessivo concorrono:

- compensi per l'**attività libero professionale intramuraria** del personale dipendente dal Servizio Sanitario Nazionale (➡12.2.7.) (art. 50, c. 1, lett. e), D.P.R. n. 917/1986);
- indennità, **gettoni di presenza** e altri compensi corrisposti dallo **Stato**, dalle **Regioni**, dalle **Province** e dai **Comuni** per l'esercizio di **pubbliche funzioni** (➡12.2.8.) (art. 50, c. 1, lett. f), D.P.R. n. 917/1986);
- indennità per **cariche elettive** (➡12.2.8.) (art. 50, c. 1, lett. g), D.P.R. n. 917/1986);
- **rendite vitalizie** e rendite a tempo determinato diverse da quelle aventi funzioni previdenziali (➡12.2.6.) (art. 50, c. 1, lett. h), D.P.R. n. 917/1986);
- **mance** percepite dagli impiegati tecnici delle case da gioco (***croupiers***) (➡12.2.8.) (art. 50, c. 1, lett. i), D.P.R. n. 917/1986);

- redditi di **lavoro autonomo** (➡13.) (art. 53, D.P.R. n. 917/1986);
- redditi d'**impresa minore** (➡14.6.) (art. 66, D.P.R. n. 917/1986);
- redditi derivanti da **attività** commerciali e professionali **non esercitate abitualmente** (➡15.4.6.) (➡15.4.7.) (art. 67, c. 1, lett. i) e l), D.P.R. n. 917/1986).

Sono esclusi i redditi derivanti dagli **assegni periodici deducibili** (➡3.7.1.) (artt. 10, c. 1, lett. c), 13, c. 5-bis e 50, c. 1, lett. i), D.P.R. n. 917/1986) per i quali si applicano le detrazioni per pensione (➡5.3.).

Importi e limiti 5.4.2.

Regole in vigore dal 2022

Nella tabella che segue si riportano gli importi spettanti a partire dal 1° gennaio 2022:

Reddito complessivo in euro[1]	Importo detrazione[2]
Non superiore a 5.500	1.265
Compreso tra 5.501 e 28.000	500 + [765 x (28.000 - reddito complessivo) / 22.500] [3]
Compreso tra 28.001 e 50.000	500 x (50.000 - reddito complessivo) / 22.000
Oltre 50.000	0

[1] Il **reddito complessivo** è al netto dell'abitazione principale e relative pertinenze. Nel reddito complessivo va compreso anche il reddito dei fabbricati assoggettato alla **cedolare secca** (➡10.3.10.) **e del regime forfetario** (➡14.11.9.).
[2] Se il **risultato dei rapporti** è maggiore di 0, lo stesso si assume nelle prime 4 cifre decimali.
[3] La detrazione spettante è aumentata di un importo pari a **50 euro**, se il reddito complessivo è superiore a 11.000 euro ma non a 17.000 euro.

Regole in vigore fino al 2021

Nella tabella che segue si riportano gli importi spettanti fino al 31 dicembre 2021:

Reddito complessivo in euro[1]	Importo detrazione[2]
Non superiore a 4.800	1.104
Compreso tra 4.801 e 55.000	1.104 x (55.000 - reddito complessivo) / 50.200
Oltre 55.000	0

[1] Il **reddito complessivo** è al netto dell'abitazione principale e relative pertinenze. Nel reddito complessivo va compreso anche il reddito dei fabbricati assoggettato alla **cedolare secca** (➡10.3.10.) **e del regime forfetario** (➡14.11.9.).
[2] Se il **risultato dei rapporti** è maggiore di 0, lo stesso si assume nelle prime 4 cifre decimali.

Regole applicative 5.4.3.

Le detrazioni per altri redditi **non sono cumulabili** né con quelle previste in favore dei lavoratori dipendenti e assimilati (➡5.2.), né dei pensionati (➡3.7.1.).
Quindi, se alla formazione del reddito complessivo concorrono due o più delle tipologie reddituali, il contribuente può scegliere di fruire della **detrazione più favorevole** (circ. 16 marzo 2007, n. 15/E).

6. DETRAZIONI PER ONERI E SPESE

REGOLE GENERALI 6.1.

Sono previste determinate tipologie di spese ed oneri, oltre a quelle deducibili dal reddito complessivo, che possono essere detratte dall'imposta, fino a concorrenza dell'imposta stessa.

La **detrazione è prevista nella percentuale del 19%** dell'importo di ogni tipologia, ma tale misura può, in alcuni casi, essere soggetta a limiti massimi dettati dalla particolare disciplina del singolo onere e, in altri, essere in percentuale diversa (ad esempio, per alcuni oneri è al 26%) o in misura determinata, fissa o variabile (ad esempio, per la detrazione per canoni di locazione che è stabilita in base, tra l'altro, al reddito complessivo del conduttore e della tipologia di contratto stipulato (➡**6.16.**).

Le detrazioni possono essere **fruite solo nel limite dell'imposta lorda**, al netto delle detrazioni per familiari a carico e da lavoro.

L'eventuale **eccedenza** viene quindi **persa** dal contribuente, non potendo essere chiesta a rimborso né portata in detrazione nel periodo d'imposta successivo.

Un'eccezione a tale regola generale è prevista per i **canoni di locazione** (art. 16, D.P.R. n. 917/1986). In caso di incapienza dell'imposta lorda, agli affittuari viene riconosciuta una somma corrispondente alla detrazione non fruita.

Per le altre regole generali, salvo quanto detto di seguito, si rimanda alla sezione dedicata agli **oneri deducibili** (➡**3.1.**) e, in particolare, ai seguenti paragrafi:

- condizioni (➡**3.1.1.**);
- spese sostenute dal contribuente nell'interesse dei familiari fiscalmente a carico (➡**3.1.2.**);
- unioni civili (➡**3.1.4.**);
- somme erogate dal datore di lavoro sotto forma di rimborsi spese (➡**3.1.6.**);
- soci di società semplice (➡**3.1.7.**).

Detraibilità oneri e spese		
Tipologia onere detraibile	**Spese sostenute dal contribuente**	**Riferimenti normativi**
Spese sanitarie (➡**6.2.**)	Nell'interesse proprio o dei familiari fiscalmente a carico	art. 15, c. 1, lett. c), D.P.R. n. 917/1986
Spese sanitarie per patologie esenti (➡**6.2.6.**)	Nell'interesse dei familiari non a carico, affetti da patologie che danno diritto all'esenzione dalla partecipazione alla spesa sanitaria pubblica, per la parte di detrazione che non trova capienza nell'imposta da questi ultimi dovuta	art. 15, c. 1, lett. c), D.P.R. n. 917/1986
Acquisto e riparazione veicoli per disabili, cane guida per non vedenti (➡**6.2.9.**)	Nell'interesse proprio o dei familiari fiscalmente a carico	art. 15, c. 1, lett. c), 1-quater, D.P.R. n. 917/1986
Interessi passivi (➡**6.3.**)	Nell'interesse proprio (per i mutui stipulati dopo il 1993, anche per la quota del coniuge a carico se comproprietario e contitolare del mutuo)	art. 15, c. 1, lett. b), 1-ter), D.P.R. n. 917/1986
Interessi passivi, oneri accessori e quote di rivalutazione ISTAT per mutui ipotecari (➡**6.3.**)	Nell'interesse proprio	art. 15, c. 1, lett. a), D.P.R. n. 917/1986

Detraibilità oneri e spese		
Tipologia onere detraibile	**Spese sostenute dal contribuente**	**Riferimenti normativi**
Spese di istruzione (➡6.8.)	Nell'interesse proprio o dei familiari fiscalmente a carico	art. 15, c. 1, lett. e), e-bis), D.P.R. n. 917/1986
Spese sostenute a favore di soggetti con DSA (➡6.19.)	Nell'interesse proprio o dei familiari fiscalmente a carico	art. 15, c. 1, lett. e), e-ter), D.P.R. n. 917/1986
Spese funebri (➡6.7.)	A prescindere dal soggetto a cui sono riferite	art. 15, c 1, lett. d), D.P.R. n. 917/1986
Spese per addetti all'assistenza personale (➡6.10.)	Nell'interesse proprio o di familiari anche non a carico	art. 15, c. 1, lett. i-septies), D.P.R. n. 917/1986
Spese per attività sportive per ragazzi (➡6.12.)	Nell'interesse proprio (se di età compresa tra i 5 e 18 anni) o dei familiari fiscalmente a carico di età compresa tra 5 e 18 anni	art. 15, c. 1, lett. i-quinquies), D.P.R. n. 917/1986
Spese per intermediazione immobiliare (➡6.4.)	Nell'interesse proprio	art. 15, c. 1, lett. b-bis), D.P.R. n. 917/1986
Spese per canoni di locazione studenti universitari fuori sede (➡6.9.)	Nell'interesse proprio o dei familiari fiscalmente a carico	art. 15, c. 1, lett. i-sexies), D.P.R. n. 917/1986
Erogazioni liberali (➡6.15.)	Nell'interesse proprio	art. 15, c. 1, lett. g), h), h-bis), i), i-ter), i-octies), i-novies), D.P.R. n. 917/1986
Contributi per riscatto laurea (➡6.14.)	Nell'interesse dei familiari fiscalmente a carico	art. 2, D.Lgs. n. 184/1997
Spese sostenute per il pagamento di rette per la frequenza di asili nido (➡6.11.)	Nell'interesse dei figli fiscalmente a carico	art. 1, c. 335, Legge n. 266/2005
Premi di assicurazione (➡6.5.)	Nell'interesse proprio o dei familiari fiscalmente a carico	art. 15, c. 1, lett. f), D.P.R. n. 917/1986
Premi di assicurazione per polizze a copertura del rischio di eventi calamitosi su abitazioni (➡6.5.1.)	Nell'interesse proprio	art. 15, c. 1, lett. f-bis), D.P.R. n. 917/1986
Spese per canoni di leasing (➡6.13.)	Nell'interesse proprio	art. 15, c. 1, lett. i-sexies.1), i-sexies.2), D.P.R. n. 917/1986
Abbonamenti al trasporto pubblico locale (➡6.18.)	Nell'interesse proprio o dei familiari fiscalmente a carico	art. 15, c. 1, lett. i-decies), D.P.R. n. 917/1986

6.1.1. Imposta di bollo

L'importo delle spese è comprensivo di IVA o del costo del bollo applicato.
L'**imposta di bollo** (attualmente pari a 2,00 euro) viene applicata sulle fatture esenti da IVA (ad esempio, quelle per prestazioni sanitarie) di importo **superiore a 77,47 euro** ed **è detraibile** quale onere accessorio, qualora sia stata esplicitamente traslata sul cliente ed evidenziata a parte sulla fattura (circ. 4 aprile 2017, n. 7/E).
Il contribuente che riceve una fattura o una ricevuta medica **senza bollo** può portare in detrazione le spese relative all'imposta di bollo solo se paga il tributo al posto del professionista, sia per inadempienza di quest'ultimo, provvedendo quindi a sanare un atto irregolare, sia per esplicito accordo tra le parti (ris. 18 novembre 2008, n. 444/E).
Con l'avvio, dal 1° gennaio 2019, dell'obbligo generalizzato di **fatturazione elettronica** (➡46.13.4.) sono cambiate anche le regole per assolvere l'imposta di bollo sulle fatture (D.M. 28 dicembre 2018).

Fatturazione elettronica 6.1.2.

Dal 1° gennaio 2019 vige l'obbligo generalizzato di fatturazione elettronica (➡46.13.) anche nei rapporti tra privati ed anche nei confronti dei consumatori finali.

Ai fini della **dimostrazione** delle **spese detraibili**, è, quindi, necessario disporre del **documento elettronico** (file xml).

In tal caso, il cedente/prestatore consegna direttamente al cliente consumatore finale una copia informatica o analogica della fattura elettronica, comunicando contestualmente che il documento è messo a sua disposizione dal SdI nell'area riservata del sito web dell'Agenzia delle Entrate (Provv. Agenzia delle Entrate 30 aprile 2018).

Pagamento con strumenti tracciati e moneta elettronica 6.1.3.

Dal 1° gennaio 2020 si subordina la fruizione della detrazione del 19%, prevista per gli oneri di cui all'articolo 15 del D.P.R. n. 917/1986 e da altre disposizioni normative, al **pagamento** della spesa con **strumenti tracciabili** (art. 1, c. 679-680, Legge n. 160/2019).

Per strumenti tracciabili si intendono i versamenti bancari o postali ovvero quelli avvenuti tramite carte di debito, di credito e prepagate, assegni bancari e circolari.

> Il contribuente può utilizzare la **carta bancomat intestata al figlio** per pagare le spese detraibili, per le quali sussiste l'obbligo di tracciabilità, senza perdere il diritto alla detrazione, purché tale onere sia effettivamente sostenuto dal soggetto intestatario il documento di spesa (risposta a interpello 19 ottobre 2020, n. 484; circ. 25 giugno 2021, n. 7/E).

Pertanto, tutte le spese che danno luogo allo sconto fiscale del 19% nella dichiarazione dei redditi, a decorrere dal 2020, non possono più essere effettuate con l'utilizzo del contante, pena la perdita della detrazione stessa.

> L'obbligo di tracciabilità delle spese non introduce vincoli ulteriori, pertanto l'onere si considera **sostenuto dal contribuente al quale è intestato il documento di spesa**, indipendentemente dal familiare che materialmente esegue il pagamento. La spesa rimane validamente detraibile dal soggetto al quale è intestato il documento non rilevando l'esecutore materiale del pagamento. È necessario, ad ogni modo, che in questi casi l'onere venga comunque effettivamente sostenuto dal contribuente intestatario del documento di spesa che deve rimborsare, anche in contanti chi ha effettuato il pagamento tracciato; tale ultima circostanza va supportata dalla dichiarazione dello stesso contribuente a cui è intestato il documento e che detrae la spesa (circ. 25 giugno 2021, n. 7/E).
>
> È inoltre consentito sostituire la prova cartacea del pagamento tracciato con apposita annotazione sull'originale del documento di spesa rilasciato del percipiente, a patto che l'annotazione avvenga a cura di quest'ultimo (risposta a interpello 2 ottobre 2020, n. 431).

Esclusioni - La norma non riguarda le detrazioni:

– per spese sostenute per l'acquisto di **medicinali** (➡6.2.2.) e di **dispositivi medici** (➡6.2.5.);
– per **prestazioni sanitarie** rese dalle strutture pubbliche o da strutture private accreditate al Servizio sanitario nazionale.

Rimodulazione e limiti di spesa 6.1.4.

Dal 1° gennaio 2020, le detrazioni per spese ai fini IRPEF spettano (art. 15, c. 3-bis, 3-ter, 3-quater, D.P.R. n. 917/1986):

a. nell'intero importo qualora il reddito complessivo **non ecceda 120.000,00 euro**;
b. per la parte corrispondente al rapporto **tra l'importo di 240.000,00 euro**, diminuito del reddito complessivo, **e 120.000,00 euro**, qualora il reddito complessivo sia superiore a 120.000,00 euro.

Il reddito complessivo è assunto al netto del reddito dell'unità immobiliare adibita ad abitazione principale e di quello delle relative pertinenze.

La detrazione compete **nell'intero importo**, a prescindere dall'ammontare del reddito complessivo, per gli interessi passivi su mutui (➡6.3.) (art. 15, c. 1, lett. a) e b) e c. 1-ter, D.P.R. n. 917/1986) nonché per le spese sanitarie (➡6.2.) (art. 15, c. 1, lett. c), D.P.R. n. 917/1986).

SPESE SANITARIE 6.2.

È possibile detrarre dall'imposta lorda un importo pari al **19%** delle spese sanitarie per la parte che **eccede 129,11 euro** (art. 15, c. 1, lett. c) e 2, D.P.R. n. 917/1986).

Dette spese sono costituite esclusivamente dalle spese mediche e di assistenza specifica, diverse da quelle **deducibili** (➡**3.6.**) (art. 10, c. 1, lett. b), D.P.R. n. 917/1986), e dalle spese chirurgiche, per prestazioni specialistiche e per protesi dentarie e sanitarie in genere.

Tali spese, sono detraibili anche se sostenute **nell'interesse di familiari** fiscalmente a carico.

La distinzione tra spese mediche generiche e spese mediche specialistiche rileva al solo fine di stabilire quali spese siano deducibili per i portatori di handicap (➡**3.6.**).

Per poter esercitare il diritto alla detrazione di spese sanitarie è necessario che le stesse siano state effettivamente sostenute e quindi **rimaste a carico del contribuente**.

Si considerano tali anche le **spese sanitarie rimborsate**:

- per effetto di premi di assicurazioni sanitarie versati dal contribuente;
- a fronte di assicurazioni sanitarie stipulate dal sostituto d'imposta o pagate dallo stesso con o senza trattenuta a carico del dipendente. La presenza di eventuali premi pagati dal sostituto o dal dipendente per tali assicurazioni è segnalata nella **CU**.

In queste ipotesi la detrazione delle spese è comunque riconosciuta, anche a fronte di un **rimborso assicurativo**, in quanto i premi versati non hanno determinato alcun beneficio fiscale in termini di detrazione d'imposta o di esclusione dal reddito.

Non si considerano invece **rimaste a carico del contribuente**:

- le spese, nel caso di **danni arrecati alla persona da terzi**, risarcite dal danneggiante o da altri per suo conto;
- le spese rimborsate a fronte di **contributi per assistenza sanitaria** versati dal **sostituto d'imposta** o dallo stesso contribuente ad enti e casse aventi esclusivamente fine assistenziale in conformità a disposizioni di contratti o di accordi o di regolamenti aziendali che, fino ad un importo di **3.615,20 euro**, non hanno concorso a formare il reddito imponibile. I contributi sono riportati nella **CU**. In questi casi è comunque **ammessa in detrazione la differenza** tra la spesa sostenuta e la quota rimborsata.

Nelle ipotesi in cui i contributi versati risultino di ammontare **superiore** all'importo di **3.615,20 euro**, è possibile portare in detrazione, oltre alla somma non rimborsata, anche una **quota parte** di quella rimborsata calcolata sulla base della **percentuale** risultante dal rapporto tra i **contributi versati in eccedenza** (rispetto al limite di 3.615,20 euro) e il totale dei contributi versati (circ. 1° giugno 1999, n. 122/E, risp. 1.1.2 e circ. 12 giugno 2002, n. 50/E, risp. 6.1).

La presenza di tali contributi versati in misura eccedente è desumibile dalla CU.

CASO 1 - Contributi superiori a 3.615,20 euro: calcolo della detrazione

1. Importo dei contributi versati: 5.000,00 euro
2. spese mediche sostenute: 10.000,00 euro
3. spese rimborsate: 8.000,00 euro
4. spese ammesse in detrazione:
   - importo non rimborsato dalla cassa sanitaria: 2.000,00 euro (10.000,00 - 8.000,00);
   - quota detraibile spese rimborsate: 2.216,00 euro.

Tale importo si determina nel seguente modo:
eccedenza dei contributi versati rispetto al limite massimo (5.000,00 - 3.615,20) = 1.384,80 euro
1.384,80/5.000,00 (importo complessivo contributi versati) = 27,70 %
8.000 x 27,70% = 2.216,00 euro
Totale spese ammesse in detrazione: 2.000,00 + 2.216,00 = **4.216,00 euro**

In queste ipotesi la detrazione viene riconosciuta, solo nei **limiti** sopra evidenziati, in quanto i contributi versati hanno già determinato un beneficio fiscale, essendo già stati esclusi dal reddito di lavoro dipendente dal datore di lavoro (circ. 4 aprile 2017, n. 7/E).

Lo stesso principio vale anche nel caso di **contributi deducibili** in quanto versati **dal pensionato a Casse di assistenza sanitaria** istituite da appositi accordi collettivi, che prevedono la possibilità per gli *ex* lavoratori di rimanervi iscritti anche dopo la cessazione del rapporto di lavoro, continuando a corrispondere in proprio il contributo previsto, anche per i familiari fiscalmente non a carico, senza alcun onere per il datore di lavoro (➡**3.6.**) (ris. 11 luglio 2008, n. 293/E; ris. 2 agosto 2016, n. 65/E).

6.2.1. Spese detraibili

Le spese sanitarie per le quali la detrazione d'imposta spetta nella **misura del 19%**, limitatamente all'ammontare che **eccede complessivamente 129,11 euro**, sono quelle sostenute per (circ. 4 aprile 2017, n. 7/E):

- prestazioni rese da un **medico generico** (comprese quelle di medicina omeopatica);
- acquisto di **medicinali da banco** e/o con **ricetta medica** (anche **omeopatici**);

- **prestazioni specialistiche**;
- **analisi**, indagini **radioscopiche**, ricerche e applicazioni, terapie;
- **prestazioni chirurgiche**;
- **ricoveri** per degenze o collegati ad interventi chirurgici;
- **trapianto di organi**;
- **cure termali** (escluse le spese di viaggio e soggiorno);
- acquisto o affitto di **dispositivi medici/attrezzature sanitarie**, comprese le **protesi** sanitarie;
- assistenza **infermieristica** e **riabilitativa** (es.: **fisioterapia**, **kinesiterapia**, **laserterapia**, ecc.);
- prestazioni rese da personale in possesso della qualifica professionale di addetto all'**assistenza di base** o di **operatore tecnico assistenziale** esclusivamente dedicato all'assistenza diretta della persona;
- prestazioni rese da personale di coordinamento delle **attività assistenziali di nucleo**;
- prestazioni rese da personale con la qualifica di **educatore professionale**;
- prestazioni rese da personale qualificato addetto ad **attività di animazione** e/o di **terapia occupazionale**.

Se le spese sopraelencate sono state sostenute nell'ambito del **Servizio sanitario nazionale** la detrazione compete per l'importo del ticket pagato (circ. 4 aprile 2017, n. 7/E).

Spese mediche generiche e acquisto di farmaci (anche omeopatici) 6.2.2.

Spese **mediche generiche**	Sono detraibili le spese: - inerenti le prestazioni rese da un **medico "generico"**; - rese da un **medico specialista in branca diversa** da quella correlata alla prestazione; - sostenute per il **rilascio di certificati medici** per usi sportivi (sana e robusta costituzione), per la **patente**, ecc.
Spese per l'**acquisto di farmaci**	Sono detraibili le spese relative a: - **specialità medicinali**; - **farmaci**; - **medicinali omeopatici**.
Spese per l'**acquisto di parafarmaci**	I parafarmaci (quali ad esempio integratori alimentari, prodotti fitoterapici, colliri e pomate,) **non sono detraibili** anche se acquistati in farmacia, e anche se assunti a scopo terapeutico su prescrizione medica (ris. 22 ottobre 2008, n. 396/E).

Acquisto di farmaci

Tipologia	Istruzioni
Soggetti autorizzati alla vendita dei farmaci	I medicinali devono comunque essere acquistati presso le **farmacie**, che sono le sole autorizzate alla vendita dei medicinali. Fanno eccezione a questa regola i **farmaci da banco** e quelli da **automedicazione** che possono essere commercializzati presso supermercati e altri esercizi commerciali (D.L. n. 223/2006, circ. 10 giugno 2004, n. 24/E, risp. 3.3).
Acquisti di farmaci on line	La detrazione spetta anche per le spese per i farmaci **senza obbligo di prescrizione medica** acquistati **on line** da farmacie ed esercizi commerciali **autorizzati** alla vendita a distanza dalla Regione o dalla Provincia autonoma o da altre autorità competenti, individuate dalla legislazione delle Regioni o delle Province autonome. L'elenco delle farmacie ed esercizi commerciali autorizzati alla vendita on line è consultabile sul sito www.salute.gov.it. **Attenzione**: in Italia non è comunque consentita la vendita on line di farmaci che richiedono la prescrizione medica (circ. 4 aprile 2017, n. 7/E).
Fattura/scontrino	Le spese sanitarie relative all'acquisto di medicinali sono detraibili (o deducibili) se la spesa risulta certificata da **fattura** o da scontrino fiscale, cosiddetto "**scontrino parlante**", in cui risultino specificati la natura, la qualità e la quantità dei prodotti acquistati nonché il codice fiscale del destinatario (circ. 21 aprile 2009, n. 18/E).

IRPEF

Tipologia	Istruzioni
	Per quanto attiene alla natura del prodotto acquistato è sufficiente l'indicazione generica nello scontrino fiscale della parola "**farmaco**" o "**medicinale**", al fine di escludere la detraibilità di prodotti attinenti ad altre categorie merceologiche disponibili in farmacia (ris. 17 febbraio 2010, n. 10/E). Le diciture "farmaco" o "medicinale" possono essere indicate anche **attraverso sigle** e **terminologie** chiaramente riferibili ai farmaci, quali "OTC", "SOP", "Omeopatico", e abbreviazioni come "med" e "f.co"; anche la dicitura "TICKET" soddisfa l'indicazione della natura del prodotto acquistato per il quale, tra l'altro, il contribuente non è più tenuto a conservare la fotocopia della ricetta rilasciata dal medico di base. La natura del prodotto "farmaco" può essere identificata anche mediante le **codifiche** utilizzate ai fini della trasmissione dei dati al sistema tessera sanitaria quali: TK (ticket) o FC (farmaco anche omeopatico) (circ. 30 luglio 2009, n. 40/E). Per quanto riguarda la qualità del prodotto, occorre che nello scontrino sia riportata la **denominazione del farmaco** (ris. 5 luglio 2007, n. 156/E).
Denominazione commerciale dei farmaci	Lo scontrino **non deve riportare** in modo specifico la **denominazione commerciale** dei medicinali acquistati, ma deve indicare il numero di autorizzazione all'immissione in commercio del farmaco (AIC) (Provv. Garante privacy 29 aprile 2009 - circ. 4 aprile 2017, n. 7/E).
Integrazione scontrino	**Non è possibile integrare** le indicazioni da riportare sullo scontrino con altra documentazione, come ad esempio, la **prescrizione medica**, che, conseguentemente, **non è necessario conservare** (circ. 4 aprile 2017, n. 7/E).
Medicinali omeopatici	Per i medicinali omeopatici, per i quali non sia stata ancora attivata la procedura per l'attribuzione del codice AIC, la qualità del farmaco è indicata da un **codice identificativo**, valido sull'intero territorio nazionale, attribuito da organismi privati (circ. 23 aprile 2010, n. 21/E, risp. 4.7).
Preparazioni galeniche	Per l'acquisto di medicinali preparati in farmacia (**preparazioni galeniche**) è necessario che la spesa sostenuta risulti certificata con documenti contenenti l'indicazione della natura ("farmaco" o "medicinale"), qualità (in questo caso preparazione galenica), quantità e codice fiscale del destinatario. Per tali medicinali la farmacia, se incontra difficoltà nell'emettere scontrini fiscali parlanti, deve ricorrere all'**emissione della fattura** (ris. 12 agosto 2009, n. 218/E).

Contenuto degli scontrini - Per poter fruire della detrazione gli scontrini fiscali devono contenere:

- **natura** e **quantità** dei medicinali acquistati;
- **codice alfanumerico** posto sulla confezione di ogni medicinale;
- **codice fiscale** del destinatario.

Tipologia	Documenti
Farmaci anche omeopatici acquistati, anche all'estero, presso farmacie, supermercati ed altri esercizi commerciali o attraverso farmacie online	Fattura o scontrino fiscale (cosiddetto parlante) in cui devono essere specificati natura (farmaco o medicinale, OTC, ecc.), qualità (codice alfanumerico) e quantità del prodotto acquistato nonché codice fiscale del destinatario. Per il farmaco acquistato all'estero idonea documentazione come indicato nella circ. n. 34/E/2008
Prestazioni rese da medici generici (anche omeopati)	Ricevuta fiscale o fattura rilasciata dal medico
Certificati medici per usi sportivi, per la patente, per apertura e chiusura malattie o infortuni, per pratiche assicurative e legali	

Prestazioni mediche specialistiche, spese di assistenza specifica e analisi, indagini radioscopiche, ricerche e applicazioni, terapie 6.2.3.

IRPEF

Le spese per prestazioni specialistiche, detraibili nella misura del **19%**, sono quelle relative alle prestazioni rese da un medico specialista nella particolare branca cui attiene la specializzazione (circ. 23 aprile 1981, n. 14/E).

Sono da ricomprendere tra le spese specialistiche detraibili, se eseguite in centri autorizzati e sotto la responsabilità tecnica di uno specialista, gli **esami** e le **terapie** di seguito elencati a titolo esemplificativo (circ. 3 maggio 1996, n. 108/E, risp. 2.4.3):

- esami di laboratorio;
- controlli ordinari sulla salute della persona, ricerche e applicazioni;
- elettrocardiogrammi, ecocardiografia;
- elettroencefalogrammi;
- TAC (tomografia assiale computerizzata);
- risonanza magnetica nucleare;
- ecografie;
- indagini laser;
- ginnastica correttiva;
- ginnastica di riabilitazione degli arti e del corpo;
- seduta di neuropsichiatria;
- dialisi;
- cobaltoterapia;
- iodioterapia;
- anestesia epidurale, inseminazione artificiale, amniocentesi, villocentesi, altre analisi di diagnosi prenatale.

Per il riconoscimento della detrazione, la **natura "sanitaria"** della prestazione resa deve risultare dalla **descrizione** riportata nella fattura, così da escludere la detrazione per le prestazioni meramente estetiche o, comunque, di carattere non sanitario.

Qualora la descrizione della prestazione non soddisfi tale requisito è necessario richiedere **l'integrazione della fattura** al soggetto che l'ha emessa.

L'indicazione "**ciclo di cure mediche odontoiatriche specialistiche**" è sufficiente per il riconoscimento della detrazione (circ. 24 aprile 2015, n. 17/E, risp. 1.2).

Tipologia di spese	Detraibilità
Redazione **perizia medico-legale**	**Sì**. Inoltre, sono detraibili anche le eventuali spese mediche ad essa finalizzate, quali le spese sostenute per visite mediche, analisi, indagini radioscopiche, ecc. Ai fini della detrazione, quindi, non rileva la circostanza che le spese siano esenti da IVA (circ. 28 gennaio 2005, n. 4/E; circ. 12 maggio 2000, n. 95/E, risp. 1.1.4).
Prestazioni rese da **psicologi** e **psicoterapeuti** per finalità terapeutiche	**Sì**, senza necessità di **prescrizione medica** (circ. 13 maggio 2011, n. 20/E, risp. 5.15).
Prestazioni rese da **biologi nutrizionisti**	**Sì** (circ. 21 maggio 2014, n. 11/E, risp. 2.2).
Prestazioni rese da ambulatori specialistici per la **disassuefazione dal fumo di tabacco**	**Sì** (parere Min. Salute 20 ottobre 2016).
Assistenza specifica (compensi erogati a infermieri professionali, ovvero a personale autorizzato per prelievi ai fini di analisi, applicazioni con apparecchiature elettromedicali, esercizio di attività riabilitativa)	**Sì** (circ. 16 novembre 2000, n. 207/E).
Prestazioni sanitarie rese alla persona dalle figure professionali elencate nel D.M. 29 marzo 2001 (ad esempio **fisioterapista**, **dietista** ecc.)	**Sì**, anche senza una specifica prescrizione medica (circ. 4 aprile 2017, n. 7/E).

Tipologia di spese	Detraibilità
Prestazioni del **massofisioterapista**	**Sì**, solo se rese da soggetti che hanno conseguito **entro il 17 marzo 1999 (successivamente no)** il **diploma di formazione triennale**. La detrazione spetta a condizione che nel documento di spesa, oltre alla descrizione della figura professionale e della prestazione resa, sia attestato il possesso del diploma a tale data (circ. 24 aprile 2015, n. 17/E, risp. 1.1).
Trattamenti di **mesoterapia** e **ozonoterapia**	**Sì** per i trattamenti effettuati da personale medico o da personale abilitato dalle autorità competenti in materia sanitaria[1] (circ. 2 marzo 2016, n. 3/E, risp. 1.1).
Prestazioni **chiropratiche**	**Sì**, è richiesto che siano eseguite in centri all'uopo autorizzati e sotto la responsabilità tecnica di uno specialista[1] (circ. 18 maggio 2006, n. 17/E, risp. 1 e circ. 23 aprile 2010, n. 21/E, risp. 4.6).
Cure termali	**Sì** ad eccezione delle spese relative al viaggio e al soggiorno termale[1] (ris. 9 aprile 1976, n. 8/207).
Prestazioni dei **terapisti della riabilitazione**	La detrazione spetta solo se resa da soggetti che hanno conseguito il **diploma o l'attestato entro il 17 marzo 1999** (entrata in vigore della Legge n. 42/1999), in quanto tali titoli sono da considerarsi equipollenti ai titoli universitari di fisioterapista, logopedista, terapista della neuro e psicomotricità dell'età evolutiva e terapista occupazionale e, pertanto, il terapista rientra tra le professioni sanitarie (parere del Ministero della Salute del 6 marzo 2018, oltre alla descrizione della figura professionale e della prestazione resa, deve essere attestato il possesso del titolo a tale data (circ. 27 aprile 2018, n. 7/E).
Massaggi in stabilimenti idroterapici	**Sì** (Parere del Ministero della Salute del 6 marzo 2018 circ. 27 aprile 2018, n. 7/E).
Prestazioni di **dermopigmentazione** delle ciglia e sopracciglia	**Sì**, per quelle atte a rimediare a danni estetici causati dall'**alopecia universale.** Ai fini della detrazione è necessario che: a) il contribuente possieda una **certificazione medica** attestante la finalità dell'intervento, teso a correggere l'effetto anche secondario della patologia sofferta; b) la **fattura** sia rilasciata da una struttura sanitaria autorizzata e dalla stessa o da altra documentazione risulti che la prestazione è stata resa per mezzo di personale medico (circ. 6 maggio 2016, n. 18/E, risp. 1.1).
Prestazioni di **crioconservazione** di **ovociti** e degli **embrioni** effettuate nell'ambito di un percorso di procreazione medicalmente assistita (Legge n. 40/2014, D.M. Ministro della Salute 1° luglio 2015)	**Sì**, se il trattamento è effettuato nelle **strutture autorizzate** e dal documento di spesa risulta la descrizione della prestazione resa e l'iscrizione della struttura nell'apposito Registro istituito presso l'Istituto superiore di sanità. Stesse condizioni sono richieste per tutte le tecniche di **procreazione medicalmente assistita** (ad es. inseminazione, fecondazione in vitro, ecc.) (circ. 27 aprile 2018, n. 7/E, risp. 1.3 e circ. 6 maggio 2016, n. 18/E, risp. 1.2).

Tipologia di spese	Detraibilità
Prestazioni di **crioconservazione** degli **ovociti** e degli **embrioni** e trattamento di iniezione intracitoplasmatica dello spermatozoo (ICSI) **sostenute all'estero**	**SÌ**. Ai fini dell'ammissione alla detraibilità devono essere eseguite per le **finalità consentite in Italia** e attestate da una struttura estera specificamente autorizzata ovvero da un medico specializzato italiano. In questi casi, la documentazione sanitaria in lingua estera deve essere corredata da una traduzione in italiano sulla base delle regole generali (circ. 6 maggio 2016, n. 18/E, risp. 1.3 e 1.4).
Conservazione delle cellule del **cordone ombelicale ad uso "dedicato"** per il neonato o consanguinei con patologia e con approvazione scientifica e clinica	**SÌ**, se la conservazione avviene presso strutture trasfusionali pubbliche o individuate dalla disciplina vigente in materia. Tali presupposti devono risultare dalla documentazione prodotta (ris. 12 giugno 2009, n. 155/E).
Conservazione delle cellule staminali del **cordone ombelicale ad uso "autologo"**, cioè per future esigenze personali	**NO** (ris. 12 giugno 2009, n. 155/E).
Circoncisione rituale	**NO,** se non finalizzata alla soluzione di patologie cliniche e le spese per il **test del DNA** per il riconoscimento della paternità (parere Min. Salute 20 ottobre 2016).
Prestazioni rese dagli **osteopati**	**NO** (circ. 21 maggio 2014, n. 11/E, risp. 2.1).
Prestazioni rese dai **pedagogisti**	**NO** (circ. 2 marzo 2016, n. 3/E, risp. 1.2).
Trattamenti di **haloterapia** (o Grotta di sale)	**NO** (circ. 2 marzo 2016, n. 3/E, risp. 1.1).
Acquisto e realizzazione di una **piscina**, ancorché utilizzata per scopi terapeutici (**idrokinesiterapia**)	**NO** (circ. 13 maggio 2011, n. 20/E, risp. 4.2).
Frequenza di **corsi in palestra** anche se accompagnate da una prescrizione medica	**NO** (circ. 1°giugno 2012, n. 19/E, risp. 2.3).

[1] La detrazione spetta in presenza di prescrizione medica che dimostri il collegamento tra la prestazione e la patologia.

Tipologia di spese	Documenti
Prestazioni mediche specialistiche, perizie medico legali	- Ricevuta fiscale o fattura rilasciata dallo specialista - Ricevuta relativa al ticket se la prestazione è resa nell'ambito del Servizio sanitario nazionale
Esami di laboratorio	- Ricevuta fiscale o fattura rilasciata dall'ospedale, dal centro sanitario o dallo specialista che ha effettuato la prestazione - Ricevuta fiscale o fattura relativa al ticket se la prestazione è resa nell'ambito del Servizio sanitario nazionale - Per le tecniche di PMA è necessario che dal documento di spesa risulti l'iscrizione della struttura nell'apposito Registro istituito presso l'Istituto superiore di sanità
Radiografie, tac, ecografie, endoscopie, indagini laser, elettrocardiogrammi, ecc.	
Indagini di diagnosi prenatale	
Dialisi e trasfusioni	
Inseminazione artificiale e crioconservazione degli ovociti e degli embrioni	
Sedute di logoterapia	
Anestesia epidurale	
Cobaltoterapia, iodioterapia, ecc.	
Cure termali	- Ricevuta relativa al ticket se la prestazione è resa nell'ambito del Servizio sanitario nazionale

Tipologia di spese	Documenti
	- Prescrizione medica e ricevuta attestante l'importo della spesa sostenuta se le cure sono rese direttamente dalla struttura termale
Prestazioni professionali (di cui al D.M. 29 marzo 2001)	- Ricevuta fiscale o fattura della spesa sostenuta rilasciata dal professionista sanitario da cui risulti la relativa figura professionale e la descrizione della prestazione sanitaria resa. - Documentazione fiscale in forma di ticket se la prestazione è resa nell'ambito del Servizio sanitario nazionale.
Spese di assistenza specifica sostenute per: - assistenza infermieristica e riabilitativa (es: fisioterapia, kinesiterapia, laserterapia ecc.); - prestazioni rese da personale in possesso della qualifica professionale di addetto all'assistenza di base o di operatore tecnico assistenziale esclusivamente dedicato all'assistenza diretta della persona; - prestazioni rese da personale di coordinamento delle attività assistenziali di nucleo; - prestazioni rese da personale con la qualifica di educatore professionale; - prestazioni rese da personale qualificato addetto ad attività di Animazione e/o di terapia occupazionale.	Ricevuta fiscale o fattura della spesa sostenuta anche in forma di ticket se la prestazione è resa nell'ambito del Servizio sanitario nazionale. Se la fattura è rilasciata da soggetto diverso da quello che ha effettuato la prestazione: attestazione che la prestazione è stata eseguita direttamente da personale medico o paramedico o comunque sotto il suo controllo
Prestazioni di massoterapia	Ricevuta fiscale o fattura della spesa sostenuta con indicazione della prestazione resa e dell'attestazione del possesso del diploma di massofisioterapista con formazione triennale conseguito entro il 17 marzo 1999
Trattamenti di mesoterapia e ozonoterapia	- Ricevuta fiscale o fattura della spesa sostenuta rilasciata da medico o da personale abilitato dalle autorità competenti in materia sanitaria - Prescrizione medica che ne attesti la finalità sanitaria
Dermopigmentazione	- Ricevuta fiscale o fattura della spesa sostenuta rilasciata dalla struttura medica autorizzata - Prescrizione medica che ne attesti la finalità sanitaria
Prestazioni di chiropratica (chiroterapia) eseguite in centri all'uopo autorizzati e sotto la responsabilità tecnica di uno specialista	- Prescrizione medica - Ricevuta fiscale o fattura della spesa sostenuta rilasciata da un centro all'uopo autorizzato

6.2.4. Prestazioni chirurgiche, ricoveri collegati a interventi chirurgici, ricoveri per degenze

Sono detraibili, nella misura del **19%**, le prestazioni chirurgiche e i ricoveri.
Le spese chirurgiche sono quelle direttamente imputabili ad **interventi chirurgici**, ivi compresi quelli di **piccola chirurgia**, che possono essere eseguiti anche soltanto ambulatorialmente (cosiddetto *day hospital*) da parte di un medico chirurgo, con anestesia locale e senza necessità di alcuna degenza.
Alle spese per prestazioni chirurgiche possono aggiungersi quelle direttamente inerenti l'intervento, quali quelle sostenute per **l'anestesia**, per l'**acquisto del plasma sanguigno** o del sangue necessario all'operazione, ecc. (circ. 4 aprile 2017, n. 7/E).

Per poter essere detraibili le spese devono essere sostenute per interventi chirurgici ritenuti **necessari** per un recupero della normalità sanitaria e funzionale della persona ovvero per interventi tesi a riparare inestetismi, sia congeniti sia talvolta dovuti ad eventi pregressi di vario genere (es.: malattie tumorali, incidenti stradali, incendi, ecc.), comunque suscettibili di creare disagi psico-fisici alle persone (circ. 23 aprile 1981, n. 14/E, parte a) e circ. 28 gennaio 2005, n. 4/E).

Tipologia di spese	Detraibilità
Intervento di **metoidioplastica** per l'adeguamento dei caratteri sessuali	**SÌ** (ris. 3 agosto 2015, n. 71/E).
Spese o rette di **degenza** e spese di cura anche se non in connessione con un intervento chirurgico	**SÌ** (circ. 1° giugno 1999, n. 122/E, risp. 1.1.1)[1].
Trapianto di organi	**SÌ**, ivi comprese quelle necessarie a trasferire (anche dall'estero) l'organo da trapiantare sul luogo dell'intervento (circ. 1° giugno 1999, n. 122/E, risp. 1.1.6)[2].
Spese mediche per **ricovero di un anziano in un istituto di assistenza**	**SÌ**, escluse quelle relative alla **retta di ricovero** (circ. 4 aprile 2017, n. 7/E)[3].
Trasporto in ambulanza	**NO**. Sono, invece, detraibili, le prestazioni di assistenza medica effettuate durante il trasporto (circ. 3 maggio 1996, n. 108/E, risp. 2.4.1).

[1] Nelle **rette di degenza** detraibili possono essere computate anche le differenze di classe, relative, ad esempio, alla presenza o meno del bagno in camera, mentre sono da escludere le spese relative a servizi extra (quali, per esempio, le spese di pernottamento di congiunti del malato, gli addebiti per apparecchio telefonico o televisivo installati nella stanza di ricovero, per l'aria condizionata, ecc.).
[2] Sono detraibili a condizione che le relative **fatture** siano **intestate al contribuente che le ha sostenute** e non alla struttura o al medico che esegue l'intervento.
[3] La detrazione spetta anche se le predette spese mediche sono determinate applicando alla retta di ricovero una **percentuale forfetaria stabilita da delibere regionali**.

Tipologia	Documenti[1]
Prestazioni chirurgiche	Ricevuta fiscale o fattura rilasciata dall'ospedale o dalla struttura sanitaria inerente le spese sanitarie sostenute per un intervento chirurgico
Degenze ospedaliere	Ricevuta fiscale o fattura rilasciata dall'ospedale o dalla casa di cura. Devono essere escluse, ove indicate, le spese inerenti al letto aggiuntivo utilizzato da chi presta l'assistenza, la maggiorazione per l'uso del telefono e ogni altra maggiorazione riferita a servizi extra
Spese relative al trapianto di organi	- Ricevute fiscali o fatture rilasciate da ospedali, case di cura, medici, ecc. - Ricevute delle spese di trasporto dell'organo da trapiantare intestate al contribuente
Ricovero di anziano (senza riconoscimento di handicap) in istituto di assistenza e ricovero (soltanto per le spese mediche)	Ricevuta fiscale o fattura rilasciata dall'istituto nella quale sia separatamente indicato l'importo relativo alle spese mediche. Se la spesa medica è stabilita forfetariamente occorre che sia indicato che tale percentuale corrisponde a quella deliberata dalla Regione

[1] A partire dal 1° gennaio 2019, vige l'obbligo di emissione della fattura elettronica (➡46.13.). Nelle operazioni nei confronti di un consumatore finale, il soggetto IVA deve rilasciare una copia cartacea di "cortesia" avvertendo il consumatore finale che la fattura elettronica è disponibile nell'apposita sezione dedicata del sito dell'Agenzia delle Entrate (➡6.1.2.).

Tipologia	Documenti[1]
Comunque, i soggetti tenuti all'invio dei dati al Sistema tessera sanitaria, ai fini dell'elaborazione della dichiarazione dei redditi precompilata sono esonerati dall'obbligo di fatturazione elettronica con riferimento alle fatture i cui dati sono inviati al Sistema tessera sanitaria (art. 1, c. 53, Legge n. 145/2018). I dati fiscali trasmessi al Sistema tessera sanitaria possono essere utilizzati solo dalle Pubbliche Amministrazioni per l'applicazione delle disposizioni in materia tributaria e doganale ovvero, in forma aggregata per il monitoraggio della spesa sanitaria pubblica e privata complessiva (le modalità operative sono state definite con il D.M. 19 ottobre 2020). Inoltre, i soggetti obbligati alla trasmissione dei dati al Sistema TS, possono adempiere all'obbligo di trasmissione dei corrispettivi mediante la memorizzazione elettronica e trasmissione telematica dei dati, relativi a tutti i corrispettivi giornalieri, al Sistema TS. **A decorrere dal 1° gennaio 2022**, i soggetti di cui sopra adempiono all'obbligo di trasmissione dei dati esclusivamente mediante la memorizzazione elettronica e la trasmissione telematica dei dati relativi a tutti i corrispettivi giornalieri al Sistema tessera sanitaria, attraverso i Registratori Telematici (art. 2, c. 6-quater D.Lgs. n. 127/2015).	

6.2.5. Acquisto o affitto di protesi e di dispositivi medici

Sono detraibili, nella misura del **19%**, le spese sostenute per l'acquisto o l'affitto di **dispositivi medici**, categoria generica nel cui ambito sono riconducibili anche le **protesi**.
Per fruire della detrazione è necessario che dalla certificazione fiscale (scontrino fiscale o fattura) risulti chiaramente la **descrizione del prodotto** acquistato e il **soggetto** che sostiene la spesa.

La natura del dispositivo medico e della protesi può essere identificata anche mediante le **codifiche** utilizzate ai fini della trasmissione dei dati al sistema tessera sanitaria quali: **AD** (spese relative all'acquisto o affitto di dispositivi medici con marcatura CE) o **PI** (spesa protesica).
Pertanto, **non sono validi** i documenti (scontrino fiscale o fattura) che riportino semplicemente l'indicazione "**dispositivo medico**" (circ. 13 maggio 2011, n. 20/E, risp. 5.16).

Protesi - Si considerano tali non solo le **sostituzioni di un organo naturale** o di parti dello stesso, ma anche i **mezzi correttivi o ausiliari** di un organo carente o menomato nella sua funzionalità (circ. 23 aprile 1981, n. 14/E, lett. c).
Rientrano, pertanto, in questa categoria (circ. 3 maggio 1996, n. 108/E, risp. 2.4.5 e circ. 4 aprile 2017, n. 7/E):
- gli apparecchi di **protesi dentaria**, indipendentemente dal materiale impiegato;
- gli apparecchi di **protesi oculistica** (occhi e cornee artificiali), di **protesi fonetica** (laringectomizzati) e simili;
- gli **occhiali da vista** e le **lenti a contatto**, con esclusione delle spese sostenute per l'impiego di metalli preziosi (oro, argento, platino) nella montatura. Nel novero di queste spese si possono includere anche gli oneri sostenuti per l'acquisto del liquido per le lenti a contatto indispensabile per l'utilizzazione delle lenti stesse (...);
- gli **apparecchi per facilitare l'audizione** ai sordi (modelli tascabili a filo, retroauricolare, a occhiali, ecc.), comprese le spese sostenute per l'acquisto delle batterie di alimentazione delle protesi acustiche;
- gli **arti artificiali** e gli **apparecchi di ortopedia** (comprese le cinture medico-chirurgiche e le scarpe e i tacchi ortopedici, purché entrambi su misura);
- gli apparecchi per **fratture** (**garza** e **gesso**), **busti**, **stecche**, ecc. sempre appositamente prescritti per la correzione o cura di malattie o malformazioni fisiche; stampelle, bastoni canadesi, carrozzelle, ecc.;
- gli apparecchi da inserire nell'organismo per compensare una deficienza o un'infermità (**stimolatori e protesi cardiache**, **pacemakers**, ecc.).

Elenco dei dispositivi medici - Per agevolare l'individuazione dei prodotti che rispondono alla definizione di dispositivo medico, alla circ. n. 20/E/2011 è allegato un **elenco**, fornito dal Ministero della Salute, **non esaustivo**, dei dispositivi medici e medico diagnostici in vitro più comuni.

Alcuni dei dispositivi contenuti nell'elenco corrispondono a quelli in precedenza individuati dall'Amministrazione finanziaria con diversi documenti di prassi e precisamente:
- **macchina per aerosolterapia** o apparecchio per la **misurazione della pressione** del sangue (circ. 1° giugno 1999, n. 122/E, risp. 1.1.5);
- **siringhe** e relativi aghi (circ. 12 maggio 2000, n. 95/E, risp. 1.1.6);
- ausili per incontinenti, compresi i **pannoloni** anche se acquistati presso rivenditori commerciali (circ. 18 maggio 2006, n. 17/E, risp. 2);
- **materassi antidecubito** (ris. 26 gennaio 2007, n. 11/E).

Per i dispositivi medici compresi in tale elenco **non è necessario verificare** che il dispositivo stesso risulti nella categoria di prodotti che rientrano nella definizione di dispositivi medici detraibili ed è, quindi, sufficiente conservare (per ciascuna tipologia di prodotto) la documentazione dalla quale risulti che il prodotto acquistato ha la marcatura CE.
Per i dispositivi medici **non compresi in tale elenco**, invece, ai fini della detraibilità della spesa occorre che il dispositivo stesso riporti, oltre alla **marcatura CE**, anche la conformità alle direttive europee 93/42/CEE, 90/385/CEE e 98/79/CE e successive modifiche e integrazioni.

Casi particolari	
Tipologia di spese	**Detraibilità**
Acquisto non in farmacia (ad esempio, erboristeria)	**Sì**, sempreché risultino soddisfatte le condizioni indicate nella circ. n. 20/E del 2011 (circ. 4 aprile 2017, n. 7/E).
Parrucca	**Sì**, se volta a sopperire un danno estetico conseguente ad una patologia e rappresenti il supporto in una condizione di grave disagio psicologico nelle relazioni di vita quotidiana (ris. 16 febbraio 2010, n. 9/E). La necessità di tale acquisto deve risultare da **prescrizione medica** e la parrucca, per essere detraibile, deve essere immessa in commercio dal fabbricante con la destinazione d'uso di dispositivo medico secondo i principi contenuti nel D.Lgs. n. 46 del 1997 e quindi deve obbligatoriamente essere marcata CE.
Apparecchiature mediche	**Sì**, per quelle (ad esempio macchinari di nuova generazione quali strumenti per la magnetoterapia, fasce elastiche con magneti a campo stabile, apparecchiatura per fisiokinesiterapia, apparecchio medicale per laserterapia) che rientrino nel repertorio dei **dispositivi medici** (CND) (ris. 29 settembre 2009, n. 253/E).

Tipologia	**Documenti**
Acquisto o affitto di **dispositivi medici/protesi sanitarie**	- Scontrino o fattura dalla quale risulti il soggetto che sostiene la spesa e la descrizione del dispositivo medico (la generica dicitura "dispositivo medico" non consente la detrazione). - Documentazione dalla quale si possa evincere che il prodotto acquistato ha la marcatura CE (ad esempio: la confezione del dispositivo, la scheda del prodotto, l'attestazione del produttore o l'indicazione in fattura/scontrino da parte del venditore). Se il prodotto non rientra nell'elenco allegato alla circ. n. 20/E del 2011 la documentazione deve contenere anche l'indicazione delle Direttive europee 93/42/CEE, 90/385/CEE e 98/79/CE.
Manutenzione protesi	- Fattura rilasciata da soggetto autorizzato all'esercizio dell'arte ausiliaria della professione medica (odontotecnici per gli apparecchi ortodontici e per protesi dentarie; ecc.). Se la fattura non è rilasciata direttamente dall'esercente l'arte ausiliaria, occorre una attestazione del medesimo sul documento che certifichi di aver eseguito la prestazione. - Scontrino fiscale accompagnato da attestazione del soggetto autorizzato all'esercizio dell'arte ausiliaria della professione medica dalla quale risulti che la manutenzione riguarda una protesi necessaria a sopperire ad una patologia (che rientri tra quelle per le quali il soggetto è autorizzato all'esercizio della professione) del contribuente o dei suoi familiari a carico.

Tipologia	Documenti
Acquisto **parrucca**	- Ricevuta fiscale o fattura. - Documentazione dalla quale si possa evincere che Il prodotto acquistato ha la marcatura 93/42/CEE (ad esempio: la confezione del dispositivo, la scheda del prodotto, un'attestazione del produttore o l'indicazione in fattura). - Certificazione medica attestante l'idoneità del presidio a superare le difficoltà psicologiche derivanti dalla caduta dei capelli, provocata da patologie, ovvero autocertificazione del contribuente che attesta di essere in possesso della certificazione medica.

6.2.6. Spese sanitarie relative a patologie esenti dalla partecipazione alla spesa sanitaria pubblica

Per le spese sanitarie, correlate a patologie che danno diritto all'**esenzione** dalla partecipazione alla spesa sanitaria pubblica (D.M. n. 329/1999 e D.M. n. 279/2011), è prevista la possibilità di **non perdere** la parte di detrazione che **non trova capienza** nell'imposta dovuta.

Le spese sono detraibili, nella misura del **19%**, per la parte che eccede la franchigia di 129,11 euro e non è previsto un **limite massimo di detraibilità**.

I soggetti affetti da tali malattie per usufruire dell'esenzione devono essere in possesso di un'apposita **certificazione sanitaria**, rilasciata dalla ASL di appartenenza (attestazione della sussistenza della patologia ovvero specifica tessera), che riporti (nel rispetto della privacy) un codice numerico identificativo della malattia.

Le spese sanitarie, che devono essere **distintamente evidenziate dalle altre**, sono solamente quelle riconducibili alla patologia che dà diritto all'esenzione.

Per stabilire la connessione tra la spesa sostenuta e la patologia esente è necessaria una **documentazione medica** ovvero un'autocertificazione che attesti il possesso della certificazione medica.

I documenti giustificativi delle spese possono essere intestati **indifferentemente** al soggetto affetto dalla patologia ovvero al **familiare** che ha sostenuto le spese.

Se i documenti **intestati al familiare** che ha sostenuto la spesa non riportano l'indicazione del soggetto a favore del quale le spese sono state sostenute (il malato) è necessario che il documento di spesa sia **integrato** con tale indicazione (circ. 4 aprile 2017, n. 7/E).

Spese sanitarie per familiari non a carico affetti da patologie esenti - Possono essere portate in detrazione, nella misura del **19%**, anche se sono state sostenute per conto di propri familiari non a carico (art. 15, c. 2, D.P.R. n. 917/1986; circ. 14 giugno 2001, n. 55/E, risp. 1.2.8).

La detrazione, in questo caso, è ammessa solamente per la **parte di spese** che non ha trovato capienza nell'IRPEF dovuta dal familiare affetto dalla patologia (circ. 20 aprile 2005, n. 15/E, risp. 5) e nel **limite massimo di 6.197,48 annui euro**.

Se il **familiare affetto dalla patologia** ha presentato o è tenuto a presentare una **propria dichiarazione dei redditi**, l'ammontare delle spese che non ha trovato capienza nell'imposta deve essere desunto nelle annotazioni del **Mod. 730-3** o nel **quadro RN** del Mod. Redditi dello stesso (circ. 14 giugno 2001, n. 55/E, risp. 1.2.7).

Se il **contribuente affetto dalla patologia** esente **non possiede redditi** o possiede redditi tali da comportare un'imposta interamente assorbita dalle detrazioni soggettive (e quindi non è tenuto a presentare la dichiarazione) è possibile indicare l'intero importo delle spese (circ. 4 aprile 2017, n. 7/E).

Per poter portare in detrazione le spese, i **documenti** che le certificano possono essere intestati al contribuente che ha effettuato il pagamento, con l'indicazione del familiare a favore del quale la spesa sanitaria è stata sostenuta, ovvero al soggetto malato.

In tal caso la detrazione è ammessa solamente se si **annota** sul documento stesso, con valore di "**autocertificazione**", quale parte della spesa è stata sostenuta dal familiare (circ. 14 giugno 2001, n. 55/E, risp. 1.2.9).

IRPEF

Tipologia	Documenti
Spese relative a patologie esenti dalla partecipazione alla spesa sanitaria pubblica **sostenute per familiari non a carico**	**1)** Il soggetto affetto dalla patologia **ha presentato un Mod. 730 o Redditi**: - certificazione rilasciata dalla ASL che attesti la patologia con l'indicazione dell'eventuale codice numerico identificativo; - certificato medico che attesti il collegamento tra le spese e la patologia esente, ovvero autocertificazione; - Mod. 730-3 o Redditi dal quale si evinca la parte di spesa che non ha trovato capienza nell'IRPEF del soggetto affetto dalla malattia; - fatture, ricevute fiscali ed eventuali scontrini dai quali risulti che le spese sono state sostenute dal familiare che intende beneficiare della detrazione, anche con apposita annotazione del soggetto affetto dalla patologia per i documenti a questo intestati; l'annotazione dovrà riportare anche la misura delle spese attribuibili al familiare. **2)** Il soggetto affetto dalla patologia **non ha presentato alcuna dichiarazione** non essendovi tenuto: - certificazione rilasciata dalla ASL che attesti la patologia con l'indicazione dell'eventuale codice numerico identificativo; - certificato medico che attesti il collegamento tra le spese e la patologia esente, ovvero autocertificazione; - autocertificazione del soggetto affetto dalla patologia che attesti di non essere tenuto a presentare la dichiarazione; - fatture, ricevute fiscali ed eventuali scontrini dai quali risulti che le spese sono state sostenute dal familiare che intende beneficiare della detrazione, anche con apposita annotazione del soggetto affetto dalla patologia per i documenti a questo intestati; l'annotazione dovrà riportare anche la misura delle spese attribuibili al familiare.

Spese sanitarie per persone con disabilità 6.2.7.

Spetta la **detrazione del 19%** per le spese riguardanti i **mezzi necessari all'accompagnamento**, alla **deambulazione**, alla **locomozione** e al **sollevamento** e per **sussidi tecnici e informatici** rivolti a facilitare l'autosufficienza e le possibilità di integrazione delle **persone con disabilità** (art. 15, c. 1, lett. c), D.P.R. n. 917/1986).

La detrazione:

– spetta sull'**intero importo** della spesa sostenuta;
– può essere fruita anche dal **familiare** del disabile che ha sostenuto la spesa, a condizione che il disabile sia **fiscalmente a suo carico**.
–

Persone con **disabilità**	Sono coloro che presentano una minorazione fisica, psichica o sensoriale, stabilizzata o progressiva, che è causa di difficoltà di apprendimento, di relazione o di integrazione lavorativa e tale da determinare un processo di svantaggio sociale o di emarginazione e che per tali motivi hanno ottenuto il riconoscimento dalla Commissione medica o da altre commissioni mediche pubbliche che hanno l'incarico di certificare l'invalidità civile, di lavoro, di guerra, ecc. (Legge n. 104/1992).
Grandi invalidi di guerra (art. 14, D.P.R. n. 915/1978) e soggetti equiparati	Sono considerati portatori di handicap in situazione di **gravità** e non sono assoggettati agli accertamenti sanitari della Commissione medica. In questo caso è sufficiente presentare il provvedimento definitivo (decreto) di concessione della pensione privilegiata (art. 38, Legge n. 448/1998).

Tipologia di spese	Detraibilità
Trasporto in **autoambulanza** del disabile in quanto spesa di accompagnamento[1]	**Sì** (circ. 4 aprile 2017, n. 7/E)
Trasporto del disabile	**Sì**, se effettuato da ONLUS che ha rilasciato regolare fattura per il servizio di trasporto prestato (circ. 24 aprile 2015, n. 17/E, risp. 1.4)
Poltrone e **carrozzelle** per inabili e minorati non deambulanti	**Sì** (circ. 4 aprile 2017, n. 7/E)
Apparecchi per il contenimento di **fratture**, **ernie** e per la correzione dei difetti della colonna vertebrale	**Sì** (circ. 4 aprile 2017, n. 7/E)
Arti artificiali per la deambulazione	**Sì** (circ. 4 aprile 2017, n. 7/E)
Costruzione di **rampe** per l'eliminazione di barriere architettoniche esterne ed interne alle abitazioni[2]	**Sì** (circ. 15 maggio 1997, n. 137/E, risp. 2.1, e circ. 24 febbraio 1998, n. 57/E, paragrafo 5)
Adattamento dell'ascensore per renderlo idoneo a contenere la carrozzella[2]	**Sì** (circ. 12 maggio 2000, n. 95/E, risp. 1.1.2)
Installazione e manutenzione della **pedana di sollevamento** installata nell'abitazione del soggetto con disabilità[2]	**Sì** (circ. 4 aprile 2017, n. 7/E)
Installazione della **pedana sollevatrice** su un **veicolo** acquistato con le agevolazioni spettanti alle persone con grave disabilità	**Sì** (ris. 9 aprile 2002, n. 113/E)
Telefonini per sordomuti[3]	**Sì** (circ. 1° giugno 1999, n. 122/E, risp. 1.1.11)
Fax, **modem**, **computer**, telefono a viva voce, schermo a tocco, tastiera espansa[3]	**Sì** (circ. 6 febbraio 2001, n. 13/E)
Abbonamento al servizio di **soccorso rapido telefonico**[3]	**Sì** (circ. 14 giugno 2001, n. 55/E, risp. 1.2.5)
Cucine	**Sì**, limitatamente all'acquisto delle componenti dotate di dispositivi basati su tecnologie meccaniche, elettroniche o informatiche, preposte a facilitare il controllo dell'ambiente da parte dei soggetti disabili, specificamente descritte in fattura con l'indicazione di dette caratteristiche (circ. 4 aprile 2017, n. 7/E)
Biciclette elettriche a pedalata assistita acquistate da soggetti con ridotte o impedite capacità motorie permanenti	**Sì**, anche se non ricomprese tra gli ausili tecnici per la mobilità personale individuati dal nomenclatore tariffario delle protesi, a condizione che il disabile produca, oltre alla certificazione di invalidità o di handicap rilasciata dalla commissione medica pubblica competente da cui risulti la menomazione funzionale permanente sofferta, la **certificazione del medico specialista** della ASL che attesti il collegamento funzionale tra la bicicletta con motore elettrico ausiliario e la menomazione (circ. 4 aprile 2017, n. 7/E)
Mezzi necessari all'accompagnamento, alla deambulazione, alla locomozione e al sollevamento delle persone con disabilità acquistati all'estero da soggetti fiscalmente residenti in Italia	**Sì** (circ. 13 maggio 2011, n. 20/E)

Tipologia di spese	Detraibilità
[1] Le **prestazioni specialistiche effettuate durante il trasporto** rientrano, invece, tra le spese sanitarie e possono essere detratte solo per la parte eccedente l'importo di **129,11 euro**. [2] Si può fruire della detrazione solo per la parte che **eccede** quella per la quale si fruisce della **detrazione del 36% o del 50%** relativa alle spese sostenute per interventi finalizzati alla eliminazione delle barriere architettoniche. [3] Si può fruire della detrazione soltanto se sussiste il collegamento funzionale tra il sussidio tecnico informatico e lo specifico handicap. Tale collegamento può risultare dalla certificazione rilasciata dal medico curante o dalla prescrizione autorizzativa rilasciata dal medico specialista della ASL di appartenenza, richiesta dal D.M. 14 marzo 1998 per l'aliquota IVA agevolata.	

Documentazione	
Tipologia	**Documenti**
Acquisto, affitto e manutenzione di: - **poltrone e carrozzelle** - **stampelle** e altre attrezzature necessarie alla deambulazione - attrezzi necessari per il sollevamento di inabili e non deambulanti Acquisto di: - **arti artificiali** - apparecchi per il contenimento di fratture, ernie e per la correzione dei difetti della colonna vertebrale **Trasformazione dell'ascensore** per adattarlo al contenimento della carrozzella **Trasporto in autoambulanza** della persona con disabilità **Trasporto del disabile** effettuato dalla ONLUS **Costruzione di rampe** per l'eliminazione di barriere architettoniche esterne ed interne all'abitazione.	- Fattura/ricevuta fiscale relativa alla spesa sostenuta intestata alla persona con disabilità e/o al familiare, di cui il disabile risulta a carico fiscalmente, che ha sostenuto l'onere. - Certificazione attestante la minorazione fisica, psichica o sensoriale, stabilizzata o progressiva, rilasciata dalla Commissione di cui all'art. 4, Legge n. 104/1992 o da Commissioni mediche pubbliche incaricate ai fini del riconoscimento dell'invalidità civile, di lavoro, di guerra. Per i grandi invalidi di guerra di cui all'art. 14 del T.U. n. 915/1978, e per i soggetti ad essi equiparati, è sufficiente presentare il provvedimento definitivo (decreto) di concessione della pensione privilegiata. - È possibile autocertificare il possesso della documentazione attestante il riconoscimento della sussistenza delle condizioni personali di disabilità.
Acquisto di sussidi tecnici informatici (fax, modem, computer, telefonino, telefoni a viva voce, schermi a tocco, tastiere espanse e costi di abbonamento al servizio di soccorso rapido telefonico, componenti di cucine per facilitare il controllo dell'ambiente).	- Fattura/ricevuta fiscale relativa alla spesa sostenuta intestata alla persona con disabilità e/o al familiare, di cui il disabile risulta a carico fiscalmente, che ha sostenuto l'onere. - Certificazione del medico curante che attesti che quel sussidio serve per facilitare l'autosufficienza e la possibilità di integrazione della persona disabile o specifica prescrizione autorizzativa rilasciata dal medico specialista della azienda sanitaria locale di appartenenza dalla quale risulti il collegamento funzionale tra il sussidio tecnico ed informatico e la menomazione di cui è affetto il soggetto, richiesta dal D.M. 14 marzo 1998 per l'aliquota IVA agevolata. - Certificazione attestante la minorazione fisica, psichica o sensoriale, stabilizzata o progressiva, rilasciata dalla Commissione di cui all'art. 4, Legge n. 104/1992 o da Commissioni mediche pubbliche incaricate ai fini del riconoscimento dell'invalidità civile, di lavoro, di guerra. Per i grandi invalidi di guerra di cui all'art. 14 del T.U. n. 915/1978, e per i soggetti ad essi equiparati, è sufficiente presentare il provvedimento definitivo (decreto) di concessione della pensione privilegiata.

IRPEF

Documentazione	
Tipologia	**Documenti**
	- È possibile autocertificare il possesso della documentazione attestante il riconoscimento della sussistenza delle condizioni personali di disabilità.
Bicicletta elettrica a pedalata assistita per soggetti con ridotte o impedite capacità motorie permanenti.	- Fattura/ricevuta fiscale relativa alla spesa sostenuta intestata alla persona con disabilità e/o al familiare, di cui il disabile risulta a carico fiscalmente, che ha sostenuto l'onere. - Certificazione relativa al riconoscimento della situazione di handicap o di invalidità da cui risultino le ridotte o impedite capacità motorie. - Certificazione rilasciata dal medico specialista della azienda sanitaria locale di appartenenza dalla quale risulti il collegamento funzionale tra la bicicletta e la menomazione di cui è affetto il soggetto. - È possibile autocertificare il possesso della documentazione attestante il riconoscimento della sussistenza delle condizioni personali di disabilità.

6.2.8. Spese per l'acquisto di veicoli per persone con disabilità

Spetta la detrazione del **19%** per le spese sostenute per l'acquisto (art. 15, c. 1, lett. c) D.P.R. n. 917/1986):

- di **motoveicoli** e **autoveicoli**, anche se prodotti in serie e **adattati** in funzione delle limitazioni permanenti delle capacità motorie della persona con disabilità;
- di **autoveicoli, anche non adattati**, per il trasporto dei non vedenti, sordi, persone con handicap psichico o mentale di gravità tale da avere determinato il riconoscimento dell'**indennità di accompagnamento**, invalidi con grave limitazione della capacità di deambulazione o persone affette da pluriamputazioni.

Adattamenti - Per i portatori di handicap con **ridotte o impedite capacità motorie permanenti**, il diritto all'agevolazione è **condizionato** all'adattamento del veicolo alla minorazione di tipo motorio da cui lo stesso è affetto.

Per i disabili titolari di **patente speciale**, si considera ad ogni effetto "adattato" anche il veicolo dotato di solo **cambio automatico** (o frizione automatica) **di serie**, purché prescritto dalla Commissione medica locale competente per l'accertamento dell'idoneità alla guida (circ. 4 aprile 2017, n. 7/E).

La detrazione spetta sul **costo di acquisto del veicolo** (nuovo o usato) e sulle **spese di riparazione** imputabili a manutenzione straordinaria; sono quindi **escluse** quelle di **manutenzione ordinaria** quali il **premio assicurativo**, il **carburante**, il **lubrificante**, gli **pneumatici** e le spese in genere riconducibili alla normale manutenzione del veicolo (ris. 17 settembre 2002, n. 306/E).

Gli adattamenti devono sempre risultare dalla **carta di circolazione** e possono riguardare sia le modifiche ai comandi di guida sia soltanto la carrozzeria o la sistemazione interna del veicolo, per mettere il disabile in condizione di accedervi (circ. 15 luglio 1998, n. 186/E).

Non è agevolabile l'acquisto di quadricicli leggeri, cioè delle "**minicar**" che possono essere condotte senza patente (circ. 4 aprile 2017, n. 7/E).

Tipologia	Detrazione
- Pedana sollevatrice ad azione meccanica/elettrica/idraulica; - scivolo a scomparsa ad azione meccanica/elettrica/idraulica; - braccio sollevatore ad azione meccanica/elettrica/idraulica; - paranco ad azionamento meccanico/elettrico/idraulico; - sedile scorrevole/girevole atto a facilitare l'insediamento del disabile nell'abitacolo; - sistema di ancoraggio delle carrozzelle con annesso sistema di ritenuta del disabile (cinture di sicurezza); - sportello scorrevole; - altri adattamenti non elencati, purché vi sia un collegamento funzionale tra l'handicap e la tipologia di adattamento (ris. 8 agosto 2005, n. 117/E).	**Sì**

Tipologia	Detrazione
- Allestimento di semplici accessori con funzione di *optional*; - applicazione di dispositivi già previsti in sede di omologazione del veicolo, montabili in alternativa e su semplice richiesta dell'acquirente.	**NO**

La detrazione spetta anche:
- per le spese sostenute per le **riparazioni** degli adattamenti (compresi i pezzi di ricambio necessari alle stesse) realizzati sulle autovetture delle persone con disabilità;
- per l'acquisto di **veicoli elettrici** (circ. 4 aprile 2017, n. 7/E).

Disabilità - La disabilità può essere **certificata** da **Commissioni mediche pubbliche** diverse da quella istituita ai sensi dell'art. 4, Legge n. 104/1992, in particolare, nei seguenti casi (circ. 23 aprile 2010, n. 21/E):
- per le **persone con handicap psichico o mentale**, lo stato di handicap grave si può evincere dalla certificazione rilasciata dalla Commissione medica pubblica preposta all'accertamento dello stato di invalidità; in questo caso però dalla certificazione rilasciata dalla suddetta Commissione si dovranno evincere in modo esplicito la gravità della patologia e la natura psichica o mentale della stessa; non può essere considerata idonea, invece, la certificazione che attesti genericamente che la persona è invalida;
- per le persone affette da **sindrome di Down**, rientranti nella categoria di persone con handicap psichico o mentale, è ugualmente valida la certificazione rilasciata dal proprio **medico di base**. Resta fermo che, al pari degli altri soggetti affetti da disabilità psichica, le persone affette da sindrome di Down devono essere in possesso dei requisiti per ottenere l'indennità di accompagnamento;
- per gli invalidi con **grave limitazione permanente** della **capacità di deambulare**, o **pluriamputati**, la certificazione di invalidità grave rilasciata da una Commissione medica pubblica diversa da quella di cui all'art. 4, Legge n. 104/1992 deve fare **esplicito riferimento** alla gravità della patologia che comporta "l'impossibilità a deambulare in modo autonomo o senza l'aiuto di un accompagnatore".

La **situazione di handicap grave** (art. 3, c. 3, Legge n. 10/1992) che comporta la grave limitazione della capacità di deambulazione deve sussistere già **al momento dell'acquisto** del veicolo e, se successivamente viene meno, ma prima del decorso dei 4 anni, le quote residue continuano ad essere detraibili (circ. 10 giugno 2004, n. 24/E, risp. 3.2).

La **mancanza degli arti superiori** può prescindere dall'accertamento formale della gravità dell'handicap da parte della Commissione (ris. 25 gennaio 2007, n. 8/E).

La persona in possesso della **certificazione di handicap grave** (art. 3, c. 3, Legge n. 104/1992) riconosciuto però nella **sfera individuale e relazionale,** e non in quella motoria, **non può usufruire** della detrazione per l'acquisto dell'auto, salvo che ottenga, dalla Commissione per l'accertamento dell'handicap, una certificazione integrativa che espressamente attesti l'esistenza della grave limitazione della capacità di deambulazione (ris. 16 agosto 2002, n. 284/E).

La possibilità di fruire delle **agevolazioni fiscali per l'acquisto dell'auto** non è preclusa nei casi in cui l'indennità di accompagnamento, comunque riconosciuta dalla competente Commissione per l'accertamento di invalidità, sia sostituita da altre **forme di "assistenza"** alternative all'indennità di accompagnamento (ad esempio, il ricovero presso una struttura sanitaria con retta a totale carico di un Ente pubblico) (circ. 23 aprile 2010, n. 21/E).

La detrazione **non compete** ai **minori titolari dell'indennità di frequenza**. Quest'ultima indennità è riconosciuta, infatti, a sostegno dell'inserimento scolastico e sociale dei suddetti minori ed è, tra l'altro, incompatibile con l'indennità di accompagnamento (circ. 4 aprile 2017, n. 7/E).

Tipo di handicap	Definizione
Non vedenti	Persone colpite da cecità assoluta, parziale, o che hanno un residuo visivo non superiore a un decimo ad entrambi gli occhi con eventuale correzione (artt. 2, 3 e 4, Legge n. 138/2001)
Sordi	Soggetti che rientrano nella disciplina di cui alla Legge n. 381/1970 (circ. 2 marzo 2016, n. 3/E)

Limiti di detraibilità - La detrazione pari al **19%** è determinata su un **limite di spesa di 18.075,99 euro** e con riferimento all'acquisto di **un solo veicolo in un periodo di 4 anni** (decorrente dalla data d'acquisto).
Concorrono al raggiungimento del predetto limite di spesa anche le spese di **riparazione** del veicolo, purché sostenute entro i 4 anni dall'acquisto del veicolo stesso.

Casi particolari	
Fattispecie	**Detraibilità**
Riacquisto con veicolo cancellato dal Pubblico Registro Automobilistico (PRA)	È possibile **riottenere il beneficio**, per acquisti effettuati entro il quadriennio, solo se il primo veicolo agevolato risulti **cancellato dal Pubblico Registro Automobilistico** (PRA) per demolizione, in data antecedente al secondo acquisto. Il beneficio non spetta, invece, se il veicolo è stato cancellato dal PRA perché esportato all'estero (circ. 1° giugno 2012, n. 19/E, risp. 3.2).
Furto del veicolo	In caso di **furto del veicolo** prima della fine del quadriennio, il contribuente può fruire della detrazione per l'acquisto di un nuovo veicolo per un importo, tuttavia, da calcolare su un ammontare assunto al netto di quanto eventualmente rimborsato dall'assicurazione. Se vi sono rate residue in relazione al veicolo rubato, il contribuente può continuare a detrarle (circ. 20 aprile 2005, n. 15/E, risp. 6.3).
Spese di adattamento non necessarie	Quando, ai fini della detrazione, non è necessario l'adattamento del veicolo, la soglia di 18.075,99 euro vale solo per il costo di acquisto del veicolo: restano escluse le ulteriori spese per **interventi di adattamento** necessari a consentire l'utilizzo del mezzo. Per tali spese si può usufruire della detrazione del 19%, prevista per i mezzi necessari alla locomozione del disabile quali ad esempio le pedane sollevatrici (ris. 9 aprile 2002, n. 113/E).
Eredi	Se si è scelto di ripartire la spesa in quattro rate e il beneficiario **muore prima di aver goduto** dell'intera detrazione, l'erede tenuto a presentare la dichiarazione dei redditi del disabile deceduto può detrarre in un'unica soluzione le rate residue (circ. 1 giugno 2012, n. 19/E, risp. 3.1).
Spese di **riparazione straordinaria**	Le spese di **riparazione straordinaria** del veicolo non possono essere rateizzate e devono essere indicate nella dichiarazione dei redditi relativa all'anno di sostenimento delle stesse (circ. 20 aprile 2005, n. 15/E, risp. 6.1, e circ. 24 aprile 2015, n. 17/E, risp. 4.8).
Trasferimento del veicolo	In caso di **trasferimento del veicolo**, a titolo oneroso o gratuito, prima che siano trascorsi **2 anni dall'acquisto**, è dovuta la differenza fra l'imposta dovuta in assenza di agevolazioni e quella risultante dall'applicazione delle stesse. La regola non si applica quando il disabile, a seguito di mutate necessità legate alla propria disabilità, cede il veicolo per acquistarne un altro sul quale realizzare nuovi e diversi adattamenti. Anche in questo caso, tuttavia, l'acquisto del veicolo prima che siano trascorsi 4 anni dal precedente acquisto, non è agevolabile salve le ipotesi di cancellazione del veicolo dal PRA per demolizione e furto, espressamente previste dalla norma agevolativa (circ. 4 aprile 2017, n. 7/E).
Rivendita di veicolo ricevuto in eredità	**Non è tenuto alla restituzione** del beneficio il soggetto che, avendo ricevuto **in eredità** un'auto che il genitore disabile aveva acquistato fruendo delle agevolazioni, decida di rivenderla prima che siano trascorsi i 2 anni richiesti dalla norma (ris. 28 maggio 2009, n. 136/E).
Veicolo acquistato all'estero	È possibile fruire della detrazione anche se il veicolo è **acquistato e utilizzato all'estero** da parte di soggetti fiscalmente residenti in Italia. La documentazione comprovante l'acquisto del veicolo in lingua originale deve essere corredata da una traduzione in lingua italiana, secondo le regole previste per le spese sostenute all'estero (circ. 13 maggio 2011, n. 20/E).

Casi particolari	
Fattispecie	**Detraibilità**
Portatore di handicap fiscalmente a carico	Se il portatore di handicap è fiscalmente a carico di un suo familiare, può beneficiare delle agevolazioni lo stesso **familiare che ha sostenuto la spesa** nell'interesse del disabile (circ. 4 aprile 2017, n. 7/E). Se più disabili sono fiscalmente a carico dello stesso familiare, quest'ultimo può fruire, nel corso dello stesso quadriennio, dei benefici fiscali previsti per l'acquisto di un veicolo **per ognuno dei disabili a suo carico** (ris. 16 maggio 2006, n. 66/E).
Genitore e figlio entrambi con disabilità	Un **genitore con disabilità** può detrarre contemporaneamente il costo dell'acquisto di una propria autovettura e il costo di acquisto di quella del figlio con disabilità che risulti fiscalmente a suo carico (circ. 20 aprile 2005, n. 15/E, risp. 6.4).
Acquisto da parte di genitore a carico dell'altro genitore	La detrazione **non compete** al genitore del disabile, intestatario del documento di spesa, che, insieme al figlio, è **fiscalmente a carico dell'altro genitore**. Per avere diritto alla detrazione è necessario che l'acquisto del veicolo e l'intestazione al PRA siano, in alternativa, a nome del disabile o del familiare di cui è a carico fiscalmente (ris. 17 gennaio 2007, n. 4/E).

Tipologia	Documenti
Prima o unica rata di acquisto di: - autovetture[1] - autoveicoli per il trasporto promiscuo[1] - autoveicoli specifici[1] - autocaravan[1] - motocarrozzette - motoveicoli per trasporto promiscuo - motoveicoli per trasporti specifici	Per i **veicoli adattati**: - fattura relativa all'acquisto intestata alla persona con disabilità e/o al familiare di cui è carico fiscalmente; - copia della patente di guida speciale o copia del foglio rosa "speciale" solo per le persone con disabilità che guidano; - copia della carta di circolazione, da cui risulta che il veicolo dispone dei dispositivi prescritti per la conduzione di veicoli da parte di persone con disabilità titolari di patente speciale oppure che il veicolo è adattato in funzione della minorazione fisico/motoria; - copia della certificazione di handicap o di invalidità rilasciata da una Commissione pubblica deputata all'accertamento di tali condizioni, in cui sia esplicitamente indicata la natura motoria della disabilità. È possibile autocertificare il possesso della documentazione attestante il riconoscimento della sussistenza delle condizioni personali di disabilità; - prescrizione della Commissione medica locale (art. 119, D.Lgs. n. 285/1992) in presenza di cambio automatico. Per i **veicoli non adattati**: - fattura relativa all'acquisto intestata alla persona con disabilità e/o al familiare di cui è a carico fiscalmente; - per i non vedenti e sordi certificato che attesti la loro condizione, rilasciato da una Commissione medica pubblica; - per i portatori di handicap psichico o mentale verbale di accertamento dell'invalidità emesso dalla Commissione medica pubblica dalla quale risulti che il soggetto si trova in situazione di handicap psichico o mentale e riconoscimento dell'indennità di accompagnamento (Legge n. 18/1980 e Legge n. 508/1988) emesso dalla Commissione per l'accertamento dell'invalidità civile; - per le persone affette da sindrome di Down, certificazione rilasciata dal proprio medico di base e certificazione dell'indennità di accompagnamento (art. 30, Legge n. 388/2000); - per gli invalidi con grave limitazione della capacità di deambulazione o pluriamputati, verbale di accertamento dell'handicap emesso dalla Commissione medica (art. 4, Legge n. 104/1992), dal quale risulti che il soggetto si trova in situazione di handicap grave (art. 3, c. 3, Legge n. 104/1992) derivante da patologie (ivi comprese le pluriamputazioni) che comportano una limitazione permanente della deambulazione.

Tipologia	Documenti
Rate successive	Qualora il contribuente, nell'anno in cui ha sostenuto la spesa di cui ha chiesto la rateizzazione, si sia avvalso dell'assistenza del medesimo CAF o soggetto abilitato, non sono necessari ulteriori controlli sulla documentazione in quanto la stessa è già stata verificata. La **documentazione** deve essere comunque **conservata** a corredo della dichiarazione in cui è esposta la rata. Nel caso in cui il contribuente negli anni precedenti non si sia rivolto al medesimo CAF o soggetto abilitato occorrerà verificare tutta la documentazione necessaria per il riconoscimento della detrazione, inclusa la dichiarazione precedente in cui è evidenziata la scelta di rateizzare.
Spese di riparazione rientranti nella **manutenzione straordinaria**	- Fattura relativa alla spesa di manutenzione straordinaria; - fattura relativa all'acquisto del veicolo per verificare di non avere superato il limite di 18.075,99 euro e che non siano trascorsi più di 4 anni dall'acquisto; - certificazione dell'handicap come sopra descritta e/o autocertificazione.

[1] Veicoli agevolati per i non vedenti e sordi.

6.2.9. Spese per acquisto cane guida

La detrazione spetta:

– nella **misura del 19%** per le spese sostenute dai non vedenti per l'**acquisto dei cani guida** (art. 15, c. 1, lett. c), D.P.R. n. 917/1986);
– nella misura forfetaria di **1.000 euro** delle spese sostenute per il **mantenimento del cane guida** (art. 15, c. 1-quater, D.P.R. n. 917/1986).

La detrazione può essere fruita:

– **una sola volta in un periodo di 4 anni,** salvo i casi di perdita dell'animale, e può essere calcolata sull'intero ammontare del costo sostenuto (circ. 22 dicembre 2000, n. 238/E, paragrafo 1.3); inoltre, può essere ripartita in **quattro rate annuali** di pari importo o in **unica soluzione** a scelta del contribuente.

La detrazione per l'acquisto del cane guida spetta anche al **familiare** del quale il soggetto non vedente risulti **fiscalmente a carico**.

6.2.10. Rateizzazione delle spese sanitarie

Se le spese sanitarie, ad esclusione di quelle relative all'acquisto dei veicoli per disabili (➡6.2.8.), **superano complessivamente 15.493,71 euro** (al lordo della franchigia di 129,11 euro), la detrazione può essere ripartita in **quattro quote annuali costanti** e **di pari importo** (art. 15, c. 1, lett. c), D.P.R. n. 917/1986 e circ. 3 gennaio 2001, n. 1/E, risp. 1.1.1, lett. g).

La scelta (rateizzazione o detrazione in un'unica soluzione):

– avviene **in sede di presentazione della dichiarazione** dei redditi;
– **è irrevocabile**;
– deve essere effettuata con riferimento all'anno in cui le spese **sono state sostenute**.

6.3. INTERESSI PASSIVI

Gli interessi passivi, gli **oneri accessori** e le **quote di rivalutazione** corrisposti in dipendenza di **mutui** danno diritto ad una detrazione dall'imposta lorda nella misura del **19%**.

La detrazione spetta con differenti limiti e condizioni a seconda della finalità del mutuo contratto dal contribuente.

Si tratta, in particolare dei:

– **mutui ipotecari** contratti per l'**acquisto** dell'unità immobiliare da adibire ad **abitazione principale** (➡6.3.1.);
– **mutui ipotecari** contratti per la **costruzione e** la **ristrutturazione** edilizia di unità immobiliari da adibire ad **abitazione principale** (➡6.3.2.);
– **mutui ipotecari stipulati prima del 1993** su immobili diversi da quelli utilizzati come abitazione principale (➡6.3.3.);
– **mutui** (anche non ipotecari) **contratti nel 1997** per effettuare interventi di **manutenzione**, **restauro** e **ristrutturazione** su tutti gli edifici compresa l'abitazione principale (➡6.3.4.);
– **prestiti e mutui agrari** di ogni specie (➡6.3.5.).

La detrazione spetta sugli interessi passivi e oneri accessori pagati nel corso del periodo d'imposta, a prescindere dalla scadenza della rata (**criterio di cassa**).

Oneri e spese accessorie	
Detraibili	**Non detraibili**
- L'intero importo delle maggiori somme corrisposte a causa delle **variazioni del cambio di valuta** relative a mutui stipulati in ECU o in altra valuta; - la commissione spettante agli istituti per la loro **attività di intermediazione**; - gli **oneri fiscali** (compresa l'imposta per l'iscrizione o la cancellazione di ipoteca e l'imposta sostitutiva sul capitale prestato); - la cosiddetta "**provvigione**" per scarto rateizzato, le spese di istruttoria, le spese di perizia tecnica; - le **spese notarili** che comprendono sia l'onorario del notaio per la stipula del contratto di mutuo (circ. 12 maggio 2000, n. 95/E, risp. 1.2.3), sia le spese sostenute dal notaio per conto del cliente quali, ad esempio, l'iscrizione e la cancellazione dell'ipoteca. Qualora il contribuente abbia costituito un **deposito presso il notaio** in un dato anno e il notaio depositario emetta fattura nell'anno successivo, le spese sono detraibili dall'imposta dovuta per l'anno di costituzione del deposito in applicazione del principio di cassa. In tali casi il contribuente è tenuto a conservare la documentazione attestante data e importo del deposito e la fattura emessa dal notaio (circ. 1° giugno 2012, n. 19/E, risp. 5.1).	- Le **spese di assicurazione** dell'immobile in quanto non hanno il carattere di necessarietà rispetto al contratto di mutuo (circ. 20 aprile 2005, n. 15/E, risp. 4.4); - le spese inerenti l'**onorario del notaio** per la stipula del **contratto di compravendita**; - le **imposte** di registro, l'IVA, le imposte ipotecarie e catastali, connesse al trasferimento dell'immobile.

Casi particolari	
Tipologie	**Detraibilità**
Interessi passivi su **contratti diversi dal mutuo**	**NO**. Non spetta la detrazione sugli interessi pagati: - a seguito di aperture di credito bancarie, di cessione di stipendio e, in generale, gli interessi derivanti da tipi di finanziamento diversi da quelli relativi a contratti di mutuo, anche se con garanzia ipotecaria su immobili; - a fronte di un prefinanziamento acceso per finanziare un mutuo ipotecario in corso di stipula per l'acquisto della casa di abitazione (circ. 12 giugno 2002, n. 50/E, risp. 4.5).
Interessi passivi derivanti dal **conto di finanziamento accessorio**	**SÌ**. Spetta la detrazione (nel limite di 4.000 euro) per gli interessi passivi derivanti dal conto di finanziamento accessorio, definito dalla Convenzione tra il Ministero dell'Economia e delle Finanze e l'ABI, al fine di mantenere fissa la rata di mutuo variabile, unitamente agli interessi risultanti dal piano di ammortamento originario. Gli istituti bancari, per consentire la detraibilità degli interessi, devono certificare, nell'attestazione relativa al pagamento degli interessi passivi, l'importo degli interessi risultanti dal mutuo originario e di quelli risultanti dal conto accessorio (ris. 12 aprile 2011, n. 43/E).
Mutui stipulati con soggetti non residenti	**SÌ**, per i contratti di mutuo stipulati con soggetti residenti nel territorio di uno Stato membro dell'Unione europea ovvero con Stabili Organizzazioni nel territorio dello Stato di soggetti non residenti (circ. 27 maggio 1994, n. 73/E, risp. 1.1.2).

Casi particolari	
Tipologie	**Detraibilità**
Mutui sovvenzionati con contributi a carico di altri soggetti	**Sì**, ma solo per l'importo degli interessi passivi effettivamente rimasto a carico del contribuente. In caso di mutuo ipotecario sovvenzionato con contributi concessi dallo Stato o da enti pubblici, non erogati in conto capitale, bensì in "conto interessi", la detrazione è calcolata sulla differenza tra gli interessi passivi e il contributo concesso (circ. 3 maggio 1996, n. 108/E, risp. 2.3.2).
Contributo aziendale	**Sì**, ma la detrazione è calcolata sulla differenza tra l'importo degli interessi pagati e il contributo erogato dall'azienda (ris. 28 maggio 2010, n. 46/E).

6.3.1. Interessi passivi per mutui contratti per l'acquisto di abitazione principale

Sono detraibili, nella misura del **19%**, gli interessi passivi, oneri accessori e quote di rivalutazione ISTAT per mutui ipotecari contratti, in Italia o nell'Unione Europea, per l'acquisto dell'**abitazione principale** (art. 15, c. 1, lett. b), D.P.R. n. 917/1986).

Si distingue a seconda che:

– il mutuo sia stipulato **dal 1° gennaio 1993**: la detrazione spetta se l'immobile è divenuto abitazione principale **entro un anno dall'acquisto** (ciò significa che si può prima acquistare l'immobile ed entro 1 anno stipulare il contratto di mutuo, oppure prima stipulare il contratto di mutuo ed entro 1 anno sottoscrivere il contratto di compravendita), avvenuto nell'anno antecedente o successivo alla stipula del mutuo. La detrazione non spetta se l'immobile perde il requisito di abitazione principale, salvo che **per motivi di lavoro**. L'importo massimo detraibile è pari a **4.000 euro**; nel caso di **contitolarità** del mutuo o di più contratti di mutuo sullo stesso bene, il limite è riferito all'ammontare complessivo delle spese sostenute dai singoli contribuenti;

– il mutuo sia stipulato **anteriormente al 1993**: la detrazione spetta nei limiti di **4.000 euro** per **ciascun intestatario del mutuo**, a condizione che il bene sia stato adibito ad abitazione principale entro l'8 dicembre 1993 e che nella rimanente parte dell'anno non sia stata variata l'abitazione principale per motivi diversi da quelli di lavoro. Se il mutuo è stipulato da un **condominio**, la detrazione spetta a ciascun condomino in proporzione alle quote millesimali.

Limiti e condizioni			
Mutui stipulati	**Acquisto immobile**	**Residenza**	**Limite di spesa**
Dal 1° gennaio 2001 e dal 1° luglio 2000 al 31 dicembre 2000[1]	Nell'anno precedente o successivo la stipula del mutuo	- Entro un anno dall'acquisto; - Entro un anno dal rilascio, se l'immobile era locato al momento dell'acquisto; - Entro 2 anni dall'acquisto se l'immobile è stato oggetto di lavori di ristrutturazione edilizia	4.000 euro complessivi suddivisi tra gli intestatari del mutuo
Dal 1° gennaio 1994 al 30 giugno 2000	Nei 6 mesi precedenti o successivi la stipula del mutuo	Entro 6 mesi dall'acquisto	
Nel 1993		Entro l'8 giugno 1994	
Ante 1993	Non sono previsti limiti temporali	Entro l'8 dicembre 1993	4.000 euro per ogni intestatario

[1] Ai mutui stipulati negli ultimi 6 mesi del 2000 vengono applicate le più favorevoli condizioni stabilite per quelli stipulati dal 1° gennaio 2001 in quanto, al 31 dicembre 2000 non erano decorsi i 6 mesi dall'acquisto (6 mesi dal 1° luglio 2000 = 1° gennaio 2001).

Definizione di abitazione principale - Si intende quella nella quale il contribuente o i suoi familiari **dimorano abitualmente** (➔10.3.6.).

A tal fine rilevano le **risultanze dei registri anagrafici** o l'**autocertificazione** (art. 47, D.P.R. n. 445/2000), con la quale il contribuente può attestare anche che dimora abitualmente in luogo diverso da quello indicato nei registri anagrafici.

La disposizione relativa ai familiari trova applicazione **a decorrere dal 2001**, ma vale anche per i **mutui in essere stipulati precedentemente,** purché siano rispettate le condizioni vigenti prima della modifiche apportate dalla Legge n. 388/2000 cioè che l'immobile sia stato adibito ad abitazione principale del contribuente o di un familiare entro 6 mesi dall'acquisto e l'acquisto dell'unità immobiliare sia stato effettuato nei 6 mesi precedenti o successivi alla data di stipula del contratto di mutuo (circ. 12 giugno 2002, n. 50/E, risp. 4.2).

Mutuo eccedente il costo di acquisto dell'immobile comprensivo di spese notarili e altri oneri accessori - La detrazione spetta limitatamente alla quota di mutuo riferibile al costo dell'immobile riportato nel rogito, incrementato delle altre spese e degli altri oneri accessori debitamente documentati (circ. 20 aprile 2005, n. 15/E, risp. 4.1).
Per determinare la parte di interessi sulla quale calcolare la detrazione può essere utilizzata la seguente formula:

[(costo di acquisto dell'immobile + oneri correlati) x interessi pagati]/capitale dato a mutuo

Nel caso di unico **mutuatario al 100%** e **proprietà** dell'immobile divisa tra lo stesso mutuatario e altro comproprietario **al 50% ciascuno**, l'importo del capitale dato a mutuo, da indicare al denominatore della formula, è uguale all'intero importo del mutuo, e il costo di acquisizione dell'immobile, da indicare al numeratore della formula, è uguale all'intero costo sostenuto per l'acquisto (e **non al 50% di tale costo**) (circ. 18 maggio 2006, n. 17/E, risp. 7).

CASO 2 - Mutuo eccedente il costo di acquisto dell'immobile

Valore immobile (da atto di compravendita) comprensivo di oneri accessori (spese notarili, ecc.): 100.000 euro
Importo mutuo: 150.000 euro
Importo interessi pagati nell'anno: 3.000 euro
Quota parte di interessi: 100.000 x 100/150.000 = 66,67%
Importo detraibile: 3.000 x 66,67% = **2.000 euro**

Ai fini dell'applicazione della formula, tra le **spese e gli oneri accessori** connessi all'acquisto, sebbene non tutti classificabili tra quelli detraibili, rientrano ad esempio (circ. 31 maggio 2005, n. 26/E, risp. 3; ris. 23 settembre 2005, n. 128/E):

- l'onorario del notaio per l'acquisto dell'immobile;
- l'onorario del notaio per la stipula del mutuo;
- le spese di mediazione;
- le imposte di registro, ipotecarie e catastali;
- l'iscrizione e la cancellazione dell'ipoteca;
- l'imposta sostitutiva sul capitale prestato;
- le spese sostenute per eventuali autorizzazioni del Giudice tutelare e quelle sostenute in caso di acquisto effettuato nell'ambito di una procedura esecutiva individuale o concorsuale.

Estinzione e rinegoziazione del mutuo - Non si tiene conto del periodo intercorrente tra la **data di acquisto dell'abitazione** e quella **di stipula del mutuo** se l'originario contratto di mutuo stipulato per l'acquisto dell'abitazione principale viene estinto e ne viene stipulato uno nuovo, anche con una banca diversa (circ. 4 aprile 2017, n. 7/E).
Ciò vale anche nel caso di **surroga per volontà del debitore**, c.d. "**portabilità del mutuo**" (art. 8, D.L. n. 7/2007).

Il diritto alla detrazione è commisurato ad un importo non superiore a quello che risulterebbe con riferimento alla quota residua di capitale del mutuo estinto, maggiorata delle spese ed oneri correlati con l'estinzione del vecchio mutuo e l'accensione del nuovo (ris. 14 novembre 2007, n. 328/E).

Il diritto alla detrazione degli interessi compete nei limiti riferiti alla **residua quota di capitale** (incrementata delle eventuali rate scadute e non pagate, del rateo di interessi del semestre in corso, rivalutati al cambio del giorno in cui avviene la conversione nonché degli oneri susseguenti all'estinzione anticipata della provvista in valuta estera) da rimborsare alla data di rinegoziazione del predetto contratto.
Le **parti contraenti** si considerano **invariate** anche nel caso in cui la rinegoziazione avviene, anziché con il contraente originario, tra la banca e colui che nel frattempo è subentrato nel rapporto di mutuo a seguito di accollo.

Per determinare la **percentuale** sulla quale è possibile **fruire della detrazione sugli interessi passivi** in caso di estinzione e rinegoziazione si usa la seguente formula:

[100 x (quota residua primo mutuo + oneri correlati)]/importo del secondo mutuo

Acquisto di immobili ristrutturati - Nel caso di immobile oggetto di interventi di ristrutturazione, la detrazione spetta a decorrere **dalla data in cui l'unità immobiliare è adibita a dimora abituale** e, comunque, entro 2 anni dall'acquisto (circ. 26 gennaio 2001, n. 7/E, risp. 2.9).
È necessario, tuttavia, che oggetto di ristrutturazione sia un **immobile già idoneo**, prima dell'effettuazione dei lavori, ad essere adibito a **dimora abituale**. Qualora invece venisse acquistato un immobile allo **stato grezzo**, ossia non ancora ultimato, può trovare eventualmente applicazione la detrazione degli interessi passivi derivanti da mutui contratti per la costruzione dell'unità immobiliare da adibire ad abitazione principale (➡6.3.2.) (art. 15, c. 1-ter), D.P.R. n. 917/1986), cui è assimilabile la **ristrutturazione edilizia** (ris. 9 gennaio 2007, n. 1/E).

Mutuo per l'acquisto di più immobili - Nel caso in cui il mutuo viene stipulato per l'acquisto, con prezzo unico, di più immobili, di cui solo uno è abitazione principale, la percentuale (del prezzo di acquisto e degli interessi passivi sul mutuo) riferita a ciascuna abitazione si calcola in proporzione alle rendite catastali delle due abitazioni (ris. 29 aprile 2009, n. 117/E).

Causa di forza maggiore per Covid-19 - Nel caso di acquisto di un immobile da accorpare all'abitazione principale, se la causa di forza maggiore dovuta all'emergenza Covid-19 si è verificata in pendenza del termine entro cui stabilire la residenza nell'immobile, il contribuente può fruire di una proroga del termine per un tempo corrispondente alla durata della causa di forza maggiore che ha impedito o rallentato le attività propedeutiche alla destinazione dell'immobile a dimora abituale (risposta a interpello 19 ottobre 2020, n. 485; risposta a interpello 5 gennaio 2021, n. 6; risposta a interpello 5 gennaio 2021, n. 8).

Casi particolari - La detrazione è possibile anche nei seguenti casi:
- trasferimento della dimora abituale per motivi di lavoro, anche in un Comune limitrofo a quello in cui si trova la sede di lavoro o all'estero (circ. 15 maggio 1997, n. 137/E, risp. 2.2.2; circ. 23 aprile 2010, n. 21/E, risp. 4.5; circ. 24 aprile 2015, n. 17/E, risp. 4.5);
- contribuenti ricoverati in istituti sanitari (circ. 4 aprile 2017, n. 7/E);
- acquisto da parte di soggetti in servizio nelle forze armate e forze di polizia anche se il mutuo è contratto per l'acquisto di un immobile non adibito a dimora abituale (circ. 13 maggio 2011, n. 20/E, risp. 1.6);
- acquisto da cooperative o imprese costruttrici (circ. 12 maggio 2000, n. 95/E, risp. 1.2.4);
- acquisto di immobili locati e all'asta (a decorrere dalla prima rata di mutuo corrisposto, a condizione che entro 3 mesi dall'acquisto l'acquirente notifichi al locatario l'intimazione di sfratto per finita locazione e che entro l'anno dal rilascio dell'immobile lo stesso sia adibito ad abitazione principale) (circ. 12 giugno 2002, n. 50/E, risp. 4.3).

Casistiche	Detraibilità
Mancata corrispondenza tra **quota di proprietà e quota di detrazione** spettante per gli interessi passivi	È possibile la detrazione anche se, per fruirne, è necessario che il contribuente sia **contemporaneamente intestatario del mutuo e proprietario** dell'unità immobiliare (circ. 26 gennaio 2001, n. 7/E, risposte 2.3 e 2.5).
Requisito congiunto di "acquirente e mutuatario"	È **sempre necessario**, tranne che nell'ipotesi di mutui contratti anteriormente all'anno 1991 per i quali è previsto che la detrazione degli interessi passivi spetti anche ai soggetti che non siano titolari di redditi di fabbricati (circ. 12 maggio 2000, n. 95/E, risp. 1.2.6).
Usufruttuario	La detrazione non spetta all'usufruttuario in quanto lo stesso non acquista la proprietà dell'unità immobiliare ma solo al soggetto che dall'atto di acquisto risulti essere **"proprietario" o "nudo proprietario"**.
Ipoteca iscritta su altro immobile	La detrazione spetta se l'immobile su cui risulta iscritta l'**ipoteca non coincide con quello acquistato** e adibito ad abitazione principale (circ. 3 maggio 1996, n. 108/E, risp. 2.3.1; circ. 12 maggio 2000, n. 95/E, risp. 1.2.7).

Casistiche	Detraibilità
Acquisto di un'**ulteriore quota di proprietà** dell'unità immobiliare	La detrazione spetta ma può essere **fruita** solo **dopo** che sia stato realizzato l'**accorpamento** delle due unità immobiliari le quali devono risultare dalle visure catastali quale unica abitazione principale (circ. 4 aprile 2017, n. 7/E).
Mutuo per **acquisto di pertinenza**	La detrazione non spetta nel caso in cui il mutuo sia stato stipulato **autonomamente** per acquistare una pertinenza dell'abitazione principale (box, soffitta, cantina, ecc.) (circ. 3 maggio 1996, n. 108/E, risp. 2.3.4).
Immobile **adibito nuovamente ad abitazione principale**	Si perde il diritto alla detrazione a partire dal periodo d'imposta successivo a quello in cui l'immobile non è più utilizzato come abitazione principale; tuttavia, se il contribuente **torna ad adibire l'immobile ad abitazione principale**, in relazione alle rate pagate a decorrere da tale momento, può fruire nuovamente della detrazione (circ. 20 giugno 2002, n. 55/E, risp. 1 e circ. 14 giugno 2001, n. 55/E, risp. 1.3.1).
Mancato trasferimento della residenza	Il contribuente che ha acquistato dall'impresa o tramite una cooperativa edilizia un immobile perde il diritto alla detrazione degli interessi se non riesce a trasferirvi la propria residenza **entro 12 mesi**, anche se la causa è imputabile al Comune a seguito, ad esempio, dei ritardi nella concessione dell'abitabilità (circ. 12 maggio 2000, n. 95/E, risp. 1.2.5).
Immobile oggetto di **ordinanze di sgombero**	Nel caso in cui l'unità immobiliare sia stata oggetto di ordinanze sindacali di sgombero, in quanto inagibile totalmente o parzialmente a causa di un **evento sismico**, la variazione della dimora dipendente da cause di forza maggiore non pregiudica la fruizione della detrazione per gli interessi passivi, a condizione che le rate del mutuo siano pagate e tale onere rimanga effettivamente a carico del contribuente (circ. 21 maggio 2014, n. 11/E, risp. 3.3).
Cessione della quota di proprietà tra coniugi	Nel caso in cui **due coniugi cointestatari di un mutuo** acquistino l'immobile adibito ad abitazione principale e, successivamente, **un coniuge ceda all'altro la propria quota di proprietà**, il coniuge donatario continua a fruire della detrazione degli interessi derivanti dal mutuo cointestato calcolata su di un ammontare massimo di **2.000 euro** (circ. 1° luglio 2010, n. 39/E, risp. 1.2). Se nello stesso anno il coniuge cedente acquista **una nuova abitazione** e stipula, quale unico intestatario, un mutuo, potrà continuare a fruire, per il periodo di tempo in cui era oltre che mutuatario anche comproprietario dell'immobile donato, della detrazione per gli interessi passivi, per la parte rimasta a suo carico (50%), nonché, ricorrendone ogni altro presupposto di legge, della detrazione delle spese ammesse per il secondo mutuo per un importo complessivo annuo non superiore al limite massimo di 4.000 euro.
Mutuatari comproprietari	In caso di due mutuatari comproprietari dell'immobile (40% l'uno e 60% l'altro), l'importo complessivo del mutuo si confronterà con il costo complessivo dell'immobile e gli interessi saranno suddivisi, nei limiti della norma, se non diversamente riportato nel contratto di mutuo, al 50% ciascuno. Ai fini della detrazione degli interessi, **non rileva infatti la percentuale di proprietà** dell'immobile (circ. 13 maggio 2011, n. 20/E, risp. 1.5).
Nuda proprietà	Il nudo proprietario che ha contratto il mutuo per l'acquisto della piena proprietà di un'unità immobiliare concedendone l'usufrutto al figlio può calcolare la detrazione in relazione a tutti gli interessi pagati, rapportati all'intero valore dell'immobile, sempreché risultino soddisfatte le altre condizioni richieste dalla legge.

Casistiche	Detraibilità
Accollo di mutuo	In caso di accollo di un mutuo stipulato dall'impresa costruttrice la detrazione spetta se ricorrono le condizioni previste dalle norme. In questi casi per **data** di stipulazione del contratto di mutuo deve intendersi quella di **stipulazione** del **contratto di accollo del mutuo** (circ. 27 maggio 1994, n. 73/E, risp. 1.1.3).
Immobile situato all'estero	Se l'immobile è situato all'estero, gli **interessi su mutuo** contratto per l'acquisto dell'abitazione principale **non possono essere detratti** dall'imposta sui redditi (risposta a interpello 28 giugno 2019, n. 218).

6.3.2. Interessi relativi a mutui ipotecari per la costruzione dell'abitazione principale

Relativamente ai mutui per la costruzione dell'unità immobiliare da adibire ad abitazione principale, è possibile detrarre il **19%** dell'ammontare complessivo, **non superiore a 2.582,28 euro**, degli interessi passivi e relativi oneri accessori, nonché delle quote di rivalutazione dipendenti da clausole di indicizzazione pagati a soggetti residenti nel territorio dello Stato o di uno Stato membro dell'Unione europea, ovvero a Stabili Organizzazioni nel territorio dello Stato di soggetti non residenti, (art. 15, c. 1-ter), D.P.R. n. 917/1986; D.M. 30 luglio 1999, n. 311).
La detrazione spetta per i mutui, garantiti da ipoteca, contratti **dal 1° gennaio 1998**.

L'ammontare delle spese effettivamente sostenute **non può comprendere** il costo per l'**acquisto del suolo** su cui viene materialmente edificato il fabbricato o il costo per l'acquisto del diritto di superficie sullo stesso (circ. 18 maggio 2006, n. 17/E, risp. 6).

Il **coniuge superstite**, cointestatario con il coniuge deceduto del mutuo ipotecario contratto per la ristrutturazione dell'abitazione principale, può fruire della detrazione anche per la quota degli interessi passivi riferiti al coniuge deceduto a condizione che provveda a regolarizzare l'accollo del mutuo e sempreché ricorrano tutte le altre condizioni richieste dalla norma agevolativa (ris. 18 ottobre 2017, n. 129/E).

Condizioni - Per fruire della detrazione è necessario che vengano rispettate le seguenti condizioni:
- l'unità immobiliare che si costruisce deve essere quella nella quale il contribuente o i suoi familiari **intendono dimorare abitualmente**;
- la stipula del contratto di mutuo deve avvenire nei **6 mesi antecedenti ovvero nei 18 mesi successivi** all'inizio dei lavori di costruzione (fino al 2006 era previsto che il mutuo doveva essere stipulato **entro 6 mesi**, antecedenti o successivi, alla data di inizio dei lavori di costruzione o ristrutturazione);
- l'immobile deve essere adibito ad abitazione principale **entro 6 mesi dal termine dei lavori**;
- il contratto di mutuo deve essere stipulato dal **soggetto che ha il possesso** dell'unità immobiliare a titolo di proprietà o di altro diritto reale.

Perdita della detrazione - Il diritto alla detrazione si perde se:

a. l'unità immobiliare **non viene destinata** ad abitazione principale **entro i 6 mesi** dalla data di conclusione dei lavori di costruzione;

b. i **lavori di costruzione** dell'unità immobiliare **non sono iniziati** nei 6 mesi antecedenti o successivi alla data di stipula del contratto di mutuo (si ricorda che a decorrere dal 1° dicembre 2007 la stipula del contratto di mutuo deve avvenire nei 6 mesi antecedenti ovvero nei 18 mesi successivi all'inizio dei lavori di costruzione);

c. i **lavori di costruzione non sono ultimati** entro il termine riportato nel provvedimento amministrativo previsto dalla vigente legislazione in materia edilizia che ha consentito la costruzione dell'immobile stesso, salva la possibilità di proroga.

Se i termini di cui alle precedenti lettere b) e c) non sono rispettati a causa di **ritardi** imputabili esclusivamente **all'Amministrazione comunale** nel rilascio delle abilitazioni amministrative richieste dalla vigente legislazione edilizia, il diritto alla detrazione non viene meno (circ. 4 aprile 2017, n. 7/E).

Cumulo - La detrazione **è cumulabile con quelle previste**:
- per le spese sostenute per la **ristrutturazione degli immobili** (➔7.1.) (ris. 12 giugno 2002, n. 184/E);

- per gli interessi passivi relativi ai mutui ipotecari contratti per **l'acquisto dell'abitazione principale** (➡6.3.1.) soltanto per il periodo di durata dei lavori di costruzione dell'unità immobiliare, nonché per il periodo di 6 mesi successivi al termine dei lavori stessi.

Interessi relativi a mutui ipotecari stipulati per l'acquisto di altri immobili 6.3.3.

La detrazione del **19%** spetta per gli interessi passivi, e relativi oneri accessori, nonché per le quote di rivalutazione dipendenti da clausole di indicizzazione, derivanti da mutui garantiti da ipoteca su immobili stipulati per l'acquisto di **immobili diversi da** quelli utilizzati come **abitazione principale**. (art. 15, c. 1, lett. b), D.P.R. n. 917/1986).

Valgono i seguenti limiti:

- il contratto di mutuo deve essere stato **stipulato prima del 1993** (sono comunque previste regole diverse a seconda della data di stipula - vedi tabella seguente);
- la detrazione spetta per un **ammontare massimo** degli interessi passivi e oneri accessori pari a **2.065,83 euro** per ciascun intestatario del mutuo.

Data di stipula del mutuo	Detrazione
Entro il 31 dicembre 1990	La detrazione spetta anche nel caso di mutui stipulati per l'acquisto di immobili **non destinati ad abitazione** (ad esempio, negozio, ecc.) ed anche per motivi diversi dall'acquisto (ad esempio, costruzione, ristrutturazione, ecc.).
Tra il 1° gennaio 1991 ed il 31 dicembre 1992	La detrazione spetta **solo** per quelli relativi all'acquisto di immobili **da adibire a propria abitazione**, anche diversa da quella principale, e per i quali non sia variata tale condizione come, ad esempio, nel caso in cui l'immobile precedentemente tenuto a disposizione sia stato concesso in locazione.

Se la motivazione **non è contenuta nel contratto** di mutuo e qualora anche la banca mutuante non sia in grado di rilasciare un'espressa dichiarazione in cui sia attestata la motivazione del mutuo, il contribuente potrà ricorrere alla **dichiarazione sostitutiva di atto di notorietà** (art. 47, D.P.R. n. 445/2000). In tal caso il soggetto che presta l'assistenza fiscale riconosce la detrazione degli interessi passivi sulla base della predetta autodichiarazione (ris. 22 dicembre 2006, n. 147/E e circ. 21 maggio 2014, n. 11/E, quesito 3.1).

Interessi relativi a mutui contratti nel 1997 per recupero edilizio 6.3.4.

Spetta la detrazione del **19%** per gli interessi passivi, e relativi oneri accessori, nonché per le quote di rivalutazione dipendenti da clausole di indicizzazione, derivanti da **mutui anche non ipotecari** per effettuare interventi di manutenzione, restauro e ristrutturazione degli edifici (art. 1, c. 4, D.L. 31 dicembre 1996, n. 669).

Valgono i seguenti **limiti**:

- il contratto di mutuo deve essere stato stipulato **prima nel 1997**;
- la detrazione spetta al soggetto intestatario del contratto di mutuo, senza alcuna deroga, per un ammontare massimo degli interessi passivi e oneri accessori pari a **2.582,28 euro**;
- non sono ammessi altri tipi di finanziamento, come ad esempio aperture di credito o cambiali ipotecarie.

Gli **interventi di recupero del patrimonio edilizio** relativamente ai quali compete la detrazione sono i seguenti:

- interventi di manutenzione **ordinaria** (art. 3, c. 1, lett. a), D.P.R. n. 380/2001);
- interventi di manutenzione **straordinaria** (art. 3, c. 1, lett. b), D.P.R. n. 380/2001);
- interventi di **restauro** e di **risanamento conservativo** (art. 3, c. 1, lett. c), D.P.R. n. 380/2001).

Caso particolare	Regole (circ. 4 aprile 2017, n. 7/E)
Mutuo cointestato tra due coniugi, di cui uno a carico dell'altro	Il coniuge che ha sostenuto la spesa non può fruire anche della detrazione spettante al coniuge fiscalmente a carico
Contitolarità del contratto di mutuo o di più contratti di mutuo	Il limite di 2.582,28 euro è riferito all'ammontare complessivo degli interessi, oneri accessori e quote di rivalutazione sostenuti
Contratto di mutuo è stipulato **da un condominio**	La detrazione spetta a ciascun condomino in ragione dei millesimi di proprietà

IRPEF

6.3.5. Interessi relativi a prestiti o mutui agrari

Sono detraibili nella misura del **19%** gli interessi passivi, gli oneri accessori e le quote di rivalutazione dipendenti da clausole di indicizzazione pagati nel periodo d'imposta di riferimento, indipendentemente dalla scadenza della rata, per **prestiti o mutui agrari** di ogni genere (art. 15, c. 1, lett. a) D.P.R. n. 917/1986).

I contratti oggetto dell'agevolazione sono finanziamenti **sia di esercizio che di miglioramento a breve, medio e lungo termine** previsti dalla legge per l'ordinamento del credito agrario; il prestito o mutuo agrario può riguardare, senza limitazioni, qualsiasi tipologia di terreno.

Per poter fruire della detrazione in esame, i mutui ed i prestiti agrari devono essere stati pagati **a soggetti residenti** nel territorio dello Stato o di uno Stato membro dell'Unione europea ovvero a Stabili Organizzazioni nel territorio dello Stato di soggetti non residenti.

L'importo ammesso in detrazione **non può essere superiore** alla somma del reddito dominicale e agrario dichiarati, tenendo conto delle rispettive rivalutazioni (80% e 70%) e di eventuali ulteriori rivalutazioni (art. 1, c. 512, Legge n. 228/2012).

A tal fine sono rilevanti anche i redditi dei terreni derivanti da **partecipazioni in società di persone e assimilate**. Diversamente, gli altri redditi derivanti dai terreni, quali le plusvalenze da cessione a titolo oneroso e il corrispettivo per la concessione in affitto per uso non agricolo, non risultano invece rilevanti ai fini della detraibilità degli interessi passivi (circ. 4 aprile 2017, n. 7/E).

La detrazione spetta solo al soggetto intestatario del contratto di prestito o mutuo agrario.

6.4. SPESE PER INTERMEDIAZIONE IMMOBILIARE

È possibile detrarre, nella misura del **19%**, i compensi, comunque denominati, pagati a soggetti di intermediazione immobiliare in dipendenza dell'acquisto dell'unità immobiliare da adibire ad **abitazione principale** per un importo **non superiore ad 1.000 euro** per **ciascuna annualità** (art. 15, c. 1, lett. b-bis), D.P.R. n. 917/1986).

> La detrazione non spetta se le spese sono sostenute nell'interesse dei familiari fiscalmente a carico.

La detrazione spetta:

- al **contribuente che sostiene la spesa** purché il relativo importo sia indicato nell'atto di cessione dell'immobile (circ. 4 agosto 2006, n. 28/E, paragrafo 13);
- esclusivamente all'**acquirente dell'immobile**; il venditore, pertanto, non può beneficiare della detrazione in esame anche se ha corrisposto la relativa provvigione all'intermediario immobiliare (circ. 4 aprile 2008, n. 34, risp. 13);
- non solo per l'acquisto della proprietà, ma anche per **l'acquisto di altri diritti reali** (quali ad esempio l'usufrutto) a condizione che l'immobile sia adibito ad abitazione principale (circ. 4 aprile 2008, n. 34/E, risp. 13).

Casi particolari	
Fattispecie	**Detraibilità**
Acquisto non andato a buon fine	Se l'immobile non può più essere utilizzato come abitazione principale, perché ad esempio non è stato stipulato il contratto definitivo di compravendita, la detrazione non spetta in relazione alle **provvigioni pagate all'intermediario immobiliare** (circ. 4 aprile 2008, n. 34/E, risp. 13).
Spese sostenute in sede di **contratto preliminare**	Se, a seguito della stipula del preliminare di vendita, viene pagato all'agenzia immobiliare il compenso dell'intermediazione, la spesa può essere portata in detrazione nella dichiarazione dei redditi relativa all'anno in cui la stessa è stata sostenuta, a condizione che tale preliminare risulti regolarmente registrato (ris. 30 gennaio 2009, n. 26/E). Essendo il beneficio subordinato all'acquisto dell'abitazione principale, se il contribuente non giunge alla stipula del contratto definitivo, dovrà restituire la detrazione fruita assoggettando a tassazione separata l'importo interessato (circ. 4 aprile 2008, n. 34/E, risp. 13.1).

Casi particolari	
Fattispecie	**Detraibilità**
	La detrazione è riconosciuta anche nel caso in cui le spese per intermediazione immobiliare siano **sostenute in data antecedente la stipula del preliminare** purché la provvigione sia pagata nell'anno di stipulazione del contratto stesso; di conseguenza per fruire della detrazione il contribuente deve essere in possesso del preliminare di vendita registrato (circ. 1° luglio 2010, n. 39/E, risp. 1.1).
Acquisto effettuato da **più proprietari** - Regola generale	La detrazione, nel limite complessivo di **1.000 euro**, deve essere **ripartita tra i comproprietari** in ragione della **percentuale di proprietà** (circ. 13 maggio 2011, n. 20/E).
Acquisto di immobile da parte di **due soggetti** e **fattura** per intermediazione immobiliare **intestata ad uno solo di essi**	Al fine di ammettere *pro-quota* al beneficio della detrazione anche il comproprietario che non è indicato nella fattura, è necessario **integrare il documento** annotandovi i dati di quest'ultimo.
Acquisto di immobile da parte di **un solo proprietario** e **fattura** per intermediazione **cointestata all'acquirente e ad un altro soggetto**	Al fine di consentire la detrazione dell'intero importo all'unico proprietario è necessario **integrare la fattura**, annotando che l'onere per l'intermediazione è stato sostenuto interamente da quest'ultimo.
Fattura per intermediazione **intestata esclusivamente ad un soggetto** (ad esempio il coniuge) che **non è proprietario** dell'immobile	Le spese per l'intermediazione **non possono essere detratte** neanche dal proprietario dell'immobile.

PREMI DI ASSICURAZIONE 6.5.

Dall'imposta lorda si detrae un importo pari al **19% dei premi** relativi a (art. 15, c. 1, lett. f), D.P.R. n. 917/1986):

- contratti **di assicurazione sulla vita e contro gli infortuni, stipulati o rinnovati prima del 31 dicembre 2000**;
- contratti di assicurazione stipulati o rinnovati **dal 1° gennaio 2001** aventi ad oggetto il **rischio di morte** e di **invalidità permanente non inferiore al 5%** da qualsiasi causa derivante nonché quelli contro il **rischio di non autosufficienza** nel compimento degli atti della vita quotidiana sempreché, in quest'ultima evenienza, l'impresa di assicurazione non abbia facoltà di recesso dal contratto.

> Nel caso di **contratti** c.d. **"misti"** che prevedono l'erogazione della prestazione sia in caso di morte sia in caso di permanenza in vita dell'assicurato alla scadenza del contratto o in caso di riscatto anticipato, la detrazione spetta solo per la parte di premio **riferibile al rischio morte**, che deve essere evidenziato dalla compagnia assicuratrice nel documento attestante la spesa (circ. 20 marzo 2001, n. 29/E, risp. 1.3).

Ulteriore condizione - Per tutte le tipologie di contratti di assicurazione, a prescindere dalla loro natura, esiste un'ulteriore condizione per poter esercitare il diritto alla detrazione: è necessario che vi sia **coincidenza tra contraente e assicurato**, indipendentemente dalla figura del beneficiario che può essere chiunque. La figura del beneficiario rileva solo se l'assicurazione è a tutela di persone con disabilità grave.

> Il soggetto che ha effettivamente sostenuto la spesa ha diritto alla detrazione, indipendentemente dalla circostanza che nel contratto di assicurazione il familiare fiscalmente a carico risulti come contraente e/o come assicurato (circ. 18 maggio 2006, n. 17/E, risp. 4).

La detrazione spetta al contribuente se:

- egli è contraente e assicurato;

- egli è contraente e un suo familiare a carico è il soggetto assicurato;
- un suo familiare a carico è sia contraente che soggetto assicurato;
- egli è il soggetto assicurato e un suo familiare a carico è il contraente;
- il contraente è un familiare a carico e il soggetto assicurato è un altro familiare a carico.

Limiti e condizioni	
Tipo di assicurazione	**Detrazione**
Assicurazione sulla vita e contro gli infortuni	La detrazione spetta in misura pari al 19% dei premi versati: - per contratti di assicurazione sulla vita e contro gli infortuni stipulati o rinnovati entro il 31 dicembre 2000, a condizione che il contratto abbia una durata non inferiore a 5 anni e non consenta la concessione di prestiti nel periodo di durata minima; - per i contratti stipulati o rinnovati dal 2001, a condizione che abbiano ad oggetto il rischio morte o invalidità permanente non inferiore al 5%. La detrazione è calcolata su un **ammontare massimo** del premio pari a **530 euro**. Tale limite, deve essere considerato complessivamente e, pertanto, anche in presenza di una **pluralità di contratti**, l'ammontare massimo di spesa detraibile non può superare 530 euro.
Assicurazioni finalizzate alla **tutela delle persone con disabilità grave**	Per i premi versati per i contratti di assicurazioni aventi per oggetto il rischio di morte finalizzati alla tutela delle persone con disabilità grave, il limite massimo di spesa ammessa alla detrazione è aumentato a **750 euro**. Nel caso in cui nel contratto di assicurazione siano indicati **più beneficiari** uno dei quali abbia una grave disabilità, l'importo massimo detraibile deve essere ricondotto all'unico limite più elevato di 750 euro.
Assicurazione aventi ad oggetto il **rischio di non autosufficienza**	La detrazione dei premi spetta se la copertura è relativa ad una **invalidità permanente non inferiore al 5**%, indipendentemente dalle cause che l'hanno determinata (infortuni o malattie). In presenza di polizze che oltre a tale rischio coprono anche il rischio di invalidità permanente inferiore alla suddetta percentuale, la detrazione spetta con riferimento alla **sola quota parte** del premio corrisposto, limitatamente alla copertura del rischio di invalidità non inferiore al 5%. Tale quota può essere individuata dalla compagnia di assicurazione anche in modo forfetario, sulla base di dati obiettivi desunti dall'esperienza del portafoglio assicurativo e va, comunque, indicata separatamente, in valore assoluto o in percentuale del premio complessivo, nel contratto di polizza e nelle comunicazioni annuali all'assicurato. La detrazione non spetta per i premi versati per garantire la copertura del rischio di invalidità temporanea, anche se totale (circ. 20 marzo 2001, n. 29/E, risp. 1.4). L'importo massimo complessivo sul quale calcolare la detrazione per ciascun periodo d'imposta è pari **a 1.291,14 euro**, al netto dei premi per le assicurazioni aventi per oggetto il rischio di morte o di invalidità permanente e dei premi per le assicurazioni finalizzate alla tutela delle persone con disabilità grave.

Tabella riepilogativa di detraibilità dei premi assicurativi			
Data di stipula o rinnovo del contratto	**Oggetto del contratto**	**Condizioni richieste**	**Limite di spesa**
Fino al 31 dicembre 2000	Assicurazioni vita e infortuni	Contratto: - di durata non inferiore a 5 anni; - che non consenta la concessione di prestiti nel periodo di durata minima.	530 euro
Dal 1° gennaio 2001	Assicurazione	Rischio morte o invalidità permanente non inferiore al 5%.	530 euro

IRPEF

Tabella riepilogativa di detraibilità dei premi assicurativi			
Data di stipula o rinnovo del contratto	**Oggetto del contratto**	**Condizioni richieste**	**Limite di spesa**
Dal 1° gennaio 2016	Assicurazione	Rischio morte, finalizzate alla tutela delle persone con disabilità grave.	750 euro
Non rileva la data	Assicurazione	Contratto: - di durata non inferiore a 5 anni; - che non consenta la concessione di prestiti nel periodo di durata minima.	1.291,14 euro

Premi di assicurazione per polizze a copertura del rischio di eventi calamitosi su abitazioni 6.5.1.

È possibile detrarre il **19%** delle spese sostenute per i premi per assicurazioni aventi per oggetto il **rischio di eventi calamitosi** stipulate relativamente a unità immobiliari ad **uso abitativo** (art. 15, c. 1, lett. f-bis) D.P.R. n. 917/1986).

La detrazione, per la quale non è previsto alcun limite di spesa, si applica per le **polizze stipulate a decorrere dal 1° gennaio 2018** (art. 1, c. 770, Legge n. 205/2017).

Sempre da tale data, le medesime polizze sono esentate dall'**imposta sulle assicurazioni** (art. 11-bis, tabella allegato C, Legge n. 1216/1961).

SPESE VETERINARIE 6.6.

Per le spese veterinarie al soggetto che ha **sostenuto** la spesa, anche **se non proprietario dell'animale,** spetta una detrazione dall'imposta lorda pari al **19%** delle spese medesime calcolata **nel limite massimo di 550 euro** con un **abbattimento di 129,11 euro** (art. 15, lett. c-bis), D.P.R. n. 917/1986).La **detrazione massima** è, dunque, pari **a 80 euro** (421 x 19% = 79,99 euro, arrotondato a 80 euro).

Il suddetto limite di spesa è riferito alle spese veterinarie complessivamente sostenute dal soggetto che intende usufruire della detrazione indipendentemente dal numero di animali posseduti (circ. 14 giugno 2001, n. 55/E, risp. 1.4.2).

Tipo di spesa veterinaria	Detraibilità
Cura di **animali legalmente detenuti** a scopo di **compagnia** o per la **pratica sportiva**	**SÌ** (circ. 14 giugno 2001, n. 55/E, risp. 1.4.1)
Cura di animali destinati all'**allevamento**, alla **riproduzione** o al **consumo alimentare** Cura di animali di qualunque specie allevati o detenuti nell'esercizio di **attività commerciali o agricole** Cura di animali utilizzati per attività illecite	**NO** (D.M. n. 289/2001; circ. 4 aprile 2017, n. 7/E)
Prestazioni professionali del **medico veterinario**	**SÌ** (circ. 16 novembre 2000, n. 207)
Acquisto dei medicinali prescritti dal veterinario	**SÌ** per i medicinali definiti dall'art. 1 del D.Lgs. n. 193/2006
Analisi di laboratorio e interventi presso cliniche veterinarie	**SÌ** (circ. 14 giugno 2001, n. 55/E, risp. 1.4.2)

Non è necessario conservare la prescrizione del medico veterinario (ris. 27 febbraio 2017, n. 24). È necessario, tuttavia, che lo scontrino riporti, oltre al codice fiscale del soggetto che ha sostenuto la spesa, anche la **natura**, la **qualità** e la **quantità** dei medicinali acquistati. In particolare, la qualità di farmaco deve essere attestata dal codice di autorizzazione in commercio del farmaco stesso (ris. 12 agosto 2009, n. 218 e circ. 30 luglio 2009, n. 40/E).
La natura del prodotto "farmaco" può essere identificata anche mediante la codifica FV (**farmaco per uso veterinario**) utilizzata ai fini della trasmissione dei dati al sistema tessera sanitaria.

Non rileva il luogo dove sono stati acquistati detti medicinali; infatti, la detrazione spetta per l'acquisto di farmaci certificati da scontrino parlante anche se venduti da **strutture diverse dalle farmacie**,

purché a ciò autorizzate dal Ministero della Salute (come per la vendita di farmaci generici nei supermercati).
La detrazione spetta anche per l'acquisto dei farmaci senza obbligo di prescrizione medica, effettuato **on-line** presso farmacie ed esercizi commerciali autorizzati alla vendita a distanza dalla Regione o dalla Provincia autonoma o da altre autorità competenti, individuate dalla legislazione di Regioni o Province autonome. Si precisa che in Italia non è consentita la vendita on line di farmaci che richiedono la prescrizione medica (circ. 4 aprile 2017, n. 7/E).

6.7. SPESE FUNEBRI

Dall'imposta lorda si detrae un importo pari al **19%** delle spese funebri sostenute in dipendenza della morte di persone **a prescindere dal vincolo di parentela** (art. 15, c. 1, lett. d), D.P.R. n. 917/1986).
La detrazione compete nel **limite massimo** di spesa di **1.550 euro**. Tale limite non è riferito al periodo d'imposta, **ma a ciascun decesso**.

Tipo di spesa	Detraibilità
Spese sostenute anticipatamente dal contribuente in previsione delle future onoranze funebri come, ad esempio, l'acquisto di un loculo prima della morte	**NO** (ris. 28 luglio 1976, n. 944/E)
Spese per il trasporto e la sepoltura	**SÌ**
Spesa sostenuta da soggetti diversi dall'intestatario della fattura	**SÌ**, ma è necessario che nel documento originale di spesa sia riportata una dichiarazione di ripartizione della stessa sottoscritta anche dall'intestatario del documento (circ. 4 aprile 2017, n. 7/E)

6.8. SPESE DI ISTRUZIONE

6.8.1. Spese di istruzione non universitaria

Sono detraibili nella misura del **19%** le spese di istruzione non universitaria (art. 15, c. 1, lett. e-bis), D.P.R. n. 917/1986).

Tipologie di spesa ammesse - La detrazione spetta in relazione alle spese per la frequenza di:
- scuole dell'infanzia (**scuole materne**);
- scuole primarie e scuole secondarie di primo grado (**scuole elementari e medie**);
- scuole secondarie di secondo grado (**scuola superiore**);

sia **statali** sia **paritarie private** e degli enti locali.

Casi particolari	
Tipologia	**Detraibilità**
Iscrizione ai corsi istituiti in base all'ordinamento antecedente il D.P.R. n. 212/2005 presso i **Conservatori** di musica e gli istituti musicali pareggiati.	**SÌ**
Tasse (a titolo di iscrizione e di frequenza) e **contributi obbligatori**.	**SÌ**
Contributi volontari ed **erogazioni liberali** deliberati dagli istituti scolastici o dai loro organi e sostenuti per la frequenza scolastica[1], quali, ad esempio: - **mensa scolastica** (circ. 2 marzo 2016, n. 3/E risp. 1.15) e servizi scolastici integrativi quali l'assistenza al pasto e il **pre e post scuola** (ris. 4 agosto 2016, n. 68/E). Per tali spese la detrazione spetta anche quando il servizio è reso per il tramite del Comune o di altri soggetti terzi rispetto alla scuola e anche se non è stato deliberato dagli organi di istituto essendo tale servizio istituzionalmente previsto dall'ordinamento scolastico per tutti gli alunni delle scuole dell'infanzia e delle scuole primarie e secondarie di primo grado (circ. 6 maggio 2016, n. 18/E, risp. 2.1);	**SÌ**

Casi particolari	
Tipologia	**Detraibilità**
- **gite scolastiche**, per l'**assicurazione** della scuola e ogni altro contributo scolastico finalizzato all'**ampliamento dell'offerta formativa** deliberato dagli organi d'istituto (corsi di lingua, teatro, ecc., svolti anche al di fuori dell'orario scolastico e senza obbligo di frequenza). Se le spese sono pagate alla scuola, i soggetti che prestano l'assistenza fiscale non devono richiedere al contribuente la copia della delibera scolastica che ha disposto tali versamenti. La delibera va richiesta, invece, nel caso in cui la spesa per il servizio scolastico integrativo non sia sostenuta per il tramite della scuola, ma sia pagata a soggetti terzi (ad es: all'agenzia di viaggio) (circ. 4 aprile 2017, n. 7/E).	
Acquisto di materiale di cancelleria e di **testi scolastici** per la scuola secondaria di primo e secondo grado (circ. 2 marzo 2016, n. 3/E, risp. 1.15).	**NO**
Servizio di **trasporto scolastico** (ris. 4 agosto 2016, n. 68/E).	**NO**
[1] Tali contributi ed erogazioni, anche se versati volontariamente, in quanto deliberati dagli istituti scolastici, non rientrano tra quelli che costituiscono erogazioni liberali finalizzate all'innovazione tecnologica, all'edilizia scolastica e all'ampliamento dell'offerta formativa che danno diritto alla detrazione ai sensi dell'art. 15, c. 1, lett. i-octies), D.P.R. n. 917/1986 (➔**6.15.9.**).	

Limiti di spesa - La detrazione si calcola su un ammontare massimo di spesa pari a **800 euro**.

Spese di istruzione universitaria 6.8.2.

Spetta una detrazione, nella misura del **19%**, delle spese sostenute per la frequenza di **corsi di laurea** presso **università statali e non statali**, di perfezionamento e/o di specializzazione universitaria, tenuti presso università o istituti universitari pubblici o privati, italiani o stranieri (art. 15, c. 1, lett. e), D.P.R. n. 917/1986).

Tipologia	Detraibilità
Spese per corsi di istruzione **universitaria**	**Sì**
Spese per corsi universitari di **specializzazione**	**Sì**
Spese per corsi di **perfezionamento** (circ. 1° giugno 1999, n. 122/E, risp. 1.2.5)	**Sì**
Spese per **master** universitari	**Sì**
Spese per corsi di **dottorato** di ricerca (ris. 17 febbraio 2010, n. 11/E)	**Sì**
Spese per Istituti tecnici superiori (**ITS**)	**Sì**
Spese per nuovi corsi istituiti ai sensi del D.P.R. n. 212/2005 presso i **Conservatori** di musica e gli istituti musicali pareggiati (i corsi di formazione relativi al precedente ordinamento possono, invece, considerarsi equiparabili ai corsi di formazione scolastica secondaria, per i quali spetta la detrazione come spese di istruzione secondaria di secondo grado)	**Sì**
Spese di iscrizione presso **istituti musicali privati** (circ. 13 maggio 2011, n. 20/E, risp. 5.3)	**NO**
Tasse di **immatricolazione** ed **iscrizione** (anche per gli studenti fuori corso)	**Sì**
Soprattasse per **esami di profitto e laurea**	**Sì**
Partecipazione ai **test di accesso** ai corsi di laurea, eventualmente previsti dalla facoltà (ris. 11 marzo 2008, n. 87/E)	**Sì**
Frequenza dei **tirocini formativi attivi** (TFA) per la formazione iniziale dei docenti	**Sì**
Contributi pagati all'università pubblica relativamente al **riconoscimento del titolo di studio** (laurea) conseguito all'estero (circ. 1° luglio 2010, n. 39/E, risp. 2.1)	**NO**
Spese relative all'**acquisto di libri scolastici**, strumenti musicali, materiale di cancelleria, viaggi ferroviari, vitto e alloggio, necessarie per consentire la frequenza della scuola	**NO**

Limite di detraibilità - La detrazione, nella misura del **19%**, è calcolata sull'intera spesa sostenuta se l'università è **statale**.

Nel caso, invece, di iscrizione ad una **università non statale**, l'importo ammesso alla detrazione non deve essere superiore a quello stabilito annualmente per ciascuna facoltà universitaria con decreto del Ministero dell'Istruzione, dell'università e della ricerca, tenendo conto degli importi medi delle tasse e contributi dovuti alle università statali nelle diverse aree geografiche.
Sono previsti i seguenti importi (D.M. 30 dicembre 2020, G.U. 22 febbraio 2021):

Area disciplinare corsi istruzione	NORD	CENTRO	SUD E ISOLE
Medica	3.700	2.900	1.800
Sanitaria	2.600	2.200	1.600
Scientifico-Tecnologica	3.500	2.400	1.600
Umanistico-sociale	2.800	2.300	1.500

Per quanto concerne le spese relative ai **corsi post-laurea**, i limiti di spesa massima detraibile sono:

Spesa massima detraibile	NORD	CENTRO	SUD E ISOLE
Corsi di dottorato, di specializzazione e master universitari di primo e secondo livello	3.700	2.900	1.800

I medesimi limiti si applicano anche per le spese sostenute per la frequenza di **corsi di perfezionamento** anche se non espressamente menzionati nel decreto ministeriale.
Agli importi di cui sopra va sommato, l'importo relativo alla **tassa regionale per il diritto allo studio** (art. 3, Legge n. 549/1995).
In allegato al decreto sono descritte le classi di laurea, di laurea magistrale e di laurea magistrale a ciclo unico afferenti alle aree disciplinari sopra indicate, nonché le zone geografiche di riferimento delle singole regioni.

Casi particolari	
Tipologia di spesa	**Detraibilità**
Frequenza di **corsi universitari all'estero**	**Sì**. Ai fini della detrazione occorre fare riferimento all'importo massimo stabilito per la frequenza di corsi di istruzione appartenenti alla medesima area disciplinare nella zona geografica in cui lo studente ha il domicilio fiscale (circ. 6 maggio 2016, n. 18/E, risp. 2.2).
Frequenza di **corsi di laurea in teologia** presso le Università Pontificie e di laurea magistrale presso gli Istituti superiori di scienze religiose	**Sì**. Ai fini della detrazione occorre fare riferimento alla misura stabilita per corsi di istruzione appartenenti all'area disciplinare "Umanistico-sociale"; per quanto concerne la zona geografica, per motivi di semplificazione, essa deve essere individuata nella regione in cui si svolge il corso di studi anche nel caso in cui il corso sia tenuto presso lo Stato Città del Vaticano (circ. 6 maggio 2016, n. 18/E, risp. 2.2).
Corsi di laurea svolti dalle **università telematiche**	**Sì**. Possono essere detratte, al pari di quelle per la frequenza di altre università non statali, facendo riferimento all'area tematica del corso e, per l'individuazione dell'area geografica, alla regione in cui ha sede legale l'università (circ. 6 maggio 2016, n. 18/E, risp. 2.3).
Corsi di studio tenuti presso **sedi ubicate in regioni diverse** rispetto a quella in cui l'università ha la sede legale	**Sì**. Ai fini della detrazione occorre fare riferimento all'area geografica in cui si svolge il corso (circ. 4 aprile 2017, n. 7/E).
Cambio di facoltà o corso di studio	**Sì**. Nell'ipotesi in cui uno studente, nel medesimo periodo d'imposta, a causa di un cambiamento di facoltà di studi o di corso di studio, si trovasse nella situazione di sostenere le spese presso **università site in aree geografiche diverse** o per corsi appartenenti ad aree tematiche diverse, il limite di spesa detraibile è il più alto tra quelli applicabili previsti dal decreto (circ. 4 aprile 2017, n. 7/E).

Casi particolari	
Tipologia di spesa	**Detraibilità**
Corsi istituiti sia presso università **statali** sia università **non statali**	**Sì.** La detrazione per le spese sostenute per la frequenza presso le università statali può essere calcolata sull'intero importo mentre quelle sostenute presso università non statali sono ricondotte nei limiti previsti dal decreto MIUR (circ. 4 aprile 2017, n. 7/E).
Spese sostenute per la "**ricognizione**" e costi sostenuti per la **tesi**	**Sì**. Tra le spese ammesse all'agevolazione rientrano anche quelle pagate dagli studenti fuori corso e riferite a più anni accademici. La detrazione spetta per le spese sostenute, anche se riferite a più anni (risposta a interpello 28 ottobre 2019, n. 434).

CANONI DI LOCAZIONE SOSTENUTI DA STUDENTI UNIVERSITARI FUORI SEDE 6.9.

Dall'imposta lorda si detrae un importo, pari al **19%**, dei **canoni derivanti dai contratti di locazione** stipulati o rinnovati dagli studenti (Legge n. 431/1998), dei canoni relativi ai contratti di ospitalità, nonché agli atti di assegnazione in godimento o locazione, stipulati con enti per il diritto allo studio, università, collegi universitari legalmente riconosciuti, enti senza fine di lucro e cooperative, per un importo **non superiore a 2.633 euro** (art. 15, c. 1, lett. i-sexies) D.P.R. n. 917/1986).
Gli studenti devono essere iscritti ad un corso di laurea presso una università ubicata in un comune diverso da quello di residenza, **distante** da quest'ultimo **almeno 100 chilometri** e comunque in **una provincia diversa**.
Il contratto di locazione deve avere ad oggetto **unità immobiliari** situate **nello stesso comune** in cui ha sede l'università o in comuni limitrofi.
Alle medesime condizioni ed entro lo stesso limite, la detrazione spetta per i canoni derivanti da contratti di locazione e di ospitalità ovvero da atti di assegnazione in godimento stipulati, nello Stato in cui l'immobile è situato, dagli studenti iscritti a un corso di laurea presso un'università ubicata nel territorio di uno Stato membro dell'Unione europea o in uno degli Stati aderenti all'Accordo sullo spazio economico europeo.
Ai fini della detrazione non rileva il tipo di facoltà o corso universitario frequentato né la natura pubblica o privata dell'Università.
La detrazione per canoni di locazione nonché per quelli relativi ai contratti di ospitalità e agli atti di assegnazione in godimento **spetta anche agli iscritti**:

- agli **Istituti tecnici superiori (ITS)** in quanto, in base al parere reso dal Ministero dell'Istruzione, dell'università e della ricerca, ai fini della detrazione delle spese sostenute per la frequenza di tali istituti, tali spese sono assimilabili a quelle per la frequenza di corsi universitari (nota DGOSV prot. 13 giugno 2016, n. 6578);
- ai corsi istituiti ai sensi del D.P.R. n. 212/2005 presso i **Conservatori di musica** e gli Istituti musicali pareggiati.

L'importo di euro 2.633 costituisce il limite complessivo di spesa di cui può usufruire **ciascun contribuente** anche se ci si riferisce a più contratti intestati a più di un figlio (circ. 8 aprile 2016, n. 12, risp. 7.2).

Casi particolari	
Fattispecie	**Detraibilità**
Pulizia della camera e pasti	Non sono detraibili, al pari di altre eventuali spese diverse da quelle di ospitalità o dai canoni locazione, se autonomamente addebitate dall'istituto (circ. 4 aprile 2017, n. 7/E).
Contratto di locazione sia **cointestato** tra più soggetti	L'importo della detrazione va rapportato alla percentuale di titolarità del contratto a prescindere dal fatto che i conduttori abbiano o meno i requisiti per beneficiare della detrazione stessa (circ. 4 aprile 2008, n. 34, risp. 8.1).
Canoni pagati da soggetto cui lo studente è **fiscalmente a carico**	La detrazione compete a tale soggetto sempre entro i limiti previsti (circ. 4 aprile 2008, n. 34, risp. 8.3).

IRPEF

Casi particolari	
Fattispecie	**Detraibilità**
Sublocazione	Il beneficio fiscale non può essere esteso alle ipotesi del "subcontratto" (sublocazione) (circ. 23 aprile 2010, n. 21/E, risp. 4.3).
Detrazione eccedente l'imposta lorda	Non può essere recuperata (circ. 4 aprile 2017, n. 7/E).

6.10. SPESE PER GLI ADDETTI ALL'ASSISTENZA PERSONALE

La detrazione spetta, nella misura del **19%**, per le spese sostenute per gli **addetti all'assistenza personale** (art. 15, c. 1, lett. i-septies), D.P.R. n. 917/1986):

- nei casi di **non autosufficienza** nel compimento degli atti della vita quotidiana;
- se il reddito complessivo **non supera 40.000 euro** e nel limite deve essere computato anche il reddito dei fabbricati assoggettato alla cedolare secca sulle locazioni.

La detrazione spetta al **soggetto che ha sostenuto la spesa** anche se non è titolare del contratto di lavoro del personale addetto all'assistenza.

Sono considerati **non autosufficienti** nel compimento degli atti della vita quotidiana i soggetti che necessitano di sorveglianza continuativa o sono incapaci di svolgere almeno una delle seguenti attività:

- **assunzione di alimenti**;
- **espletamento delle funzioni fisiologiche** e dell'igiene personale;
- **deambulazione**;
- **indossare** gli indumenti.

Lo stato di non autosufficienza deve derivare da una patologia e deve risultare da certificazione medica, non può essere quindi riferito ai bambini quando la non autosufficienza non si ricollega all'esistenza di patologie (circ. 3 gennaio 2005, n. 2/E, risp. 4).

Casi	Detraibilità
Prestazioni di assistenza rese da **casa di cura o di riposo**	**SÌ** (ris. 22 ottobre 2008, n. 397/E)
Prestazioni di assistenza rese da **cooperativa di servizi**	**SÌ** (circ. 18 maggio 2006, n. 17/E, risp. 8)
Prestazioni di assistenza rese da **agenzia interinale**	**SÌ**
Spese sostenute per i **lavoratori domestici** (colf) che hanno un inquadramento contrattuale diverso dagli addetti all'assistenza personale	**NO** (circ. 4 aprile 2017, n. 7/E)
Contributi previdenziali che sono deducibili dal reddito	**NO** (art. 10, c. 2, D.P.R. n. 917/1986) (➔**3.2.**)

Limiti di detraibilità - La detrazione è calcolata su un ammontare massimo di spese pari a **2.100 euro**.

Se più soggetti hanno sostenuto spese per assistenza riferite allo stesso familiare, il limite massimo di 2.100 euro deve essere **ripartito tra coloro che hanno sostenuto la spesa**.

Il limite deve essere sempre considerato con riferimento al singolo contribuente a prescindere dal numero di soggetti cui si riferisce l'assistenza.

6.11. SPESE PER LA FREQUENZA DI ASILO NIDO

Spetta una detrazione dall'imposta lorda pari al **19%** per le spese sostenute dai genitori per il pagamento di rette relative alla **frequenza di asili nido** (art. 2, c. 6, Legge n. 203/2008).

Si considerano asili nido le strutture dirette a garantire la formazione e la socializzazione delle bambine e dei bambini di età compresa tra i 3 mesi e i 3 anni (art. 70, Legge n. 488/2001).

È possibile fruire del beneficio fiscale in relazione alle somme versate ad **asili nido sia pubblici che privati**.

Le bambine e i bambini per i quali compete l'agevolazione sono quelli ammessi e che frequentano l'asilo. In applicazione del **principio di cassa** la detrazione spetta per le spese sostenute nel periodo d'imposta, a prescindere dall'anno scolastico cui si riferiscono (circ. 13 febbraio 2006, n. 6/E, risp. 2.1).

Rientrano tra le **spese detraibili** anche quelle sostenute per:
- la frequenza delle cosiddette **"sezioni primavera"** che assolvono alla medesima funzione degli asili nido (circ. 9 maggio 2013, n. 13/E);
- il servizio fornito nella provincia autonoma di Bolzano ai sensi della L.P. n. 8/1996 dagli assistenti domiciliari definiti **"tagesmutter"** (c.d. "mamma di giorno"). Negli altri casi è necessario verificare di volta in volta l'affinità dei presupposti e delle finalità del servizio di assistenza domiciliare all'infanzia a quelle degli asili nido, nonché la conformità dello svolgimento delle attività, quanto a modalità gestionali e caratteristiche strutturali (circ. 21 maggio 2014, n. 11/E, risp. 7.2).

Limiti di detraibilità - L'importo massimo della spesa ammessa in detrazione è pari a **632 euro per ciascun figlio** che frequenta l'asilo nido ed è ripartita tra i genitori in base all'onere da ciascuno sostenuto.

SPESE PER ATTIVITÀ SPORTIVE PRATICATE DAI MINORI 6.12.

Spetta la detrazione nella misura del **19%** per le spese sostenute per la **pratica sportiva dilettantistica** dei ragazzi di età compresa **tra 5 e 18 anni** (art. 15, c. 1, lett. i-quinquies), D.P.R. n. 917/1986).
Il requisito dell'età è rispettato purché sussista anche per una sola parte dell'anno, in considerazione del principio di unitarietà del periodo d'imposta (circ. 4 aprile 2008, n. 34/E, risp. 14.1).
Ad esempio, se il ragazzo ha compiuto 18 anni nel 2018, la detrazione spetta anche per le spese sostenute in tale anno successivamente al compimento dell'età.
La detrazione spetta per l'**iscrizione annuale** e l'**abbonamento** ad associazioni sportive, palestre, piscine ed altre strutture ed impianti sportivi destinati alla pratica sportiva dilettantistica (D.M. 28 marzo 2007).

Limiti di detraibilità - La detrazione è calcolata su un ammontare massimo di spesa pari a **210 euro** per il contribuente, se in possesso dei requisiti previsti dalla norma (ad esempio, il minore emancipato o minore che percepisce redditi non soggetti all'usufrutto legale dei genitori) e **per ogni soggetto fiscalmente a carico**. La detrazione è calcolata su un ammontare massimo di spesa pari a 210 euro per ogni soggetto fiscalmente a carico. Tale importo deve essere inteso quale limite massimo riferito alla spesa complessivamente sostenuta da entrambi i genitori, per lo svolgimento della pratica sportiva dei figli (ris. 25 febbraio 2009, n. 50/E).

Associazioni sportive e palestre

Tipologie	Descrizione
Associazioni sportive	Società ed associazioni sportive dilettantistiche di cui all'art. 90, c. 17 e ss., Legge n. 289/2002, che recano nella propria denominazione sociale l'espressa indicazione della finalità sportiva e della ragione o denominazione sociale dilettantistica
Palestre, **piscine**, altre strutture ed impianti sportivi destinati alla pratica sportiva dilettantistica	Impianti, comunque organizzati, destinati all'esercizio della pratica sportiva non professionale, agonistica e non agonistica, ivi compresi gli impianti polisportivi, che siano gestiti da soggetti giuridici diversi da quelli di cui al punto precedente, pubblici o privati, anche in forma di impresa, individuale o societaria, secondo le norme del Codice civile

Documentazione - La spesa deve essere documentata attraverso **bollettino bancario o postale, fattura, ricevuta o quietanza di pagamento**.
La documentazione deve **riportare**:
- la ditta, la denominazione o ragione sociale ovvero cognome e nome (se persona fisica) e la sede ovvero la residenza nonché il codice fiscale del percettore (associazioni sportive, palestre, ecc.);
- la causale del pagamento (iscrizione, abbonamento ecc.);
- l'attività sportiva esercitata (es. nuoto, pallacanestro ecc.);
- l'importo pagato;
- i dati anagrafici del ragazzo praticante l'attività sportiva dilettantistica e il codice fiscale del soggetto che effettua il versamento.

La ricevuta deve riportare tali indicazioni anche nel caso in cui il **Comune** stipuli, con associazioni sportive, palestre o piscine, **convenzioni** per la frequenza di corsi di nuoto, ginnastica ecc. Pertanto, il bollettino di c/c postale intestato direttamente al Comune e la ricevuta complessiva che riporta

IRPEF

i nomi di tutti i ragazzi che hanno frequentato il corso non costituiscono documentazione sufficiente ai fini della detrazione (circ. 13 maggio 2011, n. 20/E, risp. 5.9).

6.13. SPESE PER CANONI DI LEASING DI IMMOBILE DA ADIBIRE AD ABITAZIONE PRINCIPALE

È possibile detrarre un importo pari al **19%** dei **canoni** e dei relativi **oneri accessori**, nonché del **costo di acquisto a fronte dell'esercizio dell'opzione finale**, derivanti da **contratti di locazione finanziaria** su unità immobiliari, anche da costruire, da **adibire ad abitazione principale entro un anno dalla consegna**, pagati da soggetti che non sono titolari di diritti di proprietà, neanche pro-quota, su immobili a destinazione abitativa (art. 15, c. 1, lett. i-sexies.1) e i-sexies.2), D.P.R. n. 917/1986).

La detrazione spetta alle **condizioni** previste per la detrazione degli interessi passivi pagati su mutui ipotecari contratti per l'acquisto dell'abitazione principale (➔**6.3.1.**).

L'agevolazione riguarda i contratti di finanziamento stipulati nel quinquennio compreso **tra il 1° gennaio 2016 e il 31 dicembre 2020** ed opera per tutti i periodi d'imposta interessati dalla durata del contratto di locazione finanziaria.

La detrazione spetta anche per i costi di stipula del **contratto di leasing**.

La detrazione **non spetta** con riferimento agli:

- oneri sostenuti per l'eventuale stipula di **contratti di assicurazione** sugli immobili;
- eventuali **costi di intermediazione** sostenuti dalla parte concedente il finanziamento per l'individuazione ed il reperimento dell'immobile richiesto dalla parte conduttrice, ribaltati sulla stessa.

Limiti di detraibilità - La detrazione dei corrispettivi periodici (canoni di leasing) e del prezzo finale di acquisto spetta ai contribuenti che possiedono un **reddito complessivo non superiore a 55.000 euro**, calcolato tenendo conto anche del reddito dei fabbricati assoggettato a cedolare secca (art. 3, c. 7, D.Lgs. n. 23/2011).

L'importo massimo di spesa su cui calcolare la detrazione è diverso in relazione all'**età del conduttore** (circ. 13 giugno 2016, n. 27/E, risp. 4.1 e 4.2).

In particolare:

- per i giovani che alla data di stipula del contratto **non hanno compiuto i 35 anni** la detrazione è riconosciuta su un importo massimo di canoni e oneri accessori che annualmente non può eccedere **8.000 euro** e su un importo massimo del prezzo di riscatto dell'immobile di **20.000 euro**;
- per i soggetti che **compiono 35 anni** alla data di stipula del contratto o di età superiore ai 35 anni la detrazione è riconosciuta in ragione della metà degli importi e, dunque, **4.000 euro** per i canoni e oneri accessori e **10.000 euro** per il prezzo di riscatto.

Requisiti - Sia il requisito **anagrafico** che quello **reddituale** rilevano solo al **momento della stipula del contratto**. In particolare, il requisito reddituale può essere desunto dalla dichiarazione dei redditi relativa all'anno precedente a quello della stipula del contratto o, se non ancora presentata, a quella presentata in tale anno. Nel caso in cui non sussista l'obbligo di presentare la dichiarazione relativa al periodo d'imposta precedente a quello della stipula del contratto, occorre fare riferimento al reddito indicato nella CU, relativa ai periodi sopra indicati, maggiorato dell'eventuale reddito derivante da immobili non soggetti ad IMU.

L'oggetto del **leasing abitativo** può essere:

- un fabbricato ad uso abitativo **già completato** e dichiarato agibile;
- un **terreno** sul quale costruire il fabbricato ad uso abitativo;
- un fabbricato ad uso abitativo **in corso di costruzione** e da completare ovvero un fabbricato abitativo da ristrutturare.

Nel contratto deve essere esplicitata l'intenzione dell'utilizzatore di adibire ad abitazione principale l'immobile messogli a disposizione dal concedente.

Ripartizione della spesa tra gli aventi diritto - La detrazione è attribuita al **soggetto intestatario del contratto** di leasing stipulato per l'acquisto o la costruzione dell'immobile che sarà adibito ad abitazione principale.

Se il contratto di leasing è **cointestato**, la detrazione è ripartita tra tutti gli aventi diritto. In tal caso, si considera il reddito complessivo e l'età del singolo contraente (art. 15, c. 1, lett. b), D.P.R. n. 917/1986).

CASO 3 - Contratto di leasing cointestato
Contratto cointestato al 50%.
Ciascuno può calcolare la detrazione nella misura del 19% su un ammontare massimo del canone leasing pari a 4.000 euro (per gli under 35) o a 2.000 euro (per gli over 35) nonché il 19%, entro il limite massimo di 10.000 euro (per gli under 35) o 5.000 euro (per gli over 35) al momento del riscatto.

Qualora il contratto di leasing **sia intestato ad entrambi i coniugi,** ciascuno potrà portare in detrazione la quota dei canoni e del prezzo di riscatto corrisposti salvo il caso in cui uno dei coniugi sia **fiscalmente a carico dell'altro**; in tale ultimo caso, quest'ultimo potrà fruire della detrazione anche **per la quota intestata all'altro coniuge**, analogamente a quanto previsto per la rata di mutuo (circ. 4 aprile 2017, n. 7/E).

CONTRIBUTI PER RISCATTO DEGLI ANNI DI LAUREA 6.14.

In caso di **riscatto di corsi universitari** di studio per i **familiari a carico** (art. 2, c. 4-bis, 5-bis, D.Lgs. n. 184/1997):
- se i contributi sono **versati a favore degli "inoccupati"** da familiari di cui gli stessi risultino fiscalmente a carico, a tali contribuenti spetta una detrazione nella misura del **19%** dei contributi medesimi;
- se, invece, il soggetto per il quale si richiede il riscatto degli anni di laurea è stato **iscritto**, anche solo in passato, ad una qualsiasi **gestione previdenziale**, i contributi di riscatto sono deducibili (➡**3.2.**) (art. 10, D.P.R. n. 917/1986).

Non essendo previsto alcun limite massimo la detrazione è calcolata sull'intero importo versato.

EROGAZIONI LIBERALI 6.15.

Erogazioni liberali a popolazioni colpite da calamità o eventi straordinari 6.15.1.

Dall'imposta lorda si detrae un importo pari al **19%** delle **erogazioni liberali** in denaro a favore delle **popolazioni colpite da calamità pubblica** o da altri eventi straordinari, anche se avvenuti in Stati esteri (art. 138, c. 14, Legge n. 388/2000).
I versamenti devono essere a favore dei seguenti soggetti (D.P.C.M. 20 giugno 2000):
- ONLUS (art. 10, D.Lgs. n. 460/1997);
- organizzazioni internazionali di cui l'Italia è membro;
- fondazioni, associazioni, comitati ed enti il cui atto costitutivo o statuto sia redatto per atto pubblico o scrittura privata autenticata o registrata, che tra le proprie finalità prevedono interventi umanitari in favore delle popolazioni colpite da tali calamità;
- Amministrazioni pubbliche statali, regionali e locali, enti pubblici non economici;
- associazioni sindacali di categoria.

Limiti di detraibilità - La detrazione è calcolata su un importo **non superiore a 2.065,83 euro**. Per la verifica del limite di spesa occorre tenere conto anche delle erogazioni liberali in misura non superiore a 30.000 euro erogate alle ONLUS (➡**6.15.3.**) oltre che di quelle eventualmente indicate nel Mod. CU.

Modalità di pagamento - L'erogazione deve essere effettuata tramite versamento **bancario o postale**, nonché tramite **carte di debito, carte di credito, carte prepagate, assegni bancari e circolari**. La detrazione non spetta per le erogazioni effettuate in contanti.
La detrazione è ammessa anche nel caso in cui il **datore di lavoro**, con il consenso del dipendente, promuova un'iniziativa di **raccolta fondi** da destinare ad una ONLUS. In questo caso il sostituto d'imposta assume l'onere di trattenere direttamente dallo stipendio le somme destinate dal dipendente all'erogazione (ris. 17 novembre 2008, n. 441/E, e ris. 15 giugno 2009, n. 160/E).

Documentazione (➡**6.15.11.**)

Erogazioni liberali ad associazioni sportive dilettantistiche 6.15.2.

Dall'imposta lorda si detrae un importo, pari al **19%**, delle erogazioni liberali in denaro effettuate da parte delle persone fisiche in favore delle **società ed associazioni sportive dilettantistiche** (art. 15, c. 1, lett. i-ter), D.P.R. n. 917/1986).
Per società sportive dilettantistiche e relative associazioni, destinatarie delle suddette erogazioni, si intendono:
- CONI;

- Federazioni sportive nazionali;
- Enti di promozione sportiva;
- qualunque altro soggetto, comunque denominato, che persegua finalità sportive dilettantistiche e che sia riconosciuto da uno dei suddetti Organismi (circ. 8 marzo 2000, n. 43/E, par. 5).

Ai fini della detrazione, la società/associazione sportiva dilettantistica deve indicare nella denominazione sociale la **finalità sportiva** e la ragione o la denominazione sociale dilettantistica (circ. 22 aprile 2003, n. 21/E).

Limiti di detraibilità - La detrazione è calcolata su un importo **non superiore a 1.500 euro**. Devono essere comprese nell'importo anche le spese indicate nella CU.

Modalità di pagamento e documentazione (➜**6.15.11.**)

6.15.3. Erogazioni liberali in denaro a favore di ONLUS, associazioni e fondazioni umanitarie

È possibile detrarre, dall'imposta lorda, un importo pari al **26%,** calcolato su un **ammontare massimo** pari a **euro 30.000 annui**, delle erogazioni liberali in denaro, effettuate a favore di **ONLUS**, delle iniziative **umanitarie, laiche o religiose**, gestite da associazioni, fondazioni, comitati ed enti individuati con D.P.C.M., nei Paesi non appartenenti all'Organizzazione per la cooperazione e lo sviluppo economico (**OCSE**) (art. 15, c. 1.1, D.P.R. n. 917/1986).

Il contribuente, a fronte della medesima erogazione liberale, non può fruire contemporaneamente delle detrazioni previste per le ONLUS e le associazioni di promozione sociale (➜**6.15.12.**) delle deduzioni previste per le ONLUS, le Organizzazione di volontariato e le associazioni di promozione sociale (➜**3.8.7.**) né di ulteriori agevolazioni previste da altre disposizioni di legge a titolo di detrazione o deduzione dal reddito.

La detrazione è ammessa anche nel caso in cui il **datore di lavoro**, con il consenso del dipendente, **promuova un'iniziativa di raccolta fondi** da destinare ad una ONLUS.

In questo caso il sostituto d'imposta assume l'onere di trattenere direttamente dallo stipendio le somme destinate dal dipendente all'erogazione (ris. 17 novembre 2008, n. 441/E, e ris. 15 giugno 2009, n. 160/E).

> La detrazione spetta anche per le somme erogate a favore delle ONLUS per adozioni a distanza se la stessa ONLUS che percepisce l'erogazione certifica la spettanza della detrazione d'imposta (circ. 14 giugno 2001, n. 55/E, risp. 1.6.2).

L'erogazione deve essere effettuata tramite versamento **bancario o postale**, nonché tramite **carte di debito, carte di credito, carte prepagate, assegni bancari e circolari**. La detrazione non spetta per le erogazioni effettuate in contanti.

Documentazione (➜**6.15.11.**)

6.15.4. Erogazioni liberali in favore dei partiti politici

Le erogazioni liberali in denaro effettuate dalle persone fisiche in favore dei **partiti politici** iscritti nella prima sezione del registro previsto dal D.L. n. 149/2013 possono essere detratte nella misura del **26% per importi compresi tra 30 euro e 30.000 euro annui** (art. 4, D.L. n. 149/2013).

La detrazione spetta:

- per le erogazioni liberali anche se effettuate dai candidati e dagli eletti alle cariche pubbliche in conformità a previsioni regolamentari o statutarie deliberate dai partiti o movimenti politici beneficiari delle erogazioni medesime (art. 1, c. 141, Legge n. 190/2014);
- anche se l'erogazione è effettuata a favore dei partiti o delle associazioni promotrici di partiti non ancora iscritti al citato Registro, a condizione che l'iscrizione avvenga entro la fine dell'esercizio.

La detrazione **non spetta** per i contributi versati a favore dei **comitati elettorali, liste e mandatari**.

Non si può inoltre considerare erogazione liberale la quota versata per il **tesseramento** (circ. 10 giugno 2004, n. 24/E, risp. 3.4).

Le erogazioni liberali effettuate nei confronti di **sezioni territoriali di partiti politici nazionali** danno diritto alla detrazione a condizione che si verifichino le seguenti due **condizioni** (ris. 3 dicembre 2014, n. 108/E):

- il partito politico nazionale (dal quale dipende la circoscrizione territoriale) sia iscritto al registro nazionale previsto dall'art. 4 del D.L. n. 149/2013;

- il versamento di tali detrazioni avvenga tramite banca o posta ovvero tramite altri sistemi di pagamento tali da garantire la tracciabilità e l'identificazione del suo autore al fine di permettere efficaci controlli da parte dell'amministrazione finanziaria.

Modalità di pagamento e documentazione (➜**6.15.11.**)

Erogazioni liberali a favore delle attività culturali ed artistiche 6.15.5.

Dall'imposta lorda si detrae un importo pari al **19%**, **senza alcun limite di spesa**, delle erogazioni liberali in denaro o tramite **cessione gratuita dei beni** a favore di (art. 15, c. 1, lett. h) e h-bis), D.P.R. n. 917/1986):

- Stato, Regioni, enti locali territoriali, enti o istituzioni pubbliche;
- comitati organizzatori appositamente costituiti con decreto del Ministro per i Beni e le attività culturali;
- fondazioni e associazioni legalmente riconosciute e senza scopo di lucro che svolgono o promuovono attività di studio, ricerca, e documentazione di rilevante valore culturale e artistico o che organizzano e realizzano attività culturali, effettuate in base ad apposita convenzione, per l'acquisto, la manutenzione, la protezione o il restauro dei beni appositamente individuati (D.Lgs. n. 42/2004 e del D.P.R. n. 1409/1963).

Erogazioni e spese - La detrazione spetta per:

- le erogazioni effettuate per l'**allestimento** (in Italia e all'estero) di **mostre ed esposizioni** di rilevante interesse scientifico-culturale di questi beni, per gli studi e le ricerche eventualmente necessari a tale scopo nonché per ogni altra manifestazione di rilevante interesse scientifico-culturale anche a scopo didattico-promozionale, compresi gli studi, le ricerche, la documentazione e la catalogazione e le pubblicazioni relative ai beni culturali;
- il costo specifico o, in mancanza, il **valore normale dei beni ceduti gratuitamente**, in base ad apposita convenzione.

La detrazione **spetta** per le erogazioni liberali effettuate:

- al fine di sostenere lavori di restauro e risanamento conservativo di **chiese e relative pertinenze** se si riferiscono a interventi su beni culturali tutelati ai sensi del D.Lgs. n. 42/2004 (ris. 5 aprile 2005, n. 42/E e ris. 14 giugno 2007, n. 133/E);
- per la realizzazione dei lavori di restauro e risanamento conservativo, effettuate da persone fisiche o enti non commerciali e da imprese in favore di una **parrocchia**. In tal caso, il beneficiario deve richiedere al Ministero dei Beni e attività culturali l'approvazione del progetto, l'autorizzazione ai lavori o all'avvio dell'iniziativa culturale allegando il relativo preventivo di spesa, con esplicito riferimento al contributo delle erogazioni liberali (ris. 11 luglio 2017, n. 89/E).

La detrazione **non spetta** per le erogazioni liberali effettuate per sostenere le opere di restauro e conservazione della **casa colonica parrocchiale**.

La detrazione in esame è ammessa anche qualora l'erogazione liberale abbia ad oggetto **beni in natura**. In tal caso, si deve considerare il **valore normale del bene** (➜**2.7.2.**). In ogni caso il donante avrà cura di acquisire, a comprova dell'effettività della donazione e della congruità del valore attribuito al bene oggetto della donazione in natura, **in aggiunta** alla documentazione attestante il valore normale, una **ricevuta** da parte del donatario che contenga la descrizione analitica e dettagliata dei beni donati con l'indicazione dei relativi valori (circ. 19 agosto 2005, n. 39/E, risp. 4).

Erogazione liberale e "art-bonus" - La detrazione spetta solo per le liberalità che non sono ricomprese nel credito d'imposta previsto per le erogazioni liberali a sostegno della cultura, c.d. "*art-bonus*" (circ. 31 luglio 2014, n. 24/E) (➜**16.2.**).

Dichiarazione sostitutiva - La documentazione e le certificazioni richieste ai fini del conseguimento delle agevolazioni fiscali in materia di beni e attività culturali sono sostituite da una **dichiarazione sostitutiva** dell'atto di notorietà relativa alle spese effettivamente sostenute per le quali si ha diritto alla detrazione, da presentare al Ministero per i Beni e le attività culturali che esegue controlli a campione (art. 40, c. 9, D.L. n. 201/2011).

Modalità di pagamento e documentazione (➜**6.15.11.**)

Erogazioni liberali a favore degli enti dello spettacolo 6.15.6.

Dall'imposta lorda si detrae un importo pari al **19%** delle erogazioni liberali in denaro effettuate a favore di enti o istituzioni pubbliche, fondazioni, associazioni legalmente riconosciute e non lucrative che svolgono esclusivamente attività nello spettacolo, per la **realizzazione di nuove strutture**, il **restauro** e il **potenziamento delle strutture esistenti** nonché per la **produzione** nei vari settori dello spettacolo (art. 15, c. 1, lett. i), D.P.R. n. 917/1986).

> La detrazione non spetta con riferimento alle erogazioni in favore dei soggetti sopra descritti se svolgono altre attività, anche se collaterali (circ. 25 marzo 1986, n. 9).

La detrazione è calcolata su un importo massimo corrispondente al **2% del reddito complessivo** dichiarato nel quale rientra anche quello dei fabbricati soggetto a cedolare secca.

> La detrazione spetta anche nel caso in cui il beneficiario dell'erogazione, associazione senza fini di lucro, agisca **tramite soggetti terzi** per perseguire le proprie finalità. Tuttavia, il beneficiario dell'erogazione deve **verificare** che il soggetto terzo utilizzi le somme sulla base di quanto indicato dall'associazione stessa (ris. 12 maggio 2017, n. 59/E).

Erogazione liberale e "art-bonus" - La detrazione spetta solo per le liberalità che non sono ricomprese nel credito d'imposta previsto per le erogazioni liberali a sostegno della cultura, c.d. "art-bonus" (circ. 31 luglio 2014, n. 24/E) (➔**16.2.**).

Modalità di pagamento e documentazione (➔**6.15.11.**)

6.15.7. Erogazioni liberali in denaro alla Fondazione La Biennale di Venezia

Dall'imposta lorda si detrae un importo pari al **19%** delle erogazioni liberali in denaro a favore della Fondazione La Biennale di Venezia (art. 1, c. 1, Legge n. 28/1999).
La detrazione è calcolata su un **importo non superiore al 30% del reddito complessivo** (calcolato tenendo conto anche del reddito dei fabbricati assoggettato a cedolare secca).

Modalità di pagamento e documentazione (➔**6.15.11.**)

6.15.8. Erogazioni liberali in denaro a favore di fondazioni operanti nel settore musicale

Per le erogazioni liberali in denaro versate a favore degli **enti di prioritario interesse nazionale** operanti nel settore musicale, per i quali è prevista la trasformazione in fondazioni di diritto privato (D.Lgs. n. 367/1996), la detrazione, nella misura del **19%,** è calcolata su un importo **non superiore al 2% del reddito complessivo** (che, in tal caso, comprende anche il reddito dei fabbricati assoggettato a cedolare secca), **elevato al 30%** per le somme versate (art. 25, D.Lgs. n. 367/1996):
- al patrimonio della fondazione dai privati al momento della loro partecipazione;
- come contributo alla gestione dell'ente nell'anno in cui è pubblicato il decreto di approvazione della delibera di trasformazione in fondazione;
- come contributo alla gestione della fondazione per i tre periodi d'imposta successivi alla data di pubblicazione del sopraindicato decreto. In questo caso, per fruire della detrazione il contribuente deve impegnarsi con atto scritto a versare una somma costante per i tre periodi d'imposta successivi alla pubblicazione del decreto di approvazione della delibera di trasformazione in fondazione.

Erogazione liberale e "art-bonus" - La detrazione spetta solo per le liberalità che non sono ricomprese nel credito d'imposta previsto per le erogazioni liberali a sostegno della cultura, c.d. "*art-bonus*" (circ. 31 luglio 2014, n. 24/E) (➔**16.2.**).

Modalità di pagamento e documentazione (➔**6.15.11.**)

6.15.9. Erogazioni liberali a favore degli istituti scolastici di ogni ordine e grado

Dall'imposta lorda si detrae un importo pari al **19%**, **senza alcun limite di importo**, delle erogazioni liberali effettuate a favore (art. 15, c. 1, lett. i-octies), D.P.R. n. 917/1986):
- degli **istituti scolastici di ogni ordine e grado**, sia statali che paritari senza scopo di lucro che appartengono al sistema nazionale di istruzione di cui alla Legge n. 62/2000;
- delle **istituzioni di alta formazione artistica**, musicale e coreutica e delle **università**.

> Rientrano tra le erogazioni liberali per le quali spetta la detrazione quelle non deliberate dagli organi scolastici e finalizzate all'innovazione tecnologica, all'edilizia scolastica e universitaria nonché all'ampliamento dell'offerta formativa.
> La detrazione **non spetta** per le erogazioni liberali in denaro effettuate nell'interesse del familiare fiscalmente a carico (circ. 4 aprile 2017, n. 7/E).

Cumulo - La detrazione **non è cumulabile** con quella prevista per le **spese di frequenza scolastica** (➔6.8.1.) (art. 15, c. 1, lett. e-bis), D.P.R. n. 917/1986).
L'incumulabilità va riferita al singolo alunno. Pertanto, ad esempio, il contribuente che ha un solo figlio e fruisce della detrazione per le spese di frequenza scolastica non può fruire anche di quella in esame. Il contribuente con due figli, se per uno di essi non si avvale della detrazione per le spese di frequenza scolastica, può avvalersi della detrazione per le erogazioni liberali (circ. 4 aprile 2017, n. 7/E).

Modalità di pagamento e documentazione (➔6.15.11.)

Erogazioni liberali al fondo per l'ammortamento dei titoli di Stato 6.15.10.

Per le erogazioni liberali in denaro effettuate in favore del Fondo per l'ammortamento dei titoli di Stato (art. 45, c. 1, lett. e), D.P.R. n. 398/2003), spetta una detrazione dall'imposta lorda pari al **19%** delle erogazioni medesime (art. 15, c. 1, lett. i-novies), D.P.R. n. 917/1986).
La detrazione spetta a condizione che le erogazioni derivino da donazioni o da disposizioni testamentarie destinate al conseguimento delle finalità del Fondo, il quale ha lo scopo di ridurre la consistenza dei titoli di Stato in circolazione.

Modalità di pagamento e documentazione (➔6.15.11.)

Modalità di pagamento e documentazione 6.15.11.

Modalità di pagamento - L'erogazione deve essere effettuata tramite versamento **bancario o postale**, nonché tramite **carte di debito, carte di credito, carte prepagate, assegni bancari e circolari**. La detrazione non spetta per le erogazioni effettuate in contanti.

Documentazione - Il sostenimento della spesa è documentato dalla **ricevuta** del versamento bancario o postale ovvero, in caso di pagamento con carta di credito, carta di debito o carta prepagata dall'estratto conto della società che gestisce tali carte.
Nel caso di pagamento con **assegno bancario o circolare** ovvero nell'ipotesi in cui dalla ricevuta del versamento bancario o postale o dall'estratto conto della società che gestisce la carta di credito, la carta di debito o la carta prepagata non sia possibile individuare il **soggetto beneficiario** dell'erogazione liberale, il contribuente deve essere in possesso della **ricevuta** rilasciata a suo favore dal beneficiario dalla quale risulti, inoltre, la modalità di pagamento utilizzata.
È necessario, inoltre, che dalla documentazione attestante il versamento sia possibile individuare il carattere di liberalità del pagamento.

> La natura di liberalità del versamento deve risultare o dalla ricevuta del versamento bancario o postale o dall'estratto conto della società che gestisce le carte di credito, di debito o prepagate ovvero deve essere **indicata dalla ricevuta** rilasciata dal beneficiario (circ. 4 aprile 2017, n. 7/E).

Erogazioni liberali per il Terzo Settore 6.15.12.

Dall'imposta lorda sul reddito delle persone fisiche si detrae un importo pari al **30%** degli oneri sostenuti dal contribuente per le **erogazioni liberali in denaro o in natura** a favore degli **Enti del Terzo Settore non commerciali** (art. 79, c. 5, D.Lgs. n. 117/2017 - c.d. "Codice del Terzo Settore"), per un **importo** complessivo in ciascun periodo d'imposta **non superiore a 30.000 euro** (art. 83, D.Lgs. n. 117/2017; D.M. 28 novembre 2019).
La detrazione è elevata al **35%** degli oneri sostenuti dal contribuente, qualora l'erogazione liberale sia a favore di **organizzazioni di volontariato**.

Enti interessati - Si considerano **non commerciali** gli Enti del Terzo Settore che svolgono in via esclusiva o prevalente alcune attività (➔27.2.).
Le disposizioni in oggetto si applicano anche alle **cooperative sociali**, mentre sono escluse le imprese sociali costituite in forma di società, e utilizzate dai predetti enti per lo svolgimento dell'attività statutaria, ai fini dell'esclusivo perseguimento di finalità civiche, solidaristiche e di utilità sociale.
Inoltre, dal 2018, la detrazione del 30% può essere applicata anche alle erogazioni liberali alle ONLUS e alle Associazioni di promozione sociale (APS) **iscritte** nel **registro nazionale del Terzo Settore** (tale estensione vale sino al periodo d'imposta in cui interverrà l'autorizzazione della Commissione europea e comunque sino al periodo di imposta di operatività del Registro Unico Nazionale del Terzo Settore, se successivo alla predetta autorizzazione).
Indipendentemente dalle previsioni statutarie, gli Enti del Terzo Settore assumono fiscalmente la **qualifica di enti commerciali** qualora i proventi delle attività, svolte in forma d'impresa non in conformità ai criteri indicati dalla norma (art. 83, c. 2 e 3, D.Lgs. n. 117/2017), nonché le attività diverse

(art. 6, D.Lgs. n. 117/2017), fatta eccezione per le attività di sponsorizzazione svolte nel rispetto dei criteri stabiliti, **superano**, nel medesimo periodo d'imposta, **le entrate derivanti da attività non commerciali**. Si intendono per attività non commerciali: i contributi, le sovvenzioni, le liberalità, le quote associative dell'ente e ogni altra entrata assimilabile alle precedenti, ivi compresi i proventi e le entrate considerate non commerciali (art. 83, c. 2, 3 e 4, lett. b), D.Lgs. n. 117/2017), tenuto conto altresì del valore normale delle cessioni o prestazioni afferenti le attività svolte con modalità non commerciali. Il mutamento della qualifica opera a partire dal periodo d'imposta in cui l'ente assume natura commerciale.

Dichiarazione da parte dell'ente - L'ente deve dichiarare la propria **natura non commerciale**, al momento dell'iscrizione nel **Registro Unico** (➡27.2.5.) (art. 45, D.Lgs. n. 117/2017).
La perdita della natura non commerciale va comunicata dal rappresentante legale dell'ente all'Ufficio del Registro Unico Nazionale del Terzo Settore della Regione o della Provincia autonoma in cui l'ente ha la sede legale, entro 30 giorni dalla chiusura del periodo d'imposta nel quale si è verificata.

> In caso di mancato tempestivo invio di detta comunicazione, il legale rappresentante dell'ente è punito con la **sanzione amministrativa da 500 euro a 5.000 euro** (art. 83, c. 3, D.Lgs. n. 117/2017).

Valorizzazione della detrazione - L'ammontare della detrazione si determina in vari modi:

- in caso di erogazioni liberali **in natura**, è quantificato sulla base del **valore normale del bene** oggetto di donazione (art. 9, D.P.R. n. 917/1986);
- in caso di erogazione liberale avente ad oggetto un **bene strumentale**, è determinato con riferimento al **residuo valore fiscale** all'atto del trasferimento;
- in caso di erogazione liberale avente ad oggetto i **beni alla cui produzione** o al cui scambio **è diretta l'attività dell'impresa** o le materie prime sussidiarie, semilavorati e altri beni mobili, esclusi quelli strumentali, acquistati o prodotti per essere impiegati nella produzione, è determinato con riferimento al **minore tra il valore normale** e quello determinato applicando le disposizioni sulla **valutazione delle rimanenze** (art. 92, D.P.R. n. 917/1986).

Qualora, al di fuori delle ipotesi di cui sopra, il valore della cessione, singolarmente considerata sia **superiore a 30.000 euro**, ovvero, nel caso in cui, per la natura dei beni, non sia possibile desumerne il valore sulla base di criteri oggettivi, il donatore dovrà acquisire una **perizia giurata** che attesti il valore dei beni donati, recante data non antecedente a 90 giorni il trasferimento del bene e consegnarne copia al soggetto destinatario dell'erogazione copia della perizia giurata di stima.
L'**erogazione liberale in natura** deve risultare da atto scritto contenente la **dichiarazione del donatore** recante la descrizione analitica dei beni donati, con l'indicazione dei relativi valori, nonché la dichiarazione del soggetto destinatario dell'erogazione contenente l'impegno ad utilizzare direttamente i beni medesimi per lo svolgimento dell'attività statutaria, ai fini dell'esclusivo perseguimento di finalità civiche, solidaristiche e di utilità sociale.

Cumulo - I soggetti che effettuano erogazioni liberali non possono cumulare la deducibilità (➡3.8.7.) con la detraibilità né entrambe con altra agevolazione fiscale prevista a titolo di deduzione o di detrazione d'imposta da altre disposizioni di legge a fronte delle medesime erogazioni.

Modalità di pagamento - L'erogazione deve essere effettuata tramite versamento **bancario o postale**, nonché tramite **carte di debito, carte di credito, carte prepagate, assegni bancari e circolari**. La detrazione non spetta per le erogazioni effettuate in contanti.

Detrazione per i contributi associativi - Dall'imposta lorda si detrae un importo pari al **19%** dei contributi associativi per un importo **non superiore a 1.300 euro** versati dai soci alle **società di mutuo soccorso** che operano esclusivamente nei settori previsti (art. 1, Legge n. 3818/1886), al fine di assicurare ai soci un sussidio nei casi di malattia, di impotenza al lavoro o di vecchiaia, ovvero, in caso di decesso, un aiuto alle loro famiglie.

Entrata in vigore - Le agevolazioni si applicano alle ONLUS, alle organizzazioni di volontariato e alle APS per tutto il periodo che va **dal 1° gennaio 2018 fino al periodo d'imposta** di entrata in vigore il **regime fiscale degli Enti del Terzo Settore** (➡27.2.11.) (artt. 79-89, D.Lgs. n. 117/2017).
Di conseguenza, poiché le disposizioni di cui si discute riguardano esclusivamente le ONLUS, le organizzazioni di volontariato e le APS, tutti gli **altri enti non commerciali** - per il predetto periodo transitorio - continuano ad essere regolati dalle norme del D.P.R. n. 917/1986 vigenti, come ad esempio in materia di erogazioni liberali alle associazioni sportive dilettantistiche (art. 15, c. 1, lett. i-ter), D.P.R. n. 917/1986).

Corrispondentemente all'introduzione di tali agevolazioni, si è intervenuto (art. 102, c. 1, lett. e), f) e g), D.Lgs. n. 117/2017) sulle **precedenti norme** che regolano la detrazione e la deduzione delle erogazioni liberali (artt. 15, c. 1, lett. i-bis) in materia di contributi alle società di mutuo soccorso e i-quater) e art. 100, c. 2, lett. l), entrambe norme relative alle erogazioni liberali alle APS, del D.P.R. n. 917/1986) - **abrogandole** dalla data di emanazione del Codice, ossia **dal 3 agosto 2017**. Poiché tale decorrenza aveva creato **incertezze** a causa del **vuoto normativo** creatosi per il residuo periodo del 2017, si è intervenuto (art. 5-sexies, D.L. n. 148/2017) con una **disposizione interpretativa**: l'art. 104 del D.Lgs. n. 117/2017 "si interpreta nel senso che i termini di decorrenza indicati nei commi 1 e 2 valgono anche ai fini dell'applicabilità delle disposizioni fiscali che prevedono corrispondentemente modifiche o abrogazioni di disposizioni vigenti prima della data di entrata in vigore" del Codice stesso. "Pertanto, le disposizioni di carattere fiscale richiamate dagli articoli 99, comma 3, e 102, comma 1, del medesimo decreto [..] continuano a trovare applicazione senza soluzione di continuità **fino al 31 dicembre 2017**".

In definitiva, la detrazione di cui si discute (art. 83, D.Lgs. n. 117/2017) risulta applicabile:

- **dal 1° gennaio 2018** a ONLUS, organizzazioni di volontariato e APS e fino all'anno d'imposta successivo a quello in cui la Commissione europea rilascerà l'autorizzazione (art. 101, c. 10, D. Lgs. n. 117/2017), periodo dal quale la **qualifica di ONLUS sparirà**;
- **dall'anno d'imposta successivo** a quello di **autorizzazione della Commissione europea** per tutti gli Enti del Terzo Settore iscritti nel Registro unico nazionale del Terzo Settore (➔**27.2.5.**).

Spese relative ai beni soggetti a regime vincolistico 6.15.13.

Dall'imposta lorda si detrae un importo, pari al **19%**, delle spese relative alla **manutenzione, protezione e restauro delle cose vincolate** ai sensi del D.Lgs. n. 42/2004 (Codice dei beni culturali e del paesaggio) e del D.P.R. n. 1409/1963 (Disciplina degli archivi di Stato) (art. 15, c. 1, lett. g), D.P.R. n. 917/1986).

> La detrazione spetta anche in relazione alle spese sostenute per **ordinare e inventariare gli archivi privati** di interesse storico a condizione che si riferiscano ad interventi di carattere straordinario da realizzare immediatamente dopo l'apposizione del vincolo o, per quanto concerne l'aggiornamento dell'inventario già realizzato, successivamente, all'insorgere di altre cause straordinarie verificate dalle Autorità pubbliche competenti (ris. 2 aprile 2009, n. 93/E).

Certificazione delle spese - La necessità di effettuare le spese, quando non siano obbligatorie per legge, deve risultare da apposita dichiarazione sostitutiva dell'atto di notorietà presentata al Ministero per i Beni e le attività culturali.

Beneficiari della detrazione - La detrazione spetta ai soggetti obbligati alla manutenzione, protezione o restauro delle cose vincolate.

Sono considerati obbligati i soggetti che vantano un **titolo giuridico** che attribuisca loro la proprietà, il possesso o la detenzione del bene oggetto dell'intervento conservativo.

Nel caso in cui l'immobile oggetto di obbligo di manutenzione, protezione o restauro sia **concesso in comodato**, tale atto costituisce, in via generale, titolo astrattamente idoneo a qualificare il comodatario quale soggetto obbligato a porre in essere interventi conservativi ai sensi dell'art. 30, c. 3, D.Lgs. n. 42/2004. In tal caso, il contratto non deve limitarsi alla concessione dell'uso del bene per la durata corrispondente all'esecuzione dei lavori di recupero, ma deve permettere il perseguimento di un fine proprio del comodatario meritevole di tutela (ris. 9 gennaio 2009, n. 10/E).

Quando spetta la detrazione - La detrazione spetta con riferimento al periodo d'imposta in cui la spesa è stata sostenuta, se la **dichiarazione sostitutiva di atto di notorietà** è stata presentata alla competente Soprintendenza del Ministero per i Beni e le attività culturali **entro il termine per la presentazione della relativa dichiarazione dei redditi**.

Se la dichiarazione sostitutiva è presentata **dopo tale termine**, in quanto i lavori sono stati ultimati in un periodo d'imposta successivo, la detrazione spetta per il periodo d'imposta in cui è presentata la predetta dichiarazione, indipendentemente dalla circostanza che le spese siano state sostenute in anni precedenti.

Cumulo - La detrazione delle spese relative alla manutenzione, protezione e restauro delle cose vincolate **è cumulabile** con quella prevista per le spese sostenute per **interventi di recupero del patrimonio edilizio** (➔**7.1.**) (art. 16-bis, D.P.R. n. 917/1986), ma in tal caso è **ridotta del 50%** (circ. 24 febbraio 1998, n. 57/E, risp. 5 e circ. 2 marzo 2016, n. 3/E, risp. 1.8).

> La riduzione della detrazione al 50% si riferisce esclusivamente alla parte di spesa per la quale il contribuente, contemporaneamente, fruisce anche della detrazione per gli interventi di recupero del patrimonio edilizio. Pertanto, le spese per le quali non spetta tale ultima detrazione - in quanto eccedenti i limiti ivi previsti - possono essere interamente ammesse alla detrazione del 19% (circ. 4 aprile 2017, n. 7/E).

La detrazione delle spese relative alla manutenzione, protezione e restauro delle cose vincolate **non è cumulabile** con quella spettante per le spese sostenute per gli interventi finalizzati al **risparmio energetico** (➡7.1.).

6.16. DETRAZIONI PER CANONI DI LOCAZIONE

Sono previste alcune **detrazioni forfetarie** per (art. 16, D.P.R. n. 917/1986):

- i titolari di contratti di **locazione** di unità immobiliari adibite ad **abitazione principale** (art. 16, c. 01 e 1, D.P.R. n. 917/1986);
- i **giovani** di età compresa **tra i 20 e i 30 anni** (art. 16, 1-ter, D.P.R. n. 917/1986);
- i **lavoratori dipendenti** (art. 16, c. 1-bis, D.P.R. n. 917/1986).

6.16.1. Titolari di contratti di locazione di unità immobiliari adibite ad abitazione principale

Ai soggetti titolari di contratti di locazione di unità immobiliari adibite ad abitazione principale stipulati o rinnovati a norma della Legge 9 dicembre 1998, n. 431, spetta una detrazione complessivamente pari a:

- **300 euro**, se il reddito complessivo **non supera 15.493,71 euro**;
- **150 euro**, se il reddito complessivo **è superiore a 15.493,71 euro, ma non superiore a 30.987,41 euro**.

Inoltre, ai soggetti titolari di contratti di locazione di unità immobiliari adibite ad abitazione principale, stipulati o rinnovati secondo il **c.d. "canale concordato"**, spetta una detrazione complessivamente pari a:

- **495,80 euro**, se il reddito complessivo **non supera 15.493,71 euro**;
- **247,90 euro**, se il reddito complessivo **supera 15.493,71 euro ma non 30.987,41 euro**.

> Per i contratti a canone concordato "non assistiti" l'acquisizione dell'**attestazione** costituisce **elemento necessario ai fini del riconoscimento delle detrazioni**. L'attestazione non risulta, invece, necessaria, ai medesimi fini, per i contratti di locazione stipulati prima dell'entrata in vigore del decreto 16 gennaio 2017 (con il quale sono stati definiti i criteri generali per la realizzazione degli accordi da definire in sede locale per la stipula di contratti di locazione ad uso abitativo a canone concordato) ovvero anche successivamente, laddove non risultino stipulati accordi territoriali dalle organizzazioni sindacali e dalle associazioni degli inquilini e dei proprietari di immobili che hanno recepito le previsioni dettate dall'art. 7 del decreto (ris. 20 aprile 2018, n. 31/E).

6.16.2. Giovani tra i 20 e i 30 anni

È prevista una detrazione pari a **991,60 euro** per i giovani di età compresa **tra i 20 ed i 31 anni** (30 anni fino al 31 dicembre 2021), che stipulano un contratto di locazione ai sensi della Legge 9 dicembre 1998, n. 431, per l'intera unità immobiliare o porzione di essa da destinare a propria **residenza** (a propria abitazione principale fino al 31 dicembre 2021), a condizione che la stessa sia diversa dall'abitazione principale dei genitori o di coloro cui sono affidati.
Tale detrazione spetta in misura pari a **991,60 euro** ovvero, **dal 1° gennaio 2022**, se superiore, pari al **20%** dell'ammontare del canone di locazione e comunque entro il limite massimo di euro 2.000, per i **primi 4 anni** (3 anni fino al 31 dicembre 2021), se il reddito complessivo **non supera 15.493,71 euro**.

6.16.3. Lavoratori dipendenti

A favore dei lavoratori dipendenti che abbiano stipulato un contratto di locazione, è prevista una detrazione pari a:

- **991,60 euro**, se il reddito complessivo **non supera 15.493,71 euro**;
- **495,80 euro**, se il reddito complessivo **è superiore a 15.493,71 euro**, ma **non a 30.987,41 euro**.

La detrazione si applica in presenza delle seguenti **condizioni**:

- il dipendente deve aver **trasferito la propria residenza** nel Comune di lavoro o in un Comune limitrofo;

- il nuovo comune deve essere **distante almeno 100 chilometri** dal precedente e comunque al di fuori della propria Regione;
- la residenza nel nuovo comune deve essere stata trasferita **da non più di 3 anni** dalla richiesta della detrazione.

La detrazione può essere fruita **nei primi 3 anni** in cui è stata trasferita la residenza (ad esempio, se un contribuente ha trasferito la propria residenza nel mese di ottobre 2019, potrà beneficiare della detrazione per gli anni 2019, 2020 e 2021) e non spetta per i **redditi assimilati a quelli di lavoro dipendente** (ad esempio, borse di studio).

Disposizioni comuni 6.16.4.

Le detrazioni:
- vanno **ripartite tra gli aventi diritto** e **non sono tra loro cumulabili**;
- il contribuente ha diritto, a sua scelta, di fruire della **detrazione più favorevole**;
- vanno **rapportate al periodo dell'anno** durante il quale l'unità immobiliare locata è adibita ad abitazione principale. Per abitazione principale si intende quella nella quale il soggetto titolare del contratto di locazione o i suoi familiari dimorano abitualmente.

Qualora la detrazione spettante sia di ammontare superiore all'imposta lorda diminuita nell'ordine delle detrazioni per carichi di famiglia (➡**4.**) (art. 12, D.P.R. n. 917/1986) e per lavoro (➡**5.**) (art. 13, D.P.R. n. 917/1986) è riconosciuto un **credito di ammontare** pari alla quota di detrazione che non ha trovato capienza nella predetta imposta (D.M. 11 febbraio 2008).
Si ricorda, infine, che nel computo del reddito complessivo va compreso anche il reddito delle eventuali locazioni su cui si applica la cedolare secca (➡**10.3.10.**).

DETRAZIONI PER L'AFFITTO DEI TERRENI AGRICOLI AI GIOVANI 6.17.

È prevista una detrazione dall'imposta lorda, nella misura del **19%**, delle spese sostenute dai **coltivatori diretti e dagli imprenditori agricoli professionali** (requisito dell'iscrizione alla previdenza agricola) di **età inferiore ai 35 anni** per il pagamento di canoni di affitto dei terreni agricoli (art. 16, c. 1-quinquies.1, D.P.R. n. 917/1986).
La detrazione spetta nel limite di **80 euro** (canone annuo 421,05 x 19% = 80 euro) **per ciascun ettaro** di terreno affittato, e fino ad un **importo massimo di 1.200 euro** (canone annuo euro 6.318 x 19% = euro 1.200).
Qualora la detrazione spettante sia di ammontare superiore all'imposta lorda diminuita nell'ordine delle detrazioni per carichi di famiglia (➡**4.**) (art. 12, D.P.R. n. 917/1986) e per lavoro (➡**5.**) (art. 13, D.P.R. n. 917/1986) è riconosciuto un **credito** di ammontare pari alla quota di detrazione che non ha trovato capienza nelle predetta imposta (D.M. 11 febbraio 2008).
L'agevolazione **non spetta** nel caso in cui il giovane imprenditore agricolo conduca un terreno preso in affitto dai genitori.

DETRAZIONE PER GLI ABBONAMENTI AL TRASPORTO PUBBLICO LOCALE 6.18.

Sono detraibili le spese sostenute per l'acquisto degli **abbonamenti ai servizi di trasporto pubblico locale, regionale e interregionale**, fino alla concorrenza del loro ammontare, nella misura del **19%** per un importo delle spese stesse non superiore, in ciascun periodo di imposta, a **250 euro annui** (art. 15, c. 1, lett. i-decies), D.P.R. n. 917/1986).
La detrazione spetta anche se le spese sono sostenute nell'**interesse dei familiari a carico** e il limite massimo di detrazione di 250 euro deve intendersi riferito cumulativamente alle spese sostenute dal contribuente per il proprio abbonamento e per quello dei familiari a carico.
Per i **lavoratori dipendenti** sono previste, inoltre, agevolazioni fiscali per i "**buoni TPL**": infatti, le somme **rimborsate dal datore di lavoro** o le spese **direttamente sostenute** da quest'ultimo per l'acquisto dei titoli di viaggio per il trasporto pubblico locale, regionale e interregionale del dipendente e dei familiari non concorrono a formare reddito di lavoro dipendente, analogamente a quanto avviene per i "buoni pasto" (art. 51, c. 2, lett. d-bis), D.P.R. n. 917/1986).

DETRAZIONE PER LE SPESE PER I SOGGETTI AFFETTI DA DSA 6.19.

Sono detraibili, nella misura del **19%** le spese sostenute in favore dei minori o di maggiorenni, con diagnosi di **disturbo specifico dell'apprendimento (DSA)** fino al completamento della **scuola secondaria di secondo grado**, per l'acquisto di strumenti compensativi e di sussidi tecnici e informatici, necessari all'apprendimento, nonché per l'uso di strumenti compensativi che favoriscano la comunicazione verbale e che assicurino ritmi graduali di apprendimento delle lingue straniere, in presenza di un certificato medico che attesti il collegamento funzionale tra i sussidi e gli strumenti

acquistati e il tipo di disturbo dell'apprendimento diagnosticato (art. 15, c. 1, lett. e-ter), D.P.R. n. 917/1986; Provv. Agenzia delle Entrate 6 aprile 2018).
La detrazione spetta anche se le spese sono state sostenute nell'interesse delle persone.

Ai fini della detrazione delle spese, nel caso in cui la spesa sia stata sostenuta da uno solo dei genitori o da entrambi in **percentuali diverse dal 50%**, nel documento comprovante la spesa deve essere annotata la percentuale di ripartizione della spesa stessa (risposta a interpello 29 ottobre 2019, n. 440).

Beneficiari della detrazione	Possono beneficiare dell'agevolazione i soggetti affetti da disturbo specifico dell'apprendimento (DSA) che acquistano strumenti compensativi e di sussidi tecnici e informatici fino al completamento della scuola secondaria di secondo grado. Nel caso in cui le spese siano sostenute per i figli (nonché i familiari per cui è riconosciuta una detrazione per carichi di famiglia), il *bonus* spetta in ogni caso.
Modalità operative per fruire della detrazione	Per consentire al soggetto beneficiario di usufruire del bonus, devono essere rispettate alcune **condizioni**: - il soggetto deve possedere un **certificato rilasciato dal Servizio sanitario nazionale** (o da specialisti ovvero da strutture accreditate), che attesti la diagnosi di DSA (per sé ovvero per il proprio familiare); - le spese devono essere **documentate con fattura** ovvero con scontrino fiscale "parlante"; - deve risultare da certificazione ovvero da prescrizione autorizzativa rilasciata da un medico, il collegamento funzionale tra l'acquisto e la tipologia di disturbo dell'apprendimento che è stato diagnosticato.
Strumenti compensativi	Si considerano strumenti compensativi, gli **strumenti didattici e tecnologici** che sostituiscono o facilitano la prestazione richiesta nell'abilità deficitaria. Tra quelli essenziali sono ricompresi, in via esemplificativa, come indicato nelle Linee guida per il diritto allo studio degli alunni e degli studenti con DSA, allegate al Decreto MIUR del 12 luglio 2011, n. 5669: - la sintesi vocale, che trasforma un compito di lettura in un compito di ascolto; - il registratore, che consente all'alunno o allo studente di non scrivere gli appunti della lezione; - i programmi di video scrittura con correttore ortografico, che permettono la produzione di testi sufficientemente corretti senza l'affaticamento della rilettura e della contestuale correzione degli errori; - la calcolatrice, che facilita le operazioni di calcolo; - altri strumenti tecnologicamente meno evoluti quali tabelle, formulari, mappe concettuali, ecc.
Sussidi tecnici ed informatici	Si considerano sussidi tecnici ed informatici le apparecchiature e i dispositivi **basati su tecnologie meccaniche, elettroniche o informatiche**, quali i computer necessari per i programmi di video scrittura, appositamente fabbricati o di comune reperibilità, preposti a facilitare la comunicazione interpersonale, l'elaborazione scritta o grafica, l'accesso alla informazione e alla cultura.

6.20. DETRAZIONE PER SCUOLE DI MUSICA

A decorrere **dal periodo d'imposta 2021**, sono detraibili nella misura del **19%** le spese, per un **importo non superiore a 1.000 euro**, sostenute da contribuenti con **reddito complessivo non superiore a 36.000 euro** per l'iscrizione annuale e l'abbonamento di ragazzi di età compresa **tra 5 e 18 anni** a:

- conservatori di musica;
- istituzioni legalmente riconosciute di alta formazione artistica musicale e coreutica (AFAM - Legge 22 dicembre 1999, n. 508);
- scuole di musica iscritte nei registri regionali;
- cori, bande e scuole di musica riconosciute da una pubblica amministrazione, per lo studio e la pratica della musica (art. 15, c. 1, lett. e-quater), D.P.R. n. 917/1986).

IRPEF

DETRAZIONE PER RISCATTO PERIODI NON COPERTI DA CONTRIBUZIONE 6.21.

Per il **triennio 2019-2021** nella misura massima di 5 anni, è possibile riscattare i **periodi non coperti da contribuzione**, c.d. "pace contributiva" (art. 20, c. 1-5, D.L. n. 4/2019).
Sono interessati i periodi non soggetti a obbligo contributivo e non già coperti da contribuzione, comunque versata e accreditata, presso forme di previdenza obbligatoria.
La facoltà di riscatto può essere esercitata dagli **iscritti all'Assicurazione Generale Obbligatoria per l'invalidità, la vecchiaia e i superstiti dei lavoratori dipendenti** e alle forme sostitutive ed esclusive della medesima, nonché alle **gestioni speciali dei lavoratori autonomi**, e alla **Gestione Separata** (art. 2, c. 26, Legge n. 335/1995), privi di anzianità contributiva al 31 dicembre 1995 e non già titolari di pensione.
Possono essere riscattati, in tutto o in parte nella misura massima di 5 anni anche non continuativi, i **periodi successivi al 31 dicembre 1995 e precedenti al 29 gennaio 2019.**
L'onere di riscatto può essere versato in unica soluzione ovvero in un massimo di 120 rate mensili, ciascuna di importo non inferiore a 30 euro, senza applicazione di interessi per la rateizzazione.
Se la domanda, il cui termine ultimo di invio all'INPS è il **31 dicembre 2021,** viene presentata dal diretto interessato, l'onere versato è **detraibile dall'imposta lorda IRPEF nella misura del 50%**, con una ripartizione in cinque quote annuali costanti e di pari importo nell'anno di sostenimento e in quelli successivi.

ALTRI ONERI DETRAIBILI 6.22.

Sono previste le seguenti **ulteriori detrazioni**:

- detrazione del **19%** delle spese sostenute per i **servizi di interpretariato** dei soggetti riconosciuti **sordi** ai sensi della Legge n. 381/1970 (art. 15, c. 1, lett. c-ter), D.P.R. n. 917/1986). L'agevolazione riguarda i soggetti minorati sensoriali dell'udito, affetti da sordità congenita o acquisita durante l'età evolutiva che abbia compromesso il normale apprendimento del linguaggio parlato. La detrazione non spetta per i servizi resi ai soggetti affetti da sordità di natura esclusivamente psichica o dipendente da causa di guerra, di lavoro o di servizio. Per fruire della detrazione i soggetti interessati devono essere in possesso delle certificazioni fiscali rilasciate dai fornitori dei servizi di interpretariato (circ. 2 marzo 2016, n. 3/E);
- detrazione dell'importo della **borsa di studio** assegnata dalle Regioni e dalle Province autonome di **Trento e Bolzano**, a sostegno delle famiglie in condizioni svantaggiate, per spese d'istruzione sostenute e documentate (D.P.C.M. 14 febbraio 2001, n. 106). La detrazione spetta al genitore, per i figli minorenni, ovvero allo stesso studente, se maggiorenne, che al momento della richiesta della borsa di studio abbia optato per la detrazione fiscale, anziché per la corresponsione diretta della somma, secondo quanto previsto dal D.P.C.M. n. 106/2001;
- detrazione del **19%** per l'intero importo, nel limite del **30%** dell'imposta lorda dovuta per le donazioni effettuate all'ente ospedaliero **Ospedale Galliera di Genova**, finalizzate esclusivamente all'attività del Registro nazionale dei **donatori di midollo osseo** (art. 8, c. 3, Legge n. 52/2001).

IRPEF

7. DETRAZIONI PER INTERVENTI SUGLI IMMOBILI

IRPEF

INTERVENTI DI RECUPERO EDILIZIO 7.1.

È prevista una detrazione dall'imposta lorda nella misura del **50%** delle spese sostenute, ed effettivamente rimaste a carico, per la realizzazione di **interventi di recupero del patrimonio edilizio**.
La detrazione si calcola su un **massimo di 96.000 euro** di spesa per **interventi** su: **parti comuni degli edifici residenziali** (fondazioni, tetti, muri maestri, lastrici solari, scale, portoni d'ingresso, vestiboli, anditi, portici, cortili e altre parti dell'edificio ad uso comune); **singole unità immobiliari** residenziali di qualsiasi categoria catastale, anche rurali, possedute o detenute, e loro pertinenze (art. 16-bis, D.P.R. n. 917/1986) (art. 31, lett. a), b), c) e d), D.P.R. n. 380/2001).
La detrazione spetta anche nel caso di interventi di **restauro e risanamento conservativo e di ristrutturazione edilizia** riguardanti interi fabbricati, eseguiti da imprese di costruzione o ristrutturazione immobiliare e da cooperative edilizie, che provvedano entro 18 mesi dal termine dei lavori alla successiva alienazione o assegnazione dell'immobile.
La detrazione, pur con percentuali crescenti a seconda del grado di intervento, spetta anche per interventi di adozione di **misure antisismiche** su costruzioni che si trovano in zone a rischio sismico (➔7.3.).

Soggetti interessati 7.1.1.

Possono fruire della detrazione tutti i **contribuenti assoggettati all'IRPEF**, residenti o meno nel territorio dello Stato (circ. 24 febbraio 1998, n. 57/E, punto 2).
La detrazione spetta ai soggetti che possiedono o detengono, sulla base di un titolo idoneo, gli **immobili oggetto degli interventi,** a condizione che ne sostengano le relative spese.
Tali soggetti sono:
- **proprietari** o nudi proprietari;
- titolari di un diritto reale di godimento quali **usufrutto**, **uso**, **abitazione** o **superficie**;
- **soci di cooperative** a proprietà divisa e indivisa;
- **imprenditori individuali**, per gli immobili non rientranti fra i beni strumentali o beni merce (circ. 11 maggio 1998, n. 121/E, risp. 2.3);
- soggetti che producono **redditi in forma associata** (società semplici, in nome collettivo, in accomandita semplice e soggetti a queste equiparati, imprese familiari), alle stesse condizioni previste per gli imprenditori individuali;
- detentori (**locatari**, **comodatari**) dell'immobile (circ. 24 febbraio 1998, n. 57/E);
- **familiari conviventi**;
- **coniuge separato** assegnatario dell'immobile intestato all'altro coniuge (circ. 9 maggio 2013, n. 13/E, risp. 1.2);
- **conviventi *more uxorio***;
- **futuro acquirente**.

Casi particolari	
Detentore	La detrazione spetta ai detentori dell'immobile a condizione che siano in possesso del **consenso** all'esecuzione dei lavori da parte del proprietario e che la detenzione dell'immobile sussista al momento di avvio dei lavori e risulti da un atto (contratto di locazione o di comodato) regolarmente registrato. La **data di inizio dei lavori** deve essere comprovata dai titoli abilitativi, se previsti, ovvero da una dichiarazione sostitutiva di atto di notorietà effettuata nei modi e nei termini previsti dal D.P.R. n. 445/2000. La mancanza, al momento dell'inizio dei lavori, di un titolo di detenzione dell'immobile risultante da un atto registrato preclude il diritto alla detrazione, anche se si provvede alla successiva regolarizzazione (circ. 4 aprile 2017, n. 7/E).
Soci di cooperative	La detrazione spetta ai soci di cooperative a proprietà divisa (in qualità di possessori), assegnatari di alloggi, e, previo consenso scritto della cooperativa che possiede l'immobile, ai soci di cooperative a proprietà indivisa (in qualità di detentori).

Casi particolari	
	Questi ultimi possono fruire della detrazione dal momento di accettazione della domanda di assegnazione da parte del Consiglio di Amministrazione, anche se il verbale di assegnazione non è sottoposto a registrazione. La detrazione **non spetta** alla cooperativa edile formata dai proprietari delle unità immobiliari che hanno provveduto alla sua costituzione per avviare la ristrutturazione dello stabile (ris. 17 novembre 2008, n. 442/E).
Familiare convivente	La detrazione spetta al familiare convivente del possessore o detentore dell'immobile oggetto dell'intervento (circ. 11 maggio 1998, n. 121/E, punto 2.1). Per familiari si intendono il coniuge, i parenti entro il terzo grado e gli affini entro il secondo grado (art. 5, c. 5, D.P.R. n. 917/1986). Per fruire della detrazione non è necessario che i familiari abbiano sottoscritto un contratto di comodato, essendo sufficiente che attestino, mediante una **dichiarazione sostitutiva di atto notorio**, di essere familiari conviventi (circ. 11 maggio 1998, n. 121/E, punto 2.1). Lo *status* di convivenza deve sussistere già al momento in cui si attiva la procedura ovvero, come sopra detto per i detentori, alla data di inizio dei lavori. La detrazione spetta al familiare per i costi sostenuti per gli interventi effettuati su una qualsiasi delle abitazioni in cui si esplica la convivenza, purché tale **immobile** risulti **a disposizione**. La detrazione non spetta, quindi, per le spese riferite ad immobili a disposizione di altri familiari (ad esempio il marito non potrà fruire della detrazione per le spese di ristrutturazione di un immobile di proprietà della moglie dato in comodato alla figlia) o di terzi. Non è invece richiesto che l'immobile oggetto dell'intervento sia adibito ad abitazione principale del proprietario o del familiare convivente (circ. 12 giugno 2002, n. 50/E, risp. 5.1; circ. 10 giugno 2004, n. 24/E, risp. 1.10). Ferme restando le altre condizioni, la detrazione spetta anche se le **abilitazioni comunali all'esecuzione dei lavori** sono intestate al proprietario dell'immobile e non al familiare che usufruisce della detrazione (circ. 4 aprile 2017, n. 7/E).
Convivente *more uxorio*	Per le spese sostenute a decorrere dal 1° gennaio 2016 (circ. 7 aprile 2017, n. 8/E) la detrazione spetta al convivente *more uxorio* del proprietario dell'immobile **anche in assenza di un contratto di comodato**. La disponibilità dell'immobile da parte del convivente risulta, infatti, insita nella convivenza che si esplica ai sensi della Legge n. 76/2016 (c.d. Legge Cirinnà). Il convivente *more uxorio* può fruire della detrazione anche per le spese sostenute per interventi effettuati su una delle abitazioni nelle quali si esplica il rapporto di convivenza anche se diversa dall'abitazione principale della coppia (circ. 4 aprile 2017, n. 7/E). L'accertamento della "stabile convivenza" può risultare dai registri anagrafici o mediante autocertificazione.
Futuro acquirente	La detrazione spetta al futuro acquirente, nel rispetto di tutte le altre condizioni previste, se è stato stipulato un **contratto preliminare di vendita dell'immobile regolarmente registrato** (circ. 11 maggio 1998, n. 121/E; ris. 8 febbraio 2008, n. 38/E). Occorre che il promissario acquirente sia stato immesso nel possesso dell'immobile ed esegua gli interventi a proprio carico. Non è richiesta l'autorizzazione ad eseguire i lavori da parte del promittente venditore che può ritenersi implicitamente accordata in conseguenza dell'anticipata immissione nel possesso dell'immobile (circ. 4 aprile 2017, n. 7/E).

Casi particolari	
Lavori eseguiti in proprio	Il contribuente che esegue in proprio i lavori ha comunque diritto alla detrazione limitatamente alle spese sostenute per l'**acquisto dei materiali** utilizzati che può essere anche precedente all'inizio dei lavori (circ. 11 maggio 1998, n. 121/E, risp. 2.4 e circ. 1° giugno 1999, n. 122/E, risp. 4.1).
Unico proprietario di un intero edificio	Qualora un intero edificio sia posseduto da un unico proprietario e siano comunque in esso rinvenibili parti comuni a due o più unità immobiliari distintamente accatastate, detto soggetto ha diritto alla detrazione per le spese relative agli **interventi realizzati sulle** suddette **parti comuni**. La locuzione "parti comuni di edificio residenziale" va riferita alle parti comuni a più unità immobiliari e non alle parti comuni a più possessori (circ. 11 maggio 1998, n. 121/E risp. 2.6). Se l'edificio è costituito esclusivamente da un'unità abitativa e dalle relative pertinenze non sono ravvisabili elementi dell'edificio qualificabili come "parti comuni" e pertanto non è possibile considerare un autonomo limite di spesa per ciascuna unità (ris. 12 luglio 2007, n. 167/E, risp. 3).

Parti comuni condominiali 7.1.2.

Per l'individuazione delle parti comuni interessate dall'agevolazione è necessario far riferimento all'art. 1117 c.c. (ris. 12 febbraio 2010, n. 7/E).

Parti comuni	Parti riferibili a più unità immobiliari funzionalmente autonome, a prescindere dall'esistenza di una pluralità di proprietari (ris. 12 febbraio 2010, n. 7/E; ris. 12 luglio 2007, n. 167/E). Rientrano tra le parti comuni (art. 1117 c.c.): - il **suolo** su cui sorge l'edificio, le fondazioni, i **muri maestri**, i **tetti** e i **lastrici solari**, le **scale**, i **portoni d'ingresso**, i vestiboli, gli anditi, i portici, i **cortili** e in genere tutte le parti dell'edificio necessarie all'uso comune; - i locali per la **portineria** e per l'**alloggio del portiere**, per la lavanderia, per il riscaldamento centrale, per gli stenditoi o per altri simili servizi in comune; - le opere, le installazioni, i manufatti di qualunque genere che servono all'uso e al godimento comune, come gli **ascensori**, i pozzi, le cisterne, gli acquedotti e, inoltre, le **fognature** e i canali di scarico, gli impianti per l'acqua, per il gas, per l'energia elettrica, per il **riscaldamento** e simili fino al punto di diramazione degli impianti ai locali di proprietà esclusiva dei singoli condòmini.
Ripartizione della detrazione **tra** i singoli **condomini**	Va fatta in ragione dei **millesimi di proprietà** o dei diversi criteri applicabili ai sensi degli artt. 1123 e seguenti c.c.
Adempimenti dell'amministratore di condominio	Indicazione dei **dati del fabbricato** in dichiarazione ed effettuazione degli altri adempimenti relativi alla detrazione; - rilascio di apposita certificazione a ciascun condomino (solo in caso di effettivo pagamento delle spese), contenente: - le generalità ed il codice fiscale di chi rilascia la certificazione, - gli elementi identificativi del condominio, - l'ammontare delle spese sostenute nell'anno di riferimento, - la quota parte millesimale imputabile al condomino. **Conservazione della documentazione originale** al fine di esibirla a richiesta degli Uffici.
Adempimenti del singolo **condomino**	Indicazione del **codice fiscale del condominio** nella propria dichiarazione dei redditi (circ. 1° giugno 2012, n. 19/E, risp. 1.4).

Presenza di **amministratore giudiziario** in caso di disaccordo	Tale soggetto è legittimato a porre in essere tutti gli adempimenti inerenti alla gestione dell'agevolazione, compreso il rilascio della certificazione dell'avvenuto assolvimento degli obblighi necessari ai fini dell'imputazione/suddivisione della spesa per ciascun condomino (ris. 21 luglio 2008, n. 314/E).
Spese sostenute da **più soggetti** ma **imputate solo ad uno di essi**	Nel caso in cui la certificazione dell'amministratore del condominio indichi i **dati relativi ad un solo proprietario**, mentre le spese per quel determinato alloggio sono state sostenute anche da altri, questi ultimi, qualora ricorrano tutte le altre condizioni che comportano il riconoscimento del diritto alla detrazione, possono fruirne a condizione che **attestino** sul documento rilasciato dall'amministratore comprovante il pagamento della quota relativa alla spese, il loro **effettivo sostenimento** e la **percentuale di ripartizione** (circ. 1° giugno 1999, n. 122/E, risp. 4.7).
Spesa sostenuta dal **familiare convivente** o dal **convivente *more uxorio*** del proprietario dell'immobile	Il familiare o convivente può portare in detrazione le **spese sostenute per i lavori condominiali**. Sul documento rilasciato dall'amministratore comprovante il pagamento della quota millesimale relativa alle spese in questione il convivente deve indicare i propri estremi anagrafici e l'attestazione dell'effettivo sostenimento delle spese (circ. 21 maggio 2014, n. 11/E, risp. 4.2).
Limite di spesa	Per la detrazione per i lavori condominiali il condomino può sfruttare interamente il limite di spesa previsto **per la propria unità immobiliare**, ma non può avvalersi dei limiti attribuibili all'altra unità immobiliare facente parte del medesimo condominio (risposta a interpello 28 giugno 2019, n. 219).

7.1.3. Condominio minimo

Per condominio minimo si intende un edificio composto da un numero **non superiore a otto condòmini**.

Per beneficiare della detrazione per i lavori eseguiti sulle parti comuni, **non è necessario acquisire il codice fiscale del condominio**. Ciò è possibile nelle ipotesi in cui i condòmini, non avendo l'obbligo di nominare un amministratore, non vi abbiano provveduto. A condizione, però, che non vi sia stato pregiudizio al rispetto, da parte delle banche e di Poste Italiane S.p.a., dell'obbligo di operare la prescritta ritenuta all'atto dell'accredito del pagamento.

In assenza del codice fiscale del condominio, i contribuenti, per beneficiare della detrazione per gli interventi edilizi realizzati su parti comuni di un condominio minimo, per la quota di spettanza, possono inserire nei **modelli di dichiarazione** le spese sostenute utilizzando il **codice fiscale del condomino** che ha effettuato il relativo **bonifico**. Se ogni condomino ha eseguito il bonifico per la **propria quota di competenza** dovrà riportare in dichiarazione il proprio codice fiscale.

Il contribuente è tenuto, in sede di controllo, a dimostrare che gli interventi sono stati effettuati su parti comuni dell'edificio e, se si avvale dell'assistenza fiscale, è tenuto ad esibire ai CAF o agli intermediari abilitati, oltre alla documentazione ordinariamente richiesta per comprovare il diritto alla agevolazione, un'autocertificazione che attesti la natura dei lavori effettuati e indichi i dati catastali delle unità immobiliari facenti parte del condominio (circ. 2 marzo 2016, n. 3/E, risp. 1.7).

7.1.4. Trasferimento della detrazione

La variazione della titolarità dell'immobile sul quale sono effettuati gli interventi di recupero del patrimonio edilizio prima che sia trascorso l'intero periodo per fruire della detrazione, comporta nei casi più frequenti il **trasferimento della detrazione** (circ. 4 aprile 2017, n. 7/E).

Ciò non accade nell'ipotesi in cui la detrazione spetti al detentore dell'immobile (ad esempio, l'inquilino o il comodatario) in quanto lo stesso **continua ad avere diritto** alla detrazione anche se la detenzione cessa (circ. 24 febbraio 1998, n. 57/E, punto 4).

Per determinare chi possa fruire della quota di detrazione relativa ad un anno, occorre individuare il soggetto che **possedeva** l'immobile **al 31 dicembre di quell'anno** (circ. 12 maggio 2000, n. 95/E, risp. 2.1.14), anche nell'ipotesi di opzione di mantenimento della detrazione **in capo al cedente** (circ. 1° giugno 2012, n. 19/E, risp. 1.8).

Vendita dell'immobile 7.1.5.

In caso di vendita dell'unità immobiliare sulla quale sono stati realizzati gli interventi, la detrazione **non utilizzata in tutto o in parte** è trasferita per i rimanenti periodi d'imposta, **salvo diverso accordo** delle parti, **all'acquirente** persona fisica dell'unità immobiliare (art. 16-bis, c. 8, D.P.R. n. 917/1986; circ. 1° giugno 2012, n. 19/E, risp. 1.6 e 1.8).

In **mancanza** di tale specifico accordo nell'atto di trasferimento dell'immobile, la conservazione in capo al **venditore** delle detrazioni non utilizzate può desumersi anche da una **scrittura privata**, autenticata dal notaio o da altro pubblico ufficiale a ciò autorizzato, sottoscritta da entrambe le parti contraenti, nella quale si dia atto che l'accordo in tal senso esisteva sin dalla data del rogito.

Il comportamento dei contribuenti in sede di dichiarazione dei redditi deve essere **coerente** con quanto indicato nell'accordo successivamente formalizzato (circ. 4 aprile 2017, n. 7/E).

Le regole innanzi esposte valgono anche nei casi di:
- **donazione** (circ. 24 febbraio 1998, n. 57/E, punto 4);
- **permuta** (circ. 19 giugno 2012, n. 25/E, risp. 1.2).

Usufrutto - In caso di costituzione del diritto di usufrutto, a titolo oneroso o gratuito, le quote di detrazione non fruite **non si trasferiscono** all'usufruttuario ma rimangono al nudo proprietario.

Trasferimento pro-quota - Il trasferimento di una quota dell'immobile non è idoneo a determinare un analogo trasferimento del diritto alla detrazione, che avviene solo in presenza della cessione dell'intero immobile (circ. 4 aprile 2017, n. 7/E).

Pertanto, qualora la vendita sia solo di una **quota dell'immobile** e non del 100%, l'**utilizzo delle rate residue rimane in capo al venditore** (circ. 10 giugno 2004, n. 24/E, risp. 1.8 e circ. 12 maggio 2000, n. 95/E, risp. 2.1.13).

La residua detrazione, tuttavia, si trasmette alla parte acquirente solo se, per effetto della cessione *pro quota*, la parte acquirente diventi proprietaria esclusiva dell'immobile, perché, in quest'ultima ipotesi, si realizzano i presupposti richiesti dalla disposizione normativa (ris. 24 marzo 2009, n. 77/E).

Casi particolari	Regole
Immobile **locato**	La detrazione non spetta in quanto l'erede proprietario non ne può disporre.
Immobile **a disposizione**	La detrazione spetta in parti uguali agli eredi.

Trasferimento dell'immobile mortis causa 7.1.6.

In caso di acquisizione dell'immobile per **successione**, le quote residue di detrazione si trasferiscono **per intero** esclusivamente all'erede o agli eredi che conservano la **detenzione materiale e diretta dell'immobile** (circ. 10 giugno 2004, n. 24/E, risp. 1.1).

La detrazione si trasmette agli eredi che conservano la detenzione materiale e diretta del bene; quindi, se l'erede che detiene l'immobile direttamente concede successivamente in **comodato o** in **locazione** l'immobile **a terzi**, non potrà fruire delle rate di detrazione degli anni in cui l'immobile non è da lui detenuto direttamente. Questa regola vale anche se l'immobile acquistato per successione viene concesso a terzi con contratti di locazioni brevi (➔**10.3.11.**). (risposta a interpello 19 luglio 2019, n. 282).

Casi particolari	Regole
Presenza di **più eredi**, di cui uno **solo abita l'immobile**	La detrazione spetta per intero a quest'ultimo, non avendone più gli altri la disponibilità.
Rinuncio all'eredità da parte del coniuge superstite, titolare del solo diritto di abitazione	Non può fruire delle residue quote di detrazione, venendo meno la condizione di erede. In tal caso neppure gli altri eredi (figli) potranno beneficiare della detrazione se non convivono con il coniuge superstite, in quanto non hanno la detenzione materiale del bene.

Casi particolari	Regole
Erede detentore dell'immobile che successivamente lo **concede in comodato o in locazione**	Non può fruire delle rate di detrazione di competenza degli anni in cui non detiene l'immobile direttamente. Tuttavia, al termine del contratto di locazione o di comodato, potrà beneficiare delle eventuali rate residue di competenza (circ. 24 aprile 2015, n. 17/E, risp. 3.3).
De cuius **conduttore dell'immobile**	La detrazione si trasmette purché l'erede conservi la detenzione materiale e diretta, subentrando nella titolarità del contratto di locazione (circ. 9 maggio 2013, n. 13/E, risp. 1.1).
Eredi del comodatario	La detrazione non si trasferisce in quanto tali eredi non subentrano nel contratto. Tuttavia, nell'ipotesi in cui l'erede sia il comodante questi può portare in detrazione le rate residue in quanto, in qualità di proprietario dell'immobile, ha il titolo giuridico che gli consente di fruire della detrazione. È necessario, tuttavia, che abbia la detenzione materiale e diretta del bene (circ. 6 maggio 2016, n. 18/E, risp. 3.2).
Vendita o di **donazione** da parte dell'erede che ha la detenzione materiale e diretta del bene	Le quote residue della detrazione non fruite da questi non si trasferiscono all'acquirente/donatario neanche nell'ipotesi in cui la vendita o la donazione sia effettuata nel medesimo anno di accettazione dell'eredità (circ. 4 aprile 2017, n. 7/E).

7.1.7. Interventi agevolati

L'agevolazione riguarda le spese sostenute nel corso dell'anno per interventi effettuati su **singole unità immobiliari** residenziali e su **parti comuni** di edifici residenziali situati nel territorio dello Stato. Gli interventi edilizi agevolabili, sotto il profilo tecnico e nei loro contenuti, sono classificati e dettagliatamente definiti dall'art. 3, D.P.R. n. 380/2001 (Testo unico in materia edilizia).
In particolare, per gli interventi effettuati sulle **parti comuni**, la detrazione spetta per le spese di:
- **manutenzione ordinaria** (art. 3, lett. a);
- **manutenzione straordinaria** (art. 3, lett. b);
- **restauro e risanamento conservativo** (art. 3, lett. c);
- **ristrutturazione edilizia** (art. 3, lett. d).

Invece, per gli interventi effettuati sulle **singole unità immobiliari** e/o sulle relative pertinenze, la detrazione spetta per le medesime spese, ad **eccezione** di quelle relative alla manutenzione ordinaria.
La detrazione, **a partire dal 1° gennaio 2021**, spetta anche per interventi di **sostituzione del gruppo elettrogeno di emergenza** esistente con generatori di emergenza a gas di ultima generazione (art. 16-bis, c. 3-bis D.P.R. n. 917/1986).

Interventi ammissibili su singoli edifici e parti comuni

Tipo di intervento	Ammissibilità detrazione	
	Singole unità immobiliari	Parti comuni di edifici
Manutenzione ordinaria	NO	SÌ
Manutenzione straordinaria	SÌ	SÌ
Restauro e risanamento conservativo	SÌ	SÌ
Ristrutturazione edilizia	SÌ	SÌ

La detrazione per interventi di recupero riguardanti **interi fabbricati** può essere fruita solo dall'anno d'imposta in cui i lavori sull'intero fabbricato **siano stati ultimati**. È necessario, quindi, che si realizzi anche il presupposto costituito dall'ultimazione dei lavori riguardanti l'intero fabbricato (Camera dei Deputati, Commissione Finanze, interrogazione 14 settembre 2017, n. 5-12157).

L'agevolazione è riferita ad interventi eseguiti su singole unità immobiliari residenziali, di **qualsiasi categoria catastale**, anche rurali e sulle loro pertinenze, accatastate o in via di accatastamento.

Sono **esclusi** gli **edifici a destinazione produttiva**, **commerciale** e **direzionale**. Possono essere ricomprese anche le unità immobiliari **ad uso non abitativo**, a condizione che nel provvedimento amministrativo che autorizza l'esecuzione dei lavori risulti chiaramente che gli stessi comportano il cambio di destinazione d'uso del fabbricato (ris. 8 febbraio 2005, n. 14/E).

In caso di interventi realizzati sulle **parti comuni di un edificio**, le relative spese possono essere considerate, ai fini del calcolo della detrazione, soltanto se riguardano un edificio residenziale considerato nella sua interezza.

Qualora la **superficie complessiva delle unità immobiliari** destinate a residenza ricomprese nell'edificio sia **superiore al 50%**, è possibile ammettere alla detrazione anche il proprietario o il detentore di unità immobiliari non residenziali se sostiene le spese per le parti comuni. Se tale percentuale risulta inferiore, è comunque ammessa la detrazione per le spese realizzate sulle parti comuni da parte dei possessori o detentori di unità immobiliari destinate ad abitazione comprese nel medesimo edificio (circ. 24 febbraio 1998, n. 57/E, par. 3).

La detrazione per gli interventi realizzati sulle parti comuni spetta anche ai proprietari di soli **box o cantine**.

Gli interventi devono essere eseguiti su **edifici esistenti** e non devono realizzare una nuova costruzione (circ. 11 maggio 1998, n. 121/E, punto 4). Fanno **eccezione** gli interventi relativi ai **parcheggi pertinenziali** nonché quelli di **demolizione e "fedele ricostruzione"** sempreché dal titolo abilitativo risulti che rientrano nella categoria della ristrutturazione edilizia.

Interventi ammessi

Tipo di intervento	Descrizione	Tipologie
Manutenzione ordinaria (solo per lavori su **parti comuni di edifici**)[1] (art. 3, c. 1, lett. a), D.P.R. n. 380/2001)	Interventi che riguardano le opere di **riparazione**, **rinnovamento** e **sostituzione delle finiture** degli edifici e quelli necessari ad integrare e mantenere in efficienza gli **impianti tecnologici esistenti**. La caratteristica della manutenzione ordinaria è il mantenimento degli elementi di finitura e degli impianti attraverso opere di riparazione dell'esistente. Pertanto, gli interventi di manutenzione ordinaria riguardano le opere di rinnovo o di sostituzione degli elementi esistenti, di finitura degli edifici nonché tutti gli interventi necessari per mantenere in efficienza gli impianti tecnologici, con materiali e finiture analoghi a quelli esistenti (circ. 24 febbraio 1998, n. 57/E, punto 3.4).	- Sostituzione integrale o parziale di pavimenti e relative opere di finitura e conservazione; - riparazione di impianti per servizi accessori (impianto idraulico, impianto per lo smaltimento delle acque bianche e nere); - rivestimenti e tinteggiature di prospetti esterni senza modifiche dei preesistenti oggetti, ornamenti, materiali e colori; - rifacimento intonaci interni e tinteggiatura; - rifacimento pavimentazioni esterne e manti di copertura senza modifiche ai materiali; - sostituzione tegole e altre parti accessorie deteriorate per smaltimento delle acque, rinnovo delle impermeabilizzazioni; - riparazioni balconi e terrazze e relative pavimentazioni; - riparazione recinzioni; - sostituzione di elementi di impianti tecnologici; - sostituzione infissi esterni e serramenti o persiane con serrande, senza modifica della tipologia di infisso.

Tipo di intervento	Descrizione	Tipologie
Manutenzione straordinaria (art. 3, c. 1, lett. b), D.P.R. n. 380/2001)	Opere e modifiche necessarie per **rinnovare** e **sostituire parti anche strutturali** degli edifici, nonché per realizzare e integrare i **servizi igienico-sanitari e tecnologici**, sempre che non alterino i volumi e le superfici delle singole unità immobiliari e non comportino modifiche delle destinazioni d'uso. La manutenzione straordinaria si riferisce ad interventi, anche di carattere innovativo, di natura edilizia ed impiantistica finalizzati a mantenere in efficienza ed adeguare all'uso corrente l'edificio e le singole unità immobiliari, **senza alterazione della situazione planimetrica e tipologica preesistente**, e con il rispetto della superficie, della volumetria e della destinazione d'uso (circ. 24 febbraio 1998, n. 57/E, punto 3.4).	- Sostituzione infissi esterni e serramenti o persiane con serrande, con modifica di materiale o tipologia di infisso; - realizzazione ed adeguamento di opere accessorie e pertinenziali che non comportino aumento di volumi o di superfici utili, realizzazione di volumi tecnici, quali centrali termiche, impianti di ascensori, scale di sicurezza, canne fumarie; - realizzazione ed integrazione di servizi igienico-sanitari senza alterazione dei volumi e delle superfici; - realizzazione di chiusure o aperture interne che non modifichino lo schema distributivo delle unità immobiliari e dell'edificio; - consolidamento delle strutture di fondazione e in elevazione; - rifacimento vespai e scannafossi; - sostituzione di solai interpiano senza modifica delle quote d'imposta; - rifacimento di scale e rampe; - realizzazione di recinzioni, muri di cinta e cancellate; - sostituzione solai di copertura con materiali diversi dai preesistenti; - sostituzione tramezzi interni, senza alterazione della tipologia dell'unità immobiliare; - realizzazione di elementi di sostegno di singole parti strutturali; - interventi finalizzati al risparmio energetico.
Restauro e risanamento conservativo (art. 3, c. 1, lett. c), D.P.R. n. 380/2001)	Interventi edilizi rivolti a **conservare l'organismo edilizio** e ad assicurarne la funzionalità mediante un insieme sistematico di opere che, nel rispetto degli elementi tipologici, formali e strutturali dell'organismo stesso, ne consentano destinazioni d'uso con essi compatibili. Tali interventi comprendono il **consolidamento**, il **ripristino** e il **rinnovo** degli elementi costitutivi dell'edificio, l'inserimento degli elementi accessori e degli impianti richiesti dalle esigenze dell'uso, l'eliminazione degli elementi estranei all'organismo edilizio.	- Modifiche tipologiche delle singole unità immobiliari per una più funzionale distribuzione; - innovazione delle strutture verticali e orizzontali; - ripristino dell'aspetto storico-architettonico di un edificio, anche tramite la demolizione di superfetazioni; - adeguamento delle altezze dei solai, con il rispetto delle volumetrie esistenti; - apertura di finestre per esigenze di aerazione dei locali.

Tipo di intervento	Descrizione	Tipologie
	Rientrano tra gli interventi di restauro e risanamento conservativo agevolabili quelli di risanamento conservativo che si riferiscono all'insieme delle opere finalizzate ad adeguare ad una migliore esigenza d'uso attuale un edificio esistente, sotto gli aspetti tipologici, formali, strutturali, funzionali (circ. 24 febbraio 1998, n. 57/E, punto 3.4).	
Ristrutturazione edilizia (art. 3, c. 1, lett. d), D.P.R. n. 380/2001)	Interventi rivolti a **trasformare gli organismi edilizi** mediante un insieme sistematico di opere che possono portare ad un organismo edilizio **in tutto o in parte diverso dal precedente.** Tali interventi comprendono il ripristino o la sostituzione di alcuni elementi costitutivi dell'edificio, l'eliminazione, la modifica e l'inserimento di nuovi elementi ed impianti. Nell'ambito degli interventi di ristrutturazione edilizia sono ricompresi anche quelli consistenti nella demolizione e ricostruzione con la stessa volumetria e sagoma di quello preesistente, fatte salve le sole innovazioni necessarie per l'adeguamento alla normativa antisismica.	- Riorganizzazione distributiva degli edifici e delle unità immobiliari, del loro numero e delle loro dimensioni; - costruzione dei servizi igienici in ampliamento delle superfici e dei volumi esistenti; - mutamento di destinazione d'uso di edifici, secondo quanto disciplinato dalle leggi regionali e dalla normativa locale; - trasformazione dei locali accessori in locali residenziali; - modifiche agli elementi strutturali, con variazione delle quote d'imposta dei solai; - interventi di ampliamento delle superfici.

[1] Le parti comuni interessate sono quelle indicate dall'art. 1117, n. 1, c.c.: il suolo su cui sorge l'edificio, le fondazioni, i muri maestri, i tetti e i lastrici solari, le scale, i portoni d'ingresso, i vestiboli, gli anditi, i portici, i cortili, tutte le parti dell'edificio necessarie all'uso comune.

Spese e oneri accessori

Altri interventi e spese agevolabili	
Spese e oneri accessori	Sono comprese tra le spese agevolabili anche: - le spese per la progettazione e le altre prestazioni professionali connesse; - le spese per prestazioni professionali comunque richieste dal tipo di intervento; - le spese per la messa in regola degli edifici ai sensi della Legge n. 46/1990 (impianti elettrici) e delle norme UNICIG per gli impianti a metano (Legge n. 1083/1971); - le spese per l'acquisto dei materiali; - il compenso corrisposto per la relazione di conformità dei lavori alle leggi vigenti; - le spese per l'effettuazione di perizie e sopralluoghi; - l'IVA, l'imposta di bollo e i diritti pagati per le concessioni, le autorizzazioni e le denunce di inizio lavori; - gli oneri di urbanizzazione; - gli altri eventuali costi strettamente collegati alla realizzazione degli interventi nonché dei relativi adempimenti.

IRPEF

Altri interventi e spese agevolabili	
Eliminazione barriere architettoniche	Opere che possono essere realizzate sia sulle parti comuni che sulle unità immobiliari e si riferiscono a diverse categorie di lavori: la sostituzione di finiture (pavimenti, porte, infissi esterni, terminali degli impianti), il rifacimento o l'adeguamento di impianti tecnologici (servizi igienici, impianti elettrici, citofoni, impianti di ascensori), gli interventi di natura edilizia più rilevante, quali il rifacimento di scale ed ascensori, l'inserimento di rampe interne ed esterne agli edifici e di servoscala o piattaforme elevatrici. In linea generale le opere finalizzate all'eliminazione delle barriere architettoniche sono **inseribili nella manutenzione straordinaria**.
Opere finalizzate alla **cablatura degli edifici**	**Realizzazione di antenne collettive o reti via cavo** per distribuire la ricezione nelle singole unità abitative. La tipologia di intervento ammissibile è limitata al caso di lavori, in edifici esistenti, che interconnettano tutte le unità immobiliari residenziali. Inoltre, possono essere oggetto di agevolazione gli interventi di cablatura degli edifici per l'accesso a **servizi telematici e di trasmissione dati**, **informativi e di assistenza**, quali, ad esempio, la contabilizzazione dell'energia da centrali di teleriscaldamento o di cogenerazione, la teleassistenza sanitaria e di emergenza.
Opere finalizzate al **contenimento dell'inquinamento acustico**	Opere finalizzate al contenimento dell'inquinamento acustico che possono essere realizzate **anche in assenza di opere edilizie** propriamente dette: ad esempio sostituzione di vetri degli infissi. In tal caso occorre acquisire idonea documentazione (ad es. scheda tecnica del produttore) che attesti l'abbattimento delle fonti sonore interne o esterne all'abitazione, nei limiti fissati dalla normativa.
Opere finalizzate al **risparmio energetico**	- Opere di **coibentazione dell'involucro** edilizio che consentano un contenimento del fabbisogno energetico necessario per la climatizzazione di almeno il 10%; - opere di coibentazione di reti di distribuzione di fluidi termovettori; - **impianti di climatizzazione e/o produzione di acqua calda** sanitaria utilizzanti pannelli solari piani; - impianti che utilizzano **pompe di calore** per climatizzazione ambiente e/o produzione di acqua calda sanitaria; - impianti **fotovoltaici** per la produzione di energia elettrica; - **generatori di calore** che, in condizione di regime, presentino un rendimento, misurato con metodo diretto, non inferiore al 90%; - **generatori di calore** che utilizzino come fonte energetica prodotti di **trasformazione di rifiuti organici e inorganici** o di prodotti vegetali a condizione che, in condizione di regime, presentino un rendimento, misurato con metodo diretto, non inferiore al 70%; - apparecchiature per la produzione combinata di energia elettrica e calore a condizione che il fattore di utilizzo globale del combustibile non sia inferiore al 70%; - apparecchiature di **regolazione automatica della temperatura** dell'aria all'interno delle singole unità immobiliari o dei singoli ambienti, purché, in quest'ultimo caso, applicati almeno al 70% degli ambienti costituenti l'unità immobiliare; - apparecchiature di **contabilizzazione individuale dell'energia termica** fornita alle singole unità immobiliari; - trasformazione, legittimamente deliberata, di impianti centralizzati di riscaldamento in **impianti unifamiliari a gas** per la climatizzazione e la produzione di acqua calda sanitaria, purché da detta trasformazione derivi un risparmio di energia non inferiore al 20% e purché gli impianti unifamiliari siano dotati di un sistema automatico di regolazione della temperatura e di un generatore di calore con rendimento, misurato con metodo diretto, non inferiore al 90%;

IRPEF

Altri interventi e spese agevolabili	
	- **sostituzione di scaldacqua elettrici** con scaldacqua alimentati a combustibile; - **sorgenti luminose** aventi un'efficienza maggiore o uguale a 50 lumen/watt, nel limite massimo annuo di una sorgente luminosa per vano dell'unità immobiliare. Anche le opere finalizzate al risparmio energetico possono essere realizzate in assenza di opere edilizie propriamente dette (vale quanto detto a proposito dell'inquinamento acustico).
Opere finalizzate alla **sicurezza statica ed antisismica**	Opere di **consolidamento statico** riconducibili alla manutenzione straordinaria o alla ristrutturazione edilizia. Gli interventi possono interessare anche le strutture di fondazione nonché la rete dei servizi ed in particolare acquedotti, fognature, elettricità. Nell'ambito dei **centri storici** essi "devono essere eseguiti sulla base di progetti unitari e non su singole unità immobiliari". La norma rende necessario non solo la cooperazione tra proprietari interessati, ma anche l'intervento attivo degli enti locali. Pertanto, ai fini dell'applicazione della disposizione, devono essere i privati, di norma, a predisporre "progetti unitari" e a sottoporli all'esame del Comune, per un'approvazione di tipo "edilizio": ovverosia mediante una concessione, stante che non si tratta, nel caso in esame, di piano urbanistico. Ma non può essere esclusa l'iniziativa dei Comuni, intesa a fornire, quanto meno, le linee di indirizzo per la formazione dei progetti unitari.
Interventi di **messa a norma degli edifici**	Interventi che riguardano la pluralità degli **impianti tecnologici** dell'abitazione meglio individuati all'art. 1, Legge n. 46/1990 e definiti dal Regolamento attuativo di cui al D.P.R. 6 dicembre 1991, n. 447. Sono quindi compresi tutti gli interventi effettuati e debitamente dotati di certificato di conformità, rilasciato da soggetti abilitati, anche se di entità minima, indipendentemente dalla categoria edilizia di intervento edilizio.
Opere interne	Opere le cui caratteristiche principali ed unificanti sono, in sintesi, l'assenza di alterazione dell'aspetto esterno degli edifici, nonché la natura di interventi edilizi che non comportino trasformazioni urbanistiche, oggetto di concessione edilizia.
Realizzazione di strumenti che, attraverso la comunicazione, la robotica e ogni altro mezzo di tecnologia più avanzata, sia adatto a **favorire la mobilità interna ed esterna** all'abitazione per le **persone portatrici di handicap gravi**	Spese sostenute esclusivamente per realizzare interventi sugli immobili; la detrazione, quindi, non compete per le spese sostenute in relazione al semplice acquisto di strumenti, anche se diretti a favorire la comunicazione e la mobilità interna ed esterna. Pertanto, a titolo di esempio, non rientrano nell'agevolazione di cui trattasi i telefoni a viva voce, gli schermi a tocco, i computer, le tastiere espanse. Tali beni, peraltro, sono inquadrabili nella categoria dei sussidi tecnici e informatici per i quali a certe condizioni è prevista la detrazione IRPEF del 19% (➡**6.2.7.**).
Adozione di misure finalizzate a **prevenire il rischio** del compimento di **atti illeciti da parte di terzi**	Con il termine "atti illeciti" si fa riferimento agli atti penalmente illeciti (ad esempio furto, aggressione, sequestro di persona e ogni altro reato la cui realizzazione comporti la lesione di diritti giuridicamente protetti). La detrazione in questi casi è applicabile unicamente alle spese sostenute per realizzare interventi sugli immobili; ad esempio **non rientra nell'agevolazione il contratto stipulato con un istituto di vigilanza**. Rientrano, invece, tutte le misure finalizzate a prevenire il rischio del compimento di tali atti illeciti, qui elencate a titolo esemplificativo: - rafforzamento, sostituzione o installazione di cancellate o recinzioni murarie degli edifici;

IRPEF

Altri interventi e spese agevolabili	
	- apposizione di grate sulle finestre o loro sostituzione; - porte blindate o rinforzate; - apposizione o sostituzione di serrature, lucchetti, catenacci, spioncini; - installazione di rilevatori di apertura e di effrazione sui serramenti; - apposizione di saracinesche; - tapparelle metalliche con bloccaggi; - vetri antisfondamento; - casseforti a muro; - fotocamere o cineprese collegate con centri di vigilanza privati; - apparecchi rilevatori di prevenzione antifurto e relative centraline; - esecuzione di opere volte ad evitare gli infortuni domestici.
Riparazione di impianti insicuri realizzati su immobili	Semplici riparazioni quali: - sostituzione del tubo del gas o la riparazione di una presa mal funzionante; - installazione di apparecchi di rilevazione di presenza di gas inerti; - montaggio di vetri anti-infortunio; - installazione del corrimano; - interventi di bonifica dell'amianto, limitatamente alle unità immobiliari a carattere residenziale.

Casi particolari	Chiarimenti
Realizzazione ed integrazione di **servizi igienico-sanitari**	Rientra tra gli interventi di manutenzione straordinaria la realizzazione ed integrazione di **servizi igienico-sanitari** senza alterazione dei volumi e delle superfici, compresi anche quelli relativi alla costruzione della rete fognaria fino alla rete pubblica, realizzati con opere interne o esterne (ris. 11 novembre 2002, n. 350/E). Gli interventi di realizzazione e di miglioramento dei servizi igienici rientrano tra gli interventi di manutenzione straordinaria ammessi al bonus ristrutturazione (risposta a interpello 19 luglio 2019, n. 287).
Sostituzione caldaia	Rientra tra gli interventi di manutenzione straordinaria in quanto riguarda una componente essenziale dell'impianto di riscaldamento (circ. 2 marzo 2016, n. 3/E, punto 1.5).
Lavori di bonifica del terreno	Tali spese possono essere riconosciute **solo se** indispensabili per la realizzazione dell'intervento di **ristrutturazione delle fognature** in base a quanto risultante da rigorose valutazioni tecniche fondate su elementi oggettivi (circ. 1° giugno 2012, n. 19/E, risp. 1.9).
Installazione di **addolcitori domestici**	È possibile fruire della detrazione per tali spese **solo se** l'intervento comporta **modifiche strutturali** integranti opere di manutenzione straordinaria (circ. 13 maggio 2011, n. 20/E, risp. 2.3).
Lavori in un **fienile**	È possibile fruire della detrazione d'imposta, in caso di lavori in un fienile che risulterà con **destinazione d'uso abitativo** solo a seguito dei lavori di ristrutturazione che il contribuente intende realizzare, purché nel provvedimento amministrativo che autorizza i lavori risulti chiaramente che gli stessi comportano il cambio di destinazione d'uso del fabbricato, già strumentale agricolo, in abitativo (ris. 8 febbraio 2005, n. 14/E).
Ristrutturazione con demolizione e ricostruzione	La detrazione compete solo in caso di **fedele ricostruzione**, nel rispetto della volumetria dell'edificio preesistente; conseguentemente, nell'ipotesi di demolizione e ricostruzione con ampliamento della volumetria preesistente, la detrazione non spetta in quanto l'intervento si considera, nel suo complesso, una "nuova costruzione". Qualora, invece, la ristrutturazione avvenga senza demolizione dell'edificio esistente e con ampliamento dello stesso, la detrazione compete solo per le spese riferibili alla parte esistente in quanto l'ampliamento configura, comunque, una "nuova costruzione". Tali criteri sono applicabili anche agli interventi di ampliamento previsti in attuazione del Piano Casa (ris. 4 gennaio 2011, n. 4/E; risposta a interpello 21 maggio 2019, n. 150).

Casi particolari	Chiarimenti
	La detrazione spetta in caso di interventi di demolizione e ricostruzione (o ricostruzione a seguito di crollo) con la medesima volumetria (fatte salve le sole innovazioni necessarie per l'adeguamento alla normativa antisismica, (art. 3, lett. d), D.P.R. n. 380/2001) o, nel caso di **immobili sottoposti a vincoli** (D.Lgs. n. 42/2004), con medesima sagoma dell'edificio preesistente se dal provvedimento amministrativo che autorizza i lavori risulta che gli stessi rientrano tra quelli di ristrutturazione edilizia (ris. 27 aprile 2018, n. 34/E). È comunque possibile fruire dell'agevolazione anche nel caso in cui il contribuente abbia realizzato un intervento di ristrutturazione edilizia mediante demolizione e successiva ricostruzione, che abbia prodotto un edificio con **volumetria inferiore** rispetto all'immobile preesistente (risposta a interpello 27 giugno 2019, n. 210; risposta a interpello 18 luglio 2019, n. 265).
Unità immobiliare adibita in parte ad attività di *bed & breakfast*	Per gli interventi di ristrutturazione edilizia realizzati (**usufruendo in parte di un finanziamento pubblico**) su un'unità immobiliare residenziale adibita promiscuamente anche all'esercizio dell'attività di *bed & breakfast*, è possibile usufruire del diritto alla detrazione d'imposta ridotta al 50%, per le spese rimaste a carico del contribuente (ris. 24 gennaio 2008, n. 18/E).
Sostituzione dei **sanitari**	La sostituzione della vasca, e dei sanitari in generale, può essere agevolabile solo se detta sostituzione, singolarmente non agevolabile, sia integrata o correlata ad interventi maggiori per i quali compete la detrazione d'imposta in forza del carattere assorbente della categoria di intervento "superiore" rispetto a quella "inferiore" (cfr. circ. n. 57/1998), come nel caso, ad esempio, del rifacimento integrale degli impianti idraulici del bagno, con innovazione dei materiali, che comporti anche la sostituzione dei sanitari (circ. 2 marzo 2016, n. 3/E).
Sostituzione della **vasca da bagno** con altra vasca con sportello apribile o con box doccia	**Non è agevolabile** in quanto si tratta di interventi inquadrati tra gli interventi di manutenzione ordinaria. Non è agevolabile nemmeno come intervento diretto all'eliminazione delle barriere architettoniche, anche se in grado di ridurre, almeno in parte, gli ostacoli fisici fonti di disagio per la mobilità di chiunque e di migliorare la sicura utilizzazione delle attrezzature sanitarie (circ. 2 marzo 2016, n. 3/E).
Installazione di un **impianto fotovoltaico** per la produzione di energia elettrica	Rientra tra i lavori agevolabili. Per usufruire della detrazione è comunque necessario che l'impianto sia installato per far fronte ai bisogni energetici dell'abitazione (cioè per usi domestici, di illuminazione, alimentazione di apparecchi elettrici, ecc.) e, quindi, che lo stesso sia posto direttamente al servizio dell'abitazione. Per tali interventi, la detrazione: - è **cumulabile** con il meccanismo dello scambio sul posto e del ritiro dedicato a condizione che l'impianto installato sia posto direttamente al servizio dell'abitazione; - **non è cumulabile** con la **tariffa incentivante** (art. 9, c. 4, D.M. 19 febbraio 2007); - è comunque **esclusa** qualora la cessione dell'energia prodotta in eccesso configuri esercizio di attività commerciale come, ad esempio, nell'ipotesi di impianto con potenza superiore a 20 kw e di impianto con potenza non superiore a 20 kw che non sia posto a servizio dell'abitazione (ris. 2 aprile 2013, n. 22/E).
Costi di trasloco e di **custodia** in magazzino dei mobili	Non sono agevolabili i **costi di trasloco** e di **custodia** in magazzino dei mobili per tutto il periodo di esecuzione dei lavori (circ. 24 febbraio 1998, n. 57/E, par. 4).
Acquisto/montaggio di un **sistema di accumulo** collegato ad un **impianto fotovoltaico**	Può beneficiare della detrazione d'imposta prevista per interventi finalizzati al risparmio energetico il contribuente che sostiene spese per l'acquisto/montaggio di un sistema di accumulo collegato ad un impianto fotovoltaico, precedentemente installato presso la propria abitazione, e per il quale non ha mai fruito della prevista detrazione IRPEF (risposta a interpello 19 settembre 2018, n. 8).

Casi particolari	Chiarimenti
Sostituzione **serramenti**	Gli interventi di sostituzione dei serramenti esterni con altri di diversa tipologia rientrano tra gli interventi di manutenzione straordinaria ammessi alla detrazione (risposta a interpello 16 settembre 2019, n. 383).

7.1.8. Realizzazione di autorimesse, posti auto o parcheggi pertinenziali

Possono avvalersi della detrazione anche gli acquirenti di **box o posti auto pertinenziali già realizzati**.

In tal caso, però, la detrazione spetta limitatamente alle **spese sostenute per la realizzazione**, sempre che le stesse risultino comprovate da apposita attestazione rilasciata dal venditore.

In relazione all'assegnazione, da parte delle **cooperative edilizie** di abitazione, di box auto pertinenziali, i soci possono essere ammessi a beneficiare della detrazione per gli **acconti pagati con bonifico**, in relazione al costo di costruzione del box pertinenziale, già dal momento di accettazione della domanda di assegnazione da parte del Consiglio di amministrazione, anche se questo non è sottoposto a registrazione; ciò anche nell'ipotesi in cui il rogito avvenga in un periodo d'imposta successivo (ris. 7 luglio 2008, n. 282/E).

Parcheggi pertinenziali - La detrazione spetta anche per la realizzazione di **parcheggi pertinenziali** (Legge n. 122/1989).

Tipologie di parcheggi	Disciplina applicabile
Realizzazione di **parcheggi** da **privati proprietari di immobili**, nel sottosuolo degli stessi e nei locali al piano terreno, oppure nel sottosuolo di aree private esterne agli edifici, purché ciò non sia in contrasto con i piani urbani del traffico e nel rispetto dell'uso della superficie soprastante e con la tutela dei corpi idrici	Non comporta particolari problemi interpretativi ed è, quindi, consentito usufruire dei benefici fiscali sia per interventi di realizzazione di parcheggi che per opere di recupero degli stessi, purché esista o venga creato un vincolo di pertinenzialità con un'unità immobiliare abitativa.
Realizzazione di parcheggi **su aree pubbliche**, per le quali le Amministrazioni comunali individuano privati o società cooperative concessionari del diritto di superficie i quali, in conformità al piano urbano dei parcheggi, realizzano parcheggi in superficie o interrati, da "destinare a pertinenza di immobili privati"	La detrazione può essere concessa se ricorrono **contemporaneamente** le seguenti **condizioni**: - si sia instaurato un rapporto di proprietà o di patto di vendita di cosa futura del parcheggio realizzato o in corso di realizzazione da parte di un contribuente soggetto all'IRPEF; - vi sia un vincolo di pertinenzialità con un'unità immobiliare, di proprietà del contribuente soggetto all'IRPEF, oppure se il parcheggio è in corso di costruzione, vi sia un'obbligazione per la creazione di un vincolo di pertinenzialità con un immobile esistente; - siano contabilizzati distintamente i costi imputabili alla sola realizzazione dei parcheggi e quelli relativi ai costi necessari, non ammissibili a beneficio fiscale. La comunicazione da parte del contribuente può intervenire successivamente all'inizio dei lavori, iniziati dal concessionario. Al **concessionario, quindi,** è fatto obbligo di fornire la **documentazione** da allegare alla richiesta di detrazione fiscale.

Documenti - In caso di acquisto, per usufruire della detrazione il proprietario deve essere in possesso della seguente documentazione (ris. 20 dicembre 1999, n. 166/E):

- **atto di acquisto o preliminare di vendita** registrato dal quale si evinca la **pertinenzialità**;
- dichiarazione del costruttore nella quale siano indicati i **costi di costruzione**;
- **bonifico bancario o postale** per i pagamenti effettuati;

– laddove prevista, ricevuta della raccomandata al Centro operativo di Pescara trasmessa prima della presentazione della dichiarazione dei redditi relativa al periodo d'imposta in cui è stato effettuato il pagamento.

Fattispecie	Regole per la detraibilità
Costruzione in proprio di un immobile ed un box terminato prima	Ai fini della detrazione delle spese di costruzione del box qualora questo venga terminato prima della costruzione definitiva dell'appartamento, non sussistendo un contratto preliminare, poiché trattasi di costruzione realizzata in economia, è necessario che l'esistenza del **vincolo pertinenziale** debba **risultare dalla concessione edilizia**. Naturalmente, la detrazione compete limitatamente alle spese di realizzazione del box pertinenziale che risultino documentate da pagamento avvenuto mediante bonifico (circ. 10 giugno 2004, n. 24/E).
Assenza di un preliminare di vendita regolarmente registrato	**Non spetta** la detrazione d'imposta, per la parte di spesa relativa alla realizzazione dei box. (ris. 8 febbraio 2008, n. 38/E).
Assegnazione, da parte delle **cooperative edilizie di abitazione**, di box auto pertinenziali	I **soci possono beneficiare della detrazione** per gli acconti pagati con bonifico, in relazione al costo di costruzione del box pertinenziale, già dal momento di accettazione della domanda di assegnazione da parte del Consiglio di amministrazione, anche se questo non è sottoposto a registrazione; ciò anche nell'ipotesi in cui il rogito avvenga in un periodo d'imposta successivo (ris. 7 luglio 2008, n. 282/E).
Pagamento con **bonifico bancario o postale disposto lo stesso giorno della stipula dell'atto di acquisto**	La detrazione spetta. Se, al momento del pagamento, il box per il quale si intende fruire della detrazione non è stato ancora destinato al servizio dell'abitazione, l'attribuzione della destinazione pertinenziale nell'arco della medesima giornata, mediante la stipula del rogito, realizza comunque la condizione prevista dalla Legge ai fini della fruizione del beneficio (ris. 13 gennaio 2011, n. 7/E).
Spesa sostenuta dal **coniuge comproprietario**	Può fruire per intero della detrazione annotando tale circostanza nella fattura (circ. 13 maggio 2011, n. 20/E).
Box derivante da intervento di **ristrutturazione**	**Non è agevolabile** il box auto acquistato da un contribuente, che deriva da un intervento di ristrutturazione di un immobile ad uso abitativo con cambio di destinazione d'uso e non da un intervento di "nuova costruzione" (risposta a interpello 19 settembre 2018, n. 6).

Percentuali di detrazione e limiti di spesa 7.1.9.

La detrazione:

– si applica nella misura del **50%** per un ammontare complessivo di spesa di **96.000 euro**;

– va spalmata su **10 anni**.

La percentuale ha subito, nel corso del tempo, alcune variazioni.

Percentuali e proroghe			
Anni	**Detrazione**	**Limite di spesa**	**Rateizzazione**
1/1/2008-31/12/2011	36%	48.000[1]	10 rate annuali
1/1/2012-25/6/2012	36%	48.000[1]	10 rate annuali
26/6/2012-31/12/2024	50%	96.000[1]	10 rate annuali
Dal 1/1/2025[2]	36%	48.000[1]	10 rate annuali

[1] L'importo va riferito alla singola unità immobiliare e non ad ogni persona fisica che abbia sostenuto le spese.
[2] Salvo proroghe.

Prosecuzione di lavori 7.1.10.

Nel caso in cui gli interventi consistano nella prosecuzione di lavori iniziati negli anni precedenti, sulla singola unità immobiliare, ai fini della determinazione del limite massimo delle spese detraibili occorre tenere conto delle spese sostenute negli anni pregressi.

CASO 1 - Detrazione per interventi di recupero edilizio in caso di prosecuzione dei lavori

1)
Spese di ristrutturazione sostenute nel 2021 euro 30.000
Spese di ristrutturazione sostenute nel 2022 in prosecuzione del medesimo intervento euro 12.000
In questo caso l'importo su cui calcolare la detrazione (in dieci rate) nel 2022 è pari a **12.000 euro**.

2)
Spese di ristrutturazione sostenute nel 2020: euro 30.000
Spese di ristrutturazione sostenute nel 2021, in prosecuzione del medesimo intervento euro 10.000
Spese di ristrutturazione sostenute nel 2022, in prosecuzione del medesimo intervento euro 60.000
In questo caso, essendo superato il limite di 96.000 euro, l'importo su cui calcolare la detrazione per il 2022 (in dieci rate) è pari **56.000 euro**, che si ottiene con la seguente operazione: 96.000 - (30.000+10.000).

Se su un immobile già oggetto di interventi di recupero edilizio negli anni precedenti, viene effettuata una **nuova ristrutturazione** che non consiste nella mera prosecuzione degli interventi già realizzati, il contribuente può avvalersi della detrazione nei limiti in vigore alla data dei bonifici di pagamento (circ. 24 aprile 2015, n. 17/E).

7.1.11. Adempimenti e documentazione necessaria per fruire dell'agevolazione

Oltre a quanto riportato nella tabella che segue, non è necessario trasmettere alcuna comunicazione essendo sufficiente, per usufruire dell'agevolazione, l'**indicazione nella dichiarazione dei redditi**:
- dei dati catastali identificativi dell'immobile;
- degli estremi di registrazione dell'atto che ne costituisce titolo in caso di lavori effettuati dal detentore (ad esempio, in caso di conduttore di immobile in locazione);
- degli altri dati richiesti ai fini del controllo della detrazione (➡95.2.).

Per beneficiare della detrazione è necessario presentare la Scia o la Cila, se richieste dalla normativa urbanistica.

Adempimento	Procedura
Comunicazione ASL	Se dovuta, va comunicata all'Azienda sanitaria competente per territorio, mediante lettera raccomandata A.R., la data di inizio dei lavori stessi, la loro ubicazione, la natura delle opere, il committente e l'impresa esecutrice.
Autocertificazione dell'impresa esecutrice dei lavori	L'impresa deve rilasciare una **dichiarazione sostitutiva** di atto notorio, circa il rispetto di tutti gli obblighi in materia di sicurezza del lavoro e in materia contributiva (a pena di decadenza dalle agevolazioni).
Dichiarazione di esecuzione dei lavori	Per i **lavori superiori a 51.645,69 euro** trasmettere, entro il termine di presentazione della dichiarazione dei redditi del periodo d'imposta in cui sono eseguiti i lavori, una dichiarazione di esecuzione lavori sottoscritta da un soggetto iscritto negli Albi degli ingegneri, architetti e geometri o da altro soggetto abilitato all'esecuzione degli stessi; la mancata trasmissione di tale dichiarazione **non determina la decadenza** dall'agevolazione (circ. 23 aprile 2010, n. 21/E) e comunque tale comunicazione **non è necessaria** ai fini dei controlli da parte dell'Agenzia (circ. 9 maggio 2013, n. 13/E).
Pagamento con **bonifico**	Il pagamento delle spese va fatto mediante bonifico bancario o postale, dal quale risulti la causale del versamento (va indicato il riferimento all'art. 16-bis del TUIR), il codice fiscale del beneficiario della detrazione e il numero di partita IVA ovvero il codice fiscale del soggetto a favore del quale il bonifico è stato effettuato.
Trasmissione dati all'ENEA	Occorre, entro 90 giorni dalla fine dei lavori o dal collaudo, trasmettere per via telematica all'ENEA le **informazioni** sugli interventi effettuati.

Bonifico

Nella tabella che segue si propongono alcuni casi particolari che si possono presentare in fase di pagamento mediante bonifico.

Caso	Regola
Bonifico **on line**	È possibile il suo utilizzo purché il contribuente fornisca alla banca i dati necessari che non è possibile indicare per mancanza di spazio a disposizione e cioè: la partita IVA del soggetto a favore del quale il bonifico è stato effettuato e il codice fiscale del beneficiario della detrazione.
Bonifico **incompleto**	Non è possibile usufruire della detrazione, a meno che il contribuente non proceda alla ripetizione del pagamento alla ditta beneficiaria mediante un nuovo bonifico bancario/postale nel quale siano riportati, in maniera corretta, i dati richiesti dall'art. 1 c. 3 D.M. n. 41/1998, in modo da consentire alle banche o a Poste Italiane S.p.a. di operare la ritenuta, secondo il disposto dell'art. 25, D.L. n. 78/2010 (ris. 7 giugno 2012, n. 55/E).
Causale errata	Se nella causale del bonifico, per un mero errore materiale, si indicano i riferimenti normativi della detrazione per la riqualificazione energetica degli edifici invece di quella per gli interventi di recupero del patrimonio edilizio se tale errore non pregiudica l'applicazione della ritenuta d'acconto, la detrazione può comunque essere riconosciuta, nel rispetto degli altri presupposti previsti dalla norma agevolativa. Lo stesso discorso vale nel caso opposto in cui, per un errore materiale, nella causale del bonifico siano stati indicati i riferimenti normativi degli interventi di recupero del patrimonio edilizio in luogo di quelli della detrazione per la riqualificazione energetica degli edifici, fermo restando il rispetto dei presupposti per la fruizione di quest'ultima detrazione (circ. 21 maggio 2014, n. 11/E).
Ordinante soggetto **diverso** da quello indicato nel bonifico quale **beneficiario della detrazione**	La detrazione deve essere fruita da quest'ultimo, nel rispetto degli altri presupposti previsti dalle norme in materia. In tal modo, viene soddisfatto il requisito richiesto dalla norma circa la titolarità del sostenimento della spesa (circ. 24 aprile 2015, n. 17/E).
Pagamento emesso da conti accesi presso **soggetti diversi dalle banche autorizzate**	Il requisito del pagamento tramite bonifico bancario o postale è rispettato anche quando il pagamento è emesso da conti accesi presso soggetti diversi dalle banche autorizzati dalla Banca d'Italia a prestare sul mercato servizi come la gestione di un conto, l'esecuzione di pagamenti tramite bonifico, l'emissione e ricarica di carte di pagamento e *money transfer*. Analogamente, nel caso in cui il destinatario del bonifico con il riferimento all'agevolazione fiscale sia un cliente dell'istituto, affinché la detrazione sia valida occorre che siano assolti gli stessi adempimenti previsti a carico di banche e Poste Italiane (ris. 20 gennaio 2017, n. 9/E).
Impossibilità a ripetere il pagamento	Nel caso in cui non sia possibile la ripetizione del pagamento, e il mancato assoggettamento a ritenuta dei compensi corrisposti sia dovuto a situazioni "peculiari" (quali l'errata compilazione del bonifico), la fruizione del beneficio fiscale non può escludersi qualora risulti comunque soddisfatta la finalità delle relative norme agevolative tese alla corretta tassazione del reddito nei casi di esecuzione di opere di ristrutturazione edilizia e riqualificazione energetica (circ. 7 aprile 2017, n. 8/E).

Documenti di spesa in presenza di più beneficiari

Se ci sono più soggetti titolari del diritto alla detrazione, il **beneficio** può spettare anche **a colui che non risulti intestatario del bonifico e/o della fattura** (o che non abbia effettuato l'invio della comunicazione al Centro operativo di Pescara, prevista sino al 13 maggio 2011) nella misura in cui abbia sostenuto le spese, a prescindere dalla circostanza che il bonifico sia stato o meno ordinato da un conto corrente cointestato con il soggetto che risulti, invece, intestatario dei predetti documenti.
A tal fine, è necessario che i **documenti di spesa** siano appositamente **integrati** con il nominativo del soggetto che ha sostenuto la spesa e con l'indicazione della relativa percentuale.
Tali integrazioni devono essere effettuate **fin dal primo anno di fruizione del beneficio**, essendo esclusa la possibilità di modificare nei periodi d'imposta successivi la ripartizione della spesa sostenuta (circ. 21 maggio 2014, n. 11/E, risp. 4.1; circ. 13 maggio 2011, n. 20/E, risp. 2.1).

CASO 2 - Detrazione per interventi di recupero edilizio in caso di più beneficiari

1)
Aventi diritto: Tizio e Caio;
Fattura intestata a Tizio;
Bonifico intestato a Tizio.
In questo caso la detrazione può essere fruita da:
Tizio al 100%;
Caio al 100% indicandolo in fattura;
Tizio e Caio in base all'onere effettivamente sostenuto indicandolo in fattura.

2)
Aventi diritto: Tizio e Caio;
Fattura intestata a Tizio;
Bonifico intestato a Caio.
In questo caso la detrazione può essere fruita da:
Tizio al 100% indicandolo in fattura;
Caio al 100% indicandolo in fattura;
Tizio e Caio in base all'onere effettivamente sostenuto indicandolo in fattura.

3)
Aventi diritto: Tizio e Caio;
Fattura intestata a Caio;
Bonifico intestato a Caio.
In questo caso la detrazione può essere fruita da:
Tizio al 100% indicandolo in fattura;
Caio al 100%;
Tizio e Caio in base all'onere effettivamente sostenuto indicandolo in fattura.

4)
Aventi diritto: Tizio e Caio;
Fattura intestata a Caio;
Bonifico intestato a Tizio.
In questo caso la detrazione può essere fruita da:
Tizio al 100% indicandolo in fattura;
Caio al 100% indicandolo in fattura;
Tizio e Caio in base all'onere effettivamente sostenuto indicandolo in fattura.

Trasmissione dati all'ENEA

Al fine di effettuare il monitoraggio e la valutazione del **risparmio energetico** conseguito a seguito della realizzazione degli interventi agevolabili, in analogia a quanto già previsto in materia di detrazioni fiscali per la riqualificazione energetica degli edifici (➡7.4.13.), devono essere trasmesse per via telematica all'ENEA le **informazioni sugli interventi effettuati** (art. 16, c. 2-bis, D.L. n. 63/2013; art. 1, c. 3, Legge n. 205/2017).

L'ENEA elabora le informazioni pervenute e trasmette una relazione sui risultati degli interventi al Ministero dello sviluppo economico, al Ministero dell'economia e delle finanze, alle regioni e alle province autonome di Trento e di Bolzano, nell'ambito delle rispettive competenze territoriali.

Dati da trasmettere all'ENEA	- Interventi con riduzione della trasmittanza dei **serramenti** comprensivi di infissi delimitanti gli ambienti riscaldati con l'esterno e i vani freddi; - interventi con riduzione della trasmittanza delle strutture opache verticali (**pareti esterne**) ovvero che delimitano gli ambienti riscaldati dall'esterno, dai vani freddi e dal terreno; - interventi con riduzione della trasmittanza delle strutture opache orizzontali e inclinate (**coperture**) che delimitano gli ambienti riscaldati dall'esterno e dai vani freddi;

	- interventi con riduzione della trasmittanza termica dei **pavimenti** delimitanti gli ambienti riscaldati con l'esterno, i vani freddi e il terreno; - installazione di impianti (**collettori solari**) per produzione di acqua calda sanitaria e/o riscaldamento ambienti; - sostituzione di generatori di calore con **caldaie a condensazione per riscaldamento ambienti** (con o senza produzione di acqua calda sanitaria) o per la sola produzione di acqua calda per una pluralità di utenze ed eventuale adeguamento dell'impianto; - sostituzione di **generatori di calore** con generatori di calore ad aria a condensazione ed eventuale adeguamento dell'impianto; - installazione di **pompe di calore** per **climatizzazione** degli ambienti ed eventuale adeguamento dell'impianto o sistemi ibridi (caldaia a condensazione e pompa di calore) ed eventuale adeguamento dell'impianto; - installazione di **scaldacqua a pompa di calore** o **generatori di calore a biomassa**; - installazione di **sistemi di contabilizzazione** del calore negli impianti centralizzati per una pluralità di utenze; - installazione di **sistemi di termoregolazione** e building automation; - **impianti fotovoltaici**;
Modalità operative	Per la trasmissione dei dati occorre utilizzare un'apposita **procedura telematica disponibile sul portale dell'ENEA**. L'accesso avviene previa registrazione specificando se si tratta di: - beneficiario (utente finale che ha pagato l'intervento e che beneficerà della detrazione; - intermediario (tecnico, amministratore, ecc. che compila la dichiarazione per conto di un cliente, di un assistito, di un condominio o di una società). Oltre alla comunicazione va compilata una **scheda con i dati catastali**. All'atto dell'invio, il sistema rilascia una apposita ricevuta elettronica. È possibile **modificare** una dichiarazione già inviata: a tal fine, occorre accedere all'area personale del sito, e modificare i dati delle dichiarazioni già inserite tramite l'apposito link "Modifica pratica".
Tempistica	L'invio deve avvenire entro il termine di **90 giorni** a partire **dalla** data di **fine lavori**.
Decadenza	La **mancata trasmissione** per via telematica all'ENEA delle informazioni sugli interventi di recupero del patrimonio edilizio, per il monitoraggio e la valutazione del risparmio energetico conseguito non determina la revoca dalla detrazione (ris. 18 aprile 2019, n. 46/E).

Sono da trasmettere anche i dati relativi all'**acquisto di elettrodomestici** ma solo se collegati ad un intervento di recupero del patrimonio edilizio iniziato a decorrere dal 1° gennaio 2017 per i quali si fruisce del c.d. "bonus mobili" (➡7.2.).

Documentazione da controllare e conservare	
Immobile oggetto di ristrutturazione	- **Abilitazioni amministrative** dalle quali si evince la tipologia dei lavori e la data di inizio dei lavori o, in assenza, autocertificazione che attesti la data di inizio e la detraibilità delle spese sostenute; - **fatture** o **ricevute fiscali** idonee a comprovare il sostenimento della spesa di realizzazione degli interventi effettuati; - **bonifico** bancario o postale (anche on line) da cui risulti la causale del versamento, il codice fiscale del soggetto che beneficia della detrazione e il codice fiscale o partita IVA del soggetto a favore del quale il bonifico è effettuato;

IRPEF

Documentazione da controllare e conservare	
	- altra documentazione relativa alle **spese il cui pagamento** è previsto possa **non** essere eseguito **con bonifico** bancario (ad esempio oneri di urbanizzazione, ritenute d'acconto operate sui compensi, imposta di bollo e diritti pagati per le concessioni, autorizzazioni e denunce di inizio lavori); - **autocertificazione** attestante che l'**ammontare delle spese** sulle quali è calcolata la detrazione da parte di tutti gli aventi diritto **non eccede il limite massimo ammissibile**; - **dichiarazione** dell'**amministratore condominiale** che attesti di aver adempiuto a tutti gli **obblighi previsti dalla legge** e che certifichi l'entità della somma corrisposta dal condomino e la misura della detrazione (in assenza tutta la documentazione inerente la spesa sostenuta); - in assenza del codice fiscale del condominio minimo documentazione ordinariamente richiesta per comprovare il diritto alla agevolazione, **autocertificazione** che attesti la **natura dei lavori** effettuati e indichi i dati catastali delle unità immobiliari facenti parte del condominio; - **atto di cessione dell'immobile** nell'ipotesi in cui lo stesso contenga la previsione del mantenimento del diritto alla detrazione in capo al cedente; - per i lavori iniziati antecedentemente il 1° gennaio 2011, copia della **comunicazione** inviata al Centro di Servizio o al **Centro operativo di Pescara** e della ricevuta postale della raccomandata, pe verificare che la stessa sia stata inviata prima o lo stesso giorno della data di inizio lavori riportata nella comunicazione stessa.
Acquisto box pertinenziale	- **Atto di acquisto** o preliminare di vendita registrato dal quale si evinca la pertinenzialità e il numero dei contitolari; - dichiarazione del costruttore nella quale siano indicati i **costi di costruzione**; - **bonifico** bancario o postale per i pagamenti effettuati. In caso di acquisto con unico atto di box e abitazione senza bonifico bancario o postale attestazione resa dall'impresa venditrice mediante atto notorio di aver correttamente contabilizzato il corrispettivo ricevuto ai fini della tassazione del reddito; - per gli acquisti effettuati entro il 2010, ricevuta **raccomandata al Centro operativo di Pescara** che deve essere trasmessa prima della presentazione della dichiarazione dei redditi; l'obbligo della raccomandata è sostituito dall'indicazione dei dati catastali nella dichiarazione dei redditi; - **autocertificazione** per le spese sostenute a decorrere dal 1° ottobre 2006 attestante l'importo del **costo di costruzione** riferibile a ciascuno dei contitolari.
Costruzione box pertinenziale	- **Concessione edilizia** da cui risulti il vincolo di pertinenzialità con l'abitazione che potrebbe anche essere ultimata in un momento successivo; - **bonifico** bancario o postale per i pagamenti effettuati; - **fatture** o ricevute fiscali idonee a comprovare il sostenimento della spesa di realizzazione degli interventi effettuati; - ricevuta **raccomandata al Centro operativo di Pescara** che deve essere trasmessa prima della presentazione della dichiarazione dei redditi; per i lavori eseguiti dal 2010 l'obbligo della raccomandata è sostituito dall'indicazione dei dati catastali nella dichiarazione dei redditi; - **autocertificazione** per le spese sostenute a decorrere dal 1° ottobre 2006 attestante l'importo delle **spese di costruzione** sostenute da ciascuno dei contitolari.

Documentazione da controllare e conservare	
Acquisto immobile ristrutturato da impresa	- **Atto di acquisto**, assegnazione o preliminare di vendita registrato dal quale si evinca la data di inizio e fine lavori nonché il numero dei contitolari; - nel caso in cui l'atto di acquisto, di assegnazione o il preliminare non contengano le indicazioni riferite ai **termini di ultimazione** della ristrutturazione e che trattasi di immobile facente parte di un edificio interamente ristrutturato, dichiarazione **rilasciata** dall'**impresa di costruzione** o dalla cooperativa edilizia che attesti le condizioni sopracitate; - **autocertificazione** per le spese sostenute a decorrere dal 1° ottobre 2006 attestante l'importo delle **spese di acquisto** sostenute da ciascuno dei contitolari.
Acquisto-donazione dell'immobile sul quale sono stati effettuati lavori di ristrutturazione	- **Atto di acquisto** o donazione; - copia delle **fatture** a sostegno delle spese intestate al precedente proprietario; - copia dei **bonifici** bancari o postali da cui risulti la causale del versamento, il codice fiscale del soggetto che beneficia della detrazione e il codice fiscale o partita IVA del soggetto a favore del quale il bonifico è effettuato; - copia della **comunicazione** inviata al Centro di Servizio o al **Centro operativo di Pescara** e copia della ricevuta postale della raccomandata per i lavori iniziati antecedentemente il 1° gennaio 2011; - **documentazione** relativa alle **spese** il cui pagamento è previsto possa **non** essere eseguito **con bonifico** bancario (ad esempio per pagamenti relativi oneri di urbanizzazione, ritenute d'acconto operate sui compensi, imposta di bollo e diritti pagati per le concessioni, autorizzazioni e denunce di inizio lavori); - **dichiarazione** dell'**amministratore condominiale** (nel caso di spese sulle parti comuni) che attesti di aver adempiuto a tutti gli obblighi previsti dalla legge e che certifichi l'entità della somma corrisposta dal condomino (in assenza di amministratore sarà necessario visionare tutta la documentazione inerente la spesa sostenuta).
Immobile acquisito in eredità	- **Autocertificazione** dalla quale risulti la **detenzione** materiale e diretta del **bene**; - **autocertificazione** con la quale si attesta la condizione di **erede**; - copia della **comunicazione** inviata al Centro di Servizio o al **Centro Operativo di Pescara** e copia della ricevuta postale della raccomandata per i lavori iniziati antecedentemente il 1° gennaio 2011; - copia delle **fatture** a sostegno delle spese intestate al precedente proprietario; - copia dei **bonifici** bancari o postali da cui risulti la causale del versamento, il codice fiscale del soggetto che beneficia della detrazione e il codice fiscale o partita IVA del soggetto a favore del quale il bonifico è effettuato; - documentazione relativa alle **spese** il cui pagamento è previsto possa **non** essere eseguito **con bonifico** bancario (ad esempio per pagamenti relativi oneri di urbanizzazione, ritenute d'acconto operate sui compensi, imposta di bollo e diritti pagati per le concessioni, autorizzazioni e denunce di inizio lavori; - **dichiarazione** dell'**amministratore condominiale** (nel caso di spese sulle parti comuni) che attesti di aver adempiuto a tutti gli obblighi previsti dalla legge e che certifichi l'entità della somma corrisposta dal condomino (in assenza di amministratore sarà necessario visionare tutta la documentazione inerente la spesa sostenuta).

IRPEF

7.1.12. Detrazione per gli acquirenti e assegnatari di immobili ristrutturati

La detrazione per gli interventi di recupero del patrimonio edilizio spetta anche nel caso di interventi di **restauro e risanamento conservativo** o di **ristrutturazione edilizia su interi fabbricati,** eseguiti da imprese di costruzione o di ristrutturazione immobiliare o da cooperative edilizie che provvedano alla successiva **vendita o assegnazione dell'immobile entro 18 mesi** dal termine dei lavori (art. 16-bis, c. 3, D.P.R. n. 917/1986).

> Si possono comperare singole unità immobiliari di interi fabbricati, anche se sono stati ristrutturati da imprese edili che hanno **appaltato a terzi i lavori** (risposta a interpello 19 luglio 2019, n. 287).

In questo caso, l'acquirente o l'assegnatario ha diritto alla detrazione calcolata, indipendentemente dal valore degli interventi eseguiti, sull'ammontare **forfetario pari al 25%** del **prezzo di vendita o di assegnazione** dell'abitazione, risultante dall'atto di acquisto o di assegnazione.

Pertanto, supponendo un prezzo di acquisto dell'immobile pari a 150.000 euro, l'importo su cui calcolare la detrazione è pari a 37.500 euro.

Tenendo conto delle varie proroghe e modifiche occorre distinguere tra:

- **spese sostenute dal 26 giugno 2012 al 31 dicembre 2024:** la detrazione spetta all'acquirente o assegnatario nella misura del 50%. L'importo pari al 25% del prezzo di acquisto o assegnazione non può superare il limite di 96.000 euro;
- **spese sostenute fino al 25 giugno 2012:** la detrazione spetta nella misura del 36% se il rogito è avvenuto nel 2005, dal 1° ottobre 2006 al 30 giugno 2007 o a partire dal 1° gennaio 2008.

In caso di **successiva cessione dell'immobile** da parte di un soggetto che lo ha acquistato da un'impresa di costruzioni che ha effettuato i lavori di ristrutturazione, l'agevolazione si trasmette al nuovo acquirente e quest'ultimo può usufruirne anche se il vecchio proprietario non se ne è avvalso.

In particolare:

- il contribuente che **vende l'immobile ristrutturato**, trasferendo sull'acquirente l'onere economico sostenuto per la ristrutturazione, perde il beneficio per le restanti quote. Il beneficio si trasferisce all'acquirente, il quale, per poterne usufruire, deve essere in possesso della documentazione necessaria;
- la **mancata fruizione** del beneficio per le prime rate non comporta la decadenza dell'agevolazione per le rate successive.

CASO 3 - Detrazione per acquirente di immobile ristrutturato

Un contribuente ha acquistato, il 30 giugno 2021, un'unità immobiliare facente parte di un edificio interamente sottoposto a intervento di restauro e di risanamento conservativo da parte della stessa impresa di costruzione e ristrutturazione.

Il prezzo di acquisto è pari a 250.000 euro.

Il contribuente può usufruire della detrazione del 50% su un importo pari al 25% del prezzo di acquisto.

Pertanto, si avrà:

- Spesa detraibile: 250.000 * 25% = 62.500 euro.

Poiché la spesa detraibile (62.500) non supera il limite massimo di spesa annuo previsto (96.000), potrà essere detratto, in 10 rate, l'intero importo:

- Importo rata: 62.500/ 10 = 6.250 euro;
- Importo detrazione: 6.250* 50% = 3.125 euro.

Regole particolari per la detraibilità

Caso	Regole
Atto unico di acquisto relativo ad **appartamento e pertinenza**	Si può beneficiare della detrazione sul costo complessivo entro il limite di spesa stabilito (circ. 10 giugno 2004, n. 24/E, risp. 1.3).
Acquisto, con medesimo atto, di **due unità immobiliari di tipo residenziale**	Il limite massimo di spesa va riferito ad ogni singolo immobile (circ. 10 giugno 2004, n. 24/E, risp. 1.3).

Caso	Regole
Rogito stipulato prima della fine dei lavori riguardanti l'intero fabbricato	Spetta la detrazione. In tal caso, tuttavia, essendo necessario che si realizzi anche il presupposto costituito dell'ultimazione dei lavori riguardanti l'intero fabbricato, la detrazione può essere fruita solo dall'anno di imposta in cui detti lavori siano stati ultimati. Nella dichiarazione relativa a tale anno il contribuente fruirà della detrazione a partire dalla prima rata indicando quale anno di sostenimento della spesa quello di fine lavori.
Versamento di acconti	È possibile beneficiare della detrazione anche con riferimento agli importi versati in acconto a condizione che il preliminare di vendita dell'immobile sia registrato entro la data di presentazione della dichiarazione dei redditi nella quale si intende fruire della detrazione. Se gli acconti sono pagati in un anno diverso da quello in cui è stipulato il rogito, il contribuente ha la possibilità di far valere la detrazione degli importi versati in acconto o nel periodo di imposta in cui questi sono stati pagati o nel periodo di imposta in cui ha stipulato il rogito (circ. 10 giugno 2004, n. 24/E, risp. 1.7).
Nudo proprietario e il **titolare di un diritto reale di godimento** sull'immobile (uso, usufrutto, abitazione)	Possono godere dell'agevolazione. Nel caso di acquisto di nuda proprietà e di contestuale costituzione del diritto di usufrutto, occorre ripartire la detrazione in proporzione al valore dei due diritti reali (circ. 10 giugno 2004, n. 24/E, risp. 1.5; ris. 9 gennaio 2007, n. 1/E, risp. 1).
Detrazione non fruita dal precedente acquirente	Il diritto a subentrare nel beneficio fiscale spetta anche nell'ipotesi in cui la detrazione non sia stata fruita dal precedente acquirente. Il successivo acquirente, pertanto, può usufruire della detrazione in relazione alle rate maturate a partire dal periodo d'imposta in cui ha acquistato l'immobile (circ. 12 maggio 2000, n. 95/E, risp. 2.1.2; ris. 1° dicembre 2008, n. 457/E).

ACQUISTI DI MOBILI DESTINATI ALL'ARREDO DELL'IMMOBILE RISTRUTTURATO 7.2.

Ai contribuenti che fruiscono della detrazione per gli interventi di recupero del patrimonio edilizio (➡7.1.), è riconosciuta, nel **limite massimo di spesa di 10.000 euro** (16.000 euro nel 2021 e 5.000 euro nel 2023 e 2024), una detrazione del 50%per le spese per l'**acquisto di mobili e di grandi elettrodomestici**, finalizzati all'arredo dell'immobile oggetto di recupero (cosiddetto "**bonus mobili**") (art. 16, c. 2, D.L. n. 63/2013).

La detrazione inizialmente riferita alle spese sostenute **dal 6 giugno al 31 dicembre 2013**, è stata più volte prorogata.

Dal 2017 al 2021, il beneficio è stato limitato agli acquisti di mobili e grandi elettrodomestici effettuati in **connessione con lavori di recupero del patrimonio edilizio.**

Per gli acquisti di mobili effettuati **entro il 2016** non era previsto alcun vincolo temporale di consequenzialità con l'esecuzione dei lavori e, pertanto, potevano fruire del bonus mobili i contribuenti che avevano sostenuto spese per interventi di recupero del patrimonio edilizio **a decorrere dal 26 giugno 2012** (circ. 18 settembre 2013, n. 29/E, par. 3.3, circ. 21 maggio 2014, n. 11/E, risp. 5.6 e circ. 8 aprile 2016, n. 12/E, risp. 17.1).

In base alle **regole in vigore nel 2021**, la detrazione è riconosciuta ai contribuenti che fruiscono della detrazione per gli interventi di recupero del patrimonio edilizio (➡7.1.), limitatamente agli interventi di recupero del patrimonio edilizio iniziati a decorrere dal 1° gennaio 2020.

Invece, **dal 2022**, la detrazione spetta a condizione che gli interventi di recupero del patrimonio edilizio siano iniziati a partire dal 1° gennaio dell'anno precedente a quello dell'acquisto.

Qualora gli interventi di recupero del patrimonio edilizio siano effettuati nell'anno precedente a quello dell'acquisto, ovvero siano iniziati nell'anno precedente a quello dell'acquisto e proseguiti in detto anno, il limite di spesa (10.000 euro nel 2022 e 5.000 euro nel 2023 e 2024) è considerato **al netto** delle spese sostenute nell'anno precedente per le quali si è fruito della detrazione.

IRPEF

7.2.1. Condizioni per usufruire della detrazione

La detrazione è collegata agli interventi:
- di **manutenzione ordinaria** (art. 3, lett. a), D.P.R. n. 380/2001), effettuati sulle parti comuni di edificio residenziale;
- di **manutenzione straordinaria** (art. 3, lett. b), D.P.R. n. 380/2001), effettuati sulle parti comuni di edificio residenziale e su singole unità immobiliari residenziali;
- di **restauro e** di **risanamento conservativo** (art. 3, lett. c), D.P.R. n. 380/2001) effettuati sulle parti comuni di edificio residenziale e su singole unità immobiliari residenziali;
- di **ristrutturazione edilizia** (art. 3, lett. d), D.P.R. n. 380/2001), effettuati sulle parti comuni di edificio residenziale e su singole unità immobiliari residenziali;
- di **restauro e** di **risanamento conservativo e** di **ristrutturazione edilizia** (art. 3, lett. c), d), D.P.R. n. 380/2001), riguardanti interi fabbricati, eseguiti da imprese di costruzione o ristrutturazione immobiliare e da cooperative edilizie, che provvedano entro 18 mesi dal termine dei lavori alla successiva alienazione o assegnazione dell'immobile (circ. 18 settembre 2013, n. 29/E, par. 3.2);
- necessari alla **ricostruzione** o al ripristino dell'immobile danneggiato a seguito di **eventi calamitosi**, ancorché non rientranti nelle categorie precedenti, sempreché sia stato dichiarato lo stato di emergenza.

Per beneficiare del bonus mobili è, pertanto, necessario che l'intervento sull'abitazione sia riconducibile almeno alla **manutenzione straordinaria**.

Casi particolari

Fattispecie di intervento	Ammissibilità bonus mobili
Interventi finalizzati all'utilizzo di fonti rinnovabili di energia (ad esempio, l'installazione di una stufa a pellet, di impianti dotati di generatori di calore alimentati da biomasse combustibili sempreché sostituiscano componenti essenziali di impianti preesistenti, al fine di ottenere risparmi energetici) (circ. 21 maggio 2014, n. 11/E, risp. 5.1).	SÌ
Sostituzione della caldaia, in quanto intervento diretto a sostituire una componente essenziale dell'impianto di riscaldamento (circ. 2 marzo 2016, n. 3/E, risp. 1.5).	SÌ
Interventi edilizi su parti comuni di edifici residenziali, compresi quelli di manutenzione ordinaria, a condizione che i mobili acquistati siano finalizzati all'arredo delle parti comuni (ad esempio, guardiole, appartamento del portiere, sala adibita a riunioni condominiali, lavatoi, ecc.) e non all'arredo della propria unità immobiliare (circ. 18 settembre 2013, n. 29/E, par. 3.2).	SÌ
Realizzazione di **posti auto o box pertinenziali** (circ. 21 maggio 2014, n. 11/E, risp. 5.2).	NO
Interventi volti all'adozione di misure finalizzate a **prevenire il rischio del compimento di atti illeciti da parte di terzi**, tranne nel caso in cui siano anche inquadrabili tra gli interventi edilizi di manutenzione ordinaria, manutenzione straordinaria, restauro o risanamento conservativo, ristrutturazione edilizia (circ. 14 maggio 2014, n. 10, risp. 7.1).	NO
Acquisto di mobili o di grandi elettrodomestici destinati all'arredo di un ambiente diverso da quello oggetto di predetti interventi purché l'immobile sia comunque oggetto degli specifici interventi edilizi (circ. 18 settembre 2013, n. 29/E, par. 3.4).	SÌ
Pagamento dei mobili e grandi elettrodomestici **antecedente** al pagamento delle spese per la ristrutturazione dell'immobile, purché i lavori siano avviati (circ. 18 settembre 2013, n. 29/E, par. 3.3).	SÌ

Data di avvio dei lavori di recupero del patrimonio edilizio - Può essere comprovata:
- dalle eventuali **abilitazioni amministrative** o comunicazioni richieste dalla vigente legislazione edilizia in relazione alla tipologia di lavori da realizzare;
- dalla **comunicazione preventiva** indicante la data di inizio dei lavori all'Azienda sanitaria locale, qualora la stessa sia obbligatoria;

– ovvero, in caso si tratti di lavori per i quali non siano necessarie comunicazioni o titoli abitativi, da **dichiarazione sostitutiva** di atto di notorietà.

Tipologie di beni agevolabili 7.2.2.

Dal **2022**, l'agevolazione spetta per l'acquisto, anche se effettuato all'estero (circ. 21 maggio 2014, n. 11/E, risp. 5.5), di:

– **mobili**;
– **grandi elettrodomestici** di classe non inferiore alla A+ (A per i **forni**), alla classe E per le **lavatrici**, le lavasciugatrici e le lavastoviglie, alla classe F per i **frigoriferi** e i congelatori, per le apparecchiature per le quali sia prevista l'etichetta energetica.

Il beneficio interessa unicamente le spese sostenute per l'acquisto di mobili o grandi elettrodomestici **nuovi** (circ. 18 settembre 2013, n. 29/E, par. 3.4).

Mobili	Grandi elettrodomestici (All. 1B, D.Lgs. n. 151/2005)
Letti, armadi, cassettiere, librerie, scrivanie, tavoli, sedie, comodini, divani, poltrone, credenze, nonché i materassi e gli apparecchi di illuminazione in quanto costituiscono un necessario completamento dell'arredo dell'immobile oggetto di ristrutturazione. **Non sono agevolabili**, invece, gli acquisti di porte, pavimentazioni (ad esempio, il parquet), tende e tendaggi, nonché di altri complementi di arredo.	- Grandi apparecchi di refrigerazione; - Frigoriferi; - Congelatori; - Altri grandi elettrodomestici utilizzati per la refrigerazione, la conservazione e il deposito degli alimenti; - Lavatrici; - Asciugatrici; - Lavasciuga di classe A (risposta a interpello 16 luglio 2019, n. 245); - Lavastoviglie; - Apparecchi per la cottura; - Stufe elettriche; - Piastre riscaldanti elettriche; - Forni a microonde; - Altri grandi elettrodomestici utilizzati per la cottura e l'ulteriore trasformazione degli alimenti; - Apparecchi elettrici di riscaldamento; - Radiatori elettrici; - Altri grandi elettrodomestici utilizzati per riscaldare stanze, letti e mobili per sedersi; - Ventilatori elettrici; - Apparecchi per il condizionamento come definiti dalle disposizioni di attuazione della Direttiva 2002/40/CE del 2002 della Commissione che stabilisce le modalità di applicazione della Direttiva 92/75/CEE del Consiglio per quanto riguarda l'etichettatura indicante il consumo di energia dei forni elettrici per uso domestico; - Altre apparecchiature per la ventilazione, e l'estrazione d'aria e il condizionamento.

Nell'importo delle spese sostenute per l'acquisto di mobili e grandi elettrodomestici possono essere considerate anche le **spese di trasporto e di montaggio** dei beni acquistati, sempreché le spese stesse siano state sostenute con le modalità di pagamento previste (circ. 18 settembre 2013, n. 29/E, par. 3.4).

Limiti di detraibilità 7.2.3.

La detrazione è calcolata su un **importo massimo di 10.000 euro** (16.000 euro nel 2021 e 10.000 euro fino al 31 dicembre 2020), indipendentemente dall'ammontare delle spese sostenute per gli interventi di recupero del patrimonio edilizio.

Tale limite, nel **2023 e 2024** scende a **5.000 euro**.

Il predetto limite è correlato ad ogni singola unità immobiliare oggetto di "ristrutturazione", comprensiva delle pertinenze, o alla parte comune oggetto dell'intervento (circ. 18 settembre 2013, n. 29/E, par. 3.5).

Al contribuente che esegue gli **interventi su più unità immobiliari** il diritto alla detrazione è **riconosciuto più volte**.
L'ammontare complessivo di 10.000 euro (o 16.000 euro o 5.000 euro) deve essere calcolato considerando le spese sostenute nel corso dell'intero arco temporale in cui è stata in vigore l'agevolazione, anche nel caso di **successivi e distinti interventi edilizi** che abbiano interessato la stessa unità immobiliare (circ. 21 maggio 2014, n. 11/E, risp. 5.7).
La detrazione va ripartita tra gli aventi diritto ed è fruita in **10 quote annuali** di pari importo.

A differenza di quanto avviene per le spese per gli interventi di recupero del patrimonio edilizio, la **detrazione non utilizzata** in tutto o in parte **non si trasferisce** né in caso di decesso del contribuente né in caso di cessione dell'immobile oggetto di intervento di recupero edilizio (circ. 23 aprile 2010, n. 21/E, risp. 2.2). Ciò anche nel caso in cui con la cessione dell'immobile vengano trasferite all'acquirente le restanti rate della detrazione delle spese di recupero del patrimonio edilizio (circ. 24 aprile 2015, n. 17, risp. 4.6).

7.2.4. Modalità di pagamento

Per la fruizione della detrazione occorre eseguire i pagamenti **mediante bonifici bancari o postali**, con le medesime modalità previste per i pagamenti dei lavori di ristrutturazione edilizia (circ. 18 settembre 2013, n. 29/E, par. 3.6).
Non è necessario utilizzare il bonifico appositamente predisposto da banche e Poste S.p.a. per le spese di recupero del patrimonio edilizio (bonifico soggetto a ritenuta), ma è sufficiente un semplice bonifico bancario o postale.

È consentito, inoltre, effettuare il pagamento degli acquisti di mobili o di grandi elettrodomestici mediante **carte di credito o carte di debito**.
Non è possibile, invece, effettuare il pagamento mediante assegni bancari, contanti o altri mezzi di pagamento (circ. 31 marzo 2016, n. 7, punto. 2.4).

La detrazione è ammessa anche nel caso di mobili e grandi elettrodomestici acquistati con il **finanziamento a rate,** a condizione che la società che eroga il finanziamento paghi il corrispettivo con le medesime modalità sopra indicate e il contribuente abbia copia della ricevuta del pagamento (circ. 4 aprile 2017, n. 7/E).

Tipo di pagamento	Momento in cui la spesa si considera sostenuta
Bonifico	Al momento dell'effettuazione del bonifico
Pagamento con **carte di credito e bancomat**	Il giorno di utilizzo della carta (evidenziato nella ricevuta di avvenuta transazione) e non il giorno di addebito sul conto
Pagamento tramite **finanziamento**	L'anno di sostenimento della spesa è quello di effettuazione del pagamento da parte della finanziaria (circ. 21 maggio 2014, n. 11/E)

7.2.5. Documentazione da controllare e conservare e altri adempimenti

Ai fini della detrazione deve essere conservata la documentazione **attestante l'effettivo pagamento** (ricevute dei bonifici, ricevute di avvenuta transazione per i pagamenti mediante carte di credito o di debito, documentazione di addebito sul conto corrente) e le **fatture di acquisto** dei beni con la specificazione della natura, qualità e quantità dei beni e servizi acquisiti (circ. 18 settembre 2013, n. 29/E, par. 3.6).
Lo **scontrino** che riporta il codice fiscale dell'acquirente, unitamente all'indicazione della natura, qualità e quantità dei beni acquistati, è equivalente alla fattura. Lo scontrino che non riporta il codice fiscale dell'acquirente può comunque consentire la fruizione della detrazione se contiene l'indicazione della natura, qualità e quantità dei beni acquistati ed è riconducibile al contribuente titolare del bancomat in base alla corrispondenza con i dati del pagamento (esercente, importo, data e ora) (circ. 21 maggio 2014, n. 11/E, risp. 5.4).

Qualora le **fatture** d'acquisto dei mobili siano intestate **ad un coniuge** e il **bonifico** sia ordinato **dall'altro coniuge**, analogamente a quanto consentito per la detrazione per gli interventi di recupero del patrimonio edilizio l'agevolazione spetta a colui che ha effettivamente sostenuto la spesa (fermo restando il rispetto delle altre condizioni richieste), ma occorre **annotare sulla fattura** che la spesa è stata sostenuta da chi intende fruire della detrazione (circ. 23 aprile 2010, n. 21/E, risp. 2.5).

Inoltre, devono essere trasmesse per via telematica all'ENEA le **informazioni** sugli interventi effettuati (➡**7.1.11.**).

Tavola di sintesi		
	Disciplina 2021	**Disciplina 2022-2024**
Percentuale di detrazione	**50%** delle spese sostenute.	**50%** delle spese sostenute
Ripartizione	Tra gli aventi diritto in **10 quote annuali** di pari importo.	Tra gli aventi diritto in **10 quote annuali** di pari importo.
Ammontare massimo di spesa	**16.000 euro** (10.000 euro fino al 31 dicembre 2020).	**2022: 10.000 euro** **2023-2024: 5.000 euro**
Interventi connessi all'acquisto	**Manutenzione** ordinaria, straordinaria, **restauro** e risanamento conservativo, **ristrutturazione** edilizia, interventi necessari alla ricostruzione o al ripristino dell'immobile danneggiato a seguito di eventi calamitosi.	**Manutenzione** ordinaria, straordinaria, **restauro** e risanamento conservativo, **ristrutturazione** edilizia, interventi necessari alla ricostruzione o al ripristino dell'immobile danneggiato a seguito di eventi calamitosi.
Acquisti agevolabili	**Mobili**; **grandi elettrodomestici** di classe non inferiore ad A+, nonché A per i forni, per le apparecchiature per le quali sia prevista l'etichetta energetica, finalizzati all'arredo dell'immobile oggetto di ristrutturazione	**Mobili; grandi elettrodomestici** di classe non inferiore alla classe A per i forni, alla classe E per le lavatrici, le lavasciugatrici e le lavastoviglie, alla classe F per i frigoriferi e i congelatori, per le apparecchiature per le quali sia prevista l'etichetta energetica, finalizzati all'arredo dell'immobile oggetto di ristrutturazione
Pagamento	**Bonifico bancario o postale**, con le medesime modalità previste per i pagamenti dei lavori di ristrutturazione edilizia.	**Bonifico bancario o postale**, con le medesime modalità previste per i pagamenti dei lavori di ristrutturazione edilizia.
Documentazione da conservare	Prove del **pagamento** (ricevute dei bonifici, ricevute di avvenuta transazione per i pagamenti mediante carte di credito o di debito, documentazione di addebito sul conto corrente); **fatture di acquisto** dei beni con la specificazione della natura, qualità e quantità dei beni e servizi acquisiti.	Prove del **pagamento** (ricevute dei bonifici, ricevute di avvenuta transazione per i pagamenti mediante carte di credito o di debito, documentazione di addebito sul conto corrente); **fatture di acquisto** dei beni con la specificazione della natura, qualità e quantità dei beni e servizi acquisiti.
Trasferimento della detrazione	La detrazione non utilizzata in tutto o in parte **non si trasferisce** né in caso di decesso del contribuente né in caso di cessione dell'immobile oggetto di intervento di recupero edilizio.	La detrazione non utilizzata in tutto o in parte **non si trasferisce** né in caso di decesso del contribuente né in caso di cessione dell'immobile oggetto di intervento di recupero edilizio.

INTERVENTI RELATIVI A MISURE ANTISISMICHE (SISMA BONUS) 7.3.

Detrazione generale 7.3.1.

Per le spese sostenute **dal 1° gennaio 2017 al 31 dicembre 2024** per gli interventi di recupero del patrimonio edilizio (art. 16-bis, D.P.R. n. 917/1986), le cui procedure autorizzatorie sono iniziate dopo il 1° gennaio 2017, ovvero per i quali sia stato rilasciato il titolo edilizio su edifici ubicati nelle **zone sismiche** ad alta pericolosità (zone 1, 2 e 3) di cui all'O.P.C.M. n. 3274/2003, riferite **a costruzioni adibite ad abitazione e ad attività produttive**, spetta una detrazione IRPEF nella misura del **50%,** fino ad un ammontare complessivo delle stesse spese **non superiore a 96.000 euro** per unità immobiliare per ciascun anno (art. 16, c. 1-bis e 1-ter, D.L. n. 63/2013). La percentuale è del 65% per le spese sostenute dal 4 agosto 2013 al 31 dicembre 2016 per procedure autorizzatorie relative allo stesso periodo.

La detrazione spetta ai **titolari di reddito d'impresa** che effettuano gli interventi su immobili da essi posseduti o detenuti, a prescindere dalla qualificazione di detti immobili come strumentali, beni merce o patrimoniali (ris. 26 giugno 2020, n. 34/E; risposta a interpello 2 novembre 2020, n. 508).

La detrazione è ripartita in **5 quote annuali** di pari importo nell'anno di sostenimento delle spese e in quelli successivi.
Nel caso in cui gli interventi realizzati in ciascun anno consistano nella mera prosecuzione di interventi iniziati in anni precedenti, ai fini del computo del limite massimo delle spese ammesse a fruire della detrazione si tiene conto anche delle spese sostenute negli stessi anni per le quali si è già fruito della detrazione.

Vale il principio secondo cui l'intervento di categoria superiore **assorbe quelli di categoria inferiore** ad esso collegati o correlati. La detrazione prevista per gli interventi antisismici può quindi essere applicata, ad esempio, anche alle spese di manutenzione ordinaria e straordinaria necessarie al completamento dell'opera (ris. 29 novembre 2017, n. 147/E).

Non è possibile fruire della detrazione nell'ipotesi in cui l'intervento effettuato consista nella **demolizione e ricostruzione** (con medesima volumetria e perimetro) di un **nuovo edificio** e non venga contestualmente allegata alla SCIA l'asseverazione del progettista. In tal modo si certifica la classe di rischio dell'edificio precedente rispetto all'intervento e la classe di rischio conseguibile con l'esecuzione dell'intervento progettato (risposta a interpello 11 ottobre 2018, n. 31).
Nell'ipotesi in cui vengano effettuati interventi di demolizione e ricostruzione di un edificio con la **medesima volumetria**, ma in un'area di sedime differente, per beneficiare della detrazione è necessario che dal titolo amministrativo che attesta i lavori risulti che trattasi di intervento di ristrutturazione perché risulta invariata la volumetria, perciò inquadrabile come **fedele ricostruzione** (risposta a interpello 27 dicembre 2018, n. 131). Possono beneficiare delle detrazioni anche i **soggetti non residenti** nel territorio dello Stato (risposta a interpello 4 novembre 2019, n. 467).

Immobili agevolabili

Le unità immobiliari che possono essere oggetto degli interventi agevolabili sono individuate con un duplice criterio (circ. 18 settembre 2013, n. 29/E):
– la **localizzazione territoriale** in zone sismiche ad **alta pericolosità**: gli edifici devono ricadere nelle zone sismiche (ogni zona coincide con il territorio di un comune) ad alta pericolosità individuate con i **codici 1, 2 e 3** nell'Allegato A dell'O.P.C.M. n. 3274/2003;
– il **tipo di utilizzo**: rileva la circostanza che la costruzione sia adibita "**ad abitazione principale o ad attività produttive**", con ciò privilegiando gli immobili in cui è maggiormente probabile che si svolga la vita familiare e lavorativa delle persone. Nel dettaglio:
  - per costruzione **adibita ad abitazione principale** si intende l'abitazione nella quale la persona fisica o i suoi familiari dimorano abitualmente, secondo la nozione rilevante in ambito IRPEF (art. 10, c. 3-bis, D.P.R. n. 917/1986);
  - per costruzioni **adibite ad attività produttive** si intendono le unità immobiliari in cui si svolgono attività agricole, professionali, produttive di beni e servizi, commerciali o non commerciali.

Non rileva, invece, la **categoria catastale** dell'unità immobiliare, non sussistendo alcun vincolo al riguardo.

Per l'individuazione della disciplina applicabile alla detrazione per gli interventi in questione (modalità di pagamento, fruizione della detrazione, documentazione da conservare (➜95.1.), in assenza di indicazioni e considerate le tipologie di interventi agevolabili, si deve fare riferimento alle disposizioni previste per gli interventi di cui alla lett. i) del c. 1 dell'art. 16-bis del D.P.R. n. 917/1986 (in pratica, si applicano le **disposizioni generali** valide per gli interventi di recupero del patrimonio edilizio aventi ad oggetto l'adozione di misure antisismiche).

Tra le spese detraibili per la realizzazione degli interventi relativi all'adozione di misure antisismiche in **zona a rischio 3**, a decorrere dal 1° gennaio 2017, rientrano anche le spese per la **classificazione e verifica sismica** degli immobili.

Nel caso in cui l'intervento consista in una **demolizione dell'edificio** esistente, con **ricostruzione in sedime in parte differente** (e mantenendo la stessa volumetria dell'immobile preesistente), qualora la ricostruzione comporti uno spostamento di lieve entità rispetto al sedime originario il contribuente può usufruire dell'agevolazione del Sisma bonus. È altresì necessario che dal titolo amministrativo che assente i lavori risulti che l'opera consista in un intervento di conservazione del patrimonio edilizio esistente e non in un intervento di nuova costruzione (risposta a interpello 19 febbraio 2019, n. 62).

Cumulo - Le detrazioni **non sono cumulabili** con agevolazioni già spettanti per le medesime finalità sulla base di norme speciali per interventi in aree colpite da eventi sismici.
L'accesso all'agevolazione del Sisma bonus, però, non è precluso dal fatto che i contribuenti abbiano in precedenza beneficiato di contributi finalizzati a garantire la copertura degli oneri sostenuti per il mero ripristino dell'immobile danneggiato dagli eventi sismici (risposta a interpello 19 febbraio 2019, n. 61).

Passaggio a classi di rischio inferiori 7.3.2.

Per gli interventi relativi all'adozione di misure antisismiche che comportano il passaggio a classi di rischio inferiori, le detrazioni sono aumentate (art. 16, c. 1-quater, D.L. n. 63/2013).
In particolare, la detrazione è **aumentata**:
- al **70%** della spesa sostenuta qualora dalla realizzazione degli interventi relativi all'adozione di misure antisismiche derivi una riduzione del rischio sismico che determini il passaggio **ad una classe di rischio inferiore**;
- all'**80%** se dall'intervento deriva il passaggio **a due classi di rischio inferiori**.

Tra le spese detraibili, a decorrere dal 1° gennaio 2017, rientrano anche le spese per la **classificazione e verifica sismica** degli immobili.

Il contribuente se intende avvalersi della maggiore detrazione del 70% (o dell'80%) deve necessariamente ripartire la **detrazione in 5 rate**. Resta ferma la possibilità di avvalersi dell'agevolazione generale (art. 16-bis, lett. i), D.P.R. n. 917/1986), fruendo della detrazione del 50% della spesa da ripartire in 10 rate di pari importo.
Inoltre:
- gli interventi di consolidamento antisismico per i quali è possibile fruire della detrazione in 5 anni ed, eventualmente, nella maggior misura del 70% o dell'80%, non possono fruire di un autonomo limite di spesa in quanto la norma (art. 16, D.L. n. 63/2013) non individua una nuova categoria di interventi agevolabili ma si rinvia alla disciplina generale (art. 16-bis, lett. i), D.P.R. n. 917/1986). Pertanto, il **limite di spesa agevolabile**, stabilito in **96.000 euro annuali**, è unico in quanto riferito all'immobile (ris. 29 novembre 2017, n. 147/E);
- la detrazione maggiorata spetta anche quando l'intervento abbia ad oggetto la **demolizione** e la **ricostruzione fedele**, ossia con la medesima volumetria, dell'edificio preesistente (ris. 27 aprile 2018, n. 34/E).

Adempimenti - L'efficacia degli interventi finalizzati alla riduzione del rischio sismico è **asseverata** dai professionisti incaricati della progettazione strutturale, direzione dei lavori delle strutture e collaudo statico secondo le rispettive competenze professionali, e iscritti ai relativi Ordini o Collegi professionali di appartenenza (D.M. n. 58/2017).
Il progettista dell'intervento strutturale deve **asseverare la classe di rischio** dell'edificio precedente l'intervento e quella conseguibile a seguito dell'esecuzione dell'intervento progettato.
Il **progetto** degli interventi per la riduzione del rischio sismico, contenente l'asseverazione va **allegato alla segnalazione certificata di inizio attività** da presentare allo sportello unico competente per i successivi adempimenti.
Il direttore dei lavori e il collaudatore statico, ove nominato per legge, all'atto dell'ultimazione dei lavori strutturali e del collaudo, **attestano**, per quanto di rispettiva competenza, la **conformità degli interventi** eseguiti al progetto depositato, come asseverato dal progettista.
L'asseverazione e le attestazioni di cui sopra devono essere **depositate** presso il suddetto sportello unico e consegnate in copia al committente, per l'ottenimento del bonus.
La non contestuale o tardiva allegazione del progetto degli interventi per la riduzione del rischio sismico contenente l'asseverazione non consente di ottenere i benefici fiscali del Sisma bonus (risposta a interpello 19 febbraio 2019, n. 64).

Cumulo - Le detrazioni **non sono cumulabili** con agevolazioni già spettanti per le medesime finalità sulla base di norme speciali per interventi in aree colpite da eventi sismici.

IRPEF

7.3.3. Parti comuni di edifici condominiali

Se gli interventi relativi all'adozione di misure antisismiche sono realizzati sulle **parti comuni di edifici condominiali**, le detrazioni di imposta spettano nella misura del (art. 16, c. 1-quinquies, D.L. n. 63/2013):

- **75%** della spesa sostenuta qualora dalla realizzazione degli interventi relativi all'adozione di misure antisismiche derivi una riduzione del rischio sismico che determini il passaggio **ad una classe di rischio inferiore**;
- **85%** se dall'intervento deriva il passaggio **a due classi di rischio inferiori**.

Le detrazioni si applicano su un ammontare delle spese non superiore a **96.000 euro** moltiplicato per il **numero delle unità immobiliari** di ciascun edificio.

Tra le spese detraibili, **a decorrere dal 1° gennaio 2017**, rientrano anche le spese per la **classificazione e verifica sismica** degli immobili.

Cessione del credito ai fornitori - A decorrere al 1° gennaio 2017, in luogo della detrazione i soggetti beneficiari possono optare per la cessione del corrispondente credito ai fornitori che hanno effettuato gli interventi nonché a soggetti privati, con la possibilità che il credito sia successivamente cedibile (Provv. 8 giugno 2017; art. 16, c. 1-quinquies, D.L. n. 63/2013).

In deroga a tale disciplina, per gli **anni dal 2020 al 2024** è possibile beneficiare dello **sconto in fattura o della cessione del credito** come previsto dal "Decreto Rilancio" (➔7.10.) (art. 121 D.L. n. 34/2020).

Cessione del bonus	
Chi può cedere il bonus	a) **Condomini**, anche non tenuti al versamento dell'IRPEF, a condizione che siano teoricamente beneficiari della detrazione d'imposta. b) **Cessionari del credito** i quali a loro volta possono effettuare ulteriori cessioni.
A chi può essere ceduto	a) Ai **fornitori** dei beni e servizi necessari alla realizzazione degli interventi. b) Ad **altri soggetti privati** quali persone fisiche, anche esercenti attività di lavoro autonomo o d'impresa, società ed enti. È **esclusa** la cessione del credito in favore di **istituti di credito** e **intermediari finanziari** nonché delle amministrazioni pubbliche.
Cosa può essere ceduto	Il credito cedibile corrisponde alla detrazione (75% o 85%). Il condomino può cedere l'**intera detrazione** calcolata o sulla base della spesa approvata dalla delibera assembleare per l'esecuzione dei lavori, per la quota a lui imputabile, o sulla base delle spese sostenute nel periodo d'imposta dal condominio, anche sotto forma di cessione del credito d'imposta ai fornitori, per la quota a lui imputabile. Il cessionario può cedere, in tutto o in parte, il credito d'imposta acquisito solo dopo che tale credito è divenuto disponibile. Il credito d'imposta diventa **disponibile dal 10 marzo** del **periodo d'imposta successivo** a quello in cui il condominio ha sostenuto la spesa e sempreché il condomino cedente abbia contribuito al relativo sostenimento per la parte non ceduta sotto forma di credito d'imposta. Il **credito ceduto** ai fornitori **si considera disponibile dal 10 marzo** del periodo d'imposta successivo a quello in cui il fornitore ha emesso fattura comprensiva del relativo importo.
Adempimenti per la cessione del credito	Il **condomino** che cede il credito, se i dati della cessione non sono già indicati nella delibera condominiale, **comunica all'amministratore** del condominio, **entro il 31 dicembre** del periodo d'imposta di riferimento, l'avvenuta cessione del credito e la relativa accettazione da parte del cessionario, indicando la denominazione e il codice fiscale di quest'ultimo, oltre al proprio nome, cognome e codice fiscale.

Cessione del bonus	
	L'**amministratore** del condominio: a) **comunica** annualmente **all'Agenzia delle Entrate**, con le stesse modalità e negli stessi termini previsti per i dati da trasmettere per la dichiarazione precompilata: la denominazione e il codice fiscale del cessionario, l'accettazione da parte di quest'ultimo del credito ceduto nonché l'ammontare dello stesso, spettante sulla base delle spese sostenute dal condominio entro il 31 dicembre dell'anno precedente e alle quali il condomino cedente ha contribuito per la parte non ceduta sotto forma di credito d'imposta; b) **consegna** al condomino la **certificazione delle spese** a lui imputabili sostenute nell'anno precedente dal condominio, indicando il protocollo telematico con il quale ha effettuato la comunicazione. I condòmini appartenenti a condomini per i quali **non vi è obbligo di nominare l'amministratore** (art. 1129 c.c.),e che non abbiano proceduto a tale nomina, possono cedere il credito d'imposta incaricando un condomino di comunicare all'Agenzia delle Entrate, con le medesime modalità e nei termini previsti per gli amministratori di condominio i dati relativi alla cessione del credito. Il mancato invio della comunicazione da parte dell'amministratore del condominio rende inefficace la cessione del credito. L'Agenzia delle Entrate rende visibile nel "Cassetto fiscale" del cessionario il credito d'imposta che gli è stato attribuito e che potrà utilizzare solo a seguito della relativa accettazione con le funzionalità rese disponibili nel suo "Cassetto fiscale". Le informazioni sull'accettazione del credito d'imposta da parte del cessionario vengono rese visibili anche nel "Cassetto fiscale" del cedente. Il cessionario che cede il credito d'imposta a lui attribuito deve comunicarlo all'Agenzia delle Entrate utilizzando le funzionalità telematiche rese disponibili dalla stessa Agenzia, che provvede ad attribuire il credito al nuovo cessionario.
Utilizzo del credito d'imposta **in compensazione**	Il credito d'imposta attribuito al cessionario, che non sia oggetto di successiva cessione, è **ripartito in 5 quote annuali** di pari importo, utilizzabili in compensazione nel Mod. F24 presentando lo stesso esclusivamente tramite i servizi telematici dell'Agenzia delle Entrate, pena il rifiuto dell'operazione di versamento. **Non si applicano i limiti di compensazione** fissati in misura pari a 700.000 euro, elevati a un milione di euro per l'anno 2020 e a 2 milioni di euro nel 2021 e 2022 (art. 34, Legge n. 388/2000). Il successivo cessionario, che non cede ulteriormente il credito, lo utilizza in compensazione sulla base delle rate residue. Nel caso in cui l'importo del credito d'imposta utilizzato risulti superiore all'ammontare disponibile, anche tenendo conto di precedenti fruizioni del credito stesso, il relativo Mod. F24 è scartato. Lo scarto è comunicato al soggetto che ha trasmesso il Mod. F24 tramite apposita ricevuta consultabile mediante i servizi telematici dell'Agenzia delle Entrate. La quota di credito che non è utilizzata nell'anno **può essere utilizzata negli anni successivi**, ma non può essere richiesta a rimborso.

Cumulo - Le detrazioni **non sono cumulabili** con agevolazioni già spettanti per le medesime finalità sulla base di norme speciali per interventi in aree colpite da eventi sismici.

Istituti autonomi case popolari (IACP) 7.3.4.

Le detrazioni (➡7.3.1.) (➡7.3.2.) (➡7.3.3.) sono usufruibili anche dagli Istituti autonomi per le case popolari, comunque denominati, nonché dagli enti aventi le stesse finalità sociali dei predetti istituti, istituiti nella forma di società che rispondono ai requisiti della legislazione europea in materia di in house providing e che siano costituiti e operanti alla data del 31 dicembre 2013, per interventi realizzati su immobili, di loro proprietà ovvero gestiti per conto dei comuni, adibiti ad edilizia residenziale pubblica, nonché dalle cooperative di abitazione a proprietà indivisa per interventi realizzati su immobili dalle stesse posseduti e assegnati in godimento ai propri soci (art. 16, c. 1-sexies.1, D.L. n. 63/2013).

7.3.5. Demolizione e ricostruzione

Qualora gli interventi che comportano il passaggio ad una classe di rischio inferiore (art. 16, c. 1-septies, D.L. n. 63/2013) siano realizzati nei comuni ricadenti nelle **zone classificate a rischio sismico 1, 2 e 3**, mediante demolizione e ricostruzione di interi edifici, allo scopo di ridurne il rischio sismico, **anche con variazione volumetrica** rispetto all'edificio preesistente, ove le norme urbanistiche vigenti consentano tale aumento, le detrazioni sono fissate rispettivamente nella misura del:

- **75%** del prezzo della singola unità immobiliare, risultante nell'atto pubblico di compravendita qualora dalla realizzazione degli interventi relativi all'adozione di misure antisismiche derivi una riduzione del rischio sismico che determini il passaggio **ad una classe di rischio inferiore**;
- **85%** se dall'intervento deriva il passaggio **a due classi di rischio inferiori**.

Valgono le seguenti **regole**:

- gli interventi devono essere eseguiti da **imprese di costruzione o ristrutturazione immobiliare**, che provvedano, entro **18 mesi** dalla data di conclusione dei lavori, alla successiva alienazione dell'immobile; affinché gli acquirenti delle unità immobiliari possano beneficiare della detrazione è necessario che l'atto di **acquisto** relativo agli immobili oggetto dei lavori sia stipulato **entro il 31 dicembre 2021** (risposta a interpello 11 gennaio 2021, n. 30);
- le detrazioni spettano all'**acquirente** delle unità immobiliari;
- le detrazioni spettano su un ammontare massimo di spesa pari a **96.000 euro per ciascuna unità immobiliare**;
- i soggetti beneficiari possono optare, in luogo della detrazione, per la **cessione del corrispondente credito** alle imprese che hanno effettuato gli interventi ovvero ad altri soggetti privati, con la facoltà di successiva cessione del credito (il codice tributo da utilizzare nel Mod. F24 è "**6891**" - ris. 20 novembre 2019, n. 94/E); **per gli anni dal 2020 al 2024**, in deroga a quanto ordinariamente previsto, è possibile richiedere lo sconto in fattura o la cessione del credito (➜**7.10.**) (art. 121 D.L. n. 34/2020);
- **è esclusa** la cessione a istituti di credito e intermediari finanziari.

La detrazione non spetta se il relativo **permesso di costruire** è stato rilasciato **prima del 1° gennaio 2017** (risposta a interpello 10 ottobre 2019, n. 409), mentre spetta in caso di **permuta** dell'unità immobiliare da un'impresa di costruzione (risposta a interpello 29 agosto 2019, n. 354).

Unità immobiliari vendute da imprese di costruzione e ristrutturazione immobiliare - La detrazione per le unità immobiliari vendute da imprese di costruzione e ristrutturazione immobiliare, che abbiano realizzato interventi relativi all'**adozione di misure antisismiche**, spetta agli acquirenti delle unità immobiliari ubicate nelle **zone sismiche 2 e 3**, oggetto di interventi le cui **procedure autorizzatorie** sono iniziate **dopo il 1° gennaio 2017 ma prima del 1° maggio 2019** (data di entrata in vigore delle nuove disposizioni) anche se l'**asseverazione non** è stata **presentata contestualmente** alla richiesta del titolo abilitativo (risposte a interpello 1° ottobre 2020, n. 422 e 423; 1° settembre 2020, n. 297 e 298) ma viene presentata dall'impresa entro la data di stipula del rogito dell'immobile oggetto degli interventi di riduzione del rischio sismico (ris. 3 luglio 2020, n. 38/E). Inoltre:

- la ricostruzione dell'edificio può determinare anche un **aumento volumetrico** rispetto a quello preesistente, sempre che le norme urbanistiche in vigore permettano tale variazione, non rilevando, ad esempio, la circostanza che il fabbricato ricostruito contenga un numero maggiore di unità immobiliari rispetto al preesistente (risposta a interpello 16 settembre 2020, n. 366);
- l'**asseverazione tardiva**, in quanto non conforme alle disposizioni, non consente l'accesso alla detrazione (risposta a interpello 2 settembre 2020, n. 300).

7.3.6. Tavola riassuntiva

Tipologia interventi	Immobili	Detrazione	Limiti di spesa e altri aspetti	Art. 16 D.L. 63/2013
Interventi di recupero del patrimonio edilizio[1-2]	Costruzioni adibite ad abitazione e ad attività produttive ubicate nelle zone sismiche ad alta pericolosità (zone 1, 2 e 3)	50%	96.000 euro per unità immobiliare per ciascun anno Ripartizione in 5 rate annuali	c. 1-bis e 1-ter

Tipologia interventi	Immobili	Detrazione	Limiti di spesa e altri aspetti	Art. 16 D.L. 63/2013
Interventi di recupero del patrimonio edilizio che comportano il passaggio ad una classe di rischio inferiore[1-3]	Costruzioni adibite ad abitazione e ad attività produttive ubicate nelle zone sismiche ad alta pericolosità (zone 1, 2 e 3)	70%	96.000 euro per unità immobiliare per ciascun anno Ripartizione in 5 rate annuali	c. 1-quater
Interventi di recupero del patrimonio edilizio che comportano il passaggio a due classi di rischio inferiori[1-3]	Costruzioni adibite ad abitazione e ad attività produttive ubicate nelle zone sismiche ad alta pericolosità (zone 1, 2 e 3)	80%		
Interventi di recupero del patrimonio edilizio che comportano il passaggio ad una classe di rischio inferiore[1-3]	Parti comuni di edifici condominiali	75%	96.000 euro moltiplicato per il numero delle unità immobiliari di ciascun edificio Ripartizione in 5 rate annuali	c. 1-quinquies
Interventi di recupero del patrimonio edilizio che comportano il passaggio a due classi di rischio inferiori[1-3]	Parti comuni di edifici condominiali	85%		
Demolizione e ricostruzione di interi edifici, eseguiti da imprese di costruzione o ristrutturazione immobiliare, allo scopo di ridurne il rischio sismico con passaggio ad una classe di rischio inferiore	Immobili siti in comuni ricadenti nelle zone classificate a rischio sismico 1	75%	- Entro 18 mesi dalla data di conclusione dei lavori l'impresa di costruzione deve provvedere alla successiva alienazione dell'immobile; - le detrazioni spettano all'acquirente delle unità immobiliari; - ammontare massimo di spesa pari a 96.000 euro per ciascuna unità immobiliare; - è possibile optare, in luogo della detrazione, la cessione del credito alle imprese che hanno effettuato gli interventi ovvero ad altri soggetti privati, con la facoltà di successiva cessione del credito; - non è possibile cedere il bonus a istituti di credito e intermediari finanziari.	c. 1-septies
Demolizione e ricostruzione di interi edifici, eseguiti da imprese di costruzione o ristrutturazione immobiliare, allo scopo di ridurne il rischio sismico con passaggio a due classi di rischio inferiore	Immobili siti in comuni ricadenti nelle zone classificate a rischio sismico 1	85%		

[1] Detrazioni fruibili anche da:
- IACP ed enti aventi le stesse finalità sociali, istituiti nella forma di società che rispondono ai requisiti della legislazione europea in materia di in house providing e che siano costituiti e operanti alla data del 31 dicembre 2013, per interventi realizzati su immobili, di loro proprietà ovvero gestiti per conto dei comuni, adibiti ad edilizia residenziale pubblica;

Tipologia interventi	Immobili	Detrazione	Limiti di spesa e altri aspetti	Art. 16 D.L. 63/2013
- cooperative di abitazione a proprietà indivisa per interventi realizzati su immobili dalle stesse posseduti e assegnati in godimento ai propri soci. [2] Solo in caso di rischio sismico 3, tra le spese detraibili rientrano anche quelle effettuate per la classificazione e verifica sismica degli immobili. [3] Tra le spese detraibili rientrano anche quelle effettuate per la classificazione e verifica sismica degli immobili.				

7.4. SPESE PER IL RISPARMIO ENERGETICO

È prevista una detrazione nella misura del **65%** per le spese sostenute per **interventi di riqualificazione energetica** degli edifici esistenti (art. 1, c. 344-349, Legge n. 296/2006).
Tale agevolazione, dapprima prevista sino al 31 dicembre 2007, è stata **prorogata** nei vari anni, sino ad arrivare all'ultima proroga sino al **31 dicembre 2024**, nella misura del 65% (la percentuale è stata del 55% sino al 5 giugno 2013).

7.4.1. Soggetti che possono fruire della detrazione

Sono ammessi alla detrazione i soggetti, **residenti e non residenti**, titolari di qualsiasi tipologia di reddito.
La detrazione spetta, infatti, alle **persone fisiche**, compresi gli esercenti arti e professioni, agli **enti pubblici e privati** che **non svolgono attività commerciale**, alle **società semplici**, alle **associazioni tra professionisti** e ai soggetti che conseguono **reddito d'impresa** (persone fisiche, società di persone, società di capitali).
Tali soggetti devono possedere o detenere l'immobile in base ad un **titolo idoneo** ovvero essere:
- proprietari o nudi proprietari;
- titolari di un diritto reale di godimento quali usufrutto, uso, abitazione o superficie;
- soci di cooperative a proprietà divisa e indivisa;
- soggetti che producono redditi in forma associata (società semplici, in nome collettivo, in accomandita semplice e soggetti a queste equiparati, imprese familiari), alle stesse condizioni previste per gli imprenditori individuali;
- detentori (locatari, comodatari) dell'immobile;
- familiari conviventi;
- coniuge separato assegnatario dell'immobile intestato all'altro coniuge;
- conviventi *more uxorio*;
- promissario acquirente.

Poiché l'agevolazione è fruibile anche dalle imprese individuali, società ed enti commerciali, per questi occorre tener conto del **principio di competenza** (e non di **cassa**, come per le persone fisiche, i professionisti e gli enti non commerciali): ciò significa che, per essi, non si tiene conto del movimento finanziario (pagamento), ma della data di ultimazione della prestazione.

La detrazione, in caso di decesso dell'avente diritto, si trasmette, per intero, esclusivamente **all'erede** che conserva la detenzione materiale e diretta del bene.

Casi particolari	
Tipologia	**Regole**
Leasing	Nel caso di interventi realizzati mediante contratti di leasing, la detrazione spetta all'**utilizzatore del bene** o dell'opera ed è commisurata al costo sostenuto dalla società concedente (locataria), a prescindere dai canoni di leasing addebitati all'utilizzatore. In tal caso: - non c'è l'obbligo di pagamento delle spese sostenute mediante bonifico bancario o postale; - gli adempimenti documentali devono essere assolti dall'utilizzatore. A tal fine, la società di leasing deve fornire una documentazione che attesti la conclusione dell'intervento di riqualificazione energetica e l'ammontare del costo sostenuto su cui deve essere calcolata la detrazione (circ. 23 aprile 2010, n. 21/E, risp. 3.6).

Casi particolari	
Tipologia	**Regole**
Familiari	La detrazione può essere fruita anche dai **familiari conviventi** del possessore o detentore dell'immobile oggetto dell'intervento, a condizione che: - le spese siano da loro sostenute; - si tratti di lavori eseguiti su immobili appartenenti all'ambito "privatistico", a quelli cioè nei quali può esplicarsi la convivenza. La detrazione, quindi, non spetta per i lavori eseguiti su immobili strumentali all'attività d'impresa, arte o professione. Tra i familiari interessati rientrano: il coniuge, i parenti entro il terzo grado, gli affini entro il secondo grado (circ. 31 maggio 2007, n. 36/E).
Variazione della titolarità	In caso di variazione della titolarità dell'immobile (vendita o donazione) durante il periodo di godimento dell'agevolazione, le **quote di detrazione residue** (non utilizzate) sono trasferite salvo diverso accordo delle parti da indicare nell'atto di trasferimento, all'**acquirente** persona fisica **o donatario**. Tale regola vale anche in caso di **permuta** (considerata l'indubbia assimilazione di questa alla compravendita). Invece, il beneficio rimane sempre in capo al conduttore o al comodatario, qualora dovesse cessare il contratto di **locazione o comodato** (circ. 1° giugno 2012, n. 19/E).
Vendita dell'immobile	In caso di vendita dell'immobile sul quale sono stati realizzati gli interventi la **detrazione non utilizzata** in tutto o in parte è trasferita per i rimanenti periodi d'imposta, salvo diverso accordo delle parti, all'**acquirente** persona fisica dell'unità immobiliare. In mancanza di tale specifico accordo nell'atto di trasferimento dell'immobile, la conservazione in capo al venditore delle detrazioni non utilizzate può desumersi anche da una scrittura privata, autenticata dal notaio o da altro pubblico ufficiale a ciò autorizzato, sottoscritta da entrambe le parti contraenti, nella quale si dia atto che l'accordo in tal senso esisteva sin dalla data del rogito. Chiaramente, il comportamento dei contribuenti in sede di dichiarazione dei redditi dovrà essere coerente con quanto indicato nell'accordo successivamente formalizzato (circ. 4 aprile 2017, n. 7/E).
Immobile ad uso promiscuo	Il contribuente che svolge l'**attività professionale** presso l'immobile che utilizza anche per i propri fini abitativi può usufruire della detrazione per gli interventi di riqualificazione energetica realizzati sul predetto immobile, anche se le relative spese, riferite all'immobile utilizzato promiscuamente, sono state dedotte, nella misura consentita, ai fini della determinazione del reddito di lavoro autonomo derivante dall'esercizio dell'attività professionale (circ. 13 maggio 2011, n. 20/E).
Fabbricati strumentali	I **titolari di reddito d'impresa** possono fruire della detrazione solo con riferimento ai fabbricati strumentali da essi utilizzati nell'esercizio della loro attività imprenditoriale. Non sono strumentali gli immobili che, pur potendo essere considerati tali rispetto alle finalità che il soggetto d'imposta persegue attraverso l'esercizio dell'impresa, costituiscono, nel contempo, l'oggetto della predetta attività imprenditoriale, come nell'ipotesi degli immobili locati a terzi (ris. 1° agosto 2008, n. 340/E).
Comune	Per le spese sostenute dal un Comune non è possibile fruire della detrazione in quanto non è soggetto passivo IRES (ris. 5 febbraio 2008, n. 33/E).

Casi particolari	
Tipologia	**Regole**
Non coincidenza tra nominativo riportato nella **scheda informativa** e l'**intestazione del bonifico** o della fattura	La detrazione spetta al soggetto avente diritto nella misura in cui ha sostenuto effettivamente la spesa e a condizione che detta circostanza venga annotata in fattura (circ. 4 aprile 2008, n. 34/E).
Immobili merce	Una **società, esercente attività di costruzione, ristrutturazione edilizia e vendita**, non può usufruire della detrazione delle spese per interventi di riqualificazione energetica su immobili merce (ris. 15 luglio 2008, n. 303/E).
Lavori su abitazione locata	In caso di sostituzione di serramenti ed infissi presso un'unità abitativa residenziale posseduta da **due persone fisiche, nudo proprietario e usufruttuario**, e **locata ad una terza persona fisica**, la detrazione spetta sia al **nudo proprietario** che all'**inquilino** per l'ammontare di spesa effettivamente sostenuto da ciascuno, ovviamente nel rispetto delle condizioni previste dalla legge. La comunicazione all'ENEA può essere unica facendo riferimento all'unico intervento ed ai due beneficiari (circ. 23 giugno 2010, n. 38/E).
Imprese individuali e società	È possibile la detrazione da parte di **imprese individuali e società** per interventi (installazione di caldaie e infissi esterni) realizzati in proprio su **immobili strumentali** presso i quali è svolta l'attività (circ. 21 maggio 2014, n. 11/E).

Istituti autonomi case popolari (IACP) - Le detrazioni sono usufruibili anche:

- dagli **Istituti autonomi per le case popolari**, comunque denominati, nonché dagli enti aventi le stesse finalità sociali dei predetti istituti, istituiti nella forma di società che rispondono ai requisiti della legislazione europea in materia di ***in house providing*** e che siano costituiti e operanti alla data del **31 dicembre 2013**, per interventi realizzati su immobili, di loro proprietà ovvero gestiti per conto dei comuni, adibiti ad edilizia residenziale pubblica;
- dalle **cooperative di abitazione a proprietà indivisa** per interventi realizzati su immobili dalle stesse posseduti e assegnati in godimento ai propri soci (art. 14, c. 2-septies, D.L. n. 63/2013).

Imprese - La detrazione spetta ai titolari di reddito d'impresa che effettuano gli interventi su immobili da essi posseduti o detenuti, a prescindere dalla qualificazione di detti immobili come strumentali, beni merce o patrimoniali (ris. 26 giugno 2020, n. 34/E).

7.4.2. Edifici interessati

L'agevolazione è ammessa se gli interventi sono realizzati su edifici esistenti:

- situati nel **territorio dello Stato**;
- ad **uso abitativo**, di qualsiasi categoria (anche rurali);
- **strumentali** all'attività;
- **censiti al catasto** o per i quali sia stato **chiesto l'accatastamento**.

> La prova dell'esistenza dell'edificio è fornita dall'iscrizione dello stesso in catasto, oppure dalla richiesta di accatastamento, nonché dal pagamento dell'ICI o, dal 2012, dell'IMU ove dovuta (circ. 31 maggio 2007, n. 36/E).

Sono esclusi dal beneficio gli interventi, pur agevolabili per tipologia, che vengono effettuati **in fase di costruzione dell'immobile**, in quanto già assoggettati alle prescrizioni minime della prestazione energetica in funzione delle locali condizioni climatiche e della tipologia.

Fattispecie	Regole
Unità collabenti	L'esistenza dell'edificio è riconosciuta anche se lo stesso è classificato nella **categoria catastale F2 "unità collabenti"** in quanto, pur trattandosi di categoria riferita a fabbricati totalmente o parzialmente inagibili e non produttivi di reddito, non esclude che lo stesso possa essere considerato come edificio esistente, trattandosi di un manufatto già costruito e individuato catastalmente (circ. 4 aprile 2017, n. 7/E).
Impianti di riscaldamento	Gli edifici interessati dall'agevolazione devono avere determinate caratteristiche tecniche e, in particolare, devono essere **dotati di impianti di riscaldamento funzionanti**, presenti negli ambienti in cui si realizza l'intervento agevolabile. Questa condizione è richiesta per tutte le tipologie di interventi agevolabili ad eccezione dell'installazione dei pannelli solari e delle schermature solari (circ. 4 aprile 2017, n. 7/E). Per gli **edifici collabenti**, nei quali l'impianto non è funzionate, deve essere dimostrabile che l'edificio è dotato di **impianto di riscaldamento** rispondente alle caratteristiche tecniche di legge e che tale impianto è situato negli ambienti nei quali sono effettuati gli interventi di riqualificazione energetica (ris. 12 agosto 2009, n. 215/E).
Impianto di **riscaldamento centralizzato**	Se l'intervento prevede l'installazione di un impianto di riscaldamento centralizzato in un edificio in cui solo alcuni appartamenti sono già dotati di impianto di riscaldamento, la detrazione non può essere riconosciuta sull'intera spesa sostenuta, ma deve essere limitata (utilizzando il rapporto alle quote millesimali) alla spesa riferibile alle **unità immobiliari nelle quali l'impianto era già presente**. (circ. 23 aprile 2010, n. 21/E, risp. 3.4).
Demolizione e ricostruzione con ampliamento	Non è agevolabile, in quanto tale intervento dà luogo ad una "nuova costruzione". Al contrario è possibile beneficiare della detrazione in caso di **ristrutturazione con ampliamento senza demolizione** dell'esistente, ma limitatamente alle spese sostenute per gli interventi di riqualificazione energetica realizzati sulla parte esistente. Nel caso in cui con tali interventi si realizzino impianti al servizio dell'intero edificio, la detrazione deve essere calcolata sulla parte di spesa riferibile all'edificio esistente scomputando, quindi, la quota relativa all'ampliamento. Tali criteri vanno considerati anche per definire la detrazione spettante per le spese sostenute nel caso di interventi di ampliamento effettuati ai sensi dell'art. 11, D.L. n. 112/2008 - c.d. "Piano casa" (circ. 1° luglio 2010, n. 39/E, risp. 4.1; ris. 4 gennaio 2011, n. 4/E).
Fatturazione lavori	Il contribuente deve **mantenere distinte**, in termini di fatturazione, le **spese riferibili** agli interventi relativi alla **parte esistente dell'edificio** da quelle riferibili agli **interventi relativi all'ampliamento** o, in alternativa, deve essere in possesso di un'apposita attestazione rilasciata dall'impresa di costruzione o ristrutturazione, sotto la propria responsabilità, che indichi gli importi riferibili a ciascun intervento utilizzando criteri oggettivi (circ. 4 aprile 2017, n. 7/E).

Detraibilità e limiti 7.4.3.

Per le **spese sostenute a partire dal 6 giugno 2013 la detrazione è fissata nella misura del 65%** della spesa sostenuta (in precedenza 55%) (D.L. n. 63/2013).

La detrazione è pari al **50%** per le spese sostenute:
- **dal 1° gennaio 2018,** relative agli interventi di acquisto e posa in opera di **finestre comprensive di infissi**, di **schermature solari** e di sostituzione di impianti di climatizzazione invernale con impianti dotati di **caldaie a condensazione** con efficienza energetica **almeno pari alla classe A** (art. 14, c. 2.1, D.L. n. 63/2013);

IRPEF

- **dal 2018 al 2024** per l'acquisto e la posa in opera di impianti di climatizzazione invernale con impianti dotati di generatori di calore **alimentati da biomasse combustibili**, fino a un valore massimo della detrazione di 30.000 euro (art. 14, c. 2-bis, D.L. n. 63/2013).

In applicazione del **criterio di cassa**, vigente per gli oneri sostenuti dalle persone fisiche, l'utilizzo dell'espressione "spese sostenute" comporta che la maggiore misura della detrazione si applica alle spese "pagate" a partire dal 6 giugno 2013 (data di entrata in vigore del D.L. n. 63/2013), indipendentemente dalla data di avvio degli interventi cui i pagamenti si riferiscono (circ. 18 settembre 2013, n. 29/E, par. 1.2).

Per le detrazioni in esame, diversamente da quanto previsto per quelle relative agli interventi di recupero del patrimonio edilizio (➡7.1.), è stabilito un limite di detrazione, variabile in funzione dell'intervento agevolato, e non un limite di spesa ammissibile all'agevolazione.

7.4.4. Interventi agevolati

A titolo generale, la detrazione spetta per le spese sostenute per gli interventi:

- di **riqualificazione energetica** di edifici esistenti volti a conseguire un risparmio del fabbisogno di energia primaria (art. 1, c. 344, Legge n. 296/2006);
- su edifici esistenti, parti di edifici esistenti o unità immobiliari, riguardanti **strutture opache verticali**, strutture opache orizzontali (coperture e pavimenti), **finestre** comprensive di **infissi** (art. 1, c. 345, Legge n. 296/2006);
- relativi all'installazione di **pannelli solari** per la produzione di **acqua calda** per usi domestici o industriali e per la copertura del fabbisogno di acqua calda in piscine, strutture sportive, case di ricovero e cura, istituti scolastici e università (art. 1, c. 346, Legge n. 296/2006);
- di sostituzione di **impianti di climatizzazione** invernale con impianti dotati di **caldaie a condensazione** e contestuale messa a punto del sistema di distribuzione (art. 1, c. 347, Legge n. 296/2006); tale detrazione è estesa anche alle spese relative alla sostituzione di impianti di climatizzazione invernale **con pompe di calore ad alta efficienza** e con impianti geotermici a bassa entalpia (art. 1, c. 286, Legge n. 244/2007).

Per beneficiare delle agevolazioni di cui all'art. 14, D.L. n. 63/2013, gli interventi devono soddisfare **requisiti tecnici** (compresi i **massimali di costo specifici** per singola tipologia di intervento, le **procedure** e le **modalità di esecuzione** di **controlli a campione**, sia documentali che *in situ*, eseguiti dall'ENEA e volti ad accertare il rispetto dei requisiti che determinano l'accesso al beneficio) da individuare con uno o più decreti ministeriali (art. 14, c. 3-ter, D.L. n. 63/2013; D.M. 6 agosto 2020).

Condomini, schermature solari, micro congelatori e impianti a biomasse - La detrazione del 65% spetta anche per le spese sostenute per:

- interventi relativi a parti comuni degli edifici **condominiali** di cui agli artt. 1117 e 1117-bis c.c. o che interessino **tutte le unità immobiliari** di cui si compone il singolo condominio, sostenute **dal 6 giugno 2013 al 31 dicembre 2024** (art. 14, c. 2, lett. a), D.L. n. 63/2013);
- l'acquisto e la posa in opera delle **schermature solari** (All. M al D.Lgs. n. 311/2006), sostenute **dal 1° gennaio 2015 al 31 dicembre 2024**, fino a un valore massimo della detrazione di **60.000 euro** (art. 14, c. 2, lett. b), D.L. n. 63/2013);
- l'acquisto e la posa in opera di **micro-cogeneratori** in sostituzione di impianti esistenti, sostenute **dal 1° gennaio 2018 al 31 dicembre 2024**, fino a un valore massimo della detrazione di **100.000 euro** (art. 14, lett. b-bis), D.L. n. 63/2013). Per poter beneficiare della detrazione gli interventi in oggetto devono condurre a un risparmio di energia primaria (PES) (All. III, D.M. 4 agosto 2011), pari almeno al 20%.

Per quanto riguarda, invece, le spese sostenute per l'acquisto e la posa in opera di **impianti di climatizzazione invernale** con impianti dotati di generatori di calore alimentati da **biomasse combustibili** la detrazione è pari:

- al **65%** per quelle sostenute **dal 1° gennaio 2015 al 31 dicembre 2017**;
- al **50%** per quelle sostenute **dall'anno 2018**.

Parti comuni di edifici condominiali - Per le spese sostenute **dal 1° gennaio 2017 al 31 dicembre 2024** per interventi di riqualificazione energetica di parti comuni degli **edifici condominiali**, che interessino l'**involucro dell'edificio** con un'incidenza **superiore al 25%** della superficie disperdente lorda dell'edificio, la **detrazione** spetta nella misura del **70%**.

La detrazione spetta nella misura del **75%**, per le spese sostenute per interventi di riqualificazione energetica relativi alle parti comuni di edifici condominiali finalizzati a **migliorare la prestazione**

energetica invernale ed estiva e che conseguano almeno la qualità media di cui al Decreto del Ministro dello Sviluppo economico 26 giugno 2015. Le detrazioni del 70% e del 75% di cui sopra sono calcolate su un ammontare complessivo delle spese **non superiore a 40.000 euro** moltiplicato per il numero delle unità immobiliari che compongono l'edificio (art. 14, c. 2-quater, D.L. n. 63/2013).
La sussistenza delle condizioni di cui sopra è **asseverata da professionisti abilitati** mediante l'attestazione della prestazione energetica degli edifici (art. 14, c. 2-quinquies, D.L. n. 63/2013).
La detrazione va ripartita in **10 rate annuali** di uguale importo (art. 14, c. 3, D.L. n. 63/2013).

Riduzione rischio sismico su parti comuni di edifici condominiali - Per le spese relative agli interventi su parti comuni di edifici condominiali ricadenti nelle **zone sismiche 1, 2 e 3** finalizzati **congiuntamente** alla riduzione del **rischio sismico** e alla **riqualificazione energetica** spetta, in alternativa alle detrazioni previste nel paragrafo precedente (art. 14, c. 2-quater, D.L. n. 63/2013) e a quelle corrispondenti in materia di ristrutturazioni (➔**7.3.3.**) (art. 16, c. 1-quinquies, D.L. n. 63/2013), una detrazione nella misura:
- dell'**80%**, ove gli interventi determinino il passaggio ad una classe di rischio inferiore;
- dell'**85%** ove gli interventi determinino il passaggio a due classi di rischio inferiori.

La predetta detrazione è ripartita in **dieci quote annuali** di pari importo e si applica su un ammontare delle spese non superiore a **136.000 euro moltiplicato per il numero delle unità immobiliari di ciascun edificio**.

Interventi di riqualificazione energetica di edifici esistenti 7.4.5.

Per interventi di riqualificazione energetica di edifici esistenti (art. 1, c. 344, Legge n. 296/2006), la detrazione spetta nel **limite di 100.000 euro**.
Gli interventi che danno diritto alla detrazione sono quelli diretti alla riduzione del fabbisogno di energia primaria necessaria per soddisfare i bisogni connessi a un uso standard dell'edificio, che permettono di conseguire un indice di prestazione energetica per la climatizzazione invernale non superiore ai valori definiti dal D.M. 11 marzo 2008 - Allegato A.
L'**indice di risparmio** deve essere calcolato in riferimento al fabbisogno energetico dell'intero edificio e non a quello delle singole porzioni immobiliari che lo compongono.
Rientrano in questo tipo di intervento la **sostituzione** o l'**installazione di climatizzatori invernali** anche con generatori di calore non a condensazione, con pompe di calore, con scambiatori per teleriscaldamento, con caldaie a biomasse, gli impianti di cogenerazione e rigenerazione, gli **impianti geotermici** e gli interventi di **coibentazione** che non hanno le caratteristiche richieste per la loro inclusione negli interventi descritti ai punti successivi.

> La **detrazione non spetta** per le spese sostenute per l'installazione di **pannelli fotovoltaici** in quanto gli stessi non sono finalizzati al contenimento dei consumi energetici, ma alla produzione di energia "pulita" (ris. 20 maggio 2008, n. 207/E).

Spese ammesse alla detrazione - Per questa tipologia di intervento non viene specificato quali opere o quali impianti occorre realizzare per raggiungere le prestazioni energetiche indicate. L'intervento, infatti, è definito **in funzione del risultato** che lo stesso deve conseguire in termini di riduzione del fabbisogno annuo di energia primaria per la climatizzazione invernale.
La detrazione spetta anche per le spese:
- relative alle **prestazioni professionali**, comprendendovi sia quelle necessarie per la realizzazione degli interventi agevolati sia quelle sostenute per acquisire la certificazione energetica richiesta per fruire del beneficio;
- sostenute per le opere edilizie, **funzionali** alla realizzazione dell'intervento di risparmio energetico.

Interventi sull'involucro degli edifici esistenti 7.4.6.

Per interventi sull'involucro di edifici esistenti, la detrazione spetta nel **limite di 60.000 euro** (art. 1, c. 345, Legge n. 296/2006).
Gli interventi che danno diritto all'agevolazione sono quelli realizzati sugli edifici, su parti di edifici o unità immobiliari, relativi a **strutture opache verticali** (pareti generalmente esterne), **strutture opache orizzontali** (coperture e pavimenti), **finestre comprensive di infissi**, delimitanti il volume riscaldato, verso l'esterno o verso vani non riscaldati, che permettano di ottenere un risparmio energetico in termini di minor calore disperso.

Infissi - Sono comprensivi anche delle **strutture accessorie** che hanno effetto sulla dispersione di calore (ad esempio, scuri o persiane) o che risultino strutturalmente accorpate al manufatto ad esempio, cassonetti incorporati nel telaio dell'infisso (circ. 31 maggio 2007, n. 36/E, risp. 3.2).
Poiché il beneficio è teso ad agevolare gli interventi da cui consegua un risparmio energetico, **non è sufficiente** la semplice sostituzione degli infissi o il rifacimento delle pareti, qualora questi siano originariamente già conformi agli indici di trasmittanza termica richiesti, ma è necessario che, a seguito dei lavori, tali indici si riducano ulteriormente (circ. 31 maggio 2007, n. 36/E, risp. 3.2).

Portoni d'ingresso - Rientrano nel campo applicativo dell'agevolazione al pari delle finestre, a condizione che:
- si tratti di serramenti che **delimitino l'involucro riscaldato** dell'edificio verso l'esterno o verso locali non riscaldati e che risultino rispettati gli indici di trasmittanza termica richiesti per la sostituzione delle finestre (circ. 23 aprile 2010, n. 21/E, risp. 3.2).
- presentino le **stesse componenti costruttive richieste per le finestre**; in tal caso, per comprovare il risparmio energetico, basta la **certificazione rilasciata dal produttore** (ris. 9 dicembre 2008, n. 475/E).

Pavimento in legno - Per il pavimento in legno posato al piano terra (c.d. "**pavimento contro terra**"), è possibile fruire della detrazione purché siano rispettati i requisiti di trasmittanza termica e siano compiuti gli ulteriori adempimenti richiesti (ris. 25 giugno 2012, n. 71/E).

Spese ammesse alla detrazione - Per gli interventi riguardanti le strutture opache verticali (**pareti**) e orizzontali (**coperture e pavimenti**) la detrazione spetta per le seguenti spese:
- fornitura e messa in opera di **materiale coibente** per il miglioramento delle caratteristiche termiche delle strutture esistenti;
- fornitura e messa in opera di **materiali ordinari**, anche necessari alla realizzazione di ulteriori strutture murarie a ridosso di quelle preesistenti, per il miglioramento delle caratteristiche termiche delle strutture esistenti;
- **demolizione e ricostruzione** dell'elemento costruttivo.

Per gli interventi riguardanti le **finestre comprensive di infissi** la detrazione spetta per le spese relative ad interventi che determinano:
- un **miglioramento delle caratteristiche termiche** delle strutture esistenti con la fornitura e posa in opera di una nuova finestra comprensiva di infisso;
- un miglioramento delle **caratteristiche termiche** dei componenti vetrati esistenti, con integrazioni e sostituzioni.

> Per le spese sostenute dal 1° gennaio 2018, relative agli interventi di acquisto e posa in opera di **finestre comprensive di infissi,** la percentuale di detrazione è fissata in misura pari al **50%** (art. 14, c. 2.1, D.L. n. 63/2013).

Sono in ogni caso comprese tra le spese in questione anche quelle:
- relative alle **prestazioni professionali**, sia se necessarie per la realizzazione degli interventi agevolati sia se sostenute per acquisire la certificazione energetica eventualmente richiesta per fruire del beneficio;
- sostenute per le **opere edilizie**, funzionali alla realizzazione dell'intervento di risparmio energetico.

7.4.7. Pannelli solari

Per interventi di installazione di pannelli solari la detrazione spetta nel **limite di 60.000 euro** (art. 1, c. 346, Legge n. 296/2006).
Gli interventi che danno diritto all'agevolazione consistono nell'installazione di pannelli solari per la produzione di **acqua calda per usi domestici o industriali** e per la copertura del fabbisogno di acqua calda in **piscine, strutture sportive, case di ricovero e cura**, istituti scolastici e **università**.
Le **caratteristiche** dell'intervento sono individuate dall'art. 8, D.M. 19 febbraio 2007 e il **termine minimo di garanzia** dei pannelli solari è fissato in **5 anni** per pannelli e i bollitori e in **2 anni** per gli accessori e i componenti tecnici (circ. 31 maggio 2007, n. 36/E, risp. 3.3).
I pannelli devono presentare una **certificazione di qualità** conforme alle norme rilasciata da un laboratorio accreditato; sono equiparate alle UNI EN 12975 o UNI EN 12976 le norme EN 12975 e EN 12976 recepite da un organismo certificatore nazionale di un Paese membro dell'Unione Europea o della Svizzera. Non sono ammessi alla detrazione i pannelli solari per i quali siano prodotte certifica-

zioni di qualità diverse da quelle espressamente previste dal D.M. 19 febbraio 2007 (ris. 11 settembre 2007, n. 244/E).
La detrazione spetta anche per le spese sostenute per l'istallazione di sistemi termodinamici a concentrazione solare per la **produzione di acqua calda** nonché per la produzione di acqua calda ed **energia elettrica**, in quanto tali sistemi sono assimilabili ai pannelli solari. Le spese sostenute per l'installazione di un sistema termodinamico per la sola produzione di acqua calda sono ammesse interamente in detrazione. Nel caso in cui il sistema termodinamico sia utilizzato anche per la produzione di energia elettrica e termica, l'intervento è agevolabile per la sola parte relativa agli usi termici, sussistendo le altre condizioni di legge. La quota di spesa detraibile può essere individuata in misura percentuale in base al rapporto tra l'energia termica prodotta e quella complessivamente sviluppata dall'impianto.
Qualora la normativa europea non sia applicabile (EN 12975), nelle more dell'emanazione di una specifica normativa, in luogo della certificazione di qualità può essere utilizzata una **relazione** sulle prestazioni del sistema **approvata dall'ENEA** (ris. 7 febbraio 2011, n. 12/E).
Con riferimento alle spese sostenute per l'installazione di un impianto di pannelli solari che permette di generare **acqua fredda per la climatizzazione estiva**, di utilizzare l'acqua calda dei pannelli solari per l'integrazione del riscaldamento invernale e di integrare anche il riscaldamento annuale dell'acqua calda ad uso sanitario, il contribuente può godere dell'agevolazione fiscale della **detrazione soltanto** in relazione alle spese direttamente ricollegabili all'installazione di pannelli solari utilizzati per la **produzione di acqua calda per uso sanitario** (ris. 14 luglio 2008, n. 299/E).

Non beneficia della detrazione l'installazione di un impianto di "**solar cooling**", ossia l'impianto che permette di generare acqua fredda per la climatizzazione estiva a partire dall'acqua calda prodotta da pannelli solari (ris. 14 luglio 2008, n. 299/E). Non è nemmeno possibile beneficiare della detrazione in relazione alle spese sostenute per l'acquisto (fornitura e posa in opera) di un **sistema fototermico** (risposta a interpello 27 dicembre 2018, n. 135).

Spese ammesse alla detrazione - Per gli interventi riguardanti i pannelli solari per la produzione di acqua calda, la detrazione spetta per le spese sostenute per:
- la fornitura e posa in opera di tutte le apparecchiature **termiche, meccaniche, elettriche ed elettroniche**;
- le **opere idrauliche e murarie** necessarie per la realizzazione a regola d'arte di impianti solari termici organicamente collegati alle utenze, anche in integrazione con impianti di riscaldamento.

Sono in ogni caso comprese tra le spese in questione anche quelle:
- relative alle **prestazioni professionali**, incluse sia quelle necessarie per la realizzazione degli interventi agevolati sia quelle sostenute per acquisire la certificazione energetica eventualmente richiesta per fruire del beneficio;
- sostenute per le **opere edilizie** funzionali alla realizzazione dell'intervento.

Impianti di climatizzazione invernale 7.4.8.

Per interventi di sostituzione di impianti di climatizzazione invernale la detrazione spetta nel **limite di 30.000 euro** (art. 1, c. 347, Legge n. 296/2006).
Gli **interventi agevolabili** consistono:
- nella sostituzione integrale o parziale di **impianti di climatizzazione invernale** esistenti con impianti dotati di caldaie a condensazione ad aria o ad acqua;
- nella sostituzione integrale di impianti di climatizzazione invernale con **impianti dotati di pompe di calore ad alta efficienza**, nonché impianti geotermici a bassa entalpia e contestuale messa a punto del sistema di distribuzione realizzato (ris. 1° dicembre 2008, n. 458/E);
- nella sostituzione di scaldacqua tradizionali con **scaldacqua a pompa di calore** dedicati alla produzione di acqua calda sanitaria (art. 4, c. 4, D.L. n. 201/2011).

Tra gli interventi agevolabili rientra anche l'installazione di sistemi di **termoregolazione e contabilizzazione del calore** individuali per misurare il consumo di calore in corrispondenza di ciascun radiatore posto all'interno delle unità immobiliari, effettuati in concomitanza con la sostituzione, integrale o parziale dei suddetti impianti (circ. 6 maggio 2016, n. 18/E, risp. 3.1).
Se non è sostituita la caldaia gli interventi rientrano tra quelli agevolabili ai sensi dell'art. 16-bis del TUIR (➜7.1.).
Sono, inoltre agevolabili, purché rispondenti alle caratteristiche tecniche previste, gli interventi finalizzati alla **trasformazione** degli impianti individuali **autonomi** in impianti di climatizzazione invernale **centralizzati con contabilizzazione del calore** e quelli finalizzati alla trasformazione degli impianti centralizzati per rendere applicabile la contabilizzazione del calore, mentre è esclusa la trasformazio-

ne dell'impianto di climatizzazione invernale da centralizzato ad individuale o autonomo (circ. 31 maggio 2007, n. 36/E, risp. 3.4).

Non sono agevolabili né le installazioni di sistemi di climatizzazione invernale in edifici che ne erano sprovvisti né la sostituzione di impianti di climatizzazione invernale con generatori di calore ad alto rendimento, ma diversi dalle caldaie a condensazione. Tuttavia, tali interventi possono essere compresi tra quelli di riqualificazione energetica dell'edificio (art. 1, c. 344, Legge n. 296/2006) qualora rispettino l'indice di prestazione energetica ivi previsto (circ. 31 maggio 2007, n. 36/E, risp. 3.4).

La fruizione della detrazione è limitata ai soli casi di sostituzione di impianti di climatizzazione invernale e non anche a quelli di **integrazione degli stessi** (ris. 1° dicembre 2008, n. 458/E).

Spese ammesse alla detrazione - Per gli interventi riguardanti la sostituzione di impianti di climatizzazione invernale la detrazione spetta per:

- lo **smontaggio** e **dismissione** dell'impianto di climatizzazione invernale esistente, parziale o totale;
- la fornitura e posa in opera di tutte le apparecchiature **termiche, meccaniche, elettriche ed elettroniche**;
- le **opere idrauliche e murarie** necessarie per la sostituzione, a regola d'arte, di impianti di climatizzazione invernale con impianti dotati di caldaie a condensazione.

Negli interventi ammessi alla detrazione sono compresi, oltre a quelli relativi al **generatore di calore**, anche gli eventuali interventi sulla rete di distribuzione, sui sistemi di trattamento dell'acqua, sui **dispositivi di controllo e regolazione** nonché sui sistemi di emissione.

Sono in ogni caso comprese tra le spese in questione anche quelle:

- relative alle **prestazioni professionali**, comprendendovi sia quelle necessarie per la realizzazione degli interventi agevolati sia quelle sostenute per acquisire la certificazione energetica eventualmente richiesta per fruire del beneficio;
- sostenute per le **opere edilizie**, funzionali alla realizzazione dell'intervento.

Sostituzione di impianti di climatizzazione con impianti dotati di caldaie a condensazione - Per le spese, sostenute **dal 1° gennaio 2018**, relative agli interventi di sostituzione di impianti di climatizzazione invernale con impianti dotati di caldaie a condensazione con efficienza almeno pari alla classe A di prodotto (Regolamento delegato UE n. 811/2013), la detrazione è fissata nella **misura del 50%** (art. 14, c. 2.1 D.L. n. 63/2013).

Sono **esclusi** dalla detrazione gli interventi di sostituzione di impianti di climatizzazione invernale con **impianti** dotati di caldaie a condensazione **con efficienza inferiore alla classe A** sopra indicata.

La detrazione si applica nella misura del **65%** per gli interventi di sostituzione di **impianti di climatizzazione invernale** con impianti dotati di caldaie a condensazione, di efficienza **almeno pari alla classe A** di prodotto prevista dal citato Reg. UE n. 811/2013, e **contestuale installazione** di **sistemi di termoregolazione evoluti**, appartenenti alle classi V, VI oppure VIII della com. UE 2014/C 207/02, o con impianti dotati di apparecchi ibridi, costituiti da pompa di calore integrata con caldaia a condensazione, assemblati in fabbrica ed espressamente concepiti dal fabbricante per funzionare in abbinamento tra loro, o per le spese sostenute per l'acquisto e la posa in opera di generatori d'aria calda a condensazione.

7.4.9. Schermature solari

Sono agevolabili le spese per l'acquisto e la posa in opera delle schermature solari cui all'Allegato M al D.Lgs. n. 311/2006 (art. 14, c. 2, lett. b), D.L. n. 63/2013).

In relazione ai requisiti tecnici specifici delle schermature solari ammesse al beneficio:

- è agevolabile l'installazione di **sistemi di schermatura** di cui all'Allegato M al D.Lgs. n. 311/2006;
- le schermature solari devono possedere una **marcatura CE**, se prevista;
- le schermature solari devono rispettare le leggi e normative nazionali e locali in tema di sicurezza e di efficienza energetica.

Spese ammesse alla detrazione - Per gli interventi riguardanti le schermature solari la detrazione spetta per le spese sostenute per:

- la **fornitura e posa in opera** delle varie tipologie di schermature;
- le **opere anche murarie** eventualmente necessarie per la posa in opera.

Sono in ogni caso comprese tra le spese detraibili anche quelle relative alle **prestazioni professionali** che si rendessero necessarie.

Percentuale di detrazione - Per l'acquisto e posa in opera di schermature solari (non si fa comunque riferimento all'Allegato M di cui al D.Lgs. n. 311/2006), la detrazione è fissata nella misura del **50%** per le spese sostenute dal **1° gennaio 2018 nel limite massimo di spesa di 60.000 euro** (art. 14, c. 2, secondo capoverso D.L. n. 63/2013).

Impianti dotati di generatori di calore alimentati da biomasse combustibili 7.4.10.

Sono agevolabili, con una detrazione nel **limite massimo di 30.000 euro,** le spese sostenute per l'acquisto e la posa in opera di **impianti di climatizzazione invernale** dotati di generatori di calore **alimentati da biomasse** combustibili (art. 14, c. 2-bis), D.L. n. 63/2013).

Spese ammesse alla detrazione - Per gli interventi riguardanti impianti dotati di generatori di calore alimentati da biomasse combustibili, la detrazione spetta per le spese sostenute per:

- **smontaggio e dismissione** dell'impianto di climatizzazione invernale esistente, parziale o totale;
- **fornitura e posa in opera** di tutte le apparecchiature termiche, meccaniche, elettriche ed elettroniche;
- **opere idrauliche e murarie** necessarie per la sostituzione, a regola d'arte, di impianti preesistenti con impianti dotati di generatori di calore alimentati da biomasse combustibili.

Negli interventi ammissibili sono compresi, oltre a quelli relativi al **generatore di calore**, anche gli eventuali interventi sulla rete di distribuzione, sui sistemi di trattamento dell'acqua, sui dispositivi di controllo e regolazione nonché sui sistemi di emissione.

Sono in ogni caso comprese tra le spese detraibili anche quelle:

- relative alle **prestazioni professionali** che si rendessero necessarie;
- sostenute per le **opere edilizie** funzionali alla realizzazione dell'intervento.

Percentuale di detrazione - Per le spese sostenute per l'acquisto e la posa in opera di impianti di climatizzazione invernale con impianti dotati di generatori di calore alimentati da biomasse combustibili la detrazione è pari:

- al **65%** per quelle sostenute **dal 1° gennaio 2015 al 31 dicembre 2017**;
- al **50%** per quelle sostenute **a partire dall'anno 2018**.

Dispositivi multimediali 7.4.11.

Per le spese sostenute per l'acquisto, l'installazione e la messa in opera di **dispositivi multimediali per il controllo da remoto** degli impianti di riscaldamento o produzione di acqua calda o di climatizzazione delle unità abitative, volti ad aumentare la consapevolezza dei consumi energetici da parte degli utenti e a garantire un funzionamento efficiente degli impianti, spetta una detrazione pari al **65%** delle spese stesse (art. 1, c. 88, Legge n. 208/2015).

Interventi e spese agevolabili - La detrazione spetta per l'acquisto e l'installazione di dispositivi multimediali dotati di specifiche caratteristiche.

Tali dispositivi devono, in particolare:

- mostrare attraverso **canali multimediali** i consumi energetici, mediante la fornitura periodica dei dati;
- mostrare le **condizioni di funzionamento** correnti e la temperatura di regolazione degli impianti;
- consentire l'**accensione**, lo **spegnimento** e la **programmazione** settimanale degli impianti da remoto.

Sono, quindi, agevolabili la fornitura e posa in opera di tutte le apparecchiature elettriche, elettroniche e meccaniche nonché delle opere elettriche e murarie necessarie per l'installazione e la messa in funzione a regola d'arte, all'interno degli edifici, di sistemi di "*building automation*" degli impianti termici degli edifici.

Non sono ricomprese tra le spese ammissibili l'acquisto di dispositivi che permettono di interagire da remoto con le predette apparecchiature quali **telefoni cellulari**, **tablet** e **personal computer** o dispositivi similari comunque denominati.

Limiti di detrazione - La detrazione è stata introdotta richiamando le disposizioni relative agli interventi riqualificazione energetica senza, tuttavia, indicare un importo massimo di detrazione spettante. La detrazione, dunque, spetta nella misura del **65% dell'intero importo della spesa sostenuta** (circ. 4 aprile 2017, n 7/E).

CASO 4 - Detrazione per le spese per il risparmio energetico

Contribuente che abbia effettuato, il 2 settembre 2021, su un immobile di sua proprietà, le seguenti spese:

- spese per interventi di riqualificazione energetica di edifici esistenti: 200.000 euro;
- spese per interventi sull'involucro degli edifici esistenti: 120.000 euro;
- spese per l'installazione di pannelli solari: 40.000 euro;

IRPEF

- spese per la sostituzione di impianti di climatizzazione invernale: 20.000 euro.

Poiché le spese sono state effettuate dopo il 6 giugno 2013, è applicabile la percentuale di detrazione del 65%, nei limiti sopra indicati.

Pertanto, si avrà:

- spese per interventi di riqualificazione energetica di edifici esistenti: 200.000 * 65% = 130.000 euro: l'importo non rientra nel limite massimo di detrazione pari a 100.000 euro, e dunque è detraibile l'importo di 100.000 euro;
- spese per interventi sull'involucro degli edifici esistenti: 120.000 * 65% = 78.000 euro: l'importo non rientra nel limite massimo di detrazione pari a 60.000 euro, e dunque è detraibile l'importo di 60.000 euro;
- spese per l'installazione di pannelli solari: 40.000 * 65% = 26.000 euro: l'importo rientra nel limite massimo di detrazione pari a 60.000 euro, e dunque è pienamente detraibile;
- spese per la sostituzione di impianti di climatizzazione invernale: 20.000 * 65% = 13.000 euro: l'importo rientra nel limite massimo di detrazione pari a 30.000 euro, e dunque è pienamente detraibile.

La detrazione complessiva, in tal caso sarà: 100.000 + 60.000 + 26.000 + 13.000 = 199.000 euro

Misura della detrazione e limiti - Tabella riepilogativa

Tipologia di intervento	Detrazione e limiti[1]		
	%	max spesa	max detraz.
Interventi di riqualificazione energetica di edifici esistenti (art. 1, c. 344, Legge n. 296/2006) (➡7.4.5.)[2]	65%	153.846,15	100.000
Interventi sull'involucro di edifici esistenti (art. 1, c. 345, Legge n. 296/2006) (➡7.4.6.)[3]	65%	92.307,69	60.000
Finestre comprensive di infissi (art. 14, c. 1, D.L. n. 63/2013) (➡7.4.6.)	50%	120.000	60.000
Pannelli solari per produzione acqua calda (art. 1, c. 346, Legge n. 296/2006) (➡7.4.7.)	65%	92.307,69	60.000
Impianti di climatizzazione invernale (art. 1, c. 347, Legge n. 296/2006) (➡7.4.8.)	50%[4]	60.000	30.000
Schermature solari (art. 14, c. 1 e 2, lett. b), D.L. n. 63/2013) (➡7.4.9.)	50%	60.000	30.000
Impianti di climatizzazione invernale dotati di generatori di calore alimentati da biomasse combustibili (art. 14, c. 2-bis), D.L. n. 63/2013) (➡7.4.10.)	50%	60.000	30.000
Dispositivi multimediali (art. 1, c. 88, Legge n. 208/2015) (➡7.4.11.)	65%	-	-
Sostituzione impianti esistenti con micro-cogeneratori (art. 14, c. 2, lett. b-bis), D.L. n. 63/2013) (➡7.4.4.)[5]	65%	153.846,15	100.000

[1] I **requisiti tecnici** che devono soddisfare gli interventi che beneficiano delle agevolazioni di cui all'art. 14 D.L. n. 63/2013, ivi compresi i massimali di costo specifici per singola tipologia di intervento, nonché le procedure e le modalità di esecuzione di controlli a campione, sia documentali che in situ, eseguiti dall'ENEA e volti ad accertare il rispetto dei requisiti che determinano l'accesso al beneficio verranno individuati con uno o più decreti del Ministro dello sviluppo economico, di concerto con il Ministro dell'economia e delle finanze, il Ministro dell'ambiente e della tutela del territorio e del mare e il Ministro delle infrastrutture e dei trasporti. Nelle more dell'emanazione dei decreti continuano ad applicarsi il D.M. 19 febbraio 2007 e il D.M. 11 marzo 2008 (art. 14, c. 3-ter, D.L. n. 63/2013).

[2] **Tranne** sostituzione di **climatizzatori invernali con caldaie a biomasse**.

[3] **Tranne** acquisto e posa in opera di **finestre comprensive di infissi**.

Tipologia di intervento	Detrazione e limiti[1]		
	%	max spesa	max detraz.
[4] Si tratta di interventi di **sostituzione di impianti di climatizzazione invernale** con impianti dotati di caldaie a condensazione con efficienza almeno pari alla classe A di prodotto. Sino al 31 dicembre 2019 sono esclusi dalla detrazione gli interventi di sostituzione di impianti di climatizzazione invernale con impianti dotati di caldaie a condensazione con efficienza inferiore alla classe A. Sempre sino al 31 dicembre 2019, la detrazione si applica nella misura del 65% per gli interventi di sostituzione di impianti di climatizzazione invernale con impianti dotati di caldaie a condensazione di efficienza almeno pari alla classe A di prodotto e contestuale installazione di sistemi di termoregolazione evoluti (classi V, VI oppure VIII della comunicazione della Commissione 2014/C 207/02), o con impianti dotati di apparecchi ibridi, costituiti da pompa di calore integrata con caldaia a condensazione, assemblati in fabbrica ed espressamente concepiti dal fabbricante per funzionare in abbinamento tra loro, o per le spese sostenute all'acquisto e posa in opera di generatori d'aria calda a condensazione (art. 14, c. 1, D.L. n. 63/2013). [5] Solo per il 2018.			

Ristrutturazioni con demolizione e ricostruzione 7.4.12.

In caso di ristrutturazioni con demolizione e ricostruzione valgono le seguenti regole:

Ristrutturazione con **demolizione e ricostruzione**	La detrazione spetta solo in caso di **fedele ricostruzione**.
Ristrutturazione con demolizione e **ricostruzione con ampliamento**	La detrazione non spetta in quanto l'intervento si considera **"nuova costruzione"**.
Ristrutturazione **senza demolizione** dell'esistente e ampliamento	La detrazione spetta solo per le spese riferibili alla **parte esistente**. In tale caso, l'agevolazione non può riguardare gli interventi di riqualificazione energetica globale dell'edificio, in quanto per tali interventi occorre individuare il fabbisogno di energia primaria annua riferita all'intero edificio, comprensivo anche dell'ampliamento.

Adempimenti 7.4.13.

Ai fini della detrazione è necessario porre in essere una serie di adempimenti (art. 4, D.M. 19 febbraio 2007) (➔95.3.).

Per tali interventi, comunque, **non è previsto** alcun **adempimento preventivo** né è previsto l'**invio della comunicazione di inizio lavori alla ASL**, adempimento che naturalmente resta necessario in funzione dell'osservanza delle norme in materia di tutela della salute e di sicurezza sul luogo di lavoro e nei cantieri.

Asseverazione da parte di un tecnico abilitato - Ai fini delle detrazioni, i contribuenti devono acquisire e conservare l'asseverazione con il quale un tecnico abilitato certifica la corrispondenza degli interventi effettuati ai requisiti tecnici previsti per ciascuno di essi.

> Per **tecnici abilitati** si intendono i soggetti abilitati alla progettazione di edifici ed impianti nell'ambito delle competenze ad essi attribuite dalla legislazione vigente, iscritti ai rispettivi ordini e collegi professionali.

È possibile sostituire l'asseverazione redatta dal tecnico abilitato con quella resa dal **Direttore dei lavori** sulla conformità al progetto delle opere realizzate.

In caso di esecuzione di più interventi sul medesimo edificio, l'asseverazione può avere carattere unitario e fornire in modo complessivo i dati e le informazioni richiesti.

L'**asseverazione** può essere **sostituita** da una **certificazione dei produttori** nei seguenti casi: sostituzione di finestre e infissi; caldaia a condensazione con potenza minore di 100 KW; per l'installazione di pannelli solari e per la sostituzione di impianti di climatizzazione invernale per la sostituzione dei serramenti comprensivi di infissi, per l'installazione di schermature solari e dei sistemi di dispositivi multimediali.

Attestato di prestazione energetica (APE) - Successivamente all'esecuzione degli interventi, il contribuente deve richiedere ad un **tecnico abilitato** l'attestato di prestazione energetica (APE) dell'edificio se introdotto dalle norme locali, oppure, in assenza di dette procedure, un attestato di qualificazione energetica (va predisposto secondo lo schema riportato in allegato al D.M. 19 febbraio 2007). L'attestato è finalizzato ad acquisire i dati relativi all'efficienza energetica propria dell'edificio.

L'APE **non è richiesto**:

- per gli interventi di **sostituzione di finestre comprensive di infissi** in singole unità immobiliari e di installazione di **pannelli solari** per la produzione di acqua calda. L'esonero dalla redazione dell'attestato di qualificazione/certificazione energetica non è suscettibile di applicazione retroattiva (circ. 19 febbraio 2008, n. 12/E, risp. 1.3);
- nel caso di **sostituzione di impianti di climatizzazione invernale** con impianti dotati di caldaie a condensazione e contestuale messa a punto del sistema di distribuzione;
- per l'acquisto e la posa in opera delle **schermature solari**;
- per l'installazione di **impianti di climatizzazione** dotati di generatori di calore alimentati da biomasse combustibili;
- per l'acquisto e l'installazione di **dispositivi multimediali**.

Scheda informativa relativa agli interventi realizzati (All. E/F) - Deve essere compilata la scheda informativa relativa agli interventi realizzati, redatta secondo lo schema riportato nell'Allegato E o F del D.M. 19 febbraio 2007.

La scheda deve contenere:

- i dati identificativi del soggetto che ha sostenuto le spese;
- i dati identificativi dell'edificio;
- la tipologia dell'intervento eseguito;
- il risparmio annuo di energia che ne è conseguito;
- il costo dell'intervento al netto delle spese professionali;
- l'importo utilizzato per il calcolo della detrazione;
- il costo delle spese professionali.

Invio della documentazione all'ENEA - I soggetti interessati alla detrazione devono **trasmettere all'ENEA**:

- le informazioni contenute nell'attestato di prestazione energetica attraverso l'Allegato A;
- la scheda informativa relativa agli interventi realizzati (All. E/F).

L'invio della documentazione deve essere effettuato:

- **in via telematica**, attraverso il sito Internet www.acs.enea.it (ottenendo ricevuta);
- **a mezzo raccomandata con ricevuta semplice**, all'ENEA, Dipartimento ambiente, cambiamenti globali e sviluppo sostenibile, Via Anguillarese n. 301 - 00123 Santa Maria di Galeria (Roma), esclusivamente qualora la complessità dei lavori eseguiti non trovi adeguata descrizione negli schemi resi disponibili dall'ENEA.

La documentazione deve essere trasmessa **entro 90 giorni dalla fine dei lavori**.

L'ENEA attesta di aver ricevuto correttamente la documentazione inviando al contribuente interessato **una e-mail di conferma**, che deve essere conservata per fruire della detrazione.

Alla documentazione da inviare all'ENEA entro 90 giorni dalla fine lavori si applica l'istituto della "**remissione in bonis**" in caso di **omesso invio**. Tale istituto consente di non perdere il diritto alla detrazione, sempreché la violazione non sia stata constatata o non siano iniziati accessi, ispezioni, verifiche o altre attività amministrative di accertamento delle quali l'autore abbia avuto formale conoscenza, se il contribuente:

- **invia la comunicazione**, ovvero esegue l'adempimento richiesto, **entro il termine di presentazione della prima dichiarazione** utile. L'espressione "entro il termine di presentazione della prima dichiarazione" deve intendersi come la prima dichiarazione dei redditi il cui termine di presentazione scade successivamente al termine previsto per effettuare la comunicazione o eseguire l'adempimento omesso;
- versa contestualmente **250 euro** (non compensabili) pari alla **sanzione minima prevista** (circ. 9 maggio 2013, n. 13/E).

Nel caso in cui dopo l'invio all'ENEA ci si accorga di **errori materiali** commessi in fase di compilazione della scheda informativa (allegati E/F) o qualora siano stati indicati importi di spesa diversi da quelli precedentemente comunicati, è possibile rettificare i dati anche oltre il termine dei 90 giorni dalla fine dei lavori - ma non oltre quello di presentazione della dichiarazione dei redditi nella quale la spesa può essere portata in detrazione - mediante l'invio telematico di una nuova scheda che annulla e sostituisce la precedente.

IRPEF

Indicazione dei dati nella dichiarazione dei redditi e conservazione della documentazione - Il contribuente è tenuto ad indicare nella dichiarazione dei redditi i **dati catastali identificativi dell'immobile** e, nel caso di lavori effettuati dal detentore, gli estremi di registrazione dell'atto di comodato o di locazione (circ. 1° giugno 2012, n. 19/E, risp. 1.1).
Per gli interventi realizzati sulle parti comuni condominiali il contribuente deve conservare la **documentazione rilasciata dall'amministratore del condominio**, in cui lo stesso attesti di avere adempiuto a tutti gli obblighi previsti e indichi la somma di cui il contribuente può tenere conto ai fini della detrazione (circ. 1° giugno 1999, n. 122/E, risp. 4.6).

Rateizzazione 7.4.14.

La detrazione spettante va ripartita in rate variabili a seconda del periodo d'imposta, così come riportato nella tabella seguente:

Anno	Rate annuali
2007	3
2008	da 3 a 10[1]
2009	5
2010	5
dal 2011	10

[1] A scelta irrevocabile del contribuente operata all'atto della prima detrazione.

Pagamento delle spese mediante bonifico bancario o postale 7.4.15.

I soggetti non titolari di reddito d'impresa devono effettuare i pagamenti con **bonifico bancario o postale** dal quale risulti la causale del versamento, il codice fiscale del beneficiario della detrazione e il codice fiscale o la partita IVA del beneficiario del bonifico (art. 4, D.M. 19 febbraio 2007).

L'obbligo di pagamento mediante bonifico **non è previsto** per i soggetti **esercenti attività d'impresa**, il cui reddito è determinato in base al principio di competenza, in quanto il momento dell'effettivo pagamento della spesa non assume rilevanza.

Il bonifico deve riportare:

- la **causale del versamento** dalla quale risulti che il pagamento è effettuato per lavori di recupero del patrimonio edilizio che danno diritto alla detrazione. Nel caso in cui, per mero errore materiale, non siano stati riportati i riferimenti normativi della detrazione per interventi di recupero del patrimonio edilizio, la detrazione può comunque essere riconosciuta senza necessità di ulteriori adempimenti;
- il **codice fiscale del beneficiario della detrazione** (che può essere anche diverso dall'ordinante il bonifico);
- il **numero di partita IVA** o il codice fiscale del soggetto a favore del quale il bonifico è effettuato.

Il **bonifico postale** è assimilato a quello bancario ed è quindi da considerarsi valido (circ. 10 giugno 2004, n. 24/E, risp. 1.11), così come è ugualmente valido il bonifico effettuato **"on line"** (ris. 7 agosto 2008, n. 353/E).
La detrazione è ammessa anche se l'onere è sostenuto mediante un bonifico tratto su un conto acceso presso un istituto di pagamento, autorizzato a prestare servizi di pagamento tramite l'esecuzione di bonifici (ris. 20 gennaio 2017, n. 9/E).

Qualora, per errore sia stato utilizzato un **bonifico diverso da quello "dedicato"**, o non siano stati indicati sul bonifico tutti i dati richiesti, e non sia stato possibile ripetere il bonifico, la detrazione spetta solo qualora il contribuente sia in possesso di una dichiarazione sostitutiva di atto notorietà rilasciata dall'impresa, con la quale quest'ultima attesti che i corrispettivi accreditati a suo favore sono stati correttamente contabilizzati ai fini della loro imputazione nella determinazione del reddito (circ. 18 novembre 2016, n. 43/E).

Nell'ipotesi in cui il **titolare di reddito d'impresa** adotti il **regime di cassa**, per la fruizione delle detrazioni d'imposta relative all'effettuazione di interventi per il risparmio energetico e per l'adeguamento sismico deve far riferimento al momento di effettivo pagamento delle spese sostenute per l'effettuazione di tali interventi. Il pagamento deve essere effettuato tramite bonifico bancario ovvero postale (risposta a interpello 22 ottobre 2018, n. 46).

IRPEF

Pagamento effettuato da società finanziaria - Il contribuente può fruire della detrazione anche nel caso in cui il pagamento delle spese sia materialmente effettuato dalla società finanziaria che gli ha concesso un **finanziamento** a condizione che:
- questa paghi il corrispettivo al soggetto fornitore con un **bonifico bancario o postale** recante tutti i dati previsti (causale del versamento con indicazione degli estremi della norma agevolativa, codice fiscale del soggetto per conto del quale è eseguito il pagamento, numero di partita IVA del soggetto a favore del quale il bonifico è effettuato) in modo da consentire alle banche o a Poste Italiane S.p.a. di operare la ritenuta;
- il contribuente conservi **copia** della **ricevuta del bonifico**. In questo caso l'anno di sostenimento della spesa è quello di effettuazione del bonifico da parte della finanziaria al fornitore della prestazione (circ. 21 maggio 2014, n. 11/E, risp. 4.4).

7.4.16. Cumulo

La detrazione d'imposta del 65% **non è cumulabile** con altre agevolazioni fiscali previste per i medesimi interventi da altre disposizioni di legge nazionali (quale, ad esempio, la detrazione del 50% per il recupero del patrimonio edilizio (➜**7.1.**). Inoltre, il cumulo **non è possibile** nemmeno:
- con il **premio per gli impianti fotovoltaici** abbinati ad un uso efficiente dell'energia di cui all'art. 7, D.M. 19 febbraio 2007. Tale incentivo, calcolato in ragione dell'energia fotovoltaica prodotta annualmente dall'impianto medesimo, viene erogato per un periodo di 20 anni;
- con le **agevolazioni** previste per interventi su **immobili soggetti al vincolo della tutela del patrimonio culturale**. La non cumulabilità deve ritenersi riferibile anche alla detrazione del 19% prevista dal D.P.R. n. 917/1986 per le spese relative alla manutenzione e al restauro dei beni vincolati.

È possibile il **cumulo** con gli **incentivi disposti a livello comunitario** nonché a livello locale da **Regioni**, **Province** e **Comuni**. In ogni caso, resta fermo che la cumulabilità è ammessa solamente qualora la normativa disciplinante l'incentivo locale non preveda espressamente l'incumulabilità dello stesso con detrazioni o agevolazioni fiscali attribuite per le medesime finalità e in relazione alla quota di spesa eccedente quanto già agevolato in forza dell'incentivo locale, regionale o comunitario (circ. 4 aprile 2017, n. 7/E).

7.4.17. Cessione della detrazione e sconto sul corrispettivo

Salvo che il contribuente non opti per la cessione del bonus o lo sconto in fattura (➜**7.10.**), previsto dal c.d. "Decreto rilancio" (art. 121, D.L. n. 34/2020), è possibile la cessione del credito corrispondente alla detrazione spettante per le spese sostenute per interventi di riqualificazione energetica effettuati su edifici esistenti, parti di edifici esistenti o singole unità immobiliari (art. 14, c. 2-ter, D.L. 4 giugno 2013, n. 63; Provv. 18 aprile 2019).
Il credito può essere ceduto a:
- **fornitori** dei beni e servizi necessari alla realizzazione degli interventi;
- altri **soggetti privati** quali persone fisiche, anche esercenti attività di lavoro autonomo o d'impresa, società ed enti, diversi dai fornitori, sempreché collegati al rapporto che ha dato origine alla detrazione. È esclusa la cessione del credito in favore delle Amministrazioni pubbliche;
- **istituti di credito** e **intermediari finanziari** nelle sole ipotesi di cessione del credito effettuate dai soggetti che ricadono nella *no tax area*.

I cessionari del credito a loro volta possono effettuare ulteriori cessioni.
A tal fine occorre inviare all'Agenzia delle Entrate una **comunicazione entro** il **28 febbraio** dell'**anno successivo** a quello di sostenimento della spesa.
Il credito d'imposta attribuito al cessionario, che non sia oggetto di successiva cessione:
- va ripartito in **10 quote annuali** di pari importo;
- va utilizzato **in compensazione** anche oltre i limiti di 700.000 euro, elevato a un milione di euro per il 2020 e a 2milioni di euro per il 2021 e 2022 (art. 34, Legge n. 388/2000) a decorrere dal 20 marzo dell'anno successivo a quello di sostenimento della spesa e, comunque, dopo l'accettazione del credito stesso, presentando il Mod. F24;
- la compensazione avviene nel Mod. F24 utilizzando il **codice tributo 6890** (ris. 5 agosto 2019, n. 74/E).

Sconto sul corrispettivo - A partire dal 1° gennaio 2020, unicamente per gli interventi di **ristrutturazione importante di primo livello** (D.M. 26 giugno 2015), per le **parti comuni** degli **edifici condominiali**, con un **importo** dei lavori **pari o superiore a 200.000 euro**, il soggetto avente diritto alle detrazioni può optare, in luogo dell'utilizzo diretto delle stesse, per un contributo di pari ammon-

tare, sotto forma di **sconto sul corrispettivo dovuto**, anticipato dal fornitore che ha effettuato gli interventi (art. 14, c. 3.1, D.L. n. 63/2013).
Anche in questo caso si tratta di una opzione alternativa a quella prevista dal "Decreto rilancio" (art. 121, D.L. n. 34/2020) (➡**7.10.**).
Il contributo viene rimborsato sotto forma di **credito d'imposta** da utilizzare esclusivamente in compensazione, in cinque quote annuali di pari importo, senza l'applicazione dei limiti di compensabilità.
Il fornitore che ha effettuato gli interventi ha a sua volta **facoltà di cedere il credito d'imposta** ai propri fornitori di beni e servizi, con esclusione della possibilità di ulteriori cessioni da parte di questi ultimi.
Rimane in ogni caso esclusa la cessione ad istituti di credito e ad intermediari finanziari.

RITENUTA SUI BONIFICI PER RISTRUTTURAZIONI EDILIZIE E RISPARMIO ENERGETICO 7.5.

Le banche e Poste Italiane S.p.a. devono operare una **ritenuta con aliquota dell'8%** a titolo di acconto dell'imposta sul reddito dovuta dai beneficiari, con obbligo di rivalsa, all'atto dell'accredito dei pagamenti relativi ai bonifici disposti dai contribuenti per beneficiare di oneri deducibili o per i quali spetta la **detrazione d'imposta** (art. 25, D.L. n. 78/2010). In particolare, la ritenuta è effettuata sui pagamenti relativi ai bonifici disposti per (Provv. Agenzia delle Entrate 30 giugno 2010):

a. spese di intervento di **recupero del patrimonio edilizio** (➡**7.1.**);
b. spese per interventi di **risparmio energetico** (➡**7.4.**).

Le banche e Poste Italiane S.p.a. che operano le ritenute sono tenute ai seguenti adempimenti:

- versare la ritenuta con **Mod. F24**, utilizzando il **codice tributo 1039** (ris. 30 giugno 2010, n. 65/E);
- certificare, **entro il 31 marzo dell'anno successivo**, al beneficiario l'ammontare delle somme erogate e delle ritenute effettuate;
- indicare nella dichiarazione dei sostituti d'imposta - **Mod. 770** - i dati relativi al beneficiario nonché le somme accreditate e le ritenute effettuate.

> La ritenuta d'acconto deve essere operata sull'importo del **bonifico decurtato dell'IVA**. Pertanto, la base di calcolo su cui operare la ritenuta non deve comprendere l'IVA, in quanto altrimenti verrebbero alterate le caratteristiche di neutralità di tale imposta (circ. 28 luglio 2010, n. 40/E).

In alcuni casi per le somme oggetto di bonifico è già prevista l'effettuazione di una ritenuta da parte del soggetto ordinante. Così ad esempio, i condomini in qualità di sostituti d'imposta devono operare la ritenuta di acconto pari al 4%, sui corrispettivi dovuti per prestazioni relative a contratti d'appalto di opere o servizi (➡**14.10.2.**).
In dette ipotesi, al fine di evitare che le imprese e i professionisti che effettuano prestazioni di servizi o cessioni di beni per interventi di ristrutturazione edilizia o di riqualificazione energetica subiscano sullo stesso corrispettivo **più volte il prelievo alla fonte**, deve essere applicata la sola ritenuta dell'8%.

> Nel caso in cui i destinatari del bonifico usufruiscano di regimi fiscali per i quali è prevista la tassazione del reddito mediante **imposta sostitutiva dell'IRPEF**, la ritenuta operata dalla banca o da Poste Italiane S.p.a. sulle somme loro accreditate può essere **scomputata** da detta imposta sostitutiva (circ. 28 luglio 2010, n. 40/E).

BONUS VERDE 7.6.

Il **bonus verde**, fruibile **dal 2018 al 2024**, consente di detrarre, ai fini IRPEF, un importo pari al **36%** delle spese documentate, fino ad un ammontare complessivo delle stesse **non superiore a 5.000 euro** per unità immobiliare ad uso abitativo, sostenute ed effettivamente rimaste a carico dei contribuenti che possiedono o detengono, sulla base di un titolo idoneo, l'immobile sul quale sono effettuati gli interventi relativi alla (art. 1, c. 12-15, Legge n. 205/2017):

a. "**sistemazione a verde**" di aree scoperte private di edifici esistenti, unità immobiliari, pertinenze o recinzioni, impianti di irrigazione e realizzazione pozzi;
b. realizzazione di **coperture a verde** e di **giardini pensili**.

La detrazione spetta anche per le spese sostenute per interventi effettuati sulle **parti comuni esterne degli edifici condominiali** di cui agli articoli 1117 e 1117-bis c.c., fino ad un importo massimo complessivo di **5.000 euro per unità immobiliare ad uso abitativo**.
Nel caso di interventi di "**sistemazione a verde**" eseguiti sia sulla singola unità immobiliare che sulle parti comuni di edifici condominiali il diritto alla detrazione spetta su due distinti limiti di spesa agevolabile, di 5.000 euro ciascuno (risposta dell'Agenzia delle Entrate resa in occasione dell'incontro con

la stampa specializzata del 1° febbraio 2018). In tale ipotesi la detrazione spetta **al singolo condomino** nel limite della quota a lui imputabile a condizione che la stessa sia stata effettivamente versata al condominio entro i termini di presentazione della dichiarazione dei redditi.

Tra le **spese detraibili** sono comprese quelle di **progettazione e manutenzione** connesse all'esecuzione degli interventi sopra indicati, invece **non** sono **agevolabili** i **lavori in economia** né le spese sostenute per la **manutenzione ordinaria annuale dei giardini preesistenti** (risposta dell'Agenzia delle Entrate resa in occasione dell'incontro con la stampa specializzata del 1° febbraio 2018).

Per fruire della detrazione è necessario che i pagamenti siano effettuati con strumenti idonei a consentire la **tracciabilità delle operazioni** (tra cui, bonifici, carte di credito e di debito) ed è ripartita in **dieci quote annuali** costanti e di pari importo nell'anno di sostenimento delle spese e in quelli successivi.

Si applicano le seguenti regole già previste per la detrazione in materia di interventi di ristrutturazione edilizia (art. 16-bis, c. 5, 6 e 8, D.P.R. n. 917/1986):

- se gli interventi sono realizzati su unità **immobiliari residenziali adibite promiscuamente** all'esercizio dell'arte o della professione, ovvero all'esercizio dell'attività commerciale, la detrazione spettante è **ridotta al 50%** (quindi spetta nella misura del 18%);
- la detrazione è cumulabile con le agevolazioni già previste sugli **immobili soggetti a vincoli** (D.Lgs. n. 42/2004), **ridotte** nella misura del **50%**;
- in caso di **vendita dell'unità immobiliare** sulla quale sono stati realizzati gli interventi la detrazione non utilizzata in tutto o in parte è trasferita per i rimanenti periodi di imposta, salvo diverso accordo delle parti, all'acquirente persona fisica dell'unità immobiliare. In caso di decesso dell'avente diritto, la fruizione del beneficio fiscale si trasmette, per intero, esclusivamente all'erede che conservi la detenzione materiale e diretta del bene.

Bonus verde	
Spese agevolabili[1]	a) "sistemazione a verde" di aree scoperte private di edifici esistenti, unità immobiliari, pertinenze o recinzioni, impianti di irrigazione e realizzazione pozzi; b) realizzazione di coperture a verde e di giardini pensili.
Percentuale detrazione	36%
Limite massimo di spesa	5.000 euro per unità immobiliare ad uso abitativo[2]
Rate annuali	10

[1] Comprese le **spese di progettazione e manutenzione** connesse all'esecuzione degli interventi.
[2] In caso di spese sostenute per interventi effettuati sulle **parti comuni esterne** degli edifici condominiali, fino ad un importo massimo complessivo di 5.000 euro per unità immobiliare ad uso abitativo. In tal caso, la detrazione spetta al singolo condomino nel limite della quota a lui imputabile a condizione che la stessa sia stata effettivamente versata al condominio entro i termini di presentazione della dichiarazione dei redditi.

7.7. ACQUISTO E POSA IN OPERA DI INFRASTRUTTURE DI RICARICA DEI VEICOLI ALIMENTATI AD ENERGIA ELETTRICA

È prevista una detrazione dall'imposta lorda nella misura del **50%** delle spese sostenute, calcolata su un **ammontare complessivo** non superiore a **3.000 euro**, per l'acquisto e posa in opera di infrastrutture di ricarica dei veicoli elettrici (art. 16-ter, D.L. n. 63/2013).

Sono detraibili le **spese** documentate sostenute **dal 1° marzo 2019 al 31 dicembre 2021** relative all'acquisto e alla posa in opera di infrastrutture di ricarica dei veicoli alimentati ad energia elettrica, inclusi i costi iniziali per la richiesta di potenza addizionale fino ad un massimo di 7 kW.

La detrazione va **ripartita** tra gli aventi diritto in **10 quote annuali** di pari importo.

Le infrastrutture di ricarica devono essere dotate di uno o più punti di ricarica di potenza standard non accessibili al pubblico (art. 2, c. 1, lett. d) e h), D.Lgs. n. 257/2016).

La detrazione si applica anche alle spese documentate rimaste a carico del contribuente, per l'acquisto e la posa in opera di **infrastrutture di ricarica sulle parti comuni** degli edifici condominiali (artt. 1117 e 1117-bis c.c.).

Per fruire della detrazione è necessario che i pagamenti siano effettuati con **bonifico bancario o postale**, ovvero con altri sistemi di pagamento tracciati. Il contribuente è tenuto a conservare ed esibire, previa richiesta degli uffici finanziari, le fatture, le ricevute fiscali, la ricevuta del bonifico e altra idonea documentazione comprovante le spese effettivamente sostenute (D.M. 20 marzo 2019). Con-

siderato che la norma non pone alcun vincolo di natura soggettiva (visto il generico richiamo ai "contribuenti"), il suo ambito applicativo deve intendersi in senso ampio poiché la norma intende chiaramente favorire la diffusione di punti di ricarica di potenza standard non accessibili al pubblico. Pertanto, **possono beneficiare** della detrazione i **soggetti** passivi dell'imposta sul reddito delle persone fisiche (**IRPEF**) **e** dell'imposta sul reddito delle società (**IRES**) che sostengono le spese per gli interventi agevolabili, se le spese siano rimaste a loro carico, e possiedono o detengono l'immobile o l'area in base ad un titolo idoneo (ris. 28 febbraio 2019, n. 32/E).
La detrazione di cui si discute spetta anche, ma con percentuali e regole diverse, per le **spese documentate e rimaste a carico del contribuente**, sostenute per gli interventi di installazione di infrastrutture per la ricarica di veicoli elettrici come sopra descritti, eseguita **congiuntamente** a uno degli interventi che fruiscono del c.d. "**Superbonus**" (➡7.9.).

INTERVENTI SULLE FACCIATE (BONUS FACCIATE) 7.8.

È prevista una detrazione dall'imposta lorda nella misura del **90%**, per le **spese** documentate, sostenute nell'**anno 2020 e 2021**, relative agli interventi, ivi inclusi quelli di sola pulitura o tinteggiatura esterna, finalizzati al **recupero o restauro** della **facciata esterna** degli edifici esistenti ubicati **in zone residenziali**, il c.d. "bonus facciate" (art. 1, c. 219-223, Legge n. 160/2019).
La detrazione spetta, seppur con aliquota del **60%**, anche per le spese sostenute nell'anno **2022** (art. 1, c. 39 Legge n. 234/2021).
La detrazione è ripartita in **10 quote annuali** costanti e di pari importo nell'anno di sostenimento delle spese e in quelli successivi.

> Il *bonus* non spetta ai **soggetti che non possiedono redditi imponibili**. Pertanto, non spetta agli enti pubblici territoriali esenti dal pagamento dell'IRES (risposta a interpello 23 settembre 2020, n. 397).

Lavori ammessi - Si deve trattare di lavori eseguiti su edifici esistenti ubicati in zona A o B ai sensi del D.M. 2 aprile 1968, n. 1444 e, precisamente:
- la **zona A** include le parti del territorio interessate da agglomerati urbani che rivestono **carattere storico, artistico** o di particolare **pregio ambientale** o da porzioni di essi, comprese le aree circostanti, che possono considerarsi parte integrante, per tali caratteristiche, degli agglomerati stessi;
- la **zona B** include le **parti** del territorio **totalmente o parzialmente edificate**, diverse dalle zone A): si considerano parzialmente edificate le zone in cui la **superficie coperta** degli **edifici** esistenti **non** sia **inferiore** al **12,5%** (un ottavo) della superficie fondiaria della zona e nelle quali la densità territoriale sia superiore a 1,5 mc/mq.

Inoltre, ferme rimanendo le agevolazioni già previste dalla legislazione vigente in materia edilizia e di riqualificazione energetica, sono ammessi al beneficio in esame esclusivamente gli interventi sulle strutture opache della facciata, su balconi o su ornamenti e fregi.

Ambito	Spettanza agevolazione e riferimenti
Imprese consorziate e/o privati proprietari degli immobili	**Sì**, nel caso di consorzio vincolato a ribaltare le spese per gli interventi sulle parti comuni degli immobili posseduti dalle imprese consorziate stesse e/o i privati subentrati (risposta a interpello 23 novembre 2020, n. 555)
Spese sostenute per gli interventi realizzati sulle facciate dell'edificio costituenti il suo **perimetro esterno**, sebbene solo **parzialmente visibili dalla strada**	**Sì**, ma non anche per le spese sulle pareti esterne opposte al punto di vista dalla strada pubblica **non visibili** (neanche parzialmente) da quest'ultima (risposta a interpello 4 novembre 2020, n. 522)
Intervento di **isolamento "a cappotto"**	**Sì** (risposta a interpello 3 novembre 2020, n. 520)
Immobili patrimonio	**Sì** (risposta a interpello 2 novembre 2020, n. 517)
Spese di **pulitura e riverniciatura dello sporto del tetto**	**Sì** (risposta a interpello 2 ottobre 2020, n. 434)
Spese relative ai lavori di **riverniciatura degli scuri e persiane e/o** pulitura e **tinteggiatura del muro di cinta**	**No** (risposta a interpello 2 ottobre 2020, n. 434)

Ambito	Spettanza agevolazione e riferimenti
Spese sostenute per gli interventi sulle superfici confinanti con **chiostrine, cavedi, cortili e spazi interni**	**No**, fatte salve quelle visibili dalla strada o da suolo ad uso pubblico (risposta a interpello 29 settembre 2020, n. 418)
Lavori sulle facciate esterne dell'edificio, relativi alla **messa in sicurezza e ripristino dei frontalini dei balconi**	**Sì**, sempre a condizione che la parte del perimetro esterno dell'edificio, oggetto dell'intervento, sia visibile (anche parzialmente) dalla strada pubblica (risposta a interpello 28 settembre 2020, n. 415)
Interventi sulle "**strutture opache orizzontali o inclinate**" dell'involucro edilizio quali, ad esempio, coperture (lastrici solari, tetti) e pavimenti verso locali non riscaldati o verso l'esterno nonché per la sostituzione di vetrate, infissi, grate, portoni e cancelli (non rientranti nella nozione di strutture "opache")	**No** (risposte a interpello 11 settembre 2020, n. 346-348)
Interventi che possiedono i requisiti per essere considerati agevolabili	**Sì**, a prescindere dai materiali utilizzati per realizzarli (risposta a interpello 8 settembre 2020, n. 319)
Spese effettuate dal **condominio**	**Sì**, l'amministratore di condominio deve suddividere la spesa complessiva sostenuta dal condominio in base alle scelte operate dai singoli condòmini (ris. 1° settembre 2020, n. 49/E)
Spese per la ritinteggiatura delle **intelaiature metalliche** che sostengono i **pannelli di vetro perimetrali del balcone** nonché per la tinteggiatura e stuccatura della parete inferiore del balcone	**Sì** (risposta a interpello 31 agosto 2020, n. 289)
Spese per **sostituzione di parapetti** presenti nei balconi, rifacimento di **tende avvolgibili**, compatibili tecnicamente ed esteticamente con le nuove balaustre nonché per un sistema di **illuminazione notturna**	**Sì**, eccetto che per le spese relative ai lavori per il rifacimento delle tende avvolgibili, e per l'installazione di un sistema di illuminazione della facciata (risposta a interpello 6 ottobre 2021, n. 673).

Interventi influenti dal punto di vista termico - Nell'ipotesi in cui i lavori di rifacimento della facciata, ove non siano di sola pulitura o tinteggiatura esterna, riguardino interventi influenti dal punto di vista termico o interessino oltre il 10% dell'intonaco della superficie disperdente lorda complessiva dell'edificio, tali interventi devono soddisfare specifici requisiti in materia di:

- **certificazione**, raccolta dei dati, monitoraggio sugli stessi (D.M. 26 giugno 2015; D.M. 26 giugno 2009). Si segnalano anche le regole in materia di elementi essenziali e disposizioni minime comuni del sistema nazionale e regionale di attestazione della prestazione energetica degli edifici, sull'APE e sulla relativa durata;
- **trasmittanza termica** (D.M. 26 gennaio 2010, Tabella 2).

Modalità operative - Il pagamento delle spese detraibili deve essere disposto mediante **bonifico bancario** dal quale risulti:

- la causale del versamento;
- il codice fiscale del beneficiario della detrazione;
- il numero di partita IVA ovvero il codice fiscale del soggetto a favore del quale il bonifico è effettuato.

Inoltre, i soggetti che intendono avvalersi della detrazione sono tenuti a:

- **indicare** nella dichiarazione dei redditi i **dati catastali** identificativi dell'immobile e se i lavori sono effettuati dal detentore, gli **estremi di registrazione** dell'atto che ne costituisce **titolo** e gli altri dati richiesti ai fini del controllo della detrazione e a conservare ed esibire a richiesta degli uffici i documenti che saranno indicati in apposito Provvedimento del Direttore dell'Agenzia delle Entrate;
- **comunicare** preventivamente all'azienda sanitaria locale territorialmente competente, mediante raccomandata, la **data di inizio dei lavori**;

- conservare ed esibire, previa richiesta degli uffici finanziari, le fatture o le ricevute fiscali comprovanti le spese effettivamente sostenute e la ricevuta del bonifico bancario attraverso il quale è stato effettuato il pagamento.

Verifiche e controlli - Si applicano le stesse regole in materia di detrazioni fiscali per interventi di efficienza energetica (art. 14, c. 3-bis e 3-ter, D.L. n. 63/2013).
In particolare, al fine di effettuare il monitoraggio e la valutazione del risparmio energetico conseguito a seguito della realizzazione degli interventi di efficienza energetica, "l'ENEA elabora le informazioni contenute nelle richieste di detrazione pervenute per via telematica e trasmette una relazione sui risultati degli interventi al MEF e alle regioni".

SUPERBONUS 110% 7.9.

A partire **dal 1° luglio 2020** è stata introdotta una detrazione pari al 110% (c.d. **Superbonus 110%** ☞) delle spese relative a specifici interventi di efficienza energetica e di misure antisismiche sugli edifici (art. 119, D.L. n. 34/2020; circ. 8 agosto 2020, n. 24/E).
La detrazione si applica **fino al 2025**, seppur con percentuali via via ridotte a partire dal 2024 (precisamente, 70% per il 2024 e 65% per il 2025), per le spese sostenute dai **condomini.**

> Per le **villette unifamiliari** la detrazione del 110% è in vigore fino al 31 dicembre 2022 purché, al 30 giugno 2022, siano stati effettuati lavori per almeno il 30% dell'intervento complessivo.

L'agevolazione interessa anche l'installazione di **impianti solari fotovoltaici** connessi alla rete elettrica nonché le **infrastrutture per la ricarica di veicoli elettrici** negli edifici.

> La detrazione è concessa a condizione che la regolarità degli interventi sia **asseverata da professionisti abilitati**, che devono anche attestare la congruità delle spese sostenute con gli interventi agevolati.

> Nel caso in cui sul medesimo immobile siano effettuati **più interventi agevolabili**, il limite massimo di spesa ammesso alla detrazione è costituito dalla somma degli importi previsti per ciascuno degli interventi realizzati (circ. 22 dicembre 2020, n. 30/E).

Soggetti interessati e ambito oggettivo 7.9.1.

Ambito soggettivo - Le agevolazioni riportate di seguito si applicano agli interventi effettuati:

a. dai **condomini** (sviluppati sia in senso verticale che orizzontale - circ. 8 agosto 2020, n. 24/E) e dalle **persone fisiche**, al di fuori dell'esercizio di attività di impresa, arte o professione, con riferimento agli interventi su edifici composti **da due a quattro unità immobiliari distintamente accatastate**, anche se posseduti da un unico proprietario o in comproprietà da più persone fisiche;

> Fino al 31 dicembre 2021, è stato previsto che per gli interventi effettuati dalle persone fisiche di cui alla lettera a) per i quali alla data del 30 giugno 2022 siano stati effettuati lavori per almeno il 60% dell'intervento complessivo, la detrazione del 110% spetta anche per le spese sostenute entro il 31 dicembre 2022. Inoltre, per gli interventi effettuati dai condomini di cui alla suddetta lettera a), la detrazione del 110% spetta anche per le spese sostenute entro il 31 dicembre 2022 (art. 119, c. 8-bis, D.L. n. 34/2020).
> Tale norma è stata modificata a partire **dal 1° gennaio 2022**, prevedendo che per gli interventi effettuati dai condomini, dalle persone fisiche di cui alla predetta lettera a), compresi quelli effettuati dalle persone fisiche sulle singole unità immobiliari all'interno dello stesso condominio o dello stesso edificio, compresi quelli effettuati su edifici oggetto di demolizione e ricostruzione (art. 3, c. 1, lett. d), D.P.R. n. 380/2001), la detrazione spetta anche nelle seguenti misure:
> - **110%**, per le spese sostenute entro il 31 dicembre 2023;
> - **70%**, per quelle sostenute nell'anno 2024;
> - **65%**per quelle sostenute nell'anno 2025.

b. dalle **persone fisiche** al di fuori dell'esercizio di attività di impresa, arti e professioni su unità immobiliari (quindi non si deve trattare di immobili riconducibili ai beni relativi all'impresa o strumentali per l'esercizio di arti e professioni - circ. 8 agosto 2020, n. 24/E), che detengono l'immobile sulla base di un titolo idoneo al momento di avvio dei lavori o al momento del sostenimento delle spese, se antecedente il predetto avvio; possono fruire della detrazione **anche i familiari** (coniuge, componente dell'unione civile di cui alla Legge n. 76/2016, parenti entro il terzo grado e affini entro il secondo grado nonché i conviventi di fatto) del possessore o detentore dell'immobile, purché conviventi, anche se non hanno sottoscritto un contratto di comodato (circ. 8 agosto 2020, n. 24/E); nel caso in cui si tratti di un immobile adibito sia ad **attività di bed and breakfast** che ad uso abitativo, la detrazione del 110% spetta **in misura pari al 50%** (risposta a interpello 9 dicembre 2020, n. 570);

> Per gli interventi effettuati su unità immobiliari dalle persone fisiche di cui al punto b), per i quali alla data del 30 giugno 2022 siano stati effettuati **lavori per almeno il 30% dell'intervento complessivo**, la detrazione del 110% spetta anche per le spese sostenute entro il 31 dicembre 2022 (art. 119, c. 8-bis, D.L. n. 34/2020).

c. dagli **Istituti autonomi case popolari** (IACP) comunque denominati nonché dagli enti aventi le stesse finalità sociali dei predetti Istituti, istituiti nella forma di società che rispondono ai requisiti della legislazione europea in materia di in house providing per interventi realizzati su immobili, di loro proprietà ovvero gestiti per conto dei comuni, adibiti ad edilizia residenziale pubblica;

> Per gli interventi effettuati dai soggetti di cui alla predetta lettera c), e, dal 2022, compresi quelli effettuati dalle persone fisiche sulle singole unità immobiliari all'interno dello stesso edificio, per i quali alla data del 31 dicembre 2022 siano stati effettuati **lavori per almeno il 60% dell'intervento complessivo**, la detrazione del 110% spetta anche per le spese sostenute entro il 30 giugno 2023 (art. 119, c. 8-bis, D.L. n. 34/2020).

d. dalle **cooperative di abitazione** a proprietà indivisa per interventi realizzati su immobili dalle stesse posseduti e assegnati in godimento ai propri soci;

> Per gli interventi effettuati dai soggetti di cui alla predetta lettera d), per i quali alla data del 31 dicembre 2022 siano stati effettuati **lavori per almeno il 60% dell'intervento complessivo**, la detrazione del 110% spetta anche per le spese sostenute entro il 30 giugno 2023 (art. 119, c. 8-bis, D.L. n. 34/2020).

e. dalle ONLUS, Associazioni di Promozione Sociale (**APS**) e Organizzazioni di Volontariato (**OdV**).

> A partire **dal 1° gennaio 2022**, per gli interventi effettuati dalle ONLUS, APS e OdV, la detrazione spetta anche nelle seguenti misure:
> - 110%, per le spese sostenute entro il 31 dicembre 2023;
> - 70%, per quelle sostenute nell'anno 2024;
> - 65%per quelle sostenute nell'anno 2025.

f. dalle **associazioni e società sportive dilettantistiche** iscritte nell'apposito registro (art. 5, c. 2, lett. c), D.Lgs. n. 242/1999), limitatamente ai lavori destinati ai soli immobili o parti di immobili adibiti a spogliatoi.

La detrazione spetta anche alle "**comunità energetiche rinnovabili**" costituite in forma di enti non commerciali o da parte di condomìni che aderiscono alle "configurazioni", limitatamente alle spese sostenute per impianti a fonte rinnovabile gestiti dai predetti soggetti.

A partire dal 2022, per gli interventi effettuati nei comuni dei territori colpiti da **eventi sismici** verificatisi a far data dal 1° aprile 2009 dove sia stato dichiarato lo stato di emergenza, la detrazione per gli incentivi fiscali previsti per i fabbricati danneggiati dal sisma (art. 119, c. 1-ter, 4-ter e 4-quater D.L. n. 34/2020) spetta, in tutti i casi sopra disciplinati di cui alle lettere da a) ad e) (art. 119, c. 8-bis D.L. n. 34/2020), per le spese sostenute entro il 31 dicembre 2025, nella misura del **110%** (art. 119, c. 8-ter, D.L. n. 34/2020).

Inoltre, sempre a partire dal 2022, la detrazione spetta nelle misure ed entro i termini sopra indicati in relazione agli **interventi di efficientamento energetico** (art. 119, c. 2 e 4, secondo periodo D.L. n. 34/2020), di monitoraggio antisismico (art. 119, c. 4-bis, D.L. n. 34/2020), di impianti fotovoltaici, di sistemi di accumulo e di infrastrutture di ricarica di veicoli elettrici (art. 119, c. 5, 6 e 8 D.L. n. 34/2020) eseguiti congiuntamente agli interventi sopra indicati alle lettere da a) ad e) come riportati (art. 119, c. 8-quater D.L. n. 34/2020).

Nel caso in cui gli interventi siano eseguiti mediante **contratti di locazione finanziaria**, la detrazione compete all'utilizzatore ed è determinata in base al costo sostenuto dalla società concedente (circ. 8 agosto 2020, n. 24/E).

Per gli **interventi effettuati dagli IACP** e soggetti assimilati (lettera c) di cui sopra) e dalle cooperative (lettera d) di cui sopra), le disposizioni sui lavori di efficienza energetica si applicano anche alle **spese**, documentate e rimaste **a carico del contribuente, sostenute dal 1° gennaio 2022 al 30 giugno 2023**. Per le spese sostenute dal 1° luglio 2022 la detrazione è ripartita in quattro quote annuali di pari importo.

Le agevolazioni per la **riqualificazione energetica** degli edifici (➔7.9.2.) **si applicano** agli interventi effettuati dalle **persone fisiche**, al di fuori dell'esercizio di attività di impresa, arte o professione (lettere a) e b) sopra riportate) in relazione a interventi effettuati su un **numero massimo di 2 unità immobiliari**, fermo restando il riconoscimento delle detrazioni per gli interventi effettuati sulle parti comuni dell'edificio.

Le **delibere condominiali** aventi ad oggetto l'approvazione di interventi per i quali spetta il Superbonus del 110%, degli eventuali finanziamenti finalizzati agli stessi, nonché l'adesione all'opzione per la cessione o per lo sconto, sono valide se approvate dalla **maggioranza** degli intervenuti, che rappresenti almeno **1/3 del valore dell'edificio**. Le deliberazioni dell'assemblea del condominio, aventi per oggetto l'imputazione a uno o più condomini dell'intera spesa riferita all'intervento deliberato, sono valide se approvate con le stesse modalità di cui al periodo precedente e a condizione che i condomini ai quali sono imputate le spese esprimano parere favorevole (art. 119, c. 9-bis, D.L. n. 34/2020).

La super detrazione del 110% non si può richiedere per i lavori effettuati sulle unità immobiliari appartenenti alle categorie catastali A/1 (case signorili), A/8 (ville) nonché alla categoria catastale A/9 (palazzi, castelli e dimore storiche) per le unità immobiliari non aperte al pubblico.

La detrazione **non** si applica agli interventi realizzati sulle parti comuni a due o più unità immobiliari **distintamente accatastate** di un edificio interamente posseduto da un unico proprietario o in comproprietà fra più soggetti (circ. 8 agosto 2020, n. 24/E).

Il limite di spesa ammesso alle detrazioni di cui si discute, previsto per le singole unità immobiliari, è moltiplicato per il rapporto tra la superficie complessiva dell'immobile oggetto degli interventi di efficientamento energetico, di miglioramento o di adeguamento antisismico (art. 119, c. 1, 2, 3, 3-bis, 4, 4-bis, 5, 6, 7 e 8, D.L. n. 34/2020), e la superficie media di una unità abitativa immobiliare, come ricavabile dal Rapporto Immobiliare pubblicato dall'Osservatorio del Mercato Immobiliare dell'Agenzia delle Entrate, per le ONLUS, le OdV e le APS che siano in possesso dei seguenti **requisiti**:

a. svolgano attività di prestazione di servizi socio-sanitari e assistenziali, e i cui membri del Consiglio di Amministrazione non percepiscano **alcun compenso** o indennità di carica;
b. siano in possesso di immobili rientranti nelle **categorie catastali B/1, B/2 e D/4**, a titolo di proprietà, nuda proprietà, usufrutto o comodato d'uso gratuito. Il titolo di comodato d'uso gratuito è idoneo all'accesso alle detrazioni di cui al presente articolo, a condizione che il contratto sia regolarmente registrato in data certa anteriore alla data di entrata in vigore della detrazione.

Soggetti	Spettanza agevolazione e riferimenti
ONLUS, **APS** e **OdV**	**Sì**. Non è prevista alcuna limitazione espressa relativamente alla tipologia di immobili: pertanto il beneficio spetta **per tutti gli interventi agevolabili**, indipendentemente dalla categoria catastale e dalla destinazione dell'immobile oggetto degli interventi (circ. 22 dicembre 2020, n. 30/E; risposta a interpello 25 marzo 2021, n. 206; risposta a interpello 14 aprile 2021, n. 249; risposta a interpello 14 aprile 2021, n. 250; risposta a interpello 14 aprile 2021, n. 251; risposta a interpello 14 aprile 2021, n. 252).
IACP	**Sì**. Possono beneficiare dell'agevolazione gli interventi eseguiti da IACP, comunque denominati, su parti comuni di edifici interamente di loro proprietà, o effettuati in veste di gestori per conto dei comuni, proprietari degli stessi (circ. 22 dicembre 2020, n. 30/E).
Titolari dell'impresa agricola, **altri soggetti** (affittuari, conduttori, ecc.) soci o amministratori di **società semplici agricole** (art. 9, D.L. n. 557/1993) e **dipendenti esercenti attività agricole** nell'azienda	**Sì**. Possono fruire del Superbonus relativamente alle spese sostenute a condizione che gli interventi siano effettuati su **fabbricati rurali ad uso abitativo** e, pertanto, diversi dagli immobili rurali "strumentali" necessari allo svolgimento dell'attività agricola (circ. 22 dicembre 2020, n. 30/E).
Unico proprietario di tutte le unità immobiliari di un edificio che concede in **locazione** o in **comodato** tutte o alcune delle predette unità immobiliari **a più soggetti** (detentori)	**No**, in quanto non si costituisce un condominio (circ. 22 dicembre 2020, n. 30/E).

Soggetti	Spettanza agevolazione e riferimenti
Unità immobiliari di un edificio appartenenti a diversi proprietari concesse in locazione o in comodato ad un unico soggetto (detentore), restando fermo la costituzione del condominio	**Sì** (circ. 22 dicembre 2020, n. 30/E)
Immobili non residenziali	**No**, anche se posseduti da soggetti che non svolgono attività di impresa, arti o professioni (circ. 22 dicembre 2020, n. 30/E).
Possessori o detentori delle **unità immobiliari c.d. di lusso**	**Sì**. Possono fruire della detrazione per le spese per interventi realizzati sulle parti comuni ma non possono fruire del Superbonus per interventi trainati realizzati sulle proprie unità atteso che il Superbonus non si applica alle unità immobiliari appartenenti alle categorie catastali A/1, A/8, nonché alla categoria catastale A/9 per le unità immobiliari non aperte al pubblico (circ. 22 dicembre 2020, n. 30/E).
Contribuente con elevata disponibilità finanziaria che dispone solo del reddito dell'unità immobiliare adibita ad abitazione principale	**Sì**. Può beneficiare della detrazione cedendo il credito corrispondente alla detrazione sulle spese sostenute per interventi agevolabili effettuati sull'abitazione principale. In altre parole, per fruire del Superbonus occorre la presenza di un reddito anche astrattamente imponibile (circ. 22 dicembre 2020, n. 30/E).
Contribuente proprietario di una casa in Italia, che è quindi titolare del relativo reddito fondiario	**Sì**, ferma restando la presenza dei requisiti e delle condizioni previste. In particolare, in mancanza di una imposta lorda sulla quale operare la detrazione può optare per lo sconto in fattura o la cessione del credito (risposte a interpello 17 dicembre 2020, nn. 596-597-601-602).
Contribuente residente all'estero	**Sì**, in presenza dei requisiti previsti dalla norma. In particolare, in mancanza di una imposta lorda sulla quale operare la detrazione può optare per lo sconto in fattura o la cessione del credito (risposta a interpello 27 ottobre 2020, n. 500). Inoltre, con riferimento all'acquisto di case antisismiche da imprese, il soggetto non residente, quale futuro proprietario di un immobile ad uso abitativo in Italia, sarà titolare di reddito fondiario, pertanto, non gli è precluso l'accesso al Superbonus 110% (risposta a interpello 8 febbraio 2021, n. 91).
Assemblea del condominio che autorizza l'esecuzione dei lavori sul **lastrico solare** e delibera all'unanimità che le relative spese saranno interamente a carico del contribuente	**Sì**. Il contribuente può fruire del Superbonus per il totale delle spese sostenute, anche in misura eccedente rispetto a quella a lui imputabile in base alla quota condominiale ma comunque entro il limite massimo calcolato (risposta a interpello 27 ottobre 2020, n. 499).
Interventi realizzati sulle **parti comuni** a due o più unità immobiliari distintamente accatastate di un edificio interamente posseduto da un unico proprietario o in comproprietà fra più soggetti	**No** (risposta a interpello 10 settembre 2020, n. 329)
Soggetti che detengono l'immobile detenuto in base ad un **contratto di locazione**, anche finanziaria, o di comodato, regolarmente registrato	**Sì**, purché i soggetti che detengono l'immobile siano in possesso del consenso all'esecuzione dei lavori da parte del proprietario. La mancanza di un titolo di detenzione dell'immobile risultante da un atto registrato, al momento dell'inizio dei lavori o al momento del sostenimento delle spese se antecedente, preclude il diritto alla detrazione anche se si provvede alla successiva regolarizzazione (risposte a interpello 9 settembre 2020, n. 327-328; risposta a interpello 7 gennaio 2021, n. 16).

Soggetti	Spettanza agevolazione e riferimenti
Parrocchia	**Sì**, se è in possesso di tutti i requisiti e sono rispettate tutte condizioni previste per accedere alle agevolazioni (ad esclusione di quelle riferite agli interventi di recupero del patrimonio edilizio che riguardano, i contribuenti assoggettati all'IRPEF), può beneficiare delle opzioni per lo sconto in fattura o per la cessione del credito (risposta a interpello 7 gennaio 2021, n. 14).
Società e associazioni sportive dilettantistiche	**Sì**. La Convenzione può costituire titolo idoneo a consentire all'associazione sportiva dilettantistica l'applicazione del Superbonus, allorquando il sistema di protocollazione adottato dall'ente locale è idoneo a garantire che l'associazione sportiva dilettantistica abbia la **disponibilità giuridica e materiale dell'impianto sportivo** prima del sostenimento delle spese relative agli interventi ammessi all'agevolazione (risposta a interpello 16 febbraio 2021, n. 114).
Interventi su immobili, adibiti ad edilizia residenziale pubblica, di **proprietà di un consorzio di comuni**	**Sì.** Trattandosi di una particolare forma associativa per la gestione di uno o più servizi nonché per l'esercizio associato di funzioni tra i comuni costituenti il consorzio, non assume rilievo, ai fini dell'applicazione della norma agevolativa in commento, la circostanza che sia stato costituito un consorzio di Comuni (risposta a interpello 8 marzo 2021, n. 162)
Cooperative a proprietà divisa	**No.** Non risultano incluse nell'ambito soggettivo di applicazione del Superbonus 110% in assenza di un condominio secondo la disciplina civilistica prevista (risposta a interpello 16 marzo 2021, n. 184)
Condominio minimo in assenza di codice fiscale	**Sì.** In caso di condominio minimo, è possibile accedere al Superbonus per gli interventi realizzati sulle parti comuni. In tal caso il limite massimo di spesa ammesso deve essere moltiplicato per il numero delle unità immobiliari che compongono l'edificio, valorizzando la situazione esistente all'inizio dei lavori e non quella risultante al termine degli stessi (risposta a interpello 18 marzo 2021, n. 196)
Cooperative sociali	**Sì.** Il Superbonus 110% spetta anche alla cooperativa iscritta nella "sezione cooperazione sociale" del registro prefettizio poiché è una ONLUS di diritto (risposta a interpello 13 aprile 2021, n. 239)
General Contractor	**No.** Non è applicabile all'eventuale corrispettivo corrisposto al general contractor per l'attività di "mero" coordinamento svolta e per lo sconto in fattura applicato, trattandosi di costi non "direttamente" imputabili alla realizzazione dell'intervento. È invece possibile accedere al Superbonus ed esercitare l'opzione per lo sconto in fattura in relazione ai costi che l'impresa, in qualità di "general contractor", fatturerà per la realizzazione di interventi specifici oggetto di agevolazione, inclusi quelli relativi ai servizi professionali necessari per lo svolgimento dei lavori e per l'effettuazione delle pratiche amministrative e fiscali inerenti l'agevolazione (visto di conformità e asseverazioni) (risposta a interpello 15 aprile 2021, n. 254). Inoltre, il general contractor può fruire del Superbonus 110% con la modalità dello sconto in fattura, ma per quanto concerne gli oneri oggetto di ribaltamento, non può essere incluso alcun margine funzionale alla remunerazione dell'attività posta in essere dal general contractor, in quanto esso costituisce un costo non incluso tra quelli detraibili al 110%: questi sono espressamente menzionati nelle disposizioni che disciplinano il Superbonus (risposta a interpello 19 aprile 2021, n. 261)
Cooperative iscritte nella "**sezione cooperazione sociale**" del registro prefettizio	**Sì**, essendo ONLUS di diritto, rientrano tra i soggetti beneficiari del Superbonus (risposta a interpello 15 aprile 2021, n. 253)

Soggetti	Spettanza agevolazione e riferimenti
Ente Gestore del patrimonio di Edilizia Residenziale Pubblica	**Sì.** È possibile accedere al Superbonus per gli oneri di progettazione e le altre spese professionali sostenuti dall'ente (risposta a interpello 10 maggio aprile 2021, n. 321)
Enti religiosi	**Sì,** per quelli iscritti nel registro delle ONLUS (risposta a interpello 20 settembre 2021, n. 615)

Ambito oggettivo - Il Superbonus si applica su alcuni specifici interventi finalizzati alla riqualificazione energetica e alla adozione di misure antisismiche degli edifici (c.d. **interventi "trainanti"**) nonché ad ulteriori interventi, realizzati congiuntamente ai primi (c.d. **interventi "trainati"**).

Interventi trainanti e interventi trainati (risposta a interpello 4 novembre 2020, n. 523)	
Interventi trainanti	- Interventi di **isolamento termico** delle superfici opache verticali, orizzontali e inclinate che interessano l'involucro degli edifici, compresi quelli unifamiliari, con un'incidenza superiore al 25% della superficie disperdente lorda dell'edificio medesimo o dell'unità immobiliare funzionalmente indipendente e che disponga di uno o più accessi autonomi dall'esterno, sita all'interno di edifici plurifamiliari; - interventi di sostituzione degli **impianti di climatizzazione** invernale esistenti con impianti centralizzati per il riscaldamento, il raffrescamento o la fornitura di acqua calda sanitaria sulle parti comuni degli edifici, o con impianti per il riscaldamento, il raffrescamento o la fornitura di acqua calda sanitaria sugli edifici unifamiliari o sulle unità immobiliari funzionalmente indipendenti e che dispongano di uno o più accessi autonomi dall'esterno site all'interno di edifici plurifamiliari; - interventi **antisismici** e di riduzione del rischio sismico, di cui ai c. da 1-bis a 1-septies dell'art. 16, D.L. n. 63/2013 (Sisma bonus).
Interventi trainati	- Spese sostenute per tutti gli interventi di **efficientamento energetico** indicati nell'art. 14, D.L. n. 63/2013 (Ecobonus), nei limiti di detrazione o di spesa previsti da tale articolo per ciascun intervento; - installazione di infrastrutture per la **ricarica di veicoli elettrici** negli edifici (art. 16-ter, D.L. n. 63/2013). - installazione di **impianti solari fotovoltaici** connessi alla rete elettrica su determinati edifici, fino ad un ammontare complessivo delle spese non superiore a 48.000 euro per singola unità immobiliare e comunque nel limite di spesa di 2.400 euro per ogni kW di potenza nominale dell'impianto solare fotovoltaico; - installazione contestuale o successiva di **sistemi di accumulo** integrati negli impianti solari fotovoltaici agevolati, nel limite di spesa di 1.000 euro per ogni kWh.

Sotto il profilo oggettivo, gli interventi devono essere realizzati:
- su parti comuni di edifici residenziali **in "condominio"** (sia trainanti, sia trainati);
- su **edifici residenziali unifamiliari** e relative pertinenze (sia trainanti, sia trainati);
- su **unità immobiliari residenziali funzionalmente indipendenti** e con uno o più accessi autonomi dall'esterno site all'interno di edifici plurifamiliari e relative pertinenze (sia trainanti, sia trainati); nonché
- su **singole unità immobiliari residenziali** e relative pertinenze all'interno di edifici in condominio (solo trainati).

Per **edificio unifamiliare** si intende un'unica unità immobiliare di proprietà esclusiva, funzionalmente indipendente, che disponga di uno o più accessi autonomi dall'esterno e destinato all'abitazione di un singolo nucleo familiare.

Una unità immobiliare può ritenersi "**funzionalmente indipendente**" qualora sia dotata di installazioni o manufatti di qualunque genere, quali impianti per l'acqua, per il gas, per l'energia elettrica, per il riscaldamento di proprietà esclusiva.

Per **accesso autonomo dall'esterno** si intende un accesso indipendente, non comune ad altre unità immobiliari, chiuso da cancello o portone d'ingresso che consenta l'accesso dalla strada o da cortile o giardino anche di proprietà non esclusiva (art. 11, c. 1-bis, D.L. n. 34/2020).

La presenza, inoltre, di un "**accesso autonomo dall'esterno**", presuppone, ad esempio, che l'unità immobiliare disponga di un accesso indipendente non comune ad altre unità immobiliari chiuso da cancello o portone d'ingresso che consenta l'accesso dalla strada o da cortile o giardino di proprietà esclusiva.

Esempi

Sono esempi di "accesso autonomo dall'esterno" (circ. 22 dicembre 2020, n. 30/E):

1. immobile a cui si accede direttamente da una strada, pubblica, privata o in multiproprietà o da un passaggio (cortile, giardino, scala esterna) comune ad altri immobili che affaccia su strada oppure da terreno di utilizzo non esclusivo (ad esempio i pascoli), non essendo rilevante la proprietà pubblica o privata e/o esclusiva del possessore dell'unità immobiliare all'accesso in questione;
2. immobile a cui si accede da strada privata di altra proprietà gravata da servitù di passaggio a servizio dell'immobile.

Nel caso di una "**villetta a schiera**", si ha "accesso autonomo dall'esterno" qualora:

- la stessa sia situata in un comprensorio o in un parco di comproprietà con altri soggetti o alla stessa si accede dall'area di corte di proprietà comune usata anche per i posti auto;
- il cortile o il giardino su cui si affacciano gli ingressi indipendenti siano di proprietà esclusiva, anche se indivisa, dei proprietari delle singole unità immobiliari.

Un'unità immobiliare può ritenersi "**funzionalmente indipendente**" qualora sia dotata di almeno tre delle seguenti installazioni o manufatti di proprietà esclusiva:

- impianti per l'approvvigionamento idrico;
- impianti per il gas;
- impianti per l'energia elettrica;
- impianto di climatizzazione invernale.

L'unità abitativa all'interno di un edificio plurifamiliare dotata di **accesso autonomo** fruisce della detrazione **autonomamente**, indipendentemente dalla circostanza che la stessa faccia parte di un condominio o disponga di parti comuni con altre unità abitative (ad esempio il tetto).

Fattispecie	Spettanza agevolazione e riferimenti
Villetta a schiera	**Sì**, se risulta inserita nel contesto di un residence, a cui si accede da un passo carraio privato comune a più abitazioni, nel presupposto che l'unità immobiliare su cui effettuare gli interventi sia funzionalmente indipendente, disponendo la stessa di un accesso autonomo dall'esterno comune ad altri immobili (risposte a interpello 5 gennaio 2021, n. 9-10). Una villetta a schiera può essere considerata "**funzionalmente indipendente**", anche se è allacciata ad un sistema di teleriscaldamento, gestito da un supercondominio, che serve anche altre unità immobiliari e che, oltre a riscaldare l'immobile, fornisce acqua calda (circ. 22 dicembre 2020, n. 30/E).
Spese sostenute per gli interventi realizzati su edifici classificati nella categoria catastale F/2 ("**unità collabenti**").	**Sì**, a condizione che al termine dei lavori l'immobile rientri in una delle categorie catastali ammesse al beneficio (immobili residenziali diversi da A/1, A/8, A/9 e relative pertinenze) (circ. 22 dicembre 2020, n. 30/E; risposta a interpello 9 settembre 2020, n. 326; risposta a interpello 22 febbraio 2021, n. 121; risposta a interpello 8 marzo 2021, n. 161).
Immobili sui quali insistono **vincoli storico-artistici o paesaggistici**	**Sì**, per l'installazione del **cappotto termico interno** in considerazione dell'impossibilità di effettuare interventi di isolamento dell'involucro che possano portare al miglioramento di almeno due classi energetiche (circ. 22 dicembre 2020, n. 30/E; risposta a interpello 16 dicembre 2020, n. 595).

Fattispecie	Spettanza agevolazione e riferimenti
Intervento trainante eseguito su una pertinenza	**Sì**, indipendentemente dalla circostanza che l'intervento interessi anche il relativo edificio residenziale principale, purché sia effettuato nel rispetto di tutti i requisiti stabiliti dalla norma (circ. 22 dicembre 2020, n. 30/E).
Sostituzione dell'**impianto di climatizzazione invernale centralizzato** non al servizio di tutte le unità immobiliari presenti nell'edificio in condominio	**Sì**, può essere considerato intervento trainante (circ. 22 dicembre 2020, n. 30/E).
Intervento di rifacimento del **cappotto termico** su edificio in cui è **già presente un impianto fotovoltaico** da 3 kW, che fruisce del conto energia	**Sì**, è possibile anche trainare un intervento di potenziamento dell'impianto fotovoltaico esistente (circ. 22 dicembre 2020, n. 30/E).
Spesa per il **compenso straordinario dell'amministratore**	**No**, non può essere considerata fra quelle ammesse alla detrazione né può essere oggetto del c.d. "sconto in fattura", né di "cessione" (circ. 22 dicembre 2020, n. 30/E).
Interventi che comportano l'**accorpamento di più unità abitative** o la **suddivisione in più immobili** di un'unica unità abitativa	**Sì**, per l'individuazione del limite di spesa, vanno considerate le unità immobiliari censite in Catasto all'inizio degli interventi edilizi e non quelle risultanti alla fine dei lavori (circ. 22 dicembre 2020, n. 30/E).
Interventi di **sostituzione di impianti di riscaldamento** esistenti costituiti da una caldaia ed una pompa di calore multisplit	**Sì** (circ. 22 dicembre 2020, n. 30/E)
Presenza di una **precedente sostituzione della caldaia** per il quale si è beneficiato dell'Ecobonus	**Sì**, è possibile effettuare un nuovo intervento rientrante fra quelli ammessi al Superbonus e all'Ecobonus (circ. 22 dicembre 2020, n. 30/E).
Condominio composto da più edifici	**Sì**, possono godere dell'agevolazione gli interventi di isolamento termico delle superfici opache riguardanti solo uno degli edifici che compongono il condominio (circ. 22 dicembre 2020, n. 30/E).
Esecuzione dei lavori affidata ad una impresa in cui l'**azionista di riferimento** o l'**amministratore** sia anche il proprietario degli immobili sui quali si effettuano i lavori	**Sì** (circ. 22 dicembre 2020, n. 30/E)
Sostituzione di una caldaia a gasolio adibita al riscaldamento dell'abitazione e alla produzione di acqua calda sanitaria con uno scaldabagno a pompa di calore per la produzione di acqua calda sanitaria e una termostufa a pellet per il riscaldamento dell'abitazione	**Sì** (risposta a interpello 17 dicembre 2020, n. 600)
Interventi di riqualificazione energetica ammessi al Superbonus su **immobili residenziali adibiti promiscuamente all'esercizio di arte o professione**, ovvero all'esercizio dell'**attività commerciale**	**Sì**, ma la detrazione è ridotta al 50% (risposte a interpello 9 dicembre 2020, nn. 570-571-572).
Spese sostenute per interventi realizzati su immobili che solo **al termine** degli stessi saranno **destinati ad abitazione**	**Sì** (risposta a interpello 27 novembre 2020, n. 562)

Fattispecie	Spettanza agevolazione e riferimenti
Spese sostenute dagli **acquirenti delle case antisismiche**, vale a dire delle unità immobiliari facenti parte di edifici ubicati in **zone classificate a rischio sismico 1, 2 e 3** oggetto di interventi antisismici effettuati mediante demolizione e ricostruzione dell'immobile da parte di imprese di costruzione o ristrutturazione immobiliare che, entro 18 mesi dal termine dei lavori, provvedano alla successiva rivendita	**Sì**. (risposte a interpello 23 novembre 2020, n. 557-558; 2 novembre 2020, n. 513-515; 9 settembre 2020, n. 325)
Possibilità di **fruire sia del Superbonus che del Bonus facciate**	**Sì**, a condizione che siano distintamente contabilizzate le spese riferite ai diversi interventi e siano rispettati gli adempimenti specificamente previsti in relazione a ciascuna detrazione (risposta a interpello 9 novembre 2020, n. 538).
Accesso all'unità immobiliare oggetto dell'intervento che avviene da un **percorso pedonale privato di libero accesso dall'esterno**	**Sì** (risposta a interpello 4 novembre 2020, n. 524)
Interventi su **due unità immobiliari**, e relative pertinenze, facenti parte di un unico edificio, distintamente accatastate (categoria catastale A/3 con pertinenza C/2)	**Sì**, se sono **"funzionalmente indipendenti"**, poiché dotate di un proprio impianto per l'acqua, per l'energia elettrica e di impianto di riscaldamento esclusivo, e dispongono di un accesso dalla strada indipendente: uno a servizio della abitazione principale (con accesso dal piano terra) e l'altro a servizio dell'abitazione a disposizione (con accesso dal piano strada, sebbene poste una sopra l'altra nel contesto del medesimo edificio) (risposta a interpello 5 gennaio 2021, n. 10). È possibile fruire del Superbonus anche nel caso di edificio composto da un'unità abitativa e da un magazzino, in **comproprietà tra marito e moglie**, e un'altra unità abitativa di proprietà esclusiva della moglie, nel rispetto di ogni altra condizione richiesta dalla normativa e ferma restando l'effettuazione di ogni adempimento richiesto (risposta a interpello 14 aprile 2021, n. 247).
Intervento di **demolizione** e **ricostruzione** rientrante tra quelli di ristrutturazione edilizia (art. 3, c. 1, lett. d), D.P.R. n. 380/2001)	**Sì** (risposte a interpello 7 gennaio 2021, n. 11 e 17)
Coibentazione della superficie disperdente dell'edificio e sostituzione del generatore di calore	**Sì** (risposta a interpello 7 gennaio 2021, n. 12)
Configurazione dell'immobile di proprietà non riconducibile né al concetto di condominio, né a quello di edificio residenziale unifamiliare o di unità immobiliari residenziali funzionalmente indipendenti	**No** (risposta a interpello 7 gennaio 2021, n. 15)
Edificio composto da un **immobile a destinazione residenziale e un ufficio**	**Sì**, si può fruire del Superbonus per un'unità immobiliare a destinazione residenziale, che sia funzionalmente indipendente e quindi dotata di installazioni o manufatti di qualunque genere, quali impianti per l'acqua, per il gas, per l'energia elettrica, per il riscaldamento di proprietà esclusiva e disponga di un accesso autonomo dall'esterno (risposta a interpello 8 gennaio 2021, n. 21).

Fattispecie	Spettanza agevolazione e riferimenti
Interventi riconducibili all'**efficientamento energetico**, per le spese sostenute relative alla parte esistente con esclusione, delle spese riferite all'ampliamento	**Sì**, con riferimento all'**installazione dell'impianto fotovoltaico** il Superbonus spetta sull'intera spesa sostenuta, nei limiti previsti dalla norma, a nulla rilevando che il predetto impianto sia a servizio anche della parte ampliata (risposta a interpello 8 gennaio 2021, n. 24).
Spese sostenute da **acquirenti di case antisismiche**	**Sì**, se si tratta di unità immobiliari facenti parte di edifici ubicati in zone classificate a **rischio sismico 1, 2 e 3**, oggetto di interventi antisismici effettuati mediante demolizione e ricostruzione dell'immobile da parte di imprese di costruzione o ristrutturazione immobiliare che, **entro 18 mesi** dal termine dei lavori, provvedano alla successiva rivendita (risposta a interpello 3 febbraio 2021, n. 80).
Interventi che comportano l'**accorpamento** di più unità abitative o la suddivisione in più immobili di un'unica unità abitativa	**Sì**, ma va valorizzata la situazione esistente all'inizio dei lavori e non quella risultante al termine degli stessi (risposta a interpello 8 febbraio 2021, n. 87).
Interventi di demolizione e ricostruzione di edifici esistenti con **diversa sagoma**	**Sì.** Rientrano tra gli interventi di ristrutturazione edilizia gli interventi di demolizione e ricostruzione di edifici esistenti con diversa sagoma, prospetti, sedime e caratteristiche planivolumetriche e tipologiche, con le innovazioni necessarie per l'adeguamento alla normativa antisismica, per l'applicazione della normativa sull'accessibilità, per l'istallazione di impianti tecnologici e per l'efficientamento energetico. L'intervento può prevedere altresì, nei soli casi espressamente previsti dalla legislazione vigente o dagli strumenti urbanistici comunali, incrementi di volumetria anche per promuovere interventi di rigenerazione urbana (risposta a interpello 8 febbraio 2021, n. 88).
Supercondominio nel quale la sostituzione dell'impianto termico centralizzato non consente il miglioramento di due classi energetiche ma tale risultato è raggiunto solo per alcuni edifici oggetto di ulteriori interventi trainanti o trainati	**Sì**, possono accedere al Superbonus solo i condòmini che possiedono le unità immobiliari all'interno degli edifici oggetto di tali ulteriori interventi (risposta a interpello 8 febbraio 2021, n. 94).
Unità immobiliare **funzionalmente indipendente** dotata di tre impianti di proprietà esclusiva	**Sì,** è possibile accedere al Superbonus 110% nel caso di unità immobiliare a destinazione residenziale, funzionalmente indipendente e quindi dotata di almeno tre impianti di proprietà esclusiva tra quelli per l'acqua, per il gas, per l'energia elettrica e per il riscaldamento, e che disponga di un accesso autonomo dall'esterno, nel rispetto di ogni altra condizione richiesta dalla normativa e ferma restando l'effettuazione di ogni adempimento richiesto (risposte a interpelli 16 febbraio 2021, n. 115 e 116).
Abitazione costituita da **particelle catastali unite** ai fini fiscali	**Sì.** In caso di stretta interconnessione delle particelle catastali unite ai fini fiscali, come risulta da annotazione nella visura catastale, costituenti un'unica residenza, l'unità residenziale solo formalmente costituita da distinte particelle catastali, deve considerarsi come un'unica unità residenziale unifamiliare, con conseguente applicazione di un unico limite di spesa ai fini della fruizione del Superbonus (risposta a interpello 22 febbraio 2021, n. 122).

IRPEF

Fattispecie	Spettanza agevolazione e riferimenti
Asseverazione assente	**No.** Per l'accesso al Superbonus, il progetto degli interventi per la riduzione del rischio sismico e l'asseverazione devono essere allegati alla segnalazione certificata di inizio attività o alla richiesta di permesso di costruire, al momento della presentazione allo sportello unico competente per i successivi adempimenti, tempestivamente e comunque prima dell'inizio dei lavori (risposta a interpello 24 febbraio 2021, n. 127).
Edificio unifamiliare, funzionalmente indipendente e con accesso autonomo dall'esterno	**Sì.** È possibile accedere al Superbonus per le spese sostenute per interventi realizzati su tale ultima unità immobiliare, a destinazione residenziale e sull'unità unità immobiliare dotata del vincolo di pertinenzialità, con l'unità immobiliare principale, fermo restando che l'ammontare massimo di spesa ammessa alla detrazione va riferito a ciascuna unità abitativa e alla sua pertinenza unitariamente considerata, anche se accatastata separatamente (risposta a interpello 10 marzo 2021, n. 167).
SCIA antecedente al 1° luglio 2020	**Sì**. L'attestazione della congruità delle spese, inserita nell'Allegato B del D.M. n. 58/2017, risponde a una mera semplificazione degli adempimenti e, conseguentemente la sua mancanza al momento in cui è stata presentata la pratica edilizia relativa alla SCIA, antecedente al 1° luglio 2020, non pregiudica l'accesso alla detrazione rafforzata (risposta a interpello 10 marzo 2021, n. 168).
Installazione di **impianti solari fotovoltaici** su strutture pertinenziali agli edifici	**Sì** (risposta a interpello 10 marzo 2021, n. 171).
Installazione di impianti solari fotovoltaici fino a 200 kW da parte di comunità energetiche rinnovabili costituite in forma di enti non commerciali o da parte di condomìni che aderiscono alle configurazioni	**Sì** (ris 12 marzo 2021, n. 18/E).
Interventi eseguiti su **unità immobiliari F/3**	**No,** in quanto si tratta di unità in via di costruzione e non di unità immobiliari "esistenti" (risposta a interpello 16 marzo 2021, n. 174).
Spese relative all'incremento di volume per interventi di demolizione e ricostruzione inquadrabili nella categoria della "**ristrutturazione edilizia**"	**No.** La detrazione fiscale legata al Superbonus non si applica alla parte eccedente il volume *ante-operam* (risposta a interpello 16 marzo 2021, n. 175).
Immobile ad uso promiscuo	**Sì,** limitatamente al 50% delle spese effettivamente sostenute, in presenza dei requisiti e delle condizioni normativamente previste (risposta a interpello 22 marzo 2021, n. 198).
Interventi realizzati mediante **demolizione e ricostruzione**	**Sì.** È possibile fruire del Superbonus in relazione alle spese sostenute per gli interventi di riduzione del rischio sismico, purché nel provvedimento amministrativo che assente i lavori risulti che l'opera consiste in un intervento di conservazione del patrimonio edilizio esistente e non in un intervento di nuova costruzione (risposta a interpello 25 marzo 2021, n. 210).

Fattispecie	Spettanza agevolazione e riferimenti
Unità immobiliari di un edificio di un **unico proprietario** su cui effettuare gli interventi funzionalmente indipendenti	**Sì**, è possibile accedere al Superbonus con riferimento alle sole unità immobiliari ad uso residenziale e relative pertinenze, con un ammontare massimo di spesa ammessa alla detrazione pari a **96.000 euro**, riferito al singolo immobile e alle sue pertinenze unitariamente considerate, anche se accatastate separatamente (risposta a interpello 9 aprile 2021, n. 231). Resta esclusa, invece, la possibilità di beneficiare del Superbonus per le spese relative ad interventi "trainati" realizzati sulle singole unità non residenziali (risposta a interpello 9 giugno 2021, n. 397).
Spese sostenute per interventi che comportino il **cambio di destinazione d'uso** del fabbricato originario in abitativo	**Sì**, purché tale variazione sia indicata nel provvedimento amministrativo che assente i lavori e sempreché l'immobile rientri in una delle categorie catastali ammesse al beneficio (risposta a interpello 13 aprile 2021, n. 242).
Interventi **senza demolizione** dell'immobile esistente e con ampliamento dello stesso	**Sì,** ma solo per le spese riferibili alla parte esistente in quanto l'ampliamento configura una nuova costruzione (risposta a interpello 14 aprile 2021, n. 248).
Case antisismiche, risultanti dagli interventi di demolizione e ricostruzione dell'edificio	**Sì,** purché realizzati con aumento volumetrico conformemente alla normativa urbanistica vigente (risposta a interpello 24 maggio 2021, n. 364).
Interventi di riparazione o locali	**Sì,** per gli interventi di ripristino delle condizioni di sicurezza dell'abitazione, definiti "di riparazione o locale" dalle norme tecniche per le costruzioni approvate con D.M. 17 gennaio 2018 (risposta a interpello 26 agosto 2021, n. 560)
Accollo delle spese solo da parte di **alcuni condomini**	È prevista, al condomino o ai condomini che abbiano particolare interesse alla realizzazione di determinati interventi condominiali, la possibilità di manifestare in sede assembleare l'intenzione di accollarsi l'intera spesa riferita a tali interventi, avendo certezza di poter fruire anche delle agevolazioni fiscali. In tale ipotesi, ne risponderà eventualmente in caso di non corretta fruizione del Superbonus esclusivamente il condomino o i condomini che ne hanno fruito (risposta a interpello 22 settembre 2021, n. 620)
Superficie delle pertinenze	Ai fini del Superbonus, la superfice delle pertinenze **non** si considera nei calcoli della prevalenza abitativa (risposta a interpello 7 gennaio 2022, n. 5).
Fabbricato autonomo facente parte del condominio	Il fabbricato separato ma che fa parte del condominio **incide** sul calcolo della "superficie abitativa" a nulla rilevando il fatto che sia "funzionalmente autonomo" (risposta a interpello 11 gennaio 2022, n. 10)

Comuni interessati da eventi sismici - Nei Comuni dei territori colpiti dagli eventi sismici occorsi a partire dal 24 agosto 2016, il **Superbonus** spetta per l'importo eccedente il contributo riconosciuto per la ricostruzione (art. 119, c. 1-ter, D.L. n. 34/2020).

Inoltre, per gli interventi di ricostruzione riguardanti i comuni terremotati (D.L. n. 189/2016 e D.L. n. 39/2009), nonché i comuni interessati da tutti gli **eventi sismici** verificatisi **dopo l'anno 2008** dove sia stato dichiarato lo stato di emergenza, la misura dell'ecobonus e del Sisma bonus è **aumentata del 50%**. Tale maggiorazione è alternativa al contributo per la ricostruzione. L'incentivo può essere fruito per tutte le spese necessarie al ripristino dei fabbricati danneggiati, comprese le case diverse

dalla prima abitazione, con esclusione peraltro degli immobili destinati ad attività produttive (art. 119, c. 4-ter, D.L. n. 34/2020).
Nei comuni dei territori colpiti da eventi sismici verificatisi a far data **dal 1° aprile 2009** dove sia stato dichiarato lo stato di emergenza, gli incentivi sul Sisma bonus spettano per l'importo eccedente il contributo previsto per la ricostruzione (art. 119, c. 4-quater, D.L. n. 34/2020).

IVA indetraibile - L'IVA non detraibile, anche parzialmente (artt. 19, 19-bis, 19-bis.1 e 36-bis D.P.R. n. 633/1972), dovuta sulle spese rilevanti ai fini degli incentivi che fruiscono del 110%, si considera nel calcolo dell'ammontare complessivo ammesso al beneficio, indipendentemente dalla modalità di rilevazione contabile adottata dal contribuente (art. 119, c. 9-ter, D.L. n. 34/2020).

Interventi di risparmio energetico 7.9.2.

La detrazione prevista per la riqualificazione energetica degli edifici (art. 14, D.L. n. 63/2013) si applica nella misura del **110%**, per le spese documentate e rimaste a carico del contribuente, **da ripartire** tra gli aventi diritto in **5 quote annuali di pari importo** e in **4 quote annuali di pari importo** per la parte di spesa sostenuta a partire dal **1° gennaio 2022**, nei seguenti specifici casi:

- interventi di **isolamento termico** delle superfici opache verticali e orizzontali che interessano l'involucro dell'edificio con un'**incidenza superiore al 25%** della superficie disperdente lorda dell'edificio o dell'unità immobiliare situata all'interno di edifici plurifamiliari che sia funzionalmente indipendente e disponga di uno o più accessi autonomi dall'esterno. Gli interventi per la **coibentazione del tetto** rientrano nella disciplina agevolativa, senza limitare il concetto di superficie disperdente al solo locale sottotetto eventualmente esistente. I materiali isolanti utilizzati devono rispettare i criteri ambientali minimi (D.M. 11 ottobre 2017). La detrazione è calcolata sui seguenti **limiti di spesa**:
  a. **50.000 euro** per gli **edifici unifamiliari** o per le unità immobiliari situate all'interno di edifici **plurifamiliari** che siano funzionalmente **indipendenti** e dispongano di uno o più accessi autonomi dall'esterno;
  b. **40.000 euro** moltiplicati per il numero di unità immobiliari che compongono l'edificio per gli edifici composti **da 2 a 8 unità immobiliari**;
  c. **30.000 euro** moltiplicati per il numero delle unità immobiliari che compongono l'edificio per gli edifici composti da **più di 8 unità immobiliari**;
- interventi sulle **parti comuni degli edifici** per la **sostituzione degli impianti di climatizzazione invernale** esistenti con impianti centralizzati per il riscaldamento, il raffrescamento o la fornitura di acqua calda sanitaria a condensazione, con efficienza almeno pari alla classe A, a pompa di calore, ivi compresi gli impianti ibridi o geotermici, anche abbinati all'installazione di impianti fotovoltaici e relativi sistemi di accumulo ovvero con impianti di microcogenerazione o a collettori solari, nonché, esclusivamente per i comuni montani non interessati dalle procedure europee di infrazione per l'inottemperanza dell'Italia agli obblighi previsti dalla Direttiva 2008/50/CE, l'allaccio a sistemi di teleriscaldamento efficiente. La detrazione, che è riconosciuta anche per le spese relative allo smaltimento e alla bonifica dell'impianto sostituito, è calcolata su un **ammontare non superiore a:**
  a. **20.000 euro** moltiplicati per il numero di unità immobiliari che compongono l'edificio, per gli edifici composti **fino a 8 unità immobiliari**;
  b. **15.000 euro** moltiplicati per il numero delle unità immobiliari che compongono l'edificio, per gli edifici composti da **più di 8 unità immobiliari**;
- interventi sugli **edifici unifamiliari** o sulle **unità immobiliari situate all'interno di edifici plurifamiliari** che siano funzionalmente indipendenti e dispongano di uno o più accessi autonomi dall'esterno per la **sostituzione degli impianti di climatizzazione invernale** esistenti con impianti per il riscaldamento, il raffrescamento o la fornitura di acqua calda sanitaria a condensazione, con efficienza almeno pari alla classe A di prodotto, a pompa di calore, ivi inclusi gli impianti ibridi o geotermici anche abbinati all'installazione di impianti fotovoltaici e relativi sistemi di accumulo ovvero con impianti di microcogenerazione a collettori solari o, esclusivamente per le aree non metanizzate nei comuni non interessati dalle procedure europee di infrazione, con caldaie a biomassa aventi prestazioni emissive con i valori previsti almeno per la classe 5 stelle, nonché, esclusivamente per i comuni montani non interessati dalle procedure europee di infrazione, l'allaccio a sistemi di teleriscaldamento efficiente. La detrazione è calcolata su un **ammontare non superiore a 30.000 euro** ed è riconosciuta anche per le spese relative allo smaltimento e alla bonifica dell'impianto sostituito.

L'**importo massimo di detrazione spettante**, riferito ai singoli interventi agevolabili, va **suddiviso** tra i soggetti detentori o possessori dell'immobile che partecipano alla spesa in ragione dell'onere da ciascuno effettivamente sostenuto e documentato.

Limite massimo di spesa ammesso alla detrazione - Per i **condomini**, il limite massimo di spesa ammesso alla detrazione è costituito dalla somma degli importi previsti per ciascuno degli interventi realizzati sulle proprie unità immobiliari a condizione, tuttavia, che, come già precisato, siano distintamente contabilizzate le spese riferite ai diversi interventi e siano rispettati gli adempimenti specificamente previsti in relazione a ciascuna detrazione.
Se l'**edificio** è **composto da due a otto unità immobiliari**, il **limite** massimo di spesa ammesso al Superbonus è pari a **40.000 euro**, moltiplicato per il numero delle unità immobiliari che compongono l'edificio (ris. 28 settembre 2020, n. 60/E).

Altri interventi agevolabili - L'aliquota agevolata del 110% si applica anche a tutti gli altri **interventi di efficienza energetica** contenuti nell'art. 14 D.L. n. 63/2013 (➡**7.4.**), nei limiti di spesa previsti per ciascun intervento a legislazione vigente nonché agli interventi finalizzati alla eliminazione delle **barriere architettoniche**, aventi ad oggetto ascensori e montacarichi, alla realizzazione di ogni strumento che, attraverso la comunicazione, la robotica e ogni altro mezzo di tecnologia più avanzata, sia adatto a favorire la mobilità interna ed esterna all'abitazione per le persone portatrici di handicap in situazione di gravità (art. 16-bis, c. 1, lett. e), D.P.R. n. 917/1986) anche ove effettuati in favore di persone di età superiore a 65 anni e a condizione che siano eseguiti congiuntamente ad almeno uno degli interventi sopra elencati. Per la parte di spesa sostenuta a partire dal 1° gennaio **2022**, la detrazione è ripartita in **quattro quote annuali di pari importo**.
Per gli interventi destinati all'**eliminazione delle barriere architettoniche** (art. 16-bis, c. 1, lett. e) D.P.R. n. 917/1986) spetta la fruizione della detrazione maggiorata del 110%, anche se tali lavori sono eseguiti in favore di persone di età superiore a 65 anni e anche se effettuati, trattandosi di interventi trainati, congiuntamente agli interventi trainanti di miglioramento sismico (sisma bonus) e non soltanto in abbinamento agli interventi di efficientamento energetico.

Immobili soggetti a vincoli - Qualora l'edificio sia sottoposto ad almeno uno dei vincoli previsti dal codice dei **beni culturali** e del **paesaggio** (D.Lgs. n. 42/2004), o gli interventi di cui sopra siano vietati da **regolamenti edilizi, urbanistici e ambientali**, la detrazione si applica a tutti gli interventi di efficienza energetica cui all'art. 14, D.L. n. 63/2013 (➡**7.4.**), anche se non eseguiti congiuntamente ad almeno uno degli interventi di cui sopra, fermi restando i requisiti previsti dalla norma di cui si discute.

Miglioramento di classi energetiche - I loro complesso, gli interventi devono assicurare, anche congiuntamente agli interventi previsti per gli impianti solari fotovoltaici, il **miglioramento di almeno 2 classi energetiche** dell'edificio o delle unità immobiliari situate all'interno di edifici plurifamiliari, le quali siano funzionalmente indipendenti e dispongano di uno o più accessi autonomi dall'esterno, ovvero se non possibile, il conseguimento della classe energetica più alta, da dimostrare mediante l'attestato di prestazione energetica-APE prima e dopo l'intervento, rilasciato da tecnico abilitato nella forma della dichiarazione asseverata.

Interventi di demolizione e ricostruzione edilizia - Nel rispetto dei suddetti requisiti minimi, sono ammessi all'agevolazione, nei limiti sopra indicati anche gli interventi di demolizione e ricostruzione edilizia (art. 3, c. 1, lett. d), D.P.R. n. 380/2001; risposta a interpello 7 ottobre 2020, n. 455).

Non rientrano tra gli interventi "trainanti" finalizzati all'efficienza energetica le spese di sostituzione della parete verticale dell'immobile costituita da vetrate con una parete isolante (risposta a interpello 3 novembre 2020, n. 521).

Edifici privi di APE - Sono compresi fra gli edifici che accedono alle detrazioni anche gli **edifici privi di attestato di prestazione energetica (APE)** perché sprovvisti di copertura, di uno o più muri perimetrali, o di entrambi, purché al termine degli interventi, che devono comprendere anche quelli di **isolamento termico** delle superfici opache verticali e orizzontali che interessano l'involucro dell'edificio con un'**incidenza superiore al 25%** della superficie disperdente lorda, anche in caso di demolizione e ricostruzione o di ricostruzione su sedime esistente, **raggiungano una classe energetica in fascia A** (art. 119, c. 1-quater, D.L. n. 34/2020).

Interventi relativi a misure antisismiche 7.9.3.

La detrazione pari al 110%, ripartita in **5 rate di pari importo** (**4 rate** per la parte di **spesa sostenuta a partire dal 1° gennaio 2022**) si applica anche per le seguenti spese relative a specifici interventi antisismici sugli edifici (art. 16, c. da 1-bis a 1-septies, D.L. n. 63/2013):

- adozione di **misure antisismiche**, su edifici ubicati nelle **zone sismiche ad alta pericolosità** (zona sismica 1 e 2) con particolare riguardo all'esecuzione di opere per la messa in sicurezza statica, in particolare sulle **parti strutturali**, per la redazione della **documentazione obbligatoria** atta a comprovare la sicurezza statica del patrimonio edilizio, nonché per la realizzazione degli interventi necessari al rilascio della documentazione. Gli interventi devono essere realizzati sulle parti strutturali degli edifici o complessi di edifici collegati strutturalmente e comprendere interi edifici e, ove riguardino i centri storici, devono essere eseguiti sulla base di progetti unitari e non su singole unità immobiliari (attualmente agevolati al 50%);
- interventi di **riduzione del rischio sismico** che determini il **passaggio** ad una (attualmente agevolati al 70% su case singole e al 75% nei condomìni) o due **classi** (attualmente agevolati al 80% su case singole e al 85% nei condomìni) **di rischio inferiori** e nelle zone a rischio sismico 1, 2 e 3, anche mediante demolizione e ricostruzione di interi edifici, allo scopo di ridurne il rischio sismico, anche con variazione volumetrica rispetto all'edificio preesistente, ove le norme urbanistiche vigenti consentano tale aumento.

Per tali interventi, in caso di cessione del credito ad un'impresa di assicurazione e di contestuale stipula di una polizza che copre il rischio di eventi calamitosi, la **detrazione** per i **premi** delle **assicurazioni** aventi per oggetto il rischio di eventi calamitosi stipulate relativamente a unità immobiliari ad uso abitativo (art. 15, c. 1, lett. f-bis), D.P.R. n. 917/1986) spetta **nella misura del 90%**.

La **detrazione maggiorata** si applica se l'assicurazione è stipulata contestualmente alla cessione all'impresa di assicurazione del credito d'imposta riferibile agli interventi antisismici che fruiscono della detrazione maggiorata del 110% (circ. 25 giugno 2021, n. 7/E).

> La detrazione del 110% si applica anche alla realizzazione di **sistemi di monitoraggio strutturale continuo a fini antisismici**; non si applica, invece, agli edifici ubicati in zona sismica 4.

Installazione pannelli fotovoltaici e sistemi di accumulo 7.9.4.

La detrazione nella misura del 110% spetta anche per l'installazione di impianti solari fotovoltaici connessi alla rete elettrica su **edifici**, ovvero di impianti solari fotovoltaici su **strutture pertinenziali** agli edifici, fino ad un **ammontare non superiore a 48.000 euro** e comunque nel **limite** di spesa di **2.400 euro per ogni kW** di potenza nominale dell'impianto solare fotovoltaico, da ripartire tra gli aventi diritto in **5 quote annuali** di pari importo e in **4 quote annuali** di pari importo per la parte di spesa sostenuta nell'**anno 2022**, sempreché l'installazione degli impianti sia eseguita congiuntamente a uno degli interventi riqualificazione energetica (➡**7.9.2.**) o di miglioramento sismico (➡**7.9.3.**).

Dal 2022, la detrazione per le suddette spese, da ripartire tra gli aventi diritto in **quattro quote annuali di pari importo**, spetta nella misura riconosciuta per gli interventi riqualificazione energetica (➡**7.9.2.**) o di miglioramento sismico (➡**7.9.3.**) in relazione all'anno di sostenimento della spesa, fino ad un ammontare complessivo delle stesse spese non superiore a **48.000 euro** e comunque nel limite di spesa di 2.400 euro per ogni kW di potenza nominale dell'impianto solare fotovoltaico (art. 119, c. 5 D.L. n. 34/2020).

Il predetto limite di spesa di 48.000 euro va distintamente riferito agli interventi di installazione degli impianti solari fotovoltaici e dei sistemi di accumulo integrati nei predetti impianti (ris. 28 settembre 2020, n. 60/E).

In caso di interventi di trasformazione degli organismi edilizi mediante un insieme sistematico di opere che possono portare ad un **organismo edilizio in tutto o in parte diverso dal precedente**, interventi di nuova costruzione, e interventi di ristrutturazione urbanistica (art. 3, c. 1, lett. d), e) ed f), D.P.R. n. 380/2001) il **limite di spesa è ridotto ad euro 1.600 per ogni kW** di potenza nominale.

Tale detrazione è riconosciuta anche per l'installazione contestuale o successiva di **sistemi di accumulo integrati** negli **impianti solari fotovoltaici agevolati**, alle stesse condizioni e nel **limite di spesa di euro 1.000 per ogni kWh** di capacità di accumulo del sistema di accumulo.

> La detrazione è subordinata alla **cessione** in favore del Gestore dei servizi energetici-GSE dell'**energia non auto-consumata** in sito e non è cumulabile con altri incentivi pubblici o altre forme di agevolazione di qualsiasi natura previste dalla normativa europea, nazionale e regionale, compresi i fondi di garanzia e di rotazione e gli incentivi per lo scambio sul posto (art. 25-bis, D.L. n. 91/2014).

Se in un edificio in cui è **già presente un impianto fotovoltaico** da 3 kW, che fruisce del conto energia, viene effettuato un intervento ammesso al Superbonus di rifacimento del **cappotto termico** è possibile anche trainare un intervento di potenziamento dell'impianto fotovoltaico esistente.
Il Superbonus spetta anche nel caso in cui l'installazione sia effettuata in un'**area pertinenziale dell'edificio in condominio**, ad esempio, sulle pensiline di un parcheggio aperto (circ. 22 dicembre 2020, n. 30/E).

7.9.5. Installazione infrastrutture per la ricarica di veicoli elettrici negli edifici

La detrazione nella misura del 110% da ripartire tra gli aventi diritto in **5 quote annuali** di pari importo e in **4 quote annuali** di pari importo per la parte di spesa sostenuta nell'**anno 2022** è riconosciuta anche per l'installazione di infrastrutture per la **ricarica di veicoli elettrici negli edifici**, sempreché l'installazione sia eseguita congiuntamente ad uno degli interventi di risparmio energetico (➡**7.9.2.**) e comunque nel rispetto dei seguenti **limiti di spesa**, fatti salvi gli interventi in corso di esecuzione:

- **euro 2.000** per gli **edifici unifamiliari** o per le **unità immobiliari situate all'interno di edifici plurifamiliari** che siano funzionalmente indipendenti e dispongano di uno o più accessi autonomi dall'esterno;
- **euro 1.500** per gli **edifici plurifamiliari** o i **condomìni** che installino un numero massimo di otto colonnine;
- **euro 1.200** per gli **edifici plurifamiliari** o i **condomìni** che installino un numero superiore a otto colonnine.

L'agevolazione si intende riferita a una sola colonnina di ricarica per unità immobiliare.

Dal **2022**, la detrazione per le suddette spese, da ripartire tra gli aventi diritto in **quattro quote annuali di pari importo**, spetta nella misura riconosciuta per gli interventi riqualificazione energetica (➡**7.9.2.**) in relazione all'anno di sostenimento della spesa, fino ad un ammontare complessivo delle stesse spese non superiore a 48.000 euro e comunque nel rispetto dei predetti **limiti di spesa (2.000 euro, 1.500 euro o 1.200 euro)**, fatti salvi gli interventi in corso di esecuzione (art. 119, c. 8, D.L. n. 34/2020).

7.9.6. Requisiti per l'accesso al Superbonus

Ai fini dell'accesso alla detrazione, gli interventi di **isolamento termico delle superfici opache** o di **sostituzione degli impianti di climatizzazione invernale** esistenti devono:

- **rispettare i requisiti** previsti dal **D.M. 6 agosto 2020**;
- **assicurare**, nel loro complesso, anche "congiuntamente" agli interventi di efficientamento energetico (art. 14, D.L. n. 63/2013), all'installazione di impianti solari fotovoltaici ed, eventualmente, dei sistemi di accumulo, il **miglioramento di almeno due classi energetiche** dell'edificio condominiale, unifamiliare o della singola unità immobiliare funzionalmente indipendente e che disponga di uno o più accessi autonomi dall'esterno site all'interno di edifici plurifamiliari, ovvero, se non possibile in quanto l'edificio o l'unità immobiliare è già nella penultima (terzultima) classe, il conseguimento della classe energetica più alta.

Esempio
Qualora l'edificio si trovi in classe energetica "A3" basterà salire alla classe successiva "A4" per veder riconosciuta la detrazione nella misura del 110%.

Adempimenti - Per quanto riguarda gli adempimenti da porre in essere, occorre:

a. **depositare in Comune**, ove previsto, la **relazione tecnica** o un provvedimento regionale equivalente. La suddetta relazione tecnica è comunque obbligatoria per gli interventi che beneficiano del 110%;
b. acquisire l'**asseverazione di un tecnico abilitato** che attesti la congruenza dei costi massimi unitari e la rispondenza dell'intervento ai pertinenti requisiti richiesti;
c. acquisire l'**attestato di prestazione energetica**;
d. acquisire, ove previsto, la **certificazione del fornitore delle valvole termostatiche** a bassa inerzia termica;
e. salvo l'importo del corrispettivo oggetto di sconto in fattura o cessione del credito, effettuare il **pagamento** delle spese sostenute per l'esecuzione degli interventi mediante **bonifico bancario o postale** dal quale risultino il numero e la data della fattura, la causale del versamento, il codice fiscale del beneficiario della detrazione ed il numero di partita IVA, ovvero, il codice fiscale del soggetto a favore del quale il bonifico è effettuato;

f. **conservare le fatture o le ricevute fiscali** comprovanti le spese effettivamente sostenute per la realizzazione degli interventi e, limitatamente agli interventi di riqualificazione globale, la ricevuta del **bonifico bancario**, ovvero del **bonifico postale**, attraverso il quale è stato effettuato il pagamento. Se le cessioni di beni e le prestazioni di servizi sono effettuate da soggetti non IVA, la prova delle spese può essere costituita da altra idonea documentazione. Se i lavori sono effettuati dal detentore dell'immobile, va altresì acquisita la **dichiarazione del proprietario di consenso all'esecuzione dei lavori**. Nel caso in cui gli interventi sono effettuati su **parti comuni** degli edifici va acquisita copia della **delibera assembleare** e della tabella millesimale di ripartizione delle spese. Tale documentazione può essere sostituita dalla certificazione rilasciata dall'amministratore del condominio;
g. **trasmettere all'ENEA entro 90 giorni dalla fine dei lavori**, i dati contenuti nella **scheda descrittiva** che contiene i modelli previsti nel D.M. 6 agosto 2020, ottenendo ricevuta informatica, esclusivamente attraverso il sito internet reso annualmente disponibile;
h. **trasmettere all'ENEA**, l'**asseverazione** attestante il **rispetto dei requisiti** previsti dal D.M. 6 agosto 2020 e la corrispondente dichiarazione di congruità delle spese sostenute in relazione agli interventi agevolati;
i. **conservare** ed esibire, su richiesta dell'Agenzia delle Entrate o di ENEA, la **documentazione** di cui sopra.

Inoltre, per gli interventi che beneficiano della detrazione del 110%, nel cartello esposto presso il cantiere, in un luogo ben visibile e accessibile, deve essere indicata anche la seguente dicitura: "Accesso agli incentivi statali previsti dalla Legge 17 luglio 2020, n. 77, Superbonus 110% per interventi di efficienza energetica o interventi antisismici".

CILA - Gli interventi che fruiscono del Superbonus, con esclusione di quelli comportanti la demolizione e la ricostruzione degli edifici, costituiscono manutenzione straordinaria e sono realizzabili mediante **comunicazione di inizio lavori asseverata** (CILA) (art. 119, c. 13-ter, D.L. n. 34/2020).
Nella CILA sono attestati gli estremi del titolo abilitativo che ha previsto la costruzione dell'immobile oggetto d'intervento o del provvedimento che ne ha consentito la legittimazione ovvero è attestato che la costruzione è stata completata in data antecedente al 1° settembre 1967.
La presentazione della CILA non richiede l'attestazione dello stato legittimo. Per gli interventi di cui si discute, la **decadenza** del beneficio fiscale opera esclusivamente nei seguenti casi:
a. mancata presentazione della CILA;
b. interventi realizzati in difformità dalla CILA;
c. assenza dell'attestazione dei dati;
d. non corrispondenza al vero delle attestazioni. Resta impregiudicata ogni valutazione circa la legittimità dell'immobile oggetto di intervento.

Modalità operative e opzione per la cessione del credito 7.9.7.

Ai fini dell'opzione per la cessione o per lo sconto (➡7.10.), nonché, a partire dal 12 novembre 2021, in caso di utilizzo della detrazione nella dichiarazione dei redditi, il contribuente deve richiedere il **visto di conformità** dei dati relativi alla documentazione che attesta la sussistenza dei presupposti che danno diritto alla detrazione.
Il visto di conformità è rilasciato dai soggetti iscritti negli albi dei dottori commercialisti, dei ragionieri e dei periti commerciali e dei consulenti del lavoro o nei ruoli di periti ed esperti tenuti dalle camere di commercio (art. 3, c. 3, lett. a) e b), D.P.R. n. 322/1998) e dai responsabili dei centri di assistenza fiscale.
A tal fine può essere utile utilizzare le apposite check list predisposte dal CNDCEC.
In caso di **dichiarazione presentata direttamente dal contribuente** all'Agenzia delle Entrate, ovvero tramite il sostituto d'imposta che presta l'assistenza fiscale, il contribuente, il quale intenda utilizzare la detrazione nella dichiarazione dei redditi, **non è tenuto a richiedere il visto di conformità** (art. 119, c. 11, D.L. n. 34/2020).
L'esclusione si applica se la dichiarazione è presentata direttamente dal contribuente attraverso l'utilizzo della **dichiarazione precompilata** predisposta dall'Agenzia (Modello 730 o Modello Redditi), oppure tramite il **sostituto d'imposta** che presta l'assistenza fiscale (Modello 730). Inoltre, non è richiesto il visto di conformità specifico, quando sussiste il visto di conformità sull'intera dichiarazione già richiesto in alcune circostanze, ad esempio, in caso di compensazione di importi superiori a 5.000 euro (circ. 29 novembre 2021, n. 12/E).

> Tra i **soggetti abilitati al rilascio del visto di conformità** sono inclusi anche i professionisti iscritti nell'albo dei dottori commercialisti ed esperti contabili o nell'albo dei consulenti del lavoro, anche

sprovvisti di partita IVA in quanto non esercenti in proprio attività libero professionale, dipendenti di una società di servizi (art. 2, D.M. n. 164/1999), abilitate alla trasmissione telematica delle dichiarazioni e delle comunicazioni se, in tal caso, la trasmissione è effettuata dalla società. Inoltre, il visto può essere rilasciato dai **Responsabili per l'assistenza fiscale** (RAF) siano essi CAF Imprese, CAF Dipendenti, a prescindere dalla natura giuridica del soggetto che effettua l'opzione (circ. 22 dicembre 2020, n. 30/E).

I dati relativi all'opzione sono comunicati, anche per il tramite dei soggetti che rilasciano il visto di conformità, esclusivamente **in via telematica**.
Ai fini dell'opzione per la cessione o per lo sconto:
- per gli **interventi di riqualificazione energetica**, i tecnici abilitati asseverano il rispetto dei requisiti e la corrispondente congruità delle spese sostenute. Una copia dell'asseverazione viene trasmessa esclusivamente per via telematica all'Agenzia nazionale per le nuove tecnologie, l'energia e lo sviluppo economico sostenibile (ENEA). Le modalità di trasmissione e le modalità attuative sono stabilite con il Decreto MISE 6 agosto 2020;
- per gli **interventi antisismici**, l'efficacia rispetto alla riduzione del rischio sismico è asseverata dai professionisti incaricati della progettazione strutturale, direzione dei lavori delle strutture e collaudo statico secondo le rispettive competenze professionali, e iscritti ai relativi Ordini o Collegi professionali. I professionisti incaricati attestano, altresì, la congruità delle spese sostenute. Il soggetto che rilascia il visto di conformità deve verificare la presenza delle asseverazioni e delle attestazioni rilasciate dai professionisti incaricati.

L'**asseverazione** è rilasciata al termine dei lavori o per ogni stato di avanzamento dei lavori. L'asseverazione rilasciata dal tecnico abilitato attesta i requisiti tecnici sulla base del progetto e dell'effettiva realizzazione. Ai fini dell'asseverazione della congruità delle spese si fa riferimento ai prezzari individuati dal D.M. 6 agosto 2020, nonché ai valori massimi stabiliti, per talune categorie di beni, con un apposito decreto del Ministro della transizione ecologica.
Con il D.M. 6 agosto 2020, il Ministero dello Sviluppo Economico ha stabilito le regole per il rilascio delle predette asseverazioni e ha fornito anche la relativa modulistica.
Nelle more dell'adozione del decreto, la congruità delle spese è stata determinata facendo riferimento ai prezzi riportati nei prezzari predisposti dalle regioni e dalle province autonome, ai listini ufficiali o ai listini delle locali camere di commercio, industria, artigianato e agricoltura ovvero, in difetto, ai prezzi correnti di mercato in base al luogo di effettuazione degli interventi.

Rientrano tra le spese detraibili quelle sostenute per il rilascio delle attestazioni e delle asseverazioni e del visto di conformità.

7.9.8. Sanzioni

Ferma l'applicazione delle sanzioni penali ove il fatto costituisca reato, ai soggetti che rilasciano **attestazioni e asseverazioni infedeli** si applica la **sanzione** amministrativa **pecuniaria da euro 2.000 a euro 15.000** per ciascuna attestazione o asseverazione infedele resa.
I soggetti responsabili delle attestazioni e asseverazioni devono stipulare una **polizza di assicurazione della responsabilità civile**, con massimale adeguato al numero delle attestazioni o asseverazioni rilasciate e agli importi degli interventi oggetto delle predette attestazioni o asseverazioni e, comunque, non inferiore a 500.000 euro, al fine di garantire ai propri clienti e al bilancio dello Stato il risarcimento dei danni eventualmente provocati dall'attività prestata.
L'obbligo di sottoscrizione della polizza si considera rispettato qualora i soggetti che rilasciano attestazioni e asseverazioni abbiano già sottoscritto una **polizza assicurativa per danni derivanti da attività professionale**, purché questa:
a. non preveda esclusioni relative ad attività di asseverazione;
b. preveda un massimale non inferiore a 500.000 euro, specifico per il rischio di asseverazione di cui al presente comma, da integrare a cura del professionista ove si renda necessario;
c. garantisca, se in operatività di claims made, un'ultrattività pari ad almeno 5 anni in caso di cessazione di attività e una retroattività pari anch'essa ad almeno 5 anni a garanzia di asseverazioni effettuate negli anni precedenti.

In alternativa, il professionista può **optare per una polizza dedicata** a tale attività con un massimale adeguato al numero delle attestazioni o asseverazioni rilasciate e agli importi degli interventi oggetto delle predette attestazioni o asseverazioni e, comunque, non inferiore a 500.000 euro, **senza interferenze con la polizza di responsabilità civile**.
La non veridicità delle attestazioni o asseverazioni comporta la **decadenza dal beneficio** e si applicano le sanzioni amministrative (Legge n. 689/1981).

Cumulabilità 7.9.9.

Per gli **interventi diversi** da quelli che danno diritto al Superbonus restano applicabili le agevolazioni già previste dalla legislazione vigente in materia di riqualificazione energetica.
Si tratta, in particolare, delle detrazioni spettanti per:
- interventi di **riqualificazione energetica degli edifici** (art. 14, D.L. n. 63/2013) **non effettuati "congiuntamente"** a quelli che danno diritto al Superbonus. Si ricorda che la detrazione attualmente prevista va dal 50% al 85% delle spese sostenute, in base alla tipologia di interventi effettuati, da ripartire in 10 quote annuali (➡7.4.);
- l'installazione di **impianti solari fotovoltaici**, diversi da quelli che danno diritto alla detrazione che rientrano, invece, tra gli **interventi finalizzati al risparmio energetico** (art. 16-bis, c. 1, lett. h), D.P.R. n. 917/1986), nonché dell'installazione contestuale o successiva dei **sistemi di accumulo** funzionalmente collegati agli impianti solari fotovoltaici stessi. Si ricorda che la detrazione è attualmente pari al 50% delle spese sostenute da ripartire in 10 quote annuali (➡7.9.4.);
- l'installazione di infrastrutture per la **ricarica di veicoli elettrici** negli edifici, diverse da quelle che danno diritto alla super detrazione, che rientrano tra gli interventi ammessi alla detrazione di cui all'art. 16-ter del D.L. n. 63/2013, pari al 50% delle spese sostenute, da ripartire tra gli aventi diritto in 10 quote annuali di pari importo (➡7.7.).

Contabilizzazione 7.9.10.

L'OIC ha pubblicato il 3 agosto 2021 la versione definitiva della "Comunicazione sulle modalità di contabilizzazione dei bonus fiscali" che trae origine da una richiesta di parere avanzata dall'Agenzia delle Entrate ed avente ad oggetto "le modalità di contabilizzazione per le imprese OIC del Superbonus e altre detrazioni fiscali maturate a fronte di interventi edilizi".
In particolare, nel documento si analizzano alcuni quesiti in relazione:
- al diritto alla detrazione;
- allo sconto in fattura;
- alla cessione e la ricezione del credito.

Detrazione

L'impresa committente, per effetto della realizzazione degli interventi, matura il diritto alla detrazione del bonus fiscale in quote annuali dall'IRES di periodo ovvero a cedere a terzi tale bonus.
Nel documento, l'OIC assimila tale diritto ad un contributo in conto impianti (paragrafi 86 e 87 dell'OIC 16).
Il contributo va contabilizzato dalla società committente nell'attivo dello stato patrimoniale, come credito tributario, nel momento in cui esiste la ragionevole certezza che le condizioni per il riconoscimento e l'erogazione del contributo siano soddisfatte.
In contropartita al credito tributario, la società può rilevare l'importo direttamente a riduzione dell'immobilizzazione materiale (metodo diretto), oppure iscrivere un risconto passivo, da rilasciare a conto economico (metodo indiretto).

Sconto in fattura

Nel caso in cui si opti per la concessione di uno sconto in fattura al cliente committente da parte della impresa commissionaria che ha realizzato i lavori la quale, a fronte della riduzione di prezzo, acquisisce il diritto a beneficiare della detrazione fiscale, la società commissionaria contabilmente riclassifica il credito maturato verso il cliente a credito tributario per la parte relativa allo sconto in fattura concesso.
Secondo l'OIC, l'importo del credito è dato dalla somma dei seguenti elementi:
- l'ammontare che sarà regolato tramite disponibilità liquide (paragrafo 44 dell'OIC 15);
- il valore di mercato del bonus fiscale che sarà ricevuto per effetto dello sconto in fattura applicato (paragrafo 31 dell'OIC 15). Tale credito, al verificarsi dei presupposti previsti dalla normativa per il riconoscimento dello sconto in fattura, sarà iscritto tra i crediti tributari. Nel caso in cui non sia desumibile il valore di mercato del credito tributario, trattandosi di un credito acquistato e non generato, allora la sua iscrizione avviene al costo sostenuto che nella circostanza è pari all'ammontare dello sconto in fattura concesso così come risultante dalla fattura stessa.

Cessione del credito

L'altra opzione è quella della cessione del credito.
In tal caso occorre distinguere la contabilizzazione in bilancio da parte del cedente e del cessionario.
In capo al cedente, l'operazione potrebbe generare un **onere** ovvero un **provento**, dato dalla differenza tra il corrispettivo pattuito ed il valore contabile del credito al momento della cessione.

Tale componente va **rilevata in conto economico**, tra gli oneri finanziari (voce C17 - Interessi e altri oneri finanziari) in caso di differenza negativa, o nei proventi finanziari (voce C16 d) - Proventi diversi dai precedenti) in caso di differenza positiva.

Anche il cessionario - per effetto dell'acquisizione - rileva in bilancio un credito tributario valutato ai sensi dell'OIC 15. Tale soggetto può poi utilizzare tale credito tributario in compensazione con la stessa ripartizione in quote annuali con la quale sarebbe stata utilizzata la detrazione dal committente, ovvero cederlo a sua volta a soggetti terzi.

7.10. CESSIONE DEI BONUS E SCONTO SUL CORRISPETTIVO

I soggetti che, negli **anni dal 2020 al 2024**, sostengono alcune spese in materia edilizia ed energetica per le quali è previsto un meccanismo di detrazione dalle imposte sui redditi possono usufruire di tali agevolazioni sotto forma, alternativamente, di (art. 121, D.L. n. 34/2020; Provv. 8 agosto 2020; Provv. 3 febbraio 2022):

- un contributo, sotto forma di **sconto sul corrispettivo** (c.d. "sconto in fattura") dovuto fino a un importo massimo pari al corrispettivo dovuto, che viene **anticipato dal fornitore** che ha effettuato gli interventi, il quale può recuperarlo sotto forma di credito d'imposta di importo pari alla detrazione spettante, cedibile dai medesimi ad altri soggetti compresi gli istituti di credito e gli altri intermediari finanziari senza facoltà di successiva cessione;
- un **credito d'imposta** di pari ammontare, cedibile ad altri soggetti, ivi inclusi gli istituti di credito e gli intermediari finanziari senza facoltà di successiva cessione.

L'opzione può essere esercitata in relazione a ciascuno stato di avanzamento dei lavori. Per gli interventi soggetti alla detrazione del 110% gli **stati di avanzamento dei lavori** non possono essere più di due per ciascun intervento complessivo e ciascuno stato di avanzamento deve riferirsi ad **almeno** il **30%** del medesimo intervento.

Inoltre:

- l'opzione relativa alla cessione del credito, può essere esercitata anche pe**r le rate residue non fruite** delle detrazioni riferite alle spese sostenute negli anni 2020, 2021, 2022, 2023, 2024 e 2025;
- l'opzione si riferisce a **tutte le rate residue** ed è irrevocabile.

I crediti che, alla data del **17 febbraio 2022** (in origine fissato al 7 febbraio 2022), sono stati precedentemente oggetto di una delle due opzioni di sconto in fattura o cessione del credito, possono costituire oggetto esclusivamente di un'**ulteriore cessione ad altri soggetti**, compresi gli istituti di credito e gli altri intermediari finanziari. In caso di violazione di tale disposizione i contratti di cessione sono nulli (art. 28,c. 2 e 3, D.L. n. 4/2022 e comunicato Agenzia delle entrate 3 febbraio 2022).

> Anche chi possiede **solo redditi soggetti a imposta sostitutiva o tassazione separata** può sfruttare la cessione del credito d'imposta o lo sconto in fattura. Si tratta, ad esempio, dei soggetti in regime forfetario, ma anche di chi possiede solo redditi da locazione sottoposti a cedolare secca (risposta a interpello 2 ottobre 2020, n. 432; risposte a interpello 12 novembre 2020, n. 543 e 2 novembre 2020, n. 514).

7.10.1. Spese interessate

Le agevolazioni si applicano alle spese relative agli interventi di:

a. **recupero** del **patrimonio edilizio** (➔**7.1.**) (art. 16-bis, c. 1, lett. a), b) e d), D.P.R. n. 917/1986);
b. **efficienza energetica** (➔**7.4.**) (art. 14 D.L. n. 63/2013) (➔**7.9.2.**) (art. 119, c. 1 e 2, D.L. n. 34/2020);
c. adozione di **misure antisismiche** (➔**7.3.**) (art. 16, c. da 1-bis e 1-ter a 1-septies, D.L. n. 63/2013) (➔**7.9.3.**) (art. 119, c. 4, D.L. n. 34/2020);
d. **recupero o restauro** della **facciata** degli edifici esistenti (c.d. bonus facciate) ivi inclusi quelli di sola pulitura o tinteggiatura esterna (➔**7.8.**) (art. 1, c. 219, Legge n. 160/2019);
e. **installazione** di **impianti fotovoltaici** (art. 16-bis, c. 1, lett. h) D.P.R. n. 917/1986) (➔**7.9.4.**) (art. 119, c. 5 e 6, D.L. n. 34/2020);
f. installazione di **colonnine** per la **ricarica** dei **veicoli elettrici** (➔**7.7.**) (art. 16-ter D.L. n. 63/2013) (➔**7.9.4.**) (art. 119, c. 8, D.L. n. 34/2020);
g. **superamento ed eliminazione** di **barriere architettoniche** (art. 119-ter D.L. n. 34/2020) (➔**7.11.**).

L'agevolazione di cui si discute si applica anche ai soggetti che sostengono, **dal 1° gennaio 2022 al 31 dicembre 2025**, le spese che rientrano nella detrazione del 110% - c.d. "**Superbonus**" (➔**7.9.**).

Rapporto con altre norme sulla cessione dei bonus 7.10.2.

Tali norme si pongono esplicitamente in deroga alla disciplina che consente, per le ristrutturazioni edilizie e la riqualificazione energetica, di cedere il credito derivante dalla detrazione, ovvero di usufruirne come contributo a titolo di sconto (art. 14, c. 2-ter, 2-sexies e 3.1; art. 16, c. 1-quinquies, terzo, quarto e quinto periodo, e 1-septies, secondo e terzo periodo, D.L. n. 63/2013).

Modalità operative 7.10.3.

Per le spese sopra elencate (➜7.10.1.), in caso di opzione per la cessione del credito o dello sconto in fattura:

a. il **contribuente richiede**, agli intermediari abilitati, il **visto di conformità** dei dati relativi alla documentazione che attesta la sussistenza dei presupposti che danno diritto alla detrazione d'imposta;
b. i **tecnici abilitati asseverano la congruità delle spese sostenute** (art. 121, c. 1-ter D.L. n. 34/2020).

Rientrano tra le spese detraibili per gli interventi sopra elencati, per i quali è possibile la cessione o lo sconto in fattura, anche quelle sostenute per il **rilascio del visto di conformità**, delle **attestazioni** e delle **asseverazioni,** sulla base dell'aliquota prevista dalle singole detrazioni fiscali spettanti in relazione ai predetti interventi.
Tali regole **non valgono** per le opere già classificate come attività di edilizia libera (art. 6, D.P.R. n. 380/2001, D.M. 2 marzo 2018) e per gli interventi di importo complessivo **non superiore a 10.000 euro**, eseguiti sulle singole unità immobiliari o sulle parti comuni dell'edificio, fatta eccezione per gli interventi che godono del c.d. "**bonus facciate**" (➜7.8.). Pertanto, per le **comunicazioni trasmesse dal 1° gennaio 2022**, relative a tali interventi, non sono richiesti il visto di conformità e l'asseverazione.

L'**obbligo** di apporre il visto di conformità e di asseverare le spese **non ricorre** nel caso in cui, trattandosi di altri bonus edilizi per i quali si è scelto lo sconto in fattura, il contribuente alla data dell'11 novembre 2021 abbia già ricevuto la fattura e l'abbia saldata per la parte non "scontata" rimasta a suo carico. Stesso discorso nel caso in cui, prima del 12 novembre 2021, sia stata esercitata l'opzione per la cessione, attraverso la stipula di accordi tra cedente e cessionario, o per lo sconto mediante la relativa annotazione in fattura, anche se la comunicazione non è stata ancora trasmessa telematicamente all'Agenzia delle Entrate. Inoltre, per le comunicazioni delle opzioni inviate entro l'11 novembre 2021, relative alle detrazioni diverse dal Superbonus, per le quali l'Agenzia delle Entrate ha rilasciato regolare ricevuta di accoglimento, non sono richiesti l'apposizione del visto di conformità e l'asseverazione della congruità delle spese (circ. 29 novembre 2021, n. 16/E).
I crediti d'imposta in oggetto sono **utilizzati anche in compensazione** sulla base delle rate residue di detrazione non fruite, e con la stessa ripartizione in quote annuali con la quale sarebbe stata utilizzata la detrazione.

La quota di credito d'imposta non utilizzata nell'anno non può essere usufruita negli anni successivi e non può essere richiesta a rimborso.

Ad esso **non si applicano i limiti all'utilizzo in compensazione** di 700.000 euro, elevati a un milione di euro per il 2020 e a 2 milioni di euro per il 2021 e 2022 (art. 147, D.L. n. 34/2020 e Legge n. 388/2000), e quello annuale di 250.000 euro (Legge n. 244/2007).

Comunicazione dell'opzione – L'esercizio dell'opzione, sia per gli interventi eseguiti sulle unità immobiliari, sia per gli interventi eseguiti sulle parti comuni degli edifici, è comunicato all'Agenzia delle Entrate utilizzando il modello allegato al Provvedimento 3 febbraio 2022, denominato "Comunicazione dell'opzione relativa agli interventi di recupero del patrimonio edilizio, efficienza energetica, rischio sismico, impianti fotovoltaici e colonnine di ricarica", che, a decorrere **dal 4 febbraio 2022,** sostituisce il precedente modello di cui al Provvedimento 12 novembre 2021 per adattarlo alle novità introdotte dalla Legge di bilancio 2022 (L. n. 234/2021) e al decreto "Sostegni ter" (D.L. n. 4/2022).
La comunicazione deve essere inviata **entro il 16 marzo dell'anno successivo** a quello in cui sono state sostenute le spese che danno diritto alla detrazione ovvero entro il **16 marzo dell'anno di scadenza del termine ordinario** di presentazione della **dichiarazione dei redditi** in cui avrebbe dovuto essere indicata la prima rata ceduta non utilizzata in detrazione.

Per le **spese sostenute nel 2021**, nonché per le rate residue non fruite delle detrazioni riferite alle spese sostenute nel 2020, la Comunicazione deve essere trasmessa entro il **7 aprile 2022** (Provv. 3 febbraio 2022).

La comunicazione relativa agli interventi eseguiti sulle unità immobiliari è inviata dal beneficiario della detrazione, direttamente oppure avvalendosi di un intermediario abilitato, mediante il servizio web disponibile nell'area riservata del sito internet dell'Agenzia delle Entrate oppure mediante i canali telematici dell'Agenzia delle Entrate.

> Con riferimento agli interventi che danno diritto alla **super detrazione del 110%** la comunicazione relativa agli interventi eseguiti sulle unità immobiliari deve essere inviata esclusivamente dal **soggetto che rilascia il visto di conformità.**

Parti comuni - La comunicazione relativa agli interventi eseguiti sulle **parti comuni** degli edifici è inviata dall'amministratore di condominio, direttamente oppure avvalendosi di un intermediario abilitato, esclusivamente mediante i canali telematici dell'Agenzia delle Entrate.

> Nel caso in cui non vi è obbligo di nominare l'amministratore del condominio e i condòmini non vi abbiano provveduto, la comunicazione è inviata da uno dei condòmini a tal fine incaricato.

Con riferimento agli interventi che danno diritto alla super detrazione del 110%, la Comunicazione relativa agli interventi eseguiti sulle **parti comuni** degli edifici può essere inviata, esclusivamente mediante i **canali telematici** dell'Agenzia delle Entrate:

a. dal **soggetto che rilascia il visto di conformità**;
b. dall'**amministratore del condominio**, direttamente oppure avvalendosi di un intermediario abilitato. Nel caso in cui non c'è obbligo di nominare l'amministratore del condominio e i condòmini non vi abbiano provveduto, la Comunicazione è inviata da uno dei condòmini a tal fine incaricato. In tali casi, il soggetto che rilascia il visto, mediante apposito servizio web disponibile nell'area riservata del sito internet dell'Agenzia delle Entrate, è tenuto a verificare e validare i dati relativi al visto di conformità e alle asseverazioni e attestazioni.

Per gli interventi di **recupero del patrimonio edilizio** e per l'**efficienza energetica** (lettere a) e b), si veda ➡7.10.1.), la Comunicazione è inviata a decorrere dal **quinto giorno lavorativo successivo** al rilascio da parte dell'ENEA della ricevuta di avvenuta trasmissione dell'asseverazione ivi prevista.
L'ENEA trasmette all'Agenzia delle Entrate i dati sintetici delle asseverazioni, secondo termini e modalità telematiche definiti d'intesa tra i medesimi enti.

Controlli dell'Agenzia - Sulla base dei dati ricevuti l'Agenzia delle Entrate verifica l'esistenza dell'asseverazione indicata nella comunicazione, pena lo scarto della comunicazione stessa.
A seguito dell'invio della Comunicazione viene rilasciata, entro 5 giorni, una **ricevuta** che ne attesta la presa in carico, ovvero lo scarto, con l'indicazione delle relative motivazioni.
La ricevuta viene messa a disposizione del soggetto che ha trasmesso la Comunicazione, nell'area riservata del sito internet dell'Agenzia delle Entrate.
La comunicazione può essere **annullata** entro il quinto giorno del mese successivo a quello di invio, pena il rifiuto della richiesta. Entro lo stesso termine, può essere inviata una comunicazione interamente sostitutiva della precedente; altrimenti, ogni comunicazione successiva si aggiunge alle precedenti.
Per gli interventi eseguiti sulle **parti comuni** degli edifici:

a. il **condomino beneficiario della detrazione** che cede il credito, se i dati della cessione non sono già indicati nella delibera condominiale, comunica tempestivamente all'amministratore del condominio l'avvenuta cessione del credito e la relativa accettazione da parte del cessionario, indicando, oltre al proprio codice fiscale, l'ammontare del credito ceduto e il codice fiscale del cessionario. Nel caso in cui non vi è obbligo di nominare l'amministratore del condominio e i condòmini non vi abbiano provveduto, i suddetti dati sono comunicati al condomino incaricato di inviare la Comunicazione all'Agenzia delle Entrate;
b. l'**amministratore del condominio** (o un condòmino incaricato, in mancanza dell'amministratore) comunica ai condòmini che hanno effettuato l'opzione il protocollo telematico della comunicazione.

> Il mancato invio della comunicazione nei termini e con le modalità sopra indicati rende l'**opzione inefficace** nei confronti dell'Agenzia delle Entrate.

Ulteriori controlli a partire dal 12 novembre 2021 - L'Agenzia delle Entrate, entro 5 giorni lavorativi dall'invio della comunicazione dell'avvenuta cessione del credito, può sospendere, per un periodo non superiore a trenta giorni, gli effetti delle comunicazioni delle cessioni, anche successive alla prima, e delle opzioni inviate alla stessa Agenzia che presentano profili di rischio, ai fini del relativo controllo preventivo (art. 122-bis, D.L. n. 34/2020; Provv. 1° dicembre 2021).

Nel caso di **sospensione**, per un periodo non superiore a 30 giorni, degli effetti di queste comunicazioni **se emerge un determinato profilo di rischio**, il termine di scadenza previsto per l'utilizzo del credito è prorogato per un periodo pari a quello di sospensione degli effetti della comunicazione stessa, quindi, al massimo di 30 giorni (circ. 29 novembre 2021, n. 16/E).

I **profili di rischio** vengono individuati utilizzando criteri relativi alla diversa tipologia dei crediti ceduti e si riferiscono:

a. alla coerenza e alla regolarità dei dati indicati nelle comunicazioni e nelle opzioni con i dati presenti nell'Anagrafe tributaria o comunque in possesso dell'Amministrazione finanziaria;
b. ai dati afferenti ai crediti oggetto di cessione e ai soggetti che intervengono nelle operazioni cui detti crediti sono correlati, sulla base delle informazioni presenti nell'Anagrafe tributaria o comunque in possesso dell'Amministrazione finanziaria;
c. ad analoghe cessioni effettuate in precedenza dai soggetti indicati nelle comunicazioni e nelle opzioni.

Inoltre, i **soggetti obbligati alla disciplina sull'antiriciclaggio**, che intervengono nelle cessioni, non procedono all'acquisizione del credito in tutti i casi in cui ricorrono i rischi previsti dalle norme in materia (artt. 35 e 42, D.Lgs. n. 231/2007).

Nel caso di **emersione dei profili di rischio**:

- entro 5 giorni lavorativi dalla ricezione, l'Agenzia delle Entrate rende noto al soggetto che ha trasmesso la **comunicazione** se la medesima **è stata sospesa**. Il periodo di sospensione non può essere maggiore di 30 giorni rispetto alla data nella quale l'Agenzia delle Entrate rende nota la sospensione stessa;
- la **sospensione viene comunicata con ricevuta** resa disponibile tramite i servizi telematici dell'Agenzia delle Entrate; siccome la procedura di sospensione può riguardare anche altri bonus anti Covid, quali il bonus affitti, quello sull'acquisto di DPI, ecc. (art. 122, D.L. n. 34/2020), in questo caso la sospensione viene comunicata con avviso pubblicato nella stessa sezione dell'area riservata del sito internet dell'Agenzia delle Entrate tramite la quale è stata inviata la comunicazione;
- se il **controllo dà esito positivo** e cioè nel caso in cui sono confermati i profili di rischio che hanno determinato la sospensione, l'Agenzia delle Entrate **annulla degli effetti della comunicazione** dandone comunicazione al soggetto che l'ha trasmessa, con la relativa motivazione; in tal caso, la comunicazione si considera non effettuata;
- in caso di **esito negativo**, e cioè non risultano confermati gli elementi di rischio oppure trascorrono i 30 giorni senza alcuna comunicazione da parte dell'Agenzia, le **comunicazioni si considerano effettuate** e producono gli effetti di legge. In tal caso, il termine finale di utilizzo del credito esposto nella comunicazione è prorogato per un periodo pari al periodo di sospensione della comunicazione stessa.

Utilizzo dei crediti d'imposta 7.10.4.

I cessionari e i fornitori utilizzano i crediti d'imposta **esclusivamente in compensazione**, sulla base delle rate residue di detrazione non fruite dal beneficiario originario.

Nel Mod. F24 devono utilizzare i seguenti codici tributo (ris. 28 dicembre 2020, n. 83/E):

- **6921** - Superbonus art. 119, D.L. n. 34/2020 - utilizzo in compensazione credito per cessione o sconto - art. 121, D.L. n. 34/2020;
- **6922** - Ecobonus art. 14, D.L. n. 63/2013 e impianti fotovoltaici art. 16-bis, c. 1, lett. h), TUIR - utilizzo in compensazione credito per cessione o sconto - art. 121, D.L. n. 34/2020;
- **6923** - Sisma bonus art. 16, D.L. n. 63/2013 - utilizzo in compensazione credito per cessione o sconto - art. 121, D.L. n. 34/2020;
- **6924** - Colonnine Ricarica art. 16-ter, D.L. n. 63/2013 - utilizzo in compensazione credito per cessione o sconto - art. 121, D.L. n. 34/2020;
- **6925** - Bonus Facciate art. 1, c. 219 e 220, Legge n. 160/2019 - utilizzo in compensazione credito per cessione o sconto - art. 121, D.L. n. 34/2020;
- **6926** - Recupero Patrimonio Edilizio art. 16-bis, c. 1, lett. a) e b), TUIR - utilizzo in compensazione credito per cessione o sconto - art. 121, D.L. n. 34/2020.

Il credito d'imposta è fruito con la stessa ripartizione in quote annuali con la quale sarebbe stata utilizzata la detrazione, a decorrere **dal giorno 10 del mese successivo** alla corretta ricezione della

comunicazione e comunque non prima del 1° gennaio dell'anno successivo a quello di sostenimento delle spese.
Inoltre:

a. i cessionari e i fornitori sono tenuti **preventivamente** a confermare l'esercizio dell'opzione, esclusivamente con le funzionalità rese disponibili nell'area riservata del sito internet dell'Agenzia delle Entrate;
b. il **Mod. F24** è presentato esclusivamente tramite i servizi telematici resi disponibili dall'Agenzia delle Entrate, pena il rifiuto dell'operazione di versamento;
c. nel caso in cui l'importo del **credito utilizzato in compensazione** risulti **superiore all'ammontare disponibile**, anche tenendo conto di precedenti fruizioni del credito stesso, il relativo Mod. F24 è scartato. Lo **scarto** è comunicato al soggetto che ha trasmesso il Mod. F24 tramite apposita ricevuta consultabile mediante i servizi telematici dell'Agenzia delle Entrate;
d. **non si applicano** i **limiti** attuali **di compensazione** (art. 31, c. 1, D.L. n. 78/2010; art. 34, Legge n. 388/2000; art. 1, c. 53, Legge n. 244/2007).

La quota dei crediti d'imposta che **non** è **utilizzata entro il 31 dicembre** dell'anno di riferimento non può essere utilizzata negli anni successivi, né richiesta a rimborso ovvero ulteriormente ceduta.

7.10.5. Ulteriori cessioni dei crediti d'imposta

In alternativa all'utilizzo diretto, a decorrere **dal giorno 10 del mese successivo** alla corretta ricezione della comunicazione, i fornitori che hanno applicato lo sconto in fattura possono cedere i crediti d'imposta ad **altri soggetti**, ivi inclusi gli istituti di credito e gli altri intermediari finanziari, senza facoltà di successiva cessione.
La comunicazione della cessione avviene esclusivamente, a pena d'inefficacia, a cura del **soggetto cedente** con le funzionalità rese disponibili nell'area riservata del sito internet dell'Agenzia delle Entrate, dopo aver proceduto alla conferma dell'opzione, utilizzando le medesime funzionalità.
I cessionari utilizzano i crediti d'imposta secondo gli stessi termini, modalità e condizioni applicabili al cedente, dopo l'accettazione della cessione da comunicare esclusivamente a cura dello stesso cessionario.

7.10.6. Controlli, sanzioni e responsabilità

I fornitori e i soggetti cessionari rispondono solo per l'eventuale utilizzo del credito d'imposta in modo irregolare o in misura maggiore rispetto allo sconto praticato o al credito ricevuto.
L'Agenzia delle Entrate, nell'ambito dell'ordinaria attività di controllo procede, in base a criteri selettivi e tenendo anche conto della capacità operativa degli uffici, alla verifica documentale della sussistenza dei presupposti che danno diritto alla detrazione d'imposta negli ordinari termini di accertamento:

- per i **crediti non spettanti**, 5 anni dalla dichiarazione (art. 43, D.P.R. n. 600/1973);
- per i **crediti inesistenti**, 8 anni dall'utilizzo del credito (art. 27, c. da 16 a 20, D.L. n. 185/2008).

In assenza dei requisiti che danno diritto alla detrazione, l'Agenzia delle Entrate provvede a **recuperare** l'**importo corrispondente alla detrazione non spettante** maggiorato degli interessi per ritardata iscrizione a ruolo (art. 20, D.P.R. n. 602/1973) e delle sanzioni per utilizzo di crediti di imposta in misura superiore a quella spettante, ovvero inesistenti (art. 13, D.Lgs. n. 471/1997).
Il recupero del predetto importo è effettuato nei confronti del soggetto beneficiario delle originarie detrazioni.
Resta ferma:

- in presenza di **concorso nella violazione**, l'applicazione della norma per cui, ove più persone concorrono in una violazione, ciascuna di esse soggiace alla sanzione per questa disposta (art. 9, c. 1, D.Lgs. n. 472/1997);
- la **responsabilità in solido del fornitore** che ha applicato lo sconto e dei cessionari per il pagamento dell'importo maggiorato di sanzioni e interessi.

7.11. SPESE PER L'ELIMINAZIONE DI BARRIERE ARCHITETTONICHE

Ai fini della determinazione delle imposte sui redditi, ai contribuenti è riconosciuta una detrazione dall'imposta lorda, fino a concorrenza del suo ammontare, per le spese documentate sostenute **dal 1°gennaio 2022 al 31 dicembre 2022** per la realizzazione di interventi direttamente finalizzati al superamento e all'eliminazione di barriere architettoniche in **edifici già esistenti** (art. 119-bis, D.L. n. 34/2020).

La detrazione, da ripartire tra gli aventi diritto in **cinque quote annuali di pari importo** e per la quale può essere effettuata la cessione del credito o richiesto lo sconto in fattura (➔7.10.), spetta nella misura del **75%** delle spese sostenute ed è calcolata su un ammontare complessivo non superiore a:

- **50.000 euro** per gli edifici unifamiliari o per le unità immobiliari situate all'interno di edifici plurifamiliari che siano funzionalmente indipendenti e dispongano di uno o più accessi autonomi dall'esterno;
- **40.000 euro** moltiplicati per il numero delle unità immobiliari che compongono l'edificio per gli edifici composti da due a otto unità immobiliari;
- **30.000 euro** moltiplicati per il numero delle unità immobiliari che compongono l'edificio per gli edifici composti da più di otto unità immobiliari.

La detrazione spetta anche per gli **interventi di automazione** degli impianti degli edifici e delle singole unità immobiliari funzionali ad abbattere le barriere architettoniche nonché in caso di sostituzione dell'impianto, per le spese relative allo **smaltimento** e alla **bonifica dei materiali** e dell'impianto sostituito.

Ai fini dell'accesso alla detrazione, gli interventi sono tenuti a rispettare i requisiti previsti dal decreto del Ministro dei lavori pubblici del 14 giugno 1989, n. 236 in materia di prescrizioni tecniche necessarie a garantire l'accessibilità, l'adattabilità e la visitabilità degli edifici privati e di edilizia residenziale pubblica sovvenzionata e agevolata, ai fini del superamento e dell'eliminazione delle barriere architettoniche.

IRPEF

8. TASSAZIONE SEPARATA

8.1. PREMESSA

Alcuni redditi si formano tipicamente in **più periodi d'imposta**, ma assumono rilevanza fiscale in un solo momento. Pertanto, la tassazione secondo i criteri ordinari avrebbe potuto portare pregiudizio al contribuente.

È stata, dunque, prevista una forma di tassazione "separata", al fine di **evitare** l'obbligo di effettuare il **cumulo tra i redditi**.

8.2. REDDITI SOGGETTI A TASSAZIONE SEPARATA

Sono soggetti alla possibilità di **tassazione separata** solo i redditi tassativamente elencati dalla norma (art. 17, D.P.R. n. 917/1986).

Alcuni di essi possono essere, su opzione, tassati con le modalità ordinarie.

Redditi tassati separatamente	Possibilità di optare per la tassazione ordinaria	Norma di riferimento (art. 17, D.P.R. n. 917/1986)
TFR, indennità equipollenti e indennità e somme percepite ***una tantum*** in dipendenza della **cessazione di rapporti di lavoro** (➡**8.3.**)	NO	lett. a)

Redditi tassati separatamente	Possibilità di optare per la tassazione ordinaria	Norma di riferimento (art. 17, D.P.R. n. 917/1986)
Arretrati per prestazioni di lavoro dipendente (➡8.4.)	NO	lett. b)
Indennità **cessazione dei rapporti di collaborazione coordinata e continuativa** (➡8.5.)	Sì	lett. c)
Indennità di **mobilità** e **trattamento di integrazione salariale** (➡8.6.)	NO	lett. c-bis)
Indennità per **cessazione rapporti di agenzia** (➡8.7.)	Sì	lett. d)
Indennità per **cessazione funzioni notarili** (➡8.7.)	Sì	lett. e)
Indennità percepite da **sportivi professionisti** al termine dell'attività sportiva (➡8.7.)	Sì	lett. f)
Plusvalenze su **cessione onerosa o liquidazione di aziende** possedute da più di 5 anni (➡8.8.1.)	Sì	lett. g)
Plusvalenze su **cessioni** a titolo oneroso di **aree edificabili** (➡8.8.2.)	Sì	lett. g-bis)
Corrispettivi percepiti, in unica soluzione, per la **cessione della clientela** (➡8.8.3.)	Sì	lett. g-ter)
Indennità **perdita avviamento** per cessazione di **locazione di immobili urbani** (➡8.8.4.)	Sì	lett. h)
Indennità per **risarcimento**, anche assicurativo, di danni per la **perdita di redditi relativi a più anni** (➡8.8.5.)	Sì	lett. i)
Somme attribuite o **valore normale di beni assegnati ai soci delle società di persone** nei casi di **recesso, esclusione e riduzione del capitale** o agli **eredi in caso di morte del socio**, e redditi imputati ai soci per **liquidazione,** anche concorsuale, delle società, se tra la costituzione della società e la comunicazione del recesso o dell'esclusione, la deliberazione di riduzione del capitale, la morte del socio o l'inizio della liquidazione sono trascorsi più di 5 anni (➡8.8.6.)	Sì	lett. l)
Somme o valore normale dei beni attribuiti alla scadenza dei contratti di **mutuo**, **deposito**, **conto corrente**, **obbligazioni** e titoli similari diversi dalle azioni, **associazioni in partecipazione**, **masse patrimoniali**, se non sono soggetti a ritenuta secca o imposta sostitutiva e il periodo di durata del contratto o del titolo è superiore a 5 anni (➡8.8.7.)	Sì	lett. n)
Somme conseguite a titolo di **rimborso di imposte** o di oneri dedotti dal reddito complessivo o per i quali si è fruito della detrazione in periodi di imposta precedenti (➡8.8.8.)	Sì	lett. n-bis)

TRATTAMENTO DI FINE RAPPORTO, INDENNITÀ EQUIPOLLENTI E ALTRE INDENNITÀ E SOMME 8.3.

Sono soggetti a tassazione separata IRPEF (art. 17, c. 1, lett. a), D.P.R. n. 917/1986):

- il **trattamento di fine rapporto** di cui all'art. 2120 c.c.;
- le **indennità equipollenti**, comunque denominate, anche in caso di indennità percepite dagli aventi diritto e dagli eredi, in caso di morte del lavoratore (art. 2122 c.c.);
- le **altre indennità e somme percepite *una tantum*** in dipendenza della cessazione dei predetti rapporti, comprese l'indennità di preavviso, le somme risultanti dalla capitalizzazione di pensioni e quelle attribuite a fronte dell'obbligo di non concorrenza (art. 2125 c.c.) nonché le somme e i valori comunque percepiti, al netto delle spese legali sostenute, anche se a titolo risarcitorio o nel

contesto di procedure esecutive, a seguito di provvedimenti dell'autorità giudiziaria o di transazioni relativi alla risoluzione del rapporto di lavoro.

8.3.1. Trattamento di fine rapporto

In ogni caso di cessazione del rapporto di lavoro subordinato, il prestatore di lavoro ha diritto ad un **trattamento di fine rapporto** (art. 2120 c.c.).
Tale trattamento si calcola sommando per ciascun anno di servizio una quota pari e comunque non superiore all'importo della retribuzione dovuta per l'anno stesso divisa per 13,5.
La quota è proporzionalmente ridotta per le frazioni di anno, computandosi come mese intero le frazioni di mese uguali o superiori a 15 giorni.
Salvo diversa previsione dei contratti collettivi la retribuzione annua comprende tutte le somme, compreso l'equivalente delle prestazioni in natura, corrisposte in dipendenza del rapporto di lavoro a titolo di rimborso spese.
Il **TFR**, con esclusione della quota maturata nell'anno, **è incrementato, su base composta, al 31 dicembre di ogni anno**, con l'applicazione di un tasso costituito dall'1,5% in misura fissa e dal 75% dell'aumento dell'indice dei prezzi al consumo per le famiglie di operai ed impiegati, accertato dall'ISTAT, rispetto al mese di dicembre dell'anno precedente.

8.3.2. Tassazione del trattamento di fine rapporto

L'**imponibile** su cui calcolare l'imposta è ottenuto sommando gli importi dovuti, sulla base di due distinti conteggi:
- sulle **somme maturate sino al 31 dicembre 2000**;
- sulle **somme maturate dal 1° gennaio 2001**.

Occorre procedere alla suddivisione dello stesse in due parti:
1. **quota capitale** (comprensiva della rivalutazione effettuata sino al 31 dicembre 2000), soggetta a tassazione IRPEF a titolo provvisorio;
2. **rivalutazione**, da tassare, a partire dal 1° gennaio 2001, applicando l'**imposta sostitutiva del 17%** sulla rivalutazione maturata dal 1° gennaio al 31 dicembre.

Tassazione quota capitale (comprensiva della rivalutazione effettuata fino al 31 dicembre 2000)

Per la quota capitale del TFR (comprensiva della rivalutazione effettuata fino al 31 dicembre 2000) è prevista la **tassazione a titolo provvisorio** da parte del datore di lavoro.
La **liquidazione definitiva** avviene direttamente a cura dell'Amministrazione finanziaria sulla base dell'**aliquota media degli ultimi 5 anni**.
Il datore di lavoro, al fine di tassare in acconto la quota capitale, deve seguire le seguenti modalità operative:
- determinare la base imponibile;
- determinare il reddito di riferimento;
- individuare l'aliquota media di tassazione;
- calcolare l'imposta.

Base imponibile - È costituita:
- dall'**imponibile netto del trattamento di fine rapporto maturato alla data del 31 dicembre 2000**, comprensivo delle quote di rivalutazione annuali del TFR accantonato alla data del 31 dicembre 2000 maggiorato delle eventuali quote di TFR versate a fondi pensionistici e delle eventuali quote di anticipazione del TFR corrisposte entro la data del 31 dicembre 2000;
- dall'**imponibile netto del solo trattamento di fine rapporto maturato a decorrere dal 1° gennaio 2001** maggiorato delle eventuali quote di TFR versate a fondi pensionistici e delle eventuali quote di anticipazione del TFR corrisposte a decorrere dal 1° gennaio 2001, diminuito delle quote di rivalutazione maturate dal 1° gennaio 2001.

Reddito di riferimento - Serve per poter determinare l'aliquota media di tassazione.
Si determina moltiplicando la base imponibile per dodici e dividendo il risultato della moltiplicazione per il numero degli anni o frazione di anno preso a base di commisurazione del TFR.
La formula da applicare è la seguente: **RR = (I x 12) / Na**
dove:
I = indennità di fine rapporto,
Na = numero anni e frazione,
RR = reddito di riferimento.

Aliquota media di tassazione - Per ricavare l'aliquota media di tassazione si calcola l'imposta sul reddito di riferimento applicando la tabella delle aliquote progressive dell'IRPEF **in vigore nell'anno in cui è sorto il diritto alla percezione** dell'indennità di trattamento di fine rapporto: in pratica, la tabella vigente nell'anno in cui è cessato il rapporto di lavoro, indipendentemente dal momento dell'effettiva liquidazione e percezione dell'indennità.

Con riferimento ai rapporti di lavoro che terminano il 31 dicembre dell'anno, l'Amministrazione finanziaria ha chiarito che il diritto alla percezione del TFR sorge **a partire dal 1° gennaio dell'anno successivo**. Pertanto, in ordine agli scaglioni e alle aliquote d'imposta da prendere in considerazione per il calcolo, si deve aver riguardo a tale ultimo anno.
In altre parole, supponendo il caso di un lavoratore che termina il rapporto di lavoro il 31 dicembre dell'anno *x*, si devono applicare gli scaglioni e le aliquote d'imposta in vigore dal 1° gennaio dell'anno *x+1*.

Dopo aver determinato l'imposta dovuta sul "reddito di riferimento", si procede alla determinazione dell'aliquota media.
Quest'ultima si ottiene dividendo l'ammontare dell'imposta per l'ammontare del reddito di riferimento e moltiplicando il risultato x 100.
La **formula** è la seguente: **aliquota media (Al) = (Im x 100) / RR**.
Dove:
Im = Imposta sul reddito di riferimento (RR).

Determinazione dell'imposta - Sull'ammontare della base imponibile al netto della detrazione d'imposta, se spettante, si applica l'**aliquota media di tassazione** e si ottiene l'**imposta lorda**.
Dall'imposta lorda devono essere **detratti** i seguenti importi:
- per tutti i rapporti di **lavoro a tempo determinato** (di qualsiasi durata) e a **tempo indeterminato**, che si risolvono nel periodo tra i 1° gennaio 2001, fino alla data di entrata in vigore della riforma del TFR e comunque non oltre il 31 dicembre 2005: **61,97 euro** per ciascun anno di maturazione del TFR, a partire dal 1° gennaio 2001;
- per i rapporti di **lavoro a tempo determinato**, di durata effettiva **non superiore a 2 anni**: ulteriori **61,97 euro** per ciascun anno di maturazione del TFR a partire dal 1° gennaio 2001.

Per i **periodi inferiori ad un anno**, l'importo della detrazione è rapportato a mese.
Sulla quota di TFR maturata dal 1° gennaio 2001, non è possibile l'abbattimento di 309,87 euro per ciascun anno preso a base di commisurazione del trattamento di fine rapporto. Tale detrazione continua ad essere riconosciuta sull'importo del trattamento di fine rapporto e della rivalutazione monetaria maturati alla data del 31 dicembre 2000.

Ulteriore detrazione d'imposta per cessazioni avvenute dal 31 marzo 2008 - È prevista una riduzione del prelievo fiscale sui trattamenti di fine rapporto il cui diritto alla percezione sorge a partire dal 1° aprile 2008 e, quindi, per i rapporti di lavoro cessati dal 31 marzo 2008 (art. 2, c. 514, Legge n. 244/2007).
La detrazione è pari a (D.M. 20 marzo 2008):
- **70,00 euro**, se il "reddito di riferimento" **non supera 7.500,00 euro**;
- **50,00 euro**, aumentato del prodotto fra **20,00 euro** e l'importo corrispondente al rapporto tra **28.000,00 euro**, diminuito del "reddito di riferimento", e **20.500,00 euro**, se l'ammontare del "reddito di riferimento" è **superiore a 7.500,00 euro ma non a 28.000,00 euro**; la formula è, dunque, la seguente:

  50 + [20 x (28.000 - reddito di riferimento) / 20.500]
- **50,00 euro**, se il "reddito di riferimento" è **superiore a 28.000,00 euro ma non a 30.000,00 euro**; la detrazione spetta per la parte corrispondente al **rapporto** tra l'importo di 30.000,00 euro, diminuito del "reddito di riferimento", e l'importo di 2.000,00 euro; la formula è, dunque, la seguente:

  50 x [(30.000 - reddito di riferimento) / 2.000]

Se il risultato dei suddetti rapporti è **maggiore di zero,** lo stesso si assume nelle prime 4 cifre decimali.

La detrazione **riduce l'imposta dovuta** sulle altre indennità e somme connesse alla cessazione del rapporto di lavoro, eventualmente erogate, nella sola ipotesi di integrale destinazione del trattamento di fine rapporto alle forme di previdenza complementare. A questi effetti, il reddito di riferimento del trattamento di fine rapporto è determinato in modo virtuale.

La detrazione è **riconosciuta dai sostituti d'imposta**, in relazione ad una sola cessazione del rapporto di lavoro nel corso di ciascun periodo d'imposta. A tal fine, i soggetti beneficiari del trattamento di fine rapporto, delle indennità equipollenti e delle altre indennità e somme connesse alla cessazione del rapporto di lavoro sono tenuti ad attestare in forma scritta, su richiesta del sostituto d'imposta, di non aver già fruito di detta detrazione in relazione ad altro rapporto di lavoro cessato nel medesimo periodo.

Liquidazione del TFR - Concluse le operazioni sopra illustrate, il datore di lavoro ottiene l'importo dell'indennità di fine rapporto, comprensiva del trattamento di fine rapporto e della rivalutazione maturata fino al 31 dicembre 2000, nonché dalla quota del trattamento di fine rapporto maturata **dal 1° gennaio 2001 e fino alla data di cessazione del rapporto di lavoro**, che deve liquidare al lavoratore.

Nel caso in cui il dipendente abbia percepito **anticipazioni di TFR** ed abbia già pagato imposte, le stesse imposte dovranno essere dedotte dall'imposta lorda come sopra determinata.

CASO 1 - Calcolo imposta netta

Lavoratore assunto a tempo indeterminato il 1° gennaio 1999 e che termina il proprio rapporto di lavoro in data 31 dicembre 2018.

Il lavoratore aveva maturato alla data del 31 dicembre 2000 un accantonamento netto del trattamento di fine rapporto pari a 5.000 euro, comprensivo della quota di rivalutazione annuale calcolata sul TFR accantonato al 31 dicembre 1999.

Nei 17 anni di lavoro successivi, il lavoratore ha maturato una somma di accantonamento netto del trattamento di fine rapporto pari a 15.000,00 euro di quota capitale e 3.000,00 euro di rivalutazione.

Il criterio di tassazione dell'indennità di fine rapporto è il seguente.

Si somma il trattamento di fine rapporto (comprensivo della rivalutazione) maturato alla data del 31 dicembre 2000 con la quota del TFR maturato successivamente, e cioè dal 1° gennaio 2001 al 31 dicembre 2018: 5.000,00 + 15.000,00 = 20.000,00.

Si moltiplica l'ammontare ottenuto per dodici ed il risultato si divide per gli anni e frazioni d'anno di durata del rapporto di lavoro (dal 1° gennaio 1999 al 31 dicembre 2018 = 20 anni) durante il quale è maturato il trattamento di fine rapporto e si ottiene il reddito di riferimento: 20.000,00 x 12 / 20 (anni) = 12.000,00 reddito di riferimento.

Sul reddito di riferimento si calcola l'imposta lorda applicando gli scaglioni di reddito in vigore a momento della cessazione del rapporto di lavoro: 12.000,00 moltiplicato per gli scaglioni d'imposta in vigore nell'anno 2018 uguale a 2.760 **imposta lorda**.

Una volta determinata l'imposta dovuta sul "reddito di riferimento", si procede alla determinazione dell'aliquota media, dividendo l'ammontare dell'imposta lorda per l'ammontare del reddito di riferimento e moltiplicando il risultato per cento. Ponendo: 2.760 x 100 / 12.000 = 23% aliquota media di tassazione.

A questo punto, dall'indennità di fine rapporto si detraggono euro 309,87 per ciascun anno o frazione di base di commisurazione del TFR maturato fino al 31 dicembre 2000 e il risultato si moltiplica per l'aliquota media di tassazione:

20.000 - (309,87 x 3) = 19.070,39;

19.070,39 x 23% = 4.386 imposta lorda.

Considerato che nell'esempio il reddito di riferimento è superiore a 7.500,00 euro ma non a 28.000,00 euro, spetta anche una detrazione pari a: 50 + [20 x (28.000 - reddito di riferimento) / 20.500].

E quindi: 50 + [20 x (28.000 - 12.000) / 20.500] = 50 + 15,61 = 65,61.

Si avrà, dunque: 4.386 - 65,61 = 4.320,39 **imposta netta**.

Dall'imposta netta devono essere detratte le eventuali imposte già trattenute al dipendente sulle anticipazioni percepite.

Riliquidazione da parte degli Uffici finanziari - L'assoggettamento a tassazione da parte del datore di lavoro è **a titolo d'acconto**.

Infatti, l'Amministrazione finanziaria, **entro il 31 dicembre del quarto anno successivo** a quello di presentazione della dichiarazione del sostituto d'imposta (ovvero, se il soggetto che eroga il TFR non è sostituto d'imposta, entro il 31 dicembre successivo a quello di presentazione della dichiarazione dei redditi da parte del lavoratore) procede alla **riliquidazione** dell'imposta in base all'**aliquota media di tassazione** relativa ai **5 anni precedenti** all'anno in cui il lavoratore ha acquisito il diritto alla percezione del TFR.

Per gli emolumenti arretrati per prestazioni di lavoro dipendente, corrisposti a decorrere dal 1° gennaio 2004, per le indennità di fine rapporto, per le altre indennità e somme e per le indennità equipollenti, corrisposte a decorrere dal 1° gennaio 2003, nonché per le prestazioni pensionistiche, corrisposte a decorrere dal 1° gennaio 2003, **non si procede all'iscrizione a ruolo** ed alla comunicazione da parte dell'Amministrazione finanziaria (art. 1, c. 412, Legge n. 311/2004), né all'effettuazione di rimborsi, se l'imposta rispettivamente a debito o a credito è **inferiore a 100 euro** (art. 37, c. 43, D.L. n. 223/2006).

L'**aliquota media** si ottiene effettuando il **rapporto tra la somma delle imposte calcolate** con riguardo al reddito complessivo del contribuente, **al netto degli oneri deducibili** e senza considerare i crediti d'imposta, di ciascuno dei 5 anni precedenti a quello in cui è sorto il diritto alla percezione **e la somma dei redditi stessi considerati**.
Nel caso in cui in uno o più dei 5 anni precedenti l'anno di maturazione del diritto a percepire il TFR non vi sia stato reddito imponibile, l'aliquota media è calcolata in riferimento agli anni in cui vi è stato reddito imponibile.
Se in tutti i 5 anni non vi è stato reddito imponibile, deve essere applicata l'aliquota prevista per il primo scaglione di reddito IRPEF.

Tassazione della quota di rivalutazione del TFR maturata dal 1° gennaio 2001

Sulla quota annua di rivalutazione del TFR si deve applicare **un'imposta sostitutiva**, a **titolo definitivo**, nella misura del **17%**.
Il versamento dell'imposta è a carico del **sostituto d'imposta** e va effettuato attraverso un versamento in acconto ed il successivo saldo (➔95.4.).

Versamento	Calcolo	Scadenza	Codice tributo
Acconto	**90%** della quota di rivalutazione del TFR maturata nell'anno precedente, tenendo conto anche delle rivalutazioni relative a TFR erogati nel corso dello stesso anno precedente. In alternativa, calcolo presunto: 90% delle rivalutazioni che maturano nello stesso anno per il quale l'acconto è dovuto	**16 dicembre** anno successivo a quello cui si riferisce la quota di rivalutazione del TFR	1712
Saldo	**17%** della quota di rivalutazione del TFR relativa all'anno precedente in cui si versa il saldo, comprensivo della rivalutazione dei dipendenti che hanno cessato il loro rapporto di lavoro nell'anno precedente a quello in cui si versa il saldo. L'importo da versare è al netto di quanto già versato in acconto.	**16 febbraio** anno successivo a quello cui si riferisce la quota di rivalutazione su cui l'imposta è stata calcolata	1713

Anticipazioni ed acconti del TFR 8.3.3.

Mentre le anticipazioni sono quote che vengono corrisposte prima della cessazione del rapporto di lavoro su richiesta del lavoratore, gli acconti vengono erogati dopo la cessazione del rapporto di lavoro ma prima che si conosca definitivamente l'importo preciso del TFR da corrispondere.
Per la tassazione delle anticipazioni e agli acconti del TFR, liquidati a decorrere dal 1° gennaio 2001, devono essere applicate le **stesse regole previste per il TFR** (➔8.3.2.) (art. 19, c. 4, D.P.R. n. 917/1986), salvo che:

- spetta la **detrazione di 309,87 euro annue**, ma non quella **di 61,97 euro** in caso di erogazione di anticipazioni. Tale detrazione spetta solo in caso di liquidazione di acconti sul TFR e non anche per le anticipazioni;
- il sostituto d'imposta può **tassare l'anticipazione del TFR**, **salvo conguaglio** all'atto della liquidazione definitiva, determinando l'aliquota di tassazione sulla base dell'importo del TFR maturato al 31 dicembre dell'anno precedente la data di richiesta dell'anticipazione, invece che di quello maturato alla data della richiesta;
- per la parte delle anticipazioni eccedente il TFR maturato al 31 dicembre 2000, la **base imponibile** è costituita dall'importo dell'anticipazione, ridotta delle rivalutazioni già assoggettate all'imposta sostitutiva ad esso riferibili.

Non si considerano "anticipazioni" le somme e i valori destinati alle **forme pensionistiche complementari**.

IRPEF

8.3.4. TFR in busta paga

Dall'**1° marzo 2015 al 30 giugno 2018** è stata prevista la possibilità per i dipendenti del settore privato di far richiesta ai propri datori di lavoro di liquidargli in busta paga **l'importo mensile maturato come TFR** (art. 1, c. 23-34, Legge n. 190/2014; D.P.C.M. n. 29/2015), a condizione che:

- il dipendente sia in servizio da **almeno 6 mesi** presso il medesimo datore di lavoro;
- la scelta sia **irreversibile**;
- il datore di lavoro **non sia sottoposto a procedure concorsuali** o dichiarato azienda in crisi;
- non si tratti di lavoro **domestico o agricolo**;
- la liquidazione, in **busta paga**, equivalga all'importo mensile che il dipendente avrebbe maturato come TFR (art. 2120 c.c.).

Il TFR erogato mensilmente in busta paga assume natura di retribuzione ed in quanto tale è **soggetto a tassazione ordinaria**. Non è, invece, assoggettato a contribuzione.

8.3.5. Indennità equipollenti al TFR

Le **indennità equipollenti**, commisurate alla durata del rapporto di lavoro dipendente, ammesse alla tassazione separata sono quelle percepite dai **dipendenti del comparto pubblico**.
Vi rientrano in particolare:

- l'**indennità di buonuscita** percepita dai dipendenti statali;
- l'**indennità premio di servizio** percepita dal personale degli enti locali e del settore sanitario;
- l'**indennità di anzianità** percepita da talune categorie di dipendenti di enti pubblici;
- **ogni altra indennità** comunque denominata (anzianità, di fine lavoro, buonuscita, ecc.) percepita dagli aventi diritto dipendenti di enti pubblici diversi.

Tra i rapporti di lavoro sono compresi quelli:

- dei **lavoratori soci delle cooperative** (art. 50, c. 1, lett. a), D.P.R. n. 917/1986);
- dei **sacerdoti** (art. 50, c. 1, lett. d), D.P.R. n. 917/1986);
- per **cariche pubbliche** (art. 50, c. 1, lett. g), D.P.R. n. 917/1986).

Vi rientrano, inoltre, le altre indennità e **somme percepite *una tantum*** in dipendenza della **cessazione dei predetti rapporti**, comprese le indennità di preavviso e le somme risultanti dalla capitalizzazione di pensioni e quelle attribuite a fronte dell'obbligo di non concorrenza.

8.3.6. Tassazione delle indennità equipollenti

Le indennità sono imponibili per un importo che si determina **riducendo** il loro ammontare netto di una **somma pari a 309,87** euro per ciascun anno preso a base di commisurazione, con esclusione dei periodi di anzianità convenzionale (art. 19, c. 2-bis, D.P.R. n. 917/1986). Per i periodi inferiori all'anno la riduzione è rapportata a mese.
Se il rapporto di lavoro si svolge per un numero di ore inferiore a quello ordinario previsto dai contratti collettivi nazionali (lavoro ***part time***), la somma è proporzionalmente ridotta.

Determinazione dell'IRPEF dovuta - L'imposta è applicata con l'**aliquota media** determinata con riferimento all'anno in cui è cessato il rapporto (non si tiene conto di quello di pagamento, se diverso) al netto delle addizionali IRPEF.
Per il calcolo di tale aliquota media si fa riferimento all'importo che risulta dalla seguente operazione matematica:
[(ammontare netto dell'indennità + somme destinate alle forme pensionistiche complementari) / numero anni e frazione di anno preso a base di commisurazione] x 12.

Contributi a carico del lavoratore - Se alla formazione delle indennità concorrono contributi previdenziali a carico dei lavoratori dipendenti e assimilati, l'ammontare netto è computato al netto di una detrazione.
Tale **detrazione** è pari alla percentuale dell'indennità corrispondente al seguente **rapporto**, alla data del collocamento a riposo o alla data in cui è maturato il diritto alla percezione:

$$\frac{\text{aliquota del contributo previdenziale posto a carico del lavoratore}}{\text{aliquota complessiva del contributo stesso versato all'ente, cassa o fondo di previdenza}}$$

CASO 2 - Calcolo con contributi a carico del lavoratore
Indennità alimentata con un contributo a carico del lavoratore del 2,50% e a carico del datore di lavoro del 3,60%.
Detrazione: 2,50/ (2,50 + 3,60) x 100 = 40,98%.
Pertanto, l'ammontare netto rilevante dell'indennità è pari al 59,02% (100% - 40,98%).

Anticipazioni e acconti - Ai fini della tassazione si applicano le stesse regole del TFR (➡8.3.3.) (art. 19, c. 4, D.P.R. n. 917/1986). In particolare, occorre:
- determinare l'**aliquota media**, considerando l'importo complessivamente maturato, comprensivo quindi delle somme destinate alle forme pensionistiche complementari e delle anticipazioni e degli acconti già erogati;
- applicare tale aliquota media alla parte imponibile dell'anticipazione o dell'acconto, al netto quindi delle **deduzioni** spettanti;
- applicare tale tassazione **salvo conguaglio** all'atto della liquidazione definitiva.

Non si considerano "anticipazioni" le somme e i valori destinati alle **forme pensionistiche complementari**.

Riliquidazione - Gli Uffici ricalcolano le imposte dovute a titolo di tassazione separata e provvedono a **iscrivere a ruolo** le maggiori imposte ovvero facendo concorrere i redditi stessi alla formazione del reddito complessivo dell'anno in cui sono percepiti, se ciò risulta **più favorevole** per il contribuente (art. 17, c. 3, D.P.R. n. 917/1986).

Altre indennità e somme 8.3.7.

Sono considerate "**altre indennità e somme**" le somme:
- percepite *una tantum* in diretta **correlazione alla cessazione del rapporto di lavoro**, indipendentemente:
  a. dalla circostanza che le stesse siano corrisposte o meno dal datore di lavoro;
  b. dal fatto che l'entità delle stesse sia stabilita o meno in funzione della durata del rapporto di lavoro;
- erogate, anch'esse *una tantum*, a titolo definitivo in relazione alla **cessazione del rapporto** che intercorre **fra il soggetto erogante e il beneficiario**, in base ad un presupposto che non è connesso alla cessazione del rapporto di lavoro generatore di TFR (circ. 20 marzo 2001, n. 29/E).

Tra le altre, vi rientrano le indennità e somme corrisposte a titolo di:
- **mancato preavviso**;
- **capitalizzazione di pensioni**;
- **patto di non concorrenza**;
- provvedimento dell'autorità giudiziaria o transazione relativa alla **risoluzione del rapporto di lavoro**;
- **incentivo all'esodo** dei lavoratori.

Patto di non concorrenza - Le somme percepite da un ex dipendente in relazione alla stipulazione del patto di non concorrenza non hanno natura di redditi diversi, ma di **lavoro dipendente** (ris. 10 giugno 2008, n. 234/E) e sono assoggettate a **tassazione separata** se erogate in concomitanza con la cessazione del rapporto di lavoro.
Se, invece, sono corrisposte **in costanza di rapporto di lavoro** soggiacciono alla **tassazione ordinaria**.
Non rientrano nella **tassazione** separata, ma in quella **ordinaria**, le somme che sono corrisposte in occasione della cessazione del rapporto di lavoro, ma che si riferiscono a retribuzioni correnti, tra cui:
- ratei di **mensilità aggiuntive**;
- indennità per **ferie non godute**;
- quote di **premi di rendimento**.

Rientrano tra le "altre indennità", soggette a tassazione separata, anche gli interessi maturati sui **buoni postali fruttiferi (BPF)** corrisposti a dipendenti di enti pubblici cessati dal servizio, eccedenti l'ammontare dell'indennità di anzianità, che costituisce, invece, un'"indennità equipollente" al TFR (ris. 27 luglio 2007, n. 194).

Casi particolari

Fattispecie	Regole
Somme erogate, a titolo di **transazione novativa** e di **rinuncia al vincolo di solidarietà**, ai lavoratori trasferiti a seguito di **cessione del ramo d'azienda**	Non fruiscono della tassazione separata in quanto non si è in presenza di cessazione del rapporto di lavoro (ris. 28 maggio 2009, n. 135/E).
Indennità erogate dal datore di lavoro al dipendente in occasione della **cessazione anticipata del rapporto**	Devono essere tassate: in questo caso sussistono i presupposti impositivi poiché l'erogazione trova causa nel rapporto di lavoro (Cass., Sez. trib., sent. 8 gennaio 2010, n. 110).
Indennità prevista dal contratto collettivo dei **dirigenti di aziende industriali** per l'ipotesi di **licenziamento ingiustificato** o di **recesso per giusta causa**	Va assoggettata a tassazione separata e a ritenuta d'acconto (Cass., Sez. trib., ord. 25 gennaio 2010, n. 1349).
Emolumenti maturati dai **familiari non residenti di un soggetto deceduto**	In presenza di una **convenzione contro le doppie imposizioni**, gli emolumenti maturati dai **familiari non residenti di un soggetto deceduto**, relativi a un periodo di lavoro dipendente svolto in Italia, sono soggetti a imposizione in Italia con riguardo alla quota parte di TFR e dell'indennità sostitutiva maturata durante il periodo in cui la prestazione di lavoro è stata svolta nel nostro Paese (ris. 26 settembre 2013, n. 61/E).

Sono assoggettati a tassazione separata i valori percepiti a seguito di **provvedimenti dell'autorità giudiziaria** o di **transazioni** relative alla risoluzione del rapporto di lavoro, da considerarsi al netto delle spese legali sostenute, anche se a titolo risarcitorio o nel contesto di procedure esecutive.

Riliquidazione - Gli Uffici ricalcolano le imposte dovute a titolo di tassazione separata e provvedono a **iscrivere a ruolo** le maggiori imposte ovvero facendo concorrere i redditi stessi alla formazione del reddito complessivo dell'anno in cui sono percepiti, se ciò risulta **più favorevole** per il contribuente (art. 17, c. 3, D.P.R. n. 917/1986).

8.3.8. Tassazione delle altre indennità e somme percepite alla cessazione del rapporto di lavoro

Tali indennità e somme (art. 19, c. 2, D.P.R. n. 917/1986):

- sono **imponibili** per il loro **ammontare complessivo**, al netto dei contributi obbligatori dovuti per legge, che afferiscono direttamente e immediatamente a tali indennità e somme nella loro fase di determinazione finale (circ. 20 marzo 2001, n. 29/E);
- se corrisposte a **titolo definitivo** e in relazione ad un presupposto non connesso alla cessazione del rapporto di lavoro che ha generato il trattamento di fine rapporto, sono **imponibili** per il loro **ammontare netto**.

8.3.9. Incentivi all'esodo dei lavoratori

Sino al 4 luglio 2006, per le somme corrisposte in occasione della cessazione del rapporto, al fine di incentivare l'esodo dei **lavoratori che abbiano superato i 50 anni di età, se donne, e i 55 anni, se uomini**, l'imposta è stata calcolata con l'**aliquota pari alla metà** di quella applicata per la tassazione del trattamento di fine rapporto e delle altre indennità (art. 19, c. 4-bis, D.P.R. n. 917/1986, abrogato dall'art. 36, c. 23, D.L. n. 223/2006).

A seguito di tale abrogazione, le somme corrisposte a titolo di incentivo all'esodo sono assoggettate alla medesima aliquota applicata al trattamento di fine rapporto, alla stregua delle "altre indennità e somme" percepite *una tantum* in dipendenza della cessazione dei rapporti di lavoro.

Il medesimo regime di tassazione si applica, inoltre, alle **forme di sostegno al reddito** erogate, anche ratealmente, in dipendenza della cessazione anticipata del rapporto di lavoro.

La **disciplina sugli incentivi all'esodo** però, continua ad applicarsi con riferimento alle somme corrisposte in relazione **a rapporti di lavoro cessati prima del 4 luglio 2006** (data di entrata in vigore del D.L. n. 223/2006), nonché con riferimento alle somme corrisposte in relazione a rapporti di lavoro cessati in attuazione di atti o accordi, aventi data certa, anteriori al 4 luglio 2006 (data di entrata in vigore del D.L. n. 223/2006).

A tale proposito è stato chiarito che l'incentivo all'esodo, comprensivo della quota destinata a **riscattare i periodi d'istruzione universitaria**, deve essere assoggettato a tassazione separata con l'aliquota applicata al TFR (risposta a interpello 20 ottobre 2020, n. 490).

Somme corrisposte agli eredi 8.3.10.

In caso di **morte del lavoratore**, l'imposta sulle indennità di fine rapporto è dovuta dagli aventi diritto e dagli **eredi**, proporzionalmente all'ammontare percepito da ciascuno, sia in caso di:

- morte del lavoratore **in costanza del rapporto di lavoro**; si tratta delle somme **percepite di diritto** (art. 2122 c.c.) e cioè:
  1. corrisposte al coniuge, ai figli e, se vivevano a carico del prestatore di lavoro, ai parenti entro il terzo grado e agli affini entro il secondo grado;
  2. indipendentemente dalla loro qualità di eredi o legatari;
- morte del lavoratore **dopo la cessazione del rapporto**, ma prima del conseguimento dell'indennità (somme **percepite per successione**).

In caso di somme percepite per successione, è ammessa in deduzione la quota dell'eventuale **imposta sulle successioni** proporzionale al credito indicato nella relativa dichiarazione (art. 21, c. 2, D.P.R. n. 917/1986).

> La **tassazione** delle somme corrisposte agli aventi diritto e agli eredi deve essere effettuata con le medesime modalità che sarebbero state applicate se le somme fossero state corrisposte al *de cuius*.
> Anche la **riliquidazione** da parte dell'Amministrazione finanziaria deve essere effettuata:
> - avendo riguardo alla situazione del *de cuius*;
> - considerando l'aliquota media di tassazione dei 5 anni precedenti a quello in cui è maturato il diritto alla percezione dell'indennità, avendo riguardo allo stesso *de cuius*.
>
> Eventuali **rimborsi automatizzati** o iscrizioni a ruolo devono invece essere disposti in capo agli aventi diritto e agli eredi, in proporzione alle rispettive quote (circ. 20 marzo 2001, n. 29/E).
> In merito alla tassazione delle somme corrisposte agli eredi, si veda anche (➔8.9.).

Dichiarazione dei redditi 8.3.11.

Il TFR, le indennità equipollenti e le altre indennità e somme soggette a tassazione separata (art. 1, c. 3, D.P.R. n. 600/1973):

- non devono essere dichiarati se sono stati corrisposti da soggetti obbligati per legge all'effettuazione delle **ritenute di acconto**;
- in caso contrario, devono essere inseriti nella dichiarazione dei redditi (**Quadro RM**).

> L'esonero dall'obbligo dichiarativo si applica anche in relazione ai redditi percepiti dagli eredi e aventi causa del *de cuius* (circ. 29 dicembre 1994, n. 226/E).

Clausola di salvaguardia 8.3.12.

Con riferimento alla determinazione dell'IRPEF dovuta sul TFR, sulle indennità equipollenti e sulle altre indennità e somme è prevista una **clausola di salvaguardia** che consente l'applicazione, se più favorevoli, delle **aliquote e** degli **scaglioni di reddito vigenti al 31 dicembre 2006** (art. 1, c. 9, Legge n. 296/2006).

> La clausola di salvaguardia è diretta ad assicurare che il sistema introdotto dal 2007 non comporti per i contribuenti il pagamento di un'imposta maggiore rispetto a quella che sarebbe stata dovuta sulla base delle aliquote in vigore nel 2006 (circ. 16 marzo 2007, n. 15/E).

TFR ed indennità di importo rilevante 8.3.13.

Alla quota delle indennità di fine rapporto relative a rapporti di lavoro dipendente ed assimilato (art. 17, c. 1, lett. a) e c), D.P.R. n. 917/1986), erogate in denaro e in natura, di importo complessivamente **eccedente 1.000.000 di euro** non si applica il regime di tassazione separata, se il diritto alla percezione è sorto **a decorrere dal 1° gennaio 2011** (art. 24, c. 31, D.L. n. 201/2011).
Pertanto, tale importo concorre alla formazione del reddito complessivo.

> Le disposizioni si applicano in ogni caso a tutti i compensi e indennità a qualsiasi titolo erogati agli **amministratori delle società di capitali**, incluse le *stock option*.
> Restano esclusi (e quindi si applica la tassazione separata) le indennità e i compensi erogati agli eredi o agli aventi diritto del dipendente o collaboratore deceduto (circ. 28 febbraio 2012, n. 3/E).

IRPEF

8.4. EMOLUMENTI ARRETRATI E ALTRE INDENNITÀ

Si considerano **emolumenti arretrati** quelli che derivano da prestazioni di lavoro dipendente riferibili ad anni precedenti, percepiti in ritardo per effetto di leggi, contratti collettivi, sentenze, atti amministrativi sopravvenuti o per altre cause non dipendenti dalla volontà delle parti (art. 17, c. 1, lett. b), D.P.R. n. 917/1986).

Sono compresi anche quelli relativi a:

- **compensi e indennità che costituiscono redditi assimilati a lavoro dipendente** (➔**12.1.**) (art. 50, c. 1, D.P.R. n. 917/1986);
- **pensioni** (art. 49, c. 2, D.P.R. n. 917/1986).

8.4.1. Tassazione

All'ammontare percepito deve essere applicata l'**aliquota** corrispondente alla metà del reddito complessivo netto del contribuente nel biennio precedente all'anno in cui le somme sono state percepite (art. 21, c. 1, D.P.R. n. 917/1986).

Se in 1 dei 2 anni anteriori non vi è stato reddito imponibile si applica l'aliquota corrispondente alla metà del reddito complessivo netto dell'altro anno; se non vi è stato reddito imponibile in alcuno dei 2 anni si applica l'aliquota IRPEF per il primo scaglione di reddito (➔**2.9.**) (art. 21, c. 3, D.P.R. n. 917/1986).

L'imposta relativa a tali redditi può essere ridotta delle **detrazioni** per **familiari a carico** e per **reddito di lavoro dipendente**, qualora queste non siano state fruite negli anni in cui gli arretrati si riferiscono. Gli aventi diritto agli arretrati devono dichiarare al soggetto che li corrisponde l'ammontare delle detrazioni fruite per ciascuno degli anni cui si riferiscono (art. 21, c. 4, D.P.R. n. 917/1986).

CASO 3 - Calcolo tassazione emolumenti arretrati

Dipendente che percepisce, nel periodo d'imposta X, un emolumento arretrato di 1.000 euro e che nel biennio anteriore ha percepito un reddito netto complessivo per lavoro dipendente di 20.000 euro.
Il meccanismo di calcolo è il seguente:
20.000 / 2 = 10.000 euro.
L'imposta sul reddito di 10.000 euro è pari a 2.300 euro;
l'aliquota media è pari a: 2.300/10.000 x 100 = 23%;
l'imposta dovuta sull'emolumento arretrato è, dunque, pari a 230 euro e, in assenza di detrazioni spettanti, tale è anche l'importo della ritenuta da applicare.

8.4.2. Riliquidazione

Gli Uffici ricalcolano le imposte dovute a titolo di tassazione separata e provvedono a **iscrivere a ruolo** le maggiori imposte ovvero facendo concorrere i redditi stessi alla formazione del reddito complessivo dell'anno in cui sono percepiti, se ciò risulta **più favorevole** per il contribuente (art. 17, c. 3, D.P.R. n. 917/1986).

8.5. CESSAZIONE DEI RAPPORTI DI COLLABORAZIONE COORDINATA E CONTINUATIVA

Sono soggette a tassazione separata IRPEF (art. 17, c. 1, lett. c) D.P.R. n. 917/1986):

- le indennità percepite per la cessazione dei rapporti di collaborazione coordinata e continuativa (➔**12.2.5.**) (art. 50, c. 1, lett. c-bis), D.P.R. n. 917/1986), se il diritto all'indennità risulta da **atto di data certa anteriore all'inizio del rapporto**;
- in ogni caso (cioè indipendentemente dall'atto avente data certa), le **somme** e i **valori comunque percepiti,** al netto delle spese legali sostenute, anche se a titolo risarcitorio o nel contesto di procedure esecutive, a seguito di provvedimenti dell'autorità giudiziaria o di transazioni relativi alla **risoluzione dei rapporti di collaborazione coordinata e continuativa**.

Sono quindi assoggettate alla **tassazione ordinaria** le indennità risultanti da un atto redatto in costanza del rapporto, oppure prive di data certa.

Indennità per cessazione co.co.co.	Tassazione
Presenza di atto con data certa anteriore all'inizio del rapporto	Separata
Assenza di atto con data certa anteriore all'inizio del rapporto	Ordinaria
Stabilite a seguito di transazione per risoluzione contratto co.co.co.	Separata
Derivanti da atto in costanza di rapporto	Ordinaria

Requisito della data certa - Affinché risulti la "data certa" è necessario rifarsi alle **norme civilistiche** (artt. 2702-2704 c.c.).

La data certa ad un documento viene attribuita mediante:

- apposizione del **timbro postale** direttamente sul documento avente corpo unico, anziché sull'involucro che lo contiene (Cass., sent. n. 3339/1968, n. 186/1983 e n. 8692/1990);
- apposizione di **autentica**, **deposito** del documento o **vidimazione** di un verbale, in conformità alla legge notarile;
- formazione di un **atto pubblico**;
- **registrazione** o produzione del documento a norma di legge presso un ufficio pubblico;
- apposizione della c.d. "**marca temporale**" **sui documenti informatici**, sulla base della disciplina della firma digitale;
- adozione di un **atto deliberativo** da parte delle pubbliche amministrazioni di cui sia certa la data in base alla disciplina della formazione, numerazione e pubblicazione dell'atto.

> Il requisito della data certa anteriore all'inizio del rapporto è necessario anche al fine della deducibilità per competenza degli accantonamenti per le **indennità di trattamento di fine mandato degli amministratori** (TFM). In assenza di data certa, la deduzione del relativo costo avverrà nell'anno di effettiva erogazione dell'indennità all'amministratore (ris. 22 maggio 2008, n. 211/E).

Tassazione 8.5.1.

All'ammontare percepito deve essere applicata l'**aliquota** corrispondente alla **metà del reddito complessivo netto** del contribuente nel biennio precedente all'anno in cui le somme sono state percepite (art. 21, c. 1, D.P.R. n. 917/1986).

Se in 1 dei 2 anni anteriori non vi è stato reddito imponibile si applica l'aliquota corrispondente alla metà del reddito complessivo netto dell'altro anno; se non vi è stato reddito imponibile in alcuno dei 2 anni si applica l'aliquota IRPEF per il primo scaglione di reddito (➜**2.9.**) (art. 21, c. 3, D.P.R. n. 917/1986).

Riliquidazione (➜8.4.2.)

INDENNITÀ DI MOBILITÀ 8.6.

Sono soggetti a tassazione separata IRPEF (art. 17, c. 1, lett. c-bis), D.P.R. n. 917/1986):

- l'**indennità** corrisposta anticipatamente ai **lavoratori in mobilità**, in possesso di determinati requisiti, che ne abbiano fatto richiesta per intraprendere un'attività autonoma o per associarsi in cooperativa (art. 7, c. 5, Legge n. 223/1991);
- il **trattamento di integrazione salariale** corrisposto anticipatamente ai lavoratori che intendono intraprendere una nuova attività produttiva (art. 1-bis, D.L. n. 357/1994).

> Il regime di tassazione separata si applica anche alla corresponsione anticipata del trattamento di sostegno al reddito ancora spettante al lavoratore, dietro sua richiesta, al fine di intraprendere un'**attività di lavoro autonomo**, avviare un'attività auto-imprenditoriale o una microimpresa, o per associarsi in cooperativa (INPS, mess. 20 settembre 2010, n. 23542).

Beneficiari - Possono beneficiare della corresponsione anticipata i **lavoratori**:

- percettori della **cassa integrazione guadagni ordinaria o straordinaria**, anche in caso di riduzione di orario o rotazione, compresi i **contratti di solidarietà "difensivi"**;
- destinatari di **ammortizzatori sociali** in deroga;
- sospesi in **cassa integrazione guadagni per crisi aziendale** a seguito di cessazione totale o parziale dell'impresa, di procedura concorsuale o qualora sia stato dichiarato un esubero strutturale, con diritto al trattamento di mobilità;
- sospesi per **crisi aziendali** od occupazionali di aziende non destinatarie di trattamenti di integrazione salariale, destinatari dell'indennità di disoccupazione (art. 19, c. 1, D.L. n. 185/2008).

Tassazione (➜8.5.1.)

Riliquidazione (➜8.4.2.)

ALTRE INDENNITÀ 8.7.

Le altre indennità ricomprese tra i redditi tassati separatamente sono quelle relative a:

- cessazione dei **rapporti di agenzia** delle persone fisiche e società di persone (art. 17, c. 1, lett. d), D.P.R. n. 917/1986);

- cessazione da **funzioni notarili** (art. 17, c. 1, lett. e), D.P.R. n. 917/1986);
- cessazione dell'attività da parte degli **sportivi professionisti** al termine dell'attività (art. 17, c. 1, lett. f), D.P.R. n. 917/1986).

Tassazione (➜8.5.1.)

8.7.1. Opzione per la tassazione ordinaria

Il contribuente ha la facoltà di non avvalersi della tassazione separata in relazione ai redditi in esame, optando quindi per la **tassazione ordinaria** (➜13.3.4.), a condizione che:
- **non** siano conseguiti nell'**esercizio di imprese commerciali** (es. da parte di collaboratori di imprese familiari o dal coniuge di azienda coniugale non gestita in forma societaria);
- eserciti l'**opzione** espressamente nella dichiarazione dei redditi relativa al periodo d'imposta in cui è avvenuta o ha avuto inizio la loro percezione.

8.8. PLUSVALENZE E INDENNIZZI

8.8.1. Plusvalenze da cessione di aziende

Sono soggette a tassazione separata le plusvalenze, compreso il valore dell'**avviamento**, realizzate mediante **cessione a titolo oneroso di aziende possedute da più di 5 anni** e anche i redditi conseguiti in dipendenza di liquidazione, anche concorsuale, di imprese esercitate da più di 5 anni (art. 17, c. 1, lett. g), D.P.R. n. 917/1986).

> La disciplina in esame si applica anche alle plusvalenze che si considerano realizzate dagli **imprenditori individuali** e dalle **società di persone** che hanno **trasferito all'estero la residenza** (➜31.5.) (art. 166, c. 13, D.P.R. n. 917/1986).

Inoltre:
- il **periodo di possesso** va computato avendo riguardo al giorno in cui l'azienda è stata **acquisita** o l'impresa si è costituita, indipendentemente dall'acquisto dei singoli beni che concorrono alla formazione dell'azienda (art. 2963 c.c.);
- si tiene conto anche del periodo in cui l'azienda è stata concessa in **affitto** o in usufrutto.

> La cessione dell'azienda **per causa di morte** o **per atto gratuito tra vivi** non costituisce realizzo di plusvalenze.
> In caso di applicazione del **regime forfetario**, le plusvalenze e minusvalenze realizzate effettuate in corso di regime non hanno alcun rilievo fiscale, anche laddove siano riferite a beni acquistati negli anni che hanno preceduto l'adozione del regime forfetario (➜14.11.9.). Il corrispettivo imputabile all'avviamento può essere assoggettato a tassazione separata (risposta a interpello 11 novembre 2019, n. 478).

Tassazione - L'imposta è determinata applicando all'ammontare conseguito o imputato, l'aliquota corrispondente alla **metà del reddito complessivo netto** del contribuente nel biennio anteriore all'anno in cui i redditi sono stati rispettivamente conseguiti o imputati (art. 21, c. 1, D.P.R. n. 917/1986).

Opzione per la tassazione ordinaria (➜8.7.1.)

Redditi conseguiti da società di persone o imprese individuali (➜8.8.10.)

Decadenza dalla tassazione separata - Si decade dalla tassazione separata (art. 182, c. 2, D.P.R. n. 917/1986):
- se la **liquidazione** si protrae per **più di tre esercizi**, compreso quello in cui ha avuto inizio;
- in caso di **omessa presentazione** del **bilancio finale di liquidazione**.

In caso di **decadenza**, i **redditi** determinati in sede di liquidazione, ancorché già tassati separatamente:
- si considerano **definitivi**;
- concorrono a formare il **reddito complessivo IRPEF** dell'imprenditore, dei familiari partecipanti all'impresa o dei soci per i periodi d'imposta di competenza.

8.8.2. Cessione di terreni edificabili

Sono tassate separatamente le **plusvalenze** realizzate a seguito di cessioni di terreni suscettibili di utilizzazione edificatoria secondo gli strumenti urbanistici vigenti al momento della cessione (art. 17, c. 1, lett. g-bis), D.P.R. n. 917/1986).

Si genera plusvalenza anche se il terreno è stato acquistato per **successione** o **donazione** oppure se è stato acquistato a titolo oneroso da più di 5 anni.

Calcolo - La plusvalenza è determinata dalla **differenza** tra:
- il **corrispettivo** percepito nel periodo d'imposta e
- il **prezzo di acquisto**, aumentato di ogni altro costo inerente, proporzionalmente imputabile al corrispettivo percepito nel periodo, rivalutato in base all'indice ISTAT del costo della vita.

Per i terreni acquisiti per **donazione e successione**, si considera il valore dichiarato nella denuncia di successione o nell'atto di donazione o quello successivamente definito o liquidato, aumentato di ogni altro costo successivo inerente (nonché dell'INVIM e dell'imposta di successione, fino a quando dovute), rivalutato in base alle variazioni dell'indice dei prezzi al consumo, stabilite dall'ISTAT.

È possibile, tramite **opzione**, far rientrare la plusvalenza nei redditi diversi (➔15.2.2.) e, quindi, applicare la tassazione ordinaria (art. 67, c. 1, lett. b), D.P.R. n. 917/1986).

Tassazione (➔8.8.9.)

Opzione per la tassazione ordinaria (➔8.7.1.)

Redditi conseguiti da società di persone o imprese individuali (➔8.8.10.)

Cessione della clientela da parte di professionisti 8.8.3.

Concorrono a formare il reddito soggetto a tassazione separata i corrispettivi percepiti a seguito di **cessione della clientela** o di elementi immateriali comunque riferibili all'attività artistica o professionale (art. 17, c. 1, lett. g-ter), D.P.R. n. 917/1986).
Se tali corrispettivi vengono **percepiti in un'unica soluzione** sono soggetti a tassazione separata.

Anche se la norma fa riferimento al pagamento in "un'unica soluzione" il regime di tassazione separata è applicabile anche nel caso in cui il corrispettivo sia percepito **in più rate**, ma nello stesso periodo d'imposta.
Se, invece, il corrispettivo per la cessione della clientela è percepito **in più periodi d'imposta**, la modalità di tassazione è, in ogni caso, quella ordinaria (circ. 16 febbraio 2007, n. 11/E, punto 7).

Per quanto concerne l'ipotesi di **corrispettivo rateale** percepito da un soggetto che, dopo la cessione della clientela, intende cessare l'attività, in relazione a tutte le rate, si rientra nell'ambito del reddito di lavoro autonomo (➔13.2.3.) (art. 54, c. 1-quater, D.P.R. n. 917/1986).
Pertanto, la **cessione del "pacchetto clienti"** genera interamente **reddito professionale** da assoggettare **a tassazione ordinaria** (art. 54, D.P.R. n. 917/1986).
Questo comporta, tra l'altro, che il lavoratore autonomo deve conservare la partita IVA fino all'incasso dell'ultima rata (circ. 16 febbraio 2007, n. 11/E, punto 7).

Tassazione (➔8.8.9.)

Opzione per la tassazione ordinaria (➔8.7.1.)

Redditi conseguiti da società di persone o imprese individuali (➔8.8.10.)

Indennità per la perdita di avviamento 8.8.4.

Rientrano tra i redditi soggetti a tassazione separata le indennità percepite dal conduttore in caso di **cessazione del contratto di locazione** di immobili urbani adibiti ad **usi diversi da quello di abitazione** e le indennità di avviamento **delle farmacie** spettanti al precedente titolare (art. 17, c. 1, lett. h), D.P.R. n. 917/1986).

Tassazione (➔8.8.9.)

Opzione per la tassazione ordinaria (➔8.7.1.)

Redditi conseguiti da società di persone o imprese individuali (➔8.8.10.)

Indennità per la perdita di redditi relativi a più anni 8.8.5.

Le indennità spettanti a titolo di **risarcimento**, anche in forma assicurativa, dei **danni consistenti nella perdita di redditi relativi a più anni** possono essere tassate separatamente. Devono, invece, essere tassate secondo il metodo ordinario le indennità erogate a fronte della perdita di reddito relativa ad **un solo anno** (art. 17, c. 1, lett. i), D.P.R. n. 917/1986).

Rientrano nella tassazione separata:
- gli incentivi per la **cessazione dell'attività di autotrasporto** di cose per conto di terzi, in presenza di determinati requisiti (ris. 31 luglio 1993, n. III-6-040);
- i contributi concessi agli **autotrasportatori monoveicolari** che rinunciano volontariamente all'attività (ris. 26 giugno 2000, n. 95/E);
- gli indennizzi concessi ai **titolari di esercizi commerciali**, in possesso di determinati requisiti, che cessano l'attività e restituiscono il titolo autorizzatorio (c.d. "**rottamazione dei negozi o delle licenze**") (ris. 7 giugno 2001, n. 83/E).

Tassazione (➜8.8.9.)

Opzione per la tassazione ordinaria (➜8.7.1.)

Redditi conseguiti da società di persone o imprese individuali (➜8.8.10.)

8.8.6. Recesso, esclusione e riduzione del capitale di società di persone

Sono tassati separatamente i redditi attribuiti ai **soci di società di persone** in caso di **recesso**, **esclusione**, **morte del socio**, **liquidazione** della società, **riduzione del capitale** sociale (art. 17, c. 1, lett. l), D.P.R. n. 917/1986).
In particolare, la tassazione separata interessa:
- i redditi compresi nelle somme attribuite, ovvero nel valore normale, dei **beni assegnati ai soci** delle società semplici, società in nome collettivo e in accomandita semplice e soggetti equiparati (art. 5, D.P.R. n. 917/1986) nei casi di recesso, esclusione e riduzione del capitale o agli eredi in caso di morte del socio;
- i **redditi imputati ai soci** in dipendenza di **liquidazione**, anche concorsuale, delle società stesse.

Vi rientrano anche i redditi attribuiti ai soci di società di persone, in caso di **trasferimento all'estero** della residenza (art. 166, c. 13, D.P.R. n. 917/1986).

Le somme percepite dal **collaboratore** familiare per effetto del recesso dalla sua partecipazione all'**impresa familiare** di cui all'art. 230-bis c.c. non configurano reddito per il collaboratore stesso. Pertanto, non rientrano tra i redditi tassati separatamente (ris. 28 aprile 2008, n. 176/E).

Decorso del quinquennio - La tassazione separata si applica a condizione che siano passati **più di 5 anni** tra la costituzione della società e la comunicazione del recesso o dell'esclusione del socio, la deliberazione di riduzione del capitale, la morte del socio, l'inizio della liquidazione o il trasferimento all'estero della residenza.
È ininfluente il **momento** in cui il socio **entra a far parte della società**; anche il socio che ha fatto ingresso nella società da meno di 5 anni può fruire dell'agevolazione, purché la società stessa sia stata costituita da almeno 5 anni.

Reddito che forma oggetto di tassazione - Ai fini della determinazione dei redditi di partecipazione compresi nelle somme attribuite o nei beni assegnati ai soci o agli eredi, si applicano, in quanto compatibili, le disposizioni previste per i **redditi di capitale** (art. 20-bis, D.P.R. n. 917/1986). Il reddito è quindi costituito dalla **differenza** tra la **somma percepita** (o il valore normale dei beni ricevuti) e il **prezzo pagato** per acquistare la partecipazione (costo fiscalmente riconosciuto) (➜11.2.5.) (art. 47, c. 7, D.P.R. n. 917/1986).
Le stesse regole si applicano anche in caso di non assoggettamento dei redditi in esame alla tassazione separata, per mancanza del requisito del decorso del quinquennio.

La tassazione separata si applica anche:
- sulle **somme corrisposte al socio uscente** da un'**associazione professionale**, quale valorizzazione dei servizi professionali forniti, sempreché l'associazione professionale sia stata costituita da oltre 5 anni rispetto alla data di scioglimento del rapporto associativo relativamente al professionista uscente (ris. 24 maggio 1995, n. 127/E);
- sulle eventuali somme liquidate al **professionista** nei cui confronti si scioglie il rapporto associativo, a titolo di **indennità di recesso**, se tra la data di costituzione dell'associazione e quella di comunicazione del recesso è trascorso un periodo di tempo superiore ai 5 anni (circ. 17 maggio 2000, n. 98/E, par. 1.5.7. e ris. 10 aprile 2008, n. 142/E).

IRPEF

Tassazione - L'imposta è determinata applicando all'ammontare conseguito o imputato, l'**aliquota** corrispondente alla **metà del reddito complessivo netto** del contribuente nel biennio anteriore all'anno in cui i redditi sono stati rispettivamente conseguiti o imputati (art. 21, c. 1, D.P.R. n. 917/1986).

Opzione per la tassazione ordinaria (➔8.7.1.)

Redditi conseguiti da società di persone o imprese individuali (➔8.8.10.)

Decadenza dalla tassazione separata - Si decade dalla tassazione separata (art. 182, c. 2, D.P.R. n. 917/1986):

- se la **liquidazione** si protrae **per più di tre esercizi**, compreso quello in cui ha avuto inizio;
- in caso di **omessa presentazione** del **bilancio finale di liquidazione**.

In caso di decadenza, i redditi determinati in sede di liquidazione, ancorché già tassati separatamente:

- si considerano **definitivi**;
- concorrono a formare il **reddito complessivo IRPEF dei soci**, per i periodi d'imposta di competenza.

Scadenza di contratti e titoli 8.8.7.

Sono tassati separatamente i redditi compresi **nelle somme o nel valore normale** dei beni attribuiti alla scadenza dei seguenti contratti o titoli:

- contratti di **mutuo**, **deposito** e **conto corrente** (art. 44, c. 1, lett. a), D.P.R. n. 917/1986);
- **obbligazioni** e titoli similari e altri **titoli diversi dalle azioni** e titoli similari (art. 44, c. 1, lett. b), D.P.R. n. 917/1986);
- contratto di **associazione in partecipazione,** contratto di **cointeressenza agli utili** di un'impresa senza partecipazione alle perdite e contratti con i quali un contraente attribuisce una partecipazione agli utili e alle perdite senza il corrispettivo di un determinato apporto (art. 44, c. 1, lett. f), D.P.R. n. 917/1986);
- contratti di **gestione di valori immobiliari** (art. 44, c. 1, lett. g), D.P.R. n. 917/1986).

La tassazione separata si applica purché (art. 17, c. 1, lett. n), D.P.R. n. 917/1986):

- i redditi non siano assoggettati a ritenuta alla fonte a titolo d'imposta o di imposta sostitutiva;
- il periodo di durata del contratto o del titolo sia superiore a 5 anni.

Tassazione (➔8.8.9.)

Opzione per la tassazione ordinaria (➔8.7.1.)

Redditi conseguiti da società di persone o imprese individuali (➔8.8.10.)

Imposte rimborsate e oneri deducibili e detraibili non spettanti 8.8.8.

Sono soggetti a tassazione separata le somme conseguite a titolo di (art. 17, c. 1, lett. n-bis), D.P.R. n. 917/1986):

- **rimborso di imposte** (si tratta delle imposte e degli oneri che sono stati oggetto di sgravio, rimborso o comunque di restituzione);
- **oneri** dedotti dal reddito complessivo o per i quali si è fruito della detrazione, in **precedenti periodi d'imposta** (la tassazione separata si applica all'importo dell'onere rimborsato e non all'ammontare della detrazione fruita).

La tassazione separata è stata ammessa anche in relazione ai:

- **canoni di locazione ad uso abitativo**, relativi ad anni precedenti, percepiti successivamente alla conclusione del procedimento giurisdizionale di **convalida di sfratto per morosità** del conduttore (circ. 12 maggio 2000, n. 95/E, par. 4.1.2.);
- **contributi previdenziali e assistenziali sospesi**, erroneamente trattenuti e versati nel periodo di sospensione e successivamente restituiti in unica soluzione (ris. 1° giugno 2005, n. 68/E).

Esclusioni - Non rientrano nella tassazione separata le **spese sanitarie rimborsate** (➔6.2.) (art. 15, c. 1, lett. c), D.P.R. n. 917/1986) che si considerano comunque rimaste a carico del contribuente, in quanto il rimborso è avvenuto per effetto di:

- **contributi o premi di assicurazione versati dal contribuente** e per i quali non spetta la detrazione d'imposta o che non sono deducibili dal suo reddito complessivo, né dai redditi che concorrono a formarlo;

- **contributi o premi** che, pur essendo **versati da altri**, concorrono a formare il suo reddito, salvo che il datore di lavoro ne abbia riconosciuto la detrazione in sede di ritenuta.

Tassazione (➡8.8.9.) - Se è stata riconosciuta la detrazione, l'imposta è determinata applicando un'aliquota **non superiore al 27%** (art. 21, c. 1, ultimo capoverso, D.P.R. n. 917/1986).

Opzione per la tassazione ordinaria (➡8.7.1.)

8.8.9. Tassazione

Le regole di tassazione separata che seguono valgono per i redditi sopra riportati (➡8.8.2.) (➡8.8.3.) (➡8.8.4.) (➡8.8.5.) (➡8.8.7.) (➡8.8.8.).

Regola generale	Ammontare conseguito o imputato x aliquota corrispondente alla metà del reddito complessivo netto del biennio precedente all'anno in cui i redditi sono stati conseguiti o imputati
Mancanza di reddito imponibile nel biennio precedente	Ammontare conseguito o imputato x aliquota IRPEF 1° scaglione di reddito (attualmente 23%)
Presenza di reddito imponibile per 1 solo dei 2 anni	Ammontare conseguito o imputato x aliquota relativa alla metà dell'unico reddito

8.8.10. Redditi conseguiti da società di persone o imprese individuali

Se i redditi (➡8.8.1.) (➡8.8.2.) (➡8.8.3.) (➡8.8.4.) (➡8.8.5.) (➡8.8.6.) (➡8.8.7.) sono conseguiti da **società in nome collettivo o in accomandita semplice**, sono esclusi dalla tassazione separata e assumono rilevanza come **componenti del reddito d'impresa** delle società stesse.
I redditi conseguiti da persone fisiche nell'**esercizio di imprese commerciali**, sono tassati separatamente a condizione che ne sia fatta **richiesta nella dichiarazione dei redditi** relativa al periodo d'imposta al quale sarebbero imputabili come componenti del reddito d'impresa (art. 21, c. 2, D.P.R. n. 917/1986).

8.9. REDDITI PERCEPITI DAGLI EREDI

Tutti i redditi del *de cuius*, anche se non espressamente indicati tra i redditi a tassazione separata (art. 21, c. 2, D.P.R. n. 917/1986), sono tassati separatamente, all'atto della percezione da parte degli **eredi** 👆 e dei **legatari**.

8.9.1. Tassazione

L'imposta è determinata applicando all'ammontare percepito, al netto delle imposte di successione e dell'eventuale credito d'imposta indicato in dichiarazione, l'**aliquota** corrispondente alla **metà del reddito complessivo netto** nel **biennio anteriore** all'anno in cui si è aperta la successione (art. 21, c. 2, D.P.R. n. 917/1986).

8.9.2. Aspetti particolari

Valgono le seguenti **regole** (art. 17, c. 3, D.P.R. n. 917/1986):

- in relazione ai redditi relativi a cessazione dei rapporti di agenzia delle persone fisiche e società di persone, cessazione da funzioni notarili, cessazione dell'attività da parte degli sportivi professionisti al termine dell'attività (➡8.8.7.) (art. 17, c. 1, lett. d), e) f), D.P.R. n. 917/1986) e a plusvalenze e altre indennità (➡8.8.1.) (➡8.8.2.) (➡8.8.3.) (➡8.8.4.) (➡8.8.5.) (➡8.8.6.) (➡8.8.7.) (➡8.8.8.) (art. 17, c. 1, lett. da g) a n-bis), D.P.R. n. 917/1986) non conseguiti nell'esercizio di imprese commerciali, **l'erede o il legatario ha la facoltà di non avvalersi della tassazione separata**, optando quindi per la tassazione ordinaria, facendolo constare espressamente nella dichiarazione dei redditi relativa al periodo d'imposta in cui è avvenuta o ha avuto inizio la loro percezione;
- per il **TFR e indennità equipollenti** (➡8.3.) (➡8.4.) (➡8.5.) (➡8.6.) (art. 17, c. 1, lett. a), b), c), c-bis), D.P.R. n. 917/1986), gli Uffici finanziari che provvedono alla **riliquidazione** verificano se per l'erede o il legatario è più favorevole far concorrere i redditi in esame alla formazione del reddito complessivo dell'anno in cui sono percepiti.

8.10. ACCONTO D'IMPOSTA

In relazione ai redditi soggetti a tassazione separata erogati da un soggetto che **non rivesta la natura di sostituto d'imposta**, il contribuente è tenuto a presentare la dichiarazione dei redditi e a versa-

re un **acconto** pari al **20% del reddito percepito** (art. 1, c. 3, D.L. n. 669/1996; circ. 6 febbraio 1997, n. 25/E, par. 3).
L'acconto si applica in prevalenza ai seguenti redditi:
- **indennità** per risarcimento, anche assicurativo, di danni per la **perdita di redditi relativi a più anni** (➡**8.8.5.**);
- **plusvalenze** su **cessione onerosa o liquidazione di aziende** possedute da più di 5 anni (➡**8.8.1.**);
- **plusvalenze** su cessioni a titolo oneroso di **aree edificabili** (➡**8.8.2.**);
- **indennità perdita avviamento** per cessazione di **locazione di immobili urbani** (➡**8.8.4.**);
- redditi attribuiti ai **soci delle società di persone** (➡**8.8.6.**);
- redditi di capitale su contratti di **mutuo**, **deposito**, **conto corrente**, **obbligazioni** e titoli similari diversi dalle azioni, **associazioni in partecipazione**, **masse patrimoniali** a maturazione ultra-quinquennale (➡**8.8.7.**);
- somme conseguite a titolo di **rimborso di imposte** o di oneri dedotti dal reddito complessivo o per i quali si è fruito della detrazione in periodi di imposta precedenti (➡**8.8.8.**).

Modalità e termini di versamento 8.10.1.

L'acconto deve essere versato entro i termini e con le modalità previsti per il versamento a saldo delle imposte sui redditi.

> Se i redditi per i quali è dovuto l'acconto del 20% possono essere dichiarati con il **Mod. 730**, il relativo importo viene trattenuto dal sostituto d'imposta, in base alla disciplina di effettuazione dei conguagli nei confronti dei contribuenti che si avvalgono dell'assistenza fiscale.

Per il versamento nel Mod. F24 va utilizzato il **codice tributo 4200** (4201 se ci si avvale dell'assistenza fiscale).

Rimborso dell'eccedenza 8.10.2.

Il versamento dell'acconto del 20% deve essere effettuato anche qualora le imposte che risulteranno definitivamente dovute saranno di **ammontare inferiore allo stesso**; in tal caso, l'Ufficio finanziario provvede ad effettuare il rimborso dell'eccedenza (circ. 6 febbraio 1997, n. 25/E).

REDDITI DI CAPITALE DI FONTE ESTERA 8.11.

Sui redditi di capitale di fonte estera, diversi dai dividendi, percepiti direttamente dal contribuente senza l'intervento degli intermediari residenti ovvero, quando l'intervento dell'intermediario non ha comportato l'applicazione della ritenuta alla fonte, si applica un'aliquota d'imposta pari alla **ritenuta alla fonte** applicata in Italia sui redditi della stessa natura (art. 18, D.P.R. n. 917/1986).
Le ipotesi più ricorrenti di redditi di fonte estera assoggettati a tassazione separata sono:
- gli interessi, i premi e altri frutti delle **obbligazioni del debito pubblico** e degli altri titoli con regime fiscale equiparato, **emessi all'estero**, a decorrere **dal 10 settembre 1992**;
- le plusvalenze realizzate mediante **cessione a termine di valute estere**;
- i proventi derivanti da **cessioni a termine di obbligazioni** a termine e titoli similari, effettuate nei confronti dei non residenti;
- i proventi derivanti dalle **operazioni di finanziamento in valori mobiliari** (art. 7, D.L. n. 6/1996);
- i proventi, compresa la differenza tra il valore di riscatto o di cessione delle quote o azioni e il valore di sottoscrizione o acquisto, derivanti dalla **partecipazione a OICVM di diritto estero**, situati nell'Unione europea, percepiti da persone fisiche senza l'applicazione della ritenuta a titolo d'imposta nella misura del 26%.

Tassazione 8.11.1.

I redditi di capitale corrisposti da soggetti non residenti a soggetti residenti, nei confronti dei quali in Italia si applica la ritenuta a titolo d'imposta o l'imposta sostitutiva del 26% sono tassati con un'**imposta sostitutiva** delle imposte sui redditi, con **aliquota pari alla stessa ritenuta italiana a titolo d'imposta**.
Nel caso in cui il contribuente non voglia avvalersi dell'imposizione sostitutiva, avrà diritto al **credito d'imposta per i redditi prodotti all'estero** (➡**33.1.**) (art. 165, D.P.R. n. 917/1986).
Tale possibilità è preclusa per le remunerazioni corrisposte a persone fisiche residenti relative a (art. 27, c. 4, D.P.R. n. 600/1973) (➡**11.5.3.**):
- partecipazioni al capitale o al patrimonio, titoli e strumenti finanziari (art. 44, c. 2, lett. a), ultimo periodo D.P.R. n. 917/1986);
- contratti di associazione in partecipazione (art. 109, c. 9, lett. b) D.P.R. n. 917/1986).

9. SOGGETTI NON RESIDENTI

9.1. REGOLE GENERALI

I **soggetti non residenti** sono assoggettati a tassazione, in ossequio al **principio della territorialità**, limitatamente ai redditi prodotti nel territorio dello Stato (➔1.1.) (art. 3, D.P.R. n. 917/1986).
Tale requisito territoriale, suscettibile di far insorgere la pretesa impositiva, in linea generale, si riscontra in relazione ad:

- **attività lavorative svolte nel territorio italiano**;
- **redditi derivanti da cespiti** siti sul territorio nazionale;
- **redditi erogati da soggetti residenti**.

9.1.1. Convenzioni internazionali

Al fine di stabilire se, in presenza di tale requisito territoriale, il reddito è assoggetto a tassazione in Italia, occorre verificare l'eventuale esistenza di una **convenzione internazionale contro le doppie imposizioni**, in grado di derogare al principio generale di territorialità.
Infatti, l'Italia ha stipulato con numerosi Paesi esteri, comunitari e non, Convenzioni bilaterali per evitare le doppie imposizioni sul reddito e sul patrimonio.
Le convenzioni internazionali contro le doppie imposizioni sono basate su un modello standardizzato elaborato (e periodicamente rinnovato) dall'OCSE.
Esse stabiliscono come deve essere ripartito il potere impositivo fra i 2 Stati contraenti, regolamentando il trattamento fiscale delle singole categorie di reddito.
Tali Accordi prevedono, a seconda delle tipologie interessate, la possibilità che entrambi gli Stati prelevino un'imposta sullo stesso reddito (tassazione concorrente) oppure talvolta la tassazione esclusiva da parte di uno Stato.
Pertanto, una volta stabilito che un reddito, in base ai principi territoriali sopra esposti, è teoricamente tassato in Italia, occorre verificare, in presenza di una convenzione contro le doppie imposizioni siglata con lo Stato estero, che non si verifichi:

- una **doppia imposizione** (stesso reddito tassato in capo allo stesso soggetto in 2 Stati differenti);
- una **doppia esenzione** (in grado di configurare ipotesi di evasione o di elusione tributaria).

Rimborso su base convenzionale 9.1.2.

I soggetti non residenti in Italia possono presentare la richiesta di rimborso delle **imposte versate in Italia** al Centro Operativo di Pescara, entro il termine di decadenza di **48 mesi** dalla data del prelevamento dell'imposta (artt. 37 e 38, D.P.R. n. 602/1973).

L'istanza di rimborso, redatta su apposita modulistica (Provv. 10 luglio 2013), deve contenere:

- l'attestazione di residenza ai fini tributari nel Paese estero, rilasciata dalla competente Autorità fiscale;
- la dichiarazione di esistenza o meno di una Stabile Organizzazione (se si tratta di impresa) o di base fissa (se si tratta di professionista) in Italia, cui siano riconducibili i redditi in relazione ai quali si chiede il rimborso dell'imposta;
- la dichiarazione di esistenza di eventuali altre specifiche condizioni previste dalla Convenzione.

Il modello deve essere corredato della documentazione atta a comprovare il prelievo effettivo dell'imposta.

Nel caso di istanza non redatta su modello devono essere riportate le stesse indicazioni.

Gli interessati possono inoltre chiedere l'**applicazione diretta della Convenzione al sostituto d'imposta italiano** già in sede di effettuazione della ritenuta.

A tale proposito, infatti, il Ministero dell'Economia e delle Finanze in più circostanze (Dipartimento delle Entrate, Direzione Centrale Affari Giuridici e Contenzioso Tributario), ha precisato che i sostituti d'imposta hanno la facoltà, sotto la propria responsabilità, di applicare direttamente l'esenzione o le minori aliquote previste nelle Convenzioni vigenti fra l'Italia e lo Stato di residenza del beneficiario del reddito (circ. 13 settembre 1977, n. 86/12/973; circ. 12 aprile 1978, n. 115/12/248; circ. 25 novembre 1978, n. 147/12/1054; ris. 10 giugno 1999, n. 95/E; ris. 24 maggio 2000, n. 68/E).

REDDITI PRODOTTI IN ITALIA 9.2.

Per i soggetti non residenti, **si considerano prodotti in Italia** i seguenti redditi (art. 23, D.P.R. n. 917/1986):

Redditi non residenti		
Tipo di reddito	**Tassazione in Italia**	**Riferimenti art. 23, c. 1, D.P.R. n. 917/1986**
Redditi **fondiari**.	SÌ	lett. a)
Redditi **di capitale** corrisposti dallo Stato, da soggetti residenti, da Stabili Organizzazioni nel territorio dello Stato di soggetti non residenti.	SÌ	lett. b)
Redditi **di lavoro dipendente** prestato nel territorio dello Stato, compresi i redditi assimilati a quelli di lavoro dipendente.	SÌ	lett. c)
Redditi **di lavoro autonomo** derivanti da attività esercitate nel territorio dello Stato.	SÌ	lett. d)
Redditi **d'impresa** derivanti da attività esercitate nel territorio dello Stato mediante Stabili Organizzazioni.	SÌ	lett. e)
Redditi **diversi** provenienti da attività svolte nel territorio dello Stato, beni che si trovano nel territorio dello Stato, plusvalenze derivanti dalla cessione a titolo oneroso di partecipazioni qualificate in società residenti.	SÌ	lett. f)
Plusvalenze derivanti dalla **cessione a titolo oneroso** di: - partecipazioni non qualificate in società residenti negoziate in mercati regolamentari; - titoli non rappresentativi di merci e di certificati di massa negoziati in mercati regolamentari: - valute estere rivenienti da depositi e conti correnti; - contratti finanziari a termine e derivati.	NO	lett. f)
Redditi **imputabili per trasparenza** a soci, associati, partecipanti non residenti di società di persone e di capitali.	SÌ	lett. g)

IRPEF

Redditi non residenti		
Tipo di reddito	Tassazione in Italia	Riferimenti art. 23, c. 1, D.P.R. n. 917/1986
Interessi e altri proventi derivanti da **depositi e conti correnti bancari e postali** (benché rientranti nella categoria dei redditi di capitale).	NO	lett. b)

Si considerano comunque **prodotti nel territorio dello Stato**, se corrisposti dallo Stato, da soggetti residenti nel territorio dello Stato o da Stabili Organizzazioni nel territorio stesso di soggetti non residenti (art. 23, c. 2, D.P.R. n. 917/1986):

a. le **pensioni**, gli assegni ad esse assimilati e le indennità di fine rapporto e assimilate;
b. alcuni redditi **assimilati a quelli di lavoro dipendente** (art. 50, c. 1 lett. c), c-bis), f), h), h-bis), i) e l), D.P.R. n. 917/1986);
c. i compensi per l'**utilizzazione di opere dell'ingegno**, di brevetti industriali e di marchi d'impresa nonché di processi, formule e informazioni relativi ad esperienze acquisite nel campo industriale, commerciale o scientifico;
d. i compensi conseguiti da imprese, società o enti non residenti per **prestazioni artistiche o professionali** effettuate per loro conto nel territorio dello Stato.

9.2.1. Redditi fondiari

I **redditi fondiari** (➜10.) derivanti da **terreni o fabbricati** situati nel territorio dello Stato che sono (o devono essere) iscritti, con attribuzione di rendita, nel catasto dei terreni o nel catasto edilizio urbano, si considerano prodotti in Italia.

Immobili relativi alle imprese

Per assoggettare a tassazione i terreni o fabbricati situati nel territorio dello Stato posseduti da **imprese non residenti**, è necessario verificare preliminarmente che tali proventi non siano attratti nell'ambito del reddito d'impresa.

Non si considerano in ogni caso produttivi di reddito fondiario gli immobili (art. 43, D.P.R. n. 917/1986):

- relativi ad **imprese commerciali**;
- che costituiscono **beni strumentali** per l'esercizio di **arti e professioni**.

Ai fini delle imposte sui redditi si considerano **strumentali** gli immobili utilizzati esclusivamente per l'esercizio dell'arte o professione o dell'impresa commerciale da parte del possessore.
Gli immobili relativi ad imprese commerciali che per le loro caratteristiche non sono suscettibili di diversa utilizzazione senza radicali trasformazioni si considerano strumentali anche se non utilizzati o dati in locazione o comodato (art. 43, c. 2, D.P.R. n. 917/1986).

Con riferimento ai soggetti non residenti, si considerano relativi all'impresa gli immobili posseduti in Italia da:

- **persone fisiche** o **enti non commerciali**, relativamente ad attività commerciali esercitate nel territorio dello Stato mediante Stabile Organizzazione;
- **società ed enti commerciali** con Stabile Organizzazione nel territorio dello Stato.

Convenzioni contro le doppie imposizioni

Il Modello di **Convenzione OCSE** contro le **doppie imposizioni** stabilisce il **principio della tassazione degli immobili nello Stato in cui sono situati**. Si considerano, in ogni caso, beni immobili:

- gli accessori, le scorte morte o vive delle imprese agricole e forestali;
- i diritti ai quali si applicano le disposizioni del diritto privato riguardanti la proprietà fondiaria;
- l'usufrutto sui beni immobili e i diritti corrisposti per lo sfruttamento di giacimenti minerari, sorgenti e altre risorse naturali del suolo.

9.2.2. Redditi di capitale

Il presupposto per la tassazione dei **redditi di capitale** è che essi siano **conseguiti nel territorio dello Stato**. I proventi si considerano prodotti in Italia qualora corrisposti:

- dallo Stato;
- da un soggetto residente;

- da una Stabile Organizzazione nel territorio dello Stato di soggetti non residenti.

Convenzioni contro le doppie imposizioni

Le convenzioni contro le doppie imposizioni prevedono, di regola, la **non assoggettabilità** ad imposizione per **talune tipologie di redditi di capitale**, ovvero l'assoggettamento a ritenuta alla fonte **in misura ridotta** rispetto a quella ordinaria.
Il soggetto residente in un Paese con il quale è stipulata una Convenzione può chiedere alla società che distribuisce gli utili l'**applicazione della minore imposta** eventualmente prevista.
Nel caso in cui la maggiore imposta (sotto forma di ritenuta) è stata già applicata, è possibile chiedere il **rimborso**.
A tal fine occorre compilare, in duplice copia, l'apposita modulistica (Modello A), indicando i propri dati e quelli della società che distribuisce i dividendi oltre alla dichiarazione di possedere i requisiti richiesti dalla Convenzione (Provv. 10 luglio 2013).
Fatto ciò, è possibile, in alternativa:
- consegnare una copia del modello alla società partecipata (o all'intermediario), ai fini dell'applicazione diretta dell'aliquota convenzionale;
- chiedere il rimborso, inviando il Modello all'Agenzia delle Entrate, Centro operativo di Pescara (indirizzo postale: via Rio Sparto 21, 65129 Pescara - Italia - indirizzo e-mail: cop.pescara.rimborsinonresidenti@agenziaentrate.it - fax. 003908552145), entro 48 mesi dalla data dell'effettuazione della ritenuta, con allegata la documentazione comprovante il diritto al rimborso.

Dividendi (➡11.2.)

Redditi di lavoro dipendente e assimilati 9.2.3.

Si considerano prodotti in Italia i redditi:
- di **lavoro dipendente** prestato nel territorio dello Stato;
- alcuni redditi **assimilati** a quelli di lavoro dipendente prestato nel territorio dello Stato quali:
  - compensi corrisposti a **soci lavoratori di cooperative** (➡12.2.2.);
  - indennità e compensi corrisposti a dipendenti da **soggetti diversi dal datore di lavoro** per incarichi svolti in relazione alla propria qualifica e in dipendenza del rapporto di lavoro (➡12.2.3.).

Mentre per tali redditi vale la condizione della loro produzione mediante attività svolte ovvero beni situati in Italia, ci sono una serie di redditi che si considerano **comunque prodotti in Italia**, qualora la loro corresponsione provenga da parte dello Stato oppure da soggetti fiscalmente residenti od ancora da Stabili Organizzazioni italiane di non residenti.
Tali redditi sono (art. 23, c. 2, lett. a) e b), D.P.R. n. 917/1986):

1. le **pensioni** e gli assegni ad esse assimilati;
2. le seguenti **indennità di fine rapporto e simili**:
   - TFR, indennità equipollenti e indennità e somme percepite ***una tantum*** in dipendenza della **cessazione di rapporti di lavoro** (➡8.3.) (art. 17, c. 1, lett. a), D.P.R. n. 917/1986);
   - indennità **cessazione dei rapporti di collaborazione coordinata e continuativa** (➡8.5.) (art. 17, c. 1, lett. c), D.P.R. n. 917/1986);
   - indennità per **cessazione rapporti di agenzia** (➡8.7.) (art. 17, c. 1, lett. d), D.P.R. n. 917/1986);
   - indennità per **cessazione funzioni notarili** (➡8.7.) (art. 17, c. 1, lett. e), D.P.R. n. 917/1986);
   - indennità percepite da **sportivi professionisti** al termine dell'attività sportiva (➡8.7.) (art. 17, c. 1, lett. f), D.P.R. n. 917/1986);
3. i seguenti **redditi assimilati a quelli di lavoro dipendente**:
   - **borse di studio** (➡12.2.4.) (art. 50, c. 1, lett. c), D.P.R. n. 917/1986);
   - **collaborazioni**, uffici di amministratore e sindaco, collaborazioni riviste, ecc. (➡12.2.5.) (art. 50, c. 1, lett. c-bis), D.P.R. n. 917/1986);
   - indennità, gettoni di presenza e altri compensi per l'**esercizio di pubbliche funzioni** (➡12.2.8.) (art. 50, c. 1, lett. f), D.P.R. n. 917/1986);
   - **rendite vitalizie** e rendite **a tempo determinato**, costituite a titolo oneroso, diverse da quelle aventi funzione previdenziale (➡12.2.5.) (art. 50, c. 1, lett. h), D.P.R. n. 917/1986);
   - prestazioni pensionistiche di **previdenza complementare** corrisposte dai fondi pensione (➡12.2.8.) (art. 50, c. 1, lett. h-bis), D.P.R. n. 917/1986);
   - **assegni periodici e assegni di mantenimento** (➡12.2.6.) (art. 50, c. 1, lett. i), D.P.R. n. 917/1986);

IRPEF

- compensi percepiti dai soggetti impegnati in **lavori socialmente utili** (➡12.2.8.) (art. 50, c. 1, lett. l), D.P.R. n. 917/1986).

Pensioni

Ai fini della tassazione occorre distinguere tra:

– **pensioni imponibili comunque in Italia**: sono quelle corrisposte dallo Stato italiano, da soggetti residenti nel territorio dello Stato italiano o da Stabili Organizzazioni nel territorio stesso a soggetti non residenti. Con alcuni Paesi sono in vigore convenzioni contro le doppie imposizioni sul reddito, in base alle quali le pensioni corrisposte a non residenti sono tassate in modo diverso a seconda che si tratti di pensioni pubbliche o di pensioni private;

– **pensioni pubbliche** quelle pagate dallo Stato italiano o da una sua suddivisione politica o amministrativa o da un suo ente locale: sono imponibili soltanto in Italia;

– **pensioni private** quelle corrisposte da enti, istituti od organismi previdenziali italiani preposti all'erogazione del trattamento pensionistico: sono imponibili soltanto nel Paese di residenza del beneficiario.

Stati con cui è stata stipulata la Convenzione	Disciplina
Argentina - Regno Unito - Spagna - Stati Uniti - Venezuela	Le **pensioni pubbliche** di fonte italiana sono di norma tassate solo in Italia. Tuttavia, le stesse non sono assoggettate a tassazione in Italia se il contribuente ha la nazionalità dello Stato estero in cui risiede. Le **pensioni private** percepite da residenti di questi Paesi non sono assoggettate a tassazione in Italia.
Belgio	Le **pensioni pubbliche** di fonte italiana sono di norma tassate solo in Italia. Tuttavia, le stesse non sono assoggettate a tassazione in Italia se il beneficiario, residente in Belgio, ha la nazionalità belga e non quella italiana. Le **pensioni private** percepite da residenti in Belgio non sono assoggettate a tassazione in Italia.
Francia	Le **pensioni pubbliche** di fonte italiana sono di norma tassate solo in Italia. Tuttavia, le stesse non sono assoggettate a tassazione in Italia se il contribuente ha la nazionalità francese e non quella italiana. Le **pensioni private** italiane sono tassate, secondo una regola generale, solo in Francia. Tuttavia, le pensioni che la vigente Convenzione Italia-Francia considera pensioni pagate in base alla legislazione di "sicurezza sociale" sono imponibili in entrambi gli Stati.
Germania	Le **pensioni pubbliche** di fonte italiana sono di norma tassate solo in Italia. Tuttavia, le stesse non sono assoggettate a tassazione in Italia se il contribuente ha la nazionalità dello Stato estero di residenza e non quella italiana. Le **pensioni private** percepite da residenti in Germania non sono di regola assoggettate a tassazione in Italia.
Australia	Sia le **pensioni pubbliche**, sia le **pensioni private**, non sono assoggettate a tassazione in Italia.
Canada	Le **pensioni private** di fonte italiana non sono assoggettate a tassazione in Italia se l'ammontare non supera il più elevato dei seguenti importi: 12.000 dollari canadesi o l'equivalente in euro. Se viene superato tale limite le pensioni sono tassabili anche in Italia. Le **pensioni pubbliche** sono imponibili esclusivamente in Italia.
Svizzera	Le **pensioni private** sono tassate soltanto in Svizzera. Le **pensioni pubbliche** di fonte italiana sono assoggettate a tassazione solo in Italia se il contribuente ha la nazionalità italiana, quindi le stesse non sono imponibili in Italia se il contribuente residente in Svizzera non ha la nazionalità italiana.

Convenzioni contro le doppie imposizioni

Il **Modello OCSE** prevede la **tassazione** del reddito di lavoro dipendente nello **Stato in cui l'attività viene esercitata**.

Più precisamente, viene riservato il diritto di **tassazione esclusiva in Italia** ai lavoratori ivi residenti e che vi svolgono attività lavorativa.

Il diritto a tassare da parte dell'altro Paese sussiste solo qualora l'attività venga ivi svolta.

In altre parole, il diritto di imposizione in uno dei due Paesi è subordinato al realizzarsi di **almeno uno dei 2 presupposti**:

- il lavoratore ha la **residenza** fiscale nel Paese;
- il lavoratore svolge **attività** lavorativa nel Paese.

Se entrambi i presupposti si realizzano nello stesso Paese, l'altro Paese non ha alcun diritto di tassare i redditi prodotti all'estero.

È comunque prevista un'**eccezione** a tale regola generale.
Infatti, le remunerazioni che un residente di uno Stato riceve in corrispettivo di un'attività dipendente svolta nell'altro Stato sono imponibili soltanto nel primo Stato se:

a. il beneficiario **soggiorna** nell'altro Stato per un periodo o periodi che **non oltrepassano in totale 183 giorni** nel corso dell'anno fiscale considerato, e
b. le remunerazioni sono **pagate da o per conto di un datore di lavoro** che non è residente dell'altro Stato, e
c. l'onere delle remunerazioni **non è sostenuto da una Stabile Organizzazione** o da una base fissa che il datore di lavoro ha nell'altro Stato.

In definitiva, considerando tutte le varie ipotesi che possono verificarsi, **sono soggetti a imposizione in Italia** (e quindi all'obbligo di dichiarazione) i redditi:

- percepiti dal soggetto residente in uno Stato estero con il quale **non è stata stipulata** una Convenzione contro le doppie imposizioni;
- percepiti dal soggetto residente in uno Stato estero con il quale **è stata stipulata** una Convenzione contro le doppie imposizioni che prevede la tassazione di tali redditi sia in Italia che nello Stato estero;
- percepiti dal soggetto residente in uno Stato estero con il quale **è stata stipulata** una Convenzione contro le doppie imposizioni che prevede la **tassazione** di tali redditi **solo in Italia**.

Resta inteso che nel caso in cui il reddito fosse tassato sia in Italia che all'estero è possibile utilizzare lo strumento del credito d'imposta per recuperare, nel paese di residenza, le imposte pagate due volte.

Redditi di lavoro autonomo 9.2.4.

Il reddito dei **professionisti non residenti** si considera prodotto in Italia se deriva da **attività esercitate nel territorio dello Stato**.

In tal caso, il soggetto che eroga il reddito, in relazione alle prestazioni rese nel territorio dello Stato, è tenuto ad operare una **ritenuta del 30%** a titolo d'imposta sul compenso lordo corrisposto anche per le prestazioni effettuate nell'esercizio di imprese (➔**13.4.3.**) (art. 25, c. 2 e 4, D.P.R. n. 600/1973).

Sono invece **esclusi** dall'applicazione della ritenuta i compensi:

- per prestazioni di lavoro autonomo effettuate all'estero;
- corrisposti a Stabili Organizzazioni in Italia di soggetti non residenti.

In sede di determinazione della ritenuta non possono essere fatti valere i costi sostenuti dal percipiente (ris. 3 maggio 2005, n. 56/E).

In ogni caso, i seguenti redditi si considerano **comunque prodotti in Italia**, qualora la loro corresponsione provenga da parte dello Stato oppure da soggetti fiscalmente residenti od ancora da Stabili Organizzazioni italiane di non residenti (art. 23, c. 2, lett. c) e d), D.P.R. n. 917/1986):

- compensi per l'**utilizzazione di opere dell'ingegno**, di brevetti industriali e di marchi d'impresa nonché di processi, formule e informazioni relativi ad esperienze acquisite nel campo industriale, commerciale o scientifico (➔**13.3.1.**) (art. 53, c. 2, lett. b), D.P.R. n. 917/1986);

compensi conseguiti da imprese, società o enti non residenti per **prestazioni artistiche o professionali** effettuate per loro conto nel territorio dello Stato.

I compensi erogati, da parte di una società non residente, a **"modelli" professionisti** non residenti per l'esecuzione di **sessioni di *photo shooting*** e i compensi erogati per i correlati diritti di utilizzazione dell'immagine costituiscono **redditi di lavoro autonomo** in presenza dei requisiti di abitualità e professionalità.
Se le sessioni di *photo shooting* sono svolte in Italia, i compensi medesimi sono territorialmente rilevanti in Italia e sono ivi tassati a nulla rilevando il luogo in cui è esercitata l'attività di sfruttamento economico del diritto all'immagine (risposta a interpello 11 ottobre 2021, n. 700).

Convenzioni contro le doppie imposizioni

Il **Modello OCSE** prevede **la tassazione** del reddito di lavoro autonomo **nello Stato di residenza**, a meno che il professionista non disponga nell'altro Stato di una **base fissa** per l'esercizio della propria attività.
Nel dettaglio, la norma convenzionale (art. 14, Modello OCSE) prevede che i redditi che un residente di uno Stato ritrae dall'esercizio di una libera professione o da altre attività di carattere indipendente sono imponibili soltanto nello Stato di residenza, a meno che tale residente non disponga abitualmente nell'altro Stato di una base fissa per l'esercizio delle sue attività.
Se il soggetto dispone di tale base fissa, i redditi sono imponibili nell'altro Stato ma unicamente nella misura in cui sono imputabili a detta base fissa.
L'espressione "libera professione" richiamata nella norma convenzionale comprende in particolare le attività indipendenti di carattere scientifico, letterario, artistico, educativo o pedagogico, nonché le attività indipendenti dei medici, avvocati, ingegneri, architetti, dentisti e contabili.
Sono, inoltre, previste regole particolari per gli artisti e gli sportivi (art. 17, Modello OCSE).
Per tali soggetti, in linea generale, le Convenzioni prevedono la tassazione in Italia dei compensi percepiti per l'attività ivi svolta.

9.2.5. Redditi d'impresa derivanti da attività esercitate con Stabile Organizzazione

Qualora il soggetto non residente eserciti un'attività commerciale nel territorio dello Stato mediante una **Stabile Organizzazione** (➡31.2.), tutti i componenti di reddito provenienti da fonti italiane sono assoggettati a tassazione secondo le disposizioni in materia di reddito d'impresa (**principio della "forza di attrazione"** della Stabile Organizzazione).
Per i soggetti non residenti **senza Stabile Organizzazione**, invece, il reddito complessivo prodotto in Italia è dato dalla somma dei singoli redditi prodotti nel territorio dello Stato che concorrono a formare il reddito complessivo, determinati secondo le disposizioni delle singole categorie di reddito.

9.2.6. Redditi diversi

I redditi diversi si considerano prodotti nel territorio dello Stato se derivano:
- da **attività** svolte nel territorio dello Stato da soggetti non residenti,
- da **beni** che si trovano nel territorio dello Stato, comprese le **azioni e** le **obbligazioni**.

Il termine "beni" deve intendersi riferito anche ai **titoli di natura azionaria e obbligazionaria**.
Pertanto, per i titoli diversi da quelli rappresentativi di una partecipazione in società residenti, ai fini di individuarne il regime impositivo occorre verificare se gli stessi si trovino o meno nel territorio dello Stato (circ. 26 ottobre 1999, n. 207/E).

Risultano, inoltre, imponibili (art. 23, c. 1, lett. f), D.P.R. n. 917/1986):
- le cessioni a titolo oneroso di **partecipazioni qualificate** (➡11.5.2.) in società residenti ovunque detenute;
- le plusvalenze derivanti dalla cessione di partecipazioni in società non residenti, qualora i titoli rappresentativi della partecipazione si trovino nel territorio nello Stato.

9.3. PRESUNZIONE DI IMPONIBILITÀ DEI REDDITI IN ITALIA

Per alcuni redditi è prevista una presunzione secondo cui sono sempre considerati tassati in Italia (art. 23, c. 2, D.P.R. n. 917/1986).

Soggetti che corrispondono i redditi	Redditi	Dettaglio
- Stato; - Soggetti residenti nel territorio dello Stato; - Stabili Organizzazioni di soggetti non residenti	Pensioni e assegni assimilati	
	Indennità di fine rapporto e simili	- **TFR**, indennità equipollenti e indennità e somme percepite una tantum per cessazione di rapporti di lavoro (➡8.3.) (art. 17, c. 1, lett. a), D.P.R. n. 917/1986); - indennità **cessazione co.co.co.** (➡8.5.) (art. 17, c. 1, lett. c), D.P.R. n. 917/1986); - indennità **cessazione rapporti di agenzia** (➡8.7.) (art. 17, c. 1, lett. d), D.P.R. n. 917/1986); - indennità **cessazione funzioni notarili** (➡8.7.) (art. 17, c. 1, lett. e), D.P.R. n. 917/1986); - indennità **cessazione** attività **sportivi professionisti** (➡8.7.) (art. 17, c. 1, lett. f), D.P.R. n. 917/1986).
	Redditi assimilati a quelli di lavoro dipendente	- **borse di studio** (➡12.2.4.) (art. 50, c. 1, lett. c), D.P.R. n. 917/1986); - **co.co.co.** (➡12.2.5.) (art. 50, c. 1, lett. c-bis), D.P.R. n. 917/1986); - indennità **esercizio di pubbliche funzioni** (➡12.2.8.) (art. 50, c. 1, lett. f), D.P.R. n. 917/1986); - **rendite vitalizie** (➡12.2.5.) (art. 50, c. 1, lett. h) D.P.R. n. 917/1986); - prestazioni **fondi pensione** (➡12.2.8.) (art. 50, c. 1, lett. h-bis) D.P.R. n. 917/1986); - **assegni** (➡12.2.6.) (art. 50, c. 1, lett. i), D.P.R. n. 917/1986); - compensi **lavori socialmente utili** (➡12.2.8.) (art. 50, c. 1, lett. l), D.P.R. n. 917/1986).
	Redditi di lavoro autonomo e assimilati	- compensi **utilizzazione di opere dell'ingegno**, brevetti e marchi (➡13.3.1.) (art. 53, c. 2, lett. b), D.P.R. n. 917/1986); - compensi conseguiti da imprese, società o enti **non residenti** per prestazioni artistiche o professionali effettuate per loro conto nel territorio dello Stato.

ADEMPIMENTI DICHIARATIVI 9.4.

Determinazione dell'imposta 9.4.1.

Per la determinazione dell'imposta dovuta dai non residenti, si applicano le **disposizioni ordinarie** (art. 24, D.P.R. n. 917/1986).

In particolare, dal reddito complessivo si possono **dedurre** gli **oneri** relativi a:

- canoni, livelli, censi (➡3.11.) (art. 10, c. 1, lett. a), D.P.R. n. 917/1986);
- contributi a ONG (➡3.8.2.) (art. 10, c. 1, lett. g), D.P.R. n. 917/1986);
- indennità per la perdita dell'avviamento (➡3.11.) (art. 10, c. 1, lett. h), D.P.R. n. 917/1986);
- erogazioni a favore di istituzioni religiose (➡3.8.1.) (art. 10, c. 1, lett. i), l), D.P.R. n. 917/1986).

Invece, dall'**imposta lorda si scomputano**:

- le detrazioni per lavoro dipendente, pensione, lavoro autonomo e reddito d'impresa minore (art. 13, D.P.R. n. 917/1986);
- le detrazioni del **19%** su:
  - interessi passivi, oneri accessori e quote di rivalutazione ISTAT per mutui ipotecari (➡6.3.) (art. 15, c. 1, lett. a), b), D.P.R. n. 917/1986);
  - erogazioni liberali (➡6.15.5.) (➡6.15.6.) (➡6.15.12.) (art. 15, c. 1, lett. g), h), h-bis), i), D.P.R. n. 917/1986).

Inoltre, è possibile usufruire delle altre detrazioni per **lavoro dipendente** (➜**5.2.**), **pensione** (➜**5.3.**), **lavoro autonomo** e impresa in contabilità semplificata (➜**5.4.**) (art. 13, D.P.R. n. 917/1986).
Non competono, invece, le **detrazioni per carichi di famiglia** (➜**4.**) (art. 12, D.P.R. n. 917/1986).

9.4.2. Dichiarazione dei redditi

I contribuenti non residenti, che hanno la possibilità di presentare la dichiarazione **dall'Italia**, possono avvalersi delle modalità previste per i residenti.
I contribuenti non residenti che, invece, al momento della presentazione della dichiarazione si trovano **all'estero**, possono:

- inviare la dichiarazione a mezzo raccomandata o mezzo equivalente. La busta deve essere indirizzata all'Agenzia delle Entrate - Centro operativo di Venezia, via Giorgio de Marchi n. 16, 30175 Marghera (VE), Italia;
- trasmettere telematicamente la dichiarazione tramite il canale Fisconline.

Per abilitarsi al servizio Fisconline, i cittadini italiani residenti all'estero possono richiedere il loro codice pin, inoltrando una richiesta via web, collegandosi al sito http://telematici.agenziaentrate.gov.it, nella sezione "se non sei ancora registrato ai servizi".
I **soggetti iscritti presso l'anagrafe consolare** devono contestualmente inoltrare, anche tramite fax, copia della predetta richiesta al competente consolato italiano all'estero, allegando la fotocopia di un valido documento di riconoscimento.
I cittadini italiani **temporaneamente non residenti** e non iscritti presso l'anagrafe consolare, per consentire la verifica della propria identità devono recarsi personalmente al consolato dove esibiranno un valido documento di riconoscimento.
Il consolato effettuati gli opportuni controlli, provvede a far recapitare la prima parte del codice pin e la relativa password.
Il contribuente che ha ricevuto tale comunicazione può ottenere le restanti sei cifre accedendo al sito http://telematici.agenziaentrate.gov.it.
Per i **termini di presentazione** della dichiarazione e per quelli **di versamento** delle imposte valgono le stesse regole applicabili per la generalità dei contribuenti persone fisiche.

9.4.3. Versamento delle imposte

Oltre alle modalità previste per la generalità dei contribuenti, i soggetti residenti fuori dal territorio nazionale possono effettuare il versamento tramite:

- il **servizio telematico** internet offerto dall'Agenzia delle Entrate, se sono in possesso della relativa abilitazione e sono titolari di un conto corrente presso una delle banche convenzionate con l'Agenzia delle Entrate, il cui elenco aggiornato è disponibile sul sito www.agenziaentrate.gov.it, o presso le Poste italiane Spa;
- **bonifico bancario in euro**, in favore dei capitoli/articoli di entrata del bilancio dello stato, secondo lo standard Swift mt 103, indicando:
  - codice bic: bitaitrrent;
  - causale del bonifico: codice fiscale del contribuente, codice tributo e periodo di riferimento (mm/aaaa);
  - iban: il codice relativo all'imposta da versare.

Non è possibile effettuare i pagamenti tramite **assegni**.

Principali codici Iban in caso di pagamento con bonifico	
Imposte (capitolo bilancio dello Stato)	**Iban**
IRPEF saldo (capitolo 1023 - articolo 13)	IT 68X 01000 03245 348 0 06 1023 13
IRPEF 1° e 2° acconto (capitolo 1023 - articolo 14)	IT 45Y 01000 03245 348 0 06 1023 14
IRES saldo (capitolo 1024 - articolo 02)	IT 94Y 01000 03245 348 0 06 1024 02
IRES 1° e 2° acconto (capitolo 1024 - articolo 08)	IT 46E 01000 03245 348 0 06 1024 08
Ritenute su interessi e altri redditi di capitale - non residenti (capitolo 1026 - articolo 06)	IT 35E 01000 03245 348 0 06 1026 06
Ritenute su utili distribuiti a persone fisiche non residenti o a società con sede legale all'estero (capitolo 1027 - articolo 01)	IT 73A 01000 03245 348 0 06 1027 01

SOGGETTI NON RESIDENTI C.D. “SCHUMACKER” 9.5.

Nei confronti dei soggetti residenti in uno Stato che assicuri un adeguato scambio di informazioni, per determinare l’imposta si applicano le regole “ordinarie” previste per i soggetti residenti (artt. da 1 a 23, D.P.R. n. 917/1986), a condizione che (art. 24, c. 3-bis, D.P.R. n. 917/1986, D.M. 21 settembre 2015):

– il reddito prodotto dal soggetto nel territorio dello Stato italiano **sia pari almeno al 75%** del reddito dallo stesso complessivamente prodotto;
– il soggetto **non goda** di **agevolazioni fiscali** analoghe nello Stato di residenza.

Sono pertanto ammesse, in favore di tali soggetti, detrazioni e deduzioni ai fini IRPEF altrimenti “riservate” ai soggetti fiscalmente residenti in Italia.

Modalità operative 9.5.1.

Ai fini del riconoscimento degli oneri deducibili e delle detrazioni da parte dei sostituti d’imposta i soggetti non residenti devono rilasciare un’**autocertificazione** (dichiarazione sostitutiva di atto di notorietà) **e conservare alcuni documenti**.

Autocertificazione	Deve attestare: - lo Stato nel quale risultano avere la **residenza fiscale**; - di aver **prodotto in Italia almeno il 75% del reddito complessivamente conseguito** nel periodo d’imposta, assunto al lordo degli oneri deducibili e comprensivo dei redditi prodotti anche al di fuori dello Stato di residenza; - di **non godere** nel Paese di residenza e in nessun altro Paese diverso da questo di **benefici fiscali** analoghi a quelli richiesti nello Stato italiano; - i dati **anagrafici** e il **grado di parentela del familiare** per il quale si intende fruire della detrazione per carichi di famiglia (art. 12, D.P.R. n. 917/1986), con l’indicazione del mese nel quale si sono verificate le condizioni richieste e del mese in cui le predette condizioni sono cessate; - che il **familiare** per il quale si chiede la detrazione possiede un **reddito complessivo**, al lordo degli oneri deducibili e comprensivo dei redditi prodotti anche fuori dello Stato di residenza, riferito all’intero periodo d’imposta, **non superiore a 2.840,51 euro**.
Documenti	Relativamente al periodo d’imposta per il quale sono state richieste le agevolazioni, vanno conservati: - una **copia** della **dichiarazione dei redditi** presentata nello Stato di residenza; - la **certificazione** rilasciata dal datore di lavoro estero dalla quale risulti il **reddito prodotto** ed eventuali benefici fiscali fruiti; - una **copia** del **bilancio** relativo all’eventuale attività d’impresa svolta all’estero.

REGIMI AGEVOLATIVI PER PERSONE FISICHE CHE TRASFERISCONO LA RESIDENZA FISCALE IN ITALIA 9.6.

Al fine di favorire lo sviluppo economico, scientifico e culturale del Paese, sono previste una serie di **misure agevolative** dirette ad attirare risorse umane in Italia e, precisamente:

a. **incentivi fiscali** per il rientro in Italia di **docenti e ricercatori** residenti all’estero (➡**9.6.1.**) (art. 44, D.L. 31 maggio 2010, n. 78);
b. un **regime fiscale di favore** per i lavoratori cosiddetti “**impatriati**” (➡**9.6.2.**) (art. 16, D.Lgs. n. 147/2015);
c. un’opzione per l’**imposta sostitutiva** sui redditi prodotti all’estero realizzati da persone fisiche che trasferiscono la propria residenza fiscale in Italia (➡**9.6.6.**) (art. 24-bis, D.P.R. n. 917/1986).

Tutte le agevolazioni presuppongono il **trasferimento della residenza** in Italia da parte del soggetto che ne fruisce, ossia l’instaurazione di un collegamento sostanziale con il territorio dello Stato, che implichi un’interazione effettiva con la realtà italiana. Inoltre, richiedono che, prima del trasferimento nel territorio dello Stato, la persona fisica abbia mantenuto la residenza fiscale all’estero per un periodo di tempo **minimo**, variabile a seconda dell’agevolazione interessata (circ. 23 maggio 2017, n. 17/E).

Inoltre, a partire **dal 1° gennaio 2019**, è possibile, per i **pensionati esteri** che si trasferiscono in una Regione del **Sud Italia**, di optare per una tassazione sostitutiva con aliquota del **7%** (art. 24-ter, D.P.R. n. 917/1986; art. 1, c. 273-274 Legge n. 145/2018) (➡**9.6.7.**).

9.6.1. Rientro dei docenti e ricercatori

In presenza di alcuni requisiti, è **escluso** dalla formazione del reddito di lavoro dipendente o autonomo il **90%** degli emolumenti percepiti dai docenti e dai ricercatori che rientrano in Italia (art. 44, D.L. n. 78/2010).

Ambito soggettivo

I docenti e ricercatori possono beneficiare della tassazione agevolata, al verificarsi delle seguenti condizioni:

a. essere in possesso di un **titolo di studio universitario** o equiparato;
b. essere stati **non occasionalmente residenti all'estero**;
c. aver svolto all'estero documentata attività di **ricerca o docenza per almeno 2 anni continuativi,** presso centri di ricerca pubblici o privati o università;
d. svolgere l'attività di **docenza e ricerca in Italia**;
e. **acquisire la residenza fiscale** nel territorio dello Stato (➜**1.2.**).

La disposizione non si rivolge soltanto ai cittadini italiani che intendono rientrare in Italia, ma interessa in linea generale **tutti i ricercatori residenti all'estero**, che trasferendosi nel territorio nazionale possono favorire lo sviluppo della ricerca in Italia in virtù delle loro particolari conoscenze scientifiche (risposta a interpello 3 settembre 2020, n. 307).

> L'attività di ricerca può essere individuata nell'attività destinata alla **ricerca di base**, **industriale**, **di sviluppo sperimentale** e a studi di fattibilità, svolta presso un organismo di ricerca (circ. 23 maggio 2017, n. 17/E).

L'attività di docenza e ricerca **non necessariamente** deve essere stata svolta nei **2 anni immediatamente precedenti il rientro**, essendo sufficiente che l'interessato, prima di rientrare in Italia, abbia svolto tali qualificate attività all'estero per un periodo minimo ed ininterrotto di almeno 24 mesi. Per la docenza il periodo di 24 mesi si ritiene compiuto se l'attività è stata svolta per 2 anni accademici continuativi.

Può, ad esempio, fruire del regime agevolato un docente che, rientrato in Italia nel 2015, abbia svolto attività di docenza negli anni 2011 e 2012 e successivamente abbia svolto un'altra attività di lavoro dipendente.

Il rientro in Italia del docente/ricercatore finalizzato allo svolgimento dell'attività di docenza e ricerca deve essere seguito dall'acquisizione della residenza fiscale italiana. L'**acquisizione della residenza** costituisce una condizione necessaria per beneficiare degli incentivi previsti dal legislatore per il rientro in Italia dei ricercatori residenti all'estero (risposta a interpello 11 ottobre 2018, n. 33).

Misura dell'agevolazione e durata

I redditi di lavoro dipendente e di lavoro autonomo prodotti in Italia per lo svolgimento dell'attività di docenza e ricerca concorrono alla formazione del reddito complessivo nella misura del **10%** e sono **esclusi dal valore della produzione netta ai fini dell'IRAP**.

L'agevolazione si applica a decorrere **dal periodo d'imposta** in cui il docente o il ricercatore diviene **fiscalmente residente** nel territorio dello Stato e nei **5 (3 sino al 2019) periodi di imposta successivi**, sempreché permanga la residenza fiscale in Italia.

> Nel caso in cui, nel suddetto periodo, il docente o il ricercatore **trasferisca la propria residenza all'estero**, il beneficio fiscale **viene meno** a partire dal periodo d'imposta in cui egli risulti non più fiscalmente residente in Italia.

Resta ferma la spettanza delle agevolazioni già fruite in quanto **non sono previste ipotesi di decadenza** con obbligo di restituzione delle imposte non pagate negli anni precedenti in applicazione del regime di favore.

> I benefici sono riconosciuti nel rispetto delle **regole *de minimis*** (art. 8-bis, c. 2, D.L. n. 148/2017).

Redditi agevolabili

Redditi di lavoro dipendente (art. 49, D.P.R. n. 917/1986) e redditi **assimilati** a quelli di lavoro dipendente (art. 50, D.P.R. n. 917/1986), nonché i redditi **di lavoro autonomo** (art. 53, D.P.R. n. 917/1986) (circ. n. 22/E/2004).

> Per la categoria dei redditi di lavoro dipendente l'agevolazione **ai fini IRAP**, non dovuta dal percettore, spetta ai **sostituti d'imposta** che erogano gli emolumenti per l'attività di docenza o ricerca, mentre per i redditi di **lavoro autonomo** l'esenzione, sia ai fini IRPEF sia ai fini IRAP, spetta diret-

IRPEF

tamente ai docenti o ricercatori che svolgono l'attività in qualità di liberi professionisti (circ. 23 maggio 2017, n. 17/E).

L'agevolazione è riferita esclusivamente ai redditi derivanti da rapporti aventi ad oggetto attività di **docenza e ricerca** svolte in Italia e non ad altri eventuali redditi che il lavoratore dipendente o l'esercente arti e professioni consegua in Italia.
Nell'ipotesi in cui, un soggetto con esperienza di docenza o ricerca all'estero sia rientrato o rientri in Italia per svolgere un'**attività non qualificabile come attività di docenza e ricerca**, possono trovare applicazione le altre agevolazioni per il rientro entro il 31 dicembre 2015 (Legge n. 238/2010) o per gli "impatriati" (➔9.6.2.) se il soggetto ha acquisito la residenza fiscale a partire dal 2016 (art. 16, D.Lgs. n. 147/2015).

Nel caso in cui un **docente o ricercatore** trasferisca la propria residenza in Italia per svolgervi la propria attività, ma **continui a svolgere attività di ricerca o docenza anche all'estero**, può fruire dell'agevolazione per i soli redditi di lavoro dipendente o autonomo prodotti in Italia in qualità di docente o ricercatore, mentre deve assoggettare ordinariamente a tassazione in Italia, in quanto soggetto residente, anche i redditi di lavoro dipendente o di lavoro autonomo prodotti all'estero in qualità di docente o ricercatore, tenendo conto, se esistenti, delle norme convenzionali e fruendo del credito d'imposta per le imposte pagate all'estero di cui all'art. 165, D.P.R. n. 917/1986 (circ. 23 maggio 2017, n. 17/E).

I redditi prodotti da un **docente universitario** nello svolgimento dell'attività assistenziale prestata, anche in **regime libero professionale**, nel quadro di una convenzione tra l'Università e l'Azienda Ospedaliero-Universitaria non sono riconducibili all'attività di docenza e ricerca, e, pertanto, **non possono beneficiare** del regime agevolativo sul rientro dei docenti (art. 44, D.L. n. 78/2010). È invece possibile fare ricorso al regime speciale per lavoratori **impatriati** (➔9.6.2.) (art. 16, D.Lgs. n. 147/2015) (ris. 29 novembre 2017, n. 146/E).

Soggetti con figli minorenni

A partire **dal 2020**, l'agevolazione **si applica** nel periodo d'imposta in cui il ricercatore o docente trasferisce la residenza nel territorio dello Stato e nei **7 periodi d'imposta** successivi, sempre che permanga la residenza fiscale in Italia, nel caso di docenti o ricercatori con **un figlio** minorenne o a carico, anche in affido preadottivo e nel caso di docenti e ricercatori che diventino proprietari di almeno un'**unità immobiliare di tipo residenziale in Italia**, successivamente al trasferimento in Italia della o nei 12 mesi precedenti al trasferimento (art. 44, c. 3-ter, D.L. n. 78/2010).
L'unità immobiliare può essere acquistata direttamente dal docente e ricercatore oppure dal coniuge, dal convivente o dai figli, anche in comproprietà.
Per i docenti e ricercatori che abbiano almeno **2 figli** minorenni o a carico, anche in affido preadottivo, l'agevolazione si applica nel periodo d'imposta in cui il ricercatore o docente diviene residente nel territorio dello Stato e nei **10 periodi d'imposta** successivi, sempre che permanga la residenza fiscale nel territorio dello Stato.
Per i docenti o ricercatori che abbiano almeno **3 figli** minorenni o a carico, anche in affido preadottivo, l'agevolazione si applica nel periodo d'imposta in cui il ricercatore o docente diviene residente nel territorio dello Stato e nei **12 periodi d'imposta** successivi, sempre che permanga la residenza fiscale nel territorio dello Stato.

Docenti o ricercatori italiani non iscritti all'AIRE

Se rientrati in Italia a decorrere **dal periodo d'imposta successivo a quello in corso al 31 dicembre 2019** possono accedere ai benefici fiscali purché abbiano avuto la **residenza in un altro Stato** ai sensi di una convenzione contro le doppie imposizioni sui redditi per il periodo di **2 anni** (art. 44, c. 3-quater, D.L. n. 78/2010).
Con riferimento ai periodi d'imposta per i quali siano stati notificati atti impositivi ancora impugnabili ovvero oggetto di **controversie pendenti** in ogni stato e grado del giudizio nonché per i periodi d'imposta per i quali non sono decorsi i termini per l'accertamento, ai docenti e ricercatori italiani non iscritti all'AIRE rientrati in Italia entro il 31 dicembre 2019 spettano i benefici fiscali in base alle regole vigenti al 31 dicembre 2018, purché abbiano avuto la residenza in un altro Stato ai sensi di una convenzione contro le doppie imposizioni sui redditi per il periodo di 2 anni.
Non spetta, in ogni caso, il **rimborso** delle imposte versate in adempimento spontaneo.
Un soggetto, nonostante non sia stato iscritto all'AIRE durante gli anni trascorsi all'estero, può beneficiare del regime fiscale di favore sul rientro dei docenti e ricercatori (art. 44, D.L. n. 78/2010, nella versione vigente al 31 dicembre 2018), a decorrere dall'anno d'imposta 2019 - anno nel quale è rien-

trato fiscalmente in Italia. Ciò, però, nel presupposto che possa dimostrare la residenza all'estero per i 2 anni d'imposta precedenti ai sensi della Convezione contro le doppie imposizioni siglata tra Italia e il Paese nel quale il contribuente ha svolto la sua attività di ricerca/docenza, fermo restando la sussistenza delle ulteriori condizioni previste dalla norma (risposta a interpello 25 giugno 2019, n. 207).

Docenti o ricercatori italiani iscritti all'AIRE

I docenti o ricercatori, che siano stati iscritti all'Anagrafe degli italiani residenti all'estero o che siano cittadini di Stati membri dell'Unione europea, che hanno già trasferito in Italia la residenza prima dell'anno 2020 e che alla data del 31 dicembre 2019 risultano beneficiari degli incentivi fiscali per il rientro in Italia di docenti e ricercatori residenti all'estero (➡9.6.1.) (art. 44, D.L. 31 maggio 2010, n. 78) possono optare per l'applicazione delle disposizioni sul rientro per i soggetti con figli minorenni sopra descritte (art. 44, c. 3-ter D.L. n. 78/2010), previo versamento di (art. 5, c. 5-ter D.L. n. 34/2019):

a. un importo pari al **10%** dei redditi di lavoro dipendente e di lavoro autonomo prodotti in Italia oggetto dell'agevolazione, relativi al periodo d'imposta precedente a quello di esercizio dell'opzione, se il soggetto al momento dell'esercizio dell'opzione ha **almeno un figlio minorenne**, anche in affido preadottivo, o è diventato **proprietario di almeno un'unità immobiliare** di tipo residenziale in Italia, successivamente al trasferimento in Italia o nei 12 mesi precedenti al trasferimento, ovvero ne diviene proprietario entro 18 mesi dalla data di esercizio dell'opzione di cui si discute, pena la restituzione del beneficio addizionale fruito senza l'applicazione di sanzioni. L'unità immobiliare può essere acquistata direttamente dal soggetto oppure dal coniuge, dal convivente o dai figli, anche in comproprietà;

b. un importo pari al **5%** dei redditi di lavoro dipendente e di lavoro autonomo prodotti in Italia oggetto dell'agevolazione, relativi al periodo d'imposta precedente a quello di esercizio dell'opzione, se il soggetto al momento dell'esercizio dell'opzione ha almeno **tre figli minorenni**, anche in affido preadottivo, e diventa o è diventato **proprietario di almeno un'unità immobiliare** di tipo residenziale in Italia, successivamente al trasferimento in Italia o nei 12 mesi precedenti al trasferimento, ovvero ne diviene proprietario entro 18 mesi dalla data di esercizio dell'opzione di cui si discute, pena la restituzione del beneficio addizionale fruito senza l'applicazione di sanzioni. L'unità immobiliare può essere acquistata direttamente dal lavoratore oppure dal coniuge, dal convivente o dai figli, anche in comproprietà.

Le modalità di esercizio dell'opzione sono definite con apposito provvedimento dell'Agenzia delle Entrate.

Tipologia	Misura e durata dell'agevolazione	Requisiti
- Agevolazione riservata a **docenti e ricercatori** che vengono a svolgere la loro attività di docenza e ricerca in Italia. - Solo **lavoratori laureati** - Agevolazione rivolta a **tutti** cittadini e non dell'UE. - È ammesso il lavoro presso **pubbliche amministrazioni** - **Non** ci sono **obblighi di permanenza** in Italia.	Il **reddito imponibile** è pari al **10%** del reddito di lavoro dipendente o autonomo percepito. Agevolazione applicabile per un **massimo di 4 anni (6 anni dal 2020**) decorrenti dall'anno di trasferimento della residenza fiscale in Italia.	- Essere stati **residenti** non occasionali all'**estero**; - avere svolto **attività di docenza** o ricerca all'estero per **2 anni** presso centri di ricerca pubblici o privati o presso università; - **trasferire** la **residenza fiscale** in Italia; - svolgere in Italia attività di docenza e ricerca.

9.6.2. Lavoratori impatriati

A partire dal periodo d'imposta 2019, per chi, a decorrere **dal 30 aprile 2019**, trasferisce la residenza in Italia, i redditi di lavoro dipendente, i redditi assimilati a quelli di lavoro dipendente e i redditi di lavoro autonomo prodotti in Italia da lavoratori che trasferiscono la residenza nel territorio dello Stato (art. 2, D.P.R. n. 917/1986), **concorrono** alla formazione del **reddito** complessivo **limitatamente al 30%** del loro ammontare al ricorrere delle seguenti **condizioni** (art. 16, D.Lgs. n. 147/2015):

a. i lavoratori non sono stati residenti in Italia nei 2 periodi d'imposta precedenti il trasferimento e si impegnano a risiedere in Italia per almeno 2 anni;

b. l'attività lavorativa è prestata prevalentemente nel territorio italiano.

Le categorie di reddito agevolabili possono derivare da **attività di lavoro esercitate contemporaneamente** al momento dell'impatrio o da attività aggiuntive intraprese in momenti successivi all'impatrio (sempreché sia soddisfatto il collegamento sopra richiamato).

Ne consegue che non rileva la circostanza che una delle attività che produce redditi agevolabili sia stata avviata successivamente al trasferimento della residenza, rispetto a quella esercitata al momento dell'impatrio (circ. 28 dicembre 2020, n. 33/E).

Il regime agevolato si applica anche ai **redditi d'impresa** prodotti dai soggetti appositamente identificati dalla norma (art. 16, c. 1 e 2, D.Lgs. n. 147/2015) che avviano un'attività d'impresa in Italia, a partire dal periodo d'imposta successivo a quello in corso al 31 dicembre 2019.

Non sono comunque oggetto di agevolazione i redditi prodotti dalle società di persone commerciali e imputati per trasparenza direttamente a ciascun socio, in proporzione alla propria quota di possesso (art. 5, D.P.R. n. 917/1986).
Parimenti è escluso dal regime agevolato il reddito di impresa prodotto dalle società a responsabilità limitata a "ristretta base proprietaria" i cui soci sono esclusivamente persone fisiche (art. 116, D.P.R. n. 917/1986).
Ne consegue che il reddito di impresa agevolabile è **unicamente** quello dell'**imprenditore individuale**, poiché prodotto dalla persona fisica mediante l'esercizio della propria attività lavorativa in regime di impresa (circ. 28 dicembre 2020, n. 33/E).

Sempre a partire dal periodo d'imposta 2019, per chi, a decorrere dal 30 aprile 2019, trasferisce la residenza in Italia le agevolazioni si applicano per **ulteriori 5 periodi di imposta**:
- ai lavoratori con **almeno un figlio minorenne o a carico**, anche in affido preadottivo;
- nel caso in cui i lavoratori diventino **proprietari di** almeno un'**unità immobiliare** di tipo **residenziale in Italia**, successivamente al trasferimento in Italia o nei 12 mesi precedenti al trasferimento; l'unità immobiliare può essere acquistata direttamente dal lavoratore oppure dal coniuge, dal convivente o dai figli, anche in comproprietà. Per individuare i 12 mesi precedenti si fa riferimento al concetto di anno secondo il calendario comune, inteso come periodo decorrente da un qualsiasi giorno dell'anno e fino al giorno antecedente dell'anno successivo (circ. 28 dicembre 2020, n. 33/E).

In entrambi i casi, i redditi, negli **ulteriori 5 periodi di imposta**, concorrono alla formazione del reddito complessivo limitatamente al **50%** del loro ammontare.
Per i lavoratori che abbiano **almeno 3 figli minorenni** o a carico, anche in affido preadottivo, i redditi, negli **ulteriori 5 periodi di imposta**, concorrono alla formazione del reddito complessivo limitatamente al **10%** del loro ammontare.

CASO 1 - Soggetto impatriato con figlio minorenne o a carico

Se un soggetto impatriato ha un figlio minorenne o a carico (anche in affido preadottivo), il beneficio della detassazione del reddito è prolungato per ulteriori cinque periodi d'imposta.
Analogamente, se l'impatriato ha un figlio minorenne o a carico (anche in affido preadottivo) e acquista un'unità immobiliare di tipo residenziale in Italia, il beneficio della detassazione del reddito è prolungato comunque solo per ulteriori cinque periodi d'imposta.
Il contribuente non può, quindi - in presenza di entrambi i requisiti (uno o più figli e acquisto di un'unità immobiliare) - estendere ulteriormente il perimetro temporale di applicazione dell'agevolazione.

La percentuale è ridotta al 10% per i soggetti che trasferiscono la residenza in una delle seguenti Regioni: Abruzzo, Molise, Campania, Puglia, Basilicata, Calabria, Sardegna, Sicilia.
Per i soggetti che siano stati iscritti all'Anagrafe degli italiani residenti all'estero o che siano cittadini di Stati membri dell'Unione europea, che hanno già trasferito la residenza prima del 30 aprile 2019 e che alla data del 31 dicembre 2019 risultano beneficiari del regime degli impatriati (art. 16, D.Lgs. n. 147/2015), possono optare per l'applicazione delle disposizioni sopra riportate effettuando il versamento in un'unica soluzione (Provv. Agenzia delle Entrate 3 marzo 2021) di:

a. un importo pari al **10%** dei redditi di lavoro dipendente e di lavoro autonomo prodotti in Italia, oggetto dell'agevolazione degli impatriati (art. 16, D.Lgs. n. 147/2015), relativi al periodo d'imposta precedente a quello di esercizio dell'opzione, se il soggetto al momento dell'esercizio dell'opzione ha almeno un figlio minorenne, anche in affido preadottivo, o è diventato proprietario di almeno un'unità immobiliare di tipo residenziale in Italia, successivamente al trasferimento in Italia o nei 12 mesi precedenti al trasferimento, ovvero ne diviene proprietario entro 18 mesi dalla data di effettuazione del versamento, pena la restituzione del beneficio addizionale fruito senza l'applicazione di sanzioni;
b. un importo pari al **5%** dei redditi di lavoro dipendente e di lavoro autonomo prodotti in Italia oggetto dell'agevolazione per gli impatriati, relativi al periodo d'imposta precedente a quello di esercizio

dell'opzione, se il soggetto al momento dell'esercizio dell'opzione ha almeno tre figli minorenni, anche in affido preadottivo, e diventa o è diventato proprietario di almeno un'unità immobiliare di tipo residenziale in Italia, successivamente al trasferimento in Italia o nei 12 mesi precedenti al trasferimento, ovvero ne diviene proprietario entro 18 mesi dalla data di effettuazione del versamento, pena la restituzione del beneficio addizionale fruito senza l'applicazione di sanzioni.

In entrambi i casi, l'unità immobiliare può essere acquistata direttamente dal lavoratore oppure dal coniuge, dal convivente o dai figli, anche in comproprietà.

L'importo è versato entro il 30 giugno dell'anno successivo a quello di conclusione del primo periodo di fruizione dell'agevolazione.

I soggetti per cui tale periodo si è concluso il 31 dicembre 2020, effettuano il versamento entro il **30 agosto 2021**.

Inoltre, ai fini dell'applicazione dei benefici per gli impatriati, i lavoratori dipendenti presentano al datore di lavoro una richiesta scritta entro il 30 giugno dell'anno successivo a quello di conclusione del primo periodo di fruizione dell'agevolazione e, per i lavoratori per cui tale periodo si è concluso il 31 dicembre 2020, entro il 30 agosto 2021.

I sostituti d'imposta, a loro volta, devono operare le ritenute sul 50% (o sul 10%) delle somme e valori imponibili.

Requisiti per accedere all'agevolazione

L'Agenzia delle Entrate si è espressa sui requisiti in numerose circostanze:

- ai fini della fruibilità dell'agevolazione fiscale è del tutto irrilevante il fatto che l'attività lavorativa svolta all'estero sia stata prestata con società appartenenti allo stesso gruppo. È sufficiente che siano autonomi i rapporti contrattuali con il **gruppo multinazionale** (ris. 26 settembre 2018, n. 72/E);
- possono fruire dell'agevolazione i lavoratori dipendenti distaccati che ricoprono, al loro rientro, una **posizione lavorativa** che **non** si pone **in continuità** con la precedente posizione lavorativa assunta in Italia (ris. 5 ottobre 2018, n. 76/E);
- possono beneficiare regime agevolato i soggetti che hanno svolto un'**attività** di lavoro autonomo o di lavoro dipendente **all'estero** per **almeno 2 anni** prima del trasferimento in Italia, e che siano risultati altresì residenti fiscalmente all'estero nel suddetto periodo (risposta a interpello 11 ottobre 2018, n. 32);
- il cittadino straniero dipendente di una società italiana e distaccato all'estero può rientrare in Italia e beneficiare dell'agevolazione qualora la sua **posizione lavorativa** in Italia si ponga **in discontinuità con** la **precedente** posizione lavorativa assunta nello Stato italiano (risposta a interpello 23 ottobre 2018, n. 43);
- per accedere al regime fiscale dei lavoratori impatriati è necessario che il soggetto interessato sia stato residente all'estero per almeno 2 periodi d'imposta antecedenti rispetto a quello di applicazione dell'agevolazione. Il soggetto **non** deve essere stato **iscritto nelle liste anagrafiche** della popolazione residente e **non** deve aver avuto nel territorio dello Stato il **centro principale** dei propri affari e **interessi**, **né** la **dimora abituale** (risposta a interpello 27 dicembre 2018, n. 133);
- i lavoratori impatriati devono avere la residenza all'estero per almeno 2 periodi d'imposta, quale **periodo minimo** sufficiente ad integrare il requisito della **non residenza** nel territorio dello Stato e a consentire, pertanto, l'accesso al regime agevolativo (risposta a interpello 18 luglio 2019, n. 272);
- chi intende rientrare in Italia per svolgere un'attività di lavoro autonomo beneficiando del **regime forfetario** non può avvalersi del regime previsto per i lavoratori c.d. "impatriati", in quanto i redditi prodotti in regime forfetario non partecipano alla formazione del reddito complessivo (risposta a interpello 19 luglio 2019, n. 283);
- il **soggetto distaccato all'estero** che rientra in Italia con una qualifica diversa è ammesso al regime speciale dei lavoratori impatriati, in quanto il suo rientro in Italia si pone in discontinuità con la posizione lavorativa precedente (risposta a interpello 25 novembre 2019, n. 492).

Cittadini italiani non iscritti all'AIRE

A partire dal periodo d'imposta 2019, i soggetti che a decorrere **dal 30 aprile 2019** trasferiscono la residenza in Italia possono accedere ai benefici fiscali purché abbiano avuto la residenza in un altro Stato ai sensi di una convenzione contro le doppie imposizioni sui redditi per il periodo di almeno 2 anni. Con riferimento ai periodi d'imposta per i quali siano stati notificati **atti impositivi ancora impugnabili** ovvero oggetto di **controversie pendenti** in ogni stato e grado del giudizio nonché per i periodi d'imposta per i quali **non sono decorsi i termini per l'accertamento** (art. 43, D.P.R. n. 600/1973), ai cittadini italiani non iscritti all'AIRE rientrati in Italia entro il 31 dicembre 2019 spettano i benefici fiscali in base alle vecchie regole vigenti al 31 dicembre 2018 purché abbiano avuto la residenza in un altro Stato ai sensi di una convenzione contro le doppie imposizioni sui redditi per il periodo di 2 anni.

La disposizione di cui sopra non ha inteso modificare il periodo di possesso del requisito della residenza all'estero, che nel caso dei soggetti impatriati è pari almeno a due periodi di imposta, bensì consentire di dimostrarne il possesso sulla base degli **elementi probatori di natura sostanziale**, che consentano, ai sensi delle Convenzioni contro le doppie imposizioni, di superare il requisito formale della mancata iscrizione all'AIRE, o della iscrizione per un periodo insufficiente (circ. 28 dicembre 2020, n. 33/E).

Non si fa luogo, in ogni caso, al **rimborso** delle imposte versate in adempimento spontaneo.
La *ratio* della norma è volta a valorizzare, per i soggetti che non risultano iscritti all'AIRE, la possibilità di comprovare il periodo di residenza all'estero sulla base delle Convenzioni contro le doppie imposizioni, pertanto, la stessa può trovare applicazione anche per i contribuenti che trasferiscono la residenza fiscale in Italia già nel 2019 (risposta a interpello 25 giugno 2019, n. 204).

Ambito temporale

I contribuenti che hanno trasferito la residenza fiscale in Italia a partire dal 30 aprile 2019 possono beneficiare del regime agevolativo in questione, secondo le disposizioni in vigore dal 1° maggio 2019 (circ. 28 dicembre 2020, n. 33/E):
- a partire dal **periodo di imposta 2019**, laddove abbiano trasferito la residenza fiscale in Italia a partire dal 30 aprile ed entro il 2 luglio 2019; ovvero
- dal **periodo di imposta 2020**, laddove abbiano trasferito la residenza fiscale in Italia a decorrere dal 3 luglio 2019.

CASO 2 - Soggetto impatriato: applicazione dell'agevolazione nei diversi ambiti temporali
Un soggetto che ha trasferito la residenza fiscale in Italia:
- il 5 febbraio 2019, può beneficiare del regime agevolato nella versione in vigore fino al 30 aprile 2019 (con detassazione del reddito nella misura del 50% per tutto il quinquennio);
- il 5 maggio 2019, può beneficiare del regime agevolato nella versione in vigore dal 1° maggio 2019 (con detassazione del reddito nella misura del 70% per tutto il quinquennio), a decorrere dal periodo di imposta 2019;
- il 5 luglio 2019, può beneficiare del regime agevolato nella versione in vigore dal 1° maggio 2019 (con detassazione del reddito nella misura del 70% per tutto il quinquennio), a decorrere dal periodo di imposta 2020.

Opzione per i "contro esodati"

Il reddito concorre alla formazione del reddito complessivo limitatamente al **50%** per i periodi d'imposta **dal 2017 al 2020**, anche per i lavoratori dipendenti che nell'anno 2016 hanno trasferito la residenza nel territorio dello Stato e ai soggetti che nel medesimo anno 2016 hanno esercitato l'opzione (art. 16, c. 4, D.Lgs. n. 147/2015; Provv. 29 marzo 2016; Provv. 31 marzo 2017).
Pertanto, i soggetti beneficiari dell'agevolazione per i "contro esodati" (art. 2, c. 1, Legge n. 238/2010) che si sono trasferiti in Italia entro il 31 dicembre 2015 applicano, per il periodo d'imposta in corso al 31 dicembre 2016 e per quello successivo, le regole previste per i "contro esodati" nei limiti e alle condizioni sopra indicati; in alternativa possono optare per il **regime agevolativo dei lavoratori impatriati**.
Tale norma si interpreta nel senso che i soggetti che hanno optato, per il regime agevolativo previsto per i lavoratori impatriati, **decadono dal beneficio fiscale** laddove la **residenza** in Italia non sia mantenuta per almeno 2 anni. In tal caso, si provvede al recupero dei benefici già fruiti, con applicazione delle relative **sanzioni e interessi** (art. 4, c. 7-bis, D.L. n. 50/2017).
In deroga a quanto detto sopra, l'opzione esercitata ha prodotto effetti per il quadriennio 2017-2020. Per il periodo d'imposta 2016 sono rimaste applicabili le disposizioni sui contro esodati di cui alla Legge n. 238/2010 (art. 8-bis, c. 1, D.L. n. 148/2017).
In definitiva, l'opzione per il regime fiscale agevolativo per il rientro dei lavoratori di cui si discute, esercitabile da parte dei soggetti che sono rientrati in Italia entro la data del 31 dicembre 2015 e a cui si applicherebbe il regime antecedente (di cui alla Legge n. 238/2010), ha effetto **limitatamente al triennio 2017-2020** e **non anche per il periodo d'imposta 2016**, nel quale si applica la precedente disciplina.

Decadenza

Il beneficiario decade dall'agevolazione se non mantiene la **residenza in Italia per almeno 2 anni**. In tal caso si provvede al recupero dei benefici già fruiti, con applicazione dei relativi sanzioni e interessi.

Modalità operative

Per beneficiare del regime agevolativo, il lavoratore deve presentare una **richiesta scritta al datore di lavoro**, il quale applica il beneficio dal periodo di paga successivo alla richiesta e, in sede di conguaglio, dalla data dell'assunzione, mediante applicazione delle ritenute sull'imponibile ridotto alla percentuale di reddito tassabile.

Nelle ipotesi in cui il datore di lavoro non abbia potuto riconoscere l'agevolazione, il contribuente può fruirne, in presenza dei requisiti previsti dalla legge, **direttamente nella dichiarazione dei redditi**. In tale caso il reddito di lavoro dipendente va indicato già nella misura ridotta.

I **lavoratori autonomi**, invece, possono accedere al regime fiscale agevolato direttamente in sede di presentazione della dichiarazione dei redditi o, in alternativa, fruirne in sede di applicazione della ritenuta d'acconto operata dal committente sui compensi percepiti.

Il professionista è tenuto, in tale ultimo caso, a presentare a ciascun committente una richiesta scritta, così che il committente, all'atto del pagamento del corrispettivo, opera la ritenuta del 20% sull'imponibile ridotto alla percentuale di reddito tassabile.

Regime agevolato per gli sportivi

Per i rapporti con sportivi professionisti (Legge 23 marzo 1981, n. 91), ferme restando le condizioni per i soggetti impatriati (art. 16, D.Lgs. n. 147/2015) sopra indicate, i redditi di lavoro dipendente, i redditi assimilati a quelli di lavoro dipendente e i redditi di lavoro autonomo concorrono alla formazione del reddito complessivo **limitatamente al 50%** del loro ammontare (art. 5, c. 5-quater, D.L. n. 34/2019).

Per gli sportivi impatriati sono **escluse** le seguenti **maggiorazioni**:

- quella disposta per i lavoratori impatriati che trasferiscono la residenza nel Mezzogiorno (Abruzzo, Molise, Campania, Puglia, Basilicata, Calabria, Sardegna, Sicilia);
- quella spettante nel caso di almeno 3 figli minorenni a carico.

L'applicazione del regime fiscale degli sportivi professionisti impatriati è **subordinata** all'applicazione di un **contributo** pari allo **0,5% dell'imponibile,** da versare utilizzando il codice tributo **1900** (ris. 10 marzo 2021, n. 17/E).

Estensione a chi ha trasferito la residenza prima del 2020

La Legge di bilancio 2021 (art. 1, c. 50, Legge n. 178/2020) ha **esteso** l'agevolazione ai soggetti diversi da quelli che hanno trasferito la residenza in Italia dal 30 aprile 2019 al 2 luglio 2019 a cui spettano le agevolazioni fiscali (abbattimento del 70% nel primo quinquennio e, alle condizioni previste, del 50% nel secondo quinquennio) a decorrere dall'anno 2019.

Pertanto, la disposizione riguarda i soggetti che si sono **trasferiti in Italia dopo il 2 luglio 2019 e prima del 1° gennaio 2020**.

Tali contribuenti, a condizione che siano stati iscritti all'Anagrafe degli italiani residenti all'estero ovvero siano cittadini UE, e purché abbiano trasferito la residenza prima dell'anno 2020 e alla data del 31 dicembre 2019 risultano beneficiari del regime degli impatriati, possono fruire, per un ulteriore quinquennio, dell'**abbattimento del 50% del reddito** di specie prodotto, previo **versamento** di:

- un importo pari al **10% dei redditi di lavoro dipendente e di lavoro autonomo prodotti in Italia**, oggetto della detassazione per i lavoratori impatriati, relativi al periodo d'imposta precedente a quello di esercizio dell'opzione, se il soggetto al momento dell'esercizio dell'opzione ha almeno un figlio minorenne, anche in affido preadottivo, o è diventato proprietario di almeno un'unità immobiliare di tipo residenziale in Italia, successivamente al trasferimento in Italia o nei 12 mesi precedenti al trasferimento, ovvero ne diviene proprietario entro 18 mesi dalla data di esercizio dell'opzione, pena la restituzione del beneficio addizionale fruito senza l'applicazione di sanzioni. L'unità immobiliare può essere acquistata direttamente dal lavoratore oppure dal coniuge, dal convivente o dai figli, anche in comproprietà;
- un importo pari al **5% dei redditi di lavoro dipendente e di lavoro autonomo prodotti in Italia e detassati**, relativi al periodo d'imposta precedente a quello di esercizio dell'opzione, se il soggetto al momento dell'esercizio dell'opzione ha almeno tre figli minorenni, anche in affido preadottivo, e diventa o è diventato proprietario di almeno un'unità immobiliare di tipo residenziale in Italia, successivamente al trasferimento in Italia o nei 12 mesi precedenti al trasferimento, ovvero ne diviene proprietario entro 18 mesi dalla data di esercizio dell'opzione, pena la restituzione del

beneficio addizionale fruito senza l'applicazione di sanzioni. L'unità immobiliare può essere acquistata direttamente dal lavoratore oppure dal coniuge, dal convivente o dai figli, anche in comproprietà.

Sono esclusi dall'agevolazione gli **sportivi professionisti**.

Tipologia	Misura e durata dell'agevolazione	Requisiti
Art. 16, c. 1, D.Lgs. n. 147/2015		
- Agevolazione rivolta a **tutti i soggetti**, cittadini e non dell'UE che trasferiscono in Italia la residenza fiscale. - Anche **lavoratori non laureati**. - Non è ammesso il lavoro presso **pubbliche amministrazioni**. - **Decadono** se spostano la residenza prima di 2 anni dal rientro.	Il **reddito imponibile** è pari al 30% a partire dall'anno di imposta 2019 (70% per il 2016 e 50% per il 2017 e 2018). Il **regime agevolato** si applica anche ai redditi d'impresa prodotti dai soggetti appositamente identificati dalla norma che avviano un'attività d'impresa in Italia, a partire dal periodo d'imposta successivo a quello in corso al 31 dicembre 2019. Agevolazione applicabile per un massimo di 5 anni decorrenti dall'anno di trasferimento della residenza fiscale in Italia.	A partire dal periodo d'imposta 2019, con **residenza trasferita** in Italia a decorrere **dal 30 aprile 2019**: - impegnarsi a risiedere in Italia per almeno 2 anni; - prestare l'attività lavorativa prevalentemente nel territorio italiano; - se dipendenti, lavorare presso un'impresa residente, anche in forza di distacco da impresa estera e rivestire ruoli direttivi o essere in possesso di requisiti di elevata qualificazione o specializzazione.
Art. 16, c. 2, D.Lgs. n. 147/2015		
- Agevolazione rivolta, **per il 2016**, solo ai cittadini UE e a partire **dal 2017** anche ai cittadini di Stati extra UE con i quali sia in vigore una convenzione contro le doppie imposizioni o un accordo sullo scambio di informazioni fiscali. - Solo **lavoratori laureati**. - È ammesso il lavoro presso **pubbliche amministrazioni**. - **Decadono** se spostano la residenza prima di 2 anni dal rientro.	Il **reddito imponibile** è pari al 70% per l'anno di imposta 2016 e al 50% a partire dall'anno di imposta 2017. Per l'anno 2016 è agevolabile solo il reddito di lavoro dipendente. A partire dall'anno 2017 è agevolabile il reddito di lavoro dipendente e autonomo. Agevolazione applicabile per un massimo di 5 anni decorrenti dall'anno di trasferimento della residenza fiscale in Italia.	- Essere laureati e aver svolto attività di lavoro dipendente, autonomo o di impresa all'estero per 24 mesi; - avere studiato all'estero per 24 mesi e aver conseguito un titolo accademico; - trasferire la residenza fiscale in Italia ai sensi dell'art. 2 del TUIR; - impegnarsi a permanere in Italia per 2 anni.
Art. 16, c. 4, D.Lgs. n. 147/2015		
- Agevolazione riservata ai soggetti aventi i **requisiti** della Legge n. 238/2010 che si sono **trasferiti** in Italia **entro il 31 dicembre 2015**. - **Laureati** che hanno lavorato all'estero o **studenti** che hanno conseguito all'estero un titolo accademico o una specializzazione post laurea.	In alternativa alla fruizione dell'agevolazione prevista dalla Legge n. 238/2010 (base imponibile del 20% o del 30%) possono optare per l'applicazione dell'agevolazione prevista dall'art. 16, D.Lgs. n. 147/2015 per 5 anni, dal 2017 al 2020.	Stessi requisiti della Legge n. 238/2010: - esercitare l'opzione per il passaggio al nuovo regime impatriati; - avere risieduto per 24 mesi in Italia prima dell'espatrio;

Tipologia	Misura e durata dell'agevolazione	Requisiti
		- essere laureati e avere svolto attività di lavoro dipendente, autonomo o di impresa all'estro per 24 mesi; - avere studiato all'estero per 24 mesi e aver conseguito un titolo accademico; - trasferire la residenza anagrafica in Italia entro 3 mesi dall'assunzione o dall'avvio dell'attività.

9.6.3. Fruizione del beneficio da parte dei lavoratori dipendenti

Per beneficiare dei regimi agevolativi esaminati (➔9.6.1.) (➔9.6.2.), i docenti e ricercatori, i lavoratori impatriati, titolari di reddito di lavoro dipendente, devono presentare una **richiesta scritta al datore di lavoro** (➔9.6.5.) (autocertificazione resa ai sensi del D.P.R. n. 445/2000).

Il datore di lavoro applica il beneficio **dal periodo di paga successivo alla richiesta** e, in sede di conguaglio, dalla data dell'assunzione, mediante applicazione delle ritenute sull'imponibile ridotto alla percentuale di reddito tassabile prevista dal regime agevolativo per il quale il lavoratore ha presentato la richiesta scritta, al quale saranno commisurate le relative detrazioni.

La richiesta deve essere presentata **all'attuale datore** di lavoro anche in caso di seconda o ulteriore assunzione (rispetto a quella per cui il lavoratore è rientrato).

Se il datore di lavoro non ha potuto riconoscere l'agevolazione, il contribuente può fruirne, in presenza dei requisiti previsti dalla legge, **direttamente nella dichiarazione dei redditi**. In tale caso il reddito di lavoro dipendente va indicato già nella misura ridotta.

9.6.4. Fruizione del beneficio da parte dei lavoratori autonomi

I lavoratori autonomi, docenti e ricercatori (➔9.6.1.) e lavoratori impatriati (➔9.6.2.) possono accedere al regime fiscale di favore prescelto, in alternativa:

- direttamente in sede di **presentazione della dichiarazione dei redditi**;
- in sede di **applicazione della ritenuta d'acconto** operata dal committente (art. 25, D.P.R. n. 600/1973), sui compensi percepiti.

In tal caso, analogamente a quanto previsto per i lavoratori dipendenti, i lavoratori autonomi devono presentare una **richiesta scritta ai propri committenti** (➔9.6.5.) (autocertificazione resa ai sensi del D.P.R. n. 445/2000).

Il committente all'atto del pagamento del corrispettivo opera la **ritenuta del 20%** (art. 25, D.P.R. n. 600/1973) sull'imponibile **ridotto alla percentuale di reddito tassabile** prevista dal regime agevolativo per il quale il lavoratore ha presentato la richiesta scritta.

9.6.5. Autocertificazione

Tipo di soggetto	Contenuto autocertificazione
Lavoratore dipendente	- generalità (nome, cognome e data di nascita); - codice fiscale; - indicazione della **data di rientro in Italia** e della **prima assunzione in Italia** (in caso di assunzioni successive o più rapporti di lavoro dipendente); - dichiarazione di possedere i requisiti previsti dai regimi agevolativi di cui si chiede l'applicazione; - indicazione dell'attuale residenza in Italia; - impegno a comunicare tempestivamente ogni variazione della residenza prima del decorso del periodo minimo previsto dalla norma della quale si chiede la fruizione; - dichiarazione di **non beneficiare contemporaneamente** degli **incentivi fiscali** previsti dall'art. 44, D.L. n. 78/2010, dalla Legge n. 238/2010, dall'art. 16, D.Lgs. n. 147/2015 e dall'art. 24-bis, D.P.R. n. 917/1986 (➔9.6.6.) (divieto di cumulo).

Tipo di soggetto	Contenuto autocertificazione
Lavoratore autonomo	- generalità (nome, cognome e data di nascita); - codice fiscale; - indicazione della data di rientro in Italia; - dichiarazione di possedere i requisiti previsti dal regime agevolativo di cui si chiede l'applicazione; - indicazione dell'attuale residenza in Italia; - dichiarazione di **non beneficiare contemporaneamente** degli **incentivi fiscali** previsti dall'art. 44, D.L. n. 78/2010, dalla Legge n. 238/2010, dall'art. 16, D.Lgs. n. 147/2015 e dall'art. 24-bis, D.P.R. n. 917/1986 (➔**9.6.6.**) (divieto di cumulo).

Regime fiscale agevolato per chi si trasferisce in Italia 9.6.6.

Le **persone fisiche**, che trasferiscono la propria residenza in Italia, possono optare per l'assoggettamento ad un'**imposta sostitutiva dei redditi prodotti all'estero** individuati secondo i criteri stabiliti per il credito d'imposta per le imposte all'estero (➔**33.1.**) (art. 165, c. 2, D.P.R. n. 917/1986), a condizione che non siano state fiscalmente residenti in Italia, per un tempo almeno pari a **9 periodi d'imposta** nel corso dei **10 precedenti** l'inizio del periodo di validità dell'opzione (art. 24-bis, D.P.R. n. 917/1986). I soggetti in possesso di queste caratteristiche possono optare per il regime, purché la residenza in Italia sia cronologicamente circoscritta **a un solo periodo d'imposta nei 10 complessivi** che precedono quello di validità dell'opzione.

L'opzione può essere validamente esercitata anche da coloro che sono già residenti in Italia **per un periodo d'imposta**; naturalmente in tale ipotesi, ai fini della verifica del presupposto di residenza all'estero nel periodo di osservazione stabilito dalla norma, è computato anche il periodo d'imposta nel quale si è avuta la residenza fiscale in Italia (circ. 23 maggio 2017, n. 17/E).

Familiari

È possibile, nel corso del periodo di validità dell'opzione, di estenderne l'efficacia anche a favore di **uno o più dei suoi familiari**.
Si tratta, in particolare, delle persone tenute all'obbligo degli alimenti elencate nell'art. 433 c.c., ossia il coniuge (nonché la persona con cui è stata stipulata un'**unione civile**, ai sensi della Legge n. 76/2016), i figli o, in mancanza, i discendenti più prossimi, i genitori o, in mancanza, gli ascendenti più prossimi, i generi e le nuore, il suocero e la suocera, i fratelli e le sorelle.
È necessario, però, che i familiari:
- **trasferiscano** la loro **residenza fiscale** in Italia;
- **non siano stati residenti** fiscalmente nel territorio dello Stato per almeno 9 dei 10 periodi d'imposta antecedenti a quello di validità dell'opzione.

È consentito estendere l'applicazione del regime ai membri della famiglia eleggibili anche in **momenti cronologicamente distinti**. In altri termini, ciascun membro della famiglia potrebbe accedere al regime in un periodo diverso rispetto a quello del contribuente principale perché, ad esempio, il suo trasferimento in Italia è avvenuto in un momento successivo (circ. 23 maggio 2017, n. 17/E).

Imposta sostitutiva

Per effetto dell'esercizio dell'**opzione**, relativamente ai redditi prodotti all'estero è dovuta un'**imposta sostitutiva dell'IRPEF** calcolata in via **forfetaria**, a prescindere dall'importo dei redditi percepiti, nella misura di **100.000 euro** per ciascun periodo d'imposta in cui è valida la predetta opzione.
Tale importo è ridotto a **25.000 euro** per ciascun periodo d'imposta per ciascuno dei **familiari**.
L'imposta sostitutiva **non si applica** alle **plusvalenze** realizzate mediante cessione a titolo oneroso di **partecipazioni qualificate** (➔**15.3.**) (art. 67, c. 1, lett. c), D.P.R. n. 917/1986), realizzati **nei primi 5 periodi d'imposta** di validità dell'opzione, che rimangono soggetti al regime ordinario di imposizione (art. 68, c. 3, D.P.R. n. 917/1986). Si ricorda che tale norma è abrogata in relazione ai redditi di capitale percepiti a partire dal 1° gennaio 2018 e ai redditi diversi realizzati a decorrere dal 1° gennaio 2019 (art. 1, c. 1005, Legge n. 205/2017).
L'imposta è versata in un'unica soluzione entro la data prevista per il versamento del **saldo delle imposte sui redditi**.
Per il versamento, da effettuare con Mod. F24 Elide, va utilizzato il **codice tributo** - **NRPP** denominato "Imposta sostitutiva dell'IRPEF - NUOVI RESIDENTI - art. 24-bis, c. 2, del TUIR" (ris. 11 giugno 2018, n. 44/E).

L'imposta **non è deducibile** da nessun'altra imposta o contributo.

Opzione

L'opzione deve essere esercitata dopo aver ottenuto risposta favorevole a specifica istanza di **interpello** presentata all'Agenzia delle Entrate (art. 11, c. 1, lett. b), Legge n. 212/2000), entro il termine per la presentazione della dichiarazione relativa al periodo d'imposta in cui viene trasferita la residenza in Italia ed è efficace a decorrere da tale periodo d'imposta (Provv. 8 marzo 2017).
Le persone fisiche interessate alla norma indicano nell'opzione la **giurisdizione** o le **giurisdizioni** in cui hanno avuto l'ultima residenza fiscale prima dell'esercizio di validità dell'opzione.
L'Agenzia delle Entrate trasmette tali informazioni, attraverso gli idonei strumenti di cooperazione amministrativa, alle autorità fiscali delle giurisdizioni indicate come luogo di ultima residenza fiscale prima dell'esercizio di validità dell'opzione.

> L'opzione è **revocabile** e comunque **cessa** di produrre effetti **decorsi 15 anni** dal primo periodo d'imposta di validità dell'opzione.

Gli effetti dell'opzione cessano in ogni caso in ipotesi di **omesso o parziale versamento**, in tutto o in parte, **dell'imposta sostitutiva** nella misura e nei termini previsti.
Sono fatti salvi gli effetti prodotti nei periodi d'imposta precedenti.
La revoca o la decadenza dal regime precludono l'esercizio di una nuova opzione.
Le persone fisiche di cui si discute, per sé o per uno o più dei familiari, possono manifestare la facoltà di **non avvalersi** dell'applicazione dell'imposta sostitutiva con riferimento ai **redditi prodotti in uno o più Stati o territori esteri**, dandone specifica **indicazione in sede di esercizio dell'opzione** ovvero con successiva modifica della stessa.
Soltanto in tal caso, per i redditi prodotti nei suddetti Stati o territori esteri si applica il regime ordinario e compete il credito d'imposta per i redditi prodotti all'estero.
Su richiesta del soggetto che esercita l'opzione, essa può essere estesa nel corso di tutto il periodo dell'opzione a uno o più dei familiari di cui all'art. 433 c.c., purché soddisfino le condizioni di cui si è detto sopra.
In tal caso, il soggetto che esercita l'opzione indica la giurisdizione o le giurisdizioni in cui i familiari cui si estende il regime avevano l'ultima residenza prima dell'esercizio di validità dell'opzione.
L'**estensione dell'opzione** può essere **revocata in relazione a uno o più familiari**.
La **revoca dell'opzione** o la **decadenza** dal regime del soggetto che esercita l'opzione **si estende anche ai familiari**.
La decadenza dal regime di uno o più dei familiari per omesso o parziale versamento dell'imposta sostitutiva loro riferita non comporta decadenza dal regime per le persone fisiche.

Interpello	
Contenuto	a) i **dati anagrafici** e, se già attribuito, il **codice fiscale** nonché, se già residente, il relativo indirizzo di residenza in Italia; b) lo ***status* di non residente** in Italia per un tempo almeno pari a 9 periodi di imposta nel corso dei 10 precedenti l'inizio di validità dell'opzione; c) la **giurisdizione** o le giurisdizioni in cui ha avuto l'**ultima residenza fiscale** prima dell'esercizio di validità dell'opzione; d) gli **Stati o territori esteri** per i quali intende **esercitare la facoltà** di non avvalersi dell'applicazione dell'imposta sostitutiva; e) sussistenza degli elementi necessari per il riscontro delle condizioni per l'accesso al regime dell'imposta sostitutiva sui redditi prodotti all'estero, compilando l'apposita ***check list*** allegata al provvedimento 8 marzo 2017 e presentando la relativa documentazione a supporto, ove rilevante.
Modalità di presentazione	Va presentata alla Direzione Centrale Accertamento mediante: - consegna a mano; - spedizione a mezzo plico raccomandato con avviso di ricevimento; - presentazione per via telematica l'invio di una posta elettronica certificata alla casella dc.acc.nuoviresidenti@pec.agenziaentrate.it. Per i soggetti non residenti senza domiciliatario nel territorio dello Stato, l'istanza di interpello può essere trasmessa alla casella di **posta elettronica ordinaria** dc.acc. upacc@agenziaentrate.it
Firma	L'istanza deve essere sottoscritta con **firma autografa**, ovvero, nei casi in cui il documento sia trasmesso via posta elettronica certificata, con **firma digitale.**

Tipologia	Misura e durata dell'agevolazione	Requisiti
Opzione per l'imposta sostitutiva sui redditi prodotti all'estero realizzati da persone fisiche che trasferiscono la propria residenza fiscale in Italia.	Regime di imposta sostitutiva, pari a 100.000 euro annui sui redditi prodotti all'estero dal soggetto residente (l'imposta sostitutiva è di 25.000 euro annui per i familiari). Il regime, cui si accede tramite esercizio di apposita opzione in dichiarazione, ha una durata massima di 15 anni.	- Trasferimento di residenza fiscale in Italia; - residenza all'estero per un tempo almeno pari a 9 periodi d'imposta nel corso dei 10 precedenti quello di inizio di validità dell'opzione.

Regime fiscale agevolato per i pensionati chi si trasferiscono nel Sud Italia 9.6.7.

Le persone fisiche, titolari dei **redditi da pensione** (art. 49, c. 2, lett. a) D.P.R. n. 917/1986) erogati da soggetti esteri, che trasferiscono in Italia la propria residenza fiscale (➜1.2.) (art. 2, c. 2, D.P.R. n. 917/1986) in uno dei Comuni appartenenti al territorio delle Regioni **Sicilia**, **Calabria**, **Sardegna**, **Campania**, **Basilicata**, **Abruzzo**, **Molise** e **Puglia**, con popolazione non superiore a 20.000 abitanti, possono optare per l'assoggettamento dei redditi di qualunque categoria, prodotti all'estero, a un'imposta sostitutiva, calcolata in via forfettaria, con **aliquota del 7%** per ciascuno dei periodi di imposta di validità dell'opzione (art. 24-ter, D.P.R. n. 917/1986; Provv. 31 maggio 2019; circ. 17 luglio 2020, n. 21/E).

Nel dettaglio, sono interessati all'agevolazione i soggetti destinatari di **trattamenti pensionistici** di ogni genere e di assegni ad essi equiparati erogati esclusivamente **da soggetti esteri**.

Sono, invece, esclusi i soggetti non residenti che percepiscono redditi erogati da un istituto di previdenza residente in Italia (risposta a interpello 24 novembre 2020, n. 559).

> Ai fini dell'individuazione dei predetti Comuni, si considera il dato della popolazione residente risultante dalla "Rilevazione comunale annuale del movimento e calcolo della popolazione", pubblicata sul sito dell'Istituto Nazionale di Statistica (ISTAT), riferito **al 1° gennaio dell'anno precedente** a quello in cui avviene il trasferimento della residenza fiscale in Italia (circ. 17 luglio 2020, n. 21/E).

Condizione

Per poter esercitare l'opzione le persone fisiche non devono essere state fiscalmente residenti in Italia nei **9 periodi d'imposta** precedenti a quello in cui l'opzione diviene efficace.

Possono esercitare l'opzione le persone fisiche che trasferiscono la residenza da Paesi con i quali sono in vigore **accordi di cooperazione amministrativa**.

Esercizio dell'opzione

L'opzione:

- è **esercitata** nella **dichiarazione** dei redditi relativa al **periodo d'imposta** in cui viene **trasferita la residenza** in Italia ed è efficace a decorrere da tale periodo d'imposta;
- è **valida** per i primi **5 periodi d'imposta** successivi a quello in cui diviene efficace;
- ha **validità** per **tutta la durata del regime**, salvo che non intervenga un'ipotesi di cessazione degli effetti, di revoca dell'opzione o di decadenza dal regime;
- è **revocabile** dal contribuente. Nel caso di revoca da parte del contribuente sono fatti salvi gli effetti prodotti nei periodi d'imposta precedenti.

Nella **dichiarazione dei redditi** il contribuente deve indicare:

a. lo status di non residente in Italia per un tempo almeno pari a 5 periodi di imposta precedenti l'inizio di validità dell'opzione;
b. la giurisdizione o le giurisdizioni in cui ha avuto l'ultima residenza fiscale prima dell'esercizio di validità dell'opzione tra quelle in cui sono in vigore accordi di cooperazione amministrativa nel settore fiscale;
c. gli Stati o territori esteri per i quali intende esercitare la facoltà di non avvalersi dell'applicazione dell'imposta sostitutiva;
d. lo Stato di residenza del soggetto estero erogante i redditi;
e. l'ammontare dei redditi di fonte estera da assoggettare all'imposta sostitutiva.

Occorre indicare la giurisdizione o le giurisdizioni in cui hanno avuto l'**ultima residenza fiscale** prima dell'esercizio di validità dell'opzione.
L'Agenzia delle Entrate trasmette tali informazioni, attraverso gli idonei strumenti di cooperazione amministrativa, alle autorità fiscali delle giurisdizioni indicate come luogo di ultima residenza fiscale prima dell'esercizio di validità dell'opzione.

L'**opzione è valida** sia se esercitata con la dichiarazione annuale presentata nei termini ordinari, sia se esercitata con la dichiarazione tardiva e o integrativa/sostitutiva presentata entro 90 giorni dalla scadenza del termine ordinario, fatta salva in tale evenienza l'applicazione delle sanzioni amministrative per il ritardo (c.d. "**dichiarazioni tardive**") (circ. 17 luglio 2020, n. 21/E).

Cessazione degli effetti dell'opzione

Gli effetti dell'opzione non si producono laddove sia accertata l'insussistenza dei requisiti previsti dalla norma, ovvero cessano al venir meno dei medesimi requisiti.
Gli effetti dell'opzione cessano anche in caso di **omesso o parziale versamento dell'imposta sostitutiva** nella misura e nel termine previsti, salvo che il versamento dell'imposta sostitutiva venga effettuato entro la data di scadenza del pagamento del saldo relativo al periodo d'imposta successivo a quello a cui l'omissione si riferisce.
Resta fermo il pagamento delle **sanzioni** (**30%** dell'imposta omessa) e degli interessi.

La revoca o la decadenza dal regime precludono l'esercizio di una nuova opzione.

Imposta sostitutiva

Si applica nella misura del **7%** per ciascuno dei periodi di imposta di validità dell'opzione.
Va versata in **unica soluzione** entro il termine previsto per il versamento del saldo delle imposte sui redditi utilizzando il **codice tributo 1899** denominato "Imposta sostitutiva dell'IRPEF - PENSIONATI ESTERI NUOVI RESIDENTI - art. 24-ter del TUIR" (ris. 21 aprile 2020, n. 19/E).
Per l'accertamento, la riscossione, il contenzioso e le sanzioni si applicano, in quanto compatibili, le disposizioni previste per l'imposta sui redditi.
L'imposta **non è deducibile** da nessun'altra imposta o contributo.

Disapplicazione parziale

È possibile manifestare la facoltà di non avvalersi dell'applicazione dell'imposta sostitutiva con riferimento ai redditi prodotti in uno o più Stati o territori esteri, dandone specifica **indicazione** in sede di **esercizio dell'opzione** ovvero con successiva modifica della stessa.
Soltanto in tal caso, per i redditi prodotti in Stati o territori esteri si applica il regime ordinario e compete il credito d'imposta per i redditi prodotti all'estero (➡33.1.) (art. 165, D.P.R. n. 917/1986).
Ai fini dell'individuazione dello Stato o territorio estero in cui sono prodotti i redditi si applicano i medesimi criteri previsti per i non residenti (art. 23, D.P.R. n. 917/1986).

Esonero dal monitoraggio fiscale

I soggetti che esercitano l'opzione per la tassazione sostitutiva, per i periodi d'imposta di validità dell'opzione ivi prevista, **non** sono **tenuti** alla **compilazione** del **Quadro RW** (art. 4, D.L. n. 167/1990) e sono **esenti dall'IVIE e dall'IVAFE** (art. 19, c. 13 e 18, D.L. n. 201/2011).

L'esenzione dall'obbligo di monitoraggio e dal pagamento di IVIE e di IVAFE riguarda **solo** le giurisdizioni comprese nell'opzione. Pertanto, se il beneficiario manifesta la facoltà di non avvalersi dell'imposta sostitutiva per i redditi prodotti in determinati Stati o territori, in relazione ai redditi, o alle attività finanziarie detenute in tali Stati, sarà tenuto agli adempimenti previsti dalle normative sopra richiamate e a versare le imposte ordinariamente dovute (circ. 17 luglio 2020, n. 21/E).

9.7. SCAMBIO DI INFORMAZIONI

Lo scambio di informazioni tra i vari Stati membri dell'UE ha ad oggetto i ***ruling* preventivi transfrontalieri** e gli **accordi preventivi sui prezzi di trasferimento**, fatta eccezione per i *ruling* che riguardano esclusivamente la situazione fiscale di una o più persone fisiche (D.Lgs. 15 marzo 2017, n. 32).
Esiste inoltre la possibilità, per i servizi di collegamento, di inviare e richiedere informazioni supplementari (incluso il testo integrale dell'accordo preventivo sui prezzi di trasferimento e in ordine al *ruling* preventivo transfrontaliero).
Non è previsto lo scambio di informazioni in questione nel caso in cui il *ruling* preventivo sia relativo soltanto alla **situazione fiscale di una ovvero più persone fisiche**.

CAMPIONE D'ITALIA 9.8.

Regime fiscale agevolato per i redditi percepiti da soggetti residenti 9.8.1.

I redditi percepiti dai soggetti residenti nel Comune di Campione d'Italia godono di una particolare disciplina ai fini fiscali (art. 188-bis, D.P.R. n. 917/1986):

- i **redditi**, diversi da quelli d'impresa, delle **persone fisiche** iscritte nei registri anagrafici del Comune di Campione d'Italia, nonché i **redditi di lavoro autonomo** di professionisti e con studi nel Comune di Campione d'Italia, prodotti in franchi svizzeri nel territorio dello stesso Comune, e/o in Svizzera, sono **computati in euro** sulla base del **cambio del giorno** in cui **sono stati percepiti** o del giorno antecedente più prossimo e, in mancanza, secondo il cambio del mese in cui sono stati percepiti, **ridotto** forfetariamente **del 30%**;
- i **redditi d'impresa** realizzati dalle imprese individuali, dalle società di persone e da società ed enti soggetti ad IRES (art. 73, D.P.R. n. 917/1986), iscritti alla Camera di commercio, industria, artigianato e agricoltura di Como e aventi la sede sociale operativa, o un'unità locale, nel Comune di Campione d'Italia, prodotti in franchi svizzeri nel Comune di Campione d'Italia, sono **computati in euro** sulla base del cambio di cui al punto precedente, **ridotto** forfetariamente **del 30%**. Nel caso in cui l'**attività** sia **svolta** anche al di **fuori** del territorio del Comune di **Campione d'Italia**, ai fini della determinazione del reddito per cui è possibile beneficiare delle agevolazioni, sussiste l'obbligo in capo all'impresa di tenere un'apposita **contabilità separata**. Le spese e gli altri componenti negativi relativi a beni e servizi adibiti promiscuamente all'esercizio dell'attività svolta nel Comune di Campione d'Italia e al di fuori di esso concorrono alla formazione del reddito prodotto nel citato Comune per la parte del loro importo che corrisponde al rapporto tra l'ammontare dei ricavi o compensi e altri proventi che concorrono a formare il reddito prodotto dall'impresa nel territorio del Comune di Campione d'Italia e l'ammontare complessivo dei ricavi o compensi e degli altri proventi.

In entrambi i casi, le **imposte** vanno **corrisposte in euro**.

Si considerano iscritte nei registri anagrafici del Comune di Campione d'Italia anche le persone fisiche aventi domicilio fiscale nel medesimo Comune le quali, già residenti nel Comune di Campione d'Italia, sono iscritte nell'anagrafe degli italiani residenti all'estero (AIRE) dello stesso Comune e residenti nel Canton Ticino della Confederazione elvetica.

> Tutti i redditi prodotti in euro concorrono a formare il reddito complessivo al netto di una riduzione pari alla percentuale di abbattimento calcolata per i redditi in franchi svizzeri, con un **abbattimento minimo di euro 26.000**.

Le agevolazioni si applicano ai sensi dei Regolamenti UE agli aiuti "de minimis".

Inoltre, a decorrere dal periodo d'imposta successivo a quello in corso al 31 dicembre 2019 (quindi **dal 2020**) e nel rispetto delle regole "de minimis", è previsto che le **imposte**, determinate ai sensi delle regole sopra esposte (art. 188-bis, D.P.R. n. 917/1986), sono **ridotte al 50% per 10 periodi** di imposta (art. 1, c. 573-576, Legge n. 160/2019):

- sui **redditi diversi da quelli d'impresa**, dalle persone fisiche residenti a Campione d'Italia, nonché sui redditi di lavoro autonomo relativi ad attività svolte in studi siti alla medesima data nel Comune di Campione d'Italia;
- sui **redditi d'impresa** realizzati dalle imprese individuali e dalle società IRES iscritte alla CCIAA di Como e aventi sede sociale operativa, o un'unità locale, nel Comune di Campione d'Italia.

Analoghe agevolazioni sono previste anche per l'**IRAP** (➔38.10.).

In deroga a quanto previsto sopra, per il periodo d'imposta in corso al 31 dicembre 2020 le agevolazioni si applicano nel **limite** dell'importo di **800.000 euro per ogni impresa**.

Tale limite è di **120.000 euro** per ogni impresa attiva nel **settore della pesca e dell'acquacoltura** e di **100.000 euro** per ogni impresa attiva nel settore della produzione primaria di **prodotti agricoli**.

Credito d'imposta 9.8.2.

Alle imprese che effettuano **investimenti nel territorio del medesimo Comune** facenti parte di un progetto di investimento iniziale (come definito all'art. 2, punti 49), 50) e 51), del Reg. UE 17 giugno 2014, n. 651/2014) è attribuito un credito d'imposta commisurato a una quota dei costi individuati come ammissibili (art. 14, Reg. UE n. 651/2014).

Il credito d'imposta è commisurato alla quota del costo complessivo dei beni acquisiti nel **limite** massimo, per ciascun progetto di investimento, di **30 milioni** di euro per le **grandi imprese** nella misura del **25%** del costo ammissibile, di **20 milioni di euro** per le **medie imprese** nella misura del **35%** del costo ammissibile e di **6 milioni di euro** per le **piccole imprese** nella misura del **45%** del costo ammissibile (art. 1, c. 577-579, Legge n. 160/2019).

Per il periodo d'imposta in corso al 31 dicembre 2020, alle imprese che effettuano gli investimenti il credito d'imposta è riconosciuto in misura pari ai costi sostenuti nel limite dell'importo di 800.000 euro per ogni impresa.

Tale limite è di 120.000 euro per ogni impresa attiva nel settore della pesca e dell'acquacoltura e di 100.000 euro per ogni impresa attiva nel settore della produzione primaria di prodotti agricoli. Il credito d'imposta, soggetto comunque ad autorizzazione UE, si applica a decorrere dal periodo d'imposta successivo a quello in corso al 31 dicembre 2019 e fino a quello in corso al 31 dicembre 2024.

REDDITI FONDIARI 10.

ASPETTI GENERALI 10.1.

Costituiscono **redditi fondiari** quelli inerenti i **terreni e i fabbricati situati nel territorio dello Stato**, iscritti o iscrivibili nel catasto dei terreni o nel catasto edilizio urbano con **autonoma attribuzione di rendita** (art. 25, D.P.R. n. 917/1986).

Tali redditi sono, di norma, determinati con un sistema forfetario basato sulle **tariffe d'estimo** e concorrono alla formazione del reddito complessivo del titolare, indipendentemente dall'esistenza di un reddito o dal momento della percezione dello stesso (salvo in alcuni specifici casi, come, ad esempio, nel caso di locazione).

Titolarità dei redditi 10.1.1.

I redditi fondiari si distinguono in:

- **redditi dei terreni, dominicale ed agrario**,
- **redditi dei fabbricati**,

e sono attribuiti ai singoli titolari.

Si considerano **titolari** dei redditi fondiari coloro i quali ne detengono il **possesso** in base ad uno dei seguenti titoli giuridici (art. 26, D.P.R. 917/1986):

- **proprietà**;
- **enfiteusi**;

- **usufrutto**;
- **altri diritti reali**.

I redditi fondiari sono attribuiti ai titolari, **indipendentemente dalla loro percezione**.

Eccezione - I redditi derivanti da contratti di **locazione di immobili ad uso abitativo**, se **non percepiti**, non concorrono a formare il reddito dal momento della conclusione del procedimento giurisdizionale di **convalida di sfratto** per morosità del conduttore; per le eventuali imposte versate sui canoni non percepiti è riconosciuto un **credito d'imposta di pari ammontare**.
Per i canoni derivanti dai contratti di locazione di immobili **non percepiti a decorrere dal 1° gennaio 2020**, i redditi derivanti da contratti di **locazione di immobili a uso abitativo**, se non percepiti, non concorrono a formare il reddito purché la mancata percezione sia comprovata dall'intimazione di sfratto per morosità o dall'ingiunzione di pagamento (art. 3-quinquies, D.L. n. 34/2019).
Ai canoni non riscossi dal locatore nei periodi d'imposta di riferimento e percepiti in periodi d'imposta successivi si applica la **tassazione separata** (art. 21, D.P.R. n. 917/1986), con le regole previste per i redditi conseguiti a titolo di rimborso di imposte, o di oneri dedotti dal reddito complessivo ovvero per i quali si è fruito della detrazione in periodi di imposta precedenti (art. 17, c. 1, lett. n-bis), D.P.R. n. 917/1986) (➔**8.8.8.**).
Di conseguenza, per tali redditi l'imposta è determinata applicando all'ammontare percepito l'aliquota corrispondente alla **metà del reddito complessivo netto** del contribuente nel **biennio anteriore** all'anno in cui essi sono percepiti.

Casi particolari
Assegnazione di **alloggio a riscatto o con patto di futura vendita**: è tenuto a dichiarare il reddito del fabbricato l'assegnatario, indipendentemente dall'effettivo possesso a titolo di proprietà (ris. 19 novembre 1981, n. 7/2796).
Assegnazione provvisoria effettuata dalle **cooperative edilizie a proprietà divisa**: è tenuto a dichiarare il reddito del fabbricato il socio assegnatario, ancorché non sia ancora titolare del mutuo individuale (ris. 9 aprile 1976, n. 7/880).
Per gli immobili dati in **comodato** il comodante ha l'obbligo di dichiarare il reddito del fabbricato (ris. 7 giugno 1980, n. 7/441).

10.1.2. Diritto di abitazione

Il **diritto di abitazione,** che spetta al **coniuge del defunto** e al **coniuge separato** convenzionalmente o per sentenza (art. 540 c.c.), determina la soggettività ai fini IRPEF.
Il diritto di abitazione viene riconosciuto anche in capo ai **soci delle cooperative edilizie** non a proprietà indivisa ed ai soggetti assegnatari di **alloggi a riscatto**, a seguito di patto di futura vendita con enti.

10.1.3. Contitolarità e durata del possesso

Qualora vi siano più soggetti titolari dello stesso bene, il reddito fondiario viene attribuito a ciascun contitolare per la **parte corrispondente** al suo diritto.
In caso di **trasferimento della titolarità** del bene nel corso del periodo d'imposta, il reddito fondiario viene attribuito a ciascun soggetto, **in proporzione alla durata del possesso** calcolata in giorni.

10.1.4. Territorialità

Producono redditi fondiari gli **immobili situati nel territorio dello Stato** italiano, non rilevando, in alcun modo, la residenza del titolare.
Pertanto, ne consegue che:

- i **non residenti** dichiarano in Italia i redditi degli immobili qui posseduti (➔**9.2.1.**);
- i **residenti** non dichiarano in Italia, come redditi fondiario, ma come **redditi diversi**, i redditi degli immobili posseduti all'estero, poiché manca il requisito della territorialità (➔**15.4.3.**).

10.1.5. Dichiarazione dei redditi

Sono esonerati dalla presentazione della **dichiarazione dei redditi,** in quanto **l'imposta non è dovuta**, i contribuenti che:

- hanno conseguito nel periodo d'imposta **solo redditi fondiari** (dei terreni e dei fabbricati) di importo **non superiore a 185,92 euro** oltre a redditi di pensione **fino a 7.500 euro** e reddito derivante dall'**abitazione principale** (art. 11, c. 2, D.P.R. n. 917/1986);

– hanno un reddito complessivo composto soltanto da redditi fondiari di importo complessivo **non superiore a 500 euro** (➔2.10.2.) (art. 11, c. 2-bis, D.P.R. n. 917/1986).

Rapporti IRPEF-IMU 10.1.6.

L'IMU **sostituisce l'IRPEF** e le relative addizionali dovute in relazione ai redditi fondiari riguardanti gli **immobili non locati** (art. 8, c. 1, D.Lgs. n. 23/2011).

Comunque, il reddito degli immobili ad uso abitativo non locati, situati nello stesso Comune nel quale si trova l'immobile adibito ad abitazione principale, assoggettati ad IMU, **concorre** alla formazione della **base imponibile IRPEF** e delle relative addizionali nella misura del **50%** (art. 9, D.Lgs. n. 23/2011).

Inoltre:

– non è dovuta l'IMU per l'**abitazione principale** e le relative pertinenze: il relativo reddito concorre alla formazione del **reddito complessivo ai fini IRPEF,** ma è prevista una **deduzione** dal reddito complessivo di un importo fino all'ammontare della rendita catastale dell'unità immobiliare stessa e delle relative pertinenze;
– è dovuta l'IMU per le abitazioni principali, e pertinenze, classificate nelle **categorie catastali A/1, A/8 e A/9** ("**abitazioni di lusso**"): in tal caso **non sono dovute IRPEF e addizionali** e, poiché il reddito dell'abitazione principale non concorre al reddito complessivo, **non spetta la relativa deduzione**.

Se si tratta di fabbricati **esenti dall'IMU**, anche se non locati, è dovuta sia l'**IRPEF** che le **addizionali regionali e comunali**.

Fabbricati esenti da IMU

Esenzione	Riferimenti
Immobili posseduti dallo **Stato**, nonché gli immobili posseduti, nel proprio territorio, dalle **Regioni,** dalle **Province**, **dai Comuni**, dalle **comunità montane**, dai consorzi fra detti enti, ove non soppressi, dagli enti del servizio sanitario nazionale, **destinati esclusivamente ai compiti istituzionali**.	art. 9, c. 8, D.Lgs. n. 23/2011; art. 7, D.Lgs. n. 504/1992
Fabbricati classificati o classificabili nelle **categorie catastali da E/1 a E/9**.	art. 7, c. 1, lett. b), D.Lgs. n. 504/1992
Fabbricati con destinazione ad usi culturali e cioè **musei, biblioteche, archivi**, ecc. (art. 5-bis, D.P.R. n. 601/1973).	art. 7, c. 1, lett. c) D.Lgs. n. 504/1992
Fabbricati destinati esclusivamente all'**esercizio del culto**, purché compatibile con le disposizioni degli artt. 8 e 19 Cost., e le loro pertinenze.	art. 7, c. 1, lett. d), D.Lgs. n. 504/1992
Fabbricati di proprietà della **Santa Sede** indicati nei Patti Lateranensi.	art. 7, c. 1, lett. e), D.Lgs. n. 504/1992
Fabbricati appartenenti agli **Stati esteri e** alle **organizzazioni internazionali** per i quali è prevista l'esenzione dall'imposta locale sul reddito dei fabbricati in base ad accordi internazionali resi esecutivi in Italia.	art. 7, c. 1, lett. f), D.Lgs. n. 504/1992
Immobili utilizzati da **enti pubblici e privati diversi dalle società**, nonché ***trust***, residenti nel territorio dello Stato, che **non** hanno per oggetto esclusivo o principale l'**esercizio di attività commerciali** (art. 73, c. 1, lett. c), TUIR), destinati esclusivamente allo svolgimento di attività assistenziali, previdenziali, sanitarie, didattiche, ricettive, culturali, ricreative e sportive, nonché delle attività di cui all'art. 16, lett. a), Legge n. 222/1985.	art. 7, c. 1, lett. i), D.Lgs. n. 504/1992

L'effetto di sostituzione opera anche qualora l'IMU risulti giuridicamente dovuta, ma non sia stata versata, ad esempio per effetto del riconoscimento delle detrazioni o perché l'importo è inferiore al minimo da versare (circ. 21 maggio 2014, n. 11/E).

Le regole sulla sostituzione dell'IRPEF e delle relative addizionali valgono anche per l'**IMI** della Provincia di **Bolzano** e l'**IMIS** della Provincia di **Trento**.

È **esclusa la deducibilità dell'IMU** relativa agli **immobili adibiti promiscuamente** all'esercizio dell'arte o professione o all'impresa commerciale e all'uso personale o familiare del contribuente. Inoltre, per i soggetti titolari di **lavoro autonomo**, si applica il **principio generale di cassa** secon-

IRPEF

do cui sono deducibili le spese sostenute nel periodo di imposta nell'esercizio dell'arte o professione. (circ. 14 maggio 2014, n. 10/E).

Rapporti tra IMU e IRPEF per i fabbricati		
Tipologia di immobile	**IMU**	**IRPEF/Addizionali**[1]
Abitazione principale non di lusso e relative pertinenze[2]	NO	SÌ[3]
Abitazione principale di lusso e relative pertinenze[4]	SÌ	NO[5]
Fabbricati per i quali i Comuni abbiano previsto l'**esenzione totale dall'IMU**	NO	SÌ[6]
Fabbricati ad uso abitativo non locati situati nello **stesso Comune** in cui si trova l'**abitazione principale** (anche se rurale)	SÌ	SÌ[7]
Fabbricati ad uso abitativo non locati situati in un **Comune diverso** da quello in cui si trova l'**abitazione principale**	SÌ	NO
Fabbricati locati per i quali **non** si è optato per la **cedolare secca**	SÌ	SÌ
Fabbricati locati per i quali si è optato per la **cedolare secca**	SÌ	NO[8]

[1] In linea generale, in tutti i casi in cui si tratta di fabbricati esenti dall'IMU, anche se non locati, sono dovute sia l'IRPEF che le addizionali regionali e comunali.
[2] Si tratta degli immobili diversi da quelli accatastati nelle categorie catastali A/1, A/8 e A/9. Per le pertinenze si intendono gli immobili classificati nelle categorie catastali C2, C6 e C7 nella misura massima di un'unità pertinenziale per ciascuna delle categorie catastali.
[3] Il reddito concorre a formare il reddito complessivo, ma spetta una deduzione fino all'ammontare della rendita catastale dell'unità immobiliare stessa e delle relative pertinenze.
[4] Sono "di lusso" gli immobili accatastati nelle categorie catastali A/1, A/8 e A/9.
[5] Poiché il reddito dell'abitazione non concorre alla formazione della base imponibile, non spetta la relativa deduzione.
[6] Il reddito concorre alla formazione della base imponibile IRPEF e delle relative addizionali anche se l'immobile non è locato.
[7] Il reddito concorre alla formazione della base imponibile IRPEF e delle relative addizionali nella misura del 50%.
[8] Il canone di locazione viene tassato con imposta sostitutiva del 21% [10% se si tratta di contratti a canone concordato o stipulati nei Comuni con carenza e tensione abitativa (➜10.3.10.)].

Terreni

Sono **esenti da IMU** i **terreni agricoli** (art. 1, c. 13, Legge n. 208/2015):

a. posseduti e condotti dai **coltivatori diretti e** dagli **imprenditori agricoli professionali** (art. 1, D.Lgs. n. 99/2004), iscritti nella previdenza agricola, indipendentemente dalla loro ubicazione;
b. ubicati nei **Comuni delle isole minori** (All. A, Legge n. 448/2001);
c. ad immutabile **destinazione agro-silvo-pastorale** a **proprietà collettiva indivisibile e inusucapibile**.

Rapporti tra IMU e IRPEF per i terreni			
Tipologia di terreno	**IMU**	**IRPEF su reddito dominicale**	**IRPEF su reddito agrario**
Non affittato	SÌ	NO	SÌ
	NO	SÌ	SÌ
Affittato	SÌ	SÌ	SÌ
	NO	SÌ	SÌ

10.1.7. Redditi diversi

Costituiscono **redditi diversi**:

– i redditi fondiari **non determinabili catastalmente** (censi, decime, quartesi), i redditi dei **terreni affittati per usi non agricoli** ed i redditi degli **immobili** che non sono e **non** devono essere **iscritti in catasto** con attribuzione di rendita; essi sono determinati per l'ammontare percepito nel periodo d'imposta (art. 70, c. 1, D.P.R. n. 917/1986) (➜15.4.2.);

- i redditi derivanti dai **terreni e fabbricati non situati nel territorio dello Stato**, che sono tassati per l'ammontare netto determinato nello Stato estero nel corrispondente periodo d'imposta. I redditi dei fabbricati **concessi in locazione** e non tassati nello Stato estero sono imponibili per l'ammontare percepito ridotto forfetariamente del **15%** (art. 70, c. 2, D.P.R. n. 917/1986) (➜**15.4.3.**).

REDDITI DEI TERRENI 10.2.

Producono **reddito fondiario** i terreni dotati di apposita **rendita**, che sono o devono essere iscritti in **catasto**. Il reddito dei terreni si distingue in:
- reddito **dominicale**;
- reddito **agrario**.

Terreni esclusi 10.2.1.

Non sono produttivi di reddito fondiario e non vanno, pertanto, dichiarati (art. 27, c. 2 e 32, c. 4, D.P.R. n. 917/1986):
- le **pertinenze** di fabbricati urbani;
- i terreni produttivi di **reddito d'impresa**, in quanto utilizzati quali beni strumentali nell'esercizio di attività commerciali;
- i terreni dati in affitto per **uso diverso da quello agricolo**, i quali producono redditi diversi;
- i **terreni, parchi e giardini riconosciuti di pubblico interesse** o la cui conservazione è riconosciuta dal Ministero per i beni e le attività culturali, che nel periodo d'imposta non hanno prodotto alcun reddito per il possessore. Tale circostanza deve essere denunciata all'Agenzia delle Entrate, entro 3 mesi dalla data in cui ha avuto inizio.

Reddito dominicale 10.2.2.

Il reddito dominicale è attribuito al titolare per il solo fatto che questi è **proprietario** del terreno ed è costituito dalla parte del **reddito medio ordinario** del terreno adibito ad attività agricole, destinato alla proprietà (art. 27, D.P.R. n. 917/1986).
Il reddito dominicale viene determinato mediante l'**applicazione delle tariffe d'estimo** in funzione della qualità e classe del terreno.

> Per i terreni non affittati, sempre che non siano esenti da IMU, **non è dovuta l'IRPEF** (e relative addizionali) sul reddito dominicale. Per i **terreni affittati**, invece, sono dovute sia l'IRPEF che l'IMU.

Reddito agrario 10.2.3.

Il reddito agrario è quello riferibile all'esercizio di **attività agricole** poste in essere sul fondo impiegando capitale e lavoro (art. 32, D.P.R. n. 917/1986).

Attività agricole 10.2.4.

Si definiscono **attività agricole** (art. 32, c. 2, D.P.R. n. 917/1986):
a. le attività dirette alla **coltivazione del terreno** e alla **silvicoltura** (art. 32, c. 2, lett. a), D.P.R. n. 917/1986);
b. l'**allevamento di animali con mangimi ottenibili per almeno un quarto dal terreno** e le attività dirette alla **produzione di vegetali tramite l'utilizzo di strutture fisse o mobili**, anche provvisorie, se la superficie adibita alla produzione non eccede il doppio di quella del terreno su cui la produzione stessa insiste (art. 32, c. 2, lett. b), D.P.R. n. 917/1986);
c. le attività agricole connesse di cui al terzo comma dell'art. 2135 c.c., dirette alla **manipolazione**, **conservazione**, **trasformazione**, **commercializzazione** e **valorizzazione**, ancorché non svolte sul terreno, di prodotti ottenuti prevalentemente dalla **coltivazione del fondo** o del bosco o dall'**allevamento di animali**, con riferimento ai beni individuati, ogni 2 anni e tenuto conto dei criteri per la determinazione del reddito agrario, con decreto del Ministro dell'Economia e delle Finanze su proposta del Ministro delle Politiche Agricole e Forestali (D.M. 13 febbraio 2015) (art. 32, c. 2, lett. c), D.P.R. n. 917/1986).

Le attività **agricole connesse** disciplinate dal Codice civile (art. 2135, c. 3, c.c.) sono le attività dirette:
- alla manipolazione, conservazione, trasformazione, commercializzazione e valorizzazione che abbiano ad oggetto prodotti ottenuti prevalentemente dalla coltivazione del fondo o del bosco o dall'allevamento di animali;

- alla fornitura di beni o servizi mediante l'utilizzazione prevalente di attrezzature o risorse dell'azienda normalmente impiegate nell'attività agricola esercitata, ivi comprese le attività di valorizzazione del territorio e del patrimonio rurale e forestale, ovvero di ricezione ed ospitalità come definite dalla legge.

Inoltre, sono considerare connesse anche le attività aventi ad oggetto (➡10.2.5.) (art. 1, c. 910-913, Legge n. 208/2015; ris. 15 ottobre 2015, n. 86/E; ris. 18 luglio 2016, n. 54/E):

- la produzione e cessione di energia elettrica e calorica da **fonti rinnovabili agroforestali e fotovoltaiche**, nonché di carburanti ottenuti da **produzioni vegetali** provenienti prevalentemente dal fondo;
- la produzione e cessione di **prodotti chimici** derivanti dai prodotti agricoli provenienti prevalentemente dal fondo.

Attività agricole (D.M. 13 febbraio 2015)	
Attività	**Codice Ateco**
Produzione di carni e prodotti della loro macellazione	10.11.0 - 10.12.0
Produzione di carne essiccata, salata o affumicata, salsicce e salami	ex 10.13.0
Lavorazione e conservazione delle patate, escluse le produzioni di purè di patate disidratato, di snack a base di patate, di patatine fritte e la sbucciatura industriale delle patate	ex 10.31.0
Produzione di succhi di frutta e di ortaggi	10.32.0
Produzione e conservazione di frutta e di ortaggi	10.39.0
Produzione di olio di oliva e di semi oleosi	01.26.0 - 10.41.1 - 10.41.2
Produzione di olio di semi di granturco (olio di mais)	ex 10.62.0
Trattamento igienico del latte e produzione dei derivati del latte	01.41.0 - 01.45.0 - 10.51.1 - 10.51.2
Lavorazione delle granaglie	da 10.61.1 a 10.61.3
Produzione di farina o sfarinati di legumi da granella secchi, di radici o tuberi o di frutta in guscio commestibile	ex 10.61.4
Produzione di pane	ex 10.71.1
Produzione di paste alimentari fresche e secche	ex 10.73.0
Produzione di vini	01.21.0 - 11.02.1 - 11.02.2
Produzione di grappa	ex 11.01.0
Produzione di aceto	ex 10.84.0
Produzione di sidro e di altri vini a base di frutta	11.03.0
Produzione di malto	11.06.0
Produzione di birra	11.05.0
Disidratazione di erba medica	ex 10.91.0
Lavorazione, raffinazione e confezionamento del miele	ex 10.89.0
Produzione di sciroppi di frutta	ex 10.81.0
Produzione e conservazione di pesce, crostacei e molluschi, mediante congelamento, surgelamento, essiccazione, affumicatura, salatura, immersione in salamoia, inscatolamento, e produzione di filetti di pesce	ex 10.20.0
Manipolazione dei prodotti derivanti dalle coltivazioni di cui alle classi 01.11, 01.12 e 01.13, 01.15, 01.16, 01.19, 01.21, 01.23, 01.24, 01.25, 01.26, 01.27, 01.28 e 01.30 nonché di quelli derivanti dalle attività di cui ai sopraelencati gruppi e classi	

Attività agricole (D.M. 13 febbraio 2015)	
Attività	**Codice Ateco**
Manipolazione dei prodotti derivanti dalla silvicoltura di cui alle classi 02.10.0.02.20.0, comprendenti la segagione e la riduzione in tondelli, tavole, travi ed altri prodotti similari compresi i sottoprodotti, i semilavorati e gli scarti di segagione delle piante	

Casi particolari	
Attività	**Regole**
Funghicoltura (➡10.2.16.)	Attività svolta tramite l'utilizzo di strutture fisse o mobili nel rispetto dei limiti di legge (superficie adibita alla produzione non eccede il doppio di quella del terreno su cui la produzione stessa insiste - art. 32, c. 2, lett. b), D.P.R. n. 917/1986): è considerata attività agricola. Reddito relativo alla superficie eccedente: è considerato reddito d'impresa.
Acquacoltura	È assimilabile all'attività di allevamento (➡10.2.8.), pertanto: - il reddito che rientra nei limiti di legge (art. 32, c. 2, lett. b), D.P.R. n. 917/1986): viene considerato come reddito da attività agricola; - il reddito eccedente: viene qualificato come reddito d'impresa. Le superfici acquatiche non censite in catasto, quali, ad esempio le acque demaniali, generano reddito in base alla tariffa d'estimo più alta del seminativo di classe prima in vigore nella provincia di appartenenza o, nel caso di allevamento marino, in quella prospiciente (art. 3-ter, D.L. 17 giugno 2005, n. 106).
Ippoturismo	Non possono essere qualificate come attività agricole connesse le attività di turismo rurale (ippoturismo) svolte in via prevalente rispetto all'attività di coltivazione del fondo (risposta a interpello 27 dicembre 2018, n. 138).

Fonti rinnovabili 10.2.5.

Ferme restando le disposizioni tributarie in materia di accisa, la produzione e la cessione di energia elettrica e calorica da fonti rinnovabili agroforestali:

- **sino a 2.400.000 kWh** anno, e **fotovoltaiche**, **sino a 260.000 kWh anno**, nonché di carburanti e prodotti chimici di origine agroforestale provenienti prevalentemente dal fondo, effettuate dagli imprenditori agricoli, costituiscono **attività connesse** (art. 2135, c. 3, c.c.) e producono **reddito agrario**;
- **oltre i limiti suddetti**, sono tassate, ai fini IRPEF ed IRES, **forfetariamente** mediante l'applicazione all'ammontare dei corrispettivi delle operazioni soggette a registrazione agli effetti dell'IVA (componente riconducibile alla valorizzazione dell'energia ceduta, esclusa la quota incentivo), del **coefficiente di redditività del 25%**, fatta salva l'opzione per la determinazione del reddito nei modi ordinari, previa comunicazione all'Ufficio (D.P.R. n. 442/1997).

Con riferimento alla produzione e alla cessione di energia elettrica e calorica da fonti rinnovabili agroforestali, la tassazione su base catastale trova applicazione solo nei limiti della franchigia di 2.400.000 kWh, nel presupposto che ricorra il requisito della prevalenza che caratterizza le attività agricole connesse (ris. 18 luglio 2016, n. 54/E).

La **produzione e cessione di energia fotovoltaica** da parte di imprenditori agricoli è sempre produttiva di reddito agrario per la parte generata dai primi 200 kw di potenza nominale installata. Diversamente, ossia se generata da **impianti di potenza superiore a 200 kw**, l'energia prodotta in eccesso è produttiva di **reddito agrario** solo se ricorre uno dei seguenti **requisiti**:

a. la produzione di energia fotovoltaica derivi da impianti con **integrazione architettonica** o da impianti parzialmente integrati (art. 2, D.M. 19 febbraio 2007) realizzati su strutture aziendali esistenti;
b. il **volume d'affari** derivante dall'attività agricola deve essere superiore al volume d'affari della produzione di energia fotovoltaica eccedente i 200 kw. Tale volume deve essere calcolato senza tenere conto degli incentivi erogati per la produzione di energia fotovoltaica;

c. entro il limite di 1 mw per azienda, per ogni kw di potenza installata eccedente il limite dei 200 kw, l'imprenditore deve dimostrare di detenere almeno **1 ettaro di terreno utilizzato per l'attività agricola** (risposta a interpello 12 febbraio 2019, n. 33).

Il requisito della **prevalenza** risulta soddisfatto quando, in termini quantitativi, i prodotti utilizzati nello svolgimento delle attività connesse ed ottenuti direttamente dall'attività agricola svolta nel fondo **siano prevalenti**, ossia **superiori** rispetto a quelli acquistati presso terzi.
In particolare, se il **confronto quantitativo non è possibile** perché i beni sono di natura diversa, deve farsi riferimento al valore degli stessi, **rapportando** il valore normale dei prodotti agricoli ottenuti dall'attività agricola svolta nel fondo e il costo dei prodotti acquistati da terzi.
Il requisito della prevalenza si considera in tale ipotesi soddisfatto quando il valore dei prodotti propri sia superiore al costo sostenuto per acquistare prodotti di terzi.
Laddove non sia possibile effettuare il confronto, la prevalenza può essere riscontrata effettuando una **comparazione** nel processo produttivo dell'impresa, tra l'energia derivante da prodotti propri e quella derivante da prodotti acquistati da terzi.

10.2.6. Reddito agrario e reddito d'impresa

Per le **attività agricole** ci sono alcuni **limiti**, il superamento dei quali ha immediata influenza sulla natura del reddito prodotto che, limitatamente alla quota imputabile all'**attività eccedente**, assume la qualifica di **reddito d'impresa** (artt. 32 e 55, D.P.R. n. 917/1986).
Qualora un contribuente svolga attività agricola **eccedente** i limiti, dal reddito complessivo prodotto deve **scorporare i costi ed i ricavi** riferibili all'attività agricola non eccedente i limiti, relativamente alla quale il reddito imponibile deve essere determinato catastalmente dalla rendita catastale rivalutata.
Lo scorporo dei costi e dei ricavi riferibili all'attività agricola e l'imputazione della rendita catastale si effettuano direttamente in sede di **dichiarazione dei redditi**.

Se l'attività agricola è esercitata per mezzo di **società in nome collettivo** e società in **accomandita semplice**, nonché di **Stabili Organizzazioni** di persone fisiche non residenti esercenti attività d'impresa, essa si considera produttiva di **reddito d'impresa** (art. 55, D.P.R. n. 917/1986).

Opzione per la tassazione catastale

Per alcune tipologie di società agricole è possibile optare per la tassazione in base alle risultanze catastali (art. 1, c. 1093, Legge n. 296/2006).

Soggetti interessati	**Società di persone**, le **società a responsabilità limitata** e le **società cooperative**, che rivestono la qualifica di **società agricola** (art. 2, D.Lgs. n. 99/2004).
Esclusioni	Le **società semplici** esercenti attività agricole (per le quali la determinazione del reddito sulla base dei criteri catastali costituisce il naturale regime d'imposizione inderogabile). Le **cooperative** che svolgono solo attività di **trasformazione/commercializzazione** di prodotti conferiti dai soci, qualora non posseggano e/o non conducano i terreni sui quali esercitano l'attività agricola. In questo caso manca, infatti, il requisito primario per potere determinare il reddito su base catastale, rappresentato dal terreno stesso (circ. 1° ottobre 2010, n. 50/E).
Opzione	Va fatta nella prima **dichiarazione annuale IVA** da presentare successivamente alla scelta operata (D.M. n. 213/2007).
Altri aspetti	Chi intende effettuare l'opzione deve possedere i **requisiti** richiesti fin **dall'inizio del periodo d'imposta.** L'opzione **perde efficacia** già dal periodo d'imposta in cui le società **perdono i requisiti** prescritti. Una volta effettuata l'opzione, il contribuente è **vincolato** alla concreta applicazione del regime scelto **per almeno un triennio**; trascorso il periodo minimo di permanenza nel regime prescelto, l'opzione resta valida **per ciascun anno successivo**, fino a quando permane la concreta applicazione della scelta operata.

Opzione per la tassazione forfetaria

Le **società di persone e** le società **a responsabilità limitata**, costituite da imprenditori agricoli, che esercitano esclusivamente le attività dirette alla manipolazione, conservazione, trasformazione, commercializzazione e valorizzazione di prodotti agricoli ceduti dai soci (art. 1, c. 1094, Legge n. 296/2006), possono **optare** per la determinazione del reddito applicando all'ammontare dei ricavi il **coefficiente di redditività del 25%** (art. 1, c. 177, Legge n. 244/2007).

Imputazione del reddito agrario 10.2.7.

Per l'imputazione del reddito agrario valgono le regole generali di titolarità del reddito fondiario (➡**10.1.1.**), con le seguenti **eccezioni** (art. 33, D.P.R. n. 917/1986):

- se il terreno viene concesso in **affitto per uso agricolo**, il reddito agrario viene imputato **all'affittuario**, a partire dalla data in cui ha effetto il contratto, mentre il reddito dominicale continua ad essere di spettanza del proprietario del terreno;
- in caso di **conduzione associata** non societaria, il reddito è imputato **a ciascun associato** per la relativa **quota di spettanza.** In tal caso, ciascun associato deve dichiarare il proprio reddito *pro quota* ed è tenuto a conservare ed esibire, a richiesta dell'Ufficio, un atto sottoscritto da tutti gli associati, dal quale risultino le quote del reddito agrario spettanti a ciascuno e la decorrenza del contratto. La mancata esibizione del documento fa presumere che queste siano ripartite in modo eguale.

Quando il fondo è condotto in **forma societaria** (società semplici, società in nome collettivo, società in accomandita semplice, società di fatto), ciascun socio deve dichiarare la quota di reddito spettante come "reddito da partecipazione".
Anche il reddito agrario è determinato applicando le **tariffe d'estimo** secondo la legge catastale (art. 34, D.P.R. n. 917/1986).

Redditi da allevamento 10.2.8.

Il reddito derivante dall'allevamento di animali su terreni agricoli può essere qualificato come reddito agrario o come reddito d'impresa.
In particolare:

- è compreso nel **reddito agrario**, se gli **animali sono nutriti con mangimi ottenibili dal terreno agricolo per almeno un quarto del fabbisogno degli animali allevati** (è irrilevante che ci sia una eventuale acquisizione di mangimi da parte di terzi); in altri termini, il numero di capi non deve superare quello stabilito, per ogni tipologia di animali, con apposito decreto; in tal caso, i soggetti possessori del terreno (se persone fisiche, società semplici o enti non commerciali) non devono determinare **alcun reddito aggiuntivo** (art. 32, D.P.R. n. 917/1986);
- se la quantità degli animali allevati supera il limite di cui sopra, il **reddito eccedente** viene qualificato come **reddito d'impresa** e viene determinato attribuendo a ciascun capo un reddito pari al valore medio del reddito agrario riferibile a ciascun capo allevato entro il limite medesimo, moltiplicato per un coefficiente idoneo a tener conto delle diverse incidenze dei costi (➡**14.2.1.**) (art. 56, c. 5, D.P.R. n. 917/1986).

Il numero massimo di capi per rientrare nel limite di cui sopra, il **valore medio e** il **coefficiente** per calcolare il reddito d'impresa sono determinati ogni 2 anni (D.M. 15 marzo 2019).
Il coefficiente di maggiorazione non si applica nei confronti dei soggetti che si avvalgono esclusivamente dell'**opera dei propri familiari** quando, per la natura del rapporto, non si configuri l'**impresa familiare**.
È possibile l'applicazione del metodo ordinario di determinazione del reddito con apposita opzione in dichiarazione dei redditi.

Modalità di svolgimento dell'allevamento	Inquadramento
Animali nutriti con mangimi ottenibili per **almeno un quarto** dal terreno agricolo.	Reddito agrario
Numero di animali allevati superiore al limite di quelli allevabili con mangimi ottenibili per almeno un quarto dal terreno agricolo.	Reddito d'impresa (➡**14.2.1.**)

Attività che eccedono i limiti di reddito agrario 10.2.9.

È prevista una specifica disciplina per le attività agricole, diverse dall'allevamento di animali, che **eccedono i limiti del reddito agrario** (art. 56-bis, D.P.R. n. 917/1986).

In particolare:

- **attività dirette alla produzione di vegetali** che eccedono i limiti del reddito agrario, in quanto esercitate tramite l'utilizzo di strutture fisse o mobili, anche provvisorie, con una superficie adibita alla produzione che eccede il doppio di quella del terreno su cui la produzione stessa insiste: il reddito relativo alla **parte eccedente** concorre a formare il **reddito d'impresa** nell'ammontare corrispondente al reddito agrario relativo alla superficie sulla quale la produzione insiste in proporzione alla superficie eccedente (art. 56-bis, c. 1, D.P.R. n. 917/1986); si applica, dunque, la seguente **formula**:

reddito d'impresa forfetario =

(reddito agrario/superficie di base effettivamente coltivata) x superficie eccedente

> Per verificare se la **superficie di produzione ecceda o meno il doppio di quella del terreno** su cui insiste la produzione, occorre fare riferimento alla superficie sulla quale insiste la produzione (**ripiani o bancali**) e non già a quella coperta dalla struttura (es. la serra). Pertanto, se il suolo non viene utilizzato per la coltivazione, rientrano nel ciclo agrario soltanto le produzioni svolte su **non più di due ripiani o bancali** (circ. 15 maggio 1997, n. 137/E; ris. 11 marzo 1998, n. 15/E; ris. 26 settembre 2000, n. 148/E).
> Il regime forfetario può essere applicato **all'attività faunistico-venatoria** svolta dall'imprenditore agricolo persona fisica ovvero società semplice: è tuttavia necessario che siano rispettati alcuni requisiti, di carattere soggettivo e oggettivo. Il requisito oggettivo prevede che nell'attività faunistico-venatoria debbano essere utilizzate prevalentemente attrezzature o risorse dell'azienda che sono normalmente impiegate nell'attività agricola principale (ris. 27 settembre 2018, n. 73/E).

- **attività dirette alla manipolazione, conservazione, trasformazione, valorizzazione e commercializzazione** di prodotti diversi da quelli che rientrano nel reddito agrario (➡**10.2.4.**), ottenuti prevalentemente dalla coltivazione del fondo o del bosco o dall'allevamento di animali: il reddito è determinato applicando all'ammontare dei corrispettivi delle operazioni registrate o soggette a registrazione agli effetti dell'IVA, conseguiti con tali attività, il **coefficiente di redditività del 15%** (art. 56-bis, c. 2, D.P.R. n. 917/1986);

> Nel caso in cui l'attività di conservazione, commercializzazione e valorizzazione abbia ad oggetto **prodotti agricoli acquistati da terzi**, non è possibile applicare la disciplina sul reddito agrario (art. 32, D.P.R. n. 917/1986).
> Considerato che, quando tali attività non sono esercitate congiuntamente ad un processo di manipolazione o trasformazione viene a mancare ogni connessione con l'attività agricola principale, esse producono redditi d'impresa da determinare analiticamente e sono, quindi, esclusi anche dall'applicazione del regime forfetario (circ. 15 novembre 2004, n. 44/E).

Il coefficiente forfetario del 15% si applica a quelle attività che concernono le trasformazioni in prodotti diversi da quelli compresi nella tabella allegata al D.M. 13 febbraio 2015.
In particolare, sono **escluse dal regime forfetario** le attività di trasformazione non usualmente esercitate nell'ambito dell'attività agricola che intervengono in una fase successiva a quella che ha originato i beni elencati nel decreto ministeriale, atte a trasformare ulteriormente questi ultimi beni fino a realizzare prodotti nuovi che non trovano connessione con l'attività agricola principale ai sensi dell'art. 2135 c.c. (circ. 15 novembre 2004, n. 44/E);

> **Esempio**
> Non rientra nel regime forfetario la trasformazione dello yogurt in gelato, in quanto frutto di una successiva trasformazione dello yogurt, prodotto "derivato del latte" compreso nell'elenco approvato con il D.M. 13 febbraio 2015.

- **attività dirette alla fornitura di servizi** mediante l'utilizzazione prevalente di attrezzature o risorse dell'azienda normalmente impiegate nell'attività agricola esercitata, ivi comprese le attività di valorizzazione del territorio e del patrimonio rurale e forestale, ovvero di ricezione ed ospitalità: il reddito è determinato applicando all'ammontare dei corrispettivi delle operazioni registrate o soggette a registrazione agli effetti dell'IVA, conseguiti con tali attività, il **coefficiente di redditività del 25%** (art. 56-bis, c. 3, D.P.R. n. 917/1986).

CASO 1 - Conservazione, commercializzazione e valorizzazione prodotti agricoli
Un imprenditore agricolo produce 200 quintali di pesche e ne acquista altri 100 per commercializzarli insieme ai propri senza che intervenga alcun processo di manipolazione o trasformazione.
In tal caso, si avrà che:
- i redditi rivenienti dalla produzione dei 200 quintali propri saranno da ricondurre al regime dei redditi agrari (art. 32, c. 2, lett. a), D.P.R. n. 917/1986);
- i redditi che derivano dall'acquisto presso terzi e successiva commercializzazione dei 100 quintali di pesche saranno da qualificarsi come redditi d'impresa da determinare analiticamente (art. 56, D.P.R. n. 917/1986).

CASO 2 - Regime forfetario trasformazione prodotti agricoli
Un imprenditore trasforma uva nera di propria produzione e commercializza il vino rosso che ne deriva dopo un processo di imbottigliamento.
Si ipotizzi che acquista vino bianco da terzi già imbottigliato, da rivendere senza alcuna successiva attività di trasformazione o manipolazione, dal punto di vista fiscale si avrà che:
- i redditi derivanti dalla vendita di vino rosso sono considerati redditi agrari (art. 32, c. 2, lett. c), D.P.R. n. 917/1986);
- i proventi conseguiti dalla commercializzazione del vino bianco vanno ricompresi tra i redditi d'impresa determinati analiticamente.

Le regole precedenti **non si applicano**:
- alle società di capitali;
- agli enti commerciali residenti;
- alle società ed enti non residenti;
- alle società in nome collettivo e in accomandita semplice.

Gli altri contribuenti hanno comunque facoltà di non avvalersi degli speciali regimi forfetari introdotti.

Attività	Regole
Produzione di vegetali esercitate tramite l'utilizzo di strutture fisse o mobili, anche provvisorie	- superficie adibita alla produzione non eccedente il doppio di quella del terreno su cui la produzione insiste: reddito agrario - superficie adibita alla produzione eccedente il doppio di quella del terreno su cui la produzione insiste: sull'eccedenza, reddito d'impresa calcolato in via forfetaria con la seguente formula: **forfetario** = (reddito agrario/superficie di base effettivamente coltivata) x superficie eccedente
Manipolazione, conservazione, trasformazione, valorizzazione e commercializzazione di prodotti non rientranti nel reddito agrario ottenuti prevalentemente dalla coltivazione del fondo o del bosco o dall'allevamento di animali	reddito forfetario = ammontare dei corrispettivi delle operazioni registrate o soggette a registrazione agli effetti dell'IVA x **coefficiente di redditività del 15%**
Fornitura di servizi comprese le attività di valorizzazione del territorio e del patrimonio rurale e forestale, ovvero di ricezione ed ospitalità	reddito forfetario = ammontare dei corrispettivi delle operazioni registrate o soggette a registrazione agli effetti dell'IVA x **coefficiente di redditività del 25%**

Imprenditori agricoli florovivaistici - Per le attività dirette alla commercializzazione di piante vive e prodotti della floricoltura acquistate da imprenditori agricoli florovivaistici (art. 2135 c.c.), nei limiti del 10% del volume di affari, da altri imprenditori agricoli florovivaistici, il reddito è determinato applicando all'ammontare dei corrispettivi delle operazioni registrate o soggette a registrazione ai fini IVA il **coefficiente di redditività del 5%** (art. 56-bis, c. 3-bis, D.P.R. n. 917/1986).

Agriturismo 10.2.10.

Ai fini delle imposte sui redditi, è previsto un **regime fiscale speciale** in favore dei soggetti (imprenditori agricoli) che esercitano attività agrituristiche, fatta eccezione per le società di capitali ed enti commerciali (art. 5, Legge n. 413/1991).
Tale regime fiscale speciale si sostanzia nell'applicazione di un **metodo forfetario**:
- ai fini delle **imposte sui redditi**, per la determinazione del reddito derivante dall'attività agrituristica;

- ai fini dell'**IVA**, per la determinazione dell'imposta da portare in detrazione a quella applicata sulle operazioni imponibili effettuate nell'esercizio dell'attività agrituristica.

Opzione per il regime ordinario

Il regime forfetario di determinazione del reddito e dell'IVA ammessa in detrazione si applica **automaticamente**.

È possibile, comunque, **optare** per l'applicazione del **regime ordinario** di determinazione del reddito e di liquidazione dell'IVA a debito.

A tal fine, l'opzione deve essere comunicata nella **dichiarazione IVA** relativa all'anno in cui la scelta è stata operata ed è valida anche agli effetti delle imposte sul reddito.

L'esercizio dell'opzione **vincola per un triennio** all'applicazione del regime ordinario sia ai fini della determinazione del reddito che ai fini della liquidazione dell'IVA.

Reddito imponibile

Si determina applicando all'ammontare dei ricavi conseguiti con l'esercizio dell'attività di agriturismo, al netto dell'IVA, il **coefficiente di redditività del 25%**.

> I soggetti che esercitano attività agrituristiche non sono, pertanto, tenuti a contabilizzare, ai fini delle imposte sui redditi, i relativi componenti negativi (circ. 13 maggio 1996, n. 117/E).

> **CASO 3 - Regime forfetario agriturismo**
> Un imprenditore che esercita l'attività di agriturismo consegue, in un periodo d'imposta, ricavi, al netto dell'IVA, per un ammontare di 50.000 euro.
> Il reddito imponibile sarà pari a 12.500 euro (50.000 x 25%).

10.2.11. Attività commerciali occasionali

Per le operazioni commerciali occasionali, poste in essere dai soggetti che svolgono le attività agricole che eccedono i limiti previsti (➔**10.2.4.**), sono applicate le **percentuali di redditività del 15% e del 25%** (➔**10.2.8.**) (art. 67 c. 1, lett. i), D.P.R. n. 917/1986; art. 32, D.P.R. n. 917/1986; art. 32, c. 2, lett. c), D.P.R. n. 917/1986; art. 56-bis, c. 2 e 3, D.P.R. n. 917/1986).

In particolare, è previsto che:

- la regola generale per la determinazione dei redditi da attività commerciali esercitate occasionalmente è quella del **saldo: ammontare percepito nel periodo d'imposta - spese specificamente inerenti**;
- in deroga a tale regola, se dette attività commerciali occasionali sono svolte:
  1. da soggetti che svolgono **attività agricole**;
  2. in **misura eccedente** rispetto alla **soglia limite**,

  alle stesse sono applicate le **percentuali di redditività** (art. 71, c. 2-bis, D.P.R. n. 917/1986):
  - del **15%**, in relazione alle attività dirette alla **manipolazione, conservazione**, ecc., di prodotti diversi rispetto a quelli sopra indicati;
  - del **25%**, in relazione alle prestazioni di servizi rientranti nelle **"attività connesse"** (art. 2135, c. 3, c.c.).

> La **soglia limite** è costituita dall'"esercizio normale dell'agricoltura" e dai prodotti ottenuti per almeno la metà dal terreno e dagli animali sullo stesso allevati, per le attività "connesse" (art. 2135, c. 3, c.c.) dirette alla:
> - manipolazione;
> - conservazione;
> - trasformazione;
> - commercializzazione;
> - valorizzazione, anche se non svolte sul terreno, di prodotti ottenuti prevalentemente: 1) dalla coltivazione del fondo; 2) dalla coltivazione del bosco; 3) dall'allevamento di animali.

In definitiva, il medesimo trattamento che è garantito ai soggetti che svolgono attività agricole è assicurato agli stessi anche se esercitano occasionalmente un'attività commerciale. Del trattamento ne sono beneficiari anche coloro che esercitano l'attività agricola in senso estensivo (ricomprendendo nell'area delle agevolazioni anche le attività connesse e i servizi, come, ad esempio, quelli svolti dalle aziende agrituristiche) (art. 56-bis, D.P.R. n. 917/1986).

10.2.12. Variazione del reddito

Se la coltura praticata sul terreno corrisponde esattamente a quella risultante dal **catasto**, il reddito dominicale e agrario viene rilevato direttamente dagli atti catastali.

Qualora non vi sia corrispondenza tra coltura praticata sul terreno e coltura risultante dal catasto, è necessario **comunicare la variazione** intervenuta.
La **variazione in aumento** si ha quando si sostituisce una coltura risultante dal catasto con una di maggior reddito.
Viceversa, l'introduzione di una coltura di minor reddito o anche la diminuzione della capacità produttiva del terreno per cause di forza maggiore (naturale esaurimento, eventi fitopatologici o entomologici, ecc.) danno luogo ad una **variazione in diminuzione** del reddito dominicale.
Non si tiene conto delle variazioni intenzionali o transitorie (art. 29, D.P.R. n. 917/1986).

Denuncia delle variazioni 10.2.13.

Le variazioni del reddito dominicale ed agrario danno luogo ad una **revisione del classamento** dei terreni cui si riferiscono (art. 30, D.P.R. n. 917/1986).
In particolare, le **variazioni in aumento** devono essere denunciate entro il **31 gennaio** dell'anno successivo a quello in cui si sono verificati i fatti modificativi e hanno effetto da tale anno.
Le **variazioni in diminuzione** hanno effetto:
- dall'anno in cui si sono verificati i fatti modificativi, se la denuncia è stata presentata entro **il 31 gennaio dell'anno successivo**;
- dall'anno in cui è stata presentata la denuncia, se presentata **successivamente**.

La **denuncia** va presentata all'Agenzia delle Entrate competente, indicando la **partita catastale** e le **particelle** cui le variazioni si riferiscono, con dimostrazione grafica del frazionamento, qualora le variazioni interessino porzioni di particelle.

> Se il terreno è **concesso in affitto** per uso agricolo, la denuncia può essere presentata direttamente dall'affittuario.

Per la denuncia della variazione delle colture si devono utilizzare gli appositi servizi telematici, disponibili sul sito internet dell'Agenzia delle Entrate.

> L'omessa denuncia delle situazioni che danno luogo a variazione in aumento del reddito dominicale comporta una **sanzione** da **250** a **2.000** euro (art. 3, D.Lgs. n. 471/1997).
> **Non è prevista alcuna sanzione** nell'ipotesi di omessa denuncia di una variazione che comporta un **decremento** del reddito fondiario.

Variazione in caso di richiesta di contributi agricoli 10.2.14.

Le **dichiarazioni** relative all'uso del suolo sulle singole particelle catastali rese dai soggetti interessati nell'ambito degli adempimenti dichiarativi presentati agli organismi pagatori, riconosciuti ai fini dell'erogazione dei contributi agricoli, previsti dalla normativa comunitaria relativa alle Organizzazioni Comuni di Mercato (OCM) del settore agricolo, **esonerano** dal presentare la **denuncia di variazione catastale** all'Agenzia delle Entrate (art. 2, c. 34, D.L. n. 262/2006).
A tale fine la richiesta di contributi agricoli, contenente la dichiarazione relativamente all'uso del suolo, deve contenere anche gli elementi per consentire l'**aggiornamento del catasto**, ivi compresi quelli relativi ai fabbricati inclusi nell'azienda agricola, e, conseguentemente, risulta **sostitutiva** della dichiarazione di variazione colturale da rendere al catasto terreni stesso.

Variazioni permanenti 10.2.15.

Le variazioni a carattere permanente intervenute nelle colture praticate in determinati Comuni o zone censuarie possono generare la necessità di istituire un **nuovo classamento** dei terreni in sostituzione di quello esistente. Il nuovo classamento, in tal caso, viene disposto direttamente con decreto ministeriale e le variazioni hanno effetto dall'anno successivo a quello di pubblicazione del decreto.

Serra e funghicoltura 10.2.16.

Il reddito dominicale e agrario delle superfici adibite a colture prodotte in serra o alla funghicoltura viene determinato applicando la **tariffa d'estimo più alta** in vigore nella Provincia (art. 28, D.P.R. n. 917/1986).

Perdita del prodotto per eventi naturali 10.2.17.

Qualora, per eventi naturali, si **perda** almeno il **30% del prodotto ordinario**, il reddito dominicale e agrario dell'annata agraria persa si considera **inesistente**, a condizione che l'evento dannoso sia denunciato all'Agenzia delle Entrate entro 3 mesi dalla data in cui si è verificato o almeno 15 giorni prima dell'inizio del raccolto (art. 31, D.P.R. n. 917/1986).

10.2.18. Terreni di imprese commerciali

I **terreni** appartenenti a imprese commerciali e considerati **strumentali** per l'esercizio dell'impresa, nonché quelli **destinati alla rivendita** non producono reddito fondiario e concorrono alla formazione del **reddito d'impresa** sulla base dei costi e dei ricavi effettivi (art. 55, D.P.R. n. 917/1986).
Viceversa, i **terreni non strumentali** sono tassati sulla base della **rendita catastale** e, pertanto, i costi ad essi riferibili non sono ammessi in deduzione.

10.2.19. Esenzione per i coltivatori diretti e gli imprenditori agricoli professionali

È prevista l'**esenzione dall'IRPEF e dalle addizionali regionale e comunale**, per gli anni dal **2017 al 2022**, dei redditi dominicali e agrari relativi ai terreni dichiarati da coltivatori diretti (CD) e imprenditori agricoli professionali (IAP - art. 1, D.Lgs. n. 99/2004) iscritti nella previdenza agricola (art. 1, c. 44, Legge n. 232/2016).
Se si considera che ai fini IMU sono esentati i terreni, indipendentemente dalla loro ubicazione, posseduti e condotti dai coltivatori diretti e dagli imprenditori agricoli professionali, iscritti nella previdenza agricola, per questi soggetti è prevista la totale esenzione sia da imposizione diretta che locale sui terreni posseduti.

Definizione di coltivatore diretto e IAP

Coltivatore diretto	Soggetto che si dedica direttamente e abitualmente alla coltivazione del fondo, con lavoro proprio o della sua famiglia e impegnando una forza lavorativa **non inferiore ad un terzo** di quella complessiva richiesta dalla normale conduzione del fondo (art. 6, Legge n. 203/1982).
Imprenditore Agricolo Professionale (IAP)	Soggetto che dedica alle attività agricole (art. 2135 c.c.), direttamente o in qualità di socio di società, **almeno il 50% del proprio tempo** di lavoro complessivo e che ricava dalle attività medesime **almeno il 50% del reddito** globale da lavoro (art. 1, D.Lgs. n. 99/2004). L'imprenditore agricolo professionale persona fisica, anche ove socio di società di persone o cooperative, ovvero amministratore di società di capitali, deve iscriversi nella gestione previdenziale ed assistenziale per l'agricoltura.

10.2.20. Terreni dati in affitto

In presenza di un contratto di affitto di terreno per uso agricolo, **l'affittuario è titolare del solo reddito agrario** del terreno locato.
In tal caso il reddito agrario derivante dagli estimi catastali va **commisurato ai giorni**.
Il reddito dominicale deve essere dichiarato dall'affittante.
L'obbligo di dichiarazione del reddito agrario da parte dell'affittuario **decorre unitamente al contratto di affitto**.

Terreni soggetti a regimi vincolistici - In caso di terreni dati in affitto per uso agricolo e soggetti a regimi vincolistici, il **reddito dominicale** è pari al minore tra il canone d'affitto e la rendita catastale diminuita del 20%. Il **reddito agrario** è determinato sulla base delle regole ordinarie ed è imputato all'affittuario del terreno.
In caso di affitto di terreni per usi diversi da quelli agricoli, il corrispettivo percepito dal proprietario rientra tra i redditi diversi. In tal caso, il reddito imponibile corrisponde al **canone annuo di affitto**, senza alcuna deduzione.

10.2.21. Conduzione associata

La conduzione associata si verifica quando più soggetti partecipano, con quote uguali o diverse, alla conduzione del terreno sulla base di **un contratto non societario**. Infatti, se il rapporto fosse societario, i redditi derivanti sarebbero di partecipazione e non agrari. In caso di conduzione associata di un fondo agricolo, si verificano le seguenti ipotesi:

- se l'associato **non è anche proprietario del terreno** deve dichiarare solo il reddito agrario; tale reddito va indicato nella misura della quota a lui spettante, in relazione alla percentuale di partecipazione e proporzionalmente al periodo di durata del contratto;
- se invece gli associati **sono anche proprietari del terreno** devono dichiarare anche il reddito dominicale.

Socio di società semplice 10.2.22.

Nel caso di società semplici operanti in agricoltura:

- la **società** compila il Mod. Redditi - Società di persone ed equiparate, quadro RA, indicando il **reddito agrario** rivalutato del terreno in conduzione e, solo **nel caso in cui sia anche proprietaria**, il **reddito dominicale** rivalutato;
- il **socio** presenta il Mod. Redditi - Persone fisiche, sulla base del **prospetto di riparto** rilasciato dalla società.

Il reddito che il socio deve dichiarare è calcolato in relazione alla **quota di partecipazione agli utili**, che si presume proporzionale ai conferimenti effettuati, se non risulta diversamente determinata in base all'atto costitutivo o da altri atti pubblici o scritture private autenticate di data anteriore a quella di inizio del periodo d'imposta (salvo che si tratti del primo anno di *status* di socio, nel qual caso vale l'atto di costituzione di società o di acquisto di quote anche se effettuato nell'anno stesso di riferimento dei redditi).

Impresa familiare agricola 10.2.23.

In caso di **impresa familiare**:

- il **titolare** presenta il **Mod. Redditi PF**, nel quale deve indicare:
  - nel **quadro RA**, la propria quota di spettanza del reddito agrario rivalutato dei terreni e il reddito dominicale rivalutato se è anche proprietario;
  - nel **quadro RS**, le quote di reddito agrario spettanti ai familiari partecipanti;
- i **familiari partecipanti** all'impresa familiare presentano la dichiarazione dei redditi (Mod. 730 o Redditi PF) indicando la **sola quota di spettanza del reddito agrario**, nel limite non eccedente il 49%. Se il familiare è **anche proprietario** del terreno deve indicare anche la propria quota del reddito dominicale.

I **familiari** coadiuvanti del coltivatore diretto, appartenenti al medesimo nucleo familiare, a condizione che siano iscritti nella gestione assistenziale e previdenziale agricola quali coltivatori diretti, beneficiano della **stessa disciplina fiscale** propria dei **titolari** dell'**impresa agricola** al cui esercizio partecipano attivamente (art. 1, c. 705, Legge n. 145/2018).

Impresa agricola individuale non in forma di impresa familiare 10.2.24.

Il titolare di impresa agricola individuale non familiare dichiara il **reddito agrario** e, se è anche proprietario, la **quota di reddito dominicale** di sua spettanza.

Redditi dei terreni		
Titolo di possesso	**Reddito dominicale**	**Reddito agrario**
Proprietà	Sì[1]	Sì
Usufrutto (usufruttuario)	Sì[1]	Sì
Usufrutto (nudo proprietario)	NO	NO
Altro diritto reale	Sì[1]	Sì
Affitto (affittuario)	NO	Sì
Conduzione associata	NO	Sì
Locatore[2]	Sì[1]	NO

[1] L'IRPEF sul reddito dominicale **non è dovuta a meno che non si tratti di terreno su cui non è dovuta l'IMU**.

[2] In caso di contratti a regime vincolistico del canone, deve essere dichiarato il canone di locazione se l'80% del reddito dominicale rivalutato dell'80% è maggiore del canone di locazione.

Rivalutazione 10.2.25.

Ai soli fini IRPEF, i redditi devono essere rivalutati, con l'applicazione dei seguenti **coefficienti** (art. 3, c. 50, Legge n. 662/1996):

- **reddito dominicale: 80%**;
- **reddito agrario: 70%**.

CASO 4 - Calcolo rivalutazione terreni

Un terreno risulta iscritto in catasto con reddito dominicale pari a euro 500,00 e reddito agrario pari a euro 800,00.

IRPEF

Il reddito da indicare in dichiarazione dei redditi è pari a:
- reddito dominicale = 500,00 + (500,00 x 80%) = 500,00 + 400,00 = 900,00;
- reddito agrario = 800,00 + (800,00 x 70%) = 800,00 + 560,00 = 1.360,00.

10.2.26. Agevolazioni per raccoglitori occasionali di prodotti non legnosi e piante officinali

È previsto un regime di **tassazione forfetaria** per i redditi derivanti dalla raccolta di prodotti selvatici non legnosi e di piante officinali spontanee (art. 1, c. 692-697, Legge n. 145/2018).
Rientrano nel regime forfetario, con imposta sostitutiva dell'IRPEF e relative addizionali, i redditi, conseguiti da delle persone fisiche, derivati dallo svolgimento, in via occasionale, delle attività di raccolta di prodotti selvatici non legnosi di cui alla classe Ateco 02.30, a cui si aggiunge la raccolta di piante officinali spontanee (art. 3, D.Lgs. n. 75/2018).

Occasionalità

Ai fini dell'applicazione dell'imposta sostitutiva, l'attività di raccolta di prodotti selvatici non legnosi si intende svolta in via occasionale se i corrispettivi percepiti dalla vendita del prodotto non superano il **limite annuo** di **7.000 euro**, che non faranno cumulo con altri redditi della persona fisica.

Imposta sostitutiva e adempimenti

È fissata in **100 euro** e va versata entro il **16 febbraio dell'anno di riferimento** da coloro che sono in possesso del titolo di raccolta per uno, o più prodotti, rilasciato dalla Regione od altri enti subordinati.
Sono **esclusi** dal versamento dell'imposta coloro i quali effettuano la raccolta esclusivamente per **autoconsumo**.
La ritenuta prevista per i **raccoglitori occasionali di tartufi** (art. 25-quater, D.P.R. n. 600/1973), non si applica nei confronti dei soggetti che hanno versato l'imposta sostitutiva con riferimento all'anno in cui la cessione del prodotto è stata effettuata.
Per le operazioni di **acquisto di prodotto** effettuate **senza l'applicazione della ritenuta**, il soggetto acquirente emette un documento d'acquisto dal quale risultino la data di cessione, il nome e il cognome, il codice fiscale del cedente, il codice ricevuta del versamento dell'imposta sostitutiva, la natura e la quantità del prodotto ceduto, nonché l'ammontare del corrispettivo pattuito.
Lo stesso soggetto acquirente include i dati relativi ai documenti di acquisto nella comunicazione trimestrale delle fatture (c.d. "Spesometro" - art. 21, D.L. n. 78/2010).

Regime forfetario

I produttori agricoli che gestiscono la produzione dei prodotti selvatici non legnosi, **non ricompresi** nella **classe Ateco 02.30** e tra le piante officinali (art. 3, D.Lgs. n. 75/2018) e che sono diversi dalle imprese agricole in regime di esenzione IVA (art. 36, c. 6, D.P.R. n. 633/1972), possono applicare il regime forfetario per le imprese minime (➡14.11.9.) (art. 1, c. 54-75, Legge n. 190/2014).
Ai fini dell'imposizione sui redditi, il reddito di tali soggetti è comunque determinato su base catastale e non trovano applicazione le norme sul regime forfetario (art. 1, c. 64 e ss., Legge n. 190/2014).
Nessun obbligo contabile, comunque, sussiste in capo al cedente raccoglitore occasionale, non soggetto passivo IVA, per le cessioni dei prodotti selvatici non legnosi di cui alla classe Ateco 02.30, nonché delle piante officinali spontanee (circ. 10 aprile 2019, n. 8/E).

10.3. REDDITI DEI FABBRICATI

Il **reddito dei fabbricati** è costituito dal **reddito catastalmente attribuibile ad ogni unità immobiliare urbana** (art. 36, D.P.R. n. 917/1986).
Per unità immobiliare si intendono i **fabbricati** e le altre costruzioni stabili, **o loro porzioni**, suscettibili di produrre un reddito proprio.
Rientrano in tale definizione gli appartamenti, i negozi, i conventi, gli ospedali, gli edifici costituenti un'unica azienda, le autorimesse con accesso diretto alla strada, le abitazioni dei portieri, le caserme e altro.
Si considerano parti integranti delle unità immobiliari le **pertinenze** (art. 817, c.c.) e le aree occupate dalle costruzioni.

10.3.1. Fabbricati esclusi

Non sono **produttivi di reddito fondiario**:
- le **parti comuni di proprietà condominiale** il cui reddito riferito al singolo proprietario non è superiore a **25,82** euro (art. 36, c. 3-bis, D.P.R. n. 917/1986);

- gli **immobili strumentali** sia per natura, che per destinazione (art. 43, D.P.R. n. 917/1986);
- gli immobili adibiti esclusivamente all'**esercizio dell'arte e della professione** (art. 43, D.P.R. n. 917/1986);
- gli immobili - con relative pertinenze - destinati all'**esercizio del culto** (se locati, sono comunque produttivi di reddito), compresi i monasteri di clausura e le loro pertinenze;
- le unità immobiliari per le quali siano state rilasciate licenze, concessioni o autorizzazioni per il **restauro, risanamento conservativo o ristrutturazione edilizia**, limitatamente al periodo di validità del provvedimento durante il quale l'unità immobiliare non è comunque utilizzata;
- gli immobili completamente adibiti a sedi aperte al pubblico di **musei, biblioteche, archivi, cineteche ed emeroteche**, quando al possessore non derivi alcun reddito per l'utilizzazione dell'immobile per l'intero anno. Tale circostanza deve essere denunciata all'Agenzia delle Entrate entro 3 mesi dalla data in cui ha avuto inizio;
- le **costruzioni rurali** e relative pertinenze (➡10.3.2.), comprese quelle adibite ad uso non abitativo, appartenenti al possessore o all'affittuario dei terreni cui servono, effettivamente adibite agli usi agricoli.

Costruzioni rurali 10.3.2.

Non si considerano produttive di reddito di fabbricati le **costruzioni o porzioni di costruzioni rurali** e relative pertinenze, appartenenti al possessore o all'affittuario dei terreni cui servono e destinate (art. 42, D.P.R. n. 917/1986):

a. all'**abitazione delle persone addette alla coltivazione** della terra, alla custodia dei fondi, del bestiame e degli edifici rurali e alla vigilanza dei lavoratori agricoli, nonché dei familiari conviventi a loro carico, sempre che le caratteristiche dell'immobile siano rispondenti alle esigenze delle attività esercitate;
b. al **ricovero degli animali** e di quelli occorrenti per la coltivazione (art. 32, c. 2, lett. b), D.P.R. n. 917/1986);
c. alla **custodia delle macchine**, degli attrezzi e delle scorte occorrenti per la coltivazione;
d. alla **protezione delle piante**, alla **conservazione, manipolazione e trasformazione** dei **prodotti agricoli** (art. 32, c. 2, lett. c), D.P.R. n. 917/1986).

Requisiti di ruralità

Ai fini del riconoscimento fiscale del requisito della ruralità, devono sussistere le seguenti **condizioni** (art. 9, D.L. n. 557/1993):

- il fabbricato deve essere **utilizzato quale abitazione**:
  1. del **soggetto titolare del diritto di proprietà o di altro diritto reale** sul terreno per esigenze connesse all'attività agricola svolta; il soggetto deve rivestire la qualifica di imprenditore agricolo ed essere iscritto nel registro delle imprese;
  2. dell'**affittuario** del terreno stesso o del soggetto che con altro titolo idoneo conduce il terreno a cui l'immobile è asservito; il soggetto deve rivestire la qualifica di imprenditore agricolo ed essere iscritto nel registro delle imprese;
  3. **familiari conviventi** a carico dei soggetti di cui al n. 1) e al n. 2) risultanti dalle certificazioni anagrafiche; da coadiuvanti iscritti come tali a fini previdenziali;
  4. da soggetti titolari di **trattamenti pensionistici** corrisposti a seguito di attività svolta in agricoltura;
  5. da **uno dei soci o amministratori** delle **società agricole** (art. 2, D.Lgs. n. 99/2004), aventi la qualifica di imprenditore agricolo professionale ed iscritti nel Registro delle imprese;
- il **terreno** cui il fabbricato si riferisce deve essere situato **nello stesso Comune** o in **Comuni confinanti** e deve avere una **superficie non inferiore a 10.000 metri quadrati**; se sul terreno sono praticate colture specializzate in serra o la funghicoltura, deve essere almeno di 3.000 mq;
- il **volume d'affari** derivante dalle attività agricole del soggetto che conduce il fondo e risultante dalla dichiarazione annuale IVA deve essere **superiore alla metà del suo reddito complessivo** risultante dalla dichiarazione dei redditi; se il dichiarante è soggetto non obbligato alla presentazione della dichiarazione IVA, il suo volume d'affari si presume pari a **7.000** euro;
- se **più unità abitative** sono utilizzate dallo stesso nucleo familiare, è necessario che per ciascuna unità sia rispettato il limite dei **cinque vani catastali**, più un vano per ogni abitante oltre il primo, o di **80 metri quadrati** più **20 metri quadrati** per ogni abitante oltre il primo.

Se l'immobile viene utilizzato da **più persone**, i requisiti esposti devono essere posseduti da almeno uno di essi.

Se sul terreno insistono **più unità immobiliari**, i requisiti di ruralità devono essere soddisfatti per ciascuna unità.

Inoltre, ai fini fiscali il carattere di ruralità è riconosciuto alle **costruzioni strumentali necessarie allo svolgimento dell'attività agricola** di cui all'art. 2135 c.c. e in particolare destinate:

a. alla **protezione** delle piante;
b. alla **conservazione** dei prodotti agricoli;
c. alla **custodia** delle macchine agricole, degli attrezzi e delle scorte occorrenti per la coltivazione e l'allevamento;
d. all'**allevamento** e al ricovero degli animali;
e. all'agriturismo;
f. ad **abitazione dei dipendenti** esercenti attività agricole nell'azienda a tempo indeterminato o a tempo determinato per un numero annuo di giornate lavorative superiore a cento, assunti in conformità alla normativa vigente in materia di collocamento;
g. alle persone addette all'attività di **alpeggio** in zona di montagna;
h. ad uso di **ufficio** dell'azienda agricola;
i. alla **manipolazione**, **trasformazione**, **conservazione**, **valorizzazione o commercializzazione dei prodotti agricoli**, anche se effettuate da cooperative e loro consorzi (art. 1, c. 2, D.Lgs. n. 228/2001);
j. all'esercizio dell'attività agricola in **maso chiuso**.

Le porzioni di immobili di cui sopra, destinate ad abitazione, sono censite in catasto, autonomamente, in una delle **categorie del gruppo A**.

> Sono **compatibili con l'attività agrituristica**, ed in genere con la ruralità dell'immobile, la destinazione residenziale dell'unità immobiliare utilizzata dall'imprenditore quale abitazione, cui è attribuita una delle categorie del gruppo A (escluse A1 o A8 e quelle che hanno caratteristiche di lusso), e gli immobili con classamento nelle categorie C/2, C/3, C/6 e C/7 (circ. 15 giugno 2007, n. 7/T).

Le costruzioni che non hanno i requisiti esposti, ma **non sono utilizzate**, non si considerano produttive di reddito, se il contribuente dimostri la mancata utilizzazione mediante apposita **autocertificazione con firma autentica** attestante l'assenza di allacciamenti alle reti elettriche, del gas e dell'acqua, da fornire a richiesta degli organi competenti.
Inoltre, fermi restando gli altri requisiti, il fabbricato per essere considerato **rurale** deve essere posseduto dal **soggetto titolare del diritto di proprietà** o di altro diritto reale sul terreno. Oppure detenuto dall'affittuario o da soggetto che ad altro titolo conduce il terreno cui l'immobile è asservito (sempre che tali soggetti rivestano la qualifica di imprenditore agricolo e siano iscritti nel Registro delle imprese), o dai **familiari conviventi** a loro carico così come risultante dalle certificazioni anagrafiche. Oppure deve essere detenuto da soggetti titolari di **trattamenti pensionistici** corrisposti a seguito di attività svolta in agricoltura, compresi quelli di reversibilità, o da coadiuvanti iscritti come tali ai fini previdenziali (art. 2, c. 36, 38 e 39, Legge n. 286/2006).

Domanda di riconoscimento della ruralità - Per il riconoscimento della ruralità è necessario presentare un'apposita **domanda** all'Agenzia delle Entrate.
A tale proposito è disponibile sul sito istituzionale dell'Agenzia una specifica applicazione per compilare la domanda direttamente *on line*.

> La presentazione delle domande di variazione e quindi l'inserimento dell'annotazione riguardante la ruralità negli atti catastali producono gli effetti previsti per il riconoscimento del requisito di ruralità **a decorrere dal quinto anno antecedente** a quello di presentazione della domanda (D.L. n. 102/2013).

Costruzioni prive dei requisiti rurali

Le unità immobiliari che non hanno i requisiti per essere considerate costruzioni rurali devono essere **dichiarate** utilizzando una **rendita presunta**, **se non ancora accatastate**.
Qualora gli interessati non abbiano presentato le dichiarazioni catastali gli Uffici provinciali dell'Agenzia delle Entrate provvedono - in surroga del soggetto obbligato inadempiente e con oneri a carico dello stesso - all'**iscrizione in catasto** attraverso la predisposizione delle relative dichiarazioni e a **notificarne** i relativi esiti.

IRPEF

Le rendite catastali dichiarate o attribuite **producono effetto** fiscale a decorrere dal **1° gennaio dell'anno successivo** alla data cui riferire la mancata presentazione della denuncia catastale, ovvero, in assenza di tale indicazione, **dal 1° gennaio dell'anno di pubblicazione del comunicato** di cui sopra.

Perdita dei requisiti di ruralità

Per gli immobili già censiti come rurali al catasto dei fabbricati, ai soli fini della cancellazione di ogni annotazione riferita alla ruralità, il soggetto obbligato deve presentare apposita richiesta all'Agenzia delle Entrate competente, **entro il termine di 30 giorni** da quello in cui l'unità immobiliare ha perso i previsti requisiti. Allo stesso modo, al fine di apporre la specifica annotazione, chi ne ha interesse può dichiarare la sussistenza dei requisiti di ruralità al medesimo Ufficio, utilizzando i moduli appositi.

Sanzioni - In caso di violazione degli obblighi di dichiarazione della perdita dei requisiti di ruralità si applica la **sanzione** oscillante tra un **minimo di 1.032** e un **massimo di 8.264 euro** (art. 28, R.D.L. 13 aprile 1939, n. 652/1939; circ. 29 aprile 2011, n. 4/T).

Regolarizzazione - È possibile regolarizzare la propria posizione presentando i previsti atti di aggiornamento catastale e, qualora ne ricorra il caso, avvalendosi dell'istituto del **ravvedimento operoso** che permette di pagare una sanzione amministrativa ridotta pari ad 1/6 del minimo, se la regolarizzazione avviene oltre 2 anni dalla violazione (art. 13, D.Lgs. n. 472/1997).
In particolare, per le costruzioni ancora censite al catasto dei terreni, in base alle caratteristiche proprie, è possibile:

- nel caso si tratti di una **costruzione in grado di produrre reddito**, dichiararla al catasto dei fabbricati con l'ausilio di un tecnico abilitato;
- nel caso in cui la costruzione **non esista più o sia diruta**, dichiarare la variazione della destinazione al catasto dei terreni direttamente presso l'Agenzia delle Entrate competente, senza alcun onere.

Imputazione del reddito 10.3.3.

Il reddito delle unità immobiliari è costituito dalla **rendita catastale** e viene determinato, in linea generale, mediante l'**applicazione delle tariffe d'estimo**, che sono sottoposte a revisione dal Ministero dell'Economia e delle finanze quando se ne manifesti l'esigenza e, comunque, ogni 10 anni (art. 37, D.P.R. n. 917/1986).
Per l'imputazione del reddito, la durata del possesso e la contitolarità del bene valgono le regole generali (➔10.1.).

I fabbricati dei **figli minori**, essendo oggetto di usufrutto legale, formano reddito per i genitori.

Rendita catastale 10.3.4.

Le **rendite catastali** urbane sono **rivalutate del 5%** ai fini IRPEF e IMU-TASI.
La rendita catastale corrisponde alla seguente moltiplicazione:

tariffa di riferimento x consistenza complessiva

La **tariffa di riferimento** viene individuata secondo la zona censuaria, le categorie catastali e la classe di merito.
Le **zone censuarie** sono porzioni di centro urbano, individuate per classi di valore di mercato; vanno ricercate nei rogiti notarili, negli atti di successione o in precedenti certificazioni catastali. Ogni immobile ubicato in una zona censuaria appartiene ad una **categoria catastale**, a seconda della tipologia e della destinazione (gruppi A, B, C).
Ad ogni categoria catastale è attribuito un parametro, che definisce la **consistenza complessiva** dell'immobile:

- **numero di vani**, per la categoria catastale del **gruppo A** (abitazioni e uffici);
- **metri cubi**, per la categoria catastale del **gruppo B** (edifici pubblici in genere);
- **metri quadri**, per la categoria catastale del **gruppo C** (box, negozi, magazzini, ecc.).

In ogni caso, le tariffe unitarie vengono pubblicate per singole province su appositi supplementi della Gazzetta Ufficiale.

CASO 5 - Calcolo rendita catastale
Immobile di categoria A/10, sito in Milano, cui corrisponde una tariffa unitaria pari a euro 991,60, avente numero 3 vani:
Rendita catastale = (euro 991,60 x 3) = euro 2.974,80.

Immobili non censiti o con rendita non adeguata - Si applica la **rendita presunta**, determinata avendo a riferimento unità similari già iscritte.

Immobili appartenenti alle categorie catastali D ed E - Sono **a stima diretta**, nel senso che l'Agenzia delle Entrate deve provvedere ad attribuire singolarmente la rendita catastale, dopo averne stimato il valore.

Immobili inagibili - In caso di inagibilità dell'immobile per accertato degrado fisico (diroccati, pericolanti o fatiscenti) o per obsolescenza funzionale, strutturale o tecnologica non superabile con interventi di manutenzione, è possibile inoltrare all'Agenzia delle Entrate competente una **denuncia** per la richiesta di attribuzione di una **nuova rendita catastale**. In attesa di attribuzione di rendita, è possibile dichiarare una rendita presunta.
La denuncia va inoltrata, utilizzando la **procedura "DOCFA"** disponibile sul sito Internet dell'Agenzia delle Entrate, entro 30 giorni dal momento in cui le variazioni si sono verificate (art. 28, R.D.L. n. 652/1939).
Se il soggetto non ha posto in essere la suddetta procedura, deve dichiarare il reddito del fabbricato secondo i **criteri ordinari**.

Accertamento da parte dei Comuni

I Comuni, constatata la presenza di immobili di proprietà privata non dichiarati in catasto ovvero la sussistenza di situazioni di fatto non più coerenti con i classamenti catastali per intervenute variazioni edilizie, richiedono ai titolari di diritti reali sulle unità immobiliari interessate la presentazione di **atti di aggiornamento** (art. 1, c. 336, 337 e 338, Legge n. 311/2004).
La richiesta, contenente gli elementi constatati tra i quali, qualora accertata, la data cui riferire la mancata presentazione della denuncia catastale, va notificata ai soggetti interessati e comunicata, con gli estremi di notificazione, all'Agenzia delle Entrate.
Se i soggetti interessati **non ottemperano** alla richiesta entro 90 giorni dalla notificazione, gli Uffici provinciali dell'Agenzia delle Entrate provvedono, con oneri a carico dell'interessato, all'iscrizione in catasto dell'immobile non accatastato ovvero alla verifica del classamento delle unità immobiliari segnalate, notificando le risultanze del classamento e la relativa rendita.

Le **rendite catastali dichiarate** o comunque attribuite a seguito della notificazione della richiesta del Comune producono effetto fiscale a decorrere **dal 1° gennaio dell'anno successivo** alla data cui riferire la mancata presentazione della denuncia catastale, indicata nella richiesta notificata dal Comune, ovvero, in assenza della suddetta indicazione, dal 1° gennaio dell'anno di notifica della richiesta del Comune (circ. 4 agosto 2005, n. 10/T).

Accertamento da parte dell'Agenzia delle Entrate

L'Agenzia delle Entrate, sulla base di nuove informazioni connesse a verifiche tecnico-amministrative, da telerilevamento e da sopralluogo sul terreno, provvede ad avviare un **monitoraggio costante del territorio**, individuando, in collaborazione con i Comuni, ulteriori fabbricati che **non risultano dichiarati** al catasto (D.L. n. 78/2010).
A livello **operativo**, è previsto che (Provv. 19 aprile 2011):
– la **categoria** è individuata sulla base degli elementi tecnici acquisiti mediante sopralluogo esterno o forniti dai Comuni, ovvero utilizzando anche altri elementi conoscitivi o informativi a disposizione dell'Ufficio, mentre la **classe** è individuata in quella mediana della categoria, ovvero in quella superiore, fra le due intermedie, in caso di numero pari di classi, nell'ambito della zona censuaria ove è ubicata l'unità immobiliare;
– la **consistenza** di ciascuna unità immobiliare da accertare è calcolata, con modalità semplificate, tenendo conto della superficie desumibile dai rilievi aereo-fotografici, nonché degli elementi informativi acquisiti con sopralluogo esterno, numero di piani o altezza.

10.3.5. Rendita catastale immobili ad uso produttivo

Sono **escluse dal calcolo della rendita catastale** le componenti dei beni che, sebbene caratterizzanti la destinazione economica dell'immobile produttivo, siano prive dei **requisiti di "immobiliari-**

IRPEF

tà", ovvero di stabilità nel tempo rispetto alle componenti strutturali dell'unità immobiliare (c.d. **imbullonati**) (art. 1, c. 21 e ss., Legge n. 208/2015).

Abitazione principale 10.3.6.

Si considera **abitazione principale** quella nella quale la **persona fisica** che la possiede a titolo di proprietà usufrutto o altro diritto reale e i suoi familiari dimorino abitualmente.
Per l'abitazione principale (e relative pertinenze) spetta una **deduzione di importo pari al corrispondente reddito**.

> L'abitazione resta principale anche quando il contribuente trasferisce la propria **dimora abituale presso un istituto di ricovero o sanitario**, a condizione che l'abitazione non risulti locata (circ. 3 gennaio 2001, n. 1/E).

Non è richiesto il **pagamento dell'IMU** sulle abitazioni principali e relative pertinenze, a meno che non si tratti di **immobili "di lusso"** censiti nelle categorie catastali A/1, A/8 e A/9.

Pertinenze - Sono **pertinenze** le cose immobili di cui all'art. 817 c.c., classificate o classificabili in categorie diverse da quelle ad uso abitativo, **destinate ed effettivamente utilizzate in modo durevole a servizio delle unità immobiliari** adibite ad abitazione principale delle persone fisiche. Le pertinenze possono anche non essere contigue all'abitazione principale.

Deduzione

Nei casi di abitazioni principali non di lusso (categorie catastali diverse da A/1, A/8 o A/9) compete una **deduzione dal reddito complessivo fino all'ammontare della rendita catastale** dell'unità immobiliare adibita ad abitazione principale e delle relative pertinenze (➡**3.10.**) (art. 10, c. 3-bis, D.P.R. n. 917/1986).

Tipologia	IMU	IRPEF
Abitazioni principali classificate nelle categorie A/1, A/8 o A/9 (**abitazioni di lusso**) e relative pertinenze	SÌ	NO
Abitazioni principali classificate in categorie diverse da A/1, A/8 o A/9 (**abitazioni non di lusso**) e relative pertinenze	NO	SÌ[1]
[1] Spetta una deduzione di importo pari alla rendita catastale		

Abitazione secondaria 10.3.7.

Per le unità immobiliari possedute:
- **in aggiunta all'abitazione principale** del possessore o dei suoi familiari ovvero
- **in aggiunta a quelle adibite promiscuamente** all'esercizio di arti e professioni o di imprese commerciali,

e utilizzate come **residenza secondaria** o comunque tenute a disposizione, **non è dovuta l'IRPEF** (e le relative addizionali) in quanto sostituite dall'IMU (sempre che non si tratti di immobile esente ai fini IMU).

> È prevista **un'eccezione**: il reddito degli immobili ad uso abitativo **non locati situati nello stesso Comune nel quale si trova l'immobile adibito ad abitazione principale**, assoggettati ad IMU, concorre alla formazione della base imponibile IRPEF e delle relative addizionali nella misura del **50%** (art. 9, c. 9, D.Lgs. n. 23/2011).

Nel caso di immobili soggetti ad IRPEF (esenti IMU), il reddito va **aumentato di un terzo** (art. 41, D.P.R. n. 917/1986).

Fabbricati locati 10.3.8.

Per i **fabbricati locati** non si applica il principio di alternatività con l'IMU (➡**10.1.6.**) e, pertanto, sussiste l'obbligo di **versare l'IRPEF**.
La disciplina degli immobili locati è diversa a seconda che si applichi:
- il **regime ordinario** (➡**10.3.9.**);
- la **cedolare secca** (➡**10.3.10.**).

10.3.9. Regime ordinario

Se, ricorrendone i presupposti, non si è optato per la cedolare secca, il reddito dell'immobile locato da dichiarare è calcolato, in linea generale, confrontando **la rendita catastale rivalutata con il reddito effettivo** (corrispondente al canone di locazione abbattuto forfetariamente).
Le modalità di tassazione e, in particolare, la determinazione del reddito effettivo variano a seconda del tipo di contratto.
Nello specifico, è necessario distinguere tra i seguenti contratti di locazione:
- in **regime non legale** (libero o con patti in deroga);
- ad **equo canone**;
- in **regime convenzionato**;
- **transitorio**.

Locazione in regime libero o con patti in deroga

Nel caso in cui l'immobile sia locato con contratto libero (art. 2, c. 1, Legge n. 431/1998) o in regime di patti in deroga (Legge n. 359/1992), per determinare il reddito imponibile occorre **confrontare la rendita catastale rivalutata con il reddito effettivo** (dato dal canone di locazione **meno una deduzione forfetaria pari al 5%** del canone stesso) e **dichiarare il maggiore dei due** (art. 37, c. 4-bis, D.P.R. n. 917/1986).
Nell'ipotesi in cui il fabbricato sia sito nella città di Venezia centro e nelle isole della Giudecca, di Murano e di Burano, la riduzione rimane confermata al 25%.
Il **reddito** derivante dalla locazione degli immobili deroga al principio di cassa e deve essere, quindi, **dichiarato in base alla sua competenza**, indipendentemente dalla sua effettiva percezione.

CASO 6 - Locazione a regime libero

Immobile, sito a Milano, con rendita catastale pari a 1.200 euro che, durante il periodo d'imposta, è stato locato per 800 euro mensili (canone annuo pari a 9.600 euro).
I calcoli da effettuare sono i seguenti:
rendita catastale rivalutata = 1.200 x 1,05 = 1.260;
canone annuo abbattuto del 5% = 9.600 x 95% = 9.120.
Il reddito dell'immobile sarà pari a 9.120 e cioè il maggiore tra la rendita catastale rivalutata (1.260) e il canone di locazione al netto della deduzione (9.120).

Locazione a equo canone

Per la determinazione del reddito imponibile occorre procedere allo stesso modo sopra indicato, senza, però, effettuare il raffronto con la rendita catastale rivalutata. Pertanto, il reddito imponibile è dato dal **canone di locazione meno una deduzione pari al 5% (o 25%)** del canone stesso.

Locazione a canone concordato

In caso di stipula di un contratto a canone concordato (art. 2, c. 3, Legge n. 431/1998) sono previste alcune **agevolazioni sia per il locatore che per il conduttore**.
In particolare, per quanto riguarda il **locatore**, il reddito effettivo (determinato effettuando il confronto tra rendita catastale rivalutata e il canone di locazione abbattuto del 5-25%) è **ulteriormente abbattuto del 30%**.

CASO 7 - Locazione a canone concordato

Immobile locato a canone concordato con una rendita catastale rivalutata di 2.500 euro e un canone di locazione annuo di 18.000 euro, che ridotto del 5% è pari a euro 17.100.
In tal caso, il reddito imponibile sarà pari a 11.970 euro ottenuto applicando l'ulteriore riduzione del 30% sul canone ridotto di 17.100 euro.
Se, invece, la rendita catastale rivalutata è pari a 3.800 euro e il canone di locazione annuo di euro 3.900 euro, che ridotto del 5% è pari a 3.705 euro, il reddito imponibile è pari a 2.660 euro, ottenuto applicando l'ulteriore riduzione del 30% sulla rendita catastale di 3.800 euro.

La disciplina di cui sopra si applica unicamente alle **unità immobiliari concesse in locazione a canone concordato** sulla base di **appositi accordi** definiti in sede locale fra le organizzazioni della proprietà edilizia e le organizzazioni dei conduttori maggiormente rappresentative a livello nazionale situate (art. 1, D.L. n. 551/1988):
- nei Comuni di Bari, Bologna, Catania, Firenze, Genova, Milano, Napoli, Palermo, Roma, Torino e Venezia, nonché nei Comuni confinanti con gli stessi;
- negli altri Comuni capoluoghi di Provincia;

- nei Comuni, considerati ad alta tensione abitativa, individuati nella Delibera CIPE 30 maggio 1985, non compresi nei punti precedenti;
- nei Comuni di cui alla Delibera CIPE 8 aprile 1987, n. 152 non compresi nei punti precedenti;
- nei Comuni di cui alla Delibera CIPE 14 febbraio 2002, n. 4/2002 e alla Delibera CIPE 13 novembre 2003, n. 87/03, non compresi nei punti precedenti;
- nei Comuni della Campania e della Basilicata colpiti dagli eventi tellurici dei primi anni '80.

Gli **elenchi dei Comuni sono aggiornati periodicamente** ad opera del CIPE. In caso di Comune tolto da detti elenchi, le agevolazioni non spettano a decorrere dall'anno in cui è avvenuta la variazione.

Linee guida per la stipula dei contratti a canone concordato - In base alle linee guida per la definizione, da parte delle associazioni dei proprietari e degli inquilini, dei nuovi accordi locali (D.M. 16 gennaio 2017), per i contratti di locazione a canone concordato "non assistiti", l'attestazione rilasciata dalle organizzazioni sindacali e dalle associazioni degli inquilini e dei proprietari di immobili firmatarie degli accordi territoriali, con la quale viene confermata la rispondenza del contenuto economico e normativo del contratto di locazione all'accordo territoriale, esplica effetti anche ai fini del conseguimento delle agevolazioni fiscali (ris. 20 aprile 2018, n. 31/E).

Locazione transitoria

I contratti ad uso transitorio (art. 5, Legge n. 431/1998) sono una particolare tipologia di contratti di durata inferiore ai limiti previsti dalla legge (attualmente 4 anni per i contratti a canone libero) per soddisfare particolari esigenze delle parti (ad esempio, per gli studenti fuori sede).

Il canone può essere **libero o convenzionato**.

Tuttavia, nelle città "ad alta tensione abitativa" e nei Comuni limitrofi, il canone deve corrispondere alle tabelle proposte dai Comuni di appartenenza, che fanno riferimento ai canoni convenzionati.

Da un punto di vista fiscale, il canone di locazione è trattato alla stessa stregua di un contratto ordinario con la riduzione del 5% o (25%) a titolo forfetario.

Per i **contratti transitori stipulati da studenti** che, per esigenze di studio, lasciano il proprio Comune di residenza per trasferirsi vicino all'università (art. 5, c. 2 e 3, Legge n. 431/1998) **spetta l'ulteriore riduzione del 30%** del reddito del fabbricato determinato effettuando il confronto tra la rendita catastale rivalutata ed il reddito effettivo e portando a tassazione il maggiore dei due.

È possibile richiedere un'unica attestazione di rispondenza da parte delle Organizzazioni di categoria, avente ad oggetto il contenuto economico e normativo del contratto all'accordo locale sottoscritto con il Comune, nel caso in cui siano stati sottoscritti contestualmente molteplici contratti di locazione abitativa-agevolata e transitoria con diversi studenti universitari, inerenti a porzioni del medesimo appartamento (risposta a interpello 12 dicembre 2018, n. 105).

Cedolare secca 10.3.10.

È prevista la facoltà per il contribuente di scegliere l'applicazione di un **regime tributario sostitutivo** sul reddito da locazione (c.d. "**cedolare secca** **sugli affitti**"), relativamente alla tassazione delle unità immobiliari **locate ad uso abitativo** (art. 3, D.Lgs. n. 23/2011; Provv. 7 aprile 2011).

L'agevolazione è stata estesa, con effetto dai contratti stipulati **nel solo periodo d'imposta 2019**, anche agli **immobili classificati nella categoria C/1** (Negozi e botteghe).

La cedolare secca:

- è **sostitutiva dell'IRPEF** e delle relative **addizionali**, nonché delle imposte di **registro e** di **bollo** sul contratto di locazione ovvero sulla sua eventuale risoluzione o proroga;
- può essere applicata anche ai redditi di **locazioni "brevi"** che non sono soggetti all'obbligo di registrazione (➡10.3.11.).

Soggetti esclusi - Non possono usufruire della cedolare:

- i soggetti che procedono alla locazione di immobili ad uso abitativo **nell'esercizio dell'attività di impresa o di arti e professioni**;
- gli **imprenditori ovvero i lavoratori autonomi**, anche nel caso in cui concedano in locazione un immobile abitativo ai propri dipendenti (circ. 1° giugno 2011, n. 26/E);
- i titolari di redditi derivanti dalla locazione di immobili ad uso abitativo **oggetto di proprietà condominiale**.

Aliquote

La cedolare secca è fissata in misura pari a:

- **21%** sui canoni di locazione a **regime ordinario**;

- **10%** per quelli **a regime concordato** (o concertato) sulla base di appositi accordi tra le organizzazioni della proprietà e degli inquilini (artt. 2, c. 3, 5, c. 2 e 8, Legge n. 431/1998);
- **10%** per quelli a regime concordato stipulati nei **Comuni** per i quali è stato deliberato, nei 5 anni precedenti la data di entrata in vigore della legge di conversione del D.L. n. 47/2014 (28 marzo 2014), lo **stato di emergenza** a seguito del verificarsi degli eventi calamitosi. In tal caso, è necessario che nei provvedimenti dei commissari delegati siano indicati in modo specifico, oltre ai criteri e le modalità attuative per far fronte alle emergenze, anche i comuni colpiti dagli eventi calamitosi (risposta a interpello 7 novembre 2019, n. 470).

L'**aliquota del 10%** si applica anche:
- ai contratti con canone concordato stipulati per soddisfare **esigenze abitative di studenti universitari** (art. 8, c. 3, Legge n. 431/1998), sulla base di apposite convenzioni nazionali (circ. 1° giugno 2011, n. 26/E). Inoltre, nel caso in cui l'immobile venga utilizzato per soddisfare le finalità abitative degli studenti universitari può accedere al regime della "cedolare secca" anche il contratto di locazione stipulato dal locatore con le cooperative edilizie o con gli enti senza scopo di lucro (circ. 8 aprile 2016, n. 12/E);
- ai **contratti transitori** (art. 5, c. 1, Legge n. 431/1998) ossia ai contratti di durata da un minimo di un mese ad un massimo di 18 mesi, a condizione che si tratti di un contratto di locazione a canone concordato relativo ad abitazioni ubicate nei Comuni con carenze di disponibilità abitative o in quelli ad alta tensione abitativa (circ. 7 aprile 2017, n. 8/E).

Clausola di salvaguardia

L'**imponibile non** può essere **inferiore** al **reddito medio ordinario** delle unità immobiliari determinato mediante l'applicazione delle **tariffe d'estimo**, stabilite secondo le norme della legge catastale per ciascuna categoria e classe, ovvero, per i fabbricati a destinazione speciale o particolare, mediante **stima diretta**.

Contratti di locazione interessati ed esclusi	
Sì cedolare secca	**NO cedolare secca**
Contratti di locazione: - aventi ad oggetto fabbricati censiti nel catasto dei fabbricati nella **tipologia abitativa** (categoria catastale A, escluso A10) ovvero per i quali è stata presentata domanda di accatastamento in detta tipologia abitativa; - **conclusi con enti pubblici o privati non commerciali**, purché risulti dal contratto di locazione la destinazione degli immobili ad uso abitativo in conformità alle proprie finalità.	Contratti di locazione: - relativi agli immobili che, pur avendo i requisiti di fatto per essere destinati ad uso abitativo, **sono iscritti in una categoria catastale diversa** (ad esempio fabbricati accatastati come uffici o negozi); - conclusi con **conduttori che agiscono nell'esercizio di attività di impresa o di lavoro autonomo**, indipendentemente dal successivo utilizzo dell'immobile per finalità abitative di collaboratori e dipendenti; - di immobili accatastati come abitativi, **ma locati per uso ufficio o promiscuo**; - di **immobili situati all'estero** (i relativi redditi rientrano nella categoria dei redditi diversi di cui all'art. 67, c. 1, lett. f), D.P.R. n. 917/1986); - **di sublocazione di immobili** (i redditi rientrano nella categoria dei redditi diversi di cui all'art. 67, c. 1, lett. h), D.P.R. n. 917/1986).

Locazione di parte di immobile

L'opzione per la cedolare secca può essere esercitata anche se il locatore abbia **locato soltanto una o più porzioni dell'immobile abitativo**: in tal caso, però, il reddito ritraibile dalla contemporanea locazione di porzioni di un'unità abitativa, cui è attribuita un'unica rendita catastale, deve essere assoggettato allo **stesso regime impositivo**. Ciò significa che l'esercizio dell'opzione per il regime della cedolare secca per un contratto di locazione relativo a una porzione dell'unità abitativa **vincola** all'esercizio dell'opzione per il medesimo regime anche per il reddito derivante dalla contemporanea locazione di altre porzioni della stessa.

Altri aspetti

Ai fini dell'applicazione della cedolare secca è previsto che:

- fermo l'obbligo della dichiarazione dei redditi, la **registrazione del contratto** di locazione **assorbe l'ulteriore obbligo** del contribuente di **comunicare** all'autorità di pubblica sicurezza le **generalità del conduttore** (art. 12, D.L. n. 59/1978; Ministero degli Interni, nota 31 maggio 2011);
- **non** è previsto il **rimborso** di quanto già pagato a titolo d'imposta di **bollo e** di **registro**;
- il reddito assoggettato alla cedolare secca **rileva** ogni qual volta disposizioni normative facciano riferimento al possesso di requisiti reddituali per il riconoscimento o la determinazione di deduzioni, detrazioni o benefici di qualsiasi titolo nonché **ai fini ISEE**. In particolare, il reddito fondiario assoggettato alla cedolare secca deve essere **aggiunto al reddito complessivo del locatore** per determinare la condizione di **familiare fiscalmente a carico**, per calcolare le **detrazioni per carichi di famiglia** (➜**4.**) (art. 12, D.P.R. n. 917/1986), le **altre detrazioni d'imposta** (➜**5.**) (art. 13, D.P.R. n. 917/1986), le **detrazioni per canoni di locazione** (➜**6.16.**) (art. 16, D.P.R. n. 917/1986) e, in generale, per stabilire la spettanza o la misura di benefici fiscali e non, collegati al possesso di requisiti reddituali;
- è **sospesa**, per un periodo corrispondente alla durata dell'opzione per la cedolare secca, la **facoltà di chiedere l'aggiornamento (anche ISTAT) del canone**, pur se prevista nel contratto a qualsiasi titolo;
- nel caso in cui l'opzione esercitata in sede di registrazione del contratto, e quindi all'inizio della prima annualità, sia revocata a valere dalla seconda annualità, resta comunque valida la **rinuncia del locatore agli aggiornamenti del canone** per un periodo corrispondente a quello della prima annualità per il quale il locatore si è avvalso di tale regime. Pertanto, il locatore non può richiedere gli aggiornamenti del canone relativi alla seconda annualità. Inoltre, se l'**immobile** è **in comproprietà**, basta l'opzione da parte di un singolo comproprietario a disattivare la richiesta di aggiornamenti del canone **anche per gli altri che non hanno aderito**;
- per i contratti con **decorrenza in corso d'anno**, l'annualità contrattuale non coincide con il periodo d'imposta e, quindi, nel medesimo periodo d'imposta possono coesistere sia annualità contrattuali per le quali è stata esercitata l'opzione per la cedolare secca, sia annualità contrattuali per le quali deve essere applicata l'IRPEF e le relative addizionali. Nel medesimo periodo d'imposta possono altresì coesistere sia annualità per le quali è stata esercitata l'opzione per la cedolare secca, sia periodi in cui l'immobile non è oggetto di contratti di locazione (perché è tenuto a disposizione ovvero utilizzato direttamente dal proprietario);
- i **canoni di locazione** di immobili ad uso abitativo **non percepiti** devono essere **assoggettati a tassazione**, salvo che entro il termine per la presentazione della dichiarazione dei redditi non si sia concluso il procedimento giudiziale di **convalida di sfratto per morosità** del conduttore.

Comunicazione del locatore

L'opzione non ha effetto se il locatore non ne ha dato **preventiva comunicazione al conduttore** con lettera raccomandata, con la quale rinuncia ad esercitare la facoltà di chiedere l'aggiornamento del canone a qualsiasi titolo.

Le disposizioni di cui sopra sono **inderogabili**.

La **comunicazione**:

- può essere fatta **solo tramite lettera raccomandata**. Non è possibile, quindi, utilizzare una raccomandata consegnata a mano, anche con ricevuta sottoscritta dal conduttore. In caso di più conduttori, l'opzione va comunicata a ciascuno di essi (circ. 1° giugno 2011, n. 26/E);
- va fatta **prima** di procedere alla **registrazione del contratto** ovvero prima del termine di versamento dell'imposta di registro per le annualità successive.

Sono liberi dall'obbligo di comunicazione di rinuncia agli aggiornamenti del canone i **contratti** di locazione **di durata complessiva nell'anno inferiore a 30 giorni** (circ. 4 giugno 2012, n. 20/E).

Esercizio dell'opzione per la cedolare secca

L'**opzione**:

- può essere **esercitata** dal locatore, persona fisica, proprietario o titolare di diritto reale di godimento di unità immobiliari abitative locate, **relativamente a ciascun immobile ad uso abitativo locato** per finalità abitative e relative pertinenze locate congiuntamente all'abitazione (Provv. 7 aprile 2011);
- **vincola** il locatore all'applicazione del regime della cedolare secca **per l'intero periodo di durata del contratto o della proroga** ovvero per il residuo periodo di durata del contratto nel caso di opzione esercitata nelle annualità successive alla prima;

– può essere **revocata** in ciascuna annualità contrattuale successiva a quella in cui questa è stata esercitata; la revoca è effettuata entro il termine previsto per il pagamento dell'imposta di registro relativa all'annualità di riferimento e comporta il versamento dell'imposta di registro dovuta. Resta salva la facoltà di esercitare l'opzione nelle annualità successive.

I soggetti che hanno effettuato l'opzione sono tenuti al versamento della cedolare secca calcolata sul canone di locazione stabilito dalle parti.

L'**opzione** per la cedolare secca **esercitata** in ipotesi di trasferimento *mortis causa* o per atto tra vivi di un immobile locato **cessa di avere efficacia con il trasferimento stesso** per quanto riguarda l'**imposta sul reddito**, mentre continua ad avere effetto fino al termine dell'annualità contrattuale per l'imposta di **registro e** di **bollo** (circ. 4 giugno 2012, n. 20/E).

L'opzione per la cedolare secca è possibile anche per il **coniuge non proprietario** dell'immobile ricompreso nel fondo patrimoniale (circ. 4 giugno 2012, n. 20/E).

La **mancata presentazione della comunicazione** relativa alla proroga del contratto, salvo l'applicazione, sino al 30 giugno 2019 (art. 3-bis, D.L. n. 34/2019) della sanzione pari a 100 euro (ridotta a 50 euro se la comunicazione viene presentata entro 30 giorni), da versare con codice tributo 1511 (ris. 10 marzo 2017, n. 30/E) **non** comporta la **revoca dell'opzione** esercitata in sede di registrazione del contratto di locazione qualora il contribuente abbia mantenuto un comportamento coerente con la volontà di optare per il regime della cedolare secca, effettuando i relativi versamenti e dichiarando i redditi da cedolare secca nel relativo Quadro della dichiarazione dei redditi (art. 7-quater, c. 24, D.L. n. 193/2016).

Esercizio dell'opzione in caso di più locatori - L'opzione può essere esercitata anche nel caso in cui vi siano **due o più locatori,** persone fisiche titolari del diritto di proprietà o di altro diritto reale di godimento sull'immobile e sulle relative pertinenze locate congiuntamente all'abitazione. In tali casi, l'**opzione** deve essere **esercitata distintamente** da ciascun locatore.
L'opzione per il regime di tassazione della cedolare secca esplica i suoi effetti solo in capo a coloro che l'hanno esercitata (circ. 1° giugno 2011, n. 26/E).
Il **comproprietario**, il cui nominativo non compare nel contratto di locazione dell'immobile sottoscritto dall'altro comproprietario, può comunque optare, in sostituzione dell'IRPEF, per la cedolare secca. La stipula del contratto di locazione da parte di uno solo dei due comproprietari ha effetto, infatti, anche nei confronti della parte che non compare negli atti. Conseguentemente, quest'ultima è tenuta a dichiarare, ai fini fiscali, il reddito fondiario per la quota a lui imputabile aprendo così la strada all'opzione della cedolare secca (circ. 4 giugno 2012, n. 20/E).

CASO 8 - Contratto con 3 locatori

Contratto di locazione di durata annuale avente ad oggetto un immobile abitativo e una pertinenza con un corrispettivo complessivo annuo di euro 15.000. I locatori posseggono le seguenti quote di proprietà (dell'immobile e della pertinenza):

a. Bianchi possiede il 40%;
b. Rossi possiede il 30%;
c. Verdi possiede il 30%.

Verdi opta per il regime della cedolare secca.
L'imposta di registro dovuta sul contratto di locazione deve essere calcolata sulla parte del canone imputabile a Bianchi e Rossi corrispondente alle loro quote di possesso (15.000 x 70%) = euro 10.500.
Su tale importo, deve poi essere applicata l'aliquota del 2% al fine di determinare l'imposta di registro, pari a euro 210, dovuta solidalmente solo da Bianchi e Rossi oltre che dal conduttore.

Esercizio dell'opzione in caso di locazione di più immobili - Nel caso in cui il contratto di locazione abbia ad oggetto unità immobiliari abitative per le quali è esercitata l'opzione per la cedolare secca ed altre unità immobiliari non soggette al regime della cedolare secca, l'**imposta di registro** deve essere assolta solo sui corrispettivi relativi a quest'ultimi immobili. In tali ipotesi, l'imposta di registro deve essere determinata solo con riferimento al canone di locazione pattuito nel contratto per gli immobili esclusi dal regime della cedolare secca.
Qualora sia indicato un **canone unitario**, l'imposta di registro è dovuta sulla quota di canone imputabile agli immobili per i quali non trova applicazione il regime della cedolare secca. Tale quota deve essere determinata in misura proporzionale alla rendita catastale (circ. 1° giugno 2011, n. 26/E).

CASO 9 - Contratto con immobili soggetti a cedolare secca e immobili a tassazione ordinaria

Contratto di locazione di durata annuale avente ad oggetto tre immobili con un corrispettivo contrattuale complessivo annuo pari ad euro 45.000. Gli immobili oggetto del contratto sono:

a. immobile abitativo di categoria catastale A1, rendita euro 1.100,00;
b. immobile abitativo di categoria catastale A2, rendita euro 900,00;
c. immobile non abitativo di categoria catastale C1, rendita catastale euro 2.000,00.

Il locatore opta per il regime della cedolare secca solo per l'immobile A.
L'imposta di registro deve essere corrisposta solo sul corrispettivo riferibile agli immobili B e C, determinato in proporzione alla rendita catastale attribuita agli stessi immobili.
Rendita B / Rendita totale = 900/4.000 x 100 = 22,5%;
Rendita C / Rendita totale = 2.000/4.000 x 100 = 50,0%;
Corrispettivo riferibile agli immobili B e C = 45.000 x 72,5% = 32.625.
L'imposta di registro da corrispondere, solidalmente dalle parti contraenti, in sede di registrazione del contratto è pari ad euro 652,50 determinata sulla parte del canone relativo agli immobili per i quali non è stata esercitata l'opzione (32.625 x 2%).
Sul contratto di locazione deve essere, comunque, corrisposta l'imposta di bollo nella misura ordinaria.

Opzione esercitata in sede di registrazione del contratto - L'opzione per l'applicazione della cedolare secca va fatta in sede di registrazione del contratto.
A tal fine va utilizzato il **Mod. RLI** secondo le seguenti modalità:

- utilizzando i servizi telematici dell'Agenzia (software RLI o RLI-web);
- presentando il Mod. RLI, debitamente compilato, allo stesso ufficio dove è stato registrato il contratto.

Opzione esercitata in dichiarazione dei redditi - L'esercizio dell'opzione va fatta in dichiarazione dei redditi per i contratti di locazione per i quali **non sussiste l'obbligo di registrazione** (contratti di **durata non superiore a 30 giorni** complessivi nell'anno), salvo che il contribuente provveda alla **registrazione volontaria** o in caso d'uso del contratto in data anteriore alla presentazione della dichiarazione dei redditi (in quest'ultimo caso l'opzione va eseguita in sede di registrazione del contratto).

Versamento della cedolare secca

La cedolare va versata entro il termine stabilito per il pagamento dell'IRPEF (➡95.10.).
È dovuto un **acconto** pari al **100%** (95% fino al 2020) che deve essere effettuato:

- in **unica soluzione**, entro il 30 novembre di ciascun anno, se **inferiore a 257,52 euro**;
- in **due rate**, se l'importo dovuto è **pari o superiore a 257,52 euro**, di cui:
  - la prima, nella misura del **40%**, entro il termine di versamento delle imposte dovute in base alla dichiarazione dei redditi;
  - la seconda, nella restante misura del **60%**, entro il 30 novembre.

Riguardo ai **codici tributo** vanno utilizzati (ris. 25 maggio 2011, n. 59/E):

- **1840** per la prima rata dell'acconto;
- **1841** per la seconda rata dell'acconto o per l'acconto in un'unica soluzione;
- **1842** per il saldo.

Sanzioni

Nel caso di **mancata indicazione** in dichiarazione dei **canoni** da locazione di immobili a uso abitativo, ovvero di un'**indicazione in misura inferiore** a quella effettiva, le relative **sanzioni** (art. 1, c. 1 e 2, D.Lgs. n. 471/1997) si applicano **in misura raddoppiata**; in tal caso, non è possibile usufruire della riduzione delle sanzioni, nel caso di definizione dell'accertamento con adesione del contribuente ovvero di rinuncia dello stesso all'impugnazione dell'accertamento.
In caso di **omessa registrazione**, o di registrazione con un **importo inferiore** a quello effettivo, ovvero di **contratto di comodato fittizio** per le locazioni di immobili ad uso abitativo:

- la **durata della locazione** viene automaticamente fissata a 4 anni a decorrere dalla data della registrazione, volontaria o d'ufficio;
- il **rinnovo della locazione** avviene secondo la disciplina dei contratti a canone libero;
- il **canone annuo di locazione** viene determinato in misura pari al triplo della rendita catastale, con adeguamento agli indici ISTAT.

Ravvedimento operoso - Il locatore può beneficiare del **ravvedimento operoso** in caso di omesso o ritardato invio della comunicazione della proroga del contratto di locazione per il quale ha esercitato l'opzione per il regime della cedolare secca (ris. 1° settembre 2017, n. 115/E).

Remissione in bonis - La **tardiva presentazione** del **modello di registrazione** dei contratti di locazione (Mod. RLI) può rientrare nel campo di applicazione della remissione *in bonis*, solo se il tardivo assolvimento dell'obbligo di presentazione di tale modello non sia configurabile come mero ripensamento. Ne consegue che non può essere ammesso ad usufruire dell'istituto in esame chi ha effettuato il versamento dell'imposta di registro (anche se in un'unica soluzione) prima di esercitare l'opzione per il regime della cedolare secca (art. 2, c. 1, D.L. n. 16/2012; circ. 20 dicembre 2012, n. 47/E).

10.3.11. Locazioni brevi

È prevista una specifica disciplina fiscale in materia di **locazioni brevi** mediante l'applicazione di un'imposta con l'**aliquota del 21%** (art. 4, D.L. n. 50/2017; circ. 12 ottobre 2017, n. 24/E).

Definizione di locazione breve - Per contratti di locazione breve si intendono i contratti di locazione di **immobili ad uso abitativo** di durata **non superiore a 30 giorni**, stipulati da persone fisiche **al di fuori dell'esercizio di attività d'impresa**.

Rientrano in tale definizione anche:

- i contratti di **sublocazione**;
- i contratti di **concessione in godimento** dell'immobile stipulati dal comodatario,

aventi **durata non superiore a 30 giorni**.

La disciplina si applica nel caso in cui:

- i contratti siano **stipulati direttamente** tra **locatore** (proprietario o titolare di altro diritto reale, sublocatore, comodatario) e **conduttore**;
- in tali contratti intervengano soggetti che esercitano **attività di intermediazione immobiliare**, anche attraverso la gestione di **portali online**, che mettono in contatto persone in ricerca di un immobile con persone che dispongono di unità immobiliari da locare.

> Non è richiesta l'adozione di un **particolare schema contrattuale** per indicare gli elementi del contratto, vale a dire i contraenti, l'oggetto (l'immobile ed eventuali prestazioni accessorie), la durata e il corrispettivo (circ. 12 ottobre 2017, n. 24/E).

Soggetti interessati

Il contratto, per poter rientrare nell'ambito applicativo delle norme di cui si discute, deve esser stipulato da **persone fisiche** che pongono in essere la locazione **al di fuori dell'attività d'impresa**.

Tale condizione riguarda entrambe le parti del contratto e, analogamente a quanto previsto in materia di cedolare secca, sono **esclusi** dall'ambito applicativo della norma anche i contratti di locazione breve che il conduttore stipuli nell'esercizio di attività quali quelli ad **uso foresteria dei dipendenti**.

Non vi rientrano neppure i contratti stipulati da soggetti che esercitano **attività commerciale occasionale**, i cui redditi sono compresi tra i redditi diversi (art. 67, c. 1, lett. i), D.P.R. n. 917/1986).

Nella definizione di locatore sono compresi anche il **sublocatore** e il **comodatario** che concede a terzi la disponibilità dell'immobile a titolo oneroso.

> L'ambito applicativo è determinato in base alla **causa del contratto** e non in base al **diritto** che ha sull'immobile colui che lo mette a disposizione.
> Ciò comporta che la normativa in esame si applica **a prescindere dal tipo di reddito** che deriva dal contratto di locazione: a nulla, dunque, vale il fatto che dal contratto derivi un reddito fondiario (nel caso in cui il locatore sia titolare di diritto di proprietà o di altro diritto reale sull'immobile) o un reddito diverso (nel caso in cui il locatore sia titolare di un diritto personale di godimento sull'immobile, ad esempio di locazione o di comodato) (circ. 12 ottobre 2017, n. 24/E).

Presunzione di commercialità - Con effetto dal periodo d'imposta 2021, il regime fiscale agevolato è riconosciuto solo in caso di destinazione alla locazione breve di **non più di quattro appartamenti** per ciascun periodo d'imposta (art. 1, c. 595-597, Legge n. 178/2020).

Negli altri casi, ai fini della tutela dei consumatori e della concorrenza, l'attività di locazione, da chiunque esercitata, si presume svolta in forma imprenditoriale ai sensi dell'art. 2082 del Codice civile.

Le predette regole si applicano anche per i contratti stipulati tramite soggetti che esercitano attività di **intermediazione immobiliare**, ovvero tramite soggetti che gestiscono **portali telematici**, mettendo in contatto persone in cerca di un immobile con persone che dispongono di appartamenti da condurre in locazione.

Ambito oggettivo

Gli immobili posti in locazione:

– devono essere a destinazione residenziale (finalità abitative): si deve trattare di unità immobiliari appartenenti alle **categorie catastali da A1 a A11 (esclusa A10** - uffici o studi privati) e relative **pertinenze** (box, posti auto, cantine, soffitte, ecc.). Possono essere agevolate anche le locazioni di **singole stanze** dell'abitazione;
– devono essere **situati in Italia**: sono esclusi quelli situati all'estero che producono reddito diverso (➡**15.4.3.**) (art. 67, c. 1, lett. f), D.P.R. n. 917/1986).

Servizi aggiuntivi ammessi	Servizi aggiuntivi non ammessi
Fornitura di biancheria; Pulizia dei locali; Fornitura di utenze, wi-fi, aria condizionata	Fornitura di colazione; Somministrazione di pasti; Messa a disposizione di auto a noleggio o di guide turistiche o di interpreti

Durata del contratto

La locazione breve **non** deve avere una durata **superiore a 30 giorni**.

Il termine deve essere considerato in relazione ad ogni singola pattuizione contrattuale; anche nel caso di **più contratti stipulati nell'anno** tra le stesse parti, occorre considerare **ogni singolo contratto**, fermo restando tuttavia che se la durata delle locazioni che intervengono nell'anno tra le medesime parti sia complessivamente **superiore a 30 giorni** devono essere posti in essere gli adempimenti connessi alla **registrazione del contratto**.

Contratti stipulati con intermediari

Particolari adempimenti sono previsti nel caso in cui nella stipula del contratto intervengano intermediari.

Il riferimento è ai soggetti che intermediano la conclusione del contratto o che intervengono nella fase del pagamento sia nel caso in cui essi siano residenti o abbiano una Stabile Organizzazione in Italia sia nel caso in cui non siano residenti e siano privi di una Stabile Organizzazione nello Stato.

Con il termine "attività di intermediazione immobiliare" ci si riferisce non solo alle **agenzie immobiliari** e, più in generale a coloro che esercitano la professione di **mediatore** (Legge n. 39/1989), ma anche ai soggetti che attraverso la **gestione di portali on line** mettono in contatto persone in ricerca di un immobile con persone che dispongono di unità immobiliari da locare.

In caso di soggetti non residenti, viene previsto che:

– **se hanno una Stabile Organizzazione** in Italia: adempiono ai relativi obblighi tramite la Stabile Organizzazione;
– **se non hanno una Stabile Organizzazione** in Italia: devono nominare un rappresentante fiscale.

Adempimenti a carico degli intermediari	
Trasmissione dei dati	**Ritenute**
Gli intermediari sono tenuti a trasmettere, con cadenza annuale, i dati relativi ai contratti conclusi per il loro tramite. La comunicazione, da trasmettere entro il 30 giugno dell'anno successivo a quello cui si riferiscono i predetti dati, deve contenere (Provv. 12 luglio 2017): - il **nome, cognome e codice fiscale del locatore**; - la **durata del contratto**, - l'importo del **corrispettivo lordo**, cioè l'ammontare dovuto dal conduttore sulla base dei contratti di locazione breve; - **l'indirizzo dell'immobile**.	Gli intermediari che intervengono nel pagamento o incassano i canoni o i corrispettivi derivanti dai contratti di locazione breve sono tenuti: - ad operare (e versare, entro il **giorno 16 del mese successivo**, utilizzando il **codice tributo 1919 -** ris. 5 luglio 2017, n. 88/E) all'atto del pagamento al beneficiario (locatore) una **ritenuta del 21%** sul relativo ammontare; - alla relativa **certificazione** (Mod. CU e 770). In caso di rilascio del Mod. CU, i sostituti d'imposta non sono tenuti all'ulteriore obbligo di trasmissione dei dati.

Adempimenti a carico degli intermediari	
Trasmissione dei dati	**Ritenute**
Sono tenuti alla trasmissione dei dati non tutti gli intermediari che favoriscono l'incontro tra domanda e offerta di abitazione, ma soltanto coloro che, oltre a tale attività, **forniscono un supporto professionale o tecnico informatico** nella fase del perfezionamento dell'accordo. L'intermediario è quindi tenuto alla comunicazione dei dati del contratto se il conduttore ha accettato la proposta di locazione tramite l'intermediario stesso o aderendo alla offerta di locazione tramite la piattaforma on line. Diversamente, nel caso in cui il locatore si avvalga dell'intermediario solo per **proporre l'immobile** in locazione ma il conduttore comunichi direttamente al locatore l'accettazione della proposta, l'intermediario **non è tenuto a comunicare i dati** del contratto in quanto ha solo contribuito a mettere in contatto le parti rimanendo estraneo alla fase di conclusione dell'accordo. L'omessa, incompleta o infedele comunicazione dei dati relativi ai contratti di locazione breve, di cui l'intermediario dispone, è punita con la **sanzione da 250 a 2.000 euro**. La sanzione è **ridotta alla metà** se la trasmissione è effettuata **entro i 15 giorni successivi** alla scadenza ovvero se, nel medesimo termine, è effettuata la trasmissione corretta dei dati. Non è sanzionabile l'**incompleta o errata comunicazione** dei dati del contratto se **causata dal comportamento del locatore**.	La ritenuta va calcolata sull'importo del canone o corrispettivo **lordo** indicato nel contratto di locazione breve; **non devono essere assoggettati a ritenuta** eventuali **penali** o **caparre** o **depositi cauzionali** (si tratta di somme di denaro diverse ed ulteriori rispetto al corrispettivo).

Cedolare secca sugli affitti brevi

Il reddito derivante dai contratti di locazione breve può essere assoggettato, per opzione del locatore, all'imposta, **con aliquota del 21%**, sostitutiva dell'IRPEF e delle relative addizionali, nonché delle eventuali imposte di registro e di bollo sul contratto di locazione, laddove registrato.

Poiché con il contratto di sublocazione o di comodato non si trasferisce al sublocatore ovvero al comodatario la **titolarità del reddito fondiario**, che resta in capo al soggetto titolare del diritto reale sul bene (diritto di proprietà o altro diritto reale), non mutano gli obblighi dichiarativi in capo alle parti.

Ai redditi derivanti dai contratti di locazione breve si applicano le medesime disposizioni previste, in materia di cedolare secca sugli affitti, sia per la dichiarazione, che per la liquidazione, l'accertamento, la riscossione, i rimborsi, le sanzioni, gli interessi ed il contenzioso ad essa relativi.

La **scelta** per il regime agevolato si effettua con la **dichiarazione dei redditi** relativa all'anno in cui i canoni di locazione sono maturati o i corrispettivi sono riscossi ovvero, nell'ipotesi di eventuale **registrazione del contratto**, in tale sede.

Il locatore può effettuare l'opzione per **ciascuno dei contratti stipulati**, salvo il caso in cui siano locate **singole porzioni** della medesima unità abitativa per periodi in tutto o in parte coincidenti: in tal caso l'esercizio dell'opzione per il primo contratto vincola anche il regime del contratto successivo.

Se il contratto di locazione viene stipulato da **uno solo dei proprietari** e, conseguentemente, la ritenuta è stata operata e certificata solo nei confronti di quest'ultimo, solo il comproprietario che ha stipulato il contratto di locazione potrà scomputare la ritenuta subita dal proprio reddito complessivo o chiedere il rimborso della maggior ritenuta subita sulla quota di reddito a lui non imputabile, qualora non abbia capienza per scomputarla dall'imposta dovuta dal reddito complessivo.

Gli **altri comproprietari** dovranno assoggettare a tassazione il reddito ad essi imputabile *pro quota* in sede di dichiarazione applicando la cedolare secca o il regime ordinario di tassazione.

Il locatore è, pertanto, tenuto a **riliquidare l'imposta** dovuta sul canone di locazione:

– se non sceglie il regime sostitutivo della cedolare secca;

- se non ha subito la ritenuta;
- se l'intermediario ha effettuato la ritenuta in assenza dei presupposti;
- nel caso in cui la ritenuta subita è maggiore dell'imposta dovuta.

Quando le disposizioni fanno riferimento, per il riconoscimento della spettanza o per la determinazione di deduzioni, detrazioni o benefici di qualsiasi titolo, anche di natura non tributaria, al possesso di requisiti reddituali, si tiene comunque conto anche del reddito assoggettato alla cedolare secca (art. 3, c. 7, D.Lgs. n. 23/2011).
Pertanto, il predetto reddito rileva anche ai fini **dell'ISEE** (circ. 12 ottobre 2017, n. 24/E).

Riguardo alla tassazione del canone di locazione dell'immobile concesso **in locazione dal comodatario** per periodi non superiori a 30 giorni:
- il **reddito del canone di locazione** è tassato in capo al comodatario come **reddito diverso**;
- il **proprietario** dell'immobile indica nel quadro RB del Mod. Redditi (o B in caso di Mod. 730) la sola **rendita catastale** dell'immobile concesso in comodato gratuito.

Banca dati degli affitti brevi - Ai fini della tutela dei consumatori, presso il Ministero per i beni e le attività culturali e per il turismo è istituita una banca di dati delle strutture ricettive, nonché degli immobili destinati alle locazioni brevi, identificati mediante un codice da utilizzare in ogni comunicazione inerente all'offerta e alla promozione dei servizi all'utenza, fermo restando quanto stabilito in materia dalle leggi regionali (art. 13-quater, c. 4, D.L. n. 34/2019).
La banca di dati raccoglie e ordina le informazioni inerenti alle strutture ricettive e agli immobili.
I soggetti titolari delle strutture ricettive, i soggetti che concedono in locazione breve immobili ad uso abitativo, i soggetti che esercitano attività di intermediazione immobiliare e i soggetti che gestiscono portali telematici, mettendo in contatto persone in cerca di un immobile o porzioni di esso con persone che dispongono di unità immobiliari o porzioni di esse da locare, sono tenuti a pubblicare i codici identificativi nelle comunicazioni inerenti all'offerta e alla promozione (art. 13-quater, c. 7, D.L. n. 34/2019).

Le modalità attuative per la realizzazione e la gestione della **banca dati delle strutture ricettive e degli immobili destinati alle locazioni brevi** sono state definite con il D.M. n. 161/2021.
Nella banca dati, realizzata e gestita attraverso apposita piattaforma informatica, è inserito anche il **codice identificativo regionale** che deve essere pubblicato, anche a fini di contrasto all'evasione fiscale, in tutte le comunicazioni relative alla promozione e all'offerta degli immobili affittati.

Misure antielusive 10.3.12.

I contribuenti che dichiarano un reddito derivante dalla locazione dei fabbricati non inferiore al maggiore importo tra l'85% del canone di locazione e il 10% del valore dell'immobile **non possono essere accertati su tale reddito** (art. 1, c. 342 e 343, Legge n. 311/2004 e art. 1, c. 50, Legge n. 147/2013; circ. 16 marzo 2005, n. 10/E).
In particolare, per tali soggetti **non** è possibile utilizzare le **indagini bancarie** (art. 32, c. 1, n. 7, D.P.R. n. 600/1973), l'**accertamento sintetico** (art. 38, D.P.R. n. 600/1973), l'**accertamento parziale** (art. 41-bis, D.P.R. n. 600/1973) e la **rettifica delle dichiarazioni dei soggetti diversi dalle persone fisiche** (art. 40, D.P.R. n. 600/1973).
Al fine di contrastare l'evasione e l'elusione nel settore immobiliare, è previsto che i soggetti che erogano i servizi di elettricità, acqua e gas raccolgano e comunichino all'anagrafe tributaria i dati catastali degli immobili presso cui sono attivate le utenze (art. 1, c. 342 e 343, Legge n. 311/2004).

Detrazione per gli inquilini di contratti di locazione 10.3.13.

Sono previste alcune detrazioni per gli inquilini di contratti di locazione (➡**6.16.**)

Immobili di interesse storico o artistico 10.3.14.

Sugli immobili di interesse storico o artistico (art. 10, D.Lgs. n. 42/2004 - "Codice dei beni culturali"), oltre alla **riduzione al 50% della base imponibile IMU** (art. 4, c. 5-ter, 5-quater, 5-sexies, 5-septies, D.L. n. 16/2012):
- in caso di **immobile locato**, la riduzione percentuale di abbattimento del canone di locazione è **del 35%** (art. 37, c. 4-bis, D.P.R. n. 917/1986);
- per gli immobili **posseduti da imprese o da enti non commerciali**, il reddito medio ordinario **è ridotto del 50%** e non si applica l'aumento di un terzo nel caso in cui siano a disposizione (art. 41, D.P.R. n. 917/1986); inoltre, per gli **immobili posseduti da imprese** e da queste **locati** qualora il canone risultante dal contratto di locazione **ridotto del 35%** risulti superiore al reddito me-

dio ordinario dell'unità immobiliare, il reddito, sempre per le imprese, è determinato in misura pari a quella del canone di locazione al netto di tale riduzione.

In caso di **locazione** di immobili riconosciuti di interesse storico o artistico, ai fini della determinazione del reddito, il confronto tra la rendita catastale e il canone di locazione deve essere effettuato assumendo la **rendita catastale ridotta del 50%** (ris. 31 dicembre 2012, n. 114/E).

Per gli immobili di interesse storico o artistico, così come per le altre tipologie di immobili, ubicati in Comuni c.d. ad alta densità abitativa e locati con **contratti "a canone concordato"** (art. 2, c. 3, Legge n. 431/1998), il relativo **reddito** può essere **ulteriormente ridotto del 30%** (Camera dei Deputati, Commissione Finanze, Interrogazione 31 ottobre 2012, n. 5-08349).

10.3.15. Immobili di nuova costruzione

Il reddito fondiario va dichiarato a partire dalla data in cui il fabbricato è divenuto **atto all'uso** o comunque dal momento in cui viene utilizzato dal possessore (art. 40, D.P.R. n. 917/1986).

10.3.16. Immobili di esercenti arti e professioni

Non si considerano **produttivi di reddito fondiario** gli immobili che costituiscono beni strumentali per l'esercizio di arti e professioni (art. 43, D.P.R. n. 917/1986).
Gli immobili **posseduti e utilizzati promiscuamente** nell'esercizio di arti o professioni devono essere dichiarati come redditi di fabbricati nei relativi quadri della dichiarazione dei redditi (ad esempio, quadro RB della dichiarazione dei redditi).

10.3.17. Immobili d'impresa

Gli immobili **strumentali** per l'esercizio dell'impresa, sia per natura, che per destinazione, **non** sono **produttivi di reddito fondiario**, in quanto assoggettati a imposta per il reddito effettivamente prodotto nell'impresa (art. 43, D.P.R. n. 917/1986).
Gli immobili di proprietà dell'impresa, ma **non strumentali** e non destinati alla rivendita, concorrono a formare il **reddito d'impresa** secondo le risultanze catastali.
Per gli immobili ad **uso promiscuo** è prevista la **deducibilità** dal reddito d'impresa di un importo pari al **50%** della **rendita catastale** o del **canone di locazione**, anche finanziaria, a condizione che il contribuente non disponga di altro immobile utilizzato esclusivamente per l'esercizio dell'attività (art. 64, c. 2, D.P.R. n. 917/1986).

10.3.18. Fabbricati in uso ai dipendenti

Sono considerati **strumentali** gli immobili concessi in uso ai dipendenti che hanno trasferito la propria residenza nel Comune in cui svolgono l'attività, limitatamente al periodo d'imposta in cui avviene il trasferimento e nei due periodi d'imposta successivi: in tal caso, i canoni di locazione (anche finanziaria) e le spese sono integralmente deducibili (art. 95, c. 2, D.P.R. n. 917/1986).

10.3.19. Impianti fotovoltaici

Salvo quanto detto a proposito delle fonti rinnovabili (➔**10.2.8.**), gli impianti fotovoltaici devono essere qualificati sulla base della loro **rilevanza catastale** (circ. 19 dicembre 2013, n. 36/E).

Beni immobili	- Impianti quando costituiscono una **centrale di produzione di energia elettrica** autonomamente censibile nella categoria D/1 oppure D/10 in quanto in base alle regole catastali essi rappresentano degli **opifici** (dovrebbero rientrare in questa fattispecie gli impianti a terra); - impianti **posizionati sul tetto dei fabbricati** qualora l'impianto medesimo integri il valore, ovvero la redditività ordinaria, in misura superiore al 15%.
Beni mobili	Impianti fotovoltaici che soddisfano uno dei seguenti requisiti: - avere una **potenza nominale non superiore a 3 chilowatt p**er ogni unità immobiliare servita dall'impianto medesimo; - avere una **potenza complessiva non superiore a tre volte il numero delle unità immobiliari servite** dall'impianto anche se i pannelli sono collocati a terra (esempio per due unità immobiliari si può arrivare a sei chilowatt); - per gli impianti ubicati a terra, il volume relativo all'intera **area** destinata all'intervento deve essere **inferiore a 150 metri cubi** considerando come base tutta la superficie comprensiva degli spazi liberi, mentre l'altezza si assume in base all'asse orizzontale mediana dei pannelli.

Gli **impianti fotovoltaici** considerati **beni immobili**, cioè quelli a terra, devono essere **ammortizzati** con l'**aliquota del 4%**. Se, invece, l'impianto fotovoltaico è integrato con il fabbricato segue la percentuale di ammortamento del fabbricato e quindi questa potrà scendere anche al **3%**.

Fabbricati produttivi di redditi diversi 10.3.20.

I redditi di natura fondiaria derivanti dai **lastrici solari** e dalle **aree urbane** e i **fabbricati situati all'estero** costituiscono dei redditi diversi (➡**15.4.2.**) (➡**15.4.3.**). È qualificato reddito diverso anche il **reddito del canone di locazione** in caso di immobile concesso **in locazione dal comodatario** per periodi non superiori a 30 giorni (➡**10.3.11.**).

IRPEF

11. REDDITI DI CAPITALE

IRPEF

REGOLE GENERALI 11.1.

Si definiscono **redditi di capitale** tutti i redditi che si caratterizzano come **frutti o proventi normali dell'impiego di capitale**, ancorché non necessariamente predeterminati o predeterminabili.
I **redditi di capitale** si differenziano dai redditi diversi di natura finanziaria in quanto essi si configurano quale **"reddito-prodotto"**, derivante dall'impiego del capitale. I **redditi diversi di natura finanziaria** hanno, invece, natura di **"reddito-entrata"** che deriva da un atto di disposizione del capitale. Tale distinzione si riflette anche sulla **determinazione dei redditi**.

Redditi di capitale	**Non** è ammessa la **deduzione** dei relativi **componenti negativi.**
Redditi diversi di natura finanziaria	Il reddito è determinato contrapponendo al corrispettivo percepito il **costo di acquisizione dell'attività**.

Classificazione dei redditi di capitale 11.1.1.

È possibile classificare i redditi di capitale in 3 gruppi:
- **utili**;
- **interessi**;
- **altri proventi finanziari**.

Utili (➔11.2.)	
Tipologia	**Riferimenti**
Utili o riserve di utili distribuiti da soggetti IRES	art. 44, c. 1, lett. e), D.P.R. n. 917/1986
Riserve di capitale distribuite da soggetti IRES	art. 47, c. 6, D.P.R. n. 917/1986
Distribuzione a seguito di particolari eventi da soggetti IRES	art. 47, c. 7, D.P.R. n. 917/1986
Partecipazione agli utili nei contratti di associazione in partecipazione e cointeressenza con apporto costituito solo da capitale o da capitale e lavoro	art. 44, c. 1, lett. f), D.P.R. n. 917/1986

Interessi	
Derivanti da	**Riferimenti**
Contratti di mutuo (art. 1813 c.c.), conto corrente (artt. 1823 e 1852 c.c.), depositi di denaro o di altre cose fungibili (artt. 1782 e 1834 c.c.) (➔11.3.1.).	art. 44, c. 1, lett. a), D.P.R. n. 917/1986
Obbligazioni e titoli similari, titoli diversi dalle azioni e titoli similari, certificati di massa (➔11.3.2.).	art. 44, c. 1, lett. b), D.P.R. n. 917/1986
Versamenti fatti dai soci alle società commerciali, dai partecipanti agli enti commerciali, dagli associati alle associazioni e dai partecipanti ai consorzi (➔11.3.3.).	art. 46, D.P.R. n. 917/1986
Altre tipologie di rapporti (➔11.3.4.).	art. 44, c. 1, lett. h), D.P.R. n. 917/1986

Altri proventi finanziari	
Derivanti da	**Riferimenti**
Rendite perpetue (art. 1861 c.c.) e prestazioni annue perpetue (art. 1869 c.c.) (➔11.4.1.).	art. 44, c. 1, lett. c), D.P.R. n. 917/1986
Rilascio di fideiussioni e altre garanzie (➔11.4.2.).	art. 44, c. 1, lett. d), D.P.R. n. 917/1986
Concessione di mutui di titoli garantiti (➔11.4.3.).	art. 44, c. 1, g-ter), D.P.R. n. 917/1986
Gestione di masse patrimoniali ed investimenti di terzi (➔11.4.4.).	art. 44, c. 1, lett. g), D.P.R. n. 917/1986

Altri proventi finanziari	
Derivanti da	**Riferimenti**
Pronti contro termine su titoli e su valute, riporto (➔11.4.5.).	art. 44, c. 1, lett. g-bis), D.P.R. n. 917/1986
Contratti di assicurazione sulla vita e di capitalizzazione, prestazioni pensionistiche complementari, rendite vitalizie con funzione previdenziale (➔11.4.6.).	art. 44, c. 1, lett. g-quater) , D.P.R. n. 917/1986
Prestazioni pensionistiche complementari, rendite vitalizie con funzione previdenziale (➔11.4.7.).	art. 44, c. 1, lett. g-quinquies), D.P.R. n. 917/1986
Redditi imputati al beneficiario di trust (➔11.4.8.).	art. 44, c. 1, lett. g-sexies) D.P.R. n. 917/1986
Proventi da piattaforme Peer to Peer Lending (➔11.4.9.)	art. 44, c. 1, lett. d-bis) D.P.R. n. 917/1986

11.1.2. Titoli similari alle azioni

Si considerano similari alle azioni, i **titoli e** gli **strumenti finanziari emessi da società ed enti soggetti ad IRES** (art. 73, c. 1, lett. a), b) e d), D.P.R. n. 917/1986), la cui remunerazione è costituita totalmente dalla **partecipazione ai risultati economici** della società emittente o di altre società appartenenti allo stesso gruppo o dell'affare in relazione al quale i titoli e gli strumenti finanziari sono stati emessi (art. 44, c. 2, lett. a), D.P.R. n. 917/1986).

Le partecipazioni al capitale o al patrimonio, nonché i titoli e gli strumenti finanziari di cui sopra emessi da società ed enti **non residenti** (art. 73, c. 1, lett. d), D.P.R. n. 917/1986), si considerano similari alle azioni a condizione che la relativa **remunerazione** sia **totalmente indeducibile** nella determinazione del reddito nello **Stato estero di residenza** del soggetto emittente; a tale fine l'indeducibilità deve risultare da una dichiarazione dell'emittente stesso o da altri elementi certi e precisi.

11.1.3. Titoli similari alle obbligazioni

Si considerano similari alle obbligazioni (art. 44, c. 2, lett. c), D.P.R. n.917/1986):

1. i **buoni fruttiferi** emessi da società esercenti la **vendita a rate di autoveicoli** (art. 29, R.D.L. n. 436/1927);
2. i **titoli di massa** che contengono l'obbligazione incondizionata di pagare alla scadenza una somma non inferiore a quella in essi indicata, con o senza la corresponsione di proventi periodici, e che non attribuiscono ai possessori alcun diritto di partecipazione diretta o indiretta alla gestione dell'impresa emittente o dell'affare in relazione al quale siano stati emessi, né di controllo sulla gestione stessa.

11.1.4. Base imponibile

La **base imponibile** per i redditi di capitale è costituita dall'**ammontare** degli interessi, degli utili, degli scarti di emissione o degli altri proventi percepiti nel periodo d'imposta, **senza alcuna deduzione** analitica o forfetaria dal reddito (art. 45, c. 1, D.P.R. n. 917/1986).

Qualora i **redditi** siano **in natura**, la loro determinazione deve essere fatta in base al **valore normale** (➔2.7.2.) (art. 9, c. 3 e 4, D.P.R. n. 917/1986).

11.1.5. Momento impositivo

I redditi di capitale assumono rilevanza nel periodo d'imposta in cui sono percepiti, in applicazione del **principio di cassa** (art. 45, c. 1, D.P.R. n. 917/1986).

Fanno **eccezione** al principio di cassa i redditi:

- per i quali si opta per il **risparmio gestito** (tassati in base al risultato della gestione maturata);
- derivanti da **capitali dati a mutuo**.

11.1.6. Dichiarazione dei redditi

I redditi di capitale devono essere dichiarati nel Mod. Redditi relativo all'anno in cui sono stati effettivamente percepiti, tenendo conto della certificazione - Mod. CUPE (➔11.9.), rilasciata dal sostituto d'imposta.

Esonero dalla dichiarazione - Non devono essere dichiarati i **redditi** di capitale assoggettati a **ritenuta alla fonte a titolo d'imposta** o ad **imposta sostitutiva** e gli **utili distribuiti da società quotate alla Borsa italiana** o negli altri mercati regolamentati, per i quali il contribuente ha optato per la **ritenuta d'imposta**.

Esercizio d'impresa 11.1.7.

Non costituiscono redditi di capitale gli interessi, gli utili e gli altri **proventi conseguiti nell'esercizio di imprese commerciali**, in quanto attratti nella determinazione del **reddito d'impresa**.

Esercizio di arti e professioni 11.1.8.

I redditi di capitale conseguiti nell'esercizio di arti e professioni non concorrono alla formazione del reddito professionale, ma conservano la loro natura di **redditi di capitale**.

UTILI 11.2.

Rientrano nella disciplina dei redditi di capitale le **distribuzioni** effettuate da società soggette ad IRES di:

- **utili o riserve di utili** (art. 44, c. 1, lett. e), D.P.R. n. 917/1986);
- **riserve di capitale** (art. 47, c. 6, D.P.R. n. 917/1986);
- **somme a seguito di particolari eventi** (recesso, liquidazione, riscatto di azioni) (art. 47, c. 7, D.P.R. n. 917/1986).

Rientrano, inoltre, nella **disciplina degli utili** ☞, come fattispecie assimilate, le partecipazioni agli utili nei **contratti di associazione in partecipazione** e **cointeressenza** con apporto costituito solo da capitale o da capitale e lavoro (art. 44, c. 1, lett. f), D.P.R. n. 917/1986).

Utili da partecipazione nelle società di capitali 11.2.1.

Si tratta di utili derivanti da **partecipazione in soggetti passivi IRES** (art. 44, c. 1, lett. e), D.P.R. n. 917/1986).

Tipologie di proventi	Descrizione	Qualificazione come utili da partecipazione
Proventi che trovano contropartita in una partecipazione al capitale o al patrimonio di società ed enti soggetti all'IRES.	Proventi da partecipazione in: - **società di capitali** ed enti commerciali residenti (art. 73, c. 1, lett. a) e b), D.P.R. n. 917/1986); - **enti non commerciali** residenti (art. 73, c. 1, lett. c), D.P.R. n. 917/1986); - **società ed enti non residenti** (art. 73, c. 1, lett. d), D.P.R. n. 917/1986).	SÌ
Proventi che non trovano contropartita in una partecipazione al capitale o al patrimonio di società ed enti soggetti all'IRES.	- **Strumenti finanziari partecipativi forniti di diritti patrimoniali** o anche di diritti amministrativi, escluso il voto nell'assemblea generale degli azionisti, emessi anche a seguito dell'apporto di opere e servizi (art. 2346, ultimo c., c.c.); - strumenti finanziari emessi a seguito degli apporti effettuati a favore dei **patrimoni destinati ad uno specifico affare** (art. 2447-ter, c. 1, lett. e), c.c.); - **strumenti finanziari** comunque denominati, che condizionano i tempi e l'entità del rimborso del capitale all'**andamento economico della società** (art. 2411, c. 3, c.c.) (circ. 16 giugno 2004, n. 26/E).	NO

Partecipazioni e strumenti partecipativi esteri - Le partecipazioni al capitale o al patrimonio, nonché i titoli e gli strumenti finanziari **emessi da società ed enti non residenti** si considerano similari alle azioni alla sola condizione che la relativa **remunerazione** sia **totalmente indeducibile nella determinazione del reddito nello Stato estero** di residenza del soggetto emittente (art. 44, c. 2, lett. a), D.P.R. n. 917/1986).

Pertanto, ai fini dell'assimilazione alle azioni, le partecipazioni nonché gli strumenti finanziari emessi da soggetti non residenti devono presentare le seguenti caratteristiche:

1. la **remunerazione** deve essere costituita **esclusivamente da utili**, ossia essere rappresentativa di una partecipazione ai risultati economici della società emittente (di società appartenenti allo stesso gruppo o dell'affare in relazione al quale gli strumenti finanziari sono stati emessi);
2. tale **remunerazione** deve essere **totalmente indeducibile dal reddito della società emittente** secondo le regole proprie vigenti nel Paese estero di residenza (circ. 18 gennaio 2006, n. 4/E).

11.2.2. Tassazione degli utili

Per i redditi di capitale **percepiti a partire dal 1° gennaio 2018**, la distinzione tra partecipazioni qualificate e non qualificate è stata **eliminata** (art. 1, c. 1000-1006, Legge n. 205/2017).
Pertanto, la tassazione degli utili derivanti da partecipazioni qualificate è equiparata a quella prevista per le partecipazioni non qualificate (tassazione con **imposta sostitutiva del 26%**).
È comunque prevista una **norma transitoria** secondo cui alle distribuzioni di utili prodotti fino all'esercizio in corso al 31 dicembre 2017, e "deliberate" dal 1° gennaio 2018 al 31 dicembre 2022, continuano ad applicarsi le regole fissate dal D.M. 26 maggio 2017.
Per maggiori dettagli si rimanda alla sezione dedicata alla tassazione (➡**11.5.2.**) (➡**11.5.3.**) (➡**11.5.4.**) (➡**11.5.5.**) (➡**11.5.6.**).

11.2.3. Distribuzione di riserve di capitale

Non costituiscono utili la distribuzione **di somme e beni** a titolo di ripartizione di riserve o di altri fondi costituiti con (art. 47, c. 5, D.P.R. n. 917/1986):

- **soprapprezzi di emissione** delle azioni o quote;
- **interessi di conguaglio** versati dai sottoscrittori di nuove azioni o quote;
- **versamenti** fatti dai **soci** a fondo perduto o in conto capitale;
- **saldi di rivalutazione monetaria** esenti da imposta.

Le somme o il valore normale dei beni ricevuti riducono, però, il costo fiscalmente riconosciuto delle azioni o quote possedute.
L'eventuale somma (o valore dei beni) ricevuta dal socio eccedente il costo fiscale della partecipazione si qualifica come utile, trattandosi di un reddito derivante dall'impiego di capitale e non derivante da un evento realizzativo della partecipazione inquadrabile come tale tra le fattispecie che danno luogo a redditi diversi di natura finanziaria.

Tassazione (➡11.5.7.)

11.2.4. Variazioni di capitale

In caso di **aumento del capitale sociale** mediante passaggio di riserve o altri fondi a capitale, le **azioni gratuite di nuova emissione** e l'**aumento gratuito del valore nominale delle azioni** o quote già emesse **non costituiscono utili** per i soci (art. 47, c. 6, D.P.R. n. 917/1986).
Tuttavia, se e nella misura in cui l'aumento è avvenuto mediante **passaggio a capitale di riserve o fondi diversi** da quelli indicati sopra, la riduzione del capitale esuberante successivamente deliberata è considerata distribuzione di utili.
La riduzione è **imputata** con precedenza alla parte dell'aumento complessivo di capitale derivante dai **passaggi a capitale di riserve** o **fondi diversi** da quelli costituiti con soprapprezzi di emissione delle azioni o quote, con interessi di conguaglio versati dai sottoscrittori di nuove azioni o quote, con versamenti fatti dai soci a fondo perduto o in conto capitale e con saldi di rivalutazione monetaria esenti da imposta, a partire dal meno recente, ferme restando le norme in materia di rivalutazione monetaria che dispongono diversamente.

11.2.5. Recesso, riduzione del capitale esuberante, liquidazione

Le **somme** o il **valore normale** dei beni ricevuti dai soci in caso di:

- **recesso**;
- **riduzione del capitale** esuberante;
- **liquidazione**, anche concorsuale, delle società ed enti;
- **esclusione** del socio;
- **riscatto delle azioni**,

costituiscono utile per la **parte che eccede il prezzo pagato per l'acquisto** o la sottoscrizione delle azioni o quote annullate (art. 47, c. 7, D.P.R. n. 917/1986).

In tali ipotesi le somme o il valore normale dei beni ricevuti dai soci costituiscono utile per la parte che eccede il prezzo pagato per l'acquisto o la sottoscrizione delle azioni o quote annullate e ciò vale anche per la parte di tali eccedenze che derivano da riserve di capitale.

> La norma fa riferimento al **recesso tipico** che comporta l'annullamento delle azioni o quote.
> Qualora, invece, il recesso avvenga con **modalità diverse**, ossia mediante acquisto da parte degli altri soci proporzionalmente alle loro partecipazioni oppure da parte di un terzo concordemente individuato dai soci medesimi, si configura un'ipotesi che va inquadrata più propriamente nell'ambito degli **atti produttivi di redditi diversi di natura finanziaria**, sempreché si tratti di cessioni a titolo oneroso.
> Qualora la partecipazione sia immessa in un patrimonio relativamente al quale sia stata esercitata l'opzione per l'applicazione del **regime del risparmio gestito** (art. 7, D.Lgs. n. 461/1997), detta opzione trova effetto anche con riferimento agli utili ricevuti nei casi di cui sopra, trattandosi di operazioni che devono intendersi ricomprese nell'ambito di quelle afferenti il patrimonio gestito.
> Ne consegue che, anche in tali casi, non si applica la ritenuta del 26%.

Tassazione (➜11.5.2.)

Contratti di associazione in partecipazione e cointeressenza 11.2.6.

Gli **utili** derivanti dai **contratti di associazione in partecipazione e cointeressenza**, se l'associante determina il reddito in base alle disposizioni sulle **imprese minori** (art. 66, D.P.R. n. 917/1986), concorrono alla formazione del reddito imponibile complessivo dell'associato nella misura del **58,14%** se l'apporto è superiore al 25% della somma delle rimanenze finali (artt. 92 e 93, D.P.R. n. 917/1986) e del costo complessivo dei beni ammortizzabili (art. 110, D.P.R. n. 917/1986), al netto degli ammortamenti (art. 47, c. 2, D.P.R. n. 917/1986).
Per i contratti stipulati con **associanti non residenti**, la disposizione del periodo precedente si applica nel rispetto delle condizioni indicate nell'art. 44, c. 2, lett. a), ultimo periodo D.P.R. n. 917/1986 (quindi, remunerazione totalmente indeducibile nella determinazione del reddito nello Stato estero di residenza del soggetto emittente e l'indeducibilità deve risultare da una dichiarazione dell'emittente stesso o da altri elementi certi e precisi); ove tali condizioni non siano rispettate le remunerazioni concorrono alla formazione del reddito per il loro intero ammontare.

Dividendi distribuiti a società semplici 11.2.7.

I dividendi corrisposti alla società semplice **si intendono percepiti** per trasparenza **dai** rispettivi **soci** con conseguente applicazione del corrispondente regime fiscale (art. 32-quater, D.L. n. 124/2019).

Tassazione (➜11.5.2.)

INTERESSI 11.3.

Mutui, depositi e conti correnti 11.3.1.

Costituiscono redditi di capitale, gli **interessi** che derivano da contratti di mutuo, deposito e conto corrente (art. 44, c. 1, lett. a), D.P.R. n. 917/1986).

Contratto	Definizione
Mutuo (art. 1813 c.c.)	Contratto col quale una parte consegna all'altra una determinata quantità di danaro o di altre cose fungibili, e l'altra si obbliga a restituire altrettante cose della stessa specie e qualità.
Deposito (art. 1766 c.c.)	Contratto col quale una parte riceve dall'altra una cosa mobile con l'obbligo di custodirla e di restituirla in natura.
Conto corrente (art. 1823 c.c.)	Contratto col quale le parti si obbligano ad annotare in un conto i crediti derivanti da reciproche rimesse, considerandoli inesigibili e indisponibili fino alla chiusura del conto.

Nei redditi è compresa anche la differenza tra la somma percepita o il valore normale dei beni ricevuti alla scadenza e il prezzo di emissione o la somma impiegata, apportata o affidata in gestione, ovvero il valore normale dei beni impiegati, apportati o affidati in gestione.

IRPEF

Determinazione del reddito - Si applicano i principi generali secondo cui:
- l'imputazione a reddito avviene **al momento della percezione** che, di regola, coincide con l'effettivo incasso;
- nel reddito si intende ricompresa la **differenza tra somme percepite alla scadenza e somme impiegate**;
- si applica la tassazione con **ritenuta a titolo d'imposta del 26%** (art. 26, c. 5, D.P.R. n. 600/1973).

Valgono, poi, alcune **regole particolari** (art. 45, c. 2, D.P.R. n. 917/1986).

Interessi	Regole particolari per la determinazione del reddito
Mutui	Gli interessi, salvo prova contraria, si presumono percepiti alle **scadenze** e nella **misura pattuita per iscritto**: - se le **scadenze non** sono **stabilite per iscritto**, gli interessi si presumono percepiti in misura pari all'**ammontare maturato** nel periodo d'imposta; - se la **remunerazione non** è **determinata** per iscritto, gli interessi si computano al **saggio legale**.
Conti correnti	**Presunzione assoluta di percezione:** si considerano percepiti anche gli interessi compensati a norma di legge o di contratto.

Nel caso di **proventi a maturazione quinquennale**, il reddito può essere assoggettato a tassazione separata (➡**8.8.7.**) e la ritenuta (pari al 26%), non va applicata.

11.3.2. Obbligazioni e titoli similari, altri titoli diversi dalle azioni e titoli similari, certificati di massa

Le obbligazioni costituiscono uno **strumento di finanziamento a medio e lungo termine** proprio delle società per azioni e giuridicamente sono titoli di credito autonomi, letterali e causali.

Tipo di obbligazioni	Descrizione
Obbligazioni ordinarie	Incorporano il diritto del sottoscrittore alla **restituzione** ad una scadenza determinata della **somma oggetto del prestito** nonché al pagamento degli interessi sulla somma data a mutuo.
Obbligazioni indicizzate	Prevedono una **maggiore remunerazione** che compensa l'eventuale crescita dell'inflazione. L'indicizzazione può alternativamente essere applicata al capitale da rimborsare o al tasso di interesse.
Obbligazioni convertibili	Hanno la caratteristica di consentire al possessore la possibilità di esercitare l'opzione per la **conversione in azioni** della società emittente o di altra società.
Obbligazioni con particolari meccanismi	- ***Zero coupon bonds*** (obbligazioni senza cedola), rappresentati da un titolo di credito emesso ad un valore nominale che già tiene conto di particolari indici di rendimento e che pertanto non prevede la corresponsione di alcun interesse, essendo gli stessi già ricompresi nel differenziale d'emissione; - ***drop lock bonds***, obbligazioni a tasso variabile con clausola di conversione automatica in obbligazioni a tasso fisso, qualora il rendimento variabile risulti pari o inferiore ad un rendimento soglia fissato alla sottoscrizione; - **obbligazioni con *warrant***, obbligazioni munite di un buono di sottoscrizione che dà la facoltà di sottoscrivere, a condizioni e in tempi prefissati, un determinato numero di azioni od obbligazioni della medesima società o di altre società; - **obbligazioni a *rata costante***, che consentono un incasso costante a prescindere dalla variabilità del tasso d'interesse.

Oltre agli interessi e proventi delle obbligazioni, sono redditi di capitale anche quelli derivanti da **titoli similari alle obbligazioni** (➡**11.1.3.**).
Equiparati ai titoli obbligazionari sono anche le **cambiali finanziarie** e i **certificati di investimenti**.

IRPEF

Tra gli altri titoli diversi dalle azioni e titoli similari, si annoverano una serie di **titoli atipici**, privi cioè di una specifica disciplina normativa e rappresentativi di operazioni di finanziamento destinati alla circolazione presso il pubblico.
I **certificati di massa** sono assimilati alle obbligazioni, indipendentemente dalla scadenza, purché siano titoli emessi in base ad un'unica operazione economica, con caratteri di omogeneità e oggettivamente idonei a una circolazione presso il pubblico.

Tassazione (➔11.5.9.)

Versamenti dei soci 11.3.3.

Le **somme versate** alle società commerciali e agli enti pubblici e privati diversi dalle società, nonché i *trust,* residenti nel territorio dello Stato, che hanno per oggetto esclusivo o principale l'esercizio di attività commerciali (art. 73, c. 1, lett. b), D.P.R. n. 917/1986), dai loro soci o partecipanti **si considerano date a mutuo** se dai bilanci o dai rendiconti di tali soggetti non risulta che il versamento è stato fatto ad altro titolo (es. versamenti in conto capitale, versamenti a copertura perdite ecc.) (art. 46, D.P.R. n. 917/1986).
Tale regola vale anche per le somme versate alle **associazioni** e ai **consorzi** dai loro associati o partecipanti.
La **presunzione** ha carattere generalizzato.

Qualora non risulti dai bilanci della società il titolo in base al quale è stato effettuato il versamento del socio, questo si considera effettuato a titolo di finanziamento (Cass., sent. 19 maggio 2010, n. 12251).

Laddove non è diversamente pattuito, gli interessi si presumono percepiti nel periodo di imposta in base al **tasso legale**.

Tassazione (➔11.5.10.)

Altre tipologie residuali 11.3.4.

Costituiscono, come categoria residuale, redditi di capitale gli interessi e gli altri proventi derivanti **da altri rapporti** aventi per oggetto l'impiego del capitale, esclusi i rapporti attraverso cui possono essere realizzati differenziali positivi e negativi in dipendenza di un evento incerto (art. 44, c. 1, lett. h), D.P.R. n. 917/1986).
Per queste tipologie, il criterio per determinare il reddito è quello generale ovvero si considerano le **somme percepite nel periodo d'imposta**, senza deduzioni (art. 45, c. 1, D.P.R. n. 917/1986).
Occorre distinguere anche tra:

Tipologia	Definizione	Tassazione
Interessi corrispettivi	Interessi dovuti a titolo di "prezzo" per la disponibilità del denaro che il debitore deve al creditore.	Reddito di capitale con ritenuta del 26% a titolo d'acconto.
Interessi compensativi	Interessi che, salvo diverso patto, maturano sul prezzo, anche se non ancora esigibile, della cosa produttiva di frutti o altri proventi, venduta e consegnata al compratore (art. 1499 c.c.).	Esclusi da tassazione.

ALTRI PROVENTI FINANZIARI 11.4.

Rendite perpetue e prestazioni annue perpetue 11.4.1.

Costituiscono **redditi di capitale** le rendite perpetue e le prestazioni annue perpetue (art. 44, c. 1, lett. c), D.P.R. n. 917/1986).

Tipologia	Definizione
Rendita perpetua (art. 1861 c.c.)	Contratto con il quale una parte conferisce all'altra il diritto di esigere in perpetuo la prestazione periodica di una somma di danaro o di una certa quantità di altre cose fungibili, quale corrispettivo dell'alienazione di un immobile o della cessione di un capitale.

Tipologia	Definizione
Prestazione annua perpetua (art. 1869 c.c.)	Ogni altra annua prestazione perpetua costituita a qualsiasi titolo, anche per atto di ultima volontà.

Determinazione del reddito - Si applicano i criteri generali per cui le somme percepite concorrono alla formazione del reddito complessivo per l'**ammontare percepito nel periodo d'imposta** (art. 45, c. 1, D.P.R. n. 917/1986).

11.4.2. Compensi per prestazioni di fideiussione o altre garanzie

Costituiscono redditi di capitale i compensi percepiti a fronte della prestazione di **fideiussioni** o di altre forme di garanzia (pegno, ipoteca, anticresi, avallo) nei confronti di terzi (art. 44, c. 1, lett. d), D.P.R. n. 917/1986).

Garanzia	Definizione
Pegno (art. 2784 c.c.)	È costituito a garanzia dell'obbligazione dal debitore o da un terzo per il debitore. Possono essere dati in pegno i beni mobili, le universalità di mobili, i crediti e altri diritti aventi per oggetto beni mobili.
Ipoteca (art. 2808 c.c.)	Attribuisce al creditore il diritto di espropriare, anche in confronto del terzo acquirente, i beni vincolati a garanzia del suo credito e di essere soddisfatto con preferenza sul prezzo ricavato dall'espropriazione. Può avere per oggetto beni del debitore o di un terzo e si costituisce mediante iscrizione nei registri immobiliari. L'ipoteca può essere legale, giudiziale o volontaria.
Anticresi (art. 1960 c.c.)	Contratto col quale il debitore o un terzo si obbliga a consegnare un immobile al creditore a garanzia del credito, affinché il creditore ne percepisca i frutti, imputandoli agli interessi, se dovuti, e quindi al capitale.
Avallo (art. 35, R.D. n. 1669/1933)	È una garanzia che si appone su un titolo cambiario. La garanzia può essere prestata da un terzo o anche da un firmatario della cambiale.

Determinazione del reddito - Si applicano i criteri generali per cui le somme percepite concorrono alla formazione del reddito complessivo per l'**ammontare percepito nel periodo d'imposta** (art. 45, c. 1, D.P.R. n. 917/1986).

Tassazione (➡11.5.11.)

11.4.3. Mutuo di titoli garantito

Rientrano tra i redditi di capitale i proventi derivanti dal mutuo di titoli garantito (art. 44, c. 1, lett. g-ter), D.P.R. n. 917/1986).

Mutuante	Mutuatario
- Presta i titoli al mutuatario. - Percepisce un **corrispettivo a fronte del prestito**, commisurato al valore dei titoli prestati. - Retrocede al mutuatario gli interessi e gli altri proventi maturati sul denaro e/o titoli dati in garanzia da quest'ultimo.	- Incassa gli interessi e gli altri proventi dei titoli oggetto del prestito, obbligandosi però a retrocedere una somma di denaro equivalente al mutuante. - Costituisce in garanzia dei titoli oggetto del prestito una quantità di denaro o di titoli equivalente.

Determinazione del reddito - Oltre alle regole generali, nei proventi derivanti da questi contratti si comprende, oltre al compenso per il mutuo, anche il controvalore degli interessi e degli altri proventi dei titoli, non rappresentativi di partecipazioni, maturati nel periodo di durata del rapporto (art. 45, c. 1, ultimo capoverso, D.P.R. n. 917/1986).

Nel caso di proventi derivanti dal mutuo di titoli garantito, qualora la **garanzia** sia **costituita da pegno irregolare**, agli effetti fiscali i **proventi delle somme di denaro o dei beni dati in garanzia** spettano al costituente il pegno, a condizione che, durante il periodo di efficacia del contratto, il creditore pignoratizio non compia sulle somme o sui beni atti di disposizione.

Non è considerato **atto di disposizione** l'immissione delle somme in conti o depositi vincolati intestati al creditore pignoratizio, né la costituzione di garanzia delle somme o dei beni da parte del creditore pignoratizio che avvenga nell'ambito di ulteriori operazioni di prestito titoli, a condizione che i soggetti a favore dei quali la garanzia è costituita non compiano su queste somme e beni atti di disposizione.

Tassazione (➔11.5.12.)

Proventi derivanti dalla gestione di masse patrimoniali 11.4.4.

Costituiscono redditi di capitale i proventi derivanti dalla gestione, nell'interesse collettivo di una pluralità di soggetti, di masse patrimoniali costituite con somme di denaro e beni affidati da terzi o provenienti dai relativi investimenti caratterizzate dal "conferimento" del denaro da parte dei terzi alla società di gestione, la quale provvede a sua volta all'investimento in attività finanziarie in cui i terzi acquisiscono la proprietà di una quota del fondo di investimento (art. 44, c. 1, lett. g), D.P.R. n. 917/1986).

Gli **organismi di investimento collettivo** sono rappresentati da:

- **fondi comuni di investimento**;
- società di investimento a capitale variabile (**SICAV**).

Organismi di investimento collettivo	
Soggetti	**Caratteristiche**
Fondi comuni di investimento	Soggetti che costituiscono patrimoni formati con apporti dei sottoscrittori, ciascuno dei quali titolare di una quota. Si distinguono in **fondi di diritto italiano**, obbligatoriamente gestiti da appositi intermediari autorizzati dalla Banca d'Italia (società di gestione del risparmio - SGR) e fondi di diritto estero.
SICAV	Si distinguono per la differente natura giuridica: esse sono rappresentate da società per azioni autorizzate dalla Banca d'Italia per l'esercizio della relativa attività. I soggetti che investono nel patrimonio di una SICAV hanno la qualifica di soci e, come tali, possono realizzare l'investimento effettuato attraverso il riscatto delle azioni.

Determinazione del reddito - Occorre considerare che (art. 45, c. 1, D.P.R. n. 917/1986):

- costituisce reddito la **somma percepita nel periodo d'imposta**, comprensiva della differenza tra le somme percepite e quelle affidate in gestione;
- le **somme in valuta** affidate in gestione e quelle percepite sono valutate rispettivamente al cambio del giorno in cui esse sono impiegate o incassate.

Tassazione (➔11.5.13.)

Proventi derivanti da riporti e pronti contro termine 11.4.5.

Costituiscono redditi di capitale i proventi derivanti da **riporti e pronti contro termine su titoli e valute** (art. 44, c. 1, lett. g-bis), D.P.R. n. 917/1986).

Tipologia	**Definizione**
Riporto (art. 1548 c.c.)	Contratto per il quale il riportato trasferisce in proprietà al riportatore titoli di credito di una data specie per un determinato prezzo e il riportatore assume l'obbligo di trasferire al riportato, alla scadenza del termine stabilito, la proprietà di altrettanti titoli della stessa specie, verso rimborso del prezzo, che può essere aumentato o diminuito nella misura convenuta.
Operazioni di **pronti contro termine** (Banca d'Italia, Provv. 15 luglio 1992)	Contratti che svolgono anche una **funzione creditizia**. Occorre distinguere tra: - operazioni di pronti contro termine che prevedono l'**obbligo di rivendita a termine:** sono in tutto equiparate ai **contratti di riporto**; - operazioni di pronti contro termine che prevedono solo la **facoltà di rivendita a termine**: sono considerate operazioni di **compravendita con opzione di riscatto**.

CASO 1 - Schema funzionamento operazione pronti contro termine

Ipotizzando di avere due soggetti A e B, lo schema di funzionamento di un contratto pronti contro termine è:

- nella **prima compravendita** (operazione a pronti), il soggetto A (venditore a pronti) cede attività al soggetto B (acquirente a pronti);
- nella **seconda compravendita** (operazione a termine), il soggetto B (venditore a termine) vende le stesse attività che aveva acquistato dal soggetto A (acquirente a termine).

In questo caso, la differenza tra il prezzo a pronti e il prezzo a termine rappresenta:

- per A (venditore) il costo dell'approvvigionamento finanziario (cioè l'onere che deve sostenere per indebitarsi);
- per B (acquirente) il provento dell'operazione di finanziamento, quindi la remunerazione finanziaria dell'impiego temporaneo di liquidità.

Volendo schematizzare si avrà, quindi:

Soggetto	Obiettivo	Differenza tra prezzo a pronti e prezzo a termine (Prezzo a termine > Prezzo a pronti)
Venditore	Reperire finanziamenti	Costo dell'approvvigionamento finanziario
Acquirente	Ottenere un finanziamento	Provento dell'operazione di finanziamento

Nel caso di riporti e pronti contro termine su titoli e valute, nonché di mutui di titoli garantiti, al mutuatario e al cessionario a pronti si applica il **regime di esenzione** nella misura del 95% (art. 89, c. 2, D.P.R. n. 917/1986), soltanto se tale regime fosse stato applicabile al mutuante o al cedente a pronti (art. 3, c. 2, D.L. n. 262/2006; circ. 19 gennaio 2007, n. 1/E).

Determinazione del reddito - Il reddito si calcola come **differenza positiva** tra i corrispettivi globali di trasferimento delle attività finanziarie.
Da tale differenza si scomputano i redditi percepiti dai titoli maturati nel periodo di durata del rapporto, con esclusione di quelli esenti dalle imposte sui redditi (art. 45, c. 1, D.P.R. n. 917/1986).
Infatti, al fine di evitare che lo stesso reddito sia sottoposto a una duplice imposizione, nasce l'esigenza di ridurre il reddito di capitale in ragione degli interessi maturati. Gli interessi sui titoli, infatti, in caso di operazioni su titoli che generano interessi imponibili, sono a loro volta tassati, generalmente a mezzo dell'imposizione sostitutiva.

CASO 2 - Operazione su titoli che genera interessi

1. Prezzo di acquisto a pronti: 100,00;
2. prezzo di rivendita a termine: 110,00;
3. rateo interessi compreso nel prezzo di acquisto a pronti: 2,50;
4. rateo interessi compreso nel prezzo di rivendita a termine: 5,00.

In questo caso, se gli interessi sopra indicati sono imponibili ai fini delle imposte sui redditi, dal differenziale di 10,00 che costituisce il guadagno di capitale occorre scomputare l'importo degli interessi maturati sui titoli oggetto del contratto nel periodo compreso tra l'acquisto a pronti e la rivendita a termine pari ai 2,50 (5,00-2,50).
Reddito operazione di pronti contro termine: 10,00 - 2,5 = 7,5.

Se i titoli oggetto del contratto sono esenti dalle imposte sui redditi, vengono meno le esigenze di contrasto alla doppia imposizione che impongono la riduzione del provento da pronti contro termine proprio in ragione del rateo interessi maturato. Il reddito è quindi tassato integralmente.

Tassazione (➔11.5.14.)

11.4.6. Contratti di assicurazione sulla vita e di capitalizzazione

Costituiscono redditi di capitale quelli compresi nei capitali corrisposti in dipendenza di contratti di assicurazione sulla vita e di capitalizzazione (art. 44, c. 1, lett. g-quater), D.P.R. n. 917/1986).

Tipologia	Definizione
Contratti aventi ad oggetto il **rischio**	Comprendono le seguenti fattispecie: - rischio di **morte**; - rischio di **invalidità permanente**; - rischio di **non autosufficienza**.
Contratti aventi **contenuto prevalentemente finanziario**	Prevedono l'erogazione della prestazione, in via alternativa: - esclusivamente in caso di **morte dell'assicurato**; - sia in caso di morte, sia in caso di permanenza in vita dell'assicurato alla **scadenza del contratto**, o di **riscatto** prima della scadenza.

Se l'evento a fronte del quale viene erogata la prestazione è la morte, questa **non costituisce fattispecie imponibile**. Invece, nel caso di erogazione a seguito della **permanenza in vita dell'assicurato** o di **riscatto** le somme percepite si configurano quali **redditi di capitale** (circ. 20 marzo 2001, n. 29/E).

Non sono tassate le somme percepite a seguito della sopravvenuta **invalidità permanente**, nonché le erogazioni effettuate nell'ambito di contratti di assicurazione contro il **rischio di non autosufficienza**, al pari di quelle percepite dai beneficiari in caso di morte dell'assicurato (➡**2.2.2.**).

Determinazione del reddito - I capitali corrisposti in dipendenza di contratti di assicurazione sulla vita e di capitalizzazione costituiscono reddito nella misura pari alla differenza tra l'ammontare percepito e i premi pagati.

Tassazione (➡**11.5.15.**) (➡**11.5.16.**)

Prestazioni pensionistiche complementari periodiche e rendite vitalizie aventi funzione previdenziale 11.4.7.

Tra i redditi di capitale rientrano quelli derivanti dai rendimenti delle **prestazioni pensionistiche** erogate in forma periodica e delle **rendite vitalizie** aventi funzione previdenziale (art. 44, c. 1, lett. g-quinquies), D.P.R. n. 917/1986).

La norma deve essere letta in parallelo con il principio secondo il quale costituiscono **redditi assimilati a quelli di lavoro dipendente** (e non redditi di capitale) le **rendite vitalizie diverse** da quelle aventi funzione previdenziale (➡**12.2.6.**) (art. 50, c. 1, lett. h), D.P.R. n. 917/1986).

Rientrano, invece, tra i redditi di capitale i soli rendimenti delle rendite aventi funzione previdenziale e le rendite erogate a seguito dell'adesione a forme pensionistiche complementari, successivamente alla maturazione del diritto alla relativa percezione.

La cessione del **diritto di sfruttamento della propria immagine** da parte di un artista dietro la costituzione, da parte della società controparte, di una rendita vitalizia avente funzione previdenziale configura, in capo al cedente, un **reddito di capitale** oltre a un **reddito di lavoro autonomo in natura** (ris. 2 ottobre 2009, n. 255/E).

Tassazione (➡**11.5.17.**)

Redditi del beneficiario del trust 11.4.8.

Hanno natura di redditi di capitale i redditi imputati al beneficiario di **trust** anche se non residenti, nonché i redditi corrisposti a residenti italiani da trust e istituti aventi analogo contenuto, stabiliti in Stati e territori che con riferimento al trattamento dei redditi prodotti dal trust si considerano a fiscalità privilegiata, anche qualora i percipienti residenti non possono essere considerati beneficiari individuati ai sensi della norma (art. 73, D.P.R. n. 917/1986) sui soggetti IRES (art. 44, c. 1, lett. g-sexies), D.P.R. n. 917/1986).

Tuttavia, i redditi tassati in capo al trust prima dell'individuazione dei beneficiari (quando il trust era "**opaco**") non possono scontare una **nuova imposizione** in capo a questi ultimi a seguito della loro distribuzione (circ. 6 agosto 2007, n. 48/E).

Determinazione del reddito - Non è previsto alcun criterio specifico per regolamentare la determinazione dei redditi del beneficiario del trust.

Si applica, pertanto, il principio generale previsto per i redditi di capitale, che prevede la tassazione delle somme percepite nel corso del periodo d'imposta, senza deduzione alcuna (art. 45, c. 1, D.P.R. n. 917/1986).

> I redditi tassati a mezzo di imposta sostitutiva o di ritenuta a titolo d'imposta non concorrono alla formazione del reddito del beneficiario, analogamente a quanto avviene nel caso di percezione "diretta" (circ. 6 agosto 2007, n. 48/E).

Trust esteri - I redditi distribuiti dai **trust opachi** esteri stabiliti in Paesi a fiscalità privilegiata sono **sottoposti ad imposizione** nei confronti dei beneficiari italiani (art. 44, c. 1, lett. g-sexies), D.P.R. n. 917/1986).
Il "decreto fiscale" di accompagnamento alla manovra 2020 (art. 13, D.L. n. 124/2019) ha risolto il problema inerente i redditi provenienti da trust "opachi" esteri per i quali spesso i beneficiari italiani si dicono impossibilitati a distinguere la parte delle attribuzioni riferibile al patrimonio del trust rispetto a quelle riferibili al reddito.
Nel caso di impossibilità ad operare tale distinzione le attribuzioni dei trust esteri che possono dar luogo a redditi imponibili, sono considerate redditi per l'intero ammontare.

11.4.9. Piattaforme Peer to Peer Lending

È previsto uno specifico regime fiscale dei proventi derivanti dalle attività di *Peer to Peer Lending* ovvero dei proventi derivanti da prestiti erogati mediante piattaforme dedicate a soggetti finanziatori non professionali (art. 1, c. 43-44, Legge n. 205/2017).
I proventi sono qualificati come redditi di capitale ai fini delle imposte dirette (art. 44, c. 1, lett. d-bis) D.P.R. n. 917/1986), se le predette piattaforme sono gestite da intermediari finanziari autorizzati ed iscritti nell'apposito albo (art. 106, D.Lgs. n. 385/1993 - Testo Unico Bancario - TUB) ovvero da istituti di pagamento (anch'essi autorizzati *ex* art. 114, D.Lgs. n. 385/1993).

Tassazione - Su tali proventi è prevista l'applicazione di una **ritenuta a titolo d'imposta**, in misura pari al 26%.
La ritenuta è operata direttamente dai gestori delle piattaforme.

11.4.10. Determinazione del reddito - Tavola riepilogativa

Fattispecie	Determinazione del reddito
Interessi su mutui, depositi e conti correnti	Criterio generale: somme percepite nel periodo d'imposta, senza deduzioni. Si comprende in questo importo anche la differenza tra somme percepite alla scadenza e somme impiegate.
Interessi su obbligazioni, altri titoli e certificati di massa	Criterio generale: somme percepite nel periodo d'imposta, senza deduzioni. Si comprende in questo importo anche la differenza tra somme percepite alla scadenza e prezzo di emissione.
Rendite perpetue e prestazioni annue perpetue	Criterio generale: somme percepite nel periodo d'imposta, senza deduzioni.
Compensi per prestazioni di fideiussione o altre garanzie	
Proventi da *Peer to Peer Lending*	Criterio generale: somme percepite nel periodo d'imposta, senza deduzioni.
Utili derivanti dalla partecipazione in società ed enti	Criterio generale: somme percepite nel periodo d'imposta, senza deduzioni, con esenzione parziale (art. 47, D.P.R. n. 917/1986).
Remunerazione dei contratti di associazione in partecipazione	Criterio generale: somme percepite nel periodo d'imposta, senza deduzioni, con esenzione parziale (art. 47, D.P.R. n. 917/1986). Si comprende in questo importo anche la differenza tra somme percepite alla scadenza e somme apportate.

Fattispecie	Determinazione del reddito
Proventi derivanti dalla gestione di masse patrimoniali	Criterio generale: somme percepite nel periodo d'imposta, senza deduzioni. Si comprende in questo importo anche la differenza tra somme percepite alla scadenza e somme affidate in gestione.
Proventi derivanti da riporti e pronti contro termine su valute	Differenza positiva tra i corrispettivi globali di trasferimento dei titoli e delle valute, ridotta degli interessi maturati nel periodo di durata del rapporto.
Proventi derivanti dal mutuo di titoli garantito	Interessi maturati nel periodo di durata del rapporto, maggiorati del compenso per il mutuo.
Redditi dei contratti di assicurazione sulla vita e di capitalizzazione	Differenza tra ammontare percepito e premi pagati.
Redditi da prestazioni pensionistiche periodiche e rendite previdenziali	Differenza tra ciascuna rata di rendita o di prestazione erogata e corrispondente importo della rata calcolato non tenendo conto dei rendimenti finanziari.
Redditi del beneficiario del trust	Criterio generale: somme percepite nel periodo d'imposta, senza deduzioni.
Altri proventi derivanti da altri rapporti aventi ad oggetto l'impiego di capitale	Criterio generale: somme percepite nel periodo d'imposta, senza deduzioni.

TASSAZIONE E RITENUTE 11.5.

Aliquota di tassazione 11.5.1.

In linea generale, sui redditi di natura finanziaria, sia di capitale che diversi (➔15.3.3.) (art. 67, c. 1, lett. c), D.P.R. n. 917/1986), si applica l'**aliquota del 26%** (artt. 3 e 4, D.L. n. 66/2014).

La distinzione tra **partecipazioni qualificate e non qualificate**, comunque, si applica per i **redditi percepiti sino al 31 dicembre 2017** (art. 1, c. 1005, Legge n. 205/2017).

Tassazione utili da partecipazione e proventi equiparati di fonte italiana 11.5.2.

La tassazione degli utili derivanti da partecipazione e proventi equiparati, di fonte italiana, varia a seconda che i percettori li percepiscano o meno nell'esercizio di imprese.

Dividendi non percepiti nell'esercizio d'impresa - Per i **redditi di capitale percepiti fino al 31 dicembre 2017**, occorre distinguere ulteriormente tra **partecipazioni qualificate e non** (➔15.3.3.). In particolare:

1. **partecipazioni non qualificate**: i dividendi sono assoggettati ad **imposta sostitutiva del 26%** (art. 67, c. 1, lett. c-bis), D.P.R. n. 917/1986; art. 27, D.P.R. n. 600/1973).

Ai fini dell'applicazione dell'aliquota nella misura del 26%, si deve fare riferimento esclusivamente alla data di incasso degli utili, non assumendo dunque rilevanza la data di delibera dei dividendi (circ. 27 giugno 2014, n. 19/E).

Tale ritenuta si applica anche sugli utili derivanti:
- dagli **strumenti finanziari assimilati alle azioni** (art. 44, c. 2, lett. a), D.P.R. n. 917/1986);
- dai contratti di **associazione in partecipazione e cointeressenza** (➔11.2.6.) (art. 109, c. 9, lett. b), D.P.R. n. 917/1986);

2. **partecipazioni qualificate**: i dividendi concorrono alla formazione del reddito complessivo del socio limitatamente al **58,14%** (D.M. 26 maggio 2017).

La percentuale del 58,14% si applica per i redditi formati con utili prodotti a partire dall'**esercizio successivo a quello in corso al 31 dicembre 2016** (D.M. 26 maggio 2017).
Resta ferma la percentuale del:
- **49,72%** per gli utili e proventi equiparati prodotti dall'esercizio successivo a quello in corso al 31 dicembre 2007 e sino a quello in corso al 31 dicembre 2016 (D.M. 2 aprile 2008);
- **40%** per gli utili e proventi equiparati **prodotti sino** all'**esercizio in corso al 31 dicembre 2007**.

Con effetto dai redditi di capitale percepiti dalle persone fisiche **dal 1° gennaio 2018**, le partecipazioni qualificate sono tassate alla stessa stregua di quelle non qualificate (art. 1, c. 1000-1006, Legge n. 205/2017).
Comunque, **in deroga** a ciò, alle distribuzioni di utili derivanti da partecipazioni qualificate in società ed enti soggetti all'IRES formatesi con **utili prodotti fino all'esercizio in corso al 31 dicembre 2017**, **deliberate dal 1° gennaio 2018 al 31 dicembre 2022**, continuano ad applicarsi le disposizioni del D.M. 26 maggio 2017 di cui si è detto sopra.
Tale regime transitorio, comunque, è applicabile anche per gli utili distribuiti sulla base di delibere adottate fino al 31 dicembre 2017 (ris. 6 giugno 2019, n. 56/E).
Rimane, invece, **invariato** il regime fiscale dei dividendi percepiti:
- dagli imprenditori individuali e dalle società di persone;
- dalle società di capitali;
- dagli enti non commerciali.

La vecchia normativa è ancora operante con riferimento alle distribuzioni di utili effettuate dal 1° gennaio 2018 relative a utili prodotti fino all'esercizio in corso al 31 dicembre 2017. Una diversa interpretazione comporterebbe l'applicazione della ritenuta a titolo di imposta nella misura del 26% sulla parte imponibile degli utili relativi a partecipazioni di natura qualificata prodotti fino all'esercizio in corso al 31 dicembre 2017, utili che il legislatore ha inteso tutelare prevedendo una deroga al nuovo regime di tassazione. Pertanto, nell'ipotesi in cui gli utili esteri siano percepiti tramite un sostituto d'imposta o un intermediario, questi applicheranno la ritenuta a titolo di acconto in base alle vecchie regole sul c.d. "**netto frontiera**" (ris. 26 giugno 2019, n. 61/E).

Percentuali di tassazione partecipazioni qualificate		
Periodo in cui vengono prodotti gli utili	**Periodi d'imposta interessati per soggetti con periodo d'imposta coincidente con l'anno solare**	**Tassazione**
Fino all'esercizio in corso al 31 dicembre 2007	fino al 2007	Aliquote IRPEF sul 40%
Dall'esercizio successivo a quello in corso al 31 dicembre 2007 e sino a quello in corso al 31 dicembre 2016	dal 2008 al 2016	Aliquote IRPEF sul 49,72%
Dall'esercizio successivo a quello in corso al 31 dicembre 2016	2017	Aliquote IRPEF sul 58,14%
Dall'esercizio 2018[1]	dal 2018	Imposta sostitutiva del 26%

[1] Per le distribuzioni di utili prodotti fino all'esercizio in corso al 31 dicembre 2017, deliberate dal 1° gennaio 2018 al 31 dicembre 2022, si applicano le precedenti disposizioni.

Indipendentemente dalla statuizione della delibera assembleare, si presumono, ai fini fiscali, **prioritariamente distribuiti** l'**utile d'esercizio** e le **riserve diverse da quelle di capitale** (art. 47, c. 5, D.P.R. n. 917/1986) per la quota di esse non accantonata in sospensione d'imposta.

Dividendi percepiti nell'esercizio d'impresa - Nel caso di dividendi percepiti da **persone fisiche nell'esercizio di impresa e** da **società di persone** gli utili concorrono alla formazione del reddito imponibile complessivo del socio limitatamente al **58,14%** del loro ammontare, a prescindere dal fatto che siano relativi a partecipazioni qualificate o non (art. 59, D.P.R. n. 917/1986). In tal caso, gli utili non costituiscono redditi di capitale, bensì componenti del reddito d'impresa (art. 48, D.P.R. n. 917/1986).
La misura di concorrenza del 58,14% si applica ai dividendi con utili prodotti dalla società o ente partecipato a partire dall'esercizio successivo a quello in corso al 31 dicembre 2016.
Resta ferma la percentuale del **49,72%** per gli utili e proventi equiparati **prodotti d**all'esercizio successivo a quello in corso al 31 dicembre 2007 e sino a quello in corso al 31 dicembre 2016 (D.M. 2 aprile 2008) e del **40%** per gli utili e proventi equiparati **prodotti sino** all'**esercizio in corso al 31 dicembre 2007**.

Passaggio dal 49,72% al 58,14% - Per evitare situazioni penalizzanti in capo ai contribuenti all'atto del passaggio dalla vecchia alla nuova percentuale di tassazione, oltre che per permettere una corretta gestione contabile e fiscale, sono previste le seguenti specifiche regole (D.M. 26 maggio 2017):

- a partire dalle delibere di distribuzione successive a quella avente ad oggetto l'utile dell'esercizio **in corso al 31 dicembre 2016**, agli effetti della tassazione del soggetto partecipante, i dividendi distribuiti si considerano **prioritariamente formati** con utili prodotti dalla società o ente partecipato fino all'esercizio in corso al 31 dicembre 2007, e poi fino al predetto esercizio in corso al 31 dicembre 2016;
- l'ammontare complessivo delle **riserve** formate con utili prodotti dalla società o dall'ente partecipato nel corso del periodo compreso dall'esercizio successivo a quello in corso al 31 dicembre 2007 all'esercizio in corso al 31 dicembre 2016 e i **decrementi** di tale ammontare complessivo conseguenti alle delibere di distribuzione vanno **indicati nel "Prospetto del capitale e delle riserve"** del quadro RS del Modello di dichiarazione dei redditi delle **società di capitali** (ciò vale anche per i proventi assimilati e contratti di associazione in partecipazione di cui si è detto in precedenza);
- nella **certificazione relativa agli utili** e agli altri proventi equiparati deve essere data separata indicazione degli utili e proventi equiparati maturati nel periodo compreso dall'esercizio successivo a quello in corso al 31 dicembre 2007 all'esercizio in corso al 31 dicembre 2016 e di quelli maturati dall'esercizio successivo a quello in corso al 31 dicembre 2016 (adempimento valido anche per i proventi assimilati e contratti di associazione in partecipazione).

In caso di **utili e proventi equiparati**, nonché di remunerazioni erogate da **società o enti non residenti**, i dati e gli elementi sopra riportati sono forniti dal soggetto partecipante residente, previa attestazione da parte della società o dell'ente estero, all'intermediario che interviene nella distribuzione degli utili e dei proventi.

Utili distribuiti al socio nei casi di recesso, esclusione, riscatto e riduzione del capitale esuberante o liquidazione anche concorsuale di società - Si applica la **ritenuta del 26% a condizione** che il socio sia una persona fisica residente, possessore di partecipazioni non qualificate non relative ad impresa commerciale (➡**11.2.5.**).

La ritenuta si applica sull'**intero ammontare delle somme o dei valori corrisposti** al socio per effetto di tali eventi, qualora il percettore non comunichi al sostituto d'imposta il valore fiscalmente riconosciuto della partecipazione. Nel caso in cui il percettore fornisca il valore fiscalmente riconosciuto della partecipazione, il sostituto d'imposta applica la predetta ritenuta sulla differenza (art. 27, c. 1-bis, D.P.R. n. 600/1973).

> Al pari degli utili di fonte italiana il sostituto d'imposta applica la ritenuta sull'intero ammontare delle somme o del valore normale dei beni ricevuti da società non residenti soltanto qualora i soci non comunichino il costo fiscale delle loro partecipazioni (circ. 18 gennaio 2006, n. 4/E).

Utili in natura - I soci sono tenuti a **versare alla società emittente** l'importo corrispondente all'ammontare della ritenuta, determinato in relazione al **valore normale dei beni** ad essi attribuiti, quale risulta dalla valutazione operata dalla società emittente.

Pertanto, il socio di una società o ente italiano deve fornire alla società emittente la provvista nella misura corrispondente all'ammontare della ritenuta dovuta. Nel caso in cui il socio non fornisca la provvista, la società emittente dovrà sospendere il pagamento del dividendo in natura, non potendo esercitare la rivalsa su somme liquide (art. 64, c. 1, D.P.R. n. 600/1973).

Il valore imponibile, in caso di distribuzione di utili in natura, è determinato in relazione al valore normale degli stessi alla data di consegna o spedizione dei beni mobili o di stipula dell'atto per i beni immobili e per le aziende, ovvero, se diversa e successiva, alla data in cui si verifica l'effetto traslativo o costitutivo della proprietà o di altro diritto reale.

Spetta alla società emittente il compito di definire il valore normale tenendo conto dei criteri previsti dall'art. 9, c. 4, D.P.R. n. 917/1986.

Pertanto, se vengono attribuiti **titoli** (obbligazioni, azioni e altri titoli) **quotati**, il loro valore è dato dalla media aritmetica dei prezzi rilevati nell'ultimo mese (➡**2.7.2.**).

Dividendi distribuiti a società semplici - Gli **utili distribuiti alle società** semplici, in qualsiasi forma e sotto qualsiasi denominazione (art. 32-quater, D.L. n. 124/2019):

a. per la **quota imputabile a soggetti IRES** tenuti all'applicazione della norma sulla tassazione dei dividendi e interessi (art. 89, D.P.R. n. 917/1986), sono esclusi dalla formazione del reddito complessivo per il 95% del loro ammontare;

b. per la quota imputabile a soggetti tenuti all'applicazione della norma sui dividendi per le **imprese individuali** (art. 59, D.P.R. n. 917/1986) sono esclusi dalla formazione del reddito complessivo, nella misura del 41,86% del loro ammontare, nell'esercizio in cui sono percepiti;
c. per la quota imputabile alle **persone fisiche residenti** in relazione a partecipazioni, qualificate e non qualificate, non relative all'impresa, sono soggetti a tassazione con applicazione di una ritenuta sui dividendi nelle misure previste (art. 27, D.P.R. n. 600/1973). In tal caso, la ritenuta è operata sulla base delle informazioni fornite dalla società semplice;
d. per la quota imputabile agli **enti pubblici e privati diversi dalle società**, ai **trust** che non hanno per oggetto esclusivo o principale l'esercizio di attività commerciale nonché agli **organismi di investimento collettivo del risparmio**, residenti nel territorio dello Stato (art. 73, c. 1, lett. c) D.P.R. n. 917/1986), concorrono alla formazione del reddito complessivo per l'intero ammontare;
e. per la quota imputabile a **soggetti non residenti** nel territorio dello Stato, sono soggetti a tassazione con applicazione di una ritenuta nella misura prevista per tali soggetti (art. 27, D.P.R. n. 600/1973); per i soggetti non residenti società non residenti e gli enti soggetti ad un'imposta sul reddito delle società negli Stati membri dell'Unione europea e negli Stati aderenti all'Accordo sullo spazio economico europeo che sono inclusi nella lista ministeriale (art. 27, c. 3-ter, D.P.R. n. 600/1973) la misura della predetta ritenuta è pari a quella per loro stabilita.

Resta fermo il regime fiscale applicabile agli utili provenienti da imprese o enti residenti o localizzati in Stati o territori a regime fiscale privilegiato (art. 47-bis, c. 1, D.P.R. n. 917/1986).
Sugli utili derivanti dalle azioni e dagli strumenti finanziari similari alle azioni, immessi nel sistema di deposito accentrato gestito da una **società di gestione accentrata**, è applicata, in luogo della ritenuta di cui sopra, l'imposta sostitutiva (art. 27-ter, D.P.R. n. 600/1973), con la stessa aliquota e alle stesse condizioni previste. Le ritenute e l'imposta sostitutiva sono operate sulla base delle informazioni fornite dalla società semplice.
Le disposizioni si applicano ai dividendi percepiti a partire dal 1° gennaio 2020.
In **deroga** a ciò, alle distribuzioni di utili derivanti da partecipazioni in società ed enti soggetti all'IRES, formatesi con utili prodotti fino all'esercizio in corso al 31 dicembre 2019, deliberate entro il 31 dicembre 2022, continua ad applicarsi la disciplina previgente.

11.5.3. Tassazione utili da partecipazioni non qualificate di fonte estera - Paesi a fiscalità ordinaria

La tassazione degli **utili** corrisposti da **società ed enti non residenti** nel territorio dello Stato a **persone fisiche residenti** è stata modificata con effetto dal 12 gennaio 2019 (art. 5, D.Lgs. n. 142/2018). Ciò si è reso necessario a seguito delle modifiche apportate alla nozione di controllo societario rilevante ai fini dell'imputazione per trasparenza dei redditi da enti controllati esteri (➡**31.3.**) (art. 167, c. 2, D.P.R. n. 917/1986).
Resta comunque confermato che in relazione a partecipazioni non qualificate e non relative ad un'impresa commerciale, il soggetto che interviene nella loro riscossione opera una **ritenuta del 26% a titolo d'imposta** (art. 27, c. 4, D.P.R. n. 600/1973).

> Non è possibile per il percettore optare per il regime di tassazione ordinaria e quindi, usufruire del credito d'imposta per le imposte estere.

Qualora il contribuente ottenga dall'autorità fiscale estera il recupero della differenza tra le imposte effettivamente subite sul dividendo estero e quelle previste dalla convenzione in vigore con lo Stato estero, tale differenza è assoggettata a **tassazione secca con l'aliquota del 26%**.
La tassazione, in tal caso, può avvenire:
- mediante l'**intermediario** che eroga il dividendo;
- in mancanza di questo, in dichiarazione mediante **autoliquidazione** (va compilato il **Quadro RM** del Mod. Redditi PF).

Qualora l'utile di fonte estera sia **percepito direttamente all'estero** ovvero **senza l'intervento di un intermediario residente**, il contribuente è tenuto a riportare l'utile nella **dichiarazione dei redditi** ai fini dell'autoliquidazione dell'imposta sostitutiva del 26%, ossia dell'imposta dovuta con la stessa misura prevista per la ritenuta a titolo d'imposta che sarebbe stata applicata qualora fosse intervenuto il sostituto d'imposta.
Pertanto, per gli utili derivanti da partecipazioni non qualificate, al pari di quanto previsto per gli utili di fonte italiana, **non è mai consentito optare per la tassazione ordinaria** in sede di dichiarazione dei redditi.
È infatti espressamente esclusa per gli utili la facoltà di assoggettare a tassazione ordinaria i redditi di fonte estera in sede di presentazione della dichiarazione annuale dei redditi, usufruendo del credi-

to d'imposta per le imposte pagate all'estero, rinunciando, quindi, al regime di imposizione sostitutiva prevista (art. 18, D.P.R. n. 917/1986).

La medesima ritenuta del 26% si applica anche per le **partecipazioni qualificate** relative ai **redditi percepiti dal 1° gennaio 2018** (art. 1, c. 1005, Legge n. 205/2017).

Tassazione utili da partecipazioni qualificate di fonte estera - Paesi a fiscalità ordinaria 11.5.4.

Con riferimento, in linea generale, agli utili precedenti al 2018, le **partecipazioni qualificate** detenute, da persone fisiche residenti in Italia, in soggetti esteri di Paesi a fiscalità ordinaria sono tassate con **ritenuta d'acconto del 26%** da applicare sul **58,14%** (**49,72%** sino all'esercizio in corso al 31 dicembre 2016) dell'ammontare corrisposto al netto delle ritenute eventualmente applicate nello Stato estero.
La ritenuta viene effettuata dal **sostituto d'imposta residente** che interviene nell'erogazione degli utili. Pertanto le somme percepite concorrono alla formazione del reddito del percipiente residente in Italia e spetta il **credito d'imposta** per le **imposte pagate all'estero** a titolo definitivo (➔33.1.) (art. 165, D.P.R. n. 917/1986).
Il **credito d'imposta** corrisponde al rapporto tra i redditi prodotti all'estero ed il reddito complessivo. Si applica la seguente **formula**:

[Reddito estero x IRPEF lorda italiana] / Reddito complessivo.

Il credito d'imposta, comunque, non può mai essere superiore all'imposta netta dovuta in Italia.

Se con il Paese estero in cui risiede il soggetto che ha distribuito i dividendi esiste una **convenzione contro le doppie imposizioni** che prevede un limite alla tassazione degli utili erogati a soggetti stranieri ed il prelievo è stato superiore a tale limite, la **maggiore imposta subita** (vale a dire la differenza tra il prelievo effettivamente subito e l'aliquota convenzionale) non può essere recuperata mediante credito d'imposta, ma va **chiesta a rimborso** alle Autorità fiscali estere con le modalità e nei termini stabiliti dalla relativa legislazione. In tal caso, il credito d'imposta può essere esposto in dichiarazione limitatamente all'ammontare dell'imposta pagata all'estero nel limite massimo corrispondente all'aliquota convenzionale.

Nella **documentazione da conservare** a cura del contribuente vanno specificati, in un'apposita distinta, oltre allo Stato o agli Stati esteri di produzione dei redditi, anche le relative imposte pagate all'estero in via definitiva.
La **certificazione degli utili** e degli altri proventi equiparati può validamente sostituire la predetta documentazione qualora in essa sia riportata non solo l'imposta effettivamente subita in via definitiva, ma anche l'**aliquota di tassazione** nella misura convenzionale.

Le **delibere societarie** dalle quali risulta che le somme distribuite sono attinte da riserve non alimentate da **utili provenienti da Stati o territori a fiscalità privilegiata**, costituiscono un supporto documentale idoneo a dimostrare la provenienza dei dividendi. La provenienza dei dividendi esclude il loro computo nella formazione del reddito del percettore come altrimenti previsto per gli utili provenienti da Stati o territori a regime fiscale privilegiato (ris. 22 novembre 2017, n. 144/E).

Ai fini del regime di tassazione degli utili distribuiti da una **partecipata** residente in un **paese non** considerato a **regime fiscale privilegiato**, con **stabile organizzazione** in un **paese** a **regime fiscale privilegiato**, occorre trattare autonomamente gli utili prodotti direttamente dalla partecipata rispetto a quelli prodotti dalla stabile organizzazione (principio di diritto 29 maggio 2019, n. 18).

Tassazione utili da partecipazioni di fonte estera - Paesi o territori a fiscalità privilegiata 11.5.5.

La tassazione degli utili da partecipazione in **Paesi a fiscalità privilegiata** è stata oggetto di modifiche con il D.Lgs. n. 142/2018, in vigore dal 12 gennaio 2019, che ha recepito la Direttiva n. 2016/1164/UE (Direttiva ATAD).
In particolare è stata inserita una norma nel D.P.R. n. 917/1986 (art. 47-bis) ai fini dell'individuazione dei regimi fiscali privilegiati oltre ad una nuova disciplina sulle CFC (➔31.3.).

Non si considerano provenienti da uno Stato a fiscalità privilegiata i dividendi distribuiti da una società a fiscalità privilegiata che corrispondono a utili "formati" in annualità in cui la società estera era considerata **a fiscalità ordinaria**, secondo le regole vigenti nel medesimo periodo di "formazione" dell'utile (risposta a interpello 12 gennaio 2021, n. 38).

Disciplina pregressa - Con effetto sugli utili distribuiti e sulle plusvalenze realizzate a partire dal **periodo d'imposta in corso al 7 ottobre 2015** (data di entrata in vigore del D.Lgs. n. 147/2015) e fino al periodo d'imposta in corso al 31 dicembre 2018, concorrono **integralmente alla formazione del reddito** imponibile gli utili provenienti da società residenti in **Stati o territori a regime privilegiato** relativi al possesso di **partecipazioni dirette** in tali società o di **partecipazioni di controllo** anche di fatto, diretto o indiretto, in altre società residenti all'estero che conseguono utili dalla partecipazione in società residenti in Stati o territori a regime privilegiato e nei limiti di tali utili (art. 47, c. 4, D.P.R. n. 917/1986).
Tali disposizioni non si applicano nel caso in cui gli stessi **utili** siano già stati **imputati al socio** (art. 167, c. 1, D.P.R. n. 917/1986) o sia dimostrato, anche a seguito dell'esercizio dell'**interpello** (art. 167, c. 5, lett. b), D.P.R. n. 917/1986), il rispetto delle condizioni sulla residenza fiscale della società partecipata ai fini della **participation exemption** (➔**23.**) (art. 87, c. 1, lett. c), D.P.R. n. 917/1986).
Per gli utili è riconosciuto al soggetto controllante residente nel territorio dello Stato, ovvero alle sue controllate residenti percipienti gli utili, un **credito d'imposta** (➔**33.1.**) (art. 165, D.P.R. n. 917/1986) in ragione delle imposte assolte dalla società partecipata sugli utili maturati durante il periodo di possesso della partecipazione, in proporzione degli utili conseguiti e nei limiti dell'imposta italiana relativa a tali utili.
Ai soli fini dell'applicazione dell'imposta, l'ammontare del credito d'imposta è computato in aumento del reddito complessivo.
Se nella dichiarazione è stato omesso soltanto il computo del credito d'imposta in aumento del reddito complessivo, si può procedere d'ufficio alla **correzione** anche **in sede di liquidazione dell'imposta** dovuta in base alla dichiarazione dei redditi.

Le delibere societarie dalle quali risulta che le somme distribuite sono attinte da **riserve non alimentate** da utili provenienti da Stati o territori a fiscalità privilegiata, costituiscono un **supporto documentale idoneo** a dimostrare la provenienza dei dividendi (ris. 22 novembre 2017, n. 144/E).

Qualora il contribuente intenda far valere la sussistenza delle condizioni indicate per la *participation exemption* (art. 87, c. 1, lett. c), D.P.R. n. 917/1986), ma non abbia presentato l'istanza di interpello ovvero, avendola presentata, non abbia ricevuto risposta favorevole, la percezione di utili provenienti da partecipazioni in imprese o enti esteri localizzati in Stati o territori privilegiati deve essere segnalata nella dichiarazione dei redditi da parte del **socio residente**.

Nei casi di mancata o incompleta indicazione nella dichiarazione dei redditi si applica la **sanzione amministrativa** pari 10% dei dividendi conseguiti dal soggetto residente e non indicati, con un minimo di 1.000 euro ed un massimo di 50.000 euro (art. 8, c. 3-ter, D.Lgs. n. 471/1997).

Le regole sopra illustrate si applicano anche alle **remunerazioni** derivanti da contratti di **associazione in partecipazione** (art. 109, c. 9, lett. b), D.P.R. n. 917/1986), relative a contratti stipulati con associanti residenti nei predetti Paesi o territori.

Disciplina introdotta dalla Legge di bilancio 2018 - Non si considerano provenienti da società residenti o localizzate in Stati o territori a regime fiscale privilegiato gli **utili** percepiti a partire dal periodo d'imposta successivo a quello in corso al 31 dicembre 2014 e maturati in periodi d'imposta precedenti nei quali le società partecipate erano residenti o localizzate in Stati o **territori non inclusi nella black list** relativa alle società controllate estere (*controlled foreign companies* - CFC) di cui al D.M. 21 novembre 2001 (art. 1, c. 1007, Legge n. 205/2017).
Tali disposizioni si applicano anche per gli utili maturati in periodi successivi a quello in corso al 31 dicembre 2014 in Stati o territori non a regime privilegiato e, in seguito, percepiti in periodi d'imposta in cui il livello nominale di tassazione è inferiore al 50% di quello applicabile in Italia (condizione prevista dall'art. 167, c. 4, D.P.R. n. 917/1986).
Non si considerano provenienti da società residenti o localizzati in Stati o territori a regime fiscale privilegiato gli utili maturati successivamente al 2014 in Stati o territori non a regime privilegiato e in seguito percepiti in periodi d'imposta in cui risultano soddisfatte le condizioni previste dall'art. 167, c. 4, D.P.R. n. 917/1986.
In caso di cessione delle partecipazioni, la preesistente stratificazione delle riserve di utili si trasferisce al cessionario.

Gli utili distribuiti dal soggetto non residente si presumono prioritariamente formati con quelli da considerare non provenienti da Stati o territori a regime fiscale privilegiato.

Disciplina introdotta dalla Direttiva ATAD - A decorrere dal periodo d'imposta successivo a quello in corso al 31 dicembre 2018, nonché per gli utili percepiti a decorrere dal medesimo periodo di imposta, resta fermo che concorrono integralmente alla formazione del reddito imponibile gli utili provenienti da società residenti in Stati o territori a regime fiscale privilegiato.
Cambia, invece, il riferimento:
- ai **criteri** per individuare i **regimi fiscali privilegiati** (art. 47-bis, c. 1, D.P.R. n. 917/1986);
- alla **nozione di controllo** (art. 167, c. 2, D.P.R. n. 917/1986).

Per l'individuazione dei **regimi fiscali privilegiati** (art. 47-bis, D.P.R. n. 917/1986) si distingue tra **partecipazioni**:
- **di controllo** (art. 167, c. 2, D.P.R. n. 917/1986), per le quali il test per l'individuazione del regime fiscale privilegiato è basato sul confronto tra la tassazione effettiva estera e il 50% della tassazione effettiva italiana (art. 167, c. 4, lett. a), D.P.R. n. 917/1986);
- **non di controllo**, per le quali il test è basato sul confronto tra la aliquota nominale estera e il 50% dell'aliquota nominale italiana, tenendo conto dell'eventuale impatto su tali aliquote nominali della presenza di regimi speciali.

I **regimi speciali** sono quelli che:
- si applicano alla generalità dei soggetti che svolgono analoga attività dell'impresa o dell'ente partecipato,
- risultano fruibili soltanto in funzione delle specifiche caratteristiche soggettive o temporali del beneficiario,
- pur non incidendo direttamente sull'aliquota, prevedono esenzioni o altre riduzioni della base imponibile idonee a ridurre il prelievo nominale al di sotto del predetto limite,

sempreché, nel caso in cui il regime speciale riguardi solo particolari aspetti dell'attività economica complessivamente svolta dal soggetto estero, l'attività ricompresa nell'ambito di applicazione del regime speciale risulti prevalente, in termini di ricavi ordinari, rispetto alle altre attività svolte dal soggetto.
Inoltre, con riferimento alle **esimenti**, è previsto che la **disapplicazione** della disciplina in materia di regimi fiscali privilegiati possa avvenire:
a. quando la **partecipata** non residente **svolge** nel paese in cui è insediata un'**attività economica effettiva**, mediante l'impiego di personale, attrezzature, attivi e locali;
b. quando il soggetto **residente**, mediante il possesso della partecipazione estera, **non consegue** l'effetto di localizzare i **redditi** in **Stati** o territori a **regime fiscale privilegiato**.

Resta fermo che, ai fini della disapplicazione di tale disciplina, il contribuente può dimostrare, anche tramite **interpello**, che la partecipazione, sin dal primo periodo di possesso, non consegue l'effetto di localizzare i redditi in Stati o territori a regime fiscale privilegiato.
L'esimente di cui alla lettera b) deve essere dimostrata con riferimento ai soli periodi di imposta per i quali gli utili si considerano provenienti da regimi fiscali privilegiati.

Netto frontiera 11.5.6.

La ritenuta, sia a titolo d'imposta sia a titolo d'acconto, si applica sul c.d. "**netto frontiera**", ossia sull'importo dei **dividendi al netto delle imposte** applicate nello Stato estero di residenza.
Per "netto frontiera" si deve intendere l'**importo effettivamente corrisposto al beneficiario finale**.
Pertanto, nell'eventualità che i dividendi abbiano scontato nel Paese della fonte, sulla base della relativa normativa interna, un prelievo in misura superiore rispetto all'aliquota prevista, ad esempio, dalla convenzione contro le doppie imposizioni stipulate dall'Italia, la base imponibile della ritenuta deve essere decurtata dell'intero importo delle imposte subite nello Stato estero.

Distribuzione di utili di fonte italiana in occasione di ripartizione di riserve di capitale 11.5.7.

Tali redditi sono soggetti alla **ritenuta alla fonte del 26%**.
La ritenuta si applica soltanto sulla parte delle somme o del valore normale dei beni ricevuti dal socio eccedente il prezzo pagato per l'acquisto o la sottoscrizione delle azioni o quote annullate.
La ritenuta va effettuata soltanto per gli utili di fonte italiana attribuiti alle persone **fisiche residenti**, se la **partecipazione** non è relativa ad un'impresa commerciale (art. 27, D.P.R. n. 600/1973).

IRPEF

11.5.8. Utili in regime di risparmio gestito

Gli utili di fonte estera concorrono a formare il risultato della gestione, assoggettato ad **imposta sostitutiva del 26%** se relativi a **partecipazioni** in società estere negoziate e non nei mercati regolamentati.

11.5.9. Obbligazioni

Tipologie di interessi e proventi	Tassazione
Interessi e proventi delle obbligazioni	Tassazione con **ritenuta a titolo d'imposta** pari al **26%** (art. 26, c. 1, D.P.R. n. 600/1973).
Proventi di: - **titoli di Stato** (BOT, CCT, BTP, ecc.); - titoli emessi da **enti territoriali**, anche con ordinamento autonomo (Regioni, Province, Comuni), quali **BOR**, **BOP** e **BOC**; - titoli emessi dalle **Unioni di Comuni**, dalle **città metropolitane**, dalle comunità montane e dai consorzi tra enti locali territoriali e Regioni); - **buoni fruttiferi postali** emessi dalla **Cassa depositi e prestiti**.	Tassazione con **ritenuta a titolo d'imposta** pari al **12,5%**, indipendentemente dal fatto che le emissioni avvengano o meno in Italia.

Rientrano tra i proventi equiparati a quelli dei titoli di Stato i titoli emessi da organismi costituiti in base ad accordi internazionali resi esecutivi in Italia (a prescindere dal fatto che essi fruiscano o meno di totale esenzione dalla generalità delle imposte in Italia).

Interessi su obbligazioni dei "grandi emittenti" - Per le obbligazioni emesse dalle **banche**, nonché dalle **società con azioni quotate** nei mercati regolamentati degli Stati membri dell'Unione europea e degli Stati aderenti all'Accordo sullo spazio economico europeo inclusi nella *white list* (c.d. "**grandi emittenti**"), il regime fiscale cambia a seconda del soggetto che percepisce gli interessi distinguendo tra "**nettista**" e "**lordista**" (D.Lgs. 1° aprile 1996, n. 239).

I **soggetti "nettisti"** sono:

- **persone fisiche**, anche se esercitano attività d'impresa;
- **società semplici e associazioni professionali**;
- **enti non commerciali**;
- soggetti **esenti da IRES**.

Sui soggetti "nettisti" viene operato il prelievo nella misura del **26%** (artt. 3 e 4, D.L. n. 66/2014).

Se gli **interessi** sono percepiti da un soggetto nettista nell'**esercizio di imprese commerciali** (es. persona fisica che esercita anche attività d'impresa):

- essi concorrono comunque alla formazione del **reddito d'impresa**, benché assoggettati a imposta sostitutiva;
- l'imposta sostitutiva si scomputa dall'imposta dovuta (essa, in altre parole, funziona alla stregua di un acconto d'imposta).

Agli interessi percepiti dai **soggetti "lordisti"**, quali le società commerciali, sia di persone che di capitali, e ai percipienti residenti in **Stati *white list***, **non si applicano i prelievi alla fonte** e il reddito derivante dagli stessi sconta l'**imposizione ordinaria** in fase di dichiarazione.

Soggetti diversi dai "grandi emittenti" - Per le obbligazioni emesse dai soggetti diversi dai c.d. "grandi emittenti", si applica una **ritenuta del 26%**.

A differenza dei titoli di Stato, per le **obbligazioni private** vige, quindi, il regime generale che prevede la tassazione nella misura del 26%.

Sono soggetti alla ritenuta prevista per soggetti diversi dai grandi emittenti i proventi derivanti dal **possesso di obbligazioni e titoli similari,** nonché le **cambiali finanziarie**.

La ritenuta del 26% deve essere prelevata dai sostituti d'imposta **indipendentemente dalla durata del prestito**.

Inoltre, sono soggetti a ritenuta del 26% gli **interessi** e gli altri proventi dei **titoli atipici**.

La **tassazione sui titoli di Stato** e su quelli dei Paesi rientranti nella c.d. *white list* avviene nella misura del **12,50%**.

La **ritenuta** è applicata nella misura del 26% **a titolo d'acconto** nei confronti di:

- **imprenditori individuali** (per i soli titoli detenuti quali beni d'impresa);
- **società di persone commerciali**;
- società **di capitali ed enti commerciali**;

– **Stabili Organizzazioni** di soggetti non residenti.
Negli altri casi è applicata **a titolo d'imposta**.

Versamento dei soci 11.5.10.

Sugli **interessi** relativi ai **finanziamenti dei soci** (➡11.3.3.) si applica una **ritenuta a titolo di acconto** in misura pari al **26%** (art. 26, c. 5, D.P.R. n. 600/1973).

> La ritenuta va effettuata **indipendentemente dalla materiale erogazione** degli interessi (Cass. 4 maggio 2001, n. 6257)

Soci non residenti - È possibile **limitare il prelievo** a titolo d'imposta dovuto allo Stato italiano invocando l'applicazione delle **convenzioni internazionali** o l'esenzione prevista per le imposte su interessi e canoni corrisposti a soggetti residenti in Stati membri dell'Unione europea.
Le convenzioni internazionali permettono la riduzione dell'aliquota applicabile, ma - salvo eccezioni - non garantiscono l'esenzione. L'**esenzione** è, invece, applicabile ai **prestiti infragruppo** che possiedono determinati **requisiti** quali, in particolare, una partecipazione minima del 25% della società finanziata in quella che eroga il finanziamento - o viceversa - e la natura di beneficiario effettivo degli interessi da parte del socio percipiente nel proprio Stato di residenza.

Soggetto finanziatore istituzionale non residente - In merito alla non applicazione della ritenuta sugli interessi derivanti da un finanziamento a società italiane erogato da un investitore istituzionale estero, non è possibile applicare il regime di esenzione ai beneficiari degli interessi che non siano anche i diretti percettori degli stessi (risposta a interpello 24 ottobre 2019, n. 423).

Compensi per prestazioni di fideiussione o altre garanzie 11.5.11.

Se corrisposti da sostituti d'imposta, questi redditi (➡11.4.2.) devono essere assoggettati a **ritenuta a titolo d'acconto** del **26%** e devono essere indicati nella dichiarazione dei redditi (art. 26, D.P.R. n. 600/1973).

Proventi derivanti dal mutuo di titoli garantito 11.5.12.

I soggetti che corrispondono i redditi in questione (➡11.4.3.) (o che intervengono nella loro riscossione) sono tenuti ad operare una **ritenuta** nella misura del **26%** (art. 26, D.P.R. n. 600/1973).
Nel caso in cui i predetti contratti abbiano ad oggetto **obbligazioni o altri titoli di Stato** italiani ed equiparati, nonché obbligazioni emesse da Stati esteri appartenenti alla *white list*, la **ritenuta** è operata nella misura del **12,50%**.

Gestione di masse patrimoniali 11.5.13.

Gli intermediari residenti operano una ritenuta sui proventi (➡11.4.4.) derivanti dalla partecipazione ai **fondi comuni mobiliari di diritto estero** conformi alle direttive comunitarie (c.d. "**armonizzati**"), purché stabiliti in Stati comunitari che garantiscano lo **scambio di informazioni** con l'Italia (art. 26, D.P.R. n. 600/1973).
La ritenuta del **26%** è operata **a titolo d'acconto** nei confronti di:
– **imprenditori individuali**, se le partecipazioni sono relative all'impresa;
– **snc, sas** e società equiparate;
– **società** ed enti **commerciali**, **Stabili Organizzazioni** di soggetti non residenti.
La **ritenuta** è applicata, invece, **a titolo d'imposta** nei confronti di tutti gli altri soggetti.

Ritenute per partecipazione ad OICR italiani e lussemburghesi storici - Sui proventi derivanti dalla partecipazione a organismi di investimento collettivo del risparmio (**OICR**) **istituiti in Italia**, diversi dagli OICR immobiliari, **e** a quelli istituiti **in Lussemburgo**, già autorizzati al collocamento nel territorio dello Stato (art. 11-bis, D.L. n. 512/1983), limitatamente alle quote o azioni collocate nel territorio dello Stato, le società di gestione del risparmio, le SICAV, le SICAF, i soggetti incaricati del collocamento delle quote o azioni e i sostituti d'imposta incaricati della loro negoziazione, operano una **ritenuta** del **26%** (art. 26-quinquies, D.P.R. n. 600/1973).
Qualora le quote o azioni dei predetti organismi siano immesse in un **sistema di deposito accentrato** gestito da una società autorizzata, la ritenuta è applicata dai sostituti d'imposta presso i quali le quote o azioni sono state depositate, direttamente o indirettamente aderenti al suddetto sistema di deposito accentrato, nonché dai soggetti non residenti aderenti a detto sistema di deposito accentrato ovvero a sistemi esteri di deposito accentrato aderenti al medesimo sistema.
I soggetti non residenti nominano quale loro **rappresentante fiscale** in Italia una banca o una società di intermediazione mobiliare, residente nel territorio dello Stato, una Stabile Organizzazione

in Italia di banche o di imprese di investimento non residenti, ovvero una società di gestione accentrata di strumenti finanziari autorizzata.
Il rappresentante fiscale risponde dell'adempimento dei propri compiti negli stessi termini e con le stesse responsabilità previste per i soggetti residenti in Italia e provvede a:

a. **versare la ritenuta**;
b. **fornire**, entro 15 giorni dalla richiesta dell'Amministrazione finanziaria, ogni **notizia o documento utile** per comprovare il corretto assolvimento degli obblighi riguardanti la suddetta ritenuta.

Esenzione dalla ritenuta per gli OICR di diritto estero - A decorrere dal 1° gennaio 2021 agli organismi di investimento collettivo del risparmio (OICR) di diritto estero istituiti negli Stati membri dell'Unione europea e negli Stati aderenti all'Accordo sullo spazio economico europeo in conformità alla disciplina europea, il cui gestore sia soggetto a forme di vigilanza nel Paese estero nel quale l'OICR è istituito, **non si applica la ritenuta del 27%** (art. 27, c. 3 D.P.R. n. 600/1973) sugli utili percepiti (art. 1, c. 631-633, Legge n. 178/2020).
Pertanto, si allinea il trattamento fiscale dei dividendi e delle plusvalenze conseguiti da OICR di diritto estero, istituiti in Stati membri dell'Unione europea o in Stati aderenti all'Accordo sullo spazio economico europeo che consentono un adeguato scambio di informazioni, a quello dei dividendi e delle plusvalenze realizzati da OICR istituiti in Italia, estendendo le esenzioni già previste per gli utili da partecipazione percepiti e per le plusvalenze realizzate dagli OICR istituiti in Italia derivanti dalle partecipazioni qualificate in società italiane.
Inoltre, le **plusvalenze** e le **minusvalenze** realizzate, a decorrere dal 1° gennaio 2021, mediante cessione a titolo oneroso di partecipazioni qualificate dai medesimi soggetti di cui sopra **non concorrono a formare il reddito**.

11.5.14. Proventi derivanti da riporti e pronti contro termine

I soggetti che corrispondono i redditi in questione (➡**11.4.5.**), o che intervengono nella loro riscossione, sono tenuti ad operare una **ritenuta** nella misura del **26%**, ovvero **con la maggiore aliquota** cui sarebbero assoggettabili gli interessi e gli altri proventi dei titoli "sottostanti" nei confronti dei soggetti percipienti (art. 26, D.P.R. n. 600/1973).
Tale ritenuta è operata, in **luogo della ritenuta sugli interessi delle obbligazioni**, anche sugli interessi e gli altri proventi dei titoli ivi indicati, maturati nel periodo di durata del contratto.
Nel caso in cui i predetti contratti abbiano ad oggetto **obbligazioni** o altri titoli (come quelli di Stato italiani ed equiparati), nonché obbligazioni emesse da Stati esteri appartenenti alla ***white list***, la ritenuta è operata nella misura del **12,50%**.
Inoltre, la ritenuta non viene applicata nel caso in cui i percipienti siano **imprenditori individuali** (per le attività finanziarie detenute quali beni d'impresa), **società** di persone commerciali, società di capitali ed enti **commerciali**, ovvero **Stabili Organizzazioni** di soggetti non residenti.
È **esclusa** l'applicazione della ritenuta anche nel caso in cui il soggetto abbia esercitato **l'opzione per il risparmio gestito**. In tale situazione l'intermediario applica l'imposta sostitutiva sull'intero risultato della gestione e non sui singoli redditi di capitale.

11.5.15. Capitali percepiti in caso di morte in dipendenza di contratti di assicurazione sulla vita

È prevista l'**esenzione dall'imposta per i capitali erogati**, in dipendenza di contratti assicurativi per caso morte (➡**11.4.6.**) (anche qualora l'evento morte sia avvenuto anteriormente a tale data), a copertura del rischio demografico percepiti dai beneficiari e non anche ai relativi rendimenti di natura finanziaria (art. 34, c. 7, D.P.R. n. 601/1973).

> Sul piano operativo, si verifica una diversificazione del regime fiscale applicato ai capitali erogati in dipendenza di **polizze assicurative** sulla vita per il caso morte aventi differenti caratteristiche contrattuali, vale a dire quelle di **"puro" rischio**, quali la c.d. "temporanea caso morte", e polizze **di tipo "misto"**, caratterizzate anche da una componente finanziaria (circ. 1° aprile 2016, n. 8/E).

Tipologia di contratto	Tassazione
Assicurazione "temporanea caso morte" i cui premi sono finalizzati interamente alla copertura del rischio demografico.	**Esenzione** dall'IRPEF di quanto corrisposto ai beneficiari.

Tipologia di contratto	Tassazione
Polizze vita "miste"	- Capitale erogato a copertura del "**rischio demografico**": esente dall'IRPEF; - parte restante della prestazione corrisposta: è imponibile in capo ai beneficiari; tale reddito rientra fra i **redditi di capitale** (art. 44, c. 1, lett. g-quater), D.P.R. n. 917/1986).

Polizze vita "miste" - L'ammontare della **prestazione imponibile** deve corrispondere alla differenza fra il "valore di riscatto" che sarebbe stato riconosciuto all'assicurato, determinato al momento individuato sulla base delle condizioni contrattuali, e l'ammontare dei premi pagati al netto di quelli corrisposti per la copertura del rischio morte.
Qualora le pattuizioni contrattuali stabiliscano un **termine specifico** per l'**erogazione della prestazione** il valore di riscatto è quello determinato a tale data.
Inoltre, nel caso in cui non vi sia un termine espressamente previsto dalle condizioni di polizza si deve fare riferimento alla **data del decesso**.
Nell'ipotesi in cui il **valore di riscatto** così determinato sia **superiore** a quanto effettivamente percepito dai beneficiari a seguito dell'evento morte, la tassazione avverrà con riferimento alla differenza fra l'importo globale della prestazione caso morte erogata ai beneficiari e il totale dei premi pagati dall'assicurato riferibili alla componente finanziaria.
Nei casi in cui non sia possibile determinare il valore di riscatto (in particolare nei casi in cui il decesso dell'assicurato si verifichi in un momento in cui il contratto assicurativo non prevede ancora la possibilità di riscatto) si ritiene di poter assumere, in sostituzione di tale dato, la **riserva matematica** rilevata alla data del decesso. Tale valore fornisce, infatti, una rappresentazione attendibile della componente finanziaria del capitale liquidato.

CASO 3 - Valore di riscatto inferiore al capitale erogato
Polizza "mista" vita stipulata il 1° gennaio anno X.
Decesso il 31 gennaio anno X+5.
Premi corrisposti per 1.200 euro (di cui 1.000 euro riferibili alla componente finanziaria e 200 euro riferibili al rischio demografico).
Capitale erogato caso morte pari a 4.000 euro.
Valore di riscatto pari a 3.000 euro.
Il valore di riscatto (3.000) è inferiore al capitale erogato (4.000).
Reddito imponibile = 3.000 - 1.000 = **2.000**.

CASO 4 - Valore di riscatto pari al capitale erogato
Polizza "mista" vita stipulata il 1° gennaio anno X.
Decesso il 31 gennaio anno X+5.
Premi corrisposti per 1.200 euro (di cui 1.000 euro riferibili alla componente finanziaria e 200 euro riferibili al rischio demografico).
Capitale erogato caso morte pari a 4.000 euro.
Valore di riscatto pari a 4.000 euro.
Il valore di riscatto (4.000) è pari al capitale erogato caso morte (4.000).
Reddito imponibile = 4.000 - 1.000 = **3.000**.

CASO 5 - Valore di riscatto superiore al capitale erogato
Polizza "mista" vita stipulata il 1° gennaio anno X.
Decesso il 31 gennaio anno X+5.
Premi corrisposti per 1.200 euro (di cui 1.000 euro riferibili alla componente finanziaria e 200 euro riferibili al rischio demografico).
Capitale erogato caso morte pari 2.000 euro.
Valore di riscatto pari a 3.000 euro.
Il valore di riscatto (3.000) è superiore al capitale erogato caso morte (2.000).
Reddito imponibile = 2.000 - 1.000 = **1.000**.

CASO 6 - Valore di riscatto mancante
Polizza "mista" vita stipulata il 1° gennaio anno X.
Decesso il 31 gennaio anno X+5.

Premi corrisposti per 1.200 euro (di cui 1.000 euro riferibili alla componente finanziaria e 200 euro riferibili al rischio demografico).
Capitale erogato caso morte pari 2.000 euro.
Valore di riscatto assente.
Riserva matematica alla data del decesso (2.000).
Reddito imponibile = 2.000 - 1.000 = **1.000**.

Il reddito determinato secondo le precedenti indicazioni è assoggettato all'**imposta sostitutiva** (art. 26-ter, D.P.R. n. 600/1973).
Sui redditi sottoposti a ritenuta si applica l'aliquota vigente nei periodi di maturazione degli stessi (circ. 27 giugno 2014, n. 19/E) e precisamente:
- **12,5%** sulla parte di rendimento maturata **fino al 31 dicembre 2011**;
- **20%** sulla parte di rendimento maturata dal 1° gennaio 2012 **al 30 giugno 2014**;
- **26%** sulla parte di rendimento maturata **dal 1° luglio 2014**.

Inoltre, dal 1° gennaio 2012 la base imponibile del reddito in questione è ridotta di una quota riferibile alle **obbligazioni** ed altri titoli (art. 31, D.P.R. n. 601/1973) ed equiparati e alle obbligazioni emesse da Stati che assicurano un adeguato scambio di informazioni (c.d. **Paesi *white list***) e, dal 1° luglio 2014, da **enti territoriali** degli stessi (D.M. 13 dicembre 2011).

11.5.16. Prestazioni ricorrenti caso vita e caso morte

Le prestazioni ricorrenti di una polizza (ris. 17 novembre 2004, n. 138/E):
- **sono tassabili** qualora, alle prestabilite scadenze periodiche, sia determinabile con certezza la sussistenza di un vero e proprio rendimento finanziario della polizza stessa;
- **assumono rilevanza** ai fini della tassazione qualora, alla scadenza contrattuale o in occasione dell'eventuale riscatto anticipato il loro **importo**, aumentato dell'eventuale capitale minimo garantito, **ecceda i premi versati**.

Occorre distinguere tra:
- **prestazioni ricorrenti programmate**, il cui ammontare viene calcolato sulla base di determinati parametri e finanziato mediante l'annullamento o il riscatto di quote di un fondo interno detenuto dall'impresa di assicurazione o di un OICR collegato al contratto nel quale sono investiti i premi versati;
- **corresponsione di un capitale al decesso dell'assicurato** o in caso di riscatto anticipato, determinato in funzione del valore delle quote del predetto fondo o OICR al momento del decesso o della richiesta di riscatto.

È **esclusa l'imponibilità** delle prestazioni ricorrenti **erogate nel corso della durata contrattuale** in quanto alla data della loro corresponsione **non sono maturati rendimenti** che presentino il carattere della certezza.
La tassazione delle prestazioni ricorrenti è **sospesa** fino al momento dell'**erogazione del capitale assicurato** a seguito di riscatto o a scadenza del contratto.
L'imposta sostitutiva si applica sull'eventuale reddito venutosi a determinare **al momento dell'erogazione della prestazione**, qualora sussista un **differenziale positivo** tra l'ammontare delle prestazioni ricorrenti programmate, aumentato della prestazione corrisposta alla scadenza o al riscatto anticipato, e l'ammontare dei premi versati.

Prestazione finale corrisposta al beneficiario per effetto del decesso dell'assicurato - Per queste polizze è necessario **ripartire il reddito** calcolato alla conclusione del contratto, ossia alla morte dell'assicurato, attribuendolo in modo proporzionale all'ammontare delle prestazioni ricorrenti erogate durante la vita dell'assicurato e a quello erogato all'atto del decesso, escludendo comunque dalla determinazione del reddito imponibile gli importi (prestazione e premio) riferiti al rischio demografico.
Rimane, quindi, fermo il principio secondo cui è esclusa, a certe condizioni, la tassazione delle prestazioni ricorrenti al momento del loro pagamento, nonché l'esenzione del reddito erogato in caso di morte dell'assicurato, limitatamente alla sola componente di rischio demografico.

CASO 7 - Calcolo reddito tassato ed esente

A fronte di un premio unico di 800 euro, viene corrisposta una prestazione complessiva di 1.800 euro così ripartiti:
- 450 quali prestazioni ricorrenti (cedole) già erogate all'assicurato nel corso del contratto;
- 1.350 all'atto del decesso (di cui 500 a copertura del rischio demografico e 850 per la componente finanziaria determinata in base ai criteri illustrati nel paragrafo 1).

In tal caso, il reddito complessivo della polizza è pari alla differenza tra la prestazione erogata complessivamente (1.800) e i premi pagati (800) dal sottoscrittore.
Determinata l'incidenza del reddito complessivo sulla prestazione erogata (pari a 1000/1800), ai fini della tassazione, il reddito dovrà essere ripartito come segue:

- **Reddito da assoggettare a tassazione in corrispondenza della quota della prestazione da attribuire al rendimento dell'investimento finanziario**:
  1.000/1.800 x (450 +850);
  1.000/1.800 x 1300 = 722,22;
- **Reddito esente da imposta in misura pari alla quota della prestazione da attribuire alla copertura del rischio demografico**:
  1.000/1.800 x 500 = 277,77.

Ai fini dell'imposizione, infatti, il rendimento complessivo della polizza dovrà essere decurtato della parte dello stesso riferibile alla copertura del rischio demografico.

Rendimenti delle prestazioni pensionistiche complementari periodiche e delle rendite vitalizie aventi funzione previdenziale 11.5.17.

Per i rendimenti delle prestazioni erogate a seguito dell'adesione alla **previdenza complementare** e delle **rendite vitalizie** aventi funzione previdenziale (➡11.4.7.), la **determinazione del reddito** avviene in misura pari alla **differenza tra**:

- l'importo di ciascuna rata della rendita o prestazione pensionistica erogata,
- e quello della corrispondente rata calcolata senza tenere conto dei rendimenti finanziari.

Il reddito così determinato è assoggettato a **imposizione sostitutiva del 26%**.

Rendimenti dei fondi pensione - Il risultato netto della gestione maturato annualmente dalle forme pensionistiche complementari è tassato mediante l'applicazione di un'**imposta sostitutiva nella misura del 20%** (art. 17, D.Lgs. n. 252/2005).
In coerenza con tale impostazione, i redditi di capitale, tranne alcune ipotesi marginali, sono percepiti dai fondi pensione al lordo delle ordinarie ritenute e imposte sostitutive applicabili (circ. 18 dicembre 2007, n. 70/E).
La determinazione del risultato della gestione maturata segue, tuttavia, criteri diversi in funzione del meccanismo di **capitalizzazione** adottato (**a contribuzione definita ovvero a prestazioni definite**) e della **tipologia di forma pensionistica** complementare.
Con riferimento alla **base imponibile** sulla quale applicare l'imposta sostitutiva, per i **fondi pensione aperti** in regime di contribuzione definita il valore del patrimonio netto del fondo è diminuito dei contributi versati e delle somme ricevute da altre forme pensionistiche. A tal fine, i contributi vanno assunti al lordo della quota destinata, nel rispetto dello statuto o del regolamento, direttamente alla copertura delle spese che, in quanto tale, non va ad incrementare le singole posizioni individuali, nonché di quelle destinate ad alimentare le prestazioni per invalidità e premorienza. Ciò in quanto la deducibilità compete per l'intero importo versato alla forma pensionistica.
Il medesimo calcolo deve essere, coerentemente, seguito in caso di **forme pensionistiche individuali**. Pertanto, i premi devono essere assunti al lordo di costi e oneri riferiti al singolo iscritto.

Esenzione dalle imposte sugli interessi e sui canoni corrisposti a soggetti residenti in Stati membri dell'Unione europea 11.5.18.

Gli interessi e i canoni **pagati a società non residenti** o a una Stabile Organizzazione, situata in un altro Stato membro, aventi i requisiti indicati di seguito, sono **esentati da ogni imposta** quando tali pagamenti sono effettuati (art. 26-quater, D.P.R. n. 600/1973):

a. da **società ed enti** che rivestono una delle forme previste nell'**Allegato A** al D.P.R. n. 600/1973, che risiedono, ai fini fiscali, nel territorio dello Stato e sono assoggettate, senza fruire di regimi di esonero, all'IRES;
b. da una **Stabile Organizzazione**, situata nel territorio dello Stato e assoggettata, senza fruire di regimi di esonero, all'IRES, di società non residenti aventi determinati requisiti, qualora gli interessi o i canoni siano inerenti all'attività della Stabile Organizzazione stessa.

Requisiti - I soggetti beneficiari degli interessi e dei canoni hanno diritto all'**esenzione** se:

a. la società che **effettua il pagamento** o la società la cui Stabile Organizzazione effettua il pagamento detiene direttamente una percentuale non inferiore al **25% dei diritti di voto** nella società che riceve il pagamento o nella società la cui Stabile Organizzazione riceve il pagamento;

b. la società che **riceve il pagamento** o la società la cui Stabile Organizzazione riceve il pagamento detiene direttamente una percentuale non inferiore al **25% dei diritti di voto** nella società che effettua il pagamento o nella società la cui Stabile Organizzazione effettua il medesimo pagamento;
c. una **terza società** detiene direttamente una percentuale non inferiore al **25% dei diritti di voto** sia nella società che effettua il pagamento o nella società la cui Stabile Organizzazione effettua il pagamento sia nella società che riceve il pagamento o nella società la cui Stabile Organizzazione riceve il medesimo pagamento;
d. i **diritti di voto** di cui alle lett. a), b) e c), detenuti nelle società ed enti residenti nel territorio dello Stato, sono quelli **esercitabili nell'assemblea ordinaria** (artt. 2364, 2364-bis e 2479-bis c.c.);
e. le **partecipazioni** che attribuiscono i diritti di voto di cui alle lett. a), b) e c) sono **detenute ininterrottamente per almeno un anno**.

Controllo societario - Se il soggetto che effettua il pagamento dei canoni e degli interessi controlla o è controllato, direttamente o indirettamente, dal soggetto che è considerato beneficiario effettivo, ovvero entrambi i soggetti sono controllati, direttamente o indirettamente, da un terzo, e l'**importo** degli interessi o dei canoni è **superiore al valore normale** (art. 110, c. 2, D.P.R. n. 917/1986), l'**esenzione** si applica limitatamente al medesimo **valore normale**.

Definizione di interessi e compensi - Si considerano **canoni**, i compensi di qualsiasi natura percepiti per l'uso o la concessione in uso:
1. del **diritto d'autore** su opere letterarie, artistiche o scientifiche, comprese le pellicole cinematografiche e il software;
2. di **brevetti, marchi** di fabbrica o di commercio, **disegni o modelli**, progetti, formule o processi segreti o per informazioni concernenti esperienze di carattere industriale, commerciale o scientifico;
3. di **attrezzature industriali, commerciali o scientifiche.**

Si considerano interessi **i redditi da crediti** di qualsiasi natura, garantiti o non da ipoteca e, in particolare, i redditi derivanti da titoli, da obbligazioni e da prestiti, compresi gli altri proventi derivanti dai suddetti titoli e prestiti.
Non si considerano **interessi**:
1. gli utili derivanti da **associazione in partecipazione e** contratti di **cointeressenza** (art. 44, c. 1, lett. f), D.P.R. n. 917/1986);
2. le remunerazioni dei **titoli e** degli **strumenti finanziari similari alle azioni** (art. 44, c. 2, lett. a) e 109, c. 9, lett. a), D.P.R. n. 917/1986), anche per la quota che non comporta la partecipazione ai risultati economici della società emittente o di altre società appartenenti allo stesso gruppo o dell'affare in relazione al quale gli strumenti finanziari sono stati emessi;
3. i pagamenti relativi a **crediti** che autorizzano il creditore a rinunciare al suo diritto agli interessi in cambio del **diritto a partecipare agli utili del debitore**;
4. i pagamenti relativi a crediti che non contengono disposizioni per la restituzione del capitale o per i quali il **rimborso** debba essere effettuato trascorsi **più di 50 anni dalla data di emissione**.

Condizioni - L'esenzione si applica se:
a. le **società** beneficiarie dei redditi e le società le cui Stabili Organizzazioni sono beneficiarie dei medesimi redditi rivestono una delle forme previste dall'Allegato A D.P.R. n. 600/1973, risiedono ai fini fiscali in uno Stato membro, senza essere considerate, ai sensi di una convenzione in materia di doppia imposizione sui redditi con uno Stato terzo, residenti al di fuori dell'Unione europea e sono assoggettate, senza fruire di regimi di esonero, ad una delle imposte indicate nell'Allegato B al D.P.R. n. 600/1973 ovvero a un'imposta identica o sostanzialmente simile applicata in aggiunta o in sostituzione di dette imposte;
b. gli interessi e i canoni pagati alle società non residenti di cui alla lettera a) sono assoggettati ad una delle **imposte** elencate nel predetto Allegato B;
c. le **società** non residenti di cui alla lettera a) e le Stabili Organizzazioni situate in un altro Stato membro di società aventi i requisiti di cui alla lettera a) sono **beneficiarie effettive dei redditi**; a tal fine, sono considerate beneficiarie effettive di interessi o di canoni:
   1. le predette **società**, se ricevono i pagamenti in qualità di **beneficiario finale** e non di intermediario, quale agente, delegato o fiduciario di un'altra persona;
   2. le predette **Stabili Organizzazioni**, se il credito, il diritto, l'utilizzo o l'informazione che generano i pagamenti degli interessi o dei canoni si ricollegano effettivamente a tali Stabili Organizzazioni e i suddetti interessi o canoni rappresentano redditi per i quali esse sono assoggettate nello Stato membro in cui sono situate ad una delle imposte elencate nell'Allegato B o, in

Belgio, all'"impôt des non-residents/belasting der niet-verblijfhouders", in Spagna all'"impuesto sobre la renta de no residentes" ovvero a un'imposta identica o sostanzialmente simile applicata in aggiunta o in sostituzione di dette imposte.

Attestazione - Ai fini dell'**applicazione dell'esenzione**, deve essere prodotta un'**attestazione** dalla quale risulti la residenza del beneficiario effettivo e, nel caso di Stabile Organizzazione, l'esistenza della Stabile Organizzazione stessa, rilasciata dalle competenti autorità fiscali dello Stato in cui la società beneficiaria è residente ai fini fiscali o dello Stato in cui è situata la Stabile Organizzazione, nonché una **dichiarazione** dello stesso beneficiario effettivo che attesti la **sussistenza dei requisiti** (Provv. 15 gennaio 2008).

La **documentazione** va **presentata ai soggetti pagatori** entro la data del pagamento degli interessi o dei canoni e produce effetti per 1 anno a decorrere dalla data di rilascio della documentazione medesima.

La **documentazione** deve essere **conservata** fino a quando non siano decorsi i termini per gli accertamenti relativi al periodo d'imposta in corso alla data di pagamento degli interessi o dei canoni, e comunque fino a quando non siano stati definiti gli accertamenti stessi.

Ritenuta in caso di mancanza dei requisiti - Se le società non residenti e le Stabili Organizzazioni situate in un altro Stato membro di società non sono beneficiarie effettive dei redditi, i sostituti d'imposta applicano una **ritenuta del 5%** sugli interessi corrisposti a soggetti non residenti a condizione che gli interessi siano destinati a finanziare il pagamento di interessi e altri proventi su prestiti obbligazionari emessi dai percettori:

a. negoziati in mercati regolamentati degli Stati membri dell'Unione europea e degli Stati aderenti all'Accordo sullo spazio economico europeo;
b. garantiti dai sostituti d'imposta che corrispondono gli interessi ovvero dalla società capogruppo controllante (art. 2359 c.c.) ovvero da altra società controllata dalla stessa controllante.

TASSAZIONE DELLE TRANSAZIONI FINANZIARIE (TOBIN TAX) 11.6.

È prevista una modalità di tassazione sulle transazioni finanziarie (c.d. **Tobin tax**) che si applica sui trasferimenti di proprietà di **azioni e strumenti finanziari partecipativi,** sulle operazioni su **strumenti finanziari derivati** ed altri valori mobiliari, nonché sulle "**operazioni ad alta frequenza**" (art. 1, c. 491-500, Legge n. 228/2012; D.M. 21 febbraio 2013; D.M. 16 settembre 2013; Provv. 1° marzo 2013; Provv. 18 luglio 2013; Provv. 9 marzo 2017).

Imposta sui trasferimenti di azioni e strumenti partecipativi - La compravendita di azioni, e altri strumenti finanziari partecipativi (art. 2346 c.c.) emessi da società residenti nel territorio dello Stato è soggetta ad imposta con l'aliquota dello **0,2% sul valore della transazione**.

Per **valore della transazione** si intende il valore del saldo netto delle transazioni regolate giornalmente relative al medesimo strumento finanziario e concluse nella stessa giornata operativa da un medesimo soggetto, ovvero il corrispettivo versato.

L'**aliquota** dell'imposta è **ridotta alla metà** (quindi 0,1%) per i trasferimenti che avvengono **in mercati regolamentati e sistemi multilaterali di negoziazione**.

È soggetto all'imposta anche il trasferimento di proprietà di azioni che avvenga per effetto della **conversione di obbligazioni**.

L'imposta non si applica qualora il trasferimento della proprietà avvenga per **successione o donazione**.

L'imposta è dovuta dal soggetto a favore del quale avviene il trasferimento, indipendentemente dal luogo di conclusione della transazione e dallo Stato di residenza delle parti contraenti.

Ciò che rileva dal punto di vista territoriale è la sede legale della società emittente.

Non rientrano nell'ambito applicativo dell'imposta i trasferimenti di titoli di partecipazione ad organismi collettivi di investimento del risparmio (OICR), ivi incluse le azioni di società di investimento a capitale variabile (SICAV) e l'imposta si applica anche al trasferimento della nuda proprietà (D.M. 21 febbraio 2013).

Al **calcolo del saldo netto** provvede il responsabile del versamento dell'imposta che tiene conto prioritariamente in modo separato degli acquisti e delle vendite effettuati sui mercati regolamentati o sui sistemi multilaterali di negoziazione e di quelli effettuati al di fuori dei predetti mercati.

La **base imponibile** dell'imposta è pari al numero dei titoli derivante dalla somma algebrica positiva dei saldi netti così ottenuti, moltiplicato per il prezzo medio ponderato degli acquisti effettuati nella giornata di riferimento.

Imposta sui trasferimenti di strumenti derivati - Sono tali:

a. gli **strumenti finanziari derivati**, sia se negoziati su mercati regolamentati e sistemi multilaterali di negoziazione, sia se sottoscritti o negoziati al di fuori di tali mercati, che abbiano come sottostante prevalentemente uno o più strumenti finanziari o il cui valore dipenda prevalentemente da uno o più di tali strumenti finanziari partecipativi;
b. i **valori mobiliari** (art. 1, D.Lgs. n. 58/1998 c. 1-bis, D.Lgs. n. 58/1998) che permettono di acquisire o di vendere prevalentemente uno o più strumenti finanziari partecipativi, o che comportano un regolamento in contanti determinato con riferimento prevalentemente ad uno o più strumenti finanziari partecipativi.

Tali operazioni sono soggette, al momento della conclusione, ad **imposta in misura fissa** (gli importi sono riportati in allegato alla Legge n. 228/2012).
L'imposta è dovuta indipendentemente dal luogo di conclusione della transazione e dallo Stato di residenza delle parti contraenti.
Nel caso in cui le operazioni sopra indicate prevedano come modalità di regolamento anche il trasferimento delle azioni o degli altri strumenti finanziari partecipativi, il **trasferimento della proprietà** di tali **strumenti finanziari** che avviene al momento del regolamento è soggetto all'imposta nella misura dello 0,02%.

Operazioni ad alta frequenza - Sono tali le operazioni generate da un **algoritmo informatico** che determina in maniera automatica le decisioni relative all'invio, alla modifica ed alla cancellazione degli ordini e dei relativi parametri che avvengono con intervallo non superiore al mezzo secondo.

L'imposta è calcolata **giornalmente** ed è dovuta qualora il **rapporto**, nella singola giornata di negoziazione, tra la somma degli ordini cancellati e degli ordini modificati e la somma degli ordini immessi e degli ordini modificati, sia **superiore al 60%**, con riferimento ai singoli strumenti finanziari.

A tal fine si considerano solo gli ordini cancellati o modificati entro l'intervallo di mezzo secondo come sopra definito.
L'imposta si applica, per singola giornata di negoziazione, sul valore degli ordini modificati e cancellati che eccedono la soglia del 60%.
Il **soggetto passivo** è colui il quale, attraverso gli algoritmi di cui sopra, **immette gli ordini di acquisto e vendita** e le connesse modifiche e cancellazioni.

Esclusioni ed esenzioni - Sono escluse dall'imposta:

- le operazioni di **emissione** e di **annullamento** dei titoli azionari e dei predetti strumenti finanziari, nonché le operazioni di **conversione in azioni** di nuova emissione e le operazioni di **acquisizione temporanea di titoli**;
- i **trasferimenti di proprietà** di azioni negoziate in mercati regolamentati o sistemi multilaterali di negoziazione emesse da società la cui capitalizzazione media nel mese di novembre dell'anno precedente a quello in cui avviene il trasferimento di proprietà sia **inferiore a 500 milioni di euro**.

Sono esenti da imposta le operazioni che hanno come **controparte l'Unione europea**, la **Banca centrale europea**, le **banche centrali degli Stati membri dell'Unione europea** e le banche centrali e gli organismi che gestiscono anche le riserve ufficiali di altri Stati, nonché gli enti od organismi internazionali costituiti in base ad **accordi internazionali** resi esecutivi in Italia.
L'imposta, inoltre, non si applica:

a. ai soggetti che effettuano le transazioni e le operazioni nell'ambito dell'attività di **supporto agli scambi**, e limitatamente alla stessa;
b. ai soggetti che effettuano, per conto di una società emittente, le transazioni e le operazioni in vista di favorire la liquidità delle azioni emesse dalla medesima società emittente;
c. agli **enti di previdenza obbligatoria**, nonché alle **forme pensionistiche complementari** (D.Lgs. n. 252/2005);
d. alle transazioni ed alle operazioni tra società fra le quali sussista il **rapporto di controllo** (art. 2359, c. 1, numeri 1) e 2), e 2 c.c.), ovvero a seguito di operazioni di **riorganizzazione aziendale**;

e. alle transazioni e alle operazioni relative a **prodotti e servizi** qualificati come **etici** o **socialmente responsabili** (art. 117-ter, D.Lgs. n. 58/1998).

Il pagamento dell'imposta sulle transazioni finanziarie non ostacola le operazioni di **riorganizzazione aziendale**, dovendosi considerare tali non soltanto le operazioni di fusione, scissione e conferimento, ma anche quelle operazioni che, pur determinando il trasferimento della proprietà della partecipazione, non modificano l'appartenenza economica della partecipazione al medesimo gruppo societario. A tal fine, quando ha carattere riorganizzativo, la cessione di partecipazioni può ritenersi esclusa dall'applicazione dell'imposta sulle transazioni finanziarie (ris. 29 marzo 2019, n. 38/E).

Soggetti obbligati - La *Tobin tax* è dovuta dal soggetto **a favore del quale avviene il trasferimento**; quella fissa è dovuta nella misura ivi stabilita da ciascuna delle controparti delle operazioni. Nel caso di trasferimento della proprietà di azioni e strumenti finanziari nonché per le operazioni su strumenti finanziari, l'imposta è versata dalle **banche**, dalle **società fiduciarie** e dalle **imprese di investimento** abilitate all'esercizio professionale nei confronti del pubblico nonché dagli altri soggetti che comunque intervengono nell'esecuzione delle predette operazioni, ivi compresi gli intermediari non residenti.

Qualora nell'esecuzione dell'operazione intervengano **più soggetti,** l'imposta è versata da colui che riceve direttamente dall'acquirente o dalla controparte finale l'ordine di esecuzione.

Negli altri casi l'imposta è versata dal **contribuente**.

Gli intermediari e gli altri soggetti non residenti che intervengono nell'operazione possono nominare un **rappresentante fiscale** che effettua gli adempimenti.

Versamento - Il versamento dell'imposta deve essere effettuato, utilizzando i codici tributo stabiliti con la ris. 4 ottobre 2013, n. 62/E, entro il giorno 16 del mese successivo a quello del trasferimento della proprietà o della conclusione delle operazioni.

La *Tobin tax* **non** è **deducibile** ai fini delle imposte sui redditi e IRAP.

Adempimenti dichiarativi - La dichiarazione (**"Mod. FTT"** approvato con Provvedimento Agenzia delle Entrate 15 dicembre 2017) deve essere presentata, dai responsabili del versamento, esclusivamente in via telematica **entro il 31 marzo di ciascuna annualità**.

I responsabili del versamento **non residenti**, **privi di Stabile Organizzazione** in Italia e che non hanno nominato un **rappresentante fiscale**, alternativamente all'invio telematico, hanno la possibilità di presentare il Mod. FTT anche mediante **spedizione effettuata dall'estero** (raccomandata o altro mezzo equivalente dal quale risulti con certezza la data di spedizione).

In tale ipotesi il modello deve essere inserito in una busta di corrispondenza di dimensioni idonee a contenerlo (senza piegarlo).

L'indirizzo di spedizione è il seguente: Agenzia delle Entrate - Centro Operativo di Venezia, via Giorgio De Marchi n. 16, 30175 Marghera (VE) - Italia.

Sulla busta devono essere indicati il codice fiscale del dichiarante e la dicitura "Contiene dichiarazione Modello FTT".

> Ai fini della **richiesta di rimborso** per le operazioni assoggettate all'imposta più di una volta, l'istanza deve essere presentata all'interno della dichiarazione ovvero, qualora non sussista l'obbligo di presentazione, con una domanda da inviare a mezzo posta elettronica al Centro Operativo di Pescara.

PIANI DI RISPARMIO A LUNGO TERMINE (PIR) 11.7.

È previsto un **regime di non imponibilità per i redditi di capitale** e i **redditi diversi** percepiti da persone fisiche residenti in Italia, al di fuori dello svolgimento di attività di impresa commerciale, derivanti dagli investimenti effettuati in **piani di risparmio a lungo termine (c.d. "Piani individuali di risparmio" o "PIR")** (art. 1, c. 100-114, Legge n. 232/2016).

Definizione di PIR - È il prodotto che si costituisce mediante la destinazione di somme o valori con lo scopo di effettuare investimenti "qualificati" (successivamente individuati) mediante l'apertura di un **rapporto di custodia o di amministrazione**, anche fiduciaria, o di **gestione di portafoglio** o di altro stabile rapporto, con **opzione per l'applicazione del regime del risparmio amministrato**, o di un **contratto di assicurazione sulla vita** o di **capitalizzazione**, instaurato con operatori professionali.

Costituzione e composizione di un PIR - Il PIR si costituisce mediante:

1. l'**apertura di un rapporto di custodia o amministrazione o di gestione di portafoglio** o altro stabile rapporto per il quale si deve esercitare l'opzione per l'applicazione del regime del risparmio amministrato con un intermediario abilitato;
2. la **stipula di un contratto di assicurazione sulla vita o di capitalizzazione** con un'impresa residente o non residente operante in Italia in regime di LPS o con Stabile Organizzazione in Italia. Il PIR si costituisce conferendo, nell'ambito di tali rapporti e contratti, valori o somme destinate ad investimenti in strumenti finanziari, anche non negoziati.

Il conferimento di valori nel piano è considerato **cessione a titolo oneroso** e l'intermediario applica l'imposta secondo le modalità indicate dalla norma che disciplina l'opzione per l'applicazione dell'**imposta sostitutiva** su ciascuna plusvalenza o altro reddito diverso realizzato (art. 6, D.Lgs. n. 461/1997).

Tale **presunzione** è finalizzata, evidentemente, ad escludere dal regime agevolato i redditi di capitale e i redditi diversi maturati fino alla data del conferimento dello strumento finanziario nel PIR.

Sono considerati investimenti qualificati anche le **quote o azioni di organismi di investimento collettivo del risparmio (OICR)** residenti in Italia o in Europa o in Stati aderenti al SEE, che investono almeno il 70% del loro attivo negli strumenti finanziari anche non negoziati nei mercati regolamentati o nei sistemi multilaterali di negoziazione, emessi o stipulati con imprese che svolgono attività diverse da quella immobiliare (art. 1, c. 102, Legge n. 232/2016) e nel rispetto delle condizioni indicate nell'art. 1, c. 103, Legge n. 232/2016 (tale norma prevede che le somme o i valori destinati nel piano non possono essere investiti per una quota superiore al 10% del totale in strumenti finanziari di uno stesso emittente o stipulati con la stessa controparte o con altra società appartenente al medesimo gruppo dell'emittente o della controparte o in depositi e conti correnti).

11.7.1. Regime fiscale dei PIR

La convenienza dei PIR ruota sul fatto che godono di un **regime fiscale di esonero** al fine di favorire il risparmio di lungo termine.

L'intento è quello, da un lato di smuovere le acque stagnanti dei mercati finanziari e dall'altro di offrire opportunità di rendimento alle famiglie e di maggiori risorse finanziarie alle imprese per investimenti di lungo termine.

Il regime di non imponibilità riguarda le persone fisiche fiscalmente residenti nel territorio dello Stato che conseguono redditi di natura finanziaria al di fuori dell'esercizio di un'attività di impresa (circ. 26 febbraio 2018, n. 3/E).

In presenza di alcune condizioni, i PIR godono di agevolazioni che consistono in **esenzioni**:

- dalle **imposte sui redditi** derivanti dagli strumenti finanziari e dalla liquidità che concorrono a formare il PIR;
- dall'**imposta di successione** relativa agli strumenti finanziari che compongono il piano in caso di trasferimento a causa di morte.

Le **condizioni** per accedere alle agevolazioni sono le seguenti:

- il piano può essere costituito da **persone fisiche** residenti nel territorio dello Stato;
- gli strumenti finanziari in cui è investito il piano devono essere **detenuti per almeno 5 anni**;
- per i PIR costituiti **fino al 31 dicembre 2019**, il piano si costituisce con la destinazione di somme o valori per un **importo non superiore**, in ciascun anno solare, a **40.000 euro** (30.000 euro fino al 31 dicembre 2021) ed entro un **limite complessivo non superiore a 200.000 euro** (150.000 euro fino al 31 dicembre 2021). È comunque consentito destinare al piano importi inferiori al limite annuo di 40.000 euro (o 30.000 euro). In tale ultimo caso, l'importo non investito in un anno può essere investito negli anni successivi, rispettando sempre il limite annuale di 40.000 euro (o 30.000 euro). Ciò comporta che il limite complessivo di 200.000 euro (o 150.000 euro) può essere raggiunto in un periodo di tempo superiore ai 5 anni. Per i PIR costituiti **dal 1° gennaio 2020**, tali importi sono fissati, rispettivamente, a **150.000 euro** il limite annuale e a **1.500.000 euro** quello complessivo (art. 136, D.L. n. 34/2020);
- per i PIR costituiti a partire **dal 1° gennaio 2020**, in ciascun anno solare di durata del piano di risparmio a lungo termine, per almeno due terzi dell'anno stesso, le **somme o i valori** destinati al piano devono essere **investiti** almeno per il **70%** del valore complessivo, direttamente o indirettamente, **in strumenti finanziari**, anche non negoziati in mercati regolamentati o in sistemi multilaterali di negoziazione, emessi o stipulati con imprese residenti nel territorio dello Stato o in Stati UE o in Stati SEE con stabile organizzazione nel territorio dello Stato; la quota del 70% deve essere investita almeno per il 25% del valore complessivo in strumenti finanziari di imprese diverse da quelle inserite nell'indice FTSE MIB della Borsa italiana o in indici equivalenti di altri merca-

ti regolamentati e almeno per un ulteriore 5% del valore complessivo in strumenti finanziari di imprese diverse da quelle inserite negli indici FTSE MIB e FTSE Mid Cap della Borsa italiana o in indici equivalenti di altri mercati regolamentati (art. 13-bis, D.L. n. 124/2019); per tali piani è prevista l'**esclusione dei vincoli** secondo cui: a) ciascuna persona fisica possa essere titolare di un solo PIR "ordinario"; b) ciascun PIR non possa avere più di un titolare;
- per i piani di risparmio a lungo termine che, per almeno i due terzi dell'anno solare di durata del piano, investano almeno il 70% del valore complessivo, direttamente o indirettamente, in strumenti finanziari, anche non negoziati in mercati regolamentati o in sistemi multilaterali di negoziazione, emessi o stipulati con imprese residenti nel territorio dello Stato o in Stati membri UE o in Stati aderenti all'accordo SEE con stabile organizzazione nel territorio dello Stato, diverse da quelle inserite negli indici FTSE MIB e FTSE Mid Cap della Borsa italiana o in indici equivalenti di altri mercati regolamentati, in prestiti erogati alle predette imprese nonché in crediti delle medesime imprese, il vincolo di legge (art. 1, c. 103, Legge n. 232/2016) è elevato al 20%; in questo caso, gli investitori possono destinare somme o valori per un importo non superiore a 150.000 euro all'anno e a 1.500.000 euro complessivi;
- nel caso di **investimenti qualificati** (art. 1, c. 104, Legge n. 232/2016), i vincoli di investimento di cui ai due punti precedenti:
  a. devono essere raggiunti entro la data specificata nel regolamento o nei documenti costitutivi dell'organismo di investimento collettivo del risparmio;
  b. cessano di essere applicati quando l'organismo di investimento inizia a vendere le attività, in modo da rimborsare le quote o le azioni degli investitori;
  c. sono temporaneamente sospesi quando l'organismo di investimento raccoglie capitale aggiuntivo o riduce il suo capitale esistente, purché tale sospensione non sia superiore a 12 mesi;
- le somme o i valori destinati nel piano **non** possono essere investiti per una quota **superiore al 10%** del totale in **strumenti finanziari di uno stesso emittente** o stipulati con la stessa controparte o con altra società appartenente al medesimo gruppo dell'emittente o della controparte o in depositi e conti correnti;
- le somme o i valori destinati nel piano non possono essere investiti in strumenti finanziari emessi o stipulati con soggetti residenti in **Stati o territori diversi** da quelli che consentono un **adeguato scambio di informazioni**;
- il piano può essere costituito solo da **strumenti finanziari diversi dalle partecipazioni sociali qualificate** e dagli strumenti da cui derivano redditi che concorrono alla formazione del reddito complessivo imponibile.

Conseguenze del disinvestimento - Una delle condizioni per godere dell'agevolazione fiscale consiste nell'**obbligo di detenere gli strumenti finanziari almeno per 5 anni** (c.d. ***minimum holding period***). Il trascorrere del *minimum holding period* serve, da un lato, a consolidare il regime di non imponibilità, per i redditi che si sono prodotti medio termine, dall'altro,a consentirne l'applicazione ai redditi futuri relativi a strumenti, mantenuti nel piano, per i quali sia già trascorso il *minimum holding period* (circ. 26 febbraio 2018, n. 3/E).

Se tale vincolo non viene mantenuto, i redditi realizzati attraverso la **cessione degli strumenti finanziari** inseriti nel piano, effettuata prima della maturazione dell'*holding period* senza che ci sia un reinvestimento entro 90 giorni e quelli percepiti durante l'investimento sono tassati secondo le regole ordinarie (tassazione come redditi di capitale, *capital gain* ecc.), unitamente agli interessi, senza, però, alcuna sanzione.

Per pagare le imposte i gestori del piano (intermediari) possono:
1. chiedere la relativa **provvista** al titolare del PIR;
2. effettuare adeguati **disinvestimenti**.

La scelta dell'una o dell'altra opzione comporta **conseguenze fiscali diverse**.

Mentre nel primo caso non ci sono particolari effetti, nel caso di disinvestimenti la situazione può variare. Infatti, non si procede al recupero a tassazione dei redditi derivanti dagli strumenti finanziari disinvestiti se i disinvestimenti effettuati non comportano la violazione dei vincoli di composizione e concentrazione del piano, anche se per gli strumenti stessi non è ancora maturato l'*holding period*.

E ciò non vale solo ai fini delle imposte dirette, ma anche in caso di disinvestimenti effettuati per pagare l'**imposta di bollo** sugli estratti conto e sulle comunicazioni relative a prodotti finanziari contenuti nel PIR.

> La possibilità da parte dell'intermediario di effettuare i predetti disinvestimenti, con le conseguenze di cui si è appena detto, è limitata al solo caso di **mancata provvista** da parte dell'investitore.

> Inoltre, la mancata provvista da parte del titolare non consente di effettuare successivi investimenti per importi corrispondenti nel medesimo anno dei disinvestimenti.

Se gli strumenti finanziari inseriti nel piano non hanno maturato l'*holding period*, il **regime di esenzione viene meno ora per allora**.
L'aliquota d'imposta applicabile è, quindi, quella vigente al momento della percezione dei proventi, poiché questo è il momento rilevante ai fini dell'imposizione (tra l'altro, l'imposta va versata insieme agli interessi dovuti per il ritardato pagamento).

Versamenti di imposte in caso di recapture - Le imposte che devono essere corrisposte (art. 1, c. 106, Legge n. 232/2016), unitamente agli interessi (ma senza applicazione di sanzioni), devono essere versate, con il Mod. F24, dall'intermediario presso il quale il piano è stato aperto entro il **giorno 16 del secondo mese successivo alla cessione**.
Nel caso di cessione o rimborso prima dei 5 anni, tenuto conto del termine di 90 giorni entro cui adempiere all'**obbligo di reinvestimento**, il versamento deve avvenire entro il **giorno 16 del mese successivo** a quello in cui cade il **termine ultimo di reinvestimento** (circ. 26 febbraio 2018, n. 3/E).

> Le somme dovute a seguito della decadenza dal beneficio fiscale devono essere versate tramite Mod. F24, con l'utilizzo del **codice tributo 1070** (ris. 9 marzo 2018, n. 21/E).
> I versamenti possono essere effettuati anche cumulativamente per le somme dovute per tutti i soggetti titolari dei PIR decaduti dal beneficio fiscale. Non è necessario indicarne il codice fiscale nel campo del Mod. F24 denominato "Codice fiscale del coobbligato, erede, genitore, tutore o curatore fallimentare". Conseguentemente l'indicazione del codice fiscale di tali soggetti è facoltativa.
> All'interno del campo "anno di riferimento" del Mod. F24 può essere indicato l'anno in cui si è verificata la decadenza dal beneficio fiscale, nel formato "AAAA" (ris. 15 marzo 2018, n. 23/E).

Trasferimento del PIR - Il trasferimento del PIR dall'intermediario presso cui è stato costituito ad **un altro intermediario autorizzato** alla gestione dello stesso non rileva ai fini del computo dei 5 anni.
Il trasferimento, dunque, **non comporta** la **decadenza** del **beneficio** fiscale in esame.
Sebbene la norma non lo preveda espressamente, affinché la stessa trovi applicazione occorre che il rapporto di destinazione sia un piano di investimento intestato al medesimo titolare. Solo in tal caso il trasferimento non comporta alcun effetto realizzativo (circ. 26 febbraio 2018, n. 3/E).
Nel caso di trasferimento del PIR, l'intermediario presso cui il piano è trasferito deve assumere dall'intermediario di provenienza tutte le informazioni previste dalla normativa in sede di costituzione del PIR oltre ai dati relativi alle ritenute ed imposte sostitutive non applicate in via condizionata nonché ogni altra informazione necessaria in relazione agli investimenti effettuati nel piano, per ciascun anno di durata dello stesso.
Resta ferma la **responsabilità** nei confronti dell'Amministrazione finanziaria in capo all'**intermediario di provenienza** della **correttezza** dei **dati** relativi al periodo di gestione forniti all'intermediario di destinazione.

Ritenute non dovute - Le ritenute alla fonte e le imposte sostitutive eventualmente applicate e non dovute sui redditi derivanti da investimenti facenti parte del PIR fanno sorgere in capo al titolare del piano il diritto a ricevere una somma corrispondente.
Gli intermediari abilitati e le imprese di assicurazione gestori dei PIR provvedono al pagamento della predetta somma, computandola in diminuzione dal versamento delle ritenute e delle imposte dovute dai medesimi soggetti.
Pertanto, il diritto del titolare del PIR a ricevere la somma corrispondente alle ritenute subite va soddisfatto da parte dell'intermediario che potrà recuperare gli importi versati in compensazione.
Si tratta, ad esempio, di imposte applicate alla fonte dall'emittente, come le ritenute sugli utili derivanti da azioni e strumenti finanziari non immessi in sistemi di deposito accentrato (circ. 26 febbraio 2018, n. 3/E).

Regime delle minusvalenze - Le **minusvalenze**, le perdite e i differenziali negativi realizzati mediante la cessione o il rimborso degli strumenti finanziari nei quali è investito il piano **sono deducibili** dalle plusvalenze, differenziali positivi o proventi realizzati nelle operazioni successive poste in essere nell'ambito del medesimo piano e sottoposte a tassazione nello stesso periodo di imposta e nei successivi e non oltre il quarto.

La previsione si applica a tutte le minusvalenze realizzate nell'ambito del PIR. Vale a dire non solo quelle derivanti dalle cessioni o rimborsi imponibili, ma anche da cessioni esenti, perché ad esempio relative a strumenti detenuti per almeno un quinquennio (circ. 26 febbraio 2018, n. 3/E).
Tali minusvalenze possono essere utilizzate unicamente nel caso di operazioni poste in essere in relazione a strumenti finanziari detenuti nell'ambito del PIR che sono assoggettate ad imposizione, ad esempio nel caso di cessione degli stessi prima dello scadere del periodo minimo di detenzione o di mancato reinvestimento entro il termine previsto.
Le minusvalenze in questione possono essere utilizzate a partire dal medesimo periodo d'imposta e non oltre il quarto.

Alla **chiusura del piano**, le **minusvalenze**, le **perdite** e i **differenziali negativi** che residuano possono essere **portati in deduzione** nell'ambito di un altro rapporto di cui sia titolare la medesima persona fisica ovvero possono essere portate in deduzione in sede di presentazione della dichiarazione annuale dei redditi nel caso di applicazione del regime dichiarativo o essere utilizzate nell'ambito di un rapporto per il quale sia stata esercitata l'opzione per il risparmio amministrato, fino a concorrenza, dalle plusvalenze e dagli altri redditi dei periodi d'imposta successivi, ma non oltre il quarto dal loro realizzo, mantenendo, quindi, l'originaria anzianità.

Adempimenti a carico degli intermediari - La corretta applicazione del regime in esame comporta una serie di adempimenti a carico degli intermediari abilitati e le imprese di assicurazione presso i quali il PIR è detenuto. Essi sono tenuti a:
- acquisire l'**autodichiarazione** da parte dell'investitore in merito al possesso dei requisiti personali e patrimoniali previsti (residenza, unicità della titolarità, assenza di partecipazioni "qualificate" detenute direttamente o indirettamente dal titolare del PIR o dai suoi familiari);
- tenere separata evidenza, ai fini fiscali, per ciascun anno delle somme e dei **valori destinati al piano** e degli **investimenti qualificati** effettuati;
- restituire le **ritenute alla fonte** e imposte sostitutive applicate in capo ai titolari del PIR (ma "non dovute") ed effettuarne lo scomputo dal versamento di altre ritenute e imposte;
- "recuperare" le **imposte dovute** attraverso "adeguati disinvestimenti o chiedendone la provvista" al titolare per provvedere al versamento nei tempi richiesti.

Credito d'imposta sulle minusvalenze - Per i piani costituiti **dal 1° gennaio 2021** per gli investimenti effettuati entro il 31 dicembre 2021 è previsto un credito d'imposta per le perdite derivanti dai PIR che, per almeno i due terzi dell'anno solare di durata del piano investano almeno il 70% del valore complessivo in strumenti finanziari, anche non negoziati, di imprese residenti in Italia o in Europa con stabile organizzazione in Italia, diverse da quelle inserite negli indici FTSE MIB e FTSE Mid Cap della Borsa italiana o in indici equivalenti di altri mercati regolamentati, ovvero in prestiti erogati a tali imprese o nei loro crediti (art. 1, c. 219-226, Legge n. 178/2020).
Il credito di imposta spetta alle persone fisiche titolari dei piani predetti ed è pari alle minusvalenze, perdite, e differenziali negativi realizzati (art. 67, D.P.R. n. 917/1986) con riferimento ai predetti strumenti finanziari qualificati, a condizione che essi vengano detenuti per almeno 5 anni e il credito di imposta non ecceda il 20% delle somme investite negli strumenti medesimi.

Il **requisito temporale** deve essere rispettato in relazione allo strumento finanziario relativamente al quale si realizza la minusvalenza. Pertanto, non concorrono alla determinazione del credito d'imposta eventuali minusvalenze derivanti dalla cessione di strumenti finanziari qualificati che sono detenuti a seguito di reinvestimenti di somme derivanti da strumenti rimborsati o ceduti, entro il quinquennio. In altri termini, assumono rilevanza ai fini della determinazione del credito d'imposta solo le minusvalenze derivanti dalla cessione a titolo oneroso o dal rimborso di strumenti finanziari qualificati oggetto di investimento **nel corso del 2021** e detenuti **ininterrottamente** nel piano **per almeno 5 anni** (circ. 29 dicembre 2021, n. 19/E).

Il credito d'imposta inoltre:
- è utilizzabile, in **10 quote annuali di pari importo**, nelle dichiarazioni dei redditi a partire da quella relativa al periodo d'imposta in cui le componenti negative si considerano realizzate ai fini delle imposte sui redditi, ovvero in compensazione mediante F24; ne consegue che il credito d'imposta è **utilizzabile in compensazione** anche con altre imposte diverse dall'IRPEF e con i contributi eventualmente dovuti dall'investitore (circ. 29 dicembre 2021, n. 19/E);
- **non concorre** alla **formazione del reddito** ai fini dell'imposta sui redditi;
- **non è soggetto ai limiti** di legge per l'utilizzo e la compensabilità (art. 1, c. 53, Legge n. 244/2007 e art. 34, Legge n. 388/2000).

In considerazione delle modalità di utilizzo di tale credito d'imposta e dei limiti di utilizzo dello stesso, gli investitori possono decidere di trasformare le eventuali minusvalenze realizzate in credito d'imposta oppure di utilizzarle **in deduzione** dalle plusvalenze, dai proventi e altri differenziali positivi secondo le modalità ordinarie (circ. 29 dicembre 2021, n. 19/E).

Ai fini della determinazione del credito d'imposta e della sua spettanza, in caso di **strumenti finanziari appartenenti alla medesima categoria omogenea**, si considerano ceduti per primi i titoli acquistati per primi e si considera come costo quello medio ponderato.

Le componenti negative agevolate non possono essere utilizzate o riportate in deduzione (art. 68, D.P.R. n. 917/1986 e artt. 6 e 7, D.Lgs. n. 461/1997).
La Legge di bilancio 2022 ha esteso l'agevolazione anche agli investimenti effettuati **fino al 31 dicembre 2022** (art. 1, c. 912, Legge n. 234/2021).
In relazione agli investimenti effettuati a decorrere dal 1° gennaio 2022, il credito d'imposta, però, non può eccedere il **10%** delle somme investite negli strumenti finanziari qualificati e può essere utilizzato in quindici quote annuali di pari importo.

11.8. CERTIFICAZIONE DEGLI UTILI

Il sostituto d'imposta deve consegnare, **entro il 31 marzo** di ogni anno, ai soggetti residenti nel territorio dello Stato percettori di utili derivanti dalla partecipazione a soggetti IRES, residenti e non residenti, in qualunque forma corrisposti un'apposita **certificazione** da cui risultano i dividendi e i proventi ad essi equiparati percepiti nel periodo d'imposta con le relative ritenute.
Si utilizza il modello (Mod. CUPE) disponibile sul sito internet dell'Agenzia delle Entrate.

REDDITI DI LAVORO DIPENDENTE

12.

IRPEF

IRPEF

12.1. ASPETTI GENERALI

12.1.1. Definizione di reddito di lavoro dipendente

Prestatore di lavoro subordinato è chi si obbliga mediante retribuzione a collaborare nell'impresa, prestando il proprio lavoro intellettuale o manuale alle dipendenze e sotto la direzione dell'imprenditore (art. 2094 c.c.).

Redditi di lavoro dipendente	Redditi che derivano da **rapporti aventi per oggetto la prestazione di lavoro**, con qualsiasi qualifica, alle dipendenze e sotto la direzione di altri, compreso il **lavoro a domicilio** quando è considerato lavoro dipendente secondo le norme della legislazione sul lavoro (art. 49, c. 1, D.P.R. n. 917/1986).
Altre tipologie di redditi di lavoro dipendente	a) **pensioni** di ogni genere e **assegni ad esse equiparati**; b) le **somme di denaro per crediti di lavoro** (art. 429, u.c., c.p.c.) oltre agli interessi nella misura legale a seguito di sentenza di condanna da parte del giudice; c) redditi di **lavoro dipendente svolto all'estero in zona di frontiera**.

Pensioni - Tutti gli emolumenti dovuti **dopo la cessazione di un'attività** sono sottoposti ad imposizione come redditi di lavoro dipendente, anche se derivano da rapporti diversi da quello di lavoro subordinato (come, ad esempio, le pensioni erogate ai **professionisti o** agli **artigiani**).

Interessi su crediti di lavoro dipendente - Costituiscono redditi di lavoro dipendente le **somme determinate dal giudice** a seguito della condanna nell'ambito di una **controversia di lavoro**, a titolo di:

a. **interessi legali** sui crediti di lavoro;
b. somme accertate per il **maggior danno subito dal lavoratore** per la diminuzione del valore del suo credito (somme c.d. a titolo di **rivalutazione monetaria**).

Ai fini della tassazione quali redditi di lavoro dipendente, non è necessario che gli interessi e la rivalutazione conseguano ad una sentenza di condanna del giudice, essendo sufficiente il fatto oggettivo della loro corresponsione e quindi, ad esempio, anche se derivano da un **adempimento spontaneo del datore di lavoro** o da una **transazione** (circ. 23 dicembre 1997, n. 326/E).

Proventi conseguiti in sostituzione di redditi di lavoro dipendente - I proventi conseguiti in sostituzione di redditi e le **indennità** conseguite **a titolo di risarcimento danni** per la perdita di redditi, costituiscono **redditi della stessa categoria di quelli sostituiti o perduti** (➔**2.5.1.**) (art. 6, c. 2, D.P.R. n. 917/1986).
Tale **equiparazione** comporta che gli emolumenti percepiti in sostituzione di redditi di lavoro dipendente siano **considerati a fini fiscali come redditi di lavoro dipendente** e soggetti alle regole di imposizione proprie di tale categoria.
Una rilevante ipotesi che ricade nell'alveo della norma è costituita dalle somme percepite dal dipendente a seguito di **transazioni inerenti il rapporto di lavoro**.
Costituiscono reddito in capo al lavoratore, infatti, non solo le somme e gli emolumenti che questi percepisce come corrispettivo della prestazione resa, secondo un rapporto di sinallagmaticità, ma anche quegli emolumenti comunque **collegati al rapporto di lavoro**, percepiti al di fuori di una corrispondenza tra prestazione resa e remunerazione della stessa da parte del datore di lavoro.

Sono tassate come reddito di lavoro dipendente le **transazioni** concluse tra **datore di lavoro e lavoratore**, siano esse avvenute in costanza del rapporto di lavoro sia in dipendenza della conclusione del rapporto stesso (circ. 23 dicembre 1997, n. 326/E).

Inoltre, sono imponibili come reddito di lavoro dipendente le **indennità** conseguite a titolo di **risarcimento di danni** consistenti nella **perdita di redditi**, che, se percepiti, avrebbero costituito in capo al lavoratore redditi di lavoro dipendente (art. 6, D.P.R. n. 917/1986).
A fini fiscali, dunque, il discrimine è rappresentato dalla **natura del danno da risarcire**, e precisamente se il danno in questione sia diretto a risarcire un **danno emergente**, le cui somme non sono tassate (➔**2.2.2.**) o piuttosto un **lucro cessante le cui somme sono tassate**.

Lavoro autonomo e lavoro dipendente - Per alcune **specifiche attività**, il confine tra autonomia e dipendenza è piuttosto controverso.

Carattere distintivo del lavoro dipendente è la **subordinazione**, intesa come **vincolo di soggezione del lavoratore** al potere giuridico, organizzativo e disciplinare del datore di lavoro; potere che deve estrinsecarsi nell'emanazione di ordini specifici oltre che nell'esercizio di un'assidua attività di vigilanza e controllo nell'esecuzione delle prestazioni lavorative. Tale requisito deve comunque essere valutato concretamente con riguardo alla specificità dell'incarico conferito al lavoratore e al suo modo di esecuzione (Cass., sent. 10 luglio 1991, n. 7608).

Casi particolari	
Guardia medica	È qualificato come subordinato il lavoro di guardia medica espletato **presso** una **casa di cura** gestita da un istituto di suore (Cass., Sez. lav., 27 aprile 2010, n. 10024).
Voucher "di conciliazione" o di "servizio"	I voucher "di conciliazione" o di "servizio" assegnati da un ente locale ad una persona fisica come contributo per acquisire un **servizio di assistenza familiare** (ad esempio, la cura di anziani e minori) che le permetta di conciliare i fabbisogni formativi e/o le esigenze lavorative con quelle familiari sono esenti da tassazione ai fini IRPEF. Ciò però non si può dire se tali contributi vengono liquidati al soggetto che eroga il servizio: in tal caso, dette somme assumono qualifica reddituale (quali redditi di lavoro autonomo o d'impresa, a seconda dell'attività esercitata dal soggetto cui le somme vengono liquidate), in quanto compensi per l'attività resa (ris. 22 novembre 2010, n. 119/E).
Contributi versati dal datore di lavoro ad ente bilaterale	I contributi versati all'ente bilaterale sulla base di accordi contrattuali (non obbligatori per legge) e aventi **finalità assistenziale**, vanno tassati come redditi di lavoro dipendente in quanto non rientrano nelle ipotesi di esclusione dal reddito previste dal TUIR in relazione a tale categoria di redditi. Per quanto riguarda le somme erogate dall'ente bilaterale a favore dei dipendenti, tramite il datore di lavoro, non rilevano ai fini fiscali se sono erogate **a titolo di premio** per la nascita del figlio, di **contributo malattia** o infortunio, di **iscrizione** all'asilo nido/scuola materna (risposta a interpello 4 ottobre 2018, n. 24).
Mance	Rientrano nel novero dei redditi di lavoro dipendente e, quindi, sono tassate, le mance percepite in contanti (Cass., ord. 30 settembre 2021, n. 26510).

Somme e valori che non concorrono a formare il reddito 12.1.2.

Fattispecie	Art. 51, c. 2, D.P.R. n. 917/1986
- **Contributi previdenziali e assistenziali** versati dal datore di lavoro o dal lavoratore in ottemperanza a disposizioni di legge[1]; - **Contributi di assistenza sanitaria versati dal datore di lavoro** o dal lavoratore ad **enti** o **casse** aventi esclusivamente **fine assistenziale** in conformità a disposizioni di contratto o di accordo o di regolamento aziendale, che operino negli ambiti di intervento appositamente stabiliti (art. 10, c. 1, lett. e-ter), D.P.R. n. 917/1986; D.M. Ministero della Salute 31 marzo 2008) per un **importo non superiore** complessivamente ad **3.615,20 euro** (➡3.4.)[2]. Ai fini del calcolo del predetto limite si tiene conto anche dei contributi di assistenza sanitaria versati (➡3.4.).	lett. a)
- **Somministrazioni di vitto** da parte del datore di lavoro, nonché quelle in mense organizzate direttamente dal datore di lavoro o gestite da terzi, o, fino all'**importo complessivo giornaliero di 4 se con buoni pasto cartacei e 8 euro se in formato elettronico**, prestazioni e indennità sostitutive[3-10];	lett. c)

IRPEF

Fattispecie	Art. 51, c. 2, D.P.R. n. 917/1986
- **indennità di mensa, fino all'importo complessivo giornaliero di 5,29 euro,** corrisposte agli **addetti ai cantieri edili**, ad altre strutture a carattere temporaneo o ad unità produttive ubicate in zone dove manchino strutture o servizi di ristorazione, con esclusione, quindi, delle indennità corrisposte a dipendenti continuamente adibiti a mansioni esterne, senza sede fissa; il requisito della temporaneità ricorre anche nei casi di stagionalità[4] [12].	
Prestazioni di **servizi di trasporto collettivo** alla generalità o a categorie di dipendenti, anche se affidati a terzi[5] [13].	lett. d)
Somme erogate o rimborsate alla generalità o a categorie di dipendenti dal datore di lavoro o le spese da quest'ultimo direttamente sostenute, volontariamente o in conformità a disposizioni di contratto, di accordo o di regolamento aziendale, per l'acquisto degli **abbonamenti per il trasporto pubblico locale, regionale e interregionale** del dipendente e dei familiari fiscalmente a carico[6] (➡**12.3.5.**)	lett. d-bis)
Compensi reversibili (art. 50, c. 1, lett. b) e f) D.P.R. n. 917/1986)[11].	lett. e)
Utilizzazione delle **opere e** dei **servizi** riconosciuti dal datore di lavoro volontariamente o in conformità a disposizioni di contratto o di accordo o di regolamento aziendale, offerti alla generalità dei dipendenti o a categorie di dipendenti e ai familiari indicati nell'art. 12, D.P.R. n. 917/1986 (coniuge, parenti entro il terzo grado, affini entro il secondo grado) (➡**4.1.**) per specifiche **finalità di educazione, istruzione, ricreazione, assistenza sociale e sanitaria o culto** (art. 100, c. 1 D.P.R. n. 917/1986)[7-8-14].	lett. f)
Somme, servizi e prestazioni erogati dal datore di lavoro alla generalità dei dipendenti o a categorie di dipendenti per la fruizione, da parte dei familiari indicati nell'art. 12, D.P.R. n. 917/1986 (coniuge, parenti entro il terzo grado, affini entro il secondo grado) (➡**4.1.**), dei **servizi di educazione e istruzione** anche in età prescolare, compresi i servizi integrativi e di mensa ad essi connessi, nonché per la frequenza di **ludoteche** e di **centri estivi e invernali** e per **borse di studio** a favore dei medesimi familiari[14].	lett. f-bis)
Somme e **prestazioni** erogate dal datore di lavoro alla generalità dei dipendenti o a categorie di dipendenti per la fruizione dei servizi di **assistenza ai familiari anziani o non autosufficienti** indicati nell'art. 12, D.P.R. n. 917/1986 (coniuge, parenti entro il terzo grado, affini entro il secondo grado) (➡**4.1.**).	lett. f-ter)
Contributi e premi versati dal datore di lavoro a favore della generalità dei dipendenti o di categorie di dipendenti per prestazioni, anche in forma assicurativa, aventi per oggetto il **rischio di non autosufficienza** nel compimento degli atti della vita quotidiana (art. 2, c. 2, lett. d) n. 1 e 2, D.M. 27 ottobre 2009) o aventi per oggetto il **rischio di gravi patologie** (polizze c.d. "Long Term Care" e "Dread Disease"). Si deve trattare di contributi e premi destinati all'erogazione di prestazioni in favore del dipendente e non anche dei suoi familiari: pertanto, se la polizza garantisce prestazioni sia al dipendente che ai familiari, occorre scorporare la quota riferita alla posizione dei familiari (circ. 29 marzo 2018, n. 5/E).	lett. f-quater)
Valore delle azioni, in caso di sottoscrizione di azioni a favore dei prestatori di lavoro, anche se emesse da società che direttamente o indirettamente, controllano l'impresa, ne sono controllate o sono controllate dalla stessa società che controlla l'impresa **fino all'importo di 2.065,83 euro** nel periodo d'imposta. Ai fini della non imponibilità, le azioni devono essere offerte a tutti i dipendenti e devono rimanere in loro possesso per almeno 3 anni[9].	lett. g)

Fattispecie	Art. 51, c. 2, D.P.R. n. 917/1986
Somme trattenute al dipendente e attestate dal datore di lavoro, per oneri detraibili, nonché le **erogazioni** effettuate dal datore di lavoro in conformità a contratti collettivi o ad accordi e regolamenti aziendali a fronte delle **spese sanitarie** e quelle di **assistenza specifica** necessarie nei casi di grave e permanente invalidità o menomazione, sostenute dai **soggetti portatori di *handicap*** (art. 3, Legge n. 104/1992).	lett. h)
Mance percepite dai *croupiers* nella misura del **25%** dell'ammontare percepito nel periodo d'imposta (➡**12.6.19.**).	lett. i)
Quote di retribuzione derivanti dall'esercizio, da parte del lavoratore, della facoltà di **rinuncia all'accredito contributivo** presso l'assicurazione generale obbligatoria per l'invalidità, la vecchiaia ed i superstiti dei lavoratori dipendenti e le forme sostitutive della medesima, per il periodo successivo alla prima scadenza utile per il pensionamento di anzianità, dopo aver maturato i requisiti minimi secondo la vigente normativa.	lett. i-bis)

[1] Le trattenute operate sulle indennità di carica dei **consiglieri regionali** per finanziare il relativo **assegno vitalizio** sono assoggettabili ad IRPEF, in quanto non connesse ad un rapporto di lavoro, ma all'esercizio di cariche pubbliche e non previste da una legge statale, ma da una legge regionale (Cass. 24 novembre 2010, n. 23793).

[2] Non concorrono alla formazione del reddito di lavoro dipendente i **contributi versati a Casse di assistenza sanitaria**, istituite a seguito di accordi collettivi, da parte di soggetti **pensionati** che sono rimasti iscritti dopo la cessazione del rapporto di lavoro e che versano una contribuzione esclusivamente a proprio carico, senza alcun intervento dell'*ex* datore di lavoro (ris. 11 luglio 2008, n. 293/E).

[3] I **ticket restaurant** non costituiscono veri e propri compensi in natura, in quanto sul buono è evidenziato il valore nominale della prestazione cui il lavoratore ha diritto. Il valore nominale del ticket che eccede il limite di legge è quindi tassato come **reddito di lavoro dipendente** e non può rientrare nella norma (art. 51, c. 3, D.P.R. n. 917/1986) in base alla quale non concorre a formare il reddito di lavoro dipendente il valore dei beni ceduti e dei servizi prestati se complessivamente di **importo non superiore a 258,23 euro** nel periodo d'imposta (ris. 29 marzo 2010, n. 26/E).

[4] Non rilevano per la determinazione del reddito di lavoro dipendente i **servizi sostitutivi di mensa aziendale** resi dal datore di lavoro tramite una **App per smartphone** (principio di diritto 8 ottobre 2018, n. 3).

[5] Il "**ticket trasporto**" rilasciato dall'ente locale ai propri dipendenti, spendibile acquistando una riduzione pari al suo valore nominale per l'abbonamento ai servizi di trasporto pubblico, costituisce fringe benefit e, pertanto, è tassabile come reddito di lavoro dipendente se eccede, insieme agli altri beni e servizi di cui ha fruito il dipendente nello stesso periodo d'imposta, i **258,23 euro** (ris. 5 giugno 2007, n. 126/E).

[6] Norma **in vigore dal 2018**.

[7] Tale norma si interpreta nel senso che la stessa si applica anche alle opere e servizi riconosciuti dal datore di lavoro, del settore privato o pubblico, in conformità a disposizioni di contratto collettivo nazionale di lavoro, di accordo interconfederale o di contratto collettivo territoriale (art. 1, c. 162, Legge n. 232/2016).

[8] L'esclusione dalla tassazione opera anche nell'ipotesi in cui detti servizi siano messi a disposizione dei dipendenti tramite il ricorso a **strutture esterne all'azienda**, a condizione che il **lavoratore risulti estraneo** al rapporto finanziario che intercorre tra l'azienda e il prestatore del servizio, anche sotto la forma di rimborsi o di anticipazioni di spese sostenute dal dipendente. L'esenzione è riferibile unicamente alle **erogazioni in natura** e non si estende alle erogazioni sostitutive in denaro (ris. 29 marzo 2010, n. 26/E).

[9] **L'offerta di azioni** deve riguardare "tutti i dipendenti" senza distinzione tra le tipologie di forme contrattuali e le tipologie di prestazioni rese dai lavoratori (circ. 29 dicembre 1999, n. 247/E).
La norma si applica anche in caso di azioni assegnate a manager, qualora tali soggetti costituiscano una categoria di dipendenti (ris. 4 dicembre 2012, n. 103/E).
Il momento rilevante ai fini dell'individuazione della generalità dei dipendenti è quello dell'offerta ai dipendenti, vale a dire la **data della delibera dell'assemblea** con la quale vengono fissate le condizioni del **piano azionario** (circ. 17 maggio 2000, n. 98/E).

Fattispecie	Art. 51, c. 2, D.P.R. n. 917/1986
La circostanza che il dipendente non sia legato da alcun rapporto di lavoro al momento dell'esercizio dei diritti d'opzione e della conseguente acquisizione delle azioni non assume alcun rilievo ai fini della possibilità di fruire del regime fiscale di favore. Deve invece essere considerato rilevante il fatto che l'*ex* dipendente attenda il decorso del triennio per esercitare i diritti di opzione (ris. 3 luglio 2008, n. 270/E). [10] Ai fini del **limite di esenzione** dal reddito di lavoro dipendente che sono previsti dal TUIR, **non ha alcuna rilevanza** il **divieto di cumulo** oltre il limite di otto **buoni pasto** stabilito dal D.M. 7 giugno 2017, n. 122 (principio di diritto 12 febbraio 2019, n. 6). [11] I **compensi** che devono essere riversati al datore di lavoro **per clausola contrattuale** sono esclusi dal novero dei redditi assimilati a quelli di lavoro dipendente, insieme ai compensi che per legge devono essere riversati allo Stato (risposta a interpello 28 maggio 2019, n. 167). [12] L'indennità sostitutiva erogata per un importo giornaliero di euro 5,29, ai dipendenti che hanno prestato l'attività lavorativa presso la sede lavorativa e che non hanno potuto utilizzare il proprio badge elettronico, a causa della **chiusura degli esercizi pubblici convenzionati** a seguito dell'emergenza Covid-19, è riconducibile alle indennità sostitutive delle somministrazioni di vitto corrisposte agli addetti di unità produttive ubicate in zone dove manchino strutture o servizi di ristorazione, vista la chiusura per legge di tali strutture disposta temporaneamente dal Governo per fronteggiare l'emergenza Covid-19. Questa indennità **non concorre alla formazione del reddito di lavoro dipendente** (risposta a interpello 2 settembre 2020, n. 301). [13] **Non rientrano** tra queste tipologie di fringe benefit i "buoni mobilità" ovvero i voucher prepagati validi per l'acquisto di beni e servizi connessi allo sviluppo di forme di **mobilità sostenibile** quali biciclette, abbonamenti di car sharing o bike sharing, titoli di viaggio sul trasporto pubblico locale, contribuzioni all'abbattimento del costo annuale dell'abbonamento al trasporto pubblico locale. Pertanto, concorrono alla formazione della base imponibile del reddito di lavoro dipendente dei lavoratori cui vengono corrisposti, in forza del principio di onnicomprensività (risposta a interpello 31 agosto 2020, n. 293). [14] Il rimborso da parte del datore di lavoro delle spese sostenute dal dipendente per acquisto di pc, laptop e tablet per consentire la "**didattica a distanza**", il cui utilizzo è finalizzato all'educazione e all'istruzione non genera reddito di lavoro dipendente (ris. 27 maggio 2021, n. 37/E).	

Sono escluse dal reddito di lavoro dipendente anche le somme erogate a titolo di "**bonus" ai dipendenti** il cui reddito non supera annualmente i **26.600 euro** (art. 1, D.L. n. 66/2014) e ai dipendenti il cui reddito non supera annualmente i **28.000 euro** (➔12.5.) (art. 1, D.L. n. 3/2020).

I **contributi erogati dai datori di lavoro** a titolo di partecipazione agli **interessi per mutui edilizi** per l'acquisto di unità immobiliari destinata ad uso abitativo, concessi, anteriormente al 1° gennaio 1997, ai dipendenti che non possiedono nel territorio dello Stato altro fabbricato o porzioni di fabbricato destinati a tale uso, si intendono compresi fra le **erogazioni liberali** e sono **esclusi dalla base imponibile** (art. 14, c. 17, Legge n. 449/1997).
Invece, non sono esclusi dal reddito gli emolumenti corrisposti periodicamente dal datore di lavoro al dipendente a titolo di **rimborso per gli oneri sostenuti volontariamente**, non essendo gli stessi sostenuti dal datore in sostituzione del dipendente (risposta a interpello 5 gennaio 2021, n. 3).

12.1.3. Cumulo tra pensione e reddito da lavoro

Le **pensioni dirette di anzianità** sono **totalmente cumulabili** con i redditi da lavoro autonomo e dipendente (art. 19, D.L. n. 112/2008).
Tale possibilità è estesa anche a chi percepisce la pensione diretta conseguita nel regime contributivo in via anticipata rispetto ai 65 anni per gli uomini e ai 60 anni per le donne (circ. INPS 9 dicembre 2008, n. 108).
Sono totalmente cumulabili con i redditi di lavoro autonomo e dipendente le **pensioni dirette conseguite nel regime contributivo in via anticipata** rispetto ai 65 anni per gli uomini e ai 60 anni per le donne a carico dell'assicurazione generale obbligatoria e delle forme sostitutive ed esclusive della medesima nonché della gestione separata INPS, a condizione che il soggetto abbia maturato i requisiti previsti dalla legge (art. 1, c. 6 e 7, Legge n. 243/2004), fermo restando il regime delle decorrenze dei trattamenti.
Relativamente alle pensioni liquidate interamente con il sistema contributivo:

a. sono interamente cumulabili con i redditi da lavoro autonomo e dipendente le pensioni di vecchiaia **anticipate** liquidate con **anzianità contributiva pari o superiore a 40 anni**;

b. sono interamente cumulabili con i redditi da lavoro autonomo e dipendente le pensioni di vecchiaia **liquidate** a soggetti con **età pari o superiore a 65 anni per gli uomini e 60 anni per le donne**.

Lavoro a domicilio 12.1.4.

Esistono **due tipi** di lavoro a domicilio:

1. quello svolto direttamente **per conto dei consumatori** (ad esempio le vendite porta a porta): **non è considerato lavoro dipendente ma autonomo**;
2. quello svolto **per conto di una o più imprese committenti:** nel caso in cui il lavoratore a domicilio sia tenuto a osservare le direttive dell'imprenditore circa le modalità di esecuzione, le caratteristiche e i requisiti del lavoro, si genererà un **rapporto di lavoro dipendente**, a prescindere dal fatto che il lavoro sia svolto in un luogo diverso da quelli di proprietà dell'impresa.

Determinazione del reddito 12.1.5.

Il reddito di lavoro dipendente è costituito da **tutte le somme e i valori** in genere, **a qualunque titolo percepiti** nel periodo d'imposta, anche sotto forma di erogazioni liberali, **in relazione al rapporto di lavoro** (art. 51, c. 1, D.P.R. n. 917/1986).
Pertanto, sono considerate reddito in capo al lavoratore, sia le somme liquide di denaro, che i cosiddetti **fringe benefits** (➔12.3.), che, a tutti gli effetti, costituiscono reddito a fini fiscali.

Criterio di cassa **-** Con riguardo al **criterio di imputazione**, i redditi di lavoro sono imputati al loro percettore secondo il momento del loro pagamento, cioè secondo il **criterio di cassa**.
Le somme costituiscono reddito in capo al lavoratore quando sono da questi percepite. Egli, in altre parole, ne deve avere la **disponibilità giuridica**, intesa non come mero incasso di valori monetari, ma anche di sussistenza di un titolo giuridico che consenta di inquadrarle come pagamento e dunque come adempimento di una obbligazione di dare.
Dunque, non basta una semplice movimentazione di denaro, ma, più in generale, il conseguimento di un'**entrata con funzione di pagamento**.
In tal modo, non sono immediatamente imponibili, poiché non ancora entrati nel patrimonio del dipendente, eventuali **crediti esigibili dal dipendente**, ma **non ancora riscossi**.

> Con riguardo all'applicazione del criterio di cassa, occorre una valutazione di carattere giuridico: una somma può essere considerata **percepita** dal lavoratore quando è entrata nella **sua disponibilità** e, al contempo, è uscita dalla sfera patrimoniale del datore di lavoro erogante (circ. n. 326/E/1997).
> Inoltre, occorre avere riguardo al momento della **riscossione** e non a quello della maturazione anche con riferimento agli interessi legali e alla rivalutazione su crediti da lavoro (Cass., sent. 6 dicembre 2010, n. 24760).

Criterio di cassa allargato - Tra i redditi percepiti nel periodo d'imposta dal lavoratore devono essere considerate anche le **retribuzioni** maturate nel periodo di riferimento, ma materialmente **pagate entro il 12 gennaio dell'anno successivo** (art. 51, D.P.R. n. 917/1986).
Tale parziale eccezione rispetto al criterio di cassa deriva da un'esigenza pratica: quella di consentire ai sostituti di imposta di effettuare le ritenute derivanti dalle operazioni di **conguaglio di fine anno**.

Data di percezione dei compensi	Periodo d'imposta
Entro il 12 gennaio anno x	x-1
Dal 13 gennaio anno x al 12 gennaio anno x+1	x
Dal 13 gennaio anno x+1 al 12 gennaio anno x+2	x+1

Somme corrisposte a titolo di patto di non concorrenza (➔8.3.7.)

IRPEF

12.1.6. Lavoro prestato all'estero

Emolumenti percepiti da soggetti residenti (➔9.2.3.)	Luogo di tassazione	Credito d'imposta per le imposte pagate all'estero (➔33.1.)
Stipendi, pensioni[1] e redditi assimilati[2] prodotti in un Paese estero con cui **non esiste convenzione** contro le doppie imposizioni	Italia	SÌ
Stipendi, pensioni[1] e redditi assimilati[2] prodotti in un Paese estero con il quale **esiste convenzione** contro le doppie imposizioni in base alla quale tali redditi devono essere assoggettati a tassazione sia **in Italia**, che nello **Stato estero**	Italia	SÌ
Stipendi, pensioni[1] e redditi assimilati[2] prodotti in un Paese estero con il quale **esiste convenzione** contro le doppie imposizioni in base alla quale tali redditi devono essere assoggettati a tassazione **esclusivamente in Italia**[3]	Italia	NO[4]

[1] Sono **pensioni estere** quelle corrisposte da un ente pubblico o privato di uno Stato estero a seguito del lavoro prestato in quello Stato.
In genere, le **pensioni pubbliche** sono tassate solo nello Stato da cui provengono, mentre quelle private sono tassate nel Paese di residenza del beneficiario.

[2] Le **borse di studio** devono essere **dichiarate in Italia**, a prescindere dalla nazionalità del soggetto erogante.

[3] Ciò si verifica, generalmente, quando il lavoratore ha prestato la propria opera all'estero per un periodo inferiore a 183 giorni, quando il compenso è corrisposto da un datore di lavoro residente in Italia e quando l'onere non è sostenuto da una Stabile Organizzazione che il datore di lavoro ha nello Stato dove si è svolto il lavoro.

[4] Le somme eventualmente pagate a titolo d'imposta possono essere chieste **a rimborso all'autorità competente del Paese estero**.

Lavoro prestato in via continuativa all'estero - Il reddito di lavoro dipendente, prestato all'estero in via continuativa e come oggetto **esclusivo del rapporto**, da soggetti che, pur soggiornando nello Stato estero nell'arco dei **12 mesi** per un periodo **superiore ai 183 giorni**, continuano ad essere qualificati come soggetti residenti in Italia, è determinato non con riferimento alla retribuzione effettivamente percepita, bensì **sulla base di retribuzioni convenzionali** definite annualmente con Decreto del Ministero del Lavoro e delle Politiche Sociali (art. 51, c. 8-bis, D.P.R. n. 917/1986).

> La disposizione si applica con riferimento "a quei lavoratori che, pur svolgendo l'attività lavorativa all'estero, continuano ad essere qualificati come **residenti fiscali in Italia**" (circ. 16 novembre 2000, n. 207/E).
> Si applica anche ai **lavoratori cooperanti** che alternano periodi di lavoro in Italia e all'estero (risposta a interpello 15 settembre 2020, n. 353).

L'ultimo decreto disponibile sulle **retribuzioni convenzionali (relativo al 2022)** è il D.M. 23 dicembre 2021.

> Il reddito di lavoro dipendente, risultante dalla certificazione rilasciata dal datore di lavoro estero, da indicare nella dichiarazione dei redditi deve essere al netto dei contributi previdenziali obbligatori versati nello Stato estero (circ. 24 aprile 2015, n. 17/E).

Ai fini dell'applicazione della norma, si deve verificare che:
- il **lavoratore** dipendente sia **fiscalmente residente** in Italia;
- il **lavoro** dipendente sia **prestato all'estero**;
- l'attività di lavoro dipendente sia svolta all'estero **in via continuativa** e come **oggetto esclusivo** del rapporto di lavoro;
- l'attività di lavoro dipendente sia svolta all'estero per un **periodo superiore a 183 giorni** nell'arco di 12 mesi. Il periodo da considerare non necessariamente deve risultare continuativo: è sufficien-

te che il lavoratore presti la propria opera all'estero per un minimo di 183 giorni nell'arco di 12 mesi (circ. 16 novembre 2000, n. 207/E).

> Non assume alcuna rilevanza la circostanza che l'attività svolta sia limitata ad un periodo inferiore all'anno, purché per lo stesso periodo sia **contrattualmente** prevista in via esclusiva la prestazione del lavoro all'estero (ris. 9 maggio 1979, n. 8/159).

È necessario che:
- venga stipulato uno **specifico contratto** che preveda l'esecuzione della prestazione in via esclusiva all'estero;
- il dipendente venga collocato in uno **speciale ruolo estero**.

> In conseguenza del criterio convenzionale di determinazione della base imponibile, non sono assoggettati ad autonoma imposizione eventuali ***fringe benefit*** erogati dal datore di lavoro. L'ammontare di tali emolumenti in natura è, infatti, **ricompreso forfetariamente** nella retribuzione convenzionale (circ. 16 novembre 2000, n. 207/E).

Il datore di lavoro, nell'effettuare le ritenute, deve rispettare specifiche regole (➡**12.6.24.**).

Transfrontalieri - I redditi derivanti da lavoro dipendente prestato, in via continuativa e come oggetto esclusivo del rapporto, all'estero in **zone di frontiera** (quali, ad esempio, Francia, Austria e San Marino) ed in altri Paesi limitrofi (quali, ad esempio, il Principato di Monaco) da soggetti residenti nel territorio dello Stato concorrono a formare il reddito complessivo per l'**importo eccedente 7.500 euro** (art. 1, c. 690, Legge n. 190/2014).

> Sono **esclusi** dall'agevolazione e sono, pertanto, assoggettati al regime impositivo per il lavoro prestato all'estero in via continuativa (art. 51, c. 8-bis, D.P.R. n. 917/1986) i lavoratori dipendenti residenti in Italia che soggiornano all'estero per un periodo superiore a 183 giorni nell'arco di un periodo di 12 mesi, in forza di uno **specifico contratto** che prevede l'esecuzione della prestazione all'estero in via esclusiva e continuativa, previa collocazione nel ruolo estero (circ. 3 gennaio 2001, n. 1/E).

Relativamente ai rapporti con la **Svizzera**, la nozione di frontaliero riguarda solo i lavoratori che quotidianamente si recano dalla propria residenza, sita in un Comune prossimo al confine.
In particolare, si definisce lavoratore transfrontaliero svizzero il lavoratore residente in un Comune il cui territorio sia compreso, in tutto ovvero in parte, nella **fascia di venti chilometri dal confine** con uno dei Cantoni del Ticino, dei Grigioni e del Vallese, ove si reca per svolgere la propria attività di lavoro dipendente (accordo 3 ottobre 1974; ris. 28 marzo 2017, n. 38/E).

Campione d'Italia - I redditi derivanti da lavoro dipendente e pensione percepiti dai soggetti residenti nel Comune di Campione d'Italia godono di una particolare disciplina ai fini fiscali (➡**9.8.**) (art. 188-bis, D.P.R. n. 917/1986).

Rientro dei lavoratori dall'estero 12.1.7.

Per favorire il rientro dei lavoratori dall'estero, sono previsti:

a. incentivi fiscali per il rientro in Italia di **docenti e ricercatori** residenti all'estero (➡**9.6.1.**) (art. 44, D.L. 31 maggio 2010, n. 78);
b. un regime fiscale di favore per i lavoratori cosiddetti "**impatriati**" (➡**9.6.2.**) (art. 16, D.Lgs. n. 147/2015);
c. un'opzione per l'**imposta sostitutiva** sui redditi prodotti all'estero realizzati da persone fisiche che **trasferiscono** la propria **residenza fiscale in Italia** (➡**9.6.6.**) (art. 24-bis, D.P.R. n. 917/1986).

Pensioni di guerra 12.1.8.

Le pensioni di guerra sono **esenti** dall'imposta sul reddito delle persone fisiche (art. 1, c. 1, Legge n. 437/1991).

Pensioni erogate alle vittime di atti di terrorismo 12.1.9.

A beneficio di tutti coloro che hanno subito una **invalidità permanente inferiore all'80%** della capacità lavorativa, causata da atti di terrorismo e dalle stragi di tale matrice, è riconosciuto un **aumento figurativo di 10 anni di versamenti** utili ad aumentare, per una pari durata, l'anzianità pensionistica maturata, la misura della pensione nonché il trattamento di fine rapporto o altro trattamento equipollente (art. 3, c. 1, Legge n. 206/2004).
Per la relativa **pensione** maturata è prevista l'**esenzione dall'IRPEF** (art. 3, c. 2, Legge n. 206/2004).

Inoltre, per i soggetti con inabilità **pari o superiore all'80%**, è prevista l'**esenzione totale dall'IRPEF** delle **pensioni di reversibilità** e di quelle di **invalidità** (art. 3, c. 4, Legge n. 206/2004).

La norma, da una parte, riconosce a tutti coloro che hanno subito per atti di terrorismo, un'invalidità permanente **inferiore all'80% della capacità lavorativa**, un'esenzione solo **parziale**, in quanto limitata alla sola parte di pensione riferita ai 10 anni di versamenti figurativi riconosciuti sul totale degli anni utili ai fini della liquidazione dell'importo pensionabile. Dall'altra, equipara, ad ogni effetto di legge, ai grandi invalidi di guerra coloro che hanno subito un'invalidità permanente pari o superiore all'80%, riconoscendo **l'esenzione IRPEF totale** del trattamento pensionistico (ris. 29 luglio 2005, n. 111/E).

12.1.10. Oneri deducibili dal reddito di lavoro dipendente

Sono **esclusi** dalla formazione del reddito di lavoro dipendente:

- gli **oneri deducibili** (➡3.) (art. 10, D.P.R. n. 917/1986), sostenuti **per il tramite del datore di lavoro**; in sostanza, tali spese sono state pagate dal datore di lavoro che ha poi trattenuto l'importo corrispondente dalle somme corrisposte al dipendente;
- le **erogazioni fatte dal datore di lavoro** in conformità a contratti collettivi o ad accordi e regolamenti aziendali delle **spese mediche e di assistenza specifica** necessarie nei casi di grave e permanente invalidità o menomazione (➡3.6.) (art. 10, c. 1, lett. b), D.P.R. n. 917/1986).

Il datore di lavoro è tenuto all'automatico riconoscimento degli oneri sostenuti per il suo tramite e delle erogazioni effettuate, **senza alcuna richiesta del dipendente**.

Ove il datore di lavoro **acconsenta**, è possibile effettuare il riconoscimento anche di oneri che **non sono stati sostenuti per il suo tramite**: quindi il dipendente che, ad esempio, ha direttamente sostenuto delle spese per assistenza ad un familiare portatore di handicap può chiedere al proprio datore di lavoro di riconoscerne la relativa deduzione.

12.1.11. Oneri per i quali è prevista la detrazione d'imposta

In sede di effettuazione delle operazioni di conguaglio, sia di fine d'anno che in corso d'anno, ma non nei singoli periodi di paga, il datore di lavoro deve riconoscere le **detrazioni d'imposta** (➡6.):

- del **19%** dell'importo degli **oneri** (art. 15, D.P.R. n. 917/1986) alle condizioni e nei limiti ivi stabiliti, che sono stati sostenuti per il suo tramite; tali spese sono state pagate dal datore di lavoro che ha poi trattenuto l'importo corrispondente dalle somme corrisposte al dipendente;
- del **19%** dell'importo delle **spese mediche** e dei **premi di assicurazione sulla vita e sugli infortuni**, per le erogazioni effettuate in conformità a contratti collettivi, accordi e regolamenti aziendali;
- del **26%** dell'importo delle **erogazioni liberali in denaro** in favore delle **Onlus** e di **iniziative unitarie** (➡6.15.3.) e a favore dei **partiti politici** (➡6.15.4.).

Il datore di lavoro è tenuto **all'automatico riconoscimento** degli oneri sostenuti per il suo tramite e delle erogazioni effettuate, **senza alcuna richiesta del dipendente**.

Se il datore di lavoro **acconsente**, è possibile effettuare il riconoscimento anche di detrazioni per oneri che **non sono stati sostenuti per il suo tramite**: quindi il dipendente che, ad esempio, ha direttamente sostenuto delle spese mediche specialistiche, può chiedere al proprio datore di lavoro di riconoscerne la relativa detrazione.

12.2. REDDITI ASSIMILATI

Fattispecie	Art. 50, c. 1, D.P.R. n. 917/1986
Compensi percepiti, entro i limiti dei salari correnti maggiorati del 20%, dai **lavoratori soci delle cooperative** di produzione e lavoro, delle cooperative di servizi, delle cooperative agricole e di prima trasformazione dei prodotti agricoli e delle cooperative della piccola pesca (➡12.2.2.).	lett. a)
Indennità e compensi percepiti a carico di terzi dai prestatori di lavoro dipendente per incarichi svolti in relazione a tale qualità, ad esclusione di quelli che per clausola contrattuale devono essere riversati al datore di lavoro e di quelli che per legge devono essere riversati allo Stato (➡12.2.3.).	lett. b)

Fattispecie	Art. 50, c. 1, D.P.R. n. 917/1986
Somme da chiunque corrisposte a titolo di **borsa di studio** o di **assegno, premio o sussidio** per fini di studio o di addestramento professionale, se il beneficiario non è legato da rapporti di lavoro dipendente nei confronti del soggetto erogante (➡12.2.4.).	lett. c)
Somme e valori in genere, a qualunque titolo percepiti nel periodo d'imposta, anche sotto forma di erogazioni liberali, in relazione agli uffici di **amministratore, sindaco o revisore** di società, associazioni e altri enti con o senza personalità giuridica, alla **collaborazione a giornali, riviste**, enciclopedie e simili, alla **partecipazione a collegi e commissioni**, nonché quelli percepiti in relazione ad **altri rapporti di collaborazione** aventi per oggetto la prestazione di attività svolte senza vincolo di subordinazione a favore di un determinato soggetto nel quadro di un rapporto unitario e continuativo senza impiego di mezzi organizzati e con retribuzione periodica prestabilita, sempreché gli uffici o le collaborazioni non rientrino nei compiti istituzionali compresi nell'attività di lavoro dipendente o nell'oggetto dell'arte o professione[1] (➡12.2.5.).	lett. c-*bis*)
Remunerazioni dei **sacerdoti**, congrue e supplementi di congrua (➡12.2.8.).	lett. d)
Compensi per l'**attività libero professionale intramuraria** del personale dipendente del Servizio sanitario nazionale, del personale medico (➡12.2.7.).	lett. e)
Indennità, gettoni di presenza e altri compensi corrisposti dallo Stato, dalle regioni, dalle province e dai comuni per l'**esercizio di pubbliche funzioni**, sempreché le prestazioni non siano rese da soggetti che esercitano un'arte o professione e non siano state effettuate nell'esercizio d'impresa commerciale. Compensi corrisposti ai membri delle **Commissioni tributarie**, agli esperti del **Tribunale di sorveglianza**, ad esclusione di quelli che per legge devono essere riversati allo Stato (➡12.2.8.).	lett. f)
- **Indennità** percepite dai membri del **Parlamento** nazionale e del Parlamento europeo e le indennità, comunque denominate, percepite per le **cariche elettive** e per le funzioni di cui agli artt. 114 e 135 della Costituzione; - conseguenti **assegni vitalizi** percepiti in dipendenza dalla **cessazione** delle **cariche elettive e funzioni**; **- assegno del Presidente della Repubblica** (➡12.2.8.).	lett. g)
Rendite vitalizie e rendite **a tempo determinato**, costituite a titolo oneroso, diverse da quelle aventi funzione previdenziale[2] (➡12.2.6.).	lett. h)
Prestazioni pensionistiche di **previdenza complementare** corrisposte dai fondi pensione (➡12.2.8.).	lett. h-bis)
- **Altri assegni periodici**, comunque denominati, alla cui produzione non concorrono attualmente né capitale né lavoro; - **assegni periodici corrisposti al coniuge**, ad esclusione di quelli destinati al mantenimento dei figli, in conseguenza di separazione legale ed effettiva, di scioglimento o annullamento del matrimonio o di cessazione dei suoi effetti civili, nella misura in cui risultano da provvedimenti dell'autorità giudiziaria (➡3.7.) (art. 10, c. 1, lett. c), D.P.R. n. 917/1986); - **assegni periodici** corrisposti in forza di **testamento** o di **donazione modale** nella misura in cui risultano da provvedimenti dell'autorità giudiziaria (➡3.7.) (art. 10, c. 1, lett. d), D.P.R. n. 917/1986); **- assegni alimentari corrisposti a familiari** (➡3.7.) (art. 10, c. 1, lett. d), D.P.R. n. 917/1986)[3] (➡12.2.6.).	lett. i)
Compensi percepiti dai soggetti impegnati in **lavori socialmente utili** in conformità a specifiche disposizioni normative (➡12.2.8.).	lett. l)

[1] Rientrano tra i redditi assimilati a quelli di lavoro dipendente anche i compensi derivanti dai contratti di **collaborazione coordinata e continuativa** stipulati dalle **società sportive dilettantistiche lucrative** (➡27.7.2.) riconosciute dal CONI.

Fattispecie	Art. 50, c. 1, D.P.R. n. 917/1986
[2] Le rendite aventi funzione previdenziale sono quelle derivanti da **contratti di assicurazione sulla vita** stipulati con imprese autorizzate dall'ISVAP ad operare nel territorio dello Stato, o quivi operanti in regime di stabilimento o di prestazione di servizi, che non consentano il riscatto della rendita successivamente all'inizio dell'erogazione. [3] Sono escluse le **rendite perpetue** e le **prestazioni annue perpetue** (➔11.4.1.) (art. 44, c. 1, lett. c), D.P.R. n. 917/1986).	

12.2.1. Determinazione

Ai fini della **determinazione dei redditi assimilati**, le norme rinviano alle disposizioni stabilite per i redditi di lavoro dipendente, salvo alcune deroghe previste per i redditi derivanti da:

- **attività professionale intramuraria**;
- **cariche elettive** e **assegni vitalizi**;
- **rendite vitalizie e a tempo determinato**;
- prestazioni pensionistiche corrisposte dai **fondi pensione**;
- **lavori socialmente utili**.

12.2.2. Lavoratori soci di cooperative

Sono assimilati ai redditi di lavoro dipendente i compensi percepiti, entro i limiti dei salari correnti **maggiorati del 20%**, dai lavoratori **soci di cooperative di produzione e lavoro**, di cooperative **di servizi**, di cooperative **agricole e di prima trasformazione dei prodotti agricoli** e di cooperative della **piccola pesca**.

L'assimilazione è subordinata alle seguenti **condizioni** (art. 50, D.P.R. n. 917/1986):

- la cooperativa deve essere iscritta nel **registro prefettizio** (sostituito dall'Albo delle società cooperative) o nello schedario generale della cooperazione;
- nello statuto devono essere indicati inderogabilmente **i principi della mutualità**, che devono poi essere effettivamente osservati.

Ritenute (➔12.6.10.)

12.2.3. Compensi a carico di terzi

Si tratta dei compensi **corrisposti da terzi** per incarichi svolti in relazione ad un rapporto di lavoro subordinato con il proprio datore di lavoro. Sono **esclusi** tutti quei compensi che devono essere **riversati** al datore di lavoro o allo Stato.

In tale categoria rientrano le **indennità e i compensi** corrisposti ai dipendenti, privati e pubblici, da soggetti diversi dal loro datore di lavoro, per incarichi svolti in relazione alla propria qualifica e in dipendenza del proprio rapporto di lavoro.

È necessario che l'incarico sia reso in **connessione con la carica del dipendente** o in rappresentanza dell'ente di appartenenza, altrimenti i compensi percepiti vanno qualificati, a seconda delle caratteristiche, redditi di collaborazione coordinata e continuativa o prestazioni occasionali di lavoro autonomo.

Ritenute (➔12.6.11.)

Sostituto d'imposta terzo che eroga i compensi - Deve conguagliare le indennità e i compensi (art. 24, D.P.R. n. 600/1973). Pertanto, i terzi che corrispondono i compensi non sono tenuti a comunicare entro il 12 gennaio dell'anno successivo l'ammontare dei compensi dovuti.

Inoltre, non sussiste l'obbligo di iscrizione alla gestione separata INPS e il conseguente versamento del contributo.

12.2.4. Borse di studio

Rientrano tra i redditi assimilati le somme da chiunque corrisposte a titolo di borsa di studio o di assegno, premio o sussidio per fini di studio o di addestramento professionale, se il **beneficiario non è legato da rapporti di lavoro dipendente** nei confronti del soggetto erogante (art. 50, c. 1, lett. c), D.P.R. n. 917/1986).

IRPEF

Esenzioni

Fattispecie	Riferimenti
Borse di studio corrisposte dalle **Regioni** agli **studenti universitari**.	D.Lgs. n. 68/2012
Borse di studio corrisposte dalle **università** e dagli istituti di istruzione universitaria per la frequenza dei **corsi di perfezionamento e di dottorato di ricerca.**	Legge n. 398/1989
Borse di studio corrisposte per la frequenza delle **scuole di specializzazione** delle facoltà di **medicina e chirurgia**.	D.Lgs. n. 368/1999; ris. 30 ottobre 2002, n. 338/E
Borse di studio erogate dal 1° gennaio 2000 nell'ambito del **programma "Socrates"**.	art. 6, c. 13, Legge n. 488/1999
Somme aggiuntive corrisposte dalle università, se di importo non superiore a 7.746,85 euro.	circ. 22 dicembre 2000, n. 238/E
Borse di studio corrisposte dall'**Osservatorio astronomico di Capodimonte**.	ris. 2 novembre 2000, n. 163/E
Incentivi economici erogati agli **studenti meritevoli tra i 14 e i 18 anni**.	D.Lgs. n. 262/2007; ris. 25 novembre 2009, n. 280/E

Trattamento previdenziale - Le somme corrisposte a titolo di borsa di studio (limitatamente alla relativa attività) non rientrano nel campo di applicazione del **contributo INPS dovuto alla gestione separata**. L'unica **eccezione** è data dai compensi erogati a titolo di borsa di studio ai **ricercatori universitari** per i quali è dovuto il contributo INPS alla gestione separata (Legge n. 315/1998 e circ. INPS 5 maggio 1999, n. 101).

Borse di studio erogate nel corso del programma Erasmus plus - Sono previste alcune **agevolazioni fiscali** per l'intera durata del **programma Erasmus plus** (Reg. UE n. 1288/2013), alle **borse di studio per la mobilità internazionale** erogate a favore degli studenti delle università e delle istituzioni AFAM (art. 1, c. 50-52, Legge n. 208/2015).
Le agevolazioni sono le seguenti:

- **esclusione dalla base imponibile IRAP** per le borse di studio erogate da università e istituzioni (art. 10-bis, D.Lgs. n. 446/1997);
- **esenzione IRPEF** di tali borse per i percipienti (art. 4, Legge n. 476/1984);
- **iscrizione alla gestione separata INPS** per i soggetti titolari degli assegni, con contestuale applicazione dell'aliquota contributiva di riferimento.

Il regime agevolativo riconosciuto, ai fini IRPEF, agli studenti **non** può essere esteso al **personale docente e amministrativo** né può essere applicata l'esenzione, ai fini IRAP, alle istituzioni di istruzione superiore che erogano il sostegno finanziario. Inoltre, l'esenzione ai fini IRPEF può essere applicata - a determinate condizioni - anche alle borse di mobilità per il tirocinio post laurea (consulenza giuridica 31 gennaio 2019, n. 6).

Ritenute (➜12.6.12.)

Collaborazioni coordinate e continuative e lavoratori a progetto 12.2.5.

Il reddito derivante dalle **collaborazioni coordinate e continuative** e dal **lavoro "a progetto"** è assimilato a quello di lavoro dipendente.
Non si qualificano come collaborazioni né le attività svolte dal professionista (vale a dire, il titolare di partita IVA), se l'oggetto della prestazione rientra nei compiti istituzionali dell'arte o professione (art. 53, c. 1, D.P.R. n. 917/1986), né le attività svolte dal dipendente se rientranti nei compiti istituzionali del rapporto di lavoro subordinato.
Rientrano, invece, tra i redditi che derivano da collaborazioni coordinate e continuative assimilati a quello di lavoro dipendente, i compensi percepiti in ragione del **servizio di volontariato regionale** (riposta a interpello 22 novembre 2018, n. 82).

La **carica di amministratore** rientra nell'attività professionale (e, quindi, il reddito derivante è considerato di lavoro autonomo) nel caso in cui sia considerata oggettivamente **connessa alle mansioni tipiche della propria professione abituale** (ad esempio, nel caso di dottore commercialista o ragioniere). In tutte le altre ipotesi, l'attività deve essere comunque considerata come rapporto di collaborazione coordinata e continuativa e, quindi, ai fini fiscali inquadrata quale reddito assimilato al lavoro dipendente (circ. 12 dicembre 2001, n. 105/E).

Ai fini della determinazione delle **detrazioni per lavoro dipendente**, salvo diversa indicazione del soggetto, il datore di lavoro deve fare generalmente riferimento all'ammontare complessivo dei compensi che corrisponderà nel corso dell'anno e alla durata del rapporto (circ. 6 luglio 2001, n. 67/E).

Con riferimento ai **benefit** corrisposti all'**amministratore unico**, non opera l'esclusione dalla formazione del reddito di lavoro dipendente, in quanto la sua condizione lavorativa non è compatibile con la condizione di lavoratore subordinato (risposta a interpello 25 gennaio 2019, n. 10).

Collaborazioni editoriali	
Collaborazione generica (es. correzione delle bozze o redazione di informative)	Reddito di collaborazione coordinata e continuativa
Cessione di un'opera tutelata dalle norme sul diritto d'autore	Reddito derivante **dall'utilizzo di opere dell'ingegno** (➜**13.3.1.**)

Jobs act - Si applica la disciplina del rapporto di lavoro subordinato anche ai rapporti di collaborazione che si concretano in **prestazioni di lavoro esclusivamente personali**, **continuative** e le cui modalità di esecuzione sono **organizzate** dal committente anche con riferimento ai tempi e al luogo di lavoro (D.Lgs. 15 giugno 2015, n. 81).

Tale norma **non trova applicazione** con riferimento:

a. alle collaborazioni per le quali gli **accordi collettivi nazionali** stipulati da associazioni sindacali comparativamente più rappresentative sul piano nazionale prevedono discipline specifiche riguardanti il trattamento economico e normativo, in ragione delle particolari esigenze produttive ed organizzative del relativo settore;
b. alle collaborazioni prestate nell'esercizio di professioni intellettuali per le quali è necessaria l'iscrizione in appositi **albi professionali**;
c. alle attività prestate nell'esercizio della loro funzione dai componenti degli **organi di amministrazione e controllo delle società** e dai partecipanti a **collegi e commissioni**;
d. alle collaborazioni rese a fini istituzionali in favore delle **associazioni e società sportive dilettantistiche** affiliate alle Federazioni sportive nazionali, alle discipline sportive associate e agli Enti di promozione sportiva riconosciuti dal CONI (art. 90, Legge n. 289/2002);
e. alle collaborazioni prestate nell'ambito della **produzione** e della **realizzazione** di **spettacoli** da parte delle fondazioni (D.Lgs. n. 367/1996);
f. alle collaborazioni degli operatori che prestano le attività di **soccorso alpino e speleologico** (Legge n. 74/2001).

Collaboratori non residenti - I redditi vengono considerati **prodotti in Italia**, se sono **erogati ad un soggetto non residente da un soggetto residente in Italia**; in tal caso, devono essere assoggettati a **ritenuta del 30% a titolo d'imposta** dal sostituto d'imposta erogante.

Pertanto, se il collaboratore non residente non ha altri redditi soggetti a imposta in Italia, non è obbligato alla presentazione della dichiarazione dei redditi in Italia, sussistendo soltanto l'obbligo, gravante sul committente, di certificare i compensi.

È fatta salva l'applicazione dei trattati contro le **doppie imposizioni**, dai quali potrebbe derivare un regime diverso.

In proposito, l'art. 16 del **Mod. OCSE** e delle convenzioni ad esso conformi con riguardo ai rapporti di collaborazione relativi alla partecipazione ad organismi sociali (amministratore, sindaco) prevede, in senso conforme alla disciplina interna, che i gettoni di presenza e le altre retribuzioni analoghe, ricevute dai soggetti residenti di uno Stato che esercitano tali funzioni in una società dell'altro Stato, **sono imponibili in detto altro Stato**.

Indennità - Le indennità percepite per la **cessazione di rapporti di collaborazione coordinata e continuativa** rientrano tra i redditi assimilati a quello di lavoro dipendente.

Qualora il diritto alla percezione di tali somme risulti da atto di data certa anteriore all'inizio del rapporto, le indennità possono essere assoggettate a **tassazione separata** (➜**8.5.**).

Ritenute (➜**12.6.13.**)

Rendite 12.2.6.

Costituiscono redditi assimilati a quelli di lavoro dipendente le **rendite vitalizie** e le rendite costituite per un lasso di tempo determinato a titolo oneroso, per mezzo, in genere, di **contratti assicurativi**. Le somme si presumono percepite alle scadenze risultanti dai relativi titoli.
Vi rientrano, pertanto:
- le rendite costituite per un **periodo inferiore** alla **vita del beneficiario**, per esempio le rendite derivanti da contratti di assicurazione in caso di sopravvivenza, nel caso in cui l'assicuratore si impegna a corrispondere una rendita periodica per un limitato periodo di tempo;
- il c.d. **vitalizio alimentare**, che assicura al beneficiario il diritto ad un vero e proprio mantenimento.

Sono **assimilati** ai redditi di lavoro dipendente:
- tutti i **sussidi** corrisposti **con carattere di ricorrenza**, che non costituiscono remunerazioni di capitale o di lavoro;
- gli **assegni periodici corrisposti dal coniuge** in seguito a **separazione legale**, oppure quelli corrisposti al beneficiario in forza del **testamento** (➜**3.7.**) (art. 10, c. 1, lett. c) e d), D.P.R. n. 917/1986).

Sono **escluse**:
- le **rendite perpetue** e le **prestazioni perpetue annue**, che rientrano tra i redditi di capitale (➜**11.4.1.**) (art. 44, c. 1, lett. c), D.P.R. n. 917/1986);
- le **rendite aventi funzione previdenziale** (assoggettate a imposta sostitutiva del 12,5%).

Le rendite si presumono percepite, salvo prova contraria, nella **misura** e alle **scadenze** risultanti dai relativi titoli.

Ritenute (➜**12.6.18.**)

Compensi per attività libero-professionale intramuraria 12.2.7.

Sono considerati **redditi assimilati** a quelli di lavoro dipendente i compensi per l'**attività intramuraria del personale dipendente del Servizio sanitario nazionale** delle seguenti categorie professionali:
- personale appartenente ai **profili di medico-chirurgo**, **odontoiatra** e **veterinario** e altre professionalità della **dirigenza del ruolo sanitario** (farmacisti, biologi, chimici, fisici e psicologi) dipendente dal Servizio sanitario nazionale;
- **personale docente universitario** e **ricercatori** che esplicano attività assistenziale presso cliniche e istituti universitari di ricovero e cura, anche se gestiti direttamente dall'università;
- **personale laureato medico di ruolo** in servizio nelle strutture delle facoltà di medicina e chirurgia delle aree tecnico-scientifica e sociosanitaria;
- **personale dipendente** degli **istituti di ricovero e cura a carattere scientifico** con personalità giuridica di diritto privato, degli enti ed istituti di cura (art. 4, c. 12, D.Lgs. n. 502/1992), delle **istituzioni pubbliche di assistenza e beneficenza**, che svolgono attività sanitaria e degli enti pubblici che già applicano al proprio personale l'istituto dell'attività libero-professionale intramuraria della dirigenza del Servizio sanitario;
- **medici in formazione specialistica** (ris. 29 settembre 2009, n. 254/E).

> La disciplina fiscale relativa all'attività libero-professionale intramuraria si applica anche ai compensi relativi alle **attività di ricerca e consulenza** stabiliti mediante contratti e convenzioni con enti pubblici e privati, poste in essere dalle università con la collaborazione di personale docente e non docente.

Le **restanti attività,** non rientranti tra quelle svolte secondo le condizioni e i limiti sopra precisati, costituiscono **reddito professionale** (art. 53, c. 1, D.P.R. n. 917/1986).

Consulenze medico-legali - L'attività di consulenza prestata al magistrato, nel quadro del giudizio penale, costituisce **esercizio di pubblica funzione**.
Pertanto, i relativi **compensi** rientrano tra quelli **assimilati a lavoro dipendente** (ris. 12 marzo 2007, n. 42/E).

Altri redditi assimilati 12.2.8.

Sono considerati redditi assimilati a quelli di lavoro dipendente:
1. le remunerazioni dei **sacerdoti** della Chiesa cattolica;
2. il trattamento speciale di **disoccupazione**;

3. le indennità, i gettoni di presenza e gli altri compensi corrisposti dallo Stato e dagli enti locali per l'**esercizio di pubbliche funzioni**, sempreché le prestazioni non siano rese da soggetti che esercitano un'arte o professione (art. 53, c. 1, D.P.R. n. 917/1986) e non siano state effettuate nell'esercizio d'impresa commerciale, compresi i compensi corrisposti ai membri delle Commissioni tributarie agli esperti del Tribunale di sorveglianza, ad eccezione di quelli che devono essere riversati allo Stato;

Rientrano tra i **redditi di lavoro autonomo**, le indennità corrisposte ai **giudici onorari di pace e ai vice procuratori onorari** (➡**13.2.5.**) (art. 53, c. 2, lett. f-bis), D.P.R. n. 917/1986).

4. le indennità corrisposte per **cariche elettive** incluso l'assegno corrisposto al Presidente della Repubblica. **Non concorrono** a formare il reddito imponibile i **rimborsi spese**, purché l'erogazione di tali somme e i relativi criteri siano disposti dagli organi competenti;
5. le **pensioni integrative** corrisposte dai fondi pensione;
6. i compensi percepiti dai soggetti impegnati in **lavori socialmente utili** in conformità a specifiche disposizioni normative;
7. i **compensi arretrati** corrisposti ai membri delle **Commissioni tributarie**. Sono assoggettati a tassazione ordinaria anche i compensi arretrati erogati nei tempi ordinariamente necessari per l'espletamento della **procedura di liquidazione** (risposta a interpello 13 novembre 2019, n. 483).

Ritenute (➡**12.6.14.**) (➡**12.6.15.**) (➡**12.6.16.**) (➡**12.6.17.**)

Casi particolari	
Compensi percepiti dai **consulenti e periti penali nominati dal Tribunale**	Non rientrano tra i redditi assimilati a quelli di lavoro dipendente ma costituiscono reddito di lavoro autonomo (circ. 10 giugno 2004, n. 24/E).
Compensi per il **servizio di volontariato civile**	Costituiscono redditi assimilati a quelli di lavoro dipendente (circ. 10 giugno 2004, n. 24/E).
Compensi percepiti dai membri delle **Commissioni tributarie**, dagli esperti di **Tribunale di sorveglianza**	Costituiscono redditi assimilati al lavoro dipendente, anche se tali soggetti esercitano un'arte o una professione (ris. 10 maggio 2004, n. 68/E).
Compenso, di natura indennitaria, percepito dai **vice pretori onorari**	Rientra tra i redditi assimilati a quelli di lavoro dipendente (Cass. 6 agosto 2004, n. 15237).
Compensi dei **commissari *ad acta*,** nominati in sede di giudizio di ottemperanza dalle Commissioni tributarie	Sono qualificati redditi assimilati al lavoro dipendente (ris. 12 marzo 2008, n. 88/E).
Redditi percepiti dai **difensori civici degli enti locali**	Rientrano tra quelli riconducibili all'esercizio di pubbliche funzioni e, pertanto, sono assimilati a quelli di lavoro dipendente. Per la qualificazione reddituale delle somme è necessario il verificarsi dei seguenti presupposti: - la remunerazione deve essere erogata da parte dello Stato, delle regioni, delle province o dei comuni; - l'attività esercitata deve consistere nell'espletamento di una pubblica funzione (ris. 9 dicembre 2010, n. 126/E).
Prestazioni erogate in forma di **rendita periodica**	La parte relativa ai montanti maturati dal 1° gennaio 2007 è assoggettata a tassazione con una ritenuta a titolo di imposta del 15%, che si riduce di 0,30 punti percentuali per ogni anno eccedente il 15° anno di partecipazione al fondo pensione, con un limite massimo di riduzione di 6 punti percentuali (ris. 9 settembre 2020, n. 51/E).

12.2.9. Soci di cooperative artigiane

Rientra tra i redditi assimilati a quelli di lavoro dipendente il reddito dei **soci delle cooperative artigiane** che hanno un **rapporto di lavoro in forma autonoma** (art. 1, c. 114, Legge n. 208/2015).

In particolare, ai soci delle cooperative artigiane che stabiliscono, con la propria adesione o successivamente all'instaurazione del rapporto associativo, un **ulteriore rapporto di lavoro in forma autonoma**, per i redditi derivanti da tale attività:

– **ai fini IRPEF**, i compensi rientrano nel reddito assimilato di lavoro dipendente;
– **ai fini previdenziali**, si applicano le regole ordinarie, per cui, se la società cooperativa è iscritta all'Albo delle imprese artigiane, i soci, proprio per la loro qualità di co-imprenditori, devono essere **iscritti alla gestione INPS artigiani**.

FRINGE BENEFITS 12.3.

Regole generali 12.3.1.

Il trattamento fiscale dei **compensi in natura** si basa su due aspetti (art. 51, c. 3 e 4, D.P.R. n. 917/1986):

– una **regola generale**;
– la determinazione del **valore convenzionale** di alcuni beni e servizi in natura.

Il valore convenzionale opera:

– sul **piano oggettivo**: gli elementi da valorizzare sono costituiti sia dai beni ceduti e dai servizi prestati dal datore di lavoro, sia dal diritto di ottenerli da terzi;
– sul **piano soggettivo:** i beneficiari dei suddetti valori sono il dipendente, il coniuge del dipendente ed i familiari del dipendente (art. 12, D.P.R. n. 917/1986).

Le regole con cui vengono valorizzati i vari elementi variano a seconda della natura di tali "elementi".

Quantificazione dei beni in natura	
Tipologia	**Valorizzazione**
Cessione di beni prodotti dall'azienda	Prezzo mediamente praticato dalla stessa azienda nelle cessioni al grossista (art. 51, c. 3, secondo periodo, D.P.R. n. 917/1986). Al riguardo (circ. 23 dicembre 1997, n. 326/E): – si deve fare riferimento ai **listini dell'azienda** applicati nelle vendite ai grossisti, ma non si potrà tenere conto degli sconti d'uso; – **sono esclusi** da tale disposizione i **dipendenti di artisti e professionisti**, quelli delle aziende che producono beni per la **vendita soltanto al dettaglio**, delle aziende che producono *servizi* e di quelle che effettuano soltanto **commercializzazione dei beni**; – se il dipendente **corrisponde somme per la cessione del bene o la prestazione del servizio**, il valore da assoggettare a tassazione è al netto di tali somme; peraltro si potrà tenere conto delle somme in questione soltanto nel periodo d'imposta in cui sono effettivamente trattenute o versate dal dipendente
Cessione di beni prodotti dall'azienda ma non commercializzati all'ingrosso dalla stessa	Valore normale (➜2.7.2.) (art. 9, D.P.R. n. 917/1986)
Cessione di beni non prodotti dall'azienda	
Prestazione di servizi	

Limite

Importo del fringe benefit nel periodo d'imposta	Tassazione
Sino a 258,23 euro (*)	NO
Superiore a 258,23 euro (*)	SÌ. Tassato per l'intero valore
(*) per i periodi d'imposta 2020 e 2021, il limite è elevato a 516,46 euro (art. 112, D.L. n. 104/2020)	

La verifica del limite (art. 51, c. 3, D.P.R. n. 917/1986) deve essere effettuata considerando gli importi eventualmente addebitati al dipendente (sottraendoli dal valore normale).

Il **limite di 258,23 euro** è stabilito con riferimento all'**intero periodo d'imposta** del singolo dipendente, non rendendosi necessario alcun ragguaglio temporale nell'ipotesi in cui tale periodo d'imposta sia inferiore all'anno solare.

Nell'ipotesi in cui il rapporto di lavoro si interrompa **prima della fine dell'anno solare** e il dipendente inizi, nel corso del medesimo periodo d'imposta, un altro rapporto di lavoro, è necessario, ai fini del computo del limite, considerare anche i fringe benefits eventualmente **concessi dal precedente datore di lavoro**, dal momento che i lassi temporali associati ai due distinti rapporti di lavoro costituiscono un unico periodo d'imposta.

L'erogazione di beni, prestazioni, opere e servizi da parte del datore di lavoro può avvenire mediante documenti di legittimazione, in formato cartaceo o elettronico, riportanti un valore nominale (art. 51, c. 3-bis, D.P.R. n. 917/1986).

Concetto di generalità e categorie di dipendenti - Le norme previste in materia di fringe benefits, in alcuni casi prevedono l'**esclusione della tassazione** a condizione che l'erogazione sia rivolta alla generalità dei dipendenti o a categorie degli stessi.
L'espressione "**generalità o categorie di dipendenti**", non va intesa soltanto con riferimento alle **categorie previste nel Codice civile** (dirigenti, operai, ecc.), bensì a tutti i **dipendenti di un certo tipo** (ad esempio, tutti i dirigenti, o tutti quelli di un certo livello o una certa qualifica) (circ. 23 dicembre 1997, n. 326/E).
La categoria omogenea può individuarsi anche all'interno della singola azienda (ad esempio, tutti i dipendenti dello stabilimento ovvero tutti gli operai del turno di notte).
In tal caso, è possibile individuare una categoria di dipendenti nel senso richiesto dal legislatore poiché sufficiente ad impedire, in senso teorico, che siano concesse erogazioni *ad personam* in esenzione totale o parziale da imposte (circ. 16 luglio 1998, n. 188/E).

Benefit concessi ai familiari del dipendente - Ai fini della tassazione, rilevano, non solo i compensi in natura erogati al dipendente, ma anche quelli concessi al **coniuge**, ai **figli** ed **agli altri familiari** del dipendente, a prescindere se siano o meno fiscalmente a carico.
Per **familiari** s'intendono (art. 12, D.P.R. n. 917/1986):
- il **coniuge**;
- i **parenti entro il terzo grado**;
- gli **affini entro il secondo grado**.

CASO 1 - Calcolo fringe benefit

1) Un'azienda che produce computer regala ad alcuni dipendenti un PC del valore commerciale di 840 euro al lordo di IVA.
Il prezzo che la stessa azienda applica ai grossisti sul bene è pari a 720 euro.
Prezzo del bene al grossista al netto di IVA = 600 euro.
Valore tassato come reddito di lavoro dipendente = 600 euro.

2) Un'azienda che non produce computer regala ad alcuni dipendenti un PC acquistato per 840 euro al lordo di IVA.
Valore del bene al netto di IVA = 700 euro.
Valore tassato come reddito di lavoro dipendente = 700 euro.

Casi particolari	
Prestazioni sostitutive delle mense aziendali	**Non costituiscono erogazioni in natura**. Di conseguenza, il valore nominale dei *ticket restaurant* eccedente il suddetto limite non può essere considerato assorbibile nella franchigia di esenzione di 258,23 euro, ma concorre alla formazione del reddito di lavoro dipendente (ris. 29 marzo 2010, n. 26/E) (➜**12.1.2.**).
Beni e dei **servizi** acquistati dall'azienda in convenzione ed **offerti ai lavoratori**	Per la valorizzazione occorre fare ricorso alle regole sulla determinazione del **valore normale** (art. 9, D.P.R. n. 917/1986) (ris. 29 marzo 2010, n. 26/E).

IRPEF

Casi particolari	
Valori corrispondenti ai beni assegnati ai **calciatori professionisti** dagli *sponsor*	Rientrano tra i redditi di lavoro dipendente, fatta eccezione per le casistiche in cui gli atleti abbiano un obbligo contrattuale di utilizzarli, dovendoli poi restituire, e siano previste penali in caso di inadempimento. Sono inoltre sempre considerati redditi di lavoro dipendente premi e liberalità che gli *sponsor* corrispondono ai calciatori in base al conseguimento di risultati sportivi. Lo *sponsor* dovrà operare le ritenute alla fonte e comunicare con la società per consentirle di effettuare correttamente i conguagli (circ. 20 dicembre 2013, n. 37/E).
Emolumenti conseguiti dal dipendente **dopo la cessazione del rapporto di lavoro** e il **collocamento in pensione**	Sono soggetti a **tassazione quali fringe benefit** posto che si tratta di un beneficio correlato al rapporto di lavoro a suo tempo intercorso (ris. 29 maggio 2009, n. 137/E).

Ritenute (➔12.6.9.)

Auto aziendali 12.3.2.

Nel caso in cui il datore di lavoro conceda in **uso ai dipendenti mezzi di trasporto** (generalmente autoveicoli, autocaravan, motocicli e ciclomotori così come definiti dal Codice della strada), occorre distinguere tra i seguenti casi (art. 51, c. 4, lett. a), D.P.R. n. 917/1986):
- veicoli concessi per **uso esclusivamente aziendale**;
- veicoli concessi per **uso promiscuo**;
- veicoli concessi per **uso esclusivamente personale**.

Veicoli concessi per uso esclusivamente aziendale - Non si determina, per il dipendente, **alcun** fringe benefit **tassabile**.
Infatti, l'attribuzione del mezzo, da parte del datore di lavoro, non riveste alcun fine retributivo, essendo, invece, il mezzo uno strumento necessario allo svolgimento della prestazione lavorativa.
Per il datore di lavoro, le spese e gli altri componenti negativi relativi alle autovetture, autocaravan, ciclomotori e motocicli **sono interamente deducibili**, nel caso in cui gli stessi siano destinati ad essere utilizzati esclusivamente come **beni strumentali** nell'attività propria dell'impresa.
Si considerano strumentali i veicoli utilizzati in attività che non possono essere esercitate senza gli stessi (ad esempio, l'autovettura per i tassisti).
In tutti gli altri casi (➔24.12.1.), è prevista la **deducibilità parziale del 20%** con i seguenti **limiti** (art. 164, D.P.R. n. 917/1986):
- **18.075,99 euro** per le **autovetture e** gli **autocaravan** (limite elevato a **25.822,84 euro** per gli autoveicoli utilizzati da **agenti o rappresentanti di commercio**);
- **4.131,66 euro** per i **motocicli**, **2.065,83 euro** per i **ciclomotori**.

CASO 2 - Calcolo fringe benefit - Auto aziendale uso esclusivo aziendale
Un datore di lavoro (impresa) ha acquistato, il 1° gennaio anno x, un autoveicolo il cui valore ammortizzabile sia pari a euro 30.000.
Il veicolo viene utilizzato da un dipendente esclusivamente per fini aziendali.
Poiché il costo supera 18.075,99 euro, è quest'ultimo il valore da considerare ai fini fiscali.
Per il periodo d'imposta x si ha la seguente situazione:
- **Lavoratore**: nessun reddito tassabile.
- **Impresa**:

Deducibilità massima = 18.075,99 x 20% = 3.615,20.
Aliquota ammortamento fiscale: 20%.
Quota ammortamento fiscale per il periodo d'imposta x: 3.615,20 x 20% = 723,04.

Veicoli concessi per uso promiscuo - Nella maggior parte dei casi, la prassi aziendale prevede l'attribuzione, al dipendente, di un veicolo da utilizzare **sia per il lavoro che per il tempo libero** (veicolo a "**uso promiscuo**").
Anche in questo caso occorre distinguere le modalità di tassazione in capo:
- all'**impresa**;
- al **dipendente**.

Per l'**impresa**, è prevista la **deducibilità limitata** al **70%** dei costi relativi ai veicoli dati in uso promiscuo ai dipendenti per la maggior parte del periodo d'imposta (➔24.12.1.).

È necessario che l'utilizzo da parte del dipendente stesso sia provato in base ad idonea documentazione che ne attesti con certezza l'utilizzo (ad esempio, l'apposizione di una specifica clausola nel contratto di lavoro del dipendente, la sottoscrizione di una scrittura privata avente data certa o la previsione in un verbale del consiglio di amministrazione) (circ. 23 dicembre 1997, n. 326/E; circ. 16 luglio 1998, n. 188/E e circ. 10 febbraio 1998, n. 48/E).

Il veicolo deve essere utilizzato dal dipendente **per la metà più uno dei giorni** che compongono il periodo d'imposta del datore di lavoro (quindi 183 giorni all'anno).
Nel caso di **acquisto o cessione del veicolo in corso d'anno**, la concessione in uso promiscuo ai dipendenti deve avvenire rispettivamente, per la maggior parte del periodo decorrente dal momento dell'acquisto fino al termine del periodo d'imposta, ovvero per la maggior parte del periodo decorrente dall'inizio dell'esercizio fino alla data della cessione del veicolo.
Ai fini del conteggio della durata dell'utilizzo del veicolo da parte del dipendente nel periodo d'imposta, non è necessario che tale utilizzo sia avvenuto **in modo continuativo** né che il veicolo sia stato **utilizzato da uno stesso dipendente**.
Al contrario, nel caso in cui il mezzo sia concesso in uso promiscuo per un lasso di tempo **inferiore alla maggior parte del periodo d'imposta** i costi relativi allo stesso sono deducibili:
- per **intero**, **fino a concorrenza** dell'ammontare del fringe benefit che concorre a formare il reddito di lavoro dipendente;
- **nella misura del 20%**, tenendo conto dei **limiti massimi** di 18.075,99 euro, 25.822,84 euro, 4.131,66 euro e 2.065,83 euro (art. 164, c. 1, lett. b), D.P.R. n. 917/1986), **ragguagliati al periodo** diverso da quello di utilizzo promiscuo da parte del dipendente, per la parte eventualmente eccedente.

Per il **dipendente**, occorre fare una importante differenziazione tra:
- veicoli concessi ai dipendenti in uso promiscuo con contratti stipulati **sino al 30 giugno 2020**;
- veicoli di **nuova immatricolazione**, concessi ai dipendenti in uso promiscuo con contratti stipulati **a decorrere dal 1° luglio 2020**.

Nel primo caso (contratti stipulati **sino al 30 giugno 2020**) l'attribuzione di un veicolo ad uso promiscuo determina un fringe benefit pari al **30%** dell'importo corrispondente ad una **percorrenza convenzionale di 15.000 Km**, determinabile sulla base di un costo chilometrico stabilito dalle **tabelle ACI**.
Da tale importo vanno **detratte** le eventuali somme trattenute al dipendente.

Se il modello del veicolo **non è compreso** tra quelli inclusi nelle tabelle ACI, il fringe benefit deve essere determinato prendendo a riferimento la tariffa ACI relativa al veicolo presente nella tabella avente le caratteristiche più simili al modello in questione.

Poiché i valori delle tabelle ACI sono determinati **su base annua**, è necessario effettuare il **ragguaglio temporale** in relazione alla durata del lasso temporale durante il quale il dipendente ha in uso promiscuo il veicolo, conteggiando il numero dei giorni, indipendentemente dal suo effettivo utilizzo.

CASO 3 - Calcolo fringe benefit - Auto aziendale uso promiscuo - Contratto stipulato fino al 30 giugno 2020

Un datore di lavoro (impresa) ha acquistato, il 1° gennaio 2020, un autoveicolo il cui valore ammortizzabile è pari a euro 30.000.
Il veicolo viene concesso, in uso promiscuo ad un dipendente, sempre a partire dal 1° gennaio 2020, per la maggior parte del periodo d'imposta.
Per il periodo d'imposta 2020 si avrà la seguente situazione.
- **Lavoratore**:

Valore chilometrico delle tabelle ACI 2020 per il modello di autoveicolo: 0,4943.
Fringe benefit tassato in capo al dipendente: 2.224,35 euro (e cioè (0,4943 x 15.000) x 30%).
- **Impresa**:

Deducibilità massima = 21.000 (30.000 x 70%).
Aliquota ammortamento fiscale: 20%.
Quota ammortamento fiscale per il 2020: 21.000 * 20% = 4.200 euro.

Nel secondo caso (contratti stipulati **a partire dal 1° luglio 2020**, per veicoli di nuova immatricolazione), occorre fare una **distinzione** a seconda delle emissioni del veicolo, in termini di **emissione di CO_2**.

Occorre riferirsi agli autoveicoli, motocicli e ciclomotori immatricolati dal 1° luglio 2020, a nulla rilevandola norma che ha introdotto tali regole, contenuta nella Legge di bilancio 2020 (Legge n. 160/2019), in vigore dal 1° gennaio 2020.
Inoltre, il momento della sottoscrizione dell'atto di assegnazione da parte del datore di lavoro e del dipendente per l'assegnazione del benefit costituisce il momento rilevante al fine di individuare i "contratti stipulati a decorrere dal 1° luglio 2020" (ris. 14 agosto 2020, n. 46/E).

In particolare, fermo restando la predetta modalità di calcolo (percorrenza convenzionale di 15.000 chilometri calcolata sulla base del costo chilometrico ACI, al netto delle somme eventualmente trattenute al dipendente), la percentuale da applicare è la seguente:
- **25%** per i veicoli con valori di emissione di CO_2 fino a 60g/km;
- **30%** per i veicoli con valori di emissione di CO_2 superiori a 60g/km ma non a 160g/km;
- **40%** per i veicoli con valori di emissione di CO_2 superiori a 160g/km ma non a 190g/km;
- **50%** per i veicoli con valori di emissione di CO_2 superiore a 190g/km.

Inoltre, fermo restando le percentuali sopra indicate per i veicoli con emissioni di CO_2 sino a 160g/km, a decorrere **dal 2021**, per gli altri veicoli è previsto un ulteriore incremento e precisamente:
- **50%** per i veicoli con valori di emissione di CO_2 superiori a 160g/km ma non a 190g/km;
- **60%** per i veicoli con valori di emissione di CO_2 superiore a 190g/km.

CASO 4 - Calcolo fringe benefit - Auto aziendale uso promiscuo - Contratto stipulato dal 1° luglio 2020
Un datore di lavoro (impresa) ha acquistato, il 1° luglio 2021, un autoveicolo con emissioni di CO_2 pari a 172g/km.
Il veicolo viene concesso, in uso promiscuo ad un dipendente, sempre a partire dal 1° luglio 2021.
Per il periodo d'imposta 2021, il fringe benefit per il lavoratore è pari a:
Valore chilometrico delle tabelle ACI 2021 per il modello di autoveicolo: 0,8574.
Fringe benefit tassato in capo al dipendente: 2.593,34 euro (e cioè ((0,8574 x 15.000) x 40%) * (184/365).
Per il **periodo d'imposta 2022**, il fringe benefit per il lavoratore è pari a:
Valore chilometrico delle tabelle ACI 2022 per il modello di autoveicolo: 0,8574.
Fringe benefit tassato in capo al dipendente: 6.430,50 euro (e cioè ((0,8574 x 15.000) x 50%) * (365/365).
Per l'impresa restano valide le regole sopra esposte.

Restano confermate le **regole operative**: il valore del fringe benefit può essere attribuito al dipendente mediante:
- **inserimento in busta paga**;
- **fatturazione** (si ricorda che i costi di percorrenza delle tabelle ACI sono da considerarsi comprensivi di IVA).

È possibile, inoltre, attribuirne sia una quota in busta paga che un'altra con fattura.

Nel caso in cui il dipendente **utilizzi la propria autovettura** per effettuare una trasferta di lavoro, il datore di lavoro deve corrispondere un'indennità chilometrica.

Veicoli concessi per uso esclusivamente personale - Se il veicolo viene attribuito in **uso esclusivamente personale** si determina, in capo al dipendente, un **fringe benefit** tassabile come reddito di lavoro dipendente, pari al **compenso in natura,** quantificato secondo le regole del **valore normale** (➡2.7.2.) (art. 9, D.P.R. n. 917/1986).
Applicando il criterio del valore normale, occorre far riferimento:
- in caso di **mezzo di proprietà dell'azienda**: al prezzo praticato per veicoli identici, in condizioni di libera concorrenza al medesimo stadio di commercializzazione, nel tempo e nel luogo in cui il mezzo è stato acquistato;
- in caso di **mezzo in leasing**: ai canoni di leasing praticati per veicoli della stessa specie.

Il valore così determinato deve essere **ridotto** delle eventuali **somme trattenute** al dipendente.
Per il **datore di lavoro**, è **interamente deducibile** ai fini delle imposte sui redditi il compenso in natura tassato in capo al dipendente in quanto rientra nelle **spese per prestazioni di lavoro**.
L'importo deducibile è il minore tra il valore normale e le spese effettivamente sostenute.
Dal punto di vista operativo, il datore di lavoro può comportarsi in uno dei seguenti modi:
- **non effettuare alcun addebito** al dipendente per l'utilizzo del veicolo: in tal caso il costo deducibile è pari al compenso in natura che concorre a formare il reddito del dipendente;

– **addebitare un corrispettivo al dipendente**: tale corrispettivo rappresenta un ricavo per l'impresa e i costi relativi al veicolo, al netto di quanto trattenuto al dipendente, sono deducibili per l'impresa.

Auto aziendali		
Modalità di utilizzo del veicolo	**Reddito imponibile per il dipendente**	**Deducibilità costi per l'azienda**
Uso **esclusivamente aziendale**	Nessun reddito	Costi deducibili con i limiti di cui all'art. 164, D.P.R. n. 917/1986.
Uso **promiscuo**	**Contratto stipulato sino al 30 giugno 2020**: fringe benefit tassabile pari al 30% dell'importo corrispondente ad una percorrenza convenzionale di 15.000 Km, determinata sulla base del costo chilometrico stabilito dalle tabelle ACI[1]. **Contratto stipulato dal 1° luglio 2020**, per veicoli di nuova immatricolazione: fringe benefit tassabile pari alle seguenti percentuali dell'importo corrispondente ad una percorrenza convenzionale di 15.000 Km, determinata sulla base del costo chilometrico stabilito dalle tabelle ACI[1]: - 25% per i veicoli con valori di emissione di CO_2 fino a 60g/km; - 30% per i veicoli con valori di emissione di CO_2 superiori a 60g/km ma non a 160g/km; - 40% per l'anno 2020 e 50% a decorrere dal 2021 per i veicoli con valori di emissione di CO_2 superiori a 160g/km ma non a 190g/km; - 50% per l'anno 2020 e 60% a decorrere dal 2021, per i veicoli con valori di emissione di CO_2 superiore a 190g/km.	Costi deducibili al **70%**. Se il veicolo è dato in uso promiscuo per un lasso di tempo inferiore alla maggior parte del periodo d'imposta, i costi sono deducibili: - al **100%**, fino all'ammontare del fringe benefit che concorre a formare il reddito di lavoro dipendente; - al **20%**, tenendo conto dei limiti massimi disposti dall'art. 164, c. 1, lett. b), D.P.R. n. 917/1986, ragguagliati al periodo diverso da quello di utilizzo promiscuo da parte del dipendente, per la parte eccedente.
Uso **esclusivamente personale**	Valore normale del veicolo[1]	**Costi deducibili** nei limiti del compenso in natura tassato in capo al dipendente.
[1] Se c'è il pagamento, da parte del dipendente, di un importo per l'utilizzo del veicolo, occorre sottrarre l'importo corrisposto.		

Servizio di car pooling - Il servizio di auto aziendali condivise (c.d. car pooling), messe a disposizione dei lavoratori dal datore, **non genera reddito da lavoro dipendente**; non è neanche soggetto a IVA il compenso percepito dai driver, mentre le fee riconosciute alla società che gestisce la piattaforma digitale sono rilevanti ai fini IRES e IVA (risposta a interpello 31 ottobre 2019, n. 461).

12.3.3. Prestiti agevolati

In relazione ai **prestiti concessi dalla società ai propri dipendenti**, viene disposto che costituisce reddito di lavoro dipendente il **50% della differenza** tra l'importo degli interessi calcolati al **tasso ufficiale di riferimento** vigente al termine di ciascun anno e l'importo degli interessi determinato in base al **tasso** che viene **applicato** al prestito da parte del **datore di lavoro** (art. 51, c. 4, lett. b), D.P.R. n. 917/1986).
I tassi si devono sono quelli disponibili sul sito web della BCE (http://www.ecb.europa.eu/) e sul sito della Banca d'Italia (www.bancaditalia.it).
Sono soggette alle regole in commento tutte le **forme di finanziamento** comunque concesse dal datore di lavoro, indipendentemente dalla loro durata.
Le disposizioni si applicano altresì ai **finanziamenti concessi da terzi** con i quali il datore di lavoro abbia stipulato accordi o convenzioni (ad esempio, un istituto di credito), anche in assenza di oneri specifici da parte del datore di lavoro stesso.

Con riferimento ai **prestiti a tasso variabile**, il prelievo alla fonte deve essere effettuato alla scadenza delle singole rate di ammortamento del prestito, tenendo conto anche delle variazioni subite dal tasso di interesse iniziale.

Sono **esclusi**:

- i finanziamenti di **durata non superiore a 12 mesi** concessi (a seguito di accordi aziendali) ai dipendenti in contratto di solidarietà ed in cassa integrazione guadagni;
- i finanziamenti **concessi fino al 31 dicembre 1996**, per i quali è applicabile la regola generale di tassazione in base all'eventuale esistenza di un costo specifico;
- gli **acconti** e le **anticipazioni della retribuzione**;
- i prestiti concessi ai **dipendenti vittime dell'usura**;
- le erogazioni pecuniarie concesse ai dipendenti a **ristoro di danni conseguenti** a rifiuto opposto a **richieste estorsive**.

Con riferimento ai **prestiti in valuta estera**, occorre confrontare gli interessi calcolati al TUR e quelli calcolati al tasso di interesse effettivamente praticato, effettuando la conversione in euro sulla base del rapporto di cambio vigente alla data di scadenza delle singole rate del prestito.

CASO 5 - Calcolo fringe benefit - Prestiti

Prestito di euro 10.000 da restituire in rate mensili continuative di euro 1.000 cadauna al tasso dello 0,75%, concesso nel mese di maggio dell'anno n; TUR in vigore al 31 dicembre dell'anno n pari a 4,75%, TUR in vigore al 31 dicembre dell'anno n+1 pari a 3,75%.

Percentuale di interesse costituente reddito sulle singole rate anno n+1: (4,75% - 0,75%) x 50% = 2%.

Percentuale di interesse costituente reddito sul conguaglio di fine anno: (3,75% - 0,75%) x 50% = 1,5%.

Dalla somma così ottenuta, dovranno essere detratti gli importi del benefit già assoggettati ad imposizione fiscale nei singoli mesi dell'anno n+1 ed il risultato, se positivo, dovrà a sua volta essere assoggettato ad IRPEF.

Qualora il risultato dovesse essere negativo, si dovranno operare gli opportuni conguagli in negativo.

Casi particolari	
Cessazione del rapporto di lavoro non coincidente con l'estinzione del prestito	L'*ex* datore di lavoro deve comunicare il valore convenzionale del prestito al nuovo datore di lavoro o all'ente pensionistico (circ. 23 dicembre 1997, n. 326/E).
Dilazioni di pagamento previste per beni ceduti o servizi erogati dal datore di lavoro	Non rientrano nella disciplina sui prestiti (circ. 23 dicembre 1997, n. 326/E).
Piccoli **prestiti di breve durata** inferiori al periodo d'imposta (es. anticipo delle imposte dovute dal dipendente)	Sono esclusi dalla formazione del reddito, (circ. 23 dicembre 1997, n. 326/E).
Mutuo stipulato dal dipendente per l'**acquisto di un immobile** e coperto, in parte, con un **contributo concesso dal datore di lavoro**	È possibile seguire la seguente **procedura**: 1) il dipendente dopo aver scelto un **istituto di credito** di fiducia per la concessione del mutuo ipotecario, presenta al datore di lavoro la relativa richiesta, allegando lo schema del contratto di mutuo predisposto dall'istituto di credito prescelto nonché il **"preventivo di mutuo"** recante i dati necessari per la predisposizione del piano di rimborso; 2) il datore di lavoro comunica al dipendente l'**accoglimento della richiesta** e invia all'istituto di credito mutuante l'informativa attinente all'erogazione del contributo medesimo, impegnandosi, altresì, a comunicare l'eventuale revoca del beneficio;

Casi particolari	
	3) successivamente alla stipula del contratto di mutuo, il dipendente consegna al datore di lavoro il **piano di ammortamento definitivo** nonché i riferimenti del conto corrente indicato nella disposizione permanente di addebito del mutuo rilasciata all'istituto di credito mutuante; 4) il datore di lavoro provvede ad **accreditare il contributo** tramite bonifico sul conto corrente su cui avviene la disposizione permanente di addebito del mutuo, con data valuta di accredito del contributo coincidente con quella di addebito della rata del mutuo da parte della banca, secondo il piano di ammortamento; 5) entro il 31 gennaio, ovvero alla data di cessazione dal servizio, il dipendente fornisce al datore di lavoro la **certificazione bancaria dell'avvenuto pagamento** delle rate di mutuo in scadenza nell'anno precedente (ris. 28 maggio 2010, n. 46/E).

Disciplina sui prestiti ai dipendenti	
Applicabilità	**Inapplicabilità**
- **Ogni forma di finanziamento** indipendentemente dalla durata; - prestiti concessi sotto forma di **scoperto di c/c**; - **mutui ipotecari**.	- Finanziamenti di durata non superiore a 12 mesi concessi (a seguito di accordi aziendali) ai dipendenti in contratto di solidarietà ed in cassa integrazione guadagni; - finanziamenti concessi fino al 31 dicembre 1996, per i quali è applicabile la regola generale di tassazione in base all'eventuale esistenza di un costo specifico; - acconti e anticipazioni della retribuzione; - prestiti concessi ai dipendenti vittime dell'usura; - erogazioni pecuniarie concesse ai dipendenti a ristoro di danni conseguenti al rifiuto opposto a richieste estorsive; - dilazioni di pagamento previste per beni ceduti o servizi erogati dal datore di lavoro; - piccoli prestiti di breve durata.

12.3.4. Fabbricati concessi in locazione, in uso o in comodato

L'**attribuzione dell'alloggio**, da parte del datore di lavoro, **costituisce un** fringe benefit **per il dipendente**.

Occorre distinguere le seguenti fattispecie (art. 51, c. 4, lett. c), D.P.R. n. 917/1986):

- **fabbricati iscritti in catasto senza** alcun **obbligo di dimorarvi**;
- **fabbricati iscritti in catasto** con **obbligo di dimorarvi**;
- **fabbricati che non devono essere iscritti in catasto**.

Fabbricati dati in uso ai dipendenti	
Tipo di fabbricato dato in uso	**Fringe benefit**
Senza obbligo di dimora	Rendita catastale del fabbricato + eventuali spese inerenti – somma versata o trattenuta al dipendente
Con obbligo di dimora	(Rendita catastale del fabbricato + eventuali spese inerenti – somma versata o trattenuta al dipendente) x 30%
Fabbricati non iscritti in catasto	Canone di locazione – somma versata o trattenuta al dipendente

Fabbricati iscritti in catasto senza obbligo di dimora - Il reddito per il dipendente è costituito dalla **differenza** tra la **rendita catastale** del fabbricato, aumentata di tutte le spese

inerenti il fabbricato stesso, comprese le utenze non a carico dell'utilizzatore, e **quanto corrisposto per il godimento** del fabbricato stesso.
Per quanto riguarda le **spese inerenti al fabbricato**, si devono considerare tali anche le **utenze** pagate dal datore di lavoro (ad esempio luce, gas, telefono, tassa rifiuti, ecc.).
Non vanno considerate le spese che, per definizione, rientrano nella determinazione della rendita catastale, come ad esempio le **spese di ordinaria manutenzione**.
Nel caso in cui l'immobile venga concesso **in uso a più dipendenti**, l'importo, determinato sulla base di quanto sopra affermato, deve essere ripartito in parti uguali o in relazione alle parti di fabbricato assegnate a ciascuno, se queste sono di dimensioni diverse tra loro.
Se l'immobile è **sprovvisto di rendita catastale**, al fine di determinare il reddito di lavoro dipendente, occorre considerare la **rendita presunta** attribuibile all'immobile sulla base delle comuni regole valevoli in materia di imposte sui redditi.

CASO 6 - Fabbricato concesso in uso al dipendente senza obbligo di dimora
- Rendita catastale fabbricato: 1.250.
- Spese inerenti al fabbricato: 200.
- Somma trattenuta o versata dal dipendente per periodo di paga: 100.
- Mensilità busta paga: 13.

Il calcolo è il seguente:
- Somma complessiva trattenuta o versata dal dipendente: 100 * 13 = 1.300 euro.
- Importo *fringe benefit* complessivo tassato: 1.250 + 200 - 1.300 = 150 euro.
- Importo *fringe benefit* tassato in busta paga: 150 / 13 = **11,54 euro**.

Fabbricati iscritti in catasto con obbligo di dimora - Si tratta del caso classico della concessione in uso dell'immobile al **portiere dello stabile**.
In questo caso il reddito per il dipendente è costituito dal **30%** della **differenza** tra la **rendita catastale** del fabbricato, **aumentata di tutte le spese** inerenti il fabbricato stesso, comprese le utenze non a carico dell'utilizzatore, e quanto corrisposto per il **godimento dell'immobile**.
Il trattamento fiscale descritto non riguarda le ipotesi in cui al dipendente è fatto soltanto obbligo di **dimorare in una certa località**.
Nel caso in cui l'immobile sia **privo di rendita catastale** si deve tener conto della **rendita presunta** attribuibile allo stesso.

CASO 7 - Fabbricato concesso in uso al dipendente con obbligo di dimora
- Rendita catastale fabbricato: 2.000.
- Spese inerenti al fabbricato: 0.
- Somma trattenuta o versata dal dipendente per periodo di paga: 50.
- Mensilità busta paga: 12.

Il calcolo è il seguente:
- Somma complessiva trattenuta o versata dal dipendente: 50 * 12 = 600 euro.
- Importo *fringe benefit* complessivo tassato: (2.000 - 600) * 30% = 420 euro.
- Importo *fringe benefit* tassato in busta paga: 420 / 12 = **35 euro**.

Fabbricati non iscritti in catasto - Per i fabbricati che non devono essere iscritti nel catasto quali, ad esempio, i **fabbricati situati all'estero**, costituisce reddito di lavoro dipendente la **differenza** tra il **valore del canone di locazione** determinato in regime vincolistico o, in mancanza, quello determinato in regime di libero mercato, e quanto corrisposto o trattenuto per il **godimento** del fabbricato. Il suddetto criterio si applica, senza alcuna riduzione, anche ai fabbricati concessi in connessione all'obbligo di dimorare nell'alloggio stesso.

Trattamento fiscale in capo al datore di lavoro - Ai fini della determinazione del reddito d'impresa per il datore di lavoro che concede in uso il fabbricato, i **canoni di locazione** anche finanziaria e le **spese di manutenzione** dei fabbricati concessi in uso ai dipendenti sono **deducibili** per un importo non superiore a quello che costituisce reddito per i dipendenti stessi (art. 95, c. 2, D.P.R. n. 917/1986).
In virtù del **principio di correlazione** (in base al quale tutto ciò che costituisce reddito di lavoro dipendente è deducibile in capo al datore di lavoro), la quota che quest'ultimo può portare in **deduzione**, quale componente negativo di reddito, è pari a **quanto costituisce reddito per il dipendente**.

CASO 8 - Fabbricato concesso in uso al dipendente - Trattamento per il datore
Immobile preso in locazione dal datore di lavoro per un importo annuo di euro 8.000.
Tale immobile, che ha una rendita catastale pari a euro 1.500, viene dato in uso gratuito al dipendente, senza obbligo di dimorarvi.
Durante l'anno, le spese complessive per utenze pagate da datore di lavoro ammontano a euro 2.000.
In tale ipotesi, il reddito di lavoro dipendente è pari a euro 3.500 (1.500 + 2.000); di conseguenza, il datore di lavoro può portare in deduzione nella determinazione del reddito d'impresa solo la somma di euro 3.500 mentre la parte eccedente del costo di locazione sostenuto, pari a euro 4.500 (8.000 - 3.500) costituisce componente negativo indeducibile.

Uso foresteria - Con il **contratto ad uso foresteria** il conduttore, normalmente una società, concede un immobile ai propri dipendenti, per esigenze abitative transitorie di questi ultimi.
Tale ipotesi, rientra, dunque, più generalmente nel concetto di **trasferta**.
Infatti, la **concessione di un appartamento per uso temporaneo** si riscontra principalmente nei casi in cui il dipendente viene inviato per brevi periodi in un'altra sede di lavoro.
In tali casi, non è applicabile il trattamento fiscale descritto in precedenza in quanto la concessione in uso dell'abitazione non è autonomamente tassata in capo al dipendente, rientrando nel regime fiscale della trasferta (art. 51, c. 5, D.P.R. n. 917/1986).
Dal punto di vista del **datore di lavoro**, invece, è previsto che i **canoni di locazione** e le **spese di funzionamento** relative ad alloggi destinati ai dipendenti in trasferta temporanea siano **deducibili integralmente** (art. 95, c. 2, D.P.R. n. 917/1986).
Tale regime fiscale riguarda esclusivamente la concessione di immobili da parte del datore di lavoro **per esigenze temporanee**, per cui occorre valutare attentamente la sussistenza del requisito della temporaneità.
Tale requisito costituisce l'elemento distintivo della trasferta rispetto al trasferimento ed è strettamente connesso a un'esigenza di carattere transitorio che si verifica allorché il dipendente abbia una sede fissa di lavoro cui far ritorno al termine del periodo di trasferta.

Arredi e mobili relativi all'appartamento concesso in uso al dipendente - Ai fini della determinazione del *benefit* tassabile in capo al dipendente e, correlativamente, del costo deducibile per il datore di lavoro, la **rendita catastale** deve essere **aumentata di tutte le spese inerenti il fabbricato** stesso non sostenute dall'utilizzatore.

In tali spese rientrano tutte quelle **inerenti il fabbricato** - comprese le eventuali utenze pagate dal datore di lavoro (ad esempio, luce, gas, telefono, tassa rifiuti solidi urbani, condominio, ecc.) - ed in generale tutte le spese diverse da quelle considerate in sede di determinazione della rendita catastale (circ. 23 dicembre 1997, n. 326/E).
Le spese per l'arredo ed i mobili costituiscono un ***benefit* in natura tassato come reddito di lavoro dipendente** in capo all'individuo.

Ai fini della **quantificazione dell'importo da tassare** in capo al soggetto, si ricorre al criterio del **valore normale** (art. 9, D.P.R. n. 917/1986).
Peraltro, i mobili e gli arredi acquistati dal datore di lavoro costituiscono, per lo stesso, cespiti soggetti ad **ammortamento** secondo le percentuali ministeriali.
Di conseguenza, per la determinazione del valore normale dei mobili e degli arredi, da tassare in capo al dipendente, si potrebbe considerare la relativa **quota di ammortamento che il datore di lavoro deduce** dal reddito d'impresa.
Infatti, seguendo tale modalità, da un lato la società porterebbe in deduzione la quota di ammortamento, mentre dall'altro lato si avrebbe la tassazione del *benefit* in capo al dipendente per un importo pari alla suddetta quota.

12.3.5. Servizi di trasporto ferroviario

Per i **servizi di trasporto ferroviario di persone prestati gratuitamente**, si assume, al netto degli ammontari eventualmente trattenuti, l'importo corrispondente all'introito medio per passeggero/chilometro, desunto dal Conto nazionale dei trasporti e stabilito, annualmente, con Decreto del Ministro delle Infrastrutture e dei trasporti, per una **percorrenza media convenzionale**, di **2.600 chilometri** (art. 51, c. 4, lett. c-bis), D.P.R. n. 917/1986).
Dal 2018, **non concorrono al reddito di lavoro dipendente**, le somme erogate o rimborsate alla generalità o a categorie di dipendenti dal datore di lavoro o le spese da quest'ultimo direttamente sostenute, volontariamente o in conformità a disposizioni di contratto, di accordo o di regolamento

aziendale, per l'**acquisto degli abbonamenti per il trasporto pubblico** locale, regionale e interregionale del **dipendente** e dei **familiari fiscalmente a carico** (art. 51, c. 2, lett. d-bis), D.P.R. n. 917/1986).

Ai fini dell'esclusione dal reddito di lavoro dipendente, è necessario che l'abbonamento al trasporto pubblico sia offerto alla generalità dei lavoratori dipendenti o a categorie di dipendenti e che l'esclusione si rende applicabile sempreché il datore di lavoro acquisisca e conservi la documentazione comprovante l'utilizzo delle somme da parte del dipendente coerentemente con la finalità per le quali sono state corrisposte. È irrilevante la circostanza che le somme erogate coprano o meno l'intero costo dell'abbonamento (risposta a interpello 19 luglio 2019, n. 280).

Rimborsi spese e trasferte 12.3.6.

Il trattamento tributario delle indennità e dei rimborsi spese a seguito delle trasferte va analizzato a seconda che (art. 51, c. 5, D.P.R. n. 917/1986):

– la trasferta sia effettuata **nel territorio comunale** dove è ubicata la sede di lavoro;
– la trasferta sia effettuata **fuori del territorio comunale** dove è ubicata la sede di lavoro.

Trasferta all'interno del territorio comunale - Le indennità ed i rimborsi spese nell'**ambito del territorio comunale** concorrono integralmente a formare il **reddito di lavoro dipendente.** Non concorrono, in ogni caso, i rimborsi spese di trasporto comprovati da **documenti provenienti dal vettore** (biglietti, autobus, ricevuta taxi).

> È opportuno predisporre una documentazione interna da cui risulti il giorno in cui il dipendente ha prestato la propria opera al di fuori della sede di lavoro (circ. 23 dicembre 1997, n. 326/E).

Trasferta fuori dal territorio comunale - Il trattamento fiscale per la trasferta fuori dal territorio comunale prevede **tre sistemi alternativi**:

1. **indennità forfetaria**; è esclusa dal reddito imponibile fino all'importo di:
   - **euro 46,48** al giorno per le **trasferte nel territorio nazionale**;
   - **euro 77,47** al giorno per le **trasferte all'estero**.

   I **rimborsi analitici** delle spese di viaggio e di trasporto non concorrono a formare il reddito imponibile a condizione che vi sia idonea documentazione.

   Sono **imponibili** tutti i **rimborsi di spese**, anche analiticamente documentati, **corrisposti in aggiunta** all'indennità di trasferta;
2. **rimborso misto**: se al dipendente viene corrisposto, oltre all'indennità di trasferta (forfetaria), anche il rimborso analitico di spese di vitto e spese di alloggio, l'indennità forfetaria esente, di cui al precedente punto, è ridotta:
   - **a 1/3** (euro 30,99 per le trasferte effettuate nel territorio nazionale o euro 51,65 se effettuate all'estero) se vengono rimborsate le spese di vitto o quelle di alloggio;
   - **a 2/3** (euro 15,49 per le trasferte effettuate nel territorio nazionale o euro 25,82 se effettuate all'estero) se vengono rimborsate sia le spese di vitto che quelle di alloggio;
3. **rimborso analitico**; non sono imponibili i rimborsi analitici di:
   - spese di **vitto e alloggio**;
   - spese di **viaggio**;
   - spese di **trasporto**;
   - **altre spese se analiticamente attestate** dal dipendente in trasferta fino ad un importo massimo di euro 15,49 al giorno nel territorio nazionale ed euro 25,82 al giorno per le trasferte all'estero.

Qualsiasi altra indennità corrisposta in aggiunta al rimborso analitico concorre a formare interamente il reddito.

Con riferimento alle spese sostenute dal datore di lavoro per le trasferte dei dipendenti, nell'ipotesi in cui l'**estratto conto** della **carta di pagamento** attesti lo spostamento effettivo della sede di lavoro, nonché l'utilizzo (da parte del dipendente) del servizio di trasporto, tale documentazione è idonea a giustificare l'effettività del costo di trasporto sostenuto e successivamente inserito nella nota spese delle trasferte dei dipendenti. In tale circostanza le spese di trasporto inserite nella nota spese dei dipendenti non concorrono alla formazione del reddito di lavoro dipendente (risposta a interpello 4 ottobre 2018, n. 22).

> Per i lavoratori che per contratto svolgono la propria attività in luoghi sempre variabili e diversi (c.d. **trasfertisti**), le **indennità** e le **maggiorazioni di retribuzione** sono **imponibili nella misura del 50%** del loro ammontare (art. 51, c. 6, D.P.R. n. 917/1986).

Tale ultima norma **si interpreta** nel senso che i lavoratori rientranti nella disciplina ivi stabilita sono quelli per i quali sussistono contestualmente le seguenti condizioni (art. 7-quinquies, D.L. n. 193/2016):

a. la mancata indicazione, nel contratto o nella lettera di assunzione, della sede di lavoro;
b. lo svolgimento di un'attività lavorativa che richiede la continua mobilità del dipendente;
c. la corresponsione al dipendente, in relazione allo svolgimento dell'attività lavorativa in luoghi sempre variabili e diversi, di un'indennità o maggiorazione di retribuzione in misura fissa, attribuite senza distinguere se il dipendente si è effettivamente recato in trasferta e dove la stessa si è svolta.

Ai lavoratori ai quali, a seguito della mancata contestuale esistenza delle condizioni di cui sopra, non è applicabile la disposizione di cui si discute, è riconosciuto il trattamento previsto per le indennità di trasferta (art. 51, c. 5, D.P.R. n. 917/1986).

Il rimborso delle **spese di parcheggio** ai dipendenti è assoggettabile interamente a tassazione nell'ipotesi in cui il datore di lavoro abbia adottato i sistemi del **rimborso forfettario e misto**. Rientra invece tra le spese escluse dalla formazione del reddito di lavoro dipendente fino all'importo massimo di 15,49 euro giornalieri (25,82 euro per le trasferte all'estero) nei casi di **rimborso analitico** (consulenza giuridica 31 gennaio 2019, n. 5).

Car sharing - I rimborsi delle spese per il servizio di *car sharing* in favore dei dipendenti in trasferta nel territorio comunale possono essere **esentati**, se sono **ben documentati**. Il servizio di *car sharing* è assimilato alle trasferte effettuate nel comune della sede di lavoro, laddove i documenti di prova racchiudano tutte le informazioni necessarie, come il destinatario della prestazione, il percorso effettuato (con indicazione del luogo di partenza e luogo di arrivo), la distanza percorsa nonché la durata e l'importo dovuto (ris. 28 settembre 2016, n. 83/E).

Trasferte	
Ambito territoriale	**Trattamento fiscale**
Trasferta nel territorio comunale	Le indennità e i rimborsi spese concorrono integralmente a formare il reddito di lavoro dipendente. Non concorrono, in ogni caso, i rimborsi spese di trasporto comprovati da documenti provenienti dal vettore (biglietti, autobus, ricevuta taxi).
Trasferta fuori dal territorio comunale - Indennità forfetaria	È esclusa dal reddito imponibile fino all'importo di: - 46,48 euro al giorno per le trasferte nel territorio nazionale; - 77,47 euro al giorno per le trasferte all'estero. I rimborsi analitici delle spese di viaggio e di trasporto non concorrono a formare il reddito imponibile a condizione che vi sia un'idonea documentazione. Sono imponibili tutti i rimborsi spese, anche analiticamente documentati, corrisposti in aggiunta all'indennità di trasferta.
Trasferta fuori dal territorio comunale - Rimborso misto	Se al dipendente viene corrisposto, oltre all'indennità di trasferta (forfetaria), anche il rimborso analitico di spese di vitto e spese di alloggio, l'indennità forfetaria esente, di cui al precedente punto, è ridotta: - a 1/3 (euro 30,99 per le trasferte effettuate nel territorio nazionale o euro 51,65 se effettuate all'estero) se vengono rimborsate le spese di vitto o quelle di alloggio; - a 2/3 (euro 15,49 per le trasferte effettuate nel territorio nazionale o euro 25,82 se effettuate all'estero) se vengono rimborsate sia le spese di vitto che quelle di alloggio.
Trasferta fuori dal territorio comunale - Rimborso analitico	Non sono imponibili i rimborsi analitici di: - spese di vitto e alloggio; - spese di viaggio; - spese di trasporto; - altre spese se analiticamente attestate dal dipendente in trasferta fino ad un importo massimo di euro 15,49 al giorno nel territorio nazionale e euro 25,82 al giorno per le trasferte all'estero. Qualsiasi altra indennità corrisposta in aggiunta al rimborso analitico concorre a formare interamente il reddito.

Indennità di trasferimento, di prima sistemazione ed equipollenti 12.3.7.

Le somme corrisposte a titolo di **indennità** di trasferimento, di prima sistemazione ed equipollenti **non concorrono a formare il reddito** in misura pari al **50%** fino ad un **importo complessivo annuo** pari a (art. 51, c. 7, D.P.R. n. 917/1986):

- **1.549,37 euro** per i trasferimenti **all'interno del territorio nazionale**;
- **4.648,11 euro** per i trasferimenti al di fuori del territorio nazionale (**trasferimenti dall'Italia all'estero**) o per i quali avviene il trasferimento nel territorio nazionale (**dall'estero all'Italia**).

Si tratta delle indennità erogate al dipendente per effetto del trasferimento di sede in Italia o all'estero e prescindono dallo *status* del dipendente (straniero o italiano).

Il **trattamento di favore** non può essere riconosciuto che **per il primo anno**, intendendosi per anno un periodo di 365 giorni decorrente dalla data del trasferimento. Pertanto, una volta fissato l'importo dell'indennità e la relativa quota esente, la materiale erogazione può anche avvenire in più periodi d'imposta se ciò è più agevole per la parte (circ. 23 dicembre 1997, n. 326/E).

CASO 9 - Indennità per trasferimento nel territorio nazionale

Per un trasferimento avvenuto nel territorio nazionale è stata stabilita un'indennità di euro 5.164,57. La quota teoricamente esente dovrebbe essere di euro 2.582,28, ma poiché superiore all'importo massimo esentabile, la quota esente va ridotta a euro 1.549,37.

Supponendo che l'indennità, per esigenze di liquidità del datore di lavoro, venga corrisposta in due rate, la prima nell'anno di trasferimento, pari a euro 1.032,91, e la seconda, pari a euro 3.615,20 l'anno successivo, nel primo anno tutto l'importo erogato sarà escluso da tassazione e nel secondo anno sarà esentato solo l'importo pari a euro 516,46.

Il **rimborso** di **talune spese** da parte del datore di lavoro, in aggiunta alla corresponsione dell'indennità, se analiticamente documentate, **non costituisce reddito imponibile**.

Si tratta soltanto di (circ. 23 dicembre 1997, n. 326/E):

- **spese di viaggio** e di trasporto delle cose, strettamente collegate al trasferimento. Non vi rientrano i successivi viaggi che il dipendente nel corso dell'anno faccia, ad esempio, per visitare la famiglia che non si è trasferita con lui;
- **spese ed oneri sostenuti dal dipendente in qualità di conduttore**, per recesso dal contratto di locazione in dipendenza dell'avvenuto trasferimento della sede di lavoro.

Non essendo previste condizioni particolari relative alla causa del trasferimento, il trattamento di favore previsto per tali indennità può essere applicato anche in occasione di un **trasferimento a richiesta del dipendente**.

L'agevolazione è prevista anche per il rimborso delle **spese di viaggio per familiari fiscalmente a carico** e spetta a prescindere che sussista o meno contemporaneità nello spostamento del dipendente e dei familiari.

Inoltre, interessa soltanto il primo viaggio organizzato in occasione del trasferimento, ma non i successivi viaggi che il dipendente faccia nel corso dell'anno.

CASO 10 - Indennità per trasferimento in Italia - Spese familiari

In caso di trasferimento in Italia, ad un dipendente vengono riconosciute le seguenti somme:

- indennità di trasferimento *una tantum* pari a euro 8.000;
- rimborso delle spese di viaggio dei familiari a carico nonché delle spese di trasloco dei mobili ed arredi sostenute dal dipendente pari a euro 5.000.

L'indennità di trasferimento da tassare è pari a euro 648,11 (8.000 - 50% dell'indennità e comunque non superiore a euro 4.648,11).

Il rimborso delle spese di trasloco è, invece, totalmente esente da IRPEF.

Assegni di sede e altre indennità percepite per servizi prestati all'estero -

Costituiscono **reddito nella misura del 50%** (art. 51, c. 8, D.P.R. n. 917/1986).

Se per i **servizi prestati all'estero** dai dipendenti delle amministrazioni statali è prevista la corresponsione di una indennità base e di maggiorazioni ad esse collegate concorre a formare il reddito la sola indennità base nella misura del 50%, nonché il 50% delle maggiorazioni percepite fino alla concorrenza di ottantasette quarantesimi dell'indennità base o, limitatamente alle indennità speciali previste per il personale delle Forze Armate e Forze di Polizia in lungo servizio all'estero (art. 1808, c. 1, lett. b), D.Lgs. n. 66/2010), due volte l'indennità base.

Qualora l'indennità per servizi prestati all'estero comprenda emolumenti spettanti anche con riferimento all'attività prestata nel territorio nazionale, la riduzione compete solo sulla parte eccedente gli emolumenti predetti.

L'applicazione di questa disposizione esclude l'applicabilità di quella relativa alle trasferte e missioni all'estero (➜12.3.6.).

Con effetto dal 1° gennaio 2018, è stata uniformata la base imponibile e contributiva dei redditi percepiti dal **personale assunto in loco** dalle **rappresentanze diplomatiche**, dai **consolati**, dagli istituti di cultura e dalle **scuole statali all'estero** (art. 152, D.P.R. n. 18/1967 e artt. 31-33, D.Lgs. n. 64/2017).
In particolare, è stato interpretato il primo periodo dell'art. 51, c. 8, D.P.R. n. 917/1986 nel senso che le retribuzioni del personale di cui sopra costituiscono reddito per il 50%, e ciò anche ai fini della determinazione dei contributi e premi previdenziali.

12.3.8. Stock options

Non concorre a formare il reddito di lavoro dipendente il **valore delle** azioni **offerte alla generalità dei dipendenti** per un **importo non superiore** complessivamente nel periodo d'imposta **a 2.065,83 euro**, a condizione che non siano riacquistate dalla società emittente o dal datore di lavoro o comunque cedute prima che siano **trascorsi almeno 3 anni dalla percezione**; qualora le azioni siano cedute prima del predetto termine, l'importo che non ha concorso a formare il reddito al momento dell'acquisto è assoggettato a tassazione nel periodo d'imposta in cui avviene la cessione (art. 51, c. 2, lett. g), D.P.R. n. 917/1986).
Affinché il valore delle azioni assegnate ai dipendenti non concorra a formare il reddito di lavoro dei medesimi, devono pertanto ricorrere le seguenti **condizioni**:

a. l'offerta delle azioni deve essere rivolta alla **generalità dei dipendenti**;
b. il **valore delle azioni** assegnate a ciascun dipendente **non deve superare 2.065,83 euro** per ogni periodo d'imposta;
c. le azioni devono essere **detenute dal dipendente per almeno 3 anni** dalla loro percezione.

Risultano assoggettabili al regime fiscale agevolato solo le **assegnazioni effettuate nei confronti della generalità dei lavoratori dipendenti**.
Non è quindi possibile applicare l'agevolazione in caso di assegnazione delle azioni soltanto a determinate categorie di dipendenti (per esempio a tutti i dirigenti).
Tuttavia, sono ammissibili i piani che, coinvolgendo la generalità dei dipendenti nell'operazione di assegnazione delle azioni, attuino delle **differenziazioni di importo delle azioni assegnate** con riferimento ai singoli e/o singole categorie degli stessi.

Piani di stock option individuali - La **disciplina fiscale** dei piani di *stock option* individuali (art. 51, c. 2, lett. g-bis), D.P.R. n. 917/1986) è attualmente **abrogata** (art. 82, c. 23 e 24, D.L. n. 112/2008).
L'abrogazione vale per le azioni assegnate ai dipendenti a decorrere dalla data di entrata in vigore del D.L. n. 112/2008 (quindi, **dal 25 giugno 2008**).
Tale abrogazione opera anche in relazione ai piani già deliberati alla predetta data, con riferimento alle azioni assegnate a decorrere da tale data. Ricorrendo tutte le condizioni richieste dalla legge, il **regime fiscale** agevolato **continua ad applicarsi** alle **azioni già assegnate** al 25 giugno 2008 (circ. 9 settembre 2008, n. 54/E).

A seguito dell'abrogazione, la differenza tra il valore delle azioni al momento dell'esercizio del diritto di opzione e l'ammontare corrisposto dal dipendente concorre sempre a formare il reddito imponibile da lavoro dipendente.
Il relativo **compenso in natura** deve essere assoggettamento a **ritenuta d'acconto** (art. 23, D.P.R. n. 600/1973).

A tale fine, il datore di lavoro deve cumulare il compenso in natura derivante dall'esercizio delle opzioni con la retribuzione del periodo di paga nel quale è avvenuta l'assegnazione delle azioni.
In caso di **incapienza** dei contestuali pagamenti in denaro sui quali il datore di lavoro può esercitare il diritto di rivalsa sulle ritenute da operare, il dipendente è tenuto a versare al datore di lavoro l'ammontare della ritenuta per la quale la rivalsa non sia stata operata.
L'eventuale **plusvalenza** derivante dalla cessione delle azioni ricevute è assoggettata a tassazione quale **capital gain** (art. 68, c. 6, D.P.R. n. 917/1986) (➜15.3.).

Imposta addizionale - Per attenuare gli effetti economici potenzialmente distorsivi propri delle forme di remunerazione operate sotto forma di bonus e *stock options*, è previsto che sui compensi a questo titolo, che eccedono il triplo della parte fissa della retribuzione, attribuiti ai dipendenti che rivestono la qualifica di **dirigenti nel settore finanziario** nonché ai titolari di **rapporti di collaborazione**

coordinata e continuativa nello stesso settore è applicata un'**aliquota addizionale del 10%** (art. 33, D.L. n. 78/2010; circ. 15 febbraio 2011, n. 4/E).
L'addizionale:

– si applica sull'ammontare che eccede l'importo corrispondente alla parte fissa della retribuzione (circ. 5 agosto 2011, n. 41/E);
– è trattenuta dal sostituto d'imposta al momento di erogazione dei suddetti emolumenti.

Per il versamento vanno utilizzati i **seguenti codici tributo** (ris. 4 gennaio 2011, n. 1/E):

– "1033" denominato "Addizionale operata dal sostituto d'imposta su compensi erogati a titolo di bonus e stock options - Art. 33, c. 2, D.L. n. 78/2010";
– "1054" denominato "Addizionale operata dal sostituto d'imposta su compensi erogati a titolo di bonus e stock options maturati in Sicilia e versata fuori regione - Art. 33, c. 2, D.L. n. 78/2010";
– "1055" denominato "Addizionale operata dal sostituto d'imposta su compensi erogati a titolo di bonus e stock options maturati in Sardegna e versata fuori regione - Art. 33, c. 2, D.L. n. 78/2010";
– "1056" denominato "Addizionale operata dal sostituto d'imposta su compensi erogati a titolo di bonus e stock options maturati in Valle d'Aosta e versata fuori regione - Art. 33, c. 2, D.L. n. 78/2010";
– "1059" denominato "Addizionale operata dal sostituto d'imposta su compensi erogati a titolo di bonus e stock options versata in Sicilia, Sardegna e Valle d'Aosta e maturati fuori dalle predette regioni - Art. 33, c. 2, D.L. n. 78/2010".

I sostituti d'imposta che operano le ritenute a titolo di addizionale al momento dell'erogazione dei compensi erogati sotto forma di *bonus* e stock options, possono farlo in sede di **conguaglio** senza applicazione di sanzioni (ris. 11 marzo 2011, n. 31/E).

Telefoni cellulari 12.3.9.

Nella prassi aziendale, in alcuni casi, il datore di lavoro fornisce ai propri dipendenti alcuni strumenti, come il telefono cellulare, che, nel caso in cui il dipendente si trovi fuori dal proprio luogo di lavoro (ad esempio per trasferta), da un lato possano agevolare l'esercizio dell'attività lavorativa da parte dello stesso, dall'altro permettano al datore di poter contattare agevolmente il lavoratore.
Il telefono cellulare può essere utilizzato:

– per **uso privato**;
– per **uso aziendale**;
– per **uso promiscuo**.

Uso privato - In capo al dipendente si configura un **compenso in natura** (fringe benefit) (art. 51, c. 3, D.P.R. n. 917/1986), determinabile in base al **criterio del "valore normale"**.
Il valore normale può essere fatto coincidere con il costo delle telefonate applicate al datore di lavoro dall'azienda che fornisce il servizio.
Di conseguenza, il valore delle telefonate private del dipendente costituisce la base imponibile sia ai fini IRPEF per l'effettuazione delle relative ritenute fiscali sia ai fini INPS per i contributi previdenziali.

> Occorre valutare, ai fini della tassabilità del fringe benefit, se l'ammontare delle telefonate effettuate dal dipendente per uso privato superi, nell'arco di un periodo d'imposta, il limite di 258,23 euro (art. 51, c. 3, D.P.R. n. 917/1986). Se ciò si verifica, tale valore concorre a formare il reddito interamente.

Uso aziendale - Non vi è alcun reddito imponibile in capo al dipendente.

> **Costituiscono redditi di lavoro dipendente** le somme erogate dal datore di lavoro a titolo di **rimborso forfetario delle spese telefoniche** sostenute dai dipendenti anche per finalità aziendali (ris. 20 giugno 2017, n. 74/E).

Uso promiscuo - Il criterio di determinazione del reddito è il **valore normale**.
Il problema che si pone, in tale caso, è quello di quantificare la quota di utilizzo privato (tassabile) da quella di utilizzo aziendale (non tassabile).
Nella prassi aziendale, in mancanza di una precisa regola in merito, si ricorre a **criteri forfetari** (ad esempio una certa percentuale del costo, del canone e del traffico telefonico) o a **criteri analitici** (ad esempio conteggiando le telefonate private come risultanti del dettaglio delle chiamate presente sulla bolletta telefonica).

Deducibilità per il datore di lavoro - Essendo gli importi qualificati, ai fini fiscali, come reddito di lavoro dipendente, non soggiacciono al limite di deducibilità dell'80% disposto per le spese d'impiego dei telefoni cellulari (art. 102, D.P.R. n. 917/1986).
Ne consegue che è soggetto al suddetto limite dell'80% soltanto l'ammontare delle spese telefoniche per **cellulari non configurabili come benefit** (tassati o non) in natura per il dipendente.

Aspetti operativi - In genere, per poter quantificare il fringe benefit in capo al dipendente, le aziende utilizzano un modello di **dichiarazione** in cui il dipendente attesta l'ammontare delle spese imputabili alla sua sfera personale, considerata l'oggettiva difficoltà di distinguere gli ammontari che hanno finalità aziendale dagli altri.
Posto che la deducibilità ai fini delle imposte sul reddito d'impresa di un componente negativo così come la determinazione del reddito del dipendente da assoggettare a ritenuta e contribuzione sociale sono subordinate alla sussistenza dei requisiti di certezza e obiettiva determinabilità, è consigliabile che tale attestazione sia supportata da **riscontri documentali**.
In pratica, occorrerebbe, ove possibile, che unitamente alla dichiarazione del dipendente venisse allegato un prospetto (**bolletta trasparente**) in cui siano individuabili con minore discrezione le telefonate personali dello stesso.
Tutto ciò al fine di evitare che, in mancanza di **concreti riscontri oggettivi**, l'Amministrazione finanziaria possa presumere che l'intero traffico telefonico sia afferente alla sfera privata del dipendente e conseguentemente sanzionare il datore di lavoro per omessa effettuazione e versamento delle eventuali ritenute prescritte per legge sui redditi corrisposti dai sostituti d'imposta.

12.3.10. Personal computer

Se il datore di lavoro cede ai propri dipendenti personal computer di **nuova fabbricazione** acquistati nello stesso esercizio della cessione, eventualmente con annessi relativi programmi di funzionamento, **non si verifica**, ai fini delle imposte sul reddito, il **presupposto di imponibilità** per reddito in natura (art. 7, c. 3-ter, D.L. 14 marzo 2005, n. 35).
Pertanto, **non** viene **tassata** la **differenza tra** il **valore normale** del personal computer ceduto al dipendente **e** la **somma** da quest'ultimo **corrisposta** in relazione allo stesso (circ. 13 giugno 2006, n. 20/E).

12.4. IMPOSTA SOSTITUTIVA SUGLI STRAORDINARI, SUI PREMI DI PRODUTTIVITÀ E DI RISULTATO

È previsto l'assoggettamento ad imposta sostitutiva dell'IRPEF e delle addizionali regionale e comunale pari al **10%**, entro il limite di importo complessivo di 3.000 euro lordi, delle somme erogate ai dipendenti del settore privato **quale premio di risultato**. Allo stesso regime sono assoggettate le somme erogate sotto forma di **partecipazione agli utili dell'impresa**.
Il regime tributario si applica alle somme ed ai valori corrisposti in esecuzione di **contratti collettivi territoriali o aziendali** stipulati da associazioni sindacali comparativamente più rappresentative sul piano nazionale o di contratti collettivi aziendali stipulati dalle rappresentanze sindacali aziendali delle associazioni ovvero dalla rappresentanza sindacale unitaria.
Per fruire del beneficio i **contratti** devono essere **depositati** presso la competente Direzione territoriale del Lavoro.

12.4.1. Proroghe

L'agevolazione, nata, anche se con altre forme, nel 2008, è stata oggetto di successive proroghe.
Di seguito si riportano quelle più recenti:

Periodo d'imposta	Limiti e detassazione
2016	Reddito di lavoro dipendente non superiore a 50.000 euro nell'anno precedente, sulle somme non superiori a 2.000 euro (2.500 se l'accordo prevede commissioni paritetiche)
2017	Reddito di lavoro dipendente non superiore a 80.000 euro nell'anno precedente, sulle somme non superiori a 3.000 (sino al 23 aprile 2017, euro 4.000 se l'accordo prevede commissioni paritetiche)
Dal 2018	Reddito di lavoro dipendente non superiore a 80.000 euro nell'anno precedente, sulle somme non superiori a 3.000 euro

12.4.2.

IRPEF

Disciplina in vigore

La tassazione agevolata è entrata **a regime nel 2016** con l'introduzione in via definitiva del regime fiscale delle somme erogate ai dipendenti del settore privato **quale premio di risultato** (art. 1, c. 183-189, Legge n. 208/2015; D.M. 25 marzo 2016).
Successivamente, la materia è stata aggiornata e modificata a partire dal 2017 (art. 1, c. 160, Legge n. 232/2016).

Soggetti interessati - **Titolari di reddito da lavoro dipendente del settore privato di importo non superiore**, nell'anno precedente quello di percezione, **a 80.000 euro**.
Se il datore di lavoro che applica l'imposta sostitutiva non è lo stesso che ha rilasciato la certificazione unica relativa all'anno precedente, sarà il lavoratore a rilasciare l'attestazione dell'importo del reddito di lavoro dipendente percepito.

> Sono **escluse** dall'applicazione della norma agevolativa le **Amministrazioni pubbliche** (circ. 22 ottobre 2008, n. 59/E).
> Sono per contro assoggettabili ad imposta sostitutiva i premi e gli utili erogati ai dipendenti di **enti pubblici economici** e ai dipendenti di **enti del settore privato che non svolgono attività commerciale**.

Il regime di favore può essere riconosciuto anche nell'ambito dei **gruppi aziendali**, se la contrattazione collettiva aziendale subordina l'erogazione del premio di risultato al raggiungimento di un obiettivo di gruppo. In questo caso sarà possibile individuare nell'**obiettivo raggiunto** dal gruppo societario il **presupposto per l'agevolazione**, se i rapporti di lavoro siano gestiti, nell'ambito del Gruppo, in maniera unitaria ed uniforme e se la contrattazione collettiva per tutte le aziende del Gruppo sia gestita in maniera centralizzata in capo ad una sola società (di solito la casa-madre). Il beneficio però spetta solo nel caso di **società residenti in Italia o** di società non residenti che **esercitano l'attività** nel **territorio dello Stato**, proprio perché la norma punta ad agevolare i risultati di redditività che contribuiscono alla crescita del sistema produttivo nazionale (circ. 29 marzo 2018, n. 5/E).

Requisito della incrementalità - Il requisito dell'**incremento del risultato dell'azienda** costituisce un requisito essenziale dell'agevolazione.
In altre parole, il regime fiscale di favore può applicarsi sempreché il raggiungimento degli obiettivi incrementali alla base della maturazione del premio (previamente definiti nel contratto e misurati nel periodo congruo stabilito su base contrattuale), e non solo la relativa erogazione, avvenga successivamente alla stipula del contratto. Ciò vuol dire che i **criteri di misurazione** devono essere determinati con ragionevole anticipo rispetto ad una eventuale produttività futura non ancora realizzatasi (ris. 26 giugno 2020, n. 36/E).
Pertanto, nell'ipotesi in cui l'erogazione del premio di risultato non sia subordinata al conseguimento di un risultato incrementale rispetto a quello registrato dall'azienda all'inizio del periodo di maturazione del premio per quel medesimo parametro, il premio di risultato non può fruire del regime fiscale agevolato (ris. 19 ottobre 2018, n. 78/E; risposta a interpello 28 dicembre 2018, n. 143).
Allo stesso modo, non può beneficiare dell'agevolazione il premio di risultato corrisposto unicamente sulla base del raggiungimento di determinati obiettivi aziendali definiti all'interno dell'accordo aziendale ovvero territoriale e non connesso con l'incremento del livello di produttività (risposta a interpello 27 dicembre 2018, n. 130).
Invece, qualora nel contratto aziendale venga attestato che il raggiungimento dell'**obiettivo incrementale** è effettivamente **incerto alla data della sua sottoscrizione** perché l'andamento del parametro adottato in sede di contrattazione è suscettibile di variabilità, l'azienda, sotto la propria responsabilità, può applicare l'**imposta sostitutiva del 10%** qualora al termine del periodo congruo sia conseguito il risultato incrementale (risposta a interpello 17 novembre 2020, n. 550).

Imposta sostitutiva - Salvo che l'interessato vi rinunci, alle somme in argomento si applica un'**imposta sostitutiva dell'IRPEF** e delle relative addizionali regionali e comunali, pari al **10%**, entro il **limite di importo** complessivo del relativo imponibile pari a **3.000 euro lordi**.

> Il limite dell'importo che può essere soggetto ad imposta sostitutiva, pari a 3.000 euro, è riferito al singolo periodo di imposta. Inoltre, il limite di 80.000 euro si applica ai premi erogati nel 2017, anche se maturati precedentemente (circ. 29 marzo 2018, n. 5/E).

Deposito dei contratti - Il D.M. Lavoro-Finanze 25 marzo 2016 ha fornito il modello da utilizzare per la **trasmissione telematica dell'istanza**, precisando i parametri che possono essere indicati nella domanda stessa per quantificare il premio. In particolare, è stato chiarito che:

- le somme sono di **ammontare variabile**;
- la corresponsione deve derivare da una **contrattazione di secondo livello** avente i requisiti di cui all'art. 51, D.Lgs. n. 81/2015, secondo il quale per contratti collettivi si intendono "i contratti collettivi nazionali, territoriali o aziendali stipulati da associazioni sindacali comparativamente più rappresentative sul piano nazionale e i contratti collettivi aziendali stipulati dalle loro rappresentanze sindacali aziendali ovvero dalla rappresentanza sindacale unitaria";
- i **premi** erogati devono essere conseguenti ad **incrementi di produttività, redditività, qualità, efficienza ed innovazione**, che possono consistere nell'**aumento della produzione** o in **risparmi dei fattori produttivi** ovvero nel **miglioramento della qualità dei prodotti e dei processi**, anche attraverso la riorganizzazione dell'orario di lavoro non straordinario o il ricorso al lavoro agile quale modalità flessibile di esecuzione del rapporto di lavoro subordinato, rispetto ad un periodo congruo definito dall'accordo;
- il raggiungimento degli obiettivi deve essere oggettivamente verificabile tramite il riscontro di **indicatori numerici** o di altro genere appositamente individuati;
- deve esserci il **coinvolgimento paritetico dei lavoratori**;
- il **contratto** deve essere **depositato telematicamente** presso il Ministero del Lavoro.

Nel caso in cui il datore di lavoro non sia lo stesso che ha rilasciato la certificazione unica dei redditi per l'anno precedente, l'importo del reddito di lavoro dipendente conseguito nel medesimo anno può essere attestato per iscritto dallo stesso lavoratore.

Il limite di **80.000 euro** è **al netto della trattenuta previdenziale,** ma comprende l'eventuale premio assoggettato nell'anno di riferimento a tassazione sostitutiva. Non comprende, invece, il valore dei *fringe benefit* esclusi dal reddito di lavoro dipendente anche se siano stati scelti dal lavoratore in sostituzione del premio di rendimento.

> Devono inoltre essere considerate nel computo del limite le **retribuzioni corrisposte ai lavoratori dipendenti impegnati all'estero**, anche se non assoggettate a tassazione in Italia (circ. 22 ottobre 2008, n. 59/E).
> Rientra nel computo della soglia reddituale di 80.000 euro anche la quota maturanda di TFR richiesta dal lavoratore e liquidata in busta paga.

Scelta alternativa - Il lavoratore può scegliere il non assoggettamento all'imposta sostitutiva in argomento delle **somme determinate secondo il valore normale** di specifici beni, anche qualora gli stessi siano fruiti per scelta del lavoratore in sostituzione totale o parziale delle somme agevolabili; pertanto il lavoratore potrà scegliere in luogo dell'imposta sostitutiva sui premi in argomento, anche beni classificabili come *benefit* aziendali (es. autovetture aziendali, alloggi e prestiti).

Inoltre, è prevista l'esclusione da ogni forma di tassazione (ordinaria o sostitutiva) dei **contributi alle forme pensionistiche complementari**, dei **contributi di assistenza sanitaria** e del **valore delle azioni**, versati per scelta del lavoratore in sostituzione (totale o parziale) delle somme agevolabili con l'imposta sostitutiva in argomento, anche se eccedenti i limiti indicati per ciascuna forma di contribuzione o di valore dell'offerta delle azioni.

Nell'ipotesi di **conversione del premio di risultato in welfare aziendale**, il valore del benefit rileva nel periodo d'imposta in cui il dipendente ha optato per la conversione, per quanto riguarda il momento rilevante ai fini del rispetto del limite di 3.000 euro (risposta a interpello 27 giugno 2019, n. 212).

Plusvalenze su vendita di azioni - **A partire dal 1° gennaio 2018**, è stata introdotta una particolare disciplina tributaria di vantaggio per il calcolo delle plusvalenze derivanti dalla **vendita delle azioni** ricevute dai dipendenti in luogo, in tutto o in parte, di premi di risultato (art. 1, c. 161, Legge n. 205/2017).

In particolare, per determinare l'importo tassabile delle **plusvalenze** (art. 68, c. 6, D.P.R. n. 917/1986) derivanti al lavoratore dalla vendita delle azioni assegnate dal datore di lavoro in alternativa ai premi di produttività, il costo o valore di acquisto è **pari al valore delle azioni ricevute**, per scelta del lavoratore, in sostituzione, in tutto o in parte, degli emolumenti di produttività o degli utili di impresa (art. 182-bis, Legge n. 208/2015).

Pertanto, per il calcolo della plusvalenza, si applica l'**aliquota di tassazione del 26%** sulla differenza tra il prezzo della vendita e l'importo delle somme (premi di risultato) oggetto della sostituzione con le azioni.

Abbonamenti al trasporto locale e polizze per terapie - Non concorrono a formare il reddito di lavoro dipendente i contributi e/o premi versati dal datore di lavoro per le polizze volte ad assicurare le terapie di lungo corso e le malattie gravi. Infine è riconosciuta la **non imponibilità** del valore degli abbonamenti per il trasporto pubblico locale, regionale ed interregionale forniti al lavoratore o ai suoi familiari fiscalmente a carico, anche sotto forma di anticipazione o rimborso parziale o integrale della spesa. A tale proposito, è stato chiarito che il regime fiscale di favore è riconosciuto sia nell'ipotesi in cui il benefit sia erogato dal datore di lavoro volontariamente sia nell'ipotesi in cui sia erogato in esecuzione di diposizioni di contratto, accordo o di regolamento aziendale (circ. 29 marzo 2018, n. 5/E).

RIDUZIONE DEL CUNEO FISCALE 12.5.

Nel periodo **dal 1° luglio 2020 al 31 dicembre 2021**, con il fine di ridurre il carico fiscale sui lavoratori dipendenti (c.d. "cuneo fiscale") ai dipendenti con un **reddito da lavoro non superiore a 28.000 euro** spetta un bonus (che non concorre al reddito imponibile IRPEF) pari a **600 euro**, che diventano 1.200 **dal 1° gennaio 2021**, mentre per coloro che **superano i 28.000 euro annui**, ma **non i 40.000 euro**, è prevista una **ulteriore detrazione ai fini IRPEF** (art. 1, c. 7, Legge n. 160/2019; D.L. n. 3/2020; circ. 14 dicembre 2020, n. 29/E).
Si tratta di una misura che ha preso il posto del bonus, pari a 960 euro annui, a favore dei lavoratori con reddito complessivo annuo non superiore a 26.600 euro (infatti, è prevista la disapplicazione di tale bonus dal 1° luglio 2020).
Con effetto **dal 1° gennaio 2022**, a seguito della revisione dell'IRPEF, la disciplina è stata modificata con la **riduzione del limite di reddito** per beneficiare del trattamento integrativo (**sceso da 28.000 a 15.000 euro**), l'introduzione di alcuni limiti per chi ha redditi fino a 28.000 euro e con l'eliminazione dell'ulteriore detrazione per i redditi fino a 40.000 euro.

Soggetti interessati 12.5.1.

Le agevolazioni si applicano:
- ai **titolari di redditi di lavoro dipendente** (art. 49, D.P.R. n. 917/1986), eccetto i titolari di pensioni di ogni genere e assegni ad esse equiparati (art. 49, c. 2, lett. a), D.P.R. n. 917/1986);
- ai titolari di alcuni **redditi assimilati** a quelli di lavoro dipendente e precisamente per:
  - compensi percepiti, entro i limiti dei salari correnti maggiorati del 20%, dai lavoratori **soci** delle **cooperative** di produzione e lavoro, delle cooperative di servizi, delle cooperative agricole e di prima trasformazione dei prodotti agricoli e delle cooperative della piccola pesca (art. 50, c. 1, lett. a), D.P.R. n. 917/1986);
  - indennità e compensi percepiti a carico di terzi **dai prestatori di lavoro dipendente** per incarichi svolti in relazione a tale qualità, ad esclusione di quelli che per clausola contrattuale devono essere riversati al datore di lavoro e di quelli che per legge devono essere riversati allo Stato (art. 50, c. 1, lett. b), D.P.R. n. 917/1986);
  - somme da chiunque corrisposte a titolo di **borsa di studio** o di assegno, premio o sussidio per fini di studio o di addestramento professionale, se il beneficiario non è legato da rapporti di lavoro dipendente nei confronti del soggetto erogante (art. 50, c. 1, lett. c), D.P.R. n. 917/1986)
  - somme e valori in genere, a qualunque titolo percepiti, anche sotto forma di erogazioni liberali, in relazione agli uffici di **amministratore, sindaco o revisore** di società, associazioni e altri enti con o senza personalità giuridica, alla **collaborazione** a **giornali**, riviste, enciclopedie e simili, alla **partecipazione a collegi** e commissioni, nonché quelli percepiti in relazione ad altri rapporti di collaborazione aventi per oggetto la prestazione di **attività** svolte **senza vincolo di subordinazione** nel quadro di un rapporto continuativo senza impiego di mezzi organizzati e con retribuzione periodica prestabilita. Tali collaborazioni non devono rientrare nei compiti istituzionali compresi nell'attività di lavoro dipendente, concernente redditi di lavoro dipendente, o nell'oggetto dell'arte o professione, concernente redditi di lavoro autonomo, esercitate dal contribuente (art. 50, c. 1, lett. c-bis), D.P.R. n. 917/1986);
  - remunerazioni dei **sacerdoti** (art. 50, c. 1, lett. d), D.P.R. n. 917/1986);
  - prestazioni pensionistiche di **previdenza complementare**, comunque erogate (art. 50, c. 1, h-bis), D.P.R. n. 917/1986);
  - compensi percepiti dai soggetti impegnati in **lavori socialmente utili** (art. 50, c. 1, lett. l), D.P.R. n. 917/1986).

IRPEF

12.5.2. Trattamento integrativo

Regole in vigore dal 1° luglio 2020 al 31 dicembre 2021

Dal 1° luglio 2020 al 31 dicembre 2021 è previsto un trattamento integrativo pari a **600 euro**, che non concorre alla formazione del reddito, per i lavoratori che hanno un reddito complessivo non superiore a 28.000 euro.
L'importo, **dal 1° gennaio 2021**, è pari a **1.200 euro**.
Il bonus spetta a coloro che **non** sono **"incapienti"** e cioè che hanno una imposta lorda di importo superiore a quello della detrazione per lavoro spettante ai sensi dell'art. 13, c. 1, D.P.R. n. 917/1986.

A tal fine, per ragioni di omogeneità, occorre calcolare le detrazioni spettanti in base ai **soli redditi** che danno **potenzialmente diritto al beneficio** fiscale. In sostanza, l'imposta lorda sui redditi di lavoro dipendente e assimilati deve essere di importo superiore alle detrazioni calcolate su un reddito complessivo formato dai medesimi redditi che hanno determinato l'imposta lorda stessa (circ. 14 dicembre 2020, n. 29/E).

Il *bonus* è riconosciuto anche nel caso in cui il lavoratore risulti **incapiente** per effetto del minor reddito di lavoro dipendente prodotto nell'anno 2020 a causa delle conseguenze connesse all'emergenza epidemiologica da Covid-19 (art. 128, D.L. n. 34/2020). Il sostituto d'imposta eroga al lavoratore le somme che quest'ultimo non ha percepito a titolo di ***bonus* 80 euro** nel periodo in cui lo stesso ha fruito delle misure a sostegno del lavoro (artt. da 19 a 22, D.L. n. 18/2020).
Il sostituto d'imposta, pertanto, se spettanti, riconosce i benefici in argomento per il periodo nel quale il lavoratore fruisce degli ammortizzatori sociali speciali concessi dal D.L. n. 18/2020 assumendo, in luogo degli importi delle predette misure di sostegno, la **retribuzione contrattuale che sarebbe spettata** in assenza dell'emergenza sanitaria da Covid-19 (circ. 14 dicembre 2020, n. 29/E).

L'importo del trattamento integrativo spettante è **determinato** in funzione del **numero** dei **giorni di lavoro**. I **sostituti d'imposta** devono:
- riconoscere il trattamento integrativo spettante ripartendone il relativo ammontare sulle retribuzioni erogate a decorrere dal 1° luglio 2020;
- verificare in sede di conguaglio la spettanza dello stesso.

La norma richiede di verificare **tre condizioni** per la maturazione del diritto al trattamento integrativo:
- tipologia di reddito prodotto;
- sussistenza di un'imposta a debito dopo aver apportato le detrazioni per lavoro;
- importo del reddito complessivo.

Qualora in tale sede il trattamento integrativo risulti **non spettante**, i sostituti d'imposta provvedono al **recupero dell'importo** determinato al netto dell'ulteriore detrazione (➜12.5.3.) eventualmente spettante.
Il recupero è effettuato in **8 rate** di pari ammontare, a partire dalla retribuzione che sconta gli effetti del conguaglio, qualora lo stesso ecceda 60 euro.
Il trattamento integrativo erogato viene recuperato dai sostituti d'imposta mediante **compensazione in F24**.
A tal fine va utilizzato il **codice tributo 1701** (ris. 26 giugno 2020, n. 35/E).

Regole in vigore dal 1° gennaio 2022

Fermo restando la validità delle regole operative di cui sopra, a partire **dal 1° gennaio 2022**, passa **da 28.000 euro a 15.000 euro** il limite di reddito per beneficiare del trattamento integrativo nella misura annua di **1.200 euro**.
Comunque, il trattamento integrativo viene riconosciuto anche se il reddito complessivo è compreso tra 15.000 e 28.000 euro, ma in presenza di una specifica condizione: la **somma di un insieme di detrazioni** per carichi di famiglia (art. 12, D.P.R. n. 917/1986), per redditi da lavoro dipendente, assimilati e da pensione (art. 13, D.P.R. n. 917/1986), per mutui agrari e immobiliari per acquisto della prima casa limitatamente agli oneri sostenuti in dipendenza di prestiti o mutui contratti fino al 31 dicembre 2021 (art. 15, c. 1, lett. a) e b), D.P.R. n. 917/1986), per erogazioni liberali (art. 15, c. 1-ter D.P.R. n. 917/1986), per spese sanitarie (nei limiti previsti dall'art. 15, c. 1, lett. c) D.P.R. n. 917/1986), per le rate per interventi di recupero del patrimonio edilizio e di riqualificazione energetica degli edifici e da altre disposizioni normative, per spese sostenute fino al 31 dicembre 2021 (art. 16-bis, D.P.R. n. 917/1986) deve essere di **ammontare superiore all'imposta lorda**.

Al verificarsi della suddetta condizione, il trattamento integrativo è riconosciuto per un ammontare, comunque non superiore a 1.200 euro, determinato in misura pari alla differenza tra la somma delle detrazioni ivi elencate e l'imposta lorda.

Ulteriore detrazione 12.5.3.

A partire **dal 1° gennaio 2021 e fino al 31 dicembre 2021**, ai lavoratori dipendenti che hanno un reddito complessivo superiore a 28.000 euro ma **fino a 40.000 euro** spetta una ulteriore detrazione dall'imposta lorda, rapportata al periodo di lavoro, di importo pari a:

- **960 euro**, aumentata del prodotto tra 240 euro e l'importo corrispondente al rapporto tra 35.000 euro, diminuito del reddito complessivo, e 7.000 euro, se l'ammontare del reddito complessivo è **superiore a 28.000 euro ma non a 35.000 euro**;
- **960 euro**, se il reddito complessivo è **superiore a 35.000 euro** ma non a 40.000 euro; la detrazione spetta per la parte corrispondente al rapporto tra l'importo di 40.000 euro, diminuito del reddito complessivo, e l'importo di 5.000 euro.

Per effettuare i calcoli si può fare riferimento alla seguente tabella (RC corrisponde al reddito complessivo):

Reddito (euro)	Ulteriore detrazione (euro)
Fino a 28.000	0
Da 28.001 a 35.000	960+(1200-960) x [1-(RC-28.000)/(35.000-28.000)]
Da 35.001 a 40.000	960 x [1-(RC-35.000)/(40.000-35.000)]
Da 40.001	0

A livello operativo, i **sostituti d'imposta**:

- riconoscono l'ulteriore detrazione ripartendone il relativo ammontare sulle retribuzioni;
- verificano in sede di conguaglio la spettanza della stessa.

Qualora in tale sede l'ulteriore detrazione risulti **non spettante**, in tutto o in parte, i sostituti d'imposta provvedono al **recupero dell'importo**.

Il recupero dell'ulteriore detrazione non spettante è effettuato in **10 rate** di pari ammontare, a partire dalla retribuzione che sconta gli effetti del conguaglio, qualora lo stesso ecceda 60 euro.

Il credito erogato viene recuperato dai sostituti d'imposta mediante l'istituto della **compensazione** nell'ambito del Modello di pagamento F24.

A tal fine va utilizzato il **codice tributo 1701** (ris. 26 giugno 2020, n. 35/E).

Reddito complessivo ai fini del calcolo 12.5.4.

Una regola comune ad entrambe le misure sopra esposte riguarda il reddito complessivo da considerare ai fini del calcolo delle agevolazioni, ossia:

- **rilevano** le quote esenti dei redditi agevolati per i **ricercatori rientrati in Italia** (➡9.6.1.) (art. 44 D.L. n. 78/2010) e degli impatriati (➡9.6.2.) (art. 16 D.Lgs. n. 147/2015);
- **non** si tiene conto del reddito dell'unità immobiliare adibita ad **abitazione principale** e di quello delle relative **pertinenze**.

Modalità operative 12.5.5.

I sostituti d'imposta riconoscono le predette misure senza attendere alcuna richiesta esplicita da parte dei beneficiari.

I sostituti d'imposta devono determinare la spettanza delle agevolazioni e il relativo importo sulla base dei dati reddituali a loro disposizione.

A tal fine, i sostituti d'imposta devono effettuare le **verifiche di spettanza del trattamento integrativo** e dell'ulteriore detrazione fiscale e dei relativi importi in base al reddito previsionale e alle detrazioni riferiti alle somme e valori che saranno corrisposti durante l'anno, nonché in base ai dati di cui entrano in possesso, ad esempio, per effetto di comunicazioni da parte del lavoratore, relative ai redditi rivenienti da altri rapporti di lavoro intercorsi nell'anno di riferimento.

Inoltre, il sostituto d'imposta non procede all'erogazione del trattamento integrativo o dell'ulteriore detrazione fiscale nel caso in cui espressamente il lavoratore abbia formulato tale richiesta.

12.6. RITENUTE ALLA FONTE

12.6.1. Soggetti obbligati

Sono considerati sostituti d'imposta e, quindi, obbligati ad effettuare le **ritenute sui redditi di lavoro dipendente e assimilati** da essi corrisposti (art. 23, c. 1, D.P.R. n. 600/1973):

- le **società di capitali** residenti nel territorio dello Stato;
- i Gruppi Europei di Interesse Economico (**GEIE**);
- gli **enti pubblici e privati**, diversi dalle società, che abbiano o meno per **oggetto esclusivo o principale l'esercizio di attività commerciale**, compresi i consorzi, le associazioni non riconosciute e le altre organizzazioni senza personalità giuridica non appartenenti ad altri soggetti nei cui confronti si verifica il presupposto di imposta, residenti nel territorio dello Stato;
- le **società e** gli **enti** di qualsiasi tipo, con o senza personalità giuridica, **non residenti** nel territorio dello Stato;
- le **società semplici**, in **nome collettivo** ed in **accomandita semplice**;
- le **società di fatto e** le società **di armamento**;
- le **associazioni** senza personalità giuridica, costituite tra persone fisiche per l'**esercizio in forma associata di arti e professioni**;
- le **persone fisiche** che esercitano per professione abituale, ancorché non in via esclusiva, **attività di natura commerciale**;
- le **imprese agricole**;
- le **persone fisiche** che esercitano **arti e professioni**;
- il **condominio**;
- le **Amministrazioni pubbliche**.

Tra i sostituti d'imposta rientrano anche il **curatore fallimentare** e il **commissario liquidatore** (ris. 11 maggio 2007, n. 95/E).

12.6.2. Modalità di applicazione delle ritenute

La ritenuta deve essere applicata con modalità differenti a seconda delle diverse specie di somme e valori corrisposti.

La ritenuta sulla parte imponibile delle somme e dei valori corrisposti a titolo di reddito di lavoro dipendente (art. 51, D.P.R. n. 917/1986), ad esclusione delle mensilità aggiuntive e degli emolumenti arretrati, corrisposti in ciascun periodo di paga (settimanale, quindicinale, mensile o altro), deve essere operata mediante l'**applicazione delle aliquote IRPEF**, ragguagliando al periodo di paga i corrispondenti scaglioni annui di reddito ed effettuando le detrazioni previste per carichi di famiglia (➡**4.**) (art. 12, D.P.R. n. 917/1986) e per lavoro (➡**5.2.**) (art. 13, D.P.R. n. 917/1986), rapportate al periodo stesso (art. 23, c. 2, lett. a), D.P.R. n. 600/1973).

Dichiarazione di spettanza - Le **detrazioni per carichi di famiglia e per lavoro** sono riconosciute se il **percipiente dichiara di avervi diritto** e indica le condizioni di spettanza.

Il sostituito deve dichiarare se ricorrono le circostanze per fruire delle detrazioni e in quale misura, tenuto conto che la normativa stabilisce regole precise circa la possibilità di riparto della detrazione tra gli aventi diritto.

Inoltre, poiché la misura delle detrazioni è commisurata al reddito complessivo, il sostituto, **salvo eventuale diversa indicazione** del sostituito circa il presumibile importo del proprio reddito complessivo per l'anno cui si riferisce la detrazione, deve considerare, **in via presuntiva**, quale **reddito complessivo quello di lavoro dipendente** o assimilato o equiparato **che nel corso dell'anno corrisponde**.

La dichiarazione per attestare i familiari a carico deve essere prodotta **una sola volta**: infatti salvo che non intervengano modifiche successive (ad esempio, la nascita di un figlio) ha effetto anche per i periodi d'imposta successivi; in essa, il contribuente, deve indicare il codice fiscale dei soggetti per i quali si usufruisce delle detrazioni (art. 1, c. 221, Legge n. 244/2007).

Soggetti stranieri (➡**4.6.**)

12.6.3. Redditi soggetti a ritenuta

L'obbligo di effettuare la ritenuta da parte dei sostituti d'imposta sussiste ogni qual volta vengono corrisposti **redditi di lavoro dipendente** cui si rende applicabile la disciplina contenuta nell'art. 51, D.P.R. n. 917/1986 (➡**12.1.**), anche se le somme e i valori in questione sono erogati a favore di soggetti che non sono propri dipendenti (➡**12.2.3.**) (➡**12.6.11.**).

Ritenute su redditi assimilati		
Redditi	Ammontare	Base imponibile
Redditi di lavoro dipendente e assimilati	Aliquota IRPEF a scaglioni	100%
Corrisposti ad eredi	23% acconto	100%
Indennità e compensi pagati da terzi	Aliquota IRPEF a scaglioni	100%
Borse di studio, parte che eccede le detrazioni	Aliquota IRPEF a scaglioni	100%
Indennità, gettoni di presenza	Aliquota IRPEF a scaglioni	100%
Rendite vitalizie	Aliquota IRPEF a scaglioni	100%
Assegni periodici	Aliquota IRPEF a scaglioni	100%
Mance ai *croupiers*	Aliquota IRPEF a scaglioni	75%
Collaborazione coordinata e continuativa	Aliquota IRPEF a scaglioni	100%

Reddito complessivo - Con riferimento alla nozione di "reddito complessivo" che deve essere assunta al fine di stabilire l'ammontare delle detrazioni per carichi di famiglia e di quelle per lavoro dipendente spettanti ai titolari di questa tipologia di reddito, sono escluse dalla formazione del reddito di lavoro dipendente le somme trattenute al dipendente per gli **oneri deducibili** (➡**3.**) (art. 10, D.P.R. n. 917/1986) e alle condizioni ivi previste, nonché le **erogazioni** effettuate dal datore di lavoro in conformità a contratti collettivi o ad accordi e regolamenti aziendali **a fronte delle spese sanitarie** (art. 51, c. 2, lett. h), D.P.R. n. 917/1986).

Tali somme **riducono la base imponibile** del reddito di lavoro dipendente in quanto la *ratio* della norma è quella di evitare che il lavoratore debba presentare la dichiarazione dei redditi al solo fine di fruire di oneri deducibili di cui il datore di lavoro è a conoscenza avendo effettuato trattenute per gli stessi (circ. 23 dicembre 1997, n. 326/E).

Gli emolumenti corrisposti periodicamente dal datore di lavoro al dipendente a titolo di **rimborso per gli oneri sostenuti volontariamente**, non possono rientrare nella disposizione di esclusione dal reddito, non essendo gli stessi sostenuti dal datore in sostituzione del dipendente. Detti emolumenti, pertanto, concorrono alla determinazione del reddito di lavoro del dipendente, in base al principio di onnicomprensività. Resta inteso che il lavoratore potrà portare in deduzione tali oneri (risposta a interpello 5 gennaio 2021, n. 3).
Resta fermo che il sostituito può fornire al sostituto l'**indicazione del presumibile importo** del proprio reddito complessivo per l'anno cui si riferisce la detrazione, compresa la presenza della casa di abitazione, al fine di consentire che le detrazioni siano commisurate al reddito complessivo e non solo a quello di lavoro dipendente.

Ritenuta più elevata 12.6.4.

Nell'effettuazione delle ritenute il sostituto può, **d'accordo con il sostituito**, applicare un'**aliquota più elevata** di quella che deriva dal ragguaglio al periodo di paga degli scaglioni annui di reddito. In tal modo, infatti, senza arrecare alcun danno all'erario, che anzi si vede anticipato il versamento di imposte, si può evitare che, al momento dell'effettuazione delle operazioni di conguaglio, l'imposta effettivamente dovuta sia troppo elevata, con il rischio di chiudere con un conguaglio incapiente.
Per le somme e gli eventuali valori relativi alle mensilità aggiuntive e per i compensi della stessa natura è previsto un **trattamento autonomo** rispetto alla retribuzione periodica; è necessario cioè applicare le aliquote dell'IRPEF, **ragguagliando a mese** i corrispondenti **scaglioni annui di reddito**.

Mensilità aggiuntive 12.6.5.

Per mensilità aggiuntive s'intendono tutte quelle somme corrisposte nel corso dell'anno **con frequenza superiore** all'ordinario periodo di paga e che non costituiscono contabilmente normali integrazioni delle somme relative ai singoli periodi di paga.
Vanno considerate tali, oltre alle mensilità aggiuntive propriamente dette (quali la **tredicesima** e la **quattordicesima** mensilità), anche quelle somme che adempiono alla stessa funzione, quali, ad esempio, le **gratifiche natalizie e pasquali**, le **gratifiche annuali di bilancio**, i cosiddetti **premi** trimestrali, semestrali e annuali.
Tali somme concorreranno alla determinazione delle **ritenute in sede di conguaglio di fine anno**.

Nel caso di più mensilità aggiuntive corrisposte nel medesimo periodo di paga occorre effettuarne il **cumulo** ai fini della determinazione unitaria della tassazione e, quindi, della determinazione delle ritenute da operare.

12.6.6. Emolumenti arretrati

Costituiscono "emolumenti arretrati" tutte quelle somme che derivano da **prestazioni di lavoro dipendente riferibili ad anni precedenti, percepite in ritardo** per effetto di leggi, contratti collettivi, sentenze, atti amministrativi sopravvenuti o per altre cause non dipendenti dalla volontà delle parti.

Il **momento della percezione** di tali somme corrisponde al giorno in cui gli emolumenti arretrati sono messi in pagamento e possono essere immessi nella libera disponibilità del lavoratore, indipendentemente, quindi, dal momento in cui vengono materialmente incassati.

Per quanto riguarda gli emolumenti arretrati relativi ad anni precedenti (➡**8.4.**) (art. 17, c. 1, lett. b), D.P.R. n. 917/1986), le ritenute vanno applicate con i criteri previsti per la **tassazione separata** (➡**8.4.1.**) (art. 18, D.P.R. n. 917/1986), intendendo per **reddito complessivo netto** l'ammontare globale dei redditi di lavoro dipendente corrisposti dal sostituto al sostituito nel biennio precedente.

Sono assimilabili agli emolumenti arretrati anche le **indennità per ferie non godute**, se erogate in un periodo successivo a quello in cui è sorto il diritto.

12.6.7. Rapporti di lavoro inferiori all'anno

Ai **rapporti di lavoro a tempo determinato** si applicano le stesse regole previste per quelli a tempo indeterminato.

12.6.8. Somme corrisposte agli eredi

Le ritenute devono essere operate, con l'**aliquota del primo scaglione** di reddito, sulla parte imponibile.

Restano nella sfera di competenza del sostituito deceduto non solo le somme e i valori dallo stesso riscossi, ma anche tutti quelli messi a sua disposizione dal sostituto (ancorché, per qualsiasi ragione, materialmente non riscossi) sui quali è stata effettuata e versata la relativa ritenuta.

Conseguentemente, vanno considerati come **redditi di spettanza degli eredi** soltanto le somme e i valori maturati ma non ancora liquidi o quelli in via di maturazione (ad esempio, somme e valori della mensilità in corso di formazione al momento del decesso, rateo della 13ª e della 14ª mensilità; competenze arretrate maturate successivamente al decesso, ecc.).

> In presenza di una **convenzione contro le doppie imposizioni**, gli emolumenti maturati dai familiari non residenti di un soggetto deceduto, relativi a un periodo di lavoro dipendente svolto in Italia, sono soggetti a imposizione in Italia con riguardo alla quota parte di TFR e dell'indennità sostitutiva maturata durante il periodo in cui la prestazione di lavoro è stata svolta nel nostro Paese. Pertanto, il sostituto d'imposta italiano è tenuto ad effettuare le ritenute sulle somme erogate agli eredi (ris. 26 settembre 2013, n. 61/E).

TFR e altre indennità corrisposte una tantum - La ritenuta è determinata in proporzione alla **quota percepita da ciascun erede**, con le modalità proprie di tali redditi (➡**8.9.**).

12.6.9. Retribuzioni in natura e fringe benefits

I **compensi in natura** che costituiscono reddito imponibile per il dipendente che li percepisce (➡**12.3.**) devono essere **assoggettati a ritenuta secondo le normali regole previste per i compensi in denaro**.

Nel caso in cui la ritenuta da operare sui valori relativi ai compensi in natura **non trovi capienza,** in tutto o in parte sui contestuali pagamenti in denaro, il sostituito è obbligato a fornire al sostituto le **somme necessarie al versamento**.

In tal caso il sostituto è tenuto comunque a versare le ritenute all'erario nei termini ordinariamente previsti, anche se il sostituito non ha ancora provveduto al pagamento. L'ipotesi si verifica, ad esempio, quando il sostituto si trova a dover effettuare la ritenuta soltanto sul compenso in natura perché in quel periodo di paga il sostituito non ha diritto ad alcun compenso in denaro.

12.6.10. Soci lavoratori di cooperative

Per i compensi, entro i limiti dei salari correnti maggiorati del 20%, percepiti dai soci lavoratori di cooperative di **produzione e lavoro**, di cooperative di **servizi**, di cooperative **agricole e di prima trasformazione dei prodotti agricoli** e di cooperative della **piccola pesca** (➡**12.2.2.**) si applicano gli stessi criteri previsti per i redditi di lavoro dipendente anche in tema di detrazioni di imposta per carichi di famiglia e di lavoro dipendente. L'assimilazione ai redditi di lavoro dipendente è subordinata all'iscrizione della cooperativa nel registro prefettizio o nello schedario generale della cooperazione e al **rispetto dei principi di mutualità** da indicare nello statuto.

Indennità e compensi a carico di terzi 12.6.11.

Sui compensi e le indennità a carico di terzi percepiti da lavoratori dipendenti per incarichi svolti in relazione a tale qualità, con l'esclusione di quegli emolumenti che per clausola contrattuale devono essere riversati al datore di lavoro ovvero, per legge, allo Stato (➨**12.2.3.**), i terzi devono operare all'atto del pagamento una **ritenuta a titolo d'acconto** calcolata in funzione delle aliquote IRPEF progressive per scaglioni; il datore di lavoro deve tenere conto di tali somme e delle ritenute effettuate in sede di **conguaglio di fine anno** anche ai fini del calcolo delle detrazioni di imposta.

Inoltre, poiché costituiscono redditi di lavoro dipendente, non soltanto le somme e i valori che il datore di lavoro corrisponde direttamente, ma anche le somme e i valori che, in relazione al rapporto di lavoro, sono erogate da soggetti terzi rispetto al rapporto di lavoro, ne discende che il datore di lavoro, sostituto d'imposta, deve effettuare le ritenute a titolo d'acconto con riferimento a **tutte le somme e i valori che il lavoratore dipendente percepisce in relazione al rapporto di lavoro intrattenuto,** anche se taluni di questi sono corrisposti da soggetti terzi.

Sono redditi di lavoro dipendente **tutte le somme e i valori** che **il dipendente percepisce** nel periodo d'imposta, **a qualunque titolo**, anche sotto forma di erogazioni liberali, in relazione al rapporto di lavoro, e quindi tutti quelli che siano in qualunque modo riconducibili al rapporto di lavoro medesimo, anche se non provenienti direttamente dal datore di lavoro (risposta a interpello 22 luglio 2019, n. 289).

CASO 11 - Ritenute alla fonte - Compensi erogati da terzi

Un **soggetto** ha ricevuto un compenso in natura dal datore di lavoro, ad esempio un prestito a tasso agevolato, e poi viene **collocato a riposo**.

Il datore di lavoro si trova a corrispondere soltanto il compenso in natura, mentre un ente pensionistico corrisponde il relativo trattamento pensionistico.

In questo caso, l'*ex* datore di lavoro sarà tenuto a comunicare all'ente pensionistico e, in mancanza o in ritardo, ad acquisire l'importo del valore da assumere a tassazione unitamente al trattamento pensionistico. Si deve procedere in modo analogo anche quando il **dipendente** è **distaccato presso un altro datore di lavoro** e nel caso in cui alcune somme o valori siano corrisposti dal datore di lavoro distaccante e altre somme o valori siano invece corrisposti dal datore di lavoro presso cui è stato distaccato il dipendente.

Borse di studio 12.6.12.

Ciascun sostituto di imposta che corrisponda ad un soggetto non dipendente somme a titolo di **borsa di studio, assegno, premio o sussidio per fini di studio o di addestramento professionale** (➨**12.2.4.**), deve operare una **ritenuta a titolo d'acconto** calcolata in funzione delle aliquote IRPEF progressive per scaglioni sulla parte che eccede l'ammontare di reddito corrispondente alle detrazioni di imposta spettanti al beneficiario.

Collaborazione coordinata e continuativa 12.6.13.

I redditi derivanti dalle **collaborazioni coordinate e continuative e a progetto** sono assimilati a quelli di lavoro dipendente (➨**12.2.5.**).

Dal punto di vista operativo possono presentarsi le seguenti ipotesi:

- erogazione di compensi **con cadenza periodica**;
- erogazione del compenso in **unica soluzione**;
- erogazione del compenso in **più soluzioni con cadenza variabile**.

Modalità di corresponsione	Modalità operative
Erogazione di compensi con **cadenza periodica**	Se il sostituto è in grado di preventivare l'ammontare complessivo dei compensi in denaro e in natura che andrà a corrispondere nel corso del periodo d'imposta e procede periodicamente al pagamento dei compensi, deve provvedere per ciascun periodo di paga (semestre, bimestre, mese, quindicina, settimana, giornata) ad effettuare il cumulo di tutte le somme e i valori imponibili imputabili al periodo stesso, secondo il **criterio di cassa**.

IRPEF

Modalità di corresponsione	Modalità operative
	Sul valore così determinato il sostituto d'imposta è tenuto ad applicare la ritenuta, sulla base delle aliquote progressive per scaglioni, ragguagliando al periodo di paga i corrispondenti scaglioni annui di reddito.
Erogazione del compenso in **unica soluzione**	Se il sostituto d'imposta corrisponde il compenso in un'unica soluzione nel corso del periodo d'imposta, l'attribuzione delle detrazioni deve essere commisurata all'intero ammontare del compenso, atteso che nell'ipotesi considerata non è necessario fare una proiezione dei compensi per periodo d'imposta.
Erogazione del compenso in **più soluzioni con cadenza variabile**	Qualora il committente proceda ad una pluralità di pagamenti nel corso del periodo d'imposta, ma non sia in grado di conoscere in via presuntiva l'ammontare complessivo degli stessi per periodo d'imposta, sarà tenuto ad applicare la **ritenuta**, sulla base delle aliquote progressive per scaglioni, **all'atto dell'effettuazione di ciascuno dei pagamenti**. In questo caso, non sarà necessario operare alcun ragguaglio per determinare gli scaglioni di riferimento.

12.6.14. Sacerdoti

Per le somme percepite dai sacerdoti (➡12.2.8.), per la determinazione delle ritenute si applicano gli **stessi criteri** previsti per la **retribuzione ordinaria dei lavoratori dipendenti**.

12.6.15. Trattamento speciale di disoccupazione

Le somme in questione sono erogate dall'**INPS**, che però **non effettua le ritenute** all'atto del pagamento (➡12.2.8.); pertanto il percipiente deve provvedere a dichiarare gli importi percepiti in sede di **dichiarazione dei redditi**.

Anche per il trattamento di disoccupazione spettano le detrazioni di imposta per lavoro dipendente.

12.6.16. Indennità per l'esercizio di pubbliche funzioni

Su tali emolumenti (➡12.2.8.) il soggetto erogante deve operare una ritenuta a titolo d'acconto calcolata in funzione delle aliquote IRPEF progressive per scaglioni, al netto delle detrazioni spettanti per carichi di famiglia, mentre non spettano quelle per lavoro dipendente.

12.6.17. Indennità per cariche elettive e costituzionali

Per le indennità che costituiscono reddito assimilato a quello di lavoro dipendente (➡12.2.8.), la ritenuta, a titolo d'acconto, deve essere applicata **al netto dei contributi previdenziali**, con le aliquote IRPEF determinate con gli stessi criteri previsti per i redditi di lavoro dipendente.

In dipendenza della **cessazione dalle cariche e dalle funzioni** di cui sopra, la **ritenuta** si applica **sull'intero ammontare delle pensioni e sul 60% dei vitalizi**, mentre continua ad applicarsi sulla parte imponibile delle indennità.

In ogni caso, **non spettano le detrazioni per lavoro dipendente** (➡5.2.) (art. 13, D.P.R. n. 917/1986) e l'ente erogatore non è tenuto ad effettuare alcun conguaglio.

12.6.18. Rendite vitalizie

Per le **rendite vitalizie** e le rendite **a tempo determinato** costituite a titolo oneroso (➡12.2.6.):

- per i contratti stipulati **sino al 31 dicembre 2000**: la ritenuta si applica, con l'aliquota IRPEF per scaglioni di reddito, sul **60% dell'ammontare corrisposto**;
- per i contratti stipulati **dal 1° gennaio 2001:** la ritenuta si applica sul 100% dell'ammontare (ad eccezione delle rendite aventi funzione previdenziale).

Per ciò che concerne le detrazioni d'imposta, **non spettano quelle di lavoro dipendente** (➡5.2.).

Sulle **rendite e i vitalizi diversi**, sui sussidi ed altri assegni periodici, comunque denominati, corrisposti con carattere di ricorrenza, alla cui produzione non concorrono né capitale né lavoro, si deve operare una ritenuta a titolo d'acconto calcolata in funzione delle aliquote IRPEF progressive per scaglioni. Anche per tali redditi non spettano le detrazioni per lavoro dipendente.

Prestazioni pensionistiche complementari erogate sia in forma di rendita sia in forma di capitale - La parte imponibile della prestazione pensionistica erogata in forma rendita è soggetta a una ritenuta a titolo d'imposta con l'**aliquota del 15%**, ridotta di una quota pari a **0,30 punti percentuali** per ogni anno eccedente il quindicesimo anno di partecipazione successivo

al 1° gennaio 2007, con un limite massimo di riduzione di 6 punti percentuali (art. 11, c. 6, D.Lgs. n. 252/2005).
Pertanto, relativamente agli iscritti ai fondi **dal 1° gennaio 2007**, decorsi 35 anni di partecipazione alla forma pensionistica complementare, l'aliquota sarà del **9%**.

Ai fini della determinazione dell'aliquota applicabile in sede di ritenuta, il **"periodo di partecipazione"** deve essere individuato con riferimento agli anni di mera partecipazione, a prescindere dall'effettivo versamento dei contributi (circ. 18 dicembre 2007, n. 70/E). Pertanto, devono considerarsi utili tutti i periodi di iscrizione a forme pensionistiche complementari, per i quali non sia stato esercitato il riscatto totale della posizione individuale (deliberazione COVIP 28 giugno 2006).

Per anno deve intendersi un periodo di 365 giorni decorrente dalla data di iscrizione. Se la **data di iscrizione** è **anteriore al 1° gennaio 2007**, gli anni di iscrizione prima del 2007 sono computati fino a un **massimo di 15**.
Le somme assoggettate a ritenuta a titolo d'imposta non confluiscono nel reddito complessivo e, pertanto, non sono soggette alle addizionali regionale e comunale.

Rendita integrativa temporanea anticipata (RITA) - In caso di percezione di **"Rendita integrativa temporanea anticipata" - RITA** (art. 11, c. da 4 a 4-quater, D.Lgs. n. 252/2005), sulla parte imponibile si applica la **ritenuta a titolo d'imposta con l'aliquota del 15%**, ridotta di una quota pari a **0,30 punti percentuali** per ogni anno eccedente il quindicesimo anno di partecipazione a forme pensionistiche complementari con un limite massimo di riduzione di 6 punti percentuali (se la data di iscrizione alla forma di previdenza complementare è anteriore al 1° gennaio 2007, gli anni di iscrizione prima del 2007 sono computati fino a un massimo di 15). È possibile non avvalersi della tassazione sostitutiva optando per la **tassazione ordinaria** nella dichiarazione dei redditi.

Mance dei croupiers 12.6.19.

Per le mance dei croupiers (➡12.1.2.) l'**impresa che gestisce la casa da gioco** deve operare la ritenuta, con le modalità previste per i redditi di lavoro dipendente, cumulando le mance con gli emolumenti di lavoro dipendente corrisposti nel medesimo periodo di paga.
A tal fine i croupiers o l'organismo costituito all'interno dell'impresa devono comunicare al datore di lavoro, nel periodo in cui avviene la percezione, l'ammontare delle mance.
La **ritenuta** è applicata con l'aliquota IRPEF per scaglioni di reddito sul **75% delle mance corrisposte**.

Redditi pignorati 12.6.20.

Le disposizioni in materia di ritenute alla fonte sono applicabili nel caso in cui il pagamento sia eseguito **mediante pignoramento**, anche presso terzi, in base ad **ordinanza di assegnazione**, qualora il credito sia riferito a somme per le quali deve essere operata una ritenuta alla fonte.

Ritenute sospese 12.6.21.

In presenza di provvedimenti di **sospensione dei termini per eventi eccezionali**, le **ritenute già operate** dal sostituto d'imposta **devono comunque essere versate**. Ciò rende impossibile il rimborso (art. 38, D.P.R. n. 602/1973; ris. 8 gennaio 2009, n. 8/E).
I sostituti, soprattutto in occasione delle proroghe delle sospensioni, devono porre particolare attenzione nell'effettuare il prelievo tributario sulle somme corrisposte a soggetti che possono beneficiare della sospensione.

Rimborso di ritenute effettuate in eccesso 12.6.22.

È possibile chiedere il **rimborso delle maggiori ritenute operate** dal sostituto d'imposta, anche per quei contribuenti legittimamente esonerati dalla dichiarazione dei redditi (ris. 30 gennaio 2008, n. 25/E).
Pertanto, per il recupero delle ritenute operate dai sostituti d'imposta in eccesso rispetto al dovuto, il soggetto interessato può presentare, **entro 48 mesi**, **istanza di rimborso** presso l'Ufficio dell'Agenzia delle Entrate competente in base al domicilio fiscale del contribuente al momento della richiesta (art. 38, D.P.R. n. 602/1973).

Ritenuta sui redditi di lavoro dipendente prestato all'estero 12.6.23.

I soggetti che adempiono agli obblighi contributivi sui **redditi di lavoro dipendente prestato all'estero** (➡12.1.6.) (art. 51, c. 8-bis, D.P.R. n. 917/1986) devono in ogni caso operare le relative ritenute (art. 23, c. 1-bis, D.P.R. n. 600/1973).

Ne consegue che il datore di lavoro, in qualità di sostituto d'imposta, è tenuto ad operare le ritenute alla fonte sui redditi di lavoro dipendente prestato all'estero, così come essi risultano determinati in base alla normativa fiscale; deve, pertanto, provvedere ad adempiere ai propri obblighi avendo riferimento, per tali lavoratori, non alle remunerazioni effettivamente corrisposte, ma alle **remunerazioni convenzionali a partire dalla prima retribuzione erogata**, salvo operare le necessarie **rettifiche in sede di conguaglio**, qualora vengano meno i requisiti previsti dalla norma (art. 51, c. 8-bis, D.P.R. n. 917/1986).

Assunzione con contratto esclusivo estero - In caso di assunzione di un lavoratore dipendente con **contratto esclusivo estero** che prevede la **permanenza all'estero per un periodo superiore a 183 giorni**, il sostituto d'imposta applica la tassazione ivi prevista a partire dalla prima retribuzione erogata, salvo rettifica in sede di conguaglio qualora vengano meno le condizioni richieste per l'applicazione del regime (circ. 26 gennaio 2001, n. 7/E).

Trasferimento della residenza all'estero e successivo rientro in Italia del lavoratore - In caso di trasferimento della residenza all'estero da parte del lavoratore dipendente e di **successivo rientro in Italia**, il sostituto d'imposta deve normalmente applicare le ritenute fiscali dalla **prima retribuzione erogata in Italia**, mentre deve tenere conto delle mensilità erogate nel periodo in cui il dipendente era residente all'estero in sede di **conguaglio di fine anno** (circ. 26 gennaio 2001, n. 7/E).
Allo stesso modo, il sostituto d'imposta deve tenere conto, in sede di conguaglio, dei compensi effettivamente erogati, qualora lo stesso dipendente abbia fatto rientro in Italia prima che siano trascorsi i 183 giorni.

12.6.24. Conguagli di fine anno

In sede di **conguaglio**, **entro il 28 febbraio** dell'anno successivo ovvero in caso di **cessazione del rapporto di lavoro**, il sostituto deve procedere al **conguaglio** tra le **ritenute operate** sulle somme e i valori erogati, e l'**imposta dovuta** sull'ammontare complessivo degli emolumenti stessi, tenendo conto delle detrazioni eventualmente spettanti per carichi di famiglia (➔**4.**) (art. 12, D.P.R. n. 917/1986) e per lavoro (➔**5.2.**) (art. 13, D.P.R. n. 917/1986).
Deve tenere conto anche (art. 23, c. 3, primo periodo, D.P.R. n. 600/1973):

- delle **detrazioni** eventualmente spettanti per **oneri e spese** (➔**6.**) (art. 15, D.P.R. n. 917/1986), per oneri a fronte dei quali il datore di lavoro ha effettuato trattenute;
- delle detrazioni, limitatamente alle **spese sanitarie** (➔**6.2.**) (art. 15, c. 1, lett. c), D.P.R. n. 917/1986) e per **spese di assicurazione** (➔**6.5.**) (art. 15, c. 1, lett. f), D.P.R. n. 917/1986) per erogazioni in conformità a contratti collettivi o ad accordi e regolamenti aziendali.

> Si considerano inoltre percepiti nel periodo d'imposta cui si riferiscono anche le somme e i valori incassati entro il 12 gennaio dell'anno successivo, purché tali importi vengano regolarmente assoggettati a ritenuta (da versare entro il 16 gennaio) e vengano inseriti nel conguaglio di fine anno (➔**12.1.5.**).

È prevista, inoltre, la possibilità di riconoscere, in sede di effettuazione delle operazioni di conguaglio, l'eventuale **credito d'imposta spettante relativamente ai redditi prodotti all'estero** (➔**33.1.**) (art. 165, D.P.R. n. 917/1986), anche nell'ipotesi in cui le somme o i valori prodotti all'estero abbiano concorso a formare il reddito di lavoro dipendente in periodi d'imposta precedenti.

Incapienza delle retribuzioni - Per il prelievo delle imposte dovute all'atto del conguaglio entro il 28 febbraio dell'anno successivo, il **sostituito**, in alternativa, può **dichiarare per iscritto** al sostituto:

- di volergli versare l'importo corrispondente alle **ritenute ancora dovute**. In tal caso resta fermo l'obbligo del sostituto di versare interamente all'erario le somme dovute dal sostituito nel mese successivo a quello di effettuazione delle operazioni di conguaglio indipendentemente dal materiale rimborso delle stesse da parte del sostituito;
- di **autorizzare** il sostituto ad **effettuare il prelievo anche sulle retribuzioni dei periodi di paga successivi al 28 febbraio**. In questo caso, sugli importi di cui è differito il pagamento rispetto alla data del 28 febbraio, termine entro il quale, nelle altre ipotesi, devono cessare gli effetti economici delle operazioni di conguaglio, si applica l'**interesse dello 0,5% mensile** che è trattenuto e versato nei termini e con le modalità previste per le somme cui si riferisce.

L'**importo** che al termine del periodo d'imposta **non** è stato **trattenuto per incapienza** delle retribuzioni o per cessazione del rapporto di lavoro deve essere **comunicato al sostituito** che deve provvedere al versamento entro il **16 gennaio dell'anno successivo**.

Non è dunque possibile **chiudere a debito** le operazioni di conguaglio obbligando il sostituito a presentare la dichiarazione dei redditi.
Conseguentemente, se le operazioni di conguaglio si chiudono con un credito per il sostituito, il sostituto deve effettuare la restituzione delle maggiori ritenute applicate nel corso dell'anno. Ciò vale anche nell'ipotesi in cui tali operazioni sono effettuate in corso d'anno a causa della cessazione del rapporto di lavoro (anche se per decesso del sostituito).

Conguagli per i soggetti "deboli" - Le imposte dovute in sede di conguaglio di fine anno, per importi complessivamente superiori a 100 euro, relative a **redditi di pensione** (art. 49, c. 2, lett. a), D.P.R. n. 917/1986) **non superiori a 18.000 euro**, sono prelevate, in un numero massimo di **undici rate**, **senza applicazione di interessi**, a partire dal mese successivo a quello in cui è effettuato il conguaglio e non oltre quello relativamente al quale le ritenute sono versate nel mese di dicembre (art. 38, c. 7 e 8, D.L. n. 78/2010).
In caso di **cessazione del rapporto**, il sostituto comunica al contribuente, o ai suoi eredi, gli importi residui da versare.

Modalità e termini di versamento delle ritenute 12.6.25.

Le ritenute vanno versate con **Mod. F24**, esclusivamente con modalità telematiche da parte dei sostituti d'imposta titolari di partita IVA.
I termini per il versamento delle ritenute sono generalmente fissati con cadenza periodica al **16 del mese successivo a quello del pagamento**.

Il pagamento il cui termine cade di sabato o di giorno festivo è considerato tempestivo se effettuato il primo giorno lavorativo successivo.

Certificazioni dei sostituti d'imposta 12.6.26.

I soggetti obbligati a effettuare le ritenute a titolo d'acconto sui redditi corrisposti devono rilasciare, **entro il 16 marzo di ciascun anno** ovvero **entro 12 giorni** dalla richiesta, in caso di interruzione del rapporto di lavoro, una **certificazione unica (Mod. CU)**, valida anche ai fini previdenziali, attestante l'ammontare delle somme e dei valori erogati nel corso dell'anno precedente, con l'indicazione della relativa causale, nonché l'ammontare delle ritenute operate, delle detrazioni d'imposta effettuate e dei contributi previdenziali ed assistenziali trattenuti (art. 4, D.P.R. n. 322/1998).
Sempre entro il 16 marzo i dati della CU devono essere **trasmessi telematicamente all'Agenzia delle Entrate;** se nelle CU non ci sono dati da utilizzare per l'elaborazione della dichiarazione precompilata, come i redditi di lavoro autonomo non occasionale o redditi esenti, la trasmissione può avvenire **anche successivamente alla suddetta data** senza l'applicazione di sanzioni, purché **entro il termine di presentazione del Mod. 770** (➡17.4.2.).

In caso di **omessa, tardiva o errata trasmissione**, entro la data prevista, della **Certificazione unica**, si applica la sanzione di 100 euro, con un massimo di euro 50.000 per sostituto di imposta.
Nei casi di errata trasmissione della Certificazione, la sanzione non si applica se la trasmissione della corretta Certificazione è effettuata entro i 5 giorni successivi alla scadenza (quindi, **entro il 21 marzo**).
Se la Certificazione è correttamente trasmessa entro 60 giorni dalla scadenza (quindi, **entro il 15 maggio**), la sanzione è ridotta a un terzo, con un massimo di euro 20.000 (art. 4, c. 6-quinquies, D.P.R. n. 322/1998).

Sanzioni in materia di ritenute 12.6.27.

Violazione	Sanzione
Omesso o ritardato versamento delle ritenute effettuate	Sanzione amministrativa pari al **30% dell'importo non versato**
Omessa effettuazione delle ritenute	Sanzione amministrativa pari al **20% dell'ammontare non trattenuto**
Sottrazione fraudolenta al pagamento di imposte di importo superiore a 150.000 euro	Reclusione da **6 mesi a 4 anni,** oltre le pene accessorie e l'applicazione delle circostanze attenuanti

Violazione	Sanzione
	Se l'ammontare delle imposte, sanzioni ed interessi è superiore ad euro 200.000 si applica la reclusione da 1 anno a 6 anni
Omesso versamento entro il termine previsto per la presentazione della dichiarazione annuale di sostituto di imposta delle ritenute risultanti dalla certificazione rilasciata ai sostituiti, per un ammontare superiore a 150.000 euro per ciascun periodo d'imposta	Reclusione **da 6 mesi a 2 anni**

12.6.28. Sospensione versamenti per sale da ballo e discoteche

È disposta la **sospensione** di alcuni **versamenti** fiscali per i soggetti esercenti attività d'impresa, arte o professione, aventi il domicilio fiscale, la sede legale o la sede operativa nel territorio dello Stato, le cui attività che si svolgono in **sale da ballo, discoteche e locali assimilati** hanno subito una sospensione dal 25 dicembre 2021 al 31 gennaio 2022 (art. 1, D.L. n. 4/2022).
In particolare sono sospesi:

a. i termini relativi ai versamenti delle **ritenute alla fonte** sui redditi di lavoro dipendente e assimilati (artt. 23 e 24, D.P.R. n. 600/1973) e delle trattenute relative all'addizionale **regionale e comunale**, che tali soggetti operano in qualità di sostituti d'imposta, nel mese di gennaio 2022;
b. i termini dei versamenti relativi **all'IVA** in scadenza nel mese di gennaio 2022.

I versamenti sospesi devono essere effettuati, senza applicazione di sanzioni e interessi, in un'unica soluzione entro il **16 settembre 2022**. Non si fa luogo al rimborso di quanto già versato.

12.7. IMPOSTA SOSTITUTIVA SULLE LEZIONI PRIVATE

A decorrere dal 1° gennaio 2019, ai compensi derivanti dall'attività di lezioni private e ripetizioni, svolta dai **docenti titolari di cattedre** nelle scuole di ogni ordine e grado, si applica un'imposta sostitutiva dell'IRPEF e delle addizionali regionali e comunali con l'aliquota del **15%** (art. 1, c. 13-16, Legge n. 145/2018).
È comunque sempre possibile optare per l'applicazione dell'imposta sul reddito nei modi ordinari.

Dipendenti pubblici - Se svolgono l'attività di insegnamento a titolo privato, fermo restando quanto disposto dalle norme sulle incompatibilità relative al lavoro presso la Pubblica amministrazione (art. 53, D.Lgs. n. 165/2001), devono comunicare all'amministrazione di appartenenza l'esercizio di attività extra-professionale didattica ai fini della verifica di eventuali situazioni di incompatibilità.

Modalità di versamento - L'imposta sostitutiva va versata entro il termine stabilito per il versamento dell'IRPEF.
Per consentire il versamento dell'imposta sostitutiva tramite Mod. F24 sono stati istituiti i seguenti codici tributo (ris. 12 aprile 2019, n. 43/E), l'Agenzia delle Entrate ha:

- 1854 - Imposta sostitutiva IRPEF e addizionali regionali e comunali sui compensi per lezioni private e ripetizioni - Acconto prima rata - art. 1, c. 13, Legge n. 145/2018;
- 1855 - Imposta sostitutiva IRPEF e addizionali regionali e comunali sui compensi per lezioni private e ripetizioni - Acconto seconda rata o unica soluzione - art. 1, c. 13, Legge n. 145/2018;
- 1856 - Imposta sostitutiva IRPEF e addizionali regionali e comunali sui compensi per lezioni private e ripetizioni - Saldo - art. 1, c. 13, Legge n. 145/2018.

Per la liquidazione, l'accertamento, la riscossione, i rimborsi, le sanzioni, gli interessi e il contenzioso ad essa relativi si applicano le disposizioni previste per le imposte sui redditi.

12.8. RITENUTE NEI CONTRATTI DI APPALTO

Sono previste una serie di misure in materia di contrasto all'omesso versamento delle ritenute nei contratti di appalto, subappalto e simili, (art. 4, D.L. n. 124/2019).
Dal 1° gennaio 2020, le aziende committenti, sostituti d'imposta, che affidano il compimento di una o più opere o di uno o più servizi di importo complessivo annuo **superiore a 200.000 euro** a un'impresa, tramite contratti di **appalto, subappalto, affidamento a soggetti consorziati** o **rapporti negoziali** comunque denominati caratterizzati da prevalente utilizzo di manodopera presso le sedi di attività del committente con l'utilizzo di beni strumentali di proprietà di quest'ultimo o ad esso riconducibili in qualunque forma, sono tenute a **richiedere** all'impresa appaltatrice o affidataria e alle imprese subappaltatrici, obbligate a rilasciarle, **copia** delle **deleghe di pagamento** relative al versa-

mento delle **ritenute** (artt. 23 e 24, D.P.R. n. 600/1973), trattenute dall'impresa appaltatrice o affidataria e dalle imprese subappaltatrici ai lavoratori direttamente impiegati nell'esecuzione dell'opera o del servizio.

Entrata in vigore - La disciplina si applica con riferimento alle ritenute operate a decorrere dal mese di gennaio 2020 (e, quindi, relativamente ai **versamenti eseguiti** nel mese di **febbraio 2020**), anche con riguardo ai contratti di appalto, affidamento o subappalto stipulati in un momento antecedente al 1° gennaio 2020 (ris. 23 dicembre 2019, n. 108/E).

Versamento delle ritenute - Il versamento delle ritenute è effettuato dall'impresa appaltatrice o affidataria e dall'impresa subappaltatrice, con distinte deleghe per ciascun committente, **senza possibilità di compensazione.**

La norma riguarda non solo i contratti di appalto ma anche i **contratti non nominati, o misti**, nonché i **contratti di subfornitura, logistica, spedizione e trasporto**, nei quali oggetto del contratto è comunque l'assunzione di un obbligo di fare da parte dell'impresa appaltatrice.

Al fine di consentire al committente il riscontro dell'ammontare complessivo degli importi versati dalle imprese, entro **i 5 giorni lavorativi successivi** alla scadenza del versamento delle ritenute l'impresa appaltatrice o affidataria e le imprese subappaltatrici **trasmettono** al committente e, per le imprese subappaltatrici, anche all'impresa appaltatrice:

– le **deleghe di pagamento**. Nel Mod. F24 va indicato il codice 09, identificativo del soggetto committente (ris. 23 dicembre 2019, n. 109/E);
– un **elenco** nominativo di tutti i **lavoratori**, identificati mediante codice fiscale, **impiegati** nel mese precedente direttamente nell'esecuzione di opere o servizi affidati dal committente, con il dettaglio delle ore di lavoro prestate da ciascun percipiente in esecuzione dell'opera o del servizio affidato, l'ammontare della retribuzione corrisposta al dipendente collegata a tale prestazione e il dettaglio delle ritenute fiscali eseguite nel mese precedente nei confronti di tale lavoratore, con separata indicazione di quelle relative alla prestazione affidata dal committente.

Adempimenti a carico del committente - Nel caso in cui, entro i 5 giorni lavorativi successivi al termine di versamento delle ritenute, sia maturato il diritto a ricevere corrispettivi dall'impresa appaltatrice o affidataria e questa o le imprese subappaltatrici non abbiano ottemperato all'obbligo di trasmettere al committente le deleghe di pagamento e le informazioni relative ai lavoratori impiegati ovvero risulti l'omesso o insufficiente versamento delle ritenute fiscali rispetto ai dati risultanti dalla documentazione trasmessa, il committente deve **sospendere**, finché perdura l'inadempimento, il **pagamento dei corrispettivi** maturati dall'impresa appaltatrice o affidataria sino a concorrenza del 20% del valore complessivo dell'opera o del servizio ovvero per un importo pari all'ammontare delle ritenute non versate rispetto ai dati risultanti dalla documentazione trasmessa.

Di ciò ne deve dare **comunicazione entro 90 giorni** all'ufficio dell'**Agenzia delle Entrate** territorialmente competente nei suoi confronti.

In tali casi, è preclusa all'impresa appaltatrice o affidataria ogni azione esecutiva finalizzata al soddisfacimento del credito il cui pagamento è stato sospeso, fino a quando non sia stato eseguito il versamento delle ritenute.

> Per le categorie di soggetti per le quali risultano sospesi gli obblighi di versamento a seguito della crisi verificatasi per l'epidemia di coronavirus (artt. 61 e 62, D.L. n. 18/2020), conseguentemente **sono sospesi i controlli** previsti a carico del committente in materia di ritenute e compensazioni in appalti e subappalti.
> In tale evenienza, nel caso in cui sia maturato il diritto a ricevere i corrispettivi dall'impresa appaltatrice o affidataria o subappaltatrice, il committente non ne deve sospendere il pagamento (circ. 3 aprile 2020, n. 8/E).
> I controlli a carico del committente e, quindi, l'obbligo di sospendere il pagamento dei corrispettivi, in caso di inadempimento o non corretto adempimento dell'impresa appaltatrice o affidataria o subappaltatrice, riprendono, pertanto, dal momento del versamento o dall'omesso versamento delle ritenute alle scadenze previste.

I suddetti obblighi non trovano applicazione qualora le imprese appaltatrici o affidatarie o subappaltatrici comunichino al committente, allegando la relativa certificazione, la sussistenza, nell'ultimo giorno del mese precedente a quello della scadenza del 5° giorno lavorativo successivo al termine per il versamento delle ritenute, dei seguenti **requisiti**:

a. **essere in attività da almeno 3 anni**, essere in regola con gli obblighi dichiarativi e aver eseguito nel corso dei periodi d'imposta cui si riferiscono le dichiarazioni dei redditi presentate nell'ultimo triennio complessivi versamenti registrati nel conto fiscale per un importo non inferiore al 10% dell'ammontare dei ricavi o compensi risultanti dalle dichiarazioni medesime;

b. **non avere iscrizioni a ruolo o accertamenti esecutivi** o avvisi di addebito affidati agli agenti della riscossione relativi alle imposte sui redditi, all'IRAP, alle ritenute e ai contributi previdenziali per importi superiori ad euro 50.000, per i quali i termini di pagamento siano scaduti e siano ancora dovuti pagamenti o non siano in essere provvedimenti di sospensione. Quanto detto non si applica per le somme oggetto di piani di rateazione per i quali non sia intervenuta decadenza.

A decorrere dal 1° gennaio 2020, la certificazione di cui sopra (c.d. "Certificato di regolarità fiscale" o "DURF") è messa a disposizione delle singole imprese dall'Agenzia delle Entrate e ha validità di 4 mesi dalla data del rilascio.

Sanzioni - In caso di **violazione degli obblighi** previsti dalla norma, il committente è tenuto al pagamento di una somma pari alla sanzione irrogata all'impresa appaltatrice o affidataria o subappaltatrice per la violazione degli obblighi di corretta determinazione delle ritenute e di corretta esecuzione delle stesse, nonché di tempestivo versamento, senza possibilità di compensazione.

Divieto di compensazione - In deroga alle norme sui versamenti e compensazioni (art. 17, D.Lgs. n. 241/1997), per le imprese appaltatrici o affidatarie e per le imprese subappaltatrici è esclusa la facoltà di avvalersi dell'istituto della compensazione quale modalità di estinzione delle obbligazioni relative a contributi previdenziali e assistenziali e premi assicurativi obbligatori, maturati in relazione ai dipendenti impiegati nei contratti di appalto, subappalto e simili.

L'**esclusione** opera con riguardo a tutti i **contributi previdenziali e assistenziali** e ai **premi assicurativi** maturati, nel corso della durata del contratto, sulle retribuzioni erogate al personale direttamente impiegato nell'esecuzione delle opere o dei servizi affidati.

12.9. ATLETI PROFESSIONISTI

12.9.1. Rapporto tra società e atleti

Si considerano **atleti professionisti** gli atleti, gli allenatori, i direttori tecnico-sportivi e i preparatori atletici, che esercitano l'attività sportiva a titolo oneroso con carattere di continuità nell'ambito delle discipline regolamentate dal CONI e che conseguono la qualificazione dalle Federazioni sportive nazionali, secondo le norme emanate dalle Federazioni stesse, con l'osservanza delle direttive stabilite dal CONI per la distinzione dell'attività dilettantistica da quella professionistica (art. 2, Legge n. 91/1981).

La prestazione a titolo oneroso dell'atleta costituisce oggetto di **contratto di lavoro subordinato** così come regolato dalle norme contenute nella Legge n. 91/1981 (art. 3, c. 1), senza ulteriori precisazioni in merito al trattamento tributario.

Ciò comporta che la **remunerazione dell'atleta** costituisce **reddito di lavoro dipendente**, da determinare in base alle ordinarie regole (art. 51, D.P.R. n. 917/1986).

Solo in presenza di particolari requisiti, la prestazione a titolo oneroso dell'atleta costituisce oggetto di contratto di lavoro autonomo (art. 3, c. 2, Legge n. 91/1981).

In questo caso si applicano le regole previste per i rapporti di collaborazione, attualmente rientranti nei redditi assimilati a quelli di lavoro dipendente (art. 15, c. 1, Legge n. 91/1981).

12.9.2. Calciatori professionisti

Allo stato attuale, sono ancora validi i chiarimenti che l'Agenzia delle Entrate ha emanato in merito ad alcune questioni fiscali di interesse delle società sportive, emerse nel corso delle riunioni del Tavolo tecnico tra Agenzia delle Entrate e rappresentanti della FIGC e delle Leghe nazionali professionisti e riportati nella circ. 20 dicembre 2013, n. 37/E.

Argomento	Trattamento fiscale
Prima sistemazione dei calciatori professionisti	Per il calciatore professionista, legato alla società dal contratto di lavoro dipendente stipulato ai sensi dell'art. 3, Legge n. 91/1981, costituiscono reddito di lavoro dipendente anche i **"valori" percepiti in forma non monetaria** (redditi in natura o fringe benefit), salve le specifiche eccezioni previste dall'art. 51, D.P.R. n. 917/1986. Pertanto, per il calciatore professionista il **vitto** e l'**alloggio a carico della società** sono da considerare quali fringe benefit imponibili.

Argomento	Trattamento fiscale
Sede di lavoro dei calciatori professionisti "tesserati" con le società sportive	Poiché le disposizioni in materia di redditi di lavoro dipendente e di redditi d'impresa non prevedono specifici criteri di individuazione della sede di lavoro, in linea generale rileva il luogo determinato a tal fine dal contratto individuale di lavoro che, mediante una specifica indicazione o implicitamente, assegna il lavoratore a un'unità produttiva. Anche per il calciatore professionista la sede di lavoro è quella risultante dal **contratto individuale di lavoro** stipulato con la società sportiva (art. 3, Legge n. 91/1981). Considerato che i contratti stipulati dai calciatori hanno per oggetto la medesima prestazione sportiva, la sede di lavoro indicata nei rispettivi contratti è di norma la stessa per tutti i giocatori.
Ritiri pre-campionato e ritiri pre-partita	Se il ritiro pre-campionato e/o i ritiri pre-partita si svolgono in luogo diverso dalla sede di lavoro, risultante dal contratto individuale di lavoro, i giocatori e lo staff tecnico sono da considerare, fiscalmente, **in trasferta**. Per i ritiri pre-campionato e/o pre-partita che si svolgono in un **comune diverso** da quello ove è ubicata la sede di lavoro, **il vitto e l'alloggio** forniti gratuitamente dalla società sportiva ai calciatori **non rilevano ai fini della determinazione del reddito di lavoro dipendente** di questi ultimi (art. 51, c. 5, D.P.R. n. 917/1986). Per i ritiri pre-campionato e/o pre-partita che si svolgono nell'ambito del **medesimo comune** in cui è ubicata la sede di lavoro, è prevista l'**irrilevanza reddituale del solo rimborso delle spese di trasporto** comprovate da documenti provenienti dal vettore. Tra gli obblighi dei calciatori c'è quello di soggiornare e pernottare nelle strutture indicate dal datore di lavoro in occasione dei ritiri, anche nelle ipotesi in cui i calciatori stessi abbiano la disponibilità di una propria abitazione. In tali particolari situazioni, il vitto e l'alloggio forniti gratuitamente dalla società sportiva ai calciatori professionisti e allo staff tecnico per la durata del ritiro non rilevano ai fini della determinazione del reddito di lavoro dipendente di questi ultimi. Le medesime considerazioni valgono nell'ipotesi in cui il ritiro si svolga presso la sede di lavoro.
Vitto nella giornata di allenamento	Nell'ipotesi in cui la giornata di allenamento si svolga nella medesima sede di lavoro indicata nel contratto stipulato dal calciatore con la società, ovvero in una struttura ubicata nello **stesso comune** della sede di lavoro, è possibile, ove ne ricorrano le condizioni, applicare quanto previsto per le **somministrazioni di vitto da parte del datore di lavoro**, nonché per quelle in mense, organizzate direttamente dal datore di lavoro o gestite da terzi (art. 51, c. 2, lett. c), D.P.R. n. 917/1986). Nell'ipotesi in cui la giornata di allenamento sia svolta in una struttura ubicata **al di fuori del comune** ove è situata la normale sede di lavoro, il vitto fornito gratuitamente dalla società **non rileva fiscalmente** per i calciatori (art. 51, c. 5, D.P.R. n. 917/1986).
Biglietti omaggio	I biglietti omaggio per la partita casalinga dati al personale sportivo (calciatori, tecnici, massaggiatori, preparatori atletici) per i propri familiari non rappresentano *fringe benefit* per la persona fisica in quanto rientranti tra gli **oneri di utilità sociale** sostenuti volontariamente nei confronti di una categoria di dipendenti (la "prima squadra") e per il fine di ricreazione (art. 51, c. 2, lett. f) e 100, c. 1, D.P.R. n. 917/1986).
Beni assegnati in virtù di **contratti con gli sponsor**	I valori corrispondenti ai beni assegnati ai calciatori professionisti costituiscono, in genere, reddito di lavoro dipendente. Costituisce comunque fringe benefit il **bene non restituito al termine del contratto**, da determinare in base al valore normale in quel momento.
Premi erogati dagli sponsor	Nella determinazione del **reddito di lavoro dipendente** rientrano anche i premi e le liberalità assegnati da soggetti terzi rispetto al datore di lavoro (ris. n. 101/E/2005). I premi in oggetto erogati dallo sponsor ai dipendenti della società sportiva devono essere assoggettati dallo sponsor stesso alla **ritenuta alla fonte** a titolo di acconto (art. 23, D.P.R. n. 600/1973).
Provini di **atleti minorenni**	I rimborsi spese per vitto ed alloggio per provini di 1 o 2 giorni non rilevano ai fini IRPEF per l'atleta minorenne.

Argomento	Trattamento fiscale
Osservatori di giocatori	Il trattamento fiscale dei compensi corrisposti dalle società sportive agli "osservatori" di giocatori dipende dalla natura del rapporto contrattuale che intercorre tra i medesimi soggetti. Se l'osservatore non è titolare di partita IVA, il rapporto con la società è inquadrabile fiscalmente nell'ambito dei rapporti di **collaborazione coordinata e continuativa** (art. 50, c. 1, lett. c-bis), D.P.R. n. 917/1986). Nel caso di osservatore titolare di partita IVA i compensi, comprese le spese rimborsate o prepagate, concorrono alla formazione del reddito di **lavoro autonomo** (art. 54, c. 1, D.P.R. n. 917/1986). Se il rapporto con l'osservatore è di lavoro autonomo occasionale, rientra nei **redditi diversi** (art. 67, c. 1, lett. l), D.P.R. n. 917/1986).

REDDITI DI LAVORO AUTONOMO 13.

IRPEF

ASPETTI GENERALI 13.1.

Definizione di reddito di lavoro autonomo 13.1.1.

Sono **redditi di lavoro autonomo** tutti quelli che derivano dall'esercizio di arti e professioni, cioè dall'esercizio **abituale**, ancorché **non esclusivo**, individuale o in forma associata, di attività di **lavoro autonomo, artistiche, intellettuali e di servizi,** diverse da quelle di impresa e di lavoro dipendente (art. 53, c. 1, D.P.R. n. 917/1986).

I principali elementi che caratterizzano il lavoro autonomo sono:

- la **prevalenza del lavoro personale** del prestatore d'opera;
- l'**assenza** del vincolo della **subordinazione**;
- la **libera pattuizione del compenso**;
- l'**assunzione a carico del lavoratore** degli **oneri** relativi all'esecuzione della prestazione e del **rischio** inerente l'esecuzione medesima.

L'attività di **sostituto medico di continuità assistenziale** è riconducibile all'esercizio di una attività professionale abituale e, pertanto, inquadrabile quale lavoro autonomo, i cui compensi rilevano tra i redditi professionali, se il medico sostituto sia iscritto all'albo professionale o tra i redditi diversi, se trattasi di attività meramente occasionale (risposta a interpello 25 settembre 2020, n. 414).

13.1.2. Redditi assimilati a quelli di lavoro autonomo

Sono considerati redditi di lavoro autonomo anche quelli derivanti da:

- **utilizzazione economica**, da parte dell'autore o inventore, di **opere dell'ingegno**, di **brevetti industriali**, **processi**, **formule** o informazioni relativi ad esperienze acquisite nel campo industriale, commerciale o scientifico (art. 53, c. 2, lett. b), D.P.R. n. 917/1986);
- **utili** derivanti da contratti di **associazione in partecipazione**, quando l'apporto dell'associato è costituito esclusivamente dalla prestazione di lavoro (art. 53, c. 2, lett. c), D.P.R. n. 917/1986);
- utili spettanti ai **promotori** e ai **soci fondatori** di società di capitali (per azioni, in accomandita per azioni e a responsabilità limitata) (art. 53, c. 2, lett. d), D.P.R. n. 917/1986);
- indennità per **cessazione di rapporti di agenzia**;
- attività di **levata dei protesti** esercitata dai segretari comunali.

I redditi assimilati a quelli di lavoro dipendente si caratterizzano per le **diverse modalità di determinazione del reddito** e per i diversi **obblighi contabili connessi**.

13.1.3. Soggetti passivi

Sono soggetti passivi tutti i lavoratori **autonomi** sia **residenti** che **non residenti** nel territorio dello Stato.

Per i soggetti non residenti, sono **imponibili solo i redditi prodotti nel territorio dello Stato**.

I compensi percepiti da **modelli (indossatori e indossatrici) e *testimonial* (attori cantanti e *influencer*)** per la partecipazione a una sessione di ***photo shooting*** e per la cessione dei relativi diritti d'immagine è reddito di lavoro autonomo e, se percepito da non residenti, è tassabile in Italia se lo *shooting* è svolto in Italia a prescindere dal luogo in cui è esercitata l'attività di sfruttamento del diritto all'immagine (risposta a interpello 11 ottobre 2021, n. 700).

13.1.4. Esercizio in forma associata

L'esercizio di arti e professioni in forma associata determina reddito da lavoro autonomo: l'**associazione professionale**, in questi casi, è **equiparata alla società semplice** (art. 5, D.P.R. n. 917/1986).

Pertanto:

- il reddito è determinato secondo le regole proprie del **regime analitico** del lavoro autonomo, ma in modo complessivo **in relazione all'associazione**;
- il reddito viene poi attribuito ai soci "**per trasparenza**", ovvero **pro quota** indipendentemente dalla percezione, in base alle quote risultanti all'inizio del periodo;
- i compensi percepiti dall'associazione sono soggetti alla **ritenuta d'acconto** se corrisposti da un sostituto;
- le **ritenute** d'acconto subite dall'associazione vengono **attribuite agli associati** con lo stesso criterio di ripartizione degli utili;
- le **perdite** conseguite **non** sono **riportabili** negli anni successivi;
- alcuni **oneri** sostenuti dall'associazione vengono **attribuiti ai soci** che, pertanto, **possono dedurli** direttamente dal proprio reddito nella stessa proporzione con cui viene loro attribuito il reddito.

Se, però, l'associazione professionale assume la forma di **società di capitali,** di **società in nome collettivo** e in **accomandita semplice** il reddito prodotto viene qualificato come **reddito d'impresa**.

La costituzione di uno **studio associato**, di regola, deve essere notificata all'ordine cui il professionista appartiene, sempre che lo stesso sia iscritto ad un Albo professionale.

Società tra professionisti - È prevista la possibilità di costituire **società per l'esercizio dell'attività professionale (Stp)** (art. 10, c. 3-11, Legge n. 183/2011; D.M. 8 febbraio 2013, n. 34). In particolare, è possibile la **costituzione di società** per l'**esercizio** di **attività professionali** regolamentate nel sistema ordinistico secondo i modelli societari regolati dai titoli V e VI del libro V del Codice civile (quindi, sia società di persone e di capitali sia cooperative).

L'**atto costitutivo** delle società professionali deve prevedere:

a. l'**esercizio in via esclusiva** dell'attività professionale da parte dei soci;
b. l'ammissione in qualità di **soci** dei **soli professionisti** iscritti ad ordini, albi e collegi, anche in differenti sezioni, nonché dei cittadini degli Stati membri UE, purché in possesso del titolo di studio abilitante, ovvero **soggetti non professionisti** soltanto per **prestazioni tecniche** o con una partecipazione minoritaria, o **per finalità di investimento**, fermo restando il divieto per tali soci di partecipare alle attività riservate e agli organi di amministrazione della società; in ogni caso il numero dei soci professionisti o la partecipazione al capitale sociale dei professionisti deve essere tale da determinare la maggioranza di due terzi nelle deliberazioni o decisioni dei soci; il venir meno di tale condizione costituisce **causa di scioglimento della società** e il consiglio dell'ordine o collegio professionale presso il quale è iscritta la società procede alla cancellazione della stessa dall'albo, salvo che la società non abbia provveduto a ristabilire la prevalenza dei soci professionisti nel termine perentorio di 6 mesi;
c. criteri e modalità affinché l'**esecuzione dell'incarico professionale** conferito alla società sia eseguito solo dai soci in possesso dei requisiti per l'esercizio della prestazione professionale richiesta; la designazione del socio professionista deve essere compiuta dall'utente e, in mancanza di tale designazione, il nominativo sia previamente comunicato per iscritto all'utente;
d. le modalità di **esclusione dalla società** del **socio** che sia stato **cancellato** dal rispettivo albo con provvedimento definitivo.

I tradizionali **studi strutturati** sotto forma di **associazioni professionali** continuano a rimanere in vita essendo equiparati alle società semplici e restano salve le associazioni professionali già costituite, nonché i diversi modelli societari già previsti in precedenza.

Le STP, costituite per l'esercizio di attività professionali per le quali è prevista l'iscrizione in appositi albi o elenchi regolamentati nel sistema ordinistico, **producono reddito d'impresa** in quanto non costituiscono un genere autonomo, appartenendo alle società tipiche disciplinate dal Codice civile e, conseguentemente, sono soggette alla disciplina legale del modello societario prescelto, salvo deroghe o integrazioni espressamente previste. Ai fini della qualificazione del reddito prodotto dalle STP non assume alcuna rilevanza, pertanto, l'esercizio dell'attività professionale, risultando a tal fine determinante il fatto di operare in una veste giuridica societaria (risposta a interpello 27 dicembre 2018, n. 128).

Qualificazione del reddito delle società tra avvocati - Il reddito prodotto dalle società tra avvocati (costituite sotto forma di società di persone, di capitali ovvero cooperative - D.Lgs. n. 96/2001) va qualificato come **reddito d'impresa** (ris. 7 maggio 2018, n. 35/E).
Infatti, **assume rilevanza** la **veste giuridica societaria**, **non** la **tipologia** di **attività svolta** (nel caso in questione si tratta di attività di tipo professionale).
In ragione di ciò, qualora per l'esercizio dell'attività di avvocato venga costituita una società di capitali, il reddito prodotto dalla suddetta società è assoggettato ad IRES, il valore della produzione è invece assoggettato ad IRAP.
Da ricordare che, in passato, la posizione dell'Amministrazione finanziaria è stata diversa in quanto era stato chiarito che le **società tra avvocati** producono redditi di lavoro autonomo (ris. 28 maggio 2003, n. 118/E).

Comunione d'uso - Tale forma di esercizio della professione si verifica nel caso in cui più professionisti **ripartiscano solo le spese** e **usino i beni in comune**. Il reddito che si determina in capo ai singoli professionisti rimane reddito di lavoro autonomo.
Nella prassi, si possono verificare le seguenti situazioni:

1. stipula dei **contratti individualmente:** i singoli professionisti utilizzano servizi relativi a contratti stipulati individualmente (ad esempio, due professionisti che stipulano, uno il contratto di affitto dei locali e l'altro quello dei servizi telefonici);
2. **cointestazione dei contratti:** i professionisti si **intestano** tutti i contratti nonché i beni strumentali.

Tali modalità operative si differenziano per i diversi risvolti in materia di **riaddebito dei costi ai fini IVA**.

IRPEF

Tipologie	Regole per il riaddebito dei costi
Stipula dei **contratti individualmente**	Il professionista intestatario delle forniture di servizi deve **ripartire le spese** ***pro quota*** tra gli altri professionisti. In tal caso, il riaddebito delle spese dovrà avvenire attraverso l'emissione di una fattura da assoggettare ad IVA. Essa costituisce una **componente di reddito in capo al professionista** che la emette (reddito che però risulterà **annullato** per effetto del preventivo sostenimento del costo da parte di quello stesso professionista, quindi senza svantaggi fiscali a carico dello stesso).
Cointestazione dei contratti	Ogni professionista **detrae la propria quota di spesa** (e di IVA), senza che ci sia alcuna fatturazione tra i professionisti stessi.

13.1.5. Base imponibile

Il reddito imponibile è determinato in **differenti modi** (art. 54, D.P.R. n. 917/1986).

Regime	In cosa consiste
Analitico (➡13.2.)	Il reddito è dato dalla **differenza tra l'ammontare dei compensi** in denaro o in natura percepiti nel periodo d'imposta, al netto dei contributi previdenziali e assistenziali posti dalla legge a carico del soggetto che li corrisponde, **e l'ammontare delle spese sostenute nel periodo** stesso nell'esercizio dell'arte o professione e ammesse in deduzione. Il regime contabile naturale è quello semplificato. È possibile optare per la contabilità ordinaria.
Forfetario	Consiste in un **regime agevolato**, per i lavoratori autonomi con compensi annui non superiori a 65.000 euro, soggetto a determinati requisiti, mediante l'applicazione di un'**imposta sostitutiva** pari al 15% (5% per i primi 5 anni di attività) del reddito di lavoro autonomo. (➡14.11.9.) Non si applica l'IVA e l'IRAP e sono previste agevolazioni contabili. È possibile optare per il regime analitico. Dal 2020, inoltre, per chi consegue compensi, su base annua, compresi tra 65.000 e 100.000 euro, è possibile optare per un regime forfetario con tassazione sostitutiva del 20% (➡14.11.10.).

13.2. REGIME ANALITICO

Il **regime analitico di determinazione del reddito**, applicabile alla generalità dei contribuenti, prevede che il reddito è costituito dalla **differenza** tra l'ammontare dei **compensi** percepiti e quello delle **spese** sostenute nel periodo d'imposta (art. 54, D.P.R. n. 917/1986).
La determinazione del reddito viene effettuata con il **principio di cassa**, anche se, per alcune tipologie di spese, si applica il principio di competenza.

Nel caso di compensi pagati mediante **bonifico bancario**, ai fini della determinazione del reddito di lavoro autonomo, il momento in cui il professionista consegue l'effettiva disponibilità delle somme è quello in cui questi riceve l'**accredito sul proprio conto corrente**.
Si tratta, tecnicamente, della cosiddetta "**data disponibile**", che indica il giorno a partire dal quale la somma di denaro accreditata può essere effettivamente utilizzata. Non assumono rilievo, pertanto, né la **data della valuta**, ovvero quella da cui decorrono gli interessi, né il momento in cui il dante causa **emette l'ordine di bonifico** né quello in cui la **banca informa** il professionista dell'avvenuto accredito (circ. 23 giugno 2010, n. 38/E, risp. n. 3.3.).

CASO 1 - Compenso pagato mediante bonifico, a cavallo d'anno

Si supponga che:
- in data 30 dicembre anno x il cliente del professionista abbia effettuato un ordine di bonifico a saldo di una determinata prestazione;
- l'accredito della somma sul conto corrente del professionista sia intervenuto il 2 gennaio anno x+1;
- la valuta dell'operazione per il professionista risulti essere il 30 dicembre anno x.

Il compenso concorre alla formazione del reddito di lavoro professionale dell'anno x+1 (e non dell'anno x).

Nel caso di un compenso professionale percepito sotto forma di **assegno circolare** il momento in cui il titolo di credito (e, quindi, le somme in esso rappresentate) entra nella disponibilità del professionista si verifica all'atto della **materiale consegna del titolo dall'emittente al ricevente**; nessuna rilevanza può essere attribuita alla circostanza che il versamento sul conto corrente del prenditore intervenga in un momento successivo (e in un diverso periodo d'imposta). Pertanto, il provento deve concorrere alla formazione d del reddito di lavoro autonomo relativo al periodo d'imposta in cui il professionista ha ricevuto l'assegno circolare (ris. 29 maggio 2009, n. 138/E).

Strumento di pagamento	Momento rilevante
Assegni bancari o circolari	I ricavi si considerano percepiti e le spese sostenute nel momento in cui avviene la materiale consegna dell'assegno dall'emittente al ricevente (ris. 29 maggio 2009, n. 138/E).
Bonifici	I ricavi si considerano percepiti quando la somma di denaro può essere effettivamente utilizzata (alla cd. "data disponibile") (circ. 23 giugno 2010, n. 38/E).
	Le spese si considerano sostenute quando la somma di denaro è uscita dalla disponibilità dell'imprenditore (circ. 23 giugno 2010, n. 38/E).
Carte di credito/debito	I ricavi si considerano percepiti e le spese sostenute nel momento in cui avviene l'utilizzo della carta (ris. 23 aprile 2007, n. 77/E).

Compensi 13.2.1.

Sono considerati componenti positivi tutti i proventi, al netto dell'IVA, percepiti nel periodo d'imposta, in relazione all'attività professionale o artistica svolta.
In particolare, sono compresi:
- i compensi in **denaro**;
- i compensi in **natura**;
- le partecipazioni agli **utili**;
- le **indennità** o i **risarcimenti** conseguiti per la perdita di redditi;
- le **spese rimborsate**, ad esclusione di quelle anticipate o sostenute in nome e per conto del cliente e documentate analiticamente.

I compensi sono computati **al netto dei contributi previdenziali e assistenziali** stabiliti dalla legge a carico del soggetto che li corrisponde.

Pagamenti in natura - Nell'ipotesi di pagamenti in natura il **momento impositivo** coincide:
- con la **consegna** (nel caso di beni mobili), ovvero con la **stipula dell'atto** (per gli immobili), se il **pagamento** avviene **tramite beni** (Cass. 24 ottobre 2005, n. 20591);
- con l'effettiva **possibilità di utilizzazione del servizio** da parte del professionista, se il **pagamento** avviene **tramite servizi**.

Compensi per gratuito patrocinio - I compensi per gratuito patrocinio, anche se non assoggettati a ritenuta d'acconto in quanto utilizzati in compensazione e non materialmente pagati, **costituiscono redditi di lavoro autonomo** imponibili per gli avvocati percipienti che saranno tenuti a dichiararli (risposta a interpello 23 luglio 2019, n. 301).

Somme ricevute in deposito - Per le somme ricevute in deposito, da parte di **notai, avvocati, dottori commercialisti ed esperti contabili**, a titolo:
- di **corrispettivo**,
- di **spese da sostenere in nome e per conto del cliente**,

sussiste la possibilità di **differire la fatturazione** delle stesse fino al 60° giorno successivo alla data di costituzione del deposito (art. 3, D.M. 31 ottobre 1974).
Per usufruire di tale disciplina, occorre che le somme siano ricevute "globalmente e indistintamente", vale a dire senza differenziare tra:
- la parte che costituisce compenso;
- la parte che rappresenta il fondo per sostenere le spese in nome e per conto del cliente.

Il momento i cui tali somme assumono la natura di compensi e come tali concorrono alla determinazione del reddito professionale coincide con la **scadenza del termine per la fatturazione** (60° giorno successivo alla costituzione del fondo). In questo istante, infatti, le somme non utilizzate come rimborso delle spese sostenute in nome e per conto del cliente si considerano ricevute a titolo di corrispettivo della prestazione e devono essere fatturate (Consiglio nazionale del Notariato, Studio 16 dicembre 2005, n. 81/2005/T).

Somme che il notaio riceve nell'esercizio delle sue funzioni - Il notaio o altro pubblico ufficiale è tenuto a versare su **apposito conto corrente dedicato** (art. 1, c. 142, Legge n. 147/2013):

a. tutte le somme dovute a titolo di **tributi** per i quali il medesimo sia sostituto o responsabile d'imposta, e comunque le **spese anticipate** (art. 15, D.P.R. n. 633/1972), in relazione agli atti a repertorio dallo stesso ricevuti o autenticati e soggetti a pubblicità immobiliare o commerciale;
b. **ogni altra somma affidatagli** e soggetta ad obbligo di annotazione nel registro delle somme e dei valori (Legge n. 64/1934);
c. l'**intero prezzo o corrispettivo**, ovvero il saldo degli stessi, se determinato in denaro, oltre alle somme destinate ad estinzione di gravami o spese non pagate o di altri oneri dovuti in occasione del ricevimento o dell'autenticazione di atti di trasferimento della proprietà o di trasferimento, costituzione o estinzione di altro diritto reale su immobili o aziende, se in tal senso richiesto da almeno una delle parti e conformemente all'incarico espressamente conferito; il notaio deve ricusare il suo ministero se le parti non depositano, antecedentemente o contestualmente alla sottoscrizione dell'atto, l'importo dei tributi, degli onorari e delle altre spese dell'atto, salvo che si tratti di persone ammesse al beneficio del gratuito patrocinio.

> Le somme depositate nel conto corrente costituiscono **patrimonio separato**.
> Tali somme sono **escluse** dalla **successione del notaio** o altro pubblico ufficiale e dal suo regime patrimoniale della famiglia, sono impignorabili a richiesta di chiunque ed impignorabile è altresì il credito al pagamento o alla restituzione delle stesse.

Nei casi previsti dalle lettere a) e b) sopra riportati, il notaio o altro pubblico ufficiale può disporre delle somme di cui si tratta **solo per gli specifici impieghi** per i quali gli sono state depositate, mantenendo di ciò idonea documentazione.

Nei casi previsti dalla lettera c), eseguite la registrazione e la pubblicità dell'atto ai sensi della normativa vigente, verificata l'assenza di gravami e formalità pregiudizievoli ulteriori rispetto a quelle esistenti alla data dell'atto o da questo risultanti, il notaio o altro pubblico ufficiale provvede senza indugio a **disporre lo svincolo** degli importi depositati a favore degli aventi diritto.

Se nell'atto le parti hanno previsto che il prezzo o corrispettivo sia pagato solo dopo l'avveramento di un determinato evento o l'adempimento di una determinata prestazione, il notaio o altro pubblico ufficiale svincola il prezzo o corrispettivo depositato quando gli viene fornita la **prova**, risultante da atto pubblico o scrittura privata autenticata, ovvero secondo le diverse modalità probatorie concordate tra le parti, che l'evento dedotto in condizione si sia avverato o che la prestazione sia stata adempiuta.

Il notaio o altro pubblico ufficiale può recuperare dal conto dedicato, a seguito di redazione di apposito prospetto contabile, le **somme** che abbia eventualmente **anticipato con fondi propri**, nonché le somme in esso versate diverse da quelle di cui al medesimo conto.

Maggiorazione contributo "cap" - I compensi devono essere dichiarati **al netto dei contributi previdenziali o assistenziali** posti dalla legge a carico del soggetto che li corrisponde.

Quindi, vanno dichiarati al netto del **contributo integrativo ("contributo assistenziale obbligatorio" - cap)** rappresentato da una maggiorazione solitamente pari al 4% per il quale i professionisti provvisti di cassa previdenziale hanno l'obbligo di rivalsa nei confronti del committente.

In particolare, il cap:

- non concorre alla formazione del reddito di lavoro autonomo e, di conseguenza, nemmeno alla determinazione del reddito imponibile complessivo ai fini IRPEF;
- non è deducibile (art. 10, D.P.R. n. 917/1986) (➜3.2.4.).

Al contrario, l'ammontare della maggiorazione del 4% addebitata ai committenti in via definitiva dai **professionisti sprovvisti di cassa previdenziale**, non va considerato alla stregua dei contributi previdenziali e, pertanto, costituisce parte integrante dei compensi (art. 1, c. 212, Legge n. 662/1996).

13.2.2. Plusvalenze e minusvalenze

Concorrono a formare il reddito le **plusvalenze** e le **minusvalenze dei beni strumentali**, **esclusi** gli **oggetti d'arte, di antiquariato o da collezione** (anche se utilizzati come beni strumentali per l'esercizio dell'arte o della professione), se (art. 54, c. 1-bis, 1-bis.1, 1-ter, D.P.R. n. 917/1986):

a. sono realizzate mediante **cessione a titolo oneroso**;

b. sono realizzate mediante il **risarcimento**, anche in forma assicurativa, per la perdita o il danneggiamento dei beni;
c. i beni vengono destinati al **consumo personale** o **familiare** dell'esercente l'arte o la professione o a **finalità estranee** all'arte o professione.

> L'**estromissione di beni mobili strumentali** dal regime di lavoro autonomo genera plusvalenza tassabile ovvero minusvalenza deducibile solo se riferita a beni mobili acquistati dal professionista in epoca successiva al 4 luglio 2006, data di entrata in vigore del D.L. n. 223/2006 (ris. 21 luglio 2008, n. 310/E).

Determinazione - Si considera plusvalenza o minusvalenza la **differenza**, positiva o negativa, tra il **corrispettivo** o l'indennità percepiti e il **costo non ammortizzato** ovvero, in assenza di corrispettivo, la differenza tra il valore normale del bene e il costo non ammortizzato.

> In applicazione del principio di cassa ed in mancanza di un espresso riferimento normativo, **non** vi è la possibilità per il professionista di **rateizzare in più esercizi la plusvalenza** realizzata, come previsto, invece, per le imprese (circ. 4 agosto 2006, n. 28/E).

Ferma restando l'impossibilità di ammortizzare gli **immobili strumentali** acquistati a partire dal 1° gennaio 2010, questi ultimi non possono essere considerati plusvalenti o minusvalenti. L'acquisto "in epoca successiva al 1° gennaio 2007" deve ritenersi una condizione necessaria, ma non sufficiente per conferire rilevanza alle plusvalenze e alle minusvalenze relative agli immobili strumentali. A tal fine è necessario che, in costanza di possesso dell'immobile, siano ammesse in deduzione le quote di ammortamento del relativo costo (circ. IRDCEC 4 giugno 2010, n. 19/IR).

Cessione della clientela 13.2.3.

Concorrono a formare il reddito i **corrispettivi percepiti** a seguito di **cessione della clientela** o di elementi immateriali comunque riferibili all'attività artistica o professionale (art. 54, c. 1-quater, D.P.R. n. 917/1986).
Se tali corrispettivi vengono **percepiti in un'unica soluzione** sono soggetti a **tassazione separata** (➜**8.8.3.**) (art. 17, c. 1, lett. g-ter), D.P.R. n. 917/1986).

> Anche se la lettera della norma fa riferimento al pagamento in "un'unica soluzione" il regime di tassazione separata è applicabile anche nel caso in cui il corrispettivo sia percepito **in più rate**, ma **nello stesso periodo d'imposta**.
> Nella diversa ipotesi in cui il corrispettivo per la cessione della clientela sia percepito **in più periodi d'imposta**, la modalità di tassazione è, in ogni caso, quella ordinaria (circ. 16 febbraio 2007, n. 11/E).

Nel caso in cui non è prevista alcuna remunerazione per l'apporto della clientela, né al momento dell'adesione all'associazione né al momento dell'eventuale recesso, non sussiste materia imponibile da assoggettare a tassazione (circ. 13 marzo 2009, n. 8/E).

Compensi percepiti da professionisti per l'attività di amministratore e sindaco 13.2.4.

Al fine di stabilire se sussista o meno una connessione tra l'attività di collaborazione e quella di lavoro autonomo esercitata, occorre valutare se per lo svolgimento dell'incarico di amministratore o sindaco/revisore di società siano necessarie conoscenze tecnico-giuridiche direttamente collegate all'attività professionale esercitata abitualmente.
In particolare, i **compensi** percepiti dal professionista per l'esercizio dell'attività di amministratore sono **attratti nel reddito professionale** quando ricorrono, alternativamente, le seguenti **condizioni**:
- gli ordinamenti professionali ricomprendono espressamente l'amministrazione o la gestione di aziende nel novero delle **mansioni tipiche** esercitabili dalla categoria disciplinata;
- anche in assenza di una previsione espressa nell'ambito delle norme di disciplina dell'ordinamento professionale, il professionista svolge l'incarico di amministratore di società o enti che esercitano un'**attività oggettivamente connessa alle mansioni tipich**e della propria professione abituale.

> Sulla base di tali criteri, i **compensi** percepiti da **dottori commercialisti ed esperti contabili** per lo svolgimento dell'attività di amministrazione di società o enti sono **sempre attratti nel reddito professionale**.

Per gli altri professionisti, invece, occorre valutare caso per caso la connessione alle mansioni tipiche dell'attività esercitata (circ. 12 dicembre 2001, n. 105/E).
Inoltre, i compensi percepiti da dottori commercialisti ed esperti contabili per lo svolgimento dell'attività di **sindaco o revisore** sono sempre qualificati come **redditi di lavoro autonomo** (ris. 27 febbraio 2002, n. 56/E).

13.2.5. Indennità percepite dai magistrati onorari

Le indennità percepite dai **magistrati onorari** che prestano la loro opera in **studi associati** sono attratte nell'ambito del reddito di lavoro autonomo (ris. 11 dicembre 2007, n. 363/E).
Allo stesso modo, rientrano tra i redditi di lavoro autonomo, le indennità corrisposte ai **giudici onorari di pace e ai vice procuratori onorari** (art. 53, c. 2, lett. f-bis), D.P.R. n. 917/1986).
In tal caso, i redditi sono costituiti dall'ammontare delle indennità in denaro o in natura percepite nel periodo di imposta (art. 54, c. 8, D.P.R. n. 917/1986).
La disciplina sui **giudici onorari di pace e ai vice procuratori onorari** si applicano ai magistrati onorari immessi nel servizio onorario successivamente al 15 agosto 2017 (art. 32, c. 1, D.Lgs. 13 luglio 2017, n. 116). Sino alla scadenza del quarto anno successivo al 15 agosto 2017, la norma si applica ai magistrati onorari in servizio alla medesima data. Dalla scadenza di tale termine, ai magistrati onorari in servizio alla data del 15 agosto 2017 si applicano tutte le disposizioni del decreto (e, quindi, anche la nuova qualificazione reddituale).
Invece, le indennità percepite dalle categorie di giudici onorari tassativamente elencate dall'art. 50, c. 1, lett. f), D.P.R. n. 917/1986 (membri delle **Commissioni tributarie,** esperti del **Tribunale di sorveglianza**) costituiscono **redditi assimilati a quelli di lavoro dipendente** (➡**12.2.8.**), anche qualora le prestazioni siano rese da soggetti esercenti arti o professioni.

13.2.6. Proventi e indennità conseguiti in sostituzione del reddito professionale

I proventi e le indennità conseguiti in sostituzione del reddito professionale concorrono a formare il reddito (art. 6, c. 2, D.P.R. n. 917/1986).
Confluiscono nel reddito professionale, in base al **criterio di cassa**:
- i proventi conseguiti in **sostituzione del reddito** professionale;
- i proventi conseguiti per **cessione di crediti** per compensi professionali;
- le **indennità risarcitorie** della perdita del reddito professionale (es.: risarcimento assicurativo per inattività, malattia, invalidità temporanea).

Se le indennità spettanti a titolo di risarcimento afferiscono a **redditi relativi a più anni**, il reddito è tassato separatamente, salva la possibilità di optare per la tassazione normale (➡**8.8.6.**).
Sono **esclusi dal reddito professionale**:
- i risarcimenti per **invalidità permanente o morte** (per espressa disposizione di legge);
- i proventi, le indennità, le cessioni aventi **oggetto diverso dai compensi professionali**.

Risarcimento del danno - Non costituisce reddito professionale l'indennità corrisposta a un professionista per il **risarcimento dei danni all'immagine** (Cass., sent. 13 maggio 2009, n. 10972).

Danno per inadempimento contrattuale della controparte - Le somme liquidate, a seguito di una sentenza, a un professionista che aveva agito per inadempimento contrattuale della controparte concorrono alla formazione del reddito professionale, perché si tratta di **proventi sostitutivi del reddito di lavoro autonomo** (ris. 13 ottobre 2010, n. 106/E).

Risarcimento per le spese sostenute dal professionista - Nel caso in cui venga corrisposta al professionista un'indennità per il risarcimento delle spese sostenute dallo stesso in relazione all'inadempimento della controparte, si ricade nell'ipotesi del **risarcimento del danno emergente**, che **non è tassato** (➡**2.2.2.**) (art. 6, c. 2, D.P.R. n. 917/1986).
Tale indennità rientra comunque nel reddito professionale poiché il professionista ha potuto dedurre i costi a suo tempo sostenuti. Peraltro, laddove il professionista non abbia dedotto le spese processuali, lo stesso può recuperare la maggiore imposta a suo tempo versata presentando una dichiarazione integrativa "a favore" ovvero un'istanza di rimborso (ris. 7 dicembre 2007, n. 356/E).

13.2.7. Interessi moratori e per dilazioni di pagamento

Gli interessi moratori e per dilazione di pagamento che derivano da un **credito maturato per prestazioni di lavoro autonomo** confluiscono nel reddito professionale, in base al **criterio di cassa** (art. 6, c. 2, D.P.R. n. 917/1986).

Compensi professionali incassati dagli eredi 13.2.8.

In caso di morte dell'avente diritto, i redditi professionali percepiti dagli eredi conservano la loro natura e sono tassati in capo agli eredi e ai legatari, al momento della percezione, mediante **tassazione separata**, salvo opzione per la tassazione normale (➡8.9.).

Il **credito maturato in capo all'erede** per compensi relativi a prestazioni di lavoro autonomo effettuate dal *de cuius* mantiene la propria **natura di reddito professionale**, anche se in concreto la somma non è erogata al professionista ma al legittimo erede (Cass. sent. 27 febbraio 2009, n. 4785).
Pertanto, sui compensi liquidati agli eredi andrà applicata la **ritenuta d'acconto** del 20% (art. 25, D.P.R. n. 600/1973) e rilasciata la certificazione unica - Mod. CU (art. 4, c. 6-ter e 6-quater, D.P.R. n. 322/1998).

Rimborsi spese 13.2.9.

I **rimborsi spese documentati**, sostenuti in nome e per conto del cliente, **non rientrano nell'imponibile**.
I rimborsi spese si considerano tali alla presenza delle seguenti **condizioni**:
- sotto l'**aspetto formale**, si tratta di spese sostenute in nome e per conto del cliente, in forza di specifico incarico professionale e:
  - la spesa deve essere documentata e intestata al cliente;
  - la documentazione deve essere allegata o comunque trovarsi in atti depositati presso pubblici uffici;
- sotto l'**aspetto sostanziale**, si tratta di spese che non costituiscono il mezzo per assolvere l'incarico, bensì l'**oggetto del mandato stesso** (es.: pagamento per conto del cliente di imposte o altre somme, adempimento di formalità in nome e per conto del cliente, ecc.).

I **rimborsi** delle spese sostenute per lo svolgimento della professione sono **assimilati ai compensi**, con obbligo di **fatturazione** e assoggettamento a **ritenuta**. Vi rientrano tutti i rimborsi che non abbiano le caratteristiche delle spese anticipate in nome e per conto del cliente.
Vi rientrano i rimborsi per **spese di viaggio, vitto e alloggio** e per altre spese sostenute dal professionista per svolgere la propria attività (circ. 18 giugno 2001, n. 58/E).

Spese 13.2.10.

Le **spese effettivamente sostenute** (oltre a quelle imputabili per competenza, come, ad esempio, gli ammortamenti) sono ammesse in **detrazione** a condizione che siano:
- **inerenti**, ovvero abbiano attinenza con l'attività svolta dal lavoratore autonomo;
- **documentate**, ovvero dimostrino il sostenimento della spesa.

Beni mobili strumentali 13.2.11.

Sono ammesse in deduzione:
- le spese sostenute nell'anno per l'acquisto di **beni strumentali di costo unitario inferiore a 516,40 euro**;
- le **quote di ammortamento** di competenza dell'anno relative a beni mobili strumentali e determinate secondo i coefficienti ministeriali, sempre in forma piena, in quanto **non è ammesso** né l'**ammortamento ridotto** per il primo esercizio, né l'**ammortamento anticipato**;
- i canoni di **locazione finanziaria** maturati nel periodo di imposta per i **beni mobili strumentali**, a condizione che il contratto non sia inferiore alla metà del periodo di ammortamento corrispondente ai coefficienti ministeriali. (art. 54, c. 2, TUIR).

Spese per telefonia - Le quote d'ammortamento, i canoni di locazione anche finanziaria o di noleggio e le spese di impiego e manutenzione relativi ad apparecchiature terminali per servizi di comunicazione elettronica ad uso pubblico (art. 1, c. 1, lett. gg), D.Lgs. n. 259/2003 - Codice delle comunicazioni elettroniche), sono **deducibili nella misura dell'80%** (art. 54, c. 3-bis, D.P.R. n. 917/1986).

La deducibilità dell'80% riguarda gli impianti di **telefonia fissa e mobile**.

Rientrano in tale ambito applicativo le spese sostenute per l'**acquisto del modem** ovvero del **router ADSL** e dell'eventuale ***software* specifico**, mentre i costi relativi al personal computer vanno dedotti secondo i criteri generali che sovrintendono alla formazione del reddito d'impresa o professionale. Per le spese afferenti il **pc utilizzato per la connessione**, avendo potenziali utilizzi distinti da quelli

riservati esclusivamente alla connessione internet non si applica la riduzione della deducibilità all'80% (ris. 17 maggio 2007, n. 104/E).
Sono deducibili all'80% anche le spese sostenute per l'**acquisto delle ricariche telefoniche** ovvero delle **schede prepagate** trattandosi di costi relativi all'impiego dei servizi telefonici. Resta inteso che, ai fini del riconoscimento della deducibilità dal reddito di lavoro autonomo, i predetti costi devono essere connotati dei **requisiti dell'inerenza** (all'attività professionale o artistica svolta) **e** della **tracciabilità della spesa** (che sia stata effettivamente sostenuta dal contribuente e che siano note le modalità di pagamento utilizzate) (circ. 18 giugno 2008, n. 47/E).
Da ricordare che, ai fini IVA, l'acquisto e le spese di gestione dei telefoni cellulari sono detraibili nella misura in cui sono utilizzati nell'esercizio della professione da quantificare secondo criteri oggettivi, fermo restando che la percentuale di utilizzo va indicata in dichiarazione (quadro VA) e che l'Agenzia delle Entrate concentra i controlli sulle detrazioni superiori al 50% (art. 1, c. 255, Legge n. 244/2007). Pertanto, supponendo che il contribuente detragga il 50% dell'IVA, ai fini delle imposte sui redditi, il 50% dell'IVA indetraibile costituisce costo deducibile ed andrà sommato al 50% del costo stesso.

CASO 2 - Telefoni cellulari - Calcolo costo deducibile

Si supponga di aver acquistato un telefono cellulare per un importo pari a 1.000 euro + IVA al 22% si avrà:
- IVA = 1.000 x 22% = 220
- IVA indetraibile = 220 x 50% = 110
- Costo deducibile ai fini IRPEF = (1.000 + 110) x 80% = 880

Banche dati - Le **banche dati su supporto elettronico** sono beni materiali strumentali all'attività di lavoro autonomo aventi utilità pluriennale; pertanto, il relativo costo è ammortizzabile o deducibile integralmente per cassa se di importo inferiore a 516,46 euro (ris. 25 maggio 2006, n. 72/E).

13.2.12. Mezzi di trasporto

Le spese e gli altri componenti negativi relativi ai **mezzi di trasporto a motore utilizzati nell'esercizio di arti e professioni**, sono deducibili nella misura del **20%** relativamente ai costi sostenuti per autovetture ed autocaravan, ciclomotori e motocicli (➔24.12.) (art. 164, c. 1, lett. b), D.P.R. n. 917/1986). Nel caso di **esercizio** di arti e professioni **in forma individuale**, la deducibilità è ammessa limitatamente ad un solo veicolo. Se l'attività è svolta da **società semplici e** da **associazioni**, la deducibilità è consentita soltanto per **un veicolo per ogni socio o associato** (art. 5, D.P.R. n. 917/1986).
In ogni caso, **non si tiene conto**:
- della parte del **costo di acquisizione che eccede euro 18.075,99** per le autovetture e gli autocaravan, **euro 4.131,66** per i motocicli, **euro 2.065,83** per i ciclomotori;
- dell'ammontare dei canoni proporzionalmente corrispondente al costo di detti veicoli che eccede i limiti indicati, se i beni medesimi sono utilizzati in **locazione finanziaria**;
- dell'ammontare dei **costi di locazione** e di noleggio **che eccede euro 3.615,20** per le autovetture e gli autocaravan, **euro 774,69** per i motocicli, **euro 413,17** per i ciclomotori.

Nel caso che le suddette attività fossero svolte da società semplici e associazioni, tali limiti sono riferiti a ciascun socio o associato.
Relativamente ai mezzi di trasporto acquisiti in ***leasing***, la deducibilità dei canoni è ammessa a condizione che la durata del contratto non sia inferiore al periodo di ammortamento corrispondente al coefficiente stabilito dalle apposite tabelle ministeriali.
I canoni di leasing sono deducibili nel periodo d'imposta in cui maturano (art. 54, c. 2, D.P.R. n. 917/1986).

Acquisto carburanti per autotrazione - Le spese sono **deducibili** nella misura del **20%** se effettuate esclusivamente mediante carte di credito, carte di debito o carte prepagate emesse da operatori finanziari (art. 164, c. 1-bis, D.P.R. n. 917/1986) e devono essere documentate con apposita **fattura elettronica**.
Nel dettaglio, i **mezzi di pagamento** idonei a provare l'avvenuta effettuazione delle operazioni sono i seguenti (Provv. 4 aprile 2018):

a. gli **assegni, bancari e postali, circolari e no**, nonché i vaglia cambiari e postali;
b. quelli **elettronici** (art. 5, D.Lgs. n. 82/2005) secondo le linee guida emanate dall'Agenzia per l'Italia Digitale (determinazione 22 gennaio 2014, n. 8/2014, punto 5).

Se l'impiego dei mezzi di pagamento tracciati, da un lato, risulta necessario per la deduzione dei costi relativi all'acquisto di carburante, indipendentemente dal relativo quantum, dal veicolo di riferimento (ivi inclusi le autovetture, gli autocarri, i trattori stradali, i motoveicoli) in uso esclusivo o promiscuo e dal soggetto passivo che vi procede (professionista, autotrasportatore, ecc.), dall'altro, non può negarsi l'idoneità di tali strumenti a dare prova di chi ha sostenuto la spesa e, conseguentemente, in presenza degli ulteriori elementi previsti dal D.P.R. n. 917/1986 (quali, ad esempio, inerenza, competenza e congruità), la relativa deduzione (circ. 30 aprile 2018, n. 8/E).

IRPEF

Beni immobili

13.2.13.

Non genera reddito l'**immobile utilizzato nell'esercizio dell'attività artistica o professionale** (art. 43, D.P.R. n. 917/1986).

La **deducibilità delle spese** relative agli immobili varia a seconda del momento in cui gli immobili sono stati acquistati.

Immobili acquistati dal 1° gennaio 2007 al 31 dicembre 2009[1] (art. 1, c. 334, Legge n. 296/2006)	
Tipologia	**Regole sulla deducibilità[2]**
Immobili utilizzati promiscuamente	A condizione che il contribuente non disponga nel medesimo comune di altro immobile adibito esclusivamente all'esercizio dell'arte o professione, **è deducibile una somma pari al 50% della rendita catastale** ovvero, in caso di immobili acquisiti mediante locazione, anche finanziaria, un importo pari al 50% del relativo canone. Nella stessa misura sono deducibili le spese per i servizi relativi a tali immobili nonché quelle relative all'ammodernamento, ristrutturazione e manutenzione degli immobili utilizzati, che per le loro caratteristiche non sono imputabili ad incremento del costo dei beni ai quali si riferiscono.
Immobili strumentali	È deducibile una **quota di ammortamento** non superiore a quella risultante dall'applicazione dei coefficienti ministeriali stabiliti al costo dei beni, per categorie di beni omogenei[3]. Ai fini del calcolo delle quote di ammortamento deducibili, il costo dei fabbricati strumentali deve essere assunto al netto del costo delle aree occupate dalla costruzione e di quelle che ne costituiscono pertinenza. Il costo delle aree è quantificato in misura pari al valore risultante da apposita perizia di stima, redatta da soggetti iscritti agli albi degli ingegneri, degli architetti, dei geometri e dei periti industriali edili e comunque non inferiore al 20% del costo complessivo. Inoltre, devono essere aggiunti eventuali oneri di diretta imputazione.
Immobili in **locazione finanziaria**	I canoni sono deducibili a condizione che la durata del contratto sia non inferiore alla metà del periodo di ammortamento stabilito dai relativi coefficienti ministeriali in relazione all'attività esercitata dal professionista - e comunque con un minimo di 8 anni e un massimo di 15 anni[4].
Spese relative all'**ammodernamento**, alla **ristrutturazione e** alla **manutenzione di immobili strumentali**, che per le loro caratteristiche non sono imputabili ad incremento del costo dei beni ai quali si riferiscono	Se non imputabili al bene al quale si riferiscono sono deducibili, nel periodo d'imposta di sostenimento, nel limite del **5%** del costo complessivo di tutti i beni materiali ammortizzabili, quale risulta all'inizio del periodo d'imposta dal registro dei beni ammortizzabili; l'eccedenza è deducibile in quote costanti nei cinque periodi d'imposta successivi[5].

[1] L'applicazione delle disposizioni in ordine alla deducibilità delle quote di ammortamento e dei canoni di locazione finanziaria degli immobili strumentali per l'esercizio dell'attività professionale è limitata agli **immobili acquistati nel periodo 1° gennaio 2007 - 31 dicembre 2009** e ai contratti di **locazione finanziaria** stipulati nel medesimo periodo.

Anche il trattamento fiscale applicabile ai canoni di *leasing* sostenuti per il godimento di un immobile strumentale risulta diverso in ragione del periodo d'imposta in cui il **contratto di *leasing*** è stato stipulato.

IRPEF

Immobili acquistati dal 1° gennaio 2007 al 31 dicembre 2009[1] (art. 1, c. 334, Legge n. 296/2006)	
Tipologia	**Regole sulla deducibilità**[2]
Pertanto: - se il contratto è stato **stipulato entro il 31 dicembre 2009**, risultano deducibili (nel limite di un terzo per il periodo d'imposta 2009) i canoni di locazione finanziaria sostenuti dalla contribuente a condizione che il contratto stipulato rispetti i limiti temporali previsti dalla norma (art. 54, c. 2, D.P.R. n. 917/1986); - se, invece, il contratto viene stipulato **in data successiva al 31 dicembre 2009** risulteranno irrilevanti, ai fini della determinazione del reddito, i canoni di locazione finanziaria sostenuti (ris. 2 marzo 2010, n. 13/E). [2] Per i periodi d'imposta 2007, 2008 e 2009 gli importi deducibili **sono ridotti ad un terzo** (art. 1, c. 335, Legge n. 296/2006). Ad esempio, ipotizzando una aliquota di ammortamento pari al 3% per il 2007, 2008 e 2009, la quota deducibile è quella corrispondente all'applicazione di una aliquota dell'1%. [3] Ai fini della deducibilità delle quote di ammortamento **rileva il periodo di acquisizione in proprietà** (circ. 23 giugno 2010, n. 38/E). [4] In sintesi, se la metà del periodo di ammortamento dell'immobile: - è inferiore a 8 anni, la durata minima del contratto richiesta ai fini della deducibilità dei relativi canoni è 8 anni; - se è compresa tra 8 e 15 anni (ad esempio 10 anni), la durata minima del contratto deve essere pari a tale valore (quindi, nell'esempio, 10 anni); - se l'arco temporale è superiore a 15 anni, la durata contrattuale minima richiesta dalla norma è 15 anni. [5] Per gli immobili acquistati antecedentemente, resta valida la precedente disciplina secondo cui professioni tali spese sono deducibili in quote costanti nel periodo d'imposta in cui sono sostenute e nei quattro successivi (circ. 18 giugno 2008, n. 47/E).	

Altri casi e immobili acquistati dal 1° gennaio 2010	
Tipologia	**Regole sulla deducibilità**
Immobili **utilizzati promiscuamente**	È deducibile: - il **50% della rendita catastale dell'immobile di proprietà o posseduto a titolo di usufrutto** o altro diritto reale utilizzato promiscuamente per l'esercizio dell'attività, purché il professionista non possegga nello stesso Comune un altro immobile adibito esclusivamente all'esercizio dell'arte o professione.
Immobili acquistati o fatti costruire **entro il 14 giugno 1990**	È deducibile una quota di ammortamento non superiore a quella risultante dall'applicazione al costo dei beni dei coefficienti ministeriali stabiliti, per categorie di beni omogenei.
Immobili acquistati o costruiti **dal 15 giugno 1990 al 31 dicembre 2006**, e per quelli acquistati **a partire dal 1° gennaio 2010**	Le quote di ammortamento sono indeducibili.
Immobili in **locazione**	**È deducibile il canone di locazione** corrisposto nel periodo d'imposta, per l'immobile utilizzato esclusivamente per l'esercizio dell'arte o professione, a prescindere dalla data di stipula del contratto.
Immobili in **locazione finanziaria**	Contratti di leasing stipulati: - **dal 1° gennaio 2010 al 31 dicembre 2013**: sono indeducibili sia i canoni di leasing, che la rendita catastale; - **dal 1° gennaio 2014**: canoni di leasing deducibili, se relativi ai beni immobili, per un periodo non inferiore ai 12 anni[1].

Altri casi e immobili acquistati dal 1° gennaio 2010	
Tipologia	**Regole sulla deducibilità**
Spese relative all'**ammodernamento**, alla ristrutturazione e alla **manutenzione di immobili strumentali**, che per le loro caratteristiche non sono imputabili ad incremento del costo dei beni ai quali si riferiscono	Se non imputabili al bene al quale si riferiscono, sono deducibili nel periodo d'imposta di sostenimento, nel limite del **5%** del costo complessivo di tutti i beni materiali ammortizzabili, quale risulta all'inizio del periodo d'imposta dal registro dei beni ammortizzabili; l'eccedenza è deducibile in quote costanti nei cinque periodi d'imposta successivi. Per gli immobili ad uso promiscuo, è consentito dedurre una quota pari al 50%.

[1] A partire dal 2014, poiché il periodo minimo di deduzione dei canoni è di 12 anni:
- se il contratto di leasing ha durata superiore a 12 anni si deducono i canoni maturati ciascun anno;
- se il contratto di leasing ha durata inferiore a 12 anni si possono dedurre i canoni nell'arco di un periodo di 12 anni; si deve dividere il costo complessivo per 12 e in ciascun esercizio si può portare in deduzione la quota di 1/12, spalmando i canoni di competenza sul periodo minimo di deduzione.

Inoltre, per la deducibilità dei canoni di leasing dal reddito professionale, valgono le seguenti regole:
- i canoni, in base alle regole descritte, sono deducibili per competenza (in deroga quindi al generale principio di cassa);
- è indeducibile la quota capitale del canone riferito ai terreni (tale importo si può desumere dal piano di ammortamento fornito dalla società di leasing;
- è deducibile la quota del canone relativa agli interessi.

CASO 3 - Ammortamento immobile acquistato nel 2007

Un lavoratore autonomo ha acquistato un immobile, ad esclusivo uso professionale, il 1° gennaio 2007.

Il costo storico dell'immobile è pari a 100.000 euro a cui devono aggiungersi 20.000 euro di oneri di diretta imputazione, per un ammontare complessivo pari a 120.000 euro.

L'aliquota di ammortamento, così come prevista dal D.M. 31 dicembre 1988, è pari al 3%.

Per il periodo 2007-2009 il coefficiente è ridotto ad un terzo, per cui si applica l'aliquota dell'1%.

Il piano di ammortamento, pertanto, sarà il seguente:

Anno	Aliquota	Quota ammortamento	Fondo ammortamento	Residuo
2007	1%	1.200,00	1.200,00	118.800,00
2008	1%	1.200,00	2.400,00	117.600,00
2009	1%	1.200,00	3.600,00	116.400,00
2010	3%	3.600,00	7.200,00	112.800,00
2011	3%	3.600,00	10.800,00	109.200,00
2012	3%	3.600,00	14.400,00	105.600,00
2013	3%	3.600,00	18.000,00	102.000,00
2014	3%	3.600,00	21.600,00	98.400,00
2015	3%	3.600,00	25.200,00	94.800,00
2016	3%	3.600,00	28.800,00	91.200,00
2017	3%	3.600,00	32.400,00	87.600,00
2018	3%	3.600,00	36.000,00	84.000,00
2019	3%	3.600,00	39.600,00	80.400,00
2020	3%	3.600,00	43.200,00	76.800,00
2021	3%	3.600,00	46.800,00	73.200,00
2022	3%	3.600,00	50.400,00	69.600,00
2023	3%	3.600,00	54.000,00	66.000,00
2024	3%	3.600,00	57.600,00	62.400,00
2025	3%	3.600,00	61.200,00	58.800,00

Anno	Aliquota	Quota ammortamento	Fondo ammortamento	Residuo
2026	3%	3.600,00	64.800,00	55.200,00
2027	3%	3.600,00	68.400,00	51.600,00
2028	3%	3.600,00	68.400,00	48.000,00
2029	3%	3.600,00	75.600,00	44.400,00
2030	3%	3.600,00	79.200,00	40.800,00
2031	3%	3.600,00	82.800,00	37.200,00
2032	3%	3.600,00	86.400,00	33.600,00
2033	3%	3.600,00	90.000,00	30.000,00
2034	3%	3.600,00	93.600,00	26.400,00
2035	3%	3.600,00	97.200,00	22.800,00
2036	3%	3.600,00	100.800,00	19.200,00
2037	3%	3.600,00	104.400,00	15.600,00
2038	3%	3.600,00	108.000,00	12.000,00
2039	3%	3.600,00	111.600,00	8.400,00
2040	3%	3.600,00	115.200,00	4.800,00
2041	3%	3.600,00	118.800,00	1.200,00
2042	3%	3.600,00	120.000,00	0,00

CASO 4 - Leasing immobile stipulato nel 2021

Un lavoratore autonomo ha acquistato in leasing un immobile, ad esclusivo uso professionale, il 1° gennaio 2021. Il contratto di leasing ha durata complessiva di 10 anni.
Il contratto di leasing ha durata complessiva di 10 anni.
In questo caso, è possibile dedurre i canoni nell'arco di un periodo di 12 anni.
Pertanto, si deve dividere il costo complessivo per 12 e in ciascun esercizio si può portare in deduzione la quota di 1/12, spalmando i canoni di competenza sul periodo minimo di deduzione.
Supponendo, per semplicità, un costo complessivo di 120.000 euro, in ciascun esercizio sarà possibile portare in deduzione una quota pari a 10.000 euro (120.000/12).

Casi particolari	
Spese di **ristrutturazione dell'immobile strumentale di proprietà di terzi**	Il professionista non può detrarre l'IVA relativa all'immobile da trasformare in ufficio, che - per il Fisco - ha ancora natura abitativa. Ai fini del reddito da lavoro autonomo, l'IVA non può essere detratta se la costruzione è accatastata come unità abitativa. Al fabbricato ancora in fase di cambiamento di destinazione rimane attribuita la categoria assegnata prima dell'inizio del procedimento di trasformazione (ris. 8 aprile 2009, n. 99/E).
Immobile ad **uso promiscuo**	La rendita catastale è deducibile nella misura del 50% a condizione che il contribuente non disponga nel medesimo Comune di altro immobile adibito esclusivamente all'esercizio dell'arte e della professione. Nella stessa misura sono deducibili le spese per i servizi relativi a tali immobili.

Casi particolari	
	Ai fini della deduzione del 50% della rendita è irrilevante la **porzione dell'unità immobiliare** che il professionista decide di utilizzare per lo svolgimento dell'attività professionale, una sola stanza ovvero più della metà dell'immobile. In altri termini, pur potendo il contribuente dimostrare l'utilizzo effettivo dell'immobile per fini professionali in una misura superiore a quella stabilita forfetariamente, quest'ultima non è derogabile. Le spese per i servizi relativi all'immobile sono anch'esse deducibili nella misura forfetaria del 50% (circ. 20 settembre 2012, n. 35/E).

Spese per prestazioni alberghiere e somministrazione di alimenti e bevande 13.2.14.

Sono deducibili per un importo complessivamente **non superiore al 2%** dell'ammontare dei compensi percepiti nel periodo d'imposta (art. 54, c. 5, D.P.R. n. 917/1986).
Inoltre, tali spese sono deducibili nella misura del **75%** e, in ogni caso, per un importo complessivamente non superiore al 2% dell'ammontare dei compensi percepiti nel periodo di imposta (art. 54, c. 5, D.P.R. n. 917/1986).

Pertanto, l'ammontare del 2% dei compensi rappresenta il limite massimo entro cui ragguagliare la deduzione, che comunque compete solo relativamente al 75% dei costi sostenuti, nell'esercizio dell'arte o della professione, per le prestazioni in questione (circ. 5 settembre 2008, n. 53/E).

CASO 5 - Spese prestazioni alberghiere e somministrazione alimenti e bevande
Si supponga che, nel periodo d'imposta 2022, un professionista abbia percepito compensi di importo pari a 100.000,00 euro e sostenuto spese di vitto e alloggio per 5.000,00 euro.
Il calcolo della quota deducibile è il seguente:
- applicazione del limite del 75% (5.000,00 x 75% = 3.750,00);
- applicazione del limite del 2% sui compensi (100.000,00 x 2% = 2.000,00).

L'importo deducibile è pertanto pari a 2.000,00 euro.

Spese sostenute direttamente dal committente 13.2.15.

I limiti di spesa del 2% e deducibilità del 75% non si applicano alle spese relative a prestazioni alberghiere e di somministrazione di alimenti e bevande sostenute dall'esercente arte o professione per l'esecuzione di un incarico e addebitate analiticamente in capo al committente.
Tutte le spese relative all'esecuzione di un incarico conferito e sostenute direttamente dal committente non costituiscono compensi in natura per il professionista (art. 54, c. 5, 3° capoverso, D.P.R. n. 917/1986).
Pertanto, le soglie di deducibilità ordinariamente applicabili alle spese di vitto e alloggio (2% e 75%) non si estendono ai medesimi costi se, nello stesso tempo, questi sono:
- sostenuti dall'esercente arte o professione per l'esecuzione di un incarico;
- addebitati analiticamente in capo al committente.

Inoltre, sono irrilevanti i valori corrispondenti a tutti i beni e servizi acquistati dal committente, di cui lo stesso professionista ha beneficiato per rendere la propria prestazione:
- sia quali compensi in natura;
- sia quali spese per la produzione del reddito (da addebitare in fattura).

In pratica, i professionisti non devono "riaddebitare" in fattura tali spese al committente e non possono considerare il relativo ammontare quale componente di costo deducibile dal proprio reddito di lavoro autonomo.

CASO 6 - Spese prestazioni alberghiere e somministrazione alimenti e bevande riaddebitate
Si supponga che, nel periodo d'imposta 2022, un professionista abbia percepito compensi di importo pari a 200.000,00 euro e sostenuto spese di vitto e alloggio per 5.000,00 euro.
Tali spese sono state riaddebitate al committente.
In base alle regole in vigore nel 2022, pertanto, l'ammontare deducibile (5.000,00 euro) coincide con quello imponibile (5.000,00 euro).

13.2.16. Spese per riviste, enciclopedie e banche dati

I costi per l'acquisto di tutti i sussidi indispensabili per l'aggiornamento professionale dei professionisti (libri, enciclopedie e sussidi vari) sono, in quanto **inerenti** all'**esercizio** dell'**attività** professionale, **deducibili** dai proventi lordi (ris. 15 marzo 1980, n. 8/490).

Banche dati - Le banche dati su **supporto elettronico** sono beni materiali strumentali all'attività di lavoro autonomo aventi utilità pluriennale; pertanto, il relativo costo è ammortizzabile o deducibile integralmente per cassa se di importo **inferiore a 516,46 euro** (ris. 25 maggio 2006, n. 72/E).

13.2.17. Spese di rappresentanza

Le **spese di rappresentanza** sono deducibili per un importo complessivamente non superiore all'**1%** dell'ammontare dei compensi percepiti nel periodo d'imposta (art. 54, c. 5, D.P.R. n. 917/1986).

Sono considerate spese di rappresentanza quelle sostenute per l'acquisto o l'importazione di **oggetti d'arte, d'antiquariato, da collezione**, anche se utilizzati come beni strumentali e le spese sostenute per l'acquisto o l'importazione di **beni destinati ad essere ceduti a titolo gratuito**.

Poiché la disposizione che limita al 75% la deducibilità dei costi per **prestazioni alberghiere e somministrazione di alimenti e bevande** assume carattere di regola generale, la stessa, trova applicazione anche quando detti costi, essendo sostenuti in contesti e circostanze particolari, si configurino alla stregua di spese di rappresentanza (circ. 5 settembre 2008, n. 53/E).

Pertanto, il costo sostenuto, deducibile entro il limite teorico del 75%, nel caso in cui si configuri come spesa di rappresentanza deve rispettare anche l'ulteriore parametro segnato dall'1% dei compensi ritratti nel periodo d'imposta.

CASO 7 - Spese di rappresentanza e per prestazioni alberghiere

Si supponga che, nel periodo d'imposta 2022, un professionista abbia percepito compensi di importo pari a 100.000,00 euro e sostenuto spese di rappresentanza di importo pari a 2.000,00 euro, delle quali 200,00 euro relative a prestazioni alberghiere.

Si opera come segue:

- il limite del 75% viene applicato alle spese di vitto e alloggio (200,00 x 75% = 150,00 euro);
- l'ammontare così ottenuto (150,00 euro) si somma all'importo delle altre spese di rappresentanza (1.800,00 euro), per un totale di 1.950,00 euro;
- si applica il limite dell'1% dei compensi (100.000,00 x 1% = 1.000,00).

L'importo deducibile è pertanto pari a 1.000,00 euro.

L'importo di 950,00 euro è quindi indeducibile.

13.2.18. Spese di partecipazione a convegni, congressi e corsi di aggiornamento professionale

Le **spese** per l'iscrizione a master e a corsi di formazione o di aggiornamento professionale, nonché le spese di iscrizione a convegni e congressi, diventano **integralmente deducibili** dal reddito di lavoro autonomo professionale, entro il **limite annuo di 10.000,00 euro**.

Sono **incluse** tra le spese deducibili secondo tale disciplina anche **quelle di viaggio e soggiorno**. Pertanto, le spese di vitto e alloggio, ove sostenute nell'ambito di corsi di formazione, divengono deducibili per intero, ferma restando la **soglia massima di 10.000,00 euro**.

13.2.19. Spese per certificazione delle competenze

Sono **integralmente deducibili**, entro il **limite annuo di 5.000 euro**, le spese sostenute per i servizi personalizzati di **certificazione delle competenze**, orientamento, ricerca e sostegno all'auto-imprenditorialità, mirate a sbocchi occupazionali effettivamente esistenti e appropriati in relazione alle condizioni del mercato del lavoro, erogati dagli organismi accreditati ai sensi della disciplina vigente.

13.2.20. Spese per garanzie contro i mancati pagamenti

Sono **integralmente deducibili** gli oneri sostenuti per la **garanzia contro il mancato pagamento** delle prestazioni di lavoro autonomo fornita da forme assicurative o di solidarietà (art. 9, Legge 22 maggio 2017, n. 81).

13.2.21. Spese per il personale dipendente e per i collaboratori

Sono ammesse in deduzione **tutte le somme corrisposte a titolo di retribuzione**, al lordo dei contributi assistenziali e previdenziali a carico del dipendente e del datore di lavoro e delle ritenute fiscali.

IRPEF

Sono incluse anche le quote di **indennità di quiescenza e previdenza** maturate nel periodo ed i **premi** pagati alle compagnie di **assicurazione** in sostituzione di tali quote.
Le **spese di vitto e alloggio** sostenute per le **trasferte** effettuate fuori dal territorio comunale dai lavoratori dipendenti, e non anche per i collaboratori, sono ammesse in deduzione per un ammontare giornaliero non superiore a euro 180,76, elevabili a euro 258,23 per le trasferte all'estero (artt. 54, c. 6, e 95, c. 3, D.P.R. n. 917/1986).

Deducibilità IRAP e altre imposte 13.2.22.

È possibile dedurre (cumulativamente o in alternativa):
- la parte di **IRAP** versata relativa alla quota imponibile delle **spese per il personale dipendente e assimilato**, al netto delle deduzioni di legge (art. 2, c. 1-ter, D.L. n. 201/2011);
- un'ulteriore **quota pari al 10%** dell'**IRAP** corrisposta nel periodo d'imposta, forfetariamente riferita all'imposta dovuta sulla quota imponibile degli **interessi passivi e oneri assimilati**, al netto degli interessi attivi e proventi assimilati (art. 6, D.L. n. 185/2008).

Riguardo all'**IMU** (art. 14, D.Lgs. 14 marzo 2011, n. 23):
- per gli **immobili strumentali** la deducibilità è del 100%, mentre è limitata al 60% per i periodi d'imposta 2020 e 2021;
- per gli **altri immobili** è indeducibile.

Inoltre:
- sono indeducibili le imposte dirette;
- sono deducibili le altre imposte tra cui la TARI, l'imposta di bollo, l'imposta di registro).

Compensi ai familiari 13.2.23.

Non sono deducibili i compensi corrisposti al **coniuge**, ai **figli**, **affidati** o **affiliati**, minori di età o permanentemente inabili al lavoro, nonché agli **ascendenti** del lavoratore autonomo, ovvero dei soci o associati (art. 54, c. 6-bis, D.P.R. n. 917/1986).
I compensi non ammessi in deduzione **non costituiscono reddito per i percipienti** e, di conseguenza, non sono soggetti al contributo della gestione separata dell'INPS e su di essi non deve essere applicata la ritenuta alla fonte.

Altre spese 13.2.24.

Sono **deducibili** nella determinazione del reddito imponibile, per intero, ovvero nella misura del 50%, se ad utilizzo promiscuo:
- le **spese per consumi** (l'acquisto di energia elettrica, ecc.);
- le spese di **impiego** dei **beni mobili strumentali**;
- **tutte le altre spese inerenti all'attività professionale o artistica** effettivamente sostenute e debitamente documentate.

ALTRI REDDITI DI LAVORO AUTONOMO 13.3.

Sono previste **altre attività di lavoro autonomo c.d. "assimilate"** in quanto non presentano tutte le caratteristiche tipiche del lavoro autonomo (art. 53, c. 2, D.P.R. n. 917/1986).
Si tratta dei seguenti **redditi**:
- redditi derivanti dall'utilizzazione economica, da parte dell'autore o inventore, di **opere dell'ingegno**, di **brevetti industriali**, **processi**, **formule** o informazioni relativi ad esperienze acquisite nel campo industriale, commerciale o scientifico;
- **utili** derivanti da **contratti di associazione in partecipazione**, quando l'apporto dell'associato è costituito esclusivamente dalla prestazione di lavoro;
- **utili** spettanti ai **promotori** e ai **soci fondatori** di **società** per azioni, in accomandita per azioni e a responsabilità limitata;
- indennità per **cessazione di rapporti di agenzia**;
- attività di **levata dei protesti** esercitata dai segretari comunali;
- indennità corrisposte ai **giudici onorari di pace e ai vice procuratori onorari** (➜ 13.2.5.).

La loro assimilazione al reddito di lavoro autonomo non comporta il medesimo trattamento tributario, in quanto tali **redditi** sono **determinati in misura forfetaria** e quindi **non sono prescritti obblighi contabili**.

Brevetti e opere dell'ingegno 13.3.1.

Rientrano in questa categoria i redditi derivanti dall'**utilizzazione economica** (cessione o cessione dei diritti) **di beni immateriali tutelati dalle norme del diritto d'autore** da parte dell'autore o inventore, e non conseguiti nell'esercizio di imprese commerciali.

Rientrano in tale categoria anche i compensi conseguiti in via occasionale.

Reddito imponibile - È dato dall'ammontare dei **compensi in denaro o in natura** percepiti nel periodo d'imposta anche sotto forma di partecipazione agli utili, **ridotto del 25%** a titolo di deduzione forfetaria delle spese sostenute, ovvero, **del 40%** se i relativi compensi sono percepiti da **soggetti di età inferiore a 35 anni** (art. 1, c. 318, Legge n. 296/2006).

13.3.2. Associazione in partecipazione con apporto di solo lavoro

Attraverso il **contratto** di associazione in partecipazione (art. 2549 e ss. c.c.) un soggetto (associante) che intende sviluppare un'attività commerciale ma necessita di finanziamenti, servizi o conoscenze tecniche, invece di acquisire i fattori produttivi da soggetti terzi attraverso la costituzione di una società, li reperisce da soggetti (associati) che effettuano apporti in cambio del diritto agli utili derivanti dall'attività relativa a tali apporti.

> Nel caso di **apporto di lavoro**, la prestazione lavorativa dell'associato non è fiscalmente equiparabile a quella di lavoro dipendente in quanto mancano, nell'associazione in partecipazione, sia il vincolo di subordinazione che la garanzia di una retribuzione da parte dell'associato.

Pertanto, le **partecipazioni agli utili** derivanti da contratti di associazione in partecipazione sono considerate come **redditi di lavoro autonomo** quando l'apporto è costituito esclusivamente da prestazione di lavoro.
Tali partecipazioni, dunque, costituiscono reddito **per l'intero ammontare** percepito nel periodo d'imposta.
I redditi dell'associato sono tassati in base al **principio di cassa**.

13.3.3. Soci promotori e fondatori

Le partecipazioni agli utili spettanti ai soci promotori e fondatori di società soggetta a IRES sono considerate come **proventi assimilati a quelli di lavoro autonomo**.
Concorrono, pertanto, alla formazione del reddito in base all'**effettiva misura percepita**, non essendo prevista **alcuna deduzione**.

13.3.4. Indennità per la cessazione del rapporto di agenzia

A seguito della cessazione del rapporto di agenzia a tempo indeterminato, il mandante è tenuto a corrispondere all'agente un'**indennità** proporzionale all'ammontare delle provvigioni liquidate nel corso del contratto (art. 1751 c.c.).
Detti proventi, se corrisposti a persone fisiche o a società di persone, sono assoggettati a tassazione separata, salvo opzione per quella ordinaria (➜8.7.).
In tale ultimo caso, le indennità sono **imponibili per l'intero ammontare** percepito nel periodo d'imposta.

13.3.5. Levata dei protesti cambiari

Il reddito conseguito dai **segretari comunali** nell'esercizio dell'attività di levata dei protesti cambiari è **imponibile** per un ammontare pari ai compensi in denaro o in natura percepiti nel periodo, **ridotto del 15%** a titolo di **deduzione forfetaria** delle **spese sostenute.**

Determinazione degli altri redditi di lavoro autonomo	
Tipologia	**Reddito**
Opere dell'ingegno	75% dei compensi[1]
Associazione in partecipazione	100% dei compensi
Utili a soci fondatori e promotori	100% dei compensi
Levata dei protesti	85% dei compensi
Giudici onorari	100% dei compensi
[1] 60% per i soggetti di età inferiore a 35 anni.	

13.4. RITENUTE

13.4.1. Ritenute sui redditi di lavoro autonomo

In linea generale, i **soggetti obbligati all'applicazione delle ritenute** sui redditi di lavoro autonomo corrisposti sono i medesimi individuati in relazione ai redditi di lavoro dipendente (➜12.6.1.).

I **sostituti d'imposta**, se corrispondono a soggetti residenti nel territorio dello Stato compensi, comunque denominati ed anche sotto forma di partecipazione agli utili, per prestazioni di **lavoro autonomo anche occasionale** ovvero per prestazioni rese a terzi o nell'interesse di terzi, o anche per l'assunzione di obblighi di fare, non fare o permettere (art. 36, c. 24, D.L. n. 223/2006), devono operare **all'atto del pagamento** una **ritenuta a titolo d'acconto** nella misura del **20% del compenso** (art. 25, D.P.R. n. 600/1973).

I **compensi di importo inferiore a 25,82 euro**, sempreché non costituiscano acconti di maggiori compensi, corrisposti dagli enti pubblici e privati, non aventi ad oggetto esclusivo o principale l'esercizio di attività commerciali, per prestazioni di lavoro autonomo occasionale, **non sono soggetti all'applicazione della ritenuta**. Altresì, non deve essere operata la ritenuta sui redditi corrisposti per le **prestazioni effettuate nell'esercizio di imprese**.

Laddove previsto, l'addebito in via di rivalsa del **contributo per la cassa nazionale** dell'ordine professionale non concorre alla formazione della base imponibile.

Concorre, invece, alla formazione della base imponibile ed è, quindi, soggetto a ritenuta, il **contributo INPS** addebitato al cliente (**4%**), di cui alla gestione separata (Legge n. 335/1995) (➡13.2.1.).

Rimborsi spese 13.4.2.

Sono **escluse** da ritenuta le somme ricevute a titolo di **rimborso spese** dall'artista e professionista **anticipate in nome e per conto del cliente**, a condizione che non costituiscano spese inerenti alla produzione del reddito di lavoro autonomo e che siano debitamente e analiticamente documentate.

Rientrano, ad esempio, tra detti rimborsi non soggetti a ritenuta i rimborsi per il pagamento di **tasse**, di **diritti di cancelleria e di visura**, per acquisto di materiale.

Somme corrisposte a non residenti 13.4.3.

Per i compensi e redditi di lavoro autonomo ed assimilati, corrisposti a **soggetti non residenti** per le prestazioni svolte sul territorio dello Stato, si applica una **ritenuta a titolo d'imposta** in misura del **30%** dell'ammontare corrisposto, anche nel caso in cui la prestazione sia stata effettuata nell'esercizio di impresa.

Sui compensi e le somme corrisposti a non residenti per l'utilizzazione economica di **opere dell'ingegno, brevetti, invenzioni industriali** e simili (art. 23, c. 2, lett. c), D.P.R. n. 917/1986) deve essere operata una ritenuta a titolo d'imposta del **30% sulla parte imponibile** del loro ammontare (art. 1, c. 6, D.L. n. 669/1996).

Al contrario, in entrambe le ipotesi suindicate, ai compensi per le prestazioni di lavoro autonomo ed assimilati corrisposti **a Stabili Organizzazioni in Italia** di soggetti non residenti si applica la ritenuta a titolo di acconto in misura del **20%**.

Altre fattispecie 13.4.4.

La ritenuta, a titolo d'acconto, deve essere operata all'atto del pagamento delle somme in misura del **20%** sull'ammontare del reddito imponibile commisurato al **75%** del compenso percepito **dall'autore o inventore ovvero dal cessionario che abbia acquisito il bene immateriale a titolo oneroso**, mentre è commisurato all'intero ammontare del compenso nel caso in cui il percettore abbia acquisito il bene a titolo gratuito (eredi, donatari, legatari).

Se i relativi compensi sono percepiti da soggetti di età inferiore a 35 anni, la ritenuta si applica sull'ammontare del reddito imponibile commisurato al **60%** del compenso percepito.

La ritenuta sul reddito di lavoro autonomo derivante dai rapporti di **associazione in partecipazione** deve essere operata nella misura del **20%** sull'intero importo corrisposto all'associato.

Anche sulle **indennità percepite dai notai** a seguito della cessazione dalle proprie funzioni deve essere applicata, all'atto del pagamento, una ritenuta a titolo d'acconto in misura del **20% sull'ammontare corrisposto** (art. 33, c. 4, lett. b), D.P.R. n. 42/1988).

Il **condominio** è tenuto ad operare una ritenuta di acconto quando corrisponde somme, qualificate come lavoro autonomo, a favore di eventuali collaboratori. I relativi adempimenti devono essere eseguiti dall'amministratore di condominio.

> La ritenuta non è applicabile sui compensi dovuti da una **società di ingegneria**, costituita sotto forma di SRL, per le prestazioni dalla stessa rese, dal momento che le società di ingegneria producono reddito d'impresa (ris. 4 maggio 2006, n. 56/E).

IRPEF

Prospetto delle ritenute sui redditi di lavoro autonomo		
Redditi	**Ammontare**	**Base imponibile**
Lavoro autonomo	20% acconto	100%
Cessione diritti d'autore da parte dello stesso autore	20% acconto	75%[1]
Diritti opere ingegno, ceduti da persone fisiche non imprenditori o professionisti che le hanno acquistate	20% acconto	75%
Compensi a non residenti per brevetti, diritti d'autore	30% definitivo	100%
Compensi a non residenti per prestazioni professionali	30% definitivo	100%
Indennità per la cessazione dei rapporti di agenzia	20% acconto	100%

[1] Se i compensi sono percepiti da soggetti di età inferiore a 35 anni, la ritenuta si applica sul **60%** del compenso percepito.

13.5. SCRITTURE CONTABILI

13.5.1. Regimi contabili

I professionisti possono adottare i seguenti regimi contabili:

- **contabilità semplificata**;
- **contabilità ordinaria**;
- **regime forfetario**.

Per la **tenuta delle scritture contabili** valgono le regole generali previste anche per le imprese (➜**14.11.1.**).

13.5.2. Contabilità semplificata

Per gli esercenti arti e professioni, il **regime contabile naturale** è quello della contabilità semplificata (➜**14.11.3.**), a prescindere dal volume d'affari conseguito.

Adempimenti - Le persone fisiche e le società e associazioni che esercitano attività professionali in **contabilità semplificata** devono tenere un **registro**, in cui annotare, in ordine cronologico, tutte le somme percepite nell'esercizio della professione.

Per **ogni incasso** devono essere annotati:

- il relativo **importo al lordo e al netto dei rimborsi** riguardanti spese diverse da quelle anticipate in nome e per conto del cliente e l'ammontare delle ritenute subite;
- i **dati anagrafici** del soggetto che ha effettuato il pagamento;
- gli **estremi della fattura, parcella, nota o altro documento**.

Nello stesso registro devono essere **annotate cronologicamente le spese** e gli altri oneri inerenti lo svolgimento dell'attività professionale di cui si chiede la deduzione analitica.

Nel caso in cui l'effettivo incasso dei compensi o l'effettivo pagamento delle spese non avvenga nell'anno di annotazione, il contribuente è tenuto ad effettuare specifiche registrazioni, dalle quali risulti l'importo complessivo dei mancati incassi e pagamenti.

Entro il **termine di presentazione della dichiarazione** dei redditi, devono essere annotati i beni per i quali si chiede la deduzione di quote di **ammortamento**, raggruppati per categorie omogenee e distinti per anno di acquisizione.

Entro lo stesso termine, possono essere globalmente annotate le **spese per prestazioni di lavoro dipendente deducibili**, purché, se erogate, risultino dalle apposite scritture contabili previste dalla legislazione sul lavoro.

Il lavoratore autonomo può scegliere di tenere **due registri separati per gli incassi e i pagamenti**.

Il **registro cronologico** può anche non essere tenuto, se nei registri validi ai fini IVA vengono effettuate separate annotazioni delle operazioni rilevanti esclusivamente ai fini delle imposte sui redditi.

I registri in questione sono composti da pagine rilegate o da fogli mobili; in ogni caso, prima di essere messi in uso, devono essere numerati progressivamente in ogni pagina.

13.5.3. Contabilità ordinaria

I professionisti possono **optare** per la tenuta della **contabilità ordinaria**.

L'opzione rileva in funzione dell'effettivo modo di operare del contribuente, desumibile dai **comportamenti concludenti**, che presuppongono in modo inequivocabile una determinata scelta e **non è**, quindi, **necessaria alcuna comunicazione preventiva** (D.P.R. n. 442/1997).

In ogni caso, la comunicazione dell'opzione va effettuata **nella prima dichiarazione presentata successivamente alla scelta operata**.

L'opzione ha durata **annuale**, ma è valida anche dopo la scadenza, fino a quando permane la **concreta applicazione della scelta operata**, senza necessità di effettuare alcuna ulteriore comunicazione.

Se si opta per il regime di contabilità ordinaria, è necessario tenere:

- il **registro** nel quale annotare cronologicamente le **operazioni attive e passive**, integrate delle **movimentazioni finanziarie** inerenti l'esercizio dell'arte o professione, compresi gli utilizzi delle somme percepite, anche se per finalità estranee all'esercizio dell'attività e i numeri dei conti corrente bancari utilizzati per le movimentazioni predette;
- i **registri obbligatori ai fini IVA**, facoltativi, se il registro cronologico (D.M. 15 settembre 1990) è tenuto con le modalità e con le indicazioni richieste dalla disciplina IVA;
- il **registro dei beni ammortizzabili**, facoltativo, se le relative annotazioni sono effettuate nel registro IVA acquisti.

Libro	Termine di registrazione	Vidimazione
Registri IVA[1]		
1. fatture d'acquisto	Anteriormente alla liquidazione periodica nella quale è esercitato il diritto alla detrazione della relativa imposta e comunque entro il termine di presentazione della dichiarazione annuale relativa all'anno di ricezione della fattura e con riferimento al medesimo anno	nessuna
2. fatture emesse	Entro il giorno 15 del mese successivo a quello di effettuazione dell'operazione e con riferimento allo stesso mese di effettuazione delle operazioni.	nessuna
Registro pagamenti e incassi	60 giorni. Le quote di ammortamento devono essere annotate entro il termine di presentazione della dichiarazione dei redditi	nessuna
Registro cronologico dei componenti di reddito	60 giorni dal movimento finanziario	nessuna
Registro dei beni ammortizzabili	Entro il termine di presentazione della dichiarazione	nessuna

[1] La tenuta dei registri con sistemi elettronici è, in ogni caso, considerata regolare in difetto di trascrizione su supporti cartacei nei termini di legge, se in sede di accesso, ispezione o verifica gli stessi risultano aggiornati sui predetti sistemi elettronici e vengono stampati a seguito della richiesta avanzata dagli organi precedenti ed in loro presenza (art. 7, c. 4-quater, D.L. n. 357/1994).

Contabilità meccanizzata 13.5.4.

La tenuta meccanizzata di qualsiasi registro contabile comporta che le **registrazioni** si considerano valide a tutti gli effetti di legge, anche se **effettuate entro 60 giorni dalla data di effettuazione dell'operazione** e ne venga effettuata la stampa contestualmente alla richiesta e in presenza dei verificatori (art. 7, c. 4-ter, D.L. n. 357/1994), ad eccezione delle sole **scritture di ammortamento**, da effettuare, invece, entro il termine di scadenza per la presentazione della dichiarazione dei redditi.

Regimi forfetari 13.5.5.

Per i **regimi forfettari** è prevista l'applicazione di un'**imposta sostitutiva** dell'imposta sul reddito delle persone fisiche nella misura del **15%** (5% nei primi 5 anni di attività) per i lavoratori autonomi con compensi annui sino a 65.000 euro (➔**14.11.9.**) (art. 1, c. 54-89, Legge n. 190/2014).

COMPENSI EROGATI DALLE STRUTTURE SANITARIE PRIVATE 13.6.

La riscossione dei compensi dovuti per **attività di lavoro autonomo mediche e paramediche** svolte nell'ambito delle **strutture sanitarie private** è effettuata in modo unitario dalle stesse strutture sanitarie, le quali provvedono a (art. 1, c. 38-42, Legge n. 296/2006; circ. 15 marzo 2007, n. 13/E):

a. **incassare il compenso in nome e per conto** del prestatore di lavoro autonomo e a riversarlo contestualmente al medesimo;

b. **registrare** nelle **scritture contabili** obbligatorie, ovvero in apposito registro, il compenso incassato per ciascuna prestazione di lavoro autonomo resa nell'ambito della struttura.

Ambito oggettivo - La **riscossione accentrata** riguarda i compensi spettanti agli esercenti "attività di lavoro autonomo medica e paramedica" (intesa come diagnosi, cura e riabilitazione resa nell'esercizio delle professioni ed arti sanitarie soggette a vigilanza); in particolare, la norma si riferisce ai compensi correlati alle prestazioni di natura sanitaria rese dal professionista in esecuzione di un rapporto intrattenuto direttamente con il paziente.
Sono **escluse** dall'ambito di applicazione le **prestazioni rese**:
- **direttamente al paziente**, per il tramite del professionista, dalla struttura sanitaria privata, nell'ambito di un rapporto in cui la struttura sanitaria stessa è impegnata nell'organizzazione dei servizi medici e paramedici, in qualità di parte del rapporto contrattuale instaurato con il cliente;
- **dal sanitario in regime di intramoenia**.

Tali obblighi si applicano anche con riguardo ai **medici, dentisti e odontoiatri** organizzati in studi individuali o associati (ris. 13 luglio 2007, n. 171/E).

Le somme riscosse dalla struttura sanitaria rilevano, ai fini impositivi, nei confronti del prestatore di lavoro autonomo, mentre la struttura sanitaria che ne cura la riscossione funge da tramite tra il prestatore di lavoro autonomo e il paziente.

Nel caso in cui una struttura sanitaria privata **noleggi a medici esterni**, per interventi in day hospital, la **sala operatoria** e la relativa strumentazione, i compensi per le prestazioni devono essere riscossi dalla struttura medesima (Camera dei deputati, Interrogazione 4 aprile 2007, n. 5-00913).

Modalità operative - In sintesi:
- il **professionista** che ha eseguito la prestazione sanitaria è tenuto ad emettere **fattura nei confronti del paziente**;
- il **pagamento** del corrispettivo della prestazione professionale deve essere eseguito "nelle mani" della **struttura sanitaria**, che agisce in nome e per conto del professionista.

Gli importi riscossi ovvero i documenti ritirati o emessi devono essere rispettivamente riversati o consegnati, da parte della struttura, al professionista interessato.
All'atto del **pagamento del compenso**, la struttura sanitaria rilascia al paziente apposita quietanza attestante l'avvenuto pagamento del compenso incassato o gestito in nome e per conto del professionista, mediante annotazione in calce alla fattura emessa dal professionista, che specifichi le modalità e, per i pagamenti diversi dal contante, gli estremi identificativi del mezzo di pagamento.

Per **quietanze di importo superiore a 77,47 euro**, l'imposta di bollo, pari a 2 euro, è dovuta dal professionista in nome e per conto del quale il compenso viene riscosso.

Comunicazione telematica - Le strutture sanitarie devono comunicare telematicamente all'Agenzia delle Entrate, **entro il 30 aprile** di ciascun anno, l'ammontare dei **compensi complessivamente riscossi per ciascun percipiente** (Provv. 13 dicembre 2007, n. prot. 2007/90499).

Obblighi contabili - È previsto l'**obbligo di registrazione** nelle scritture contabili obbligatorie o in apposito registro del compenso incassato o gestito.
Tale obbligo può essere assolto mediante:
- **annotazione separata nelle scritture contabili** che il soggetto gestore della struttura è obbligato a tenere in relazione alla propria attività;
- **annotazione in un registro appositamente istituito** ai sensi dell'art. 1, c. 38, Legge n. 296/2006.

Deve essere annotata, distintamente per ciascuna operazione di riscossione:
- la **data del pagamento** e gli **estremi della fattura** emessa dal professionista;
- le **generalità** e il **codice fiscale del professionista** destinatario del compenso;
- l'ammontare del **corrispettivo riscosso**;
- le **modalità di pagamento**.

Sanzioni - Le sanzioni previste a carico delle strutture sanitarie private sono:
- in caso di **violazione degli obblighi di incassare il compenso** in nome e per conto del prestatore di lavoro autonomo **e di registrazione** del compenso nelle scritture obbligatorie ovvero in apposito registro, si applica la **sanzione amministrativa da 1.000 a 8.000 euro** (art. 9, D.Lgs. n. 471/1997);

- in caso di **omessa trasmissione telematica dei compensi incassati** in nome e per conto dei professionisti ovvero di **comunicazione di dati incompleti o non veritieri**, si applica la **sanzione amministrativa da 250 a 2.000 euro** (art. 11, D.Lgs. n. 471/1997).

IRPEF

14. REDDITI D'IMPRESA

14.1. PREMESSA

La disciplina fiscale del **reddito d'impresa** è contenuta, ai fini dell'IRPEF, negli articoli da 55 a 66 del D.P.R. n. 917/1986.

La **determinazione** del reddito d'impresa ai fini IRPEF, però, è ottenuta per **rimando alle norme sull'imposta sul reddito delle società (IRES)** (Titolo II, capo II, sezione I del D.P.R. n. 917/1986, artt. da art. 81 a art. 116), salvo alcune norme specifiche valide solo per i soggetti IRPEF.

Pertanto, di seguito, si riportano tali disposizioni specifiche, rimandando alla parte IRES per le regole generali sul reddito d'impresa (➜**21.**) (➜**22.**) (➜**24.**).

14.2. DEFINIZIONE DI REDDITO D'IMPRESA

Sono considerati redditi di impresa quelli derivanti dall'**esercizio di imprese commerciali**, ovvero dall'**esercizio per professione abituale anche se non esclusiva** delle seguenti **attività** (art. 2195 c.c.; art. 55, c. 1, D.P.R. n. 917/1986):

- **industriale** diretta alla produzione di beni o di servizi;
- **intermediaria** nella circolazione dei beni;
- di **trasporto** per terra, per acqua o per aria;
- **bancaria o assicurativa**;

– **altre attività ausiliarie** delle precedenti.
Inoltre, rientrano nell'esercizio di imprese commerciali, le attività indicate nell'art. 32, c. 2, lett. b) e c) D.P.R. n. 917/1986 che eccedono i limiti ivi stabiliti, anche se non organizzate in forma d'impresa (➡**10.2.4.**).
In realtà, la **nozione fiscale** di esercizio dell'attività d'impresa è più ampia di quella civilistica, includendo anche l'esercizio di **attività di natura commerciale non organizzate in forma di impresa**, mentre agli effetti civilistici l'organizzazione, seppure minima, è indispensabile affinché si possa parlare di impresa.
Risultano inoltre rilevanti ai fini della determinazione della nozione fiscale di reddito d'impresa tutte le **prestazioni di servizi**, non incluse nel Codice civile tra le attività commerciali, **se organizzate in forma di impresa**.
Sono comprese, quindi, sia quelle **attività a carattere artigianale** dirette alla produzione di beni, svolte anche senza l'organizzazione in forma di impresa, sia quelle **attività oggettivamente artistiche o professionali**, che per la netta prevalenza dell'organizzazione dei mezzi sull'apporto personale del soggetto divengono **attività commerciali produttive di reddito d'impresa**.

Vanno considerati come redditi d'impresa tutti quelli ricavati dal **proprietario della cava** e degli altri beni (miniere, torbiere, saline, laghi, stagni e altre acque interne) in conseguenza e per effetto dell'**attività di sfruttamento** (indipendentemente dal soggetto che materialmente esegua l'attività stessa) in tutte le ipotesi in cui non si trasferisce a terzi il diritto di proprietà della cava ovvero non si costituisce sulla stessa un diritto reale di godimento (Cass., sent. 13 gennaio 2011, n. 686).

Altri redditi d'impresa 14.2.1.

Ai fini fiscali, sono considerati redditi d'impresa anche (art. 55, c. 2, D.P.R. n. 917/1986):
– quelli derivanti dalle attività dirette alla **manipolazione**, **trasformazione** e **alienazione** di **prodotti agricoli** e zootecnici, ancorché non svolte sul terreno, che rientrino nell'esercizio normale dell'agricoltura secondo la tecnica che lo governa e che abbiano per oggetto prodotti ottenuti per oltre la metà dal terreno e dagli animali allevati su di esso;
– i redditi derivanti dallo sfruttamento di **miniere**, **cave**, **torbiere**, **saline**, **laghi**, **stagni** e altre **acque interne**;
– i redditi dei **terreni**, per la **parte derivante dall'esercizio di attività agricole**, di cui all'art. 32, D.P.R. n. 917/1986, pur se nei limiti ivi stabiliti, ove spettino alle società in nome collettivo e in accomandita semplice, nonché alle Stabili Organizzazioni di persone fisiche non residenti esercenti attività di impresa (➡**10.2.5.**);
– i redditi di **allevamento di animali** per la parte eccedente quella considerata agricola (➡**10.2.8.**);
– le attività dirette alla produzione di vegetali tramite l'utilizzo di strutture fisse o mobili, anche provvisorie, se la superficie adibita alla produzione eccede il doppio di quella del terreno su cui la produzione stessa insiste (art. 56, c. 5, D.P.R. n. 917/1986) (➡**10.2.9.**).

Reddito di allevamento eccedente i limiti - Il reddito di allevamento di animali relativo alla parte eccedente il limite di un quarto (art. 32, c. 2, lett. b), D.P.R. n. 917/1986) concorre a formare il reddito d'impresa nell'ammontare determinato attribuendo a ciascun capo allevato in eccedenza il valore medio del reddito agrario, moltiplicato per un coefficiente idoneo a tener conto delle incidenze dei costi relativi alle diverse specie allevate.
Attualmente, il valore medio e il coefficiente sono stati stabiliti con D.M. 20 aprile 2006, richiamato dal Decreto 15 giugno 2017.
Al riguardo è stabilito:
– il **valore medio del reddito agrario riferibile** ad ogni **capo allevato in eccedenza**;
– il **coefficiente moltiplicatore** (art. 56, c. 5, D.P.R. n. 917/1986) ai fini della determinazione del reddito attribuibile alla stessa attività eccedente.
Il computo del numero di animali allevabili nell'ambito dell'attività agraria e il valore medio di reddito attribuibile ad ogni capo allevato in eccedenza a tale attività va effettuato sulla base delle tabelle allegate al D.M. 20 aprile 2006. Le tabelle, da adottare per la determinazione sia del numero dei capi allevabili entro il limite di un quarto sia dell'imponibile da attribuire a ciascun capo eccedente il predetto limite, riguardano:
– la **suddivisione** dei **terreni in fasce di qualità**;
– la **potenzialità** di ciascuna fascia espressa in termini di unità foraggere producibili;
– i **valori parametrici** riferibili a ciascuna **specie animale**.

Le regole di determinazione del reddito si applicano a **tutti i soggetti** che esercitano attività di allevamento, **indipendentemente dal regime di contabilità** (ordinaria o semplificata) nel quale già si collocano, purché in possesso dei seguenti **requisiti**:

- che l'impresa di allevamento sia **gestita** dal **titolare di reddito agrario** di terreni posseduti a titolo di proprietà, usufrutto, altro diritto reale o condotti in affitto;
- che l'allevamento sia riferito alle **specie animali elencate** nella tabella 3 allegata al **decreto**.

Pertanto, a **livello operativo** occorre procedere come segue:

1. si convertono i redditi agrari relativi alle diverse fasce di terreno in redditi agrari normalizzati applicando gli appositi coefficienti ministeriali;
2. si determina il numero di animali allevabili entro i limiti di cui all'art. 32, D.P.R. n. 917/1986 si moltiplica il reddito agrario normalizzato per 219,08 e si divide per 51,64569;
3. si converte il numero di animali allevati ad un valore normalizzato applicando gli appositi coefficienti previsti, dal decreto, per ogni specie;
4. se il numero dei capi normalizzati non eccede il numero di animali allevabili entro i limiti di cui all'art. 32, D.P.R. n. 917/1986 non c'è alcun reddito d'impresa aggiuntivo;
5. se il numero dei capi normalizzati supera il numero di animali allevabili entro i limiti di cui all'art. 32, D.P.R. n. 917/1986 la differenza costituisce reddito d'impresa calcolato applicando a tale differenza un coefficiente pari a 0,058532.

CASO 1 - Calcolo reddito di allevamento

Si supponga di avere un appezzamento di terreno della I fascia, il cui reddito agrario sia pari a 200,00 euro.

Nel periodo d'imposta si sono allevati n. 10 vitelloni, 30 suinetti e 10 bovini.

Si vuole conoscere se si rientra nei limiti della potenzialità produttiva del fondo.

A tal punto, occorre prima tramutare il reddito agrario in reddito agrario normalizzato, moltiplicando il relativo reddito per il rispettivo coefficiente di normalizzazione che, come previsto nel D.M. 20 aprile 2006, per la I fascia è pari a 56,389:

reddito agrario normalizzato = 200,00 * 56,389 = 11.277,80.

Per stabilire il numero dei capi allevabili, entro i limiti della potenzialità produttiva del fondo, occorre moltiplicare il reddito agrario normalizzato per 219,08 e dividere il risultato per 51,64569: tale dato costituisce il numero dei capi allevabile entro il limite previsto dall'art. 32, D.P.R. n. 917/1986.

Pertanto, si avrà: 11.277,80 * 219,08 / 51,64569 = 47.840,21.

Tale dato va confrontato con il numero dei capi normalizzati che si ottiene moltiplicando il numero dei capi allevati per il relativo coefficiente di normalizzazione; nel caso di specie si ha:

Specie animale	Numero capi allevati	Coefficiente normalizzazione	Numero capi normalizzati
Vitelloni	10	1.050,000	10.500
Suinetti	30	20,000	600
Bovini	10	1.750,000	17.500
Totale capi normalizzati			28.100

Il numero dei capi normalizzati (28.100) è inferiore al numero dei capi allevabili entro i limiti di cui all'art. 32 D.P.R. n. 917/1986 (47.840,21) e, quindi, non si ha alcun reddito aggiuntivo.

Nel caso in cui il numero dei capi normalizzati fosse stato superiore al numero dei capi allevabili entro i limiti di cui all'art. 32, si avrebbe avuto un reddito aggiuntivo pari al prodotto tra il numero dei capi eccedenti e il coefficiente 0,058532.

Tale coefficiente si ottiene moltiplicando il reddito attribuibile a ciascun capo eccedente della specie base (pari a 0,029266) per il coefficiente moltiplicatore (pari a 2) previsto dal D.M. 20 aprile 2006.

Il coefficiente moltiplicatore 2 non si applica nel caso di allevatori che si avvalgono esclusivamente dell'opera di propri familiari quando, per la natura del rapporto, non si configuri l'impresa familiare.

Esercizio di attività d'impresa - Disciplina civilistica e fiscale	
Fattispecie	**Definizione**
Imprenditore (art. 2082 c.c.)	È **imprenditore** chi esercita professionalmente un'attività economica organizzata al fine della produzione o dello scambio di beni o di servizi. Gli elementi che caratterizzano l'impresa sono, pertanto: - la **professionalità:** l'attività deve essere svolta in modo non occasionale; - l'esercizio di un'**attività destinata al mercato**; - l'**economicità**; - l'**organizzazione.**
Imprese soggette a registrazione (art. 2195 c.c.)	Sono soggetti all'obbligo dell'iscrizione nel Registro delle imprese gli imprenditori che esercitano: 1) un'**attività industriale** diretta alla produzione di beni o di servizi; 2) un'attività **intermediaria** nella circolazione dei beni; 3) un'attività **di trasporto** per terra per acqua o per aria; 4) un'attività **bancaria o assicurativa**; 5) altre **attività ausiliarie delle precedenti**.
Redditi d'impresa (art. 55, D.P.R. n. 917/1986)	Sono redditi d'impresa quelli che derivano dall'**esercizio di imprese commerciali**. Per esercizio di imprese commerciali si intende l'esercizio per **professione abituale**, ancorché non esclusiva, delle attività indicate nell'art. 2195 c.c., e delle attività indicate all'art. 32, c. 2, lett. b) e c), D.P.R. n. 917/1986 che eccedono i limiti ivi stabiliti, anche se non organizzate in forma d'impresa (➡**10.2.4.**). Sono inoltre considerati redditi d'impresa: a) i redditi derivanti dall'esercizio di attività organizzate in forma d'impresa dirette alla **prestazione di servizi** che non rientrano nell'art. 2195 c.c.; b) i redditi derivanti dall'attività di **sfruttamento di miniere, cave, torbiere, saline, laghi, stagni e altre acque interne**; c) i **redditi dei terreni**, per la parte derivante dall'esercizio delle attività agricole (art. 32, D.P.R. n. 917/1986) pur se nei limiti ivi stabiliti, ove spettino alle società in nome collettivo e in accomandita semplice nonché alle Stabili Organizzazioni di persone fisiche non residenti esercenti attività di impresa (➡**10.2.5.**).

Attività	Chiarimenti
Residence	Costituisce attività d'impresa la **gestione di residence** destinato a provvisoria sistemazione di dipendenti della società, con fornitura di attrezzature e altri servizi (ris. 18 luglio 1980, n. 245).
Attività orto-vivaistica	Se consiste nella **manutenzione di piante vendute o di parchi** produce reddito d'impresa. Rientra, invece nel reddito fondiario l'attività esercitata nel vivaio ed il collocamento in loco delle piante vendute (ris. 7 febbraio 1981, n. 2810).
Attività di **assistenza fiscale** svolta da associazioni sindacali e di categoria	Costituisce **attività d'impresa** (ris. 21 maggio 1992, n. 175/E).
Locazione di videogiochi accompagnata dalla prestazione di servizi accessori (es. installazione, manutenzione, riparazione, asporto e trasferimento)	Costituisce **attività d'impresa** (ris. 22 giugno 1992, n. 9/490).
Incaricati delle **vendite a domicilio**	L'attività si configura quale attività commerciale che può essere svolta in modo abituale (produce **redditi d'impresa**) o in maniera occasionale (produce **redditi diversi**) (ris. 12 luglio 1995, n. 180).

Attività	Chiarimenti
Promotori finanziari	Producono **reddito d'impresa** anche se non organizzati in forma di impresa.
Fotografi	L'attività si configura: - quale attività di **lavoro autonomo** se la prestazione assume gli elementi tipici dell'attività professionale intellettuale di cui all'art. 2229 c.c., ancorché la legge, per la professione di cui trattasi, non preveda alcuna iscrizione in appositi albi o elenchi; - come esercizio di **impresa commerciale** quando in tale attività l'apporto del professionista non è più connesso ad una prestazione d'opera intellettuale ma involge una prevalente opera di organizzazione di vari fattori produttivi e laddove la struttura dell'impresa così organizzata, e non la figura del professionista, assume nei confronti della clientela una rilevante importanza (circ. 3 maggio 1996, n. 108/E).
Esercizio del **gioco del Bingo**	Costituisce **attività d'impresa** (circ. 11 febbraio 2002, n. 16/E).
Commercializzazione di libri da parte dell'autore	Costituisce **attività d'impresa** (ris. 15 novembre 2004, n. 132/E).
Produzione di energia elettrica ad opera di imprenditori agricoli	Costituisce **attività d'impresa** (in quanto svolta essenzialmente a mezzo di uno specifico impianto) (ris. 15 febbraio 2005, n. 17/E).
Attività svolta dagli **organismi di mediazione**	Costituisce **attività d'impresa** (ris. 29 novembre 2011, n. 113/E).
Cessione totale di energia da impianti fotovoltaici condominiali di potenza inferiore a 20 Kw	Costituisce **attività d'impresa** (ris. 10 agosto 2012, n. 84/E).

14.3. DETERMINAZIONE DEL REDDITO

Il reddito d'impresa per i soggetti IRPEF è determinato secondo le **disposizioni IRES**, salvo quanto appositamente stabilito per le persone fisiche (art. 56, D.P.R. n. 917/1986).

Per i soggetti ammessi dalla legge a **regimi contabili semplificati**, valgono regole di determinazione del reddito più semplici (➡14.11.8.) (➡14.11.9.) (➡14.11.10.).

In ogni caso, i soggetti ammessi alla tenuta delle scritture contabili in **regime semplificato** (➡14.11.8.) possono **optare per il regime ordinario**, con la conseguente necessità di redazione della situazione patrimoniale.

14.3.1. Perdite

Le eventuali perdite, al netto dei proventi esenti dall'imposta per la parte del loro ammontare che eccede i componenti negativi non dedotti (artt. 61 e 109, c. 5, D.P.R. n. 917/1986), sono computate **in diminuzione del reddito**, a norma dell'art. 8, D.P.R. n. 917/1986 (➡2.5.1.).

14.3.2. Periodo d'imposta

Convenzionalmente la vita dell'impresa viene frazionata in esercizi annuali i quali, singolarmente presi, formano ai fini fiscali un periodo di imposta.

Ai fini della determinazione del reddito, deve essere considerato **ciascun singolo periodo d'imposta**, facendo riferimento all'esercizio chiuso nel periodo d'imposta.

Tale regola è applicabile nel caso di esercizio coincidente con l'anno solare, anche se vi possono essere particolari situazioni (ad esempio, morte dell'imprenditore, cessazione dell'attività) in cui tale coincidenza non si verifica.

> Se il periodo d'imposta **è superiore o inferiore a 12 mesi**, i redditi sono ragguagliati alla durata di esso (art. 56, D.P.R. n. 917/1986).

14.3.3. Principio di competenza

All'interno di ciascun periodo d'imposta, per la determinazione del reddito di impresa occorre individuare tutti quegli elementi positivi e negativi di reddito che, in aderenza al **principio della competen-**

za economica, sono riferibili al periodo stesso, indipendentemente dalla manifestazione finanziaria dei fatti economici.

Sulla base del principio di competenza:

- i **ricavi** e gli altri proventi dell'impresa devono essere **rilevati nel momento** (ovvero, nel periodo di imposta) **in cui il bene o il servizio** prodotto dall'impresa **è venduto**;
- i **costi** devono essere **correlati ai ricavi** che hanno concorso a formare il reddito.

In altre parole, i costi si considerano sostenuti ed i ricavi conseguiti quando si verificano i relativi eventi produttivi di reddito, indipendentemente dal fatto che si siano verificati o meno flussi monetari, in entrata o in uscita.

Certezza e determinabilità - Affinché sia rispettato il principio di competenza, alla **data di chiusura dell'esercizio**, i **componenti di reddito** devono essere contemporaneamente:

- **certi** nell'esistenza;
- **determinati** od oggettivamente determinabili nell'ammontare.

Deroghe - Sono previste **situazioni particolari in deroga alla regola generale**.

Componenti di reddito	Fattispecie	Regole
Positive[1]	Corrispettivi delle cessioni di **beni mobili**	Si considerano conseguiti alla data di consegna o spedizione, ovvero alla data dell'effetto traslativo, quando è successivo
	Corrispettivi delle cessioni di **beni immobili** e delle **aziende**	Si considerano conseguiti alla data di stipula dell'atto, ovvero alla data in cui si verifica l'effetto traslativo se è differito successivamente
	Prestazioni di servizi	Il momento rilevante è la data di ultimazione della prestazione
Negative	**In generale**	Quando **non è certo** che i costi si verificheranno e **non sono determinabili** quantitativamente, non possono essere imputati nell'esercizio di competenza, ma l'imputazione deve essere differita all'esercizio in cui i costi diverranno certi ed oggettivamente determinabili
	Costi ammessi in deduzione **per effetto di disposizioni di legge**[2]	Sono deducibili anche se non imputabili in conto economico
	Costi che risultano da **elementi certi e precisi**	Sono deducibili anche se non imputati in conto economico

[1] I ricavi, gli altri proventi e le rimanenze concorrono a formare il reddito imponibile anche se non risultano imputati in conto economico.

[2] Vi rientrano anche quelli imputati nel conto economico di esercizi precedenti, la cui deduzione è stata rinviata in applicazione di norme.

Principio di cassa 14.3.4.

Si applica la **deducibilità in base al principio di cassa per**:

- i proventi derivanti dalla **partecipazione a fondi comuni d'investimento** (➔11.4.4.);
- le **imposte pagate nell'anno**, diverse da quelle sui redditi e da quelle per le quali è prevista la rivalsa;
- **i contributi associativi e sindacali**;
- i **contributi in conto capitale** e **in conto impianti**;
- **i compensi agli amministratori**, ai **promotori e** ai **soci fondatori** (➔24.3.2.);
- gli **utili di partecipazioni** in società ed enti soggetti a IRES (➔11.2.1.).

Il principio di cassa, anche se con alcune particolarità, si applica anche per le imprese in **contabilità semplificata**, **dal 1° gennaio 2017** (➔14.11.8.).

IRPEF

14.4. COMPONENTI POSITIVI DI REDDITO

Le **componenti positive di reddito** d'impresa rilevanti ai fini fiscali sono:

- **ricavi**;
- **plusvalenze patrimoniali**;
- **sopravvenienze attive**;
- **proventi immobiliari**;
- **redditi di capitale conseguiti nell'esercizio di impresa**.

14.4.1. Proventi non computabili nella determinazione del reddito d'impresa

Non concorrono alla formazione del reddito d'impresa (art. 56, c. 3, D.P.R. n. 917/1986):

- i proventi dei **cespiti che beneficiano di esenzione da imposta** (art. 91, lett. a), D.P.R. n. 917/1986);
- i **proventi già assoggettati a tassazione**, sia mediante ritenuta alla fonte a titolo d'imposta, sia mediante imposizione sostitutiva (art. 91, lett. b), D.P.R. n. 917/1986);
- le **indennità per la cessazione di rapporti di agenzia** delle persone fisiche e delle società di persone (➔13.3.4.);
- se percepite da persone fisiche, le plusvalenze, le indennità e le somme attribuite ai **soci di società di persone in caso di recesso, esclusione**, ecc. (art. 17, c. 1, lett. da g) a n), D.P.R. n. 917/1986) (➔8.8.), quando ne è richiesta la tassazione separata (art. 56, c. 3, lett. b), D.P.R. n. 917/1986).

Proventi che non concorrono al reddito d'impresa	
Tipologia	**Fattispecie**
Proventi esenti[1]	- **Plusvalenze** derivanti dal realizzo di **partecipazioni** in possesso dei requisiti per fruire dell'esenzione da *participation exemption* (art. 87, D.P.R. n. 917/1986), limitatamente alla quota esente delle medesime; - **interessi** e altri proventi derivanti dalle **obbligazioni** e dagli altri **titoli pubblici** (art. 31, D.P.R. n. 601/1973), emessi fino al 20 settembre 1986 (art. 1, c. 1, D.L. n. 556/1986); - **interessi**, premi e altri frutti derivanti da **obbligazioni e titoli di Stato** e di enti sovranazionali, emessi all'estero fino al 9 settembre 1992 (art. 1, c. 1, D.L. n. 372/1992); - **interessi**, premi e altri frutti delle **obbligazioni** e dei titoli similari **emessi da istituti di credito** o da sezioni o gestioni di aziende ed istituti di credito che esercitano il credito a medio e lungo termine, sottoscritti dall'1 ottobre 1980 al 30 settembre 1982 (art. 6, D.L. n. 693/1980).
Proventi già assoggettati a tassazione	Non concorre alla determinazione del **reddito d'impresa** il provento che è stato **assoggettato**, in alternativa: - a **ritenuta alla fonte** a titolo d'imposta; - a **imposta sostitutiva**.
Indennità per la **cessazione di rapporti di agenzia**[2] (➔13.3.4.)	Le indennità percepite dalle **persone fisiche** rientrano tra gli altri **redditi di lavoro autonomo** (art. 53, c. 2, lett. e) D.P.R. n. 917/1986) e sono soggette a tassazione separata (art. 17, c. 1, lett. d), D.P.R. n. 917/1986). È, tuttavia, concessa all'agente la **facoltà di non avvalersi della tassazione separata** facendolo constare espressamente nella dichiarazione dei redditi relativa al periodo di imposta in cui è avvenuta o ha avuto inizio la percezione (art. 17, c. 3, D.P.R. n. 917/1986). Nel caso in cui si opti per il regime di imposizione ordinaria ipotesi, l'indennità concorre alla formazione del reddito complessivo come reddito di lavoro autonomo.
Plusvalenze, indennità e somme tassate separatamente[3] (➔8.8.)	Se sono **conseguiti da persone fisiche**, sono esclusi dalla formazione del reddito d'impresa i seguenti redditi soggetti a tassazione separata: - le **plusvalenze**, compreso il valore di avviamento, realizzate mediante **cessione a titolo oneroso di aziende** possedute da più di 5 anni e i redditi conseguiti in dipendenza di liquidazione, anche concorsuale, di imprese commerciali esercitate da più di 5 anni (art. 17, c. 1, lett. g), D.P.R. n. 917/1986);

Proventi che non concorrono al reddito d'impresa	
Tipologia	**Fattispecie**
	- le **plusvalenze** realizzate a seguito di **cessioni a titolo oneroso di terreni** suscettibili di utilizzazione edificatoria secondo gli strumenti urbanistici vigenti al momento della cessione (art. 17, c. 1, lett. g-bis), D.P.R. n. 917/1986); - i corrispettivi percepiti per la **cessione della clientela** o di elementi immateriali comunque riferibili all'attività artistica o professionale, se incassati in un unico periodo d'imposta (art. 17, c. 1, lett. g-ter), D.P.R. n. 917/1986); - le indennità per la **perdita dell'avviamento** spettanti al conduttore in caso di cessazione della locazione di immobili urbani adibiti ad usi diversi da quello di abitazione e le indennità di avviamento delle farmacie spettanti al precedente titolare (art. 17, c. 1, lett. h), D.P.R. n. 917/1986); - le indennità spettanti a titolo di **risarcimento**, anche in forma assicurativa, dei danni consistenti nella perdita di redditi relativi a più anni (art. 17, c. 1, lett. i), D.P.R. n. 917/1986); - i redditi compresi nelle somme attribuite o nel valore normale dei **beni assegnati ai soci** delle società di persone e soggetti assimilati nei casi di recesso, esclusione e riduzione del capitale o agli eredi in caso di morte del socio, e i redditi imputati ai soci in dipendenza di liquidazione, anche concorsuale, delle società stesse, se il periodo di tempo intercorso tra la costituzione della società e la comunicazione del recesso o dell'esclusione, la deliberazione di riduzione del capitale, la morte del socio o l'inizio della liquidazione è superiore a 5 anni (art. 17, c. 1, lett. l), D.P.R. n. 917/1986); - i redditi compresi nelle somme o nel valore normale dei **beni attribuiti alla scadenza dei contratti** e dei titoli di cui all'art. 44, c. 1, lett. a), b), f) e g), D.P.R. n. 917/1986, quando non sono soggetti a ritenuta alla fonte a titolo di imposta o ad imposta sostitutiva, se il periodo di durata del contratto o del titolo è superiore a 5 anni (art. 17, c. 1, lett. n), D.P.R. n. 917/1986).

[1] I costi, gli oneri, le spese e le perdite imputabili ai proventi esenti non sono deducibili dal reddito d'impresa di coloro che li hanno conseguiti. Invece, i costi, gli oneri, le spese e le perdite riferibili indistintamente ad attività o beni produttivi di proventi computabili e non computabili nella determinazione del reddito (in quanto esenti) sono deducibili per la parte corrispondente al rapporto tra l'ammontare dei ricavi e altri proventi che concorrono a formare il reddito d'impresa (art. 109, c. 5, D.P.R. n. 917/1986).

[2] Le **indennità per la cessazione dei rapporti di agenzia** spettanti alle società di persone (ris. 29 luglio 2005, n. 105/E):
- non confluiscono nel reddito d'impresa;
- sono tassate in capo ai soci al momento della percezione (criterio di cassa).

I prospetti da consegnare ai soci dovranno evidenziare che una parte del reddito (corrispondente alle indennità) non deve essere tassato per trasparenza in capo ai soci medesimi.

In tal modo, ciascuno di essi può optare per il regime (tassazione ordinaria o separata) più confacente alla propria situazione fiscale.

[3] Affinché operi l'esclusione, occorre che ne sia fatta richiesta nella dichiarazione dei redditi relativa al periodo d'imposta in cui i suddetti proventi sarebbero imponibili come redditi d'impresa (art. 17, c. 2, D.P.R. n. 917/1986).

Ricavi 14.4.2.

Per i ricavi si applica la stessa disciplina valida per l'IRES (➡**22.2.**) (art. 85, D.P.R. n. 917/1986).
Per gli imprenditori individuali è prevista una regola specifica: tra i ricavi è compreso anche il valore normale dei **beni non strumentali destinati al consumo personale o familiare dell'imprenditore** (artt. 57 e 85, D.P.R. n. 917/1986).

IRPEF

14.4.3. Plusvalenze patrimoniali

Il regime fiscale delle plusvalenze originate nell'attività d'impresa è contenuto sia nella disciplina ai fini IRES che quella ai fini IRPEF. In particolare:

- relativamente alla **disciplina IRES** trovano applicazione le norme in materia di **plusvalenze patrimoniali** (➡22.3.) (art. 86, D.P.R. n. 917/1986) e in materia di **plusvalenze esenti** (➡23.) (art. 87, D.P.R. n. 917/1986);
- relativamente alla **disciplina IRPEF**, trova applicazione in via residuale, la norma (art. 58, D.P.R. n. 917/1986) secondo cui per le **plusvalenze derivanti da cessione dell'azienda**, le disposizioni dell'art. 86, c. 4, D.P.R. n. 917/1986 non si applicano quando è richiesta la tassazione separata (art. 17, c. 2, D.P.R. n. 917/1986).

Il c. 4 dell'art. 86, del quale è esclusa l'applicazione prevede che le plusvalenze realizzate, diverse da quelle non imponibili (art. 87, D.P.R. n. 917/1986), concorrono a formare il reddito per l'intero ammontare nell'esercizio di realizzazione, ovvero, se i beni sono stati posseduti per non meno di 3 anni, a scelta del contribuente, nel periodo di realizzazione e nei successivi, ma non oltre il quarto.

Il **trasferimento d'azienda per causa di morte o per atto gratuito** non costituisce realizzo delle plusvalenze dell'azienda stessa, la quale è assunta ai medesimi valori fiscalmente riconosciuti nei confronti del dante causa (art. 58, D.P.R. n. 917/1986). Tali criteri si applicano anche qualora, a seguito dello scioglimento, entro 5 anni dall'apertura della successione della società esistente tra gli eredi, l'azienda resti acquisita da uno solo di essi.
Le **plusvalenze esenti** (art. 87, D.P.R. n. 917/1986) non concorrono alla formazione del reddito imponibile, in quanto **esenti limitatamente al 41,86%** del loro ammontare (D.M. 26 maggio 2017).

Tale norma è il corollario, in campo IRPEF, del regime di *participation exemption* (➡23.). Le plusvalenze dei beni relativi all'impresa concorrono a formare il reddito **anche se i beni vengono destinati al consumo personale o familiare dell'imprenditore** o a **finalità estranee** all'esercizio dell'impresa.
Per le plusvalenze patrimoniali (art. 86, D.P.R. n. 917/1986) realizzate da s.n.c. e s.a.s. residenti nel territorio dello Stato, l'opzione per il frazionamento in cinque esercizi (art. 86, c. 4, D.P.R. n. 917/1986) va fatta, con effetto anche per i soci, nella dichiarazione dei redditi della società.

14.4.4. Dividendi

Gli utili relativi alla **partecipazione al capitale o al patrimonio dei soggetti IRES**, nonché quelli relativi ai **titoli e** agli **strumenti finanziari** assimilati (art. 44, c. 1, lett. a), D.P.R. n. 917/1986) e le remunerazioni relative ai contratti di **associazione in partecipazione e cointeressenza** (art. 109, c. 9, lett. b), D.P.R. n. 917/1986) concorrono alla formazione del reddito complessivo, nella misura del **58,14%** del loro ammontare (D.M. 26 maggio 2017) nell'esercizio in cui sono percepiti.
Per il resto si applicano le regole previste per i redditi di capitale (➡11.2.) (art. 47, D.P.R. n. 917/1986).
Per gli utili percepiti nell'esercizio di attività d'impresa **non si applicano** le norme introdotte dalla Legge di bilancio 2018 (art. 1, c. 1000-1006, Legge n. 205/2017) che hanno equiparato la tassazione dei proventi derivanti da partecipazioni qualificate a quelli delle partecipazioni non qualificate (➡11.2.2.).

14.5. COMPONENTI NEGATIVI DI REDDITO

Ai fini della determinazione delle **componenti negative di reddito**, valgono le **regole previste per i soggetti IRES** (➡24.).
Per i soggetti IRPEF, però, ci sono alcune regole specifiche che vengono descritte di seguito.

14.5.1. Spese per prestazioni di lavoro

La disciplina generale in materia di spese per prestazioni di lavoro è quella valevole ai fini IRES (➡24.3.1.) (art. 95, D.P.R. n. 917/1986).

Per i soggetti IRPEF è, comunque, prevista una disposizione speciale (art. 60, D.P.R. n. 917/1986): le spese relative ai **compensi per il lavoro** prestato o l'opera svolta dall'imprenditore, dal **coniuge**, dai **figli**, affidati o affiliati minori di età o permanentemente inabili al lavoro, nonché dagli ascendenti e dai familiari partecipanti all'impresa, **non sono deducibili**.

Interessi passivi 14.5.2.

Gli **interessi passivi** sono **deducibili** per la parte corrispondente al **rapporto** tra l'**ammontare dei ricavi** e altri proventi che concorrono a formare il reddito d'impresa o che non vi concorrono in quanto esclusi e l'ammontare complessivo **di tutti i ricavi e proventi** (art. 61, D.P.R. n. 917/1986).
La parte di interessi passivi **non deducibile** in base alle predette regole non dà diritto alla detrazione per gli **interessi passivi sui mutui** (art. 15, c. 1, lett. a) e b), D.P.R. n. 917/1986).

Norme generali in materia di reddito d'impresa 14.5.3.

I principi generali per la determinazione del reddito d'impresa sono quelli previsti per l'IRES (➜**21.**) (art. 109, D.P.R. n. 917/1986).
In campo IRPEF, comunque, è prevista un'apposita norma che contiene i principi applicabili ai soggetti che rientrano nell'ambito di applicazione di tale imposta, in materia di **minusvalenze e beni ad uso promiscuo** (art. 64, D.P.R. n. 917/1986).

Elemento di reddito	Regole IRPEF
Minusvalenze	Le **minusvalenze realizzate** relative alle partecipazioni aventi i requisiti per l'esenzione (art. 87, D.P.R. n. 917/1986), e i costi specificamente inerenti il realizzo di tali partecipazioni, **sono indeducibili in misura corrispondente al 41,86%** (D.M. 26 maggio 2017) in presenza dei seguenti requisiti: - possesso ininterrotto per almeno un anno; - iscrizione in bilancio tra le **immobilizzazioni finanziarie**; - ricorrenza, alternativamente, di una delle due seguenti condizioni: 1. residenza fiscale o localizzazione dell'impresa o ente partecipato in Stati o territori diversi da quelli a regime fiscale privilegiato individuati in base ai criteri di cui all'art. 47-bis, c. 1, D.P.R. n. 917/1986; o, alternativamente, 2. dimostrazione, anche a seguito dell'esercizio dell'interpello (➜**11.5.5.**) (art. 47-bis, c. 3, D.P.R. n. 917/1986), della sussistenza della condizione che dalle partecipazioni non consegua l'effetto di localizzare i redditi in Stati o territori a regime fiscale privilegiato (art. 47-bis, c. 2, lett. b), D.P.R. n. 917/1986); - svolgimento di **attività commerciale**.
Beni ad uso promiscuo	Le spese relative all'acquisto di beni mobili adibiti promiscuamente all'esercizio dell'impresa e all'uso personale o familiare dell'imprenditore sono **ammortizzabili**, **o deducibili**, nella misura del **50%**. Nella stessa misura del **50%** sono **deducibili i canoni di locazione**, anche finanziaria, e di noleggio e le spese relative all'impiego di tali beni. Per gli **immobili** utilizzati promiscuamente, è deducibile una somma pari al **50%** della **rendita catastale** o del **canone di locazione**, anche finanziaria, a condizione che il contribuente non disponga di altro immobile esclusivamente adibito all'esercizio dell'impresa.

Beni relativi all'impresa 14.5.4.

Sono considerati relativi all'impresa (art. 65, D.P.R. n. 917/1986):
- i beni destinati all'attività (art. 85, c. 1, lett. a), D.P.R. n. 917/1986);
- le materie prime e sussidiarie, i semilavorati acquistati o prodotti per essere impiegati nella produzione (art. 85, c. 1, lett. b), D.P.R. n. 917/1986);
- i beni strumentali per l'attività;
- i beni dell'imprenditore **indicati tra le attività dell'inventario**, tenuto a norma dell'art. 2217 c.c.

L'art. 2217 c.c. prevede che l'inventario:
- deve redigersi **all'inizio dell'esercizio** dell'impresa e successivamente ogni anno e deve contenere l'indicazione e la valutazione delle attività e delle passività relative all'impresa, nonché delle attività e delle passività dell'imprenditore estranee alla medesima;
- si chiude con il **bilancio e** con il **conto dei profitti e delle perdite** il quale deve dimostrare con evidenza e verità gli utili conseguiti o le perdite subite. Nelle valutazioni di bilancio l'imprenditore deve attenersi ai criteri stabiliti per i bilanci delle società per azioni, in quanto applicabili;
- deve essere **sottoscritto dall'imprenditore entro 3 mesi** dal termine per la presentazione della dichiarazione dei redditi ai fini delle imposte dirette.

Gli **immobili strumentali** si considerano relativi all'impresa solo se sono indicati nell'inventario (per i soggetti in regime semplificato (➔**14.6.**), tale indicazione può essere effettuata nel registro dei beni ammortizzabili o secondo le ulteriori modalità per essi previste).
Per le **società in nome collettivo e in accomandita semplice** si considerano relativi all'impresa tutti i beni ad esse appartenenti.
Per le **società di fatto** si considerano relativi all'impresa:

- i beni alla cui produzione o al cui scambio è diretta l'attività dell'impresa (art. 53, c. 1, lett. a), D.P.R. n. 917/1986);
- le materie prime e sussidiarie, i semilavorati e gli altri beni mobili acquistati o prodotti per essere impiegati nella produzione (art. 53, c. 1, lett. b), D.P.R. n. 917/1986);
- i crediti acquisiti nell'esercizio dell'impresa;
- i beni strumentali per l'esercizio dell'impresa, compresi quelli iscritti in pubblici registri a nome dei soci utilizzati esclusivamente come strumentali per l'esercizio dell'impresa.

Beni provenienti dal patrimonio personale dell'imprenditore - È riconosciuto, ai fini fiscali, il costo da iscrivere tra le attività relative all'impresa nell'inventario, ovvero, per le imprese in regime semplificato, nel registro dei cespiti ammortizzabili.
Le relative quote di ammortamento sono calcolate a decorrere dall'esercizio in corso alla data dell'iscrizione.

14.6. IMPRESE MINORI

A partire dal 1° gennaio 2017, le imprese minori (art. 66, D.P.R. n. 917/1986) e cioè, quelle che si trovano in regime di contabilità semplificata, determinano il reddito applicando il **principio di cassa** anziché, come previsto sino al 31 dicembre 2016, quello di competenza (che resta comunque valido per alcune fattispecie specifiche) (art. 1, c. 17-23, Legge n. 232/2016).

14.6.1. Soggetti interessati

Le modifiche introdotte dal 2017 non hanno mutato l'ambito soggettivo di applicazione del regime di determinazione del reddito riservato alle imprese minori (➔**14.11.8.**).

14.6.2. Regime di cassa

Il regime di determinazione del reddito delineato dal 2017 non è un regime di cassa "puro", bensì un **regime "misto" cassa-competenza**. In sostanza, si deroga al criterio della competenza per i ricavi percepiti e le spese sostenute, ferme restando le regole di determinazione e imputazione temporale dei componenti positivi e negativi quali **plusvalenze**, **minusvalenze**, **sopravvenienze**, **ammortamenti e accantonamenti** previsti dal D.P.R. n. 917/1986 (circ. 13 aprile 2017, n. 11/E).

Non c'è più alcun rinvio agli artt. 92, 93 e 94, D.P.R. n. 917/1986 con la conseguenza che **non assumono più rilevanza**, ai fini della determinazione del reddito delle imprese minori, le **rimanenze finali** e le **esistenze iniziali di merci**, **lavori in corso su ordinazione** di durata sia infra annuale che ultrannuale e **titoli**.

Componenti che concorrono alla formazione del reddito secondo il criterio di cassa - Il reddito delle imprese minori è costituito dalla **differenza** tra l'ammontare dei **ricavi** (art. 85, D.P.R. n. 917/1986) e degli altri proventi (art. 89, D.P.R. n. 917/1986) **percepiti** nel periodo di imposta e quello delle **spese sostenute** nel periodo stesso nell'esercizio dell'attività d'impresa.
Pertanto, i ricavi (art. 85, D.P.R. n. 917/1986) e gli altri proventi (art. 89, D.P.R. n. 917/1986) **concorrono alla formazione del reddito d'impresa** all'atto dell'**effettiva percezione** ovvero, in altre parole, secondo il criterio di cassa.

Specularmente, lo stesso criterio di cassa è applicabile anche alle "**spese sostenute**" nell'esercizio d'impresa, ancorché la formulazione letterale della disposizione in commento non sia mutata (circ. 13 aprile 2017, n. 11/E).

Si tratta, in sostanza, di spese diverse da quelle per le quali la norma (art. 66, D.P.R. n. 917/1986) richiama l'ordinaria disciplina.
Ad esempio, si tratta delle spese per gli acquisti di merci destinate alla rivendita, di beni impiegati nel processo produttivo, di beni incorporati nei servizi, utenze, materiali di consumo, spese condominiali, imposte comunali deducibili, spese per assicurazioni e interessi passivi.

Per ragioni di coordinamento, **sono state soppresse** le norme (ultimi due periodi del c. 3 dell'art. 66, D.P.R. n. 917/1986) che consentivano ai soggetti in contabilità semplificata di dedurre i costi concernenti contratti da cui derivavano **corrispettivi periodici**, relativi a spese di competenza di due periodi di imposta e di importo non superiore a 1.000 euro.

Nel caso di **transazioni** poste in essere con **strumenti di pagamento diversi dal contante**, al fine di individuare il momento in cui i ricavi e i proventi si considerano percepiti e le spese sostenute, si ritengono applicabili i chiarimenti resi in merito all'individuazione del momento di rilevanza fiscale dei compensi percepiti e delle spese sostenute nell'ambito dei redditi di lavoro autonomo, attesa l'analogia di formulazione delle due discipline (➡13.2.).

Come si determina il reddito con il regime di cassa

(Ricavi + proventi percepiti) - (Spese sostenute)
+
Proventi derivanti dagli immobili che non costituiscono beni strumentali per l'esercizio dell'impresa
+
Plusvalenze e sopravvenienze attive
-
Minusvalenze, sopravvenienze passive, ammortamenti e accantonamenti
=
Reddito imponibile

Componenti che concorrono alla formazione del reddito secondo il criterio di competenza - Come anticipato, alcune componenti positive e negative di reddito continuano a soggiacere al criterio di competenza.

Componenti positivi di reddito	Componenti negativi di reddito
a) Ricavi da assegnazione dei beni ai soci o destinazione degli stessi a finalità estranee all'esercizio dell'impresa (art. 57, D.P.R. n. 917/1986)[1]; b) proventi derivanti da immobili che non costituiscono beni strumentali per l'esercizio dell'impresa né beni alla cui produzione o al cui scambio è diretta l'attività dell'impresa (c.d. immobili patrimoniali) (➡22.8.) (art. 90, D.P.R. n. 917/1986); c) plusvalenze e sopravvenienze attive (➡22.3.) (artt. 86 e 88, D.P.R. n. 917/1986)[2]; d) redditi determinati forfettariamente per le attività di allevamento di animali oltre il limite di cui all'art. 32, c. 2, lett. b), D.P.R. n. 917/1986 (➡14.2.1.) (art. 56, c. 5, D.P.R. n. 917/1986)[3].	a) Minusvalenze e sopravvenienze passive (➡24.19.1.) (art. 101, D.P.R. n. 917/1986)[4]; b) quote di ammortamento di beni materiali, anche ad uso promiscuo, e immateriali e canoni di leasing (➡24.6.) (artt. 64, c. 2, 102 e 103, D.P.R. n. 917/1986)[5]; c) perdite di beni strumentali e perdite su crediti (➡24.19.1.) (art. 101, D.P.R. n. 917/1986)[6]; d) accantonamenti di quiescenza e previdenza (➡24.20.) (art. 105, D.P.R. n. 917/1986); e) spese per prestazioni di lavoro (➡24.3.1.) (art. 95, D.P.R. n. 917/1986); f) oneri di utilità sociale (➡24.5.) (art. 100, D.P.R. n. 917/1986); g) spese relative a più esercizi (➡24.13.) (art. 108, D.P.R. n. 917/1986)[7]; h) oneri fiscali e contributivi (➡24.4.) (art. 99, c. 1 e 3, D.P.R. n. 917/1986); i) interessi di mora (➡24.21.) (art. 109, c. 7, D.P.R. n. 917/1986).

[1] Il **valore normale dei beni** concorre alla formazione del reddito nel periodo di imposta in cui è avvenuta l'assegnazione ai soci o la destinazione degli stessi a finalità estranee all'esercizio dell'impresa.

[2] Concorrono in ogni caso alla determinazione del reddito secondo il criterio di cassa le **sopravvenienze attive** derivanti dallo storno o integrazione di componenti negativi o positivi che hanno concorso alla determinazione del reddito secondo il criterio di cassa.

IRPEF

Componenti positivi di reddito	Componenti negativi di reddito

[3] Il criterio di competenza è applicabile anche alla determinazione forfetaria del reddito delle altre **attività agricole** (art. 56-bis, D.P.R. n. 917/1986), trattandosi di fattispecie sostanzialmente analoghe.
[4] Concorrono in ogni caso alla determinazione del reddito secondo il criterio di cassa le **sopravvenienze passive** derivanti dallo storno o integrazione di componenti positivi o negativi che hanno concorso alla determinazione del reddito secondo il criterio di cassa.
[5] Le **spese di manutenzione ordinaria** sono deducibili, pur nei limiti previsti (art. 102, c. 6, D.P.R. n. 917/1986), secondo il criterio di cassa. Anche il **maxi-canone di leasing** deve essere dedotto per competenza, essendo in tal caso irrilevante il momento del pagamento.
[6] L'art. 101, c. 5, D.P.R. n. 917/1986 trova applicazione anche per le eventuali **perdite relative a crediti** rilevati in contropartita dei ricavi in costanza di opzione per il regime che fa coincidere la registrazione con l'incasso/pagamento (art. 18, c. 5, D.P.R. n. 600/1973).

[7] Il criterio di competenza per la deducibilità opera unicamente nel caso in cui le **spese** hanno **natura pluriennale** (ad esempio, costi di impianto, spese di sviluppo e altri costi simili che soddisfano la definizione generale di onere pluriennale prevista dall'**OIC 24**). Diversamente, nel caso in cui tali spese sono deducibili interamente nel periodo d'imposta in cui sono state sostenute, rileva, ai fini della corretta imputazione temporale del componente negativo, il criterio di cassa. Pertanto, le **spese di rappresentanza** sono deducibili nel periodo d'imposta in cui è avvenuto il pagamento, fermi restando i limiti di deducibilità (art. 108, c. 2, D.P.R. n. 917/1986).
Non sono deducibili dal reddito delle imprese minori i seguenti componenti negativi:
a) spese ed altri componenti negativi relativi a **immobili patrimoniali** (art. 90, c. 2, D.P.R. n. 917/1986);
b) **accantonamenti**, diversi da quelli indicati nell'art. 105, D.P.R. n. 917/1986;
c) remunerazione dovuta relativamente ai contratti di **associazione in partecipazione** e a quelli di **cointeressenza** allorché sia previsto un apporto diverso da quello di opere e servizi (art. 109, c. 9, lett. b), D.P.R. n. 917/1986). In ogni caso, la remunerazione dovuta relativamente ai citati contratti che prevedano l'apporto di opere e servizi è deducibile dal reddito secondo il criterio di competenza.

Disciplina per evitare salti o duplicazioni d'imposta - Al fine di evitare salti o duplicazioni di imposizione, il passaggio dall'applicazione delle regole specifiche per le imprese minori a un periodo d'imposta soggetto a regime ordinario, e viceversa, è espressamente disciplinato.
In tali casi i ricavi, i compensi e le spese che **hanno già concorso** alla formazione del reddito, in base alle regole del regime adottato, **non assumono rilevanza** nella determinazione del reddito degli anni successivi (art. 1, c. 19, Legge n. 232/2016).
Pertanto, ove un **componente reddituale** - per il quale sia **mutato** il criterio di imputazione temporale in occasione del cambio di regime - abbia già concorso alla determinazione del reddito in applicazione delle regole previste dal regime di "provenienza", non concorrerà alla formazione del reddito dei periodi d'imposta successivi, ancorché si siano verificati i presupposti di imponibilità/deducibilità previsti dal regime di "destinazione".
Allo stesso modo, i componenti reddituali - per i quali sia mutato il criterio di imputazione temporale in occasione del cambio di regime - che non hanno concorso alla determinazione del reddito in applicazione delle regole previste dal regime di "provenienza" concorrono alla formazione del reddito dei periodi d'imposta successivi ancorché non si siano verificati i presupposti di imponibilità/deducibilità previsti dal regime di "destinazione".

Al fine di individuare la corretta imputazione temporale di tali componenti reddituali è necessario fare riferimento alle regole vigenti nel **regime di "provenienza"** (circ. 13 aprile 2017, n. 11/E).

Come evitare duplicazioni o salti d'imposta

Ipotesi	Modalità
Componente reddituale - per il quale è mutato il criterio di imputazione temporale in occasione del cambio di regime - che ha **già concorso** alla determinazione del reddito in applicazione delle regole previste dal regime di "provenienza"	**Non concorre** alla formazione del reddito dei **periodi d'imposta successivi**, ancorché si siano verificati i presupposti di imponibilità/deducibilità previsti dal regime di "destinazione

Ipotesi	Modalità
Componente reddituale - per il quale è mutato il criterio di imputazione temporale in occasione del cambio di regime - che **non ha concorso** alla determinazione del reddito in applicazione delle regole previste dal regime di "provenienza"	**Concorre** alla formazione del reddito dei **periodi d'imposta successivi** ancorché non si siano verificati i presupposti di imponibilità/deducibilità previsti dal regime di "destinazione"

Se sono stati corrisposti **acconti** fiscalmente irrilevanti nel regime di provenienza, gli stessi concorreranno a formare il reddito nel periodo d'imposta in cui si realizzano i presupposti di imputazione temporale previsti dal regime di provenienza.

In sede di passaggio dal regime di competenza al regime di cassa è consigliabile mantenere **evidenza extracontabile delle componenti reddituali** che, per effetto del mutato criterio di imputazione temporale in occasione del cambio di regime, non concorrono alla formazione del reddito dei periodi d'imposta in regime di cassa (ancorché si siano verificati i presupposti di imponibilità/deducibilità previsti da tale regime), in quanto hanno già concorso alla determinazione del reddito in applicazione delle regole previste dal regime di "provenienza" (di competenza), e viceversa (circ. 13 aprile 2017, n. 11/E).

Gestione delle rimanenze - Le **rimanenze finali** che hanno concorso a formare il reddito dell'esercizio precedente secondo il principio della competenza sono portate interamente in deduzione del reddito del primo periodo di applicazione del regime (art. 1, c. 18, Legge n. 232/2016).

Tale disposizione si applica, oltre che in sede di prima applicazione del regime, anche nel caso di **passaggio** dalla **contabilità ordinaria** a quella **semplificata**.

A tal fine, valgono le seguenti regole:

- le rimanenze finali comprendono sia le rimanenze di **merci** e di **lavori in corso su ordinazione** di **durata infra annuale** (art. 92, D.P.R. n. 917/1986) che le rimanenze di lavori in corso su ordinazione **di durata ultrannuale** (art. 93, D.P.R. n. 917/1986), oltre alle **rimanenze dei titoli** (art. 94, D.P.R. n. 917/1986);
- il componente negativo derivante dalla deduzione integrale nel primo periodo di applicazione del regime di cassa delle rimanenze finali che hanno concorso a formare il reddito dell'esercizio precedente secondo il principio della competenza non rileva ai fini dell'applicazione della disciplina delle **società non operative** (art. 30, Legge n. 724/1994) e delle **società in perdita sistematica** (art. 2, c. da 36-decies a 36-duodecies, D.L. n. 138/2011);
- per l'individuazione dei **presupposti** della disciplina sulle **società in perdita sistematica**, laddove il primo periodo d'imposta di applicazione del regime di cassa costituisca uno di quelli compresi nel c.d. **periodo di osservazione**, il relativo risultato fiscale deve essere considerato senza tenere conto del componente negativo derivante dalla deduzione integrale del valore delle rimanenze finali del periodo precedente;
- nel caso di **passaggio** dal regime di **contabilità semplificata** al regime di **contabilità ordinaria**, le rimanenze di merci il cui costo è stato sostenuto e, quindi, dedotto nel corso dell'applicazione delle regole del regime di cassa **non assumono rilevanza come esistenze iniziali** al momento della fuoriuscita dal regime semplificato in deroga alle ordinarie regole di competenza previste dal D.P.R. n. 917/1986. Diversamente, qualora con riferimento alle merci in rimanenza non sia stato effettuato il relativo pagamento, le stesse rilevano come esistenze iniziali e si applicheranno le ordinarie regole di competenza previste dal D.P.R. n. 917/1986;
- va redatto un **prospetto iniziale** delle attività e passività esistenti alla data del 1° gennaio dell'anno in cui si applica il regime di contabilità ordinaria (secondo le regole stabilite dal D.P.R. n. 689/1974), non soggetto a obblighi di vidimazione e bollatura;
- con specifico riferimento alla **valorizzazione del magazzino**, è necessario evidenziare l'eventuale **disallineamento** tra il valore delle **esistenze iniziali** (determinato in base al costo medio *ex* art. 6 del D.P.R. n. 689/1974) e il **costo fiscalmente riconosciuto** delle stesse;
- al fine di calcolare il **costo medio delle esistenze iniziali**, è necessario fare riferimento a tutti gli acquisti dell'ultimo anno (relativi alla singola categoria omogenea) e non solo a quelli relativi ai beni non pagati;
- così individuato il costo medio, al fine di calcolare il valore fiscalmente riconosciuto delle rimanenze sarà necessario fare riferimento alle **merci in magazzino per le quali non è avvenuto il pagamento**.

Registri contabili e modalità di registrazione (➔14.11.8.)

14.6.3. Deduzione forfetaria per intermediari e rappresentanti di commercio

Per gli intermediari e i rappresentanti di commercio il reddito d'impresa è ridotto, a titolo di **deduzione forfetaria** delle spese non documentate, di un importo che deriva dall'applicazione, sui ricavi, di alcune percentuali (art. 66, c. 4, D.P.R. n. 917/1986).

Ricavi (euro)		Percentuale forfetaria deduzione
da	**a**	
0	6.197,48	3%
6.197,49	77.468,53	1%
77.468,54	92.962,24	0,50%

14.6.4. Deduzione forfetaria per imprese di autotrasporto

Per le imprese autorizzate all'**autotrasporto di merci per conto di terzi**, il reddito è ridotto, a titolo di **deduzione forfetaria** di spese non documentate (art. 66, c. 5, D.P.R. n. 917/1986):

- per i trasporti personalmente effettuati dall'imprenditore oltre il comune in cui ha sede l'impresa, ma **nell'ambito della regione o delle regioni confinanti**: **7,75 euro**;
- per i trasporti effettuati **oltre tale ambito: 15,49 euro**.

La deduzione compete anche nel caso in cui i soggetti beneficiari optino per il regime di contabilità ordinaria (art. 13, c. 4, D.L. n. 90/1990).

> La deduzione spetta **una sola volta per ogni giorno di trasporto**, indipendentemente dal numero dei viaggi (circ. 27 giugno 2000, n. 129/E e circ. 29 settembre 1984, n. 31).

Le deduzioni spettano:

- in **un'unica misura** (rispetto alla precedente distinzione tra trasporti regionali ed extra regionali) per i trasporti effettuati dall'imprenditore oltre il comune in cui ha sede l'impresa;
- **nella misura del 35%** di tale importo per i trasporti effettuati **all'interno del comune**.

> Per i trasporti effettuati personalmente dall'imprenditore **oltre il comune in cui ha sede l'impresa** (autotrasporto merci per conto di terzi) è prevista una **deduzione forfetaria di spese non documentate**.
> Tale misura è fissata a 48 euro (Comunicato MEF 30 giugno 2021).
> La deduzione spetta una sola volta per ogni giorno di effettuazione di trasporti, indipendentemente dal numero dei viaggi.
> La deduzione spetta anche per i trasporti effettuati personalmente dall'imprenditore all'interno del comune in cui ha sede l'impresa, per un importo pari al 35% di quello spettante per i medesimi trasporti oltre il territorio comunale.
> Inoltre, le imprese di autotrasporto merci - conto terzi e conto proprio - possono recuperare, **fino ad un massimo di 300 euro per ciascun veicolo** (tramite compensazione in F24), le somme versate nell'anno precedente come contributo al Servizio sanitario nazionale sui premi di assicurazione per la responsabilità civile, per i danni derivanti dalla circolazione dei veicoli a motore adibiti a trasporto merci di massa complessiva a pieno carico non inferiore a 11,5 tonnellate.
> Per la compensazione nel Mod. F24 si utilizza il **codice tributo 6793**.

Adempimenti - Deve essere redatto un prospetto, sottoscritto dal dichiarante, contenente per i viaggi effettuati l'indicazione della loro durata, della località di destinazione e degli estremi degli eventuali documenti di trasporto emessi o delle fatture o delle lettere di vettura.

Il prospetto va conservato fino alla scadenza del termine per l'accertamento (art. 43, D.P.R. n. 600/1973).

14.6.5. Deduzione forfetaria per esercenti impianti di distribuzione carburanti

Per le imprese esercenti impianti di distribuzione di carburanti è prevista una deduzione forfetaria a favore del reddito di periodo attraverso l'applicazione di abbattimenti percentuali rapportati a tre fasce di ricavi:

- 1,1% del volume d'affari fino a 1.032.000,00 euro;
- 0,6% del volume d'affari oltre 1.032.000,00 e fino a 2.064.000,00 euro;
- 0,4% del volume d'affari oltre i 2.064.000,00 euro.

REDDITI DA PARTECIPAZIONE 14.7.

Devono essere **imputati** a **ciascun socio**, indipendentemente dalla percezione, i **redditi prodotti in forma associata** da (art. 5, D.P.R. n. 917/1986):

- **società semplici**;
- società **in nome collettivo**;
- società **in accomandita semplice**;
- società **di fatto**;
- società **di armamento**;
- **associazioni professionali**;
- **imprese familiari**;
- **aziende coniugali** non costituite in forma societaria;
- gruppi europei di interesse economico (**GEIE**).

Natura del reddito 14.7.1.

La tassazione **delle società di persone e assimilate** avviene in base al **principio della trasparenza**, nel senso che tali contribuenti sono soggetti passivi d'imposta ai fini IRAP, IVA e per le ritenute d'acconto, ma perdono la **soggettività tributaria** relativamente all'**IRPEF**, che deve essere **attribuita ai singoli soci in proporzione alle quote di partecipazione**.

I singoli soci indicano il reddito da partecipazione nei loro modelli di dichiarazione.

In tal modo, i redditi di partecipazione **mantengono la stessa natura** che hanno in capo alla società o associazione da cui provengono (ad esempio, redditi d'impresa, se provengono da società commerciali, di lavoro autonomo, se provengono da associazioni professionali) e devono essere dichiarati **nello stesso anno** in cui la società o associazione li ha realizzati.

Ne segue che l'ammontare del reddito da attribuire ai soci deve essere determinato **in capo alla società o associazione**, secondo le regole proprie delle singole categorie di reddito:

- **reddito d'impresa**, per le società commerciali, imprese familiari o aziende coniugali;
- reddito **di lavoro autonomo**, per le associazioni professionali;
- reddito **fondiario** o altro, per le società semplici operanti nel settore agricolo.

Compensazione di ritenute 14.7.2.

La società ed ente equiparato (art. 5, D.P.R. n. 917/1986) che **subisce in proprio le ritenute**, dovendo poi trasferire le stesse ai soci in proporzione alla quota di partecipazione, **può avocare a sé** le ritenute che **residuano** dopo il loro scomputo dall'IRPEF dovuta dai soci.

Tali ritenute avocate si trasformano al momento della dichiarazione in un **credito d'imposta** compensabile dalla società (circ. 23 dicembre 2009, n. 56/E; circ. 12 marzo 2010, n. 12/E).

> L'eventuale **utilizzo in compensazione**, da parte della società o associazione, del credito relativo alle ritenute dalla stessa subite richiede il **preventivo assenso dei soci o associati** da manifestare, anche in via generalizzata, in apposito atto avente data certa (ad esempio, tramite scrittura privata autenticata) o nello stesso atto costitutivo. L'assenso dei soci può essere riferito al credito derivante dalle ritenute residue relative ad un singolo periodo d'imposta - con necessità, in tale circostanza, di rinnovo annuale dell'atto - ovvero a quello derivante da tutte le ritenute residue senza limiti di tempo, fino a revoca espressa.

Affinché la compensazione possa operare è necessario, inoltre, che il credito **risulti dalla dichiarazione annuale della società**.

Il **codice tributo** da utilizzare per la compensazione è **6830** (ris. 11 febbraio 2010, n. 6/E).

> Il regime di riattribuzione delle ritenute residue vale anche per le **imprese familiari** (➔**14.8.**), per le **aziende coniugali** (➔**14.8.4.**) e per le **società di capitali trasparenti per opzione** (➔**25.**). Inoltre, l'assenso accordato dai soci o associati allo scomputo delle ritenute residue da parte del soggetto partecipato può essere riferito a tutte le ritenute residue, **senza limiti di tempo**, con effetti che non risultano pertanto circoscritti ad un unico periodo d'imposta. Questa manifestazione di volontà può comunque essere **revocata** in un secondo momento: a tal fine è necessario predisporre un atto avente data certa o una modifica dell'atto costitutivo. Gli effetti della revoca maturano con riferimento ai crediti derivanti dalle ritenute subite **nel periodo d'imposta** in cui la stessa è stata effettuata (circ. 12 maggio 2010, n. 18/IR).

14.7.3. Imputazione degli utili

L'imputazione del reddito ai singoli soci o associati o partecipanti avviene in **proporzione alle quote di partecipazione agli utili**, secondo le regole che seguono.

Ipotesi	Regole per l'imputazione
Esistenza di un atto pubblico o scrittura privata autenticata di data anteriore all'inizio del periodo d'imposta[1]	In base a quanto previsto nell'atto pubblico o scrittura privata autenticata
Mancanza di un atto pubblico o scrittura privata autenticata di data anteriore all'inizio del periodo d'imposta	In **proporzione al valore dei conferimenti** dei soci
Valore di partecipazione agli utili non determinabile	In misura uguale tra i soci

[1] Per le **associazioni professionali**, l'atto o la scrittura privata autenticata possono essere redatti anche nel corso del periodo d'imposta, o successivamente allo stesso, ma in ogni caso prima dalla data di presentazione della dichiarazione dei redditi.

14.7.4. Tassazione separata

Qualora tra i redditi prodotti in forma associata vi siano redditi soggetti a tassazione separata (➔**8.**) (art. 17, D.P.R. n. 917/1986), questi devono essere **dichiarati dal socio o associato o partecipante**, proporzionalmente alla propria quota, nel quadro della dichiarazione dei redditi riservata ai redditi soggetti a tassazione separata (**quadro RM** del Mod. Redditi).

14.7.5. Variazione del numero di soci

La circostanza che le modifiche nella ripartizione degli utili debba avvenire in data anteriore all'inizio del periodo d'imposta rileva solo per le **variazioni tra i soci già esistenti** e non si applica nel caso di trasferimento di quote sociali a nuovi soci durante l'anno.

In tal caso, i redditi della società devono essere imputati ai soci che risultano tali al momento dell'approvazione del rendiconto e **non al socio uscente** (CTC 24 aprile 1991, n. 3220).

14.7.6. GEIE

Il GEIE è un'**associazione tra imprese e professionisti** appartenenti a Stati diversi della UE ed avente una **propria soggettività tributaria** (art. 11, D.Lgs. n. 240/1991).

Il GEIE residente nel territorio dello Stato, sebbene non sia soggetto a nessuna imposta sul reddito, deve presentare la **dichiarazione per determinare l'imponibile**, anche ai fini IRAP, da attribuire ai membri del gruppo.

14.8. IMPRESA FAMILIARE

Ove non sia configurabile un diverso rapporto:

- il **coniuge**,
- i **parenti entro il terzo grado**,
- gli **affini entro il secondo grado**,

che prestano **in modo continuativo** la propria attività di lavoro nella famiglia o nell'impresa familiare, hanno **diritto al mantenimento** secondo la condizione patrimoniale della famiglia e **partecipano agli utili** dell'impresa familiare ed ai beni con essi acquistati, nonché agli incrementi dell'azienda, anche in ordine all'avviamento, in proporzione alla **quantità e qualità** del lavoro prestato (art. 230-bis c.c.).

14.8.1. Tassazione

Da punto di vista fiscale, l'impresa familiare conserva il trattamento e la natura di **impresa individuale** (art. 5, c. 4, D.P.R. n. 917/1986).

Attribuzione dei redditi ai collaboratori	Massimo il **49% dell'ammontare del reddito** risultante dalla dichiarazione annuale dell'imprenditore.
Condizioni per l'attribuzione dei redditi ai familiari	- **i familiari partecipanti** all'impresa risultino **nominativamente**, con l'indicazione del rapporto di parentela (entro il terzo grado) o di affinità con l'imprenditore (entro il secondo grado), da atto pubblico o da scrittura privata autenticata, redatto in data anteriore all'inizio del periodo d'imposta e sottoscritto dall'imprenditore e dai familiari stessi (art. 5, c. 4, lett. a), D.P.R. n. 917/1986); - la dichiarazione annuale dell'imprenditore rechi **l'indicazione delle quote di partecipazione agli utili spettanti ai familiari** e l'**attestazione** che le quote stesse siano **proporzionate alla qualità e quantità del lavoro** effettivamente prestato nell'impresa, in modo continuativo e prevalente, nel periodo d'imposta; - **ciascun familiare** attesti, nella propria dichiarazione dei redditi, di aver prestato la sua attività di lavoro nell'impresa **in modo continuativo e prevalente**.
Collaboratori che prestano la loro attività nella famiglia e non nell'impresa	Non è possibile attribuire loro i redditi.
Inserimento di **nuovi collaboratori familiari**	Le regole fiscali sull'impresa familiare si applicano, nei loro riguardi, a partire dall'anno successivo a quello in cui è stato modificato l'atto.
Familiari che **cessano la loro attività** nell'impresa nel corso dell'anno	I requisiti della continuità e della prevalenza devono sussistere con riferimento al periodo anteriore alla cessazione dell'attività.

Atto costitutivo 14.8.2.

Per la **formalizzazione** dell'atto di enunciazione dell'**impresa familiare** sono necessari i seguenti **requisiti**:

- l'esatta specificazione dell'impresa familiare, l'**oggetto** e la **sede**;
- le **generalità del titolare** dell'impresa e dei **collaboratori** e del **vincolo di parentela** o affinità con il titolare;
- l'espressa **manifestazione di volontà** che l'atto abbia valore anche per gli anni successivi, se si vuole dare all'atto validità superiore all'anno;
- la **sottoscrizione del titolare** e di **tutti i collaboratori** indicati nell'atto;
- l'**autentica del notaio**, se l'atto è in forma di scrittura privata.

L'atto di costituzione e le modifiche successive sono soggetti a **tassa fissa di registro** nella misura di **200,00 euro**.

L'atto di impresa familiare ha **efficacia** dal 1° gennaio dell'anno successivo a quello di stipulazione.

Imputazione del reddito ai collaboratori 14.8.3.

Ricorrendo le condizioni sopra specificate, **il titolare dell'impresa** può **diminuire il reddito d'impresa** dell'ammontare complessivo delle **quote imputate ai familiari collaboratori**, anche se non distribuite o distribuite solo in parte.

A tal fine deve:

1. compilare l'apposito **prospetto di imputazione del reddito dell'impresa familiare**, collocato nello specifico quadro della propria dichiarazione, indicando, per ciascun collaboratore, il codice fiscale, nonché le quote di reddito ai fini IRPEF, delle ritenute d'acconto e dei crediti d'imposta. Il titolare dell'impresa familiare, apponendo la firma in calce al quadro, attesta che le quote di partecipazione agli utili spettanti ai familiari sono proporzionate alla qualità e quantità del lavoro effettivamente prestato nell'impresa in modo continuativo e prevalente nel periodo d'imposta;
2. **rilasciare** a ciascun collaboratore **un prospetto**, dal quale risultino il cognome, il nome, il luogo e la data di nascita, il comune di residenza anagrafica e di domicilio fiscale, il codice fiscale del collaboratore, nonché i seguenti **dati:** l'**ammontare del reddito d'impresa** ai fini IRPEF; le **quote** di tale reddito, delle ritenute d'acconto e dei crediti d'imposta, esclusi quelli che competono al solo titolare dell'impresa familiare, **spettanti a ciascuno dei collaboratori**; il **codice di attività**; l'indicazione, eventuale, che l'imprenditore sia in regime di contabilità semplificata.

Le quote del reddito d'impresa imputate ai familiari collaboratori **concorrono a formare il reddito** di ciascuno di essi **solo agli effetti dell'IRPEF** e **non agli effetti dell'IRAP**. Devono, a tal fine, essere indicate nel **quadro RH** della dichiarazione dei redditi.
Nello stesso quadro devono essere indicate anche le quote delle ritenute d'acconto e dei crediti d'imposta, così come risultanti dal prospetto rilasciato dal titolare dell'impresa familiare.
Quanto detto vale nella sola ipotesi in cui l'esercizio dell'impresa familiare abbia dato origine a un risultato fiscalmente positivo e non anche in caso di perdita, poiché **i familiari collaboratori non partecipano alle perdite dell'impresa**.

Al **convivente di fatto** del titolare dell'impresa familiare il reddito dell'impresa spetta in misura proporzionale alla quota di partecipazione agli utili della medesima. È necessario che tra i due soggetti sussista un rapporto di convivenza e che il convivente svolga in maniera stabile le prestazioni di lavoro all'interno dell'impresa familiare (ris. 26 ottobre 2017, n. 134/E).

14.8.4. Azienda coniugale

Si riferisce ad **aziende costituite dai coniugi**, prima o dopo il matrimonio, **per il compimento di attività in comune**.
Per l'**azienda coniugale non gestita in forma di società**, il coniuge titolare dell'impresa deve compilare il quadro della dichiarazione dei redditi relativo al reddito d'impresa (Quadri RF, RG o RD).
L'altro coniuge deve compilare il quadro RH, per dichiarare la sua quota di reddito, cioè il 50%.
L'imprenditore deve rilasciare al coniuge dell'azienda in comunione un **prospetto** analogo a quello che il titolare dell'impresa familiare rilascia ai collaboratori familiari.
Se l'**azienda** viene **gestita in forma societaria**, si applica la disciplina prevista per le **società di persone** (➡14.7.).

14.9. REGIME PREMIALE PER FAVORIRE LA TRASPARENZA

Ai soggetti che svolgono attività artistica o professionale ovvero attività d'impresa in forma individuale o sotto forma di società di persone, sono riconosciuti, previa apposita **opzione** da esercitare nella dichiarazione dei redditi presentata nel periodo d'imposta precedente, i seguenti **benefici** (art. 10, D.L. n. 201/2011; Provv. 1° giugno 2018):
- **semplificazione** degli adempimenti amministrativi;
- **assistenza** negli adempimenti amministrativi da parte dell'Amministrazione finanziaria;
- **accelerazione del rimborso** o della compensazione dei crediti IVA;
- per i contribuenti non soggetti al regime di accertamento basato sugli studi di settore: **esclusione dagli accertamenti basati sulle presunzioni semplici** (art. 39, c. 1, lett. d), secondo periodo, D.P.R. n. 600/1973 e art. 54, c. 2, ultimo periodo, D.P.R. n. 633/1972);
- **riduzione** di un anno dei **termini di decadenza per l'attività di accertamento** sia ai fini delle imposte sul reddito che ai fini IVA, salvo che il contribuente non sia incorso in uno dei reati penali tributari (D.Lgs. n. 74/2000).

I suddetti benefici sono riconosciuti a **condizione** che il contribuente:
a. provveda all'**invio telematico** all'Amministrazione finanziaria, direttamente o tramite intermediario, dei **corrispettivi**, delle **fatture** emesse e ricevute e delle risultanze degli acquisti e delle cessioni non soggetti a fattura;
b. istituisca un **conto corrente dedicato** ai movimenti finanziari relativi all'attività artistica, professionale o d'impresa esercitata.

Sanzioni - I soggetti che non adempiono agli obblighi di trasmissione dei dati o di istituzione del conto dedicato perdono il diritto di avvalersi dei benefici e sono soggetti all'applicazione di una **sanzione amministrativa da 1.500 euro a 4.000 euro**.
Nel caso in cui la **trasmissione dei dati** avvenga con un **ritardo non superiore a 90 giorni** non si decade dai benefici, ferma restando l'applicazione della sanzione di cui sopra, per la quale è possibile avvalersi dell'istituto del ravvedimento operoso.

14.10. RITENUTE

14.10.1. Rapporti di commissione, agenzia, mediazione, rappresentanza di commercio, procacciamento di affari

I sostituti d'imposta che corrispondono **provvigioni** comunque denominate per le **prestazioni anche occasionali** inerenti a rapporti di commissione, di agenzia, di mediazione, di rappresentanza di commercio e di procacciamento di affari, devono operare all'atto del pagamento una **ritenuta a titolo**

d'acconto dell'IRPEF e dell'IRES dovuta dai percipienti, **con obbligo di rivalsa** (art. 25-bis, D.P.R. n. 600/1973).

Misura - L'aliquota della ritenuta si applica nella misura pari all'aliquota IRPEF per il **primo scaglione di reddito**.
La ritenuta è commisurata al **50% dell'ammontare delle provvigioni**.
Se i percipienti dichiarano ai loro committenti, preponenti o mandanti che nell'esercizio della loro attività **si avvalgono** in via continuativa dell'opera **di dipendenti o di terzi**, la ritenuta è commisurata al **20%** dell'ammontare delle stesse provvigioni.
Se le provvigioni, per disposizioni normative o accordi contrattuali, sono **direttamente trattenute** sull'ammontare delle somme riscosse, i percipienti sono tenuti a **rimettere** ai committenti, preponenti o mandanti l'importo corrispondente alla ritenuta.
Ai fini del **computo dei termini** per il relativo **versamento** da parte dei committenti, preponenti o mandanti, la ritenuta si considera operata nel mese successivo a quello in cui le provvigioni sono state trattenute dai percipienti.

> I committenti, preponenti o mandanti possono tener conto di **eventuali errori** nella determinazione dell'importo della ritenuta anche in occasione di successivi versamenti, non oltre il terzo mese dell'anno successivo a quello in cui le provvigioni sono state trattenute dai percipienti.

Esclusioni - Le **ritenute non si applicano** alle provvigioni percepite:
- dalle **agenzie di viaggio** e turismo;
- dai rivenditori autorizzati di **documenti di viaggio** relativi ai trasporti di persone;
- dai soggetti che esercitano attività di **distribuzione di pellicole cinematografiche**;
- dagli **agenti di assicurazione** per le prestazioni rese direttamente alle imprese di assicurazione;
- dai **mediatori di assicurazione** per i loro rapporti con le imprese di assicurazione e con gli agenti generali delle imprese di assicurazione pubbliche o loro controllate che rendono prestazioni direttamente alle imprese di assicurazione in regime di reciproca esclusiva;
- dalle aziende ed istituti di credito e dalle società finanziarie e di locazione finanziaria per le prestazioni rese nell'esercizio delle attività di **collocamento e di compravendita di titoli e valute** nonché di raccolta e di finanziamento;
- dagli **agenti**, **raccomandatari** e **mediatori** marittimi e aerei, dagli agenti e commissionari di **imprese petrolifere** per le prestazioni ad esse rese direttamente;
- dai **mediatori** e **rappresentanti di produttori agricoli** ed ittici e di imprese esercenti la **pesca marittima**;
- dai **commissionari** che operano nei mercati ortoflorofrutticoli, ittici e di bestiame;
- dai **consorzi e cooperative tra imprese agricole**, **commerciali e artigiane** non aventi finalità di lucro.

Dichiarazione - L'applicazione della ritenuta d'acconto nella misura ridotta (sul 20% della base imponibile anziché sul 50%) è subordinata alla **presentazione al committente**, preponente o mandante, da parte del percipiente le provvigioni (agente o rappresentante) di un'**apposita dichiarazione**.
La dichiarazione deve essere redatta in carta semplice, datata e sottoscritta, deve contenere i dati identificativi del percipiente, nonché l'attestazione di avvalersi in via continuativa dell'opera di dipendenti o di terzi e spedita al committente, preponente o mandante, per ciascun anno solare, **entro il 31 dicembre dell'anno precedente** mediante lettera raccomandata con avviso di ricevimento (artt. 2 e 3, D.M. 16 aprile 1983) oppure tramite posta elettronica certificata (art. 27, D.Lgs. n. 175/2014).
Nel caso in cui il diritto alla ritenuta insorga o venga meno nel corso dell'anno, la relativa dichiarazione dovrà essere presentata **non oltre 15 giorni** dal verificarsi delle suddette condizioni.
Entro lo stesso termine (15 giorni) devono essere dichiarate le **variazioni**, con le stesse modalità sopra indicate.
Inoltre, la **dichiarazione** non può avere limiti di tempo ed è **valida fino a revoca** ovvero fino alla perdita dei requisiti.

Sanzioni - In caso di omissione della comunicazione relativa alla perdita dei requisiti in capo al contribuente si applica una **sanzione da 250 a 2.000 euro** (art. 11, D.Lgs. n. 471/1997).

Prospetto delle ritenute sulle provvigioni di agenti e rappresentanti		
Redditi	**Ammontare**	**Base imponibile**
Provvigioni per prestazioni anche occasionali di agenti, rappresentanti, mediatori, commissionari, procacciatori d'affari che operano **senza collaboratori o dipendenti**.	23% acconto	50%
Provvigioni per prestazioni anche occasionali di agenti, rappresentanti, mediatori, commissionari, procacciatori d'affari che operano **con collaboratori o dipendenti**.	23% acconto	20%

14.10.2. Appalti condominiali

Il condominio quale sostituto d'imposta deve operare all'atto del pagamento una **ritenuta del 4% a titolo di acconto** dell'imposta sul reddito dovuta dal percipiente (sia soggetto IRPEF che IRES), con obbligo di rivalsa, sui corrispettivi dovuti per prestazioni relative a **contratti d'appalto di opere o servizi**, anche se rese a terzi o nell'interesse di terzi, **effettuate nell'esercizio d'impresa** (art. 25-ter, D.P.R. n. 600/1973).
La ritenuta è operata anche se i corrispettivi sono qualificabili come redditi diversi (➡15.4.6.) (art. 67, c. 1, lett. i), D.P.R. n. 917/1986).

Soglia minima - Il versamento della ritenuta è effettuato dal condominio quale sostituto d'imposta quando l'ammontare delle ritenute operate **raggiunge l'importo** di **500 euro.**
Il condominio è comunque tenuto all'obbligo di versamento **entro il 30 giugno** e **il 20 dicembre di ogni anno** anche qualora non sia stato raggiunto l'importo di 500 euro.
Ai fini della soglia dei 500 euro, le ritenute devono essere **sommate mese dopo mese**. Pertanto, se a febbraio sono state effettuate ritenute per 400 euro e a marzo ritenute per 400 euro, entro il 16 del mese successivo (16 aprile) devono essere versate ritenute per 800 euro.

Il condominio può effettuare il versamento delle ritenute entro il giorno 16 del mese successivo a quello in cui sono state operate o avrebbero dovuto essere operate, **anche se di importo inferiore a 500 euro.** In tal caso il condominio non incorre in sanzione perché tale *modus operandi* non arreca alcun pregiudizio all'erario e la banca non può rifiutare il pagamento delle ritenute (circ. 7 aprile 2017, n. 8/E).

Soggetto obbligato a effettuare la ritenuta - È il **condominio** in quanto tale, anche se il soggetto normalmente incaricato dal condominio a porre in essere gli adempimenti correlati alle funzioni di sostituto d'imposta sia **l'amministratore**, laddove nominato per obbligo (condominio con più di otto condomini) o nell'esercizio di una facoltà (condominio con non più di otto condomini) (circ. 7 febbraio 2007, n. 7/E).
Va da sé che la ritenuta deve essere effettuata indipendentemente dalla veste giuridica dell'amministrazione del condominio (persona fisica, società di persone, di capitali, etc.).
Per il **condominio** con **non più di** otto **condomini**, in mancanza della nomina di un amministratore, le ritenute dovranno essere effettuate da **uno qualunque dei condomini**.
L'obbligo di effettuare la ritenuta vige anche per il c.d. "**supercondominio**" e il **condominio parziale**.

Supercondominio	Complesso immobiliare composto da più edifici (ciascuno dei quali è di norma costituito in condominio), caratterizzato dalla presenza di cose, servizi ed aree comuni cui siano applicabili le norme sul condominio.
Condominio parziale	Gestione separata di un bene che, per obiettive caratteristiche funzionali, è destinato al servizio e/o al godimento di una parte soltanto dell'edificio in condominio.

In tali ipotesi, ove sia ravvisabile una **gestione autonoma** delle parti interessate tale da richiedere adempimenti nettamente separati da quelli assolti dal condominio generale, il "supercondominio" e il condominio parziale rilevano come distinti sostituti d'imposta ed hanno, tra l'altro, l'obbligo di richiedere un proprio codice fiscale.

La **ritenuta**:
- **non si applica** alla **comunione ereditaria** sull'immobile né, in generale, alle comunioni su immobili in cui una pluralità di soggetti è indistintamente proprietaria di tutto lo stabile;

- **si applica** per le **prestazioni convenute nei contratti d'opera in generale** e, in particolare, nei contratti che comportano l'assunzione, nei confronti del committente, di un'obbligazione avente ad oggetto la realizzazione, dietro corrispettivo, di un'opera o servizio, nonché l'assunzione diretta, da parte del prestatore d'opera, del rischio connesso con l'attività, svolta senza vincolo di subordinazione nei confronti del committente.

Prestazioni assoggettate ed escluse dalla ritenuta - Sono assoggettate a ritenuta, a titolo esemplificativo, le prestazioni eseguite **per interventi di manutenzione o ristrutturazione** dell'edificio condominiale e degli impianti elettrici o idraulici, ovvero per l'esecuzione di attività di pulizia, manutenzione di **caldaie**, **ascensori**, **giardini**, **piscine** e altre parti comuni dell'edificio.
Sono, per contro, **esclusi** dall'applicazione della ritenuta i corrispettivi previsti **in base a contratti diversi** da quelli di **opera**, quali ad esempio i contratti di somministrazione di energia elettrica, acqua, gas e simili, di assicurazione, di trasporto e di deposito.

In caso di effettuazione del pagamento mediante bonifico speciale, necessario per fruire delle detrazioni fiscali per **ristrutturazione** (➔7.1.) e **riqualificazione energetica** (➔7.4.) si applica la ritenuta ivi prevista dell'8% (➔7.5.) e, pertanto, la ritenuta del 4% **non deve essere effettuata dal condominio**.

Codici tributo - Per il versamento tramite Mod. F24 devono essere utilizzati i seguenti codici tributo (ris. 5 febbraio 2007, n. 19/E):
- **1019** (per i percipienti soggetti passivi dell'IRPEF);
- **1020** (per i percipienti soggetti passivi dell'IRES).

Adempimenti dichiarativi - I dati riguardanti le ritenute effettuate ai sensi dell'art. 25-ter, D.P.R. n. 600/1973 e il relativo versamento devono essere indicati nella dichiarazione dei sostituti di imposta che il condominio è tenuto a presentare **(Mod. 770)**.
Il condominio deve altresì provvedere al rilascio della **certificazione unica** attestante l'ammontare delle somme e valori corrisposti nonché la relativa causale e l'ammontare delle ritenute operate.

Ritenute su pignoramenti presso terzi 14.10.3.

Sussiste l'obbligo di ritenuta d'acconto, in misura pari al 20%, a carico del terzo che riveste la qualifica di sostituto d'imposta, qualora l'interessato sia destinatario di un **atto di pignoramento presso terzi** (art. 15, c. 2, D.L. n. 78/2009; Provv. 3 marzo 2010).

Soggetto	Adempimenti
Terzo che eroga le somme	- **Versare** la ritenuta operata (**codice tributo 1049** - ris. 9 marzo 2010, n. 18/E); - **rilasciare al creditore** pignoratizio la **certificazione unica**; - **comunicare al debitore** il **pagamento eseguito** e l'ammontare delle ritenute operate; - indicare nella **dichiarazione dei sostituti d'imposta (Mod. 770)** i dati sui pagamenti effettuati (adempimento, questo, che deve essere effettuato anche se non sono state operate ritenute).
Creditore pignoratizio	Indicare i redditi percepiti e le ritenute subite nella dichiarazione dei redditi, anche se si tratta di redditi soggetti a tassazione separata, a ritenuta a titolo d'imposta o a imposta sostitutiva (per il versamento va utilizzato il **codice tributo 4040** - ris. 14 maggio 2012, n. 50/E).

SCRITTURE CONTABILI 14.11.

Regole generali di tenuta della contabilità 14.11.1.

Ad eccezione del **libro mastro** e delle **scritture di magazzino**, le altre scritture contabili devono essere tenute secondo le norme di un'**ordinata contabilità**, senza spazi in bianco, senza interlinee e senza trasporti a margine.
Non si possono fare abrasioni e, se si deve fare qualche **cancellatura**, è necessario che le parole cancellate siano leggibili.

Sono **irregolari le annotazioni effettuate a matita**.
Le **scritture contabili** - compresi gli eventuali supporti meccanografici, elettronici e similari - devono essere **conservate** fino a quando **non siano stati definiti gli accertamenti** relativi al corrispondente periodo d'imposta, anche oltre il **termine** stabilito dall'art. 2220 c.c. (10 anni dalla data dell'ultima registrazione) o da altre leggi tributarie.
Le Commissioni tributarie possono limitare l'obbligo di conservazione **alle scritture rilevanti** per la risoluzione della controversia in corso.
Per lo stesso periodo devono essere conservati gli **originali delle lettere**, telegrammi e delle **fatture ricevute** e le **copie delle lettere**, telegrammi spediti e delle **fatture emesse**. Nel caso di **liquidazione volontaria della società**, i libri devono restare depositati e conservati per **10 anni** dallo scioglimento della società, presso il Registro delle imprese oppure presso una persona scelta dalla maggioranza dei soci (per le s.n.c. e la s.a.s.).
I documenti e le scritture contabili possono essere conservati anche su **supporti di immagine**, a condizione, però, che corrispondano ai documenti e siano leggibili in qualsiasi momento.

Registri multiaziendali - Spesso gli imprenditori affidano a terzi (**centri elaborazione dati**, consulenti fiscali, ecc.) la gestione delle scritture contabili obbligatorie. I soggetti terzi incaricati possono tenere un unico registro contenente le scritture contabili di più imprenditori.
Tali soggetti possono anche tenere **registri multiaziendali a striscia continua**, numerati progressivamente e tenuti secondo i criteri e le modalità ordinari (➡**14.11.5.**).

14.11.2. Soggetti obbligati

Sono obbligati alla tenuta delle scritture contabili:
- le **società soggette ad IRES**;
- gli **enti commerciali soggetti ad IRES**;
- i **sostituti d'imposta**;
- le **società in nome collettivo,** le società **in accomandita semplice e** quelle **equiparate**;
- le **persone fisiche che esercitano imprese commerciali**;
- le **persone fisiche che esercitano arti e professioni**;
- gli **enti pubblici e privati** che non hanno per oggetto principale o esclusivo l'esercizio di attività commerciali;
- i **trust**.

Soggetti esteri - Sono obbligati alla tenuta delle scritture contabili anche i **soggetti esteri** che esercitano attività imprenditoriali a mezzo di **Stabili Organizzazioni**.
Le società, enti o imprenditori italiani che esercitano attività commerciali all'estero mediante Stabili Organizzazioni, oppure i soggetti esteri che esercitano l'attività in Italia mediante Stabili Organizzazioni, devono **rilevare** nella contabilità distintamente i **fatti di gestione** che interessano le Stabili Organizzazioni, **determinando separatamente** i **risultati d'esercizio** delle stesse (art. 14, c. 5, D.P.R. n. 600/1973).

14.11.3. Registri soggetti a bollatura

La bollatura è prevista per i **libri sociali obbligatori** (art. 2421 c.c.) e, in particolare:
- libro dei **soci** (la cui tenuta non è più obbligatoria per le S.r.l.);
- libro delle **obbligazioni**;
- libro delle **adunanze e** delle **deliberazioni delle assemblee**;
- libro delle adunanze e delle deliberazioni del **consiglio di amministrazione**;
- libro delle adunanze e delle deliberazioni del **collegio sindacale**;
- libro delle adunanze e delle deliberazioni del **comitato esecutivo**;
- libro delle adunanze e delle deliberazioni delle **assemblee degli obbligazionisti**;
- ogni **altro libro** o registro per i quali l'**obbligo della bollatura** è previsto da norme speciali.

In questi casi, i registri, **prima di essere messi in uso**, devono essere **numerati progressivamente e bollati su ogni foglio** presso il Registro imprese o un notaio.

> **Non è previsto l'obbligo** della bollatura del libro giornale, di quello degli inventari e dei registri obbligatori ai fini delle imposte dirette e dell'IVA, ferma restando la formalità di numerazione progressiva delle pagine (circ. 22 ottobre 2001, n. 92/E).

14.11.4. Registri previsti da norme fiscali

Non vi è obbligo di bollatura per i registri previsti dalle norme sull'IVA e sulle imposte dirette (art. 39, D.P.R. n. 633/1972 e art. 22, D.P.R. n. 600/1973).

Pertanto, i registri contabili fiscali possono ritenersi regolarmente tenuti, a condizione che vengano **numerati progressivamente in ogni pagina**.

Scritture contabili senza obbligo di bollatura

Imposta	Registri
IVA	- Registro delle fatture; - Registro dei corrispettivi; - Registro degli acquisti; - Bollettario a madre e figlia; - Registro unico; - Registro delle dichiarazioni d'intento; - Registro riassuntivo richiesto in caso di liquidazione IVA di gruppo; - Registro di prima nota; - Registri richiesti in caso di regime del margine; - Registro dei beni in conto lavorazione, deposito, comodato; - Registro per mancato o irregolare funzionamento del registratore di cassa; - Registro dei beni spediti o provenienti da Paesi UE a titolo non traslativo della proprietà.
Imposte dirette	- Registro dei beni ammortizzabili; - Registro IRPEF pagamenti ed incassi professionisti; - Registro cronologico professionisti.

Non essendo obbligatoria la bollatura iniziale, la **numerazione** è eseguita **direttamente dal soggetto** che è obbligato alla tenuta delle scritture, prima del loro utilizzo.

Numerazione delle scritture contabili 14.11.5.

La **numerazione** del **libro giornale**, degli **inventari** e dei **registri obbligatori IVA e imposte dirette**, non bollati e non vidimati facoltativamente dal contribuente, deve essere effettuata **progressivamente per ciascun anno**, con l'indicazione, pagina per pagina, dell'anno cui si riferisce (circ. 22 ottobre 2001, n. 92/E e ris. 12 marzo 2002, n. 85/E).

Così, ad esempio, per il 2022 la numerazione deve essere eseguita secondo la seguente progressione: 2022/1, 2022/2, 2022/3, ecc.

L'anno da indicare sui registri è l'**anno cui fa riferimento la contabilità** e non quello in cui è effettuata la stampa delle pagine.

Inoltre, con riferimento al **libro degli inventari**, l'indicazione dell'anno può essere omessa se le annotazioni riportate occupano solo poche pagine per ciascuna annualità (circ. 1° agosto 2002, n. 64/E).

Imposta di bollo - Si applica la nota di cui all'art. 16 della Tariffa, Parte I, allegata al D.P.R. n. 642/1972 (➡66.4.1.).

Tassa sulle concessioni governative (➡69.1.4.)

Registri su supporto digitale 14.11.6.

Ai fini tributari, **l'emissione**, la **conservazione** e l'**esibizione** di documenti, sotto forma di documenti informatici, nonché la **conservazione digitale** di documenti analogici avvengono, principalmente, in applicazione delle disposizioni del Testo Unico sulla semplificazione amministrativa (D.P.R. n. 445/2000) e del **Codice dell'amministrazione digitale** (D.Lgs. n. 82/2005).

Documenti rilevanti ai fini tributari - Le disposizioni sulla conservazione digitale si applicano alle **scritture contabili**, ai **libri**, ai **registri** e, in generale, a **ogni documento rilevante ai fini tributari**. Vi rientrano anche tutte le **dichiarazioni fiscali**, la modulistica relativa ai pagamenti (**modelli F23 ed F24**), le **fatture** e documenti simili, nonché i **libri sociali** elencati nell'art. 2421 c.c., la **relazione sulla gestione** e la **relazione dei sindaci** e dei revisori contabili, che per legge devono essere allegate al bilancio d'esercizio.

In ordine alle tipologie di documenti cui sono applicabili le disposizioni, le norme distinguono tra:

– **documenti informatici** (dei quali vengono previste le modalità di emissione, conservazione ed esibizione): scontrino fiscale, ricevuta fiscale, documento di trasporto, fattura elettronica;
– **documenti analogici**, formati o emessi secondo le modalità tradizionali (per i quali è comunque possibile, in alternativa alla conservazione cartacea, la conservazione elettronica, previo esperimento di specifiche procedure).

Caratteristiche dei documenti elettronici	- Hanno la forma di documenti statici **non modificabili**; - sono emessi al fine di garantirne l'attestazione della data, l'autenticità e l'integrità, con l'apposizione del riferimento temporale e della sottoscrizione elettronica; - devono poter essere **esibiti**; - sono **memorizzati** su qualsiasi supporto di cui sia garantita la leggibilità nel tempo, purché sia assicurato l'ordine cronologico e non vi sia soluzione di continuità per ciascun periodo d'imposta. Inoltre, devono essere consentite le **funzioni di ricerca** e di estrazione delle informazioni dagli archivi informatici in relazione al cognome, al nome, alla denominazione, al codice fiscale, alla partita IVA, alla data o associazioni logiche di questi ultimi.
Processo di conservazione digitale	- **Documenti informatici**: avviene mediante le modalità di memorizzazione e termina con la sottoscrizione elettronica e l'apposizione della **marca temporale**, in luogo del riferimento temporale, sull'insieme dei documenti ovvero su un'evidenza informatica contenente l'impronta o le impronte dei documenti o di insiemi di essi da parte del responsabile della conservazione; - **documenti e scritture analogici** rilevanti ai fini tributari: avviene mediante memorizzazione della relativa immagine. Il processo di conservazione digitale di documenti analogici originali si conclude con l'ulteriore apposizione del **riferimento temporale** e della sottoscrizione elettronica da parte di un pubblico ufficiale per attestare la conformità di quanto memorizzato al documento d'origine.
Memorizzazione digitale	La memorizzazione rappresenta la **fase iniziale del processo di conservazione** e si conclude con l'apposizione della sottoscrizione elettronica e della marca temporale. Può avvenire mediante salvataggio dei dati su supporto ottico o su ogni altro idoneo supporto. È possibile, inoltre, memorizzare anche le impronte relative ai documenti, sia informatici che analogici. Ai fini della conservazione dei documenti informatici, la memorizzazione consiste nella trasposizione del documento digitale su qualsiasi supporto di cui sia garantita la leggibilità nel tempo, assicurando l'ordine cronologico e senza soluzione di continuità per ciascun periodo d'imposta; ai fini della conservazione dei documenti analogici, la memorizzazione è invece attivata attraverso l'acquisizione della relativa immagine.
Archiviazione	Prima di sottoporre i documenti informatici al processo di conservazione, il contribuente ha la facoltà di archiviarli elettronicamente. **L'archiviazione elettronica** - che non garantisce l'immodificabilità né la leggibilità nel tempo del documento informatico - non è obbligatoria, ma eventuale e antecedente alla conservazione elettronica. È una procedura libera, non tipizzata né soggetta a particolari modalità operative.
Conservazione elettronica	Il processo di conservazione elettronica prende avvio con la **memorizzazione**, su supporti ottici o altri idonei supporti, dei documenti ed eventualmente anche delle loro impronte o della relativa immagine e termina, in entrambi i casi, con l'apposizione della sottoscrizione elettronica e della **marca temporale** sull'insieme dei documenti o su un'evidenza informatica contenente l'impronta o le impronte dei documenti o di insiemi di essi.

Esibizione delle scritture e dei documenti rilevanti ai fini tributari - In caso di **verifiche, controlli o ispezioni**, il **documento informatico** è **reso leggibile** e, a richiesta, **disponibile** su supporto cartaceo o informatico presso la sede del contribuente ovvero presso il luogo di conservazione delle scritture dichiarato dal contribuente (art. 35, c. 2, lett. d), D.P.R. n. 633/1972).
Il documento conservato può essere esibito anche per via telematica.
La tenuta di qualsiasi registro contabile con **sistemi meccanografici** è considerata regolare **in difetto di trascrizione su supporti cartacei,** nei termini di legge, dei dati relativi all'esercizio per il quale

i termini di presentazione delle relative dichiarazioni annuali non siano scaduti da oltre 3 mesi, allorquando anche in sede di controlli ed ispezioni gli stessi risultino **aggiornati sugli appositi supporti magnetici** e vengano **stampati contestualmente** alla richiesta avanzata dagli organi competenti ed in loro presenza (art. 7, c. 4-ter, D.L. n. 357/1994).

Sono considerati **regolari** i registri IVA relativi alle fatture emesse (art. 23, D.P.R. n. 633/1972) e agli acquisti (art. 25, D.P.R. n. 633/1972) tenuti in formato elettronico **anche in difetto di trascrizione** su supporto cartaceo, a specifiche condizioni (art. 7, c. 4-quater, D.L. n. 357/1994).

Termini per la conservazione dei documenti informatici - Deve essere eseguita **entro il terzo mese successivo** al **termine di presentazione delle dichiarazioni annuali** (art. 3, c. 3, D.M. 17 giugno 2014).
In altre parole, il termine di riferimento per procedere alla conservazione di tutti i documenti informatici coincide con il termine per la presentazione della dichiarazione annuale dei redditi, termine valido anche per i documenti rilevanti ai fini dell'IVA, ancorché i termini di presentazione delle dichiarazioni rilevanti ai fini delle imposte sui redditi e dell'IVA siano disallineati.

In caso di **periodo d'imposta non coincidente con l'anno solare**, i documenti rilevanti ai fini IVA riferibili ad un anno solare vanno comunque conservati entro il terzo mese successivo al termine di presentazione della prima dichiarazione dei redditi utile (ris. 10 aprile 2017, n. 46/E). Inoltre, nel caso in cui la conservazione riguarda i modelli dichiarativi, comunicativi e di versamento, per il calcolo del termine di scadenza per la conservazione occorre fare riferimento all'anno di produzione e trasmissione del documento (ris. 29 gennaio 2018, n. 9/E).

CASO 2 - Termini per la conservazione dei documenti informatici - Periodo d'imposta non coincidente con l'anno solare

1) Un contribuente con periodo d'imposta coincidente con l'anno solare (1° gennaio 2021-31 dicembre 2022) conclude il processo di conservazione di tutti i documenti rilevanti ai fini fiscali (documenti IVA e altri documenti) al più tardi entro il 31 dicembre 2022.

2) Un contribuente con periodo d'imposta non coincidente con l'anno solare (1° luglio 2021-30 giugno 2022) conserva i documenti rilevanti ai fini IVA dell'anno 2021 entro il terzo mese successivo al termine di presentazione della prima dichiarazione dei redditi presentata successivamente al 31 dicembre 2021. Presa, quindi, a riferimento la dichiarazione annuale dei redditi del periodo 1° luglio 2020-30 giugno 2021 da presentarsi entro il 31 maggio 2022, il termine di conservazione dei documenti IVA dell'anno solare 2021 è il 31 agosto 2022, insieme agli altri documenti fiscalmente rilevanti del periodo 1° luglio 2020-30 giugno 2021.

Imposta di bollo sui documenti informatici (➜66.5.2.)

Tenuta dei libri sociali su supporto informatico - I libri, i repertori, le scritture e la documentazione la cui tenuta è obbligatoria per disposizione di legge o di regolamento o che sono richiesti dalla natura o dalle dimensioni dell'impresa, possono essere **formati e tenuti con strumenti informatici** (art. 16, c. 12-bis, D.L. n. 185/2008).
Le **registrazioni** contenute nei documenti di cui sopra debbono essere rese **consultabili in ogni momento** con i mezzi messi a disposizione dal soggetto tenutario e costituiscono informazione primaria e originale da cui è possibile effettuare, su diversi tipi di supporto, riproduzioni e copie per gli usi consentiti dalla legge.
Gli **obblighi di numerazione progressiva e di vidimazione** previsti dalle disposizioni di legge o di regolamento per la tenuta dei libri, repertori e scritture sono **assolti**, in caso di tenuta con strumenti informatici, **mediante apposizione, almeno una volta all'anno, della marcatura temporale e della firma digitale** dell'imprenditore o di altro soggetto dal medesimo delegato (art. 2215-bis c.c.).
Qualora per un anno non siano state eseguite registrazioni, la firma digitale e la marcatura temporale devono essere apposte all'atto di una nuova registrazione e da tale apposizione decorre il periodo annuale di cui sopra.
I libri, i repertori e le scritture tenuti con strumenti informatici hanno l'**efficacia probatoria di legge** (artt. 2709 e 2710 c.c.).

Assolvimento obblighi fiscali sui documenti informatici - Tutte le **operazioni** di formazione, emissione, trasmissione, copia, duplicazione, riproduzione, esibizione, validazione temporale e sottoscrizione dei documenti informatici devono avvenire nel rispetto delle regole tecniche

adottate ai sensi dell'art. 71 del D.Lgs. n. 82/2005 (Codice dell'amministrazione digitale) e dell'art. 21, c. 3, D.P.R. n. 633/1972 in materia di fatturazione elettronica (D.M. 17 giugno 2014).
Per quanto concerne le **copie su supporto informatico**, ai fini fiscali la **conformità** all'originale è autenticata da un notaio a ciò autorizzato.
I contribuenti sono tenuti a comunicare la decisione di effettuare la conservazione in modalità elettronica dei documenti ai fini tributari nella dichiarazione dei redditi relativa al periodo d'imposta di riferimento.

Semplificazioni per la fatturazione elettronica e la trasmissione telematica dei corrispettivi (➔46.13.)

14.11.7. Regime ordinario

La **contabilità ordinaria** è:
– **obbligatoria** per le **società di capitali** (società per azioni, società in accomandita per azioni, società a responsabilità limitata);
– **facoltativa** per le **società di persone** (società in nome collettivo e in accomandita semplice) e le **imprese individuali se i ricavi**, relativi all'esercizio precedente, **non superano:**
  - 400.000,00 euro in caso di attività di prestazione di servizi;
  - 700.000,00 euro negli altri casi.

È sempre possibile, comunque, nel caso in cui ci si trovi al di sotto dei predetti limiti, **optare per la contabilità ordinaria**.
L'opzione avviene con la concreta applicazione del regime prescelto (c.d. **comportamento concludente**), salvo comunicare tale scelta nella prima dichiarazione annuale IVA da presentare successivamente.

Libri e registri - I soggetti in contabilità ordinaria devono tenere i seguenti libri e registri (art. 13, D.P.R. n. 600/1973):

Contabilità ordinaria - Registri			
Registro	**Caratteristiche**	**Termine di registrazione**	**Vidimazione**
Libro giornale (art. 2216 c.c.)	Deve indicare giorno per giorno le operazioni relative all'esercizio dell'impresa[1].	60 giorni; scritture di rettifica e di integrazione: entro la data di presentazione della dichiarazione dei redditi.	Nessuna
Libro degli inventari (art. 2217 c.c.)	Oltre agli elementi prescritti dal Codice civile o da leggi speciali, deve indicare la consistenza dei beni raggruppati in categorie omogenee per natura e valore e il valore attribuito a ciascun gruppo[2].	L'inventario e il bilancio devono essere trascritti entro 3 mesi dal termine per la presentazione della dichiarazione.	Nessuna
Scritture contabili richieste dalla natura e dalle dimensioni dell'impresa	Tra le altre scritture contabili richieste dalla natura e dalle dimensioni dell'impresa, particolare importanza assume il **libro mastro** costituito dall'insieme delle schede contabili intestate ai vari conti, nelle quali sono raggruppati in ordine sistematico tutti i valori rilevati cronologicamente nel libro giornale.	Conti di mastro: 60 giorni.	Nessuna
Registri ai fini IVA (D.P.R. n. 633/1972) (➔**46.22**).	I registri IVA, oltre a quelli obbligatori per tutti (registro IVA fatture emesse o corrispettivi e registro degli acquisti) variano a seconda dell'attività. Possono essere sia composti da pagine rilegate, che da fogli mobili.	[5]	Nessuna

Contabilità ordinaria - Registri			
Registro	**Caratteristiche**	**Termine di registrazione**	**Vidimazione**
Scritture ausiliarie di magazzino (art. 14, c. 1, lett. d), D.P.R. n. 600/1973)	Le scritture ausiliarie di magazzino, obbligatorie al superamento di alcuni limiti, tenute in forma sistematica e secondo norme di ordinata contabilità, devono indicare le **variazioni intervenute tra le consistenze negli inventari annuali**[3].	60 giorni.	Nessuna
Registro dei beni ammortizzabili (art. 16, D.P.R. n. 600/1973)	Vanno indicati i seguenti dati: 1) per gli **immobili e** i **beni mobili iscritti in pubblici registri**: - l'anno di acquisizione; - il costo originario; - le rivalutazioni e svalutazioni; - il fondo di ammortamento al termine del periodo d'imposta precedente; - il coefficiente di ammortamento effettivamente applicato; - la quota annua di ammortamento; - l'eliminazione dal processo produttivo; 2) per **tutti gli altri beni**, le indicazioni richieste possono essere effettuate con riferimento a categorie omogenee di beni per anno di acquisizione e coefficiente di ammortamento[4].	Entro la presentazione della dichiarazione.	Nessuna
Libri sociali (art. 2421 c.c.)	(➔14.11.3.)	Il **libro soci** deve essere aggiornato entro 90 giorni, gli **altri libri** non hanno termini specifici.	Iniziale

[1] Si devono effettuare **"registrazioni analitiche"** tutte le volte che è possibile, mentre si può ricorrere a **"registrazioni riassuntive"** quando esse siano imposte dalle condizioni del settore in cui opera l'impresa.
In ogni caso i raggruppamenti devono riferirsi ad operazioni compiute nello stesso giorno.
Il libro giornale se contiene anche le registrazioni IVA effettuate entro i termini della normativa IVA può sostituire i registri IVA (D.P.R. n. 435/2001).

[2] La **formazione dell'inventario** consiste:
- nella ricerca di tutti i componenti patrimoniali attivi e passivi di un'impresa (si ha riguardo al capitale di funzionamento esprimibile nel bilancio ordinario di esercizio);
- nella descrizione e rappresentazione ordinata (classificazione) dei componenti rinvenuti, in riferimento alla data di chiusura dell'esercizio;
- nella valutazione degli stessi componenti.
L'inventario deve redigersi all'inizio dell'esercizio dell'impresa e successivamente ogni anno. La redazione annuale deve avvenire entro 3 mesi dal termine per la presentazione della dichiarazione dei redditi.
L'inventario deve contenere:
- l'indicazione descrittiva analitica dei componenti attivi e passivi dell'impresa;
- la consistenza fisica dei componenti attivi materiali espressa con le stesse unità di misura realizzate per la loro misurazione negli scambi commerciali, in relazione alla determinazione dei prezzi;
- il valore attribuito a ciascun componente.
Qualora dall'inventario non fossero rilevabili gli elementi che costituiscono ciascun gruppo e la loro ubicazione, devono essere tenute a disposizione le distinte che sono servite per la compilazione dell'inventario stesso.
L'inventario si chiude con il bilancio e con il conto economico.

[3] Tale obbligo sussiste per i soggetti tenuti alla contabilità ordinaria che per due esercizi successivi registrano (D.P.R. n. 695/1996):
- un ammontare di ricavi superiore a 5,164 milioni di euro;

Contabilità ordinaria - Registri			
Registro	**Caratteristiche**	**Termine di registrazione**	**Vidimazione**
- un valore complessivo delle rimanenze finali di magazzino superiore a 1,1 milioni di euro. L'**obbligo della contabilità di magazzino** decorre dal secondo periodo d'imposta successivo a quello nel quale, per la seconda volta consecutiva, sono superati entrambi i limiti, e cessa a partire dal primo periodo d'imposta successivo a quello in cui, per la seconda volta consecutiva, i ricavi e le rimanenze risultano inferiori ai predetti limiti. Nel caso di periodi d'imposta diversi dai 12 mesi, il limite dei ricavi deve essere ragguagliato ad anno. Nelle scritture devono essere registrate le quantità entrate ed uscite delle merci destinate alla vendita; dei semilavorati, se distintamente classificati in inventario, esclusi i prodotti in corso di lavorazione; dei prodotti finiti nonché delle materie prime e degli altri beni destinati ad essere in essi fisicamente incorporati; degli imballaggi utilizzati per il confezionamento dei singoli prodotti; delle materie prime tipicamente consumate nella fase produttiva dei servizi nonché delle materie prime e degli altri beni incorporati durante la lavorazione dei beni del committente. [4] Qualora le quote annuali di ammortamento fossero inferiori alla metà di quelle risultanti dall'applicazione dei coefficienti stabiliti con appositi decreti ministeriali, il minor ammortamento deve essere distintamente indicato. I **costi di manutenzione, riparazione e ammodernamento** che vanno ad incrementare il valore del bene devono essere indicati separatamente a seconda dell'anno di formazione. Il registro dei beni ammortizzabili può essere composto sia da pagine rilegate, sia da fogli mobili; in ogni caso prima di essere messo in uso deve essere numerato progressivamente in ogni pagina. I soggetti in contabilità ordinaria possono anche non istituire il registro dei beni ammortizzabili se le annotazioni sono effettuate nel libro degli inventari. [5] I **termini** dei principali registri IVA sono i seguenti: - **fatture d'acquisto**: entro il termine di liquidazione periodica o della dichiarazione annuale in cui si esercita il diritto alla detrazione; - **fatture emesse**: entro il giorno 15 del mese successivo a quello di effettuazione dell'operazione e con riferimento allo stesso mese di effettuazione delle operazioni; - **corrispettivi**: entro il giorno non festivo successivo (60 giorni in caso di contabilità meccanizzata). Da evidenziare che, con l'avvio della trasmissione telematica dei corrispettivi (dal 1° luglio 2019 per chi ha un volume d'affari superiore a 400.000 euro annui e dal 1° gennaio 2020 per tutti gli altri) viene meno l'obbligo di tenuta del registro dei corrispettivi; - **registro unico**: secondo le modalità proprie di ogni operazione; - **carico e scarico stampati**: entro il giorno non festivo successivo all'acquisto, ma prima dell'utilizzo; - **corrispettivi, per mancato funzionamento**: immediatamente ad ogni operazione (vale quanto detto sopra a proposito dell'obbligo di trasmissione telematica dei corrispettivi); - **omaggi**: con le stesse modalità delle operazioni attive; - **merci in c/deposito**: 60 giorni; - **beni usati**: le vendite il primo giorno successivo non festivo; gli acquisti entro 15 giorni, purché non oltre la data di registrazione della cessione.			

È possibile **non tenere i registri IVA**, compreso il libro dei beni ammortizzabili, a condizione che le **registrazioni** siano **effettuate sul libro giornale** e su richiesta dell'Amministrazione finanziaria il contribuente sia in grado di fornire gli stessi dati che sarebbe stato necessario annotare nei registri IVA e sul libro dei beni ammortizzabili (art. 12, D.P.R. n. 435/2001).

14.11.8. Regime semplificato

Possono adottare la **contabilità semplificata**, **a partire dall'anno successivo**, i seguenti soggetti (art. 18, D.P.R. n. 600/1973):

- **persone fisiche** che esercitano **imprese commerciali** (art. 55, D.P.R. n. 917/1986);
- **imprese familiari** e **aziende coniugali** (➔14.8.);
- **società di persone commerciali** (società in nome collettivo e in accomandita semplice) (➔14.7.);
- **società di armamento e** società **di fatto**;
- **enti non commerciali** (➔27.), con riferimento all'eventuale attività commerciale esercitata,

qualora i **ricavi** percepiti in un anno intero, ovvero conseguiti nell'ultimo anno di applicazione dei criteri di competenza (art. 109, c. 2, D.P.R. n. 917/1986), **non abbiano superato** l'ammontare di:
- **400.000 euro** per le imprese aventi per oggetto **prestazioni di servizi**;
- **700.000 euro** per le imprese aventi per oggetto **altre attività**.

Al fine della verifica delle soglie di ricavi, la norma fa riferimento sia ai ricavi conseguiti e, quindi, **rilevati "per competenza"**, sia ai ricavi "percepiti" e, quindi, **imputati "per cassa"**. Appare evidente che l'utilizzo del primo parametro (ricavi conseguiti) potrà essere utilizzato solo per la verifica dei limiti dimensionali **nell'esercizio precedente** a quello di ingresso nel regime semplificato (circ. 13 aprile 2017, n. 11/E).

In caso di **contemporaneo svolgimento di attività di prestazione di servizi ed altre attività**, è necessario far riferimento all'ammontare dei ricavi relativi all'**attività prevalente**. In mancanza della distinta annotazione dei ricavi, si considerano prevalenti le attività diverse dalle prestazioni di servizi e, di conseguenza, rileva il limite massimo, pari a 700.000 euro. In ogni caso, qualora l'ammontare complessivo dei ricavi, relativo a tutte le attività svolte, superi il limite massimo, l'accesso al regime di contabilità semplificata è precluso (ris. 18 ottobre 2007, n. 293/E).
I soggetti che intraprendono l'esercizio di impresa commerciale, qualora ritengano di percepire ricavi per un ammontare, ragguagliato ad anno, non superiore alle soglie indicate in precedenza, possono tenere la **contabilità semplificata già dal primo anno** (art. 18, c. 9, D.P.R. 600/1973).

Contabilità per cassa - Dal 2017, con l'entrata in vigore delle norme sulla **"contabilità per cassa"** (➔14.6.2.), sono cambiate anche le regole contabili per i **contribuenti semplificati**.

Confronto regime di competenza - regime di cassa

Periodo	Caratteristiche
Sino al 2016 (competenza)	Le registrazioni contabili ai fini delle imposte sul reddito dovevano essere evidenziate **separatamente nei registri IVA**, mentre coloro che effettuano esclusivamente operazioni non soggette a registrazione ai fini IVA erano tenuti ad annotare in un apposito registro l'ammontare globale delle entrate e delle uscite relative a tutte le operazioni effettuate nella prima e nella seconda metà di ogni mese ed eseguire nel medesimo registro l'annotazione delle rimanenze. In particolare, i contribuenti che applicavano il regime di contabilità semplificata erano obbligati ad istituire: - i **registri IVA** (vendite, acquisti, corrispettivi), integrati con l'annotazione delle operazioni non soggette ad IVA, ma rilevanti ai fini delle imposte sul reddito[1]; - il **registro dei beni ammortizzabili**; - le **scritture contabili** previste per i sostituti d'imposta e **relative ai dipendenti**; - **altri registri** previsti da leggi speciali.
Dal 2017 (cassa)	Ai fini contabili, le imprese minori possono: a) fermo restando l'**istituzione dei registri IVA**, ove obbligatori, istituire appositi **registri degli incassi e dei pagamenti**, dove annotare in ordine cronologico, rispettivamente, i ricavi incassati e i costi effettivamente sostenuti; b) utilizzare i **registri IVA anche ai fini delle imposte sul reddito**, annotando separatamente le operazioni non soggette a registrazione ai fini IVA ed effettuando, nel contempo, le annotazioni necessarie a dare rilevanza ai mancati incassi e pagamenti nell'anno di registrazione del documento contabile ai fini IVA; c) utilizzare i registri IVA anche ai fini delle imposte sul reddito, esprimendo una specifica **opzione** che consente loro di non annotare su tali registri gli incassi e i pagamenti. In tal caso opera una **presunzione assoluta**, secondo cui il ricavo si intende incassato e il costo pagato alla **data di registrazione del documento contabile ai fini IVA.**

[1] A tal riguardo, alcune norme (art. 9, D.L. n. 69/1989 e D.M. 2 maggio 1989), in vigore anche dopo il 2016, prevedono l'obbligo di annotazione:
a) entro 60 giorni, dei componenti positivi e negativi di reddito, costituiti dalle operazioni non considerate ai fini IVA cessioni di beni ovvero prestazioni di servizi, nonché dalle operazioni che non concorrono a formare la base imponibile ai fini dell'imposta;
b) entro il termine della presentazione della dichiarazione dei redditi delle operazioni diverse dalle precedenti, rilevanti ai fini della determinazione del reddito, compreso il valore delle rimanenze.

Registro degli incassi e dei pagamenti - **Dal 2017** sussiste l'obbligo per le imprese minori di istituire appositi registri ai fini delle imposte sul reddito, dove annotare rispettivamente i **ricavi incassati** e i **costi effettivamente sostenuti**.

Componente	Registrazione	Termini di registrazione
Ricavi	Deve essere annotato, cronologicamente, per ciascun incasso: a) il relativo importo; b) le generalità, l'indirizzo e il Comune di residenza anagrafica del soggetto che effettua il pagamento; c) gli estremi della fattura o di altro documento emesso[1]	60 giorni[2 3]
Costi	Devono essere annotati cronologicamente i costi effettivamente sostenuti nell'esercizio e, per ciascuno, devono essere fornite le seguenti indicazioni: b) le generalità, l'indirizzo e il comune di residenza del soggetto che riceve il pagamento (anche in tal caso, l'obbligo si ritiene assolto con l'indicazione del codice fiscale del soggetto che riceve il pagamento); c) gli estremi della fattura o di altro documento ricevuto, che comprovi l'avvenuto pagamento quando non è obbligatoria ai fini IVA l'emissione della fattura.	60 giorni[2]

[1] L'obbligo di annotazione di cui alla lett. b) può essere assolto anche con la sola indicazione del codice fiscale del cliente, mentre l'obbligo previsto dalla lett. c) può essere assolto, quando non è obbligatoria ai fini IVA l'emissione della fattura, con l'annotazione del documento contabile che certifica l'operazione effettuata (ad esempio, anche il documento che comprovi l'effettuazione della prestazione per le operazioni non considerate ai fini Iva cessioni di beni ovvero prestazioni di servizi) (circ. 14 aprile 2017, n. 11/E).

[2] Le registrazioni nelle scritture cronologiche e nelle scritture ausiliarie di magazzino devono essere eseguite non oltre 60 giorni dal momento in cui l'operazione assume rilevanza, ossia dall'incasso del ricavo o dal pagamento della spesa (art. 22, D.P.R. n. 600/1973).
I componenti positivi e negativi diversi da quelli che concorrono alla determinazione del reddito con il criterio di cassa (quindi, "per competenza") devono essere annotati nei registri stessi entro il termine di presentazione della dichiarazione dei redditi (art. 18, c. 3 D.P.R. n. 600/1973).

[3] Per chi ha optato per le liquidazioni IVA trimestrali (art. 7, D.P.R. n. 542/1999) l'obbligo di annotazione nel registro delle fatture emesse può essere adempiuto entro la fine del mese successivo al trimestre di effettuazione delle operazioni e con riferimento allo stesso mese di effettuazione delle operazioni.

Soggetti esonerati dall'emissione della fattura - Coloro che non sono tenuti all'emissione della fattura, se non a richiesta del cliente (**commercianti al minuto e soggetti ad essi equiparati**) (artt. 22 e 24, D.P.R. n. 633/1972), non potendo utilizzare i registri degli incassi e dei pagamenti, possono adottare il regime di cassa, utilizzando i registri IVA in sostituzione dei **registri degli incassi e dei pagamenti**.
Occorre, però, che nei registri IVA siano iscritte separate le annotazioni delle operazioni non soggette ad IVA, sia indicato l'importo complessivo dei mancati incassi o pagamenti nonché i documenti contabili - fatture ove emesse - cui gli stessi si riferiscono.
L'importo dei corrispettivi al netto dell'IVA oggetto di scorporo (art. 27, c. 4, D.P.R. n. 633/1972) concorre alla determinazione del reddito, tenendo conto di quanto effettivamente incassato.
Nel **registro dei corrispettivi** devono essere indicati le generalità e gli importi dei soggetti debitori ai quali si riferiscono i **mancati pagamenti**. Detti importi devono essere poi annotati entro 60 giorni dalla data dell'effettivo incasso, indicando le generalità del soggetto che ha effettuato il pagamento (circ. 13 aprile 2017, n. 11/E).

Con l'avvio della **trasmissione telematica** dei corrispettivi (dal 1° luglio 2019 per chi ha un volume d'affari superiore a 400.000 euro annui e dal 1° gennaio 2020 per tutti gli altri) è venuto meno l'obbligo di tenuta del registro dei corrispettivi.

Registri IVA integrati - I registri tenuti ai fini IVA possono **sostituire** i **registri cronologici degli incassi e dei pagamenti** laddove siano annotate separatamente le operazioni non soggette ad IVA. A tal fine, la registrazione di una fattura di acquisto, seppur propedeutica ai fini IVA all'esercizio del diritto alla detrazione dell'imposta deve essere, comunque, eseguita **entro 60 giorni dal suo pagamento**, al fine di poter dare rilevanza alla spesa nel corretto periodo di imputazione.

> Resta fermo che l'eventuale mancata registrazione della fattura di acquisto entro detto termine non pregiudica comunque l'esercizio del diritto a detrazione nel termine di legge (art. 19, D.P.R. n. 633/1972). La **registrazione** della fattura di acquisto **oltre il termine dei 60 giorni** dall'avvenuto pagamento non determina, inoltre, l'indeducibilità del costo, laddove la registrazione sia, in ogni caso, eseguita **nell'esercizio in corso** (circ. 13 aprile 2017, n. 11/E).

Relativamente, invece, alle **altre operazioni**:

- i **componenti positivi o negativi** che **concorrono** alla determinazione del reddito di impresa secondo il **criterio di cassa**, ma non sono considerati né cessioni di beni, né prestazioni di servizi ai fini IVA (art. 2 e 3, D.P.R. n. 633/1972), devono essere **registrati entro 60 giorni** dal momento in cui si considera rilevante l'operazione, ossia dalla data dell'avvenuto incasso o pagamento (art. 9, D.L. n. 69/1989; art. 1, D.M. n. 154/1989);
- i **componenti positivi e negativi** che **non concorrono** alla determinazione del reddito secondo il **criterio di cassa** (ad esempio gli ammortamenti, le spese per il personale dipendente) devono essere annotati nei registri IVA **entro il termine di presentazione della dichiarazione dei redditi**.

Al fine di raccordare i criteri di registrazione delle operazioni soggette ad IVA con le regole di determinazione del reddito per cassa, nel registro IVA vanno **annotati cronologicamente anche gli incassi e i pagamenti.**

In alternativa, in luogo delle singole annotazioni degli incassi e dei pagamenti, può essere riportato, al termine di ciascun periodo d'imposta, l'**importo complessivo dei mancati incassi o pagamenti**, con l'indicazione delle fatture cui le operazioni si riferiscono.

In tale ipotesi, l'annotazione delle fatture ai fini IVA nel corso del periodo d'imposta rileva anche ai fini dell'**incasso o** del **pagamento**, con la conseguenza che, entro il termine di presentazione della dichiarazione dei redditi, occorre riportare l'importo complessivo di quanto non incassato o pagato, indicando i documenti cui si riferiscono i mancati incassi e pagamenti.

Nel periodo d'imposta in cui avviene l'**effettivo incasso o pagamento**, poi, occorre **annotare separatamente** - entro 60 giorni dall'evento - **i ricavi percepiti e i costi sostenuti**, indicando gli estremi dei documenti di riferimento.

Agricoltori - I produttori agricoli, esonerati dagli adempimenti Iva (art. 34, c. 6, D.P.R. n. 633/1972), non sono tenuti agli adempimenti contabili previsti per le imprese minori.

Soggetti che applicano regimi IVA speciali (agenzie di viaggio, regime del margine beni usati, ventilazione dei corrispettivi) - I soggetti che applicano il **regime del margine** per la vendita di beni usati, oggetti d'arte, oggetti di antiquariato o da collezione, nonché le **agenzie di viaggio** emettono **fattura senza separata indicazione dell'imposta** (art. 21, c. 6, D.P.R. n. 633/1972). L'IVA dovuta viene calcolata in un momento successivo a quello di emissione della fattura, in base alle regole proprie di ciascun regime.

Per tali soggetti l'applicazione del **regime di cassa** - in particolare, la determinazione dell'importo al netto dell'IVA che costituisce ricavo d'esercizio - può presentare complessità, soprattutto quando il corrispettivo è incassato solo parzialmente. In tale evenienza, infatti, il calcolo dell'IVA eventualmente dovuta avviene sulla base delle regole che presidiano tale ultima imposta (operazioni registrate), mentre il ricavo che concorre alla determinazione del reddito segue il criterio di cassa (ammontare effettivamente incassato).

Tuttavia, coloro che applicano i predetti regimi speciali IVA **non sono stati esplicitamente esclusi** dal regime di cassa.

A tal fine, detti soggetti, laddove non siano in grado di determinare l'ammontare dei mancati incassi e pagamenti al netto dell'Iva, per poter applicare i criteri di determinazione del reddito secondo il principio di cassa, devono esercitare l'**opzione** in base alla quale **l'incasso o pagamento si presume avvenuto all'atto della registrazione del documento contabile nei registri IVA** (art. 18, c. 5, D.P.R. n. 600/1973; circ. 13 aprile 2017, n. 11/E).

Soggetti non obbligati alla tenuta dei registri IVA - I soggetti che esercitano un'attività per la quale l'IVA è assolta a monte da chi intraprende l'iniziativa economica (c.d. **IVA monofase**) quali, ad esempio, i **tabaccai** o **distributori e i rivenditori di prodotti editoriali,** esonerati dagli adempimenti formali relativi a fatturazione, registrazione, liquidazione, certificazione dei corrispettivi, ecc., devono registrare gli incassi e i pagamenti negli appositi **registri** previsti per i soggetti in **contabilità semplificata**.

Tali soggetti possono annotare gli incassi e i pagamenti senza indicazione degli elementi contemplati nel registro degli incassi e pagamenti.
Laddove svolgano altre attività soggette all'IVA possono **annotare distintamente** nei registri IVA anche le operazioni non soggette all'imposta (circ. 13 aprile 2017, n. 11/E).

Opzione per il criterio delle registrazioni - Il contribuente che ha scelto di utilizzare i soli registri IVA, può non effettuare a fine anno le annotazioni dei mancati incassi e pagamenti, esercitando una specifica **opzione**, vincolante per almeno un **triennio**, in base alla quale **il ricavo si intende incassato** e **il pagamento effettuato** alla **data di registrazione** del documento contabile (art. 18, c. 5, D.P.R. n. 600/1973).
Resta fermo l'obbligo di separata annotazione delle operazioni non soggette a registrazione ai fini IVA, con le modalità sopra descritte.

Soggetti che possono esercitare l'opzione	**Tutti i soggetti IVA**, a prescindere dal regime dagli stessi applicato e dalle specifiche regole alle quali gli stessi soggiacciono[1]. Sono **esclusi** i soggetti che effettuano **operazioni fuori campo IVA** e che non sono tenuti agli adempimenti contabili ai fini IVA, come ad esempio i soggetti residenti nei comuni di Livigno e Campione d'Italia, considerati ai fini IVA territori extra UE.
Costi	Si considerano **pagati al momento della registrazione del documento** contabile (anche dopo 2 anni dall'operazione), non rilevando il momento in cui si verifica l'effettivo esborso finanziario.
Ricavi	Si considerano **incassati al momento della registrazione delle fatture** nonostante, ai fini della liquidazione dell'IVA a debito periodica, la registrazione del documento - da eseguirsi entro 15 giorni e con riferimento alla data della loro emissione per le fatture ordinarie, ed entro il termine di emissione e con riferimento al mese di effettuazione delle operazioni per le "fatture differite" (art. 23, D.P.R. n. 633/1972) - produca effetto per il periodo in cui le operazioni sono state effettuate.
Operazioni in valuta estera	Rilevano in ogni caso al **momento dell'incasso/pagamento** le differenze su cambi.
Opzione	È **vincolante per almeno un triennio**. Si desume dal comportamento concludente del contribuente o dalle modalità di tenuta delle scritture contabili. Occorre, tuttavia, comunicare l'opzione nella prima dichiarazione annuale IVA da presentare successivamente alla scelta operata.

[1] L'opzione può essere effettuata dagli autotrasportatori, che prestano unicamente servizi di trasporto, ai quali è concessa la possibilità di poter annotare (art. 74, c. 4, D.P.R. n. 633/1972) le fatture emesse entro il trimestre successivo, in deroga alla regola generale (circ. 13 aprile 2017, n. 11/E).

Entrata e uscita dal regime di cassa - Il regime di cassa rappresenta il **regime naturale** dei soggetti che esercitano un'attività di impresa e che siano in possesso dei requisiti sopra esposti (ricavi non superiori a 400.000 euro o 700.000 euro). Ciò significa che l'ingresso nel regime **non è subordinato ad una manifestazione di volontà** del contribuente. I soggetti che intraprendono l'esercizio di un'impresa commerciale, qualora ritengano di percepire ricavi per un ammontare, ragguagliato ad anno, non superiore ai limiti per l'applicazione del regime, possono per il **primo anno** tenere la contabilità semplificata (art. 18, c. 9, D.P.R. n. 600/1973). Tale possibilità non è subordinata ad alcuna comunicazione all'Amministrazione finanziaria.

Possono accedere al regime semplificato anche i soggetti il cui regime naturale è quello **forfetario** (➔**14.11.9.**) (art. 1, c. 54-89, Legge n. 190/2014), previa specifica **opzione** (circ. 13 aprile 2017, n. 11/E).

L'**uscita dal regime semplificato** avviene per **superamento dei limiti** ovvero per **opzione per il regime ordinario**. L'**opzione per la contabilità ordinaria**, con vincolo **triennale** ha effetto dall'inizio del periodo d'imposta nel corso del quale la scelta è effettuata fino a quando non è revocata, e si esercita per **comportamento concludente**, dandone comunicazione con il **quadro VO** della dichiarazione IVA (art. 18, c. 8, D.P.R. n. 600/1973 e art. 3, D.P.R. n. 442/1997). Alla medesima comunicazione sono tenuti i soggetti che adottano il regime di contabilità semplificata ed esercitano l'opzione per la **coincidenza tra incassato/pagato e registrato** - c.d. criterio delle registrazioni (art. 18, c. 5, D.P.R. n. 600/1973). Coloro che, effettuando solo operazioni esenti, sono esonerati dalla presentazione della dichiarazione annuale IVA, comunicano l'opzione presentando il **quadro VO unitamente alla dichiarazione dei redditi**.

Regime forfetario 14.11.9.

È previsto un **regime fiscale forfetario** per i **contribuenti persone fisiche** esercenti attività d'impresa, arti o professioni **di piccole dimensioni** (art. 1, c. 54-89, Legge n. 190/2014; art. 1, c. 111-113, Legge n. 208/2015; circ. 4 aprile 2016, n. 10/E). Il regime agevolato è stato oggetto di profonde modifiche a partire dal 1° gennaio 2019 (art. 1, c. 9-11, Legge n. 145/2018): la più importante è l'innalzamento del **limite di accesso**, fissato a **65.000 euro** di ricavi o compensi annui, per tutti i contribuenti. Con effetto dal 1° gennaio 2020, sono state introdotte ulteriori modifiche in particolar modo con riferimento ai requisiti e ai limiti per accedere (o rimanere) nel regime forfetario (art. 1, c. 692, Legge n. 160/2019).

Soggetti interessati e limiti - Possono accedere al regime forfetario:
- i contribuenti persone fisiche esercenti attività d'impresa, arti e professioni;
- le imprese familiari;
- le aziende coniugali non gestite in forma societaria (in tal caso, l'imposta sostitutiva dovuta dal coniuge titolare sarà calcolata sul reddito al lordo delle quote assegnate al coniuge).

Per rientrare nel regime agevolato occorre il rispetto di alcuni limiti con riferimento **all'anno precedente**:

Componenti di reddito	**Limiti da rispettare**		
	Fino al 31 dicembre 2018	**Dal 1° gennaio 2019**	**Dal 1° gennaio 2020**
Ricavi/compensi percepiti ragguagliati ad anno	**Non superiori ai limiti** indicati nell'allegato n. 4 annesso alla Legge n. 190/2014, diversi a seconda del codice ATECO che contraddistingue l'attività esercitata. Ai fini dell'individuazione del limite dei ricavi e dei compensi per l'accesso al regime: a. non rilevano i ricavi e i compensi derivanti dall'**adeguamento agli studi di settore**; b. nel caso di esercizio contemporaneo di attività contraddistinte da **differenti codici ATECO**, si assume il limite più elevato dei ricavi e dei compensi relativi alle diverse attività esercitate.	Non superiori a 65.000 euro. Ai fini dell'individuazione del limite dei ricavi e dei compensi per l'accesso al regime non rilevano i ricavi e i compensi derivanti dall'**adeguamento agli ISA**.	Non superiori a 65.000 euro. Ai fini dell'individuazione del limite dei ricavi e dei compensi per l'accesso al regime non rilevano i ricavi e i compensi derivanti dall'**adeguamento agli ISA**.

Componenti di reddito	Limiti da rispettare		
	Fino al 31 dicembre 2018	**Dal 1° gennaio 2019**	**Dal 1° gennaio 2020**
Spese sostenute per lavoro	Ammontare complessivamente **non superiore a 5.000 euro** lordi per **lavoro accessorio** (art. 70, D.Lgs. n. 276/2003) per **lavoratori dipendenti**, **collaboratori** (➡12.2.5.) (art. 50, c. 1, lett. c) e c-bis), D.P.R. n. 917/1986), anche assunti secondo la modalità riconducibile a un **progetto** (artt. 61 e ss., D.Lgs. n. 276/2003), comprese le somme erogate sotto forma di **utili da partecipazione agli associati** (➡13.1.2.) (art. 53, c. 2, lett. c), D.P.R. n. 917/1986), e le **spese per prestazioni di lavoro** (➡14.5.1.) (art. 60, D.P.R. n. 917/1986).	N/A	Ammontare complessivamente non superiore a 20.000 euro lordi per lavoro accessorio (art. 70, D.Lgs. n. 276/2003) per **lavoratori dipendenti**, **collaboratori** (➡12.2.5.) (art. 50, c. 1, lett. c) e c-bis), D.P.R. n. 917/1986), anche assunti secondo la modalità riconducibile a un **progetto** (artt. 61 e ss., D.Lgs. n. 276/2003), comprese le somme erogate sotto forma di **utili da partecipazione agli associati** (➡13.1.2.) (art. 53, c. 2, lett. c), D.P.R. n. 917/1986), e le **spese per prestazioni di lavoro** svolte dall'imprenditore o dai suoi familiari (➡14.5.1.) (art. 60, D.P.R. n. 917/1986).
Costo complessivo, al lordo degli ammortamenti, dei **beni strumentali** alla chiusura dell'esercizio	**Non superiore a 20.000 euro**. Ai fini del calcolo del limite: 1. per i **beni in locazione finanziaria** rileva il costo sostenuto dal concedente; 2. per i **beni in locazione, noleggio e comodato** rileva il valore normale dei medesimi (➡2.7.2.) (art. 9, D.P.R. n. 917/1986); 3. i **beni**, detenuti in regime di impresa o arte e professione, **utilizzati promiscuamente** per l'esercizio dell'impresa, dell'arte o professione e per l'uso personale o familiare del contribuente, concorrono nella misura del **50%**; 4. non rilevano i **beni** il cui **costo unitario non è superiore a 516,46 euro**; 5. non rilevano i beni **immobili**, comunque acquisiti, **utilizzati per l'esercizio dell'impresa, dell'arte o della professione.**	N/A	N/A

Concorrono alla determinazione dell'ammontare conseguito il valore normale (➡2.7.2.) (art. 9, D.P.R. n. 917/1986) **dei beni destinati al consumo personale o familiare** dell'imprenditore (art. 85, D.P.R. n. 917/1986).

Limiti di ricavi e percentuale di redditività (All. 4, Legge n. 190/2014 e All. 2, Legge n. 145/2018)					
Progressivo	**Gruppo di settore**	**Codici attività ATECO 2007**	**Valore soglia dei ricavi/ compensi (fino al 2018)**	**Valore soglia dei ricavi/ compensi (dal 2019)**	**Redditività**
1	Industrie alimentari e delle bevande	(10-11)	45.000	65.000	40%
2	Commercio all'ingrosso e al dettaglio	45 - (da 46.2 a 46.9) - (da 47.1 a 47.7) - 47.9	50.000	65.000	40%
3	Commercio ambulante di prodotti alimentari e bevande	47.81	40.000	65.000	40%
4	Commercio ambulante di altri prodotti	47.82 - 47.89	30.000	65.000	54%
5	Costruzioni e attività immobiliari	(41 - 42 - 43) - (68)	25.000	65.000	86%
6	Intermediari del commercio	46.1	25.000	65.000	62%
7	Attività dei servizi di alloggio e di ristorazione	(55-56)	50.000	65.000	40%
8	Attività professionali, scientifiche, tecniche, sanitarie, di istruzione, servizi finanziari ed assicurativi	(64-65-66) - (69-70-71-72-73-74-75) - (85) - (86-87-88)	30.000	65.000	78%
9	Altre attività economiche	(01 - 02 - 03) - (05 - 06 - 07 - 08 - 09) - (12 - 13 - 14 - 15 - 16 - 17 - 18 - 19 - 20 - 21 - 22 - 23 - 24 - 25 - 26 - 27 - 28 - 29 - 30 - 31 - 32 - 33) - (35) - (36 - 37 - 38 - 39) - (49 - 50 - 51 - 52 - 53) - (58 - 59 - 60 - 61 - 62 - 63) - (77 - 78 - 79 - 80 - 81 - 82) - (84) - (90 - 91 - 92 - 93) - (94 - 95 - 96) - (97 - 98) - (99)	30.000	65.000	67%

Chiarimenti dell'Agenzia delle Entrate	
Fattispecie	**Prassi**
Spese per lavoro[1]	In relazione al limite di non aver sostenuto **spese** complessivamente non superiori a 5.000 euro lordi **per lavoro (accessorio, dipendente o a progetto)** è superata la preclusione, prevista nel regime fiscale di vantaggio, che impediva l'accesso al regime a coloro che nell'anno precedente avessero sostenuto spese per lavoro dipendente o assimilato, nel presupposto che l'esigua spesa prevista non rappresenta di per sé indice di una struttura organizzativa incompatibile con il regime forfetario (circ. 4 aprile 2016, n. 10/E).
Esercizio di attività d'impresa, arte o professione in passato[1]	A differenza di quanto previsto per il regime fiscale di vantaggio (D.L. n. 98/2011), non rileva ai fini dell'accesso nel regime forfetario, l'aver **esercitato negli anni precedenti un'attività d'impresa, arte o professione**. Possono, pertanto, accedere al regime forfetario le persone fisiche che già esercitano un'attività di impresa, arte o professione in forma individuale, purché siano in possesso dei requisiti e, contestualmente, non ricorra una delle cause di esclusione (circ. 19 febbraio 2015, n. 6/E).
Beni strumentali[1]	Il riferimento alla nozione di **strumentalità dei beni** da prendere in considerazione induce a ritenere che non rilevino taluni costi riferibili ad attività immateriali, come quello sostenuto per l'avviamento o altri elementi immateriali comunque riferibili all'attività, che non si caratterizzano per il loro concreto utilizzo nell'ambito dell'attività d'impresa o di lavoro autonomo (circ. 19 febbraio 2015, n. 6/E).
Soggetti in contabilità semplificata[1]	Per i soggetti che hanno optato per il regime di contabilità semplificata, ma che sono in possesso dei requisiti necessari ai fini dell'accesso al regime forfetario, **non rileva** il **vincolo triennale** di permanenza nel regime semplificato **opzionato**. Non sussistono pertanto ostacoli per accedere al regime forfetario (ris. 14 settembre 2018, n. 64/E).
Verifica della soglia di 65.000 euro	Il limite di ricavi/compensi di 65.000 euro va verificato con riferimento al limite dei ricavi conseguiti e dei compensi percepiti nell'**anno precedente all'applicazione del regime forfetario**. Da ciò consegue che, ad esempio, nel caso in cui il contribuente abbia superato la soglia di 30.000 euro di ricavi/compensi al 31 dicembre 2018, ma abbia conseguito/percepito, nel medesimo periodo d'imposta, ricavi/compensi non superiori alla soglia di 65.000 euro (quindi superiori ai limiti imposti dalla vecchia normativa ma inferiori a quelli indicati dalla nuova previsione della Legge di bilancio 2019), può rimanere nel regime forfetario, applicando le disposizioni introdotte dalla Legge di bilancio 2019 (circ. 10 aprile 2019, n. 9/E).
Soggetti in contabilità ordinaria o semplificata	Per la verifica dell'eventuale superamento del limite, si deve tener conto del regime contabile applicato nell'anno di riferimento; perciò, ad esempio, coloro che hanno operato in contabilità ordinaria devono calcolare l'ammontare dei ricavi conseguiti applicando il principio di competenza e coloro che hanno applicato il regime semplificato devono calcolare l'ammontare dei ricavi conseguiti applicando il regime di cassa (circ. 10 aprile 2019, n. 9/E).

Chiarimenti dell'Agenzia delle Entrate	
Fattispecie	**Prassi**
Diritti d'autore	I redditi derivanti da diritti d'autore **concorrono** alla verifica del limite di 65.000 euro solo **se correlati con l'attività di lavoro autonomo** svolta, circostanza che è ritenuta sussistente se, sulla base di un esame degli specifici fatti e circostanze, gli stessi non sarebbero stati conseguiti in assenza dello svolgimento dell'attività di lavoro autonomo (circ. 10 aprile 2019, n. 9/E). I proventi a titolo di diritti d'autore sono ridotti del 25% o del 40% se percepiti da soggetti di età inferiore ai 35 anni. Tale importo deve essere cumulato con gli altri compensi percepiti dal professionista soggetti alle ordinarie aliquote di abbattimento forfetario, al fine di applicare all'ammontare complessivo l'imposta sostitutiva (risposta a interpello 12 dicembre 2019, n. 517).
Redditi prodotti all'estero	I redditi prodotti all'estero dal **libero professionista** in regime forfettario non partecipano alla formazione del reddito complessivo (ris. 15 marzo 2019, n. 36/E)[1].
Reddito di consigliere di amministrazione	Se il contribuente svolge l'attività professionale di **medico chirurgo e** di **consigliere** di amministrazione presso una **clinica privata**, i relativi redditi devono qualificarsi come redditi di lavoro autonomo e pertanto vanno considerati ai fini del calcolo del limite di 65.000 euro (risposta a interpello 21 giugno 2019, n. 202).

[1] Chiarimento valido per il regime forfetario applicabile così come definito dalla norma in vigore sino al 31 dicembre 2018.

Esercizio dell'opzione - Le persone fisiche che intraprendono l'esercizio di imprese, arti o professioni possono avvalersi del regime forfetario comunicando, nella **dichiarazione di inizio di attività ai fini IVA**, di presumere la sussistenza dei requisiti sopra elencati (➜95.9.).
Il regime forfetario è un **regime naturale** per i contribuenti che ne hanno i requisiti.
Ciò significa che:

Situazione	Opzione[1]	Note
Contribuenti che già svolgono un'attività di impresa, arte o professione[2]	NO	Accesso al regime **senza dover fare alcuna comunicazione preventiva** (con il Mod. AA9/12) o successiva (con la dichiarazione annuale).
Contribuenti che iniziano un'attività d'impresa, arte o professione e che presumono di rispettare i requisiti e le condizioni previsti per l'applicazione del regime in esame	SÌ	Occorre darne comunicazione nella dichiarazione di inizio attività (Mod. AA9/12)[3]

[1] L'attestazione della sussistenza dei requisiti per l'accesso al regime e dell'assenza delle cause ostative va fatta in sede di dichiarazione annuale dei redditi, barrando i campi del **quadro LM** - Mod. Redditi PF.
[2] Tali soggetti sono, tuttavia, obbligati ad inviare apposita **comunicazione telematica all'INPS** entro il 28 febbraio di ciascun anno se sono interessati a fruire del regime contributivo agevolato.
[3] Tale comunicazione non ha valore di opzione, trattandosi di un regime naturale, ma è richiesta unicamente ai fini anagrafici. L'omessa indicazione nella dichiarazione di inizio attività dell'intenzione di applicare il regime forfetario non preclude l'accesso al regime medesimo, ma è punibile con una **sanzione amministrativa da 250 euro a 2.000 euro** (circ. 4 aprile 2016, n. 10/E).

Per quanto riguarda gli obblighi informativi posti a carico di coloro che intendono accedere al regime forfettario, tali oneri informativi non comprendono dati e informazioni già presenti, alla data di approvazione dei modelli di dichiarazione dei redditi, nelle banche dati a disposizione dell'Agenzia delle Entrate, ovvero che siano da comunicare o dichiarare alla stessa entro la data di presentazione dei medesimi modelli di dichiarazione dei redditi (art. 6-bis, D.L. n. 34/2019).

Soggetti esclusi - Prima a partire dal 2019 e poi dal 2020, sono cambiate le ipotesi di esclusione dal regime forfetario.

Esclusioni		
Fino al 31 dicembre 2018	**Dal 1° gennaio 2019**	**Dal 1° gennaio 2020**
Persone fisiche che si avvalgono di **regimi speciali** ai fini IVA o di regimi forfetari di determinazione del reddito	Persone fisiche che si avvalgono di **regimi speciali** ai fini IVA o di regimi forfetari di determinazione del reddito. Non sono compatibili con il regime in esame i regimi speciali IVA e imposte sui redditi riguardanti le seguenti attività: - agricoltura e attività connesse e pesca (artt. 34 e 34-bis, D.P.R. n. 633/1972); - vendita sali e tabacchi e commercio di fiammiferi (art. 74, c. 1, D.P.R. n. 633/1972); - editoria (art. 74, c. 1, D.P.R. n. 633/1972); - gestione di servizi di telefonia pubblica (art. 74, c. 1, D.P.R. n. 633/1972); - rivendita di documenti di trasporto pubblico e di sosta (art. 74, c. 1, D.P.R. n. 633/1972); - intrattenimenti, giochi e altre attività di cui alla Tariffa allegata al D.P.R. n. 640/1972 (art. 74, c. 6, D.P.R. n. 633/1972); - agenzie di viaggi e turismo (art. 74-ter, D.P.R. n. 633/1972); - agriturismo (art 5, c. 2, Legge n. 413/1991); - vendite a domicilio (art. 25-bis, c. 6, D.P.R. n. 600/1973); - rivendita di beni usati, di oggetti d'arte, d'antiquariato o da collezione (art. 36, D.L. n. 41/1995); - agenzie di vendite all'asta di oggetti d'arte, antiquariato o da collezione (art. 40-bis, D.L. n. 41/1995).	Persone fisiche che si avvalgono di **regimi speciali** ai fini IVA o di regimi forfetari di determinazione del reddito. Non sono compatibili con il regime in esame i regimi speciali IVA e imposte sui redditi riguardanti le seguenti attività: - agricoltura e attività connesse e pesca (artt. 34 e 34-bis, D.P.R. n. 633/1972); - vendita sali e tabacchi e commercio di fiammiferi (art. 74, c. 1, D.P.R. n. 633/1972); - editoria (art. 74, c. 1, D.P.R. n. 633/1972); - gestione di servizi di telefonia pubblica (art. 74, c. 1, D.P.R. n. 633/1972); - rivendita di documenti di trasporto pubblico e di sosta (art. 74, c. 1, D.P.R. n. 633/1972); - intrattenimenti, giochi e altre attività di cui alla Tariffa allegata al D.P.R. n. 640/1972 (art. 74, c. 6, D.P.R. n. 633/1972); - agenzie di viaggi e turismo (art. 74-ter, D.P.R. n. 633/1972); - agriturismo (art 5, c. 2, Legge n. 413/1991); - vendite a domicilio (art. 25-bis, c. 6, D.P.R. n. 600/1973); - rivendita di beni usati, di oggetti d'arte, d'antiquariato o da collezione (art. 36, D.L. n. 41/1995); - agenzie di vendite all'asta di oggetti d'arte, antiquariato o da collezione (art. 40-bis, D.L. n. 41/1995).
Soggetti non residenti, ad **eccezione** di quelli che sono residenti in uno degli Stati membri UE o in uno Stato aderente all'Accordo SEE che assicuri un adeguato scambio di informazioni e che producano nel territorio dello Stato italiano redditi che costituiscono **almeno il 75%** del reddito complessivamente prodotto	**Soggetti non residenti**, ad **eccezione** di quelli che sono residenti in uno degli Stati membri UE o in uno Stato aderente all'Accordo SEE che assicuri un adeguato scambio di informazioni e che producano nel territorio dello Stato italiano redditi che costituiscono **almeno il 75%** del reddito complessivamente prodotto	**Soggetti non residenti**, ad **eccezione** di quelli che sono residenti in uno degli Stati membri UE o in uno Stato aderente all'Accordo SEE che assicuri un adeguato scambio di informazioni e che producano nel territorio dello Stato italiano redditi che costituiscono **almeno il 75%** del reddito complessivamente prodotto

Esclusioni		
Fino al 31 dicembre 2018	**Dal 1° gennaio 2019**	**Dal 1° gennaio 2020**
Soggetti che in via esclusiva o prevalente effettuano **cessioni di fabbricati o porzioni di fabbricato**, di **terreni edificabili** (art. 10, c. 1, n. 8), D.P.R. n. 633/1972), o di **mezzi di trasporto nuovi** (art. 53, c. 1, D.L. n. 331/1993)	Soggetti che in via esclusiva o prevalente effettuano **cessioni di fabbricati o porzioni di fabbricato**, di **terreni edificabili** (art. 10, c. 1, n. 8), D.P.R. n. 633/1972), o di **mezzi di trasporto nuovi** (art. 53, c. 1, D.L. n. 331/1993)	Soggetti che in via esclusiva o prevalente effettuano **cessioni di fabbricati o porzioni di fabbricato**, di **terreni edificabili** (art. 10, c. 1, n. 8), D.P.R. n. 633/1972), o di **mezzi di trasporto nuovi** (art. 53, c. 1, D.L. n. 331/1993)
Esercenti attività d'impresa, arti o professioni che partecipano, contemporaneamente all'esercizio dell'attività, **a società di persone o associazioni** (art. 5, D.P.R. n. 917/1986), ovvero a **società a responsabilità limitata in regime di trasparenza** (art. 116, D.P.R. n. 917/1986)	Esercenti attività d'impresa, arti o professioni che partecipano, contemporaneamente all'esercizio dell'attività, a società di persone, ad associazioni o a imprese familiari (art. 5, D.P.R. n. 917/1986), ovvero che controllano direttamente o indirettamente società a responsabilità limitata o associazioni in partecipazione, le quali esercitano attività economiche **direttamente o indirettamente riconducibili** a quelle svolte dagli esercenti attività d'impresa, arti o professioni	Esercenti attività d'impresa, arti o professioni che partecipano, contemporaneamente all'esercizio dell'attività, a società di persone, ad associazioni o a imprese familiari (art. 5, D.P.R. n. 917/1986), ovvero che controllano direttamente o indirettamente società a responsabilità limitata o associazioni in partecipazione, le quali esercitano attività economiche **direttamente o indirettamente riconducibili** a quelle svolte dagli esercenti attività d'impresa, arti o professioni
Soggetti che nell'**anno precedente** hanno percepito **redditi di lavoro dipendente e assimilati eccedenti l'importo di 30.000 euro**; la verifica di tale soglia è irrilevante se il rapporto di lavoro è cessato	Persone fisiche la cui attività sia esercitata prevalentemente nei confronti di datori di lavoro con i quali sono in corso rapporti di lavoro o erano intercorsi rapporti di lavoro **nei 2 precedenti periodi d'imposta**, ovvero nei confronti di soggetti direttamente o indirettamente riconducibili a tali datori di lavoro[1]	Persone fisiche la cui attività sia esercitata prevalentemente nei confronti di datori di lavoro con i quali sono in corso rapporti di lavoro o erano intercorsi rapporti di lavoro **nei 2 precedenti periodi d'imposta**, ovvero nei confronti di soggetti direttamente o indirettamente riconducibili a tali datori di lavoro[1]
		Persone fisiche che hanno percepito redditi di lavoro dipendente e redditi assimilati a quelli di lavoro dipendente, (art. 49 e 50 D.P.R. n. 917/1986), **eccedenti l'importo di 30.000 euro**[2]

[1] È comunque possibile l'accesso al regime forfetario alle persone fisiche la cui attività sia esercitata prevalentemente nei confronti di datori di lavoro - attuali o precedenti - ove si tratti di attività di nuova iscrizione ad un ordine o ad un collegio professionale (art. 1-bis, c. 3, D.L. n. 135/2018).

[2] La verifica di tale soglia è irrilevante se il rapporto di lavoro è cessato.

Chiarimenti dell'Agenzia delle Entrate (regime in vigore dal 1° gennaio 2019)	
Fattispecie	**Chiarimenti**
Possesso di quote in società di persone, in associazioni, in imprese familiari, in aziende coniugali	Se il contribuente cede le quote possedute entro la fine dell'anno precedente può applicare il regime forfetario a decorrere dall'anno successivo e ciò a prescindere che il contribuente inizi una nuova attività o prosegua un'attività già svolta (circ. 10 aprile 2019, n. 9/E).

Chiarimenti dell'Agenzia delle Entrate (regime in vigore dal 1° gennaio 2019)	
Fattispecie	**Chiarimenti**
Causa ostativa relativa al possesso di quote in società di persone associazioni, imprese familiari o aziende coniugali presente al 31 dicembre 2018	Se al 31 dicembre 2018 il contribuente si trovava in una delle condizioni tali da far scattare l'applicazione della causa ostativa già a partire dal 2019, lo stesso può comunque applicare nell'anno 2019 il regime forfetario, ma deve rimuovere la causa ostativa entro la fine del 2019, a pena di fuoriuscita dal regime forfetario dal 2020 (circ. 10 aprile 2019, n. 9/E).
Causa ostativa relativa al possesso di quote in società di persone associazioni, imprese familiari o aziende coniugali **sopraggiunta successivamente**	Nell'ipotesi in cui il contribuente applichi il regime forfetario e la causa ostativa sopraggiunga in corso d'anno a seguito di acquisizione per eredità delle partecipazioni, lo stesso, qualora non la rimuova entro la fine dell'anno, fuoriuscirà dal regime forfetario dall'anno successivo (circ. 10 aprile 2019, n. 9/E).
Momento in cui opera la **causa ostativa** riguardante le partecipazioni in s.r.l.	Assume rilevanza l'anno di applicazione del regime e non l'anno precedente, dal momento che solo nell'anno di applicazione del regime si può verificare la riconducibilità diretta o indiretta delle attività economiche svolte dalla s.r.l. alle attività economiche svolte dal contribuente in regime forfetario (circ. 10 aprile 2019, n. 9/E; risposta a interpello 27 maggio 2019, n. 162; risposta a interpello 30 maggio 2019, n. 169; risposta a interpello 30 maggio 2019, n. 171).
Persone interposte e familiari	Nell'ambito delle persone interposte vanno ricompresi i familiari di cui all'art. 5, c. 5, D.P.R. n. 917/1986 e quindi: il coniuge, i parenti entro il terzo grado e gli affini entro il secondo grado. Pertanto, ad esempio, la causa ostativa opera nel caso in cui la moglie del contribuente che applica il regime forfetario detiene una partecipazione pari al 50% in una società a responsabilità limitata (che esercita attività economiche direttamente o indirettamente riconducibili a quelle svolte dal predetto contribuente), perché risulta integrato il combinato disposto di cui al primo comma, numero 2), e secondo comma dell'art. 2359 c.c. (circ. 10 aprile 2019, n. 9/E).
Attività svolta dalla srl	Per valutare se ricorre o meno la causa ostativa occorre avere in ogni caso riguardo alle attività effettivamente svolte in concreto dal contribuente e dalla società a responsabilità limitata controllata, indipendentemente dai codici ATECO 2007 dichiarati, per valutarne la correlazione. In particolare, non sono ritenute "attività economiche direttamente o indirettamente riconducibili" tutte le attività autonomamente esercitate dalla S.r.l., condizione che è ritenuta sussistente, oltre che in assenza di acquisti di beni o servizi dalla persona fisica in regime forfetario, anche - se del caso - nelle ipotesi in cui i costi dei predetti beni e servizi non fossero fiscalmente deducibili. Non sono ritenute "attività economiche direttamente o indirettamente riconducibili" tutte le attività esercitate dalla S.r.l. avvalendosi anche di acquisti di beni o servizi dalla persona fisica in regime forfetario, ma che siano classificabili in una sezione ATECO differente da quella in cui sono classificabili le attività esercitate dalla persona fisica in regime forfetario (circ. 10 aprile 2019, n. 9/E). Inoltre, la causa ostativa all'accesso al regime forfetario rappresentata dal controllo di S.r.l. non è integrata se le attività effettivamente esercitate dalla persona fisica e dalla società indirettamente controllata si riconducono a due sezioni ATECO differenti (risposta a interpello 13 maggio 2019, n. 137).

Chiarimenti dell'Agenzia delle Entrate (regime in vigore dal 1° gennaio 2019)	
Fattispecie	**Chiarimenti**
	Infine, nell'ipotesi di attività esercitate dalla società a responsabilità limitata, appartenenti di fatto alla medesima sezione ATECO in cui sono classificabili le attività esercitate dalla persona fisica in regime forfetario, la riconducibilità diretta o indiretta delle due attività economiche esercitate sussiste ogniqualvolta la persona fisica che usufruisce del regime forfetario effettui cessioni di beni o prestazioni di servizi tassabili con imposta sostitutiva alla S.r.l., direttamente o indirettamente controllata, la quale deduce dalla propria base imponibile i correlativi componenti negativi di reddito (risposta a interpello 23 novembre 2020, n. 554).
Attività svolta in prevalenza nei confronti dell'**ex datore di lavoro**	La verifica del requisito della prevalenza va effettuata solo al termine del periodo d'imposta. Se, ad esempio, un contribuente ha avuto un rapporto di lavoro concluso nel 2018, lo stesso può applicare il regime forfetario nel 2019, ma se alla fine del 2019 risulta che ha fatturato prevalentemente nei confronti del suo precedente datore di lavoro ovvero di soggetti direttamente o indirettamente ad esso riconducibili deve fuoriuscire dal regime forfetario nel 2020. Inoltre: - i parametri cui fare riferimento per il calcolo della prevalenza sono i ricavi conseguiti e i compensi percepiti nei confronti dei datori di lavoro con i quali sono in corso rapporti di lavoro o nei confronti dei quali il contribuente abbia svolto la propria attività lavorativa negli ultimi due periodi d'imposta ovvero nei confronti di soggetti direttamente o indirettamente riconducibili ai suddetti datori di lavoro; - il requisito della prevalenza va inteso in senso assoluto, con la conseguenza che, per integrare la causa ostativa, occorre che i ricavi conseguiti e i compensi percepiti nell'anno nei confronti dei datori di lavoro ovvero dei soggetti a essi riconducibili siano in ogni caso superiori al 50%; - la causa ostativa non si applica qualora la cessazione del rapporto di lavoro sia intervenuta anteriormente ai due periodi d'imposta precedenti a quello di applicazione del regime forfetario (circ. 10 aprile 2019, n. 9/E). La causa ostativa non ricorre nemmeno nel caso in cui: - un rapporto di lavoro autonomo tra il professionista e l'ente pubblico si può eventualmente instaurare solo se il primo risulta vincitore all'esito di un concorso pubblico bandito dal secondo (risposta a interpello 28 maggio 2019, n. 163); - un professionista instaura un rapporto di lavoro autonomo con un soggetto estero, con il quale è intercorso, sempre all'estero, un rapporto di lavoro dipendente durante il periodo di sorveglianza (risposta a interpello 30 maggio 2019, n. 170; risposta a interpello 30 maggio 2019, n. 170).

IRPEF

Chiarimenti dell'Agenzia delle Entrate (regime in vigore dal 1° gennaio 2019)	
Fattispecie	**Chiarimenti**
Attività assimilate di lavoro dipendente che fanno scattare la causa ostativa dell'attività svolta in prevalenza nei confronti dell'ex datore di lavoro	- compensi percepiti, entro i limiti dei salari correnti maggiorati del 20%, dai **lavoratori soci delle cooperative** di produzione e lavoro, delle cooperative di servizi, delle cooperative agricole e di prima trasformazione dei prodotti agricoli e delle cooperative della piccola pesca (➡12.2.2.); **- indennità e compensi percepiti a carico di terzi** dai prestatori di lavoro dipendente per incarichi svolti in relazione a tale qualità, ad esclusione di quelli che per clausola contrattuale devono essere riversati al datore di lavoro e di quelli che per legge devono essere riversati allo Stato (➡12.2.3.); - compensi per l'**attività libero professionale intramuraria** del personale dipendente del Servizio sanitario nazionale, del personale medico (➡12.2.7.) (circ. 10 aprile 2019, n. 9/E). - **premi di risultato** quando si tratta di somme percepite in via ordinaria nell'ambito della prestazione lavorativa fornita (risposta a interpello 23 settembre 2020, n. 398).
Sindaci e revisori	Non rientrano nell'ambito della causa ostativa relativa all'attività svolta in prevalenza nei confronti dell'ex datore di lavoro, i **revisori e i sindaci** di società, data l'intrinseca natura dell'attività svolta; viceversa, le altre categorie di percettori di redditi assimilati a quelli di lavoro dipendente ivi previste vi rientrano (amministratori, collaboratori ecc.) (circ. 10 aprile 2019, n. 9/E).
Controllo diretto	Il controllo diretto è integrato nel caso di partecipazione da parte di un contribuente, che applichi il regime forfetario, al 50% in una società a responsabilità limitata (int. 16 aprile 2019, n. 108).
Pensione	I pensionati che percepiscono redditi di lavoro dipendente non incorrono nella causa ostativa al regime forfetario nell'ipotesi in cui il pensionamento sia obbligatorio ai termini di legge (risposta a interpello 27 maggio 2019, n. 161).
Borsa di studio	Può fare ingresso nel regime forfettario il contribuente che, durante il periodo del dottorato di ricerca, ha percepito una borsa di studio da un ente, successivamente divenuto il principale cliente a seguito dell'apertura della partita IVA (risposta a interpello 11 giugno 2019, n. 184).
Revisore legale	Vi è preclusione al regime forfetario per il soggetto che esercita esclusivamente l'attività di revisore legale e per il dipendente che cessa il rapporto di lavoro subordinato e riprende la propria originaria attività di dottore commercialista, divenendo sindaco del precedente datore di lavoro (risposta a interpello 11 giugno 2019, n. 183; risposta a interpello 11 giugno 2019, n. 186).
Doppio lavoro	Se il duplice rapporto di lavoro autonomo e dipendente permane senza subire alcuna modifica sostanziale fino allo scadere del periodo di sorveglianza, non potrà applicarsi la causa ostativa, con conseguente applicazione del regime forfetario. Diversamente, qualora il duplice rapporto di lavoro dovesse subire durante il periodo di sorveglianza modifiche sostanziali, si applicherà la causa ostativa che comporterà la fuoriuscita dal regime forfetario nel periodo d'imposta successivo a quello in cui si verifica il mutamento sostanziale (risposta a interpello 23 aprile 2019, n. 115; risposta a interpello 23 aprile 2019, n. 116).

Chiarimenti dell'Agenzia delle Entrate (regime in vigore dal 1° gennaio 2019)	
Fattispecie	**Chiarimenti**
	È possibile accedere al regime forfetario anche in caso di doppio lavoro, dipendente e autonomo, con la stessa azienda, se i due contratti sono antecedenti dell'entrata in vigore delle cause ostative (risposta a interpello 16 settembre 2019, n. 382).

Regime IVA - I contribuenti che optano per il regime forfetario:

a. non esercitano la **rivalsa dell'imposta** (art. 18, D.P.R. n. 633/1972), per le operazioni nazionali;
b. applicano alcune regole sia per le **cessioni di beni intracomunitarie** (art. 41, c. 2-bis, D.L. n. 331/1993), che per gli **acquisti di beni intracomunitari** (art. 38, c. 5, D.L. n. 331/1993) e per le **prestazioni di servizi** ricevute da soggetti non residenti o rese ai medesimi (artt. 7-ter e ss., D.P.R. 6 ottobre 1972, n. 633);
c. per le **importazioni**, le **esportazioni** e le operazioni ad esse assimilate valgono le regole generali (artt. 8, 8-bis, 9, 71 e 72, D.P.R. n. 633/1972), ferma restando l'impossibilità di avvalersi della facoltà di acquistare senza applicazione dell'imposta (art. 8, c. 1, lett. c) e c. 2, D.P.R. n. 633/1972).

Le **regole** relative alle **operazioni intracomunitarie** sono le seguenti:

1. **cessioni di beni intracomunitarie**: le cessioni di beni effettuate nei confronti di soggetti appartenenti ad altro Stato membro dell'Unione Europea, continuano, come nel precedente regime fiscale di vantaggio, a non essere considerate cessioni intracomunitarie in senso tecnico, essendo assimilate alle operazioni interne, per le quali l'IVA non viene evidenziata in fattura. Il cedente deve indicare nella fattura emessa nei confronti dell'operatore comunitario che l'operazione "non costituisce cessione intracomunitaria ai sensi dell'art. 41, c. 2-bis, D.L. 30 agosto 1993, n. 331". Non essendo considerate cessioni intracomunitarie, i medesimi contribuenti non sono tenuti ad iscriversi nella banca dati VIES, né alla compilazione degli elenchi riepilogativi Intrastat;
2. **acquisti di beni intracomunitari**: laddove gli acquisti da Paesi comunitari siano di ammontare **inferiore ai 10.000 euro**, l'IVA è assolta dal cedente nel paese di origine dei beni e, conseguentemente, il cessionario che applica il regime forfetario non ha l'obbligo di iscriversi al VIES, né di compilare gli elenchi riepilogativi Intrastat, salva la possibilità per lo stesso di optare per l'applicazione dell'imposta in Italia anche prima del raggiungimento della soglia.
   Quando, invece, gli acquisti intracomunitari **superano il limite dei 10.000 euro** l'acquisto assume rilevanza in Italia, secondo le regole ordinarie degli acquisti Ue, e pertanto il cessionario che applica il regime forfetario deve adempiere ai seguenti obblighi:
   - iscrizione al VIES (art. 35, c. 2, lett. e-bis), D.P.R. n. 633/1972);
   - integrazione della fattura rilasciata dal fornitore intracomunitario (art. 46, c. 1, D.L. n. 331/1993) indicando l'aliquota dovuta e la relativa imposta, da versare entro il giorno 16 del mese successivo a quello di effettuazione dell'operazione, senza diritto alla detrazione dell'IVA relativa;
   - compilazione dell'elenco riepilogativo degli acquisti intracomunitari (art. 50, c. 6, D.L. n. 331/1993);
3. **prestazioni di servizi** ricevute da soggetti non residenti o rese ai medesimi: nel caso di acquisti di prestazioni di servizio intracomunitarie, l'IVA è sempre assolta in Italia, senza una soglia minima. Il cessionario che applica il regime forfetario è soggetto ai medesimi adempimenti previsti con riferimento agli acquisti intracomunitari di beni per importo superiore a 10.000 euro. Nel caso di prestazioni di servizio rese ad un committente, soggetto passivo d'imposta, stabilito in un altro Paese Ue, va emessa fattura senza addebito di imposta e compilato l'elenco Intrastat delle prestazioni di servizio rese.

Per le operazioni di cui sopra i contribuenti non hanno diritto alla **detrazione dell'IVA** assolta, dovuta o addebitata sugli acquisti (art. 19, D.P.R. n. 633/1972).

Le **cessioni all'esportazione non imponibili** (artt. 8, 8-bis, 9, 71 e 72, D.P.R. n. 633/1972) sono ammesse nei limiti, anche prevedendo l'esclusione per talune attività, e secondo le modalità stabilite con apposito decreto del MEF (art. 7-sexies, D.L. n. 193/2016).

Semplificazioni ed esoneri - I contribuenti che applicano il regime forfetario sono **esonerati** dal **versamento dell'IVA** e da tutti gli altri obblighi IVA, ad eccezione degli obblighi di **numerazione** e di **conservazione** delle **fatture di acquisto** e delle bollette doganali, di **certificazione dei corrispettivi** e di conservazione dei relativi documenti.
L'unico obbligo contabile è rappresentato, per le operazioni per le quali risultano debitori dell'imposta, **dall'emissione della fattura o dalla sua integrazione** con l'indicazione dell'aliquota e della relativa imposta e dal versamento dell'imposta entro il **giorno 16 del mese successivo** a quello di effettuazione delle operazioni. Fermo restando l'obbligo di conservare i documenti ricevuti ed emessi, i contribuenti che applicano il regime forfetario sono esonerati dagli obblighi di **registrazione e** di **tenuta delle scritture contabili**.
Chi applica il regime forfetario:
- non è tenuto a operare le **ritenute alla fonte** ad eccezione di quelle sui redditi da lavoro dipendente e su quelli assimilati al lavoro dipendente; tuttavia, nella dichiarazione dei redditi, occorre indicare il codice fiscale del percettore dei redditi per i quali all'atto del pagamento degli stessi non è stata operata la ritenuta e l'ammontare dei redditi stessi;
- è escluso dagli **ISA**.

Relativamente all'obbligo di effettuare le ritenute sui redditi di lavoro dipendente e assimilati, la norma è stata emanata con effetto retroattivo dal 1° gennaio 2019 (art. 6, D.L. 30 aprile 2019, n. 34).
Per evitare disagi ai lavoratori, è previsto che l'ammontare complessivo delle ritenute relative alle somme già corrisposte precedentemente al 1° maggio 2019 (data di entrata in vigore del D.L. n. 34/2019) è trattenuto, a valere sulle retribuzioni corrisposte a partire dal mese di agosto 2019 (terzo mese successivo alla data di entrata in vigore del D.L.), in 3 rate mensili di uguale importo.

Fatturazione elettronica - I soggetti in regime forfetario **non sono obbligati** all'emissione di fattura elettronica e relativa conservazione con modalità digitali.
Invece, per quanto riguarda le fatture elettroniche ricevute dai propri fornitori/commissionari, non c'è alcun obbligo di conservazione elettronica nel caso in cui il soggetto non comunichi al cedente/prestatore la PEC ovvero un codice destinatario con cui ricevere le fatture elettroniche (Agenzia delle Entrate, risposta a FAQ pubblicata sul sito istituzionale).
Resta inteso che il cliente in regime forfetario deve conservare le fatture ricevute in via analogica o via PEC, pur non avendo richiesto al fornitore tale indirizzo, in modo analogico.
Anche l'operatore forfettario o il suo delegato può sottoscrivere il servizio gratuito di conservazione fornito dall'Agenzia delle Entrate, indipendentemente dalla modalità di ricezione delle fatture: in tal modo le fatture passive saranno conservate per 15 anni.

> Chi aderisce alla fatturazione elettronica (o meglio chi ha un fatturato costituito esclusivamente da fatture elettroniche) beneficia di un minor termine di decadenza dall'accertamento che viene ridotto di un anno.

Rettifica della detrazione - Il passaggio dalle regole ordinarie di applicazione dell'IVA al regime forfetario comporta la **rettifica della detrazione** IVA (art. 19-bis.2, D.P.R. n. 633/1972), da operarsi nella **dichiarazione dell'ultimo anno** di applicazione delle regole ordinarie.
In caso di passaggio, anche per opzione, **dal regime forfetario alle regole ordinarie** è operata un'analoga rettifica della detrazione nella dichiarazione del primo anno di applicazione delle regole ordinarie.
Nell'ultima liquidazione relativa all'anno in cui è applicata l'IVA è computata anche l'imposta relativa alle operazioni, per le quali non si è ancora verificata l'esigibilità (art. 6, c. 5, D.P.R. n. 633/1972 e art. 32-bis, D.L. n. 83/2012).
Nella stessa liquidazione può essere esercitato, il diritto alla detrazione dell'imposta (artt. 19 e ss., D.P.R. n. 633/1972) relativa alle operazioni di acquisto effettuate in vigenza dell'opzione (art. 32-bis, D.L. n. 83/2012) e i cui corrispettivi non sono stati ancora pagati.
L'eccedenza detraibile emergente dalla dichiarazione presentata dai contribuenti che applicano il regime forfetario, relativa all'ultimo anno in cui l'IVA è applicata nei modi ordinari, può essere chiesta a **rimborso** ovvero può essere utilizzata in **compensazione**.

Determinazione del reddito imponibile - Si applica all'ammontare dei ricavi o dei compensi percepiti un apposito **coefficiente di redditività** differenziato in base all'attività svolta (si fa riferimento al codice ATECO che contraddistingue l'attività esercitata) e indicato nell'Allegato 2 annesso alla Legge n. 145/2018 (sino al 2018 si fa riferimento all'Allegato n. 4 annesso alla Legge n. 190/2014).

I **contributi previdenziali** versati in ottemperanza a disposizioni di legge, compresi quelli corrisposti per conto dei collaboratori dell'**impresa familiare** fiscalmente a carico, ovvero, se non fiscalmente a carico, qualora il titolare non abbia esercitato il diritto di rivalsa sui collaboratori stessi, **si deducono** dal reddito determinato come sopra indicato; l'eventuale eccedenza è deducibile dal reddito complessivo (➡**3.2.**) (art. 10, D.P.R. n. 917/1986).

Imposta sostitutiva - Sul reddito imponibile si applica un'**imposta sostitutiva** dell'imposta sui redditi, delle addizionali regionali e comunali e dell'IRAP, pari al **15%** (ridotta al 5% per i primi 5 anni di attività).
Nel caso di **imprese familiari**, l'imposta sostitutiva, calcolata sul reddito al lordo delle quote assegnate al coniuge e ai collaboratori familiari, è dovuta dall'imprenditore.
L'imposta va versata alle stesse scadenze previste per l'IRPEF.
Per il versamento, si devono utilizzare i seguenti **codici tributo** (ris. 11 giugno 2015, n. 59/E):
- **1790** - Acconto imposta sostitutiva sul regime forfetario - prima rata;
- **1791** - Acconto imposta sostitutiva sul regime forfetario - seconda rata o unica soluzione;
- **1792** - Saldo imposta sostitutiva sul regime forfetario.

Aliquota ridotta - Al fine di favorire l'avvio di nuove attività, per il **periodo d'imposta in cui l'attività è iniziata** e per i **quattro successivi** (in luogo dei precedenti due) l'aliquota del 15% è ridotta al **5%**, a **condizione** che:

a. il contribuente non abbia esercitato, nei 3 anni precedenti l'inizio dell'attività, attività artistica, professionale ovvero d'impresa, anche in forma associata o familiare;
b. l'attività da esercitare non costituisca, in nessun modo, mera prosecuzione di altra attività precedentemente svolta sotto forma di lavoro dipendente o autonomo, escluso il caso in cui l'attività precedentemente svolta consista nel periodo di pratica obbligatoria ai fini dell'esercizio di arti o professioni;
c. qualora venga proseguita un'attività svolta in precedenza da altro soggetto, l'ammontare dei relativi ricavi e compensi, realizzati nel periodo d'imposta precedente quello di riconoscimento del predetto beneficio, non sia superiore ai limiti previsti per il regime forfetario.

I componenti positivi e negativi di reddito riferiti ad anni precedenti a quello da cui ha effetto il regime forfetario, la cui tassazione o deduzione è stata rinviata in conformità a disposizioni di legge, partecipano per le **quote residue** alla formazione del reddito dell'esercizio precedente a quello di efficacia del predetto regime.
Analoghe disposizioni si applicano ai fini della determinazione del valore della produzione netta **IRAP**.

Esonero dalla ritenuta d'acconto - I ricavi e i compensi relativi al reddito oggetto del regime forfetario non sono assoggettati a ritenuta d'acconto da parte del sostituto d'imposta.
A tale fine, i contribuenti rilasciano un'apposita **dichiarazione** dalla quale risulti che il reddito cui le somme afferiscono è soggetto ad imposta sostitutiva.

Perdite - Le **perdite fiscali** generatesi nei **periodi d'imposta anteriori** a quello da cui decorre il regime forfetario possono essere computate in diminuzione del reddito secondo le regole ordinarie stabilite D.P.R. n. 917/1986 (➡**2.5.1.**).
Con specifico riferimento alla disciplina del regime forfetario, le perdite fiscali d'impresa realizzate prima dell'applicazione del regime, realizzate nei periodi di applicazione della contabilità ordinaria, risultano utilizzabili esclusivamente in abbattimento del reddito d'impresa e sono riportabili senza limiti di tempo, in misura non superiore all'80% dei relativi redditi conseguiti in detti periodi d'imposta (Legge n. 145/2018).
Diversamente, qualora le perdite fiscali realizzate prima dell'applicazione del regime si riferiscano a periodi d'imposta in cui i soggetti possedevano i requisiti delle imprese minori, solo le perdite fiscali maturate a partire dal periodo d'imposta 2017 possono essere oggetto di riporto sulla base delle modalità indicate nella norma (art. 8, c. 3, D.P.R. n. 917/1986) e nel rispetto del peculiare regime transitorio.
Le perdite fiscali realizzate nell'**esercizio di arti e professioni**, invece, non potendo essere portate a nuovo negli esercizi successivi, non influenzano il reddito d'impresa realizzato nel periodo di applicazione del regime forfetario.
Le perdite maturate nel periodo di applicazione del "**regime dei contribuenti minimi**" (Legge n. 244/2007) e del "regime fiscale di vantaggio" (D.L. n. 98/2011) possono essere scomputate dal reddito forfetario - qualunque sia stato il tipo di attività (impresa o lavoro autonomo) esercitata - nei periodi d'imposta successivi, ma non oltre il quinto, per l'intero ammontare che trova capienza (circ. 10 aprile 2019, n. 9/E).

IRPEF

Rapporto con il credito d'imposta per gli investimenti nel Mezzogiorno - I contribuenti in regime forfetario possono liberamente fruire anche del credito d'imposta previsto - nella misura del 20% per le piccole imprese, del 15% per le medie imprese e del 10% per le grandi imprese - a favore di chi acquista, anche per mezzo di contratti di locazione finanziaria, **beni strumentali nuovi** per le strutture produttive impiantate o già esistenti nel Mezzogiorno (art. 1, c. 98 e 99, Legge n. 208/2015; circ. 4 aprile 2016, n. 10/E).

Opzione per il regime ordinario e cessazione del regime forfetario - I contribuenti che applicano il regime forfetario possono optare per l'applicazione dell'IVA e delle imposte sul reddito nei modi ordinari.
L'**opzione**, **valida per almeno un triennio**, è comunicata con la prima dichiarazione annuale da presentare successivamente alla scelta operata.
Trascorso il periodo minimo di permanenza nel regime ordinario, l'opzione resta valida **per ciascun anno successivo**, fino a quando permane la concreta applicazione della scelta operata.
Il **regime forfetario cessa di avere applicazione** a partire dall'anno successivo a quello in cui viene meno una delle condizioni indicate ovvero si verifica taluna delle fattispecie di esonero (art. 1, c. 57, Legge n. 190/2014).

> Nel caso in cui sia stato applicato erroneamente il regime forfettario, per le fatture "errate" occorre emettere **note di variazione**. Però, la mancata riscossione del corrispettivo soggetto a IVA è ininfluente ai fini del versamento dell'imposta mentre la mancata applicazione della ritenuta rende impossibile l'utilizzo del credito di imposta da parte del sostituito (risposte a interpello 26 novembre 2019, nn. 499 e 500).

Nel caso di passaggio da un periodo d'imposta soggetto al regime forfetario a un periodo d'imposta soggetto a regime ordinario, al fine di evitare salti o duplicazioni di imposizione, i **ricavi e** i **compensi** che, in base alle regole del regime forfetario, hanno già concorso a formare il reddito **non assumono rilevanza nella determinazione del reddito degli anni successivi** ancorché di competenza di tali periodi; viceversa i ricavi e i compensi che, ancorché di competenza del periodo in cui il reddito è stato determinato in base alle regole del regime forfetario, non hanno concorso a formare il reddito imponibile del periodo assumono rilevanza nei periodi d'imposta successivi nel corso dei quali si verificano i presupposti previsti dal regime forfetario.
Corrispondenti criteri si applicano per l'**ipotesi inversa** di passaggio dal regime ordinario a quello forfetario.
Nel caso di passaggio da un periodo di imposta soggetto al regime forfetario a un periodo di imposta soggetto a un diverso regime, le **spese** sostenute nel periodo di applicazione del regime forfetario non assumono rilevanza nella determinazione del reddito degli anni successivi.
Nel caso di **cessione**, successivamente all'uscita dal regime forfetario, **di beni strumentali** acquisiti in esercizi precedenti a quello da cui decorre il regime forfetario, ai fini del calcolo dell'eventuale **plusvalenza o minusvalenza** si assume come costo non ammortizzato quello risultante alla fine dell'esercizio precedente a quello dal quale decorre il regime.
Se la cessione concerne beni strumentali acquisiti nel corso del regime forfetario, si assume come costo non ammortizzabile il prezzo di acquisto.

> Il contribuente che, pur possedendo i requisiti previsti per l'applicazione del regime forfetario abbia optato per i regimi di contabilità semplificata, può passare al regime forfetario **senza attendere il decorso di un triennio**, in quanto trattasi di due regimi naturali dei contribuenti minori.

Pertanto, i contribuenti possono sempre **transitare** dal regime semplificato al forfetario se in possesso dei requisiti per la sua applicazione. In tal caso, infatti, il contribuente passa da un regime naturale a un altro regime naturale.
Se un contribuente nell'anno 2018 era in regime semplificato perché non presentava i requisiti ai fini dell'applicazione del regime forfetario (ricavi/compensi superiori alle soglie previste oppure perché vi erano elementi inibenti - non più previsti dalla nuova normativa - come la presenza di beni strumentali il cui costo complessivo era superiore a 20.000 euro), può applicare il regime forfetario a partire dal 2019, essendo venute meno le cause di esclusione. A tal fine, non occorre alcuna **comunicazione preventiva o successiva** e non è necessario esercitare una specifica opzione.
Per quanto riguarda, invece, il **passaggio dal regime ordinario a quello forfetario**, i soggetti che nel 2018 erano in regime ordinario possono effettuare il passaggio dalla contabilità ordinaria, scelta per opzione, al regime forfetario, **senza attendere il decorso del triennio** previsto per gli esercizi delle opzioni IVA.

Infatti, l'opzione per un regime di determinazione dell'imposta vincola il contribuente alla sua concreta applicazione almeno per un triennio, trascorso il quale si rinnova tacitamente per ciascun anno successivo, finché permane la concreta applicazione del regime scelto (circ. 10 aprile 2019, n. 9/E).

Accertamento, riscossione, sanzioni e contenzioso - Per l'accertamento, la riscossione, le sanzioni e il contenzioso si applicano, in quanto compatibili, le disposizioni vigenti in materia di imposte dirette, di IVA e di IRAP.
In caso di **infedele indicazione**, da parte dei contribuenti, dei dati attestanti i requisiti e le condizioni per accedere al regime forfetario (art. 1, c. 54, 57 e 65, Legge n. 190/2014) che determinano la cessazione del regime, le misure delle sanzioni minime e massime sono aumentate del 10% se il maggiore reddito accertato supera del 10% quello dichiarato.
Il **regime forfetario cessa di avere applicazione** dall'anno successivo a quello in cui, a seguito di accertamento divenuto definitivo, viene meno una delle condizioni previste per accedere al regime.

Riconoscimento di deduzioni, detrazioni e agevolazioni fiscali - In ogni caso in cui le norme fanno riferimento, per il riconoscimento della spettanza o per la determinazione di deduzioni, detrazioni o benefici di qualsiasi titolo, anche di natura non tributaria, al possesso di requisiti reddituali, si tiene comunque conto anche del reddito assoggettato al regime forfetario.

Regime contributivo agevolato - I soggetti esercenti attività d'impresa che optano per il regime forfetario possono applicare, ai fini contributivi, un regime agevolato che consiste nell'applicazione di una **riduzione** pari al **35%** della **contribuzione ordinaria INPS** dovuta ai fini previdenziali (rispetto quindi a quanto dovuto senza agevolazioni dai contribuenti che utilizzano il normale regime IVA), fermo restando il meccanismo di accredito contributivo secondo le regole della Gestione separata INPS (art. 1, c. 77, Legge n. 190/2014; art. 2, c. 29, Legge n. 335/1995).
A tal fine occorre presentare apposita istanza **entro il 28 febbraio, salvo che non sia stata già presentata nell'anno precedente** (INPS, circ. 31 gennaio 2017, n. 22).

Abrogazione dei precedenti regimi fiscali agevolati - A partire **dal 1° gennaio 2015** sono stati abrogati il:
- regime forfetario per le **nuove iniziative produttive** - c.d. "forfettino" (art. 13, Legge n. 388/2000);
- regime per l'**imprenditoria giovanile e i lavoratori in mobilità** - c.d. "regime di vantaggio" (art. 27, D.L. n. 98/2011);
- regime dei **minimi** (art. 1, c. 96-115 e 117, Legge n. 244/2007).

> I contribuenti che hanno aderito al **regime di vantaggio** (art. 27, c. 1, D.L. n. 98/2011) possono continuare ad avvalersene per il periodo che residua al completamento del quinquennio agevolato e comunque fino al trentacinquesimo anno di età. Analoga facoltà è riconosciuta anche a coloro che si sono avvalsi della proroga del regime di vantaggio (art. 10, Legge n. 11/2015, c. 12-undecies,Legge n. 11/2015; circ. 8 aprile 2016, n. 12/E).

Il regime fiscale di vantaggio, conseguentemente, si applica limitatamente ai contribuenti che già se ne avvalevano alla data del 31 dicembre 2014, fino alla sua scadenza naturale, ovvero un quinquennio o il **compimento del trentacinquesimo anno di età**.

> Poiché tra il regime di vantaggio e il regime forfetario vi è una continuità/consecutività è possibile il naturale passaggio da un regime all'altro per comportamento concludente laddove vengano meno i requisiti del primo regime ma non anche del secondo (risposta a interpello 14 maggio 2019, n. 140).

Scritture contabili dei sostituti d'imposta - Libro unico del lavoro 14.11.10.

Il datore di lavoro privato, con la sola esclusione del datore di lavoro domestico, deve istituire e tenere il **libro unico del lavoro** (art. 39, D.L. n. 112/2008) nel quale sono iscritti:
- i **lavoratori subordinati**;
- i **collaboratori coordinati e continuativi**;
- gli **associati in partecipazione con apporto lavorativo**.

Per ciascun lavoratore devono essere indicati il nome e cognome, il codice fiscale e, ove ricorrano, la **qualifica** e il **livello**, la **retribuzione base**, l'**anzianità di servizio**, nonché le relative **posizioni assicurative**.
Nel libro unico del lavoro deve essere effettuata **ogni annotazione relativa a dazioni in danaro o in natura** corrisposte o gestite dal datore di lavoro, comprese le somme a titolo di rimborso spese, le

trattenute a qualsiasi titolo effettuate, le detrazioni fiscali, i dati relativi agli assegni per il nucleo familiare, le prestazioni ricevute da enti e istituti previdenziali.
Le somme erogate a titolo di **premio** o per prestazioni di **lavoro straordinario** devono essere indicate specificamente.
Il libro unico del lavoro deve altresì contenere un **calendario delle presenze**, da cui risulti, per ogni giorno, il numero di ore di lavoro effettuate da ciascun lavoratore subordinato, nonché l'indicazione delle ore di straordinario, delle eventuali assenze dal lavoro, anche non retribuite, delle ferie e dei riposi.
Nella ipotesi in cui al lavoratore venga corrisposta una retribuzione fissa o a giornata intera o a periodi superiori è annotata solo la giornata di presenza al lavoro.
Il libro unico del lavoro deve essere **compilato** per ciascun mese di riferimento **entro l'ultimo giorno del mese successivo**.
Con la consegna al lavoratore di copia delle scritturazioni effettuate nel libro unico del lavoro il datore di lavoro adempie anche agli obblighi di consegna della busta paga.
Per quanto riguarda le **sanzioni**, è previsto che:

- la **violazione dell'obbligo di istituzione e tenuta** è punita con la sanzione pecuniaria amministrativa da 500 a 2.500 euro;
- l'**omessa esibizione agli organi di vigilanza** è punita con la sanzione pecuniaria amministrativa da 200 a 2.000 euro;
- i **consulenti del lavoro che**, senza giustificato motivo, **non ottemperino** entro 15 giorni **alla richiesta degli organi di vigilanza** di esibire la documentazione in loro possesso sono puniti con la sanzione amministrativa da 250 a 2000 euro. In caso di recidiva della violazione la sanzione varia da 500 a 3000;
- salvo i casi di errore meramente materiale, l'**omessa o infedele registrazione dei dati** sul libro unico che determina differenti trattamenti retributivi, previdenziali o fiscali è punita con la sanzione pecuniaria amministrativa da 150 a 1500 euro; se la violazione si riferisce a più di dieci lavoratori la sanzione va da 500 a 3000 euro;
- la violazione dell'**obbligo di compilazione** entro il giorno 16 del mese successivo è punita con la sanzione pecuniaria amministrativa da 100 a 600 euro, se la violazione si riferisce a più di dieci lavoratori la sanzione va da 150 a 1500 euro;
- la **mancata conservazione** per il termine previsto da apposito decreto è punita con la sanzione pecuniaria amministrativa da 100 a 600 euro.

Inoltre, è previsto che (D.L. n. 5/2012):

- la **nozione di omessa registrazione** si riferisce alle scritture complessivamente omesse e non a ciascun singolo dato di cui manchi la registrazione;
- la **nozione di infedele registrazione** si riferisce alle scritturazioni dei dati diverse rispetto alla qualità o quantità della prestazione lavorativa effettivamente resa o alle somme effettivamente erogate.

14.11.11. Sanzioni

Per le **violazioni in materia di scritture contabili** si applicano alcune sanzioni amministrative (art. 9, D.Lgs. n. 471/1997) e penali (art. 10, D.Lgs. n. 74/2000).

Sanzioni amministrative	Sanzione da 1.000 a 8.000 euro, in caso di **irregolare e omessa tenuta delle scritture contabili** e degli altri libri, documenti e registri. La stessa sanzione (da 1.000 a 8.000 euro) si applica a chi **dichiara di non possedere o sottrae all'ispezione** e alla verifica i **documenti**, i registri e le scritture obbligatorie, ovvero altri registri, documenti e scritture non obbligatorie. Se le **irregolarità** rilevate nei libri e nei registri o nei documenti mancanti sono **di scarsa rilevanza** e sempreché non sia derivato ostacolo all'accertamento delle imposte dovute, la sanzione può essere ridotta fino alla metà del minimo; è irrogata in misura doppia, se vengono accertate evasioni d'imposta superiori, nell'esercizio, a 50.000 euro.

	Se la **dichiarazione** delle società e degli enti soggetti all'imposta sul reddito delle società sottoposti al controllo contabile **non** è **sottoscritta dai soggetti che sottoscrivono la relazione di revisione**, si applica la sanzione amministrativa fino al 30% del compenso contrattuale relativo all'attività di redazione della relazione di revisione e, comunque, non superiore all'imposta effettivamente accertata a carico del contribuente, con un minimo di 250 euro. Gli stessi soggetti, se non sottoscrivono tali dichiarazioni senza giustificato motivo, sono puniti con la sanzione da 250 a 2.000 euro.
Sanzioni penali	Salvo che il fatto costituisca più grave reato, è punito con la reclusione da un anno e 6 mesi a 6 anni chiunque, al fine di evadere le imposte sui redditi o sul valore aggiunto, ovvero di consentire l'evasione a terzi, **occulta o distrugge in tutto o in parte le scritture contabili** o i documenti di cui è obbligatoria la conservazione, in modo da non consentire la ricostruzione dei redditi o del volume di affari.

IRPEF

15. REDDITI DIVERSI

15.1. ASPETTI GENERALI

I **redditi diversi** sono costituiti da un **insieme eterogeneo di redditi**, la cui caratteristica comune consiste nel **non essere conseguiti nell'esercizio di arti e professioni o di imprese** commerciali o società in nome collettivo e in accomandita semplice, nonché nel **non essere redditi di capitale** e neanche in relazione alla qualità di lavoratore dipendente (art. 67, D.P.R. n. 917/1986).

Classificazione dei redditi diversi	
Definizione	**Riferimenti art. 67, c. 1, D.P.R. n. 917/1986**
Plusvalenze realizzate mediante la **lottizzazione di terreni**, o l'esecuzione di opere intese a renderli edificabili, e la successiva vendita, anche parziale, dei terreni stessi e degli edifici (➡**15.2.1.**).	lett. a)
Plusvalenze su **cessione a titolo oneroso di beni immobili** acquistati o costruiti da non più di 5 anni; **Plusvalenze** su **cessioni a titolo oneroso di terreni edificabili** (➡**15.2.2.**).	lett. b)
Plusvalenze su **cessione a titolo oneroso di partecipazioni qualificate** (➡**15.3.**).	lett. c)

Classificazione dei redditi diversi	
Definizione	**Riferimenti art. 67, c. 1, D.P.R. n. 917/1986**
Plusvalenze, diverse da quelle su partecipazioni qualificate, **su cessione a titolo oneroso di azioni** e di ogni altra partecipazione al capitale o al patrimonio di società (➜15.3.).	lett. c-bis)
Plusvalenze su **cessione a titolo oneroso** ovvero rimborso di **titoli non rappresentativi di merci**, di **certificati di massa**, di **valute estere**, di **metalli preziosi** e di **quote di partecipazione ad organismi d'investimento collettivo** (➜15.3.11.).	lett. c-ter)
Redditi su contratti di **cessione o acquisto a termine** di strumenti finanziari, valute, metalli preziosi o merci (➜15.3.).	lett. c-quater)
Plusvalenze su cessione a titolo oneroso ovvero chiusura di **rapporti produttivi di redditi di capitale e di strumenti finanziari** (➜15.3.).	lett. c-quinquies)
Vincite delle **lotterie**, dei **concorsi a premio**, dei **giochi** e delle **scommesse** (➜15.4.1.).	lett. d)
Redditi di natura fondiaria non determinabili catastalmente (➜15.4.2.).	lett. e)
Redditi di **beni immobili situati all'estero** (➜15.4.3.).	lett. f)
Redditi derivanti dall'**utilizzazione economica di opere dell'ingegno, di brevetti industriali e di processi, formule** (➜13.3.1.) (art. 53, c. 2, lett. b), D.P.R. n. 917/1986) (➜15.4.4.).	lett. g)
Redditi derivanti dalla **concessione in usufrutto e dalla sublocazione** di **beni immobili**, dall'affitto, locazione, noleggio o concessione in uso di **veicoli, macchine e altri beni mobili**, dall'affitto e dalla concessione in usufrutto di **aziende** (➜15.4.9.).	lett. h)
Plusvalenze realizzate in caso di successiva **cessione**, anche parziale, **delle aziende acquisite** (art. 58, D.P.R. n. 917/1986).	lett. h-bis)
Differenza tra il valore di mercato e il corrispettivo annuo per la **concessione in godimento di beni dell'impresa a soci o familiari** dell'imprenditore (➜15.4.5.).	lett. h-ter)
Redditi derivanti da **attività commerciali non esercitate abitualmente** (➜15.4.6.).	lett. i)
Redditi derivanti da **attività di lavoro autonomo non esercitate abitualmente** o dalla assunzione di **obblighi di fare, non fare o permettere** (➜15.4.7.).	lett. l)
Indennità di trasferta, rimborsi forfetari di spesa, premi e compensi erogati ai direttori artistici ed ai collaboratori tecnici di **cori, bande musicali e filodrammatiche**, e quelli erogati nell'esercizio diretto di **attività sportive dilettantistiche** dal CONI, dalla società Sport e Salute S.p.A., dalle Federazioni sportive nazionali, dall'UNIRE, dagli enti di promozione sportiva e da qualunque organismo che persegua finalità sportive dilettantistiche e che da essi sia riconosciuto (➜15.4.8.).	lett. m)
Plusvalenze realizzate a seguito di **trasformazione eterogenea** (art. 171, c. 2, D.P.R. n. 917/1986) quando ricorrono i presupposti per farli rientrare tra i redditi diversi (➜15.4.10.).	lett. n)

Territorialità

15.1.1.

Per i **soggetti non residenti**, i redditi diversi sono **imponibili se derivanti da attività svolte nel territorio dello Stato** o se sono relativi a beni, comprese le azioni e le obbligazioni, in esso esistenti. Inoltre, vanno comprese le plusvalenze derivanti dalla cessione a titolo oneroso di **partecipazioni qualificate in società residenti** in Italia ovunque detenute.

15.1.2. Dichiarazione

I redditi diversi devono essere esposti negli appositi riquadri previsti nei modelli della dichiarazione dei redditi (**quadro RL**).
Nell'esposizione dei dati ai fini dell'IRPEF, il contribuente deve dichiarare dapprima i **corrispettivi lordi percepiti**, compresi i relativi interessi moratori e quelli per dilazione di pagamento, e successivamente le **spese** inerenti tali corrispettivi.
Il reddito netto va calcolato **per cassa**, e cioè con riferimento alle somme effettivamente percepite nel periodo d'imposta.
Pertanto, se i corrispettivi sono stati riscossi solo parzialmente, vanno dichiarati **solo gli importi effettivamente riscossi**, rimandando ai successivi periodi la dichiarazione dei restanti importi.

15.1.3. Prospetto dei redditi

Relativamente ai seguenti redditi:
- lottizzazione dei terreni e simili;
- beni immobili ceduti nel quinquennio, aree fabbricabili e simili;
- cessioni di partecipazioni sociali;
- utilizzazione economica delle opere dell'ingegno;
- affitto e concessione in usufrutto di aziende e relative plusvalenze;
- attività commerciali occasionali;
- attività professionali occasionali e prestate all'estero;

il contribuente è tenuto a **compilare e conservare** un **apposito prospetto** che deve essere esibito o trasmesso all'Agenzia delle Entrate, ove richiesto.
In tale prospetto **vanno indicati**, distintamente per ciascun reddito:
- l'**ammontare lordo dei corrispettivi**;
- l'**importo delle spese inerenti**;
- il **reddito conseguito**.

15.2. PLUSVALENZE DA CESSIONI IMMOBILIARI

Le **plusvalenze immobiliari** sono quelle **conseguite**, al di fuori dell'attività imprenditoriale o di lavoro autonomo, da:
- **persone fisiche**;
- **società semplici**;
- **enti non commerciali**;
- **soggetti non residenti**:
  - **senza Stabile Organizzazione** in Italia, sempre che la cessione si consideri effettuata in Italia oppure che gli immobili ceduti siano siti in Italia (art. 23, D.P.R. n. 917/1986);
  - **con Stabile Organizzazione** in Italia, se la cessione si considera effettuata in Italia oppure se gli immobili ceduti siano siti in Italia, e non è riferibile alla Stabile Organizzazione (art. 23, D.P.R. n. 917/1986).

15.2.1. Lottizzazione di terreni e simili

Le **plusvalenze** derivanti dalla **cessione a titolo oneroso** - anche parziale - **di terreni o edifici** sono sempre tassate se **realizzate successivamente** (art. 67, c. 1, lett. a), D.P.R. n. 917/1986):
- **alla lottizzazione dei terreni**,
- **all'esecuzione di opere intese a renderli edificabili.**

Tali plusvalenze concorrono in ogni caso alla formazione del reddito complessivo del venditore; quindi, sono tassate anche se realizzate con riferimento a **terreni acquistati da più di 5 anni, ovvero acquisiti per successione o donazione**.
La lottizzazione o la realizzazione di opere, di per sé non dà luogo all'emersione di alcuna plusvalenza e conseguentemente, non determina la realizzazione di alcun reddito diverso. Solo con la successiva cessione del terreno si realizza la plusvalenza speculativa.

Lottizzazione - Non si fa riferimento al mero frazionamento dei terreni, ma a qualsiasi utilizzazione del suolo che, indipendentemente dal frazionamento fondiario e dal numero dei proprietari, preveda la **realizzazione contemporanea o successiva di una pluralità di edifici** a scopo residenziale, turistico o industriale e, conseguentemente, comporti la predisposizione delle **opere di urbanizzazione** occorrenti per le necessità primarie e secondarie dell'insediamento.
Assume rilievo ogni operazione obiettivamente considerata di lottizzazione o di esecuzione di opere per l'edificabilità dei terreni, anche se realizzata al di fuori o in contrasto con i vincoli urbanistici.

La lottizzazione:
- si configura con il **mero completamento dell'*iter* amministrativo** (c.d. lottizzazione "sulla carta"), risultando del tutto ininfluente che le opere di urbanizzazione non siano ancora state avviate;
- deve essere stata approvata dal Comune previa stipula della convenzione di lottizzazione che stabilisce tutti gli oneri a carico del privato relativi all'urbanizzazione dell'area (ris. 24 luglio 2008, n. 319/E).

Calcolo della plusvalenza - Le plusvalenze tassabili realizzate mediante la lottizzazione di terreni, o l'esecuzione di opere intese a renderli edificabili, e la successiva vendita, anche parziale, dei terreni o degli edifici sono costituite dalla **differenza** tra (art. 68, c. 1, D.P.R. n. 917/1986):
- i **corrispettivi** percepiti nel periodo d'imposta (fino al 31 dicembre 2001, al netto dell'INVIM);
- il **prezzo di acquisto** o il **costo di costruzione** del bene ceduto, aumentato di ogni altro costo inerente al bene medesimo.

Pertanto, si applica la seguente **formula**:

corrispettivo di vendita - (costo iniziale + altri costi inerenti al bene medesimo + INVIM).

Se i terreni sono stati acquistati **oltre 5 anni** prima dell'inizio della lottizzazione o delle opere, si considera come prezzo di acquisto il **valore normale** del terreno nel **quinto anno anteriore**.
Se i **terreni** sono stati **acquisiti gratuitamente**, per **successione** o **donazione**, si considera come prezzo di acquisto il valore normale del terreno alla **data** di **inizio della lottizzazione o della costruzione**.
Lo stesso vale per i **fabbricati costruiti su terreni acquisiti gratuitamente**.
In ogni caso, se la percezione dei corrispettivi non avviene interamente nello stesso periodo d'imposta, le spese vanno calcolate proporzionalmente ai corrispettivi percepiti nel periodo d'imposta, anche se già sostenute, con ulteriore loro scomputo proporzionale in occasione della dichiarazione degli altri importi nei periodi d'imposta in cui ha luogo la relativa percezione.

La **data di inizio della lottizzazione** è identificabile con quella in cui il Comune rilascia l'autorizzazione alla lottizzazione (ris. 24 luglio 2008, n. 319/E).

Cessione di immobili e di aree edificabili 15.2.2.

Si considerano redditi diversi (art. 67, c. 1, lett. b), D.P.R. n. 917/1986):
- le **plusvalenze** realizzate mediante cessione a titolo oneroso di **beni immobili acquistati o costruiti da non più di 5 anni**; sono **esclusi** gli immobili acquisiti per successione e quelli urbani che per la maggior parte del periodo intercorso tra l'acquisto/la costruzione e la cessione hanno costituito **abitazione principale** del cedente o dei suoi familiari;
- le **plusvalenze** realizzate a seguito di cessioni a titolo oneroso di **terreni suscettibili di utilizzazione edificatoria** secondo gli strumenti urbanistici vigenti al momento della cessione.

Plusvalenze su cessioni di immobili e aree edificabili			
Immobili ceduti	**Plusvalenza**	**Calcolo plusvalenza**	**Condizioni per la plusvalenza**
Immobili che per la maggior parte del periodo intercorso tra l'acquisto/ la costruzione e la cessione hanno costituito **abitazione principale** del cedente o dei suoi familiari.	NO		
Immobili ricevuti per **successione.**	NO		

Plusvalenze su cessioni di immobili e aree edificabili			
Immobili ceduti	**Plusvalenza**	**Calcolo plusvalenza**	**Condizioni per la plusvalenza**
Immobili ricevuti per **donazione.**	SÌ	Corrispettivi percepiti - (costo di costruzione o di acquisto sostenuto dal donante + ogni altro costo inerente al bene medesimo + INVIM).	Devono essere trascorsi non più di 5 anni tra la data di acquisto da parte del donante e quella di cessione.
Immobili diversi dai precedenti.	SÌ	Corrispettivi percepiti - (prezzo di acquisto + ogni altro costo inerente al bene medesimo + INVIM).	Devono essere trascorsi non più di 5 anni tra la data di acquisto/costruzione e quella di cessione.
Terreni suscettibili di utilizzazione edificatoria.	SÌ	Ammontare percepito - (prezzo d'acquisto rivalutato ai fini ISTAT + altri costi inerenti al bene medesimo rivalutati ai fini ISTAT + INVIM).	

CASO 1 - Calcolo della plusvalenza

Immobile acquistato nel 2020 per euro 200.000.
Spese sostenute:
- Imposta di registro = euro 10.000;
- Spese notarili = euro 5.000;
- Manutenzioni straordinarie = euro 50.000;

per una spesa complessiva pari a euro 265.000.
L'immobile viene ceduto nel 2022 per euro 500.000, di cui 300.000 percepiti nel 2022 e 200.000 percepiti nel 2023.

Anno	Corrispettivo incassato	Percentuale del prezzo incassato	Ammontare spese deducibili	Plusvalenza imponibile
2022	300.000	60%	159.000	141.000
2023	200.000	40%	106.000	94.000
Totale	500.000	100%	265.000	235.000

Definizione di "terreno suscettibile di utilizzazione edificatoria" - Si intende il terreno qualificato come edificabile dal **piano regolatore generale** o, in mancanza, dagli altri strumenti urbanistici vigenti al momento della cessione, indipendentemente dall'approvazione della Regione e dall'adozione di strumenti attuativi del medesimo (art. 36, c. 2, D.L. n. 223/2006).
Se successivamente interviene l'approvazione di un piano regionale in base al quale l'area viene qualificata in modo difforme da quanto previsto a livello comunale, prevale lo strumento urbanistico generale come approvato dalla Regione (ris. 2 dicembre 2008 n. 460/E).
Nel caso di un'**area non suscettibile di utilizzazione edificatoria**, la cessione della particella fondiaria, delimitata con un piano di frazionamento, non genera plusvalenza, laddove la stessa sia stata ricevuta per donazione e il donante, prima della donazione, sia stato proprietario della stessa per un periodo superiore a 5 anni (risposta a interpello 27 novembre 2020, n. 561).

Terreni rivalutati - Nel caso in cui il contribuente abbia rivalutato i terreni a fronte del pagamento di un'imposta sostitutiva (➔32.4.1.), per il calcolo della plusvalenza, in luogo del costo di acquisto, si assume quello risultante dalla **perizia asseverata** redatta dal professionista.

Terreni acquisiti per donazione e successione - Si considera il **valore dichiarato nella denuncia di successione o nell'atto di donazione**, o quello successivamente definito o liquidato, aumentato di ogni altro costo successivo inerente (nonché dell'INVIM e dell'imposta di successione).

Tassazione separata - Le plusvalenze sono tassabili in forma separata (➜8.8.2.), salvo **opzione per la tassazione ordinaria**.

Rivalutazione ISTAT - Anche i **costi inerenti** possono essere rivalutati in base all'indice ISTAT.

È possibile applicare l'indice ISTAT anche dopo una precedente rivalutazione effettuata in base a norme che prevedono tale possibilità (ad esempio art. 11-quaterdecies, c. 4, D.L. n. 203/2005); in tal caso l'indice ISTAT si applica per il periodo intercorrente tra la data considerata ai fini della rivalutazione e quella della successiva cessione (circ. 13 febbraio 2006, n. 6/E).

Chiarimenti dell'Agenzia delle Entrate

Fattispecie	**Chiarimenti**
Rinuncia alla servitù	In caso di **corrispettivo ricevuto** dal proprietario di un'abitazione - a favore della quale insiste una servitù di non edificabilità - **a fronte della rinuncia alla servitù**, la plusvalenza sarà costituita dalla differenza tra il corrispettivo percepito nel periodo d'imposta (determinato contrattualmente) e il prezzo di acquisto originario (ove non autonomamente individuato al momento di acquisto del diritto con riferimento particolare alla servitù, deve essere estrapolato - utilizzando un criterio di tipo proporzionale - dal prezzo complessivo di acquisizione dell'immobile e di costituzione della servitù a suo tempo pagato da colui che rinuncia alla servitù) (ris. 22 maggio 2008, n. 210/E).
Immobile non ultimato	La cessione di un **immobile non ultimato ma esistente da almeno 5 anni** genera plusvalenze. Se un rustico è almeno comprensivo delle mura perimetrali e la copertura è stata ultimata, è riconducibile alla nozione di immobile costruito. Il momento da cui decorre il quinquennio è quello in cui esso è venuto ad esistenza secondo il criterio civilistico (art. 2645-bis, c. 6, c.c.). L'identificazione del **fabbricato allo stato rustico** deve essere comprovata, ad esempio con la denuncia nel catasto urbano nella categoria provvisoria relativa agli immobili in corso di costruzione, poiché in caso contrario la cessione genera sempre plusvalenza imponibile (ris. 28 gennaio 2009, n. 23/E).
Acquisto con patto di riservato dominio	In caso di **acquisto di un terreno agricolo con un patto di riservato dominio**, per la determinazione del quinquennio, ai fini del calcolo della eventuale plusvalenza tassata in base all'art. 67, D.P.R. n. 917/1986, si deve considerare l'intervallo intercorso tra la data del riscatto e quella della cessione (ris. 30 gennaio 2009, n. 28/E).
Riacquisto del diritto di usufrutto e successiva rivendita	Per determinare la plusvalenza che emerge dall'operazione di **riacquisto del diritto di usufrutto** e dalla **successiva rivendita della piena proprietà** dell'immobile entro il quinquennio, devono essere valutate separatamente la nuda proprietà e il diritto di usufrutto, trattandosi di diritti acquistati separatamente e, pertanto, oggetto di distinta valutazione economica (ris. 20 luglio 2009, n. 188/E).
Terreno acquisito per usucapione	Per i **terreni edificabili acquisiti per usucapione**, il costo iniziale è dato dal valore venale del bene alla data in cui è passata in giudicato la sentenza dichiarativa di usucapione, dichiarato e liquidato ai fini della sentenza medesima (ris. 31 marzo 2003, n. 78/E).
Piano di recupero	La cessione di **fabbricati destinati alla demolizione** presenti in un piano di recupero (PDR) genera plusvalenze.

Chiarimenti dell'Agenzia delle Entrate

Fattispecie	Chiarimenti
	Quando vengono ceduti fabbricati rientranti in un piano di recupero (art. 28 e ss. Legge n. 457/1978) e, secondo le prescrizioni del piano, tali fabbricati sono destinati alla demolizione, si assume quale oggetto della cessione l'area su cui insistono detti fabbricati, considerata edificabile in ragione delle prescrizioni del piano e dei volumi dei fabbricati, da recuperare in sede di riedificazione (ris. 22 ottobre 2008, n. 395/E).
Cessione di terreno ad un corrispettivo inferiore al valore periziato	Affinché il valore rideterminato possa assumere rilievo agli effetti del calcolo della plusvalenza, è necessario che esso costituisca **valore normale minimo** di riferimento anche ai fini delle imposte di registro, ipotecarie e catastali (art. 7, c. 6, Legge n. 448/2001). Qualora il contribuente intenda utilizzare il valore rideterminato, deve necessariamente indicarlo nell'atto di cessione anche se il corrispettivo è inferiore. In tal caso, le imposte di registro, ipotecarie e catastali devono essere assolte sul valore di perizia indicato nell'atto di trasferimento. Nel caso in cui, invece, nell'atto di trasferimento sia indicato un valore inferiore a quello rivalutato, si applicano le regole ordinarie di determinazione delle plusvalenze (art. 68, D.P.R. n. 917/1986), senza tener conto del valore rideterminato. In alternativa (rispetto all'indicazione in atto di un valore almeno pari a quello periziato quale base imponibile per la determinazione delle imposte d'atto), il contribuente può consolidare gli effetti della rideterminazione ai fini del calcolo della plusvalenza provvedendo ad una nuova rivalutazione dello stesso terreno, che porterà ad evidenziare in perizia il nuovo valore (inferiore a quello a suo tempo periziato) (circ. 15 febbraio 2013, n. 1/E, risp. 4.1).
Cessioni effettuate dagli imprenditori agricoli diversi dalle società di capitali	Rientrano nella disciplina dei **redditi diversi** (ris. 7 maggio 2002 n. 137/E).
Cessione separata di pertinenza	Nel caso in cui la **pertinenza** venga **ceduta separatamente** dall'abitazione principale, viene meno il vincolo di strumentalità funzionale, per cui l'operazione avrà ad oggetto un immobile che non può essere assimilato all'abitazione principale. Pertanto, la plusvalenza derivante dalla cessione infraquinquennale del box auto separatamente dall'abitazione principale, costituirà **reddito diverso** e, quindi, soggetto ad IRPEF (risposta a interpello 22 novembre 2018, n. 83).
Cessione di immobile acquisito con accordo transattivo	Rileva ai fini fiscali la plusvalenza derivante dalla cessione a titolo oneroso, antecedente al decorso di 5 anni, dell'immobile acquisito a seguito della sottoscrizione di un accordo transattivo. Ai fini della quantificazione della plusvalenza è necessario far riferimento, come prezzo di acquisto degli immobili ceduti, al **valore** degli immobili che è stato **pattuito** all'interno dell'**accordo transattivo** (risposta a interpello 27 dicembre 2018, n. 129).
Cessione di fabbricati da demolire	Ai fini dell'imponibilità della plusvalenza, se oggetto del trasferimento a titolo oneroso è un edificio, detto trasferimento non può mai essere riqualificato come cessione di area edificabile, nemmeno quando l'**edificio** è **destinato alla successiva demolizione e ricostruzione** (risposta a interpello 4 settembre 2020, n. 312).

Cessioni di immobili oggetto di donazioni - È **soggetta a tassazione** la plusvalenza conseguita a seguito della **cessione a titolo oneroso di immobili acquisiti** per **donazione**, a **condizione** che non siano decorsi 5 anni dalla data di acquisto dell'immobile da parte del donante alla data della cessione.

La plusvalenza, in caso di immobili acquisiti per donazione e ceduti entro 5 anni a decorrere dalla data di acquisto da parte del donante, è determinata ponendo a confronto il corrispettivo della cessione e il costo di costruzione o di acquisto sostenuto dal donante.

Imposta sostitutiva - All'atto della cessione e **su richiesta della parte venditrice** resa al notaio, per le **cessioni infra-quinquennali di fabbricati** e **terreni non suscettibili di edificazione**, in deroga alla tassazione come redditi diversi, sulle plusvalenze realizzate si applica un'**imposta sostitutiva del 26%** - 20% sino al 31 dicembre 2019 (art. 1, c. 496, Legge n. 266/2005).
Le parti hanno comunque l'**obbligo di indicare** nell'atto il **corrispettivo pattuito**.

La tassazione sostitutiva, dunque, è preclusa per le plusvalenze sulle cessioni di terreni suscettibili di utilizzazione edificatoria (circ. 19 gennaio 2007, n. 1/E).

A seguito della richiesta, il notaio provvede anche all'applicazione e al versamento dell'imposta sostitutiva della plusvalenza, ricevendo la **provvista** dal cedente.
Il notaio comunica altresì all'Agenzia delle Entrate i dati relativi alle cessioni di cui sopra (Provv. 12 gennaio 2007).

In caso di immobile ricevuto in **corrispettivo per l'opera prestata in esecuzione di un contratto d'appalto**, ciò costituisce un pagamento in natura e rappresenta, quindi, un componente positivo del reddito del percettore, avente la stessa natura fiscale di un pagamento in denaro (circ. 13 febbraio 2006, n. 6/E).

Nel caso di **più venditori**, l'opzione per l'applicazione dell'imposta sostitutiva può essere esercitata solo dai soggetti che abbiano interesse ad avvalersene (circ. 13 febbraio 2006, n. 6/E).

Per le sole **cessioni fra persone fisiche** che non agiscono nell'esercizio di attività commerciali, artistiche o professionali, aventi ad oggetto **immobili ad uso abitativo** e relative pertinenze, all'atto della cessione e su richiesta della parte acquirente resa al notaio, la base imponibile ai fini delle imposte di registro, ipotecarie e catastali è costituita dal c.d. **"valore automatico"** (art. 52, c. 4 e 5, D.P.R. n. 131/1986), indipendentemente dal corrispettivo pattuito indicato nell'atto (art. 1, c. 309, Legge n. 296/2006). In tal caso, gli **onorari notarili** sono **ridotti del 30%** (art. 35, c. 21, D.L. n. 223/2006).

La norma si applica unicamente agli **immobili ad uso abitativo e relative pertinenze** e, pertanto, ai soli fabbricati censiti nel catasto dei fabbricati nella tipologia abitativa; rimangono esclusi dal campo di applicazione della norma gli immobili che, pur avendo i requisiti di fatto per essere destinati ad uso abitativo, sono iscritti in una categoria catastale diversa (ad esempio fabbricati accatastati come uffici o negozi).
È possibile applicare la norma anche all'**acquisto separato della sola pertinenza** dell'abitazione sempreché risulti nell'atto di acquisto la destinazione pertinenziale dell'immobile.
Non ci sono limiti numerici alle pertinenze acquistabili (circ. 13 febbraio 2006, n. 6/E).

I **contribuenti** che si avvalgono delle disposizioni di cui sopra (art. 1, c. 498, Legge n. 266/2005):
- sono **esclusi dai controlli** in campo immobiliare effettuati dall'Agenzia delle Entrate e dalla Guardia di finanza;
- **non** possono essere oggetto di **accertamento induttivo** (art. 38, c. 3, D.P.R. n. 600/1973) e di **accertamento sul valore venale** (art. 52, c. 1, D.P.R. n. 131/1986).

All'atto della cessione dell'immobile, anche se assoggettata ad IVA, le parti hanno l'obbligo di rendere apposita **dichiarazione sostitutiva** di atto di notorietà recante l'indicazione analitica delle **modalità di pagamento** del corrispettivo con obbligo di specificare in atto se ci si è avvalsi di mediatore immobiliare (art. 35, c. 22, D.L. n. 223/2006).

Sanzioni

Fattispecie	Sanzioni
Occultamento, anche in parte, del **corrispettivo pattuito**	Sono dovute: - le imposte sull'intero importo del corrispettivo; - la sanzione amministrativa dal 50% al 100% della differenza tra l'imposta dovuta e quella già applicata in base al corrispettivo dichiarato, detratto l'importo della sanzione eventualmente irrogata.
Omessa, **incompleta** o **mendace dichiarazione** sulle modalità di pagamento	Sanzione amministrativa da 500 euro a 10.000 euro e, ai fini dell'imposta di registro, i beni trasferiti sono assoggettati ad accertamento di valore (art. 52, c. 1, D.P.R. n. 131/1986).

15.2.3. Indennità di esproprio e collegate

Sono soggette a tassazione le somme percepite a titolo di **indennità di esproprio** e di cessioni volontarie effettuate nel corso di (art. 11, Legge n. 413/1991):

- **procedimenti espropriativi**;
- **acquisizioni coattive**;
- **acquisizioni per occupazione d'urgenza**,

relativamente a **terreni** destinati ad opere pubbliche o ad infrastrutture urbane in zone omogenee A, B, C, o D di cui al D.M. 2 aprile 1968, ovvero destinati a interventi di edilizia residenziale pubblica ed economica o popolare (Legge n. 167/1962).

La plusvalenza si calcola con le stesse modalità previste per le cessioni di aree fabbricabili (➡15.2.2.).

Anche le **indennità di occupazione** e gli **interessi** relativi a procedure di esproprio o cessioni volontarie sono tassabili come redditi diversi.

Per tali redditi è prevista l'applicazione di una **ritenuta d'imposta** pari al **20%** sulle somme lorde erogate dagli enti.

Opzione per la tassazione ordinaria - È facoltà del contribuente, per i terreni suscettibili di utilizzazione edificatoria, **optare**, in sede di dichiarazione annuale dei redditi, **per la tassazione ordinaria**, nel qual caso la ritenuta si considera effettuata a titolo d'acconto.

In tale ipotesi, occorre indicare gli importi percepiti nel quadro relativo ai redditi soggetti a tassazione separata (per le persone fisiche, nella sezione I del **quadro RM** della dichiarazione dei redditi) e optare per la tassazione ordinaria.

15.3. PLUSVALENZE DA CESSIONI DI ATTIVITÀ FINANZIARIE

15.3.1. Definizione di capital gain

Il regime fiscale delle plusvalenze di natura finanziaria (c.d. *capital gain*) è disciplinato dalle seguenti disposizioni:

- artt. 67 e 68, D.P.R. n. 917/1986, D.M. 2 aprile 2008, D.M. 26 maggio 2017: individuano le **fattispecie** che costituiscono redditi diversi di natura finanziaria, le **modalità di determinazione di tali redditi** e la **percentuale** con cui le plusvalenze e le minusvalenze concorrono alla determinazione dell'imponibile;
- artt. 5, 6 e 7, D.Lgs. n. 461/1997: disciplinano la determinazione dell'**imposizione sostitutiva** nei casi di **partecipazioni non qualificate.**

Capital gain

Definizione	Art. 67, c. 1, D.P.R. n. 917/1986
Plusvalenze realizzate mediante **cessione a titolo oneroso di partecipazioni qualificate**	lett. c)
Plusvalenze realizzate mediante **cessione a titolo oneroso di partecipazioni non qualificate**	lett. c-bis)
Plusvalenze, diverse da quelle di cui ai due righi precedenti, **realizzate mediante cessione a titolo oneroso** ovvero rimborso di **titoli non rappresentativi di merci**, di **certificati di massa**, di **valute estere**, oggetto di cessione a termine o rivenienti da depositi o conti correnti, di **metalli preziosi**, sempreché siano allo stato grezzo o monetato, e di **quote di partecipazione ad organismi d'investimento collettivo**	lett. c-ter)
Redditi comunque realizzati mediante rapporti da cui deriva il diritto o l'obbligo di **cedere o acquistare a termine** strumenti finanziari, valute, metalli preziosi o merci ovvero di ricevere o effettuare a termine uno o più pagamenti collegati a tassi di interesse, a quotazioni o valori di strumenti finanziari, di valute estere, di metalli preziosi o di merci e ad ogni altro parametro di natura finanziaria	lett. c-quater)

Definizione	Art. 67, c. 1, D.P.R. n. 917/1986
Plusvalenze ed altri proventi realizzati mediante cessione a titolo oneroso ovvero chiusura di **rapporti produttivi di redditi di capitale** e mediante cessione a titolo oneroso ovvero rimborso di **crediti pecuniari** o di **strumenti finanziari**, nonché quelli realizzati mediante rapporti attraverso cui possono essere conseguiti differenziali positivi e negativi in dipendenza di un evento incerto	lett. c-quinquies)

La plusvalenza si realizza anche mediante cessione a titolo oneroso di azioni e di ogni altra partecipazione al capitale o al patrimonio di **società non residenti** (risposta a interpello 11 settembre 2020, n. 344).

Ambito soggettivo 15.3.2.

Possono essere possessori di redditi diversi di natura finanziaria:
- le **persone fisiche residenti**, purché il reddito non sia conseguito nell'esercizio di attività d'impresa, arti o professioni o in qualità di lavoratore dipendente;
- le **società semplici** e i soggetti ad essi equiparati (art. 5, D.P.R. n. 917/1986);
- gli **enti non commerciali** (art. 73, c. 1, lett. c), D.P.R. n. 917/1986), se l'operazione da cui deriva il reddito non è effettuata nell'esercizio di impresa commerciale;
- le persone fisiche, le società e gli enti di ogni tipo, **non residenti**, **senza Stabile Organizzazione** nel territorio dello Stato, quando il reddito si considera prodotto nel medesimo territorio (art. 23, D.P.R. n. 917/1986);
- le persone fisiche, le società e gli enti di ogni tipo, **non residenti**, **con Stabile Organizzazione** nel territorio dello Stato, se il reddito è prodotto nel territorio dello Stato (art. 23, D.P.R. n. 917/1986) al di fuori dalla Stabile Organizzazione.

Definizione di partecipazione qualificata e non qualificata 15.3.3.

Costituiscono cessioni di **partecipazioni qualificate** le cessioni di:
- **azioni**;
- **ogni partecipazione al capitale oppure al patrimonio** di:
  - società in nome collettivo, società in accomandita semplice e società semplici (art. 5, D.P.R. n. 917/1986);
  - società per azioni e in accomandita per azioni, società a responsabilità limitata, società cooperative e società di mutua assicurazione, società europee e società cooperative europee residenti (art. 73, c. 1, lett. a), D.P.R. n. 917/1986);
  - enti commerciali residenti (art. 73, c. 1, lett. b), D.P.R. n. 917/1986);
  - società ed enti non residenti (art. 73, c. 1, lett. d), D.P.R. n. 917/1986),

in misura eccedente specifiche soglie riportate nella tabella che segue.

Fattispecie	Titoli quotati	Percentuale dei diritti di voto esercitabili nell'assemblea ordinaria
Azioni, diverse da quelle di risparmio, e ogni altra partecipazione al capitale o al patrimonio di società di persone ed equiparate, di società ed enti soggetti a IRES (con esclusione degli enti non commerciali)	SÌ	2%
	NO	20%
Partecipazioni in patrimoni sociali che non danno alcun diritto di voto nell'assemblea	SÌ	5%
	NO	25%
La percentuale di partecipazione è determinata tenendo conto di tutte le cessioni effettuate nel corso di 12 mesi, anche se nei confronti di soggetti diversi. Si considerano cedute per prime le partecipazioni acquisite in data più recente.		

Sono considerate **non qualificate**, le cessioni delle medesime attività se non superano i limiti sopra indicati.

I criteri previsti per distinguere le plusvalenze realizzate su partecipazioni qualificate da quelle realizzate su partecipazioni non qualificate **non si applicano** agli strumenti finanziari similari alle azioni (➔11.1.2.) in quanto tali strumenti non rappresentano una **partecipazione al patrimonio**.

La distinzione tra partecipazioni qualificate e non qualificate ha ragione d'essere **sino al 31 dicembre 2018** (➡15.3.5.).

15.3.4. Plusvalenze e participation exemption

Sono esenti **le plusvalenze** (e irrilevanti le minusvalenze) **realizzate dai soggetti passivi dell'IRES**, dalle **società di persone** e dalle **persone fisiche titolari di reddito d'impresa** - c.d. **participation exemption** - allorché si verifichino determinati **requisiti** (➡23.4.) (art. 87, c. 1, lett. da a) a d), D.P.R. n. 917/1986).

15.3.5. Percentuale di tassazione - Tassazione dal 2019

A decorrere dal 1° gennaio 2019, è **eliminata** la differenza tra partecipazioni qualificare e partecipazioni non qualificate (art. 1, c. 999-1002 e 1005, Legge n. 205/2017).

In particolare, la tassazione delle plusvalenze derivanti da partecipazioni qualificate viene **equiparata a quella delle partecipazioni non qualificate** (➡15.3.18.).

15.3.6. Partecipazioni qualificate - Tassazione sino al 2018

Con il D.M. 26 maggio 2017 è stata ridefinita, nella misura del **58,14%,** la percentuale di **tassazione degli utili** derivanti da **partecipazione in società IRES** e da contratti di **associazione in partecipazione** (art. 47, D.P.R. n. 917/1986), dei **dividendi** percepiti da **imprese individuali** (art. 59, D.P.R. n. 917/1986) oltre che delle **plusvalenze esenti** (art. 58, c. 2, D.P.R. n. 917/1986) e delle **plusvalenze**, realizzate a decorrere **dal 1° gennaio 2018, derivanti da partecipazioni qualificate** (art. 68, c. 3, D.P.R. n. 917/1986).

Resta ferma la misura del **49,72%** per le plusvalenze e le minusvalenze derivanti da atti di realizzo posti in essere **anteriormente al 1° gennaio 2018**, ma i cui corrispettivi siano in tutto o in parte percepiti a decorrere dalla stessa data.

15.3.7. Partecipazioni qualificate - Assimilazione

Sono assimilate alle plusvalenze su partecipazioni qualificate quelle realizzate mediante:

- cessione di **strumenti finanziari assimilati alle azioni** (art. 44, c. 2, lett. a), D.P.R. n. 917/1986) quando non rappresentano una partecipazione al patrimonio;
- cessione dei **contratti di associazione in partecipazione** (art. 109, c. 9, lett. b), D.P.R. n. 917/1986) qualora il valore dell'apporto sia superiore alle percentuali di qualificazione.

Le plusvalenze derivanti dalla cessione di contratti di associazione in partecipazione con associante non residente sono assimilate - a prescindere dal valore dell'apporto dell'associato - a quelle relative alla cessione di **partecipazioni qualificate**, laddove non sussista la condizione di cui all'art. 44, c. 2, lett. a), ultimo periodo, D.P.R. n. 917/1986.

Pertanto, laddove la **remunerazione dei contratti** stipulati con **società estere** sia deducibile dal reddito dell'associante ovvero laddove non sia dimostrabile l'indeducibilità della stessa, la cessione del contratto dà sempre origine a una plusvalenza qualificata, indipendentemente dalla circostanza che il valore dell'apporto di capitale abbia o meno superato le previste percentuali (circ. 18 gennaio 2006, n. 4/E).

15.3.8. Partecipazioni non qualificate - Assimilazione

Sono assimilati alle partecipazioni non qualificate:

- i **contratti di associazione in partecipazione** in cui l'apporto non è costituito da solo lavoro, se il valore dell'apporto non supera:
  - il **5%** del valore del patrimonio netto contabile, per le società quotate;
  - il **25%** del valore del patrimonio netto contabile, per le altre partecipazioni;
- gli **strumenti finanziari** che consentono una partecipazione al patrimonio dell'emittente, qualora non siano superate le medesime soglie previste per i contratti di associazione in partecipazione.

15.3.9. Determinazione della plusvalenza

Le **plusvalenze** di natura finanziaria sono costituite dalla differenza tra:

- il **corrispettivo percepito** e
- il **costo o valore di acquisto** assoggettato a tassazione (da documentarsi a cura del contribuente), aumentato di ogni altro onere inerente, ivi compresa l'imposta sulle successioni o donazioni, ma con l'esclusione degli interessi passivi.

Le **minusvalenze** sono determinate con gli stessi criteri stabiliti per le plusvalenze.

Nozione di cessione a titolo oneroso - Sono considerate cessioni a titolo oneroso le **compravendite** (sia a pronti che a termine) e le **permute**.
Inoltre, il regime del capital gain si applica anche agli atti che importano **costituzione o trasferimento di diritti reali di godimento** e ai **conferimenti in società** (art. 9, c. 5, D.P.R. n. 917/1986).
In particolare, i conferimenti in società sono considerati atti realizzativi soggetti alla disciplina del capital gain se posti in essere da soggetti diversi dagli esercenti attività d'impresa.

Determinazione del costo o valore di acquisto - Per alcuni casi specifici, il costo o valore di acquisto delle azioni o quote ai fini del calcolo delle plusvalenze di natura finanziaria si determina in base alle regole riportate nella tabella che segue (art. 68, c. 6, D.P.R. n. 917/1986).

Fattispecie	Regole
Acquisto per successione	Si assume come costo il valore definito o, in mancanza, quello dichiarato agli effetti dell'imposta di successione, nonché, per i titoli esenti da tale imposta, il valore normale alla data di apertura della successione.
Acquisto per donazione	Si assume come costo quello del donante.
Azioni, quote o altre partecipazioni acquisite sulla base di aumento gratuito del capitale	Il costo unitario è determinato ripartendo quello originario sul numero complessivo delle azioni, quote o partecipazioni di compendio.
Partecipazioni nelle società di persone	Il costo è aumentato o diminuito dei redditi e delle perdite imputate al socio e dal costo si scomputano, fino a concorrenza dei redditi già imputati, gli utili distribuiti al socio.
Valute estere cedute a termine	Si assume come costo il valore della valuta al cambio a pronti vigente alla data di stipula del contratto di cessione. Il costo o valore di acquisto è documentato a cura del contribuente.
Valute estere prelevate da depositi e conti correnti	In mancanza della documentazione del costo, si assume come costo il valore della valuta al minore dei cambi mensili accertati (art. 110, c. 9, D.P.R. n. 917/1986), nel periodo d'imposta in cui la plusvalenza è realizzata.

Altre regole - Agli effetti della **determinazione delle plusvalenze e minusvalenze** (art. 68, c. 7, D.P.R. n. 917/1986):

a. dal **corrispettivo percepito o dalla somma rimborsata**, nonché **dal costo o valore di acquisto** si scomputano i redditi di capitale maturati, ma non riscossi, diversi da quelli derivanti dalla partecipazione in società ed enti soggetti a IRES e dagli utili relativi ai titoli ed agli strumenti finanziari (art. 44, c. 2, lett. a), D.P.R. n. 917/1986) e ai contratti di associazione in partecipazione (art. 109, c. 9, lett. b), D.P.R. n. 917/1986);
b. per le **valute estere** prelevate da depositi e conti correnti si assume come corrispettivo il valore normale della valuta alla data di effettuazione del prelievo;
c. per le **cessioni di metalli preziosi**, in mancanza della documentazione del costo di acquisto, le plusvalenze sono determinate in misura pari al 25% del corrispettivo della cessione;
d. per le cessioni a titolo oneroso poste in essere in dipendenza dei rapporti da cui deriva il **diritto di cedere/acquistare azioni** (art. 67, c. 1, lett. c-quater, D.P.R. n. 917/1986) il corrispettivo è costituito dal prezzo di cessione, eventualmente aumentato o diminuito dei premi pagati o riscossi su opzioni;
e. nei casi di **dilazione o rateazione del pagamento del corrispettivo** la plusvalenza è determinata con riferimento alla parte del costo o valore di acquisto proporzionalmente corrispondente alle somme percepite nel periodo d'imposta.

Metodo di calcolo 15.3.10.

Per il calcolo delle plusvalenze si applica il **criterio del LIFO**: pertanto, si considerano **ceduti per primi** le partecipazioni, i titoli, gli strumenti finanziari, i contratti, i certificati e diritti, nonché le valute e i metalli preziosi **acquisiti in data più recente** (art. 67, c. 1-bis, D.P.R. n. 917/1986).
In caso di **chiusura** o di **cessione dei rapporti** di **pronti c/termine di valute estere**, metalli preziosi, merci e strumenti finanziari si considereranno chiusi o ceduti per primi i rapporti sottoscritti o acquisiti in data più recente.

Le plusvalenze derivanti dalla cessione a titolo oneroso di **valute estere provenienti da depositi e conti correnti** concorrono a formare il reddito a condizione che nel periodo d'imposta la giacenza dei depositi e conti correnti complessivamente intrattenuti dal contribuente, calcolata secondo il cambio vigente all'inizio del periodo di riferimento, sia **superiore a 51.645,69 euro** per **almeno 7 giorni lavorativi** continui (D.Lgs. n. 461/1997).

15.3.11. Verifica del requisito dei dodici mesi

Devono essere **cumulate** le cessioni **effettuate nell'arco di 12 mesi** (art. 67, c. 1, lett. c), D.P.R. n. 917/1986).
Pertanto, in occasione di ogni cessione si devono considerare tutte le cessioni effettuate dal medesimo contribuente che hanno avuto luogo nei 12 mesi dalla data di essa, anche se ricadenti in periodi d'imposta diversi.
L'applicazione di tale regola è, tuttavia, subordinata alla **condizione** che il contribuente possieda, **almeno per un giorno**, una partecipazione superiore alle percentuali per considerare la partecipazione qualificata (tale condizione è applicabile **sino al 31 dicembre 2018**) (➡**15.3.6.**).
Di conseguenza:

– fino a che il contribuente non possieda una partecipazione qualificata, tutte le cessioni effettuate nel corso dei 12 mesi, anche se complessivamente superiori alle predette percentuali per effetto di reiterate operazioni di acquisto e di vendita, non possono considerarsi cessioni di partecipazioni qualificate;
– dal momento in cui sia stata superata, come possesso, una delle predette percentuali, le cessioni effettuate nei 12 mesi successivi sono considerate cessioni di partecipazioni qualificate (se a loro volta sono superiori alle percentuali stesse) e ciò fino a quando non siano trascorsi 12 mesi dal momento in cui il possesso della partecipazione da parte del contribuente sia sceso al di sotto della percentuale prevista dalla norma.

In altri termini, **in sede di dichiarazione**, si deve tenere conto nella determinazione del reddito complessivo di tutte le plusvalenze realizzate in occasione di cessioni di partecipazioni considerate qualificate.

L'**imposta sostitutiva** del **26%** corrisposta fino al superamento delle percentuali può essere detratta in sede di presentazione della dichiarazione dei redditi (art. 5, c. 4, D.Lgs. n. 461/1997).

A partire dalle plusvalenze realizzate **dal 1° gennaio 2019**, con l'equiparazione tra partecipazioni qualificate e non qualificate (➡**15.3.5.**), è **abrogata** la norma secondo cui, agli effetti della determinazione delle plusvalenze e minusvalenze, qualora vengano superate le percentuali di diritti di voto o di partecipazione qualificate, i corrispettivi percepiti anteriormente al periodo d'imposta nel quale si è verificato il superamento delle percentuali si considerano percepiti in tale periodo (art. 68, c. 7, lett. b), D.P.R. n. 917/1986).

Nel caso in cui nel contratto di cessione siano previste **clausole di *earn-out*** e il cedente abbia rideterminato il costo o valore di acquisto della partecipazione oggetto della cessione, il corrispettivo complessivamente percepito (vale a dire sia la parte fissa sia la parte variabile) fino a concorrenza del valore rideterminato della partecipazione, non deve essere ulteriormente assoggettato a tassazione. A tal fine, pertanto, se la parte fissa del corrispettivo è inferiore al valore rideterminato della partecipazione, in sede di compilazione del Modello Redditi PF, nel **quadro RT** dovrà essere indicato come "**costo**" il medesimo valore del corrispettivo percepito. Nei periodi d'imposta successivi, se sarà incassata anche la parte variabile del corrispettivo (*earn-out*), in sede di dichiarazione, il cedente dovrà tener conto dell'eccedenza di "costo" non utilizzato, indicando nella **colonna 3 del Rigo RT22** "totale dei costi o valori di acquisto" la differenza tra il valore rideterminato e quello in precedenza indicato nel quadro RT (ris. 20 dicembre 2021, n. 74/E).

15.3.12. Cessione di certificati non rappresentativi di merci

Costituiscono plusvalenze anche quelle realizzate mediante **cessione a titolo oneroso** ovvero rimborso (art. 67, c. 1, lett. c-ter), D.P.R. n. 917/1986) di:

– **titoli non rappresentativi di merci**;
– **certificati di massa**;
– **valute estere**;
– **metalli preziosi** sia allo stato grezzo che lavorato;
– quote di partecipazione a **organismi d'investimento collettivo**.

Costituisce, inoltre, cessione a titolo oneroso anche il **prelievo delle valute estere dal deposito o conto corrente**.

Contratti pronti contro termine 15.3.13.

Costituiscono plusvalenze anche i redditi realizzati mediante **contratti di pronti contro termine** relativi a (art. 67, c. 1, lett. c-quater), D.P.R. n. 917/1986):
- **strumenti finanziari**;
- **valute**;
- **metalli preziosi**;
- **merci**.

I redditi sono costituiti dalla **somma algebrica** dei differenziali positivi o negativi, nonché degli altri proventi od oneri, percepiti o sostenuti, in relazione a ciascuno dei rapporti ivi indicati (art. 68, c. 8, D.P.R. n. 917/1986).

Per la determinazione delle plusvalenze, minusvalenze e degli altri redditi derivanti da tali rapporti si applicano le regole esposte in precedenza (➔**15.3.11.**).

I premi pagati e riscossi su opzioni, salvo che l'opzione non sia stata chiusa anticipatamente o ceduta, concorrono a formare il reddito nel periodo d'imposta in cui l'opzione è esercitata ovvero scade il termine stabilito per il suo esercizio.

Rapporti produttivi di redditi di capitale 15.3.14.

Costituiscono plusvalenze i redditi realizzati mediante cessione a titolo oneroso ovvero chiusura di **rapporti produttivi di redditi di capitali** e le cessioni a titolo oneroso o rimborso di **crediti pecuniari** o di **strumenti finanziari**, nonché quelli realizzati mediante rapporti attraverso cui possono essere conseguiti differenziali positivi e negativi in dipendenza di un evento incerto (art. 67, c. 1, lett. c-quinquies), D.P.R. n. 917/1986).

In questo caso, le plusvalenze sono costituite dalla **differenza positiva** tra:
- i corrispettivi percepiti ovvero le somme o il valore normale dei beni rimborsati;
- i corrispettivi pagati ovvero le somme corrisposte, aumentate di ogni onere inerente alla loro produzione, con esclusione degli interessi passivi.

Dal corrispettivo percepito e dalla somma rimborsata **si scomputano** i redditi di capitale derivanti dal rapporto ceduto maturati, ma **non riscossi**, nonché i redditi di capitale maturati a favore del creditore originario, ma non riscossi.

> I redditi derivanti dagli **exchange traded commodities** costituiscono redditi diversi (art. 67, c. 1, lett. c-quater), D.P.R. n. 917/1986), in quanto prodotti da rapporti da cui deriva il **diritto di riceve a termine** uno o più pagamenti collegati a quotazioni o valori di metalli preziosi o di merci; quando siano percepiti da parte di una persona fisica, non esercente attività d'impresa, scontano l'imposta sostitutiva (ris. 12 luglio 2010, n. 72/E).

Categoria residuale 15.3.15.

Fra le plusvalenze e i redditi diversi si comprendono anche quelli realizzati mediante **rimborso o chiusura delle attività finanziarie** o dei rapporti ivi indicati, sottoscritti all'emissione o comunque non acquistati da terzi per effetto di cessione a titolo oneroso.

Percentuale di tassazione 15.3.16.

Sino al 2018, le plusvalenze su **partecipazioni qualificate** concorrono alla determinazione del reddito complessivo e la **base imponibile** è costituita dal **58,14% (49,72% sino al 31 dicembre 2017)** del loro ammontare.

Conseguentemente, le plusvalenze relative alla cessione di partecipazioni qualificate, dal momento che concorrono alla formazione del reddito complessivo, sono assoggettate anche alle **addizionali regionali e comunali**.

Nonostante ciò concorrono a formare il reddito **per il loro intero ammontare** (art. 68, c. 4, D.P.R. n. 917/1986):
- le plusvalenze realizzate mediante la **cessione dei contratti stipulati con associanti non residenti** la cui indeducibilità non risulti da una dichiarazione dell'emittente (art. 44, c. 2, lett. a), ultimo periodo, D.P.R. n. 917/1986);
- le plusvalenze realizzate mediante la **cessione di partecipazioni al capitale o al patrimonio, titoli e strumenti finanziari** assimilati, contratti di **associazione in partecipazione** e contratti di **cointeressenza** (art. 109, c. 9, lett. b), D.P.R. n. 917/1986), emessi o stipulati da società residenti in Paesi o territori a regime fiscale privilegiato;

salvo la dimostrazione, anche a seguito dell'esercizio dell'interpello (art. 47-bis, c. 3, D.P.R. n. 917/1986) del rispetto della condizione che dalle partecipazioni non consegua l'effetto di localizzare i redditi in Stati o territori a regime fiscale privilegiato (art. 47-bis, c. 2, lett. b), D.P.R. n. 917/1986).

Tale regola **non si applica** alle partecipazioni, ai titoli e agli strumenti finanziari, emessi da società i cui titoli sono negoziati nei mercati regolamentati.
Le plusvalenze sono sommate algebricamente alle relative minusvalenze; se le minusvalenze sono superiori alle plusvalenze l'eccedenza è riportata in deduzione integralmente dall'ammontare delle plusvalenze dei periodi successivi, ma **non oltre il quarto**, a condizione che sia indicata nella dichiarazione dei redditi relativa al periodo d'imposta nel quale le minusvalenze sono state realizzate.

Dal 1° gennaio 2019, anche per le partecipazioni qualificate si applica la disciplina prevista per quelle non qualificate (➡15.3.18.) (art. 1, c. 1005, Legge n. 205/2017).

Partecipazioni in società residenti in Stati a fiscalità privilegiata - La tassazione delle plusvalenze da cessioni di partecipazioni in società residenti in Paesi a fiscalità privilegiata è stata oggetto di modifiche a seguito del recepimento della c.d. "Direttiva ATAD (D.Lgs. n. 142/2018, in vigore dal 12 gennaio 2019, che ha recepito la Direttiva (UE) 2016/1164).
Le regole si applicano a decorrere dal periodo di imposta successivo a quello in corso al 31 dicembre 2018 (quindi dal 2019 per i soggetti "solari"), nonché alle plusvalenze realizzate a decorrere dal medesimo periodo di imposta.
In base a tali modifiche, concorrono a formare il reddito **per il loro intero ammontare** (art. 68, c. 4, D.P.R. n. 917/1986):

- le plusvalenze realizzate mediante la **cessione dei contratti stipulati con associanti non residenti** la cui indeducibilità non risulti da una dichiarazione dell'emittente (art. 44, c. 2, lett. a), ultimo periodo D.P.R. n. 917/1986);
- le plusvalenze realizzate mediante la **cessione di partecipazioni al capitale o al patrimonio, titoli e strumenti finanziari** assimilati, contratti di **associazione in partecipazione** e contratti di **cointeressenza** (art. 109, c. 9, lett. b), D.P.R. n. 917/1986), emessi o stipulati da società residenti in Paesi o territori a regime fiscale privilegiato;

salvo la dimostrazione, anche a seguito dell'esercizio dell'interpello (➡11.5.5.) (art. 47-bis, c. 3, D.P.R. n. 917/1986) del rispetto della condizione che dalle partecipazioni non consegua l'effetto di localizzare i redditi in Stati o territori a regime fiscale privilegiato, c.d. "esimente" (art. 47-bis, c. 2, lett. b), D.P.R. n. 917/1986).
Tale regola **non si applica** alle partecipazioni, ai titoli e agli strumenti finanziari, emessi da società i cui titoli sono negoziati nei **mercati regolamentati**.

Le plusvalenze sono sommate algebricamente alle relative minusvalenze; se le minusvalenze sono superiori alle plusvalenze l'**eccedenza** è **riportata** in deduzione integralmente dall'ammontare delle plusvalenze dei **periodi** successivi, ma **non oltre il quarto**, a condizione che sia indicata nella dichiarazione dei redditi relativa al periodo d'imposta nel quale le minusvalenze sono state realizzate.

Qualora il contribuente intenda far valere la sussistenza dell'esimente (art. 47-bis, c. 2, lett. b), D.P.R. n. 917/1986), ma non abbia presentato l'istanza di interpello oppure, avendola presentata, non abbia ricevuto risposta favorevole, la percezione di plusvalenze derivanti dalla cessione di partecipazioni in imprese o enti residenti o localizzati in Stati o territori a regime fiscale privilegiato deve essere **segnalata** nella **dichiarazione** dei redditi da parte del **socio residente**.
Nei casi di mancata o incompleta indicazione nella dichiarazione dei redditi si applica la **sanzione** amministrativa **da** un minimo di **1.000** euro ad un massimo di **50.000** euro (art. 8, c. 3-ter, D.Lgs. n. 471/1997).
L'esimente deve sussistere, ininterrottamente, sin dal primo periodo di possesso; tuttavia, per i rapporti detenuti da più di cinque periodi di imposta e oggetto di realizzo con controparti non appartenenti allo stesso gruppo del dante causa, è sufficiente che tale condizione sussista, ininterrottamente, per i cinque periodi d'imposta anteriori al realizzo stesso.

Si considerano appartenenti allo stesso gruppo i soggetti residenti o non residenti nel territorio dello Stato tra i quali sussiste un **rapporto di controllo** (art. 167, c. 2, D.P.R. n. 917/1986) o che sono sottoposti al comune controllo da parte di altro soggetto residente o non residente nel territorio dello Stato.

Per le plusvalenze realizzate su partecipazioni in imprese o enti residenti o localizzati in Stati o territori a regime fiscale privilegiato per i quali si verifica l'esimente, al cedente controllante, residente nel territorio dello Stato, ovvero alle cedenti residenti sue controllate, spetta un **credito d'imposta** (➡33.1.) (art. 165, D.P.R. n. 917/1986) pari alle imposte assolte dall'impresa o ente partecipato sugli

utili maturati durante il periodo di possesso della partecipazione, in proporzione delle partecipazioni cedute e nei limiti dell'imposta italiana relativa a tali plusvalenze (art. 68, c. 4-bis, D.P.R. n. 917/1986).
La detrazione del credito d'imposta spetta per l'ammontare dello stesso non utilizzato dal cedente (art. 47, c. 4, D.P.R. n. 917/1986). L'ammontare, ai soli fini dell'applicazione dell'imposta, è computato in aumento del reddito complessivo.
Se nella dichiarazione è stato omesso soltanto il computo del credito d'imposta in aumento del reddito complessivo, si può procedere di ufficio alla **correzione** anche in **sede di liquidazione** dell'imposta dovuta in base alla dichiarazione dei redditi.

Opzione per l'imposta sostitutiva 15.3.17.

Agli effetti della determinazione delle plusvalenze e minusvalenze, in luogo del costo o valore di acquisto, o del valore diverso determinato ai sensi dell'art. 14, c. 6-10, D.Lgs. n. 461/1997, può essere assunto il **valore dei titoli**, quote, diritti, valute estere, metalli preziosi allo stato grezzo o monetato, strumenti finanziari, rapporti e crediti alla data del 31 dicembre 2011, a condizione che il contribuente, (art. 2, c. 29-32, D.L. n. 138/2011; D.M. 13 dicembre 2011):

a. **opti per la determinazione**, alla stessa data, **delle plusvalenze, delle minusvalenze e dei proventi** derivanti dalla partecipazione a organismi di investimento collettivo in valori mobiliari di diritto estero (➡**11.4.4.**) (art. 44, c. 1, lett. g), D.P.R. n. 917/1986);
b. provveda al versamento dell'**imposta sostitutiva** eventualmente dovuta (➡**15.3.18.**) (artt. 5 e 6, D.Lgs. n. 461/1997).

L'opzione, in particolari casi, può essere esercitata in sede di dichiarazione annuale dei redditi e si estende a tutti i titoli o strumenti finanziari detenuti.

Partecipazioni non qualificate - Imposta sostitutiva 15.3.18.

Le plusvalenze relative alle cessioni di partecipazioni non qualificate sono soggette ad **imposta sostitutiva** delle imposte sui redditi con l'aliquota del **26%** (artt. 5, 6 e 7, D.Lgs. n. 461/1997).
L'imposta sostitutiva **non si applica** alle plusvalenze derivanti dalla cessione di partecipazioni al capitale o al patrimonio, di titoli o strumenti finanziari e di contratti, non qualificati (art. 68, c. 4, D.P.R. n. 917/1986), salvo la dimostrazione, anche a seguito dell'esercizio dell'interpello (art. 47-bis, c. 3, D.P.R. n. 917/1986), del rispetto della condizione che dalle partecipazioni non consegua l'effetto di localizzare i redditi in Stati o territori a regime fiscale privilegiato, c.d. "esimente" (art. 47-bis, c. 2, lett. b), D.P.R. n. 917/1986).

> Per verificare se le **cessioni di partecipazioni** sono **qualificate o meno**, si deve tener conto delle cessioni effettuate nei 12 mesi precedenti, ma solo se, in tale periodo, il contribuente abbia posseduto almeno per un giorno una percentuale superiore a quella di qualificazione.

> A partire dalle **plusvalenze realizzate dal 1° gennaio 2019,** si applica l'imposta sostitutiva del 26% anche su quelle relative a **partecipazioni qualificate**.

Anche alle distribuzioni di utili deliberate entro il 31 dicembre 2017 è applicabile il regime fiscale che differenzia la misura imponibile in ragione del periodo di formazione degli utili (ris. 6 giugno 2019, n. 56/E).

Dichiarazione 15.3.19.

La dichiarazione è **obbligatoria** per le plusvalenze relative a **partecipazioni qualificate**.
Questo metodo prevede l'obbligo da parte del contribuente di indicare nella propria dichiarazione i redditi di capitali o finanziari da assoggettare all'imposta sostitutiva.
Il metodo di determinazione del reddito prevede la compensazione tra plusvalenze e minusvalenze con riporto a nuovo dell'eventuale perdita nei quattro periodi d'imposta successivi.

Tassazione delle plusvalenze su partecipazioni				
Tipologia	**Tipo di partecipazioni**	**Soggetti emittenti o stipulanti**	**Interpello favorevole**	**Tassazione**
Plusvalenze derivanti dalla cessione di partecipazioni al capitale o al patrimonio, titoli e strumenti finanziari[1], contratti di associazione in partecipazione e cointeressenza[2]	Non qualificate	Residenti		Imposta sostitutiva 26%[6]
Plusvalenze derivanti dalla cessione di partecipazioni al capitale o al patrimonio, titoli e strumenti finanziari, contratti di associazione in partecipazione e cointeressenza[3]	Non qualificate	Non residenti non Paesi a fiscalità privilegiata		Imposta sostitutiva 26%[6]
Plusvalenze derivanti dalla cessione di partecipazioni al capitale o al patrimonio, titoli e strumenti finanziari	Non qualificate	Non residenti Paesi a fiscalità privilegiata		Imposta sostitutiva 26%[6]
Plusvalenze derivanti dalla cessione di partecipazioni al capitale o al patrimonio, titoli e strumenti finanziari, non qualificati, emessi da società estere, con interpello favorevole	Non qualificate	Non residenti Paesi a fiscalità privilegiata con titoli non quotati	SÌ	Imposta sostitutiva del 26%[6]
Plusvalenze derivanti dalla cessione di contratti di associazione in partecipazione e cointeressenza[3]	Non qualificate	Non residenti Paesi a fiscalità privilegiata	SÌ	Imposta sostitutiva 26%[6]
Plusvalenze derivanti dalla cessione di partecipazioni al capitale o al patrimonio, titoli e strumenti finanziari e contratti[4]	Qualificate	Residenti		Formazione del reddito complessivo nella misura del 58,14%[5-7]
Plusvalenze derivanti dalla cessione di partecipazioni al capitale o al patrimonio, titoli o strumenti finanziari e contratti[4]	Qualificate	Non residenti non Paesi a fiscalità privilegiata		Formazione del reddito complessivo nella misura del 58,14%[5-7]
Plusvalenze derivanti dalla cessione di partecipazioni al capitale o al patrimonio, titoli o strumenti finanziari e contratti[4]	Qualificate	Non residenti Paesi a fiscalità privilegiata	SÌ	Formazione del reddito complessivo nella misura del 58,14%[5-7]
Plusvalenze derivanti dalla cessione di partecipazioni al capitale o al patrimonio, titoli o strumenti finanziari e contratti di associazione in partecipazione e cointeressenza	Qualificate	Non residenti Paesi a fiscalità privilegiata	NO	Formazione del reddito complessivo nella misura del 100%[7]

Tassazione delle plusvalenze su partecipazioni				
Tipologia	Tipo di partecipazioni	Soggetti emittenti o stipulanti	Interpello favorevole	Tassazione
Plusvalenze derivanti dalla cessione di partecipazioni al capitale o al patrimonio, titoli o strumenti finanziari	Non qualificate	Non residenti Paesi a fiscalità privilegiata con titoli non quotati	NO	Formazione del reddito complessivo nella misura del 100%
Plusvalenze derivanti dalla cessione di contratti di associazione in partecipazione e cointeressenza, le cui remunerazioni sono deducibili dal reddito dell'associante	Qualificate e non qualificate	Non residenti non Paesi a fiscalità privilegiata e Paesi a fiscalità privilegiata		Formazione del reddito complessivo nella misura del 100%

[1] Gli strumenti finanziari qualora siano rappresentativi di quote di patrimonio devono considerarsi al pari delle partecipazioni qualificate o non qualificate a seconda dell'entità della quota patrimoniale rappresentata.

Per presunzione legislativa sono, invece, sempre assimilabili alle partecipazioni qualificate gli strumenti finanziari che non rappresentano una partecipazione al patrimonio.

[2] I contratti di associazione in partecipazione e cointeressenza sono qualificati o meno a seconda che il valore dell'apporto di capitale sia superiore o meno al 5% o al 25% del patrimonio netto contabile risultante dall'ultimo bilancio approvato prima della data di stipula del contratto, secondo che si tratti di società i cui titoli siano negoziati in mercati regolamentati o di altre partecipazioni.

[3] Deve trattarsi di partecipazioni al capitale o al patrimonio, di titoli o strumenti finanziari e contratti le cui remunerazioni sono indeducibili dal reddito del soggetto emittente. Per i contratti di associazione in partecipazione con società estere in Paesi a fiscalità privilegiata e non - che non soddisfino la condizione dell'indeducibilità in capo all'associante si applica la tassazione integrale indipendentemente dalla circostanza che i titoli della società estera siano o meno negoziati.

[4] Deve trattarsi di partecipazioni al capitale o al patrimonio, di titoli o strumenti finanziari e contratti le cui remunerazioni sono indeducibili dal reddito del soggetto emittente.

[5] 40% sino al periodo d'imposta in corso al 31 dicembre 2007 e 49,72% dal 1° gennaio 2008 al 31 dicembre 2016 (D.M. 2 aprile 2008).

[6] 20% sino al 30 giugno 2014 (D.L. n. 66/2014).

[7] Tassate con imposta sostitutiva del 26% a partire dal 1° gennaio 2019.

Regimi per le plusvalenze su partecipazioni non qualificate 15.3.20.

Per le plusvalenze derivanti da partecipazioni non qualificate sono previsti **tre regimi**:
- in **sede di dichiarazione** (art. 5, D.Lgs. n. 461/1997) (➔95.7.);
- il regime **opzionale del risparmio amministrato** (art. 6, D.Lgs. n. 461/1997) (➔95.8.);
- il regime **opzionale del risparmio gestito** (art. 7, D.Lgs. n. 461/1997).

Tali regimi sono applicabili anche per le plusvalenze su **partecipazioni qualificate, realizzate a partire dal 1° gennaio 2019** (art. 1, c. 1000-1002, Legge n. 205/2017).

Non sono soggetti a tassazione i guadagni di capitale (diversi dalle plusvalenze derivanti dalla cessione di partecipazioni qualificate) conseguiti da residenti in Stati e territori che consentono un adeguato scambio di informazioni (art. 5, c. 5, D.Lgs. n. 461/1997).

Regime	Modalità applicativa
Dichiarazione	La tassazione **in sede di dichiarazione prevede** le stesse modalità di quelle per le partecipazioni qualificate. È obbligatorio se non si opta per il regime del risparmio gestito o amministrato. L'**imposta sostitutiva** va liquidata mediante versamento diretto nei termini e nei modi previsti per il versamento delle imposte sui redditi dovuti a saldo in base alla dichiarazione. L'eventuale imposta sostitutiva pagata fino al superamento delle percentuali di partecipazione o di diritti di voto del 5% o 25% è portata in detrazione dalle imposte sui redditi.
Risparmio amministrato	L'imposta è applicata, a titolo definitivo, dall'**intermediario finanziario**. È possibile **compensare** le plusvalenze con le minusvalenze e riportare le perdite nei quattro periodi d'imposta successivi. Il regime è ammesso solo per le operazioni in cui intervengano intermediari presso i quali il contribuente intrattiene rapporti di custodia, amministrazione e deposito e non semplicemente di conto corrente. Il contribuente deve effettuare l'opzione al momento della stipula. L'opzione vincola per l'intero periodo d'imposta con possibilità di revoca entro la fine del medesimo anno con effetto per quello successivo. I redditi tassati sono quelli effettivamente realizzati e percepiti. I dividendi, gli interessi derivanti dai titoli dei grandi emittenti e dai titoli esteri, i proventi delle operazioni pronti contro termine (su titoli e valute), riporti e mutuo di titoli garantito, gli interessi dei depositi e conti correnti sono tassati autonomamente e non è possibile effettuare compensazioni fra redditi di capitale e minusvalenze o perdite. È, comunque, possibile **optare per la tassazione ordinaria dei dividendi** con il beneficio del credito d'imposta. Le plusvalenze realizzate dalla cessione di **valute estere rivenienti da depositi e conti correnti** non sono tassate.
Risparmio gestito	L'imposta è applicata, a titolo definitivo, dall'**intermediario finanziario**. È possibile **compensare** le plusvalenze con le minusvalenze e riportare le perdite nei quattro periodi d'imposta successivi. Viene tassato l'incremento di valore del patrimonio gestito (**risultato della gestione**) depurato dei redditi esenti e di quelli già tassati ad altro titolo. Per i **contratti di gestione avviati o conclusi in corso d'anno**, in luogo del patrimonio all'inizio dell'anno si assume il patrimonio alla data di stipula del contratto ovvero in luogo del patrimonio al termine dell'anno si assume il patrimonio alla chiusura del contratto. Il risultato della gestione comprende anche i dividendi, gli interessi derivanti dai titoli dei grandi emittenti e dai titoli esteri, i proventi delle operazioni pronti contro termine (su titoli e valute), riporti e mutuo di titoli garantito, gli interessi dei depositi e conti correnti (se la giacenza media non supera il 5% del patrimonio gestito). Se in un anno il risultato della gestione è negativo, il corrispondente importo è portato in diminuzione del risultato della gestione dei periodi d'imposta successivi ma non oltre il quarto per l'intero importo che trova capienza in essi. I **valori non negoziati in mercati regolamentati** non possono eccedere il **10% del portafoglio medio gestito**; altrimenti il contribuente deve revocare l'opzione limitatamente a tali titoli o subire la valutazione degli stessi secondo la regola del valore normale.

Regime	Modalità applicativa
	L'**opzione** non può essere esercitata e, se esercitata perde effetto, qualora le percentuali di diritti di voto o di partecipazione rappresentate dalle partecipazioni, titoli o diritti complessivamente posseduti dal contribuente siano superiori ad una percentuale di diritti di voto esercitabili nell'assemblea ordinaria superiore al 2 o al 20% ovvero una partecipazione al capitale od al patrimonio superiore al 5 o al 25%, secondo che si tratti di titoli negoziati in mercati regolamentati o di altre partecipazioni. Il contribuente deve **comunicare** ai soggetti intermediari il **superamento delle percentuali** entro 15 giorni dalla data in cui sia avvenuto o, se precedente, all'atto della prima cessione, ogniqualvolta tali soggetti, sulla base dei dati e delle informazioni in loro possesso, non siano in grado di verificare il superamento. Nel caso di indebito esercizio dell'opzione o di omessa comunicazione si applica la **sanzione amministrativa** dal 2 al 4% del valore delle partecipazioni, titoli o diritti posseduti alla data della violazione. L'opzione non produce effetto per i redditi derivanti dalle partecipazioni al capitale o al patrimonio, dai titoli o strumenti finanziari e dai contratti, non qualificati (art. 68, c. 4, D.P.R. n. 917/1986), salvo la dimostrazione, anche a seguito dell'esercizio dell'interpello (➜11.5.5.) (art. 47-bis, c. 3, D.P.R. n. 917/1986) del rispetto della condizione che dalle partecipazioni non consegua l'effetto di localizzare i redditi in Stati o territori a regime fiscale privilegiato (art. 47-bis, c. 2, lett. b) D.P.R. n. 917/1986).

Tassazione dei non residenti (➜9.2.6.)

Adempimenti a carico degli intermediari 15.3.21.

Sempreché non sia esercitata la facoltà di opzione per il regime del risparmio amministrato o gestito, i notai nonché gli intermediari professionali e le società ed enti emittenti, che comunque intervengono, anche in qualità di controparti, nelle cessioni e nelle altre operazioni che possono generare redditi capital gain e altri redditi diversi (art. 67, c. 1, lett. da c) a c-quinquies), D.P.R. n. 917/1986), devono rilasciare alle parti la relativa **certificazione** (art. 10, D.Lgs. n. 461/1997).
Gli stessi soggetti sono tenuti a comunicare all'Amministrazione finanziaria i dati relativi alle singole operazioni effettuate nell'anno precedente; nei confronti delle società emittenti tale disciplina si applica anche in caso di annotazione del trasferimento delle azioni o delle quote sociali.
Gli adempimenti di cui si discute, invece, non si applicano alle cessioni ed altre operazioni che generino plusvalenze o altri proventi non imponibili nei confronti dei soggetti non residenti.

Sanzioni **-** Le violazioni degli obblighi di cui sopra, per effetto delle quali risulti impedita l'identificazione dei soggetti cui le operazioni si riferiscono, sono punite con la sanzione amministrativa **da 516,46 euro a 5.164,57 euro**.

ALTRI REDDITI DIVERSI 15.4.

Premi e vincite 15.4.1.

Sono classificati come redditi diversi (art. 67, c. 1, lett. d), D.P.R. n. 917/1986):
- le **vincite delle lotterie**, dei **concorsi a premio**, dei giuochi e delle scommesse organizzati per il pubblico;
- i premi derivanti da **prove di abilità** o dalla **sorte** e quelli attribuiti in riconoscimento di particolari meriti artistici, scientifici o sociali;
- le vincite conseguite per effetto della **partecipazione a giochi *online*** (ris. 30 dicembre 2010, n. 141/E).

Non costituiscono redditi tassabili i **premi** e le vincite realizzati **in ambito "familiare e privato"**, ivi compresi i casi di manifestazioni che si svolgono in **circoli** il cui accesso è riservato ai soli soci (circ. 10 febbraio 1998, n. 47/E e ris. 30 marzo 2000, n. 42/E).

Determinazione del reddito - I premi e le vincite costituiscono reddito per l'**intero ammontare percepito** nel periodo d'imposta, senza alcuna deduzione (art. 69, D.P.R. n. 917/1986).

Se l'erogazione del reddito avviene da parte di un soggetto che non è sostituto d'imposta è necessario l'adempimento degli obblighi dichiarativi da parte del contribuente mediante la compilazione del **quadro RL** del Mod. Redditi PF (ris. 30 dicembre 2010, n. 141/E).

IRPEF

Ritenute - I premi derivanti da operazioni a premio assegnati a soggetti per i quali assumono rilevanza reddituale, gli altri premi comunque diversi da quelli su titoli e le vincite derivanti dalla sorte, da giuochi di abilità, da concorsi a premio, da pronostici e da scommesse, corrisposti dallo Stato, da persone giuridiche pubbliche o private e dai sostituti d'imposta, sono soggetti a una **ritenuta alla fonte a titolo d'imposta**, con facoltà di rivalsa, con esclusione dei casi in cui altre disposizioni già prevedano l'applicazione di ritenute alla fonte (art. 30, D.P.R. n. 600/1973).

Vincita o premio	Ritenuta[1]
Lotto[2]	8%
Lotterie, tombole, pesche o banchi di beneficenza autorizzati a favore di enti e comitati di beneficenza[3]	10%
Giuochi svolti in occasione di spettacoli radio-televisivi, competizioni sportive o manifestazioni di qualsiasi altro genere nei quali i partecipanti si sottopongono a prove basate sull'abilità o sull'alea o su entrambe[3]	20%
Altre tipologie[3]	25%

[1] Le ritenute non si applicano se il **valore complessivo** dei premi derivanti da operazioni a premio attribuiti nel periodo d'imposta dal sostituto d'imposta al medesimo soggetto **non supera l'importo di 25,82 euro**. Se il valore è superiore al 25,82 euro, lo stesso è assoggettato interamente a ritenuta.
[2] Art. 6, c. 2, D.L. 24 aprile 2017, n. 50.
[3] Art. 30, c. 2, D.P.R. n. 600/1973.

Tali disposizioni non trovano applicazione per i premi che concorrono a formare il reddito di lavoro dipendente.
Se i premi sono costituiti da **beni diversi dal denaro o da servizi**, i vincitori hanno facoltà, se chi eroga il premio intende esercitare la rivalsa, di chiedere un premio di valore inferiore già prestabilito, differente per quanto possibile, rispetto al primo, di un importo pari all'imposta gravante sul premio originario.
Le eventuali **differenze** sono conguagliate in denaro.
La ritenuta sulle vincite e sui premi del **lotto**, delle **lotterie nazionali**, dei **giuochi di abilità** e dei concorsi pronostici **esercitati dallo Stato**, è compresa nel prelievo operato dallo Stato in applicazione delle regole stabilite dalla legge per ognuna di tali attività di giuoco.
La ritenuta sulle vincite dei **giuochi di abilità** e dei **concorsi pronostici** esercitati dal CONI e dall'UNIRE è compresa nell'imposta unica prevista dalle leggi vigenti.
L'imposta sulle vincite nelle **scommesse al totalizzatore e al libro** è compresa nell'importo dei diritti erariali dovuti a norma di legge.
La ritenuta sulle vincite corrisposte dalle **case da gioco autorizzate** è compresa nell'imposta sugli spettacoli (art. 3, D.P.R. n. 640/1972).

Ritenute su premi e vincite		
Redditi	**Aliquota**	**Base imponibile**
Premi delle lotterie, tombole, pesche o banchi di beneficenza autorizzati a favore di enti e comitati di beneficenza di importo superiore a 25,82 euro	10% definitivo	100%
Premi dei giuochi svolti in occasione di spettacoli radio-televisivi, competizioni sportive o manifestazioni di qualsiasi altro genere nei quali i partecipanti si sottopongono a prove basate sull'abilità o sull'alea o su entrambe, di imposto superiore a 25,82 euro	20% definitivo	100%
Altre tipologie di premi e vincite, di imposto superiore a 25,82 euro	25% definitivo	100%

15.4.2. Redditi fondiari non determinabili catastalmente

Rientrano tra i redditi diversi (artt. 67, c. 1, lett. e) e 70, c. 1, D.P.R. n. 917/1986):
- i **censi**, le **decime** e i quartesi e **altri redditi di natura fondiaria non determinabili catastalmente**, ancorché consistenti in prodotti del fondo o commisurati ad essi;

- i redditi dei **beni immobili** situati nel territorio dello Stato che **non sono e non devono essere iscritti in catasto** con attribuzione di rendita (ad esempio, le abitazioni abusive);
- i redditi dei **terreni dati in affitto per usi non agricoli**.

Tra i **redditi non determinati catastalmente** vi sono:
- gli **indennizzi per occupazione temporanea** (ad esempio per prefabbricati utilizzati da persone danneggiate da eventi alluvionali o sismici) o per lo stazionamento temporaneo di *roulottes*;
- le somme percepite dai cacciatori per la **vendita della selvaggina**;
- i compensi percepiti a fronte della concessione dei **diritti di sfruttamento delle cave**.

Tali redditi concorrono a formare il reddito complessivo nell'ammontare e per il periodo d'imposta in cui sono percepiti.

È qualificato reddito diverso anche il **reddito del canone di locazione** in caso di immobile concesso **in locazione dal comodatario** per periodi non superiori a 30 giorni (➜**10.3.11.**).

Beni immobili situati all'estero 15.4.3.

I **redditi** dei **terreni** e dei **fabbricati** situati all'estero e **posseduti da residenti** fiscali in Italia concorrono alla formazione del reddito complessivo con criteri diversi a seconda che si tratti di (art. 67, c. 1, lett. f) e 70, c. 2, D.P.R. n. 917/1986):
- immobili soggetti ad **imposizione in base a criteri catastali** nello Stato ove l'immobile è situato;
- immobili per i quali **non è prevista** una **tassazione su base catastale** (nel qual caso, i presupposti per la tassazione sono generalmente costituiti dalla presenza di canoni di locazione).

Se lo Stato estero non assoggetta ad imposizione l'immobile e il contribuente non ha percepito alcun reddito, nulla deve essere dichiarato.

Tassazione estera	Tassazione in Italia
Su base catastale	La tassazione è sull'**ammontare netto** risultante dalla valutazione effettuata nello Stato estero per il corrispondente periodo d'imposta; in caso di difformità dei periodi d'imposizione, si fa riferimento al periodo d'imposizione estero che scade nel corso di quello italiano. Pertanto, il contribuente deve dichiarare l'ammontare risultante dalla valutazione effettuata nello Stato estero, ridotto delle spese ivi eventualmente riconosciute. Al contribuente spetta il **credito d'imposta** per le imposte pagate all'estero (➜**33.1.**) (art. 165, D.P.R. n. 917/1986).
Non su base catastale	Il contribuente deve dichiarare il **reddito percepito** (es. canoni di locazione), potendo usufruire al contempo di una **riduzione forfetaria del 15%**. In particolare: - se il reddito derivante dalla locazione è soggetto a imposte sui redditi nello Stato estero, occorre indicare nella dichiarazione italiana l'ammontare dichiarato nello Stato ove è situato l'immobile; in questo caso spetta il credito per le imposte estere, e non la deduzione forfetaria del 15%; - se, invece, lo Stato estero non prevede l'imposizione diretta sui canoni di locazione, concorre alla formazione del reddito italiano il canone ridotto del 15%, senza potere fruire del credito per le imposte estere.

Imposta sugli immobili detenuti all'estero (IVIE) - È prevista un'imposta sul valore degli immobili situati all'estero, a qualsiasi uso destinati dalle persone fisiche residenti nel territorio dello Stato (c.d. IVIE) (➜**67.5.**).

Per gli immobili sottoposti all'IVIE non si applicano le regole previste ai fini IRPEF per gli immobili situati all'estero (art. 70, c. 2, D.P.R. n. 917/1986).

Utilizzazione economica di opere dell'ingegno, brevetti e formule 15.4.4.

Sono classificati come redditi diversi quelli derivanti dall'**utilizzazione economica di opere dell'ingegno**, di **brevetti industriali** e di processi, formule e informazioni relativi ad esperienze acquisite in campo industriale, commerciale o scientifico, **esclusi quelli spettanti all'autore o inventore**, che si considerano redditi di lavoro autonomo (art. 67, c. 1, lett. g), D.P.R. n. 917/1986).

La disposizione deve essere letta in correlazione alla disciplina prevista in materia di lavoro autonomo (art. 53, c. 2, lett. b), D.P.R. n. 917/1986), secondo la quale i medesimi redditi, se non conseguiti nell'esercizio di imprese commerciali, rientrano tra quelli di lavoro autonomo assimilato (➜13.3.1.).
Dalla lettura combinata delle due disposizioni si evince che:

- se il soggetto beneficiario è l'**autore o inventore**, i redditi hanno natura di redditi di **lavoro autonomo**;
- se, invece, il **soggetto beneficiario ha acquisito il bene immateriale** dal cui sfruttamento economico deriva il reddito - a titolo oneroso o a titolo gratuito (es. erede dell'autore o dell'inventore) - il reddito ritratto ha natura di **reddito diverso**.

Pertanto, rientrano tra i redditi diversi solo quelli percepiti dagli aventi causa a titolo gratuito (eredi e legatari dell'autore o inventore) o da soggetti che abbiano acquistato a titolo oneroso i diritti alla loro utilizzazione.

Determinazione del reddito - Tali redditi sono imponibili per l'**ammontare** percepito nel periodo d'imposta, **ridotto del 25%** se i diritti dalla cui utilizzazione derivano sono stati acquistati a titolo oneroso.
Non sono previste riduzioni se sono **pervenuti a titolo gratuito** (art. 71, D.P.R. n. 917/1986).

Percipiente non residente - I redditi sono tassati in Italia (➜9.2.) (art. 23, c. 2, lett. c), D.P.R. n. 917/1986).
Su tali redditi è prevista l'applicazione di una **ritenuta a titolo d'imposta del 30%** sulla parte imponibile del loro ammontare.

> La locuzione "sulla parte imponibile del loro ammontare" indica la necessità di operare il prelievo **sul 75% dell'ammontare corrisposto**, se il soggetto non residente ha acquisito i diritti di sfruttamento dei beni immateriali a titolo oneroso (circ. 2 novembre 2005, n. 47/E).

15.4.5. Beni in godimento a soci o familiari

La **differenza** tra il **valore di mercato** e il **corrispettivo annuo** per la concessione in godimento di beni dell'impresa a **soci o familiari dell'imprenditore rientra tra i redditi diversi** (art. 67, c. 1, lett. h-ter), D.P.R. n. 917/1986).

Soggetti che concedono i beni in godimento - Sono interessati l'imprenditore individuale, le società di capitali, le società cooperative, le Stabili Organizzazioni di società non residenti, gli enti privati di tipo associativo limitatamente ai beni relativi alla sfera commerciale.
Sono **escluse le società semplici**.

> Nel caso in cui l'imprenditore individuale **affitti l'unica azienda**, egli perde lo *status* di imprenditore e i canoni percepiti si configurano quindi come redditi diversi (ris. 28 novembre 2002, n. 374/E).

Soggetti che utilizzano i beni - Sono i **soci**, residenti e non residenti nel territorio dello Stato, di società ed enti privati di tipo associativo residenti che svolgono attività commerciale, i **familiari**, residenti e non residenti nel territorio dello Stato, dell'imprenditore individuale residente nel territorio dello Stato (circ. 15 giugno 2012, n. 24/E).
Vi rientrano anche:

- i soggetti residenti e non residenti che **nella sfera privata** utilizzano in godimento i **beni della loro impresa commerciale** residente nel territorio dello Stato; i familiari, residenti e non residenti nel territorio dello Stato di tale soggetto;
- i soci e i loro familiari che ricevono in godimento i **beni di società controllate o collegate** (art. 2359 c.c.) a quella partecipata dai medesimi soci.

Ambito oggettivo - La disciplina si applica ai **beni strumentali**, ai **beni merce** e ai **beni patrimoniali**, di proprietà dell'impresa o posseduti per effetto di un diritto reale di godimento (uso, usufrutto, ecc.), ovvero detenuti in locazione, anche finanziaria, o in noleggio.
In particolare, per l'**imprenditore individuale**, si considerano relativi all'impresa i beni indicati nell'**inventario** (art. 65, D.P.R. n. 917/1986).
Sono esclusi i beni di società e di enti privati di tipo associativo che svolgono attività commerciale, residenti o non residenti, concessi in godimento a enti non commerciali soci che utilizzano gli stessi beni per fini esclusivamente istituzionali.

Determinazione del reddito - La **differenza** tra valore di mercato e corrispettivo annuo concorre a formare il reddito imponibile del socio o familiare utilizzatore.

I **costi** relativi ai beni dell'impresa concessi in godimento a soci o familiari dell'imprenditore per un corrispettivo annuo inferiore al valore di mercato del diritto di godimento non possono, in nessun caso, essere dedotti dal reddito imponibile.

Per esigenze di certezza e di documentabilità, al fine di verificare gli accordi previsti dalle parti per la concessione in godimento del bene relativo all'impresa, il corrispettivo annuo e le altre condizioni contrattuali devono risultare da **apposita certificazione scritta** di data certa, antecedente alla data di inizio dell'utilizzazione del bene (circ. 15 giugno 2012, n. 24/E).
In sua assenza il contribuente può, comunque, diversamente dimostrare quali sono gli elementi essenziali dell'accordo (circ. 24 settembre 2012, n. 36/E).

Nel caso in cui il bene sia concesso in godimento per una **frazione di anno**, ai fini del calcolo dell'ammontare da assoggettare a tassazione, il valore di mercato deve essere rapportato alla stessa.

In caso di **godimento di autoveicoli** il valore normale deve essere determinato confrontando il valore normale del diritto di godimento del bene (art. 51, c. 4, D.P.R. n. 917/1986), al netto del corrispettivo eventualmente pagato, con il reddito imputato all'imprenditore individuale o attribuito al socio utilizzatore per trasparenza corrispondente all'ammontare dei costi non ammessi in deduzione per effetto della percentuale di forfetizzazione; l'eventuale **eccedenza** del valore normale rispetto al predetto reddito è assoggettata a tassazione come reddito diverso (circ. 24 settembre 2012, n. 36/E).
Comunque, la **concessione in uso dell'autovettura ad amministratore/socio** che sia **anche dipendente** della società, configurando un *fringe benefit*, non rientra nell'ambito applicativo della norma ma resta assoggettata alla disciplina fiscale dei fringe benefits per i dipendenti (circ. 19 giugno 2012, n. 25/E).

Riflessi fiscali in capo alla società concedente - Per ciò che attiene al trattamento fiscale in capo alla **società concedente**, i **costi** relativi ai beni dell'impresa concessi in godimento a soci o familiari dell'imprenditore per un corrispettivo annuo inferiore al valore di mercato del diritto di godimento non sono in ogni caso ammessi in deduzione dal reddito imponibile (art. 2, c. 36-quaterdecies, D.L. n. 138/2011).
Si tratta, a titolo esemplificativo, delle **quote di ammortamento**, delle **spese di manutenzione e** delle spese **di gestione**; in relazione a tali costi, occorre effettuare una variazione in aumento in sede di dichiarazione dei redditi. Per individuare la parte di indeducibilità dei costi relativi al bene concesso in godimento, è necessario tener conto della differenza tra il valore di mercato del diritto di godimento e il corrispettivo pattuito e tassato dalla società.

CASO 2 - Effetti per la società concedente
- Corrispettivo pattuito per la concessione in godimento del bene: 10.000,00 euro;
- valore di mercato del diritto di godimento: 12.000,00 euro;
- costi complessivamente sostenuti nell'anno per il bene concesso in godimento: 3.000,00 euro;
- la quota di costo indeducibile è pari a: 3.000 x 2.000 / 12.000 = 500,00 euro.

Attività commerciali occasionali 15.4.6.

Sono qualificati come redditi diversi quelli derivanti da **attività commerciali non esercitate abitualmente**, ovvero **occasionali** (art. 67, c. 1, lett. i), D.P.R. n. 917/1986).
Costituiscono, ad esempio, attività commerciali occasionali, suscettibili di generare redditi diversi:
- la distribuzione e consegna di **guide telefoniche** (ris. 1 marzo 2004, n. 21/E);
- l'attività di **bed and breakfast** (ris. 13 ottobre 2000, n. 155/E e ris. 24 gennaio 2008, n. 18/E);
- il **procacciamento di singoli affari** (ris. 22 luglio 1976, n. 8/906);
- la vendita occasionale di prodotti attraverso la tecnica della **vendita diretta** (ris. 22 luglio 1976, n. 8/906);
- la raccolta di **inserzioni per giornali** (ris. 17 gennaio 1977, n. 8/034);
- la **somministrazione occasionale di pasti** approntati mediante l'utilizzo del prodotto del fondo (ris. 7 luglio 1982, n. 7/4420);
- la figura di **"osservatore" di calciatori** ove svolta in forma occasionale (circ. 20 dicembre 2013, n. 37/E);
- l'utilizzazione di **fanghi di depurazione in agricoltura** (ris. 26 luglio 2010, n. 74/E).

Anche il **compimento di un unico affare** può costituire impresa quando implichi l'esecuzione di una serie coordinata di atti economici (circ. 7 agosto 2002, n. 273/E).

Determinazione del reddito - Il reddito è costituito dalla differenza tra l'ammontare percepito nel periodo d'imposta e le spese specificamente inerenti alla produzione del reddito (art. 71, D.P.R. n. 917/1986).

15.4.7. Attività di lavoro autonomo occasionale

Rientrano tra i redditi diversi quelli derivanti da attività di lavoro autonomo **occasionali** o dall'**assunzione di obblighi di fare, non fare o permettere** (art. 67, c. 1, lett. l), D.P.R. n. 917/1986).
Rientrano, ad esempio, nell'ambito del lavoro autonomo occasionale, se esercitate in forma saltuaria, le prestazioni di:
- **facchinaggio** (ris. 18 settembre 1975, n. 10/917);
- **custodia dei reperti archeologici** (ris. 3 agosto 1974, n. 10/1056).

> Le prestazioni rese da **soggetti iscritti ad Albi professionali** e rientranti nell'oggetto della professione esercitata **non possono mai costituire prestazioni di lavoro autonomo occasionale**, anche se di importo minimo (ris. 12 marzo 2007, n. 42/E).
> Rientra tra i redditi diversi il compenso percepito quando ormai, avendo chiuso la partiva IVA, il soggetto **non** svolge più la sua attività professionale **in maniera abituale** (risposta a interpello 2 settembre 2020, n. 299).

Determinazione del reddito - Il reddito è costituito dall'ammontare percepito nel periodo d'imposta al netto delle spese inerenti sostenute.

Ritenuta - I compensi sono soggetti, all'atto del pagamento, a una **ritenuta del 20% a titolo di acconto** dell'IRPEF dovuto dai percipienti (art. 25, c. 1, D.P.R. n. 600/1973).

> Non è necessario assoggettare a ritenuta alla fonte l'**indennizzo** erogato dal committente per il rimborso o l'anticipo delle sole **spese strettamente necessarie** per l'esecuzione di una prestazione di lavoro autonomo occasionale (ris. 11 luglio 2013, n. 49/E).

> I sostituti d'imposta applicano ai compensi corrisposti ai **raccoglitori occasionali di tartufi** non identificati ai fini dell'IVA, in relazione alle cessioni di tartufi, una ritenuta a titolo d'imposta, con aliquota pari a quella prevista per il primo scaglione di reddito IRPEF commisurata all'ammontare dei corrispettivi pagati ridotto del 22% a titolo di deduzione forfetaria delle spese di produzione del reddito (art. 25-quater, D.P.R. n. 600/1973).

15.4.8. Sportivi dilettanti

Tra i redditi diversi sono ricompresi quelli percepiti nell'ambito dell'attività sportiva dilettantistica e, più precisamente (art. 67, c. 1, lett. m), D.P.R. n. 917/1986):
- le **indennità di trasferta**;
- i **rimborsi spese forfetari**;
- i **premi e i compensi** erogati nell'esercizio diretto di attività sportive dilettantistiche.

Tassazione - Le indennità di trasferta e i rimborsi forfetari di spesa, i premi e i compensi erogati dal CONI, dalla società Sport e Salute S.p.A. (con effetto dal 2021), dalle Federazioni sportive nazionali, dall'UNIRE, dagli Enti di promozione sportiva e da qualunque organismo, comunque denominato, che persegue finalità dilettantistiche e che da essi sia riconosciuto, percepiti da soggetti che svolgono attività sportiva dilettantistica sono assoggettati ad imposizione secondo le seguenti modalità (circ. 22 aprile 2003, n. 21/E, par. 5.2):
- i **primi 10.000 euro** complessivamente percepiti nel periodo d'imposta non concorrono alla formazione del reddito;
- sulla **parte che eccede 10.000 euro fino a 30.658,28 euro** viene operata una ritenuta a titolo d'imposta, con un'aliquota del primo scaglione di reddito, maggiorato delle addizionali IRPEF;
- sulle **somme eccedenti i 30.658,28 euro** viene operata una ritenuta a titolo d'acconto, sempre con un'aliquota del primo scaglione di reddito, maggiorato delle addizionali IRPEF.

Sono **esclusi** dall'imposizione i rimborsi di spese documentate relative al **vitto**, all'**alloggio**, al **viaggio** ed al **trasporto**, sostenute in occasione di prestazioni effettuate fuori dal territorio comunale.
Questa modalità di imposizione è applicata:
- ai rapporti di **collaborazione** coordinata e continuativa svolta da soggetti con **funzioni amministrative e gestionali** di natura non professionale;

- ai compensi erogati ai **direttori artistici e ai collaboratori tecnici** per prestazioni di natura non professionale da parte di **cori, bande musicali e filodrammatiche** che perseguono finalità dilettantistiche (art. 1, c. 299, Legge n. 296/2006);
- alle **Federazioni sportive nazionali**, alle discipline associate ed agli Enti di promozione sportiva riconosciuti dal CONI. Sono inoltre incluse le associazioni che si occupano di formazione, didattica, preparazione e assistenza all'attività sportiva dilettantistica (art. 35, c. 5-7, D.L. n. 207/2008).

Cori, bande musicali e filodrammatiche con finalità dilettantistiche - È stato chiarito che:

- i proventi devono essere corrisposti al direttore artistico e ai collaboratori tecnici a fronte di prestazioni di **natura non professionale**; sono pertanto escluse dall'ambito di applicazione della norma le somme erogate a soggetti la cui attività artistica o musicale è resa in favore di cori, bande musicali e filodrammatiche nell'ambito della stessa professione da essi svolta abitualmente in modo indipendente ed autonomo a una potenziale pluralità di committenti;
- nella nozione di **collaboratore tecnico** rientrano soltanto quei soggetti che - insieme al direttore artistico - prendono parte direttamente alle manifestazioni artistiche e musicali organizzate da cori, bande musicali e filodrammatiche, offrendo contributi afferenti alla tecnica delle manifestazioni stesse;
- non rientrano nell'ambito della norma i compensi eventualmente percepiti per **prestazioni di carattere amministrativo-gestionale** rese nei confronti dei cori, bande musicali e filodrammatiche (interrogazione 16 maggio 2007, n. 5-01033).

Altri redditi diversi 15.4.9.

Sono classificati come redditi diversi quelli derivanti da (art. 67, c. 1, lett. h) e h-bis), D.P.R. n. 917/1986):

- concessione in **usufrutto** e **sublocazione** di beni immobili;
- affitto, locazione, noleggio o concessione in uso di **veicoli**, **macchine** e **altri beni mobili**;
- affitto e concessione in usufrutto di **aziende**;
- affitto e concessione in usufrutto **dell'unica azienda** da parte dell'imprenditore: tali eventi si considerano estranei all'esercizio dell'impresa e quindi producono redditi diversi; in caso di successiva vendita totale o parziale dell'azienda, anche le plusvalenze realizzate concorrono a formare il reddito complessivo come redditi diversi;
- plusvalenze realizzate in caso di **successiva cessione, anche parziale, delle aziende** acquisite *mortis causa* o a titolo gratuito.

I redditi sono imponibili per l'ammontare percepito nel periodo d'imposta, dedotte le spese specificamente inerenti.

Plusvalenze derivanti da trasformazione eterogenea 15.4.10.

Sono classificate come redditi diversi anche le plusvalenze realizzate a seguito di trasformazione eterogenea e cioè di un **ente non commerciale in un soggetto IRES** (art. 171, c. 2, D.P.R. n. 917/1986) ove ricorrano i presupposti di tassazione previsti per i redditi diversi (art. 67, c. 1, lett. n), D.P.R. n. 917/1986).

IRPEF

16. CREDITI D'IMPOSTA

16.1. RIACQUISTO "PRIMA CASA"

Per i contribuenti che intendono acquistare la "prima casa", procedendo all'alienazione della precedente abitazione è concesso un **credito d'imposta** pari all'**imposta di registro o** all'**IVA assolta** in occasione del **precedente acquisto dell'abitazione principale** (art. 7, Legge n. 448/1998).

> Il credito d'imposta spetta al contribuente anche nell'ipotesi in cui proceda all'acquisto della nuova abitazione **prima della vendita dell'immobile preposseduto** (circ. 8 aprile 2016, n. 12/E).

Condizioni 16.1.1.

Per poter beneficiare del credito d'imposta occorre che:

- l'acquisto della **nuova "prima casa"** venga effettuato **entro un anno dalla vendita della precedente abitazione**;
- la **precedente abitazione** sia stata acquistata mediante applicazione **dell'aliquota agevolata** prevista ai fini dell'imposta di registro e dell'IVA per la prima casa.

Il credito d'imposta spetta anche se la costruzione del nuovo fabbricato da adibire ad abitazione principale è effettuata su un **terreno** di cui il contribuente è **già proprietario** al momento della cessione dell'immobile agevolato (ris. 26 gennaio 2017, n. 13/E).

Se il contribuente ha **già alienato una delle unità abitative scaturite dal frazionamento** dell'originario immobile agevolato, per fruire del credito d'imposta, dovrà procedere al riacquisto di un altro immobile, con le agevolazioni "prima casa", entro il termine di un anno dalla data del trasferimento e per fruire delle agevolazioni per il riacquisto dovrà **cedere le rimanenti unità immobiliari** derivanti dal frazionamento dell'immobile pre-posseduto entro un anno dalla data del nuovo acquisto (risposta a interpello 22 ottobre 2020, n. 496).

Misura 16.1.2.

Il credito d'imposta compete **in misura non superiore all'imposta di registro o all'IVA** dovuta in occasione dell'acquisto agevolato della nuova prima casa di abitazione non di lusso.

CASO 1 - Calcolo del credito d'imposta

Immobile acquistato il 30 dicembre 2012 di valore pari ad euro 150.000 e rivenduto in data 10 gennaio 2016.

Imposta di registro corrisposta in sede di acquisto pari ad euro 4.500 (150.000 x 3% - aliquota prima casa vigente fino al 31 dicembre 2013).

Altro immobile acquistato il 31 marzo 2016 di valore pari ad euro 160.000.

Imposta di registro dovuta pari ad euro 3.200 (160.000 x 2% - aliquota prima casa vigente dal 1° gennaio 2014).

Da tale importo deve essere scomputata l'imposta di registro, pari ad 1.800 euro, versata in sede di registrazione del contratto preliminare in relazione agli acconti prezzo (acconti pari ad euro 60.000 x 3% - Nota all'art. 10 della Tariffa parte prima allegata al D.P.R. n. 131/1986 = 1.800).

Imposta di registro dovuta per la registrazione del contratto definitivo pari ad 1.400 euro.

Credito d'imposta spettante (minore importo tra euro 4.500 ed euro 3.200) 3.200 euro.

Credito d'imposta utilizzato in diminuzione dall'imposta di registro dovuta sull'atto di acquisto agevolato che lo determina 1.400 euro.

La parte residua del credito, pari ad euro 1.800, può essere utilizzata in diminuzione dell'IRPEF dovuta in base alla dichiarazione da presentare successivamente alla data di acquisto del nuovo immobile ovvero in **compensazione nel Mod. F24**. Tale importo non può, invece, essere utilizzato in diminuzione dalle imposte di registro, ipotecarie e catastali, sulle successioni e donazioni dovute sugli atti e sulle denunce presentati dopo la data di acquisizione del credito.

Utilizzo 16.1.3.

È possibile utilizzare il credito d'imposta in vari modi:

- in **diminuzione dell'imposta di registro** dovuta in relazione al nuovo acquisto;
- in **diminuzione delle imposte di registro, ipotecaria, catastale**, dovute su atti e denunce presentati dopo la data di acquisizione del credito;
- in **diminuzione dell'IRPEF** dovuta in base alla dichiarazione da presentarsi successivamente al nuovo acquisto, ovvero alla dichiarazione da presentare nell'anno in cui è stato effettuato il riacquisto stesso;
- in **compensazione con altri tributi e contributi** dovuti in sede di versamenti unitari con il Mod. F24 (usando il **codice tributo 6602**).

In ogni caso, il credito d'imposta non dà luogo a rimborsi.

Nel caso in cui il **credito d'imposta per il riacquisto della prima casa** sia stato **utilizzato solo parzialmente** per il pagamento dell'imposta di registro dovuta per l'atto in cui il credito stesso è maturato, l'importo residuo può essere utilizzato dal contribuente in diminuzione dalle imposte sui redditi delle persone fisiche ovvero in compensazione.

IRPEF

Detto importo residuo non può, invece, essere utilizzato in diminuzione delle imposte di registro, ipotecaria, catastale, e dell'imposta sulle successioni e donazioni per gli atti presentati successivamente alla data di acquisizione del credito.

16.1.4. Credito non spettante

Il credito d'imposta per il riacquisto **non spetta** nelle seguenti ipotesi:

- se il contribuente è **decaduto** dall'agevolazione prima casa **in relazione al precedente acquisto**; ciò comporta automaticamente, oltre al recupero delle imposte ordinarie e delle sanzioni, anche il **recupero del credito eventualmente fruito**;
- se il contribuente ha acquistato il **precedente immobile con aliquota ordinaria**, senza cioè usufruire del beneficio "prima casa";
- se il **nuovo immobile** acquistato **non** ha i **requisiti "prima casa"**;
- se l'immobile alienato è pervenuto al contribuente per **successione o donazione**, salvo il caso in cui sul trasferimento siano state pagate le relative imposte.

L'agevolazione decade se, entro un anno dalla vendita dell'immobile, il contribuente acquista il nuovo immobile **mediante donazione** e l'atto di tale ultimo negozio non è soggetto a imposta (registro o IVA) (ris. 3 aprile 2008, n. 125/E).

16.1.5. Dichiarazione

Per fruire del credito d'imposta è necessario che il contribuente manifesti la propria volontà con **apposita dichiarazione nell'atto di acquisto** del nuovo immobile, specificando se intende o meno utilizzarlo in detrazione dall'imposta di registro dovuta per lo stesso atto.
Se, per errore, la dichiarazione è stata omessa, è comunque prevista la possibilità di integrare l'atto originario di acquisto con la stessa.
In tal caso, non è preclusa la spettanza del credito d'imposta, sempre che il contribuente sia in possesso della documentazione comprovante l'effettiva sussistenza dei requisiti.

Credito d'imposta riacquisto prima casa - Tavola di sintesi	
Cosa	**Come**
Condizioni	- L'acquisto della nuova "prima casa" deve essere effettuato entro un anno dalla vendita della precedente abitazione; - la precedente abitazione deve essere stata acquistata mediante applicazione dell'aliquota agevolata prevista ai fini dell'imposta di registro e dell'IVA per la prima casa.
Misura del credito d'imposta	**Non superiore all'imposta di registro o all'IVA** dovuta in occasione dell'acquisto agevolato della nuova prima casa di abitazione non di lusso.
Utilizzo	- In **diminuzione dell'imposta di registro** dovuta in relazione al nuovo acquisto; - in **diminuzione delle imposte di registro, ipotecaria, catastale**, dovute su atti e denunce presentati dopo la data di acquisizione del credito; - in **diminuzione dell'IRPEF** dovuta in base alla dichiarazione da presentarsi successivamente al nuovo acquisto, ovvero alla dichiarazione da presentare nell'anno in cui è stato effettuato il riacquisto stesso; - in **compensazione con altri tributi e contributi** dovuti in sede di versamenti unitari con il Mod. F24 (usando il **codice tributo 6602**).
Non spettanza	- Il contribuente **è decaduto dall'agevolazione "prima casa"** in relazione al precedente acquisto; - il contribuente ha acquistato il **precedente immobile** senza usufruire del beneficio "prima casa"; - il **nuovo immobile** acquistato **non** ha i **requisiti "prima casa"**; - l'immobile alienato è pervenuto al contribuente per **successione o donazione**, salvo il caso in cui sul trasferimento siano state pagate le relative imposte.
Dichiarazione	Occorre inserire una **apposita dichiarazione nell'atto di acquisto** del nuovo immobile, specificando se si intende o meno utilizzare il credito in detrazione dall'imposta di registro dovuta per lo stesso atto.

CULTURA (ART BONUS) 16.2.

È previsto un **credito d'imposta** del **65%** per le **erogazioni liberali per la cultura** (art. 1, D.L. n. 83/2014).

Soggetti ammessi 16.2.1.

Il *bonus* è previsto in favore delle **persone fisiche** nonché degli **enti non commerciali** e dei **soggetti titolari di reddito d'impresa**.

Erogazioni liberali ammesse 16.2.2.

Il credito d'imposta spetta per le erogazioni liberali in denaro effettuate:

- per interventi di **manutenzione, protezione e restauro** di **beni culturali pubblici**, per il sostegno degli **istituti e** dei **luoghi della cultura** di appartenenza pubblica e per la realizzazione di nuove strutture, il restauro e il potenziamento di quelle esistenti delle **fondazioni lirico-sinfoniche** o di enti o istituzioni pubbliche che, senza scopo di lucro, svolgono esclusivamente attività nello **spettacolo**;
- per interventi di manutenzione, protezione e restauro di beni culturali pubblici destinate ai **soggetti concessionari o affidatari** dei beni oggetto di tali interventi;
- per il sostegno delle **fondazioni lirico-sinfoniche e** dei **teatri di tradizione** (art. 1, c. 11, Legge n. 190/2014).

> Il credito d'imposta spetta anche ai soggetti che effettuano versamenti in denaro a favore di una fondazione costituita da un ente pubblico e che riceve contributi anche dallo Stato (ris. 7 novembre 2017, n. 136/E).

Il bonus spetta anche:

- per le erogazioni liberali effettuate a favore di un'associazione avente ad oggetto il **miglioramento** della condizione del **patrimonio culturale**, storico e artistico, che ha stipulato una convenzione per l'effettuazione di interventi di manutenzione, protezione e restauro di un bene culturale pubblico. Ciò a patto che siano soddisfatte alcune condizioni, quale ad esempio il fatto che le donazioni abbiano come causale del versamento il riferimento esplicito agli interventi di manutenzione, restauro che devono essere eseguiti (risposta a interpello 3 ottobre 2018, n. 20);
- per le erogazioni liberali destinate al **restauro** di una **Chiesa** (edificio monumentale), rientrante tra gli istituti e luoghi della cultura di appartenenza **pubblica** (risposta a interpello 22 novembre 2018, n. 81). Inoltre, una fondazione - in quanto centro di formazione e ricerca - non può essere considerata istituto della cultura: sono pertanto ammissibili al beneficio solo le erogazioni liberali destinate alla fondazione per interventi di manutenzione, protezione e restauro dei beni culturali pubblici ad essa affidati, non anche le altre erogazioni liberali destinate al generico sostegno della fondazione (risposta a interpello 22 novembre 2018, n. 78);
- per le erogazioni liberali corrisposte a favore di soggetti **organizzatori** di **festival** (risposte a interpello 28 dicembre 2018, n. 150 e n. 154);
- per le erogazioni liberali corrisposte agli **istituti** della **cultura** aventi personalità giuridica di diritto privato, ad esempio perché costituiti in forma di fondazione e che abbiano in realtà **natura** sostanzialmente **pubblicistica** (risposta a interpello 12 febbraio 2019, n. 48);
- per le erogazioni liberali corrisposte ad un'**associazione culturale** che intende realizzare, mediante **convenzione**, di durata temporale limitata, **con l'Amministrazione della difesa**, un progetto di restauro del cortile di un palazzo di proprietà demaniale di interesse storico artistico (risposta a interpello 7 ottobre 2020, n. 452);
- per le erogazioni liberali corrisposte ad una **Fondazione** che utilizza come **sede museale** un immobile di pregio sottoposto al **vincolo diretto** di tutela monumentale e la cui governance è di nomina pubblica (risposta a interpello 7 ottobre 2020, n. 453);
- per le erogazioni agli istituti e ai **luoghi della cultura** di **appartenenza pubblica aventi personalità giuridica di diritto privato**, ad esempio, perché costituiti in forma di fondazione, che hanno in realtà natura sostanzialmente pubblicistica, per il sostegno delle loro attività (risposta a interpello 12 ottobre 2020, n. 464).

Invece, **non** è possibile usufruire del bonus per:

- le erogazioni liberali effettuate a favore di **un'associazione non riconosciuta** che opera senza finalità di lucro all'interno del settore della cultura musicale (tramite l'organizzazione di concerti, rassegne, manifestazioni culturali), **non sovvenzionata dal Fondo Unico per lo Spettacolo - FUS** (risposta a interpello 28 settembre 2018, n. 18);

- le erogazioni liberali corrisposte ad un'associazione non riconosciuta che intende raccogliere fondi da destinare al **recupero strutturale e artistico di una chiesa**. Infatti, ai fini dell'art bonus il bene non rientra tra gli "istituti e luoghi di cultura di appartenenza pubblica" (risposta a interpello 7 ottobre 2020, n. 451).

Le condizioni soggettive e oggettive che consentono di beneficiare del credito d'imposta possono sussistere anche senza il trasferimento diretto di fondi agli enti pubblici territoriali, a condizione però che il beneficiario provveda al **pagamento delle fatture** per la progettazione e l'esecuzione dei lavori di restauro del bene pubblico oggetto dell'intervento (ris. 15 ottobre 2015, n. 87/E).

Le erogazioni liberali devono essere effettuate tramite **sistemi di pagamento** bancari o postali o tramite carte di credito e prepagate, carte di dedito, assegni bancari e circolari. Non è possibile fruire del bonus se l'elargizione viene eseguita non attraverso una elargizione in denaro, ma attraverso una fornitura gratuita di materiale e posa in opera, ovvero attraverso una erogazione liberale in natura (risposta a interpello 28 dicembre 2018, n. 156).
Se le erogazioni liberali sono corrisposte in **eccedenza** rispetto all'**ammontare concordato** con l'ente per l'effettuazione dell'intervento di restauro, per il quale la società ha beneficiato della deduzione d'imposta prevista dal D.P.R. n. 917/1986, esse non concorrono alla quantificazione del bonus relativo ad un successivo intervento di restauro, in ragione del fatto che si tratta di somme già definitivamente acquisite dal beneficiario. Tuttavia, l'eccedenza va considerata ai fini della determinazione della deduzione d'imposta prevista dal D.P.R. n. 917/1986 (risposta a interpello 7 dicembre 2018, n. 103).

Concetto di appartenenza pubblica - È possibile usufruire del credito d'imposta per le erogazioni effettuate per sostenere istituti e luoghi di appartenenza pubblica.
Il requisito dell'appartenenza pubblica si considera soddisfatto dall'appartenenza allo Stato, alle Regioni, ad altri enti territoriali, ovvero al ricorrere di specifiche **caratteristiche** del soggetto nei cui confronti sono effettuate le erogazioni:
- è **costituito** per iniziativa di **soggetti pubblici** e mantiene una maggioranza pubblica dei soci e partecipanti;
- è **finanziato** esclusivamente con **risorse pubbliche**;
- **gestisce** un **patrimonio** culturale di **appartenenza pubblica**, conferito in uso al soggetto medesimo;
- è sottoposto, nello svolgimento delle proprie attività, ad alcune **regole** proprie della **pubblica amministrazione**, quali gli obblighi di trasparenza o il rispetto della normativa in materia di appalti pubblici;
- è sottoposto al **controllo** analogo di una **pubblica amministrazione**.

Possono pertanto considerarsi di **appartenenza pubblica** (ed essere destinatari delle erogazioni liberali) anche i soggetti di diritto privato in possesso di una delle caratteristiche sopra elencate (risposta a interpello 28 dicembre 2018, n. 149).
Il requisito è soddisfatto anche nel caso in cui una **fondazione** sia costituita per iniziativa di una pubblica amministrazione e mantenga una maggioranza pubblica di soci e partecipanti.
Le erogazioni liberali possono beneficiare del credito d'imposta solo se destinate a **sostenere** espressamente le **attività** relative al museo nonché ai beni culturali di appartenenza pubblica alla medesima affidati.
Al contrario, qualora le erogazioni siano effettuate a favore della Fondazione per attività che concernono altri progetti ovvero manifestazioni, per tali erogazioni non è possibile beneficiare del bonus.
Costituiscono **istituti e luoghi della cultura di appartenenza pubblica** i musei, gli archivi, le biblioteche, i complessi monumentali, le aree e i parchi archeologici.

Gli istituti della cultura aventi personalità giuridica di diritto privato, come le **fondazioni**, che hanno in realtà natura sostanzialmente pubblicistica, possono ricevere erogazioni liberali per il sostegno delle loro attività, e beneficiare del credito di imposta, ferma restando la condizione dell'appartenenza pubblica delle collezioni (risposta a interpello 16 luglio 2019, n. 250).

Le erogazioni liberali destinate a una fondazione:
- sono ammesse solo se finalizzate alla realizzazione di interventi di **manutenzione**, **protezione e restauro** dell'immobile di appartenenza pubblica;
- non possono fruire del beneficio laddove manchi il **requisito** dell'**appartenenza pubblica** (risposta a interpello 4 novembre 2019, n. 465).

Percentuale e limiti 16.2.3.

Il credito d'imposta è pari al **65% delle erogazioni liberali** in denaro ed è riconosciuto:
- alle persone fisiche e agli enti non commerciali nei limiti del **15% del reddito imponibile**;
- ai soggetti titolari di reddito d'impresa nei limiti del **5 per mille dei ricavi annui**.

Modalità operative e utilizzo 16.2.4.

Il credito d'imposta è ripartito in **tre quote annuali di pari importo**.

La quota annuale non utilizzata può essere portata **agli anni successivi se non "sfruttata" per intero**:
- le persone fisiche e gli enti non commerciali possono riportare la quota annuale non utilizzata **nelle dichiarazioni degli anni successivi**;
- i titolari di reddito d'impresa possono **compensarlo** nei periodi d'imposta successivi, secondo le modalità proprie del credito.

Ferma restando la ripartizione in tre quote annuali di pari importo, per i soggetti titolari di reddito d'impresa il credito di imposta è utilizzabile tramite compensazione e non rileva ai fini delle imposte sui redditi e dell'IRAP.

Per l'utilizzo in **compensazione** va utilizzato il **codice tributo 6842** (ris. 17 dicembre 2014, n. 116/E).

Il credito d'imposta può essere fruito annualmente **senza alcun limite** quantitativo, quindi spetta anche:
- per **importi superiori al tetto di 250.000 euro** previsto per i crediti d'imposta agevolativi (art. 1, c. 53, Legge n. 244/2007);
- **oltre il limite** generale di **compensabilità** di crediti d'imposta e contributi, **pari a 700.000 euro, elevato** a un milione di euro per il 2020 e **a 2 milioni di euro per il 2021 e 2022** (art. 34, Legge n. 388/2000).

Documentazione e pubblicità 16.2.5.

La documentazione e le certificazioni richieste ai fini del conseguimento del credito d'imposta possono essere sostituite da un'apposita **dichiarazione sostitutiva dell'atto di notorietà**, presentata dal richiedente al Ministero per i Beni e le attività culturali relative alle spese effettivamente sostenute per lo svolgimento degli interventi e delle attività cui i benefici si riferiscono (art. 40, c. 9, D.L. n. 201/2011).

I soggetti beneficiari delle erogazioni liberali, ivi inclusi i soggetti concessionari o affidatari di beni culturali pubblici destinatari di erogazioni liberali in denaro effettuate per la realizzazione di interventi di manutenzione, protezione e restauro dei beni stessi, devono:
- **comunicare mensilmente** al Ministero dei Beni e delle attività culturali e del turismo l'**ammontare delle erogazioni liberali ricevute** nel mese di riferimento;
- indicare tale ammontare e la sua destinazione ed utilizzo **nel proprio sito internet**, nell'ambito di una pagina dedicata e facilmente individuabile, e in un apposito portale, gestito dal medesimo Ministero.

Detrazioni per erogazioni liberali 16.2.6.

Il credito d'imposta sostituisce le **corrispondenti detrazioni**.

Pertanto, fruendo del credito d'imposta non si applicano le disposizioni sulle erogazioni liberali (➔6.15.5.) (➔6.15.6.) (➔6.15.8.) (art. 15, c. 1, lett. h) e i) e art. 100, c. 2, lett. f) e g), D.P.R. n. 917/1986).

Art bonus - Tavola di sintesi	
Cosa	**Come**
Soggetti beneficiari	- Persone fisiche; - enti non commerciali; - soggetti titolari di reddito d'impresa.
Erogazioni liberali agevolate	- Interventi di manutenzione, protezione e restauro di beni culturali pubblici; - sostegno degli istituti e dei luoghi della cultura di appartenenza pubblica; - realizzazione di nuove strutture, restauro e potenziamento di quelle esistenti delle fondazioni lirico-sinfoniche o di enti o istituzioni pubbliche che, senza scopo di lucro, svolgono esclusivamente attività nello spettacolo; - interventi di manutenzione, protezione e restauro di beni culturali pubblici destinate ai soggetti concessionari o affidatari dei beni oggetto di tali interventi; - sostegno delle fondazioni lirico-sinfoniche e dei teatri di tradizione.

IRPEF

Art bonus - Tavola di sintesi	
Cosa	**Come**
Percentuale e limiti	Credito d'imposta pari al **65%** delle erogazioni liberali in denaro riconosciuto: - alle persone fisiche e agli enti non commerciali nei limiti del 15% del reddito imponibile; - ai soggetti titolari di reddito d'impresa nei limiti del 5 per mille dei ricavi annui. Il credito va ripartito in tre quote annuali di pari importo.
Riporto in avanti	La quota annuale non utilizzata può essere portata agli anni successivi se non "sfruttata" per intero: - le persone fisiche e gli enti non commerciali possono riportare la quota annuale non utilizzata nelle dichiarazioni degli anni successivi; - i titolari di reddito d'impresa possono compensarla nei periodi d'imposta successivi, secondo le modalità proprie del credito.
Utilizzo	Per i soggetti titolari di reddito d'impresa il credito di imposta è utilizzabile tramite **compensazione** (**cod. tributo 6842**) e non rileva ai fini delle imposte sui redditi e dell'IRAP. Il credito d'imposta spetta anche: - per importi superiori al tetto di 250.000 euro previsto per i crediti d'imposta agevolativi; - oltre il limite generale di compensabilità dei crediti d'imposta e contributi, pari a 700.000 euro (un milione di euro per il 2020 e 2 milioni di euro per il 2021 e 2022).
Forme di pubblicità da parte dei fruitori delle erogazioni liberali	- Autocertificazione al Ministero per i Beni e le attività culturali delle spese effettivamente sostenute per lo svolgimento degli interventi e delle attività agevolate; - comunicazione mensile al Ministero dell'ammontare delle erogazioni liberali ricevute nel mese di riferimento; - indicazione di tale ammontare e della sua destinazione ed utilizzo nel proprio sito internet e in un apposito portale gestito dal medesimo Ministero.
Cumulo con detrazioni	NO Il credito d'imposta sostituisce le detrazioni per erogazioni liberali.

16.3. INTERVENTI STRUTTURALI SUGLI IMMOBILI

A partire dal 2020, è previsto un credito d'imposta per le spese documentate relative all'acquisizione e predisposizione dei sistemi di monitoraggio strutturale continuo, con l'obiettivo di **aumentare il livello di sicurezza** degli immobili (art. 1, c. 118, Legge n. 160/2019).

Ad un decreto del Ministro dell'economia e delle finanze è affidata la definizione:

- dei criteri e procedure per l'accesso al beneficio;
- dell'eventuale relativo recupero, in caso di utilizzo illegittimo;
- delle ulteriori disposizioni ai fini del contenimento della spesa complessiva entro i limiti previsti dalla norma in esame.

16.4. CANONI NON PERCEPITI

Spetta un credito d'imposta per le **imposte** che sono state **versate su canoni di locazione abitative non percepiti** (art. 26, c. 1, D.P.R. n. 917/1986).

I canoni non percepiti per morosità comprovata del conduttore **non devono essere tassati in capo al proprietario dell'immobile** (➔**10.1.1.**).

Tali canoni non concorrono a formare la base imponibile del proprietario dell'immobile **a partire dalla data di conclusione del procedimento giurisdizionale di convalida di sfratto** per morosità del conduttore.

In tal caso è concesso **un credito d'imposta** pari alle eventuali imposte già pagate sui canoni dichiarati in forza della normativa precedente e non percepiti.

16.4.1. Calcolo del credito d'imposta

Per determinare il credito d'imposta spettante è necessario **calcolare le imposte pagate in più** relativamente ai canoni non percepiti, riliquidando la dichiarazione dei redditi di ciascuno degli anni per i quali, in base all'accertamento avvenuto nell'ambito del procedimento giurisdizionale di convalida di sfratto per morosità del conduttore, sono state pagate maggiori imposte per effetto di canoni di locazione non riscossi.

Nell'effettuare le operazioni di riliquidazione si deve tenere conto **di eventuali rettifiche ed accertamenti operati dagli Uffici**.

Indicazione del credito residuo 16.4.2.

Il credito d'imposta in questione può essere indicato **nella prima dichiarazione dei redditi utile** successiva alla conclusione del procedimento giurisdizionale di convalida dello sfratto, e comunque **non oltre il termine ordinario di prescrizione decennale**.

Qualora il contribuente non intenda avvalersi del credito d'imposta nell'ambito della dichiarazione dei redditi, ha la facoltà di presentare all'Ufficio locale dell'Agenzia delle Entrate, entro i termini di prescrizione sopra indicati, apposita **istanza di rimborso**.

Periodi d'imposta interessati 16.4.3.

Per quanto riguarda gli anni di mancato percepimento dei canoni di locazione da considerare nel calcolo dei crediti d'imposta, **vale il termine di prescrizione ordinaria di 10 anni**.

CASO 2 - Calcolo degli anni utili ai fini del credito d'imposta

Per il **periodo d'imposta 2022,** si può effettuare il calcolo con riferimento alle dichiarazioni presentate negli anni precedenti, **ma non oltre quelle relative ai redditi 2012**, sempreché per ciascuna delle annualità risulti accertata la morosità del conduttore nell'ambito del procedimento di convalida dello sfratto conclusosi nel 2022.

NEGOZIAZIONE ASSISTITA 16.5.

Alle parti che corrispondono o che hanno corrisposto il **compenso agli avvocati** abilitati ad assisterli nel **procedimento di negoziazione assistita** (capo II, D.L. n. 132/2014), nonché alle parti che corrispondono o che hanno corrisposto il **compenso agli arbitri**, è riconosciuto, in caso di successo della negoziazione, ovvero di conclusione dell'arbitrato con lodo, un credito d'imposta commisurato al compenso **fino a concorrenza di 250 euro** (art. 21-bis, D.L. n. 83/2015; D.M. 23 dicembre 2015; D.M. 30 marzo 2017).

Credito d'imposta negoziazione assistita e arbitrato	
Soggetti beneficiari	Parti che hanno corrisposto compensi: - agli avvocati per assistenza nei procedimenti di negoziazione assistita; - agli arbitri in procedimenti di arbitrato.
Richiesta del credito d'imposta	Occorre compilare l'**apposito modulo (FORM)**, in un'area dedicata, denominata "Incentivi fiscali alle misure di degiurisdizionalizzazione di cui D.L. n. 132 del 2014" del sito internet del Ministero della giustizia (https://concorsi.giustizia.it/incentivi-fiscali/). Alla richiesta deve essere **allegata**: a. copia dell'**accordo di negoziazione assistita** e prova della trasmissione dello stesso al Consiglio dell'Ordine degli avvocati, ovvero copia del **lodo arbitrale** che ha concluso il procedimento, nonché copia per immagine dell'originale o della copia autentica del provvedimento giudiziale di trasmissione del fascicolo; b. copia della **fattura** inerente alla prestazione rilasciata dall'avvocato o dall'arbitro; c. copia della **quietanza**, del bonifico, dell'assegno o di altro documento attestante l'**effettiva corresponsione del compenso**; d. copia del documento di identità del richiedente. In caso di definizione con successo di **più negoziazioni assistite**, ovvero di più arbitrati conclusi con lodo, per i quali è stato corrisposto un compenso all'avvocato o agli arbitri, è necessario compilare un **numero di richieste corrispondente** al numero di procedure
Importo e limiti	Credito d'imposta pari al compenso fino a concorrenza di 250 euro.

Credito d'imposta negoziazione assistita e arbitrato	
Modalità operative	Il credito d'imposta deve essere richiesto, dal **10 gennaio al 10 febbraio** di ciascun anno successivo a quello di corresponsione dei compensi. Il Ministero della giustizia **comunica all'interessato, entro il 30 aprile**, l'**importo del credito d'imposta effettivamente spettante** in relazione a ciascuno dei procedimenti, determinato in misura proporzionale alle risorse stanziate e trasmette, in via telematica, all'Agenzia delle Entrate, l'elenco dei beneficiari e i relativi importi a ciascuno comunicati. Le richieste trasmesse in violazione di ciò sono **inammissibili**. Inoltre, i **Consigli degli Ordini forensi** trasmettono al Ministero della Giustizia, **con cadenza trimestrale**, un elenco degli accordi di negoziazione loro comunicati, classificandoli con le modalità indicate con provvedimento del capo del Dipartimento per gli affari di giustizia e del capo del Dipartimento dell'organizzazione giudiziaria.
Utilizzo	Il credito d'imposta deve essere indicato nella **dichiarazione dei redditi** ed è utilizzabile, **a decorrere dalla data di ricevimento della comunicazione**, in **compensazione** nel Mod. F24, nonché, da parte delle persone fisiche non titolari di redditi d'impresa o di lavoro autonomo, in **diminuzione** delle **imposte sui redditi**. Per la compensazione tramite Mod. F24 va utilizzato il **codice tributo 6866** (ris. 20 maggio 2016, n. 40/E). Il credito d'imposta **non dà luogo a rimborso** e non concorre alla formazione del reddito ai fini delle imposte sui redditi, né del valore della produzione netta ai fini dell'IRAP e non rileva ai fini del rapporto di deducibilità degli interessi passivi (artt. 61 e 109, c. 5, D.P.R. n. 917/1986). L'ammontare del credito d'imposta utilizzato in compensazione **non deve eccedere l'importo comunicato** dal Ministero della Giustizia, pena lo scarto dell'operazione di versamento

16.6. GRATUITO PATROCINIO

I soggetti che vantano **crediti per spese, diritti e onorari di avvocato** (art. 82 e seguenti, D.P.R. n. 115/2002), in **qualsiasi data maturati** e non ancora saldati, sono ammessi alla **compensazione** con quanto da essi dovuto sia per imposte che per contributi previdenziali (art. 1, c. 778, Legge n. 208/2015; D.M. 15 luglio 2016; Ministero della Giustizia, circ. 3 ottobre 2016).

I crediti da portare in compensazione devono essere liquidati dall'autorità giudiziaria con decreto di pagamento (non oggetto di opposizione) e non devono risultare pagati, neanche parzialmente.

16.6.1. Modalità operative

Per i crediti deve essere stata emessa **fattura elettronica** ovvero **fattura cartacea** registrata sulla piattaforma elettronica di certificazione dei crediti (PCC), attraverso la quale il creditore deve esercitare l'opzione di utilizzare il credito in **compensazione** (per l'intero importo della fattura) e autocertificare, sotto la propria responsabilità, la sussistenza dei requisiti per fruire dell'agevolazione.

La piattaforma di certificazione è raggiungibile al seguente indirizzo internet: http://certificazionecrediti.mef.gov.it/CertificazioneCredito/home.xhtml.

L'opzione può essere esercitata **dal 1° marzo al 30 aprile** di ciascun anno.

La selezione dei crediti ammessi alla procedura di compensazione avviene attraverso la PCC, che, in sintesi:

1. seleziona, fino a concorrenza delle risorse annualmente stanziate, le fatture per le quali è stata esercitata l'**opzione** e resa la dichiarazione per l'ammissione alla procedura di compensazione (ferma restando la possibilità per l'avvocato, in caso di esclusione, di esercitare l'opzione e rendere la dichiarazione negli anni successivi);
2. comunica ai creditori, per ciascuna fattura, l'ammissione alla **procedura di compensazione** attraverso la piattaforma;
3. trasmette all'Agenzia delle Entrate, entro 5 giorni dalla scadenza del termine per l'esercizio dell'opzione, l'**elenco dei crediti** ammessi alla procedura di compensazione, con il codice fiscale del relativo creditore e l'importo utilizzabile in compensazione.

Utilizzo 16.6.2.

La compensazione avviene:

- per ogni imposta e tassa, compresa l'IVA, nonché per il pagamento dei contributi previdenziali per i dipendenti **mediante cessione, anche parziale, dei crediti** entro il limite massimo pari all'ammontare dei crediti stessi, aumentato dell'IVA e del contributo previdenziale per gli avvocati;
- **con Mod. F24**, a partire dal 5° giorno successivo alla trasmissione all'Agenzia delle Entrate, da parte della piattaforma elettronica di certificazione, dei dati dei crediti ammessi alla procedura di compensazione;
- esclusivamente presentando il Mod. F24 attraverso i **servizi telematici Entratel/Fisconline**, messi a disposizione dall'Agenzia delle Entrate, nei limiti dell'importo comunicato dalla piattaforma, pena lo scarto del Mod. F24.

Per consentire l'utilizzo in compensazione dei crediti va utilizzato il **codice tributo 6868** (ris. 7 dicembre 2016, n. 113/E).

EROGAZIONI AL TERZO SETTORE (SOCIAL BONUS) 16.7.

È previsto un **credito d'imposta per le erogazioni liberali** in favore degli enti del Terzo settore, che hanno presentato al Ministero del lavoro e delle politiche sociali un progetto per sostenere il recupero degli immobili pubblici inutilizzati e dei beni mobili e immobili confiscati alla criminalità organizzata assegnati ai suddetti enti del Terzo settore e da questi utilizzati esclusivamente per lo svolgimento di attività con modalità non commerciali (art. 81, D.Lgs. n 117/2017).

> Il bonus si applica dal 1° gennaio 2018 alle ONLUS, alle ODV e alle APS.

Per le suddette erogazioni non si applicano le agevolazioni previste dal decreto sul Terzo settore (➜**27.2.11.**) (art. 83, D.Lgs. n. 117/2017) né le agevolazioni fiscali previste a titolo di deduzione o di detrazione di imposta da altre disposizioni di legge.

Misura e limiti 16.7.1.

Il credito d'imposta assume tali misure:

Soggetti che effettuano le erogazioni liberali	% credito d'imposta	Limiti di riconoscimento
Persone fisiche	65%	15% del reddito imponibile
Enti non commerciali	50%	15% del reddito imponibile
Società ed enti titolari di reddito d'impresa	50%	5 per mille dei ricavi annui

Il credito d'imposta è ripartito in **tre quote annuali** di pari importo.

Utilizzo 16.7.2.

Per i soggetti titolari di reddito d'impresa, ferma restando la ripartizione in tre quote annuali di pari importo, il credito d'imposta:

- è utilizzabile tramite **compensazione**;
- non rileva ai fini delle imposte sui redditi e dell'IRAP.

Inoltre, **non soggiace ai limiti di compensazione** di 250.000 euro e 700.000 euro, elevato a un milione di euro per il 2020 e a 2 milioni di euro per il 2021 e 2022 (art. 1, c. 53, Legge n. 244/2007 e art. 34, Legge n. 388/2000).

Adempimenti 16.7.3.

I soggetti beneficiari delle erogazioni liberali effettuate per la realizzazione di interventi di manutenzione, protezione e restauro dei beni stessi, sono tenuti a:

- **comunicare trimestralmente** al Ministero del lavoro e delle politiche sociali l'ammontare delle erogazioni liberali ricevute nel trimestre di riferimento;
- **dare pubblica comunicazione** di tale ammontare, nonché della destinazione e dell'utilizzo delle erogazioni stesse, tramite il proprio sito web istituzionale, nell'ambito di una pagina dedicata e facilmente individuabile, e in un apposito portale, gestito dal medesimo Ministero, in cui ai soggetti destinatari delle erogazioni liberali sono associate tutte le informazioni relative allo stato di conservazione del bene, gli interventi di ristrutturazione o riqualificazione eventualmente in atto, i fondi pubblici assegnati per l'anno in corso, l'ente responsabile del bene, nonché le informazioni relative alla fruizione per l'esercizio delle attività non profit.

Soggetti interessati	Enti del Terzo settore che hanno presentato al Ministero del lavoro e delle politiche sociali un progetto per sostenere il recupero degli immobili pubblici inutilizzati e dei beni mobili e immobili confiscati alla criminalità organizzata a loro assegnati.
Misura del credito d'imposta	Erogazioni liberali in denaro effettuate da: - persone fisiche: 65% delle erogazioni, nei limiti del **15% del reddito imponibile**; - enti o società: 50% delle erogazioni, nei limiti del **5 per mille dei ricavi annui**.
Utilizzo	- in **compensazione con Mod. F24**; - non rileva ai fini delle imposte sui redditi e dell'IRAP; - **non soggiace ai limiti di compensazione** di 250.000 euro e 700.000 euro (un milione di euro per il 2020 e 2 milioni di euro per il2021 e 2022).
Adempimenti	- **comunicazione trimestrale** al Ministero del lavoro e delle politiche sociali dell'ammontare delle erogazioni liberali ricevute nel trimestre di riferimento; - **comunicazione** di tale ammontare, nonché della destinazione e dell'utilizzo delle erogazioni stesse sul proprio sito web istituzionale e in un apposito portale del Ministero.

16.8. CUOCHI PROFESSIONISTI

Al fine di sostenere il settore della ristorazione, anche in considerazione delle misure restrittive adottate a causa del Covid-19, ai soggetti esercenti l'attività di cuoco professionista presso alberghi e ristoranti, sia come **lavoratore dipendente** sia come **lavoratore autonomo** in possesso di partita IVA, anche nei casi in cui non siano in possesso del codice Ateco 5.2.2.1.0, spetta un credito d'imposta fino al **40% del costo** per le spese per l'**acquisto di beni strumentali durevoli** ovvero per la partecipazione a **corsi di aggiornamento professionale**, strettamente funzionali all'esercizio dell'attività, sostenute **tra il 1° gennaio 2021 e il 30 giugno 2021** (art. 1, c. 117-123, Legge n. 178/2020).

Sono ammissibili al credito d'imposta le spese sostenute per:

a. l'**acquisto di macchinari** di classe energetica elevata per la conservazione, la lavorazione, la trasformazione e la cottura dei prodotti alimentari;
b. l'acquisto di **strumenti e attrezzature professionali** per la ristorazione;
c. la partecipazione a **corsi di aggiornamento professionale**.

Il credito d'imposta spetta fino a un **massimo di 6.000 euro**, nel limite massimo di spesa complessivo di 1 milione di euro per ciascuno degli anni 2021, 2022 e 2023.

Dal punto di vista operativo, il credito d'imposta:

- è utilizzabile esclusivamente **in compensazione**;
- **non concorre alla formazione del reddito** ai fini delle imposte sui redditi e del valore della produzione ai fini dell'IRAP;
- **non rileva** ai fini del **rapporto di deducibilità** degli interessi passivi (artt. 61 e 109, c. 5, D.P.R. n. 917/1986);
- **può essere ceduto** ad altri soggetti, compresi gli istituti di credito e gli altri intermediari finanziari.

L'agevolazione è soggetta ai limiti e alle condizioni previsti dalla comunicazione della Commissione europea C(2020) 1863 final, del 19 marzo 2020, recante "Quadro temporaneo per le misure di aiuto di Stato a sostegno dell'economia nell'attuale emergenza del Covid-19".

16.9. INVESTIMENTI NEL MEZZOGIORNO

È previsto un credito d'imposta per l'acquisto di beni strumentali nuovi destinati a strutture produttive nelle zone assistite ubicate nelle Regioni del Mezzogiorno (**Campania, Puglia, Basilicata, Calabria, Sicilia, Molise, Sardegna e Abruzzo**) **fino al 31 dicembre 2022** (art. 1, c. 98-108, Legge n. 208/2015; D.D. MISE 4 gennaio 2017).

16.9.1. Soggetti interessati ed esclusi

Il credito d'imposta si applica alle **imprese che effettuano l'acquisizione dei beni strumentali nuovi**, destinati a strutture produttive ubicate nelle **zone assistite** delle Regioni Campania, Puglia, Basilicata, Calabria, Sardegna, Sicilia e Molise, ammissibili alle deroghe previste dall'art. 107, paragrafo 3, lett. a), del Trattato sul funzionamento dell'Unione europea, e nelle zone assistite della Regione Abruzzo, ammissibili alle deroghe previste dall'art. 107, paragrafo 3, lett. c), del Trattato sul funzionamento dell'Unione europea, come individuate dalla Carta degli aiuti a finalità regionale 2022-

2027 C (2014) 6424 del 16 settembre 2014, modificata dalla decisione C(2016) 5938 del 23 settembre 2016.

Riguardo alla **Sardegna**, la norma originaria aveva disposto che essa rientrasse tra le zone ammissibili alle deroghe ai sensi della lettera c) del Trattato (quindi, erano agevolati solo alcuni Comuni e non tutto il territorio regionale).

Successivamente l'agevolazione è stata estesa all'**intero territorio** della Sardegna come conseguenza della modifica della Carta degli aiuti a finalità regionale 2014-2020 (dec. Commissione europea C(2016) 5938 final del 23 settembre 2016) che l'ha inclusa, con effetto dal 1° gennaio 2017, tra le regioni rientranti nella lettera a).

Restano esclusi dal beneficio gli investimenti realizzati nei territori della Sardegna diversi da quelli delle zone assistite ammesse alle deroghe di cui all'art. 107, par. 3, lett. c), del Trattato avviati prima del 1° gennaio 2017.

Con riferimento agli investimenti effettuati nell'intero territorio della Regione Sardegna, dal 1° gennaio 2017 al 28 febbraio 2017 il credito d'imposta è riconosciuto nei limiti previsti dalla disciplina originaria. Per quelli effettuati a partire dal 1° marzo 2017 il credito d'imposta è determinato con le nuove percentuali (circ. 13 aprile 2017, n. 12/E).

La **Regione Molise**, fino al 31 dicembre 2021, era compresa, insieme all'Abruzzo, tra quelle ammissibili alle deroghe previste dall'art. 107, paragrafo 3, lett. c), del Trattato sul funzionamento dell'Unione europea.

L'agevolazione **non si applica**:
- ai soggetti che operano nei **settori** dell'industria siderurgica, carbonifera, della costruzione navale, delle fibre sintetiche, dei trasporti e delle relative infrastrutture, della produzione e della distribuzione di energia e delle infrastrutture energetiche, nonché ai settori creditizio, finanziario e assicurativo;
- alle **imprese in difficoltà** come definite dalla comunicazione della Commissione europea 2014/C 249/01, del 31 luglio 2014.

In base alle modifiche apportate dal Reg. UE n. 2017/1084 della Commissione Ue rientrano nel campo di applicazione degli aiuti a finalità regionale i beneficiari che, nei 2 anni precedenti la domanda di aiuti agli investimenti, avevano chiuso una stessa attività o un'**attività analoga nel SEE** (Spazio Economico Europeo) o che avevano concretamente in programma di farlo entro 2 anni dal completamento dell'investimento.

Regioni	Classificazione ai fini degli aiuti UE	Aree delle Regioni interessate dall'agevolazione
Campania, Puglia, Basilicata, Calabria, Sardegna, Sicilia, Molise[1]	Aree ammissibili alle deroghe al regime degli aiuti di Stato (art. 107, par. 3, lett. a) Trattato istitutivo UE)	Tutte
Abruzzo	Aree svantaggiate secondo la Carta degli aiuti a finalità regionale 2014-2020 C (2014) 6424 *final* del 16 settembre 2014 (art. 107, par. 3, lett. c), Trattato istitutivo UE)	Solo alcune zone assistite

[1] Fino al 31 dicembre 2021, la Regione Molise è stata compresa tra le aree svantaggiate ammissibili alle deroghe previste dall'art. 107, paragrafo 3, lett. c), del Trattato sul funzionamento dell'Unione europea

Beni agevolabili 16.9.2.

Sono agevolabili gli investimenti, facenti parte di un progetto di investimento iniziale (art. 2, punti 49, 50 e 51, Reg. UE n. 651/2014 della Commissione, del 17 giugno 2014) relativi **all'acquisto**, anche mediante contratti di locazione finanziaria, di **macchinari**, **impianti** e **attrezzature varie** destinati a strutture produttive già esistenti o che vengono impiantate nel territorio.

> Per gli investimenti nei c.d. **totem digitali**, terminali informativi costantemente interconnessi in rete con il sistema aziendale centrale, spetta il credito d'imposta per gli investimenti nel Mezzogiorno. Questo anche nel caso in cui i terminali siano installati in esercizi commerciali ubicati al di fuori delle zone individuate dalla disciplina agevolativa. In ragione dello stretto vincolo di connessione funzionale tra totem digitali ed elaboratori posti in sede, l'investimento contribuisce alla crescita

della struttura produttiva situata nel territorio agevolato, indipendentemente dal luogo in cui i terminali sono installati (ris. 22 dicembre 2016, n. 118/E).

Esclusioni - Sono esclusi (circ. 3 agosto 2016, n. 34/E):
- gli investimenti di mera sostituzione;
- i beni merce (autonomamente destinati alla vendita);
- i beni trasformati o assemblati per l'ottenimento di beni destinati alla vendita;
- i materiali di consumo.

16.9.3. Ammontare del credito d'imposta e limiti

La misura dell'agevolazione è differenziata in relazione alle dimensioni aziendali.

Regioni	Piccole imprese	Medie imprese	Grandi imprese
Campania - Puglia - Basilicata - Calabria - Sicilia - Sardegna	45%	35%	25%
Abruzzo	30%	20%	10%
Molise fino al 31 dicembre 2021	30%	20%	10%
Molise dal 1° gennaio 2022	45%	35%	25%
Le percentuali (eccetto quella del 10% per le grandi imprese di Abruzzo e Molise) si applicano dal 1° marzo 2017.			

Alle imprese attive nel settore della **produzione primaria di prodotti agricoli**, nel settore della **pesca** e **dell'acquacoltura** (Reg. UE n. 1379/2013 del Parlamento europeo e del Consiglio, dell'11 dicembre 2013), e nel settore della **trasformazione** e della **commercializzazione di prodotti agricoli** e della **pesca** e **dell'acquacoltura**, che effettuano l'acquisizione di beni strumentali nuovi, gli aiuti sono concessi nei limiti e alle condizioni previsti dalla **normativa europea in materia di aiuti di Stato** nei settori agricolo, forestale e delle zone rurali e ittico.

Il credito d'imposta è commisurato alla **quota del costo complessivo** dei beni sopra indicati, nel **limite massimo**, per ciascun progetto di investimento, pari a (limiti applicabili dal 1° marzo 2017):
- 3 milioni di euro per le piccole imprese;
- 10 milioni di euro per le medie imprese;
- 15 milioni di euro per le grandi imprese.

Qualora l'investimento sia iniziato prima e si concluda successivamente, i predetti limiti si applicano per l'**intero progetto** d'investimento (circ. 13 aprile 2017, n. 12/E).

Per gli investimenti effettuati mediante contratti di **locazione finanziaria**, si assume il costo sostenuto dal locatore per l'acquisto dei beni; tale costo non comprende le spese di manutenzione.

Investimenti ante e post 1° marzo 2017 - Le **acquisizioni** di beni effettuate **dal 1° gennaio 2016 al 28 febbraio 2017** sono assoggettate alla disciplina previgente la quale trova applicazione anche nell'ipotesi in cui la comunicazione per la fruizione del credito d'imposta venga presentata all'Agenzia delle Entrate successivamente al 1° marzo 2017 (entrata in vigore delle nuove disposizioni). Pertanto, si applicano all'ammontare dell'investimento netto le **vecchie misure percentuali**: 20% per le piccole imprese, 15% per le medie imprese e 10% per le grandi imprese.

Ai fini della determinazione dell'investimento netto su cui calcolare il credito d'imposta, l'investimento lordo deve essere decurtato degli ammortamenti fiscali dedotti nel periodo di imposta relativi ai medesimi beni appartenenti alla struttura produttiva nella quale si effettua il nuovo investimento (nel calcolo dell'investimento ammissibile non rilevano gli ammortamenti dei beni che formano oggetto dell'investimento agevolato, i quali quindi, non devono essere sottratti dall'importo complessivo dell'investimento lordo).

Le **acquisizioni** di beni effettuate a decorrere **dal 1° marzo 2017** sono interamente assoggettate alla disciplina vigente. Con riferimento agli investimenti realizzati in parte prima del 1° marzo 2017 e in parte da tale data trovano applicazione i due diversi regimi in ragione della data di acquisizione dei beni.

CASO 3 - Calcolo investimento agevolabile e credito d'imposta - Sino al 1° marzo 2017

Si supponga che un'impresa, nell'esercizio 2016, effettui un investimento in beni strumentali nuovi per un importo complessivo di euro 150.000 così suddiviso:

- Impianti per 100.000 euro;
- Attrezzature per 50.000 euro.

Il valore complessivo degli ammortamenti fiscali dedotti nel medesimo periodo di imposta (2016), relativi alle medesime categorie dei beni d'investimento e già esistenti nella stessa struttura produttiva in cui vengono effettuati gli investimenti agevolabili, è pari a 25.000 euro [10.000 (impianti) + 9.000 (macchinari) + 6.000 (attrezzature)].

Gli ammortamenti fiscali rilevanti ai fini dell'agevolazione sono solo quelli relativi ai medesimi beni appartenenti alla struttura produttiva nella quale si effettua il nuovo investimento.

Nel caso in oggetto, ai fini del calcolo dell'investimento netto, rilevano gli ammortamenti fiscali dedotti relativi ai soli impianti e attrezzature, in quanto non sono stati effettuati investimenti in macchinari.

Di conseguenza, il totale degli ammortamenti fiscali rilevanti, relativi ai beni già esistenti nella medesima struttura produttiva, da sottrarre all'investimento lordo (150.000), è pari ad euro 16.000 [10.000 (impianti) + 6.000 (attrezzature)].

L'investimento netto su cui applicare la percentuale di spettanza del credito di imposta risulta, pertanto, pari ad euro 134.000 (150.000 - 16.000).

	Descrizione	Importo
A	Impianti	100.000
B	Macchinari	0
C	Attrezzature	50.000
D	INVESTIMENTO LORDO (A+B+C)	150.000
E	Ammortamento (esercizio 2016) su impianti già esistenti nella struttura produttiva	10.000
F	Ammortamento (esercizio 2016) su attrezzature già esistenti nella struttura produttiva	6.000
G	TOTALE AMMORTAMENTI RILEVANTI (E+F)	16.000
H	INVESTIMENTO NETTO AGEVOLABILE (D-G)	134.000

Sull'importo dell'investimento agevolabile sarà applicata la percentuale di spettanza come sopra indicata.

Per gli **investimenti effettuati dal 1° marzo 2017**, la base di commisurazione del credito d'imposta spettante è costituita dal costo sostenuto per l'acquisizione dei beni agevolabili, superando la previgente disposizione che, invece, commisurava il credito d'imposta al costo di acquisizione dei predetti beni al netto degli ammortamenti fiscali dedotti nel periodo d'imposta relativi alle medesime categorie dei beni d'investimento della stessa struttura produttiva, ad esclusione degli ammortamenti dei beni che formano oggetto dell'investimento agevolato.

CASO 4 - Calcolo investimento agevolabile e credito d'imposta - Dopo il 1° marzo 2017

Si supponga che un'impresa, nell'esercizio 2019, effettui un investimento in beni strumentali nuovi per un importo complessivo di euro 150.000 così suddiviso:

- impianti per 100.000 euro;
- attrezzature per 50.000 euro.

Il valore complessivo degli ammortamenti fiscali dedotti nel medesimo periodo di imposta (2019), relativi alle medesime categorie dei beni d'investimento e già esistenti nella stessa struttura produttiva in cui vengono effettuati gli investimenti agevolabili, è pari a 25.000 euro [10.000 (impianti) + 9.000 (macchinari) + 6.000 (attrezzature)].

Nel caso in oggetto, ai fini del calcolo dell'investimento netto non rilevano gli ammortamenti fiscali dedotti.

L'investimento netto su cui applicare la percentuale di spettanza del credito di imposta risulta, pertanto, pari ad euro 150.000

	Descrizione	Importo
A	Impianti	100.000

	Descrizione	Importo
B	Macchinari	0
C	Attrezzature	50.000
D	INVESTIMENTO AGEVOLABILE (A+B+C)	150.000

Sull'importo dell'investimento agevolabile sarà applicata la percentuale di spettanza come sopra indicata.

16.9.4. Cumulabilità

Il credito d'imposta **è cumulabile** con aiuti *de minimis* e con altri aiuti di Stato che abbiano ad oggetto i medesimi costi ammessi al beneficio, a condizione che tale cumulo non porti al superamento dell'intensità o dell'importo di aiuto più elevati consentiti dalle pertinenti discipline europee di riferimento.

Il cumulo del credito di imposta per investimenti nel Mezzogiorno e del credito di imposta per investimenti in beni strumentali (➡**24.8.**) è ammissibile, a condizione che tale cumulo **non porti al superamento del costo sostenuto per l'investimento** (risposta a interpello 16 settembre 2020, n. 360).

16.9.5. Modalità operative

I soggetti che intendono avvalersi del credito d'imposta devono presentare **apposita comunicazione** all'Agenzia delle Entrate (Provvedimenti 14 aprile 2017 e 29 dicembre 2017 e 9 agosto 2019).

Il contribuente deve comunicare all'Agenzia delle Entrate l'avvenuta **rettifica** del piano di investimento al fine della fruizione del credito d'imposta per investimenti al Sud, nel caso in cui vari la **cadenza temporale** dell'investimento programmato (ris. 2 aprile 2019, n. 39/E).

L'Agenzia delle Entrate comunica alle imprese l'autorizzazione alla fruizione del credito d'imposta.

Il credito d'imposta è utilizzabile esclusivamente in **compensazione con Mod. F24** (codice tributo 6869) a decorrere dal periodo d'imposta in cui è stato effettuato l'investimento e deve essere indicato nella dichiarazione dei redditi relativa al periodo d'imposta di maturazione del credito e nelle dichiarazioni dei redditi relative ai periodi d'imposta successivi fino a quello nel quale se ne conclude l'utilizzo.

Al credito d'imposta **non si applica il limite massimo di utilizzo di 250.000 euro** (art. 1, c. 53, Legge n. 244/2007).

Se i beni oggetto dell'agevolazione non entrano in funzione entro il **secondo periodo d'imposta successivo** a quello della loro acquisizione o ultimazione, il credito d'imposta è rideterminato escludendo dagli investimenti agevolati il costo dei beni non entrati in funzione.

Se, **entro il quinto periodo d'imposta successivo** a quello nel quale sono entrati in funzione, i beni sono dismessi, ceduti a terzi, destinati a finalità estranee all'esercizio dell'impresa ovvero destinati a strutture produttive diverse da quelle che hanno dato diritto all'agevolazione, il credito d'imposta è **rideterminato** escludendo dagli investimenti agevolati il costo dei beni anzidetti.

Per i beni acquisiti in **locazione finanziaria**, le disposizioni di cui sopra si applicano anche se non viene esercitato il riscatto.

Il credito d'imposta indebitamente utilizzato rispetto all'importo rideterminato è **restituito** mediante versamento da eseguire entro il termine stabilito per il versamento a saldo dell'imposta sui redditi dovuta per il periodo d'imposta in cui si verificano le ipotesi ivi indicate.

Il beneficiario che presenta domanda di aiuti a finalità regionale agli investimenti deve confermare di **non aver effettuato una delocalizzazione** verso lo stabilimento in cui deve svolgersi l'investimento iniziale per il quale è richiesto l'aiuto nei 2 anni precedenti la domanda di aiuto ed a impegnarsi a non farlo nei 2 anni successivi al completamento dell'investimento iniziale per il quale è richiesto l'aiuto (art. 14, par. 16, Reg. UE n. 651/2014).

16.9.6. Controlli

Qualora, a seguito dei controlli, sia accertata l'**indebita fruizione**, anche parziale, del credito d'imposta per il mancato rispetto delle condizioni richieste dalla norma ovvero a causa dell'inammissibilità dei costi sulla base dei quali è stato determinato l'importo fruito, l'Agenzia delle Entrate provvede al **recupero** del relativo importo, maggiorato di interessi e sanzioni.

16.9.7. Regole de minimis

L'agevolazione è concessa nel rispetto dei limiti e delle condizioni previsti dal Reg. UE n. 651/2014 della Commissione, del 17 giugno 2014, che dichiara alcune categorie di aiuti compatibili con il mercato interno, e in particolare dall'art. 14 del medesimo regolamento, che disciplina gli aiuti a finalità regionale agli investimenti.

EROGAZIONI LIBERALI PER INTERVENTI SU EDIFICI E TERRENI PUBBLICI 16.10.

Per le erogazioni liberali in denaro effettuate nei **periodi d'imposta successivi** a quello in corso al **31 dicembre 2018**, per interventi su edifici e terreni pubblici finalizzati alla **bonifica ambientale**, spetta un **credito d'imposta nella misura del 65%** delle erogazioni effettuate (art. 1, c. 156-161, Legge n. 145/2018).

Gli interventi devono essere effettuati sulla base di progetti presentati dagli enti proprietari e possono comprendere anche la rimozione dell'amianto dagli edifici, la prevenzione e del risanamento del dissesto idrogeologico, la realizzazione o ristrutturazione di parchi e aree verdi attrezzate e il recupero di aree dismesse di proprietà pubblica.

Soggetti ammessi e percentuali 16.10.1.

Il credito d'imposta è riconosciuto:

- alle **persone fisiche** e agli enti non commerciali nei **limiti** del **20%** del reddito imponibile;
- ai soggetti **titolari di reddito d'impresa** nei limiti del **10 per mille** dei **ricavi** annui.

> Il credito d'imposta è riconosciuto anche qualora le erogazioni liberali siano destinate ai soggetti **concessionari o affidatari** dei beni oggetto d'intervento.

Ripartizione e modalità di utilizzo 16.10.2.

Il credito d'imposta è ripartito in **3 quote** annuali di **pari importo**.

Per i soggetti titolari di reddito d'impresa il credito d'imposta è utilizzabile tramite **compensazione** (ferma restando la ripartizione in 3 quote annuali di pari importo) e non rileva ai fini delle imposte sui redditi e dell'IRAP.

Inoltre, non si applicano il limite annuale di 250.000 euro (art. 1, c. 53, Legge n. 244/2007) né il limite all'utilizzo in compensazione pari a 700.000 euro, elevato a un milione di euro per il 2020 e a 2 milioni di euro per il 2021 e 2022 (art. 34, Legge n. 388/2000).

Adempimenti in capo ai beneficiari delle erogazioni liberali 16.10.3.

I soggetti beneficiari delle erogazioni liberali, compresi i soggetti concessionari o affidatari dei beni oggetto degli interventi, devono:

- **comunicare mensilmente** al Ministero dell'ambiente e della tutela del territorio e del mare l'**ammontare** delle **erogazioni** liberali **ricevute** nel mese di riferimento;
- dare **pubblica comunicazione** di tale ammontare, della destinazione e dell'utilizzo delle erogazioni, tramite una pagina dedicata e facilmente individuabile del proprio **sito web istituzionale** e in un apposito portale, gestito dal Ministero, in cui ai soggetti destinatari delle erogazioni liberali sono associate tutte le informazioni relative all'intervento, i fondi pubblici assegnati per l'anno in corso, l'ente responsabile del bene, le informazioni relative alla fruizione.

REINTEGRO ANTICIPAZIONI FONDI PENSIONE 16.11.

È previsto uno specifico **credito d'imposta** in favore dei soggetti che hanno richiesto ai **fondi di previdenza complementare** l'**anticipazione delle somme versate** (art. 11, c. 8, D.Lgs. n. 252/2005).

Disciplina sul reintegro delle anticipazioni 16.11.1.

Le anticipazioni sui fondi pensione complementare possono essere reintegrate, a scelta dell'aderente, **in qualsiasi momento**, mediante contribuzioni, anche annuali, **eccedenti il limite di 5.164,57 euro**.

Tale versamento contributivo ha lo scopo di ricostituire la posizione individuale esistente all'atto dell'anticipazione.

La reintegrazione può avvenire in un'unica soluzione o mediante contribuzioni periodiche.

La norma, al fine di agevolare coloro che decidono di reintegrare la posizione presso il fondo pensione, ha disposto che sulle somme eccedenti il predetto limite, corrispondenti alle anticipazioni reintegrate, è riconosciuto al contribuente **un credito d'imposta** pari all'**imposta pagata al momento della fruizione dell'anticipazione, proporzionalmente riferibile all'importo reintegrato**.

> Il credito d'imposta è riconosciuto solo sulle **somme qualificate come reintegri** (circ. 18 dicembre 2007, n. 70/E).

Poiché la posizione individuale è genericamente composta da contributi dedotti, contributi non dedotti e rendimenti già tassati, le somme versate a titolo di reintegro, dovendo ripristinare la posizione contributiva esistente alla data dell'anticipazione, sono **imputate *pro quota*** ai vari elementi che componevano l'anticipazione, così come si è fatto in sede di erogazione dell'anticipazione.
In caso di **contribuzioni eccedenti il massimale di deducibilità**, è necessaria un'espressa dichiarazione da rendere al fondo da parte dell'aderente con la quale lo stesso disponga se e per quale somma la contribuzione debba intendersi come reintegro, in assenza della quale il fondo non può considerare le somme come reintegri.
Tale comunicazione deve essere resa entro il termine di presentazione della dichiarazione dei redditi relativa all'anno in cui è effettuato il reintegro.

16.11.2. Riconoscimento del credito d'imposta

Ai fini del riconoscimento del credito d'imposta la **documentazione probatoria** deve essere costituita dalla:
- **certificazione** dell'anticipazione erogata e delle relative ritenute;
- **comunicazione** presentata dall'aderente al fondo circa la volontà di reintegrare l'anticipazione percepita recante l'indicazione delle somme reintegrate.

Il credito d'imposta può essere utilizzato in **compensazione** tramite Mod. F24 (**codice tributo 6833** - ris. 2 maggio 2011, n. 52/E).
In dichiarazione dei redditi devono essere indicati i dati necessari per evidenziare il diritto al credito e la sua misura.

CASO 5 - Calcolo credito d'imposta reintegro anticipazioni Fondo pensione

Si consideri il caso di un iscritto che richiede l'anticipazione, avvenuta nel 2012, per spese sanitarie di 10.000 euro, costituita per 7.000 euro da contributi dedotti e per 3.000 euro da rendimenti già tassati (assunti al netto dell'imposta sostitutiva).
L'imposta calcolata in sede di liquidazione dell'anticipazione è pari a 1.050 euro (cioè il 15% di 7.000 euro), sicché l'importo liquidato, al netto dell'imposta, è pari a 8.950 euro.
Successivamente, ove l'iscritto, per reintegrare l'anticipazione incassata in precedenza, versi contributi che eccedono di 10.000 euro l'importo massimo deducibile, tale somma, dovendo ricostituire la posizione contributiva esistente alla data dell'anticipazione, andrà imputata per 7.000 euro alla contribuzione dedotta e per 3.000 euro ai rendimenti già tassati.
In tal caso il credito d'imposta di cui potrà fruire è 1.050 euro, corrispondente esattamente all'imposta applicata in sede di anticipazione.
Qualora l'iscritto versi contributi che eccedono di 5.000 euro l'importo massimo deducibile, tale somma andrà imputata in parte ai contributi dedotti e in parte ai rendimenti già tassati, in proporzione alle componenti esistenti al momento della percezione dell'anticipazione, nel modo seguente:
10.000: 5.000 = 7.000: X
contributi dedotti: X = 5.000 x 7.000 /10.000 = 3.500 euro;
rendimenti già tassati: 5.000 - 3.500 = 1.500 euro.
Il credito d'imposta, corrispondente al 15% di 3.500, è pertanto pari a 525 euro.
Ciò vuol dire che, a fronte di un reintegro eccedente la parte deducibile di 5.000 euro, la forma pensionistica dovrà considerare 3.500 euro come contributi dedotti e 1.500 euro, come rendimenti già tassati.
Poiché la reintegrazione è parziale la ricostituzione della pregressa situazione avviene in proporzione alle componenti esistenti al momento della percezione dell'anticipazione.

16.12. SISTEMI DI ACCUMULO INTEGRATI IN IMPIANTI DI PRODUZIONE ELETTRICA ALIMENTATI DA FONTI RINNOVABILI

Ai fini IRPEF, ai contribuenti è riconosciuto, nel limite massimo complessivo di **3 milioni di euro** per l'anno **2022**, un credito d'imposta per le spese documentate relative all'installazione di sistemi di accumulo integrati in impianti di produzione elettrica alimentati da fonti rinnovabili, **anche se già esistenti** e beneficiari degli incentivi per lo scambio sul posto (art. 25-bis, D.L. n. 91/2014).
Con decreto del Ministero dell'economia e delle finanze sono definite le modalità attuative per l'accesso al beneficio e per il suo recupero in caso di illegittimo utilizzo, nonché le ulteriori disposizioni operative (art. 1, c. 812 Legge n. 234/2021).

ESERCENTI SERVIZIO TAXI E DI NOLEGGIO CON CONDUCENTE 16.13.

Per gli esercenti attività di servizio taxi e di noleggio con conducente è concesso un credito d'imposta pari alla **differenza tra l'aliquota di accisa ordinaria su benzina e GPL e quella agevolata**.

Il credito d'imposta può essere utilizzato ai fini delle imposte sui redditi, IVA e ritenute d'acconto nel periodo d'imposta in cui è concesso (D.P.C.M. 29 settembre 2015). L'eccedenza è utilizzabile per i successivi versamenti.

È necessario presentare apposita **istanza** alla circoscrizione doganale competente.

SOSTEGNO DELLA PUBBLICITÀ 16.14.

È previsto un credito d'imposta sugli **investimenti** pubblicitari incrementali programmati ed effettuati sulla **stampa** (quotidiani e periodici, locali e nazionali, anche on line) e sulle **emittenti radio-televisive locali, analogiche o digitali** (art. 57-bis, D.L. n. 50/2017; D.P.C.M. 16 maggio 2018, n. 90; Provv. 31 luglio 2018).

Soggetti interessati e spese agevolate

Il credito d'imposta spetta alle imprese e ai lavoratori autonomi, indipendentemente dalla natura giuridica assunta, dalle dimensioni aziendali e dal regime contabile adottato, che effettuano investimenti in campagne pubblicitarie sulla stampa quotidiana e periodica e sulle emittenti televisive e radiofoniche locali, analogiche o digitali, il cui valore superi **almeno dell'1%** gli analoghi investimenti effettuati sugli stessi mezzi di informazione nell'anno precedente.

Possono fruire del bonus anche gli **enti non commerciali**.

Gli investimenti agevolabili sono quelli effettuati a partire dal 1° gennaio 2018.

Tra gli interventi agevolati sono compresi anche gli investimenti pubblicitari incrementali effettuati sulla **stampa on line**.

Sono ammissibili al credito d'imposta gli investimenti riferiti all'**acquisto di spazi pubblicitari** e **inserzioni commerciali** su giornali quotidiani e periodici, nazionali e locali, ovvero nell'ambito della programmazione di emittenti televisive e radiofoniche locali, analogiche o digitali.

Gli investimenti pubblicitari devono essere effettuati su giornali ed emittenti editi da imprese titolari di testata giornalistica iscritta presso il competente Tribunale (art. 5, Legge n. 47/1948) o presso il Registro degli operatori di comunicazione - ROC (art. 1, c. 6, lett. a), n. 5, Legge n. 249/1997), e dotate in della figura del direttore responsabile.

Esclusioni - **Sono escluse** le spese sostenute per l'acquisto di spazi destinati a servizi particolari, ad esempio:

- televendite;
- servizi di pronostici;
- giochi o scommesse con vincite di denaro, di messaggeria vocale o chat-line con servizi a sovrapprezzo.

Le spese per l'acquisto di pubblicità sono ammissibili al netto delle spese accessorie, dei costi di intermediazione e di ogni altra spesa diversa dall'acquisto dello spazio pubblicitario, anche se ad esso funzionale o connesso.

Investimenti ammessi

Gli investimenti incrementali ammessi al credito d'imposta sono quelli riferiti all'acquisto di spazi pubblicitari e inserzioni commerciali, effettuati esclusivamente su giornali quotidiani e periodici, pubblicati in edizione cartacea ovvero editi in **formato digitale** (con le caratteristiche indicate all'art. 7, c. 1 e 4, D.Lgs. n. 70/2017), ovvero nell'ambito della programmazione di emittenti televisive e radiofoniche locali, analogiche o digitali. Gli investimenti pubblicitari ammissibili al credito d'imposta sono effettuati su emittenti radiofoniche e televisive locali iscritte presso il Registro degli operatori di comunicazione (ROC) e su giornali iscritti presso il competente Tribunale, ovvero presso il ROC e dotati in ogni caso della figura del direttore responsabile.

Sono **escluse** dal credito d'imposta le spese sostenute per l'acquisto di spazi nell'ambito della programmazione o dei palinsesti editoriali per pubblicizzare o promuovere televendite di beni e servizi di qualunque tipologia nonché quelle per la trasmissione o per l'acquisto di spot radio e televisivi di inserzioni o spazi promozionali relativi a servizi di pronostici, giochi o scommesse con vincite di denaro, di messaggeria vocale o chat-line con servizi a sovrapprezzo.

Ai soli fini dell'attribuzione del credito di imposta le spese per l'acquisto di pubblicità sono ammissibili **al netto delle spese accessorie**, dei costi di intermediazione e di ogni altra spesa diversa dall'acquisto dello spazio pubblicitario, anche se ad esso funzionale o connessa.

Le spese si considerano sostenute secondo le regole previste per la determinazione del reddito d'impresa ai fini IRES (art. 109, D.P.R. n. 917/1986).
L'effettuazione di tali spese deve risultare da apposita attestazione rilasciata dai soggetti legittimati a rilasciare il **visto di conformità** dei dati esposti nelle dichiarazioni fiscali (dottori commercialisti, consulenti del lavoro, ecc.), ovvero dai soggetti che esercitano la revisione legale dei conti.

Misura

Il credito d'imposta consiste in un contributo **pari al 75%** del valore incrementale degli investimenti effettuati.
La misura è elevata al **90%** nel caso di microimprese, piccole e medie imprese (raccomandazione n. 2003/361/CE 6 maggio 2003; D.M. 18 aprile 2005) e **start up innovative**. Il credito d'imposta liquidato potrà essere **inferiore a quello richiesto** nel caso in cui l'ammontare complessivo dei crediti richiesti con le domande superi l'ammontare delle risorse stanziate. In tal caso si provvede a una ripartizione percentuale delle risorse tra tutti i richiedenti aventi diritto.
In presenza di investimenti su entrambi i media (stampa ed emittenti radio-televisive), il soggetto richiedente può vedersi riconosciuti **2 diversi di crediti d'imposta**, in percentuali differenziate a seconda delle condizioni della ripartizione su ognuna delle due platee di beneficiari.
Nel caso in cui sia accertato che l'ammontare complessivo del credito richiesto non esaurisca le risorse stanziate, tali risorse, secondo il generale funzionamento di tali incentivi, andranno ad incrementare la dotazione finanziaria dell'anno successivo.

Bonus per il 2021-2022 - Limitatamente agli anni 2021 e 2022, il credito d'imposta è concesso nella misura unica del **50% del valore degli investimenti pubblicitari** effettuati, e in ogni caso nei limiti dei regolamenti dell'Unione Europea, entro il limite massimo di 90 milioni di euro che costituisce il tetto di spesa per ciascuno degli anni 2021 e 2022 (art. 57-bis, c. 1-quater, D.L. n. 50/2017).
Il beneficio è concesso nel **limite** di **65 milioni** di euro per gli investimenti pubblicitari effettuati **sui giornali quotidiani e periodici**, anche online, e nel limite di **25 milioni** di euro per gli investimenti pubblicitari effettuati sulle **emittenti televisive e radiofoniche** locali e nazionali, analogiche o digitali, non partecipate dallo Stato.
Ai fini della concessione del credito d'imposta si applicano le norme del D.P.C.M. n. 90/2018.
Per l'anno 2021, la **comunicazione telematica** andava presentata nel periodo compreso tra il 1° ed il 31 ottobre del medesimo anno (termine posticipato rispetto a quello originario dal 1° al 30 settembre con una nota del Dipartimento per l'informazione e l'editoria datata 31 agosto 2021).
Le comunicazioni telematiche trasmesse nel periodo compreso tra il 1° ed il 31 marzo 2021 restano comunque valide.
La comunicazione, con funzione di prenotazione del bonus per l'anno 2021, doveva essere trasmessa fino al **31 marzo 2021**, mediante i servizi telematici delle Entrate, utilizzando la procedura nella sezione dell'area riservata "Servizi per" alla voce "Comunicare", accessibile con Spid, Cns o Cie e con le credenziali Entratel e Fisconline.

Procedura di accesso all'agevolazione

Per accedere al credito di imposta i soggetti interessati, nel periodo compreso dal 1° marzo al 31 marzo di ciascun anno, presentano un'apposita **comunicazione telematica** con le modalità definite con il provvedimento del Dipartimento per l'informazione e l'editoria della Presidenza del Consiglio dei ministri del 31 luglio 2018.
La comunicazione è sottoscritta dal legale rappresentante dell'impresa, dell'ente non commerciale o dal lavoratore autonomo e contiene:

a. gli elementi **identificativi dell'impresa**, dell'ente non commerciale o del lavoratore autonomo, ivi compreso il codice fiscale;
b. il **costo** complessivo degli investimenti pubblicitari effettuati o da effettuare;
c. la misura percentuale e l'ammontare complessivo dell'**incremento** dell'**investimento pubblicitario** realizzato o da realizzare con il raffronto con l'anno precedente con distinta evidenza per ciascun dei due fondi appositamente previsti (art. 4, c. 1, D.P.C.M. 16 maggio 2018, n. 90);
d. l'**ammontare** del credito di imposta **richiesto** distinto per ciascuno dei fondi previsti.

Entro il 30 aprile di ciascun anno, il Dipartimento per l'informazione e l'editoria della Presidenza del Consiglio dei ministri forma un elenco dei soggetti richiedenti il credito di imposta con l'indicazione dell'eventuale **percentuale provvisoria di riparto** in caso di insufficienza delle risorse e l'importo teoricamente fruibile da ciascun soggetto dopo la realizzazione dell'investimento incrementale.
L'ammontare del credito effettivamente fruibile dopo l'accertamento in ordine agli investimenti effettuati è disposto con provvedimento del Dipartimento per l'informazione e l'editoria della Presidenza del Consiglio dei ministri pubblicato sul sito istituzionale del Dipartimento stesso.

Il credito d'imposta è indicato nella dichiarazione dei redditi relativa ai periodi di imposta di maturazione del credito a seguito degli investimenti effettuati e nelle dichiarazioni dei redditi relative ai periodi di imposta successivi fino a quello nel corso del quale se ne conclude l'utilizzo.
I soggetti con periodo d'imposta non coincidente con l'anno solare indicano il credito d'imposta nella dichiarazione dei redditi relativa al periodo d'imposta in corso al 31 dicembre dell'anno di maturazione del credito riferito agli investimenti effettuati nell'anno solare.

Compilazione dell'istanza e tempistica - Il Modello va utilizzato, barrando la relativa casella, per presentare:

- la "Comunicazione per l'accesso al credito d'imposta" (art. 5, c. 1, D.P.C.M. 16 maggio 2018, n. 90). Tale comunicazione, contenente i dati degli investimenti effettuati o da effettuare nell'anno agevolato, deve essere presentata per poter beneficiare del credito d'imposta;
- la "Dichiarazione sostitutiva relativa agli investimenti effettuati". Tale dichiarazione va resa per dichiarare, in autocertificazione, l'effettiva **realizzazione**, nell'anno agevolato, **degli investimenti** indicati nella comunicazione per l'accesso al credito d'imposta, inviata in precedenza.

Se l'ammontare complessivo del credito d'imposta indicato nella "Comunicazione" o nella "Dichiarazione sostitutiva" è **superiore a 150.000 euro**, il richiedente è tenuto a rilasciare una delle seguenti dichiarazioni:

- di essere iscritto negli elenchi dei fornitori, prestatori di servizi ed esecutori di lavori non soggetti a tentativo di infiltrazione mafiosa (per le categorie di operatori economici interessati dalla normativa antimafia);
- di aver indicato nel riquadro "Elenco dei soggetti sottoposti alla verifica antimafia" i **codici fiscali** di tutti i soggetti da sottoporre alla verifica antimafia.

Tale dichiarazione sostitutiva va resa, apponendo la firma nell'apposito riquadro, e va resa sia nella "Comunicazione per l'accesso al credito d'imposta" sia nella "Dichiarazione sostitutiva relativa agli investimenti effettuati".

Utilizzo e cumulo

Il credito d'imposta è alternativo e non cumulabile, in relazione a medesime voci di spesa, con ogni altra agevolazione prevista da normativa statale, regionale o europea salvo che successive disposizioni di pari fonte normativa non prevedano espressamente la cumulabilità delle agevolazioni stesse.
Il credito d'imposta è utilizzabile esclusivamente in **compensazione**, dopo la realizzazione dell'investimento incrementale nella misura indicata dal provvedimento di approvazione.
Per consentire l'utilizzo in compensazione, tramite Mod. F24, del credito d'imposta è stato istituito il **codice tributo 6900** denominato "Credito d'imposta - Investimenti pubblicitari incrementali stampa quotidiana e periodica anche on-line, emittenti televisive e radiofoniche locali, analogiche o digitali - art. 57-bis, c. 1, D.L. 24 aprile 2017, n. 50" (ris. 8 aprile 2019, n. 41/E).
Ai fini dell'utilizzo del credito di imposta, il Mod. F24 deve essere presentato esclusivamente tramite i servizi telematici dell'Agenzia delle Entrate, pena lo scarto del Mod. F24. Il medesimo Mod. F24 è altresì scartato qualora l'ammontare del credito d'imposta utilizzato in compensazione risulti eccedente l'importo spettante.

Regola de minimis - L'agevolazione è concessa nel rispetto delle regole agli aiuti "*de minimis*" (➔**32.1.2.**).

ANTICIPO FINANZIARIO A GARANZIA PENSIONISTICA (APE) 16.15.

L'anticipo finanziario a garanzia pensionistica (c.d. APE) (art. 1, c. 166, Legge n. 232/2016). è un **prestito** corrisposto **a quote mensili** per 12 mensilità a un soggetto in possesso di determinati requisiti (art. 1, c. 167, Legge n. 232/2016) fino alla maturazione del diritto alla pensione di vecchiaia.
La **restituzione** del prestito avviene a partire dalla maturazione del diritto alla pensione di vecchiaia, con rate di ammortamento mensili per una durata di 20 anni. Il prestito è coperto da una **polizza assicurativa obbligatoria** per il rischio di premorienza.

> Le somme erogate in quote mensili non concorrono a formare il reddito ai fini dell'imposta sul reddito delle persone fisiche.

A fronte degli interessi sul finanziamento e dei premi assicurativi per la copertura del rischio di premorienza corrisposti al soggetto erogatore, è riconosciuto un credito d'imposta annuo nella misura massima del **50%** dell'importo pari a un ventesimo degli interessi e dei premi assicurativi complessivamente pattuiti nei relativi contratti.

Tale credito d'imposta non concorre alla formazione del reddito ai fini delle imposte sui redditi ed è riconosciuto dall'INPS per l'intero importo rapportato a mese a partire dal primo pagamento del trattamento di pensione.
L'INPS recupera il credito rivalendosi sulle ritenute da versare mensilmente all'erario nella sua qualità di sostituto d'imposta.

L'INPS può corrispondere il credito d'imposta relativo all'APE volontaria **anche** a favore dei **pensionati residenti all'estero** che beneficiano del regime fiscale agevolativo previsto dalle convenzioni internazionali contro la doppia imposizione fiscale. L'ente avrà la possibilità di recuperare il credito rivalendosi successivamente nei confronti dell'erario, sul monte ritenute da versare (ris. 17 dicembre 2018, n. 88/E).

16.16. ACQUISTO SISTEMI FILTRAGGIO ACQUA POTABILE

È previsto, **dal 1° gennaio 2021 al 31 dicembre 2023**, un **credito d'imposta** per l'acquisto di sistemi di filtraggio acqua potabile (art. 1, c. 1087-1089, Legge n. 178/2020; Provv. 16 giugno 2021).
Spetta alle persone fisiche e ai soggetti esercenti attività d'impresa, arti e professioni e agli enti non commerciali, compresi gli Enti del Terzo Settore e gli enti religiosi civilmente riconosciuti.
Si applica nella misura del **50% delle spese sostenute dal 2021 al 2023** fino ad un ammontare complessivo non superiore:
- per le persone fisiche esercenti attività economica, a **1.000 euro** per ciascuna unità immobiliare o esercizio commerciale;
- per gli altri soggetti, a **5.000 euro** per ciascun immobile adibito all'attività commerciale o istituzionale.

Il credito d'imposta spetta per l'acquisto e l'installazione di sistemi di filtraggio, mineralizzazione, raffreddamento e addizione di anidride carbonica alimentare E 290, finalizzati al miglioramento qualitativo delle acque destinate al consumo umano erogate da acquedotti.
Ai fini dell'imputazione delle spese stesse occorre fare riferimento:

a. per le persone fisiche, gli esercenti arti e professioni e gli enti non commerciali, nonché per le imprese individuali e le società di persone in regime di contabilità semplificata, al **criterio di cassa** e, quindi, alla data dell'effettivo pagamento. Per i soggetti in regime di contabilità semplificata che hanno optato per la tenuta dei registri IVA senza operare annotazioni relative a incassi e pagamenti (art. 18, c. 5, D.P.R. n. 600/1973), il pagamento si intenderà effettuato alla data di registrazione del documento contabile;
b. per le imprese individuali, per le società, per gli enti commerciali e per gli enti non commerciali in regime di contabilità ordinaria, al **criterio di competenza**.

Per i beneficiari diversi da quelli esercenti attività d'impresa in contabilità ordinaria, il credito d'imposta spetta a condizione che le spese siano sostenute con versamento bancario o postale ovvero mediante altri **sistemi di pagamento tracciati**.
L'importo delle spese sostenute deve essere documentato tramite fattura elettronica o documento commerciale in cui è riportato il codice fiscale del soggetto richiedente il credito.
Per i soggetti non tenuti ad emettere fattura elettronica, si considera valida anche l'emissione di una fattura o di un documento commerciale nel quale deve essere riportato il codice fiscale del soggetto richiedente il credito.
Al fine di effettuare il monitoraggio e la valutazione della riduzione del consumo di contenitori di plastica per acque destinate ad uso potabile conseguita a seguito della realizzazione degli interventi di cui si discute, in analogia a quanto previsto in materia di detrazioni fiscali per la riqualificazione energetica degli edifici, le informazioni sugli interventi effettuati sono trasmesse per via telematica all'ENEA.

Istanza - Dal 1° febbraio al 28 febbraio dell'anno successivo a quello di sostenimento delle spese agevolabili, i soggetti aventi i requisiti previsti dalla legge per accedere al credito d'imposta comunicano all'Agenzia delle Entrate l'ammontare delle spese ammissibili sostenute nell'anno precedente.
Occorre utilizzare il modello di "**Comunicazione delle spese per il miglioramento dell'acqua potabile**" approvato con il Provvedimento 16 giugno 2021.
La comunicazione è inviata esclusivamente con **modalità telematiche**, direttamente dal contribuente oppure avvalendosi di un intermediario abilitato, mediante:

a. il servizio web disponibile nell'area riservata del sito internet dell'Agenzia delle Entrate;
b. i canali telematici dell'Agenzia delle Entrate.

Dal 1° al 28 febbraio è anche possibile:
a. inviare una nuova Comunicazione, che sostituisce integralmente quella precedentemente trasmessa. L'ultima Comunicazione validamente trasmessa sostituisce tutte quelle precedentemente inviate;
b. presentare la rinuncia al credito d'imposta indicato nella precedente comunicazione.

Importo spettante - Il credito d'imposta, per ciascun beneficiario, è pari al **50%** delle spese complessive risultanti dall'ultima comunicazione validamente presentata, in assenza di successiva rinuncia.
In ogni caso, l'ammontare complessivo delle spese non può essere superiore, per le persone fisiche non esercenti attività economica, a **1.000 euro** per ciascuna unità immobiliare e, per gli altri soggetti, a **5.000 euro** per ciascun immobile adibito all'attività commerciale o istituzionale.
Ai fini del rispetto del limite di spesa, l'ammontare massimo del credito d'imposta fruibile è pari al credito d'imposta indicato nella comunicazione validamente presentata moltiplicato per la percentuale resa nota con Provvedimento del Direttore dell'Agenzia delle Entrate, da emanare entro il 31 marzo di ciascun anno, con riferimento alle spese sostenute nell'anno precedente.
Tale percentuale è ottenuta rapportando il limite complessivo di spesa all'ammontare complessivo del credito d'imposta risultante dalle comunicazioni validamente presentate.
Nel caso in cui l'ammontare complessivo del credito d'imposta risulti uguale o inferiore al limite di spesa, la percentuale è pari al 100%.

Modalità di utilizzo del credito d'imposta - Il credito d'imposta è utilizzato dai beneficiari, fino all'importo massimo fruibile:
a. dalle persone fisiche non esercenti attività d'impresa o di lavoro autonomo, nella dichiarazione dei redditi relativa al periodo d'imposta di sostenimento delle spese agevolabili e in quelle successive fino a quando non se ne conclude l'utilizzo ovvero in compensazione;
b. dai soggetti beneficiari diversi da quelli di cui al punto precedente, esclusivamente in compensazione.

Ai fini dell'**utilizzo in compensazione** del credito d'imposta:
a. il Mod. F24 è presentato esclusivamente tramite i servizi telematici resi disponibili dall'Agenzia delle Entrate, pena il rifiuto dell'operazione di versamento, a partire dal giorno lavorativo successivo alla pubblicazione del Provvedimento dell'Agenzia delle Entrate emanato entro il 31 marzo;
b. nel caso in cui l'importo del credito utilizzato in compensazione risulti superiore all'ammontare massimo spettante, anche tenendo conto di precedenti fruizioni, il relativo Mod. F24 è scartato. Lo scarto è comunicato al soggetto che ha trasmesso il Mod. F24 tramite apposita ricevuta consultabile mediante i servizi telematici dell'Agenzia delle Entrate;
c. non si applica il limite di compensazione (art. 34, Legge n. 388/2000).

SPESE MANUTENZIONE IMMOBILI DI INTERESSE STORICO-ARTISTICO 16.17.

È previsto, un credito di imposta alle persone fisiche, per le spese sostenute negli anni 2021 e 2022 per la manutenzione, protezione e restauro degli immobili di interesse storico e artistico in misura pari al **50% degli oneri** rimasti a carico delle medesime persone fisiche, fino a un **importo massimo** complessivo di **100.000 euro** (art. 65-bis, D.L. n. 73/2021).
Il credito d'imposta:
- spetta a condizione che l'immobile non sia utilizzato nell'esercizio di impresa;
- è utilizzabile in compensazione ai sensi dell'art. 17, D.Lgs. n. 241/1997, a decorrere dal riconoscimento dello stesso;
- non è cumulabile con qualsiasi altro contributo o finanziamento pubblico e con la detrazione per le spese di manutenzione dei beni storici e artistici (➔**6.15.13.**) (art. 15, c. 1, lett. g), D.P.R. n. 917/1986).

I soggetti beneficiari del credito d'imposta possono, in luogo dell'utilizzo diretto, optare per la cessione, anche parziale, dello stesso credito ad altri soggetti, compresi istituti di credito e altri intermediari finanziari.

SPESE PER ATTIVITÀ FISICA ADATTATA 16.18.

Ai fini IRPEF, è riconosciuto ai contribuenti, nel limite massimo complessivo di **1,5 milioni di euro** per l'anno **2022**, un credito d'imposta per le spese documentate sostenute per fruire di attività fisica adattata.

Con decreto del Ministero dell'economia e delle finanze sono definite le modalità attuative per l'accesso al beneficio e per il suo recupero in caso di illegittimo utilizzo, nonché le ulteriori disposizioni operative (art. 1, c. 737 Legge n. 234/2021).

16.19. SPESE PER MONOPATTINI ELETTRICI, BICICLETTE ELETTRICHE O MUSCOLARI, ABBONAMENTI AL TRASPORTO PUBBLICO, SERVIZI DI MOBILITÀ ELETTRICA IN CONDIVISIONE O SOSTENIBILE

Le persone fisiche che consegnano per la rottamazione, contestualmente all'acquisto di un veicolo con emissioni di CO2 comprese tra 0 e 110 g/km, un **secondo veicolo di categoria M1** intestato:

– da almeno 12 mesi allo stesso soggetto intestatario del nuovo veicolo o a uno dei familiari conviventi alla data di acquisto del veicolo,
– ovvero, in caso di locazione finanziaria del veicolo nuovo, intestato, da almeno 12 mesi, al soggetto utilizzatore del veicolo o a uno dei predetti familiari,

hanno diritto a un **credito di imposta del valore di 750 euro**, da utilizzare **entro 3 annualità** per l'acquisto di monopattini elettrici, biciclette elettriche o muscolari, abbonamenti al trasporto pubblico, **servizi di mobilità elettrica in condivisione o sostenibile** (art. 44, c. 1-septies, D.L. n. 34/2020; Provv. 28 gennaio 2022).

Per fruire del credito d'imposta occorre presentare un'istanza **dal 13 aprile 2022 al 13 maggio 2022** esclusivamente con modalità telematiche. L'istanza deve essere presentata direttamente dal contribuente oppure avvalendosi di un soggetto incaricato della trasmissione delle dichiarazioni, mediante:

a. il servizio web disponibile nell'area riservata del sito internet dell'Agenzia delle Entrate;
b. i canali telematici dell'Agenzia delle Entrate.

A seguito della presentazione dell'istanza è rilasciata, entro 5 giorni, una ricevuta che ne attesta la presa in carico, ovvero lo scarto, con l'indicazione delle relative motivazioni. La ricevuta viene messa a disposizione del soggetto che ha trasmesso l'istanza, nell'area riservata del sito internet dell'Agenzia delle Entrate.

Nello stesso periodo è possibile:

a. inviare una nuova istanza, che sostituisce integralmente quella precedentemente trasmessa. L'ultima istanza validamente trasmessa sostituisce tutte quelle precedentemente inviate;
b. presentare la rinuncia integrale al credito d'imposta precedentemente comunicato.

DICHIARAZIONE DEI REDDITI

17.

IRPEF

MODELLO 730 17.1.

Il **Mod. 730** consente ai lavoratori dipendenti e pensionati di presentare la dichiarazione dei redditi mediante l'**assistenza**:

- del proprio **datore di lavoro o ente previdenziale**;
- di uno dei Centri di assistenza fiscale costituiti dalle associazioni sindacali e dai datori di lavoro (c.d. **CAF-dipendenti**);
- di un **professionista abilitato** (dottore commercialista ed esperto contabile, consulente del lavoro).

Il Mod. 730 è disponibile anche nella versione precompilata: in tal caso è possibile presentare la dichiarazione direttamente (➡**17.1.7.**).

Soggetti che possono utilizzare il Mod. 730 17.1.1.

Possono fruire dell'assistenza fiscale:

- i **titolari di reddito di lavoro dipendente o di pensione** (compresi i lavoratori italiani che operano all'estero per i quali il reddito è determinato sulla base della retribuzione convenzionale) (➡**12.1.6.**);

Il socio (anche se pensionato) di una società di persone anche con redditi negativi e in liquidazione, non può presentare il Mod. 730, ma deve esporre i redditi (o le perdite) di partecipazione in società di persone nel Mod. Redditi Persone Fisiche e, in particolare, nel Quadro RH (circ. 7 luglio 2015, n. 26/E).

- i contribuenti che percepiscono **indennità sostitutive del reddito di lavoro dipendente** (ad esempio, trattamento di integrazione salariale, indennità di mobilità, ecc.);
- i **soci di cooperative** di produzione e lavoro, di servizi, agricole e di prima trasformazione dei prodotti agricoli, nonché quelle di piccola pesca;

- i **sacerdoti** della Chiesa cattolica;
- **i giudici costituzionali**, i **parlamentari** nazionali e gli altri **titolari di cariche pubbliche elettive** (ad esempio, i consiglieri regionali, provinciali, comunali, ecc.);
- le persone impegnate in **lavori socialmente utili**;
- lavoratori con **contratto di lavoro a tempo determinato per un periodo inferiore all'anno**; possono presentare il Mod. 730 al **sostituto d'imposta** se il contratto dura almeno dal mese di presentazione della dichiarazione al terzo mese successivo e si conoscono i dati del sostituto che dovrà effettuare il conguaglio;
- **personale della scuola** con contratto di lavoro **a tempo determinato**, rivolgendosi al sostituto ovvero ad un CAF-dipendenti o ad un professionista abilitato, se il contratto dura almeno dal mese di settembre dell'anno precedente al mese di giugno dell'anno seguente;
- **produttori agricoli** esonerati dalla presentazione della dichiarazione dei sostituti d'imposta (Mod. 770), IRAP e IVA.

La dichiarazione deve essere presentata anche se sono stati percepiti esclusivamente redditi che derivano dalla locazione di fabbricati per i quali si è optato per la cedolare secca (➨10.3.10.) e se non è stato trattenuto dal sostituto d'imposta il contributo di solidarietà.

17.1.2. Soggetti senza sostituto d'imposta

I soggetti titolari dei **redditi di lavoro dipendente** (art. 49, D.P.R. n. 917/1986) **e di alcuni redditi assimilati** (art. 50, c. 1, lett. a), c), c-bis), d) e g), D.P.R. n. 917/1986), con esclusione delle indennità percepite dai membri del Parlamento europeo (art. 50, c. 1, lett. i) e l), D.P.R. n. 917/1986), in assenza di un sostituto d'imposta tenuto ad effettuare il conguaglio, possono presentare la dichiarazione Mod. 730 (anche in forma congiunta con tutti e due i coniugi senza sostituto) e la relativa scheda ai fini della destinazione del 2, 5 e 8 per mille, ai **CAF dipendenti** e agli altri soggetti che possono prestare l'assistenza fiscale e cioè **consulenti del lavoro e dottori commercialisti**.
Se dalle dichiarazioni presentate emerge:

- un **debito:** il soggetto che presta l'assistenza fiscale trasmette telematicamente la delega di versamento utilizzando i servizi telematici resi disponibili dall'Agenzia delle Entrate ovvero, entro il **decimo giorno antecedente** la scadenza del termine di pagamento, consegna il Mod. F24 compilato al contribuente tenuto ad effettuare il pagamento; i versamenti devono essere eseguiti entro gli stessi termini previsti nel caso di presentazione del Mod. Redditi PF.
- un **rimborso:** è eseguito dall'Amministrazione finanziaria sulla base del risultato finale delle dichiarazioni.

Nel caso in cui si dovesse verificare la cessazione del rapporto di lavoro nel periodo intercorrente tra la presentazione del Mod. 730 originario e la data del 25 ottobre il contribuente deve presentare il **"730 integrativo"** contrassegnato dal codice 1 e con la casella "MOD 730 Dipendenti senza sostituto" barrata, di modo che il rimborso sarà effettuato dall'Agenzia delle Entrate.
Nel caso in cui invece si fosse presentato un Mod. 730 originario in assenza di sostituto d'imposta ed entro il 25 ottobre il contribuente abbia un nuovo sostituto, può presentare il Mod. 730 integrativo contrassegnato dal codice 1 ed ottenere il rimborso dal nuovo sostituto d'imposta (ris. 30 maggio 2014, n. 57/E).

Contribuenti che possono presentare il Mod. 730 senza sostituto	
Tipo di reddito	**Riferimento D.P.R. n. 917/1986**
Redditi di lavoro dipendente	art. 49
Compensi percepiti, entro i limiti dei salari correnti maggiorati del 20%, dai **lavoratori soci delle cooperative** di produzione e lavoro, delle cooperative di servizi, delle cooperative agricole e di prima trasformazione dei prodotti agricoli e delle cooperative della piccola pesca.	art. 50, lett. a)
Somme da chiunque corrisposte a titolo di **borsa di studio** o di assegno, premio o sussidio per fini di studio o di addestramento professionale, se il beneficiario non è legato da rapporti di lavoro dipendente nei confronti del soggetto erogante.	art. 50, lett. c)

Contribuenti che possono presentare il Mod. 730 senza sostituto	
Tipo di reddito	**Riferimento D.P.R. n. 917/1986**
Somme e valori in genere, a qualunque titolo percepiti nel periodo d'imposta, anche sotto forma di erogazioni liberali, in relazione agli uffici di **amministratore, sindaco o revisore** di società, associazioni e altri enti con o senza personalità giuridica, alla **collaborazione a giornali, riviste,** enciclopedie e simili, alla **partecipazione a collegi e commissioni,** nonché quelli percepiti in relazione ad altri rapporti di collaborazione aventi per oggetto la prestazione di attività svolte senza vincolo di subordinazione a favore di un determinato soggetto nel quadro di un rapporto unitario e continuativo senza impiego di mezzi organizzati e con retribuzione periodica prestabilita, sempreché gli uffici o le collaborazioni non rientrino nei compiti istituzionali compresi nell'attività di lavoro dipendente, o nell'oggetto dell'arte o professione, esercitate dal contribuente.	art. 50, lett. c-bis)
Remunerazioni dei **sacerdoti**.	art. 50, lett. d)
Indennità percepite dai **membri del Parlamento** nazionale (ma non quelle percepite dai membri del Parlamento europeo) e indennità, comunque denominate, percepite per le cariche elettive, nonché i conseguenti assegni vitalizi percepiti in dipendenza dalla cessazione delle cariche elettive e funzioni e l'assegno del **Presidente della Repubblica.**	art. 50, lett. g)
Altri assegni periodici, comunque denominati, alla cui produzione non concorrono attualmente né capitale né lavoro, compresi quelli indicati alle lett. c) e d) del c. 1 dell'art. 10 tra gli oneri deducibili.	art. 50, lett. i)
Compensi percepiti dai soggetti impegnati in **lavori socialmente utili** in conformità a specifiche disposizioni normative.	art. 50, lett. l)

Soggetti che non possono utilizzare il Mod. 730 17.1.3.

Non possono presentare il Mod. 730 (e, quindi, devono utilizzare il **Mod. Redditi PF**):
- i contribuenti **non residenti** in Italia;
- i contribuenti che devono **presentare anche** una delle seguenti **dichiarazioni: IVA, IRAP, Mod. 770**;
- i contribuenti che, nel periodo d'imposta, hanno posseduto redditi derivanti da **produzione di "agroenergie"**;
- i contribuenti che, nel periodo d'imposta, hanno posseduto **redditi d'impresa**, anche in forma di partecipazione (in linea generale tutti coloro che sono obbligati alla tenuta delle scritture contabili);
- i contribuenti che, nel periodo d'imposta, hanno posseduto **redditi di lavoro autonomo** per i quali è richiesta la **partita IVA**;
- i contribuenti che hanno realizzato, nel periodo d'imposta, **plusvalenze** derivanti dalla **cessione di partecipazioni** qualificate ovvero partecipazioni non qualificate in società residenti in **Paesi o territori a fiscalità privilegiata**, i cui titoli non sono negoziati in mercati regolamentati (➔15.3.);
- i contribuenti che, nel periodo d'imposta, hanno posseduto **redditi "diversi"** non compresi tra quelli che possono essere dichiarati nel Mod. 730;
- i contribuenti che hanno percepito, nel periodo d'imposta, in qualità di beneficiari, redditi derivanti da ***trust***.

Condizioni oggettive 17.1.4.

Oltre alle condizioni soggettive è necessaria la presenza di condizioni oggettive legate al **tipo di reddito percepito**.
In particolare, possono utilizzare il Mod. 730 i contribuenti che nel periodo d'imposta hanno percepito:
- redditi di **lavoro dipendente e pensione** e redditi **assimilati** a quelli di lavoro dipendente (ad esempio, co.co.co. e contratti di lavoro a progetto);
- redditi dei **terreni** e dei **fabbricati**;
- redditi di **capitale**;
- redditi di **lavoro autonomo** per i quali non è richiesta la partita IVA (ad esempio, prestazioni di lavoro autonomo non esercitate abitualmente);

- redditi **diversi** (ad esempio, plusvalenze su immobili o redditi di terreni e fabbricati situati all'estero);
- alcuni dei redditi assoggettabili a **tassazione separata** (sono indicati nella Sezione II del Quadro D).

17.1.5. Dichiarazione congiunta

Il soggetto può presentare la dichiarazione congiunta qualora i coniugi, non legalmente ed effettivamente separati, siano in possesso esclusivamente di **uno o più dei seguenti redditi**:
- redditi di lavoro dipendente;
- redditi assimilati a quelli di lavoro dipendente;
- redditi dei terreni e dei fabbricati;
- redditi di capitale;
- redditi di lavoro autonomo per i quali non è richiesta la partita IVA;
- alcune tipologie di redditi diversi;
- alcuni redditi soggetti a tassazione separata.

In tal caso, la dichiarazione può essere presentata indifferentemente al datore di lavoro di uno dei due coniugi, o ad un CAF, indicando come dichiarante il coniuge che ha come sostituto d'imposta il datore di lavoro che riceve la dichiarazione congiunta per l'effettuazione del conguaglio, o effettua il conguaglio se la dichiarazione viene presentata ad un CAF.
La dichiarazione congiunta **non è**, invece, **ammessa**:
- nel caso di **decesso di uno dei coniugi** prima della presentazione della dichiarazione dei redditi. In tal caso, il coniuge superstite non può presentare dichiarazione congiunta, anche se gli acconti d'imposta per l'anno precedente sono stati versati congiuntamente o sia stata presentata congiuntamente la precedente dichiarazione;
- nel caso di dichiarazione presentata per conto di **persone incapaci, compresi i minori**.

17.1.6. Assistenza fiscale Mod. 730 ordinario

L'**assistenza fiscale**, in caso di presentazione della dichiarazione secondo le regole ordinarie (quindi, **senza l'utilizzo del Modello precompilato**), può essere:
- **diretta**, se il dipendente si rivolge al proprio **datore di lavoro**;
- **indiretta**, se il dipendente si rivolge ad un **CAF**.

Assistenza fiscale Mod. 730 ordinario (non precompilato)	
Datore di lavoro	Il datore di lavoro deve: - **ricevere** dal dipendente le apposite dichiarazioni (Mod. 730) e le schede per la scelta della destinazione dell'8, del 5 e del 2 per mille; - **eseguire i controlli formali** sulla base di dati ed elementi direttamente desumibili dalla dichiarazione prodotta tenendo conto delle disposizioni che stabiliscono limiti alla deduzione e alla detraibilità degli oneri; - procedere alla **liquidazione delle imposte** e dei relativi acconti dovuti per il periodo d'imposta successivo; - **consegnare** al contribuente **copia della dichiarazione** elaborata e il prospetto delle imposte; - **effettuare**, nel mese di luglio, i necessari **conguagli** con le imposte a credito o a debito risultanti dal Modello di liquidazione (Mod. 730-3); - provvedere alla **conservazione delle dichiarazioni**; - **inviare le dichiarazioni** dei redditi, con le relative schede di scelta di destinazione dell'8 e del 5 per mille IRPEF, **all'Amministrazione finanziaria.**
CAF	Il **contribuente** deve **esibire** al CAF-dipendenti la **documentazione necessaria** per consentire la verifica della conformità dei dati esposti nella dichiarazione (Mod. CU, scontrini, ricevute, fatture e quietanze comprovanti gli oneri, modelli di versamento imposte in acconto, ecc.). Il responsabile dell'assistenza fiscale del CAF deve **riscontrare la corrispondenza** dei dati esposti nella dichiarazione alle risultanze della relativa documentazione e alle disposizioni che disciplinano gli oneri per i quali spetta la deduzione dal reddito complessivo e le detrazioni dall'imposta, i crediti d'imposta e lo scomputo delle ritenute d'acconto[1].

IRPEF

Assistenza fiscale Mod. 730 ordinario (non precompilato)	
	I **CAF** devono **conservare**: - le **schede** relative alle scelte per la destinazione dell'otto e del cinque per mille IRPEF fino al 31 dicembre del secondo anno successivo a quello di presentazione; - **copia delle dichiarazioni** e dei relativi **prospetti di liquidazione** nonché della documentazione a base del **visto di conformità** fino al 31 dicembre del quarto anno successivo a quello di presentazione.

[1] In relazione alle **spese detraibili/deducibili** le verifiche da eseguire sono finalizzate a controllare che (circ. 4 aprile 2017, n. 7/E e circ. 27 aprile 2018, n. 7/E):
- il pagamento sia stato effettuato nel corso del periodo d'imposta, ad eccezione di spese sostenute in anni precedenti, per le quali è prevista la rateizzazione della detrazione;
- il documento di spesa sia intestato al contribuente che espone in dichiarazione tale onere ad eccezione delle spese (spese sanitarie, spese per l'acquisto di veicoli per disabili, di cane guida per i non vedenti, dei premi di assicurazione, delle spese per istruzione, della retta per la frequenza agli asili nido) per le quali si può usufruire della detrazione anche se è stata sostenuta nell'interesse delle persone fiscalmente a carico.

Mod. 730 precompilato 17.1.7.

Oltre alla presentazione del Mod. 730 ordinario, è possibile fruire della **dichiarazione precompilata** (artt. 1-9, D.Lgs. n. 175/2014) che è disponibile on line sul sito dell'Agenzia delle Entrate.
Il contribuente può accedervi direttamente e o **accettarla** così com'è oppure **modificarla**, rettificando i dati comunicati dall'Agenzia e/o inserendo ulteriori informazioni.
In alternativa, è possibile **delegare** il proprio sostituto d'imposta (se presta assistenza fiscale), un CAF o un professionista abilitato.
Il contribuente, in ogni caso, è libero di continuare a presentare la dichiarazione dei redditi con le modalità ordinarie, compilando il Mod. 730 o il Mod. Redditi PF.

Controlli - A seconda che il contribuente accetti o modifichi la dichiarazione proposta dall'Agenzia è previsto un **diverso *iter* dei controlli**.
Tutte le altre attività con cui l'Amministrazione finanziaria riscontra la correttezza degli obblighi dichiarativi restano invariate.

Controlli sulla dichiarazione precompilata		
Dichiarazione precompilata	**Presentazione**	**Controlli**[1]
Accettata	Direttamente o mediante sostituto	Nessuno.
Modificata	Direttamente o mediante sostituto	- Controllo documentale anche sui dati relativi agli oneri indicati nella dichiarazione precompilata forniti dai soggetti terzi (interessi passivi, premi assicurativi e contributi previdenziali); la stessa esclusione prevista nel caso di dichiarazione accettata senza modifiche opera invece per la parte dei dati relativi agli oneri, forniti da soggetti terzi, indicati nella dichiarazione precompilata, che non risultano modificati[4]; - controllo preventivo, in via automatizzata o mediante verifica della documentazione giustificativa, entro 4 mesi dal termine previsto per la trasmissione della dichiarazione, ovvero dalla data della trasmissione, se questa è successiva a detto termine ed erogazione dei rimborsi non oltre il sesto mese successivo al termine previsto per la trasmissione della dichiarazione, ovvero dalla data della trasmissione, se questa è successiva a detto termine[2-3].
Accettata o modificata	Tramite CAF o professionista	Controllo documentale effettuato nei confronti del CAF o del professionista che ha apposto il visto di conformità sulla dichiarazione, esteso anche ai dati relativi agli oneri indicati nella dichiarazione precompilata forniti dai soggetti terzi[3].

Controlli sulla dichiarazione precompilata		
Dichiarazione precompilata	Presentazione	Controlli[1]
Rifiutata (dichiarazione non precompilata)		Ordinari controlli sulle dichiarazioni (stessi controlli previsti per la presentazione di Modello precompilato tramite CAF/professionista).

[1] Resta fermo il controllo sulla sussistenza delle condizioni oggettive che danno diritto alle detrazioni e alle agevolazioni oltre alle altre ordinarie attività di controllo sull'omissione di redditi.

[2] Il controllo preventivo si applica in caso di modifiche rispetto alla dichiarazione precompilata che incidono sulla determinazione del reddito o dell'imposta e che presentano elementi di incoerenza rispetto ai criteri pubblicati con provvedimento del direttore dell'Agenzia delle Entrate ovvero determinano un rimborso di importo superiore a 4.000 euro.

[3] Eventuali richieste di pagamento che derivano dal controllo documentale sono inviate direttamente ai CAF o ai professionisti: tali soggetti sono tenuti al pagamento di una somma corrispondente a imposta, sanzioni (pari al 30%) e interessi, salvo che il visto infedele sia stato indotto dalla condotta dolosa del contribuente.

Nei confronti dei contribuenti, tuttavia, resta ferma la possibilità di controllare la sussistenza dei requisiti soggettivi che in alcuni casi sono richiesti per poter fruire delle detrazioni o deduzioni.

Se rilevano errori, i CAF o i professionisti possono trasmettere una dichiarazione rettificativa: in questo caso sono tenuti al pagamento della sola sanzione, ma ridotta in base alle regole previste per il ravvedimento operoso, mentre l'imposta e gli interessi restano a carico del contribuente.

[4] Con riferimento agli oneri forniti dai soggetti terzi che risultano modificati rispetto alla dichiarazione precompilata, l'Agenzia delle Entrate effettua il controllo formale relativamente ai documenti che hanno determinato la modifica.

Informazioni provenienti da soggetti terzi - Per la redazione della dichiarazione precompilata, l'Agenzia delle Entrate si serve, sostanzialmente, di **due gruppi di dati**:
- dati di fonte interna;
- dati di fonte esterna.

Per i primi, si fa riferimento ai **dati già presenti in Anagrafe tributaria** relativi alla situazione pregressa del contribuente e cioè:
- la presenza di eventuali crediti d'imposta di anni precedenti portati a nuovo o acconti d'imposta versati;
- dati relativi alle spese pluriennali derivanti dalla dichiarazione presentata dal contribuente per l'anno precedente;
- redditi dei terreni e fabbricati reperibili dal catasto.

Per quanto riguarda i **dati dei terreni e dei fabbricati**, in linea generale, vengono inseriti nella dichiarazione precompilata i dati presenti della **dichiarazione dell'anno precedente**, integrati tenendo conto delle eventuali variazioni, risultanti dalla banca dati catastale e dagli atti del registro, intercorse sui diritti reali (ad esempio compravendite e successioni) e sull'utilizzo degli immobili (ad esempio, locazione e comodato).

Vengono, altresì, utilizzate altre informazioni presenti nella banca dati dell'Anagrafe tributaria, quali ad esempio i **versamenti e le compensazioni effettuati con il Mod. F24** (circ. 23 marzo 2015, n. 11/E).

Dall'esterno, invece, arrivano altri dati fondamentali quali:
- quelli relativi ai **redditi percepiti dal contribuente**, ritenute subite e addizionali trattenute dal sostituto d'imposta;
- **spese detraibili e deducibili** sostenute dal contribuente durante l'anno.

In pratica, all'Agenzia delle Entrate arrivano una serie di dati che completano quelli già in possesso dell'Amministrazione finanziaria, dati che si dividono, sostanzialmente, in due gruppi:
- dati contenuti nella **Certificazione unica** trasmessa dai sostituti d'imposta entro il 16 marzo;
- dati su **detrazioni e deduzioni** trasmessi da soggetti terzi.

Ai fini dell'elaborazione della precompilata, i dati da indicare nelle comunicazioni da trasmettere all'Anagrafe Tributaria nonché i dati delle spese sanitarie e veterinarie forniti all'Agenzia delle Entrate dal Sistema Tessera Sanitaria, salvo alcune eccezioni, sono esclusivamente quelli relativi alle **spese per cui spetta la detrazione del 19%** ai fini IRPEF sostenute con **modalità di pagamento**

tracciabili. Le **eccezioni** riguardano le spese sanitarie sostenute per l'acquisto di medicinali e di dispositivi medici, nonché le spese relative a prestazioni sanitarie rese dalle strutture pubbliche e da strutture private accreditate al Servizio Sanitario nazionale (Agenzia delle Entrate, Provv. 16 ottobre 2020, prot. n. 329652/2020 e Provv. 16 ottobre 2020, prot. n. 329676/2020).

Tempistica trasmissione dati esterni	
Entro la **fine del mese successivo** alla data del documento fiscale, per le spese sostenute dal 1° gennaio 2022. Per le spese sostenute nel 2021, le scadenze sono state le seguenti: a) entro il **30 settembre 2021** per le spese del primo semestre; b) entro **l'8 febbraio 2022** per le spese del secondo semestre.	Trasmissione telematica al Sistema tessera sanitaria dei dati relativi alle spese mediche
16 marzo	Comunicazione telematica all'Amministrazione finanziaria di alcuni oneri deducibili e detraibili
16 marzo	Invio all'Agenzia delle Entrate della CU da parte dei sostituti d'imposta e consegna della copia al sostituito

Compilazione assistita - Per chi presenta la dichiarazione precompilata direttamente all'Agenzia delle Entrate, è prevista la **compilazione assistita**.
In alternativa alla tradizionale funzionalità di modifica, è possibile compilare in modo "assistito" i dati relativi agli oneri detraibili e deducibili da indicare nel quadro E.
Tale sistema è utilizzabile anche per le spese sostenute per i **familiari a carico**.
Il contribuente che intende modificare la propria dichiarazione 730 può inserire **nuove spese** (ad esempio, uno scontrino della farmacia non presente) oppure modificare, integrare o non utilizzare i dati degli oneri comunicati dai soggetti terzi.
Dal punto di vista operativo, quindi, il contribuente che intende modificare la propria dichiarazione 730, dopo aver visualizzato i dati degli oneri comunicati dai soggetti terzi, utilizzati o non utilizzati per l'elaborazione della dichiarazione, può scegliere tra due modalità di compilazione del quadro E:

- "**tradizionale**": in tal caso, inserisce o rettifica direttamente gli importi degli oneri sostenuti riportandoli nei relativi campi del quadro E;
- "**assistita**": può inserire nuovi documenti di spesa non presenti oppure modificare, integrare o cancellare i dati degli oneri comunicati dai soggetti terzi. I dati aggiunti o rettificati sono poi inseriti in via automatica nel quadro E della dichiarazione dei redditi.

Con la compilazione assistita, eventuali **controlli** documentali dell'Agenzia **riguardano** esclusivamente i **dati aggiunti o rettificati** dal contribuente nella fase di compilazione assistita.
Non viene, quindi, effettuato il controllo sui dati relativi agli oneri indicati nella dichiarazione precompilata che non sono stati modificati.

Modalità di presentazione della dichiarazione precompilata 17.1.8.

La dichiarazione precompilata va presentata:

a. all'**Agenzia delle Entrate**, direttamente in via telematica;
b. al **sostituto d'imposta** che presta assistenza fiscale;
c. a **un CAF o a un professionista** (si tratta di iscritti nell'Albo dei consulenti del lavoro o in quello dei dottori commercialisti e degli esperti contabili abilitati allo svolgimento dell'assistenza fiscale - restano dunque fuori i **tributaristi** e i **geometri fiscalisti**), presentando anche la relativa documentazione. In tal caso l'attività di verifica di conformità è effettuata sui dati della dichiarazione compresi quelli forniti con la dichiarazione precompilata e comporta assunzione di responsabilità ai fini di quanto si dirà di seguito.

Nei casi in cui si scelga il sostituto d'imposta o il CAF/intermediario, il contribuente deve rilasciare ad essi un'apposita **delega**.

Presentazione	Regole
Al sostituto d'imposta	Si deve consegnare, oltre alla delega per l'accesso al Mod. 730 precompilato, il Mod. 730-1[1]. Prima dell'invio della dichiarazione all'Agenzia delle Entrate e comunque entro il termine ultimo, fissato al **30 settembre**, il sostituto d'imposta consegna al contribuente una copia della dichiarazione elaborata e il prospetto di liquidazione, Mod. 730-3, con l'indicazione del rimborso che sarà erogato e delle somme che saranno trattenute.
Al CAF / professionista abilitato	Si deve consegnare oltre alla delega per l'accesso al Mod. 730 precompilato, il Mod. 730-1[1]. Il contribuente deve sempre esibire al CAF o al professionista abilitato la documentazione necessaria per verificare la conformità dei dati riportati nella dichiarazione. Il contribuente conserva la documentazione in originale, mentre il CAF o il professionista ne conserva copia che può essere trasmessa, su richiesta, all'Agenzia delle Entrate. I CAF o i professionisti abilitati hanno l'obbligo di verificare che i dati indicati nel Mod. 730 siano conformi ai documenti esibiti dal contribuente (relativi a oneri deducibili e detrazioni d'imposta spettanti, alle ritenute, agli importi dovuti a titolo di saldo o di acconto oppure ai rimborsi) e rilasciano per ogni dichiarazione un visto di conformità. Prima dell'invio della dichiarazione all'Agenzia delle Entrate e comunque entro il 30 settembre, il CAF o il professionista consegna al contribuente una copia della dichiarazione e il prospetto di liquidazione, Mod. 730-3, elaborati sulla base dei dati e dei documenti presentati dal contribuente. Nel **prospetto di liquidazione** sono evidenziate le eventuali variazioni intervenute a seguito dei controlli effettuati dal CAF o dal professionista e sono indicati i **rimborsi** che saranno erogati dal sostituto d'imposta e le somme che saranno trattenute.

[1] Il Mod.730-1 riporta la scelta per destinare l'8, il 5 e il 2 per mille dell'IRPEF. Va consegnato in busta chiusa o in una normale busta con l'indicazione "Scelta per la destinazione dell'otto, del cinque e del due per mille dell'IRPEF", il cognome, il nome e il codice fiscale del dichiarante. Il contribuente deve consegnare la scheda anche se non esprime alcuna scelta, indicando il codice fiscale e i dati anagrafici. Se presenta la dichiarazione in forma congiunta, il contribuente deve inserire le schede per destinare l'8, il 5 e il 2 per mille dell'IRPEF in un'unica busta sulla quale vanno riportati i dati del dichiarante.

17.1.9. Termini di presentazione

Salvo proroghe, il Mod. 730, sia in modalità tradizionale che precompilato, va presentato **entro il 30 settembre**. Sono comunque previste date intermedie per la trasmissione da parte dei CAF/intermediari o sostituti d'imposta.

In particolare, i CAF/professionisti e i sostituti d'imposta inviano le dichiarazioni entro:

a. il **15 giugno** di ciascun anno, per le dichiarazioni presentate dal contribuente entro il 31 maggio;
b. il **29 giugno** di ciascun anno, per le dichiarazioni presentate dal contribuente dal 1° al 20 giugno;
c. il **23 luglio** di ciascun anno, per le dichiarazioni presentate dal contribuente dal 21 giugno al 15 luglio;
d. il **15 settembre** di ciascun anno, per le dichiarazioni presentate dal contribuente dal 16 luglio al 31 agosto;
e. il **30 settembre** di ciascun anno, per le dichiarazioni presentate dal contribuente dal 1° al 30 settembre.

Nel caso di contribuente **senza sostituto d'imposta**, si applicano le stesse modalità e gli stessi termini di presentazione del Mod. 730 precompilato.

I soggetti privi di sostituto d'imposta, ma comunque titolari di redditi di lavoro dipendente (ad esempio, colf e badanti) o ad essi assimilati, possono provvedere, entro il 30 settembre, all'invio del 730 autonomamente oppure tramite un CAF o un professionista.

Se dalla dichiarazione dovesse emergere un debito, il pagamento deve comunque essere effettuato **entro il 30 giugno** (e cioè entro il termine di versamento dell'IRPEF dovuta in base alla dichiarazione dei redditi).

Se, invece, la dichiarazione chiude a credito, è l'Agenzia a rimborsare il contribuente.

I contribuenti con contratto di **lavoro a tempo determinato**, nell'anno di presentazione della dichiarazione, possono adempiere agli obblighi di dichiarazione dei redditi, se il contratto dura almeno dal mese di presentazione della dichiarazione al terzo mese successivo, rivolgendosi al sostituto o a un CAF-dipendenti purché siano conosciuti i dati del sostituto d'imposta che dovrà effettuare il conguaglio.

Scadenze Mod. 730	Contribuente	Sostituto d'imposta	CAF/professionista
Entro il 16 marzo		Invia all'Agenzia delle Entrate le certificazioni uniche rilasciate.	
Entro il 16 marzo	Riceve dal sostituto d'imposta la certificazione dei redditi percepiti e delle ritenute subite.	Consegna al contribuente la Certificazione Unica dei redditi percepiti e delle ritenute subite.	
Dal 10 maggio	Può, tramite i servizi telematici dell'Agenzia delle Entrate, accedere alla dichiarazione precompilata.		
Entro il 15 giugno	Riceve dal CAF o professionista o dal sostituto d'imposta copia della dichiarazione Mod. 730 e il Prospetto di liquidazione Mod. 730-3 per le dichiarazioni presentate entro il 31 maggio.	Rilascia ricevuta dell'avvenuta presentazione della dichiarazione e della busta da parte del contribuente entro il 31 maggio. Trasmette telematicamente all'Agenzia delle Entrate le dichiarazioni predisposte e il risultato finale delle dichiarazioni presentate dal contribuente entro il 31 maggio. Verifica la conformità dei dati esposti nella dichiarazione, effettua il calcolo delle imposte e consegna al contribuente copia della dichiarazione Mod. 730 e il Prospetto di liquidazione Mod. 730-3 per le dichiarazioni presentate dal contribuente entro il 31 maggio.	
Entro il 29 giugno	Riceve dal CAF o professionista copia della dichiarazione Mod. 730 e il Prospetto di liquidazione Mod. 730-3 per le dichiarazioni presentate dal 1° al 20 giugno.	Rilascia ricevuta dell'avvenuta presentazione della dichiarazione e della busta da parte del contribuente dal 1° al 20 giugno. Trasmette telematicamente all'Agenzia delle Entrate le dichiarazioni predisposte e il risultato finale delle dichiarazioni presentate dal contribuente dal 1° al 20 giugno. Verifica la conformità dei dati esposti nella dichiarazione, effettua il calcolo delle imposte e consegna al contribuente copia della dichiarazione Mod. 730 e il Prospetto di liquidazione Mod. 730-3 per le dichiarazioni presentate dal contribuente dal 1° al 20 giugno.	
Entro il 23 luglio	Riceve dal CAF o professionista copia della dichiarazione Mod. 730 e il Prospetto di liquidazione Mod. 730-3 per le dichiarazioni presentate dal 21 giugno al 15 luglio.	Rilascia ricevuta dell'avvenuta presentazione della dichiarazione e della busta da parte del contribuente dal 21 giugno al 15 luglio. Trasmette telematicamente all'Agenzia delle Entrate le dichiarazioni predisposte e il risultato finale delle dichiarazioni presentate dal contribuente dal 21 giugno al 15 luglio. Verifica la conformità dei dati esposti nella dichiarazione, effettua il calcolo delle imposte e consegna al contribuente copia della dichiarazione Mod. 730 e il Prospetto di liquidazione Mod. 730-3 per le dichiarazioni presentate dal contribuente dal 21 giugno al 15 luglio.	

<table>
<tr><th>Scadenze Mod. 730</th><th>Contribuente</th><th>Sostituto d'imposta</th><th>CAF/professionista</th></tr>
<tr><td rowspan="2">Entro il 15 settembre</td><td rowspan="2">Riceve dal CAF o professionista copia della dichiarazione Mod. 730 e il Prospetto di liquidazione Mod. 730-3 per le dichiarazioni presentate dal 16 luglio al 31 agosto.</td><td colspan="2">Rilascia ricevuta dell'avvenuta presentazione della dichiarazione e della busta da parte del contribuente dal 16 luglio al 31 agosto.
Trasmette telematicamente all'Agenzia delle Entrate le dichiarazioni predisposte e il risultato finale delle dichiarazioni presentate dal contribuente dal 16 luglio al 31 agosto.</td></tr>
<tr><td colspan="2">Verifica la conformità dei dati esposti nella dichiarazione, effettua il calcolo delle imposte e consegna al contribuente copia della dichiarazione Mod. 730 e il Prospetto di liquidazione Mod. 730-3 per le dichiarazioni presentate dal contribuente dal 16 luglio al 31 agosto.</td></tr>
<tr><td rowspan="3">Entro il 30 settembre</td><td rowspan="2">Riceve dal CAF o professionista o sostituto d'imposta copia della dichiarazione Mod. 730 e il Prospetto di liquidazione Mod. 730-3 per le dichiarazioni presentate dal 1° al 30 settembre.</td><td colspan="2">Rilascia ricevuta dell'avvenuta presentazione della dichiarazione e della busta da parte del contribuente per le dichiarazioni presentate dal contribuente dal 1° al 30 settembre.
Trasmette telematicamente all'Agenzia delle Entrate le dichiarazioni predisposte e il risultato finale delle dichiarazioni, per le dichiarazioni presentate dal contribuente dal 1° al 30 settembre.</td></tr>
<tr><td colspan="2">Verifica la conformità dei dati esposti nella dichiarazione, effettua il calcolo delle imposte e consegna al contribuente copia della dichiarazione Mod. 730 e il Prospetto di liquidazione Mod. 730-3 per le dichiarazioni presentate dal contribuente dal 1° al 30 settembre.</td></tr>
<tr><td>Presenta telematicamente all'Agenzia delle Entrate la dichiarazione Mod. 730 e il Mod. 730-1 per la scelta della destinazione dell'8, 5 e 2 per mille dell'IRPEF. Nei giorni successivi alla presentazione del Mod. 730 riceve ricevuta telematica dell'avvenuta presentazione.</td><td></td><td></td></tr>
<tr><td>A partire dalla prima retribuzione utile e comunque sulla retribuzione di competenza del mese successivo a quello in cui il sostituto ha ricevuto il prospetto di liquidazione.</td><td>Riceve la retribuzione con i rimborsi o con le trattenute delle somme dovute. In caso di rateizzazione dei versamenti di saldo e degli eventuali acconti è trattenuta la prima rata. Le ulteriori rate, maggiorate dell'interesse dello 0,33% mensile, saranno trattenute dalle retribuzioni nei mesi successivi.</td><td>Trattiene le somme dovute per le imposte o effettua i rimborsi. In caso di rateizzazione dei versamenti di saldo e degli eventuali acconti trattiene la prima rata. Le ulteriori rate, maggiorate dell'interesse dello 0,33% mensile, le tratterrà dalle retribuzioni nei mesi successivi.</td><td></td></tr>
</table>

Scadenze Mod. 730	Contribuente	Sostituto d'imposta	CAF/professionista
	Se la retribuzione è insufficiente per il pagamento delle imposte (ovvero degli importi rateizzati) la parte residua, maggiorata dell'interesse dello 0,40% mensile, sarà trattenuta dalle retribuzioni dei mesi successivi.	Se la retribuzione è insufficiente per il pagamento delle imposte (ovvero degli importi rateizzati) trattiene la parte residua, maggiorata dell'interesse nella misura dello 0,4% mensile, dalle retribuzioni dei mesi successivi.	
Entro il 10 ottobre	Comunica al sostituto d'imposta di non voler effettuare il secondo o unico acconto dell'IRPEF o di volerlo effettuare in misura inferiore rispetto a quello indicato nel Mod. 730-3.		
Entro il 25 ottobre	Può presentare al CAF o al professionista abilitato la dichiarazione 730 integrativa.		
Entro il 10 novembre	Riceve dal CAF o dal professionista abilitato copia della dichiarazione Mod. 730 integrativo e il Prospetto di liquidazione Mod. 730-3 integrativo.	Aggiunge alle ritenute le somme dovute a titolo di acconto per l'IRPEF. Se la retribuzione è insufficiente per il pagamento delle imposte trattiene la parte residua, maggiorata dell'interesse nella misura dello 0,4% mensile, dalla retribuzione del mese di dicembre.	Verifica la conformità dei dati esposti nella dichiarazione integrativa, effettua il calcolo delle imposte e consegna al contribuente copia della dichiarazione Mod. 730 integrativo e il Prospetto di liquidazione Mod. 730-3 integrativo; comunica al sostituto il risultato finale della dichiarazione. Trasmette telematicamente all'Agenzia delle Entrate le dichiarazioni integrative.
A novembre	Riceve la retribuzione con le trattenute delle somme dovute a titolo di acconto per l'IRPEF. Se la retribuzione è insufficiente per il pagamento delle imposte, la parte residua, maggiorata dell'interesse mensile, sarà trattenuta dalla retribuzione del mese di dicembre.		

17.1.10. Errori commessi dal dipendente

In presenza di errori di compilazione della dichiarazione commessi dal dipendente:

– se si determina un minor debito o un maggior credito, il contribuente può presentare **entro il 25 ottobre** ad un CAF un **Mod. 730 integrativo**: tale dichiarazione va presentata ad un CAF anche nell'ipotesi in cui l'assistenza fiscale sia stata precedentemente prestata dal sostituto d'imposta;
– se si determina un **maggior debito o un minor credito**, deve essere presentata la **dichiarazione dei redditi integrativa** (Mod. Redditi). In questo caso, il datore di lavoro è comunque tenuto all'effettuazione delle operazioni di conguaglio sulla base dei dati risultanti dal Mod. 730.

17.1.11. Errori commessi da chi presta assistenza fiscale

In presenza di errori commessi dal **soggetto che presta assistenza fiscale**, il dipendente deve **darne comunicazione a chi procede** alla corretta **riliquidazione** della dichiarazione.
Per i sostituti d'imposta che prestano assistenza fiscale non sussistono ulteriori termini di trasmissione per le rettifiche successive al termine previsto anche per errori imputabili al sostituto d'imposta.
Va fatta la seguente distinzione:

– rettifica che comporta un **maggior rimborso o un minor debito:** è il contribuente, una volta venutone a conoscenza, a farsi carico della dichiarazione **"730-integrativo"** da presentare entro **il 25 ottobre** ad un CAF- dipendenti o ad un professionista abilitato;
– se la rettifica genera un **minor rimborso o un maggior debito:** il contribuente può presentare una **dichiarazione integrativa** utilizzando il Mod. Redditi PF entro i termini ordinari di presentazione (ris. 28 novembre 2007, n. 348/E).

17.1.12. Visto di conformità

I CAF o i professionisti abilitati **devono verificare la conformità** dei dati esposti nelle dichiarazioni Mod. 730 alle risultanze della documentazione esibita dai contribuenti (art. 35, c. 2, lett. b), D.Lgs. n. 241/1997; circ. 4 aprile 2017, n. 7/E).

Chi può rilasciare il visto - I professionisti che possono apporre il visto di conformità sono gli iscritti (art. 35, c. 3, D.Lgs. n. 241/1997):

– nell'**Albo dei dottori commercialisti ed esperti contabili**;
– nell'**Albo dei consulenti del lavoro**;
– nei **ruoli di periti ed esperti tenuti dalle Camere di commercio** per la sub-categoria tributi alla data del 30 settembre 1993, in possesso di diploma di laurea in giurisprudenza o in economia e commercio o equipollenti o diploma di ragioneria.

> Sono **esclusi** i soggetti iscritti nei ruoli dei periti ed esperti presso le CCIAA, i revisori contabili, gli avvocati e i geometri fiscalisti.

Se il professionista abilitato esercita l'attività di assistenza fiscale nell'ambito di un'**associazione professionale** può effettuare la trasmissione telematica delle dichiarazioni anche mediante l'associazione cui lo stesso appartiene.
L'attività non può essere effettuata da altro professionista, anche se abilitato, della stessa associazione diverso da quello che ha apposto il visto sulle dichiarazioni.

> Sono **consultabili** sul sito internet dell'Agenzia delle Entrate i **dati dei professionisti legittimati al rilascio del visto**, con espressa indicazione dell'abilitazione all'apposizione del visto di conformità sulle dichiarazioni Mod. 730, il luogo di svolgimento dell'attività, l'eventuale svolgimento dell'attività in forma associata ovvero l'utilizzo di società di servizi (circ. 26 febbraio 2015, n. 7/E).

Il professionista deve essere abilitato a far data dal **30 giugno dell'anno** nel corso del quale presta l'assistenza.
Il professionista deve essere abilitato dalla data di apertura del canale per la trasmissione delle dichiarazioni precompilate, che è pubblicata sul sito internet dell'Agenzia delle Entrate, e comunque prima della trasmissione delle dichiarazioni.
Ne consegue che qualora il professionista risulti abilitato **in data successiva al termine di presentazione della dichiarazione** potrà prestare l'assistenza fiscale per la presentazione della dichiarazione 730 solo a partire dall'anno seguente (circ. 26 febbraio 2015, n. 7/E).

Abilitazione al rilascio del visto - Per poter rilasciare il visto di conformità, i professionisti abilitati alla trasmissione telematica delle dichiarazioni devono presentare, alla Direzione regionale territorialmente competente in base al domicilio fiscale, una **preventiva comunicazione** contenente l'indicazione dei dati personali e dei luoghi dove è esercitata l'attività.

Contenuto della comunicazione	- Dati anagrafici, requisiti professionali, codice fiscale e partita IVA; - domicilio e altri luoghi ove viene esercitata l'attività professionale; - denominazione o ragione sociale e dati anagrafici dei soci e dei componenti il consiglio di amministrazione e, ove previsto, del collegio sindacale, delle società di servizi delle quali il professionista intende avvalersi per lo svolgimento dell'attività di assistenza fiscale, con l'indicazione delle specifiche attività da affidare alle stesse.
Documentazione da allegare	- Copia integrale della polizza assicurativa; - dichiarazione relativa all'insussistenza di provvedimenti di sospensione dell'Ordine di appartenenza; - dichiarazione relativa alla sussistenza dei seguenti requisiti: a) non aver riportato condanne, anche non definitive, o sentenze emesse ai sensi dell'art. 444 c.p.p. per reati finanziari; b) non aver procedimenti penali pendenti nella fase del giudizio per reati finanziari; c) non aver commesso violazioni gravi e ripetute, per loro natura ed entità, alle disposizioni in materia contributiva e tributaria; d) non trovarsi in una delle condizioni penalmente rilevanti che escludono la possibilità di candidarsi alle elezioni regionali, provinciali, comunali; e) non aver fatto parte di società per le quali è stato emesso un provvedimento di revoca ai sensi dell'art. 39, c. 4, D.Lgs. n. 241/1997, nei 5 anni precedenti. Le dichiarazioni dovranno essere rese in forma di atto sostitutivo di notorietà (artt. 46 e 47, D.P.R. n. 445/2000), allegando la fotocopia di un documento d'identità del sottoscrittore.
Come si presenta	La comunicazione può essere consegnata a mano o inviata mediante raccomandata con ricevuta di ritorno ovvero inviata tramite PEC.
Associazione professionale	Deve essere il **singolo professionista** ad essere abilitato al rilascio del visto di conformità. Pertanto, ogni altro professionista appartenente all'associazione che non sia personalmente abilitato non è autorizzato ad apporre il visto di conformità. Qualora il professionista si avvalga di una **società di servizi** di cui possegga la maggioranza assoluta del capitale sociale, può essere abilitato se il requisito del possesso dell'abilitazione alla trasmissione telematica sussiste in capo alla società di servizi, fermo restando che il professionista deve essere titolare di autonoma partita IVA. N.B.: **per l'attività di assistenza fiscale sulle dichiarazioni 730 il professionista non può avvalersi di una società di servizi**. In entrambi i casi, nella comunicazione dovranno essere indicati, oltre ai dati del singolo professionista, anche quelli dell'associazione di cui il medesimo fa parte o della società di servizi. La trasmissione telematica sarà effettuata dall'associazione professionale o dalla società di servizi sotto il diretto controllo e la responsabilità dello stesso professionista.
Società di servizi	Deve essere il **singolo professionista** ad essere abilitato al rilascio del visto di conformità. Pertanto, ogni altro professionista appartenente all'associazione che non sia personalmente abilitato non è autorizzato ad apporre il visto di conformità.

Controlli - I controlli per il rilascio del **visto di conformità non implicano il riscontro della correttezza degli elementi reddituali** indicati dal contribuente (ad esempio, l'ammontare dei redditi fondiari, dei redditi diversi e delle relative spese di produzione), salvo quelli risultanti dalla certificazione delle ritenute. A tale ultimo riguardo, l'ammontare dei redditi dichiarati nel Mod. 730 deve corrispondere a quello esposto nelle certificazioni.

I controlli **non implicano valutazioni di merito** riguardo a spese o situazioni soggettive che incidono ai fini della determinazione del reddito o delle imposte dovute.

Con particolare riguardo alle **deduzioni per figli a carico di cittadini extra-comunitari**, il CAF o il professionista abilitato deve riconoscere le deduzioni risultanti dalla certificazione rilasciata dal sostituto o altrimenti controllare lo stato di famiglia che può essere alternativamente verificato da:

- documentazione originale rilasciata dall'Autorità consolare del Paese d'origine, tradotta in lingua italiana e asseverata da parte del prefetto competente per territorio;
- documentazione con apposizione dell'Apostille, per i soggetti provenienti dai Paesi che hanno sottoscritto la Convenzione dell'Aja del 5 ottobre 1961;
- documentazione validamente formata nel Paese d'origine, ai sensi della normativa ivi vigente, tradotta in italiano e asseverata come conforme all'originale dal Consolato italiano nel Paese d'origine.

Il rilascio del visto di conformità sulla dichiarazione elaborata deve essere conseguente alla **verifica**:

- della corrispondenza dell'ammontare delle **ritenute**, anche a titolo di addizionali, con quello delle relative certificazioni esibite;
- degli attestati degli **acconti** versati o trattenuti;
- delle **deduzioni dal reddito** non superiori ai limiti previsti dalla legge, corrispondenti alle risultanze della documentazione esibita e intestata al contribuente o, se previsto dalla normativa, ai familiari a carico;
- delle **detrazioni d'imposta** non eccedenti le misure previste dalla legge e corrispondenti ai dati risultanti dalla dichiarazione o dalla relativa documentazione esibita;
- dei **crediti d'imposta** spettanti sulla base dei dati risultanti dalla dichiarazione e non eccedenti le misure previste dalla legge.

Verifica del visto - Ai fini della **verifica del visto di conformità**, entro il 31 dicembre del secondo anno successivo a quello di trasmissione della dichiarazione, l'Agenzia delle Entrate trasmette in via telematica le **richieste di documenti e di chiarimenti** relative alle dichiarazioni al CAF e al responsabile dell'assistenza fiscale o al professionista che ha rilasciato il visto di conformità, per la trasmissione in via telematica all'Agenzia delle Entrate entro 60 giorni della documentazione e dei chiarimenti richiesti.

L'**esito del controllo** è comunicato in via telematica al CAF e al responsabile dell'assistenza fiscale o al professionista con l'indicazione dei motivi che hanno dato luogo alla rettifica dei dati contenuti nella dichiarazione per consentire anche la segnalazione di eventuali dati ed elementi non considerati o valutati erroneamente in sede di controllo del visto di conformità entro i 60 giorni successivi al ricevimento della comunicazione.

Le somme che risultano dovute a seguito dei controlli possono essere pagate **entro 60 giorni** dal ricevimento della comunicazione.

In tal caso, l'ammontare delle somme dovute è pari all'imposta, agli interessi dovuti fino all'ultimo giorno del mese antecedente a quello dell'elaborazione della comunicazione e alla **sanzione del 30%** (art. 13, D.Lgs. n. 471/1997), **ridotta a due terzi**. Si applicano le norme in materia di riscossione coattiva (art. 26, c. 3-bis, 3-ter e 3-quater, D.M. 31 maggio 1999, n. 164).

17.1.13. Correzione della dichiarazione in caso di visto infedele

Se rilevano errori nell'apposizione del visto di conformità (a prescindere che si tratti di dichiarazione ordinaria o precompilata), i CAF o i professionisti possono trasmettere una dichiarazione rettificativa: in questo caso, devono versare la sola sanzione, comunque ridotta in base al **ravvedimento operoso**, mentre l'imposta e gli interessi restano a carico del contribuente.

Per quanto riguarda la tempistica:

- per le dichiarazioni rettificative previste trasmesse **entro il 10 novembre**, il risultato contabile viene messo a disposizione dei sostituti d'imposta, ove indicati;
- per le dichiarazioni trasmesse **successivamente al 10 novembre** gli eventuali versamenti devono essere eseguiti a cura dei contribuenti e gli eventuali rimborsi sono eseguiti a cura dell'Agenzia delle Entrate.

Per la presentazione della dichiarazione rettificativa va utilizzato il Mod. 730 relativo al periodo d'imposta per il quale è stata presentata la dichiarazione oggetto di rettifica.

17.1.14. Compensi ai CAF e ai sostituti d'imposta

Il compenso spettante non può eccedere determinati **limiti** fissati con apposito decreto ministeriale. Qualora, per effetto dell'applicazione dei compensi, l'importo complessivo dei compensi unitari spettanti risulti superiore al limite di spesa annuale, gli importi dovuti a ciascun avente diritto sono proporzionalmente ridotti.

Amministratori di condominio 17.1.15.

Gli **amministratori di condominio** che si avvalgono dell'assistenza fiscale, nel caso in cui presentano il Mod. 730, possono utilizzare il **Quadro K** per comunicare i **dati relativi ai fornitori del condominio**.
Il Quadro K deve essere utilizzato anche nel caso in cui l'amministratore debba **comunicare i dati catastali** nel caso di **recupero del patrimonio edilizio**.

Situazioni particolari 17.1.16.

Cessazione del rapporto di lavoro e assenza di retribuzione	Se prima dell'effettuazione o del completamento delle operazioni di conguaglio è intervenuta la **cessazione del rapporto di lavoro** ovvero l'aspettativa con assenza di retribuzione o analoga posizione, il sostituto d'imposta non effettua i conguagli a debito e comunica tempestivamente agli interessati gli importi risultanti dalla dichiarazione, che gli stessi devono versare direttamente. I contribuenti che si trovano nella posizione di momentanea assenza di retribuzione (**aspettativa**), possono scegliere di richiedere la **trattenuta della somma a debito**, con l'applicazione dell'interesse dello 0,40% mensile, se il sostituto deve loro erogare emolumenti entro l'anno d'imposta. In caso di **conguaglio a credito**, il sostituto d'imposta è tenuto ad operare i rimborsi spettanti ai dipendenti cessati o privi di retribuzione, mediante una corrispondente riduzione delle ritenute relative ai compensi corrisposti agli altri dipendenti con le modalità e nei tempi ordinariamente previsti.
Decesso del contribuente	Il decesso del contribuente assistito fa **venir meno l'obbligo** per il **sostituto** di effettuare le **operazioni di conguaglio** risultanti dal Mod. 730. Se il decesso è avvenuto prima dell'effettuazione o della conclusione di un conguaglio a debito il sostituto comunica agli eredi, utilizzando le voci del Mod. 730-3, l'ammontare delle somme o delle rate non ancora trattenute, che devono essere versate dagli eredi nei termini ordinari (art. 65, D.P.R. n. 600/1973). Gli eredi non sono tenuti al versamento degli acconti. Nel caso di un **conguaglio a credito**, il sostituto comunica agli eredi gli importi, utilizzando le voci contenute nel prospetto di liquidazione, provvedendo ad indicarli anche nell'apposita certificazione. Tale credito potrà essere computato nella successiva dichiarazione che gli eredi devono o comunque possono presentare per conto del contribuente deceduto. Gli eredi, in alternativa, possono presentare **istanza di rimborso** (art. 38, D.P.R. n. 602/1973). Se la persona deceduta aveva presentato il Mod. 730 nell'anno precedente dal quale risultava un **credito** successivamente non rimborsato dal sostituto d'imposta, l'erede può far valere tale credito nella dichiarazione presentata per conto del deceduto indicandolo in dichiarazione. Se gli eredi rilevano delle incongruenze nel Mod. 730 possono presentare il Mod. Redditi PF per integrare redditi non dichiarati in tutto o in parte e per evidenziare oneri deducibili o detraibili non indicati in tutto o in parte. Se il deceduto è un contribuente che ha presentato la **dichiarazione in forma congiunta** come dichiarante, il coniuge superstite deve separare la propria posizione tributaria, utilizzando i dati che il sostituto d'imposta deve comunicare secondo le indicazioni analitiche contenute nel Mod. 730-3. Il debito dovuto dal coniuge superstite deve essere tempestivamente versato; non sono applicate le sanzioni per tardivo versamento. Il credito può essere fatto valere nella successiva dichiarazione. Per tutte le situazioni particolari sopra illustrate, la dichiarazione Mod. 730 resta comunque validamente presentata a tutti gli effetti.

17.1.17. Sanzioni

Oltre alle sanzioni previste per le violazioni in materia di dichiarazione dei redditi (➜17.2.6.), per il Mod. 730 sono previste **specifiche fattispecie sanzionabili**.

Tipologia	Sanzione
Sanzioni a carico del **sostituto d'imposta**	Nel caso in cui il sostituto d'imposta non esegua correttamente gli **adempimenti** di ricezione, elaborazione, consegna e invio delle dichiarazioni, le **operazioni di conguaglio**, oppure non consideri il risultato contabile delle dichiarazioni dei redditi elaborate dai CAF, è soggetto ad una sanzione amministrativa da 258 a 2.582 euro (art. 39, c. 3, D.Lgs. n. 241/1997). In caso di **omessa, tardiva o errata trasmissione**, entro il 16 marzo, della **Certificazione unica**, si applica la sanzione di 100 euro, con un massimo di euro 50.000 per sostituto di imposta. Nei casi di errata trasmissione della Certificazione, la sanzione non si applica se la trasmissione della corretta Certificazione è effettuata entro i 5 giorni successivi alla data di scadenza. Se la Certificazione è correttamente trasmessa entro 60 giorni dalla data di scadenza la sanzione è ridotta a un terzo, con un massimo di euro 20.000 (art. 4, c. 6-quinquies, D.P.R. n. 322/1998).
Sanzioni a carico dei **soggetti terzi** tenuti alla **trasmissione** dei **dati** utili per la **precompilata**	Ai soggetti che erogano mutui agrari e fondiari, alle imprese assicuratrici, agli enti previdenziali, alle forme pensionistiche complementari, nel caso di **omessa, tardiva o errata trasmissione dei dati** utili per la redazione, da parte dell'Agenzia delle Entrate, della dichiarazione precompilata, si applica si applica la sanzione di 100 euro per ogni comunicazione, con un massimo di euro 50.000 per soggetto terzo. Nei casi di **errata comunicazione dei dati**, la sanzione non si applica se la trasmissione dei dati corretti è effettuata entro i 5 giorni successivi alla scadenza prevista, ovvero, in caso di segnalazione da parte dell'Agenzia delle Entrate, entro i 5 giorni successivi alla segnalazione stessa. Se la comunicazione è correttamente trasmessa entro 60 giorni dalla scadenza prevista, la sanzione è ridotta a un terzo, con un massimo di euro 20.000 (art. 78, c. 26, Legge n. 413/1991). Stessa sanzione si applica agli enti, alle casse, alle società di mutuo soccorso aventi esclusivamente fine assistenziale e ai fondi integrativi del Servizio sanitario nazionale in caso di violazioni inerenti la trasmissione all'Agenzia delle Entrate dei dati relativi alle **spese sanitarie rimborsate** ai soggetti del rapporto, a seguito del versamento dei contributi (art. 51, c. 2 e art. 10, c. 1, D.P.R. n. 917/1986), nonché di tutti i dati relativi alle spese sanitarie rimborsate e che comunque non risultano essere rimaste a carico dei contribuenti. Le sanzioni non si applicano in caso di lieve ritardo o di errata trasmissione dei dati relativi al primo anno di applicazione della normativa, a condizione che l'errore non abbia determinato un'indebita fruizione di detrazioni o deduzioni nella dichiarazione precompilata (art. 3, c. 5-*ter*, D.Lgs. n. 175/2014; circ. 8 aprile 2016, n. 12/E). La non punibilità non opera in caso di omissione della trasmissione della comunicazione.
Sanzioni a carico dei **soggetti che prestano assistenza fiscale**	Ai soggetti che rilasciano **visto di conformità**, ovvero **asseverazione, infedele** si applica la sanzione amministrativa da 258 a 2.582 euro (art. 39, D.Lgs. n. 241/1997). Salvo il caso di presentazione di dichiarazione rettificativa, se il visto infedele è relativo al Mod. 730, i soggetti di cui sopra sono tenuti nei confronti dello Stato o del diverso ente impositore al pagamento di una somma pari all'importo dell'imposta, della sanzione e degli interessi che sarebbero stati richiesti al contribuente (art. 36-ter, D.P.R. n. 600/1973), sempreché il visto infedele non sia stato indotto dalla condotta dolosa o gravemente colposa del contribuente.

Tipologia	Sanzione
	Sempreché l'infedeltà del visto non sia già stata contestata da parte dell'Agenzia delle Entrate, il CAF o il professionista può trasmettere una dichiarazione rettificativa del contribuente, ovvero, se il contribuente non intende presentare la nuova dichiarazione, può trasmettere una comunicazione dei dati relativi alla rettifica; in tal caso la somma dovuta è pari all'importo della sola sanzione (codice tributo 8925) riducibile in base alle regole sul **ravvedimento operoso** (art. 13, D.Lgs. n. 472/1997)[1]. In caso di **ripetute violazioni**, ovvero di **violazioni particolarmente gravi**, è disposta a carico dei predetti soggetti la **sospensione** dalla facoltà di rilasciare il visto di conformità e l'asseverazione, per un periodo da 1 a 3 anni. In caso di ripetute violazioni commesse successivamente al periodo di sospensione, è disposta l'**inibizione** dalla facoltà di rilasciare il visto di conformità e l'asseverazione. Si considera violazione particolarmente grave il mancato pagamento della sanzione.

[1] Per consentire la corretta identificazione nel Mod. F24 del soggetto "Contribuente", intestatario della dichiarazione dei redditi, oggetto dell'errato visto di conformità, è stato istituito il codice identificativo: - 73 - "CONTRIBUENTE". In sede di compilazione del Mod. F24, da predisporre per ogni singola dichiarazione rettificativa ovvero comunicazione, nella Sezione "CONTRIBUENTE", negli appositi campi, sono riportati il codice fiscale, i dati anagrafici e il domicilio fiscale del CAF o del professionista, intestatario della delega di pagamento. Nel campo "Codice fiscale del coobbligato, erede, genitore, tutore o curatore fallimentare" è riportato il codice fiscale del contribuente, unitamente all'indicazione nel campo "codice identificativo" del codice 73 (ris. 30 luglio 2015, n. 69/E).

Soggetti abilitati alla costituzione dei Centri di assistenza fiscale 17.1.18.

I Centri di assistenza fiscale possono essere costituiti dai seguenti soggetti (art. 32, D.Lgs. n. 241/1997):

a. **associazioni sindacali** di categoria **fra imprenditori**, presenti nel Consiglio nazionale dell'economia e del lavoro, istituite da almeno 10 anni;
b. **associazioni sindacali** di categoria **fra imprenditori**, istituite da almeno 10 anni, se, con decreto del Ministero delle finanze, ne è riconosciuta la rilevanza nazionale con riferimento al **numero degli associati**, almeno **pari al 5%** degli appartenenti alla stessa categoria, iscritti negli appositi registri tenuti dalla camera di commercio, nonché all'esistenza di strutture organizzate in **almeno 30 Province**;
c. **organizzazioni aderenti** alle associazioni di cui sopra, previa delega della propria associazione nazionale;
d. **organizzazioni sindacali dei lavoratori dipendenti e pensionati** od organizzazioni territoriali da esse delegate, aventi complessivamente almeno cinquantamila aderenti;
e. **sostituti d'imposta** di cui all'art. 23, D.P.R. n. 600/1973, aventi complessivamente **almeno 50.000 dipendenti**;
f. **associazioni di lavoratori** promotrici di istituti di patronato, aventi complessivamente **almeno 50.000 aderenti**.

I CAF devono svolgere i compiti ad essi attributi **assicurando adeguati livelli di servizio**.
Il mancato rispetto di adeguati livelli di servizio comporta l'applicazione della **sanzione da 516 a 5.165 euro** (art. 39, c. 4-ter, D.Lgs. n. 241/1997).

L'**autorizzazione** all'esercizio dell'attività di assistenza fiscale è **sospesa**, per un periodo da 3 a 12 mesi, quando sono commesse **gravi e ripetute violazioni** di norme tributarie o contributive e delle disposizioni sull'attività (art. 34, D.Lgs. n. 241/1997) e responsabilità dei CAF (art. 35, D.Lgs. n. 241/1997), nonché quando gli elementi forniti all'Amministrazione finanziaria risultano falsi o incompleti rispetto alla documentazione fornita dal contribuente. In caso di ripetute violazioni, ovvero di violazioni particolarmente gravi, è disposta la **revoca** dell'esercizio dell'attività di assistenza; nei casi di particolare gravità è disposta la **sospensione cautelare**.

Requisiti - Per costituire un CAF occorre rispettare i seguenti requisiti (art. 35, D.Lgs. n. 241/1997):

– gli **uffici periferici** devono essere presenti sul territorio in **almeno un terzo delle Province**;

- i CAF devono essere presenti in **almeno 37 Province** (un terzo del totale) e presentare un numero di dichiarazioni almeno pari all'1% del rapporto risultante tra la media dei 730 complessivamente trasmessi dal CAF stesso nel triennio precedente e la media delle dichiarazioni complessivamente trasmesse dai soggetti che svolgono attività di assistenza fiscale nel medesimo triennio: si tratta di circa 170.000 dichiarazioni.

Relazione annuale - I soggetti richiedenti devono redigere:

- una **relazione tecnica annuale** da cui deve emergere il rispetto dei requisiti concernenti le garanzie di idoneità tecnico-organizzativa del Centro e la formula organizzativa assunta anche in ordine ai rapporti di lavoro dipendente. La relazione deve contenere un piano di formazione del personale differenziato in base alle funzioni svolte dalle diverse figure professionali;
- dopo il primo anno di attività, una **relazione annuale** sulla capacità operativa e sulle risorse umane utilizzate, sull'affidamento a terzi dell'attività di assistenza fiscale e sui controlli di qualità su prodotti, servizi e sul numero di dichiarazioni trasmesse.

Massimale assicurativo - Per esercitare l'attività è necessario stipulare una **assicurazione RC** con un **massimale della polizza di tre milioni di euro**.
Tale massimale deve comunque essere adeguato al numero dei contribuenti assistiti, nonché al numero dei visti di conformità, delle asseverazioni e delle certificazioni tributarie rilasciati, e comunque non inferiore al limite previsto, e trova applicazione con riferimento al rilascio dei visti di conformità su tutti i modelli di dichiarazione e non solo con riferimento al 730.
In luogo della polizza assicurativa è possibile prestare **idonea garanzia** sotto forma di titoli di Stato o titoli garantiti dallo Stato, ovvero ancora sotto forma di fideiussione bancaria o assicurativa.

Altri aspetti - Ancorché i Centri decadano dall'autorizzazione allo svolgimento dell'attività di assistenza fiscale per il venir meno dei requisiti, deve essere garantita l'assistenza fiscale per l'attività in corso; in pratica, se dalle verifiche effettuate dalle Direzioni regionali dell'Agenzia dovesse emergere il mancato rispetto di almeno uno dei requisiti (formula organizzativa, sistemi di controllo interno, piano della formazione, numero minimo di dichiarazioni), una volta completata l'attività di assistenza in corso, scatterà la decadenza dall'autorizzazione all'assistenza fiscale.
Inoltre, i CAF possono avvalersi per l'assistenza fiscale di **società di servizi** (società di servizi con maggioranza del capitale riconducibile alle associazioni o alle organizzazioni che hanno costituito i CAF stessi) o dei soli lavoratori autonomi individuati tra gli **intermediari autorizzati** (quindi, i commercialisti, i consulenti del lavoro e i soggetti iscritti alla data del 30 settembre 1993 nei ruoli dei periti ed esperti tenuti dalle Camere di commercio in sub-categoria tributi), i quali agiranno in nome e per conto del CAF.

17.2. MODELLO REDDITI PERSONE FISICHE

17.2.1. Soggetti obbligati

La dichiarazione dei redditi (Mod. Redditi PF) (➡95.6.) deve essere presentata dai soggetti **persone fisiche**, **residenti o non residenti**, **che abbiano prodotto redditi in Italia**.
Per i soggetti **non residenti**, l'assoggettamento a tassazione dipende dall'esistenza o meno di redditi prodotti in Italia, salvo eventuali accordi contro le doppie imposizioni tra Stati diversi; viceversa, i **residenti** in Italia sono tenuti alla dichiarazione dei redditi prodotti all'estero, salvo diverse disposizioni derivanti da convenzioni in essere contro le doppie imposizioni (➡9.).
Nello specifico, le categorie di contribuenti tenuti alla presentazione della dichiarazione dei redditi, Mod. Redditi PF sono:

- **imprenditori** ed **esercenti arti** e **professioni** obbligati alla tenuta delle scritture contabili, anche se non hanno conseguito redditi;
- **lavoratori dipendenti** che hanno conseguito redditi da **più datori** di lavoro (certificati con più CU), se l'imposta dovuta risulta superiore di oltre euro 10,33 alle ritenute subite;
- lavoratori dipendenti che hanno percepito direttamente dall'INPS o da altri Enti **indennità e somme** a titolo di **integrazione salariale** di qualsiasi ammontare;
- lavoratori dipendenti cui sono state riconosciute dal sostituto d'imposta deduzioni dal reddito e/o **detrazioni** d'imposta **non spettanti** in tutto o in parte (anche se in possesso di una sola CU);
- lavoratori dipendenti che hanno percepito retribuzioni e/o redditi da privati **non obbligati** per legge ad effettuare **ritenute d'acconto** (ad esempio, collaboratori familiari, autisti, altri addetti alla casa, ecc.);
- contribuenti che hanno percepito **redditi sui quali l'imposta si applica separatamente** (ad esclusione di quelli che non devono essere indicati nella dichiarazione - come le indennità di fine

rapporto ed equipollenti, gli emolumenti arretrati, le indennità per la cessazione dei rapporti di collaborazione coordinata e continuativa, anche se percepite in qualità di eredi - quando sono erogati da soggetti che hanno l'obbligo di effettuare le ritenute alla fonte);
- contribuenti che hanno conseguito **plusvalenze** e **redditi di capitale** da assoggettare a **imposta sostitutiva**;
- lavoratori dipendenti, nel caso in cui le **addizionali comunale** e **regionale** all'IRPEF siano state trattenute o siano state trattenute in misura diversa dal dovuto (l'obbligo sussiste solo se l'importo da versare per ciascuna addizionale supera euro 12,00).

Anche i **soggetti non obbligati** hanno la facoltà di presentare la dichiarazione per richiedere a rimborso eccedenze d'imposta o per fare valere eventuali oneri sostenuti nel corso dell'anno.

Soggetti esonerati 17.2.2.

Oltre alle specifiche ipotesi descritte nella tabella che segue, se il **contribuente non** è **obbligato a tenere scritture contabili**, è in ogni caso esonerato dalla dichiarazione se in relazione al reddito complessivo, al netto della deduzione per abitazione principale e relative pertinenze, ha un'imposta lorda che, diminuita delle detrazioni per carichi di famiglia, delle detrazioni per lavoro dipendente e/o pensione e/o altri redditi e delle ritenute, non supera euro 10,33.

Esonero dalla dichiarazione dei redditi		
Tipologia di reddito	**Limite reddituale**	**Note**
Terreni e/o fabbricati (comprese abitazione principale e sue pertinenze)	500,00	
Lavoro dipendente o assimilato + altre tipologie di redditi[1]	8.000,00	Il periodo di pensione o lavoro non deve essere inferiore a 365 giorni. Le detrazioni per coniuge e familiari a carico sono spettanti e non sono dovute le addizionali regionale e comunale. Se il sostituto ha operato le ritenute il contribuente può recuperare il credito presentando la dichiarazione.
Pensione + altre tipologie di reddito[1]	8.000,00	
Pensione + terreni + abitazione principale e sue pertinenze	7.500,00 (pensione) 185,92 (terreni)	
Assegno periodico corrisposto al coniuge + altre tipologie di redditi[1]	8.000,00	È escluso l'assegno *una tantum* e quello periodico destinato al mantenimento dei figli.
Redditi assimilati a quelli di lavoro dipendente per i quali la detrazione prevista non è rapportata al periodo di lavoro	4.800,00	Ad esempio, compensi percepiti per l'attività libero professionale intramuraria del personale dipendente dal Servizio sanitario nazionale e/o redditi derivanti da attività commerciali non esercitate abitualmente, redditi derivanti da attività di lavoro autonomo non esercitate abitualmente.
Compensi derivanti da **attività sportive dilettantistiche**	30.658,28	
Abitazione principale e relative pertinenze e **altri fabbricati non locati**[2]		

Esonero dalla dichiarazione dei redditi		
Tipologia di reddito	**Limite reddituale**	**Note**
Reddito da **lavoro dipendente o pensione**		I redditi devono essere corrisposti da un unico sostituto d'imposta obbligato ad effettuare le ritenute d'acconto o da più sostituti d'imposta purché certificati dall'ultimo che ha effettuato il conguaglio Le detrazioni per coniuge e familiari a carico sono spettanti e non sono dovute le addizionali regionale e comunale.
Reddito da lavoro **dipendente o pensione + abitazione principale e** relative pertinenze e **altri fabbricati non locati**[2]		
Reddito derivante da rapporti di **collaborazione coordinata e continuativa e** collaborazioni **a progetto** (art. 50, c. 1, lett. c-bis) D.P.R. n. 917/1986), escluse le collaborazioni amministrativo-gestionali di natura non professionale rese a società e associazioni sportive dilettantistiche		
Redditi esenti		Ad esempio, rendite erogate dall'INAIL esclusivamente per invalidità permanente o per morte, talune borse di studio, pensioni di guerra, pensioni privilegiate ordinarie corrisposte ai militari di leva, pensioni, indennità, comprese le indennità di accompagnamento e assegni erogati dal Ministero dell'Interno ai ciechi civili, ai sordomuti e agli invalidi civili, sussidi a favore degli hanseniani, pensioni sociali.
Redditi soggetti a imposta sostitutiva (diversi da quelli soggetti a cedolare secca)		Ad esempio, interessi su BOT o su altri titoli del debito pubblico.
Redditi soggetti alla ritenuta a titolo d'imposta		Ad esempio, interessi su conti correnti bancari o postali, redditi derivanti da lavori socialmente utili.

[1] Il reddito complessivo deve essere calcolato senza tener conto del reddito derivante dall'abitazione principale e dalle sue pertinenze.
[2] L'esonero non si applica se il fabbricato non locato è situato nello stesso Comune dell'abitazione principale.
N.B. L'abitazione principale e le pertinenze citate nella tabella sono quelle per le quali non è dovuta l'IMU.

17.2.3. Modalità di presentazione

Il Mod. Redditi PF deve essere **inviato telematicamente**, direttamente o tramite i soggetti incaricati (intermediari o gruppi in cui almeno una società/ente rientra tra i soggetti obbligati).
In alcuni casi è possibile utilizzare l'invio **cartaceo**, mentre particolari regole sono previste per l'**invio dall'estero**.

Presentazione cartacea - Sono esonerati dall'obbligo di invio telematico solo i **contribuenti che non hanno la possibilità di utilizzare il Mod. 730** perché privi di datore di lavoro o non titolari di pensione (art. 1, c. 218, Legge n. 244/2007).

Tale esonero, in particolare, riguarda i contribuenti che:
- pur avendo redditi che possono essere dichiarati con il Mod. 730, non possono presentare tale Modello perché privi di datore di lavoro o non sono titolari di pensione;
- pur potendo presentare il Mod. 730, devono dichiarare alcuni redditi o comunicare dati utilizzando i relativi quadri del Mod. Redditi (RM, RT, RW);
- devono presentare la dichiarazione per conto di contribuenti deceduti;
- sono privi di un sostituto d'imposta al momento della presentazione della dichiarazione perché il rapporto di lavoro è cessato.

I contribuenti **non obbligati all'invio telematico** possono consegnare la dichiarazione, indipendente dal proprio domicilio fiscale agli uffici postali.

Tramite internet, coloro che sono titolari di un conto corrente aperto presso una banca convenzionata con l'Agenzia delle Entrate possono anche effettuare i versamenti: l'addebito sul conto corrente avviene comunque con la valuta dell'ultimo giorno utile per il pagamento.

Le dichiarazioni e i versamenti pervenuti all'Amministrazione finanziaria mediante il servizio telematico Internet si considerano, rispettivamente, presentate ed effettuati nel momento in cui è completata la ricezione, da parte dell'Amministrazione stessa, dei file che li contengono.

L'Amministrazione finanziaria attesta l'avvenuta presentazione della dichiarazione e/o l'avvenuta effettuazione del versamento telematico Internet mediante una **ricevuta**, contenuta in un *file*, munito del codice di riscontro generato dall'Amministrazione stessa.

Presentazione telematica - La presentazione telematica può essere:
- diretta;
- per il tramite di intermediari abilitati.

Presentazione	Modalità
Diretta	I contribuenti che predispongono la propria dichiarazione possono scegliere di trasmetterla direttamente, senza avvalersi di un intermediario abilitato; in tal caso, la dichiarazione si considera presentata nel giorno in cui è ricevuta telematicamente dall'Agenzia delle Entrate. La prova della presentazione è data, quindi, dalla **comunicazione dell'Agenzia delle Entrate attestante l'avvenuto ricevimento della dichiarazione** presentata direttamente in via telematica. Per ottenere l'abilitazione al servizio telematico **Entratel**, è necessario presentare una **domanda**: - alla Direzione Regionale competente in base al domicilio fiscale del soggetto che la presenta; - agli Uffici locali dell'Agenzia delle Entrate, individuati da ciascuna Direzione regionale competente. Contestualmente all'abilitazione, vengono consegnate le istruzioni, le chiavi e la password di accesso. Per accedere al servizio Entratel è possibile utilizzare anche SPID, il Sistema Pubblico di Identità Digitale (si tratta di un sistema di accesso che consente di utilizzare, con un'identità digitale unica, i servizi online della Pubblica Amministrazione e dei privati accreditati).
	Per accedere al servizio telematico **Internet** è necessario presentare una **domanda** di abilitazione attraverso il sito dell'Agenzia delle Entrate (www.agenziaentrate.it) ed eseguire le operazioni indicate nell'apposita sezione. Possono usufruire di tale servizio tutte le persone fisiche che devono presentare la propria dichiarazione, nonché quella relativa ad altri soggetti, in qualità di erede, rappresentante legale di persona incapace ovvero genitore di figlio minore escluso dall'usufrutto legale, ad esclusione dei soggetti obbligati all'invio telematico.

Presentazione	Modalità
Tramite intermediari	Gli intermediari individuati (art. 3, c. 3, D.P.R. n. 322/1998) sono obbligati a trasmettere, per via telematica, all'Agenzia delle Entrate, sia le dichiarazioni da loro predisposte per conto del dichiarante sia quelle predisposte dal dichiarante stesso e per le quali hanno assunto l'impegno alla presentazione per via telematica. Sono obbligati alla presentazione telematica delle dichiarazioni da loro predisposte gli intermediari abilitati appartenenti alle seguenti categorie: - gli iscritti negli Albi dei dottori commercialisti, dei ragionieri e periti commerciali e dei consulenti del lavoro; - gli iscritti alla data del 30 settembre 1993 nei ruoli dei periti ed esperti tenuti dalle Camere di commercio per la subcategoria tributi, in possesso di diploma di laurea in giurisprudenza o economia e commercio o equipollenti o di diploma di ragioneria; - gli iscritti negli Albi degli avvocati; - gli iscritti nel registro dei revisori contabili di cui al D.Lgs. 21 gennaio 1992, n. 88; - le associazioni sindacali di categoria tra imprenditori (art. 32, c. 1, lett. a), b) e c), D.Lgs. n. 241/1997); - le associazioni che raggruppano prevalentemente soggetti appartenenti a minoranze etnico-linguistiche; - i CAF (dipendenti/imprese); - i notai iscritti in apposito ruolo (art. 24, Legge n. 89/1913); - coloro che esercitano abitualmente l'attività di consulenza fiscale; - gli iscritti negli Albi dei dottori agronomi e dei dottori forestali, degli agrotecnici e dei periti agrari.
	Gli intermediari abilitati devono rilasciare al contribuente, contestualmente alla ricezione della dichiarazione o dell'assunzione dell'incarico per la sua predisposizione, l'impegno a trasmettere per via telematica i dati in essa contenuti, precisando se la dichiarazione è stata già compilata o verrà da lui predisposta. Detto impegno deve essere datato e sottoscritto dall'intermediario, seppure rilasciato in forma libera. Per i soggetti abilitati dall'Agenzia delle Entrate alla trasmissione dei dati contenuti nelle dichiarazioni, l'omissione ripetuta della trasmissione di dichiarazioni o di comunicazioni su cui è stato rilasciato l'impegno cumulativo a trasmettere costituisce grave irregolarità e pertanto è causa di revoca dell'abilitazione. Prevista la possibilità per il contribuente/sostituto d'imposta di conferire all'intermediario un incarico alla predisposizione di più dichiarazioni e comunicazioni a fronte del quale quest'ultimo rilascia un impegno unico a trasmettere. A tal fine l'intermediario rilascia al contribuente o al sostituto di imposta, anche se non richiesto, l'impegno cumulativo a trasmettere in via telematica all'Agenzia delle Entrate i dati contenuti nelle dichiarazioni o comunicazioni. L'impegno si intende conferito per la durata indicata nell'impegno stesso o nel mandato professionale e comunque fino al 31 dicembre del terzo anno successivo a quello in cui è stato rilasciato, salvo revoca espressa da parte del contribuente o del sostituto d'imposta (art. 3, c. 6-bis, D.P.R. n. 322/1998).

Presentazione dall'estero - Le persone fisiche non titolari di redditi d'impresa o di lavoro autonomo possono presentare la dichiarazione dei redditi all'Agenzia delle Entrate mediante **spedizione effettuata dall'estero**, **entro il termine previsto per la trasmissione telematica**, tramite **raccomandata** o altro mezzo equivalente dal quale risulti con certezza la data di spedizione ovvero avvalendosi del **servizio telematico**.

In caso di spedizione postale, la dichiarazione deve essere inserita in una normale busta di corrispondenza di dimensioni idonee a contenerla senza piegarla.

La busta deve essere indirizzata all'Agenzia delle Entrate - Centro Operativo di Venezia, via Giorgio De Marchi n. 16, 30175 Marghera (VE) - Italia e deve recare scritto, a carattere evidente:

- cognome e nome del contribuente;
- codice fiscale del contribuente;
- la dicitura "Contiene dichiarazione Mod. Redditi - Persone Fisiche".

Prova di presentazione - La prova della presentazione della dichiarazione è data:

- dalla **comunicazione dell'Agenzia delle Entrate**, attestante l'avvenuto ricevimento della dichiarazione presentata in via telematica direttamente o tramite i soggetti incaricati;
- dalla **ricevuta dell'ufficio postale** o dalla **ricevuta di invio della raccomandata** (quest'ultima per la spedizione dall'estero).

Termini di presentazione 17.2.4.

Salvo eventuali proroghe la dichiarazione, per i soggetti non obbligati all'invio telematico, può essere presentata ad **un ufficio postale** tra il **2 maggio e il 30 giugno**.

Tutti coloro i quali, invece, trasmettono la dichiarazione **in via telematica** possono inviarla entro il termine del **30 novembre**.

Eredi - Per le persone **decedute nel periodo d'imposta o entro il mese di febbraio dell'anno successivo** la dichiarazione deve essere presentata dagli eredi nei termini ordinari.

Per le persone **decedute successivamente**, la dichiarazione deve essere presentata entro i termini di seguito indicati.

Presentazione agli uffici postali		Presentazione telematica	
Data decesso	**Termini presentazione**	**Data decesso**	**Termini presentazione**
1/1/anno x-1 - 28/2/anno x	termini ordinari dal 2/5 al 30/6/anno x	1/1/anno x-1 - 31/7/anno x	termini ordinari 30/11/anno x
1/3/anno x - 30/6/anno x	termini prorogati di 6 mesi: 31/12/anno x	1/9/anno x - 30/11/anno x	termini prorogati di 6 mesi: 31/5/anno x+1

Termini di versamento 17.2.5.

I **versamenti** risultanti dal Mod. Redditi PF, devono essere effettuati, con il Mod. F24, esclusivamente **in modalità telematica** per i titolari di partita IVA entro il **30 giugno** dell'anno di presentazione della dichiarazione (o **entro il 30 luglio,** maggiorando le somme da versare dello **0,40%** a titolo di **interesse corrispettivo**).

I versamenti non devono essere effettuati, se gli importi a debito da versare a saldo, al netto dell'eventuale maggiorazione, non superano ciascuno **12 euro**.

Non possono essere rimborsate né portate in compensazione le imposte o addizionali risultanti dalla dichiarazione di importi sotto i 12 euro (art. 1, c. 223, Legge n. 244/2007).

I soggetti tenuti alla presentazione della dichiarazione IVA possono corrispondere il **saldo annuale IVA** entro il termine di versamento delle dichiarazioni dei redditi; in tal caso, è necessario maggiorare l'importo dovuto dello **0,40% per mese o frazione di mese a** titolo di interesse, con decorrenza dal periodo successivo al 16 marzo.

Proroga soggetti ISA - Il termine per il versamento delle imposte dirette, IRAP e IVA scadute nel periodo 30 giugno - 31 agosto 2021 è stato posticipato al **15 settembre 2021**, **senza** alcuna **maggiorazione** (art. 9-ter, D.L. n. 73/2021) per:

- i soggetti che esercitano attività economiche per le quali sono stati approvati gli ISA e che dichiarano ricavi o compensi di ammontare non superiore al limite stabilito, per ciascun indice (compresi coloro che presentano cause di esclusione o di inapplicabilità dagli stessi);
- i soggetti che partecipano a società, associazioni e imprese in regime di trasparenza fiscale (quindi società di persone di cui all'art. 5 TUIR o srl "trasparenti" ai sensi degli articoli 115 e 116 del TUIR), aventi i requisiti per beneficiare della proroga;
- i soggetti che applicano il regime forfetario e/o il regime fiscale di vantaggio per l'imprenditoria giovanile e lavoratori in mobilità.

Rateizzazione - Tutti i contribuenti possono rateizzare i versamenti, versando in rate successive le somme dovute a titolo di saldo e di acconto delle imposte, in un numero di rate diverso per ciascuno di essi.

La rateizzazione si deve concludere **entro il mese di novembre**. Le scadenze successive alla prima rata sono differenziate tra contribuenti titolari di partita IVA (16 del mese) e non titolari (fine mese). La **rateizzazione** prevede delle quote costanti per il debito d'imposta, maggiorate a titolo di **interessi** nella misura dello **0,33% mensile**.

Acconti - Con le stesse modalità dei versamenti a saldo devono essere effettuati due versamenti in acconto, pari, complessivamente, al 100%, sia per l'IRPEF che per l'IRAP dell'imposta dovuta per l'anno precedente:

– il **primo acconto**, pari al **40%** dell'acconto complessivo, entro la scadenza per il **pagamento del saldo**;
– il **secondo acconto**, pari al **60%** dell'acconto complessivo, entro il mese di **novembre**.

Il versamento dell'acconto IRPEF e dell'IRAP è effettuato in due rate, salvo che l'importo dovuto come prima rata non superi 103 euro; se il primo acconto risulta inferiore all'importo di cui sopra, il versamento deve essere effettuato per intero entro il mese di novembre.
Se l'importo dovuto per l'anno precedente non è superiore a **euro 51,65**, non è dovuto nessun acconto.

Rimodulazione e riduzione degli acconti per i soggetti ISA - A decorrere **dal 2019**, per i soggetti che esercitano attività economiche per le quali sono stati approvati gli ISA e che dichiarano ricavi o compensi di ammontare non superiore al limite stabilito, per ciascun indice nonché per i soggetti che partecipano a società, associazioni e imprese in regime di trasparenza fiscale assoggettate a ISA, i versamenti di acconto dell'IRPEF sono effettuati, **in 2 rate ciascuna nella misura del 50%** (art. 58, D.L. n. 124/2019).
Godono della **riduzione** i contribuenti che, contestualmente:

– esercitano, in forma di impresa o di lavoro autonomo, le attività economiche per le quali sono stati approvati gli ISA, prescindendo dal fatto che gli stessi applichino o meno gli ISA;
– dichiarano ricavi o compensi di ammontare non superiore al limite stabilito, per ciascun ISA, dal relativo decreto ministeriale di approvazione;
– applicano il regime forfetario agevolato o il regime fiscale di vantaggio per l'imprenditoria giovanile e lavoratori in mobilità;
– determinano il reddito con altre tipologie di criteri forfetari;
– ricadono nelle altre cause di esclusione dagli ISA (ris. 12 novembre 2019, n. 93/E).

La riduzione riguarda anche alcune tipologie di imposte sostitutive e particolari e cioè:

– l'imposta sostitutiva delle imposte sui redditi e dell'IRAP dovuta dai contribuenti che si avvalgono di forme di determinazione del reddito con criteri forfetari, come sopra indicato;
– la cedolare secca sul canone di locazione;
– l'IVIE;
– l'IVAFE.

Compensazione - Il credito IRPEF risultante dalla dichiarazione è compensabile con tutti gli altri tributi e contributi (art. 17, D.Lgs. n. 241/1997).

Per poter compensare orizzontalmente crediti d'imposta derivanti dalle dichiarazioni, per importi **superiori a 5.000 euro annui**, è necessario apporre sulla dichiarazione il **visto di conformità** (art. 1, c. 574, Legge n. 147/2013).
La compensazione del credito annuale o relativo a periodi inferiori all'anno dell'IVA, dei crediti relativi alle imposte sui redditi e alle relative addizionali, alle imposte sostitutive delle imposte sui redditi e all'IRAP, per **importi superiori a 5.000 euro annui**, può essere effettuata a partire dal **decimo giorno** successivo a quello di presentazione della dichiarazione o dell'istanza da cui il credito emerge (art. 17, c. 1, D.Lgs. n. 241/1997).
È previsto l'obbligo, per tutti i contribuenti di utilizzare i **servizi telematici dell'AdE** qualora intendano compensare, per **qualsiasi importo**, crediti IVA (annuali o infrannuali), crediti relativi alle imposte sui redditi e addizionali, alle ritenute alla fonte, alle imposte sostitutive delle imposte sul reddito, all'IRAP ovvero crediti maturati in qualità di sostituto d'imposta e i crediti d'imposta da indicare nel quadro RU della dichiarazione dei redditi (art. 37, c. 49-bis, D.L. n. 223/2006).

Tipo di versamento	Contribuente	Modalità utilizzabile
F24 con saldo a zero	Titolare PI - Privato	Solo servizi telematici delle entrate
F24 a debito con compensazione di crediti imposte dirette, IVA, addizionali, IRAP, ritenute, quadro RU	Titolare partita IVA o privato	Servizi telematici delle entrate
F24 a debito con compensazione di altri crediti (es. contributi INPS)		Servizi telematici entrate o home banking
F24 a debito senza compensazione	Titolare partita IVA	Servizi telematici entrate o home banking
	Privato	Modello cartaceo, servizi telematici entrate o home banking

Eredi - Per le persone **decedute nel periodo d'imposta o entro il 28 febbraio dell'anno successivo** i versamenti devono essere effettuati dagli eredi nei termini ordinari.
Per le persone **decedute successivamente**, i termini sono prorogati di 6 mesi e scadono quindi il 30 dicembre dell'anno successivo al periodo d'imposta.

Sanzioni 17.2.6.

Violazione	Sanzione amministrativa
Omessa presentazione della dichiarazione dei redditi	**Dal 120 al 240%** dell'ammontare delle imposte dovute, con un minimo di euro 250. Se non sono dovute imposte, si applica la sanzione da 250 euro a 1.000 euro. Se la dichiarazione omessa è presentata dal contribuente entro il termine di presentazione della dichiarazione relativa al periodo d'imposta successivo e, comunque, prima dell'inizio di qualunque attività amministrativa di accertamento di cui abbia avuto formale conoscenza, si applica la sanzione amministrativa dal 60 al 120% dell'ammontare delle imposte dovute, con un minimo di 200 euro. Se non sono dovute imposte, si applica la sanzione da 150 euro a 500 euro. Le sanzioni applicabili quando non sono dovute imposte possono essere aumentate fino al doppio nei confronti dei soggetti obbligati alla tenuta di scritture contabili.
Dichiarazione redatta su **stampati non conformi** al Modello approvato dall'Agenzia delle Entrate	**Da 250 euro a 2.000 euro**.
Dati rilevanti per l'individuazione del contribuente, nonché per la determinazione del **tributo omessi o non indicati in maniera esatta o completa**, oppure mancata indicazione in maniera esatta e completa di ogni altro elemento prescritto per il compimento dei controlli	**Da 250 euro a 2.000 euro**.
Indicazione di un **reddito imponibile inferiore a quello accertato** o, comunque, di un'**imposta inferiore a quella dovuta** o di un **credito superiore a quello spettante** o se nella dichiarazione sono esposte **indebite detrazioni d'imposta** ovvero **indebite deduzioni dall'imponibile**	**Dal 90 al 180%** della maggiore imposta o della differenza del credito.
Inesatta indicazione del codice fiscale	**Da 103 euro a 2.065 euro**.

Violazione	Sanzione amministrativa
Omesso, insufficiente o ritardato versamento in acconto o a saldo delle imposte risultanti dalla dichiarazione	**30%** di ogni importo non versato o versato in ritardo. Identica sanzione si applica sulle maggiori imposte risultanti dai controlli automatici e formali (artt. 36-bis e 36-ter,D.P.R. n. 600/1973). Per i versamenti effettuati con un ritardo non superiore a 90 giorni, la sanzione del 30% è ridotta alla metà. Salva l'applicazione del ravvedimento operoso, per i versamenti effettuati con un ritardo non superiore a 15 giorni, la sanzione è ulteriormente ridotta a un importo pari a un quindicesimo per ciascun giorno di ritardo.
Scarto della **delega di pagamento** contente compensazioni di imposte per **profili di rischio**	Sanzione pari al **5%** dell'importo, per importi fino a 5.000 euro, e pari a **250 euro**, per importi superiori a 5.000 euro per ogni delega non eseguita (art. 3, D.L. n. 124/2019).

17.3. MODELLO REDDITI SOCIETÀ DI PERSONE

17.3.1. Soggetti obbligati

La **dichiarazione dei redditi società di persone ed enti equiparati** **(Mod. Redditi SP)** (➔**95.5.**) deve essere presentata da:

- **società semplici**;
- società **in nome collettivo e in accomandita semplice**;
- società **di armamento** (equiparate alle società in nome collettivo o alle società in accomandita semplice, a seconda che siano state costituite all'unanimità o a maggioranza);
- società **di fatto o irregolari** (equiparate alle società in nome collettivo o alle società semplici, a seconda che esercitino o meno attività commerciale);
- **associazioni** senza personalità giuridica costituite fra persone fisiche **per l'esercizio in forma associata di arti e professioni**;
- **aziende coniugali**, se l'attività è esercitata in società fra i coniugi (coniugi cointestatari della licenza ovvero coniugi entrambi imprenditori);
- gruppi europei di interesse economico (**GEIE**).

Si considerano **residenti** le società e le associazioni che, per la maggior parte del periodo d'imposta, hanno la sede legale o la sede dell'amministrazione o l'oggetto principale nel territorio dello Stato. L'oggetto principale dell'attività è determinato in base all'atto costitutivo, se esistente in forma di atto pubblico o di scrittura privata autenticata, e, in mancanza, in base all'attività effettivamente esercitata.

17.3.2. Soggetti esonerati

Sono esonerati dalla presentazione della dichiarazione:

- i **condomini**, che devono presentare la dichiarazione Mod. 770 quali sostituti d'imposta per le ritenute effettuate;
- le **aziende coniugali non gestite in forma societaria** (i coniugi, in questo caso, devono presentare il Mod. Redditi PF, utilizzando i quadri specifici);
- le **società di persone** ed equiparate non residenti nel territorio dello Stato (che devono compilare il Mod. Redditi SC o il Mod. Redditi ENC).

17.3.3. Modalità operative

Per il Mod. Redditi SP valgono le stesse regole previste per le persone fisiche per quanto attiene le modalità di presentazione (che può avvenire solo in modalità telematica) (➔**17.2.3.**) e i termini di presentazione (➔**17.2.4.**) e versamento (➔**17.2.5.**).

17.4. MODELLO 770

I sostituti d'imposta che hanno corrisposto somme o valori soggetti a **ritenuta alla fonte** devono presentare annualmente apposita **dichiarazione** **(Mod. 770)** relativa a tutti i percipienti per i compensi corrisposti sotto qualsiasi forma nell'anno solare precedente e soggetti a ritenuta alla fonte (artt. 2 e 4, D.P.R. n. 322/1998).

La dichiarazione dei sostituti d'imposta si compone di due parti, in relazione ai dati in ciascuna di esse richiesti: la Certificazione unica (➔**12.6.26.**) e il Mod. 770.

Il **Mod. 770** deve essere utilizzato dai sostituti d'imposta per comunicare in via telematica all'Agenzia delle Entrate i dati fiscali relativi alle ritenute operate nell'anno precedente, i relativi versamenti e le eventuali compensazioni effettuate nonché il riepilogo dei crediti.

Soggetti obbligati 17.4.1.

Sono tenuti a presentare la dichiarazione **i sostituti d'imposta** (➔12.6.1.) (art. 23, D.P.R. n. 600/1973) obbligati ad operare ritenute alla fonte, che **corrispondono compensi, sotto qualsiasi forma, soggetti a ritenute alla fonte** (art. 4, D.P.R. n. 322/1998).

Sono, altresì, obbligati:

- i **curatori fallimentari**;
- i **commissari liquidatori**;
- gli **eredi** che non proseguono l'attività del sostituto d'imposta deceduto;
- i soggetti che corrispondono **redditi esenti da IRPEF assoggettati a contribuzione INPS** e che erano tenuti alla presentazione del Mod. 01/M (ad esempio, ambasciate, organismi internazionali come FAO o NATO, ecc.);
- i soggetti che hanno corrisposto redditi di lavoro dipendente ed assimilati a percipienti iscritti obbligatoriamente all'INPS (**ex gestione INPDAI**), inclusi quelli che non hanno applicato ritenute alla fonte (ad esempio, organismi internazionali, o aziende straniere che occupano personale italiano all'estero assicurato ai sensi del D.L. n. 317/1987);
- le Amministrazioni che hanno corrisposto redditi di lavoro dipendente assoggettabile a contribuzione previdenziale e/o assistenziale INPS (**ex INPDAP**);
- i **rappresentanti fiscali** di soggetto non residente.

Anche i titolari di posizione assicurativa INAIL devono comunicare, mediante la presentazione del Modello, i dati relativi al personale assicurato contro gli infortuni e le malattie professionali (D.P.R. n. 1124/1965).

Modalità e termini di presentazione 17.4.2.

La dichiarazione deve essere presentata **esclusivamente in via telematica** anche per i soggetti che presentano la dichiarazione dall'estero:

- **direttamente**;
- **tramite intermediari abilitati**.

Il Mod. 770 deve essere presentato, salvo proroga, **entro il 31 ottobre**.

Sanzioni 17.4.3.

Violazione	Sanzione amministrativa
Omessa presentazione della dichiarazione del sostituto d'imposta (art. 2, c. 1, D.Lgs. n. 471/1997)	**Dal 120 al 240%** dell'ammontare delle ritenute non versate, con un minimo di 250 euro. Se la dichiarazione omessa è presentata dal sostituto entro il termine di presentazione della dichiarazione relativa al periodo d'imposta successivo e, comunque, prima dell'inizio di qualunque attività amministrativa di accertamento di cui abbia avuto formale conoscenza, si applica la sanzione amministrativa dal 60 al 120% per cento dell'ammontare delle ritenute non versate, con un minimo di 200 euro.
Tardiva presentazione della dichiarazione del sostituto d'imposta, con ritardo non superiore a un mese	**1/8 del minimo** di quella prevista per l'omissione della presentazione della dichiarazione.
Dichiarazione di un importo complessivo di compensi, interessi e altre somme **inferiore a quello definitivamente accertato** (art. 2, c. 2, 2-bis, 2-ter, D.Lgs. n. 471/1997)	**Dal 90 al 180**% per cento dell'ammontare delle ritenute non versate, con un minimo di 250 euro. La sanzione è aumentata della metà quando la violazione è realizzata mediante l'utilizzo di documentazione falsa, mediante artifici o raggiri, condotte simulatorie o fraudolente.

Violazione	Sanzione amministrativa
	Eccetto i casi di cui al punto precedente, la sanzione è ridotta di un terzo quando l'ammontare delle ritenute non versate riferibili alla differenza tra l'ammontare dei compensi, interessi ed altre somme accertati e dichiarati è inferiore al 3% delle ritenute riferibili all'ammontare dei compensi, interessi ed altre somme dichiarati e comunque inferiore a 30.000 euro.
Ritenute relative ai compensi, interessi ed altre somme, benché **non dichiarate, versate interamente** (art. 2, c. 3, D.Lgs. n. 471/1997)	**Da 250 euro a 2.000 euro.** Se la dichiarazione omessa è stata presentata entro il termine di presentazione della dichiarazione relativa al periodo d'imposta successivo, si applica la sanzione da 150 euro a 500 euro e la sanzione di 50 euro di cui al punto successivo è ridotta del 50%.
Dichiarazione non comprendente tutti i percipienti (art. 2, c. 4, D.Lgs. n. 471/1997)	**50 euro per ogni percipiente.**
Dichiarazione non redatta in conformità al Modello approvato o **non contenente i dati ed elementi prescritti**, se le infrazioni non costituiscono omessa, incompleta o infedele dichiarazione (art. 8, c. 1, D.Lgs. n. 471/1997)	**Da 250 euro a 2.000 euro.**

17.5. MONITORAGGIO FISCALE

Con il termine **monitoraggio fiscale** ci si riferisce ad una serie di adempimenti previsti per le persone fisiche che hanno **investimenti all'estero e/o attività estere di natura finanziaria** che culminano con la presentazione del **Quadro RW** nella dichiarazione dei redditi (D.L. n. 167/1990).

17.5.1. Soggetti tenuti alla compilazione del Quadro RW

Il quadro RW deve essere compilato, ai fini del monitoraggio fiscale, dalle **persone fisiche residenti in Italia** che detengono **investimenti all'estero** e **attività estere di natura finanziaria** a titolo di proprietà o di altro diritto reale indipendentemente dalle modalità della loro acquisizione e, in ogni caso, ai fini dell'imposta sul valore degli immobili all'estero (**IVIE**) (➔ 15.4.3.) e dell'imposta sul valore dei prodotti finanziari dei conti correnti e dei libretti di risparmio detenuti all'estero (**IVAFE**) (➔ 68.1.).

L'obbligo di monitoraggio non sussiste per i **depositi e conti correnti bancari costituiti all'estero** il cui valore massimo complessivo raggiunto nel corso del periodo d'imposta **non** sia **superiore a 15.000 euro** (art. 2, Legge n. 186/2014); resta fermo l'obbligo di compilazione del quadro laddove sia dovuta l'IVAFE.

Nel caso di **fondazione**, se il cliente è una persona giuridica privata sono cumulativamente individuati, come titolari effettivi (D.Lgs. n. 231/2007):
- i fondatori, ove in vita;
- i beneficiari, quando individuati o facilmente individuabili;
- i titolari di funzioni di direzione e amministrazione (ris. 29 maggio 2019, n. 53/E).

La disciplina sul monitoraggio fiscale si applica anche ai **trust**. Sia i beneficiari che le società fiduciarie sono tenuti a dichiarare il valore complessivo degli investimenti (risposta a interpello 8 ottobre 2021, n. 693).

Esoneri - L'obbligo di monitoraggio **non sussiste** per:

a. le **persone fisiche che prestano lavoro all'estero per lo Stato italiano**, per una sua suddivisione politica o amministrativa o per un suo ente locale e le persone fisiche che lavorano all'estero **presso organizzazioni internazionali** cui aderisce l'Italia la cui residenza fiscale in Italia sia determinata, in deroga agli ordinari criteri previsti dal D.P.R. n. 917/1986, in base ad accordi internazionali ratificati;
b. i **contribuenti residenti in Italia** che prestano la propria attività lavorativa in via continuativa all'estero in **zone di frontiera** ed in altri **Paesi limitrofi** con riferimento agli investimenti e alle attività estere di natura finanziaria detenute nel Paese in cui svolgono la propria attività lavorativa.

Tale esonero viene riconosciuto solo qualora l'attività lavorativa all'estero **sia stata svolta in via continuativa** per la maggior parte del periodo d'imposta e a condizione che, entro 6 mesi dall'interruzione del rapporto di lavoro all'estero, il lavoratore non detenga più le attività all'estero.
Diversamente, se il contribuente entro tale data non ha riportato le attività in Italia o dismesso le stesse, è tenuto ad indicare tutte le attività detenute all'estero durante l'intero periodo d'imposta.
Qualora il contribuente sia esonerato dal monitoraggio è in ogni caso tenuto alla compilazione della dichiarazione per l'indicazione dei redditi derivanti dalle attività estere di natura finanziaria o patrimoniale nonché del presente quadro per il calcolo dell'IVIE e dell'IVAFE.

Dati da inserire nel Quadro RW 17.5.2.

I soggetti obbligati devono indicare la **consistenza degli investimenti** e delle attività detenute all'estero **nel periodo d'imposta**; questo obbligo sussiste anche se il contribuente nel corso del periodo d'imposta ha totalmente disinvestito.

> Non è previsto l'obbligo di monitoraggio dei trasferimenti da, verso e sull'estero effettuati con riferimento alle suddette attività.

Il quadro RW **non va compilato** per le attività finanziarie e patrimoniali **affidate in gestione o in amministrazione agli intermediari residenti** e per i contratti comunque conclusi attraverso il loro intervento, qualora i flussi finanziari e i redditi derivanti da tali attività e contratti siano stati assoggettati a ritenuta o imposta sostitutiva dagli intermediari stessi.
Se i **prodotti finanziari o patrimoniali** sono **in comunione o cointestati**, l'obbligo di compilazione del quadro RW è a carico di **ciascun soggetto intestatario** con riferimento all'intero valore delle attività e con l'indicazione della percentuale di possesso. Qualora sul bene sussistano più diritti reali, ad esempio, nuda proprietà e usufrutto, sono tenuti all'effettuazione di tale adempimento sia il titolare del diritto di usufrutto sia il titolare della nuda proprietà in quanto, in entrambi i casi, sussiste la possibilità di generare redditi di fonte estera.
Sono tenuti agli obblighi di monitoraggio non solo i titolari delle attività detenute all'estero, ma anche coloro che ne hanno la **disponibilità** o la **possibilità di movimentazione**.
Qualora un soggetto residente abbia la **delega al prelievo su un conto corrente estero** è tenuto alla compilazione del quadro RW, salvo che non si tratti di mera delega ad operare per conto dell'intestatario, come nel caso di amministratori di società.
L'obbligo di compilazione del quadro RW sussiste anche nel caso in cui le attività siano possedute dal contribuente per il tramite di **interposta persona** (ad esempio, effettiva disponibilità di attività finanziarie e patrimoniali formalmente intestate ad un *trust* residente o non residente).

> Nel caso in cui il **trust** si configuri come uno schermo formale e la disponibilità dei beni che ne costituiscono il patrimonio sia da attribuire ad altri soggetti, lo stesso deve essere considerato come un soggetto meramente interposto ed il patrimonio del trust deve essere ricondotto ai soggetti che ne hanno l'effettiva disponibilità, che hanno l'obbligo, se residenti in Italia, di provvedere alla compilazione del quadro RW (risposta a interpello 10 giugno 2021, n. 398).

In particolare, devono essere indicati gli investimenti all'estero e le attività estere di natura finanziaria nonché gli investimenti in Italia e le attività finanziarie italiane, detenute per il tramite di **fiduciarie estere** o di **soggetti esteri fittiziamente interposti** che ne risultino formalmente intestatari.

Attività	Indicazioni
Investimenti	Vanno indicati i **beni patrimoniali collocati all'estero** e che sono **suscettibili di produrre reddito imponibile in Italia**. Queste attività vanno sempre indicate indipendentemente dall'effettiva produzione di redditi imponibili nel periodo d'imposta. A titolo esemplificativo, devono essere indicati gli immobili situati all'estero o i diritti reali immobiliari (ad esempio, usufrutto o nuda proprietà) o quote di essi (ad esempio, comproprietà o multiproprietà), gli oggetti preziosi e le opere d'arte che si trovano fuori del territorio dello Stato, le imbarcazioni o le navi da diporto o altri beni mobili detenuti e/o iscritti nei pubblici registri esteri, nonché quelli che pur non essendo iscritti nei predetti registri avrebbero i requisiti per essere iscritti in Italia. Le attività patrimoniali detenute all'estero vanno indicate anche se immesse in **cassette di sicurezza**.

Attività	Indicazioni
	Vanno altresì indicate le attività patrimoniali detenute per il tramite di soggetti localizzati in Paesi diversi da quelli collaborativi nonché in entità giuridiche italiane o estere, diverse dalle società, qualora il contribuente risulti essere "titolare effettivo". Sono considerati "detenuti all'estero", ai fini del monitoraggio, gli immobili ubicati in Italia posseduti per il tramite di **fiduciarie estere** o di un **soggetto interposto** residente all'estero.
Attività finanziarie	Vanno indicate le **attività estere di natura finanziaria** da cui derivano **redditi di capitale o redditi diversi di natura finanziaria di fonte estera.** Queste attività vanno sempre indicate in quanto di per sé produttive di redditi di fonte estera imponibili in Italia. A titolo esemplificativo, devono essere indicati: - attività i cui redditi sono corrisposti da soggetti non residenti, tra cui, le **partecipazioni al capitale o al patrimonio** di soggetti non residenti, le **obbligazioni estere** e i titoli similari, i **titoli pubblici** italiani e i titoli equiparati emessi all'estero, i **titoli non rappresentativi di merce** e i certificati di massa emessi da non residenti (comprese le quote di OICR esteri), le **valute estere**, **depositi e conti correnti** bancari costituiti all'estero indipendentemente dalle modalità di alimentazione (ad esempio, accrediti di stipendi, di pensione o di compensi), le valute virtuali; le criptovalute vanno indicate nel quadro RW anche se detenute in wallet con chiave privata (risposta a interpello 24 novembre 2021, n. 788); - **contratti di natura finanziaria** stipulati con controparti non residenti, ad esempio finanziamenti, riporti, pronti contro termine e prestito titoli; - contratti **derivati** e altri rapporti finanziari stipulati al di fuori del territorio dello Stato; - **metalli preziosi** detenuti all'estero; - diritti all'acquisto o alla sottoscrizione di **azioni estere** o strumenti finanziari assimilati; - forme di **previdenza complementare** organizzate o gestite da società ed enti di diritto estero, escluse quelle obbligatorie per legge; - **polizze di assicurazione sulla vita e di capitalizzazione** sempreché la compagnia estera non abbia optato per l'applicazione dell'imposta sostitutiva e dell'imposta di bollo e non sia stato conferito ad un intermediario finanziario italiano l'incarico di regolare tutti i flussi connessi con l'investimento, con il disinvestimento ed il pagamento dei relativi proventi; - **attività finanziarie italiane** comunque detenute all'estero, sia ad esempio per il tramite di fiduciarie estere o soggetti esteri interposti, sia in cassette di sicurezza; - **attività e investimenti detenuti all'estero** per il tramite di soggetti localizzati in Paesi diversi da quelli collaborativi nonché in entità giuridiche italiane o estere, diverse dalle società, qualora il contribuente risulti essere "titolare effettivo"; - attività finanziarie estere detenute in Italia al di fuori del circuito degli intermediari residenti; - titoli o diritti offerti ai lavoratori dipendenti e assimilati che danno la possibilità di acquistare, ad un determinato prezzo, azioni della società estera con la quale il contribuente intrattiene il rapporto di lavoro o delle società controllate o controllanti (c.d. ***stock option***), nei casi in cui, al termine del periodo d'imposta, il prezzo di esercizio sia inferiore al valore corrente del sottostante. Se il piano di assegnazione delle *stock option* prevede che l'assegnatario non possa esercitare il proprio diritto finché non sia trascorso un determinato periodo (c.d. *vesting period*), le stesse non devono essere indicate fino a quando non sia spirato tale termine, mentre devono essere indicate nel corso del *vesting period* qualora siano cedibili;

Attività	Indicazioni
	Va indicato in RW, ma non è soggetto a IVAFE, il credito vantato a seguito della "conversione" di obbligazioni emesse da una società estera in default (però, non si applica l'IVAFE - risposta a interpello 19 settembre 2019, n. 386). Le attività finanziarie detenute all'estero vanno indicate anche se immesse in **cassette di sicurezza**.

Valorizzazione degli investimenti e delle attività di natura finanziaria 17.5.3.

Per l'individuazione del valore dei beni e attività occorre distinguere tra:

- **immobili situati all'estero**: devono essere adottati gli stessi criteri validi ai fini dell'**IVIE** (➡15.4.3.), anche se non dovuta;
- **prodotti finanziari** devono essere adottati gli stessi criteri validi ai fini dell'**IVAFE**.

In relazione a questi ultimi beni, il valore è pari al **valore di quotazione** rilevato al 31 dicembre o al termine del periodo di detenzione. Per i titoli non negoziati in mercati regolamentati e, comunque, nei casi in cui i prodotti finanziari quotati siano stati esclusi dalla negoziazione si deve far riferimento al **valore nominale** o, in mancanza, al **valore di rimborso,** anche se rideterminato ufficialmente.

Nel caso in cui siano ceduti prodotti finanziari appartenenti alla stessa categoria, acquistati a prezzi e in tempi diversi, per stabilire quale dei prodotti finanziari è detenuto nel periodo di riferimento il metodo che deve essere utilizzato è il cosiddetto "**LIFO**" e, pertanto, si considerano ceduti per primi quelli acquisiti in data più recente.

Per esigenze di semplificazione, il contribuente può indicare, per ciascuna società o entità giuridica, il valore complessivo di tutti i prodotti finanziari e patrimoniali di cui risulta essere il titolare effettivo, avendo cura di predisporre e conservare un apposito **prospetto** in cui devono essere specificati i valori delle singole attività. Detto prospetto deve essere esibito o trasmesso, su richiesta, all'Amministrazione finanziaria.

In presenza di **più operazioni della stessa natura**, il contribuente può aggregare i dati per indicare un insieme di prodotti finanziari omogenei caratterizzati, cioè, dai medesimi codici "investimento" e "stato estero".

IRPEF

18. ADDIZIONALI IRPEF

18.1. ADDIZIONALE REGIONALE

È prevista un'**addizionale regionale all'IRPEF**, non deducibile ai fini di alcun'altra imposta, tassa o contributo (art. 50, D.Lgs. n. 446/1997).

18.1.1. Soggetti obbligati ed esclusi

Sono obbligati al pagamento dell'addizionale regionale IRPEF **tutti i contribuenti** (residenti e non), per i quali, nell'anno di riferimento, risulta dovuta l'**IRPEF**, dopo avere scomputato tutte le detrazioni d'imposta riconosciute e i crediti d'imposta sulle imposte pagate all'estero (➜**33.1.**) (art. 165, D.P.R. n. 917/1986).

Non sono tenuti al pagamento dell'addizionale regionale IRPEF:

- i contribuenti **soggetti all'IRES**;
- i contribuenti che possiedono **solo redditi esenti o soggetti a imposta sostitutiva dell'IRPEF**;
- i contribuenti che possiedono **solo redditi soggetti a tassazione separata**;
- i contribuenti che possiedono un reddito complessivo cui corrisponde un'**IRPEF** che, al netto delle detrazioni per carichi di famiglia (➜**4.**) (art. 12, D.P.R. n. 917/1986), per lavoro (➜**5.**) (art. 13, D.P.R. n. 917/1986), per oneri e spese (➜**6.**) (➜**7.**) (artt. 15, 16 e 16-bis, D.P.R. n. 917/1986), nonché dei crediti d'imposta per imposte pagate all'estero (➜**33.1.**) (art. 165, D.P.R. n. 917/1986), risulti non dovuta e pari ad un importo **non superiore a 12,00 euro**.

18.1.2. Base imponibile

La base imponibile è costituita dal **reddito complessivo ai fini IRPEF**, al netto degli oneri deducibili (➜**3.**) (art. 10, D.P.R. n. 917/1986) e del contributo di solidarietà.

18.1.3. Aliquota

Le aliquote dell'addizionale regionale variano da Regione a Regione e risentono anche delle norme emanate in materia di federalismo fiscale, nonché in materia finanziaria delle Regioni.

In genere, oscillano tra l'**1,23%** (aliquota base) e il **3,33%** (aliquota massima).

Infatti, l'aliquota dell'addizionale regionale IRPEF è **composta da due parti**:

- un'**aliquota minima**, valida per tutto il territorio nazionale (c.d. "aliquota di base");
- un eventuale **incremento** di tale aliquota, **deliberato dalla Regione**.

Per conoscere il dettaglio delle aliquote di ogni Regione si può consultare il sito del Ministero dell'Economia e delle Finanze, Dipartimento delle finanze.

Per la determinazione dell'aliquota da applicare e della Regione a favore della quale effettuare il versamento, bisogna fare riferimento al **domicilio fiscale del contribuente**.

Inoltre (art. 8, D.Lgs. n. 175/2014):

- le Regioni e le Province autonome di Trento e di Bolzano sono tenute ad inviare, ai fini della pubblicazione sul sito informatico del MEF, entro il 31 gennaio dell'anno cui l'addizionale si riferisce, i dati contenuti nei provvedimenti di variazione dell'addizionale regionale. Il mancato inserimento nel suddetto sito informatico dei dati rilevanti ai fini della determinazione dell'addizionale comporta l'inapplicabilità di sanzioni e interessi;
- l'addizionale regionale è versata, alla Regione in cui il contribuente ha il domicilio fiscale **alla data del 1° gennaio** dell'anno cui si riferisce l'addizionale stessa.

Pertanto, l'addizionale regionale all'IRPEF è determinata con **riferimento al domicilio fiscale al 1° gennaio** (circ. 30 dicembre 2014, n. 31/E).

Addizionali regionali all'IRPEF 2021[1]

Regione	Cod. reg.	Aliquota unica	Fascia applicazione (euro)	Aliquota	Disposizioni particolari
Abruzzo	01	1,73%			
Basilicata	02		fino a 55.000	1,23%	Si applica l'aliquota dell'1,23%: 1) in caso di due o più figli fiscalmente a carico ai sensi dell'art. 12, c. 2, D.P.R. n. 917/1986. 2) In presenza di figli a carico di più soggetti se la somma dei redditi imponibili rientra nella fascia di reddito 55.000-75.000.
			da 55.000 a 75.000	1,73%	
			oltre 75.000	2,33%	
Bolzano	03		Fino a 75.000	1,23%	A tutti i contribuenti spetta una deduzione pari a 35.000,00 euro. Ai contribuenti con un reddito imponibile ai fini dell'addizionale regionale IRPEF non superiore a 70.000,00 euro e con figli a carico spetta una detrazione d'imposta di 252,00 euro per ogni figlio in proporzione alla percentuale e ai mesi di carico. Nella verifica della soglia per ottenere la detrazione figli si deve tener conto anche del reddito assoggettato alla **cedolare secca sugli affitti**, mentre non si tiene conto della deduzione di euro 35.000 sopracitata. Se l'imposta dovuta è minore della detrazione non sorge alcun credito d'imposta.
			Oltre 75.000	1,73%	
Calabria	04	1,73%			
Campania	05	2,03%			
Emilia-Romagna	06		fino a 15.000	1,33%	Le aliquote dell'addizionale regionale all'IRPEF indicate comprendono l'aliquota di base e la maggiorazione regionale.
			oltre 15.000 e fino a 28.000	1,93%	
			oltre 28.000 e fino a 55.000	2,03%	
			oltre 55.000 e fino a 75.000	2,23%	
			oltre 75.000	2,33%	
Friuli-Venezia Giulia	07		fino a 15.000	0,70%	Reddito imponibile fino a euro 15.000 aliquota 0,70%; reddito imponibile superiore a euro 15.000 aliquota 1,23% sull'intero importo.
			oltre 15.000	1,23%	

IRPEF

Addizionali regionali all'IRPEF 2021[1]					
Regione	**Cod. reg.**	**Aliquota unica**	**Fascia applicazione (euro)**	**Aliquota**	**Disposizioni particolari**
Lazio	08		fino a 15.000	1,73%	Applicazione aliquota addizionale regionale all'IRPEF pari all'1,73% per i soggetti: a) con un reddito imponibile ai fini dell'addizionale regionale all'IRPEF non superiore a 35.000,00 euro; b) con un reddito imponibile ai fini dell'addizionale regionale all'IRPEF non superiore a 50.000,00 euro, aventi fiscalmente a carico tre figli. Qualora i figli siano a carico di più soggetti, la maggiorazione non si applica solo nel caso in cui la somma dei redditi imponibili ai fini dell'addizionale regionale all'IRPEF di tali soggetti sia inferiore a 50.000,00 euro. La soglia di reddito imponibile è innalzata di 5.000,00 euro per ogni figlio a carico oltre il terzo; c) con un reddito imponibile ai fini dell'addizionale regionale all'IRPEF non superiore a 50.000,00 euro, aventi fiscalmente a carico uno o più figli portatori di handicap (art. 3, legge n. 104/1992). Qualora i figli siano a carico di più soggetti, la maggiorazione non si applica solo nel caso in cui la somma dei redditi imponibili ai fini dell'addizionale regionale all'IRPEF di tali soggetti sia inferiore a 50.000,00 euro; d) ultrasettantenni portatori di handicap appartenenti ad un nucleo familiare con un reddito imponibile ai fini dell'addizionale regionale all'IRPEF non superiore a 50.000,00 euro.
			oltre 15.000 e fino a 28.000	2,73%	
			oltre 28.000 e fino a 55.000	2,93%	
			oltre 55.000 e fino a 75.000	3,23%	
			oltre 75.000	3,33%	
Liguria	09		fino a 15.000	1,23%	Ai soggetti aventi reddito imponibile non superiore a 28.000,00 euro e con almeno due figli fiscalmente a carico spetta una detrazione pari a 35,00 euro per ciascun figlio. La detrazione è aumentata a 45,00 euro per ogni figlio portatore di handicap. Quando l'imposta dovuta è minore della detrazione non sorge alcun credito d'imposta. Ai fini della spettanza e della ripartizione delle detrazioni si applicano le disposizioni di cui all'art. 12 D.P.R. n. 917/1986.
			oltre 15.000 e fino a 28.000	1,81%	
			oltre 28.000 e fino a 55.000	2,31%	
			oltre 55.000 e fino a 75.000	2,32%	
			oltre 75.000	2,33%	

Addizionali regionali all'IRPEF 2021[1]					
Regione	**Cod. reg.**	**Aliquota unica**	**Fascia applicazione (euro)**	**Aliquota**	**Disposizioni particolari**
Lombardia	10		fino a 15.000	1,23%	
			oltre 15.000 e fino a 28.000	1,58%	
			oltre 28.000 e fino a 55.000	1,72%	
			oltre 55.000 e fino a 75.000	1,73%	
			oltre 75.000	1,74%	
Marche	11		fino a 15.000	1,23%	
			oltre 15.000 e fino a 28.000	1,53%	
			oltre 28.000 e fino a 55.000	1,70%	
			oltre 55.000 e fino a 75.000	1,72%	
			oltre 75.000	1,73%	
Molise	12		fino a 15.000	1,73%	
			oltre 15.000 e fino a 28.000	1,93%	
			oltre 28.000 e fino a 55.000	2,13%	
			oltre 55.000 e fino a 75.000	2,23%	
			oltre 75.000	2,33%	
Piemonte	13		fino a 15.000	1,62%	Le detrazioni per carichi di famiglia (art. 12, D.P.R. n. 917/1986) sono maggiorate delle seguenti detrazioni regionali (teoriche): 1) Detrazioni euro 100,00 per contribuenti con più di tre figli a carico, per ciascun figlio, a partire dal primo, compresi i figli naturali riconosciuti, i figli adottivi o affidati. 2) Detrazioni euro 250,00 per ogni figlio portatore di handicap. Ai fini della spettanza, della determinazione e della ripartizione delle detrazioni, si applicano le disposizioni previste dall'art. 12 c. 1 lett. c) e 2 D.P.R. n. 917/1986 (➔4.).
			oltre 15.000 e fino a 28.000	2,13%	
			oltre 28.000 e fino a 55.000	2,75%	
			oltre 55.000 e fino a 75.000	3,32%	
			oltre 75.000	3,33%	

IRPEF

<table>
<tr><th colspan="6">Addizionali regionali all'IRPEF 2021[1]</th></tr>
<tr><th>Regione</th><th>Cod. reg.</th><th>Aliquota unica</th><th>Fascia applicazione (euro)</th><th>Aliquota</th><th>Disposizioni particolari</th></tr>
<tr><td rowspan="5">Puglia</td><td rowspan="5">14</td><td rowspan="5"></td><td>fino a 15.000</td><td>1,33%</td><td rowspan="5">Ai contribuenti con più di tre figli a carico spetta una detrazione di 20 euro per ciascun figlio, in proporzione alla percentuale e ai mesi di carico, a partire dal primo compresi i figli naturali riconosciuti, adottivi o affidati. La detrazione è aumentata di 375 euro per ogni figlio con diversa abilità (art. 3, Legge n. 104/1992). Ai fini della spettanza e della ripartizione delle detrazioni si applicano le disposizioni previste dall'art. 12 c. 1 lett. c) e 2 D.P.R. n. 917/1986.
Qualora il livello di reddito e la relativa imposta, calcolata su base familiare, non consentano la fruizione delle detrazioni, il soggetto IRPEF usufruisce di misure di sostegno economico diretto equivalenti alle detrazioni spettanti come disciplinate da apposito provvedimento della Giunta regionale.</td></tr>
<tr><td>oltre 15.000 e fino a 28.000</td><td>1,43%</td></tr>
<tr><td>oltre 28.000 e fino a 55.000</td><td>1,71%</td></tr>
<tr><td>oltre 55.000 e fino a 75.000</td><td>1,72%</td></tr>
<tr><td>oltre 75.000</td><td>1,73%</td></tr>
<tr><td>Sardegna</td><td>15</td><td>1,23%</td><td></td><td></td><td>Ai soggetti aventi un reddito imponibile ai fini dell'addizionale regionale all'IRPEF non superiore a euro 55.000 e con figli minorenni fiscalmente a carico spetta una detrazione dall'importo dovuto a titolo di addizionale regionale all'IRPEF di euro 200 per ogni figlio minorenne, in proporzione alla percentuale e ai mesi a carico.
La detrazione è aumentata di un importo pari a euro 100 per ogni figlio con diversa abilità ai sensi della Legge n. 104/1992.</td></tr>
<tr><td>Sicilia</td><td>16</td><td>1,23%</td><td></td><td></td><td></td></tr>
<tr><td rowspan="5">Toscana</td><td rowspan="5">17</td><td rowspan="5"></td><td>fino a 15.000</td><td>1,42%</td><td rowspan="5"></td></tr>
<tr><td>oltre 15.000 e fino a 28.000</td><td>1,43%</td></tr>
<tr><td>oltre 28.000 e fino a 55.000</td><td>1,68%</td></tr>
<tr><td>oltre 55.000 e fino a 75.000</td><td>1,72%</td></tr>
<tr><td>oltre 75.000</td><td>1,73%</td></tr>
<tr><td rowspan="2">Trento</td><td rowspan="2">18</td><td rowspan="2"></td><td>Fino a 55.000</td><td>1,23%</td><td rowspan="2">Ai contribuenti con reddito imponibile non superiore a 15.000,00 euro spetta una deduzione di 15.000,00 euro. Tale deduzione non spetta ai soggetti con reddito imponibile superiore a 15.000 euro.</td></tr>
<tr><td>Oltre 55.000</td><td>1,73%</td></tr>
</table>

Addizionali regionali all'IRPEF 2021[1]					
Regione	**Cod. reg.**	**Aliquota unica**	**Fascia applicazione (euro)**	**Aliquota**	**Disposizioni particolari**
Umbria	19		fino a 15.000	1,23%	
			Oltre 15.000 e fino a 28.000	1,63%	
			oltre 28.000 e fino a 55.000	1,68%	
			oltre 55.000 e fino a 75.000	1,73%	
			oltre 75.000	1,83%	
Valle d'Aosta	20	1,23%			
Veneto	21	1,23%			Aliquota agevolata pari allo 0,9% per i soggetti disabili con un reddito imponibile non superiore a 45.000 euro e i contribuenti con un familiare disabile fiscalmente a carico e con un reddito imponibile non superiore a 45.000 euro. Se la persona con disabilità è fiscalmente a carico di più soggetti, l'aliquota dello 0,9% si applica a condizione che la somma dei redditi delle persone di cui è a carico non sia superiore a 45.000 euro.

[1] Si riportano le aliquote relative al 2021 in quanto quelle per il 2022 non sono ancora disponibili sul portale del Ministero dell'Economia e delle Finanze a seguito della proroga al 13 maggio 2022 del termine ultimo che le Regioni hanno a disposizione per trasmettere i dati al MEF (art. 1, c. 6, Legge n. 234/2021).

Versamenti 18.1.4.

L'addizionale va versata alla Regione, in un'**unica soluzione**, con le modalità e nei termini previsti per il **versamento del saldo IRPEF**, dovuto in base alla dichiarazione (➔17.2.5.); non è previsto il versamento di acconti.

I **codici tributo** da utilizzare sono:

- **3801**: Addizionale regionale all'imposta sul reddito delle persone fisiche;
- **3802**: Addizionale regionale all'imposta sul reddito delle persone fisiche sostituti d'imposta;
- **3803**: Addizionale regionale all'IRPEF trattenuta dal sostituto d'imposta a seguito di assistenza fiscale.

Redditi di lavoro dipendente e assimilati 18.1.5.

Per i titolari di reddito di lavoro dipendente o assimilati l'importo dell'addizionale è determinato dal sostituto d'imposta **all'atto di effettuazione delle operazioni di conguaglio ed è indicato nella Certificazione unica**; il relativo importo è trattenuto in un numero **minimo di nove** e **massimo di undici rate**, a partire dal periodo di paga successivo a quello in cui le operazioni di conguaglio sono effettuate e non oltre la retribuzione corrisposta nel mese di novembre.

In caso di **cessazione del rapporto**, il relativo importo è trattenuto in un'unica soluzione all'atto di effettuazione delle operazioni di conguaglio (art. 50, c. 4, D.Lgs. n. 446/1997).

Una **rateazione inferiore** a quella prevista può essere adottata anche a iniziativa del solo sostituto d'imposta se l'importo totale, in relazione anche alla rata di emolumento che si corrisponde e da cui si detraggono le addizionali, è tale da giustificarla (comunicato stampa MEF 14 gennaio 2000).

Compensi corrisposti a collaboratore - Nel caso di **compensi corrisposti** al collaboratore in **unica soluzione** nel periodo d'imposta, il sostituto deve:

- determinare l'ammontare delle addizionali all'IRPEF **in sede di conguaglio di fine anno** ed effettuarne il prelievo in rate l'anno successivo, ferma restando la possibilità di un diverso accordo fra collaboratore e committente in ordine al prelievo in un minore numero di rate;
- prelevare in **unica soluzione** l'ammontare delle addizionali dovute se l'erogazione del compenso in unica soluzione è consequenziale alla cessazione del rapporto.

Qualora, invece, non sia nota al sostituto d'imposta la periodicità di corresponsione, lo stesso deve:

- determinare l'importo dovuto dal collaboratore a titolo di addizionali all'IRPEF in sede di conguaglio di fine anno ed effettuarne il prelievo in unica soluzione l'**anno successivo sulla prima corresponsione di emolumenti**;
- prelevare in **unica soluzione** l'ammontare delle addizionali dovute contestualmente all'erogazione del compenso laddove quest'ultimo sia consequenziale alla cessazione del rapporto.

18.1.6. Compensi erogati dalle società sportive dilettantistiche

Sulla parte dei compensi corrisposti dalle associazioni sportive dilettantistiche, per l'esercizio diretto di attività sportive dilettantistiche, **eccedente l'importo di 10.000 euro**, deve essere applicata **l'aliquota IRPEF del 23%** (➡15.4.8.), l'aliquota dell'addizionale comunale di compartecipazione all'IRPEF e l'aliquota dell'addizionale regionale di compartecipazione all'IRPEF (art. 6, D.Lgs. n. 68/2011).

18.1.7. Regioni con deficit sanitario

L'accertato verificarsi, in sede di verifica annuale, del mancato raggiungimento da parte della Regione degli obiettivi del piano di rientro, con conseguente determinazione di un disavanzo sanitario, comporta l'**incremento** nelle misure fisse dello **0,15% dell'aliquota IRAP** e **dello 0,30% dell'addizionale all'IRPEF** (art. 2, c. 86, Legge n. 191/2009).

18.2. ADDIZIONALE COMUNALE

È prevista **un'addizionale comunale all'IRPEF** la cui **aliquota** è **deliberata dai singoli Comuni** (D.Lgs. n. 360/1998).

Le delibere comunali sono efficaci dalla data di pubblicazione nel sito del MEF.

I Comuni possono stabilire una **soglia di esenzione** dal pagamento dell'addizionale sulla base del possesso di specifici requisiti reddituali.

18.2.1. Soggetti obbligati ed esclusi

Obbligati al pagamento dell'addizionale comunale IRPEF sono **tutte le persone fisiche** (residenti e non), per i quali, nell'anno di riferimento, risulta dovuta l'**IRPEF**, dopo avere scomputato le detrazioni d'imposta riconosciute e i crediti d'imposta sulle imposte pagate all'estero (➡33.1.) (art. 165, D.P.R. n. 917/1986).

Non sono tenuti al pagamento dell'addizionale comunale IRPEF:

- i contribuenti **soggetti all'IRES**;
- i contribuenti che possiedono **solo redditi esenti o soggetti a imposta sostitutiva dell'IRPEF**;
- i contribuenti che possiedono **solo redditi soggetti a tassazione separata**;
- i contribuenti che possiedono un reddito complessivo cui corrisponde un'**IRPEF** che, al netto delle detrazioni per carichi di famiglia (➡4.) (art. 12, D.P.R. n. 917/1986), per lavoro (➡5.) (art. 13, D.P.R. n. 917/1986), per oneri e spese (➡6.) (➡7.) (artt. 15, 16 e 16-bis, D.P.R. n. 917/1986), nonché dei crediti d'imposta per imposte pagate all'estero (➡33.1.) (art. 165, D.P.R. n. 917/1986), risulti non dovuta pari ad un importo **non superiore a 12,00 euro**.

18.2.2. Base imponibile

L'addizionale, per la quale **non sono previsti scaglioni**, è calcolata sul **reddito complessivo ai fini IRPEF**, al netto degli oneri deducibili (➡3.) (art. 10, D.P.R. n. 917/1986) ed è dovuta se per lo stesso anno è dovuta l'IRPEF, al netto delle detrazioni e dei crediti d'imposta per le imposte pagate all'estero (➡33.1.) (art. 165, D.P.R. n. 917/1986).

> Ai fini della verifica dell'eventuale soglia di esenzione, l'ammontare dell'imponibile relativo all'addizionale comunale (ovvero l'ammontare del reddito complessivo nel caso in cui la delibera colleghi a quest'ultimo l'esenzione) deve essere aumentato della base imponibile della **cedolare secca** (➡10.3.10.) (circ. 1° giugno 2012, n. 19/E).

L'addizionale comunale **non è dovuta** sui redditi soggetti a **tassazione separata** (➡8.) e ad **imposta sostitutiva** (es. interessi bancari ➡11.3.1.).

Aliquote 18.2.3.

I Comuni possono deliberare un'aliquota dell'addizionale **non superiore allo 0,8%** ed, eventualmente, una **soglia di esenzione**, al superamento della quale viene tassato l'intero reddito.
Per i Comuni che non rispettano il patto di stabilità è possibile prevedere un aumento dell'aliquota dello 0,3% anche se è stata deliberata l'aliquota massima (art. 1, c. 692, Legge n. 296/2006).
Le delibere comunali sono efficaci dalla **data di pubblicazione nel sito** del Dipartimento delle Finanze.
Per conoscere il dettaglio delle aliquote di ogni Comune si può consultare il sito del Ministero dell'Economia e delle Finanze, Dipartimento delle Finanze.

Adempimenti dei Comuni - Le delibere di determinazione dell'aliquota dell'addizionale comunale all'IRPEF devono essere approvate dal Comune entro il **termine** fissato dalle norme statali per la **deliberazione del bilancio di previsione** (art. 1, c. 169, Legge n. 296/2006).
Le delibere per acquisire efficacia devono essere pubblicate sul sito internet del Ministero dell'economia e delle finanze - www.finanze.gov.it (art. 14, c. 8, D.Lgs. n. 23/2011).
In particolare, affinché le stesse abbiano effetto a decorrere dal 1° gennaio dell'anno di pubblicazione, quest'ultima deve avvenire **entro il termine del 20 dicembre dell'anno** cui la delibera si riferisce. In mancanza di pubblicazione nei termini, si applicano le **aliquote stabilite per l'anno precedente**.
L'**acconto** dell'addizionale deve essere determinato, in ogni caso, sulla base delle aliquote e dell'esenzione vigenti nell'anno precedente.
Ai fini della pubblicazione sul sito, le delibere devono essere trasmesse dai Comuni esclusivamente **per via telematica**, mediante l'inserimento del testo delle stesse nell'apposita applicazione del Portale del federalismo fiscale (www.portalefederalismofiscale.gov.it) e la contestuale compilazione dei dati relativi alle aliquote e all'eventuale esenzione (art. 8, c. 3, D.Lgs. n. 175/2014).

Comuni beneficiari del versamento 18.2.4.

L'imposta è dovuta al Comune nel quale il contribuente ha il **domicilio fiscale** alla data del **1° gennaio dell'anno cui si riferisce l'addizionale** stessa.

> Gli effetti delle **variazioni del domicilio fiscale**, che generalmente coincide con la residenza anagrafica, decorrono dal sessantesimo giorno successivo a quello in cui si sono verificate (art. 58, ultimo comma, D.P.R. n. 600/1973).

Versamento 18.2.5.

Il versamento dell'addizionale comunale va effettuato mediante utilizzo del **Mod. F24**.
Il versamento dell'addizionale è effettuato **in acconto e a saldo** negli stessi termini dell'IRPEF (➔**17.2.5.**).
L'**acconto** è stabilito nella misura del **30% dell'addizionale** ottenuta applicando le aliquote al reddito imponibile dell'anno precedente.
Ai fini della determinazione dell'acconto, l'aliquota e la soglia di esenzione sono assunte nella misura vigente nell'anno precedente, salvo che la pubblicazione della delibera sia effettuata entro il 31 dicembre precedente l'anno di riferimento (art. 40, c. 7, D.L. n. 159/2007).
Il versamento è effettuato con il Mod. F24 (D.M. 5 ottobre 2007):
- evidenziando quanto dovuto a ciascun Comune sulla base del domicilio fiscale dei contribuenti alla data del 1° gennaio dell'anno cui si riferisce la stessa addizionale;
- utilizzando i codici tributo individuati dall'Agenzia delle Entrate da associare al codice catastale del Comune.

Per il versamento vanno utilizzati i seguenti **codici tributo** (ris. 12 dicembre 2007, n. 368/E):
- **1998** - Interessi sul ravvedimento - Addizionale comunale all'IRPEF - autotassazione - art. 13, D.Lgs. n. 472 del 18 dicembre 1997;
- **3843** - Addizionale comunale all'IRPEF - Autotassazione - Acconto;
- **3844** - Addizionale comunale all'IRPEF - Autotassazione - Saldo;
- **3845** - Addizionale comunale all'IRPEF trattenuta dal sostituto d'imposta - Mod. 730 - Acconto;
- **3846** - Addizionale comunale all'IRPEF trattenuta dal sostituto d'imposta - Mod. 730 - Saldo;
- **3847** - Addizionale comunale all'IRPEF trattenuta dal sostituto d'imposta - Acconto;
- **3848** - Addizionale comunale all'IRPEF trattenuta dal sostituto d'imposta - Saldo;
- **3855** - Addizionale comunale all'IRPEF - adeguamento dei ricavi o compensi ai parametri o studi di settore, ai sensi dell'art. 33, c. 5, D.L. 30 settembre 2003, n. 269;
- **3857** - Interessi pagamento dilazionato - Autotassazione - Comunale all'IRPEF;
- **8926** - Sanzione Addizionale comunale all'IRPEF - Ravvedimento;

- **8927** - Sanzione Addizionale comunale all'IRPEF - Ravvedimento per rettifica Mod. 730;
- **8928** - Sanzione ai sensi dell'art. 33, c. 4, lett. b), D.L. 30 settembre 2003, n. 269 - Addizionale comunale all'IRPEF.

18.2.6. Redditi di lavoro dipendente ed assimilati

Relativamente ai redditi di lavoro dipendente e ai redditi assimilati a quelli di lavoro dipendente (artt. 49 e 50, D.P.R. n. 917/1986), l'**acconto** dell'addizionale dovuta è **determinato dai sostituti d'imposta** e il relativo importo è **trattenuto in un numero massimo di nove rate mensili**, effettuate a partire dal mese di marzo.

Il **saldo** dell'addizionale dovuta è determinato all'atto delle operazioni di conguaglio e il relativo importo è **trattenuto in un numero massimo di undici rate**, a partire dal periodo di paga successivo a quello in cui le stesse sono effettuate e non oltre quello relativamente al quale le ritenute sono versate nel mese di dicembre.

In caso di **cessazione del rapporto di lavoro** l'addizionale residua dovuta è prelevata in unica soluzione. L'importo da trattenere e quello trattenuto sono indicati nella Certificazione unica.

Inoltre (art. 8, D.Lgs. n. 175/2014):

- ai fini della determinazione dell'acconto, l'aliquota e la soglia di esenzione sono assunte nella **misura vigente nell'anno precedente**;
- i Comuni, contestualmente all'invio dei regolamenti e delle delibere relative all'addizionale comunale, devono inviare, esclusivamente per via telematica, mediante inserimento nell'apposita sezione del Portale del federalismo fiscale, ai fini della **pubblicazione nel sito informatico del MEF**, i dati contenuti nei suddetti regolamenti e delibere individuati con un decreto del Ministero dell'Economia e delle finanze. Restano ferme le disposizioni in ordine alla pubblicazione dei regolamenti e delle delibere che devono essere inseriti nella predetta sezione del Portale esclusivamente per via telematica.

Con riferimento alle scadenze di versamento, gli importi trattenuti vanno versati dal datore di lavoro **entro il 16 del mese successivo** a quello in cui tali importi sono stati trattenuti; in tal caso, il versamento è unico, anche in presenza di sostituiti domiciliati in Comuni diversi.

> Il sostituto, anche in sede di acconto, deve tenere conto delle esenzioni deliberate dai Comuni (circ. 20 aprile 2007, n. 23/E).

Le **esenzioni** hanno effetto direttamente anche in sede di determinazione dell'acconto se, in base al reddito imponibile dell'anno precedente, il contribuente rientra nella fascia di esenzione deliberata dal Comune di residenza. Il **sostituto d'imposta**, qualora il reddito da lui erogato nel periodo d'imposta precedente sia inferiore alla soglia deliberata dal Comune, **applica automaticamente** l'esenzione, anche in assenza di specifica richiesta da parte del percipiente. Se in sede di dichiarazione dei redditi, ovvero in sede di conguaglio di fine anno o per cessazione del rapporto di lavoro nel corso dell'anno, il **reddito risulta superiore alla fascia di esenzione**, l'imposta è versata dal contribuente ovvero la relativa ritenuta è operata dal sostituto d'imposta senza applicazione di sanzioni e interessi.

Qualora siano state trattenute **rate di acconto** nei confronti di un contribuente che avrebbe avuto titolo a fruire dell'esenzione, il sostituto d'imposta può provvedere alla restituzione nel corso dell'anno e, comunque, in sede di conguaglio.

18.2.7. Soglie di esenzione

I Comuni possono stabilire una soglia di esenzione in ragione del possesso di specifici **requisiti reddituali** (art. 1, c. 3-bis, D.Lgs. n. 360/1998).

Tale soglia di esenzione (art. 1, c. 11, D.L. n. 138/2011):

- è prevista unicamente in ragione del possesso di specifici requisiti reddituali;
- deve essere intesa come limite di reddito al di sotto del quale l'addizionale comunale IRPEF non è dovuta e, nel caso di superamento di tale limite, la stessa si applica al reddito complessivo.

In altre parole, la soglia di esenzione non può essere considerata come una franchigia.

18.2.8. Compensi per attività sportive dilettantistiche

Sui compensi, indennità e/o rimborsi forfetari di spesa erogati nell'esercizio diretto di attività sportive dilettantistiche (➡15.4.8.) si applicano le ritenute relative all'addizionale comunale all'IRPEF (ris. 11 dicembre 2012, n. 106/E).

In particolare, per la parte che **eccede 10.000,00 euro e fino a 30.658,28 euro** (a titolo di tassazione definitiva) e **oltre 30.658,28 euro** (a titolo d'acconto) il sostituto deve trattenere oltre alle ritenute IRPEF e addizionale regionale all'IRPEF anche la quota relativa all'addizionale comunale all'IRPEF.

IRES

PRESUPPOSTO IMPOSITIVO E SOGGETTI PASSIVI 19.

IRES

PRESUPPOSTO IMPOSITIVO 19.1.

Così come previsto per l'IRPEF (➔2.2.) (art. 6, D.P.R. n. 917/1986) Il presupposto dell'**imposta sul reddito delle società (IRES)** è il **possesso di redditi**, in denaro o in natura, rientranti in una delle seguenti categorie (art. 72, D.P.R. n. 917/1986):

- redditi **fondiari**;
- redditi di **capitale**;
- redditi di **lavoro dipendente**;
- redditi di **lavoro autonomo**;
- redditi d'**impresa**;
- redditi **diversi**.

SOGGETTI PASSIVI 19.2.

Sono **soggetti all'imposta sul reddito delle società (IRES)** (art. 73, D.P.R. n. 917/1986):

- le **società per azioni** e in **accomandita per azioni**, le **società a responsabilità limitata**, le **società cooperative** e le **società di mutua assicurazione** residenti nel territorio dello Stato;
- gli **enti pubblici e privati** diversi dalle società, nonché i ***trust*** residenti nel territorio dello Stato, che hanno per oggetto esclusivo o principale l'esercizio di attività commerciali;
- gli enti pubblici e privati diversi dalle società, nonché i *trust* residenti nel territorio dello Stato, che **non hanno per oggetto esclusivo o principale** l'esercizio di **attività commerciali**;
- le società e gli enti di ogni tipo, compresi i *trust* con o senza personalità giuridica, **non residenti nel territorio dello Stato**, incluse le società di persone e le associazioni (art. 5, D.P.R. n. 917/1986).

> Tra gli enti diversi dalle società sono inclusi, oltre alle persone giuridiche, le associazioni non riconosciute, i consorzi e le altre organizzazioni non appartenenti ad altri soggetti passivi, nei confronti delle quali il presupposto dell'imposta si verifica in modo unitario e autonomo.

Rientrano nel campo di applicazione dell'IRES anche le **società europee (SE)** (Reg. CE n. 2157/2001) e le **società cooperative europee (SCE)** (Reg. CE n. 1435/2003).

> Rientra tra i soggetti passivi IRES la **comunione familiare**, quale ente associativo con personalità giuridica di diritto privato preposto all'amministrazione di beni oggetto di comunione privatistica, il cui godimento non è rivolto a favore dell'intera collettività locale ma di soggetti determinati (ris. 7 luglio 2010, n. 69/E).

Non hanno, invece, soggettività IRES autonoma i **patrimoni destinati ad uno specifico affare** costituiti a norma dell'art. 2447-bis c.c.

Soggetti	Residenza nel territorio dello Stato	Art. 73, D.P.R. n. 917/1986
- Società per azioni (art. 2325 c.c.) - società in accomandita per azioni (art. 2452 c.c.) - società a responsabilità limitata (art. 2462 c.c.) - società cooperative (art. 2511 c.c.) - società di mutua assicurazione (art. 2546 c.c.) - società europee (reg. CE 2157/2001) - società cooperative europee (Reg. CE n. 1435/2003).	SÌ	lett. a)

Soggetti	Residenza nel territorio dello Stato	Art. 73, D.P.R. n. 917/1986
Enti pubblici e privati diversi dalle società e *trust* che hanno per oggetto esclusivo o principale l'esercizio di attività commerciali.	SÌ	lett. b)
Enti pubblici e privati diversi dalle società e *trust* che non hanno per oggetto esclusivo o principale l'esercizio di attività commerciale nonché gli organismi di investimento collettivo del risparmio.	SÌ	lett. c)
Società ed enti di ogni tipo, compresi i *trust*, con o senza personalità giuridica, non residenti nel territorio dello Stato.	NO	lett. d)

IRES

19.2.1. Stato ed enti pubblici

Sono **esclusi dall'IRES** lo **Stato e** gli **enti pubblici**.
In particolare, l'esclusione si applica per:
- gli **organi** e le Amministrazioni **dello Stato**, compresi quelli ad ordinamento autonomo, anche se dotati di personalità giuridica;
- i **Comuni**;
- i **consorzi tra enti locali**;
- le associazioni e gli enti gestori di **demanio collettivo**;
- le Comunità montane;
- le Province e le Regioni.

Inoltre, **non costituiscono esercizio dell'attività commerciale** e sono, pertanto, **escluse** dall'IRES l'**esercizio di**:
- **funzioni statali** da parte di enti pubblici;
- **attività previdenziali**, **assistenziali e sanitarie** da parte di enti pubblici istituiti esclusivamente a tal fine, comprese le **Aziende sanitarie locali**;
- attività previdenziali e assistenziali esercitate da **enti privati di previdenza obbligatoria** (art. 38, c. 11, D.L. n. 78/2010).

Si considera esercizio di funzioni statali da parte di enti pubblici anche l'attività di formazione universitaria posta in essere dalle Università non statali legalmente riconosciute che hanno ottenuto l'autorizzazione a rilasciare titoli di studio universitario aventi valore legale, non costituite sotto forma di società commerciali (art. 1, c. 721, Legge n. 160/2019).

Le **aziende sanitarie** sono soggette a tassazione IRES per i redditi dei terreni, dei fabbricati, di capitale; la normativa fiscale le esenta da tassazione esclusivamente per l'**attività istituzionale sanitaria** (Cass. 12 gennaio 2012, n. 288).

19.2.2. Enti commerciali

Sono considerati soggetti all'IRES gli enti pubblici e privati diversi dalle società, nonché i *trust*, residenti in Italia che hanno per **oggetto esclusivo o principale l'esercizio di attività commerciali** (art. 73, c. 1, lett. b), D.P.R. n. 917/1986).
Tra gli enti privati commerciali si annoverano, a titolo esemplificativo, le **associazioni non riconosciute e i consorzi**.
Tra gli enti pubblici commerciali rientrano, invece, le c.d. "**aziende speciali**" costituite per la gestione di servizi pubblici aventi rilevanza economica.
Per la disciplina fiscale degli enti non commerciali si rimanda al capitolo (➡**27.**).

Determinazione della natura commerciale dell'ente - Per individuare la natura "commerciale" dell'ente occorre rifarsi all'**oggetto** del medesimo (➡**27.3.1.**).

Enti diversi - Si comprendono, oltre alle persone giuridiche, le **associazioni non riconosciute**, i **consorzi** e le altre organizzazioni non appartenenti ad altri soggetti passivi, nei confronti delle quali il presupposto dell'imposta si verifica in modo unitario e autonomo.

Consorzi che rientrano nell'IRES	
Soggetti	**Riferimenti**
Consorzi che **coordinano** i lavori di **imprese consortili**	ris. 19 dicembre 1976, n. 9/1450
Consorzi costituti al fine di partecipare a gare di appalto per lavori da attuare in **aeroporti**	ris. 19 dicembre 1976, n. 9/1450
Consorzi i **di bonifica**	ris. 24 aprile 1976, n. 10/631
Consorzio per lo sviluppo industriale del **Mezzogiorno**	ris. 4 novembre 1978, n. 11/1440
Consorzi per la **fornitura di acqua ai Comuni**	ris. 1° aprile 1980, n. 11/242
Consorzi per la **manutenzione delle strade di uso pubblico**	ris. 23 settembre 2002, n. 307/E
Aziende speciali costituite dalle Camere di commercio	ris. 23 marzo 2005, n. 37/E

Associazioni temporanee tra imprese (ATI) - L'associazione temporanea tra imprese (ATI), generalmente, non dà origine ad un soggetto fiscalmente autonomo.
Si tratta, infatti, di forme giuridiche di collaborazione tra imprese autonome per la conclusione di un singolo affare, previste solo per particolari attività (generalmente **appalti di opere pubbliche**).
Sulla qualificazione fiscale di tali soggetti, però, non c'è uniformità di vedute tra Amministrazione finanziaria e giurisprudenza. In particolare, secondo l'**orientamento di prassi dominante**, nel caso in cui le imprese raggruppate si comportino, nell'esecuzione dell'appalto, in modo unitario e indistinto, può determinarsi un'**autonomia soggettiva in capo all'ATI** (ris. 13 luglio 2007, n. 172/E e ris. 28 giugno 1988, n. 550231).
Di diverso avviso è la **giurisprudenza di legittimità** secondo cui l'ATI non è configurabile come autonomo ed unitario soggetto tributario e **non** è, quindi, **assimilabile agli enti commerciali** (Cass. 20 marzo 2009, n. 6791).

Enti non commerciali residenti 19.2.3.

Rientrano tra i soggetti passivi IRES gli enti pubblici e privati, diversi dalle società, nonché i *trust*, residenti in Italia che **non hanno quale oggetto principale o esclusivo l'esercizio di attività commerciali** (➡**27.**) (art. 73, c. 1, lett. c), D.P.R. n. 917/1986).

Determinazione della natura commerciale o non commerciale dell'ente - Per quanto riguarda i criteri di legge per individuare la natura commerciale o non commerciale dell'ente, nel momento in cui esso eserciti più attività valgono le stesse considerazioni fatte a proposito degli enti commerciali (➡**19.2.2.**).

Intermediari finanziari e società di partecipazione 19.2.4.

Intermediari finanziari - A decorrere dal periodo d'imposta in corso al 31 dicembre 2018 (art. 13, c. 9, D.Lgs. n. 142/2018), ai fini IRES (e IRAP) si definiscono intermediari finanziari (art. 162-bis, D.P.R. n. 917/1986):
1. le **banche** italiane, le società **finanziarie** italiane, le società di **partecipazione finanziaria mista** italiane, le **SIM**, le società che controllano SIM, le società di **gestione del risparmio**, le agenzie di **prestito su pegno**, gli **istituti di moneta elettronica e** gli istituti **di pagamento** (art. 2, c. 1, lett. c) D.Lgs. n. 38/2005) nonché i soggetti con stabile organizzazione nel territorio dello Stato aventi le stesse caratteristiche;
2. i **confidi** iscritti nell'apposito elenco (art. 112-bis, D.Lgs. n. 385/1993);
3. gli **operatori del microcredito** iscritti nell'apposito elenco (art. 111, D.Lgs. n. 385/1993);
4. i soggetti che esercitano in via esclusiva o prevalente l'attività di **assunzione di partecipazioni in intermediari finanziari**, diversi da quelli indicati al numero 1);

Società di partecipazione - Sempre a decorrere dal periodo d'imposta in corso al 31 dicembre 2018 si definiscono:
1. società di partecipazione **finanziaria**: i soggetti che esercitano in via esclusiva o prevalente l'attività di assunzione di partecipazioni in intermediari finanziari;
2. società di partecipazione **non finanziaria** e assimilati:
   a. i soggetti che esercitano in via esclusiva o prevalente l'attività di assunzione di partecipazioni in soggetti diversi dagli intermediari finanziari;
   b. i soggetti che svolgono attività non nei confronti del pubblico.

L'esercizio in via prevalente di attività di assunzione di partecipazioni in:
- intermediari finanziari sussiste quando, in base ai dati del bilancio approvato relativo all'ultimo esercizio chiuso, l'ammontare complessivo delle partecipazioni in detti intermediari finanziari e altri elementi patrimoniali intercorrenti con gli stessi, unitariamente considerati, inclusi gli impegni ad erogare fondi e le garanzie rilasciate, sia superiore al 50% del totale dell'attivo patrimoniale, inclusi gli impegni ad erogare fondi e le garanzie rilasciate.
- soggetti diversi dagli intermediari finanziari sussiste quando in base ai dati del bilancio approvato relativo all'ultimo esercizio chiuso, l'ammontare complessivo delle partecipazioni in detti soggetti e altri elementi patrimoniali intercorrenti con i medesimi, unitariamente considerati, sia superiore al 50% del totale dell'attivo patrimoniale.

19.3. ENTI E SOCIETÀ NON RESIDENTI

Sono soggetti passivi dell'IRES le **società e** gli **enti di ogni tipo**, compresi i *trust*, con o senza personalità giuridica, **non residenti in Italia** (art. 73, c. 1, lett. d), D.P.R. n. 917/1986).

19.3.1. Residenza fiscale delle società

Ai fini delle imposte sui redditi, si considerano residenti le società e gli enti che per la maggior parte del periodo di imposta hanno la **sede legale** o la **sede dell'amministrazione** o l'**oggetto principale** nel territorio dello Stato (art. 73, c. 3, D.P.R. n. 917/1986).

Pertanto, i **tre elementi alternativi**, da considerare al fine di stabilire la **residenza fiscale** di una società o di un ente, sono:
- la **sede legale**;
- la **sede amministrativa**;
- l'**oggetto esclusivo o principale**.

Requisiti	Determinazione
Sede legale	Luogo che è espressamente indicato nello **statuto o atto costitutivo.**
Sede amministrativa	Luogo ove il soggetto titolare del potere esecutivo esercita le sue attività e funzioni, con carattere di stabilità ed effettività, in relazione alla **gestione della società**.
Oggetto esclusivo o principale dell'ente	È determinato in base alla **legge**, all'**atto costitutivo** o allo **statuto**, se esistenti in forma di atto pubblico o di scrittura privata autenticata o registrata. Per oggetto principale si intende l'**attività essenziale per realizzare direttamente gli scopi primari indicati** dalla legge, dall'atto costitutivo o dallo statuto. In mancanza dell'atto costitutivo o dello statuto nelle predette forme, l'oggetto principale dell'ente residente è determinato in base all'**attività effettivamente esercitata** nel territorio dello Stato; tale disposizione si applica in ogni caso agli **enti non residenti**.

Doppia residenza - Nel caso in cui la stessa società o ente risulta essere fiscalmente residente in più Stati o, viceversa, situazioni in cui, per un certo lasso di tempo, potrebbe non risultare più residente nel Paese d'origine, ma non ancora residente in quello di destinazione, vanno verificati, caso per caso, i criteri di collegamento dell'impresa con l'ordinamento interno ovvero con quello estero (ris. 17 gennaio 2006, n. 9/E).

In presenza di convenzione internazionale stipulato con gli Stati interessati, si adottano gli specifici rimedi ivi previsti (generalmente si fa riferimento all'art. 4 per le convenzioni stipulate secondo il Modello OCSE), salvo i casi in cui la normativa nazionale non ne offra uno più favorevole.

19.3.2. Società "esterovestite"

Salvo prova contraria, si considera esistente nel territorio dello Stato la sede dell'amministrazione di società ed enti, che detengono partecipazioni di controllo, ai sensi dell'art. 2359, c. 1, c.c., nelle società di capitali ed enti commerciali residenti (art. 73, c. 1, lett. a) e b), D.P.R. n. 917/1986) se, in alternativa (art. 73, c. 5-bis e 5-ter, D.P.R. n. 917/1986):

a. **sono controllate**, anche indirettamente, ai sensi dell'art. 2359, c. 1, c.c., **da soggetti residenti nel territorio dello Stato**;
b. **sono amministrate** da un consiglio di amministrazione, o altro organo equivalente di gestione, composto in prevalenza da **consiglieri residenti nel territorio dello Stato**.

Controllo societario secondo il Codice civile	
Definizione di società controllate	**Valorizzazione dei voti**
1) Società in cui un'altra società dispone della **maggioranza** dei voti esercitabili nell'assemblea ordinaria.	Si computano anche i voti spettanti a società controllate, a società fiduciarie e a persona interposta: non si computano i voti spettanti per conto di terzi.
2) Società in cui un'altra società dispone di voti sufficienti per esercitare un'**influenza dominante** nell'assemblea ordinaria.	
3) Società che sono sotto influenza dominante di un'altra società in virtù di particolari **vincoli contrattuali** con essa.	

Per le persone fisiche devono essere computati anche i voti spettanti al coniuge, ai familiari entro il terzo grado ed agli affini entro il secondo (art. 5, c. 5, D.P.R. n. 917/1986).

È prevista **l'inversione**, a carico del contribuente, **dell'onere della prova**, sollevando l'Amministrazione finanziaria dalla necessità di provare l'effettiva sede della amministrazione di entità che presentano elementi di collegamento con il territorio dello Stato molteplici e significativi.
In tal modo si intende **porre un freno** al fenomeno delle c.d. "**esterovestizioni**", consistenti nella localizzazione della residenza fiscale delle società in Stati esteri al prevalente scopo di sottrarsi agli obblighi fiscali previsti dall'ordinamento di appartenenza.

La norma è applicabile anche nelle ipotesi in cui tra i soggetti residenti controllanti e controllati si interpongano più ***sub-holding*** **estere**.
La presunzione di residenza in Italia della società estera che direttamente controlla una società italiana rende operativa, infatti, la presunzione anche per la società estera inserita nell'anello immediatamente superiore della catena societaria; quest'ultima si trova, infatti, a controllare direttamente la *sub-holding* estera, considerata residente in Italia.

Il presupposto per la sussistenza del controllo (dei soggetti residenti sull'entità estera e di questa su società ed enti residenti) - e quindi della localizzazione in Italia della sede dell'amministrazione - deve valutarsi con riferimento alla **data di chiusura dell'esercizio dell'entità controllata** localizzata all'estero.
Ovviamente, non è preclusa all'Amministrazione la possibilità di dedurre - anche in altri casi e assumendosene l'onere - la residenza in Italia di entità esterovestite.

Effetti - Il soggetto estero si considera, ad ogni effetto, residente nel territorio dello Stato ed è quindi soggetto a tutti gli obblighi strumentali e sostanziali che l'ordinamento prevede per le società e gli enti residenti.
A titolo esemplificativo, gli effetti di più immediato impatto per le *sub-holding* esterovestite riguardano:
- i ***capital gain*** realizzati dalla cessione di partecipazioni da assoggettare al regime di imponibilità o di esenzione previsti dagli artt. 86 e 87 del TUIR;
- le **ritenute** da operare sui pagamenti di **interessi, dividendi e *royalty*** corrisposti a non residenti o sui pagamenti di interessi e *royalty* corrisposti a soggetti residenti fuori del regime d'impresa;
- il concorso al reddito in misura pari al 100% del loro ammontare degli **utili di partecipazione** provenienti da società residenti in Stati o territori a **fiscalità privilegiata**.

Al contrario, i predetti soggetti **non devono subire ritenute** sui flussi di dividendi, interessi e *royalty* in uscita dall'Italia e possono scomputare in sede di dichiarazione annuale le ritenute eventualmente subite nel periodo d'imposta per il quale sono da considerare residenti, anche se inizialmente operate a titolo d'imposta.

Prova contraria - Il soggetto per vincere la presunzione deve dimostrare, **con argomenti adeguati** e **convincenti**, che la sede di direzione effettiva della società non è in Italia, bensì all'estero.
Tali argomenti e prove devono dimostrare che, nonostante i citati presupposti di applicabilità della norma, esistono elementi di fatto, situazioni od atti idonei a dimostrare un **concreto radicamento della direzione effettiva nello Stato estero**.

La prova circa l'esistenza all'estero della sede dell'Amministrazione deve essere fornita in sede di accertamento e non tramite la procedura di interpello c.d. "disapplicativo" (ris. 5 novembre 2007, n. 312/E).

IRES

Compatibilità con il Trattato dell'Unione europea e con le convenzioni contro le doppie imposizioni stipulate dall'Italia - Sotto il profilo della compatibilità comunitaria, la norma è coerente con l'orientamento della Corte di Giustizia, che nella sentenza Centros (causa C-81/87) ha affermato il principio secondo cui gli **Stati membri** sono **liberi di determinare il criterio di collegamento di una società con il territorio dello Stato**.
Principio che risulta, indirettamente, confermato anche dalla sentenza emessa nella causa C-208/00, relativa ad una controversia concernente una società olandese che, in base all'ordinamento tedesco, era stata considerata residente in Germania a partire dal momento in cui le sue quote di maggioranza erano state acquistate da cittadini ivi residenti (circ. 4 agosto 2006, n. 28/E).
Inoltre, la possibilità di fornire la **prova contraria** garantisce la **valutazione *case by case*** e dunque la **proporzionalità della norma** rispetto al **fine perseguito**, necessario a mitigare la portata generale delle disposizioni antielusive.
Né si ravvisano profili di contrasto con le **convenzioni contro le doppie imposizioni**, stipulate dall'Italia.
Queste ultime, infatti, non interferiscono con i differenti criteri di collegamento soggettivo che ciascuno Stato seleziona per stabilire la residenza di un soggetto sul proprio territorio, limitandosi a indicare quali elementi e circostanze devono essere, prioritariamente, valutati in ipotesi di doppia residenza.
L'**effettiva sede della amministrazione** è uno di questi elementi. Per di più, esso è - nella gran parte delle convenzioni - quello determinante per l'attribuzione della residenza di soggetti diversi dalle persone fisiche.
La reale presenza della sede della amministrazione nell'uno o nell'altro ordinamento implica, poi, accertamenti di merito e diventa una mera questione di prova da valutare sulla base dei principi interpretativi, affermatisi a livello internazionale e rinvenibili nello stesso Commentario al Modello OCSE di Convenzione.

Collegamento con le norme sulle CFC - In merito agli effetti della norma con la disciplina sulle **Controlled Foreign Companies (CFC)** (➔**31.3.**) (art. 167, D.P.R. n. 917/1986), nel particolare caso in cui un soggetto residente controlli una società o un ente residente o localizzato in Stati o territori a fiscalità privilegiata che, a sua volta, detenga partecipazioni di controllo in società di capitali o enti commerciali residenti in Italia, è evidente che la **presunzione di residenza nel territorio dello Stato** dell'entità estera **rende** - in punto di principio - **inoperante tale disciplina**.
Non è imputabile al soggetto controllante il reddito che la controllata stessa, in quanto residente, è tenuta a dichiarare in Italia.
Qualora, tuttavia, sia fornita la prova contraria, atta a vincere la presunzione di residenza in Italia, la controllata non residente rimane attratta - ricorrendone le condizioni - alla disciplina CFC.
In altri termini, il **reddito della controllata estera non assoggettato a tassazione in Italia** in dipendenza del suo - comprovato - *status* di società non residente resta **imputabile per trasparenza al soggetto controllante** (art. 167, D.P.R. n. 917/1986).
L'effettiva localizzazione della sede della amministrazione della controllata estera fuori del territorio dello Stato, e quindi la sua autonomia decisionale e di gestione, non escludono, infatti, che il suo reddito sia da considerare nella disponibilità economica del controllante residente.

Soggetti con investimenti in fondi d'investimento immobiliari chiusi - Salvo prova contraria, si considerano **residenti nel territorio dello Stato** le società o enti il cui patrimonio sia investito in misura prevalente in **quote di fondi d'investimento immobiliare chiusi** (art. 37, D.Lgs. n. 58/1998), e siano controllati direttamente o indirettamente, per il tramite di società fiduciarie o per interposta persona, da soggetti residenti in Italia (art. 73, c. 5-quater, D.P.R. n. 917/1986).
Il controllo è individuato ai sensi dell'art. 2359, c. 1 e 2, c.c., anche per partecipazioni possedute da soggetti diversi dalle società.

19.3.3. Trust

Tra i **soggetti passivi IRES** sono inseriti anche i **trust**.
Nei casi in cui i beneficiari del trust siano individuati, i redditi conseguiti dal trust sono imputati in ogni caso ai beneficiari in proporzione alla quota di partecipazione individuata nell'atto di costituzione del trust o in altri documenti successivi ovvero, in mancanza, in parti uguali.
Inoltre, **si considerano residenti nel territorio dello Stato,** salvo prova contraria:
- i trust e gli istituti aventi analogo contenuto istituiti in Paesi diversi da quelli che permettono uno scambio di informazioni (D.M. 4 settembre 1996), in cui almeno uno dei disponenti ed almeno uno dei beneficiari del trust siano fiscalmente residenti nel territorio dello Stato;

– i trust istituiti in uno **Stato diverso** da quelli che permettono uno scambio di informazioni, quando, successivamente alla loro costituzione, un soggetto residente nel territorio dello Stato effettui in favore del *trust* un'attribuzione che importi il trasferimento di proprietà di beni immobili o la costituzione o il trasferimento di diritti reali immobiliari, anche per quote, nonché vincoli di destinazione sugli stessi.

OICR 19.3.4.

I redditi degli **organismi d'investimento collettivo del risparmio (OICR)** istituiti in Italia, diversi dagli organismi d'investimento collettivo del risparmio immobiliari, e di quelli con sede in Lussemburgo, già autorizzati al collocamento nel territorio dello Stato (art. 11-bis, D.L. n. 512/1983) **non sono soggetti ad IRES** purché il **fondo** o il soggetto incaricato della gestione sia **sottoposto a forme di vigilanza prudenziale** (art. 73, c. 5-quinquies, D.P.R. n. 917/1986).
Le **ritenute** operate sui redditi di capitale sono **a titolo d'imposta**.

Rientrano tra i soggetti IRES anche le **società di investimento semplice ("SiS")**, qualificate come OICR (risposta a interpello 5 ottobre 2021, n. 661).

Gli OICR istituiti in Italia si considerano fiscalmente residenti nel territorio dello Stato (art. 73, c. 3, D.P.R. n. 917/1986).

Ritenute applicabili[1]	Ritenute non applicabili
- sugli interessi e altri proventi delle **obbligazioni** e titoli similari (➜11.5.9.) (art. 26, c. 1, D.P.R. n. 600/1973); - sugli interessi e altri proventi delle **obbligazioni** e titoli similari emessi da soggetti non residenti con **scadenza inferiore a 18 mesi** (art. 2, c. 1-ter, D. Lgs. n. 239/1996); - sui proventi dei **depositi**, anche se rappresentati da certificati, detenuti presso banche italiane (art. 26, c. 2, D.P.R. n. 600/1973); - sugli interessi e altri proventi dei **conti correnti e depositi esteri**, compresi i certificati di deposito, emessi da soggetti non residenti, (art. 26, c. 3, D.P.R. n. 600/1973); - sui proventi delle **accettazioni bancarie** (art. 1, D.L. n. 546/1981); - sui proventi delle **cambiali finanziarie** (o certificati d'investimento) nei casi in cui, al momento dell'emissione, il rendimento effettivo sia superiore ai limiti di legge (art. 26, c. 1, D.P.R. n. 600/1973); - sui proventi dei **titoli atipici** (artt. 5 e 8, D.L. n. 512/1983); - sui proventi delle operazioni di **riporto, pronti contro termine e** di **mutuo di titoli garantito** (art. 26, c. 3-bis, D.P.R. n. 600/1973) aventi ad oggetto titoli i cui proventi sono soggetti alla ritenuta del 26% (ad esempio, titoli obbligazionari aventi una scadenza inferiore a 18 mesi).	- sugli interessi ed altri proventi dei **conti correnti e depositi bancari** (➜11.3.1.) (art. 26, c. 2, D.P.R. n. 600/1973) anche se dovuti da non residenti (art. 26, c. 3 D.P.R. n. 600/1973); - sui **pronti contro termine** su titoli e su valute e sui **riporti** (➜11.5.14.) (art. 26, c. 3-bis, D.P.R. n. 600/1973); - sui rilasci di fideiussioni e altre garanzie e concessione di mutui di titoli garantiti (➜11.5.11.) (art. 26, c. 3-bis, D.P.R. n. 600/1973); - sugli **redditi di capitale diversi** (art. 26, c. 5, D.P.R. n. 600/1973); - sui redditi di capitale derivanti dalla partecipazione a OICR italiani e lussemburghesi storici (➜11.5.13.) (art. 26-quinquies, D.P.R. n. 600/1973); - sui proventi derivanti dalla **partecipazione agli organismi d'investimento collettivo in valori mobiliari di diritto estero** (art. 10-ter, Legge n. 77/1983).

[1] **A titolo d'imposta e imposte sostitutive** (circ. 15 luglio 2011, n. 33/E).

Per quel che concerne i **redditi diversi**, non essendo gli organismi in parola soggetti alle imposte sui redditi, le plusvalenze e le minusvalenze sono percepiti al lordo di ogni onere impositivo.
Lo stesso dicasi per le altre eventuali categorie di reddito indicate nell'art. 6, D.P.R. n. 917/1986 (circ. 15 luglio 2011, n. 33/E).

IRES

20. DETERMINAZIONE DELL'IMPOSTA

IRES

20.1. BASE IMPONIBILE

L'IRES si applica sul **reddito complessivo netto**, determinato secondo le disposizioni contenute nel D.P.R. n. 917/1986 (art. 75, D.P.R. n. 917/1986).
In particolare, si applicano le seguenti disposizioni.

Soggetti	D.P.R. n. 917/1986	Regole per la determinazione della base imponibile IRES
SPA, SAPA, SRL, cooperative, società di mutua assicurazione, società europee e società cooperative europee (art. 73, c. 1, lett. a), D.P.R. n. 917/1986)	da art. 81 a art. 116	Le **variazioni in aumento** si originano: - da costi non deducibili in via definitiva o ricavi non iscritti a Conto economico ma imponibili (**variazioni permanenti**); - da costi non deducibili nel periodo d'imposta che saranno portati a riduzione del reddito d'impresa del periodo successivo, o dei periodi successivi (**variazioni temporanee**). Le variazioni in diminuzione si originano, invece: - da ricavi esenti o esclusi da imposizione (**variazioni permanenti**); - da costi non imputati a Conto economico ma deducibili in quanto la relativa deducibilità è stata rinviata in conformità alle disposizioni del D.P.R. n. 917/1986 che in tal senso dispongono (**variazioni temporanee**). Le variazioni temporanee sono alla base del fenomeno della **fiscalità differita**. I principi sui quali si fonda la determinazione del reddito di impresa sono: - **principio di attrazione dei redditi prodotti nel reddito d'impresa** (art. 81, D.P.R. n. 917/1986): il reddito complessivo delle società di capitali e degli enti commerciali, da qualsiasi fonte provenga, è sempre considerato per presunzione di legge reddito d'impresa; - **principio di derivazione** (art. 83, c. 1, D.P.R. n. 917/1986): secondo cui il reddito d'impresa per le società ed enti commerciali residenti che non adottano gli IAS/IFRS è determinato apportando all'utile o alla perdita risultanti dal Conto economico le apposite variazioni in aumento o in diminuzione.

Soggetti	D.P.R. n. 917/1986	Regole per la determinazione della base imponibile IRES
Enti pubblici e privati diversi dalle società e trust che hanno per oggetto esclusivo o principale l'esercizio di attività commerciali (art. 73, c. 1, lett. b), D.P.R. n. 917/1986)	da art. 81 a art. 116	Sono previste norme di **coordinamento** della disciplina fiscale (**IRES e IRAP**) con le disposizioni civilistiche introdotte dal D.Lgs. n. 139/2015, al fine di evitare la gestione di un complesso doppio binario civilistico-fiscale, semplificando in modo considerevole il calcolo delle imposte da stanziare nei **bilanci** in chiusura (D.L. n. 244/2016). In estrema sintesi, il principio di **derivazione rafforzata,** già previsto per i soggetti IAS *adopter* è applicabile anche ai bilanci redatti secondo le regole del **Codice civile**, riconoscendo ai fini fiscali le regole di qualificazione, classificazione e imputazione temporale previste dai principi contabili adottati, anche in deroga alle disposizioni del D.P.R. n. 917/1986 (➡**21.10.**).
Enti pubblici e privati diversi dalle società e trust che non hanno per oggetto esclusivo o principale l'esercizio di attività commerciale nonché gli organismi di investimento collettivo del risparmio (art. 73, c. 1, lett. c), D.P.R. n. 917/1986)	da art. 143 a art. 150	La determinazione del reddito complessivo avviene in base a **regole analoghe** a quelle previste per le **persone fisiche**. Il reddito complessivo degli enti non commerciali è costituito: - dalla sommatoria dei redditi fondiari, di capitale, d'impresa e diversi conseguiti nel periodo d'imposta; - al netto delle eventuali perdite derivanti dall'attività commerciale esercitata. I **redditi** e **perdite** devono essere determinati: - distintamente per ciascuna categoria, in base al risultato complessivo di tutti i cespiti che vi rientrano, al netto delle eventuali perdite deducibili; - salvo diversa disposizione, in base alle norme del Titolo I del D.P.R. n. 917/1986 (artt. da 1 a 71), relative alle tipologie reddituali dei soggetti IRPEF. Per questi soggetti occorre anche tener conto delle novità introdotte dal Codice del Terzo Settore (D.Lgs. n. 117/2017) (➡**27.2.**).
Società e enti di ogni tipo, compresi i trust, con o senza personalità giuridica, non residenti nel territorio dello Stato (art. 73, c. 1, lett. d), D.P.R. n. 917/1986)	da art. 151 a art. 154	Il reddito complessivo delle **società** e degli **enti non residenti** è formato soltanto dai redditi prodotti in Italia. Occorre, a tal fine, distinguere le seguenti ipotesi: - **Stabili Organizzazioni** in Italia di soggetti non residenti: seguono le disposizioni IRES proprie delle società commerciali residenti, sulla base di apposito Conto economico; - società ed enti commerciali **senza Stabile Organizzazione** in Italia: sono tassati in base alle regole dei redditi fondiari, di capitale e diversi; - **enti non commerciali:** sono tassati in base alle regole dei redditi fondiari, di capitale e diversi ovvero a quelle del reddito d'impresa (se esercitano attività commerciale mediante una Stabile Organizzazione in Italia).

Le società residenti e non residenti che esercitano l'attività marittima, in possesso di terminati requisiti, determinano la base imponibile secondo una speciale disciplina (c.d. ***tonnage tax***) (➡**28.**) (artt. da 155 a art. 161, D.P.R. n. 917/1986).

Trust - La determinazione del reddito del *trust* dipende dalla natura (commerciale o meno) dell'**attività esercitata** e dalla relativa **residenza fiscale**.

Tipologia di trust	Regole di determinazione del reddito
Trust che ha per oggetto esclusivo o principale l'**esercizio di attività commerciali**	**Enti commerciali residenti** (art. 73, c. 1, lett. b), D.P.R. n. 917/1986)
Trust che ha per oggetto esclusivo o principale l'**esercizio di attività commerciali**	**Enti non commerciali residenti** (art. 73, c. 1, lett. c), D.P.R. n. 917/1986)

IRES

Tipologia di trust	Regole di determinazione del reddito
Trust che ha **residenza fiscale all'estero**	**Enti non residenti** (art. 73, c. 1, lett. d), D.P.R. n. 917/1986)

Nel caso di *trust* con **beneficiari individuati**, ai beneficiari sono imputati i redditi conseguiti dal *trust* medesimo (art. 73, c. 2, D.P.R. n. 917/1986).

20.2. PERIODO D'IMPOSTA

La determinazione dell'IRES avviene **separatamente per ciascun periodo d'imposta**, costituito dall'**esercizio sociale** della società o ente, determinato in base alla legge o allo Statuto (art. 76, D.P.R. n. 917/1986).

In mancanza di tale determinazione, o se essa è prevista in due o più anni, il periodo d'imposta si assume nell'anno solare.

L'autonomia dell'obbligazione tributaria per ciascun periodo d'imposta trova alcune **eccezioni** specifiche, relative alle:

– **eccedenze IRES** che si formano per effetto di ritenute, crediti d'imposta e acconti in misura superiore all'acconto (riportabili all'esercizio successivo);
– **eccedenze** di risultato operativo lordo (**ROL**) e di **interessi passivi** riportabili in periodi successivi (➔**24.15.**) (artt. 96, D.P.R. n. 917/1986);
– **perdite fiscali, riportabili illimitatamente** (➔**20.6.**) (art. 84, D.P.R. n. 917/1986).

20.3. ALIQUOTA

L'**aliquota** è fissata al **24%** (art. 77, D.P.R. n. 917/1986).

20.3.1. Effetti della riduzione dell'aliquota IRES

È stabilita in misura pari all'**1,2%**, l'aliquota della **ritenuta a titolo d'imposta** sugli **utili** corrisposti a società ed enti soggetti all'imposta sul reddito delle società in uno Stato membro UE o in uno Stato aderente all'Accordo sullo Spazio economico europeo inclusi nella *white list* (Norvegia e Islanda).

20.3.2. Enti creditizi e finanziari

Per gli enti creditizi e finanziari è prevista un'**addizionale IRES del 3,5%** (➔**29.2.1.**) (art. 1, c. 65-69, Legge n. 208/2015).

20.3.3. Riduzione dell'IRES al 50%

Alcuni soggetti, purché dotati di personalità giuridica, beneficiano della riduzione della metà dell'IRES:

– enti e istituti di **assistenza sociale**, società di **mutuo soccorso**, **enti ospedalieri**, enti di **assistenza e beneficenza**;
– istituti di **istruzione** e istituti di studio e sperimentazione di interesse generale che non hanno fine di lucro, corpi scientifici, accademie, **fondazioni e associazioni** storiche, letterarie, scientifiche, di esperienze e ricerche aventi scopi esclusivamente culturali;
– enti il cui fine è equiparato per legge ai fini di beneficenza o di istruzione;
– **IACP**, comunque denominati, e loro consorzi.

Godono dell'agevolazione le **case di cura** riconosciute come **presidi ospedalieri delle ASL** (ris. 10 luglio 2009, n. 179/E).
Per gli enti ospedalieri l'agevolazione spetta a chi svolge sostanzialmente e strutturalmente le funzioni del servizio sanitario nazionale (risposta a interpello 24 luglio 2019, n. 315).

Per beneficiare della riduzione a metà dell'IRES è necessario, oltre al soddisfacimento del presupposto soggettivo previsto dalla norma, anche lo svolgimento di specifiche attività. La fruizione della riduzione è subordinata allo svolgimento di tali attività e limitata al reddito imponibile dalle medesime generato (risposta a interpello 28 dicembre 2018, n. 152).

Le agevolazioni in commento **non competono**:

– alle Aziende sanitarie locali (**ASL**), in quanto esercitano attività ulteriori rispetto a quelle degli enti ospedalieri (circ. 3 ottobre 2002, n. 78/E);
– alle **aziende speciali** (ris. 26 settembre 2005, n. 131/E). Le aziende speciali svolgono un'attività propria che ha rilevanza commerciale e in posizione di terzietà rispetto all'Ente territoriale; l'ente strumentale, invece, ha una soggettività passiva che non è distinguibile da quella dell'Ente territoriale cui è legata. Le aziende speciali operano quindi come una qualsiasi impresa commerciale

e sono, a tutti gli effetti, soggetti passivi d'imposta distinti dall'ente locale. Di conseguenza, sono sottoposte al regime tipico delle società di diritto privato (art. 73, c. 1, lett. a), D.P.R. n. 917/1986).

Società di comodo e in perdita sistematica 20.3.4.

Per le società non operative e per le società in perdita sistematica è prevista una maggiorazione IRES del 10,5% (➜**30.**) (art. 2, c. 36-quinquies, D.L. n. 138/2011).

Ulteriore addizionale per le imprese con elevata capitalizzazione di borsa 20.3.5.

È prevista un'ulteriore **addizionale IRES del 4%** per le società e gli enti commerciali residenti che contemporaneamente (art. 3, Legge n. 7/2009):

- operano nel settore della ricerca e della coltivazione di **idrocarburi liquidi e gassosi** con partecipazioni di controllo e di collegamento e con immobilizzazioni materiali e immateriali nette dedicate a questa attività con valore contabile superiore al 33% della corrispondente voce di bilancio;
- sono emittenti di **azioni o titoli** equivalenti ammessi alla negoziazione in un **mercato regolamentato**;
- hanno una **capitalizzazione di borsa superiore a 20 miliardi di euro**.

La determinazione dell'addizionale del 4% avviene nell'apposita sezione del **quadro RQ** del Mod. Redditi SC.

Addizionale IRES per il materiale pornografico e di incitamento alla violenza (c.d. "tassa etica") 20.3.6.

I prodotti pornografici e di incitamento alla violenza sono soggetti ad un'addizionale IRES (art. 1, c. 466, Legge n. 266/2005) nella misura del **25%**.
L'addizionale si applica:

- al reddito proporzionalmente corrispondente alla quota di ricavi derivanti dalla trasmissione di programmi televisivi del medesimo contenuto;
- ai soggetti che utilizzano trasmissioni televisive volte a sollecitare la credulità popolare attraverso numeri telefonici a pagamento.

> L'addizionale si applica anche ai **soggetti IRPEF**.

Al fine della **determinazione** dell'addizionale in esame, i soggetti che esercitano l'attività di produzione, distribuzione, vendita e rappresentazione del materiale pornografico, nonché le emittenti che effettuano le trasmissioni di tale materiale, provvedono alla compilazione di un apposito **prospetto** della dichiarazione relativa dei redditi (art. 2, c. 1, D.P.C.M. 13 marzo 2009).
Per la dichiarazione, gli acconti, la liquidazione, l'accertamento, la riscossione dell'imposta dovuta, nonché per il contenzioso, le sanzioni e ogni altro aspetto, si applicano le disposizioni previste ai fini delle imposte sui redditi.

Addizionale IRES per le attività in concessione 20.3.7.

Per i periodi di imposta 2019, 2020 e 2021, l'aliquota IRES, è **maggiorata** di **3,5 punti** percentuali sul reddito derivante da attività svolte sulla base di (art. 1, c. 716-718, Legge n. 160/2019):

a. concessioni **autostradali**;
b. concessioni di gestione **aeroportuale**;
c. autorizzazioni e concessioni **portuali** (rilasciate ai sensi degli artt. 16 e 18, Legge n. 84/1994);
d. concessioni **ferroviarie**.

I codici tributo per il versamento dell'addizionale sono riportati nella ris. 3 giugno 2020, n. 30/E.

DETRAZIONI PER ONERI 20.4.

Dall'IRES lorda si scomputano le **detrazioni** pari al **19%** (art. 78, D.P.R. n. 917/1986):

- delle **erogazioni liberali in denaro** effettuate in favore di **società e associazioni sportive dilettantistiche** sino a 1.500 euro (➜**6.15.2.**) (art. 15, c. 1, lett. i-ter), D.P.R. n. 917/1986);
- delle **erogazioni liberali in denaro** effettuate in favore del **Fondo per l'ammortamento dei titoli di Stato** (➜**6.15.10.**) (art. 15, c. 1, lett. i-novies), D.P.R. n. 917/1986).

> Relativamente alle erogazioni **liberali in denaro** effettuate in favore di **società e associazioni sportive dilettantistiche,** per il **termine di applicazione** della detrazione, si rimanda a quanto detto a proposito delle agevolazioni introdotte dal Codice del Terzo Settore (➜**6.15.12.**) (➜**27.2.11.**).

IRES

20.4.1. Erogazioni liberali a partiti e movimenti politici

Ai fini dell'IRES, si detrae, fino a concorrenza dell'ammontare dell'imposta lorda, un importo pari al 26% dell'onere per le erogazioni liberali in denaro effettuate in favore dei partiti politici iscritti nella prima sezione del registro previsto dal D.L. n. 149/2013 per importi compresi tra 30 euro e 30.000 euro annui (art. 11, c. 6 e 7, D.L. n. 149/2013).

Possono beneficiarne solo:

- le **società per azioni** e in **accomandita per azioni**, le società **a responsabilità limitata**, le società **cooperative** e le società **di mutua assicurazione** residenti nel territorio dello Stato (art. 73, c. 1, lett. a), D.P.R. n. 917/1986);
- gli **enti pubblici e privati** diversi dalle società, nonché i ***trust*** residenti nel territorio dello Stato, che hanno per oggetto esclusivo o principale l'esercizio di **attività commerciali** (art. 73, c. 1, lett. b), D.P.R. n. 917/1986);

diversi dagli enti nei quali vi sia una partecipazione pubblica o i cui titoli siano negoziati in mercati regolamentati italiani o esteri, nonché dalle società ed enti che controllano, direttamente o indirettamente, tali soggetti, ovvero ne sono controllati o sono controllati dalla stessa società o ente che controlla i soggetti medesimi, nonché dalle società concessionarie dello Stato o di enti pubblici, per la durata del rapporto di concessione.

Modalità di pagamento e documentazione - L'erogazione deve essere effettuata tramite versamento **bancario o postale**, nonché tramite **carte di debito, carte di credito, carte prepagate, assegni bancari e circolari**. La detrazione non spetta per le erogazioni effettuate in contanti.

Documentazione - Il sostenimento della spesa è documentato dalla **ricevuta** del **versamento bancario o postale** ovvero, in caso di pagamento con carta di credito, carta di debito o carta prepagata dall'**estratto conto** della società che gestisce tali carte.

Nel caso di pagamento con **assegno bancario o circolare** ovvero nell'ipotesi in cui dalla ricevuta del versamento bancario o postale o dall'estratto conto della società che gestisce la carta di credito, la carta di debito o la carta prepagata non sia possibile individuare il **soggetto beneficiario** dell'erogazione liberale, il contribuente deve essere in possesso della **ricevuta** rilasciata a suo favore dal beneficiario dalla quale risulti la modalità di pagamento utilizzata.

È necessario, inoltre, che dalla documentazione attestante il versamento sia possibile individuare il carattere di liberalità del pagamento.

20.4.2. Altre detrazioni

Ai fini IRES sono previste, da alcune norme speciali, ulteriori detrazioni:

- per interventi di **riqualificazione energetica degli edifici** (➡7.4.);
- per le **spese sostenute** per interventi di **riqualificazione energetica di parti comuni degli edifici condominiali**, che interessano l'involucro dell'edificio con un'incidenza superiore al 25% della superficie disperdente lorda dell'edificio medesimo (➡7.4.4.);
- per **donazioni all'ospedale Galliera di Genova**, per un importo non superiore al **30%** dell'imposta dovuta (➡6.21.) (art. 8, Legge n. 52/2001).

20.5. SCOMPUTO DI RITENUTE, CREDITI D'IMPOSTA, ECCEDENZE PREGRESSE E ACCONTI

Una volta determinata l'imposta netta, da essa sono scomputati i crediti d'imposta, le ritenute, le eccedenze pregresse e gli acconti versati.

20.5.1. Scomputo dei crediti d'imposta

Possono essere scomputati dai soggetti IRES i seguenti crediti d'imposta:

- credito d'imposta sui **fondi comuni d'investimento**;
- credito per le **imposte pagate all'estero** (➡33.1.) (art. 165, D.P.R. n. 917/1986);
- **altri crediti d'imposta** scomputabili dall'IRES netta;
- crediti d'imposta indicati nel **quadro RU** della dichiarazione.

Crediti d'imposta scomputabili - Oltre al credito d'imposta per le imposte pagate all'estero (➡33.1.) e a quelli indicati nel quadro RU del Mod. Redditi SC, si scomputano, tra gli altri:

- nei limiti dell'imposta netta, i crediti d'imposta per gli **immobili colpiti dal sisma in Abruzzo**;
- i crediti d'imposta previsti dalle singole **leggi di rivalutazione** a seguito dell'attribuzione ai soci del saldo attivo;

- il credito per le imposte versate sui **canoni di locazione** di immobili ad uso abitativo **non percepiti** a seguito di accertamento compiuto nell'ambito del procedimento di **sfratto per morosità** (➡**16.4.**) (art. 26, c. 1, D.P.R. n. 917/1986);
- il credito d'imposta spettante in caso di **alienazione degli immobili** prima del quarto esercizio successivo a quello anteriore all'ingresso nel **regime SIIQ** (➡**29.5.**) (art. 1, c. 127, Legge n. 296/2006);
- il credito d'imposta spettante a seguito della **cessione**, da parte della **SIIQ** conferitaria, **degli immobili** ricevuti a seguito del conferimento entro i tre anni successivi e del conseguente ricalcolo delle plusvalenze (art. 15, c. 2, D.M. 7 settembre 2007, n. 174).

Scomputo delle ritenute 20.5.2.

La disciplina IRES in tema di scomputo delle ritenute (art. 79, c. 1, D.P.R. n. 917/1986) rimanda a quella IRPEF (art. 22, D.P.R. n. 917/1986) (➡**2.1.**).

Scomputo delle eccedenze pregresse e degli acconti versati 20.5.3.

Al fine di determinare l'IRES dovuta, o il credito nei confronti dell'Erario, è infine necessario procedere allo **scomputo**:
- delle **eccedenze** rilevate nella dichiarazione del periodo d'imposta precedente (al netto di quanto già compensato con altri tributi e contributi nel Mod. F24);
- degli **acconti** versati per il medesimo periodo d'imposta.

Nel momento in cui l'ammontare delle ritenute, dei crediti d'imposta e degli acconti ecceda quello dell'imposta dovuta e il soggetto IRES rilevi, quindi, un'**eccedenza a credito**, questa, a discrezione del contribuente, può essere (art. 80, D.P.R. n. 917/1986):
- **riportata** all'esercizio successivo;
- **richiesta** a rimborso in sede di dichiarazione dei redditi;
- **utilizzata in compensazione** di altri tributi e contributi nel Mod. F24 (art. 17, D.Lgs. n. 241/1997).

> Per le eccedenze IRES trovano applicazione i principi generali (art. 4, D.P.R. n. 42/1988) in base ai quali:
> - la scelta non risultante dalla dichiarazione si intende fatta per il riporto;
> - è possibile utilizzare le eccedenze IRES non solo a scomputo del saldo dell'IRES medesima, bensì anche dell'acconto dell'imposta dovuta per il periodo d'imposta successivo;
> - per i crediti non riportati all'esercizio successivo (ovvero non compensati), è possibile presentare istanza di rimborso (art. 38, D.P.R. n. 602/1973).

PERDITE 20.6.

Per i soggetti IRES, eccetto gli enti non commerciali (circ. 6 dicembre 2011, n. 53/E), la **perdita** di un periodo d'imposta, determinata con le stesse norme valevoli per la determinazione del reddito, può essere **computata in diminuzione del reddito dei periodi d'imposta successivi** in misura non superiore all'**80**% del reddito imponibile di ciascuno di essi e per l'intero importo che trova capienza in tale ammontare (art. 84, D.P.R. n. 917/1986).

> Il limite dell'80% è riferito al reddito e non alla perdita, che resta, quindi, interamente compensabile se di ammontare inferiore alla detta percentuale del reddito dell'anno successivo (circ. 6 dicembre 2011, n. 53/E).

CASO 1 - Riporto della perdita

Una società dispone di perdite pregresse relative all'anno n in misura pari a 18.000 euro e nell'anno n+1 consegue un reddito di 20.000 euro.
Perdita utilizzabile nell'anno n+1: (20.000 * 80%) = 16.000 euro.
Reddito imponibile: 20.000 - 16.000 = 4.000 euro.
Perdita residua "spendibile" nei successivi periodi d'imposta: 18.000 - 16.000 = 2.000 euro.

La perdita è diminuita dei **proventi esenti** dall'imposta diversi da quelli che rientrano nella disciplina della *participation exemption* (➡**23.**) (art. 87, D.P.R. n. 917/1986), per la parte del loro ammontare che eccede i componenti negativi non dedotti (art. 109, c. 5, D.P.R. n. 917/1986). Detta differenza può tuttavia essere computata in diminuzione del reddito complessivo in misura tale che l'imposta corrispondente al reddito imponibile risulti compensata da eventuali crediti d'imposta, ritenute alla fonte a titolo d'acconto, versamenti in acconto, e dalle eccedenze d'imposta.

20.6.1. Enti non commerciali

Per gli **Enti non commerciali** che esercitano attività d'impresa, i quali determinano il reddito complessivo secondo le disposizioni valide per i soggetti IRPEF (art. 143, c. 2, D.P.R. n. 917/1986) si applicano le regole previste per quest'ultimi (➡**2.5.1.**) (art. 8, D.P.R. n. 917/1986).

20.6.2. Soggetti che fruiscono di un regime di esenzione dell'utile

La perdita è riportabile per l'ammontare che eccede l'utile che non ha concorso alla formazione del reddito negli esercizi precedenti.

20.6.3. Perdite realizzate nei primi tre periodi d'imposta dalla data di costituzione

Possono essere computate in diminuzione del reddito complessivo dei periodi d'imposta successivi entro il limite del reddito imponibile di ciascuno di essi e per l'intero importo che trova capienza nel reddito imponibile di ciascuno di essi a condizione che si riferiscano ad una **nuova attività produttiva**.

IRES

> La norma non stabilisce alcun ordine di priorità nell'utilizzo qualora il contribuente disponga di perdite pregresse in parte riferibili ai primi tre periodi d'imposta e in parte ai successivi. In assenza di regole al riguardo, il contribuente ha la facoltà (e non l'obbligo) di utilizzare prioritariamente le perdite relative ai primi tre periodi d'imposta potendo, in alternativa, scegliere di impiegare dapprima quelle maturate negli esercizi successivi.
> A prescindere dalla scelta operata, ai fini del calcolo del limite forfetario dell'80%, poiché si fa esplicito riferimento "al reddito imponibile", il predetto limite va calcolato sul reddito al lordo e non al netto delle perdite relative ai primi tre periodi d'imposta. In ogni caso le perdite devono essere complessivamente utilizzate fino a concorrenza del reddito imponibile (circ. 19 giugno 2012, n. 25/E).

20.6.4. Divieto di riporto

Le regole sul riporto delle perdite non si applicano nel caso in cui la maggioranza delle partecipazioni aventi diritto di voto nelle assemblee ordinarie del soggetto che riporta le perdite venga trasferita o comunque acquisita da terzi, anche a titolo temporaneo e, inoltre, venga modificata l'attività principale in fatto esercitata nei periodi d'imposta in cui le perdite sono state realizzate (art. 84, c. 3, D.P.R. n. 917/1986).
La modifica dell'attività assume rilevanza se interviene nel periodo d'imposta in corso al momento del trasferimento od acquisizione ovvero nei due successivi od anteriori.
La limitazione si applica anche alle eccedenze di **interessi passivi** oggetto di riporto in avanti (art. 96, c. 5, D.P.R. n. 917/1986), relativamente agli interessi indeducibili, nonché a quelle relative all'**ACE** (➡**32.3.**) (art. 1, c. 4, D.L. n. 201/2011).
La limitazione non si applica qualora le partecipazioni siano relative a società che nel biennio precedente a quello di trasferimento hanno avuto un **numero di dipendenti mai inferiore alle dieci unità** e per le quali dal Conto economico relativo all'esercizio precedente a quello di trasferimento risultino un ammontare di **ricavi e proventi** dell'attività caratteristica, e un ammontare delle **spese per prestazioni di lavoro** subordinato e relativi contributi, di cui all'art. 2425 del c.c., **superiore al 40%** di quello risultante dalla media degli ultimi due esercizi anteriori.
Al fine di disapplicare le predette disposizioni il contribuente deve presentare istanza di interpello (art. 11, c. 2, Legge n. 212/2000).

20.6.5. Consolidato e trasparenza

La disciplina sulle perdite non determina alcun effetto in ordine alle perdite di periodo realizzate dalle **società consolidate nell'ambito del gruppo**, le quali vengono trasferite in misura integrale alla *fiscal unit*. Il regime opera, invece, con riguardo al trattamento delle perdite fiscali risultanti dalla dichiarazione dei redditi del **consolidato** (➡**26.1.9.**) conseguite negli esercizi di validità dell'opzione e di quelle prodotte prima dell'esercizio dell'opzione (che possono essere utilizzate per ridurre il reddito dello stesso soggetto, prima di essere trasferite alla *fiscal unit*).
Ad analoghe conclusioni deve pervenirsi con riguardo al regime di **trasparenza fiscale** (➡**25.2.5.**) (artt. 115 e 116, D.P.R. n. 917/1986), fermo restando che la disciplina non produce alcun effetto in capo ai soggetti che esercitano l'opzione per il regime di cui all'art. 116 in qualità di soci, in quanto gli stessi applicano le disposizioni sul riporto delle perdite definite in ambito IRPEF (➡**2.5.1.**) (circ. 6 dicembre 2011, n. 53/E).

CASO 2 - Riporto della perdita società in trasparenza fiscale

Le società Alfa e Beta hanno conseguito nell'anno n perdite fiscali per un importo rispettivamente pari a 18.000 e 15.000 euro e nell'anno n + 1 esercitano l'opzione per la trasparenza in qualità di partecipanti - ciascuna in misura pari al 50% del patrimonio della società partecipata T - la quale dispone di perdite pregresse pari a 10.000 euro.

Nell'anno n + 1 Alfa, Beta e T hanno conseguito un reddito per un ammontare pari rispettivamente a 20.000, 15.000 e 12.000 euro.

Anno	Reddito Alfa	Reddito Beta	Reddito T	Perdita Alfa	Perdita Beta	Perdita T
n	-	-	-	18.000	15.000	10.000
n+1	20.000	15.000	12.000	-	-	-

Nel caso riportato, nell'anno n+1 T imputerà per trasparenza il proprio reddito ai soci Alfa e Beta, dopo aver scomputato perdite pregresse per euro 9.600 [80% x 12.000].

Il reddito imputato alle partecipanti risulterà pro quota pari a euro 1.200 [50% (12.000 - 9.600)].

In capo ai soci Alfa e Beta si avrà:

	Reddito n+1 A	Perd. Anno n B	Perd. utilizz. (A*80%) C	Perd. residua B - C	Redd. Netto A - C	Reddito n+1 imputato da T	Reddito n+1 imponibile
Alfa	20.000	18.000	16.000	2.000	4.000	1.200	**5.200**
Beta	15.000	15.000	12.000	3.000	3.000	1.200	**4.200**

Alfa e Beta potranno scomputare perdite pregresse in misura pari all'80% del reddito autonomamente prodotto.

Le perdite utilizzabili [C] nel periodo d'imposta n+1 risultano pertanto pari rispettivamente a euro 16.000 [80% * 20.000] e 12.000 [80% x 15.000], mentre le perdite residue ancora disponibili in compensazione dei propri redditi futuri ammontano a euro 2.000 e 3.000.

Il reddito imponibile risultante in capo ad Alfa e Beta dopo lo scomputo sul proprio reddito delle perdite pregresse è pari rispettivamente a euro 5.200 [4.000 + 1.200] e 4.200 [3.000 + 1.200].

IRES

21. DETERMINAZIONE DEL REDDITO D'IMPRESA

IRES

21.1. ASPETTI GENERALI

I criteri che sono alla base della determinazione del reddito d'impresa sono i **principi di** (art. 109, D.P.R. n. 917/1986):

- **competenza**;
- **certezza ed oggettiva determinabilità**;
- **inerenza**.

Il principio fondamentale da cui partire prevede che il reddito d'impresa è determinato apportando all'**utile o** alla **perdita risultante dal Conto economico**, relativo all'esercizio chiuso nel periodo d'imposta, le **variazioni in aumento o in diminuzione** conseguenti all'applicazione dei criteri stabiliti nelle successive disposizioni del D.P.R. n. 917/1986 (art. 83, D.P.R. n. 917/1986).

Conseguentemente, il punto di partenza è il dato risultante dal Conto economico.

In caso di attività che fruiscono di regimi di parziale o totale detassazione del reddito, le relative perdite fiscali assumono rilevanza nella stessa misura in cui assumerebbero rilevanza i risultati positivi.

21.1.1. Introduzione dei Principi contabili internazionali e nuove regole sui bilanci

Con l'introduzione nel sistema nazionale dei **Principi contabili internazionali (IAS)** (Reg. CE n. 1606/2002), il legislatore è intervenuto, in varie riprese, per uniformare le norme del D.P.R. n. 917/1986 in modo tale da renderle "compatibili" con il nuovo sistema (D.Lgs. n. 38/2005) (➔21.9.).

La disciplina ha poi subito ulteriori modifiche con l'entrata in vigore del D.Lgs. 18 agosto 2015, n. 139 che ha recepito la Direttiva n. 2013/34/UE relativa ai bilanci d'esercizio, ai bilanci consolidati e alle relative relazioni di talune tipologie di imprese. (➔21.10.).

21.1.2. Principio di derivazione rafforzata

In linea generale, si applica il principio della derivazione rafforzata per i soggetti IAS adopter e per i soggetti che adottano gli standard contabili nazionali, diversi dalle micro-imprese.

Queste ultime hanno, invece, una fiscalità basata sul principio di derivazione semplice (art. 83, c. 1-bis, D.P.R. n. 917/1986).

In linea generale, è previsto che per i soggetti che redigono il bilancio in base ai princìpi contabili internazionali (c.d. **IAS *adopter***) e per i soggetti, diversi dalle micro-imprese (art. 2435-ter c.c.), che redigono il bilancio in conformità alle disposizioni del Codice civile (c.d. **OIC *adopter***), valgono, anche in deroga alle disposizioni previste nel D.P.R. n. 917/1986, i **criteri di qualificazione, imputazione temporale e classificazione in bilancio** previsti dai rispettivi princìpi contabili (**principio di derivazione rafforzata**).
Ai soggetti, diversi dalle micro-imprese, che redigono il bilancio in conformità alle disposizioni del Codice civile si applicano, in quanto compatibili, le disposizioni emanate con D.M. 1° aprile 2009, n. 48, D.M. 8 giugno 2011 (➡**21.9.3.**) e D.M. 3 agosto 2017 (➡**21.10.3.**) (art. 83, c. 1-bis, D.P.R. n. 917/1986).
Pertanto, le micro-imprese hanno una fiscalità basata sul principio di derivazione semplice.
Non rientrano nella derivazione rafforzata i fenomeni meramente valutativi che non assumono rilievo ai fini fiscali (circ. 28 febbraio 2011, n. 7/E, par. 3.3).

IRES

PRINCIPIO DI COMPETENZA 21.2.

Il principio generale che regola la determinazione del reddito d'impresa è quello di **competenza economica** in base al quale, per ogni periodo d'imposta, **vanno individuati tutti gli elementi positivi e negativi** di reddito **riferibili al periodo** stesso, indipendentemente dalla manifestazione finanziaria dei fatti economici (art. 109, c. 1, D.P.R. n. 917/1986).
In altre parole, l'effetto delle operazioni e degli altri eventi deve essere rilevato contabilmente ed attribuito all'esercizio al quale tali operazioni ed eventi si riferiscono e non a quello in cui si concretizzano i relativi movimenti di numerario (incassi e pagamenti).

Ricavi 21.2.1.

I **ricavi**, come regola generale, devono essere riconosciuti quando si verificano le seguenti due **condizioni**:
a. il **processo produttivo** dei beni o dei servizi è stato **completato**;
b. lo **scambio** è già **avvenuto**, si è verificato il passaggio sostanziale e non formale del titolo di proprietà. Tale momento è convenzionalmente rappresentato dalla **spedizione** o dal momento in cui i **servizi** sono **resi e** sono **fatturabili**.

Regole particolari sono previste per la rilevazione dei ricavi relativi a **commesse a lungo termine**, cioè a contratti relativi a beni il cui processo produttivo eccede l'anno. Per tali contratti i ricavi devono essere riconosciuti sulla base dell'**avanzamento dei lavori** nei casi in cui siano rispettati i requisiti previsti dai corretti Principi contabili.

Costi 21.2.2.

I **costi** devono essere **correlati con i ricavi dell'esercizio**.
Detta correlazione costituisce un corollario fondamentale del principio di competenza e si traduce nella necessità di contrapporre ai ricavi dell'esercizio i relativi **costi** siano essi **certi** che **presunti**.
Tale correlazione si realizza:
a. per associazione di causa ad effetto tra costi e ricavi;
b. per ripartizione dell'utilità o funzionalità pluriennale su base razionale e sistematica, in mancanza di una più diretta associazione (ad esempio la procedura di ammortamento);
c. per imputazione diretta di costi al Conto economico dell'esercizio o perché associati al tempo o perché sia venuta meno l'utilità o la funzionalità del costo.

La diretta conseguenza dell'applicazione del principio di competenza è che, **alla** data di **chiusura dell'esercizio**, i **componenti di reddito** siano **certi nell'esistenza e determinati o oggettivamente determinabili nell'ammontare**.

Tipologia	Competenza
Beni mobili	I **corrispettivi delle cessioni** si considerano conseguiti e le **spese di acquisizione dei beni** si considerano sostenute alla **data della consegna o spedizione** ovvero, se diversa e successiva, alla data in cui si verifica l'effetto traslativo o costitutivo della proprietà o di altro diritto reale[1-2].
Beni immobili e aziende	I **corrispettivi delle cessioni** si considerano conseguiti e le **spese di acquisizione dei beni** si considerano sostenute alla **data della stipulazione dell'atto** per gli immobili e per le aziende ovvero, se diversa e successiva, alla data in cui si verifica l'effetto traslativo o costitutivo della proprietà o di altro diritto reale[1-3].

Tipologia	Competenza
Prestazione di servizi	I **corrispettivi delle prestazioni di servizi** si considerano conseguiti e le **spese di acquisizione dei servizi** si considerano sostenute alla **data in cui le prestazioni sono ultimate**, ovvero, per quelle dipendenti da contratti di locazione, mutuo, assicurazione e altri contratti da cui derivano corrispettivi periodici, alla **data di maturazione dei corrispettivi** stessi.
[1] Non si tiene conto delle **clausole di riserva della proprietà**. La locazione con clausola di trasferimento della proprietà vincolante per ambedue le parti è assimilata alla vendita con riserva di proprietà. [2] Se il **trasporto** è **affidato a terzi** (vettori o spedizionieri) si considera sia la data del documento di trasporto che le condizioni generali del contratto, al fine di desumere un'eventuale non coincidenza della data di spedizione con l'effettivo trasferimento della disponibilità giuridica dei beni (Cass. 22 gennaio 1999, n. 578). [3] Ai fini del trasferimento della proprietà di **beni immobili**, in presenza di una scrittura privata (art. 1350 c.c.) idonea a trasferire il diritto di proprietà, non rileva la successiva data di stipula del rogito notarile (circ. 27 maggio 1994, n. 73/E).	

Casi particolari	
Fattispecie	**Chiarimenti**
Locazione con clausola di trasferimento della proprietà vincolante per ambedue le parti	I ricavi sono di competenza dell'esercizio nel quale è consegnato il bene mobile o, per gli immobili, nell'esercizio in cui è stipulato l'atto di locazione (ris. 1° agosto 2008, n. 338/E).
Vendita a prova	Poiché la clausola fa dipendere l'efficacia della vendita dall'esito della prova o del gradimento, il corrispettivo si ha per conseguito solo al verificarsi di tale condizione (ris. 26 giugno 1980, n. 9/1370).
Provvigione degli agenti	È di competenza dell'esercizio in cui viene stipulato il contratto tra preponente e cliente. è irrilevante l'eventuale differimento, stabilito dalle parti, del momento in cui la provvigione è esigibile. Lo stesso principio vale per la ditta mandante (ris. 8 agosto 2005, n. 115/E; ris. 12 luglio 2006, n. 91/E).
Provvigioni passive	Per individuare l'esercizio di competenza fiscale, occorre tenere conto del principio di correlazione tra costi e ricavi, intrinseco a quello di competenza. Il contribuente potrà, quindi, dedurre fiscalmente il costo delle provvigioni passive nel periodo d'imposta di iscrizione dei ricavi "procurati" dall'agente, sempre che, ovviamente, in tale esercizio siano rispettati i requisiti di certezza e determinabilità oggettiva (ris. 12 luglio 2006, n. 91/E).
Appalti	Concorrono a formare il reddito imponibile di un periodo i ricavi per corrispettivi di appalti ultimati nel periodo stesso e non anche quelli degli appalti in corso ma non ultimati. L'appalto, ai fini della configurazione del criterio di competenza, può considerarsi ultimato solo a partire dal giorno in cui è intervenuta l'**accettazione dell'opera da parte del committente**, nel quale si perfeziona il diritto dell'appaltatore al corrispettivo, ai sensi dell'art. 1665 c.c. Nell'ipotesi in cui sia intervenuta l'accettazione dell'opera realizzata con il contratto di appalto e il committente intenda apportare **modifiche o aggiunte al progetto originario**, le nuove pattuizioni intercorse tra committente ed appaltatore determinano l'insorgere di un nuovo contratto di appalto che, in quanto tale, sarà assoggettato ad autonoma disciplina fiscale (circ. 17 maggio 2000, n. 98/E, risposta 1.5.2). Negli **appalti pubblici** l'accettazione dell'opera avviene alla conclusione del procedimento relativo all'emissione del **certificato di collaudo provvisorio**, cioè quando sorge il diritto alla liquidazione del corrispettivo (ris. 26 settembre 2005, n. 133/E).
Oneri relativi ad una controversia	Diventano certi e oggettivamente determinabili (e quindi deducibili) nell'esercizio in cui è stata depositata la sentenza del Tribunale adito per dirimere la controversia.

Casi particolari	
Fattispecie	**Chiarimenti**
Cessione di diritti d'uso o superficie	I corrispettivi concorrono alla formazione del reddito d'impresa: - nell'esercizio in cui viene rogato l'**atto notarile**; - ovvero, se diverso e successivo, in quello in cui si verificano gli **effetti traslativi**. Pertanto, tali proventi non vanno suddivisi durante gli anni di durata della concessione del diritto, come se si trattasse di prestazioni di servizi dipendenti da contratti da cui derivano corrispettivi periodici (ris. 7 agosto 2002, n. 272/E; ris. 8 luglio 2003, n. 149/E).
Cessione di crediti	Per la determinazione dell'esercizio di competenza, occorre avere riguardo al criterio formalistico della **stipula del contratto di cessione**, mediante il quale si trasferisce la titolarità del diritto di credito (ris. 16 maggio 2007, n. 100/E)

IRES

Società ed enti che hanno emesso obbligazioni o titoli similari 21.2.3.

La differenza tra le somme dovute alla scadenza e quelle ricevute in dipendenza dell'emissione è deducibile in ciascun periodo d'imposta per una quota determinata in conformità al **piano di ammortamento del prestito**.

Correlazione con il Conto economico 21.2.4.

In linea generale:
- i **ricavi**, gli altri proventi di ogni genere e le rimanenze **concorrono a formare il reddito anche se non risultano imputati al Conto economico**;
- le **spese** e gli altri componenti negativi **non sono ammessi in deduzione** se e **nella misura in cui non risultano imputati al Conto economico** relativo all'esercizio di competenza.

Con riferimento ai **costi**, però, sono tuttavia **deducibili**:
1. quelli **imputati** al Conto economico di un **esercizio precedente**, se la deduzione è stata rinviata in conformità a norme che dispongono o consentono il rinvio;
2. quelli che pur non essendo imputabili al Conto economico, sono **deducibili per disposizione di legge**.

Correlazione competenza - Conto economico		
Componente di reddito	**Imputazione a C.E. esercizio di competenza**	**Tassabilità/Deducibilità**
Ricavi	SÌ	SÌ
	NO	SÌ
Costi	SÌ	SÌ
	NO	NO[1]

[1] Eccezioni:
- costi **imputati**, per legge, al Conto economico di un **esercizio precedente**;
- costi **deducibili per** disposizione di **legge**.

Correzione di errori contabili 21.2.5.

Presentando una dichiarazione integrativa è possibile correggere errori o omissioni che abbiano determinato l'indicazione **di un maggiore o di un minore imponibile** o, comunque, **di un maggiore o di un minore debito d'imposta** ovvero di **un maggiore o di un minore credito**, ivi compresi gli errori contabili.

Dichiarazione integrativa - La disciplina delle dichiarazioni integrative delle imposte sui redditi, dell'IRAP e dei sostituti d'imposta è contenuta nell'art. 2, c. 8 e 8-bis, D.P.R. n. 322/1998. Nell'attuale versione, la norma estende la possibilità di presentare le suddette dichiarazioni a favore del contribuente (e cioè quelle che presentato un credito derivante dal **minor debito** o dal **maggior credito** risultante dalle dichiarazioni integrative) anche **oltre l'anno** (si ricorda che secondo le previgenti disposizioni il termine prescritto per la presentazione delle dichiarazioni integrative era fissato al periodo d'imposta successivo a quello di presentazione, quindi, un anno).
Resta ferma l'applicazione delle sanzioni, eventualmente in misura ridotta in caso di **ravvedimento operoso**.

Nel caso in cui la presentazione della dichiarazione integrativa avviene entro il termine prescritto per la presentazione della dichiarazione relativa al periodo d'imposta successivo, il credito d'imposta risultante può essere utilizzato in compensazione.
Pertanto, le regole possono essere così sintetizzate (art. 2, c. 8, D.P.R. n. 322/1998):

- i **termini di accertamento sono cristallizzati**: infatti, con la dichiarazione integrativa non si riaprono i suddetti termini per tutto il contenuto dichiarato, limitando la detta riapertura agli elementi modificati e oggetto dell'integrazione;
- anche i contribuenti che modificano **al ribasso** il reddito già dichiarato o fanno emergere un maggior credito, possono beneficiare di un lasso di tempo maggiore per presentare la dichiarazione modificata.

Inoltre, l'eventuale credito, derivante dal minor debito o dal maggior credito, esposto nella dichiarazione integrativa può essere utilizzato **in compensazione nel Mod. F24** (art. 2, c. 8-bis, D.P.R. n. 322/1998).
Tale compensazione è comunque prevista in caso di correzione di errori contabili di competenza.
L'orientamento in tal senso era stato adottato nella circ. n. 31/E/2013.
Seguendo tale impostazione, laddove l'errore commesso sia, innanzitutto, di natura civilistica trattandosi, ad esempio, di un **errore contabile sulla competenza**, viene mantenuto l'impianto della **correzione interna** e dell'integrazione dell'ultima dichiarazione.
In modo tale che l'ultima dichiarazione rappresenti ancora la modalità concreta con la quale procedere immediatamente in compensazione con la differenza a proprio favore.

IRES

Correzione a favore - Il contribuente che non ha imputato il componente negativo nel corretto esercizio di competenza e, in un periodo d'imposta successivo, ha contabilizzato - al Conto economico o nello Stato patrimoniale - un componente negativo per dare evidenza all'errore può presentare una **dichiarazione a favore** secondo le regole innanzi esposte (art. 2, c. 8-bis, D.P.R. n. 600/1973).

In caso di presentazione di una dichiarazione integrativa al fine di dedurre un costo e, contestualmente, indicare un reddito originariamente omessi, qualora la stessa chiuda con un maggior credito, non può essere considerata "a favore" del contribuente e, quindi, non essere assoggettata ad alcuna sanzione. Solo la presentazione di una dichiarazione integrativa **interamente a favore** del contribuente non è soggetta ad **alcuna sanzione**. È, invece, dovuta la sanzione amministrativa da 250 euro a 2.000 euro qualora la dichiarazione integrativa sia presentata per correggere errori od omissioni sia a favore che a sfavore del contribuente ed il risultato finale della stessa sia comunque rappresentato da un maggior credito (ris. 24 dicembre 2020, n. 82/E).

Correzione a sfavore - Se il contribuente rileva errori consistenti nell'**omessa imputazione di elementi positivi** è tenuto - prima di procedere alla sterilizzazione del componente positivo rilevato in bilancio - a presentare **dichiarazione integrativa a sfavore** (art. 2, c. 8, D.P.R. n. 322/1998).
La dichiarazione integrativa può essere presentata non oltre i termini stabiliti per l'accertamento (art. 43, D.P.R. n. 600/1973).
Qualora si provveda a presentare tale dichiarazione entro i termini previsti per il **ravvedimento operoso** (art. 13, D.Lgs. n. 472/1997), è possibile avvalersi della riduzione delle sanzioni applicabili alla fattispecie concreta, secondo le misure e le modalità previste.

Nell'ipotesi in cui l'Amministrazione finanziaria, all'esito dell'attività di accertamento, proceda al recupero di un costo dedotto in violazione del principio di competenza e il periodo di corretta imputazione si chiuda con una perdita fiscale, il contribuente conserva la possibilità di vedersi riconoscere la maggiore imposta versata. A tal fine dovrà presentare una dichiarazione integrativa (ris. 28 novembre 2013, n. 87/E).

Correzione di errori contabili

Tipo di correzione	Modalità per la correzione
A favore	Presentazione di una **dichiarazione integrativa a favore** (art. 2, c. 8-bis, D.P.R. n. 322/1998).
A sfavore	Presentazione di una **dichiarazione integrativa a sfavore** (art. 2, c. 8, D.P.R. n. 322/1998).

CERTEZZA E OGGETTIVA DETERMINABILITÀ 21.3.

I ricavi, le spese e gli altri componenti di cui nell'esercizio di competenza **non** sia **ancora certa l'esistenza o determinabile** in modo obiettivo **l'ammontare** concorrono a formarlo nell'**esercizio in cui si verificano tali condizioni**.

Spetta al contribuente dimostrare che la certezza e l'obiettiva determinabilità si verificano in un periodo d'imposta diverso da quello di competenza civilistica (Cass. 9 novembre 2011, n. 23328).

Pertanto, il principio di competenza viene disatteso se non sono soddisfatti anche i **requisiti di certezza e oggettiva determinabilità.**
Tali requisiti:
- costituiscono gli **elementi distintivi tra competenza civilistica e competenza fiscale**: in altre parole, l'imputazione di taluni elementi reddituali al Conto economico di un determinato esercizio, effettuata secondo i criteri civilistici, non ha rilevanza fiscale allorquando difettano i requisiti previsti dalle norme tributarie;
- **non hanno rilevanza autonoma**, ma operano in seconda battuta, una volta esperita la ricerca del periodo di competenza del componente reddituale.

Un **costo** deve essere **obbligatoriamente dedotto nell'esercizio di competenza**, intendendosi per tale quello in cui esso diviene certo e oggettivamente determinabile: deve quindi escludersi la deducibilità di un determinato componente reddituale in esercizi precedenti o successivi a quello di competenza, al fine di impedire al contribuente di operare una scelta arbitraria del periodo d'imposta in cui dichiarare i propri componenti di reddito, poiché ciò potrebbe comportare manovre volte a ridurre il carico impositivo (Cass., sent. 30 luglio 2007, n. 16819 e sent. 31 gennaio 2011, n. 2213).

Criterio	Requisito
Certezza	La certezza concerne l'esistenza del provento o dell'onere. In generale, l'esistenza del componente reddituale viene considerata certa quando lo è dal punto di vista giuridico, vale a dire nel momento in cui esiste un vincolo avente origine: - in un contratto (ris. 22 ottobre 1981, n. 9/2940); - in un fatto illecito; - in un atto della P.A.; - direttamente dalla norma.
Oggettiva determinabilità	L'ammontare del provento o dell'onere risulta determinabile quando la valutazione estimativa del medesimo si basa su criteri non soggettivi, bensì suffragati da elementi oggettivi (ris. 11 marzo 1981, n. 9/375). La determinabilità va riguardata come reale possibilità di tradurre gli accadimenti aziendali in espressioni numerarie (ris. 22 ottobre 1981, n. 9/2940). L'obiettiva determinabilità non è collegata all'intervenuto accordo tra le parti sul costo, altrimenti sarebbe ad esse demandata la scelta di stabilire a quale esercizio imputare la relativa componente del reddito d'impresa. Il costo, infatti, può essere determinato in modo obiettivo già prima dell'accordo, attraverso strumenti quali la parametrazione ad altre operazioni simili, il valore di mercato dei beni utilizzati in rapporto al numero delle ore di utilizzo dei medesimi, ecc. (Cass., sent. 20 novembre 2009, n. 24526).

Ambito temporale 21.3.1.

La certezza e l'oggettiva determinabilità devono manifestarsi **entro la chiusura dell'esercizio** e non già entro il momento di redazione del relativo bilancio o di presentazione della relativa dichiarazione dei redditi.

PRINCIPIO DI INERENZA 21.4.

L'inerenza va intesa come **correlazione fra onere sostenuto e attività produttiva di reddito imponibile**.
In pratica, occorre valutare se tra spesa e attività o beni da cui derivano ricavi sussiste una relazione immediata e diretta: in caso affermativo, l'onere risulta interamente deducibile.
È **onere del contribuente provare** che la **spesa** è **inerente** in termini qualitativi e quantitativi, fornendo ogni ulteriore documentazione utile a dimostrare l'esistenza della spesa e la formazione del costo sotto un profilo quantitativo (Cass. 4 aprile 2012, n. 5374).

Comunque, l'onere della prova ricade sul contribuente nei soli casi **di dubbio collegamento** del componente reddituale negativo con l'impresa.

Viceversa, se si tratta di **spese strettamente necessarie alla produzione del reddito**, o comunque fisiologicamente riconducibili alla sfera imprenditoriale (es. costi per l'acquisto di materie prime, macchinari o strumenti indispensabili a produrre certi beni o di manufatti necessari per la loro custodia), che, in quanto tali, possano ritenersi intrinsecamente inerenti all'attività d'impresa, è l'**Amministrazione finanziaria a dover provare l'inesistenza**, nel caso specifico, del predetto **nesso di inerenza** (Cass. 27 aprile 2012, n. 6548).

21.4.1. Eccezioni

Il requisito dell'inerenza non è richiesto per (art. 109, c. 5, D.P.R. n. 917/1986):

- gli **oneri fiscali**;
- gli **oneri contributivi**;
- gli **oneri di utilità sociale**.

Salvo diversa disposizione, tali oneri sono quindi deducibili per il solo fatto di essere imputati a Conto economico.

Inoltre, i costi connessi a proventi (parzialmente) esclusi dalla formazione del reddito d'impresa (in pratica, i **dividendi e** gli **utili da partecipazione**) sono integralmente deducibili.

In altri termini, le spese sostenute in relazione alla **gestione di partecipazioni qualificate** si considerano inerenti alla determinazione del reddito d'impresa anche se gli utili da esse derivanti sono parzialmente esclusi dalla formazione del reddito imponibile (circ. 16 giugno 2004, n. 26/E).

Pertanto, simmetricamente all'imponibilità parziale degli utili, è riconosciuta la **piena deducibilità dei costi** connessi alla gestione della partecipazione.

21.4.2. Oneri correlati a proventi esenti

I **costi** connessi a proventi che non concorrono alla formazione del reddito d'impresa in quanto esenti sono **indeducibili**.

Rientrano in questa categoria gli **oneri connessi alla cessione di partecipazioni esenti** (art. 87, D.P.R. n. 917/1986), quali:

- le **spese notarili** a carico del cedente;
- le **spese per perizie tecniche ed estimative** sostenute dal cedente;
- le **provvigioni** dovute agli eventuali **intermediari** dal cedente;
- **altri eventuali oneri** che siano specificamente (e non solo indistintamente) collegati al realizzo della partecipazione.

La **quota dei costi** inerenti alla cessione delle partecipazioni che deve essere ripresa a tassazione non è determinata in misura pari al 100% dei costi, bensì in **misura corrispondente alla percentuale di esenzione della plusvalenza**.

Principio di inerenza - Giurisprudenza di Cassazione	
Il **concetto di inerenza** deve essere **interpretato in modo ampio**, quale collegamento dei costi e degli oneri con l'attività dell'impresa e non con i ricavi.	sent. 13 febbraio 2009, n. 3583
Affinché un costo sostenuto sia fiscalmente deducibile dal reddito d'impresa non è necessario che sia stato sostenuto per ottenere una ben precisa e determinata componente attiva di quel reddito, ma è sufficiente che esso sia correlato in senso ampio all'impresa in quanto tale, e cioè sia stato sostenuto al fine di svolgere un'attività potenzialmente idonea a produrre utili.	sent. 30 luglio 2007, n. 16826; sent. 21 gennaio 2009, n. 1465
Le **spese per acquisti di beni** rientrano nella nozione di inerenza anche se prodromiche all'espletamento di nuove attività consentite dall'oggetto sociale.	sent. 21 marzo 2008, n. 7808
Sono deducibili i costi anche se non direttamente ricollegabili a ricavi o ad un fine di immediata redditività, nell'ambito di strategie di gruppo.	sent. 1° agosto 2000, n. 10062; sent. 26 gennaio 2001, n. 1133

Principio di inerenza - Giurisprudenza di Cassazione	
L'inerenza di un costo deve essere riferita non tanto alla connessione dello stesso con una specifica componente positiva di reddito, ma più in generale alla generale connessione con un'attività atta a produrre profitto.	ord. 26 ottobre 2015, n. 21743

Casi particolari	
Fattispecie	**Chiarimenti**
Sanzioni pecuniarie	Sono **indeducibili** dal reddito d'impresa per via della mancanza del requisito dell'inerenza (circ. 17 maggio 2000, n. 98/E, risp. 9.2.6; ris. 12 giugno 2001, n. 89/E; circ. 20 giugno 2002, n. 55/E; circ. 26 settembre 2005, n. 42/E).
Acquisto di beni o servizi destinati, anche indirettamente, a **medici, veterinari o farmacisti**	Sono **indeducibili**, perché non inerenti, gli oneri sostenuti per l'acquisto di beni o servizi destinati, anche indirettamente, a **medici, veterinari o farmacisti**, allo scopo di agevolare, in qualsiasi modo, la diffusione di specialità medicinali o di ogni altro prodotto ad uso farmaceutico. L'indeducibilità riguarda tutti quei costi, normalmente riconducibili alla categoria delle **spese di rappresentanza**, relativi all'offerta a titolo gratuito di beni e servizi agli operatori sanitari che superino il modico valore e, quindi, non "siano di valore trascurabile" (art. 2, c. 9, Legge n. 289/2002; circ. 18 gennaio 2006, n. 3/E).
Somme dovute a titolo di **oblazione a seguito di condono edilizio**	Le somme dovute a titolo di **oblazione a seguito di condono edilizio** sono **indeducibili** dal reddito d'impresa, in quanto deve escludersi, in tale ipotesi, qualsiasi correlazione tra il costo e il reddito prodotto. Infatti, tali somme trovano causa "in attività compiuta in violazione di legge, estranea all'esercizio dell'attività commerciale dell'impresa" (Cass., sent. 13 maggio 2003 n. 7317).
Beni concessi in comodato	In linea di principio, la circostanza che un bene venga concesso in **comodato** non fa venire meno la strumentalità e l'inerenza dello stesso e quindi la possibilità per il comodante di dedurre i relativi costi. L'inerenza del bene sussiste nella circostanza in cui lo stesso ceda le proprie utilità all'impresa proprietaria e non a quella che lo ha utilizzato (ris. 5 gennaio 1981, n. 9/2320).
Spese di vitto e alloggio	È riconosciuta l'integrale **deducibilità** delle **spese di vitto e alloggio** sostenute da: - **imprese distributrici di ticket restaurant**; - **tour operator e agenzie viaggi**. In entrambi i casi, infatti, la fornitura di servizi alberghieri e/o di ristorazione costituisce l'oggetto dell'attività propria dell'impresa (i servizi concorrono in maniera diretta alla produzione dei ricavi) (circ. 3 marzo 2009, n. 6/E).

IRES

Casi particolari	
Fattispecie	**Chiarimenti**
Spese congressuali	L'**organizzatore congressuale** che acquista prestazioni alberghiere e di ristorazione per rivenderle ai propri clienti nell'ambito di un "pacchetto" di servizi può beneficiare della piena **deducibilità** del costo sostenuto (ris. 28 maggio 2010, n. 47/E).

21.5. PRINCIPIO DI CASSA

In alcuni **casi espressamente previsti** viene applicato il principio di cassa invece che quello di competenza.
Tale principio, che si applica per la determinazione del reddito di lavoro autonomo, consiste nel considerare i **compensi materialmente percepiti** e le **spese effettivamente sostenute,** mediante un corrispondente movimento finanziario, **nel periodo d'imposta**.
In sintesi, il principio di cassa trova applicazione per:
- gli **utili** di partecipazioni in società ed enti **soggetti** ad **IRES** (➜22.7.2.) (artt. 59 e 89, c. 2, D.P.R. n. 917/1986);
- i **proventi** derivanti dalla partecipazione a **fondi comuni d'investimento**;
- le **imposte** pagate nell'anno, diverse da quelle sui redditi e da quelle per le quali è prevista la rivalsa, i **contributi associativi e sindacali** (➜24.4.1.) (art. 99, c. 1 e 3, D.P.R. n. 917/1986);
- i **contributi** in **conto capitale** e in **conto impianti** (art. 88, c. 3, lett. b), D.P.R. n. 917/1986);
- i **compensi** agli **amministratori**, ai **promotori** e ai **soci fondatori** (➜24.3.2.) (art. 95, c. 5, D.P.R. n. 917/1986);
- gli **interessi di mora** (➜24.21.) (art. 109, c. 7, D.P.R. n. 917/1986).

21.6. STRUMENTI FINANZIARI E CONTRATTI DI ASSOCIAZIONE IN PARTECIPAZIONE

È indeducibile **ogni tipo di remunerazione riferibile a** (art. 109, c. 9, D.P.R. n. 917/1986):
a. **titoli** o **strumenti finanziari** comunque denominati, per la quota della remunerazione stessa che risulti variabile in relazione ai risultati economici della società erogante, di altra società appartenente allo stesso gruppo ovvero anche di un solo affare;
b. contratti di **associazione in partecipazione e** di **cointeressenza** allorché sia previsto un **apporto di capitale o misto** (capitale e opere o servizi).

Con riferimento alla prima ipotesi di indeducibilità, essa si determina soltanto nei casi in cui le remunerazioni dello strumento finanziario comportino la partecipazione ai risultati economici della società emittente.
Si tratta del caso in cui agli obbligazionisti venga garantita, come remunerazione anche aggiuntiva, una percentuale degli utili.
Inoltre, è esclusa l'indeducibilità degli oneri relativi a quei titoli il cui **rendimento** è **ancorato**, in qualche modo, **a risultati pregressi** (ad es. alla media dell'ultimo triennio).
La previsione di indeducibilità è estesa anche ai **titoli emessi in relazione ad un singolo affare** (è infatti possibile emettere strumenti finanziari connessi con un **patrimonio destinato ad uno specifico affare** - art. 4, c. 4, Legge n. 366/2001).
Per quanto riguarda invece l'indeducibilità della remunerazione relativamente ai **contratti di associazione in partecipazione e di cointeressenza** allorché sia previsto un apporto di capitale o misto (capitale e opere o servizi), resta fermo che, nell'ipotesi in cui vengano emessi strumenti finanziari, le remunerazioni ad essi spettanti sono soggetti al regime di indeducibilità previsto per i titoli e gli strumenti finanziari comunque denominati, secondo le regole sopra descritte.

21.7. NORME GENERALI SULLE VALUTAZIONI

Le norme generali sulle valutazioni sono contenute nell'art. 110, D.P.R. n. 917/1986.

N.	Elemento	Principi generali sulla valutazione
1	**Costo**	Va assunto **al lordo delle quote di ammortamento già dedotte**.

N.	Elemento	Principi generali sulla valutazione
2	**Oneri accessori di diretta imputazione**	Vanno compresi nel **costo**, esclusi gli interessi passivi e le spese generali. Tuttavia, per i **beni materiali e immateriali strumentali** per l'esercizio dell'impresa si comprendono nel costo gli **interessi passivi** iscritti in bilancio ad aumento del costo stesso per effetto di disposizioni di legge. Nel **costo di fabbricazione** si possono aggiungere con gli stessi criteri anche i costi diversi da quelli direttamente imputabili al prodotto; per gli **immobili** alla cui produzione è diretta l'attività dell'impresa si comprendono nel costo gli **interessi passivi sui prestiti** contratti per la loro costruzione o ristrutturazione.
3	**Costo dei beni rivalutati**[1]	Per i beni diversi da quelli alla cui produzione o al cui scambio è diretta l'attività dell'impresa, dalle materie prime e sussidiarie, semilavorati e altri beni mobili, esclusi quelli strumentali, acquistati o prodotti per essere impiegati nella produzione e dalle obbligazioni e altri titoli in serie o di massa che non costituiscono immobilizzazioni finanziarie (art. 85, c. 1, lett. a), b) ed e), D.P.R. n. 917/1986), il costo non si intende comprensivo delle plusvalenze iscritte, ad esclusione di quelle che per disposizione di legge non concorrono a formare il reddito.
4	Obbligazioni e altri titoli in serie o di massa che costituiscono **immobilizzazioni finanziarie**[1]	Le plusvalenze iscritte non concorrono a formare il reddito per la parte eccedente le minusvalenze dedotte.
5	**Costo delle azioni**, delle **quote** e degli **strumenti finanziari similari alle azioni**[1]	Si intende non comprensivo dei maggiori o minori valori iscritti i quali conseguentemente non concorrono alla formazione del reddito, né alla determinazione del valore fiscalmente riconosciuto delle rimanenze di tali azioni, quote o strumenti.
6	**Titoli a reddito fisso**, considerate immobilizzazioni finanziarie e iscritti come tali in bilancio[1]	La differenza positiva o negativa tra il costo d'acquisto e il valore di rimborso concorre a formare il reddito per la quota maturata nell'esercizio.

[1] Salvo eccezioni per i soggetti IAS adopter.

Eccezioni per i soggetti IAS adopter 21.7.1.

In deroga a quanto riportato ai nn. 3, 4, 5 e 6 della tabella precedente, per i soggetti che redigono il bilancio in base ai princìpi contabili internazionali (c.d. IAS adopter):

a. i maggiori o i minori valori dei beni relativi a **obbligazioni e altri titoli in serie o di massa** (art. 85, c. 1, lett. e), D.P.R. n. 917/1986), che si considerano immobilizzazioni finanziarie (art. 85, c. 3-bis, D.P.R. n. 917/1986), imputati a Conto economico in base alla corretta applicazione di tali principi, assumono rilievo anche ai fini fiscali;
b. la lett. d) si applica **solo** per le azioni, le quote e gli strumenti finanziari similari alle azioni che si considerano **immobilizzazioni finanziarie** (art. 85, c. 3-bis, D.P.R. n. 917/1986);
c. per le **azioni**, le quote e gli strumenti finanziari similari alle azioni, posseduti per un **periodo inferiore** a quello indicato per le plusvalenze su partecipazioni esenti di cui all'art. 87, c. 1, lett. a), D.P.R. n. 917/1986 (**12 mesi**), aventi gli altri requisiti previsti dal predetto art. 87, il costo è ridotto dei relativi utili percepiti durante il periodo di possesso per la quota esclusa dalla formazione del reddito.

Per i soggetti che redigono il bilancio in base ai princìpi contabili internazionali, i componenti positivi e negativi che derivano dalla **valutazione**, operata in base alla corretta applicazione di tali princìpi, delle **passività** assumono rilievo anche ai fini fiscali.

Valore normale 21.7.2.

Per la **determinazione del valore normale** dei beni e dei servizi e, con riferimento alla data in cui si considerano conseguiti o sostenuti, per la **valutazione dei corrispettivi, proventi, spese e oneri in natura o in valuta estera,** si applicano, quando non è diversamente disposto, le disposizioni generali (art. 9, D.P.R. n. 917/1986) (➡2.7.2.).

IRES

21.7.3. Corrispettivi e spese in valuta estera

I corrispettivi, i proventi, le spese e gli oneri in valuta estera, **percepiti o effettivamente sostenuti in data precedente**, si valutano con riferimento a tale data (art. 110, c. 2, D.P.R. n. 917/1986).
La conversione in euro dei saldi di conto delle **Stabili Organizzazioni** all'estero si effettua secondo il cambio alla data di chiusura dell'esercizio e le differenze rispetto ai saldi di conto dell'esercizio precedente non concorrono alla formazione del reddito.
Per le imprese che intrattengono in modo sistematico rapporti in valuta estera è consentita la tenuta della **contabilità plurimonetaria** con l'applicazione del cambio di fine esercizio ai saldi dei relativi conti.
La valutazione secondo il cambio alla data di chiusura dell'esercizio dei crediti e debiti in valuta, anche sotto forma di obbligazioni, di titoli cui si applica la disciplina delle obbligazioni ai sensi del Codice civile o di altre leggi o di titoli assimilati, non assume rilevanza.
Si tiene conto della valutazione al cambio della data di chiusura dell'esercizio delle attività e delle passività per le quali il rischio di cambio è coperto, qualora i contratti di copertura siano anche essi valutati in modo coerente secondo il cambio di chiusura dell'esercizio.
In sintesi:
- dal punto di vista fiscale non è previsto l'obbligo della loro conversione al cambio alla data di chiusura dell'esercizio per la totalità degli stessi: il contribuente è libero di scegliere come comportarsi;
- se si sceglie di convertire al cambio alla data di chiusura dell'esercizio è deducibile l'eventuale perdita su cambi (minusvalenza) per un importo non superiore alla differenza tra la valutazione di ciascun credito e di ciascun debito secondo il cambio alla data di chiusura dell'esercizio e la valutazione dello stesso debito o credito secondo il cambio del giorno in cui è sorto o del giorno antecedente più prossimo e in mancanza secondo il cambio del mese in cui è sorto.

21.7.4. Ragguaglio ad anno

I **proventi immobiliari** (art. 90, D.P.R. n. 917/1986), le **quote di ammortamento** e le **spese di manutenzione** (art. 102, c. 1 e 6, D.P.R. n. 917/1986), le quote di ammortamento dei **beni gratuitamente devolvibili** (art. 104, D.P.R. n. 917/1986), le svalutazioni e accantonamenti per **rischi su crediti** (art. 106, D.P.R. n. 917/1986) e gli altri **accantonamenti** (art. 107, c. 1 e 2, D.P.R. n. 917/1986) sono **ragguagliati alla durata dell'esercizio** se questa è inferiore o superiore a 12 mesi (art. 110, c. 5, D.P.R. n. 917/1986).

21.7.5. Mutamento dei criteri di valutazione

In caso di mutamento totale o parziale dei criteri di valutazione adottati nei precedenti esercizi il contribuente deve darne **comunicazione all'Agenzia delle Entrate** nella dichiarazione dei redditi o in apposito allegato (art. 110, c. 6, D.P.R. n. 917/1986).

21.8. NORME IN MATERIA DI TRANSFER PRICING

I **componenti** del reddito derivanti da operazioni con società non residenti nel territorio dello Stato, che direttamente o indirettamente controllano l'impresa, ne sono controllate o sono controllate dalla stessa società che controlla l'impresa (**prezzi di trasferimento infragruppo** o transfer pricing), sono **determinati** con riferimento alle **condizioni e** ai **prezzi** che sarebbero stati pattuiti tra soggetti indipendenti **operanti in condizioni di libera concorrenza** e in circostanze comparabili, se ne deriva un **aumento del reddito** (art. 110, c. 7, D.P.R. n. 917/1986).
Lo stesso criterio trova applicazione nel caso di **diminuzione del reddito** derivante dalle operazioni con le società estere collegate; tuttavia sono specificamente elencate nella norma di rango primario le ipotesi di riconoscimento di variazioni in diminuzione (art. 31-quater, D.P.R. n. 600/1973).
La norma in commento, in vigore dal 24 giugno 2017, ha adeguato la disciplina nazionale in materia di prezzi di trasferimento alle indicazioni emerse in sede OCSE (in seno al c.d. progetto BEPS) per la corretta determinazione del valore delle operazioni tra imprese associate estere.
Pertanto, in relazione ai metodi di calcolo dei prezzi di trasferimento infragruppo viene disposto che tali valori, se ne deriva un aumento del reddito, sono determinati con riferimento alle condizioni e ai prezzi che sarebbero stati pattuiti tra soggetti indipendenti operanti in condizioni di libera concorrenza e in circostanze comparabili, in luogo di utilizzare il **previgente criterio del "valore normale"** (➔2.7.2.) dei beni o dei servizi oggetto di tali operazioni.
La medesima regola si applica anche se ne deriva una **diminuzione del reddito**, secondo le modalità e alle condizioni di cui all'art. 31-quater, D.P.R. n. 600/1973:
a. **in esecuzione degli accordi** conclusi con le autorità competenti degli Stati esteri a seguito delle procedure amichevoli previste dalle convenzioni internazionali contro le doppie imposizioni sui

redditi o dalla Convenzione relativa all'eliminazione delle doppie imposizioni in caso di rettifica degli utili di imprese associate, resa esecutiva con Legge n. 99/1993;
b. **a conclusione dei controlli** effettuati nell'ambito di attività di cooperazione internazionale i cui esiti siano condivisi dagli Stati partecipanti;
c. **a seguito di istanza** da parte del contribuente da presentarsi secondo le modalità e i termini previsti con Provvedimento del Direttore dell'Agenzia delle Entrate, a fronte di una rettifica in aumento definitiva e conforme al principio di libera concorrenza effettuata da uno Stato con il quale è in vigore una convenzione per evitare le doppie imposizioni sui redditi che consenta un adeguato scambio di informazioni. Resta ferma, in ogni caso, la facoltà per il contribuente di richiedere l'attivazione delle procedure amichevoli di cui alla lettera a), ove ne ricorrano i presupposti.

Linee guida in materia di transfer pricing 21.8.1.

Sono previste alcune linee guida in materia di prezzi di trasferimento nelle operazioni transfrontaliere tra imprese associate, tenendo conto del principio di libera concorrenza (D.M. 14 maggio 2018). Inoltre:
- sono stati aggiornati i requisiti in base ai quali la documentazione predisposta dal contribuente si considera idonea a consentire il riscontro della **conformità** al principio di libera concorrenza delle condizioni e dei prezzi di trasferimento (Provv. Agenzia delle Entrate 23 novembre 2020, prot. n. 360494);
- sono stati forniti i chiarimenti in merito alla disciplina concernente la documentazione idonea a consentire il riscontro della conformità al principio di libera concorrenza delle condizioni e dei prezzi di trasferimento praticati dalle imprese multinazionali (circ. 26 novembre 2021, n. 15/E).

Concetto di comparabilità - Un'operazione non controllata si considera comparabile ad un'operazione controllata ai fini dell'applicazione delle disposizioni sul transfer pricing quando:
a. non sussistono differenze significative tali da incidere in maniera rilevante sull'**indicatore finanziario** utilizzabile in applicazione del metodo più appropriato;
b. in presenza delle differenze di cui alla lettera a), sia possibile effettuare in modo accurato **rettifiche** di comparabilità, così da eliminare o ridurre in modo significativo gli effetti di tali differenze ai fini della comparazione.

Per capire se due o più operazioni sono comparabili ai fini della disciplina sul transfer pricing occorre porre l'attenzione:
a. sui **termini** contrattuali delle operazioni;
b. sulle **funzioni** svolte da ciascuna delle parti coinvolte nelle operazioni, tenendo conto dei beni strumentali utilizzati e dei rischi assunti, inclusi il modo in cui queste funzioni si collegano alla più ampia generazione del valore all'interno del gruppo multinazionale cui le parti appartengono, le circostanze che caratterizzano l'operazione e le consuetudini del settore;
c. sulle **caratteristiche** dei beni ceduti e dei servizi prestati;
d. sulle **circostanze** economiche delle parti e le condizioni di mercato in cui esse operano;
e. sulle **strategie** aziendali perseguite dalle parti.

Criteri generali per definire i prezzi di trasferimento - La valorizzazione di un'operazione controllata in base al principio di libera concorrenza è determinata applicando il metodo più appropriato alle circostanze del caso.

Salvo alcune eccezioni appositamente previste, il metodo più appropriato deve essere selezionato fra i metodi indicati di seguito, tenendo conto dei seguenti criteri:
a. i **punti di forza e di debolezza** di ciascun metodo a seconda delle circostanze del caso;
b. l'adeguatezza del **metodo** in considerazione delle caratteristiche economicamente rilevanti dell'operazione controllata;
c. la disponibilità di **informazioni affidabili**, in particolare, in relazione a operazioni non controllate comparabili;
d. il **grado di comparabilità** tra l'operazione controllata e l'operazione non controllata, considerando anche l'affidabilità di eventuali rettifiche di comparabilità necessarie per eliminare gli effetti delle differenze tra le predette operazioni.

IRES

Metodi per definire i prezzi di trasferimento

Metodi[1-2]	Modalità applicative
1) Metodo del confronto di prezzo	Confronto tra il prezzo praticato nella cessione di beni o nelle prestazioni di servizi resi in un'operazione controllata e il prezzo praticato in operazioni non controllate comparabili.
2) Metodo del prezzo di rivendita	Confronto tra il margine lordo che un acquirente in una operazione controllata realizza nella successiva rivendita in una operazione non controllata e il margine lordo realizzato in operazioni non controllate comparabili.
3) Metodo del costo maggiorato	Confronto tra il margine lordo realizzato sui costi direttamente e indirettamente sostenuti in un'operazione controllata e il margine lordo realizzato in operazioni non controllate comparabili.
4) Metodo del margine netto della transazione	Confronto tra il rapporto tra margine netto ed una base di commisurazione appropriata, che può essere rappresentata, a seconda delle circostanze, da costi, ricavi o attività, realizzato da un'impresa in una operazione controllata e il rapporto tra il margine netto e la medesima base realizzato in operazioni non controllate comparabili.
5) Metodo transazionale di ripartizione degli utili	Attribuzione a ciascuna impresa associata che partecipa ad un'operazione controllata della quota di utile, o di perdita, derivante da tale operazione. Tale quota è determinata in base alla ripartizione che sarebbe stata concordata in operazioni non controllate comparabili, tenendo conto del contributo rispettivamente offerto alla realizzazione dell'operazione controllata dalle imprese associate ovvero attribuendo a ciascuna di esse quota parte dell'utile, o della perdita, che residua dopo che alcune delle funzioni svolte in relazione all'operazione controllata sono state valorizzate sulla base di uno dei metodi descritti sopra.

[1] Se può essere applicato con uguale grado di affidabilità un metodo descritto dai numeri 1), 2) e 3), e un metodo descritto dai numeri 4) e 5), è preferibile il metodo di cui ai numeri 1), 2) e 3).
In ogni caso, se può essere applicato con lo stesso grado di affidabilità il metodo del confronto di prezzo (n. 1) e ogni altro metodo sopra descritto, è da preferire il metodo del confronto di prezzo.
Non è necessario applicare più di un metodo per valorizzare un'operazione controllata in base al principio di libera concorrenza.
[2] È possibile applicare un metodo diverso dai metodi sopra descritti, qualora dimostri che nessuno di tali metodi può essere applicato in modo affidabile per valorizzare un'operazione controllata in base al principio di libera concorrenza e che tale diverso metodo produce un risultato coerente con quello che otterrebbero imprese indipendenti nel realizzare operazioni non controllate comparabili.

Verifica da parte dell'Amministrazione finanziaria sul metodo utilizzato - Qualora un'impresa abbia utilizzato un metodo che rispetta le regole indicate sopra per valorizzare un'operazione controllata, la verifica da parte dell'amministrazione finanziaria sulla coerenza di detta valorizzazione con il principio di libera concorrenza si deve basare sul metodo applicato dall'impresa.

Aggregazione delle operazioni - Il principio di libera concorrenza è applicato operazione per operazione. Tuttavia, se un'impresa associata realizza due o più operazioni controllate che risultano tra loro strettamente legate, o che formano un complesso unitario, tale da non poter essere valutate separatamente in maniera affidabile, tali operazioni devono essere aggregate in maniera unitaria ai fini dell'analisi di comparabilità e dell'applicazione dei metodi di cui sopra.

Intervallo di valori conformi al principio di libera concorrenza - Si considera conforme al principio di libera concorrenza l'intervallo di valori risultante dall'indicatore finanziario selezionato in applicazione del metodo più appropriato, qualora gli stessi siano riferibili a un numero di operazioni non controllate, ognuna delle quali risulti parimenti comparabile all'operazione controllata, in esito all'analisi di comparabilità.
Un'operazione controllata, o un insieme di operazioni controllate aggregate, si considerano realizzate in conformità al principio di libera concorrenza, qualora il relativo **indicatore finanziario** sia compreso nell'intervallo sopra indicato.
Se l'indicatore finanziario di un'operazione controllata, o di un insieme di operazioni aggregate, non rientra nell'intervallo di libera concorrenza, l'amministrazione finanziaria effettua una **rettifica** al fine

di riportare il predetto indicatore all'interno dell'intervallo di cui sopra, fatti salvi il diritto per l'impresa associata di presentare elementi che attestino che l'operazione controllata soddisfa il **principio di libera concorrenza**, e la potestà per l'amministrazione finanziaria di non tenere conto di tali elementi adducendo idonea motivazione.

Servizi a basso valore aggiunto - Sono considerati a basso valore aggiunto quei servizi che:

a. hanno **natura di supporto**;
b. **non sono** parte delle **attività principali** del gruppo multinazionale;
c. **non richiedono** l'uso di **beni immateriali unici e di valore**, e non contribuiscono alla creazione degli stessi;
d. **non comportano** l'**assunzione o** il **controllo** di **un rischio significativo** da parte del fornitore del servizio né generano in capo al medesimo l'insorgere di un tale rischio.

Non si considerano in ogni caso a basso valore aggiunto quei servizi che il gruppo multinazionale presta a soggetti indipendenti.
In caso di servizi a basso valore aggiunto, previa predisposizione di apposita documentazione, la valorizzazione può essere determinata aggregando la totalità dei costi diretti e indiretti connessi alla fornitura del servizio stesso, aggiungendo un margine di profitto pari al 5% dei suddetti costi.

Documentazione - Nelle linee guida è previsto che:

a. la documentazione deve essere considerata idonea in tutti i casi in cui la stessa fornisca agli organi di controllo i dati e gli elementi conoscitivi necessari ad effettuare un'**analisi dei prezzi di trasferimento praticati**, a prescindere dalla circostanza che il metodo di determinazione dei prezzi di trasferimento o la selezione delle operazioni o soggetti comparabili adottati dal contribuente risultino diversi da quelli individuati dall'Amministrazione finanziaria;
b. la presenza nella medesima documentazione di **omissioni** o **inesattezze parziali** non suscettibili di compromettere l'analisi degli organi di controllo non può, in ogni caso, comportare l'inidoneità della stessa.

Procedura 21.8.2.

Per accedere alla procedura sul transfer pricing sopra delineata occorre presentare apposita istanza (Provv. Agenzia delle Entrate 30 maggio 2018).
Con la presentazione dell'istanza si innesca l'attività istruttoria da parte dell'Agenzia delle Entrate che si conclude con l'emissione di un **atto motivato** dell'Ufficio di riconoscimento o di mancato riconoscimento della variazione in diminuzione di reddito a fronte di una rettifica in aumento effettuata dallo Stato estero.

Contenuto dell'istanza	Deve contenere gli elementi per attivare la procedura amichevole ai sensi delle convenzioni internazionali e, in particolare, deve: a) **indicare** chiaramente l'**oggetto** (ossia la richiesta di eliminazione della doppia imposizione generata da una rettifica in aumento). Qualora alla data di presentazione dell'istanza la rettifica in aumento effettuata dallo Stato estero non sia ancora definitiva, occorre indicare la fase in cui si trova la rettifica in aumento e le possibili circostanze in dipendenza delle quali la rettifica in aumento diventerà definitiva; b) recare in allegato la seguente **documentazione**: i. traduzione di cortesia in lingua italiana o, in alternativa, in lingua inglese degli atti impositivi emessi dall'autorità fiscale estera dai quali scaturisce la rettifica in aumento. È fatta salva la facoltà da parte dell'Ufficio di richiedere una traduzione giurata in italiano dei suddetti atti, ove sia ritenuto opportuno; ii. tutti gli elementi di diritto e di fatto che consentano di valutare che la rettifica in aumento, effettuata nel Paese estero, sia conforme al principio di libera concorrenza; c) essere **firmata dal legale rappresentante** dell'impresa o da altra persona munita dei poteri di rappresentanza.

Modalità e termini di presentazione dell'istanza	Va indirizzata all'Ufficio Accordi preventivi e controversie internazionali (nel seguito "l'Ufficio") dell'Agenzia delle Entrate, Via Cristoforo Colombo, 426 c/d, Roma. Può essere alternativamente: a) inviata per **posta elettronica** certificata al seguente indirizzo: dc.acc.accordi@pec.agenziaentrate.it.; b) redatta in carta libera ed inoltrata a mezzo **raccomandata con avviso di ricevimento**; c) redatta in carta libera e **consegnata direttamente all'Ufficio** che ne rilascia ricevuta all'atto di presentazione. Nei casi sub b) e c) copia dell'istanza e della relativa documentazione sono prodotti anche su supporto elettronico.
Termine di presentazione	Va presentata entro i termini previsti dallo strumento giuridico per la risoluzione delle controversie internazionali ivi indicato.

21.8.3. Rettifica da parte dell'Amministrazione finanziaria

In caso di rettifica del valore di libera concorrenza dei prezzi di trasferimento, da cui derivi una maggiore imposta o una differenza del credito, la **sanzione amministrativa** dal 90 al 180% della maggior imposta dovuta o della differenza del credito utilizzato **non si applica** qualora, nel corso dell'accesso, ispezione o verifica o di altra attività istruttoria, il **contribuente consegni all'Amministrazione finanziaria la documentazione** idonea a consentire il riscontro della conformità al valore di libera concorrenza dei prezzi di trasferimento praticati (art. 1, c. 6, D.Lgs. n. 471/1997).

Il contribuente che detiene la documentazione deve darne apposita comunicazione all'Amministrazione finanziaria; in assenza di detta comunicazione si rende applicabile la sanzione commisurata alla maggiore imposta dovuta o alla differenza del credito utilizzato.

In caso di rettifica del valore di libera concorrenza dei prezzi di trasferimento da cui derivi la non corretta applicazione delle aliquote convenzionali sul valore delle royalties e degli interessi attivi che eccede il valore di libera concorrenza previste per l'esercizio dell'apposita ritenuta (art. 25, c. 4, D.P.R. n. 600/1973), la sanzione amministrativa dal 90 al 180% non si applica qualora, nel corso dell'accesso, ispezione o verifica o di altra attività istruttoria, il contribuente consegni all'Amministrazione finanziaria la documentazione idonea a consentire il riscontro della conformità al valore di libera concorrenza dei prezzi di trasferimento praticati (art. 2, c. 4-ter, D.P.R. n. 600/1973). Anche in tale caso, il contribuente deve comunicare all'Amministrazione finanziaria di detenere la documentazione; in assenza di detta comunicazione, si rende applicabile la sanzione parametrata alle ritenute non versate.

La documentazione idonea è costituita da:

a. un documento denominato **Masterfile** che contiene informazioni relative al gruppo multinazionale e deve essere articolato in capitoli e paragrafi;
b. un documento denominato **Documentazione Nazionale** che contiene le informazioni specifiche relative alle operazioni infragruppo che l'entità locale intende documentare.

> È consentita la presentazione di più di un Masterfile, qualora il gruppo realizzi **attività tra loro diverse** e disciplinate da specifiche politiche di prezzi di trasferimento.
> Inoltre, se nel corso del controllo o di altra attività istruttoria emerge l'esigenza di disporre di informazioni supplementari o integrative rispetto a quelle contenute nel Masterfile riguardante la divisione in cui opera l'entità locale, quest'ultima deve rendere disponibile, su richiesta degli addetti alle attività di controllo, i Masterfile riguardanti le altre divisioni del gruppo, e le correlate politiche in materia di prezzi di trasferimento, nelle quali sono ricomprese le entità del gruppo che intrattengono operazioni con l'entità locale (circ. 26 novembre 2021, n. 15/E).

21.9. FISCALITÀ DELLE IMPRESE SOGGETTE AGLI IFRS/IAS

21.9.1. Principi contabili internazionali in vigore

I **Principi contabili internazionali (IAS)** sono stati introdotti nel nostro Paese dal recepimento del Reg. CE 19 luglio 2002, n. 1606/2002, da parte della legge Comunitaria 2003 (art. 25, Legge n. 306/2003).

> A partire dal 1° aprile 2001, l'elaborazione dei Principi contabili internazionali è demandata allo IASB (*International Accounting Standards Board*) che è subentrato al precedente IASC.

Pertanto, i Principi contabili internazionali elaborati fino alla data sopraindicata continuano ad essere identificati con la sigla IAS (*International Accounting Standards*), mentre i principi di nuova elaborazione assumono la sigla IFRS (*International Financial Reporting Standards*).

IFRS/IAS in vigore	
Materia	**Numero IFRS/IAS**
Prima adozione degli *International Financial Reporting Standards*	IFRS 1
Pagamenti basati su azioni	IFRS 2
Aggregazioni aziendali	IFRS 3
Contratti assicurativi	IFRS 4
Attività non correnti possedute per la vendita e attività operative cessate	IFRS 5
Esplorazione e valutazione delle attività minerarie	IFRS 6
Strumenti finanziari: informazioni integrative	IFRS 7
Settori operativi	IFRS 8
Strumenti finanziari	IFRS 9
Bilancio consolidato	IFRS 10
Accordi congiunti	IFRS 11
Informativa sulle partecipazioni in altre entità	IFRS 12
Valutazione del *fair value*	IFRS 13
Regulatory deferral accounts	IFRS 14
Ricavi provenienti da contratti con clienti	IFRS 15
Leasing	IFRS 16
Contratti di assicurazione	IFRS 17
Presentazione del bilancio	IAS 1
Rimanenze	IAS 2
Rendiconto finanziario	IAS 7
Principi contabili, cambiamenti nelle stime contabili ed errori	IAS 8
Fatti intervenuti dopo la data di riferimento del bilancio	IAS 10
Commesse a lungo termine	IAS 11
Imposte sul reddito	IAS 12
Immobili, impianti e macchinari	IAS 16
Leasing	IAS 17
Ricavi	IAS 18
Benefici per i dipendenti	IAS 19
Contabilizzazione dei contributi pubblici e informativa sull'assistenza pubblica	IAS 20
Effetti delle variazioni dei cambi delle valute estere	IAS 21
Oneri finanziari	IAS 23
Informativa di bilancio sulle operazioni con parti correlate	IAS 24
Fondi di previdenza	IAS 26
Bilancio consolidato e separato	IAS 27
Partecipazioni in società collegate	IAS 28
Informazioni contabili in economie iperinflazionate	IAS 29
Partecipazioni in joint venture	IAS 31
Strumenti finanziari: esposizione nel bilancio	IAS 32

IRES

IFRS/IAS in vigore	
Materia	**Numero IFRS/IAS**
Utile per azione	IAS 33
Bilanci intermedi	IAS 34
Riduzione durevole di valore delle attività	IAS 36
Accantonamenti, passività e attività potenziali	IAS 37
Attività immateriali	IAS 38
Strumenti finanziari: rilevazione e valutazione con aggiunta delle disposizioni relative all'opzione del valore equo	IAS 39
Investimenti immobiliari	IAS 40
Agricoltura	IAS 41

IRES

21.9.2. Recepimento in Italia

Il recepimento dei Principi contabili internazionali e, più precisamente, del Reg. CE n. 1606/2002, è avvenuto con il D.Lgs. n. 38/2005.
Per le società che redigono il **bilancio in forma abbreviata** ai sensi dell'art. 2435-bis c.c., gli IAS non trovano applicazione.
Invece, con effetto dall'esercizio precedente al 1° gennaio 2019 (art. 1, c. 1071, Legge n. 145/2018), i soggetti i cui titoli non siano ammessi alla negoziazione in un mercato regolamentato hanno facoltà (e non più l'obbligo) di applicare i princìpi contabili (art. 2-bis, D.Lgs. n. 38/2005).

> Gli intermediari finanziari che non sono obbligati a rispettare i Principi IAS/IFRS nella redazione del bilancio (es. gli iscritti nell'elenco generale di cui all'art. 106, D.Lgs. n. 358/1993 - TUB) hanno facoltà di utilizzare tali criteri, nel caso in cui siano tenuti a redigere il **bilancio consolidato** oppure siano inclusi in gruppi che redigono il bilancio consolidato (Banca d'Italia, comunicato 27 febbraio 2007).

È stato consentito l'utilizzo dei Principi contabili internazionali anche da parte delle **"società chiuse"**, con la conseguenza che tali principi sono applicabili in via facoltativa da parte di tutti i soggetti, con la sola esclusione di quelli che possono redigere il bilancio in forma abbreviata (art. 20, c. 2, D.L. n. 91/2014).
Successivamente, la disciplina ha subito alcuni importanti modifiche ad opera della Legge n. 244/2007 (art. 1, c. 58-59) e del D.Lgs. n. 139/2015 che, attuando la Direttiva n. 2013/34/UE, tra le altre cose ha innovato le disposizioni recate dal Codice civile relative alla redazione del bilancio e alla comunicazione finanziaria, con effetti dai bilanci relativi agli esercizi aventi inizio a partire dal 1° gennaio 2016 (➜21.10.).

21.9.3. Decreti attuativi

L'applicazione pratica delle regole contenute nel D.Lgs. n. 38/2005 è avvenuta con l'emanazione di due decreti:
- D.M. n. 48/2009 con cui sono state emanate le disposizioni attuative delle norme previste dalla Legge n. 244/2007;
- D.M. 8 giugno 2011 (c.d. secondo decreto IAS) con cui sono state emanate le disposizioni di coordinamento tra i Principi contabili internazionali IAS/IFRS e le regole di determinazione della base imponibile dell'IRES e dell'IRAP (art. 4, c. 7-quater, D.Lgs. n. 38/2005).

In seguito, sono stati emanati i decreti:
- **10 gennaio 2018** volti a coordinare, con le regole di determinazione della **base imponibile IRES e IRAP**, i Principi contabili internazionali **IFRS 9 (Strumenti finanziari)** e **IFRS 15 (Ricavi provenienti da contratti con i clienti)**;
- 5 agosto 2019 con norme di coordinamento per la **determinazione della base imponibile** dell'**IRES e** dell'**IRAP** con riferimento al Principio contabile internazionale IFRS 16 (Leasing).

Con il Decreto 10 gennaio 2018 sono state previste ulteriori disposizioni di revisione del D.M. 8 giugno 2011 al fine di disciplinare, anche con riferimento ai soggetti che redigono il bilancio in base al codice civile diversi dalle micro-imprese, lo **scorporo degli strumenti finanziari derivati incorporati.** In relazione a quest'ultimo aspetto, **sono fatti salvi** i comportamenti adottati nei periodi d'imposta precedenti a quello di entrata in vigore del D.M. i cui termini per il versamento delle imposte sui redditi sono scaduti anteriormente a detta data.

D.M. n. 48/2009 - Contiene i criteri:

1. per **evitare** che la valenza ai fini fiscali delle qualificazioni, imputazioni temporali e classificazioni adottate in base alla corretta applicazione dei Principi contabili internazionali di cui al Reg. CE n. 1606/2002 determini **doppia deduzione** o nessuna deduzione di **componenti negativi** ovvero **doppia tassazione** o nessuna tassazione di **componenti positivi**;
2. per la rilevazione e il trattamento ai fini fiscali delle **transazioni** che vedano coinvolti soggetti che redigono il bilancio di esercizio in base agli IAS e soggetti che redigono il bilancio in base ai Principi contabili nazionali;
3. di coordinamento per il trattamento ai fini fiscali dei **costi imputabili**, in base ai Principi contabili internazionali, **a diretta riduzione del patrimonio netto**;
4. di coordinamento dei Principi contabili internazionali in materia di **aggregazioni aziendali** con la disciplina fiscale in materia di operazioni straordinarie, anche ai fini del trattamento dei costi di aggregazione;
5. di coordinamento con le disposizioni contenute nel D.Lgs. n. 38/2005, con particolare riguardo alle disposizioni relative alla **prima applicazione** dei Principi contabili internazionali;
6. per consentire la **continuità dei valori** così come risultanti dall'applicazione delle regole previste dalle modifiche introdotte dalla Legge n. 244/2007 con quelli assunti nei precedenti periodi d'imposta.

D.M. n. 48/2009 - Sintesi	
Aspetto disciplinato	**Riferimento**
I soggetti "IAS *adopter*" devono: - assumere le qualificazioni di bilancio ispirate al principio della "**prevalenza della sostanza sulla forma**"; - mantenere, al contrario, ferme le disposizioni fiscali che limitano gli ammortamenti, le valutazioni e gli accantonamenti. Infatti, le norme fiscali stabiliscono la prevalenza della forma sulla sostanza, in quanto danno piena valenza alle risultanze giuridico formali delle operazioni poste in essere. Invece, gli IAS si comportano in modo esattamente contrario in quanto le operazioni sono rilevate basandosi sulla "sostanza" delle stesse a prescindere dalla forma giuridica prescelta. Di conseguenza devono intendersi derogati i criteri temporali di imputazione dei componenti reddituali in conformità alla diversa natura di bilancio assunta dall'operazione.	art. 2
Ciascun soggetto che interviene nel medesimo rapporto contrattuale deve determinare il reddito imponibile in base al **proprio assetto contabile**. È comunque prevista un'eccezione in alcuni casi tra cui: - trasferimento dei titoli partecipativi, con esclusione delle azioni proprie e degli altri strumenti rappresentativi del patrimonio; - imputazione, in generale, delle ritenute e dei crediti per imposte pagate all'estero; - trattamento fiscale dei pronti contro termine su titoli.	art. 3
È confermata la **neutralità** anche per le operazioni di **fusione, scissione e conferimento** rientranti nell'ambito applicativo dell'IFRS3. È prevista la deducibilità dei costi di aggregazione (*due diligence*, consulenze, ecc.), anche se tali costi, nell'ambito del bilancio redatto con gli IAS, devono essere capitalizzati nei valori di acquisizione dell'azienda ricevuta.	art. 4
I **criteri di neutralità** (art. 13, D.Lgs. n. 38/2005) rilevano in sede di **prima applicazione degli IAS** anche se intervenuta in esercizi successivi a quello in corso al 31 dicembre 2007.	art. 5
La **salvaguardia** opera per i comportamenti tenuti negli esercizi 2005, 2006 e 2007 che hanno già formato oggetto di dichiarazione.	art. 6

D.M. 8 giugno 2011 - Contiene le norme di coordinamento per la **determinazione della base imponibile** dell'**IRES e** dell'**IRAP** che si applicano a decorrere dalla dichiarazione dei redditi relativa all'esercizio in corso al 31 dicembre 2010.

IRES

D.M. 8 giugno 2011 - Sintesi		
Aspetto disciplinato	**Regole**	**Riferimento**
Regole generali di coordinamento	I **componenti reddituali fiscalmente rilevanti**, imputati direttamente al prospetto delle altre componenti di Conto economico complessivo (OCI), **concorrono alla formazione del reddito imponibile.** Tale disposizione non si applica nelle ipotesi in cui i componenti di cui sopra assumono rilievo fiscale solo per effetto dell'imputazione a Conto economico. Per i componenti imputati direttamente a patrimonio o al prospetto delle altre componenti di Conto economico complessivo (OCI), per i quali non è mai prevista l'imputazione a Conto economico, la rilevanza fiscale è stabilita secondo le disposizioni applicabili ai componenti imputati al Conto economico aventi la medesima natura. I componenti fiscalmente rilevanti ai fini IRAP, imputati direttamente a patrimonio netto o al prospetto OCI, concorrono alla formazione della base imponibile IRAP nel momento dell'imputazione a Conto economico. Se per tali componenti non è mai prevista l'imputazione a Conto economico, la rilevanza ai fini IRAP è stabilita secondo le disposizioni applicabili ai componenti imputati al Conto economico aventi la medesima natura.	art. 2
Immobili	Gli **immobili** classificati ai sensi dello IAS 16, dello IAS 40 o dell'IFRS 5 si considerano **strumentali** solo se presentano i **requisiti** di cui all'art. 43, D.P.R. n. 917/1986 e cioè se: - sono relativi ad imprese commerciali; - costituiscono beni strumentali per l'esercizio di arti e professioni; - sono utilizzati esclusivamente per l'esercizio dell'arte o professione o dell'impresa commerciale da parte del possessore; - sono strumentali per natura. È esclusa la rilevanza fiscale dei maggiori o minori valori da valutazione degli immobili classificati ai sensi dello IAS 2, IAS 16, IAS 40 o dell'IFRS 5 in base alla corretta applicazione degli IAS/IFRS.	art. 3
Attività finanziarie	Se uno **strumento finanziario** viene **riclassificato** in una delle altre categorie previste dallo IAS 39, con il conseguente passaggio ad un diverso regime fiscale dello strumento stesso, il valore iscritto nella nuova categoria, quale risultante da atto di data certa e, in ogni caso, dal bilancio d'esercizio approvato successivamente alla data di riclassificazione, assume rilievo fiscale. La differenza tra il valore riclassificato ed il valore fiscalmente riconosciuto prima della riclassificazione rileva secondo la disciplina fiscale applicabile allo strumento finanziario prima della riclassificazione. Le stesse regole si applicano anche alle classificazioni di uno strumento finanziario effettuate a seguito di operazioni di riorganizzazione aziendale in continuità di valori fiscali che comportano il passaggio ad un diverso regime fiscale dello strumento stesso. In tale ipotesi, il differenziale tra il valore dello strumento finanziario iscritto nella nuova categoria, individuato alla data di efficacia giuridica dell'operazione straordinaria, e quello fiscalmente riconosciuto prima dell'operazione di riorganizzazione, rileva in capo al soggetto che iscrive lo strumento finanziario in una delle altre categorie previste dallo IAS 39 secondo la disciplina fiscale applicabile allo strumento finanziario prima della nuova classificazione.	art. 4
Strumenti finanziari	Indipendentemente dalla qualificazione e della classificazione adottata in bilancio, si considerano: 1) **similari alle azioni** gli strumenti finanziari (➡**11.1.2.**);	art. 5

D.M. 8 giugno 2011 - Sintesi		
Aspetto disciplinato	**Regole**	**Riferimento**
	2) **similari alle obbligazioni** gli strumenti finanziari (➡11.1.3.). Resta ferma l'indeducibilità sugli strumenti finanziari e contratti di associazione in partecipazione (➡21.6.) (art. 109, c. 9, D.P.R. n. 917/1986). In deroga alle regole descritte sopra, assumono rilevanza fiscale, in relazione alle qualificazioni e classificazioni effettuate in bilancio in base alla corretta applicazione dei Principi contabili, gli strumenti finanziari derivati incorporati negli strumenti finanziari di cui al numero 2), a condizione che nessuno degli strumenti finanziari risultanti dallo scorporo presenti i requisiti degli strumenti similari alle azioni (➡11.1.2.) (art. 44, c. 2, lett. a) D.P.R. n. 917/1986). Nell'ipotesi di mancato esercizio di diritti connessi a strumenti finanziari rappresentativi di capitale, le riserve iscritte in bilancio a fronte delle relative assegnazioni concorrono alla formazione del reddito imponibile nella misura in cui le predette assegnazioni hanno generato componenti negativi che hanno assunto rilievo fiscale; parimenti, in capo al detentore di tali diritti, è ammesso in deduzione l'importo corrispondente ai maggiori interessi attivi contabilizzati e assoggettati a tassazione per effetto dello scorporo e della rilevazione contabile dei diritti stessi. La disposizione non si applica se il detentore iscrive in bilancio uno strumento finanziario derivato (art. 112, D.P.R. n. 917/1986). Nel caso di operazioni di finanziamento tra soggetti tra i quali sussiste il rapporto di controllo di cui all'art. 2359 c.c. assumono rilevanza fiscale esclusivamente i componenti positivi e negativi imputati a Conto economico desumibili dal contratto di finanziamento, laddove siano rilevati nello Stato patrimoniale componenti derivanti dal processo di attualizzazione a tassi di mercato previsto dal criterio del costo ammortizzato.	
Operazioni con pagamento basato su azioni per servizi forniti da dipendenti	I componenti negativi imputati a Conto economico a titolo di **spese per servizi** in conformità alle disposizioni dell'IFRS 2 sono rilevanti ai fini fiscali sulla base delle imputazioni temporali rilevate in bilancio (art. 83, D.P.R. n. 917/1986). I maggiori valori delle partecipazioni iscritti ai sensi dell'IFRS 2 a seguito di un'operazione con pagamento basato su azioni, regolata con propri strumenti rappresentativi di capitale a favore di altra entità del gruppo che acquisisce i servizi forniti dai propri dipendenti, incrementano il costo della partecipazione sia ai fini IRES che IRAP.	art. 6
Operazioni di copertura	Si considerano con **finalità di copertura** (art. 112, D.P.R. n. 917/1986): - le operazioni designate di copertura **in conformità allo IAS 39** e le operazioni attuate mediante il ricorso al ***fair value option*** ai sensi dello IAS 39, par. 9, lettera b (i), per ridurre un'asimmetria contabile nella valutazione delle attività e passività finanziarie; - le operazioni in cui un'impresa designa come relazione di copertura solo le **variazioni dei flussi finanziari o del *fair value*** dell'elemento coperto al di sopra o al di sotto di un determinato prezzo o in base ad altra variabile, ai sensi dei paragrafi da 72 a 80 dello IAS 39.	art. 7

IRES

D.M. 8 giugno 2011 - Sintesi		
Aspetto disciplinato	**Regole**	**Riferimento**
	In ipotesi di copertura di flussi finanziari, gli **utili** o **perdite** generati dallo strumento con finalità di copertura, concorrono alla determinazione della base imponibile al **momento dell'imputazione al Conto economico** (art. 112, c. 5, D.P.R. n. 917/1986).La relazione di copertura assume rilievo fiscale se e nella misura in cui risulti da atto di data certa anteriore o contestuale alla negoziazione dello strumento di copertura ovvero dal primo bilancio di esercizio approvato successivamente alla data di negoziazione dello strumento di copertura.	
Beni gratuitamente devolvibili	Le attività immateriali iscritte in bilancio ai sensi di quanto disposto dall'IFRIC 12 rientrano tra i beni gratuitamente devolvibili (artt. 104 e 107, c. 2, D.P.R. n. 917/1986). Per le **imprese concessionarie** della costruzione e dell'esercizio di opere pubbliche e le imprese **subconcessionarie** che adottano gli IAS, i componenti negativi rilevati ai sensi del paragrafo 21 dell'IFRIC 12 si considerano accantonamenti ai **fondi di ripristino o di sostituzione** (art. 107, c. 2, D.P.R. n. 917/1986). In deroga a quanto detto sopra, le quote di ammortamento dei beni immateriali, iscritti ai sensi di quanto disposto dall'IFRIC 12, relativi ad accordi per i servizi in concessione che abbiano ad oggetto l'esercizio di attività regolate si considerano deducibili (art. 102-bis, D.P.R. n. 917/1986).	art. 8
Accantonamenti	Si considerano accantonamenti: - i componenti reddituali iscritti in contropartita di passività di scadenza o ammontare incerti che presentano i requisiti di cui allo IAS 37, ancorché disciplinate da uno IAS/IFRS diverso rispetto allo stesso IAS 37; - gli oneri derivanti dall'attualizzazione delle passività di cui al punto precedente. I suddetti accantonamenti sono deducibili se si tratta di (art. 107, c. 1, 2 e 3, D.P.R. n. 917/1986) (➡24.20.): - accantonamenti a fronte delle spese per lavori ciclici di manutenzione e revisione delle **navi** e degli **aeromobili**; - accantonamenti a fronte delle spese di ripristino o di sostituzione dei **beni gratuitamente devolvibili** allo scadere della concessione per le imprese concessionarie della costruzione e dell'esercizio di opere pubbliche e le imprese subconcessionarie di queste; - accantonamenti a fronte degli oneri derivanti da **operazioni a premio** e da **concorsi a premio**.	art. 9
Beni immateriali a durata indefinita	A prescindere dall'imputazione al Conto economico, la deduzione del costo dei beni immateriali a vita utile indefinita è ammessa alle stesse condizioni e con gli stessi limiti annuali previsti per i marchi d'impresa e l'avviamento sia ai fini IRES (➡24.12.) (art. 103, c. 1 e 2, D.P.R. n. 917/1986) che ai fini IRAP (➡38.) (artt. 5, 6 e 7, D.Lgs. n. 446/1997).	art. 10
Regole di compatibilità della disciplina del riallineamento e rivalutazione volontari di valori contabili	Le divergenze contabili verificatesi in applicazione degli IAS sono riallineabili, se la ricostruzione retrospettiva delle stesse è compatibile con la predetta disciplina del riallineamento.	art. 11

Riguardo agli enti creditizi e finanziari, per i quali le svalutazioni e le perdite su crediti verso la clientela iscritti in bilancio a tale titolo e le perdite realizzate mediante cessione a titolo oneroso sono integralmente deducibili (art. 106, c. 3, D.P.R. n. 917/1986), i **componenti reddituali** derivanti esclusivamente dall'adozione del modello di rilevazione del fondo a copertura delle perdite per perdite attese su crediti di cui al paragrafo 5.5 dell'*International financial reporting standard* (IFRS) 9, iscritti in bilancio in sede di prima adozione del medesimo IFRS 9, nei confronti della clientela, sono deducibili dalla base imponibile ai fini dell'IRES (art. 1, c. 1067, Legge n. 145/2018):

- per il **10%** del loro ammontare nel periodo d'imposta di prima adozione dell'IFRS 9; tale deduzione è differita per il periodo d'imposta in corso al 31 dicembre 2028 (art. 1, c. 713 Legge n. 160/2019);
- per il restante **90% in quote costanti** nei nove periodi d'imposta successivi.

Tale ultima regola si applica in sede di prima adozione dell'IFRS 9 anche se effettuata **in periodi d'imposta precedenti al 1° gennaio 2019** (art. 1, c. 1069, Legge n. 145/2018).

D.M. 10 gennaio 2018 - IFRS 9 - Contiene le norme di coordinamento per la **determinazione della base imponibile** dell'**IRES e** dell'**IRAP** con riferimento al Principio contabile internazionale IFRS 9.

D.M. 10 gennaio 2018 - IFRS 9 - Sintesi		
Aspetto disciplinato	**Regole**	**Riferimento**
Individuazione delle attività immobilizzate e circolanti	Si stabilisce che si considerano **detenute per la negoziazione** (art. 85, c. 3-bis, D.P.R. n. 917/1986) le attività finanziarie che rispettano la definizione di possedute per la negoziazione (Appendice A, lett. a) e b) IFRS 9) e che sono rilevate come tali in bilancio). Per i soggetti che non rappresentano come tali in bilancio le attività finanziarie che rispettano la definizione di possedute per negoziazione, la classificazione delle stesse come attività finanziarie detenute per la negoziazione (art. 85, c. 3-bis, D.P.R. n. 917/1986) assume rilievo se e nella misura in cui sia rilevata nei documenti contabili e risulti da atto di data certa contestuale o anteriore alla data di approvazione del bilancio.	art. 2
Riclassificazione delle attività finanziarie	Sono identificate le opportune regole di coordinamento per gestire l'effetto della **riclassificazione delle attività finanziarie** operata secondo quanto previsto nel par. 4.4.1. dell'IFRS 9. La classificazione delle attività finanziarie deve avvenire, secondo quanto descritto nell'IFRS 9, sulla base di entrambi i seguenti elementi: a) il modello di business dell'entità per la gestione delle attività finanziarie; b) le caratteristiche relative ai flussi finanziari contrattuali. Si è reso, quindi, necessario un coordinamento con la disposizione contenuta nell'art. 4, D.M. 8 giugno 2011 avente ad oggetto la riclassificazione in una delle altre categorie previsto dallo IAS 39, che comporta il passaggio ad un diverso regime fiscale dello strumento stesso.	art. 3
Componenti da valutazione e realizzo degli strumenti valutati al fair value rilevati nelle altre componenti di Conto economico complessivo	Contiene le **norme di coordinamento** in relazione alla previsione secondo cui i componenti positivi e negativi di reddito che derivano dalla valutazione, operata in base alla corretta applicazione dei Principi contabili internazionali, delle passività assumono rilievo anche ai fini fiscali (art. 110, c. 1-ter, D.P.R. n. 917/1986). In particolare, è previsto che i componenti positivi e negativi rilevati a seguito della valutazione al *fair value* delle passività finanziarie e attribuibili alle variazioni del rischio di credito assumono rilievo fiscale ai sensi della norma sopra richiamata (art. 110, c. 1-ter, D.P.R. n. 917/1986), anche se risultano imputati nelle altre componenti di Conto economico complessivo (OCI). Ciò è coerente con l'art. 2, c. 1, D.M. 8 giugno 2011.	art. 4

IRES

D.M. 10 gennaio 2018 - IFRS 9 - Sintesi		
Aspetto disciplinato	**Regole**	**Riferimento**
Strumenti finanziari composti che includono un derivato	Regola l'**applicazione del regime transitorio** di cui all'art. 15, D.L. n. 185/2008 agli effetti fiscali delle nuove modalità di rappresentazione in bilancio degli strumenti composti già iscritti in bilancio nell'esercizio antecedente a quello di prima adozione dell'IFRS 9.	art. 5
Rilevazione contabile delle operazioni di copertura	Fermo restando che, come disposto nell'Appendice B6.6.1 del Principio contabile IFRS 9, le posizioni nette sono assimilabili alla contabilizzazione delle operazioni di copertura, solo se l'entità applica la copertura su base netta, ai fini della gestione del rischio. In presenza di tale modalità di contabilizzazione, si applicano le norma previste dall'art. 112, D.P.R. n. 917/1986.	art. 6
Riduzione di valore rilevata in bilancio in contropartita della rilevazione del fondo a copertura perdite per perdite attese	Sono definite le regole di coordinamento opportune a definire in maniera univoca il trattamento fiscale della riduzione di valore dei crediti e delle altre attività finanziarie derivanti dalla rilevazione del fondo a copertura perdite per perdite attese su crediti di cui al paragrafo 5.5 dell'IFRS 9 (c.d. modello delle "perdite attese").	art. 7
Decorrenza	Le norme previste dal D.M. si applicano a partire dal primo periodo d'imposta di adozione del nuovo Principio contabile, anche in ipotesi di applicazione parziale.	art. 8

D.M. 10 gennaio 2018 - IFRS 15 - Contiene le norme di coordinamento per la **determinazione della base imponibile** dell'**IRES e** dell'**IRAP** con riferimento al Principio contabile internazionale IFRS 15.

D.M. 10 gennaio 2018 - IFRS 15 - Sintesi		
Aspetto disciplinato	**Regole**	**Riferimento**
Costi per il contratto	Viene chiarito il trattamento fiscale dei costi incrementali sostenuti per l'ottenimento del contratto nonché per l'adempimento dello stesso. Si **rinvia** alle modalità di deduzione previste dal D.P.R. n. 917/1986 (art. 108, c. 1) e, quindi, si consente la deducibilità di tali costi nel **limite della quota imputabile a ciascun esercizio**.	art. 1
Corrispettivi variabili	Si coordina la nuova rappresentazione contabile del "corrispettivo variabile" prevista dell'IFRS 15 con le disposizioni di cui all'art. 2, c. 2, D.M. n. 49/2009 e art. 9, D.M. 8 giugno 2011. Per ragioni di semplificazione ed esigenze di certezza nei rapporti tra amministrazione finanziaria e contribuenti, l'ambito applicativo della norma è **limitato** alle sole variazioni del corrispettivo **"a titolo di penali legali e contrattuali"**. Pertanto, ai fini della base imponibile IRES e del valore della produzione IRAP, si deve sterilizzare l'effetto delle variazioni "a titolo di penali legali e contrattuali" in sede di determinazione del corrispettivo, operando in dichiarazione una conseguente **variazione in aumento.**	art. 2

D.M. 10 gennaio 2018 - IFRS 15 - Sintesi		
Aspetto disciplinato	**Regole**	**Riferimento**
Vendita con reso	Si regolamenta l'ipotesi in cui il prodotto è venduto con diritto di restituzione (paragrafo 51 dell'IFRS 15). Tale fattispecie è analoga a quella disciplinata dall'art. 9, D.M. 8 giugno 2011. Si riconosce la **qualificazione fiscale di "accantonamento"** a un importo pari alla passività per rimborsi futuri rilevata in base alla corretta applicazione del paragrafo B21 dell'Appendice B dell'IFRS 15.	art. 3
Disposizioni ai fini IRAP	Attesa la natura di **accantonamento** dei fenomeni disciplinati negli art. 2 e 3, tale natura viene riconosciuta anche ai fini IRAP.	art. 4
Decorrenza	Le norme previste dal D.M. si applicano a partire dal periodo d'imposta relativo al primo esercizio di adozione del Principio contabile.	art. 5

D.M. 5 agosto 2019 - IFRS 16 - Contiene le norme di coordinamento per la **determinazione della base imponibile** dell'**IRES e** dell'**IRAP** con riferimento al Principio contabile internazionale IFRS 16.

D.M. 5 agosto 2019 - IFRS 16 - Sintesi		
Aspetto disciplinato	**Regole**	**Riferimento**
Ammortamento dell'attività consistente nel diritto di utilizzo	Se l'attività consistente nel diritto d'utilizzo (c.d. "**ROU**") è ammortizzata dalla data di decorrenza fino alla fine della vita utile dell'attività sottostante (primo periodo paragrafo 32 dell'IFRS 16), si applicano le disposizioni fiscali previste dal D.P.R. n. 917/1986 e da altre disposizioni di legge con riguardo all'attività materiale o immateriale sottostante. Se il ROU è ammortizzato alla data di decorrenza alla fine della vita utile dell'attività consistente nel diritto di utilizzo o, se anteriore, al termine della durata del leasing (secondo periodo del paragrafo 32 dell'IFRS 16), le quote di ammortamento deducibili sono determinate in misura corrispondente alla durata di utilizzazione prevista dal contratto o dalla legge (art. 103, c. 2, D.P.R. n. 917/1986) e assumendo, a tal fine, quale durata di utilizzazione prevista dal contratto quella quantificata applicando i paragrafi 18-21 dell'IFRS 16. Le quote di ammortamento del ROU sono, comunque, deducibili in misura non superiore a quanto stabilito, con riferimento all'attività sottostante, dalle disposizioni contenute nel D.P.R. n. 917/1986 concernenti limiti quantitativi alla deduzione di componenti negativi; relativamente ai mezzi di trasporto (art. 164, D.P.R. n. 917/1986) si applicano, inoltre, i limiti di rilevanza del costo disposti per la locazione e il noleggio. Assumono rilevanza ai fini IRES e IRAP le modifiche successive del valore del ROU rilevate in bilancio, fatta eccezione per quanto previsto nel rigo sottostante.	art. 1
Rilevanza delle valutazioni dell'attività consistente nel diritto di utilizzo	Non assumono rilevanza, ai fini IRES e IRAP, le svalutazioni del ROU operate se l'attività consistente nel diritto di utilizzo ha subito una riduzione di valore (paragrafo 33 dell'IFRS 16) né le rivalutazioni e le svalutazioni del ROU derivanti dall'applicazione del modello della rideterminazione del valore (paragrafo 35 dell'IFRS 16).	art. 2

D.M. 5 agosto 2019 - IFRS 16 - Sintesi		
Aspetto disciplinato	**Regole**	**Riferimento**
	Per i leasing che non trasferiscono la proprietà dell'attività sottostante al termine della durata del contratto e per i leasing in cui il costo dell'attività consistente nel diritto di utilizzo non riflette il fatto che il locatario eserciterà l'opzione di acquisto, se all'attività consistente nel diritto d'utilizzo è applicato il modello del *fair value* di cui allo IAS 40, assumono rilievo nella determinazione del reddito imponibile, ai fini IRES, e del valore della produzione netta, ai fini IRAP, le svalutazioni e le rivalutazioni imputate a Conto economico.	
Operazioni di vendita e retrolocazione	Nel caso di operazioni di vendita e retrolocazione rilevate in capo al locatario venditore (paragrafi 100-102 dell'IFRS 16) assumono rilevanza fiscale: a) gli utili e le perdite rilevati contabilmente e riferiti ai diritti trasferiti al locatore acquirente; b) il valore attribuito al ROU derivante dalla retrolocazione, corrispondente alla percentuale del precedente valore contabile del ROU che si riferisce al diritto di utilizzo mantenuto dal locatario venditore.	art. 3
Raggruppamenti di contratti e portafogli	Nel caso di contabilizzazione di più contratti di leasing (paragrafi B1 e B2 dell'IFRS 16), l'ammortamento contabile del ROU è deducibile nel limite della somma degli ammortamenti deducibili determinati applicando i precedenti articoli ai singoli contratti di leasing.	art. 4
Decorrenza	Le norme si applicano a partire dal periodo d'imposta relativo al primo esercizio di adozione del Principio contabile.	art. 5

Novità in vigore dal 2022 - Con due regolamenti UE (Reg. UE n. 2021/25 della Commissione del 13 gennaio 2021 e Reg. UE n. 2021/1080 del 28 giugno 2021) la Commissione europea ha modificato alcuni Principi contabili internazionali IAS e IFRS.
Si tratta, in effetti, di modifiche formali che, però, semplificano i processi e chiariscono alcuni dubbi. Di seguito, si segnalano le modifiche previste dal **Regolamento n. 2021/25**.

Principio contabile	Modifica apportata (Reg. UE n. 2021/25)
IAS 39 "Strumenti finanziari: rilevazione e valutazione" - IFRS 9 "Strumenti finanziari"	- Variazioni base di determinazione dei flussi finanziari contrattuali - Coperture dei flussi finanziari e coperture di un investimento netto - Designazione delle componenti di rischio - Contabilizzazione delle operazioni di copertura - Valutazione dell'efficacia retroattiva
IFRS 7 "Strumenti finanziari: informazioni integrative"	Sono previste informazioni integrative aggiuntive quali: - natura e portata dei rischi derivanti dagli strumenti finanziari - progressi nel completamento della transizione verso i tassi di riferimento alternativi
IFRS 4 "Contratti assicurativi"	- Disposizioni per l'assicuratore che applica l'esenzione temporanea dall'IFRS 9 - Variazioni della base per determinare i flussi finanziari contrattuali
IFRS 16 "Leasing"	- Variazione della base per determinare i futuri pagamenti dovuti per il leasing e contabilizzazione del leasing

Con il **Reg. UE n. 2021/1080**, la Commissione è intervenuta per modificare, a partire dal 1° gennaio 2022, una serie di ulteriori Principi contabili: i Principi contabili internazionali (IAS) 16, 37 e 41 e gli International Financial Reporting Standard (IFRS) 1, 3 e 9.

FISCALITÀ DELLE IMPRESE SOGGETTE AGLI OIC 21.10.

Disciplina applicabile 21.10.1.

Con il D.Lgs. 18 agosto 2015, n. 139 è stata attuata la Direttiva n. 2013/34/UE, con alcune importanti modifiche alle disposizioni del Codice civile relative alla redazione del bilancio e alla comunicazione finanziaria, con effetti dai bilanci relativi agli esercizi aventi inizio a partire dal 1° gennaio 2016.
Ne è seguito l'adeguamento dei **Principi contabili nazionali** redatti dall'Organismo Italiano di Contabilità (**Principi OIC**).
Il coordinamento della disciplina in materia di IRES e IRAP con le disposizioni civilistiche come modificate dal D.Lgs. n. 139/2015 è stato effettuato con l'art. 13-bis, D.L. n. 244/2016.

Il **principio di derivazione rafforzata** (➔21.1.2.) esteso ai soggetti che redigono il bilancio in base al codice civile, non si applica alla determinazione della base imponibile IRPEF delle società di persone. Al contrario, il principio trova applicazione per la determinazione della base imponibile IRES dei soggetti non residenti muniti di Stabile Organizzazione in Italia (risposta dell'Agenzia delle Entrate resa in occasione dell'incontro con la stampa specializzata del 1° febbraio 2018).

Successivamente, con il D.M. 3 agosto 2017 sono state emanate le disposizioni attuative relative agli aspetti fiscali derivanti dalle nuove norme in materia di bilancio e dai nuovi Principi OIC.

Revisione degli OIC 21.10.2.

Gli **OIC validi** sono disponibili sul sito della Fondazione dell'Organismo italiano di contabilità.
Gli OIC disponibili sono stati rivisti alla luce delle modifiche introdotte dal D.Lgs. n. 139/2015 che, tra le altre cose, hanno obbligato:
- alla **rivisitazione del piano dei conti** adattandolo alle esigenze dettate dalla nuova normativa e tenendo conto delle nuove richieste per la Nota integrativa;
- all'**adeguamento** ad alcune **disposizioni tributarie** (ad esempio, la contabilizzazione degli strumenti finanziari derivati con valutazione a *fair value*).

La revisione di tutti i Principi contabili ha tenuto conto anche della modalità di redazione del bilancio in forma abbreviata (art. 2435-bis c.c) e dei bilanci per le micro-imprese (art. 2435-ter c.c.).

OIC in vigore	
Materia	**Numero OIC**
Patrimoni e finanziamenti destinati ad uno specifico affare	OIC 2
Fusione e scissione	OIC 4
Bilanci di liquidazione	OIC 5
Quote di emissione di gas ad effetto serra	OIC 8
Svalutazioni per perdite durevoli di valore delle immobilizzazioni materiali e immateriali	OIC 9
Rendiconto finanziario	OIC 10
Bilancio d'esercizio, finalità e postulati	OIC 11
Composizione e schemi del bilancio d'esercizio	OIC 12
Rimanenze	OIC 13
Disponibilità liquide	OIC 14
Crediti	OIC15
Immobilizzazioni materiali	OIC 16
Bilancio consolidato e metodo del patrimonio netto	OIC 17
Ratei e risconti	OIC 18
Debiti	OIC 19
Titoli di debito	OIC 20
Partecipazioni	OIC 21
Lavori in corso su ordinazione	OIC 23

OIC in vigore	
Materia	**Numero OIC**
Immobilizzazioni immateriali	OIC 24
Imposte sul reddito	OIC 25
Operazioni, attività e passività in valuta estera	OIC 26
Patrimonio netto	OIC 28
Cambiamenti di Principi contabili, cambiamenti di stime contabili, correzione di errori, fatti venuti dopo la chiusura dell'esercizio	OIC 29
Bilanci intermedi	OIC 30
Fondi per rischi e oneri e trattamento di fine rapporto	OIC 31
Strumenti finanziari derivati	OIC 32
Passaggio ai principi contabili nazionali	OIC 33
Principio contabile ETS	OIC 35

21.10.3. Regole di redazione del bilancio

Partendo dai principi guida contenuti nella Direttiva n. 2013/34/UE, il D.Lgs. n. 139/2015 ha modificato le regole sulla redazione del bilancio d'esercizio. In sintesi, si è intervenuto sui seguenti aspetti:

1. **postulati di bilancio**:
   - postulato della rilevanza;
   - postulato della rappresentazione sostanziale;
2. **valutazione e rappresentazione delle poste di bilancio**:
   - costi di ricerca e pubblicità;
   - azioni proprie;
   - strumenti finanziari derivati e *fair value*;
   - ammortamento dei costi di sviluppo;
   - ammortamento dell'avviamento;
   - valutazione di titoli immobilizzati, crediti e debiti;
   - rapporti con imprese controllate dalla medesima controllante;
3. **documenti di bilancio**:
   a. redazione del Rendiconto finanziario;
   b. modifiche allo schema di Conto economico;
   c. modifiche allo schema di Stato patrimoniale;
   d. conti d'ordine.

Modifiche al Codice civile	
Azioni proprie art. 2357-ter c.c.	Le **azioni proprie** sono iscritte in bilancio in **diretta riduzione del patrimonio netto**.
Redazione del bilancio art. 2423 c.c.	Viene previsto l'obbligo di redigere, quale **ulteriore elemento** del bilancio di esercizio, anche il **Rendiconto finanziario**, accanto allo Stato patrimoniale, al Conto economico ed alla Nota integrativa. La **Nota integrativa** deve recare l'importo complessivo degli impegni, delle garanzie e delle passività potenziali non risultanti dallo Stato patrimoniale, con indicazione della natura delle garanzie reali prestate; gli impegni esistenti in materia di trattamento di quiescenza e simili, nonché gli impegni assunti nei confronti di imprese controllale, collegate, nonché controllanti e imprese sottoposte al controllo di quest'ultime sono distintamente indicati. È possibile non rispettare gli obblighi di rilevazione, valutazione, presentazione e informativa quando la loro osservanza abbia **effetti irrilevanti**, al fine di recepire il **principio di rilevanza** introdotto dall'art. 6 (par. 1) della direttiva. In tal caso è necessario illustrare in **Nota integrativa** i **criteri** con i quali le società hanno dato attuazione a tale disposizione; il criterio della rilevanza non mette in alcun modo in discussione gli obblighi relativi alla tenuta di una corretta contabilità.

Modifiche al Codice civile	
Princìpi di redazione del bilancio art. 2423-bis c.c.	La valutazione delle voci di bilancio deve essere fatta tenendo conto della **sostanza dell'operazione o del contratto**, secondo quanto prescritto nei principi generali elencati nell'art. 6 della Direttiva.
Contenuto dello Stato patrimoniale art. 2424 c.c.	Sono state introdotte specifiche **voci di dettaglio** relative ai rapporti intercorsi **con imprese sottoposte al controllo delle controllanti** (cioè le c.d. imprese sorelle). Sono state eliminate le disposizioni relative ai conti d'ordine la cui informativa è ora fornita nella Nota integrativa.
Voci dello Stato patrimoniale art. 2424-bis c.c.	Sono state introdotte modifiche di coordinamento per recepire la nuova modalità di iscrizione delle **azioni proprie**.
Contenuto del Conto economico art. 2425 c.c.	È stata modificata la struttura per recepire gli effetti sulle voci di bilancio derivanti dalla nuova disciplina sugli **strumenti derivati**.
Rendiconto finanziario art. 2425-ter c.c.	È stato introdotto il **Rendiconto finanziario che** deve rappresentare i **flussi di disponibilità liquide**, distinti a seconda che si riferiscano all'attività operativa, finanziaria o di investimento.
Criteri di valutazione delle voci di bilancio art. 2426 c.c.	- È stato introdotto il **metodo del costo ammortizzato** per la **valutazione dei crediti, dei debiti e dei titoli**. Nel caso dei titoli, la norma chiarisce che il metodo è adottato solo nel caso in cui le caratteristiche del titolo lo consentano. La valutazione dei crediti e dei debiti è effettuata tenendo conto anche del fattore temporale. Ciò implica la necessità di attualizzare i crediti e i debiti che, al momento della rilevazione iniziale, non sono produttivi di interessi (o producono interessi secondo un tasso significativamente inferiore a quello di mercato). - È stata modificata la disciplina degli **oneri pluriennali** e dell'**avviamento**, prevedendo che sia i costi di impianto che di ampliamento debbano essere ammortizzati entro un periodo non superiore a 5 anni. - L'**ammortamento dell'avviamento** è effettuato secondo la sua vita utile; nei casi eccezionali in cui non è possibile stimarne attendibilmente la vita utile, è ammortizzato entro un periodo non superiore a 10 anni. Nella Nota integrativa è fornita una spiegazione del periodo di ammortamento dell'avviamento. - Non sono ammesse **riprese di valore** sulle rettifiche di valore relative all'avviamento. - In merito alla disciplina del **metodo del patrimonio netto,** la data di acquisizione della partecipazione è quella utile ai fini del calcolo del valore corrispondente del patrimonio netto della partecipazione da porre a confronto con il costo d'acquisto, in sede di prima applicazione del metodo del patrimonio netto. - L'obbligo di **valutazione al tasso di cambio** vigente alla data di riferimento del bilancio sussiste soltanto per le poste aventi natura monetaria. - È stata introdotta un'apposita disciplina della **valutazione contabile dei derivati e delle operazioni di copertura**, prevedendo un generale obbligo di rilevazione degli strumenti derivati al *fair value*. - Ai fini dell'applicazione degli istituti e delle regole recate dall'art. 2426 c.c., occorre fare riferimento ai Principi contabili internazionali adottati dall'Unione europea per definire alcuni istituti (tra cui "strumento finanziario", "attività finanziaria" e "passività finanziaria", "strumento finanziario derivato", "costo ammortizzato", "*fair value*"). - Sono considerati **strumenti finanziari derivati** anche quelli **collegati a merci** che conferiscono all'una o all'altra parte contraente il diritto di procedere alla liquidazione del contratto per contanti o mediante altri strumenti finanziari, ad eccezione del caso in cui si verifichino contemporaneamente specifiche condizioni.

Modifiche al Codice civile	
Nota integrativa art. 2427 c.c.	- È stato eliminato il richiamo ai **costi di ricerca e pubblicità** (art. 2427, n. 3) trattandosi di costi non più capitalizzabili; rimane fermo il riferimento ai costi di sviluppo. - Sono stati eliminati alcuni riferimenti testuali, alla "significatività" o alla "rilevanza", dal momento che si tratta di valutazioni già ricomprese nel più generale principio di rilevanza. - È stato sostituito il n. 9) stabilendo che la Nota integrativa deve recare l'importo complessivo degli impegni, delle garanzie e delle passività potenziali non risultanti dallo Stato patrimoniale, con indicazione della natura delle garanzie reali prestate; è stato chiarito che gli impegni esistenti in materia di trattamento di quiescenza e simili, nonché gli impegni assunti nei confronti di imprese controllale, collegate, nonché controllanti e imprese sottoposte al controllo di quest'ultime, sono distintamente indicati. - È stata eliminata l'informativa sulla composizione delle **voci straordinarie** del Conto economico nella Nota integrativa. In sua sostituzione, si richiede che la Nota fornisca informazioni circa l'importo e la natura dei singoli elementi di ricavo o di costo di entità o incidenza eccezionali, a tal fine sostituendo il n. 13 del primo comma dell'articolo 2427 c.c. - Sono state integrate le informazioni da fornire relativamente ai **rapporti economici** che possono intercorrere **tra società, amministratori e sindaci** (tra le altre cose, occorre indicare informazioni sulle anticipazioni e i crediti concessi agli amministratori ed ai sindaci, cumulativamente per ciascuna categoria). - È stato completato il novero delle informazioni da fornire sugli **strumenti finanziari emessi dalla società**, richiamando anche i *warrants* e le opzioni. - È stato previsto che la Nota contenga ulteriori informazioni riguardanti: la natura e gli effetti patrimoniali, finanziari ed economici dei **fatti di rilievo avvenuti dopo la chiusura dell'esercizio**; il nome e la sede legale dell'impresa che redige il bilancio consolidato dell'insieme più grande e dell'insieme più piccolo di cui l'impresa fa parte in quanto impresa controllata, nonché il luogo dove è disponibile la copia del bilancio consolidato; la proposta di destinazione degli utili a copertura delle perdite. - È stato previsto che le informazioni relative alle voci dello Stato patrimoniale e del Conto economico siano presentate secondo l'**ordine** in cui le relative voci sono indicate nello Stato patrimoniale e nel Conto economico.
Informazioni relative al *fair value* degli strumenti finanziari art. 2427-bis c.c.	È stato disposto che per ciascuna categoria di strumento finanziario derivato siano indicati alcuni **elementi**, ovvero: i termini e le condizioni significative che possono influenzare l'importo, le scadenze e la certezza dei flussi finanziari futuri; gli assunti fondamentali su cui si basano i modelli e le tecniche di valutazione, qualora il *fair value* non sia stato determinato sulla base di evidenze di mercato; le variazioni di valore iscritte direttamente nel Conto economico, nonché quelle imputate alle riserve di patrimonio netto; una tabella che indichi i movimenti delle riserve di *fair value* avvenuti nell'esercizio.
Relazione sulla gestione art. 2428 c.c.	È stato eliminato il riferimento all'informativa sui **fatti di rilievo avvenuti dopo la chiusura dell'esercizio**.
Bilancio in forma abbreviata art. 2435-bis c.c.	- È stata eliminata la previsione secondo cui dalle immobilizzazioni immateriali e materiali iscritte nell'attivo dello Stato patrimoniale devono essere detratti in forma esplicita gli **ammortamenti** e le **svalutazioni**. - È stato previsto l'esonero dalla redazione del Rendiconto finanziario. - Sono stati integrati i riferimenti alle **voci del Conto economico raggruppabili** in considerazione della collocazione delle nuove voci inserite nel Conto economico *ex* art. 2425 c.c.

Modifiche al Codice civile	
	- Sono stati modificati gli obblighi di informativa in Nota integrativa. - È stata integrata la disciplina sulle **parti correlate** incluse nella Nota integrativa: in particolare, ci si avvale della facoltà di consentire che le informazioni fornite da una media impresa sulle operazioni realizzate con parti correlate siano limitate alle operazioni concluse con le imprese in cui l'impresa stessa detiene una partecipazione. Inoltre, è stato soppresso il riferimento alle **operazioni fuori bilancio**. - È stata inserita una nuova disposizione secondo cui le società che redigono il bilancio in forma abbreviata, in deroga a quanto disposto dall'art. 2426, hanno la facoltà di iscrivere i **titoli al costo di acquisto**, i **crediti al valore di presumibile realizzo** e i **debiti al valore nominale**.
Bilancio delle microimprese art. 2435-ter c.c.	Per poter rientrare in tale regime, le società nel primo esercizio o, successivamente, per due esercizi consecutivi, non devono aver superato due dei seguenti **limiti**: 1) totale dell'**attivo dello Stato patrimoniale: 175.000 euro**; 2) **ricavi delle vendite e delle prestazioni: 350.000 euro**; 3) **dipendenti** occupati in media durante l'esercizio: **5 unità**. Le microimprese applicano la stessa disciplina delle società che redigono il bilancio in forma abbreviata, salvo ulteriori semplificazioni, tra cui l'esonero dalla redazione della Nota integrativa, se in calce allo Stato patrimoniale risultano specifiche informazioni. Inoltre, alle microimprese non si applicano alcune disposizioni (in particolare l'art. 2423, c. 5 sulla deroga per casi eccezionali e l'art. 2426, c. 1, numero 11-bis sulla valutazione dei derivati e delle operazioni di copertura).
Bilancio e distribuzione degli utili ai soci art. 2478-bis c.c.	**Per le Srl**, è stato sostituito il rinvio alle specifiche norme sul bilancio delle società per azioni con un più ampio richiamo alle disposizioni in tema di bilancio, presenti nella sezione IX del capo V del Codice civile contenente la disciplina delle società per azioni, in modo da assicurare la completezza nel tempo dei riferimenti normativi applicabili.

Principio di rilevanza - È uno dei principi introdotti dal D.Lgs. n. 139/2015 (art. 2423, c. 4, c.c.).
In sintesi, viene previsto che **non occorre rispettare gli obblighi** in tema di rilevazione, valutazione, presentazione e informativa **quando la loro osservanza abbia effetti irrilevanti** al fine di dare una rappresentazione veritiera e corretta.
Rimangono fermi gli obblighi in tema di regolare tenuta delle scritture contabili.
Le società illustrano nella Nota integrativa i criteri con i quali hanno dato attuazione alla suddetta disposizione.

Principio della rappresentazione sostanziale - È l'altro principio introdotto dal D.Lgs. n. 139/2015 (art. 2423-bis, n. 1-bis), c.c.).
Viene infatti disposto che nella redazione del bilancio, tra gli altri principi, occorre che la rilevazione e la presentazione delle voci sia effettuata tenendo conto della **sostanza dell'operazione o del contratto**.

Decreto attuativo 21.10.4.

Con il D.M. 3 agosto 2017 oltre a dare attuazione alle modifiche introdotte dal D.L. n. 244/2016, è stato modificato il D.M. 8 giugno 2011 nonché è stata coordinata la normativa per i soggetti che redigono il bilancio in base ai Principi contabili internazionali IAS/IFRS (c.d. "**soggetti IAS/IFRS adopter**") al fine dell'applicazione ai soggetti che redigono il bilancio in base al Codice civile, diversi dalle microimprese (c.d. "**OIC adopter**").
Gli aspetti su cui è intervenuto il decreto possono essere così sintetizzati:

- è stato chiarito che **la rilevanza fiscale**, ai fini IRES e IRAP, dei **componenti imputati direttamente a patrimonio** o al prospetto delle altre componenti di Conto economico complessivo (OCI) per i quali non è prevista l'imputazione a Conto economico, è stabilita secondo le disposizioni applicabili ai componenti imputati al Conto economico aventi la medesima natura; in pratica, al fine di individuare il corretto regime fiscale di un determinato componente di reddito, in assenza dell'imputazione a Conto economico per effetto dell'applicazione degli IAS/IFRS, è necessario indagarne la "natura";

IRES

- è stata eliminata l'**asimmetria fiscale** che si viene a creare tra **soggetto emittente uno strumento finanziario** rappresentativo di capitale con opzione di esercizio di diritti connessi **e soggetto detentore** dello stesso strumento, nel caso di mancato esercizio dei diritti connessi;
- sono stati sterilizzati, ai fini fiscali, gli effetti derivanti dalla contabilizzazione con l'applicazione del costo ammortizzato ai **finanziamenti infragruppo** infruttiferi o a tassi "significativamente" diversi a quelli di mercato;
- è stato disposto che la finalità di **copertura di uno strumento finanziario derivato** a norma dell'art. 112, D.P.R. n. 917/1986 può essere attestata, oltre che da atto di data certa anteriore o contestuale alla negoziazione del relativo strumento, anche con la rilevazione tra gli strumenti finanziari derivati di copertura nel primo bilancio di esercizio approvato successivamente alla data di negoziazione dello stesso.

COMPONENTI POSITIVE DI REDDITO 22.

PREMESSA 22.1.

Tra i componenti positivi di reddito d'impresa rilevanti ai fini dell'IRES vanno considerati:
- i **ricavi** (art. 85, D.P.R. n. 917/1986);
- le **plusvalenze patrimoniali** (art. 86, D.P.R. n. 917/1986);
- le **sopravvenienze attive** (art. 88, D.P.R. n. 917/1986);
- i **dividendi** e gli **interessi attivi** (art. 89, D.P.R. n. 917/1986);
- i **proventi immobiliari** (art. 90, D.P.R. n. 917/1986).

Da considerare anche le **rimanenze**, con particolare attenzione alla valutazione delle **rimanenze di magazzino** (art. 92, D.P.R. n. 917/1986) comprese quelle di alcune categorie di imprese (art. 92-bis, D.P.R. n. 917/1986) oltre che alla valutazione delle **opere, forniture e servizi di durata ultrannuale** (art. 93, D.P.R. n. 917/1986).

Per le plusvalenze occorre considerare anche l'ipotesi di **esenzione** prevista per alcune tipologie al verificarsi di alcune condizioni (c.d. ***participation exemption*** - art. 87, D.P.R. n. 917/1986).

Proventi non imponibili 22.1.1.

Non concorrono alla formazione del reddito imponibile (art. 91, D.P.R. n. 917/1986):
- i **proventi** dei cespiti in **esenzione d'imposta**;
- i **proventi** soggetti a **ritenuta alla fonte** a titolo d'imposta o ad **imposta sostitutiva**;
- in caso di **riduzione del capitale sociale** mediante annullamento di azioni proprie, acquistate in attuazione della relativa deliberazione o precedentemente, la differenza positiva o negativa tra il costo delle azioni annullate e la corrispondente quota del patrimonio netto;
- i **soprapprezzi di emissione** delle azioni o quote e gli **interessi di conguaglio** versati dai sottoscrittori di nuove azioni o quote.

22.2. RICAVI

I **ricavi** sono **tutti i componenti positivi di reddito indicati nel Conto economico**.

Sono considerati ricavi (art. 85, D.P.R. n. 917/1986):

a. i **corrispettivi** derivanti dalla **cessione di beni** e dalla **prestazione di servizi** alla cui produzione o scambio è diretta l'attività dell'impresa;

b. i corrispettivi delle **cessioni** di **materie prime** e **sussidiarie**, di **semilavorati** e altri beni mobili (esclusi quelli strumentali) acquistati o prodotti per essere impiegati nella produzione;

c. i corrispettivi delle **cessioni di azioni** o **quote di partecipazioni**, anche non rappresentate da titoli, al capitale di società ed enti soggetti a IRES, che **non** costituiscono **immobilizzazioni finanziarie**, diverse da quelle cui si applica l'esenzione per le plusvalenze (c.d. PEX, art. 87, D.P.R. n. 917/1986), anche se non rientrano fra i beni al cui scambio è diretta l'attività dell'impresa. Se le partecipazioni sono nelle **società o enti non residenti**, si applicano le norme in materia proventi similari alle azioni e obbligazioni (➔**11.1.2.**) (➔**11.1.3.**);

d. i corrispettivi delle **cessioni di strumenti finanziari similari alle azioni** (art. 44, D.P.R. n. 917/1986) emessi da società ed enti soggetti a IRES, che **non** costituiscono **immobilizzazioni finanziarie**, diversi da quelli cui si applica l'esenzione (art. 87, D.P.R. n. 917/1986) anche se non rientrano fra i beni al cui scambio è diretta l'attività dell'impresa;

e. i corrispettivi delle **cessioni di obbligazioni e di altri titoli in serie o di massa**, diversi da quelli di cui ai punti precedenti, che **non** costituiscono **immobilizzazioni finanziarie**, anche se non rientrano fra i beni al cui scambio è diretta l'attività dell'impresa;

f. le **indennità risarcitorie**, anche in forma assicurativa, conseguite per la perdita dei beni precedentemente indicati;

g. i **contributi in danaro o in natura** spettanti in base a contratto;

h. i **contributi** spettanti esclusivamente **in conto esercizio** a norma di legge;

i. il **valore normale dei beni** alla cui produzione o al cui scambio è diretta l'attività dell'impresa, destinati al **consumo personale** o **familiare dell'imprenditore** o a **finalità estranee all'impresa**, ovvero assegnati ai soci.

I beni di cui alle lettere c), d) ed e) costituiscono immobilizzazioni finanziarie se sono iscritti come tali nel bilancio.

In deroga a quanto detto sopra, per i soggetti che redigono il bilancio in base ai principi contabili internazionali (IAS), si considerano immobilizzazioni finanziarie gli strumenti finanziari diversi da quelli detenuti per la negoziazione (art. 85, c. 3-bis, D.P.R. n. 917/1986).

Casi particolari	
Immobiliari di costruzione e di compravendita	Gli immobili, se non sono utilizzati quali beni strumentali, costituiscono beni merce e, conseguentemente in caso di vendita, danno luogo a ricavi e non a plusvalenza, non sono produttivi di reddito autonomo, nel **periodo di possesso** fino alla vendita (o alla locazione) costituiscono beni di magazzino suscettibili di valutazione come rimanenze al termine di ogni periodo d'imposta, se indicati singolarmente nel registro di magazzino (nota ministeriale 23 giugno 1977, n. 9/1050).
Cessione di una partecipazione	Se iscritta in bilancio per più esercizi consecutivi come immobilizzazione e nel bilancio precedente alla cessione tra le poste dell'attivo circolante, determina il sorgere di ricavi e non di plusvalenze (circ. 27 maggio 1994, n. 73/E, risp. 3.14).
Versamenti ad un fondo di garanzia per operazioni di credito	Se effettuati dai soci in proporzione percentuale all'importo delle operazioni di credito loro accordate, costituiscono, per l'istituto di credito, ricavi, in quanto sono considerati un onere accessorio del prestito contratto (ris. 2 maggio 1979, n. 9/550).
Contributi spettanti a titolo di "**tariffa incentivante**"	Costituiscono ricavi i contributi al responsabile dell'impianto per l'energia prodotta in misura superiore a 20 kw, "qualora l'impianto fotovoltaico, per la sua collocazione, non risulti posto al servizio dell'abitazione o della sede dell'utente". In tal caso, infatti, l'energia prodotta si considera ceduta alla rete nell'ambito di un'attività commerciale e la "tariffa incentivante", ricevuta dal responsabile dell'impianto, costituisce un contributo in conto esercizio, in quanto finalizzato a coprire sia i costi di esercizio, sia quelli connessi all'acquisto dell'impianto (circ. 19 luglio 2007, n. 46/E).

IRES

Componenti che non costituiscono ricavi 22.2.1.

Non scatta la presunzione di cessione (art. 1, D.P.R. n. 441/1997) e quindi non è considerato ricavo la distruzione che si realizza con la **cessione gratuita a enti** (art. 2, c. 1, lett. b), Legge n. 166/2016) delle seguenti tipologie di beni:

a. **eccedenze alimentari** (prodotti alimentari, agricoli e agro-alimentari invenduti o non somministrati per carenza di domanda, ritirati dalla vendita in quanto non conformi ai requisiti aziendali di vendita, prossimi al raggiungimento della data di scadenza, ecc.;
b. **medicinali donati** secondo specifiche modalità individuate dal Ministro della salute con apposito D.M.;
c. **articoli di medicazione** di cui le farmacie devono obbligatoriamente essere dotate secondo la farmacopea ufficiale non più commercializzati, purché in confezioni integre, correttamente conservati e ancora nel periodo di validità, in modo tale da garantire la qualità, la sicurezza e l'efficacia originarie;
d. **prodotti destinati all'igiene e alla cura della persona**, prodotti per l'igiene e la pulizia della casa, integratori alimentari, biocidi, presìdi medico chirurgici, prodotti di cartoleria e di cancelleria, non più commercializzati o non idonei alla commercializzazione per imperfezioni, alterazioni, danni o vizi che non ne modificano l'idoneità all'utilizzo o per altri motivi similari;
e. altri prodotti individuati con apposito decreto del Ministro dell'economia e delle finanze adottato a, non più commercializzati o **non idonei alla commercializzazione per imperfezioni**, alterazioni, danni o vizi che non ne modificano l'idoneità all'utilizzo o per altri motivi similari.

I beni ceduti gratuitamente di cui sopra non si considerano destinati a finalità estranee all'esercizio dell'impresa (art. 85, c. 2, D.P.R. n. 917/1986).

Le agevolazioni si applicano a condizione che (art. 16, c. 3, Legge n. 166/2016):

a. per ogni cessione gratuita sia emesso un **documento di trasporto**;
b. il donatore trasmetta, entro il giorno 5 del mese successivo a quello in cui sono state effettuate le cessioni, agli uffici dell'Amministrazione finanziaria e ai comandi della Guardia di finanza competenti, per via telematica, una **comunicazione riepilogativa** delle cessioni effettuate in ciascun mese solare, con l'indicazione, per ognuna di esse, dei dati contenuti nel relativo documento di trasporto nonché del valore dei beni ceduti, calcolato sulla base dell'ultimo prezzo di vendita. Il donatore è esonerato dall'obbligo di comunicazione per le cessioni di eccedenze alimentari facilmente deperibili, nonché per le cessioni che, singolarmente considerate, siano di valore non superiore a 15.000 euro;
c. l'ente donatario rilasci al donatore, entro la fine del mese successivo a ciascun trimestre, un'apposita **dichiarazione trimestrale**, recante gli estremi dei documenti di trasporto o dei documenti equipollenti relativi alle cessioni ricevute, nonché l'impegno ad utilizzare i beni medesimi in conformità alle proprie finalità istituzionali.

Non costituiscono ricavi, inoltre, le cessioni:

- di beni alle **popolazioni colpite da calamità** per il tramite di Onlus, fondazioni, associazioni, comitati e altri enti (art. 27, Legge n. 133/1999; D.P.C.M. 20 giugno 2000);
- di **prodotti editoriali** e di dotazioni informatiche, **non più commercializzati** o non idonei alla commercializzazione, a favore di enti locali, istituti di prevenzione e pena, istituzioni scolastiche, orfanotrofi ed enti religiosi (art. 54, Legge n. 342/2000; D.M. 25 maggio 2001, n. 264).

PLUSVALENZE PATRIMONIALI 22.3.

Le plusvalenze patrimoniali (art. 86, D.P.R. n. 917/1986) sono elementi reddituali che derivano da **beni differenti da quelli idonei a produrre ricavi** (art. 85, c. 1, D.P.R. n. 917/1986) (➜22.2.).

Sono soggetti alla normativa sulle plusvalenze i **beni che hanno natura diversa dai beni "merce"** e più precisamente:

- i **beni strumentali** all'esercizio dell'impresa, **ammortizzabili** (art. 102, D.P.R. n. 917/1986);
- i **beni non ammortizzabili**, purché non "merce".

> Anche i beni immateriali, sempre che non si tratti di beni "merce", sono assoggettabili alla disciplina delle **plusvalenze patrimoniali**.
> Il corrispettivo derivante dalla cessione di un bene immateriale dà luogo a ricavi, se detto bene rientra tra quelli alla cui produzione o al cui scambio è diretta l'attività dell'impresa ovvero a plusvalenze ove rientri tra i beni relativi all'impresa diversi da quelli prima indicati (ris. 10 agosto 1991, n. 9/611).

IRES

IRES

22.3.1. Requisiti per la tassazione

Le plusvalenze concorrono a formare il reddito d'impresa:
- quando sono realizzate mediante **cessione a titolo oneroso**;
- se derivano da **risarcimento**, anche in forma assicurativa, per la perdita o il danneggiamento dei beni;
- se i beni sono destinati al **consumo personale o familiare dell'imprenditore** o a **finalità estranee all'impresa**, ovvero assegnati ai soci.

Le plusvalenze non concorrono a formare il reddito imponibile se sono solo "iscritte in bilancio" ma non realizzate.

Definite quali sono le plusvalenze patrimoniali, è indispensabile determinarne il **valore economico**.

Tale valore è rappresentato dalla **differenza** tra un valore finale ed un valore iniziale.

Nei casi di cessione a titolo oneroso e di risarcimento, il valore della plusvalenza è dato dalla differenza tra il corrispettivo o l'indennizzo ottenuto ed il costo iscritto in bilancio al netto degli ammortamenti effettuati.

Concorrono alla formazione del reddito anche le **plusvalenze delle aziende**, compreso il valore di avviamento, realizzate unitariamente mediante cessione a titolo oneroso.

Se il corrispettivo della cessione è costituito da beni ammortizzabili, anche se costituenti un complesso o ramo aziendale, e questi sono iscritti in bilancio allo stesso valore al quale vi erano iscritti i beni ceduti, la plusvalenza è costituita dall'eventuale conguaglio in danaro pattuito.

CASO 1 - Calcolo della plusvalenza patrimoniale

Cessione di un bene strumentale di costo storico pari a 10.000 euro.

Nell'anno di cessione, tale bene presenta:
- costo non ammortizzato "civile": 6.200 euro;
- costo fiscalmente riconosciuto: 7.500 euro.

In caso di cessione ad un corrispettivo di 7.800 euro, si avrà:
- plusvalenza contabile: 7.800 - 6.200 = 1.600 euro;
- plusvalenza fiscale: 7.800 - 7.500 = 300 euro.

L'imputazione temporale prevista in ambito civilistico per un'operazione di **sale and lease back** assume rilevanza anche ai fini fiscali, con la conseguenza che la plusvalenza realizzata concorre alla formazione del reddito ripartita in funzione della durata del contratto di locazione finanziaria, a partire dal momento in cui inizia a decorrere il contratto di locazione finanziaria (ris. 23 giugno 2017, n. 77/E).

Plusvalenza derivante da	Calcolo
Cessione a titolo oneroso	**Corrispettivo**, al netto degli oneri accessori di diretta imputazione **-** **costo** non ammortizzato dei beni.
Risarcimento, anche in forma assicurativa, per la perdita o il danneggiamento dei beni	**Indennizzo** conseguito, al netto degli oneri accessori di diretta imputazione **- costo** non ammortizzato dei beni.
Beni destinati al consumo personale o familiare dell'imprenditore o a finalità estranee all'impresa, ovvero assegnati ai soci	**Valore normale - costo** non ammortizzato dei beni.

22.3.2. Tassazione delle plusvalenze

Per le plusvalenze realizzate mediante **cessione a titolo oneroso** o derivanti da **risarcimento**, anche in forma assicurativa, per la perdita o il danneggiamento di beni e diverse da quelle esenti (➔**23.**) (art. 87, D.P.R. n. 917/1986), è possibile il **differimento della tassazione in più esercizi**, sino ad un massimo di cinque, per quote costanti, a condizione che i beni siano stati posseduti per almeno 3 anni o 1 anno per le società sportive professionistiche.

La predetta scelta deve risultare dalla **dichiarazione dei redditi**; se questa non è presentata la plusvalenza concorre a formare il reddito per l'intero ammontare nell'esercizio in cui è stata realizzata.

Per i **beni che costituiscono immobilizzazioni finanziarie**, l'agevolazione si applica per quelli iscritti come tali negli ultimi tre bilanci; si considerano ceduti per primi i beni acquisiti in data più recente.

CASO 2 - Rateizzazione della plusvalenza

- Valore in bilancio dell'impianto ceduto: 1.000 euro.
- Fondo ammortamento: 200 euro.
- Prezzo di cessione: 1.300 euro.
- Plusvalenza imponibile: 500 euro.

1) Tassazione in un unico esercizio:
Risultato d'esercizio = 500;
Reddito imponibile = 500;
Imposte di competenza = 200;
Debiti tributari = 200;
Utile netto di bilancio = 300.

2) Tassazione rateizzata in 5 anni:
Risultato d'esercizio = 500;
Reddito imponibile = 100;
Imposte di competenza = 200;
Debiti tributari = 40;
Imposte differite = 160;
Utile netto di bilancio = 300.
Nel caso in cui si opti per la tassazione rateizzata, nei successivi quattro esercizi la quota residua di plusvalenza, pari a 400 euro, determinerà una ripresa in aumento in sede di dichiarazione dei redditi, in ciascun esercizio pari a 100 euro. Il relativo carico fiscale, pari a 40 euro, non transiterà in Conto economico come imposta di competenza, essendo stato costituito un fondo per imposte differite già nel primo esercizio.

Ai fini della determinazione del reddito d'impresa, è configurabile "una plusvalenza da avviamento commerciale anche nel caso di **cessione a titolo oneroso di un'azienda** il cui corrispettivo sia rappresentato dalla **costituzione di una rendita vitalizia**" (Cass. 27 gennaio 2012, n. 1175).

Plusvalenze non rilevanti 22.3.3.

Non sono fiscalmente rilevanti, o rilevano parzialmente, le plusvalenze relative a beni i cui costi non sono ammessi totalmente o parzialmente in deduzione (ad esempio, **auto aziendali**).
Allo stesso modo, non costituiscono realizzo di plusvalenze le cessioni dei beni ai creditori in sede di **concordato preventivo**, comprese quelle relative alle rimanenze ed il valore di avviamento (art. 86, c. 5, D.P.R. n. 917/1986).

Plusvalenze in materia di partecipazioni 22.3.4.

Nel caso di **restituzione delle riserve di capitale** (➡**11.2.3.**) (art. 47, c. 5, D.P.R. n. 917/1986) o in caso di somme ricevute per **recesso, riduzione del capitale esuberante, liquidazione** di società (➡**11.2.5.**) (art. 47, c. 7, D.P.R. n. 917/1986), costituiscono **plusvalenze** le somme o il valore normale dei beni ricevuti a titolo di ripartizione del capitale e delle riserve di capitale per la **parte che eccede il valore fiscalmente riconosciuto delle partecipazioni** (art. 86, c. 5-bis, D.P.R. n. 917/1986).

Plusvalenze su partecipazioni in imprese non residenti 22.3.5.

Con effetto sugli utili distribuiti e sulle plusvalenze realizzate a decorrere dal **periodo di imposta successivo a quello in corso al 31 dicembre 2018**, per le plusvalenze realizzate su partecipazioni in imprese ed enti residenti o localizzati in **Stati o territori a regime fiscale privilegiato**, individuati in base ai criteri previsti per gli utili (➡**11.5.5.**) (art. 47-bis, c. 1, D.P.R. n. 917/1986), per i quali è possibile dimostrare che il **soggetto non residente svolga un'attività economica effettiva**, mediante l'impiego di personale, attrezzature, attivi e locali (art. 47-bis, c. 2, lett. a), D.P.R. n. 917/1986), al cedente controllante (art. 167, c. 2, D.P.R. n. 917/1986), residente nel territorio dello Stato, ovvero alle cedenti residenti sue controllate, spetta un **credito d'imposta** (art. 165, D.P.R. n. 917/1986) in ragione delle imposte assolte dall'impresa o ente partecipato sugli utili maturati durante il periodo di possesso della partecipazione, in proporzione delle partecipazioni cedute e nei limiti dell'imposta italiana relativa a tali **plusvalenze** (art. 86, c. 4-bis, D.P.R. n. 917/1986).
La detrazione del credito d'imposta spetta per l'ammontare dello stesso non utilizzato dal cedente (art. 89, c. 3, D.P.R. n. 917/1986); tale ammontare, ai soli fini dell'applicazione dell'imposta, è computato in aumento del reddito complessivo.

IRES

Se nella dichiarazione è stato omesso soltanto il computo del credito d'imposta in aumento del reddito complessivo, si può procedere d'ufficio alla correzione anche in sede di liquidazione dell'imposta dovuta in base alla dichiarazione dei redditi.

22.4. SOPRAVVENIENZE ATTIVE

La categoria delle sopravvenienze attive e passive ha la funzione di correggere, nella determinazione del reddito, le disfunzioni causate dal fatto che l'attività dell'impresa e la produzione del reddito avvengono in un **periodo temporale continuo**.

Si considerano sopravvenienze attive i **ricavi o altri proventi conseguiti a fronte di spese**, perdite od oneri dedotti o di passività iscritte in bilancio **in precedenti esercizi e i ricavi o altri proventi** conseguiti per **ammontare superiore** a quello che ha concorso a formare il **reddito in precedenti esercizi**, nonché la **sopravvenuta insussistenza di spese**, perdite od oneri dedotti o di passività iscritte in bilancio **in precedenti esercizi** (art. 88, D.P.R. n. 917/1986).

Nello specifico, sono **sopravvenienze attive** e, quindi, concorrono a formare il reddito:

– le **indennità risarcitorie** considerate **plusvalenze patrimoniali**, conseguite per un ammontare superiore a quello che ha concorso a formare il reddito in precedenti esercizi e che sono rateizzabili (art. 86, c. 1, lett. b), D.P.R. n. 917/1986): in questo caso, l'eccedenza concorre a formare il reddito per l'intero ammontare nell'esercizio in cui sono state realizzate ovvero, se i beni sono stati posseduti per un periodo non inferiore a 3 anni, o a 1 anno per le società sportive professionistiche, a scelta del contribuente, in quote costanti nell'esercizio stesso e nei successivi, ma non oltre il quarto (art. 88, c. 2, D.P.R. n. 917/1986);
– i **ricavi** o altri proventi conseguiti **a fronte di costi dedotti in precedenti esercizi**;
– i **ricavi** o altri proventi **conseguiti in misura superiore** a quelli che hanno concorso alla formazione del reddito di precedenti esercizi;
– la **sopravvenuta insussistenza di costi** dedotti o passività iscritte in bilancio in precedenti esercizi.

Gli importi dei **fondi per rischi e oneri** rivelatisi **esuberanti** rispetto agli accantonamenti operati in precedenti esercizi generano una sopravvenienza attiva. Si fa riferimento:

– al fondo **rischi su crediti e svalutazione crediti** (art. 106, D.P.R. n. 917/1986);
– al fondo **lavori ciclici di manutenzione e revisione di navi e aeromobili** (art. 107, c. 1, D.P.R. n. 917/1986);
– al fondo spese **di ripristino e sostituzione** di **beni gratuitamente devolvibili** (art. 107, c. 2, D.P.R. n. 917/1986);
– al fondo per **operazioni e concorsi a premio** (art. 107, c. 3, D.P.R. n. 917/1986).

Sono, inoltre, considerate sopravvenienze attive:

– le **indennità risarcitorie**, anche in forma assicurativa, diverse da quelle considerate ricavi (art. 85, c. 1, lett. f), D.P.R. n. 917/1986) ovvero plusvalenze (art. 86, c. 1, lett. b), D.P.R. n. 917/1986);
– i proventi ottenuti a titolo di **contributo** o **liberalità**, diversi da quelli considerati ricavi, **esclusi** i contributi in denaro, o il valore normale di quelli, in natura, spettanti sotto qualsiasi denominazione in base a contratto (art. 85, c. 1, lett. g), D.P.R. n. 917/1986) e i contributi spettanti esclusivamente in conto esercizio a norma di legge (art. 85, lett. h), D.P.R. n. 917/1986) e quelli per l'acquisto di beni ammortizzabili indipendentemente dal tipo di finanziamento adottato (➔**22.4.1.**).

22.4.1. Esclusioni

Non si considerano **sopravvenienze attive** (art. 88, c. 4, D.P.R. n. 917/1986):

– gli **apporti** effettuati dai possessori di **strumenti finanziari similari** alle **azioni** (➔**11.1.2.**);
– i **versamenti in denaro** o in **natura** fatti a **fondo perduto o in conto capitale** alle società e agli enti IRES (art. 73, c. 1, lett. a) e b), D.P.R. n. 917/1986), dai propri **soci**.

Inoltre, non sono considerati sopravvenienze attive, in quanto esclusi, i **contributi** percepiti **a titolo di liberalità** dai soggetti sottoposti:

- alle **procedure concorsuali** (R.D. 16 marzo 1942, n. 267; D.Lgs. n. 270/1999; D.L. n. 347/2003; D.Lgs. n. 14/2019);
- alle procedure di **crisi** (art. 20, D.Lgs. n. 180/2015);
- alla procedura di **amministrazione straordinaria** (artt. 70 e ss., D.Lgs. n. 385/1993), ad esclusione di quelli provenienti da società controllate dall'impresa o controllate dalla stessa società che controlla l'impresa.

Tali disposizioni si applicano anche ai contributi percepiti nei 24 mesi successivi alla chiusura delle predette procedure (art. 88, c. 3-bis, D.P.R. n. 917/1986).

Rinuncia dei soci ai crediti 22.4.2.

La rinuncia dei soci ai crediti si considera **sopravvenienza attiva** per la **parte che eccede il** relativo **valore fiscale** (art. 88, c. 4-bis, D.P.R. n. 917/1986).
A tal fine, il socio, con **dichiarazione sostitutiva** di atto notorio, comunica alla partecipata tale valore; in assenza di tale comunicazione, il valore fiscale del credito è assunto pari a zero.
Nei casi di operazioni di **conversione del credito in partecipazioni** si applicano le disposizioni dei periodi precedenti e il valore fiscale delle partecipazioni viene assunto in un importo pari al valore fiscale del credito oggetto di conversione, al netto delle perdite sui crediti eventualmente deducibili per il creditore per effetto della conversione stessa.

Riduzione dei debiti in caso di procedure concorsuali 22.4.3.

Il provento derivante dalla riduzione dei debiti dell'impresa (art. 88, c. 4-ter, D.P.R. n. 917/1986):
- in sede di **concordato fallimentare o preventivo liquidatorio** o di procedure estere equivalenti, previste in Stati o territori con i quali esiste un adeguato scambio di informazioni, o per effetto della partecipazione delle perdite da parte dell'associato in partecipazione, **non** costituisce **sopravvenienza attiva**;
- in caso di **concordato di risanamento**, di **accordo di ristrutturazione** dei **debiti** (omologato ai sensi dell'art. 182-bis, R.D. n. 267/1942) ovvero di un piano di attestato (art. 67, c. 3, lett. d), R.D. n. 267/1942) pubblicato nel registro delle imprese, o di procedure estere a queste equivalenti, **non** costituisce **sopravvenienza attiva** per la **parte** che **eccede** le **perdite pregresse** e di periodo (art. 84, D.P.R. n. 917/1986), senza considerare il limite dell'80%, la deduzione di periodo e l'eccedenza relativa all'ACE (art. 1, c. 4, D.L. n. 201/2011) e gli interessi passivi e gli oneri finanziari assimilati eccedenti il ROL.

In questo caso, la detassazione opera diversamente a seconda che l'impresa debitrice:
- consegua un **utile di periodo**: la sopravvenienza attiva beneficia interamente del regime di detassazione;
- disponga di **perdite (correnti o pregresse)**: il regime opera fino alla concorrenza delle perdite suscettibili di compensazione.

Nell'ambito delle suddette perdite rilevano anche le perdite trasferite al consolidato nazionale, non ancora utilizzate.

CASO 3 - Sopravvenienza per riduzione debiti a seguito di procedura concorsuale
Una società ha realizzato una sopravvenienza attiva pari a 20.000 euro derivante da una procedura concorsuale o para concorsuale.
La tassazione varia a seconda del tipo di procedura in atto:
1. procedura di concordato fallimentare o preventivo liquidatorio, ovvero di procedure estere equivalenti - in questo caso, la sopravvenienza sarà completamente detassata ai fini IRES;
2. concordato di risanamento, accordo di ristrutturazione del debito omologato (art. 182-bis, R.D. n. 267/1942) o piano attestato di risanamento iscritto nel registro imprese (art. 67, c. 3, lett. d), R.D. n. 267/1942) ovvero procedure estere equivalenti - in questo caso, la detassazione della sopravvenienza avviene solo per la parte che eccede le perdite fiscali di periodo e pregresse, e le riduzioni e le eccedenze Ace e degli interessi passivi (art. 96, c. 4, D.P.R. n. 917/1986).

Supponendo che, nel caso prospettato, ci siano solo perdite fiscali di periodo pari a 6.000 euro, la sopravvenienza attiva verrà tassata in misura pari a 14.000 euro (20.000 - 6.000).

Cessione del leasing 22.4.4.

In caso di **cessione del contratto** di locazione finanziaria, il **valore normale del bene** costituisce **sopravvenienza attiva** (art. 88, c. 5, D.P.R. n. 917/1986; circ. 21 giugno 2011, n. 28/E).
Il predetto valore normale deve essere assunto al netto dei canoni relativi alla residua durata del contratto e del prezzo stabilito per il riscatto (valore normale netto), attualizzati alla data della cessione medesima (circ. 3 maggio 1996, n. 108/E/III-6-328; circ. 3 maggio 1996, n. 108/E/I-2-25).
Nel caso di cessione di un contratto di leasing avente ad oggetto un **fabbricato industriale con area sottostante e di pertinenza**, la relativa sopravvenienza attiva va determinata tenendo conto, in diminuzione, anche della quota capitale dei canoni, già pagati, riferiti al terreno (quota che è indeducibile).
Ciò è coerente con quanto già affermato in materia e cioè che nel caso di cessione della proprietà di un'area comprensiva di fabbricato si genera un'unica plusvalenza pari alla differenza tra il corrispettivo pagato e il relativo costo fiscalmente riconosciuto, il quale dovrà essere incrementato delle quote di ammortamento indeducibili in quanto relative al terreno (circ. 16 febbraio 2007, n. 11/E).

IRES

22.5. CONTRIBUTI

22.5.1. Contributi in conto capitale

I **contributi e le liberalità** costituiscono una forma di **sopravvenienza attiva**: essi concorrono a formare il reddito nell'**esercizio in cui sono stati incassati** o in quote costanti nell'**esercizio stesso** e **nei successivi,** ma **non oltre il quarto** (art. 88, c. 3, lett. b), D.P.R. n. 917/1986).

Sono fatte salve le agevolazioni connesse alla realizzazione di investimenti produttivi concesse nei **territori montani** (Legge n. 97/1994), nonché quelle concesse ai sensi del Testo unico delle leggi sugli interventi nel **Mezzogiorno** (D.P.R. n. 218/1978).

Non si considerano contributi o liberalità **i finanziamenti** erogati dallo Stato, dalle Regioni e dalle Province autonome per la costruzione, ristrutturazione e manutenzione straordinaria e ordinaria di immobili di edilizia residenziale pubblica concessi agli **Istituti autonomi per le case popolari**, comunque denominati, e agli **enti aventi le stesse finalità sociali** dei predetti Istituti, istituiti nella forma di società che rispondono ai requisiti della legislazione dell'Unione europea in materia di "in house providing" e che siano costituiti e operanti alla data del 31 dicembre 2013, nonché quelli erogati alle cooperative edilizie a proprietà indivisa e di abitazione per la costruzione, ristrutturazione e manutenzione ordinaria e straordinaria di immobili destinati all'assegnazione in godimento o locazione (art. 88, c. 3, lett. b), D.P.R. n. 917/1986).

22.5.2. Contributi in conto esercizio

I **contributi spettanti a norma di legge** esclusivamente in conto esercizio, erogati da qualsiasi soggetto, anche diverso dallo Stato o da altri enti pubblici, sono considerati **ricavi** (art. 85, lett. h), D.P.R. n. 917/1986).

I contributi in conto esercizio **rilevano** nell'**esercizio** di **competenza** per l'azienda camerale beneficiaria, a condizione che siano riconducibili all'attività commerciale unitariamente considerata (svolta dall'azienda con natura di ente commerciale) ovvero all'attività commerciale eventualmente svolta dall'azienda con natura di ente non commerciale.

> Il contributo destinato a finanziare un'attività istituzionale di natura non commerciale svolta dall'azienda camerale non commerciale non è invece rilevante ai fini delle imposte sui redditi.

22.5.3. Contributi in conto impianti

Si tratta di somme la cui concessione è strettamente subordinata all'acquisizione o alla realizzazione di beni strumentali. Sono, pertanto, somme corrisposte per l'**acquisto di beni strumentali ammortizzabili**.

Sotto il profilo fiscale, i contributi in questione **non** costituiscono **sopravvenienze attive**, **né ricavi**. Essi concorrono alla formazione del reddito in base all'ammortamento dei beni cui si riferiscono, recependo i criteri civilistici che ne regolano l'imputazione a Conto economico.

> I **contributi pubblici** erogati per la ristrutturazione di un immobile di un ente non commerciale, escluso dai cespiti "relativi all'impresa", non concorrono alla formazione del reddito d'impresa come sopravvenienza attiva anche se l'immobile è destinato a essere utilizzato nell'esercizio di un'attività avente natura commerciale (ris. 8 agosto 2007, n. 210/E).

Contributi	Regole
Contributi **in conto capitale**	Costituiscono una forma di **sopravvenienza attiva**: essi concorrono a formare il reddito nell'esercizio in cui sono stati incassati o in quote costanti nell'esercizio stesso e nei successivi, ma non oltre il quarto.
Contributi **in conto esercizio**	Costituiscono **ricavi** e rilevano nell'esercizio di competenza per l'azienda camerale beneficiaria, a condizione che siano riconducibili all'attività commerciale unitariamente considerata (svolta dall'azienda con natura di ente commerciale) ovvero all'attività commerciale eventualmente svolta dall'azienda con natura di ente non commerciale.
Contributi **in conto impianti**	**Non** costituiscono **sopravvenienze attive**, **né ricavi** ma concorrono alla formazione del reddito in base all'**ammortamento dei beni cui si riferiscono**, recependo i criteri civilistici che ne regolano l'imputazione a Conto economico.

PRONTI CONTRO TERMINE 22.6.

Gli **interessi** derivanti da titoli acquisiti in base a contratti "pronti contro termine" che prevedono l'**obbligo di rivendita a termine** dei titoli concorrono a formare il **reddito del cessionario per l'ammontare maturato nel periodo di durata del contratto** (art. 89, c. 6, D.P.R. n. 917/1986).
La differenza positiva o negativa tra il corrispettivo a pronti e quello a termine, al netto degli interessi maturati sulle attività oggetto dell'operazione nel periodo di durata del contratto, concorre a formare il reddito per la quota maturata nell'esercizio.
Tale disciplina si applica sia per le operazioni di pronto contro termine iniziate o concluse durante l'esercizio, sia per quelle ancora in svolgimento alla chiusura dell'esercizio.

DIVIDENDI 22.7.

Aspetti generali 22.7.1.

I **dividendi** sia nazionali che quelli di provenienza estera non sono soggetti ad **imposizione in capo al percettore**.

Dividendi percepiti da società di capitali 22.7.2.

I dividendi distribuiti da società con o senza personalità giuridica, sia residenti che non residenti, anche in sede di liquidazione, **non concorrono** alla formazione del reddito imponibile **in misura pari al 95%** degli stessi (art. 89, c. 2, D.P.R. n. 917/1986).
Resta ferma la concorrenza integrale dei dividendi distribuiti da società residenti in **Paesi a fiscalità privilegiata** (*controlled foreign companies* - **CFC**).
La suddetta esclusione si applica anche (art. 89, c. 3-bis, D.P.R. n. 917/1986):

a. alle remunerazioni sui **titoli, strumenti finanziari e contratti di associazione in partecipazione** (art. 109, c. 9, lett. a) e b), D.P.R. n. 917/1986), limitatamente al 95% della quota di esse non deducibile;
b. alle remunerazioni delle **partecipazioni al capitale o al patrimonio** e a quelle dei **titoli** e degli **strumenti finanziari** (art. 44, D.P.R. n. 917/1986), provenienti dai soggetti che hanno i requisiti sotto riportati, limitatamente al 95% della quota di esse non deducibile nella determinazione del reddito del soggetto erogante.

La disposizione di cui alla lett. b) si applica limitatamente alle remunerazioni provenienti da una società che riveste una delle forme previste dall'Allegato I, parte A, della Direttiva 30 novembre 2011, n. 2011/96/UE, nella quale è detenuta una partecipazione diretta nel capitale non inferiore al 10%, ininterrottamente per almeno un anno, e che (art. 89, c. 3-ter, D.P.R. n. 917/1986):

- risiede, ai fini fiscali, in uno Stato membro dell'Unione europea, senza essere considerata, ai sensi di una convenzione in materia di doppia imposizione sui redditi con uno Stato terzo, residente al di fuori dell'Unione europea;
- è soggetta, nello Stato di residenza, senza possibilità di fruire di regimi di opzione o di esonero che non siano territorialmente o temporalmente limitati, a una delle imposte elencate nell'Allegato I, parte B, della citata direttiva o a qualsiasi altra imposta che sostituisca una delle imposte indicate.

Soggetti che applicano gli IAS - In deroga all'esclusione pari al 95% per i soggetti che redigono il bilancio in base ai princìpi contabili internazionali (Reg. CE n. 1606/2002), gli **utili distribuiti** relativi ad azioni, quote e strumenti finanziari similari alle azioni detenuti per la negoziazione **concorrono per il loro intero ammontare alla formazione del reddito** nell'esercizio in cui sono percepiti (art. 89, c. 2-bis, D.P.R. n. 917/1986).

Tassazione dividendi - Coordinamento con altre norme	
Disposizioni	**Regole di coordinamento**
Consolidato nazionale e mondiale (➡ 10.2.8.)	Nell'ambito della tassazione consolidata nazionale, i dividendi partecipano al reddito secondo le regole ordinarie, non essendo prevista alcuna rettifica di consolidamento a tal fine. Pertanto, la quota imponibile dei dividendi infragruppo concorre alla formazione del reddito consolidato.

IRES

Tassazione dividendi - Coordinamento con altre norme	
Disposizioni	**Regole di coordinamento**
	Per il consolidato mondiale, invece, in caso di interruzione o di revoca del consolidato, i dividendi o le plusvalenze derivanti dal possesso o dal realizzo delle partecipazioni nelle società consolidate, percepiti o realizzate dalla consolidante dal periodo d'imposta successivo all'ultimo periodo di consolidamento, per la parte esclusa o esente in base alle ordinarie regole, concorrono a formare il reddito fino a concorrenza della differenza tra le perdite della società estera che si considerano dedotte e i redditi della stessa società inclusi nel consolidato (art. 139-bis, D.P.R. n. 917/1986).
Regime di **trasparenza fiscale** (➡**10.2.8.**)	L'esercizio dell'opzione per la trasparenza fiscale comporta l'imputazione a ciascun socio del reddito imponibile delle società di capitali (art. 73, c. 1, lett. a), D.P.R. n. 917/1986), al cui capitale sociale partecipano esclusivamente società di capitale (art. 115, D.P.R. n. 917/1986). A tal fine, ciascuna delle società di capitali socie deve detenere una partecipazione nella società partecipata che attribuisca una percentuale del diritto di voto esercitabile nell'assemblea (artt. 2364, 2364-bis e 2479-bis c.c.) e di partecipazione agli utili non inferiore al 10% e non superiore al 50%. L'imputazione a ciascun socio del reddito imponibile della società partecipata avviene indipendentemente dall'effettiva percezione, proporzionalmente alla sua quota di partecipazione agli utili. Gli utili e le riserve di utili distribuiti dalla società partecipata, formatisi nei periodi in cui è efficace l'opzione, non concorrono a formare il reddito dei soci anche laddove eccedenti il reddito imputato per trasparenza (D.M. 23 aprile 2004). Tale disposizione si applica anche nel caso in cui gli utili relativi a periodi per i quali sia stata esercitata l'opzione per la tassazione per trasparenza vengano distribuiti successivamente a tali periodi o i soci siano diversi da quelli cui sono stati imputati i redditi, sempreché rientrino tra i soggetti che possono adottare il regime di trasparenza (art. 115, c. 1 e 2, D.P.R. n. 917/1986).

CASO 4 - Dividendi e trasparenza fiscale

- Prezzo pagato per la partecipazione = valore fiscalmente riconosciuto = 3.000;
- Somma complessivamente ricevuta in caso di recesso = 4.500;
- Somma ricevuta a titolo di ripartizione capitale e riserve di capitale = 4.000;
- Plusvalenza esente (se ricorrono le condizioni di cui all'art. 87) pari alla differenza tra somma ricevuta a titolo di capitale e riserve di capitale (4.000) e valore fiscalmente riconosciuto (3.000) = 1.000;
- Utile da partecipazione (*ex* art. 89) pari alla differenza tra somma ricevuta (4.500) e valore fiscalmente riconosciuto (3.000) = 1.500 - 1.000 (plusvalenza esente) = 500 (utile imponibile nella misura del 5%).

In definitiva, a differenza di quanto previsto per i soggetti non esercenti attività d'impresa, ai fini del trattamento fiscale delle somme erogate nei casi di recesso, esclusione, riscatto e riduzione del capitale esuberante o liquidazione di società (art. 47, c. 7, D.P.R. n. 917/1986), occorre distinguere l'importo corrisposto a titolo di utili da quello corrisposto a titolo di capitale e riserve di capitale in eccedenza al costo fiscalmente riconosciuto della partecipazione.

22.7.3. Dividendi distribuiti da società ed enti non residenti

L'**esclusione** dei dividendi in esame dal reddito imponibile nella misura del **95%** si applica anche qualora la distribuzione di utili relativi alla partecipazione al capitale o al patrimonio e di quelli derivanti da strumenti similari alle azioni (➡**11.1.2.**) (art. 44, c. 2, lett. a), D.P.R. n. 917/1986) avvenga da parte delle **società non residenti** (art. 89, c. 3, D.P.R. n. 917/1986).
Rientrano in questa disciplina anche le remunerazioni erogate da società non residenti per contratti di associazione in partecipazione con apporto diverso da quello esclusivo di opere e servizi (art. 109, c. 9, lett. b), D.P.R. n. 917/1986).
Per usufruire dell'esenzione sono, però, previste alcune **condizioni**.
In particolare, con effetto sugli utili distribuiti e sulle plusvalenze realizzate a decorrere dal periodo di imposta successivo a quello in corso al 31 dicembre 2018, i soggetti devono essere diversi da quelli

residenti in **Stati o territori a regime fiscale privilegiato** o, se ivi residenti, sia dimostrato, anche a seguito dell'esercizio dell'interpello (➔11.5.5.) (art. 47-bis, c. 3, D.P.R. n. 917/1986), che il soggetto non residente svolga un'attività economica effettiva, mediante l'impiego di personale, attrezzature, attivi e locali (art. 47-bis, c. 2, lett. a), D.P.R. n. 917/1986).
Gli **utili** provenienti da società residenti in Stati o territori a regime fiscale privilegiato e le remunerazioni derivanti da **contratti di associazione in partecipazione** (art. 109, c. 9, lett. b), D.P.R. n. 917/1986), stipulati con tali soggetti e alle suddette condizioni, **non concorrono** a formare il reddito dell'esercizio in cui sono percepiti in quanto esclusi dalla formazione del reddito della società o dell'ente ricevente per il **50% del loro ammontare** (art. 89, c. 3, D.P.R. n. 917/1986).
In tal caso, è riconosciuto al soggetto controllante (art. 162, c. 2, D.P.R. n. 917/1986) residente nel territorio dello Stato, ovvero alle sue controllate residenti percipienti gli utili, un **credito d'imposta per i redditi prodotti all'estero** (➔33.1.) (art. 165, D.P.R. n. 917/1986) in ragione delle imposte assolte dalla società partecipata sugli utili maturati durante il periodo di possesso della partecipazione, in proporzione alla quota imponibile degli utili conseguiti e nei limiti dell'imposta italiana relativa a tali utili.
Ai soli fini dell'applicazione dell'imposta, l'ammontare del credito d'imposta è computato in aumento del reddito complessivo.
Se nella dichiarazione è stato omesso soltanto il computo del credito d'imposta in aumento del reddito complessivo, si può procedere d'ufficio alla **correzione** anche in sede di liquidazione dell'imposta dovuta in base alla dichiarazione dei redditi.
Si considerano provenienti da imprese o enti residenti o localizzati in Stati o territori a regime privilegiato gli utili relativi al **possesso di partecipazioni dirette** in tali soggetti o di partecipazioni di controllo (art. 167, c. 2, D.P.R. n. 917/1986), in società residenti all'estero che conseguono utili dalla partecipazione in imprese o enti residenti o localizzati in Stati o territori a regime privilegiato e nei limiti di tali utili.
Qualora il contribuente intenda far valere, sin dal primo periodo di possesso della partecipazione, la sussistenza della condizione che dalle partecipazioni non consegua l'effetto di localizzare i redditi in Stati o territori a regime fiscale privilegiato (art. 47-bis, c. 2, lett. b), D.P.R. n. 917/1986) ma non abbia presentato l'**istanza di interpello** ovvero, avendola presentata, non abbia ricevuto risposta favorevole, la percezione di utili provenienti da partecipazioni in imprese o enti esteri localizzati in Stati o territori privilegiati (art. 47-bis, c. 1, D.P.R. n. 917/1986), deve essere segnalata nella dichiarazione dei redditi da parte del socio residente.

> Nei casi di mancata o incompleta indicazione nella dichiarazione dei redditi si applica la **sanzione** amministrativa da un minimo di **1.000 euro** ad un massimo di **50.000 euro** (art. 8, c. 3-ter, D.Lgs. n. 471/1997).

Dividendi percepiti da enti non commerciali 22.7.4.

Gli utili percepiti dagli enti non commerciali (art. 73, c. 1, lett. c), D.P.R. n. 917/1986) concorrono alla formazione del reddito imponibile nella misura del **100%** (22,26% se si tratta di utili prodotti fino all'esercizio in corso al 31 dicembre 2016) del loro ammontare (art. 4, c. 1, lett. q), D.Lgs. n. 344/2003 e art. 1, c. 2, D.M. 26 maggio 2017).
Sul **100% dell'ammontare degli utili** (o **77,74%** per gli utili prodotti **sino all'esercizio in corso al 31 dicembre 2016**), in qualunque forma corrisposti, si applica una **ritenuta** alla fonte **a titolo di acconto** del **26%**.
Il trattamento fiscale sopra descritto si applica agli utili derivanti sia da partecipazioni non qualificate che da partecipazioni qualificate nonché, ai proventi degli strumenti finanziari partecipativi e agli utili derivanti dai contratti di associazione in partecipazione e cointeressenza con apporto di capitale o misto, indipendentemente dall'entità dell'apporto.
La ritenuta a titolo d'acconto del 26% sugli utili e proventi assimilati è applicabile anche nei casi di **utili di fonte estera**. In tale ipotesi la ritenuta sulla parte imponibile degli utili si applica al netto delle eventuali imposte applicate dallo Stato estero (c.d. **"netto frontiera"**) (➔11.5.6.) (art. 27, c. 4, D.P.R. n. 600/1973).

> Il predetto regime fiscale non si applica a quegli enti non commerciali che determinano le imposte sulla base di discipline speciali: si tratta, ad esempio, dei **fondi pensione** che sono soggetti ad un'imposta sostitutiva sul risultato maturato della gestione e per i quali gli utili concorrono a formare detto risultato senza subire alcuna ritenuta alla fonte.

IRES

22.7.5. Costi connessi alla gestione delle partecipazioni

Le spese e gli altri componenti negativi diversi dagli interessi passivi sono deducibili se e nella misura in cui si riferiscono ad attività o beni da cui derivano ricavi o altri proventi che concorrono a formare il reddito o che non vi concorrono in quanto esclusi (art. 109, c. 5, D.P.R. n. 917/1986).
Le spese sostenute in relazione alla **gestione di partecipazioni qualificate** per l'esclusione si considerano inerenti alla determinazione del reddito d'impresa anche se gli utili da esse derivanti sono esclusi dalla formazione del reddito imponibile nella misura del 95% del loro ammontare.
In sostanza, simmetricamente all'**imponibilità parziale degli utili,** è riconosciuta la **piena deducibilità** dei **costi connessi** alla **gestione** della **partecipazione**.
Tuttavia non è deducibile il costo sostenuto per l'acquisto del **diritto di usufrutto** o altro diritto analogo relativamente ad una partecipazione societaria da cui derivino utili esclusi (artt. 89 e 109, c. 8, D.P.R. n. 917/1986).

22.8. PROVENTI IMMOBILIARI

Qualora l'**immobile** rientri nella disponibilità di un soggetto (sia a titolo di proprietà che di possesso) giuridicamente qualificato come **imprenditore**, esso assume rilevanza ai fini della determinazione del reddito d'impresa, come componente positivo o negativo di reddito, a seconda dello **scopo cui viene destinato** (art. 90, D.P.R. n. 917/1986).

IRES

Un bene immobile si considera relativo all'impresa se **inserito nell'inventario** dell'imprenditore individuale, ovvero, per le società commerciali, se **posseduto**.

Un **immobile appartenente ad un'impresa** può rivestire la natura di:
- **bene strumentale**;
- **bene merce**;
- **bene** (diverso dai precedenti) **relativo all'impresa**.

Tale regola non si applica per i redditi, dominicali e agrari, dei **terreni** derivanti dall'esercizio delle **attività agricole** (art. 32, D.P.R. n. 917/1986), pur se nei limiti stabiliti.

Immobili delle imprese		
Tipologie	**Definizione**	**Trattamento fiscale**
Immobili strumentali	Immobili che partecipano al ciclo produttivo dell'impresa (strumentali per destinazione) o dei beni che, date le loro caratteristiche, non sono suscettibili di diversa utilizzazione senza radicali trasformazioni (strumentali per natura).	Sono assoggettati ad imposta in base al reddito effettivo. Il costo è soggetto ad ammortamento.
Immobili merce	Immobili alla cui produzione o al cui scambio è diretta l'attività d'impresa.	Concorrono alla formazione del reddito come **ricavi** (se ceduti) o **rimanenze** finali (se rimangono in magazzino).
Immobili né strumentali né merce (c.d. "immobili patrimoniali")	Immobili che non sono né strumentali né destinati alla vendita.	Partecipano al reddito d'impresa secondo le regole in materia di redditi fondiari. I costi non sono ammessi in deduzione.

22.8.1. Immobili strumentali

Ai fini delle imposte dirette, "sono considerati strumentali gli immobili utilizzati **esclusivamente per l'esercizio dell'impresa** da parte del possessore" (c.d. Immobili strumentali per destinazione).
Occorrono, tuttavia, **due condizioni** fondamentali (art. 43, c. 2, D.P.R. n. 917/1986):
- che l'**immobile** sia utilizzato in **via esclusiva**; in tal senso, qualora un bene venga impiegato promiscuamente non è più considerato "fiscalmente" strumentale; da ciò l'indeducibilità parziale delle relative quote di ammortamento nel caso di beni ad uso promiscuo;
- che l'**impresa commerciale** sia **esercitata** dal **possessore** dell'**immobile** e non da terzi.

Tuttavia, è presente un'**altra categoria di immobili strumentali** (c.d. Immobili strumentali per natura), ovvero quelli che, date le loro caratteristiche, non sono suscettibili di diversa utilizzazione senza radicali trasformazioni; rientrano in tale categoria gli opifici, i teatri, i cinematografi, le autorimesse, gli immobili a destinazione speciale, le unità immobiliari a destinazione commerciale ed altri.

Tali beni conservano sempre il carattere di strumentalità e non rileva, a tal fine, che siano utilizzati da terzi (locazione) o che restino inutilizzati.

Tassazione - Gli immobili relativi all'impresa, strumentali per natura o per destinazione, sono **assoggettati** ad **imposta in base al reddito effettivo** ed in ogni caso sono **ammortizzabili**.

Strumentalità	Definizione
Per destinazione	Immobili utilizzati **esclusivamente per l'esercizio dell'impresa** da parte del possessore.
Per natura	Immobili che, date le loro caratteristiche, **non** sono **suscettibili di diversa utilizzazione** senza radicali trasformazioni.

Immobili merce 22.8.2.

Gli **immobili merce** sono immobili **alla cui produzione o al cui scambio è diretta l'attività d'impresa**. Tipico è il caso delle **società edili di costruzione e vendita immobiliare**.

Tassazione - Concorrono alla formazione del reddito come **ricavi o rimanenze finali a seconda che vengano ceduti o meno**.

La svalutazione delle rimanenze relative ad immobili valorizzate secondo il criterio del costo specifico è fiscalmente irrilevante. Pertanto, le imprese che vi procedono sono obbligate a riprendere a tassazione il componente negativo conseguito sul piano civilistico (ris. 12 novembre 2013, n. 78/E).

Immobili non strumentali 22.8.3.

Gli immobili **iscritti in pubblici registri** a nome dell'imprenditore (ed **indicati nell'inventario) o posseduti da società commerciali**, che non siano né strumentali né destinati alla vendita, **partecipano al reddito d'impresa** secondo le disposizioni relative ai **redditi fondiari** (reddito catastale o reddito effettivo a seconda dei casi) (➡**10.3.**).

In tal caso i relativi **costi non** sono **ammessi in deduzione**; inoltre, in sede di compilazione della dichiarazione dei redditi, sia i costi che i ricavi da essi derivanti devono essere sostituiti attraverso il meccanismo delle variazioni in aumento ed in diminuzione con il reddito fondiario opportunamente determinato.

Immobili locati 22.8.4.

Se il canone risultante dal contratto di locazione ridotto - fino ad un massimo del 15% del canone medesimo - dell'importo delle **spese** documentate sostenute ed effettivamente rimaste a carico per la realizzazione degli **interventi di manutenzione ordinaria** (art. 3, c. 1, lett. a), D.P.R. n. 380/2001) risulti superiore al reddito medio ordinario dell'unità immobiliare, il reddito è determinato in misura pari a quella del **canone di locazione al netto di tale riduzione** (art. 7, D.L. n. 203/2005).

Tale regola si applica anche ai redditi derivanti da immobili locati non relativi all'impresa degli **enti non commerciali**.

La disposizione si riferisce ai fabbricati - costituenti **immobili patrimoniali** - situati sia nel territorio dello Stato considerato che ai fabbricati situati all'estero a cui non è possibile applicare le **tariffe d'estimo**, necessarie per il calcolo del "reddito medio ordinario", come previsto dal citato art. 90, D.P.R. n. 917/1986 (circ. 13 marzo 2006, n. 10/E).

I **redditi dei fabbricati situati all'estero** restano, pertanto, ricompresi nell'ammontare determinato a norma dell'art. 70, c. 2, D.P.R. n. 917/1986 (➡**10.1.7.**).

Non possono essere portati in riduzione del canone di locazione gli importi delle spese sostenute per interventi edilizi non riconducibili alla suddetta definizione di "manutenzione ordinaria", quali ad esempio gli interventi di **manutenzione straordinaria**, di **restauro** e **risanamento conservativo**, di **ristrutturazione edilizia**.

CASO 5 - Immobili locati
Canone di locazione annuo: 20.000 euro.
Spese di manutenzione: 3.500 euro.
Riduzione massima (15% di 20.000): 3.000 euro.
Spese non deducibili: 500 euro.

IRES

A differenza di quanto previsto per l'IRPEF (art. 37, c. 4-bis, ultimo periodo, D.P.R. n. 917/1986), per i soggetti IRES non è prevista alcuna maggiorazione al limite massimo del 15% a beneficio degli immobili situati nel comune di **Venezia** e nelle isole della **Giudecca**, di **Murano** e di **Burano**.

Inoltre, se le spese di manutenzione ordinaria sostenute da un'impresa risultino, in un determinato periodo d'imposta, superiori al limite del 15%, l'eccedenza non rileva nei periodi d'imposta successivi, anche se l'importo delle spese sostenute nel corso di essi sia inferiore al predetto limite.

Documentazione delle spese - Le **spese di manutenzione ordinaria** possono essere portate in riduzione del canone di locazione, solo se "**documentate**".
Il sostenimento di tali spese, quindi, deve essere adeguatamente comprovato per mezzo di contratti, attestazioni di pagamento, fatture e ricevute fiscali.

Effettivo sostenimento - La norma richiede, inoltre, che le **spese** di manutenzione ordinaria siano **"effettivamente rimaste a carico" dell'impresa locatrice**.
È posto **a carico del locatore** l'obbligo di eseguire, per la durata della locazione, tutte le **riparazioni necessarie** per il mantenimento in buono stato del bene locato, eccetto le spese di **piccola manutenzione** che sono **a carico del conduttore** (art. 1576 c.c.).
Se le parti stabiliscono nel contratto di locazione che le spese di manutenzione ordinaria siano addebitate al conduttore anziché al locatore, quest'ultimo non potrà dedurre gli importi delle spese in argomento e il canone rileverà per l'intero ammontare contrattualmente previsto.

Imputazione del reddito - In applicazione dei principi generali in materia di reddito d'impresa i redditi degli immobili patrimoniali locati rilevano nel periodo d'imposta in cui i canoni di locazione si considerano conseguiti e le spese sostenute in base al **criterio di competenza** (➡**21.2.**) (art. 109, c. 1 e 2, D.P.R. n. 917/1986).

Immobili non relativi all'impresa - Per i redditi derivanti da **immobili locati non relativi all'impresa** si applicano comunque le disposizioni concernenti la determinazione del reddito degli immobili locati (art. 90, c. 1, ultimo periodo, D.P.R. n. 917/1986).
Tali regole si applicano anche agli immobili non relativi all'impresa ceduti in locazione da parte degli enti non commerciali.

22.8.5. Immobili di interesse storico o artistico

Si applicano le stesse regole previste per l'IRPEF (➡**10.3.14.**)

Situazione dell'immobile	Disciplina
Locato	Viene tassata la rendita catastale rivalutata e ridotta del 50%.
Non locato	Qualora il canone risultante dal contratto di locazione ridotto del 35% risulti superiore al reddito medio ordinario dell'unità immobiliare (rendita catastale rivalutata del 5% e ridotta del 50%), il reddito è determinato in misura pari a quella del canone di locazione al netto di tale riduzione (ris. 31 dicembre 2012, n. 114/E).

22.8.6. Deducibilità delle spese

Resta fermo il principio in base al quale le **spese** e gli **altri componenti negativi** relativi ai beni immobili **non** sono **ammessi in deduzione**, fatta eccezione per quelli che rilevano in riduzione del canone di locazione nel limite del 15% del canone medesimo.

Con una **norma di interpretazione autentica**, è stato previsto che tra le spese e gli altri componenti negativi indeducibili non si comprendono gli interessi passivi relativi a finanziamenti contratti per l'acquisizione degli immobili (art. 1, c. 35, Legge n. 244/2007; circ. 21 aprile 2009, n. 19/E).
Inoltre, **non rilevano** ai fini della deducibilità degli interessi passivi (➡**24.15.**) (art. 96, D.P.R. n. 917/1986), quelli relativi a **finanziamenti garantiti da ipoteca su immobili** destinati alla locazione per le società che svolgono in via effettiva e prevalente **attività immobiliare**. Si considerano società che svolgono in via effettiva e prevalente attività immobiliare, le società il cui valore dell'attivo patrimoniale è costituito per la maggior parte dal valore normale degli immobili destinati alla locazione e i cui ricavi sono rappresentati per almeno i due terzi da canoni di locazione o affitto di aziende il cui valore complessivo sia prevalentemente costituito dal valore normale di fabbricati (art. 1, c. 36, Legge n. 244/2007).

IRES

Con riferimento agli oneri indeducibili relativi agli immobili patrimoniali, è stato precisato che (norma di comportamento AIDC n. 156):

- sono **indeducibili i costi** presi in considerazione nella **determinazione** degli **estimi catastali** e quindi non possono essere analiticamente dedotte le spese di riparazione e manutenzione, le spese per il personale addetto ai servizi di custodia o di portineria, alla manutenzione degli edifici o dedicato all'amministrazione e gestione degli stabili;
- sono **deducibili i costi non "specificamente" relativi agli immobili**, quali quelli per il personale addetto alla contabilità e le spese societarie in quanto riferite alla struttura aziendale.

Quote di ammortamento - **Non** sono **fiscalmente deducibili** le quote di ammortamento degli **immobili patrimoniali**.
Per i beni che per le loro caratteristiche rientrano fra i proventi immobiliari (art. 90, D.P.R. n. 917/1986), ancorché diversamente rappresentati nel bilancio IAS *compliant*, il relativo ammortamento non assume rilievo ai fini fiscali (circ. 28 febbraio 2011, n. 7/E).

> Ai fini del calcolo delle quote di ammortamento deducibili dei **fabbricati strumentali** il costo complessivo è assunto al **netto del costo delle aree** occupate dalla costruzione e di quelle che ne costituiscono pertinenza. Il costo da attribuire alle predette aree, ove non autonomamente acquistate in precedenza, è quantificato in misura pari al maggior valore tra quello esposto in bilancio nell'anno di acquisto e quello corrispondente al 20% e, per i fabbricati industriali, al 30% del costo complessivo stesso. Per fabbricati industriali si intendono quelli destinati alla produzione o trasformazione di beni (art. 36, c. 7, D.L. n. 223/2006).

VALUTAZIONE DELLE RIMANENZE 22.9.

Rimanenze di magazzino 22.9.1.

Le **rimanenze** rappresentano la **continuità degli eventi di gestione di un'impresa**.
Gli acquisti e i beni prodotti nell'anno non immessi nel mercato al termine del periodo costituiscono un componente positivo di reddito ("**rimanenze finali**") e assumono natura di componenti economici negativi all'inizio dell'esercizio successivo ("**esistenze iniziali**").
Nel Conto economico non appaiono i valori in forma esplicita delle rimanenze, ma unicamente la variazione. La **variazione a fine anno** è data dalla differenza tra le esistenze iniziali e le rimanenze finali.
Le **rimanenze finali** devono essere distinte per **categorie di beni omogenei**, per **natura** e per **valore** (art. 92, D.P.R. n. 917/1986).

> Per i **beni infungibili**, la valutazione avviene a costi specifici (costo di acquisto o di produzione - art. 110, D.P.R. n. 917/1986).

Contabilità di magazzino - In caso di superamento di alcuni limiti, è obbligatoria la tenuta delle **scritture ausiliarie di magazzino** (➜14.11.7.) (D.P.R. n. 695/1996 e art. 14, D.P.R. n. 600/1973).

Beni che costituiscono rimanenze di magazzino - Sono (art. 85, c. 1, lett. a) e b), D.P.R. n. 917/1986):

- **materie prime e** materie **sussidiarie**;
- **semilavorati, merci e prodotti finiti** alla cui produzione o scambio è diretta l'attività di impresa;
- **altri beni mobili** acquistati o prodotti per essere impiegati nella produzione, **la cui cessione produce ricavi**.

Tali beni, se non vengono valutati a costi specifici, devono essere **raggruppati in categorie omogenee**.

Raggruppamento per categorie omogenee	
Raggruppamento	**Modalità**
Per natura	I beni devono appartenere allo stesso genere ma non necessariamente al medesimo tipo. Pertanto, devono essere raggruppati in relazione alle loro proprietà e caratteristiche merceologiche.

Raggruppamento per categorie omogenee	
Raggruppamento	**Modalità**
Per valore	Il contenuto economico dei beni deve essere somigliante, ma non uguale. All'interno di ogni categoria è dunque possibile classificare beni aventi valore unitario diverso, purché non divergente in misura sostanziale.

Valutazione delle rimanenze ai fini civilistici - Le rimanenze (**OIC 13**) sono valutate in bilancio al **minore tra il costo di acquisto o produzione** e il **valore di realizzazione desumibile dal mercato** (art. 2426, n. 9, c.c.).

La valutazione delle rimanenze si effettua autonomamente per ciascuna categoria di elementi che compongono la voce.

Il metodo generale per la determinazione del costo dei beni è il **costo specifico** che presuppone l'individuazione e l'attribuzione alle singole unità fisiche dei costi specificamente sostenuti per le unità medesime (OIC 13).

Per quanto riguarda i beni non valutati a costi specifici, ovvero, i **beni fungibili**, il primo passo da compiere per la determinazione della valorizzazione delle rimanenze è quello di raggruppare i beni in **categorie omogenee**:

– **per natura**, i beni devono, in relazione alle loro proprietà e caratteristiche merceologiche, appartenere allo **stesso genere**, ancorché di diverso tipo;
– **per valore**, i beni devono avere **identico contenuto economico**.

Metodi per la valutazione delle rimanenze Disciplina civilistica e contabile (art. 2426, c. 1, n. 10), c.c. e OIC 13)	
Metodo	**Applicazione**
LIFO (*last-in, first out*)	Le quantità acquistate o prodotte più recentemente sono le prime ad essere vendute o utilizzate in produzione; per cui restano in magazzino le quantità relative agli acquisti o alle produzioni più remote.
Costo medio ponderato	Il costo di ciascun bene in rimanenza è pari alla media ponderata del costo degli analoghi beni presenti in magazzino all'inizio dell'esercizio e del costo degli analoghi beni acquistati o prodotti durante l'esercizio.
FIFO (*first-in, first out*)	Le quantità acquistate o prodotte in epoca più remota sono le prime ad essere vendute od utilizzate in produzione; per cui restano in magazzino le quantità relative agli acquisti o alle produzioni più recenti.
Variabili del LIFO (LIFO a scatti)	Si tratta di alcune varianti del LIFO. Una variante del metodo LIFO è quella "a scatti". Con il LIFO a scatti la valutazione viene fatta non gradualmente in base ad ogni movimento di entrata e di uscita, ma soltanto a fine periodo. Nel primo esercizio la valutazione della quantità in rimanenza viene effettuata applicando il costo medio ponderato di acquisto (o fabbricazione). Negli esercizi successivi è necessario verificare la quantità di rimanenza e confrontarla con quello dell'esercizio precedente. Se la rimanenza: - è aumentata, la quantità preesistente viene valutata come l'esercizio precedente mentre l'incremento ("scatto") si valuta con il LIFO o al costo medio ponderato dell'esercizio; - è diminuita, il decremento si imputa agli strati formatisi negli esercizi precedenti, a partire dal più recente.

Valutazione delle rimanenze ai fini fiscali - Una volta raggruppati i beni per categorie omogenee, la valutazione avviene al **minore tra**:

– il **costo**;
– il **valore normale medio**.

Elemento	Determinazione
Costo	Somma degli oneri diretti di acquisizione o di produzione e degli oneri accessori direttamente imputabili ai beni acquistati (spese di trasporto, assicurazione, ecc.) (art. 110, D.P.R. n. 917/1986). Non vi rientrano gli oneri riconducibili nell'ambito delle spese generali industriali e amministrative e gli interessi passivi.
Valore normale medio	Prezzo o corrispettivo mediamente praticato (➡2.7.1.) (art. 9, D.P.R. n. 917/1986): - per i beni e servizi della stessa specie o similari; - in condizioni di libera concorrenza; - al medesimo stato di commercializzazione; - nel tempo e nel luogo in cui i beni sono stati acquisiti e, in mancanza, nel tempo e nel luogo più prossimi. Si considera l'ultimo mese dell'esercizio.

Metodi di determinazione del costo - Sono:
- **LIFO a scatti annuali** (art. 92, c. 2 e 3, D.P.R. n. 917/1986);
- **valutazione al valore normale** (art. 92, c. 5, D.P.R. n. 917/1986).

LIFO a scatti annuali - Si fonda sul presupposto che le **unità acquistate nel periodo più recente** vengono **cedute per prime**.

Esercizi in cui si verificano le rimanenze	Valutazione
Primo	Si attribuisce ad ogni unità il valore risultante dalla divisione del costo complessivo dei beni prodotti e acquistati nell'esercizio stesso per la loro quantità.
Successivi	- Se la quantità delle rimanenze è aumentata rispetto all'esercizio precedente: le maggiori quantità, valutate con il criterio sopra descritto, costituiscono voci distinte per esercizi di formazione. - Se la quantità è diminuita: la diminuzione si imputa agli incrementi formati negli esercizi precedenti, a partire dal più recente.

Metodo del valore normale - Si applica se in un esercizio il valore unitario medio dei beni, determinato in base al LIFO a scatti **è superiore al valore normale medio** di essi nell'ultimo mese dell'esercizio.
In tal caso, il valore minimo è determinato moltiplicando l'intera quantità dei beni, indipendentemente dall'esercizio di formazione, per il **valore normale**.
Il minor valore attribuito alle rimanenze vale anche per gli esercizi successivi, sempre che le rimanenze non risultino iscritte nello Stato patrimoniale per un valore superiore.

CASO 6 - Rimanenze finali - Confronto metodi di valutazione
Si propone un esempio di determinazione del valore delle rimanenze, raffrontando i diversi metodi di valutazione.

	Quantità	Costo unitario	Costo totale	Residuo	Valore delle rimanenze			
					FIFO	LIFO	Media	LIFO a scatti
Rimanenza iniziale	Kg. 10	150	1.500	10	1.500	1.500	1.500	1.500
Primo acquisto	Kg. 10	200	2.000	20	3.500	3.500	3.500	
Prima vendita	Kg. -15			5	1.000	750	875	
Secondo acquisto	Kg. 10	100	1.000	15	2.000	1.750	1.875	

	Quantità	Costo unitario	Costo totale	Residuo	Valore delle rimanenze			
					FIFO	LIFO	Media	LIFO a scatti
Seconda vendita	Kg. -8			7	700	950	875	
Terzo acquisto	Kg. 10	300	3.000	17	3.700	3.950	3.875	
Rimanenze	Kg. 17				3.700	3.950	3.875	3.900

Altri metodi - Per le imprese che valutano in bilancio le rimanenze finali con il metodo della **media ponderata** o del **FIFO** o con **varianti del LIFO a scatti**, le rimanenze finali sono assunte per il **valore** che **risulta** dall'applicazione del **metodo adottato** (art. 92, c. 4, D.P.R. n. 917/1986).

Mutamento dei criteri di valutazione - L'impresa deve segnalare all'Amministrazione finanziaria la variazione dei criteri mediante apposita **comunicazione nella dichiarazione dei redditi** relativa al periodo d'imposta in cui è avvenuta tale variazione o in un apposito allegato (art. 110, c. 6, D.P.R. n. 917/1986).
La scelta del criterio ha effetto dallo stesso esercizio in cui il contribuente decide di adottarlo.
L'Ufficio non può opporsi alla scelta effettuata, ma può indagare al fine di accertare se il nuovo criterio rientra tra quelli fiscalmente consentiti.
Nel caso in cui il criterio adottato non sia fiscalmente legittimo, l'Ufficio può **rettificare il valore delle rimanenze** mediante l'applicazione dei normali criteri previsti per le variazioni delle rimanenze (art. 92, D.P.R. n. 917/1986).
Le correzioni in aumento effettuate dall'Ufficio assumono rilevanza anche per gli esercizi successivi. L'Ufficio ha l'obbligo di tenere conto direttamente delle rettifiche apportate e degli effetti che possono avere sugli imponibili degli esercizi successivi (art. 110, c. 8, D.P.R. n. 917/1986).

22.9.2. Dettaglianti

Gli esercenti commercio al minuto possono adottare il **metodo di valutazione del prezzo al dettaglio**, in base al quale dai prezzi di vendita dei beni viene scorporata la percentuale di ricarico e determinato il relativo costo.
Si tratta di un metodo che si adatta alle imprese che acquistano e vendono un gran numero di beni aventi caratteristiche merceologiche diverse (ad esempio, settore della grande distribuzione).
Il metodo del prezzo al dettaglio:
- **prescinde dall'inventariazione fisica** delle giacenze, in quanto i carichi sono rilevati a valori (e non anche a quantità);
- si opera per "**aggregazioni di articoli**" omogenee per percentuali di ricarico;
- si basa sulla **contrapposizione tra i prezzi di costo** (annotati in apposito registro tenuto presso la sede centrale) **e i prezzi di vendita** (i cui movimenti di carico e scarico sono annotati in appositi registri tenuti dalle filiali) aggiornati periodicamente, sempre e soltanto in termini di valore.

È necessaria una particolare **contabilità di magazzino** e va predisposto un documento con l'illustrazione del metodo adottato da esibire agli organi di controllo.

Ricarico - Indica il margine lordo (solitamente stabilito come percentuale del prezzo di vendita) che l'azienda intende conseguire allo scopo di ottenere la copertura dei costi di gestione (spese amministrative e commerciali, oneri finanziari e tributari, ammortamenti, ecc.) e un certo utile netto.

Modalità operative - Occorre procedere nel seguente modo:
- le **merci** vanno **distinte in gruppi omogenei** sulla base delle loro caratteristiche merceologiche e della percentuale di ricarico applicata;
- mediante apposite rilevazioni, le merci sono **prese in carico** non solo al valore di costo, ma anche al prezzo di vendita e gli scarichi sono valorizzati al prezzo di vendita;
- in occasione di eventuali variazioni in aumento o in diminuzione nei prezzi di vendita, i **valori di carico** vanno **rettificati** in più o in meno.

Il saldo dei movimenti di carico e scarico forniscono il valore della rimanenza: da tale valore si passa alla valutazione al costo mediante un semplice calcolo percentuale.

CASO 7 - Calcolo rimanenze di magazzino - Metodo del prezzo al dettaglio
Un'azienda ha in giacenza, al 1° gennaio, merci Alfa per un valore di costo di euro 54.750. La percentuale di ricarico è pari al 25% del prezzo di vendita. Durante l'esercizio sono state acquistate merci Alfa per un costo di euro 620.250 ed eseguite vendite per euro 810.000. Il prezzo di vendita non è variato nel corso dell'anno.

1° operazione: valorizzazione al prezzo di vendita dell'esistenza iniziale e degli acquisti effettuati, in base alla percentuale di ricarico del 25%.
100: 75 = valore esistenza iniziale al prezzo di vendita: 54.750.
Valore esistenza iniziale al prezzo di vendita = 100 x 54.750 / 75 = 73.000.
100: 75 = valore degli acquisti al prezzo di vendita: 620.250.
Valore degli acquisti al prezzo di vendita = 100 x 620.250 / 75 = 827.000.

2° operazione: valorizzazione della rimanenza finale al costo.
Totale carico al prezzo di vendita = 73.000 (esistenza iniziale) + 827.000 (acquisti) = 900.000.
Totale vendite al prezzo di vendita = 810.000.
Rimanenza al 31/12 = 900.000 - 810.000 = 90.000.
100: 75 = 90.000: valore della rimanenza al costo.
Valore di costo della rimanenza = 75 x 90.000 / 100 = 67.500.

IRES

Prodotti in corso di lavorazione 22.9.3.

I prodotti in corso di lavorazione sono **beni che non hanno ancora assunto un'autonoma identità** perché devono subire ulteriori processi di trasformazione per raggiungere lo stadio finale in cui diventano utilizzabili e commercializzabili.
Ad essi non sono applicabili i criteri dettati per gli altri beni in rimanenza (art. 92, c. 6, D.P.R. n. 917/1986) in quanto:
- variando in funzione della fase di lavorazione o dello stato di avanzamento in cui si trovano, non permettono il loro raggruppamento in categorie omogenee, elemento base per applicare il LIFO a scatti;
- non hanno un loro mercato per cui non esiste un prezzo mediamente praticato cui fare riferimento.

Valutazione - A fine esercizio si attribuisce un **valore pari ai costi sostenuti nel periodo d'imposta** cui il bilancio si riferisce, senza considerare i valori unitari delle eventuali rimanenze che provengono da esercizi precedenti.
I costi sostenuti da considerare sono (art. 110, D.P.R. n. 917/1986):
- gli **oneri diretti**;
- gli **oneri accessori di diretta imputazione**.

Le stesse regole si applicano anche per le **opere, forniture e servizi di durata non superiore a 12 mesi (infrannuali)**.
Se invece la **durata** è **ultrannuale**, si applica la disciplina prevista per le opere ultrannuali (➔22.10.).

Valute estere 22.9.4.

Si assume come **valore normale** il valore secondo il **cambio alla data di chiusura dell'esercizio** (art. 92, c. 5, D.P.R. n. 917/1986).
Sono, tuttavia, applicabili i **tassi di cambio alternativi** forniti da operatori internazionali indipendenti utilizzati dall'impresa nella contabilizzazione delle operazioni in valuta, purché la relativa quotazione sia resa disponibile attraverso **fonti di informazione pubbliche e verificabili**.

OPERE DI DURATA ULTRANNUALE 22.10.

Per le **opere di durata ultrannuale** sono previste specifiche regole di valutazione (art. 93, D.P.R. n. 917/1986).

Definizione 22.10.1.

Si tratta di **lavori in esecuzione di commesse affidate con contratti di appalto** o altri atti aventi contenuti economici simili (quali la vendita di cosa futura, taluni tipi di concessioni amministrative per la realizzazione di un'opera, ecc.) concernenti la **costruzione di opere,** edifici, strade, ponti, dighe, navi, impianti, ecc., la fornitura di **servizi direttamente correlati** alla costruzione di un'opera (progettazione), la fornitura di **beni eseguiti su ordinazione**, ovvero la fornitura di più **beni o servizi pattuiti come oggetto unitario**.

Se si tratta di opere con tempo di esecuzione ultrannuale o infrannuale realizzate per essere successivamente vendute si applica la disciplina delle rimanenze di magazzino (➔22.9.1.)

Tipologie di lavori in corso

Contratti a prezzi determinati	L'impresa si impegna a portare a termine l'intero lavoro previsto dal contratto, sulla base del prezzo contrattuale fisso o dei prezzi determinati per le singole voci di lavoro più eventuali adeguamenti.
Contratti con prezzo basato sul costo consuntivo più il margine	Il prezzo è determinato dai costi sostenuti, specificamente previsti dal contratto, maggiorati di una percentuale dei costi stessi a titolo di recupero di spese generali e di altre spese non specificamente rimborsabili, oltre che di profitto, ovvero di un importo fisso, la cui determinazione è in entrambi i casi stabilita contrattualmente.

Le opere ultrannuali hanno per oggetto **beni approntati appositamente per il committente**, secondo le specifiche tecniche da questi richieste, con esclusione dei beni che normalmente l'impresa produce per il magazzino e vende successivamente.
La valutazione di tali lavori è funzionale alla determinazione dei relativi ricavi e costi e quindi al riconoscimento dei conseguenti utili o perdite.

Componenti di reddito generate dai lavori in corso	
Ricavi	La rilevazione del ricavo coincide con il **collaudo** e l'**accettazione** dell'opera **da parte del committente**. I versamenti in acconto vengono considerati come anticipi, fino al momento di accettazione dell'opera.
Rimanenze	Alla fine di ogni esercizio i **lavori in corso di esecuzione o non ancora accettati** dal committente costituiscono rimanenze.

Poiché si tratta di operazioni che non si esauriscono in un solo esercizio, il principio della competenza viene rispettato attraverso un **procedimento di rilevazione dei costi e dei ricavi di commessa** che consenta la loro attribuzione all'esercizio in cui sono effettivamente riferibili, ossia nell'esercizio in cui si svolge l'attività della commessa.
A tal fine è necessario disporre di un'apposita struttura amministrativa che gestisca i contratti.

Ricavi e costi di commessa	
Ricavi di commessa	Sono costituiti dai corrispettivi complessivi riconosciuti dal committente per l'esecuzione o la fornitura delle opere. Comprendono: - il prezzo base stabilito contrattualmente; - le eventuali rettifiche di prezzo e le maggiorazioni per revisione prezzi; - i corrispettivi per opere e prestazioni aggiuntive (es. varianti); - i corrispettivi aggiuntivi conseguenti ad eventi i cui effetti siano contrattualmente o per legge a carico del committente; - gli altri proventi accessori.
Costi di commessa	Sono costituiti dai: - costi diretti riferiti alle commesse; - costi indiretti ripartiti, per imputazione, sulle singole commesse. I **costi diretti** comprendono: - costi dei materiali utilizzati per la realizzazione dell'opera; - costi della manodopera; - costi dei subappaltatori; - spese per il trasferimento di impianti e attrezzature al cantiere; - ammortamenti e noli dei macchinari impiegati; - costi per fidejussioni e assicurazioni specifiche. Tra i **costi indiretti** ci sono: - costi di progettazione; - costi generali di produzione e industriali riferibili all'opera.

Valutazione

22.10.2.

Le **variazioni delle rimanenze finali** delle opere, forniture e servizi pattuiti come oggetto unitario e con tempo di esecuzione ultrannuale, rispetto alle esistenze iniziali **concorrono a formare il reddito dell'esercizio** (art. 93, D.P.R. n. 917/1986).

A tal fine le rimanenze finali, che costituiscono esistenze iniziali dell'esercizio successivo, sono assunte per il valore complessivo determinato a norma delle disposizioni che seguono per la parte eseguita fin dall'inizio dell'esecuzione del contratto.

La **valutazione** è fatta sulla base dei:

- **corrispettivi pattuiti**;
- **corrispettivi liquidati** (metodo applicabile solo per le opere coperte da stati avanzamento lavori - SAL).

Metodo	Valutazione
Corrispettivi pattuiti	Si basa sulla percentuale di completamento. Alla parte di opera eseguita viene attribuito il valore ottenuto moltiplicando il corrispettivo pattuito per la percentuale di avanzamento dei lavori. A fine esercizio: - si stabilisce la percentuale del lavoro già effettuato rispetto al totale dell'opera da eseguire; - si moltiplica tale percentuale per il ricavo pattuito; - si attribuisce il valore ottenuto al lavoro in corso di esecuzione. A tal fine, l'impresa deve essere in grado di effettuare: - attendibili previsioni del ricavo totale; - attendibili stime del costo totale; - adeguate rilevazioni dei costi sostenuti per la produzione. Delle **maggiorazioni di prezzo** richieste in applicazione di disposizioni di legge o di clausole contrattuali si tiene conto, finché non siano state definitivamente stabilite, in misura non inferiore al 50%[1].
Corrispettivi liquidati	Si applica quando il **committente liquida una parte dei corrispettivi a titolo provvisorio** ed in base a precise clausole contrattuali di SAL. In tal caso, le somme versate non costituiscono ricavi d'esercizio per l'impresa, ma sono trattati come **anticipi da clienti**, fino al momento in cui avverrà l'accettazione dell'opera. La valutazione a fine esercizio non tiene conto dei corrispettivi pattuiti e delle eventuali maggiorazioni, bensì dei corrispettivi già liquidati, perché maggiormente rappresentativi del valore dell'opera sino a quel momento compiuta.

[1] Le maggiorazioni di prezzo richieste in applicazione di disposizioni di legge o di clausole contrattuali non ancora determinate in via definitiva assumono rilevanza fiscale solo quando trovano fondamento nella legge o nel contratto.
In assenza di questi presupposti, assumono rilevanza solo quando vengono accettate dal committente (ris. 23 ottobre 1975, n. 9/50032; ris. 30 dicembre 1977, n. 9/2214; ris. 22 settembre 1982, n. 36).

CASO 8 - Opere infrannuali - Metodo dei corrispettivi pattuiti

Si consideri il caso di un'opera ultrannuale, costruita nel corso di 3 esercizi, il cui corrispettivo è stato pattuito pari a 20.000 euro. Il costo totale, pari a euro 16.000, è stato sostenuto nei 3 esercizi come segue:

Esercizio x: 40% del costo totale = 6.400;
Esercizio x+1: 35% del costo totale = 5.600;
Esercizio x+2: 25% del costo totale = 4.000.

La valutazione delle rimanenze in base ai corrispettivi pattuiti è la seguente:

Valore rimanenze al 31/12/x: 20.000 x 6.400 / 16.000 = 8.000;
Utile derivante dalla commessa al 31/12/x: 8.000 - 6.400 = 1.600;
Valore rimanenze al 31/12/x+1: 20.000 x (6.400 + 5.600) / 16.000 = 15.000;
Utile derivante dalla commessa al 31/12/x+1: 15.000 - 8.000 - 5.600 = 1.400;
Valore rimanenze al 31/12/x+2: 20.000 x (6.400 + 5.600 + 4.000) / 16.000 = 20.000;
Utile derivante dalla commessa al 31/12/x+2: 20.000 - 15.000 - 4.000 = 1.000;
Utile totale derivante dalla commessa: (20.000 - 16.000) o (1.600 + 1.400 + 1.000) = 4.000.

Liquidazioni a titolo definitivo - Quando il committente **liquida in via definitiva** l'intera opera o una parte di essa le somme spettanti all'impresa costituiscono **ricavi realizzati** poiché caratterizzati dal requisito della certezza.

Alla **fine dell'esercizio**, in sede di valutazione dell'opera ultrannuale (art. 93, c. 4, D.P.R. n. 917/1986):

- gli importi liquidati non devono essere considerati, poiché già contabilizzati come ricavi realizzati;
- la quota del corrispettivo per la quale la liquidazione definitiva non è ancora avvenuta va inclusa nel calcolo del valore da attribuire alle rimanenze finali del periodo;
- le variazioni positive o negative delle somme già liquidate, dovute a fatti nuovi che si verificano successivamente alla liquidazione, vengono imputate quali sopravvenienze attive o passive al reddito dell'esercizio in cui l'evento viene stabilito in via definitiva, cioè dell'esercizio in cui le variazioni divengono certe, liquide ed esigibili.

CASO 9 - Opere infrannuali - Liquidazione a titolo definitivo

Si consideri il caso di un'opera ultrannuale, costruita nel corso di 3 esercizi, il cui corrispettivo è stato pattuito pari a 10.000 euro. Il costo totale è pari a euro 8.000.

La percentuale di stato avanzamento lavori (SAL) è:

Esercizio x: 40%;

Esercizio x+1: 35%;

Esercizio x+2: 25%.

La valutazione delle rimanenze in base al SAL è la seguente:

Valore rimanenze al 31/12/x: 10.000 x 40% = 4.000;

Valore rimanenze al 31/12/x+1: 10.000 x (40%+35%) = 7.500;

Valore rimanenze al 31/12/x+2: 10.000 x (40%+35%+25%) = 10.000.

IRES

22.10.3. Documentazione

Deve essere redatto un apposito prospetto, distintamente per ciascuna opera, fornitura o servizio, recante:

- gli **estremi del contratto**;
- **generalità** e **residenza** del **committente**;
- **scadenze** previste;
- elementi tenuti a base per la **valutazione** e **collocazione** di tali elementi nei conti dell'impresa.

22.11. SOCIETÀ PETROLIFERE

La valutazione delle rimanenze finali dei beni alla cui produzione o al cui scambio è diretta l'attività dell'impresa (art. 85, c. 1, lett. a), D.P.R. n. 917/1986) e delle materie prime e sussidiarie, dei semilavorati e degli altri beni mobili, esclusi quelli strumentali, acquistati o prodotti per essere impiegati nella produzione (art. 85, c. 1, lett. b), D.P.R. n. 917/1986) è effettuata secondo il **metodo della media ponderata o** del "primo entrato primo uscito" (**FIFO**), anche se non adottati in bilancio (art. 92-bis, D.P.R. n. 917/1986).

Tale disposizione si applica alle imprese il cui volume di ricavi supera le soglie previste per l'applicazione degli studi di settore, esercenti le attività di:

a. **ricerca e coltivazione** di **idrocarburi liquidi e gassosi**;
b. **raffinazione petrolio**, produzione o **commercializzazione** di benzine, petroli, gasoli per usi vari, oli lubrificanti e residuati, di gas di petrolio liquefatto e di gas naturale.

Inoltre, si applica anche ai soggetti che redigono il bilancio in base ai principi contabili internazionali e a quelli che abbiano esercitato, relativamente alla valutazione dei beni fungibili, la relativa opzione (art. 13, c. 4, D.Lgs. n. 38/2005).

22.12. TITOLI E PARTECIPAZIONI

Per la valutazione dei titoli e quote che nel bilancio non sono stati indicati tra le immobilizzazioni finanziarie e che, al contrario, sono indicati nell'**attivo circolante**, si applicano i **medesimi criteri di valutazione delle rimanenze di materie prime e merci** (➔**22.9.**) (art. 94, D.P.R. n. 917/1986), salvo il caso in cui in un esercizio il valore unitario medio delle partecipazioni, raggruppate in categorie omogenee (titoli emessi dallo stesso soggetto e aventi uguali caratteristiche) e determinato con i metodi di valutazione delle rimanenze, sia superiore al valore normale medio degli stessi nell'ultimo mese dell'esercizio.

In tal caso la valutazione minima corrisponderà:

Titoli	Valore minimo
Titoli derivanti da contratti di **riporto** o di **pronti contro termine**	Non determinano variazioni nelle rimanenze.
Titoli quotati in **mercati regolamentati** italiani ed esteri	Prezzi rilevati nell'ultimo giorno dell'esercizio ovvero media aritmetica dei prezzi rilevati nell'ultimo mese.
Altri titoli	Valore normale.

Le stesse regole si applicano anche per la valutazione delle quote di partecipazione in società ed enti non rappresentate da titoli (art. 94, c. 7, D.P.R. n. 917/1986).

Deroga 22.12.1.

Per i soggetti che redigono il bilancio in base ai **principi contabili internazionali**, la valutazione dei corrispettivi delle cessioni di azioni o quote di partecipazioni a società, di strumenti finanziari similari alle azioni e di obbligazioni e titoli similari (art. 85, c. 1, lett. c), d) ed e), D.P.R. n. 917/1986), operata in base alla corretta applicazione di tali princìpi, assume rilievo anche ai fini fiscali (art. 94, c. 4-bis, D.P.R. n. 917/1986).

Contratti pronti contro termine 22.12.2.

Le cessioni di titoli, derivanti da contratti di riporto o di "pronti contro termine" che prevedono per il cessionario l'obbligo di rivendita a termine dei titoli, non determinano variazioni delle rimanenze dei titoli (art. 94, c. 2, D.P.R. n. 917/1986).

IRES

23. PLUSVALENZE ESENTI DA TASSAZIONE

IRES

23.1. ASPETTI GENERALI

La disciplina sulle **partecipazioni esenti da tassazione** (c.d. "*participation exemption* o PEX) (art. 87, D.P.R. n. 917/1986) si colloca nell'ottica della **tassazione a monte in capo al percettore** che deriva dalla disciplina sui dividendi.

23.2. AMBITO SOGGETTIVO

In presenza dei requisiti di legge (➔**23.4.**), possono avvalersi del regime della *participation exemption* i **soggetti passivi IRES** (➔**19.2.**) (art. 73, D.P.R. n. 917/1986).

> L'istituto trova parziale applicazione anche nei confronti dei soggetti IRPEF (art. 58, c. 2, D.P.R. n. 917/1986; circ. 4 agosto 2004, n. 36/E).

23.2.1. Esclusioni

Considerato che una delle condizioni necessarie per fruire della *participation exemption* è l'**iscrizione delle partecipazioni tra le immobilizzazioni finanziarie**, il regime in esame **non può essere applicato** per le plusvalenze realizzate a seguito della cessione di partecipazioni detenute in regime d'impresa dai **contribuenti** c.d. "**minori**" (➔**14.6.**), (circ. 4 agosto 2004, n. 36/E).
Gli stessi, non essendo tenuti agli obblighi di redazione del bilancio previsti per i soggetti in **contabilità ordinaria**, non possono accedere al regime in esame, data l'impossibilità di riscontrare la sussistenza dei requisiti previsti dalla legge e, in particolare, quello della classificazione delle partecipazioni tra le immobilizzazioni finanziarie.
Da quanto precede discende che la cessione di partecipazioni:
- detenute in regime d'impresa in **contabilità semplificata** (art. 66, D.P.R. n. 917/1986) genera sempre plusvalenze interamente tassabili ovvero minusvalenze interamente deducibili;
- non detenute in regime d'impresa, sono oggetto delle regole di tassazione previste per i redditi diversi.

23.3. QUALIFICAZIONE DELLE PLUSVALENZE

Le plusvalenze, ai fini dell'applicazione dell'esenzione, devono riferirsi ad **azioni** (comprese le azioni proprie, anche se cedute obbligatoriamente; artt. 2357, c. 4, 2357-bis, c. 2 e 2359-ter, c.c. e art. 121, D.Lgs. n. 58/1998) o **quote di partecipazioni in società di persone**, escluse le società semplici e gli enti alle stesse equiparate, **e in società di capitali ed enti** equiparati, comprese quelle non rappresentate da titoli.
Inoltre, devono essere **realizzate mediante**:
- **cessione a titolo oneroso**;
- **risarcimento**, anche in forma assicurativa, **per la perdita o il danneggiamento** dei beni;
- **assegnazione ai soci o destinazione a finalità estranee** all'esercizio dell'impresa.

Le plusvalenze sono costituite dalla **differenza fra il corrispettivo o l'indennizzo conseguito**, ovvero il valore normale, al netto degli oneri accessori di diretta imputazione, **e il costo non ammortizzato**.
I costi specificamente inerenti alla cessione di tali partecipazioni, che in base alla legge risultano indeducibili, possono non essere ricompresi tra gli "oneri accessori di diretta imputazione".
Ne consegue che l'**indeducibilità** di tali costi, non può che avvenire in sede di dichiarazione dei redditi mediante una **variazione in aumento del reddito d'esercizio** (art. 109, c. 5, D.P.R. n. 917/1986).
L'esenzione si applica anche agli **strumenti finanziari assimilati alle azioni**, vale a dire gli strumenti la cui remunerazione è totalmente indeducibile in quanto interamente ancorata ai risultati economici della società emittente o dell'affare, nonché ai contratti in **associazione in partecipazione** e a quelli di **cointeressenza**, allorché sia previsto un apporto diverso da quello di opere e servizi.
Rientra tra le ipotesi di realizzo (oltre al conferimento e alla permuta) anche il **trasferimento della residenza all'estero** (art. 166, c. 1, D.P.R. n. 917/1986). Infatti, è previsto che "costituisce realizzo" - al valore normale - anche il trasferimento all'estero della sede o della residenza della società partecipante, salvo che i componenti dell'azienda o il complesso aziendale non siano confluiti in una Stabile Organizzazione presente nel territorio dello Stato.

Tipologie di partecipazioni che generano plusvalenze esenti	
Partecipazioni	**Rilevanza ai fini della PEX**
Partecipazioni in società ed enti	Il regime della *participation exemption* si applica alle operazioni di realizzo relative alle **azioni e** alle **quote di partecipazione** in: - società di capitali; - società cooperative; - società di mutua assicurazione; - società in nome collettivo e in accomandita semplice, comprese le società di fatto che abbiano per oggetto l'esercizio di attività commerciali; - società di armamento; - enti pubblici e privati diversi dalle società, relativamente all'attività di impresa commerciale da essi esercitata, inclusi i consorzi e le associazioni non riconosciute. Il regime opera **indipendentemente dalla percentuale di diritti patrimoniali o amministrativi detenuti**, non essendo richiesto alcuno specifico rapporto di controllo o di collegamento con la partecipata. L'esenzione non trova applicazione in relazione a plusvalenze realizzate sulle quote di partecipazione in **società semplici** ed enti ad esse equiparati, come le società di fatto che non abbiano per oggetto l'esercizio di attività commerciali e le associazioni professionali senza personalità giuridica.
Strumenti finanziari similari alle azioni (➡**11.1.2.**)	Al fine di estendere agli strumenti finanziari il trattamento fiscale proprio delle azioni e, in particolare, il regime delle plusvalenze esenti, è comunque necessario che la **remunerazione** di tali strumenti finanziari sia costituita "totalmente dalla **partecipazione ai risultati economici**" della società emittente (o di altra appartenente al medesimo gruppo) o dell'affare in relazione al quale i titoli e gli strumenti finanziari sono stati emessi.
Contratti di **associazione in partecipazione e** di **cointeressenza agli utili** (➡**21.6.**)	Ai fini dell'applicazione del regime delle plusvalenze esenti ai contratti di associazione in partecipazione e ai contratti di partecipazione agli utili o alle perdite di cui all'art. 2554 c.c., l'**assimilazione del trattamento dell'associato a quello del socio** opera a condizione che l'apporto dell'associato sia costituito da solo capitale o contemporaneamente da capitale ed opere o servizi (apporto misto).
Azioni proprie	Le **azioni proprie** rientrano tra i beni la cui cessione può dare origine a plusvalenze esenti, anche nel caso in cui siano **cedute obbligatoriamente** (artt. 2357, c. 4, 2357-bis, c. 2 e 2359-ter c.c. e art. 121, D.Lgs. n. 58/1998). In merito alla cessione obbligatoria di partecipazioni sociali, si riconosce la possibilità di rateizzare le plusvalenze realizzate, a prescindere dal requisito temporale del possesso "triennale" affermato dall'art. 86, c. 4, D.P.R. n. 917/1986 (art. 82, D.P.R. n. 917/1986).

Tipologie di partecipazioni che generano plusvalenze esenti	
Partecipazioni	**Rilevanza ai fini della PEX**
	Anche le plusvalenze relative al realizzo di azioni proprie sono ammesse al regime della *participation exemption*, a condizione che ricorrano tutti i requisiti previsti dall'art. 87, D.P.R. n. 917/1986 (e, in particolare, quelli relativi alla durata minima del possesso e alla classificazione nella categoria delle immobilizzazioni finanziarie).
Diritto di usufrutto, diritti d'opzione e obbligazioni convertibili	Condizione essenziale affinché la cessione del diritto di usufrutto e dei diritti d'opzione possa realizzare una plusvalenza qualificabile per il regime di esenzione è che tali **diritti** siano **ceduti dallo stesso proprietario della relativa partecipazione**. Qualora, infatti, per iniziativa del titolare della partecipazione, i diritti di opzione siano da questa "scorporati", ovvero il diritto di usufrutto sia ceduto dal titolare del pieno diritto di proprietà, si è in presenza della cessione di una quota parte del valore patrimoniale delle azioni o quote che, ricorrendo i requisiti previsti dall'art. 87, D.P.R. n. 917/1986, può qualificarsi per l'esenzione. Ciò non vale, invece, nel caso in cui i diritti d'opzione siano negoziati da un terzo al quale tali diritti siano pervenuti separatamente dalle partecipazioni cui sono collegati, ovvero nel caso in cui il diritto di usufrutto sia ceduto dall'usufruttuario stesso o da un successivo avente causa. Si ritiene, infatti, che: - i diritti d'opzione, così come le obbligazioni convertibili, siano titoli solo potenzialmente in grado di divenire partecipazioni; - l'usufrutto non rappresenti una quota di partecipazione iscrivibile tra le immobilizzazioni.
Quote dei **fondi comuni d'investimento** e di partecipazione alle **SICAV**	Sono escluse dal regime di *participation exemption* le quote dei fondi comuni di **investimento mobiliare**, anche se iscritte tra le immobilizzazioni finanziarie, in quanto non rientranti tra le azioni e quote di partecipazione in società ed enti. Esigenze di uniformità dei criteri impositivi inducono, inoltre, ad escludere dal regime di esenzione anche le quote di partecipazione nelle SICAV.
Titoli e strumenti finanziari dei **non residenti**	La *participation exemption* si applica anche alle plusvalenze realizzate a seguito della cessione di azioni o quote di partecipazione, comprese quelle non rappresentate da titoli, relative alle società ed enti con o senza personalità giuridica, non residenti nel territorio dello Stato (art. 73, c. 1, lett. d), D.P.R. n. 917/1986). Le plusvalenze che derivano dalla **cessione di strumenti finanziari**, rappresentati o non da titoli ed emessi da soggetti non residenti, possono fruire della *participation exemption* a condizione che siano rispettati, con riferimento agli strumenti stessi, i seguenti requisiti (art. 44, c. 2, lett. b), D.P.R. n. 917/1986): - si tratti di partecipazioni al capitale o al patrimonio di società o enti non residenti; - la relativa remunerazione, se corrisposta da una società residente, sia totalmente indeducibile dal reddito d'impresa (art. 109, c. 9, lett. a), D.P.R. n. 917/1986).
Pronti contro termine e prestito titoli	A seguito di cessione "pronti contro termine" non si realizzano plusvalenze e quindi non può trovare applicazione il regime della PEX. Le medesime considerazioni valgono per le operazioni di prestito titoli.
Cessione di **partecipazioni acquistate in leasing**	In presenza di un contratto di leasing azionario, l'utilizzatore non può dedurre il canone ma soltanto l'importo degli interessi passivi calcolati nel piano di ammortamento finanziario (ris. 10 maggio 2004, n. 69/E). Di conseguenza, i requisiti del possesso e dell'iscrizione in bilancio (➡**23.4.**) (art. 87, c. 1, lett. a) e b), D.P.R. n. 917/1986), decorrono a partire dal momento in cui si esercita il diritto di riscatto (circ. 16 marzo 2005, n. 10/E).

Tipologie di partecipazioni che generano plusvalenze esenti	
Partecipazioni	**Rilevanza ai fini della PEX**
	È solo da quel momento, infatti, che la partecipazione diventa "iscrivibile" nello Stato patrimoniale della partecipante. Peraltro, in caso di adozione della rilevazione secondo il metodo c.d. "finanziario" (previsto dagli IAS e, in genere, dai corretti criteri contabili) delle vicende riguardanti i beni in leasing, l'iscrizione in bilancio della partecipazione fin dal momento della stipula del contratto anticipa la maturazione dei citati requisiti.

REQUISITI

23.4.

La **non imponibilità delle plusvalenze** è soggetta a 4 specifiche **condizioni**.

Requisiti per la *participation exemption*	
Requisito	**Art. 87, c. 1, D.P.R. n. 917/1986**
Ininterrotto possesso della partecipazione **dal primo giorno del dodicesimo mese precedente quello dell'avvenuta cessione** considerando cedute per prime le partecipazioni acquisite in data più recente (➡23.4.1.).	lett. a)
Iscrizione della partecipazione tra le **immobilizzazioni finanziarie** nel primo bilancio chiuso nel periodo di possesso (➡23.4.2.).	lett. b)
Residenza della società partecipata in uno **Stato o territorio diverso da quelli a regime fiscale privilegiato** individuati in base ai criteri previsti per gli utili (art. 47-bis, c. 1 D.P.R. n. 917/1986) o, alternativamente, la dimostrazione anche a seguito dell'esercizio dell'interpello di cui all'art. 47-bis, c. 3, D.P.R. n. 917/1986, che dalle partecipazioni non consegua l'effetto di localizzare i redditi in Stati o territori a regime fiscale privilegiato (art. 47-bis, c. 2, lett. b), D.P.R. n. 917/1986) (➡11.5.5.).	lett. c)
Esercizio da parte della società partecipata, al momento del realizzo, **di un'impresa commerciale**; in altre parole deve trattarsi di società operativa (➡23.4.4.). Tale requisito si applica a decorrere dal periodo di imposta successivo a quello in corso al 31 dicembre 2018, nonché agli utili percepiti a decorrere dal medesimo periodo di imposta (art. 13, c. 6, D.Lgs. n. 142/2018). In precedenza, invece, era richiesta la residenza della società partecipata in uno **Stato o territorio diverso da quelli a regime fiscale privilegiato** o, alternativamente, la dimostrazione anche a seguito dell'esercizio dell'interpello di cui all'art. 167 c. 5, lett. b), D.P.R. n. 917/1986, che dalle partecipazioni non sia stato conseguito, sin dall'inizio del periodo di possesso, l'effetto di localizzare i redditi in detti Stati o territori.	lett. d)

Periodo minimo di possesso

23.4.1.

La prima condizione richiede che in capo al cedente si verifichi l'**ininterrotto possesso dal primo giorno del dodicesimo mese precedente** quello dell'avvenuta cessione, considerando cedute per prime le azioni o quote acquisite in data più recente.
In altre parole, è necessario che:

1. il **possesso ininterrotto** interessi i 12 mesi completi che precedono quello in cui la partecipazione è stata ceduta. Pertanto:
   - si qualifica per l'esenzione la plusvalenza derivante dalla cessione di una partecipazione effettuata nel mese di marzo dell'anno n, se la stessa era posseduta almeno dal 1° marzo dell'anno n-1;
   - non si qualifica per l'esenzione la plusvalenza derivante dalla cessione di una partecipazione effettuata nel mese di marzo dell'anno n, se la stessa era posseduta solo dal 2 marzo dell'anno n-1. In tal caso, infatti, per godere dell'esenzione la cessione deve avvenire a partire dal 1° aprile dell'anno n;

IRES

2. nel caso di cessione di una **partecipazione acquisita in date differenti**, occorre utilizzare il **criterio LIFO** per individuare quale partecipazione sia stata ceduta per prima, considerando cedute per prime le azioni o quote acquisite in data più recente.

Da ciò deriva che, al momento della **cessione di una partecipazione acquisita in più *tranche***, occorre verificare se la plusvalenza realizzata si qualifichi in tutto o in parte per il regime di esenzione. In caso di **trasferimento delle partecipazioni da un comparto all'altro** per individuare le azioni cedute per prime e, quindi, verificare se e in quale misura tale differenziale possa essere considerato plusvalenza esente, si applica il **criterio LIFO a ciascun comparto** (e non all'intero pacchetto di partecipazioni).

23.4.2. Iscrizione tra le immobilizzazioni finanziarie

La seconda condizione richiede che la partecipazione risulti **classificata nella categoria delle immobilizzazioni finanziarie** nel **primo bilancio** chiuso durante il periodo di possesso.

In base a tale disposizione le partecipazioni acquistate, ad esempio, nel mese di ottobre dell'anno n si qualificano per l'esenzione se risultano iscritte nel bilancio d'esercizio chiuso al 31 dicembre dello stesso anno n, e più precisamente alla voce B, raggruppamento III, n. 1, del relativo Stato patrimoniale.

> Tale condizione fa riferimento al primo bilancio "chiuso" durante il periodo di possesso, che si presenti tale alla data di cessione della partecipazione. Non è necessario, quindi, che il bilancio risulti approvato dall'assemblea dei soci prima della cessione della partecipazione.

È tuttavia necessario che l'**approvazione del bilancio** intervenga **entro il termine di presentazione della dichiarazione** dei redditi nella quale è fatta valere l'esenzione.

Banche e istituti finanziari - Poiché questi soggetti redigono il bilancio ai sensi del D.Lgs. n. 87/1992, mancando una specifica voce di Stato patrimoniale che indichi l'iscrizione delle partecipazioni tra le immobilizzazioni o tra il circolante, la classificazione deve essere desunta dalla **Nota integrativa**.

In conformità a tale principio, anche per le **imprese di assicurazione** che redigono il bilancio ai sensi del D.Lgs. n. 173/1997, la classificazione va desunta dalla Nota integrativa.

Soggetti che redigono il bilancio secondo schemi diversi da quelli previsti dal Codice civile e leggi speciali (artt. 2424 e ss. c.c., D.Lgs. n. 87/1992 e D.Lgs. n. 173/1997) - La condizione dell'iscrizione nelle immobilizzazioni finanziarie si ritiene soddisfatta nel caso in cui le partecipazioni risultino come tali nei bilanci ovvero da altri **elementi certi e precisi della contabilità**.

L'iscrizione tra le immobilizzazioni nel primo esercizio rende pertanto **irrilevanti eventuali riclassificazioni** del titolo nell'attivo circolante operate in esercizi successivi, con la conseguenza che la cessione di una partecipazione iscritta in origine tra le immobilizzazioni darà sempre luogo (ricorrendo le altre condizioni) ad una plusvalenza esente o ad una minusvalenza non deducibile.

Cessione di partecipazioni iscritte nell'attivo circolante - Se, in tale comparto, siano presenti sia partecipazioni che si qualificano per la *participation exemption* (perché sono state iscritte tra le immobilizzazioni nel primo bilancio e perché hanno già maturato il periodo minimo di possesso), sia partecipazioni che non si qualificano, occorre determinare in che modo operi il regime di *participation exemption*.

Nell'ipotesi in cui una società acquisisca una partecipazione al capitale sociale con dote in un'altra società, in ragione del negativo andamento della società partecipata, qualora decida di trasferire successivamente la propria quota di partecipazione, l'intero ammontare della dote può essere assimilato a un costo fiscalmente riconosciuto della partecipazione di segno negativo, il quale concorrerà alla formazione del reddito imponibile al momento del realizzo al ricorrere dei presupposti ivi previsti (risposta a interpello 19 ottobre 2018, n. 39).

23.4.3. Residenza fiscale

Con le modifiche introdotte dal D.Lgs. n. 142/2018, che ha recepito la Direttiva ATAD (Direttiva UE n. 2016/1164), sono cambiate le modalità di individuazione dei **regimi fiscali privilegiati** (➔11.5.5.) (art. 47-bis, D.P.R. n. 917/1986) e, pertanto, anche la disciplina di cui si discute è stata coordinata con le nuove disposizioni.

In particolare, con effetto dal periodo d'imposta successivo a quello in corso al 31 dicembre 2018, la condizione della residenza fiscale subordina la possibilità di accedere al regime della *participation exemption* alla circostanza che la società partecipata abbia fissato la residenza in uno **Stato o terri-**

torio diverso da quelli a regime fiscale privilegiato individuati in base ai criteri previsti per gli utili (➡**11.5.5.**) (art. 47-bis, c. 1, D.P.R. n. 917/1986) o, alternativamente, ci sia la dimostrazione anche a seguito dell'esercizio dell'interpello (art. 47-bis, c. 3, D.P.R. 917/1986) che dalle partecipazioni non consegua l'effetto di localizzare i redditi in Stati o territori a regime fiscale privilegiato (art. 47-bis, c. 2, lett. b), D.P.R. n. 917/1986).
Inoltre, è cambiata anche la regola relativa al possesso ininterrotto del requisito di cui si discute (➡**23.4.5.**).

Esercizio di impresa commerciale 23.4.4.

L'ultimo requisito consiste nell'**esercizio, da parte della società partecipata, di un'impresa commerciale** (art. 55, D.P.R. n. 917/1986).

> Il requisito della commercialità va definito sulla base di un **criterio sostanziale**, secondo il quale non tutti i redditi prodotti nell'esercizio di impresa sono riferibili a un'attività commerciale (risposta a interpello 11 gennaio 2021, n. 33).

Senza possibilità di prova contraria si presume che questo requisito non sussista relativamente alle partecipazioni in società il cui valore del patrimonio è prevalentemente costituito da beni immobili diversi dagli immobili alla cui produzione o al cui scambio è effettivamente diretta l'attività dell'impresa, dagli impianti e dai fabbricati utilizzati direttamente nell'esercizio d'impresa.
Si considerano direttamente utilizzati nell'esercizio d'impresa gli **immobili concessi in locazione finanziaria** e i **terreni** su cui la società partecipata svolge l'**attività agricola**.
Nel caso in cui una società, pur non svolgendo un'effettiva attività commerciale, produce ricavi effettivi superiori a quelli previsti dalla disciplina delle **società non operative**, la cessione della partecipazione detenuta nella medesima società non integra i presupposti per usufruire dell'esenzione anche in presenza di una società "non di comodo".
Viceversa, se una società, pur possedendo i requisiti per la commercialità, non riesce a conseguire ricavi minimi, in base ai coefficienti previsti dalla disciplina sulle società non operative (art. 30, Legge n. 724/1994), la si considera non operativa, fatta salva la possibilità di dimostrare l'esistenza di situazioni oggettive tali da impedire la produzione di ricavi presunti, pur rientrando la plusvalenza da cessione della relativa partecipazione nel regime PEX (circ. 29 marzo 2013, n. 7/E).
L'impresa commerciale, al cui esercizio è subordinata l'applicazione della *participation exemption*, è individuata sulla base delle **attività che danno luogo a reddito d'impresa** (art. 55, D.P.R. n. 917/1986).

> La *participation exemption* non si applica alle attività che seppur svolte da un soggetto passivo IRES consistono nel **mero sfruttamento economico di un bene**. In tal caso manca infatti il requisito della commercialità (ris. 18 agosto 2009, n. 226/E).

Il periodo di sostenimento dei costi per l'avvio dell'attività non va considerato nel computo dei tre periodi di imposta di esercizio di un'attività commerciale che devono precedere l'inizio del periodo in cui viene dato corso alla cessione (risposta a interpello 14 settembre 2018, n. 2).
Si è in presenza di un'impresa commerciale, ai fini del regime della *participation exemption* - PEX, nell'ipotesi in cui la società partecipata risulti dotata di una **struttura operativa idonea** alla **produzione** e/o alla **commercializzazione** di beni o servizi potenzialmente produttivi di ricavi, ovvero nel caso in cui l'impresa disponga della **capacità**, anche solo potenziale, **di soddisfare** la **domanda del mercato** nei tempi tecnici ragionevolmente previsti in relazione alle specificità dei settori economici di appartenenza (risposta a interpello 28 novembre 2019, n. 502).

Beni immobili - Il requisito della commercialità, per presunzione assoluta, non ricorre qualora il valore del patrimonio della società partecipata sia prevalentemente costituito da beni immobili.
Dal novero degli immobili sono **esclusi gli immobili alla cui produzione o al cui scambio è effettivamente diretta l'attività dell'impresa**, nonché **gli impianti e i fabbricati utilizzati direttamente nell'esercizio d'impresa**.

> I **fabbricati concessi in locazione o godimento**, anche attraverso contratti di affitto d'azienda, non si considerano utilizzati direttamente nell'esercizio dell'impresa.

Inoltre, si considerano direttamente utilizzati nell'esercizio d'impresa e, pertanto, sono esclusi dal calcolo della prevalenza:
- i beni **immobili** concessi **in locazione finanziaria**;
- i **terreni** su cui la società partecipata svolge l'**attività agricola**.

IRES

L'entità del patrimonio rilevante ai fini della verifica di prevalenza degli immobili deve essere assunta a valori correnti e non a valori contabili; pertanto, il confronto da effettuare è tra valore degli immobili in parola e valore dell'intero patrimonio sociale, considerando anche gli avviamenti positivi e negativi pur se non iscritti.
Occorre, pertanto, mettere a confronto:
- il **valore corrente degli immobili** (diversi da quelli alla cui produzione o al cui scambio è effettivamente diretta l'attività dell'impresa, nonché dagli impianti e dai fabbricati utilizzati direttamente nell'esercizio d'impresa), e
- il **totale dell'attivo patrimoniale**, anch'esso a valori correnti.

Entrambi i termini del rapporto vanno assunti al netto di eventuali elementi che possano incidere sia negativamente sia positivamente sulla relativa valutazione, come ad esempio l'iscrizione di ipoteca su un immobile ovvero l'inclusione di un terreno agricolo nel piano di fabbricazione.

Attività di gestione immobiliare e fornitura di servizi complementari - Nel caso di esercizio congiunto di tali attività (ad esempio, è il caso di immobili che fanno parte di complessi quali villaggi turistici, centri sportivi, gallerie commerciali) è possibile far scattare il **requisito della commercialità** (circ. 29 marzo 2013, n. 7/E).
In tal caso, i servizi complementari:
- devono riguardare il **complesso immobiliare** nel suo insieme anche se forniti tramite soggetti terzi;
- devono essere di significativa entità in modo da rendere l'attività di locazione o di affitto non più prevalente in quanto inserita in una più ampia attività di **prestazione di servizi**.

Se i ricavi relativi ai servizi sono inferiori, il soggetto può fornire prova contraria, in sede di controllo.

Start-up - Si è in presenza di un'impresa commerciale se la società partecipata risulta dotata di una **struttura operativa** idonea alla produzione e/o alla commercializzazione di beni o servizi potenzialmente produttivi di ricavi. Inoltre, tale requisito sussiste laddove l'impresa disponga della capacità - anche solo potenziale - di soddisfare la domanda del mercato nei tempi tecnici ragionevolmente previsti in relazione alle specificità dei settori economici di appartenenza. In base a tale assunto, il **periodo di start-up** non è idoneo a configurare, in via autonoma, esercizio di attività commerciale.
Tuttavia, tale periodo può assumere una connotazione commerciale, ai fini PEX, laddove faccia seguito lo svolgimento effettivo dell'attività d'impresa. In altri termini, c'è commercialità già nella fase di *start-up* se la società partecipata, dopo aver ultimato le fasi preparatorie, essendosi dotata di un apparato organizzativo autonomo, inizia a svolgere l'attività per la quale è stata costituita (circ. 29 marzo 2013, n. 7/E).

23.4.5. Possesso ininterrotto dei requisiti

La regola relativa al possesso ininterrotto del requisito della residenza (➔**23.4.3.**) è stata modificata, con effetto dal periodo d'imposta successivo a quello in corso al 31 dicembre 2018, dal D.Lgs. n. 142/2018, che ha recepito la Direttiva ATAD (Direttiva UE n. 2016/1164).
In particolare, il **requisito** della **residenza** (➔**23.4.3.**) deve sussistere, **ininterrottamente**, sin dal primo periodo di possesso.
Tuttavia, per i rapporti detenuti da più di 5 periodi di imposta e oggetto di realizzo con controparti non appartenenti allo stesso gruppo del dante causa, è sufficiente che tale condizione sussista, ininterrottamente, per i 5 periodi d'imposta anteriori al realizzo stesso.

> Si considerano appartenenti allo stesso gruppo i soggetti residenti o meno nel territorio dello Stato tra i quali sussiste un rapporto di controllo (art. 167, c. 2, D.P.R. n. 917/1986) ovvero che sono sottoposti al comune controllo da parte di altro soggetto residente o non residente nel territorio dello Stato.

Il requisito dell'esercizio di impresa commerciale (➔**23.4.4.**) deve sussistere ininterrottamente, al momento del realizzo, almeno dall'inizio del terzo periodo d'imposta anteriore al realizzo stesso.

Requisiti - Casi particolari	
Ipotesi	**Disciplina ai fini PEX**
Società *holding*	Per le partecipazioni in società la cui attività consiste in via esclusiva o prevalente nell'**assunzione di partecipazioni**, i requisiti di residenza in un Paese non a fiscalità privilegiata (➡23.4.3.) e dell'esercizio d'impresa commerciale (➡23.4.4.) si riferiscono alle **società indirettamente partecipate** e si verificano quando tali requisiti sussistono nei confronti delle partecipate che rappresentano la maggior parte del valore del patrimonio sociale della partecipante (art. 87, c. 5, D.P.R. n. 917/1986). La norma riguarda la cessione di partecipazioni nelle cosiddette ***holding***, intendendo per tali le società che hanno per oggetto esclusivo o prevalente della propria attività l'assunzione di partecipazioni. Per valutare l'attività prevalente occorre mettere a confronto, anche in questo caso, il valore corrente delle partecipazioni con quello dell'intero patrimonio sociale, considerando anche gli avviamenti positivi e negativi pur se non iscritti. Al fine di qualificare per l'esenzione una partecipazione in una *holding*, i suddetti requisiti devono sussistere non in capo alla stessa *holding*, bensì in capo alle società da questa direttamente o indirettamente partecipate e alle relative **Stabili Organizzazioni**.
Conferimento	In relazione ai **conferimenti effettuati in neutralità fiscale** (art. 176, c. 1, D.P.R. n. 917/1986), la verifica dell'iscrizione in bilancio e del periodo di ininterrotto possesso (➡23.4.2.) va effettuata tenendo conto delle disposizioni recate sui conferimenti (art. 176, c. 1 e 4, D.P.R. n. 917/1986). Il **principio della continuità nel possesso del complesso aziendale conferito**, esteso ai beni oggetto del conferimento (comprese le partecipazioni), porta a ritenere che il soggetto conferitario verificherà la sussistenza del requisito temporale tenendo conto anche del periodo di detenzione già maturato in capo al conferente. Inoltre, al fine di impedire la modifica della prima iscrizione attraverso un'operazione fiscalmente neutra, il conferitario non può modificare la classificazione della partecipazione così come risultante nel bilancio della conferente.
Fusione	Nelle operazioni di **fusione "pura", con nascita** cioè **di un nuovo soggetto**, l'eventuale natura "non commerciale" di una delle società fuse non esclude in ogni caso che la partecipazione nella nuova società possa qualificarsi per l'esenzione. In tal caso occorre valutare comparativamente la consistenza dei patrimoni delle società fuse, per concludere che la partecipazione nella nuova società potrà considerarsi qualificata per l'esenzione soltanto se la componente "commerciale" del patrimonio della nuova società sia prevalente, ossia se il patrimonio "conferito" dalla società fusa "non commerciale" sia inferiore al 50% del patrimonio della società risultante dalla fusione. Il maggior valore patrimoniale della società "commerciale" interessata dalla fusione fa sì che la partecipazione nella *newco* possa qualificarsi per l'esenzione. La prevalenza della componente "commerciale" deve sussistere ininterrottamente, al momento del realizzo della partecipazione, per un periodo non inferiore a quello previsto dall'art. 87, c. 2, D.P.R. n. 917/1986 (➡23.4.5.). Qualora la cessione intervenga prima del decorso del triennio dalla fusione, si rende necessario verificare che il requisito della commercialità sussista non solo con riguardo al periodo di possesso della partecipazione nella società risultante dalla fusione, ma anche per il periodo antecedente. A tal fine, il requisito della commercialità può considerarsi soddisfatto se il valore del patrimonio della società fusa "commerciale", per tutto il periodo necessario al computo del triennio dalla cessione, è stato superiore a quello della società fusa "non commerciale". Le stesse considerazioni valgono in caso di fusione per incorporazione.
Scissione	In caso di scissione, il nuovo soggetto che nasce a seguito dell'operazione di riorganizzazione societaria deve essere valutato - ai fini della verifica dei requisiti di residenza in un Paese non a fiscalità privilegiata (➡23.4.3.) e dell'esercizio d'impresa commerciale (➡23.4.4.) - considerando i **requisiti in capo al dante causa**.

IRES

23.5. QUANTIFICAZIONE DELLE PLUSVALENZE ESENTI

Nelle ipotesi di realizzo della partecipazione mediante cessione a titolo oneroso o mediante risarcimento anche in forma assicurativa, la **plusvalenza** è costituita dalla **differenza** fra il **corrispettivo o** l'**indennizzo** conseguito, al netto degli oneri accessori di diretta imputazione, e il **costo non ammortizzato** (➡**22.3.1.**).

In caso di **assegnazione ai soci o destinazione a finalità estranee** all'esercizio dell'impresa, la plusvalenza è costituita dalla **differenza** tra il **valore normale e** il **costo non ammortizzato dei beni**.

Per "**costo non ammortizzato**" si intende il costo fiscale attribuito alla partecipazione.

Il valore fiscalmente riconosciuto in capo al cessionario per l'acquisto della partecipazione (che si sia qualificata per l'esenzione in capo al cedente) è rappresentato dal costo che il cessionario ha sostenuto per l'acquisto della partecipazione stessa.

23.6. RIPARTIZIONE DI RISERVE E ALTRI FONDI

L'esenzione si applica anche per le somme e per il valore normale dei beni ricevuti, nel corso della vita della società partecipata, a titolo di **ripartizione delle riserve** o altri fondi costituiti con:

- **soprapprezzi di emissione** delle azioni o quote;
- **interessi di conguaglio** versati dai nuovi sottoscrittori di azioni o quote;
- **versamenti** fatti **a fondo perduto o in conto capitale**;
- **saldi di rivalutazioni monetaria** esenti di imposta.

L'esenzione riguarda la parte che eccede il valore fiscalmente riconosciuto della partecipazione, sempreché quest'ultima possieda i requisiti menzionati precedentemente.

23.7. RECESSO, RIDUZIONE DEL CAPITALE E LIQUIDAZIONE DELLA SOCIETÀ

In caso di recesso, di riduzione del capitale esuberante o di **liquidazione** anche concorsuale delle società, l'esenzione si applica alla **differenza** tra le **somme** o il **valore dei beni ricevuti a titolo di ripartizione del capitale e delle riserve** menzionate e il **valore fiscalmente riconosciuto della partecipazione**, sempreché la partecipazione possiede i requisiti richiesti.

Per le partecipazioni prive dei requisiti di esenzione il predetto plusvalore, ovvero il minusvalore se realizzato, concorre alla formazione del reddito imponibile nel suo intero ammontare.

Resta ferma, nelle suddette ipotesi, l'applicazione delle disposizioni previste per le **distribuzioni delle riserve di utile** (➡**22.7.2.**) (art. 89, D.P.R. n. 917/1986).

Nei casi di recesso, riduzione del capitale e liquidazione di società la differenza identificata come plusvalenza può beneficiare della **parziale esenzione** se la partecipazione ha le caratteristiche delineate in precedenza, previste dalla legge.

Percettori	Disciplina ai fini PEX
Soggetti IRES	La differenza (positiva) tra le somme distribuite a titolo di ripartizione delle riserve di capitale (➡**11.2.3.**) (art. 47, c. 5, D.P.R. n. 917/1986), e il valore fiscalmente riconosciuto della partecipazione è assoggettata al regime proprio delle plusvalenze. Tale eccedenza si qualificherà, pertanto, per l'esenzione in presenza dei requisiti PEX. Nel caso in cui il percettore possieda partecipazioni che non si qualificano per l'esenzione, la differenza positiva tra somme ricevute a titolo di ripartizione di riserve di capitali e costo fiscalmente riconosciuto concorre, quale plusvalenza, alla formazione del reddito imponibile per l'intero ammontare (art. 86, D.P.R. n. 917/1986). In modo corrispondente, se la predetta differenza è negativa la stessa risulterà: - indeducibile, se le partecipazioni si qualificano per la *participation exemption*; - deducibile, se le partecipazioni non si qualificano per l'esenzione. Nell'eventualità che le somme o i beni in argomento siano attribuiti ai soci a titolo diverso dalla ripartizione di riserve di capitale, essi rilevano come dividendi e pertanto saranno assoggettati al regime di parziale esclusione (➡**22.7.2.**) (art. 89, D.P.R. n. 917/1986), a nulla rilevando che le partecipazioni si qualifichino o meno per l'esenzione.

Percettori	Disciplina ai fini PEX
Soggetti IRPEF imprenditori	In presenza dei requisiti previsti dalla norma la plusvalenza è tassata in capo al soggetto IRPEF nei limiti del 58,14% (49,72% sino all'esercizio in corso al 31 dicembre 2016) del relativo ammontare. Le somme ricevute a seguito di distribuzione di riserve diverse da quelle di capitali si considerano, invece, utili e concorrono alla formazione del reddito per il 58,14% (49,72% sino all'esercizio in corso al 31 dicembre 2016) del loro ammontare.
Soggetti IRPEF non imprenditori	L'intera somma ricevuta in occasione del recesso e degli altri eventi prima richiamati dalle persone fisiche che non detengono la partecipazione in regime d'impresa si qualifica come **utile** (➡11.2.5.) (art. 47, c. 7, D.P.R. n. 917/1986).

MINUSVALENZE DI REALIZZO DELLA PARTECIPAZIONE 23.8.

Le **minusvalenze** realizzate relative a partecipazioni con i requisiti PEX di cui all'art. 87, c. 1, lett. b), c) e d), (rispettivamente, iscrizione tra le immobilizzazioni finanziarie (➡23.4.2.), residenza in un Paese non a fiscalità privilegiata (➡23.4.3.) ed esercizio d'impresa commerciale (➡23.4.4.) possedute ininterrottamente dal primo giorno del dodicesimo mese precedente quello dell'avvenuta cessione, considerando cedute per prime le azioni o quote acquisite in data più recente, ed i costi specificamente inerenti al realizzo di tali partecipazioni, sono **indeducibili in misura pari al 41,86%** (art. 64, D.P.R. n. 917/1986).

Tale norma si applica **solo agli imprenditori persone fisiche (soggetti IRPEF)** e non anche ai soggetti IRES.

Di conseguenza, si possono avere, a fronte del realizzo di partecipazioni detenute, ad esempio, da 15 mesi, plusvalenze interamente imponibili o minusvalenze indeducibili nella misura del **41,86%** (circ. 13 marzo 2006, n. 10/E).

Per tali soggetti, ove ricorrano i presupposti dell'esenzione della plusvalenza realizzata, questa compete comunque nella misura del 41,86%.

Lo scenario tracciato dal D.P.R. n. 917/1986 può, pertanto, essere semplificato nel seguente modo.

Origine del componente negativo	Partecipazioni		
	Con i requisiti per l'esenzione	**Senza i requisiti per l'esenzione e iscritte nelle immobilizzazioni**	**Senza i requisiti per l'esenzione e iscritte nel circolante**
Realizzo	Minusvalenza indeducibile	Minusvalenza deducibile	Perdita deducibile
Valutazione	In ogni caso indeducibile		

ESCLUSIONE DELLA PARTICIPATION EXEMPTION PER LE BANCHE 23.9.

Gli enti creditizi possono richiedere all'Agenzia delle Entrate, mediante la presentazione di apposita **istanza di interpello** (art. 11, Legge n. 212/2000) che il regime della *participation exemption* non sia applicato alle partecipazioni acquisite nell'ambito di **interventi finalizzati al recupero crediti** o derivanti dalla **conversione in azioni di nuova emissione dei crediti** verso imprese in temporanea difficoltà finanziaria diverse dagli enti creditizi e da quelle di assicurazione (art. 113, c. 1, D.P.R. n. 917/1986).

REGIME TRANSITORIO 23.10.

Partecipazioni già possedute all'entrata in vigore della PEX 23.10.1.

Tra i requisiti per l'esenzione è prevista la classificazione della partecipazione tra le immobilizzazioni finanziarie nel primo bilancio chiuso durante il periodo di possesso (➡23.4.2.).

Le **eventuali riclassificazioni successive** a tale iscrizione "di riferimento" non influiscono sull'applicazione del regime della *participation exemption* atteso che sin dalla prima iscrizione in bilancio la partecipazione è etichettata: si determina una plusvalenza esente soltanto nel caso in cui tale iscrizione è effettuata tra le **immobilizzazioni finanziarie**.

Al fine di regolare la portata della disposizione anzidetta con riferimento alle partecipazioni già detenute al 1° gennaio 2004, è stata prevista una **norma transitoria**: per le partecipazioni, gli strumenti finanziari e i contratti di associazione in partecipazione e cointeressenza già posseduti o in essere al

1° gennaio 2004, il requisito della classificazione della partecipazione tra le immobilizzazioni finanziarie nel primo bilancio chiuso durante il periodo di possesso (➔**23.4.2.**) sussiste se le partecipazioni, gli strumenti finanziari e gli apporti dei contratti risultano classificati nella categoria delle immobilizzazioni finanziarie nel **bilancio relativo al secondo periodo d'imposta precedente** a quello cui si applicano per la prima volta le disposizioni.
Inoltre, per i **titoli** acquisiti nel periodo d'imposta anteriore al 2004, il medesimo requisito sussiste se ne è effettuata la classificazione nella medesima categoria nel bilancio relativo al predetto periodo d'imposta.

IRES

COMPONENTI NEGATIVE DI REDDITO 24.

IRES

IRES

24.1. PREMESSA

I **costi**, le **spese e** gli **oneri** sostenuti dall'impresa per l'acquisizione dei beni e dei servizi necessari allo svolgimento dell'attività produttiva assumono rilevanza nella **determinazione del reddito imponibile**, qualora soddisfino determinate **condizioni** richieste dalla disciplina tributaria.

In particolare, i costi sono deducibili se rispettano le seguenti **regole generali**:

Competenza (➔21.2.)	I costi sono deducibili nell'esercizio di competenza, ossia nell'esercizio in cui hanno contribuito alla realizzazione dei ricavi
Inerenza (➔21.4.)	I costi sono deducibili soltanto se si riferiscono ad attività o beni dai quali sono derivati ricavi e proventi che hanno concorso alla formazione del reddito imponibile
Certezza e determinabilità (➔21.9.3.)	I costi sono deducibili nell'esercizio in cui si sono manifestati e sono determinabili quantitativamente

24.2. COSTI BLACK LIST

La disciplina sulla deducibilità delle spese e degli altri componenti negativi di reddito derivanti da operazioni intercorse con imprese e professionisti residenti ovvero localizzati in **Stati o territori a fiscalità privilegiata** (c.d. "**costi black list**") ha subito alcune radicali modifiche negli ultimi anni, determinando, **tre diverse discipline** applicabili:

- **sino al periodo d'imposta 2014**;
- **nel periodo d'imposta 2015**;
- **a partire dal periodo d'imposta 2016**, con la completa eliminazione della disciplina contenuta nel D.P.R. n. 917/1986 (art. 110, c. 10-12-bis).

Modifiche alla disciplina dei costi *black list*		
Modifiche	**Decorrenza**	**Norma**
Criteri per l'**identificazione dei paradisi fiscali** facendo esclusivo riferimento "alla mancanza di un adeguato scambio di informazioni".	dal 1° gennaio 2015	Legge n. 190/2014
È stato introdotto un diverso regime fiscale basato sul riconoscimento: 1) della **deducibilità dei costi *black list*** fino a concorrenza del relativo valore normale; 2) della deducibilità dell'eventuale importo del costo *black list* eccedente il valore normale del bene o servizio acquistato, a condizione che sia dimostrato l'effettivo interesse economico, da parte del soggetto residente, a porre in essere l'operazione (c.d. seconda esimente) e, naturalmente, l'avvenuta esecuzione dell'operazione medesima.	dal 7 ottobre 2015	D.Lgs. n. 147/2015
Sono stati abrogati i c. da 10 a 12-bis dell'art. 110, D.P.R. n. 917/1986, con la conseguente soppressione del trattamento fiscale specifico riservato ai costi derivanti da transazioni commerciali intercorse con controparti estere localizzate in Paesi a fiscalità privilegiata.	dal 1° gennaio 2016	Legge n. 208/2015

24.2.1. Disciplina in vigore dal 2016

Con l'intervento della Legge di stabilità 2016 (Legge n. 208/2015) si è avuto un deciso mutamento nell'approccio adottato dal legislatore fiscale (art. 1, c. da 142 a 147, Legge n. 208/2015).

Il regime sulle restrizioni piene alla deducibilità dei costi *black list*, che per lungo tempo ha governato le transazioni effettuate con fornitori localizzati in Paesi a fiscalità privilegiata, è stato sostituito con quello ordinario previsto per la generalità dei componenti negativi di reddito (circ. 26 settembre 2016, n. 39/E).

È stata **eliminata** la **disciplina speciale** della deducibilità dei costi sostenuti per operazioni intercorse con soggetti operanti in Stati a regime fiscale privilegiato (art. 110, c. 10-12-bis, D.P.R. n. 917/1986) per le quali si applicano le **norme generali sulla deducibilità dei costi** (➜21.7.) (art. 110, D.P.R. n. 917/1986).

Le conseguenze possono essere così sintetizzate:

- i **costi *black list*** sono **deducibili integralmente** (**previo rispetto** dei **requisiti ordinari** di **deducibilità** previsti dall'ordinamento);
- è venuto meno l'obbligo della separata indicazione in dichiarazione dei costi *black list*, con conseguente inapplicabilità della relativa sanzione;
- non è più necessario disporre degli elenchi tassativi degli Stati o territori a fiscalità privilegiata.

> Le modifiche producono i loro effetti dal **1° gennaio 2016** per i soggetti con periodo d'imposta coincidente con l'anno solare.
> Ne consegue che, dal periodo d'imposta successivo a quello in corso al 31 dicembre 2015, i costi *black list* sono deducibili per il loro intero ammontare, restando soggetti solo alle ordinarie regole di deducibilità previste per gli analoghi costi sostenuti nei confronti di qualsiasi fornitore (circ. 26 settembre 2016, n. 39/E).

Regole ancora valide - Rimangono ancora applicabili:

- la **sanzione** per la **mancata separata indicazione** dei costi *black list* nella dichiarazione dei redditi (art. 8, c. 3-bis, D.Lgs. n. 471/1997);
- la sanzione per **dichiarazione infedele** (art. 1, c. 2, D.Lgs. n. 471/1997), qualora i costi *black list* fossero considerati (parzialmente) indeducibili, per insussistenza dell'esimente.

SPESE PER LAVORO 24.3.

Spese per prestazioni di lavoro 24.3.1.

Le **spese per prestazioni di lavoro dipendente** deducibili nella determinazione del reddito comprendono **anche** quelle sostenute in denaro o in natura a titolo di **liberalità a favore dei lavoratori** (art. 95, D.P.R. n. 917/1986).

Fanno **eccezione** le spese relative ad opere o servizi utilizzabili dalla generalità dei dipendenti o categorie di dipendenti volontariamente sostenute per specifiche finalità di educazione, istruzione, ricreazione, assistenza sociale e sanitaria o culto, che sono deducibili per un ammontare complessivo non superiore al 5 per mille dell'ammontare delle spese per prestazioni di lavoro dipendente risultante dalla dichiarazione dei redditi (art. 100, c. 1, D.P.R. n. 917/1986).

Relativamente a determinate categorie di costi sono previste regole precise di deducibilità oltre a particolari **limitazioni alla deducibilità dal reddito d'impresa** di taluni costi per le prestazioni di lavoro.

Costo sostenuto	Deducibilità
Canoni di locazione (anche finanziaria) e spese per il funzionamento di **strutture ricettive** (tranne servizi mensa o spese per alloggi a dipendenti in trasferta temporanea).	Non deducibili.
Canoni di locazione (anche finanziaria) e spese di manutenzione dei **fabbricati concessi in uso ai dipendenti**.	Deducibili per un importo non superiore a quello che costituisce reddito per i dipendenti stessi. Per il trattamento degli alloggi dati in uso ai dipendenti (➜12.3.4.).
Canoni di locazione (anche finanziaria) e spese di manutenzione, se i **fabbricati** sono **concessi in uso a dipendenti** che abbiano **trasferito** la loro **residenza anagrafica** per esigenze di lavoro nel comune in cui prestano l'attività, per il periodo d'imposta in cui si verifica il trasferimento e nei due successivi.	Integralmente deducibili.

Costo sostenuto	Deducibilità
Rimborsi per trasferte (**vitto e alloggio**) fuori dal territorio comunale, analiticamente documentati, per spese sostenute da dipendenti e collaboratori coordinati e continuativi (anche amministratori e sindaci di società).	Deducibili per un ammontare giornaliero non superiore a 180,76 euro per le trasferte in Italia e 258,23 euro per trasferte all'estero. Per il trattamento in capo ai dipendenti (➜**12.3.6.**). Per le spese per prestazioni alberghiere e di ristorazione (➜**24.18.**).
Trasferte dipendenti **imprese** autorizzate **all'autotrasporto di merci**.	Deducibile un importo pari a euro 59,65 al giorno, elevato a euro 95,80 per le trasferte all'estero, al netto delle spese di viaggio e di trasporto.
Rimborsi per trasferte: utilizzo di autoveicoli di proprietà o noleggiati.	Deducibili per un importo pari al costo di percorrenza (tariffe ACI) o a quello risultante dalle tariffe di noleggio relative ad autoveicoli non superiori a 17 cavalli fiscali (20, se diesel). Per i veicoli dati in uso ai dipendenti (➜**12.3.2.**).
Compensi agli amministratori.	Deducibili nell'esercizio in cui sono corrisposti (principio di cassa).
Compensi agli amministratori erogati sotto forma di **partecipazione agli utili**.	Deducibili nell'esercizio in cui sono corrisposti, anche se non imputati al Conto economico.
Partecipazioni agli utili spettanti a dipendenti e associati in partecipazione.	Deducibili, fermo restando che sono indeducibili le remunerazioni dovute relativamente ai contratti di **associazione in partecipazione** ed a quelli di **cointeressenza** (art. 2554 c.c.) con apporto diverso da quello di opere e servizi (art. 109, c. 9, lett. b), D.P.R. n. 917/1986).

Spese per il personale	
Fattispecie	**Chiarimenti**
Spese di trasferta rimborsate	Le **spese** sostenute dal percettore di reddito assimilato in trasferta e **rimborsate dal datore di lavoro** sono deducibili secondo le stesse regole valide per i lavoratori dipendenti (ris. 21 marzo 2002, n. 95/E).
Compenso amministratori di srl	Il **compenso** versato da una società a responsabilità limitata ai propri **amministratori** è deducibile anche laddove comprenda non solo lo specifico compenso per la suddetta funzione, ma anche il corrispettivo per le prestazioni d'opera da essi dispiegate a favore della società (Cass., sent. 6 agosto 2008, n. 21169).
Compenso per ferie non godute	L'importo delle **ferie** spettanti ai dipendenti e **non godute** costituisce un costo dell'esercizio - e non un accantonamento - e come tale deve essere riconosciuto totalmente deducibile dal reddito (Cass., sent. 15 gennaio 2009, n. 871).
Compenso a liquidatore di srl	Il compenso corrisposto da una **SRL in liquidazione volontaria** al proprio liquidatore per l'attività svolta è deducibile in capo alla società ed è da considerare reddito tassato ai fini IRPEF in capo al liquidatore (ris. 31 dicembre 2012, n. 113/E).

Compensi ad amministratori, promotori e soci fondatori 24.3.2.

I compensi spettanti agli amministratori delle società ed enti IRES, sono **deducibili nell'esercizio in cui sono corrisposti;** quelli erogati sotto forma di **partecipazione agli utili**, anche spettanti ai promotori e soci fondatori, sono **deducibili anche se non imputati al Conto economico**.
Si applica il **principio di cassa**.
Per le società con periodo d'imposta coincidente con l'anno solare, i compensi erogati agli amministratori, rientrando nel reddito assimilato a quello di lavoro dipendente, sono deducibili nell'anno anche se corrisposti **entro il 12 gennaio** dell'anno successivo in virtù del **principio di cassa allargato** (➧12.1.5.) (circ. 18 giugno 2001, n. 58/E e circ. 12 dicembre 2001, n. 105/E).
Ai fini della deducibilità, occorre che il compenso, se non stabilito nello **statuto** dell'impresa, sia fissato con una preventiva **delibera assembleare**, affinché sia attribuita certezza al costo (Cass. 29 agosto 2008, n. 21933).
Non è sufficiente che la ratifica sia implicita (Cass., SS.UU., 29 agosto 2008, n. 21933), ma occorre la sua formalizzazione: pertanto, se la delibera viene formalizzata dopo il pagamento dei compensi, la deduzione (in capo alla società) e la tassazione (in capo all'amministratore) va differita all'esercizio della delibera.

In sede di controllo è possibile, per l'Amministrazione finanziaria, disconoscere totalmente o parzialmente la deducibilità dei costi nei casi in cui essi risultano insoliti, sproporzionati o strumentali all'ottenimento di indebiti vantaggi (ris. 31 dicembre 2012, n. 113/E; Cass. 15 aprile 2013, n. 9036; Cass. sent. 30 novembre 2016, n. 24379).

Veicoli dati in uso agli amministratori (circ. 10 febbraio 1998, n. 48/E)	
Tipo di uso	**Deducibilità**
Esclusivo personale	I costi e le spese possono essere dedotti per la parte del loro ammontare non eccedente il compenso in natura dell'amministratore, determinato sulla base del valore normale.
Esclusivo aziendale	Le spese e ogni altro componente negativo sostenuto per l'utilizzo dei veicoli a motore indicati nell'art. 164, D.P.R. n. 917/1986 (➧24.12.1.), sono deducibili, secondo il criterio indicato nel comma 1, lett. b) dello stesso articolo (➧24.12.) sempreché, naturalmente, l'utilizzo del veicolo sia inerente all'esercizio dell'impresa.
Promiscuo	L'ammontare del valore normale che concorre a formare il reddito dell'amministratore è deducibile per l'impresa, sempre nei limiti delle spese sostenute da quest'ultima, per la parte non superiore al compenso in natura erogato all'amministratore. L'eventuale eccedenza delle suddette spese è deducibile nella determinazione del reddito di impresa secondo le regole di deducibilità stabilite per i veicoli aziendali (art. 164, c. 1, lett. b), D.P.R. n. 917/1986) (➧24.12.).

Contributi ai fondi pensione 24.3.3.

È deducibile dal reddito d'impresa un importo pari al **4%** dell'**ammontare** del **TFR** annualmente destinato a **forme pensionistiche complementari** e al Fondo per l'erogazione ai lavoratori dipendenti del settore privato dei trattamenti di fine rapporto (art. 2120 c.c.); per le **imprese con meno di 50 addetti** tale importo è elevato al **6%** (art. 10, D.Lgs. n. 252/2005).
Il datore di lavoro è esonerato dal **versamento del contributo** al Fondo di garanzia (art. 2, Legge n. 297/1982), nella stessa percentuale di TFR maturando conferito alle forme pensionistiche complementari e al Fondo per l'erogazione ai lavoratori dipendenti del settore privato dei trattamenti di fine rapporto (art. 2120 c.c.).
Un'ulteriore compensazione dei **costi per le imprese**, conseguenti al conferimento del TFR, è assicurata anche mediante una riduzione degli oneri impropri, correlata al flusso di TFR maturando conferito (art. 8, D.L. n. 203/2005).
Inoltre, a decorrere dal 1° gennaio 2018, ai **dipendenti** delle **amministrazioni pubbliche** (art. 1, c. 156, Legge n. 205/2017):
- si applicano le disposizioni concernenti la **deducibilità dei premi e contributi versati** (➧3.3.) e il regime di tassazione delle prestazioni dei fondi pensione (➧11.4.7.);

– che, alla data del 1° gennaio 2018, risultano iscritti a forme pensionistiche complementari, si applicano, sempre da tale data, le regole sulla deducibilità dei contributi versati (➜**3.3.**) e il regime di tassazione delle **prestazioni erogate** (➜**11.4.7.**).

24.4. ONERI FISCALI E CONTRIBUTIVI

24.4.1. Oneri fiscali

Le **imposte** sui redditi e quelle per le quali è prevista la **rivalsa**, anche facoltativa, **non sono ammesse in deduzione** (art. 99, D.P.R. n. 917/1986).
Le altre imposte sono deducibili nell'esercizio in cui avviene il pagamento.
Gli **accantonamenti per imposte** non ancora definitivamente accertate sono deducibili nei limiti dell'ammontare corrispondente alle dichiarazioni presentate, agli accertamenti o provvedimenti degli Uffici e alle decisioni delle Commissioni tributarie.

Imposte	Deducibilità
Imposte sui redditi (IRPEF e IRES)	NO
IVA	vedi oltre
Imposta sostitutiva dovuta dalle imprese di assicurazione	NO
IRAP	vedi oltre
IMU sugli immobili strumentali	SÌ - parziale[1]
TASI	SÌ
Addizionali alle imposte sui redditi	NO
Imposte sostitutive delle imposte dirette	NO
Imposta di registro	SÌ
Imposta di bollo	SÌ
Imposte comunali "minori" (es. imposta comunale sulla pubblicità)	SÌ
Tasse sulle concessioni governative	SÌ
Imposta sugli intrattenimenti	SÌ

[1] L'IMU sugli **immobili strumentali** è deducibile in misura pari al (art. 14, c. 1, D.Lgs. n. 23/2011):
- 50% per il periodo d'imposta successivo a quello in corso al 31 dicembre 2018;
- 60% per il periodo d'imposta successivo a quello in corso al 31 dicembre 2019 e al 31 dicembre 2020;
- 100% a decorrere dal periodo d'imposta successivo a quello in corso al 31 dicembre 2021.

La Corte costituzionale ha dichiarato **incostituzionale** per violazione del principio di coerenza, e quindi di ragionevolezza, l'**indeducibilità**, dall'imponibile delle imposte (IRES e IRPEF) sui redditi d'impresa, dell'IMU relativa agli immobili strumentali (Corte cost. sent. n. 262/2020).

Imposte - Casi particolari	
Tasse istituti di credito	Sono deducibili, per gli **istituti di credito**, l'imposta di bollo assolta in modo virtuale, la tassa sui contratti di borsa e l'imposta sostitutiva sulle operazioni di finanziamento (circ. 5 luglio 2000, n. 136/E).
Tasse compagnie petrolifere	Sono deducibili, per le **compagnie petrolifere**, le imposte di fabbricazione sui prodotti petroliferi (le c.d. **accise**) (ris. 13 novembre 2001, n. 182/E).
Interessi attivi su crediti d'imposta	Sono componenti positivi di reddito e come tali tassabili quando vengono percepiti dall'imprenditore, devono poter assurgere a componenti negativi di reddito, come tali deducibili, quando dal medesimo imprenditore sono pagati per identica causa giuridica (Cass., Sez. trib., 4 giugno 2007, n. 12990).

IRES

Imposte - Casi particolari	
Imposta RETT	Non è possibile dedurre dal reddito d'impresa l'**imposta** (denominata RETT) **pagata in Germania**, nell'ambito di un'operazione di aggregazione aziendale, a seguito dell'acquisizione di una partecipazione non inferiore al 95% nel capitale di una società tedesca (ris. 12 ottobre 2007, n. 289/E).
Contributi versati a consorzi	Sono deducibili dal reddito i **contributi versati ai consorzi obbligatori** relativamente a un immobile assoggettato ad IMU, ciò a condizione che l'importo del versamento non sia già stato considerato nella determinazione della rendita catastale (ris. 4 luglio 2013, n. 44/E).

IVA - L'IVA rientra tra le **imposte non ammesse in deduzione** in quanto è ammessa la rivalsa anche facoltativa. Tuttavia, può accadere che l'imposta costituisca un onere che va ad influenzare il reddito dell'esercizio in dipendenza del fatto che essa è indetraibile.

L'IVA assolta in relazione all'acquisto di beni e servizi e alle importazioni nell'ambito dell'attività d'impresa, qualora non sia ammessa in detrazione, può costituire (Norma di comportamento AIDC n. 152/2003):

- un **onere accessorio** di diretta imputazione che accresce il costo del bene o servizio cui afferisce: se l'imposta riguarda costi capitalizzabili, concorre alla formazione del valore da assoggettare al processo di ammortamento;
- un **costo d'esercizio**: è imputata a Conto economico tra gli oneri diversi di gestione ed è interamente deducibile nell'esercizio di competenza.

L'**IVA** che viene assolta con il **sistema c.d. "mono-fase"** presenta i requisiti della **deducibilità**.

L'esempio è quello della **casa editrice** che assolve l'imposta direttamente e in via definitiva sulla base del prezzo di vendita al pubblico, in relazione al numero delle copie vendute o anche in relazione al numero delle copie, consegnate o spedite, diminuito a titolo di forfetizzazione della resa (art. 74, c. 1, lett. c), D.P.R. n. 633/1972).

In tale ipotesi l'imposta si trasforma in un onere senz'altro deducibile ai fini delle imposte sui redditi e, come tale, va:

- **imputato** a **Conto economico**;
- esposto in bilancio in **diminuzione** dei **ricavi**, essendo tale IVA da considerarsi un'imposta direttamente riguardante le vendite poste in essere.

IRAP - In deroga al principio generale dell'indeducibilità dell'IRAP, è ammessa la **deduzione**:

- della parte di IRAP relativa alla quota imponibile delle **spese per il personale dipendente** e assimilato, al netto delle deduzioni di legge;
- dell'intera quota residua al netto delle deduzioni di legge per quanto attiene il costo complessivo dei **lavoratori** con contratto **a tempo indeterminato** (art. 1, c. 20, Legge n. 190/2014);
- di un'ulteriore quota pari al 10% dell'IRAP corrisposta nel periodo d'imposta, forfetariamente riferita all'imposta dovuta sulla quota imponibile degli **interessi passivi** e **oneri assimilati**, al netto degli interessi attivi e proventi assimilati (art. 6, c. 1, D.L. n. 185/2008).

La deducibilità dell'IRAP presuppone che, nei periodi d'imposta cui si riferisce il versamento, a saldo o in acconto, abbiano concorso alla formazione del valore della produzione netta **interessi passivi** (al netto degli interessi attivi e dei proventi assimilati) e/o **spese per lavoro dipendente e assimilato** (al netto delle deduzioni di legge eventualmente spettanti).

La misura deducibile dipende dalla tipologia di onere sostenuto (personale, interessi passivi o entrambi). Pertanto:

Ipotesi	Deducibilità
Sostenimento esclusivo di **spese (nette) per lavoro dipendente** e assimilato	Occorre determinare analiticamente l'IRAP relativa alla quota imponibile di tali costi, al netto delle deduzioni di legge eventualmente spettanti.
Sostenimento di soli **interessi passivi (netti)**	L'importo deducibile è pari al 10% dell'IRAP versata nel periodo d'imposta.

Ipotesi	Deducibilità
Sostenimento di **entrambe le tipologie di onere**	Compete sia la deduzione della parte di IRAP relativa alla quota imponibile delle spese per il personale dipendente e assimilato, al netto delle deduzioni di legge, sia l'ulteriore deduzione del 10% dell'IRAP pagata nel periodo d'imposta. Resta fermo che la somma delle deduzioni non può eccedere l'IRAP complessivamente versata nel periodo d'imposta.

Alle deduzioni dalla base imponibile di cui sopra si aggiunge la differenza tra il costo complessivo per il personale dipendente con contratto a tempo indeterminato e le deduzioni spettanti per il lavoro dipendente (art. 11, c. 1 lett. a), 1-bis, 4-bis.1 e 4-quater, D.Lgs. n. 446/1997; art. 1, c. 20, Legge n. 190/2014).

Ai fini della deducibilità, vige il **principio di cassa "temperato"**: la base su cui commisurare la quota deducibile è, infatti, costituita dalle somme versate a titolo di IRAP nel corso del periodo d'imposta, fermo restando che la somma versata a titolo d'acconto rileva "solo se e nei limiti in cui rifletta l'imposta effettivamente dovuta per il periodo di riferimento" (circ. 14 aprile 2009, n. 16/E).

Imposte differite - Le **imposte differite** attive imputate al Conto economico non concorrono a formare il reddito imponibile.
I metodi di calcolo delle imposte differite sono principalmente due:
- **metodo basato sul Conto economico** (detto anche "*Incombe Statement Liability Method*");
- **metodo basato sullo Stato patrimoniale** (detto anche "*Balance Sheet Liability Method*").

Il metodo utilizzato in Italia è il primo e si concentra sulle **differenze temporali** fra l'utile ai fini fiscali (o **reddito imponibile**) e l'utile ai fini contabili (o **reddito civilistico**) che sorgono in un determinato esercizio e che vengono ad annullarsi in uno o più esercizi successivi.
Con il termine **differenze temporali** si intendono le differenze tra il risultato prima delle imposte e il reddito imponibile, destinate ad essere riassorbite nel calcolo di quest'ultimo in un esercizio futuro; tali differenze originano nel bilancio d'esercizio il fenomeno delle c.d. **imposte differite**.
La differenza temporale può essere ulteriormente inquadrata in una duplice partizione:
- è **deducibile** quando comporta una **riduzione** dei **redditi imponibili futuri** a fronte di un aumento del redito imponibile attuale; ciò si verifica, ad esempio quando una perdita su crediti viene ammessa in deduzione dal reddito imponibile in un esercizio successivo a quello in cui è stata iscritta nel Conto economico;
- è **tassabile** quando comporta un **incremento** dei **redditi imponibili futuri** a fronte di una riduzione del reddito imponibile attuale; ciò si verifica, ad esempio, quando una plusvalenza viene frazionata in cinque esercizi.

Sanzioni - In linea generale, le sanzioni amministrative, penali o tributarie sono considerate **indeducibili**, poiché non sussiste alcun collegamento funzionale tra tali oneri ed il reddito prodotto; esse, inoltre, avendo carattere afflittivo o repressivo, si pongono l'obiettivo di contrastare ed impedire condotte contrarie alla regolare e puntuale osservanza degli obblighi fiscali.

Tipologia	Deducibilità
Sanzioni **tributarie**	Sono **indeducibili**.
Sanzioni **irrogate dall'Unione europea** o da altri organismi in tema di **concorrenza**	Sono **indeducibili** dal reddito d'impresa, poiché si tratta di oneri non inerenti all'attività d'impresa e derivanti da un comportamento illecito del contribuente.
Multe e **ammende**	I costi sopportati da un'impresa per il pagamento di una multa concernente **l'infrazione** del **Codice della strada non** sono **deducibili,** in quanto la correlazione tra costo e reddito (art. 109, D.P.R. n. 917/1986) deve essere esclusa con riferimento a quei costi rappresentati dal pagamento di sanzioni pecuniarie riguardanti comportamenti illeciti del contribuente.
Interessi	Sono **deducibili** gli interessi moratori riferiti ad imposte sempreché queste ultime presentino i requisiti di deducibilità ai fini del reddito d'impresa (circ. 30 aprile 1977, n. 7/1496).

Oneri contributivi 24.4.2.

Gli oneri contributivi versati ad associazioni sindacali e di categoria sono **deducibili** nell'esercizio in cui sono corrisposti, se e nella misura in cui sono dovuti in base a formale **delibera dell'associazione** (art. 99, c. 3, D.P.R. n. 917/1986).

Sono **deducibili** nell'annualità d'imposta di notifica dell'atto di accertamento le **somme dovute** sulla base di una stima attendibile e rilevate in Conto economico, a seguito di **accertamento** di contributi INPS e premi assicurativi INAIL facenti riferimento ad annualità pregresse (risposta a interpello 5 dicembre 2018, n. 102).

ONERI DI UTILITÀ SOCIALE 24.5.

Le **spese** relative ad opere o servizi utilizzabili dalla generalità dei dipendenti o categorie di dipendenti volontariamente **sostenute** per specifiche **finalità** di **educazione, istruzione, ricreazione, assistenza sociale** e **sanitaria** o **culto**, sono **deducibili** per un ammontare complessivo **non superiore** al **5 per mille** dell'ammontare delle spese per prestazioni di lavoro dipendente risultante dalla dichiarazione dei redditi (art 100, c. 1, D.P.R. n. 917/1986).

Spese a favore dei dipendenti 24.5.1.

La deducibilità, nei limiti del 5 per mille dell'ammontare delle spese per prestazioni di lavoro dipendente risultante dalla dichiarazione dei redditi, è possibile a **condizione** che:

- l'utilizzo di tali opere o servizi riguardi la **generalità** dei **dipendenti o categorie di dipendenti**;
- le spese siano sostenute per **finalità** di educazione, istruzione, ricreazione, assistenza sociale e sanitaria o culto.

Nella voce "spese per prestazioni di lavoro dipendente" devono essere compresi:

- gli **stipendi** e i **salari** maturati nel periodo d'imposta;
- gli **accantonamenti** per fine rapporto e ai fondi di previdenza del personale dipendente (art. 105, D.P.R. n. 917/1986);
- i **contributi** a carico del datore di lavoro.

Erogazioni liberali 24.5.2.

Salvo quanto detto a proposito delle novità introdotte dalla Riforma del Terzo settore (D.Lgs. n. 117/2017), che ha rivisto anche alcune agevolazioni sulle erogazioni liberali (➜**27.2.11.**) di cui occorre tener conto in merito a quanto riportato di seguito, sono deducibili (art. 100, c. 2, D.P.R. n. 917/1986):

a. le **erogazioni liberali** fatte a favore di persone giuridiche che perseguono esclusivamente finalità di educazione, istruzione, ricreazione, assistenza sociale e sanitaria o culto o **finalità** di ricerca scientifica, nonché i contributi, le donazioni e le oblazioni alle **ONG** (➜**3.8.2.**) (art. 10, c. 1, lett. g), D.P.R. n. 917/1986), per un ammontare complessivamente non superiore al 2% del reddito d'impresa dichiarato; la deduzione è possibile se il soggetto non ha fruito della deduzione prevista per le erogazioni liberati in denaro (successiva lett. e) (art. 89, c. 13, D.Lgs. n. 117/2017);

b. le **erogazioni liberali** fatte a favore di persone giuridiche aventi sede nel **Mezzogiorno** che perseguono esclusivamente finalità di **ricerca scientifica**, per un ammontare complessivamente non superiore al 2% del reddito d'impresa dichiarato; la deduzione è possibile se il soggetto non ha fruito della deduzione prevista per le erogazioni liberati in denaro (successiva lettera e) (art. 89, c. 13, D.Lgs. n. 117/2017);

c. le **erogazioni liberali** a favore dei **concessionari privati per la radiodiffusione sonora** a carattere comunitario per un ammontare complessivo non superiore all'1% del reddito imponibile del soggetto che effettua l'erogazione stessa;

d. le **spese** sostenute dai soggetti obbligati alla **manutenzione, protezione o restauro dei beni di interesse storico-artistico vincolati** (D.Lgs. n. 42/2004 e D.P.R. n. 1409/1963) nella misura effettivamente rimasta a carico. La necessità delle spese, quando non siano obbligatorie per legge, deve risultare da apposita certificazione rilasciata dalla soprintendenza del Ministero per i Beni e le attività culturali, previo accertamento della loro congruità effettuato d'intesa con il competente Ufficio dell'Agenzia delle Entrate. La deduzione non spetta in caso di mutamento di destinazione dei beni senza la preventiva autorizzazione dell'Amministrazione per i Beni e le attività culturali, di mancato assolvimento degli obblighi di legge per consentire l'esercizio del diritto di prelazione dello Stato sui beni immobili e mobili vincolati e di tentata esportazione non autorizzata di questi ultimi;

e. le **erogazioni liberali** in denaro, per importo non superiore a 30.000 euro o al 2% del reddito d'impresa dichiarato, a favore delle **ONLUS**, nonché le iniziative umanitarie, religiose o laiche, gestite da fondazioni, associazioni, comitati ed enti individuati con D.P.C.M. nei Paesi non appartenenti all'OCSE;

f. le **spese** relative all'**impiego di lavoratori dipendenti**, assunti a tempo indeterminato, utilizzati per **prestazioni di servizi erogate a favore di ONLUS**, nel limite del cinque per mille dell'ammontare complessivo delle spese per prestazioni di lavoro dipendente, così come risultano dalla dichiarazione dei redditi;
g. le **erogazioni liberali** in denaro a favore dello Stato, delle Regioni, degli enti locali territoriali, di enti o istituzioni pubbliche, di fondazioni e di associazioni legalmente riconosciute, per lo svolgimento dei loro **compiti istituzionali** e per la realizzazione di **programmi culturali** nei settori dei beni culturali e dello spettacolo;
h. le **erogazioni liberali** in denaro a favore dello Stato e dei Comuni, per contributi volontari versati in seguito ad **eventi sismici o calamitosi** che hanno colpito l'ente in favore del quale si effettua il versamento;
i. le **erogazioni liberali** in denaro a favore di organismi di gestione di **parchi e riserve naturali,** terrestri e marittimi, statali e regionali, e di ogni altra zona di tutela speciale paesistico-ambientale effettuate per sostenere attività di conservazione, valorizzazione, studio, ricerca e sviluppo dirette al conseguimento delle finalità di interesse generale cui corrispondono tali ambiti protetti;
j. le **erogazioni liberali** in denaro a favore dello Stato, delle Regioni, degli enti territoriali, di enti o istituzioni pubbliche, di fondazioni e di associazioni legalmente riconosciute, per la realizzazione di **programmi di ricerca scientifica** nel settore della sanità autorizzate dal Ministro della salute con apposito decreto;
k. le **erogazioni liberali** a favore degli **istituti scolastici di ogni ordine e grado,** statali e paritari senza scopo di lucro appartenenti al sistema nazionale di istruzione finalizzate all'innovazione tecnologica, all'edilizia scolastica e all'ampliamento dell'offerta formativa, nel limite del 2% del reddito d'impresa dichiarato e comunque nella misura massima di 70.000 euro annui; la deduzione spetta a condizione che il versamento di tali erogazioni sia eseguito tramite banca o ufficio postale ovvero mediante altri sistemi di pagamento tracciabili (art. 23, D.Lgs. n. 241/1997);
l. le **somme corrisposte**, anche su base volontaria al fondo istituito, con mandato senza rappresentanza, presso uno dei **consorzi** cui le imprese aderiscono in ottemperanza a obblighi di legge, in conformità alle disposizioni di legge o contrattuali, indipendentemente dal trattamento contabile ad esse applicato, a condizione che siano utilizzate in conformità agli scopi di tali consorzi.

Inoltre, è previsto che per le erogazioni liberali in denaro e in natura effettuate per il tramite di fondazioni, di associazioni, di comitati e di enti nonché in favore degli **enti religiosi civilmente riconosciuti**, i beni ceduti gratuitamente non si considerano destinati a finalità estranee all'esercizio dell'impresa e dunque non sono considerati ricavi assoggettati a imposta; tali operazioni non sono soggette all'imposta sulle donazioni (art. 66, D.L. n. 18/2020).

Oneri di utilità sociale	
Tipo di onere	**Deducibilità**
Spese sostenute, per **finalità educative, di istruzione, ricreazione, assistenza sociale e sanitaria**, relative ad opere e servizi utilizzabili dalla generalità dei dipendenti o categorie di dipendenti.	Fino al 5 per mille delle spese per lavoro dipendente.
Erogazioni liberali in favore di persone giuridiche che perseguono esclusivamente finalità educative, di istruzione, ricreazione, assistenza sociale e sanitaria, nonché i contributi, le donazioni e le oblazioni alle ONG (art. 10, c. 1, lett. g), D.P.R. n. 917/1986).	Fino al 2% del reddito d'impresa dichiarato.
Erogazioni liberali in favore di persone giuridiche aventi sede nel **Mezzogiorno** che perseguono esclusivamente finalità di **ricerca scientifica**.	Fino al 2% del reddito d'impresa dichiarato.
Erogazioni liberali in favore dei **concessionari privati per la radiodiffusione sonora** a carattere comunitario.	Non superiore all'1% del reddito imponibile.
Spese sostenute dai soggetti obbligati per legge **alla manutenzione, protezione o restauro dei beni vincolati** (D.Lgs. n. 42/2004 e D.P.R. n. 1409/1963).	Integrale.

Oneri di utilità sociale	
Tipo di onere	**Deducibilità**
Erogazioni a favore dello Stato o enti, fondazioni o associazioni che svolgono o promuovono attività finalizzate alla manutenzione, protezione o restauro di beni storico-artistici vincolati, compresa l'organizzazione di mostre ed esposizioni, se autorizzate dai Ministeri competenti.	Integrale.
Erogazioni liberali in danaro per la realizzazione di nuove strutture o il potenziamento ed il restauro di quelle esistenti, in favore di enti e istituzioni pubbliche, associazioni o fondazioni legalmente riconosciute che svolgono esclusivamente attività nello **spettacolo**, senza fini di lucro.	Fino al 2% del reddito d'impresa dichiarato.
Contributi e liberalità erogati ad **organizzazioni non governative** riconosciute idonee per gli aiuti ai Paesi in via di sviluppo.	Fino al 2% del reddito d'impresa dichiarato.
Erogazioni liberali in denaro a favore delle **ONLUS**.	Per un importo non superiore a euro 30.000 o al 2% del reddito d'impresa dichiarato.
Spese relative a lavoratori dipendenti, assunti a tempo indeterminato, utilizzati per **prestazioni di servizi erogate a favore delle ONLUS.**	Fino al 5 per mille dell'ammontare complessivo delle spese per prestazioni di lavoro dipendente.
Erogazioni liberali in denaro a favore delle **società sportive dilettantistiche**	Sino a euro 200.000 si considerano spese pubblicitarie e, quindi, integralmente deducibili.
Liberalità in denaro o in natura erogate a favore degli **enti del Terzo settore non commerciali** (D.Lgs. n. 117/2017).	Per un importo non superiore al 10% del reddito complessivo dichiarato.
Erogazioni in denaro a popolazioni colpite da **calamità pubblica** o altri eventi straordinari.	Integrale.
Erogazioni in denaro a **enti di ricerca** (università, fondazioni e istituzioni universitarie) e a **enti parco**.	Integrale.
Erogazioni liberali a favore degli **istituti scolastici di ogni ordine e grado**, finalizzate all'innovazione tecnologica, all'edilizia scolastica e all'ampliamento dell'offerta formativa (a decorrere dal periodo d'imposta in corso al 1° gennaio 2017).	Fino al 2% del reddito d'impresa dichiarato e comunque nella misura massima di 70.000 euro annui; la deduzione spetta a condizione che il versamento sia eseguito tramite banca o ufficio postale ovvero mediante altri sistemi di pagamento: carte di debito, di credito e prepagate, assegni bancari e circolari (art. 23, D.Lgs. n. 241/1997).
Controvalore in denaro dei **beni** di interesse culturale o ambientale vincolati, **ceduti gratuitamente** ad enti che ne assicurino la conservazione (art. 37, Legge n. 394/1991).	Non superiore al 25% del reddito imponibile.
Erogazioni liberali a favore della Società di cultura **La Biennale di Venezia** (art. 1, c. 1, Legge 18 febbraio 1999, n. 28).	Fino al 2% del reddito d'impresa dichiarato, elevato al 30% per le somme versate al patrimonio e per le somme versate come contributo alla gestione della suddetta società.

Riforma del Terzo Settore e abrogazioni (➔27.2.11.)

Oneri di utilità sociale	
Fattispecie	**Chiarimenti**
Erogazioni liberali effettuate dalle imprese per sostenere le opere di restauro e conservazione della **casa canonica**	Non sono deducibili dal reddito d'impresa poiché la parrocchia non può essere ricondotta tra i soggetti beneficiari espressamente indicati (ris. 20 ottobre 2003, n. 198/E).
Somme versate da una **banca** per la sottoscrizione di una quota di uno strumento finanziario di **partecipazione a Confidi**	Non possono usufruire del regime fiscale dei contributi a fondo perduto; nell'ipotesi in cui venga esercitata la facoltà di recesso, occorre verificare se l'eventuale differenza tra la somma originariamente versata per la sottoscrizione dello strumento e quella ricevuta a titolo di rimborso possa costituire - e in quale misura - una perdita deducibile (ris. 2 ottobre 2006, n. 109/E).
Contributo erogato da una **banca di credito cooperativo alla fondazione** (avente lo scopo di sviluppare e promuovere iniziative culturali e sportive) di cui è fondatrice	Può essere dedotto soltanto per la parte destinata, in sede di delibera, alla realizzazione di programmi culturali nei settori dei beni culturali e dello spettacolo (ris. 20 dicembre 2007, n. 387/E).
Erogazioni liberali a **università**	Le università possono rientrare tra i soggetti beneficiari delle erogazioni liberali agevolate, deducibili nel limite del 2% del reddito d'impresa dichiarato (ris. 17 ottobre 2008, n. 386/E).
Sostegno delle iniziative del **fondo di solidarietà sociale**	Sono deducibili i contributi erogati ad una fondazione con personalità giuridica che sostiene iniziative del fondo di solidarietà sociale (ris. 30 ottobre 2008, n. 411/E).

24.6. AMMORTAMENTO DEI BENI MATERIALI

L'ammortamento di un bene materiale è il **procedimento con** il quale il **costo** di un **bene** suscettibile di essere **utilizzato in più anni** viene **ripartito in diversi** e **successivi esercizi** (art. 102, D.P.R. n. 917/1986).
Non tutti i beni materiali possono essere ammortizzati.

Beni ammortizzabili	Beni non ammortizzabili
Beni strumentali all'esercizio dell'impresa	Materie prime e sussidiarie
Beni mobili ed immobili concessi in leasing	Beni merce
Immobili strumentali relativi all'impresa	Immobili relativi all'impresa non strumentali all'esercizio dell'attività
Beni dell'impresa presso terzi	Materie prime e sussidiarie Beni non partecipanti al processo produttivo

24.6.1. Quote di ammortamento

L'ammortamento dei beni materiali consiste nell'**imputazione *pro quota*** del **costo** del bene materiale o immateriale ad utilizzazione pluriennale **nei singoli esercizi** in proporzione al **deperimento** e al **consumo** dei beni stessi.
Le quote di ammortamento sono **deducibili** a partire dall'**esercizio** in cui il **bene** è entrato **in funzione** in misura **non superiore** a quella prevista dai **coefficienti** stabiliti con D.M. 31 dicembre 1988.
Se, per un determinato bene, la tabella ministeriale non prevede alcun coefficiente di ammortamento specifico, lo stesso va **individuato in via interpretativa** applicando il principio secondo il quale, per i beni non espressamente previsti nella tabella, si applicano i coefficienti stabiliti per beni appartenenti ad altri settori produttivi, che presentano caratteristiche similari dal punto di vista del loro impiego e della vita utile (risposta a interpello 16 dicembre 2020, n. 586).
Nel **primo esercizio** i **coefficienti** sono **ridotti** alla **metà**.

Qualora il **costo unitario** dei beni sia **inferiore a euro 516,46**, è ammessa la **deduzione integrale** del costo nell'esercizio in cui è stato sostenuto.
In caso di **alienazione** di **beni non completamente ammortizzati**, il residuo costo è deducibile integralmente.

Ammortamento beni materiali	
Fattispecie	**Chiarimenti**
Tank containers, pianali porta containers o semirimorchi assimilati	È possibile applicare una aliquota di ammortamento pari alla metà di quella indicata nella tabella di riferimento. Inoltre, è possibile adeguare le aliquote di ammortamento per i beni già acquistati negli esercizi precedenti (ris. 22 aprile 2005, n. 51/E).
Perdita di devoluzione	Qualora si sia proceduto sul piano contabile ad imputare la perdita in ciascun esercizio in proporzione alle quote di ammortamento fiscalmente riconosciute, è necessario, ai fini fiscali, rideterminare il reddito di ciascun periodo d'imposta mediante una variazione in aumento della base imponibile per un importo corrispondente all'ammontare della quota di costo relativo alla perdita di devoluzione transitata a Conto economico. Tali costi, ripresi a tassazione, sono comunque deducibili nell'esercizio di devoluzione del cespite (art. 109, c. 4, lett. a), D.P.R. n. 917/1986) (ris. 18 ottobre 2007, n. 301/E).
Locazione con clausola di trasferimento della proprietà	I beni oggetto di una serie di contratti riconducibili ad una **locazione con clausola di trasferimento della proprietà** vincolante per ambedue le parti, sono fin dalla consegna beni strumentali relativi all'impresa e, dunque, ammortizzabili anche fiscalmente al costo effettivamente sostenuto (ris. 9 gennaio 2009, n. 11/E).
Attività di noleggio	Per i beni appartenenti a soggetti che svolgono **attività di noleggio**, il coefficiente di ammortamento deve essere ricercato nel gruppo di attività dell'utilizzatore in modo da dare una rappresentazione più realistica del deterioramento fisico dei beni (ris. 20 dicembre 2010, n. 133/E).
Svalutazione di un'immobilizzazione materiale	In caso di **svalutazione di un'immobilizzazione materiale**, in presenza di quote di ammortamento civilistico inferiori rispetto a quelle massime consentite ai fini fiscali, è possibile dedurre fiscalmente un importo pari alla differenza tra la quota di ammortamento calcolata secondo i coefficienti ministeriali e quella imputata a Conto economico, attraverso apposite variazioni in diminuzione in dichiarazione (ris. 19 dicembre 2013, n. 98/E).

Sospensione ammortamento 2020 - Nell'esercizio 2020, i soggetti che non adottano i principi contabili internazionali possono non effettuare, una percentuale - fino al 100% - dell'ammortamento annuo del costo delle immobilizzazioni materiali e immateriali, mantenendo invece il loro valore di iscrizione così come risultante dall'ultimo bilancio annuale regolarmente approvato (art. 60, c. da 7-bis a 7-septies, D.L. n. 104/2020).
Tale opzione può essere esercitata anche in deroga all'articolo 2426, c. 1, n. 2, del Codice civile, ai sensi del quale il costo delle immobilizzazioni, materiali e immateriali, la cui utilizzazione è limitata nel tempo deve essere sistematicamente ammortizzato in ogni esercizio in relazione con la loro residua possibilità di utilizzazione.
La quota di ammortamento non effettuata dovrà essere imputata nel Conto economico relativo all'esercizio successivo e con lo stesso criterio saranno differite le quote successive, allungando quindi il piano di ammortamento originario di un anno.
In relazione all'evoluzione della situazione economica conseguente alla pandemia da SARS-CoV-2, tale misura è estesa all'esercizio successivo per i soli soggetti che nell'**esercizio 2020** non hanno effettuato il 100% dell'ammortamento annuo del costo delle immobilizzazioni materiali e immateriali.
I soggetti che si avvalgono della facoltà destinano a una riserva indisponibile utili di ammontare corrispondente alla quota di ammortamento non effettuata.
Nella Nota integrativa occorre dar conto delle ragioni della deroga, nonché dell'iscrizione ed importo della corrispondente riserva indisponibile.

IRES

Ai fini fiscali, la deduzione della quota equivalente all'ammortamento è ammessa alle stesse condizioni e con gli stessi limiti previsti per le imposte dirette e per l'IRAP.

24.6.2. Ammortamento dei fabbricati strumentali

Per l'ammortamento dei fabbricati strumentali valgono le seguenti **regole particolari** (art. 36, c. 7, D.L. n. 223/2006): ai fini del **calcolo** delle **quote** di **ammortamento deducibili** il **costo complessivo** dei fabbricati strumentali è assunto **al netto** del costo delle **aree occupate dalla costruzione** e di quelle che ne costituiscono **pertinenza**. Il costo da attribuire alle predette aree, ove non autonomamente acquistate in precedenza, è quantificato in misura pari al maggior valore tra quello esposto in bilancio nell'anno di acquisto e quello corrispondente al 20% e, per i fabbricati industriali, al 30% del costo complessivo stesso. Per **fabbricati industriali** si intendono quelli **destinati** alla **produzione** o **trasformazione** di beni.

Nel caso in cui vi siano aree utilizzate indistintamente sia per un'attività industriale sia per un'attività diversa, l'intero immobile può considerarsi industriale qualora gli spazi, espressi in metri quadri, utilizzati per l'attività di produzione o trasformazione siano prevalenti (sulla base di criteri oggettivi, quale quello del personale impiegato per lo svolgimento delle diverse attività) rispetto a quelli destinati ad altra attività (ris. 19 dicembre 2007, n. 383/E).

Tali disposizioni si applicano:
- con riguardo alla **quota capitale dei canoni**, anche ai **fabbricati strumentali in locazione finanziaria**;
- anche per le quote di ammortamento e i canoni di *leasing* relativi ai **fabbricati acquistati** o acquisiti a partire da **periodi d'imposta precedenti al 2006**. In tal caso, ai fini dell'individuazione del maggior valore sopra indicato, si tiene conto del valore delle aree esposto nell'ultimo bilancio approvato al 31 dicembre 2005 e del valore risultante applicando le percentuali di cui sopra al costo complessivo del fabbricato, risultante dal medesimo bilancio, assunto al netto dei costi incrementativi capitalizzati e delle rivalutazioni effettuate. Per ciascun fabbricato il residuo valore ammortizzabile è pari alla quota di costo riferibile allo stesso al netto delle quote di ammortamento dedotte nei periodi d'imposta precedenti calcolate sul costo complessivo.

Rientrano nell'ambito oggettivo di applicazione della disposizione i **fabbricati strumentali per destinazione e per natura** (art. 43, c. 1 e 2, D.P.R. n. 917/1986). Ne sono esclusi, pertanto, gli impianti e i macchinari ancorché infissi al suolo, a meno che questi realizzino una struttura che nel suo complesso costituisca un'unità immobiliare iscrivibile nel catasto urbano (circ. 19 gennaio 2007, n. 1/E).

L'indeducibilità delle quote di ammortamento e dei canoni di leasing relative ai fabbricati, per la parte riferibile al costo dell'area su cui gli stessi insistono, non trova applicazione in caso di **acquisto** di un **fabbricato strumentale con connesso diritto di superficie** (a tempo determinato) (ris. 27 luglio 2007, n. 192/E).
Inoltre, non è applicabile nei confronti delle **società di leasing** che concedono immobili in locazione finanziaria, posto che gli immobili stessi rappresentano per tali società un credito vantato nei confronti dell'utilizzatore e non un bene strumentale. Invece, nel caso di contratti di **locazione operativa o** di **comodato** le disposizioni in esame trovano applicazione nei confronti del proprietario dell'immobile: quest'ultimo deve determinare il valore ammortizzabile del fabbricato tenendo conto del concreto utilizzo da parte dell'utilizzatore (ris. 20 settembre 2007, n. 256/E).
Per i fabbricati acquisiti o costruiti dopo il 4 luglio 2006, l'utilizzo rilevante ai fini della **classificazione del fabbricato** tra quelli industriali o meno deve essere verificato con riferimento al periodo d'imposta in cui il bene è entrato in funzione. Per i fabbricati già posseduti rileva l'utilizzo del bene nel periodo d'imposta precedente a quello in corso al 4 luglio 2006.
La qualificazione del fabbricato, ai fini dell'applicazione della norma in esame, non può essere successivamente modificata nel caso di un suo diverso utilizzo, neanche a seguito di variazione catastale della destinazione d'uso.
Inoltre, per gli **immobili acquisiti in *leasing*** la disposizione si applica anche in riferimento ai contratti stipulati prima del 4 luglio 2006.
Tale norma, è stato oggetto di un'**interpretazione autentica** con la quale è stato chiarito che per ciascun immobile strumentale le **quote di ammortamento** dedotte nei periodi d'imposta precedenti al periodo d'imposta in corso al 4 luglio 2006 calcolate sul costo complessivo sono riferite proporzionalmente al costo dell'area e al costo del fabbricato (art. 1, c. 81, Legge n. 244/2007).

IRES

Ammortamento degli immobili strumentali	
Fattispecie	**Chiarimenti**
Immobile da concedere in locazione	Il **coefficiente di ammortamento** da applicare ai fini dell'ammortamento è quello previsto per il proprio settore di attività (pari al 3%), non rilevando la circostanza che la società utilizzatrice del bene operi in un settore di attività diverso (ris. 9 aprile 2004, n. 56/E).
Consulenze legali e le **spese notarili** per l'acquisto dell'immobile	Sono deducibili per quote di ammortamento costanti, senza che rilevi la circostanza che le stesse spese siano state in parte sostenute nell'esercizio immediatamente precedente a quello nel quale l'acquisto, cui esse erano funzionali, si è effettivamente realizzato (Cass. 29 settembre 2003, n. 14477).
Beni utilizzati per scopi diversi da quelli commerciali	Perdono le loro caratteristiche di strumentalità i beni esclusivamente inerenti all'attività commerciale dell'imprenditore che sono radicalmente trasformati per essere utilizzati per **scopi diversi da quelli commerciali**. Il mero mutamento di categoria - da C/1 "negozio" e C/3 "deposito" a A/10 "ufficio", come nel caso di specie - non trasforma radicalmente gli immobili, trattandosi di utilizzazioni sostanzialmente intercambiabili a fini commerciali (Cass. 19 maggio 2006, n. 11834).
Scorporo del valore del terreno da quello del fabbricato	La procedura di scorporo non può essere applicata dalla società che ha acquisito un'area sulla quale esistono opere non idonee a configurare un edificio "significativo", in quanto il valore fiscalmente ammortizzabile è pari al costo effettivamente sostenuto per la realizzazione del fabbricato (ris. 12 novembre 2008, n. 434/E).
Contratto di ***lease back***	La cessione, nell'ambito di un contratto di ***lease back***, di un'area comprensiva di alcuni fabbricati realizza una plusvalenza fiscalmente rilevante che concorre integralmente alla formazione del reddito imponibile; sono invece indeducibili per la quota capitale ascrivibile al terreno i canoni di leasing versati dall'utilizzatore nell'ambito del *lease back* (ris. 25 agosto 2009, n. 237/E).

Ammortamento dei beni strumentali all'attività di distribuzione e trasporto di gas naturale ed energia elettrica 24.6.3.

È prevista una **particolare disciplina** per la deducibilità delle quote di ammortamento dei **beni materiali strumentali** per l'esercizio delle seguenti **attività regolate** (art. 102-bis, D.P.R. n. 917/1986):

a. **distribuzione** e **trasporto** di **gas naturale** (art. 2, c. 1, lett. n) e ii), D.Lgs. n. 164/2000);
b. **distribuzione** di **energia elettrica** e **gestione della rete** di trasmissione nazionale dell'energia elettrica (art. 2, c. 14 e 20, D.Lgs. n. 79/1999).

Per tali attività regolate, le quote di ammortamento del costo dei beni materiali strumentali sono deducibili in misura non superiore a quella che si ottiene **dividendo** il **costo** dei **beni per** la **durata** delle **rispettive vite utili** così come determinate ai fini tariffari dall'Autorità per l'energia elettrica e il gas e **riducendo** il **risultato** del **20%**.

SUPER AMMORTAMENTO 24.7.

Ai soggetti titolari di reddito d'impresa e agli esercenti arti e professioni spetta un **ammortamento del 130%** (c.d. "**super ammortamento**") in relazione ai **beni materiali strumentali nuovi acquistati dal 1° gennaio 2018 al 31 dicembre 2018 o entro il 30 giugno 2019**, in quest'ultimo caso, solo in presenza di accettazione dell'ordine da parte del fornitore entro il 31 dicembre 2018 e contemporaneo versamento, entro tale data, di un acconto del 20% (art. 1, c. 29, Legge n. 205/2017).

L'agevolazione **è stata prorogata**, nella misura del 130%, anche per il 2019 relativamente agli investimenti, per la parte non eccedente il limite di 2,5 milioni di euro dal 1° aprile 2019 al 31 dicembre 2019, ovvero entro il **31 dicembre 2020** (art. 50, D.L. n. 34/2020), a condizione che entro la data del

IRES

31 dicembre 2019 il relativo ordine risulti accettato dal venditore e sia avvenuto il pagamento di acconti in misura almeno pari al 20% del costo di acquisizione (art. 1, D.L. n. 34/2019).

A partire **dal 1° gennaio 2020**, l'agevolazione è stata **trasformata in** un **credito d'imposta** (art. 1, c. 184-197, Legge n. 160/2019) (➡33.19.), prevedendo anche una particolare disciplina transitoria a cui si rimanda (➡33.19.8.).

La **misura** del **super ammortamento** è stata del **140%** per gli **investimenti effettuati** dal **15 ottobre 2015** al **31 dicembre 2017 o entro il 30 giugno 2018;** in quest'ultimo caso, solo in presenza di accettazione dell'ordine da parte del fornitore entro il 31 dicembre 2017 e contemporaneo versamento, entro tale data, di un acconto del 20% (art. 1, c. 8, 12 e 13, Legge n. 232/2016; art. 1, c. da 91 a 94 e 97, Legge n. 208/2015).

Per il 2017 e il 2018, anche se con modalità differenti, sono stati **esclusi** dall'agevolazione gli investimenti relativi ai **mezzi di trasporto a motore** (➡24.7.6.).

Il super ammortamento non produce effetti ai fini dell'IRAP in quanto la sua applicazione riguarda soltanto le imposte sui redditi; né essa rileva ai fini del *test* di operatività per le società di comodo (circ. 8 aprile 2016, n. 12/E).

Ambito temporale e percentuali		
Periodo investimento	**Percentuale super ammortamento**	**Applicazione anche ai mezzi di trasporto a motore**
Dal 15 ottobre 2015 al 31 dicembre 2016	140%	SÌ per tutti i mezzi di trasporto.
Dal 1° gennaio 2017 al 31 dicembre 2017 (o 30 giugno 2018 se c'è l'accettazione dell'ordine da parte del fornitore entro il 31 dicembre 2017 e contemporaneo versamento, entro tale data, di un acconto del 20%)	140%	Sono esclusi dall'agevolazione i veicoli e gli altri mezzi di trasporto: - diversi da quelli utilizzati esclusivamente come beni strumentali nell'attività propria dell'impresa (art. 164, c. 1, lett. b), D.P.R. n. 917/1986); - dati in uso promiscuo ai dipendenti per la maggior parte del periodo d'imposta (art. 164, c. 1, lett. b-bis), D.P.R. n. 917/1986).
Dal 1° gennaio 2018 al 31 dicembre 2018 (o 30 giugno 2019 se c'è l'accettazione dell'ordine da parte del fornitore entro il 31 dicembre 2018 e contemporaneo versamento, entro tale data, di un acconto del 20%)	130%	NO per tutti i mezzi di trasporto.

24.7.1. Disciplina generale

L'agevolazione si traduce in una **maggiorazione del 30%** (40% sino al 31 dicembre 2017) **del costo di acquisizione** dei beni ai fini della determinazione delle quote di ammortamento (previste nel D.M. 31 dicembre 1988).

A differenza di quanto previsto per l'iper ammortamento (➡24.8.), riservato solo alle imprese, il super ammortamento riguarda anche gli acquisti di beni strumentali nuovi effettuati dagli esercenti arti e professioni.

Risparmio d'imposta tra ammortamento ordinario e super ammortamento		
	Ammortamento ordinario	**Super ammortamento (maggiorazione 40%)**
Importo deducibile ai fini IRES	1.000.000	1.400.000
Risparmio d'imposta (24% dell'importo deducibile ai fini IRES)	240.000	336.000
Costo netto dell'investimento (1.000.000 - risparmio d'imposta)	760.000	664.000

Risparmio d'imposta tra ammortamento ordinario e super ammortamento		
	Ammortamento ordinario	Super ammortamento (maggiorazione 40%)
Maggior risparmio sul costo netto dell'investimento		9,60% (760.000 - 664.000)/1.000.000

Soggetti interessati 24.7.2.

La disposizione si applica a **tutti i soggetti titolari di reddito d'impresa**, indipendentemente dalla natura giuridica, dalla dimensione aziendale e dal settore economico in cui operano.
Sono ammesse all'agevolazione sia le **imprese residenti** nel territorio dello Stato che le **Stabili Organizzazioni** nel territorio dello Stato di soggetti non residenti.
Inoltre, possono beneficiare della misura agevolativa anche gli **enti non commerciali** con riferimento all'attività commerciale eventualmente esercitata.

> La maggiorazione del 30% (40% fino al 2017) può essere fruita anche dalle **imprese minori** (art. 66, D.P.R. n. 917/1986) che applicano il c.d. "regime di cassa" (➡14.11.8.). Per questi soggetti, infatti, relativamente all'ammortamento e ad altri componenti di reddito che mal si conciliano con il criterio di cassa, è stato mantenuto il criterio di competenza (circ. 30 marzo 2017, n. 4/E).

Con riferimento agli esercenti arti e professioni, la disposizione si applica ai contribuenti che esercitano le **attività di lavoro autonomo**, **anche** se svolte **in forma associata**.

> Possono beneficiarne anche le persone fisiche esercenti attività d'impresa, arti o professioni che applicano il c.d. **"regime dei minimi"** (art. 1, c. 96 e ss., Legge n. 244/2007) o il c.d. **"regime di vantaggio"** (➡14.11.10.)
> Sono, invece, esclusi coloro i quali applicano il c.d. "**regime forfetario**" (➡14.11.9.) (art. 1, c. da 54 a 89, Legge n. 190/2014) e il regime c.d. della ***tonnage tax*** (➡28.) (circ. 26 maggio 2016, n. 23/E).

Nell'ipotesi di investimenti agevolabili concernenti **aziende condotte in affitto o in usufrutto**, la maggiorazione, ove non sia stata prevista la deroga convenzionale alle disposizioni concernenti l'obbligo di conservazione dell'efficienza dei beni (art. 2561 c.c.), spetta solo all'affittuario o usufruttuario, quale soggetto che calcola e deduce gli ammortamenti.
Nell'ipotesi in cui, invece, le parti, derogando alle regole generali sull'usufrutto (art. 2561 c.c.), abbiano previsto che il concedente continui a calcolare gli ammortamenti, la maggiorazione spetta solo a quest'ultimo.

Contratto di rete - In questo caso occorre distinguere a seconda che si tratti di:
- "**rete-contratto**": in relazione ai costi concernenti investimenti in beni materiali strumentali nuovi, fatturati o "ribaltati" alle singole imprese retiste, sono queste ultime che hanno diritto al super ammortamento sulla quota parte del costo di propria competenza;
- "**rete-soggetto**": l'effettuazione degli investimenti è imputabile alla "rete-soggetto", la quale, pertanto, è l'impresa alla quale spetta il super ammortamento (circ. 30 marzo 2017, n. 4/E).

Investimenti agevolati 24.7.3.

La norma fa riferimento ad **investimenti in "beni materiali strumentali nuovi"**, per i quali spetta una maggiorazione del "costo di acquisizione" del 30% (40% fino al 2017) ai soli fini della "determinazione delle quote di ammortamento e dei canoni di locazione finanziaria".

> Il beneficio spetta, oltre che per l'acquisto dei beni da terzi, in proprietà o in leasing, anche per la realizzazione degli stessi in economia o mediante contratto di appalto.

Il riferimento della norma ai beni "strumentali" comporta che i beni oggetto di investimento devono caratterizzarsi per il requisito della "**strumentalità**" rispetto all'attività esercitata dall'impresa beneficiaria della maggiorazione.
I beni, conseguentemente, devono essere di uso durevole ed atti ad essere impiegati come strumenti di produzione all'interno del processo produttivo dell'impresa.
L'agevolazione è applicabile anche per le **cabine** degli **stabilimenti balneari**, purché in legno e non accatastate (risposta a interpello 9 ottobre 2019, n. 404).

IRES

Requisito della novità - La maggiorazione in questione riguarda gli investimenti in beni materiali strumentali "nuovi". Conseguentemente, l'agevolazione non spetta per gli investimenti in beni a qualunque titolo già utilizzati.

Beni complessi - Se alla realizzazione di beni complessi hanno concorso anche **beni usati,** il requisito della "novità" sussiste in relazione all'intero bene, purché l'entità del costo relativo ai beni usati non sia prevalente rispetto al costo complessivamente sostenuto.
Tale circostanza deve sussistere sia nell'ipotesi di **bene realizzato in economia** che nell'ipotesi di **acquisto a titolo derivativo da terzi** di bene complesso che incorpora anche un bene usato. In tale ultimo caso, il cedente deve attestare che il costo del bene usato non è di ammontare prevalente rispetto al costo complessivo.

Spese sostenute per migliorie su beni non di proprietà dell'impresa - Secondo i corretti Principi contabili, tali **spese** sono **capitalizzabili e iscrivibili nella voce "Immobilizzazioni materiali"** se si estrinsecano in beni che hanno una loro individualità ed autonoma funzionalità che, al termine del periodo di locazione o di comodato, possono essere rimossi dall'utilizzatore (locatario o comodatario) e possono avere una possibilità d'utilizzo a prescindere dal bene cui accedono.
Tali spese possono fruire della maggiorazione del 30% (40% sino al 2017) in quanto costituiscono beni materiali e non meri costi, come nel caso, invece, delle spese su beni di terzi che, essendo prive di una loro autonoma funzionalità, sono capitalizzabili nella voce "Altre immobilizzazioni immateriali".
A tal fine, la classificazione delle spese per migliorie su beni di terzi nell'ambito delle immobilizzazioni materiali va effettuata sulla base delle indicazioni contenute nei Principi contabili nazionali, anche per i soggetti che redigono il bilancio in base ai Principi contabili internazionali.

Territorialità dell'investimento - La norma in esame, diversamente da altre norme agevolative, non contiene alcuna disposizione riguardante l'ubicazione delle strutture aziendali cui sono destinati i beni oggetto di investimento.
Pertanto, indipendentemente da tale ubicazione, risultano agevolabili i beni acquistati da soggetti per i quali i relativi ammortamenti concorrono alla formazione del reddito assoggettabile a tassazione in Italia.

Beni esclusi - Sono esclusi dall'ambito applicativo dell'agevolazione gli investimenti in:
- beni materiali strumentali per i quali il D.M. 31 dicembre 1988 stabilisce **coefficienti di ammortamento inferiori al 6,5%** (ris. 14 settembre 2016, n. 74/E);
- **fabbricati e costruzioni**;
- particolari beni (All. n. 3 alla Legge n. 208/2015).

Beni immateriali - L'agevolazione non può spettare. Tuttavia, nell'ambito della disciplina relativa all'"**Industria 4.0"**, è stata introdotta, dal 2017, una maggiorazione *ad hoc* collegata all'iper ammortamento (➡**24.8.**).

Investimenti - Casi particolari	
Tipologia	**Regole**
Leasing	La maggiorazione spetta solo all'utilizzatore e non anche al concedente. Per quest'ultimo, infatti, sono irrilevanti, ai fini del beneficio in questione, gli acquisti di beni successivamente concessi in locazione finanziaria.
Leasing operativo e noleggio	La maggiorazione, al ricorrere dei requisiti previsti, può spettare al soggetto locatore o noleggiante. La maggiorazione riguarda solo i beni "materiali" e, di conseguenza, non può spettare per beni immateriali.
Beni merce	Sono esclusi dal super ammortamento.
Beni trasformati o assemblati per l'ottenimento di prodotti destinati alla vendita	Sono esclusi dal super ammortamento.
Materiali di consumo	Sono esclusi dal super ammortamento.
Beni concessi in comodato d'uso a terzi	Il comodante può beneficiare della maggiorazione, a condizione che i beni in questione siano strumentali ed inerenti alla propria attività, nel qual caso egli sarà legittimato a dedurre le relative quote di ammortamento (circ. 26 maggio 2016, n. 23/E e ris. 16 maggio 2008, n. 196/E).

Investimenti - Casi particolari	
Tipologia	**Regole**
Beni esposti in *show room* ed utilizzati esclusivamente dal rivenditore al solo scopo dimostrativo	Possono essere soggetti a super ammortamento (circ. 18 gennaio 2002, n. 4/E; circ. 27 ottobre 2009, n. 44/E; circ. 19 gennaio 2015, n. 5/E; circ. 26 maggio 2016, n. 23/E). Non possono fruire della maggiorazione i beni che il cedente abbia in qualche modo utilizzato per scopi diversi dalla semplice esposizione come, ad esempio, l'autovettura che sia stata immessa su strada dal concessionario anche per motivi dimostrativi.
Lease back	L'agevolazione non viene meno nell'ipotesi in cui il bene oggetto dell'investimento, per il quale si sia fruito del beneficio, formi successivamente oggetto di un contratto di *sale and lease back* (circ. 30 marzo 2017, n. 4/E). In tal caso, l'agevolazione continuerà ad essere fruita, sotto forma di maggiorazione del costo originario di acquisizione, secondo la dinamica temporale inizialmente determinata, a nulla rilevando il sopravvenuto contratto di leasing (che non configura, per l'utilizzatore, un ulteriore investimento agevolabile).

Ambito temporale 24.7.4.

L'agevolazione si applica sugli investimenti in beni materiali strumentali nuovi **dal 15 ottobre 2015 al 31 dicembre 2018**.
Relativamente agli investimenti effettuati nel 2018, è possibile fruire dell'agevolazione per gli investimenti effettuati **fino al 30 giugno 2019** purché:

- gli investimenti si riferiscono a **ordini accettati dal fornitore** entro la data del 31 dicembre 2018;
- entro la medesima data, deve essere anche avvenuto il **pagamento di acconti** in misura non inferiore al **20%**.

L'agevolazione si applica anche dal 1° aprile 2019 al 31 dicembre 2019, ovvero entro il 31 dicembre 2020, a condizione che entro la data del 31 dicembre 2019 il relativo ordine risulti accettato dal venditore e sia avvenuto il pagamento di acconti in misura almeno pari al 20% del costo di acquisizione.

La **data di accettazione tacita** delle opere, determinata in base ai criteri e ai documenti di cui si dirà, costituisce, ai fini del super ammortamento, il momento di "effettuazione dell'investimento, che "incardina" il bene agevolabile nella disciplina agevolativa. A tal fine, il contribuente dovrà fornire elementi e documentazione per dare "certezza" alla data di presa in consegna, senza riserve, delle opere e, quindi, per dimostrare che l'accettazione tacita sia intervenuta in un determinato periodo d'imposta.
Ad esempio, potrebbe risultare utile la produzione, a titolo esemplificativo, dei seguenti **documenti**:

- bilanci d'esercizio, libri contabili e registro dei beni ammortizzabili (o analogo), dai quali si possa desumere: il momento in cui i beni agevolabili sono stati iscritti in contabilità; l'esercizio in cui sono stati iscritti nello stato patrimoniale e sono stati ammortizzati (civilisticamente e fiscalmente) per la prima volta; il periodo d'imposta in cui sono entrati in funzione; l'esistenza di eventuali fondi rischi per contenziosi con le imprese appaltatrici; ecc.;
- scambi di documentazione tra il committente e l'impresa appaltatrice relativamente alle opere in questione, dai quali si potrebbero trarre informazioni specifiche riguardanti l'esecuzione e l'ultimazione dei lavori, la loro consegna, eventuali contestazioni riguardanti la sussistenza di vizi e/o difetti, incompletezze di esecuzione, errori, sul mancato rilascio di nulla-osta, autorizzazioni, certificazioni, ecc.;
- fatture relative alle utenze, dalle quali si potrebbe valutare la dinamica temporale dei consumi di energia elettrica/gas/acqua e si potrebbero trarre elementi utili per determinare il momento in cui è iniziata l'attività del bene oggetto dell'appalto (ris. 31 dicembre 2021, n. 77/E).

Beni in economia - Per i beni realizzati in economia, ai fini della **determinazione** del **costo** di **acquisizione**, rilevano i costi imputabili all'investimento sostenuti nel periodo agevolato, avuto riguardo ai criteri di competenza in precedenza indicati. Si tratta, ad esempio, dei costi concernenti:

- la progettazione dell'investimento;
- i materiali acquistati ovvero quelli prelevati dal magazzino, quando l'acquisto di tali materiali non sia stato effettuato in modo specifico per la realizzazione del bene;

IRES

- la mano d'opera diretta;
- gli ammortamenti dei beni strumentali impiegati nella realizzazione del bene;
- i costi industriali imputabili all'opera (stipendi dei tecnici, spese di mano d'opera, energia elettrica degli impianti, materiale e spese di manutenzione, forza motrice, lavorazioni esterne, ecc.).

CASO 1 - Super ammortamento beni in economia

Un'impresa presenta la seguente situazione:
- costi sostenuti nel 2017 per la realizzazione in economia del bene pari a 1.700;
- costi sostenuti nel 2018 per la realizzazione in economia del bene pari a 2.300 (di cui 1.300 nel periodo 1° gennaio - 30 giugno);
- entrata in funzione del bene nel 2019.

I costi sostenuti dall'impresa nel periodo che va dal 1° gennaio 2017 al 30 giugno 2018 sono pari a 3.000 (1.700 + 1.300); pertanto, per accedere all'estensione temporale fino al 30 giugno 2018, è necessario che entro il 31 dicembre 2017 siano stati sostenuti costi pari a 600 (20% di 3.000).
Poiché i costi sostenuti fino al 31 dicembre 2017 sono pari a 1.700 (e quindi superiori al limite di 600), per l'investimento in questione l'impresa potrà beneficiare dell'estensione temporale al 30 giugno 2018.
In definitiva, risulteranno agevolabili, oltre ai costi sostenuti nel 2017 (1.700), anche i costi sostenuti nel periodo 1° gennaio 2018 - 30 giugno 2018 (1.300) e, di conseguenza, dal 2019 il bene potrà fruire di un super ammortamento calcolato su un importo di 3.000.

24.7.5. Modalità operative

Il beneficio consiste in un **incremento del costo di acquisizione del bene del 30%** (40% fino al 2017), che determina un aumento della quota annua di ammortamento (o del canone annuo di leasing) fiscalmente deducibile.
La maggiorazione del 30% - 40% si concretizza in una **deduzione** che opera in via extracontabile e che va fruita:
- per quanto riguarda l'ammortamento dei **beni strumentali**, in base ai coefficienti ministeriali (D.M. 31 dicembre 1988), ridotti alla metà per il primo esercizio per i soggetti titolari di reddito d'impresa;
- per quanto riguarda il **leasing**, in un periodo non inferiore alla metà del periodo di ammortamento corrispondente al coefficiente ministeriale.

Qualora in un periodo d'imposta si fruisca dell'agevolazione in misura inferiore al limite massimo consentito, il **differenziale non dedotto** non potrà essere recuperato in alcun modo nei periodi d'imposta successivi.
Inoltre:
- in caso di beni strumentali inferiori a **516,46 euro** per effetto della maggiorazione del 30% - 40%, non si perde la possibilità di **dedurre integralmente** il costo nell'esercizio di acquisto;
- per i **beni adibiti promiscuamente** all'esercizio dell'impresa, dell'arte o professione e all'uso personale del contribuente, la **maggiorazione del 30% - 40%** rileva non in misura piena, ma **nella misura del 50%.**

CASO 2 - Super ammortamento su macchinario

Si supponga il caso di un'impresa individuale che ha acquistato, il 1° gennaio 2018, un macchinario del costo di 50.000 euro.
L'aliquota di ammortamento, per questo bene, è pari al 20%.
La deduzione è ammessa in misura non superiore a quella risultante dall'applicazione al costo dei beni dei coefficienti ministeriali ridotti alla metà per il primo esercizio.
Si riporta, quindi, una tavola di raffronto in cui si coglie la differenza tra vecchie e nuove norme.

Anno	Quota ammortizzata	Super ammortamento	Totale dedotto
2018	5.000	1.500	6.500
2019	10.000	3.000	13.000
2020	10.000	3.000	13.000
2021	10.000	3.000	13.000
2022	10.000	3.000	13.000

Anno	Quota ammortizzata	Super ammortamento	Totale dedotto
2023	5.000	1.500	6.500
Totale	50.000	15.000	65.000

Supponendo che il contribuente abbia un'aliquota IRPEF marginale del 43%, il maggior risparmio d'imposta, nel 2018, sarà pari a 645 euro (1.500 x 43%).

Cessione del bene - Nell'ipotesi in cui il **bene** venga **ceduto prima** della **completa fruizione** dell'**agevolazione**:

- nell'esercizio di cessione, la maggiorazione sarà determinata secondo il criterio *pro rata temporis*;
- le quote di maggiorazione non dedotte non potranno più essere utilizzate, né dal soggetto cedente, né dal soggetto cessionario (che acquista un bene "non nuovo");
- le quote di maggiorazione dedotte non saranno oggetto di "restituzione" da parte del soggetto cedente poiché la normativa in esame non prevede alcun meccanismo di *recapture*.

CASO 3 - Super ammortamento - Cessione del bene

Il 1° luglio 2017 viene consegnato ad un'impresa un bene acquistato in proprietà per un costo pari ad euro 10.000 (circ. 30 marzo 2017, n. 4/E).

Per il bene è previsto un coefficiente di ammortamento civilistico e fiscale del 20%.

Il bene, che entra immediatamente in funzione, può usufruire della maggiorazione del 40% del costo di acquisizione che, quindi, ai soli fini della determinazione delle quote di ammortamento, sarà pari ad euro 4.000 (40% di 10.000), corrispondente ad una quota di ammortamento "aggiuntiva" annua pari ad euro 800 (20% di 4.000).

Il 1° luglio 2020 il bene viene ceduto per un corrispettivo di euro 4.500.

Si avrà la seguente situazione:

Anno	Amm.to imputato al Conto economico	Amm.to dedotto per derivazione nei limiti degli artt. 102 c. 2 e 109 c. 4 D.P.R. n. 917/1986	Variazione in diminuzione relativa al super ammortamento
2017	1.000	1.000[1]	400[1]
2018	2.000	2.000	800
2019	2.000	2.000	800
2020	1.000[2]	1.000[2]	400[2]
Totale	6.000	6.000	2.400

[1] Riduzione alla metà dei coefficienti di ammortamento fiscale per il primo esercizio ai sensi dell'art. 102, c. 2, D.P.R. n. 917/1986.

[2] Quote ragguagliate ai giorni di possesso (183/366).

Pertanto, al 1° luglio 2020 l'ammontare complessivo dedotto civilisticamente sarà pari ad euro 6.000, mentre l'ammontare complessivo dedotto fiscalmente sarà pari ad euro 8.400, di cui:

- euro 6.000 dedotti per derivazione attraverso l'imputazione al Conto economico;
- euro 2.400 dedotti extra contabilmente attraverso variazioni in diminuzione in dichiarazione.

Il costo non ammortizzato rilevante ai fini del calcolo della plusvalenza (art. 86 del TUIR) sarà pari ad euro 4.000 (10.000 - 6.000) e non ad euro 1.600 (10.000 - 8.400). Ciò in quanto la maggiorazione rileva "con esclusivo riferimento alla determinazione delle quote di ammortamento" e, pertanto, l'importo di euro 2.400 dedotto come maggior costo di acquisizione non incide sul calcolo della plus/minusvalenza.

Pertanto, la plusvalenza fiscalmente rilevante nel caso di specie sarà pari ad euro 500 (4.500 - 4.000).

Mezzi di trasporto a motore 24.7.6.

La norma, nella versione in vigore **sino al 31 dicembre 2016**, ha previsto anche la **maggiorazione del 40%** dei limiti rilevanti per la deduzione delle quote di ammortamento dei mezzi di trasporto a motore che non vengono utilizzati esclusivamente come beni strumentali nell'attività propria dell'impresa.

IRES

Successivamente, l'agevolazione, anche se con regole diverse, non è stata più prorogata.
Pertanto, la situazione che si presenta è la seguente:

Periodo investimento	Mezzi di trasporto agevolabili	Mezzi di trasporto esclusi
Dal 15 ottobre 2015 al 31 dicembre 2016	Tutti	Nessuno
Dal 1° gennaio 2017 al 31 dicembre 2017 (o 30 giugno 2018 con accettazione ordine e versamento acconto 20% entro il 31 dicembre 2017)	- Autovetture ed autocaravan (art. 54, c. 1, lett. a) e m), D.Lgs. n. 285/1992)[1], ciclomotori e motocicli destinati ad essere utilizzati esclusivamente come beni strumentali nell'attività propria dell'impresa (art. 164, c. 1, lett. a), n. 1), D.P.R. n. 917/1986); - Veicoli ad uso pubblico (art. 164, c. 1, lett. a), n. 2), D.P.R. n. 917/1986).	Autovetture ed autocaravan (art. 54, c. 1, lett. a) e m), D.Lgs. n. 285/1992)[1], ciclomotori e motocicli: - diversi da quelli utilizzati esclusivamente come beni strumentali nell'attività propria dell'impresa (art. 164, c. 1, lett. b), D.P.R. n. 917/1986); - dati in uso promiscuo ai dipendenti per la maggior parte del periodo d'imposta (art. 164, c. 1, lett. b-bis), D.P.R. n. 917/1986).
Dal 1° gennaio 2018 al 31 dicembre 2018 (o 30 giugno 2019 con accettazione ordine e versamento acconto 20% entro il 31 dicembre 2018)	Nessuno	Tutti (art. 164, c. 1, D.P.R. n. 917/1986)

[1] Si tratta di:
- autovetture: veicoli destinati al trasporto di persone, aventi al massimo nove posti, compreso quello del conducente (lett. a);
- autocaravan: veicoli aventi una speciale carrozzeria ed attrezzati permanentemente per essere adibiti al trasporto e all'alloggio di sette persone al massimo compreso il conducente (lett. m).

24.7.7. Beni in leasing

Beneficiano del super ammortamento anche i **beni strumentali acquistati in leasing**.
In tal caso la maggiorazione del 30% - 40% spetta non per l'intero canone di leasing, ma solo per la **quota capitale** (che complessivamente, insieme al prezzo di riscatto, costituisce il "costo di acquisizione" del bene), con esclusione, quindi, della quota interessi (circ. 26 maggio 2016, n. 23/E).

24.7.8. Beni di costo unitario non superiore a 516,46 euro

La maggiorazione del 30% - 40%, operando con esclusivo riferimento alla determinazione delle quote di ammortamento, non influisce sul **limite di 516,46 euro** entro cui è possibile **ammortizzare al 100% il bene** (art. 102, c. 5, D.P.R. n. 917/1986).
Pertanto, la possibilità di deduzione integrale nell'esercizio non viene meno neanche nell'ipotesi in cui il costo del bene superi l'importo di 516,46 euro per effetto della maggiorazione del 30% - 40% (circ. 26 maggio 2016, n. 23/E e circ. 30 marzo 2017, n. 4/E).

Per i beni di costo inferiore a 516,46 euro, non dedotti integralmente nell'esercizio ma ammortizzati, la maggiorazione pari al 30% - 40%, spettante a titolo di super ammortamento, non può essere dedotta interamente nell'esercizio di acquisizione, ma deve essere spalmata negli esercizi, tenendo conto dei coefficienti di ammortamento fiscali (ris. 24 novembre 2017, n. 145/E).

24.7.9. Cumulo

Il super ammortamento, in quanto misura generale, è fruibile anche in presenza di altre agevolazioni, salvo che le norme disciplinanti le altre misure non prevedano un espresso divieto di cumulo con misure generali (circ. 30 marzo 2017, n. 4/E).

È possibile **cumulare**, sui medesimi investimenti, il **credito d'imposta** per la **riqualificazione** delle **strutture ricettive** con il super ammortamento. Le due agevolazioni perseguono finalità del tutto diverse, tali da non poterle ritenere alternative, sebbene le spese ammissibili possano incidentalmente coincidere (ris. 15 settembre 2017, n. 118/E).

Super ammortamento - Tavola di sintesi	
Definizione	È un'agevolazione con la quale viene **aumentato del 30% (40% fino al 2017) il costo fiscale dei beni materiali acquistati**. In tal modo è possibile utilizzare il maggior costo per procedere con una deduzione extracontabile del reddito (tramite l'effettuazione di variazioni in diminuzione in dichiarazione).
Soggetti interessati ed esclusi	Possono usufruire del *bonus*: - i **titolari di reddito d'impresa** (non hanno alcuna rilevanza la natura giuridica del soggetto, la sua dimensione aziendale e il settore economico in cui opera), compresi gli enti non commerciali ma solo per l'attività commerciale eventualmente svolta; - gli **esercenti arti e professioni**. Sono compresi i soggetti che rientrano nel **"regime di vantaggio"**, mentre sono esclusi quelli che applicano il "regime forfetario" e che quantificano il reddito tramite l'applicazione di un coefficiente di redditività al volume dei ricavi o compensi. Per quanto concerne i titolari di reddito d'impresa, tra i beneficiari vanno incluse le imprese che risiedono nel territorio dello Stato e anche le Stabili Organizzazioni nel territorio dello Stato di soggetti non residenti. Sono, invece, escluse dal bonus le imprese marittime che rientrano nel regime della *tonnage tax*. In relazione alle attività diverse da quelle agevolate l'impresa può però usufruire del bonus per i componenti negativi dedotti in via analitica. Analogo principio vale per le imprese che escono dal regime della *tonnage tax*. In tal caso, però, il *bonus* è applicabile solo sulle quote residue di ammortamento da effettuare sui beni agevolabili nei periodi successivi all'uscita dal regime in questione. In merito agli investimenti che riguardano **aziende condotte in affitto o in usufrutto**, qualora non sia prevista la deroga convenzionale rispetto a quanto stabilito in materia di usufrutto (art. 2561 c.c.), il super ammortamento spetta unicamente all'affittuario/usufruttuario. Diversamente, è il soggetto concedente a poter beneficiare della misura agevolativa.
Investimenti agevolabili	Gli investimenti per usufruire del *bonus* devono essere relativi all'**acquisto di beni strumentali nuovi**. Si deve trattare di beni: - **"materiali"** (sono pertanto esclusi i beni immateriali); - **a uso durevole** e atti ad essere utilizzati, da parte del soggetto beneficiario dell'agevolazione, all'interno del processo produttivo del soggetto medesimo. Conseguentemente sono esclusi dal *bonus* i c.d. **"beni merce"** (destinati alla vendita), così come quelli trasformati o assemblati al fine di ottenere prodotti destinati alla vendita; - **nuovi**, dunque non beni a qualunque titolo già utilizzati. Dal 2017, sono **esclusi** dal super ammortamento: - i **veicoli** non utilizzati solamente come beni strumentali o adibiti a uso pubblico, per i quali viene prevista una deduzione limitata dei costi, nonché un limite massimo alla rilevanza, ai fini fiscali, del costo di acquisizione; - i **veicoli** che sono **dati in uso promiscuo** ai **dipendenti** per la maggior parte del periodo d'imposta.

IRES

Super ammortamento - Tavola di sintesi	
Come fruire dell'agevolazione	Il **costo di acquisizione** è **maggiorato del:** - **40%** per gli investimenti effettuati **sino al 31 dicembre 2017**; - **30%** per gli investimenti effettuati **dal 1° gennaio 2018 al 31 dicembre 2018**. La maggiorazione ha rilevanza solo ai fini delle imposte sui redditi (viene pertanto esclusa la rilevanza ai fini dell'IRAP) e comporta un incremento della quota annua di ammortamento (ovvero del canone di leasing) deducibile fiscalmente.
Ambito temporale	L'agevolazione si applica sugli **investimenti** effettuati: - tra il **15 ottobre 2015** e il **31 dicembre 2016**; - tra il **1° dicembre 2017** e il **31 dicembre 2017 (o entro il 30 giugno 2018**, ma a condizione che, entro il 31 dicembre 2017, l'**ordine** risulti **accettato dal venditore** e sia avvenuto il **pagamento** di **acconti** per un importo pari ad almeno il **20%** del costo di acquisizione); - tra il **1° gennaio 2018** e il **31 dicembre 2018 (o entro il 30 giugno 2019**, ma a condizione che, entro il 31 dicembre 2018, l'**ordine** risulti **accettato dal venditore** e sia avvenuto il **pagamento di acconti** per un importo pari ad almeno il **20%** del costo di acquisizione). - dal **1° aprile 2019** al **31 dicembre 2019 (o entro il 30 giugno 2020**, a condizione che entro la data del 31 dicembre 2019 il relativo ordine risulti **accettato dal venditore** e sia avvenuto il **pagamento di acconti** in misura almeno pari al **20%** del costo di acquisizione).

24.8. IPER AMMORTAMENTO

A partire **dal 1° gennaio 2017** e sino **al 31 dicembre 2019**, per gli investimenti effettuati in **beni materiali strumentali nuovi** ad **alto contenuto tecnologico** atti a favorire i processi di trasformazione tecnologica in chiave **"Industria 4.0"** è stata prevista una **maggiorazione** del **costo** di **acquisizione** (c.d. **"iper ammortamento"**) (art. 1, c. 9-13, Legge n. 232/2016).

È stata prevista, inoltre, una **maggiorazione** sul **costo di acquisto beni strumentali immateriali** (alcuni *software*, sistemi IT e attività di *system integration*) per i soggetti che beneficiano dell'iper ammortamento.

> I suddetti benefici sono cumulabili con il credito d'imposta sulla ricerca e sviluppo e con il c.d. "patent box" (➔**32.2.**) (circ. 30 marzo 2017, n. 4/E).
> A partire dal 1° gennaio 2020, l'agevolazione è stata trasformata in un credito d'imposta (art. 1, c. 184-197 Legge 27 dicembre 2019, n. 160) (➔**33.18.**), prevedendo anche una particolare disciplina transitoria.

24.8.1. Soggetti interessati

Sono interessati dalla maggiorazione solo i **soggetti titolari di reddito d'impresa**. Non possono, invece, fruirne gli esercenti arti e professioni.

24.8.2. Investimenti agevolabili

I beni agevolabili possono essere raggruppati in tre categorie (All. A, Legge n. 232/2016):

1. **beni strumentali** il cui funzionamento è controllato da **sistemi computerizzati** o gestito tramite opportuni sensori e azionamenti;
2. sistemi per l'assicurazione della **qualità e** della **sostenibilità**;
3. dispositivi per l'**interazione uomo macchina** e per il miglioramento dell'**ergonomia** e della **sicurezza** del **posto di lavoro** in logica "4.0".

In riferimento ai magazzini autoportanti e cioè delle strutture di dimensioni significative (edifici veri e propri, anche di elevata altezza) che sono destinate allo stoccaggio di merci eterogenee, è possibile fruire dell'agevolazione solo sulla componente impiantistica in ragione del fatto che non concorre alla determinazione della rendita catastale del bene immobile (ris. 9 agosto 2018, n. 62/E).

Categoria	Tipologie di beni
Beni controllati da sistemi computerizzati o tramite sensori e azionamenti[1]	1. macchine utensili per **asportazione**: si tratta delle macchine atte alla trasformazione di pezzi, indipendentemente dal materiale lavorato (metallo, compositi, marmo, polimeri, legno, ceramica, ecc.). A titolo esemplificativo, rientrano in questo gruppo i torni a CN, i centri di lavoro, i centri di rettifica; 2. macchine utensili operanti con **laser** e altri processi a flusso di energia (ad esempio plasma, *waterjet*, fascio di elettroni), elettroerosione, processi elettrochimici: nel gruppo sono comprese, per esempio, macchine per la lavorazione a ultrasuono (USM), a getto abrasivo (AJM), *waterjet* (WJM), chimiche (CHM), elettrochimiche (ECM), elettroerosione (EDM), taglio laser (LBM), con fascio di elettroni o di ioni (EBM), plasma (PAM), ecc.; 3. macchine e impianti per la realizzazione di prodotti mediante la **trasformazione dei materiali e delle materie prime**: l'Agenzia delle Entrate chiarisce che in questo caso occorre fare riferimento alle macchine e impianti impiegati nell'industria manifatturiera discreta, nell'industria di processo e in quella di trasformazione che devono essere dotati di proprietà di riconfigurabilità o flessibilità (per quanto riguarda sia le tipologie di operazioni che possono essere eseguite, sia la gestione dei flussi all'interno dell'impianto). Inoltre, l'impianto gode del beneficio fiscale anche nel caso in cui i singoli componenti provengano da fornitori diversi; 4. macchine utensili per la **deformazione plastica dei metalli** e altri materiali (presse, punzonatrici a CN, laminatoi, pannellatrici, trafilatrici, ecc.); 5. macchine utensili per **l'assemblaggio**, la **giunzione e** la **saldatura**; 6. macchine per il **confezionamento e l'imballaggio** (ad esempio, macchine per il *packaging* e l'imbottigliamento); 7. macchine utensili di **de-produzione e riconfezionamento** per recuperare materiali e funzioni da scarti industriali e prodotti di ritorno a fine vita (ad esempio macchine per il disassemblaggio, la separazione, la frantumazione, il recupero chimico): da questo gruppo sono escluse le macchine finalizzate allo smaltimento in discarica e quelle finalizzate al recupero energetico; 8. **robot**, robot collaborativi e sistemi multi-robot; 9. macchine utensili e sistemi per il conferimento o la **modifica** delle **caratteristiche superficiali dei prodotti** o la *funzionalizzazione delle superfici* (ad esempio, lappatrici, rettificatrici, macchine per trattamenti superficiali, termici e/o chimici, macchine per il *coating,* macchine per granigliatura, sabbiatura, pallinatura, vibrofinitura, verniciatura, funzionalizzazione mediante plasma, stampa su carta e tessuti, funzionalizzazione con plasma, smaltatura, decorazione della ceramica, ecc.);

Categoria	Tipologie di beni
	10. macchine per la **manifattura additiva** utilizzate in ambito industriale (ad esempio, macchine per *laser melting/sintering* di polveri metalliche o polimeri, ecc.); 11. macchine, anche motrici e operatrici (sono comprese, per esempio, macchine per **l'agricoltura 4.0**), strumenti e dispositivi per il **carico** e lo **scarico**, la movimentazione, la pesatura e la **cernita automatica dei pezzi** (per esempio, carrelli elevatori, sollevatori, carriponte, gru mobili, gru a portale), dispositivi di **sollevamento** e **manipolazione automatizzati** (per esempio, manipolatori industriali, sistemi di pallettizzazione e dispositivi *pick and place*), AGV e sistemi di convogliamento e movimentazione flessibili, e/o dotati di riconoscimento dei pezzi (per esempio, sistemi attivi come RFID, sistemi passivi come ad esempio QR code, visori e sistemi di visione e meccatronici). L'Agenzia delle Entrate ha precisato che l'espressione **"macchine motrici"** non include i veicoli a motore destinati a circolare su strada, con o senza carrozzeria, che abbiano almeno quattro ruote e una velocità massima per costruzione superiore ai 25 km/h, come pure i loro rimorchi, ad eccezione dei veicoli che si spostano su rotaie, dei trattori e macchine agricole (art. 1 direttiva 70/156/CEE); 12. **magazzini automatizzati** interconnessi ai sistemi gestionali di fabbrica (per esempio, magazzini automatici asserviti da traslo-elevatori o mini-loaders e software WMS per la gestione delle missioni in/out; i sistemi di selezionamento, prelievo e deposito automatico controllati da software di gestione e/o il controllo delle scorte e dei punti di riordino). Rientrano nell'agevolazione anche i beni funzionali alla trasformazione tecnologica e/o digitale delle imprese secondo il Mod. "Industria 4.0" nonché i dispositivi, strumentazione e componentistica intelligente per l'integrazione, la sensorizzazione e/o l'interconnessione e il controllo automatico dei processi utilizzati anche nell'ammodernamento o nel revamping dei sistemi di produzione esistenti[2].
Sistemi per l'assicurazione della qualità e della sostenibilità	- Sistemi di **misura a coordinate e no** e relativa strumentazione per la verifica dei requisiti micro e macro geometrici di prodotto per qualunque livello di scala dimensionale al fine di assicurare e tracciare la qualità del prodotto e che consentono di qualificare i processi di produzione in maniera documentabile e connessa al sistema informativo di fabbrica. In questa voce sono comprese, per esempio, le Coordinate Measuring Machine (CMM) utilizzate per l'**ispezione geometrica**, dimensionale e per l'identificazione di geometrie incognite (circ. 30 marzo 2017, n. 4/E); - altri sistemi di **monitoraggio *in process*** per assicurare e tracciare la qualità del prodotto o del processo produttivo e che consentono di qualificare i processi di produzione in maniera documentabile e connessa al sistema informativo di fabbrica, diretta o indiretta: nel gruppo rientrano, ad esempi, i sistemi per il controllo di processo, il monitoraggio delle emissioni, delle vibrazioni, della temperatura e i sistemi per il controllo della forza e della potenza, i *test* di prodotto durante la fase di giunzione e assemblaggio industriale, le bilance di controllo peso, telecamere di controllo riempimento, stazioni di *testing*, validazione, collaudo e calibratura; - sistemi per l'**ispezione** e la **caratterizzazione** dei **materiali** (ad esempio macchine di prova materiali, macchine per il collaudo dei prodotti realizzati, sistemi per prove o collaudi non distruttivi, tomografia) in grado di verificare le caratteristiche dei materiali in ingresso o in uscita al processo e che vanno a costituire il prodotto risultante a livello macro (ad esempio caratteristiche meccaniche) o micro (ad esempio porosità, inclusioni) e di generare opportuni report di collaudo da inserire nel sistema informativo aziendale;

Categoria	Tipologie di beni
	- dispositivi intelligenti per il ***test*** delle **polveri metalliche** e sistemi di monitoraggio in continuo che consentono di qualificare i processi di produzione mediante tecnologie additive; - sistemi intelligenti e connessi di **marcatura** e **tracciabilità** dei lotti produttivi e/o dei singoli prodotti (ad esempio RFID - *Radio Frequency Identification*); - sistemi di **monitoraggio** e **controllo** delle **condizioni** di **lavoro** delle macchine e dei sistemi di produzione interfacciati con i sistemi informativi di fabbrica e/o con soluzioni *cloud*. In questo gruppo rientrano, per esempio, i sistemi dedicati alla misura dell'utensile durante la truciolatura in termini di potenza, vibrazioni e sforzo e/o quelli dedicati al controllo geometrico dell'utensile post truciolatura; - strumenti e dispositivi per l'**etichettatura**, l'**identificazione** o la **marcatura automatica** dei **prodotti**: ne sono un esempio sistemi capaci di stampare e applicare l'etichetta sui prodotti in automatico e quindi senza l'intervento dell'operatore; - componenti, sistemi e soluzioni intelligenti per la gestione, l'utilizzo efficiente e il **monitoraggio** dei **consumi energetici** e **idrici** e per la **riduzione** delle **emissioni**: ci si riferisce a quelle soluzioni che interagiscono a livello di macchine e componenti del sistema produttivo e basate sulla combinazione di sensori, sistemi di controllo e di elaborazione/simulazione connessi e in grado di gestire il consumo della risorsa energetica, idrica e per la riduzione delle emissioni in maniera intelligente recuperando o rilasciando energia in base allo stato del processo e delle macchine, ottimizzando la distribuzione di energia elettrica e minimizzando eventuali sovraccarichi (*smart grid*). **Non** vi **rientrano**, invece, le **soluzioni** finalizzate alla **produzione** di **energia** (ad esempio sistemi cogenerativi, sistemi di generazione di energia da qualunque fonte rinnovabile e non); questi ultimi macchinari possono beneficiare di misure di agevolazione dell'efficienza energetica già in vigore (come i "certificati bianchi") (circ. 30 marzo 2017, n. 4/E); - **filtri** e **sistemi/impianti** di **trattamento** e **recupero** di acqua, aria, olio, sostanze chimiche, polveri con sistemi di segnalazione dell'efficienza filtrante e della presenza di anomalie o sostanze aliene al processo o pericolose, integrate con il sistema di fabbrica e in grado di avvisare gli operatori e/o di fermare le attività di macchine e impianti.
Dispositivi per l'interazione uomo macchina	- **Banchi** e **postazioni** di **lavoro dotati** di **soluzioni ergonomiche** adattabili in maniera automatizzata alle caratteristiche fisiche degli operatori (ad esempio caratteristiche biometriche, età, presenza di disabilità): si tratta di postazioni di lavoro ergonomiche integrate in cui l'operatore ha a disposizione moduli di trasporto intelligenti (per l'approvvigionamento delle merci), terminali *touch screen* (con guida intuitiva delle attività per l'utente), illuminazione antiabbagliante e personalizzabile della postazione (per un'illuminazione ottimale della postazione di lavoro), elementi con braccio a snodo (per l'ottimizzazione ergonomica dello spazio di prelievo), tavolo di lavoro regolabile elettricamente in altezza (per un rapido adattamento a diverse condizioni fisiche e lavorative dell'operatore); - sistemi per il **sollevamento/traslazione** di **parti pesanti** od **oggetti esposti** ad **alte temperature** in grado di agevolare in maniera intelligente/robotizzata/interattiva il compito dell'operatore; - dispositivi *wearable*, apparecchiature di **comunicazione tra operatore/operatori e sistema produttivo**, dispositivi di realtà aumentata e *virtual reality* (ad esempio, i dispositivi intelligenti in grado di fornire istruzioni sul lavoro e di visualizzare in *real time* i dati sul funzionamento delle macchine e sulle attività che gli operatori dovranno svolgere);

IRES

Categoria	Tipologie di beni
	- **interfacce uomo-macchina** (HMI) intelligenti che supportano l'operatore in termini di sicurezza ed efficienza delle operazioni di lavorazione, manutenzione, logistica.

[1] Questi beni devono possedere obbligatoriamente: 1. il controllo per mezzo di CNC (Computer Numerical Control) e/o PLC (Programmable Logic Controller); 2. l'interconnessione ai sistemi informatici di fabbrica con caricamento da remoto di istruzioni e/o part program; 3. l'integrazione automatizzata con il sistema logistico della fabbrica o con la rete di fornitura e/o con altre macchine del ciclo produttivo; 4. l'interfaccia tra uomo e macchina semplici e intuitive; 5. la rispondenza ai più recenti parametri di sicurezza, salute e igiene del lavoro.
Inoltre, devono essere dotati di almeno due tra le seguenti ulteriori caratteristiche per renderle assimilabili o integrabili a sistemi cyberfisici: i) sistemi di telemanutenzione e/o telediagnosi e/o controllo in remoto; ii) monitoraggio continuo delle condizioni di lavoro e dei parametri di processo mediante opportuni set di sensori e adattività alle derive di processo; iii) caratteristiche di integrazione tra macchina fisica e/o impianto con la modellizzazione e/o la simulazione del proprio comportamento nello svolgimento del processo (sistema cyberfisico).

[2] Il costo agevolabile dei magazzini automatizzati interconnessi ai sistemi gestionali di fabbrica, è comprensivo anche del costo attribuibile alla scaffalatura asservita dagli impianti automatici di movimentazione, che costituisce, al contempo, parte del sistema costruttivo dell'intero fabbricato; resta ferma la rilevanza di detta scaffalatura ai fini della determinazione della rendita catastale, in quanto elemento costruttivo dell'intero fabbricato (art. 3-quater, c. 4, D.L. n. 135/2018). L'agevolazione si applica anche per la scaffalatura asservita dagli impianti automatici di movimentazione che costituisce parte del sistema costruttivo del fabbricato (risposta a interpello 10 ottobre 2019, n. 408).

IRES

Oneri accessori, costruzioni e attrezzatura varia - L'Agenzia delle Entrate ha chiarito (ris. 15 dicembre 2017, n. 152/E) se tra gli oneri accessori di diretta imputazione possano rientrare anche quelli relativi a piccole opere murarie necessarie per l'istallazione di un macchinario presso il sito aziendale (ad esempio quelle relative alla realizzazione del basamento per l'ancoraggio del bene).
A tale proposito è stato precisato che:
- ai fini della quantificazione del costo rilevante agli effetti dell'iper ammortamento, rilevano anche gli oneri accessori di diretta imputazione (art. 110, c. 1, lett. b), D.P.R. n. 917/1986);
- per la concreta individuazione dei predetti oneri occorre far riferimento, in via generale, ai criteri previsti per le immobilizzazioni materiali (OIC 16), indipendentemente dai Principi contabili adottati dall'impresa.

Fatta questa premessa, secondo l'Agenzia delle Entrate, le "costruzioni" non rientrano nell'ambito di applicazione dell'agevolazione in questione.
Con specifico riferimento ai costi relativi alle piccole opere murarie, pertanto, nei limiti in cui tali opere non presentino una **consistenza volumetrica apprezzabile** e, quindi, non assumano natura di "costruzioni" ai sensi della disciplina catastale, gli stessi costi possono configurarsi come oneri accessori e rilevare ai fini della disciplina dell'iper ammortamento.

I costi relativi alle **piccole opere murarie** che non assumono natura di "costruzioni" e quindi che non presentano una consistenza volumetrica apprezzabile, possono configurarsi come oneri accessori ed essere dunque rilevanti nella disciplina dell'iper ammortamento (risposta a interpello 15 ottobre 2021, n. 712).

Il costo accessorio, ai fini della spettanza dell'agevolazione, deve essere sostenuto nel medesimo periodo previsto per il bene principale (risposta dell'Agenzia delle Entrate resa in occasione dell'incontro con la stampa specializzata del 1° febbraio 2018).

Sempre in tema di oneri accessori rilevanti ai fini della determinazione del costo degli investimenti agevolabili, il **costo** della **perizia giurata o** dell'**attestazione** di **conformità** non assume rilevanza, comunque, ai fini della agevolazione, a prescindere dalle modalità di contabilizzazione in bilancio, trattandosi semplicemente di un onere il cui sostenimento è richiesto esclusivamente ai fini dell'ottenimento del beneficio fiscale.
Un'ultima questione affrontata riguarda il trattamento, ai fini dell'individuazione degli investimenti rilevanti, delle attrezzature che costituiscono dotazione ordinaria del bene agevolabile.
Gli accessori costituenti elementi strettamente indispensabili per la funzione che una determinata macchina è destinata a svolgere nell'ambito dello specifico processo produttivo possono assumere

rilevanza agli effetti dell'agevolazione nei limiti in cui costituiscono ordinaria dotazione del cespite principale. Tale impostazione di principio, già adottata anche per altre agevolazioni (ad esempio la Tremonti-ter), in linea generale, vale anche agli effetti dell'iper ammortamento.
Pertanto, verificandosi i due presupposti sopra indicati (e cioè che le attrezzature siano assolutamente **necessarie** per il funzionamento del macchinario e che ne costituiscano **normale dotazione**), l'iper ammortamento può estendersi anche al costo di tali attrezzature e accessori. Naturalmente, con riguardo al meccanismo di fruizione del beneficio, assume rilievo, di regola, il coefficiente di ammortamento fiscale previsto per le attrezzature (D.M. 31 dicembre 1988).
Ciò precisato, con specifico riferimento all'individuazione delle attrezzature e degli accessori che costituiscono "normale dotazione" del macchinario, poiché le situazioni che si potrebbero riscontrare sono innumerevoli, è probabile che l'incertezza rimanga.
Per ovviare a ciò, è stato definito un limite forfetario in ragione del **5%** del **costo** del **bene** principale rilevante agli effetti dell'iper ammortamento.
Nel limite di tale importo, quindi, vale la presunzione che le dotazioni possano essere considerate accessorie, sempreché, ovviamente, i costi di tali dotazioni siano effettivamente sostenuti e debitamente documentati.
Resta ferma la facoltà per l'impresa di applicare l'iper ammortamento sulle attrezzature ed accessori in questione anche per l'importo che **eccede** il predetto **limite** del **5%**.
Tuttavia, in questo caso il contribuente ha l'onere di dimostrare in sede di controllo gli elementi a supporto dei maggiori costi inclusi nell'agevolazione.
Quanto detto sopra può trovare applicazione tanto nel caso in cui gli elementi accessori vengano acquisiti in uno con l'atto di investimento nel bene principale, sia nel caso in cui vengano acquisiti separatamente anche presso altri fornitori.

Chiarimenti del MISE - Il Ministero dello sviluppo economico ha fornito ulteriori chiarimenti concernenti l'individuazione dei **beni agevolabili** e il requisito dell'**interconnessione,** in riferimento all'**iper ammortamento** (circ. 23 maggio 2018, n. 177355).

Tipo di bene	Iper ammortamento
Distributori automatici	Sì
Macchine di lavaggio, disinfezione e sterilizzazione di dispositivi medici	Sì
Sistemi per l'assicurazione della qualità e della sostenibilità	- Sistemi di gestione dell'energia reattiva: Sì; - sistemi di accumulo dell'energia elettrica: NO; - sistemi di controllo intelligenti e connessi per la gestione e il monitoraggio dei consumi energetici dei sistemi di produzione dell'aria compressa: Sì; - sistemi di controllo e monitoraggio dei consumi energetici degli impianti di illuminazione: NO
Stampi dotati di sensoristica intelligente e di dispositivi mobili	NO
Impianti di trattamento per la depurazione preliminare allo scarico delle acque reflue	Sì
Sistemi di additivazione di sostanze pericolose	Sì

Ambito temporale 24.8.3.

L'agevolazione ha interessato gli **investimenti effettuati** dal **1° gennaio 2017** al **31 dicembre 2019**.
È stato possibile fruire dell'agevolazione:

1. **fino** al **30 settembre 2018** (art. 14, D.L. n. 91/2017) per gli investimenti effettuati nel 2017 purché:
   - gli investimenti si riferiscano a **ordini accettati** dal fornitore **entro** il **31 dicembre 2017**;
   - entro la medesima data, deve essere anche avvenuto il **pagamento** di **acconti** in misura non inferiore al **20%**;
2. **fino al 31 dicembre 2019** per gli investimenti effettuati nel 2018 (art. 1, c. 30, Legge n. 205/2017) purché:
   - gli investimenti si riferiscano a **ordini accettati** dal fornitore entro il **31 dicembre 2018**;
   - entro la medesima data, deve essere anche avvenuto il **pagamento** di **acconti** in misura non inferiore al **20%**;

3. **fino al 31 dicembre 2020** per gli investimenti effettuati nel 2019 (art. 1, c. 60, Legge n. 145/2018) purché:
   - detti investimenti si riferiscano a **ordini accettati** dal fornitore entro la data del **31 dicembre 2019**;
   - entro la medesima data, deve essere anche avvenuto il **pagamento** di **acconti** in misura non inferiore al **20%**.

Maxicanone per i beni in leasing - Per applicare la proroga (al 30 settembre 2018, 31 dicembre 2019 o al 31 dicembre 2020), in caso di **beni acquisiti tramite locazione finanziaria**, entro il 31 dicembre 2017 o 31 dicembre 2018 o 31 dicembre 2019 doveva essere:
1. sottoscritto da entrambe le parti il relativo contratto di leasing e
2. avvenuto il pagamento di un maxicanone in misura almeno pari al 20% della quota capitale complessivamente dovuta al locatore.

In tal caso, la maggiorazione è spettata anche per i contratti di leasing per i quali il momento di effettuazione dell'investimento (consegna del bene al locatario o esito positivo del collaudo) si sia verificato oltre il 31 dicembre 2017 o 31 dicembre 2018 o 31 dicembre 2019 ed entro il 30 settembre 2018 o 31 dicembre 2019 o 31 dicembre 2020.

IRES

24.8.4. Interconnessione

A differenza di quanto stabilito in tema di super ammortamento, per poter iniziare a fruire della maggiorazione del 150% è previsto un ulteriore requisito da rispettare: quello della **"interconnessione" del bene al sistema aziendale di gestione della produzione o alla rete di fornitura**.
Si tratta di un requisito fondamentale la cui verifica, in alcuni casi, non è del tutto agevole e da cui derivano effetti di non poco conto in relazione al momento a partire dal quale è possibile fruire della nuova agevolazione.
Infatti, può capitare il caso di un investimento in un bene in chiave Industria 4.0 (quindi di un bene agevolabile) ma che non risulta ancora interconnesso.

Requisito della interconnessione - Per poter beneficiare dell'iper ammortamento non è sufficiente che i beni rientrino tra quelli riportati nell'Allegato A della Legge n. 232/2016 ma è anche necessario che essi siano interconnessi.
Affinché un bene possa essere definito "interconnesso" ai fini dell'ottenimento del beneficio, è necessario e sufficiente che:
1. **scambi informazioni con sistemi interni** (si fa riferimento al sistema gestionale, ai sistemi di pianificazione, ai sistemi di progettazione e sviluppo del prodotto, al monitoraggio, anche in remoto e al controllo di altre macchine dello stabilimento, ecc.) **e/o esterni** (ad esempio, con sistemi clienti, fornitori, *partner* nella progettazione e sviluppo collaborativo, con altri siti di produzione, *supply chain*, ecc.) per mezzo di un collegamento basato su specifiche documentate, disponibili pubblicamente e internazionalmente riconosciute (esempi di **protocolli** utilizzati per il collegamento sono TCP-IP, HTTP, MQTT, ecc.);
2. sia **identificato univocamente**, al fine di riconoscere l'**origine delle informazioni**, mediante l'utilizzo di standard di indirizzamento internazionalmente riconosciuti (ad esempio, utilizzi un indirizzo IP) (circ. 30 marzo 2017, n. 4/E).

Tutto ciò deve risultare dalla **relazione tecnica giurata** rilasciata da un tecnico abilitato (nello specifico un ingegnere o perito industriale) o, se si tratta di bene di costo non superiore a 500.000 euro, nell'**autocertificazione** redatta dal rappresentante legale (➡24.8.7.).
La relazione deve contenere anche una **descrizione** delle modalità in grado di dimostrare l'interconnessione della macchina/impianto al sistema di gestione della produzione e/o alla rete di fornitura.
La dichiarazione del legale rappresentante e l'eventuale perizia devono essere acquisite dall'impresa entro il periodo d'imposta in cui il bene entra in funzione, ovvero, se successivo, entro il periodo d'imposta in cui il bene è interconnesso al sistema aziendale di gestione della produzione o alla rete di fornitura. In quest'ultimo caso, l'agevolazione sarà fruita solo a decorrere dal periodo d'imposta in cui si realizza il requisito dell'interconnessione.
È possibile produrre l'eventuale perizia/attestazione di conformità successivamente o, meglio, in due fasi separate e successive: la prima basata sulla verifica dei requisiti tecnici del bene e la seconda al buon esito della verifica dell'avvenuta interconnessione. In questo caso, l'agevolazione dell'iper ammortamento sarà fruita solo a decorrere dal periodo d'imposta in cui si realizza il requisito dell'interconnessione (circ. 30 marzo 2017, n. 4/E).

Disapplicazione del requisito dell'interconnessione - Per i macchinari più semplici possono essere ridotti i requisiti per l'ammissibilità, per esempio facendo cadere l'obbligo dell'interconnessione (circ. Mise 1° agosto 2018, n. 295485).
Pertanto, non è necessario interconnettere i beni per far cooperare tutte le risorse produttive attraverso il caricamento da remoto di **istruzioni** e/o **part program**.
Secondo la posizione espressa dal Ministero, l'interconnessione non è richiesta per i beni che sono progettati per un unico ciclo di lavoro o per un'unica lavorazione completamente standardizzata.

Cumulo tra super e iper ammortamento 24.8.5.

Per i beni elencati nell'Allegato A, il beneficio dell'iper ammortamento **non può cumularsi** con quello del super ammortamento.
Ciò in quanto il requisito dell'interconnessione, al cui verificarsi è subordinato l'accesso al regime dell'iper ammortamento, determina semplicemente una **diversa quantificazione** del **beneficio** e non già il cumulo delle due percentuali maggiorative del costo.
Se i benefici non si possono cumulare, essi, però, possono susseguirsi.
Infatti, se il bene risulta "solo" **entrato in funzione** ma non ancora interconnesso esso può **temporaneamente** godere del beneficio del super ammortamento (se ricorrono i requisiti previsti dalla relativa normativa) (➡24.7.).
Tale beneficio temporaneo non impedisce l'accesso all'iper ammortamento nel periodo d'imposta in cui avviene l'interconnessione.

In caso di non immediata interconnessione, l'ammontare della maggiorazione del 100% fruibile a partire dal periodo d'imposta di interconnessione dovrà essere **nettizzato** (➡24.8.6.).

IRES

Modalità di fruizione del beneficio 24.8.6.

Il beneficio consiste in un **incremento** del **costo** di **acquisizione** del **bene (del 150%)**, che determina un **aumento** della **quota annua** di **ammortamento** (o del canone annuo di leasing) fiscalmente deducibile.
La maggiorazione è così fissata:

Periodo effettuazione investimenti	Importo degli investimenti	Maggiorazione sul costo di acquisto
Fino al **31 dicembre 2018 (o entro il 31 dicembre 2019**, ma a condizione che, entro il 31 dicembre 2018, l'**ordine** risulti **accettato dal venditore** e sia avvenuto il **pagamento di acconti** per un importo pari ad almeno il 20% del costo di acquisizione)	Qualsiasi	150%
Fino al **31 dicembre 2019 (o entro il 31 dicembre 2020**, ma a condizione che, entro il 31 dicembre 2019, l'**ordine** risulti **accettato dal venditore** e sia avvenuto il **pagamento di acconti** per un importo pari ad almeno il 20% del costo di acquisizione)[1]	Fino a 2,5 milioni di euro	170%
	tra 2,5 e 10 milioni di euro	100%
	tra 10 e 20 milioni di euro	50%
	Oltre 20 milioni di euro	0%

[1] La maggiorazione non si applica agli investimenti che fruiscono dell'iper ammortamento 2018 (art. 1, c. 61, Legge n. 145/2018).

Pertanto, la maggiorazione si concretizza in una **deduzione** che opera in via extracontabile e che va fruita:
1. in base ai coefficienti ministeriali di ammortamento (ridotti alla metà per il primo esercizio ai sensi dell'art. 102, c. 2, D.P.R. n. 917/1986) relativamente ai **beni acquisiti in proprietà**;
2. in un periodo non inferiore alla metà del periodo di ammortamento corrispondente al coefficiente ministeriale relativamente ai **beni acquisiti tramite leasing** (art. 102, c. 7, D.P.R. n. 917/1986).

Qualora in un periodo d'imposta si fruisca dell'agevolazione in misura inferiore al limite massimo consentito, il differenziale non dedotto non potrà essere recuperato in alcun modo nei periodi d'impo-

sta successivi, salvo il caso in cui l'interconnessione avvenga in un esercizio successivo a quello di entrata in funzione del bene (➡24.8.5.).
Il costo del bene agevolabile è assunto al lordo di eventuali **contributi in conto impianti**, indipendentemente dalle modalità di contabilizzazione dei medesimi.

> Ai soli effetti della quantificazione del beneficio fruibile, per la determinazione del costo agevolabile non rilevano i diversi criteri di qualificazione, imputazione temporale e classificazione in bilancio previsti per i soggetti che redigono il bilancio in base ai Principi contabili internazionali e per i soggetti, diversi dalle micro imprese (art. 2435-ter c.c.), che redigono il bilancio in conformità alle disposizioni del Codice civile (circ. 30 marzo 2017, n. 4/E).

Momenti temporali ai fini del calcolo dell'iper ammortamento

Ai fini del corretto calcolo dell'agevolazione vanno distinti tre momenti temporali:

1. il periodo d'imposta di "**effettuazione**" **dell'investimento**;
2. il periodo d'imposta di "**entrata in funzione**";
3. il periodo d'imposta di "**interconnessione**".

Momento	Impatto ai fini del calcolo
Periodo d'imposta di "**effettuazione**" dell'**investimento**	Rileva ai fini della spettanza della maggiorazione relativa al super o all'iper ammortamento ed alla quantificazione dell'investimento agevolabile.
Periodo d'imposta di "**entrata in funzione**"	Da tale momento dipende la possibilità di fruire del super ammortamento o, se nel medesimo periodo d'imposta il bene viene interconnesso, dell'iper ammortamento.
Periodo d'imposta di "**interconnessione**"	Risulta decisivo ai fini della fruizione dell'iper ammortamento in quanto, in mancanza di dell'interconnessione, il bene materiale non può accedere alla maggiorazione del 150%.

La spettanza e la fruizione dell'**iper ammortamento** dipendono quindi:

– dal momento di effettuazione dell'investimento, in quanto possono godere del beneficio gli investimenti effettuati dal 1° gennaio 2017 al 31 dicembre 2017 (ovvero, alle condizioni esposte in precedenza, al 30 settembre 2018), dal 1° gennaio 2018 al 31 dicembre 2018 (ovvero, alle condizioni esposte in precedenza, al 31 dicembre 2019) e dal 1° gennaio 2019 al 31 dicembre 2019 (ovvero, alle condizioni esposte in precedenza, al 31 dicembre 2020);
– dall'entrata in funzione del bene, in quanto solo da tale momento è possibile iniziare a godere dell'iper ammortamento, a condizione che nello stesso periodo d'imposta avvenga anche l'interconnessione del bene; nell'ipotesi in cui, invece, l'interconnessione sia effettuata in un periodo d'imposta successivo a quello di entrata in funzione del bene, la fruizione dell'iper ammortamento potrà iniziare solo da tale successivo periodo d'imposta.

In conseguenza di ciò, è dunque possibile affermare che:

– nel periodo d'imposta di entrata in funzione, il bene può temporaneamente godere del beneficio del superammortamento (se ricorrono i requisiti previsti dalla relativa normativa);
– nel periodo d'imposta in cui avviene l'interconnessione è possibile accedere all'iper ammortamento (circ. 30 marzo 2017, n. 4/E).

In caso di non immediata interconnessione, al fine di evitare una duplicazione di benefici, l'ammontare della maggiorazione relativa all'iper ammortamento fruibile a partire dal periodo d'imposta di interconnessione dovrà essere nettizzato di quanto già fruito in precedenza a titolo di (temporaneo) super ammortamento.

CASO 4 - Spettanza del super ammortamento ma non dell'iper ammortamento

Si considerino i dati proposti nella Tavola che segue:

	Periodo d'imposta di effettuazione dell'investimento	Periodo d'imposta di entrata in funzione	Periodo d'imposta di interconnessione	Spettanza iper ammortamento
Bene 1	2016	2016	2017 o 2018	NO (spetta il super ammortamento con fruizione dal 2016)

	Periodo d'imposta di effettuazione dell'investimento	Periodo d'imposta di entrata in funzione	Periodo d'imposta di interconnessione	Spettanza iper ammortamento
Bene 2	2016	2017 o 2018	2017 o 2018	NO (spetta il super ammortamento con fruizione dal 2017 al 40% o dal 2018 al 30%)
Bene 3	2017	2017	2017	Sì, con fruizione dal 2017
Bene 4	2017	2017	2018	Sì, con fruizione dal 2018 (nel 2017 spetta il super ammortamento al 40%)
Bene 5	2018	2018	2018	SÌ, con fruizione dal 2018
Bene 6	2018	2018	2019	SÌ, con fruizione dal 2019 (nel 2018 spetta il super ammortamento al 30%)
Bene 7	2019	2019	2019	Sì, con fruizione dal 2019
Bene 8	2019	2019	2020	Sì, con fruizione dal 2020

Il bene 1 può beneficiare solo del super ammortamento (e non dell'iper ammortamento) in quanto l'investimento è effettuato nel 2016 e, quindi, in un momento antecedente al 1° gennaio 2017. La maggiorazione del 40% relativa al super ammortamento può essere fruita dal 2016, periodo d'imposta di entrata in funzione del bene. L'interconnessione, ai fini del super ammortamento, non assume alcuna rilevanza.

Il bene 2, allo stesso modo, può beneficiare solo del super ammortamento (e non dell'iper ammortamento) in quanto effettuato in un momento antecedente al 1° gennaio 2017. La maggiorazione del 40% relativa al super ammortamento può, però, essere fruita solo dal 2017, periodo d'imposta di entrata in funzione del bene.

Se il bene entra in funzione dal 2018, la maggiorazione per il super ammortamento è del 30%.

CASO 5 - Spettanza dell'iper ammortamento

Si considerino i dati proposti nella Tavola che segue:

	Periodo d'imposta di effettuazione dell'investimento	Periodo d'imposta di entrata in funzione	Periodo d'imposta di interconnessione	Spettanza iper ammortamento
Bene 3	2017	2017	2017	Sì, con fruizione dal 2017
Bene 4	2017	2017	2018	Sì, con fruizione dal 2018 (nel 2017 spetta il super ammortamento al 40%)
Bene 5	2018	2018	2018	SÌ, con fruizione dal 2018
Bene 6	2018	2018	2019	SÌ, con fruizione dal 2019 (nel 2018 spetta il super ammortamento al 30%)

Al bene 3 spetta l'iper ammortamento del 150% in quanto l'investimento è effettuato all'interno della finestra temporale agevolata. La fruizione della maggiorazione può iniziare dal 2017 poiché in tale periodo d'imposta vi è sia l'entrata in funzione del bene che l'interconnessione.

IRES

Si considerino i seguenti dati:

(A) Costo di acquisizione	10.000
(B) Maggiorazione complessiva IPER ammortamento (A x 150%)	15.000
(C) Coefficiente di ammortamento D.M. 31/12/1988	20%
Periodo d'imposta di effettuazione dell'investimento	2017
Periodo d'imposta di entrata in funzione	2017
Periodo d'imposta di interconnessione	2017

Supponendo un coefficiente di ammortamento civilistico uguale a quello fiscale, si avrà la seguente situazione:

Anno	Amm.to dedotto (A x C)	Variazione in diminuzione relativa all'iper ammortamento (B x C)
2017	1.000[1]	1.500[1]
2018	2.000	3.000
2019	2.000	3.000
2020	2.000	3.000
2021	2.000	3.000
2022	1.000	1.500
Totale	10.000	15.000

[1] Riduzione alla metà dei coefficienti di ammortamento fiscale per il primo esercizio (arti. 102, c. 2, D.P.R. n. 917/1986).

Pertanto, l'ammontare complessivo dedotto fiscalmente, a fronte di un costo di acquisizione di euro 10.000, sarà pari ad euro 25.000, di cui:

- euro 10.000 dedotti per derivazione attraverso l'imputazione al Conto economico;
- euro 15.000 dedotti extracontabilmente attraverso variazioni in diminuzione in dichiarazione.

Stesso discorso vale per il bene 5: spetta l'iper ammortamento del 150% in quanto l'investimento è effettuato all'interno della finestra temporale agevolata. La fruizione della maggiorazione può iniziare dal 2018 poiché in tale periodo d'imposta vi è sia l'entrata in funzione del bene che l'interconnessione.

Per ciò che concerne il bene 4, vi è la spettanza dell'iper ammortamento poiché l'investimento è effettuato all'interno della finestra temporale agevolata (2017). La fruizione della maggiorazione del 150 per cento non può, però, iniziare da tale periodo d'imposta in quanto nel 2017 si verifica l'entrata in funzione del bene, ma non l'interconnessione. Pertanto, nel 2017 si può godere del super ammortamento (al 40%), mentre dal 2018 si può iniziare ad usufruire dell'iper ammortamento. La quota di iper ammortamento annualmente fruibile dal 2018 è calcolata applicando il coefficiente di ammortamento fiscale alla differenza tra la maggiorazione complessiva relativa all'iper ammortamento e la quota di maggiorazione fruita a titolo di super ammortamento nel periodo d'imposta precedente.

Si ipotizzi il seguente caso relativo al bene 4.

(A) Costo di acquisizione	10.000
(B) Maggiorazione complessiva SUPER ammortamento (A x 40%)	4.000
(C) Maggiorazione complessiva IPER ammortamento (A x 150%)	15.000
(D) Coefficiente di ammortamento DM 31/12/1988	20%
Periodo d'imposta di effettuazione dell'investimento	2017
Periodo d'imposta di entrata in funzione	2017
Periodo d'imposta di interconnessione	2018

Supponendo un coefficiente di ammortamento civilistico uguale a quello fiscale, si avrà la seguente situazione:

Anno	Amm.to dedotto (A x D)	Variazione in diminuzione relativa al super ammortamento (B x D)	Variazione in diminuzione relativa all'iper ammortamento (C - 400) x D
2017	1.000[1]	400[1]	0
2018	2.000		2.920
2019	2.000		2.920
2020	2.000		2.920
2021	2.000		2.920
2022	2.000		2.920
2022	1.000		2.920
Totale	10.000	400	14.600

[1] Riduzione alla metà dei coefficienti di ammortamento fiscale per il primo esercizio ai sensi dell'articolo 102, c. 2, D.P.R. n. 917/1986.

Pertanto, l'ammontare complessivo dedotto civilisticamente sarà pari ad euro 10.000, mentre l'ammontare complessivo dedotto fiscalmente, a fronte di un costo di acquisizione di euro 10.000, sarà pari ad euro 25.000, di cui:

- euro 10.000 dedotti per derivazione attraverso l'imputazione al Conto economico;
- euro 400 dedotti extra contabilmente attraverso variazioni in diminuzione in dichiarazione a titolo di super ammortamento nel periodo d'imposta di entrata in funzione del bene;
- euro 14.600 dedotti extra contabilmente attraverso variazioni in diminuzione in dichiarazione a titolo di iper ammortamento a decorrere dal periodo d'imposta di interconnessione.

In sintesi, rispetto al precedente esempio relativo al bene 3, la quota annua di iper ammortamento sarà calcolata applicando il coefficiente di ammortamento fiscale (20%) ad un importo pari alla maggiorazione complessiva relativa all'iper ammortamento (euro 15.000) decurtata della quota di maggiorazione fruita a titolo di super ammortamento (euro 400).
La quota annua di iper ammortamento, quindi, sarà pari ad euro 2.920 [(15.000 - 400) x 20%].
Stesso discorso vale per il bene 6: vi è la spettanza dell'iper ammortamento poiché l'investimento è effettuato all'interno della finestra temporale agevolata (2018). La fruizione della maggiorazione del 150% non può, però, iniziare da tale periodo d'imposta in quanto nel 2018 si verifica l'entrata in funzione del bene, ma non l'interconnessione. Pertanto, nel 2018 si può godere del super ammortamento (al 30%), mentre dal 2019 si può iniziare ad usufruire dell'iper ammortamento. La quota di iper ammortamento annualmente fruibile dal 2019 è calcolata applicando il coefficiente di ammortamento fiscale alla differenza tra la maggiorazione complessiva relativa all'iper ammortamento e la quota di maggiorazione fruita a titolo di super ammortamento nel periodo d'imposta precedente.
In merito ai beni 7 e 8, l'iper ammortamento può essere applicato, rispettivamente dal 2019 (bene 7) o dal 2020 (bene 8).
Per quest'ultimo bene, non sarà possibile beneficiare, per il 2019, del superammortamento, in quanto, tale misura agevolativa, non è stata prorogata.

IRES

Autocertificazione e perizia 24.8.7.

Ai fini dell'applicazione della maggiorazione l'impresa è tenuta ad acquisire:

- un'**autocertificazione** del legale rappresentante (art. 47 D.P.R. n. 445/2000);
- in caso di acquisti di costo unitario superiori a 500.000 euro, una **perizia tecnica giurata** rilasciata da un ingegnere o da un perito industriale iscritti nei rispettivi Albi professionali ovvero un attestato di conformità rilasciato da un ente di certificazione accreditato.

Tale documentazione deve attestare che il bene possiede caratteristiche tecniche tali da includerlo negli elenchi di cui ai predetti allegati ed è interconnesso al sistema aziendale di gestione della produzione o alla rete di fornitura. In pratica il bene deve "entrare" attivamente nella catena del valore dell'impresa.
La dichiarazione del legale rappresentante e l'eventuale perizia devono essere acquisite dall'impresa entro il periodo d'imposta in cui il bene entra in funzione, ovvero, se successivo, entro il periodo d'imposta in cui il bene è interconnesso al sistema aziendale di gestione della produzione o alla rete di

fornitura. In quest'ultimo caso, l'agevolazione sarà fruita solo a decorrere dal periodo d'imposta in cui si realizza il requisito dell'interconnessione.

Ai fini del rispetto dell'adempimento per gli investimenti effettuati nel 2017, è **sufficiente** che il professionista incaricato abbia consegnato all'impresa, entro il 31 dicembre 2017 una **perizia asseverata** (dotata di assunzione di responsabilità circa la certezza e la veridicità dei suoi contenuti), salvo poi **aver giurato** la stessa **nei primi giorni del 2018** (ris. 15 dicembre 2017, n. 152/E).
A tal fine, è necessario che la consegna entro il 31 dicembre 2017 e l'acquisizione della perizia da parte dell'impresa risulti da un atto avente data certa (a titolo esemplificativo invio della perizia asseverata in plico raccomandato senza busta; invio dello stesso tramite posta elettronica certificata).

In caso di deposito tardivo della documentazione (perizia tecnica ovvero dichiarazione del legale rappresentante) si ha un mero slittamento del momento dal quale il contribuente può beneficiare dell'iper ammortamento. Il contribuente, pertanto, beneficia dell'agevolazione a partire dal periodo d'imposta nel quale vengono acquisiti i suddetti documenti (ris. 9 aprile 2018, n. 27/E).

Chiarimenti e fac-simile della perizia - Il Ministero dello sviluppo economico ha fornito alcune delucidazioni sugli adempimenti a carico dei contribuenti (circ. 15 dicembre 2017, n. 547750) e ha previsto uno **schema tipo di analisi tecnica**, precisando che, l'adozione degli schemi proposti non è obbligatoria, essendo possibile adottare schemi o formati differenti o integrare gli schemi allegati con ulteriori elementi o indicazioni.
Per quanto riguarda i chiarimenti, nella circolare è stato evidenziato che le verifiche che il **soggetto incaricato della perizia giurata** o dell'attestazione di conformità dovrà condurre possono riassumersi nelle seguenti fasi:

- **classificazione** del **bene** in una delle voci dell'Allegato A o B Legge n. 232/2016. A questi fini è opportuno indicare l'allegato in cui il bene è ricompreso e il punto specifico nonché, nel caso si tratti di bene materiale cui all'Allegato A, anche il gruppo di appartenenza;
- **verifica** delle **caratteristiche tecnologiche** del bene ai fini della rispondenza ai requisiti richiesti dalla disciplina (e dipendenti dalla tipologia in base all'appartenenza dei punti cui agli Allegati A e B, Legge n. 232/2016);
- **verifica** del **requisito** della **interconnessione** con specificazione delle modalità e data dell'avvenuto riscontro della stessa;
- rinvio all'**analisi tecnica** redatta in maniera confidenziale dal professionista o dall'ente a corredo della perizia o dell'attestato e custodita presso la sede dell'impresa beneficiaria dell'agevolazione.

24.8.8. Acconti

La determinazione degli acconti dovuti per il periodo d'imposta in corso al 31 dicembre 2019 e per quello successivo si poteva effettuare considerando, quale **imposta del periodo precedente**, quella che si sarebbe determinata in assenza delle disposizioni introdotte (art. 1, c. 65, Legge n. 145/2018).

24.8.9. Sostituzione del bene

Con alcune disposizioni introdotte dal 2018 (art. 1, c. 35 e 36, Legge n. 205/2017) e confermate anche per il 2019 (art. 1, c. 64, Legge n. 145/2018) si è voluto evitare che il beneficio dell'iper ammortamento interferisca, negli esercizi successivi, con le scelte di investimento più opportune che l'impresa possa aver esigenza di compiere al fine di mantenere il livello di competitività raggiunto.
È stato previsto, infatti, l'ipotesi che il bene agevolato sia stato realizzato a titolo oneroso.
In tali casi, il beneficio non viene meno per le residue quote, come determinate in origine, purché nel medesimo periodo d'imposta del realizzo l'impresa:

- abbia sostituito il bene originario con un **bene materiale strumentale nuovo** avente caratteristiche tecnologiche analoghe o superiori a quelle previste dall'Allegato A alla Legge n. 232/2016 (la sostituzione non è possibile per i beni di cui all'Allegato B - risposta dell'Agenzia delle Entrate resa in occasione dell'incontro con la stampa specializzata del 1° febbraio 2018);
- abbia attestato l'effettuazione dell'**investimento sostitutivo**, le caratteristiche del nuovo bene e il requisito dell'interconnessione.

Di conseguenza, la sostituzione **non determina la revoca** dell'agevolazione a condizione che il bene nuovo abbia caratteristiche tecnologiche analoghe o superiori a quelle previste dall'Allegato A alla Legge n. 232/2016 e che siano soddisfatte le condizioni documentali richieste dalla legge per l'investimento originario (dichiarazione resa dal legale rappresentante, perizia tecnica giurata o attestato di conformità). Se il bene che viene acquisito in sostituzione non viene interconnesso nello stesso pe-

riodo di imposta, ma in quello successivo, non si può più fruire delle residue quote della maggiorazione del 150% (risposta dell'Agenzia delle Entrate resa in occasione dell'incontro con la stampa specializzata del 1° febbraio 2018).
Infine, nel caso in cui l'investimento sostitutivo sia stato di costo inferiore a quello del bene originario, ferme restando le altre condizioni oggettive e documentali richieste, il beneficio calcolato in origine deve essere ridotto in corrispondenza del minor costo agevolabile.

Iper ammortamento - Tavola di sintesi	
Agevolazione	Si tratta di un **beneficio** riconosciuto per gli **investimenti**, **effettuati** nel **2017**, nel **2018** e nel **2019**, in beni materiali strumentali nuovi ad alto contenuto tecnologico atti a favorire i processi di trasformazione tecnologica in chiave Industria 4.0 consistente in una maggiorazione del costo di acquisizione.
Soggetti interessati ed esclusi	La categoria di soggetti che possono beneficiare dell'iper ammortamento è più ristretta rispetto a quella dei soggetti beneficiari del super ammortamento. Ne **possono fruire** unicamente i **titolari** di **reddito d'impresa**, con conseguente **esclusione** dei soggetti **esercenti arti** e **professioni**.
Investimenti agevolabili	Gli investimenti devono avere ad oggetto **beni strumentali nuovi**. In particolare bisogna far riferimento ai beni riportati nell'Allegato A annesso alla legge di bilancio per il 2017 (Legge n. 232/2016), ossia ai beni che sono funzionali alla trasformazione tecnologica e digitale delle imprese sulla base del Mod. **"Industria 4.0"**. I beni possono essere raggruppati in **tre categorie**: - beni strumentali il cui funzionamento è controllato da sistemi computerizzati o gestiti tramite opportuni sensori e azionamenti; - sistemi per l'assicurazione della qualità e della sostenibilità; - dispositivi per l'interazione uomo macchina e per il miglioramento dell'ergonomia e della sicurezza del posto di lavoro in logica "4.0". In linea generale sono necessari accertamenti di natura tecnica, da parte del MISE, ai fini della verifica dell'effettiva riconducibilità dei beni all'elenco di cui al predetto Allegato A.
Interconnessione	L'iper ammortamento si distingue dal super ammortamento anche in relazione ai **requisiti** che devono essere soddisfatti per poter beneficiare della misura agevolativa. Infatti, è stabilito che, al fine di usufruire della maggiorazione del 150% è necessaria la presenza di una "**interconnessione**" del bene al sistema aziendale di gestione della produzione ovvero alla rete di fornitura.
Maggiorazione	Per gli investimenti effettuati sino al **31 dicembre 2018 (o entro il 31 dicembre 2019**, ma a condizione che, entro il 31 dicembre 2018, l'**ordine** risulti **accettato dal venditore** e sia avvenuto il **pagamento di acconti** per un importo pari ad almeno il 20% del costo di acquisizione) il costo di acquisizione è maggiorato del **150%**. Per gli investimenti effettuati sino al **31 dicembre 2019 (o entro il 31 dicembre 2020**, ma a condizione che, entro il 31 dicembre 2019, l'**ordine** risulti **accettato dal venditore** e sia avvenuto il **pagamento di acconti** per un importo pari ad almeno il 20% del costo di acquisizione) il costo di acquisizione è maggiorato del: - 170% per gli investimenti fino a 2,5 milioni di euro; - 100% per gli investimenti compresi tra 2,5 e 10 milioni; - 50% per gli investimenti compresi tra 10 e 20 milioni. Invece, sempre gli investimenti fino al 31 dicembre 2019, non si applica: - sulla parte di investimenti eccedenti il limite di 20 milioni; - agli investimenti che fruiscono dell'iper ammortamento 2018.
Come fruire dell'agevolazione	La maggiorazione ha rilevanza solo ai fini delle imposte sui redditi (viene pertanto esclusa la rilevanza ai fini dell'IRAP) e comporta un incremento della quota annua di ammortamento (ovvero del canone di leasing) deducibile fiscalmente.

IRES

Iper ammortamento - Tavola di sintesi	
Ambito temporale	L'agevolazione, si applica sugli investimenti effettuati - tra il **1° dicembre 2017** e il **31 dicembre 2017 (o entro il 30 settembre 2018**, ma a condizione che, entro il 31 dicembre 2017, l'**ordine** risulti **accettato dal venditore** e sia avvenuto il **pagamento** di **acconti** per un importo pari ad almeno il 20% del costo di acquisizione); - tra il **1° gennaio 2018** e il **31 dicembre 2018 (o entro il 31 dicembre 2019**, ma a condizione che, entro il 31 dicembre 2018, l'**ordine** risulti **accettato dal venditore** e sia avvenuto il **pagamento di acconti** per un importo pari ad almeno il 20% del costo di acquisizione); - tra il **1° gennaio 2019** e il **31 dicembre 2019 (o entro il 31 dicembre 2020**, ma a condizione che, entro il 31 dicembre 2019, l'**ordine** risulti **accettato dal venditore** e sia avvenuto il **pagamento di acconti** per un importo pari ad almeno il 20% del costo di acquisizione).

IRES

24.8.10. Delocalizzazione

Con riferimento agli investimenti effettuati successivamente al 14 luglio 2018 (data di entrata in vigore del D.L. n. 87/2018), l'agevolazione spetta a condizione che i beni agevolabili siano destinati a **strutture produttive situate nel territorio nazionale** (art. 7, D.L. n. 87/2018).

L'agevolazione fruita viene recuperata se nel corso del periodo di fruizione della maggiorazione del costo i beni agevolati vengono ceduti a titolo oneroso o destinati a strutture produttive situate all'estero.

Il recupero avviene attraverso una **variazione in aumento** del reddito imponibile del periodo d'imposta in cui si verifica la cessione a titolo oneroso o la delocalizzazione dei beni agevolati per un importo pari alle maggiorazioni delle quote di ammortamento complessivamente dedotte nei precedenti periodi d'imposta, senza applicazione di sanzioni e interessi.

Le suddette norme non si applicano:

– in caso di **interventi sostitutivi** (➨**24.8.9.**);
– nei casi in cui i beni agevolati siano per loro stessa natura destinati all'utilizzo in **più sedi produttive** e, pertanto, possano essere oggetto di temporaneo utilizzo anche fuori del territorio dello Stato.

24.8.11. Maggiorazione del 40% per i beni immateriali

Per i soggetti che beneficiano della maggiorazione 150% e che, nel periodo 1° gennaio 2017-31 dicembre 2019, abbiano effettuato investimenti in **beni immateriali strumentali** compresi in uno specifico elenco (All. B annesso alla Legge n. 232/2016), il costo di acquisizione di tali beni è maggiorato del 40%.

Soggetti interessati - Il beneficio è stato riconosciuto agli stessi soggetti che beneficiano della maggiorazione dell'iper ammortamento (quindi ai **soli titolari** di **reddito d'impresa**).

Investimenti ammessi - Rientrano nell'agevolazione gli investimenti in beni immateriali strumentali (inclusi nell'All. B della Legge n. 232/2016), ossia *software* funzionali a favorire una transizione verso i **processi tecnologici in chiave "Industria 4.0"**.

> I ***software*** rientrano tra gli investimenti agevolabili ancorché acquistati a titolo di licenza d'uso sempre che iscrivibili in bilancio tra le immobilizzazioni immateriali (voce BI3 dello Stato patrimoniale - "Diritti di brevetto industriale e diritti di utilizzazione delle opere dell'ingegno") in applicazione di corretti Principi contabili.
> Qualora, invece, il *software* sia **integrato** ("*embedded*") in un bene materiale (incluso nell'Allegato A, Legge n. 232/2016) e venga acquistato unitamente ad esso, non si deve operare una distinzione tra la componente materiale e quella immateriale dell'acquisto e il bene immateriale deve considerarsi agevolabile con l'iper ammortamento del 150% (circ. 30 marzo 2017, n. 4/E).

A partire dal 2018 l'elenco dei beni agevolabili (All. B alla Legge n. 232/2016) è stato ampliato (art. 1, c. 32, Legge n. 205/2017) prevedendo anche:

– i **sistemi di gestione della supply chain** finalizzata al **drop shipping** nell'e-commerce;
– i **software** e **servizi digitali** per la fruizione immersiva, interattiva e partecipativa, ricostruzioni **3D**, **realtà aumentata**;

– i software, piattaforme e applicazioni per la gestione e il coordinamento della **logistica** con elevate caratteristiche di integrazione delle attività di servizio (comunicazione intra-fabbrica, fabbrica-campo con integrazione telematica dei dispositivi on-field e dei dispositivi mobili, rilevazione telematica di prestazioni e guasti dei dispositivi on-field).

Invece, a partire dal 1° gennaio 2019, sono stati considerati agevolabili anche i costi sostenuti a titolo di canone per l'accesso, mediante soluzioni di clou computing, a beni immateriali di cui all'Allegato B della Legge n. 232/2016, limitatamente alla quota del canone di competenza del singolo periodo d'imposta di vigenza della disciplina agevolativa (art. 1, c. 229, Legge n. 145/2018).

Modalità di fruizione del beneficio - Il beneficio consiste in un incremento del costo di acquisizione del bene (del 40%), che determina un aumento della quota annua di ammortamento (o del canone annuo di leasing) fiscalmente deducibile.

La maggiorazione si concretizza, pertanto, in una **deduzione** che opera in via extracontabile e che va fruita in misura non superiore al 50% del costo (art. 103, c. 1, D.P.R. n. 917/1986).

Per il resto valgono le stesse regole previste per l'iper ammortamento (➡24.8.6.).

Documentazione (➡24.8.7.)

SPESE DI MANUTENZIONE 24.9.

Le spese di manutenzione, riparazione, ammodernamento e trasformazione, relative a beni di proprietà, che dal bilancio non risultano portate ad incremento del costo dei beni stessi, sono **componenti negativi** del **reddito d'impresa** la cui **deducibilità** è **limitata** al **5%** dell'ammontare del costo dei beni materiali quali risultano all'inizio dell'esercizio dal registro dei beni ammortizzabili (art. 102, c. 6, D.P.R. n. 917/1986).

In relazione al limite, sono fatte salve **deroghe di settore** (ad esempio, 15% per le imprese estrattive; 11% per le fonderie; D.M. 13 ottobre 1994).

Il limite di deduzione deve essere calcolato in relazione all'**ammontare del costo originario** dei beni e non del loro valore residuo.

Inoltre, nel caso di **azienda divisa**, il predetto limite deve essere riferito ai beni ammortizzabili della Stabile Organizzazione che ha sostenuto il relativo onere e non già al totale dei beni quali risulterebbero dal bilancio consolidato.

Per le **imprese** di **nuova costituzione**, il limite percentuale deve essere calcolato sul costo complessivo dei beni quale risulta alla fine dell'esercizio.

L'**eccedenza** del **limite** del **5%** di deducibilità delle spese di manutenzione è deducibile per quote costanti nei cinque esercizi successivi.

Sono integralmente deducibili le spese di manutenzione e riparazione relative a **beni di terzi (leasing)** ed anche i **compensi** periodici dovuti contrattualmente a terzi **per la manutenzione** dei beni stessi.

CASO 6 - Calcolo delle spese di manutenzione

Ammontare cespiti al 1° gennaio anno X: 1.000.
Variazione durante l'anno: nessuna.
Spese di manutenzione a Conto economico anno X: 80.
Spese di manutenzione fiscalmente deducibili nell'esercizio anno X: 1.000 x 5% = 50.
Spese di manutenzione da rinviare nei successivi 5 esercizi: 80 - 50 = 30.
Pertanto, in dichiarazione, si avrà:
Anno X: variazione in aumento pari a 30;
Anno X+1: variazione in diminuzione pari a 6;
Anno X+2: variazione in diminuzione pari a 6;
Anno X+3: variazione in diminuzione pari a 6;
Anno X+4: variazione in diminuzione pari a 6;
Anno X+5: variazione in diminuzione pari a 6.

I beni materiali strumentali ammortizzabili acquisiti mediante contratto di *leasing* finanziario concorrono alla determinazione della base di computo della percentuale forfetaria del 5% se gli stessi, in conformità alle corrette regole di contabilizzazione previste dai Principi contabili di riferimento, risultano iscritti nell'attivo del bilancio e, conseguentemente, nel registro dei beni ammortizzabili all'inizio dell'esercizio (circ. 27 giugno 2011, n. 29/E).

IRES

IRES

24.10. BENI IN LEASING

Per i **beni concessi in locazione finanziaria** l'impresa concedente che imputa a Conto economico i relativi canoni deduce quote di ammortamento determinate in ciascun esercizio nella misura risultante dal relativo **piano di ammortamento finanziario**.

A partire dai contratti stipulati dal 1° gennaio 2014, per l'impresa utilizzatrice che imputa a Conto economico i canoni di locazione finanziaria, la deduzione è ammessa **a condizione che la durata del contratto non sia inferiore** (art. 102, c. 7, D.P.R. n. 917/1986):

- **a metà** (due terzi per i contratti stipulati dal 2008 al 2013) del periodo di ammortamento ordinario previsto dai coefficienti ministeriali nel settore dell'impresa utilizzatrice, se si tratta di beni mobili;
- **a 12 anni** (a 11 anni o a 18 anni qualora l'applicazione della regola di cui al periodo precedente determini un risultato rispettivamente inferiore a 11 anni ovvero superiore a 18 anni, per i contratti stipulati dal 2008 al 2013) se si tratta di beni immobili.

Per **autoveicoli, moto e ciclomotori** (➔24.12.) (art. 164, c. 1, lett. b), D.P.R. n. 917/1986).

La quota di interessi impliciti desunta dal contratto è soggetta alle regole sugli interessi passivi (➔24.15.) (art. 96, D.P.R. n. 917/1986).

Resta valida la regola che il **valore di riscatto** del **bene in leasing** è integralmente deducibile nell'esercizio, se inferiore a 516,46 euro, altrimenti va ammortizzato secondo le regole ordinarie.

Leasing - Casi particolari	
Tipologia	**Regole**
Riscatto anticipato del bene	Non ha conseguenze sui canoni dedotti in precedenza, a condizione che il contratto preveda originariamente la durata minima prevista dalla legge (ris. 4 dicembre 2000, n. 183/E).
Terreno acquisito in leasing	Non sono deducibili i canoni di locazione (ris. 23 febbraio 2004, n. 19/E). Tuttavia, in applicazione del principio di equivalenza è deducibile la quota parte costituita dagli interessi passivi impliciti relativi al contratto di leasing per l'acquisizione di un terreno. Tali interessi concorrono alla determinazione del reddito d'impresa nell'esercizio di competenza tenendo conto dei limiti di legge (➔24.15.) (art. 96, D.P.R. n. 917/1986).
Contratto di **leasing azionario**	I canoni non sono deducibili ai fini della determinazione del reddito e non concorrono, in qualità di componenti negativi, alla formazione della base imponibile Irap. Le quote dei canoni versate a titolo di interessi passivi dalla società che acquisisce la partecipazione azionaria sono altresì deducibili, ma solo ai fini IRES, nella determinazione del reddito complessivo e nei limiti di legge (➔24.15.) (art. 96, D.P.R. n. 917/1986) (ris. 10 maggio 2004, n. 69/E).

24.10.1. Lease back

L'operazione di *lease back* si attua attraverso la **stipula** di **due contratti distinti**.

Con un primo negozio giuridico, il **venditore trasferisce** la **proprietà** di un **bene** mobile o immobile ad una società di leasing; mediante il secondo contratto **la società** di leasing **concede in locazione finanziaria al primo venditore il medesimo bene**.

Il trattamento tributario dell'operazione deve essere scisso:

- la società di leasing, che diventa proprietaria del bene, può **ammortizzare il costo sostenuto** (art. 102, c. 7, D.P.R. n. 917/1986);
- il venditore che sottoscrive un contratto di locazione finanziaria **deduce integralmente i canoni** poiché i medesimi costituiscono ricavo tassato per la società concedente il leasing.

24.11. BENI PROMISCUI

Le quote di ammortamento, i canoni di leasing e le spese di impiego dei **beni mobili utilizzati promiscuamente** sono **deducibili** in misura pari al 50%, anche se di costo unitario non superiore a 516,46 euro.

Per gli **immobili utilizzati promiscuamente** è deducibile il 50% della rendita catastale o del canone di locazione o del canone di leasing, a condizione che l'imprenditore non abbia, a qualsiasi titolo, altro immobile che venga utilizzato esclusivamente per l'esercizio dell'impresa.

Spese telefoniche 24.11.1.

Le quote d'ammortamento, i canoni di locazione anche finanziaria o di noleggio e le spese di impiego e manutenzione relativi ad **apparecchiature terminali per servizi di comunicazione elettronica ad uso pubblico** (art. 1, c. 1, lett. gg), D.Lgs. n. 259/2003), sono deducibili nella misura dell'**80%**; tale percentuale vale sia per gli apparecchi fissi che mobili (art. 1, c. 401, Legge n. 296/2006).
La percentuale è elevata al **100%** per gli oneri relativi ad impianti di telefonia dei veicoli utilizzati per il **trasporto di merci da parte di imprese di autotrasporto** limitatamente ad un solo impianto per ciascun veicolo.
Rientrano nell'ambito applicativo delle predette disposizioni le spese sostenute per l'acquisto del *modem* ovvero del *router* ADSL e dell'eventuale *software* specifico, mentre i costi relativi al *personal computer* vanno dedotti secondo i criteri generali che sovrintendono alla formazione del reddito d'impresa o professionale.
Sono infatti compresi nell'ambito applicativo della disposizione in esame, relativa alla deducibilità dal reddito d'impresa, oltre ai costi dei servizi telefonici, anche i costi relativi a beni (materiali ed immateriali, ivi compreso il *software*), utilizzati per la **connessione telefonica** operata nell'ambito dell'attività imprenditoriale ovvero artistica o professionale, limitatamente a quelli indispensabili per il collegamento alle suddette linee telefoniche.

Le **spese afferenti** al **pc** utilizzato per la connessione, avendo potenziali utilizzi distinti da quelli riservati esclusivamente alla connessione internet, sono sottratte all'ambito applicativo della norma (ris. 17 maggio 2007, n. 104/E).

Relativamente all'applicazione delle predette percentuali di detraibilità delle spese di telefonia, non è compatibile la **prova contraria**, vale a dire la possibilità per il contribuente di dimostrare, nel caso specifico, l'esclusiva destinazione del bene allo svolgimento dell'attività imprenditoriale (ris. 22 maggio 2008, n. 214/E).
Ai fini IVA, l'acquisto e le spese di gestione dei telefoni cellulari sono detraibili nella misura in cui sono utilizzati nell'esercizio della professione da quantificare secondo criteri oggettivi, fermo restando che la percentuale di utilizzo va indicata in dichiarazione (quadro VA) e che l'Agenzia delle Entrate concentra i controlli sulle detrazioni superiori al 50% (art. 1, c. 255, Legge n. 244/2007) (➔48.1.3.).
Supponendo che il contribuente detragga il 50% dell'IVA, ai fini delle imposte sui redditi, il 50% dell'IVA indetraibile costituisce costo deducibile ed andrà sommato al 50% del costo stesso.

VEICOLI AZIENDALI 24.12.

Le **spese** e gli altri componenti negativi relativi ai **mezzi di trasporto a motore** utilizzati nell'esercizio di imprese, arti e professioni, ai fini della determinazione dei relativi redditi sono **deducibili** solo se rientranti in una delle seguenti fattispecie (art. 164, D.P.R. n. 917/1986):
- per **l'intero ammontare** relativamente:
  - agli aeromobili da turismo, alle navi e imbarcazioni da diporto, alle autovetture ed autocaravan, ai ciclomotori e motocicli, destinati ad essere utilizzati esclusivamente come beni strumentali nell'attività propria dell'impresa;
  - ai veicoli adibiti ad uso pubblico;
- **limitatamente**:
  - nella misura del **20%** relativamente alle autovetture ed autocaravan, ai ciclomotori e motocicli non utilizzati esclusivamente come beni strumentali all'**attività propria d'impresa**. La percentuale è elevata all'**80%** per i veicoli utilizzati dai soggetti esercenti **attività di agenzia o di rappresentanza** di commercio;
  - nella misura del **20%**, limitatamente ad un solo veicolo, nel caso di **esercizio di arti e professioni in forma individuale**; se l'attività è svolta da società semplici e da **associazioni fra professionisti**, la deducibilità è consentita soltanto per un veicolo per ogni socio o associato.

Le predette misure si applicano nei **limiti** di 18.075,99 euro per le **autovetture e** gli **autocaravan** (limite elevato a 25.822,84 euro per gli autoveicoli utilizzati da **agenti o rappresentanti di commercio**), 4.131,66 euro per i **motocicli**, 2.065,83 euro per i **ciclomotori**.
In caso di **assegnazione** per la maggior parte del periodo d'imposta **in uso promiscuo ai dipendenti**, la deduzione è fissata nella misura del **70%** relativamente ai veicoli assegnati.
In caso di **locazione o noleggio**, non si tiene conto dell'importo che eccede 3.615 euro per le autovetture e gli autocaravan, 775 euro per i motocicli, 413 euro per i ciclomotori.
Per gli **agenti e rappresentanti di commercio** il limite per la locazione e il noleggio è elevato a **5.164,57**.

CASO 7 - Calcolo deducibilità autoveicoli

Un'azienda acquista un autoveicolo il cui valore ammortizzabile è pari a 40.000 euro.
Deducibilità massima = 18.075,99.
Poiché il costo (40.000 euro) è superiore a quello fiscalmente ammesso (18.075,99 euro), la quota deducibile (tramite ammortamento) è pari a 3.615,20 euro (18.075,99 x 20%).

Veicoli - Percentuali di deducibilità		
Soggetti	**Utilizzo dei veicoli**	**Percentuale di deducibilità**
Imprese	Esclusivamente strumentali all'attività all'esercizio dell'attività	100%
	Adibiti ad uso pubblico	100%
	In uso ai dipendenti	70%
	Altri usi	20%
Agenti e rappresentanti di commercio		80%

24.12.1. Mezzi di trasporto

La norma si riferisce ai seguenti mezzi di trasporto (art. 54, c. 1, lett. a) e m), D.Lgs. n. 285/1992 - Codice della strada):

- **autovetture**: intendendo per tali i veicoli destinati al trasporto di persone con un massimo di nove posti incluso il conducente;
- **autocaravan**: intendendo per tali i veicoli aventi una speciale carrozzeria e attrezzati permanentemente per essere adibiti al trasporto e all'alloggio di sette persone al massimo, incluso il conducente;
- **motocicli e ciclomotori**: includendo quei veicoli a due o tre ruote, con cilindrata massima fino a 50 cm^3 e velocità massima su strada piana di 45 km/h;
- **aeromobili da turismo, navi e imbarcazioni da diporto**.

Sono **esclusi**:

- tutti i mezzi di trasporto non a motore come ad esempio le biciclette;
- i mezzi di trasporto a motore oggetto dell'attività dell'impresa;
- i veicoli non espressamente indicati dalla norma come per esempio autocarri, autoveicoli per uso speciale.

In tal caso è applicato il **principio generale dell'inerenza** (art. 109, c. 5, D.P.R. n. 917/1986).

Veicoli imprese	
Voci di costo	**Limiti di deducibilità**
Acquisto	**Autovetture**: costo deducibile fino a 18.075,99 euro, valore sul quale si applica l'aliquota di deducibilità; **motocicli:** costo deducibile fino a 4.131,66 euro, valore sul quale si applica l'aliquota di deducibilità; **ciclomotori**: costo deducibile fino a 2.065,83 euro, valore sul quale si applica l'aliquota di deducibilità.
Leasing	**Autovetture**: deducibile l'ammontare dei canoni proporzionalmente corrispondente al costo di un veicolo fino a 18.075,99 euro con ragguaglio annuo; **motocicli**: deducibile l'ammontare dei canoni proporzionalmente corrispondente al costo di un veicolo fino a 4.131,66 euro con ragguaglio annuo; **ciclomotori**: deducibile l'ammontare dei canoni proporzionalmente corrispondente al costo di un veicolo fino a 2.065,83 euro con ragguaglio annuo.
Noleggio	**Autovetture**: deducibile il costo del canone del noleggio fino a 3.615,20 euro con ragguaglio ad anno; **motocicli**: deducibile il costo del canone del noleggio fino a 774,69 euro con ragguaglio ad anno; **ciclomotori**: deducibile il costo del canone del noleggio fino a 413,17 euro con ragguaglio ad anno.

Veicoli degli agenti e rappresentanti	
Voci di costo	**Limiti di deducibilità**
Acquisto	**Autovetture**: costo deducibile fino a 25.822,84 euro, valore sul quale si applica l'aliquota di deducibilità; **motocicli**: costo deducibile fino a 4.131,66 euro, valore sul quale si applica l'aliquota di deducibilità; **ciclomotori**: costo deducibile fino a 2.065,83 euro, valore sul quale si applica l'aliquota di deducibilità.
Leasing	**Autovetture**: deducibile l'ammontare dei canoni proporzionalmente corrispondente al costo di un veicolo fino a 25.822,84 euro con ragguaglio annuo; **motocicli**: deducibile l'ammontare dei canoni proporzionalmente corrispondente al costo di un veicolo fino a 4.131,66 euro con ragguaglio annuo; **ciclomotori**: deducibile l'ammontare dei canoni proporzionalmente corrispondente al costo di un veicolo fino a 2.065,83 euro con ragguaglio annuo.
Noleggio	**Autovetture**: deducibile il costo del canone del noleggio fino a 5.164,57 euro con ragguaglio ad anno; **motocicli**: deducibile il costo del canone del noleggio fino a 774,69 euro con ragguaglio ad anno; **ciclomotori**: deducibile il costo del canone del noleggio fino a 413,17 euro con ragguaglio ad anno.

Acquisto carburanti per autotrazione - Le spese sono deducibili nella misura del **20%** se effettuate esclusivamente mediante **carte di credito**, **carte di debito** o **carte prepagate** emesse da operatori finanziari (art. 164, c. 1-bis, D.P.R. n. 917/1986). Inoltre, è necessaria la fattura elettronica. Nel dettaglio, i **mezzi di pagamento** idonei a provare l'avvenuta effettuazione delle operazioni sono i seguenti (Provv. 4 aprile 2018):

a. gli **assegni**, bancari e postali, circolari e non, nonché i **vaglia** cambiari e postali;
b. **mezzi elettronici** (art. 5, D.Lgs. n. 82/2005) secondo le linee guida emanate dall'Agenzia per l'Italia Digitale (determinazione 22 gennaio 2014, n. 8/2014, punto 5).

Se l'impiego dei mezzi di pagamento tracciati, da un lato, risulta necessario per la deduzione dei costi relativi all'acquisto di carburante, indipendentemente dal relativo quantum, dal veicolo di riferimento (ivi inclusi le autovetture, gli autocarri, i trattori stradali, i motoveicoli) in **uso esclusivo o promiscuo** e dal soggetto passivo che vi procede (professionista, autotrasportatore, ecc.), dall'altro, non può negarsi l'idoneità di tali strumenti a dare prova di chi ha sostenuto la spesa e, conseguentemente, in presenza degli ulteriori elementi previsti dal D.P.R. n. 917/1986 (quali, ad esempio, **inerenza**, **competenza** e **congruità**), la relativa deduzione (circ. 30 aprile 2018, n. 8/E).

AMMORTAMENTO DEI BENI IMMATERIALI 24.13.

È possibile effettuare **deduzioni a titolo di ammortamento** anche in relazione ai **beni immateriali** .

Diritti di utilizzazione di opere dell'ingegno, brevetti industriali, processi e formule 24.13.1.

Le quote di ammortamento del costo dei diritti di utilizzazione di opere dell'ingegno, dei brevetti industriali, dei processi, formule e informazioni relativi ad esperienze acquisite in campo industriale, commerciale o scientifico sono **deducibili** in misura **non superiore** alla **metà del costo** (art. 103, c. 1, D.P.R. n. 917/1986).

In passato la deducibilità era stabilita in 1/3 (art. 37, c. 45, D.L. n. 223/2006).

La modifica si applica nei confronti dei predetti beni immateriali a **condizione** che la registrazione del brevetto, processo ecc. sia avvenuta nei 5 anni precedenti ovvero dopo il 4 luglio 2006 (entrata in vigore del D.L. n. 223/2006).

Per i brevetti registrati prima dei 5 anni antecedenti al 4 luglio 2006, invece, continua ad applicarsi la **disciplina previgente** (deduzione in misura non superiore ad 1/3 del costo).

Marchi d'impresa 24.13.2.

I marchi d'impresa sono **deducibili** in misura non superiore a **un diciottesimo del costo** (art. 103, c. 1, D.P.R. n. 917/1986).

Sulla base di corretti **Principi contabili** il periodo di ammortamento dei marchi è normalmente collegato al periodo di produzione e commercializzazione in esclusiva dei beni cui essi si riferiscono; in assenza della possibilità di determinazione di tale periodo, l'ammortamento dovrà effettuarsi entro un **limite massimo di 20 anni**.
Ne consegue che, rispetto alla quota di ammortamento iscritta in bilancio sulla base delle valutazioni civilistiche, dovrà essere effettuata una **variazione in aumento** qualora la durata dell'ammortamento contabile sia inferiore (ad esempio, 10 anni) a quella fiscale (18 anni).
Diversamente, potrà essere effettuata una **variazione in diminuzione** laddove la durata dell'ammortamento contabile sia superiore (ad esempio, 20 anni) a quella fiscale.

24.13.3. Avviamento

L'avviamento è **deducibile** in misura non superiore a **un diciottesimo del costo** (art. 103, c. 3, D.P.R. n. 917/1986).
Con la Legge di bilancio 2019 (art. 1, c. 1079, Legge n. 145/2018) si è intervenuto sulla deducibilità delle quote di ammortamento dell'avviamento e delle altre attività immateriali che hanno dato luogo all'iscrizione di attività per imposte anticipate cui si applicano i commi 55, 56-bis, 56-bis.1 e 56-ter dell'art. 2, D.L. n. 225/2010 (c.d. **DTA qualificate**) e che risultano non dedotte ai fini IRES e IRAP nel periodo d'imposta in corso al 31 dicembre 2018.
In particolare, l'ammontare complessivo di tali componenti negativi non dedotti, indipendentemente dall'anno di iscrizione in bilancio, è **deducibile in modo scaglionato**.
In sintesi, se non ancora dedotti fino al periodo d'imposta in corso al 31 dicembre 2017, sono deducibili per il 5% del loro ammontare complessivo nel periodo d'imposta in corso al 31 dicembre 2019, per il 3% nel periodo d'imposta in corso al 31 dicembre 2020, per il 10% del loro ammontare complessivo nel periodo d'imposta in corso al 31 dicembre 2021, per il 12% del loro ammontare complessivo nel periodo d'imposta in corso al 31 dicembre 2022 e fino al periodo d'imposta in corso al 31 dicembre 2027, per il 5% del loro ammontare complessivo nei periodi d'imposta in corso al 31 dicembre 2028 e al 31 dicembre 2029.
Successivamente, è stato previsto che la deduzione del 5% per il periodo d'imposta in corso al 31 dicembre 2019, è **differita**, in quote costanti, al periodo d'imposta in corso al 31 dicembre 2025 e ai quattro successivi (art. 1, c. 714, Legge n. 160/2019).
Di tale norma non si tiene conto ai fini della determinazione dell'acconto IRES e IRAP dovuto per il periodo d'imposta in corso al 31 dicembre 2019 (art. 1, c. 715, Legge n. 160/2019).

24.13.4. Soggetti che applicano gli IAS/IFRS

Per i soggetti che redigono il bilancio in base ai principi contabili internazionali la **deduzione** del costo dei marchi d'impresa e dell'avviamento è ammessa alle stesse condizioni e con gli stessi limiti annuali descritti in precedenza, a prescindere dall'**imputazione al Conto economico** (art. 103, c. 3-bis, D.P.R. n. 917/1986).

Ammortamento beni immateriali	
Diritti di utilizzazione di opere dell'ingegno	Non superiore alla metà del costo.
Brevetti industriali	Non superiore alla metà del costo.
Marchi di impresa	Non superiore ad un diciottesimo del costo.
Diritti di utilizzazione di processi produttivi e formule simili (c.d. **know-how**)	Non superiore alla metà del costo.
Diritti di concessione ed altri diritti iscritti nell'attivo del bilancio	In misura corrispondente alla durata di utilizzazione del diritto prevista dal contratto o dalla legge.

24.14. SPESE RELATIVE A PIÙ ESERCIZI

24.14.1. Aspetti generali

Alcuni **costi** riflettono la propria **utilità su più esercizi**, e sono, pertanto, **deducibili in più esercizi** (art. 108, D.P.R. n. 917/1986).
Le **altre spese relative a più esercizi**, diverse da quelle sopra considerate e da quelle di pubblicità e rappresentanza sono deducibili nel limite della quota imputabile a ciascun esercizio.
Tuttavia, le medesime spese, non capitalizzabili per effetto dei Principi contabili internazionali, sono deducibili in quote costanti nell'esercizio in cui sono state sostenute e nei quattro successivi.

Rientra tra le spese relative a più esercizi l'**indennità di portafoglio**, laddove con il negozio di cessione non è trasferita la clientela del promotore finanziario "uscente", ma solo una sorta di "**diritto allo sfruttamento**" della clientela stessa, assimilabile alla "licenza" di utilizzazione di un dato bene. In tal caso, il contribuente può dedurre il costo sostenuto per l'indennità nei limiti della quota imputabile a ciascun esercizio (risposta a interpello 7 settembre 2020, n. 317).

Riforma dei bilanci - Le norme di riforma dei bilanci (➔21.10.) (D.Lgs. n. 139/2015), con riferimento alle **spese per studi e ricerche** e alle **spese di pubblicità** (art. 108, D.P.R. n. 917/1986) hanno confermato l'**impossibilità di capitalizzarle** e iscriverle nell'attivo dello Stato patrimoniale; di conseguenza, le spese già presenti nell'attivo devono essere sterilizzate o ricollocate tra i costi di impianto, ampliamento e sviluppo; inoltre, le quote di ammortamento dei beni acquisiti in esito agli studi e alle ricerche sono calcolate sul **costo degli stessi** diminuito dell'**importo già dedotto**. Per i **contributi corrisposti a norma di legge** dallo Stato o da altri enti pubblici a fronte dei costi relativi a studi e ricerche si applica la disciplina sulle **sopravvenienze attive** (➔22.4.) (art. 88, c. 3, D.P.R. n. 917/1986).

Colture arboree pluriennali - Per le quote deducibili nel 2020, 2021 e 2022 le spese sostenute per investimenti in nuovi impianti di colture arboree pluriennali sono incrementate del 20%, esclusi i costi relativi all'acquisto dei terreni (art. 1, c. 509, Legge n. 160/2019).

SPESE DI PUBBLICITÀ E RAPPRESENTANZA 24.15.

IRES

Le norme previste dall'art. 108 D.P.R. n. 917/1986 non forniscono alcun criterio utile a collocare un costo nella categoria delle spese di pubblicità o di rappresentanza, limitandosi a disciplinarne la deducibilità.
Tali criteri possono però essere desunti dalla prassi (ris. n. 137/E del 2000 e circ. n. 34/E del 2009).

Differenza tra spese di rappresentanza e di pubblicità e propaganda

Spese	Definizione
Rappresentanza	Si contraddistinguono per la loro **gratuità**, cioè la mancanza di un corrispettivo dei destinatari, ovvero di un obbligo di dare o fare a carico degli stessi. Sotto l'aspetto contenutistico, viene qualificato come spesa di rappresentanza il costo sostenuto al fine di valorizzare l'immagine dell'impresa, indirizzando un messaggio positivo relativo all'impresa stessa. I **requisiti** imprescindibili per poter dedurre i costi con finalità promozionali o di pubbliche relazioni sono gratuità, ragionevolezza e coerenza con le pratiche commerciali del settore. Non sono qualificabili come spese di rappresentanza quelle sostenute per **eventi aziendali** in cui sono presenti esclusivamente dipendenti dell'impresa: tali spese non possono considerarsi sostenute nell'ambito di "significative attività promozionali" dei prodotti dell'impresa. Manca, nella sostanza, il requisito della ragionevolezza, individuato quale **collegamento con i ricavi dell'impresa**.
Pubblicità e propaganda	Si qualificano per il fatto che, attraverso le stesse, si **porta a conoscenza** della generalità dei consumatori **l'offerta del prodotto**, stimolando la formazione e l'intensificazione della domanda.

Le **spese per pubblicità** sono **integralmente deducibili** dal reddito d'impresa.
Le **spese di rappresentanza**, ove rispondenti al requisito di inerenza (stabilito con apposito decreto), sono deducibili entro **limiti di congruità** fissati e commisurati all'ammontare dei ricavi e proventi della gestione caratteristica dell'impresa risultanti dalla dichiarazione dei redditi relativa allo stesso periodo, in misura pari a (art. 108, c. 2, D.P.R. n. 917/1986):

Ricavi e altri proventi (in euro)	Percentuale di deducibilità
Fino a 10.000.000	1,5%
Da 10.000.000,01 a 50.000.000	0,6%
Oltre 50.000.000	0,4%

Le spese per prestazioni alberghiere e di ristorazione vanno prima ridotte al 75% (➔24.18.).

Sono comunque deducibili le spese relative a **beni distribuiti gratuitamente** di valore unitario non superiore a 50 euro.
Le spese sostenute dalle imprese di nuova costituzione (c.d. start-up), comprese le spese di impianto, sono deducibili secondo le predette regole a partire dall'esercizio in cui sono conseguiti i primi ricavi (art. 108, c. 4, D.P.R. n. 917/1986).
Ai fini dell'applicazione delle suddette regole, il contribuente può interpellare l'amministrazione, a in ordine alla qualificazione di determinate spese, sostenute dal contribuente, tra quelle di pubblicità e di propaganda ovvero tra quelle di rappresentanza (art. 108, c. 4-bis, D.P.R. n. 917/1986).

24.15.1. Criteri di deducibilità per le spese di rappresentanza

Le spese di rappresentanza sono deducibili se rispondenti a requisiti di **inerenza e congruità**, stabiliti con un apposito decreto (attualmente D.M. 19 novembre 2008).
In particolare, costituiscono spese di rappresentanza, **deducibili nel periodo d'imposta di sostenimento**:

a. le spese per **viaggi turistici** in occasione dei quali siano programmate e in concreto svolte significative attività promozionali dei beni o dei servizi la cui produzione o il cui scambio costituisce oggetto dell'attività caratteristica dell'impresa;
b. le **spese per feste**, ricevimenti e altri **eventi di intrattenimento** organizzati in occasione di **ricorrenze aziendali o** di **festività nazionali o religiose**;
c. le spese per feste, ricevimenti e altri eventi di intrattenimento organizzati in occasione dell'**inaugurazione di nuove sedi**, uffici o stabilimenti dell'impresa;
d. le spese per feste, ricevimenti e altri eventi di intrattenimento organizzati in occasione di **mostre, fiere** ed eventi simili in cui sono esposti i beni e i servizi prodotti dall'impresa;
e. ogni **altra spesa per beni e servizi distribuiti** o **erogati gratuitamente**, ivi inclusi i contributi erogati gratuitamente per convegni, seminari e manifestazioni simili il cui sostenimento risponda ai criteri di inerenza sopra indicati.

24.16. INTERESSI PASSIVI

La disciplina sugli **interessi passivi**, con effetto dal periodo d'imposta successivo a quello in corso al 31 dicembre 2018, è stata oggetto di modifiche (D.Lgs. n. 142/2018, che ha recepito la Direttiva ATAD n. 2016/1164).
La norma, così come modificata:

- dispone che il **limite** del **30%** del **ROL** si applichi anche agli **interessi capitalizzati**, introducendo una nuova definizione degli interessi passivi (ed attivi) e degli oneri (e proventi) assimilati;
- rende **riportabile** in avanti anche l'**eccedenza** di **interessi attivi** rispetto a quelli passivi;
- utilizza un **concetto** di **ROL** basato sulla normativa fiscale (**ROL fiscale**) in luogo di quella contabile (**ROL contabile**);
- limita a **5 anni** il riporto in avanti della sua eccedenza.

24.16.1. Regola generale

Gli interessi passivi sono deducibili, in ciascun periodo d'imposta, fino a concorrenza:

- dell'ammontare complessivo degli interessi attivi e proventi finanziari assimilati di competenza del periodo d'imposta;
- degli interessi attivi e proventi finanziari assimilati riportati da periodi d'imposta precedenti.

I limiti di deducibilità si applicano anche agli interessi passivi ed agli oneri finanziari assimilati che sono stati capitalizzati.

Ciò comporta la **verifica della deducibilità** di tali interessi nell'anno in cui sono rilevati contabilmente e capitalizzati, con conseguente eventuale loro indeducibilità totale o parziale, fermo restando il riconoscimento integrale, ai fini fiscali, del valore contabile del bene ad incremento del quale è stata operata la capitalizzazione.
Inoltre, si dispone la **compensazione** degli interessi passivi non solo con gli interessi attivi di periodo, ma anche con l'eventuale eccedenza di interessi attivi riportati da periodi d'imposta precedenti.

24.16.2. Limite di deducibilità

È previsto un diverso limite di deducibilità dell'eccedenza degli interessi passivi.
Nella norma precedentemente in vigore (applicabile sino al periodo d'imposta in corso al 31 dicembre 2018) tale eccedenza era deducibile nel limite del 30% del risultato operativo lordo della gestione (ROL).

Con le modifiche introdotte, l'eccedenza è calcolata rispetto alla **somma** tra gli **interessi attivi del periodo** e l'**eccedenza** di interessi attivi **riportata da periodi d'imposta precedenti**, nei limiti del 30% del risultato operativo lordo (ROL) del periodo e del 30% del ROL riportato da periodi precedenti.
Con riferimento all'utilizzazione del ROL, esso non è più riportabile in avanti indefinitamente.
Di conseguenza sono previste alcune modalità di "**consumazione**" del **ROL** nel caso di eccedenza degli interessi passivi rispetto alla somma tra gli interessi attivi di periodo e l'eccedenza di interessi attivi riportata da periodi d'imposta precedenti. In particolare, si utilizza:
- prioritariamente il 30% del risultato operativo lordo della gestione caratteristica del periodo d'imposta;
- successivamente, il 30% del risultato operativo lordo della gestione caratteristica riportato da periodi d'imposta precedenti, a partire da quello relativo al periodo d'imposta meno recente.

Ambito di applicazione 24.16.3.

Dal punto di vista oggettivo, si limita l'ambito di applicazione della norma agli **interessi, attivi e passivi**, che siano qualificati come tali dai **Principi contabili adottati** dall'impresa e per i quali tale qualificazione contabile sia confermata dalla disciplina primaria o secondaria di riferimento.

È previsto un legame tra la qualificazione contabile ed il suo trattamento sul piano fiscale.

IRES

Inoltre, per assumere rilevanza ai fini della norma, gli interessi devono **derivare** da una **operazione o** da un **rapporto contrattuale** che, in quanto tali, hanno causa finanziaria oppure da un rapporto contrattuale che, pur non avendo causa finanziaria, contiene comunque una componente di finanziamento significativa.
A prescindere dalla qualificazione contabile come strumento rappresentativo di capitale dello strumento finanziario da cui derivano e dalla conseguente loro classificazione, sono **inclusi** tra gli interessi attivi i **proventi** integralmente imponibili in capo al loro percettore.
Tali proventi - integralmente imponibili in capo al percettore fiscalmente residente in Italia (art. 44, c. 2, lett. a), D.P.R. n. 917/1986) - sono inclusi tra gli interessi attivi ai fini dell'applicazione dei limiti alla deducibilità degli interessi passivi previsti dalla norma in esame.
Quale regola generale è dunque previsto che, ai fini della norma, gli interessi attivi assumano· rilevanza nella misura in cui sono imponibili.
Per i **soggetti operanti con la Pubblica Amministrazione** si tiene conto degli interessi legali di mora previsti dalla normativa di riferimento.

Risultato operativo lordo (ROL) 24.16.4.

Il **ROL fiscale** è dato dalla **differenza tra** il **valore e** i **costi della produzione** indicati nel codice civile (art. 2425 c.c., lettere A) "Valore della produzione" e B) "Costi della produzione", con esclusione delle voci di cui al numeri 10), lettere a) e b), ammortamento delle immobilizzazioni immateriali e materiali, nonché dei canoni di leasing finanziario di beni strumentali) assunti nella misura risultante dall'applicazione delle disposizioni volte alla determinazione del reddito di impresa.

Nel caso di "doppio binario" contabile-fiscale, i valori rilevanti sono quelli previsti dalla normativa fiscale.

Riporto in avanti 24.16.5.

È possibile la riportabilità ai successivi periodi d'imposta degli **interessi passivi**.
La riportabilità è consentita se tali interessi in un determinato periodo d'imposta **eccedono** la **somma** tra:
- gli interessi attivi di competenza di tale periodo;
- gli interessi attivi riportati da periodi d'imposta precedenti;
- il 30% del ROL del periodo;
- il 30% del ROL riportato dai periodi d'imposta precedenti.

Tale eccedenza è **deducibile** nei successivi periodi d'imposta, **senza limiti temporali**, se la somma degli interessi attivi e del ROL di tali periodi è superiore all'ammontare degli interessi passivi di competenza dei periodi medesimi.
È prevista la riportabilità ai successivi periodi d'imposta, senza limiti temporali, degli **interessi attivi** di competenza, da un lato, e la somma tra interessi passivi di competenza e interessi passivi eventualmente riportati da periodi d'imposta precedenti, dall'altro.

Riporto ai successivi periodi d'imposta dell'eccedenza di ROL - Se in un periodo d'imposta il 30% del risultato operativo lordo della gestione caratteristica è superiore alla somma tra l'eccedenza e l'importo degli interessi passivi e degli oneri finanziari assimilati riportati da periodi d'imposta precedenti, la quota eccedente può essere portata ad incremento del risultato operativo lordo dei **successivi 5 periodi d'imposta**.

24.16.6. Esclusioni

Sono esclusi dai limiti di deducibilità, a determinate condizioni, gli interessi passivi relativi a prestiti utilizzati per finanziare un **progetto infrastrutturale pubblico a lungo termine**.

Tali condizioni attengono:

- alla circostanza che il soggetto erogatore del prestito deve contare, per il rimborso dello stesso, unicamente sui flussi finanziari positivi generati dal progetto infrastrutturale pubblico e sui beni di proprietà del gestore afferenti al progetto infrastrutturale pubblico, senza possibilità di rivalersi né su beni diversi appartenenti al gestore né su soggetti diversi dal gestore che abbiano, a qualunque titolo, prestato garanzie;
- all'ubicazione all'interno del territorio dell'Unione Europea tanto della residenza fiscale del gestore del progetto infrastrutturale pubblico quanto dei beni impiegati per la realizzazione del progetto e di quelli che ne costituiscono l'oggetto.

> Per progetto infrastrutturale pubblico a lungo termine si intende il progetto rientrante tra quelli cui si applicano le disposizioni contenute nel Codice dei contratti pubblici per le infrastrutture e insediamenti prioritari (Parte V, D.Lgs. n. 50/2016).

Nel caso di costituzione di una società di progetto strumentale alla segregazione patrimoniale rispetto ad attività e passività non afferenti al progetto infrastrutturale medesimo, sono integralmente deducibili gli interessi passivi e gli oneri finanziari relativi ai prestiti stipulati dalla società di progetto, anche qualora assistiti da garanzie diverse da quelle di cui al c. 8, lett. a), utilizzati per finanziare progetti infrastrutturali pubblici di cui alle Parti III, IV e V, del D.Lgs. n. 50/2016.

Qualora in applicazione di tali regole vi siano interessi passivi sottratti ai limiti di deducibilità - in quanto relativi a prestiti utilizzati per finanziare un progetto infrastrutturale pubblico a lungo termine - i componenti positivi e negativi di reddito afferenti a tale progetto e classificati in voci comprese nel valore o nei costi della produzione dovranno essere esclusi dal calcolo del ROL (in misura pari al loro valore fiscale).

Le norme sull'indeducibilità non si applicano agli **intermediari finanziari** (art. 12, D.Lgs. n. 142/2018), alle **imprese di assicurazione** nonché alle **società capogruppo di gruppi assicurativi**.

24.16.7. Imprese di assicurazione

Gli interessi passivi sostenuti dalle imprese di assicurazione e dalle società capogruppo di gruppi assicurativi, nonché dalle società di gestione dei fondi comuni d'investimento e dalle società di intermediazione mobiliare, sono deducibili nei limiti del **96% del loro ammontare**.

24.16.8. Rapporti con il consolidato nazionale

Nell'ambito del consolidato nazionale (artt. da 117-129, D.P.R. n. 917/1986), l'ammontare complessivo degli interessi passivi maturati in capo a soggetti partecipanti al consolidato a favore di altri soggetti partecipanti sono **integralmente deducibili** sino a concorrenza dell'ammontare complessivo degli interessi passivi maturati in capo ai soggetti partecipanti a favore di soggetti estranei al consolidato.

> La società o ente controllante opera la deduzione integrale degli interessi passivi in sede di dichiarazione, apportando la relativa variazione in diminuzione della somma algebrica dei redditi complessivi netti dei soggetti partecipanti.

È **possibile compensare**, all'interno del consolidato fiscale nazionale e ai fini della determinazione del reddito complessivo di gruppo, l'eccedenza di interessi passivi generatasi in capo a un soggetto partecipante alla tassazione consolidata non solo con l'**eccedenza di ROL** generatasi in capo ad altri soggetti partecipanti a tale tassazione, ma anche con l'**eccedenza di interessi attivi** generatasi in capo ai medesimi soggetti.

Ove si tratti di eccedenze di ROL o di interessi attivi riportate da periodi d'imposta precedenti, **condizione** per la compensazione è che si tratti di periodi d'imposta **non anteriori** all'**ingresso** nel **consolidato fiscale**.

Indeducibilità assoluta 24.16.9.

Resta ferma l'applicazione prioritaria delle regole di **indeducibilità assoluta** previste:

- per le spese e gli altri componenti negativi relativi ai **beni immobili** (➔22.8.3.) (art. 90, c. 2, D.P.R. n. 917/1986);
- in materia di interessi sui **prestiti dei soci delle società cooperative** (art. 1, c. 465, Legge n. 311/2004).

Disciplina transitoria 24.16.10.

Sono previste alcune disposizioni transitorie (art. 13, c. da 2 a 5, D.Lgs. n. 142/2018).

Riporto in avanti - Innanzitutto, la disciplina sul riporto in avanti, come ridefinita (➔24.16.5.) si applica anche agli **interessi passivi e oneri finanziari assimilati** che al termine del periodo d'imposta in corso al 31 dicembre 2018 non sono stati dedotti per effetto della disciplina contenuta nella norma vigente prima delle modifiche.
In pratica, si garantisce il riporto, nell'ambito del nuovo regime di deducibilità degli interessi passivi, delle eccedenze di interessi passivi generatesi in vigenza del precedente regime di deducibilità.

Calcolo del ROL - Per evitare distorsioni nel passaggio dal ROL contabile al ROL fiscale, per la **determinazione** del ROL fiscale

a. **non si tiene conto** dei proventi e degli oneri rilevati all'interno del valore e dei costi della produzione nel Conto economico dell'esercizio in corso al 31 dicembre 2018 o degli esercizi precedenti e per i quali sussistono tutte le seguenti **condizioni**:
   1. ai fini della norma (art. 96, D.P.R. n. 917/1986) nel testo vigente anteriormente alle modifiche, hanno concorso alla formazione del ROL dell'esercizio in cui sono stati rilevati contabilmente;
   2. al termine dell'esercizio in corso al 31 dicembre 2018 non hanno ancora assunto, in tutto o in parte, rilevanza fiscale e assumono rilevanza fiscale negli esercizi successivi;
b. le voci del valore e dei costi della produzione rilevate nei conti economici degli esercizi successivi a quello in corso al 31 dicembre 2018 che rappresentano una **rettifica con segno opposto** di voci del valore e dei costi della produzione rilevate nel Conto economico dell'esercizio in corso al 31 dicembre 2018 o degli esercizi precedenti sono assunte per il loro valore contabile, indipendentemente dal valore, eventualmente diverso, risultante dall'applicazione delle disposizioni volte alla determinazione del reddito di impresa.

Prestiti stipulati prima del 17 giugno 2016 - Prevista, anche, la possibilità di **escludere dai limiti di deducibilità** degli interessi passivi quelli correlati a prestiti che siano stati stipulati dall'impresa prima del 17 giugno 2016 e la cui durata o il cui importo non siano stati aumentati successivamente a tale data.
Pertanto, per gli interessi in questione, il regime transitorio applicabile a decorrere dal periodo d'imposta successivo a quello in corso al 31 dicembre 2018 consiste nella possibilità di dedurli **fino a concorrenza** dell'importo che risulta dalla **somma** tra:

- il **plafond di deducibilità**, determinato ai sensi delle nuove regole;
- l'**eccedenza di ROL contabile** generatasi ai sensi della disciplina previgente e che, al termine del periodo d'imposta in corso al 31 dicembre 2018, non risulta ancora utilizzata.

Pro rata generale e spese generali 24.16.11.

Le **spese generali** e gli altri **componenti negativi diversi** dagli **interessi passivi**, ad eccezione degli oneri fiscali, contributivi e di utilità sociale (➔24.4.), se si riferiscono indistintamente ad attività o beni produttivi di proventi computabili o non computabili, in quanto esenti, nella determinazione del reddito, sono **deducibili** per la parte corrispondente al rapporto tra l'ammontare dei ricavi e altri proventi che concorrono a formare il reddito d'impresa o che non vi concorrono in quanto esclusi e l'ammontare complessivo di tutti i ricavi e proventi (art. 109, c. 5, D.P.R. n. 917/1986).

Interessi su beni strumentali 24.16.12.

Gli interessi passivi sostenuti per l'**acquisto** di **beni strumentali** iscritti in bilancio ad aumento del costo per effetto di disposizioni di legge possono essere imputati ad **incremento** del **costo del bene** in quanto oneri accessori di diretta imputazione. In tal caso sono ammortizzati con i criteri propri del bene cui si riferiscono.

24.17. SPESE GENERALI

Le **spese generali**, ovvero quelle **non direttamente imputabili ad un prodotto o ad un processo produttivo**, sono **deducibili** nei limiti e con le modalità descritte per gli interessi passivi (art. 109, D.P.R. n. 917/1986).
Non rientrano tra i costi generali gli oneri fiscali e contributivi e quelli di utilità generale (➡24.4.).

24.18. SPESE PER ALBERGHI E RISTORANTI

Le spese relative a prestazioni alberghiere e a somministrazioni di alimenti e bevande sono **deducibili** nella misura del **75%** (art. 109, c. 5, D.P.R. n. 917/1986).

> Il limite del 75% non deroga agli ordinari criteri di inerenza che presiedono alla determinazione del menzionato reddito d'impresa, ma rappresenta il limite massimo di deducibilità delle spese in esame (circ. 5 settembre 2008, n. 53/E).

La limitazione della deduzione al 75% opera anche in relazione alle spese che si configurano quali **costi di rappresentanza**, sempreché le stesse possano essere ammesse in deduzione (➡24.15.1.) (art. 108, c. 2, D.P.R. n. 917/1986).
Dalla limitazione al 75% sono escluse le **spese di vitto e alloggio** sostenute dal datore di lavoro per le **trasferte** effettuate dai **dipendenti** e dai titolari dei rapporti di collaborazione coordinata e continuativa (➡24.3.1.) (art. 95, c. 3, D.P.R. n. 917/1986).

> Le spese per ospitalità alberghiera e per somministrazione di alimenti e bevande, sostenute per offrire un **servizio gratuito** nei confronti di clienti e loro accompagnatori, devono essere assoggettate al limite di deducibilità del 75%: tali spese, pur essendo correlate all'oggetto sociale, non sono un componente imprescindibile rispetto al tipo di attività svolta.
> L'attività di ospitalità nei confronti dei clienti, pur se correlata all'oggetto sociale, concorre solo indirettamente alla produzione dei ricavi alla stregua degli altri costi di produzione, rappresentando un semplice elemento addizionale al servizio offerto (ris. 18 agosto 2009, n. 225/E).

24.19. PERDITE, SOPRAVVENIENZE PASSIVE E MINUSVALENZE

Le perdite, le sopravvenienze passive e le minusvalenze sono **componenti negativi** nella determinazione del reddito d'impresa che si distinguono tra loro per alcuni caratteri essenziali.

Differenza tra perdite, sopravvenienze passive e minusvalenze	
Perdite	Diminuzioni patrimoniali verificatesi per cause non imputabili all'impresa.
Sopravvenienze passive	- Mancato conseguimento di ricavi già imputati nel Conto economico di precedenti esercizi; - sostentamento di oneri o maggiori oneri relativi a ricavi già imputati nel Conto economico di precedenti esercizi; - eliminazione anche parziale di attività già iscritte in bilanci di precedenti esercizi. Rientrano in tale categoria le perdite su crediti, che sono deducibili se risultano da elementi certi e precisi, ed in ogni caso se il debitore è assoggettato a procedure concorsuali.
Minusvalenze	- Nelle cessioni di beni strumentali: differenza negativa tra il corrispettivo ed il costo iniziale al netto degli ammortamenti; - generano minusvalenze anche le cessioni di immobilizzazioni finanziarie (titoli o quote) ad un prezzo inferiore all'ultimo valore fiscalmente riconosciuto.

24.19.1. Perdite

Le perdite attribuite per trasparenza dalle società in nome collettivo e in accomandita semplice sono utilizzabili solo **in abbattimento degli utili attribuiti per trasparenza** dalla stessa società che ha generato le perdite. (art. 101, c. 6, D.P.R. n. 917/1986).
La valutazione delle azioni o quote per effetto dei **versamenti** a fondo perduto o in conto capitale alla società dai propri **soci o** della **rinuncia ai crediti** nei confronti della società degli stessi soci, nei limiti del valore fiscale oggetto di rinuncia, si applica anche se le azioni o quote costituiscono immobilizzazioni finanziarie.

Perdite su crediti - Le perdite di beni, commisurate al costo non ammortizzato di essi, e le perdite su crediti, diverse da quelle deducibili (art. 106, c. 3, D.P.R. n. 917/1986), sono **deducibili se ri-**

sultano da elementi certi e precisi e in ogni caso, per le perdite su crediti, se il debitore è assoggettato a **procedure concorsuali** o ha concluso un **accordo di ristrutturazione dei debiti** (art. 182-bis, R.D. n. 267/1942) o un **piano attestato** (art. 67, c. 3, lett. a), R.D. n. 267/1942) o è assoggettato a **procedure estere equivalenti**, previste in Stati o territori con i quali esiste un adeguato scambio di informazioni.

Il **debitore** si considera **assoggettato** a **procedura concorsuale** dalla **data** della sentenza dichiarativa del **fallimento** o del provvedimento che ordina la liquidazione coatta amministrativa o del decreto di ammissione alla procedura di concordato preventivo o del decreto di omologazione dell'accordo di ristrutturazione o del decreto che dispone la procedura di amministrazione straordinaria delle grandi imprese in crisi o, per le procedure estere equivalenti, dalla data di ammissione ovvero, per i predetti piani attestati, dalla data di iscrizione nel Registro delle imprese.

Inoltre, relativamente ai **mini-crediti** (ovvero quelli di importi di 5.000 euro o 2.500 euro a seconda delle "dimensioni" del contribuente) e ai crediti vantati nei confronti di debitori assoggettati a procedure concorsuali o equiparate, la deduzione può effettuarsi nell'esercizio di imputazione a bilancio, anche quando la citata imputazione avvenga successivamente all'esercizio in cui si manifestano gli elementi certi e precisi.

La "modesta entità" deve essere considerata facendo riferimento al valore nominale del credito e prescindendo da eventuali **svalutazioni** effettuate in sede contabile e fiscale (circ. 1° agosto 2013, n. 26/E).

Ciò a condizione che l'imputazione non avvenga in un periodo d'imposta successivo a quello in cui, secondo la corretta applicazione dei Principi contabili, si sarebbe dovuto procedere alla cancellazione del credito dal bilancio (art. 101, c. 5-bis, D.P.R. n. 917/1986). In tal senso, il **periodo temporale di deduzione delle perdite su crediti** non potrà andare oltre a quanto previsto dai Principi contabili (ad esempio, per effetto della cessione del credito a terzi, oppure per avvenuta prescrizione dello stesso, o ancora per effetto della stipula di accordo di saldo e di stralcio).

Secondo un'interpretazione autentica (art. 101, c. 5, D.P.R. n. 917/1986)"le **svalutazioni contabili dei crediti di modesta entità** e di quelli vantati nei confronti di debitori che siano assoggettati a procedure concorsuali o a procedure estere equivalenti ovvero abbiano concluso un accordo di ristrutturazione dei debiti o un piano attestato di risanamento, sono deducibili a decorrere dai periodi d'imposta in cui sussistono elementi certi e precisi ovvero il debitore si considera assoggettato a procedura concorsuale ed eventualmente non dedotte in tali periodi, sono deducibili nell'esercizio in cui si provvede alla cancellazione del credito dal bilancio in applicazione dei Principi contabili" (art. 13, D.Lgs. n. 147/2015).

Inoltre, i **versamenti** dei **soci** in denaro o in natura fatti a fondo perduto o in conto capitale alle società (SAS e SNC), nonché la **rinuncia ai crediti** effettuata dai soci a favore della società partecipata, **non sono ammessi in deduzione** e i relativi ammontari determinano in via automatica l'incremento del costo fiscalmente riconosciuto della partecipazione, nei limiti del valore fiscale del credito oggetto di rinuncia (art. 13, D.Lgs. n. 147/2015). La rinuncia del socio al credito costituisce, ai fini della valutazione del costo della partecipazione, un fatto che determina i medesimi effetti dei versamenti. L'incremento del costo della partecipazione può essere determinato non solo dalla **rinuncia a un credito** di natura finanziaria (fattispecie, questa, maggiormente frequente nei rapporti tra socio e società), ma anche alla rinuncia a un credito di natura commerciale.

Sono previste anche alcune fattispecie nelle quali è possibile portare in deduzione dal reddito d'impresa le **perdite su crediti subite** senza la necessità di dimostrare la presenza degli elementi certi e precisi, altrimenti prescritti dalla normativa tributaria. In particolare, tali elementi sono considerati automaticamente in essere. Si tratta di perdite relative a crediti:

1. di modesta entità e **scaduti da almeno 6 mesi**;
2. il cui diritto alla riscossione risulti **prescritto**;
3. per i quali il debitore abbia concluso un **accordo di ristrutturazione dei debiti**;
4. che risultano cancellati dal bilancio di un soggetto IAS adopter in dipendenza di **eventi estintivi** (circ. 1° agosto 2013, n. 26/E).

Non assumono rilevanza gli interessi di mora e gli oneri accessori addebitati in caso di inadempimento, in quanto fiscalmente deducibili in maniera autonoma rispetto al valore del credito (circ. 1° agosto 2013, n. 26/E).

Ai fini della deducibilità dal reddito d'impresa della **perdita su crediti** è necessaria che la stessa **risulti da elementi certi e precisi**. Tali requisiti sono soddisfatti nell'ipotesi in cui il debitore sia ammes-

so a una procedura concorsuale, come il **concordato preventivo**. Il corretto periodo temporale di competenza va individuato nell'arco compreso tra l'apertura della procedura di concordato preventivo e l'esercizio in cui sarebbe dovuta avvenire la cancellazione dal bilancio del credito (risposta a interpello 21 settembre 2018, n. 12).
Le perdite realizzate da una società relative al **vendor loan** (capitale e interessi maturati e non incassati) sono deducibili a partire dal periodo d'imposta di ammissione del debitore alla procedura di concordato preventivo. Per quanto attiene alla svalutazione degli **strumenti finanziari convertibili in azioni**, tali titoli non rivestono affatto la natura fiscale di crediti e **non** è pertanto **applicabile** la **disciplina sulle perdite sui crediti** (art. 101, c. 5, D.P.R. n. 917/1986).

IRES

La svalutazione relativa alla quota capitale degli strumenti finanziari rileva fiscalmente nei periodi d'imposta nei quali sono state operate in bilancio le svalutazioni (risposta a interpello 8 ottobre 2018, n. 29).

Con riferimento al trattamento fiscale previsto per i soggetti IAS adopter (ma anche per i soggetti OIC adopter) tenuto conto che è consentita la deducibilità automatica delle perdite su **crediti cancellati** dal bilancio in seguito al **verificarsi di un evento estintivo** (D.L. n. 83/2012), per l'individuazione di tale condizione, valgono le regole previste dallo **IAS 39** in materia di *derecognition* di un'attività finanziaria iscritta in bilancio. Sulla base di tale principio, la cancellazione può essere operata a **condizione** che:

a. i diritti contrattuali sui flussi finanziari derivanti dalla stessa siano scaduti;
b. l'impresa abbia trasferito i diritti contrattuali a ricevere i relativi flussi finanziari, realizzando un sostanziale trasferimento di tutti i rischi e benefici derivanti dalla proprietà dell'*asset*;
c. l'impresa, pur mantenendo i diritti contrattuali a ricevere i flussi finanziari dell'attività, assuma un'obbligazione contrattuale a corrispondere i flussi finanziari da essa derivanti a uno o più beneficiari, realizzando anche in questo caso un sostanziale trasferimento di tutti i rischi e benefici connessi.

24.19.2. Minusvalenze

Le **minusvalenze patrimoniali** (art. 101, D.P.R. n. 917/1986), quale regola generale, sono **deducibili** soltanto se realizzate:

a. mediante **cessione a titolo oneroso** (art. 86, c. 1, lett. a), D.P.R. n. 917/1986);
b. mediante il **risarcimento**, anche in forma assicurativa, **per la perdita o il danneggiamento dei beni** (art. 86, c. 1, lett. b), D.P.R. n. 917/1986);
c. in caso di **cessione delle aziende**, unitariamente mediante cessione a titolo oneroso (art. 86, c. 2, D.P.R. n. 917/1986).

Per le modalità di determinazione valgono le stesse regole applicabili per le **plusvalenze patrimoniali** (➔22.3.).

Nel caso in cui un evento calamitoso (ad esempio, terremoto o incendio) comporti la perdita totale di cespiti, la relativa minusvalenza iscritta nel Conto economico, ancorché tra i componenti straordinari di reddito, assume rilevanza ai fini IRAP sulla base del principio di correlazione (circ. 14 maggio 2014, n. 10/E).

24.19.3. Minusvalenze su dividendi (c.d. dividend washing)

Le **minusvalenze** realizzate sulle azioni, quote e strumenti finanziari similari alle azioni che non possiedono i requisiti per la *participation exemption* (➔23.) (art. 87, D.P.R. n. 917/1986) **non rilevano fino a concorrenza dell'importo non imponibile dei dividendi** (➔22.7.2.), ovvero dei loro acconti, percepiti nei 36 mesi precedenti il realizzo (art. 109, c. 3-bis, 3-ter e 3-quater, D.P.R. n. 917/1986).
Sono interessate dalla disposizione anti-elusiva in esame tutte le minusvalenze (ovvero le differenze negative tra ricavi e costi) realizzate a seguito della **cessione di**:

– **azioni** e **quote** (art. 85, c. 1, lett. c), D.P.R. n. 917/1986);
– **strumenti finanziari** similari alle azioni (art. 85, c. 1, lett. d), D.P.R. n. 917/1986).

Sono esclusi i soggetti che redigono il bilancio in base ai princìpi contabili internazionali (art. 109, c. 3-quinquies, D.P.R. n. 917/1986).
È, inoltre, possibile disapplicare tali regole mediante **interpello "disapplicativo"** (art. 11, c. 2, Legge n. 212/2000).

Comunicazione - Il contribuente è tenuto a comunicare all'Agenzia delle Entrate, **nella dichiarazione dei redditi**, i dati e le notizie relative alle:

- **minusvalenze** di ammontare complessivo **superiore a cinque milioni di euro**, derivanti da cessioni di partecipazioni che costituiscono immobilizzazioni finanziarie realizzate, anche a seguito di più atti di disposizione (art. 1, c. 4, D.L. n. 209/2002);
- **minusvalenze e alle differenze negative** (art. 109, c. 3-bis, D.P.R. n. 917/1986), di ammontare **superiore a cinquantamila euro**, derivanti da operazioni su azioni o altri titoli negoziati, anche a seguito di più operazioni, in mercati regolamentati italiani o esteri (art. 5-quinquies, c. 3, D.L. n. 203/2005).

BENI GRATUITAMENTE DEVOLVIBILI 24.20.

In luogo dell'ordinario ammortamento dei beni materiali (➡24.6.) (art. 102, D.P.R. n. 917/1986) ed immateriali (➡24.13.) (art. 103, D.P.R. n. 917/1986), per i beni gratuitamente devolvibili alla scadenza di una concessione è consentita la deduzione di quote costanti di **ammortamento finanziario** (art. 104, D.P.R. n. 917/1986).

Tale quota di ammortamento finanziario è determinata dal **costo del bene** (diminuito di eventuali contributi erogati dal concedente) suddiviso per il numero degli anni di durata della concessione, considerando tali anche le frazioni. In caso di modifica della durata, la quota è proporzionalmente ridotta o aumentata a partire dall'esercizio in cui è stabilita la modifica. In caso di incremento o di decremento del costo dei beni, per effetto di sostituzione a costi superiori o inferiori, di ampliamenti, ammodernamenti o trasformazioni, di perdite e di ogni altra causa, la quota di ammortamento finanziario deducibile è rispettivamente aumentata o diminuita, a partire dall'esercizio in cui si è verificato l'incremento o il decremento, in misura pari al relativo ammontare diviso per il numero di anni residui di durata della concessione.

Per le concessioni relative alla costruzione e all'esercizio di **opere pubbliche** sono ammesse in deduzione quote di ammortamento finanziario differenziate da calcolare sull'investimento complessivo realizzato. Le quote di ammortamento sono determinate nei singoli casi in rapporto proporzionale alle quote previste nel piano economico-finanziario della concessione, includendo nel costo ammortizzabile gli interessi passivi.

ACCANTONAMENTI 24.21.

In tema di **accantonamenti** sono previste alcune ipotesi tassative sia per l'**ammissibilità** delle **deduzioni** a titolo di accantonamento, sia per la **misura massima** degli importi ammessi in deduzione.

Fondo TFR 24.21.1.

Gli accantonamenti ai fondi per le indennità di fine rapporto e ai fondi di previdenza del personale dipendente (art. 2117 c.c.), se costituiti in conti individuali dei singoli dipendenti, sono deducibili nei limiti delle quote maturate nell'esercizio in conformità alle disposizioni legislative e contrattuali che regolano il rapporto di lavoro dei dipendenti stessi (art. 105, D.P.R. n. 917/1986).

I maggiori accantonamenti necessari per adeguare i fondi a sopravvenute modifiche legislative e retributive sono deducibili nell'esercizio dal quale hanno effetto le modificazioni o per quote costanti nell'esercizio stesso e nei due successivi.

Tali regole si applicano anche agli accantonamenti relativi alle indennità di fine rapporto (art. 17, c. 1, lett. c), d) e f), D.P.R. n. 917/1986).

È altresì deducibile una quota **non superiore al 4%** della quota annuale del TFR, destinata a **fondi pensione integrativi (**per le imprese con meno di 50 addetti tale importo è elevato al 6%).

Svalutazione crediti e accantonamenti per rischi su crediti 24.21.2.

Le svalutazioni dei crediti risultanti in bilancio, per l'importo non coperto da garanzia assicurativa, che derivano dalle cessioni di beni e dalle prestazioni di servizi che sono considerate ricavi (art. 85, c. 1, D.P.R. n. 917/1986), sono **deducibili** in ciascun esercizio nel **limite** dello **0,50%** del **valore nominale** o di acquisizione dei crediti stessi (art. 106, D.P.R. n. 917/1986).

Nel computo del limite si tiene conto anche di accantonamenti per rischi su crediti.

La **deduzione non** è più **ammessa** quando l'**ammontare** complessivo delle **svalutazioni** e degli **accantonamenti** ha **raggiunto** il **5%** del **valore nominale** o di acquisizione dei crediti risultanti in bilancio alla fine dell'esercizio.

Per la deducibilità delle svalutazioni su crediti, il **limite del 5%** fa riferimento alle svalutazioni e agli accantonamenti già dedotti. Solo l'eccedenza rispetto al predetto limite viene ripresa a tassazione (ris. 8 giugno 2017, n. 65/E).

IRES

Le perdite sui crediti, determinate con riferimento al valore nominale o di acquisizione dei crediti stessi, sono deducibili limitatamente alla parte che eccede l'ammontare complessivo delle svalutazioni e degli accantonamenti dedotti nei precedenti esercizi.
Se in un esercizio l'ammontare complessivo delle svalutazioni e degli accantonamenti dedotti eccede il 5% del valore nominale o di acquisizione dei crediti, l'**eccedenza concorre** a formare il **reddito** dell'esercizio stesso.
L'anno di competenza per operare la deduzione delle perdite su crediti deve coincidere con quello in cui si acquista certezza che il credito non può più essere soddisfatto, perché in quel momento stesso si materializzano gli elementi certi e precisi della sua irrecuperabilità. Diversamente si rimetterebbe all'arbitrio del contribuente la scelta del periodo d'imposta in cui gli sarebbe più vantaggioso operare la deduzione, snaturando la regola espressa dal principio di competenza, che rappresenta invece criterio inderogabile ed oggettivo per determinare il reddito d'impresa (Cass. 3 agosto 2005, n. 16330; Cass., 21 aprile 2011, n. 9218).

CASO 8 - Calcolo del fondo svalutazione crediti
Crediti v/clienti: euro 1.000.000.
Altri crediti: 0.
Totale crediti: euro 1.000.000.
Perdite su crediti dell'esercizio: euro 0 (solo quelle derivanti da elementi certi e precisi).
Fondo al 31 dicembre anno x-1: euro 10.000.
Utilizzo: euro 0.
Accantonamento fondo svalutazione deducibile 0,5%: euro 5.000.
Accantonamento effettuato nell'esercizio: euro 5.000.
Accantonamento non deducibile: euro 0.
Fondo in bilancio al 31 dicembre anno x: euro 15.000.
Eccedenza rispetto al fondo: euro 0.

Intermediari finanziari - Le svalutazioni e le perdite su crediti verso la clientela iscritte in bilancio a tale titolo e le perdite realizzate mediante cessione a titolo oneroso sono deducibili integralmente nell'esercizio in cui sono rilevate in bilancio.
Le svalutazioni e le perdite diverse da quelle realizzate mediante cessione a titolo oneroso si assumono al netto delle rivalutazioni dei crediti risultanti in bilancio.
Per gli intermediari finanziari (➡19.2.4.) nell'ammontare dei crediti rilevanti ai fini della predetta disciplina si comprendono anche quelli impliciti nei contratti di leasing.

24.21.3. Altri accantonamenti

Accantonamenti	Quota deducibile
Fondo per **spese per lavori ciclici** di **manutenzione** delle **navi** e degli **aeromobili** (art. 107, c. 1, D.P.R. n. 917/1986)	Nel limite del **5%** del **costo** di ciascuna **nave o aeromobile** come risulta dal registro beni ammortizzabili.
Imprese concessionarie della costruzione e dell'esercizio **di opere pubbliche** (art. 107, c. 2, D.P.R. n. 917/1986)	Per ciascun bene, nel limite del **5%** del costo sono deducibili gli **accantonamenti** in apposito fondo del passivo per le **spese di ripristino, sostituzione e manutenzione dei beni gratuitamente devolvibili** alla scadenza della concessione. La deduzione non è più ammessa quando il fondo ha raggiunto l'ammontare complessivo delle spese sostenute negli ultimi due esercizi. Se le spese sostenute in un esercizio sono superiori all'ammontare del fondo, l'eccedenza è deducibile in quote costanti nell'esercizio stesso e nei cinque successivi. A partire dal periodo d'imposta in corso al 6 luglio 2011, per le imprese concessionarie di costruzione e gestione di **autostrade e trafori** la percentuale di cui sopra è pari all'1% (art. 23, c. 10 e 11, D.L. 6 luglio 2011, n. 98).

Accantonamenti	Quota deducibile
Fondo per oneri derivanti da **operazioni e concorsi a premi** (art. 107, c. 3, D.P.R. n. 917/1986)	Nel limite del **30%** per le **operazioni** e **70%** per i **concorsi** dell'ammontare degli impegni assunti nell'esercizio.

Accantonamenti - Casi particolari	
Fattispecie	**Chiarimenti**
Indennità di cessazione del rapporto di agenzia	La deduzione fiscale dell'accantonamento per tale indennità è consentita entro il limite individuato applicando la disciplina civilistica e la specifica normativa di settore contenuta nei contratti collettivi (ris. 25 novembre 2005, n. 168/E).
Avviamento negativo o *badwill*	Se il fondo rischi ed oneri futuri imputato al bilancio dell'acquirente a seguito dell'imputazione del *badwill* viene accreditato direttamente al Passivo dello Stato Patrimoniale a seguito di valutazione, senza transitare per il Conto economico, il trattamento fiscale del fondo segue l'utilizzo contabile del fondo stesso. In altri termini, il fondo rischi generici concorre sistematicamente, fino al suo esaurimento, alla formazione del reddito a compensazione dei componenti negativi di qualsiasi natura (nella misura in cui eccedano i componenti positivi) e dovrà rimanere effettivamente correlato alle perdite previste senza poter divenire strumento di pianificazione fiscale o, comunque, di utilizzo arbitrario (ris. 25 luglio 2007, n. 184/E).

INTERESSI DI MORA 24.22.

Per i **contratti stipulati dopo** l'**8 agosto 2002** è previsto che il creditore ha diritto alla corresponsione degli **interessi moratori** sull'importo dovuto, calcolati con le regole di cui si dirà nel prosieguo, salvo che il debitore dimostri che il ritardo nel pagamento del prezzo è stato determinato dall'impossibilità della prestazione derivante da causa a lui non imputabile (art. 3, D.Lgs. n. 231/2002).

Ambito applicativo 24.22.1.

La disciplina si applica ad ogni **pagamento effettuato a titolo di corrispettivo in una transazione commerciale**.

Non trova, invece, applicazione per:

a. debiti oggetto di **procedure concorsuali** aperte a carico del debitore, comprese le procedure finalizzate alla ristrutturazione del debito;

b. pagamenti effettuati a titolo di **risarcimento del danno**, compresi i pagamenti effettuati a tale titolo da un assicuratore.

Estensione ai lavoratori autonomi - A partire **dal 14 giugno 2017**, la disciplina sugli interessi di mora è stata estesa anche alle transazioni commerciali (art. 2, D.Lgs. n. 81/2017):

- tra **lavoratori autonomi e imprese**;
- tra **lavoratori autonomi e amministrazioni pubbliche**;
- tra **lavoratori autonomi**.

È comunque fatta salva l'applicazione di disposizioni più favorevoli.

Decorrenza degli interessi 24.22.2.

Gli interessi moratori decorrono, senza che sia necessaria la costituzione in mora, dal **giorno successivo** alla **scadenza** del **termine** per il **pagamento**.

Ai fini della decorrenza degli interessi moratori si applicano i seguenti **termini**:

a. **30 giorni** dalla data di **ricevimento** da parte del debitore della **fattura** o di una richiesta di pagamento di contenuto equivalente. Non hanno effetto sulla decorrenza del termine le richieste di integrazione o modifica formale della fattura o di altra richiesta equivalente di pagamento;

b. **30 giorni** dalla data di **ricevimento** delle **merci** o dalla data di prestazione dei servizi, quando non è certa la data di ricevimento della fattura o della richiesta equivalente di pagamento;
c. **30 giorni** dalla data di **ricevimento** delle **merci** o dalla prestazione dei servizi, quando la data in cui il debitore riceve la fattura o la richiesta equivalente di pagamento è anteriore a quella del ricevimento delle merci o della prestazione dei servizi;
d. **30 giorni** dalla data dell'**accettazione o** della **verifica** eventualmente previste dalla legge o dal contratto ai fini dell'accertamento della conformità della merce o dei servizi alle previsioni contrattuali, qualora il debitore riceva la fattura o la richiesta equivalente di pagamento in epoca non successiva a tale data.

Nelle **transazioni commerciali tra imprese** le parti possono pattuire un **termine** per il pagamento **superiore** rispetto a quello sopra previsto.
Termini superiori a 60 giorni, purché non siano gravemente iniqui per il creditore, devono essere pattuiti espressamente. La **clausola** relativa al termine deve essere **provata per iscritto**.

P.A. debitrice - Nelle transazioni commerciali in cui il debitore è una pubblica amministrazione le parti possono pattuire, purché in modo espresso, un **termine** per il **pagamento superiore** a quello sopra previsto, quando ciò sia giustificato dalla natura o dall'oggetto del contratto o dalle circostanze esistenti al momento della sua conclusione. In ogni caso i termini di cui sopra non possono essere superiori a 60 giorni. La **clausola** relativa al termine deve essere **provata per iscritto**.

Raddoppio dei termini - I termini sono raddoppiati:
a. per le **imprese pubbliche** che sono tenute al rispetto dei **requisiti di trasparenza** (D.Lgs. 11 novembre 2003, n. 333);
b. per gli **enti pubblici** che forniscono **assistenza sanitaria** e che siano stati debitamente riconosciuti a tale fine.

Dichiarazione di conformità - Quando è prevista una procedura diretta ad accertare la conformità della merce o dei servizi al contratto, essa non può avere una durata superiore a 30 giorni dalla data della consegna della merce o della prestazione del servizio, salvo che sia diversamente ed espressamente concordato dalle parti e previsto nella documentazione di gara e purché ciò non sia gravemente iniquo per il creditore. L'**accordo** deve essere **provato per iscritto**.

Deroghe - Resta ferma la facoltà delle parti di concordare **termini di pagamento a rate**. In tali casi, qualora una delle rate non sia pagata alla data concordata, gli interessi e il risarcimento previsti dal presente decreto sono calcolati esclusivamente sulla base degli importi scaduti.

24.22.3. Misura

Gli interessi moratori sono determinati nella misura degli **interessi legali di mora** (art. 5 D.Lgs. n. 231/2002). Nelle transazioni commerciali tra imprese è consentito alle parti di concordare un tasso di interesse diverso, nei limiti dei tassi iniqui (art. 7, D.Lgs. n. 231/2002).
Il tasso di riferimento, pubblicato con cadenza semestrale sulla G.U. è determinato:
a. per il primo semestre dell'anno cui si riferisce il ritardo, è quello in vigore il 1° gennaio di quell'anno;
b. per il secondo semestre dell'anno cui si riferisce il ritardo, è quello in vigore il 1° luglio di quell'anno.

I tassi più recenti sono i seguenti:

Anno	Semestre	Tasso	Riferimenti
2018	Primo	8,00%	Comunicato Min. Economia e Finanze 22 gennaio 2018 (G.U. 22 gennaio 2018, n. 17)
2018	Secondo	8,00%	Comunicato Min. Economia e Finanze 10 luglio 2018 (G.U. 10 luglio 2018, n. 158)
2019	Primo	8,00%	Comunicato Min. Economia e Finanze 22 gennaio 2019 (G.U. 22 gennaio 2019, n. 18)
2019	Secondo	8,00%	Comunicato Min. Economia e Finanze 6 agosto 2019 (G.U. 6 agosto 2019, n. 183)
2020	Primo	8,00%	Comunicato Min. Economia e Finanze 13 febbraio 2020 (G.U. 13 febbraio 2020, n. 36)

Anno	Semestre	Tasso	Riferimenti
2020	Secondo	8,00%	Comunicato Min. Economia e Finanze 31 luglio 2020 (G.U. 31 luglio 2020, n. 191)
2021	Primo	8,00%	Comunicato Min. Economia e Finanze 4 febbraio 2021 (G.U. 4 febbraio 2021, n. 29)
2021	Secondo	8,00%	Comunicato Min. Economia e Finanze 13 luglio 2021 (G.U. 13 luglio 2021, n. 166)
2022	Primo	8,00%	Comunicato Min. Economia e Finanze 26 gennaio 2022 (G.U. 26 gennaio 2022, n. 20)

Rimborso di costi sostenuti 24.22.4.

Il creditore ha diritto anche al rimborso dei costi sostenuti per il **recupero** delle **somme non tempestivamente corrisposte**.
Al creditore spetta, senza che sia necessaria la costituzione in mora, un **importo forfetario di 40 euro** a titolo di risarcimento del danno.
È fatta salva la **prova del maggior danno**, che può comprendere i costi di assistenza per il recupero del credito.

IRES

Clausole inique 24.22.5.

Le **clausole** relative al termine di pagamento, al saggio degli interessi moratori o al risarcimento per i costi di recupero, a qualunque titolo previste o introdotte nel contratto, sono **nulle** quando risultano **gravemente inique in danno del creditore** (artt. 1339 e 1419 c. 2 c.c.).
Il giudice dichiara, anche d'ufficio, la nullità della clausola avuto riguardo a tutte le circostanze del caso, tra cui il grave scostamento dalla prassi commerciale in contrasto con il principio di buona fede e correttezza, la natura della merce o del servizio oggetto del contratto, l'esistenza di motivi oggettivi per derogare al saggio degli interessi legali di mora, ai termini di pagamento o all'importo forfettario dovuto a titolo di risarcimento per i costi di recupero.
Si considera gravemente iniqua la clausola che esclude l'applicazione di interessi di mora. Non è ammessa prova contraria.
Si presume che sia gravemente iniqua la clausola che esclude il risarcimento per i costi di recupero di cui si è detto sopra.
Nelle transazioni commerciali in cui il debitore è una pubblica amministrazione è nulla la clausola avente ad oggetto la predeterminazione o la modifica della data di ricevimento della fattura. La nullità è dichiarata d'ufficio dal giudice.
L'accertamento della grave iniquità può essere richiesto anche dalle associazioni di categoria degli imprenditori presenti nel CNEL.

Aspetti contabili 24.22.6.

Gli **interessi attivi e passivi**, sulla scorta dei Principi contabili nazionali (**OIC 15 e 19**) e internazionali (**IAS 18**) vanno **rilevati in bilancio per competenza**.
Gli **interessi attivi su crediti** sono da imputarsi per competenza e proporzionalmente al credito in essere nell'esercizio considerato.

CASO 9 - Interessi di mora - Aspetti contabili

Posto che un credito faccia maturare interessi di mora in via automatica a decorrere dal 27 ottobre di un dato periodo d'imposta, occorrerà stanziare in bilancio la quota degli stessi maturati fino alla data di chiusura dell'esercizio considerato (31 dicembre del medesimo anno).

Aspetti fiscali 24.22.7.

Gli interessi di mora sono **tassabili o deducibili** nel **periodo d'imposta in cui sono riscossi o erogati**. Pertanto, non deve essere effettuata alcuna variazione in sede di dichiarazione dei redditi.
Con riguardo alla **destinazione del fondo svalutazione** (previsto dall'art. 71, c. 6, D.P.R. n. 917/1986 *ante* riforma del 2004), acceso nei periodi d'imposta precedenti, esso sarà mantenuto in bilancio fino al momento dell'incasso dei crediti cui fa riferimento, oppure fino al momento in cui si darà luogo al suo storno integrale dovuto all'eventuale stralcio dei crediti.

In particolare, si potranno avere i seguenti casi:
- fondo mantenuto in bilancio fino al momento dell'incasso dei crediti cui fa riferimento: l'utilizzo del fondo in seguito all'incasso dei crediti suddetti dà luogo ad una **sopravvenienza attiva** (imponibile ai fini delle imposte sui redditi);
- fondo mantenuto in bilancio fino al momento in cui si darà luogo al suo storno integrale dovuto all'eventuale stralcio dei crediti: a fronte di una **minusvalenza** generata dallo stralcio dei crediti (deducibile ai fini delle imposte sui redditi) si contrappone una **sopravvenienza attiva** (che concorre alla determinazione della base imponibile), dovuta dallo storno integrale dell'anzidetto fondo di svalutazione.

24.23. OPERAZIONI IN VALUTA

24.23.1. Aspetti generali

La problematica della valutazione delle **operazioni in valuta** si riscontra in tutte le realtà aziendali che operano con l'estero.

Poiché le operazioni effettuate in valuta vanno registrate in base al **tasso di cambio in vigore al momento dell'operazione**, in sede di redazione del bilancio d'esercizio, molto probabilmente il tasso di cambio non coincide con quello a suo tempo utilizzato. In tal caso si possono verificare le c.d. "**differenze in cambi**" positive o negative.

Le situazioni che si possono verificare sono le seguenti:
1. **Cambio di fine esercizio maggiore del cambio storico**:
   - se si tratta di un debito si avrà una differenza in cambi negativa;
   - se si tratta di un credito si avrà una differenza in cambi positiva.
2. **Cambio di fine esercizio minore del cambio storico**:
   - se si tratta di un debito si avrà una differenza in cambi positiva;
   - se si tratta di un credito si avrà una differenza in cambi negativa.

24.23.2. Disciplina fiscale

La disciplina fiscale delle operazioni in valuta per quanto riguarda **i crediti** e **debiti non immobilizzati**, stabilisce che (art. 110, D.P.R. n. 917/1986):
- la valutazione secondo il cambio alla data di chiusura dell'esercizio dei crediti e debiti in valuta, anche sotto forma di obbligazioni, di titoli cui si applica la disciplina delle obbligazioni ai sensi del Codice civile o di altre leggi o di titoli assimilati, non assume rilevanza;
- si tiene conto della valutazione al cambio della data di chiusura dell'esercizio delle attività e delle passività per le quali il rischio di cambio è coperto, qualora i **contratti di copertura** siano anche essi valutati in modo coerente secondo il cambio di chiusura dell'esercizio.

Per quanto riguarda, invece, **i crediti** e **i debiti immobilizzati** non assumono rilevanza fiscale gli utili e le perdite che emergono dalla conversione delle poste in valuta al cambio di fine esercizio.

Considerato che per i crediti e debiti immobilizzati e non, gli **utili** e le **perdite di cambio** emergenti dalla conversione delle poste al cambio di fine esercizio sono imputati a Conto economico in applicazione delle nuove disposizioni, è necessario:
- effettuare le opportune variazioni in aumento e/o diminuzione in sede di dichiarazione dei redditi;
- rilevare le imposte differite e anticipate.

CASO 10 - Operazioni in valuta

Si consideri la seguente ipotesi:

	Cambio storico	Cambio 31 dicembre anno x	Utili su cambi	Perdite su cambi
Credito in valuta A	1.000	950		50
Credito in valuta B	2.000	1.980		20
Debito in valuta C	3.000	2.920	80	
Debito in valuta D	2.000	1.960	40	
Utile/perdite totali			120	70
Utile netto			50	

L'utile netto (pari a 50) imputato a Conto economico non concorre alla determinazione del reddito dovendo essere effettuata una **variazione in diminuzione** di pari ammontare nel Mod. Redditi con contestuale stanziamento in bilancio delle imposte differite.
Per l'acquisto di valuta estera previa apertura del conto corrente espresso in valuta estera con contestuale prelievo dal conto liquidità espresso in euro, il costo fiscalmente riconosciuto della valuta estera corrisponde alla **conversione** in euro **al cambio del giorno**, o del giorno antecedente più prossimo e, in mancanza, secondo il cambio del mese in cui è stata sostenuta, in cui l'operazione di acquisto è effettuata (ris. 7 giugno 2019, n. 57/E).

ALTRI COSTI E SPESE 24.24.

Contributi sospesi in seguito a calamità naturali 24.24.1.

Nei periodi d'imposta in cui i **termini di versamento** di contributi deducibili dal reddito o che non concorrono a formarlo sono **sospesi** in conseguenza di calamità pubbliche, resta ferma la **deducibilità** degli stessi, se prevista da disposizioni di legge (art. 36, c. 32, D.L. n. 223/2006).
Detti contributi non sono ulteriormente dedotti o esclusi dal reddito nel periodo d'imposta in cui sono versati.

Premi fedeltà 24.24.2.

Sono **deducibili** i **premi fedeltà** corrisposti da una società ai propri **agenti**: si tratta di costi dotati di **inerenza** (in quanto non rispondono a finalità personali dell'imprenditore o comunque non si configurano come appostazioni estranee all'esercizio di impresa), **certezza** e **determinabilità** (Cass. 19 marzo 2008, n. 7340).
Il c.d. premio fedeltà risulta, infatti, istituito contrattualmente per apportare un beneficio integrativo del trattamento di fine rapporto agli agenti che abbiano mantenuto il rapporto ininterrottamente per un certo periodo con la società.
Il meccanismo opera dunque in funzione della costanza del rapporto di lavoro che rileva nell'ambito dell'economia aziendale (e dei ricavi conseguibili), tanto è vero che - ove venga meno per circostanze anormali - il beneficio viene recuperato alla disponibilità della società (nella specie, una clausola contrattuale prevede la decadenza dell'agente dalla costituzione della rendita differita in caso di risoluzione del rapporto di lavoro con rescissione della polizza ed acquisizione alla società di ogni beneficio maturato).
Una volta riconosciuta la deducibilità del costo, correttamente la società ne ha effettuato l'accantonamento nel periodo di competenza, in **misura pari** al **premio erogato alla compagnia di assicurazione** per garantire le indennità dovute all'agente alla cessazione del rapporto di lavoro in base ad un diritto sorto immediatamente in suo capo in virtù della polizza. Risultano pertanto rispettati anche i requisiti di certezza e determinabilità.

IRES

25. TASSAZIONE PER TRASPARENZA

IRES

25.1. ASPETTI GENERALI

Gli artt. 115 e 116 del D.P.R. n. 917/1986 disciplinano un meccanismo di **tassazione delle società** basato sulla **imputazione del reddito prodotto** da queste ultime **ai soci** secondo lo stesso criterio di **tassazione per trasparenza** adottato per le società di persone (➡14.7.) (art. 5, D.P.R. n. 917/1986).

In dettaglio, sono previste **due differenti discipline** applicabili:

- in senso generale, alle **società di capitali** partecipate da altre società di capitali (art. 115, D.P.R. n. 917/1986);
- in particolare, alle **società a responsabilità limitata a ristretta base azionaria** (art. 116, D.P.R. n. 917/1986).

25.2. TASSAZIONE PER TRASPARENZA NELLE SOCIETÀ DI CAPITALI

È prevista la facoltà per le società di capitali di **imputare il proprio reddito**, al fine della sua tassazione, **direttamente in capo ai soci**, indipendentemente dall'effettiva percezione ed **in misura proporzionale** alla loro **quota di partecipazione agli utili** (art. 115, D.P.R. n. 917/1986; D.M. 23 aprile 2004).

25.2.1. Soggetti ammessi

Possono fruire del regime di tassazione per trasparenza le seguenti **società di capitali, residenti** nel territorio dello Stato (art. 73, c. 1, lett. a), D.P.R. n. 917/1986):

- società per azioni;
- società in accomandita per azioni;
- società a responsabilità limitata;
- società cooperative;
- società di mutua assicurazione.

Soggetti non residenti - Anche le **società non residenti** nel territorio dello Stato possono accedere al regime fiscale della trasparenza, a **condizione** che:

1. abbiano gli stessi requisiti richiesti alle residenti;
2. non vi sia l'obbligo di ritenuta alla fonte sugli utili distribuiti.

L'**obbligo della ritenuta sui dividendi distribuiti al socio non residente,** ad esempio, non sussiste nell'ipotesi di distribuzione dei dividendi (art. 27-bis, c. 3, D.P.R. n. 600/1973), ovvero qualora la ritenuta, se applicata, sia suscettibile di integrale rimborso.

25.2.2. Requisiti

I **requisiti per l'esercizio dell'opzione** interessano i soci della società partecipata e sono così riassunti:

Soci della società partecipata	Requisiti
Tutti	Devono a loro volta essere S.p.a., S.r.l., S.a.p.a., società cooperative o di mutua assicurazione.

Soci della società partecipata	Requisiti
Ciascuno	Deve possedere una percentuale dei diritti di voto nell'assemblea generale (art. 2364, c.c.) e di partecipazione agli utili non inferiore ad una **soglia minima** del **10%** e non superiore ad una **soglia massima** del **50%.**

Le percentuali di partecipazione sono determinate avendo riguardo esclusivamente alla partecipazione detenuta direttamente nella società partecipata.

L'**opzione** per il regime di trasparenza **non** è **consentita** qualora:

a. i soci partecipanti fruiscano della **riduzione dell'aliquota dell'IRES**;
b. la società partecipata eserciti l'opzione al **consolidato nazionale o mondiale** (➜**26.1.6.**) (artt. 117 e 130, D.P.R. n. 917/1986).

Tassazione per trasparenza e consolidato nazionale - L'opzione per il regime di trasparenza non è consentita nel caso in cui la società partecipata abbia esercitato l'opzione per il consolidato nazionale o mondiale, sia in qualità di **controllata** che di **controllante** (art. 115, c. 1, lett. b), D.P.R. n. 917/1986, e art. 2, c. 1, lett. b), D.M. 23 aprile 2004).

Analogamente, è previsto che l'opzione per la tassazione di gruppo non può essere esercitata dalla società che ha optato, in qualità di partecipata, per la tassazione per trasparenza (➜**26.1.6.**).

Pertanto, **i due regimi di tassazione non possono mai coesistere in capo alla medesima società**.

Se una società ha optato per la tassazione per trasparenza in qualità di partecipata, non potrà optare per la tassazione di gruppo prima che sia cessato il vincolo triennale di validità della precedente opzione, e viceversa nel caso in cui sia stata esercitata per prima l'opzione per il consolidato nazionale.

Diversamente, in assenza di una specifica preclusione in tal senso, l'esercizio dell'opzione per il consolidato nazionale è consentito alle società che hanno optato per l'adesione al regime di tassazione per trasparenza in qualità di soci partecipanti.

Comunque, anche se l'area di tassazione per trasparenza e quella di tassazione di gruppo non si sovrappongono possono, tuttavia, essere adiacenti: nel senso che il reddito (o la perdita) di una società trasparente può essere, in tutto o in parte, incluso nell'unica base imponibile del consolidato cui partecipano, in qualità di controllanti o di controllati, i soci ai quali detto reddito (o perdita) è stato imputato per trasparenza (circ. 20 dicembre 2004, n. 53/E).

Casi particolari	
Fattispecie	**Disciplina**
Usufrutto di azioni	Qualora i **titoli** vengano **dati in usufrutto ad un terzo**, l'opzione per la trasparenza fiscale non può essere esercitata e, se fosse stata già esercitata, cesserebbe di aver effetto, in quanto: - nel caso in cui all'usufruttuario sia attribuito, in virtù del contratto stipulato, **solamente il diritto agli utili**, né il nudo proprietario (socio) né lo stesso usufruttuario avrebbero il contemporaneo possesso dei requisiti richiesti dalla norma; - nel caso in cui le parti stabiliscano il **trasferimento di entrambi i diritti in capo all'usufruttuario**, quest'ultimo non godrebbe comunque della qualifica di socio, non partecipando al capitale. Diversamente, la possibilità di optare per la trasparenza fiscale non viene automaticamente preclusa se il socio decide di **concedere in usufrutto parte dei suoi titoli ad un altro socio**, privandosi dei connessi diritti patrimoniali e amministrativi. A tal fine, sarà necessario verificare che le percentuali di partecipazione agli utili e di diritti di voto effettivamente spettanti a ciascuno di essi restino nel *range* di ammissibilità voluto dal legislatore. In tal caso, gli effetti fiscali conseguenti alla concessione in usufrutto delle azioni ad altri soci si manifesteranno a partire dal periodo d'imposta successivo alla suddetta operazione.

Casi particolari	
Fattispecie	**Disciplina**
Sequestro di azioni	Non è possibile per il socio accedere al regime di trasparenza in quanto lo stesso perde il diritto di voto sulle azioni sequestrate. Tale diritto, infatti, spetta al **custode dei titoli** (art. 2352 c.c.).
Azioni date in pegno	Si possono verificare due diverse situazioni considerato che, ai sensi degli artt. 2352 (Pegno, usufrutto e sequestro delle azioni) e 2791 c.c. (Pegno di cosa fruttifera), il socio può accordarsi con il **creditore pignoratizio** sia in merito alla spettanza del diritto di voto, sia in merito all'attribuzione del diritto agli utili. I citati articoli prevedono, rispettivamente, che il diritto di voto spetti al creditore pignoratizio se non si conviene diversamente e che, in caso di pegno di cose fruttifere, il creditore abbia la facoltà di fare suoi i frutti, salvo patto contrario. Ne consegue che se il socio si priva di entrambi i diritti o di uno solo di essi, la società non può accedere alla trasparenza (o se l'opzione è già stata esercitata, la stessa perde efficacia), venendo meno i requisiti per il socio. Diversamente, nel caso in cui il socio e il creditore pignoratizio convengono che il diritto di voto e il diritto agli utili continuino a sussistere in capo al socio medesimo, non si verificano preclusioni all'esercizio dell'opzione (o al mantenimento del regime fiscale della trasparenza).

25.2.3. Perdita dei requisiti

Il venire meno delle condizioni necessarie per l'esercizio dell'opzione comporta la cessazione dell'efficacia della stessa **a partire dall'inizio dell'esercizio sociale in corso della società partecipata**.
Le possibili **cause** che fanno venire meno le condizioni di applicazione della norma possono essere, ad esempio:
- **riduzione della partecipazione** da parte del socio, che risulta, così, essere inferiore al 10%;
- **aumento della partecipazione** da parte del socio, che risulta, così, essere superiore al 50%;
- **emissione**, da parte della società partecipata, **di strumenti finanziari**;
- **trasformazione** della società da società di capitali a **società di persone**;
- **modifica nella compagine sociale** con l'acquisizione di partecipazioni nella società in regime di trasparenza da parte di persone fisiche e/o società di persone.

> Il mutamento della compagine sociale con ingresso di nuovi soci aventi i requisiti per l'applicazione della norma o la modifica della percentuale di diritto di voto non comporta il venire meno della tassazione per trasparenza.

Inoltre:
- l'opzione perde efficacia anche nei casi di **operazioni straordinarie della società partecipata** (assoggettamento a procedure concorsuali, trasferimento all'estero della residenza, scissione e fusione);
- in caso di **cessione di una partecipazione**, il socio cedente deve comunicare, contestualmente alla cessione stessa, al socio cessionario l'avvenuto esercizio dell'opzione; in caso di **aumento del capitale sociale** con ingresso di nuovi soci, tale obbligo di informazione compete alla società partecipata.

Assoggettamento a procedure concorsuali - Rientra tra le **cause ostative** al regime della trasparenza anche l'**assoggettamento della società partecipata alle procedure concorsuali** (D.M. 23 aprile 2004).
Si tratta, in particolare, delle ipotesi di fallimento, liquidazione coatta amministrativa, procedura di concordato preventivo e procedura di amministrazione straordinaria delle grandi imprese in crisi.
Pertanto, se una delle suddette procedure concorsuali si è aperta nei confronti della società partecipata, questa non può esercitare l'opzione.
Nell'ipotesi in cui la partecipata si trovi già in regime di trasparenza, l'opzione esercitata perde efficacia a partire dal periodo d'imposta avente inizio dalla data della sentenza dichiarativa del fallimento o del provvedimento che ordina la liquidazione coatta amministrativa o del decreto di ammissione alla procedura di concordato preventivo o del decreto che dispone la procedura di amministrazione straordinaria delle grandi imprese in crisi.

Operazioni straordinarie	
Fattispecie	**Perdita di efficacia dell'opzione**
Società partecipata assoggettata a **fallimento**	A partire dal periodo d'imposta avente inizio dalla data della sentenza dichiarativa del fallimento.
Società partecipata assoggettata a **liquidazione coatta amministrativa**	A partire dal periodo d'imposta avente inizio dalla data del provvedimento che ordina la liquidazione coatta amministrativa.
Società partecipata assoggettata a procedura di **concordato preventivo**	A partire dal periodo d'imposta avente inizio dalla data del decreto di ammissione alla procedura di concordato preventivo.
Società partecipata assoggettata a procedura di **amministrazione straordinaria delle grandi imprese in crisi**	A partire dal periodo d'imposta avente inizio dalla data del decreto che dispone la procedura di amministrazione straordinaria delle grandi imprese in crisi.
Trasformazione della società partecipata in altra **società non soggetta ad IRES**	A partire dal periodo d'imposta avente inizio dalla data in cui ha effetto la trasformazione.
Trasferimento all'estero della residenza della società partecipata	A partire dal periodo d'imposta nel corso del quale è avvenuto il trasferimento stesso.
Fusione o scissione della società partecipata	A partire dalla data da cui l'operazione esplica i suoi effetti fiscali, salvo che essa venga confermata da tutti i soggetti interessati entro il periodo d'imposta da cui decorrono i predetti effetti fiscali.
Società partecipata messa in **liquidazione**	L'opzione non perde efficacia. Tuttavia, il reddito o le perdite fiscali di ciascuno degli esercizi compresi nella liquidazione si considerano definitivi, indipendentemente dalla durata della liquidazione stessa.

IRES

Esercizio dell'opzione 25.2.4.

L'**opzione** (➡96.1.):
- è **irrevocabile per tre esercizi sociali** della società partecipata;
- va **esercitata da tutte le società e comunicata** all'Amministrazione finanziaria, con la dichiarazione presentata nel periodo d'imposta a decorrere dal quale si intende esercitare l'opzione;
- **si rinnova tacitamente**, al termine del triennio, **per un altro triennio** a meno che non sia revocata, secondo le modalità e i termini previsti per la comunicazione dell'opzione.

Imputazione del reddito 25.2.5.

L'imputazione del reddito imponibile (reddito o perdita di esercizio) deve avvenire nei **periodi d'imposta dei soci partecipanti** in corso alla data di chiusura dell'esercizio della società partecipata.

CASO 1 - Momento rilevante

Si supponga la seguente ipotesi:
- esercizio società partecipata: 1° gennaio - 31 dicembre;
- esercizio società partecipante: 1° aprile - 31 marzo.

In tal caso, facendo riferimento al periodo d'imposta X, il momento rilevante sarà:
- società partecipata: 31 dicembre X;
- società partecipante: 31 marzo X+1.

Gli oneri per i quali spetta la detrazione d'imposta (➡20.4.) (**erogazioni liberali** a favore dei partiti e movimenti politici e delle associazioni sportive dilettantistiche - art. 78, D.P.R. n. 917/1986) e i **crediti d'imposta** fruibili nei limiti dell'IRES liquidata sono **interamente attribuiti ai soci** in proporzione alle rispettive quote di partecipazione agli utili.

Conformemente alle società di persone (➡14.7.), l'imputazione del reddito per trasparenza (fermo restando il possesso degli altri requisiti) può avvenire soltanto nei confronti di coloro che possiedono la **qualifica di soci alla data di chiusura dell'esercizio**.

Gli atti con i quali si modificano le **percentuali di partecipazione agli utili**, permanendo i requisiti per applicare la disciplina in discussione, spiegano efficacia, ai fini dell'imputazione del reddito, a partire dal periodo d'imposta successivo a quello nel quale sono posti in essere.

È, inoltre, possibile applicare il regime di trasparenza "**a cascata**" lungo la catena societaria. La società alla quale viene imputato, per trasparenza, il reddito della partecipata può, a sua volta, imputare per trasparenza il proprio reddito alle sue partecipanti. Sempreché, naturalmente, tutte le società coinvolte abbiano esercitato l'opzione e soddisfino le condizioni previste dalla legge.

Esercizi sociali diversi - L'imputazione del reddito per trasparenza non comporta particolari problemi qualora tutte le società coinvolte abbiano esercizi coincidenti con l'anno solare; diversamente, **l'imputazione del reddito può verificarsi "in corso d'anno"**, con la conseguenza che le imposte sul reddito prodotto dalla partecipata, dovute *pro quota* dalle partecipanti, potrebbero essere liquidate mesi dopo, in sede di dichiarazione dei redditi di ciascuna società socia.

CASO 2 - Imputazione dei redditi

Le società B, C, D ed E sono socie della società A e hanno una percentuale di partecipazione in A, rispettivamente, del 50%, 15%, 25% e 10%.
Reddito della Società A: 300.

	SOCIETÀ B	SOCIETÀ C	SOCIETÀ D	SOCIETÀ E	TOTALE
Reddito proprio	100	20	-30	15	105
Percentuale di partecipazione in A	50	15	25	10	100
Reddito imputato per trasparenza	150	45	75	30	300
Reddito complessivo dichiarato	250	65	45	45	405

IRES

25.2.6. Imputazione delle perdite

Le eventuali **perdite della società partecipata relative a esercizi precedenti** a quello di opzione riducono il reddito formatosi in capo alla predetta società nel periodo di "trasparenza" secondo le **ordinarie regole del riporto** (➡**20.6.**) (art. 84, D.P.R. n. 917/1986).
Le perdite fiscali della società partecipata relative a periodi in cui è efficace l'opzione sono **imputate ai soci in proporzione alle rispettive quote di partecipazione** ed entro il limite delle rispettive quote del patrimonio netto contabile della società partecipata determinata senza considerare la perdita dell'esercizio e tenendo conto dei conferimenti effettuati entro la data di approvazione del relativo bilancio (art. 7, D.M. 23 aprile 2004).
Le perdite fiscali eccedenti tale limite si computano in diminuzione del reddito della società partecipata nei limiti di legge (➡**20.6.**) (art. 84, D.P.R. n. 917/1986).
Le **perdite fiscali dei soci** relative agli **esercizi anteriori** all'inizio della tassazione per trasparenza non possono essere utilizzate per compensare i redditi imputati dalle società partecipate (art. 115, c. 3, D.P.R. n. 917/1986).
Questa regola è applicabile anche per l'opzione alla trasparenza per le S.r.l. a ristretta base (art. 116, D.P.R. n. 917/1986) (➡**25.3.**).

Effetti in capo alle società partecipanti - Considerato che l'imputazione "per trasparenza" può riferirsi anche ad un **risultato fiscale negativo della partecipata**, l'esercizio dell'opzione può comportare il verificarsi di situazioni differenti in capo a ciascuna società partecipante.

Impatto dei risultati di reddito	
Risultato	**Effetti dell'imputazione**
Reddito	- Aumento dell'imponibile in capo al socio; - compensazione, in tutto o in parte, con una perdita del socio.
Perdita	- Compensazione, in tutto o in parte, con i redditi positivi del socio; - incremento della perdita del socio.

CASO 3 - Imputazione delle perdite

Le società B, C, D ed E sono socie della società A e hanno una percentuale di partecipazione in A, rispettivamente, del 50%, 15%, 25% e 10%.
Perdita della Società A: - 300.

	SOCIETÀ B	SOCIETÀ C	SOCIETÀ D	SOCIETÀ E	TOTALE
Reddito proprio	100	20	-30	15	105
Percentuale di partecipazione in A	50	15	25	10	100
Reddito imputato per trasparenza	-150	-45	-75	-30	-300
Reddito complessivo dichiarato	-50	-25	-105	-15	-195

Determinazione degli acconti 25.2.7.

Le regole sono le seguenti (art. 115, c. 7, D.P.R. n. 917/1986; art. 9, D.M. 23 aprile 2004):
– nel **primo esercizio di opzione** permane l'obbligo dell'acconto anche in capo alla società partecipata che, ove venga scelto il criterio previsionale, deve aver riguardo all'imposta che si sarebbe determinata in assenza dell'opzione;
– in caso di **revoca dell'opzione** gli obblighi di acconto si determinano senza considerare gli effetti dell'opzione sia per la società partecipata, sia per i soci.

Tali disposizioni si applicano anche nell'ipotesi di **perdita di efficacia dell'opzione**. In tal caso, per il periodo d'imposta in cui si verifica tale effetto, ciascun socio deve **integrare** quanto versato a titolo di acconto, se il versamento effettuato è inferiore a quello dovuto; analogamente la società partecipata deve effettuare il versamento di quanto dovuto.

I **versamenti non eseguiti in tutto o in parte** devono essere effettuati entro i termini ordinari ovvero, se questi ultimi scadono prima dei successivi 30 giorni, **entro 30 giorni**.
I soci possono attribuire in tutto o in parte i versamenti effettuati alla società partecipata (art. 43-ter, D.P.R. n. 602/1973).

Distribuzione di utili e riserve 25.2.8.

Gli utili e le riserve di utili formatesi nei periodi in cui è efficace l'opzione, ove distribuiti, **non concorrono a formare il reddito dei soci** (art. 8, D.M. 23 aprile 2004).
Ciò vale anche nel caso in cui le distribuzioni avvengano successivamente ai periodi di efficacia dell'opzione o i soci siano diversi da quelli cui sono stati imputati i redditi.
Il regime di trasparenza non modifica la disciplina fiscale relativamente alla distribuzione di riserve costituite con utili di precedenti esercizi ovvero quella delle riserve.
Nei confronti della **società partecipata** resta ferma l'applicazione della regola secondo cui sono deducibili i componenti che, pur non essendo imputabili al Conto economico, lo sono per disposizione di legge (art. 109, c. 4, lett. b), D.P.R. n. 917/1986).
Salva diversa esplicita volontà assembleare, si considerano **prioritariamente distribuiti** gli utili e le riserve di utili realizzati nel periodo di efficacia dell'opzione; tale presunzione si applica anche se gli utili e le riserve sono distribuiti in periodi diversi da quelli in cui è efficace l'opzione.
In caso di esplicita volontà assembleare di distribuzione di riserve (➔11.2.3.) (art. 47, c. 5, D.P.R. n. 917/1986), la **presunzione** si applica solo con riguardo alle riserve costituite con utili di periodi d'imposta nei quali non ha operato la tassazione per trasparenza.

La società partecipata deve fornire nella dichiarazione dei redditi una **separata indicazione degli ammontari delle riserve**, delle loro distribuzioni e del loro utilizzo per altre finalità, nonché dei redditi imputati ai soci nei periodi d'imposta in cui ha avuto efficacia l'opzione.

Riserve di utili pregressi - L'esercizio dell'opzione non influenza in alcun modo il trattamento fiscale delle **riserve formate con utili di esercizi precedenti** a quelli di applicazione del regime di trasparenza. Pertanto, le distribuzioni di riserve che si sono formate anteriormente mantengono il **regime ordinario**, cioè quello che avrebbero subito in assenza dell'opzione.
In altri termini, le somme distribuite attingendo da tali riserve sono tassate o meno in capo al socio a seconda che le stesse siano formate da utili o, al contrario, abbiano natura di riserve di capitale (es. riserve costituite con **soprapprezzi di emissione** delle azioni o quote, con **interessi di conguaglio** versati dai sottoscrittori di nuove azioni o quote, con **versamenti** fatti dagli stessi soci **a fondo per-**

IRES

duto o in conto capitale e con **saldi di rivalutazione monetaria** esenti da imposta) (➡11.2.3.) (art. 47, c. 5, D.P.R. n. 917/1986).

Inoltre durante i periodi di validità dell'opzione, salva una diversa esplicita volontà assembleare, si considerano **prioritariamente distribuiti** gli utili tassati per trasparenza (art. 115, c. 5, D.P.R. n. 917/1986).

Tale **presunzione** può essere superata solo da una contraria volontà espressa dall'assemblea ed è valida sia nei periodi d'imposta di vigenza dell'opzione, sia nei periodi successivi in cui non risulta più valida per mancato rinnovo ovvero per perdita di efficacia dell'opzione stessa.

Anche in ipotesi di **copertura di perdite**, si considerano prioritariamente utilizzati gli utili imputati ai soci per trasparenza.

> Diversamente dalla distribuzione di utili, la presunzione riguardante **la copertura di perdite** è una **presunzione assoluta** che non può essere superata da una diversa volontà assembleare e si ritiene resti valida, come la prima, sia nei periodi d'imposta di vigenza dell'opzione, sia nei periodi successivi.

IRES

25.2.9. Rideterminazione del reddito imponibile oggetto di imputazione

Ciascun socio applica la disciplina relativa all'opzione sulla quota di reddito della società partecipata ad esso imputata e, a tal fine, **rettifica i valori fiscali** degli elementi dell'attivo patrimoniale e dei fondi di accantonamento del passivo patrimoniale della società stessa che divergono da quelli contabili, dandone indicazione in **apposito prospetto della dichiarazione** (art. 115, c. 11, D.P.R. n. 917/1986; art. 11, D.M. 23 aprile 2004).

Sulla base di tali rettifiche, il socio deve aumentare, in ciascun esercizio, il reddito imputato per trasparenza dalla società partecipata, diminuendo i componenti negativi e aumentando quelli positivi relativi ai predetti elementi e fondi.

L'**importo da assumere ai fini delle rettifiche** è costituito dall'ammontare delle svalutazioni della partecipazione dedotte fiscalmente dal socio nel periodo d'imposta antecedente a quello dal quale ha effetto l'opzione e nei nove precedenti, comprese quelle che si considerano dedotte, al netto delle rivalutazioni assoggettate a tassazione, ovvero dall'ammontare, se inferiore, delle rettifiche di valore e degli accantonamenti fiscalmente non riconosciuti operati dalla società partecipata che hanno determinato le svalutazioni.

A tali effetti assumono rilevanza solo:

- le **rettifiche di valore e** gli **accantonamenti** diversi da quelli costituiti a fronte di oneri la cui irrilevanza fiscale è considerata definitiva, operati negli esercizi in perdita ricompresi nel predetto periodo temporale e fino a concorrenza della perdita stessa;
- le **svalutazioni** che il socio non avrebbe effettuato, in assenza di tali rettifiche e accantonamenti.

Non si tiene, comunque, conto delle svalutazioni riferibili alle partecipazioni successivamente cedute a soggetti non appartenenti al gruppo; se le **partecipazioni** sono **cedute a società del gruppo**, l'obbligo di operare le rettifiche si trasferisce alla società cessionaria e le svalutazioni sono ridotte dei maggiori valori che sono stati assoggettati a tassazione dalla società cedente per effetto della cessione (si considerano società del gruppo le società controllate, controllanti o controllate da un medesimo soggetto ai sensi dell'art. 2359 c.c.).

Le rettifiche vanno apportate agli elementi dell'attivo patrimoniale nonché ai fondi di accantonamento del passivo patrimoniale del bilancio della società partecipata relativo all'esercizio precedente a quello da cui ha effetto l'opzione, qualora il loro valore fiscale risulti, rispettivamente, superiore e inferiore a quello contabile.

Il socio rettifica in diminuzione il valore degli elementi dell'attivo e in aumento quello dei fondi di accantonamento, ripartendo su ciascuno di essi, e fino al riassorbimento delle predette differenze, l'importo calcolato in base al rapporto tra la differenza del valore fiscale rispetto a quello contabile relativo a ciascun elemento e fondo e l'ammontare complessivo delle differenze relative a tutti gli elementi e fondi.

Imposta sostitutiva - Sulle predette rettifiche è possibile applicare un'**imposta sostitutiva del 6%** (art. 1, c. 49, Legge n. 244/2007; D.M. 18 marzo 2008) che va versata utilizzando il **codice tributo 1125** (ris. 10 giugno 2008, n. 237/E).

Responsabilità solidale 25.2.10.

La **società partecipata è solidamente responsabile** per le imposte, sanzioni e interessi dovuti dai soci in relazione al relativo reddito imputato per trasparenza (art. 115, c. 8, D.P.R. n. 917/1986).

> La responsabilità della società partecipata è riferita, in particolare, alle ipotesi di **omessa, incompleta o infedele dichiarazione del proprio reddito**, vale a dire a fattispecie riconducibili alla posizione fiscale della stessa società partecipata; di contro, nessuna responsabilità può affermarsi in capo a quest'ultima per fatti ascrivibili al comportamento dei soci (circ. 22 novembre 2004, n. 49/E).

Ovviamente, la responsabilità solidale della partecipata viene meno allorquando la rettifica dei redditi della partecipante non ha per oggetto i redditi imputati per trasparenza.
Il principio della responsabilità solidale **viene meno** anche in caso di:
- **omessa o parziale dichiarazione** da parte del soggetto partecipante del **reddito imputato dalla società partecipata** (art. 12, c. 1, D.M. 23 aprile 2004); l'esclusione della responsabilità solidale presuppone, in ogni caso, che la società partecipata abbia posto in condizione la partecipante di conoscere tutti i dati necessari per adempiere correttamente agli obblighi tributari in materia di dichiarazione dei redditi e di versamento delle imposte dovute;
- **omesso o carente versamento dell'imposta da parte dei soci** (art. 13, c. 1, D.M. 23 aprile 2004).

Accertamento nei confronti della società 25.2.11.

In caso di **omessa o parziale dichiarazione** da parte del soggetto partecipante del reddito imputato dalla società partecipata, si applicano le disposizioni riguardanti il potere di procedere ad **accertamento parziale**.
Inoltre, in caso di **rettifica delle dichiarazioni** della società in regime di trasparenza, la rettifica vale sia per la società, per le imposte di sua competenza (IRAP), che per i singoli soci, per le imposte relative ai redditi a loro ripartiti, in base, appunto al principio di trasparenza (art. 40, c. 2, D.P.R. n. 600/1973).

TASSAZIONE PER TRASPARENZA DELLE SOCIETÀ A RISTRETTA BASE SOCIETARIA 25.3.

È previsto un regime di **imputazione per trasparenza del reddito** prodotto dalle società a responsabilità limitata a ristretta base societaria (art. 116, D.P.R. n. 917/1986).
Dal punto di vista operativo, si applicano le stesse modalità e le stesse condizioni stabilite per il regime di trasparenza delle società di capitali (art. 115, D.P.R. n. 917/1986) che riguardano:
- l'esercizio dell'opzione (➡**25.2.4.**);
- la perdita dei requisiti (➡**25.2.3.**);
- l'imputazione del reddito e determinazione delle imposte (➡**25.2.5.**);
- la determinazione degli acconti (➡**25.2.7.**);
- la distribuzione di utili e riserve (➡**25.2.8.**);
- la responsabilità solidale (➡**25.2.10.**);
- l'accertamento nei confronti della società (➡**25.2.11.**).

Specifiche **deroghe** sono invece previste per i soggetti ammessi e per le S.r.l. che detengono partecipazioni esenti.

Soggetti ammessi e condizioni 25.3.1.

L'opzione per la trasparenza fiscale è consentita solamente alle **società a responsabilità limitata** che presentino i seguenti **requisiti**:
- il volume di **ricavi** non è superiore alle soglie previste per l'applicazione degli ISA (attualmente pari a 5.164.569 euro);
- la **compagine sociale** risulta composta esclusivamente da **persone fisiche in numero non superiore a 10, o a 20** nel caso di società **cooperativa**.

Se vengono meno i requisiti sopra elencati, l'opzione perde efficacia a decorrere, rispettivamente, dal periodo d'imposta successivo (nel caso di superamento del volume di ricavi di 5.164.569 euro) e dallo stesso periodo d'imposta (nel caso di compagine composta da più di 10 o 20 soci).
Inoltre, per le società in regime di trasparenza gli **utili percepiti** (art. 89, D.P.R. n. 917/1986), e le **plusvalenze realizzate** (art. 87, D.P.R. n. 917/1986), concorrono a formare il reddito nella misura del **58,14%** prevista per i soggetti IRPEF esercenti attività d'impresa (➡**14.4.4.**) (artt. 58, c. 2, e 59, D.P.R. n. 917/1986).

IRES

Ne consegue che per una **persona fisica** la partecipazione indiretta in una società di capitali, per il tramite di una società a responsabilità limitata trasparente avrà il medesimo trattamento fiscale delle partecipazioni detenute direttamente.
In altre parole, non è consentito alle persone fisiche di fruire del regime di esenzione delle plusvalenze o di esclusione dei dividendi previsto per i soggetti IRES, per il solo fatto di possedere partecipazioni, non direttamente, ma attraverso un'altra società a responsabilità limitata in regime di trasparenza.

25.3.2. Trasparenza per S.r.l. che detengono partecipazioni esenti

Le **partecipazioni esenti**, detenute per adempiere ad un obbligo normativo, regolamentare o amministrativo, non rappresentano causa ostativa all'applicazione del regime di trasparenza (art. 14, c. 3, D.M. 23 aprile 2004).
In assenza di una norma, di un regolamento o un atto amministrativo che renda obbligatoria tale detenzione, non costituisce causa ostativa all'applicazione del regime in esame il possesso di partecipazioni che non consentono di realizzare plusvalenze; eventualità che ricorre quando dette **partecipazioni** risultano, in base a previsioni legislative, statutarie o regolamentari, **incedibili ovvero rimborsabili al loro valore nominale** (circ. 22 novembre 2004, n. 49/E).

> In caso di possesso di partecipazioni avvenuto in forza di disposizioni a contenuto normativo (tra cui i regolamenti) o a provvedimenti amministrativi, è possibile accedere al regime opzionale. Diversamente, se è previsto un obbligo imposto dallo statuto per fruire di determinati servizi, il possesso di partecipazioni esenti rappresenta causa ostativa all'applicazione della trasparenza (circ. 16 marzo 2005, n. 10/E).

IRES

TASSAZIONE DI GRUPPO

26.

CONSOLIDATO NAZIONALE 26.1.

Aspetti generali 26.1.1.

È previsto un sistema di tassazione dei gruppi societari, attraverso l'istituto del "consolidamento fiscale" sia a livello nazionale (c.d. "**consolidato nazionale**") che a livello transnazionale (➨**26.2.**) (c.d. "**consolidato mondiale**").

Con il consolidato nazionale (artt. da 117 a 129, D.P.R. n. 917/1986; D.M. 1° marzo 2018) la società o ente controllante dichiara un'unica base imponibile per l'intero gruppo di imprese.

Tale base imponibile è data dalla somma algebrica delle basi imponibili calcolate dalle singole società che optano, previa apposita comunicazione da trasmettere all'Agenzia delle Entrate, per il regime della tassazione di gruppo, aumentata o diminuita per tenere conto degli effetti delle eventuali rettifiche di consolidamento.

Il consolidato nazionale, però, non obbliga al consolidamento di tutto il gruppo: l'opzione per il regime, in altri termini, può essere esercitata anche soltanto da alcune delle società costituenti il gruppo (c.d. **principio del *cherry picking***).

Inoltre, l'esercizio dell'opzione va effettuato congiuntamente da ciascuna controllata e dall'ente o società controllante.

Si hanno, pertanto, tante opzioni a coppia quante sono le società controllate che esercitano la facoltà. Comunque, nel caso in cui la controllante eserciti l'opzione con più di una controllata, il consolidato cui partecipa è unico. In altre parole, il reddito complessivo positivo e negativo **non è suddiviso in tanti consolidati** quante sono le opzioni, ma tutte le società che hanno esercitato l'opzione bilaterale con la controllante adottano con quest'ultima un consolidato unico.

Comunque, all'interno dei gruppi potranno generarsi più consolidati, con l'unico limite che la **società non può partecipare a due opzioni** in qualità di consolidante e di consolidata.

CASO 1 - Opzione per il consolidato nazionale

Si consideri un gruppo strutturato nel seguente modo:

la società "A" possiede al 100% la società "B" che a sua volta possiede completamente la società "C", la quale, infine, possiede, sempre al 100%, la società "D".

In tal caso il consolidato può riguardare, alternativamente:
- A, B, C e D;
- A e B;
- A e C;
- A e D;
- B e C;
- B e D;
- C e D.

L'opzione per il consolidato nazionale, al termine del triennio di validità, si intende tacitamente rinnovata per un altro triennio a meno che non sia revocata, secondo le modalità e i termini previsti per la comunicazione dell'opzione (art. 7-quater, c. 27, lett. c), d) ed e), D.L. n. 193/2016, attuate con il D.M. 1° marzo 2018 che ha sostituito il precedente decreto attuativo - D.M. 9 giugno 2004).

IRES

26.1.2. Soggetti ammessi

Possono optare per il consolidato nazionale le **società o gli enti controllanti** e ciascuna società **controllata,** fra i quali sussiste il **rapporto di controllo** (art. 2359, c. 1, n. 1), c.c.).
La possibilità è ammessa anche per le Stabili Organizzazioni controllate (art. 1, D.M. 1° marzo 2018).
I soggetti ammessi variano a seconda che l'opzione sia effettuata in qualità di:
- controllante o consolidante;
- controllata o consolidata.

Una stessa società può esercitare l'opzione in qualità di consolidante o di consolidata (art. 119, c. 1, D.P.R. n. 917/1986).

Società ammesse al consolidato nazionale	
In qualità di	**Soggetti che possono esercitare l'opzione**
Consolidanti (art. 117, c. 1, D.P.R. n. 917/1986)	- Società per azioni e in accomandita per azioni, società a responsabilità limitata, società cooperative e società di mutua assicurazione, residenti nel territorio dello Stato (art. 73, c. 1, lett. a), D.P.R. n. 917/1986); - enti pubblici e privati residenti, diversi dalle società, che hanno per oggetto principale o esclusivo l'esercizio di attività commerciali (art. 73, c. 1, lett. b), D.P.R. n. 917/1986); - società e enti di ogni tipo, con o senza personalità giuridica, non residenti nel territorio dello Stato (art. 73, c. 1, lett. d), D.P.R. n. 917/1986), incluse società di persone ed associazioni (art. 5, D.P.R. n. 917/1986)[1].
Consolidate (art. 120, c. 1, D.P.R. n. 917/1986)[2]	Società per azioni, in accomandita per azioni, a responsabilità limitata.

[1] L'ammissione al consolidato per i soggetti non residenti è sottoposta alla condizione che:
- esista una Convenzione contro le doppie imposizioni tra l'Italia e lo Stato di residenza fiscale del soggetto estero;
- esista una Stabile Organizzazione in Italia del soggetto estero, mediante la quale viene esercitata nel nostro Paese l'attività d'impresa (*ex* art. 55 del TUIR);
- la partecipazione di controllo (nelle società residenti controllate incluse nel consolidamento fiscale) sia compresa nel patrimonio della Stabile Organizzazione italiana del soggetto estero.

[2] Vi rientrano anche:
- le **società residenti neo-costituite**;
- i **soggetti che trasferiscono dall'estero in Italia la residenza** ai fini fiscali: possono esercitare l'opzione, in qualità di consolidate, sin dall'esercizio nel quale è avvenuto il trasferimento stesso, anche qualora sussista un consolidato nel quale gli stessi avevano designato una loro controllata ai sensi delle norme sull'esercizio del consolidato da parte dei soggetti non residenti (art. 117, c. 2-bis, D.P.R. n. 917/1986).
Ciò a condizione che il soggetto trasferitosi abbia maturato, relativamente al medesimo periodo, lo *status* di residente. Nel caso in cui il trasferimento dall'estero si sia perfezionato nella prima metà del periodo d'imposta, la società potrà esercitare l'opzione sin dal periodo d'imposta in cui è avvenuto il trasferimento, risultando la stessa in possesso - già a partire da tale periodo - del requisito della residenza.

Società ammesse al consolidato nazionale	
In qualità di	**Soggetti che possono esercitare l'opzione**
Qualora, al contrario, il trasferimento dall'estero si perfezioni nella seconda metà del periodo d'imposta, la società potrà esercitare l'opzione solo a partire dal prossimo periodo d'imposta, non risultando "residente" relativamente al periodo d'imposta in cui avviene il trasferimento; - i **soggetti risultanti dalle operazioni di trasformazione** (artt. 170, c. 3, e 171, c. 2, D.P.R. n. 917/1986): possono esercitare l'opzione, in qualità di consolidate, a decorrere dall'esercizio che inizia dalla data in cui ha effetto la trasformazione (a condizione che quest'ultima si perfezioni in tempo utile per l'esercizio dell'opzione).	

CASO 2 - Soggetti che possono optare per il consolidato nazionale

Si consideri il caso di un gruppo costituito da 4 società e così strutturato:

a. (capogruppo) controlla B in misura pari all'80%;
b. a sua volta controlla C per il 60% e D per il 55%.

In tale caso B partecipa, in veste di consolidata, al regime di tassazione di gruppo unitamente alla propria controllante A, C e D, pur risultando controllate da B in misura tale da ammettere l'esercizio dell'opzione, non possono essere consolidate con quest'ultima, dal momento che B (che già partecipa al consolidato con A in qualità di consolidata), non può allo stesso tempo esercitare un'altra opzione come consolidante.

Tuttavia, qualora venga meno il **rapporto di controllo** rilevante tra A e B, perché, ad esempio, la partecipazione scende dall'80 al 40%, si determina l'interruzione del consolidato tra A e B e, quindi, viene meno il motivo che impediva a B di consolidare le sue controllate.

Qualora B intenda optare per la tassazione di gruppo come controllante, dovrà presentare all'Agenzia delle Entrate la comunicazione di avvenuto esercizio dell'opzione, distintamente con C e D.

Società non residenti - Il soggetto non residente può **esercitare l'opzione** per il consolidato **solo in qualità di controllante** e a condizione:

1. di essere residente in un Paese con il quale è in vigore un accordo per evitare la doppia imposizione che consenta un **adeguato scambio di informazioni**;
2. di esercitare nel territorio dello Stato un'attività d'impresa mediante una **Stabile Organizzazione** che assume la qualifica di consolidante.

Tale norma (art. 117, c. 2-bis e 2-ter, D.P.R. n. 917/1986), implica che la Stabile Organizzazione assume la qualifica di consolidante quando la casa madre, residente in un Paese convenzionato, intenda consolidare le proprie controllate residenti in Italia.

Ciò può avvenire anche se le partecipazioni delle controllate italiane non sono comprese nel patrimonio della Stabile Organizzazione: è stata, infatti, eliminata la condizione della inclusione nel patrimonio della Stabile Organizzazione delle partecipazioni nelle controllate italiane da comprendere nel perimetro di consolidamento (circ. 26 settembre 2016, n. 40/E).

Pertanto, si include tra i soggetti che possono consolidare le basi imponibili in Italia delle proprie controllate anche la controllante residente in Stati UE/SEE, senza che sia richiesta la presenza di una Stabile Organizzazione della medesima controllante nel territorio dello Stato, in ottemperanza alle indicazioni della Corte di Giustizia (sentenza del 12 giugno 2014 resa nelle cause riunite C-39/13, C-40/13 e C-41/13).

In particolare, il soggetto residente in Stati UE/SEE senza Stabile Organizzazione in Italia può designare, tra le sue controllate, una società residente nel territorio dello Stato o una società controllata UE/SEE tramite la sua Stabile Organizzazione, al fine di esercitare l'opzione per la tassazione di gruppo e ad assumere la **qualità di consolidante**.

I **soggetti non residenti privi del requisito di cui al punto 2)** residenti in Stati appartenenti e ovvero in Stati aderenti all'Accordo sullo Spazio economico europeo con il quale l'Italia abbia stipulato un accordo che assicuri un effettivo scambio di informazioni, che rivestono una forma giuridica analoga a quelle dei soggetti IRES (art. 73, c. 1, lett. a) e b), D.P.R. n. 917/1986), possono **designare una società** residente nel territorio dello Stato o non residente, controllata ai sensi dell'art. 2359, c. 1, n. 1), c.c. con i requisiti richiesti per il consolidato (art. 120, D.P.R. n. 917/1986), **ad esercitare l'opzione** per la tassazione di gruppo congiuntamente con ciascuna società residente o non residente, su cui parimenti essi esercitano il controllo richiesto per il consolidato.

La controllata designata non può esercitare l'opzione con le società da cui è partecipata. Agli effetti di tale disposizione:

a. la controllata designata, in qualità di **consolidante**, acquisisce tutti i diritti, obblighi ed oneri previsti dal D.P.R. n. 917/1986 ai fini del consolidato (artt. da 117 a 127 D.P.R. n. 917/1986) per le società o enti controllanti;
b. i **requisiti del controllo** devono essere verificati in capo al soggetto controllante non residente;
c. l'**efficacia dell'opzione** è subordinata alla condizione che il soggetto controllante non residente designi la controllata residente assumendo, in via sussidiaria, le responsabilità previste per le società o enti controllanti;
d. in ipotesi di **interruzione della tassazione di gruppo** prima del compimento del triennio o di **revoca dell'opzione**, le **perdite fiscali** risultanti dalla dichiarazione sono attribuite esclusivamente alle controllate che le hanno prodotte, al netto di quelle utilizzate, e nei cui confronti viene meno il requisito del controllo secondo i criteri stabiliti dai soggetti interessati;
e. se il **requisito del controllo** nei confronti della controllata designata **cessa** per qualsiasi motivo **prima del compimento del triennio**, il soggetto controllante non residente può designare, tra le controllate appartenenti al medesimo consolidato, un'altra controllata residente avente le caratteristiche di cui si discute senza che si interrompa la tassazione di gruppo. La nuova controllata designata assume le responsabilità previste per le società o enti controllanti relativamente ai precedenti periodi d'imposta di validità della tassazione di gruppo, in solido con la società designata nei cui confronti cessa il requisito del controllo (circ. 26 settembre 2016, n. 40/E).

Inoltre, i soggetti non residenti, controllati, possono esercitare l'opzione per il consolidato in qualità di controllata mediante una **Stabile Organizzazione** di soggetti residenti in Stati appartenenti all'Unione europea ovvero in Stati aderenti all'Accordo sullo Spazio economico europeo con il quale l'Italia abbia stipulato un accordo che assicuri un effettivo scambio di informazioni, che rivestono una forma giuridica analoga a quelle previste ai fini del consolidato con i requisiti ivi previsti.
La controllante residente in uno Stato extra UE convenzionato può consolidare la Stabile Organizzazione in Italia di una sua controllata UE/SEE solo se essa possiede in Italia una Stabile Organizzazione che svolge il ruolo di consolidante (circ. 26 settembre 2016, n. 40/E).

Società neo costituite e neo acquisite - Il requisito del "controllo rilevante" deve sussistere ininterrottamente sin dal periodo d'imposta per il quale la controllante e la controllata optano per il consolidato (art. 120, c. 2, D.P.R. n. 917/1986). Ne consegue che, in via generale, ai fini della verifica della sussistenza del suddetto requisito bisogna avere riguardo tanto all'inizio dell'esercizio della società consolidante quanto all'inizio dell'esercizio della società consolidata.
È comunque possibile, alle società neocostituite, optare, a partire dall'esercizio di costituzione, in qualità di consolidate, per il regime della tassazione di gruppo (art. 2, D.M. 1° marzo 2018).
Ciò a condizione che la loro costituzione intervenga entro il **termine utile per esercitare l'opzione** (ossia entro il termine di presentazione della dichiarazione relativa al periodo d'imposta precedente a quello a decorrere dal quale si intende esercitare l'opzione) e che, comunque, risultino rispettate le altre condizioni previste dalla normativa.

> Alle società neocostituite nel corso dell'esercizio è, invece, preclusa l'opzione in qualità di controllante: tale opzione può essere esercitata solo a partire dall'**esercizio successivo a quello di costituzione** (entro il termine di presentazione della dichiarazione relativa al periodo d'imposta precedente a quello a decorrere dal quale si intende esercitare l'opzione).

Tale regola non opera per le ipotesi in cui:
- tanto la società controllante quanto la società controllata siano **società neocostituite**, se la data di costituzione della controllante è non successiva alla data di costituzione della controllata;
- la società neocostituita venga ad esistenza nel contesto di fattispecie nelle quali sia ravvisabile una **successione a titolo universale** (ad esempio, fusione per incorporazione ad opera di società neocostituita).

Le stesse interpretazioni possono essere estese alla fattispecie simile delle **società acquisite dalla controllante in corso d'esercizio** (c.d. società neo acquisite) e che, mediante apposita delibera, abbiano fatto coincidere:

a. la data della loro acquisizione da parte della controllante con la data di chiusura dell'esercizio in corso al momento dell'acquisizione;
b. la data di chiusura del primo esercizio successivo alla loro acquisizione da parte della controllante con la data di chiusura dell'esercizio della controllante. Ciò a condizione che la loro acquisizione da parte della controllante sia avvenuta entro il termine utile per esercitare l'opzione per il

consolidato fiscale e che sussistano gli altri requisiti richiesti dalla normativa vigente in materia (circ. 26 settembre 2016, n. 40/E).

CASO 3 - Società neo acquisite

a) Società acquisita con esercizio a cavallo d'anno

La società Alfa S.p.A., avente esercizio coincidente con l'anno solare, acquisisce, in data 30 giugno anno x, il controllo della società Beta S.p.A.

Contestualmente, la società neo acquisita delibera la chiusura anticipata dell'esercizio in corso al 30 giugno anno x (anziché al 31 dicembre anno x), mentre gli esercizi successivi continueranno a chiudersi il 31 dicembre.

Pertanto, la società neo acquisita avrà:

- un primo esercizio di 5 mesi (1° gennaio anno x - 30 giugno anno x);
- un secondo esercizio di 7 mesi (1° luglio anno x - 31 dicembre anno x);
- gli esercizi successivi della durata di 12 mesi, perfettamente allineati con l'esercizio sociale del nuovo socio Alfa S.p.A.

In tal caso, la società Beta S.p.A. (società neo acquisita) potrà aderire, in qualità di consolidata, già dall'esercizio 1° luglio anno x - 31 dicembre anno x, al consolidato fiscale facente capo alla società Alfa S.p.A., dal momento che, sin dal 1° luglio anno x (data di inizio del primo esercizio successivo alla sua acquisizione da parte della società Alfa S.p.A.), sussiste in capo alla consolidante il requisito del "controllo rilevante" di cui agli articoli 117 e 120 D.P.R. n. 917/1986.

b) Società acquirente con esercizio a cavallo d'anno

In data 30 giugno anno x, la società Alfa S.p.A., con esercizio 1° aprile - 30 aprile, ha acquisito il controllo delle società Beta S.p.A. e Gamma S.p.A.

Contestualmente, le società neo acquisite hanno deliberato la chiusura anticipata dell'esercizio in corso al 30 giugno anno x (anziché al 31 dicembre anno x) e la chiusura degli esercizi successivi al 30 aprile di ciascun anno, in modo da avere i dati di bilancio allineati con quelli della nuova società controllante.

Pertanto, le società neo acquisite avranno:

- un primo esercizio di 6 mesi (1° gennaio anno x - 30 giugno anno x);
- un secondo esercizio di 10 mesi (1° luglio anno x - 31 marzo anno x+1);
- gli esercizi successivi della durata di 12 mesi, perfettamente allineati con l'esercizio sociale del nuovo socio Alfa S.p.A.

In tal caso, le società neo acquisite potranno aderire, in qualità di consolidate, già dall'esercizio 1° luglio anno x - 30 aprile anno x+1, al consolidato fiscale facente capo alla società Alfa S.p.A., dal momento che, sin dal 1° luglio anno x (data di inizio del primo esercizio successivo alla loro acquisizione da parte di Alfa S.p.A.), sussiste in capo alla consolidante il requisito del controllo rilevante (artt. 117 e 120, D.P.R. n. 917/1986).

Soggetti esclusi 26.1.3.

Non possono esercitare l'opzione per il consolidato nazionale (art. 126, D.P.R. n. 917/1986):

- le società che fruiscono di **riduzione dell'aliquota IRES**;
- le **società in stato di fallimento e di liquidazione coatta amministrativa**; in tal caso se l'esercizio dell'opzione è già avvenuto, cessa dall'inizio dell'esercizio in cui interviene la dichiarazione del fallimento o il provvedimento che ordina la liquidazione.

Perché si verifichi la condizione di inammissibilità prevista al primo punto (società con **aliquota IRES ridotta**), è sufficiente anche la sola disomogeneità potenziale delle aliquote applicabili, indipendentemente dal conseguimento di un imponibile positivo rispetto al quale beneficiare dell'applicazione dell'aliquota ridotta. È, dunque, da escludersi, ad esempio, la possibilità di adesione al consolidato da parte di una società che benefici di riduzione di aliquota anche nel caso in cui quest'ultima consegua perdite per tutto il triennio di vigenza dell'opzione.

Requisiti di controllo 26.1.4.

Per l'esercizio dell'opzione per la tassazione di gruppo occorre, a pena di inammissibilità, il possesso di una "**partecipazione rilevante**", ossia espressiva di un **rapporto di controllo** (artt. 117 e 120, D.P.R. n. 917/1986).

In sintesi, la partecipazione si considera "rilevante" quando fra le società sussiste il rapporto di controllo di cui all'art. 2359, c. 1, n. 1), c.c. con i requisiti previsti dall'art. 120, D.P.R. n. 917/1986.

Rapporto di controllo	
Requisito	**Condizioni**
Controllo civilistico (art. 2359, c. 1, n. 1, c.c.)[1-2]	Sono considerate società controllate le società in cui un'altra società dispone della **maggioranza dei voti esercitabili nell'assemblea generale** (art. 2364 c.c.).
Controllo fiscale (art. 120, D.P.R. n. 917/1986)[3]	**Condizione n. 1:** al cui **capitale sociale** la società o l'ente controllante **partecipa direttamente o indirettamente** per una **percentuale superiore al 50%**, da determinarsi relativamente all'ente o società controllante tenendo conto della eventuale demoltiplicazione prodotta dalla catena societaria di controllo, senza considerare le azioni prive del diritto di voto esercitabile nell'assemblea generale (art. 2346 c.c.). **Condizione n. 2**: al cui **utile di bilancio** la società o l'ente controllante **partecipa direttamente o indirettamente** per una percentuale **superiore al 50%** da determinarsi relativamente all'ente o società controllante, tenendo conto della eventuale demoltiplicazione prodotta dalla catena societaria di controllo e senza considerare la quota di utile di competenza delle azioni prive del diritto di voto esercitabile nell'assemblea generale.

[1] La sussistenza di una situazione di **controllo di diritto** deve essere valutata avendo riguardo non solo alle partecipazioni detenute in via diretta (c.d. **partecipazioni di "primo livello"**), bensì anche a quelle detenute in via indiretta dal soggetto che intende consolidare (cd. **partecipazioni di "secondo livello"**). Con specifico riferimento a queste ultime, rilevano, ai fini in esame, esclusivamente le partecipazioni di "secondo livello" che il soggetto consolidante detiene tramite società partecipate di "primo livello" che risultino dallo stesso controllate ai sensi dell'art. 2359, c. 1, n. 1), c.c.
Solo in tali ipotesi, infatti, il soggetto controllante, disponendo di un controllo effettivo nei confronti dell'organo deliberante delle controllate di "primo livello", ha la sicurezza che queste ultime votino, conformemente alle sue indicazioni, nelle assemblee delle controllate di "secondo livello".
[2] Il requisito del controllo deve sussistere sin dall'inizio di ogni esercizio relativamente al quale la società o ente controllante e la società controllata si avvalgono dell'esercizio dell'opzione.
[3] Si considerano controllate anche le Stabili Organizzazioni nel territorio dello Stato (art. 162, D.P.R. n. 917/1986) dei soggetti IRES non residenti (art. 73, c. 1, lett. d), D.P.R. n. 917/1986), residenti in Stati appartenenti all'Unione europea ovvero in Stati aderenti all'Accordo sullo Spazio economico europeo con il quale l'Italia abbia stipulato un accordo che assicuri un effettivo scambio di informazioni, che rivestono una forma giuridica analoga a quelle previste (Spa, Srl, Sapa), con i requisiti richiesti (art. 120, c. 1-bis, D.P.R. n. 917/1986).

Demoltiplicatore - La **percentuale** di **partecipazione** deve determinarsi relativamente all'ente o società controllante tenendo conto dell'eventuale demoltiplicazione prodotta dalla catena societaria di controllo, senza considerare:
- le **azioni prive del diritto di voto** esercitabili nell'assemblea generale (art. 2346 c.c.);
- la **quota di utile di competenza delle azioni prive del diritto di voto** esercitabili nell'assemblea generale.

Conseguentemente, ai fini del consolidato devono essere prese in considerazione le partecipazioni detenute in piena proprietà.

CASO 4 - Demoltiplicatore

La società A possiede al 70% la società B, che a sua volta possiede al 60% la società C.
In tal caso la partecipazione di A in C è pari a:
70% x 60% = 42%.
Pertanto, C non potrà accedere al consolidamento.

Requisito della partecipazione al capitale sociale - Il primo requisito (art. 120, c. 1, lett. a), D.P.R. n. 917/1986) prevede che la **soglia minima di partecipazione** al **capitale sociale** delle società controllate debba essere **superiore al 50%**.
In pratica, occorre il verificarsi della seguente condizione:

azioni della consolidante con diritto di voto / totale azioni con diritto di voto > 50%

Dalla determinazione di tale calcolo percentuale occorre escludere (tanto dal numeratore quanto dal denominatore) le **azioni prive del diritto di voto** esercitabile nell'assemblea generale (art. 2346 c.c.).

In sintesi, non rilevano né al numeratore, né al denominatore:
- le azioni che non attribuiscono il diritto di voto in assemblea ordinaria (tra cui le "**azioni di godimento**" (art. 2353 c.c.), le quali "non danno diritto di voto nell'assemblea");
- le azioni emesse ai sensi dell'art. 2351, c. 2, c.c. ovvero, più precisamente:
  1. le **azioni senza diritto di voto**;
  2. le **azioni con diritto di voto limitato a particolari argomenti** allorquando dette azioni non valgono neanche ai fini del computo del requisito del controllo di cui al citato art. 2359, c. 1, n. 1);
  3. le azioni **con diritto di voto subordinato al verificarsi di particolari condizioni non meramente potestative,** allorquando dette azioni non valgono neanche ai fini del computo del requisito del controllo di cui al citato art. 2359, c. 1, n. 1);
- gli **altri strumenti finanziari** (artt. 2346, ultimo c., art. 2349, ultimo c., art. 2411, c. 3, e 2447-ter, c. 1, lett. e), c.c.).

CASO 5 - Requisito della partecipazione al capitale sociale

Determinazione del "rapporto di partecipazione al capitale sociale" in presenza di **azioni "prive del diritto di voto"** non detenute dal soggetto controllante.
Si supponga che il soggetto A detenga una partecipazione nella società B e che si voglia verificare la possibilità di esercitare l'opzione per la tassazione di gruppo.
Il capitale sociale di B (costituito da 100 azioni) è formato da 60 azioni ordinarie (31 delle quali detenute da A) e da 40 azioni senza diritto di voto *ex* art. 2351, secondo periodo, c.c. (detenute da un soggetto terzo).
Il "rapporto di partecipazione al capitale sociale" rilevante ai fini della verifica del requisito di cui all'art. 120, c. 1, lett. a), è in tal caso pari a:
(31/60) x 100 = 51,6%.
Le società interessate potranno esercitare l'opzione per il consolidato.

Requisito della partecipazione all'utile - La seconda condizione (art. 120, c. 1, lett. b), D.P.R. n. 917/1986) prevede che anche la soglia minima di partecipazione all'utile di bilancio delle società controllate ("**percentuale di partecipazione agli utili**") deve essere **superiore al 50%**.
Il rapporto da verificare è il seguente:

azioni della consolidante con diritto agli utili / totale azioni con diritto agli utili > 50%

La percentuale di partecipazione all'utile della società controllata è data dal **rapporto tra** il "**numero di azioni con diritto agli utili**" (numeratore) detenute dal soggetto controllante e il "**numero totale di azioni che danno diritto agli utili**" (denominatore) della società controllata.
Anche in questo caso, sono escluse dalla determinazione della percentuale di partecipazione agli utili (sia al numeratore che al denominatore) tutte le tipologie di azioni o titoli rappresentativi del capitale sociale che non attribuiscano al titolare il diritto di voto da esercitarsi nell'assemblea ordinaria.

Per la **determinazione** della "percentuale di partecipazione agli utili", la quota di utili delle azioni fornite di diritti patrimoniali correlati ai risultati dell'attività sociale in un determinato settore" (c.d. *tracking shares*) (art. 2350, c. 2, primo periodo, c.c.) deve essere assunta in **misura pari all'entità della partecipazione al capitale sociale delle azioni medesime** (art. 3, c. 2, D.M. 1 marzo 2018).

Nel caso in cui i **titoli azionari** costituiscano **oggetto di usufrutto a favore di un terzo**, essi concorrono alla determinazione del solo denominatore del rapporto e non anche del numeratore, in quanto il diritto alla percezione degli utili è attribuito all'usufruttuario.

IRES

IRES

CASO 6 - Requisiti della partecipazione all'utile

1) Determinazione della "percentuale di partecipazione agli utili" in presenza di **diverse tipologie di titoli azionari**.

Il soggetto A detiene una partecipazione nella società B.

Il capitale sociale di B è formato per l'80% da azioni ordinarie, per il 10% da azioni correlate *ex* art. 2350, c. 2, primo periodo, c.c. e, per il restante 10%, da azioni "senza diritto di voto" *ex* art. 2351, secondo periodo.

La partecipazione detenuta da A, pari al 51% del capitale sociale di B, è formata da:

- azioni ordinarie, in misura corrispondente al 41% del capitale sociale della partecipata;
- azioni correlate, in misura corrispondente al 6% del capitale sociale della partecipata;
- azioni "senza diritto di voto", in misura corrispondente al 4% del capitale sociale della partecipata.

La "percentuale di partecipazione agli utili" rilevante ai fini della verifica del requisito di cui all'art. 120, c. 1, lett. b), è in tal caso pari a:

(41+ 6) / 90) x 100 = 52,2%.

Le società interessate, purché in possesso di tutti gli ulteriori requisiti previsti, potranno avvalersi dell'opzione per il regime.

2) Determinazione del "rapporto di partecipazione al capitale sociale" e della "percentuale di partecipazione agli utili" in caso di **usufrutto**.

Il soggetto A detiene una partecipazione nella società B.

Il capitale sociale di B (costituito da 100 azioni) è formato da 60 azioni ordinarie (51 delle quali detenute da A) e da 40 azioni "senza diritto di voto" *ex* art. 2351, secondo periodo, c.c. (detenute da un soggetto terzo).

La società A, peraltro, ha costituito un usufrutto relativamente a 20 delle proprie azioni.

La "percentuale di partecipazione agli utili" rilevante ai fini della verifica del requisito di cui all'art. 120, c. 1, lett. b), è in tal caso pari a:

[(51 - 20) / 60] x 100 = 51,6%.

Per la verifica del Q "rapporto di partecipazione al capitale sociale", invece, è necessario distinguere i seguenti casi.

Caso A)

Si supponga che all'usufruttuario sia attribuito, in virtù del contratto stipulato, esclusivamente il diritto agli utili, mentre il soggetto A (nudo proprietario) continua ad esercitare il diritto di voto relativamente alle predette 20 azioni oggetto del diritto reale di godimento.

Il "rapporto di partecipazione al capitale sociale" rilevante ai fini della verifica del requisito di cui all'art. 120, c. 1, lett. a), è in tal caso pari a:

(51 / 60) x 100 = 80%.

Caso B)

Si supponga che all'usufruttuario siano attribuiti, in virtù del contratto stipulato, tanto il diritto agli utili quanto quello al voto nell'assemblea ordinaria. In tal caso il soggetto A (nudo proprietario) continua ad esercitare il diritto di voto limitatamente alle restanti azioni di B (pari a 51 - 20) detenute in piena proprietà.

Il "rapporto di partecipazione al capitale sociale" rilevante ai fini della verifica del requisito di cui all'art. 120, c. 1, lett. a), è in tal caso pari a:

[(51-20) / 60] x 100 = 51,6%.

In entrambi i casi le società interessate, purché in possesso di tutti gli ulteriori requisiti previsti, possono avvalersi dell'opzione per il regime.

Possesso ininterrotto - Altro aspetto importante è che i **requisiti minimi richiesti di partecipazione** sia al capitale che agli utili della partecipata devono **verificarsi ininterrottamente** sin dall'inizio del periodo d'imposta per il quale si opta per il consolidato.

CASO 7 - Possesso ininterrotto

Una società Y, costituita a marzo dell'anno x, incorpora la società A che controlla al 60% la società C.

A e C non hanno esercitato l'opzione per la tassazione di gruppo.

In questo caso, e a condizione che sussistano anche gli altri requisiti richiesti, la società Y può consolidare la società C sin dall'esercizio x, in quanto il controllo sulla stessa risulta detenuto sin dall'inizio del periodo d'imposta di C.

Azioni/quote vincolate in pegno - Nella prassi bancaria è molto diffuso l'inserimento nei relativi contratti di clausole che prevedono l'attribuzione al creditore pignoratizio del diritto di voto in assemblea, ogniqualvolta si verifichi un evento in grado di pregiudicare l'integrità della garanzia costituita dalle partecipazioni **vincolate in pegno**.
In presenza di tali clausole contrattuali non viene meno in capo alla consolidante il c.d. rapporto di "controllo rilevante" necessario ai fini del consolidato fiscale.
Pertanto, le relative azioni continueranno ad essere prese in considerazione tanto al numeratore quanto al denominatore del rapporto di "partecipazione al capitale sociale", al fine di verificare il requisito della "partecipazione al capitale sociale" di cui all'art. 120, c. 1, lett. a), D.P.R. n. 917/1986.
Ne deriva, pertanto, che, se la società controllante/consolidante concede in pegno la maggioranza delle azioni ordinarie detenute nella società controllata, con l'attribuzione del diritto di voto al creditore pignoratizio, essa conserva i requisiti ai fini del controllo rilevante finché il creditore pignoratizio non eserciti il diritto di voto nell'assemblea ordinaria della società controllata.
Soltanto con l'effettivo esercizio del **diritto di voto in assemblea** ordinaria da parte **del creditore pignoratizio**, la società consolidante viene privata della titolarità del diritto di voto e della possibilità di esercitare un **controllo rilevante sulla controllata/consolidata** (maggioranza dei voti esercitabili in assemblea ordinaria e partecipazione maggioritaria al capitale sociale e all'utile di bilancio), con conseguente **interruzione del consolidato fiscale**.
Le conseguenze sono sintetizzate nella tabella che segue (circ. 26 settembre 2016, n. 40/E).

Esercizio del diritto di voto da parte del creditore pignoratizio	Conseguenze
NO	Se il contratto di pegno che prevede l'attribuzione del diritto di voto al creditore pignoratizio è stipulato prima dell'esercizio dell'opzione per il regime della tassazione di gruppo, la società controllante potrà esercitare l'opzione per il consolidato con la controllata; se il contratto di pegno è stipulato dopo l'esercizio dell'opzione per il regime della tassazione di gruppo, non si verifica l'interruzione del consolidato fiscale
SÌ	La società consolidante è privata, da quel momento, del requisito del "controllo rilevante", con conseguente interruzione dell'opzione dall'inizio del periodo d'imposta. In tal caso è facoltà del contribuente comprovare che l'esercizio del diritto di voto non ha causato una rilevante o duratura ingerenza del creditore nella gestione della partecipata tale da determinare l'effettiva perdita del controllo

CASO 8 - Pegno su azioni
Il capitale sociale della società Alfa S.p.A. è formato da 100 azioni ordinarie, 60 delle quali detenute dalla società Beta S.p.A.
A garanzia di un finanziamento bancario, la società Beta S.p.A. concede in pegno le predette azioni, con attribuzione del diritto di voto al creditore pignoratizio nei casi in cui quest'ultimo lo ritenga necessario per tutelare i propri interessi.
Il rapporto di partecipazione al capitale sociale, rilevante ai fini della verifica del requisito (art. 120, c. 1, lett. a), D.P.R. n. 917/1986), è in tal caso pari a: (60/100) * 100 = 60%.
Anche il rapporto di partecipazione agli utili è pari al 60% [(60/100) * 100)].
Sussistendo anche il requisito del controllo di diritto (art. 2359, c. 1, n. 1), c.c.), la società controllante può esercitare l'opzione per il consolidato fiscale insieme alla sua controllata.
Una volta esercitata l'opzione, laddove il creditore pignoratizio eserciti il diritto di voto nell'assemblea ordinaria della consolidata Alfa S.p.A., si verificherà l'interruzione del consolidato fiscale, fatta salva la facoltà per il contribuente di dimostrare che non c'è stata la perdita del controllo.

Azioni/quote sottoposte a sequestro - Le partecipazioni sottoposte a sequestro non possono essere utilmente conteggiate né ai fini della verifica del controllo di diritto (art. 2359, c. 1, n. 1) c.c.), né, parzialmente, ai fini della verifica della "partecipazione al capitale sociale" (art. 120, c. 1, lett. a), D.P.R. n. 917/1986) mentre rilevano ai fini del rapporto di partecipazione agli utili.

Tipo di rapporto	Impatto delle azioni/quote sequestrate
Rapporto di partecipazione al capitale sociale	Sono escluse dal numeratore; sono conteggiate al denominatore.
Rapporto di partecipazione agli utili	Vanno conteggiate sia al numeratore che al denominatore.

Nel caso in cui la società titolare delle partecipazioni sequestrate abbia impugnato in sede giudiziale il provvedimento cautelare, fintanto che non sia stato definito il giudizio di gravame, **le partecipazioni sequestrate non possono essere utilmente conteggiate** ai fini della verifica del rapporto di "controllo rilevante" di cui agli artt. 117 e 120, D.P.R. n. 917/1986. Occorrerà, tuttavia, valutare l'esito del giudizio di gravame alla luce del comportamento adottato dal contribuente. In presenza di un **provvedimento definitivo dell'autorità giudiziaria che annulli la misura cautelare**:

– **qualora non sia stata** ancora **esercitata l'opzione per il consolidato fiscale**, le partecipazioni sequestrate potranno essere conteggiate utilmente ai fini della verifica del rapporto di "controllo rilevante" e dell'accesso al regime della tassazione di gruppo per i periodi d'imposta successivi a quello in cui è stato disposto il provvedimento definitivo dell'autorità giudiziaria che annulla la misura cautelare;
– **qualora**, invece, **sia stata esercitata l'opzione per il consolidato fiscale**, questo continuerà a conservare la sua efficacia, sempreché il contribuente abbia medio tempore (ovvero, dalla data di emanazione del provvedimento di sequestro fino alla sentenza definitiva di annullamento) posto in essere tutti gli adempimenti previsti dal regime della tassazione di gruppo.

In quest'ultimo caso, trova applicazione il principio generale di **conservazione degli atti giuridici**, secondo il quale, in presenza di una sentenza definitiva di annullamento di un provvedimento di sequestro, mantengono la loro efficacia sul piano civilistico tutti gli atti compiuti medio tempore (ovvero, dalla data di emanazione del provvedimento di sequestro fino alla sentenza definitiva di annullamento) dagli amministratori delle società detentrici le partecipazioni sequestrate, tra cui l'opzione per l'accesso/rinnovo del consolidato.
Tali atti conservano la loro efficacia anche sul piano fiscale, motivo per cui l'opzione per l'accesso (e per il rinnovo) del consolidato, esercitata dal contribuente in costanza di sequestro, continua a produrre i suoi effetti, sempre che lo stesso contribuente abbia posto in essere tutti gli adempimenti previsti dal regime della tassazione di gruppo e una successiva sentenza dell'autorità giudiziaria abbia annullato definitivamente il provvedimento di sequestro (circ. 26 settembre 2016, n. 40/E).

CASO 9 - Determinazione del "rapporto di partecipazione al capitale sociale" in presenza di azioni oggetto di sequestro detenute dal soggetto controllante
Il soggetto A detiene una partecipazione nella società B.
Il capitale sociale di B (costituito da 100 azioni) è formato da 60 azioni ordinarie (31 delle quali detenute da A) e da 40 azioni "senza diritto di voto" *ex* art. 2351, secondo periodo, c.c. (detenute da un soggetto terzo).
La società A è, peraltro, privata dell'esercizio del diritto di voto relativamente a 20 delle azioni ordinarie possedute, in conseguenza di un provvedimento di sequestro.
Il "rapporto di partecipazione al capitale sociale" rilevante ai fini della verifica del requisito di cui all'art. 120, c. 1, lett. a), è in tal caso pari a:
[(31 - 20)/60] x 100 = 18,3%.
Le società interessate non potranno avvalersi dell'opzione per il regime.

26.1.5. Individuazione del perimetro di consolidamento

Ai fini dell'individuazione del perimetro di consolidamento (ossia dell'area all'interno della quale è possibile scegliere le società da consolidare) è necessario che siano contestualmente soddisfatte **tre condizioni**:

1. **controllo assembleare** con i caratteri di cui all'art. 2359, c. 1, n. 1), c.c.;
2. **maggioranza assoluta nella partecipazione al capitale**;
3. **maggioranza assoluta nella partecipazione agli utili** di bilancio.

Tenendo conto di tali regole, la possibilità di consolidare una società partecipata di "secondo livello" sussiste soltanto qualora la somma delle quote partecipative in essa detenute dal soggetto consolidante tramite proprie controllate di "primo livello" (o, a seconda dei casi, la quota partecipativa da esso detenuta tramite l'unica controllata di "primo livello") conduca ad una partecipazione tale da configurare un controllo di diritto del consolidante anche nella partecipata di "secondo livello".

IRES

CASO 10 - Consolidamento in caso di controllo totalitario di "primo livello" e di "secondo livello"

Si supponga un gruppo composto da tre società (A, B e C) in cui tutti i soggetti siano residenti nel territorio dello Stato. Il soggetto A detiene il 100% della società B che a sua volta detiene il 100% della società C.

La controllante (nonché capogruppo) A può esercitare l'opzione tanto con la controllata B, quanto con l'altra controllata C, vantando nei confronti di entrambe una partecipazione totalitaria.

Nell'ambito di tale gruppo, si potrebbero avere le seguenti opzioni, tenendo presente che, in base a quanto disposto dal c. 1 dell'art. 119, D.P.R. n. 917/1986, l'esercizio dell'opzione in qualità di controllante (o controllata) preclude un ulteriore esercizio nell'ambito del medesimo perimetro di consolidamento in qualità di controllata (o controllante).

Consolidati possibili:

a. A con B e/o A con C;
b. A con B o B con C.

CASO 11 - Consolidamento in caso di controllo rilevante di "primo livello" e di "secondo livello"

Si supponga un gruppo composto da tre società (A, B e C) in cui tutti i soggetti siano residenti nel territorio dello Stato. Il soggetto A detiene l'80% della società B che, a sua volta, detiene il 70% della società C.

La controllante, nonché capogruppo A, può esercitare l'opzione tanto con la controllata B, quanto con l'altra controllata C, vantando nei confronti di entrambe una situazione di controllo di diritto, ai sensi dell'art. 2359, c. 1, n. 1), c.c., nonché una percentuale partecipativa superiore alla soglia (maggiore del 50%) di cui all'art. 120.

La partecipazione di A in C, posseduta tramite la partecipata B di "primo livello" è, infatti, superiore alla percentuale legale necessaria per accedere al regime:

- quota di A in C (tramite B) = 80% x 70% = 56%.

Nell'ambito di tale gruppo, si potrebbero avere le seguenti opzioni, tenendo presente che, in base a quanto disposto dall'art. 119, comma 1, l'esercizio dell'opzione in qualità di controllante (o controllata) preclude un ulteriore esercizio nell'ambito del medesimo perimetro di consolidamento in qualità di controllata (o controllante).

Consolidati possibili:

- A con B e/o A con C;
- A con B o B con C.

CASO 12 - Consolidamento in caso di controllo rilevante esclusivamente di "primo livello"

Si supponga un gruppo composto da tre società (A, B e C) in cui tutti i soggetti siano residenti nel territorio dello Stato. Il soggetto A detiene il 90% della società B che a sua volta detiene il 55% della società C. In tal caso, A può esercitare l'opzione con la controllata B (possedendo in tal caso una partecipazione superiore al 50%), ma non con C, detenendo nei confronti di questa ultima una partecipazione inferiore alla soglia legale minima.

- quota di A in C (tramite B) = 90% x 55% = 49,50%.

In tale ipotesi, più precisamente, A vanta un rapporto di controllo di diritto nei confronti di B, che a sua volta è controllante di diritto di C. Quest'ultima è, tuttavia, partecipata da A, tenuto conto dell'effetto demoltiplicativo indotto dalla catena societaria di controllo, in misura inferiore a quella minima necessaria ai sensi dell'art. 120.

Consolidati possibili:

- A con B o B con C.

CASO 13 - Consolidamento in caso di controllo "a stella": assenza del requisito del controllo di diritto in relazione a due partecipate di "primo livello"

Si supponga un gruppo composto da cinque società (A, B, C, D e Z) in cui tutti i soggetti siano residenti nel territorio dello Stato. La struttura del gruppo è a stella e le partecipazioni sono:

- A partecipa in B al 20%, in C al 20% e in D al 100%;
- B partecipa in Z al 5%;
- C partecipa in Z al 30%;
- D partecipa in Z al 45%.

Il soggetto A controlla D in via totalitaria, ma non controlla né B né C, in quanto dispone in ciascuna di esse di una partecipazione del 20%. Ne consegue che A può consolidare, tra le proprie partecipate di "primo livello", esclusivamente D.

La capogruppo A non può consolidare neanche la propria controllata di "secondo livello" Z: ai fini in

IRES

esame, infatti, non assumono rilevanza le quote detenute da A in Z tramite B e C, trattandosi di quote partecipative detenute in via indiretta attraverso società (B e C) che non sono controllate di diritto.
La quota partecipativa rilevante ai fini della ammissione al consolidato detenuta da A in Z risulta quindi complessivamente pari al 45%.
La partecipazione di A in Z (rilevante al fine della verifica del valido esercizio dell'opzione) è, infatti, data dalla somma delle quote partecipative possedute da A tramite le sole partecipate di "primo livello" controllate di diritto (nell'esempio la sola D).
La situazione è quindi la seguente:

- quota di A in Z (tramite B) = 20% x 5% = 1% non rileva;
- quota di A in Z (tramite C) = 20% x 30% = 6% non rileva;
- quota di A in Z (tramite D) = 100% x 45% = 45% rileva;

Totale controllo rilevante = 45%.
Consolidati possibili:
A con D.

CASO 14 - Consolidamento in caso di controllo "a stella": assenza del requisito del controllo di diritto in relazione a una delle partecipate di "primo livello"
Si supponga un gruppo composto da cinque società (A, B, C, D e Z) in cui tutti i soggetti siano residenti nel territorio dello Stato. La struttura del gruppo è a stella e le partecipazioni sono:

- A partecipa in B al 20%, in C al 60% e in D al 100%;
- B partecipa in Z al 5%;
- C partecipa in Z al 30%;
- D partecipa in Z al 45%.

Il soggetto A controlla di diritto C e D, ma non B, rispetto al quale vanta una partecipazione del 20%. Ne consegue che A può consolidare tutte le proprie partecipate di "primo livello", eccezion fatta per B. La capogruppo A può, inoltre, consolidare la propria controllata di "secondo livello" Z: ai fini in esame, infatti, assumono rilevanza le quote detenute da A in Z tramite C e D, in quanto entrambe controllate di diritto.
La partecipazione di A in B non può, al contrario, essere presa in esame al fine di verificare la possibilità di consolidare Z: non rileva, infatti, la quota partecipativa (in Z) detenuta in via indiretta attraverso società (B) di cui non si dispone del controllo di diritto.
In ogni caso, la quota partecipativa rilevante ai fini dell'ammissione al consolidato detenuta da A in Z risulta complessivamente pari al 63% e, dunque, superiore alla soglia minima legale.
La partecipazione di A in Z (rilevante al fine della verifica del valido esercizio dell'opzione) è, infatti, data dalla somma delle quote partecipative possedute da A tramite le sole partecipate di "primo livello" controllate di diritto (nell'esempio C e D).
La situazione è quindi la seguente:

- quota di A in Z (tramite B) = 20% x 5% = 1% (non rileva);
- quota di A in Z (tramite C) = 60% x 30% = 18% (rileva);
- quota di A in Z (tramite D) = 100% x 45% = 45% (rileva).

Totale controllo rilevante = 63%.
Consolidati possibili:

- A-C; A-C-Z;
- A-D; A-D-Z;
- A-Z;
- A-C-D-Z.

26.1.6. Esercizio dell'opzione

L'opzione per il consolidato nazionale è subordinata a determinate condizioni (art. 119, D.P.R. n. 917/1986).
Una volta effettuata, l'opzione è vincolante **per un triennio** ed è irrevocabile prima dello scadere del triennio (art. 117, c. 3, D.P.R. n. 917/1986) (➡96.4.).

Opzione per il consolidato nazionale

Chi può esercitare l'opzione	Ciascuna società solo in qualità di controllante o solo in qualità di controllata.
Condizioni per l'efficacia dell'opzione	- **Identità dell'esercizio sociale** di ciascuna società controllata con quello della società o ente controllante; - **esercizio congiunto dell'opzione** da parte di ciascuna controllata e dell'ente o società controllante; - **elezione di domicilio** da parte di ciascuna controllata presso la società o ente controllante ai fini della notifica degli atti e provvedimenti relativi ai periodi d'imposta per i quali è esercitata l'opzione. L'elezione di domicilio è irrevocabile fino al termine del periodo di decadenza dell'azione di accertamento o di irrogazione delle sanzioni relative all'ultimo esercizio il cui reddito è stato incluso nella dichiarazione consolidata; - **comunicazione dell'avvenuto esercizio congiunto dell'opzione** all'Agenzia delle Entrate con la dichiarazione presentata nel periodo d'imposta a decorrere dal quale si intende esercitare l'opzione.
Durata dell'opzione	Irrevocabile con durata per **tre esercizi sociali.**
Proroga dell'opzione	Al termine del triennio l'opzione si intende tacitamente rinnovata per un altro triennio a meno che non sia revocata, secondo le modalità e i termini previsti per la comunicazione dell'opzione. Tale regola si applica al termine di ciascun triennio.

Casi in cui non è possibile optare per il consolidato - L'opzione per la tassazione di gruppo non può essere esercitata dalla società che:

a. ha optato, in qualità di partecipata, per la **trasparenza fiscale** (➔25.2.2.) (art. 115, D.P.R. n. 917/1986);

b. è assoggettata alle procedure **di fallimento, liquidazione coatta amministrativa** ovvero di **amministrazione straordinaria** delle grandi imprese in stato di insolvenza.

Opzione da parte di controllante non residente - In caso di opzione da parte di soggetto non residente va utilizzato il Modello denominato "Designazione della controllata per l'esercizio dell'opzione per la tassazione di gruppo", da trasmettere in via telematica all'Agenzia delle Entrate (Provv. 6 novembre 2015).

Il Modello per la designazione della controllata residente va presentato dall'inizio del periodo d'imposta per il quale la controllata designata esercita l'opzione per il consolidato e fino all'esercizio dell'opzione stessa.

Sanatoria degli errori - L'omessa indicazione, nella dichiarazione dei redditi, di una società tra i soggetti partecipanti al consolidato fiscale, può essere sanata attraverso l'invio di una **dichiarazione integrativa entro 90 giorni**, senza dover ricorrere all'istituto della remissione in bonis di cui all'art. 2, c. 1 D.L. n. 16/2012 (risposta a interpello 15 novembre 2019, n. 488).

Effetti dell'esercizio dell'opzione 26.1.7.

La comunicazione dell'esercizio dell'opzione per la tassazione di gruppo comporta, in linea generale, il **trasferimento al soggetto consolidante degli obblighi di versamento** dell'IRES, anche a titolo d'acconto (art. 118, D.P.R. n. 917/1986).

Aspetto	Effetti dell'opzione
Reddito complessivo globale	L'esercizio dell'opzione per la tassazione di gruppo comporta la determinazione di un reddito complessivo globale corrispondente alla **somma algebrica dei redditi complessivi netti** del consolidante e di tutte le società consolidate. Per le società controllate va considerato per l'intero importo indipendentemente dalla quota di partecipazione riferibile al soggetto controllante. A quest'ultimo compete il **riporto a nuovo dell'eventuale perdita** risultante dalla somma algebrica degli imponibili, la liquidazione dell'unica imposta dovuta o dell'unica eccedenza rimborsabile o riportabile a nuovo.

IRES

Aspetto	Effetti dell'opzione
Credito d'imposta per i redditi prodotti all'estero	Ai fini del calcolo: a) per reddito complessivo deve intendersi il reddito complessivo globale; b) la quota di imposta italiana fino a concorrenza della quale è accreditabile l'imposta estera è calcolata separatamente per ciascuno dei soggetti partecipanti al consolidato, e per ciascuno Stato.
Perdite fiscali relative agli esercizi anteriori all'avvio della tassazione di gruppo	Possono essere utilizzate solo dalle società cui si riferiscono[1].
Eccedenze d'imposta riportate a nuovo relative agli esercizi interessati dalla tassazione di gruppo	Possono essere utilizzate dalla società o ente controllante o alternativamente dalle società cui competono[2].
Versamento a saldo ed in acconto delle imposte dovute in relazione alla dichiarazione dei redditi del consolidato	Gli obblighi di versamento a saldo e in acconto competono esclusivamente alla **controllante**. L'acconto dovuto è determinato sulla base dell'imposta relativa al periodo precedente, al netto delle detrazioni e dei crediti d'imposta e delle ritenute d'acconto, come indicata nella dichiarazione dei redditi del consolidato. Per il primo esercizio la determinazione dell'acconto dovuto dalla controllante è effettuata sulla base dell'imposta, al netto delle detrazioni, dei crediti d'imposta e delle ritenute d'acconto, corrispondente alla somma algebrica dei redditi relativi al periodo precedente come indicati nelle dichiarazioni dei redditi presentate per il periodo stesso dalle società singolarmente considerate.

[1] Per evitare l'aggiramento del divieto di trasferire al consolidato perdite fiscali maturate anteriormente all'ingresso nella tassazione di gruppo, si deve sottrarre dall'ammontare di interessi passivi indeducibili da trasferire al consolidato l'ammontare delle perdite fiscali pregresse utilizzate ad abbattimento del risultato individuale di periodo (ris. 11 luglio 2019, n. 67/E).

[2] Resta ferma l'applicabilità delle disposizioni in materia di **cessione delle eccedenze nell'ambito del gruppo** (art. 43-ter,D.P.R. n. 602/1973).
In caso di cessione delle eccedenze IRES nell'ambito dei gruppi societari, la mancata indicazione nella dichiarazione dei redditi del consolidato - compilata dalla società consolidante - dei dati riferibili ai predetti cessionari non determina l'inefficacia della cessione nei riguardi del Fisco (art. 43-ter, c. 2-bis, D.P.R. n. 602/1973). Si applica, però, la **sanzione** in misura pari a 2.000 euro (art. 8, c. 1, D.Lgs. n. 471/1997).
In caso di cessione di **eccedenze utilizzabili in compensazione**, tra soggetti partecipanti alla tassazione di gruppo, la mancata indicazione degli estremi del soggetto cessionario, dell'importo ceduto o della tipologia di tributo oggetto di cessione non determina l'inefficacia della cessione. Anche in tal caso, si applica la predetta sanzione pari a 2.000 euro.

Patent box - Le imprese incluse nel regime di consolidato fiscale, che hanno attribuito le attività di ricerca e sviluppo ad una società "contenitore" di beni immateriali possono escludere dal calcolo del rapporto ai fini del patent box (art. 9, c. 4, lett. B), D.M. 28 novembre 2017, il c.d. "nexus ratio") gli eventuali **costi di acquisizione e di licenza** corrisposti alla stessa società per l'utilizzo dei beni immateriali, purché il regime di consolidato sia concluso in forza di **partecipazioni totalitarie** al capitale tra i partecipanti e sussista ininterrottamente dall'esercizio in cui sono stati sostenuti i medesimi costi (art. 6, c. 2, D.M. 1° aprile 2018).

Obblighi dei soggetti che partecipano al consolidato	
Soggetti	**Obblighi**
Consolidante (controllante)	- Presentare la dichiarazione dei redditi del consolidato; - calcolare il reddito complessivo globale risultante dalla somma algebrica dei redditi complessivi netti dichiarati da ciascuna delle società partecipanti al regime del consolidato; - procedere alla liquidazione dell'imposta di gruppo secondo le disposizioni attuative contenute nel D.M. 1° marzo 2018 e nel Modello annuale di dichiarazione dei redditi.

IRES

Obblighi dei soggetti che partecipano al consolidato	
Soggetti	**Obblighi**
Consolidata (controllata)	a) Compilare il Modello della dichiarazione dei redditi, al fine di comunicare all'ente o società controllante la determinazione del proprio reddito complessivo, delle ritenute subite, delle detrazioni spettanti, dei crediti d'imposta spettanti, compresi quelli compensabili, e degli eventuali acconti autonomamente versati; al Modello deve essere allegato il prospetto con le indicazioni sui componenti negativi di reddito dedotti (art. 109, c. 4, lett. b), D.P.R. n. 917/1986); b) fornire ogni necessaria collaborazione alla società controllante per consentire a quest'ultima l'adempimento degli obblighi che le competono nei confronti dell'Amministrazione finanziaria anche successivamente al periodo di validità dell'opzione; c) trasmettere al consolidante la copia della propria dichiarazione dei redditi.

IRES

Determinazione del reddito consolidato 26.1.8.

Il reddito complessivo globale (da indicare nel Mod. Redditi CNM (➡26.1.9.)) è il risultato della **somma algebrica dei redditi complessivi netti dichiarati da ciascuna delle società** partecipanti al regime del consolidato (assunti per l'intero importo, indipendentemente dalla quota di partecipazione riferibile al consolidante stesso) e a cui vanno apportate le **variazioni in diminuzione e in aumento** (art. 122, D.P.R. n. 917/1986; D.M. 1° marzo 2018).

Eccedenza di interessi passivi ed oneri assimilati indeducibili generatasi in capo a un soggetto - Può essere portata in abbattimento del reddito complessivo di gruppo se e nei limiti in cui altri soggetti partecipanti al consolidato presentino, per lo stesso periodo d'imposta, un risultato operativo lordo capiente non integralmente sfruttato per la deduzione. Tale regola si applica anche alle eccedenze oggetto di riporto in avanti, con esclusione di quelle generatesi **anteriormente all'ingresso nel consolidato nazionale** (art. 96, c. 7, D.P.R. n. 917/1986).

Somme in contropartita - Non concorrono alla formazione del reddito imponibile in quanto escluse le somme percepite o versate tra le società che hanno esercitato l'opzione in contropartita dei vantaggi fiscali ricevuti o attribuiti (art. 118, c. 4, D.P.R. n. 917/1986).
Si tratta di vantaggi fiscali connessi direttamente alla tassazione consolidata che si traducono, in definitiva, in **vantaggi** "**economici**" (minor carico fiscale a livello di gruppo, conseguente, ad esempio, alle rettifiche di consolidamento o all'utilizzo di perdite trasferite da una società che, in futuro, non avrebbe potuto utilizzarle in proprio in quanto cronicamente in perdita) e in **vantaggi "finanziari"** (derivanti dal differimento temporale del carico fiscale per effetto, ad esempio, del regime di neutralità dei trasferimenti infragruppo e del trasferimento di perdite utilizzabili in futuro dalla società controllata che le ha prodotte).
Il medesimo trattamento si applica anche alle somme percepite e versate per compensare gli svantaggi fiscali che derivano dall'**interruzione della tassazione di gruppo** (artt. 124, c. 6, e 125, c. 3, D.P.R. n. 917/1986).
Per quanto riguarda, poi, il **trattamento ai fini IVA** di tali somme è prevista la non concorrenza delle stesse ai fini dell'imposta.

Gli **accordi non** sono **soggetti all'obbligo della registrazione** (art. 5, tabella allegata al D.P.R. n. 131/1986). Nel diverso caso in cui negli accordi di consolidamento sia prevista una remunerazione eccedente i limiti dell'imposta teorica calcolata sull'imponibile negativo trasferito, questa realizzerà un'ipotesi di operazione assoggettabile a IVA, in quanto corrisposta per una prestazione di servizi, e conseguentemente il relativo atto sarà soggetto all'obbligo della registrazione in caso d'uso (ris. 12 luglio 2007, n. 166/E).

CASO 15 - Somme in contropartita

Si ipotizzi che:
- due soggetti (controllante A con reddito imponibile 200 e controllata B con perdita 100) decidono di accedere al regime di consolidato;
- non vi siano rettifiche di consolidamento;
- l'aliquota d'imposta sia pari al 33%;

- sulla base di valutazioni civilistiche (prospettive di reddito imponibile) sia convenuto di rilevare le imposte differite attive;
- dagli accordi che regolano i rapporti di consolidamento alla consolidata B che trasferisce la perdita, la consolidante A debba corrispondere una somma pari all'imposta teoricamente riferibile alla materia imponibile negativa trasferita.

Dal punto di vista delle rilevazioni contabili si potrebbe ipotizzare quanto segue. La controllante A rileva, per competenza, le imposte d'esercizio relative al proprio carico fiscale (66) e un debito nei confronti della controllata cui deve corrispondere una somma (33) pari all'imposta teorica calcolata sull'imponibile negativo trasferito.
Per effetto del consolidamento il gruppo ha un carico fiscale di 33. Il Conto economico della controllante A, inizialmente gravato di un importo pari alle imposte calcolate sul proprio reddito imponibile (66), deve essere inciso per un importo pari alle imposte effettivamente dovute (33) e alla somma corrisposta alla controllata per effetto degli accordi di consolidamento (Imposte dell'esercizio 33 + Oneri da consolidamento 33). Tale ultimo componente di Conto economico non concorre alla formazione del reddito imponibile IRES ai sensi della norma in commento.
La controllata B, invece, rileva un credito per imposte future che ha come contropartita la posta "imposte differite attive" (33) e un credito nei confronti della controllante per una somma pari all'imposta teorica (33) calcolata sul reddito imponibile negativo trasferito al consolidato (100) in contropartita della posta "proventi da consolidamento". La contabilizzazione della fiscalità differita viene rettificata in quanto, per effetto dell'opzione per il consolidato, la perdita dell'esercizio, trasferita ed utilizzata nell'ambito del consolidato, non darà benefici futuri in termini di minori imposte. Ne consegue che il Conto economico della controllata è influenzato solo dal componente positivo "proventi da consolidamento" conseguente alla somma riconosciuta dalla controllante pari all'imposta teorica calcolata all'imponibile negativo trasferito che non concorre alla formazione del reddito imponibile IRES.

SIIQ - Nell'ipotesi di adesione alla tassazione di gruppo di una SIIQ o SIINQ (➡**29.5.**) (art. 1, c. 119 e 125, Legge n. 296/2006), ai fini della determinazione del reddito complessivo globale deve tenersi conto del reddito (o della perdita) trasferito dai predetti soggetti riferibile esclusivamente alla gestione imponibile.

Eccedenza ACE - L'ACE viene calcolata autonomamente da ciascuna società partecipante ed è utilizzata fino alla concorrenza del proprio reddito complessivo netto secondo le regole ordinarie (➡**32.3.3.**).
Le eventuali eccedenze possono essere trasferite al consolidato e, quindi, portate in diminuzione del reddito consolidato fino alla sua concorrenza.
In caso di **mancato trasferimento** occorre distinguere tra:
- **presenza di reddito capiente**: l'eccedenza non può essere riportata nei periodi successivi (circ. 23 maggio 2014, n. 12/E);
- **mancanza di reddito capiente**: può essere portata a nuovo ai fini della determinazione del reddito imponibile delle partecipanti o trasformata in credito d'imposta IRAP (circ. 3 giugno 2015, n. 21/E).

26.1.9. Dichiarazione dei redditi del consolidato

Il **soggetto consolidante** deve presentare, esclusivamente in via telematica, la dichiarazione dei redditi del consolidato (**Mod. CNM**) (➡**96.8.**) nella quale va indicato il **reddito complessivo globale** (➡**26.1.8.**).
La **mancata presentazione del Mod. CNM** da parte della consolidante:
- non comporta il venir meno del regime del consolidato;
- non determina problemi relativamente alla tassabilità del reddito prodotto dal consolidato (tale reddito potrà essere determinato d'ufficio sulla base dei dati contenuti nelle dichiarazioni presentate dalle società che hanno optato per il regime di consolidamento);
- preclude il rinvio della perdita risultante dalle operazioni di consolidamento a successivi periodi d'imposta (ris. 12 luglio 2007, n. 168/E).

Dichiarazione dei redditi propri di ciascun soggetto partecipante alla tassazione di gruppo 26.1.10.

In seguito all'esercizio dell'opzione:

- ciascun soggetto deve presentare la **propria dichiarazione dei redditi** senza liquidazione dell'imposta; dal reddito complessivo sono computate in diminuzione le perdite relative agli esercizi anteriori all'inizio della tassazione di gruppo;
- ciascun soggetto può **cedere**, ai fini della compensazione con l'IRES dovuta dalla consolidante, i **crediti utilizzabili in compensazione**, nel limite di 700.000 euro (art. 34, Legge n. 388/2000) per l'importo non utilizzato dal medesimo soggetto, nonché le **eccedenze di imposta ricevute** (art. 43-ter, D.P.R. n. 602/1973);
- nella dichiarazione dei redditi va indicato il **reddito prodotto all'estero e** la **relativa imposta** ivi pagata.

Interruzione della tassazione di gruppo prima del compimento del triennio 26.1.11.

Può accadere, però, che durante il periodo triennale cambino i rapporti di controllo all'interno del gruppo.

Se il **requisito del controllo cessa** per qualsiasi motivo **prima del compimento del triennio**, il reddito della società o dell'ente controllante, per il periodo d'imposta in cui viene meno tale requisito, viene aumentato o diminuito per un importo corrispondente:

a. agli **interessi passivi** dedotti o non dedotti nei precedenti esercizi del triennio (art. 124, c. 1, lett. a), D.P.R. n. 917/1986);
b. alla **residua differenza tra il valore di libro e quello fiscale** riconosciuto dei beni acquisiti dalla stessa società o ente controllante o da altra società controllata secondo il regime di neutralità fiscale (art. 123, D.P.R. n. 917/1986 nel testo vigente antecedentemente all'abrogazione operata, con effetto dal periodo d'imposta successivo a quello in corso al 31 dicembre 2007, dall'art. 1, c. 33, lett. v), Legge n. 244/2007). Ciò vale nel caso in cui il requisito del controllo venga meno anche nei confronti della sola società cedente o della sola società cessionaria (art. 124, c. 1, lett. b), D.P.R. n. 917/1986).

CASO 16 - Interruzione del consolidato - Beni acquistati in regime di neutralità

Si supponga un bene, ammortizzabile con l'aliquota del 10%, ceduto per 3.000 che ha i seguenti valori:

- Costo fiscale lordo = 2.000;
- Costo fiscale netto = 800.

Dopo 2 anni, si ha:

- Valore fiscale = 800 - (2.000 x 10% x 2) = 800 - 400 = 400;
- Valore civilistico = 3.000 - (3.000 x 10% x 2) = 3.000 - 600 = 2.400.

La variazione in aumento da effettuare sarà pari a 2.000 (2.400 - 400) contro gli iniziali 2.200 (3.000 - 800).

Adempimenti - **Entro 30 giorni** dal venir meno del requisito del controllo:

1. la società controllante e ciascuna società controllata devono **integrare quanto versato a titolo d'acconto** se il versamento complessivamente effettuato è inferiore a quello dovuto relativamente alle società per le quali continua la validità dell'opzione (art. 124, c. 2, lett. a), D.P.R. n. 917/1986); ciascuna società controllata deve effettuare tale integrazione riferita ai redditi propri, così come comunicati alla controllante (art. 124, c. 2, lett. b), D.P.R. n. 917/1986);
2. la società controllante può **attribuire** in tutto o in parte i **versamenti già effettuati** per quanto eccedente il proprio obbligo **alle controllate** nei cui confronti è venuto meno il requisito del controllo (art. 124, c. 3, D.P.R. n. 917/1986);
3. la società o l'ente controllante è tenuto a **comunicare** all'Agenzia delle Entrate l'importo delle **perdite residue** attribuito a ciascun soggetto (art. 124, c. 4-bis, D.P.R. n. 917/1986).

Le **perdite fiscali** risultanti dalla dichiarazione consolidata, i crediti chiesti a rimborso e le eccedenze riportate a nuovo permangono nell'esclusiva disponibilità della società o ente controllante (art. 124, c. 4, D.P.R. n. 917/1986).

In alternativa le perdite fiscali risultanti dalla dichiarazione sono attribuite alle società che le hanno prodotte al netto di quelle utilizzate e nei cui confronti viene meno il requisito del controllo secondo i criteri stabiliti dai soggetti interessati. Il **criterio utilizzato** per l'eventuale attribuzione delle perdite residue, in caso di interruzione anticipata della tassazione di gruppo, alle società che le hanno prodot-

IRES

te è **comunicato all'Agenzia delle Entrate** all'atto della comunicazione dell'esercizio dell'opzione o in caso di rinnovo tacito della stessa.
Entro il termine di 30 giorni, la società o l'ente controllante è tenuto a comunicare all'Agenzia delle Entrate l'importo delle perdite residue attribuito a ciascun soggetto.
In caso di **fusione** di una società controllata in altra non inclusa nel consolidato nazionale trovano applicazione le stesse regole sopra evidenziate.
Nel caso di fusione della società o ente controllante con società o enti non appartenenti al consolidato può essere richiesta la continuazione del consolidato nazionale, mediante l'esercizio del **diritto d'interpello** (art. 11, Legge n. 212/2000).

Ulteriori casi di interruzione anticipata - L'interruzione della tassazione di gruppo si verifica anche nel caso di (art. 13, D.M. 1° marzo 2018):

- **liquidazione giudiziale**;
- **trasformazione** di una società soggetta a IRES in società non soggetta a tale imposta;
- **trasformazione della consolidata** in un soggetto avente natura giuridica diversa da una di quelle che possono aderire al consolidato (S.p.a., S.r.l. e S.a.p.a.);
- **trasformazione della consolidante** in un soggetto avente natura giuridica diversa da una di quelle che possono optare per il consolidato (art. 117, D.P.R. n. 917/1986);
- **trasferimento all'estero della residenza** della consolidata o della consolidante se la stessa non rispetta le condizioni per accedere all'opzione (art. 117, c. 2 e 2-ter, D.P.R. n. 917/1986);
- **fusione** tra consolidata e società non inclusa nella tassazione di gruppo.

In tutti i casi diversi, può essere richiesta la **continuazione della tassazione di gruppo** da parte della società che effettua l'operazione, mediante l'esercizio dell'**interpello** (art. 11, Legge n. 212/2000).

In caso di **scissione**, la possibilità di chiedere la continuazione del consolidato fiscale da parte della beneficiaria non viene affatto subordinata alla permanenza in capo alla scissa della qualifica di consolidante e della conseguente sua permanenza nella fiscal unit originaria, ancorché priva di alcune partecipate-consolidate (risposta a interpello 31 dicembre 2020, n. 642).

L'opzione perde efficacia con decorrenza dall'inizio dell'esercizio nel corso del quale sono effettuate le operazioni descritte ai punti precedenti.

26.1.12. Operazioni straordinarie

Sono previste le seguenti ipotesi di operazioni straordinarie che **non interrompono la tassazione di gruppo** (art. 11, D.M. 1° marzo 2018):

- **fusione tra società consolidate:** il vincolo di permanenza temporale nel consolidato delle società partecipanti alla fusione si trasferisce alla società risultante dalla fusione, che è tenuta a rispettare il termine che scade per ultimo;
- **fusione tra la consolidante e una o più consolidate:** estingue la tassazione di gruppo tra i soggetti stessi senza gli effetti dell'interruzione del consolidato;
- fusione per **incorporazione della consolidante in una consolidata**: permane la tassazione di gruppo nei confronti delle altre consolidate;
- fusione per **incorporazione di società non inclusa nel consolidato in società inclusa** nel consolidato: non interrompe la tassazione di gruppo, a condizione che permangano i requisiti (art. 117, D.P.R. n. 917/1986);
- **scissione totale o parziale** di consolidata che non comporti modifica della compagine sociale: non muta gli effetti derivanti dall'opzione per la tassazione di gruppo, fermo restando i requisiti richiesti per il consolidato; in tal caso, le società beneficiarie che si costituiscono per effetto della scissione si considerano partecipanti alla tassazione di gruppo per un periodo pari a quello residuo della società scissa, ancorché non esercitino l'opzione per la tassazione di gruppo;
- **consolidata beneficiaria di una scissione di società**, anche non inclusa nella tassazione di gruppo: non si verifica interruzione della tassazione di gruppo, qualora permangano i requisiti per il consolidato;
- **scissione parziale della consolidante**: non modifica gli effetti derivanti dall'opzione per la tassazione di gruppo da parte della scissa, fermo restando i requisiti per il consolidato;
- **liquidazione volontaria** della consolidante o della consolidata;
- **conferimenti** effettuati da soggetti partecipanti alla tassazione di gruppo, qualora permangano i requisiti per il consolidato.

IRES

Determinazione del reddito - Le regole variano a seconda del tipo di operazione straordinaria.

Operazione	Disciplina
Fusione	Se gli **effetti fiscali della fusione** decorrono da una data successiva a quella di inizio del periodo d'imposta, la **società incorporante o risultante dalla fusione**: 1) deve comunicare alla consolidante il reddito dell'intero esercizio risultante dalla somma algebrica: - dei redditi e delle perdite delle società partecipanti alla fusione per il periodo d'imposta antecedente a quello da cui ha effetto la fusione; - del reddito o della perdita relativo al periodo d'imposta da cui ha effetto la fusione. 2) deve adempiere gli obblighi analizzati in precedenza per le società controllate con riferimento a tutte le società partecipanti alla fusione. L'esercizio sociale in cui ha effetto la fusione è considerato un unico periodo d'imposta.
Scissione	Se gli **effetti fiscali della scissione** decorrono da una data successiva a quella d'inizio del periodo d'imposta, si applicano, ove compatibili, le stesse regole previste per la fusione (vedi sopra), tenuto conto degli obblighi tributari della **società scissa** relativi a periodi anteriori a quelli dell'operazione di scissione (art. 173, c. 12, D.P.R. n. 917/1986).
Liquidazione volontaria	Se la **liquidazione volontaria** è **effettuata in corso d'esercizio** si applicano, ove compatibili, le stesse regole per le fusioni. Se la liquidazione si protrae oltre l'esercizio in cui ha avuto inizio, il reddito o le perdite fiscali di ciascuno degli esercizi compresi nella liquidazione si considerano definitivi, indipendentemente dalla durata della liquidazione o dell'amministrazione straordinaria stessa. Il reddito relativo al periodo d'imposta in cui avviene lo scioglimento della società confluisce, in ogni caso, nella determinazione della tassazione di gruppo.

Ingresso di società controllate nel consolidato durante il periodo di tassazione di gruppo 26.1.13.

Nel caso in cui, durante il periodo di tassazione di gruppo, nello stesso entrino nuove società controllate, la **società che, in qualità di controllata, opta per la tassazione di gruppo, congiuntamente con la controllante**, a decorrere da un esercizio successivo a quello in cui ha avuto inizio la tassazione di gruppo cui partecipa la controllante, è tenuta ad adempiere a tutti gli **obblighi** previsti in materia di consolidato fiscale per tre esercizi sociali (art. 15, D.M. 1° marzo 2018).
Il **reddito complessivo netto della controllata** è computato nella dichiarazione del reddito complessivo globale del consolidato e le **perdite** maturate in periodi d'imposta anteriori a quello dal quale ha effetto la tassazione di gruppo sono utilizzabili dalla stessa secondo le ordinarie regole (➨**20.6.**) (art. 84, D.P.R. n. 917/1986).

Revoca dell'opzione 26.1.14.

In caso di revoca dell'opzione, anche se la revoca riguarda almeno una delle società, si applicano le disposizioni relative alla **rettifica** della **residua differenza tra il valore di libro e quello fiscale** riconosciuto dei beni acquisiti dalla stessa società o ente controllante o da altra società controllata secondo il regime di neutralità fiscale (➨**26.1.11.**) (art. 124, c. 1, lett. b), D.P.R. n. 917/1986).
Nel caso di revoca dell'opzione, gli obblighi di **acconto** si calcolano relativamente a ciascuna società singolarmente considerata con riferimento ai redditi propri così come risultanti dalle comunicazioni effettuate.
Le **perdite fiscali** risultanti dalla dichiarazione consolidata, i **crediti chiesti a rimborso e** le **eccedenze riportate a nuovo** permangono nell'esclusiva disponibilità della società o ente controllante (art. 124, c. 4, D.P.R. n. 917/1986).
La società o l'ente controllante è tenuto a **comunicare** all'Agenzia delle Entrate l'importo delle **perdite residue** attribuite a ciascun soggetto, secondo le modalità e i termini previsti per la comunicazione della revoca.

La disciplina sulle **somme in contropartita** (➔26.1.8.) si applica anche relativamente alle somme percepite o versate tra le società di cui al comma 1 per compensare gli oneri connessi con la revoca della tassazione di gruppo relativi all'imposta sulle società.

26.1.15. Responsabilità in capo alle società

Sono previste **responsabilità differenziate** a secondo che si tratti della società consolidante o delle consolidate (art. 127, D.P.R. n. 917/1986).

Soggetti	Responsabilità
Consolidante (controllante)	a) Per la **maggiore imposta accertata** e per gli interessi relativi, riferita al reddito complessivo globale risultante dalla dichiarazione di consolidamento; b) per le somme che risultano dovute, con riferimento alla medesima dichiarazione, a seguito dell'**attività di controllo** (art. 36-ter, D.P.R. n. 600/1973), riferita alle dichiarazioni dei redditi propria di ciascun soggetto che partecipa al consolidato e dell'attività di liquidazione (art. 36-bis, D.P.R. n. 600/1973); c) per l'adempimento degli obblighi connessi alla **determinazione del reddito complessivo** globale; d) solidalmente per il pagamento di una somma pari alla **sanzione** correlata alla maggiore imposta accertata riferita al reddito complessivo globale risultante dalla dichiarazione irrogata al soggetto che ha commesso la violazione.
Consolidata (controllata)	**Solidalmente** con l'ente o società controllante: a) per la **maggiore imposta accertata** e per gli interessi relativi, riferita al reddito complessivo globale risultante dalla dichiarazione di consolidamento, in conseguenza della rettifica operata sul proprio reddito imponibile, e per le somme che risultano dovute, con riferimento alla medesima dichiarazione, a seguito dell'attività di controllo (art. 36-ter, D.P.R. n. 600/1973), e dell'attività di liquidazione (art. 36-bis, D.P.R. n. 600/1973) in conseguenza della rettifica operata sulla propria dichiarazione dei redditi; b) per la **sanzione** correlata alla maggiore imposta accertata riferita al reddito complessivo globale risultante dalla dichiarazione di consolidamento, in conseguenza della rettifica operata sul proprio reddito imponibile, e alle somme che risultano dovute con riferimento alla medesima dichiarazione, a seguito dell'attività di controllo (art. 36-ter, D.P.R. n. 600/1973), e dell'attività di liquidazione (art. 36-bis, D.P.R. n. 600/1973), in conseguenza della rettifica operata sulla propria dichiarazione dei redditi; c) per le **sanzioni diverse** da quelle di cui sopra.

26.1.16. Norma transitoria sulle svalutazioni

È previsto un **meccanismo correttivo** volto ad evitare che, nel passaggio da un sistema che ammette la svalutazione di partecipazioni ad un sistema che prevede la tassazione di gruppo, gli stessi costi concorrano più volte alla **riduzione del reddito imponibile**; dapprima indirettamente tramite le svalutazioni delle partecipazioni operate a fronte di rettifiche di valore e di accantonamenti a fondi rischi non deducibili effettuati dalla società controllata e tali da ridurre il proprio patrimonio contabile e poi, all'atto dell'utilizzo dei fondi, mediante la conseguente variazione in diminuzione.
In particolare, fino a concorrenza delle svalutazioni determinatesi per effetto di rettifiche di valore ed accantonamenti fiscalmente non riconosciuti, al netto delle rivalutazioni assoggettate a tassazione, dedotte nel periodo d'imposta antecedente a quello dal quale ha effetto l'opzione per il consolidato e nei nove precedenti dalla società o ente controllante o da altra società controllata, anche se non esercente l'opzione, i **valori fiscali** degli elementi dell'attivo e del passivo della società partecipata se, rispettivamente, superiori o inferiori a quelli contabili sono **ridotti o aumentati dell'importo delle** predette **svalutazioni** in proporzione ai rapporti tra la differenza dei valori contabili e fiscali dell'attivo e del passivo e l'ammontare complessivo di tali differenze (art. 128, D.P.R. n. 917/1986).

IRES

Procedimento di accertamento 26.1.17.

Ai fini IRES, il **controllo delle dichiarazioni** proprie presentate dalle società consolidate e dalla consolidante nonché le relative **rettifiche** spettano all'Ufficio dell'Agenzia delle Entrate competente alla data in cui è stata presentata la dichiarazione (art. 40-bis, D.P.R. n. 600/1973).
Le **rettifiche del reddito complessivo** proprio di ciascun soggetto che partecipa al consolidato sono **effettuate con unico atto**, notificato sia alla consolidata sia alla consolidante, con il quale è determinata la conseguente maggiore imposta accertata riferita al reddito complessivo globale e sono irrogate le sanzioni correlate.
La società consolidata e la consolidante sono **litisconsorti necessari**.
Il **pagamento delle somme** scaturenti dall'atto unico estingue l'obbligazione sia se effettuato dalla consolidata sia dalla consolidante.
La consolidante ha facoltà di chiedere che siano computate in diminuzione dei maggiori imponibili derivanti dalle **rettifiche** di cui sopra le perdite di periodo del consolidato non utilizzate, fino a concorrenza del loro importo.
A tal fine, la consolidante deve presentare un'apposita istanza, c.d. **Mod. IPEC** (Provv. 20 ottobre 2014), all'Ufficio competente a emettere l'atto unico di accertamento, entro il termine di proposizione del ricorso. In tale caso il **termine per l'impugnazione dell'atto** è sospeso, sia per la consolidata che per la consolidante, **per un periodo di 60 giorni**.
L'Ufficio procede al ricalcolo dell'eventuale maggiore imposta dovuta, degli interessi e delle sanzioni correlate e comunica l'esito alla consolidata ed alla consolidante, entro 60 giorni dalla presentazione dell'istanza.
Le attività di controllo della dichiarazione dei redditi del consolidato e le relative rettifiche diverse da quelle di cui sopra sono attribuite all'Ufficio dell'Agenzia delle Entrate competente nei confronti della società consolidante alla data in cui è stata presentata la dichiarazione.

> L'Ufficio cui compete l'emissione dell'atto unico effettua un mero riscontro sull'effettiva indicazione delle perdite nella dichiarazione annuale di gruppo, senza entrare nel merito della loro effettiva spettanza sostanziale e, successivamente, verifica se le **perdite utilizzabili** al termine del periodo d'imposta oggetto di rettifica siano già state utilizzate, in dichiarazione o in accertamento, in quelli successivi e fino alla data di presentazione della richiesta (circ. 6 giugno 2011, n. 27/E).
> Fino alla scadenza del **termine di accertamento** (art. 43, D.P.R. n. 600/1973), l'accertamento del reddito complessivo globale può essere integrato o modificato in aumento, mediante la notificazione di nuovi avvisi, in base agli esiti dei controlli.

Accertamento con adesione - Al procedimento di **accertamento con adesione** avente ad oggetto le rettifiche del reddito complessivo proprio di ciascun soggetto che partecipa al consolidato partecipano sia la consolidante che la consolidata interessata dalle rettifiche, innanzi all'Ufficio competente. L'**atto di adesione**, sottoscritto anche da una sola di esse, si perfeziona qualora gli adempimenti previsti per l'accertamento con adesione siano posti in essere anche da parte di uno solo dei predetti soggetti (art. 9-bis, D.Lgs. n. 218/1997).
La consolidante ha facoltà di chiedere che siano computate in diminuzione dei maggiori imponibili le perdite di periodo del consolidato non utilizzate, fino a concorrenza del loro importo.
Nell'ipotesi di **adesione all'invito** (art. 5, c. 1-bis, D.Lgs. n. 218/1997), alla comunicazione ivi prevista deve essere allegata l'istanza redatta dalla consolidante; in tal caso, il **versamento delle somme dovute** deve essere effettuato entro il quindicesimo giorno successivo all'accoglimento dell'istanza da parte dell'Ufficio competente, comunicato alla consolidata ed alla consolidante, entro 60 giorni dalla presentazione dell'istanza. L'**istanza per lo scomputo delle perdite** deve essere presentata unitamente alla comunicazione di adesione; l'Ufficio competente emette l'**atto di definizione** scomputando le stesse dal maggior reddito imponibile.
La consolidante può scegliere se e nei confronti di quali controllate utilizzare le perdite del consolidato, a scomputo dei maggiori imponibili accertati con l'atto unico o nell'ambito dei procedimenti di adesione, presentando telematicamente il Mod. IPEC. Perché sia valida, la richiesta deve essere inviata telematicamente, anche nei casi in cui è previsto che venga allegata una copia cartacea. I tempi di presentazione del Modello di richiesta sono differenti a seconda delle diverse procedure di accertamento e di adesione previste dalla normativa. La presentazione dell'istanza comporta la sospensione del termine per l'impugnazione dell'atto unico, sia per la consolidata che per la consolidante.

Disconoscimento dell'opzione - Il gruppo d'imprese nei confronti del quale, a seguito di un accertamento dell'Agenzia delle Entrate, è stata disconosciuta l'opzione per il regime di consolidato nazionale può chiedere, nell'ambito del procedimento di accertamento con adesione, il **riconoscimento dei versamenti d'imposta precedentemente effettuati** dalla società capogruppo (circ. 21 febbraio 2014, n. 3/E).
L'imposta dovuta dalle singole società è solo la quota parte non effettivamente versata caso per caso, dopo l'individuazione durante il contraddittorio della quota di versamenti da attribuire alle singole società accertate.
Sull'imposta oggetto di definizione, risultante dalla differenza tra l'imposta accertata e i versamenti attribuiti alla singola società accertata, sono in ogni caso dovuti gli **interessi e** la **sanzione** prevista **per omesso versamento**, pari al 30% dell'imposta non versata.
Nel caso in cui invece non sia dovuta nessuna imposta ulteriore dalla consolidata, la sanzione contestata è esclusivamente quella per la violazione formale e cioè da 250 a 2.000 euro (art. 8, c. 1, D.Lgs. n. 471/1997).

IRES

26.1.18. Rapporto tra consolidato ed altri istituti

Consolidato nazionale e tassazione per trasparenza

L'opzione per la tassazione di gruppo non può essere esercitata dalla società che ha optato, in qualità di partecipata, per la tassazione per trasparenza (art. 4, c. 1, lett. a), D.M. 1° marzo 2018). Analogamente, l'**opzione per il regime di trasparenza** (➔25.) **non** è **consentita** nel caso in cui la società partecipata abbia esercitato l'opzione per il consolidato nazionale o mondiale, sia in qualità di controllata che di controllante (art. 115, c. 1, lett. b), D.P.R. n. 917/1986; art. 2, c. 1, lett. b), D.M. 23 aprile 2004).

Consolidato nazionale e tonnage tax

I soggetti che esercitano l'opzione per la ***tonnage tax*** (➔28.) (artt. da 155 a 161, D.P.R. n. 917/1986) non possono esercitare l'opzione per il consolidato nazionale o mondiale, sia in qualità di controllanti che di controllati (art. 160, c. 1, D.P.R. n. 917/1986).

26.2. CONSOLIDATO MONDIALE

26.2.1. Aspetti generali

È possibile includere nel consolidato anche **società non residenti**, optando per il "consolidato mondiale" (artt. da 130 a 142, D.P.R. n. 917/1986).
L'istituto consente, a determinate condizioni, il **consolidamento dei redditi anche delle società controllate non residenti** (circ. 16 giugno 2004, n. 25/E).
Il consolidato mondiale, tuttavia, non consente una "integrale" compensazione dei redditi complessivi netti delle società partecipanti come avviene in quello nazionale, ma prevede un'**imputazione per "trasparenza" alla società controllante residente in Italia dei risultati reddituali conseguiti dalle società controllate estere**, determinati sulla base delle regole vigenti in Italia, nei limiti della quota di partecipazione posseduta. In questo modo è consentita la compensazione in capo alla controllante residente anche di eventuali perdite prodotte dalle controllate non residenti.

26.2.2. Soggetti ammessi

I soggetti che possono **optare** per il consolidato mondiale al fine di includere proporzionalmente nella propria base imponibile, indipendentemente dalla distribuzione, i redditi conseguiti da tutte le proprie società controllate (art. 2359, c. 1, n. 1), c.c.) non residenti sono (art. 130, D.P.R. n. 917/1986):

- le **società** per azioni e in accomandita per azioni, le società a responsabilità limitata, le società cooperative e le società di mutua assicurazione residenti nel territorio dello Stato;
- gli **enti pubblici e privati diversi dalle società**, residenti nel territorio dello Stato, che hanno per oggetto esclusivo o principale l'esercizio di attività commerciali.

L'esercizio dell'opzione è consentito alle società e agli enti:

a. i cui **titoli** sono **negoziati nei mercati regolamentati**, anche se a loro volta soggetti a controllo di diritto di soggetti residenti in Italia;
b. **controllati** (art. 2359, c. 1, n. 1) c.c.) esclusivamente dallo Stato o da altri enti pubblici, da persone fisiche residenti che non si qualifichino a loro volta, tenendo conto delle partecipazioni possedute da loro parti correlate, quali soggetti controllanti (art. 2359, c. 1, n. 1) e 2), c.c.) di altra società o ente commerciale residente o non residente.

Per la verifica della condizione di cui alla lett. b) le **partecipazioni possedute dai familiari** si cumulano fra loro.

I requisiti sopra indicati comportano, pertanto, che l'**opzione** debba essere esercitata unicamente da parte della **società** o ente controllante **di grado più elevato** soggetto all'IRES, residente nel territorio dello Stato, e non dalle società non residenti interessate al consolidamento.

La società controllante che opta per il consolidato mondiale non può, in qualità di controllata, esercitare anche l'opzione per il consolidato nazionale.

Requisito del controllo 26.2.3.

Per l'applicazione della disciplina sul consolidato mondiale, si considerano controllate le società e gli enti di ogni tipo con o senza personalità giuridica non residenti nel territorio dello Stato le cui **azioni**, quote, diritti di voto e di partecipazione agli utili sono **posseduti direttamente o indirettamente dalla società o ente controllante per una percentuale superiore al 50%** da determinarsi relativamente alla società controllante ed alle società controllate residenti, tenendo conto dell'eventuale **demoltiplicazione prodotta dalla catena societaria di controllo** (art. 133, D.P.R. n. 917/1986).
Le partecipazioni devono sussistere alla fine dell'esercizio del soggetto controllante.
Tuttavia, i redditi e le perdite prodotte dalle società cui tali partecipazioni si riferiscono sono esclusi dalla formazione della base imponibile di gruppo nel caso in cui il requisito del controllo di cui sopra si sia verificato entro i 6 mesi precedenti la fine dell'esercizio della società controllante.

IRES

Esercizio dell'opzione 26.2.4.

È possibile esercitare l'opzione solo in presenza di determinati **requisiti** (art. 132, D.P.R. n. 917/1986).
L'**esercizio dell'opzione** deve essere **comunicato all'Agenzia delle Entrate** entro il mese successivo a quello di scadenza del termine previsto per la comunicazione della risposta all'interpello (➔26.2.5.).

Opzione per il consolidato mondiale	
Quando può essere esercitata	L'esercizio dell'opzione deve essere comunicato all'Agenzia delle Entrate, entro il **mese successivo a quello di scadenza del termine previsto per la comunicazione della risposta all'interpello** (➔26.2.5.), che va richiesto in via preliminare.
Condizioni per l'efficacia dell'opzione	a) L'esercizio dell'opzione deve avvenire relativamente a **tutte le controllate non residenti**; b) l'**esercizio sociale** di ciascuna società controllata deve coincidere con quello della società o ente controllante, salvo nel caso in cui questa coincidenza non sia consentita dalle legislazioni locali; c) i **bilanci** del soggetto controllante residente, delle controllate residenti e di quelle non residenti devono essere **sottoposti a revisione contabile** da parte dei soggetti iscritti all'albo CONSOB o per quanto riguarda le controllate non residenti anche da altri soggetti a condizione che il revisore del soggetto controllante utilizzi gli esiti della revisione contabile dagli stessi soggetti effettuata ai fini del giudizio sul bilancio annuale o consolidato; d) deve essere rilasciata un'**attestazione** da ciascuna società controllata non residente secondo le modalità previste da un decreto che sarà emanato in attuazione della disciplina sul consolidato (art. 142, D.P.R. n. 917/1986) dalla quale risulti: 1) il **consenso alla revisione** del proprio bilancio di cui alla precedente lett. c); 2) l'**impegno a fornire** al soggetto controllante la **collaborazione** necessaria per la determinazione dell'imponibile e per adempiere entro un periodo non superiore a 60 giorni dalla loro notifica alle richieste dell'Amministrazione finanziaria.
Durata dell'opzione	Irrevocabile con durata per **cinque esercizi sociali**.
Proroga dell'opzione	L'**opzione** è **tacitamente rinnovata, di triennio in triennio**, a meno che non sia revocata, secondo le modalità e i termini previsti per la comunicazione dell'opzione.

26.2.5. Interpello

Per poter accedere al consolidamento mondiale occorre effettuare un ulteriore adempimento.
Infatti, l'applicazione dell'istituto è subordinata alla richiesta, da effettuarsi **entro il primo esercizio di consolidamento**, da parte della società controllante, di un **interpello** all'Agenzia delle Entrate (art. 11, Legge n. 212/2000), al fine di verificare la **sussistenza dei requisiti per il valido esercizio dell'opzione** (art. 132, c. 3, 4 e 5, D.P.R. n. 917/1986).
L'**istanza** di interpello **deve contenere**:

a. la **qualificazione** che il soggetto controllante che esercita l'opzione sia quello di grado più elevato (art. 130, D.P.R. n. 917/1986);
b. la puntuale **descrizione** della **struttura societaria estera del gruppo,** con l'indicazione di tutte le società controllate;
c. la **denominazione**, la **sede sociale**, l'attività svolta, l'**ultimo bilancio disponibile** di tutte le controllate non residenti, nonché la **quota di partecipazione agli utili** riferita alla controllante ed alle controllate, l'**eventuale diversa durata dell'esercizio sociale** e le ragioni che richiedono tale diversità;
d. la denominazione dei soggetti cui è stato attribuito l'incarico per la **revisione dei bilanci** e le conferme dell'avvenuta accettazione di tali incarichi;
e. l'elenco delle **imposte** relativamente alle quali verrà presumibilmente richiesto il **credito d'imposta per le imposte pagate all'estero** (➔33.1.) (art. 165, D.P.R. n. 917/1986).

Con lo stesso interpello la società controllante può a sua volta richiedere ulteriori semplificazioni per la determinazione del reddito imponibile fra le quali anche l'esclusione delle società controllate di dimensioni non rilevanti non residenti in uno Stato o territorio a regime fiscale privilegiato.
L'Agenzia delle Entrate può subordinare la propria risposta all'assunzione, da parte del soggetto controllante, dell'obbligo ad altri adempimenti finalizzati ad una maggior tutela degli interessi erariali.
È, inoltre, previsto che le variazioni dei dati a suo tempo indicati nell'istanza di interpello siano comunicate all'Agenzia delle Entrate con le stesse modalità entro il mese successivo alla fine del periodo d'imposta durante il quale si sono verificate.

26.2.6. Determinazione del reddito consolidato

Nella **base imponibile della controllante** vengono inclusi proporzionalmente i **redditi di tutte le società controllate non residenti** (art. 131, D.P.R. n. 917/1986).
Non si ha pertanto un consolidato integrale come quello nazionale ma un **consolidato *pro quota***.
In presenza di altre società residenti in Italia che si interpongono alla catena di controllo, si rende obbligatorio il consolidato nazionale tra tutte le società residenti.
In tal caso, l'applicazione dell'effetto demoltiplicativo prodotto dalla catena societaria di controllo opera esclusivamente a partire dalla controllata residente di grado inferiore.
Infatti, i **requisiti per l'individuazione del perimetro del consolidamento** stabiliscono che la percentuale è da determinarsi relativamente alla società controllante e alle società controllate residenti.
Pertanto, il calcolo per la determinazione della partecipazione ai diritti di voto e agli utili deve essere effettuato tenendo conto dei diritti spettanti a tutte le società residenti.

CASO 17 - Consolidato mondiale
Nel caso, ad esempio, di una *holding* residente (A) con una partecipazione in un'altra società residente (B) al 70% che a sua volta partecipa in una società non residente (Y) al 70%, a seguito dell'obbligo di consolidato nazionale, A e B diventano fiscalmente equivalenti ad un unico soggetto. Conseguentemente, il consolidato nazionale ha il controllo della società non residente nella misura del 70%. La società A può consolidare anche Y.

Il **metodo di determinazione del reddito** consolidato è quello **extracontabile**; conseguentemente la determinazione del reddito imponibile è effettuata in base alle regole vigenti in Italia. Tuttavia, stante la complessità del funzionamento dell'istituto e l'onerosità dello stesso per l'erario, sono previste disposizioni che contemperino le esigenze di semplificazione per il contribuente e di tutela delle ragioni erariali.

26.2.7. Rettifiche di consolidamento

Il calcolo del reddito imponibile di ciascuna controllata estera spetta alla società controllante. A tale scopo occorre apportare, al reddito risultante dai bilanci revisionati e rideterminato secondo le norme in materia di IRES, le seguenti **rettifiche** (art. 134, D.P.R. n. 917/1986):

1. indipendentemente dai criteri adottati per la redazione dei singoli bilanci revisionati, va adottato un **trattamento uniforme dei componenti positivi e negativi di reddito** dagli stessi risultanti,

consentendo nell'esercizio di competenza la deducibilità dei componenti negativi non solo se imputati al Conto economico di un esercizio precedente, ma anche successivo;
2. i **valori** risultanti dal bilancio relativo all'esercizio o periodo di gestione anteriore al primo cui si applica il consolidato sono riconosciuti ai fini dell'imposta sulle società a condizione che siano **conformi** a quelli derivanti dall'applicazione dei **criteri contabili adottati nei precedenti esercizi** e che siano adempiuti gli obblighi formali eventualmente previsti dal decreto che verrà emanato in attuazione della disciplina;
3. vanno esclusi dal reddito imponibile egli **utili e** le **perdite di cambio relativi a finanziamenti attivi e passivi** di durata superiore a 18 mesi stipulati fra le società non residenti incluse nel consolidato mondiale se denominati nella valuta utilizzata dal debitore o in quella utilizzata dal creditore per la redazione del proprio bilancio "volontario";
4. vanno sterilizzate **le norme sovvenzionali** ad eccezione dei casi in cui analoghe deduzioni dal reddito imponibile sono riconosciute dalle legislazioni locali;
5. va mantenuto il **principio del valore normale** per i beni ed i servizi scambiati fra società residenti e non residenti consolidate, a differenza di quanto previsto per il consolidato nazionale;
6. **vanno riconosciute le imposte pagate all'estero** con modalità tali da evitare effetti di doppia imposizione economica e giuridica;
7. **non è inapplicabile la disciplina delle CFC** (➡31.3.) per le società aderenti al consolidato mondiale.

La regola descritta al punto 2) in materia di riconoscimento dei valori risultanti dal bilancio relativo all'esercizio anteriore al consolidamento si applica con le seguenti **eccezioni**:

- i **fondi per rischi ed oneri** risultanti dal predetto bilancio istituiti con finalità analoghe a quelli previsti per la determinazione della base imponibile IRES si considerano riconosciuti ai fini dell'imposta sul reddito fino a concorrenza dell'importo massimo per gli stessi previsto;
- qualora le norme per la determinazione della base imponibile IRES non prevedano un importo massimo, gli stessi si considerano **fiscalmente riconosciuti per intero o nel minor ammontare** corrispondente agli accantonamenti che sarebbero stati deducibili secondo le norme previste a condizione che tale minore ammontare sia rideterminato dal soggetto controllante;
- i fondi per rischi ed oneri risultanti dal predetto bilancio istituiti con **finalità diverse** da quelli previsti per la determinazione della base imponibile IRES **non si considerano fiscalmente riconosciuti**;
- il valore delle **rimanenze finali** dei beni cui è destinata l'attività d'impresa (art. 85, c. 1, lett. a) e b), D.P.R. n. 917/1986) si considera fiscalmente riconosciuto in misura non superiore al valore normale (art. 92, c. 5, D.P.R. n. 917/1986).

Dichiarazione dei redditi consolidata 26.2.8.

La dichiarazione dei redditi consolidata (**Mod. CNM**) va **presentata esclusivamente in via telematica**, direttamente ovvero tramite un soggetto incaricato (➡96.8.).

Determinazione dell'imposta 26.2.9.

La società controllante calcola l'imposta dovuta effettuando la **somma algebrica del proprio imponibile e di quelli delle controllate estere** determinati secondo i criteri sopra delineati (art. 136, D.P.R. n. 917/1986).

In tal modo, viene determinato il reddito imponibile complessivo relativamente al quale si calcola l'imposta corrispondente.

Dall'imposta oltre alle detrazioni, sono **ammessi in detrazione**:

- le **ritenute** ed i **crediti d'imposta** relativi al soggetto controllante;
- le **imposte sul reddito pagate all'estero a titolo definitivo**.

Al fine di determinare la quota d'imposta italiana relativa al reddito estero oggetto di imputazione alla formazione del reddito imponibile complessivo concorrono prioritariamente i **redditi prodotti dalle controllate estere** e la quota d'imposta italiana fino a concorrenza della quale è accreditabile l'imposta estera calcolata con riferimento a ciascuna controllata estera.

L'eventuale **eccedenza dell'imposta estera** è utilizzabile nei periodi d'imposta precedenti o successivi.

Inoltre, il **credito per imposte pagate all'estero** viene riliquidato negli esercizi in cui avviene il pagamento a titolo definitivo di ulteriori imposte estere sullo stesso reddito distribuito, fino a concorrenza della quota d'imposta italiana relativa al reddito prodotto da ciascuna controllata estera successivamente all'esercizio dell'opzione.

A tal fine, si considerano **distribuiti per primi** i **redditi prodotti negli esercizi più recenti**.

Nel caso in cui nello stesso Paese estero siano presenti più società controllate e la legislazione locale preveda una forma di tassazione di gruppo analoga a quella del consolidato nazionale italiano se, ricorrendone in concreto le condizioni, le società controllate non si avvalgono di tale forma di tassazione di gruppo nel Paese estero, ai fini dell'applicazione del credito d'imposta per le imposte pagate all'estero si assume come imposta estera quella che sarebbe stata dovuta se tali società si fossero avvalse del consolidato.

Le società ammesse alla tassazione di gruppo in tale Paese costituiscono una o più società a seconda che la compensazione dei singoli imponibili nel Paese estero sia consentita in modo totale o parziale.

26.2.10. Interruzione della tassazione di gruppo

In caso di consolidato mondiale, vengono previste **due ipotesi** di interruzione della tassazione di gruppo.

In particolare, l'applicazione del consolidato mondiale può essere interrotta:

- **prima del compimento del periodo di validità dell'opzione** (art. 137, D.P.R. n. 917/1986);
- **limitatamente ad una o più controllate non residenti** (art. 138, D.P.R. n. 917/1986).

Interruzione del consolidato mondiale	
Interruzione	**Effetti**
Venir meno del requisito di controllo prima del compimento del periodo di validità dell'opzione.	Gli effetti dell'opzione esercitata cessano a decorrere dal periodo d'imposta del soggetto controllante successivo a quello in corso al momento del venir meno della qualificazione soggettiva predetta. Con la cessazione degli effetti dell'opzione, le **perdite** del soggetto controllante non utilizzate alla fine del periodo d'imposta in cui viene meno la qualificazione soggettiva si riducono della misura corrispondente al rapporto tra le perdite prodotte nel periodo di validità dell'opzione da tutte le società non residenti il cui reddito ha concorso alla formazione dell'unico imponibile e quelle prodotte nello stesso periodo da tutte le società. Stessa conseguenza si verifica nel caso in cui, scaduto il periodo, l'opzione non viene rinnovata (art. 139, D.P.R. n. 917/1986). Gli effetti dell'opzione non cessano nel caso in cui il nuovo soggetto controllante abbia a sua volta esercitato l'opzione.
Venir meno del requisito relativamente ad una o più società controllate non residenti prima del compimento del periodo di validità dell'opzione.	Il reddito complessivo viene aumentato in misura corrispondente agli **oneri finanziari dedotti**, nei due esercizi precedenti rientranti nel periodo di opzione. Inoltre, nel caso in cui il requisito del controllo venga meno relativamente ad oltre due terzi delle società controllate non residenti, si applica anche la disposizione descritta nel paragrafo precedente, relativamente alle **perdite non utilizzate**, con la differenza che il calcolo viene effettuato proporzionalmente alle perdite fiscali delle società non residenti che escono dal consolidato.

26.2.11. Recupero delle perdite compensate

In caso di **interruzione o revoca del consolidato mondiale**, i dividendi o le plusvalenze derivanti dal possesso o dal realizzo delle partecipazioni nelle società consolidate, percepiti o realizzate dall'ente o società consolidante dal periodo d'imposta successivo all'ultimo periodo di consolidamento, per la parte esclusa o esente in base alle ordinarie regole, concorrono a formare il reddito, fino a concorrenza della differenza tra le perdite della società estera che si considerano dedotte e i redditi della stessa società inclusi nel consolidato (art. 139-bis, D.P.R. n. 917/1986).

La stessa regola si applica durante il periodo di consolidamento in caso di **riduzione della percentuale di possesso** senza il venir meno del rapporto di controllo.

Imposta sostitutiva sulle differenze da riallineamento 26.2.12.

L'ammontare delle **differenze tra valori civili e valori fiscali** degli elementi patrimoniali delle società aderenti al consolidato fiscale, risultanti dal bilancio relativo all'esercizio precedente a quello di esercizio dell'opzione per l'adesione al consolidato o di rinnovo dell'opzione stessa, **da riallineare** (art. 141, D.P.R. n. 917/1986), al netto delle rettifiche già operate, può essere assoggettato ad un'**imposta sostitutiva dell'IRES** nella misura del **6%** (art. 1, c. 49, Legge n. 244/2007).

IRES

27. ENTI NON COMMERCIALI

27.1. ASPETTI GENERALI

L'elemento distintivo degli enti non commerciali (art. 73, lett. c), D.P.R. n. 917/1986) è costituito dal fatto di non avere quale **oggetto esclusivo o principale** lo svolgimento di un'attività di natura commerciale, intendendo per tale **l'attività che determina reddito d'impresa** ai sensi dell'art. 55, D.P.R. n. 917/1986.

Nessun rilievo assume, invece, ai fini della qualificazione dell'ente non commerciale la **natura (pubblica o privata)** del soggetto, la **rilevanza sociale delle finalità perseguite**, **l'assenza del fine di lucro** o la **destinazione dei risultati di gestione**.

La disciplina fiscale applicabile agli enti non commerciali è attualmente contenuta:

- nel D.P.R. n. 917/1986 che regola la tassazione ai fini delle imposte sui redditi degli enti non commerciali residenti e non residenti (artt. 143-154, D.P.R. n. 917/1986);
- nel D.Lgs. 3 luglio 2017, n. 117, che, con effetto dal **3 agosto 2017**, ha riordinato la disciplina civilistica e fiscale del mondo no-profit (c.d. "Riforma del Terzo Settore").

RIFORMA DEL TERZO SETTORE 27.2.

L'intera disciplina del non profit è stata riformulata dal D.Lgs. n. 117/2017 (c.d. "**Codice del Terzo Settore**") definendo:

- da un lato l'**ambito soggettivo** degli enti che possono rientrare nella definizione di "**Terzo Settore**";
- dall'altro le **regole** non solo **civilistiche**, ma anche **amministrative e fiscali**, applicabili per gli enti che vi rientrano.

Ambito soggettivo 27.2.1.

Terzo Settore	
Soggetti inclusi	**Soggetti esclusi**
- Organizzazioni di **volontariato**; - associazioni di **promozione sociale**; - enti filantropici; - **imprese sociali**, incluse le cooperative sociali; - **reti associative**; - **società di mutuo soccorso**; - **ogni altro ente** costituito in forma di associazione, riconosciuta o non riconosciuta, o di fondazione che persegua, senza scopo di lucro, **finalità civiche, solidaristiche e di utilità sociale** mediante lo svolgimento, in via esclusiva e principale, di una o più attività di interesse generale in forma volontaria e di erogazione gratuita di denaro, beni o servizi, di mutualità o di produzione o scambio di beni o servizi, ed iscritto nel Registro Unico Nazionale del Terzo Settore.	- Tutte le **amministrazioni dello Stato** (art. 1, c. 2, D.Lgs. n. 165/2001), ivi compresi gli istituti e scuole di ogni ordine e grado e le istituzioni educative, le aziende ed amministrazioni dello Stato ad ordinamento autonomo, le Regioni, le Province, i Comuni, le Comunità montane, e loro consorzi e associazioni, le **istituzioni universitarie**, gli **Istituti autonomi case popolari**, le **CCIAA** e loro associazioni, tutti gli **enti pubblici non economici** nazionali, regionali e locali, le amministrazioni, le aziende e gli **enti del SSN**, l'Agenzia per la rappresentanza negoziale delle pubbliche amministrazioni (ARAN) e le **Agenzie fiscali**; - formazioni e **associazioni politiche**; - **sindacati**; - associazioni professionali e di rappresentanza di categorie economiche; - associazioni di datori di lavoro; - enti sottoposti a direzione e coordinamento o controllati dagli enti sopra elencati.

Ambito oggettivo 27.2.2.

Gli Enti del Terzo Settore, diversi dalle imprese sociali incluse le cooperative sociali, devono esercitare, in via esclusiva o principale, una o più **attività di interesse generale** per il perseguimento di **finalità civiche, solidaristiche e di utilità sociale** e **non** devono avere **scopo di lucro**.

Attività di interesse generale
- **Sistema integrato di interventi e servizi sociali**, dove per servizi sociali si intendono tutte le attività relative alla predisposizione ed erogazione di servizi, gratuiti ed a pagamento, o di prestazioni economiche destinate a rimuovere e superare le situazioni di bisogno e di difficoltà che la persona umana incontra nel corso della sua vita, escluse soltanto quelle assicurate dal sistema previdenziale e da quello sanitario (art. 1, c. 1 e 2, Legge n. 328/2000); - **prestazioni sanitarie** riconducibili ai **livelli essenziali di assistenza** (D.P.C.M. 12 gennaio 2017); - **prestazioni socio-sanitarie** (D.P.C.M. 14 febbraio 2001); - servizi finalizzati alla salvaguardia e al miglioramento delle condizioni dell'**ambiente** e all'utilizzazione accorta e razionale delle risorse naturali con esclusione delle attività di raccolta e riciclaggio di rifiuti urbani, speciali e pericolosi, nonché alla tutela degli animali e prevenzione del randagismo; - interventi di tutela e valorizzazione del **patrimonio culturale** e del **paesaggio** (D.Lgs. n. 42/2004);

IRES

Attività di interesse generale
- **formazione universitaria e post-universitaria**;
- **ricerca scientifica** di particolare interesse sociale;
- organizzazione e gestione di **attività culturali, artistiche o ricreative di interesse sociale**;
- comunicazione a carattere comunitario, organizzazione e gestione di **attività turistiche di interesse sociale, culturale o religioso;**
- **formazione extra-scolastica**, finalizzata alla prevenzione della dispersione scolastica e al successo scolastico e formativo;
- **servizi strumentali ad Enti del Terzo Settore** resi da enti composti in misura non inferiore al 70% da Enti del Terzo Settore;
- **cooperazione allo sviluppo** (Legge n. 125/2014);
- **commercio equo e solidale**;
- servizi finalizzati all'inserimento o al reinserimento nel mercato del lavoro dei **lavoratori molto svantaggiati** e delle **persone svantaggiate o con disabilità**, nonché delle persone **beneficiarie di protezione internazionale** e delle persone **senza fissa dimora** iscritte nell'Anagrafe della popolazione residente, le quali versino in una condizione di povertà tale da non poter reperire e mantenere un'abitazione in autonomia;
- **alloggio sociale** (D.M. 22 aprile 2008), nonché ogni altra attività di carattere residenziale temporaneo diretta a soddisfare bisogni sociali, sanitari, culturali, formativi o lavorativi;
- **accoglienza umanitaria** ed integrazione sociale di stranieri;
- **agricoltura sociale** (art. 2, Legge n. 141/2015);
- organizzazione e gestione di **attività sportive dilettantistiche**;
- **beneficenza, sostegno a distanza** o erogazione di denaro, beni o servizi a sostegno di persone svantaggiate o di attività di interesse generale;
- promozione della **pace** tra i popoli, della **nonviolenza** e della **difesa non armata**;
- promozione e tutela dei **diritti umani e** dei diritti **civili;**
- cura di procedure di **adozione internazionale** (Legge n. 184/1983);
- **protezione civile** (Legge n. 225/1992);
- riqualificazione di beni pubblici inutilizzati o di **beni confiscati alla criminalità organizzata**.

IRES

Attività diverse - Gli enti possono comunque esercitare attività diverse da quelle elencate, a condizione che l'atto costitutivo o lo statuto lo consentano e siano secondarie e strumentali rispetto alle attività di interesse generale.

Le attività diverse da quelle di interesse generale sono state definite con D.M. 19 maggio 2021, n. 107.

Ai fini dell'esatta identificazione delle attività diverse, si stabilisce che:

- le attività diverse sono considerate **strumentali** rispetto alle attività di interesse generale se, indipendentemente dal loro oggetto, sono esercitate dall'Ente del Terzo Settore, per la realizzazione, in via esclusiva, delle finalità civiche;
- le attività diverse sono considerate **secondarie** rispetto alle attività di interesse generale qualora, in ciascun esercizio, ricorra una delle seguenti condizioni:
  a. i relativi ricavi non siano superiori **al 30%** delle entrate complessive dell'Ente del Terzo Settore;
  b. i relativi ricavi non siano superiori **al 66%** dei costi complessivi dell'Ente del Terzo Settore.

Ai fini del computo delle percentuali rientrano tra i costi complessivi dell'Ente del Terzo Settore anche:

a. **i costi figurativi** relativi all'impiego di volontari iscritti nel registro calcolati attraverso l'applicazione, alle ore di attività di volontariato effettivamente prestate, della retribuzione oraria lorda prevista per la corrispondente qualifica dai contratti collettivi;
b. le **erogazioni gratuite** di denaro e le cessioni o erogazioni gratuite di beni o servizi, per il loro valore normale;
c. la differenza tra il valore normale dei beni o servizi acquistati ai fini dello svolgimento dell'attività statutaria e il loro costo effettivo di acquisto.

Non sono considerati, né al numeratore né al denominatore del rapporto, i proventi e gli oneri generati dal distacco del personale degli Enti del Terzo Settore presso enti terzi.

Nel caso di **mancato rispetto dei limiti stabiliti**, l'Ente del Terzo Settore ha l'obbligo di effettuare, nel termine di **30 giorni** dalla data di approvazione del bilancio da parte dell'organo competente, apposita **segnalazione** all'ufficio del Registro unico nazionale territorialmente competente nonché eventualmente, agli enti autorizzati.

Inoltre l'Ente del Terzo Settore è tenuto ad adottare, nell'esercizio successivo, un rapporto tra attività secondarie ed attività principali di interesse generale che sia inferiore alla soglia massima per una percentuale almeno pari alla misura del superamento dei limiti nell'esercizio precedente.
Nel caso di mancato rispetto dei limiti stabiliti o di omessa segnalazione, l'ufficio del Registro unico nazionale territorialmente competente **dispone la cancellazione** dell'Ente del Terzo Settore dal Registro medesimo.

Raccolta fondi 27.2.3.

La **raccolta fondi** viene definita come il complesso delle attività ed iniziative poste in essere da un Ente del Terzo Settore al fine di **finanziare le proprie attività di interesse generale**, anche attraverso la richiesta a terzi di lasciti, donazioni e contributi di natura non corrispettiva.
Gli Enti del Terzo Settore, diversi dalle imprese sociali, incluse le cooperative sociali, possono realizzare attività di raccolta fondi anche in forma organizzata e continuativa, mediante **sollecitazione al pubblico** o attraverso la **cessione o erogazione di beni o servizi di modico valore**, impiegando risorse proprie e di terzi, inclusi volontari e dipendenti, e ispirandosi a verità, trasparenza e correttezza nei rapporti con i sostenitori e il pubblico, in conformità a linee guida adottate con Decreto del Ministro del Lavoro.

IRES

Destinazione del patrimonio e assenza di scopo di lucro 27.2.4.

Il **patrimonio** degli Enti del Terzo Settore, comprensivo di eventuali ricavi, rendite, proventi, entrate comunque denominate, deve essere **utilizzato** per lo svolgimento dell'attività statutaria ai fini dell'esclusivo **perseguimento di finalità civiche, solidaristiche e di utilità sociale.**
È, dunque, **vietata la distribuzione**, anche **indiretta**, di **utili** ed **avanzi di gestione**, **fondi e riserve** comunque denominate a fondatori, associati, lavoratori e collaboratori, amministratori ed altri componenti degli organi sociali, anche nel caso di recesso o di ogni altra ipotesi di scioglimento individuale del rapporto associativo.
In caso di **estinzione o scioglimento**, è previsto che il patrimonio residuo sia devoluto, ad altri Enti del Terzo Settore secondo le disposizioni statutarie o dell'organo sociale competente o, in mancanza, alla Fondazione Italia Sociale.

Non è consentita la destinazione indiretta di utili e avanzi di gestione.

Casi di destinazione indiretta di utili e avanzi di gestione non ammessi
a) Corresponsione ad **amministratori, sindaci** e a chiunque rivesta cariche sociali di **compensi individuali non proporzionali** all'attività svolta, alle responsabilità assunte e alle specifiche competenze o comunque superiori a quelli previsti in enti che operano nei medesimi o analoghi settori e condizioni, e in ogni caso **superiori a 80.000 euro annui**; b) corresponsione **a lavoratori subordinati o autonomi** di **retribuzioni o compensi superiori del 20%** rispetto a quelli previsti, per le medesime qualifiche, dai contratti collettivi nazionali, territoriali o aziendali, salvo comprovate esigenze attinenti alla necessità di acquisire specifiche competenze ai fini dello svolgimento delle attività di interesse generale aventi come oggetto prestazioni sanitarie, formazione universitaria e post-universitaria e ricerca scientifica di particolare interesse sociale; c) acquisto di beni o servizi per **corrispettivi** che, senza valide ragioni economiche, siano **superiori al** loro **valore normale**; d) cessioni di beni e prestazioni di servizi, a **condizioni più favorevoli di mercato**, ai soci, associati o partecipanti, ai fondatori, ai componenti gli organi amministrativi e di controllo, a coloro che a qualsiasi titolo operino per l'organizzazione o ne facciano parte, ai soggetti che effettuano erogazioni liberali a favore dell'organizzazione, ai loro parenti entro il terzo grado ed ai loro affini entro il secondo grado, nonché alle società da questi direttamente o indirettamente controllate o collegate, esclusivamente in ragione della loro qualità, salvo che tali cessioni o prestazioni non costituiscano l'oggetto dell'attività di interesse generale; e) corresponsione a soggetti diversi dalle banche e dagli intermediari finanziari autorizzati di **interessi passivi, in dipendenza di prestiti** di ogni specie, superiori di quattro punti al tasso annuo di riferimento.

Registro Unico Nazionale del Terzo Settore 27.2.5.

Gli Enti del Terzo Settore devono essere iscritti nel **Registro Unico Nazionale del Terzo Settore** con l'obbligo di indicarne gli estremi dell'iscrizione negli atti, nella corrispondenza e nelle comunicazioni al pubblico.

Il Registro, regolamentato con il D.M. 15 settembre 2020, è istituito presso il Ministero del Lavoro ed è operativamente **gestito con modalità informatiche su base territoriale**: ciascuna Regione e Provincia autonoma, pertanto, è chiamata ad individuare una struttura indicata come "Ufficio del Registro Unico Nazionale del Terzo Settore".

Registro Unico Nazionale del Terzo Settore	
Struttura	Il RUNTS si compone delle seguenti **sezioni**: a) organizzazioni di volontariato; b) associazioni di promozione sociale; c) enti filantropici; d) imprese sociali e cooperative sociali; per le cooperative sociali il requisito dell'iscrizione nella sezione del RUNTS è soddisfatto attraverso l'iscrizione nell'apposita sezione "imprese sociali" del Registro imprese; e) reti associative; f) società di mutuo soccorso, che non siano soggetti all'obbligo di iscrizione nella sezione "imprese sociali" presso il Registro imprese. Per le società di mutuo soccorso soggette all'obbligo di iscrizione nella sezione speciale, la stessa soddisfa il requisito dell'iscrizione nella sezione del RUNTS; g) altri Enti del Terzo Settore, a cui sono iscritti tutti gli Enti del Terzo Settore diversi da quelli di cui alle lett. a), b), c), d) ed f). Le imprese sociali di cui al c. 1, lettera d) sono tenute e gestite dall'Ufficio del registro delle imprese.
Contenuto	Il RUNTS contiene informazioni omogenee e predefinite, secondo **criteri di tassatività e tipicità**, per tutti gli enti ad esso iscritti, indipendentemente dalla loro dislocazione sul territorio nazionale.
Individuazione del RUNTS competente	L'individuazione dell'Ufficio del RUNTS competente è effettuata in via ordinaria **su base territoriale**. L'Ufficio competente è quello della Regione o Provincia autonoma sul cui territorio l'ente ha la propria sede legale. In caso di enti iscritti nella sezione "Reti associative", l'Ufficio del RUNTS competente è esclusivamente quello statale. In caso di trasferimento della sede dell'ente in altra Regione o Provincia autonoma, l'Ufficio nella cui circoscrizione territoriale la sede è trasferita, ricevuta l'istanza dell'ente, comunica entro 30 giorni il trasferimento del medesimo all'Ufficio di provenienza. Il nuovo Ufficio competente acquisisce direttamente dall'Ufficio di provenienza tutti i dati necessari alla tenuta e alla gestione della posizione dell'ente interessato. L'ente interessato riceve riscontro della avvenuta presa in carico da parte del nuovo Ufficio competente. Le predette regole si applicano anche quando il trasferimento della sede sia deliberato contestualmente ad ulteriori deliberazioni sottoposte a registrazione e a deposito.
Modalità di presentazione di istanze e richieste	Tutte le istanze, richieste, comunicazioni da parte degli ETS, incluse le richieste di iscrizione nel RUNTS, sono presentate agli Uffici del RUNTS **esclusivamente con modalità telematiche** tali da consentire l'identificazione legale del mittente, la gestione telematica del procedimento da parte dell'Ufficio competente, il rilascio di ricevute di avvenuta ricezione da parte del sistema telematico e di avvenuta protocollazione da parte dell'amministrazione ricevente. Le specifiche tecniche dei moduli informatici da utilizzare ai fini della presentazione delle istanze e delle comunicazioni, nonché le caratteristiche della documentazione da allegare, anche in previsione del ricorso al formato elettronico elaborabile, sono riportate nell'**Allegato tecnico B** al **D.M. 15 settembre 2020**.

Registro Unico Nazionale del Terzo Settore	
Domanda di iscrizione	Relativamente al procedimento di iscrizione nel RUNTS degli **enti senza personalità giuridica** che non intendano conseguirla, la domanda di iscrizione nel RUNTS è presentata dal rappresentante legale dell'ente o, su mandato di quest'ultimo, dal rappresentante legale della rete associativa cui l'ente aderisce. Nel secondo caso, il mandato è allegato alla domanda unitamente all'attestazione di adesione dell'ente interessato alla rete associativa rilasciata dal rappresentante legale di quest'ultima. La domanda di iscrizione è presentata all'Ufficio del Registro Unico Nazionale della Regione o della Provincia autonoma in cui l'Ente ha la sede legale. Ai fini dell'iscrizione nella sezione delle reti associative, la domanda è presentata all'Ufficio statale del RUNTS. Alla domanda di iscrizione sono **allegati**: a) l'atto costitutivo; b) lo statuto registrato presso l'Agenzia delle Entrate; c) per gli enti già esercitanti l'attività da uno o più esercizi, rispettivamente l'ultimo o gli ultimi due bilanci consuntivi approvati, se disponibili, unitamente alle copie dei verbali assembleari contenenti la delibera di approvazione; d) in caso di affiliazione ad una rete associativa, una attestazione di adesione alla medesima rilasciata dal rappresentante legale di quest'ultima. Qualora l'ente si dichiari affiliato a più reti, dovrà essere allegata un'attestazione per ciascuna rete. Le domande di iscrizione devono contenere le seguenti **informazioni generali**: a) l'indicazione della sezione del RUNTS nella quale si richiede l'iscrizione; b) la denominazione anche con riferimento alle singole tipologie di Enti del Terzo Settore; c) il codice fiscale; d) l'eventuale partita IVA; e) la forma giuridica; f) la sede legale; g) un indirizzo di posta elettronica certificata; h) almeno un contatto telefonico; i) le eventuali sedi secondarie. Non costituiscono sedi secondarie dell'ente le sedi legali di eventuali enti affiliati dotati di diverso codice fiscale; j) la data di costituzione dell'ente; k) la o le attività di interesse generale effettivamente esercitate; l) la previsione statutaria dell'esercizio di eventuali attività diverse; m) il soggetto o i soggetti cui l'ente eventualmente aderisce, con relativo codice fiscale; n) le generalità del rappresentante legale e degli altri titolari delle cariche sociali statutariamente previste, con indicazione dei relativi poteri e di eventuali limitazioni nonché della data di nomina; nel caso di istituzione degli organi di controllo e di revisione, all'istanza sono allegate le dichiarazioni di accettazione, di assenza di cause di ineleggibilità e di decadenza e di possesso dei requisiti professionali; o) l'eventuale iscrizione al Registro imprese; p) l'eventuale dichiarazione di accreditamento ai fini dell'accesso al contributo del 5 per mille; q) la dichiarazione di presunzione di commercialità o non commercialità dell'ente; r) per le ODV e per le APS, il numero dei soci o associati cui è riconosciuto il diritto di voto, distinti per: numero di persone fisiche, identificativi di enti non persone fisiche specificando per ognuno se iscritto o meno nella medesima sezione del RUNTS per cui si chiede l'iscrizione; il numero di lavoratori dipendenti e/o parasubordinati con apertura di posizione assicurativa; il numero dei volontari iscritti nel registro dei volontari dell'ente; il numero dei volontari degli enti aderenti di cui esse si avvalgono; s) l'indirizzo del sito internet, se disponibile.

IRES

IRES

Registro Unico Nazionale del Terzo Settore	
Procedura di iscrizione	Dopo aver verificato la **sussistenza delle condizioni** previste dal D.Lgs. n. 117/2017 per la costituzione dell'ente quale Ente del Terzo Settore, nonché per la sua iscrizione nella sezione richiesta, l'Ufficio competente entro 60 giorni dalla presentazione della domanda, può: a) iscrivere l'ente; b) rifiutare l'iscrizione con provvedimento motivato; c) invitare l'ente a completare o rettificare la domanda ovvero ad integrare la documentazione. Decorsi 60 giorni dalla presentazione della domanda o dalla presentazione della domanda completata o rettificata ovvero della documentazione integrativa, la domanda di iscrizione s'intende accolta. Con cadenza triennale, gli Uffici del Registro Unico Nazionale del Terzo Settore sono tenuti ad effettuare una **revisione**, ai fini della verifica della permanenza dei requisiti previsti per l'iscrizione al Registro stesso. L'ETS iscritto è individuato in maniera univoca nel RUNTS mediante il proprio codice fiscale.
Effetti dell'iscrizione al RUNTS	L'iscrizione nel RUNTS ha **effetto costitutivo** relativamente all'acquisizione della qualifica di Ente del Terzo Settore e costituisce presupposto ai fini della fruizione dei benefici previsti dal D.Lgs. n. 117/2017 dalle vigenti disposizioni in favore degli ETS. In alcuni casi previsti (art. 22, c. 1, 2 e 3, D.Lgs. n. 117/2017), l'iscrizione nel RUNTS ha altresì effetto costitutivo della personalità giuridica. Le qualifiche di associazione di promozione sociale (APS), di organizzazione di volontariato (ODV), di ente filantropico, di società di mutuo soccorso non tenute all'iscrizione nell'apposita sezione "imprese sociali" del Registro imprese, di Rete associativa e di Rete associativa nazionale, nonché i benefici previsti in favore di tali specifiche tipologie di ETS sono collegati all'iscrizione in ciascuna delle apposite sezioni del RUNTS. Le qualifiche di impresa sociale, di società di mutuo soccorso tenuta all'iscrizione nel Registro imprese, nonché i relativi benefici sono collegati all'iscrizione nella sezione "Imprese sociali" del Registro imprese. L'iscrizione consente altresì l'utilizzo nella denominazione sociale e negli atti a rilevanza esterna e nei confronti dei soci delle locuzioni specifiche di ciascuna tipologia di ETS e dei relativi acronimi. L'acronimo ETS e la locuzione "Ente del Terzo Settore" devono essere utilizzati dagli altri Enti del Terzo Settore (enti iscritti alla sezione di cui all'art. 46, c. 1, lett. g), D.Lgs. n. 117/2017). È fatta salva per gli enti la facoltà di utilizzarli in aggiunta agli acronimi e alle locuzioni proprie di ciascuna tipologia.

Gli Enti del Terzo Settore che esercitano la propria attività esclusivamente o principalmente in forma di impresa commerciale sono obbligati ad iscriversi nel **Registro delle imprese** oltre che nel Registro Unico Nazionale del Terzo Settore.
Ogni Ente del Terzo Settore deve contenere nella **denominazione sociale**, in qualunque modo essa sia formata, l'indicazione di Ente del Terzo Settore o l'acronimo ETS.

Avvio del RUNTS - La data di operatività del Registro Unico Nazionale del Terzo Settore (c.d. RUNTS) è fissata al 23 novembre 2021 (Ministero del Lavoro, Decreto 26 ottobre 2021, n. 561; Ministero del Lavoro e delle Politiche Sociali, nota 30 novembre 2021, n. 18244).
Da tale data ha inizio il trasferimento al RUNTS dei dati relativi agli enti iscritti nei registri delle APS, OdV e ONLUS.

Decorrenza trasferimento al RUNTS di APS e OdV	Il trasferimento dei dati parte dal 23 novembre 2021. Entro i 90 giorni successivi (ossia entro il 21 febbraio 2022), gli uffici delle Regioni e delle Province autonome comunicano telematicamente al RUNTS i dati in loro possesso relativi alle APS e alle ODV già iscritte nei rispettivi registri alla data del 22 novembre 2021, per le quali non siano in corso procedimenti di cancellazione. I dati delle APS e delle ODV aventi procedimenti di iscrizione o di cancellazione pendenti al 22 novembre sono comunicati al RUNTS in caso di esito favorevole degli stessi.

Comunicazione dei dati per le APS	La comunicazione dei dati al RUNTS relativamente alle APS nazionali, alle loro articolazioni territoriali e ai circoli a esse affiliati iscritti alla data del 22 novembre 2021 al registro nazionale tenuto dal Ministero del Lavoro, deve avvenire entro il 23 dicembre 2021. Tale comunicazione interessa anche gli enti iscritti successivamente, all'esito dei procedimenti pendenti.
Verifica delle posizioni di APS e OdV	Entro 180 giorni dalla scadenza dei predetti termini, ciascun ufficio del RUNTS verifica le posizioni dei singoli enti prendendo in carico le informazioni disponibili sulla piattaforma informatica. In caso di mancata emanazione di un provvedimento espresso di diniego, resta ferma l'operatività del silenzio assenso.
Passaggio delle ONLUS al RUNTS	I dati e le informazioni relativi agli enti iscritti nell'Anagrafe delle ONLUS alla data del 22 novembre 2021 sono comunicati al RUNTS dall'Agenzia delle Entrate. L'elenco di tali enti sarà pubblicato sul sito dell'Agenzia e ne sarà data comunicazione in Gazzetta Ufficiale. Le modalità operative con le quali l'Agenzia effettuerà tali adempimenti saranno definite con separata comunicazione, anche ai fini della presentazione delle richieste di iscrizione al RUNTS da parte delle ONLUS.
Cessazione Anagrafe delle ONLUS	Dal giorno di operatività del RUNTS cessano le procedure di iscrizione nell'Anagrafe delle ONLUS, la quale rimane operativa esclusivamente per i procedimenti di iscrizione e cancellazione pendenti alla data del 22 novembre 2021. Tale Anagrafe sarà definitivamente soppressa (così come l'intera disciplina delle ONLUS) a decorrere dal periodo d'imposta successivo a quello in cui perverrà l'autorizzazione della Commissione europea, prevista dall'art. 101 c. 10, D.Lgs. n. 117/2017.
Iscrizione degli altri enti al RUNTS	Dal 24 novembre 2021 gli enti diversi da ONLUS, ODV e APS possono presentare le istanze di iscrizione in una delle sezioni del RUNTS, utilizzando la modulistica uniforme sull'intero territorio nazionale, che è disponibile attraverso il portale del RUNTS.

IRES

Obblighi contabili 27.2.6.

Gli Enti del Terzo Settore devono redigere il **bilancio d'esercizio** (in conformità alla modulistica definita con decreto del Ministro del Lavoro e delle Politiche Sociali) e sono tenuti ad alcuni **adempimenti contabili**.

Adempimenti contabili	
Bilancio	Il bilancio è composto: - dallo **Stato patrimoniale**; - dal **Rendiconto gestionale**, con l'indicazione dei proventi e degli oneri dell'ente; - dalla **Relazione di missione** che illustra le poste di bilancio, l'andamento economico e finanziario dell'ente e le modalità di perseguimento delle finalità statutarie. Se ricavi, rendite, proventi o entrate comunque denominate sono inferiori a 220.000 euro, il bilancio può essere redatto nella forma del **Rendiconto per cassa**. Gli enti non iscritti nel Registro delle imprese devono depositare il bilancio presso il Registro Unico Nazionale del Terzo Settore. Se l'ente esercita la propria attività esclusivamente o principalmente in forma di impresa commerciale, il bilancio deve essere redatto e depositato presso il Registro delle imprese redatto a seconda della forma del soggetto (artt. 2423 e ss., 2435-bis o 2435-ter c.c.).

Adempimenti contabili	
Scritture contabili	È obbligatorio tenere: a) il **libro degli associati** o aderenti; b) il libro delle adunanze e delle deliberazioni delle assemblee, in cui devono essere trascritti anche i verbali redatti per atto pubblico; c) il libro **delle adunanze e delle deliberazioni dell'organo di amministrazione**, dell'organo di controllo, e di eventuali altri organi sociali. Gli associati o gli aderenti hanno diritto di esaminare i libri sociali, secondo le modalità previste dall'atto costitutivo o dallo statuto. Se l'ente esercita la propria attività esclusivamente o principalmente in forma di impresa commerciale, è obbligato a tenere le **scritture contabili previste per le imprese** (art. 2214 c.c.).
Trasparenza	Gli enti e in particolare, quelli con ricavi, rendite, proventi o entrate comunque denominate superiori a 100.000 euro annui devono in ogni caso pubblicare annualmente e tenere aggiornati nel proprio sito internet, o nel sito internet della rete associativa cui aderiscono, gli eventuali **emolumenti, compensi o corrispettivi** a qualsiasi titolo attribuiti ai componenti degli **organi di amministrazione e controllo**, ai **dirigenti** nonché agli **associati**.

27.2.7. Organi di governance

Gli organi previsti sono:
- **l'assemblea degli associati**;
- **l'organo di amministrazione**;
- **l'organo di controllo**.

Organo	Funzioni
Assemblea degli associati	L'assemblea delle associazioni, riconosciute o non riconosciute, del Terzo Settore è costituita da tutti coloro che sono **iscritti nel libro degli associati**. Hanno **diritto di voto** tutti coloro che sono iscritti da almeno 3 mesi nel libro degli associati, salvo che l'atto costitutivo o lo statuto non dispongano diversamente. Ciascun associato ha un voto, mentre agli associati che siano Enti del Terzo Settore l'atto costitutivo o lo statuto possono attribuire più voti, sino ad un massimo di 5, in proporzione al numero dei loro associati o aderenti. I **compiti dell'assemblea** sono i seguenti: a) nomina e revoca i componenti degli organi sociali; b) nomina e revoca, quando previsto, il soggetto incaricato della revisione legale dei conti; c) approva il bilancio; d) delibera sulla responsabilità dei componenti degli organi sociali e promuove azione di responsabilità nei loro confronti; e) delibera sull'esclusione degli associati, se l'atto costitutivo o lo statuto non attribuiscono la relativa competenza ad altro organo eletto dalla medesima; f) delibera sulle modificazioni dell'atto costitutivo o dello statuto; g) approva l'eventuale regolamento dei lavori assembleari; h) delibera lo scioglimento, la trasformazione, la fusione o la scissione dell'associazione; i) delibera sugli altri oggetti attribuiti dalla legge, dall'atto costitutivo o dallo statuto alla sua competenza.

Organo	Funzioni
Organo di amministrazione	Nelle associazioni, riconosciute o non riconosciute, del Terzo Settore deve essere nominato dall'assemblea un organo di amministrazione, fatta eccezione per i **primi amministratori** che sono **nominati nell'atto costitutivo**. La maggioranza degli amministratori deve essere scelta tra le persone fisiche associate ovvero indicate dagli enti giuridici associati. L'atto costitutivo o lo statuto possono: - subordinare l'assunzione della carica di amministratore al possesso di specifici **requisiti di onorabilità, professionalità ed indipendenza**, anche con riferimento ai requisiti al riguardo previsti da codici di comportamento redatti da associazioni di rappresentanza o reti associative del Terzo Settore; - prevedere che uno o più amministratori siano scelti tra gli **appartenenti alle diverse categorie di associati**. La **nomina** degli amministratori deve essere iscritta nel Registro Unico Nazionale del Terzo Settore a cura degli stessi, entro 30 giorni dalla notizia della nomina, indicando per ciascuno di essi: - il nome e il cognome; - il luogo e la data di nascita; - il domicilio; - la cittadinanza; - l'attribuzione della rappresentanza dell'ente, precisando se disgiuntamente o congiuntamente. Il **potere di rappresentanza** attribuito agli amministratori è generale e dei loro atti rispondono nei confronti dell'ente, dei creditori sociali, del fondatore, degli associati e dei terzi.
Organo di controllo	Nelle **fondazioni** del Terzo Settore deve essere nominato un **organo di controllo**, anche monocratico che, in caso di associazioni, diventa **obbligatorio** quando siano superati per due esercizi consecutivi due dei seguenti **limiti**: - totale dell'attivo dello Stato patrimoniale: 110.000 euro; - ricavi, rendite, proventi, entrate comunque denominate: 220.000 euro; - dipendenti occupati in media durante l'esercizio: 5 unità. L'organo di controllo ha i seguenti **compiti**: - vigila sull'osservanza della legge e dello statuto e sul rispetto dei principi di corretta amministrazione, nonché sull'adeguatezza dell'assetto organizzativo, amministrativo e contabile e sul suo concreto funzionamento; - può esercitare, al superamento dei limiti di legge sotto riportati (art. 31, c. 1 D.Lgs. n. 117/2017), la revisione legale dei conti. In tal caso l'organo di controllo è costituito da revisori legali iscritti nell'apposito registro; - esercita compiti di monitoraggio dell'osservanza delle finalità civiche, solidaristiche e di utilità sociale ed attesta che il **bilancio sociale** sia stato redatto in conformità alle linee guida previste dal Codice (art. 14, D.Lgs. n. 117/2017). I componenti dell'organo di controllo possono in qualsiasi momento procedere, anche individualmente, ad **atti di ispezione e di controllo**, e, a tal fine, possono chiedere agli amministratori notizie sull'andamento delle operazioni sociali o su determinati affari. Inoltre, le associazioni, riconosciute o non riconosciute, e le fondazioni del Terzo Settore devono nominare un **revisore legale dei conti o** una **società di revisione** legale iscritti nell'apposito registro quando superino per due esercizi consecutivi due dei seguenti limiti (art. 31, D.Lgs. n. 117/2017): - totale dell'attivo dello stato patrimoniale: 1.100.000 euro; - ricavi, rendite, proventi, entrate comunque denominate: 2.200.000 euro; - dipendenti occupati in media durante l'esercizio: 12 unità.

Regime fiscale 27.2.8.

Le **attività** di interesse generale sono considerate **di natura non commerciale** quando sono s**volte a titolo gratuito o dietro versamento di corrispettivi che non superano i costi effettivi**.
In particolare, le attività svolte dagli Enti del Terzo Settore, ivi incluse quelle accreditate o contrattualizzate o convenzionate con le Amministrazioni pubbliche, l'Unione europea, amministrazioni pub-

bliche straniere o altri organismi pubblici di diritto internazionale, si considerano di **natura non commerciale** quando le stesse sono svolte a titolo gratuito o dietro versamento di corrispettivi che non superano i costi effettivi, tenuto anche conto degli apporti economici degli enti e salvo eventuali importi di partecipazione alla spesa previsti dall'ordinamento.
Tali attività si considerano non commerciali qualora i ricavi non superino di oltre il 5% i relativi costi per ciascun periodo d'imposta e per non oltre due periodi d'imposta consecutivi.
Ai fini del calcolo del **costo effettivo** si tiene conto anche del valore normale delle attività di volontariato e delle erogazioni gratuite di beni o servizi.
Inoltre, sono considerate non commerciali, le **attività di ricerca scientifica di particolare interesse sociale**:

a. se svolte direttamente dagli enti no profit la cui finalità principale consiste nello svolgere attività di ricerca scientifica di particolare interesse sociale e purché tutti gli utili siano interamente reinvestiti nelle attività di ricerca e nella diffusione gratuita dei loro risultati e non vi sia alcun accesso preferenziale da parte di altri soggetti privati alle capacità di ricerca dell'ente medesimo nonché ai risultati prodotti;
b. affidate dagli enti no profit ad università e altri organismi di ricerca che le svolgono direttamente in ambiti e secondo modalità previste dal D.P.R. n. 135/2003.

Tenendo conto della disciplina "*de minimis*" (art. 1, c. 83, Legge n. 145/2018), si considerano non commerciali anche le **attività socio-sanitarie** (art. 5, c. 1, lett. a), b) e c), D.Lgs. n. 117/2017) se svolte da fondazioni delle ex istituzioni pubbliche di assistenza e beneficenza, a condizione che gli **utili siano interamente reinvestiti** nelle attività di natura sanitaria o socio-sanitaria e che non sia deliberato alcun compenso a favore degli organi amministrativi (art. 79, c. 3, lett. b-bis), D.Lgs. n. 117/2017).

Non concorrono alla formazione del reddito delle associazioni del Terzo Settore le somme versate dagli associati a titolo di **quote o contributi associativi**.

Si considerano, tuttavia, attività di **natura commerciale** le cessioni di beni e le prestazioni di servizi effettuate nei confronti degli associati verso pagamento di corrispettivi specifici, compresi i contributi e le quote supplementari determinati in funzione delle maggiori o diverse prestazioni alle quali danno diritto. Detti corrispettivi concorrono alla formazione del reddito complessivo come componenti del reddito d'impresa o come redditi diversi a seconda che le relative operazioni abbiano carattere di abitualità o di occasionalità.
Non concorrono, in ogni caso, alla formazione del reddito degli Enti del Terzo Settore:

- i **fondi** pervenuti a seguito di **raccolte pubbliche** effettuate occasionalmente anche mediante offerte di beni di modico valore o di servizi ai sovventori, nonché in concomitanza di celebrazioni, ricorrenze o campagne di sensibilizzazione;
- i **contributi** e gli apporti erogati da parte delle Amministrazioni pubbliche per lo svolgimento, anche convenzionato o in regime di accreditamento, delle attività di cui sopra.

Presunzione assoluta di commercialità - Indipendentemente dalle previsioni statutarie, gli Enti del Terzo Settore assumono la **qualifica di enti commerciali** qualora i **proventi delle attività svolte in forma d'impresa** non in conformità ai criteri sopra indicati, nonché delle attività diverse da quelle appositamente previste dal D.Lgs. n. 117/2017, fatta eccezione per le attività di sponsorizzazione svolte nel rispetto dei criteri appositamente previsti (art. 6, D.Lgs. n. 117/2017) **superano**, nel medesimo periodo d'imposta, le **entrate derivanti da attività non commerciali**.
Si considerano entrate derivanti da attività non commerciali i contributi, le sovvenzioni, le liberalità, le quote associative dell'ente e ogni altra entrata assimilabile alle precedenti, ivi compresi i proventi e le entrate considerate non commerciali ai sensi di quanto detto sopra, tenuto conto altresì del **valore normale delle cessioni o prestazioni** afferenti le attività svolte con modalità non commerciali.
Inoltre, il mutamento della qualifica, da Ente di Terzo Settore non commerciale a Ente di Terzo Settore commerciale, opera a partire dal periodo d'imposta in cui l'ente assume natura commerciale.

Attività svolta nei confronti dei propri associati e familiari - Si considera non commerciale l'attività svolta dalle associazioni del Terzo Settore nei confronti dei propri associati e dei familiari e conviventi degli stessi in conformità alle finalità istituzionali dell'ente.
Non concorrono alla formazione del reddito delle associazioni del Terzo Settore le somme versate dagli associati a titolo di quote o contributi associativi.

Si considerano attività di natura commerciale le **cessioni di beni** e le **prestazioni di servizi** effettuate **nei confronti** degli **associati** e dei **familiari** e **conviventi** degli stessi verso pagamento di corrispettivi specifici, compresi i contributi e le quote supplementari determinati in funzione delle maggiori o diverse prestazioni alle quali danno diritto.

Tali corrispettivi concorrono alla formazione del reddito complessivo come componenti del reddito di impresa o come redditi diversi a seconda che le relative operazioni abbiano carattere di abitualità o di occasionalità.

Regime fiscale delle organizzazioni di volontariato e degli enti filantropici - Non si considerano commerciali, oltre alle attività indicate in precedenza, le seguenti attività effettuate dalle organizzazioni di volontariato e svolte senza l'impiego di mezzi organizzati professionalmente per fini di concorrenzialità sul mercato (art. 84, D.Lgs. n. 117/2017):

a. **attività di vendita di beni acquisiti da terzi a titolo gratuito a fini di sovvenzione**, a condizione che la vendita sia curata direttamente dall'organizzazione senza alcun intermediario;
b. **cessione di beni prodotti dagli assistiti e dai volontari** sempreché la vendita dei prodotti sia curata direttamente dall'organizzazione di volontariato senza alcun intermediario;
c. **attività di somministrazione di alimenti e bevande** in occasione di raduni, manifestazioni, celebrazioni e simili a carattere occasionale.

I redditi degli immobili destinati in via esclusiva allo svolgimento di attività non commerciale da parte delle organizzazioni di volontariato sono esenti dall'imposta sul reddito delle società.
Tale regola si applica anche alle organizzazioni di volontariato che, a seguito di trasformazione in enti filantropici, sono iscritte nella specifica sezione del Registro Unico Nazionale del Terzo Settore.

Regime fiscale delle associazioni di promozione sociale (APS) - Non si considerano commerciali le attività svolte dalle associazioni di promozione sociale (APS) in diretta attuazione degli scopi istituzionali effettuate verso pagamento di corrispettivi specifici nei confronti dei propri associati e dei familiari conviventi degli stessi, ovvero degli associati di altre associazioni che svolgono la medesima attività e che per legge, regolamento, atto costitutivo o statuto fanno parte di un'unica organizzazione locale o nazionale, nonché nei confronti di enti composti in misura non inferiore al 70% da Enti del Terzo Settore (art. 85, D.Lgs. n. 117/2017).
Inoltre, non si considerano commerciali, ai fini delle imposte sui redditi, le cessioni anche a terzi di proprie pubblicazioni cedute prevalentemente agli associati e ai familiari conviventi degli stessi verso pagamento di corrispettivi specifici in attuazione degli scopi istituzionali.
Si considerano comunque commerciali, ai fini delle imposte sui redditi, le cessioni di beni nuovi prodotti per la vendita, le somministrazioni di pasti, le erogazioni di acqua, gas, energia elettrica e vapore, le prestazioni alberghiere, di alloggio, di trasporto e di deposito e le **prestazioni** di servizi portuali e aeroportuali nonché le prestazioni **effettuate** nell'**esercizio** delle seguenti **attività**:

a. gestione di **spacci aziendali** e di **mense**;
b. organizzazione di **viaggi e soggiorni turistici**;
c. gestione di **fiere** ed **esposizioni** a carattere commerciale;
d. **pubblicità commerciale**;
e. **telecomunicazioni e radiodiffusioni** circolari.

Per le APS ricomprese tra gli enti iscritti nell'apposito registro (art. 3, c. 6, lett. e), Legge n. 287/1991), le cui finalità assistenziali siano riconosciute dal Ministero dell'interno, non si considera in ogni caso commerciale, anche se effettuata a fronte del pagamento di corrispettivi specifici, la somministrazione di alimenti o bevande effettuata presso le sedi in cui viene svolta l'attività istituzionale da bar e esercizi similari, nonché l'organizzazione di viaggi e soggiorni turistici, sempre che vengano soddisfatte le seguenti condizioni:

a. tale **attività** sia strettamente complementare a quelle **svolte** in diretta **attuazione** degli **scopi istituzionali** e sia effettuata nei confronti degli associati e dei familiari conviventi degli stessi;
b. per lo svolgimento di tale attività **non ci si avvalga** di alcuno **strumento pubblicitario** o comunque di diffusione di informazioni a soggetti terzi, diversi dagli associati.

Le quote e i contributi corrisposti alle associazioni di promozione sociale di cui al presente articolo non concorrono alla formazione della base imponibile, ai fini dell'imposta sugli intrattenimenti.
Non si considerano commerciali nemmeno le attività di vendita di beni acquisiti da terzi a titolo gratuito a fini di **sovvenzione**, a condizione che la vendita sia curata direttamente dall'organizzazione senza alcun intermediario e sia svolta senza l'impiego di mezzi organizzati professionalmente per fini di concorrenzialità sul mercato.
I redditi degli immobili destinati in via esclusiva allo svolgimento di attività non commerciale da parte delle associazioni di promozione sociale sono esenti dall'imposta sul reddito delle società.

IRES

27.2.9. Regime fiscale forfetario

Gli enti non commerciali del Terzo Settore, possono optare per la determinazione del reddito d'impresa applicando all'ammontare dei ricavi conseguiti nell'esercizio delle attività "istituzionali", quando svolte con modalità commerciali, appositi coefficienti di redditività e aggiungendo l'ammontare delle **plusvalenze patrimoniali** (➡22.3.) (art. 86, D.P.R. n. 917/1986), **sopravvenienze attive** (➡22.4.) (art. 88, D.P.R. n. 917/1986), **dividendi e interessi** (➡22.7.) (art. 89, D.P.R. n. 917/1986) e **proventi immobiliari** (➡22.8.) (art. 90, D.P.R. n. 917/1986).

Tipo di attività	Ricavi		Coefficiente
Attività di prestazioni di servizi		fino a 130.000 euro	7%
	da 130.001 euro	a 300.000 euro	10%
	oltre 300.000 euro		17%
Altre attività		fino a 130.000 euro	5%
	da 130.001 euro	a 300.000 euro	7%
	oltre 300.000 euro		14%

Per gli enti che esercitano contemporaneamente prestazioni di servizi ed altre attività, il coefficiente si determina con riferimento all'ammontare dei ricavi relativi all'**attività prevalente**.
In mancanza della distinta annotazione dei ricavi si considerano prevalenti le attività di prestazioni di servizi.

Meccanismo di funzionamento - È previsto che:

- i **componenti positivi e negativi di reddito riferiti ad anni precedenti** a quello da cui ha effetto il regime forfetario, la cui tassazione o deduzione è stata rinviata in conformità alle disposizioni del D.P.R. n. 917/1986, che dispongono o consentono il rinvio, partecipano per le quote residue alla formazione del reddito dell'esercizio precedente a quello di efficacia del predetto regime;
- le **perdite fiscali generatesi nei periodi d'imposta anteriori** a quello da cui decorre il regime forfetario possono essere computate in diminuzione del reddito determinato ai sensi delle nuove disposizioni secondo le regole ordinarie stabilite dal D.P.R. n. 917/1986;
- gli enti che optano per la determinazione forfetaria del reddito di impresa in base alle regole sopra esposte sono **esclusi** dall'applicazione degli studi di settore, nonché degli **Indici Sistematici di Affidabilità (c.d. ISA)**.

Opzione - Si tratta di un regime fiscale opzionale: l'opzione va **esercitata nella dichiarazione annuale dei redditi** (dichiarazione di variazione attività ai fini IVA per gli enti che decidono di intraprendere l'attività commerciale) e ha effetto dall'inizio del periodo d'imposta nel corso del quale è esercitata fino a quando non è revocata e comunque per un **triennio**. La **revoca dell'opzione** è effettuata nella dichiarazione annuale dei redditi e ha effetto dall'inizio del periodo d'imposta nel corso del quale la dichiarazione stessa è presentata.

Regime forfetario per le organizzazioni di volontariato e le associazioni di promozione sociale - Possono applicare, in relazione alle attività commerciali svolte, un regime forfetario se nel periodo d'imposta precedente hanno percepito **ricavi**, ragguagliati al periodo d'imposta, **non superiori a 130.000 euro** o alla diversa soglia che dovesse essere autorizzata dal Consiglio dell'Unione europea (art. 86, D.Lgs. n. 117/2017).
Le organizzazioni di volontariato e le associazioni di promozione sociale possono avvalersi del regime forfetario comunicando nella dichiarazione annuale o, nella dichiarazione di inizio di attività, di presumere la sussistenza dei requisiti previsti.
Le **organizzazioni di volontariato** che applicano il regime forfetario determinano il **reddito imponibile** applicando all'ammontare dei ricavi percepiti un **coefficiente di redditività** pari all'**1%**.
Invece, le **associazioni di promozione sociale** che applicano il regime forfetario determinano il reddito imponibile applicando all'ammontare dei ricavi percepiti un coefficiente di redditività del **3%**.
Valgono le seguenti regole:

- i **componenti positivi e negativi di reddito riferiti ad anni precedenti** a quello da cui ha effetto il regime forfetario, la cui tassazione o deduzione è stata rinviata in conformità alle disposizioni del D.P.R. n. 917/1986, che dispongono o consentono il rinvio, partecipano per le quote residue alla formazione del reddito dell'esercizio precedente a quello di efficacia del predetto regime;

- le **perdite fiscali generatesi nei periodi d'imposta anteriori** a quello da cui decorre il regime forfetario possono essere computate in diminuzione del reddito determinato ai sensi delle nuove disposizioni secondo le regole ordinarie stabilite dal D.P.R. n. 917/1986.

Fermo restando l'obbligo di conservare i documenti ricevuti ed emessi, le organizzazioni di volontariato e le associazioni di promozione sociale che applicano il regime forfetario sono **esonerati** dagli obblighi di registrazione e di tenuta delle scritture contabili.

Inoltre, le organizzazioni di volontariato e le associazioni di promozione sociale che applicano il regime forfetario non sono tenuti a operare le ritenute alla fonte; tuttavia, nella dichiarazione dei redditi, i medesimi contribuenti devono indicare il codice fiscale del percettore dei redditi per i quali all'atto del pagamento degli stessi non è stata operata la ritenuta e l'ammontare dei redditi stessi.

Altre agevolazioni fiscali 27.2.10.

Sono previste agevolazioni in materia di **imposte indirette** (successioni e donazioni, registro, ipotecaria e catastale) e di **tributi locali**.

IRES

Tipologia	Agevolazioni
Trasferimenti a titolo gratuito, effettuati a favore degli enti appartenente al Terzo Settore.	Non sono soggetti all'imposta sulle successioni e donazioni e alle imposte ipotecaria e catastale. Per ottenere l'agevolazione è necessario che i beni o diritti ricevuti o la somma ricavata dalla loro alienazione siano direttamente utilizzati, entro 5 anni dal trasferimento, in attuazione degli scopi istituzionali e che l'ente renda, contestualmente alla stipula dell'atto, apposita dichiarazione in tal senso. Chi presenta una dichiarazione mendace o chi non utilizza effettivamente il bene per lo svolgimento dell'attività di interesse generale, oltre a dover versare l'imposta nella misura ordinaria, è soggetto alla **sanzione amministrativa** pari al 30% dell'imposta dovuta oltre agli interessi di mora decorrente dalla data in cui l'imposta avrebbe dovuto essere versata.
Trasferimento di immobili a titolo oneroso e atti traslativi o costitutivi di **diritti reali immobiliari di godimento** degli Enti del Terzo Settore.	Si applicano le **imposte** di registro, ipotecaria e catastale **in misura fissa**.
Atti, documenti, istanze, contratti, copie anche se dichiarate conformi, estratti, certificazioni, dichiarazioni e attestazioni.	**Esenzione** dall'imposta di **registro e** dall'imposta di **bollo**.
Atti costitutivi e quelli connessi allo svolgimento delle attività delle organizzazioni di volontariato	**Esenzione** dall'imposta di **registro**
Immobili: - posseduti e utilizzati dagli Enti del Terzo Settore che non hanno per oggetto esclusivo o principale l'esercizio di attività commerciale; - destinati esclusivamente allo svolgimento con modalità non commerciali di attività assistenziali, previdenziali, sanitarie, di ricerca scientifica, didattiche, ricettive, culturali, ricreative e sportive, nonché delle attività di religione o di culto quali quelle dirette all'esercizio del culto e alla cura delle anime, alla formazione del clero e dei religiosi, a scopi missionari, alla catechesi, all'educazione cristiana.	**Esenzione** da **IMU** e **TASI**.

Erogazioni liberali 27.2.11.

Sono previste anche alcune **deduzioni e detrazioni per le erogazioni liberali** a favore degli Enti del Terzo Settore (➔3.8.7.) (➔6.15.12.) che vanno a sostituire le precedenti disposizioni di analogo tenore (art. 83, D.Lgs. n. 117/2017; D.M. 28 novembre 2019).

Deduzioni e detrazioni				
Tipologia[1]	**Soggetti interessati**	**Erogazioni/spese Interessate**[2-3]	**Percentuale**	**Limiti e altri aspetti**
Detrazione IRPEF	Persone fisiche	Oneri sostenuti per le erogazioni liberali in denaro o in natura a favore degli Enti del Terzo Settore non commerciali (art. 79, c. 5, D.Lgs. n. 117/2017)[4-5].	30% 35% se l'erogazione liberale è a favore di organizzazioni di volontariato.	Importo complessivo in ciascun periodo d'imposta non superiore a 30.000 euro. È necessario effettuare il pagamento tramite banche o uffici postali ovvero mediante altri sistemi di pagamento tracciabili (carte di credito, debito, ecc.).
Deduzione	Persone fisiche, enti e società	Liberalità in denaro o in natura erogate a favore degli Enti del Terzo Settore non commerciali (art. 79, c. 5, D.Lgs. n. 117/2017)[4-5].	10%	Se la deduzione è di ammontare superiore al reddito complessivo dichiarato, diminuito di tutte le deduzioni, l'eccedenza può essere computata in aumento dell'importo deducibile dal reddito complessivo dei periodi di imposta successivi, ma non oltre il quarto, fino a concorrenza del suo ammontare. Le tipologie dei beni in natura che danno diritto alla detrazione o alla deduzione d'imposta sono stabilite con apposito D.M.
Detrazione	Soci di società di mutuo soccorso	Contributi associativi versati alle società di mutuo soccorso (art. 1, Legge n. 3818/1886), al fine di assicurare ai soci un sussidio nei casi di malattia, di impotenza al lavoro o di vecchiaia, ovvero, in caso di decesso, un aiuto alle loro famiglie.	19%	Importo non superiore a 1.300 euro.

[1] Non è possibile cumulare la deducibilità o detraibilità tra loro, né con altra agevolazione fiscale prevista a titolo di deduzione o di detrazione di imposta da altre disposizioni di legge a fronte delle medesime erogazioni.

[2] Le deduzioni/detrazioni si applicano a condizione che l'ente dichiari la propria natura non commerciale (art. 79, c. 5, D.Lgs. n. 117/2017), al momento dell'iscrizione nel Registro Unico Nazionale del Terzo Settore (art. 45, D.Lgs. n. 117/2017). La perdita della natura non commerciale va comunicata dal rappresentante legale dell'ente all'Ufficio del Registro Unico Nazionale del Terzo Settore della Regione o della Provincia autonoma in cui l'ente ha la sede legale, entro 30 giorni dalla chiusura del periodo d'imposta nel quale si è verificata. In caso di mancato tempestivo invio di detta comunicazione, il legale rappresentante dell'ente è punito con la sanzione amministrativa da 500 euro a 5.000 euro.

Deduzioni e detrazioni				
Tipologia[1]	Soggetti interessati	Erogazioni/spese Interessate[2-3]	Percentuale	Limiti e altri aspetti
[3] Sono deducibili/detraibili anche le erogazioni effettuate a favore delle cooperative sociali a condizione che le liberalità ricevute siano utilizzate per lo svolgimento dell'attività statutaria ai fini dell'esclusivo perseguimento di finalità civiche, solidaristiche e di utilità sociale. [4] Fino al periodo d'imposta nel corso del quale interverrà l'autorizzazione della Commissione europea e, comunque, fino al periodo di imposta di operatività del Registro unico nazionale del Terzo Settore, se successivo alla predetta autorizzazione, sono detraibili/deducibili anche le erogazioni alle ONLUS, iscritte negli appositi registri, alle organizzazioni di volontariato iscritte nei registri e alle associazioni di promozione sociale iscritte nei registri nazionali, regionali e delle Provincie autonome di Trento e Bolzano, a condizione che utilizzino i beni ricevuti in conformità alle proprie finalità statutarie. [5] L'ammontare della deduzione può essere determinata in vari modi: - in caso di erogazioni liberali in natura: è quantificato sulla base del valore normale del bene oggetto di donazione (art. 9, D.P.R. n. 917/1986). - in caso di erogazione liberale avente ad oggetto un bene strumentale: è determinato con riferimento al residuo valore fiscale all'atto del trasferimento. - in caso di erogazione liberale avente ad oggetto i beni alla cui produzione o al cui scambio è diretta l'attività dell'impresa o le materie prime sussidiarie, semilavorati e altri beni mobili, esclusi quelli strumentali, acquistati o prodotti per essere impiegati nella produzione: è determinato con riferimento al minore tra il valore normale e quello determinato applicando le disposizioni sulla valutazione delle rimanenze (art. 92 D.P.R. n. 917/1986). Qualora, al di fuori delle ipotesi di cui sopra, il valore della cessione, singolarmente considerata sia superiore a 30.000 euro, ovvero, nel caso in cui, per la natura dei beni, non sia possibile desumerne il valore sulla base di criteri oggettivi, il donatore dovrà acquisire una perizia giurata che attesti il valore dei beni donati, recante data non antecedente a 90 giorni il trasferimento del bene e consegnarne copia al soggetto destinatario dell'erogazione copia della perizia giurata di stima. L'erogazione liberale in natura deve risultare da atto scritto contenente la dichiarazione del donatore recante la descrizione analitica dei beni donati, con l'indicazione dei relativi valori, nonché la dichiarazione del soggetto destinatario dell'erogazione contenente l'impegno ad utilizzare direttamente i beni medesimi per lo svolgimento dell'attività statutaria, ai fini dell'esclusivo perseguimento di finalità civiche, solidaristiche e di utilità sociale.				

Entrata in vigore - L'entrata in vigore delle detrazioni è stata oggetto di **interpretazione autentica** ad opera del decreto collegato alla manovra di bilancio 2018 (➔27.2.13.) (artt. 5-ter e 5-sexies, D.L. n. 148/2017).

In particolare:

- le deduzioni e detrazioni sopra riportate sono entrate in vigore **dal 1° gennaio 2018**;
- le disposizioni previgenti il D.Lgs. n. 117/2017, **abrogate, disapplicate o modificate** dallo stesso D.Lgs. n. 117, hanno trovato applicazione, **senza soluzione di continuità**, **fino al 31 dicembre 2017** (anche se, il D.Lgs. è entrato in vigore il 3 agosto 2017).

Inoltre, fino al momento di operatività del Registro Unico Nazionale del Terzo Settore, le agevolazioni trovano applicazione nei confronti delle liberalità effettuate a favore di:

- **ONLUS** iscritte negli appositi registri;
- **Organizzazioni di volontariato** iscritti nei registi (Legge n. 266/1991);
- **Associazioni di promozione sociale** iscritte nei registri nazionali, regionali e delle Province autonome di Trento e Bolzano (art. 7, Legge n. 383/2000).

Secondo quanto chiarito dall'Agenzia delle Entrate (risposta resa in occasione dell'incontro con la stampa specializzata del 1° febbraio 2018) dal 1° gennaio 2018 alle ONLUS, alle ODV e alle APS si applicano le norme sul *social bonus* (art. 81, D.Lgs. n. 117/2017) e quelle sulle detrazioni e deduzioni per erogazioni liberali (art. 83). Inoltre, dal periodo d'imposta successivo a quello in corso al 31 dicembre 2017, si applica alle ODV e alle APS l'esenzione dall'IRES per i redditi degli immobili di detti enti destinati in via esclusiva allo svolgimento di attività non commerciale (art. 84, c. 2 e 85, c. 7, D.Lgs. n. 117/2017).

Abrogazioni/disapplicazioni dal 1° gennaio 2018		
Agevolazione	**Estremi**	**Trattamento dal 1° gennaio 2018**
Detrazione per erogazioni liberali in denaro a favore delle ONLUS (➡**6.15.3.**)	art. 15, c. 1.1, D.P.R. n. 917/1986	Disapplicata nei confronti dei soggetti che effettuano erogazioni liberali a favore di Enti del Terzo Settore non commerciali e cooperative sociali (art. 89, c. 11, D.Lgs. n. 117/2017).
Detrazione per erogazioni liberali a società di mutuo soccorso	art. 15, c. 1, lett. i-bis), D.P.R. n. 917/1986	Abrogata.
Detrazione per erogazioni ad associazioni di promozione sociale	art. 15, c. 1, lett. i-quater), D.P.R. n. 917/1986	Abrogata.
Deduzione erogazioni a ONLUS, APS, fondazioni e associazioni riconosciute (➡**3.8.3.**)	art. 14, D.L. n. 35/2005	Sono escluse dall'ambito soggettivo di applicazione della deduzione le ONLUS e APS (art. 99, c. 3, D.Lgs. n. 117/2017). L'abrogazione definitiva avverrà a decorrere dall'autorizzazione comunitaria e, comunque, dall'operatività del Registro Unico Nazionale del Terzo Settore (art. 102, lett. h), D.Lgs. n. 117/2017).
Deduzione IRES erogazioni a favore di ONLUS, iniziative umanitarie e religiose o laiche	art. 100, c. 2, lett. h), D.P.R. n. 917/1986	Disapplicata nei confronti dei soggetti che effettuano erogazioni liberali a favore di Enti del Terzo Settore non commerciali e cooperative sociali (art. 89, c. 11, D.Lgs. n. 117/2017).
Deduzione IRES per le erogazioni liberali in denaro a favore delle APS	art. 100, c. 2, lett. l), D.P.R. n. 917/1986	Abrogata.

27.2.12. Credito d'imposta - Social bonus

È previsto un **credito d'imposta del 65%** delle erogazioni liberali in denaro con modalità tracciabili, effettuate da persone fisiche, e del **50%** se effettuate da enti e società, in favore degli Enti del Terzo Settore non commerciali (art. 81, D.Lgs. n. 117/2017) (➡**16.7.**).

27.2.13. Entrata in vigore della riforma

Pur essendo entrato in vigore il 3 agosto 2017, il D.Lgs. n. 117/2017 ha previsto una specifica tempistica per l'entrata in vigore di alcune delle norme in esso contenute (➡**27.2.11.**) (art. 104, D.Lgs. n. 117/2017).

A tal fine è possibile distinguere due diverse ipotesi (in tal senso si esprime il documento di ricerca pubblicato dal CNDCEC il 28 dicembre 2017):

- soggetti che scelgono di **non (o non possono) iscriversi** al Registro Unico Nazionale del Terzo Settore (c.d. RUNTS) non assumendo, quindi, la qualifica di "Enti del Terzo Settore": continuano a far riferimento alla disciplina contenuta del D.P.R. n. 917/1986 e dalle leggi speciali. A tal proposito si deve comunque tener conto delle modifiche apportate a detta disciplina in occasione della riforma e, in particolare, delle disposizioni di disapplicazione e coordinamento normativo rilevanti sia ai fini delle imposte dirette che IVA (art. 89, D.Lgs. n. 117/2017) nonché delle disposizioni abrogative (art. 102, D.Lgs. n. 117/2017);
- soggetti che decidono di assumere la qualifica di "Enti del Terzo Settore" (mediante **iscrizione al RUNTS**): devono adottare i modelli impositivi previsti dal D.Lgs. n. 117/2017 (artt. 79-89) tenuto conto sia della qualificazione di ente commerciale o non commerciale che delle tipologie di ente.

Le norme di carattere fiscale del D.Lgs. n. 117/2017 si applicheranno agli Enti del Terzo Settore a decorrere dal periodo d'imposta successivo all'intervenuta **autorizzazione** da parte della Commissione europea (art. 101, c. 10, D.Lgs. n. 117/2017) e, comunque, non prima del periodo di imposta successivo di operatività del RUNTS.

Comunque, ai fini delle imposte sui redditi, nei confronti degli Enti del Terzo Settore si applicheranno le disposizioni del D.P.R. n. 917/1986, tenendo conto delle disposizioni di disapplicazione e coordinamento normativo recate dall'art. 89, D.Lgs. n. 117/2017 (valevoli sia ai fini delle imposte dirette che IVA): pertanto, anche gli Enti del Terzo Settore saranno suddivisi in Enti del Terzo Settore commerciali e Enti del Terzo Settore non commerciali.
In alternativa ai criteri ordinari di determinazione del reddito, alcune tipologie di Enti del Terzo Settore potranno optare per i regimi forfetari di determinazione del reddito d'impresa eventualmente prodotto (➔27.2.9.) (artt. 80 e 86, D.Lgs. n. 117/2017).

Disciplina transitoria - Pur restando confermata l'entrata in vigore subordinata all'autorizzazione della Commissione europea e all'operatività del RUNTS, per alcune disposizioni è stata disposta, in via transitoria, l'**entrata in vigore dal 1° gennaio 2018**.
Tale disciplina transitoria interessa:

- le ONLUS (art. 10, D.Lgs. n. 460/1997) iscritte negli appositi registri;
- le organizzazioni di volontariato iscritte nei registri di cui alla Legge n. 266/1991;
- le associazioni di promozione sociale iscritte nei registri nazionali, regionali e delle Province autonome di Trento e Bolzano (art. 7, Legge n. 383/2000).

Sino al periodo d'imposta come sopra individuato, a tali soggetti si applicheranno le norme in materia di:

- titoli di solidarietà (art. 77, D.Lgs. n. 117/2017);
- regime fiscale del Social Lending (art. 78, D.Lgs. n. 117/2017);
- Social Bonus (art. 81, D.Lgs. n. 117/2017);
- imposte indirette e tributi locali (art. 82, D.Lgs. n. 117/2017);
- detrazioni e deduzioni per erogazioni liberali (art. 83, D.Lgs. n. 117/2017);
- redditi degli immobili destinati in via esclusiva allo svolgimento di attività non commerciale da parte delle organizzazioni di volontariato (art. 84, c. 2, D.Lgs. n. 117/2017) e delle APS (art. 85, c. 7, D.Lgs. n. 117/2017);
- deduzione IRES per le erogazioni liberali in denaro a favore delle APS (art. 102, c. 1, lett. e), D.Lgs. n. 117/2017);
- detrazione per erogazioni ad APS (art. 102, c. 1, lett. f), D.Lgs. n. 117/2017);
- detrazione per erogazioni liberali a società di mutuo soccorso (art. 102, c. 1, lett. g), D.Lgs. n. 117/2017).

Gli enti iscritti all'Anagrafe delle ONLUS possono continuare ad applicare le disposizioni fiscali discendenti da quell'iscrizione, se in possesso dei requisiti formali e sostanziali, sino all'operatività del Registro Unico Nazionale del Terzo Settore (ris. 25 ottobre 2019, n. 89/E).

Chiarimenti del Ministero del lavoro e delle politiche sociali - La Direzione Generale del Terzo Settore e della responsabilità sociale delle imprese del Ministero ha fornito alcune indicazioni riguardanti la **definizione di Ente del Terzo Settore**, le **norme organizzative** degli Enti medesimi, la **disciplina del volontariato**, il **regime fiscale**, il sistema del **Registro Unico Nazionale del Terzo Settore**, il **nuovo sistema di governance dei Centri di Servizio per il Volontariato** (CSV) (lettera direttoriale "Codice del Terzo Settore. Questioni di diritto transitorio. Prime indicazioni", 29 dicembre 2017, prot. n. 34/0012604).
Secondo il Ministero, occorre effettuare una **distinzione** tra il profilo privatistico, riguardante l'ordinamento e l'organizzazione degli Enti del Terzo Settore, e il profilo pubblicistico, afferente ai rapporti con la pubblica amministrazione in tema di procedimenti relativi all'iscrizione o alla cancellazione dagli attuali registri pubblici.
Pertanto, le iscrizioni agli attuali registri (a titolo meramente esemplificativo, ai registri regionali del volontariato) continuano ad essere regolate dalle norme procedimentali in essere in sede di verifica della sussistenza dei requisiti richiesti per l'iscrizione; dovrà, comunque, essere operata una necessaria distinzione tra:

- enti che si sono costituiti **prima del 3 agosto 2017** (data di entrata in vigore del D.Lgs. n. 117/2017);
- enti che si sono costituiti **a partire dal 3 agosto 2017**.

Nel primo caso, la verifica dovrà essere condotta sulla base della normativa vigente al momento della costituzione dell'organizzazione: qualora dovesse essere riscontrata una corrispondenza solo **parziale** delle disposizioni statutarie con le norme del codice, tale disallineamento non potrà costituire motivo di rigetto della domanda di iscrizione, dovendosi tenere presente che gli enti hanno a disposizione il termine di 18 mesi per apportare le conseguenti modifiche al proprio statuto.

Viceversa, gli enti che si sono costituiti a partire dal 3 agosto 2017 sono tenuti a conformarsi alle disposizioni codicistiche, purché queste siano applicabili **in via diretta ed immediata**. Ai fini dell'individuazione delle norme che presentano tali caratteristiche, Il Ministero ritiene che, nel periodo transitorio, non sono suscettibili di immediata applicazione le norme del Codice del Terzo Settore che presentano un nesso di diretta riconducibilità all'istituzione ed all'operatività del Registro Unico Nazionale, ovvero all'adozione di successivi provvedimenti attuativi.

Fino a quando non diventa pienamente operativo il Registro Unico Nazionale, **non possono trovare applicazione**:
- la procedura semplificata di acquisizione della personalità giuridica (art. 22, D.Lgs. n. 117/2017); i limiti patrimoniali minimi a tale scopo fissati potranno tuttavia costituire, in assenza di puntuali disposizioni normative sul tema, un parametro atto a sostenere la valutazione discrezionale dell'organo competente sull'adeguatezza della dotazione patrimoniale dell'ente;
- gli obblighi di pubblicazione sul registro degli atti e degli elementi informativi (art. 48, D.Lgs. n. 117/2017).

Sono invece **applicabili**, a prescindere dalla suddetta operatività del RUNTS, le norme afferenti ai requisiti sostanziali degli Enti del Terzo Settore (artt. 32 e 35, D.Lgs. n. 117/2017, dedicati, rispettivamente alle organizzazioni di volontariato e alle associazioni di promozione sociale).
Sono in vigore le prescrizioni attinenti al numero minimo di soggetti (siano essi persone fisiche o soggetti superindividuali) e alla forma giuridica necessari ai fini della costituzione di un'organizzazione di volontariato o di un'associazione di promozione sociale.
In questo caso, poiché si tratta di elementi immodificabili, secondo il Ministero, essi devono essere presenti sin dal momento iniziale di costituzione dell'ente, ove questa sia avvenuta dopo il 3 agosto 2017.
Quanto alle nuove disposizioni sulla **redazione del bilancio di esercizio** (art. 13, c. 1 e 2, D.Lgs. n. 117/2017), anche in mancanza della modulistica, gli enti sono tenuti a tale adempimento.

27.2.14. Imprese sociali

È prevista una particolare disciplina per le imprese sociali (D.Lgs. n. 112/2017, in vigore dal 20 luglio 2017).

Definizione di impresa sociale - La qualifica di impresa sociale può essere acquisita da **tutti gli enti privati**, inclusi quelli costituiti nelle forme societarie (Libro V c.c.), che esercitano in via stabile e principale un'attività d'impresa di interesse generale, **senza scopo di lucro e per finalità civiche**, **solidaristiche e di utilità sociale**, adottando modalità di gestione responsabili e trasparenti e favorendo il più ampio coinvolgimento dei lavoratori, degli utenti e di altri soggetti interessati alle loro attività (art. 1, D.Lgs. n. 112/2017).
L'elemento che contraddistingue l'impresa sociale è l'esercizio, **in via stabile e principale**, di una o più attività d'impresa di interesse generale per il perseguimento di finalità civiche, solidaristiche e di utilità sociale (art. 2, D.Lgs. n. 112/2017).
Inoltre, l'impresa sociale deve destinare eventuali **utili ed avanzi di gestione** allo svolgimento dell'attività statutaria o ad incremento del patrimonio (art. 3, D.Lgs. n. 112/2017).

Esclusioni - Non possono acquisire la qualifica di impresa sociale:
- le società costituite da un **unico socio persona fisica**;
- le **amministrazioni pubbliche**;
- gli **enti** i cui atti costitutivi limitino, anche indirettamente, l'erogazione dei beni e dei servizi in favore dei soli soci o associati.

Enti religiosi civilmente riconosciuti - La disciplina sulle imprese sociali si applica limitatamente allo svolgimento delle **attività di interesse generale** (art. 2, D.Lgs. n. 112/2017), a condizione che per tali attività adottino un **regolamento**, in forma di atto pubblico o scrittura privata autenticata, che, ove non diversamente previsto ed in ogni caso nel rispetto della struttura e delle finalità di tali enti, recepisca le norme del presente decreto.
Per lo svolgimento di tali attività deve essere costituito un patrimonio destinato e devono essere tenute separatamente le scritture contabili.

Attività d'impresa di interesse generale - Se svolte in conformità alle norme particolari che ne disciplinano l'esercizio, sono tali le attività aventi ad oggetto:
a. **interventi e servizi sociali** ed interventi, servizi e prestazioni di carattere sociale;
b. **interventi e prestazioni sanitarie**;

c. **prestazioni socio-sanitarie**;
d. **educazione**, **istruzione** e **formazione professionale**, nonché le attività culturali di interesse sociale con finalità educativa;
e. interventi e servizi finalizzati alla salvaguardia e al miglioramento delle condizioni dell'**ambiente** e all'utilizzazione accorta e razionale delle **risorse naturali**, con esclusione dell'attività, esercitata abitualmente, di raccolta e riciclaggio dei rifiuti urbani, speciali e pericolosi;
f. interventi di tutela e valorizzazione del **patrimonio culturale** e del **paesaggio**;
g. **formazione universitaria** e **post-universitaria**;
h. **ricerca scientifica** di particolare interesse sociale;
i. organizzazione e gestione di **attività culturali**, **artistiche** o **ricreative** di interesse sociale, incluse attività, anche editoriali, di promozione e diffusione della cultura e della pratica del volontariato, e delle attività di interesse generale;
j. **radiodiffusione** sonora a carattere comunitario;
k. organizzazione e gestione di **attività turistiche** di interesse sociale, culturale o religioso;
l. **formazione extra-scolastica**, finalizzata alla prevenzione della dispersione scolastica e al successo scolastico e formativo, alla prevenzione del bullismo ed al contrasto della povertà educativa;
m. **servizi strumentali alle imprese sociali** o ad altri Enti del Terzo Settore resi da enti composti in misura non inferiore al settanta per cento da imprese sociali o da altri Enti del Terzo Settore;
n. **cooperazione allo sviluppo**;
o. attività commerciali, produttive, di educazione e informazione, di promozione, di rappresentanza, di concessione in licenza di marchi di certificazione, svolte nell'ambito o a favore di filiere del **commercio equo e solidale**;
p. servizi finalizzati all'inserimento o al reinserimento nel mercato del lavoro dei lavoratori e delle **persone svantaggiate**;
q. **alloggio sociale**, nonché ogni altra attività di carattere residenziale temporaneo diretta a soddisfare bisogni sociali, sanitari, culturali, formativi o lavorativi;
r. **accoglienza umanitaria** ed integrazione sociale dei migranti;
s. **microcredito**;
t. **agricoltura sociale**;
u. organizzazione e gestione di **attività sportive dilettantistiche**;
v. **riqualificazione di beni pubblici inutilizzati** o **di beni confiscati alla criminalità organizzata**.

Agevolazioni fiscali - Alle imprese sociali sono riservate una serie di agevolazioni di carattere tributario.

Fattispecie	Agevolazioni fiscali
Utili e avanzi di gestione	Non costituiscono reddito imponibile ai fini delle imposte dirette se: 1) vengono destinati ad **apposita riserva indivisibile** in sospensione d'imposta in sede di approvazione del bilancio dell'esercizio in cui sono stati conseguiti; 2) risultano effettivamente destinati, entro il secondo periodo di imposta successivo a quello in cui sono stati conseguiti, allo svolgimento dell'attività statutaria o ad incremento del patrimonio, nonché al **versamento del contributo per l'attività ispettiva**. La destinazione degli utili e degli avanzi di gestione deve risultare dalle scritture contabili. Concorrono alla determinazione del reddito imponibile ai fini delle imposte dirette se destinati ad **aumento gratuito del capitale sociale** sottoscritto e versato dai soci nei limiti delle variazioni dell'indice ISTAT per il periodo corrispondente a quello dell'esercizio sociale in cui gli utili e gli avanzi di gestione sono stati prodotti. Salvo quanto detto sopra, concorrono alla determinazione del reddito imponibile gli utili e gli **avanzi di gestione** destinati agli amministratori, sindaci e chiunque rivesta cariche sociali e ai lavoratori subordinati e autonomi.

IRES

Fattispecie	Agevolazioni fiscali
Investimenti nel capitale di imprese sociali[1]	Per le somme investite nel capitale sociale di una o più società, incluse società cooperative, che abbiano acquisito la qualifica di impresa sociale **successivamente al 20 luglio 2017** (data di entrata in vigore del D.Lgs. n. 112/2017): 1) **soggetti IRPEF**: - spetta la detrazione, dall'IRPEF lorda, di un importo pari al 30% dell'investimento; - l'ammontare, in tutto o in parte, non detraibile nel periodo d'imposta di riferimento può essere portato in detrazione dall'IRPEF nei periodi d'imposta successivi, ma non oltre il terzo; - l'investimento massimo detraibile non può eccedere, in ciascun periodo d'imposta, l'importo di euro 1.000.000 e deve essere mantenuto per almeno 5 anni. 2) **soggetti IRES**: - deduzione, dal reddito IRES, pari al 30% dell'investimento; - l'investimento massimo deducibile non può eccedere, in ciascun periodo d'imposta, l'importo di euro 1.800.000 e deve essere mantenuto per almeno 5 anni. In entrambi i casi l'eventuale cessione, anche parziale, dell'investimento prima del decorso di tale termine, comporta la **decadenza dal beneficio** e l'obbligo per il contribuente di **restituire l'importo detratto**, unitamente agli interessi legali.

[1] Le agevolazioni si applicano anche agli atti di dotazione e ai contributi di qualsiasi natura, posti in essere successivamente al 20 luglio 2017, in favore di fondazioni che abbiano acquisito la qualifica di impresa sociale successivamente alla medesima data e siano costituite da non più di 36 mesi dalla stessa.

Inoltre, alle imprese sociali **non si applica** la disciplina:
- sulle società non operative (➔**30.**) e in perdita sistemica (➔**30.8.**);
- sugli studi di settore e parametri (➔**71.9.1.**);
- sugli Indici sintetici di affidabilità c.d. ISA (➔**71.9.2.**).

27.3. DISCIPLINA AI FINI DELLE IMPOSTE SUI REDDITI

Tenendo conto di quanto detto a proposito della Riforma del Terzo Settore (➔**27.2.**) e, in particolar modo, alla sua entrata in vigore (➔**27.2.13.**) e alle contestuali abrogazioni (➔**27.2.11.**), la disciplina del D.P.R. n. 917/1986 applicabile agli enti non commerciali è divisa in due blocchi:
- quella relativa agli **enti non commerciali residenti** (artt. 143-150, D.P.R. n. 917/1986);
- quella per gli **enti non commerciali non residenti** (artt. 153-154, D.P.R. n. 917/1986).

27.3.1. Qualifica di ente non commerciale

La qualifica deriva dall'**oggetto esclusivo o principale dell'ente** (art. 73, c. 4, D.P.R. n. 917/1986).
Per gli enti residenti, l'oggetto esclusivo o principale dell'attività è determinato in base alla **legge**, all'**atto costitutivo** o allo **statuto**, se esistenti in forma di atto pubblico o di scrittura privata autenticata o registrata.
In mancanza delle predette forme, l'oggetto principale dell'ente è determinato in base **all'attività effettivamente esercitata** nel territorio dello Stato (art. 73, c. 5, D.P.R. n. 917/1986).
Tale ultima regola (riferimento all'**attività effettivamente esercitata** nel territorio dello Stato) si applica, in ogni caso, agli enti **non commerciali non residenti**.
I **consorzi di bonifica, di irrigazione e di miglioramento idrico** vanno qualificati come enti non commerciali. Non costituiscono proventi commerciali le somme o rimborsi che sono corrisposti dallo Stato e da enti pubblici a favore di tali consorzi, così come i contributi versati dai consorziati, a condizione che le somme vengano percepite nell'ambito dell'esercizio dell'attività propria dei consorzi nonché in conformità a quelle che sono le finalità istituzionali degli stessi (risposta a interpello, 22 novembre 2018, n. 80).

Oggetto principale - Si intende l'**attività essenziale** per realizzare direttamente gli scopi primari dell'ente indicati dalla legge, dall'atto costitutivo o dallo statuto.

Svolgimento di più attività - Se lo statuto, l'atto costituivo o la legge prevedono lo svolgimento di più attività, di cui alcune di natura commerciale ed altre di natura non commerciale, per la qualificazione dell'ente occorre fare **riferimento** all'**attività** che risulta essere **essenziale**, vale a dire quella che consente il **raggiungimento** degli **scopi primari** e che tipicizza l'ente (circ. 12 maggio 1998, n. 124/E).

Perdita della qualifica di ente non commerciale 27.3.2.

Indipendentemente dalle previsioni statutarie, si perde la qualifica di ente non commerciale quando l'ente esercita prevalentemente attività commerciale per un intero periodo d'imposta (art. 149, D.P.R. n. 917/1986).

Ai fini della qualificazione commerciale dell'ente si tiene conto anche dei seguenti parametri:

a. prevalenza delle **immobilizzazioni** relative all'attività commerciale, al netto degli ammortamenti, rispetto alle restanti attività;
b. prevalenza dei **ricavi** derivanti da attività commerciali rispetto al valore normale delle cessioni o prestazioni afferenti le attività istituzionali;
c. prevalenza dei **redditi** derivanti da attività commerciali rispetto alle entrate istituzionali, intendendo per queste ultime i contributi, le sovvenzioni, le liberalità e le quote associative;
d. prevalenza delle **componenti negative** inerenti all'attività commerciale rispetto alle restanti spese.

Tali parametri **non costituiscono presunzioni assolute**, ma sono esclusivamente **indicatori** in grado di individuare la commercialità dell'attività.

La valutazione, pertanto, va effettuata sulla base di tutti gli elementi in grado di verificare **l'effettiva attività esercitata dall'ente**.

Effetti della perdita di qualifica - Il mutamento di qualifica opera a partire dal periodo d'imposta in cui vengono meno le condizioni che legittimano le agevolazioni e comporta l'obbligo di comprendere **tutti i beni facenti parte del patrimonio** dell'ente nell'inventario.

L'iscrizione nell'inventario deve essere effettuata **entro 60 giorni** dall'inizio del periodo di imposta in cui ha effetto il mutamento di qualifica.

La conseguenza della perdita della qualifica di ente non commerciale è l'impossibilità di determinare il reddito in base alle regole previste per gli enti non profit (art. 143, D.P.R. n. 917/1986).

Pertanto, si devono applicare le disposizioni che regolano la **determinazione del reddito delle società ed enti commerciali** (art. 73, lett. a) e b), D.P.R. n. 917/1986).

In tal caso l'ente è considerato, ai fini fiscali, un ente che ha per oggetto principale l'esercizio di attività commerciale

Esclusioni - Le norme sulla perdita della qualifica di ente non commerciale non si applicano:

- agli **enti ecclesiastici riconosciuti** come persone giuridiche agli effetti civili;
- alle **associazioni sportive dilettantistiche**.

In ogni caso, per l'attività commerciale eventualmente svolta da tali enti, si applicano le disposizioni in materia di reddito d'impresa.

ENTI NON COMMERCIALI RESIDENTI 27.4.

Reddito complessivo 27.4.1.

Gli enti non commerciali applicano le regole previste per **le società di capitali** riguardo all'obbligo della dichiarazione, anche in mancanza di reddito, e ai quadri della dichiarazione dei redditi da compilare.

Però, rispetto alle società di capitali e agli enti commerciali, il reddito degli enti non commerciali **non si determina unitariamente** ma è dato dalla **sommatoria delle varie categorie di reddito**.

Pertanto, il reddito complessivo è formato dai **redditi fondiari, di capitale, di impresa e diversi,** ovunque prodotti e quale ne sia la destinazione, ad esclusione di quelli esenti dall'imposta e di quelli soggetti a ritenuta alla fonte a titolo di imposta o ad imposta sostitutiva (art. 143, D.P.R. n. 917/1986).

Per i medesimi enti **non si considerano attività commerciali** le prestazioni di servizi non rientranti nell'art. 2195 c.c. rese in conformità alle finalità istituzionali dell'ente senza specifica organizzazione e verso pagamento di corrispettivi che non eccedono i costi di diretta imputazione.

Il reddito complessivo è determinato secondo le disposizioni valide per la generalità dei contribuenti (art. 8, D.P.R. n. 917/1986).

Redditi	Quadri Mod. Redditi ENC
Fondiari	RA e/o RB
Di capitale e diversi	RL

IRES

Redditi	Quadri Mod. Redditi ENC
Di impresa	RF o RG o RC o RD
Di partecipazione in società di persone di cui l'ente sia socio	RH
Di fonte estera percepiti direttamente e soggetti ad imposta sostitutiva	RM
Plusvalenze soggette ad imposta sostitutiva	RT

Esclusioni - Non concorrono in ogni caso alla formazione del reddito degli enti non commerciali (➡27.4.6.) (art. 143, c. 3, D.P.R. n. 917/1986):

a. i **fondi** pervenuti a seguito di **raccolte pubbliche** effettuate occasionalmente, anche mediante offerte di beni di modico valore o di servizi ai sovventori, in concomitanza di celebrazioni, ricorrenze o campagne di sensibilizzazione;
b. i **contributi** corrisposti da Amministrazioni pubbliche per lo svolgimento convenzionato o in regime di accreditamento, di attività aventi finalità sociali esercitate in conformità ai fini istituzionali degli enti stessi.

IRES

27.4.2. Determinazione del reddito

I **redditi e** le **perdite** che concorrono a formare il reddito complessivo degli enti non commerciali sono **determinati distintamente per ciascuna categoria** in base al risultato complessivo di tutti i cespiti che vi rientrano (art. 144, D.P.R. n. 917/1986).
Si applicano le generali disposizioni relative ai redditi delle varie categorie.

Immobili di interesse storico artistico (➡22.8.5.)

Immobili locati (➡22.8.4.)

Contabilità - Per l'attività commerciale esercitata gli enti non commerciali hanno l'obbligo di tenere la contabilità separata.

> Gli enti soggetti alle disposizioni in materia di **contabilità pubblica** sono esonerati dall'obbligo di tenere la contabilità separata qualora siano osservate le modalità previste per la contabilità pubblica obbligatoria.

Beni ad uso promiscuo - Le spese e gli altri componenti negativi relativi a **beni e servizi adibiti promiscuamente all'esercizio di attività commerciali e di altre attività**, sono **deducibili** per la parte del loro importo che corrisponde al rapporto tra l'ammontare dei ricavi e altri proventi che concorrono a formare il reddito d'impresa e l'ammontare complessivo di tutti i ricavi e proventi; per gli **immobili** utilizzati promiscuamente è deducibile la **rendita catastale o** il **canone di locazione** anche finanziaria per la parte del loro ammontare che corrisponde al predetto rapporto.

Utili percepiti - Gli **utili** percepiti dagli enti non commerciali formati con utili prodotti a partire dall'esercizio successivo a quello in corso al 31 dicembre 2016, concorrono alla formazione del reddito imponibile nella misura del 100% del loro ammontare (art. 1, c. 2, D.M. 26 maggio 2017). Gli utili prodotti fino all'esercizio in corso al 31 dicembre 2016, concorrono alla formazione del reddito imponibile nella misura del 22,26% del loro ammontare (art. 1, c. 3, D.M. 26 maggio 2017).

27.4.3. Deduzioni

Dal reddito complessivo si deducono, se non sono deducibili nella determinazione del reddito d'impresa che concorre a formarlo, i seguenti oneri (art. 146, D.P.R. n. 917/1986):

- canoni, livelli, censi ed altri **oneri gravanti sui redditi degli immobili** (➡3.11.) (art. 10, c. 1, lett. a), D.P.R. n. 917/1986);
- somme corrisposte ai dipendenti, chiamati ad adempiere **funzioni presso gli uffici elettorali** (art. 10, c. 1, lett. f), D.P.R. n. 917/1986);
- **contributi alle ONG** (➡3.8.2.) (art. 10, c. 1, lett. g), D.P.R. n. 917/1986).

In caso di **rimborso degli oneri dedotti**, le somme corrispondenti concorrono a formare il reddito complessivo del periodo d'imposta nel quale l'ente ha conseguito il rimborso.

Detrazioni 27.4.4.

Dall'imposta lorda si detrae, fino alla concorrenza del suo ammontare, un importo pari al **19%** dei seguenti oneri (art. 147, D.P.R. n. 917/1986):

- **interessi passivi**, oneri accessori e quote di rivalutazione ISTAT per **mutui** agrari **ipotecari** (➡**6.3.5.**) (art. 15, c. 1, lett. a), D.P.R. n. 917/1986);
- **spese** sostenute dai soggetti obbligati alla **manutenzione, protezione o restauro dei beni in regime vincolistico** (➡**6.15.13.**) (art. 15, c. 1, lett. g), D.P.R. n. 917/1986);
- **erogazioni liberali in denaro** a favore dello Stato, delle Regioni, degli enti locali territoriali, di **enti o istituzioni pubbliche**, di comitati organizzatori, di **fondazioni e associazioni** legalmente riconosciute senza scopo di lucro, che svolgono o promuovono attività di studio, di ricerca e di documentazione di rilevante valore culturale e artistico o che organizzano e realizzano attività culturali, effettuate in base ad apposita convenzione, per l'acquisto, la manutenzione, la protezione o il restauro di beni storici (➡**6.15.5.**) (art. 15, c. 1, lett. h), D.P.R. n. 917/1986);
- **costo** specifico o, in mancanza, il valore normale dei **beni ceduti gratuitamente**, in base ad un'apposita convenzione, ai soggetti e per le attività di cui al punto precedente (➡**6.15.5.**) (art. 15, c. 1, lett. h-bis), D.P.R. n. 917/1986);
- **erogazioni liberali in denaro**, per importo non superiore al 2% del reddito complessivo dichiarato, a favore di enti o istituzioni pubbliche, fondazioni e associazioni legalmente riconosciute che senza scopo di lucro svolgono esclusivamente attività nello **spettacolo** (➡**6.15.6.**) (art. 15, c. 1, lett. i), D.P.R. n. 917/1986);
- **erogazioni liberali** a **società di mutuo soccorso** (art. 15, c. 1, lett. i-bis), D.P.R. n. 917/1986);
- erogazioni liberali agli **istituti scolastici** (➡**6.15.9.**) (art. 15, c. 1, lett. i-octies), D.P.R. n. 917/1986).

La detrazione spetta a condizione che i predetti oneri non siano deducibili nella determinazione dei singoli redditi che concorrono a formare il reddito complessivo.

> In caso di **rimborso degli oneri** per i quali si è fruito della detrazione l'imposta dovuta per il periodo nel quale l'ente ha conseguito il rimborso è aumentata di un importo pari al 19% dell'onere.

In merito alle **modifiche o abrogazioni** introdotte, per alcuni tipi di detrazioni, a seguito dell'entrata in vigore della Riforma del Terzo Settore (D.Lgs. n. 117/2017), si veda (➡**27.2.11.**).

Regime forfetario 27.4.5.

Gli enti non commerciali ammessi alla contabilità semplificata (➡**14.11.8.**), invece che applicare le regole appositamente previste (➡**14.6.3.**), possono optare per la **determinazione forfetaria del reddito d'impresa**, applicando all'ammontare dei ricavi conseguiti nell'esercizio di attività commerciali un **coefficiente di redditività** corrispondente alla classe di appartenenza.

Tipo di attività	Ricavi		Coefficiente
Attività di prestazioni di servizi		fino a 15.493,71 euro	15%
	da 15.493,71 euro	a 400.000 euro	25%
Altre attività		fino a 25.822,84 euro	10%
	da 25.822,84 euro	a 700.000 euro	15%

L'**opzione** è esercitabile nella dichiarazione annuale dei redditi e ha effetto dall'inizio del periodo d'imposta nel corso del quale è esercitata fino a quando non è revocata e comunque per un **triennio**.

Aspetti particolari 27.4.6.

Sono previste specifiche regole per:

- le **raccolte pubbliche occasionali di fondi** (art. 143, c. 3, lett. a), D.P.R. n. 917/1986);
- i contributi corrisposti da amministrazioni pubbliche per lo svolgimento di attività in regime di **convenzione o di accreditamento** (D.Lgs. n. 502/1992; D.Lgs. n. 517/1993; art. 143, c. 3, lett. b), D.P.R. n. 917/1986);
- le attività svolte, da **enti non commerciali di tipo associativo**, nei confronti degli associati (art. 148, c. 1, D.P.R. n. 917/1986).

Eventi	Disciplina
Raccolte pubbliche occasionali di fondi	I fondi pervenuti, anche con scambio/offerta di beni di **modico valore** o di servizi a coloro che fanno le offerte, **non concorrono alla formazione del reddito** degli enti non commerciali alle seguenti condizioni: - deve trattarsi di **iniziative occasionali**; - la raccolta dei fondi deve avvenire in concomitanza di **celebrazioni, ricorrenze o campagne di sensibilizzazione**; - i beni ceduti per la raccolta dei fondi devono essere di **modico valore**.
Contributi corrisposti da amministrazioni pubbliche per lo svolgimento di attività in **regime di convenzione o di accreditamento**	Non concorrono alla formazione del reddito degli enti non commerciali sempre che si tratti di attività aventi **finalità sociali**, svolte in conformità alle finalità istituzionali dell'ente. Rientrano nella sfera applicativa dell'agevolazione anche i contributi che assumono la **natura di corrispettivi**. L'agevolazione si applica anche ai contributi ricevuti dagli Istituti di patronato e di assistenza sociale, derivanti da convenzioni stipulate con la pubblica amministrazione (art. 18, Legge n. 152/2001).
Attività svolta nei confronti degli associati	Non è considerata commerciale l'attività svolta nei confronti degli associati o partecipanti sempre che la stessa sia esercitata in conformità alle **finalità istituzionali** e **in assenza** di una specifica corrispettività. Pertanto, le somme versate dagli associati o partecipanti a titolo di quote o contributi associativi non concorrono a formare il reddito complessivo.

27.4.7. Modello EAS

I corrispettivi, le quote e i contributi non sono imponibili a condizione che gli enti associativi siano in possesso dei requisiti qualificanti previsti dalla normativa tributaria e, ad esclusione delle **organizzazioni di volontariato** iscritte nei Registri regionali (art. 6, Legge n. 266/1991), trasmettano, al fine di consentire gli opportuni controlli, per via telematica all'Agenzia delle Entrate i dati e le notizie rilevanti ai fini fiscali, mediante l'apposito **Mod. EAS** (art. 30, D.L. n. 185/2008).

Sono escluse dall'adempimento le **associazioni pro loco** che optano per l'applicazione del regime speciale e agli **enti associativi dilettantistici** (Legge n. 398/1991) iscritti nel registro del CONI che non svolgono attività commerciale, né alle **ONLUS** e alle **cooperative sociali** (circ. 29 ottobre 2009, n. 45/E).
Inoltre, sono **esclusi** da tale adempimento anche gli **Enti del Terzo Settore** (➜27.2.1.) (art. 94, c. 4, D.Lgs. n. 117/2017).

In caso di presentazione del Mod. EAS **oltre i termini ordinari nonché oltre il termine per beneficiare dell'istituto della c.d. remissione in bonis**, l'ente senza fini di lucro non può avvalersi del regime agevolativo - correlato all'adempimento dell'onere dell'invio dello stesso Modello - in relazione all'attività realizzata precedentemente alla data di presentazione del medesimo Modello.
In tal caso, tuttavia - a condizione che ricorrano i requisiti di legge - l'ente potrà applicare il predetto regime agevolativo alle operazioni compiute successivamente alla presentazione di detto Modello, anche se ricadenti nel medesimo periodo di imposta in cui avviene la comunicazione (circ. 1° agosto 2018, n. 18/E).

27.4.8. Decommercializzazione

È previsto un particolare regime agevolativo in favore di particolari categorie di enti non commerciali associativi e, precisamente: le associazioni politiche, sindacali e di categoria, religiose, assistenziali, sportive dilettantistiche, nonché le strutture periferiche di natura privatistica necessarie agli enti pubblici non economici per attuare la funzione di preposto a servizi di pubblico interesse.
Tale agevolazione consiste nella decommercializzazione, ai fini IRES, delle attività rese **in diretta attuazione degli scopi istituzionali**, verso il pagamento di corrispettivi specifici, nei confronti degli iscritti, associati o partecipanti, di altre associazioni che svolgono la medesima attività e che per legge, regolamento, atto costitutivo o statuto fanno parte di un'unica organizzazione locale o nazionale, dei rispettivi associati o partecipanti e dei tesserati dalle rispettive organizzazioni nazionali (art. 148, c. 3, D.P.R. n. 917/1986).

In particolare, non sono imponibili ai fini IRES talune prestazioni rese da specifiche categorie di enti non commerciali associativi, quando sussistono congiuntamente i seguenti presupposti:

a. le attività agevolate devono essere effettuate dagli **organismi associativi** tassativamente indicati (tra cui le associazioni sportive dilettantistiche);
b. le cessioni di beni e le prestazioni di servizi devono essere rese in favore degli **iscritti**, **associati** o **partecipanti** ovvero di altre associazioni che svolgono la medesima attività e che fanno parte di un'unica organizzazione locale o nazionale, dei rispettivi associati o partecipanti e dei tesserati dalle rispettive organizzazioni nazionali;
c. le stesse attività devono essere effettuate in diretta attuazione degli **scopi istituzionali**.

Per gli enti interessati a fruire dell'agevolazione grava l'onere della comunicazione all'Agenzia delle Entrate mediante il Mod. EAS (➔27.4.7.).

Sono **escluse** dall'agevolazione:
- le prestazioni relative al **bagno turco** e all'**idromassaggio** in quanto dette prestazioni non si pongono direttamente come naturale completamento dell'attività sportiva, potendo le stesse, invece, essere rese anche separatamente e indipendentemente dall'esercizio di detta attività;
- l'attività di somministrazione di **alimenti** o **bevande** resa in locali interni all'ente non commerciale, anche se svolta nei confronti dei propri soci o associati (circ. 1° agosto 2018, n. 18/E).

Per le associazioni e società sportive dilettantistiche, i proventi di tale attività possono eventualmente, in alternativa alla tassazione secondo le regole generali, essere assoggettati ad imposizione secondo il regime forfetario di cui alla Legge n. 398/1991 qualora ricorrano le condizioni (➔27.7.1.).

Clausole statutarie obbligatorie - Il regime agevolativo si applica a condizione che gli enti interessati conformino i loro statuti, redatti nella forma dell'atto pubblico o della scrittura privata autenticata o registrata, alle seguenti clausole (art. 148, c. 8, D.P.R. n. 917/1986):

a. **divieto di distribuire**, anche in modo indiretto, **utili** o **avanzi di gestione** nonché fondi, riserve o capitale durante la vita dell'associazione, salvo che la destinazione o la distribuzione non siano imposte dalla legge;
b. **obbligo di devolvere il patrimonio dell'ente**, in caso di suo scioglimento per qualunque causa, ad altra associazione con finalità analoghe o ai fini di pubblica utilità, salvo diversa destinazione imposta dalla legge;
c. **disciplina uniforme del rapporto associativo** e delle modalità associative volte a garantire l'effettività del rapporto medesimo, escludendo espressamente la temporaneità della partecipazione alla vita associativa e prevedendo per gli associati o partecipanti maggiori d'età il diritto di voto per l'approvazione e le modificazioni dello statuto e dei regolamenti e per la nomina degli organi direttivi dell'associazione;
d. obbligo di redigere e di approvare annualmente un **rendiconto economico e finanziario** secondo le disposizioni statutarie;
e. **eleggibilità libera degli organi amministrativi,** principio del **voto singolo**, **sovranità dell'assemblea** dei soci, associati o partecipanti e i criteri di loro ammissione ed esclusione, criteri e idonee forme di pubblicità delle convocazioni assembleari, delle relative deliberazioni, dei bilanci o rendiconti;
f. **intrasmissibilità della quota o contributo associativo** ad eccezione dei trasferimenti a causa di morte e non rivalutabilità della stessa.

Rapporti con la Riforma del Terzo Settore - È prevista l'esclusione, dal novero delle tipologie di enti non commerciali associativi destinatari dell'agevolazione, delle associazioni assistenziali, culturali, di promozione sociale e di formazione extra-scolastica della persona.

Restano, quindi, nell'ambito applicativo della norma sulla decommercializzazione le associazioni politiche, sindacali e di categoria, religiose, sportive dilettantistiche, nonché le strutture periferiche di natura privatistica necessarie agli enti pubblici non economici per attuare la funzione di preposto a servizi di pubblico interesse, che la modifica normativa in argomento non ha eliminato dal novero degli enti associativi destinatari dell'agevolazione.

Tali modifiche decorrono dal periodo d'imposta successivo all'autorizzazione della Commissione europea e, comunque, non prima del periodo d'imposta successivo a quello di operatività del Registro Unico Nazionale del Terzo Settore.

Pertanto, solo gli enti che non assumeranno la qualifica di Enti del Terzo Settore potranno continuare ad avvalersi della previsione di decommercializzazione.

IRES

Diversamente, che assumerà la qualifica di Enti del Terzo Settore non potrà più essere destinataria dell'agevolazione, pur precisando che il decreto di riforma contiene una norma di analogo contenuto (art. 85, c. 1 e 2, D.Lgs. n. 117/2017) anche se solo in favore degli Enti del Terzo Settore iscritti nel Registro unico nazionale del Terzo Settore nella sezione "Associazioni di promozione sociale" (circ. 1° agosto 2018, n. 18/E).

27.4.9. Detassazione degli utili

A decorrere dall'esercizio in corso al **1° gennaio 2021**, gli utili percepiti dagli enti pubblici e privati diversi dalle società, nonché dai trust che non hanno per oggetto esclusivo o principale l'esercizio di attività commerciale (➡29.6.) (art. 73, c. 1, lett. c), D.P.R. n. 917/1986), ovvero dalle stabili organizzazioni di tali enti nel territorio dello Stato (art. 73, c. 1, lett. d), D.P.R. n. 917/1986) **non concorrono** alla formazione del **reddito imponibile** nella misura del **50%** (art. 1, c. 44-47, Legge n. 178/2020).

Sono **esclusi** da tale agevolazione gli utili provenienti da partecipazioni in imprese o enti residenti o localizzati in Stati o territori a regime fiscale privilegiato (➡11.5.5.) (art. 47-bis, c. 1, D.P.R. n. 917/1986).

I soggetti interessati devono destinare l'imposta sul reddito delle società, non dovuta, al finanziamento delle attività di interesse generale sotto indicate, accantonando l'importo non ancora erogato in una **riserva indivisibile e non distribuibile** per tutta la durata dell'ente.

Invece, le **fondazioni** devono destinare l'imposta sul reddito, non dovuta, al finanziamento delle medesime attività di interesse generale, accantonandola, fino all'erogazione, in un apposito fondo destinato all'attività istituzionale.

Attività di interesse generale - I predetti soggetti devono esercitare, senza scopo di lucro, in via esclusiva o principale una o più attività di interesse generale per il perseguimento di finalità civiche, solidaristiche e di utilità sociale nei seguenti **settori**:

a. **famiglia e valori connessi**; crescita e formazione giovanile; educazione, istruzione e formazione, compreso l'acquisto di prodotti editoriali per la scuola; volontariato, filantropia e beneficenza; religione e sviluppo spirituale; assistenza agli anziani; diritti civili;
b. **prevenzione** della criminalità e sicurezza pubblica; **sicurezza** alimentare e agricoltura di qualità; sviluppo locale ed edilizia popolare locale; **protezione** dei consumatori; protezione civile; salute pubblica, medicina preventiva e riabilitativa; **attività sportiva**; prevenzione e recupero delle tossicodipendenze; patologia e disturbi psichici e mentali;
c. **ricerca** scientifica e tecnologica; protezione e qualità dell'ambiente;
d. arte, attività e **beni culturali**.

27.5. ENTI NON COMMERCIALI NON RESIDENTI

Per gli enti non commerciali non residenti, il reddito prodotto è formato soltanto dai redditi prodotti nel territorio dello Stato, ad esclusione di quelli esenti da imposta e di quelli soggetti a ritenuta alla fonte a titolo di imposta o ad imposta sostitutiva (art. 153, D.P.R. n. 917/1986).

Si considerano prodotti nel territorio dello Stato i redditi attribuibili ai non residenti (➡9.2.) (art. 23, D.P.R. n. 917/1986).

Il reddito complessivo degli enti non commerciali è determinato secondo le disposizioni previste nel D.P.R. n. 917/1986, ad eccezione dei redditi d'impresa derivanti da attività esercitate nel territorio dello Stato mediante Stabili Organizzazioni, ai quali si applicano le disposizioni previste per le Stabili Organizzazioni (➡31.2.3.) (art. 152, D.P.R. n. 917/1986).

Presenza in Italia di Stabile Organizzazione	Modalità di determinazione del reddito
NO	Sommatoria dei redditi che si considerano imponibili in Italia ai sensi dell'art. 23, D.P.R. n. 917/1986, ciascuno dei quali determinato secondo le regole del D.P.R. n. 917/1986.
SÌ	Utili e perdite riferibili alla Stabile Organizzazione, sulla base di un apposito rendiconto economico e patrimoniale, da redigersi secondo i principi contabili previsti per i soggetti residenti aventi le medesime caratteristiche (art. 152, D.P.R. n. 917/1986).

Deduzioni 27.5.1.

Dal reddito complessivo si deducono i seguenti oneri:

- **canoni**, **livelli**, **censi** ed altri oneri gravanti sui redditi degli immobili che concorrono a formare il reddito complessivo, compresi i contributi ai consorzi obbligatori per legge o in dipendenza di provvedimenti della pubblica amministrazione (➡**3.11.**) (art. 10, c. 1, lett. a), D.P.R. n. 917/1986);
- **contributi alle ONG** (➡**3.8.2.**) (art. 10, c. 1, lett. g), D.P.R. n. 917/1986).

In caso di rimborso degli oneri dedotti, le somme corrispondenti concorrono a formare il reddito complessivo del periodo di imposta nel quale l'ente ha conseguito il rimborso.

Sono altresì deducibili:

a. le erogazioni liberali in denaro a favore dello Stato, di altri enti pubblici e di associazioni e di fondazioni private legalmente riconosciute, le quali, senza scopo di lucro, svolgono o promuovono attività dirette **alla tutela del patrimonio ambientale**, effettuate per l'acquisto, la tutela e la valorizzazione dei beni soggetti a vincoli;

b. le erogazioni liberali in denaro a favore di organismi di gestione di **parchi e riserve naturali**, terrestri e marittimi, statali e regionali, e di ogni altra **zona di tutela speciale paesistico-ambientale** come individuata dalla vigente disciplina, statale e regionale, nonché gestita dalle associazioni e fondazioni private indicate alla lettera a), effettuate per sostenere attività di conservazione, valorizzazione, studio, ricerca e sviluppo dirette al conseguimento delle finalità di interesse generale cui corrispondono tali ambiti protetti;

c. le spese sostenute dai soggetti obbligati alla manutenzione e alla protezione degli **immobili vincolati**.

Detrazioni 27.5.2.

Dall'IRES lorda si scomputano, nella misura del 19%, le seguenti detrazioni.

- **interessi passivi**, oneri accessori e quote di rivalutazione ISTAT per mutui ipotecari (➡**6.3.**) (art. 15, c. 1, lett. a), D.P.R. n. 917/1986);
- spese relative ai **beni soggetti a regime vincolistico** (➡**6.15.13.**) (art. 15, c. 1, lett. g), D.P.R. n. 917/1986);
- erogazioni liberali a favore delle **attività culturali ed artistiche** (➡**6.15.5.**) (art. 15, c. 1, lett. h) e h-bis), D.P.R. n. 917/1986);
- erogazioni liberali a favore degli **enti dello spettacolo** (➡**6.15.6.**) (art. 15, c. 1, lett. i), D.P.R. n. 917/1986);
- erogazioni liberali a **società di mutuo soccorso** (art. 15, c. 1, lett. i-bis), D.P.R. n. 917/1986).

La detrazione spetta a condizione che i predetti oneri non siano deducibili nella determinazione del reddito d'impresa che concorre a formare il reddito complessivo.

In caso di rimborso di oneri per i quali si è fruito della detrazione l'imposta dovuta, per il periodo nel quale la società o l'ente ha conseguito il rimborso è aumentata di un importo pari al 19% dell'onere rimborsato.

> In merito alle **modifiche o abrogazioni** introdotte, per alcuni tipi di detrazioni, a seguito dell'entrata in vigore della Riforma del Terzo Settore (D.Lgs. n. 117/2017), si veda (➡**27.2.11.**).

LIBERALITÀ IN DENARO O IN NATURA IN FAVORE DI ENTI NON COMMERCIALI 27.6.

Le **liberalità in denaro o in natura** erogate da persone fisiche o da enti soggetti all'IRES in favore di **fondazioni e associazioni** riconosciute aventi per oggetto statutario la tutela, la promozione e la valorizzazione dei **beni di interesse artistico, storico e paesaggistico** (D.Lgs. n. 42/2004), e in favore di fondazioni e associazioni riconosciute aventi per scopo statutario lo svolgimento o la promozione di attività di **ricerca scientifica**, individuate con D.P.C.M. sono **deducibili** dal reddito complessivo del soggetto erogatore nel limite del **10%** del reddito complessivo dichiarato, e comunque nella **misura massima di 70.000 euro annui** (art. 14, D.L. n. 35/2005).

Il **versamento** deve avvenire tramite banca, posta o modalità similari (carte di debito, di credito e prepagate, assegni bancari e circolari).

Costituisce in ogni caso **presupposto per l'applicazione della deduzione** la tenuta, da parte del soggetto che riceve le erogazioni, di scritture contabili atte a rappresentare con completezza e analiticità le operazioni poste in essere nel periodo di gestione, nonché la redazione, entro 4 mesi dalla chiusura dell'esercizio, di un apposito documento che rappresenti adeguatamente la situazione patrimoniale, economica e finanziaria.

Resta ferma la facoltà di applicare le deduzioni previste per i soggetti IRES (art. 100, c. 2, D.P.R. n. 917/1986).
Qualora nella dichiarazione dei redditi del soggetto erogatore delle liberalità siano esposte indebite deduzioni dall'imponibile, operate in violazione dei presupposti di deducibilità di cui sopra, si applica la sanzione dal 90% al 180% (sanzione di cui all'art. 1, c. 2, D.Lgs. n. 471/1997), maggiorata del 200%.

Tale **maggiorazione non** è **applicabile** nel caso del **mancato rispetto** degli **obblighi contabili** da parte dell'ente che riceve l'erogazione.

Se la deduzione risulta indebita in ragione della riscontrata insussistenza, in capo all'ente beneficiario dell'erogazione, dei caratteri solidaristici e sociali dichiarati in comunicazioni rivolte al pubblico ovvero rappresentati ai soggetti erogatori delle liberalità, l'ente beneficiario e i suoi amministratori sono obbligati in solido con i soggetti erogatori per le maggiori imposte accertate e per le sanzioni applicate.
La deducibilità delle erogazioni di cui sopra non può cumularsi con ogni altra agevolazione fiscale prevista a titolo di deduzione o di detrazione d'imposta da altre disposizioni di legge.

Per l'applicazione delle agevolazioni di cui si discute e per la loro **validità** si rimanda a quanto detto nella sezione dedicata alla Riforma del Terzo Settore (➔27.2.11.).

Inoltre, è previsto che per le erogazioni liberali in denaro e in natura effettuate per il tramite di fondazioni, di associazioni, di comitati e di enti nonché in favore degli **enti religiosi civilmente riconosciuti**, i beni ceduti **gratuitamente** non si considerano destinati a finalità estranee all'esercizio dell'impresa e dunque non sono considerati ricavi assoggettati a imposta; tali operazioni **non** sono soggette nemmeno all'imposta sulle donazioni (art. 66, D.L. n. 18/2020).

IRES

27.7. ASSOCIAZIONI SPORTIVE DILETTANTISTICHE

27.7.1. Associazioni e società sportive dilettantistiche senza fine di lucro

Le **associazioni sportive e relative sezioni** non aventi scopo di lucro, affiliate alle Federazioni sportive nazionali o agli Enti nazionali di promozione sportiva riconosciuti ai sensi delle leggi vigenti, che svolgono attività sportive dilettantistiche e che nel periodo d'imposta precedente hanno conseguito dall'esercizio di attività commerciali **proventi per un importo non superiore a euro 400.000** possono **optare** per un **regime agevolativo** relativamente all'IVA e alle imposte sui redditi (art. 2, Legge n. 398/1991).
In particolare, il reddito imponibile viene determinato applicando all'ammontare dei proventi conseguiti nell'esercizio di attività commerciali il **coefficiente di redditività** nella misura del 3%, tenendo comunque conto di alcune differenze a seconda che si tratti di associazione sportiva o società sportiva dilettantistica.

Tipo di ente	Modalità di applicazione del regime agevolato
Associazioni sportive dilettantistiche	Ai fini del calcolo del reddito complessivo, occorre distintamente determinare le varie categorie reddituali e conseguentemente, al reddito d'impresa - calcolato applicando il coefficiente di redditività del 3% ai proventi conseguiti nell'esercizio di attività commerciali ed aggiungendo a tale importo forfetizzato le plusvalenze patrimoniali - vanno sommati i redditi fondiari, di capitale e diversi.
Società sportive dilettantistiche	Applicano il coefficiente di redditività del 3% su tutti i proventi e componenti positivi che concorrono a formare il reddito complessivo, escluse le plusvalenze patrimoniali. Al reddito così determinato si aggiunge l'intero importo delle plusvalenze patrimoniali.

Ai fini dell'**opzione** per l'applicazione del regime agevolativo, valgono i seguenti **criteri**:
- i soggetti con **periodo d'imposta coincidente con l'anno solare** devono aver conseguito nell'anno solare precedente proventi non superiori a 400.000 euro;
- i soggetti con **periodo d'imposta non coincidente con l'anno solare** (ad esempio 1° luglio - 30 giugno) devono aver conseguito proventi non superiori a 400.000 euro nel periodo d'imposta precedente (1° luglio - 30 giugno);
- i **soggetti di nuova costituzione**, qualora ritengano di conseguire nel medesimo periodo d'imposta proventi di natura commerciale per un ammontare non superiore a 400.000 euro.

Nel caso di **superamento del limite di proventi commerciali di 400.000 euro** nel corso dell'ultimo mese del periodo d'imposta, il regime agevolativo si applica per tutto il periodo d'imposta in cui è avvenuto il superamento del suddetto limite.
Con riferimento, invece, all'intero periodo d'imposta successivo, l'ente deve applicare, ai fini IRES e IVA, le regole generali, sia con riguardo alla determinazione dell'imposta sia ai fini degli adempimenti fiscali (circ. 1° agosto 2018, n. 18/E).

> La mancata annotazione entro il giorno 15 del mese successivo, dell'ammontare dei corrispettivi e di qualsiasi altro provento conseguiti nell'esercizio di attività commerciali, con riferimento al mese precedente, nel Modello di cui al D.M. 11 febbraio 1997 non fa decadere il regime agevolato, sempre che l'associazione sia in grado di dimostrare con i documenti contabili la sussistenza dei requisiti di legge (circ. 24 aprile 2013, n. 9/E).

Inoltre, non si decade dall'agevolazione se, pur non tenendo il registro di cui al D.M. 11 febbraio 1997, in sede di accertamento, l'ente è in grado di fornire tutti i **riscontri contabili**, quali fatture, ricevute, scontrini fiscali ovvero altra documentazione utile ai fini della corretta determinazione del reddito e dell'IVA (circ. 1° agosto 2018, n. 18/E).
Riguardo ai **corrispettivi**, alle **quote** e ai **contributi versati** alle associazioni sportive, essi non sono imponibili a condizione che gli enti associativi siano in possesso dei requisiti qualificanti previsti dalla normativa tributaria e che trasmettano per via telematica all'Agenzia delle Entrate i dati e le notizie rilevanti ai fini fiscali mediante l'apposito **Mod. EAS** (➡27.4.7.) (art. 30, D.L. n. 185/2008).

Esoneri e obblighi contabili

Esoneri	- tenuta delle scritture contabili (art. 14 e seg. D.P.R. n. 600/1973); - fatturazione (tranne che per le prestazioni di sponsorizzazione, per le cessioni o concessioni di diritti di ripresa televisiva e di trasmissione radiofonica e per le prestazioni pubblicitarie) e di registrazione (art. 74, c. 6, D.P.R. n. 633/1972); - certificazione dei corrispettivi (art. 2, c. 1, lett. hh), D.P.R. 21 dicembre 1996, n. 696); - dichiarazione ai fini IVA (art. 74, c. 6, D.P.R. n. 633/1972).
Obblighi	- conservazione e numerazione progressiva delle fatture di acquisto; - annotazione, anche con una unica registrazione, entro il giorno 15 del mese successivo, dell'ammontare dei corrispettivi e di qualsiasi provento conseguiti nell'esercizio di attività commerciali, con riferimento al mese precedente (va utilizzato il Modello di cui al D.M. 11 febbraio 1997, opportunamente integrato); - effettuazione del versamento trimestrale dell'IVA entro il giorno 16 del secondo mese successivo al trimestre di riferimento; - annotazione distinta nel Modello di cui al D.M. 11 febbraio 1997, dei proventi che non costituiscono reddito imponibile (art. 25, c. 2, Legge n. 133/1999), delle plusvalenze patrimoniali, nonché delle operazioni intracomunitarie.

Esclusioni dal reddito imponibile - Non concorrono alla formazione del reddito imponibile delle associazioni e delle società sportive dilettantistiche senza scopo di lucro che hanno optato per il regime agevolato di cui alla Legge n. 398/1991, per un numero di eventi complessivamente non superiore a due per anno e per un importo complessivamente **non superiore a 51.645,69 euro** (art. 25, c. 2, Legge n. 133/1999):

a. i proventi realizzati "nello svolgimento di attività commerciali connesse agli scopi istituzionali";
b. i proventi realizzati per il tramite della raccolta pubblica di fondi effettuata in concomitanza di celebrazioni, ricorrenze o campagne di sensibilizzazione (art. 143, c. 3, lett. a), D.P.R. n. 917/1986).

Rapporti con la Riforma del Terzo Settore - Con il decreto di riforma (D.Lgs. n. 117/2017) si prevede la disapplicazione del regime, da un lato, per gli Enti del Terzo Settore e, dall'altro, per le associazioni senza fini di lucro, le associazioni pro-loco, le associazioni bandistiche e cori amatoriali, filodrammatiche, di musica e danza popolare legalmente costituite senza fini di lucro.
Tale disapplicazione vale a partire dal periodo d'imposta successivo all'autorizzazione delle Commissione europea e, comunque, non prima del periodo d'imposta successivo di operatività del Registro Unico Nazionale del Terzo Settore (circ. 1° agosto 2018, n. 18/E).
Quindi, a decorrere da tale termine, il regime di cui alla Legge n. 398/1991:

- non si applica in favore delle associazioni e delle società sportive dilettantistiche senza fini di lucro che sceglieranno di assumere la qualifica di Enti del Terzo Settore iscrivendosi nel Registro Unico Nazionale del Terzo Settore;

IRES

- non si applica, a prescindere dall'iscrizione o meno nel Registro Unico Nazionale del Terzo Settore, per le associazioni senza fini di lucro e le associazioni pro-loco nonché per le associazioni bandistiche e cori amatoriali, filodrammatiche, di musica e danza popolare legalmente costituite senza fini di lucro;
- si applica per le associazioni e le società sportive dilettantistiche senza fini di lucro che non assumeranno la qualifica di Enti del Terzo Settore.

27.7.2. Società sportive di calcio professionistiche

Le società sportive di calcio professionistiche sono tenute alla **trasmissione telematica** all'Agenzia delle Entrate (Provv. 17 dicembre 2007), di **copia dei contratti**:
- di acquisizione delle prestazioni professionali degli **atleti professionisti**;
- riguardanti i **compensi** per tali prestazioni;
- di **sponsorizzazione** stipulati dagli atleti stessi in relazione ai quali la società percepisce somme per il diritto di sfruttamento dell'immagine.

27.7.3. Registro nazionale delle ASD

Per confermare il riconoscimento ai fini sportivi alle associazioni/società sportive dilettantistiche, già affiliate alle Federazioni sportive nazionali, alle Discipline sportive associate e agli enti di promozione sportiva è necessario essere iscritte ad un **registro telematico tenuto dal CONI**.
Il **Registro telematico nazionale delle associazioni e società sportive dilettantistiche è** raggiungibile all'indirizzo internet https://rssd.coni.it/.
Le procedure d'iscrizione prevedono che siano direttamente gli **organismi affilianti** (delle varie discipline sportive), e non la singola associazione in autonomia, ad effettuare l'iscrizione al Registro del Coni una volta conclusa la fase dell'affiliazione e del tesseramento.

27.7.4. Sospensione versamenti per le associazioni e società sportive

Sono sospesi **fino al mese di aprile 2022** alcuni versamenti tributari e contributivi dovuti da associazioni e società sportive professionistiche e dilettantistiche, Federazioni Sportive Nazionali, enti di promozione sportiva che hanno il domicilio fiscale, la sede legale o la sede operativa nel territorio dello Stato e operano nell'ambito di competizioni sportive in corso di svolgimento (art. 1, c. 923-924 Legge n. 234/2021).
Si tratta dei versamenti:
a. delle **ritenute alla fonte** (artt. 23 e 24 D.P.R. n. 600/1973) che i predetti soggetti operano in qualità di sostituti d'imposta, dal 1° gennaio 2022 al 30 aprile 2022;
b. dei **contributi previdenziali e assistenziali** e dei **premi per l'assicurazione obbligatoria**, dal 1° gennaio 2022 al 30 aprile 2022;
c. dell'**IVA** in scadenza nei mesi di gennaio, febbraio, marzo e aprile 2022;
d. delle **imposte sui redditi** in scadenza dal 10 gennaio 2022 al 30 aprile 2022.

Detti versamenti possono essere effettuati, senza sanzioni interessi, in un'unica soluzione **entro il 30 maggio 222**, ovvero fino a un massimo di **sette rate mensili** (fino al mese di dicembre 2022).

27.8. AGEVOLAZIONI FISCALI PER LE FEDERAZIONI SPORTIVE NAZIONALI

Al fine di favorire il diritto allo svolgimento dell'attività sportiva, tenuto conto dei contenuti sociali, educativi e formativi dello sport, con particolare riferimento alla fase post-pandemica da Covid-19 e in attesa che trovino piena applicazione i princìpi di riordino del settore (Legge 8 agosto 2019, n. 86), in via sperimentale per gli anni **2022, 2023 e 2024**, per le federazioni sportive nazionali riconosciute dal Comitato olimpico nazionale italiano, gli utili derivanti dall'esercizio di attività commerciale non concorrono a formare il reddito imponibile ai fini IRES e il valore della produzione netta ai fini IRAP , a condizione che in ciascun anno le federazioni sportive destinino almeno il **20%** degli stessi allo sviluppo, diretto o per il tramite dei soggetti componenti delle medesime federazioni, delle infrastrutture sportive, dei settori giovanili e della pratica sportiva dei **soggetti con disabilità**.
I costi effettivamente sostenuti per lo sviluppo delle suddette attività sono rendicontati dalle federazioni sportive nazionali e certificati dagli organi di controllo interno delle stesse o dalle società di revisione da queste incaricate per la certificazione dei bilanci, entro il terzo anno successivo a quello di riferimento.
L'efficacia della misura agevolativa è subordinata all'autorizzazione della Commissione europea, ai sensi dell'articolo 108, paragrafo 3, del Trattato sul funzionamento dell'Unione europea.

IMPRESE MARITTIME (TONNAGE TAX) 28.

IRES

ASPETTI GENERALI 28.1.

La **tonnage tax** è un **regime fiscale forfetario parametrato al tonnellaggio e all'anzianità delle navi**, alternativo al regime fiscale ordinario, con lo scopo di consentire la riduzione delle asimmetrie fiscali esistenti tra la flotta italiana e quelle europee (art. 155-161, D.P.R. n. 917/1986; D.M. 23 giugno 2005).

SOGGETTI INTERESSATI 28.2.

Sono interessati alla disciplina le **società per azioni** e **in accomandita per azioni**, le società **a responsabilità limitata**, le società **cooperative** e le società **di mutua assicurazione residenti** nel territorio dello Stato, che:

- sono **iscritte al Registro internazionale** (D.L. n. 457/1997);
- esercitano le **attività di trasporto** merci, trasporto passeggeri, soccorso, rimorchio, realizzazione e **posa in opera** di impianti ed altre attività di **assistenza marittima** da svolgersi in alto mare o altre attività direttamente connesse o strumentali a quelle appena indicate;
- utilizzano, per lo svolgimento di tali attività **navi con un tonnellaggio superiore alle 100 tonnellate di stazza netta**.

> Se un soggetto che ha scelto di beneficiare del **regime forfetario** della *tonnage tax* esercita, al medesimo tempo, **altre attività d'impresa**, il suo reddito imponibile ai fini IRES risulterà dalla **somma dell'imponibile** forfetario della *tonnage tax* con quello analitico, relativo alle altre attività esercitate (circ. 21 dicembre 2007, n. 72/E).

OPZIONE 28.3.

Il regime non è automatico, ma si applica su scelta del contribuente tramite apposita **opzione** (➔96.5.).

L'opzione è esercitata relativamente a **tutte le navi** con tonnellaggio superiore a 100 t. di stazza netta, destinate a:

- trasporto merci;
- trasporto passeggeri;
- soccorso;
- rimorchio;
- realizzazione e posa in opera di impianti;
- altre attività di assistenza marittima da svolgersi in alto mare.

L'**opzione** deve essere **effettuata**, esclusivamente **dalla controllante**, con apposita richiesta all'Agenzia delle Entrate, con la presentazione con la dichiarazione dei redditi relativa al periodo d'imposta a decorrere dal quale la si intende esercitare e resta **irrevocabile per 10 esercizi**.

Inoltre, deve essere esercitata relativamente a tutte le navi aventi i requisiti sopra descritti, gestite dallo stesso gruppo di imprese alla cui composizione concorrono la società controllante e le controllate (art. 2359 c.c.).

> Nel caso di **imprese neocostituite**, il termine decorre dalla data di costituzione (circ. 21 dicembre 2007, n. 72/E).

Nei casi di **navi gestite dallo stesso gruppo di imprese** alla cui composizione concorrono la società controllante e le controllate, l'**opzione** è **esercitata**, relativamente a tutte le navi utilizzate dal gruppo,

oltre che dalla controllante, **da tutte le controllate**, che la comunicano alla controllante mediante raccomandata con ricevuta di ritorno.
I soggetti che hanno esercitato l'opzione per il **consolidato nazionale o mondiale** (➡26.) per il periodo d'imposta in cui non era in vigore il regime di *tonnage tax*, possono esercitare l'opzione per quest'ultimo in alternativa a quelli di consolidato. In tal caso si applicano le norme sull'interruzione dei regimi di consolidato.
L'**opzione** è **inefficace** se esercitata con modalità diverse da quelle previste dal decreto o se l'impresa perde i requisiti soggettivi. In ogni caso, l'opzione non rileva per la determinazione del reddito delle navi relativamente ai giorni in cui le stesse sono locate a scafo nudo. L'opzione viene meno anche nel caso di **mancato rispetto dell'obbligo di formazione dei cadetti** (Decreto Ministero delle Infrastrutture e dei Trasporti 17 dicembre 2008).
Qualora per qualsiasi motivo venga meno l'efficacia dell'opzione esercitata, non è possibile optare nuovamente per la *tonnage tax* prima del decorso del decennio originariamente previsto.

IRES

28.3.1. Limiti all'esercizio dell'opzione e alla sua efficacia

L'opzione non può essere esercitata o perde la sua efficacia con effetto dal periodo d'imposta in corso, se si verificano le seguenti **condizioni**:
- più del **50% delle navi** in regime di *tonnage tax*, complessivamente utilizzate dalla singola impresa, è **locato a scafo nudo**;
- per più della metà delle navi locate, il **rapporto** tra il numero dei giorni di **locazione a scafo nudo e** il numero complessivo dei giorni di **effettiva navigazione** è **superiore al 50%**. A tal fine, non si tiene conto dei giorni di mancata utilizzazione e di disarmo temporaneo della nave.

Non rilevano le navi locate a scafo nudo tra società dello stesso gruppo.

28.3.2. Rinnovo

Al termine del decennio, l'**opzione** è **tacitamente rinnovata**, di decennio in decennio a meno che non sia revocata, secondo le modalità e i termini previsti per la comunicazione dell'opzione.
Va compilato il **Modello "Comunicazioni per regimi *Tonnage tax*, Consolidato e Trasparenza"** in tutte le ipotesi di comunicazioni diverse dall'opzione - variazioni del gruppo, interruzione del regime, perdita di efficacia- ovvero quando non sia possibile utilizzare il modello di dichiarazione (società neocostituite o trasformate).

28.4. DETERMINAZIONE DEL REDDITO IMPONIBILE

La *tonnage tax* consiste in una determinazione forfetaria del reddito imponibile (art. 156, D.P.R. n. 917/1986). Il reddito imponibile, determinato in via forfetaria ed unitaria sulla base del reddito giornaliero di ciascuna nave con i requisiti predetti, è calcolato sulla base degli importi in cifra fissa previsti per i seguenti **scaglioni di tonnellaggio netto**:

Stazza netta (in tonnellate)		Reddito giornaliero (per tonnellata)
	fino a 1.000	0,0090 euro
da 1.001	a 10.000	0,0070 euro
da 10.001	a 25.000	0,0040 euro
da 25.001		0,0020 euro

Ai fini del calcolo, non vengono considerati:
- i **giorni di mancata utilizzazione** a causa di operazioni di manutenzione, riparazione ordinaria o straordinaria, ammodernamento e trasformazione della nave;
- i giorni nei quali la nave è in **disarmo temporaneo**.

Dall'imponibile così determinato non è ammessa alcuna deduzione. Resta, comunque, applicabile la disciplina generale in materia di **riporto delle perdite** (➡20.6.) (art. 84, D.P.R. n. 917/1986).
Alle cessioni di beni ed alle prestazioni di servizi fra le società il cui reddito è determinato anche parzialmente in base alle regole appena esposte e le altre imprese, anche se residenti nel territorio dello Stato, si applica, ricorrendone le altre condizioni, la disciplina del **valore normale** (art. 110, c. 7, D.P.R. n. 917/1986) in materia di valutazione dei componenti di reddito derivanti da operazioni con società non residenti nel territorio dello Stato, che direttamente o indirettamente controllano l'impresa, ne sono controllate o sono controllate dalla stessa società che controlla l'impresa. Resta comunque applicabile la disciplina sulla determinazione della base imponibile forfetaria (art. 156, D.P.R. n. 917/1986).

Attività accessorie 28.4.1.

La determinazione forfetaria dell'imponibile è possibile anche per le **attività accessorie**, qualora siano direttamente **connesse**, **strumentali e complementari** alle attività ammissibili:

- gestione di cinema, bar e ristoranti e, in genere, la **vendita di prodotti e servizi a bordo**;
- contratti di **subappalto o *franchising*** o, in generale, i rapporti contrattuali con terzi per l'esercizio delle attività ammissibili;
- le operazioni di **gestione commerciale**, come la prenotazione di capacità di carico e di biglietti per passeggeri;
- i **servizi amministrativi** e le prestazioni di **assicurazione** connessi ai servizi di trasporto di merci e passeggeri, venduti insieme alla prestazione di trasporto;
- l'**imbarco e** lo **sbarco passeggeri**;
- il **carico e** lo **scarico merci**, inclusa la manipolazione e movimentazione di container all'interno dell'area portuale;
- il raggruppamento o la suddivisione di merci prima o dopo il trasporto in mare;
- la fornitura e la messa a disposizione di *container*, trasporti terrestri immediatamente antecedenti o successivi a quello marittimo.

Sono **esclusi dal regime** i proventi derivanti dalla vendita di prodotti di lusso, di prodotti e di servizi che non sono consumati a bordo, dai giochi d'azzardo, dalle scommesse e dai casinò.

Plusvalenze e minusvalenze 28.4.2.

Nel reddito forfetario vanno incluse le eventuali **plusvalenze o minusvalenze realizzate su navi**, qualora queste siano state acquistate successivamente all'esercizio dell'opzione (art. 158, D.P.R. n. 917/1986).

Nel caso invece in cui la cessione riguardi una **nave già di proprietà dell'armatore** al momento dell'opzione, la plusvalenza si aggiunge al reddito forfetario, ma viene determinata in riferimento al costo non ammortizzato dell'ultimo esercizio antecedente a quello di prima applicazione del regime.

OBBLIGHI CONTABILI 28.5.

Il reddito derivante dal contemporaneo svolgimento di **attività imprenditoriali diverse da quelle marittime** che danno accesso alla *tonnage tax* (art. 155, D.P.R. n. 917/1986) non può essere assoggettato a tale disciplina speciale e deve essere determinato secondo le comuni regole in materia di IRES (art. 159, D.P.R. n. 917/1986). Inoltre, le spese e gli altri componenti negativi assumono rilievo se e nella misura in cui si riferiscano ad attività o beni da cui derivano ricavi ed altri proventi diversi da quelli ricompresi nella determinazione dell'imponibile secondo i criteri della *tonnage tax*.

A tal fine è necessario tenere una **contabilità separata**. Le spese e gli altri componenti negativi che si riferiscono indistintamente a componenti positivi di reddito ricompresi e non ricompresi nell'imponibile determinato secondo i criteri della *tonnage tax* sono deducibili per la parte corrispondente al rapporto tra l'ammontare complessivo dei ricavi ed altri proventi non ricompresi nell'imponibile calcolato con i criteri della *tonnage tax* e l'ammontare complessivo di tutti i ricavi e proventi.

TONNAGE TAX E CONSOLIDATO NAZIONALE 28.6.

I soggetti che esercitano l'opzione per la *tonnage tax* non possono esercitare l'opzione per il consolidato nazionale o mondiale, sia in qualità di controllanti che di controllati (➔**26.**) (art. 160, c. 1, D.P.R. n. 917/1986).

AMMORTAMENTO DELLE NAVI 28.7.

Le disposizioni in materia di **ammortamento dei beni materiali** (➔**24.6.**) (art. 102, c. 1, 2, 3 e 7, D.P.R. n. 917/1986), non si applicano ai **beni mobili registrati** con costo ammortizzabile ai fini fiscali in un periodo non inferiore a 10 anni, la cui utilizzazione richieda un **equipaggio di almeno 6 persone**, qualora siano **concessi in locazione finanziaria con obbligo di acquisto** da un Gruppo europeo di interesse economico (GEIE) o da una **società per azioni** o **a responsabilità limitata** per le quali sia stata esercitata l'opzione per la tassazione per trasparenza (➔**25.**) (art. 115, c. 4, D.P.R. n. 917/1986), **ad un'impresa che li destini all'esercizio della propria attività abituale** (art. 2, c. 218, Legge n. 244/2007). Inoltre, le **quote di ammortamento** sono deducibili dal reddito del concedente in misura non superiore al **35%** del costo in ciascun periodo d'imposta e, anteriormente all'entrata in funzione del bene, in misura comunque non superiore all'ammontare dei corrispettivi pagati in ciascun esercizio al costruttore (art. 2, c. 219, Legge n. 244/2007).

29. ATTIVITÀ PARTICOLARI

29.1. IMPRESE DI ASSICURAZIONE

Nella determinazione del reddito delle società e degli enti che esercitano **attività assicurative,** concorre a formare il reddito dell'esercizio la **variazione delle riserve tecniche obbligatorie** fino alla misura massima stabilita a norma di legge (art. 111, D.P.R. n. 917/1986).

Inoltre, per le imprese di assicurazione, si applicano le seguenti regole:

- gli utili (➔**22.7.1.**) (art. 89, c. 2 e 3, D.P.R. n. 917/1986), i maggiori e i minori valori iscritti relativi alle azioni, alle quote di partecipazione e agli strumenti finanziari (➔**22.2.**) (art. 85, c. 1, lett. c) e d), D.P.R. n. 917/1986), nonché le plusvalenze e le minusvalenze che fruiscono del regime di esenzione (➔**23.**) (art. 87, D.P.R. n. 917/1986) concorrono a formare il reddito qualora siano relativi ad **investimenti** a beneficio di **assicurati dei rami vita i quali ne sopportano il rischio**. Ai fini dell'applicazione del credito d'imposta per le imposte pagate all'estero (➔**33.1.**) (art. 165, D.P.R. n. 917/1986) i predetti utili si assumono nell'importo che concorre a formare il reddito (➔**22.7.1.**);
- la **variazione della riserva sinistri** relativa ai contratti di assicurazione dei rami danni, per la parte riferibile alla **componente di lungo periodo (75% della riserva)**, è deducibile in quote costanti nell'esercizio in cui è iscritta in bilancio e nei **4 successivi**;
- le **provvigioni** relative all'acquisizione dei **contratti di assicurazione di durata pluriennale** stipulati nel periodo d'imposta sono deducibili in quote costanti nel periodo stesso e nei due successivi; tuttavia per i contratti di **assicurazione sulla vita** possono essere dedotte per l'intero ammontare nel predetto periodo. Le provvigioni stesse, se iscritte tra gli elementi dell'attivo a copertura delle riserve tecniche, sono deducibili nei limiti dei corrispondenti caricamenti dei premi

e per un periodo massimo pari alla durata di ciascun contratto e comunque non superiore a 10 anni.

Le residue quote dell'ammontare complessivo delle variazioni della riserva sinistri di cui sopra, che **eccede il 60% dell'importo iscritto in bilancio**, formate negli esercizi sino al 2007 e non ancora dedotte, sono deducibili per quote costanti fino al raggiungimento del diciottesimo esercizio successivo a quello di loro formazione (art. 82, c. 7, D.L. n. 112/2008).

La variazione delle riserve tecniche obbligatorie relative al **ramo vita** concorre a formare il reddito dell'esercizio per la parte corrispondente al rapporto tra l'ammontare dei ricavi e degli altri proventi che concorrono a formare il reddito d'impresa e l'ammontare complessivo di tutti i ricavi e i proventi, anche se esenti o esclusi, ivi compresa la quota non imponibile dei dividendi (➡22.7.1.) (art. 89, c. 2, D.P.R. n. 917/1986) e delle plusvalenze esenti (➡23.) (art. 87, D.P.R. n. 917/1986).

Si tratta della variazione delle seguenti riserve (circ. 23 dicembre 2010, n. 60/E):

a. **riserve matematiche**;
b. **riserva premi delle assicurazioni complementari**;
c. **altre riserve tecniche**.

Non rientrano nella norma in esame, invece, le riserve tecniche allorché il **rischio dell'investimento** è **sopportato dagli assicurati** e quelle derivanti dalla gestione dei **fondi pensione** di cui alla lett. d) della medesima voce II.6 del conto tecnico dei rami vita. Ciò in quanto, in entrambi i casi, non vi è la possibilità di impiegare la liquidità anticipata in investimenti che possono dar luogo a proventi esenti o esclusi.

In ogni caso, il predetto rapporto rileva in misura non inferiore al 95% e non superiore al 98,5%.

Anche l'eventuale variazione negativa delle riserve deve essere assoggettata alla medesima limitazione (circ. 23 dicembre 2010, n. 60/E).

Inoltre, per le imprese di assicurazione che gestiscono **sia il ramo danni che il ramo vita**, la **valutazione dei titoli** e degli **strumenti finanziari** è attuata separatamente per ciascuno di essi.

Imposta sostitutiva sulle assicurazioni - Armonizzazione 29.1.1.

Le imprese di assicurazione applicano una imposta sostitutiva delle imposte sui redditi nella misura del 26% sui redditi di capitale compresi nei capitali corrisposti in dipendenza di contratti di assicurazione sulla vita e di capitalizzazione (➡11.5.15.) (art. 44, c. 1, lett. g-quater), D.P.R. n. 917/1986 e art. 26-ter, D.P.R. n. 600/1973).

Inoltre, il trattamento fiscale delle polizze emesse da compagnie residenti è armonizzato con quello delle **polizze emesse da compagnie estere** (art. 26-ter, c. 3, D.P.R. n. 600/1973).

In particolare, è stato previsto che:

- ove l'imposta sostitutiva sui capitali corrisposti in dipendenza di contratti di assicurazione sulla vita e di capitalizzazione non sia applicata direttamente dalle imprese estere operanti nel territorio dello Stato, per le **polizze "intermediate" da imprese residenti** essa deve essere applicata - in luogo della mera facoltà - dall'intermediario assicurativo intervenuto nel contratto in qualità di sostituto d'imposta;
- il prelievo dello 0,35% nei confronti degli intermediari che agiscono in qualità di sostituti d'imposta viene commisurato al **valore di tutti i contratti "intermediati"** dal sostituto d'imposta residente, e non più alle riserve matematiche relative ai contratti di assicurazione sottoscritti mediante l'intervento di tali soggetti;
- il contraente è tenuto a fornire la relativa provvista, mentre il sostituto d'imposta è tenuto a **segnalare i contraenti nei confronti dei quali l'imposta non è stata applicata**; nei confronti di questi ultimi, la riscossione dell'imposta avviene mediante ruolo.

Le imposte sui redditi di capitale di natura assicurativa e sulle riserve matematiche dei rami vita devono essere applicate anche dai soggetti che riscuotono i redditi derivanti dai contratti stipulati da contribuenti residenti con compagnie estere di assicurazione.

Inoltre, l'obbligo non riguarda solo gli intermediari che abbiano la polizza in gestione o in amministrazione o che abbiano ricevuto mandato dal cliente o dalla compagnia, ma anche quelli che abbiano semplicemente ricevuto l'accredito dalla società di assicurazione (circ. 31 ottobre 2012, n. 41/E).

IRES

29.1.2. Tassazione delle riserve matematiche

Le società e gli enti che esercitano attività assicurativa sono tenuti a versare un'**imposta** in misura pari allo **0,45% delle riserve matematiche dei rami vita** iscritte nel bilancio dell'esercizio. Sono **escluse** quelle relative ai contratti aventi per oggetto il rischio di morte o di invalidità permanente da qualsiasi causa derivante ovvero di non autosufficienza nel compimento degli atti della vita quotidiana, nonché di quelle relative ai fondi pensione e ai contratti di assicurazione (art. 1, c. 2, D.L. n. 209/2002; art. 1, c. 506-507, Legge n. 228/2012).

Il versamento è effettuato entro il **termine di versamento a saldo delle imposte sui redditi** e costituisce **credito di imposta**, da utilizzare per il versamento delle ritenute (art. 6, Legge n. 482/1985) e dell'imposta sostitutiva sui redditi di capitale corrisposti in dipendenza di contratti di assicurazione sulla vita e di capitalizzazione (➡11.4.6.) (art. 26-ter, D.P.R. n. 600/1973).

Inoltre, si applicano le seguenti regole:

- le **variazioni dell'aliquota** dell'imposta sulle riserve matematiche si applicano anche all'imposta sul valore dei contratti di assicurazione (art. 1, c. 2-sexies, D.L. n. 209/2002);
- l'imposta sulle riserve matematiche determina la spettanza di un **credito d'imposta** da utilizzare in sede di versamento delle ritenute sui capitali corrisposti in dipendenza di contratti di assicurazione sulla vita (art. 6, Legge n. 482/1985) e dell'imposta sostitutiva sui redditi compresi nei capitali corrisposti in dipendenza di contratti di assicurazione sulla vita e di capitalizzazione (art. 26-ter, D.P.R. n. 600/1973);
- se l'ammontare complessivo delle predette **imposte sostitutive e ritenute** da versare in ciascun anno è inferiore all'imposta versata secondo le regole innanzi esposte per il quinto anno precedente, la differenza può essere computata, in tutto o in parte, in compensazione delle imposte e dei contributi, anche oltre il limite di 700.000 euro previsto per le compensazioni (art. 34, Legge n. 388/2000) o ceduta a società o enti appartenenti al gruppo (art. 43-ter, D.P.R. n. 602/1973).

29.2. IMPRESE BANCARIE

29.2.1. Addizionale enti creditizi e finanziari

Per gli **enti creditizi e finanziari** è prevista un'**addizionale IRES del 3,5%** (art. 1, c. 65-69, Legge n. 208/2015).

Soggetti interessati	- **Istituti di credito**; - capogruppo di gruppi bancari; - **intermediari finanziari**; - **istituti di moneta elettronica e** gli istituti **di pagamento**; - **società finanziarie** (art. 1, D.Lgs. n. 87/1992), inclusa la Banca d'Italia.
Soggetti esclusi	- **società di gestione dei fondi comuni d'investimento** (art. 1, c. 49, Legge n. 232/2016); - **società di intermediazione mobiliare** (SIM) (art. 1, c. 84, Legge n. 205/2017); - imprese di assicurazione e eventuali capogruppo.
Addizionale IRES	3,5%
Rapporti con tassazione per trasparenza e consolidato	- i soggetti che hanno esercitato l'opzione per la **tassazione consolidata di gruppo** (art. 117, D.P.R. n. 917/1986) e i soggetti che hanno esercitato, in qualità di **partecipati**, l'opzione per la **trasparenza fiscale** (art. 115, D.P.R. n. 917/1986) assoggettano autonomamente il proprio reddito imponibile all'addizionale e provvedono al relativo versamento; - i soggetti che hanno esercitato, in qualità di **partecipanti**, l'opzione per la **trasparenza fiscale** assoggettano il proprio reddito imponibile all'addizionale senza tener conto del reddito imputato dalla società partecipata.
Altri aspetti	Sono integralmente deducibili dall'IRES e dall'IRAP gli **interessi passivi** in favore degli enti creditizi e finanziari.

29.2.2. Operazioni fuori bilancio

Alla formazione del reddito ai fini IRES concorrono i componenti positivi e negativi che risultano dalla **valutazione degli strumenti finanziari derivati** alla data di chiusura dell'esercizio (art. 112, D.P.R. n. 917/1986). Comunque, i componenti negativi **non possono essere superiori** alla differenza tra il valore del contratto o della prestazione alla data di stipula o a quella di chiusura dell'esercizio precedente e il corrispondente valore alla data di chiusura dell'esercizio.

Per la **determinazione** di quest'ultimo valore, si assume:

a. per i **contratti uniformi a termine** negoziati in mercati regolamentati italiani o esteri, l'ultima quotazione rilevata entro la chiusura dell'esercizio;
b. per i **contratti di compravendita di titoli,** il valore determinato, per i titoli negoziati in mercati regolamentati, in base ai prezzi rilevati nell'ultimo giorno dell'esercizio ovvero in base alla media aritmetica dei prezzi rilevati nell'ultimo mese; per gli altri titoli, il valore determinato in base al valore normale (➡**2.7.1.**) (art. 94, c. 4, lett. a) e b), D.P.R. n. 917/1986);
c. per i **contratti di compravendita di valute**, il tasso di cambio a pronti, corrente alla data di chiusura dell'esercizio, se si tratta di operazioni a pronti non ancora regolate, il tasso di cambio a termine corrente alla suddetta data per scadenze corrispondenti a quelle delle operazioni oggetto di valutazione, se si tratta di operazioni a termine;
d. in tutti gli **altri casi**, il valore determinato secondo i criteri del valore normale (➡**2.7.1.**) (art. 9, c. 4, lett. c), D.P.R. n. 917/1986).

In deroga a quanto appena detto, per i **soggetti IAS adopter** e per i **soggetti, diversi dalla micro imprese** (art. 2435-ter c.c.), che redigono il bilancio in conformità alle disposizioni del Codice civile, i componenti negativi imputati al Conto economico in base alla corretta applicazione di tali princìpi assumono **rilievo anche ai fini fiscali**.

Strumenti finanziari derivati	
Iscrizione in bilancio[1]	**Modalità di determinazione del reddito**
Con finalità di **copertura di attività o passività**	I relativi componenti positivi e negativi derivanti da valutazione o da realizzo concorrono a formare il reddito secondo le medesime disposizioni che disciplinano i componenti positivi e negativi, derivanti da valutazione o realizzo, delle attività o passività rispettivamente coperte o di copertura.
Con finalità di **copertura dei rischi** relativi ad attività e passività produttive di interessi	I relativi componenti positivi e negativi concorrono a formare il reddito, secondo lo stesso criterio di imputazione degli interessi, se le operazioni hanno finalità di copertura di rischi connessi a specifiche attività e passività, ovvero secondo la durata del contratto, se le operazioni hanno finalità di copertura di rischi connessi a insiemi di attività e passività.

[1] Lo strumento finanziario derivato si considera con finalità di copertura in base alla corretta applicazione dei principi contabili adottati dall'impresa.

Deducibilità rettifiche su crediti e perdite su crediti per banche e assicurazioni 29.2.3.

Per gli intermediari finanziari (➡**19.2.4.**) le **svalutazioni e** le **perdite su crediti** verso la clientela iscritti in bilancio a tale titolo e le **perdite realizzate mediante cessione a titolo oneroso** sono **deducibili integralmente** nell'esercizio in cui sono rilevate in bilancio (art. 106, c. 3, D.P.R. n. 917/1986). A tal fine, le svalutazioni e le perdite diverse da quelle realizzate mediante cessione a titolo oneroso si assumono al netto delle rivalutazioni dei crediti risultanti in bilancio.

In via transitoria, per il primo periodo di applicazione delle norme di cui si discute (periodo d'imposta successivo a quello in corso al 31 dicembre 2014) le svalutazioni e le perdite di cui sopra diverse dalle perdite realizzate mediante cessione a titolo oneroso sono deducibili nei limiti del 75% del loro ammontare.
L'eccedenza di cui sopra e le svalutazioni e le perdite su crediti iscritte in bilancio fino all'esercizio in corso al 31 dicembre 2014 e non ancora dedotte ai sensi della norma precedente (art. 106, c. 3, D.P.R. n. 917/1986 in vigore sino al 2014) sono deducibili nelle seguenti misure:
- 5% del loro ammontare nel periodo d'imposta in corso al 31 dicembre 2016;
- 8% nel periodo d'imposta in corso al 31 dicembre 2017;
- 10% nel periodo d'imposta in corso al 31 dicembre 2018; tale percentuale è stata successivamente differita al periodo d'imposta in corso al 31 dicembre 2026 (art. 1, c. 1056, Legge n. 145/2018);
- 12% nel periodo d'imposta in corso al 31 dicembre 2019 e fino al periodo d'imposta in corso al 31 dicembre 2024; tale percentuale, senza alcun effetto sulla determinazione degli acconti

d'imposta 2019, è stata successivamente differita, in quote costanti, al periodo d'imposta in corso al 31 dicembre 2022 e ai tre successivi (art. 1, c. 712 e 715, Legge n. 160/2019);
- 5% nel periodo d'imposta in corso al 31 dicembre 2025.

29.2.4. Misure per la liquidazione coatta amministrativa di imprese bancarie

Al fine di assicurare l'ordinato svolgimento delle procedure di liquidazione coatta amministrativa delle banche di ridotte dimensioni, il Ministro dell'economia e delle finanze è autorizzato a concedere il sostegno pubblico alle operazioni di trasferimento a una banca acquirente di attività e passività, di azienda, rami d'azienda nonché di beni e rapporti giuridici individuabili in blocco (definito "il compendio ceduto") della banca in liquidazione coatta amministrativa (art. 169, D.L. n. 34/2020).

Il sostegno, volto a favorire che i diritti da soddisfare e le attività da realizzare possano essere gestiti in blocco, può essere fornito nelle seguenti forme, anche in combinazione fra di loro:

a. trasformazione in crediti di imposta delle attività per **imposte anticipate della banca** posta in liquidazione coatta amministrativa, anche laddove non iscritte nel bilancio di quest'ultima;
b. trasformazione in crediti di imposta delle attività per **imposte anticipate dell'acquirente**, anche laddove non iscritte nel bilancio di quest'ultima;
c. concessione all'acquirente di **garanzie su componenti del compendio ceduto**. Tale garanzia dello Stato è gratuita, a prima richiesta, incondizionata, irrevocabile ed esplicita, copre capitale, interessi e oneri accessori fino all'importo massimo garantito e prevede il concorso del beneficiario nelle perdite;
d. erogazione all'acquirente di **contributi** ove le precedenti forme di sostegno pubblico non siano sufficienti.

Le componenti che possono essere oggetto della trasformazione in crediti di imposta di cui alle precedenti lettere a) e b) sono:

- **perdite fiscali** non ancora computate in diminuzione del reddito imponibile ai sensi dell'art. 84, D.P.R. n. 917/1986;
- importo del **rendimento nozionale eccedente** il reddito complessivo netto calcolato secondo il regime ACE (➔**32.3.**), non ancora dedotto né trasformato in credito d'imposta;
- **componenti reddituali** (art. 1, c. 1067 e 1068, Legge n. 145/2018), derivanti dall'adozione del modello di rilevazione delle perdite su crediti di cui allo standard internazionale IFRS 9.

Il credito d'imposta derivante dalla trasformazione:

- non è produttivo di interessi;
- può essere utilizzato in compensazione, senza limiti di importo, chiesto a rimborso ovvero ceduto (art. 43-bis o art. 43-ter, D.P.R. n. 602/1973);
- va indicato nella dichiarazione dei redditi e non concorre alla formazione del reddito di impresa né della base imponibile dell'IRAP.

29.3. FONDI COMUNI D'INVESTIMENTO IMMOBILIARE

I **fondi di investimenti immobiliare** (art. 37, D.Lgs. n. 58/1998 e art. 14-bis, Legge n. 86/1994), **non** sono **soggetti ad imposta** né ai fini IRES né ai fini IRAP (art. 6, D.L. n. 351/2001).

Non si applicano le ritenute sui redditi di capitale (art. 26, c. 2, 3, 3-bis e 5, 26-quinquies, D.P.R. n. 600/1973 e art. 10-ter, Legge n. 77/1983).

Ferma restando l'applicazione di tale esenzione, i **redditi** conseguiti dal fondo e rilevati nei rendiconti di gestione sono **imputati per trasparenza ai partecipanti**, diversi dai soggetti esclusi (➔**29.3.1.**), che possiedono quote di partecipazione in misura superiore al 5% del patrimonio del fondo (art. 32, D.L. n. 78/2010).

La **percentuale di partecipazione al fondo** è rilevata al termine del periodo d'imposta o, se inferiore, al termine del periodo di gestione del fondo, in proporzione alle quote di partecipazione da essi detenute.

Ai fini della verifica della percentuale di partecipazione nel fondo si tiene conto delle partecipazioni detenute direttamente o indirettamente per il tramite di società controllate, di società fiduciarie o per interposta persona. Si tiene altresì conto delle partecipazioni imputate ai familiari.

Il partecipante è tenuto ad attestare alla società di gestione del risparmio la percentuale di possesso delle quote di partecipazioni detenute.

29.3.1. Esclusioni

La disciplina non si applica ai **fondi partecipati esclusivamente** da uno o più dei seguenti partecipanti:

a. **Stato o ente pubblico**;

b. **organismi d'investimento collettivo del risparmio**;
c. forme di **previdenza complementare** nonché enti di **previdenza obbligatoria**;
d. **imprese di assicurazione**, limitatamente agli investimenti destinati alla copertura delle riserve tecniche;
e. **intermediari bancari e finanziari** assoggettati a forme di vigilanza prudenziale;
f. soggetti e patrimoni indicati nelle precedenti lettere **costituiti all'estero** in Paesi o territori che consentano uno scambio d'informazioni finalizzato ad individuare i beneficiari effettivi del reddito o del risultato della gestione;
g. **enti privati residenti** in Italia che perseguano esclusivamente **finalità "sociali"** (tra cui famiglia e valori connessi; crescita e formazione giovanile; educazione, istruzione e formazione, incluso l'acquisto di prodotti editoriali per la scuola; volontariato, filantropia e beneficenza; religione e sviluppo spirituale; assistenza agli anziani; diritti civili (art. 1, c. 1, lett. c-bis), D.Lgs. n. 153/1999), nonché **società residenti** in Italia che perseguano esclusivamente **finalità mutualistiche**;
h. **veicoli costituiti in forma societaria o contrattuale** partecipati in misura superiore al 50% dai soggetti indicati nelle precedenti lettere.

Redditi dei fondi 29.3.2.

I redditi dei fondi:
- concorrono alla formazione del **reddito complessivo del partecipante** indipendentemente dalla percezione e proporzionalmente alla sua quota di partecipazione;
- se conseguiti da **soggetti non residenti**, sono soggetti in ogni caso a una **ritenuta a titolo d'imposta del 26%**, al momento della loro corresponsione.

In caso di **cessione**, le quote di partecipazione sono assimilate alle quote di partecipazione in società di persone.
Ai fini della determinazione dei redditi diversi di natura finanziaria si applicano le disposizioni sui **capital gain** (➡15.3.).
In caso di **cessione**, il costo è aumentato o diminuito, rispettivamente, dei redditi e delle perdite imputati ai partecipanti ed è altresì diminuito, fino a concorrenza dei risultati di gestione imputati, dei proventi distribuiti ai partecipanti.
Relativamente ai redditi imputati ai soggetti residenti non si applica la ritenuta relativa al regime tributario dei partecipanti (art. 7, D.L. n. 351/2001).
Riguardo al regime fiscale da applicare sui proventi che derivano dalla **partecipazione** indiretta di **fondi esteri** all'interno di fondi immobiliari italiani, il regime di non imponibilità dei proventi si applica non soltanto in caso di partecipazione diretta al fondo immobiliare ma anche qualora l'investitore estero partecipi, unitamente ad investitori esteri con i medesimi requisiti, in misura totalitaria in veicoli societari che pongono in essere l'investimento, a condizione che anche questi siano residenti in Paesi white listed (risposte a interpello 23 ottobre 2018, n. 43 e n. 44).

ATTIVITÀ DI GARANZIA COLLETTIVA DEI FIDI (CONFIDI) 29.4.

Aspetti generali 29.4.1.

L'attività di garanzia collettiva dei fidi (**Confidi**), tradizionalmente svolta da consorzi e società cooperative, si concretizza nella **prestazione di garanzie di carattere mutualistico in favore delle imprese consorziate o socie** (sin dall'origine rappresentate dalle piccole e medie imprese operanti nei diversi settori economici), **al fine di favorirne il finanziamento** da parte delle banche e degli altri soggetti operanti nel settore finanziario, in particolare attraverso la riduzione dei tassi di interesse ottenibili dalle singole imprese (art. 13, D.L. n. 269/2003; circ. 21 giugno 2004, n. 28/E).
I Confidi possono operare nella veste giuridica di **consorzi con attività esterna**, **società cooperative**, società **consortili per azioni**, **a responsabilità limitata o cooperative** e sono costituiti da piccole e medie imprese industriali, commerciali, turistiche e di servizi, da imprese artigiane e agricole, come definite dalla disciplina comunitaria. Possono parteciparvi anche imprese di maggiori dimensioni, rientranti nei limiti dimensionali determinati dalla Unione europea ai fini degli interventi agevolati della Banca europea per gli investimenti (BEI) a favore delle piccole e medie imprese, purché complessivamente non rappresentino più di un sesto della totalità delle imprese consorziate o socie (art. 13, c. 9, D.L. n. 269/2003).
Per i consorzi rientrano nella disciplina i **consorzi con attività esterna**, disciplinati dagli artt. 2612 e ss. c.c. Si tratta dei consorzi per i quali è formalmente prevista l'istituzione di uffici destinati a svolgere un'attività con i terzi ed assoggettati ad una particolare disciplina per quanto riguarda gli aspetti della rappresentanza verso l'esterno e della responsabilità per debiti.

IRES

È possibile la partecipazione ai Confidi anche ai **liberi professionisti** non organizzati in ordini o collegi, secondo quanto stabilito dalla disciplina delle **professioni non organizzate** (art. 9-bis, D.L. n. 148/2017).

Confidi	
Forma giuridica	**Consorzi** con attività esterna, società cooperative, **società consortili** per azioni, a responsabilità limitata o cooperative costituiti da piccole e medie imprese industriali, commerciali, turistiche e di servizi, da imprese artigiane e agricole.
Limiti dimensionali	- Il **fondo consortile** o il capitale sociale del Confidi non può essere inferiore a 100.000 euro, fermo restando per le società consortili il limite minimo previsto dal Codice civile per la società per azioni; - la **quota di partecipazione** di ciascuna impresa consorziata o socia non può essere superiore al 20% rispettivamente del fondo consortile o del capitale sociale del Confidi, né inferiore a 250 euro; - il **patrimonio netto** dei Confidi, comprensivo dei fondi rischi indisponibili, non può essere inferiore a 250.000 euro. Di tale ammontare minimo almeno 1/5 deve essere costituito da apporti dei consorziati o dei soci o da avanzi di gestione; ai fini del raggiungimento dello stesso si considerano anche i fondi rischi costituiti mediante accantonamenti di Conto economico per fa fronte a previsioni di rischio sulle garanzie prestate.
Attività svolta	I Confidi svolgono attività di prestazione di garanzia. In aggiunta, è possibile svolgere solo servizi ad essa connessi o strumentali, nel rispetto delle riserve di attività previste dalla legge.
Garanzie	- Possono essere prestate **garanzie personali e reali**; - possono essere stipulati contratti volti a realizzare il **trasferimento del rischio**; - possono essere utilizzati in funzione di garanzia **depositi indisponibili** costituiti presso i finanziatori delle imprese consorziate o socie.
Confidi di secondo grado	Sono **consorzi con attività esterna:** le società cooperative, le società consortili per azioni, a responsabilità limitata o cooperative, costituiti a loro volta da Confidi ed eventualmente da imprese consorziate o socie di questi ultimi o da altre imprese - che svolgono l'attività in favore dei Confidi di primo grado, delle imprese ad essi aderenti e delle imprese consorziate o socie di questi ultimi.
Banche	È possibile **esercitare l'attività bancaria** in forma di società cooperativa a responsabilità limitata anche alle banche che, in base al proprio statuto, esercitano prevalentemente attività di garanzia collettiva dei fidi a favore dei soci. Si tratta di una deroga espressa alla norma (art. 28, D.Lgs. n. 385/1993), ai sensi della quale l'esercizio dell'attività bancaria da parte di società cooperative è riservato alle banche popolari e alle banche di credito cooperativo (circ. 21 giugno 2004, n. 28/E).
Enti pubblici	L'attività dei Confidi può essere sostenuta anche da enti pubblici e privati e da imprese di maggiori dimensioni che non possono farne parte, attraverso la corresponsione di **contributi e** la **prestazione di garanzie** purché non finalizzati a singole operazioni.
Fondi di garanzia interconsortile	Si tratta di fondi istituiti dai Confidi con la finalità di **prestare controgaranzie e cogaranzie ai Confidi** medesimi. È possibile istituire detti fondi - anche per il tramite delle associazioni nazionali di rappresentanza - per i Confidi che riuniscono complessivamente non meno di 15.000 imprese e garantiscono finanziamenti complessivamente non inferiori a 500 milioni di euro.

Qualificazione ai fini fiscali 29.4.2.

Ai fini delle imposte sui redditi, i Confidi, comunque costituiti, si considerano **enti commerciali** (art. 13, c. 45, D.L. n. 269/2003).

Determinazione del reddito d'impresa 29.4.3.

In conseguenza della qualificazione dei Confidi quali enti commerciali, il reddito complessivo è considerato **reddito d'impresa** ed è determinato secondo le disposizioni IRES (➡**21.**).
In particolare, il reddito si determina apportando all'utile o alla perdita risultante dal Conto economico le variazioni in aumento o in diminuzione conseguenti all'applicazione dei criteri indicati nel D.P.R. n. 917/1986.
Sono previste anche alcune ritenute (➡**34.4.**)
Si applicano, poi, i seguenti aspetti specifici.

Avanzi di gestione	È **vietato** ai Confidi **distribuire avanzi di gestione** di ogni genere e sotto qualsiasi forma alle imprese consorziate o socie, e ciò anche in caso di scioglimento del consorzio, della cooperativa o della società consortile, ovvero di recesso, decadenza o esclusione o morte del consorziato o del socio. Pertanto, gli avanzi di gestione maturati dai Confidi ed accantonati nelle riserve e nei fondi costituenti il patrimonio netto concorrono alla formazione del reddito dei Confidi medesimi solo qualora detti fondi e riserve siano utilizzati per finalità diverse dalla copertura delle perdite di esercizio o dall'aumento del fondo consortile o del capitale sociale.
Quote di partecipazione al fondo consortile e al capitale sociale dei Confidi **e contributi versati** ai Confidi dalle imprese consorziate o socie e da terzi	Le **quote di partecipazione** al fondo consortile o al capitale sociale dei Confidi, comunque costituiti, nonché i **contributi versati** ai Confidi medesimi costituiscono per le imprese consorziate o socie **oneri contributivi** (art. 99, c. 3, D.P.R. n. 917/1986). Pertanto, le imprese consorziate o socie possono dedurre dal reddito, nell'esercizio in cui sono corrisposte (e quindi secondo il principio di cassa), le quote di partecipazione al fondo consortile o al capitale sociale del Confidi cui aderiscono e i contributi versati ai Confidi medesimi. Tali oneri sono deducibili per le imprese consorziate o socie, per l'ammontare complessivo, se e nella misura in cui siano dovuti in base a formale deliberazione dell'organo competente del relativo Confidi (circ. 21 giugno 2004, n. 28/E).
Contributi versati ai fondi di garanzia interconsortile e ai fondi di garanzia e quote versate al Ministero dell'Economia e delle Finanze	I contributi, sia obbligatori sia liberamente versati, sono **ammessi in deduzione dal reddito** dei Confidi eroganti nell'esercizio di competenza. Analogamente sono deducibili dal proprio reddito nell'esercizio di competenza i contributi liberamente destinati ai medesimi fondi da parte di terzi. Per quanto riguarda, invece, le società di gestione dei fondi di garanzia interconsortile e dei fondi di garanzia, i contributi ricevuti non concorrono alla formazione del reddito.
Operazioni di **trasformazione e fusione** dei Confidi	In deroga ai principi generali (art. 172, D.P.R. n. 917/1986), è previsto l'obbligo per la società risultante dalla fusione o la società incorporante di **ricostituire** nel proprio bilancio i **fondi in sospensione d'imposta** iscritti nell'ultimo bilancio delle società fuse o incorporate. In mancanza di ricostituzione, tali fondi concorrono a formare il reddito della nuova società nel primo esercizio chiuso dopo la fusione.

IRES

	Restano esclusi dalla suddetta previsione i fondi tassabili solo in caso di distribuzione, per i quali il presupposto della tassazione si verifica solo in caso di distribuzione dell'avanzo da fusione o di distribuzione del capitale ai soci. Inoltre, i fondi in sospensione d'imposta dei Confidi che hanno effettuato la trasformazione o partecipato alla fusione non danno in ogni caso luogo a tassazione.

29.5. SOCIETÀ D'INVESTIMENTO IMMOBILIARE QUOTATE (SIIQ)

29.5.1. Aspetti generali

IRES

È previsto un **regime fiscale agevolato** che consiste nell'applicazione di alcune regole speciali, **su specifica opzione** da parte della società interessata (art. 1, c. da 119 a 141, Legge n. 296/2006; D.M. 7 settembre 2007, n. 174; circ. 31 gennaio 2008, n. 8/E; circ. 17 settembre 2015, n. 32/E). Aderendo al regime speciale la società assume la qualifica di "società d'investimento immobiliare quotata" (c.d. "**SIIQ**").

Il regime speciale delle SIIQ offre la possibilità di adottare, in presenza di determinati requisiti, un sistema di tassazione in cui **l'utile derivante da locazione immobiliare è esentato da imposizione** sia ai fini IRES che IRAP nei confronti della stessa SIIQ (c.d. **"gestione esente"**).

L'utile prodotto nell'ambito della gestione esente viene assoggettato integralmente a **tassazione**, all'atto della distribuzione, **esclusivamente in capo ai soggetti partecipanti, diversi dalle SIIQ,** mediante l'applicazione di una **ritenuta del 26%** a titolo d'acconto in capo ai soggetti imprenditori e a titolo d'imposta nei confronti degli altri soggetti.

29.5.2. Soggetti interessati

Possono optare per il regime agevolato le società per azioni residenti ai fini fiscali nel territorio dello Stato che **svolgono in via prevalente l'attività di locazione immobiliare**, i cui titoli di partecipazione siano negoziati in mercati regolamentati degli Stati membri dell'Unione europea e degli Stati aderenti all'Accordo sullo Spazio economico europeo che permettono lo scambio di informazioni.

Requisiti - Tali soggetti devono presentare i seguenti **requisiti**:
1. le società devono essere costituite in forma di **società per azioni**;
2. le **azioni** devono essere **negoziate in mercati regolamentati**.

Inoltre:
- nessun socio deve possedere direttamente o indirettamente più del **60%** dei diritti di partecipazione agli utili;
- almeno il **25%** delle azioni deve essere detenuto da soci che non possiedono al momento dell'opzione direttamente o indirettamente più del 2% dei diritti di voto nell'assemblea ordinaria e più del 2% dei diritti di partecipazione agli utili.

Il requisito partecipativo del 25% non si applica in ogni caso per le società il cui capitale sia già quotato. Ove il requisito partecipativo del 60% venisse superato a seguito di operazioni societarie straordinarie o sul mercato dei capitali, il regime speciale è sospeso sino a quando il suddetto requisito partecipativo non venga ristabilito nei limiti imposti dalla norma.

Il **regime speciale** può essere esteso, in presenza di opzione congiunta, alle società per azioni, alle società in accomandita per azioni e alle società a responsabilità limitata, a condizione che il relativo capitale sociale non sia inferiore a **50.000 euro** (art. 2327 c.c.), non quotate, residenti nel territorio dello Stato, svolgenti anch'esse attività di locazione immobiliare in via prevalente, nelle quali, alternativamente:
1. una SIIQ o SIINQ possieda più del 50% dei diritti di voto nell'assemblea ordinaria e del 50% dei diritti di partecipazione agli utili,
2. almeno una SIIQ o SIINQ e una o più altre SIIQ o SIINQ o FIA immobiliare (art. 12, D.M. 5 marzo 2015, n. 30), il cui patrimonio è investito almeno per l'80% in immobili destinati alla locazione, ovvero in partecipazioni in SIIQ o SIINQ o altri FIA immobiliari che investono negli stessi beni o diritti nelle stesse proporzioni, congiuntamente ne possiedano il 100% della partecipazione al capitale sociale, nonché dei diritti di voto nell'assemblea ordinaria e dei diritti di partecipazione agli utili, a condizione che la SIIQ o SIINQ o le SIIQ o SIINQ partecipanti possiedano almeno il 50% dei diritti di voto nell'assemblea ordinaria e di partecipazioni agli utili.

L'adesione al regime speciale di gruppo comporta, per la società controllata, anche l'obbligo di redigere il **bilancio d'esercizio** in **conformità ai principi contabili internazionali**.
I requisiti partecipativi di cui sopra devono essere verificati entro il primo periodo d'imposta per cui si esercita l'opzione per il regime speciale; in tal caso il regime speciale esplica i propri effetti dall'inizio di detto periodo. Tuttavia, per le società che al termine del primo periodo d'imposta abbiano realizzato il solo requisito del 25% è consentito di verificare l'ulteriore requisito partecipativo del 60% nei due esercizi successivi. In tal caso, il regime speciale si applica a partire dall'inizio del periodo d'imposta in cui detto requisito partecipativo viene verificato e fino ad allora la società applica in via ordinaria l'IRES e l'IRAP.
L'**imposta d'ingresso**, l'**imposta sostitutiva sulle plusvalenze** da conferimento e le **imposte ipotecaria e catastale** sono applicate, rispettivamente, dalla società che ha presentato l'opzione e dal soggetto conferente, in via provvisoria fino al realizzarsi dell'accesso al regime speciale.
Se l'accesso al regime speciale non si realizza, le suddette imposte sono rideterminate e dovute in via ordinaria entro la fine del quarto periodo d'imposta successivo alla presentazione dell'opzione.
Le imposte corrisposte in via provvisoria costituiscono credito d'imposta utilizzabile in compensazione.

> Le SIIQ non costituiscono organismi d'investimento collettivo del risparmio (OICR) di cui al D.Lgs. n. 58/1998.

IRES

Opzione 29.5.3.

L'opzione per il regime speciale è esercitata entro il termine del periodo d'imposta anteriore a quello dal quale il contribuente intende avvalersene (Provv. 18 dicembre 2015, n. 161900).
L'opzione è **irrevocabile** e comporta per la società l'assunzione della qualifica di "società d'investimento immobiliare quotata" (SIIQ), che deve essere indicata nella **denominazione sociale**, anche nella forma abbreviata, nonché in tutti i documenti della società stessa.

Società residenti negli Stati membri UE e negli Stati aderenti all'Accordo sul SEE - Questi soggetti, con riferimento alle **Stabili Organizzazioni** svolgenti in via prevalente l'attività di locazione immobiliare, **possono optare per il regime delle SIIQ**.
In tali ipotesi, il **modello** va compilato seguendo le relative istruzioni con le ulteriori specificazioni (ris. 27 dicembre 2010, n. 136/E):
- nei campi riguardanti la **sede legale** devono essere riportati i dati relativi alla sede estera;
- il campo "**Provincia**" non deve essere compilato;
- nel relativo campo va indicato il "**Codice Stato estero**" desunto dall'elenco dei "Paesi e territori esteri" riportato nell'Appendice alle istruzioni per la compilazione del Mod. Redditi SC, disponibile alla data di presentazione della comunicazione;
- nei campi concernenti il **domicilio fiscale**, devono essere indicati i dati relativi alla sede della Stabile Organizzazione in Italia;
- nel riquadro "**Altre informazioni**" dovrà essere dichiarato che la società è residente in uno Stato UE o in uno Stato aderente all'Accordo sullo spazio economico europeo, con Stabile Organizzazione in Italia;
- nello stesso riquadro verrà riportato il **codice di identificazione fiscale estero**.

Attività svolta 29.5.4.

L'opzione è possibile per le società che svolgono, **in via prevalente**, l'**attività di locazione di immobili**.
Tale attività si considera svolta in via prevalente se si verificano le seguenti **condizioni**:
- gli **immobili posseduti** a titolo di proprietà o di altro diritto reale ad essa destinati rappresentano almeno l'**80% dell'attivo patrimoniale**;
- in ciascun esercizio, i **ricavi** da essa provenienti rappresentano almeno l'**80% dei componenti positivi** del Conto economico.

Agli effetti della **verifica** di detti **parametri**, assumono rilevanza anche le partecipazioni costituenti immobilizzazioni finanziarie (art. 11, c. 2, D.Lgs. n. 38/2005), detenute in altre SIIQ, nonché quelle detenute nelle società che esercitino l'opzione per diventare SIIQ e i relativi dividendi formati, a loro volta, con utili derivanti dall'attività di locazione immobiliare svolta da tali società.
In caso di **alienazione degli immobili** e dei diritti reali su immobili destinati alla locazione, anche nel caso di loro classificazione tra le attività correnti, ai fini della verifica del parametro reddituale concorrono a formare i componenti positivi derivanti dallo svolgimento di attività di locazione immobiliare soltanto le eventuali plusvalenze realizzate.

La **mancata osservanza** per tre esercizi consecutivi di **una delle due condizioni** di prevalenza indicate in precedenza determina la **definitiva cessazione dal regime speciale** e l'applicazione delle ordinarie regole già a partire dal secondo dei tre esercizi considerati.

Nozione di immobile - In mancanza di una specifica definizione la stessa deve intendersi riferita a tutte le tipologie catastali di immobili, a prescindere dal luogo di ubicazione degli stessi e, quindi, anche se situati all'estero.

29.5.5. Adempimenti contabili

La società che opta per il regime speciale deve tenere **contabilità separate** per rilevare i fatti di gestione dell'attività di locazione immobiliare e delle altre attività, dando indicazione, tra le informazioni integrative al bilancio, dei criteri adottati per la ripartizione dei costi e degli altri componenti comuni.
Per i redditi derivanti da attività diverse da quella esente (c.d. **gestione imponibile**) si applicano le ordinarie regole di determinazione e di tassazione, sia in capo alla società che in capo ai soci; mentre ai redditi ed all'utile della gestione esente si applica l'apposita disciplina.

L'applicazione dello speciale regime fiscale non esonera, in ogni caso, la SIIQ dall'onere di determinare, secondo l'ordinaria disciplina dell'IRES, il reddito fiscale derivante dalle **attività di locazione immobiliare e assimilate** che, seppur esente in capo alla stessa, deve essere indicato in dichiarazione dei redditi.

IRES

29.5.6. Conseguenze dell'opzione

Le società che optano per il regime agevolato hanno l'obbligo, in ciascun esercizio, di **distribuire ai soci almeno il 70% dell'utile netto** derivante dall'attività di locazione immobiliare e dal possesso delle partecipazioni indicate in precedenza.
Se l'**utile complessivo di esercizio** disponibile per la distribuzione è di importo **inferiore a quello derivante dall'attività di locazione immobiliare** e dal possesso di dette partecipazioni, la percentuale suddetta si applica su tale minore importo.
La mancata osservanza dell'obbligo di cui sopra comporta la definitiva cessazione dal regime speciale a decorrere dallo stesso esercizio di formazione degli utili non distribuiti.
I proventi rivenienti dalle plusvalenze nette realizzate su immobili destinati alla locazione nonché derivanti dalla cessione di partecipazioni in SIIQ e SIINQ o di quote in fondi immobiliari, incluse nella gestione esente, sono soggetti all'obbligo di distribuzione per il 50% nei due esercizi successivi a quello di realizzo.

29.5.7. Imposta sostitutiva su plusvalenze da immobili destinati alla locazione

L'ingresso nel regime speciale comporta il **realizzo a valore normale degli immobili,** nonché dei diritti reali su immobili destinati alla locazione posseduti dalla società alla data di chiusura dell'ultimo esercizio in regime ordinario.
L'importo complessivo delle plusvalenze così realizzate, al netto delle eventuali minusvalenze, è assoggettato a **imposta sostitutiva** dell'imposta sul reddito delle società e dell'IRAP con l'aliquota del **20%**.
Il valore normale costituisce il nuovo valore fiscalmente riconosciuto degli immobili e dei diritti reali su immobili, rilevando anche agli effetti della verifica del parametro patrimoniale per l'applicazione del regime agevolato, a decorrere dal quarto periodo d'imposta successivo a quello anteriore all'ingresso nel regime speciale.
In caso di alienazione degli immobili o dei diritti reali anteriormente a tale termine, la differenza fra il valore normale assoggettato all'imposta sostitutiva e il costo fiscale riconosciuto prima dell'ingresso nel regime speciale, al netto delle quote di ammortamento calcolate su tale costo, è assoggettato ad imposizione ordinaria e l'imposta sostitutiva proporzionalmente imputabile agli immobili e ai diritti reali alienati costituisce credito d'imposta.
L'imposta sostitutiva deve essere versata in un massimo di **cinque rate annuali di pari importo**:
- la prima con scadenza entro il termine previsto per il versamento a saldo dell'IRES relativa al periodo d'imposta anteriore a quello dal quale viene acquisita la qualifica di SIIQ;
- le altre con scadenza entro il termine rispettivamente previsto per il versamento a saldo dell'IRES relativa ai periodi d'imposta successivi.

I **codici tributo** da utilizzare sono:
- **1120**: imposta sostitutiva dell'imposta sul reddito delle società e dell'imposta regionale sulle attività produttive, relativa alle SIIQ ed alle SIINQ;

- **1121**: imposta sostitutiva dell'imposta sul reddito e dell'imposta regionale sulle attività produttive sui conferimenti nelle SIIQ, SIINQ e fondi immobiliari (ris. 7 febbraio 2008, n. 37/E).

Gli importi da versare possono essere portati in **compensazione** ai sensi del D.Lgs. n. 241/1997.
In caso di **rateizzazione**, sull'importo delle rate successive alla prima si applicano gli **interessi**, nella misura del tasso di sconto aumentato di un punto percentuale, da versare contestualmente al versamento di ciascuna delle predette rate.
Possono essere assoggettati ad imposta sostitutiva anche gli **immobili destinati alla vendita**, ferma restando, in tal caso, l'applicazione della regola del valore normale sopra riportata.

Tassazione alternativa - A scelta della società, in luogo dell'applicazione dell'imposta sostitutiva, l'importo complessivo delle **plusvalenze**, al netto delle eventuali minusvalenze, calcolate in base al valore normale, può essere incluso nel **reddito d'impresa** del periodo anteriore a quello di decorrenza del regime speciale ovvero, per quote costanti, nel reddito di detto periodo e in quello dei periodi successivi, ma non oltre il quarto, qualificandosi, in tal caso, interamente come reddito derivante da attività diverse da quella esente.

Impatto del regime agevolato sulla determinazione del reddito d'impresa 29.5.8.

Dal periodo d'imposta da cui ha effetto l'opzione per il regime speciale, il **reddito d'impresa derivante dall'attività di locazione immobiliare** è **esente dall'IRES** e la parte di **utile civilistico** ad esso corrispondente è assoggettata ad imposizione **in capo ai partecipanti**.
Si comprendono nel reddito esente i **dividendi percepiti**, provenienti dalle società in regime agevolato, formati con utili derivanti dall'attività di locazione immobiliare svolta da tali società ovvero le **plusvalenze o minusvalenze** relative a immobili destinati alla locazione e a partecipazioni in SIIQ o SIINQ e i proventi e le plusvalenze o minusvalenze relativi a quote di partecipazione a **fondi comuni d'investimento immobiliare**, che investono almeno l'80% del valore delle attività in immobili, diritti reali immobiliari, anche derivanti da rapporti concessori o da contratti di locazione finanziaria su immobili a carattere traslativo, e in partecipazioni in società immobiliari o in altri fondi immobiliari, destinati alla locazione immobiliare, ivi inclusi i fondi destinati all'investimento in beni immobili a prevalente utilizzo sociale, ovvero in partecipazioni in SIIQ o SIINQ.
Sui proventi di cui al periodo precedente distribuiti dai predetti fondi immobiliari alle SIIQ **non si applica la ritenuta** sul regime tributario dei partecipanti ai fondi comuni d'investimento (art. 7, c. 2, D.L. n. 351/2001).
Analoga esenzione si applica anche agli effetti dell'IRAP, tenendo conto, a tal fine, della parte del valore della produzione attribuibile all'attività di locazione immobiliare.
Le quote dei componenti positivi e negativi di reddito sorti in **periodi precedenti** a quello da cui decorrono gli effetti dell'opzione e delle quali sia stata rinviata la tassazione o la deduzione in conformità alle norme D.P.R. n. 917/1986 si imputano, per la parte ad esso riferibile, al reddito derivante dall'attività di locazione immobiliare e, per la residua parte, al reddito derivante dalle altre attività eventualmente esercitate.
Le **perdite fiscali generatesi nei periodi d'imposta anteriori** a quello da cui decorre il regime speciale possono essere utilizzate, secondo le ordinarie regole, in abbattimento della base imponibile dell'imposta sostitutiva d'ingresso e in compensazione dei redditi imponibili derivanti dalle eventuali attività diverse da quella esente.

Ritenuta (➡34.4.)

Trattamento fiscale del concambio - Il **concambio** eseguito dai fondi immobiliari istituiti e disciplinati dal D.Lgs. n. 58/1998, **in sede di liquidazione totale o parziale** mediante assegnazione ai quotisti di azioni di società che abbiano optato per il regime SIIQ, ricevute a seguito di conferimento di immobili nelle stesse società, **non costituisce realizzo ai fini delle imposte sui redditi** in capo al quotista.
Inoltre, alle azioni della SIIQ ricevute dagli stessi quotisti è attribuito il medesimo valore fiscale delle quote del fondo (art. 1, c. 140-bis, Legge n. 296/2006).
Per la SIIQ conferitaria, il valore di conferimento iscritto in bilancio costituisce valore fiscalmente riconosciuto agli effetti della decorrenza della rivalutazione.
Qualora il conferimento di cui ai periodi precedenti sia effettuato nei confronti di una SIIQ già esistente non si applicano al fondo conferente gli obblighi di offerta pubblica, a condizione che il fondo stesso provveda all'assegnazione delle azioni ai quotisti entro il termine di 30 giorni dall'acquisto.

Casi particolari	
Partecipazioni	Le partecipazioni detenute nelle società che abbiano optato per il regime speciale non beneficiano comunque dei regimi di esenzione (artt. 58, 68, c. 3 e 87, D.P.R. n. 917/1986).
Riserve di utili	Per le riserve di utili formatesi nei periodi d'imposta anteriori al 2007 continuano a trovare applicazione, anche agli effetti delle ritenute, le ordinarie regole.

29.5.9. Imposta sostitutiva Società UE e white list

Non è prevista alcuna condizione di residenza in Italia per le imprese che vogliono aderire al regime SIIQ. Tale possibilità, quindi, è estesa anche alle società residenti in Stati membri dell'Unione Europea e in Stati aderenti all'Accordo sullo Spazio Economico Europeo inclusi nella c.d. "*white list*", con riferimento alle Stabili Organizzazioni in Italia che svolgono in via prevalente l'attività di locazione immobiliare.

In proposito, è previsto che il reddito d'impresa derivante dall'attività di locazione immobiliare svolta dalle Stabili Organizzazioni è assoggettato ad un'imposta sostitutiva delle imposte sui redditi e dell'IRAP con aliquota del 20% da versare entro il termine previsto per il versamento a saldo delle imposte sui redditi (art. 1, c. 141-bis, Legge n. 296/2006).

Per il **versamento** di questa imposta sostitutiva va utilizzato, nel Mod. F24, il **codice tributo 1136** (ris. 20 maggio 2016, n. 41/E).

29.6. TRUST

29.6.1. Aspetti generali

Il **trust** è istituto tipico della **common law** che, per versatilità e flessibilità, si presta alle finalità più ampie. In linea generale, il *trust* si sostanzia in un rapporto giuridico fondato sul **rapporto di fiducia tra disponente (settlor o grantor) e trustee**.

Il **disponente**, di norma, **trasferisce**, per atto *inter vivos* o *mortis causa*, **taluni beni o diritti a favore del trustee il quale li amministra**, con i diritti e i poteri di un vero e proprio proprietario, **nell'interesse del beneficiario o per uno scopo prestabilito**.

Spesso i *trustee* sono trust company, vale a dire società che hanno quale oggetto sociale l'assistenza ai clienti nell'istituzione dei trust e nella successiva gestione dei patrimoni.

L'effetto principale dell'istituzione di un trust è la **segregazione patrimoniale,** in virtù della quale i beni conferiti in trust costituiscono un patrimonio separato rispetto al patrimonio del trustee, con l'effetto che non possono essere escussi dai creditori del trustee, del disponente o del beneficiario.

Il *trust* viene istituito con un **negozio unilaterale**, cui si affiancano uno o più atti dispositivi.

Se è lo stesso disponente ad essere designato quale *trustee*, si dà luogo a un **trust autodichiarato**; in tal caso il vincolo di destinazione sui beni si forma all'interno dello stesso patrimonio del disponente.

Qualora il trustee sia soggetto diverso dal disponente, il trasferimento al *trust* dei beni, così come la "perdita di controllo" da parte del disponente sui medesimi beni sono requisiti qualificanti del trust.

Il disponente può conservare alcuni poteri (come quello di sostituire il trustee o nominare altri beneficiari), salvaguardando in ogni caso l'effettività dell'attribuzione e l'esercizio dei poteri di amministrazione da parte del trustee.

Tipologie di trust	
Trust **liberale**	Si dispone di assetti familiari e non.
Trust **commerciale**	È utilizzabile, ad esempio, per disporre la segregazione di attività dell'impresa, spesso a titolo di garanzia.
Trust **revocabile** (grantor trust)	Il disponente si riserva la facoltà di revocare l'attribuzione dei diritti ceduti al trustee o vincolati nel trust (nel caso in cui il disponente sia anche trustee), diritti che, con l'esercizio della revoca, rientrano nella sua sfera patrimoniale.
Trust **"di scopo"**	Trust funzionale al perseguimento di un determinato fine (es. il trust di garanzia).
Trust **"con beneficiario"**	I beni in trust vengono gestiti nell'interesse di un determinato soggetto.

Tipologie di trust	
"Fixed trust"	Il disponente individua i beneficiari con l'atto istitutivo e predetermina la ripartizione tra gli stessi del patrimonio e del reddito del trust.
Trust **"discrezionale"**	Il disponente si riserva la facoltà di nominare in un momento successivo i beneficiari ovvero rimette al trustee o ad un protector (guardiano) l'individuazione degli stessi, delle loro rispettive posizioni, delle modalità e dei tempi di attribuzione dei benefici.

Il beneficiario può essere **"beneficiario di reddito"** e godere delle utilità dei beni in *trust* (ad esempio, percepire periodicamente delle somme) oppure **"beneficiario finale"** dei beni che gli verranno devoluti al termine del *trust*.
I beneficiari possono essere individuati nell'atto istitutivo o in un secondo momento, direttamente dal disponente o da un terzo designato (protector); inoltre, possono essere designati nominativamente o quali appartenenti ad una determinata categoria. Essi hanno azione verso il *trustee* per rivendicare i loro diritti.

Inquadramento civilistico 29.6.2.

Il *trust* non ha una disciplina civilistica interna, ma trova tuttavia legittimazione a seguito dell'adesione dell'Italia alla Convenzione dell'Aja del 1° luglio 1985, resa esecutiva con Legge n. 364/1989 e in vigore dal 1° gennaio 1992.
La Convenzione si pone l'obiettivo di armonizzare le regole del diritto internazionale privato in materia di *trust* e, di fatto, ne attua il riconoscimento negli ordinamenti di civil law privi di una disciplina interna. Essa individua gli elementi essenziali del *trust* rilevanti ai fini del riconoscimento da parte degli Stati firmatari.
Gli **elementi essenziali** del trust sono:
- i **beni vincolati** nel trust sono una **massa distinta** e non sono parte del patrimonio del trustee;
- i beni vincolati nel trust sono **intestati al trustee** o ad altro soggetto per conto del trustee;
- il **trustee** è tenuto ad **amministrare, gestire e disporre dei beni in trust** secondo le indicazioni dettate nell'atto istitutivo del *trust* e nel rispetto della legge.

Il *trustee* deve **rendere conto della gestione**.
L'Italia riconosce i trust che abbiano gli elementi essenziali sopra indicati. Per effetto del riconoscimento, i beni in trust restano distinti dal patrimonio personale del trustee che, a sua volta, acquista la capacità di agire ed essere convenuto in giudizio, di comparire in qualità di trustee davanti a notai o altri rappresentanti di pubbliche istituzioni.
La convenzione si applica solo ai trust la cui **istituzione** sia **provata per iscritto**.

Inquadramento fiscale 29.6.3.

Sono **soggetti all'imposta sul reddito delle società**:
- i **trust residenti** nel territorio dello Stato che hanno per oggetto esclusivo o principale l'esercizio di attività commerciali (enti **commerciali**);
- i **trust residenti** nel territorio dello Stato che non hanno per oggetto esclusivo o principale l'esercizio di attività commerciali (enti **non commerciali**);
- i **trust non residenti**, per i redditi prodotti nel territorio dello Stato (enti non residenti).

Ai fini della tassazione, si individuano due principali tipologie di *trust*:
- trust **con beneficiari** di reddito individuati, i cui redditi vengono imputati per trasparenza ai beneficiari (**trust trasparenti**);
- trust **senza beneficiari** di reddito individuati, i cui redditi vengono direttamente attribuiti al trust medesimo (**trust opachi**).

È tuttavia possibile che un *trust* sia contemporaneamente opaco e trasparente. Ciò avviene, ad esempio, quando l'atto istitutivo preveda che parte del reddito di un trust sia accantonata a capitale e parte sia invece attribuita ai beneficiari. In questo caso, il reddito accantonato è tassato in capo al trust, mentre il reddito attribuito ai beneficiari, qualora ne ricorrano i presupposti, vale a dire quando i beneficiari abbiano diritto di percepire il reddito, è imputato a questi ultimi.
Dopo aver determinato il reddito del trust, il trustee indicherà la parte di esso attribuito al trust, sulla quale il trust stesso assolverà l'**IRES**, nonché la **parte imputata per trasparenza ai beneficiari**, su cui questi ultimi assolveranno le imposte sul reddito.
In alternativa all'imposizione in capo al trust o ai beneficiari, **taluni redditi di natura finanziaria sono soggetti a ritenuta a titolo d'imposta o ad imposta sostitutiva**.

IRES

Altri aspetti fiscali	
Redditi imputati al beneficiario	Sono qualificati come **redditi di capitale** (➡11.4.8.) (art. 44, c. 1, lett. g-sexies), D.P.R. n. 917/1986).
Residenza fiscale di trust istituiti in Paesi che non consentono lo scambio di informazioni	Si considerano altresì residenti nel territorio dello Stato, salvo prova contraria, i trust in cui almeno uno dei disponenti ed almeno uno dei beneficiari del trust siano fiscalmente residenti nel territorio dello Stato.
Scritture contabili	Obbligatorie per i trust che esercitano **attività commerciali.**
Costituzione dei **vincoli di destinazione** sui beni e diritti	Sono soggetti all'**imposta sulle successioni e donazioni**.
Trust che non esercitano attività commerciale	Sono assoggettati a **ritenuta d'imposta**: - gli interessi i premi e altri frutti relativi ai titoli posseduti; - i redditi delle obbligazioni e titoli similari eventualmente percepiti; - i capital gain (➡15.3.) (art. 67, c. 1, lett. da c-bis) a c-quinquies), D.P.R. n. 917/1986).

Non possono essere considerati validamente operanti, sotto il profilo fiscale, i trust che sono istituiti e gestiti per realizzare una **mera interposizione nel possesso dei beni dei redditi**. È il caso, ad esempio, di quei trust nei quali l'attività del trustee risulta eterodiretta dalle istruzioni vincolanti riconducibili al disponente o ai beneficiari (circ. 27 dicembre 2010, n. 61/E).

29.6.4. Individuazione della residenza del trust

La residenza del *trust* va individuata, con taluni adattamenti che tengono conto della natura dell'istituto, secondo i criteri generali utilizzati per fissare la residenza dei soggetti IRES (➡19.3.1.).
In particolare, un soggetto IRES si considera residente nel territorio dello Stato al verificarsi di almeno una delle **condizioni** sotto indicate per la maggior parte del periodo d'imposta:

- sede legale nel territorio dello Stato;
- sede dell'amministrazione nel territorio dello Stato;
- oggetto principale dell'attività svolta nel territorio dello Stato.

Considerando le caratteristiche del *trust*, di norma i criteri di collegamento al territorio dello Stato sono la sede dell'amministrazione e l'oggetto principale.
Il primo di essi (la **sede dell'amministrazione**) risulterà utile per i *trust* che si avvalgono, nel perseguire il loro scopo, di un'apposita struttura organizzativa (dipendenti, locali, ecc.). In mancanza, la sede dell'amministrazione tenderà a coincidere con il domicilio fiscale del trustee.
Il secondo criterio (l'**oggetto principale**) è strettamente legato alla tipologia di trust. Se l'oggetto del trust (beni vincolati nel trust) è dato da un patrimonio immobiliare situato interamente in Italia, l'individuazione della residenza è agevole; se invece i beni immobili sono situati in Stati diversi occorre fare riferimento al **criterio della prevalenza**. Nel caso di patrimoni mobiliari o misti l'oggetto dovrà essere identificato con l'effettiva e concreta attività esercitata.

Convenzioni internazionali - Per individuare la residenza di un *trust* si può fare riferimento alle **convenzioni per evitare le doppie imposizioni**.
È possibile che i trust diano luogo a problematiche di tassazione transfrontaliera con eventuali fenomeni di doppia imposizione o, all'opposto, di elusione fiscale.
Un trust, infatti, può realizzare il **presupposto impositivo in più Stati**, quando, ad esempio, il trust fund sia situato in uno Stato diverso da quello di residenza del *trustee* e da quello di residenza del disponente e dei beneficiari.
Annoverato tra i soggetti passivi d'imposta, ai fini convenzionali il *trust* deve essere considerato come "persona" ("una persona diversa da una persona fisica" di cui all'art. 4, c. 3, Mod. OCSE di convenzione per evitare le doppie imposizioni) anche se non espressamente menzionato nelle singole convenzioni.
L'unica convenzione che espressamente comprende i trust tra le persone cui si applica la convenzione è quella sottoscritta dall'Italia con gli Stati Uniti d'America.

Disposizioni antielusive - Per **contrastare** possibili fenomeni di **fittizia localizzazione dei *trust* all'estero**, con finalità elusive, sono previsti **due casi di attrazione della residenza del *trust* in Italia**; infatti, si considerano residenti nel territorio dello Stato (art. 73, c. 3, D.P.R. n. 917/1986):

- salvo prova contraria, i ***trust*** e gli istituti aventi analogo contenuto **istituiti in Paesi che non consentono lo scambio di informazioni** (Paesi non inclusi nella cosiddetta white list di cui al D.M. 4 settembre 1996), **quando almeno uno dei disponenti ed almeno uno dei beneficiari siano fiscalmente residenti nel territorio dello Stato**. Per la parte riguardante il beneficiario, la norma è applicabile ai *trust* con beneficiari individuati. La residenza fiscale del beneficiario attrae in Italia la residenza fiscale del *trust* anche se questa si verifica in un periodo d'imposta successivo a quello in cui il disponente ha posto in essere il suo atto di disposizione a favore del *trust*. Ai fini dell'attrazione della residenza in Italia è, infine, irrilevante l'avvenuta erogazione del reddito a favore del beneficiario nel periodo d'imposta;
- i *trust* istituiti in uno Stato che non consente lo scambio di informazioni **quando**, successivamente alla costituzione, **un soggetto residente trasferisca a favore del trust la proprietà di un bene immobile** o di diritti reali immobiliari ovvero costituisca a favore del *trust* dei vincoli di destinazione sugli stessi beni e diritti. In tal caso, è proprio l'ubicazione degli immobili che crea il collegamento territoriale e giustifica la residenza in Italia.

Si considerano altresì **residenti nel territorio dello Stato** (art. 73, c. 3, D.P.R. n. 917/1986):

- salvo prova contraria, i trust e gli istituti aventi analogo contenuto istituiti in Stati o territori che non consentono un adeguato scambio di informazioni;
- i trust istituiti in uno Stato che non consente un adeguato scambio di informazioni, quando, successivamente alla loro costituzione, un soggetto residente nel territorio dello Stato effettui in favore del trust un'**attribuzione che importi il trasferimento di proprietà** di beni immobili o la costituzione o il trasferimento di diritti reali immobiliari, anche per quote, nonché vincoli di destinazione sugli stessi.

Adempimenti fiscali in capo al trust 29.6.5.

Quale soggetto passivo d'imposta, sia esso "**trasparente**" o "**opaco**", il trust è tenuto ad adempiere gli specifici obblighi previsti per i soggetti IRES, ad iniziare dall'obbligo di presentare annualmente la **dichiarazione dei redditi**.

Inoltre, il trust residente deve necessariamente dotarsi di un proprio codice fiscale e, qualora eserciti attività commerciale, di una propria partita IVA.

Tutti gli **adempimenti tributari** del trust sono **assolti dal *trustee***.

Scritture contabili - Sono inclusi fra i **soggetti obbligati** a tenere le scritture contabili:

- i trust che hanno per oggetto esclusivo o principale l'esercizio di attività commerciale;
- i trust che non hanno per oggetto esclusivo o principale l'esercizio di attività commerciale, obbligati alla tenuta delle scritture contabili previste per gli enti non commerciali.

Dichiarazione dei redditi - Il trust è tenuto a presentare le **dichiarazioni dei redditi** nei modi e nei tempi stabiliti per i soggetti IRES.

Nei casi in cui il periodo d'imposta di un trust trasparente non coincida con l'anno solare, il reddito da questo conseguito è imputato ai beneficiari individuati alla data di chiusura del periodo di gestione del *trust* stesso.

Naturalmente se *trustee* è una ***trust* company** che amministra più *trust*, dovrà presentare una dichiarazione per ciascun *trust*.

IRAP - Il *trust* è tenuto ad adempiere agli obblighi formali e sostanziali relativi all'IRAP.

Trasferimento dei beni nel trust 29.6.6.

Il trasferimento di beni in un *trust* ai fini delle imposte sui redditi si differenzia a seconda del **soggetto** che l'effettua (imprenditore o non imprenditore) e della **tipologia di bene trasferito**.

Qualora il trasferimento riguardi **beni relativi all'impresa** (beni merce, beni strumentali, beni patrimoniali), questi fuoriescono dalla disponibilità dell'imprenditore in quanto destinati a **finalità estranee all'impresa**.

Ciò comporta per il disponente imprenditore il conseguimento di componenti positivi di reddito da assoggettare a tassazione secondo le disposizioni del D.P.R. n. 917/1986, nonché l'assoggettamento ad IVA (art. 2, c. 2, n. 5, D.P.R. n. 633/1972).

In particolare, il **trasferimento di beni merce** comporta il conseguimento di un ricavo d'esercizio (➔**22.2.**) (art. 85, c. 2, D.P.R. n. 917/1986) da quantificare sulla base del valore normale (➔**2.7.1.**) (art. 9, c. 3, D.P.R. n. 917/1986).

Il trasferimento di **beni diversi da quelli che generano ricavi** (beni strumentali, beni patrimoniali dell'impresa), invece, genera plusvalenze o minusvalenze rilevanti ai fini della determinazione del reddito d'impresa.
Anche in tali fattispecie il valore da prendere a riferimento per il calcolo della plusvalenza è il valore normale.
Qualora il trasferimento in trust abbia ad oggetto un'**azienda**, si applica la norma secondo cui si **esclude il realizzo di plusvalenze** in caso di trasferimento d'azienda **per causa di morte o per atto gratuito** (art. 58, c. 1, D.P.R. n. 917/1986); in tal caso l'azienda è assunta ai medesimi valori fiscalmente riconosciuti nei confronti del dante causa.
Nel caso di beni diversi da quelli relativi all'impresa, il trasferimento al *trust*, in assenza di corrispettivo, non genera materia imponibile ai fini della imposizione sui redditi, né in capo al disponente non imprenditore né in capo al trust o al trustee. Per quest'ultimo, infatti, anche se imprenditore, non si determinano sopravvenienze attive, in quanto i beni trasferiti in trust non si confondono con il patrimonio dell'imprenditore (trustee) ma costituiscono un patrimonio separato.
Qualora il trasferimento dei beni in trust abbia ad oggetto **titoli partecipativi**, il trustee acquisisce l'ultimo costo fiscalmente riconosciuto della partecipazione. Tale regime di neutralità non può, tuttavia, essere garantito nel caso in cui i titoli oggetto del trasferimento siano detenuti in **regime di risparmio amministrato** (➡15.3.20.) (art. 6, D.Lgs. n. 461/1997).

IRES

29.6.7. Cessione dei beni in trust

Se le **cessioni** vengono poste in essere **nell'esercizio dell'impresa**, la relativa disciplina fiscale varia in funzione della **categoria di appartenenza del bene ceduto**.
Nel caso di **cessioni non effettuate nell'esercizio dell'impresa** si determinano **redditi diversi** (art. 67, D.P.R. n. 917/1986).
Per la **determinazione delle plusvalenze** dovrà farsi riferimento ai valori fiscalmente riconosciuti in capo al disponente, fermo restando che il trasferimento dei beni dal disponente al trustee non interrompe il decorso del quinquennio, mentre nel caso di cessioni di beni acquistati dal trust si farà riferimento al prezzo pagato.

29.6.8. Disciplina fiscale applicabile ai redditi del beneficiario del trust

Nei casi in cui i **beneficiari del trust** siano **individuati**, i redditi conseguiti dal trust sono imputati in ogni caso ai beneficiari in proporzione alla quota di partecipazioni individuata nell'atto di costituzione del trust o in altri documenti successivi ovvero, in mancanza, in parti uguali.

> Premesso che il presupposto di applicazione dell'imposta è il possesso di redditi, per "**beneficiario individuato**" è da intendersi il beneficiario di "**reddito individuato**", vale a dire il soggetto che esprime, rispetto a quel reddito, una capacità contributiva attuale (circ. 6 agosto 2007, n. 48/E).

È necessario, quindi, che il beneficiario non solo sia puntualmente individuato, ma che risulti titolare del diritto di pretendere dal trustee l'assegnazione di quella parte di reddito che gli viene imputata per trasparenza.
Infatti, a differenza dei soci delle società trasparenti, che possono autonomamente stabilire i criteri di distribuzione degli utili societari, i beneficiari di un trust non hanno alcun potere in ordine all'imputazione del reddito del trust, cui provvede unicamente il trustee sulla base dei criteri stabiliti dal disponente.
I redditi sono imputati "in ogni caso" ai beneficiari, cioè indipendentemente dall'effettiva percezione, secondo un **criterio di competenza**.
Il **reddito imputato per trasparenza** viene tassato secondo le aliquote personali del beneficiario.
Naturalmente, l'effettiva percezione dei redditi da parte dei beneficiari rimane una mera movimentazione finanziaria, ininfluente ai fini della determinazione del reddito.
Ove abbia scontato una **tassazione a titolo d'imposta o d'imposta sostitutiva** in capo al *trust* che lo ha realizzato, il reddito non concorre alla formazione della base imponibile, né in capo al trust opaco né, in caso di imputazione per trasparenza, in capo ai beneficiari.
I redditi conseguiti e correttamente tassati in capo al *trust* prima dell'individuazione dei beneficiari (quando il trust era "opaco"), non possono scontare una nuova imposizione in capo a questi ultimi a seguito della loro distribuzione.

Credito d'imposta per le imposte pagate all'estero in via definitiva - Spetta al *trust* nel caso di **trust "opaco"** (➡33.1.).
Qualora, invece, il **trust** sia **"trasparente"** ed il reddito sia imputato ai beneficiari, il credito d'imposta spetta ai singoli beneficiari in proporzione al reddito imputato.

Infine, nel caso in cui il **trust** attribuisca solo parte del reddito ai beneficiari e sia, quindi, **in parte opaco e in parte trasparente**, la detrazione spetta al trust e ai beneficiari in proporzione al reddito imputato.

Inquadramento fiscale dei redditi attribuiti ai beneficiari 29.6.9.

I redditi imputati al beneficiario di *trust*, anche se non residenti, sono considerati come **redditi di capitale** (➔11.4.8.) (art. 44, lett. g-sexies), D.P.R. n. 917/1986).

Il ***trust* residente** imputa per trasparenza i propri redditi:

– ai beneficiari residenti;
– ai beneficiari non residenti.

In tale ultimo caso, il reddito attribuito al **beneficiario non residente** viene tassato in Italia: trattandosi di reddito di capitale corrisposto da soggetto residente, infatti, lo stesso si considera prodotto in Italia (art. 23, c. 1, lett. b), D.P.R. n. 917/1986).

Il **trust non residente**, che è soggetto passivo IRES per i **soli redditi prodotti in Italia**, imputa per trasparenza tali redditi ai soli beneficiari residenti, quali titolari di redditi di capitale.

Sono previste particolari regole nel caso in cui il beneficiario di **trust opaco estero** è impossibilitato a distinguere la parte delle attribuzioni riferibile al patrimonio del trust rispetto a quelle riferibili al reddito (➔11.4.8.) (art. 13, D.L. n. 124/2019).

WEB TAX 29.7.

È prevista una particolare forma di tassazione, con **aliquota del 3%**, per le imprese che forniscono servizi tramite internet e, più in generale, nel mondo digitale. Si tratta dell'imposta sui servizi digitali, conosciuta anche come "Web Tax".

L'imposta si applica sui ricavi derivanti dalla fornitura di determinati servizi, realizzati dai soggetti indicati di seguito, nel corso dell'anno solare.

La disciplina, introdotta dalla Legge di bilancio 2019 (art. 1, c. 35-49-bis, Legge n. 145/2018), è stata successivamente rivista, per renderla pienamente operativa, con la Legge di bilancio 2020 (art. 1, c. 678, Legge n. 160/2019).

La piena operatività si è avuta con il Provv. 15 gennaio 2021, prot. n. 13185/2021.

Va però precisato che la disciplina dell'imposta come descritta di seguito dovrebbe essere abrogata non appena entreranno in vigore le disposizioni derivanti da accordi internazionali in materia di tassazione dell'economia digitale.

Soggetti interessati 29.7.1.

Sono soggetti passivi dell'imposta sui servizi digitali i soggetti esercenti attività d'impresa che, singolarmente o a livello di gruppo, nel corso dell'anno solare precedente a quello oggetto di tassazione, realizzano **congiuntamente**:

a. un ammontare complessivo di **ricavi** ovunque realizzati **non inferiore** a **750.000.000 euro**;
b. un ammontare di **ricavi** derivanti **da servizi digitali**, realizzati nel territorio dello Stato **non inferiore a 5.500.000 euro**.

Servizi soggetti ed esclusi dalla web tax 29.7.2.

L'imposta si applica ai ricavi derivanti dalla fornitura dei seguenti servizi:

a. veicolazione su un'interfaccia digitale di **pubblicità** mirata agli utenti della medesima interfaccia;
b. messa a disposizione di un'**interfaccia digitale multilaterale** che consente agli utenti di essere in contatto e di interagire tra loro, anche al fine di facilitare la fornitura diretta di beni o servizi;
c. **trasmissione di dati** raccolti da utenti e generati dall'utilizzo di un'interfaccia digitale.

I corrispettivi di cui alla lettera b) comprendono l'insieme dei corrispettivi versati dagli utilizzatori dell'interfaccia digitale multilaterale, ad eccezione di quelli versati come corrispettivo della cessione di beni o della prestazione dì servizi che costituiscono, sul piano economico, operazioni indipendenti dall'accesso e dall'utilizzazione del servizio imponibile.

I ricavi tassabili sono assunti al lordo dei costi e al netto dell'IVA e di altre imposte indirette.

Esclusioni - Non si considerano servizi digitali:

a. la fornitura diretta di beni e servizi, nell'ambito di un servizio di **intermediazione digitale**;
b. la fornitura di beni o servizi ordinati attraverso il sito web del fornitore di quei beni e servizi, quando il **fornitore non** svolge funzioni di **intermediario**;

c. la messa a disposizione di un'interfaccia digitale il cui scopo esclusivo o principale è quello della fornitura agli utenti dell'interfaccia, da parte del soggetto che gestisce l'interfaccia stessa, di **contenuti digitali, servizi di comunicazione** o **servizi di pagamento**;
d. la messa a disposizione di un'interfaccia digitale utilizzata per gestire:
   1. i **sistemi** dei regolamenti **interbancari** previsti dal testo unico bancario (D.Lgs. n. 385/1993) o di regolamento o di consegna di strumenti finanziari;
   2. le **piattaforme di negoziazione** o i sistemi di negoziazione degli internalizzatori sistematici (art. 1, c. 5-octies, lett. c), D.Lgs. n. 58/1998);
   3. le attività di **consultazione** di **investimenti partecipativi** e, se facilitano la concessione di prestiti, i servizi di intermediazione nel finanziamento partecipativo;
   4. le **sedi di negoziazione all'ingrosso** (art. 61, c. 1, lett. e), D.Lgs. n. 58/1998);
   5. le **controparti centrali** (art. 1, c. 1, lettera w-quinquies), D.Lgs. n. 58/1998);
   6. i **depositari centrali** (art. 1, c. 1, lettera w-septies), D.Lgs. n. 58/1998);
   7. gli altri sistemi di collegamento la cui attività è soggetta ad autorizzazione e l'esecuzione delle prestazioni dei **servizi soggetta** alla **sorveglianza** di un'**autorità** di **regolamentazione** al fine di assicurare la sicurezza, la qualità e la trasparenza delle transazioni riguardanti strumenti finanziari, prodotti di risparmio o altre attività finanziarie;
e. la **cessione di dati** da parte dei soggetti che forniscono i servizi indicati alla lettera d);
f. lo svolgimento delle attività di organizzazione e gestione di piattaforme telematiche per lo **scambio** dell'**energia elettrica**, del **gas**, dei **certificati** ambientali e dei carburanti, nonché la trasmissione dei relativi dati ivi raccolti e ogni altra attività connessa.

Inoltre:
- non vanno considerati i corrispettivi della messa a disposizione di un'interfaccia digitale che facilita la vendita di **prodotti soggetti ad accisa** (ai sensi dell'art. 1, paragrafo I, della Direttiva del Consiglio n. 2008/118/CE del 16 dicembre 2008, relativa al sistema generale di accise), quando hanno un collegamento diretto e inscindibile con il volume o il valore di tali vendite;
- non sono tassabili i ricavi derivanti dai servizi di cui sopra resi a soggetti che si considerano **controllati, controllanti o controllati** dallo stesso soggetto controllante in base alle disposizioni del Codice civile (art. 2359, c.c.).

29.7.3. Periodo d'imposta di tassazione

Il periodo d'imposta coincide con l'anno solare.
Un ricavo si considera tassabile in un determinato periodo d'imposta se l'utente di un servizio tassabile è localizzato nel territorio dello Stato in quel periodo.
Ai fini della verifica del **requisito della localizzazione** occorre distinguere seconda della tipologia di servizio reso.

Tipo di servizio	Localizzazione
Veicolazione su un'interfaccia digitale di pubblicità mirata agli utenti della medesima interfaccia.	L'utente è considerato localizzato nel territorio dello Stato se la pubblicità figura sul dispositivo dell'utente nel momento in cui il dispositivo è utilizzato nel territorio dello Stato in detto periodo d'imposta per accedere a un'interfaccia digitale.
Messa a disposizione di un'interfaccia digitale multilaterale che consente agli utenti di essere in contatto e di interagire tra loro, anche al fine di facilitare la fornitura diretta di beni o servizi.	L'utente è considerato localizzato nel territorio dello Stato se: 1) il servizio comporta un'interfaccia digitale multilaterale che facilita le corrispondenti cessioni di beni o prestazioni di servizi direttamente tra gli utenti, l'utente utilizza un dispositivo nel territorio dello Stato in detto periodo d'imposta per accedere all'interfaccia digitale e conclude un'operazione corrispondente su tale interfaccia in detto periodo d'imposta; 2) il servizio comporta un'interfaccia digitale multilaterale di un tipo che non rientra tra quelli di cui al numero 1), l'utente dispone di un conto per la totalità o una parte di tale periodo d'imposta che gli consente di accedere all'interfaccia digitale e tale conto è stato aperto utilizzando un dispositivo nel territorio dello Stato.
Trasmissione di dati raccolti da utenti e generati dall'utilizzo di un'interfaccia digitale.	L'utente è considerato localizzato nel territorio dello Stato se i dati generati dall'utente che ha utilizzato un dispositivo nel territorio dello Stato per accedere a un'interfaccia digitale, nel corso di tale periodo d'imposta o di un periodo d'imposta precedente, sono trasmessi in detto periodo d'imposta.

Ove un servizio imponibile è fornito nel territorio dello Stato nel corso di un anno solare, il **totale dei ricavi tassabili** viene definito come il prodotto della totalità dei ricavi derivanti dai servizi digitali, ovunque realizzati, per la percentuale rappresentativa della parte di tali servizi collegata al territorio dello Stato.
Tale percentuale è fissata convenzionalmente nelle seguenti misure:

a. per i servizi di veicolazione su un'interfaccia digitale di pubblicità mirata agli utenti della medesima interfaccia (art. 1, c. 37, lett. a), Legge n. 145/2018), alla proporzione dei messaggi pubblicitari collocati su un'interfaccia digitale, in funzione dei dati relativi ad un utente che consulta tale interfaccia mentre è localizzato nel territorio dello Stato;
b. per i servizi di messa a disposizione di un'interfaccia digitale multilaterale che consente agli utenti di essere in contatto e di interagire tra loro, anche al fine di facilitare la fornitura diretta di beni o servizi (art. 1, c. 37, lett. b) Legge n. 145/2018):
   1. se il servizio comporta un'interfaccia digitale multilaterale che facilita le corrispondenti cessioni di beni o prestazioni di servizi direttamente tra gli utenti, alla proporzione delle operazioni di consegna di beni o prestazioni di servizi per le quali uno degli utenti dell'interfaccia digitale è localizzato nel territorio dello Stato;
   2. se il servizio comporta un'interfaccia digitale multilaterale di un tipo che non rientra tra quelli dì cui al numero I), alla proporzione degli utenti che dispongono di un conto aperto nel territorio dello Stato che consente di accedere a tutti o parte dei servizi disponibili dell'interfaccia e che hanno utilizzato tale interfaccia durante l'anno solare in questione;
c. per i servizi di trasmissione di dati raccolti da utenti e generati dall'utilizzo di un'interfaccia digitale (art. 1, c. 37, lett. c), Legge n. 145/2018), alla proporzione degli utenti per i quali tutti o parte dei dati venduti sono stati generati o raccolti durante la consultazione, quando erano localizzati nel territorio dello Stato, di un un'interfaccia digitale.

IRES

Localizzazione del dispositivo 29.7.4.

Viene chiarito a quali condizioni un dispositivo si considera localizzato nel territorio dello Stato, ai fini dell'individuazione degli utenti collocati nel territorio nazionale (e, dunque, ai fini dell'esistenza del **presupposto di imposta**). La localizzazione avviene con riferimento principalmente all'**indirizzo di protocollo internet** (IP) del dispositivo stesso o ad altro sistema di geolocalizzazione, nel rispetto delle regole relative al trattamento dei dati personali. In altre parole, il **dispositivo** si considera **localizzato** nel territorio italiano sulla base dell'indirizzo di protocollo internet (IP) del dispositivo stesso o facendo ricorso a qualsiasi altra informazione disponibile per i soggetti passivi dell'imposta che consenta la geolocalizzazione del predetto dispositivo.

Aliquota 29.7.5.

L'imposta dovuta si ottiene applicando l'aliquota del **3%** all'ammontare dei ricavi tassabili realizzati dal soggetto passivo nel corso dell'anno solare.

Adempimenti 29.7.6.

I soggetti passivi sono tenuti:

- al **versamento** dell'imposta **entro** il **16 maggio** dell'**anno solare successivo a quello di riferimento**;
- alla presentazione della **dichiarazione annuale** dell'ammontare dei servizi tassabili prestati, utilizzando il **Modello DST** - Digital Services Tax (Provv. 25 gennaio 2021, n. 22879), **entro** il **30 giugno** dell'**anno solare successivo a quello di riferimento**.

In sede di **prima applicazione**, l'imposta dovuta per le operazioni imponibili nell'anno 2020 doveva essere versata entro il **16 maggio 2021** (più precisamente il 17 maggio in quanto il 16 cadeva di domenica) e la relativa dichiarazione andava presentata entro il **30 giugno 2021** (art. 5, c. 15, D.L. n. 41/2021).

Per le società appartenenti al medesimo gruppo, per l'assolvimento dei suddetti obblighi è nominata una singola società del gruppo.

Soggetti non residenti - Se privi di stabile organizzazione nel territorio dello Stato e di un numero identificativo ai fini IVA, qualora nel corso di un anno solare realizzino i presupposti per la tassazione, devono fare **richiesta** all'Agenzia delle Entrate di un **numero identificativo** ai fini dell'imposta sui servizi digitali. I soggetti non residenti, privi di stabile organizzazione nel territorio dello Stato, stabiliti in uno Stato diverso da uno Stato membro dell'Unione europea o dello Spazio economico europeo con il quale l'Italia non ha concluso un accordo di cooperazione amministrativa per lottare contro l'evasione e la frode fiscale e un accordo di assistenza reciproca per il recupero dei crediti fiscali, devono nominare un **rappresentante fiscale** per assolvere gli obblighi di dichiarazione e di pagamento dell'imposta sui servizi digitali.

I soggetti residenti nel territorio dello Stato che appartengono allo stesso gruppo dei soggetti non residenti sono solidalmente responsabili con questi ultimi per le obbligazioni derivanti dalle disposizioni relative all'imposta sui servizi digitali. Ai fini dell'accertamento, delle sanzioni e della riscossione dell'imposta sui servizi digitali, nonché per il relativo contenzioso, si applicano le disposizioni previste in materia di IVA, in quanto compatibili.

I soggetti non residenti che non dispongono di un conto corrente presso sportelli bancari o postali situati in Italia e che non possono eseguire il pagamento con il Mod. F24, effettuano il versamento mediante bonifico in "EURO" a favore del Bilancio dello Stato al Capo 8 - Capitolo 1006 (codice IBAN IT43W0100003245348008100600), indicando quale causale del bonifico: il codice fiscale, il codice tributo e l'anno di riferimento.

IRES

Obblighi strumentali - Al fine di adempiere agli obblighi previsti dalla norma, i soggetti passivi dell'imposta provvedono mediante il proprio codice fiscale rilasciato dall'amministrazione finanziaria italiana. I soggetti non residenti che non siano in possesso del codice fiscale devono richiederne l'attribuzione all'Agenzia delle Entrate. Le persone fisiche devono utilizzare il **Mod.o AA4/8**, i soggetti diversi dalle persone fisiche devono utilizzare il **Mod. AA5/6**.

I modelli di cui sopra devono essere presentati:

- per le **persone fisiche**, alla rappresentanza diplomatico-consolare italiana nel Paese di residenza o a un qualsiasi ufficio dell'Agenzia delle Entrate, direttamente o tramite persona delegata;
- per i **soggetti diversi dalle persone fisiche**, esclusivamente all'Agenzia delle Entrate - Centro operativo di Pescara - via Rio Sparto n. 21 - 65100 Pescara, direttamente (anche a mezzo di persona appositamente delegata) oppure a mezzo servizio postale. In alternativa, è possibile inviare la richiesta per posta elettronica all'indirizzo mail del medesimo ufficio, entrate.isd@agenziaentrate.it.

I soggetti passivi stabiliti in uno Stato non collaborativo e privi di una stabile organizzazione in Italia, al fine di adempiere agli obblighi di legge, devono nominare un **rappresentante fiscale** in Italia.

Obblighi contabili - I soggetti passivi dell'imposta devono tenere un'apposita contabilità per rilevare **mensilmente** le informazioni sui ricavi dei servizi imponibili, così come gli elementi quantitativi mensili utilizzati per calcolare le proporzioni dei servizi imponibili. L'informazione sulle somme riscosse mensilmente deve precisare, se necessario, l'importo riscosso in una **valuta diversa dall'euro** e l'importo convertito in euro. Le somme incassate in una valuta diversa dall'euro sono convertite applicando l'ultimo tasso di cambio pubblicato nella Gazzetta Ufficiale dell'Unione europea, noto il primo giorno del mese nel corso del quale le somme sono incassate.

Rimborsi - I rimborsi vanno richiesti con l'**apposita dichiarazione**. Qualora non sussista l'obbligo di presentazione della dichiarazione, il rimborso è richiesto tramite istanza da presentare, per i soggetti residenti o con stabile organizzazione in Italia, al competente ufficio dell'Agenzia delle Entrate individuato in base al domicilio fiscale e, per i soggetti non residenti, all'indirizzo di posta elettronica dell'Agenzia delle Entrate, Centro operativo di Pescara, entrate.isd@agenziaentrate.it , entro il termine di decadenza di 60 giorni (art. 21, D.Lgs. n. 546/1992).

29.7.7. Decorrenza

La Web Tax si applica a decorrere dal 1° gennaio 2020 (art. 1, c. 47, Legge n. 145/2018), pertanto, il primo appuntamento con il **versamento** dell'imposta è stato fissato al **17 maggio 2021** (la scadenza originaria è il 16 maggio ma cadeva di domenica), mentre per la **prima dichiarazione** la scadenza è stata il **30 giugno 2021** (art. 5, c. 15, D.L. n. 41/2021).

SOCIETÀ NON OPERATIVE 30.

PREMESSA 30.1.

La disciplina fiscale delle **società non operative** (art. 30, Legge n. 724/1994) ha lo scopo di contrastare le **c.d. società di comodo** e, in particolare, di disincentivare il ricorso all'utilizzo dello strumento societario come schermo per nascondere l'effettivo proprietario di beni, avvalendosi delle più favorevoli norme dettate per le società.
In sostanza, si intende penalizzare quelle società che, al di là dell'oggetto sociale dichiarato, sono state costituite per **gestire il patrimonio nell'interesse dei soci**, anziché per esercitare un'effettiva attività commerciale.

AMBITO SOGGETTIVO 30.2.

Sono **soggette alla disciplina** sulle società di comodo:
- le **società per azioni**;
- le **società in accomandita per azioni**;
- le **società a responsabilità limitata**;
- le **società in nome collettivo**;
- le **società in accomandita semplice**;
- le società ed enti non residenti con **Stabile Organizzazione in Italia**.

La disciplina in esame trova applicazione sia nei confronti dei soggetti in regime di **contabilità ordinaria** (a prescindere dall'obbligo, o meno, di redazione del bilancio e di valutazione delle relative voci in forma IAS/IFRS compliant), sia nei confronti dei contribuenti in regime di **contabilità semplificata**.

> La disciplina delle società di comodo si applica alle società estere prive di Stabile Organizzazione se esse rientrano nella disciplina dell'**esterovestizione delle società** di cui all'art. 73, c. 5-bis, D.P.R. n. 917/1986 (circ. 4 maggio 2007, n. 25/E).

Soggetti esclusi 30.2.1.

Non rientrano nel campo di applicazione della disciplina delle società non operative:
- i soggetti per i quali è fatto **obbligo di costituirsi sotto forma di società di capitale**;
- i soggetti che si trovano al **primo periodo d'imposta** (in tale fattispecie non rientrano le società neocostituite a seguito di un'operazione di scissione o di fusione propria o di conferimento d'azienda);
- le società in **amministrazione controllata o straordinaria**;
- le società ed enti che controllano società ed enti i cui titoli sono negoziati in mercati regolamentati italiani ed esteri, nonché alle stesse società ed enti quotati ed alle società da essi controllate, anche indirettamente;
- le società esercenti **pubblici servizi di trasporto**;

- le società con un numero di soci non inferiore a 50;
- le società che nei due esercizi precedenti hanno avuto un numero di dipendenti mai inferiore alle 10 unità;
- le società in stato di **fallimento**, assoggettate a procedure di **liquidazione giudiziaria**, di **liquidazione coatta amministrativa** ed in **concordato preventivo**;
- le società che presentano un ammontare complessivo del valore della produzione (raggruppamento A del Conto economico) superiore al totale attivo dello Stato patrimoniale;
- le **società partecipate da enti pubblici** almeno nella misura del 20% del capitale sociale; la partecipazione del soggetto pubblico nella misura minima del 20% deve essere diretta (ris. 6 ottobre 2008, n. 373/E);
- le **società** che risultano **congrue e coerenti ai fini degli studi di settore**.

Per soggetti ai quali, per la particolare attività svolta, è fatto obbligo di costituirsi sotto forma di società di capitali si devono intendere:

a. le **società finanziarie**, (art. 106, D.Lgs. n. 385/1993), per le quali vige l'obbligo di iscriversi in un apposito elenco generale tenuto dall'Ufficio italiano cambi;
b. i **Centri di assistenza fiscale (CAF)**;
c. le **società costituite da enti locali territoriali** (art. 113, c. 4, lett. a), e art. 116, D.Lgs. n. 267/2000);
d. le **società, a prevalente partecipazione pubblica**, derivanti dal processo di trasformazione *ex lege* in società per azioni degli enti appartenenti al comparto delle c.d. "partecipazioni pubbliche" (circ. 4 maggio 2007, n. 25/E).

Non rientrano nei casi di esclusione:

- le società che hanno **affittato l'unica azienda posseduta** (circ. 4 maggio 2007, n. 25/E);
- le società **neocostituite** per effetto di **fusioni, scissioni o conferimenti** - le quali continuano di fatto l'attività del "*dante causa*" - ovvero risultanti da operazioni di **trasformazione** (circ. 4 maggio 2007, n. 25/E);
- le società che operano nel settore dei **trasporti pubblici** solo indirettamente, in quanto detengono partecipazioni in imprese di trasporto pubblico (ris. 12 marzo 2007, n. 43/E);
- le **società agricole** che optano per la **tassazione su base catastale** (art. 1, c. 1093 e ss., Legge n. 296/2006).

Soggetti obbligati ed esclusi

Applicabilità	Soggetti
SÌ	- Società per azioni; - società in accomandita per azioni; - società a responsabilità limitata; - società in nome collettivo; - società in accomandita semplice; - società ed enti non residenti con Stabile Organizzazione in Italia. A prescindere dal regime contabile (contabilità ordinaria o semplificata) e a prescindere che siano o meno tenuti ad applicare i principi contabili internazionali.
NO	- Soggetti per i quali è fatto obbligo di costituirsi sotto forma di società di capitale; - soggetti che si trovano al primo periodo d'imposta (escluse le società neocostituite a seguito di un'operazione di scissione o di fusione propria o di conferimento d'azienda); - società in amministrazione controllata o straordinaria; - società ed enti che controllano società ed enti i cui titoli sono negoziati in mercati regolamentati italiani ed esteri, nonché alle stesse società ed enti quotati ed alle società da essi controllate, anche indirettamente; - società esercenti pubblici servizi di trasporto; - società con un numero di soci non inferiore a 50; - società che nei 2 esercizi precedenti hanno avuto un numero di dipendenti mai inferiore alle 10 unità; - società in stato di fallimento, assoggettate a procedure di liquidazione giudiziaria, di liquidazione coatta amministrativa ed in concordato preventivo; - società che presentano un ammontare complessivo del valore della produzione (raggruppamento A del Conto economico) superiore al totale attivo dello Stato patrimoniale; - società partecipate da enti pubblici almeno nella misura del 20% del capitale sociale; - società che risultano congrue e coerenti ai fini degli studi di settore.

DISAPPLICAZIONE 30.3.

Sono previste alcune cause che determinano la **disapplicazione automatica** della disciplina delle società non operative senza dover presentare istanza di interpello (➜30.3.1.).
Mentre le cause di esclusione sopra riportate sono comuni alle società non operative e alle società in perdita sistematica, per quanto riguarda, invece, le cause di disapplicazione occorre distinguere tra:
- **società non operative** per insufficienza dei ricavi (Provv. 14 febbraio 2008);
- **società in perdita sistematica** (Provv. 11 giugno 2012).

Disapplicazione società non operative	
Fattispecie	**Disapplicazione**
Società in liquidazione che si impegnano a cancellarsi dal Registro delle imprese entro il termine per la presentazione della dichiarazione dei redditi successiva	**Totale** (con riferimento al periodo d'imposta in corso alla data di assunzione del predetto impegno, a quello precedente e al successivo, ovvero con riferimento all'unico periodo d'imposta).
Società in **fallimento, liquidazione coatta amministrativa o giudiziaria, concordato preventivo, amministrazione straordinaria**	**Totale** (con riferimento ai periodi d'imposta precedenti all'inizio delle predette procedure, i cui termini di presentazione delle dichiarazioni dei redditi scadono successivamente all'inizio delle procedure).
Società sottoposte a **sequestro penale o confisca**	**Totale** (con riferimento al periodo d'imposta nel corso del quale è emesso il provvedimento di nomina dell'amministratore giudiziario ed ai successivi periodi d'imposta nei quali permane l'amministrazione giudiziaria).
Società con **immobili concessi in locazione a enti pubblici o a canone vincolato**	**Parziale** (limitata a tali immobili).
Società con **partecipazioni non di comodo**, escluse dalla disciplina o in **collegate CFC**	**Parziale** (limitata a tali partecipazioni).
Società che hanno ottenuto **risposta positiva all'interpello** in relazione a precedenti periodi d'imposta, in merito a presupposti non modificatisi	**Parziale** (limitata ai beni per i quali era stata presentata istanza).
Società che esercitano esclusivamente **attività agricola**	**Totale**
Società per le quali gli adempimenti e i versamenti fiscali sono sospesi o differiti in conseguenza della **dichiarazione dello stato di emergenza**	**Totale** (limitatamente al periodo d'imposta in cui si è verificato l'evento calamitoso e quello successivo).

Disapplicazione società in perdita sistemica	
Situazione[1]	**Disapplicazione**
Società in **liquidazione** che si impegnano a cancellarsi dal Registro delle imprese entro il termine per la presentazione della dichiarazione dei redditi successiva	**Totale** (con riferimento al periodo d'imposta in corso alla data di assunzione del predetto impegno, a quello precedente e al successivo, ovvero con riferimento all'unico periodo d'imposta).
Società in **fallimento, liquidazione coatta amministrativa o giudiziaria, concordato preventivo, amministrazione straordinaria**	**Totale** (con riferimento ai periodi d'imposta precedenti all'inizio delle predette procedure, i cui termini di presentazione delle dichiarazioni dei redditi scadono successivamente all'inizio delle procedure).
Società sottoposte a **sequestro penale o confisca**	**Totale** (con riferimento al periodo d'imposta nel corso del quale è emesso il provvedimento di nomina dell'amministratore giudiziario ed ai successivi periodi d'imposta nei quali permane l'amministrazione giudiziaria).

Disapplicazione società in perdita sistemica	
Situazione[1]	**Disapplicazione**
Società con **partecipazioni** il cui valore economico è prevalentemente riconducibile a **società non in perdita sistematica**, escluse dalla disciplina o in collegate CFC, a condizione che la società non svolga attività diverse da quelle strettamente funzionali alla gestione di tali partecipazioni	**Parziale** (limitata a tali partecipazioni).
Società che hanno ottenuto **risposta positiva all'interpello** in relazione a precedenti periodi d'imposta, in merito a presupposti non modificatisi	**Parziale** (limitata ai beni per i quali era stata presentata istanza).
Società con **margine operativo lordo positivo** (differenza tra gli aggregati A e B del Conto economico, escluse le voci B.10, B.12 e B.13 e - i canoni di leasing) (circ. 11 dicembre 2012, n. 107/E)	**Totale**
Società i cui versamenti tributari sono sospesi o differiti in conseguenza della dichiarazione dello **stato di emergenza**	**Totale** (limitatamente al periodo d'imposta in cui si è verificato l'evento calamitoso e quello successivo).
Società per le quali risulta **positiva la somma algebrica tra la perdita fiscale e gli importi che non concorrono alla formazione del reddito** (proventi esenti, esclusi, assoggettati a ritenuta a titolo d'imposta o imposta sostitutiva, agevolazioni)	**Totale**
Società agricole	**Totale**
Società congrue e coerenti in base agli studi di settore	**Totale**
Società nel primo periodo d'imposta	**Totale**

[1] La situazione deve verificarsi in almeno 1 dei 5 periodi d'imposta sui cinque richiesti per essere considerate società in perdita sistemica (art. 2, c. 36-decies, D.L. n. 138/2011).

30.3.1. Interpello

È possibile **richiedere la disapplicazione del regime delle società di comodo** attraverso **interpello probatorio** (art. 11, c. 1, lett. b), Legge n. 212/2000) se si è in presenza di oggettive situazioni (non necessariamente di carattere straordinario) che hanno reso impossibile il conseguimento dei ricavi e del reddito minimo, anche in caso di società in perdita sistemica.

Modalità di presentazione delle istanze di interpello - L'istanza va presentata, alla Direzione regionale dell'Agenzia delle Entrate competente per territorio, in carta libera, esente da bollo.
Contro la **risposta negativa dell'Agenzia**, non si può proporre ricorso, ma solo decidere se adeguarsi o meno (in quest'ultimo caso rischiando l'accertamento e l'irrogazione delle sanzioni previste per le violazioni).

Istanza di interpello

Contenuto dell'interpello	- Dati identificativi dell'istante ed eventualmente del suo legale rappresentante; - indicazione del tipo di istanza (vale a dire "interpello probatorio *ex* art. 11, c. 1, lett. b), Legge n. 212/2000"); - **circostanziata e specifica descrizione della fattispecie**; - indicazione della norma di riferimento del regime del quale si chiede l'applicazione; - indicazione degli **elementi probatori richiesti**; - indicazione del domicilio e dei recapiti anche telematici dell'istante o dell'eventuale domiciliatario presso il quale devono essere effettuate le comunicazioni dell'amministrazione e deve essere comunicata la risposta; - **sottoscrizione** dell'istante o del suo legale rappresentante ovvero del procuratore generale o speciale.
A chi va presentato	Direzione regionale delle Entrate competente per territorio.
Come va presentato	- Consegna a mano; - spedizione a mezzo plico raccomandato con avviso di ricevimento; - posta elettronica certificata o accesso tramite il servizio telematico dell'Agenzia (ancora da attivare); - posta elettronica ordinaria, solo per i soggetti non residenti nel territorio dello Stato che non si avvalgono di un domiciliatario nel territorio dello Stato, all'indirizzo dc.norm.interpello@agenziaentrate.it.

Il contribuente può **rinunciare all'interpello** se, in pendenza dei termini di istruttoria dell'interpello, presenta con le modalità consentite la rinuncia espressa all'interpello.
L'**omessa segnalazione**, in dichiarazione, della **mancata presentazione o** della **risposta negativa all'istanza di interpello** è punita con una sanzione amministrativa da 2.000 a 21.000 euro (art. 8, c. 3-quinquies, D.Lgs. n. 471/1997).

APPLICAZIONE DELLA DISCIPLINA 30.4.

Ai fini delle imposte sui redditi, l'applicazione della disciplina delle società non operative si articola in **due fasi**:

1. occorre **verificare la c.d. operatività**, ovvero confrontare i ricavi e i proventi effettivamente conseguiti con l'ammontare dei ricavi o proventi presunti, determinati in base ai valori di taluni beni patrimoniali;
2. se l'ammontare dei **ricavi effettivi** è **inferiore** a quello dei **ricavi presunti**, si determina un **reddito minimo presunto**, anch'esso legato ai valori dei beni.

Verifica non operatività 30.4.1.

Le società interessate si considerano non operative, se l'**ammontare complessivo**, risultante dal Conto economico ove prescritto, di:

- **ricavi**;
- **incrementi delle rimanenze**;
- **altri proventi**, esclusi quelli straordinari;

è **inferiore** alla **somma degli importi** che risulta applicando:

- il **2%** al **valore delle azioni o quote di partecipazioni**, anche non rappresentate da titoli, al capitale di società ed enti IRES, che non costituiscono immobilizzazioni finanziarie, diverse da quelle cui si applica l'esenzione (art. 85, c. 1, lett. c), D.P.R. n. 917/1986), **strumenti finanziari similari alle azioni** (art. 85, c. 1, lett. d), D.P.R. n. 917/1986) e **obbligazioni** e altri titoli in serie o di massa (art. 85, c. 1, lett. e), D.P.R. n. 917/1986);
- il **6%** al valore delle **immobilizzazioni** costituite da **beni immobili e navi**, anche in locazione finanziaria; la percentuale è ridotta: al 5% per gli immobili classificati nella categoria catastale A/10 e al 4%, per gli immobili a destinazione abitativa acquisiti o rivalutati nell'esercizio e nei due precedenti (a partire dal terzo esercizio successivo a quello dell'acquisizione o della rivalutazione, l'immobile torna a scontare l'aliquota del 6%);
- il **15%** al valore delle **altre immobilizzazioni**, anche in locazione finanziaria.

Coefficienti di non operatività		
Beni	**Coefficiente**	**Particolarità**
Partecipazioni	**2%**	La percentuale del 2% deve essere applicata anche alle partecipazioni che hanno titolo a beneficiare del regime della **participation exemption** (art. 87, D.P.R. n. 917/1986) ancorché esse generino plusvalenze esenti. Sono **escluse le azioni proprie** (circ. 4 maggio 2007, n. 25/E). I **crediti** rilevanti sono esclusivamente quelli di natura finanziaria, salvo che, per le anomale previsioni contrattuali (es. scadenza), i crediti di natura formalmente commerciale possano essere ricondotti a veri e propri negozi di finanziamento (nel qual caso anche questa seconda tipologia di crediti deve essere computata). Non rientrano tra i crediti cui applicare le percentuali di legge quelli derivanti da rimborsi di imposte, in quanto non derivanti da operazioni di finanziamento (in modo corrispondente, non devono essere considerati tra i ricavi e proventi effettivi gli interessi relativi a tali crediti iscritti per competenza nel Conto economico). Le partecipazioni e i crediti finanziari rilevano ai fini della disciplina delle società non operative sia che essi siano iscritti tra le immobilizzazioni finanziarie, sia che essi siano iscritti tra l'attivo circolante.
Immobili	**6%** ridotta al: - 5%, immobili A/10; - 4%, immobili a destinazione abitativa acquisiti o rivalutati nell'esercizio e nei due precedenti[1]	Non devono essere considerati ai fini della determinazione dei ricavi minimi: - gli immobili e le navi detenuti in forza di contratti di **locazione (non finanziaria)**, di **comodato o** di **noleggio**; - i beni concessi in **usufrutto**, a condizione, però, che il diritto sia costituito a titolo gratuito; - i beni costituenti **immobilizzazioni in corso**, in quanto non ancora idonei a produrre alcun provento. Rilevano ai fini della disciplina delle società non operative solo ed esclusivamente se hanno natura di **immobilizzazioni materiali**.
Altre immobilizzazioni	**15%**	Rientrano anche i beni acquistati in leasing. La nozione di "altre immobilizzazioni" accoglie qualsiasi bene patrimoniale che non sia ricompreso nelle altre due categorie di beni "di comodo" e che abbia **natura di investimento durevole**. Nell'ambito delle **immobilizzazioni materiali**, si tratta: - degli impianti e macchinari (voce B.II.2 dello Stato patrimoniale); - delle attrezzature industriali e commerciali (voce B.II.3); - degli altri beni materiali (voce B.II.4), navi escluse. Per quanto riguarda le **immobilizzazioni immateriali**, occorre considerare: - sia i veri e propri beni immateriali (brevetti, marchi, concessioni ecc.); - sia i meri costi pluriennali (costi di impianto e ampliamento, spese di ricerca e sviluppo, avviamento ecc.). Rientrano tra le altre immobilizzazioni immateriali, a cui applicare la percentuale del 15%, le spese incrementative su beni di terzi (ris. 24 luglio 2007, n. 180/E). Questa voce, comunque, ha natura residuale attraendo a sé tutti gli asset (anche finanziari) iscritti tra le immobilizzazioni non riconducibili alle altre voci (risposta a interpello 31 dicembre 2020, n. 636).

Coefficienti di non operatività		
Beni	**Coefficiente**	**Particolarità**
		Sono **esclusi**: - le **immobilizzazioni materiali e immateriali in corso,** per le medesime ragioni già esaminate a proposito degli immobili (trattasi, infatti, di beni non ancora idonei a produrre ricavi); - i **beni eliminati dal processo produttivo**.
[1] Per tutti gli immobili ubicati in tali Comuni si applica la riduzione del coefficiente all'1%.		

Per l'applicazione della disciplina sulle società non operative, nel calcolo delle risultanze medie degli immobili che abbiano formato oggetto di rivalutazione, devono essere presi in considerazione i **valori fiscalmente rilevanti nei singoli periodi d'imposta** compresi nel triennio di osservazione. Le rivalutazioni operate ai sensi del D.L. n. 185/2008, pertanto, fanno il loro ingresso nel *test* di operatività a partire dal 2013 (ris. 20 dicembre 2013, n. 101/E).

IRES

DETERMINAZIONE DEI RICAVI E PROVENTI PRESUNTI 30.5.

Ai fini della determinazione dei ricavi presunti, la valorizzazione dei beni "di comodo" è effettuata:
- per i **beni in proprietà**, in base al **costo fiscalmente riconosciuto**;
- per i **beni in leasing**, in base al **costo sostenuto dal concedente**.

Beni	Valorizzazione
In proprietà	Le percentuali di legge sono applicate al **costo d'acquisto o di produzione**, maggiorato degli oneri di diretta imputazione, assunto **al lordo delle quote di ammortamento già dedotte** (art. 110, c. 1, D.P.R. n. 917/1986). Per le **partecipazioni svalutate** deve essere considerato il valore originario, in quanto le svalutazioni sono fiscalmente irrilevanti (art. 110, c. 1, lett. d), D.P.R. n. 917/1986). Il costo fiscalmente riconosciuto rileva anche nel caso dei beni per i quali, a vario titolo, sussistono **limitazioni all'ammortamento**, tra i quali i casi più comuni sono rappresentati (circ. 4 maggio 2007, n. 25/E): - dai **veicoli aziendali**; - dai **fabbricati strumentali**.
In leasing	Le percentuali sono applicate: - al **costo sostenuto dal concedente** (società di leasing); - in mancanza di tale dato, alla somma delle **quote capitali dei canoni e** del **prezzo di riscatto**. Tali criteri di valorizzazione devono essere osservati anche nel caso di **riscatto del bene**, per garantire uniformità di trattamento anche in presenza di valori di bilancio post riscatto generalmente molto bassi (circ. 4 maggio 2007, n. 25/E).

Società in contabilità semplificata 30.5.1.

Per le società in contabilità semplificata, il **valore dei beni** è desunto in base alle **scritture contabili obbligatorie** (➜14.11.8.) (art. 18, D.P.R. n. 600/1973) e, quindi, dai registri IVA o, se tenuto, dal **registro dei beni ammortizzabili**.

Media triennale 30.5.2.

Ai fini della **determinazione dei ricavi minimi**, le percentuali di legge vanno applicate all'importo risultante dalla media dei valori dell'esercizio di riferimento e dei due precedenti, anche se interessati da cause di disapplicazione del regime delle società non operative.
Se in uno o più esercizi il bene non è stato posseduto, la divisione deve comunque essere operata per tre.

Fa eccezione a tale principio il caso della **società costituita da meno di tre esercizi**. Nel secondo periodo d'imposta (il primo è escluso), i valori devono essere divisi per due.

30.5.3. Periodo di possesso dei beni inferiore all'anno

Ai fini del computo della media, i valori degli elementi patrimoniali devono essere ragguagliati all'effettivo possesso.

Nel caso in cui l'esercizio abbia durata inferiore o superiore all'anno il risultato ottenuto dovrà essere ragguagliato all'anno espresso in giorni.

CASO 1 - Contribuente con periodo d'imposta diverso dall'anno solare

Si supponga un bene di valore pari a 100 posseduto per 120 giorni e 3 diversi contribuenti:

- contribuente con **periodo d'imposta di 12 mesi**. Il valore da considerare per la determinazione dei ricavi presunti sarà pari a (100 x 120)/365 = 32,88;
- contribuente con **periodo d'imposta di 6 mesi**. Occorre, in primo luogo, ragguagliare il bene al periodo di possesso (100 x 120)/183 = 65,57; successivamente, per ottenere il valore da considerare per la determinazione dei ricavi presunti, si dovrà rapportare il periodo di possesso all'anno (65,93 x 183)/365 = 32,88;
- contribuente con **periodo d'imposta di 18 mesi**. Occorre, in primo luogo, ragguagliare il bene al periodo di possesso (100 x 120) /548 = 21,89; successivamente, per ottenere il valore da considerare per la determinazione dei ricavi presunti, si dovrà rapportare il periodo di possesso all'anno (21,89 x 548)/365 = 32,86.

Se la somma dei **valori effettivi** (**RE**) è **inferiore** rispetto alla somma dei **valori presunti** (**RP**), la **società** si considera **non operativa** e dovrà, pertanto, applicare la relativa disciplina.

30.6. DETERMINAZIONE DEI RICAVI E PROVENTI EFFETTIVI

I ricavi e proventi effettivi da confrontare con quelli presunti sono rappresentati:

- dai **ricavi**;
- dagli **incrementi di rimanenze**;
- dagli **altri proventi di natura non straordinaria** risultanti dal Conto economico.

Elemento	Componenti
Ricavi	Ricavi iscritti alle seguenti voci del Conto economico: - **A.1** (ricavi delle vendite e delle prestazioni); - **A.5** (altri ricavi o proventi). Non devono essere considerati tra i ricavi effettivi quelli che derivano dall'adeguamento ai parametri o agli studi di settore, in quanto di natura extracontabile (circ. 4 maggio 2007, n. 25/E).
Incrementi di rimanenze	Incrementi delle rimanenze rilevati nelle seguenti voci del Conto economico: - **A.2** (variazione delle rimanenze dei prodotti in corso di lavorazione, semilavorati e prodotti finiti); - **A.3** (variazione dei lavori in corso su ordinazione); - **B.11** (variazione delle rimanenze di materie prime, sussidiarie, di consumo e merci). Non devono essere considerati i decrementi delle rimanenze, i quali non vanno, pertanto, a ridurre l'ammontare dei proventi effettivi.
Altri proventi	Proventi iscritti alle voci **C.15** e **C.16** del Conto economico. Sono **esclusi** i proventi di carattere straordinario iscritti nella voce **E.20**.

30.6.1. Società in contabilità semplificata

Per le società in contabilità semplificata (➜14.6.), sono ricomprese tra i ricavi e i proventi effettivi le medesime componenti previste per i soggetti tenuti per obbligo di legge alla redazione del bilancio. L'individuazione di tali componenti avviene attraverso le scritture contabili obbligatorie.

30.6.2. Media triennale

Per la **determinazione dei ricavi effettivi** l'ammontare dei ricavi, degli incrementi di rimanenze e degli altri proventi deve essere assunto non in base alle risultanze dell'esercizio, bensì in ragione della media del triennio.

CONFRONTO TRA RICAVI MINIMI PRESUNTI E RICAVI EFFETTIVI 30.7.

Per valutare se la società sia o meno “non operativa”, occorre porre a confronto i **ricavi minimi presunti** con i **ricavi o proventi effettivi**:

- se i **primi** sono **superiori ai secondi**, la **società** si considera **non operativa**;
- se, invece, i **ricavi presunti** sono **inferiori a quelli effettivamente realizzati**, la società non è soggetta ad alcuna delle limitazioni previste per le società non operative (art. 30, Legge n. 724/1994) in materia di imposte sui redditi, IVA e IRAP.

Confronto	Qualificazione
Ricavi minimi presunti > ricavi effettivi	Società non operativa
Ricavi minimi presunti < ricavi effettivi	Società operativa

CASO 2 - Calcolo della non operatività

Si supponga la seguente situazione di una società per l’anno x

Patrimonio:

- immobili (cat. catastale A/3) acquistati 4 anni prima e non rivalutati: 150.000;
- immobilizzazioni: costo durante il triennio pari a 30.000;
- partecipazione acquistata l’1/10/anno x-1 al costo di 220.000 (quindi, posseduta, nell’anno x-1 per 92 giorni).

Calcolo ricavi presunti:

Beni	anno x-2	anno x-1	anno x	media	coefficiente	ricavi presunti
immobili	150.000	150.000	150.000	150.000	6%	9.000
immobilizzazioni	30.000	30.000	30.000	30.000	15%	4.500
partecipazioni	55.452	220.000		91.817	2%	1.836
Totale						15.336

I ricavi effettivi sono:

Elemento	anno x-2	anno x-1	anno x	media
ricavi	8.000	3.000	4.000	5.000
incremento rimanenze	2.000	2.000	2.000	2.000
altri proventi	700	500	300	500
Totale				7.500

La società risulta non operativa, in quanto i ricavi minimi presunti eccedono quelli effettivi.

SOCIETÀ IN PERDITA SISTEMICA 30.8.

Si considerano in perdita sistematica le società che, alternativamente:

- hanno dichiarato **perdite fiscali per 5 periodi d’imposta consecutivi**;
- nei suddetti 5 periodi d’imposta, **4 dichiarazioni** si sono chiuse **con perdite fiscali** e la **rimanente con un reddito inferiore a quello minimo** determinato con le regole per le società non operative.

L’adeguamento al reddito minimo della società di comodo non è sufficiente a vincere la presunzione dei 4 periodi in perdita e uno con reddito inferiore a quello minimo (circ. 15 febbraio 2013, n. 1/E).

Il reddito dichiarato superiore a quello minimo presunto “spezza” il quinquennio anche se esso viene compensato, nei limiti previsti dalla legge, da perdite pregresse (circ. 15 febbraio 2013, n. 1/E).

È consentita la **disapplicazione automatica** della disciplina sulle società in perdita sistematica, senza la necessità di presentazione dell’istanza telematica, quando l’importo totale di una plusvalenza rateizzata determini il realizzo di un risultato d’esercizio positivo a fronte di una perdita fiscale. Ciò a condizione che gli effetti connessi a tale scelta vengano sterilizzati sia nel periodo d’imposta di realizzo sia in quelli successivi (ris. 16 ottobre 2013, n. 68/E).

IRES

30.9. REDDITO MINIMO

Sia alle società che risultano "non operative", in quanto i ricavi effettivi sono inferiori a quelli presunti, sia alle società in perdita sistematica è imputato un **reddito minimo**, anch'esso **determinato in via presuntiva** mediante l'applicazione di alcuni **coefficienti**.

Infatti, per tali soggetti, fermo restando l'ordinario potere di accertamento dell'Ufficio, si presume un **reddito minimo**, pari alla **somma degli importi derivanti dall'applicazione delle seguenti percentuali**:

- **1,5%** sulle **azioni o quote di partecipazioni**, anche non rappresentate da titoli, al capitale di società ed enti IRES, che non costituiscono immobilizzazioni finanziarie, diverse da quelle cui si applica l'esenzione (art. 85, c. 1, lett. c), D.P.R. n. 917/1986), **strumenti finanziari similari alle azioni** (art. 85, c. 1, lett. d), D.P.R. n. 917/1986) e **obbligazioni** e altri titoli in serie o di massa (art. 85, c. 1, lett. e), D.P.R. n. 917/1986);
- **4,75%** sulle **immobilizzazioni** costituite da **beni immobili e navi**, anche in locazione finanziaria; la percentuale è ridotta al 3% per gli immobili acquisiti o rivalutati nell'esercizio e nei 2 precedenti e al 4% per gli immobili classificati nella categoria catastale A/10;
- il **12%** al valore delle **altre immobilizzazioni**, anche in locazione finanziaria.

Coefficienti di determinazione del reddito minimo	
Beni	**Coefficiente**
Partecipazioni	**1,5%**[1]
Immobili	**4,75%** ridotta al: - 4%, immobili A/10; - 3%, immobili a destinazione abitativa acquisiti o rivalutati nell'esercizio e nei due precedenti[1-2]
Altre immobilizzazioni	**12%**[1]

[1] Le percentuali non devono essere applicate alla media triennale degli elementi patrimoniali, bensì al valore dell'esercizio per il quale si procede al calcolo.
[2] Per tutti gli immobili ubicati in tali Comuni si applica la riduzione del coefficiente allo 0,9%.

Le **perdite degli esercizi precedenti** possono essere computate solo in diminuzione della parte di reddito eccedente quello minimo.

CASO 3 - Calcolo del reddito minimo

Una società che per l'anno x non ha superato il test di operatività presenta i seguenti valori (in euro):

Partecipazioni: 300.000;
Immobile categoria catastale A/10: 150.000;
Immobile a destinazione abitativa: 300.000;
Immobili diversi: 250.000;
Altre immobilizzazioni: 450.000.

Non avendo superato il test di operatività calcola il reddito minimo presunto del periodo d'imposta x nel seguente modo:

Beni	Valore	Coefficiente	Reddito minimo presunto
partecipazioni	300.000	1,5%	4.500
immobile categoria catastale A/10	150.000	4%	6.000
immobile destinazione abitativa	300.000	3%	9.000
immobili diversi	250.000	4,75%	11.875
altre immobilizzazioni	450.000	12%	54.000
Reddito minimo presunto			85.375

Dividendi e plusvalenze 30.9.1.

L'obbligo di dichiarazione di un reddito minimo non implica il venir meno delle agevolazioni fiscali previste da specifiche disposizioni di legge.
Conseguentemente, ai fini dell'eventuale adeguamento, occorre confrontare il reddito minimo presunto non con il reddito effettivamente prodotto, bensì con tale reddito aumentato, ad esempio:
- dei **proventi esenti** o assoggettati a ritenuta alla fonte o a imposizione sostitutiva;
- della **quota esclusa da tassazione dei dividendi** percepiti;
- della **quota esente delle plusvalenze su partecipazioni** aventi i requisiti della participation exemption.

Riporto delle perdite 30.9.2.

Per le società di comodo è **precluso** il diritto al **riporto "in avanti" delle perdite** eventualmente realizzate nel medesimo periodo d'imposta. Le perdite degli esercizi precedenti possono essere computate soltanto in diminuzione della parte di reddito eccedente quello minimo presunto.

MAGGIORAZIONE IRES 30.10.

L'**aliquota IRES** per le società non operative è applicata con una **maggiorazione di 10,5 punti percentuali** (art. 2, c. 36-quinquies, D.L. n. 138/2011).
In particolare, sono soggette alla maggiorazione IRES:
- sia le **società non operative**, i cui ricavi sono inferiori a quelli minimi presunti;
- sia le **società in perdita sistematica**.

La maggiorazione è dovuta anche dalle **società di capitali**:
- alle quali viene imputato per trasparenza il **reddito di società di persone considerate di comodo**;
- che hanno optato per il **consolidato fiscale**;
- che hanno optato per il consolidato fiscale alle quali viene imputato per trasparenza il reddito di società di persone considerate "di comodo";
- che hanno optato per la **trasparenza fiscale**.

IRES

Reddito assoggettato alla maggiorazione IRES 30.10.1.

È soggetto alla maggiorazione IRES **tutto il reddito imponibile della società**, e non la sola eventuale eccedenza rispetto al reddito effettivamente prodotto.

Termini e modalità di versamento 30.10.2.

Il versamento dell'**addizionale IRES del 10,5%** avviene entro i termini per il versamento dell'IRES e secondo le ordinarie modalità (compresa la possibilità di versamento rateale) con il **Mod. F24**.
I **codici tributo** da utilizzare sono:
- **2018**, per il versamento della prima rata di acconto;
- **2019**, per il versamento della seconda rata di acconto;
- **2020**, per il versamento del saldo (ris. 14 maggio 2012, n. 48/E).

REDDITO MINIMO AI FINI IRAP 30.11.

Fermo l'ordinario potere di accertamento, ai fini dell'IRAP per le società e per gli enti non operativi **si presume che il valore della produzione netta non sia inferiore al reddito minimo** determinato in base alle percentuali sopra espresse, aumentato delle **retribuzioni** sostenute per il personale dipendente, dei **compensi** spettanti ai **collaboratori** coordinati e continuativi, di quelli per prestazioni di **lavoro autonomo** non esercitate abitualmente e degli **interessi passivi**.
In linea di principio, quindi, il **valore della produzione rilevante ai fini IRAP**, nell'ambito del particolare meccanismo delle società non operative, tiene conto in aumento di quelle componenti che generalmente non sono deducibili ai fini della determinazione del valore della produzione in via ordinaria.
Si pensi, ad esempio, ai **costi del personale** che, seppur con alcune eccezioni, non sono deducibili all'atto della determinazione dell'imponibile IRAP.
Come precisato ai fini IRES, anche relativamente all'IRAP la disciplina delle società di comodo non implica il venir meno delle agevolazioni fiscali specificatamente previste ai fini IRAP.

CREDITO IVA 30.12.

Per le società non operative, **non è ammessa al rimborso**, né tantomeno può essere **compensata** o **soggetta a cessione**, l'**eccedenza di credito IVA** risultante dalla dichiarazione IVA relativa all'anno che comprende l'esercizio o la maggior parte dell'esercizio per il quale si verificano le condizioni di non operatività.

Tale previsione riguarda esclusivamente l'impossibilità di chiedere a rimborso l'eccedenza IVA risultante dalla dichiarazione annuale.

La **condizione di non operatività**, che si ha sia in caso di mancato superamento del *test* di operatività sia per effetto del conseguimento di perdite, determina comunque le **penalizzazioni IVA** (divieto di utilizzo del credito in compensazione o a rimborso, ecc.), anche se il contribuente si adegua al reddito minimo previsto. È, altresì, irrilevante l'adeguamento al c.d. reddito minimo, da parte dei soggetti non operativi ovvero dei soggetti in perdita sistematica, per evitare la perdita dell'eccedenza di credito IVA (circ. 14 maggio 2014, n. 10/E).

IRES

ASPETTI INTERNAZIONALI 31.

IRES

SOCIETÀ ED ENTI NON RESIDENTI 31.1.

Per le **società e enti commerciali non residenti** il reddito complessivo è formato soltanto dai **redditi prodotti nel territorio dello Stato**, ad esclusione di quelli esenti da imposta e di quelli soggetti a ritenuta alla fonte a titolo d'imposta o a imposta sostitutiva (art. 151, D.P.R. n. 917/1986).
Si considerano prodotti nel territorio dello Stato i redditi previsti per i non residenti (➡9.2.) (art. 23, D.P.R. n. 917/1986).
Tali redditi, ad eccezione dei **redditi d'impresa** (art. 23, c. 1, lett. e), D.P.R. n. 917/1986), ai quali si applicano le disposizioni sulle **Stabili Organizzazioni** (➡31.2.) (art. 152, D.P.R. n. 917/1986), concorrono a formare il reddito complessivo e sono determinati secondo le disposizioni del D.P.R. n. 917/1986 relative alle categorie nelle quali rientrano.
In definitiva, è prevista la **tassazione su base isolata**, senza compensazioni e secondo le disposizioni D.P.R. n. 917/1986, dei redditi che si considerano prodotti nel territorio dello Stato, con la sola **eccezione dei redditi di impresa da Stabile Organizzazione,** per i quali viene dettata disciplina specifica.

Direttiva ATAD - Per introdurre negli Stati membri un insieme di misure di contrasto alle pratiche di elusione fiscale, la Commissione Europea ha varato la Direttiva n. 2016/1164/UE (cosiddetta Anti Tax Avoidance Directive - ATAD), che fa parte del pacchetto antielusione (Anti Tax Avoidance Package), recepita con il D.Lgs. 29 novembre 2018, n. 142.
La Direttiva ATAD è stata ulteriormente modificata dalla Direttiva (UE) 2017/952 (c.d. ATAD 2), che è intervenuta in tema di **disallineamenti da ibridi**, vale a dire le differenze nella qualificazione giuridica dei pagamenti tra giurisdizioni diverse, che coinvolgono i Paesi terzi (➡31.9.).

Deduzioni 31.1.1.

Dal reddito complessivo si deducono i seguenti **oneri**:
- **canoni**, **livelli**, **censi** ed altri **oneri gravanti sui redditi degli immobili** che concorrono a formare il reddito complessivo, compresi i **contributi ai consorzi obbligatori** per legge o in dipendenza di provvedimenti della pubblica amministrazione (➡3.11.) (art. 10, c. 1, lett. a), D.P.R. n. 917/1986);
- **contributi alle ONG** (➡3.8.2.) (art. 10, c. 1, lett. g), D.P.R. n. 917/1986).

In caso di **rimborso degli oneri dedotti**, le somme corrispondenti concorrono a formare il reddito complessivo del periodo d'imposta nel quale l'ente ha conseguito il rimborso.

31.1.2. Detrazioni

Dall'IRES lorda si scomputano, nella misura del **19%**, le seguenti **detrazioni**:

- **interessi passivi**, oneri accessori e quote di rivalutazione ISTAT per **mutui ipotecari** (➡6.3.) (art. 15, c. 1, lett. a), D.P.R. n. 917/1986);
- spese relative ai **beni soggetti a regime vincolistico** (➡6.15.13.) (art. 15, c. 1, lett. g), D.P.R. n. 917/1986);
- **erogazioni liberali** a favore delle **attività culturali ed artistiche** (➡6.15.5.) (art. 15, c. 1, lett. h) e h-bis), D.P.R. n. 917/1986);
- **erogazioni liberali** a favore degli **enti dello spettacolo** (➡6.15.6.) (art. 15, c. 1, lett. i), D.P.R. n. 917/1986).

In caso di **rimborso di oneri** per i quali si è fruito della detrazione l'imposta dovuta, per il periodo nel quale la società o l'ente ha conseguito il rimborso, è aumentata di un importo pari al 19% dell'onere rimborsato.

In merito alle **modifiche o abrogazioni** introdotte, per alcuni tipi di detrazioni, a seguito dell'entrata in vigore della riforma su Terzo Settore (D.Lgs. n. 117/2017) (➡27.2.11.).

31.2. STABILI ORGANIZZAZIONI

31.2.1. Definizione di Stabile Organizzazione nel Modello OCSE

La definizione di **Stabile Organizzazione** è contenuta nell'art. 5 del Modello di Convenzione dell'OCSE (art. 5, c. 1 e 2).

In base a tale disposizione la "Stabile Organizzazione" (in ambito internazionale definita **permanent establishment**) sta a indicare "una **sede fissa di affari mediante cui l'impresa esercita in tutto o in parte la sua attività**".

Si tratta, in particolare, di:

- una sede di direzione;
- una succursale;
- un ufficio;
- un'officina;
- un laboratorio;
- una miniera o giacimento petrolifero o di gas, una cava o altro luogo di estrazione di risorse naturali.

> La Corte di Cassazione ha fornito in alcune sentenze elementi utili all'individuazione delle Stabili Organizzazioni "**occulte**" e "**plurime**", nonché alla definizione delle **attività economiche non accessorie** in presenza delle quali sorge la Stabile Organizzazione e alla valenza delle strette relazioni esistenti tra la dirigenza della capogruppo, le società estere del gruppo e i manager delle società italiane (Cass., Sez. trib., 25 maggio 2002, n. 7682 e 25 luglio 2002, n. 10925).

31.2.2. Definizione di Stabile Organizzazione nella normativa interna

Ferma restando l'applicazione delle disposizioni interne se più favorevoli al contribuente, anche in deroga agli accordi internazionali contro la doppia imposizione (art. 169, D.P.R. n. 917/1986), ai fini delle imposte sui redditi e dell'IRAP, l'espressione "**Stabile Organizzazione**" designa una **sede fissa** di affari per mezzo della quale l'impresa non residente esercita in tutto o in parte la sua **attività sul territorio dello Stato** (art. 162, D.P.R. n. 917/1986).

In particolare, riprendendo la definizione di **Stabile Organizzazione** data dall'OCSE innanzi riportata, la norma interna chiarisce che l'espressione "Stabile Organizzazione" **comprende**:

a. una sede di direzione;
b. una succursale;
c. un ufficio;
d. un'officina;
e. un laboratorio;
f. una miniera, un giacimento petrolifero o di gas naturale, una cava o altro luogo di estrazione di risorse naturali, anche in zone situate al di fuori delle acque territoriali in cui, in conformità al diritto internazionale consuetudinario ed alla legislazione nazionale relativa all'esplorazione ed allo sfruttamento di risorse naturali, lo Stato può esercitare diritti relativi al fondo del mare, al suo sottosuolo ed alle risorse naturali;
g. una significativa e continuativa presenza economica nel territorio dello Stato costruita in modo tale da non fare risultare una sua consistenza fisica nel territorio stesso.

Un **cantiere** di costruzione o di montaggio o di installazione, ovvero l'esercizio di attività di supervisione ad esso connesse, è considerato "Stabile Organizzazione" soltanto se tale cantiere, progetto o attività abbia una **durata superiore a 3 mesi**.
Inoltre, costituisce una Stabile Organizzazione dell'impresa il **soggetto**, residente o non residente, che nel territorio dello Stato **abitualmente conclude in nome dell'impresa** stessa **contratti** diversi da quelli di acquisto di beni.

Esclusioni - Non rientrano nel concetto di "Stabile Organizzazione" (art. 162, c. 4, D.P.R. n. 917/1986):

a. l'uso di una **installazione** ai soli fini di deposito, di esposizione o di consegna di beni o merci appartenenti all'impresa;
b. la disponibilità di beni o merci appartenenti all'impresa **immagazzinati** ai soli fini di **deposito**, di **esposizione** o di **consegna**;
c. la disponibilità di beni o merci appartenenti all'impresa **immagazzinati** ai soli fini della **trasformazione** da parte di un'altra impresa;
d. la disponibilità di una **sede fissa di affari** utilizzata ai soli fini di **acquistare beni o merci** o di raccogliere informazioni per l'impresa;
e. la disponibilità di una **sede fissa di affari** utilizzata ai soli fini dello **svolgimento**, per l'impresa, **di ogni altra attività**;
f. la disponibilità di una **sede fissa di affari** utilizzata ai soli fini dell'**esercizio combinato** delle attività riportate nelle lettere da a) ad e).

L'esclusione si verifica solo se le attività di cui alle lettere da a) a e) o, nei casi di cui alla lettera f), l'attività complessiva della sede fissa d'affari, sono di carattere preparatorio o ausiliario (art. 162, c. 4-bis), D.P.R. n. 917/1986).
L'**esclusione non si applica** ad una **sede fissa d'affari** se è utilizzata o gestita da un'impresa (o un'impresa correlata) che svolge la sua attività nello stesso luogo o in un altro luogo nel territorio dello Stato; tale luogo costituisce una Stabile Organizzazione dell'impresa ovvero l'attività complessiva risultante dalla combinazione delle attività svolte dalle 2 imprese nello stesso luogo, o dall'impresa o da imprese strettamente correlate nei due luoghi, non è di carattere preparatorio o ausiliario, purché le attività svolte costituiscono funzioni complementari parte di un complesso unitario di operazioni d'impresa (art. 162, c. 5, D.P.R. n. 917/1986).

Soggetto che opera in nome e per conto di un'impresa non residente - Se:

- un soggetto agisce nel territorio dello Stato **per conto di un'impresa non residente** e abitualmente conclude contratti o opera ai fini della conclusione di contratti senza modifiche sostanziali da parte dell'impresa;
- detti contratti **sono in nome dell'impresa**, oppure relativi al trasferimento della proprietà, o per la concessione del diritto di utilizzo, di beni di tale impresa o che l'impresa ha il diritto di utilizzare, oppure relativi alla fornitura di servizi da parte di tale impresa,

si considera che tale impresa abbia una **Stabile Organizzazione** nel territorio dello Stato **in relazione a ogni attività** svolta dal suddetto soggetto per conto dell'impresa.
Tale presunzione può essere **disattesa** se le attività di tale soggetto sono limitate allo svolgimento delle attività escluse elencate nel paragrafo precedente le quali, se esercitate per mezzo di una sede fissa di affari, non permetterebbero di considerare questa sede fissa una Stabile Organizzazione (art. 162, c. 6, D.P.R. n. 917/1986).
La presunzione non si applica quando il soggetto, che opera nel territorio dello Stato per conto di un'impresa non residente, svolge la propria attività **in qualità di agente indipendente** e agisce per l'impresa nell'ambito della propria **ordinaria attività**. Tuttavia, quando un soggetto opera esclusivamente o quasi esclusivamente per conto di una o più imprese alle quali è strettamente correlato, tale soggetto **non è considerato un agente indipendente**, in relazione a ciascuna di tali imprese (art. 162, c. 7, D.P.R. n. 917/1986).

Correlazione - Ai fini dell'applicazione delle norme sulla Stabile Organizzazione, un soggetto è **strettamente correlato ad un'impresa** se, tenuto conto di tutti i fatti e di tutte le circostanze rilevanti, **l'uno ha il controllo dell'altra** ovvero **entrambi sono controllati da uno stesso soggetto**.
In ogni caso, un soggetto è considerato strettamente correlato ad un'impresa:

- se l'uno possiede direttamente o indirettamente **più del 50% della partecipazione** dell'altra o, nel caso di una società, **più del 50% del totale dei diritti di voto e del capitale sociale**; oppure
- se entrambi sono partecipati da un altro soggetto, direttamente o indirettamente, per **più del 50% della partecipazione**, o, nel caso di una società, **per più del 50% del totale dei diritti di voto e del capitale sociale** (art. 162, c. 7-bis, D.P.R. n. 917/1986).

IRES

31.2.3. Determinazione del reddito complessivo

Per le società e gli enti commerciali con Stabile Organizzazione nel territorio dello Stato, il **reddito della Stabile Organizzazione** è determinato in base agli **utili e** alle **perdite ad essa riferibili**, e secondo le disposizioni previste per i soggetti IRES, sulla base di un apposito **rendiconto economico e patrimoniale**, da redigersi secondo i principi contabili previsti per i soggetti residenti aventi le medesime caratteristiche, salvo quella dell'emissione di **strumenti finanziari** ammessi alla negoziazione in mercati regolamentati di qualsiasi Stato membro dell'Unione europea ovvero diffusi tra il pubblico (art. 152, D.P.R. n. 917/1986).

La Stabile Organizzazione si considera **entità separata** e **indipendente**, svolgente le medesime o analoghe attività, in condizioni identiche o similari, tenendo conto delle funzioni svolte, dei rischi assunti e dei beni utilizzati.

Il **fondo di dotazione** alla stessa riferibile è determinato in piena conformità ai criteri definiti in sede OCSE, tenendo conto delle funzioni svolte, dei rischi assunti e dei beni utilizzati.

I componenti di reddito attribuibili alle Stabili Organizzazioni relativamente alle transazioni e alle operazioni tra la Stabile Organizzazione e l'entità cui la medesima appartiene sono determinati secondo le regole sul **transfer pricing** (**➔21.8.**) (art. 110, c. 7, D.P.R. n. 917/1986).

Le disposizioni di cui sopra si applicano anche alle società commerciali di tipo diverso da quelli regolati nel Codice civile.

IRES

31.3. CONTROLLED FOREIGN COMPANIES (CFC)

Ai fini delle imposte sui redditi è prevista una particolare disciplina per i soggetti residenti che detengono direttamente o indirettamente, anche tramite società fiduciarie o per interposta persona (fisica, giuridica o *trust*), il **controllo di un'impresa**, di una società o di un altro ente residente o localizzato **in Stati o territori con regime fiscale privilegiato**, diversi da quelli appartenenti alla Ue o aderenti allo Spazio economico europeo con cui l'Italia abbia stipulato un accordo che assicuri un effettivo scambio di informazioni (disciplina sulle Controlled foreing companies - CFC) (art. 167, D.P.R. n. 917/1986).

Direttiva ATAD - La disciplina sulle CFC è stata oggetto di importanti modifiche ad opera del D.Lgs. n. 142/2018, in vigore dal 12 gennaio 2019, che ha recepito la Direttiva n. 2016/1164/UE (Direttiva ATAD), oggetto di alcuni chiarimenti con la circ. 27 dicembre 2021, n. 18/E.

In particolare:

- è stato disposto che si imputano al soggetto residente tutti i redditi del soggetto controllato non residente, localizzato in un Paese a fiscalità privilegiata, qualora quest'ultimo realizzi proventi per oltre un terzo derivanti da c.d. passive income (specifiche categorie di reddito, tra cui quelli di capitale, non derivanti da attività operativa);
- è stato introdotto il c.d. **valore di mercato** e si modifica la nozione di controllo societario.

Le predette norme si applicano a decorrere dal **periodo d'imposta successivo** a quello in corso **al 31 dicembre 2018** (quindi **dal 2019** per i soggetti con periodo d'imposta coincidente con l'anno solare).

31.3.1. Soggetti interessati

La disciplina sulle CFC si applica:

- alle **persone fisiche**;
- alle **società di persone ed enti assimilati** (art. 5, D.P.R. n. 917/1986);
- alle **società ed enti residenti soggetti ad IRES** (art. 73, c. 1, lett. a), b) e c), D.P.R. n. 917/1986), nonché, relativamente alle loro **stabili organizzazioni** italiane, ai **soggetti IRES non residenti** (art. 73, c. 1, lett. d), D.P.R. n. 917/1986) che controllano soggetti non residenti;
- agli OCR e ai trust (circ. n. 18/E/2021).

La **disciplina CFC** non opera nei confronti di una **persona fisica controllante** che è considerata **fiscalmente residente in più Stati** il cui conflitto di residenza, tuttavia, è stato risolto a favore della residenza estera in base alle regole previste nei trattati internazionali vigenti tra gli Stati coinvolti.

Diversamente, la disciplina in esame si applica in capo al soggetto controllante che, alla luce delle suddette disposizioni convenzionali, è da considerare residente in Italia (circ. 27 dicembre 2021, n. 18/E).

Definizione di controllo 31.3.2.

Si considerano soggetti controllati non residenti le imprese, le società e gli enti non residenti nel territorio dello Stato, per i quali si verifica **almeno una** delle seguenti **condizioni**:

a. sono **controllati direttamente o indirettamente**, anche tramite società fiduciaria o interposta persona, ai sensi dell'art. 2359 c.c., da un dei soggetti a cui la disciplina si applica (➡31.3.1.);
b. oltre il **50% della partecipazione ai loro utili è detenuto, direttamente o indirettamente, mediante una o più società controllate** ai sensi dell'art. 2359 c.c. o tramite società fiduciaria o interposta persona, da un dei soggetti a cui la disciplina si applica (➡31.3.1.).

Inoltre, si considerano soggetti controllati non residenti:

a. le **stabili organizzazioni all'estero** dei soggetti riportati nell'elenco precedente;
b. le stabili organizzazioni all'estero di soggetti residenti che abbiano optato per il regime della "**branch exemption**" (➡31.7.) (art. 168-ter, D.P.R. n. 917/1986).

L'estensione del perimetro applicativo della normativa antielusiva in esame anche ai soggetti non residenti comporta la continuazione della eventuale tassazione per trasparenza in capo al soggetto che perde lo *status* di residente fiscale con effetto dall'inizio del periodo d'imposta, qualora la sua presenza sul territorio italiano configuri comunque una stabile organizzazione nel medesimo periodo d'imposta (o anche nei periodi d'imposta successivi).
Allo stesso modo, un soggetto estero che si trasferisca in Italia nella **seconda metà del periodo d'imposta**, pur acquisendo la residenza fiscale nel nostro Paese solo a partire dal periodo d'imposta successivo, può potenzialmente rientrare nell'ambito applicativo della disciplina sulle CFC fin dal momento del suo trasferimento, se tale trasferimento comporti una presenza sul territorio dello Stato che soddisfa i requisiti per riconoscere l'esistenza di una **stabile organizzazione in Italia** (circ. 27 dicembre 2021, n. 18/E).

Condizioni per l'applicazione della disciplina CFC 31.3.3.

La disciplina CFC si applica al verificarsi, congiuntamente, in capo al soggetto controllato, delle seguenti due condizioni:

1. tassazione effettiva, nel Paese di localizzazione del soggetto controllato non residente, inferiore alla metà di quella a cui sarebbe stato assoggetto qualora fosse stato residente in Italia (i criteri per effettuare, con modalità semplificate, la verifica di tale condizione è disciplinata dal Provvedimento dell'Agenzia delle Entrate 27 dicembre 2021);
2. "*passive income*", ossia quando il soggetto estero controllato consegue oltre un terzo del proprio reddito attraverso le seguenti tipologie di reddito:
   - **interessi** o qualsiasi altro reddito generato da attivi finanziari;
   - **canoni** o qualsiasi altro reddito generato da proprietà intellettuale;
   - **dividendi** e redditi derivanti dalla cessione di partecipazioni;
   - redditi da **leasing finanziario**;
   - redditi da **attività assicurativa, bancaria e altre attività finanziarie**;
   - redditi da operazioni di **cessione di beni o prestazione di servizi** a valore economico aggiunto scarso o nullo con soggetti che, direttamente o indirettamente, controllano il soggetto controllato non residente, ne sono controllati o sono controllati dallo stesso soggetto che controlla il soggetto non residente.

Verifica della tassazione effettiva - Con Provvedimento 27 dicembre 2021, l'Agenzia delle Entrate ha definito i criteri per determinare, con modalità semplificata, l'effettivo livello di tassazione a cui è assoggettata la controllata al fine della **comparazione tra tassazione effettiva estera e tassazione virtuale interna** (punto 1 di cui sopra).

Per determinare la tassazione effettiva estera e la tassazione virtuale interna si applicano i seguenti **criteri**:

a. il calcolo della tassazione virtuale interna è eseguito sulla base delle caratteristiche della controllata, partendo dai dati risultanti dal bilancio di esercizio o dal rendiconto della stessa, redatti secondo le norme dello Stato di localizzazione. In particolare, se il bilancio o il rendiconto sono redatti in conformità ai principi contabili internazionali, il socio residente è tenuto a determinare il reddito della controllata secondo le disposizioni appositamente previste per i soggetti che adottano tali principi contabili internazionali;
b. salvo quanto previsto nelle successive lettere c), d), h) e i), sono prese in considerazione le imposte sul reddito effettivamente dovute nello Stato o territorio estero di localizzazione che devono trovare evidenza nel bilancio o rendiconto di esercizio della controllata, nella relativa dichiarazione dei redditi presentata alle competenti autorità fiscali, nelle connesse ricevute di versamento,

nonché nella documentazione relativa alle eventuali ritenute subite ad opera di sostituti d'imposta o altri soggetti locali. Alle stesse condizioni, rilevano anche le imposte dovute, a titolo definitivo, in giurisdizioni diverse da quelle di localizzazione, sia dalla controllata sia da altri soggetti, in relazione al reddito della controllata stessa;

c. se la controllata aderisce a una forma di **tassazione di gruppo** prevista nello Stato estero di insediamento, assumono rilievo esclusivamente le imposte sul reddito di competenza della medesima, singolarmente considerata;

d. per determinare la tassazione effettiva estera e la tassazione virtuale interna sono **irrilevanti le variazioni non permanenti della base imponibile**, con riversamento certo e predeterminato in base alla legge o per piani di rientro (ad esempio, gli ammortamenti). Tale previsione non riguarda il riversamento collegato alle predette variazioni che sono state considerate rilevanti ai fini del confronto tra tassazione effettiva estera e tassazione virtuale interna nei periodi d'imposta precedenti al **2015** (periodo d'imposta di entrata in vigore del D.Lgs. n. 147/2015). Per evitare distorsioni nel confronto, sono considerate altresì irrilevanti:
   i) ai fini del calcolo della tassazione effettiva estera:
      1. le **variazioni temporanee** dal riversamento non certo e predeterminato che abbiano dato luogo, all'estero, ad una imposizione anticipata di componenti positivi di reddito o a una deduzione posticipata di componenti negativi di reddito rispetto a quanto rilevato in bilancio;
      2. le **variazioni in diminuzione** della base imponibile estera di natura temporanea e prive di riversamento certo e predeterminato (e relativi riassorbimenti), qualora trovino corrispondenza in variazioni analoghe a quelle dettate dalla disciplina interna sul piano della qualità, della quantità e della cadenza temporale;
   ii) ai fini del calcolo della tassazione virtuale interna:
      1. le variazioni temporanee dal riversamento non certo e predeterminato che avrebbero dato luogo, in Italia, a una deduzione anticipata di componenti negativi di reddito o a una tassazione posticipata di componenti positivi di reddito rispetto a quanto rilevato in bilancio;
      2. le **variazioni in aumento** della base imponibile virtuale italiana di natura temporanea e prive di riversamento certo e predeterminato (e relativi riassorbimenti), qualora trovino corrispondenza in variazioni analoghe a quelle dettate dalla disciplina estera sul piano della qualità, della quantità e della cadenza temporale;

e. ai fini della determinazione della tassazione virtuale interna non si tiene conto dell'applicazione in Italia del regime dell'**ACE** (➡32.3.) e delle disposizioni riguardanti le società di comodo, le società in perdita sistematica e gli **Indici Sintetici di Affidabilità** (c.d. ISA);

f. non rilevano i **regimi fiscali opzionali** cui la controllata avrebbe potuto aderire qualora fosse stata residente in Italia;

g. l'imposizione italiana nei limiti del **5%** del dividendo o della plusvalenza (art. 87, c. 1, lett. c) e 89, c. 3, D.P.R. n. 917/1986) si considera equivalente a un regime di esenzione totale che preveda, nello Stato di localizzazione della controllata, l'integrale indeducibilità dei costi connessi alla partecipazione;

h. ai fini del calcolo della tassazione virtuale interna non si tiene conto del limite di utilizzo delle **perdite fiscali pregresse** (art. 84, c. 1, D.P.R. n. 917/1986) e, ai fini della tassazione effettiva estera, delle limitazioni di analoga natura previste dalla normativa dello Stato o territorio di localizzazione;

i. ai fini del calcolo della tassazione effettiva estera vanno considerati gli effetti sul calcolo del reddito imponibile o delle imposte corrispondenti di qualsiasi agevolazione fruita dalla controllata ovvero accordata in **base ad un apposito accordo** concluso con l'Amministrazione fiscale estera;

j. è ammessa la possibilità di effettuare, in ciascun esercizio, i calcoli connessi alla tassazione effettiva estera e alla tassazione virtuale interna attribuendo **rilevanza fiscale ai valori di bilancio della controllata estera** (art. 2, c. 2, D.M. n. 429/2001). L'opzione alternativa di monitorare i valori fiscali di riferimento durante il periodo di possesso della partecipazione di controllo nella entità estera, con conseguente loro rilevanza anche in caso di tassazione per trasparenza, va effettuata attraverso una manifestazione di volontà, non modificabile, da esprimere attraverso apposita indicazione nel modello di dichiarazione dei redditi.

31.3.4. Esimente

La disciplina CFC non si applica alle situazioni in cui il soggetto controllato non residente svolge un'attività economica sostanziale mediante l'impiego di personale, attrezzature, attivi e locali.

Il contribuente può dimostrare la sussistenza di tale esimente anche attraverso la presentazione dell'**interpello facoltativo** (art. 11, c. 1, lett. b), Legge n. 212/2000).
Nella circolare 27 dicembre 2021, n. 18/E, l'Agenzia delle Entrate ha riportato, in allegato, i **documenti** che è necessario presentare per far valere l'esimente.

Tassazione 31.3.5.

I redditi del soggetto controllato non residente sono imputati al soggetto residente **in proporzione alla sua quota di partecipazione agli utili**.
In caso di partecipazione indiretta la quota di partecipazione agli utili è determinata tenendo conto della demoltiplicazione prodotta sugli utili dalla catena societaria partecipativa.
Per la determinazione del reddito del soggetto controllato non residente, da imputare per trasparenza al soggetto residente, si applicano le regole di determinazione del reddito ai fini IRES previste per le imprese residenti, ad eccezione delle disposizioni riguardanti:

- le **società di comodo** e le **società in perdita sistematica** (➡**30.**);
- gli **ISA**;
- l'aiuto alla crescita economica (**ACE**) (➡**32.3.**);
- la **rateizzazione delle plusvalenze** (art. 86, c. 4, D.P.R. n. 917/1986).

Tali esclusioni sono volte a garantire una maggiore equivalenza della base imponibile del reddito estero, imputato per trasparenza in capo al socio italiano, rispetto allo stesso reddito qualora questo fosse stato prodotto in Italia.
Inoltre:

- sono assoggettati a **tassazione separata** i redditi da imputare per trasparenza, con aliquota media del soggetto controllante, comunque non inferiore all'aliquota ordinaria IRES (➡**20.3.**);
- sono esclusi da tale regola i redditi provenienti da organismi di investimento collettivo di risparmio non residenti; essi sono assoggettati ad imposta in capo al soggetto controllante residente, se e nella misura in cui gli stessi redditi sarebbero stati assoggettati ad imposizione ove prodotti da **organismi di investimento** (OICR) **residenti**.

Dall'imposta determinata sono ammesse in detrazione le imposte pagate all'estero da **soggetto non residente** a titolo definitivo.

> Sono **esclusi dal reddito** del soggetto residente gli utili distribuiti dal soggetto controllato non residente, per un ammontare corrispondente al reddito già imputato per trasparenza ed anche in periodi d'imposta precedenti.

Si può effettuare la **detrazione delle imposte pagate all'estero** sugli utili distribuiti che non concorrono alla formazione del reddito, fino a un ammontare pari alla differenza tra l'imposta calcolata sui redditi imputati per trasparenza e le imposte pagate all'estero dal soggetto non residente a titolo definitivo.
La detassazione degli utili distribuiti non opera nei confronti degli **OICR non residenti** i cui redditi restano interamente imponibili al momento dell'incasso; per equiparare il trattamento a un Fondo residente, al costo fiscale delle quote dell'OICR vanno aggiunte le **ritenute subite in Italia**.

Attività di controllo 31.3.6.

L'Agenzia delle Entrate, prima di procedere all'emissione dell'avviso di accertamento d'imposta o di maggiore imposta, deve notificare all'interessato un apposito **avviso** con il quale viene concessa al medesimo la possibilità di fornire, nel termine di 90 giorni, le prove per la disapplicazione delle disposizioni. Ove non ritenga idonee le prove addotte, dovrà darne specifica motivazione nell'**avviso di accertamento**.
Fatti salvi i casi in cui la disciplina sulle CFC sia stata applicata ovvero non lo sia stata per effetto dell'ottenimento di una risposta favorevole all'interpello, il **socio residente controllante** deve comunque segnalare nella dichiarazione dei redditi la detenzione di partecipazioni in imprese estere controllate.
In tale ultimo caso l'obbligo di segnalazione sussiste solo al ricorrere delle condizioni previste per l'applicazione della disciplina CFC (➡**31.3.3.**).
L'esimente (➡**31.3.4.**) non deve essere dimostrata in sede di controllo qualora il contribuente abbia ottenuto **risposta positiva** al relativo **interpello**, fermo restando il potere dell'Agenzie delle Entrate di controllare la veridicità e completezza delle informazioni e degli elementi di prova forniti in tale sede.

IRES

31.3.7. Entrata in vigore e disciplina transitoria

La disciplina sulle CFC si applica a decorrere dal periodo d'imposta successivo a quello in corso al 31 dicembre 2018 (art. 13, c. 1, D.Lgs. n. 142/2018).

Il periodo d'imposta da considerare è quello del **socio residente** e non quello della controllata estera (circ. n. 18/E/2021).

È comunque confermata l'applicabilità delle disposizioni attuative della disciplina previgente, ove compatibili, contenute nel D.M. 21 novembre 2001, n. 429 (art. 13, c. 7, D.Lgs. n. 142/2018).

31.4. CREDITO D'IMPOSTA PER I REDDITI PRODOTTI ALL'ESTERO

Se alla formazione del reddito complessivo concorrono **redditi prodotti all'estero**, le imposte ivi pagate a titolo definitivo su tali redditi sono ammesse in **detrazione dall'imposta netta** dovuta fino alla concorrenza della quota d'imposta corrispondente al rapporto tra i redditi prodotti all'estero ed il reddito complessivo al netto delle perdite di precedenti periodi d'imposta ammesse in diminuzione (➔20.6.) (art. 165, D.P.R. n. 917/1986).

31.5. IMPOSIZIONE IN USCITA

La disciplina sul trasferimento all'estero della residenza dei contribuenti che sono imprese commerciali (c.d. "Exit tax"), con effetto dal periodo d'imposta successivo a quello in corso al 31 dicembre 2018, è stata oggetto di importanti modifiche ad opera del D.Lgs. n. 142/2018, in vigore dal 12 gennaio 2019, che ha recepito la Direttiva n. 2016/1164/UE (Direttiva ATAD).

La precedente disciplina (art. 166, D.P.R. n. 917/1986) pur essendo stata completamente riscritta, ha mantenuto alcune disposizioni applicative che, nella previgente normativa, erano regolate tramite dal D.M. 2 luglio 2014.

Inoltre, sono state modificate integralmente anche le disposizioni relative al **riconoscimento fiscale dei valori in ingresso** (art. 166-bis, D.P.R. n. 917/1986).

Disciplina transitoria - Dal momento che il D.M. 2 luglio 2014 è implicitamente abrogato, sono fatti salvi gli effetti derivanti dall'applicazione del Provvedimento del Direttore dell'Agenzia delle Entrate 10 luglio 2014 (emanato in attuazione di detto decreto ministeriale) con il quale sono state adottate le modalità per l'esercizio dell'opzione per la disciplina sull'exit tax nonché della rateazione (art. 2, c. 2, D.Lgs. n. 142/2018).

In tal modo le disposizioni dettate da tale norma continuano ad avere efficacia anche per la nuova disciplina fino a emanazione di un ulteriore provvedimento.

31.5.1. Disciplina pregressa sulla Exit tax

I **soggetti che** trasferiscono la residenza, ai fini delle imposte sui redditi, in **Stati** UE ovvero in Stati aderenti all'Accordo sullo Spazio economico europeo inclusi nella **white list**, con i quali l'Italia abbia stipulato un accordo sulla reciproca assistenza in materia di riscossione dei crediti tributari, possono **richiedere** l'applicazione della c.d. **exit tax** (art. 166, c. 2-quater, D.P.R. n. 917/1986; D.M. 2 agosto 2013 e D.M. 2 luglio 2014).

Si tratta dell'opzione **per la sospensione della riscossione** delle imposte sui redditi dovute sulla **plusvalenza**, unitariamente determinata, in base al valore normale dei componenti dell'azienda o del complesso aziendale, che non siano confluiti in una Stabile Organizzazione situata nel territorio dello Stato.

Nei suddetti componenti si comprendono il **valore dell'avviamento** e quello delle funzioni e dei rischi propri dell'impresa, determinati sulla base dell'ammontare che imprese indipendenti avrebbero riconosciuto per il loro trasferimento.

Le stesse regole si applicano se **una Stabile Organizzazione** situata nel territorio dello Stato **è trasferita** in un altro degli Stati sopra indicati.

Il trasferimento della residenza è determinato tenendo conto delle convenzioni in materia di **doppia imposizione**.

Il momento in cui si considera conseguita la **plusvalenza** derivante dal trasferimento di sede coincide con la fine dell'ultimo periodo d'imposta di residenza in Italia o di esistenza in Italia della Stabile Organizzazione oggetto di trasferimento.

Il regime di exit tax opera anche con riferimento alle operazioni straordinarie realizzate con Stati aderenti all'Accordo sullo Spazio economico europeo.

Esclusioni - Sono esclusi in ogni caso dalla sospensione:

– i maggiori e i minori **valori dei beni che costituiscono ricavi** (➔22.2.) (art. 85, D.P.R. n. 917/1986);

- i **fondi in sospensione d'imposta** non ricostituiti nel patrimonio dell'eventuale Stabile Organizzazione italiana e gli altri componenti negativi o positivi che concorrono a formare il reddito dell'ultimo periodo d'imposta di residenza in Italia e non attinenti ai cespiti trasferiti la cui deduzione o tassazione era stata rinviata in ottemperanza a norme del D.P.R. n. 917/1986.

Imposte - Le **imposte** sui redditi oggetto di sospensione sono **versate** nell'esercizio in cui si considerano realizzati gli elementi dell'azienda o del complesso aziendale trasferiti.
Per le partecipazioni diverse da quelle che costituiscono ricavi (➡22.2.) (art. 85, D.P.R. n. 917/1986), la riscossione avviene, oltre che in sede di cessione, anche nell'esercizio di distribuzione degli utili o delle riserve di capitale.

Sull'importo sospeso sono dovute **garanzie** proporzionali all'importo dell'imposta sospeso.

In alternativa al pagamento immediato e alla modalità di riscossione delle imposte sui redditi, le imposte stesse, anche relative a ciascun cespite, possono essere **versate in quote costanti** con riferimento all'esercizio in cui ha efficacia il trasferimento e nei 5 successivi, maggiorate degli interessi.
Per consentire il versamento, tramite Mod. F24, delle imposte rateizzate sulle plusvalenze da exit tax, sono stati istituiti i seguenti **codici tributo** (ris. 24 aprile 2014, n. 44/E):
- **4049** denominato "Imposta rateizzata sulla plusvalenza da exit-tax di cui all'art. 166 del TUIR - IRPEF";
- **2026** denominato "Imposta rateizzata sulla plusvalenza da exit-tax di cui all'art. 166 del TUIR - IRES";
- **2027** denominato "Imposta rateizzata sulla plusvalenza da exit-tax di cui all'art. 166 del TUIR - Maggiorazione IRES - Società di comodo";
- **2028** denominato "Imposta rateizzata sulla plusvalenza da exit-tax di cui all'art. 166 del TUIR - Addizionale IRES - settore petrolifero e gas";
- **2030** denominato "Imposta rateizzata sulla plusvalenza da exit-tax di cui all'art. 166 del TUIR - Addizionale IRES - enti creditizi, finanziari e assicurativi".

Decadenza - Si decade dal beneficio (e, pertanto, si deve effettuare il versamento dell'imposta residua) nei casi di **trasferimento di sede** in uno Stato diverso dagli Stati appartenenti all'Unione europea o aderenti all'Accordo sullo Spazio economico europeo, di **liquidazione o estinzione** del soggetto estero nonché di **conferimento** ovvero di **fusione o scissione** che comportano il trasferimento dell'azienda ad altro soggetto residente in uno Stato diverso da quelli sopra richiamati.

Opzione - Può essere esercitata anche distintamente per ciascuno dei cespiti o componenti non confluiti in una Stabile Organizzazione situata nel territorio dello Stato; a tal fine la plusvalenza è riferita a ciascun cespite o componente trasferito in base al rapporto tra il suo maggior valore e il totale dei maggiori valori trasferiti.
L'esercizio dell'opzione comporta il venir meno degli obblighi di monitoraggio annuale.

Trasferimento di azienda o ramo d'azienda - È possibile sospendere l'applicazione della c.d. exit tax anche nel caso di trasferimento, da parte di un'impresa non residente nel territorio dello Stato, di una parte o della totalità degli attivi collegati ad una Stabile Organizzazione ed aventi ad oggetto un'azienda o un ramo d'azienda, verso altro Stato appartenente all'Unione europea ovvero aderente all'Accordo sullo spazio economico (artt. 11 e 12, D.Lgs. n. 147/2015).
La sospensione dell'exit tax si applica anche ai trasferimenti che conseguono indirettamente ad altre operazioni straordinarie (fusioni, scissioni e conferimenti), alle condizioni di legge.

Disciplina sull'imposizione in uscita 31.5.2.

Le norme sull'imposizione in uscita si applicano alle imprese commerciali che:

a. sono fiscalmente residenti nel territorio della Stato e **trasferiscono all'estero la propria residenza fiscale**;
b. sono fiscalmente residenti nel territorio dello Stato e **trasferiscono attivi ad una loro Stabile Organizzazione situata all'estero**, con riferimento allo quale si applica l'esenzione degli utili e delle perdite;
c. sono fiscalmente residenti all'estero, possiedono una Stabile Organizzazione situata nei territori della Stato e trasferiscono l'intera stabile organizzazione alla **sede centrale** o ad altra Stabile Organizzazione situata all'estero;
d. sono fiscalmente residenti all'estero, possiedono una Stabile Organizzazione situata nel territorio dello Stato e **trasferiscono attivi** facenti parte del patrimonio di tale Stabile Organizzazione alla sede centrale o ad altra Stabile Organizzazione situata all'estero;

e. sono fiscalmente residenti nel territorio dello Stato e sono stati **incorporati** da una società non residente oppure hanno effettuato una **scissione** a favore di una o più beneficiarie non residenti, oppure hanno effettuato il conferimento di una Stabile Organizzazione o di un ramo di essa situati all'estero a favore di un soggetto residente all'estero.

Trasferimento di attivi a o da una Stabile Organizzazione - Si intende effettuato quando le attività si considerano rispettivamente entrate nel patrimonio o uscite dal patrimonio della Stabile Organizzazione.
Ciò in applicazione dei criteri definiti dall'OCSE, considerando la Stabile Organizzazione un'**entità separata e indipendente**, che svolge le medesime o analoghe attività, in condizioni identiche o similari e tenendo conto delle funzioni svolte, dei rischi assunti e dei beni utilizzati.

Determinazione dell'imponibile in uscita - Le regole variano a seconda delle situazioni che si possono verificare.

Ipotesi	Regole per determinare l'imponibile in uscita
Trasferimento della residenza all'estero	La plusvalenza, unitariamente intesa, è data dalla differenza tra valore di mercato e il costo fiscalmente riconosciuto degli attivi trasferiti. La fattispecie non ricorre nell'ipotesi in cui detti attivi confluiscono in una Stabile Organizzazione di tale soggetto, divenuto non residente, situata nel territorio dello Stato.
Il soggetto residente trasferisce attivi in una propria Stabile Organizzazione all'estero	La base imponibile è data dalla differenza tra il valore di mercato e il costo fiscalmente riconosciuto degli attivi trasferiti.
La Stabile Organizzazione in Italia di un soggetto non residente viene trasferita nella sua globalità in altro Paese, ovvero riassorbita dalla casa madre	La plusvalenza, unitariamente intesa, è costituita dalla differenza tra il valore di mercato e il corrispondente costo fiscalmente riconosciuto dei beni e diritti facenti parte del patrimonio della Stabile Organizzazione.
La Stabile Organizzazione in Italia di un soggetto non residente trasferisce in tutto o in parte i propri attivi in altro Paese, ovvero i medesimi vengono riassorbiti dalla casa madre	La base imponibile è data dalla differenza tra il valore di mercato e il costo fiscalmente riconosciuto degli attivi trasferiti.
Operazioni straordinarie	La plusvalenza, unitariamente determinata, è costituita dalla differenza tra il valore di mercato complessivo e il corrispondente costo fiscalmente riconosciuto dei beni e diritti che prima del perfezionamento dell'operazione erano di proprietà del soggetto fiscalmente residente nel territorio dello Stato o che facevano parte del patrimonio di una Stabile Organizzazione di un soggetto non residente situata nel territorio dello Stato.

La disciplina dell'imposizione in uscita non si applica se, contestualmente al perfezionamento, i valori confluiscono in una Stabile Organizzazione di un soggetto non residente situato nel territorio dello Stato.

Valore di mercato - Il valore di mercato per la valutazione dei componenti trasferiti, in sostituzione del valore normale, è determinato con riferimento alle condizioni e ai prezzi che sarebbero stati pattuiti tra soggetti indipendenti operanti in condizioni di **libera concorrenza**, tenendo conto delle indicazioni del Ministero dell'economia e delle finanze in tema di prezzi di trasferimento (➔21.8.) (D.M. 14 maggio 2018, art. 110, c. 7, D.P.R. n. 917/1986).

Tassazione fondi e riserve - La tassazione dei fondi e delle riserve in sospensione d'imposta varia a seconda del tipo di soggetto interessato.

<table>
<tr><th>Tipo di soggetti</th><th>Tassazione fondi e riserve</th></tr>
<tr><td>Fiscalmente residenti nel territorio della Stato e trasferiscono all'estero la propria residenza fiscale</td><td rowspan="2">Le riserve in sospensione d'imposta, incluse quelle tassabili solo in caso di distribuzione, che risultano iscritte in bilancio al termine dell'ultimo periodo d'imposta di residenza o prima del perfezionamento dell'operazione sono tassate se, e nella misura in cui, non sono ricostituite nel patrimonio contabile di una stabile organizzazione situata nel territorio dello Stato</td></tr>
<tr><td>Fiscalmente residenti nel territorio dello Stato e sono stati incorporati da una società non residente oppure hanno effettuato una scissione a favore di una o più beneficiarie non residenti, oppure hanno effettuato il conferimento di una stabile organizzazione o di un ramo di essa situati all'estero a favore di un soggetto residente all'estero</td></tr>
<tr><td>Fiscalmente residenti all'estero, con una stabile organizzazione situata nei territori della Stato e trasferiscono l'intera stabile organizzazione alla sede centrale o ad altra stabile organizzazione situata all'estero</td><td>Le riserve in sospensione d'imposta, incluse quelle tassabili solo in caso di distribuzione, che risultano iscritte nel rendiconto economico e patrimoniale (art. 152, c. 1, D.P.R. n. 917/1986), sono tassate nel momento in cui si considera effettuato il trasferimento dell'intera stabile organizzazione</td></tr>
</table>

Regime delle perdite - Il trattamento delle perdite è anch'esso differenziato in ragione delle diverse fattispecie individuate dalla norma (art. 116, c. 6, D.P.R. n. 917/1986).

Periodo d'imposta di imputazione del reddito - I redditi sono determinati in via definitiva come indicato in tabella.

Soggetti	Periodo d'imposta
Fiscalmente residenti nel territorio della Stato che **trasferiscono all'estero la propria residenza fiscale**	Alla fine dell'**ultimo periodo d'imposta di residenza fiscale in Italia**
Fiscalmente residenti nel territorio dello Stato che **trasferiscono attivi ad una loro Stabile Organizzazione situata all'estero**, con riferimento allo quale si applica l'esenzione degli utili e delle perdite	Nel momento in cui si considera **effettuato il trasferimento alla Stabile Organizzazione** situata all'estero
Fiscalmente residenti all'estero, possiedono una Stabile Organizzazione situata nei territori della Stato e trasferiscono l'intera stabile organizzazione alla **sede centrale** o ad altra Stabile Organizzazione situata all'estero	Nel momento in cui si considera effettuato il **trasferimento dell'intera Stabile Organizzazione**
Fiscalmente residenti all'estero, possiedono una Stabile Organizzazione situata nel territorio dello Stato e **trasferiscono attivi** facenti parte del patrimonio di tale Stabile Organizzazione alla sede centrale o ad altra Stabile Organizzazione situata all'estero	Nel momento in cui si considera effettuato il **trasferimento alla sede centrale** o alla **Stabile Organizzazione situata all'estero**
Fiscalmente residenti nel territorio dello Stato che sono stati **incorporati** da una società non residente oppure che hanno effettuato una **scissione** a favore di una o più beneficiarie non residenti, oppure che hanno effettuato il conferimento di una Stabile Organizzazione o di un ramo di essa situati all'estero a favore di un soggetto residente all'estero	Nel momento in cui ha effetto l'operazione

È comunque previsto che:

- in caso di trasferimento della residenza all'estero, la plusvalenza si intende realizzata nell'ultimo periodo d'imposta il cui reddito va dichiarato in Italia;
- negli altri casi il reddito è imputato al momento di perfezionamento delle rispettive operazioni.

Non si tiene conto di minusvalenze o plusvalenze realizzate successivamente al momento di determinazione del reddito in via definitiva.

Rateizzazione dell'exit tax - Gli importi sono dilazionabili in 5 rate (D.M. 2 luglio 2014) (➡96.6.).

La rateizzazione riguarda l'intera imposta e sulle rate sono dovuti **interessi**.

Alle imprese individuali ed alle società di persone si applica la **tassazione separata**, che colpisce:
- le plusvalenze, compreso il **valore di avviamento**, realizzate mediante cessione a titolo oneroso di aziende possedute da più di 5 anni e redditi conseguiti in dipendenza di liquidazione, anche concorsuale, di imprese commerciali esercitate da più di 5 anni;
- i redditi compresi nelle somme attribuite o nel **valore normale dei beni assegnati ai soci di società semplici**, in nome collettivo e in accomandita semplice nei casi di recesso, esclusione e riduzione del capitale o agli eredi in caso di morte del socio, e redditi imputati ai soci in dipendenza di **liquidazione**, anche concorsuale, **delle società** stesse, se il periodo di tempo intercorso tra la costituzione della società e la comunicazione del recesso o dell'esclusione, la deliberazione di riduzione del capitale, la morte del socio o l'inizio della liquidazione è superiore a 5 anni.

Il trasferimento della residenza fiscale all'estero da parte di una società di capitali non dà luogo di per sé all'imposizione dei soci della società trasferita.

31.6. IMPOSIZIONE FISCALE IN INGRESSO

La disciplina sul trasferimento in Italia della residenza o della sede dei contribuenti esteri, con effetto dal periodo d'imposta successivo a quello in corso al 31 dicembre 2018, è stata oggetto di importanti modifiche ad opera del D.Lgs. n. 142/2018, in vigore dal 12 gennaio 2019, che ha recepito la Direttiva n. 2016/1164/UE (Direttiva ATAD).
Le disposizioni relative al riconoscimento fiscale dei valori in ingresso sono contenute nell'art. 166-bis D.P.R. n. 917/1986.

Soggetti interessati - La disciplina si applica:
- all'impresa commerciale che si trasferisce fiscalmente nel territorio dello Stato;
- al soggetto residente all'estero che trasferisce a una propria Stabile Organizzazione situata nel territorio dello Stato **attivi** e, per effetto del trasferimento, lo Stato di residenza di tale soggetto perde il diritto di tassare gli attivi trasferiti;
- al soggetto fiscalmente residente all'estero che trasferisce nel territorio dello Stato un **complesso aziendale** e, per effetto del trasferimento, lo Stato di residenza di tale soggetto perde il diritto di tassare i redditi generati dall'azienda o dal ramo di azienda trasferiti;
- al soggetto residente in Italia che possiede una Stabile Organizzazione situata all'estero, con riferimento alla quale si applica la c.d. *branch exemption* (➡**31.7.**) (esenzione degli utili e delle perdite, art. 168-ter, D.P.R. n. 917/1986), che trasferisce alla sede centrale **attivi** facenti parte del patrimonio di tale Stabile Organizzazione;
- al soggetto fiscalmente residente all'estero, oggetto di incorporazione da parte di una società fiscalmente residente nel territorio dello Stato, che effettua una **scissione** a favore di una o più entità beneficiarie residenti nel territorio dello Stato, oppure effettua il conferimento di una Stabile Organizzazione situata al di fuori del territorio dello Stato a favore di un soggetto fiscalmente residente nel territorio dello Stato.

Momento di effettuazione del trasferimento - Il trasferimento di **attivi** a una Stabile Organizzazione o da una Stabile Organizzazione si intende effettuato quando, gli attivi si considerano entrati nel patrimonio o usciti dal patrimonio della Stabile Organizzazione. Tale regola segue i criteri definiti dall'OCSE, che considerano la Stabile Organizzazione un'**entità separata e indipendente**, che svolge le medesime o analoghe attività, in condizioni identiche o similari, e tenendo conto delle funzioni svolte, dei rischi assunti e dei beni utilizzati.
Le attività oggetto di trasferimento assumono fiscalmente il **valore di mercato**, ai fini dell'applicazione della norma sulla tassazione in ingresso, a condizione che i soggetti coinvolti nel trasferimento abbiano la residenza fiscale in uno Stato appartenente all'Unione Europea oppure in uno Stato incluso nella lista degli stati con cui vi è adeguato scambio di informazioni fiscali.

Valore di mercato - È determinato con riferimento alle condizioni e ai prezzi che sarebbero stati pattuiti tra soggetti indipendenti operanti in condizioni di **libera concorrenza** e in circostanze comparabili tenendo conto, qualora si tratti di valore riferibile a un complesso aziendale o a un ramo di azienda, del valore dell'avviamento, calcolato considerando le funzioni e dei rischi trasferiti, sulla base delle indicazioni contenute nel D.M. 14 maggio 2018 emanato ai sensi delle norme *sul transfer pricing* (➡**21.8.**) (art. 110, c. 7, D.P.R. n. 917/1986).

Trasferimento in Stati diversi da quelli UE - Se il soggetto coinvolto nell'operazione fa parte di Stati o territori diversi dall'UE o da quelli con cui vi è adeguato scambio di informazioni fiscali, il **valore fiscale** assunto è il valore di mercato, determinato in esito all'**accordo preventivo** stipulato con l'Amministrazione finanziaria (art. 31-ter, D.P.R. n. 600/1973).

In assenza di tale accordo, il **valore fiscale delle attività e delle passività** è assunto, per le prime, in misura pari al minore tra il costo di acquisto, il valore di bilancio e il valore di mercato, mentre per le seconde, in misura pari al maggiore tra questi.

Sanzioni - In caso di omessa o incompleta segnalazione, si applica la **sanzione amministrativa pari al 10%** dell'importo complessivo delle spese e dei componenti negativi non indicati nella dichiarazione dei redditi, con **un minimo di 500 ed un massimo di 50.000 euro** (art. 8, c. 3-bis, D.Lgs. n. 471/1997).

BRANCH EXEMPTION 31.7.

È previsto un regime di **esenzione degli utili e delle perdite delle Stabili Organizzazioni di imprese residenti** (c.d. **branch exemption**) (art. 168-ter, D.P.R. n. 917/1986; Provv. 28 agosto 2017).
Tale **esenzione** è **opzionale**: l'opzione è irrevocabile ed è esercitata al momento di costituzione della Stabile Organizzazione, con effetto dal medesimo periodo d'imposta.
Se la Stabile Organizzazione soddisfa le condizioni previste per le CFC (➡**31.3.3.**) (art. 167, c. 4, D.P.R. n. 917/1986), l'opzione si esercita, relativamente a tali stabili organizzazioni, a condizione che ricorra l'**esimente** prevista per le CFC (➡**31.3.4.**) (art. 167, c. 5, D.P.R. n. 917/1986.
È stabilito un **regime transitorio**, ossia la possibilità per un'impresa di passare dal metodo del credito d'imposta a quello della *branch exemption*, senza che ciò determini l'emersione di plusvalenze latenti tassabili o minusvalenze latenti deducibili.
Inoltre, si riconosce al contribuente la possibilità di **interpellare** l'Agenzia delle Entrate in merito all'esistenza di una sua Stabile Organizzazione estera e, altresì, anche in merito alla spettanza del credito d'imposta per redditi prodotti all'estero (art. 165, D.P.R. n. 917/1986).

Branch exemption	
Aspetto	**Disciplina**
Esercizio dell'opzione	L'opzione va effettuata nella **dichiarazione dei redditi riferita al periodo d'imposta di costituzione** della branch, a partire dal quale è efficace il regime di branch exemption. L'**opzione** è **efficace** a condizione che sia configurabile una Stabile Organizzazione nello Stato estero di localizzazione ai sensi della convenzione contro le doppie imposizioni tra quest'ultimo e l'Italia, ove in vigore, ovvero, in mancanza di una convenzione, dei criteri di configurazione della Stabile Organizzazione (➡**31.2.**) (art. 162, D.P.R. n. 917/1986), a meno che, in ogni caso, lo Stato estero non ravvisi l'esistenza di una Stabile Organizzazione ai sensi della sua legislazione domestica. Se lo Stato estero accerta l'esistenza di una Stabile Organizzazione, il contribuente può esercitare l'opzione per l'esenzione degli utili e delle perdite attribuibili alla stessa, ovvero, se già in regime di branch exemption, deve includere la Stabile Organizzazione nel perimetro di esenzione, nell'esercizio in cui l'accertamento estero è diventato definitivo, purché, oltre alla configurazione nello Stato estero, ricorrano le ulteriori condizioni di cui sopra. L'opzione ha **effetto** nei confronti di tutte le Stabili Organizzazioni dell'impresa esistenti **al momento dell'esercizio**, nonché per quelle costituite successivamente senza che sia necessaria una nuova opzione. Il **mancato esercizio dell'opzione nei termini** sopra indicati non impedisce all'impresa di accedere successivamente al regime di branch exemption ogni volta che costituisce una nuova branch, con le modalità e gli effetti precedenti sopra illustrati.
Cessazione dell'efficacia dell'opzione	L'efficacia dell'opzione cessa a seguito della **chiusura**, anche per liquidazione o cessione, **di tutte le branch esenti**, oltre che nel caso di **operazioni straordinarie.** La successiva costituzione di altre Stabili Organizzazioni richiede l'esercizio di una nuova opzione, ove l'impresa scelga di ricominciare ad applicare il medesimo regime.

Branch exemption	
Aspetto	**Disciplina**
	Dopo la cessazione di efficacia dell'opzione, la costituzione nei 3 periodi d'imposta successivi di una o più branch nei medesimi Stati o territori esteri da parte dell'impresa, in assenza di una nuova opzione, viene valutata mediante presentazione di interpello per conoscere se le operazioni costituiscano fattispecie di abuso del diritto. Il contribuente non può procedere con la revoca dell'opzione per il regime di branch exemption in ragione di un mero ripensamento basato su criteri di convenienza che sono successivamente maturati. L'esercizio dell'opzione per il regime di esenzione esprime una manifestazione di volontà per la quale la dichiarazione assume il valore di un **atto negoziale**, e come tale può essere modificato solamente in presenza di **errore, dolo, violenza** (Agenzia delle Entrate, principio di diritto 28 novembre 2018, n. 13).
***Recapture* delle perdite fiscali pregresse**	Se nei **5 periodi d'imposta antecedenti** a quello di efficacia dell'opzione, la Stabile Organizzazione ha conseguito **perdite fiscali imputate all'impresa**, i redditi realizzati da detta Stabile Organizzazione in regime di branch exemption partecipano alla formazione del reddito imponibile di casa madre fino a concorrenza delle perdite fiscali nette pregresse prodotte dalla medesima Stabile Organizzazione. Le eventuali perdite fiscali conseguite dalla stessa branch in vigenza dell'opzione non hanno alcuna rilevanza. A tal fine si considera l'ammontare delle perdite fiscali conseguite dalla Stabile Organizzazione al netto dei redditi imponibili realizzati dalla medesima branch nel quinquennio considerato. Rilevano solo i redditi imponibili e le perdite fiscali della Stabile Organizzazione, determinati ai sensi delle disposizioni fiscali italiane, che hanno concorso a formare il reddito dell'impresa nel suo complesso. Le operazioni volte ad anticipare il conseguimento di perdite prima dell'esercizio dell'opzione, ovvero volte a posticipare la realizzazione di utili dopo l'esercizio dell'opzione saranno valutate mediante presentazione di **interpello** per conoscere se le operazioni costituiscono fattispecie di abuso del diritto. Le perdite così determinate sono oggetto di recapture solo per l'ammontare delle stesse effettivamente utilizzato, da calcolarsi secondo le modalità di cui sopra. La parte non utilizzata non concorre a formare le perdite fiscali di casa madre riportabili da quest'ultima in base alle regole generali (➔**20.6.**) (art. 84, D.P.R. n. 917/1986), che dovranno essere conseguentemente ridotte di pari importo. Le **perdite fiscali** della Stabile Organizzazione si considerano **utilizzate** quando hanno compensato in tutto o in parte il reddito imponibile di casa madre. Qualora nei 5 periodi d'imposta antecedenti a quello di efficacia dell'opzione siano state conseguite perdite fiscali sia dalla branch sia dall'impresa, quelle di quest'ultima si considerano prioritariamente utilizzate.

Branch exemption	
Aspetto	**Disciplina**
	Ai fini della determinazione e del riassorbimento del recapture, la casa madre calcola il recapture per singolo Stato o territorio estero, assumendo che in ciascuno esista una sola Stabile Organizzazione, anche se divisa in più siti produttivi. Il recapture per singolo Stato o territorio estero si determina sommando algebricamente, per i 5 periodi d'imposta precedenti a quello di efficacia dell'opzione, i risultati reddituali conseguiti dalla branch. Se il risultato è negativo, detto importo rappresenta l'ammontare dei redditi successivamente conseguiti dalla branch esente che concorrono a formare il reddito imponibile di casa madre, purché ricorrano le suddette condizioni. Il recapture per singolo Stato o territorio rileva ai fini dello scomputo dalla relativa imposta italiana delle eventuali eccedenze d'imposta estera riportabili (➡33.1.) (art. 165, D.P.R. n. 917/1986), maturate in capo alla casa madre negli 8 esercizi precedenti a quello di efficacia dell'opzione. In caso di **trasferimento**, a qualsiasi titolo, di una **branch esente soggetta a recapture** a favore di un soggetto appartenente al medesimo gruppo di casa madre, l'eventuale plusvalenza o minusvalenza conseguita a seguito del trasferimento della Stabile Organizzazione concorre alla formazione del recapture che prosegue nei confronti dell'avente causa, purché quest'ultimo sia residente nel territorio dello Stato e in regime di branch exemption o eserciti la relativa opzione anche successivamente al trasferimento. In caso di opzione successiva al trasferimento, il quinquennio rilevante ai fini della determinazione del recapture decorre a ritroso dal periodo d'imposta di efficacia dell'opzione in capo all'avente causa, anche se include il recapture residuo che non è stato assorbito in capo al dante causa. In caso di **trasferimento**, a qualsiasi titolo, **di una branch non in regime di esenzione** a favore di un soggetto appartenente al medesimo gruppo della casa madre, l'eventuale plusvalenza o minusvalenza conseguita a seguito del trasferimento della Stabile Organizzazione concorre alla formazione del recapture, che sarà riassorbito in capo all'avente causa qualora quest'ultimo sia residente nel territorio dello Stato e in regime di branch exemption o eserciti la relativa opzione in occasione del trasferimento o successivamente al trasferimento stesso. Il quinquennio rilevante ai fini della determinazione del recapture decorre a ritroso dal periodo d'imposta di efficacia dell'opzione in capo all'avente causa, anche se include periodi d'imposta in cui la casa madre della Stabile Organizzazione era ancora il dante causa. In caso di cessione di una branch esente soggetta a recapture a favore di un soggetto non residente o non appartenente al medesimo gruppo, il dante causa scomputa il recapture, ove esistente, dall'eventuale plusvalenza esente realizzata e fino a concorrenza della stessa. Il recapture va, al ricorrere dei presupposti, corrispondentemente rettificato a seguito di accertamenti divenuti definitivi.

IRES

Branch exemption	
Aspetto	**Disciplina**
Recapture e consolidato fiscale nazionale o regime di trasparenza fiscale	In caso di adesione dell'impresa al regime del **consolidato nazionale** (➡26.) (art. 117, D.P.R. n. 917/1986), la casa madre può scegliere di considerare definitivamente utilizzate le **perdite fiscali** realizzate dalla Stabile Organizzazione nei 5 periodi d'imposta antecedenti a quello in cui ha effetto l'opzione, nell'ipotesi in cui, non avendo utilizzato dette perdite, siano state trasferite al regime di consolidato. In alternativa, le perdite fiscali della Stabile Organizzazione trasferite al regime di consolidato e non utilizzate vengono sterilizzate in misura corrispondente e quindi non sono riportabili (➡20.6.) (art. 84, D.P.R. n. 917/1986). Se, a seguito dell'**interruzione o** del **mancato rinnovo dell'opzione per il consolidato nazionale**, alla casa madre o alla consolidante sono attribuite delle perdite fiscali e una parte di queste è stata realizzata da una Stabile Organizzazione nei cinque periodi d'imposta antecedenti a quello in cui ha effetto l'opzione per la branch exemption, il soggetto cui sono attribuite le perdite fiscali può utilizzare l'intero ammontare delle stesse a condizione che il recapture sia già avvenuto. Se il recapture è ancora in corso, il soggetto cui sono attribuite le perdite può sterilizzarle per la parte residua di recapture, ovvero continuare a utilizzarle a condizione che il recapture sia completato. Le stesse regole si applicano, in quanto compatibili, anche se la casa madre è in **regime di trasparenza** (➡25.) (artt. 5, 115 e 116, D.P.R. n. 917/1986).
Trattamento delle operazioni interne pregresse	Se nei **5 periodi d'imposta precedenti** a quello di efficacia dell'opzione, l'impresa ha **trasferito**, a qualsiasi titolo, **alla Stabile Organizzazione attività o passività**, compresi i beni che costituiscono ricavi (art. 85, D.P.R. n. 917/1986), nonché funzioni e rischi che al momento del trasferimento non sono stati valorizzati in capo alla medesima branch in base al valore determinato secondo le regole del transfer pricing (➡21.8.) (art. 110, c. 7, D.P.R. n. 917/1986), gli stessi, se ancora esistenti, assumono presso la branch esente un **costo fiscale** pari a detto valore, tenendo conto delle funzioni svolte e dei rischi assunti dalla casa madre al momento del trasferimento. L'adeguamento del costo fiscale al valore di cui al periodo precedente delle attività e/o passività nonché delle funzioni e rischi ricevuti dalla branch avviene mediante apposite **variazioni in aumento e diminuzione** da effettuare nella sezione della dichiarazione dei redditi relativa alla determinazione del reddito dell'impresa nel complesso e della Stabile Organizzazione esente.
Determinazione del reddito della Stabile Organizzazione esente	Anche in assenza di specifiche disposizioni di una convenzione contro le doppie imposizioni tra lo Stato italiano e lo Stato di localizzazione della Stabile Organizzazione esente, il reddito di quest'ultima è determinato in base all'**approccio autorizzato OCSE**. Pertanto, la Stabile Organizzazione è considerata come un'entità separata e indipendente, svolgente le medesime o analoghe attività, in condizioni identiche o similari, tenendo conto delle funzioni svolte, dei rischi assunti e dei beni utilizzati. Anche il fondo di dotazione congruo riferibile alla branch esente è determinato in conformità ai criteri appena delineati.

Branch exemption	
Aspetto	**Disciplina**
	Nel caso in cui lo Stato estero non applichi, anche in conformità a una convenzione contro le doppie imposizioni vigente con l'Italia, i criteri richiamati al punto precedente, per attribuire gli utili e le perdite alla Stabile Organizzazione ivi localizzata la casa madre può chiedere all'Agenzia delle Entrate il riconoscimento totale o parziale dei principi adottati dallo Stato estero (art. 31-ter, D.P.R. n. 600/1973). Gli utili e le perdite attribuibili alla Stabile Organizzazione esente devono risultare dall'apposito **rendiconto economico e patrimoniale**. Al risultato di detto rendiconto vanno apportate le variazioni in aumento e diminuzione relative alla singola *branch* previste dalle disposizioni in materia di reddito d'impresa per i soggetti residenti nel territorio dello Stato al fine di determinare il reddito o la perdita della Stabile Organizzazione esente, da indicare separatamente nella dichiarazione dei redditi dell'impresa nel complesso. Se emerge un **reddito**, questo va sottratto dal reddito imponibile o sommato alla perdita fiscale dell'impresa nel complesso. Se emerge una **perdita fiscale**, questa va sommata al reddito imponibile o sottratta alla perdita fiscale dell'impresa nel complesso. L'impresa nel complesso calcola il suo reddito imponibile apportando all'utile o alla perdita risultante dal Conto economico del bilancio di esercizio le variazioni in aumento e diminuzione previste dalle disposizioni in materia di reddito d'impresa per i soggetti residenti nel territorio dello Stato. Il reddito imponibile o la perdita fiscale così determinati vanno rettificati apportando le variazioni da branch exemption.
Applicazione delle disposizioni CFC	In caso di esercizio dell'opzione per l'esenzione, alla Stabile Organizzazione estera si applicano, al ricorrere dei presupposti, le disposizioni previste in materia di controlled foreign companies ("CFC") (➔31.3.) (art. 167, D.P.R. n. 917/1986).
Utili provenienti da branch esenti	Gli utili e le perdite provenienti dalle Stabili Organizzazioni incluse nel perimetro di esenzione non concorrono alla determinazione del reddito imponibile della casa madre, fatta eccezione per l'ipotesi di **utili provenienti dalla branch esente localizzata negli Stati o territori a regime fiscale privilegiato** (art. 47-bis, c. 1, D.P.R. n. 917/1986) e per le quali non si siano rese applicabili le disposizioni sulle CFC (art. 167, D.P.R. n. 917/1986) (in quest'ultimo caso si applicano le regole previste per i redditi di capitale di cui agli artt. 47, c. 4 e 89, c. 3, D.P.R. n. 917/1986). Gli utili della Stabile Organizzazione esente si intendono percepiti dalla casa madre all'atto della riduzione del fondo di dotazione da parte della branch per l'attribuzione all'impresa, anche per effetto di una riallocazione di funzioni, asset e rischi. Nel caso di riduzione del fondo di dotazione, si presumono prioritariamente attribuiti a casa madre gli utili realizzati quando la branch non era in regime di esenzione.
Operazioni straordinarie e cessioni che coinvolgono le Stabili Organizzazioni esenti	Le **operazioni straordinarie** non determinano l'interruzione del regime di branch exemption quando l'incorporante, la società risultante dalla fusione, il conferitario o il beneficiario (in seguito "avente causa") è già in regime di branch exemption o sceglie di esercitare l'opzione nella dichiarazione dei redditi relativa al periodo d'imposta di efficacia giuridica dell'operazione straordinaria.

Branch exemption	
Aspetto	**Disciplina**
	In tali casi, l'avente causa subentra nel regime di branch exemption ed assume le attività e le passività della Stabile Organizzazione esente, sulla base di funzioni e rischi a essa connessi, all'ultimo valore fiscale che avevano presso l'incorporata, la società partecipante alla fusione, la conferente o la scissa (in seguito "dante causa").
Interpello	A seguito della presentazione dell'interpello l'Agenzia delle Entrate rilascia un parere (c.d. **interpello qualificatorio**) in merito all'esistenza di una Stabile Organizzazione all'estero dell'impresa. Tale parere è reso sulla base delle informazioni e dei documenti prodotti dalla casa madre. Ai fini della configurazione della Stabile Organizzazione all'estero si fa riferimento alla convenzione contro le doppie imposizioni, ove esistente, ovvero ai criteri previsti ai fini delle imposte sui redditi (art. 162, D.P.R. n. 917/1986).
Ipotesi di doppia deduzione/doppia esenzione (mismatching) e altre fattispecie elusive	Se emergono fenomeni di **doppia deduzione o doppia esenzione**, derivanti da disallineamenti normativi tra l'ordinamento italiano e quello dello Stato o territorio di localizzazione della Stabile Organizzazione esente, i relativi effetti sono opportunamente sterilizzati al fine di evitare un'erosione della base imponibile italiana.
IRAP	Il valore della produzione netta relativa alla branch esente, da scomputare dal valore della produzione netta dell'impresa nel complesso, è determinato in via analitica, partendo **dal rendiconto economico e patrimoniale** (art. 12, c. 2-bis, D.Lgs. n. 446/1997 e art. 152, c. 2, D.P.R. n. 917/1986).

31.8. COUNTRY BY COUNTRY REPORTING

Le **società controllanti**, **residenti nel territorio dello Stato**, che hanno l'obbligo di redazione del **bilancio consolidato,** con un **fatturato consolidato**, conseguito dal gruppo di imprese multinazionali nel periodo d'imposta precedente a quello di rendicontazione, di **almeno 750 milioni di euro** e che non sono a loro volta controllate da soggetti diversi dalle persone fisiche, devono trasmettere all'Agenzia delle Entrate annualmente una **rendicontazione Paese per Paese** che riporti l'ammontare dei ricavi e gli utili lordi, le imposte pagate e maturate, insieme con altri elementi indicatori di un'**attività economica effettiva** (art. 1, c. 145 e 146, Legge n. 208/2015; D.M. 23 febbraio 2017; Provv. 28 novembre 2017 e Provv. 11 dicembre 2017).

Country by country reporting	
Aspetto	**Disciplina**
Soggetti obbligati	La rendicontazione Paese per Paese deve essere presentata dalla **controllante capogruppo**, residente nel territorio dello Stato, di un gruppo di imprese multinazionali i cui ricavi complessivi risultanti dal bilancio consolidato sono, in relazione a ciascun periodo d'imposta precedente a quello cui si riferisce l'obbligo di rendicontazione, non inferiori a 750 milioni di euro o a un importo in valuta locale approssimativamente equivalente a 750 milioni di euro al 1° gennaio 2015, come indicato nel bilancio consolidato relativo a tale periodo d'imposta precedente. Sono incluse nella rendicontazione Paese per Paese le sole entità appartenenti al gruppo che si consolidano integralmente o con il metodo del *pro rata*, secondo i principi contabili applicabili, con esclusione delle entità che si consolidano con il metodo del patrimonio netto.

Country by country reporting	
Aspetto	**Disciplina**
	Ai fini del calcolo della **soglia di ricavi complessivi** risultanti dal bilancio consolidato, le **banche e** gli altri **enti creditizi e finanziari** considerano il margine di intermediazione incrementato della voce "interessi passivi e oneri assimilati" e "commissioni passive" esposto nel bilancio consolidato in corretta applicazione dei principi contabili applicati. Le entità residenti tenute alla presentazione della rendicontazione sono esonerate dagli obblighi di presentazione qualora il gruppo multinazionale metta a disposizione la rendicontazione tramite una **supplente della controllante capogruppo** o tramite altra entità residente nel territorio dell'Unione europea designata a presentare la rendicontazione presso la propria autorità fiscale. Nelle ipotesi in cui la giurisdizione della controllante capogruppo non residente di un gruppo multinazionale, ai fini dell'esenzione dall'obbligo di rendicontazione, abbia stabilito una soglia di ricavi, in valuta locale, approssimativamente equivalente a 750 milioni di euro, al tasso di cambio del gennaio 2015, la predetta soglia vale anche ai fini degli obblighi di rendicontazione per le entità residenti che appartengono al medesimo gruppo multinazionale.
Controllante capogruppo non residente	Qualora la controllante capogruppo non sia residente nel territorio dello Stato e si verifichi una delle seguenti **condizioni**: 1) la controllante capogruppo del gruppo multinazionale non è obbligata a presentare la rendicontazione Paese per Paese nella propria giurisdizione di residenza fiscale; 2) nella giurisdizione di residenza fiscale della controllante capogruppo vige un accordo internazionale con l'Italia, ma alla data di scadenza del termine per la presentazione del *report* non è in vigore uno specifico accordo qualificante tra Autorità competenti che preveda lo scambio automatico delle rendicontazioni Paese per Paese tra le medesime; 3) si è verificata un'inadempienza sistemica della giurisdizione di residenza della controllante capogruppo, comunicata dall'Agenzia delle Entrate all'entità appartenente al gruppo multinazionale residente nel territorio dello Stato, la **rendicontazione** è presentata alternativamente: a) dall'entità residente nel territorio dello Stato, appartenente al gruppo multinazionale, tenuta all'obbligo di rendicontazione; b) dall'entità residente nel territorio dello Stato designata dal gruppo multinazionale.
Oggetto della comunicazione	Le entità tenute alla rendicontazione devono comunicare, entro i 12 mesi successivi all'ultimo giorno del periodo d'imposta di rendicontazione del gruppo multinazionale, utilizzando il modello allegato al D.M. 23 febbraio 2017, le seguenti **informazioni**: a) **Tabella 1** del modello di rendicontazione, denominata "Riepilogo della distribuzione dei redditi, delle imposte e delle attività per giurisdizione fiscale": - le **giurisdizioni fiscali** in cui le entità appartenenti al gruppo di imprese multinazionali sono residenti a fini fiscali o, nel caso di Stabili Organizzazioni, in cui quest'ultime sono situate, dove per giurisdizione fiscale si intende una giurisdizione, corrispondente o meno ad uno Stato, dotata di autonomia fiscale;

Country by country reporting	
Aspetto	**Disciplina**
	- **ricavi** costituiti dalla somma dei ricavi di tutte le entità appartenenti al gruppo di imprese multinazionali nella pertinente giurisdizione fiscale; - gli **utili (perdite**) al lordo delle imposte sul reddito costituiti dal "Risultato prima delle imposte" di tutte le entità appartenenti al gruppo residenti a fini fiscali nella pertinente giurisdizione fiscale; - le **imposte sul reddito pagate (in base alla contabilità di cassa)** costituite dall'importo totale delle imposte sul reddito effettivamente versate durante il pertinente periodo d'imposta da tutte le entità appartenenti al gruppo residenti a fini fiscali nella giurisdizione fiscale di cui trattasi; - le **imposte sul reddito maturate (anno in corso)** costituite dall'ammontare delle imposte correnti maturate sull'utile imponibile o alla perdita fiscale dell'anno cui si riferisce la rendicontazione di tutte le entità appartenenti al gruppo, residenti a fini fiscali nella pertinente giurisdizione fiscale, indipendentemente dal fatto che siano state pagate; - il **capitale dichiarato** costituito dalla somma del capitale sociale e delle riserve di capitale di tutte le entità appartenenti al gruppo residenti a fini fiscali nella pertinente giurisdizione fiscale; - gli **utili non distribuiti** costituiti dalla somma degli utili non distribuiti a fine anno di tutte le entità appartenenti al gruppo residenti a fini fiscali nella pertinente giurisdizione fiscale; - il **numero di addetti** costituito dal numero totale di addetti, su base equivalente a tempo pieno (ETP), di tutte le entità appartenenti al gruppo residenti a fini fiscali nella pertinente giurisdizione fiscale; - le **immobilizzazioni materiali** costituite dalla somma dei valori contabili netti delle immobilizzazioni materiali risultanti dallo Stato patrimoniale, di tutte le entità appartenenti al gruppo residenti a fini fiscali nella pertinente giurisdizione fiscale. b) **Tabella 2** del modello di rendicontazione, denominata "Elenco di tutte le entità appartenenti al gruppo di imprese multinazionali incluse in ciascuna aggregazione per giurisdizione fiscale": - la **lista delle entità appartenenti al gruppo** residenti per ciascuna giurisdizione fiscale, riportando la denominazione di ciascuna entità appartenente al gruppo di imprese multinazionali residente ai fini fiscali nella pertinente giurisdizione fiscale; - il **nome della giurisdizione fiscale** in base alla cui normativa l'entità appartenente al gruppo è stata costituita, se diversa dalla giurisdizione di residenza fiscale; - la **natura dell'attività principale** o delle attività principali esercitate da ciascuna entità appartenente al gruppo nella pertinente giurisdizione fiscale. c) **Tabella 3** del modello di rendicontazione, denominata: "**Informazioni supplementari**": - oltre alla denominazione del gruppo di imprese multinazionali, il periodo d'imposta di riferimento, la fonte dei dati e ogni ulteriore informazione o spiegazione sintetica che si ritenga necessaria o che possa agevolare la comprensione delle informazioni obbligatorie fornite nella rendicontazione Paese per Paese.
Lingua utilizzata	Lingua **italiana** e lingua **inglese**.

Country by country reporting	
Aspetto	**Disciplina**
Valuta	Gli importi oggetto di rendicontazione sono comunicati nella **valuta utilizzata dall'entità tenuta alla rendicontazione** nel bilancio consolidato ovvero nel proprio bilancio di esercizio. Le entità appartenenti al gruppo che comunicano la rendicontazione possono utilizzare la valuta che ha utilizzato la propria controllante capogruppo all'interno dei dati comunicati.
Modalità di presentazione	Le entità trasmettono i dati utilizzando, in ragione dei requisiti posseduti per l'abilitazione, i **servizi telematici Entratel o Fisconline** dell'Agenzia delle Entrate, direttamente o tramite intermediari abilitati. I file contenenti le informazioni da comunicare sono predisposti secondo il **formato XML**.
Termine di presentazione	La comunicazione annuale va trasmessa entro i **12 mesi successivi all'ultimo giorno del periodo d'imposta di rendicontazione** del gruppo multinazionale. Per il **primo anno di rendicontazione**, relativamente al periodo d'imposta di rendicontazione che inizia il 1° gennaio 2016 o in data successiva e termina prima del 31 dicembre 2016, la comunicazione andava inviata **entro il 9 febbraio 2018**.

DISALLINEAMENTI DA IBRIDI 31.9.

Il tema dei disallineamenti da ibridi vale a dire le differenze nella qualificazione giuridica dei pagamenti tra giurisdizioni diverse, che coinvolgono i Paesi terzi, è stato oggetto di importanti modifiche ad opera del D.Lgs. n. 142/2018 che recependo la Direttiva n. 2017/952/UE (c.d. ATAD 2) ha innovato la Direttiva n. 2016/1164 (Direttiva ATAD).
Le disposizioni sui disallineamenti da ibridi (artt. 6-11, D.Lgs. n. 142/2018; circ. 26 gennaio 2022, n.2/E) mirano a contrastare gli effetti di **doppia deduzione** ovvero di "deduzione non inclusione", che derivano da conflitti nella qualificazione di strumenti finanziari, pagamenti, entità, stabili organizzazioni o dall'allocazione dei pagamenti.
In sostanza lo stesso pagamento, le stesse spese o le stesse perdite sono dedotti sia nello Stato membro in cui il pagamento ha origine, le spese sono sostenute o le perdite sono subite sia in un altro Stato membro (**doppia deduzione**), ovvero a un pagamento è applicata una deduzione nello Stato membro in cui il pagamento ha origine senza una corrispondente inclusione, a fini fiscali, dello stesso nell'altro Stato membro (**deduzione senza inclusione**).
Un ulteriore fine è quello di contrastare l'ottenimento di un **indebito credito per le imposte estere**, originato dallo sfruttamento di un disallineamento concernente uno strumento finanziario.

Definizione di disallineamento da ibridi 31.9.1.

Per disallineamento da ibridi, si fa riferimento a determinate situazioni che coinvolgono un soggetto passivo.

In dettaglio, i disallineamenti da ibridi derivano da un trattamento fiscale asimmetrico da parte di due o più sistemi fiscali in relazione a entità, stabili organizzazioni, negozi giuridici (in particolare strumenti finanziari o aventi ad oggetto strumenti finanziari), componenti di reddito, idonei a generare effetti fiscali (i "disallineamenti", appunto) incoerenti (e, perciò, "ibridi") a livello internazionale, quali quelli riconducibili ai **fenomeni di deduzione senza inclusione** ("*deduction/no inclusion*" o D/NI) e **doppia deduzione** (*double deduction* o DD) (circ. 26 gennaio 2022, n. 2/E).

Situazione	Ulteriori condizioni
Componente negativo di reddito che, in base alle previsioni contrattuali che regolano uno strumento finanziario ovvero un trasferimento ibrido, genera una deduzione senza inclusione	- Il corrispondente componente positivo di reddito non è incluso dalla giurisdizione del beneficiario in un periodo d'imposta che inizia entro 12 mesi dalla fine del periodo d'imposta del pagatore, con riferimento al quale il componente negativo di reddito è stato dedotto;

Situazione	Ulteriori condizioni
	- Il disallineamento è imputabile a differenze nella qualificazione dello strumento finanziario o del componente reddituale in base alla giurisdizione del pagatore ed a quella diversa del beneficiario.
Componente negativo di reddito sostenuto, ovvero che si ritiene sia sostenuto, in base alle previsioni contrattuali che regolano uno strumento finanziario o trasferimento ibrido **che non genera un disallineamento da ibridi**	Lo sgravio fiscale concesso nella giurisdizione del beneficiario è dovuto esclusivamente allo *status* fiscale di quest'ultimo o al fatto che lo strumento è soggetto ai termini di un regime fiscale speciale.
Componente negativo di reddito sostenuto, ovvero che si ritiene sia sostenuto, **a favore di un'entità ibrida** che genera un effetto di deduzione senza inclusione	Il disallineamento è il risultato di differenze nell'allocazione del corrispondente componente positivo di reddito a favore dell'entità ibrida in base alle leggi della giurisdizione in cui è stabilita o registrata l'entità ibrida ed alle leggi della giurisdizione di qualsiasi soggetto con una partecipazione in tale entità ibrida.[1]
Componente negativo di reddito sostenuto, ovvero che si ritiene sia sostenuto, a favore di un'entità avente una o più stabili organizzazioni che genera un effetto di deduzione senza inclusione	Tale disallineamento è il risultato di differenze nell'allocazione del corrispondente componente positivo di reddito in base alle leggi della giurisdizione di residenza della casa madre ed alle leggi della giurisdizione di localizzazione della sua Stabile Organizzazione ovvero alle leggi delle giurisdizioni di localizzazione di due o più stabili organizzazioni della stessa entità.[1]
Componente negativo di reddito sostenuto, ovvero che si ritiene sia sostenuto, che genera un effetto di deduzione senza inclusione a seguito dell'attribuzione del corrispondente componente positivo di reddito a favore di una Stabile Organizzazione disconosciuta [1]	
Componente negativo di reddito sostenuto, ovvero che si ritiene sia sostenuto, da parte di un'entità ibrida che genera una deduzione senza inclusione	Tale disallineamento origina dal fatto che il corrispondente componente positivo di reddito non è riconosciuto come tale in base alle leggi della giurisdizione del beneficiario [1]
Componente negativo di reddito relativo ad una operazione che si ritiene sia intervenuta tra la sede centrale e la Stabile Organizzazione ovvero tra due o più stabili organizzazioni che genera una deduzione senza inclusione	Tale disallineamento origina dal fatto che il **corrispondente componente positivo di reddito non è riconosciuto come tale** in base alle leggi della giurisdizione del beneficiario [1]
Fenomeno di doppia deduzione di **componenti negativi di reddito**	
[1] In ogni caso, il componente negativo di reddito sostenuto, ovvero che si ritiene sia sostenuto, non determina un disallineamento da ibridi laddove la deduzione senza inclusione si sarebbe verificata in ogni caso a causa dello *status* di **esenzione dall'imposta del beneficiario** a norma delle leggi della sua giurisdizione di residenza ovvero di localizzazione.	

31.9.2. Giurisdizione e conseguenze fiscali

Riguardo al ruolo dello Stato italiano rispetto alle differenti posizioni attive e passive, e le conseguenze fiscali in caso di disallineamento dovuto a doppia deduzione, si applicano particolari regole.

In linea generale, se dal disallineamento deriva una **doppia deduzione**, la deduzione della componente negativa di reddito è negata in capo al soggetto passivo qualora lo Stato italiano sia lo Stato dell'investitore, ovvero qualora sia lo Stato del pagatore e la deduzione della componente negativa di reddito non sia stata negata nello Stato dell'investitore.

Situazione	Qualifica dello Stato italiano	Conseguenze fiscali
Componente negativa di reddito (quale, ad esempio, il pagamento di un interesse passivo) **deducibile** ai fini della determinazione del reddito imponibile di un soggetto passivo	Stato pagatore	La deduzione della componente negativa di reddito è negata in capo al soggetto passivo, salvo che il disallineamento non sia neutralizzato in un altro Stato mediante inclusione del medesimo flusso nella base imponibile. Tuttavia, in caso di successiva inclusione (oltre 12 mesi dalla fine del periodo d'imposta considerato) nello Stato del beneficiario del corrispondente flusso positivo nel suo reddito imponibile, sorge in capo al soggetto passivo il **diritto alla corrispondente deduzione del componente negativo di reddito in precedenza non dedotto**
Componente negativa di reddito sostenuta da una stabile organizzazione di un soggetto passivo o da un soggetto non residente imputata a un soggetto passivo e **deducibile** ai fini della determinazione del suo reddito imponibile	Stato dell'investitore	Se la deduzione della componente negativa di reddito non è stata negata nello Stato del pagatore, l'importo della corrispondente componente positiva di reddito che altrimenti genererebbe un disallineamento deve essere inclusa nella **base imponibile in capo al soggetto passivo**
Componente positiva di reddito attribuita a **un soggetto passivo in base alla giurisdizione del pagatore**	Stato del beneficiario	Se la deduzione della componente negativa di reddito non è stata negata nello Stato del pagatore, l'importo della corrispondente componente positiva di reddito che altrimenti genererebbe un disallineamento deve essere inclusa nella **base imponibile in capo al soggetto passivo**

È comunque **vietata la deduzione** di una componente negativa di reddito da parte di un soggetto qualora essa finanzi, direttamente o indirettamente, oneri deducibili che generano un disallineamento da ibridi mediante una **transazione** o serie di transazioni tra imprese associate o che sono parti di un accordo strutturato (c.d. "imported hybrid mismatch").
Il divieto viene meno se il disallineamento viene neutralizzato attraverso un adeguamento equivalente in uno degli Stati di residenza o di localizzazione dei soggetti coinvolti nella transazione o serie di transazioni.

Nel caso in cui un disallineamento da ibridi coinvolga un reddito di una Stabile Organizzazione disconosciuta di un soggetto passivo residente, tale componente deve essere inclusa nel reddito imponibile in capo a quest'ultimo, salvo il caso in cui le disposizioni di una convenzione per evitare le doppie imposizioni in essere tra lo Stato italiano e un Paese terzo prevedano l'obbligo di esentare tale reddito.

Effetti sul credito d'imposta per le imposte estere - Nel caso di proventi derivanti da contratti di riporto, pronti contro termine o dal mutuo di titoli garantito, nonché delle operazioni che producono analoghi effetti economici, aventi a oggetto obbligazioni e titoli similari o titoli atipici, il credito per le imposte estere spetta in misura corrispondente alla differenza positiva tra il provento cui detto credito si ricollega e l'onere finanziario relativo alle suddette operazioni.

Disallineamento da ibridi inversi 31.9.3.

È prevista una misura di contrasto ai disallineamenti da ibridi cosiddetti "inversi", che corrispondono a casi di "**deduzione non inclusione**" derivanti dall'attribuzione di componenti positivi di reddito ad entità considerate trasparenti ai fini della legge dello Stato di localizzazione dell'entità e opache ai fini della legge dello Stato di localizzazione dei soggetti che detengono un interesse rilevante nell'entità. In tali casi, è fondamentale valutare se i soci non residenti sono considerati contribuenti dello Stato di residenza o dello Stato in cui si trova l'entità.
In particolare, se una o più entità (esclusi gli organismi di investimento collettivo del risparmio) associate non residenti che detengono complessivamente un **interesse diretto o indiretto** pari o superiore al 50% dei diritti di voto, della partecipazione al capitale o dei diritti di partecipazione agli utili in

IRES

un'entità ibrida costituita o stabilita nello Stato, sono situate in una giurisdizione o in giurisdizioni che considerano l'entità ibrida soggetto imponibile (e quindi considerano l'**entità ibrida opaca**), il reddito prodotto dall'entità ibrida è soggetto a imposizione nella misura in cui quest'ultimo non è altrimenti soggetto a imposta a norma delle leggi di un altro Stato.

31.9.4. Contrasto ai fenomeni di doppia deduzione

Sono previste alcune disposizioni per contrastare i fenomeni di doppia deduzione derivanti dai casi di doppia residenza fiscale del soggetto passivo.

In particolare, nel caso in cui una società sia considerata residente ai fini fiscali in Italia e anche in un altro Stato membro dell'Unione europea in base alla legge interna di tale Stato, nel quale risulti residente ai fini della convenzione per evitare le doppie imposizioni, la **deduzione di una componente negativa deve essere negata** a meno che tale componente negativa non abbia compensato una componente positiva di reddito considerata a doppia inclusione.

Nel caso speculare in cui lo Stato italiano sia lo Stato di residenza fiscale ai fini della convenzione per evitare le doppie imposizioni in essere tra lo Stato italiano e l'altro Stato membro dell'Unione europea, il compito di **neutralizzazione del disallineamento da ibridi** sarà affidato allo Stato estero e, pertanto, la misura di contrasto prevista dallo schema in esame non risulterà applicabile.

Stesse regole si applicano nel caso in cui il disallineamento da residenza fiscale coinvolga uno Stato non appartenente all'Unione europea, per cui la deduzione della componente negativa deve essere negata qualora risulti deducibile nel Paese terzo, a condizione che tale componente **non abbia compensato una componente positiva di reddito** considerata a doppia inclusione.

31.9.5. Controlli

L'accertamento di eventuali violazioni della disciplina sui disallineamenti da ibridi viene **effettuato con apposito atto**, preceduto, a pena di nullità, dalla notifica al contribuente di una richiesta di chiarimenti, da fornire entro il termine di 60 giorni, in cui sono indicati i motivi per i quali si ritiene configurabile una violazione.

La **richiesta motivata di chiarimenti** è notificata dall'amministrazione finanziaria entro il termine di decadenza previsto per la notificazione dell'atto impositivo.

Tra la data di ricevimento dei chiarimenti, ovvero di inutile decorso del termine assegnato al contribuente per rispondere alla richiesta, e quella di decadenza dell'amministrazione dal potere di notificazione dell'atto impositivo, intercorrono non meno di 60 giorni.

In difetto, il **termine di decadenza** per la notificazione dell'atto impositivo è **automaticamente prorogato**, in deroga a quello ordinario, fino a concorrenza dei 60 giorni.

31.9.6. Entrata in vigore e disciplina transitoria

Le disposizioni sui **disallineamenti da ibridi** si applicano a decorrere dal periodo d'imposta successivo a quello **in corso al 31 dicembre 2019**, quindi **dal 2020** per i soggetti con esercizio coincidente con l'anno solare (art. 13, c. 8, D.Lgs. n. 142/2018).

Quelle sui **disallineamenti da ibridi inversi** (➡31.9.4.), invece, si applicano a decorrere dal periodo d'imposta successivo a quello **in corso al 31 dicembre 2021**, quindi **dal 2022** per i soggetti con esercizio coincidente con l'anno solare.

IRES

AGEVOLAZIONI

32.

IRES

32.1. ASPETTI GENERALI

32.1.1. Sistema degli aiuti alle imprese

La materia degli **aiuti di Stato alle imprese** discende direttamente dal Trattato di Roma, istitutivo della Comunità Europea, nel quale è indicato, fra i diversi obiettivi della Comunità, anche quello di pervenire a uno sviluppo armonioso ed equilibrato delle attività economiche su tutto il territorio della stessa.

Sono vietati gli aiuti diretti a favorire talune imprese o taluni settori produttivi che falsano o che minacciano di falsare la libera concorrenza fra le imprese dei Paesi dell'Unione europea.

Deroghe - Riguardano:

- gli aiuti destinati a favorire lo sviluppo economico di **aree depresse particolarmente svantaggiate**;
- gli aiuti destinati a favorire **particolari attività economiche** ovvero **particolari aree**, sempre che non costituiscano alterazione delle condizioni di libera concorrenza;
- gli aiuti concessi a seguito di **calamità naturali** oppure a seguito di **altri eventi eccezionali**.

Presupposti - La concessione alle imprese di una qualsiasi agevolazione finanziaria, contributiva, fiscale o d'altro genere è condizionata all'**accertamento** di taluni **presupposti** che influiscono sia sul diritto all'agevolazione che sulla misura della stessa.

In generale, si tiene conto dei seguenti fattori:

- **localizzazione dell'iniziativa** agevolata;
- **limite massimo concedibile**, al netto o al lordo delle imposte;
- **qualifica del soggetto beneficiario** (piccola, media o grande impresa);
- **deroga** per i casi di **investimenti ridotti**.

La concessione effettiva dell'aiuto è condizionata al buon esito dell'**attività istruttoria**, svolta dall'ente cui, di volta in volta, è attribuita la gestione dell'agevolazione; tale istruttoria è diretta a verificare il perseguimento degli obiettivi previsti dalle singole normative, la sussistenza dei requisiti soggettivi del richiedente, la tipologia del programma e il fine perseguito, la congruità delle spese sostenute.

32.1.2. Sistema de minimis

La disciplina c.d. "*de minimis*", in vigore **dal 1° gennaio 2014 fino al 31 dicembre 2021,** è dettata dai Reg. UE 18 dicembre 2013, n. 1407/2013 e n. 1408/2013.

Da segnalare, però, che l'efficacia del Reg. n. 1407/2013 è stata successivamente prorogata fino al **31 dicembre 2023** (Reg. UE 2 luglio 2020, n. 2020/972), mentre il Reg. n. 1408/2013 è stato prorogato fino al **31 dicembre 2027** (Reg. UE 21 febbraio 2019, n. 2019/316).

A chi si applica	Aiuti concessi alle imprese di tutti i settori, compreso quindi il settore della trasformazione e della commercializzazione[1] dei **prodotti agricoli** nei seguenti casi: - qualora l'importo dell'aiuto sia fissato in base al prezzo o al quantitativo di tali prodotti acquistati da produttori primari o immessi sul mercato dalle imprese interessate, - qualora l'aiuto sia subordinato al fatto di venire parzialmente o interamente trasferito a produttori primari.
Esclusioni	Settori della **produzione primaria di prodotti agricoli**, della **pesca e** dell'**acquacoltura**, gli **aiuti all'esportazione**[2] e gli **aiuti che favoriscono i prodotti nazionali**. **Acquisto di veicoli per il trasporto merci su strada** da parte delle imprese che effettuano trasporto merci su strada per conto terzi.
Massimali	L'**importo complessivo** degli aiuti "*de minimis*" concessi da uno Stato membro a un'impresa unica **non può superare 200.000 euro nell'arco di 3 esercizi finanziari** (100.000 euro per le imprese che operano nel settore del trasporto merci su strada per conto terzi).
Imprese operanti in più settori	Se un'impresa esercita attività in uno o più settori per cui non si applica la disciplina e in uno o più settori che rientrano invece nel campo di applicazione, la disciplina si applica solo a questi ultimi, a condizione che gli Stati membri garantiscano che le attività esercitate nei settori esclusi non beneficiano degli aiuti "*de minimis*" concessi.

Cumulo	Gli aiuti "*de minimis*" possono essere **cumulati** con gli aiuti "*de minimis*" concessi a norma del Reg. UE n. 360/2012 della Commissione (**aiuti di importanza minore** concessi ad imprese che forniscono servizi di interesse economico generale) e con aiuti "*de minimis*" concessi a norma di altri regolamenti "*de minimis*" fino ai massimali previsti in tali Regolamenti. Non sono cumulabili con altri aiuti se si supera l'intensità di aiuto o l'importo di aiuti più elevati stabiliti dal Regolamento generale di esenzione o in una decisione della Commissione.

[1] Non sono considerate trasformazione o commercializzazione né le attività di preparazione dei prodotti alla prima vendita effettuate nelle aziende agricole, come la raccolta, il taglio e la trebbiatura dei cereali o l'imballaggio delle uova, né la prima vendita a rivenditori o a imprese di trasformazione.

[2] Non costituiscono di norma aiuti all'esportazione gli aiuti inerenti ai costi di partecipazione a fiere commerciali né quelli relativi a studi o servizi di consulenza necessari per il lancio di nuovi prodotti oppure per il lancio di prodotti già esistenti su un nuovo mercato in un altro Stato membro o Paese terzo.

Quanti ai nuovi orientamenti adottati, applicabili a decorrere dal 1° gennaio 2022, si segnalano quelli concernenti gli aiuti di Stato a finalità regionale per il periodo **1° gennaio 2022 - 31 dicembre 2027** (Comunicazione 2021/C 153/01).
In particolare, la **Carta degli aiuti a finalità regionale dell'Italia**, per il nuovo periodo programmatorio è stata approvata dalla Commissione UE il 2 dicembre 2021.

Aiuti di Stato durante l'epidemia da Covid-19 32.1.3.

Per contrastare gli effetti economici e sociali provocati dall'epidemia da Covid-19, sono state adottate in sede europea diverse misure di sostegno.
Con la Comunicazione della Commissione "Temporary framework for State aid measures to support the economy in the current COVID-19 outbreak - COM 2020/C 91 I/01", gli Stati membri sono stati autorizzati ad adottare aiuti al tessuto economico in deroga alla disciplina ordinaria sugli aiuti di Stato.
Il **Temporary Framework** è stato esteso ed integrato più volte.
Da ultimo, con la Comunicazione C (2021) 8442, il 18 novembre 2021 la Commissione europea ha deciso di prorogare ulteriormente **fino al 30 giugno 2022** il quadro temporaneo per gli aiuti di Stato (la cui scadenza era prevista per il 31 dicembre 2021).
Inoltre, la Commissione ha deciso di incrementare i massimali previsti per alcune misure di sostegno.
Nel dettaglio, i **massimali degli aiuti** di importo limitato sono stati fissati a:
- 290.000 euro per le imprese operanti nella produzione primaria di prodotti agricoli;
- 345.000 euro per quelle operanti nel settore della pesca e dell'acquacoltura;
- 2,3 milioni di euro per le imprese di tutti gli altri settori.

Dichiarazione di non aver beneficiato di agevolazioni illegittime 32.1.4.

I destinatari degli aiuti di Stato possono avvalersi di tali misure agevolative solo se dichiarano di non rientrare fra coloro che hanno ricevuto e, successivamente, non rimborsato o depositato in un conto bloccato gli **aiuti** che sono **individuati quali illegali o incompatibili** dalla Commissione europea (D.P.C.M. 23 maggio 2007).
La **dichiarazione sostitutiva dell'atto di notorietà** riguarda gli aiuti in relazione ai quali la Commissione europea ha ordinato il recupero, ai sensi delle decisioni elencate nel decreto in oggetto.
Il **modello** di dichiarazione sostitutiva di atto di notorietà e le relative istruzioni sono stati approvati con il Provvedimento Agenzia delle Entrate 6 agosto 2007.

AGEVOLAZIONE REDDITI BENI IMMATERIALI (PATENT BOX) 32.2.

È previsto un regime opzionale di tassazione agevolata (c.d. **"patent box"**) per i **redditi derivanti dall'utilizzo di software protetto da copyright**, di **brevetti industriali**, di **disegni e modelli**, nonché di **processi, formule e informazioni** relativi ad esperienze acquisite nel campo industriale, commerciale o scientifico giuridicamente tutelabili, con lo scopo di incentivare gli **investimenti in attività di ricerca e sviluppo** (art. 1, c. da 37 a 45, Legge n. 190/2014; D.M. 30 luglio 2015; D.M. 28 novembre 2017).

Tale agevolazione, pur mantenendo le caratteristiche generali in merito ai soggetti beneficiari e ad altre regole applicative, è stata notevolmente **semplificata ed implementata** ad opera del D.L. n. 146/2021 (c.d. "Decreto Fiscale" collegato alla manovra di bilancio 2022) in vigore **dal 22 ottobre 2021**, le cui **modifiche** sono state successivamente riviste con la **Legge di bilancio 2022** (art. 1, c. 10-11, Legge n. 234/2021).

Di seguito si riportano le regole applicative dell'agevolazione nella sua forma antecedente alle modifiche appena accennate, trattando l'**approfondimento** delle stesse nel paragrafo ➡32.2.12.

32.2.1. Soggetti beneficiari ed esclusi

Possono optare per il regime agevolato **tutti i soggetti titolari di reddito d'impresa**, indipendentemente dalla forma giuridica assunta (quindi anche le imprese individuali), a **condizione** che:

– **operino nel territorio dello Stato**, sono inclusi pertanto anche i soggetti residenti in Paesi nei quali sia in vigore un accordo per evitare la doppia imposizione e con i quali lo scambio di informazioni sia effettivo, con Stabile Organizzazione nel territorio dello Stato;
– **svolgano un'attività di ricerca e sviluppo** finalizzata alla **produzione di beni "agevolabili"**.

I **soggetti esclusi** sono le società assoggettate a procedure di **fallimento**, alle procedure di **liquidazione coatta** e alle procedure di **amministrazione straordinaria** delle grandi imprese in crisi.

Non possono, inoltre, accedere al regime agevolativo i soggetti, titolari di reddito d'impresa, che determinano il reddito con metodologie diverse da quella analitica (**regime forfetario, tonnage tax, società agricole** che esercitano l'opzione per determinare il **reddito su base catastale**, ecc.).

Soggetti interessati e soggetti esclusi	
Opzione per il patent box	**Soggetti**
SÌ	A condizione che esercitino le **attività di ricerca e sviluppo**: - persone fisiche che esercitano imprese commerciali (art. 55, D.P.R. n. 917/1986); - soggetti IRES residenti (art. 73, c. 1, lett. a) e b), D.P.R. n. 917/1986); - società di persone ed enti equiparati (art. 5, c. 1, D.P.R. n. 917/1986), ad eccezione delle società semplici; - enti non commerciali (art. 73, c. 1, lett. c), D.P.R. n. 917/1986) relativamente all'attività commerciale eventualmente esercitata; - soggetti IRES non residenti (art. 73, c. 1, lett. d), D.P.R. n. 917/1986), residenti in Paesi con i quali sia in vigore un accordo per evitare la doppia imposizione e con i quali lo scambio di informazioni sia effettivo, con Stabile Organizzazione nel territorio dello Stato alla quale sono attribuibili i beni immateriali.
NO	Società ed enti assoggettati alle procedure di **fallimento** dall'inizio dell'esercizio in cui interviene la dichiarazione di fallimento. Società ed enti assoggettati alle procedure di **liquidazione coatta** dall'inizio dell'esercizio in cui interviene il provvedimento che ordina la liquidazione. Società ed enti assoggettati alle procedure di **amministrazione straordinaria** delle grandi imprese in crisi dall'inizio dell'esercizio in cui interviene il decreto motivato che dichiara l'apertura della procedura di amministrazione straordinaria sulla base del programma di cessione dei complessi aziendali (art. 54, D.Lgs. n. 270/1999).

Diritto di sfruttamento - Per fruire dell'agevolazione, in osservanza al principio OCSE c.d. "*nexus approach*", occorre che **colui che esercita l'opzione abbia diritto allo sfruttamento economico dei beni immateriali e svolga attività di ricerca e sviluppo**. Ciò consente di collegare il godimento dell'agevolazione all'effettivo svolgimento di un'attività economica che si sostanzia nello sviluppo, manutenzione ed accrescimento del bene stesso.

In altri termini deve esserci un "nesso" tra le attività di ricerca e sviluppo, i beni immateriali ed il reddito agevolabile ad essi riferibile.

32.2.2. Modalità di esercizio e durata dell'opzione

Il **regime** è **opzionale** e l'opzione (➡96.7.), da esercitare in dichiarazione dei redditi, ha **durata pari a cinque periodi d'imposta**, è **irrevocabile** ed è **rinnovabile**.

L'opzione deve recare l'indicazione del numero dei beni a cui la stessa si riferisce, la classificazione dei beni nelle tipologie previste e l'ammontare del reddito agevolabile per ciascuna tipologia. Qualora la quota di reddito agevolabile sia determinata a seguito della **procedura di ruling** (➡32.2.10.) (art. 1, c. 39, quarto periodo, Legge n. 190/2014), l'opzione ha efficacia dal **periodo d'imposta in cui è presentata la richiesta di ruling**, con riferimento al periodo di efficacia dell'accordo.

Nelle more della stipula dell'accordo con l'Agenzia delle Entrate, i soggetti beneficiari determinano il reddito d'impresa secondo le regole ordinarie.

Al fine di consentire l'accesso al beneficio fin dal periodo d'imposta in cui è presentata l'istanza di ruling, la quota di reddito agevolabile relativa ai periodi d'imposta compresi tra la data di presentazione della medesima istanza e la data di sottoscrizione dell'accordo, può essere indicata nella dichiarazione dei redditi relativa al periodo d'imposta di sottoscrizione del ruling.

Opzione tardiva - L'opzione può essere esercitata anche tardivamente qualora il contribuente rispetti le condizioni previste dalla c.d. "**remissione *in bonis***" (art. 2, c. 1, D.L. n. 16/2012) e, quindi, versando la **sanzione ridotta di 250 euro**.

Operazioni straordinarie - In caso di operazioni straordinarie (fusione, scissione e conferimento d'azienda) il soggetto avente causa subentra nell'esercizio dell'opzione effettuato dal dante causa, anche in relazione al sostenimento dei costi.

Definizione di bene immateriale 32.2.3.

L'opzione ha ad oggetto i **redditi derivanti dall'utilizzo di**:
- **software** protetto da copyright;
- **brevetti industriali** siano essi concessi o in corso di concessione, ivi inclusi i brevetti per invenzione, ivi comprese le invenzioni biotecnologiche e i relativi certificati complementari di protezione, i brevetti per modello d'utilità, nonché i brevetti e certificati per varietà vegetali e le topografie di prodotti a semiconduttori;
- **disegni e modelli**, giuridicamente tutelabili;
- **processi, formule e informazioni** relativi a esperienze acquisite nel campo industriale, commerciale o scientifico giuridicamente tutelabili;
- due o più beni immateriali tra quelli indicati ai punti precedenti, collegati tra loro da un **vincolo di complementarità** tale per cui la realizzazione di un prodotto o di una famiglia di prodotti o di un processo o di un gruppo di processi sia subordinata all'uso congiunto degli stessi.

Per la definizione delle tipologie di beni immateriali e dei requisiti per la loro esistenza si fa riferimento alle norme nazionali, dell'Unione europea ed internazionali e a quelle contenute in regolamenti dell'Unione europea, trattati e convenzioni internazionali in materia di proprietà industriale e intellettuale applicabili nel relativo territorio di protezione.

Beni immateriali	
Tipologia	**Cosa comprende**
Software protetto da copyright	**Programmi per elaboratore** in qualunque forma espressi purché originali quale risultato di creazione intellettuale dell'autore. Sono esclusi le idee e i principi che stanno alla base di qualsiasi elemento di un programma, compresi quelli alla base delle sue interfacce. Il termine programma comprende anche il materiale preparatorio per la progettazione del programma stesso[1].
Brevetti industriali	a) Brevetti per invenzione; b) brevetti per **modello di utilità**; c) brevetti per **nuove varietà vegetali**; d) **topografie** di prodotti a semiconduttori; e) certificato complementare per **prodotti medicinali**; f) certificato complementare per **prodotti fitosanitari**. I titoli di proprietà industriale sono concessi dai competenti Uffici nazionali, comunitari od organismi internazionali, variamente denominati. Per **brevetti "in corso di concessione"**, si intendono le domande per il rilascio dei predetti titoli depositate pressi gli Uffici competenti[2].
Disegni e modelli, giuridicamente tutelabili	a) Domande di registrazione di disegni e modelli; b) disegni e modelli registrati; c) disegni e modelli comunitari non registrati che possiedano i requisiti di registrabilità, la cui tutela dura per un periodo di 3 anni decorrente dalla data in cui il disegno o modello è stato divulgato al pubblico per la prima volta nella Comunità; d) disegno industriale che presenti di per sé carattere creativo e valore artistico. Le domande di registrazione sono depositate presso, ed i titoli di proprietà industriale sono rilasciati dai, competenti Uffici per la proprietà industriale variamente denominati[3].

IRES

Beni immateriali	
Tipologia	**Cosa comprende**
Processi, formule e informazioni relativi a esperienze acquisite nel campo industriale, commerciale e scientifico	Informazioni aziendali ed esperienze tecnico-industriali, comprese quelle commerciali, soggette al legittimo controllo del detentore, ove tali informazioni: a) siano **segrete**, nel senso che non siano nel loro insieme o nella precisa configurazione e combinazione dei loro elementi generalmente note o facilmente accessibili agli esperti ed agli operatori del settore. Si tratta di informazioni che, singolarmente o nella loro combinazione, siano tali da non poter essere assunte dall'operatore del settore, in tempi e a costi ragionevoli. In sostanza occorre che la loro acquisizione da parte del concorrente richieda sforzi o investimenti; b) abbiano **valore economico in quanto segrete**. Non nel senso che possiedano un valore di mercato, ma nel senso che il loro utilizzo comporti, da parte di chi lo attua, un vantaggio concorrenziale che consenta di mantenere o aumentare la quota di mercato; c) siano **sottoposte**, da parte delle persone al cui legittimo controllo sono soggette, **a misure** da ritenersi ragionevolmente **adeguate a mantenerle segrete**. Costituiscono altresì oggetto di protezione i dati relativi a prove o altri dati segreti, la cui elaborazione comporti un considerevole impegno ed alla cui presentazione sia subordinata l'autorizzazione dell'immissione in commercio di **prodotti chimici, farmaceutici o agricoli** implicanti l'uso di nuove sostanze chimiche. Si ritiene comunemente necessario che il titolare delle informazioni renda edotti i propri dipendenti e i propri collaboratori della natura delle informazioni e della necessità di mantenere il segreto sia come condizione contrattuale sia come informazione comunque diretta a collaboratori e dipendenti[4].

[1] La **prova** deve risultare da un'**autocertificazione** da trasmettere all'Agenzia delle Entrate, che attesti la titolarità dei diritti esclusivi su di esso in capo al richiedente, a titolo originario o derivativo (in questo secondo caso specificando il negozio da cui deriva l'acquisto), e la sussistenza dei requisiti di tutela sopra individuati di originalità e creatività tali da poter essere identificati come opere dell'ingegno.
La dichiarazione deve altresì contenere la descrizione del programma per elaboratore cui può essere allegata copia del programma su supporto ottico non modificabile.
[2] La **prova** dell'avvenuto deposito della domanda è fornita mediante la produzione di una ricevuta (in qualunque modo denominata) rilasciata dall'Ufficio competente. Nel caso di avvenuta concessione del titolo di proprietà industriale, la prova è costituita dal relativo **attestato** (in qualunque modo denominato) rilasciato dall'Ufficio competente. Devono essere forniti i riferimenti delle eventuali banche dati da cui è possibile desumere le predette informazioni o estrarre i relativi documenti.
[3] Nei casi di cui alle lett. a) e b), la **prova** dell'avvenuto deposito della domanda è fornita mediante la produzione di una **ricevuta** (in qualunque modo denominata) rilasciata dall'Ufficio competente e la prova di avvenuta registrazione è costituita dal relativo **attestato** (in qualunque modo denominato) rilasciato dall'Ufficio competente. Devono essere forniti i riferimenti delle eventuali banche dati da cui è possibile desumere le informazioni o estrarre i relativi documenti.
Nei casi sub lett. c) e d), la prova deve risultare da un'**autocertificazione** da trasmettere all'Agenzia delle Entrate, che attesti la titolarità dei diritti esclusivi su di esso in capo al richiedente, a titolo originario o derivativo (in questo secondo caso specificando il negozio da cui deriva l'acquisto), e la sussistenza dei rispettivi requisiti di tutela sopra descritti e indichi inoltre: (i) per il **disegno e modello comunitario non registrato**, la data e l'evento in cui il disegno o modello è stato divulgato al pubblico per la prima volta nella Comunità; e (ii) per il **disegno industriale protetto dal diritto d'autore**, il nome dell'autore e, se questi non è vivente, la data della morte.
[4] La **prova** deve risultare da un'**autocertificazione** da trasmettere all'Agenzia delle Entrate, che attesti la legittima detenzione delle informazioni riservate in capo al richiedente, avendole lo stesso acquisite a titolo originario o derivativo (in questo secondo caso specificando il negozio da cui deriva l'acquisto), la sussistenza dei requisiti di tutela oltre ad altre informazioni (circ. 7 aprile 2016, n. 11/E).

Non è possibile optare per il regime agevolato in relazione ai ricavi derivanti dalla **concessione** in uso di **software** tramite **web cloud**, in quanto tale servizio non può essere assimilato un'attività di sviluppo, mantenimento e accrescimento del software con prerogativa autoriale (risposta a interpello 25 ottobre 2018, n. 52).

IRES

Marchi d'impresa e beni legati da vincoli di complementarità - Rispetto alla disciplina originaria, in un secondo momento, al fine di recepire le direttive fornite in ambito internazionale con il documento finale Action 5 BEPS (Base erosion and profit shifting) e con l'Agreement on Modified Nexus Approach for IP Regimes (art. 56, D.L. n. 50/2017):

- sono stati eliminati i marchi d'impresa dai beni immateriali per i quali è possibile fruire del regime agevolativo;
- è stata introdotta un'altra categoria di beni sottoposti a regime agevolato: si tratta dei redditi derivanti dall'**utilizzo congiunto di beni immateriali**, legati da vincoli di **complementarità**, ai fini della realizzazione di un prodotto o di una famiglia di prodotti o di un processo o di un gruppo di processi.

In quest'ultimo caso, è necessario che tra i beni immateriali utilizzati congiuntamente siano compresi solo i seguenti beni (art. 1, c. 39, primo periodo, Legge n. 190/2014): software protetto da copyright, brevetti industriali, disegni e modelli, processi, formule e informazioni relativi ad esperienze acquisite nel campo industriale, commerciale o scientifico giuridicamente tutelabili.

Le suddette disposizioni si applicano (art. 56, c. 2 e 3, D.L. n. 50/2017):

a. per i soggetti con **esercizio coincidente con l'anno solare**, per i periodi d'imposta per i quali le opzioni sono esercitate successivamente al 31 dicembre 2016;
b. per i soggetti con **esercizio non coincidente con l'anno solare**, a decorrere dal **terzo periodo d'imposta successivo** a quello in corso al 31 dicembre 2014, relativamente al quale le opzioni sono esercitate successivamente al 31 dicembre 2016.

Le disposizioni vigenti **anteriormente** alle modifiche operate dal D.L. n. 50/2017 continuano ad applicarsi, comunque **non oltre il 30 giugno 2021**, relativamente alle opzioni esercitate per i primi due periodi d'imposta successivi a quelli in corso al 31 dicembre 2014.

A seguito della eliminazione dei marchi d'impresa dal novero dei beni agevolabili, con il D.M. 28 novembre 2017 è stata prevista una disciplina transitoria (c.d. "**grandfathering**"). In particolare, è stato disposto che l'opzione esercitata per i primi due periodi d'imposta successivi a quello in corso al 31 dicembre 2014 può avere ad oggetto i marchi d'impresa, ivi inclusi i marchi collettivi, siano essi registrati o in corso di registrazione (art. 13, D.M. 28 novembre 2017).

In tal caso, l'opzione ha durata pari a **5 periodi d'imposta** ovvero, se inferiore, **fino al 30 giugno 2021** e **non è rinnovabile**.

Esempio

Contribuente che ha avuto accesso alla procedura di patent box, con riferimento ai marchi, nell'anno 2018 a seguito di presentazione dell'opzione nell'anno 2015.

La finestra temporale prevista dal D.M. 28 novembre 2017 consente al contribuente di beneficiare del regime agevolativo entro il termine ultimo del 30 giugno 2021.

Ciascun soggetto che ha esercitato l'opzione a partire dal terzo periodo d'imposta successivo a quello in corso al 31 dicembre 2014 e per ciascun periodo d'imposta di efficacia di tale opzione, deve indicare **nella dichiarazione dei redditi** i seguenti elementi:

- numero dei beni a cui la stessa si riferisce;
- classificazione di tali beni nelle tipologie previste;
- ammontare del reddito agevolabile per ciascuna delle suddette tipologie;
- **Paesi esteri** in cui sono fiscalmente residenti:
    a. la società che esercita il controllo diretto sul soggetto stesso;
    b. la società che esercita il controllo indiretto sul soggetto stesso che, a sua volta, è controllata esclusivamente dallo Stato o da altri enti pubblici o da persone fisiche ovvero non è controllata da alcun soggetto;
    c. le società correlate dalle quali il soggetto ha ricevuto compensi per lo sfruttamento dei marchi d'impresa oggetto dell'opzione.

Due soggetti si considerano correlati quando:

a. **uno dei due soggetti** detiene, direttamente o indirettamente, una percentuale **almeno pari al 25%** dei diritti di voto o dei diritti patrimoniali nell'altro soggetto;
b. **un terzo soggetto** detiene, direttamente o indirettamente, una percentuale **almeno pari al 25%** dei diritti di voto o dei diritti patrimoniali in ciascuno degli altri due soggetti.

La quota di reddito agevolabile derivante dall'utilizzo dei marchi è determinata secondo le regole previste per gli altri beni comprendendo **tra i costi** anche quelli relativi:

a. alle attività di sviluppo dei marchi;

b. alle attività di presentazione, comunicazione e promozione che accrescono il carattere distintivo e/o la rinomanza dei marchi, e contribuiscono alla conoscenza, all'affermazione commerciale, all'immagine dei prodotti o dei servizi del design, o degli altri materiali proteggibili;
c. alle ricerche di mercato.

Inoltre, per i Paesi con i quali è in vigore uno strumento giuridico internazionale che consente lo **scambio di informazioni** e che sono membri dell'**Inclusive Framework on BEPS**, l'Agenzia delle Entrate comunica alle amministrazioni fiscali dei Paesi di residenza fiscale delle società controllanti, controllate o correlate, il nominativo di ciascun soggetto che ha esercitato l'opzione per i marchi d'impresa.

I nominativi devono essere comunicati **entro 3 mesi** dalla ricezione della dichiarazione dei redditi relativa al periodo d'imposta in cui è stata fruita l'agevolazione derivante dall'utilizzo dei marchi.

> L'**istanza di ruling** per il regime opzionale determina l'efficacia dell'opzione solamente qualora questa sia ancora in corso di validità e nei limiti del periodo legalmente disposto che, comunque, non può superare il 30 giugno 2021. Ben diverso è il caso in cui l'opzione non sia più validamente esercitabile essendo spirati i 5 anni e la stessa non sia per legge rinnovabile.
> In definitiva, **in assenza** di una **opzione valida non è ammissibile** il **rinnovo** delle istanze di accordo preventivo (principio di diritto 18 dicembre 2019, n. 28).

IRES

32.2.4. Tipologie di utilizzo agevolabili

Rientrano nell'ambito applicativo dell'opzione:
- la **concessione in uso** del diritto all'utilizzo dei beni immateriali: il reddito agevolabile è costituito dai canoni derivanti dalla concessione in uso dei beni immateriali, al netto dei costi fiscalmente rilevanti diretti e indiretti a essi connessi;
- l'**uso diretto** dei beni immateriali, per tale intendendosi l'utilizzo nell'ambito di qualsiasi attività che i diritti sui beni immateriali riservano al titolare del diritto stesso: è necessario individuare per ciascun bene immateriale oggetto dell'opzione il contributo economico da esso derivante che ha concorso algebricamente a formare il reddito d'impresa o la perdita.

L'opzione ha ad oggetto anche le somme ottenute come **risarcimento** e come **restituzione dell'utile** a titolo di responsabilità contrattuale o extracontrattuale, per inadempimento a contratti aventi ad oggetto i beni immateriali e per violazione dei diritti sugli stessi beni.

32.2.5. Definizione di attività di ricerca e sviluppo

Rientrano nelle attività di ricerca e sviluppo finalizzate allo sviluppo, al mantenimento, nonché all'accrescimento del valore dei beni di cui sopra, le seguenti attività:
- **ricerca fondamentale**;
- **ricerca applicata**;
- **design**;
- **ideazione e realizzazione del software** protetto da copyright;
- **ricerche preventive, *test* e ricerche di mercato**;
- attività di **presentazione, comunicazione e promozione**.

Attività di ricerca e sviluppo	
Ricerca fondamentale	**Lavori sperimentali o teorici svolti per acquisire nuove conoscenze**, ove successivamente utilizzate nelle attività di ricerca applicata e *design*.
Ricerca applicata	**Ricerca pianificata per acquisire nuove conoscenze e capacità**, da utilizzare per sviluppare nuovi prodotti, processi o servizi o apportare miglioramenti a prodotti, processi o servizi esistenti, in qualsiasi settore della scienza e della tecnica; **sviluppo sperimentale e competitivo**, con ciò dovendosi intendere l'acquisizione, la combinazione, la strutturazione e l'utilizzo delle conoscenze e capacità esistenti di natura scientifica, tecnologica, commerciale e di altro tipo allo scopo di sviluppare prodotti, processi o servizi nuovi o migliorati. Rientrano in questa definizione anche le altre attività destinate alla definizione concettuale, concernente nuovi prodotti, processi o servizi, e i *test*, le prove e le sperimentazioni necessari ad ottenere le autorizzazioni per l'immissione in commercio dei prodotti o l'utilizzo di processi e servizi.

Attività di ricerca e sviluppo	
	Rientrano nello sviluppo sperimentale la costruzione di prototipi e campioni, la dimostrazione, la realizzazione di prodotti pilota, i *test* e la convalida di prodotti, processi o servizi nuovi o migliorati e la realizzazione degli impianti e delle attrezzature a tal fine necessari.
Design	**Attività di ideazione e progettazione di prodotti, processi e servizi**, ivi incluso l'aspetto esteriore di essi e di ciascuna loro parte.
Ideazione e realizzazione del **software protetto da copyright**	Sono incluse anche le attività di **elaborazione e adeguamento del software**.
Ricerche preventive, **test** e **ricerche di mercato**	Ricerche preventive, *test* e ricerche di mercato e altri studi e interventi anche finalizzati all'adozione di sistemi anticontraffazione, il deposito, l'ottenimento e il mantenimento dei relativi diritti, il rinnovo degli stessi a scadenza, la protezione di essi, anche in forma associata e in relazione alle attività di prevenzione della contraffazione e la gestione dei contenziosi e contratti relativi.

IRES

Determinazione della quota di reddito agevolabile 32.2.6.

La quota di reddito agevolabile è determinata, **per ciascun bene immateriale**, sulla base del **rapporto tra i costi** indicati di seguito.

Posizione	Costi da indicare
Numeratore	Costi afferenti alle attività svolte: - direttamente dai soggetti beneficiari; - da università o enti di ricerca e organismi equiparati; - da società, anche start up innovative, diverse da quelle che direttamente o indirettamente controllano l'impresa, ne sono controllate o sono controllate dalla stessa società che controlla l'impresa. L'**importo** dei costi è **incrementato**: - dei costi derivanti da operazioni intercorse con società che direttamente o indirettamente controllano l'impresa, ne sono controllate o sono controllate dalla stessa società che controlla l'impresa per la quota costituita dal riaddebito di costi sostenuti da queste ultime nei confronti di soggetti terzi; - dei costi sostenuti dal soggetto beneficiario nell'ambito di un accordo per la ripartizione dei costi, almeno fino a concorrenza dei proventi costituiti dal riaddebito dei costi di cui al numeratore ai soggetti partecipanti all'accordo per la ripartizione dei costi.
Denominatore	Costi indicati al numeratore, aumentati: - dei costi derivanti da operazioni intercorse con società che direttamente o indirettamente controllano l'impresa, ne sono controllate o sono controllate dalla stessa società che controlla l'impresa, sostenuti per lo sviluppo, mantenimento e accrescimento del bene afferente alle attività; - del costo di acquisizione, anche mediante licenza di concessione in uso, del bene immateriale sostenuto nel periodo d'imposta.

L'importo dei costi indicati al numeratore è aumentato di un importo corrispondente alla differenza tra l'importo dei costi indicati al denominatore e l'importo dei costi indicati al numeratore.

Tale importo rileva fino a **concorrenza del 30%** dell'importo dei costi indicati al numeratore.
Ai fini del computo del rapporto di cui sopra:

a. per il **primo periodo d'imposta** di efficacia delle disposizioni di cui si discute e **per i due successivi**, i costi di cui sopra sono quelli sostenuti nel periodo d'imposta cui si riferisce la dichiarazione dei redditi e nei tre periodi d'imposta precedenti e sono assunti complessivamente;
b. a partire **dal terzo periodo** d'imposta successivo, i costi di cui sopra sono quelli sostenuti nei periodi d'imposta in cui le disposizioni trovano applicazione e sono assunti distintamente per ciascun bene immateriale.

La quota di reddito agevolabile risulta dal prodotto fra il reddito e il rapporto di cui sopra.

Ai fini della determinazione del rapporto **non rilevano**:

a. gli **interessi passivi**;
b. le **spese relative agli immobili**;
c. **qualsiasi costo** che **non** può essere **direttamente collegato a uno specifico bene immateriale**.

La quota di reddito agevolabile determinata come detto sopra **non concorre** a formare il reddito d'impresa per il **50% del relativo ammontare**.

CASO 1 - Calcolo del reddito agevolabile

Si supponga una società di capitali che presenti, per il 2020 (quindi, con una percentuale di detassazione pari al 50%), la seguente situazione:

- Reddito da utilizzo del bene: 100.000;
- Costi qualificati sostenuti nel 2017, 2018, 2019 e 2020: 20.000;
- Spese R&S rapporti con consociate (2017, 2018, 2019 e 2020): 10.000;
- Spese per acquisizione del bene: 25.000;
- Aliquota di tassazione IRES: 24%;
- Aliquota di tassazione IRAP: 3,9%.

In questo caso i calcoli da effettuare dovrebbero essere i seguenti:

- Costi qualificati incrementati: 20.000 + (20.000 * 30%) = 26.000;
- Costi complessivi: 20.000 + 10.000 + 25.000 = 55.000;
- Coefficiente di agevolazione: 26.000/55.000 = 47,27%;
- Reddito agevolabile lordo: 100.000 * 47,27% = 47.270;
- Reddito detassato (importo della variazione in diminuzione da indicare in dichiarazione): 47.270 * 50% =23.635;
- Risparmio IRES: 23.635 * 24% = 5.672;
- Risparmio IRAP: 23.635 * 3,9% = 922.

Per un risparmio totale pari a 6.594 euro.

Consolidato nazionale - In caso di consolidato, fermo restando quanto previsto per l'individuazione dei costi da inserire nel calcolo del nexus ratio (art. 9, c. 6, D.M. 28 novembre 2017), la norma che prevede l'**incremento dei costi** da indicare al denominatore del rapporto in misura pari al costo di acquisizione, anche mediante licenza di concessione in uso, del bene immateriale sostenuto nel periodo di imposta (art. 9, c. 4, lett. b), D.M. 28 novembre 2017), si interpreta nel senso che il costo complessivo ivi indicato è considerato **al netto dei costi sostenuti dall'impresa per l'acquisizione**, anche mediante licenza di concessione in uso, del bene immateriale agevolato già acquisito a titolo originario da società consolidate che detengono, direttamente o indirettamente, la **partecipazione totalitaria al capitale** di tale impresa o il cui capitale è, direttamente o indirettamente, totalmente detenuto da tale impresa o dalla società che detiene interamente il capitale di tale impresa.
Ciò sempre che per tali società i requisiti del possesso della **partecipazione totalitaria** e della **tassazione consolidata** sussistano ininterrottamente a partire dall'esercizio in cui sono stati sostenuti i predetti costi rilevanti (art. 6, c. 2, D.M. 1° marzo 2018). In sintesi, con tale norma di interpretazione si è voluto equiparare la modalità di calcolo del nexus ratio dei soggetti inclusi nel consolidato nazionale e che detengono esclusivamente partecipazioni totalitarie a quello di soggetti indipendenti, che svolgono attività di ricerca e sviluppo preordinata alla realizzazione e all'utilizzo dei beni immateriali agevolabili.

32.2.7. Perdite

Non ci sono regole specifiche in merito al **trattamento delle perdite** derivanti dallo sfruttamento dei beni immateriali.
Ciononostante, in via interpretativa, l'Agenzia delle Entrate ha ritenuto che, nel caso in cui, una volta esercitata l'opzione, l'impresa verifichi che lo sfruttamento economico del bene immateriale genera una perdita, l'impresa in regime patent box rinvierà gli effetti positivi dell'opzione agli esercizi in cui lo stesso bene sarà produttivo di reddito (circ. 1° dicembre 2015, n. 36/E).
Inoltre, nel caso in cui le modalità di determinazione dell'agevolazione portino ad un risultato negativo (perdita), derivante dell'eccesso di costi sostenuti per il bene immateriale rispetto ai ricavi ad esso attribuibili, tali perdite concorreranno alla formazione del reddito d'impresa di periodo.

Le perdite generate in vigenza del regime del patent box dovranno essere recuperate, attraverso un meccanismo di recapture nell'ambito del medesimo regime di patent box, nel momento in cui il **bene immateriale comincerà a produrre redditi**. Tali perdite saranno, quindi, computate a ridu-

zione del reddito lordo agevolabile (pari all'eccedenza dei ricavi rispetto ai costi riferibili al singolo bene immateriale), fino al loro completo esaurimento.
Ne consegue che, in tali casi, la concreta fruizione della **tassazione agevolata**, sotto forma di variazione in diminuzione, avrà luogo nel momento in cui il bene immateriale genererà redditi depurati da eventuali perdite pregresse prodotte in vigenza del regime del patent box (circ. 1° dicembre 2015, n. 36/E).

Se il **reddito agevolabile** costituito dai canoni derivanti dalla concessione in uso dei software al netto dei relativi costi è **superiore all'utile civilistico**, il risultato negativo che ne deriva, a prescindere dalla circostanza per cui sia determinato l'effetto premiale del regime agevolativo, deve concorrere alla formazione del reddito dei periodi d'imposta successivi seguendo le ordinarie regole previste per il riporto in avanti delle perdite pregresse (risposta a interpello 22 novembre 2018, n. 74).

CASO 2 - Esercizio in perdita
Si riprenda l'esempio precedente, ma si supponga che il periodo d'imposta in questione è il 2021 (detassazione pari al 50%) e che, nel 2020, si è registrata una perdita pari a 5.000 euro.
I calcoli saranno i seguenti (si riportano solo quelli che variano rispetto all'esempio precedente):
- Reddito agevolabile lordo: (100.000 x 47,27%) - 5.000 = 42.270;
- Reddito detassato (importo della variazione in diminuzione da indicare in dichiarazione): 42.270 x 50% =21.135;
- Risparmio IRES: 21.135 x 24% = 5.072;
- Risparmio IRAP: 21.135 x 3,9% = 824.

Per un risparmio totale pari a 5.896 euro (anche in questo caso, per semplicità, sono state usate le aliquote IRES/IRAP attuali).

Reinvestimento del corrispettivo da cessione di beni immateriali 32.2.8.

Non concorrono a formare il reddito complessivo in quanto escluse dalla formazione del reddito le **plusvalenze** derivanti dalla cessione dei beni immateriali agevolati, a condizione che **almeno il 90% del corrispettivo** derivante dalla cessione dei predetti beni **sia reinvestito**, prima della chiusura del secondo periodo d'imposta successivo a quello nel quale si è verificata la cessione, nella manutenzione o nello sviluppo di altri beni immateriali svolte:

a. direttamente dai soggetti beneficiari;
b. mediante contratti di ricerca da università o enti di ricerca e organismi equiparati;
c. mediante contratti di ricerca da società, anche start up innovative, diverse da quelle che direttamente o indirettamente controllano l'impresa, ne sono controllate o sono controllate dalla stessa società che controlla l'impresa;
d. mediante contratti di ricerca da società, anche start up innovative, che direttamente o indirettamente controllano l'impresa, ne sono controllate o sono controllate dalla stessa società che controlla l'impresa, le quali si siano limitate a fare svolgere le attività di cui si è detto da soggetti indicati alle lett. b) e c).

Nell'ipotesi in cui la plusvalenza sia realizzata nell'ambito di operazioni intercorse con società che direttamente o indirettamente controllano l'impresa, ne sono controllate o sono controllate dalla stessa società che controlla l'impresa, la plusvalenza può essere determinata in conformità ad un **accordo di ruling** con l'Agenzia delle Entrate.
Qualora non si verifichino le condizioni previste sopra, il reddito del secondo periodo d'imposta successivo a quello in cui si verifica la cessione deve essere aumentato dell'importo della plusvalenza che avrebbe concorso a formare il reddito nel periodo d'imposta in cui è stata realizzata.

Tracciabilità delle spese e dei redditi 32.2.9.

Il diretto collegamento delle attività di ricerca e sviluppo con i beni immateriali, nonché fra questi ultimi e il relativo reddito agevolabile derivante dai medesimi deve risultare da un **adeguato sistema di rilevazione contabile o extracontabile**.
Per i processi, formule e informazioni relativi a esperienze acquisite nel campo industriale, commerciale o scientifico, giuridicamente tutelabili, nonché per i beni collegati tra loro da un vincolo di complementarità i soggetti devono conservare i documenti idonei a provare la sussistenza dei requisiti richiesti dalle norme nazionali e sovranazionali.

Procedura di ruling 32.2.10.

L'attivazione della procedura di ruling può essere obbligatoria o facoltativa.

Va fatta obbligatoriamente per i beni immateriali utilizzati direttamente mentre è facoltativa negli altri casi.

Per avviare la procedura di ruling (più precisamente, si tratta di una richiesta di accordo preventivo ai sensi dell'art. 31-ter, D.P.R. n. 600/1973), i soggetti titolari di reddito d'impresa devono inviare all'Agenzia delle Entrate apposita **istanza in carta libera**, tramite raccomandata con avviso di ricevimento o direttamente all'Ufficio, contenente alcune informazioni di carattere elementare relative al contribuente, alla tipologia di bene ed alla tipologia di attività di ricerca e sviluppo svolta. Una copia dell'istanza e della relativa documentazione deve essere prodotta anche su **supporto elettronico**.

L'istanza va indirizzata:

- per le imprese con volume d'affari (o ricavi), indicato nell'ultima dichiarazione presentata prima dell'invio, pari o superiore a euro 300.000.000 all'Ufficio Accordi preventivi e controversie internazionali dell'Agenzia delle Entrate, Direzione Centrale Accertamento, Settore Internazionale, sezione di Roma, Via Cristoforo Colombo, 426 c/d oppure sezione di Milano, Via Manin, 25;
- per le imprese con volume d'affari (o ricavi) inferiore a euro 300.000.000, alle Direzioni Regionali delle Entrate (ed alle Direzioni Provinciali di Trento e di Bolzano), competenti in relazione al loro domicilio fiscale.

Si applicano le modalità operative stabilite nei Provvedimenti Agenzia delle Entrate 1° dicembre 2015 e 21 marzo 2016.

La **procedura** è **perfezionata tramite la sottoscrizione** di un accordo da parte del responsabile dell'Ufficio competente dell'Agenzia e di un responsabile dell'impresa.

Tipo di istanza	Particolarità
Istanza avente ad oggetto la preventiva determinazione dei metodi e dei criteri di calcolo del contributo economico alla produzione del reddito d'impresa o della perdita, in caso di utilizzo diretto dei beni	L'istanza è corredata dalla **documentazione** atta a: a) individuare analiticamente i beni immateriali dal cui utilizzo diretto deriva la produzione della quota di reddito di impresa agevolabile; b) indicare dettagliatamente il vincolo di complementarità, qualora esistente, tra i beni immateriali di cui alla precedente lett. a), utilizzati congiuntamente, come un unico bene immateriale, ai fini dell'agevolazione nell'ambito della realizzazione di un prodotto o processo; c) fornire la chiara descrizione dell'attività di ricerca e sviluppo svolta e del diretto collegamento della stessa con lo sviluppo, il mantenimento, nonché l'accrescimento di valore dei beni di cui alla precedente lett. a); d) illustrare dettagliatamente i metodi e i criteri di calcolo del contributo economico alla produzione del reddito d'impresa o della perdita, dei beni di cui alle precedenti lett. a) e b), nonché le ragioni per le quali tali metodi e criteri sono stati selezionati. Con riferimento ai metodi e criteri di calcolo di cui alla precedente lett. d), il contributo economico al reddito d'impresa del bene immateriale è determinato sulla base degli *standard* internazionali rilevanti elaborati dall'OCSE con particolare riferimento alle linee guida OCSE in materia di **prezzi di trasferimento**. Qualora l'istanza sia presentata da microimprese, piccole e medie imprese, la documentazione di supporto deve contenere esclusivamente le informazioni di cui alle precedenti lett. a), b) e c). In tali casi, non è obbligatorio per l'impresa illustrare i metodi e i criteri di calcolo del contributo economico alla produzione del reddito d'impresa o della perdita, dei beni di cui alle citate lett. a) e b) e le ragioni per cui tali metodi e criteri sono stati selezionati. I metodi e criteri di calcolo del contributo economico alla produzione del reddito d'impresa o della perdita potranno essere definiti in contraddittorio con l'Ufficio nel corso della procedura di accordo preventivo.

Tipo di istanza	Particolarità
Istanza avente ad oggetto la preventiva definizione, in contraddittorio, dei metodi e dei criteri di calcolo dei redditi derivanti dall'utilizzo dei beni in ipotesi diverse da quelle di cui al precedente punto, realizzati nell'ambito di operazioni con società che direttamente o indirettamente, controllano l'impresa, ne sono controllate o sono controllate dalla stessa società che controlla l'impresa	L'istanza è corredata dalla **documentazione** atta a: a) individuare analiticamente i beni immateriali dalla cui concessione in uso deriva la produzione della quota di reddito di impresa agevolabile; b) indicare dettagliatamente il vincolo di complementarità, qualora esistente, tra i beni immateriali di cui alla precedente lett. a), concessi in uso congiuntamente, ai fini dell'agevolazione; c) indicare le società che direttamente o indirettamente, controllano l'impresa, ne sono controllate o sono controllate dalla stessa società che controlla l'impresa con le quali dette operazioni sono effettuate; d) fornire l'indicazione analitica dei canoni derivanti dalla concessione in uso dei beni immateriali di cui alla precedente lett. a) e dei costi fiscalmente rilevanti diretti ed indiretti connessi ai beni immateriali; e) fornire dettagliata descrizione dell'attività di ricerca e sviluppo svolta e del diretto collegamento della stessa con lo sviluppo, il mantenimento, nonché l'accrescimento del valore dei beni di cui alla precedente lett. a); f) illustrare dettagliatamente i metodi ed i criteri di calcolo del reddito d'impresa o della perdita, derivante dalla concessione in uso dei beni di cui alle precedenti lett. a) e b) e le ragioni per le quali tali metodi e criteri sono stati selezionati. Relativamente ai metodi e criteri di calcolo di cui alla precedente lett. f), il reddito d'impresa o la perdita, derivanti dalla concessione in uso dei beni sono determinati sulla base degli *standard* internazionali rilevanti elaborati dall'OCSE con particolare riferimento alle linee guida OCSE in materia di **prezzi di trasferimento**.

Passaggio da ruling obbligatorio a facoltativo - Per l'anno per il quale il **ruling** è **obbligatorio**, il reddito agevolabile può essere determinato solo a seguito della sottoscrizione dell'accordo; resta ferma la facoltà del contribuente di non presentare o integrare la documentazione e, quindi, di far decadere l'istanza di ruling obbligatorio presentata, ferma restando la validità dell'opzione esercitata.
Di contro, nell'annualità per la quale il **ruling** è diventato **facoltativo** il soggetto beneficiario può determinare autonomamente il reddito agevolabile, a prescindere dall'esito dell'istanza presentata nell'annualità in cui il ruling era obbligatorio, ovvero può presentare istanza di ruling facoltativo ed attenderne la conclusione. Resta fermo, naturalmente, che l'esito dell'istanza presentata nell'annualità in cui il ruling era obbligatorio può costituire, con riferimento alla quantificazione del contributo economico, un valido parametro di riferimento per determinare i criteri e i metodi di definizione del reddito agevolabile (circ. 7 aprile 2016, n. 11/E).

CASO 3 - Passaggio da ruling obbligatorio a facoltativo

Si consideri, ad esempio, il caso di una società che ha esercitato l'opzione nell'anno d'imposta x e che, volendo beneficiare del regime per un bene immateriale utilizzato direttamente, ha presentato entro la fine del medesimo anno istanza di ruling obbligatorio. Nel periodo d'imposta x+1 la medesima società, allo scopo di costituire una IP *company*, procede a un conferimento d'azienda comprensiva del bene immateriale per il quale ha esercitato l'opzione e presentato istanza di ruling.
In tale caso, la società conferente può beneficiare dell'agevolazione per il periodo d'imposta x solo se sottoscrive l'accordo con l'Agenzia delle Entrate; in alternativa, la medesima conferente può rinunciare a presentare la documentazione entro i termini previsti e far decadere l'istanza per il periodo d'imposta x, senza far decadere gli effetti dell'opzione esercitata.
La conferitaria, dal canto suo, beneficia dell'opzione esercitata dal conferente prima dell'effettuazione del conferimento e può determinare autonomamente il reddito agevolabile poiché versa in una situazione di utilizzo indiretto del bene immateriale a favore di società del gruppo, oppure può presentare istanza di ruling facoltativo e attendere la conclusione dell'accordo. In tale caso, si considera che la conferitaria possa beneficiare dell'agevolazione per i restanti 4 anni di durata dell'opzione, salvo rinnovo.

IRES

Passaggio da ruling facoltativo a obbligatorio - Il soggetto beneficiario del patent box, per le annualità in cui il **ruling** è **facoltativo**, ha la possibilità di determinare autonomamente il reddito agevolabile oppure di presentare istanza di ruling (in tale secondo caso, deve attendere la sottoscrizione dell'accordo).
Per le annualità in cui il **ruling** è divenuto **obbligatorio**, il soggetto beneficiario dell'agevolazione deve presentare istanza per la determinazione in contraddittorio con l'Agenzia del reddito agevolabile, pena la perdita di efficacia dell'opzione esercitata.
Se l'istanza di ruling è stata presentata per l'annualità in cui essa era facoltativa, il reddito è determinato sulla base di tale istanza anche nelle annualità in cui il ruling è divenuto obbligatorio, salva la facoltà dell'Agenzia di richiedere al contribuente l'integrazione della documentazione per tenere conto della diversa modalità di utilizzo del bene (da indiretto a diretto).
A decorrere dal periodo di imposta 2019, è possibile accedere all'agevolazione mediante la **determinazione diretta del beneficio**, rimandando il relativo confronto alla successiva fase di controllo (art. 4, D.L. n. 34/2019; circ. 29 ottobre 2020, n. 28/E).

IRES

32.2.11. Esonero dal ruling

I soggetti titolari di reddito di impresa che optano per il regime agevolativo, possono scegliere, in alternativa alla procedura di ruling di determinare e dichiarare il reddito agevolabile, indicando le informazioni necessarie alla determinazione con idonea documentazione predisposta con Provvedimento dell'Agenzia delle Entrate (Provv. 30 luglio 2019).

Opzione - L'**opzione** per la determinazione diretta del reddito agevolabile (c.d. "opzione documentale" o "OD") è comunicata **nella dichiarazione dei redditi** relativa al periodo di imposta al quale si riferisce l'agevolazione (ris. 9 settembre 2019, n. 81/E) o nel maggior termine di 90 giorni, in caso di dichiarazione tardiva (circ. 29 ottobre 2020, n. 28/E).
In tal caso, la variazione in diminuzione va ripartita in **tre quote** annuali di pari importo da indicare nella dichiarazione dei redditi e dell'IRAP relativa al periodo di imposta in cui viene esercitata l'opzione e in quelle relative ai due periodi d'imposta successivi.
Più in dettaglio, per il contribuente che opta per il Regime di autoliquidazione OD, la modalità di fruizione del beneficio è da frazionare nell'arco temporale di **3 anni**, nel caso di **utilizzo diretto** del bene agevolabile. Diversamente, nelle ipotesi di utilizzo indiretto del bene agevolabile e di realizzo delle relative plusvalenze, la fruizione del beneficio avviene integralmente nell'anno.
L'opzione OD può essere esercitata **anche tardivamente**, purché vengano rispettate le condizioni previste per la c.d. "rimessione in bonis" (art. 2, c. 1 D.L. n. 16/2012) secondo cui la fruizione di benefici di natura fiscale o l'accesso a regimi fiscali opzionali, subordinati all'obbligo di preventiva comunicazione ovvero ad altro adempimento di natura formale non tempestivamente eseguiti, non è preclusa, sempre che la violazione non sia stata constatata o non siano iniziati accessi, ispezioni, verifiche o altre attività amministrative di accertamento delle quali l'autore dell'inadempimento abbia avuto formale conoscenza, laddove il contribuente:

a. abbia i requisiti sostanziali richiesti dalle norme di riferimento;
b. effettui la comunicazione ovvero esegua l'adempimento richiesto entro il termine di presentazione della prima dichiarazione utile;
c. versi contestualmente l'importo di **250 euro**, pari alla misura minima della sanzione prevista dall'art. 11, c. 1, D.Lgs. n. 471/1997.

> Nel caso in cui la dichiarazione integrativa sia presentata entro i termini di presentazione della dichiarazione relativa al periodo d'imposta successivo, il credito (o il maggior credito) è immediatamente compensabile con debiti del medesimo periodo risultanti dalla dichiarazione presentata (risposta a interpello 23 ottobre 2020, n. 498).

Rinuncia - Coloro che abbiano una procedura di patent box in corso, riferibile a **esercizi antecedenti al 2019**, possono fruire del Regime di autoliquidazione OD anche per tali periodi, purché non sia stato concluso il relativo accordo.

> La condizione per accedere all'autoliquidazione OD, per periodi di imposta antecedenti al periodo d'imposta 2019, è costituita dalla sussistenza di una procedura di **patent box pendente**.
> Non si ritiene sussistente una procedura di patent box in corso laddove sia stato adottato un provvedimento di formale chiusura della stessa per mancato accordo, né qualora l'istanza di accesso alla predetta procedura sia decaduta per mancata integrazione della documentazione nei termini previsti dalla relativa disciplina.

Non potrà, altresì, considerarsi sussistente una procedura che sia stata dichiarata dall'Ufficio inammissibile o improcedibile in via definitiva (circ. 29 ottobre 2020, n. 28/E).

Esempio

Si consideri il caso di un Contribuente con periodo di imposta coincidente con l'anno solare, che abbia presentato un'istanza di accesso alla procedura di patent box, per ipotesi di utilizzo diretto, nell'anno 2017, il cui accordo, qualora sottoscritto, avrebbe coperto il **quinquennio 2017-2021**.
Se il Contribuente ha effettuato la **rinuncia nel 2019**, potrà fruire dell'autoliquidazione per i periodi di imposta 2017 e 2018.
In tal caso indica nella dichiarazione del 2020, per il periodo di imposta 2019, **un terzo** della somma dell'agevolazione relativa alle annualità **2017 e 2018** e l'eventuale importo, pari ad un terzo del beneficio riferibile al 2019, qualora decida di optare per il Regime di autoliquidazione OD anche per tale periodo d'imposta (circ. 29 ottobre 2020, n. 28/E).

Sanzioni - In caso di rettifica del reddito escluso dal concorso alla formazione del reddito d'impresa ai sensi del regime agevolativo, determinato direttamente dai soggetti ivi indicati, da cui derivi una maggiore imposta o una differenza del credito, la **sanzione** per dichiarazione infedele (dal 90 al 180% della maggior imposta dovuta o della differenza del credito utilizzato - art. 1, c. 2, D.Lgs. n. 471/1997) non si applica qualora, nel corso di accessi, ispezioni, verifiche o di altra attività istruttoria, il contribuente consegni all'Amministrazione finanziaria la documentazione idonea a consentire il riscontro della corretta determinazione della quota di reddito escluso, sia con riferimento all'ammontare dei componenti positivi di reddito, inclusi quelli impliciti derivanti dall'utilizzo diretto dei beni indicati, sia con riferimento ai criteri e alla individuazione dei componenti negativi riferibili ai componenti positivi.
Il contribuente che detiene la documentazione deve darne comunicazione all'Amministrazione finanziaria nella dichiarazione relativa al periodo d'imposta per il quale si beneficia dell'agevolazione.
Tali regole si applicano anche in caso di attivazione delle procedure di ruling a condizione che non sia stato concluso il relativo accordo, previa comunicazione all'Agenzia delle Entrate dell'espressa volontà di rinuncia alla medesima procedura.
Resta ferma la facoltà, per tutti i soggetti che intendano beneficiare dell'agevolazione, in particolare per coloro per i quali non ricorre l'obbligatorietà della procedura di ruling, di accedere alle **esimenti sanzionatorie** mediante la presentazione di una dichiarazione integrativa, nella quale deve essere data indicazione del possesso della documentazione idonea per ciascun periodo d'imposta oggetto di integrazione. Tale facoltà viene concessa qualora la dichiarazione integrativa sia presentata prima della formale conoscenza dell'inizio di qualunque attività di controllo.
In assenza della comunicazione attestante il possesso della documentazione idonea, in caso di rettifica del reddito, si applica la sanzione per **dichiarazione infedele** (dal 90 al 180% della maggior imposta dovuta o della differenza del credito utilizzato - art. 1, c. 2, D.Lgs. n. 471/1997).

Nuovo patent box 32.2.12.

È stata introdotta una nuova opzione, della **durata quinquennale**, che sostituisce l'agevolazione come sopra descritta (art. 6, D.L. n. 146/2021).

Soggetti beneficiari

I soggetti titolari di reddito d'impresa possono esercitare una **opzione** per la durata di cinque periodi d'imposta, **irrevocabile e rinnovabile**, a condizione di essere residenti in Paesi con i quali sia in vigore un accordo per evitare la doppia imposizione e con i quali lo scambio di informazioni sia effettivo (le modalità operative saranno oggetto di apposito provvedimento dell'Agenzia delle Entrate).

Costi agevolabili

Per chi esercita l'opzione, ai fini delle imposte sui redditi e ai fini IRAP, i **costi di ricerca e sviluppo** sostenuti in relazione a software protetto da copyright, brevetti industriali, disegni e modelli, , che siano dagli stessi soggetti utilizzati direttamente o indirettamente nello svolgimento della propria attività d'impresa, sono **maggiorati del 110%**.
Qualora in uno o più periodi d'imposta le spese di cui sopra siano sostenute in vista della creazione di una o più immobilizzazioni immateriali rientranti tra quelle sopra elencate, il contribuente può usufruire della maggiorazione del 110% di dette spese a decorrere dal periodo d'imposta in cui l'immobilizzazione immateriale ottiene un **titolo di privativa industriale**.
La maggiorazione del 110% non può essere applicata alle spese sostenute prima dell'ottavo periodo d'imposta antecedente a quello nel quale l'immobilizzazione immateriale ottiene un titolo di privativa industriale (art. 6, c. 10-bis, D.L. n. 146/2021).

Condizioni e modalità per l'utilizzo

Le disposizioni si applicano a condizione che i soggetti che esercitano l'opzione **svolgano le attività di ricerca e sviluppo**, anche mediante contratti di ricerca stipulati con società diverse da quelle che direttamente o indirettamente controllano l'impresa, ne sono controllate o sono controllate dalla stessa società che controlla l'impresa ovvero con università o enti di ricerca e organismi equiparati, finalizzate alla creazione e allo sviluppo dei beni di cui sopra.
I soggetti che intendano beneficiare della maggiore deducibilità dei costi ai fini fiscali possono indicare le informazioni necessarie alla determinazione della predetta maggiorazione predisponendo una **apposita documentazione** secondo le indicazioni che saranno rese note dall'Agenzia delle Entrate.
Il contribuente che detiene la documentazione deve **comunicarlo nella dichiarazione dei redditi** relativa al periodo di imposta per il quale beneficia dell'agevolazione.

Rettifica della maggiorazione - In caso di rettifica della maggiorazione determinata dai soggetti interessati, da cui derivi una maggiore imposta o una differenza del credito, la sanzione prevista, che va dal 90% al 180% della maggior imposta dovuta (art. 1, c. 2, D.Lgs. n. 471/1997), non si applica qualora, nel corso di accessi, ispezioni, verifiche o altra attività istruttoria, il contribuente consegni all'Amministrazione finanziaria la documentazione idonea a consentire il riscontro della corretta maggiorazione.
La stessa sanzione si applica anche in caso di rettifica, **in assenza della comunicazione** attestante il possesso della documentazione idonea.

Decorrenza - Le regole sul nuovo patent box si applicano alle opzioni esercitate con riguardo al periodo d'imposta in corso alla data della loro entrata in vigore e ai successivi periodi di imposta.
Con effetto **dal 22 ottobre 2021** e successivi periodi d'imposta non sono più esercitabili le opzioni per il patent box con le vecchie regole (art. 1, c. da 37 a 45, Legge n. 190/2014 e art. 4, D.L. n. 34/2019).
I soggetti che abbiano esercitato o che esercitino opzione per il "vecchio" patent box, afferenti ai periodi d'imposta antecedenti a quello in corso al 22 ottobre 2021, possono scegliere, in alternativa al regime opzionato, di **aderire al nuovo regime agevolativo**, previo invio di apposita comunicazione all'Agenzia delle Entrate.
Sono **esclusi dalla possibilità di scelta** coloro che abbiano presentato istanza di accesso alla procedura secondo le particolari regole previste dall'art. 31-ter D.P.R. n. 600/1973 (➡**32.2.10.**) ovvero presentato istanza di rinnovo, e abbiano sottoscritto un accordo preventivo con l'Agenzia delle Entrate a conclusione di dette procedure, nonché i soggetti che abbiano aderito al regime del calcolo in dichiarazione di cui all'articolo 4 del D.L. n. 34/2019.

32.3. ACE (AIUTO ALLA CRESCITA ECONOMICA)

Ai fini della determinazione del reddito complessivo netto dichiarato dai soggetti IRES è ammesso in **deduzione** un importo corrispondente al **rendimento nozionale del nuovo capitale proprio** (art. 1, D.L. n. 201/2011).

Abrogazione e successive modifiche - L'agevolazione, in vigore sino al 31 dicembre 2018 (art. 1, c. 1080, Legge n. 145/2018), nel 2019 è stata sostituita, in un primo momento, dalla c.d. "mini IRES" (art. 2, c. 1-8, D.L. n. 34/2019) ed è stata poi ripristinata (con contestuale abrogazione della "mini IRES"), sempre a decorrere dal periodo d'imposta successivo a quello in corso al 31 dicembre 2018 (quindi, per i soggetti solari, dal 2019) dalla Legge di bilancio 2020 (art. 1, c. 287, Legge n. 160/2019).
Infine, con il c.d. "**Decreto Sostegni bis**" (art. 16, D.L. n. 73/2021), con effetto dal periodo d'imposta successivo a quello in corso al 31 dicembre 2020, è stato introdotto un **regime transitorio straordinario** della disciplina dell'ACE (c.d. "**ACE innovativa**") (➡**32.3.9.**) per gli aumenti di capitale fino a 5 milioni di euro, che prevede anche la possibilità di trasformare il relativo beneficio fiscale in credito d'imposta compensabile per il **2021**.

32.3.1. Soggetti interessati

L'agevolazione riguarda le **società e** gli **enti IRES**, **fiscalmente residenti** (art. 73, c. 1, lett. a) e b), D.P.R. n. 917/1986).
Per le **società e** gli **enti commerciali non residenti** (art. 73, c. 1, lett. d), D.P.R. n. 917/1986) l'agevolazione si applica relativamente alle **Stabili Organizzazioni** nel territorio dello Stato.
L'ACE si applica anche al reddito d'impresa di **persone fisiche**, **società in nome collettivo e in accomandita semplice** in regime di **contabilità ordinaria** (➡**14.11.7.**).

Possono fruire del beneficio fiscale anche le società estere che hanno trasferito la propria residenza in Italia, a partire dal periodo d'imposta in cui assumono la qualifica di soggetto residente (circ. 23 maggio 2014, n. 12/E).

Esclusioni 32.3.2.

L'ACE **non si applica** alle imprese:

a. assoggettate alle procedure di **fallimento** dall'inizio dell'esercizio in cui interviene la dichiarazione di fallimento;

b. assoggettate alle procedure di **liquidazione coatta** dall'inizio dell'esercizio in cui interviene il provvedimento che ordina la liquidazione;

c. assoggettate alle procedure di **amministrazione straordinaria delle grandi imprese in crisi** dall'inizio dell'esercizio in cui interviene il decreto motivato che dichiara l'apertura della procedura di amministrazione straordinaria sulla base del programma di cessione dei complessi aziendali (art. 54, D.Lgs. n. 270/1999);

d. che svolgono come attività prevalente quelle attività per le quali hanno esercitato l'**opzione per la tonnage tax** (➜28.) (art. 155, D.P.R. n. 917/1986). Per attività prevalente s'intende l'attività dalla quale deriva, nel corso del periodo d'imposta, il maggiore ammontare di ricavi;

e. **agricole** che determinano il reddito ai sensi dell'art. 32, D.P.R. n. 917/1986.

Calcolo dell'ACE 32.3.3.

Ai fini del calcolo dell'agevolazione occorre distinguere tra:

- soggetti IRES;
- soggetti IRPEF.

Ridefinizione delle regole attuative - Con il D.M. 3 agosto 2017 sono state ridefinite le regole attuative dell'agevolazione.
In particolare, il decreto ha rivisto la disciplina per la determinazione della base imponibile IRES e IRAP dei **soggetti IAS/IFRS *adopter***, che ora è applicabile anche ai soggetti che adottano i nuovi OIC (➜21.9.) (➜21.10.).
La revisione delle norme sull'ACE, dunque, ha come primo presupposto la gestione degli effetti delle modifiche apportate con il D.Lgs. n. 139/2015 in tema di composizione e struttura del bilancio dei soggetti diversi da coloro che applicano i principi contabili internazionali IAS/IFRS.
Inoltre, con il decreto è stato rivisto il meccanismo applicativo dell'ACE per le **persone fisiche** e le **società di persone** esercenti attività d'impresa **in contabilità ordinaria**.
È stato, così, abrogato il D.M. 14 marzo 2012 che aveva attuato l'ACE.

Calcolo dell'ACE	
Soggetti	**Regole applicabili**
Soggetti IRES	Per le società e i soggetti IRES è ammesso **in deduzione**, dal reddito complessivo netto dichiarato, l'importo corrispondente al **rendimento nozionale della variazione in aumento del capitale proprio** rispetto a quello esistente alla chiusura dell'esercizio in corso al 31 dicembre 2010. Se il periodo d'imposta è superiore o inferiore a un anno, la variazione in aumento va ragguagliata alla durata del periodo stesso. Per le società e gli enti commerciali **non residenti** le norme si applicano alle **Stabili Organizzazioni** nel territorio dello Stato con riguardo alla variazione in aumento del fondo di dotazione rispetto a quello esistente alla chiusura dell'esercizio in corso al 31 dicembre 2010. Il rendimento nozionale del nuovo capitale proprio è determinato mediante applicazione dell'**aliquota percentuale** appositamente stabilita (➜32.3.4.). L'importo del rendimento nozionale che supera il reddito complessivo netto dichiarato può essere computato in aumento dell'importo deducibile dal reddito complessivo netto dei periodi d'imposta successivi. In luogo della deduzione dal reddito complessivo netto dei periodi d'imposta successivi, l'**eccedenza** di cui sopra può essere **utilizzata in compensazione** dell'IRAP sotto forma di credito d'imposta determinato applicando alla suddetta eccedenza le aliquote IRES.

IRES

Calcolo dell'ACE	
Soggetti	**Regole applicabili**
	Il credito va ripartito in cinque quote annuali di pari importo fino a concorrenza dell'IRAP del periodo. Ai fini del calcolo del **patrimonio netto (PN),** il capitale proprio esistente alla data di chiusura dell'esercizio in corso al 31 dicembre 2010 è costituito dal patrimonio netto risultante dal relativo bilancio, senza tener conto dell'utile del medesimo esercizio. Rilevano come **elementi positivi della variazione del capitale proprio** di cui sopra: a) i **conferimenti in denaro versati dai soci o partecipanti** nonché quelli versati per acquisire la qualificazione di soci o partecipanti; si considera conferimento in denaro la rinuncia incondizionata dei soci al diritto alla restituzione dei crediti verso la società, nonché la compensazione dei crediti in sede di sottoscrizione di aumenti del capitale. I conferimenti eseguiti in attuazione di una delibera di aumento di capitale rilevano se tale delibera è assunta successivamente all'esercizio in corso al 31 dicembre 2010; b) gli **utili accantonati a riserva**, ad esclusione di quelli destinati a riserve non disponibili. Per quanto riguarda le **variazioni del capitale proprio**: - per i soggetti diversi da quelli che svolgono attività finanziarie ed assicurative di cui alla sezione K dell'ATECOFIN 2007, ad eccezione delle *holding* non finanziarie, la variazione in aumento del capitale proprio non ha effetto fino a concorrenza dell'incremento delle consistenze dei titoli e dei valori mobiliari, diversi dalle partecipazioni, rispetto a quelli risultanti dal bilancio relativo all'esercizio in corso al 31 dicembre 2010. Per titoli e valori mobiliari deve farsi riferimento alla nozione recata dall'art. 1, c. 1-bis, D.Lgs. n. 58/1998 (TUF), includendo altresì le quote di OICR; - tra gli **elementi negativi** della variazione del capitale proprio, è stata inclusa anche l'ipotesi di riduzione del PN conseguente all'**acquisto di azioni proprie** effettuato ai sensi dell'art. 2357-bis c.c. (l'esempio è quello dell'acquisto di azioni proprie avvenuto in esecuzione di una delibera dell'assemblea di riduzione del capitale, da attuarsi mediante riscatto e annullamento di azioni); - è stato regolamentato l'effetto, ai fini dell'ACE, della modalità di contabilizzazione dei **prestiti infruttiferi erogati dal socio** (**OIC 15 e 19**); - sono espressamente escluse dalle variazioni del capitale proprio le riserve formate con utili che derivano dalla **valutazione al *fair value* degli strumenti finanziari derivati**; - sono disciplinati gli effetti sul calcolo della variazione del capitale proprio nell'ipotesi di **conferimento d'azienda**: al fine di garantire le medesime modalità di calcolo dell'agevolazione a prescindere dalle regole contabili adottate, è stato necessario considerare non rilevanti, ai fini dell'agevolazione ACE, gli utili derivati da tale operazione. In ciascun esercizio la variazione in aumento non può comunque eccedere il patrimonio netto risultante dal relativo bilancio, ad esclusione delle riserve per acquisto di azioni proprie: tale regola si applica a tutti i soggetti, a prescindere dai principi contabili adottati in bilancio (risposta dell'Agenzia delle Entrate resa in occasione dell'incontro con la stampa specializzata del 1° febbraio 2018).
Soggetti IRPEF	Le **imprese IRPEF in contabilità ordinaria** determinano la base ACE come sommatoria di due elementi: 1) differenza positiva tra patrimonio netto al 31 dicembre 2015 e al 31 dicembre 2010; 2) incremento patrimoniale formatosi dal 2016 e determinato con le regole IRES. In pratica, vengono equiparati i soggetti e determinata l'ACE nello stesso modo indipendentemente dalla forma giuridica assunta dall'impresa.

Calcolo dell'ACE	
Soggetti	**Regole applicabili**
	Pertanto, l'incremento di capitale proprio rileva in modo analogo a quello previsto per i soggetti IRES e, quindi, tenendo conto: - dei **conferimenti in denaro**; - degli **accantonamenti di utili e riserve** disponibili; - delle **riduzioni di PN** con attribuzione ai soci (o all'imprenditore) a qualsiasi titolo. A differenza di quanto avviene per le società di capitali, con specifico riferimento agli accantonamenti di utili, è disposta la rilevanza nell'esercizio di maturazione, al netto di eventuali prelevamenti in conto utile: ciò a causa della mancanza dell'obbligo dell'adozione di delibere assembleari ai fini della destinazione dell'utile a riserva per le imprese individuali e per le società di persone. Questa deroga è presente anche per il calcolo della differenza tra il patrimonio netto al 31 dicembre 2015 e quello al 31 dicembre 2010 (punto 1) sopra elencato), per cui il patrimonio netto al 31 dicembre 2015 e quello al 31 dicembre 2010 sono assunti al lordo degli utili maturati in tali periodi. Nel caso in cui non sia possibile calcolare la differenza fra il patrimonio netto al 31 dicembre 2015 e quello al 31 dicembre 2010 in quanto l'impresa era in regime di contabilità semplificata nel 2010 (e, eventualmente, anche in taluni degli anni successivi del quinquennio 2011-2015), viene specificato che, in luogo della predetta differenza, l'impresa, ai fini della base ACE, deve determinare la differenza positiva tra il PN dell'ultimo esercizio del quinquennio (2011-2015) in cui l'impresa ha operato in contabilità ordinaria ed il valore del medesimo PN desumibile dal prospetto delle attività e passività esistenti all'inizio del periodo d'imposta di prima applicazione del regime di contabilità ordinaria redatto ai sensi del D.P.R. n. 689/1974. In sostanza, in considerazione della finalità di considerare agevolabile l'incremento di PN registrato nei periodi di vigenza della disciplina ACE, si dà rilevanza all'incremento che lo stesso ha avuto nel quinquennio 2011-2015 determinabile nei periodi d'imposta in cui il soggetto era in regime di contabilità ordinaria.
Clausola di salvaguardia	Con riferimento ai **periodi d'imposta precedenti** a quello in corso alla data di entrata in vigore del D.M. 3 agosto 2017 (quindi, sino al 2016), per i quali i termini per il versamento a saldo delle imposte sui redditi sono scaduti anteriormente alla medesima data, sono fatti salvi gli effetti sulla determinazione della variazione del capitale proprio, relativa ai medesimi periodi d'imposta, derivante dall'applicazione delle disposizioni precedenti, anche se non coerenti con le stesse. Con riferimento ai **periodi d'imposta successivi** a quello in corso al 31 dicembre 2010 e fino a quello in corso alla data di entrata in vigore del D.M. 3 agosto 2017 (quindi sino al 2016) sono fatti salvi gli effetti sulla determinazione della variazione del capitale proprio, relativa ai medesimi periodi d'imposta, derivanti dall'applicazione delle disposizioni diverse da quelle precedenti, anche se non coerenti con le stesse.

Chiarimenti	Estremi
Ai fini della quantificazione della base di calcolo dell'ACE, la **variazione in aumento del capitale proprio** (già ridotta dell'ammontare dei conferimenti che sono effettuati a favore di soggetti controllati, sottoposti al controllo dello stesso controllante oppure divenuti tali successivamente al conferimento) non ha effetto fino alla concorrenza dell'incremento dei crediti di finanziamento nei confronti di soggetti appartenenti al medesimo gruppo. Il soggetto che presenta tali incrementi ha la possibilità di richiedere la disapplicazione di tale misura unicamente nell'ipotesi in cui il destinatario del finanziamento non abbia a sua volta eseguito alcuna delle operazioni duplicative del beneficio.	Principio di diritto 6 novembre 2018, n. 11

IRES

Chiarimenti	Estremi
Qualora la **base di calcolo** dell'ACE del contribuente sia **mista**, ossia costituita sia da conferimenti, sia da utili accantonati, nell'ipotesi in cui il contribuente effettui una o più operazioni, dovrà apportare riduzioni fino a concorrenza dell'importo della base ACE formata dai conferimenti.	Principio di diritto 6 novembre 2018, n. 12
Non opera la riduzione della base di calcolo dell'ACE per incremento dei crediti di finanziamento nel caso in cui nessuna delle società beneficiarie del finanziamento abbia a sua volta effettuato conferimenti, finanziamenti, pagamenti di corrispettivi per **acquisti di partecipazioni, aziende o rami di azienda** in società residenti appartenenti al gruppo. In tale ipotesi pertanto la base di calcolo dell'ACE non deve essere sterilizzata dell'importo dei finanziamenti che sono erogati nei confronti di società controllate.	Risposta a interpello 5 dicembre 2018, n. 95
L'ammontare dei corrispettivi corrisposti da una società alla propria controllante per l'**acquisizione di partecipazioni** da quest'ultima detenute in altre società del gruppo deve essere riportato in diminuzione della base di calcolo ACE della prima società qualora la controllante, successivamente, proceda con l'acquisizione di partecipazioni in altre società del gruppo, diverse dalle precedenti. Diversamente si verificherebbe una moltiplicazione del beneficio fiscale per diverse società appartenenti al medesimo gruppo di imprese.	Risposta a interpello 6 dicembre 2018, n. 99
In presenza di una **fusione per incorporazione** può essere disapplicato il limite al riporto dell'eccedenza ACE della società incorporata, qualora quest'ultima non abbia superato il test di vitalità economica relativo ai costi del personale e il mancato superamento sia dipeso dall'assenza di costi per il personale in ragione della tipologia di attività svolta.	Risposta a interpello 13 febbraio 2019, n. 52
Non è possibile usufruire del beneficio ACE in relazione ai **conferimenti in natura**. Per quanto riguarda i conferimenti in denaro provenienti indirettamente da fondi esteri residenti in Stati white listed, è possibile usufruire del beneficio dell'ACE qualora, dall'analisi dei vari flussi finanziari delle società appartenenti al medesimo gruppo, risulti l'assenza di fenomeni duplicativi del beneficio	Risposta a interpello 18 febbraio 2019, n. 58
L'**eccedenza** riportabile di ACE, se ancora disponibile, può essere riconosciuta a **scomputo** del **maggior imponibile accertato** in sede di definizione in adesione, su richiesta del contribuente stesso.	Circ. 21 marzo 2019, n. 5/E

32.3.4. Rendimento nozionale

Il **rendimento nozionale del nuovo capitale proprio** è valutato mediante applicazione dell'**aliquota percentuale** appositamente individuata alla **variazione in aumento del capitale proprio** rispetto a quello esistente alla chiusura dell'esercizio in corso al 31 dicembre 2010.

I coefficienti hanno subito alcune modifiche, prima ad opera della Legge di bilancio 2017 (art. 1, c. 550, Legge n. 232/2016), successivamente con la manovra correttiva 2017 (art. 7, D.L. n. 50/2017). **Dal periodo d'imposta 2019**, l'aliquota percentuale per il calcolo del rendimento nozionale del nuovo capitale proprio è fissata **all'1,3%** (art. 1, c. 287, Legge n. 160/2019).

Periodo di riferimento	Coefficiente di remunerazione
2014	4% [1 2]
2015	4,5% [1 2]
2016	4,75% [1 2]
2017	2,3% [1] - 1,6% [2]
2018	2,7% [1] - 1,5% [2]
Dal 2019	1,3% [3]

[1] Aliquota prevista dalla Legge n. 232/2016
[2] Aliquota prevista dal D.L. n. 50/2017
[3] Aliquota prevista dalla Legge n. 160/2019

CASO 4 - Calcolo dell'ACE

Si consideri il periodo d'imposta 2020 relativamente ad una Srl che nel bilancio al 31/12/2010 ha:
- Capitale sociale e riserve: 3.000.000 euro;
- Utile d'esercizio: 450.000 euro.

Le movimentazioni sono:
- 2011: acc. a riserva utile 2010 per 450.000 euro;
- 2012: acc. a riserva utile 2011 per 150.000 euro;
- 2013: acc. a riserva utile 2012 per 150.000 euro;
- 2014: acc. a riserva utile 2013 per 150.000 euro;
- 2015: acc. a riserva utile 2014 per 600.000 euro e distrib. dividendo straordinario per 800.000 euro;
- 2016: conferimento in denaro a soc. controllata per 100.000 euro;
- 2017: conferimento in denaro a soc. controllata per 50.000 euro;
- 2018: conferimento in denaro a soc. controllata per 20.000 euro;
- 2019: conferimento in denaro a soc. controllata per 30.000 euro.

La base imponibile ACE è il minor valore tra:
- l'incremento di capitale proprio al 31 dicembre 2020 rispetto al patrimonio al 31 dicembre 2010 (escluso l'utile dell'esercizio);
- il patrimonio netto al 31 dicembre 2020.

Supponendo che il PN al 31/12/2020, sia pari a 880.000 euro, la base ACE viene così determinata:
- Incrementi: 450.000 + 150.000 + 150.000 + 150.000 + 600.000 = 1.500.000 euro;
- Decrementi: 800.000 + 100.000 + 50.000 + 20.000 + 30.000 = 1.000.000 euro.

Base imponibile ACE: 1.500.000 - 1.000.000 = 500.000 euro;
- Importo detassato 2020: 500.000 x 1,3% = 6.500 euro.

Soggetti aderenti al regime del consolidamento fiscale 32.3.5.

Per le società che partecipano al **regime di consolidamento fiscale** (➔26.) l'importo del **rendimento nozionale** che eccede il reddito complessivo netto dichiarato è ammesso in **deduzione dal reddito consolidato** fino a concorrenza dello stesso. Se avanza una ulteriore eccedenza essa va computata in aumento del rendimento nozionale dell'esercizio successivo in capo a ciascuna società. Se anche per tale società si verifica una ulteriore incapienza del reddito dichiarato per tale esercizio, è possibile ritrasferire nuovamente l'eccedenza alla capogruppo, affinché questa possa utilizzarla in deduzione del reddito complessivo consolidato.

Le eccedenze di rendimento nozionale generatesi anteriormente all'opzione per il consolidato non sono attribuibili a quest'ultimo e sono ammesse in deduzione esclusivamente dal reddito complessivo netto dichiarato da ciascuna singola società cui si riferiscono.

Soggetti aderenti al regime di trasparenza fiscale 32.3.6.

Per le società che hanno aderito al **regime della trasparenza fiscale** (➔25.) (art. 115, D.P.R. n. 917/1986), il **rendimento nozionale** della società partecipata che eccede il reddito dichiarato è **attribuito a ciascun socio** in misura proporzionale alla sua quota di partecipazione agli utili ovvero è utilizzato, in alternativa, dalla stessa società.

Analogamente a quanto previsto per il regime del consolidamento, le eccedenze di rendimento nozionale generatesi in capo alla partecipata anteriormente all'avvio del regime di trasparenza non sono attribuibili ai soci, per analoghe ragioni antielusive, e sono ammesse in deduzione solo dal reddito dichiarato dalla stessa.

Interpello 32.3.7.

Il contribuente può interpellare l'Amministrazione finanziaria al fine di ottenere un parere relativamente ad un caso concreto e personale con riferimento alla sussistenza delle condizioni e alla valutazione della idoneità degli elementi probatori richiesti dalla legge per l'adozione di specifici regimi fiscali nei casi espressamente previsti (c.d. **interpello probatorio**).

In tale ambito rientrano le istanze previste ai fini del riconoscimento del beneficio ACE, in presenza di sterilizzazioni derivanti da operazioni potenzialmente suscettibili di comportare **indebite duplicazioni di benefici** (interpello non più obbligatorio per effetto delle modifiche introdotte dal D.Lgs. n. 156/2015).

Le **istanze di interpello** (indipendentemente dalla tipologia di appartenenza) devono essere **presentate entro la scadenza dei termini ordinari** di presentazione della dichiarazione, per tale intendendosi i termini entro cui deve essere effettuato l'adempimento e a nulla rilevando la possibilità di pre-

IRES

sentare una dichiarazione sostitutiva entro il termine di 90 giorni né, tanto meno, la possibilità di emendare la dichiarazione (circ. 1° aprile 2016, n. 9/E, par. 3.1.1.).

32.3.8. Disposizioni antielusive

È prevista una disciplina antielusiva speciale tendente ad evitare che, nell'ambito dei **gruppi societari**, si verifichino **effetti moltiplicativi del beneficio** (art. 10, D.M. 3 agosto 2017).

La **variazione in aumento** è **ridotta** di un importo pari ai **conferimenti in denaro** effettuati, successivamente alla chiusura dell'esercizio in corso al 31 dicembre 2010, a favore di soggetti del gruppo, ovvero divenuti tali a seguito del conferimento.

A tal fine non assume rilevanza l'incremento di partecipazioni derivante da finanziamenti infruttiferi o a tasso diverso da quello di mercato erogati dai soci a favore delle società del gruppo. La riduzione prescinde dalla persistenza del rapporto di controllo alla data di chiusura dell'esercizio.

La variazione in aumento che residua non ha altresì effetto fino a concorrenza:

a. dei corrispettivi per l'acquisizione o l'incremento di partecipazioni in società controllate già appartenenti ai soggetti del gruppo;
b. dei corrispettivi per l'acquisizione di aziende o di rami di aziende già appartenenti ai soggetti del gruppo;
c. dell'incremento, rispetto a quelli risultanti dal bilancio relativo all'esercizio in corso al 31 dicembre 2010, dei crediti di finanziamento nei confronti dei soggetti del gruppo.

In deroga a quanto detto sopra, la variazione in aumento è ridotta dei conferimenti in denaro provenienti da **soggetti diversi da quelli domiciliati in Stati o territori che consentono un adeguato scambio di informazioni**, anche se non appartenenti al gruppo.

Decorrenza - Coincide con il periodo d'imposta successivo a quello in corso alla data di entrata in vigore del D.M. 3 agosto 2017.

Per i soggetti con periodo d'imposta coincidente con l'anno solare, quindi, le norme della disciplina antielusiva speciale trovano applicazione a partire dal **periodo d'imposta 2018**.

Comunque, per i periodi d'imposta dal 2011 al 2017, i comportamenti posti in essere dai contribuenti attraverso la presentazione della dichiarazione dei redditi sono salvaguardati, a prescindere dall'effetto positivo o negativo sulla determinazione dell'agevolazione stessa (circ. 26 ottobre 2017, n. 26/E).

32.3.9. ACE innovativa 2021

Nel periodo d'imposta successivo a quello in corso al 31 dicembre 2020, per la variazione in aumento del capitale proprio rispetto a quello esistente alla chiusura del periodo d'imposta precedente, l'aliquota percentuale per il calcolo del rendimento nozionale del nuovo capitale proprio è pari al **15% (c.d. "ACE innovativa")** (art. 19, D.L. n. 73/2021; Provv. 17 settembre 2021).

Nel periodo d'imposta successivo a quello in corso al 31 dicembre 2020, gli incrementi del capitale proprio rilevano a partire dal primo giorno del periodo d'imposta.

La variazione in aumento del capitale proprio rileva per un ammontare massimo di 5 milioni di euro indipendentemente dall'importo del patrimonio netto risultante dal bilancio.

Inoltre, per il periodo d'imposta successivo a quello in corso al 31 dicembre 2020, la deduzione del rendimento nozionale, valutato mediante applicazione dell'aliquota del 15% corrispondente agli incrementi di capitale proprio di cui sopra, può essere **alternativamente** fruita tramite riconoscimento di un credito d'imposta da calcolarsi applicando al rendimento nozionale come sopra individuato, le aliquote IRPEF e IRES (rispettivamente artt. 11 e 77, D.P.R. n. 917/1986), in vigore nel periodo d'imposta in corso al 31 dicembre 2020.

Il credito d'imposta può essere utilizzato, previa comunicazione all'Agenzia delle Entrate, dal giorno successivo a quello dell'avvenuto versamento del conferimento in denaro o dal giorno successivo alla rinuncia o alla compensazione di crediti ovvero dal giorno successivo alla delibera dell'assemblea di destinare, in tutto o in parte, a riserva l'utile di esercizio.

Nel caso di applicazione della disposizione appena descritta, qualora la differenza tra la variazione in aumento del capitale proprio riferita al periodo d'imposta in corso al 31 dicembre 2021 e quella riferita al periodo d'imposta precedente risulti inferiore agli incrementi sui quali si è usufruito del credito d'imposta di cui sopra, il credito d'imposta è **restituito** in proporzione a tale minore importo.

Qualora nel periodo d'imposta successivo a quello in corso al 31 dicembre 2021 la variazione in aumento del capitale proprio risulti inferiore rispetto a quella del periodo precedente, il credito d'imposta è restituito in proporzione a tale minore importo.

Qualora nel **secondo periodo d'imposta successivo** a quello in corso al 31 dicembre 2021 la variazione in aumento del capitale proprio risulti inferiore rispetto a quello in corso al 31 dicembre 2021, il credito d'imposta è restituito in proporzione alla differenza tra la variazione in aumento del capitale proprio riferita al secondo periodo d'imposta successivo a quello in corso al 31 dicembre 2021 rispetto a quella riferita al periodo d'imposta in corso al 31 dicembre 2021, al netto dell'eventuale credito d'imposta restituito nel periodo d'imposta precedente.

Ai fini della determinazione della variazione in aumento di cui ai periodi precedenti non si tiene conto del limite del patrimonio netto risultante dal bilancio.

Nel caso in cui non si voglia trasformare l'agevolazione in credito d'imposta secondo le regole sopra indicate, qualora la variazione in aumento del capitale proprio del periodo d'imposta successivo a quello in corso al 31 dicembre 2021 risulti inferiore rispetto a quella esistente alla chiusura del periodo d'imposta precedente, il reddito complessivo dell'imposta sui redditi è **aumentato** di un ammontare pari al 15% della differenza tra la variazione in aumento del capitale proprio esistente alla chiusura del periodo d'imposta precedente e quella esistente alla chiusura del periodo d'imposta in corso.
Qualora nel secondo periodo d'imposta successivo a quello in corso al 31 dicembre 2021 la variazione in aumento del capitale proprio risulti inferiore rispetto a quello in corso al 31 dicembre 2021, il reddito complessivo dell'imposta sui redditi è aumentato di un ammontare pari al 15% della differenza tra la variazione in aumento del capitale proprio esistente alla chiusura del periodo d'imposta in corso al 31 dicembre 2021 e quella esistente alla chiusura del periodo d'imposta in corso, al netto dell'eventuale aumento del reddito complessivo dell'imposta sui redditi effettuato nel periodo d'imposta precedente.
Ai fini della determinazione della variazione in aumento di cui ai periodi precedenti non si tiene conto del limite del patrimonio netto risultante dal bilancio.

Il credito d'imposta:
- non è produttivo di interessi;
- deve essere indicato nella dichiarazione dei redditi;
- non concorre alla formazione del reddito d'impresa né della base imponibile IRAP e non rileva ai fini del rapporto di cui all'art. 109, c. 5, D.P.R. n. 917/1986;
- può essere utilizzato, senza limiti di importo, in compensazione, con il codice tributo **6955** (ris. 10 dicembre 2021, n. 70/E), oppure può essere chiesto a rimborso.

In alternativa, il credito d'imposta può essere **ceduto**, con facoltà di successiva cessione del credito ad altri soggetti, ed è usufruito dal cessionario con le stesse modalità previste per il soggetto cedente. I soggetti cessionari rispondono solo per l'eventuale utilizzo del credito d'imposta in modo irregolare o in misura maggiore rispetto al credito ricevuto.

Modalità operative

I soggetti che intendono avvalersi del credito d'imposta devono presentare **apposita comunicazione all'Agenzia delle Entrate** - c.d. **"Comunicazione ACE"** (Provv. 17 settembre 2021) - nella quale è necessario indicare:
- la **variazione in aumento del capitale proprio** nel periodo d'imposta successivo a quello in corso al 31 dicembre 2020 rispetto a quello esistente alla chiusura del periodo d'imposta precedente;
- il **rendimento nozionale** calcolato sulla base dell'aliquota del 15%;
- il **credito d'imposta** calcolato applicando al rendimento nozionale le aliquote IRPEF e IRES a seconda della tipologia di impresa.

La comunicazione va inviata **esclusivamente con modalità telematiche**, direttamente dal beneficiario oppure avvalendosi di un soggetto incaricato della trasmissione delle dichiarazioni, mediante i canali telematici dell'Agenzia delle Entrate.
Entro 5 giorni viene rilasciata la ricevuta che ne attesta l'esito positivo dell'invio oppure lo scarto dell'istanza; la ricevuta viene messa a disposizione nell'area riservata del sito internet dell'Agenzia delle Entrate.

Invio della Comunicazione - Può essere inviata dal 20 novembre 2021 fino alla scadenza del termine ordinario per la presentazione della dichiarazione dei redditi relativa al periodo d'imposta successivo a quello in corso al 31 dicembre 2020. Pertanto:
- per i **soggetti con periodo d'imposta coincidente con l'anno solar**e tale termine cade, salvo eventuali proroghe, il 30 novembre 2022;
- per i s**oggetti con periodo d'imposta non coincidente con l'anno solare** tale termine cade l'ultimo giorno dell'undicesimo mese successivo alla data che il soggetto deve indicare nel campo "Data fine periodo d'imposta" del modello.

IRES

La Comunicazione può essere inviata con riferimento a uno o più incrementi di capitale proprio; in caso di incrementi successivi vanno presentate ulteriori Comunicazioni distinte senza riportare gli incrementi indicati nelle Comunicazioni già presentate.
Sempre negli stessi termini, è possibile:
- **integrare una comunicazione già presentata**. In tal caso quella successiva sostituisce la precedente tenendo conto che restano validi gli utilizzi del credito d'imposta riconosciuto sulla base della comunicazione oggetto di rettifica, fino a concorrenza del minor importo tra il credito risultante dalla predetta comunicazione e quello risultante dalla nuova comunicazione rettificativa;
- **presentare la rinuncia integrale** al credito d'imposta precedentemente comunicato.

Fruizione del credito d'imposta

Entro 30 giorni dalla data di presentazione della Comunicazione, l'Agenzia delle Entrate comunica ai richiedenti il riconoscimento ovvero il diniego del credito d'imposta.
Relativamente alle comunicazioni per le quali l'ammontare del credito d'imposta fruibile sia superiore a 150.000 euro il credito è utilizzabile in esito alle apposite verifiche previste dal D.Lgs. n. 159/2011.
Se non ci sono problemi ostativi, l'Agenzia delle Entrate comunica l'autorizzazione all'utilizzo del credito d'imposta.
Il credito d'imposta può essere utilizzato dal giorno successivo a quello di avvenuto versamento del conferimento in denaro o dal giorno successivo alla rinuncia o alla compensazione di crediti ovvero dal giorno successivo alla delibera dell'assemblea di destinare, in tutto o in parte, a riserva l'utile di esercizio.
Al contribuente si presentano le seguenti alternative:
- utilizzo in compensazione o richiesta di rimborso;
- cessione.

Ai fini dell'**utilizzo in compensazione** del credito d'imposta:
a. il Mod. F24 va presentato esclusivamente tramite i servizi telematici resi disponibili dall'Agenzia delle Entrate, pena il rifiuto dell'operazione di versamento;
b. nel caso in cui l'importo del credito utilizzato in compensazione risulti superiore all'ammontare massimo fruibile, anche tenendo conto di precedenti utilizzi, il relativo Mod. F24 è scartato.

In caso di **richiesta di rimborso**, questa va fatta nella dichiarazione dei redditi nella quale il credito d'imposta va indicato.
In caso di **cessione del credito d'imposta ad un soggetto terzo**:
- va fatta, in modalità telematica, la comunicazione della cessione del credito d'imposta a cura del soggetto cedente, a decorrere dal momento in cui lo stesso risulta utilizzabile da parte del cedente;
- sempre con modalità telematiche, il cessionario deve comunicare l'accettazione del credito ceduto;
- dopo l'accettazione, alle stesse condizioni applicabili al cedente e nei limiti dell'importo ceduto, il cessionario può utilizzare il credito d'imposta con le stesse modalità previste per il soggetto cedente;
- in alternativa all'utilizzo diretto, i cessionari possono ulteriormente cedere i crediti d'imposta ad altri soggetti, effettuando apposita comunicazione in modalità telematica;
- il successivo cessionario, dopo l'accettazione della cessione da comunicare esclusivamente in modalità telematica, può utilizzare il credito d'imposta secondo le stesse modalità e condizioni applicabili al cedente.

Controlli

I soggetti cessionari rispondono solo per l'eventuale utilizzo dei crediti d'imposta in modo irregolare o in misura maggiore rispetto ai crediti ricevuti. Pertanto, l'Agenzia delle Entrate verifica:
a. **in capo al beneficiario originario**, l'esistenza dei presupposti e delle condizioni previste dalla norma per usufruire dell'agevolazione, la corretta determinazione dell'ammontare del credito e il suo esatto utilizzo. Nel caso in cui venga riscontrata la mancata sussistenza dei requisiti, si procederà al recupero del credito nei confronti del beneficiario originario;
b. **in capo ai cessionari**, l'utilizzo del credito in modo irregolare o in misura maggiore rispetto all'ammontare ricevuto in sede di cessione.

RIVALUTAZIONE BENI D'IMPRESA E PARTECIPAZIONI 32.4.

Rivalutazione delle partecipazioni e dei terreni 32.4.1.

È possibile rideterminare il **valore di acquisto di partecipazioni sociali non negoziate in mercati regolamentati e di terreni edificabili e con destinazione agricola**, **posseduti** alla data del **1° gennaio 2021** (art. 1, c. 1122-1123, Legge n. 178/2020).

L'agevolazione è stata introdotta per la prima volta con gli artt. 5 e 7, Legge n. 448/2001 e successivamente riproposta negli anni seguenti.

Nella nozione di **mercati regolamentati** vanno ricompresi non solo la borsa ed il mercato ristretto, ma ogni altro mercato disciplinato da disposizioni normative. In sostanza, l'elemento utile per individuare un mercato regolamentato è l'esistenza di disposizioni che ne regolamentano le modalità di accesso e di funzionamento (risposta a interpello 3 settembre 2020, n. 308).

Nella tabella si riportano le più recenti proroghe.

Proroghe e aliquote

Data di possesso	Aliquote imposta sostitutiva	Norma
1° gennaio 2015	- Partecipazioni non qualificate: 4%; - partecipazioni qualificate: 8%; - terreni: 8%.	art. 1, c. 626-628, Legge n. 190/2014
1° gennaio 2016	- Partecipazioni non qualificate: 8%; - partecipazioni qualificate: 8%; - terreni: 8%.	art. 1, c. 887-888, Legge n. 208/2015
1° gennaio 2017	- Partecipazioni non qualificate: 8%; - partecipazioni qualificate: 8%; - terreni: 8%.	art. 1, c. 554-555, Legge n. 232/2016
1° gennaio 2018	- Partecipazioni non qualificate: 8%; - partecipazioni qualificate: 8%; - terreni: 8%.	art. 1, c. 997-998, Legge n. 205/2017
1° gennaio 2019	- Partecipazioni non qualificate: 10%; - partecipazioni qualificate: 11%; - terreni: 10%.	art. 1, c. 1053-1054, Legge n. 145/2018
1° gennaio 2020	- Partecipazioni non qualificate: 11%; - partecipazioni qualificate: 11%; - terreni: 11%.	art. 1, c. 693-694 Legge n. 160/2019
1° luglio 2020	- Partecipazioni non qualificate: 11%; - partecipazioni qualificate: 11%; - terreni: 11%.	art. 137, D.L. n. 34/2020
1° gennaio 2021	- Partecipazioni non qualificate: 11%; - partecipazioni qualificate: 11%; - terreni: 11%.	art. 1, c. 1122-1123, Legge n. 178/2020

Tra i soggetti che possono avvalersi della rideterminazione dei valori di terreni e partecipazioni sono incluse le **società di capitali** i cui beni, per il periodo di applicazione dell'agevolazione, siano stati oggetto di **misure cautelari** e che all'esito del giudizio ne abbiano riacquistato la piena titolarità (circ. 24 ottobre 2011, n. 47/E).

Aspetto	Rivalutazione partecipazioni e terreni (al 1° luglio 2020)	Rivalutazione partecipazioni e terreni (al 1° gennaio 2021)
Aliquota imposta sostitutiva	- Partecipazioni non qualificate: 11%; - partecipazioni qualificate: 11%; - terreni: 11%.	
Termini di versamento	**Entro il 15 novembre 2020** in **un'unica soluzione** oppure in **tre rate annuali** di pari importo con scadenza: - 15 novembre 2020; - 15 novembre 2021; - 15 novembre 2022. Sull'importo delle rate successive alla prima sono dovuti gli **interessi nella misura del 3% annuo** da versare contestualmente a ciascuna rata.	Entro il **15 novembre 2021** in un'unica soluzione oppure in **tre rate annuali** di pari importo con scadenza: - 15 novembre2021; - 15 novembre 2022; - 15 novembre 2023. Sull'importo delle rate successive alla prima sono dovuti gli **interessi nella misura del 3% annuo** da versare contestualmente a ciascuna rata.
Versamento oltre i termini	Se la prima rata dell'imposta sostitutiva non viene versata entro il termine, la rivalutazione non si considera perfezionata e non è possibile sanare l'omesso versamento tramite l'istituto del ravvedimento operoso. Il contribuente, in tal caso, può chiedere il rimborso delle somme versate (circ. 24 ottobre 2011, n. 47/E). Al contrario, il versamento nei termini dell'intera imposta sostitutiva, ovvero della prima rata, fa sì che la rivalutazione abbia effetto (circ. 18 maggio 2016, n. 20/E). In tal caso, l'omesso versamento nei termini delle rate successive alla prima non inficia la rideterminazione: per la regolarizzazione della seconda e della terza rata, è possibile ricorrere al ravvedimento operoso.	
Rivalutazione precedente	Se i beni sono stati oggetto di precedenti rivalutazioni è possibile detrarre dall'imposta sostitutiva dovuta per la nuova rivalutazione l'importo relativo all'**imposta sostitutiva già versata**.	
Acquisto per donazione	Nel caso di rideterminazione del valore d'acquisto di partecipazioni non quotate acquisite per donazione, scomputando l'imposta sostitutiva versata dal donante in occasione di precedenti rivalutazioni, è possibile **regolarizzare la violazione** con un **versamento integrativo** maggiorato dei soli interessi legali (ris. 20 aprile 2015, n. 40/E).	
Codici tributo	In caso di utilizzo del **Mod. F24**: - **8055 per le partecipazioni**; - **8056 per i terreni**. In caso di utilizzo del **Mod. F24 Enti pubblici** (ris. 25 giugno 2015, n. 62/E): - **855E per le partecipazioni**; - **856E per i terreni**.	
Utilizzo del valore rideterminato	Il valore "rideterminato" è utilizzato ai fini della **determinazione dei redditi diversi** con riferimento ai **terreni** e alle **aree fabbricabili** (art. 67, c. 1, lett. a) e b), D.P.R. n. 917/1986) e **alle partecipazioni sociali** (art. 67, c. 1, lett. c) e c-bis), D.P.R. n. 917/1986), **in luogo del costo o valore di acquisto**. Tale valore non può essere ulteriormente incrementato degli oneri inerenti e, quindi, neanche dell'eventuale imposta di successione e donazione	
Perizia	Per eseguire la rivalutazione occorre redigere, entro il 15 novembre 2020, un'**apposita perizia giurata che stabilisca il valore dei beni**.	Per eseguire la rivalutazione occorre redigere, entro il 15 novembre 2021, un'**apposita perizia giurata** che stabilisca il valore dei beni.
	La perizia di stima, predisposta prima dell'atto di trasferimento, può essere asseverata anche in un momento successivo, purché entro il termine ultimo del 30 giugno (ris. 27 maggio 2015, n. 53/E). I soggetti abilitati alla redazione delle perizie con riferimento ai **titoli, quote e diritti non negoziati nei mercati regolamentati** sono gli iscritti all'Albo dei dottori commercialisti ed esperti contabili, nonché quelli iscritti nell'elenco dei revisori contabili.	

Aspetto	Rivalutazione partecipazioni e terreni (al 1° luglio 2020)	Rivalutazione partecipazioni e terreni (al 1° gennaio 2021)
	Sono, inoltre, abilitati alla redazione della perizia dei **terreni edificabili e con destinazione agricola**, gli iscritti agli Albi degli ingegneri, degli architetti, dei geometri, dei dottori agronomi, degli agrotecnici, dei periti agrari e dei periti industriali edili. Possono redigere la perizia anche i periti regolarmente iscritti alle Camere di commercio, industria, artigianato e agricoltura. Non può disconoscersi l'efficacia della rivalutazione dei terreni nell'ipotesi in cui la perizia giurata di stima sia asseverata in data successiva all'atto di cessione. Allo stesso modo, la rivalutazione del terreno non viene meno nell'ipotesi in cui lo scostamento del valore indicato nell'atto di cessione rispetto a quello periziato sia poco significativo e tale da doversi imputare ad un mero errore piuttosto che alla volontà di conseguire un indebito vantaggio fiscale (ris. 27 maggio 2015, n. 53/E). In caso di nuova perizia realizzata per la rideterminazione del valore di carico di un'area edificabile, lo scomputo dell'imposta precedentemente versata segue un rigido criterio proporzionale, indipendentemente dall'intervenuta mutazione di destinazione urbanistica all'interno del lotto; allo stesso modo occorre procedere in caso di cessione senza nuova perizia (risposta a interpello 14 ottobre 2021, n. 704).	
Obblighi dichiarativi	Occorre indicare i dati relativi alla rideterminazione del valore delle partecipazioni nel **Modello di dichiarazione Redditi relativo al periodo d'imposta in cui è stata operata la rideterminazione**. Analogamente, nel modello di dichiarazione devono essere indicati i dati relativi alla rideterminazione del valore dei terreni. I contribuenti che presentano il **Mod. 730** devono compilare i suddetti quadri del Mod. Redditi PF ed il relativo frontespizio.	
Sanzioni	**L'omessa indicazione** nel modello Redditi dei dati relativi costituisce una violazione formale, alla quale si applica la sanzione con **un minimo di euro 250 fino ad un massimo di euro 2.000** (art. 8, c. 1, D.Lgs. n. 471/1997). In ogni caso restano impregiudicati gli effetti della rideterminazione (circ. 15 febbraio 2013, n. 1/E par. 4.3).	

Tra i soggetti che possono avvalersi della rideterminazione dei valori di terreni e partecipazioni sono incluse le società di capitali i cui beni, per il periodo di applicazione dell'agevolazione, siano stati oggetto di **misure cautelari** e che all'esito del giudizio ne abbiano riacquistato la piena titolarità.

L'indicazione nell'atto di vendita dell'immobile, di un **corrispettivo inferiore** rispetto al valore del cespite in precedenza rideterminato dal contribuente sulla base di perizia giurata non determina la decadenza del contribuente dal beneficio correlato al pregresso versamento dell'imposta sostitutiva, né la possibilità per l'Amministrazione finanziaria di accertare la plusvalenza secondo il valore storico del bene. Pertanto, con riferimento alla rivalutazione dei terreni, l'indicazione nell'atto di cessione di un corrispettivo inferiore al valore rideterminato con la **perizia giurata non determina la decadenza** dal beneficio (Cass., SS.UU., sent. 31 gennaio 2020, n. 2321 e n. 2322; circ. 22 gennaio 2021, n. 1/E).

Rivalutazione dei beni delle cooperative agricole 32.4.2.

Le cooperative agricole a mutualità prevalente e i loro consorzi possono rivalutare i beni d'impresa e le partecipazioni risultanti dal **bilancio** dell'esercizio **in corso al 31 dicembre 2018** (art. 136-bis, D.L. n. 34/2020).

La rivalutazione può essere effettuata fino alla concorrenza delle perdite dei periodi precedenti computabili in diminuzione del reddito (art. 84, D.P.R. 917/1986) senza assolvere alle imposte sostitutive (art. 1, c. 698 e 699, Legge n. 160/2019), nei **limiti del 70%** del loro ammontare.

Le perdite utilizzate ai sensi di tale normativa non possono essere utilizzate in diminuzione del reddito.

Rivalutazione dei beni e delle partecipazioni per il 2020 32.4.3.

È prevista la possibilità di rivalutare i beni d'impresa e le partecipazioni per il **2020** (art. 110, D.L. n. 104/2020).

Si tratta di una rivalutazione principalmente di **tipo civilistico,** tuttavia è possibile optare per effettuarla anche con risvolti fiscali.
Possono beneficiare dell'agevolazione i soggetti IRES (società di capitali ed enti assimilati) che non adottano i principi contabili internazionali nella redazione del bilancio.
Questi soggetti, anche in deroga all'art. 2426 del Codice civile e ad ogni altra disposizione di legge vigente in materia, possono rivalutare i beni d'impresa e le partecipazioni, ad esclusione degli immobili alla cui produzione o al cui scambio è diretta l'attività di impresa, risultanti dal bilancio dell'esercizio in corso **al 31 dicembre 2019**.
Le imprese che hanno l'**esercizio non coincidente con l'anno solare** possono eseguire la rivalutazione nel bilancio o rendiconto relativo all'esercizio in corso al 31 dicembre 2019, ove **approvato successivamente al 14 ottobre 2020**, a condizione che i beni d'impresa e le partecipazioni risultino dal bilancio dell'esercizio precedente.
La rivalutazione:
- deve essere eseguita nel bilancio o rendiconto dell'esercizio successivo a quello in corso al 31 dicembre 2019;
- può essere effettuata distintamente per ciascun bene;
- deve essere annotata nel relativo inventario e nella nota integrativa.

La rivalutazione può avere **anche risvolti fiscali**.
In particolare:
- il saldo attivo della rivalutazione può essere affrancato, in tutto o in parte, con l'applicazione in capo alla società di un'imposta sostitutiva delle imposte sui redditi, dell'IRAP e di eventuali addizionali nella misura del **10%**;
- il maggior valore attribuito ai beni in sede di rivalutazione può essere riconosciuto ai fini delle imposte sui redditi e dell'IRAP a decorrere dall'esercizio successivo a quello con riferimento al quale la rivalutazione è stata eseguita quindi, **già dal 2021 per coloro che hanno rivalutato nel 2020**, mediante il versamento di un'imposta sostitutiva delle imposte sui redditi e dell'IRAP e di eventuali addizionali nella misura del **3%** per i beni ammortizzabili e non ammortizzabili.

Le imposte sostitutive devono essere versate, ma con possibilità di compensazione nel Mod. F24, in **massimo tre rate** di pari importo di cui la prima con scadenza entro il termine previsto per il versamento a saldo delle imposte sui redditi relative al periodo d'imposta con riferimento al quale la rivalutazione è eseguita, e le altre con scadenza entro il termine previsto per il versamento a saldo delle imposte sui redditi relative ai periodi d'imposta successivi.
Per il versamento vanno utilizzati i seguenti **codici tributo** (ris. 30 aprile 2021, n. 29/E):
- "**1857**" denominato "Imposta sostitutiva sul saldo attivo di rivalutazione - art. 110, comma 3, del decreto-legge 14 agosto 2020, n. 104";
- "**1858**" denominato "Imposta sostitutiva sul maggior valore attribuito ai beni rivalutati - art. 110, comma 4, del decreto-legge 14 agosto 2020, n. 104".

Nel caso di cessione a titolo oneroso, di assegnazione ai soci o di destinazione a finalità estranee all'esercizio dell'impresa ovvero al consumo personale o familiare dell'imprenditore dei beni rivalutati in **data anteriore** a quella di **inizio del quarto esercizio** successivo a quello nel cui bilancio la rivalutazione è stata eseguita, ai fini della determinazione delle plusvalenze o minusvalenze si deve tener conto del costo del bene prima della rivalutazione.
La rivalutazione, oltre a potersi effettuare nel bilancio o nel rendiconto successivo a quello in corso al 31 dicembre 2019, può essere eseguita anche nel **bilancio successivo** a quest'ultimo, ma solo con riferimento ai beni non rivalutati nel bilancio precedente, senza la possibilità di affrancamento del saldo attivo e senza il riconoscimento degli altri effetti fiscali (art. 110, c. 4-bis D.L. n. 104/2020).

Deducibilità del maggior valore della rivalutazione - La Legge di bilancio 2022 (art. 1, c. 622-624, Legge n. 234/2021) ha previsto alcune disposizioni relative alla deduzione del maggior valore introducendo anche alcuni **limiti**.
In particolare, la deduzione ai fini delle imposte sui redditi e IRAP del maggior valore imputato ai sensi delle norme sulla rivalutazione alle attività immateriali le cui quote di ammortamento sono deducibili in misura non superiore ad **un diciottesimo** del costo o del valore (art. 103, D.P.R. n. 917/1986), è effettuata, in ogni caso, in misura non superiore, per ciascun periodo d'imposta, a **un cinquantesimo** di detto importo (art. 110, c. 8-ter, D.L. n. 104/2020).
Nel caso di cessione a titolo oneroso, di assegnazione ai soci o di destinazione a finalità estranee all'esercizio dell'impresa ovvero al consumo personale o familiare dell'imprenditore o nel caso di eliminazione dal complesso produttivo, l'eventuale minusvalenza è deducibile, fino a concorrenza del valore residuo del maggior valore di cui sopra, in quote costanti per il residuo periodo di ammortamento come determinato ai sensi di quanto sopra specificato.

IRES

Per l'avente causa, la quota di costo riferibile al residuo valore ammortizzabile del maggior valore di cui sopra, al netto dell'eventuale minusvalenza dedotta dal dante causa, è ammessa in deduzione in quote costanti per il residuo periodo di ammortamento.
In deroga alle regole sopra esposte, è possibile effettuare la deduzione del maggior valore imputato in misura non superiore, per ciascun periodo un'imposta sostitutiva delle imposte sui redditi e dell'IRAP e di eventuali addizionali, nella misura corrispondente a quella stabilita per l'ipotesi di conferimento d'azienda (art. 176, c. 2-ter, D.P.R. n. 917/1986), e cioè con **aliquota** pari al:
- **12%** sulla parte dei maggiori valori ricompresi nel limite di 5 milioni di euro;
- **14%** sulla parte dei maggiori valori che eccede 5 milioni di euro e fino a 10 milioni di euro;
- **16%** sulla parte dei maggiori valori che eccede i 10 milioni di euro.

Tale imposta va applicata al netto dell'imposta sostitutiva al 3% che si applica alla rivalutazione.
Il versamento va effettuato in un massimo di **due rate** di pari importo di cui la prima con scadenza entro il termine previsto per il versamento a saldo delle imposte sui redditi relativo al periodo d'imposta successivo a quello con riferimento al quale la rivalutazione è eseguita, e la seconda con scadenza entro il termine previsto per il versamento a saldo delle imposte sui redditi relative al periodo d'imposta successivo.
In deroga alle norme dello Statuto del Contribuente (Legge n. 212/2000) che regolano l'efficacia delle leggi tributarie nel tempo, le regole sulla deduzione come sin qui illustrate hanno effetto a decorrere dall'esercizio successivo a quello con riferimento al quale la rivalutazione e il riallineamento sono eseguiti.
Inoltre, è possibile la **revoca**, anche parziale, dell'applicazione della disciplina fiscale della rivalutazione ai soggetti che, alla data di entrata in vigore della Legge di bilancio 2022 (**1° gennaio 2022**) hanno provveduto al versamento delle imposte sostitutive.
La revoca costituisce titolo per il rimborso ovvero per l'utilizzo in compensazione in F24 dell'importo delle imposte sostitutive versate.

IRES

Rivalutazione dei beni d'impresa del settore alberghiero e termale 32.4.4.

I soggetti operanti nei settori alberghiero e termale che non adottano i principi contabili internazionali nella redazione del bilancio possono, anche in deroga all'art. 2426 del Codice civile e ad ogni altra disposizione di legge vigente in materia, rivalutare i beni di impresa e le partecipazioni di cui alla Sezione II del Capo I della Legge n. 342/2000, ad esclusione degli immobili alla cui produzione o al cui scambio è diretta l'attività di impresa, risultanti dal bilancio dell'esercizio in corso al 31 dicembre 2019 (art. 6-bis, D.L. n. 23/2020).
La rivalutazione deve essere eseguita in uno o in entrambi i bilanci o rendiconti relativi ai **due esercizi successivi a quello in corso al 31 dicembre 2019**, deve riguardare tutti i beni appartenenti alla stessa categoria omogenea e deve essere annotata nel relativo inventario e nella nota integrativa.
Sui maggiori valori dei beni e delle partecipazioni iscritti in bilancio non è dovuta alcuna imposta sostitutiva o altra imposta.
Il maggior valore attribuito ai beni e alle partecipazioni si considera riconosciuto, ai fini dell'IRES e dell'IRAP, a decorrere dall'esercizio nel cui bilancio la rivalutazione è eseguita.
Il saldo attivo risultante dalle rivalutazioni eseguite deve essere imputato al capitale o accantonato in una speciale riserva, con esclusione di ogni diversa utilizzazione.
Il saldo attivo della rivalutazione può essere affrancato, in tutto o in parte, con l'applicazione di un'imposta sostitutiva dell'IRES, dell'IRAP e di eventuali addizionali nella misura del **10%**.
Tale imposta è versata:
- per importi complessivi **fino a 3.000.000 di euro** in un massimo di **3 rate** di pari importo di cui la prima con scadenza entro il termine previsto per il versamento a saldo delle imposte sui redditi relative al periodo d'imposta con riferimento al quale la rivalutazione è eseguita, le altre con scadenza entro il termine rispettivamente previsto per il versamento a saldo delle imposte sui redditi relative ai periodi d'imposta successivi;
- per importi complessivi **superiori a 3.000.000 di euro** in un massimo di **6 rate** di pari importo, di cui la prima con scadenza entro il termine previsto per il versamento a saldo delle imposte sui redditi relative al periodo d'imposta con riferimento al quale la rivalutazione è eseguita, la seconda entro il termine previsto per il versamento della seconda o unica rata di acconto delle imposte sui redditi relativa al periodo d'imposta successivo, le altre con scadenza, rispettivamente, entro il termine previsto per il versamento a saldo delle imposte sui redditi e il termine previsto per il versamento della seconda o unica rata di acconto delle imposte sui redditi, per i periodi d'imposta successivi.

Le disposizioni di cui all'art. 14, c. 1, della Legge 21 novembre 2000, n. 342, si applicano anche ai soggetti che redigono il bilancio in base ai principi contabili internazionali di cui al Reg. CE n.

1606/2002 del Parlamento europeo e del Consiglio, del 19 luglio 2002, anche con riferimento alle partecipazioni, in società ed enti, costituenti immobilizzazioni finanziarie ai sensi dell'art. 85, c. 3-bis, del D.P.R. n. 917/1986.

Per tali soggetti, per l'importo corrispondente ai maggiori valori oggetto di riallineamento è vincolato in una riserva in sospensione d'imposta ai fini fiscali, che può essere affrancata (art. 6-bis, c. 5, D.L. n. 23/2020).

Per il versamento dell'imposta sostitutiva va utilizzato il **codice tributo "1859"** denominato "IMPOSTA SOSTITUTIVA SUL SALDO ATTIVO DI RIVALUTAZIONE - settori alberghiero e termale - art. 6-bis del decreto-legge 8 aprile 2020, n. 23".

Si segnala che l'agevolazione di cui si discute si applica anche in relazione agli immobili a destinazione alberghiera **concessi in locazione o affitto di azienda** a soggetti operanti nei settori alberghiero e termale o in relazione agli immobili in corso di costruzione, rinnovo o completamento.

32.5. START UP INNOVATIVE

Al fine di sviluppare l'imprenditorialità facendo leva su tecnologia e **attività di ricerca e sviluppo (R&S)** è prevista un particolare "figura" di società, le c.d. **start up innovative** e i relativi **incubatori**, che godono di alcune **agevolazioni** sia a livello societario sia sui rapporti di lavoro che in ambito fiscale (artt. 25-32, D.L. n. 179/2012).

32.5.1. Definizione e requisiti

Per essere qualificata come start up innovativa e/o incubatore occorre il possesso di determinati requisiti.

Start up innovative e incubatori		
Aspetto	**Start up innovative**	**Incubatori**
Definizione	**Società di capitali**, anche in forma cooperativa, le cui azioni o quote rappresentative del capitale sociale non sono quotate su un mercato regolamentato o su un sistema multilaterale di negoziazione[1].	Società di capitali, anche in forma cooperativa, di diritto italiano ovvero *societas europaea*, fiscalmente residenti in Italia, che offrono servizi per sostenere la nascita e lo sviluppo di start up innovative.
Requisiti	a) è **costituita** e svolge attività d'impresa **da non più di 60 mesi**; b) ha la **sede principale** dei propri affari o interessi **in Italia**; c) a partire dal secondo anno di attività della start up innovativa, il totale del **valore della produzione annua**, così come risultante dall'ultimo bilancio approvato entro 6 mesi dalla chiusura dell'esercizio, **non** è **superiore a 5 milioni di euro**; d) **non distribuisce**, e non ha distribuito, **utili**; e) ha, quale **oggetto sociale** esclusivo o prevalente, lo sviluppo e la commercializzazione di **prodotti o servizi innovativi ad alto valore tecnologico**; f) **non** è stata costituita da una **fusione**, **scissione** societaria o a seguito di **cessione d'azienda**;	a) Dispone di **strutture**, anche immobiliari, **adeguate ad accogliere start up innovative**, quali spazi riservati per poter installare attrezzature di prova, test, verifica o ricerca; b) dispone di **attrezzature adeguate all'attività delle start up innovative**, quali sistemi di accesso in banda ultra larga alla rete internet, sale riunioni, macchinari per test, prove o prototipi; c) è **amministrato o diretto da persone di riconosciuta competenza** in materia di impresa e innovazione e ha a disposizione una struttura tecnica e di consulenza manageriale permanente; d) ha regolari rapporti di **collaborazione con università, centri di ricerca, istituzioni pubbliche e partner finanziari** che svolgono attività e progetti collegati a start up innovative;

Start up innovative e incubatori		
Aspetto	**Start up innovative**	**Incubatori**
	g) possiede almeno uno dei seguenti requisiti: 1) le **spese in ricerca e sviluppo** sono superiori al 15% del maggiore valore fra spese totali e valore della produzione della start up innovativa[2]; 2) **impiego come dipendenti o collaboratori** a qualsiasi titolo, in percentuale uguale o superiore al terzo della forza lavoro complessiva, di personale in possesso di titolo di dottorato o che sta svolgendo un dottorato presso un'università italiana o straniera, oppure in possesso di laurea e che abbia svolto, da almeno 3 anni, attività di ricerca certificata presso istituti di ricerca pubblici o privati o in alternativa, anche, in percentuale uguale o superiore a due terzi della forza lavoro complessiva, di personale in possesso di laurea magistrale[5]; 3) sia **titolare o depositaria o licenziataria di almeno una privativa industriale** relativa a una invenzione industriale, biotecnologica, a una topografia di prodotto a semiconduttori o a una nuova varietà vegetale direttamente afferenti all'oggetto sociale e all'attività di impresa o, in alternativa, titolare dei diritti relativi ad un programma per elaboratore originario registrato presso il Registro pubblico speciale per i programmi per elaboratore, purché tali privative siano direttamente afferenti all'oggetto sociale e all'attività di impresa.	e) ha adeguata e comprovata **esperienza nell'attività di sostegno a start up innovative**[3-4]. Per ottenere lo **status di incubatore certificato** è necessario il possesso dei **requisiti** previsti, nonché l'iscrizione in apposita sezione speciale del Registro imprese. In particolare, a tali soggetti è richiesta la **costituzione in forma di società di capitali** e l'adozione di organi amministrativi composti da persone di riconosciuta competenza in materia di impresa ed innovazione (D.M. 21 febbraio 2013). Per mantenere l'iscrizione, inoltre, è necessario quantificare l'attività svolta nel campo dell'avviamento e dell'alloggiamento di start up innovative, indicando dettagliatamente - tra l'altro - il **numero di collaboratori e personale ospitato**, il **tasso di crescita** e il **numero di brevetti registrati**. Il riconoscimento del possesso dei requisiti viene autocertificato mediante **dichiarazione sottoscritta dal rappresentante legale dell'incubatore** al momento dell'iscrizione alla sezione speciale del Registro delle imprese, sulla base di indicatori e parametri da individuarsi con decreto del Ministro dello Sviluppo Economico.

[1] Dal 1° gennaio 2015, si considerano start up innovative anche le società che abbiano come oggetto sociale la **promozione dell'offerta turistica nazionale** attraverso l'uso di tecnologie e lo sviluppo di software originali, in particolare, agendo attraverso la predisposizione di servizi rivolti alle imprese turistiche (art. 11-bis, D.L. n. 83/2014).

[2] Dal computo per le spese in ricerca e sviluppo sono escluse **le spese per l'acquisto e la locazione di beni immobili**. Ai fini del nuovo provvedimento, in aggiunta a quanto previsto dai princìpi contabili, sono altresì da annoverarsi tra le spese in ricerca e sviluppo: le spese relative allo **sviluppo precompetitivo e competitivo**, quali sperimentazione, prototipazione e sviluppo del business plan, le spese relative ai **servizi di incubazione** forniti da incubatori certificati, i **costi** lordi di **personale interno e consulenti esterni** impiegati nelle attività di ricerca e sviluppo, inclusi soci ed amministratori, le **spese legali** per la registrazione e protezione di proprietà intellettuale, termini e licenze d'uso. Le spese risultano dall'ultimo bilancio approvato e sono descritte in Nota integrativa. In assenza di bilancio nel primo anno di vita, la loro effettuazione è assunta tramite dichiarazione sottoscritta dal legale rappresentante della start up innovativa.

IRES

<table>
<tr><th colspan="3">Start up innovative e incubatori</th></tr>
<tr><th>Aspetto</th><th>Start up innovative</th><th>Incubatori</th></tr>
<tr><td colspan="3">[3] Il possesso dei requisiti di cui alle lett. a), b), c), d) è autocertificato dall'incubatore di start up innovative, al momento di iscrizione al R.I., mediante dichiarazione sottoscritta dal rappresentante legale, sulla base di indicatori e relativi valori minimi stabiliti con D.M. 21 febbraio 2013.
[4] Il possesso del requisito di cui alla lett. e) è autocertificato dall'incubatore di start up innovative, mediante dichiarazione sottoscritta dal rappresentante legale, sulla base di valori minimi individuati con D.M. 21 febbraio 2013 con riferimento ai seguenti indicatori:
a) numero di candidature di progetti di costituzione e/o incubazione di start up innovative ricevute e valutate nel corso dell'anno;
b) numero di start up innovative avviate e ospitate nell'anno;
c) numero di start up innovative uscite nell'anno;
d) numero complessivo di collaboratori e personale ospitato;
e) percentuale di variazione del numero complessivo degli occupati rispetto all'anno precedente;
f) tasso di crescita media del valore della produzione delle start up innovative incubate;
g) capitali di rischio ovvero finanziamenti, messi a disposizione dall'Unione europea, dallo Stato e dalle regioni, raccolti a favore delle start up innovative incubate;
h) numero di brevetti registrati dalle start up innovative incubate, tenendo conto del relativo settore merceologico di appartenenza.
[5] Con riferimento a tale requisito, l'Agenzia delle Entrate ha chiarito che, in linea generale, qualsiasi lavoratore che percepisca un reddito di lavoro dipendente, ovvero a questo assimilato, può essere ricompreso tra la forza lavoro rilevante per la verifica della sussistenza del requisito "alternativo" in esame (ris. 14 ottobre 2014, n. 87/E).
La norma consente che l'impiego del personale qualificato possa avvenire sia in forma di lavoro dipendente che a titolo di para subordinazione o comunque "a qualunque titolo" e che sicuramente rientra nel novero anche la figura del socio-amministratore.
Diversamente, qualora i soci avessero l'amministrazione della società ma non fossero in essa impiegati, gli stessi non potrebbero essere considerati tra la forza lavoro, ai fini del suddetto rapporto, atteso che la condizione relativa "all'impiego" nella società non risulterebbe verificata.
Inoltre:
- gli stagisti possono essere considerati forza lavoro solo se retribuiti, mentre i consulenti esterni, titolari di partita IVA, non possono essere annoverati tra i dipendenti e i collaboratori rilevanti ai fini del citato rapporto;
- ai fini della percentuale di forza lavoro altamente qualificata il calcolo deve essere necessariamente eseguito "per teste".</td></tr>
</table>

Start up a vocazione sociale - Sono considerate tali le start up innovative che operano in via esclusiva nei **settori indicati per le imprese sociali** (art. 2, c. 1, D.Lgs., n. 155/2006).
Il riconoscimento dello *status* **di start up innovativa a vocazione sociale** deve necessariamente avere evidenza pubblica attraverso la sezione speciale del Registro delle imprese coerentemente con il regime di pubblicità previsto e deve avvenire tramite **autocertificazione** da presentarsi alla Camera di commercio competente (Ministero dello Sviluppo Economico, circ. 20 gennaio 2015, n. 3677/C).

32.5.2. Iscrizione nel Registro delle imprese

Le **start up innovative e** gli **incubatori certificati** devono iscriversi ad un'apposita sezione del Registro delle imprese.
Ai fini dell'iscrizione nella sezione del Registro imprese, la sussistenza dei requisiti per l'identificazione della start up innovativa e dell'incubatore certificato è attestata mediante apposita **autocertificazione prodotta dal legale rappresentante**.
Le start up innovative e gli incubatori certificati assicurano l'accesso informatico alle suddette informazioni dalla *home page* del proprio sito internet.

Domanda di iscrizione al Registro imprese	
Soggetto	**Modalità operative**
Start up innovativa	Compilazione e presentazione di apposita **domanda in formato elettronico**, contenente le seguenti informazioni: a) data e luogo di costituzione, nome e indirizzo del notaio; b) sede principale ed eventuali sedi periferiche; c) oggetto sociale; d) breve descrizione dell'attività svolta, compresa l'attività di ricerca e sviluppo; e) elenco dei soci fondatori, con trasparenza rispetto a fiduciarie, *holding* e partecipate, con autocertificazione di veridicità; f) indicazione dei titoli di studio e delle esperienze professionali del personale che lavora nella start up innovativa, esclusi eventuali dati sensibili; g) indicazione dell'esistenza di relazioni professionali, di collaborazione o commerciali con incubatori, investitori istituzionali e professionali, università e centri di ricerca, aziende; h) ultimo bilancio depositato, nello standard XBRL; i) elenco dei diritti di privativa su proprietà industriale e intellettuale.
Incubatore certificato	Compilazione e presentazione di **apposita domanda in formato elettronico** contenente le seguenti informazioni recanti i valori degli indicatori, conseguiti dall'incubatore certificato alla data di iscrizione: a) data e luogo di costituzione, nome e indirizzo del notaio; b) sede principale ed eventuali sedi periferiche; c) oggetto sociale; d) breve descrizione dell'attività svolta; e) elenco delle strutture e attrezzature disponibili per lo svolgimento della propria attività; f) indicazione delle esperienze professionali del personale che amministra e dirige l'incubatore certificato, esclusi eventuali dati sensibili; g) indicazione dell'esistenza di collaborazioni con università e centri di ricerca, istituzioni pubbliche e partner finanziari; h) indicazione dell'esperienza acquisita nell'attività di sostegno a start up innovative.

Le startup innovative, a partire dal 2019, devono **aggiornare** o **confermare** almeno **una volta all'anno** le **informazioni richieste** che dovranno essere inserite nella piattaforma informatica startup.registroimprese.it in sede di iscrizione nella sezione speciale (circ. MISE 10 aprile 2019, n. 3718/C).
La **mancata compilazione** del profilo comporta un blocco della procedura della Comunicazione Unica per il deposito presso l'Ufficio del Registro delle Imprese della dichiarazione del legale rappresentante che attesta il mantenimento del possesso dei requisiti previsti, e quindi la **perdita** dello **status speciale** di startup innovativa nel caso si superi la scadenza dei 30 giorni dall'approvazione del bilancio e comunque dei 6 mesi dalla chiusura di ciascun esercizio.
Dopo aver effettuato l'aggiornamento o la conferma delle informazioni inserite nella piattaforma informatica startup.registroimprese.it, la startup predispone l'adempimento per il Registro delle Imprese utilizzando il **Mod. S2**. È richiesta la compilazione, con le informazioni integrali, dei soli codici corrispondenti ad informazioni da aggiornare rispetto a quelle già presenti nel Registro delle Imprese.

Il **mancato deposito** della attestazione di mantenimento dei requisiti abilitanti delle startup e delle PMI innovative può essere sanato eccezionalmente con l'applicazione del principio del cd **ravvedimento operoso** (circ. MISE 10 settembre 2020, n. 1/V).

Remunerazione con strumenti finanziari 32.5.3.

È prevista l'**esenzione da tassazione Irpef e da contribuzione** del **reddito di lavoro derivante dall'assegnazione**, da parte delle start up innovative e degli incubatori certificati, **ai propri amministratori, dipendenti o collaboratori continuativi di** strumenti finanziari o di ogni altro diritto o incentivo che preveda l'attribuzione di strumenti finanziari o diritti similari ovvero la corresponsione in denaro del valore di tali strumenti finanziari o diritti, nonché dall'esercizio di diritti di opzione attribuiti per l'acquisto di tali strumenti finanziari.
L'agevolazione decade nel caso in cui tali strumenti finanziari o diritti siano riacquistati dalla start up innovativa, dalla società emittente o da qualsiasi soggetto che direttamente o indirettamente controlla

IRES

o è controllato dalla start up innovativa ovvero è controllato dallo stesso soggetto che controlla la start up innovativa.

Tale esenzione:

- si applica esclusivamente con riferimento all'attribuzione di **azioni, quote, strumenti finanziari partecipativi o diritti** emessi dalla start up innovativa e dall'incubatore certificato con cui i soggetti suddetti intrattengono il proprio rapporto di lavoro, nonché di quelli emessi da società direttamente o indirettamente controllate da una start up innovativa o da un incubatore certificato;
- si applica con riferimento al **reddito di lavoro derivante dagli strumenti finanziari** e dai diritti attribuiti e assegnati ovvero ai diritti di opzione attribuiti e esercitati dopo il 19 dicembre 2012 (data di entrata in vigore della legge di conversione del D.L. n. 179/2012).

Inoltre, viene previsto che:

- le azioni, le quote e gli **strumenti finanziari partecipativi emessi a fronte dell'apporto di opere e servizi** resi in favore di start up innovative o di incubatori certificati, ovvero di crediti maturati a seguito della prestazione di opere e servizi, ivi inclusi quelli professionali, resi nei confronti delle stesse, **non concorrono alla formazione del reddito complessivo del soggetto che effettua l'apporto**, al momento della loro emissione o al momento in cui è operata la compensazione che tiene luogo del pagamento;
- le **plusvalenze** realizzate mediante la cessione a titolo oneroso degli strumenti finanziari di cui sopra sono assoggettate ai **regimi** loro **ordinariamente applicabili**.

IRES

32.5.4. Agevolazioni fiscali in materia di lavoro dipendente

Per l'**assunzione di personale altamente qualificato** è possibile beneficiare di un credito d'imposta (art. 24, D.L. n. 83/2012).

Il credito d'imposta è concesso:

a. al personale altamente qualificato **assunto a tempo indeterminato**, compreso quello assunto attraverso i contratti di **apprendistato**;
b. in via prioritaria rispetto alle altre imprese, fatta salva la quota riservata per le zone terremotate dell'Emilia.

L'istanza richiesta per la fruizione del credito d'imposta è redatta in forma semplificata.

32.5.5. Altre agevolazioni fiscali

Per incentivare l'investimento nelle nuove società è possibile fruire di **ulteriori agevolazioni fiscali** (art. 29, D.L. n. 179/2012; D.M. 7 maggio 2019).

Agevolazioni fiscali				
Soggetti	**Periodi d'imposta**	**Agevolazione**	**Limiti massimi di investimento (in euro)**	**Durata minima di mantenimento dell'investimento**
IRPEF[7]	2019	Detrazione 40%[6]	1.000.000	3 anni[1]
	2017-2018	Detrazione 30%	1.000.000	3 anni[1]
	2013-2016	Detrazione 19%[2-3]	500.000	2 anni[1]
IRES[8]	2019	Deduzione 40%[6]	1.000.000	3 anni[4]
	Dal 2017	Deduzione 30%	1.000.000	3 anni[4]
	2013-2016	Deduzione 20%[5]	1.800.000	2 anni[4]

[1] L'eventuale cessione, anche parziale, dell'investimento prima del decorso di tale termine comporta la **decadenza dal beneficio** e l'obbligo per il contribuente di **restituire l'importo detratto**, unitamente agli interessi legali

[2] **25%** se l'investimento è in imprese **start up a vocazione sociale** e in quelle che sviluppano e commercializzano esclusivamente prodotti o servizi innovativi ad alto valore tecnologico **in ambito energetico**.

[3] L'ammontare, in tutto o in parte, non detraibile nel periodo d'imposta di riferimento può essere portato in **detrazione dall'IRPEF nei periodi d'imposta successivi**, ma non oltre il terzo.

[4] L'eventuale cessione, anche parziale, dell'investimento prima del decorso di tale termine comporta la **decadenza dal beneficio** ed il **recupero a tassazione dell'importo dedotto**, maggiorato degli interessi legali.

[5] **27%** se l'investimento è in imprese **start up a vocazione sociale** e in quelle ad **alto valore tecnologico**.

Agevolazioni fiscali				
Soggetti	**Periodi d'imposta**	**Agevolazione**	**Limiti massimi di investimento (in euro)**	**Durata minima di mantenimento dell'investimento**
[6] Nei casi di acquisizione dell'intero capitale sociale di start-up innovative da parte di soggetti passivi dell'imposta sul reddito delle società, diversi da imprese start-up innovative, l'aliquota è pari, per l'anno 2019, al 50%, a condizione che l'intero capitale sociale sia acquisito e mantenuto per almeno 3 anni (art. 1, c. 218, Legge n. 145/2018). **Attenzione**: non essendo allo stato attuale intervenuta l'autorizzazione della Commissione europea, non sussistono le condizioni per poter dare applicazione alle disposizioni in esame (risposta a interpello 11 ottobre 2019, n. 410). [7] Le agevolazioni spettano fino ad un **ammontare** complessivo dei **conferimenti** ammissibili non superiore a euro **15.000.000** per ciascuna start-up innovativa o PMI innovativa ammissibile. Ai fini del calcolo di tale ammontare massimo rilevano tutti i conferimenti agevolabili ricevuti dalla start-up innovativa o PMI innovativa ammissibile nei periodi di imposta di vigenza del regime agevolativo. [8] Le agevolazioni **possono essere cumulate** dai contribuenti con le altre misure di favore (➔**32.5.3.**)				

Gli organismi di investimento collettivo del risparmio o altre società che investano prevalentemente in imprese start up innovative e le start up innovative non beneficiano delle suddette agevolazioni.

È possibile usufruire delle agevolazioni fiscali per il conferimento effettuato in sede di costituzione di una SRL (ris. 22 gennaio 2015, n. 9/E).

Soggetti interessati ed esclusioni - Soggetti IRPEF e IRES che effettuano un investimento agevolato in una o più start-up innovative o PMI innovative ammissibili nei periodi di imposta successivi a quello in corso al 31 dicembre 2016 (art. 2, D.M. 7 maggio 2019).
L'investimento agevolato può essere effettuato **indirettamente** per il **tramite** di **organismi di investimento** collettivo del risparmio o altre società di capitali che investono prevalentemente in start-up innovative o PMI innovative ammissibili; nel caso di investimenti effettuati per il tramite delle altre società di capitali che investono prevalentemente in start-up innovative o PMI innovative ammissibili e le cui azioni non siano quotate su un mercato regolamentato o su un sistema multilaterale di negoziazione, le agevolazioni spettano in misura proporzionale agli investimenti effettuati nelle start-up innovative o PMI innovative ammissibili da tali società, come risultanti dal bilancio chiuso relativo all'esercizio in cui è effettuato l'investimento agevolato.
Le agevolazioni **non si applicano**:

a. nel caso di investimenti effettuati tramite organismi di investimento collettivo del risparmio e società, direttamente o indirettamente, **a partecipazione pubblica**;
b. nel caso di investimenti in start-up innovative o PMI innovative ammissibili che si qualifichino come:
   1. **imprese in difficoltà** di cui alla definizione della comunicazione della Commissione europea "Orientamenti sugli aiuti di Stato per il salvataggio e la ristrutturazione di imprese non finanziarie in difficoltà" (2014/C 249/01);
   2. **imprese che hanno ricevuto aiuti di Stato illeciti** che non siano stati integralmente recuperati;
   3. imprese del **settore** della **costruzione navale** e dei settori del **carbone** e dell'**acciaio**;
c. alle **start-up innovative, alle PMI innovative** ammissibili e agli incubatori certificati, agli organismi di investimento collettivo del risparmio, nonché alle altre società di capitali **che investono** prevalentemente in start-up innovative o PMI innovative ammissibili;
d. nel caso di investimento diretto, o indiretto per il tramite delle altre società di capitali che investono prevalentemente in start-up innovative o PMI innovative ammissibili e le cui azioni non siano quotate su un mercato regolamentato o su un sistema multilaterale di negoziazione, ai soggetti che possiedono partecipazioni, titoli o diritti nella start-up innovativa o nella PMI innovativa ammissibile oggetto dell'investimento, ad eccezione degli investimenti ulteriori al ricorrere di particolari condizioni (art. 21, paragrafo 6, Reg. UE n. 651/2014).

Nozione di investimento agevolato - Le agevolazioni si applicano ai conferimenti in denaro iscritti alla voce del capitale sociale e della riserva da sovrapprezzo delle azioni o quote delle start-up innovative, delle PMI innovative ammissibili o delle società di capitali che investono prevalentemente in start-up innovative o PMI innovative ammissibili, anche in seguito alla conversione di

IRES

obbligazioni convertibili in azioni o quote di nuova emissione, nonché agli investimenti in quote degli organismi di investimento collettivo del risparmio (art. 3, D.M. 7 maggio 2019).

Si considera conferimento in denaro anche la **compensazione dei crediti** in sede di sottoscrizione di aumenti del capitale, ad eccezione dei crediti risultanti da cessioni di beni o prestazioni di servizi diverse da quelle previste dalla norma sulla remunerazione con strumenti finanziari della start-up innovativa e dell'incubatore certificato (➜32.5.3.) (art. 27, D.L. n. 179/2012).

I conferimenti rilevano nel **periodo d'imposta** in corso alla data del deposito per l'iscrizione nel registro delle imprese, anche nel caso di investimenti indiretti per il tramite delle altre società che investono prevalentemente in start-up innovative o PMI innovative ammissibili e le cui azioni non siano quotate su un mercato regolamentato o su un sistema multilaterale di negoziazione, dell'atto costitutivo o della deliberazione di aumento del capitale sociale ovvero, se successiva, alla data del deposito dell'attestazione (artt. 2444 e 2481-bis c.c.).

Gli investimenti in quote degli organismi di investimento collettivo del risparmio, e quelli effettuati per il tramite delle altre società di capitali che investono prevalentemente in start-up innovative o PMI innovative ammissibili rilevano alla data di sottoscrizione delle quote.

I conferimenti derivanti dalla conversione di obbligazioni convertibili rilevano nel periodo d'imposta in corso alla data in cui ha effetto la conversione.

> Con riguardo alle start-up innovative o PMI innovative ammissibili **non residenti** che esercitano nel territorio dello Stato un'attività di impresa mediante una stabile organizzazione, le agevolazioni spettano in relazione alla parte corrispondente agli incrementi del fondo di dotazione delle stesse stabili organizzazioni.

Condizioni - Le agevolazioni spettano a condizione che gli investitori ricevano e conservino (art. 5, D.M. 7 maggio 2019):

a. una **certificazione** della start-up innovativa o PMI innovativa ammissibile che **attesti** di non avere superato il **limite** di euro 15.000.000 di ammontare complessivo di conferimenti ammissibili per ciascuna start-up innovativa o PMI innovativa ovvero, se superato, l'importo per il quale spetta la deduzione o detrazione, da rilasciare entro 60 giorni dal conferimento ovvero, per i conferimenti effettuati a partire dal periodo d'imposta successivo a quello in corso al 31 dicembre 2016 e fino alla data di entrata in vigore del decreto attuativo (D.M. 7 maggio 2019, pubblicato nella G.U. n. 156 del 5 luglio 2019) entro 90 giorni dalla data di pubblicazione del decreto in Gazzetta;
b. copia del piano di investimento della start-up innovativa o PMI innovativa ammissibile, contenente informazioni dettagliate sull'oggetto della prevista attività della medesima impresa, sui relativi prodotti, nonché sull'andamento, previsto o attuale, delle vendite e dei profitti.

Per la PMI innovativa ammissibile, dopo il periodo di 7 anni dalla prima vendita commerciale, al piano di investimento si deve allegare:

1. per un'impresa fino a 10 anni dalla prima vendita commerciale, una valutazione eseguita da un esperto esterno che attesti che l'impresa non ha ancora dimostrato il potenziale di generare rendimenti o l'assenza di una storia creditizia sufficientemente solida e di non disporre di garanzie;
2. per un'impresa senza limiti di età, un business plan relativo ad un nuovo prodotto o a un nuovo mercato geografico che sia superiore al 50% del fatturato medio annuo dei precedenti 5 anni.

Il possesso dei requisiti per gli organismi di investimento collettivo del risparmio, nonché, per le altre società di capitali e l'entità dell'investimento agevolabile è certificato, previa richiesta dell'investitore, a cura degli organismi di investimento collettivo del risparmio o di tali altre società entro il termine per la presentazione della dichiarazione delle imposte sui redditi relativa al periodo d'imposta in cui l'investimento si intende effettuato.

Qualora l'esercizio delle start-up innovative o PMI innovative ammissibili, degli organismi di investimento collettivo del risparmio o delle altre società non coincida con il periodo di imposta dell'investitore e l'investitore riceva la certificazione nel periodo di imposta successivo a quello in cui l'investimento si intende effettuato, le agevolazioni spettano a partire da tale successivo periodo d'imposta.

> L'investimento nella start up innovativa assume rilevanza per i soggetti che hanno investito nella società intermediaria, nel periodo d'imposta del deposito dell'attestazione che l'aumento del capitale della start up è stato eseguito (risposta a interpello 6 settembre 2019, n. 368).

Investimenti in start up innovative - È previsto un regime fiscale agevolato rivolto esclusivamente alle persone fisiche che investono in start-up o in PMI innovative (art. 38, D.L. n. 34/2020; D.M. 28 dicembre 2020).

IRES

In particolare, si applica una **detrazione d'imposta** pari al **50%** della **somma investita** dal contribuente nel capitale sociale di una o più start-up innovative direttamente ovvero per il tramite di organismi di investimento collettivo del risparmio che investano prevalentemente in start-up innovative.
L'**investimento massimo detraibile** non può eccedere, in ciascun periodo d'imposta, l'importo di **100.000 euro** e deve essere mantenuto per almeno 3 anni. Per l'investimento in PMI innovative, l'importo non può eccedere, in ciascun periodo d'imposta, l'importo di euro 300.000.
La detrazione spetta prioritariamente rispetto alle altre detrazioni (➡**32.5.5.**) (art. 29, D.L. n. 179/2012) e fino all'ammontare di investimento sopra citato.
L'agevolazione fiscale si applica ai conferimenti in denaro iscritti alla voce del capitale sociale e della riserva da sovrapprezzo delle azioni o quote delle **start-up innovative** e delle **PMI innovative**, nonché agli investimenti in quote degli organismi di investimento collettivo del risparmio.
L'agevolazione fiscale è concessa per investimenti agevolati ai sensi del Reg. UE n. 1407/2013 della Commissione del 18 dicembre 2013 sugli aiuti "de minimis".
Essa spetta fino ad un ammontare massimo di aiuti concessi a titolo "de minimis" ad una medesima start-up innovativa o PMI innovativa non superiore a **200.000 euro** nell'arco di 3 **esercizi** finanziari.

Per i soci di società in nome collettivo e in accomandita semplice l'importo per il quale spetta la detrazione, è determinato in proporzione alle rispettive quote di partecipazione agli utili.

Sulla parte di investimento che eccede il limite di cui sopra, è fruibile esclusivamente la detrazione di cui all'art. 29 D.L. n. 179/2012 nei limiti della regola "de minimis".
Qualora la detrazione sia di ammontare superiore all'imposta lorda, l'eccedenza può essere portata **in detrazione** dall'imposta lorda sul reddito delle persone fisiche dovuta nei periodi di imposta successivi, **non oltre il terzo periodo**, fino a concorrenza del suo ammontare. Per quanto concerne le modalità operative è previsto che, prima della effettuazione dell'investimento da parte del soggetto investitore, l'impresa beneficiaria deve presentare apposita istanza tramite una piattaforma informatica resa disponibile dal Ministero dello Sviluppo Economico.
In sede di prima applicazione della norma, la presentazione andava fatta **dal 1° marzo al 30 aprile 2021**.
Nell'**istanza**, sotto la propria responsabilità, occorre riportare:

a. gli elementi identificativi dell'impresa beneficiaria, del soggetto investitore e, in caso di investimento indiretto, dell'organismo di investimento collettivo del risparmio;
b. l'ammontare dell'investimento che il soggetto investitore intende effettuare;
c. l'ammontare della detrazione che il soggetto investitore intende richiedere.

Esenzione tassazione capital gain - Non sono soggette a imposizione le plusvalenze sui capital gain (art. 67, c. 1, lett. c) e c-bis), D.P.R. n. 917/1986), realizzate da persone fisiche, derivanti dalla cessione di partecipazioni al capitale di imprese start up innovative, acquisite mediante sottoscrizione di capitale sociale **dal 1° giugno 2021 al 31 dicembre 2025** e possedute **per almeno tre anni** (art. 14, D.L. n. 73/2021).
Al fine dell'esenzione sono agevolati gli investimenti di cui agli artt. 29 e 29-bis del D.L. n. 179/2012.
L'esenzione da tassazione si applica anche alle plusvalenze realizzate da persone fisiche, derivanti dalla cessione di partecipazioni al capitale di piccole e medie imprese innovative (art. 4, D.L. 24 gennaio 2015, n. 3), acquisite mediante sottoscrizione di capitale sociale dal 1° giugno 2021 al 31 dicembre 2025 e possedute per almeno 3 anni. Al fine dell'esenzione sono agevolati gli investimenti di cui all'art. 4, c. 9 e 9-ter, del D.L. n. 3/2015.
Inoltre, non sono soggette a imposizione le plusvalenze, realizzate da persone fisiche, derivanti dalla cessione di partecipazioni al capitale in società di persone ed equiparate (art. 5, D.P.R. n. 917/1986), escluse le società semplici e gli enti ad esse equiparati, e in società di capitali (art. 73, c. 1, lett. a) e d), D.P.R. n. 917/1986), qualora e nella misura in cui, entro un anno dal loro conseguimento, siano reinvestite in imprese start up innovative, o in piccole e medie imprese innovative (art. 4, D.L. n. 3/2015), mediante la sottoscrizione del capitale sociale entro il 31 dicembre 2025.
L'efficacia delle disposizioni di cui sopra è subordinata, ai sensi dell'art. 108, paragrafo 3, del Trattato sul funzionamento dell'Unione europea, all'autorizzazione della Commissione europea, richiesta a cura del Ministero dello Sviluppo Economico.

ZONE FRANCHE URBANE 32.6.

È prevista la concessione di agevolazioni, sotto forma di **esenzioni fiscali e contributive**, in favore di **imprese di micro e piccola dimensione localizzate nelle zone franche urbane ("ZFU")** dell'ex Obiettivo Convergenza, nonché, nel territorio dei Comuni della provincia di Carbonia-Iglesias, ai quali le misure agevolative sono applicate sperimentalmente nell'ambito dei programmi di sviluppo e

degli interventi compresi nell'accordo di programma "Piano Sulcis" (art. 37, D.L. n. 179/2012; Decreto 10 aprile 2013; D.M. 5 giugno 2017; circ. 9 aprile 2018, n. 172230).
Le fiscali agevolazioni concedibili sono:
a. esenzione dalle imposte sui redditi;
b. esenzione dall'IRAP;
c. esenzione dall'IMU.

Zone franche urbane	
Aspetto	**Regole applicabili**
Esenzione ai fini delle imposte sui redditi	Il reddito derivante dallo svolgimento dell'attività del soggetto beneficiario all'interno del territorio della ZFU, **fino** a concorrenza dell'importo di **100.000 euro** per ciascun periodo di imposta e salvo alcune maggiorazioni, è esente dalle imposte sui redditi, a decorrere dal periodo di imposta di accoglimento dell'istanza di agevolazione, nei limiti delle seguenti percentuali: - **100%**, per i **primi cinque periodi di imposta**; - **60%**, per i periodi di imposta **dal sesto al decimo**; - **40%**, per i periodi di imposta **undicesimo e dodicesimo**; - **20%**, per i periodi di imposta **tredicesimo e quattordicesimo**. Ai fini della determinazione del reddito per cui è possibile beneficiare dell'esenzione, non rilevano le plusvalenze e le minusvalenze realizzate (artt. 54, 86 e 101, D.P.R. n. 917/1986), né le sopravvenienze attive e passive (art. 88 e 101, D.P.R. n. 917/1986). Non rilevano, ai fini della determinazione del reddito esente, i componenti positivi e negativi riferiti a esercizi precedenti a quello in corso alla data di accoglimento dell'istanza di agevolazione, la cui tassazione o deduzione è stata rinviata in conformità alle disposizioni del D.P.R. n. 917/1986. Il limite di 100.000 euro è **maggiorato**, per ciascun periodo di imposta, di un importo pari a **5.000 euro**, ragguagliato ad anno, per ogni **nuovo dipendente**, residente all'interno del Sistema Locale del Lavoro in cui ricade la ZFU e che svolge nella stessa l'attività di lavoro dipendente, assunto a tempo indeterminato dall'impresa beneficiaria.
Esenzione IRAP	Per ciascuno dei primi cinque periodi di imposta decorrenti da quello di accoglimento dell'istanza di agevolazione, dall'IRAP è esentato il valore della produzione netta nel limite di euro 300.000, per la determinazione della quale non rilevano le plusvalenze e le minusvalenze realizzate. I componenti positivi e negativi riferiti a esercizi precedenti a quello di accoglimento dell'istanza, la cui tassazione o deduzione è stata rinviata (art. 5-bis, D.Lgs. n. 446/1997), concorrono alla determinazione del valore della produzione netta. Nel caso in cui il soggetto beneficiario svolga la propria attività anche in altre sedi ubicate al di fuori del territorio della ZFU, ai fini della determinazione della quota di valore della produzione netta per cui è possibile beneficiare dell'esenzione dall'IRAP produttive, si applicano le disposizioni in materia di determinazione della base imponibile in più regioni (art. 4, c. 2, D.Lgs. n. 446/1997).
Esenzione IMU	Per l'esercizio dell'attività economica, è riconosciuta l'esenzione dall'IMU per i primi 4 anni a decorrere dal periodo di imposta di accoglimento dell'istanza di agevolazione.

32.7. ZONE ECONOMICHE SPECIALI (ZES)

Le **zone economiche speciali (ZES)** sono aree geografiche nell'ambito delle quali un'Autorità governativa offre incentivi a beneficio delle aziende che vi operano, attraverso strumenti e agevolazioni che agiscono in un regime derogatorio rispetto a quelli vigenti per le ordinarie politiche nazionali.
L'istituzione delle ZES è attivata su **richiesta delle Regioni meridionali** interessate (art. 4, D.L. n. 91/2017).
Con il D.P.C.M. 25 gennaio 2018, n. 12, in vigore dal 27 febbraio 2018, sono state definite:
a. le modalità per l'istituzione di ZES, comprese le ZES interregionali;
b. la loro durata;
c. i criteri per l'identificazione e la delimitazione dell'area della ZES;
d. i criteri che disciplinano l'accesso delle aziende;

e. il coordinamento generale degli obiettivi di sviluppo.

Definizione 32.7.1.

Per ZES si intende una **zona geograficamente delimitata** e chiaramente identificata, situata entro i confini dello Stato, costituita anche da aree non territorialmente adiacenti purché presentino un nesso economico funzionale, e **che comprenda almeno un'area portuale** con le caratteristiche stabilite dal Reg. UE n. 1315 dell'11 dicembre 2013, sugli orientamenti dell'Unione per lo sviluppo della rete transeuropea dei trasporti (TENT).
La ZES **può ricomprendere** anche **aree** della medesima regione **non** territorialmente **adiacenti**, purché presentino un nesso economico funzionale e che comprendano almeno un'Area portuale. Tali aree, tenuto conto anche del volume complessivo di merci in transito, sono anche i porti che non presentano le caratteristiche stabilite dal Reg. UE n. 1315/2013, purché essi presentino una rilevanza strategica per le attività di specializzazione territoriale che si intende rafforzare e dimostrino un **nesso economico funzionale** con l'Area portuale.

Il nesso economico funzionale tra aree non territorialmente adiacenti sussiste qualora vi sia la presenza, o il potenziale sviluppo, di attività economico-produttive, indicate nel Piano di sviluppo strategico, o di adeguate infrastrutture di collegamento tra le aree interessate.

La ZES è di norma composta da territori quali porti, aree retroportuali, anche di carattere produttivo e aeroportuale piattaforme logistiche e Interporti, non può comprendere zone residenziali.
Una regione in cui non sia presente alcuna Area portuale e un'altra Regione in cui sia presente almeno un'Area portuale possono presentare congiuntamente istanza di istituzione di una ZES. L'area complessivamente a disposizione per l'istituzione di ZES nelle due regioni non può eccedere la sommatoria delle superfici indicate per ciascuna regione nell'Allegato 1 al D.P.C.M. 25 gennaio 2018, n. 12.
Per l'esercizio di attività economiche e imprenditoriali le aziende già operative e quelle che si insedieranno nella ZES possono beneficiare di speciali condizioni, in relazione alla natura incrementale degli investimenti e delle attività di sviluppo di impresa.

Istituzione 32.7.2.

Le modalità per l'istituzione di una ZES, la sua durata, i criteri generali per l'identificazione e la delimitazione dell'area, i criteri che ne disciplinano l'accesso e le condizioni speciali, nonché il coordinamento generale degli obiettivi di sviluppo sono definiti con D.P.C.M. Le prime ZES sono state avviate nelle regioni meno sviluppate (Basilicata, Calabria, Campania, Puglia e Sicilia) e in transizione (Abruzzo, Molise, e Sardegna) (D.P.C.M. 25 gennaio 2018).
Le **proposte di istituzione di ZES** possono essere presentate dalle **Regioni meno sviluppate e in transizione**, così come individuate dalla normativa europea, ammissibili alle deroghe previste dall'art. 107 del Trattato sul funzionamento dell'Unione europea (si tratta delle **Regioni del Mezzogiorno**).
Ciascuna Regione può presentare una proposta di istituzione di una ZES nel proprio territorio, o al massimo due proposte ove siano presenti più aree portuali che rientrano nella definizione di ZES.
Le Regioni che non posseggono aree portuali aventi le caratteristiche per essere una ZES possono presentare istanza di istituzione di una ZES solo in forma associativa, qualora contigue, o in associazione con un'area portuale avente le suddette caratteristiche.
La Regione, o le Regioni nel caso di ZES interregionali, formulano la proposta di istituzione della ZES, specificando le caratteristiche dell'area identificata. Il soggetto per l'amministrazione dell'area ZES, di seguito soggetto per l'amministrazione, è identificato in un **Comitato di indirizzo** composto dal Presidente dell'Autorità portuale, che lo presiede, da un rappresentante della Regione, o delle Regioni nel caso di ZES interregionale, da un rappresentante della Presidenza del Consiglio dei ministri e da un rappresentante del Ministero delle Infrastrutture e dei trasporti.
Le imprese già operative nella ZES e quelle che si insedieranno nell'area sono tenute al rispetto della normativa nazionale ed europea, nonché delle prescrizioni adottate per il funzionamento della stessa ZES.

La durata della ZES non può essere inferiore a 7 anni e superiore a 14, prorogabile fino a un massimo di ulteriori 7 anni, su richiesta delle Regioni interessate sulla base dei risultati del monitoraggio.

IRES

32.7.3. Agevolazioni

Le nuove imprese e quelle già esistenti, che avviano un programma di attività economiche imprenditoriali o di investimenti di natura incrementale nella ZES, possono usufruire delle seguenti tipologie di agevolazioni (art. 5, c. 1, D.L. n. 91/2017):

a. **procedure amministrative semplificate** con piena libertà di esercizio delle attività economiche nel rispetto delle norme nazionali ed europee sull'esercizio dell'attività d'impresa;
b. **tempi dimezzati**, con l'utilizzo della procedura della conferenza semplificata (art. 14-bis, Legge n. 241/1990) per eventuali autorizzazioni, licenze, permessi, concessioni o nulla osta;
c. **accesso alle infrastrutture** esistenti e previste nel Piano di sviluppo strategico della ZES.

Inoltre, nelle ZES possono essere istituite zone franche doganali intercluse (Reg. UE n. 952/2013), previa approvazione con determinazione del direttore dell'Agenzia delle dogane e dei monopoli (art. 5, c. 1, lett. a-sexies), D.L. n. 91/2017).

In relazione agli investimenti effettuati nelle ZES, il **credito d'imposta per gli investimenti al Sud** (➡**16.9.**) (art. 1, c. 98-108, Legge n. 208/2015), compresi anche gli acquisti di beni immobili strumentali, è commisurato alla quota del costo complessivo dei beni acquisiti entro il 31 dicembre 2022 nel limite massimo, per ciascun progetto di investimento, di 100 milioni di euro.

Il riconoscimento delle tipologie di agevolazione di cui sopra è soggetto al rispetto delle seguenti condizioni:

a. le imprese beneficiarie devono **mantenere la loro attività nell'area ZES per almeno 7 anni** dopo il completamento dell'investimento oggetto delle agevolazioni, pena la revoca dei benefici concessi e goduti;
b. le imprese beneficiarie non devono essere **in stato di liquidazione o di scioglimento**.

Gli interventi relativi agli oneri di urbanizzazione primaria, per le imprese beneficiarie delle agevolazioni che effettuano gli investimenti ammessi al credito di imposta nella ZES sono realizzati entro il termine perentorio di 90 giorni dalla presentazione della relativa istanza da parte delle imprese ai gestori dei servizi di pubblica utilità (art. 5, c. 2, D.L. n. 91/2017).

Per fruire del bonus va utilizzato il Modello approvato dall'Agenzia delle Entrate (Provv. 9 marzo 2021, modificato con il Provv. 27 ottobre 2021) da trasmettere utilizzando l'apposito **software**, disponibile sul sito dell'Agenzia.

Il credito d'imposta è **utilizzabile** esclusivamente **in compensazione** presentando il Mod. F24 **esclusivamente attraverso** i **servizi telematici** messi a disposizione dall'Agenzia delle Entrate, pena il rifiuto dell'operazione di versamento.

32.7.4. Agevolazioni fiscali

Per le imprese che intraprendono una nuova iniziativa economica nelle ZES, l'imposta sul reddito derivante dallo svolgimento dell'attività nella ZES è **ridotta del 50%** a decorrere dal periodo d'imposta nel corso del quale è stata intrapresa la nuova attività e per i sei periodi d'imposta successivi (art. 1, c. 173-176, Legge n. 178/2020).

Tale agevolazione può spettare, oltre che alle nuove imprese che si insediano nelle ZES, anche alle **imprese già operanti** nei territori interessati, purché procedano ad avviare una **nuova attività in precedenza non esercitata**, da cui discenda la creazione di nuovi posti di lavoro, nel rispetto degli ulteriori requisiti e condizioni richieste dalla relativa disciplina (risposta a interpello 10 novembre 2021, n. 771).

Il riconoscimento dell'agevolazione è subordinato al rispetto delle seguenti **condizioni**, pena la decadenza dal beneficio e l'obbligo di restituzione dell'agevolazione della quale hanno già beneficiato:

a. le imprese beneficiarie devono **mantenere** la loro **attività** nella ZES per almeno **10 anni**;
b. le imprese beneficiarie devono **conservare** i **posti di lavoro** creati nell'ambito dell'attività avviata nella ZES per almeno **10 anni**.

Le imprese beneficiarie non devono essere in stato di liquidazione o di scioglimento.

L'agevolazione spetta nel rispetto dei limiti e delle condizioni previsti dal regime de minimis, anche per il settore agricolo, della pesca e dell'acquacoltura (Reg. UE n. 1407/2013 della Commissione, del 18 dicembre 2013; Reg. UE n. 1408/2013 della Commissione, del 18 dicembre 2013; Reg. UE n. 717/2014 della Commissione, del 27 giugno 2014).

32.8. CONTRATTO DI RETE

Alle imprese appartenenti ad una **rete di imprese** riconosciuta competono **vantaggi fiscali, amministrativi e finanziari**, nonché la **possibilità di stipulare convenzioni con l'ABI** nei termini definiti con decreto del Ministro dell'Economia e delle finanze (art. 3, c. 4-ter, 4-quater e 4-quinquies, D.L. n. 5/2009; art. 42, D.L. n. 78/2010; D.M. 25 febbraio 2011; Provv. 14 aprile 2011; circ. 14 aprile 2011, n. 15/E; circ. 18 giugno 2013, n. 20/E).

Contratti di rete	
Aspetto	**Regole applicabili**
Definizione di contratto di rete	Con il contratto di rete **più imprenditori** perseguono lo scopo di accrescere, individualmente e collettivamente, la propria capacità innovativa e la propria competitività sul mercato e a tal fine **si obbligano, sulla base di un programma comune di rete, a collaborare in forme e in ambiti predeterminati** attinenti all'esercizio delle proprie imprese ovvero a scambiarsi informazioni o prestazioni di natura industriale, commerciale, tecnica o tecnologica ovvero ancora ad esercitare in comune una o più attività rientranti nell'oggetto della propria impresa. Il contratto può anche prevedere l'istituzione di un **fondo patrimoniale comune** e la nomina di un **organo comune** incaricato di gestire, in nome e per conto dei partecipanti, l'esecuzione del contratto o di singole parti o fasi dello stesso.
Forma e contenuto	Il contratto deve essere redatto **per atto pubblico o per scrittura privata autenticata** o anche con **atto scritto, firmato digitalmente**. Va utilizzato un modello *standard* che deve riportare apposite indicazioni.
Iscrizione nel Registro imprese	È possibile fare un'unica iscrizione della modifica presso il Registro delle imprese della Camera di commercio dell'impresa indicata nell'atto modificativo. Quest'ultimo provvede d'ufficio a comunicarlo a tutti gli altri Uffici presso i quali le imprese aderenti alla rete sono iscritte. Se è prevista la costituzione del fondo comune, la rete può iscriversi nella sezione ordinaria del Registro delle imprese nella cui circoscrizione è stabilita la sua sede; con l'iscrizione nel Registro delle imprese la rete acquista **soggettività giuridica.**
Istituzione di un fondo patrimoniale comune	Nel caso in cui il contratto di rete preveda l'**istituzione di un fondo patrimoniale comune** e di un **organo comune** destinato a svolgere anche un'attività, anche commerciale con i terzi, per le obbligazioni contratte dall'organo comune in relazione al programma di rete, i terzi possono far valere i loro diritti esclusivamente sul fondo comune. Inoltre, l'organo comune deve redigere una **situazione patrimoniale** secondo le regole valide per il bilancio d'esercizio delle SPA e depositi deve depositarla presso l'Ufficio del Registro delle imprese, entro 2 mesi dalla chiusura dell'esercizio.
Profili tributari	L'adesione al contratto di rete non comporta l'estinzione, né la modificazione della soggettività tributaria delle imprese che aderiscono all'accordo, né l'attribuzione di soggettività tributaria alla rete risultante dal contratto stesso. Pertanto, alla rete può essere attribuito un proprio **codice fiscale**, visto che l'iscrizione all'Anagrafe tributaria è consentita anche alle organizzazioni di persone e di beni prive di personalità giuridica (ris. 30 giugno 2011, n. 70/E). Nella **rete-contratto** la titolarità di beni, diritti, obblighi ed atti è riferibile, quota parte, alle singole imprese partecipanti; in generale, la titolarità delle situazioni giuridiche rimane individuale dei singoli partecipanti, sebbene l'organo comune possa esercitare una rappresentanza unitaria nei confronti dei terzi (circ. 16 giugno 2013, n. 20/E). Ciascuna impresa aderente alla rete, pertanto, fa concorrere alla formazione del proprio risultato di periodo i costi che ha sostenuto e i ricavi che ha realizzato per l'attuazione del programma di rete, a prescindere dall'esistenza o meno di un organo comune dotato di poteri di rappresentanza. Ne deriva che, ai fini fiscali, i costi ed i ricavi derivanti dalla partecipazione ad un contratto di rete saranno deducibili o imponibili dai singoli partecipanti secondo le regole impositive fissate dal testo unico ed andranno indicati nella dichiarazione degli stessi.

Contratti di rete	
Aspetto	**Regole applicabili**
	Invece, la **rete di imprese**, per effetto dell'iscrizione nel registro imprese, diviene un nuovo soggetto di diritto (rete-soggetto) e, in quanto autonomo centro di imputazione di interessi e rapporti giuridici, acquista rilevanza anche dal punto di vista tributario. In sostanza, fermo restando la sussistenza della soggettività tributaria delle imprese partecipanti, qualora la rete acquisisca soggettività giuridica, la stessa diventa un autonomo soggetto passivo di imposta con tutti i conseguenti obblighi tributari previsti in materia di imposte dirette ed indirette. Pertanto, le reti dotate di soggettività giuridica sono soggette all'IRES (art. 73, c. 2, D.P.R. n. 917/1986).
Disciplina ai fini IVA	Ai fini IVA, la **rete-soggetto** rientra tra i soggetti nei cui confronti ricorre il **presupposto soggettivo** (art. 4, D.P.R. n. 633/1972), fermo restando che l'applicabilità in concreto della stessa imposta dipende anche dal verificarsi degli altri due presupposti (oggettivo e territoriale). Come conseguenza di tale impostazione, la rete deve avere un **numero di partita IVA proprio** e deve **effettuare autonomamente** tutti gli eventuali **adempimenti contabili ai fini IVA** e deve tenere tutti i registri contabili previsti dalla legge (art. 13, D.P.R. n. 600/1973). Dal punto di vista operativo, nella **dichiarazione di inizio attività** per l'attribuzione di partita IVA, le reti-soggetto devono utilizzare nel **Mod. AA7/10** il **codice "59 - Rete di imprese"**, per l'indicazione della natura giuridica.
Disciplina ai fini dell'imposta di registro	- **Reti-soggetto**: nel caso di svolgimento di attività commerciale o agricola in via esclusiva o principale, in relazione ai **conferimenti al fondo patrimoniale comune** si applica l'art. 4, lett. a), della Tariffa, parte prima, D.P.R. n. 131/1986; di conseguenza, a titolo esemplificativo, in relazione agli **apporti di denaro o di beni mobili** è dovuta l'**imposta in misura fissa,** pari ad euro 168, mentre in relazione a **conferimenti** di proprietà o diritti reali di godimento su **beni immobili** l'imposta è dovuta nelle misure indicate nell'art. 1 della medesima Tariffa; se, invece, la rete-soggetto non svolge attività commerciale o agricola in via principale o esclusiva, per i conferimenti al fondo comune si applicano le disposizioni dettate dagli articoli della Tariffa, parte prima, allegata al citato D.P.R. n. 131/1986. In via residuale, trova applicazione l'art. 9 secondo cui l'imposta di registro è dovuta nella misura del 3% "per gli atti diversi da quelli altrove indicati aventi ad oggetto prestazioni a contenuto patrimoniale"; - **Reti-contratto**: si applica, in linea generale, l'imposta di registro **in misura fissa** prevista dall'art. 11 della Tariffa, parte prima, pari ad euro 168, per gli atti pubblici o scritture private autenticate non aventi per oggetto atti a contenuto patrimoniale.
Agenzia delle Entrate	Ha il compito di **vigilare sui contratti di rete e sulla realizzazione degli investimenti** che hanno dato accesso all'agevolazione, **revocando i benefici indebitamente fruiti.**

32.9. AGEVOLAZIONI PER LE COOPERATIVE

Alle cooperative e loro consorzi **, con mutualità prevalente** e iscritti nell'Albo delle cooperative si applicano una serie di **disposizioni agevolative in materia di IRES** (art. 191, D.P.R. n. 917/1986 e D.P.R. n. 601/1973).

Requisiti per le agevolazioni	
Requisito	**Condizioni**
Albo cooperative	La cooperativa deve essere **iscritta** nell'**Albo delle cooperative**. L'Albo, che ha sostituito i Registri Prefettizi e lo Schedario Generale della cooperazione, è gestito con modalità informatiche dal Ministero dello Sviluppo Economico che si avvale, per la trasmissione dei dati, della collaborazione degli uffici delle Camere di commercio.

Requisiti per le agevolazioni	
Requisito	**Condizioni**
	L'iscrizione ha **carattere costitutivo** ed è quindi elemento **essenziale** ai fini della qualificazione mutualistica; in assenza di questa iscrizione, la società cooperativa non è tale e non può invocare le agevolazioni previste per il proprio settore.
Mutualità	**Clausole** da inserire nello Statuto (art. 2514 c.c.): 1) divieto di distribuire dividendi in misura superiore all'interesse massimo dei buoni postali fruttiferi, aumentato di due punti e mezzo rispetto al capitale effettivamente versato; 2) divieto di remunerare gli strumenti finanziari offerti in sottoscrizione ai soci cooperatori in misura superiore a due punti rispetto al limite massimo previsto per i dividendi; 3) divieto di distribuire le riserve fra i soci cooperatori; 4) obbligo di devoluzione, in caso di scioglimento della società, dell'intero patrimonio sociale, dedotto soltanto il capitale sociale e i dividendi eventualmente maturati, ai fondi mutualistici per la promozione e lo sviluppo della cooperazione.

Agevolazioni comuni a tutte le cooperative 32.9.1.

L'utile devoluto (il **3%** degli utili annuali e del fondo residuo) **a nuovi fondi mutualistici** è **deducibile** dal reddito.

Non concorrono a formare il reddito imponibile delle società cooperative e loro consorzi **le somme destinate a riserve indivisibili**, purché ne sia esclusa in via definitiva la distribuzione fra i soci anche all'atto dello scioglimento (art. 12, Legge n. 904/1977), e gli **utili portati ad aumento delle quote** dei soci fino al 10% (art. 14, Legge n. 72/1983).

Tale ultima agevolazione non si applica alle società cooperative e loro consorzi a mutualità prevalente e che sono iscritti all'Albo delle cooperative, sezione cooperative a mutualità prevalente (art. 223-sexiesdecies, disposizioni di attuazione del Codice civile; art. 1, c. 460, Legge n. 311/2004):

a. per la quota del **20% degli utili** netti annuali delle **cooperative agricole** e loro consorzi, delle cooperative **della piccola pesca** e loro consorzi; su tale quota non si applica l'esenzione dalla imposte sui redditi per le cooperative agricole e della piccola pesca (art. 10, D.P.R. n. 601/1973);
b. per la quota del **40% degli utili** netti annuali delle **altre cooperative** e loro consorzi;
c. per la quota del **65% degli utili** netti annuali delle società **cooperative di consumo** e loro consorzi.
d. per la quota del **50% degli utili** netti annuali dei **consorzi agrari** (art. 9, Legge n. 99/2009).

Le disposizioni precedenti non si applicano alle **cooperative sociali** e loro consorzi (Legge n. 381/1991).

Inoltre:

- non concorrono a formare il reddito imponibile delle società cooperative e loro consorzi le imposte sui redditi riferibili alle **variazioni effettuate** diverse da quelle riconosciute dalle leggi speciali per la cooperazione. La disposizione di cui al periodo precedente è applicabile solo se determina un utile o un maggior utile da destinare alle riserve indivisibili;
- è tassato il 10% degli utili netti annuali destinati alla **riserva minima obbligatoria** che in precedenza non concorrevano, *in toto*, a formare il reddito imponibile.

Cooperative di produzione e loro consorzi 32.9.2.

Sono **esenti da IRES**, se l'**ammontare delle retribuzioni effettivamente corrisposte ai soci** che prestano la loro opera con carattere di continuità, comprese le somme erogate ai lavoratori a titolo di integrazione**, non è inferiore al 50%** dell'ammontare complessivo di tutti gli altri costi, tranne quelli relativi alle materie prime e sussidiarie.

L'**IRES è ridotta alla metà**, se l'ammontare delle retribuzioni è inferiore al 50%, ma non al **25%** dell'ammontare complessivo degli altri costi.

Sono deducibili dal reddito le somme erogate ai soci lavoratori a titolo di integrazione delle retribuzioni fino al limite dei salari correnti aumentati del 20%.

IRES

Le agevolazioni per le cooperative di produzione e lavoro (art. 11, D.P.R. n. 601/1973) si applicano limitatamente al reddito imponibile derivante dall'indeducibilità dell'IRAP (art. 1, c. 462, Legge n. 311/2004).
Le disposizioni precedenti non si applicano alle **cooperative sociali** e loro consorzi (Legge n. 381/1991).

32.9.3. Cooperative agricole e della pesca

Sono **esenti da IRES**, se l'**allevamento di animali** è effettuato con mangimi ottenuti per almeno un quarto dai terreni dei soci o se l'attività di **manipolazione, trasformazione e alienazione di prodotti agricoli e zootecnici**, ancorché non svolta sul terreno, rientra nell'esercizio normale dell'agricoltura ed abbia prevalentemente per oggetto prodotti ottenuti dal terreno e dagli animali allevati su di esso (sempreché si tratti di **prodotti agricoli e zootecnici** e di animali conferiti dai soci nei limiti della potenzialità dei loro terreni). Nel caso in cui l'attività ecceda il limite, sono esenti da IRES limitatamente al reddito agrario dei soci.

32.9.4. Altre agevolazioni

È previsto che (art. 1, c. 464 e 465, Legge n. 311/2004):
- per le società cooperative e loro consorzi diversi da quelli a mutualità prevalente la **non imponibilità** delle **somme destinate a riserve** è limitata alla quota del **30%** degli utili netti annuali, a condizione che tale quota sia destinata ad una riserva indivisibile prevista dallo statuto. Per le società cooperative di consumo e loro consorzi diverse da quelle a mutualità prevalente la quota è stabilita nella misura del 23%;
- gli **interessi** sulle **somme che i soci** persone fisiche **versano alle società** cooperative e loro consorzi alle condizioni previste dall'art. 13, D.P.R. n. 601/1973 sono **indeducibili** per la parte che supera l'ammontare calcolato con riferimento alla misura minima degli interessi spettanti ai detentori dei buoni postali fruttiferi, aumentata dello 0,90%.

32.9.5. Cooperative di consumo

Per le cooperative di consumo e loro consorzi, la **quota di utili destinata ad aumento del capitale sociale non concorre a formare il reddito imponibile ai fini IRES** entro i limiti comunitari (art. 17-bis, D.L. n. 91/2014; Reg. UE n. 1407/2013).
Le **banche di credito cooperativo** autorizzate dalla Banca d'Italia ad un periodo di operatività prevalente a favore dei soggetti diversi dai soci, ai fini delle agevolazioni fiscali, sono considerate cooperative diverse da quelle a mutualità prevalente, a decorrere dal periodo d'imposta successivo a quello nel corso del quale è trascorso un anno dall'inizio del periodo di autorizzazione, relativamente ai periodi d'imposta in cui non è ripristinata l'operatività prevalente a favore dei soci.

32.9.6. Agevolazione sui ristorni

A partire **dal 1° gennaio 2021**, per le somme attribuite ad aumento del capitale sociale nei confronti di soci persone fisiche, la cooperativa ha facoltà di applicare, previa deliberazione dell'assemblea, la **ritenuta del 12,50%** (anziché del 26%) a titolo d'imposta all'atto della loro attribuzione a capitale sociale (art. 6, c. 2, D.L. n. 63/2002).
Tra i soci persone fisiche non sono compresi gli imprenditori individuali (➜14.) (art. 65, c. 1, D.P.R. n. 917/1986), né i detentori di partecipazione qualificata (➜15.3.3.) (art. 67, c. 1, lett. c), D.P.R. n. 917/1986).
La facoltà di cui sopra è esercitata con il versamento della ritenuta, da effettuare **entro il giorno 16 del mese successivo a quello di scadenza del trimestre solare** in cui è stata adottata la deliberazione dell'assemblea.
La ritenuta del 12,50% può essere applicata con le medesime modalità e termini sopra indicati alle somme attribuite ad aumento del capitale sociale deliberate anteriormente al 1° gennaio 2021, in luogo della tassazione prevista dalla normativa in vigore fino al 31 dicembre 2020 (art. 1, c. 43, Legge n. 178/2020).

32.10. AGEVOLAZIONI PER LE IMPRESE BANCARIE

32.10.1. Aiuti di Stato alle imprese bancarie

Con la c.d. "**Legge Ciampi**" (Legge n. 461/1998), è stato conferito al Governo il potere di introdurre disposizioni fiscali volte ad **agevolare la retrocessione alle fondazioni bancarie** dei beni d'investimento e degli altri cespiti patrimoniali delle banche non indispensabili al loro oggetto sociale, nonché

la **ristrutturazione del sistema bancario** attraverso fusioni tra banche o analoghe operazioni di ristrutturazione.
Le successive **misure** del provvedimento attuativo (D.Lgs. n. 153/1999) prevedono:
- la **riduzione al 12,5%**, a determinate condizioni, dell'**aliquota IRES** per le banche che effettuano una **fusione o** un'operazione di **ristrutturazione**;
- l'applicazione in misura **fissa** per le imposte di registro, ipotecarie e catastali dovute in relazione alle operazioni in questione;
- la **neutralità fiscale ai fini dell'INVIM** di dette operazioni;
- l'**esenzione** dalla tassazione per il **trasferimento** dalle società conferitarie alle fondazioni bancarie delle **partecipazioni al capitale della Banca d'Italia**.

Per ottenere la **riduzione a metà dell'aliquota dell'IRES** e l'**esonero dalla ritenuta sugli utili societari**, le **fondazioni bancarie** devono provare di possedere i requisiti di legge nazionale per accedere al regime agevolativo e di **non avere natura imprenditoriale**, secondo quanto stabilito dalle norme europee sugli aiuti di Stato (circ. 17 dicembre 2007, n. 69/E).

La **Corte di Giustizia** ha affermato (sent. 15 dicembre 2005, n. C-66/02) che le norme della legge Ciampi per incentivare la ristrutturazione e il consolidamento del sistema bancario e le successive misure attuative sono distorsive della concorrenza e **avvantaggiano illecitamente gli operatori italiani**. Le disposizioni in esame costituirebbero aiuti di Stato (in grado di distorcere i meccanismi della competitività) e non un nuovo sistema generale rientrante nella normalità giuridica, perché si tratta di un pacchetto di singoli scostamenti da regolamentazioni fiscali generali precedentemente vigenti.

Agevolazioni per le banche di credito cooperativo 32.10.2.

Sono previsti alcuni benefici fiscali per le banche di credito cooperativo.

Le agevolazioni fiscali previste per le società cooperative non si applicano alle banche **popolari** (ris. 29 agosto 2014, n. 81/E).

Requisiti per beneficiare delle agevolazioni fiscali - Per le BCC è necessario verificare, ai fini della **qualifica di cooperativa a mutualità prevalente**, la presenza dei requisiti mutualistici previsti dall'art. 2514 c.c. e dell'operatività prevalente a favore dei soci rinvenibile all'art. 35, c. 1, del TUB (ris. 7 maggio 2012, n. 45/E).
In particolare, tale ultima disposizione individua il **criterio di operatività** specifico per le banche, stabilendo che "le banche di credito cooperativo esercitano il credito prevalentemente a favore dei soci" e che "la Banca d'Italia può autorizzare, per periodi di tempo determinati, le singole banche di credito cooperativo a una operatività prevalente a favore di soggetti diversi dai soci, unicamente qualora sussistano ragioni di stabilità".
Il requisito del **vantaggio mutualistico** è l'obiettivo che ogni cooperativa deve perseguire. Il fine dello scopo mutualistico, peraltro, deve sussistere nei confronti di tutti i soci della società cooperativa, considerato che nella costituzione e nell'esecuzione dei rapporti mutualistici deve essere rispettato il principio di parità di trattamento (art. 2516 c.c.). Inoltre, la mancanza del vantaggio mutualistico a favore dei soci, soprattutto se transitoria e giustificata da ragioni economiche contingenti, non è idonea di per sé a determinare la revoca delle agevolazioni.
Non costituisce di per sé autonoma causa di revoca delle agevolazioni il mancato rispetto della previsione di cui all'art. 35, c. 2, del TUB, in base al quale gli statuti contengono le norme relative alle attività, alle operazioni di impiego e di raccolta e alla competenza territoriale, determinate sulla base dei criteri fissati dalla Banca d'Italia.

Momento di verifica del requisito di operatività prevalente - L'operatività prevalente deve essere verificata **al termine del periodo d'imposta** come dato medio ritraibile dall'indice di operatività prevalente rilevato al 31 marzo, al 30 giugno, al 30 settembre e al 31 dicembre del periodo d'imposta, coincidenti con le segnalazioni di Vigilanza relative a ciascun trimestre solare. In caso di **riscontro negativo** di tale dato, resta ferma la possibilità della banca di verificare la prevalenza dell'operatività quale media dei dati giornalieri del periodo d'imposta.

Parere preventivo della Banca d'Italia e del Ministero del Lavoro - I **presupposti di applicabilità delle agevolazioni** sono **accertati dall'Amministrazione finanziaria** sentiti il Ministero del Lavoro o gli altri organi di vigilanza (art. 14, c. 3, D.P.R. n. 601/1973).

32.11. ZONE LOGISTICHE SEMPLIFICATE

Al fine di favorire la creazione di condizioni favorevoli allo sviluppo di nuovi investimenti nelle aree portuali delle regioni in cui non si applicano le norme sulle ZES (➜32.7.) è prevista l'istituzione della **Zona logistica semplificata(ZLS)** (art. 1, c. 61-65, Legge n. 205/2017).

Le ZLS possono istituirsi **solo** nelle **zone più sviluppate**, ai sensi della normativa europea, ammissibili alle deroghe di cui all'art. 107 del TFUE.

Hanno un regime identico a quello previsto per le ZES (➜32.7.), con l'estensione a tali enti anche dei **benefici fiscali** previsti originariamente solo in capo alle ZES (➜32.7.3.)

32.12. STRUMENTI FINANZIARI CONVERTIBILI

È previsto un regime di non concorrenza alla formazione del reddito imponibile degli emittenti ai fini dell'IRES e del valore della produzione netta dei maggiori o minori valori che derivano dall'attuazione di specifiche previsioni contrattuali che governano gli **strumenti finanziari**, **diversi da azioni e titoli similari**, con talune caratteristiche che determini la svalutazione del valore nominale degli strumenti ovvero la loro conversione in azioni (art. 9, D.L. n. 34/2019).

A determinate condizioni, sia i maggiori valori connessi con le insussistenze di passività, sia, simmetricamente, i minori valori (riconducibili al ripristino, parziale o totale, del valore degli strumenti) non concorrono alla formazione del reddito imponibile ai fini **IRES** e del valore della produzione netta ai fini **IRAP**.

Tale trattamento fiscale si applica solo qualora:

a. la variazione di valore o la conversione degli strumenti finanziari derivi dall'attuazione di **specifiche previsioni contrattuali**;
b. gli **strumenti finanziari** siano **diversi**, sotto il profilo tributario, **da azioni e titoli similari**;
c. gli strumenti finanziari abbiano le seguenti caratteristiche:
   - **non** possono essere **sottoscritti** o acquistati dalla società **emittente** o da sue controllate o collegate;
   - il loro acquisto **non** può essere **finanziato** dalla società **emittente**.

> Gli strumenti devono essere perpetui e **non** possono essere **rimborsati** o riacquistati dall'emittente **prima di 5 anni dall'emissione**.

Le disposizioni che disciplinano questi strumenti devono prevedere una serie di **limitazioni** dei diritti del sottoscrittore:

– in caso di liquidazione dell'attivo, i diritti dei sottoscrittori sono subordinati rispetto a quelli di tutti gli altri creditori dell'emittente;
– eventuali opzioni di riacquisto o di rimborso anticipato possono essere esercitate unicamente dall'emittente;
– deve essere prevista la possibilità per l'emittente di annullare le distribuzioni relative a questi strumenti e, qualora le distribuzioni siano annullate, le somme non distribuite non possono essere cumulate con quelle successive, né la mancata distribuzione può costituire un caso di insolvenza dell'emittente.

Gli strumenti finanziari possono essere oggetto, alternativamente, di:

a. riduzione, temporanea o permanente, del valore nominale;
b. conversione in azioni;
c. meccanismi con effetti equivalenti alla riduzione del valore o alla conversione in azioni.

Questi eventi devono essere esplicitamente previsti dalle disposizioni che governano gli strumenti finanziari e possono essere riconducibili unicamente al verificarsi di un evento connesso al livello di patrimonializzazione della società, come ad esempio la riduzione sotto un certo livello del rapporto tra patrimonio netto e attivo di bilancio.

Al fine di prevenire condotte abusive o elusioni poste in essere attraverso l'emissione di strumenti finanziari sono previste due **condizioni** che gli emittenti devono rispettare per potersi avvalere di tale disciplina:

– gli emittenti devono comunicare all'amministrazione finanziaria l'emissione degli strumenti finanziari per i quali richiedono l'applicazione della disciplina. Tale comunicazione deve essere effettuata indicando di aver emesso gli strumenti finanziari nella dichiarazione dei redditi relativa al periodo d'imposta in cui l'emissione stessa è avvenuta;
– i maggiori o minori valori che, per l'applicazione dell'agevolazione, non concorrono alla determinazione dell'imponibile ai fini IRES e IRAP devono essere separatamente evidenziati nella relativa dichiarazione dei redditi IRES e nella dichiarazione IRAP.

AGGREGAZIONI D'IMPRESE 32.13.

Al fine di incentivare la realizzazione di operazioni di aggregazione aziendale per consentire alle imprese di incrementare le loro dimensioni e risultare più competitive, anche in un contesto di mercato più ampio di quello nazionale, è previsto un *bonus* aggregazione (art. 11, n. 34/2019).

Per i soggetti IRES residenti (art. 73, c. 1, D.P.R. n. 917/1986) che risultano da operazioni di aggregazione aziendale, realizzate attraverso **fusione** o **scissione** effettuate a decorrere dal 1° maggio 2019 (data di entrata in vigore del D.L. n. 34/2019) fino al 31 dicembre 2021, si considera riconosciuto, ai fini fiscali, il valore di avviamento e quello attribuito ai beni strumentali materiali e immateriali, per effetto della imputazione su tali poste di bilancio del **disavanzo da concambio**, per un **ammontare** complessivo **non eccedente** l'importo di **5 milioni di euro**.

Nel caso di operazioni di **conferimento di azienda** (art. 176, D.P.R. n. 917/1986), a decorrere dal 1° maggio 2019 (data di entrata in vigore del D.L. n. 34/2019) fino al 31 dicembre 2021, si considerano riconosciuti, ai fini fiscali, i maggiori valori iscritti dal soggetto conferitario a titolo di avviamento o sui beni strumentali materiali e immateriali, per un ammontare complessivo non eccedente l'importo di 5 milioni di euro.

Le agevolazioni si applicano qualora alle operazioni di aggregazione aziendale partecipino **esclusivamente imprese operative** da almeno **2 anni**.
Non si applicano qualora le **imprese** che partecipano alle operazioni facciano parte dello **stesso gruppo societario**.

Sono in ogni caso **esclusi** i soggetti legati tra loro da un rapporto di **partecipazione superiore al 20%** ovvero **controllati** anche indirettamente dallo stesso soggetto ai sensi dell'art. 2359, c. 1, n. 1), c.c.

Il maggior valore attribuito ai beni è riconosciuto ai fini delle imposte sui redditi e dell'IRAP a decorrere dall'esercizio successivo a quello in cui ha avuto luogo l'operazione di aggregazione aziendale.

Le agevolazioni si applicano qualora le imprese interessate dalle operazioni di aggregazione aziendale si trovino o si siano trovate ininterrottamente, nei 2 anni precedenti l'operazione, nelle condizioni che consentono il **riconoscimento fiscale**.

La società risultante dall'aggregazione, che nei primi 4 periodi d'imposta dalla effettuazione dell'operazione pone in essere **ulteriori operazioni straordinarie** (Titolo III, Capi III e IV, D.P.R. n. 917/1986), ovvero cede i beni iscritti o rivalutati in base alle regole sopra descritte, **decade dall'agevolazione**, fatta salva l'attivazione della procedura di interpello disapplicativo (art. 11, c. 2, Legge n. 212/2000).

Nella dichiarazione dei redditi del periodo d'imposta in cui si verifica la decadenza come sopra descritta, la società è tenuta a liquidare e versare l'IRES e l'IRAP dovute sul maggior reddito, relativo anche ai periodi di imposta precedenti, determinato senza tenere conto dei maggiori valori riconosciuti fiscalmente.

Sulle maggiori imposte liquidate non sono dovute sanzioni e interessi.

AGGREGAZIONI D'IMPRESE NEL MEZZOGIORNO 32.14.

Sono previste alcune agevolazioni per incentivare la cessione di crediti deteriorati che le imprese hanno accumulato negli ultimi anni, anche per effetto della crisi finanziaria, con l'obiettivo di sostenerle sotto il profilo della liquidità nel fronteggiare l'attuale contesto di incertezza economica (art. 44-bis, D.L. n. 34/2019; art. 55, D.L. n. 18/2020).

I crediti deteriorati oggetto dell'incentivo possono essere **sia di natura commerciale sia di finanziamento**.

Anche per ridurre gli oneri di cessione, la disposizione prevede la possibilità di **trasformare in credito d'imposta** una quota di attività per imposte anticipate (**DTA**) riferite a determinati componenti, per un ammontare proporzionale al valore dei crediti deteriorati che vengono ceduti a terzi.

Ciò consente di ridurre il fabbisogno di liquidità connesso con il versamento di imposte e contributi, aumentando così la disponibilità di cassa in un periodo di crisi economica e finanziaria connessa con l'emergenza sanitaria, rispettando la coerenza complessiva del sistema fiscale posto che, a fronte di tale anticipazione, viene meno il meccanismo ordinario di riporto in avanti dei componenti oggetto di trasformazione.

Soggetti interessati ed esclusioni 32.14.1.

L'agevolazione riguarda le società che hanno effettuato **entro il 31 dicembre 2021 cessioni di crediti** vantati nei confronti di debitori inadempienti.

IRES

L'agevolazione riguarda **tutte le società**, anche quelle industriali, quindi anche i soggetti diversi dalle banche e intermediari finanziari (ris. 28 giugno 2021, n. 44/E).

Esse possono trasformare in credito d'imposta le attività per imposte anticipate riferite ai seguenti componenti:

i) perdite riportabili non ancora computate in diminuzione del reddito imponibile (art. 84, D.P.R. n. 917/1986);

ii) importo del rendimento nozionale eccedente il reddito complessivo netto ai fini ACE (art. 1, c. 4, D.L. n. 201/2011), non ancora dedotto né fruito tramite credito d'imposta alla data della cessione.

Per consentire il pieno raggiungimento degli obiettivi previsti dalla norma, ai soli fini della relativa applicazione, non rilevano i limiti previsti per soggetti che fruiscono di un regime di esenzione dell'utile (art. 84, c. 1, secondo periodo, D.P.R. n. 917/1986).

La disposizione **non si applica**:

– a **società** per le quali sia stato accertato lo **stato di dissesto** o il rischio di dissesto (art. 17, D. Lgs. n. 180/2015), ovvero lo stato di **insolvenza** (art. 5, R.D. n. 267/1942; art. 2, c. 1, lett. b), D. Lgs. n. 14/2019).
– alle cessioni di crediti tra **società** che sono tra loro **legate** da **rapporti di controllo** (art. 2359 c.c.) e alle **società controllate**, anche indirettamente, dallo stesso soggetto.

32.14.2. Ambito oggettivo

La quota massima di DTA trasformabili in credito d'imposta è determinata in funzione dell'ammontare massimo di componenti cui esse si riferiscono.

A tal fine, viene posto un **limite** ai componenti che possono generare DTA trasformabili, pari al **20%** del **valore nominale** dei **crediti ceduti**.

Allo stesso tempo, è posto un **limite di 2 miliardi di euro di valore nominale** ai crediti complessivamente ceduti **entro il 31 dicembre 2021** che rilevano ai fini della trasformazione; per i soggetti appartenenti a gruppi, il limite si intende calcolato tenendo conto di tutte le cessioni effettuate da soggetti appartenenti allo stesso gruppo.

CASO 5 - Calcolo dell'agevolazione

Se una società cede crediti per 1 miliardo di euro, potrà trasformare in credito d'imposta al massimo una quota di DTA riferibile a 200 milioni di euro di componenti indicati dalla norma.

Supponendo che l'aliquota IRES applicabile sia quella ordinaria al 24%, l'importo sarà pari 48 milioni di euro.

Definizione di inadempimento - Si ha inadempimento quando il mancato pagamento si protrae per **oltre 90 giorni** dalla data in cui era dovuto.

32.14.3. Modalità operative

La trasformazione in credito d'imposta può avere luogo anche se le DTA non sono state iscritte in bilancio, ad esempio per non superamento del *probability test*, purché siano riferibili ai componenti indicati dalla norma, non ancora dedotti o usufruiti alla data della cessione dei crediti.

La trasformazione avviene alla data della cessione dei crediti e a partire da questa data sorgerà per l'intero ammontare il credito d'imposta.

A decorrere dalla data di efficacia della cessione dei crediti il cedente non potrà più portare in compensazione dei redditi le perdite, né dedurre o usufruire tramite credito d'imposta l'eccedenza del rendimento nozionale, corrispondenti alla quota di DTA trasformabili in credito d'imposta.

I crediti d'imposta derivanti dalla trasformazione non sono produttivi di interessi e possono essere utilizzati, senza limiti di importo, in **compensazione** o **ceduti** (artt. 43-bis e 43-ter, D.P.R. n. 602/1973) o **chiesti** a **rimborso**.

I crediti d'imposta vanno indicati nella dichiarazione dei redditi e non concorrono alla formazione del reddito di impresa né della base imponibile IRAP.

Le società che vogliono procedere alla trasformazione di DTA in credito d'imposta devono esercitare apposita **opzione** (art. 11, c. 1, D.L. n. 59/2016) che, se non già effettuata, deve essere esercitata entro la chiusura dell'esercizio in corso alla data in cui ha effetto la cessione dei crediti. L'opzione ha efficacia a partire dall'esercizio successivo a quello in cui ha effetto la cessione.

L'esercizio dell'opzione comporta il cumulo delle DTA trasformabili e di quelle trasformate nell'ammontare delle attività per imposte anticipate.

CREDITI D'IMPOSTA

33.

IRES

IRES

33.1. IMPOSTE ESTERE

Se alla formazione del reddito complessivo concorrono redditi prodotti all'estero, si ha diritto ad un **credito d'imposta** **per le imposte pagate all'estero in via definitiva** (art. 165, D.P.R. n. 917/1986).

Più precisamente, le imposte ivi pagate a titolo definitivo su tali redditi sono ammesse in **detrazione dall'imposta netta** dovuta fino alla concorrenza della quota d'imposta corrispondente al rapporto tra i redditi prodotti all'estero e il reddito complessivo al netto delle perdite di precedenti periodi d'imposta ammesse in diminuzione.

Il credito d'imposta è riconosciuto solo quando venga rispettata la condizione di concorso di tali redditi alla formazione del reddito complessivo dichiarato in Italia (principio di diritto 29 maggio 2019, n. 15).

33.1.1. Modalità di calcolo

Per calcolare il credito d'imposta occorre utilizzare la seguente formula:
Credito d'imposta = (Reddito estero x imposta lorda italiana) / (reddito complessivo al netto delle perdite pregresse).

CASO 1 - Calcolo del credito d'imposta per imposte pagate all'estero
Soggetto residente in Italia che, per l'anno n, abbia la seguente situazione:
Reddito prodotto in Italia = euro 50.000.
Reddito prodotto all'estero = euro 10.000.
Imposte pagate all'estero in via definitiva = euro 2.890.
Imposta dovuta in Italia sul reddito complessivo (pari a euro 60.000) = 19.372.
Il credito d'imposta è calcolato nel seguente modo:
Reddito estero / reddito complessivo = 10.000 / 50.000 = 16,7%.
Importo massimo del credito d'imposta spettante = 19.372 x 16,7% = 3.229.
Poiché le imposte pagate all'estero (pari a euro 2.890) sono inferiori al *plafond* utilizzabile (pari a euro 3.229), è possibile recuperarle per l'intero importo; quindi, il credito d'imposta da indicare in dichiarazione sarà pari a euro 2.890.
Se le imposte pagate all'estero fossero state di importo superiore a euro 3.229, il credito d'imposta utilizzabile in dichiarazione sarebbe stato pari a quest'ultimo importo.

Ai fini dell'individuazione dei redditi prodotti all'estero (che vanno indicati al numeratore del rapporto) occorre fare riferimento a **criteri reciproci** a quelli previsti dall'art. 23, D.P.R. n. 917/1986 (➔**9.2.**) per individuare quelli prodotti nel territorio dello Stato.

La definizione interna di "reddito prodotto all'estero" si applica solo quando con lo Stato della fonte del reddito non sia in vigore una convenzione contro le doppie imposizioni che adotti una disposizione analoga a quella di cui all'art. 23B del **Modello OCSE**, che prevede appunto l'eliminazione della doppia imposizione mediante il metodo del credito d'imposta. In tali circostanze, il credito d'imposta viene riconosciuto con riferimento a qualsiasi elemento di reddito ritratto nel Paese della fonte (circ. 5 marzo 2015, n. 9/E).

Al **denominatore del rapporto** utile al calcolo dell'ammontare del credito d'imposta deve essere indicato il reddito complessivo da utilizzare, comprensivo del reddito estero.

Il reddito va utilizzato **al netto** e non al lordo **delle perdite di precedenti periodi** d'imposta ammesse in diminuzione.

La **detrazione** deve essere calcolata nella dichiarazione relativa al periodo d'imposta cui appartiene il reddito prodotto all'estero al quale si riferisce l'imposta, a condizione che il pagamento **a titolo definitivo** avvenga **prima** della sua presentazione.

È possibile usufruire del credito d'imposta anche nel caso in cui non vi sia un'imposta italiana da versare; pertanto, il **credito d'imposta** può essere **riportato negli esercizi successivi o chiesto a rimborso** (ris. 12 aprile 2002, n. 115/E).

Per i redditi d'impresa prodotti all'estero mediante **Stabile Organizzazione o** da **società controllate**, la detrazione può essere calcolata dall'imposta del periodo di competenza anche se il pagamento a titolo definitivo avviene entro il termine di presentazione della dichiarazione relativa al primo periodo d'imposta successivo.
Tale facoltà è, comunque, condizionata all'**indicazione**, nelle dichiarazioni dei redditi, delle **imposte estere detratte** per le quali ancora non è avvenuto il pagamento a titolo definitivo.

Si possono considerare **"non ripetibili"** e, quindi, detraibili, anche le imposte pagate all'estero nell'anno in corso, qualora:
- siano già state dichiarate all'estero e pagate prima di effettuare la dichiarazione dei redditi in Italia;
- soddisfino i requisiti di non modificabilità.

Se sono suscettibili di rimborso, le imposte pagate all'estero si possono detrarre nell'anno in corso, al netto del rimborso, solo se questo è già stato richiesto e ottenuto prima di effettuare la dichiarazione in Italia e si possa considerare certo nel suo ammontare (circ. 12 giugno 2002, n. 50/E).

Non possono essere riconosciute le imposte:
- **pagate in acconto** o in via provvisoria;
- per le quali è prevista la possibilità di **rimborso totale o parziale**; qualora vi sia la possibilità di richiedere un rimborso, le imposte pagate all'estero possono essere detratte, al netto del rimborso ottenuto, solo se esso è già stato ottenuto prima di richiedere il credito d'imposta in Italia e se il rimborso è certo nel suo ammontare (circ. 12 giugno 2002, n. 50/E).

Viene esclusa la possibilità di usufruire del credito d'imposta in relazione al pagamento all'estero di imposte formalmente previste a titolo di acconto, anche se, in considerazione della particolare modalità di determinazione della base imponibile prodotta all'estero, le stesse, di fatto, possono essere considerate corrisposte a titolo definitivo (ris. 25 settembre 2001, n. 134/E).
Allo stesso modo, non beneficiano del credito d'imposta le imposte estere corrisposte in via provvisoria in **pendenza di un procedimento contenzioso** estero: in tal caso, il presupposto della definitività si produrrà solo nel periodo d'imposta in cui il contenzioso si conclude in via definitiva (circ. 5 marzo 2015, n. 9/E).

Possono essere detratte le imposte estere nel periodo in cui il reddito estero concorre al reddito complessivo in Italia, purché le medesime imposte estere **siano state pagate a titolo definitivo** entro il termine di presentazione della dichiarazione relativa al primo periodo d'imposta successivo.
Nel caso in cui sia già decorso il termine per l'accertamento, la detrazione deve essere limitata alla **quota** dell'**imposta estera** proporzionale all'ammontare del reddito prodotto all'estero acquisito a tassazione in Italia.

Non è possibile usufruire del credito in caso di **omessa presentazione della dichiarazione** o di **omessa indicazione dei redditi prodotti all'estero** nella dichiarazione presentata.
Con riferimento alle ipotesi di omessa presentazione della dichiarazione, si considerano omesse le dichiarazioni presentate con ritardo superiore a 90 giorni. Qualora la dichiarazione sia presentata entro 90 giorni, dunque, il credito d'imposta si considera spettante.

IRES

Il credito d'imposta spetta anche al contribuente che abbia sanato la mancata indicazione del reddito estero nella dichiarazione originaria mediante presentazione di una **dichiarazione integrativa a sfavore** con pagamento delle maggiori imposte mediante l'istituto del **ravvedimento operoso** (circ. 5 marzo 2015, n. 9/E).

Nel caso in cui il reddito prodotto all'estero concorra parzialmente alla formazione del reddito complessivo, anche l'imposta estera va ridotta in misura corrispondente.

Riguardo alle società di persone di cui all'art. 5, TUIR e a quelle che hanno optato per il regime di **trasparenza fiscale** (artt. 116 e 117 TUIR), la detrazione spetta ai **singoli soci** nella proporzione ivi stabilita.

33.1.2. Riporto

È possibile il **riporto, in avanti e all'indietro,** dell'**eccedenza di credito d'imposta**.
Infatti, nel caso di reddito d'impresa prodotto da soggetti residenti nello stesso Paese estero, l'imposta ivi pagata a titolo definitivo su tale reddito eccedente la quota d'imposta italiana relativa al medesimo reddito estero costituisce un credito d'imposta fino a concorrenza dell'eccedenza della quota d'imposta italiana rispetto a quella estera pagata a titolo definitivo in relazione allo stesso reddito estero, verificatasi negli esercizi precedenti fino all'ottavo.

Le disposizioni relative al riporto in avanti e all'indietro dell'eccedenza si applicano anche ai redditi d'impresa prodotti all'estero dalle singole società partecipanti al **consolidato nazionale** (➔**26.1.**) **e mondiale** (➔**26.2.**), anche se residenti nello stesso Paese.

33.1.3. Sfasamento tra reddito estero dichiarato e imposte liquidate

Se l'imposta italiana relativa al periodo d'imposta nel quale il reddito estero ha concorso a formare l'imponibile è già stata liquidata, è possibile procedere ad una **nuova liquidazione**, che tenga conto del maggior reddito estero e delle imposte estere non detratte.
In tal caso, nella dichiarazione dei redditi relativa all'esercizio in cui le imposte estere sono divenute definitive, si deve indicare il **conguaglio del maggior credito d'imposta spettante**, calcolato sull'imposta dovuta per il periodo d'imposta al quale di riferisce la dichiarazione nella quale il reddito estero era stato originariamente tassato.
Se il termine di accertamento relativo a tale dichiarazione è già spirato, la detrazione è limitata alla quota d'imposta estera proporzionale all'ammontare del reddito prodotto già tassato in Italia.

33.1.4. Per country limitation

Ai fini del **calcolo del credito** per le imposte pagate all'estero, si applica il criterio della c.d. per country limitation ovvero il criterio secondo cui il **calcolo** deve essere effettuato **separatamente per ciascuno Stato** in cui sono state pagate imposte, per il reddito ivi prodotto.
Pertanto, il **credito d'imposta** sorge in relazione all'imposta estera pagata, a titolo definitivo, sui redditi prodotti nello stesso Stato estero eccedente la quota d'imposta italiana relativa ai medesimi redditi esteri.
Il totale dei crediti d'imposta, separatamente calcolati per ciascuno Stato, non può comunque superare l'ammontare dell'imposta netta dovuta in Italia, in ragione del richiamato principio secondo cui deve essere escluso il finanziamento delle imposte estere.
In definitiva, dopo avere effettuato, Paese per Paese, il calcolo delle detrazioni in astratto consentite, è necessario verificarne la capienza nell'imposta netta di periodo ed eventualmente procedere alla loro riduzione.

CASO 2 - Verifica della capienza

Luogo di produzione del reddito	Reddito	Imposte estere	Imposta italiana	Quota d'imposta italiana relativa al reddito estero
Stato A	1.000	400		1000/1000x300 = 300
Stato B	500	50		500/1000x300 = 150
Italia	- 500			
REDDITO COMPLESSIVO	1000		300	

Imposta netta dovuta = imposta lorda.

Il contribuente soggetto IRPEF potrebbe in astratto fruire di una detrazione per le imposte pagate nello Stato A pari a 300 (ossia l'importo minore tra la quota d'imposta italiana relativa al reddito estero e le imposte pagate nello Stato A) e di una detrazione per le imposte pagate nello Stato B pari a 50 (ossia l'importo minore tra la quota d'imposta italiana relativa al reddito estero e le imposte pagate nello Stato B).
In tal caso, tuttavia, l'ammontare totale delle detrazioni in astratto fruibili (350) è superiore all'imposta netta dovuta (300), che costituisce il limite entro cui esse possono essere riconosciute. Le detrazioni effettivamente spettanti dovranno, pertanto, essere ridotte a 300, mentre la restante eccedenza di 50 andrà perduta.

Documentazione 33.1.5.

Al fine di attestare il pagamento all'estero delle imposte che hanno comportato l'attribuzione del credito d'imposta, il contribuente deve **possedere, conservare ed esibire o trasmettere** a richiesta degli Uffici finanziari i seguenti documenti (circ. 12 giugno 2002, n. 50/E):
- la documentazione da cui risultino l'**ammontare dei redditi prodotti** all'estero e l'ammontare delle imposte pagate in via definitiva all'estero;
- la **copia della dichiarazione** dei redditi prodotta all'estero;
- l'**eventuale richiesta di rimborso** (qualora non sia inserita direttamente nella dichiarazione dei redditi);
- la **distinta di versamento** delle imposte pagate all'estero;
- la **certificazione** rilasciata dal **datore di lavoro**.

Parziale concorso del reddito estero alla formazione del reddito complessivo 33.1.6.

Quando il reddito estero concorre parzialmente alla formazione del reddito complessivo, **l'imposta estera detraibile** deve essere **ridotta in misura corrispondente** (art. 165, c. 10, D.P.R. n. 917/1986).
La riduzione dell'imposta estera detraibile, nei limiti della quota imponibile del reddito estero, non riguarda le ipotesi in cui - per effetto di differenti modalità di determinazione del reddito nei vari ordinamenti - l'ammontare del reddito estero assoggettato a tassazione in Italia non corrisponda al *quantum* tassato nello Stato estero.
Ciò si verifica, ad esempio, per il reddito delle **Stabili Organizzazioni** all'estero o per il reddito di **lavoro dipendente prestato all'estero** diverso da quello determinato ai sensi dell'art. 51, c. 8-bis, D.P.R. n. 917/1986 (➡**12.1.6.**), essendo diverse le regole di determinazione vigenti nei vari Paesi.
Tale regola si applica:
- laddove il reddito estero - come determinato secondo le regole interne - sia totalmente o parzialmente escluso dalla formazione dell'imponibile;
- nel caso di redditi derivanti da attività di lavoro subordinato prestata all'estero in via continuativa determinati in base alle **retribuzioni convenzionali** definite annualmente con decreto del Ministro del Lavoro e delle politiche sociali (➡**12.1.6.**) (art. 51, c. 8-bis, D.P.R. n. 917/1986; art. 36, c. 30, D.L. n. 223/2006). In tal caso, l'imposta estera deve essere rimodulata sulla base del **rapporto** tra la **retribuzione convenzionale** ed il **reddito di lavoro dipendente** che sarebbe stato tassabile in via ordinaria - e non in misura convenzionale - in Italia.

Casi particolari 33.1.7.

Fattispecie	Regole
Imposte estere aventi natura d'imposta forfetaria o sostitutiva	Quando l'imposta assolta all'estero abbia **natura d'imposta forfetaria sostitutiva** delle imposte dirette e indirette, presenti e future, nonché dei diritti doganali: - l'applicazione della norma sul credito d'imposta può avvenire limitatamente alla parte dell'imposta forfetaria riferibile all'imposta sul reddito prevista nello Stato estero; - occorre ricostruire in linea teorica il carico fiscale complessivo (imposte dirette, indirette e dazi doganali) che si sarebbe dovuto assolvere in applicazione delle ordinarie norme fiscali vigenti nello Stato estero, determinando l'incidenza percentuale dell'imposta sul reddito estera sul carico teorico complessivo; - occorre applicare tale percentuale all'importo pagato a titolo d'imposta forfetaria sostitutiva, determinando quindi il livello massimo dell'imposta corrisposta nello Stato estero ammissibile in detrazione.

IRES

Fattispecie	Regole
	Qualora detto importo risulti superiore a quanto certificato dalle Autorità fiscali estere, il credito per le imposte pagate all'estero spetta nei limiti di quest'ultimo minore importo (ris. 7 marzo 2008, n. 83/E).
Credito d'imposta spettante in anni successivi a quello di dichiarazione del reddito estero	Qualora le imposte relative ai redditi esteri prodotti nel periodo d'imposta cui si riferisce la dichiarazione siano, in tutto o in parte, pagate in via definitiva nei periodi d'imposta successivi (anche a seguito di rettifiche o di accertamenti da parte dello Stato estero), il contribuente può chiederne la **detrazione nella dichiarazione relativa al periodo d'imposta di avvenuto pagamento**.
Pagamento delle imposte estere entro il termine di presentazione della dichiarazione relativa al **primo periodo successivo a quello di competenza**	È possibile richiedere (si tratta di una **facoltà del contribuente**) la detrazione delle imposte estere già nella dichiarazione dei redditi relativa all'esercizio in cui il reddito estero viene tassato, anche se le imposte estere vengono pagate a titolo definitivo entro il termine di presentazione della dichiarazione dell'esercizio immediatamente successivo (art. 15, D.Lgs. n. 147/2015).
Redditi tassati separatamente	Per i redditi tassati separatamente, se l'ammontare delle ritenute, dei versamenti e dei crediti è superiore a quello dell'imposta netta (artt. 19 e 21, D.P.R. n. 917/1986) si ha diritto al **rimborso dell'eccedenza.**

33.2. SETTORE CINEMATOGRAFICO

Per il **settore cinema** sono previsti alcuni crediti d'imposta introdotti dalla legge sulla disciplina del cinema e del settore audiovisivo (Legge n. 220/2016).

Credito d'imposta	Definizione	Legge n. 220/2016
Credito d'imposta per le **imprese di produzione**	Credito d'imposta, in misura non inferiore al 15% e non superiore al 30% del costo complessivo di produzione di opere cinematografiche e audiovisive. Nella determinazione dell'aliquota del credito d'imposta (operata con D.M. 4 febbraio 2021), si prevede comunque che: a) per le **opere cinematografiche** è prevista l'aliquota del **30%**; b) per le **opere audiovisive**, l'aliquota del **30%** può essere prevista in via prioritaria per le opere realizzate per essere distribuite attraverso un'emittente televisiva nazionale e, congiuntamente, in **coproduzione internazionale** ovvero per le opere audiovisive di produzione internazionale; per le opere non realizzate in coproduzione internazionale ovvero che non siano opere audiovisive di produzione internazionale; per le opere in cui il **produttore indipendente** mantiene la titolarità dei diritti in misura non inferiore al 30%. Per la compensazione nel Mod. F24 va utilizzato il **codice tributo 6945** (ris. 8 giugno 2021, n. 42/E).	art. 15
Credito d'imposta per le **imprese di distribuzione**	Credito d'imposta, in misura non inferiore al 15% e non superiore al 30% delle spese complessivamente sostenute per la distribuzione nazionale e internazionale di opere cinematografiche e audiovisive. Nella determinazione dell'aliquota del credito d'imposta si prevede che: a) l'aliquota del **30%** è prioritariamente stabilita in relazione alle spese per la **distribuzione internazionale** ovvero in relazione alle spese per la distribuzione cinematografica di opere effettuata da società di distribuzione indipendente;	art. 16

Credito d'imposta	Definizione	Legge n. 220/2016
	b) in relazione a opere distribuite direttamente dallo stesso **produttore indipendente**, l'aliquota è elevata **fino al 40%,** a condizione che le fasi della distribuzione siano gestite secondo le modalità tecniche e le disposizioni stabilite con apposito decreto. Il credito d'imposta è altresì riconosciuto alle imprese di distribuzione cinematografica e audiovisiva per le spese complessivamente sostenute per la distribuzione, nei territori delle regioni in cui risiedono **minoranze linguistiche riconosciute**, di opere prodotte in una lingua diversa da quella italiana, purché appartenente ad una delle minoranze linguistiche riconosciute. Il decreto attuativo tiene conto della consistenza dei gruppi linguistici nei territori in cui risiedono minoranze linguistiche riconosciute.	
Credito d'imposta per le **imprese dell'esercizio cinematografico**, per le **industrie tecniche e di post-produzione**	Credito d'imposta, in misura non inferiore al 20% e non superiore al 40% delle spese complessivamente sostenute per la realizzazione di **nuove sale** o il **ripristino di sale inattive**, per la ristrutturazione e l'adeguamento strutturale e tecnologico delle sale cinematografiche, per l'installazione, la ristrutturazione, il rinnovo di impianti, apparecchiature, arredi e servizi accessori delle sale. Alle industrie tecniche e di post-produzione, ivi inclusi i laboratori di restauro, è riconosciuto un credito d'imposta, in misura non inferiore al 20% e non superiore al 30% delle spese sostenute per l'**adeguamento tecnologico** e strutturale del settore. Nella determinazione dell'aliquota del credito d'imposta (ad opera del D.M. 3 febbraio 2021) si deve tener conto, fra l'altro, della esistenza della sala cinematografica in data anteriore al 1° gennaio 1980. Per la compensazione nel Mod. F24 va utilizzato il **codice tributo 6944** (ris. 8 giugno 2021, n. 42/E).	art. 17
Credito d'imposta agli **esercenti sale cinematografiche** per il **potenziamento dell'offerta** cinematografica	Credito d'imposta commisurato ad un'aliquota massima del **20% sugli introiti derivanti dalla programmazione** di opere audiovisive, con particolare riferimento alle opere italiane ed europee, anche con caratteristiche di documentario, effettuata nelle rispettive sale cinematografiche, con modalità adeguate a incrementare la fruizione da parte del pubblico. Con apposito D.M. si prevedono meccanismi incentivanti a favore delle opere italiane e, per particolari tipologie di opere e di sale cinematografiche, con riferimento alle piccole sale cinematografiche ubicate nei comuni con popolazione inferiore a 15.000 abitanti.	art. 18
Credito d'imposta alle **imprese italiane di produzione esecutiva e di post-produzione** per l'**attrazione in Italia di investimenti** cinematografici e audiovisivi	Credito d'imposta, in relazione a opere cinematografiche e audiovisive o a parti di esse realizzate sul territorio nazionale, utilizzando **manodopera italiana**, su **commissione di produzioni estere**, in misura non inferiore al 25% e non superiore al 30% della spesa sostenuta nel territorio nazionale.	art. 19

Credito d'imposta	Definizione	Legge n. 220/2016
Credito d'imposta per le **imprese non appartenenti al settore cinematografico e audiovisivo**	Credito d'imposta nella misura massima del 30% dell'apporto in denaro effettuato per la produzione e distribuzione in Italia e all'estero di opere cinematografiche e audiovisive. L'aliquota massima è elevata al 40% nel caso di apporto in denaro effettuato per lo sviluppo e la produzione di opere che abbiano ricevuto contributi selettivi. Con apposito decreto sono disciplinate le modalità, le condizioni e le ulteriori specificazioni con le quali il beneficio può essere riconosciuto per gli investimenti effettuati anche per il tramite di intermediari e veicoli finanziari sottoposti a vigilanza prudenziale, quali gli OICR.	art. 20

33.2.1. Disposizioni comuni

I **crediti d'imposta** sono riconosciuti entro il **limite massimo complessivo** indicato con apposito decreto ministeriale che provvederà anche a ripartire le risorse complessive tra le diverse tipologie di intervento.

I crediti d'imposta non concorrono alla formazione del reddito ai fini delle imposte sui redditi e del valore della produzione ai fini IRAP, non rilevano ai fini del rapporto sulla deducibilità degli interessi (➜**24.15.**) (art. 96, D.P.R. n. 917/1986) e delle spese generali (➜**24.16.11.**) (art. 109, c. 5, D.P.R. n. 917/1986) e sono **utilizzabili esclusivamente in compensazione**.

Inoltre, non si applica il limite di compensazione di 250.000 euro l'anno (art. 1, c. 53, Legge n. 244/2007).

Nel rispetto delle disposizioni civilistiche in materia di cedibilità dei crediti (artt. 1260 e ss. c.c.) e previa adeguata dimostrazione del riconoscimento del diritto da parte del Ministero e dell'effettività del diritto al credito medesimo, i **crediti d'imposta sono cedibili dal beneficiario** a intermediari bancari, ivi incluso l'Istituto per il credito sportivo, finanziari e assicurativi sottoposti a vigilanza prudenziale.

I cessionari possono utilizzare il credito ceduto solo in compensazione dei propri debiti d'imposta o contributivi.

La cessione del credito non pregiudica i poteri delle competenti Amministrazioni relativi al controllo delle dichiarazioni dei redditi e all'accertamento e all'irrogazione delle sanzioni nei confronti del cedente il credito d'imposta.

Codici tributo - Per l'utilizzo in compensazione dei crediti d'imposta sono stabiliti i seguenti codici tributo (ris. 30 ottobre 2018, n. 81/E):

- **6883** - Tax credit **produzione** opere **cinematografiche** - Art. 15 Legge n. 220/2016;
- **6884** - Tax credit **produzione** opere **TV e web** - Art. 15, Legge n. 220/2016;
- **6885** - Tax credit **distribuzione** - Art. 16, Legge n. 220/2016;
- **6886** - Tax credit **sale** cinematografiche - Art. 17, c. 1, Legge n. 220/2016;
- **6887** - Tax credit per il **potenziamento** dell'**offerta** cinematografica - Art. 18, Legge n. 220/2016;
- **6888** - Tax credit per l'attrazione in Italia di **investimenti stranieri** - Art. 19, Legge n. 220/2016;
- **6889** - Tax credit per gli **investitori esterni** - Art. 20, Legge n. 220/2016.

33.2.2. Credito d'imposta per le imprese di produzione

Le disposizioni applicative in materia di **crediti d'imposta** per le **imprese di produzione cinematografica** ed **audiovisiva** (art. 15, Legge n. 220/2016) sono contenute nel D.M. 15 marzo 2018.

Soggetti interessati	Produttori indipendenti: a) con **sede** legale nello **Spazio Economico Europeo**; b) **soggetti**, al momento dell'utilizzo del beneficio, **a tassazione in Italia** per effetto della loro residenza fiscale, ovvero per la presenza di una Stabile Organizzazione in Italia, cui sia riconducibile l'opera audiovisiva cui sono correlati i benefici; c) con **capitale sociale minimo** interamente versato e patrimonio netto non inferiori a **40.000 euro**; d) **diversi da associazioni** culturali e fondazioni senza scopo di lucro; e) in possesso di classificazione **ATECO J 59.1**

Opere ammesse al beneficio	a) Opere cinematografiche o film; b) opere audiovisive destinate al pubblico prioritariamente per mezzo di un'emittente televisiva nazionale; c) opere audiovisive destinate al pubblico per mezzo di un fornitore di servizi media audiovisivi su altri mezzi.
Limiti d'intensità d'aiuto	I crediti d'imposta **non possono superare**, complessivamente, la misura del **50% del costo** dell'opera audiovisiva. Tale limite è innalzato al 60% per specifiche produzioni. Il limite è elevato al 100% del costo complessivo: - per le opere in coproduzione cui partecipino Paesi dell'elenco del comitato per l'assistenza allo sviluppo (DAC) dell'OCSE; - per le opere difficili.
Utilizzo dei crediti di imposta	I crediti d'imposta sono utilizzabili a partire **dal giorno 10 del mese successivo** a quello in cui si verificano congiuntamente le seguenti condizioni: a) la DG Cinema abbia comunicato il riconoscimento provvisorio della nazionalità italiana, il riconoscimento dell'eleggibilità culturale e il riconoscimento del credito d'imposta teorico spettante ovvero il riconoscimento del credito spettante; b) le spese di produzione siano sostenute ai sensi delle norme sui redditi d'impresa; c) sia avvenuto l'effettivo pagamento delle spese di cui alla lettera b). I crediti d'imposta non concorrono alla formazione del reddito ai fini delle imposte sui redditi e del valore della produzione ai fini dell'IRAP, non rilevano ai fini del pro-rata di deducibilità degli interessi (artt. 96 e 109, c. 5, D.P.R. n. 917/1986), e sono utilizzabili esclusivamente in compensazione, a decorrere dalla data in cui si considera maturato il diritto alla sua fruizione e, comunque, a condizione che siano state rispettate le procedure previste. A tal fine, il Mod. F24 deve essere presentato esclusivamente tramite i servizi telematici offerti dall'Agenzia delle Entrate, pena il rifiuto dell'operazione di versamento. L'ammontare dei crediti d'imposta utilizzato in compensazione non deve eccedere l'importo concesso dalla DG Cinema, pena lo scarto dell'operazione di versamento.
Comunicazione	Il produttore deve comunicare in **modalità telematica**, sulla base dei modelli predisposti dalla DG Cinema, i dati, i contenuti, e le informazioni in suo possesso, inclusi quelli relativi allo sfruttamento economico dell'opera, inerenti l'impatto economico, industriale e occupazionale dell'opera oggetto del beneficio.
Cessione dei crediti d'imposta	I crediti d'imposta **sono cedibili** dal beneficiario a intermediari bancari. I cessionari possono utilizzare il credito ceduto solo in compensazione dei propri debiti d'imposta o contributivi, esclusivamente tramite i servizi telematici offerti dall'Agenzia delle Entrate.

Credito d'imposta nel settore cinematografico e audiovisivo 33.2.3.

Con il D.M. 15 marzo 2018 sono state rese note le disposizioni applicative in materia di crediti d'imposta per il settore cinematografico e audiovisivo (artt. 16, 17, c. 1, 18, 19 e 20, Legge n. 220/2016).

Credito d'imposta per la **distribuzione** nazionale e internazionale **cinematografica**	Alle imprese di distribuzione cinematografica nazionali spetta un credito d'imposta, per un **massimo** di **euro 2.000.000 per impresa o** per **gruppo di imprese** per anno, commisurato alle spese sostenute per la **distribuzione nazionale** di film di nazionalità italiana. Il credito d'imposta spetta a condizione che il costo eleggibile di distribuzione del film non sia inferiore a euro 40.000 in caso di lungometraggi di finzione e non sia inferiore a euro 20.000 in caso di documentari e cortometraggi. Alle imprese di produzione, distribuzione nazionale, distribuzione internazionale cinematografica ovvero audiovisiva spetta un credito d'imposta in misura pari al **30%** delle spese sostenute per la **distribuzione internazionale** di opere cinematografiche di nazionalità italiana, ovvero di opere televisive o opere web di nazionalità italiana, nel **limite massimo annuo di euro 1.000.000** per impresa o gruppo di imprese. Non concorrono al raggiungimento di detto limite annuale i crediti d'imposta riconosciuti alla medesima impresa o al medesimo gruppo di imprese.

IRES

Credito d'imposta in favore delle **sale cinematografiche**	Alle imprese dell'esercizio cinematografico è riconosciuto un credito di imposta pari al: a) **25%** del costo eleggibile per la realizzazione di **nuove sale** o per il ripristino di sale inattive, nonché per la ristrutturazione di sale esistenti che comportino l'incremento del numero di schermi; b) **20%** del costo eleggibile per la **ristrutturazione** e l'adeguamento strutturale e tecnologico delle sale e per l'installazione, la ristrutturazione, il rinnovo di impianti, apparecchiature, arredi e servizi accessori delle sale. Per gli interventi realizzati dalle **piccole e medie imprese** dell'esercizio cinematografico l'aliquota è innalzata al **30%** del costo eleggibile. Le aliquote di cui sopra sono elevate al **40%** del costo eleggibile per gli investimenti: a) realizzati dalle piccole e medie imprese dell'esercizio cinematografico su **sale storiche**, ovunque ubicate; b) realizzati da micro imprese ovvero **imprese** di esercizio **di nuova costituzione** ovvero costitute nei precedenti 36 mesi, decorrenti dalla data di richiesta preventiva, e che non siano state costituite a seguito di fusione o scissione societaria o a seguito di cessione di azienda o di ramo di azienda. L'aliquota del 25% di cui alla lettera a), è elevata al **40%** del costo eleggibile altresì per gli investimenti realizzati da micro, piccole e medie imprese su sale ubicate in **comuni con popolazione inferiore ai 15.000 abitanti** ovvero in comuni **sprovvisti di sale** cinematografiche e non confinanti con città metropolitane. L'aliquota del 20% di cui alla lettera b), è elevata al 40% del costo eleggibile altresì per gli investimenti realizzati dalle piccole e medie imprese dell'esercizio cinematografico su sale fino a due schermi, ubicate in comuni con popolazione inferiore a 15.000 abitanti. Nel caso in cui gli investimenti includano l'acquisto dell'area o dell'immobile, i costi massimi ammissibili sono aumentati del 20%. L'importo corrispondente all'acquisto non può comunque superare la metà dei costi medesimi e così incrementati. L'**importo minimo** di costo eleggibile è pari a **15.000 euro**.
Credito di imposta per il **potenziamento** dell'**offerta cinematografica**	Agli esercenti delle sale cinematografiche è riconosciuto un credito di imposta fino ad un **massimo** del **20% degli introiti**, al netto dell'IVA, derivanti dalla programmazione di film, con particolare riferimento ai film italiani ed europei, anche con caratteristiche di documentario, effettuata nelle rispettive sale cinematografiche con modalità adeguate a incrementare la fruizione da parte del pubblico.
Credito d'imposta per l'**attrazione in Italia di investimenti** cinematografici e audiovisivi	Alle imprese di produzione esecutiva e alle imprese di post-produzione è riconosciuto un credito d'imposta in relazione alla concreta realizzazione sul territorio italiano, su commissione da parte di imprese di produzione estere, di opere audiovisive, o parti di esse, utilizzando prevalentemente mano d'opera italiana o dell'Unione europea, in misura pari al **30% del costo** eleggibile **di produzione** della singola opera e comunque entro il **limite massimo annuo**, per ciascuna impresa o gruppo di imprese, di **euro 20.000.000**. Il credito d'imposta è concesso in relazione alle spese di produzione, effettuate sul territorio italiano, che non eccedano il 75% del costo complessivo di produzione dell'opera audiovisiva. Il costo complessivo di produzione dell'opera audiovisivo dovrà essere attestato dall'impresa straniera committente. Sono ammesse le spese sostenute in altro Stato membro dell'Unione Europea, fino a un massimo di un sesto della quota del 75%.
Credito d'imposta per gli **apporti** alla produzione cinematografica **da parte di imprese esterne al settore**	Alle imprese esterne è riconosciuto un credito d'imposta nella misura del **30%** degli apporti in denaro versati a titolo di investimento di rischio per la produzione di film di nazionalità italiana di lungometraggio, in esecuzione di contratti di associazione in partecipazione stipulati con produttori indipendenti italiani ai sensi dell'art. 2549 c.c., fino all'**importo massimo annuo** di **euro 1.000.000 per impresa** e di **euro 2.000.000 per gruppo di imprese**. A decorrere dal 1° gennaio 2020, il credito è riconosciuto nella misura del 20%. L'aliquota è elevata al 40% nel caso di apporti in denaro effettuati per la produzione di opere che abbiano ricevuto i contributi selettivi (art. 26, Legge n. 220/2016), fermo restando i limiti di cui sopra.

REALIZZAZIONE DI NUOVE INFRASTRUTTURE 33.3.

Per favorire la realizzazione di nuove opere infrastrutturali (di importo superiore a 50 milioni di euro) mediante l'utilizzazione dei **contratti di partenariato pubblico-privato**, per le quali non sono previsti contributi pubblici a fondo perduto ed è acclarata la non sostenibilità del piano economico-finanziario, è riconosciuto al soggetto titolare del contratto di partenariato pubblico-privato, ivi comprese le società di progetto, un credito d'imposta ai fini IRES e IRAP generato in relazione alla **costruzione e gestione dell'opera** (art. 33, D.L. n. 179/2012).

Il **credito d'imposta**:

- è **stabilito per ciascun progetto** nella misura necessaria al raggiungimento dell'equilibrio del piano economico-finanziario e comunque **entro il limite massimo del 50% del costo dell'investimento**;
- **non costituisce ricavo** ai fini delle imposte dirette e dell'IRAP;
- è **posto a base di gara** per l'individuazione dell'affidatario del contratto di partenariato pubblico-privato e successivamente riportato nel contratto.

Inoltre, l'attestazione del credito d'imposta chiesto a rimborso deve essere rilasciata dall'Agenzia delle Entrate entro 40 giorni dalla richiesta del contribuente.

FONDAZIONI BANCARIE 33.4.

- Alle fondazioni bancarie è riconosciuto per le erogazioni effettuate in specifici ambiti sociali e sanitari, ai fini della promozione del welfare di comunità, nei periodi d'imposta successivi a quello in corso al 31 dicembre 2017, un contributo, sotto **forma di credito d'imposta**, pari al **65%** (art. 1, c. 201-204, Legge n. 205/2017) da utilizzare in compensazione con il codice tributo 6902 (ris. 18 giugno 2019, n. 60/E).
- è riconosciuto alle **Fondazioni di origine bancaria**, decorrere dall'anno 2018, un credito d'imposta pari al 100% dei versamenti effettuati al fondo unico nazionale (FUN) da utilizzare esclusivamente in compensazione tramite Modello F24 (art. 62, D.Lgs. n. 117/2017; D.M. 4 maggio 2018); la percentuale del credito d'imposta spettante per l'anno 2021 è pari al 33,3180% (Provv. Agenzia delle Entrate 3 dicembre 2021).

FORMAZIONE 33.5.

Per tutte le imprese residenti nel territorio dello Stato, ivi incluse le Stabili Organizzazioni di soggetti non residenti, indipendentemente dalla forma giuridica, dal settore economico in cui operano nonché dal regime contabile adottato, che effettuano spese in attività di formazione nel periodo d'imposta successivo a quello in corso al 31 dicembre 2017 (quindi, periodo d'imposta 2018 per le imprese con esercizio coincidente con l'anno solare), è possibile fruire di un credito d'imposta per le spese relative al solo costo aziendale del personale dipendente per il periodo in cui è occupato in attività di formazione (art. 1, c. 46-56, Legge n. 205/2017; D.M. 4 maggio 2018).

Gli enti non commerciali che esercitano attività commerciali possono accedere al credito d'imposta in relazione al personale dipendente impiegato anche non esclusivamente in tali attività (art. 2, c. 2, D.M. 4 maggio 2018).

La disciplina, in parte modificata, è stata estesa al 2020 per le spese di **formazione** del personale dipendente **finalizzate** all'acquisizione o al consolidamento delle competenze nelle **tecnologie** rilevanti per la **trasformazione tecnologica e digitale** previste dal Piano Nazionale Impresa 4.0 (art. 1, c. 210-217 Legge n. 160/2019).

Il credito d'imposta è stato esteso fino al periodo d'imposta in corso al **31 dicembre 2022** (art. 1, c. 1064, lett. i), Legge n. 178/2020).

In occasione di tale proroga è stato specificato che per il periodo in corso al 31 dicembre 2020 e fino a quello in corso al 31 dicembre 2023 sono **ammissibili** all'agevolazione i seguenti costi (previsti dall'art. 31, c. 3, Reg. UE n. 651/2014 della Commissione):

- **spese di personale** relative ai formatori per le ore di partecipazione alla formazione;
- **costi di esercizio** relativi a formatori e partecipanti alla formazione direttamente connessi al progetto di formazione, quali le spese di viaggio, le spese di alloggio, i materiali e le forniture con attinenza diretta al progetto, l'ammortamento degli strumenti e delle attrezzature nella misura in cui sono utilizzati esclusivamente per il progetto di formazione;
- i costi dei **servizi di consulenza** connessi al progetto di formazione;
- le spese di personale relative ai partecipanti alla formazione e le **spese generali indirette** (spese amministrative, locazione, spese generali) per le ore durante le quali i partecipanti hanno seguito la formazione.

IRES

Di seguito si espone la norma in vigore dal 2020, tenendo, comunque, conto delle modifiche appena indicate.

33.5.1. Percentuali e limiti

Il credito d'imposta spetta nelle seguenti percentuali:

- piccole imprese: **50%** delle spese ammissibili nel limite massimo annuale di 300.000 euro;
- medie imprese: **40%** delle spese ammissibili nel limite massimo annuale di 250.000 euro;
- grandi imprese (così come definite in base all'Allegato I del Reg. UE n. 2014/651): **30%** delle spese ammissibili nel limite massimo annuale di 250.000 euro.

La misura del credito d'imposta è comunque aumentata per tutte le imprese, fermi restando i **limiti massimi annuali**, al **60%** nel caso in cui i destinatari delle attività di formazione ammissibili rientrino nelle categorie dei lavoratori **dipendenti svantaggiati** o ultra-svantaggiati (D.M. 17 ottobre 2017).
Ferma restando l'esclusione delle imprese in difficoltà, (art. 2, D.M. 4 maggio 2018), la disciplina del credito d'imposta **non si applica** alle **imprese destinatarie** di **sanzioni interdittive**.
Ulteriori condizioni sono che l'impresa risulti in regola con le normative sulla sicurezza nei luoghi di lavoro e con gli obblighi di versamento dei contributi previdenziali e assistenziali a favore dei lavoratori.

IRES

33.5.2. Spese ammissibili

Sono ammissibili al credito d'imposta solo le attività di formazione svolte per acquisire o consolidare le **conoscenze delle tecnologie** previste dal **Piano nazionale Industria 4.0. Sono agevolabili,** ad esempio, **le spese** in formazione per acquisire o consolidare **conoscenze** su:

- big data e analisi dei dati;
- cloud e fog computing;
- cyber security;
- sistemi cyber-fisici;
- prototipazione rapida;
- sistemi di visualizzazione e realtà aumentata;
- robotica avanzata e collaborativa;
- interfaccia uomo macchina;
- manifattura additiva;
- internet delle cose e delle macchine;
- integrazione digitale dei processi aziendali.

Tali attività devono essere applicate negli ambiti elencati nell'Allegato A alla Legge n. 205/2017.

> **Non si considerano attività di formazione** ammissibili la formazione ordinaria o periodica organizzata dall'impresa per conformarsi alla normativa vigente in materia di **salute e sicurezza sul luogo di lavoro**, di **protezione dell'ambiente** e ad ogni altra normativa obbligatoria in materia di formazione.

L'eventuale partecipazione alle attività di formazione anche di altri collaboratori non legati all'impresa da contratti di lavoro subordinato o di apprendistato non pregiudica l'applicazione del credito d'imposta.
Si considerano ammissibili al credito d'imposta le sole spese relative al personale dipendente impegnato come discente nelle attività di formazione ammissibili limitatamente al costo aziendale riferito rispettivamente alle ore o alle giornate di formazione.
Per **costo aziendale** si assume la **retribuzione al lordo di ritenute e contributi previdenziali e assistenziali**, comprensiva dei ratei del trattamento di fine rapporto, delle mensilità aggiuntive, delle ferie e dei permessi, maturati in relazione alle ore o alle giornate di formazione svolte nel corso del periodo d'imposta agevolabile nonché delle eventuali indennità di trasferta erogate al lavoratore in caso di attività formative svolte fuori sede.
Sono ammissibili anche le spese relative al personale dipendente, ordinariamente occupato in uno degli ambiti aziendali individuati nell'Allegato A della Legge n. 205/2017 e che partecipi in veste di docente o tutor alle attività di formazione ammissibili; in questo caso, però, le spese ammissibili, non possono eccedere il **30% della retribuzione complessiva annua** spettante al dipendente.

33.5.3. Modalità operative

Il credito d'imposta:

- deve essere **indicato nella dichiarazione dei redditi** relativa al periodo d'imposta in cui sono state sostenute le spese e in quelle relative ai periodi d'imposta successivi fino a quando se ne conclude l'utilizzo;

- **non concorre** alla formazione del reddito né della base imponibile dell'IRAP;
- non rileva ai fini del r**apporto di deducibilità degli interessi passivi** (artt. 61 e 109, c. 5, TUIR);
- è utilizzabile a decorrere dal **periodo d'imposta successivo** a quello in cui i costi sono sostenuti esclusivamente in compensazione;
- è cumulabile con altre misure di aiuto aventi a oggetto le stesse spese ammissibili, nel rispetto delle intensità massime di aiuto previste dal Reg. UE n. 651/2014.

Al credito d'imposta **non si applicano i limiti di compensazione** di 250.000 euro e 700.000 euro, elevato a un milione di euro per il 2020 e a 2 milioni di euro nel 2021 e 2022 (art. 1, c. 53, Legge n. 244/2007 e art. 34, Legge n. 388/2000).

L'incentivo è concesso nel rispetto dei limiti e delle condizioni previsti dalle norme UE (Reg. UE n. 651/2014 della Commissione, del 17 giugno 2014, che dichiara alcune categorie di aiuti compatibili con il mercato interno in applicazione degli articoli 107 e 108 del Trattato sul funzionamento dell'Unione europea).

Il credito d'imposta è **utilizzabile**, a decorrere dal periodo d'imposta successivo a quello di sostenimento delle spese ammissibili, esclusivamente **in compensazione** e non può formare oggetto di cessione o trasferimento neanche all'interno del consolidato fiscale.

Le imprese che si avvalgono del credito d'imposta sono tenute ad effettuare una **comunicazione** al Ministero dello sviluppo economico.

Ai fini dell'ammissibilità al credito d'imposta, i costi sono **certificati** dal soggetto incaricato della revisione legale o da un professionista iscritto nel Registro dei revisori legali. Tale certificazione deve essere **allegata al bilancio**.

Le imprese non soggette a revisione legale dei conti devono comunque avvalersi delle prestazioni di un revisore legale dei conti o di una società di revisione legale dei conti.

Il revisore legale dei conti o il professionista responsabile della revisione legale dei conti, nell'assunzione dell'incarico, osserva i principi di indipendenza.

Le spese sostenute per l'attività di certificazione contabile da parte delle imprese sono ammissibili entro il **limite massimo di 5.000 euro**.

Le imprese con bilancio revisionato sono esenti dagli obblighi di certificazione sopra descritti.

Per le sole imprese non soggette a revisione legale dei conti, le spese sostenute per adempiere all'obbligo di certificazione della documentazione contabile appositamente previste sono riconosciute in aumento del credito d'imposta, per un importo non superiore al minore tra quello effettivamente sostenuto e 5.000 euro; fermo restando, comunque, il limite massimo di 300.000 euro.

IMPRESE CULTURALI 33.6.

Per le **imprese culturali e creative**, è previsto un **credito d'imposta pari al 30%** dei costi sostenuti per attività di sviluppo, produzione e promozione di prodotti e servizi culturali e creativi secondo le modalità stabilite con apposito decreto (art. 1, c. 57-60, Legge n. 205/2017).

Soggetti interessati 33.6.1.

Destinatari dell'agevolazione sono le imprese culturali e creative, ovvero le imprese ed i soggetti che rispondono alle seguenti caratteristiche:

- svolgono **attività stabile e continuativa** con sede in Italia, in UE o in uno Stato aderente allo Spazio economico europeo;
- sono **soggetti passivi d'imposta** in Italia;
- hanno quale **oggetto sociale** attività (quali l'ideazione, la creazione ed altre fattispecie elencate dalla norma) relativa ai **prodotti culturali**, ovvero i beni, servizi e opere dell'ingegno inerenti letteratura, musica, arti figurative ed applicate, spettacolo dal vivo, cinematografia e audiovisivo, archivi, biblioteche, musei, patrimonio culturale e relativi processi di innovazione.

Modalità operative 33.6.2.

Il credito d'imposta:

- **non concorre** alla formazione del reddito né della base imponibile dell'IRAP;
- non rileva ai fini del r**apporto di deducibilità degli interessi passivi** (artt. 61 e 109, c. 5, TUIR);
- è utilizzabile esclusivamente in compensazione;
- rientra nel **regime "*de minimis*"** (➜**32.1.2.**).

QUOTAZIONE DELLE PMI 33.7.

È previsto un credito d'imposta a favore delle **PMI** in relazione ai costi per la consulenza per l'ammissione alla quotazione su mercati regolamentati o sistemi multilaterali di negoziazione europei, in misura pari al **50% dei costi** sostenuti **fino al 31 dicembre 2022** (art. 1, c. 89-92, Legge n. 205/2017; D.M. 23 aprile 2018).

33.7.1. PMI interessate

Le PMI che possono fruire del credito d'imposta sono quelle che rientrano nella definizione contenuta nella raccomandazione 2003/361/CE della Commissione, del 6 maggio 2003 e che, successivamente al 1° gennaio 2018, iniziano una procedura di ammissione alla quotazione in un mercato regolamentato o in sistemi multilaterali di negoziazione di uno Stato membro dell'Unione europea o dello Spazio economico europeo.

33.7.2. Spese ammissibili

Sono ammissibili al credito d'imposta i costi relativi alle seguenti attività di consulenza:

a. attività sostenute in vista dell'inizio del **processo di quotazione** e ad esso finalizzate, quali, tra gli altri, l'implementazione e l'adeguamento del sistema di controllo di gestione, l'assistenza dell'impresa nella redazione del piano industriale, il supporto all'impresa in tutte le fasi del percorso funzionale alla quotazione nel mercato di riferimento;
b. attività fornite durante la fase di ammissione alla quotazione e finalizzate ad attestare l'idoneità della società all'ammissione medesima e alla successiva **permanenza sul mercato**;
c. attività necessarie per **collocare presso gli investitori le azioni** oggetto di quotazione;
d. attività finalizzate a supportare la società emittente nella revisione delle **informazioni finanziarie storiche o prospettiche** e nella conseguente preparazione di un report, ivi incluse quelle relative allo svolgimento della due diligence finanziaria;
e. attività di assistenza della società emittente nella redazione del documento di ammissione e del prospetto o dei documenti utilizzati per il collocamento presso investitori qualificati o per la **produzione di ricerche** così come definite nell'art. 3, c. 1, nn. 34 e 35, Reg. UE n. 596/2014;
f. attività riguardanti le **questioni legali, fiscali e contrattualistiche** strettamente inerenti alla procedura di quotazione, quali, tra gli altri, le attività relative alla definizione dell'offerta, la disamina del prospetto informativo o documento di ammissione o dei documenti utilizzati per il collocamento presso investitori qualificati, la due diligence legale o fiscale e gli aspetti legati al governo dell'impresa;
g. **attività di comunicazione** necessarie a offrire la massima visibilità della società, a divulgare l'investment case, tramite interviste, comunicati stampa, eventi e presentazioni alla comunità finanziaria.

33.7.3. Misura e limiti

Nel caso di ottenimento dell'ammissione alla quotazione, alle PMI è riconosciuto un credito d'imposta, fino ad un importo massimo nella misura di **200.000 euro** (500.000 euro fino al 2021), del 50% dei costi di consulenza sostenuti fino al 31 dicembre 2022, per la predetta finalità.

33.7.4. Modalità operative

Il credito d'imposta:

- è concesso nei **limiti** previsti dalla disciplina UE degli aiuti alle PMI compatibili con il mercato interno (Reg. UE n. 651/2014 della Commissione, del 17 giugno 2014);
- **non concorre** alla formazione del reddito ai fini delle imposte sui redditi e del valore della produzione ai fini IRAP;
- **non rileva** ai fini del rapporto di deducibilità degli interessi (artt. 61 e 109, c. 5, D.P.R. n. 917/1986).
- va compensato utilizzando il **codice tributo 6901** (ris. 21 maggio 2019, n. 52/E).

33.7.5. Istanza

Ai fini del riconoscimento del credito d'imposta, i soggetti interessati inoltrano, in via telematica, all'indirizzo di posta elettronica certificata (dgpicpmi.div05@ pec.mise.gov.it), nel periodo compreso tra il **1° ottobre** dell'anno in cui è stata ottenuta la quotazione e il **31 marzo** dell'anno successivo, un'apposita istanza formulata secondo lo schema allegato al D.M. 23 aprile 2018 (Allegato A) contenente:

a. gli **elementi identificativi della PMI**, ivi compreso il **codice fiscale**;
b. l'ammontare dei **costi agevolabili** complessivamente sostenuti per l'ammissione alla quotazione, nonché apposita attestazione;
c. la **delibera di avvenuta ammissione alla quotazione** adottata dal soggetto gestore del mercato regolamentato o del sistema multilaterale di negoziazione di uno Stato membro dell'Unione Europea o dello Spazio economico europeo;
d. l'ammontare del **credito d'imposta** richiesto;

IRES

e. la **dichiarazione sostitutiva** con l'indicazione dei codici fiscali di tutti i soggetti sottoposti alla verifica antimafia.

Entro i successivi 30 giorni dal termine ultimo previsto per l'invio delle istanze, la direzione generale per la politica industriale, la competitività e le PMI del Ministero, previa verifica dei requisiti previsti e della documentazione, sulla base del rapporto tra l'ammontare delle risorse stanziate per ciascun anno e l'ammontare complessivo dei crediti richiesti, determina la percentuale massima del credito d'imposta e comunica alle PMI il riconoscimento ovvero il diniego dell'agevolazione e, nel primo caso, l'importo effettivamente spettante.

Utilizzo 33.7.6.

Il credito d'imposta è utilizzabile **esclusivamente in compensazione**, a decorrere dal periodo d'imposta successivo a quello in cui è stata ottenuta la quotazione e deve essere indicato nella dichiarazione dei redditi (Quadro RU) relativa al periodo d'imposta di maturazione del credito e nelle dichiarazioni dei redditi relative ai periodi d'imposta successivi fino a quello nel quale se ne conclude l'utilizzo.

ALTA FORMAZIONE 33.8.

È previsto un credito d'imposta in misura pari al **25%** per **tutte le imprese** (indipendentemente dalla forma giuridica, dalla dimensione aziendale e dal settore economico in cui operano) che effettuano spese per attività di **formazione professionale di alto livello** nel periodo d'imposta successivo a quello in corso al 31 dicembre 2020 (art. 48-bis, D.L. n. 73/2021).

Sono ammissibili al credito d'imposta le spese sostenute, fino all'**importo massimo di 30.000 euro** per ciascuna impresa beneficiaria, relative al costo aziendale del dipendente per il periodo in cui è occupato nelle attività di formazione attraverso corsi di specializzazione e di perfezionamento di durata non inferiore a 6 mesi, svolti in Italia o all'estero, negli ambiti legati allo sviluppo di nuove tecnologie e all'approfondimento delle conoscenze delle tecnologie previste dal Piano nazionale industria 4.0.

Tali tecnologie sono quelle riferite ai big data e analisi dei dati, cloud e fog computing, sicurezza cibernetica, sistemi cyber-fisici, prototipazione rapida, sistemi di visualizzazione e realtà aumentata, robotica avanzata e collaborativa, interfaccia uomo-macchina, manifattura additiva, internet delle cose e delle macchine e integrazione digitale dei processi aziendali.

Il credito d'imposta:

- **non concorre** alla formazione del reddito né della base imponibile dell'IRAP;
- **non rileva** ai fini del rapporto di deducibilità degli interessi passivi (artt. 61 e 109, c. 5, D.P.R. n. 917/1986);
- è utilizzabile esclusivamente **in compensazione**;
- non è soggetto ai limiti di compensazione di 250.000 euro e 700.000 euro, elevato a un milione di euro per il 2020 e a 2 milioni di euro nel 2021 e 2022 (art. 1, c. 53, Legge n. 244/2007 e art. 34, Legge n. 388/2000).

LIBRERIE 33.9.

Agli esercenti di attività commerciali che operano nel settore della **vendita al dettaglio di libri** è riconosciuto un credito d'imposta parametrato agli importi pagati a titolo di **IMU, TASI e TARI** con riferimento ai locali dove si svolge l'attività di vendita di libri al dettaglio, nonché alle eventuali spese di locazione o ad altre spese appositamente individuate, anche in relazione all'assenza di librerie nel territorio comunale (art. 1, c. 319-321, Legge n. 205/2017; D.M. 23 aprile 2018; Provv. 12 dicembre 2018).

Soggetti interessati 33.9.1.

Sono ammessi al beneficio gli esercenti:

a. che abbiano **sede legale** nello Spazio economico europeo;
b. che siano **soggetti a tassazione in Italia** per effetto della loro residenza fiscale, ovvero per la presenza di una Stabile Organizzazione in Italia, cui sia riconducibile l'attività commerciale cui sono correlati i benefici;
c. che siano in possesso di **classificazione ATECO** principale **47.61** o **47.79.1**, come risultante dal registro delle imprese;
d. che abbiano sviluppato nel corso dell'esercizio finanziario precedente ricavi derivanti da **cessione di libri** pari ad almeno il 70% dei ricavi complessivamente dichiarati.

33.9.2. Misura e limiti

Il credito d'imposta è parametrato, con riferimento al singolo punto vendita, alle seguenti voci:

a. Imposta municipale unica - IMU;
b. Tributo per i servizi indivisibili - TASI;
c. Tassa sui rifiuti - TARI;
d. Imposta sulla pubblicità;
e. Tassa per l'occupazione di suolo pubblico;
f. spese per locazione, al netto IVA;
g. spese per mutuo;
h. contributi previdenziali e assistenziali per il personale dipendente.

Il credito d'imposta spetta nella misura massima di:

- **20.000 euro** per gli esercenti di librerie che non risultano ricomprese in gruppi editoriali dagli stessi direttamente gestite;
- **10.000 euro** per gli altri esercenti.

33.9.3. Modalità operative

Il credito d'imposta:

- va richiesto **entro il 30 settembre** (per il 2021, la scadenza è stata fissata al 10 novembre);
- **non concorre** alla formazione del reddito né della base imponibile dell'IRAP;
- non rileva ai fini del r**apporto di deducibilità degli interessi passivi** (artt. 61 e 109, c. 5, TUIR);
- è utilizzabile esclusivamente in compensazione (**codice tributo 6894** - ris. 13 dicembre 2018, n. 87/E) presentando il Mod. F24 esclusivamente attraverso i **servizi telematici** messi a disposizione dall'Agenzia delle Entrate, pena lo scarto dell'operazione di versamento;
- rientra nel **regime "*de minimis*"** (➔32.1.2.).

I dati dei soggetti ai quali è stato riconosciuto il credito d'imposta, con i relativi importi, nonché le eventuali variazioni e revoche intervenute vengono trasmessi all'Agenzia delle Entrate dalla Direzione generale Biblioteche e istituti culturali del Ministero per i beni e le attività culturali.

33.9.4. Controlli

L'Agenzia delle Entrate, sulla base dei dati comunicati, effettua controlli automatizzati su ogni Mod. F24 ricevuto.

Il Mod. F24 viene **scartato** nell'ipotesi in cui:

- l'**importo** del credito d'imposta utilizzato risulti **superiore** all'ammontare del **credito residuo**;
- l'**impresa non rientri** nell'elenco dei **soggetti ammessi** al beneficio.

Lo scarto viene comunicato al soggetto che ha trasmesso il Mod. F24 tramite apposita ricevuta consultabile sul sito internet della medesima Agenzia.

33.9.5. Variazioni dei dati

In caso di variazioni dei dati:

- delle **imprese** ammesse al beneficio,
- dell'**importo** del credito concesso,

il Mod. F24 è presentato telematicamente all'Agenzia delle Entrate a partire dal terzo giorno lavorativo successivo a quello di comunicazione delle variazioni trasmesse dal Ministero per i beni e le attività culturali alla medesima Agenzia.

33.10. AMMODERNAMENTO IMPIANTI CALCISTICI

Al fine di incentivare l'ammodernamento degli impianti calcistici, in regime di proprietà o di concessione amministrativa, in favore delle società appartenenti alla Lega di serie B, alla Lega Pro e alla Lega nazionale dilettanti che hanno beneficiato della mutualità è riconosciuto un contributo, sotto forma di credito d'imposta, nella misura del **12%** dell'ammontare degli interventi di ristrutturazione degli impianti medesimi, **sino a un massimo di 25.000 euro**, realizzati mediante l'impiego delle somme derivanti da tutti i contratti stipulati per la commercializzazione dei diritti, entro il terzo periodo d'imposta successivo alla loro attribuzione (art. 22, c. 3-bis, D.Lgs. n. 9/2008; D.P.C.M. 28 marzo 2018).

Il contributo, le cui modalità operative sono demandate ad un decreto ministeriale, rientra nel **regime "*de minimis*"** (➔32.1.2.).

Soggetti interessati	Il contributo è riconosciuto a tutte le società e le associazioni sportive appartenenti alla Lega nazionale professionisti B, alla Lega calcio professionistico e alla Lega nazionale dilettanti, ivi comprese tra queste ultime quelle che partecipano ai campionati di Eccellenza, Promozione, Prima Categoria, Seconda Categoria e Terza Categoria, che hanno beneficiato della mutualità di cui all'art. 22 D.Lgs. 9 gennaio 2008, n. 9 (si tratta di un credito d'imposta, nella misura del **12% dell'ammontare degli interventi di ristrutturazione degli impianti** medesimi, sino a un massimo di 25.000 euro).
Ambito oggettivo	Ai fini del riconoscimento del contributo: a) l'intervento di ammodernamento dell'impianto calcistico deve consistere in una **ristrutturazione edilizia** (art. 3, c. 1, lett. d), D.P.R. n. 380/2001; b) la ristrutturazione deve avere a oggetto gli **impianti calcistici di proprietà** del soggetto interessato ovvero quelli di cui fa uso in regime di concessione amministrativa; c) l'intervento di ristrutturazione agevolato è realizzato entro il terzo periodo d'imposta successivo all'attribuzione delle risorse di cui all'art. 22, D.Lgs. n. 9/2008; Per impianto calcistico si intende il **terreno di gioco** e tutte le volumetrie e le strutture a esso strettamente **connesse** e **funzionali**.
Parametri ai fini della determinazione dell'agevolazione concedibile	L'ammontare del contributo è determinato applicando i seguenti parametri: a) in misura pari al 12% dell'ammontare degli interventi di ristrutturazione edilizia realizzati con le risorse ricevute da ciascuna società di calcio interessata a titolo di mutualità della Lega di Serie A; b) nel **limite massimo di 25.000 euro** all'anno per ciascun soggetto beneficiario; c) entro i limiti degli aiuti "*de minimis*" (Regolamento UE n. 1407/2013 della Commissione europea, del 18 dicembre 2013).
Procedura di concessione del credito d'imposta	I soggetti interessati presentano, **entro il 31 marzo** dell'anno successivo a quello di realizzazione degli interventi, apposita domanda all'Ufficio per lo Sport presso la Presidenza del Consiglio dei ministri, comunicando l'ammontare delle somme ricevute ai sensi dell'art. 22 del D.Lgs. n. 9/2008 e gli interventi di ristrutturazione realizzati. Entro i successivi **90 giorni** dal termine ultimo previsto per l'invio delle istanze, l'Ufficio per lo Sport della Presidenza del Consiglio dei ministri, sulla base del rapporto tra l'ammontare delle risorse stanziate pari a **4 milioni di euro annui** e l'ammontare complessivo dei contributi richiesti, determina la percentuale massima del credito d'imposta spettante e comunica alle società calcistiche il riconoscimento ovvero il diniego dell'agevolazione e, nel primo caso, l'importo effettivamente spettante.
Utilizzo dei crediti di imposta	Il credito d'imposta è utilizzabile esclusivamente in compensazione attraverso i servizi telematici messi a disposizione dall'Agenzia delle Entrate, pena il rifiuto dell'operazione di versamento.

EROGAZIONI LIBERALI PER RISTRUTTURAZIONI IMPIANTI SPORTIVI (SPORT BONUS) 33.11.

Per le erogazioni liberali in denaro **effettuate da privati** nel corso degli anni **2019, 2020, 2021 e per il 2022, ma limitatamente a favore dei soggetti titolari di reddito d'impresa** (art. 1, c. 190, Legge n. 234/2021) per interventi di manutenzione e **restauro di impianti sportivi pubblici** e per la realizzazione di nuove strutture sportive pubbliche spetta un credito d'imposta in misura pari al 65% delle erogazioni effettuate, anche nel caso in cui le stesse siano destinate ai soggetti concessionari o affidatari degli impianti medesimi (art. 1, c. 621-628, Legge n. 145/2018).

Soggetti interessati e misure 33.11.1.

Il credito d'imposta è riconosciuto:
- alle **persone fisiche** e agli **enti non commerciali** nel limite del **20%** del **reddito** imponibile;
- ai soggetti **titolari di reddito d'impresa** nel limite del **10 per mille** dei **ricavi** annui ed è ripartito in 3 quote annuali di pari importo.

33.11.2. Utilizzo del credito d'imposta

Ferma restando la ripartizione in 3 quote annuali di pari importo, per i soggetti titolari di reddito d'impresa il credito d'imposta è utilizzabile tramite compensazione nel Mod. F24 e non rileva ai fini delle imposte sui redditi e dell'IRAP. Inoltre, al credito d'imposta **non si applicano i limiti di compensazione** di 250.000 euro e 700.000 euro, elevato a un milione di euro per il 2020 e a 2 milioni di euro nel 2021 e 2022 (art. 1, c. 53, Legge n. 244/2007 e art. 34, Legge n. 388/2000).

33.11.3. Cumulo

I soggetti che effettuano erogazioni liberali non possono cumulare il credito d'imposta con altra agevolazione fiscale prevista da altre disposizioni di legge a fronte delle medesime erogazioni.

33.11.4. Adempimenti a carico dei beneficiari

I soggetti **beneficiari** delle erogazioni liberali devono **comunicare** immediatamente all'Ufficio per lo Sport presso la Presidenza del Consiglio dei Ministri l'ammontare delle **somme ricevute** e la loro **destinazione** e, contestualmente, devono darne adeguata pubblicità attraverso i mezzi informatici.

Entro il **30 giugno** di ogni anno successivo a quello dell'erogazione e fino all'ultimazione dei lavori di manutenzione, restauro o realizzazione di nuove strutture, i soggetti beneficiari delle erogazioni devono comunicare all'Ufficio per lo Sport presso la Presidenza del Consiglio dei Ministri lo **stato di avanzamento dei lavori**, anche mediante una **rendicontazione** delle modalità di utilizzo delle somme erogate.

IRES

33.12. ACQUISTO DI VEICOLI NON INQUINANTI

33.12.1. Credito d'imposta per acquisto di autoveicoli

In via sperimentale, a chi ha acquistato, anche in locazione finanziaria, e immatricola in Italia, **dal 1° marzo 2019 al 31 dicembre 2021**, un veicolo di **categoria MI** (veicoli destinati al trasporto di persone, aventi al massimo otto posti a sedere oltre al sedile del conducente) nuovo di fabbrica, con **prezzo** risultante dal listino prezzi ufficiale della casa automobilistica produttrice **inferiore a 50.000 euro** IVA esclusa, è riconosciuto (art. 1, c. 1031-1041, Legge n. 145/2018; D.M. 20 marzo 2019):

a. a condizione che si consegni contestualmente per la **rottamazione** un veicolo della medesima categoria omologato alle classi Euro 1, 2, 3, 4, un contributo (c.d. "ecobonus") parametrato al numero dei grammi di biossido di carbonio emessi per chilometro pari a:
   - **6.000 euro** per CO2g/km da 0 a 20;
   - **2.500 euro** per CO2g/km da 21 a 60;

b. in **assenza** della **rottamazione** di un veicolo della medesima categoria omologato alle classi Euro 1, 2, 3, 4, un contributo di entità inferiore parametrato al numero dei grammi di biossido di carbonio emessi per chilometro pari a:
   - **4.000** euro per CO2g/km da 0 a 20;
   - **1.500** euro per CO2g/km da 21 a 60.

Se il listino prezzi ufficiale della casa produttrice indica **prezzi** in una **valuta diversa dall'euro**, al fine di determinare i presupposti per l'applicazione del contributo (ossia, il prezzo inferiore a 50.000 euro) si può tener conto del cambio delle valute estere accertato, su conforme parere della Banca d'Italia, con provvedimento dell'Agenzia delle Entrate, in relazione al mese precedente a quello di acquisto dell'autovettura (ris. 28 febbraio 2019, n. 32/E).

Il veicolo consegnato per la rottamazione deve essere intestato da almeno 12 mesi allo stesso soggetto intestatario del nuovo veicolo o ad uno dei familiari conviventi alla data di acquisto del veicolo nuovo, ovvero, in caso di locazione finanziaria del veicolo nuovo, che sia intestato, da almeno 12 mesi, al soggetto utilizzatore del veicolo o a uno dei familiari conviventi.

Entro 30 giorni (15 giorni fino al 2020) dalla data di consegna del veicolo nuovo, il venditore ha l'obbligo, pena il non riconoscimento del contributo, di consegnare il veicolo usato ad un demolitore e di provvedere direttamente alla **richiesta di cancellazione per demolizione** allo sportello telematico dell'automobilista.

> Il **contributo** è corrisposto all'acquirente dal venditore mediante **compensazione** con il **prezzo di acquisto** e non è cumulabile con altri incentivi di carattere nazionale.

Le **imprese costruttrici** o **importatrici** del veicolo nuovo rimborsano al venditore l'importo del contributo e recuperano l'importo quale credito di imposta, utilizzabile esclusivamente in compensazione, presentando il Mod. F24 tramite i servizi telematici messi a disposizione dall'Agenzia delle Entrate. A tal fine, va utilizzato il **codice tributo 6903** (ris. 23 settembre 2019, n. 82/E).

Il credito d'imposta non è soggetto ai limiti di compensazione di 250.000 euro e 700.000 euro elevato a un milione di euro per il 2020 e a 2 milioni di euro nel 2021 e 2022 (art. 1, c. 53, Legge n. 244/2007 e art. 34, Legge n. 388/2000).
Fino al 31 dicembre del quinto anno successivo a quello in cui è stata emessa la fattura di vendita, le imprese costruttrici o importatrici conservano copia della fattura di vendita e dell'atto di acquisto, che deve essere ad esse trasmessa dal venditore.
Per permettere di fruire del bonus e porre in essere tutti gli adempimenti richiesti, il Ministero dello sviluppo economico ha reso disponibile un'apposita **piattaforma informatica** raggiungibile all'indirizzo https://ecobonus.mise.gov.it.
Con avviso pubblicato sul sito www.mise.gov.it, il Ministero comunica annualmente l'avvio delle operazioni di **prenotazione dei contributi**, ed il termine delle stesse per esaurimento delle risorse. Sul sito vengono anche riportate le informazioni relative alle disponibilità del fondo.

Contributi per gli acquisti 2021

Per le persone fisiche con **ISEE inferiore a 30.000 euro**, è previsto un contributo pari al **40%** delle spese sostenute e rimaste a carico dell'acquirente, per l'acquisto, anche in locazione finanziaria, autoveicoli (categoria M1) nuovi di fabbrica alimentati esclusivamente ad energia elettrica di potenza inferiore a 150 kW con un prezzo di listino inferiore a 30.000 euro, al netto dell'IVA (art. 1, c. 77-79, Legge n. 178/2020).
Il termine per l'acquisto del veicolo è scaduto il **31 dicembre 2021**.
I **veicoli di categoria M1** sono i "veicoli destinati al trasporto di persone, aventi al massimo otto posti a sedere oltre al sedile del conducente" (art. 47, c. 2, lett. b), Codice della Strada).
Il contributo non è cumulabile con gli altri contributi statali previsti dalla normativa vigente.
Inoltre, fermo restando quanto previsto sopra per l'ecobonus (art. 1, c. 1031, Legge n. 145/2018), alle persone fisiche e giuridiche che hanno acquistato in Italia dal 1° gennaio 2021 al 31 dicembre 2021, anche in locazione finanziaria, un veicolo nuovo di fabbrica sono riconosciuti i seguenti **contributi** (art. 1, c. 652-653, Legge n. 178/2020):

a. per l'acquisto di un veicolo con **contestuale rottamazione** di un veicolo omologato in una classe inferiore ad Euro 6 e che sia stato immatricolato prima del 1° gennaio 2011, il contributo statale è parametrato al numero di grammi (g) di anidride carbonica (CO2) emessi per chilometro (km) secondo gli importi di cui alla seguente tabella ed è riconosciuto a condizione che sia praticato dal venditore uno **sconto pari ad almeno 2.000 euro**:

CO2 (g/km)	Contributo (euro)
0-20	2.000
21-60	2.000

b. per l'acquisto di un veicolo in **assenza di rottamazione**, il contributo statale è parametrato al numero di g di CO2 emessi per km secondo gli importi di cui alla seguente tabella ed è riconosciuto a condizione che sia praticato dal venditore uno **sconto pari ad almeno 1.000 euro**:

CO2 (g/km)	Contributo (euro)
0-20	1.000
21-60	1.000

I contributi, che sono cumulabili con l'ecobonus, sono riconosciuti per i veicoli di categoria M1 nuovi di fabbrica aventi un **prezzo inferiore a 50.000 euro** IVA esclusa.

Fermo restando quanto previsto per l'ecobonus, alle persone fisiche e giuridiche che hanno acquistato in Italia dal 1° gennaio 2021 al 31 dicembre 2021, anche in locazione finanziaria, un veicolo nuovo di fabbrica, è riconosciuto un contributo di **euro 1.500** per l'acquisto di un solo veicolo con contestuale rottamazione di un veicolo omologato in una classe inferiore ad Euro 6 e che sia stato immatricolato prima del 1° gennaio 2011, qualora il numero di grammi (g) di anidride carbonica (CO2) emessi per chilometro (km) sia compreso tra 61 e 135 e sia praticato dal venditore uno **sconto pari ad almeno 2.000 euro** (art. 1, c. 654-655, Legge n. 178/2020).
Il contributo è riconosciuto per i veicoli di categoria M1 nuovi di fabbrica che siano omologati in una classe non inferiore ad Euro 6 di ultima generazione e abbiano un prezzo, risultante dal listino prezzi ufficiale della casa automobilistica produttrice, inferiore a **40.000 euro** al netto dell'IVA.
A chi ha acquistato in Italia, a decorrere dal 1° gennaio 2021 e fino al 31 dicembre 2021, **veicoli commerciali di categoria N1** nuovi di fabbrica o **autoveicoli speciali di categoria M1** nuovi di fab-

brica, è riconosciuto un contributo differenziato in base alla massa totale a terra del veicolo, all'alimentazione e all'eventuale rottamazione di un veicolo della medesima categoria omologato in una classe fino ad Euro 4/IV, secondo la seguente tabella (art. 1, c. 657, Legge n. 178/2020):

Massa totale a terra (tonnellate)	Veicoli elettrici	Ibridi o alimentazione alternativa	Altre tipologie di alimentazione
0-1,999			
Con rottamazione	4.000	2.000	1.200
Senza rottamazione	3.200	1.200	800
2-3,299			
Con rottamazione	5.600	2.800	2.000
Senza rottamazione	4.800	2.000	1.200
3,3-3,5			
Con rottamazione	8.000	4.400	3.200
Senza rottamazione	6.400	2.800	2.000

Si applicano, in quanto compatibili, le regole stabilite per l'ecobonus sopra riportate.
Infine, sono previsti incentivi per l'acquisto di autoveicoli usati (cat. M1) per il quale non siano stati già goduti i benefici previsti per l'acquisto di veicoli a basse emissioni, con classe non inferiore ad euro 6 e prezzo risultante dalle quotazioni medie non superiore a 25.000 euro, con contestuale rottamazione di un veicolo immatricolato prima del 1° gennaio 2011 o che superi nel periodo di vigenza dell'agevolazione i 10 anni dall'immatricolazione di cui l'acquirente o un familiare convivente siano proprietari o intestatari da almeno 12 mesi (art. 73-quinquies D.L. n. 73/2021).
In quest'ultimo caso il contributo è riconosciuto in misura decrescente al crescere delle emissioni (da 2.000 euro a 750) secondo i seguenti valori:

Emissioni CO2 g/Km	Contributo in euro
0-60	2.000
61-90	1.000
91-160	750

Il contributo di cui sopra è riconosciuto solo se il cedente aderisce e fino all'esaurimento delle risorse. Il cedente riconosce il contributo all'acquirente sul prezzo e ne recupera l'importo mediante corrispondente credito d'imposta utilizzabile esclusivamente in compensazione e presentando il Modello F24 esclusivamente tramite i servizi telematici dell'Agenzia delle Entrate.
Il codice tributo da utilizzare è il 6929 (ris. 27 ottobre 2021, n. 61/E).
Il contributo è inoltre riconosciuto fino all'esaurimento delle risorse che costituiscono limite di spesa.
Non si applicano alla compensazione i limiti di 250.000 euro e 700.000 euro, elevato a un milione di euro per il 2020 e a 2 milioni di euro nel 2021 e 2022 (art. 1, c. 53, Legge n. 244/2007 e art. 34, Legge n. 388/2000).

33.13. EDICOLE

Per gli anni 2019 e 2020, agli esercenti attività commerciali che operano esclusivamente nel settore della vendita al dettaglio di giornali, riviste e periodici è riconosciuto un credito d'imposta **parametrato** agli **importi pagati** a titolo di **IMU, TASI, Cosap e TARI** con riferimento ai locali dove si svolge l'attività di vendita di giornali, riviste e periodici al dettaglio, nonché ad **altre eventuali spese di locazione** o ad altre spese appositamente individuate, anche in relazione all'assenza di punti vendita della stampa nel territorio comunale (art. 1, c. 806-809, Legge n. 145/2018; D.P.C.M. 31 maggio 2019; Presidenza del Consiglio dei Ministri, Dipartimento per l'informazione e l'editoria, circolare esplicativa 17 luglio 2020).
Il credito d'imposta è riconosciuto anche per gli anni **2021 e 2022**, agli esercenti attività commerciali che operano esclusivamente nel settore della vendita al dettaglio di giornali, riviste e periodici e alle imprese di distribuzione della stampa che riforniscono giornali quotidiani o periodici a rivendite situate nei **comuni con popolazione inferiore a 5.000 abitanti** e nei comuni con **un solo punto vendita**.
Per gli anni 2021 e 2022 il credito d'imposta può essere altresì parametrato agli importi spesi per

l'acquisto o il noleggio di registratori di cassa o registratori telematici e di dispositivi POS (art. 1, c. 609, Legge n. 178/2020).
Il credito d'imposta, utilizzabile in compensazione mediante Mod. F24, è stabilito nella misura massima di **2.000 euro** (importo fissato a 4.000 euro per l'anno 2020 dall'art. 98, c. 2, lett. a), D.L. n. 18/2020).

Soggetti interessati 33.13.1.

Possono beneficiare del credito d'imposta:

– gli esercenti attività commerciali che operano esclusivamente nel settore della **vendita al dettaglio** di **giornali**, **riviste** e **periodici**;
– i così detti "**punti vendita non esclusivi**" (art. 2, c. 3, D.Lgs. n. 170/2001) abilitati alla vendita di quotidiani o periodici a condizione che l'attività commerciale rappresenti l'unico punto vendita al dettaglio di giornali, riviste e periodici nel Comune di riferimento. In deroga a ciò, nel 2020, l'agevolazione spetta anche se l'attività commerciale non rappresenta l'unico punto vendita (art. 1, c. 393, Legge n. 160/2019). L'agevolazione è riconosciuta in ogni caso prioritariamente agli esercenti attività commerciali che operano esclusivamente nel settore della vendita al dettaglio di giornali, riviste e periodici.

Per l'**anno 2020**, il credito d'imposta è stato esteso alle imprese di distribuzione della stampa che riforniscono giornali quotidiani e/o periodici a rivendite situate nei comuni con una popolazione inferiore a 5.000 abitanti e nei comuni con un solo punto vendita e può essere, altresì, parametrato agli importi spesi per i servizi di fornitura di energia elettrica, i servizi telefonici e di collegamento a Internet, nonché per i servizi di consegna a domicilio delle copie di giornali (art. 98, c. 2, lett. b), D.L. n. 18/2020).
I soggetti interessati devono inoltre possedere i seguenti **requisiti**:

– sede legale in uno Stato dell'Unione europea o nello Spazio economico europeo;
– residenza fiscale in Italia ovvero la presenza di una stabile organizzazione sul territorio nazionale;
– **codice ATECO 47.62.10** di cui al registro delle imprese;
– per i punti vendita **non esclusivi**, quale **codice primario**:
  a. l'indicazione di uno dei seguenti codici di classificazione ATECO, di cui al registro delle imprese:
    1. rivendite di generi di monopolio (**codice 47.26**);
    2. rivendite di carburante e di oli minerali (**codice 47.30**);
    3. bar, inclusi quelli posti nelle aree di servizio delle autostrade e all'interno di stazioni ferroviarie, aeroportuali e marittime (**codice 56.3**);
    4. strutture di vendita non specialistica (**codice 47.1**);
    5. esercizi adibiti prevalentemente alla vendita di libri e prodotti equiparati, con un limite minimo di superficie di mq. 120 (**codice 47.61**).
  b. l'indicazione del codice di classificazione ATECO 47.62.10, quale **codice di attività secondario.**

> Per le imprese di distribuzione della stampa che riforniscono giornali quotidiani e/o periodici, a rivendite situate nei comuni con una popolazione inferiore a 5.000 abitanti e nei comuni con un solo punto vendita, l'indicazione nel registro delle imprese del codice di classificazione ATECO 82.99.20, quale codice di attività primario.

Accesso al credito d'imposta 33.13.2.

Gli esercenti che intendono usufruire del credito d'imposta devono presentare telematicamente una domanda, attraverso la procedura disponibile nell'area riservata del **portale "impresainungiorno.gov.it", tra il 1° e il 30 settembre** di ciascuno dei 2 anni cui si riferisce il credito d'imposta.
Alla domanda deve essere allegata una dichiarazione sostitutiva di atto di notorietà per ognuna delle voci di spesa che concorrono a formare la base di calcolo del credito d'imposta e con la quale l'impresa attesti qualsiasi aiuto *de minimis* ricevuto nel corso dei due esercizi finanziari precedenti.
Il **modello** è reso disponibile sul **sito internet** del **Dipartimento per l'informazione e l'editoria** della Presidenza del Consiglio dei Ministri e lo stesso Dipartimento, entro il 31 dicembre di ciascuno dei 2 anni cui si riferisce il credito d'imposta, provvede a formare l'elenco dei soggetti a cui lo stesso è riconosciuto.
Per i **punti vendita "non esclusivi"**, alla domanda deve essere allegata, oltre alla dichiarazione di cui sopra, una ulteriore dichiarazione sostitutiva di atto di notorietà, concernente l'entità del rapporto tra ricavi calcolato secondo regole appositamente stabilite (vedi circ. Dipartimento per l'informazione e l'editoria della Presidenza del Consiglio dei Ministri 17 luglio 2020).

Il credito d'imposta potrà essere utilizzato esclusivamente in compensazione e l'importo dovrà essere indicato nella dichiarazione dei redditi relativa al periodo d'imposta di concessione del credito e nelle dichiarazioni successive fino a quella nel corso del quale se ne conclude l'utilizzo.
A tal fine, va utilizzato il **codice tributo 6913** (ris. 18 dicembre 2019, n. 107/E).
L'accesso al credito d'imposta deve sottostare al rispetto della disciplina "*de minimis*" (➔**32.1.2.**).

33.13.3. Parametri per il calcolo del bonus

Il credito d'imposta è parametrato agli **importi pagati** dal titolare del singolo punto vendita **per i locali** in cui si esercita la vendita, nell'anno precedente a quello dell'istanza di accesso al credito d'imposta, con riferimento alle seguenti voci:

a. IMU;
b. TASI;
c. COSAP;
d. TARI;
e. spese per locazione, al netto dell'imposta sul valore aggiunto (IVA), a condizione che l'esercente operi come unico punto vendita esclusivo nel territorio comunale.

Per gli **esercenti le attività commerciali non esclusive**, il credito di imposta è parametrato alle medesime voci sopra elencate, e commisurato per punto vendita al rapporto tra i ricavi provenienti dalla vendita di giornali, riviste e periodici al lordo di quanto dovuto ai fornitori e i ricavi complessivi, considerando per le vendite soggette ad aggio o ricavo fisso il prezzo di cessione al pubblico.
Il credito d'imposta, stabilito per ciascun esercente nella **misura massima** di **2.000 euro** in relazione a **ciascun punto vendita** al dettaglio di giornali, riviste e periodici, è riconosciuto nel rispetto dei limiti sugli aiuti *de minimis* (Reg. UE n. 1407/2013 relativo all'applicazione degli artt. 107 e 108 del Trattato UE).

33.14. PAGAMENTI ELETTRONICI DISTRIBUTORI DI CARBURANTI

A decorrere dal 1° luglio 2018, è stato disposto il superamento del sistema delle schede carburanti utilizzato ai fini della deducibilità dei costi relativi ai carburanti non acquistati tramite mezzi di pagamento elettronici, introducendo l'indeducibilità ai fini delle imposte dirette e l'indetraibilità ai fini IVA dei corrispettivi pagati in contanti (art. 1, c. 922 e 923, Legge 205/2017).
Quindi, da tale data, sia la **deduzione** ai fini delle **imposte dirette** che la **detraibilità IVA** dei **costi** relativi agli acquisti di carburante rimangono **subordinate** alla circostanza che l'acquisto sia effettuato con mezzi di **pagamento elettronici**.
A fronte del prevedibile aumento delle operazioni di acquisto attraverso mezzi elettronici di pagamento, con conseguenti oneri aggiuntivi (commissioni bancarie) a carico dei distributori di carburante, è stato introdotto **a favore** dell'**esercente** dell'**impianto di distribuzione** un credito di imposta pari al **50% delle commissioni** allo stesso addebitate a fronte di acquisti tramite mezzi di pagamento elettronici da parte di consumatori e imprese (art. 1, c. 924, Legge n. 205/2017).
Con un successivo intervento, avente natura interpretativa, è stato chiarito che (art. 16, D.L. n. 34/2019):

- il credito di imposta **spetta** solo **a fronte** delle **commissioni bancarie** relative a cessioni di carburanti e non a fronte di transazioni diverse;
- in caso di **registrazioni indistinte** dei costi delle commissioni per pagamenti di carburanti e di altri beni, il credito d'imposta spetta per la quota parte delle commissioni calcolata in base al rapporto tra il volume d'affari annuo derivante da cessioni di carburante e il volume d'affari annuo complessivo.

33.15. PAGAMENTO CANONE PATRIMONIALE SULLA PUBBLICITÀ

Per l'anno 2021, al fine di assicurare la ripresa del mercato della pubblicità effettuata sulle aree pubbliche o aperte al pubblico o comunque da tali luoghi percepibile, è concesso un credito d'imposta, nel limite di spesa di 20 milioni di euro, in favore dei **titolari di impianti pubblicitari privati** o concessi a soggetti privati, **destinati all'affissione di manifesti** e ad analoghe **installazioni pubblicitarie** di natura commerciale, anche attraverso pannelli luminosi o proiezioni di immagini, comunque **diverse dalle insegne di esercizio** (art. 67 bis, D.L. n. 73/2021; Provv. 29 ottobre 2021; circ. 7 gennaio 2022, n. 1/E).

> Per "insegna di esercizio" si intende la scritta in caratteri alfanumerici, completata eventualmente da simboli e da marchi, realizzata e supportata con materiali di qualsiasi natura, installata nella sede dell'attività a cui si riferisce o nelle pertinenze accessorie alla stessa. Può essere luminosa sia per luce propria che per luce indiretta.

Il credito d'imposta è attribuito in misura proporzionale all'importo dovuto dai soggetti ivi indicati, nell'anno 2021, a titolo di canone patrimoniale di concessione, autorizzazione o esposizione pubblicitaria (art. 1, c. 816 e seguenti, Legge n. 160/2019), per la diffusione di messaggi pubblicitari per un periodo non superiore a 6 mesi.
Per importo "dovuto" a titolo di canone deve essere preso in considerazione non il canone astrattamente dovuto dal contribuente, ma quello in concreto dallo stesso versato (nel rispetto delle modalità previste dal regolamento dell'ente locale creditore) e relativo all'anno 2021. Si tiene conto anche del versamento, relativo all'anno 2021, eventualmente assolto mediante compensazione, qualora il regolamento dell'ente locale creditore lo consenta, nel rispetto delle modalità previste (circ. n. 1/E/2022).

Nel caso in cui il canone, riferito ad ogni singola concessione, autorizzazione o esposizione pubblicitaria, sia stato versato per un periodo superiore a 6 mesi, l'**importo** va **parametrato ai 6 mesi** e, quindi, va calcolato dividendo l'importo versato per il numero dei mesi del 2021 cui si riferisce il canone e moltiplicando il risultato ottenuto per 6.

Comunicazione 33.15.1.

Per fruire del credito d'imposta occorre inviare all'Agenzia delle Entrate apposita comunicazione utilizzando il modello approvato con Provv. 29 ottobre 2021.
La comunicazione è inviata esclusivamente con **modalità telematiche**, direttamente dal contribuente oppure avvalendosi di un soggetto incaricato della trasmissione delle dichiarazioni mediante i canali telematici dell'Agenzia delle Entrate, nel rispetto dei requisiti definiti dalle specifiche tecniche.
A seguito della presentazione della Comunicazione è rilasciata, entro 5 giorni, una ricevuta che ne attesta la presa in carico, ovvero lo scarto, con l'indicazione delle relative motivazioni. La ricevuta viene messa a disposizione del soggetto che ha trasmesso la Comunicazione, nell'area riservata del sito internet dell'Agenzia delle Entrate.
La Comunicazione può essere inviata **dal 10 febbraio 2022 al 10 marzo 2022**.
Nello stesso periodo è possibile:

a. inviare una nuova Comunicazione, che sostituisce integralmente quella precedentemente trasmessa. L'ultima Comunicazione validamente trasmessa sostituisce tutte quelle precedentemente inviate;
b. presentare la rinuncia integrale al credito d'imposta precedentemente comunicato, con la stessa modalità di cui sopra.

La competenza per gli adempimenti conseguenti alla gestione della comunicazione è demandata al Centro Operativo Servizi Fiscali di Cagliari.

Importo del credito d'imposta 33.15.2.

Il credito d'imposta è attribuito **in misura proporzionale all'importo dovuto nell'anno 2021**, a titolo di canone patrimoniale di concessione, autorizzazione o esposizione pubblicitaria per la diffusione di messaggi pubblicitari per un periodo non superiore a 6 mesi, così come risultante dall'ultima comunicazione validamente presentata, in assenza di successiva rinuncia.
Ai fini del rispetto del **limite di spesa**, l'ammontare massimo del credito d'imposta fruibile è pari all'importo dovuto nell'anno 2021, indicato nella comunicazione, **moltiplicato per la percentuale** che è resa nota con Provvedimento del Direttore dell'Agenzia delle Entrate.
Tale percentuale è ottenuta rapportando il limite complessivo di spesa, pari a 20 milioni di euro, all'ammontare complessivo degli importi dovuti nell'anno 2021, a titolo di canone patrimoniale di concessione, autorizzazione o esposizione pubblicitaria indicati nelle comunicazioni presentate.

Utilizzo del credito d'imposta 33.15.3.

Il credito d'imposta è utilizzabile dai beneficiari **esclusivamente in compensazione**, a partire dal giorno lavorativo successivo alla pubblicazione del provvedimento che definisce la percentuale di spettanza.
Il Mod. **F24** deve essere presentato **tramite i servizi telematici resi disponibili dall'Agenzia delle Entrate**, pena il rifiuto dell'operazione di versamento.
Il credito d'imposta è riconducibile agli aiuti "erogati in via eccezionale a seguito dell'emergenza epidemiologica da COVID-19" con la conseguenza che (circ. n. 1/E/2022):

– non concorre alla formazione della base imponibile ai fini delle imposte sui redditi, comprese le relative addizionali regionali e comunali nonché alla formazione del valore della produzione netta ai fini dell'IRAP;
– non incide sul calcolo della quota di interessi passivi deducibile dal reddito di impresa ai sensi dell'art. 61, D.P.R. n. 917/1986;

– non rileva ai fini della determinazione della quota di spese e altri componenti negativi diversi dagli interessi passivi, deducibili dal reddito di impresa (art. 109, c. 5, D.P.R. n. 917/1986).

33.16. COMMISSIONI SUI PAGAMENTI ELETTRONICI E POS

33.16.1. Commissioni sui pagamenti elettronici

Agli esercenti attività di impresa, arte o professioni spetta un credito di imposta pari al **30%** delle commissioni addebitate per le transazioni effettuate mediante carte di credito, di debito o prepagate emesse da operatori finanziari soggetti all'obbligo di comunicazione dei rapporti finanziari (art. 22, D.L. n. 124/2019; Provv. 21 aprile 2020; Provv. 29 aprile 2020).

Il credito d'imposta spetta altresì per le commissioni addebitate sulle transazioni effettuate mediante altri strumenti di pagamento elettronici tracciabili.

Per le commissioni maturate nel periodo **dal 1° luglio 2021 al 30 giugno 2022**, il credito d'imposta è incrementato al **100%** delle commissioni, nel caso in cui gli esercenti attività di impresa, arte o professioni, che effettuano cessioni di beni o prestazioni di servizio nei confronti di consumatori finali, adottino strumenti di pagamento elettronico collegati ai Registratori Telematici ovvero strumenti di pagamento evoluto.

Il credito d'imposta spetta per le commissioni dovute in relazione a cessioni di beni e prestazioni di servizi rese nei confronti di consumatori finali dal 1° luglio 2020, a condizione che i ricavi e compensi relativi all'anno d'imposta precedente siano di ammontare non superiore a **400.000 euro**.

Il credito d'imposta:

- è utilizzabile esclusivamente in compensazione successivamente al sostenimento della spesa;
- deve essere indicato nella dichiarazione dei redditi relativa al periodo d'imposta di maturazione del credito e nelle dichiarazioni dei redditi relative ai periodi d'imposta successivi fino a quello nel quale se ne conclude l'utilizzo;
- non concorre alla formazione del reddito ai fini delle imposte sui redditi e del valore della produzione ai fini dell'IRAP;
- non rileva ai fini del pro-rata di deducibilità degli interessi (artt. 96 e 109, c. 5, D.P.R. n. 917/1986).
- si applica nel rispetto delle condizioni e dei limiti previsti per gli aiuti de minimis.

Gli operatori che mettono a disposizione degli esercenti i sistemi di pagamento di cui sopra trasmettono telematicamente all'Agenzia delle Entrate le informazioni necessarie a controllare la spettanza del credito d'imposta.

33.16.2. Credito d'imposta POS

Agli esercenti attività di impresa, arte o professioni che effettuano cessioni di beni o prestazioni di servizio nei confronti di consumatori finali e che, **tra il 1° luglio 2021 e il 30 giugno 2022**, acquistano, noleggiano o utilizzano strumenti che consentono forme di pagamento elettronico collegati ai Registratori Telematici, spetta un credito di imposta, parametrato al costo di acquisto, di noleggio, di utilizzo degli strumenti stessi, nonché delle spese di convenzionamento ovvero delle spese sostenute per il collegamento tecnico tra i predetti strumenti (art. 22-bis, D.L. n. 124/2019).

Il credito d'imposta spetta nel limite massimo di spesa per soggetto di **160 euro**, nelle seguenti misure:

a. **70%** per i soggetti i cui ricavi e compensi relativi al periodo d'imposta precedente siano di ammontare non superiore a **200.000 euro**;
b. **40%** per i soggetti i cui ricavi e compensi relativi al periodo d'imposta precedente siano di ammontare superiore a 200.000 euro e **fino a 1 milione di euro**;
c. **10%** per i soggetti i cui ricavi e compensi relativi al periodo d'imposta precedente siano di ammontare superiore a 1 milione di euro e **fino a 5 milioni di euro**.

Ai medesimi soggetti che, nel corso dell'anno 2022, acquistano, noleggiano o utilizzano strumenti evoluti di pagamento elettronico che consentono **anche la memorizzazione elettronica e trasmissione telematica dei corrispettivi** spetta un credito d'imposta nel limite massimo di spesa per soggetto di **320 euro**, nelle seguenti misure:

a. **100%** per i soggetti i cui ricavi e compensi relativi al periodo d'imposta precedente siano di ammontare non superiore a **200.000 euro**;
b. **70%** per i soggetti i cui ricavi e compensi relativi al periodo d'imposta precedente siano di ammontare superiore a 200.000 euro e **fino a 1 milione di euro**;
c. **40%** per i soggetti i cui ricavi e compensi relativi al periodo d'imposta precedente siano di ammontare superiore a 1 milione di euro e **fino a 5 milioni di euro**.

I crediti d'imposta di cui sopra:
- sono utilizzabili esclusivamente in compensazione successivamente al sostenimento della spesa;
- devono essere indicati nella dichiarazione dei redditi relativa al periodo d'imposta di maturazione del credito e nelle dichiarazioni dei redditi relative ai periodi d'imposta successivi fino a quello nel quale se ne conclude l'utilizzo;
- non concorrono alla formazione del reddito ai fini delle imposte sui redditi e del valore della produzione ai fini dell'IRAP;
- non rilevano ai fini del pro-rata di deducibilità degli interessi (artt. 96 e 109, c. 5, D.P.R. n. 917/1986).
- si applicano nel rispetto delle condizioni e dei limiti previsti per gli aiuti de minimis.

RICERCA E SVILUPPO 33.17.

Per gli investimenti in ricerca e sviluppo, in **transizione ecologica**, in **innovazione tecnologica 4.0** e in altre **attività innovative**, è riconosciuto un credito d'imposta (art. 1, c. 198-209, Legge n. 160/2019).
La disciplina si sostituisce a quella del credito di imposta per investimenti in ricerca e sviluppo (art. 3, D.L. n. 145/2015), il cui periodo di operatività è cessato anticipatamente nell'anno 2019 (rispetto alla disciplina previgente che ne prevedeva invece l'operatività fino al 2020).

IRES

Soggetti interessati ed esclusi 33.17.1.

Possono fruire del credito d'imposta tutte le **imprese residenti** nel territorio dello Stato, **incluse** le **stabili organizzazioni** di soggetti non residenti indipendentemente dalla forma giuridica, dal settore economico di appartenenza, dalla dimensione e dal regime fiscale di determinazione del reddito dell'impresa, che effettuano investimenti in una delle attività ammissibili alla misura agevolativa, indicate di seguito.

Esclusioni - Non possono accedere al bonus:
- le imprese in stato di **liquidazione** volontaria, **fallimento**, liquidazione coatta amministrativa, **concordato preventivo** senza continuità aziendale, altra procedura concorsuale prevista dalla Legge fallimentare, dal Codice della crisi d'impresa e dell'insolvenza (D.Lgs. n. 14/2019), o da altre leggi speciali o che abbiano in corso un procedimento per la dichiarazione di una di tali situazioni;
- le imprese **destinatarie** di **sanzioni interdittive** previste dalle norme sulla responsabilità degli enti forniti di personalità giuridica e delle società e associazioni anche prive di personalità giuridica per gli illeciti amministrativi dipendenti da reato (art. 9, c. 2, D.Lgs. n. 231/2001).

> Per le imprese ammesse al credito d'imposta, la fruizione del beneficio spettante è comunque subordinata al rispetto delle normative sulla sicurezza nei luoghi di lavoro applicabili in ciascun settore e al corretto adempimento degli obblighi di versamento dei contributi previdenziali e assistenziali a favore dei lavoratori.

Attività di ricerca e sviluppo e spese ammesse 33.17.2.

Attività e spese	Tipologie
Attività di R&S ammissibili (art. 1, c. 200, Legge n. 160/2019)	Sono ammissibili le attività di ricerca fondamentale, di ricerca industriale e sviluppo sperimentale in campo scientifico o tecnologico, come definite, rispettivamente, alle lettere m), q) e j) del paragrafo 1.3 del punto 15 della Comunicazione della Commissione (2014/C 198/01) del 27 giugno 2014, concernente "Disciplina degli aiuti di Stato a favore di ricerca, sviluppo e innovazione" e precisamente: - **ricerca fondamentale** (lett. m): i lavori sperimentali o teorici svolti soprattutto per acquisire nuove conoscenze sui fondamenti di fenomeni e di fatti osservabili, senza che siano previste applicazioni o utilizzazioni commerciali dirette; - **ricerca industriale** (lett. q): la ricerca pianificata o indagini critiche miranti ad acquisire nuove conoscenze e capacità, da utilizzare per sviluppare nuovi prodotti, processi o servizi o apportare un notevole migliora mento dei prodotti, processi o servizi esistenti;

Attività e spese	Tipologie
	- **sviluppo sperimentale** (lett. j): l'acquisizione, la combinazione, la strutturazione e l'utilizzo delle conoscenze e capacità esistenti di natura scientifica, tecnologica, commerciale e di altro tipo allo scopo di sviluppare prodotti, processi o servizi nuovi o migliorati. Rientrano in questa definizione anche altre attività destinate alla definizione concettuale, alla pianificazione e alla documentazione concernenti nuovi prodotti, processi o servizi. Rientrano nello sviluppo sperimentale la costruzione di prototipi, la dimostrazione, la realizzazione di prodotti pilota, test e convalida di prodotti, processi o servizi nuovi o migliorati, effettuate in un ambiente che riproduce le condizioni operative reali laddove l'obiettivo primario è l'apporto di ulteriori miglioramenti tecnici a prodotti, processi e servizi che non sono sostanzialmente definitivi. Lo sviluppo sperimentale può quindi comprendere lo sviluppo di un prototipo o di un prodotto pilota utilizzabile per scopi commerciali.
Spese ammissibili	a) **spese di personale** relative ai ricercatori e ai tecnici titolari di rapporto di lavoro subordinato o autonomo o altro rapporto diverso dal lavoro subordinato, direttamente impiegati nelle operazioni di ricerca e sviluppo svolte internamente all'impresa, nei limiti del loro effettivo impiego in tali operazioni. Le spese di personale relative a giovani ricercatori (età non superiore a 35 anni, al primo impiego, in possesso di un titolo di dottore di ricerca o iscritti a un ciclo di dottorato presso un'università italiana o estera o in possesso di una laurea magistrale in discipline tecniche o scientifiche secondo la classificazione UNESCO Isced), assunti dall'impresa con contratto di lavoro subordinato a tempo indeterminato e impiegati esclusivamente nei lavori di ricerca e sviluppo, concorrono in modo maggiorato a formare la base di calcolo del credito d'imposta per un importo pari al 150% del loro ammontare[1]; b) quote di ammortamento, canoni di locazione finanziaria o di locazione semplice e le altre spese relative ai **beni materiali mobili** e dei **software** utilizzati nei progetti di ricerca e sviluppo anche per la realizzazione di **prototipi** o impianti pilota, per l'importo ordinariamente deducibile ai fini della determinazione del reddito d'impresa relativo al periodo d'imposta di utilizzo e nel limite massimo complessivo pari al 30% delle spese di personale indicate alla lettera a) [2]. c) **spese per contratti di ricerca** *extra-muros*, aventi ad oggetto il diretto svolgimento da parte del soggetto commissionario delle attività di ricerca e sviluppo ammissibili al credito d'imposta [3 4 5]. d) quote di **ammortamento** relative all'acquisto da terzi, anche in **licenza d'uso**, di un'**invenzione industriale** o **biotecnologica**, una topografia di prodotto a semiconduttori o una nuova varietà vegetale, nel limite massimo complessivo di spesa di 1 milione di euro e a condizione che siano utilizzate direttamente ed esclusivamente per lo svolgimento delle attività inerenti ai progetti di R&S ammissibili al credito d'imposta[6]. e) **spese per servizi di consulenza** e servizi equivalenti inerenti alle attività di R&S ammissibili, nel limite massimo complessivo del 20% delle spese di personale indicate alla lettera a) ovvero delle spese per contratti di ricerca *extra-muros* indicate alla lettera c), senza considerare la maggiorazione ivi prevista. Ciò a condizione che i relativi contratti siano stipulati con soggetti residenti nel territorio dello Stato o con soggetti fiscalmente residenti o localizzati in altri Stati membri dell'Unione europea o in Stati aderenti al SEE o in Stati compresi nell'elenco degli Stati con i quali è attuabile lo scambio di informazioni per evitare le doppie imposizioni sul reddito (D.M. 4 settembre 1996). f) **spese per materiali, forniture** e altri prodotti analoghi impiegati nei progetti di R&S ammissibili svolte internamente dall'impresa anche per la realizzazione di prototipi o impianti pilota, nel limite massimo del 30% delle spese di personale sopra indicate ovvero, nel caso di ricerca *extra-muros*, del 30% dei costi dei contratti suindicati.

[1] La maggiorazione si applica solo nel caso in cui i soggetti neoassunti qualificati siano impiegati in laboratori e altre strutture di ricerca situate nel territorio dello Stato.
[2] Nel caso in cui i suddetti beni siano utilizzati anche per le ordinarie attività dell'impresa, si considera solo la parte delle quote di ammortamento e delle altre spese imputabile alle attività di ricerca e sviluppo.

IRES

Attività e spese	Tipologie
[3] Le spese per i contratti di ricerca *extra-muros* stipulati con università e istituti di ricerca residenti nel territorio dello Stato, concorrono in modo maggiorato a formare la base di calcolo del credito d'imposta per un importo pari al 150% del loro ammontare. [4] I contratti stipulati con imprese o soggetti appartenenti al medesimo gruppo dell'impresa committente, sono assoggettati alle stesse regole applicabili nel caso che l'attività di ricerca e sviluppo sia svolta internamente all'impresa. Ai fini della definizione di imprese appartenenti allo stesso gruppo si richiamano le imprese controllate, controllanti o controllate da un medesimo soggetto ai sensi dell'art. 2359 cc. inclusi i soggetti diversi dalle società di capitali. [5] Le spese, nel caso di contratti stipulati con soggetti esteri, sono ammissibili a condizione che i soggetti cui vengono commissionati i progetti relativi alle attività di R&S, anche se appartenenti allo stesso gruppo dell'impresa committente, siano fiscalmente residenti o localizzati in altri Stati membri dell'Unione europea o in Stati aderenti all'accordo sullo Spazio economico europeo (SEE) o in Stati compresi nell'Elenco degli Stati con i quali è attuabile lo scambio di informazioni ai sensi delle convenzioni per evitare le doppie imposizioni sul reddito, di cui al decreto del Ministro delle finanze 4 settembre 1996. [6] Tali spese sono ammissibili a condizione che derivino da contratti di acquisto o licenza stipulati con soggetti terzi residenti nel territorio dello Stato o fiscalmente residenti o localizzati in altri Stati membri dell'Unione europea o in Stati aderenti al SEE o in Stati compresi nell'elenco di cui al decreto del Ministro delle finanze 4 settembre 1996. Non sono ammissibili le spese per l'acquisto, anche in licenza d'uso, dei beni immateriali derivanti da operazioni intercorse con imprese appartenenti allo stesso gruppo dell'impresa acquirente. Si considerano appartenenti allo stesso gruppo le imprese controllate da un medesimo soggetto, controllanti o collegate ai sensi dell'art. 2359 c.c. inclusi i soggetti diversi dalle società di capitali.	

Attività di innovazione tecnologica e spese ammesse 33.17.3.

Sono ammissibili al credito di imposta le attività di innovazione tecnologica (art. 1, c. 201, Legge n. 160/2019).

Si tratta delle attività, diverse da quelle relative alla ricerca e sviluppo (➡33.17.2.), finalizzate alla **realizzazione** di **prodotti o processi** di produzione **nuovi** o sostanzialmente migliorati.

A tal proposito, viene fornita la definizione di prodotto o processo di produzione nuovo o sostanzialmente migliorato intendendo per tale un bene materiale o immateriale o un servizio o un processo che si differenzia, rispetto a quelli già realizzati o applicati dall'impresa, sul piano delle **caratteristiche tecnologiche** o delle **prestazioni** o dell'**eco-compatibilità** o dell'**ergonomia** o per altri elementi sostanziali rilevanti nei diversi settori.

Attività e spese	Tipologie
Attività di innovazione tecnologica	Sono le attività diverse da quelle di ricerca e sviluppo, finalizzate alla realizzazione di prodotti o processi di produzione nuovi o sostanzialmente migliorati. **Non** sono considerate attività di innovazione tecnologica (IT) **ammissibili** all'agevolazione: - le **attività di routine** per il miglioramento della qualità dei prodotti e in generale le attività volte a differenziare i prodotti dell'impresa da quelli simili presenti sullo stesso mercato concorrenziale per elementi estetici o secondari; - le **attività** per l'**adeguamento** di un **prodotto esistente** alle specifiche richieste di un cliente nonché le attività per il controllo di qualità e la standardizzazione dei prodotti.
Spese ammissibili	a) **spese per il personale** titolare di rapporto di lavoro subordinato o di lavoro autonomo o altro rapporto diverso dal lavoro subordinato, direttamente impiegato nelle operazioni di IT svolte internamente all'impresa, nei limiti dell'effettivo impiego in tali operazioni. Le spese di personale relative a giovani ricercatori (soggetti di età non superiore a 35 anni, al primo impiego, con un titolo di dottore di ricerca o iscritti a un ciclo di dottorato presso un'università italiana o estera o in possesso di una laurea magistrale in discipline tecniche o scientifiche secondo la classificazione UNESCO Isced), assunti dall'impresa con contratto di lavoro subordinato a tempo indeterminato e impiegati esclusivamente nei lavori di innovazione tecnologica, concorrono in modo maggiorato a formare la base di calcolo del credito d'imposta per un importo pari al 150% del loro ammontare [1];

IRES

Attività e spese	Tipologie
	b) quote di ammortamento, i canoni di locazione finanziaria o di locazione semplice e le altre spese relative ai **beni materiali mobili** e dei **software** utilizzati nei progetti di innovazione tecnologica anche per la realizzazione di prototipi o impianti pilota, per l'importo ordinariamente deducibile ai fini del reddito d'impresa e nel limite massimo complessivo pari al 30 per cento delle spese di personale indicate alla lettera a) [2]; c) **spese per contratti** aventi ad oggetto il diretto svolgimento da parte del commissionario delle attività di IT ammissibili al credito d'imposta [3,4]; d) **spese per servizi di consulenza** e servizi equivalenti inerenti alle attività di IT ammissibili, nel limite massimo complessivo del 20% delle spese di personale indicate alla lettera a) ovvero delle spese ammissibili indicate alla lettera *c)*, a condizione che i relativi contratti siano stipulati con soggetti residenti nel territorio dello Stato o con soggetti fiscalmente residenti o localizzati in altri Stati membri dell'UE o in Stati aderenti al SEE o in Stati compresi nell'elenco di cui al citato D.M. 4 settembre 1996; e) **spese per materiali, forniture** e altri prodotti analoghi impiegati nelle attività di IT anche per la realizzazione di prototipi o impianti pilota, nel limite massimo del 30 per cento delle spese di personale di cui alla citata lettera a), ovvero del 30 per cento delle spese per i contratti indicati alla lettera c).
[1] La maggiorazione si applica solo nel caso in cui i soggetti neoassunti qualificati siano impiegati in laboratori e altre strutture di ricerca situate nel territorio dello Stato. [2] Nel caso in cui beni siano utilizzati anche per le ordinarie attività produttive dell'impresa, si assume solo la parte delle quote di ammortamento e delle altre spese imputabile alle sole attività di innovazione tecnologica. [3] Se i contratti sono stipulati con imprese o soggetti appartenenti al medesimo gruppo della committente, si applicano le stesse regole per le attività di innovazione tecnologica svolte internamente all'impresa (si richiamano le norme sulle imprese controllate, controllanti o controllate da un medesimo soggetto ai sensi dell'art. 2359 c.c. inclusi i soggetti diversi dalle società di capitali). [4] Le spese, nel caso di contratti stipulati con soggetti esteri, sono ammissibili a condizione che i soggetti cui vengono commissionati i progetti relativi alle attività di IT, anche se appartenenti allo stesso gruppo dell'impresa committente, siano fiscalmente residenti o localizzati in altri Stati membri dell'Unione europea o in Stati aderenti al SEE o in Stati compresi nell'elenco degli Stati con i quali è attuabile lo scambio di informazioni per evitare le doppie imposizioni sul reddito di cui al decreto del Ministro delle finanze 4 settembre 1996.	

33.17.4. Attività innovative e spese ammesse

Sono ammissibili al credito di imposta alcune attività innovative (art. 1, c. 202 Legge n. 160/2019).

Attività e spese	Tipologie
Attività innovative	Sono le **attività di design e ideazione estetica** svolte dalle imprese dei settori tessile e moda, calzaturiero, occhialeria, orafo, mobile e arredo e della ceramica per la concezione e realizzazione dei nuovi prodotti e campionari
Spese ammissibili	a) **spese per il personale** titolare di rapporto di lavoro subordinato o di lavoro autonomo o altro rapporto diverso dal lavoro subordinato, direttamente impiegato presso le strutture produttive dell'impresa nello svolgimento delle attività di design e ideazione estetica ammissibili, nei limiti del loro effettivo impiego in tali attività. Le spese di personale relative a giovani ricercatori (soggetti di età non superiore a 35 anni, al primo impiego, laureati in design e altri titoli equiparabili) assunti dall'impresa con contratto di lavoro subordinato a tempo indeterminato e impiegati esclusivamente nei lavori di innovazione tecnologica, concorrono in modo maggiorato a formare la base di calcolo del credito d'imposta per un importo pari al 150% del loro ammontare [1]; b) quote di ammortamento, i canoni di locazione finanziaria o di locazione semplice e le altre spese relative ai **beni materiali mobili** e ai software utilizzati nelle attività di design e innovazione estetica ammissibili al credito d'imposta, compresa la progettazione e realizzazione dei campionari, per l'importo ordinariamente deducibile ai fini del reddito d'impresa e nel limite massimo complessivo pari al 30 per cento delle spese di personale indicate alla lettera a) [2];

Attività e spese	Tipologie
	c) **spese per contratti** aventi ad oggetto il diretto svolgimento, da parte del commissionario delle attività di design e ideazione estetica ammissibili al credito d'imposta, stipulati con professionisti o studi professionali o altre imprese [3 4]; d) **spese per servizi di consulenza** e servizi equivalenti utilizzati solo per lo svolgimento delle altre attività innovative ammissibili al credito d'imposta, nel limite massimo complessivo pari al 20% delle spese di personale indicate alla lettera a) ovvero alla lettera c). Le spese, nel caso di contratti stipulati con soggetti esteri, sono ammissibili a condizione che tali soggetti cui sono commissionati i progetti relativi alle attività di design e ideazione estetica ammissibili al credito d'imposta, anche se appartenenti allo stesso gruppo dell'impresa committente, siano fiscalmente residenti o localizzati in altri Stati membri dell'UE o in Stati aderenti al SEE o in Stati compresi nell'elenco di cui al D.M. 4 settembre 1999; e) spese per materiali, forniture e altri prodotti analoghi impiegati nelle attività di design e ideazione estetica ammissibili al credito d'imposta, nel limite massimo del 30% delle spese di personale indicate alla lettera a) ovvero delle spese per i contratti di cui alla lettera c).

[1] La maggiorazione si applica solo nel caso in cui i soggetti neoassunti qualificati siano impiegati in laboratori e altre strutture di ricerca situate nel territorio dello Stato.
[2] Nel caso in cui beni siano utilizzati anche per le ordinarie attività produttive dell'impresa, si assume solo la parte delle quote di ammortamento e delle altre spese imputabile alle sole attività di design e ideazione estetica.
[3] Se i contratti sono stipulati con imprese o soggetti appartenenti al medesimo gruppo della committente, si applicano le stesse regole per le attività di innovazione tecnologica svolte internamente all'impresa (si richiamano le norme sulle imprese controllate, controllanti o controllate da un medesimo soggetto ai sensi dell'art. 2359 c.c. inclusi i soggetti diversi dalle società di capitali).
[4] Le spese, nel caso di contratti stipulati con soggetti esteri, sono ammissibili a condizione che i soggetti cui vengono commissionati i progetti di design e ideazione estetica ammissibili, anche se appartenenti allo stesso gruppo dell'impresa committente, siano fiscalmente residenti o localizzati in altri Stati membri dell'Unione europea o in Stati aderenti al SEE o in Stati compresi nell'elenco degli Stati con i quali è attuabile lo scambio di informazioni per evitare le doppie imposizioni sul reddito di cui al decreto del Ministro delle finanze 4 settembre 1996.

Misura del credito d'imposta 33.17.5.

Il credito di imposta varia a seconda del tipo di attività ammessa al beneficio.

Attività	2022		2023		2024		2025		Fino al 2031	
	%	Limite max	%	Limite max	%	Limite max	%	Limite max	%	Limite max
Ricerca e sviluppo	20	4 milioni	10	5 milioni	10	5 milioni	10	5 milioni	10	5 milioni
Innovazione tecnologica	10	2 milioni	10	2 milioni	5	2 milioni	5	2 milioni	-	-
Innovazione tecnologica per progetti e per processi transizione ecologica innovazione 4.0	15	2 milioni	10	4 milioni	5	4 milioni	5	4 milioni	-	-
Design e ideazione estetica e attività relative al software	10	2 milioni	10	2 milioni	5	2 milioni	5	2 milioni	-	-

Al fine di incentivare più efficacemente l'avanzamento tecnologico dei processi produttivi e gli investimenti in ricerca e sviluppo delle imprese operanti nelle Regioni Abruzzo, Basilicata, Calabria, Campa-

IRES

nia, Molise, Puglia, Sardegna e Sicilia nonché nelle regioni Lazio, Marche e Umbria colpite dagli eventi sismici del 24 agosto, del 26 e del 30 ottobre 2016 e del 18 gennaio 2017, la misura del credito d'imposta per gli investimenti in attività di ricerca e sviluppo, inclusi i progetti di ricerca e sviluppo in materia di Covid-19, direttamente afferenti a strutture produttive ubicate nelle suddette regioni, è aumentata (art. 244, D.L. n. 34/2020):

- al **25%** per le **grandi imprese** che occupano almeno 250 persone, il cui fatturato annuo è almeno pari a 50 milioni di euro oppure il cui totale di bilancio è almeno pari a 43 milioni di euro;
- al **35%** per le **medie imprese**, che occupano almeno cinquanta persone e realizzano un fatturato annuo di almeno 10 milioni di euro;
- al **45%** per le **piccole imprese** che occupano meno di cinquanta persone e realizzano un fatturato annuo o un totale di bilancio annuo non superiori a 10 milioni di euro.

L'aumento delle percentuali è soggetto ad autorizzazione UE.

IRES

33.17.6. Utilizzo

Il credito d'imposta spettante è utilizzabile esclusivamente in compensazione, in **3 quote annuali di pari importo**, a decorrere dal periodo d'imposta successivo a quello di maturazione, subordinatamente all'avvenuto adempimento degli obblighi di certificazione delle spese sostenute.

Le imprese che si avvalgono di tali misure effettuano una **comunicazione** al Ministero dello sviluppo economico che deve acquisire le informazioni necessarie per valutare l'andamento, la diffusione e l'efficacia delle misure agevolative, anche in funzione del perseguimento degli obiettivi generali.

Il credito d'imposta, le cui modalità attuative sono demandate ad un apposito decreto ministeriale:

- **non concorre** alla formazione del reddito né della base imponibile dell'IRAP;
- **non rileva** ai fini del rapporto di deducibilità degli interessi passivi (artt. 61 e 109, c. 5, D.P.R. n. 917/1986);
- è utilizzabile esclusivamente **in compensazione**;
- non è soggetto ai limiti di compensazione di 250.000 euro e 700.000 euro, elevato a un milione di euro per il 2020 e a 2 milioni di euro nel 2021 e 2022 (art. 1, c. 53, Legge n. 244/2007 e art. 34, Legge n. 388/2000).

Ai fini dell'utilizzo in compensazione sono istituiti i seguenti **codici tributo** (ris. 1° marzo 2021, n. 13/E):

- "**6938**" denominato "Credito d'imposta investimenti in ricerca e sviluppo, transizione ecologica, innovazione tecnologica 4.0 e altre attività innovative - art. 1, c. 198 e ss., Legge n. 160/2019";
- "**6939**" denominato "Credito d'imposta investimenti in ricerca e sviluppo - Misura incrementale per gli investimenti nelle Regioni del Mezzogiorno - art. 244, c. 1, D.L. n. 34/2020";
- "**6940**" denominato "Credito d'imposta investimenti in ricerca e sviluppo - Misura incrementale per gli investimenti nelle Regioni del sisma centro Italia - art. 244, c. 1, D.L. n. 34/2020".

33.17.7. Cumulo

Il credito d'imposta è cumulabile con altre agevolazioni che abbiano ad oggetto i medesimi costi, a condizione che tale cumulo, tenuto conto anche della non concorrenza alla formazione del reddito e della base imponibile dell'IRAP di cui sopra, non porti al superamento del costo sostenuto.

33.17.8. Certificazione e documentazione delle attività svolte

Ai fini del riconoscimento del credito d'imposta - l'effettivo sostenimento delle spese ammissibili e la corrispondenza delle stesse alla documentazione contabile predisposta dall'impresa devono risultare da apposita **certificazione** rilasciata dal soggetto incaricato della **revisione legale** dei conti.

Per le imprese non obbligate per legge alla revisione legale dei conti, la certificazione è rilasciata da un revisore legale dei conti o da una società di revisione legale dei conti, iscritti nella sezione A del Registro dei revisori legali e delle società di revisione (art. 8, D.Lgs. n. 39/2010).

Nell'assunzione di tale incarico, il revisore legale dei conti o la società di revisione legale dei conti osservano i principi di indipendenza e, in attesa della loro adozione, quelli previsti dal codice etico dell'International Federation of Accountants (IFAC).

Per le sole **imprese non obbligate** per legge alla **revisione legale** dei conti, le **spese sostenute** per adempiere all'obbligo di **certificazione** della documentazione contabile sono riconosciute in aumento del credito d'imposta per un importo non superiore a **5.000 euro**, fermi restando, comunque, i limiti massimi di fruibilità del credito d'imposta sopra indicati.

> Le imprese beneficiarie della misura sono tenute a redigere e conservare una **relazione tecnica asseverata** che illustri le finalità, i contenuti e i risultati delle attività ammissibili svolte in ciascun periodo d'imposta in relazione ai progetti o ai sotto progetti in corso di realizzazione. La relazione

deve essere predisposta a cura del responsabile aziendale delle attività ammissibili o del responsabile del singolo progetto o sotto progetto e deve essere controfirmata dal rappresentante legale dell'impresa ai sensi del D.Lgs. n. 445/2000.

Per le attività ammissibili commissionate a soggetti terzi, la relazione deve essere redatta e rilasciata all'impresa dal soggetto commissionario che esegue le attività.

Controlli 33.17.9.

Nell'ambito delle ordinarie attività di accertamento, l'Agenzia delle Entrate, sulla base dell'apposita certificazione della documentazione contabile e della relazione tecnica nonché sulla base della ulteriore documentazione fornita dall'impresa, effettua i controlli finalizzati alla **verifica delle condizioni** di spettanza del credito d'imposta e della **corretta applicazione** delle norme.
Nel caso in cui si accerti l'**indebita fruizione** anche parziale del credito d'imposta, l'Agenzia delle Entrate provvede al recupero del relativo importo, maggiorato di interessi e sanzioni secondo legge, fatte salve le eventuali responsabilità di ordine civile, penale e amministrativo a carico dell'impresa beneficiaria.

Estensione con maggiorazione per il 2021 e 2022 33.17.10.

Al fine di incentivare più efficacemente l'avanzamento tecnologico dei processi produttivi e gli investimenti in ricerca e sviluppo delle imprese operanti nelle regioni Abruzzo, Basilicata, Calabria, Campania, Molise, Puglia, Sardegna e Sicilia, il credito d'imposta per gli investimenti in attività di ricerca e sviluppo, **compresi i progetti di ricerca e sviluppo in materia di Covid-19**, direttamente afferenti a strutture produttive ubicate nelle suddette regioni, spetta, per gli anni **2021 e 2022**, alle seguenti categorie di imprese, come definite dalla Raccomandazione n. 2003/361/CE della Commissione, del 6 maggio 2003 (art. 1, c. 185-187, Legge n. 178/2020):

- nella misura del **25%** per le **grandi imprese**, che occupano almeno duecentocinquanta persone e il cui fatturato annuo è almeno pari a 50 milioni di euro oppure il cui totale di bilancio è almeno pari a 43 milioni di euro;
- nella misura del **35%** per le **medie imprese**, che occupano almeno cinquanta persone e realizzano un fatturato annuo di almeno 10 milioni di euro;
- nella misura del **45%** per le **piccole imprese**, che occupano meno di cinquanta persone e realizzano un fatturato annuo o un totale di bilancio annuo non superiori a 10 milioni di euro.

La maggiorazione dell'aliquota del credito d'imposta come sopra descritta si applica nel rispetto dei limiti e delle condizioni previsti dal Reg. UE n. 651/2014 della Commissione, del 17 giugno 2014, che dichiara alcune categorie di aiuti compatibili con il mercato interno in applicazione degli artt. 107 e 108 del Trattato sul funzionamento dell'Unione europea, e, in particolare, dall'art. 25 del Regolamento, in materia di aiuti a progetti di ricerca e sviluppo.

Riversamento per indebita compensazione 33.17.11.

I soggetti che hanno indebitamente utilizzato in compensazione il credito d'imposta per investimenti in attività di ricerca e sviluppo, maturato a decorrere **dal periodo d'imposta successivo a quello in corso al 31 dicembre 2014** e **fino al periodo d'imposta in corso al 31 dicembre 2019**, possono effettuare il riversamento dell'importo del credito indebitamente utilizzato, **senza applicazione di sanzioni e interessi** (art. 5, c. da 7 a 12 e 15, D.L. n. 146/2021).

Soggetti beneficiari

La procedura di riversamento spontaneo è destinata ai soggetti che (nei periodi d'imposta sopra indicati) abbiano svolto, sostenendo le relative spese, **attività in tutto o in parte non qualificabili come attività di ricerca e sviluppo** ammissibili nell'accezione rilevante ai fini del credito d'imposta. La procedura di riversamento spontaneo può essere utilizzata anche dai soggetti che:

- **abbiano commesso errori nella quantificazione o nell'individuazione delle spese ammissibili**, in violazione dei principi di pertinenza e congruità, nonché nella determinazione della media storica di riferimento;
- in relazione al periodo d'imposta successivo a quello in corso al 31 dicembre 2016, **abbiano applicato in maniera non conforme** a quanto dettato dalla diposizione d'interpretazione autentica recata dall'art. 1, c. 72, Legge 30 dicembre 2018, n. 145 con la quale è stato chiarito esplicitamente che ai fini del calcolo del credito d'imposta attribuibile, assumono rilevanza esclusivamente le spese ammissibili relative alle attività di ricerca e sviluppo svolte direttamente e in laboratori o strutture situati nel territorio dello Stato.

IRES

Esclusione dal beneficio

L'accesso alla procedura è in ogni caso escluso nei casi in cui il credito d'imposta utilizzato in compensazione sia il risultato di **condotte fraudolente**, di **fattispecie oggettivamente o soggettivamente simulate**, di **false rappresentazioni della realtà** basate sull'utilizzo di documenti falsi o di fatture che documentano operazioni inesistenti, nonché nelle ipotesi in cui **manchi la documentazione** idonea a dimostrare il sostenimento delle spese ammissibili al credito d'imposta.

> L'accertamento di condotte fraudolente da parte degli uffici delle imposte comporta la decadenza dalla procedura e le somme già versate si considerano acquisite a titolo di acconto sugli importi dovuti.

La procedura non può essere altresì utilizzata per il riversamento dei crediti il cui indebito utilizzo in compensazione sia già stato accertato con un **atto di recupero crediti**, ovvero con altri provvedimenti impositivi, divenuti definitivi al 22 ottobre 2021 (data di entrata in vigore del Decreto).
Nel caso in cui l'indebito utilizzo del credito d'imposta sia già stato constatato con un atto istruttorio, ovvero accertato con un atto di recupero crediti, ovvero con un provvedimento impositivo, non ancora divenuti definitivi al 22 ottobre 2021, il versamento deve obbligatoriamente riguardare l'intero importo del credito oggetto di recupero, accertamento o constatazione, senza possibilità di applicare la rateazione.

Modalità di richiesta e versamento

Per avvalersi della procedura di riversamento spontaneo del credito d'imposta sarà necessario inviare apposita richiesta all'Agenzia delle Entrate **entro il 30 settembre 2022**, nella quale vanno indicati il periodo o i periodi d'imposta di maturazione del credito d'imposta per cui è presentata la richiesta, gli importi del credito oggetto di riversamento spontaneo e tutti gli altri dati ed elementi richiesti in relazione alle attività e alle spese ammissibili.
Il contenuto e le modalità di trasmissione del modello di comunicazione per la richiesta di applicazione della procedura devono essere definite con provvedimento del direttore dell'Agenzia delle Entrate da emanare entro il 31 maggio 2022.

Versamento - L'importo del credito indebitamente utilizzato in compensazione, indicato nella comunicazione inviata all'Agenzia delle Entrate, **può essere versato** in un'unica soluzione, **entro il 16 dicembre 2022**, **ovvero** in **tre rate** di pari importo, di cui la prima da corrispondere entro il **16 dicembre 2022** e le successive (per le quali sono dovuti, a decorrere dal 17 dicembre 2022, gli interessi calcolati al tasso legale) entro **il 16 dicembre 2023** e **il 16 dicembre 2024**). Il versamento degli importi dovuti è effettuato senza avvalersi della compensazione.

33.18. INVESTIMENTI IN BENI STRUMENTALI

In luogo di prorogare al 2020 il c.d. superammortamento (➡**24.7.**) e iper-ammortamento (➡**24.8.**) in favore delle imprese e di disciplinare un credito d'imposta per la realizzazione di progetti ambientali, la Legge di bilancio 2020 ha introdotto un credito d'imposta per le spese sostenute a titolo di investimento in beni strumentali nuovi (art. 1, c. 184-197, Legge n. 160/2019), che si inquadra nel progetto di revisione complessiva delle misure fiscali di sostegno del "**Piano industria 4.0**".
Successivamente, l'agevolazione è stata riproposta, seppur con regole diverse, ad opera della Legge di bilancio 2021 (art. 1, c. 1051-1063 e 1065, Legge n. 178/2020) (➡**33.21.**).

33.19. CRISI COVID-19

Per contenere gli effetti negativi derivanti dalle misure di prevenzione e contenimento connesse all'emergenza epidemiologica da Covid-19, sono state previste alcune **agevolazioni a sostegno delle imprese** e dei lavoratori autonomi.

33.19.1. Bonus per le spese di sanificazione degli ambienti di lavoro

Al fine di favorire l'adozione di misure dirette a contenere e contrastare la diffusione del **Covid-19**, ai soggetti esercenti attività d'impresa, arti e professioni, agli enti non commerciali, compresi gli Enti del Terzo Settore e gli enti religiosi civilmente riconosciuti, nonché alle strutture ricettive extra-alberghiere a carattere non imprenditoriale a condizione che siano in possesso del **codice identificativo**, spetta un credito d'imposta in misura pari al **30%** delle spese sostenute nei mesi di **giugno, luglio ed agosto 2021** per la sanificazione degli ambienti e degli strumenti utilizzati e per l'acquisto di dispositivi di protezione individuale e di altri dispositivi atti a garantire la salute dei lavoratori e degli utenti, comprese le spese per la somministrazione di tamponi per Covid-19 (art. 32, D.L. n. 73/2021; Provv. 15 luglio

2021; circ. 2 novembre 2021, n. 13/E). Il credito d'imposta spetta fino ad un massimo di **60.000 euro** per ciascun beneficiario, nel limite complessivo di 200 milioni di euro per l'anno 2021.
Sono ammissibili al credito d'imposta le **spese sostenute** per:

a. la **sanificazione** degli ambienti nei quali è esercitata l'attività lavorativa e istituzionale e degli strumenti utilizzati nell'ambito di tali attività;
b. la **somministrazione di tamponi** a coloro che prestano la propria opera nell'ambito delle attività lavorative e istituzionali esercitate dai soggetti di cui sopra; tra queste spese sono comprese tutte le spese connesse, propedeutiche e necessarie alla somministrazione stessa (ad esempio, l'acquisto dei tamponi, le spese del personale sanitario, eccetera), purché sostenute a favore di coloro che prestano attività lavorativa presso i soggetti beneficiari (circ. 2 novembre 2021, n. 13/E);
c. l'acquisto di **dispositivi di protezione individuale,** quali mascherine, guanti, visiere e occhiali protettivi, tute di protezione e calzari, che siano conformi ai requisiti essenziali di sicurezza previsti dalla normativa europea;
d. l'acquisto di **prodotti detergenti** e disinfettanti;
e. l'acquisto di **dispositivi di sicurezza** diversi da quelli di cui alla lettera c), quali termometri, termoscanner, tappeti e vaschette decontaminanti e igienizzanti, che siano conformi ai requisiti essenziali di sicurezza previsti dalla normativa europea, ivi incluse le eventuali spese di installazione;
f. l'acquisto di **dispositivi atti a garantire la distanza di sicurezza** interpersonale, quali barriere e pannelli protettivi, ivi incluse le eventuali spese di installazione.

Ai fini del rispetto del limite di spesa, l'ammontare massimo del credito d'imposta fruibile è pari al credito d'imposta richiesto moltiplicato per la percentuale resa nota con apposito Provvedimento del Direttore dell'Agenzia delle Entrate.
La percentuale è stata determinata in misura pari al **100%** (Provv. 10 novembre 2021).
L'ammontare massimo del credito d'imposta fruibile è pertanto pari al credito d'imposta risultante dall'ultima comunicazione validamente presentata, in assenza di rinuncia.
Ciascun beneficiario può visualizzare il credito d'imposta fruibile tramite il proprio cassetto fiscale accessibile dall'area riservata del sito internet dell'Agenzia delle Entrate.
Il credito d'imposta:

- è utilizzabile nella dichiarazione dei redditi relativa al periodo d'imposta di sostenimento della spesa ovvero in compensazione con il codice tributo 6951 (ris. 11 novembre 2021, n. 64/E);
- non è soggetto ai limiti di compensazione di 250.000 euro e 700.000 euro elevato a un milione di euro per il 2020 e a 2 milioni di euro nel 2021 e 2022 (art. 1, c. 53, Legge n. 244/2007 e art. 34, Legge n. 388/2000);
- non concorre alla formazione del reddito ai fini delle imposte sui redditi e del valore della produzione ai fini IRAP e non rileva ai fini del rapporto di cui agli artt. 61 e 109, c. 5, del D.P.R. n. 917/1986.

Il credito d'imposta andava richiesta con l'invio da effettuare nel periodo compreso tra il 4 ottobre e il 4 novembre 2021,, diretto o mediante intermediario abilitato, di una apposita comunicazione utilizzando la modulistica allegata al Provvedimento 15 luglio 2021, predisposta in modalità elettronica esclusivamente mediante un servizio web disponibile nell'area riservata del sito internet dell'Agenzia delle Entrate o i canali telematici dell'Agenzia delle Entrate.

Bonus affitti commerciali locali C/1 33.19.2.

Ai soggetti **esercenti attività d'impresa** è stato riconosciuto, per l'anno 2020, un **credito d'imposta** nella misura del **60%** dell'ammontare del **canone di locazione**, relativo al mese di **marzo 2020**, di immobili rientranti nella **categoria** catastale **C/1** (art. 65, D.L. n. 18/2020). Non era possibile fruirne per altre categorie catastali (circ. 3 aprile 2020, n. 8/E).

Bonus locazioni e leasing immobili non ad uso abitativo 33.19.3.

Al fine di contenere gli effetti negativi derivanti dalle misure di prevenzione e contenimento connesse all'emergenza epidemiologica da Covid-19, ai **soggetti esercenti attività d'impresa, arte o professione**, con **ricavi** o compensi **non superiori a 5 milioni di euro** nel periodo d'imposta precedente a quello in corso alla data di entrata in vigore del D.L. n. 34/2020 (2019 per i "solari"), è stato concesso un **credito d'imposta** nella misura del **60%** dell'ammontare mensile del **canone di locazione**, di leasing (solo operativo - circ. 6 giugno 2020, n. 14/E) o di concessione di immobili ad uso non abitativo destinati allo svolgimento dell'attività industriale, commerciale, artigianale, agricola, di interesse turistico o all'esercizio abituale e professionale dell'attività di lavoro autonomo (art. 28, D.L. n. 34/2020).
In caso di **contratti di servizi a prestazioni complesse** o di affitto d'azienda, comprensivi di almeno un immobile a uso non abitativo destinato allo svolgimento dell'attività industriale, commerciale, arti-

IRES

gianale, agricola, di interesse turistico o all'esercizio abituale e professionale dell'attività di lavoro autonomo, il bonus è spettato nella misura del **30%** dei relativi canoni.
Alle imprese esercenti attività di **commercio al dettaglio**, con **ricavi** o compensi **superiori a 5 milioni** di euro nel periodo d'imposta precedente a quello in corso alla data di entrata in vigore del D.L. n. 34/2020, il credito d'imposta spettava rispettivamente, nelle misure del **20%** in caso di locazione, leasing o concessione in uso e del **10%** in caso di contratti di servizi a prestazioni complesse o affitto d'azienda.

Estensione ai mesi di gennaio-maggio 2021 - Il credito di imposta, nelle misure sopra indicate, è stato esteso anche ai soggetti esercenti attività d'impresa, arte o professione, con ricavi o compensi non superiori a **15 milioni di euro** nel secondo periodo d'imposta antecedente a quello di entrata in vigore del D.L. n. 73/2021 (quindi, per i soggetti con periodo d'imposta coincidente con l'anno solare, nel 2019), nonché agli enti non commerciali, compresi gli enti del terzo settore e gli enti religiosi civilmente riconosciuti, il credito d'imposta del Decreto Rilancio (art. 28, c. 1, 2 e 4, D.L. n. 34/2020), in relazione ai canoni versati con riferimento a ciascuno dei mesi da gennaio 2021 a maggio 2021 (art. 4, D.L. n. 73/2021).
Ai soggetti locatari esercenti attività economica, il credito d'imposta spetta a condizione che l'ammontare medio mensile del fatturato e dei corrispettivi del periodo compreso tra il 1° aprile 2020 e il 31 marzo 2021 sia inferiore almeno del **30%** rispetto all'ammontare medio mensile del fatturato e dei corrispettivi del periodo compreso tra il 1° aprile 2019 e il 31 marzo 2020.
Il credito d'imposta spetta anche in assenza dei requisiti di cui al periodo precedente ai soggetti che hanno iniziato l'attività a partire dal 1° gennaio 2019.
Le norme si applicano nel rispetto dei limiti e delle condizioni previsti dalla Comunicazione della Commissione europea del 19 marzo 2020 C(2020) 1863 final "Quadro temporaneo per le misure di aiuto di Stato a sostegno dell'economia nell'attuale emergenza del Covid-19", e successive modifiche.

IRES

Estensione ai mesi di gennaio-marzo 2022 - Il credito d'imposta spetta alle **imprese del settore turistico**, con le modalità e alle condizioni sopra indicate in quanto compatibili, in relazione ai canoni versati con riferimento a ciascuno dei mesi di gennaio, febbraio e marzo 2022.
Premesso che il bonus è subordinato al rispetto dei limiti di Aiuto UE ed è soggetto ad approvazione da parte della Commissione UE, spetta a condizione che i soggetti beneficiari abbiano subito una **diminuzione del fatturato** o dei corrispettivi nel mese di riferimento dell'anno 2022 di almeno il **50%** rispetto allo stesso mese dell'anno 2019 (art. 5, D.L. n. 4/2022).

33.19.4. Bonus per l'adeguamento degli ambienti di lavoro

Ai soggetti esercenti attività d'impresa, arte o professione in luoghi aperti al pubblico indicati nella tabella che segue, nonché alle associazioni, alle fondazioni e agli altri enti privati, compresi gli Enti del Terzo del Settore è stato previsto un credito d'imposta pari al **60% delle spese sostenute**, nel 2020 e per un **massimo di 80.000 euro**, per gli interventi necessari a far rispettare le prescrizioni sanitarie e le misure di contenimento contro la diffusione del virus Covid-19 (art. 120, D.L. n. 34/2020, Provv. 10 luglio 2020).

Codice ATECO	Descrizione attività
551000	Alberghi
552010	Villaggi turistici
552020	Ostelli della gioventù
552030	Rifugi di montagna
552040	Colonie marine e montane
552051	Affittacamere per brevi soggiorni, case e appartamenti per vacanze, bed and breakfast, residence
552052	Attività di alloggio connesse alle aziende agricole
553000	Aree di campeggio e aree attrezzate per camper e roulotte
559010	Gestione di vagoni letto
559020	Alloggi per studenti e lavoratori con servizi accessori di tipo alberghiero
561011	Ristorazione con somministrazione
561012	Attività di ristorazione connesse alle aziende agricole

Codice ATECO	Descrizione attività
561020	Ristorazione senza somministrazione con preparazione di cibi da asporto
561030	Gelaterie e pasticcerie
561041	Gelaterie e pasticcerie ambulanti
561042	Ristorazione ambulante
561050	Ristorazione su treni e navi
562100	Catering per eventi, banqueting
562910	Mense
562920	Catering continuativo su base contrattuale
563000	Bar e altri esercizi simili senza cucina
591400	Attività di proiezione cinematografica
791100	Attività delle agenzie di viaggio
791200	Attività dei tour operator
799011	Servizi di biglietteria per eventi teatrali, sportivi ed altri eventi ricreativi e d'intrattenimento
799019	Altri servizi di prenotazione e altre attività di assistenza turistica non svolte dalle agenzie di viaggio nca
799020	Attività delle guide e degli accompagnatori turistici
823000	Organizzazione di convegni e fiere
900101	Attività nel campo della recitazione
900109	Altre rappresentazioni artistiche
900201	Noleggio con operatore di strutture ed attrezzature per manifestazioni e spettacoli
900202	Attività nel campo della regia
900209	Altre attività di supporto alle rappresentazioni artistiche
900400	Gestione di teatri, sale da concerto e altre strutture artistiche
910100	Attività di biblioteche ed archivi
910200	Attività di musei
910300	Gestione di luoghi e monumenti storici e attrazioni simili
910400	Attività degli orti botanici, dei giardini zoologici e delle riserve naturali
932100	Parchi di divertimento e parchi tematici
932920	Gestione di stabilimenti balneari: marittimi, lacuali e fluviali
960420	Stabilimenti termali

Sempre che rientrino in una delle attività sopra elencate, possono fruire del bonus:
- imprenditori individuali e società in nome collettivo e in accomandita semplice che producono reddito d'impresa indipendentemente dal regime contabile adottato;
- enti e società di capitali (art. 73, c. 1, lett. a) e b), D.P.R. n. 917/1986);
- stabili organizzazioni di soggetti non residenti (art. 73, c. 1, lett. d), D.P.R. n. 917/1986);
- persone fisiche e associazioni (art. 5, c. 3, lett. c) D.P.R. n. 917/1986) che esercitano arti e professioni, producendo reddito di lavoro autonomo;
- enti non commerciali, compresi gli Enti del Terzo Settore;
- enti religiosi civilmente riconosciuti;
- soggetti in regime forfetario (➡14.11.9.) (art. 1, c. 54 e ss., Legge n. 190/2014);
- soggetti in regime di vantaggio (art. 27, c. 1 e 2, D.L. n. 98/2011);
- imprenditori e imprese agricole, sia quelle che determinano per regime naturale il reddito su base catastale, sia quelle che producono reddito d'impresa.

Non sono **ammessi** al credito d'imposta coloro che esercitano **attività commerciali** non esercitate abitualmente **o** attività di lavoro autonomo **non esercitate abitualmente**, producendo conseguentemente redditi diversi (➡15.4.6.) (➡15.4.7.) (circ. 10 luglio 2020, n. 20/E).

Negli **interventi** agevolabili sono **compresi** quelli:
- **edilizi** necessari per il rifacimento di spogliatoi e mense e per la realizzazione di spazi medici, ingressi e spazi comuni;
- per l'acquisto di **arredi di sicurezza**;
- per gli **investimenti in attività innovative**, ivi compresi quelli necessari ad investimenti di carattere innovativo quali lo sviluppo o l'acquisto di strumenti e tecnologie necessarie allo svolgimento dell'attività lavorativa e per l'acquisto di apparecchiature per il controllo della temperatura dei dipendenti e degli utenti.

Possono rientrare nell'agevolazione le spese edilizie sostenute per il **ripristino della pavimentazione** degli ambienti nei quali risulta danneggiata la pavimentazione a seguito della rimodulazione degli stessi (risposta a interpello 16 settembre 2020, n. 362).
Sono, invece, **esclusi**:
- gli interventi finalizzati a estendere gli **spazi a disposizione della clientela**, in modo da recuperare la riduzione del numero di posti per i clienti causata dal rispetto delle prescrizioni relative al distanziamento interpersonale (risposta a interpello 19 novembre 2020, n. 545);
- le spese per l'acquisto e l'installazione di un ulteriore **ascensore** (ris. 16 settembre 2020, n. 361);

È necessario che le tipologie di interventi agevolabili siano stati prescritti da disposizioni normative o previsti dalle linee guida per le riaperture delle attività elaborate da amministrazioni centrali, enti territoriali e locali, associazioni di categoria e ordini professionali (circ. 10 luglio 2020, n. 20/E).

Il credito d'imposta è **cumulabile** con altre agevolazioni per le medesime spese, comunque nel limite dei costi sostenuti ed è utilizzabile dal 1° gennaio al 30 giugno 2021 esclusivamente in compensazione con il **codice tributo 6918** (ris. 11 gennaio 2021, n. 2/E). Da segnalare che tale codice tributo è stato **soppresso dal 1° luglio 2021** non essendo più utilizzabile da quella data (ris. 22 giugno 2021, n. 43/E).
Ad esso non si applicano i limiti all'utilizzo in compensazione di 700.000 euro elevati a un milione di euro per il 2020 e a 2 milioni di euro nel 2021 e 2022 (art. 22, D.L. n. 73/2021, art. 147, D.L. n. 34/2020, Legge n. 388/2000) e quello annuale di 250.000 euro (Legge n. 244/2007).

33.19.5. Opzione per la cessione dei crediti d'imposta per misure anti Covid-19

È stato possibile, **fino al 31 dicembre 2021**, per i soggetti beneficiari dei crediti d'imposta istituiti per far fronte alle conseguenze economiche dell'emergenza sanitaria da Covid-19, optare per la cessione, anche parziale, dei crediti ad altri soggetti, inclusi istituti di credito e altri intermediari finanziari, senza facoltà di successiva cessione.

I crediti che alla data del 7 febbraio 2022 sono stati precedentemente oggetto di cessione possono costituire oggetto esclusivamente di un'ulteriore cessione ad altri soggetti, compresi gli istituti di credito e gli altri intermediari finanziari. In caso di violazione di tale disposizione i contratti di cessione sono nulli (art. 28, c. 2 e 3, D.L. n. 4/2022).

Tale **opzione ha riguardato** i seguenti crediti d'imposta:
a. credito d'imposta per botteghe e negozi (➡33.19.2.) (art. 65, D.L. n. 18/2020);
b. credito d'imposta **per i canoni di locazione** degli immobili a uso non abitativo e affitto d'azienda (➡33.19.3.) (art. 28, D.L. n. 34/2020);
c. credito d'imposta per l'**adeguamento degli ambienti di lavoro** (➡33.19.4.) (art. 120, D.L. n. 34/2020);
d. credito d'imposta **per sanificazione** degli **ambienti di lavoro** e l'acquisto di dispositivi di protezione (➡33.19.1.) (art. 125, D.L. n. 34/2020).

Per il credito d'imposta per l'adeguamento degli ambienti di lavoro di cui alla lettera c), la cessione è stata possibile fino al 30 giugno 2021 (art. 1, c. 1099, Legge n. 178/2020).

Per il credito d'imposta per botteghe e negozi (➡33.19.2.) anche il cessionario ha potuto utilizzare esclusivamente il credito in compensazione entro il 31 dicembre 2021. Né il diretto beneficiario né il cessionario possono, però, chiedere il credito a rimborso (risposta a interpello 15 dicembre 2020, n. 594).

Le modalità operative per effettuare la cessione sono state definite dall'Agenzia delle Entrate:
- per i crediti d'imposta sugli affitti e canoni di locazione, con Provv. 1° luglio 2020;
- per le spese di sanificazione e acquisto dei dispositivi di protezione individuale, e per le spese di adeguamento degli ambienti di lavoro, con Provv. 10 luglio 2020.

I cessionari utilizzano il credito ceduto anche in compensazione, con le stesse modalità con le quali sarebbe stato utilizzato dal soggetto cedente.

A tale proposito sono stati individuati i seguenti **codici tributo**:
- **"6930"** denominato "Botteghe e negozi - Utilizzo in compensazione del credito da parte del cessionario - art. 122 del D.L. n. 34 del 2020" (ris. 13 luglio 2020, n. 39/E);
- **"6931"** denominato "Canoni di locazione immobili non abitativi e affitto di azienda - utilizzo in compensazione del credito da parte del cessionario - art. 122 del D.L. n. 34 del 2020" (ris. 13 luglio 2020, n. 39/E);
- **"6918"** denominato "Credito d'imposta per l'adeguamento degli ambienti di lavoro - art. 120 del D.L. 19 maggio 2020, n. 34" (ris. 11 gennaio 2021, n. 2/E)

La quota di credito non utilizzata nell'anno non può essere utilizzata negli anni successivi e non può essere richiesta a rimborso.

Ad esso non si applicano i limiti all'utilizzo in compensazione di 700.000 euro elevati a un milione di euro per il 2020 e a 2 milioni di euro nel 2021 e 2022 (art. 22, D.L. n. 73/2021, art. 147, D.L. n. 34/2020, Legge n. 388/2000) e quello annuale di 250.000 euro (Legge n. 244/2007).

La cessione del credito non pregiudica i poteri delle competenti Amministrazioni relativi al controllo della spettanza del credito d'imposta e all'accertamento e all'irrogazione delle sanzioni nei confronti dei soggetti beneficiari.

I soggetti cessionari rispondono solo per l'eventuale utilizzo del credito d'imposta in modo irregolare o in misura maggiore rispetto al credito ricevuto.

Comunicazione per i crediti d'imposta su affitti (art. 65, D.L. n. 18/2020) e locazioni immobili non abitativi (art. 28, D.L. n. 34/2020) - La comunicazione dell'avvenuta cessione dei crediti d'imposta andava effettuata dal 13 luglio 2020 al 31 dicembre 2021, direttamente dai soggetti cedenti che hanno maturato i crediti stessi, utilizzando esclusivamente le funzionalità rese disponibili nell'area riservata del sito internet dell'Agenzia delle Entrate, a pena d'inammissibilità (Provv. 1° luglio 2020, che ha approvato anche il modello e le istruzioni, successivamente sostituito prima dal Provv. 14 dicembre 2020 e dal Provv. 12 febbraio 2021).

Comunicazione per i crediti d'imposta su adeguamento ambienti di lavoro (art. 120, D.L. n. 34/2020) e sanificazione e acquisti DPI (art. 125, D.L. n. 34/2020) - I soggetti aventi i requisiti previsti dalla legge per accedere ai crediti d'imposta dovevano comunicare all'Agenzia delle Entrate l'ammontare delle spese ammissibili sostenute fino al mese precedente alla data di sottoscrizione della comunicazione e l'importo che prevedono di sostenere successivamente, fino al 31 dicembre 2020 (Provv. 10 luglio 2020).

Le **tempistiche** per inviare la comunicazione sono state:
- credito d'imposta per l'**adeguamento degli ambienti di lavoro** (art. 120, D.L. n. 34/2020): la comunicazione andava inviata dal 20 luglio 2020 **al 30 novembre 2021**. Nel caso in cui sia stata inviata dopo il 31 dicembre 2020, dovevano essere indicate esclusivamente le spese ammissibili sostenute nel 2020. Invece, la comunicazione della cessione del credito poteva avvenire a decorrere dal 1° ottobre 2020, ovvero, se la comunicazione era stata inviata successivamente al 30 settembre 2020, a decorrere dal giorno lavorativo successivo alla corretta ricezione della comunicazione stessa;
- credito d'imposta per la **sanificazione e** l'**acquisto dei dispositivi di protezione** (art. 125, D.L. n. 34/2020): la comunicazione poteva essere inviata dal 20 luglio **al 7 settembre 2020**. Inoltre, fino al 31 dicembre 2021 i soggetti aventi diritto al credito d'imposta potevano optare per la cessione, anche parziale, del credito stesso ad altri soggetti, ivi inclusi istituti di credito e altri intermediari finanziari.

Bonus patrimonializzazione imprese 33.19.6.

Per supportare il rafforzamento patrimoniale delle società di capitali di medie dimensioni che non operano nei settori bancario, finanziario e assicurativo è stato previsto un credito d'imposta a favore degli investitori, persone fisiche e giuridiche, che abbiano effettuato **aumenti di capitale** pari al **20% del conferimento** calcolato sulla **misura massima di 2.000.000 euro** (art. 26, D.L. n. 34/2020; Provv. Agenzia delle Entrate 11 marzo 2021).

IRES

Le società, per accedere al beneficio, dovevano soddisfare le seguenti **condizioni**:

- avere **ricavi** relativi al periodo d'imposta **2019**, superiori a 5 milioni di euro, ovvero 10 milioni di euro in caso di intervento del costituendo "Fondo patrimonio PMI" e fino a 50 milioni di euro;
- aver subito, a causa dell'emergenza epidemiologica da Covid-19, nel secondo bimestre 2020, una **riduzione** complessiva dell'ammontare dei **ricavi** rispetto allo stesso periodo dell'anno precedente in misura non inferiore al **33%**;
- aver **deliberato** ed eseguito, dopo il 19 maggio 2020 ed entro il 30 giugno 2021, un **aumento di capitale** a pagamento e integralmente versato (250.000 euro nel caso del Fondo patrimonio di cui alla lettera a).
- non essere sottoposta o ammessa a procedura concorsuale ovvero non essere stata presentata o depositata, nei confronti di essa o da essa stessa, istanza volta a far dichiarare lo stato di insolvenza o l'avvio di una procedura fallimentare o altra procedura concorsuale e, comunque, alla data del 31 dicembre 2019 non rientrare nella categoria delle **imprese in difficoltà** (Reg. UE del 17 giugno 2014, n. 651/2014, Reg. UE del 25 giugno 2014, n. 702/2014 e Reg. UE del 16 dicembre 2014, n. 1388/2014);
- trovarsi in situazione di **regolarità contributiva e fiscale**;
- trovarsi **in regola** con le disposizioni vigenti in materia di **normativa edilizia e urbanistica**, del **lavoro**, della **prevenzione** degli infortuni e della salvaguardia dell'ambiente;
- **non rientrare** tra le società che hanno ricevuto e non rimborsato **aiuti di Stato illegali o incompatibili**;
- non trovarsi nelle condizioni ostative previste dal codice delle **leggi antimafia** (art. 67, D.Lgs. n. 159/2011);
- **non essere intervenuta condanna** definitiva, negli ultimi 5 anni, nei confronti degli **amministratori**, dei soci e del titolare effettivo per reati commessi in violazione delle norme per la repressione dell'evasione in materia fiscale;
- solo nel caso di accesso al **Fondo patrimonio**, avere un numero di occupati inferiore a 250 persone.

Inoltre, alle imprese che soddisfano le condizioni di cui sopra è stato riconosciuto un **credito d'imposta** pari al **50% delle perdite** d'esercizio riferite all'esercizio 2020 eccedenti il 10% del patrimonio netto, al lordo delle stesse perdite fino a concorrenza del 30% dell'aumento di capitale (art. 26, c. 8, D.L. n. 34/2020).

La percentuale è aumentata **dal 30 al 50%** per gli aumenti di capitale deliberati ed eseguiti nel **primo semestre del 2021**.

È stato previsto che la distribuzione di riserve prima del 1° gennaio 2024 ovvero del 1° gennaio 2025 nel caso in cui l'aumento di capitale sia deliberato ed eseguito nel primo semestre dell'esercizio 2021 da parte della società comporta la decadenza dal beneficio e l'obbligo di restituire l'importo, unitamente agli interessi.

Il credito d'imposta poteva essere utilizzato esclusivamente **in compensazione**, mediante il **codice tributo 6942** (ris. 13 maggio 2021, n. 33/E), a partire dal decimo giorno successivo a quello di effettuazione dell'investimento, successivamente all'approvazione del bilancio per l'esercizio 2020 ed entro la data del **30 novembre 2021**.

33.19.7. Tax credit vacanze

È stato previsto un credito, utilizzabile **una sola volta** dal 1° luglio 2020 **al 31 dicembre 2021**, relativo ai **periodi d'imposta 2020 e 2021**, in favore dei nuclei familiari con un reddito **ISEE non superiore a 40.000 euro,** per il pagamento dei servizi offerti in ambito nazionale dalle imprese turistico ricettive, dalle agenzie di viaggi e tour operator, agriturismo e bed&breakfast in possesso dei titoli prescritti dalla normativa nazionale e regionale (art. 176, D.L. n. 34/2020; Provv. 17 giugno 2020).

Il credito, utilizzabile da un solo componente per ciascun nucleo familiare, è stato pari a **500 euro per ogni nucleo familiare**, a **300 euro** per i nuclei familiari composti da **2 persone** e a **150 euro** per quelli composti da **una sola persona**.

Occorre rispettare i seguenti **requisiti**:

- le **spese** devono essere state **sostenute in un'unica soluzione** per i servizi resi da una singola struttura e documentate da fattura o documento commerciale o scontrino/ricevuta fiscale, con l'indicazione del codice fiscale del componente del nucleo familiare che intende fruire del bonus;
- il pagamento deve essere avvenuto senza l'ausilio, l'intervento o l'intermediazione di soggetti che gestiscono piattaforme o portali telematici, diversi da agenzie di viaggio e tour operator; pertanto, sono stati **esclusi** i pacchetti vacanza o le **prenotazioni pagate** per il **tramite** dei **siti internet** che permettono di prenotare alberghi e vacanze.

Il pagamento del servizio deve essere stato corrisposto senza l'ausilio, l'intervento o l'intermediazione di soggetti che gestiscono piattaforme o portali telematici diversi da agenzie di viaggio e tour operator. Il credito, comunque, poteva essere utilizzato anche per l'acquisto di pacchetti turistici.
Il credito è fruibile esclusivamente nella misura dell'**80%**, sotto forma di **sconto sul corrispettivo** dovuto mentre, il restante **20%** è riconosciuto in forma di **detrazione d' imposta** in sede di dichiarazione dei redditi da parte dell'avente diritto.
Lo sconto è rimborsato al fornitore dei servizi sotto forma di credito d'imposta da utilizzare esclusivamente in compensazione, con facoltà di successive cessioni a terzi, anche diversi dai propri fornitori di beni e servizi, nonché ad istituti di credito o intermediari finanziari). Il credito d'imposta non può eccedere il corrispettivo dovuto per la fornitura del servizio turistico alberghiero.

Esempio
Se un nucleo di 3 persone, per un soggiorno di 2 notti, sostiene un costo di 400 euro, il credito a cui ha diritto è pari alla spesa sostenuta (400 euro, di cui 320 euro da utilizzare come sconto presso il fornitore e 80 euro da portare in detrazione nella dichiarazione dei redditi) e non al credito massimo spettante (500 euro).
Se, invece, per lo stesso soggiorno, il nucleo sostiene un costo di 600 euro, il credito a cui ha diritto è pari a 500 euro(da utilizzare per 400 euro sotto forma di sconto presso il fornitore e per 100 euro in detrazione nella dichiarazione dei redditi) (circ. 3 luglio 2020, n. 18/E).

IRES

Crediti d'imposta per l'editoria 33.19.8.

Per l'anno 2020, alle imprese editrici di quotidiani e di periodici iscritte al registro degli operatori di comunicazione è riconosciuto un credito d'imposta pari all'8% della spesa sostenuta nell'anno 2019 per l'acquisto della carta utilizzata per la stampa delle testate edite, entro il limite di 24 milioni di euro per l'anno 2020, che costituisce tetto di spesa (art. 188, D.L. n. 34/2020).
Il credito d'imposta è anche fruibile nella misura del 30% delle spese sostenute, rispettivamente **negli anni 2021 e 2022**, entro il limite di 60 milioni di euro per ciascuno degli anni 2022 e 2023 (art. 1, c. 378 legge n. 234/2021).
Il credito d'imposta non è cumulabile con il contributo diretto alle imprese editrici di quotidiani e periodici (art. 2, c. 1 e 2, Legge n. 198/2016, D.Lgs. n. 70/2017).
Inoltre, per gli anni 2020, 2021 e 2022, alle imprese editrici di quotidiani e di periodici iscritte al registro degli operatori di comunicazione, che occupano almeno un dipendente a tempo indeterminato, è riconosciuto un credito d'imposta pari al **30%** della spesa effettiva sostenuta nell'anno 2019 per l'**acquisizione dei servizi di server**, **hosting** e manutenzione evolutiva per le testate edite in formato digitale, e per information technology di gestione della connettività (art. 190, D.L. n. 34/2020; D.P.C.M. 4 agosto 2020).
Tale credito d'imposta è **alternativo e non cumulabile**, in relazione a medesime voci di spesa, con ogni altra agevolazione prevista da normativa statale, regionale o europea, salvo che successive disposizioni di pari fonte normativa non prevedano espressamente la cumulabilità delle agevolazioni stesse, nonché con i contributi diretti (D.Lgs. n. 70/2017).
L'elenco delle imprese beneficiarie è stato definito con il D.P.C.M. 22 dicembre 2020.
Dal punto di vista operativo, è previsto che:
- nell'ambito del portale informatico impresainungiorno.gov.it, è stata predisposta la procedura informatica per la presentazione delle domande di accesso al credito d'imposta;
- il credito d'imposta può essere fruito, mediante compensazione presentando il Mod. F24 esclusivamente attraverso i servizi telematici messi a disposizione dall'Agenzia delle Entrate;
- il codice tributo da utilizzare per la compensazione è il **6919** (ris. 23 dicembre 2020, n. 81/E);
- il Mod. F24 può essere presentato a decorrere dal quinto giorno lavorativo successivo alla pubblicazione del Decreto Presidenza del Consiglio dei Ministri 22 dicembre 2020;
- se il credito è superiore ad **euro 150.000**, il credito d'imposta può essere fruito a decorrere dal quinto giorno lavorativo successivo alla comunicazione individuale di abilitazione trasmessa a cura del Dipartimento per l'informazione e l'editoria.

Credito d'imposta previsto dal "Decreto Sostegni bis" - A titolo di sostegno economico per gli oneri straordinari sostenuti durante l'emergenza sanitaria connessa alla diffusione del Covid-19, alle **imprese editrici** di quotidiani e periodici **che stipulano**, anche attraverso le associazioni rappresentative, **accordi** di filiera orientati a garantire la sostenibilità e la capillarità della **diffusione** della stampa in particolare nei **piccoli comuni** e nei comuni con un solo punto vendita di giornali, è riconosciuto un credito d'imposta **fino al 30%** della spesa sostenuta nell'anno 2020 **per** la

distribuzione delle testate edite, ivi inclusa la spesa per il trasporto dai poli di stampa ai punti vendita (art. 67, D.L. n. 73/2021).

Il credito d'imposta è concesso entro il limite di 60 milioni di euro per l'anno 2021, che costituisce tetto di spesa, previa istanza diretta al Dipartimento per l'informazione e l'editoria della Presidenza del Consiglio dei Ministri. Nel caso di insufficienza delle risorse disponibili rispetto alle richieste ammesse, si procede alla ripartizione delle stesse tra i beneficiari in misura proporzionale al credito d'imposta astrattamente spettante calcolato.

L'efficacia della disposizione di cui si discute è subordinata, ai sensi dell'art. 108, paragrafo 3, del Trattato sul funzionamento dell'Unione europea, all'autorizzazione della Commissione europea.

Ai fini del credito d'imposta si considerano ammissibili le spese di distribuzione e trasporto sostenute, al netto della percentuale di sconto per la rete di vendita del prezzo di copertina.

L'effettuazione di tali spese deve risultare da **apposita attestazione** rilasciata dai soggetti legittimati a rilasciare il visto di conformità dei dati esposti nelle dichiarazioni fiscali, ovvero dai soggetti che esercitano la revisione legale dei conti.

Il credito d'imposta:

- non è cumulabile con il contributo diretto alle imprese editrici di quotidiani e periodici (art. 2, c. 1 e 2, della Legge n. 198/2016, e al D.Lgs. n. 70/2017);
- è utilizzabile esclusivamente in compensazione. Ai fini dell'utilizzo del credito di imposta, il Mod. F24 deve essere presentato a pena di scarto esclusivamente tramite i servizi telematici dell'Agenzia delle Entrate. Il medesimo Mod. F24 è altresì scartato qualora l'ammontare del credito d'imposta utilizzato in compensazione risulti eccedente l'importo spettante;
- è revocato nel caso in cui la documentazione presentata contenga elementi non veritieri o risultino false le dichiarazioni rese. La revoca parziale del credito d'imposta è disposta solo nel caso in cui dagli accertamenti effettuati siano rilevati elementi che condizionano esclusivamente la misura del beneficio concesso.

33.19.9. Credito d'imposta per la promozione del sistema delle società benefit

Per sostenere il rafforzamento, nell'intero territorio nazionale, del sistema delle società benefit (art. 1, c. 376 e ss., Legge n. 208/2015) è previsto un contributo sotto forma di credito d'imposta nella misura del **50%** dei **costi di costituzione o trasformazione** in società benefit, sostenuti a decorrere **dal 19 luglio 2020 fino al 31 dicembre 2021** (art. 38-ter, D.L. n. 34/2020; D.M. 12 novembre 2021).

Il credito d'imposta:

- è riconosciuto nel rispetto delle regole sugli aiuti "*de minimis*";
- è utilizzabile, esclusivamente in compensazione, a partire dall'anno 2021.

L'importo massimo utilizzabile in compensazione è fissato in 10.000 euro per ciascun contribuente (art. 38-ter, c. 2-bis, D.L. n. 34/2020).

Sono ammissibili all'agevolazione le **spese** per la **costituzione** ovvero per la **trasformazione** in società benefit sostenute a decorrere dalla data del 19 luglio 2020 e fino al 31 dicembre 2021.

Rientrano tra quelle **ammissibili**:

a. le spese notarili e di iscrizione nel registro delle imprese;
b. le spese inerenti all'assistenza professionale e alla consulenza sostenute e direttamente destinate alla costituzione o alla trasformazione in società benefit.

Non sono **ammesse** all'agevolazione le spese relative a **imposte e tasse**. L'imposta sul valore aggiunto è ammissibile all'agevolazione solo se la stessa rappresenta per il beneficiario un costo effettivo non recuperabile.

Per fruire dell'agevolazione, i soggetti in possesso dei requisiti previsti presentano al Ministero dell' sviluppo economico un'istanza, esclusivamente per via telematica, attraverso l'apposita procedura informatica resa disponibile sul sito istituzionale del Ministero (www.mise.gov.it). Ciascun soggetto beneficiario può presentare una sola istanza di accesso.

Il Ministero, trascorso il termine finale per la presentazione delle istanze, verifica i requisiti di ammissibilità del soggetto richiedente, la completezza dell'istanza, il rispetto dei massimali previsti dal regolamento de minimis.

Per le istanze per le quali le verifiche si concludono positivamente, il Ministero determina l'agevolazione concedibile entro il limite della misura massima.

L'agevolazione può essere cumulata con altri aiuti a titolo di "de minimis", nel rispetto dei limiti di cumulo previsti dalla normativa dell'Unione europea in materia di aiuti di importanza minore.

Credito d'imposta per il settore tessile e della moda 33.19.10.

Limitatamente al periodo d'imposta 2020 (per i soggetti con esercizio coincidente con l'anno solare) ed a quello in corso al 31 dicembre 2021, agli esercenti attività d'impresa operanti nell'industria tessile e della moda, della produzione calzaturiera e della pelletteria (settore tessile, moda e accessori) è riconosciuto un contributo, nella forma di credito d'imposta, nella misura del **30%** del **valore** delle **rimanenze finali di magazzino** (art. 92, c. 1, D.P.R. n. 917/1986), eccedente la media del medesimo valore registrato nei tre periodi d'imposta precedenti a quello 2020 (art. 48-bis, D.L. n. 34/2020; D.M. 27 luglio 2021; Provv. 11 ottobre 2021; Provv. 28 ottobre 2021).
Il credito d'imposta è riconosciuto, per l'esercizio in corso al 31 dicembre 2021, anche alle imprese operanti nel settore del commercio dei prodotti tessili, della moda, del calzaturiero e della pelletteria che svolgono attività identificate dai seguenti codici della classificazione delle attività economiche ATECO 2007: 47.51, 47.71, 47.72 (art. 3, c. 3, D.L. n. 4/2022).
Il metodo e i criteri applicati per la valutazione delle rimanenze finali di magazzino nel periodo d'imposta di spettanza del beneficio devono essere omogenei rispetto a quelli utilizzati nei 3 periodi d'imposta considerati ai fini della media.
Il credito d'imposta è riconosciuto fino all'esaurimento dell'importo massimo di 95 milioni di euro per l'anno 2021 e 250 milioni di euro per l'anno 2022, che costituiscono limiti di spesa.

Soggetti beneficiari	Imprese operanti nell'industria tessile, della moda, della produzione calzaturiera e della pelletteria (settore tessile, moda e accessori). I codici ATECO 2007 interessati sono elencati nel D.M. 27 luglio 2021. Il bonus è riconosciuto, per l'esercizio in corso al 31 dicembre 2021, anche alle imprese che svolgono attività identificate dai codici ATECO 2007 47.51, 47.71, 47.72. Ai fini dell'accesso al credito d'imposta rileva il codice ATECO comunicato all'Agenzia delle Entrate con il Modello AA7/AA9.
Istanza	I soggetti interessati per accedere al credito d'imposta comunicano all'Agenzia delle Entrate l'incremento del valore delle rimanenze finali di magazzino nel periodo d'imposta di spettanza del beneficio rispetto alla media del triennio precedente, al fine di consentire l'individuazione della quota effettivamente fruibile del credito d'imposta, in proporzione alle risorse disponibili. La comunicazione: - contiene l'**autocertificazione** in merito al rispetto dei requisiti previsti dalla Sezione 3.1 della Comunicazione della Commissione europea del 19 marzo 2020 C(2020) 1863 final recante "Quadro temporaneo per le misure di aiuto di Stato a sostegno dell'economia nell'attuale emergenza del COVID-19" e successive modifiche, nonché, per gli altri aiuti diversi per i quali il dichiarante manifesta l'intenzione di fruire dei massimali di cui alla Sezione 3.12 del predetto Quadro temporaneo, con l'indicazione dell'eventuale credito rideterminato in caso di superamento dei suddetti limiti; - è inviata esclusivamente con **modalità telematiche**, direttamente dal contribuente oppure avvalendosi di un intermediario abilitato, mediante i canali telematici dell'Agenzia delle Entrate.
Tempistica	La comunicazione per la fruizione del credito d'imposta è inviata: - dal 29 ottobre 2021 al 22 novembre 2021, con riferimento al periodo d'imposta in corso al 9 marzo 2020; - **dal 10 maggio 2022 al 10 giugno 2022**, con riferimento al periodo d'imposta in corso al 31 dicembre 2021.
Importo del credito d'imposta e limiti	Il credito d'imposta spetta in misura pari al **30%** del valore delle rimanenze finali di magazzino (art. 92, c. 1, D.P.R. n. 917/1986), eccedente la media del medesimo valore registrato nei tre periodi d'imposta precedenti a quello di spettanza del beneficio, risultante dall'ultima Comunicazione validamente presentata, in assenza di successiva rinuncia.

IRES

	Il credito d'imposta è riconosciuto sull'aumento delle rimanenze finali di magazzino limitatamente al periodo d'imposta in corso al 9 marzo 2020 e a quello in corso al 31 dicembre 2021. Per il riconoscimento del credito d'imposta rilevano i limiti e le condizioni previsti dalla Sezione 3.1 della Comunicazione della Commissione europea C(2020) 1863 del 19 marzo 2020. Ai fini del rispetto del limite di spesa, l'ammontare massimo del credito d'imposta fruibile è pari al credito d'imposta richiesto moltiplicato per la percentuale pari al 64,2944% (Provv. 26 novembre 2021).
Utilizzo del credito d'imposta	Il credito d'imposta è utilizzabile dai beneficiari **esclusivamente in compensazione**, con il **codice tributo 6953** (ris. 30 novembre 2021, n. 65/E) a partire dal giorno lavorativo successivo alla pubblicazione del provvedimento con cui si determina la percentuale di spettanza. Relativamente alle Comunicazioni per le quali l'ammontare del credito d'imposta fruibile sia **superiore a 150.000 euro** il credito è utilizzabile in esito alle verifiche di legge (D.Lgs. n. 159/2011). Ai fini dell'utilizzo in compensazione del credito d'imposta: - con riferimento alle comunicazioni presentate nel periodo d'imposta in corso al 9 marzo 2020, entro il 31 dicembre 2021 per i soggetti con periodo d'imposta coincidente con l'anno solare ed entro la fine del periodo d'imposta successivo a quello di maturazione (indicata nel campo "Data fine periodo d'imposta" della Comunicazione) per i soggetti diversi dai precedenti; - con riferimento alle Comunicazioni presentate con riferimento al periodo d'imposta in corso al 31 dicembre 2021, entro il 31 dicembre 2022 per i soggetti con periodo d'imposta coincidente con l'anno solare ed entro la fine del periodo d'imposta successivo a quello di maturazione (indicata nel campo "Data fine periodo d'imposta" della Comunicazione) per i soggetti diversi dai precedenti. Inoltre: a) il **Mod. F24** è presentato esclusivamente tramite i **servizi telematici resi disponibili dall'Agenzia delle Entrate**, pena il rifiuto dell'operazione di versamento; b) nel caso in cui l'importo del **credito utilizzato in compensazione risulti superiore all'ammontare massimo** stabilito dal provvedimento dell'Agenzia delle Entrate, anche tenendo conto di precedenti fruizioni, il relativo Mod. F24 è scartato. Lo scarto viene comunicato al soggetto che ha trasmesso il Mod. F24 tramite apposita ricevuta consultabile mediante i servizi telematici dell'Agenzia delle Entrate.
Altri aspetti	Nei riguardi dei soggetti con **bilancio certificato**, i controlli sono svolti sulla base dei bilanci. Le imprese non soggette a revisione legale dei conti e prive di collegio sindacale devono avvalersi di una **certificazione della consistenza delle rimanenze di magazzino**, rilasciata da un revisore legale dei conti o da una società di revisione legale dei conti.

33.19.11. Credito d'imposta per la riqualificazione del settore alberghiero

Il credito di imposta per la riqualificazione e il **miglioramento** delle **strutture** ricettive turistico-alberghiere (art. 10, D.L. n. 83/2014) si applica, nella misura del **65%**, per i tre periodi di imposta successivi a quello in corso alla data del 31 dicembre 2019, quindi, per i soggetti "solari", per gli anni 2020 e 2021 (art. 79, D.L. n. 104/2020).

Tale credito di imposta è utilizzabile esclusivamente in compensazione.

Non si applica la ripartizione in tre quote annuali previsto dalla norma originaria (art. 10, c. 3, D.L. n. 83/2014).

Sono comprese tra i beneficiari del credito di imposta le strutture che svolgono **attività agrituristica**, gli **stabilimenti termali**, questi ultimi anche per la realizzazione di piscine termali e per l'acquisizione di attrezzature e apparecchiature necessarie per lo svolgimento delle attività termali, nonché le **strutture ricettive all'aria aperta**.

Credito d'imposta investimenti pubblicitari in favore di leghe e società sportive professionistiche e di società e associazioni sportive dilettantistiche 33.19.12.

Per l'anno 2020, alle imprese, ai lavoratori autonomi e agli enti non commerciali che effettuano investimenti in campagne pubblicitarie, incluse le **sponsorizzazioni**, nei confronti di leghe che organizzano campionati nazionali a squadre nell'ambito delle discipline olimpiche ovvero società sportive professionistiche e società ed associazioni sportive dilettantistiche iscritte al registro CONI operanti in discipline ammesse ai Giochi Olimpici e che svolgono attività sportiva giovanile, è riconosciuto un contributo, sotto forma di credito d'imposta, pari al **50%** degli investimenti effettuati, a decorrere dal 1° luglio 2020 e fino al 31 dicembre 2020 (art. 81, D.L. n. 104/2020).

Il bonus si applica anche per le spese sostenute durante l'anno di imposta 2021, relativamente agli investimenti sostenuti **dal 1° gennaio 2021 al 31 dicembre 2021** (art. 10, c. 1 D.L. n. 73/2021), nonché per gli investimenti pubblicitari effettuati **dal 1° gennaio 2022 al 31 marzo 2022** (art. 9, c. 1, D.L. n. 4/2022).

Nel caso di insufficienza delle risorse disponibili rispetto alle richieste ammesse, si procede alla ripartizione tra i beneficiari in misura proporzionale al credito di imposta astrattamente spettante con un limite individuale per soggetto pari al 5% del totale delle risorse annue.

Sono escluse le sponsorizzazioni nei confronti di soggetti che aderiscono al regime agevolato per le ASD (Legge n. 398/1991).

Il credito d'imposta è utilizzabile esclusivamente in compensazione, utilizzando il codice tributo 6954 (ris. 10 dicembre 2021, n. 69/E), previa istanza diretta al Dipartimento dello sport della Presidenza del Consiglio dei ministri.

L'incentivo spetta a condizione che i pagamenti siano effettuati con versamento bancario o postale ovvero mediante altri **sistemi di pagamento tracciabili**.

Le agevolazioni sono concesse ai sensi e nei limiti del regolamento "*de minimis*".

L'**investimento** in campagne pubblicitarie deve essere di **importo** complessivo **non inferiore a 10.000 euro** e rivolto a leghe e società sportive professionistiche e società ed associazioni sportive dilettantistiche con ricavi, relativi al periodo d'imposta 2019, e comunque prodotti in Italia, almeno pari a 200.000 euro e fino a un massimo di 15 milioni di euro.

Le società sportive professionistiche e società ed associazioni sportive dilettantistiche devono certificare di svolgere attività sportiva giovanile.

Il corrispettivo sostenuto per le spese costituisce, per il soggetto erogante, spesa di pubblicità, volta alla promozione dell'immagine, dei prodotti o servizi del soggetto erogante mediante una specifica attività della controparte.

Credito d'imposta per il sostegno al Made in Italy 33.19.13.

È previsto per le imprese che producono prodotti agricoli, della pesca e dell'acquacoltura, nonché per le piccole e medie imprese che producono prodotti agroalimentari, della pesca e dell'acquacoltura, anche se costituite in forma cooperativa o riunite in consorzi, un credito d'imposta per il sostegno del Made in Italy nella misura del **40%** delle spese per nuovi investimenti sostenuti per lo sviluppo di nuovi prodotti, pratiche, processi e tecnologie, nonché per la cooperazione di filiera (art. 3, c. 1, D.L. n. 91/2014).

Il credito d'imposta al 40% è **esteso**, per i periodi d'imposta dal 2021 **al 2023**, alle **reti di imprese** agricole e agroalimentari, anche costituite in forma cooperativa o riunite in consorzi, o aderenti ai disciplinari delle strade del vino (art. 2, c. 1, lett. a), Legge n. 268/1999), per la realizzazione e l'ampliamento di infrastrutture informatiche finalizzate al **potenziamento** del **commercio elettronico** (art. 1, c. 131, Legge n. 178/2020).

INCENTIVI FISCALI PER LE AGGREGAZIONI AZIENDALI 33.20.

In caso di operazioni di aggregazione aziendale realizzate attraverso **fusione, scissione o conferimento** di azienda e deliberate dall'assemblea dei soci, o dal diverso organo competente per legge, tra il 1° gennaio 2021 e il 30 giugno 2022, è consentita, rispettivamente, al soggetto risultante dalla fusione o incorporante, al beneficiario e al conferitario la trasformazione in credito d'imposta delle attività per imposte anticipate riferite ai seguenti componenti (art. 1, c. 233-243, Legge n. 178/2020):

- **perdite fiscali** maturate fino al periodo d'imposta precedente a quello in corso alla data di efficacia giuridica dell'operazione e non ancora computate in diminuzione del reddito imponibile (art. 84, D.P.R. n. 917/1986), alla medesima data;

- importo del rendimento nozionale **ACE** eccedente il reddito complessivo netto, maturato fino al periodo d'imposta precedente a quello in corso alla data di efficacia giuridica dell'operazione e non ancora dedotto né trasformato in credito d'imposta alla medesima data.

Le **attività per imposte anticipate** riferibili ai componenti sopra indicati possono essere trasformate in credito d'imposta anche se non iscritte in bilancio.

Le agevolazioni fiscali si applicano anche ai soggetti tra i quali sussiste il **rapporto di controllo** (art. 2359, c. 1, n. 1), c.c.) se il controllo è stato acquisito attraverso operazioni diverse da quelle di cui sopra tra il 1° gennaio 2021 e il 30 giugno 2022 ed entro 2 anni dalla data di acquisizione di tale controllo abbia avuto efficacia giuridica una delle operazioni sopra elencate.

In tal caso, le perdite fiscali e l'importo del rendimento nozionale eccedente si riferiscono a quelli maturati fino al periodo d'imposta precedente a quello in corso alla data in cui è stato acquisito il controllo e le condizioni di cui si dirà appresso devono intendersi riferite alla data in cui è effettuata l'operazione di acquisizione del controllo.

Per attività per imposte anticipate complessivamente trasformate si intende l'ammontare complessivo delle attività per imposte anticipate oggetto di trasformazione e non rileva che la trasformazione avvenga in parte nell'esercizio successivo a quello in corso alla data di efficacia giuridica delle operazioni di aggregazione.

Trasformazione in credito d'imposta - Avviene, per un quarto, alla data di efficacia giuridica delle operazioni di aggregazione e, per i restanti tre quarti, al primo giorno dell'esercizio successivo a quello in corso alla data di efficacia giuridica delle operazioni di aggregazione per un ammontare complessivo:

- non superiore al **minore importo tra 500 milioni di euro e il 2%** della somma delle attività dei soggetti partecipanti alla fusione o alla scissione, come risultanti dalla situazione patrimoniale di cui all'art. 2501-quater c.c., senza considerare il soggetto che presenta le attività di importo maggiore;
- ovvero al **2%** della somma delle attività oggetto di conferimento.

> Se alle operazioni straordinarie partecipano **società controllanti capogruppo** tenute a redigere il bilancio consolidato secondo i princìpi contabili ad esse applicabili, ai fini del periodo precedente per tali società si considerano le attività risultanti dall'ultimo bilancio consolidato disponibile.

In caso di aggregazioni realizzate mediante **conferimento d'azienda**, le perdite fiscali e l'importo del rendimento nozionale ACE del conferitario, come sopra definiti, rilevano ai fini della trasformazione negli stessi limiti e alle stesse condizioni previsti per le perdite che possono essere portate in diminuzione del reddito della società risultante dalla fusione o incorporante.

A tal fine, è obbligatoria la redazione della situazione patrimoniale (art. 2501-quater, c. 1 e 2, c.c.).

Effetti dell'aggregazione - Dalla data di efficacia giuridica dell'operazione di aggregazione, per i soggetti interessati:

a. non sono computabili in diminuzione dei redditi imponibili le perdite (art. 84, D.P.R. n. 917/1986) relative alle attività per imposte anticipate complessivamente trasformate in credito d'imposta;
b. non sono deducibili né trasformabili in credito d'imposta le eccedenze del rendimento nozionale ACE rispetto al reddito complessivo relative alle attività per imposte anticipate complessivamente trasformate in credito d'imposta.

Rapporti con la tassazione di gruppo - In caso di opzione per la tassazione di gruppo (art. 117, D.P.R. n. 917/1986), da parte dei soggetti interessati, ai fini della trasformazione rilevano:

- prioritariamente, se esistenti, le eccedenze del rendimento nozionale del soggetto partecipante e le perdite fiscali dello stesso relative agli esercizi anteriori all'inizio della tassazione di gruppo;
- a seguire, le perdite complessivamente riportate a nuovo dal soggetto controllante.

Dalla data di efficacia giuridica delle operazioni di aggregazione, per il soggetto controllante non sono computabili in diminuzione dei redditi imponibili le perdite (art. 118, D.P.R. n. 917/1986), relative alle attività per imposte anticipate complessivamente trasformate in credito d'imposta.

Rapporti con la tassazione per trasparenza - In caso di opzione per la trasparenza fiscale (art. 115, D.P.R. n. 917/1986), da parte dei soggetti interessati, per la società partecipata rilevano:

- prioritariamente, se esistenti, le eccedenze di rendimento nozionale e le perdite fiscali relative agli esercizi anteriori all'inizio della trasparenza congiuntamente a quelle non attribuite ai soci (art. 115, c. 3, D.P.R. n. 917/1986);

– a seguire, le perdite fiscali e le eccedenze di rendimento nozionale attribuite ai soci partecipanti e non ancora computate in diminuzione dei loro redditi o trasformate in credito d'imposta.

Dalla data di efficacia giuridica delle operazioni di aggregazione, per i soci partecipanti non sono computabili in diminuzione dei redditi imponibili le perdite relative alle attività per imposte anticipate complessivamente trasformate in credito d'imposta e non sono deducibili né trasformabili in credito d'imposta le eccedenze del rendimento nozionale rispetto al reddito complessivo, relative alle attività per imposte anticipate complessivamente trasformate in credito d'imposta.

Condizioni ed esclusioni - Le **società** che partecipano alle operazioni di aggregazione devono essere **operative da almeno 2 anni** e, alla data di effettuazione dell'operazione e nei 2 anni precedenti non devono far parte dello stesso gruppo societario né in ogni caso essere legate tra loro da un rapporto di partecipazione superiore al **20%** o controllate anche indirettamente dallo stesso soggetto (art. 2359, c. 1, n. 1), c.c.).

Indipendentemente dal numero di operazioni societarie straordinarie realizzate, le norme di cui si discute possono essere applicate **una sola volta** per ciascun soggetto.

Tale disposizione, se da un lato impone che il soggetto risultante o beneficiario dell'operazione possa applicare una sola volta le previsioni normative in esame e, dall'altro, specifica che questo accade indipendentemente dal numero delle operazioni societarie realizzate, ammette implicitamente che la disciplina della trasformazione delle DTA in credito d'imposta possa essere applicata in presenza di più operazioni societarie a cui partecipino più soggetti (ris. 7 settembre 2021, n. 57/E).

Inoltre, le agevolazioni di cui si discute non si applicano a società per le quali sia stato accertato lo stato di dissesto o il rischio di dissesto (art. 17, D.Lgs. n. 180/2015), ovvero lo stato di insolvenza (art. 5, R.D. n. 267/1942; art. 2, c. 1, D.Lgs. n. 14/2019).

Utilizzo del credito d'imposta - Il credito d'imposta derivante dalla trasformazione:
- non è produttivo di interessi;
- può essere utilizzato, senza limiti di importo, in compensazione ovvero essere ceduto (artt. 43-bis e 43-ter, D.P.R. n. 602/1973), ovvero essere chiesto a rimborso;
- deve essere indicato nella dichiarazione dei redditi;
- non concorre alla formazione del reddito d'impresa né della base imponibile dell'IRAP;
- non rileva ai fini del rapporto di deducibilità (art. 109, c. 5, D.P.R. n. 917/1986).

Commissione - La trasformazione delle attività per imposte anticipate in credito d'imposta è condizionata al pagamento di una commissione pari al **25%** delle attività per imposte anticipate complessivamente trasformate.

Il versamento della commissione è effettuato:
- per il 40% entro 30 giorni dalla data di efficacia giuridica delle operazioni di aggregazione;
- per il restante 60% entro i primi 30 giorni dell'esercizio successivo a quello in corso alla data di efficacia giuridica delle operazioni di aggregazione.

La commissione è deducibile ai fini delle imposte sui redditi e dell'IRAP nell'esercizio in cui avviene il pagamento.

Ai fini dell'accertamento, delle sanzioni e della riscossione della commissione, nonché per il relativo contenzioso, si applicano le disposizioni in materia di imposte sui redditi.

"TRANSIZIONE 4.0" - "BONUS INVESTIMENTI" 33.21.

Nell'ambito di un più ampio rafforzamento del programma Transizione 4.0 diretto ad accompagnare le imprese nel processo di transizione tecnologica e di sostenibilità ambientale, e per rilanciare il ciclo degli investimenti penalizzato dall'emergenza legata al Covid-19, è prevista una disciplina del credito d'imposta per gli investimenti in beni strumentali nuovi introdotta dalla Legge di bilancio 2021 (art. 1, c. 1051-1063 e 1065, Legge n. 178/2020) e successivamente integrata e prorogata con la Legge di bilancio 2022 (art. 1, c. 44, Legge n. 234/2021).

Tale agevolazione riprende, seppur con alcune sostanziali modifiche, quella sugli investimenti in beni strumentali prevista dalla Legge di bilancio 2017 (art. 1, c. 184-197, Legge n. 160/2019), che aveva rimpiazzato il c.d. "iperammortamento" (➡33.18.).

Soggetti interessati ed esclusi 33.21.1.

Possono beneficiare del credito d'imposta le imprese che effettuano investimenti in beni strumentali nuovi, destinati a strutture produttive ubicate nel territorio dello Stato.

Si deve trattare di imprese residenti nel territorio dello Stato, ivi incluse le stabili organizzazioni di soggetti non residenti, indipendentemente dalla forma giuridica, dal settore economico di appartenenza, dalla dimensione e dal regime fiscale di determinazione del reddito.

Sono ricompresi nel novero delle imprese beneficiarie gli **enti non commerciali**, con riferimento all'attività commerciale eventualmente esercitata, le **imprese agricole** che determinano il reddito agrario (art. 32, D.P.R. n. 917/1986), nonché le **reti di imprese**. Inoltre, può usufruire del bonus anche un soggetto che esercita come attività principale quella professionale e al contempo come attività secondaria quella di impresa (circ. 23 luglio 2021, n. 9/E).

Esclusioni **-** Sono escluse dall'agevolazione:

- le **imprese in stato di crisi**, e più precisamente: imprese in liquidazione volontaria, fallimento, liquidazione coatta amministrativa, concordato preventivo senza continuità aziendale ovvero altra procedura concorsuale prevista dalla legge fallimentare, dal Codice della crisi d'impresa e dell'insolvenza (D.Lgs. n. 14/2019), o da altre leggi speciali o che abbiano in corso un procedimento per la dichiarazione di una di tali situazioni;
- le **imprese destinatarie di sanzioni interdittive** derivanti dalla violazione delle norme sulla responsabilità amministrativa delle persone giuridiche (art. 9, c. 2, D.Lgs. n. 231/2001). L'esclusione soggettiva dal credito d'imposta deve riguardare il medesimo arco temporale interessato dall'applicazione della relativa sanzione interdittiva (circ. 23 luglio 2021, n. 9/E).

Rientra tra le cause di esclusione anche la stipula, in anni precedenti all'investimento, di un **accordo di ristrutturazione** omologato in base all'art. 182-bis della L. Fall., a cui la società che intende fruire del bonus dia esecuzione proseguendo l'attività aziendale (risposta a interpello 18 ottobre 2021, n. 719).

Per le imprese ammesse al credito d'imposta, la fruizione del beneficio spettante è condizionata al rispetto della normativa sulla sicurezza nei luoghi di lavoro applicabili in ciascun settore e al corretto adempimento degli obblighi di versamento dei contributi previdenziali e assistenziali a favore dei lavoratori.

33.21.2. Beni agevolabili ed esclusi

Sono agevolabili gli investimenti in beni materiali e immateriali nuovi strumentali all'esercizio d'impresa.

Sono **esclusi** dall'agevolazione gli investimenti concernenti:

- **veicoli e altri mezzi di trasporto**, sia che vengano utilizzati esclusivamente per l'esercizio dell'impresa (la cui deducibilità è integrale), sia che vengano usati con finalità non esclusivamente imprenditoriali (➡24.12.) (art. 164, c. 1, D.P.R. n. 917/1986);
- beni per i quali il D.M. 31 dicembre 1988 prevede **coefficienti** di ammortamento **inferiori** al **6,5%** (ammortamento più lungo di 15 esercizi);
- **fabbricati e costruzioni**;
- beni di cui all'Allegato 3 annesso alla Legge n. 208/2015 (Legge di stabilità 2016): si tratta, ad esempio, delle **condutture** utilizzate dalle industrie di imbottigliamento di acque minerali naturali o dagli stabilimenti balneari e termali; delle **condotte** utilizzate dalle industrie di produzione e distribuzione di gas naturale; del **materiale rotabile**, ferroviario e tramviario; degli **aerei** completi di equipaggiamento;
- i **beni gratuitamente devolvibili** delle imprese operanti, in concessione e a tariffa, nei settori dell'energia, dell'acqua, dei trasporti, delle infrastrutture, delle poste, delle telecomunicazioni, della raccolta e depurazione delle acque di scarico e della raccolta e smaltimento rifiuti.

Sono ammissibili al credito d'imposta anche i **beni di costo unitario inferiore a 516,46 euro** (circ. 23 luglio 2021, n. 9/E).

33.21.3. Misure del credito d'imposta

Il credito d'imposta in parola è riconosciuto in misura differenziata secondo la tipologia di beni oggetto dell'investimento.

Tipologie di investimenti	Spettanza del credito d'imposta
Beni ricompresi nell'Allegato A, Legge n. 232/2016 (➡24.8.2.), ovvero i beni materiali funzionali alla trasformazione tecnologica e digitale delle imprese secondo il Modello Industria 4.0, a decorrere dal 16 novembre 2020 e fino al 31 dicembre 2021, ovvero entro il 30 giugno 2022, a condizione che entro la data del 31 dicembre 2021 il relativo ordine risulti accettato dal venditore e sia avvenuto il pagamento di acconti in misura almeno pari al 20% del costo di acquisizione	- **50%** del costo per la quota di investimenti fino a 2,5 milioni di euro; - **30%** per la quota di investimenti oltre i 2,5 milioni di euro e fino a 2,5 milioni e fino a 10 milioni di euro; - **10%,** per la quota di investimenti superiori a 10 milioni di euro e fino al limite massimo di costi complessivamente ammissibili, pari a 20 milioni di euro.
Investimenti aventi a oggetto beni ricompresi nell'Allegato A sopra menzionato (➡24.8.2.), a decorrere dal 1° gennaio 2022 e fino al 31 dicembre 2022, ovvero entro il 30 giugno 2023, a condizione che entro la data del 31 dicembre 2022 il relativo ordine risulti accettato dal venditore e sia avvenuto il pagamento di acconti in misura almeno pari al 20% del costo di acquisizione.	- **40%** del costo per la quota di investimenti fino a 2,5 milioni di euro; - **20%** del costo per la quota di investimenti oltre i 2,5 milioni di euro e fino a 2,5 milioni e fino a 10 milioni di euro; - **10%** del costo, per la quota di investimenti superiori a 10 milioni di euro e fino al limite massimo di costi complessivamente ammissibili, pari a 20 milioni di euro.
- investimenti in beni strumentali materiali, purché diversi dai beni materiali funzionali alla trasformazione tecnologica e digitale delle imprese secondo il Modello Industria 4.0 (Allegato A annesso alla Legge n. 232/2016) (➡24.8.2.), nel limite massimo di costi ammissibili pari a 2 milioni di euro; - investimenti in beni strumentali immateriali diversi da software, sistemi e system integration, piattaforme e applicazioni connessi a investimenti in beni materiali Industria 4.0 (Allegato B annesso alla Legge n. 232/2016) (➡24.8.11.), nel limite massimo di costi ammissibili pari a 1 milione di euro	-10% del costo sostenuto per gli investimenti effettuati a decorrere **dal 16 novembre 2020 e fino al 31 dicembre 2021, ovvero entro il 30 giugno 2022**, a condizione che entro la data del 31 dicembre 2021 il relativo ordine risulti accettato dal venditore e sia avvenuto il pagamento di **acconti** in misura almeno pari al **20%** del costo di acquisizione; - 6% del costo sostenuto per gli investimenti effettuati a dal 1° gennaio 2022 e fino al 31 dicembre 2022, ovvero entro il 30 giugno 2023, a condizione che entro la data del 31 dicembre 2022 il relativo ordine risulti accettato dal venditore e sia avvenuto il pagamento di acconti in misura almeno pari al 20% del costo di acquisizione.
Investimenti aventi ad oggetto beni immateriali (software, sistemi e system integration, piattaforme e applicazioni) connessi a investimenti in beni materiali "Industria 4.0" (Allegato B, Legge n. 232/2016) (➡24.8.11.), effettuati a decorrere dal 16 novembre 2020 e fino al 31 dicembre 2023, ovvero entro il 30 giugno 2024 a condizione che entro la data del 31 dicembre 2023 il relativo ordine risulti accettato dal venditore e sia avvenuto il pagamento di acconti in misura almeno pari al 20% del costo di acquisizione. [1].	- **20%** del costo, nel limite massimo di costi ammissibili pari a 1 milione di euro.
Beni ricompresi nell'Allegato A, Legge n. 232/2016 (➡24.8.2.), ovvero i beni materiali funzionali alla trasformazione tecnologica e digitale delle imprese secondo il Modello Industria 4.0, a decorrere dal 1° gennaio 2023 e fino al 31 dicembre 2025, ovvero entro il 30 giugno 2026, a condizione che entro la data del 31 dicembre 2025 il relativo ordine risulti accettato dal venditore e sia avvenuto il pagamento di acconti in misura almeno pari al 20% del costo di acquisizione	- 20% del costo per la quota di investimenti fino a 2,5 milioni di euro; - 10% per la quota di investimenti oltre i 2,5 milioni di euro e fino a 2,5 milioni e fino a 10 milioni di euro; - 5%, per la quota di investimenti superiori a 10 milioni di euro e fino al limite massimo di costi complessivamente ammissibili, pari a 20 milioni di euro.[2]

IRES

Tipologie di investimenti	Spettanza del credito d'imposta
Investimenti aventi a oggetto beni ricompresi nell'Allegato B sopra menzionato (➡24.8.11.), a decorrere dal 1° gennaio 2024 e fino al 31 dicembre 2024, ovvero entro il 30 giugno 2025, a condizione che entro la data del 31 dicembre 2024 il relativo ordine risulti accettato dal venditore e sia avvenuto il pagamento di acconti in misura almeno pari al 20% del costo di acquisizione.[1]	- 15% del costo, nel limite massimo di costi ammissibili pari a 1 milione di euro.
Investimenti aventi a oggetto beni ricompresi nell'Allegato B sopra menzionato (➡24.8.11.), a decorrere dal 1° gennaio 2025 e fino al 31 dicembre 2025, ovvero entro il 30 giugno 2026, a condizione che entro la data del 31 dicembre 2025il relativo ordine risulti accettato dal venditore e sia avvenuto il pagamento di acconti in misura almeno pari al 20% del costo di acquisizione.[1]	- 10% del costo, nel limite massimo di costi ammissibili pari a 1 milione di euro.

[1] Si considerano agevolabili anche le spese per servizi sostenute in relazione all'utilizzo dei beni di cui al Allegato B mediante soluzioni di cloud computing, per la quota imputabile per competenza

[2] Per la quota superiore a 10 milioni di euro degli investimenti inclusi nel PNRR, diretti alla realizzazione di obiettivi di transizione ecologica individuati con decreto del Ministro dello Sviluppo economico, il credito d'imposta è riconosciuto nella misura del 5% del costo fino al limite massimo di costi complessivamente ammissibili pari a 50 milioni di euro.

Il **costo agevolabile** è determinato ai sensi dell'art. 110, c. 1, lett. b), D.P.R. n. 917/1986: pertanto, si comprendono nel costo anche gli oneri accessori di diretta imputazione, esclusi gli interessi passivi e le spese generali. Tuttavia, per i beni materiali e immateriali strumentali per l'esercizio dell'impresa si comprendono nel costo gli interessi passivi iscritti in bilancio ad aumento del costo stesso per effetto di disposizioni di legge. Nel costo di fabbricazione si possono aggiungere con gli stessi criteri anche i costi diversi da quelli direttamente imputabili al prodotto.

Costituisce una **componente del costo l'eventuale IVA**, relativa alle singole operazioni di acquisto, **totalmente indetraibile** ai sensi dell'art. 19-bis 1 D.P.R. n. 633/1972, ovvero per effetto dell'opzione prevista dall'art. 36-bis del D.P.R. n. 633/1972. **Non rileva**, invece, ai fini della determinazione del valore degli investimenti, l'**IVA parzialmente indetraibile** in misura corrispondente al rapporto tra l'ammontare delle operazioni che conferiscono il diritto alla detrazione ed operazioni esenti, ai sensi dell'art. 19, comma 5, del D.P.R. n. 633/1972. In quest'ultima ipotesi l'IVA parzialmente indetraibile per effetto del pro-rata, non può essere considerata come costo afferente le singole operazioni d'acquisto, ma è una massa globale che si qualifica come costo generale. Quanto agli investimenti effettuati mediante **contratti di locazione finanziaria**, nel caso in cui per l'utilizzatore l'**IVA sui canoni di locazione** sia **indetraibile** ai sensi dell'art. 19-bis 1 del D.P.R. n. 633/1972, ai fini dell'agevolazione assume rilievo anche l'IVA pagata dal locatore sull'acquisto del bene (circ. 23 luglio 2021, n. 9/E).

Per gli investimenti effettuati mediante contratti di **locazione finanziaria**, si assume il costo sostenuto dal locatore per l'acquisto dei beni.
La misura del credito d'imposta è elevata al **15%** per gli investimenti in strumenti e dispositivi tecnologici destinati dall'impresa alla realizzazione di **forme di lavoro agile** (art. 18, Legge n. 81/2017).
Il credito d'imposta si applica alle stesse condizioni e negli stessi limiti anche agli investimenti effettuati dagli esercenti arti e professioni.

33.21.4. Modalità operative e utilizzo del credito d'imposta

Il credito d'imposta in esame è utilizzabile esclusivamente in compensazione in **tre quote annuali di pari importo**, a decorrere dall'anno di entrata in funzione dei beni per gli investimenti in beni materiali diversi da quelli relativi a Industria 4.0, ovvero a decorrere dall'anno di avvenuta interconnessione dei beni per gli investimenti in beni materiali e immateriali Industria 4.0.
Per gli investimenti in beni strumentali effettuati a decorrere dal 16 novembre 2020 e fino al 31 dicembre 2021, il credito d'imposta spettante per i beni materiali diversi da Industria 4.0, per i soggetti con un volume di ricavi o compensi inferiori a 5 milioni di euro è utilizzabile in compensazione in un'unica quota annuale.

Se l'interconnessione di beni materiali avviene in un periodo d'imposta successivo a quello della loro entrata in funzione, è comunque possibile iniziare a fruire del credito d'imposta per la parte spettante.
Al credito d'imposta non si applicano i limiti generali pari a 700.000 euro, elevato a un milione per il 2020 e a 2 milioni di euro nel 2021 e 2022 (art. 34, Legge n. 388/2000) e i limiti speciali pari a 250.000 euro (art. 1, c. 53, Legge n. 244/2007).
Inoltre, non è preclusa l'autocompensazione del credito in presenza di debiti iscritti a ruolo (art. 31, D.L. n. 78/2010).
Il credito d'imposta:
- non concorre alla formazione del reddito, né della base imponibile IRAP;
- non rileva ai fini del rapporto di deducibilità degli interessi passivi e dei componenti negativi (artt. 61 e 109, c. 5, D.P.R. n. 917/1986);
- è **cumulabile** con altre agevolazioni che abbiano ad oggetto i medesimi costi, a condizione che tale cumulo, tenuto conto anche della non concorrenza alla formazione del reddito e della base imponibile IRAP, non porti al superamento del costo sostenuto.

Per gli investimenti in beni strumentali materiali diversi da quelli indicati nell'Allegato A annesso alla Legge n. 232/2016, effettuati a decorrere **dal 16 novembre 2020 e fino al 31 dicembre 2021**, il credito d'imposta spettante ai soggetti con un volume di ricavi o compensi non inferiori a 5 milioni di euro è utilizzabile in compensazione in un'unica quota annuale.

Cessione dei beni oggetto degli investimenti agevolati 33.21.5.

Se **entro il 31 dicembre del secondo anno successivo** a quello di entrata in funzione o di interconnessione i beni agevolati sono ceduti a titolo oneroso o sono destinati a strutture produttive ubicate all'estero, anche se appartenenti allo stesso soggetto, il credito d'imposta è corrispondentemente ridotto escludendo dall'originaria base di calcolo il relativo costo.
Il maggior credito d'imposta eventualmente già utilizzato in compensazione deve essere direttamente riversato dal soggetto entro il termine per il versamento a saldo dell'imposta sui redditi dovuta per il periodo d'imposta in cui si verifichino le suddette ipotesi, senza applicazione di sanzioni e interessi.
Si applicano, in quanto compatibili, le norme in materia di **investimenti sostitutivi** (art. 1, c. 35 e 36, Legge n. 205/2017).
Le suddette norme sono state introdotte per evitare che il beneficio dell'**iper ammortamento** interferisse, negli esercizi successivi, con le scelte di investimento più opportune che l'impresa potesse aver esigenza di compiere al fine di mantenere il livello di competitività raggiunto.
Esse contemplano l'ipotesi che il bene agevolato sia realizzato a titolo oneroso (ad esempio, per la necessità di **sostituire i beni agevolati con beni più performanti**): in tali casi si prevede che il beneficio non venga meno per le residue quote, come determinate in origine, purché nel medesimo periodo d'imposta del realizzo l'impresa:
- sostituisca il bene originario con un bene materiale strumentale nuovo avente caratteristiche tecnologiche analoghe o superiori a quelle previste dall'Allegato A alla Legge 11 dicembre 2016, n. 232;
- attesti l'effettuazione dell'investimento sostitutivo, le caratteristiche del nuovo bene e il requisito dell'interconnessione.

Di conseguenza, la sostituzione non determina la revoca dell'agevolazione, a condizione che il bene nuovo abbia caratteristiche tecnologiche analoghe o superiori a quelle previste dall'Allegato A alla Legge n. 232/2016 e che siano soddisfatte le condizioni documentali richieste dalla legge per l'investimento originario.
Se l'investimento sostitutivo è di costo inferiore a quello del bene originario, ferme restando le altre condizioni oggettive e documentali richieste, il beneficio calcolato in origine deve essere ridotto in corrispondenza del minor costo agevolabile.

Controlli e monitoraggio 33.21.6.

I soggetti che si avvalgono del credito d'imposta sono tenuti a conservare, pena la revoca del beneficio, la documentazione idonea a dimostrare l'effettivo sostenimento e la corretta determinazione dei costi agevolabili.
A tal fine, le fatture e gli altri documenti relativi all'acquisizione dei beni agevolati devono contenere l'espresso riferimento alle disposizioni di riferimento.
In relazione agli investimenti di cui agli Allegati A e B della Legge n. 232/2016 (beni individuati nell'ottica di Industria 4.0), le imprese sono inoltre tenute a produrre una **perizia tecnica semplice** rilasciata da un ingegnere o da un perito industriale iscritti nei rispettivi albi professionali o un attestato di conformità rilasciato da un ente di certificazione accreditato da cui risulti che i beni possiedono carat-

teristiche tecniche tali da includerli negli elenchi di cui ai richiamati allegati A e B e sono interconnessi al sistema aziendale di gestione della produzione o alla rete di fornitura.
Per i beni di costo unitario di acquisizione non superiore a **300.000 euro**, l'onere documentale di cui al periodo precedente può essere adempiuto attraverso una dichiarazione resa dal legale rappresentante ai sensi del testo unico delle disposizioni legislative e regolamentari in materia di documentazione amministrativa (D.P.R. n. 445/2000).
Qualora nell'ambito delle verifiche e dei controlli riguardanti gli investimenti agevolati si rendano necessarie valutazioni di ordine tecnico concernenti la qualificazione e la classificazione dei beni, l'Agenzia delle Entrate può richiedere al Ministero dello sviluppo economico di esprimere il proprio parere.

IRES

33.21.7. Codici tributo

Ai fini della compensazione nel Mod. F24 sono previsti i seguenti codici tributo (ris. 13 gennaio 2021, n. 3/E):
- **6935** - Credito d'imposta investimenti in beni strumentali nuovi (diversi dai beni di cui agli Allegati A e B alla Legge n. 232/2016) - art. 1, c. 1054 e 1055, Legge n. 178/2020;
- **6936** - Credito d'imposta investimenti in beni strumentali nuovi di cui all'Allegato A alla Legge n. 232/2016 - art. 1, c. 1056 e 1057, Legge n. 178/2020;
- **6937** - Credito d'imposta investimenti in beni strumentali nuovi di cui all'Allegato B alla Legge n. 232/2016 - art. 1, c. 1058, Legge n. 178/2020.

33.22. IMPRESE CHE SVOLGONO ATTIVITÀ TEATRALI E SPETTACOLI DAL VIVO

È previsto un **credito di imposta del 90%**, a titolo di contributo straordinario, a favore delle imprese che svolgono attività teatrali e spettacoli dal vivo, anche attraverso l'utilizzo di sistemi digitali, che abbiano subito nell'anno 2020 una riduzione del fatturato di almeno il **20%** rispetto al 2019 (art. 36-bis, D.L. n. 41/2021; Provv. 11 ottobre 2021).
Il credito di imposta spetta per le spese sostenute nell'anno 2020 per la realizzazione delle attività sopra richiamate anche se alle stesse si è proceduto attraverso l'utilizzo di sistemi digitali per la trasmissione di opere dal vivo (ad es. rappresentazioni teatrali, concerti, balletti). Il credito è concesso anche qualora le imprese abbiano beneficiato in via ordinaria di altri finanziamenti previsti a carico del Fondo unico per lo spettacolo.

Soggetti beneficiari	Imprese esercenti le attività teatrali e gli spettacoli dal vivo che hanno subito nell'anno 2020 una riduzione del fatturato di almeno il 20% rispetto all'anno 2019. Possono beneficiare del contributo sia gli enti commerciali, sia gli enti non commerciali, con riferimento, per questi ultimi, all'attività commerciale eventualmente esercitata (circ. 10 novembre 2021, n. 14/E).
Costi ammissibili	Agli effetti del credito d'imposta sono agevolabili le seguenti macro categorie di spese (circ. 10 novembre 2021, n. 14/E): 1) costi per il personale; 2) costi di ospitalità; 3) costi di produzione; 4) costi di gestione spazi; 5) costi di pubblicità e promozione; 6) formazione; 7) investimenti ammortizzabili; 8) costi generali; 9) estero; 10) circo e spettacolo viaggiante.
Istanza	I soggetti interessati comunicano all'Agenzia delle Entrate l'**ammontare delle spese sostenute nell'anno 2020** per la realizzazione delle attività teatrali e degli spettacoli dal vivo, al fine di consentire l'individuazione della quota effettivamente fruibile del credito d'imposta, in proporzione alle risorse disponibili.

	La Comunicazione: - contiene l'**autocertificazione** in merito al rispetto dei requisiti previsti dalla Sezione 3.1 della Comunicazione della Commissione europea del 19 marzo 2020 C(2020) 1863 final recante "Quadro temporaneo per le misure di aiuto di Stato a sostegno dell'economia nell'attuale emergenza del COVID-19" e successive modifiche, nonché, per gli altri aiuti diversi per i quali il dichiarante manifesta l'intenzione di fruire dei massimali di cui alla Sezione 3.12 del predetto Quadro temporaneo, con l'indicazione dell'eventuale credito rideterminato in caso di superamento dei suddetti limiti; - è inviata esclusivamente con **modalità telematiche**, direttamente dal contribuente oppure avvalendosi di un intermediario abilitato, mediante i canali telematici dell'Agenzia delle Entrate.
Tempistica	La Comunicazione poteva essere inviata **dal 14 ottobre 2021 al 15 novembre 2021**.
Importo del credito d'imposta e limiti	Il credito d'imposta spetta in misura pari al **90%** delle spese sostenute nell'anno 2020 per la realizzazione delle attività teatrali e dal vivo risultante dall'ultima Comunicazione validamente presentata, in assenza di successiva rinuncia. In caso di contestuale esercizio di una o più attività agevolabili e di altre attività, ai fini della verifica della riduzione del fatturato occorre fare riferimento esclusivamente all'ammontare complessivo del fatturato conseguito nell'esercizio delle attività agevolabili (circ. 10 novembre 2021, n. 14/E). Per il riconoscimento del credito d'imposta rilevano i limiti e le condizioni previsti dalla Sezione 3.1 della Comunicazione della Commissione europea C(2020) 1863 final, del 19 marzo 2020, recante "Quadro temporaneo per le misure di aiuto di Stato a sostegno dell'economia nell'attuale emergenza del COVID-19", e successive modifiche. Ai fini del rispetto del limite di spesa, l'ammontare massimo del credito d'imposta fruibile è pari al credito d'imposta richiesto moltiplicato per la percentuale pari al 4,1881% (Provv. 26 novembre 2021).
Utilizzo del credito d'imposta	Il credito d'imposta è utilizzabile dai beneficiari esclusivamente in compensazione, con il codice tributo 6952 (ris. 30 novembre 2021, n. 67/E) a partire dal giorno lavorativo successivo alla pubblicazione del provvedimento con cui si determina la percentuale di spettanza. Relativamente alle Comunicazioni per le quali l'ammontare del credito d'imposta fruibile sia superiore a 150.000 euro il credito è utilizzabile in esito alle verifiche di legge (D.Lgs. n. 159/2011). Ai fini dell'utilizzo in compensazione del credito d'imposta: a) il **Mod. F24** è presentato **esclusivamente tramite i servizi telematici** resi disponibili dall'Agenzia delle Entrate, pena il rifiuto dell'operazione di versamento; b) nel caso in cui l'**importo del credito utilizzato in compensazione** risulti **superiore all'ammontare massimo** stabilito dal provvedimento dell'Agenzia delle Entrate, anche tenendo conto di precedenti fruizioni il relativo Mod. F24 è scartato. Lo scarto viene comunicato al soggetto che ha trasmesso il Mod. F24 tramite apposita ricevuta consultabile mediante i servizi telematici dell'Agenzia delle Entrate. Inoltre, il credito d'imposta: - **non è soggetto ai limiti di compensazione di 250.000 euro e 700.000 euro** elevato a un milione di euro per il 2020 e a 2 milioni di euro nel 2021 e 2022 (art. 1, c. 53, Legge n. 244/2007 e art. 34, Legge n. 388/2000); - **non concorre alla formazione del reddito ai fini delle imposte sui redditi e del valore della produzione ai fini IRAP** e non rileva ai fini del rapporto di cui agli articoli 61 e 109, c. 5, del D.P.R. n. 917/1986.

IRES

33.23. RICERCA DI FARMACI INNOVATIVI E VACCINI

Alle imprese che effettuano attività di ricerca e sviluppo per farmaci innovativi, inclusi i vaccini, spetta un credito d'imposta nella misura del **20%** dei costi sostenuti **dal 1° giugno 2021 al 31 dicembre 2030** (art. 31, D.L. n. 73/2021).

Ai fini della determinazione della base di calcolo del credito d'imposta, sono considerati ammissibili, nel rispetto delle regole generali di effettività, pertinenza e congruità, tutti i costi sostenuti per ricerca fondamentale, ricerca industriale, sviluppo sperimentale e studi di fattibilità necessari per il progetto di ricerca e sviluppo nel corso della sua durata, come indicati dall'art. 25 del Reg. UE n. 651/2014 della Commissione, del 17 giugno 2014, che dichiara alcune categorie di aiuti compatibili con il mercato interno in applicazione degli artt. 107 e 108 del Trattato sul funzionamento dell'Unione europea. Sono **esclusi** i costi relativi agli **immobili** e ai **terreni** di cui al paragrafo 3, lett. c), del medesimo art. 25.

Il credito d'imposta:

- non è cumulabile, in relazione ai medesimi costi ammissibili, con altri incentivi sotto forma di credito d'imposta per le attività di ricerca e sviluppo;
- spetta anche alle imprese residenti o alle stabili organizzazioni nel territorio dello Stato di **soggetti non residenti** che eseguono le attività di ricerca e sviluppo in Italia nel caso di contratti stipulati con imprese residenti o localizzate in altri Stati membri dell'Unione Europea, negli Stati aderenti all'accordo sullo Spazio economico europeo ovvero in Stati compresi nell'elenco di cui al Decreto del Ministro delle Finanze 4 settembre 1996;
- spetta fino ad un importo massimo di euro 20 milioni annui per ciascun beneficiario ed è utilizzabile **in compensazione**, in tre quote annuali di pari importo, a decorrere dall'anno successivo a quello di maturazione;
- non è soggetto ai limiti di compensazione di 250.000 euro e 700.000 euro elevato a un milione di euro per il 2020 e a 2 milioni di euro nel 2021 e 2022 (art. 1, c. 53, Legge n. 244/2007 e art. 34, Legge n. 388/2000);
- non concorre alla formazione del reddito ai fini delle imposte sui redditi e del valore della produzione ai fini IRAP e non rileva ai fini del rapporto di cui agli artt. 61 e 109, c. 5, del D.P.R. n. 917/1986.

Le disposizioni di cui si discute si applicano nel rispetto dei limiti e delle condizioni previsti dal Reg. UE n. 651/2014 della Commissione, del 17 giugno 2014.

33.24. SPESE PER LA RICERCA BIOMEDICA

In via sperimentale per il 2021, è previsto un credito d'imposta pari al 17% delle spese sostenute per reagenti e apparecchiature destinate alla ricerca scientifica, in favore di Enti di ricerca privati senza finalità di lucro.

L'agevolazione è concessa allo specifico scopo di favorire lo sviluppo della ricerca biomedica e la competitività a livello europeo degli Enti di ricerca nazionali.

Si ricorda che il D.Lgs. n. 332/2000 ha attuato la Direttiva 98/79/CE, oggetto di abrogazione, a far data dal 26 maggio 2022, da parte del Regolamento UE 2017/746, che detta la disciplina riguardante i dispositivi medico-diagnostici quali reagenti e altri dispositivi, quali quelli in vitro, destinati dal fabbricante ad impeghi per l'esame di campioni provenienti dal corpo umano, inclusi sangue e tessuti donati.

Il credito d'imposta:

- è utilizzabile esclusivamente in compensazione mediante modello F24 (articolo 17, D.Lgs. 241/1997);
- non è soggetto ai limiti di compensazione di 250.000 euro e 700.000 euro elevato a un milione di euro per il 2020 e a 2 milioni di euro per il 2021 e il 2022 (art. 1, c. 53, Legge n. 244/2007 e art. 34, Legge n. 388/2000).

33.25. IMPRESE ENERGIVORE

Alle imprese a forte consumo di energia elettrica (D.M. 21 dicembre 2017), i cui costi per kWh della componente energia elettrica, calcolati sulla base della media dell'ultimo trimestre 2021 e al netto delle imposte e degli eventuali sussidi, hanno subito un **incremento del costo** per KWh **superiore al 30%** relativo al medesimo periodo dell'anno 2019, anche tenuto conto di eventuali contratti di fornitura di durata stipulati dall'impresa, è riconosciuto un contributo straordinario a parziale compensazione dei maggiori oneri sostenuti, sotto forma di **credito di imposta**, pari al **20%** delle **spese** sostenute per la **componente energetica acquistata** ed effettivamente utilizzata nel primo trimestre 2022 (art. 15, D.L. n. 4/2022).

Il credito d'imposta:

- è utilizzabile esclusivamente in compensazione;

- è cumulabile con altre agevolazioni che abbiano ad oggetto i medesimi costi, a condizione che tale cumulo, tenuto conto anche della non concorrenza alla formazione del reddito e della base imponibile dell'IRAP, non porti al superamento del costo sostenuto;
- non è soggetto ai limiti di compensazione di 250.000 euro e 700.000 euro elevato a un milione di euro per il 2020 e a 2 milioni di euro nel 2021 e 2022 (art. 1, c. 53, Legge n. 244/2007 e art. 34, Legge n. 388/2000);

non concorre alla formazione del reddito ai fini delle imposte sui redditi e del valore della produzione ai fini IRAP e non rileva ai fini del rapporto di cui agli artt. 61 e 109, c. 5, D.P.R. n. 917/1986.

IRES

34. RITENUTE

34.1. RITENUTA SUI COMPENSI PER AVVIAMENTO COMMERCIALE

I **sostituti d'imposta** (art. 23, c. 1, D.P.R. n. 600/1973), quando corrispondono **compensi per la perdita di avviamento** (Legge n. 19/1963), devono operare all'atto del pagamento una **ritenuta del 15%** con obbligo di rivalsa, a titolo d'acconto dell'IRPEF e dell'IRES dovuta dal percipiente (art. 28, c. 2, D.P.R. n. 600/1973).
Il compenso per la perdita d'avviamento spetta per i contratti di **locazione di immobili adibiti all'esercizio di un'attività commerciale o artigiana**, con rapporti diretti col pubblico degli utenti o dei consumatori (art. 1, Legge n. 19/1963).
Pertanto, in ogni caso di **cessazione del rapporto di locazione**, relativo agli immobili sopra indicati, diverso dalla risoluzione per inadempienza del conduttore e fuori dell'ipotesi di effettivo esercizio del diritto di prelazione, il conduttore uscente ha diritto di essere compensato dal locatore per la perdita dell'avviamento che l'azienda subisca in conseguenza di tale cessazione nella misura dell'utilità che ne può derivare al locatore, e comunque nel limite massimo di trenta mensilità del canone d'affitto che l'immobile può rendere secondo i prezzi correnti di mercato per i locali aventi le stesse caratteristiche (art. 4, Legge n. 19/1963).

34.2. RITENUTA SUI CONTRIBUTI DEGLI ENTI PUBBLICI

Le regioni, le province, i comuni, gli altri enti pubblici e privati devono operare una **ritenuta del 4%** a titolo d'**acconto dell'IRPEF o dell'IRES** dovuta dal percipiente e con **obbligo di rivalsa** sull'ammontare dei contributi corrisposti ad imprese, esclusi quelli per l'acquisto di beni strumentali (art. 28, c. 2, D.P.R. n. 600/1973).

> Per **imprese destinatarie del contributo** devono intendersi anche i soggetti che, pur non rivestendo natura di imprenditore, conseguono **redditi di natura commerciale** (ris. 17 giugno 2002, n. 193/E).

Sono soggetti alla ritenuta anche i **contributi in conto interessi** concessi in forza di specifiche disposizioni agevolative.

> La specifica ipotesi di disapplicazione della ritenuta del 4% a titolo d'acconto di cui all'art. 28, D.P.R. n. 600/1973, introdotta dal legislatore per agevolare le aziende che esercitano il servizio di **trasporto pubblico locale** (TPL), può essere estesa anche ai soggetti che svolgono le funzioni di progettazione, organizzazione e amministrazione del servizio di TPL (ris. 20 dicembre 2011, n. 127/E).

34.3. PRESTAZIONI PENSIONISTICHE COMPLEMENTARI, EROGATE IN FORMA DI CAPITALE E/O DI RENDITA

Le **prestazioni pensionistiche complementari erogate in forma di capitale** sono imponibili per il loro ammontare complessivo al netto della parte corrispondente ai redditi già assoggettati ad imposta.
Le **prestazioni pensionistiche complementari erogate in forma di rendita** sono imponibili per il loro ammontare complessivo al netto della parte corrispondente ai redditi già assoggettati ad imposta e a quelli derivanti dai rendimenti delle prestazioni pensionistiche erogate in forma periodica e delle rendite vitalizie aventi funzione previdenziale (➡11.4.7.) (art. 44, c. 1, lett. g-quinquies), D.P.R. n. 917/1986).
Sulla parte imponibile delle prestazioni pensionistiche comunque erogate è operata una **ritenuta a titolo d'imposta con l'aliquota del 15%,** ridotta di una quota pari allo 0,3% per ogni anno eccedente il quindicesimo anno di partecipazione a forme pensionistiche complementari, con un limite massimo di riduzione del 6% (art. 11, c. 6, D.Lgs. n. 252/2005).
Pertanto, relativamente agli iscritti al Fondo dal 1° gennaio 2007, decorsi 35 anni di partecipazione alla forma pensionistica complementare, l'aliquota sarà del 9%.

Nel caso di prestazioni erogate in forma di capitale la ritenuta di cui sopra è applicata dalla **forma pensionistica** cui risulta iscritto il lavoratore; nel caso di prestazioni erogate in forma di rendita tale ritenuta è applicata dai **soggetti eroganti**.
Per il **versamento** delle ritenute va utilizzato il **codice tributo 1018** (ris. 11 maggio 2007, n. 97/E).

RITENUTE SIIQ 34.4.

I soggetti residenti presso i quali i **titoli di partecipazione detenuti nelle SIIQ** (➡29.5.) sono stati **depositati**, direttamente o indirettamente, aderenti al sistema di deposito accentrato e gestito dalla Monte Titoli S.p.A., nonché i soggetti non residenti che aderiscono a sistemi esteri di deposito accentrato aderenti al sistema Monte Titoli, devono operare, con obbligo di rivalsa, una **ritenuta del 26% sugli utili** in qualunque forma **corrisposti a soggetti diversi da altre SIIQ**, derivanti dall'attività di **locazione immobiliare** nonché dal **possesso delle partecipazioni** (art. 1, c. 134, Legge n. 296/2006).
La misura della ritenuta è ridotta al **15%** in relazione alla parte dell'utile di esercizio riferibile a contratti di **locazione** di immobili ad uso abitativo **a regime concordato** (art. 2, c. 3, Legge n. 431/1998), ivi inclusi i contratti di locazione relativi agli **alloggi sociali** realizzati o recuperati in attuazione alle norme in materia (art. 11, D.L. n. 112/2008 e art. 11 dell'allegato al D.P.C.M. 16 luglio 2009).
Per le distribuzioni eseguite nei confronti di soggetti non residenti si applicano, sussistendone i presupposti, le convenzioni per evitare la doppia imposizione sul reddito.
La **ritenuta** è applicata **a titolo d'acconto**, con conseguente concorso dell'intero importo dei dividendi percepiti alla formazione del reddito imponibile, nei confronti di:

a. **imprenditori** individuali, se le partecipazioni sono relative all'impresa commerciale;
b. **società** in nome collettivo, in accomandita semplice ed equiparate, società ed enti indicati nelle lettere a) e b) del c. 1, art. 73, TUIR, e **Stabili Organizzazioni** nel territorio dello Stato delle società e degli enti di cui alla lett. d) del predetto art. 73, c. 1.

La **ritenuta** è applicata **a titolo d'imposta** in tutti gli altri casi.
La ritenuta non è operata sugli utili corrisposti alle forme di **previdenza complementare** D.Lgs. n. 252/2005), e agli **organismi d'investimento collettivo del risparmio** (D.Lgs. n. 58/1998), nonché su quelli che concorrono a formare il risultato maturato delle **gestioni individuali di portafoglio** (art. 7, D.Lgs. n. 461/1997).
Le società che abbiano esercitato l'**opzione congiunta per il regime speciale** operano la ritenuta secondo le regole indicate nei precedenti periodi solo nei confronti dei soci diversi dalla SIIQ controllante e da altre SIIQ.

35. DICHIARAZIONE DEI REDDITI E SCRITTURE CONTABILI

IRES

35.1. MODELLO REDDITI SOCIETÀ DI CAPITALI

35.1.1. Soggetti obbligati

Sono tenuti a presentare la dichiarazione annuale (**Mod. Redditi SC**) i soggetti IRES (➜19.2.), anche quando da essa non scaturisce un debito d'imposta.
I contribuenti, nei confronti dei quali si applicano gli **Indici di affidabilità fiscale** (**ISA**) sono tenuti, altresì, a presentare l'ulteriore modello per la comunicazione dei dati rilevanti ai fini dell'applicazione degli stessi.

35.1.2. Organo di controllo responsabile della firma della dichiarazione

La dichiarazione deve essere firmata anche dal responsabile dell'organo di controllo.

L'espressione "**organo di controllo**" deve intendersi riferita all'organo deputato alla predetta funzione di controllo di tipo contabile/gestionale (ris. 26 settembre 2005, n. 129/E).

La dichiarazione delle società e degli enti soggetti all'IRES sottoposti al controllo contabile ai sensi del Codice civile o di leggi speciali è sottoscritta anche dai **soggetti che sottoscrivono la relazione di revisione** (art. 1, c. 5, D.P.R. n. 322/1998).

Il soggetto che ha sottoscritto la relazione di revisione riferita ad un anno d'imposta (ancorché cessato dal suo incarico) è comunque obbligato a sottoscrivere anche la dichiarazione dei redditi ed IRAP, riferita alla medesima annualità, pena l'applicazione della sanzione fino al 30% del compenso contrattuale relativo all'attività di redazione della relazione di revisione e, comunque, non superiore all'imposta effettivamente accertata a carico del contribuente, con un minimo di euro 250 (art. 9, c. 5, D.Lgs. n. 471/1997) (ris. 8 giugno 2011, n. 62/E).

35.1.3. Modalità di presentazione

La dichiarazione deve essere **presentata** all'Agenzia delle Entrate (➜96.3.), indipendentemente dal domicilio fiscale del contribuente, direttamente **in via telematica**, ovvero tramite un intermediario autorizzato che provvederà alla trasmissione telematica (D.P.R. n. 322/1998).
A tale proposito, valgono le stese regole previste per la dichiarazione presentata in via telematica dalle persone fisiche (➜17.2.3.).

35.1.4. Termini di presentazione

La presentazione della dichiarazione da parte dei soggetti IRES deve avvenire **entro l'ultimo giorno dell'undicesimo mese successivo** a quello di chiusura del periodo d'imposta.
Ai fini dell'adempimento della presentazione, non assume quindi rilevanza la data di approvazione del bilancio o del rendiconto, ma solo la data di chiusura del periodo d'imposta.

CASO 1 - Termini di presentazione del mod. Redditi SC
1) Una società, con periodo d'imposta coincidente con l'anno solare, deve presentare la dichiarazione in via telematica, direttamente o tramite intermediario abilitato o società del gruppo, entro il 30 novembre.
2) Una società con periodo d'imposta 18 luglio anno n - 30 giugno anno n+1, deve presentare la dichiarazione in via telematica entro il 31 maggio anno n+2.

Le dichiarazioni trasmesse nei termini previsti, ma scartate dal servizio telematico, si considerano tempestive se vengono ritrasmesse entro i 5 giorni lavorativi successivi alla comunicazione dell'Agenzia che motiva lo scarto.
Le dichiarazioni, presentate **entro 90 giorni dalla scadenza** del termine, sono considerate **valide**, salva l'applicazione delle **sanzioni** previste dalla legge (artt. 2 e 8, D.P.R. n. 322/1998).
Quelle presentate, invece, con ritardo **superiore a 90 giorni,** si considerano **omesse**, ma costituiscono titolo per la riscossione dell'imposta che ne risulti dovuta.

Versamenti 35.1.5.

I termini entro i quali i soggetti IRES devono provvedere al versamento delle imposte dovute in base alla dichiarazione dei redditi sono diversi a seconda che gli stessi approvino il bilancio/rendiconto **entro o oltre i termini ordinari**.
Per determinare il termine entro cui versare le imposte è necessario considerare:
- la **data** di **chiusura** dell'**esercizio**;
- la **data** di **approvazione** del **bilancio/rendiconto** (qualora venga superato il termine di 120 giorni).

Approvazione del bilancio/rendiconto nei termini ordinari - Se la società approva il bilancio nei termini ordinari, ossia **entro 4 mesi dalla chiusura dell'esercizio** il saldo IRES e IRAP è effettuato entro l'**ultimo giorno del sesto mese successivo a quello di chiusura del periodo d'imposta** (art. 17, c. 1, D.Lgs. n. 435/2001).
Pertanto, per soggetti con esercizio coincidente con l'anno solare, il versamento è fissato al 30 giugno, oppure entro il 30 luglio con la maggiorazione dello 0,4%.
Questo termine deve essere rispettato anche dai **soggetti IRES** che **non** sono **tenuti ad approvare il bilancio**.

CASO 2 - Termini versamento - Approvazione del bilancio nei termini ordinari - Periodo d'imposta coincidente con l'anno solare
Un soggetto IRES con periodo d'imposta coincidente con l'anno solare presenta la seguente situazione:
- Esercizio: 01/01/anno x - 31/12/anno x
- Termine di approvazione bilancio: 30/04/anno x+1
- Approvazione bilancio rendiconto: 28/04/anno x+1

In questo caso, il versamento dovrà essere effettuato entro i seguenti termini:
- 30/6/anno x+1 senza maggiorazioni
- 30/7/anno x+1 con maggiorazione dello 0,4%

CASO 3 - Termini versamento - Approvazione del bilancio nei termini ordinari - Periodo d'imposta non coincidente con l'anno solare
Un soggetto IRES con periodo d'imposta non coincidente con l'anno solare presenta la seguente situazione:
- Esercizio: 01/04/anno x - 31/03/anno x
- Termine di approvazione bilancio: 29/07/anno x+1
- Approvazione bilancio rendiconto: 25/07/anno x+1

In questo caso, il versamento dovrà essere effettuato entro i seguenti termini:
- 30/9/anno x+1 senza maggiorazioni
- 30/10/anno x+1 con maggiorazione dello 0,4%

Approvazione del bilancio/rendiconto oltre i termini ordinari (entro 180 giorni) - Se la società approva il bilancio oltre 4 mesi dalla chiusura dell'esercizio (art. 2364, c. 2, c.c.) il versamento del saldo IRES e IRAP è effettuato **entro l'ultimo giorno del mese successivo** a quello di approvazione del bilancio/rendiconto (art. 17, c. 1, D.Lgs. n. 435/2001).
È sempre possibile versare entro 30 giorni con la maggiorazione dello 0,4%.

CASO 4 - Termini versamento - Approvazione del bilancio oltre i termini ordinari - Periodo d'imposta coincidente con l'anno solare
Un soggetto IRES con periodo d'imposta coincidente con l'anno solare presenta la seguente situazione:
- Esercizio: 01/01/anno x - 31/12/anno x
- Termine di approvazione bilancio: 29/06/anno x+1
- Approvazione bilancio rendiconto: 27/06/anno x+1

In questo caso, il versamento dovrà essere effettuato entro i seguenti termini:
- 31/7/anno x+1 senza maggiorazioni
- 30/8/anno x+1 con maggiorazione dello 0,4%

CASO 5 - Termini versamento - Approvazione del bilancio oltre i termini ordinari - Periodo d'imposta non coincidente con l'anno solare
Un soggetto IRES con periodo d'imposta non coincidente con l'anno solare presenta la seguente situazione:
- Esercizio: 01/04/anno x - 31/03/anno x
- Termine di approvazione bilancio: 27/09/anno x+1
- Approvazione bilancio rendiconto: 20/09/anno x+1

In questo caso, il versamento dovrà essere effettuato entro i seguenti termini:
- 31/10/anno x+1 senza maggiorazioni
- 30/11/anno x+1 con maggiorazione dello 0,4%

IRES

Mancata approvazione del bilancio/rendiconto - Se la società non approva il bilancio/rendiconto, occorre distinguere **2 casi**:
1. il bilancio/rendiconto doveva essere approvato **nel termine di 120 giorni**: si applica la **regola generale** secondo cui, indipendentemente dalla mancata approvazione del bilancio, il versamento delle imposte va fatto entro l'ultimo giorno del sesto mese successivo alla chiusura del periodo d'imposta;
2. il bilancio/rendiconto doveva essere approvato nel **maggior termine di 180 giorni**: il versamento deve essere effettuato entro **l'ultimo giorno del mese successivo** a quello entro cui si sarebbe dovuto approvare il bilancio.

Versamento saldo IVA - Le società che si avvalgono della possibilità di versare l'importo del **saldo dell'IVA** entro il termine previsto per l'effettuazione dei versamenti risultanti dalla dichiarazione dei redditi, per il periodo successivo al 16 marzo devono maggiorare tale importo dello **0,40% per mese** o frazione di mese.

Importo mimino - I versamenti non devono essere effettuati, se gli importi a debito da versare a saldo, al netto dell'eventuale maggiorazione, non superano ciascuno euro 12,00.
Inoltre, non possono essere rimborsate né portate in compensazione le imposte risultanti dalla dichiarazione di importi sotto i 12 euro (art. 1, c. 223, Legge n. 244/2007).

Proroga soggetti ISA - Il termine per il versamento delle imposte dirette, IRAP e IVA scadute nel periodo 30 giugno - 31 agosto 2021 è stato posticipato al **15 settembre 2021**, **senza** alcuna **maggiorazione** (art. 9-ter D.L. n. 73/2021) per:
- i soggetti che esercitano attività economiche per le quali sono stati approvati gli ISA e che dichiarano ricavi o compensi di ammontare non superiore al limite stabilito, per ciascun indice (compresi coloro che presentano cause di esclusione o di inapplicabilità dagli stessi);
- i soggetti che partecipano a società, associazioni e imprese in regime di trasparenza fiscale (quindi società di persone di cui all'art. 5 TUIR o srl "trasparenti" ai sensi degli articoli 115 e 116 del TUIR), aventi i requisiti per beneficiare della proroga;
- i soggetti che applicano il regime forfetario e/o il regime fiscale di vantaggio per l'imprenditoria giovanile e lavoratori in mobilità.

Acconto - La **misura dell'acconto** dell'IRES è fissata al **100%**.
La **prima rata d'acconto** è pari al **40%** dell'acconto complessivo, la **seconda rata** è **pari al 60%** dell'acconto complessivo.

Rimodulazione e riduzione degli acconti - A decorrere **dal 2019,** per i soggetti che esercitano attività economiche per le quali sono stati approvati gli ISA e che dichiarano ricavi o compensi di ammontare non superiore al limite stabilito, per ciascun indice nonché per i soggetti che partecipano a società, associazioni e imprese in regime di trasparenza fiscale assoggettate a ISA, i versamenti di acconto dell'IRES sono effettuati, **in 2 rate ciascuna nella misura del 50%** (art. 58, D.L. n. 124/2019).
Godono della **riduzione** i contribuenti che:
- contestualmente:
  a. esercitano, in forma di impresa o di lavoro autonomo, le **attività** economiche per le quali sono stati **approvati** gli **ISA**, prescindendo dal fatto che gli stessi applichino o meno gli ISA;

b. dichiarano **ricavi o compensi** di ammontare **non superiore al limite** stabilito, per ciascun **ISA**, dal relativo decreto ministeriale di approvazione;

- determinano il reddito con altre tipologie di **criteri forfetari**;
- ricadono nelle altre cause di esclusione dagli ISA (ris. 12 novembre 2019, n. 93/E).

Inoltre, la **riduzione** riguarda anche alcune tipologie di imposte sostitutive e particolari e cioè:

- l'**imposta sostitutiva delle imposte sui redditi** e dell'**IRAP** dovuta dai contribuenti che si avvalgono di forme di determinazione del reddito con criteri forfetari;
- la **cedolare secca** sul canone di locazione;
- l'**IVIE**;
- l'**IVAFE**.

Compensazione - Il credito IRES risultante dalla dichiarazione è compensabile con tutti gli altri tributi e contributi che rientrano nel sistema del versamento unificato (art. 17, D.Lgs. n. 241/1997).

> Per poter compensare orizzontalmente, crediti d'imposta derivanti dalle dichiarazioni, per importi **superiori a 5.000 euro annui**, è necessario apporre sulla dichiarazione il **visto di conformità** (art. 1, c. 574, Legge n. 147/2013).
> La compensazione del credito annuale o relativo a periodi inferiori all'anno dell'IVA, dei crediti relativi alle imposte sui redditi e alle relative addizionali, alle imposte sostitutive delle imposte sui redditi e all'IRAP, per **importi superiori a 5.000 euro annui**, può essere effettuata a partire dal **decimo giorno** successivo a quello di presentazione della dichiarazione o dell'istanza da cui il credito emerge (art. 17, c. 1, D.Lgs. n. 241/1997).

È anche previsto l'obbligo, per tutti i contribuenti di utilizzare i servizi telematici dell'Agenzia delle Entrate qualora intendano compensare, per qualsiasi importo, crediti IVA (annuali o infrannuali), crediti relativi alle imposte sui redditi e addizionali, alle ritenute alla fonte, alle imposte sostitutive delle imposte sul reddito, all'IRAP ovvero crediti maturati in qualità di sostituto d'imposta e i crediti d'imposta da indicare nel quadro RU della dichiarazione dei redditi (art. 37, c. 49-bis, D.L. n. 223/2006)

IRES

MODELLO REDDITI ENTI NON COMMERCIALI ED EQUIPARATI 35.2.

Sono tenuti alla presentazione del mod. Redditi Enti non commerciali ed equiparati (ENC) i seguenti soggetti (➡96.2.):

- **enti non commerciali**, pubblici e privati;
- organizzazioni non lucrative di utilità sociale (**ONLUS**);
- **società semplici**, **associazioni** ed enti equiparati;
- **società** ed **enti non commerciali non residenti**.

Valgono le stesse regole previste per il mod. Redditi SC per quanto riguarda le modalità di redazione (➡35.1.3.), di presentazione (➡35.1.4.) e di versamento (➡35.1.4.).

SANZIONI 35.3.

Le sanzioni relative alle violazioni commesse per la dichiarazione dei redditi delle società di capitali e gli enti non commerciali sono le stesse di quelle previste per la dichiarazione dei redditi delle persone fisiche (➡17.2.6.).

SCRITTURE CONTABILI 35.4.

I soggetti IRES sono obbligati alla tenuta della **contabilità ordinaria** (➡14.11.7.).

In merito alle regole generali di tenuta della contabilità valgono le stesse disposizioni previste per le imprese individuali e le società di persone (➡14.11.1.), (➡14.11.2.), (➡14.11.3.), (➡14.11.4.), (➡14.11.5.), (➡14.11.6.).

IRAP

ASPETTI GENERALI 36.

PRESUPPOSTO 36.1.

L'IRAP ha come presupposto l'esercizio abituale di una attività, autonomamente organizzata, diretta alla produzione e allo scambio di **beni** o alla prestazione di **servizi**, comprese le attività esercitate dalle società e dagli enti, inclusi gli organi e le Amministrazione dello Stato (art. 2, D.Lgs. 15 dicembre 1997, n. 446).

Qualora dette attività vengano esercitate in modo **occasionale**, le stesse **non rilevano** ai fini dell'applicazione dell'IRAP.

Per le imprese ed i lavoratori autonomi, una parte dell'IRAP versata è **deducibile** dal reddito d'impresa o dal reddito di lavoro autonomo secondo regole specifiche (➜24.4.1.).

TERRITORIALITÀ 36.2.

L'IRAP si applica su base **territoriale-regionale**.

Attività esercitata in più Regioni 36.2.1.

Se l'attività è esercitata nel **territorio di più Regioni,** si considera prodotto nel territorio di ciascuna Regione il **valore della produzione netta proporzionalmente** corrispondente all'ammontare delle retribuzioni spettanti al personale, a qualunque titolo utilizzato, addetto, con continuità, a stabilimenti, cantieri, uffici o basi fisse, operante per un periodo di tempo **non inferiore a 3 mesi** nel territorio di ciascuna Regione (art. 4, c. 2, D.Lgs. n. 446/1997).

Sono compresi nelle retribuzioni spettanti al personale:
- redditi assimilati a quelli di lavoro dipendente;
- compensi ai collaboratori coordinati e continuativi;
- utili agli associati in partecipazione (art. 11, c. 1, lett. b), n. 5, D.Lgs. n. 446/1997).

Si considera prodotto nella Regione nel cui territorio il soggetto passivo ha il **domicilio fiscale** il valore della produzione netta derivante dalle attività esercitate nel territorio di altre Regioni senza l'impiego di personale per **almeno 3 mesi** (art. 4, c. 2, D.Lgs. n. 446/1997).

Ogni soggetto passivo si considera domiciliato nel Comune nel quale ha il domicilio fiscale (D.P.R. n. 600/1973).

Banche ed enti finanziari e imprese di assicurazione - Si considera prodotto nel territorio di ciascuna Regione il valore della produzione netta proporzionalmente corrispondente, rispettivamente, ai **depositi** in denaro e in **titoli** verso la clientela, agli impieghi o agli **ordini** eseguiti, ai **premi** raccolti presso gli uffici, ubicati nel territorio di ciascuna Regione. Tale regola non si applica alla Banca d'Italia e all'Ufficio italiano cambi (art. 4, c. 2, D.Lgs. n. 446/1997).

Agevolazioni per Campione d'Italia - Il valore della produzione netta in franchi svizzeri, determinata in base alle regole proprie di ogni categoria di contribuenti, derivante da attività esercitate nel Comune di Campione d'Italia, è computato in euro sulla base del cambio del giorno in cui sono stati percepiti o del giorno antecedente più prossimo e, in mancanza, secondo il cambio del mese in cui sono stati percepiti, **ridotto forfetariamente del 30%** (art. 17, D.Lgs. n. 446/1997).

Al valore della produzione netta espresso in euro si applica la medesima riduzione calcolata per i franchi svizzeri, in base a quanto sopra previsto, con un **abbattimento minimo di euro 26.000**.

Nel caso in cui l'impresa svolga la propria attività anche al di fuori del territorio del Comune di Campione d'Italia, ai fini dell'individuazione della quota di valore della produzione netta per cui è possibile beneficiare delle agevolazioni si applicano le norme previste per l'**attività svolta in più Regioni** sopra esposta.

Le suddette agevolazioni sono soggette ad autorizzazione UE in base alla disciplina sugli aiuti di Stato (Reg. UE n. 1407/2013 della Commissione, del 18 dicembre 2013 e del Reg. UE n. 1408/2013 della Commissione, del 18 dicembre 2013).

Inoltre, **dal 2020**, sono previste ulteriori agevolazioni (➜38.10.).

IRAP

37. SOGGETTI OBBLIGATI ED ESCLUSI

37.1. SOGGETTI OBBLIGATI

L'**IRAP** si applica a (art. 3, c. 1, D.Lgs. n. 446/1997):

- **società di capitali** (Spa, Srl, Sapa), le società cooperative e di mutua assicurazione, gli enti pubblici e privati diversi dalla società che hanno per oggetto esclusivo o principale l'esercizio di attività commerciali (art. 73, c. 1, lett. a) e b), TUIR);
- **società di persone** (Snc e Sas) e quelle a esse equiparate a norma dell'art. 5, c. 3, del TUIR;
- **fino al 31 dicembre 2021, persone fisiche** esercenti attività commerciali;
- persone fisiche, società semplici e quelle ad esse equiparate (art. 5, c. 3, TUIR) esercenti **arti e professioni** (➡37.3.); dal 1° gennaio 2022, le persone fisiche esercenti arti e professioni sono escluse;
- **enti privati** diversi dalle società residenti che non hanno per oggetto esclusivo o principale lo svolgimento di attività commerciale;
- **ONLUS** (limitatamente all'attività commerciale eventualmente esercitata);
- società ed enti di ogni tipo, con o senza personalità giuridica, **non residenti** nel territorio dello Stato (art. 73, c. 1, lett. d), TUIR);
- **Stato** ed **enti pubblici**, comprese le Amministrazione autonome indicate nell'art. 74, TUIR.

CASO 1 - Fallimento

In caso di impresa sottoposta alla p**rocedura fallimentare** il presupposto impositivo si verifica solo in presenza di **esercizio provvisorio**.

CASO 2 - Liquidazione

L'imposta è dovuta, senza alcuna eccezione, per le **imprese in liquidazione**.

CASO 3 - Soggetti non residenti

1) L'imposta si applica solo se l'attività sia stata svolta in Italia per un periodo di **almeno 3 mesi** tramite una **Stabile Organizzazione** (art. 12, c. 2, D.Lgs. n. 446/1997).

2) Ai fini dell'applicazione dei **trattati internazionali** in materia tributaria, l'IRAP è equiparata ai tributi erariali da essa aboliti e, quindi, principalmente, l'ILOR (art. 44, D.Lgs. n. 446/1997 e circ. 18 aprile 2002, n. 33/E).

3) Agli Enti non commerciali si applicano le specifiche disposizioni previste per i redditi da Stabile Organizzazione (c.d. "functionally separate entity" - art. 7, D.Lgs. n. 147/2015). Il **valore della produzione netta** derivante da una Stabile Organizzazione è determinato sulla base di un apposito **rendiconto economico e patrimoniale**, da redigersi secondo i principi contabili e rimandando alle disposizioni del TUIR.

4) Per le **società statunitensi** che operano in Italia è previsto un "foreign tax credit" parziale per l'IRAP, che ha l'obiettivo di eliminare le differenze che esistono nei criteri di determinazione della base imponibile rispetto a quelli applicati dalle imposte americane, in particolare quelle conseguenti alla indeducibilità degli interessi passivi e del costo del lavoro dalla base imponibile (Convenzione Italia - Stati Uniti 25 agosto 1999).

5) Per gli **Uffici dislocati all'estero del Ministero (IIC)** gli emolumenti che sono corrisposti al soggetto percettore concorrono alla formazione della base imponibile IRAP del Ministero nell'ipotesi in cui l'operatività dell'Ufficio italiano dislocato all'estero del Ministero sia di durata inferiore a 3 mesi (risposta a interpello 28 settembre 2018, n. 17).

37.2. SOGGETTI ESCLUSI

L'IRAP non si applica a (art. 3, c. 2, D.Lgs. n. 446/1997):

- **fondi comuni di investimento**;
- **fondi pensione**;

- gruppi economici di interesse europeo (**GEIE**). È prevista l'imputazione, a carico di ciascun membro, del valore della produzione netta nella proporzione prevista dal contratto di gruppo o, in mancanza, in parti uguali (art. 13, D.Lgs. n. 446/1997);
- **produttori agricoli** titolari di **reddito agrario** (art. 32, TUIR) dal 1° gennaio 2016;
- **cooperative** e loro **consorzi** che forniscono in via principale, anche nell'interesse di terzi, servizi nel settore selvicolturale, comprese le sistemazioni idraulico-forestali (art. 8, D.Lgs. n. 227/2001) dal 1° gennaio 2016;
- **cooperative agricole** e della **piccola pesca** (art. 10, D.P.R. n. 601/1973) dal 1° gennaio 2016;
- **società semplici** titolari di redditi derivanti dalla concessione in **affitto di terreni o fabbricati** (circ. 4 giugno 1998, n. 141/E);
- **società semplici** titolari di redditi derivanti dalla concessione in **affitto della propria azienda agricola** (ris. 23 novembre 2007, n. 340/E);
- contribuenti che si avvalgono del **regime forfetario** (art. 1, c. 54-89, Legge n. 190/2014) (➜**14.11.9.**) e di quello dei c.d. **contribuenti minimi** (art. 1, c. 96-115, Legge n. 244/2007) (➜**14.11.10.**);
- titolari di **redditi di natura occasionale**, sia d'impresa sia di lavoro autonomo (art. 67, c. 1, lett. i) e l), TUIR; circ. 4 giugno 1998, n. 141/E);
- titolari di redditi di **collaborazione coordinata e continuativa** (circ. 4 giugno 1998, n. 141/E);
- **venditori a domicilio** soggetti alla ritenuta a titolo d'imposta (circ. 4 giugno 1998, n. 141/E);
- titolari degli **altri redditi di lavoro autonomo**, non derivanti dall'esercizio di arti o professioni (art. 53, c. 2, TUIR);
- **dal 1° gennaio 2022** (art. 1, c. 8, Legge n. 234/2021), **persone fisiche esercenti attività commerciali** (art. 3, c. 1, lett. b), D.Lgs. n. 446/1997), **comprese le imprese familiari e** persone fisiche esercenti **arti e professioni** (art. 3, c. 1, lett. c), D.Lgs. n. 446/1997).

Altri redditi di lavoro autonomo - Rientrano nell'esclusione dall'IRAP (art. 53, c. 2, TUIR):

- i redditi derivanti dall'utilizzazione economica di **opere dell'ingegno** da parte dell'autore, se non conseguiti nell'esercizio di imprese commerciali;
- le **partecipazioni agli utili** spettanti agli associati in partecipazione, quando l'apporto è costituito esclusivamente dalla prestazione di lavoro;
- le partecipazioni agli utili spettanti ai **promotori** e ai **soci fondatori** di Spa, Sapa e Srl;
- le indennità per la **cessazione di rapporti di agenzia**;
- i redditi derivanti dall'attività di levata dei protesti esercitata dai **segretari comunali**;
- i redditi derivanti dalle **prestazioni sportive** oggetto di attività di lavoro autonomo di cui alla Legge n. 91/1981.

IRAP

ESERCENTI ARTI E PROFESSIONI 37.3.

Fino al 31 dicembre 2021, l'**assoggettamento a IRAP** degli esercenti attività di lavoro autonomo che, di fatto, non hanno una organizzazione di mezzi autonoma e strutturata è stato un aspetto controverso.
Con effetto **dal 1° gennaio 2022**, la Legge di bilancio 2022 (art. 1, c. 8, Legge n. 234/2021) ha risolto la questione prevedendo l'esclusione dall'IRAP per i contribuenti persone fisiche che esercitano attività commerciali, nonché arti e professioni.
Pertanto, con riferimento agli esercenti arti e professioni, resta l'**applicabilità** dell'imposta nel caso di svolgimento dell'**attività in forma associata**.
Sulla base di tali disposizioni dovrebbero pertanto cessare tutti i contenziosi in atto determinatisi a seguito delle prese di posizione della giurisprudenza, specie di legittimità, che si sono susseguite nel corso degli anni e che traggono origine dalla sentenza della Corte Costituzionale n. 156/2001, che, dichiarando infondate o inammissibili le eccezioni di incostituzionalità del D.Lgs. n. 446/1997:

- ha ribadito che l'IRAP è un'imposta di carattere reale che **colpisce il valore aggiunto** prodotto dalle (sole) attività **autonomamente organizzate**;
- ha riconosciuto in tale valore aggiunto, **direttamente connesso all'elemento organizzativo**, un idoneo indice di capacità contributiva.

Da ciò ne è derivata una copiosa produzione di giurisprudenza della Corte di cassazione, che, seppur a fasi alterne, si è basata sul principio secondo cui sussiste il requisito dell'**autonoma organizzazione** (che è il presupposto impositivo ai fini IRAP) se il contribuente che esercita l'attività di lavoro autonomo:

- è l'**unico responsabile dell'organizzazione**, non essendo, quindi, inserito in strutture organizzative riferibili ad altrui responsabilità ed interesse;

– **impiega beni strumentali** eccedenti le quantità che, secondo quanto accade di solito, costituiscono il minimo indispensabile per l'esercizio dell'attività ovvero si avvalga in modo **non occasionale** di **lavoro altrui**.

I requisiti di cui all'ultimo punto devono considerarsi **alternativi**. Pertanto, è sufficiente il ricorrere di uno soltanto di essi (ad esempio, impiego non occasionale di lavoro altrui), unitamente alla condizione di cui al primo punto, per configurare la sussistenza di un'autonoma organizzazione (Cass. 16 febbraio 2007, n. 3676, n. 3678 e n. 3680, Cass. 5 marzo 2007, n. 5020 e n. 5021, Cass. 18 aprile 2007, n. 9214, Cass. 28 gennaio 2009, n. 2030 e Cass., SS.UU., 26 maggio 2009, n. 12108).

Sulla questione si era pronunciata l'Agenzia delle Entrate (circ. n. 45/E/2008), secondo cui, premesso che l'**onere della prova** ricade generalmente sul contribuente e l'assenza dell'autonoma organizzazione deve essere fatta valere soltanto nel ricorso e non può essere introdotta in giudizio successivamente, gli uffici devono esaminare:

– in primo luogo, le dichiarazioni, con specifico riguardo al contenuto del quadro concernente i redditi di lavoro autonomo (**quadro RE**), al fine di verificare la fondatezza della richiesta del contribuente e di contrastare, ricorrendone i presupposti, le eccezioni sollevate in giudizio circa la mancanza del requisito dell'autonoma organizzazione;
– successivamente i modelli per la comunicazione dei dati rilevanti ai fini dell'applicazione degli **studi di settore** (Mod. **ISA** per i contribuenti interessati dal periodo d'imposta 2018): l'attenzione deve essere posta, in particolare, sui quadri relativi al **personale addetto all'attività**, **all'unità locale** destinata all'esercizio dell'attività e ai **beni strumentali**.

In caso di insufficienza delle informazioni, ulteriori elementi utili potrebbero essere desunti da altre dichiarazioni presenti nel sistema informativo dell'Agenzia e nella documentazione di cui dispone l'ufficio, comprese le informazioni emerse nell'attività di controllo a carico del ricorrente o anche di terzi.

Secondo l'Agenzia, il criterio residuale da seguire è quello di rifarsi alle caratteristiche (e requisiti) del **regime dei minimi** o del **regime forfetario**.

IRAP

BASE IMPONIBILE, ALIQUOTE E CALCOLO 38.

VALORE DELLA PRODUZIONE NETTA 38.1.

L'imposta si applica sul **valore della produzione netta** derivante dall'attività esercitata nel territorio della Regione (➡38.2.1.) (art. 4, c. 1, D.Lgs. n. 446/1997).

IRAP

La definizione del valore di produzione netta varia in funzione della tipologia di attività esercitata. Occorre distinguere tra:

- società di capitali ed enti commerciali (➡38.2.);
- imprese individuali e società di persone (➡38.3.);
- intermediari finanziari (➡38.4.);
- imprese di assicurazione (➡38.5.);
- esercenti arti e professioni (➡38.6.);
- imprese agricole (➡38.7.);
- enti non commerciali (➡38.8.);
- soggetti che si avvalgono di regimi forfetari (➡38.9.).

SOCIETÀ DI CAPITALI ED ENTI COMMERCIALI 38.2.

Per la determinazione della **base imponibile** delle società di capitali e degli enti commerciali (nello specifico, Spa, Srl, Sapa, società cooperative e di mutua assicurazione, enti commerciali pubblici e privati, purché non esercenti attività bancaria o assicurativa) valgono le seguenti regole:

- è necessario determinare la **differenza tra il valore e i costi della produzione** (lett. a) e b) dell'art. 2425 c.c.), con esclusione di alcune voci di costo (➡38.2.1.);
- sono previste alcune **regole specifiche** per i soggetti che redigono il bilancio secondo **Principi contabili internazionali** (➡38.2.2.);
- ad alcuni costi si applica una **indeducibilità** assoluta (➡38.2.3.);
- sono previste **regole particolari** per alcune componenti positive e negative (➡38.2.4.).

Differenza tra valore e costi della produzione 38.2.1.

Per determinare la base imponibile occorre fare riferimento ad alcune voci del Conto economico civilistico.

È necessario calcolare la **differenza tra il valore e i costi della produzione** (lett. a) e b) dell'art. 2425 c.c.), con **esclusione** delle voci:

- **costi per il personale** (n. 9);
- altre **svalutazioni delle immobilizzazioni** (n. 10, lett. c);

- **svalutazioni dei crediti** compresi nell'attivo circolante e delle **disponibilità liquide** (n. 10, lett. d);
- **accantonamenti per rischi** (n. 12);
- **altri accantonamenti** (n. 13);
- componenti positivi e negativi di **natura straordinaria** derivanti da trasferimenti di azienda o di rami di azienda, così come risultanti dal Conto economico dell'esercizio.

Componenti positivi e negativi (art. 2425 c.c.) che rilevano o meno ai fini del calcolo del valore della produzione netta		
Valore della produzione	**Costi della produzione ammessi**	**Costi della produzione esclusi**
1) ricavi delle vendite e delle prestazioni	6) per materie prime, sussidiarie, di consumo e di merci	9) per il personale: a) salari e stipendi; b) oneri sociali; c) trattamento di fine rapporto; d) trattamento di quiescenza e simili; e) altri costi
2) variazioni delle rimanenze di prodotti in corso di lavorazione, semilavorati e finiti	7) per servizi	10) ammortamenti e svalutazioni: c) altre svalutazioni delle immobilizzazioni; d) svalutazioni dei crediti compresi nell'attivo circolante e delle disponibilità liquide;
3) variazioni dei lavori in corso su ordinazione	8) per godimento di beni di terzi	12) accantonamenti per rischi
4) incrementi di immobilizzazioni per lavori interni	10) ammortamenti e svalutazioni: a) ammortamento delle immobilizzazioni immateriali; b) ammortamento delle immobilizzazioni materiali.	13) altri accantonamenti
5) altri ricavi e proventi, con separata indicazione dei contributi in conto esercizio	11) variazioni delle rimanenze di materie prime, sussidiarie, di consumo e merci	
	14) oneri diversi di gestione	

I componenti positivi e negativi classificabili in voci del Conto economico, **diverse** da quelle indicate in precedenza, concorrono alla formazione della base imponibile se correlati a componenti rilevanti della base imponibile, di periodi d'imposta precedenti o successivi.

Indipendentemente dalla effettiva collocazione nel Conto economico, i componenti positivi e negativi del valore della produzione sono accertati secondo i **criteri di corretta qualificazione**, imputazione temporale e classificazione previsti dai **Principi contabili** adottati dall'impresa.

Accantonamento a fondi rischi e oneri - È esclusa la deducibilità, ma, sono comunque deducibili, all'atto dell'effettivo sostenimento, le spese che gli accantonamenti sono chiamati a fronteggiare (circ. 19 febbraio 2008, n. 12/E, par. 9.2):

- ancorché non espressamente risultanti nella relativa voce del Conto economico, per via dell'utilizzo del fondo iscritto nel passivo dello Stato patrimoniale;
- a condizione che si tratti di spese potenzialmente classificabili in una voce dell'aggregato B del Conto economico rilevante ai fini IRAP.

Beni oggetto di svalutazione o rivalutazione - Le svalutazioni delle immobilizzazioni materiali e immateriali sono **irrilevanti** ai fini IRAP in quanto la voce B.10.c del Conto economico non concorre alla determinazione della base imponibile IRAP (circ. 26 maggio 2009, n. 27/E).

Sono ugualmente irrilevanti:

- gli eventuali **successivi ripristini di valore** nel limite del costo;

IRAP

- le c.d. "**rivalutazioni economiche**", in presenza di un "caso eccezionale" (ai sensi dell'art. 2423, c. 4, c.c.) in cui l'applicazione di una norma generale, cioè il principio del costo, risulti incompatibile con la rappresentazione veritiera e corretta.

Ne deriva che, in caso di svalutazione (valore civilistico del bene inferiore a quello fiscale), il **disallineamento tra valore civilistico e fiscale** si riassorbe attraverso le variazioni in diminuzione effettuate in dichiarazione nel corso del processo di ammortamento del bene, applicando il criterio di ammortamento utilizzato in sede civilistica, ossia ripartendo il valore fiscale del bene (valore contabile residuo al lordo della svalutazione non dedotta fiscalmente) sulla base della vita utile residua del bene stesso.
In caso di rivalutazione vale il principio inverso.

CASO 1 - Svalutazione con variazione della vita utile residua

Si ipotizzi il caso di un soggetto IRES che abbia acquistato un bene nel 2019 che:
- ha un costo storico di 100;
- ha una vita utile di 10 esercizi;
- ha un coefficiente di ammortamento previsto dal D.M. 31 dicembre 1988 del 10% (si prescinde, per semplicità espositiva, dalla riduzione alla metà della quota di ammortamento relativa al primo esercizio);
- nel 2021 subisce una svalutazione, con rilevanza solo civilistica, di 10 e una riduzione della vita utile residua da 8 a 7 esercizi (calcolati dal 2011 compreso).

In tale situazione, è stato chiarito che il maggiore valore fiscale (pari a 10), derivante dal mancato riconoscimento della svalutazione operata in bilancio nel 2021, è deducibile dall'imponibile IRAP a partire dall'esercizio successivo a quello in cui si conclude l'ammortamento contabile (2028), nei limiti dell'importo derivante dall'applicazione dei coefficienti tabellari previsti dal D.M. 31 dicembre 1988 (circ. 26 maggio 2009, n. 27/E, circ. 16 luglio 2009, n. 36/E).

	2019	**2020**	**2021**	**2022**	**2023**	**2024**	**2025**	**2026**	**2027**	**2028**
Svalutazione solo civilistica			**-10**							
Amm.to civile	-10	-10	-10	-10	-10	-10	-10	-10	-10	0
Amm.to IRES	-10	-10	-10	-10	-10	-10	-10	-10	-10	-10
Amm.to IRAP	-10	-10	-10	-10	-10	-10	-10	-10	-10	-10
di cui										
- per derivazione	-10	-10	-10	-10	-10	-10	-10	-10	-10	0
- variazione in diminuzione	0	0	0	0	0	0	0	0	0	**-10**
Valore civile al 31/12	90	80	60	50	40	30	20	10	0	**0**
Valore IRES al 31/12	90	80	70	60	50	40	30	20	10	0
Valore IRAP al 31/12	90	80	70	60	50	40	30	20	10	0

Nell'esempio, quindi, dal 2021 la quota di ammortamento civilistico stanziata annualmente a Conto economico risulta pari a 10, cioè al valore contabile residuo (70) ripartito sulla base della vita utile residua del bene (7 esercizi).
La quota di ammortamento massima fiscalmente deducibile, invece, continua ad essere determinata dall'applicazione del coefficiente tabellare (10%) al valore fiscale del bene (100) e, nella fattispecie, risulta anch'essa pari a 10.
In tale caso il contribuente non può dedurre il maggior valore fiscale (pari a 10) nel corso del processo di ammortamento, poiché la quota di ammortamento transitata a Conto economico non è inferiore all'importo massimo fiscalmente deducibile.
Nella diversa ipotesi in cui l'ammortamento civilistico risulti inferiore rispetto a quello fiscalmente deducibile è possibile dedurre il maggior valore fiscale nel corso del processo di ammortamento senza attendere la fine dell'ammortamento contabile.
In altri termini, durante il periodo di ammortamento del bene è possibile apportare delle variazioni

IRAP

in diminuzione in sede di dichiarazione per la parte del maggior ammortamento fiscale risultante dall'applicazione dei coefficienti tabellari ad un valore fiscale più alto di quello civilistico.
Resta inteso che tali variazioni sono effettuate ai fini IRAP sempreché siano state operate anche ai fini IRES.

CASO 2 - Svalutazione con invarianza della vita utile residua

Si supponga di essere in presenza dello stesso bene di cui al precedente esempio 1 che nel 2021 subisce una svalutazione di 10 con rilevanza solo civilistica, ferma restando, però, la vita utile del bene (8 esercizi calcolati dal 2021 compreso).
In questo caso si avrà:

	2019	2020	2021	2022	2023	2024	2025	2026	2027	2028
Svalutazione solo civilistica			**-10**							
Amm.to civile	-10	-10	-8,75	-8,75	-8,75	-8,75	-8,75	-8,75	-8,75	-8,75
Amm.to IRES	-10	-10	-10	-10	-10	-10	-10	-10	-10	-10
Amm.to IRAP	-10	-10	-10	-10	-10	-10	-10	-10	-10	-10
di cui										
- per derivazione	-10	-10	-8,75	-8,75	-8,75	-8,75	-8,75	-8,75	-8,75	-8,75
- in dichiarazione come variazione in diminuzione	0	0	**-1,25**	**-1,25**	**-1,25**	**-1,25**	**-1,25**	**-1,25**	**-1,25**	**-1,25**
Valore civile al 31/12	90	80	61,25	52,5	43,75	35	26,25	17,5	8,75	0
Valore IRES al 31/12	90	80	70	60	50	40	30	20	10	0
Valore IRAP al 31/12	90	80	70	60	50	40	30	20	10	0

In tal caso, la quota di ammortamento massima fiscalmente deducibile, pari a 10 (determinata applicando il coefficiente tabellare pari al 10%, al valore fiscale del bene pari a 100), **è superiore** alla quota di ammortamento civilistico stanziata a Conto economico, pari ad 8,75 (determinata dividendo il valore contabile pari a 70 per la residua vita utile pari a 8).
Ne deriva, quindi, che il contribuente, dal 2021 al 2028, effettua delle variazioni in diminuzione in sede di dichiarazione per un importo pari a 1,25 al fine di riassorbire il maggiore valore fiscale (pari a 10) non dedotto nel 2021.
Resta inteso che tali variazioni sono effettuate ai fini IRAP sempreché siano state operate anche ai fini IRES.
Il contribuente per recuperare la svalutazione non dedotta deve dedurre **in ciascun periodo** d'imposta l'intero importo dell'ammortamento fiscalmente ammesso. Ne consegue che, in linea di principio, qualora non deduca l'intero maggior ammortamento fiscale rispetto a quello imputato a Conto economico nel corso del processo di ammortamento, tale maggior valore può essere recuperato **solo in sede di realizzo del cespite**.
Va tuttavia evidenziato che, considerata **l'incertezza interpretativa sul punto**, il contribuente che nei periodi d'imposta antecedenti ai chiarimenti forniti con la circ. n. 26/E/2011 non abbia dedotto il maggiore ammortamento ai fini IRAP per l'importo massimo consentito, non è costretto ad aspettare la cessione del bene per recuperare l'ammortamento non dedotto, ma può farlo nei periodi d'imposta successivi tenendo conto delle indicazioni fornite con la predetta circolare.
In altri termini, il contribuente opera, **fino a concorrenza della quota fiscalmente deducibile** (determinata secondo i coefficienti tabellari), opportune variazioni in diminuzione nei periodi d'imposta in cui risultano imputate a Conto economico quote di ammortamento ovvero nei periodi d'imposta successivi a quello in cui è cessato il processo di ammortamento contabile.

IRAP

Bilancio redatto secondo Principi contabili internazionali 38.2.2.

Per i soggetti che redigono il bilancio in base ai **Principi contabili internazionali**, la base imponibile è determinata assumendo le voci del valore e dei costi della produzione corrispondenti a quelle indicate in precedenza (➔38.2.1.).

I componenti fiscalmente rilevanti ai sensi delle norme IRAP, imputati direttamente a patrimonio netto o al prospetto delle altre componenti di **Conto economico complessivo (OCI)**, concorrono alla formazione della base imponibile IRAP al momento dell'imputazione a Conto economico.

Se per tali componenti non è mai prevista l'imputazione a Conto economico, la rilevanza ai fini IRAP è stabilita secondo le disposizioni applicabili ai componenti imputati al Conto economico aventi la medesima natura (art. 2, c. 2, D.M. 8 giugno 2011).

Componenti negative escluse 38.2.3.

Tra le componenti negative non possono essere dedotte (art. 5, c. 3 e art. 11, c. 1, lett. b), D.Lgs. n. 446/1997):

- le **spese per il personale dipendente** e assimilato classificate in voci diverse dalla voce di cui alla lett. b), n. 9, dell'art. 2425 c.c.;
- i compensi per **attività commerciali** e per prestazioni di lavoro autonomo non esercitate abitualmente;
- i costi per **prestazioni di collaborazione coordinata e continuativa**;
- i compensi per **prestazioni di lavoro assimilato** a quello dipendente;
- gli utili spettanti agli **associati in partecipazione** che apportano solo lavoro;
- la quota **interessi dei canoni di locazione finanziaria**, desunta dal contratto;
- le **perdite su crediti**;
- il **contributo sanitario obbligatorio** versato con il premio di **assicurazione RC per veicoli e natanti** (art. 334, D.Lgs. n. 209/2005; art. 12, c. 2-bis, D.L. n. 102/2013);
- **l'IMU**.

È, altresì, indeducibile l'imposta municipale immobiliare (IMI) della Provincia autonoma di Bolzano (L.P. 23 aprile 2014, n. 3), e l'imposta immobiliare semplice (IMIS) della Provincia autonoma di Trento (L.P. 30 dicembre 2014, n. 14).

Regole particolari 38.2.4.

Sono previste regole specifiche per determinate componenti di reddito.

Fattispecie	Trattamento ai fini IRAP	Riferimento
Contributi erogati in base a **norma di legge**	Concorrono alla formazione del valore della produzione salvo i contributi correlati a **costi indeducibili**.	art. 5, c. 3, D.Lgs. n. 446/1997; circ. 16 luglio 2009, n. 36/E
Cessione di immobili	Concorrono alla formazione del valore della produzione **le plusvalenze e minusvalenze** derivanti dalla cessione di immobili che non costituiscono beni strumentali per l'esercizio dell'impresa, né beni alla cui produzione o al cui scambio è diretta l'attività dell'impresa. Il valore da assumere ai fini della determinazione delle plusvalenze e delle minusvalenze è rappresentato dal valore fiscale del bene (circ. n. 27/E/2009 par. 2.4).	art. 5, c. 3, D.Lgs. n. 446/1997
Marchi d'impresa e avviamento	Sono ammesse in deduzione le quote di ammortamento del costo sostenuto per l'acquisizione di **marchi d'impresa** e a titolo di **avviamento,** in misura non superiore a un diciottesimo del costo, indipendentemente dall'imputazione al Conto economico.	art. 5, c. 3, D.Lgs. n. 446/1997
Personale con contratto di **lavoro interinale**	I costi per l'impiego di personale "interinale" sono deducibili solo per l'importo che **eccede** gli **oneri retributivi** e **contributivi.**	circ. 9 giugno 2015, n. 22/E

IRAP

Fattispecie	Trattamento ai fini IRAP	Riferimento
Personale distaccato	Non concorrono alla formazione della base imponibile gli importi spettanti a titolo di **recupero di oneri** di personale distaccato presso terzi. Nei confronti del soggetto che impiega il personale distaccato, tali importi si considerano costi relativi al personale non ammessi in deduzione, salva l'applicazione delle deduzioni per lavoro dipendente (➡39.3.) (circ. n. 22/E/2015).	circ. 9 giugno 2015, n. 22/E
Operazioni di **fusione**, **scissione** o **conferimento di azienda**	I maggiori (o i minori) valori iscritti in bilancio dalla società incorporante o risultante dalla **fusione**, beneficiaria della **scissione** o conferitaria, **non sono riconosciuti** fiscalmente ai fini IRAP, salvo il ricorso all'affrancamento mediante **opzione** per l'**imposta sostitutiva**. Nell'ipotesi in cui non sia stata esercitata la predetta opzione, occorre neutralizzare i maggiori o i minori valori iscritti in bilancio non riconosciuti fiscalmente, evidenziandoli nella dichiarazione IRAP (codice 99, righi IC51 "altre variazioni in aumento" o IC57 "altre variazioni in diminuzione", sempre che non possano essere evidenziati in appositi righi dei riquadri "Variazioni in aumento" o "Variazioni in diminuzione" del Mod. IRAP 2018).	art. 176 TUIR
Opzione per affrancare fiscalmente i **maggiori valori attribuiti in bilancio** mediante imposta sostitutiva	È possibile effettuare nella dichiarazione IRAP del periodo di imposta successivo a quello nel corso del quale è versata l'imposta sostitutiva, la deduzione del maggior valore dell'**avviamento** e dei **marchi d'impresa** in misura non superiore ad un quinto, a prescindere dall'imputazione al Conto economico. Allo stesso modo, a partire dal medesimo periodo di imposta saranno deducibili le quote di ammortamento del maggior valore delle **altre attività immateriali**, nel limite della quota imputata a Conto economico.	art. 15, c. 10-12, D.L. n. 185/2008 e successive modifiche
Transfer pricing	Anche all'IRAP **è applicabile la disciplina in materia di transfer pricing** prevista per le imposte sui redditi alle transazioni tra un'impresa residente ed una società non residente, qualora tra le stesse vi sia un rapporto di controllo di diritto o di fatto o di collegamento, si applicano le condizioni e i prezzi che sarebbero stati pattuiti tra soggetti indipendenti, operanti in condizioni di libera concorrenza e in circostanze comparabili.	art. 1, c. 281-284, Legge n. 147/2013
Super ammortamento	La **maggiorazione del 30%** sino al 2018 **(40%** sino al 2017) dell'ammortamento - c.d. super ammortamento (➡24.7.) - non produce effetti ai fini dell'IRAP in quanto la sua applicazione riguarda soltanto le imposte sui redditi.	circ. 8 aprile 2016, n. 12/E

Fattispecie	Trattamento ai fini IRAP	Riferimento
Società non operative	Si presume che il valore della produzione netta **non sia inferiore al reddito minimo**, determinato in base alle percentuali previste e aumentato delle retribuzioni sostenute per il personale dipendente, dei compensi spettanti ai collaboratori coordinati e continuativi, di quelli per prestazioni di lavoro autonomo non esercitate abitualmente e degli interessi passivi.	art. 30, c. 3-bis, Legge n. 724/1994

Aliquota e calcolo 38.2.5.

Il calcolo dell'imposta avviene nel seguente modo:

- si determina il **valore della produzione lorda** dato dalla somma algebrica delle componenti positive e di quelle negative e tenendo conto delle variazioni in aumento (tra cui, i costi per attività commerciali o di lavoro autonomo non esercitate abitualmente o interessi passivi) e di quelle in diminuzione (ad esempio l'utilizzo fondi rischi e oneri deducibili o l'ammortamento del costo dei marchi e dell'avviamento);
- dal valore della produzione lorda vanno sottratte le deduzioni (➡39.), determinando, così, il **valore della produzione netta**;
- su quest'ultimo valore, dopo essere stato ripartito territorialmente in base alla **Regione**, si applica l'aliquota per determinare l'**imposta lorda**.

Per le società di capitali ed enti equiparati, l'aliquota ordinaria è pari al **3,9%** (➡38.11.).

> Allo scopo di semplificare gli adempimenti tributari dei contribuenti e le funzioni dei centri di assistenza fiscale nonché degli altri intermediari, le Regioni e le Province autonome di **Trento e di Bolzano** entro il 31 marzo dell'anno a cui l'imposta si riferisce inviano al Ministero dell'economia e delle finanze - Dipartimento delle finanze, i dati rilevanti per la determinazione dell'IRAP mediante l'inserimento degli stessi nell'apposita sezione del portale del federalismo fiscale ai fini della loro pubblicazione sul sito informatico www.finanze.it (art. 1, c. 1107, Legge n. 178/2020).

IMPRESE INDIVIDUALI E SOCIETÀ DI PERSONE 38.3.

Per le società di persone (società in nome collettivo e in accomandita semplice e quelle ad esse equiparate) e per le persone fisiche esercenti attività commerciali (queste ultime solo fino al 2021, in quanto dal 2022 sono esenti da IRAP), la **base imponibile** è determinata dalla **differenza** tra:

- l'ammontare dei **ricavi** (➡14.4.2.) (art. 85, c. 1, lett. a), b), f) e g), TUIR), e delle **variazioni** delle **rimanenze** finali (➡22.9.) (artt. 92 e 93 TUIR), e
- l'ammontare dei **costi delle materie prime, sussidiarie e di consumo, delle merci, dei servizi**, dell'ammortamento e dei canoni di locazione anche finanziaria dei beni strumentali materiali e immateriali.

I **contributi** erogati in base a norma di legge concorrono alla formazione del valore della produzione, fatta eccezione per quelli correlati a costi indeducibili.

Componenti positivi e negativi rilevanti

I componenti rilevanti si assumono secondo le regole di **qualificazione**, **imputazione temporale** e **classificazione** valevoli per la determinazione del reddito d'impresa ai fini IRPEF. Di seguito si riportano in tabella i componenti con il rimando alla sezione IRPEF nella quale sono trattati.

		Componente
Valore della produzione		corrispettivi delle cessioni di beni e delle prestazioni di servizi alla cui produzione o al cui scambio è diretta l'attività dell'impresa (➡14.4.2.)
	+	corrispettivi delle cessioni di materie prime e sussidiarie, di semilavorati e di altri beni mobili, esclusi quelli strumentali, acquistati o prodotti per essere impiegati nella produzione (➡14.4.2.)
	+	indennità conseguite a titolo di risarcimento, anche in forma assicurativa, per la perdita o il danneggiamento di beni di cui sopra (➡14.4.2.)
	+	contributi in denaro, o il valore normale di quelli in natura, spettanti sotto qualsiasi denominazione in base a contratto (➡14.4.2.)

		Componente
	+	contributi erogati in base a norma di legge[1]
	+/-	variazioni delle rimanenze finali di prodotti finiti, materie prime, semilavorati e prodotti in corso di lavorazione, forniture, opere e servizi (➔22.9.)
Costi della produzione	-	costi per materi prime, sussidiarie, di consumo e merci[2]
	-	costi per servizi
	-	ammortamento beni materiali (➔24.6.)
	-	ammortamento beni immateriali (➔24.13.)
	-	canoni di locazione relativi a beni strumentali materiali e immateriali (➔24.10.)
	-	canoni di locazione finanziaria (**solo quota capitale**) relativi a beni strumentali materiali e immateriali

[1] Sono ricompresi in tale voce sia i contributi spettanti esclusivamente in conto esercizio a norma di legge (art. 85, lett. h), TUIR), sia i proventi in denaro o in natura conseguiti sempre in base a norma di legge a titolo di contributo (art. 88, c. 3, lett. b), TUIR).
[2] Corrispondono alle voci indicate nell'aggregato B6 dello schema di Conto economico di cui all'art. 2425 c.c., i cui importi vanno imputati al netto di resi, sconti, abbuoni e premi.

Componenti indeducibili

Non sono deducibili (art. 5-bis, c. 1 e art. 11, c. 1, lett. b), D.Lgs. n. 446/1997):

- le spese per il **personale dipendente e assimilato**;
- i compensi per attività commerciali e per prestazioni di lavoro autonomo **non esercitate abitualmente**;
- i costi per prestazioni di **collaborazione coordinata e continuativa**;
- i compensi per prestazioni di **lavoro assimilato** a quello dipendente;
- gli utili spettanti agli **associati in partecipazione** che apportano solo lavoro;
- la quota interessi dei **canoni di locazione finanziaria**, desunta dal contratto;
- le **perdite su crediti**;
- il **contributo sanitario obbligatorio** versato con il premio di **assicurazione RC per veicoli e natanti** (art. 334, D.Lgs. n. 209/2005; art. 12, c. 2-bis, D.L. n. 102/2013);
- **l'IMU**.

Plusvalenze e minusvalenze - Le **plusvalenze non concorrono** alla formazione del valore della produzione netta ai fini IRAP, non essendo menzionate dalla norma (art. 5-bis, D.Lgs. n. 446/1997).
Non rilevano le plusvalenze relative a beni strumentali, anche non derivanti da operazioni di trasferimento d'azienda, né le plusvalenze derivanti dal realizzo di beni diversi da quelli strumentali e non costituenti beni-merce (c.d. **beni-patrimonio**); se riferite ad immobili, rilevano ai fini della determinazione del valore della produzione delle società di persone ed imprese individuali in regime di contabilità ordinaria che optano per la determinazione della base imponibile IRAP secondo le regole dei soggetti IRES.
Analogamente, tra i componenti negativi rilevanti ai fini della base imponibile IRAP non concorrono le **minusvalenze**.

38.3.1. Opzione per la determinazione della base imponibile con le regole delle società di capitali

Le **imprese individuali** e le **società di persone** che hanno l'**esercizio coincidente con l'anno solare** e sono in contabilità ordinaria (anche solo per scelta), possono optare per la determinazione del valore della produzione netta secondo le regole previste per i soggetti IRES (➔38.2.).
L'opzione è irrevocabile per **tre periodi d'imposta** e deve essere comunicata con la **dichiarazione IRAP** (➔40.1.) presentata nel periodo d'imposta a decorrere dal quale si intende esercitare l'opzione (**Quadro IS**) (➔97.1.).

Chi **inizia l'attività** o chi ha **variato la forma societaria** rispetto all'annualità precedente deve presentare telematicamente all'Agenzia delle Entrate un'apposita comunicazione utilizzando il software "Regimi opzionali" disponibile gratuitamente sul sito dell'Agenzia (Provv. 17 dicembre 2015).

Al termine del triennio l'**opzione** si intende **tacitamente rinnovata** per un altro triennio, a meno che l'impresa non opti per la determinazione del valore della produzione netta secondo le regole ordinarie (➡38.3.); anche in questo caso, l'opzione è irrevocabile per un triennio e tacitamente rinnovabile.

Per effetto del vincolo triennale dell'opzione esercitata, il contribuente è obbligato a mantenere, per lo stesso periodo di validità dell'opzione, il **regime di contabilità ordinaria**. Se il contribuente esercita la revoca, può comunque modificare il proprio regime contabile (circ. 28 ottobre 2008, n. 60/E).

Soggetti in contabilità semplificata 38.3.2.

I soggetti in contabilità semplificata determinano la base imponibile con gli stessi criteri previsti per i soggetti in contabilità ordinaria (➡38.3.) e devono procedere alla **riclassificazione dei componenti positivi e negativi**, utilizzando lo schema di Conto economico previsto dall'art. 2425 c.c.
Nella quantificazione della base imponibile è necessario fare riferimento ai componenti positivi e negativi "classificabili" nelle voci di Conto economico interessate.

Per i soggetti in contabilità semplificata, dall'1° gennaio 2017, le regole di determinazione del reddito basate sul **principio di cassa** (➡3.5.) (art. 1, c. 17-23, Legge 11 dicembre 2016, n. 232), esplicano i loro effetti anche ai fini IRAP (art. 5-bis, c. 1-bis, D.Lgs. n. 446/1997).
Nel dettaglio, per i contribuenti che determinano il reddito ai sensi dell'art. 66 TUIR si prevede che i medesimi criteri siano utilizzati per l'individuazione della base imponibile IRAP.
A tali soggetti si applicano, in quanto compatibili, le disposizioni in materia di rimanenze finali e passaggio dal regime semplificato al regime ordinario e viceversa.

IRAP

Aliquota e calcolo 38.3.3.

Per calcolare l'imposta:
- si determina il **valore della produzione lorda** dato dalla somma algebrica delle componenti positive e di quelle negative; in caso di opzione per la determinazione del valore della produzione secondo le regole delle società di capitali (➡38.3.1.) è necessario tener conto delle eventuali variazioni in aumento e in diminuzione;
- dal valore della produzione lorda vanno sottratte le deduzioni (➡39.), determinando, così, il **valore della produzione netta**;
- su quest'ultimo valore, dopo averlo ripartito territorialmente in base alla **Regione**, si applica l'aliquota per determinare l'**imposta lorda**.

Per le imprese individuali e le società di persone, l'aliquota ordinaria è pari al **3,9%** (➡38.11.).

INTERMEDIARI FINANZIARI 38.4.

Intermediari finanziari - La base imponibile per gli intermediari finanziari (➡19.2.4.) è determinata dalla somma algebrica delle seguenti voci del Conto economico:
- **margine d'intermediazione** ridotto del 50% dei **dividendi**;
- **ammortamenti** dei beni materiali e immateriali ad uso funzionale per un importo pari al 90%;
- altre **spese amministrative** per un importo pari al 90%;
- **rettifiche e riprese di valore nette** per deterioramento dei crediti, limitatamente a quelle riconducibili ai crediti verso la clientela iscritti in bilancio a tale titolo (per il periodo d'imposta in corso al 31 dicembre 2015 nei limiti del 75% del loro ammontare, successivamente per il 100%).

I componenti reddituali derivanti esclusivamente dall'adozione del modello di **rilevazione del fondo a copertura delle perdite per perdite attese su crediti** di cui al paragrafo 5.5 dell'*International financial reporting standard* (IFRS) 9, iscritti in bilancio in sede di prima adozione del medesimo IFRS 9, nei confronti della clientela, sono deducibili dalla base imponibile ai fini dell'IRAP (art. 1, c. 1068, Legge n. 145/2018):
- per il **10%** del loro ammontare nel periodo d'imposta di prima adozione dell'IFRS 9;
- per il restante **90% in quote costanti** nei nove periodi d'imposta successivi.

Tale ultima regola si applica in sede di prima adozione dell'IFRS 9 anche se effettuata in periodi d'imposta **precedenti al 1° gennaio 2019** (art. 1, c. 1069, Legge n. 145/2018).

Società di intermediazione mobiliare e intermediari, diversi dagli intermediari finanziari, abilitati allo svolgimento dei servizi di investimento iscritti all'albo - La base imponibile è pari alla differenza tra:

- la somma degli **interessi attivi** e **proventi** assimilati relativi alle operazioni di riporto e di pronti contro termine e le commissioni attive riferite ai servizi prestati dall'intermediario;
- la somma degli **interessi passivi** e **oneri** assimilati relativi alle operazioni di riporto e di pronti contro termine e le commissioni passive riferite ai servizi prestati dall'intermediario.

Si deducono:

- gli **ammortamenti** dei beni materiali e immateriali ad uso funzionale per un importo pari al 90%;
- le **altre spese amministrative** per un importo pari al 90%.

> Per le società di intermediazione mobiliare, gli interessi passivi concorrono alla formazione del valore della produzione nella misura del **96% del loro ammontare** (art. 6, c. 8, D.Lgs. n. 446/1997; art. 1, c. 85-86, Legge n. 205/2017).

Società di gestione dei fondi comuni di investimento - La base imponibile è pari alla differenza tra le **commissioni attive** e **passive**.

Si deducono:

- gli **ammortamenti** dei beni materiali e immateriali ad uso funzionale per un importo pari al 90%;
- le **altre spese amministrative** per un importo pari al 90%.

Società di investimento a capitale variabile - La base imponibile è pari alla differenza tra le **commissioni di sottoscrizione** e le **commissioni passive** dovute a soggetti collocatori.

Si deducono:

- gli **ammortamenti** dei beni materiali e immateriali ad uso funzionale per un importo pari al 90%;
- le **altre spese amministrative** per un importo pari al 90%.

Banca d'Italia e Ufficio italiano dei cambi - Assumono rilevanza i bilanci compilati in conformità ai criteri di rilevazione e di redazione adottati dalla Banca centrale europea ai sensi dello Statuto del Sistema europeo di banche centrali (SEBC) e alle raccomandazioni dalla stessa formulate in materia. La base imponibile è determinata dalla somma algebrica delle seguenti componenti:

- **interessi netti**;
- risultato netto da **commissioni, provvigioni e tariffe**;
- costi per **servizi di produzione di banconote**;
- risultato netto della **redistribuzione del reddito monetario**;
- **ammortamenti delle immobilizzazioni materiali e immateriali**, nella misura del 90%;
- **spese di amministrazione**, nella misura del 90%.

IRAP

Holding industriali - Le società di partecipazione non finanziaria e assimilati determinano la base imponibile aggiungendo al risultato derivante dall'applicazione delle stesse norme previste per le società IRES, la differenza tra gli **interessi attivi e proventi assimilati** e gli **interessi passivi e oneri assimilati**.

Gli **interessi passivi** concorrono alla formazione del valore della produzione nella misura del 96% del loro ammontare.

Regole generali - Per tutti i soggetti sopra elencati (eccetto la Banca d'Italia e l'UIC) **non** è comunque **ammessa la deduzione** (art. 6, c. 8 e art. 11, c. 1, lett. b), D.Lgs. n. 446/1997):

- dei compensi per attività commerciali e per prestazioni di lavoro autonomo **non esercitate abitualmente**;
- dei costi per prestazioni di **collaborazione coordinata e continuativa**;
- dei compensi per prestazioni di **lavoro assimilato a quello dipendente**;
- degli utili spettanti agli **associati in partecipazione** che apportano solo lavoro;
- della **quota interessi** dei canoni di locazione finanziaria, desunta dal contratto;
- il **contributo sanitario obbligatorio** versato con il premio di **assicurazione RC per veicoli e natanti** (art. 334, D.Lgs. n. 209/2005; art. 12, c. 2-bis, D.L. n. 102/2013);
- dell'**IMU**.

I **componenti positivi e negativi** si assumono così come risultanti dal Conto economico dell'esercizio redatto secondo i criteri specifici previsti per questi enti (Provvedimenti della Banca d'Italia 22 dicembre 2005 e 14 febbraio 2006).

Concorrono in ogni caso alla formazione del valore della produzione:
- i **contributi** erogati in base a norma di legge, fatta eccezione per quelli correlati a costi indeducibili;
- le **plusvalenze** e le **minusvalenze** derivanti dalla cessione di immobili che non costituiscono beni strumentali per l'esercizio dell'impresa, né beni alla cui produzione o al cui scambio è diretta l'attività dell'impresa.

Sono ammesse in deduzione **quote di ammortamento** del costo sostenuto per l'acquisizione di **marchi d'impresa** e a titolo di **avviamento** in misura non superiore a un diciottesimo del costo indipendentemente dall'imputazione al Conto economico. In tal caso, il contribuente, sebbene subisca la limitazione dell'ammortamento dei beni strumentali nella misura del 90%, può dedurre integralmente le quote di ammortamento calcolate nei limiti di un diciottesimo del costo sostenuto per l'acquisizione (circ. n. 27/E/2009).

I componenti fiscalmente rilevanti, imputati direttamente a patrimonio netto o al prospetto delle altre componenti di Conto economico complessivo (OCI), concorrono alla formazione della base imponibile IRAP al **momento** dell'**imputazione a Conto economico**. Se per tali componenti non è mai prevista l'imputazione a Conto economico, la rilevanza fiscale è stabilita secondo le disposizioni applicabili ai componenti imputati al Conto economico aventi la stessa natura (ris. 30 ottobre 2019, n. 91/E).

Aliquota e calcolo 38.4.1.

Per calcolare l'imposta:
- si determina il **valore della produzione lorda** dato dalla somma algebrica delle componenti positive e di quelle negative, tenendo conto delle eventuali variazioni in aumento e in diminuzione;
- dal valore della produzione lorda vanno sottratte le deduzioni (➡**39.**), determinando, così, il **valore della produzione netta**;
- su quest'ultimo valore, dopo averlo ripartito territorialmente in base alla **Regione**, si applica l'aliquota per determinare l'**imposta lorda**.

Per gli intermediari finanziari, l'aliquota ordinaria è pari al **4,65%** (➡**38.11.**).

IMPRESE DI ASSICURAZIONE 38.5.

La **base imponibile** è determinata apportando alla somma dei risultati del **conto tecnico dei rami danni** (voce 29) e del **conto tecnico dei rami vita** (voce 80) del Conto economico le seguenti variazioni:
- **ammortamenti** dei beni strumentali, ovunque classificati, e altre spese di amministrazione (voci 24 e 70), deducibili nella misura del 90%;
- **dividendi** (voce 33) assunti nella misura del 50%;
- **perdite**, **svalutazioni** e riprese di valore nette per deterioramento dei crediti, limitatamente a quelle riconducibili a crediti nei confronti di assicurati iscritti in bilancio a tale titolo.

Concorrono in ogni caso alla formazione del valore della produzione:
- i **contributi** erogati in base a norma di legge, fatta eccezione per quelli correlati a costi indeducibili;
- le **plusvalenze** e le **minusvalenze** derivanti dalla **cessione di immobili** che non costituiscono beni strumentali per l'esercizio dell'impresa, né beni alla cui produzione o al cui scambio è diretta l'attività dell'impresa.

Sono comunque ammesse in deduzione quote di ammortamento del costo sostenuto per l'acquisizione di **marchi d'impresa** e a titolo di **avviamento** in misura non superiore a un diciottesimo del costo, indipendentemente dall'imputazione al Conto economico.

I componenti positivi e negativi si assumono così come risultanti dal Conto economico dell'esercizio redatto in conformità ai criteri contenuti nel D.Lgs. 26 maggio 1997, n. 173, e alle istruzioni impartite dall'ISVAP con il Provvedimento n. 735 del 1° dicembre 1997.

Gli **interessi passivi** concorrono alla formazione del valore della produzione nella misura del 96% del loro ammontare.

I componenti reddituali derivanti esclusivamente dall'adozione del modello di rilevazione del fondo a copertura delle perdite per perdite attese su crediti di cui al paragrafo 5.5 dell'*International financial reporting standard* (IFRS) 9, iscritti in bilancio in sede di prima adozione del medesimo IFRS 9, nei confronti della clientela, sono deducibili dalla base imponibile ai fini dell'IRAP (art. 1, c. 1068, Legge n. 145/2018):
- per il **10%** del loro ammontare nel periodo d'imposta di prima adozione dell'IFRS 9;
- per il restante **90% in quote costanti** nei nove periodi d'imposta successivi.

IRAP

Tale ultima regola si applica in sede di prima adozione dell'IFRS 9 anche se effettuata in periodi d'imposta precedenti al 1° gennaio 2019 (art. 1, c. 1069, Legge n. 145/2018).

Componenti indeducibili

Dalla base imponibile non sono comunque ammessi in deduzione (art. 7, c. 2 e art. 11, c. 1, lett. b), D.Lgs. n. 446/1997):

- le spese per il **personale dipendente e assimilato** ovunque classificate;
- i costi per prestazioni di **collaborazione coordinata e continuativa**;
- i compensi per prestazioni di **lavoro assimilato a quello dipendente**;
- gli utili spettanti agli **associati in partecipazione** che apportano solo lavoro;
- le **svalutazioni**, le **perdite** e le riprese di valore dei **crediti**;
- la quota **interessi dei canoni di locazione finanziaria**, desunta dal contratto;
- il **contributo sanitario obbligatorio** versato con il premio di **assicurazione RC per veicoli e natanti** (art. 334, D.Lgs. n. 209/2005; art. 12, c. 2-bis, D.L. n. 102/2013);
- l'**IMU**.

38.5.1. Aliquota e calcolo

Per calcolare l'imposta:

- si determina il **valore della produzione lorda** dato dalla somma algebrica delle componenti positive e di quelle negative, tenendo conto delle eventuali variazioni in aumento e in diminuzione;
- dal valore della produzione lorda vanno sottratte le deduzioni (➡39.), determinando, così, il **valore della produzione netta**;
- su quest'ultimo valore, dopo averlo ripartito territorialmente in base alla **Regione**, si applica l'aliquota per determinare l'**imposta lorda**.

Per le banche e enti finanziari, l'aliquota ordinaria è pari al **5,90%** (➡38.11.).

38.6. ESERCENTI ARTI E PROFESSIONI

I soggetti che svolgono attività di carattere professionale, sia in forma individuale (ma solo fino al 2021, in quanto dal 2022 sono esenti da IRAP) sia in forma associata, determinano la base imponibile in maniera analoga a quanto previsto ai fini delle imposte sui redditi (➡13.2.).

Il **valore della produzione** ai fini IRAP è determinato come **differenza** fra:

- l'ammontare dei **compensi** percepiti, e
- l'ammontare dei **costi** sostenuti inerenti l'attività esercitata, compreso l'ammortamento dei beni materiali e immateriali ed esclusi gli interessi **passivi** e le spese per **il personale dipendente**.

Calcolo della base imponibile

	compensi percepiti (compresi quelli indicati per adeguamento agli studi di settore)
+	proventi conseguiti in sostituzione dei redditi professionali e indennità percepite (anche in forma assicurativa)
+	somme percepite a seguito della cessione della clientela
+	plusvalenze da cessione di beni strumentali
-	costi inerenti all'attività
-	ammortamenti beni materiali e immateriali
-	minusvalenze da cessione di beni strumentali

Nei componenti negativi devono essere **esclusi**:

- interessi passivi;
- spese per il personale dipendente.

Criterio di cassa

I **compensi** derivanti dall'attività professionale, così come la deduzione dei **componenti negativi**, vengono assoggettati a IRAP in base al criterio di cassa.

Ciò significa che rilevano nel periodo di imposta in cui, rispettivamente, sono stati percepiti o sostenuti.

Derogano al principio di cassa:

- l'imputazione delle **quote di ammortamento** del costo dei beni strumentali e delle spese per ammodernamento, ristrutturazione e manutenzione straordinaria degli immobili;

– la deduzione dei **canoni di locazione finanziaria** pagati dall'esercente l'arte o la professione.

I compensi, i costi e gli altri componenti si assumono così come rilevanti ai fini della dichiarazione dei redditi.

Componenti indeducibili

Dalla base imponibile non sono ammessi in deduzione (art. 5-bis, c. 1 e art. 11, c. 1, lett. b), D.Lgs. n. 446/1997):

– le spese per il **personale dipendente e assimilato** ovunque classificate;
– i costi per prestazioni di **collaborazione coordinata e continuativa**;
– i compensi per prestazioni di **lavoro assimilato a quello dipendente**;
– gli utili spettanti agli **associati in partecipazione** che apportano solo lavoro;
– le **svalutazioni**, le **perdite** e le riprese di valore dei **crediti**;
– la quota **interessi dei canoni di locazione finanziaria**, desunta dal contratto;
– il **contributo sanitario obbligatorio** versato con il premio di **assicurazione RC per veicoli e natanti** (art. 334, D.Lgs. n. 209/2005; art. 12, c. 2-bis, D.L. n. 102/2013);
– **l'IMU**.

Aliquota e calcolo 38.6.1.

Per calcolare l'imposta:

– si determina il **valore della produzione lorda** dato dalla somma algebrica delle componenti positive e di quelle negative;
– dal valore della produzione lorda vanno sottratte le deduzioni (➡**39.**), determinando, così, il **valore della produzione netta**;
– su quest'ultimo valore, dopo averlo ripartito territorialmente in base alla **Regione**, si applica l'aliquota per determinare l'**imposta lorda**.

Per gli esercenti arti e professioni, l'aliquota ordinaria è pari al **3,90%** (➡**38.11.**).

IMPRESE AGRICOLE 38.7.

Non è assoggettato a IRAP:

– chi esercita un'**attività agricola** (*ex* art. 32, TUIR) (➡**10.2.4.**);
– **soggetti equiparati agli imprenditori agricoli** cioè cooperative ed i loro **consorzi** che forniscono in via principale, anche nell'interesse di terzi, servizi nel settore selvicolturale, comprese le sistemazioni idraulico-forestali (art. 8, D.Lgs. n. 227/2001) (➡**10.2.6.**);
– **cooperative della piccola pesca** e loro consorzi (art. 10, D.P.R. n. 601/1973).

Resta ferma, invece, l'**applicazione** dell'IRAP per (risposta a interpello, 4 ottobre 2018, n. 23):

– esercenti **attività di allevamento di animali** (➡**10.2.8.**), che determinano forfetariamente il reddito (art. 56, c. 6, TUIR);
– soggetti che esercitano le **attività connesse a quelle agricole** (➡**10.2.9.**) (art. 56-bis, TUIR);
– soggetti che esercitano **attività di agriturismo** (➡**10.2.10.**), che si avvalgono del regime forfetario (art. 5, Legge n. 413/1991).

Per tutti questi soggetti l'IRAP si calcola applicando **l'aliquota ordinaria** del **3,90%** (circ. 18 maggio 2016, n. 20/E).

> I soggetti che svolgono attività di allevamento di animali oltre il limite definito nel D.P.R. n. 917/1986 (➡**10.2.8.**) quantificano il valore della produzione da escludere dall'IRAP rapportando il numero di capi allevati entro il limite suddetto al numero complessivo di capi allevati. Se sono svolte attività agricole connesse, il valore della produzione da non assoggettare a tassazione va calcolato mettendo a confronto l'ammontare dei ricavi e proventi che sono riferibili all'attività agricola (nei limiti previsti dal D.P.R. n. 917/1986), con il totale dei ricavi e dei proventi che rilevano ai fini dell'IRAP (ris. 18 luglio 2017, n. 93/E).

ENTI NON COMMERCIALI 38.8.

Enti che svolgono in via esclusiva attività non commerciali 38.8.1.

La base imponibile è determinata dalla somma di (art. 10, D.Lgs. n. 446/1997):

– retribuzioni spettanti al **personale dipendente**;
– **redditi assimilati a quelli di lavoro dipendente**;
– compensi erogati per **collaborazione coordinata e continuativa**;
– compensi erogati per **attività di lavoro autonomo non esercitate abitualmente**.

Sono, in ogni caso, **esclusi** dalla base imponibile:
- le **remunerazioni dei sacerdoti** e gli assegni ad essi equiparati;
- le somme a chiunque corrisposte a titolo di **borse di studio** o **assegni**.

38.8.2. Enti non commerciali che svolgono anche attività commerciali

La determinazione della **base imponibile**, per la parte riferibile all'**attività commerciale** svolta dagli enti non commerciali, va effettuata con le regole generali previste per le imprese (➔38.3.).

Nell'analisi dei componenti negativi, i costi che non sono direttamente attribuibili all'attività commerciale sono dedotti per un importo pari all'ammontare che deriva dal rapporto tra ricavi e proventi riferibili alle attività commerciali e il totale dei ricavi e proventi.

La determinazione della **base imponibile** relativa alle **attività non commerciali** viene effettuata con riferimento alle modalità del "non commerciale" (➔38.8.1.), ma l'ammontare delle retribuzioni e dei compensi che costituiscono la base imponibile deve essere **ridotto** dell'importo di tali ricavi e proventi riferibili specificamente alle attività commerciali.

Qualora non si possa identificare con precisione tale componente, per il computo della deduzione si deve ricorrere al rapporto utilizzato per la determinazione dei **costi deducibili**.

38.8.3. Pubbliche amministrazioni

La base imponibile è determinata dalla somma di (art. 10-bis, D.Lgs. n. 446/1997):
- retribuzioni spettanti al **personale dipendente**;
- **redditi assimilati a quelli di lavoro dipendente**;
- compensi erogati per **collaborazione coordinata e continuativa**;
- compensi erogati per **attività di lavoro autonomo non esercitate abitualmente**.

Sono, in ogni caso, **esclusi** dalla base imponibile le somme a chiunque corrisposte a titolo di **borse di studio** o **assegni**.

Gli enti che svolgono anche **attività commerciali** possono **optare** per la determinazione della base imponibile relativa a tali attività secondo le regole stabilite per le società di capitali e gli enti commerciali.

In caso di **distacco temporaneo di un dipendente** presso un ente pubblico non economico, in posizione di comando, la posizione di comando del personale può essere assimilata a quella del personale distaccato. L'ammontare delle retribuzioni erogate concorre alla formazione della base imponibile IRAP del soggetto distaccatario, tenuto altresì a procedere con il versamento dell'IRAP (risposta a interpello, 28 dicembre 2018, n. 151).

38.8.4. Confidi

Determinano il valore della produzione netta (art. 13, c. 47, D.L. n. 269/2003) secondo le modalità previste per gli **enti privati non commerciali** che svolgono esclusivamente attività non commerciale (➔38.8.1.). Non è possibile applicare ai Confidi il regime "misto" riservato agli enti privati non commerciali che svolgono anche attività commerciale (➔38.8.2.).

38.8.5. Aliquota e calcolo

Per calcolare l'imposta:
- si determina il **valore della produzione lorda** (➔38.8.1.) (➔38.8.2.);
- dal valore della produzione lorda vanno sottratte le deduzioni (➔39.), determinando, così, il **valore della produzione netta**;
- su quest'ultimo valore dopo averlo ripartito territorialmente in base alla **Regione**, si applica l'aliquota per determinare l'**imposta lorda**.

Per gli enti non commerciali, l'aliquota ordinaria è pari all'**8,5%** (➔38.11.). Se l'ente svolge anche attività commerciale, per la quale ha determinato la base imponibile secondo le regole per le società commerciali (➔38.2.), si deve applicare l'aliquota ordinaria del **3,9%** su tale base imponibile.

38.9. SOGGETTI IN REGIMI FORFETARI

I soggetti che, ai fini delle imposte sui redditi, determinano il reddito d'impresa avvalendosi di **regimi forfetari** possono determinare il **valore della produzione netta** sommando i seguenti valori:
- **reddito d'impresa** calcolato in base alla determinazione forfetaria;
- retribuzioni sostenute per il **personale dipendente**;
- compensi spettanti ai **collaboratori coordinati e continuativi**;
- compensi per prestazioni di **lavoro autonomo non esercitate abitualmente**;
- indennità e rimborsi ai soggetti che svolgono **attività sportiva dilettantistica**;
- **interessi passivi**.

Resta comunque ferma la facoltà di determinare la base imponibile con le regole fissate per i soggetti esercenti attività d'impresa (➔38.2.) (➔38.3.). I soggetti che esercitano **attività di agriturismo** (➔10.2.10.), che ai fini delle imposte sui redditi fruiscono di un regime forfetario (art. 5, Legge n. 413/1991), applicano l'IRAP secondo le regole previste per il settore agricolo (art. 9, D.Lgs. n. 446/1997) con facoltà di optare per la determinazione della base imponibile secondo le regole generali previste per gli esercenti attività d'impresa (ris. 18 luglio 2017, n. 93/E).

Aliquota e calcolo 38.9.1.

Per calcolare l'imposta:

- si determina il **valore della produzione lorda** (➔38.9.);
- dal valore della produzione lorda vanno sottratte le deduzioni (➔39.), determinando, così, il **valore della produzione netta**;
- su quest'ultimo valore, dopo averlo ripartito territorialmente in base alla **Regione**, si applica l'aliquota per determinare l'**imposta lorda**.

Per i soggetti in regime forfetario, l'aliquota ordinaria è pari al **3,9%** (➔38.11.).

AGEVOLAZIONI 38.10.

Le **cooperative edilizie a proprietà indivisa** determinano la base imponibile con le stesse modalità relative agli enti non commerciali (art. 17, c. 4, D.Lgs. n. 446/1997) (➔38.8.).

Agevolazioni previste dalle Regioni

Le Regioni possono prevedere altre agevolazioni per **particolari categorie di soggetti**.

Inoltre, le Regioni che si sono avvalse della facoltà di esentare dai tributi le ONLUS (art. 21, D.Lgs. n. 460/1997), possono estendere tale esenzione anche alle **Aziende pubbliche di servizi alla persona (ASP)**, succedute alle Istituzioni pubbliche di assistenza e beneficenza (art. 1, c. 299, Legge n. 266/2005).

Agevolazioni previste per il Comune di Campione d'Italia

Dal 2020 l'IRAP che deriva da attività esercitate nel Comune di Campione d'Italia è ridotta al 50% per 5 periodi di imposta (art. 1, c. 575-576, Legge n. 160/2019).

Analoghe agevolazioni sono previste anche per le imposte sui redditi (➔9.8.1.).

ALIQUOTE 38.11.

Le **aliquote** applicabili ai soggetti passivi sono le seguenti (art. 16, D.Lgs. n. 446/1997):

- Aziende private e professionisti: **3,90%**;
- Intermediari finanziari e altri soggetti assimilati: **4,65%**;
- Assicurazioni: **5,90%**;
- Imprese concessionarie: **4,20%**;
- Enti non commerciali e pubblici: **8,5%**.

Le **Regioni** hanno facoltà di **variare** l'aliquota fino ad un massimo di **0,92 punti percentuali**. La variazione può essere differenziata per settori di attività e per categorie di soggetti passivi.

A decorrere dall'anno 2013 ciascuna Regione a statuto ordinario, con propria legge, può ridurre le aliquote IRAP fino ad azzerarle e disporre deduzioni dalla base imponibile, nel rispetto della normativa dell'Unione europea e degli orientamenti giurisprudenziali della Corte di giustizia dell'Unione europea.

Restano fermi gli automatismi fiscali previsti dalla vigente legislazione nel settore sanitario nei casi di squilibrio economico, nonché le disposizioni in materia di applicazione di incrementi delle aliquote fiscali per le Regioni sottoposte ai Piani di rientro dai deficit sanitari (art. 5, D.Lgs. 6 maggio 2011, n. 68).

39. DEDUZIONI

39.1. DEDUZIONI GENERALI

Per determinare la **base imponibile IRAP** è possibile portare in deduzione alcuni importi, riepilogati nella tabella che segue (art. 11, c. 1, D.Lgs. n. 446/1997):

	Deduzioni	Soggetti esclusi	D.Lgs. n. 446/1997
1	Contributi per le **assicurazioni obbligatorie** contro gli infortuni sul lavoro (INAIL)[1]	Nessuno	art. 11 c. 1, lett. a), n. 1
2	Somme corrisposte, anche su base volontaria, al fondo istituito, con mandato senza rappresentanza, presso uno dei **consorzi** cui le imprese aderiscono in ottemperanza a obblighi di legge, in conformità alle disposizioni di legge o contrattuali, indipendentemente dal trattamento contabile ad esse applicato, a condizione che siano utilizzate in conformità agli scopi di tali consorzi	Nessuno	art. 11, c. 1, lett. a), n. 1-bis
3	- **7.500 euro** su base annua, per ogni lavoratore dipendente a tempo indeterminato impiegato nel periodo di imposta[2-5] - **13.500 euro** per **donne** e **giovani** di età inferiore ai 35 anni[2-5]	Amministrazioni pubbliche, imprese operanti in concessione e a tariffa nei settori dell'energia, dell'acqua, dei trasporti, delle infrastrutture, delle poste, delle telecomunicazioni, della raccolta e depurazione delle acque di scarico e della raccolta e smaltimento rifiuti[3]	art. 11, c. 1, lett. a), n. 2
4	**contributi assistenziali e previdenziali** relativi ai lavoratori dipendenti a tempo indeterminato[2-4-5-6]	Amministrazioni pubbliche e le imprese operanti in concessione e a tariffa nei settori dell'energia, dell'acqua, dei trasporti, delle infrastrutture, delle poste, delle telecomunicazioni, della raccolta e depurazione delle acque di scarico e della raccolta e smaltimento rifiuti[3]	art. 11, c. 1, lett. a), n. 4
5	**spese** relative agli **apprendisti**, ai **disabili** e le spese per il personale assunto con **contratti di formazione e lavoro**	Nessuno	art. 11, c. 1, lett. a), n. 5
6	costi per il personale addetto alla **ricerca e sviluppo**[7]	Amministrazioni pubbliche	art. 11, c. 1, lett. a), n. 5

[1] Ai fini della corretta imputazione temporale delle deduzioni per contributi deve assumersi il **criterio di competenza** nel caso in cui il soggetto passivo sia percettore di **reddito d'impresa**. In presenza di **reddito di lavoro autonomo**, trova applicazione il **criterio di cassa**, che attribuisce rilievo al momento di effettivo sostenimento del costo.

IRAP

	Deduzioni	Soggetti esclusi	D.Lgs. n. 446/1997

Nel caso di **distacco di personale** o di **lavoro interinale**, la deduzione spetta all'impresa utilizzatrice del personale.
La deduzione può essere **cumulata** con le altre agevolazioni, purché venga rispettato il **limite massimo** rappresentato dalla retribuzione e dagli altri oneri a carico del datore di lavoro (art. 11, c. 4-septies, D.Lgs. n. 446/1997).

[2] Le deduzioni devono essere ragguagliate ai giorni di **durata del rapporto** di lavoro nel corso del periodo d'imposta; nel caso di contratti di lavoro a tempo parziale, compreso il lavoro a tempo parziale di tipo verticale e di tipo misto, sono ridotte in misura proporzionale.

[3] In caso di **dipendenti utilizzati promiscuamente** sia per le attività regolamentate sia per quelle liberalizzate, le agevolazioni sono fruibili in misura corrispondente al rapporto tra ricavi e proventi delle attività liberalizzate e l'ammontare complessivo dei ricavi conseguiti.

[4] **Deduzione cumulabile** a quella del rigo 3 della tabella, purché non si ecceda il limite massimo rappresentato dalla retribuzione e dagli altri oneri e spese a carico del datore di lavoro.

[5] Sono previste alcune disposizioni particolari:
- Poste Italiane S.p.a. non può beneficiare delle deduzioni IRAP per la riduzione del cuneo fiscale relativamente ai Servizi Postali Universali, sia riservati sia non riservati (ris. 24 settembre 2008, n. 358/E);
- è esclusa l'applicazione della deduzione alle società affidatarie dei servizi di trasporto pubblico locale, anche quando i rapporti con l'ente concedente sono regolati da un contratto di servizi (e non da un atto amministrativo di natura concessoria) (ris. 10 novembre 2008, n. 428/E);
- è possibile l'applicazione della deduzione agli Istituti Autonomi Case Popolari - IACP (ris. 3 aprile 2009, n. 94/E);
- nessuna deduzione spetta alle imprese operanti in concessione (ris. 6 agosto 2009, n. 204/E);
- nessuna deduzione spetta per i dipendenti destinati dall'impresa a strutture produttive estere, in quanto, in tal caso, le deduzioni stesse devono intendersi implicitamente assorbite nella esclusione della base imponibile di tutto il valore della produzione realizzato fuori dal territorio dello Stato (circ. 19 novembre 2007, n. 61/E, par. 1.2).

[6] La deduzione spetta per i contributi previdenziali ed assistenziali versati dal datore di lavoro sia se di **natura obbligatoria**, sia se versati nelle **forme pensionistiche complementari** (D.Lgs. 5 dicembre 2005, n. 252), a casse, fondi, gestioni, previste da contratti collettivi o da accordi o da regolamenti aziendali, al fine di erogare prestazioni integrative di assistenza o previdenza (circ. 19 novembre 2007, n. 61/E).

[7] Sono compresi i compresi sostenuti da consorzi tra imprese, costituiti per la realizzazione di programmi comuni di ricerca e sviluppo, a condizione che l'attestazione di effettività degli stessi sia rilasciata dal presidente del collegio sindacale ovvero, in mancanza, da un revisore dei conti o da un professionista iscritto negli albi dei revisori dei conti, dei dottori commercialisti, dei ragionieri e periti commerciali o dei consulenti del lavoro ovvero dal responsabile del CAF.

DEDUZIONE FORFETARIA BASE 39.2.

Dalla base imponibile è possibile dedurre alcuni importi che variano a seconda del tipo di soggetto e dell'importo della base imponibile.

Tipologie di contribuenti	Base imponibile (in euro)		Deduzione forfetaria (in euro)
	da	a	
imprese individuali, società di persone e esercenti arti e professioni (art. 3, c. 1, lett. b) e c), D.Lgs. n. 446/1997)	0,00	180.759,91	13.000,00
	180.759,92	180.839,91	9.750,00
	180.839,92	180.919,91	6.500,00
	180.919,92	180.999,91	3.250,00
altri soggetti (escluse le Amministrazioni Pubbliche - art. 3, c. 1, lett. e-bis), D.Lgs. n. 446/1997)	0,00	180.759,91	8.000,00
	180.759,92	180.839,91	6.000,00
	180.839,92	180.919,91	4.000,00
	180.919,92	180.999,91	2.000,00

IRAP

39.3. DEDUZIONE FORFETARIA PER LAVORATORI DIPENDENTI

Per **ogni lavoratore dipendente,** fino ad un **massimo di 5,** spetta una deduzione pari a **1.850 euro**, su base annua, a condizione che i componenti positivi che concorrono alla formazione del valore della produzione non siano superiori, nel periodo d'imposta, a **400.000 euro** (art. 11, c. 4-bis1, D.Lgs. n. 446/1997).

39.3.1. Condizioni per la deduzione

I **lavoratori dipendenti rilevanti** per l'attribuzione della deduzione devono avere le seguenti caratteristiche:

- **non** devono essere assunti con **contratto di formazione e lavoro**;
- **non** devono essere **disabili**;
- **non** devono essere **apprendisti**;
- devono avere un **contratto a tempo pieno** e per l'intero periodo d'imposta; in caso di periodo inferiore, la deduzione (e la base imponibile) deve essere ragguagliata al periodo di lavoro.

Altre condizioni

La deduzione può essere applicata anche in presenza di **contratti di lavoro a tempo parziale** di tipo **verticale** e di tipo **misto** (art. 11, c. 4-bis2, D.Lgs. n. 446/1997).

La deduzione deve essere **ragguagliata ai giorni di durata del rapporto** di lavoro nel corso del periodo d'imposta nel caso di contratti di lavoro a tempo indeterminato e parziale, e, in quest'ultimo caso, è ridotta in misura proporzionale.

Il **limite** dei **5 dipendenti** deve essere interpretato nel senso che il beneficio può essere calcolato **al massimo su 5 lavoratori** impiegati nel corso dell'anno.

Esempio

Se un soggetto impiega nell'intero periodo d'imposta 20 lavoratori dipendenti, tutti con contratto di lavoro a tempo determinato per un periodo di 6 mesi, la deduzione compete per un importo pari a 5.000 euro [5 lavoratori x (2.000 x 50%)].

Il contribuente che impiega **più di 5 lavoratori dipendenti** con contratti di diverso tipo è libero di scegliere i lavoratori su cui calcolare la deduzione (ris. 10 agosto 2004, n. 116/E).

Esempio

Se un soggetto impiega nel periodo d'imposta 7 lavoratori dipendenti, di cui 4 con contratto di lavoro a tempo indeterminato e 3 con contratto di lavoro a tempo parziale al 50%, tutti impiegati per l'intero periodo d'imposta, la deduzione può competere per un importo massimo pari a 9.000 euro [(4 lavoratori x 2.000) + (1 lavoratore x 2000) x 50%].

IRAP

39.4. DEDUZIONE FORFETARIA INCREMENTO OCCUPAZIONALE

I soggetti IRAP (ad eccezione delle amministrazioni pubbliche) che incrementano il numero di lavoratori dipendenti assunti con **contratto a tempo indeterminato**, rispetto al numero dei lavoratori assunti con il medesimo contratto, mediamente occupati nel periodo d'imposta precedente, possono dedurre il costo del predetto personale, per un importo annuale **non superiore a 15.000 euro** per **ciascun nuovo dipendente assunto**, e nel limite dell'incremento complessivo del **costo del personale** (classificabile nell'art. 2425, c. 1, lett. B), numeri 9) e 14), c.c.).

L'agevolazione spetta per il **periodo d'imposta** in cui è avvenuta l'assunzione con contratto a tempo indeterminato e per i due successivi periodi d'imposta (art. 11, c. 4-quater, D.Lgs. n. 446/1997).

Condizioni per la deduzione

Devono verificarsi i seguenti requisiti:

- l'assunzione deve essere **a tempo indeterminato**;
- il nuovo rapporto di lavoro deve risultare ad **incremento della forza lavoro** e quindi deve rappresentare un incremento della base occupazionale media del periodo precedente.

La deduzione **decade** se, nei periodi d'imposta successivi a quello in cui è avvenuta l'assunzione, il numero dei lavoratori dipendenti risulta **inferiore o pari** al numero degli stessi lavoratori mediamente occupati in tale periodo d'imposta.

La deduzione spettante compete, in ogni caso, per **ciascun periodo d'imposta** a partire da quello di assunzione, sempre che permanga il medesimo rapporto di impiego. L'incremento della base occupazionale va considerato al netto delle diminuzioni occupazionali verificatesi in **società controllate o collegate** (art. 2359 c.c.) o facenti capo, anche per interposta persona, allo stesso soggetto.

Calcolo della media degli occupati

Per poter fruire della deduzione è necessario registrare un **incremento occupazionale** nel periodo d'imposta rispetto alla media aritmetica dei lavoratori occupati nel periodo precedente, calcolando il **rapporto** tra:

- la sommatoria della **consistenza giornaliera dei lavoratori**, calcolata per ciascun lavoratore sulla base dei giorni di calendario intercorrenti tra la data di assunzione e la fine del periodo d'imposta;
- il numero di **giorni** di calendario compresi tra l'inizio e la fine del periodo d'imposta.

Il calcolo della media, ovviamente riferito al periodo precedente, va effettuato in ciascun periodo d'imposta in cui sono stati assunti nuovi dipendenti con contratto a tempo indeterminato: la consistenza dei lavoratori dipendenti al 31 dicembre deve essere superiore a tale valore medio, ai fini della spettanza dell'agevolazione.

Sussistenza dell'incremento occupazionale - La sussistenza di un incremento (quindi di una differenza positiva tra consistenza di fine periodo d'imposta e media del periodo precedente) è, indipendentemente dalla sua misura, **condizione necessaria** per aver diritto alla deduzione per tutte le nuove assunzioni effettuate nel periodo d'imposta.

CASO 1 - Calcolo dell'incremento occupazionale

1) Contribuente con periodo d'imposta coincidente con l'anno solare - 1° anno *x*

- n. dipendenti al 31.12.anno *x-1* = 22
- n. dipendenti assunti nell'anno *x* = 5
- n. dipendenti al 31.12.anno *x* = 27
- media periodo precedente (anno *x-1*) = 26,3
- incremento occupazionale anno *x* = 0,7
- deduzioni fruibili nell'anno *x* = 5

La sussistenza di un incremento (pari a 0,7) consentirà di fruire della deduzione per tutti i lavoratori neoassunti (pari a 5).

2) Nel caso in cui nel periodo successivo si siano verificate sia cessazioni di rapporto di lavoro, sia nuove assunzioni, l'agevolazione spetta al datore di lavoro solo con riferimento al numero di lavoratori neo-assunti con contratto a tempo indeterminato che, al termine del periodo d'imposta, risultino in eccedenza rispetto al numero di lavoratori assunti con il medesimo contratto per i quali, a diverso titolo, sia cessato il rapporto di lavoro nel corso del periodo d'imposta.

In tal caso, il datore di lavoro può discrezionalmente scegliere in relazione a quali dei dipendenti neo-assunti operare la deduzione.

Contribuente con periodo d'imposta coincidente con l'anno solare - Anno x+1:

- n. dipendenti al 31.12.anno *x* = 27
- n. deduzioni fruite nell'anno *x* = 5
- n. dipendenti al 31.12.anno *x+1* = 25
- n. dipendenti cessati nell'anno *x+1* = 5
- n. dipendenti assunti nell'anno *x+1* = 3
- media periodo precedente (anno *x*) = 26,5
- incremento occupazionale anno *x+1* = - 1,5
- deduzioni fruibili nell'anno *x+1* = 5 di cui:
  a. deduzioni dell'anno x = 5
  b. deduzioni dell'anno *x+1* = 0

Il soggetto beneficiario ha effettuato nuove assunzioni ma, per effetto di riduzioni del personale, non rileva, alla fine del periodo stesso, alcun incremento occupazionale quindi:

- potrà fruire delle deduzioni relative ai neoassunti del periodo precedente (nel quale è stato rilevato un incremento);
- non potrà fruire della deduzione con riferimento alle nuove assunzioni effettuate nel periodo d'imposta in corso (nel quale non è stato rilevato un incremento).

Calcolo della deduzione - Occorre tener conto dei seguenti **limiti**:

1. la deduzione può essere riconosciuta fino ad un massimo di **15.000 euro per ciascun dipendente**;
2. l'importo deducibile non può comunque superare l'incremento complessivo del costo per il personale classificabile nelle voci b) numeri 9 e 14 del bilancio redatto secondo le disposizioni civilistiche (art. 2425 c.c.);

IRAP

3. in nessun caso la deduzione può superare il costo effettivamente sostenuto per il nuovo dipendente.

La deduzione è pari al **minore tra**:

- il costo del personale per un importo annuale non superiore a 15.000 euro, per ciascun dipendente, ragguagliato ad anno in relazione al periodo d'imposta nel quale è avvenuta l'assunzione;
- l'incremento complessivo del costo del personale.

CASO 2 - Calcolo della deduzione

Assunzione il 1° gennaio 2019 di 2 dipendenti A e B per i quali è stato sostenuto un costo del lavoro rispettivamente di 10.000 e 20.000 euro.
Si è registrato un incremento complessivo del costo del lavoro pari a 20.000 euro.
Si ha, quindi:

Dipendente	Costo complessivo	Limite deduzione	Deduzione teorica
A	10.000	15.000	10.000
B	20.000	15.000	15.000
Totale	30.000	30.000	25.000

Per il dipendente A la deduzione in teoria potrebbe spettare interamente, in quanto il costo del lavoro (10.000 euro) è inferiore al limite della deduzione (pari a 15.000 euro) mentre, per il dipendente B, è ridotta da 20.000 a 15.000 euro (primo limite).
La deduzione complessiva spettante, pari a 25.000 euro, deve scontare il secondo limite, ovvero quello dell'incremento complessivo del costo del lavoro, che, nell'esempio, è stato di 20.000 euro.
La deduzione complessiva spettante, alla fine, sarà complessivamente pari ad euro 20.000, riproporzionata per ciascun dipendente sulla base del costo del lavoro di ciascuno:
Deduzione effettiva dipendente A = (20.000*10.000)/25.000 = 8.000,00;
Deduzione effettiva dipendente B = (20.000*15.000)/25.000 = 12.000,00.

Enti non commerciali e non residenti - La **base occupazionale** è individuata con riferimento al personale dipendente con contratto di lavoro a tempo indeterminato impiegato nell'**attività commerciale** e la deduzione spetta solo con riferimento all'incremento dei lavoratori utilizzati nell'esercizio di tale attività (art. 11, c. 4-quater, D.Lgs. n. 446/1997).
In caso di lavoratori impiegati anche nell'esercizio dell'**attività istituzionale** si considera, sia ai fini dell'individuazione della base occupazionale di riferimento e del suo incremento, sia ai fini della deducibilità del costo, il solo personale dipendente con contratto di lavoro a tempo indeterminato riferibile all'attività commerciale individuato in base al rapporto previsto per gli enti non commerciali che svolgono anche attività commerciali e cioè quello tra l'ammontare dei ricavi e degli altri proventi "commerciali" e l'ammontare complessivo di tutte le entrate correnti (art. 10, c. 2, D.Lgs. n. 446/1997).
Ai fini degli incrementi occupazionali non rilevano i trasferimenti di dipendenti dall'attività istituzionale all'attività commerciale.

Imprese di nuova costituzione - Non rilevano gli incrementi occupazionali derivanti dallo svolgimento di attività che assorbono, anche solo in parte, attività di imprese giuridicamente preesistenti, ad esclusione delle attività sottoposte a limite numerico o di superficie.

Impresa subentrante ad altra nella gestione di un servizio pubblico, anche gestito da privati - La deducibilità del costo del personale spetta limitatamente al numero di lavoratori assunti in più rispetto a quello dell'impresa sostituita.

39.5. DEDUZIONE COSTO RESIDUO PERSONALE DIPENDENTE

È previsto che sulla differenza tra il costo complessivo per il personale dipendente a tempo indeterminato e le deduzioni spettanti a titolo analitico, o forfetario, riferibili sempre al costo del lavoro spetta una deduzione, nel limite del 70%, per ogni lavoratore stagionale impiegato per almeno 120 giorni nei due periodi d'imposta, a decorrere dal secondo contratto stipulato con lo stesso datore di lavoro nell'arco di 2 anni a partire dalla cessazione del precedente contratto (art. 11, c. 4-octies, D.Lgs. n. 446/1997).
Il calcolo deve intendersi riferito alle **giornate di effettivo impiego** (e non di formale assunzione), computando anche la prestazione relativa al primo contratto di lavoro (Camera dei Deputati, risposta 28 gennaio 2016, n. 5-07523).

ALTRE DEDUZIONI 39.6.

Cooperative sociali

Le cooperative sociali (art. 1, Legge n. 381/1991) deducono dalla base imponibile l'intero costo del lavoro relativo alle **persone svantaggiate** (art. 4, Legge n. 381/1991; art. 17, c. 5, D.Lgs. n. 446/1997).

Compensi a ricercatori e docenti stranieri

L'ammontare dei redditi di lavoro dipendente e dei redditi a questi assimilati corrisposti ai ricercatori e docenti che **rientrano in Italia** a svolgere la loro attività, acquisendo anche la residenza fiscale (➡9.6.1.), sono deducibili dalla base imponibile (art. 44, D.L. n. 78/2010).
La disposizione si applica per il periodo d'imposta in cui il ricercatore diviene fiscalmente residente nel territorio dello Stato e nei tre periodi d'imposta successivi, sempre che permanga la residenza fiscale in Italia.

Principi contabili internazionali

I soggetti che applicano i principi contabili internazionali (➡21.9.) e che riallineano, con il metodo del "saldo" globale, le divergenze tra i valori di bilancio e i valori fiscali relativi a tutti gli elementi patrimoniali esistenti all'inizio del periodo d'imposta di prima applicazione dei principi contabili internazionali e/o successiva variazione degli stessi principi, possono dedurre la quota della somma algebrica (negativa) delle differenze positive e negative derivante dal riallineamento (art. 15, D.L. n. 185/2008 e D.M. 30 luglio 2009).
Detto saldo negativo concorre, per quote costanti, alla formazione dell'imponibile dell'esercizio in cui è esercitata l'**opzione** per il **riallineamento** e nei successivi fino ad un numero di periodi d'imposta pari alla maggiore durata residua delle operazioni oggetto di riallineamento (art. 11, c. 3, D.M. 8 giugno 2011).
Se tale numero è inferiore a 5 esercizi (art. 15, c. 4, ultimo periodo, D.L. n. 185/2008), il saldo negativo concorre alla formazione dell'imponibile.

Erogazioni liberali a sostegno delle misure di contrasto all'epidemia da Covid-19

Sono deducibili le erogazioni liberali in denaro e in natura effettuate per il tramite di fondazioni, di associazioni, di comitati e di enti nonché in favore degli enti religiosi civilmente riconosciuti (art. 66, D.L. n. 18/2020).
Tali erogazioni liberali sono deducibili nell'esercizio in cui sono effettuate.

SPETTANZA DELLE DEDUZIONI E LIMITI 39.7.

Per ciascun dipendente l'importo delle:
- deduzioni generali (art. 11, c. 1, D.Lgs. n. 446/1997) (➡39.1.),
- forfetarie in ragione del numero dei dipendenti occupati (art. 11, c. 4-bis.1, D.Lgs. n. 446/1997) (➡39.3.),
- aggiuntive per l'incremento del personale dipendente (art. 11, c. 4-quater, D.Lgs. n. 446/1997) (➡39.4.),

non può comunque eccedere il limite massimo rappresentato dalla retribuzione e dagli altri oneri e spese a carico del datore di lavoro.
Le **deduzioni**:
- di 7.500 euro per ogni lavoratore dipendente a tempo indeterminato impiegato nel periodo d'imposta, aumentato a 13.500 euro per donne e giovani (art. 11, c. 1, lett. a), n. 2), D.Lgs. n. 446/1997),
- dei contributi assistenziali e previdenziali (art. 11, c. 1, lett. a), n. 4), D.Lgs. n. 446/1997) (➡39.1.),

sono **alternative** alle deduzioni per apprendisti, disabili e personale addetto a ricerca e sviluppo (art. 11, c. 1, lett. a), n. 5), D.Lgs. n. 446/1997) e a quelle forfetarie in ragione del numero dei dipendenti occupati (art. 11, c. 4-bis.1, D.Lgs. n. 446/1997) (➡39.3.).

40. DICHIARAZIONE E SANZIONI

40.1. DICHIARAZIONE ANNUALE E VERSAMENTI

40.1.1. Dichiarazione

I soggetti passivi devono dichiarare, in ogni periodo d'imposta, i **componenti** che concorrono alla formazione della base imponibile IRAP, anche se non consegue alcun debito d'imposta.

Sottoscrizione

La **dichiarazione** deve essere **sottoscritta**, a pena di nullità, dal soggetto passivo o da chi ne ha la **rappresentanza** legale o negoziale o, in mancanza, per i soggetti diversi dalle persone fisiche, da chi ne ha l'**amministrazione**, anche di fatto.
La dichiarazione deve essere firmata anche dai soggetti che sottoscrivono la relazione di revisione.

> La **nullità** per mancata sottoscrizione, è sanata, se il soggetto passivo o suo rappresentate provvede ad effettuarla entro 30 giorni dal ricevimento dell'invito da parte dell'Ufficio competente.

Modalità e termini di presentazione - La dichiarazione IRAP deve essere presentata, **esclusivamente in via telematica**, secondo le modalità e i termini previsti per la dichiarazione dei redditi (➔**9.2.**):
- entro il **30 novembre** per le persone fisiche, le società di persone ed enti assimilati (➔**97.3.**);
- entro l'ultimo giorno dell'**undicesimo mese** successivo a quello di chiusura del periodo d'imposta per le società di capitali ed enti assimilati (➔**97.4.**).

All'**Agenzia delle Entrate** spetta il **successivo invio** delle dichiarazioni alle regioni e alle province autonome (sia a quelle nelle quali il soggetto passivo ha il proprio domicilio fiscale, sia a quelle in cui viene ripartito il valore della produzione netta).

> **CASO 1 - Credito IRAP**
> 1) Il **credito** emergente dalla dichiarazione IRAP, maturato e richiesto in compensazione da parte di contribuenti non più tenuti alla presentazione della dichiarazione, può essere **recuperato indicandolo nella dichiarazione dei redditi**.
> Conseguentemente, l'eccedenza IRAP richiesta in compensazione nel periodo d'imposta precedente, da parte di un contribuente non più obbligato alla presentazione della relativa dichiarazione, può essere esposta nella **sezione II del quadro RX** del modello di dichiarazione dei redditi, con l'indicazione del **codice tributo 3800** (ris. 29 luglio 2011, n. 79/E).
> 2) I contribuenti, persone fisiche o meno, che nella dichiarazione IRAP hanno ripartito l'eventuale credito tra utilizzo in **compensazione** e **rimborso** dello stesso, ovvero l'hanno chiesto interamente a rimborso, possono **modificare** la propria scelta, optando unicamente per la compensazione, presentando una **dichiarazione integrativa** (➔**97.2.**).
> Tale facoltà è possibile solo se l'eccedenza di imposta chiesta a rimborso non sia ancora stata rimborsata, anche parzialmente.

40.1.2. Versamenti

Per i versamenti dell'imposta valgono le stesse regole previste per le imposte sui redditi (➔**17.2.5.**) (➔**35.1.4.**).

Proroga soggetti ISA - Il termine per il versamento delle imposte dirette, IRAP e IVA del periodo 30 giugno - 31 agosto 2021 è stato posticipato al 15 settembre 2021, senza alcuna maggiorazione (art. 9-ter, D.L. n. 73/2021) per:
- i soggetti che esercitano attività economiche per le quali sono stati approvati gli ISA e che dichiarano ricavi o compensi di ammontare non superiore al limite stabilito, per ciascun indice (compresi coloro che presentano cause di esclusione o di inapplicabilità dagli stessi);

IRAP

- i soggetti che partecipano a società, associazioni e imprese in regime di trasparenza fiscale (quindi società di persone di cui all'art. 5 TUIR o srl "trasparenti" ai sensi degli articoli 115 e 116 del TUIR), aventi i requisiti per beneficiare della proroga;
- i soggetti che applicano il regime forfetario e/o il regime fiscale di vantaggio per l'imprenditoria giovanile e lavoratori in mobilità.

Acconti d'imposta - Nel periodo di imposta per il quale la dichiarazione deve essere presentata, sono dovuti acconti secondo le modalità previste per le imposte sul reddito (➔**97.5.**) (➔**97.6.**).

Abbuono saldo 2019 e primo acconto 2020 - È stato abbuonato il versamento (art. 24, D.L. n. 34/2020):
- del saldo dell'IRAP relativa al periodo di imposta in corso al 31 dicembre 2019, fermo restando il versamento dell'acconto dovuto per il medesimo periodo di imposta;
- della prima rata dell'acconto IRAP relativa al periodo di imposta successivo a quello in corso al 31 dicembre 2019. L'importo di tale versamento è comunque escluso dal calcolo dell'imposta da versare a saldo per lo stesso periodo d'imposta.

Non hanno avuto diritto all'abbuono:
- le **imprese di assicurazione** che determinano il valore della produzione netta secondo l'art. 7, D.Lgs. n. 446/1997;
- le **Amministrazioni pubbliche**, nonché le amministrazioni della Camera dei Deputati, del Senato, della Corte costituzionale, della Presidenza della Repubblica e gli organi legislativi delle regioni a statuto speciale che determinano il valore della produzione netta secondo l'art. 10-bis, D.Lgs. n. 446/1997;
- gli **intermediari finanziari** come definiti dall'art. 162-bis, D.P.R. n. 917/1986 (banche, confidi, operatori di microcredito, ecc.).

Inoltre, sono stati esclusi tutti i **soggetti con ricavi** (art. 85, c. 1, lett. a) e b), D.P.R. n. 917/1986), o compensi (art. 54, c. 1, D.P.R. n. 917/1986) **superiori a 250 milioni di euro** nel periodo d'imposta precedente a quello in corso alla data di entrata in vigore decreto legge (quindi, per i soggetti con esercizio coincidente con l'anno solare il 2019).

In caso di errata applicazione delle disposizioni di cui sopra con particolare riferimento all'applicazione del beneficio nel rispetto del limite comunitario (c.d. de minimis), è stata consentita la **regolarizzazione dei versamenti** dovuti, mediante pagamento **entro** il **31 gennaio 2022** dell'imposta non versata, senza applicazioni di sanzioni né interessi (art. 42-bis, c. 5, D.L. n. 104/2020, art. 1, D.L. n. 41/2021).

La **mancata compilazione del quadro IS** nella dichiarazione IRAP relativa al periodo d'imposta 2019 può essere regolarizzata mediante presentazione di una dichiarazione integrativa, versando per l'errore commesso la **sanzione da 250 a 2.000 euro** (art. 8, c. 1, D.Lgs. n. 471/1997), definibile mediante l'istituto del ravvedimento operoso (ris. 29 settembre 2021, n. 58/E).

Il calcolo degli acconti d'imposta, generalmente si effettua sul **dato storico** (ovvero sulla base dell'imposta dovuta in dichiarazione per l'anno precedente al netto di detrazioni, crediti d'imposta e ritenute d'acconto). Tuttavia, c'è la possibilità di utilizzare il **metodo previsionale**: in tal caso, il contribuente versa il secondo acconto pari al 60% (ovvero al 50% se soggetto ISA) dell'imposta complessiva presumibilmente dovuta per il periodo d'imposta 2020 e l'eventuale saldo da determinarsi al netto del primo acconto "figurativo" (pari al 40% ovvero al 50% se soggetto ISA) e del secondo acconto corrisposto.

> Sia nel caso in cui si applichi il metodo storico che quello previsionale il **primo acconto "figurativo" non può mai eccedere il 40%** (o il 50%) dell'importo complessivamente dovuto a titolo di IRAP per il periodo d'imposta 2020, calcolato, in linea generale, secondo il metodo storico, sempreché quest'ultimo non sia superiore a quanto effettivamente da corrispondere (circ. 19 ottobre 2020, n. 27/E).
> In altre parole, occorre utilizzare il metodo storico, sempre che non si determini un ammontare superiore a quello da corrispondere sulla base dell'imposta effettivamente dovuta per il 2020.

Compensazione - Il credito IRAP risultante dalla dichiarazione è compensabile con tutti gli altri tributi e contributi che rientrano nel sistema del versamento unificato (art. 17, D.Lgs. n. 241/1997).

> Per poter compensare orizzontalmente, crediti d'imposta derivanti dalle dichiarazioni, per importi **superiori a 5.000 euro annui**, è necessario apporre sulla dichiarazione il **visto di conformità** (art. 1, c. 574, Legge n. 147/2013).

IRAP

La compensazione del credito annuale o relativo a periodi inferiori all'anno dell'IVA, dei crediti relativi alle imposte sui redditi e alle relative addizionali, alle imposte sostitutive delle imposte sui redditi e all'IRAP, per **importi superiori a 5.000 euro annui**, può essere effettuata a partire dal **decimo giorno** successivo a quello di presentazione della dichiarazione o dell'istanza da cui il credito emerge (art. 17, c. 1, D.Lgs. n. 241/1997).
È previsto l'obbligo per tutti i contribuenti di utilizzare i **servizi telematici dell'Agenzia delle Entrate** qualora intendano compensare, per **qualsiasi importo**, crediti IVA (annuali o infrannuali), crediti relativi alle imposte sui redditi e addizionali, alle ritenute alla fonte, alle imposte sostitutive delle imposte sul reddito, all'IRAP ovvero crediti maturati in qualità di sostituto d'imposta e i crediti d'imposta da indicare nel quadro RU della dichiarazione dei redditi (art. 37, c. 49-bis, D.L. n. 223/2006).

Importi minimi - L'imposta risultante dalle dichiarazioni annuali non è dovuta, se gli importi spettanti a ciascuna regione non superano **12,00 euro**.

Enti pubblici - Gli organi e le Amministrazioni dello Stato e gli enti pubblici diversi dalle società, che non hanno per oggetto esclusivo o principale l'esercizio di attività commerciali, versano l'acconto **mensilmente** e per un importo pari a quello risultante dall'applicazione delle aliquote.

40.2. SANZIONI AMMINISTRATIVE

Le sanzioni applicabili sono le stesse previste per la dichiarazione dei redditi (art. 1, D.Lgs. n. 471/1997).

Violazione	Sanzione
Omessa presentazione della dichiarazione.	**Dal 120 al 240%** dell'imposta dovuta, con un **minimo di euro 250**. Se **non sono dovute imposte**, si applica la sanzione da 250 a 1.000 euro (da 500 a 2.000 euro nei confronti dei soggetti obbligati alla tenuta delle scritture contabili).
	Dal 60% al 120% dell'ammontare delle imposte dovute, con un **minimo di euro 200** se la dichiarazione omessa è presentata dal contribuente entro il **termine di presentazione** della dichiarazione relativa al **periodo d'imposta successivo** e, comunque, prima dell'inizio di qualunque attività amministrativa di accertamento di cui abbia avuto formale conoscenza. Se **non sono dovute imposte**, si applica la sanzione da 150 a 500 euro (da 300 a 1.000 euro nei confronti dei soggetti obbligati alla tenuta delle scritture contabili).
Nella dichiarazione è indicato: - un **imponibile inferiore** a quello accertato, o - un'**imposta inferiore** a quella dovuta, o - un **credito superiore** a quello spettante.	**Dal 90% al 180%** dell'ammontare della maggiore imposta dovuta e della differenza del credito utilizzato. La stessa sanzione si applica se nella dichiarazione sono esposte **indebite detrazioni** d'imposta ovvero indebite deduzioni dall'imponibile.
	La sanzione è **aumentata della metà** quando la violazione è realizzata mediante l'utilizzo di **documentazione falsa** o per operazioni inesistenti, mediante artifici o raggiri, condotte simulatorie o fraudolente.
	Fuori dai casi di cui al punto precedente, la sanzione è **ridotta di 1/3** quando la maggiore imposta o il minore credito accertati sono complessivamente inferiori al 3% dell'imposta e del credito dichiarati e comunque complessivamente inferiori a euro 30.000. La medesima riduzione si applica quando, fuori dai casi di cui sopra, l'infedeltà è conseguenza di un **errore sull'imputazione temporale** di elementi positivi o negativi di reddito, purché il componente positivo abbia già concorso alla determinazione del reddito nell'annualità in cui interviene l'attività di accertamento o in una precedente.
	Se **non vi è alcun danno per l'Erario**, la sanzione è pari a **euro 250**.

Violazione	Sanzione
- Dichiarazione non redatta secondo la **modulistica ufficiale**, - **omissione o non indicazione** in maniera esatta e completa dei **dati rilevanti** per l'individuazione del contribuente e del rappresentante fiscale, o - non indicazione in maniera esatta e completa di ogni altro **elemento prescritto** per il compimento dei controlli.	**Da 250 a 2.000 euro**.
- **Ritardato** od **omesso versamento** dell'imposta, in acconto o in saldo, o - **versamento** in misura **inferiore** a quella dovuta.	**30% dell'imposta non versata.**
	Per i versamenti effettuati con un ritardo non superiore a 90 **giorni**, la sanzione del 30% è ridotta alla metà.
	Salva l'applicazione del ravvedimento operoso, per i versamenti effettuati con un **ritardo non superiore a 15 giorni**, la sanzione ridotta alla metà di cui sopra è ulteriormente ridotta a un importo pari a 1/14 per ciascun giorno di ritardo.

IVA

ASPETTI GENERALI 41.

DEFINIZIONE 41.1.

L'IVA (Imposta sul Valore Aggiunto) è comune a tutti i Paesi aderenti all'Unione Europea ed anche, sia pur con caratteristiche differenti, a molti altri Stati extra-UE.
È stata introdotta con il D.P.R. 26 ottobre 1972, n. 633 che ha recepito la Direttiva UE n. 67/227/CEE del 1967; gli scambi intracomunitari sono regolati dal D.L. 30 agosto 1993, n. 331.
È un'imposta "indiretta" che va a colpire tutte le transazioni economiche relative a **cessioni di beni** e **prestazioni di servizi**, oltre agli acquisti intracomunitari di beni e alle importazioni.
Si applica in base ad aliquote in misura proporzionale e colpisce l'**incremento di valore** che il bene/servizio ha subito nelle varie fasi di produzione, trasformazione, commercializzazione, ecc., fino al consumatore finale. Quest'ultimo, non potendo trasferire l'onere ad altri soggetti, risulterà essere inciso in modo definitivo; l'IVA è dunque un'**imposta sul consumo**.
Il meccanismo (detrazione a monte, rivalsa sull'acquirente) fa sì che l'**imposta** sia **neutra** per l'operatore economico. In realtà non sempre questa caratteristica risulta vera, in quanto il suo verificarsi dipende dal soggetto che la pone in essere e dall'oggetto della transazione (➜**42.1.** e ➜**42.2.**).
Il **principio generale della neutralità** dell'imposta viene assicurato mediante l'istituto della **rivalsa**. Questa consente al debitore dell'imposta (ossia al soggetto IVA che pone in essere un'operazione rilevante ai fini del tributo) di traslare giuridicamente ed economicamente l'imposta su un altro e diverso soggetto e così via sinché si giunge, appunto, al privato consumatore - effettivo utilizzatore finale del bene o del servizio - che resta definitivamente inciso. In verità il principio della neutralità assoluta in certi casi non è rispettato dallo stesso legislatore che, per alcune categorie di operazioni, per esigenze di cassa o per evitare facili elusioni d'imposta ovvero perché non ritenute inerenti all'attività del cessionario/committente, ne impedisce totalmente o parzialmente la **detraibilità** dell'imposta relativa ad una determinata operazione (es.: art. 19, c. 2 e ss.; art. 19-bis1).
Le disposizioni italiane sull'IVA prevedono che l'istituto della rivalsa sia obbligatorio, anzi ogni patto contrario al diritto della rivalsa è nullo e le poche fattispecie ove la rivalsa è meramente facoltativa sono tassativamente elencate (art. 18, D.P.R. n. 633/1972) e relative alle operazioni a titolo gratuito ed al cosiddetto autoconsumo.
Con riferimento alla **detraibilità** essa nasce in capo al cessionario o committente contestualmente alla esigibilità del tributo da parte dell'Erario nei confronti del cedente/prestatore. Mentre la rivalsa è obbligatoria per legge, la detraibilità è un mero diritto che può essere esercitato al più tardi con la dichiarazione relativa all'anno in cui il diritto alla detrazione è sorto ed alle condizioni esistenti al momento del diritto stesso (➜**46.**).

CAMPO DI APPLICAZIONE 41.2.

L'IVA trova applicazione nell'ambito delle **cessioni di beni e delle prestazioni di servizi** quando sono soddisfatti i seguenti **requisiti**: **soggettivo** (➜**42.1.**), **oggettivo** (➜**42.2.**) **e territoriale** (➜**42.3.**).
Tutti i requisiti devono **coesistere** perché si possa affermare che un'operazione rientri nel campo di applicazione dell'IVA, sebbene gli adempimenti formali collegati alle operazioni rilevanti ai fini IVA si applicano anche, a certe condizioni, alle cessioni e prestazioni che non soddisfano il presupposto territoriale.

Deroghe 41.2.1.

Operazioni illecite - Sebbene possano coesistere tutti i requisiti, un'operazione è **esclusa** dall'IVA quando essa risulti essere illecita secondo le leggi dello Stato.

Importazioni di beni dall'estero - Sono **sempre soggette** all'imposta, con assolvimento presso la dogana ove avviene l'importazione, anche se effettuata da un soggetto privato.

IVA

41.3. PRESUPPOSTI E REQUISITI SOSTANZIALI DELLE OPERAZIONI

Presupposto per le operazioni rientranti nell'ambito di applicazione dell'IVA è l'esatta individuazione del **fatto generatore dell'imposta** (che nella dizione italiana è **l'effettuazione dell'operazione** di cui all'art. 6, D.P.R. n. 633/1972).

Il fatto generatore dell'imposta si verifica e l'imposta diventa esigibile nel momento in cui è effettuata la cessione di beni o la prestazione di servizi (salvo qualche eccezione come la cosiddetta IVA per cassa) (art. 63, Direttiva n. 2006/112/CE).

Ne deriva che se non si è ancora verificato il fatto generatore, non esiste ancora nessuna operazione rilevante ai fini IVA, pertanto tutte le attività prodromiche eventualmente messe in atto non hanno alcuna valenza fiscale.

Più in particolare, l'art. 63 della Direttiva n. 2006/112/CE specifica che il fatto generatore individua **l'esigibilità dell'imposta** (➔46.3.) ossia il diritto per l'Erario, a partire da un determinato momento, di pretendere dal debitore dell'imposta (di regola il cedente o prestatore, salvo casi particolari come lo split payment ed il reverse charge) il versamento dell'IVA, sebbene detto pagamento possa anche essere differito.

Con la Direttiva n. 2010/45/UE sono state modificate le regole generali sopra descritte in relazione al concetto di esigibilità allargandone il concetto e concedendo che i singoli Stati possano stabilire che l'imposta diventi esigibile:

- non oltre il momento di emissione della fattura,
- non oltre il momento di incasso del prezzo,
- entro un determinato termine, non posteriore alla data di scadenza del termine di emissione della fattura stabilita dal singolo Stato membro, in caso di tardiva o mancata emissione della fattura.

Ulteriore presupposto perché un'operazione rientri nel campo IVA è che essa sia qualificabile come:

- **imponibile**;
- **non imponibile** (artt. 8, 8-bis, 9, 38-quater, 71 e 72, D.P.R n. 633/1972) (➔44.1.) ovvero sia una cessione intracomunitaria (art. 41, D.L. n. 331/1993) (➔51.);
- **esente** (art. 10, D.P.R. n. 633/1972) (➔44.2.);
- **non soggetta** all'imposta, quindi solo apparentemente fuori dal campo IVA, ma in realtà strettamente collegata ad un'altra operazione imponibile, non imponibile od esente. Da un lato, quindi, l'IVA non è applicata e, dall'altro, è consentita comunque la detrazione a monte della relativa imposta (es.: art. 15, D.P.R. n. 633/1972). Le operazioni non soggette devono comunque essere documentate con fattura (➔44.3.).

IVA

PRESUPPOSTI DELL'IMPOSTA

42.

SOGGETTIVITÀ PASSIVA D'IMPOSTA 42.1.

Un'operazione, per rientrare nel campo di applicazione dell'imposta, deve essere posta in essere da:
- **imprenditori** (commerciali o agricoli),
- **professionisti**,
- **artisti**,

nell'ambito di svolgimento della propria attività imprenditoriale, professionale od artistica (artt. 4 e 5, D.P.R. n. 633/1972). L'**attività** deve essere svolta in modo **abituale** ancorché **non in via esclusiva**.

Un'operazione non sarà soggetta all'imposta se relativa ad attività eseguite in via del tutto occasionale, salvo che non sia posta in essere da una società (di persone o di capitali), nel qual caso opera una presunzione assoluta di commercialità.

Esercizio d'impresa 42.1.1.

Con specifico riferimento agli imprenditori, e quindi all'**esercizio d'impresa**, rientrano nel campo di applicazione dell'imposta le attività individuate dagli artt. 2195 e 2135 c.c.

Art. 2195 c.c.	Art. 2135 c.c.
- Attività industriali per la produzione di beni o servizi - attività di intermediazione commerciale - attività di trasporto in tutte le sue forme - attività bancarie - attività assicurative - attività ausiliarie a quelle sopra menzionate	- Coltivazione del fondo - silvicoltura - allevamento - assimilabili a quelle sopra menzionate

L'esercizio d'impresa pertanto può esser svolto da:

Imprenditori individuali che esercitano un'attività commerciale od agricola	Qualsiasi cessione effettuata da questi purché rientrante nell'attività propria ivi compresi i beni patrimonio, rientra nell'ambito dell'imposta. Tra le imprese individuali rientra anche la **c.d. impresa familiare**.
Società ed enti commerciali	Le cessioni di beni e le prestazioni di servizi rese da: - società di persone (snc, sas, società di fatto) e assimilate (armamento), - società di capitali (srl, spa, sapa, società cooperative, assicurazioni, SICAV, ecc., - GEIE, - enti commerciali pubblici o privati, - società estere di cui all'art. 2507 c.c., - società di fatto, rientrano sempre e comunque nel campo IVA anche se effettuate solo occasionalmente.

IVA

Associazioni riconosciute o non riconosciute **Società semplici** **Consorzi** **A.T.I.**	Per gli enti che non abbiano per oggetto esclusivo o principale l'esercizio di attività commerciali od agricole, si considerano rientranti nell'ambito dell'imposta anche le cessioni di beni e le prestazioni di servizi rese ai soci, associati o partecipanti dietro pagamento di corrispettivi specifici o di contributi supplementari determinati in funzione delle maggiori o diverse prestazioni alle quali hanno diritto, con eccezione di quelle effettuate in conformità alle finalità istituzionali da associazioni: politiche, sindacali e di categoria, religiose, assistenziali, culturali, sportive dilettantistiche, di promozione sociale e di formazione extra scolastica della persona, anche se rese a favore di altre associazioni similari ad esse associate e verso i rispettivi soci, associati o partecipanti (art. 4, c. 3).

Si considerano effettuate nell'esercizio di impresa anche le cessioni di beni e le prestazioni di servizi rese dalle società e dagli enti sopra indicati a favore dei propri soci, associati, partecipanti (art. 4, c. 3, D.P.R. n. 633/1972).
Sono considerate, **in ogni caso, commerciali**, indipendentemente da chi le esercita:
- cessioni di beni nuovi per la vendita (con esclusioni delle pubblicazioni delle associazioni sindacali e di categoria religiose, assistenziali, culturali, sportive dilettantistiche, di promozione sociale e di formazione extra scolastica della persona, cedute prevalentemente ai propri associati);
- erogazioni di acqua, servizi di fognatura e depurazione, gas, energia elettrica e vapore;
- gestione di fiere ed esposizioni permanenti;
- gestione di spacci aziendali, mense e somministrazione pasti;
- trasporto e deposito merci;
- trasporto di persone;
- organizzazione di viaggi e soggiorni turistici, prestazioni alberghiere e di alloggio;
- servizi portuali e aeroportuali;
- pubblicità commerciale;
- telecomunicazioni e simili.

Affitto dell'unica azienda - **Non rientra** nel campo di applicazione dell'IVA l'affitto dell'unica azienda effettuato dall'imprenditore (C.M. 19 marzo 1985, n. 26).

Enti non commerciali - **Non rientrano** nel campo di applicazione dell'IVA le attività esercitate in conformità allo scopo istituzionale dell'ente ivi comprese le attività commerciali in rapporto di strumentalità diretta con i fini dell'ente (Cass. n. 2705/1995), salvo che per le operazioni commerciali di fatto o per definizione di legge come sopra indicato.

Enti pubblici - Di regola **non rientrano** nel campo dell'applicazione dell'imposta. Tuttavia, rientra nell'ambito IVA la porzione di attività commerciale, non inerente all'ambito istituzionale, che anche gli enti pubblici possono svolgere. Per il soggetto che deve fornire beni o servizi ad un ente pubblico, questa distinzione non è affatto semplice soprattutto alla luce dei nuovi obblighi che coinvolgono il fornitore: **fatturazione elettronica** (➡46.13.) **e split payment** (➡46.12.).

42.1.2. Esercizio di arti e professioni

Per esercizio di arti e professioni (artt. 2222 e ss. c.c.) si intende lo svolgimento, per **professione abituale** ancorché **non esclusiva**, di una qualsiasi attività di lavoro autonomo da parte di **persone fisiche**, **anche** se **aggregate** in una associazione tra professionisti (si tratta dei cosiddetti studi associati, da non confondere con le società tra professionisti) ovvero in società semplici o in società tra professionisti (art. 5, D.P.R. n. 633/1972).

Collaborazioni coordinate e continuative

L'attività professionale non necessariamente deve essere svolta in maniera esclusiva, in quanto essa può essere abbinata ad altre tipologie lavorative, per esempio di lavoro dipendente. Nell'ipotesi di coesistenza di lavoro autonomo e di altra tipologia di **attività** occorre esaminare se quest'ultima sia **preponderante**, in termini temporali e/o reddituale, **rispetto** a quella di **lavoro autonomo**.
Se l'attività di lavoro autonomo non è svolta professionalmente, anche il corrispettivo ricevuto sfugge all'imposta (ad esempio lo studente che effettua lavori saltuari ed estemporanei ancorché retribuiti, oppure il pensionato che, data la sua precedente esperienza, svolge attività di sindaco o di amministratore presso società). In tal caso si tratta di mere collaborazioni coordinate e continuative che non rientrano nel campo di applicazione IVA (art. 5, c. 2, D.P.R. n. 633/1972).

> Vi sono delle situazioni per le quali l'attività professionale compie una sorta di attrazione a sé anche di altre attività che potrebbero, invece, essere escluse dal campo applicativo dell'IVA quali, ad esempio, i compiti di **sindaco, revisore od amministratore** svolti da commercialisti (C.M. 19 marzo 1985, n. 26).

PRESUPPOSTO OGGETTIVO 42.2.

Il presupposto oggettivo dell'IVA ricorre quando l'operazione si qualifica come **cessione di beni** (art. 2, D.P.R. n. 633/1972) o **prestazioni di servizi** (art. 3, D.P.R. n. 633/1972).

Cessione di beni 42.2.1.

Le cessioni di beni si distinguono in **cessioni vere e proprie** (art. 2, c. 1, D.P.R. n. 633/1972), **cessioni di beni assimilate e cessioni di beni facilitate da interfacce elettroniche** (art. 2-bis, D.P.R. n. 633/1972).

Cessioni vere e proprie

Per le cessioni di beni, sia mobili che immobili, si intende il **trasferimento a titolo oneroso** (art. 1470 c.c.) della proprietà oppure la costituzione o il trasferimento di un altro diritto reale di godimento (usufrutto, uso abitazione, enfiteusi, servitù prediali, diritti di superficie, così come definiti dal codice civile).

> Con il termine "**a titolo oneroso**" la norma fa riferimento sia al caso della cessione dietro compenso in denaro, sia a tutti i casi in cui al trasferimento del bene si accompagni una qualsiasi controprestazione, quali un obbligo di **fare**, **non fare**, **permettere**, nonché una controprestazione in natura (permuta).

Cessioni gratuite di beni - Non sono soggette all'imposta quando eseguite a puro titolo di liberalità, fatta salva la deroga della cessione gratuita di beni rientranti nell'attività propria dell'impresa (➡**43.4.**).

Cessioni assimilate di beni

Sono considerate cessioni assimilate di beni (art. 2, c. 2, D.P.R. n. 633/1972):

- i **contratti di somministrazione** aventi carattere periodico e continuativo (**giornali**, forniture elettriche e simili). Le comuni somministrazioni di pasti ed altri alimenti sono considerate prestazioni di servizi (➡**42.2.2.**);
- le **assegnazioni di beni ai soci associati o partecipanti** da parte di società od enti (➡**46.22.**);
- le cessioni mediante **commercio elettronico indiretto** (➡**50.10.1.**);
- le **vendite con riserva di proprietà**;
- le **locazioni** con clausola di trasferimento della proprietà vincolante per ambo le parti;
- i **passaggi** dal committente al commissionario e viceversa;
- la destinazione all'uso od al **consumo personale o familiare** dell'imprenditore o del professionista;
- espropri, requisizioni ed altre cessioni coattive stabilite dalla pubblica autorità (ris. n. 193/E/2001);
- la destinazione ad **attività estranee** all'esercizio dell'impresa, arte o professione anche se determinata dalla cessazione dell'attività stessa.

Operazioni non considerate cessioni di beni

Il legislatore ha espressamente indicato le operazioni **escluse dal novero delle cessioni** (art. 2, c. 3, D.P.R. n. 633/1972). In alcuni casi, esse consentono comunque la detraibilità a monte dell'IVA relativa ai beni e servizi acquistati. L'esclusione fa sì che l'operazione venga eseguita **senza l'emissione di alcuna fattura o registrazione** nei registri obbligatori IVA.

Sono escluse dal concetto di cessione di beni le seguenti operazioni:

- cessioni di **denaro e crediti** in denaro;
- cessioni e conferimenti di **aziende** o di **rami d'azienda** in altre aziende, enti, consorzi, associazioni; passaggi di beni a seguito di fusioni o trasformazioni. Le **cessioni di singoli beni dell'azienda**, invece, sono soggette all'IVA. È importante poter distinguere la "cessione o conferimento di un'azienda o ramo aziendale" dalla cessione dei singoli beni che compongono l'azienda. Si ha cessione di ramo aziendale quando attraverso l'acquisizione dei beni materiali ed immateriali strettamente concatenati tra loro, l'acquirente intende acquisire quel determinato segmento al fine di continuare l'attività di produzione e commercializzazione, ossia di gestire l'azienda o il ramo trasferito e non semplicemente liquidare l'attività interessata, nonché vendere lo stock. In altri termini perché si abbia cessione di ramo d'azienda occorre che il complesso degli elementi trasferiti sia sufficiente per consentire la prosecuzione di un'attività economica autonoma. In tal

caso l'operazione è esclusa da IVA (art. 2, c. 3, lett. b), D.P.R. n. 633/1972), ma soggetta ad imposta proporzionale di registro (risposta a interpello n. 546/2020);
- cessioni di **terreni non edificabili** e di contratti aventi come oggetto terreni non edificabili, concessioni all'utilizzo della medesima tipologia di terreni, cessioni di aree e di opere di urbanizzazione a favore dei Comuni;
- cessioni di **campioni gratuiti** di modico valore appositamente contrassegnati (➔44.3.; ➔44.4.);
- passaggi di beni in occasione di operazioni straordinarie societarie;
- cessioni di **valori bollati** e **marche assicurative** e **postali**;
- cessioni di alcuni **alimenti primari** (pasta, pane, biscotti di mare non arricchiti, latte fresco pastorizzato o meno);
- cessioni di beni oggetto di **manifestazioni a premio** (concorsi ed operazioni a premio).

La cessione di **terreni edificabili**, ossia quelli utilizzabili a scopo edificatorio a seguito di strumento urbanistico adottato dal Comune, anche se non ancora approvato dalla Regione, è sempre soggetta all'imposta.

Per una disamina più completa delle cessioni escluse dall'imposta (➔44.3.).

Lease back

L'operazione di lease back è un'operazione negoziale, a carattere finanziario, complessa ed unitaria, atta ad incrementare la liquidità del venditore-utilizzatore il quale mantiene la disponibilità ininterrotta del bene stesso e potrà servirsene come se ne fosse il proprietario. Di fatto il diritto trasferito in capo alla società di leasing non autorizza a disporre del bene come se ne fosse proprietaria. Sulla base di questo principio, non costituisce cessione di beni soggetta ad IVA, la "vendita" di un bene mediante un contratto di sales and lease back, purché non vi sia un uso distorto od illecito od elusivo del contratto (Cass. ord. n. 11023/2021 e CGE causa C-201/2018).
Il contratto di sale and lease back ha una causa concreta diversa da quella del contratto di vendita puro e semplice. Trattasi di un'unica operazione complessa e con causa finanziaria che non può essere suddivisa nelle due componenti, bensì da considerare anche sotto l'aspetto tributario nella sua globalità. Pertanto, la causa finanziaria impedisce di assimilare ai fini IVA il *quantum* corrisposto dall'acquirente-concedente al corrispettivo dovuto al venditore, assimilandolo ad un contratto di vendita, che rimane sempre nella piena disponibilità dell'alienante-utilizzatore.
Non si giungerebbe a differenti conclusioni neanche se l'operazione nel suo complesso fosse equiparata ad una prestazione di servizi. Ciò in quanto la causa finanziaria farebbe sì rientrare l'operazione nel campo IVA, ma in regime di esenzione *ex* art. 10, c. 1, del D.P.R. n. 633/1972, quindi senza diritto alla detrazione dell'imposta (Cass., sent., n. 30016/2021).

Cessioni di beni facilitate da interfacce elettroniche

Si considerano *ex lege* effettuate dal soggetto passivo che facilita le vendite tramite l'uso di una interfaccia elettronica, una piattaforma, un portale o mezzi analoghi:
- le vendite a **distanza intracomunitarie** di beni (art. 38-bis, c. 1 e 3, D.L. n. 331/1993) nonché le **cessioni interne di beni con partenza ed arrivo** nel territorio del medesimo Stato UE, **effettuate** da **soggetti passivi stabiliti fuori** della UE a **favore di privati consumatori**;
- le vendite a distanza di **beni importati** (non soggetti ad accisa) da un Paese terzo e di valore intrinseco **non superiore a 150,00 euro** ovunque sia stabilito il fornitore (la soglia di 150,00 euro va verificata per ogni singola spedizione) (art. 38-bis, c. 2 e 3, D.L. n. 331/1993).

In tal modo il soggetto facilitatore viene considerato cessionario e rivenditore di detti beni. Il **trasporto** è imputato al marketplace e, quindi, effettuata nel luogo di arrivo dei beni (art. 2-bis, D.P.R. n. 633/1972).

Non tutte le operazioni effettuate tramite un soggetto passivo facilitatore lo fanno diventare *ex lege* cessionario/rivenditore.
La **presunzione non trova applicazione** quando:
- le vendite a distanza non sono intracomunitarie;
- le vendite a privati consumatori si realizzano quando i beni sono già immessi in libera pratica o si trovano all'interno di qualunque altro Stato UE ed il fornitore è anch'egli stabilito nella UE e le vendite non superano 10.000,00 euro annui;
- le vendite riguardano beni che si trovano già in altro Stato UE, prestando attenzione a seconda che lo Stato UE di destino sia anche quello di partenza o meno;
- le vendite B2C di beni importati sono di valore intrinseco superiore a 150,00 euro.

IVA

In sintesi, in presenza di un soggetto passivo che faciliti le vendite a distanza intracomunitarie (➡51.12.) tramite una piattaforma (gestita direttamente o da soggetti terzi) si pone in essere fittiziamente una doppia cessione:

- dal fornitore alla piattaforma (che si considera effettuata nel luogo in cui il bene si trova al momento della cessione ed è **esente da IVA**, ma comunque soggetta a fatturazione) (➡44.2.) e si considera effettuata nel luogo ove il bene si trova al momento della cessione;
- dalla piattaforma al consumatore finale (ed è **soggetta** all'imposta vigente **nel luogo di arrivo** dei beni). Il trasporto/spedizione è imputato a questa parte dell'operazione (vedi oltre).

Con il termine "valore intrinseco" si intende il valore del bene, al netto del costo di trasporto e dell'eventuale assicurazione.
In particolare, il transito tramite piattaforma evita il passaggio doganale e l'IVA sarà assolta direttamente dalla piattaforma, compresi i beni di valore inferiore a 22,00 euro che sino al 30 giugno 2021 erano esenti dall'IVA all'importazione (➡54.).

Il **momento di effettuazione** dell'operazione (e la correlata esigibilità dell'imposta) sorge con l'accettazione del pagamento del corrispettivo tanto nei casi B2C, quanto nei casi B2B.
Ne deriva che **non rileva né la consegna né l'emissione di fattura** (art. 6, c. 7, D.P.R. n. 633/1972).
Il costo del **trasporto/spedizione** di beni (➡51.12.1.) è imputato alle cessioni effettuate dal soggetto che ne facilita le cessioni tramite l'uso di interfacce elettroniche (art. 38-bis, c. 4, D.L. n. 331/1993).

Prestazioni di servizi 42.2.2.

La norma nazionale definisce le prestazioni di servizi "in positivo", facendo anzitutto riferimento ad alcuni contratti tipici (d'opera, appalto, trasporto, mandato, spedizione, agenzia, mediazione, deposito), comprendendovi poi qualsiasi obbligazioni di fare, non fare o permettere, quale ne sia la fonte (art. 3, c. 1, D.P.R. n. 633/1972).
Come le cessioni, anche le prestazioni devono essere rese verso corrispettivo, per cui, in linea di principio, quelle gratuite non assumono rilevanza impositiva.
Le **prestazioni di servizi** si distinguono in prestazioni di servizi **tipiche** (art. 3, c. 1, D.P.R. n. 633/1972) e prestazioni di servizi **assimilate** (art. 3, c. 2, D.P.R. n. 633/1972).

Prestazioni di servizi tipiche

Sono prestazioni di servizi tipiche (o prestazioni in senso stretto) eseguite dietro corrispettivo e dipendenti da:

- **contratti d'opera** (art. 2222 c.c.). Con il contratto d'opera si intende un impegno da parte di un soggetto (prestatore d'opera) di erogare un servizio o compiere un'opera a un altro soggetto (committente), dietro pagamento di un compenso. A differenza del lavoro di tipo subordinato, il prestatore d'opera gestisce in maniera autonoma i tempi e le modalità di esecuzione del lavoro (artt. 2222 e ss., c.c.; per le prestazioni d'opera intellettuale artt. 2229 e 2238 c.c.);
- **appalti** (art. 1655 c.c.) tanto d'opera quanto di servizi. È basilare, ai fini IVA, distinguere il contratto di appalto da quello della vendita. Nel contratto di appalto rilevano soprattutto due caratteristiche: prevalenza del "fare" rispetto al "dare" e produzione di qualche cosa di nuovo rispetto allo standard di produzione (➡43.3.);
- **trasporto** (art. 1678 c.c.);
- **mandato** (art. 1703 c.c.);
- **spedizione** (art. 1737 c.c.);
- **agenzia** (art. 1742 c.c.);
- **mediazione** (art. 1754 c.c.);
- **deposito** (art. 1766 c.c.);
- **obbligo di fare, non fare, permettere**, quale che ne sia la fonte. Rientrano in questo ambito anche i **contributi** quando erogati a titolo di compenso per altra prestazione o bene scambiato; se erogati a titolo di liberalità o a fondo perduto non sono soggetti all'imposta rientrando tra le cessioni di denaro.

Tra le prestazioni di servizio tipiche è da ricomprendere anche la **conciliazione giudiziale**. Si tratta delle somme che il giudice stabilisce a carico di una parte in cambio della rinuncia, nei confronti dell'altra, fondata sull'ipotesi di un inadempimento contrattuale. Detta rinuncia è, di regola, risolutivamente condizionata al corretto e tempestivo adempimento della conciliazione. Questa condizione determina un rapporto sinallagmatico tra l'impegno a versare un determinato importo e la prestazione di servizi. Ne deriva che la conciliazione giudiziaria è da considerare prestazione di servizio soggetta all'imposta ordinaria (risposta a interpello n. 386/2020).

IVA

Obbligazioni di fare, non fare, permettere

I casi in cui un obbligo di fare, non fare o permettere siano imponibili o meno ai fini IVA, vanno analizzati con attenzione, in quanto possono essere qualificati tra le prestazioni di servizio (art. 3, c. 1), ma possono anche non rilevare ai fini dell'imposta qualora, ad esempio, assumano la mera funzione di un risarcimento di danno da considerare, quindi, mere cessioni di denaro fuori campo IVA.
Questa tipologia di obbligazioni rileva ai fini IVA quando assuma la veste di corrispettivo di una cessione di beni ovvero di una prestazione di servizi. In altri termini occorre esaminare se la volontà delle parti fosse quella di porre in essere uno scambio **sinallagmatico** tra una prestazione ed un corrispettivo.
In ogni caso esistono anche a livello interpretativo pareri contrastanti. Per esempio, la Corte di Giustizia europea (Causa C-215/94) decretò che i ristori corrisposti ai produttori del latte, affinché abbandonassero la produzione lattiera, non potevano essere considerati soggetti all'imposta perché rispecchianti le finalità di interesse di carattere generale e quindi si trattava di indennità diretta a compensare i produttori senza alcun "guadagno" per le istituzioni comunitarie.
Secondo la Cassazione, poi, l'indennità pari a 18 mensilità, dovuta a favore dei locatori di immobili urbano non abitativi (per cause diverse dalla risoluzione per inadempimento o per recesso del conduttore) ha natura risarcitoria e, quindi fuori campo IVA (per tutte, Cass. n. 8559/2012). Sul medesimo argomento, l'Agenzia delle Entrate, invece ritiene detta indennità costituente corrispettivo dell'aumento di valore dell'immobile a seguito dell'attività commerciale ivi esercitata, pertanto è soggetta all'imposta.
È da ritenere soggetto a IVA il caso assai diffuso **dell'indennità erogata a titolo transattivo** a saldo e stralcio e definizione di una controversia al solo scopo di porre fine ad una lite tra le parti e senza riconoscimento alcuno delle opposte ragioni. Qui la sinallagmaticità è individuata tra l'assunzione di un "obbligo di non fare" (ossia rinunciare alla lite) e l'erogazione di una somma a fronte dell'assunzione di tale obbligo (risposta a interpello n. 145/2021 e n. 179/2021).
Sulla stessa linea si è pronunciata l'Agenzia relativamente a un caso in cui la somma dovuta era parametrata, in base alle attività svolte e alla copertura dei costi sostenuti dalla società istante, come il corrispettivo previsto per l'assunzione di un obbligo di non fare/permettere posto a carico della società istante; ne deriva che quest'obbligo è inquadrabile genericamente nella previsione di cui all'art. 3, c. 1 del D.P.R. n. 633/1972, e - per la specifica casistica - tra i "servizi generici" eseguiti nei confronti di un soggetto passivo IVA residente in un Paese europeo escluso da imposizione nel territorio dello Stato italiano, ai sensi dell'art. 7-ter del D.P.R. n. 633/1972 (risposta a interpello n. 356/2021).

Prestazioni di servizi assimilate

Sono assimilate alle prestazioni di servizi, sempreché effettuate dietro corrispettivo:
- la concessione di beni in **locazione**, **affitto**, **noleggio**, **leasing** finanziario ed operativo, lease-back;
- le **cessioni**, concessioni, licenze e simili relativi a **beni immateriali** (es.: diritti d'autore, invenzioni industriali, marchi, software ecc.), commercio elettronico diretto (➡50.10.2.);
- i **prestiti** di denaro e finanziario in genere, comprese le operazioni finanziarie mediante la negoziazione, anche a titolo di cessione pro-soluto di crediti, cambiali o assegni;
- la **somministrazione** di **alimenti e bevande**;
- la **cessione** di **contratti** in genere.

Somministrazione di alimenti e bevande

Le somministrazioni di alimenti e bevande sono qualificate come prestazioni di servizio (art. 3, c. 2, n. 4, D.P.R. n. 633/1972). In realtà esse si compongono contemporaneamente tanto di una prestazione (il servizio offerto), quanto di una fornitura (i beni). Rientrano tra le somministrazioni anche quelle offerte ai clienti appena all'esterno dell'esercizio commerciale. Altrettanto dicasi per il cosiddetto catering e le vendite mediante apparecchi automatici (vending machine). Le somministrazioni di alimenti e bevande scontano l'aliquota del 10% (Tabella A, Parte III, n. 121, D.P.R. n. 633/1972).
Gli alimenti preparati, cotti, arrostiti ecc. pronti per essere consumati subito o consegnati a domicilio (asporto o take away) costituiscono, ai fini IVA, cessioni. Ciò nonostante, è applicabile l'aliquota al 10% prevista per le preparazioni di cui alla Tabella A, Parte III, n. 80 del D.P.R. n. 633/1972, (art. 1, c. 40, Legge n. 178/2020).

Cessioni di crediti

La cessione di crediti, compresi quelli deteriorati (c.d. Non Perfoarming Loans), sono considerati prestazioni di servizi se effettuati verso corrispettivo con finalità di finanziamento. In tal caso è il cessionario e non il cedente ad effettuare l'operazione essendo la cessione del credito solo strumentale

IVA

rispetto all'attuazione di una prestazione di servizi di natura finanziaria. La **base imponibile** in una operazione che si presenti come operazione finanziaria effettuata dal cessionario è data dalla **differenza** tra **prezzo di cessione** del **credito** e **valore nominale** dello stesso.
Nel caso di cessione di **crediti deteriorat**i, la **base imponibile** è data dalla differenza tra **valore economico dei crediti** (pari alla valutazione a seguito di analisi dettagliate e documentate circa l'effettivo valore dei crediti da acquistare e coerente con l'art. 13 del D.P.R. n. 633/1972) ed il **prezzo pagato** al cedente per l'acquisto dei detti crediti.
Il momento impositivo coincide con il pagamento del prezzo di acquisto dei crediti deteriorati (ris. n. 79/E/2021).

Prestazioni di servizi di valore superiore a 50,00 euro

Tutte le prestazioni di servizi (tipiche o assimilate), qualora l'IVA afferente agli acquisti relativi alla loro esecuzione sia detraibile, costituiscono, se di valore unitario superiore ad euro 50,00, prestazioni di servizi **assoggettabili** all'imposta (art. 3, c. 3) **anche** se effettuate:

- **per uso personale** o familiare dell'imprenditore;
- **a titolo gratuito** per finalità estranee all'esercizio d'impresa (salvo quelle rientranti nelle somministrazioni di pasti nelle mense aziendali, prestazioni di trasporto, didattiche, educative e ricreative, di assistenza sociale e sanitaria, pubblicità a favore di enti ed associazioni prive di lucro che perseguano finalità educative, religiose, assistenziali, ONLUS, pubblicità progresso).

La disposizione riguarda esclusivamente l'imprenditore e non gli artisti e professionisti.

Mandatari senza rappresentanza

I mandatari senza rappresentanza, che operano in nome proprio e per conto del mandante, sono imprenditori e come tali le prestazioni da questi rese o ricevute sono considerate prestazioni di servizi anche nei rapporti tra mandante e mandatario (art. 3, c. 3 e art. 13, c. 2, D.P.R. n. 633/1972).
Nel **mandato per la vendita,** la base imponibile del servizio reso dal mandatario è data dal prezzo del servizio diminuito della provvigione concordata con il mandante.
Nel **mandato per l'acquisto,** la base imponibile del servizio ricevuto dal mandatario è data dal prezzo di acquisto del servizio aumentato della provvigione concordata con il mandante.

CASO 1 - Mandato per la vendita

Il mandatario fattura al cliente del mandante una cessione di beni od una prestazione di servizi soggetta ad aliquota ordinaria, per euro 1.000,00 sulla quale ha diritto ad una provvigione del 10%:

- fattura emessa dal mandatario (prezzo di vendita) a carico dell'acquirente	1.000,00
- IVA 22%	220,00
Totale	1.220,00

Il mandante, a sua volta, emette fattura nei confronti del mandatario senza rappresentanza:

- fattura emessa dal mandante (prezzo finale di vendita)	1.000,00
- dedotta provvigione concordata (10%)	- 100,00
Base imponibile	900,00
IVA 22%	198,00
Totale	1.098,00

CASO 2 - Mandato per l'acquisto

Il mandatario riceve dal fornitore una fattura del bene o servizio soggetto ad aliquota ordinaria, a favore del mandante per euro 1.000,00, sulla quale ha diritto ad una provvigione del 10%:

- fattura emessa dal mandatario a carico del mandante pari al prezzo fatturatogli dal fornitore	1.000,00
- provvigione 10%	100,00
Base imponibile	1.100,00
IVA 22%	242,00
Totale	1.342,00

IVA

Dal meccanismo evidenziato nei casi esposti emerge che il mandatario non può emettere fattura autonoma relativamente alla propria provvigione, in quanto risulta indirettamente tassata attraverso l'inclusione nelle basi imponibili delle fatture intercorrenti tra mandante e mandatario.

Operazioni escluse dalle prestazioni di servizi

Non sono considerate prestazioni di servizi le operazioni riportate nella tabella che segue (art. 3, c. 4, D.P.R. n. 633/1972).

Operazione	Note
Cessioni, concessioni, licenze e simili di diritti d'autore effettuate direttamente dall'autore o dai suoi eredi o legatari	Sono soggette all'imposta: le operazioni sui diritti relativi a disegni, opere dell'architettura ed opere cinematografiche e quelle opere che vengono utilizzate con fini pubblicitari. Un diritto d'autore, invenzione e simili ancorché ceduto o dato in licenza dall'impresa ove lo stesso è stato originariamente prodotto, non fa dell'impresa l'autore e l'operazione è soggetta ad IVA. Per autore si deve intendere una persona fisica.
Mandato e mediazione relativi ai diritti d'autore	Valgono le medesime eccezioni sopra indicate.
Mandato e mediazione relative a prestiti obbligazionari	
Prestiti obbligazionari	
Cessione dei contratti	Se relativi a denaro, operazioni straordinarie societarie, terreni non edificabili.
Prestazioni dei commissionari e dei mandatari senza rappresentanza	
Ingresso gratuito a spettacoli	Nonché alle altre attività relative a spettacoli cinematografici, sportivi, spettacoli musicali e concerti, teatrali, mostre e fiere campionarie (elencate nella Tabella C allegata al decreto) grazie al rilascio di biglietti da parte degli organizzatori e da altri enti abilitati.

Le **cessioni, concessioni, licenze e simili relative a diritti d'autore**, invenzioni, modelli industriali ecc. sono considerate prestazioni di servizio, se effettuate verso pagamento (art. 3, c. 2, n. 1, D.P.R. n. 633/1972). Per altro vi è una deroga all'imponibilità delle "cessioni, concessioni, licenze e simili relativi ai diritti d'autore", che ne consente l'esclusione dall'imposta, (art. 3, c. 4, lett. a), D.P.R. n. 633/1972). Come tutte le deroghe, queste non possono essere interpretate, ma la loro disposizione è tassativa. In particolare, l'esclusione dal campo IVA riguarda esclusivamente quelle tutelate dalle disposizioni in merito al **diritto d'autore** (Legge n. 633/1941, salve le eccezioni ivi previste). In altri termini per rientrare nell'esclusione occorre che le opere: siano sottoposte alla tutela del diritto d'autore; registrate nel registro generale delle opere protette o depositate ai sensi della legge appena citata (risposta a interpello n. 540/2020).

Non sono considerate prestazioni di servizi l'**uso personale** o familiare dell'imprenditore, ovvero la messa a disposizione a titolo gratuito nei confronti dei dipendenti di:

– **veicoli stradali a motore**, quando l'acquisto (pure sulla base di contratti di locazione, anche finanziaria, e di noleggio) ha comportato una detrazione limitata della relativa IVA (attualmente 40% del prezzo di acquisto) (➔**48.1.**);
– **telefoni cellulari**, sempreché l'IVA all'acquisto sia stata detratta in misura ridotta (non meno del 50%).

Sono escluse dall'imposta anche:

– le cessioni gratuite di valore normale **non superiore** ad **euro 50,00**;
– le **prestazioni gratuite** rese da professionisti ed artisti;
– il **prestito o distacco di personale** (Legge n. 67/1988) per il quale l'impresa distaccante chiede, a titolo di rimborso, un corrispettivo non superiore al costo sostenuto per il dipendente. Al contrario, la Corte di giustizia UE considera sempre soggetto all'imposta, indipendentemente da quanto fatturato a titolo di rimborso, il prestito di personale qualora il prestito del personale sia stato strutturato al fine di ottenere un corrispettivo dall'operazione di distacco (sent. C-94/19) (➔**44.3.**).
Il **lavoro interinale** (art. 26-bis, Legge n. 196/1997) è **sempre soggetto** all'imposta in quanto l'agenzia "intermediatrice", fattura, assoggettandola ad IVA, un corrispettivo superiore al puro costo del dipendente, al netto degli oneri previdenziali, retributivi e dei rimborsi a piè di lista;

- le operazioni effettuate dalle **associazioni di volontariato** solidale;
- i compensi per la **trasmissione** delle **dichiarazioni** fiscali.

TERRITORIALITÀ 42.3.

L'ultimo dei tre presupposti per l'applicazione dell'imposta riguarda la **territorialità** dell'operazione.

Definizione 42.3.1.

Affinché un'operazione sia **rilevante** ai fini IVA occorre che la cessione di beni o la prestazione di servizi si consideri **effettuata** nel **territorio dello Stato**; in caso contrario, deve essere considerata esclusa (art. 7, D.P.R. n. 633/1972).

L'individuazione corretta della territorialità è essenziale per stabilire quale sia il luogo dove la cessione del bene ovvero la prestazione del servizio si considera effettuata e, quindi, assoggettata ad imposta. Con specifico riferimento all'imposta vigente all'interno dell'Unione europea, di regola, se una determinata cessione o prestazione non può essere tassata in uno Stato per carenza del presupposto in discorso, verrà tassato nell'altro Stato.

Territorio dello Stato

Il territorio dello Stato, ai fini IVA, coincide con quello del territorio italiano, ma alcune sue **porzioni** politiche sono comunque considerate **extraterritoriali**:

- Comune di Livigno;
- Comune di Campione d'Italia;
- acque italiane del Lago di Lugano.

Ai fini fiscali, come quelli civilistici, rientrano nella definizione di **territorio italiano**:

- lo **spazio aereo** soprastante i confini nazionali;
- il **sottosuolo**;
- il **mare territoriale** (12 miglia marine);
- le **zone** ed i **depositi franchi**;
- le **navi mercantili** e gli **aerei civili** quando in volo e gli aerei militari anche quando sono a terra in altro Stato.

Territorio della UE ed extra UE

Ai fini delle transazioni intracomunitarie è necessario delineare il territorio della Comunità europea, che risulta costituito degli **Stati aderenti** all'Unione europea, con le seguenti **eccezioni** che devono essere considerate territori **extracomunitari** (art. 7, c. 1, lett. b), D.P.R. n. 633/1972):

- Monte Athos (Grecia);
- Isola di Helgoland ed il territorio di Büsingen (Germania);
- Dipartimenti d'oltre mare (Francia);
- Ceuta, Melilla e le isole Canarie (Spagna),
- Isole Åland (Finlandia);
- Isole Anglo-normanne (isole del Canale).

Sono considerati **comunitari** ai fini IVA:

- l'isola di Man;
- il Principato di Monaco (che, ai fini fiscali, è considerato territorio francese);
- Akrotiri e Dhekelia zone di sovranità della Gran Bretagna situate nel territorio della repubblica di Cipro.

Altri territori a vario titolo facenti parte di alcuni Stati UE che, invece, non possono essere considerati comunitari ai fini IVA sono la Groenlandia, le Faer Oer (con riferimento ai cittadini danesi ivi residenti) e le Antille olandesi.

Cessione di beni 42.3.2.

Si considerano effettuate nel territorio dello Stato e, pertanto, soggette all'IVA le cessioni di (art. 7-bis, D.P.R. n. 633/1972):

- **beni immobili** presenti nel territorio dello Stato;
- **beni mobili nazionali**, **comunitari** o vincolati al regime della **temporanea importazione**, esistenti nel territorio dello Stato;
- **beni mobili** spediti da altro Stato della UE per essere **installati**, **montati**, **assiemati** nel territorio dello Stato dal fornitore o per suo conto;
- **beni** precedentemente **introdotti in** un **deposito** in Italia (➡56.), per esigenza della propria impresa, da un soggetto UE (acquisto comunitario assimilato *ex* art. 38, c. 3, lett. b), D.L. n. 331/1993) ed estratti per essere venduti nel territorio dello Stato.

IVA

Deroghe

Cessioni di beni a bordo di navi, aerei, treni - Si considerano effettuate nel territorio dello Stato se il punto di partenza è situato in Italia, anche per la parte di percorso svolto nella UE.

Cessioni di gas e di energia elettrica, di calore o di freddo mediante reti di riscaldamento o di raffreddamento - Si considerano effettuate nel territorio dello Stato in funzione della tipologia dell'acquirente.

Beni situati all'estero - È soggetta a fatturazione anche una serie di operazioni riguardanti beni che, al momento di effettuazione della cessione, (➡46.3.) si trovano all'estero (UE od extra UE), ovvero in determinate zone considerate extradoganali.

Deroghe nel caso di vendite a distanza intracomunitarie di beni spediti/trasportati da altro Stato UE - Altre **deroghe al concetto generale di territorialità**, secondo il quale per cessione di beni mobili nazionali, comunitari o vincolati al regime della temporanea importazione si considera realizzata in Italia se detti beni sono esistenti in Italia al momento della cessione, sono state introdotte a far tempo dal 1° luglio 2021. Ci si riferisce in particolare al caso delle vendite a distanza intracomunitarie di beni spediti o trasportati a partire da un altro Stato membro dell'Unione europea che si considerano **effettuate nel territorio dello Stato italiano** se il luogo di arrivo della spedizione o del trasporto è nel medesimo territorio dello Stato (art. 40, c. 3, D.L. n. 331/1993).
Questa **deroga non trova applicazione** (art. 40, c. 4, D.L. n. 331/1993) **qualora:**

- il cedente sia un soggetto stabilito nel territorio di un altro Stato membro e ricorrano **congiuntamente** le seguenti condizioni:
  a. il cedente è stabilito un solo Stato membro dell'Unione europea;
  b. l'ammontare complessivo, al netto dell'imposta sul valore aggiunto, delle prestazioni di servizi nei confronti di committenti non soggetti passivi stabiliti in Stati membri dell'Unione europea diversi da quello di stabilimento del prestatore, di cui all'art. 7-octies, c. 2, lett. b), del D.P.R. n. 633/1972 , e delle vendite a distanza intracomunitarie nell'Unione europea non ha superato nell'anno solare precedente 10.000,00 euro e fino a quando, nell'anno in corso, tale limite non è superato;
  c. il cedente non ha optato per l'applicazione dell'imposta nel territorio dello Stato (opzione per l'imposizione a destinazione).

42.3.3. Prestazioni di servizi generici

La rilevanza territoriale delle prestazioni di servizi generici (non soggette quindi a deroghe specifiche) è dettata dalla **regola generale** (art. 7-ter).

Ciclo attivo

Nell'ambito del ciclo attivo (➡46.) se il committente è un **privato oppure** un **soggetto passivo stabilito in Italia** ed anche il prestatore è un soggetto IVA qui stabilito quest'ultimo deve emettere fattura (soggetta ad IVA, non imponibile, esente a seconda della natura della prestazione). Qualora l'operazione rientri nell'ambito del reverse charge (➡46.11.) o dello split payment (➡46.12.) si ha lo spostamento del "debitore d'imposta" (➡42.4.) dal prestatore al committente relativamente agli obblighi di versamento dell'imposta.
Se il committente è un **soggetto passivo UE,** la prestazione generica viene fatturata come **operazione non soggetta** a IVA, con l'indicazione "inversione contabile", indipendentemente dal luogo di utilizzo del servizio.
Se il committente è un **soggetto passivo extra UE**, la prestazione è **non soggetta** a IVA, ma è previsto l'obbligo di emissione della fattura con indicazione "operazione non soggetta". È irrilevante il luogo di utilizzo della prestazione.
Per ciò che concerne l'irrilevanza o meno di collegamenti tra un immobile e la prestazione di servizio ivi svolta si veda (➡42.3.4.).

> Il Protocollo di intesa tra UE e UK ("Brexit") non comprende le prestazioni di servizio. Pertanto, per quelle generiche, nel caso di prestatore stabilito in Italia, questi continuerà ad emettere fattura *ex* art. 7-ter del D.P.R. n. 633/1972 in esclusione di IVA e riportare la dicitura "operazione non soggetta ad IVA". Devono essere indicate nell'esterometro ma non più nel Mod. Intrastat servizi. Ciò almeno sino al **1° luglio 2022**, data in cui l'esterometro nelle attuali forme sarà sostituito da comunicazione a SDI con il medesimo formato della fattura elettronica (art. 5, c. 14-ter, D.L. n. 146/2021). I trasporti di beni in "esportazione" verso UK, se accessori all'operazione di esportazione, sono non imponibili *ex* art. 8, D.P.R. n. 633/1972. In caso contrario sono non soggetti all'imposta *ex* art. 7-ter.

Ciclo passivo

Nell'ambito del ciclo passivo (➡48.), se la prestazione è resa da un soggetto passivo stabilito all'estero a favore di un soggetto italiano e la prestazione è considerata rilevante in Italia in quanto ricadente nell'art. 7-ter, D.P.R. n. 633/1972, si può affermare che:

- se il **prestatore** è un **soggetto UE**, il committente italiano numera ed integra la fattura (➡52.4.1.) con la conseguenza che l'esigibilità dell'IVA nasce con il ricevimento della fattura;
- se il **prestatore** è un **soggetto extra UE** il committente deve autofatturarsi (➡48.3.). Il documento estero non rileva, di per sé, ai fini IVA.

Committente	Esecutore della prestazione (soggetto passivo d'imposta)	Rientra nel campo IVA (fatturare-integrare-autofatturare)
Soggetto IVA identificato nel territorio dello Stato **senza Stabile Organizzazione** all'estero. **Soggetto IVA** identificato nel territorio dello Stato **con Stabile Organizzazione** all'estero, se le prestazioni non sono commissionate da questa o comunque non abbia un ruolo attivo nell'operazione. **Stabile Organizzazione** in Italia di soggetto passivo estero.	Soggetto IVA identificato in Italia	SÌ
Soggetto **privato** ovunque residente (Italia, UE, Extra UE)	Soggetto IVA identificato nello Stato	SÌ
Soggetto IVA identificato nel territorio dello Stato.	Soggetto d'imposta stabilito all'estero (UE extra UE)	Se il **prestatore** è **soggetto UE**, il committente integra la fattura comunitaria. Se il **prestatore** è **extra UE**, il committente emette autofattura
Soggetto d'imposta UE od extra UE **senza Stabile Organizzazione in Italia**. Soggetto d'imposta **con Stabile Organizzazione in Italia**, se le prestazioni non sono commissionate da questa o comunque la SO non abbia avuto un ruolo attivo nell'operazione.	Soggetto IVA identificato nel territorio dello Stato	SÌ Indicando in fattura "inversione contabile" se rivolta a soggetti UE oppure "operazione non soggetta" se rivolta a soggetti extra UE

Con particolare riguardo alle stabili organizzazioni o branch aperte in Italia da una società non residente UE, all'effettivo concorso di queste alle operazioni attive e passive della casa madre e, quindi, al loro corretto comportamento ai fini IVA vedasi (➡60.2.).

Le prestazioni di servizi generiche ricevute da un soggetto passivo UK sono **imponibili** in Italia e soggette ad **autofatturazione.** Vanno indicate nell'esterometro. Ciò almeno sino al **1° luglio 2022** data in cui l'esterometro nelle attuali forme sarà sostituito da comunicazione a SdI con il medesimo formato della fattura elettronica (art. 5, c. 14-ter, D.L. n. 146/2021). Non va più compilato il Mod INTRASTAT 2-quater.

Prestazioni di servizi specifici 42.3.4.

Per specifiche tipologie di prestazioni di servizi la rilevanza territoriale è determinata in deroga alla regola generale.

Le **deroghe** si applicano sia nei confronti di soggetti passivi, sia di non soggetti passivi.

Immobili

Si considerano **effettuate** nel **territorio** dello **Stato**, quando l'immobile è ivi situato, le prestazioni di servizi relativi a beni **immobili**, comprese le **perizie**, le prestazioni di **agenzia**, la fornitura di **alloggio** nel settore alberghiero o in settori con funzioni analoghe, ivi inclusa quella di alloggi in campi di vacanza o in terreni attrezzati per il campeggio, la concessione di diritti di utilizzazione di beni immobili e le prestazioni inerenti alla preparazione e al coordinamento dell'esecuzione dei lavori immobiliari (art. 7-quater, c. 1, lett. a), D.P.R. n. 633/1972).
A tal fine, si considerano beni immobili (art. 13-ter, Reg. UE n. 282/2011, in vigore dal 1° gennaio 2017):

- una parte specifica del **suolo**, in superficie o nel sottosuolo, su cui sia possibile stabilire titolo e possesso;
- qualsiasi **fabbricato** o **edificio** eretto sul suolo incorporato a esso, sopra o sotto il livello del mare, che non sia agevolmente smontabile né agevolmente rimuovibile;
- qualsiasi **elemento** che sia installato e formi **parte integrante** di un fabbricato o di un edificio e in mancanza del quale il fabbricato o l'edificio risulti incompleto, quali porte, finestre, tetti, scale e ascensori;
- qualsiasi elemento, **apparecchio** o congegno **installato** in **modo permanente** in un fabbricato o in un edificio, che non possa essere rimosso senza distruggere o alterare il fabbricato o l'edificio.

Per quanto riguarda il collegamento che deve sussistere tra la prestazione e il bene immobile affinché si rientri nella deroga territoriale basata sul luogo di ubicazione dell'immobile, i **servizi** relativi a beni immobili comprendono soltanto i servizi che presentano un **nesso** sufficientemente **diretto** con tali beni. Inoltre, al fine di qualificare esattamente l'operazione e quindi l'esistenza o meno di un collegamento con l'immobile, è essenziale la volontà delle parti. Se, ad esempio, la volontà è quella di arrivare ad un risultato nuovo rispetto all'insieme dei beni utilizzati, allora si è in presenza di una prestazione di servizi connessa all'immobile e non si ha un assorbimento del servizio rispetto alla cessione dei beni utilizzati per la realizzazione dell'opera (risposta a interpello n. 573/2020).
Tale requisito si considera soddisfatto per i servizi (art. 31-bis, par. 1, Reg. UE n. 282/2011, in vigore dal 1° gennaio 2017):

a. derivati da un bene immobile, se il bene è un **elemento costitutivo** del servizio ed è **essenziale** e **indispensabile** per la sua prestazione. Secondo le Note esplicative della Commissione europea, tali criteri riguardano i servizi in cui l'esito deriva dal bene immobile (ad esempio, la locazione di un fabbricato o l'ottenimento del diritto di pesca in un territorio delimitato). In altri termini, il servizio deriva da un bene immobile quando viene fatto uso dell'immobile per effettuare il servizio, purché tale immobile costituisca l'elemento centrale ed indispensabile della prestazione;
b. erogati o destinati a un bene immobile, aventi per oggetto l'**alterazione fisica** o **giuridica** del bene. Secondo le Note esplicative della Commissione europea tali criteri considerano il bene immobile come l'oggetto del servizio erogato (ad esempio, la riparazione di un fabbricato). In altri termini, è necessario che il servizio comporti l'alterazione dello stato giuridico e/o delle caratteristiche fisiche del bene immobile. Si presume che ogni tipo di **modificazione fisica del bene immobile** sia sufficiente per rientrare nell'ambito di applicazione della disposizione, compresi i servizi volti ad impedire qualsiasi alterazione fisica, fermo restando che anche modifiche di lieve entità che producano l'alterazione fisica del bene immobile (vale a dire che non comportino modifiche nella sostanza dell'immobile) rientrano nell'ambito di applicazione della norma (ad es., la manutenzione o la pulizia di strade, gallerie, ponti, fabbricati, ecc.).

> Entrambi i criteri non sono cumulativi, per cui è possibile che taluni servizi rispondano ai criteri di entrambe le disposizioni, ma è sufficiente soddisfare i requisiti indicati da una sola delle due lettere affinché il servizio sia compreso fra quelli immobiliari (Note esplicative della Commissione europea).

Di seguito si riporta un'elencazione non esaustiva di prestazioni che, rispettivamente, si considerano e non si considerano relative a beni immobili e in ordine alle quali le Note esplicative della Commissione europea forniscono gli opportuni commenti sulla loro portata (art. 31-bis, Reg. UE n. 282/2011, parr. 2 e 3).

Servizi relativi a beni immobili
- Elaborazione di planimetrie per un fabbricato o per parti di un fabbricato destinato a un particolare lotto di terreno, a prescindere dal fatto che il fabbricato sia costruito - Prestazione di servizi di sorveglianza o sicurezza nel luogo in cui è situato il bene - Edificazione di un fabbricato sul suolo nonché lavori di costruzione e demolizione effettuati su un fabbricato o su sue parti - Edificazione di strutture permanenti sul suolo nonché lavori di costruzione e demolizione effettuati su strutture permanenti quali condotte del gas e dell'acqua, condotte fognarie e simili - Opere agricole, in particolare servizi agricoli quali il dissodamento, la semina, l'irrigazione e la concimazione - Rilevamento e valutazione del rischio e dell'integrità di beni immobili - Valutazione di beni immobili, anche a fini assicurativi, per stabilire il valore di un immobile a garanzia di un prestito o per stimare eventuali rischi e danni nell'ambito di controversie - Locazione finanziaria e locazione di beni immobili, compreso il magazzinaggio di merci con assegnazione di una parte specifica dell'immobile ad uso esclusivo del destinatario - Prestazione di alloggio nel settore alberghiero o in settori con funzione analoga, quali campi di vacanza o terreni attrezzati per il campeggio, compreso il diritto di soggiornare in un luogo determinato risultante dalla conversione di diritti di uso a tempo ripartito e di diritti affini - Cessione o trasferimento di diritti per l'utilizzo di un bene immobile o di sue parti, in particolare licenze per l'utilizzo di parte di un immobile, come la concessione di diritti di pesca e di caccia o l'accesso a sale d'aspetto negli aeroporti, o l'uso di infrastrutture soggette a pedaggio, quali ponti o gallerie - Lavori di manutenzione, ristrutturazione e restauro di fabbricati o di loro parti, compresi lavori di pulizia e di posa in opera di piastrelle, carta da parati e parquet - Lavori di manutenzione, ristrutturazione e riparazione di strutture permanenti quali condotte del gas e dell'acqua, condotte fognarie e simili - Installazione o il montaggio di macchinari o attrezzature che, una volta installati o montati, possano essere considerati beni immobili - Lavori di manutenzione e riparazione, ispezione e controllo di macchinari o attrezzature che possano essere considerati beni immobili - Gestione immobiliare diversa dalla gestione del portafoglio di investimenti immobiliari, consistente nella gestione di beni immobili commerciali, industriali o residenziali da o per conto del proprietario - Attività di intermediazione nella vendita, nella locazione finanziaria o nella locazione di beni immobili e nella costituzione o nel trasferimento di determinati diritti su beni immobili o diritti reali su beni immobili (assimilati o meno a beni materiali) - Servizi legali riguardanti la cessione o il trasferimento di proprietà di beni immobili, alla costituzione o al trasferimento di determinati diritti sui beni immobili o diritti reali su beni immobili (assimilati o meno a beni materiali), quali le pratiche notarili, o alla stesura di contratti di compravendita aventi per oggetto la proprietà di beni immobili, anche qualora la sottostante operazione che dà luogo all'alterazione giuridica della proprietà non sia portata a compimento - Elaborazione di planimetrie per fabbricati, o per loro parti, che non siano destinati a un particolare lotto di terreno - Magazzinaggio di merci in un bene immobile qualora una parte specifica dell'immobile non sia assegnata ad uso esclusivo del destinatario - Prestazione di servizi pubblicitari, anche se comportano l'uso di beni immobili - Intermediazione nella prestazione di alloggio nel settore alberghiero o in settori con funzione analoga, quali campi di vacanza o terreni attrezzati per il campeggio, qualora l'intermediario agisca in nome e per conto di un'altra persona - Messa a disposizione di stand in fiere o luoghi d'esposizione, nonché servizi correlati atti a consentire l'esposizione di prodotti, quali la progettazione dello stand, il trasporto e il magazzinaggio dei prodotti, la fornitura di macchinari, la posa di cavi, l'assicurazione e la pubblicità - Installazione o montaggio, manutenzione e riparazione, ispezione o controllo di macchinari o attrezzature che non siano, o non diventino, parte di beni immobili - Gestione del portafoglio di investimenti immobiliari - Servizi legali in materia di contratti, diversi da quelli inclusi nei servizi immobiliari, comprese le consulenze sulle clausole di un contratto per il trasferimento di beni immobili, o le consulenze per applicare un siffatto contratto o dimostrarne l'esistenza, che non siano specificamente connessi al trasferimento di proprietà di beni immobili

IVA

Se il servizio presenta un nesso sufficiente diretto con l'immobile ne deriva che la tassazione è nel Paese ove è sito quest'ultimo ed è assolutamente irrilevante ove, invece, possa essere stabilito il committente. Pertanto, l'operazione rileva in Italia se l'immobile è qui sito, mentre è da considerare fuori campo (esclusa) se l'immobile è sito all'estero (UE od extra UE). In quest'ultimo caso poi se il servizio è reso da un soggetto passivo stabilito in Italia, l'operazione è qui irrilevante ai fini IVA (fuori campo), ma egli obbligato ad identificarsi o a nominare un proprio rappresentante fiscale nello Stato ove l'immobile è situato.

Eccezioni al collegamento IVA - Immobile

Non sempre un "servizio immobiliare" è tassabile nel luogo in cui è situato l'immobile (art. 7-quater, D.P.R. n. 633/1972), ma può anche rientrare nell'ambito dei servizi generici (art. 7-ter) quando questo legame con l'immobile è solo formale, ma non sostanziale.

Nel caso di servizi di logistica integrata, ad esempio, se i beneficiari di una prestazione di servizio non hanno alcun diritto di accesso alla parte dell'immobile ove sono stoccate le proprie merci se non in forma eccezionale e periodica previo avviso, né dirigono o coordinano le operazioni che si svolgono nell'immobile oppure l'immobile ove le medesime devono essere stoccate non costituisce un elemento centrale ed indispensabile della prestazione di servizio, la prestazione di stoccaggio (anche complesso, ossia con una serie altre operazioni connesse ai beni) **non può rientrare nell'ambito dell'art. 7-quater**, bensì in quello dei **servizi generici *ex* art. 7-ter**. È quindi assolutamente indispensabile il vaglio delle clausole contrattuali con riferimento soprattutto all'utilizzo dell'immobile in cui viene stoccata la merce (risposta a interpello n. 96/E/2020).

Trasporto di passeggeri

Le prestazioni di trasporto di persone si considerano effettuate in Italia in proporzione alla **distanza percorsa** nel territorio dello Stato (art. 7-quater, c. 1, lett. b), D.P.R. n. 633/1972).

Se il trasporto di persone si è verificato totalmente in Italia: l'intera tratta è soggetta ad IVA.
Se il trasporto è internazionale e parzialmente in Italia e parzialmente all'estero: solo la tratta eseguita nel territorio nazionale rientra nell'ambito dell'imposta, ma è non imponibile ai sensi dell'art. 9 del D.P.R. n. 633/1972.
Se il trasporto è totalmente all'estero: esso è fuori campo IVA e non deve essere emesso alcun documento previsto dal D.P.R. n. 633/1972.

Per **i trasporti internazionali** è consentita l'applicazione di specifiche **percentuali forfetarie** di percorrenza (circ. n. 37/E/2011); in particolare si considera svolta in Italia:
- il **38%** dell'intera tratta per i trasporti **aerei**;
- il **5%** dell'intera tratta per i trasporti **marittimi**.

Prestazione	Luogo di tassazione
Prestazioni di trasporto di passeggeri effettuato con qualunque mezzo, compresi i bagagli al seguito	Si considera effettuata in Italia la tratta proporzionale alla distanza percorsa nel territorio dello Stato. Nell'ipotesi di trasporto internazionale, la tratta nazionale in dipendenza di un unico contratto è soggetta a fatturazione come **non imponibile**

CASO 3 - Trasporto internazionale di persone - Trattamento della fattura ricevuta

Una società italiana ha offerto, mediante manifestazione a premi, una crociera ai vincitori con partenza dall'Italia e da svolgere all'estero (UE od Extra UE). La società riceve da un soggetto estero la fattura relativa alla crociera.

Regole di comportamento:
- la prestazione di trasporto di persone parte in Italia e parte all'estero si considera effettuata in Italia in proporzione alla distanza ivi percorsa. Forfetariamente la tratta svolta in Italia è stabilita nel 5% dell'intera tratta (art. 7-quater, c. 1, lett. b), D.P.R. n. 633/1972);
- il trasporto in questione è da considerare "trasporto internazionale di persone" se effettuato parte in Italia e parte all'estero in dipendenza di un unico contratto. In tale circostanza è considerato "non imponibile" (art. 9, D.P.R. n. 633/1972);
- la società italiana che ha ricevuto una fattura estera per la prestazione deve procedere all'integrazione della medesima fattura comunitaria ovvero ad "autofatturarsi" se extra UE per una quota pari al 5% dell'ammontare complessivo, ancorché questa quota resti non imponibile e, quindi, procedere alla sua annotazione nei registri IVA delle fatture emesse e degli acquisti (art. 17, c. 2, D.P.R. n. 633/1972).

Ristorazione e catering

I servizi di ristorazione e catering (art. 7-quater, c. 1, lett. c) e d), D.P.R. n. 633/1972) consistono nella fornitura di cibi e/o bevande **destinati** al **consumo umano**, accompagnata da servizi di supporto sufficienti a permetterne il consumo immediato (art. 6, Reg. n. 282/2011).

Prestazione	Committente	Luogo di tassazione
Servizi di ristorazione e catering materialmente resi a bordo di: - navi - aerei - treni In relazione a quella parte di trasporto passeggeri che non prevede scalo fuori della UE tra il luogo di partenza e quello di arrivo (art. 7, c. 1, lett. e)	È irrilevante la posizione del committente soggetto passivo d'imposta residente, non residente o privato Sono tassabili nel **luogo di partenza** del trasporto	La condizione per essere considerata effettuata in Italia è che il **luogo di partenza** sia l'Italia Se il servizio rileva territorialmente in Italia ed il trasporto è internazionale la prestazione è non imponibile (art. 8-bis, lett. d)
Servizi di ristorazione diversi da quelli sopra indicati	È irrilevante la posizione del committente soggetto passivo d'imposta residente, non residente o privato. Sono tassabili nel **luogo di esecuzione** del servizio	Se la prestazione è resa: - in Italia: SÌ fattura con IVA - all'estero: NO fattura

Noleggio e simili di mezzi di trasporto

È mezzo di trasporto qualsiasi **veicolo motorizzato o meno**, ovvero qualunque altro dispositivo atto al trasporto di persone o cose che possono essere: trainati, spinti, tirati concepiti come effettivamente idonei al trasporto (sono esclusi: caravan, container stanziali qualora la funzione di trasporto sia solo accidentale); sono altresì comprese le imbarcazioni da diporto (art. 7-quater, c. 1, lett. e), art. 7-sexies, c. 1, lett. e-bis), D.P.R. n. 633/1972). I servizi (locazione e leasing) relativi a detti mezzi sono di regola tassabili in Italia quando essi siano messi a disposizione del destinatario in Italia e purché utilizzati nella UE oppure messi a disposizione del destinatario fuori della UE, ma utilizzati in Italia.

Sono definiti **noleggi a breve termine** quelli:

- con utilizzo **non superiore** a **30 giorni** nel caso di aerei o mezzi di trasporto terrestri;
- con utilizzo **non superiore** a **90 giorni** nel caso di noleggio di un **mezzo marittimo**.

Servizio	Prestatore	Luogo di tassazione
Noleggio, leasing, locazione e simili **a breve termine** di mezzi di trasporto messi a disposizione: - in Italia ed utilizzati nella UE (Italia compresa) - fuori della UE, ma utilizzati in Italia Per luogo di messa a disposizione si intende ove il committente od il suo mandatario ne prende fisicamente possesso	Resi da: - un soggetto passivo italiano od estero a favore di un soggetto italiano od estero - un soggetto estero a favore di un soggetto italiano È irrilevante tanto il luogo di stabilimento del prestatore quanto se il committente sia un soggetto IVA o meno	Prestazioni **tassabili in Italia**. Non rileva ai fini IVA che il mezzo sia messo a disposizione del committente: - in Italia ed utilizzato fuori della UE - in altro Stato UE indipendentemente dal luogo di utilizzo (Italia, UE, extra UE) - fuori della UE ed utilizzato fuori dell'Italia

Al fine di prevenire casi di doppia imposizione, di non imposizione o di distorsione di concorrenza ai fini IVA, il luogo della prestazione dei **servizi di locazione, anche finanziaria, noleggio e simili, a breve termine, di imbarcazioni da diporto** (art. 7-quater, c. 1, lett. e), D.P.R. n. 633/1972) si considera effettuato al di fuori dell'Unione europea qualora l'effettiva utilizzazione e l'effettiva fruizione avvenga al di fuori della Unione europea. L'effettiva utilizzazione e fruizione del servizio extra UE deve essere dimostrata attraverso adeguati mezzi di prova (art. 1, c. 725 e 726, Legge n. 160/2019). Di conseguenza, la circ. n. 49/E/2002, che consentiva presunzioni di utilizzo in base alla lunghezza ecc. del mezzo, non sarebbe stata più da considerare valida con le operazioni poste in essere dal 1° aprile 2020 ai sensi della legge citata; per altro il menzionato termine è stato spostato al **1° novembre 2020** (art. 48, D.L. n. 76/2020). Inoltre, il medesimo D.L. n. 76/2020 ha ricompreso nella nuova defi-

IVA

nizione di luogo della prestazione di servizi (art. 1, c. 725, Legge n. 160/2019) anche il noleggio la locazione, leasing, a **lungo termine** di imbarcazioni da diporto rese **a favore di privati** (art. 7-sexies, c. 1, lett. e-bis), D.P.R. n. 633/1972; ris. n. 47/E/2020). Per le nuove regole in vigore dal 1° novembre 2020 vedasi (➡52.2.2.).

L'Agenzia delle Entrate ha indicato le prove atte a dimostrare l'effettivo utilizzo delle unità di diporto al di fuori della UE, nel caso di **locazione a breve termine** (Provv. 15 giugno 2020, n. 234483). L'effettiva utilizzazione e fruizione dell'imbarcazione da diporto al di fuori dell'Unione europea si evince dal **contratto** di locazione, noleggio, ed altri contratti simili, anche sulla base della dichiarazione resa dall'utilizzatore dell'imbarcazione stessa sotto la propria responsabilità.

Il contratto deve essere supportato dai seguenti **mezzi di prova** atti a dimostrare l'utilizzo e fruizione dell'imbarcazione al di fuori della UE:

- se dotata di sistemi di navigazione satellitare o di trasponder, AIS (*Automatic Identification System*) rilevano i dati, la cartografia dei viaggi e le informazioni estratte dai sistemi di navigazione in uso. I dati e le informazioni devono essere in grado di indicare, con precisione e coerenza, le tratte marittime effettuate dall'imbarcazione da diporto;
- in caso contrario, oltre dal contratto come sopra detto, anche da almeno due dei seguenti elementi:
  1. i dati cartacei o digitali del giornale di navigazione o del giornale di bordo;
  2. le fotografie digitali del punto nave per ogni settimana di navigazione individuata da un qualsiasi dispositivo e rilevata con una frequenza di almeno due per ogni settimana di navigazione;
  3. la documentazione comprovante (fatture, contratti, ricevute fiscali e relativi mezzi di pagamento) l'ormeggio dell'imbarcazione da diporto presso porti extra UE;
  4. la documentazione attestante acquisti di beni e/o servizi, presso esercizi commerciali ubicati al di fuori della UE.

La documentazione probatoria deve essere conservata per i 5 anni successivi alla data di presentazione della dichiarazione annuale IVA (ovvero 7 anni nel caso di omessa dichiarazione).

Per altri approfondimenti al riguardo si veda ➡52.2.2.

Si ricorda che le strutture o porzioni che offrono un servizio di accoglienza e messa a disposizione dello specchio acqueo per la sosta e pernottamento dei natanti dei turisti, applicano per tali prestazioni **l'aliquota turistica ridotta del 10%**, mentre per altre tipologie di servizi - quali alaggio, varo, lavaggi carena ecc. che non possono essere qualificate come accessorie alle prestazioni di accoglienza - l'aliquota IVA applicabile è quella ordinaria.

Di fatto le modifiche apportate con il Provv. 15 giugno 2020, n. 234483 comporteranno un aumento dell'IVA relativa dal 10% al 22% (Confindustria Nautica comunicato stampa del 9 luglio 2020).

Per quanto concerne il **noleggio a lungo termine** di mezzi di trasporto si veda (➡52.2.2.).

Prestazioni di servizi culturali, artistici, sportivi, scientifici, educativi, ricreativi e simili

Con riferimento alle **prestazioni accessorie** nell'ambito dei servizi culturali, scientifici e simili occorre prescindere dall'identità dei soggetti coinvolti nell'operazione principale e in quella accessoria (art. 7-quinquies, D.P.R. n. 633/1972).

Si considerano accessorie ad un'attività artistica, scientifica o affine, tutte le prestazioni che, senza costituire direttamente una siffatta attività, rappresentano un **presupposto necessario** della realizzazione dell'**attività principale**, indipendentemente dalla persona che presta tali servizi (circ. n. 37/E/2011). Non devono essere confuse con le prestazioni accessorie *ex* art. 12 (➡46.1.1.).

Per **servizi** relativi all'**accesso** si intendono i biglietti d'ingresso e gli abbonamenti. Rientrano anche i servizi di ristorazione, pernottamento, distribuzione di atti ed opuscoli di un convegno, seminario e simili.

Non rientra nel concetto di servizi all'accesso il diritto di utilizzare impianti sportivi, palestre, ecc.

IVA

Prestazione	Committente	Modalità di fatturazione
Prestazioni di servizi relative a: - attività culturali, artistiche, sportive, scientifiche, educative, ricreative e simili; - fiere ed esposizioni (rese dagli enti organizzatori o dai titolari, nonché le prestazioni per l'allestimento degli stand); - attività degli organizzatori di tali attività; - attività accessorie alle precedenti.	Nelle operazioni **B2B**: - il committente è un soggetto passivo d'imposta	Per la fatturazione: - si applica la regola generale per la quale la prestazione rileva nel territorio del committente
	Nelle operazioni **B2C**: - il committente non è un soggetto passivo d'imposta	Per la fatturazione: - si applica la deroga secondo la quale rileva il luogo di materiale esecuzione della prestazione
Prestazioni di servizi **per l'accesso**: - a manifestazioni culturali, artistiche, sportive, scientifiche, educative, ricreative e simili, e relative prestazioni accessorie; - a fiere ed esposizioni e relative prestazioni accessorie.	È irrilevante la posizione del committente (soggetto passivo d'imposta, residente o non residente, oppure soggetto privato)	Ai fini della fatturazione rileva sempre e soltanto il luogo di materiale esecuzione della prestazione

Disposizioni relative a talune prestazioni di servizi rese nei confronti di privati

È prevista una serie di specifiche disposizioni nei confronti dei committenti privati in deroga alle regole relative alle prestazioni generiche (art. 7-sexies, D.P.R. n. 633/1972).

Più precisamente, si considerano **effettuate in Italia** e quindi sono qui tassabili:

- le prestazioni di **intermediazione** in nome e per conto del cliente solo se le operazioni oggetto dell'intermediazione sono effettuate in Italia (lett. a);
- le prestazioni di **trasporto di beni diverse dal trasporto comunitario** in proporzione alla distanza percorsa in Italia (lett. b);
- le prestazioni di **trasporto intracomunitario** di beni quando il punto di inizio del trasporto è l'Italia (lett. c);
- le prestazioni di **lavorazione**, nonché le perizie, relative a beni mobili materiali, e le operazioni rese in attività accessorie ai trasporti, quali quelle di carico, scarico, movimentazione e simili, solo se eseguite in Italia (lett. d);
- le prestazioni di **servizi di locazione**, anche finanziaria, noleggio e simili, non a breve termine, di mezzi di trasporto diversi dalle imbarcazioni da diporto rilevano in Italia se:
  1. il committente privato è stabilito nel territorio dello Stato e se il mezzo è utilizzato nel territorio della Comunità, oppure
  2. le medesime prestazioni sono rese ad un soggetto domiciliato e residente al di fuori della UE ed utilizzate in Italia (lett. e);
- le prestazioni relative ad **imbarcazioni da diporto** effettivamente messe a disposizione in Italia e rese da soggetti qui stabiliti ed utilizzate all'interno della UE. Qualora l'imbarcazione da diporto sia messa a disposizione in uno Stato extra UE ed il prestatore sia stabilito nel medesimo Stato, le prestazioni si considera effettuata in Italia quando le stesse sono qui utilizzate. Alle medesime prestazioni, quando l'imbarcazione da diporto è messa a disposizione in uno Stato diverso da quello ove il prestatore è stabilito, si applicano le disposizioni di cui alla lettera e) precedente (lett. e-bis).

Disposizioni relative a talune prestazioni di servizi rese a favore di soggetti privati stabiliti fuori della UE

Non si considerano effettuati in Italia, quindi sono **fuori campo IVA** i seguenti servizi se resi **a favore** di **soggetti privati** domiciliati e residenti **fuori della UE** (art. 7-septies, D.P.R. n. 633/1972):

- cessioni, concessioni, licenze e simili relativi a **diritti d'autore**, ad invenzioni industriali, modelli, disegni, processi, formule e simili (**know how**) e quelle relative a **marchi** ed insegne, nonché le cessioni, concessioni, licenze e simili relativi a diritti similari ai precedenti (lett. a);
- **prestazioni pubblicitarie** (lett. b);

- prestazioni di **consulenza e assistenza tecnica e legale**, nonché quelle di elaborazione e fornitura di dati e simili (lett. c);
- **operazioni bancarie, finanziarie e assicurative**, comprese le operazioni di riassicurazione ma escluse le locazioni di casseforti (lett. d);
- **messa a disposizione di personale** (lett. e);
- prestazioni derivanti da **contratti di locazione**, anche in leasing, noleggio e simili di beni mobili materiali diversi dai mezzi di trasporto (lett. f);
- concessioni **dell'accesso**:
  - ad un sistema di **gas naturale** situato nella UE oppure ad una rete connessa a detto sistema;
  - al sistema di energia elettrica;
  - alle **reti di riscaldamento** o di **raffreddamento**, ivi compreso il servizio di trasmissione o distribuzione mediante tali sistemi o reti e la prestazione di altri servizi purché direttamente collegati (lett. g);
- prestazioni di servizi inerenti all'obbligo di non esercitare interamente o parzialmente un'attività od un diritto di cui alle lettere precedenti (lett. l).

<table>
<tr><th colspan="4">Prestazioni di servizi nei rapporti con soggetti non residenti</th></tr>
<tr><th colspan="4">CICLO ATTIVO</th></tr>
<tr><th>Committente</th><th>Prestatore</th><th>Rilevanza in Italia della prestazione</th><th>Fatturazione</th></tr>
<tr><td rowspan="3">Soggetto passivo NON stabilito in Italia ma nella UE od extra UE</td><td rowspan="3">Soggetto passivo stabilito in Italia</td><td>Prestazione generica: MAI</td><td>SÌ fattura anche se esclusa</td></tr>
<tr><td rowspan="2">Prestazione specifica: (artt. 7-quater e 7-quinquies, D.P.R. n. 633/1972):</td><td>Se rilevante: SÌ (imponibile, non imponibile, esente)</td></tr>
<tr><td>Se NON rilevante: SÌ anche se esclusa</td></tr>
<tr><th colspan="4">CICLO PASSIVO</th></tr>
<tr><td rowspan="3">Soggetto passivo STABILITO in Italia</td><td rowspan="3">Soggetto passivo NON Stabilito in Italia (UE od extra UE)</td><td>Prestazione generica: SEMPRE (è irrilevante ove la prestazione sia stata effettivamente eseguita od utilizzata)</td><td>SÌ con:
- numerazione ed integrazione della fattura, se il prestatore è un soggetto UE;
- autofattura se il prestatore è un soggetto extra UE (l'operazione può essere: imponibile, non imponibile, esente)</td></tr>
<tr><td rowspan="2">Prestazione specifica: (artt. 7-quater e 7-quinquies, D.P.R. n. 633/1972): SÌ/NO</td><td>Se rilevante: SÌ con:
- numerazione ed integrazione della fattura, se il prestatore è un soggetto UE;
- autofattura se il prestatore è un soggetto extra UE (l'operazione può essere: imponibile, non imponibile, esente).</td></tr>
<tr><td>Se non rilevante: NO (tanto UE, quanto extra UE</td></tr>
</table>

Disposizioni relative alle prestazioni di servizi di telecomunicazione, di teleradiodiffusione ed elettronici (TBE) rese a committenti non soggetti passivi nonché vendite a distanza intracomunitarie di beni nella UE

L'art. 7-octies del D.P.R. n. 633/1972 (introdotto dal D.Lgs. n. 45/2020) disponeva unicamente in tema di territorialità delle prestazioni di servizio di telecomunicazioni e teleradiodiffusione (es.: forniture di siti WEB) ed elettronici (es.: servizi di telefonia, Internet, ecc.) rese a favore di non soggetti passivi IVA, con effetto dal 10 giugno 2020 (art. 7-octies), si considerano effettuati in Italia:

- i servizi resi tramite mezzi elettronici, se **resi a privati committenti** qui domiciliati o stabiliti senza domicilio all'estero;
- le prestazioni di telecomunicazioni e teleradiodiffusione, se **resi a privati committenti sempreché siano utilizzati nella UE**.

Deroga

Dal 1° luglio 2021, le deroghe alla territorialità già previste dai c. 2 e 3 dell'art. 7-octies, nonostante la mancata modifica alla rubrica, sono state estese anche alle **vendite a distanza intracomunitarie**.
In particolare, la soglia di 10.000,00 euro entro la quale le prestazioni transfrontaliere TBE rese a privati consumatori stabiliti nella UE sono tassate in capo al prestatore è ora estesa anche alle vendite a distanza di cui all'art. 38-bis, c. 1, 2, 3 del D.L. n. 331/1993, come modificato dal D.Lgs n. 83/2021.
Pertanto, qualora il **prestatore** sia un soggetto passivo **stabilito in altro Stato UE,** la disposizione di cui al comma 1 dell'art. 7-octies, sopra citata **non si applica** a favore di committenti stabiliti in Italia, se concorrono unitariamente le seguenti condizioni:

- il prestatore non è stabilito anche in un altro Stato membro dell'Unione europea;
- l'ammontare complessivo, al netto dell'IVA, delle prestazioni di servizi nei confronti di committenti non soggetti passivi stabiliti in altri Stati membri dell'Unione europea diversi da quello di stabilimento del prestatore nonché delle vendite a distanza intracomunitarie di beni nella UE (art. 38-bis, c. 1 e 3, D.L. n. 331/1993), effettuate nell'anno solare precedente, non ha superato 10.000,00 euro e fino a quando, nell'anno in corso, tale limite non è superato (art. 7-octies, c. 2., lett. b), D.P.R. n. 633/1972);
- il prestatore non ha optato per l'applicazione dell'imposta nel territorio dello Stato.

Qualora il **prestatore** sia un soggetto passivo **stabilito in Italia**, la disposizione di cui al c. 1 dell'art. 7-octies citata non si applica alle operazioni rese a favore di committenti stabiliti nella UE, se concorrono unitariamente le seguenti condizioni:

- il prestatore non è stabilito anche in un altro Stato membro dell'Unione europea;
- l'ammontare complessivo, al netto dell'IVA, delle prestazioni di servizi nei confronti di committenti non soggetti passivi stabiliti in altri Stati membri dell'Unione europea diversi dall'Italia, nonché delle vendite a distanza intracomunitarie di beni nella UE (art. 38-bis, c. 1 e 3 del D.L. n. 331/1993), effettuate nell'anno solare precedente, non ha superato 10.000,00 euro e fino a quando, nell'anno in corso, tale limite non è superato (art. 7-octies, c. 3, lett. b), D.P.R. n. 633/1972);
- il prestatore non ha optato per l'applicazione dei regimi speciali introdotti dal D.Lgs. n. 83/2021 (➡51.9.3.).

Il prestatore che non abbia superato la soglia dei 10.000,00 euro può comunque optare per la tassazione dell'operazione nello Stato del committente.
Al **superamento** della soglia dei 10.000,00 euro nell'anno in corso la deroga decade e si torna alla regola generale che prevede la tassazione nello Stato del committente/cessionario. In tale evenienza il fornitore:

- dovrà identificarsi in ciascuno Stato membro ove effettua le prestazioni/cessioni a distanza. Quindi: obbligo di applicare le norme IVA colà vigenti.

Oppure:

- optare per il Regime speciale OSS (➡51.9.3.; ➡51.9.4.).

La soglia di 10.000,00 euro annui (che costituisce l'unica soglia di riferimento per tutta la UE) è stabilita su base annuale, sommando il valore totale (netto IVA) delle vendite e delle prestazioni summenzionate, resi B2C stabiliti in altri Stati UE. La soglia di 10.000,00 euro non rileva per le operazioni di cui all'art. 7-octies, qualora il loro consumo avvenga nello stesso Stato ove il cedente/prestatore sia stabilito.

IVA

Tabella riepilogativa

Prestazioni di servizi TBE e cessioni a distanza di beni intracomunitari a favore di consumatori finali	
< alla soglia di 10.000,00 euro annui	Tassazione nello Stato del cedente/prestatore. Salvo opzione per la tassazione nello Stato del consumo
> alla soglia di 10.000,00 euro annui	Tassazione nello Stato del consumo. Il cedente/prestatore può optare per i **Regimi Speciali** (➔**50.10.1.**)

Brexit

A seguito dell'uscita della Gran Bretagna dall'Unione europea (Brexit), per quanto concerne:

- le prestazioni di servizi relativi a beni immobili, comprese le perizie, le forniture di alloggio nel settore alberghiero, campeggi ecc.; il trasporto di passeggeri e le prestazioni di catering e ristorazione (art. 7-quater, lett. a), b) e c), D.P.R. n. 633/1972), il trattamento non muta rispetto al periodo antecedente la Brexit;
- la ristorazione e catering a bordo di navi, treni arei è tassata nel Paese di inizio viaggio, se lo stesso è all'interno della UE (art. 7-quater, lett. d);
- il noleggio a breve termine di mezzi di trasporto, la tassazione è in Italia se il mezzo è messo a disposizione in Italia ed è utilizzato all'interno della UE oppure se il mezzo è utilizzato in Italia ed il mezzo è stato messo a disposizione al di fuori della UE (art. 7-quater, lett. e);
- le prestazioni di servizi, culturali, scientifici, sportivi, artistici, educativi, ricreativi e simili, comprese le prestazioni di servizio per l'accesso alle citate manifestazioni nonché alle fiere ed esposizioni, tanto se rese a favore di soggetti passivi UK oppure a privati cittadini, la tassazione è nel Paese ove le medesime attività sono materialmente svolte (art. 7-quinquies);
- il trasporto di beni a favore di privati cittadini UK, la tassazione diventa in proporzione alla distanza percorsa in Italia (non imponibile *ex* art. 9, D.P.R. n. 633/1972) (art. 7-sexies);
- noleggio a lungo termine a favore di privati, se il mezzo di trasporto **non** è una imbarcazione ed il locatario è un privato residente in Italia mentre il mezzo è utilizzato in UK, l'operazione è fuori campo IVA. Viceversa, se il noleggio è a favore di un privato UK e l'utilizzo è in Italia, l'operazione è qui imponibile (art. 7-sexies);
- noleggio a lungo termine di imbarcazioni ad un soggetto privato ed utilizzate in UK l'operazione è fuori campo IVA. Viceversa, se il noleggio a lungo termine di un'imbarcazione è a favore di un privato UK, ma il mezzo è utilizzato in Italia, è soggetto ad IVA in Italia (art. 7-sexies);
- le prestazioni di servizi, quali cessioni, concessioni e simili di diritti di brevetto, invenzioni industriali, modelli marchi, ecc., pubblicità, consulenza e assistenza tecnica e legale, elaborazione e fornitura di dati, operazioni bancarie, finanziarie, assicurative e simili, prestito di personale, ecc, effettuate a favore di soggetti privati UK, sono escluse dal campo IVA.

42.3.5. Servizi e cessioni extraterritoriali

IVA

L'obbligo di fatturazione per le operazioni extraterritoriali è stato ampliato rispetto al regime precedente, prevedendo i casi sotto indicati.

Prestazioni di servizi extraterritoriali (con esclusione di quelle finanziarie e simili *ex* art. 10, c. 1, nn. 1, 2, 3, 4, 9 D.P.R. n. 633/1972) Prestatore: soggetto passivo stabilito in Italia					
Prestazione	**Committente**	**Prestazione**	**Obbligo del prestatore di emettere fattura**	**IVA in fattura**	**Indicazione in fattura (art. 21)**
Generica	Stabilito in altro Paese UE	Rilevante nel Paese del committente	SÌ	NO	Inversione contabile c. 6-bis, lett. a)[1]
	Stabilito in Paese extra UE				Operazione non soggetta c. 6-bis, lett. b)

Prestazioni di servizi extraterritoriali (con esclusione di quelle finanziarie e simili *ex* art. 10, c. 1, nn. 1, 2, 3, 4, 9 D.P.R. n. 633/1972) Prestatore: soggetto passivo stabilito in Italia					
Prestazione	**Committente**	**Prestazione**	**Obbligo del prestatore di emettere fattura**	**IVA in fattura**	**Indicazione in fattura (art. 21)**
Specifica	Stabilito in altro Paese UE	Rilevante in altro Paese	SÌ se il committente è debitore d'imposta nella UE	NO	Inversione contabile c. 6-bis, lett. a)
			NO se il committente **non** è debitore d'imposta nella UE		
Specifica	Stabilito in Paese extra UE		NO		
	Privato ovunque stabilito		NO		
	Stabilito in altro Paese UE	Rilevante in altro Paese extra UE	SÌ	NO	Non soggetta c. 6-bis, lett b)
	Stabilito in Paese extra UE				
	Privato ovunque stabilito		SÌ	NO	Operazione non soggetta

[1] Qualora nel Paese UE non sussista l'obbligo di reverse charge, il prestatore italiano deve identificarsi in detto altro Paese, fatturare con l'imposta locale ed adempiere a tutte le formalità ivi previste.

Cessioni di beni considerati extraterritoriali					
Cessionario	**Localizzazione del bene**	**Emissione fattura da parte del cedente**	**IVA in fattura**	**Indicazioni in fattura**	**Art. 21, D.P.R. n. 633/1972**
Soggetto passivo UE	Nella UE	SÌ	NO	Inversione contabile	c. 6-bis, lett. a)
	Fuori della UE			Operazione non soggetta	c. 6-bis, lett. b)
Soggetto passivo extra UE (debitore di imposta)	Nella UE			Inversione contabile	c. 6-bis, lett. a)
Soggetto passivo extra UE	Fuori della UE			Operazione non soggetta	c. 6-bis, lett. b)

Cessioni di beni considerati extraterritoriali					
Cessionario	**Localizzazione del bene**	**Emissione fattura da parte del cedente**	**IVA in fattura**	**Indicazioni in fattura**	**Art. 21, D.P.R. n. 633/1972**
Soggetto passivo stabilito in Italia	Nella UE			Inversione contabile	c. 6-bis, lett. a)
	Fuori della UE			Operazione non soggetta	c. 6-bis, lett. b)
Soggetto privato (italiano, UE od extra UE)	Nella UE	Se nell'anno precedente l'ammontare complessivo delle vendite in ciascuno Stato della UE ha superato o supera nell'anno corrente la soglia unica europea di 10.000,00 euro annui, il cedente deve identificarsi o nominare un rappresentante fiscale in detto Stato. Vi è eccezione per i servizi digitali MOSS	SÌ (aliquota locale se la cessione è soggetta ad imposta) tramite la posizione assunta in loco		
		Ammontare complessivo delle cessioni effettuate in un determinato Paese della UE se non ha superato la soglia ivi stabilita	SÌ Quella del Paese del cedente, salvo che, previa comunicazione all'Ufficio IVA competente, nella dichiarazione annuale od in quella di inizio attività o comunque anteriormente all'effettuazione della prima operazione imponibile, egli intenda esercitare l'opzione per l'applicazione del tributo nel Paese		
	Extra UE	SÌ	NO	Operazione non soggetta	c. 6-bis, lett. b)

42.4. DEBITORE D'IMPOSTA

Di regola l'imposta è dovuta dal soggetto passivo che effettua un'operazione ed addebita l'imposta alla controparte (art. 17, D.P.R. n. 633/1972).

In particolare, il soggetto IVA che effettua la cessione di beni o la prestazione di servizi imponibile deve addebitare la relativa imposta, a titolo di **rivalsa**, al cessionario o al committente (art. 18, D.P.R. n. 633/1972); l'imposta viene versata all'erario cumulativamente con tutte le operazioni effettuate in un determinato lasso di tempo (mese o trimestre) al netto della detrazione dell'imposta assolta dal medesimo soggetto passivo sugli acquisti, se ed in quanto detraibile.

Regola generale: fornitore = soggetto stabilito in Italia = **debitore d'imposta**

Il debitore d'imposta è il **soggetto obbligato** all'emissione della fattura.
Alla regola generale, al fine di contrastare il fenomeno dell'evasione, sono state previste le seguenti **deroghe**:
- **inversione** del debitore d'imposta (detto anche **reverse charge**);
- scissione dei pagamenti o **split payment**, che prevede l'obbligo per il cliente (generalmente ente pubblico) a versare direttamente l'imposta all'erario senza pagarla al fornitore.

Nell'**inversione contabile** il committente/cessionario ha l'onere di sostituirsi, dal punto di vista formale, al proprio fornitore (prestatore/cedente). È pertanto il committente/cessionario che deve applicare l'IVA relativa alla fattura ricevuta e ad adempiere agli obblighi contabili registrando l'operazione sia nel registro delle vendite, sia in quello degli acquisti (➡48.7.). Il caso più comune di inversione contabile riguarda gli acquisti di beni e servizi da soggetto comunitario ove il cessionario/committente stabilito in Italia deve procedere all'integrazione della fattura estera ricevuta. Qualora, invece, il cedente/prestatore fosse un soggetto extra UE, il soggetto passivo italiano deve emettere una particolare fattura denominata autofattura (➡48.3.).

Nel caso delle **importazioni** (artt. 69 e 70, D.P.R. n. 633/1972) è considerato debitore d'imposta il proprietario dei beni ed anche tutti coloro per conto dei quali i beni sono stati importati. Se ad importare un bene è un soggetto privato, sarà costui debitore dell'imposta da assolvere all'atto dello sdoganamento.
In particolare, ai fin doganali, è proprietario dei beni chi li presenta in Dogana o li detiene al momento dell'entrata nel territorio doganale (➡54.).

In tema di **rivalsa** l'Agenzia delle Entrate ha chiarito che:
- in presenza di **accertamento tributario** o di rettifica in capo al fornitore (art. 60, c. 7, D.P.R. n. 633/1972), l'unica possibilità per quest'ultimo di poter recuperare l'IVA versata all'erario, ma non incassata dal cessionario/committente, è quella di rivolgersi al giudice civile poiché in tale situazione l'istituto della rivalsa ha natura meramente privatistica (risposte a interpello n. 84/2018, n. 500/2019, n. 219/2020) in quanto, a differenza della rivalsa ordinaria, in questa situazione essa assume un carattere facoltativo, si colloca temporalmente in epoca successiva all'effettuazione dell'operazione e presuppone l'avvenuto versamento definitivo della maggiore IVA accertata da parte del fornitore. In altri termini, anche in presenza di tutte le condizioni necessarie a rendere il diritto potenzialmente esistente, la rivalsa operata ai sensi dell'art. 60 ha natura di istituto privatistico, inerendo non al rapporto tributario ma ai rapporti interni fra i contribuenti"; pertanto in caso di mancato pagamento dell'IVA da parte del cessionario o committente, l'unica possibilità consentita al fornitore per il recupero dell'Iva pagata all'Erario, addebitata in rivalsa e non incassata, è quella di adire l'ordinaria giurisdizione civilistica, non potendosi operare attraverso una nota di variazione in diminuzione *ex* art. 26, c. 2 del D.P.R. n. 633/1972. Inoltre, nell'ipotesi di committente/cessionario definitivamente estinto, la sua cancellazione dal REA impedisce anche di adire al giudice; ne deriva che il diritto alla rivalsa è da ritenere definitivamente perduto, pur restando astrattamente riconosciuto;
- in caso di cessioni di beni a favore di un **cessionario non residente** il quale, successivamente all'operazione, abbia costituito una (➡60.2.), il fornitore può esercitare la rivalsa per l'imposta dovuta a seguito di accertamento tributario (art. 60, c. 7, D.P.R. n. 633/1972) direttamente nei confronti della Stabile organizzazione sebbene la fattura originaria fosse stata emessa nei confronti del soggetto non residente. La Stabile organizzazione, a sua volta, potrà detrarre l'imposta, al più tardi, con la dichiarazione relativa al secondo anno successivo a quello in cui l'imposta è stata corrisposta ed alle medesime condizioni esistenti al momento di effettuazione dell'originaria operazione (Principio di diritto 18 marzo 2019, n. 10).

IVA

43. OPERAZIONI

43.1. BASE IMPONIBILE

La **base imponibile** è l'ammontare su cui occorre applicare l'aliquota relativa alle cessioni di beni e alle prestazioni di servizi (➔42.2.) per determinare l'imposta (art. 13, D.P.R. n. 633/1972). È **costituita**:

– dall'ammontare complessivo dei **corrispettivi dovuti** al cedente per una determinata cessione di beni o al prestatore per la prestazione da questi effettuata, secondo le condizioni contrattuali liberamente stabilite tra le parti;

aumentati

– degli **oneri** e delle **spese** inerenti all'esecuzione del contratto, nonché delle **spese accessorie** (artt. 12 e 13, c. 1, D.P.R. n. 633/1972) (➔46.1.1.);
– degli **oneri e debiti verso terzi accollati** al cessionario o committente;
– delle **integrazioni** e delle **somme versate da terzi**;

diminuiti

– degli **sconti incondizionati** previsti contrattualmente.

Le parti possono concordare un **corrispettivo** che potrebbe anche essere **inferiore al costo**. Ad esempio, quando sono in atto particolari campagne per il lancio di un nuovo prodotto oppure nelle more delle cosiddette "vendite a saldo".

L'Amministrazione non può sindacare il corrispettivo pattuito, salvo che non riesca a provare un tentativo di frode. Ciò che rileva è che il corrispettivo fatturato corrisponda a quanto effettivamente pagato dal cliente.

> Oneri e spese accessorie tipiche nella cessione di beni mobili sono, ad esempio, l'**imballaggio** da non restituire, le spese di **trasporto**, la **posa in opera**; mentre nel caso delle prestazioni rese da professionisti una spesa tipica sono le **spese di viaggio, ristorazione** e **pernottamento** necessarie per il raggiungimento dell'oggetto contrattuale.
> Nel campo delle prestazioni professionali, tipico onere accollato al committente è il **contributo previdenziale integrativo** fissato dalle singole Casse previdenziali.

Anche le **accise** che gravano su determinati prodotti (ad esempio, il carburante) incidono sulla base imponibile (sul prezzo) in quanto accollate al consumatore finale. Lo stesso dicasi per il **contributo CONAI**.

Le **integrazioni** sono generalmente costituite dalle sovvenzioni e contributi che un terzo eroga a favore dell'operatore economico, generalmente un ente pubblico nazionale od europeo.

Le **sovvenzioni** o contributi devono:

– essere direttamente **connesse** con il **prezzo**;
– **versate** al **fornitore sovvenzionato** perché questi ceda un bene od un servizio determinato.

Generalmente si tratta dei contributi in conto esercizio.

IVA

I **contributi in conto capitale** non sono direttamente collegabili con l'operazione e, pertanto, non incrementano la base imponibile.

Per poter comprendere se un contributo o finanziamento sia considerato imponibile ovvero escluso dall'imposta occorre innanzi tutto analizzarlo alla luce delle norme di legge (specifiche o generali) e delle analoghe norme comunitarie. Inoltre, occorre considerare se l'erogante ottenga dall'erogazione un vantaggio diretto ovvero vi siano elementi fortemente indicativi della presenza di un rapporto sinallagmatico (ossia di un obbligo di fare, non fare, permettere *ex* art. 3, c. 1 D.P.R. n. 633/1972) tra l'erogante e il percipiente. In assenza il contributo è da considerare escluso dall'imposta (per esempio perché l'erogazione da parte di un ente pubblico ad un terzo avviene esclusivamente per consentire a quest'ultimo di realizzare i propri obiettivi) (risposte a interpello n. 234/2019 e n. 188/2020).
Di contro, qualora dalle pattuizioni contrattuali emerga un presupposto oggettivo ai fini IVA, per esempio in quanto tra le parti intercorra un rapporto giuridico sinallagmatico che preveda la sussistenza di obblighi e doveri tra le parti, il contributo o finanziamento deve essere assoggettato all'imposta (risposta a interpello n. 363/2019).
È **sconto incondizionato** quello accordato in ogni caso. La base imponibile da esporre in fattura e sulla quale calcolare l'imposta è al netto di detto sconto.
Se lo sconto è **condizionato** solo al verificarsi di una condizione contrattuale successiva all'emissione della fattura, esso non riduce la base imponibile e, una volta verificata la condizione, il fornitore è tenuto ad emettere apposita nota di credito a diminuzione della base imponibile originaria (➔**46.18.2.**).

Componenti esclusi dalla base imponibile

Alcuni elementi che compongono la fattura possono non essere inclusi nella base imponibile (➔**44.3.**); si tratta:
- degli eventuali **oneri tributari**;
- degli **sconti in natura**;
- dei **rimborsi** di **spese** sostenute in nome e per conto della controparte;
- degli **interessi moratori** e delle **penalità** per ritardi nell'adempimento dell'obbligo contrattuale.

Regole particolari

Pur non essendo direttamente riconducibili al corrispettivo, partecipano comunque alla costituzione della base imponibile (art. 13, c. 2, D.P.R. n. 633/1972):
- gli **indennizzi**, comunque denominati, a seguito di un atto della Pubblica amministrazione che li fissa (ad esempio, a seguito di espropri e requisizioni);
- i contratti di **commissione o di mandato senza rappresentanza** (➔**42.2.2.**);
- le **operazioni** per le quali **non** è stato **previsto un corrispettivo.** La base imponibile è rappresentata dal prezzo di acquisto o, in mancanza, dal prezzo di costo del bene o dalle spese sostenute per l'esecuzione della prestazione determinati al momento di effettuazione dell'operazione se si tratta di:
  - cessioni gratuite di beni;
  - autoconsumo di beni e servizi;
  - cessioni per finalità estranee all'esercizio di impresa;
  - assegnazione di beni ai soci;
  - prestazioni gratuite di servizi;
  - concessione di beni in uso;
  - cessione di contratto;
- le prestazioni di **servizi generici di durata ultrannuale**, scambiate con soggetti IVA non residenti, che si considerano effettuate al termine di ciascun anno solare se non comportano versamenti di acconti o pagamenti prima della loro ultimazione (➔**46.3.**);
- le **importazioni temporanee**, per le quali la base imponibile è pari al corrispettivo della cessione diminuito del valore accertato in dogana. Se l'importazione temporanea si chiude con l'esportazione del bene, la base imponibile è pari al corrispettivo della cessione senza altra riduzione.

Deroghe

Ai fini della determinazione della base imponibile, sono previste specifiche deroghe (art. 13, c. 3), D.P.R. n. 633/1972). In particolare:
- per le operazioni realizzate tra società correlate (controllante, controllate, consociate), la base imponibile coincide con il **valore normale**. Si applica il valore normale invece del corrispettivo se:
  - la società correlata acquirente è soggetta alle limitazioni alla detrazione a causa di pro-rata (➔**48.1.4.**). e l'operazione imponibile è inferiore al valore normale;

IVA

- la società correlata cedente è soggetta alle limitazioni alla detrazione a causa di pro-rata (➡48.1.4.) e l'operazione è esente da imposta;
- la società correlata cedente è soggetta alle limitazioni alla detrazione a causa di pro-rata (➡48.1.4.) e l'operazione è imponibile (o assimilata ai fini della detrazione);

– in caso di messa a disposizione a favore di propri dipendenti di **veicoli** stradali (auto, moto) e/o **telefoni cellulari** (in senso ampio) e delle relative prestazioni per la loro gestione, la base imponibile è il **valore normale** dei beni e servizi qualora nei confronti di detti dipendenti risulti un corrispettivo inferiore a tale valore;
– i corrispettivi, spese ed oneri sostenuti in **valuta**, vanno convertiti nella moneta di conto (art. 13, c. 4, D.P.R. n. 633/1972):
  - secondo il cambio di effettuazione dell'operazione;
  - in mancanza, si fa riferimento alla data della fattura;
  - in mancanza anche di questa informazione si fa riferimento al cambio del giorno antecedente più prossimo.

  La conversione, per tutte le operazioni effettuate nell'anno solare, può essere effettuata sulla base del tasso di cambio pubblicato dalla BCE;
– per le cessioni di beni che, in sede di acquisto, hanno subito una riduzione (totale o parziale) della detraibilità dell'imposta, la base imponibile è determinata **moltiplicando il corrispettivo per la percentuale di detrazione.** Questa regola deve essere applicata anche nelle **rivendite successive** alla prima (➡46.16.) e (➡48.1.4.).

Importazioni - La base imponibile è pari al valore dei beni incrementati dai diritti doganali e dalle spese di trasporto ed accessorie (➡54.2.).

Commercianti al minuto ed assimilati - Sono soggetti che registrano i corrispettivi al lordo dell'imposta. Possono determinare la base imponibile e l'imposta mediante una particolare procedura di **scorporo** (➡43.5.) (art. 22, D.P.R. n. 633/1972).

43.1.1. Valore normale

Per valore normale si intende il corrispettivo **mediamente praticato** sul libero mercato (***fair value***) al medesimo stadio di commercializzazione nel luogo ed al momento in cui viene effettuata l'operazione o, in mancanza, nel tempo e nel luogo più prossimi (art. 14, D.P.R. n. 633/1972).

Il valore normale così definito trova applicazione solamente:

– nelle **permute** (➡46.2.);
– nelle **operazioni tra parti correlate**;
– nelle **cessioni** (sebbene escluse dalla base imponibile) **a titolo di sconto, premio, abbuono** (➡43.4.1.).

Di seguito, si espongono le modalità di determinazione del valore normale nel caso in cui **non siano accertabili** cessioni o prestazioni analoghe (art. 14, c. 2).

Cessioni di beni	**Prezzo di acquisto** dei medesimi beni o beni similari o, in mancanza, il prezzo di acquisto/costo calcolato al momento di effettuazione dell'operazione.	**Criterio del prezzo di acquisto:** - cessione di beni a titolo gratuito, - cessioni di beni per autoconsumo da parte dell'imprenditore, - cessione di beni per assegnazione ai soci. In mancanza del prezzo di acquisto si fa riferimento al prezzo di costo.
Prestazioni di servizio	**Spese sostenute** dal soggetto passivo per l'esecuzione dei servizi medesimi.	**Criterio delle spese sostenute**: - prestazioni di servizi gratuite, ma soggette ad IVA, - assegnazioni di servizi ai soci, - prestazioni di servizi mediante concessione di beni in uso, - prestazioni derivanti dalla cessione di contratti.

Operazioni tra parti correlate

Con particolare riguardo alle operazioni che intercorrono tra parti correlate, ossia tra soggetti vincolati da legami familiari, gestionali e societari, quando almeno una delle parti in questione sia soggetta a pro-rata di detrazione, invece del corrispettivo occorre fare **riferimento** al **valore normale**. Le situa-

IVA

zioni prese in considerazione dall'art. 13, c. 3, del D.P.R. n. 633/1972 sono di seguito esposte in forma tabellare.

Corrispettivo	Fornitore	Cliente
Relativo ad operazioni **imponibili, inferiore** al valore normale		Soggetto a pro-rata
Relativo ad operazioni **imponibili, maggiore** del valore normale	Soggetto a pro-rata	
Relativo ad operazioni **esenti**, **inferiore** al valore normale	Soggetto a pro-rata	

Esclusioni dalla base imponibile 43.1.2.

Non concorrono a formare la base imponibile (art. 15, D.P.R. n. 633/1972):

- gli **interessi di mora e penalità** per **ritardi** od altre **irregolarità** negli adempimenti contrattuali da parte del cliente (ris. n. 73/E/2005). È stato chiarito che rientrano nell'esclusione dalla base imponibile ai sensi del citato art. 15, tutte le somme corrisposte a titolo di penale per la violazione di obblighi contrattuali e che, pertanto, non costituiscono il corrispettivo di una prestazione o di una cessione, bensì abbiano una funzione punitiva-risarcitoria (ris. n. 64/E/2004). In particolare, ogni qual volta dal contratto risulti una clausola risolutiva espressa e una clausola penale in caso di inadempimento contrattuale, è da ritenere che sia gli interessi moratori, sia le spese per il recupero del credito abbiano natura risarcitoria e come tali escluse dall'imposta (risposta a interpello 13 marzo 2019, n. 74);
- gli **interessi moratori** sono penalità che il fornitore applica calcolandola ad un certo tasso addebitandole al cliente perché questi, senza accordi con il fornitore, non ha pagato la fattura alla scadenza dovuta. Invece gli **interessi di dilazione** vanno fatturati in **esenzione** d'imposta derivando da accordi tra le parti a seguito dei quali il fornitore concede al cliente di non assolvere il suo debito alla scadenza originariamente stabilita, bensì ad una successiva (➡**44.2.**);
- il **valore normale** dei **beni ceduti a titolo** di **sconto**, **premio**, **abbuono** in conformità alle originarie condizioni contrattuali tranne quelli la cui cessione sia soggetta ad aliquota più elevata. Non rientra in questa fattispecie il bene consegnato a seguito di accordi successivi. Questa ipotesi rientra nella cessione gratuita di beni (➡**43.4.1.**). La cessione di beni a titolo di sconto premio abbuono rientra tra le operazioni commerciali ove il prezzo del bene ceduto a titolo di sconto ecc. risulta essere già compreso nel prezzo dei beni ceduti. Tipicamente è il caso del c.d. 3X2;
- le **anticipazioni** in **nome e per conto** della **controparte**, purché regolarmente documentate. Possono essere rimborsi che il cedente/prestatore chiede al proprio cliente per importi da lui stesso anticipati in nome e per conto del cliente stesso. La locuzione "**in nome e per conto**" significa che il fornitore agisce quale rappresentante del cliente, in forza di un mandato con rappresentanza. Di conseguenza, tutti i documenti che danno luogo all'esclusione dalla base imponibile devono essere intestati al cliente ed essergli consegnati in originale perché possa registrarli ed annotarli nella propria contabilità IVA e generale. Le spese sostenute in nome proprio, ma per conto del cliente vanno, invece, assoggettate a IVA, in forza della finzione giuridica che caratterizza ai fini dell'IVA il contratto di mandato senza rappresentanza;
- gli **imballaggi e recipienti**. Se contrattualmente è prevista la restituzione entro un termine stabilito, le somme inizialmente addebitate hanno natura di garanzia o cauzione e devono essere fatturate come escluse dall'imposta. Se al termine del periodo stabilito gli imballaggi e i recipienti non vengono restituiti, la cauzione assume natura di corrispettivo per la loro cessione, per cui vanno fatturati con addebito dell'IVA (➡**50.6.**). È possibile emettere una fattura cumulativa entro il 31 gennaio con riguardo a tutti gli imballaggi non restituiti nell'anno precedente, nel qual caso occorre tenere un apposito registro ove annotare tutti i movimenti (➡**46.20.**);
- le somme dovute a titolo di **rivalsa dell'IVA**. Non essendo un'imposta "a cascata", gli importi dovuti a titolo di imposta a seguito della sua esposizione in fattura non sono - a loro volta - soggetti ad imposta.

Le operazioni relative alle somme e valori escluse dalla base imponibile vanno comunque fatturate elettronicamente, indicandone la causale di esclusione "art. 15 del D.P.R. n. 633/1972". Non entrano a far parte del volume d'affari (➡**47.**).

CASO 1 - Spese sostenute per conto altrui
Un professionista, nelle more dell'incarico, sostiene spese di varia natura, tra le quali quelle relative a viaggi, vitto, alloggio.

IVA

Queste spese possono essere:
- sostenute direttamente a proprio nome: vanno riaddebitate con IVA al mandante insieme alla fattura delle proprie prestazioni;
- sostenute direttamente dal professionista, ma sono cointestate a se stesso e al mandante: vanno riaddebitate come spese escluse da IVA avendo natura di "piè di lista" (se il rimborso è forfetario, si rientra nel caso precedente) ed il documento originario va consegnato al mandante;
- sostenute direttamente dal mandante: il professionista resta estraneo all'operazione.

Le operazioni **escluse dalla base imponibile** non vanno confuse con quelle **escluse dal campo di applicazione** dell'imposta. Queste ultime:
- non riguardano cessione di beni o prestazioni di servizi (artt. 1, 4 e 5, D.P.R. n. 633/1972) oppure
- sono così definite dal decreto (ad esempio, art. 2, c. 3; art. 3, c. 3, D.P.R. n. 633/1972) oppure
- sono carenti del presupposto della territorialità (art. 7, D.P.R. n. 633/1972) (➡42.3.) salvo alcune deroghe.

43.2. MOMENTO DI EFFETTUAZIONE DELL'OPERAZIONE

Il momento di effettuazione delle operazioni dipende dalla tipologia di cessione o prestazione. Di seguito si espongono i criteri di individuazione del momento impositivo, per tale intendendosi il **momento** in cui l'**operazione assume rilevanza** ai fini dell'IVA per quanto riguarda, in particolare, l'adempimento degli obblighi "formali" (es. fatturazione, dichiarazione, ecc.).

Transazioni nazionali	Il "fatto generatore dell'imposta" o momento di effettuazione dell'imposta coincide, di regola, con l'**esigibilità del tributo** e, quindi, con l'obbligo, da un lato, della sua liquidazione e, dall'altro, del diritto alla detrazione (se ed in quanto possibile) in capo al cessionario o committente.	art. 6, D.P.R. n. 633/1972
Cessioni ed acquisti intracomunitari	Il momento di effettuazione dell'operazione coincide con l'inizio del trasporto o della spedizione a destinazione del cliente di altro Paese UE. Il pagamento anticipato, se non accompagnato da fattura, non è rilevante.	art. 39, D.L. n. 331/1993 (➡51.4. e ➡52.4.)
Servizi intracomunitari	Non è prevista una specifica disposizione, ma sono disciplinati da diverse altre norme.	(➡51.6.)
Importazioni	Il momento di effettuazione dell'operazione viene a coincidere con l'accettazione della dichiarazione di importazione (➡54.2.).	artt. 67 e ss. D.P.R. n. 633/1972

In occasione dell'introduzione della fatturazione elettronica (➡46.13.), l'Agenzia delle Entrate ha precisato che "in considerazione del fatto che per una fattura elettronica veicolata attraverso SDI, quest'ultimo ne attesta inequivocabilmente e trasversalmente (all'emittente, al ricevente, e all'amministrazione finanziaria) la data e l'orario di avvenuta trasmissione, è possibile assumere che la data riportata nel campo 'Data' della sezione 'Dati generali' del file della fattura elettronica sia sempre e comunque la data di effettuazione dell'operazione" (circ. n. 14/E/2019).

43.2.1. Momento di effettuazione per le cessioni di beni

Se l'operazione posta in essere è qualificabile come cessione di beni, il momento di effettuazione varia a seconda della tipologia del bene (art. 6, c. 1, D.P.R. n. 633/1972):
- per i **beni immobili** assume rilevanza la stipulazione del contratto (rogito, ancorché non trascritto in Conservatoria; il compromesso è irrilevante);
- per i **beni mobili** assume rilevanza la consegna (disponibilità fisica e/o giuridica del cessionario) o spedizione/trasporto (inoltro dei beni mediante un vettore terzo, un mezzo del cliente o del fornitore). È irrilevante il momento di formazione del contratto.

Per entrambe le tipologie di cessioni (beni immobili e beni mobili), se gli **effetti traslativi della proprietà** si producono **posteriormente** rispetto ai momenti sopra indicati, l'operazione si considera effettuata nel momento in cui si producono tali effetti.

Una cessione con effetti traslativi della proprietà non deve essere confusa con il **patto di vendita futura**.

Un affitto o locazione di **immobile con patto di futura vendita** costituisce atto di cessione e il momento di effettuazione coincide con la data di stipula della locazione/affitto (circ. 21 giugno 2011, n. 28/E).

Deroghe	
Operazione	**Momento**
Cessioni per atto della pubblica autorità	Pagamento del corrispettivo
Cessioni periodiche o continuative in esecuzione di un contratto di somministrazione	Pagamento del corrispettivo
Passaggi dal committente al commissionario per la vendita	Cessione, consegna o spedizione del bene da parte del commissionario al cliente finale
Passaggi dal committente al commissionario all'acquisto	Cessione, consegna o spedizione del bene al committente
Autoconsumo personale o familiare Destinazione a finalità estranee all'esercizio d'impresa	Prelievo dei beni
Cessioni di beni a seguito di contratti estimatori	- Per i beni non restituiti: alla scadenza del termine contrattualmente previsto dalle parti. In caso contrario, non oltre un anno dalla consegna o spedizione - Per i beni rivenduti: all'atto della rivendita a terzi
Atti di assegnazione case di abitazione a favore di soci di cooperative a proprietà divisa	Stipula del rogito

Per le vendite a distanza di **beni importati** da territori terzi o paesi terzi, dichiarate ai sensi del regime speciale IOSS (➧51.9.4.), **la cessione** si considera **effettuata e** l'imposta diviene **esigibile** nel momento in cui il **pagamento è accettato.**

Emissione anticipata della fattura o pagamento anticipato

In caso di:

- emissione di fattura **anteriormente** od **indipendentemente** dal verificarsi degli eventi indicati, ovvero
- **pagamento in tutto od in parte** del corrispettivo,

l'operazione si considera effettuata in misura pari a quanto fatturato o pagato alla data di emissione della fattura o del pagamento salvo il caso in cui il prezzo non sia ancora determinato o determinabile e salvo, nelle operazioni intracomunitarie, il caso di pagamento anticipato senza emissione di fattura (art. 6, c. 4, D.P.R. n. 633/1972).

Deroghe

In deroga ai c. 1 e 4 dell'art. 6 del D.P.R. n. 633/1972, per le cessioni di beni da parte di un soggetto che facilita le **vendite tramite l'uso di una interfaccia elettronica**, una piattaforma, un portale o mezzi analoghi, allorquando il soggetto passivo facilitatore viene considerato cessionario e rivenditore di detti beni (➧42.2.1.), il **momento di effettuazione** dell'operazione e la correlata esigibilità dell'imposta, sorge con l'accettazione del pagamento del corrispettivo tanto nei casi B2C, quanto nei casi B2B.

Ne deriva che **non rileva né la consegna né l'emissione di fattura** (art. 6, c. 7, D.P.R. n. 633/1972).

Momento di effettuazione per le prestazioni di servizi 43.2.2.

Il momento di effettuazione per le prestazioni di servizi (➧42.2.2.) **coincide** con il **pagamento del corrispettivo** (art. 6, D.P.R. n. 633/1972).

Sono considerate prestazioni di servizi anche le seguenti operazioni, purché a titolo oneroso:

- contratti d'opera, di appalto, trasporto, mandato, spedizione, agenzia, mediazione, deposito;
- obbligazioni di fare, non fare, permettere (si veda anche ➧42.2.2.);
- locazione, affitto, noleggio, leasing;
- cessioni, concessioni, licenze di diritti d'autore, di know-how, di software, di marchi e simili;
- prestiti di denaro, di titoli non rappresentativi di merci, cessione pro-soluto di crediti, cambiali, assegni;

IVA

- somministrazione di alimenti e bevande;
- cessione di contratti.

Deroghe rispetto al momento del pagamento

Emissione di fattura anteriormente al pagamento	Data di emissione del documento
Appalti	All'atto dell'accettazione dell'opera da parte del committente. Se il contratto prevede pagamenti a stato avanzamento lavori, l'operazione si considera effettuata solo per la parte pagata
Prestazioni gratuite soggette a IVA (c.d. "autoconsumo")	Momento di ultimazione o fine del mese successivo per le prestazioni con carattere periodico o continuativo

CASO 2 - Contabilizzazione dell'imposta relativa ad un credito ceduto
Il soggetto che dopo avere effettuato un'operazione con imposta differita ceda il relativo credito, pro soluto o pro solvendo, deve versare l'imposta solo quando il debitore ceduto assolve il proprio debito. È possibile contabilizzare anticipatamente l'imposta nella liquidazione del periodo in cui è avvenuta la cessione del credito (circ. n. 1/E/2013).

Casi particolari

L'esigibilità **è differita** al momento del **pagamento** del corrispettivo per:

- le vendite di prodotti farmaceutici effettuate dai farmacisti;
- le cessioni e prestazioni rese ai soci ed associati da parte di enti non commerciali;
- le cessioni e prestazioni effettuate nei confronti dei seguenti enti pubblici: Stato, organi dello Stato, enti pubblici territoriali e loro consorzi, CCIAA, Istituti universitari, aziende sanitarie locali, enti ospedalieri, enti pubblici di ricovero e cura aventi prevalentemente carattere scientifico, enti pubblici di assistenza e beneficenza, enti pubblici di previdenza.

Momento di effettuazione delle operazioni per i servizi generici con soggetti non residenti

Derogando dalla regola generale che vede nel pagamento il sorgere del momento di effettuazione di una prestazione di servizio, il legislatore ha stabilito che per le prestazioni di servizi generici (art. 7-ter, D.P.R. n. 633/1972):

- resi da un soggetto passivo d'imposta stabilito in Italia a favore di un soggetto passivo estero,
- ricevute da un soggetto passivo d'imposta stabilito in Italia da un soggetto passivo estero,

non rileva il pagamento come criterio generale, bensì l'**ultimazione della prestazione** ovvero, se anteriore, il pagamento del corrispettivo (➔46.4.).

I servizi generici resi da un soggetto passivo stabilito in Italia a favore di un soggetto passivo UE, debbono essere fatturati anche quando non soggetti ad imposta in Italia.

Le prestazioni generiche rese a soggetti passivi UE o ricevute da soggetti passivi UE aventi carattere **periodico o continuativo** e che non comportino pagamenti anche parziali nel medesimo periodo, si considerano effettuate **al termine di ciascun anno solare** sino all'ultimazione delle stesse; la base imponibile è data dal rapporto tra il corrispettivo totale pattuito e la quota di servizio che risulta resa alla fine di ciascun anno solare (circ. n. 37/E/2011).

43.2.3. Buono corrispettivo monouso e multiuso

Dal **1° gennaio 2019** è in vigore la nuova disciplina IVA del trattamento dei buoni-corrispettivo (artt. 6-bis, 6-ter, 6-quater, 13, c. 5-bis, D.P.R. n. 633/1972).

Il buono corrispettivo (comunemente detto **voucher**) è un documento contenente (art. 6-bis, D.P.R. n. 633/1972):

- l'obbligo di essere accettato quale corrispettivo o parziale corrispettivo a fronte di una cessione di beni o di una prestazione di servizi;
- l'indicazione dei beni che possono essere ceduti o dei servizi che possono essere prestati oppure le identità dei potenziali cedenti o prestatori. Indicazioni che possono essere anche espresse nella relativa documentazione;
- le condizioni generali di utilizzo.

L'utilizzo del voucher rappresenta l'esercizio di un diritto a ricevere un bene o un servizio a fronte della sua consegna al cedente/prestatore.
Il buono corrispettivo può essere anche consegnato dal cedente al cliente in caso di restituzione di un bene precedentemente venduto (reso di merce) (➔46.25.) e destinato ad essere interamente utilizzato a fronte della successiva consegna di altro/altri beni in sostituzione.
Conseguentemente è esclusa la possibilità di ottenere, tramite il voucher, uno sconto all'atto della transazione. Il voucher non deve essere confuso con il "buono sconto".

È considerato "buono corrispettivo" anche il voucher emesso **dal datore di lavoro a favore dei propri dipendenti** (c.d. welfare voucher) in quanto tale documento incorpora tanto l'obbligo di essere accettato come corrispettivo, quanto il diritto di ricevere i beni e servizi in essi indicati (art. 6-bis, D.P.R. n. 633/1972) (risposta a interpello n. 338/2020). Qualsiasi voucher può essere monouso oppure multiuso.
La natura di voucher multiuso o monouso non può prescindere dal trattamento allo stesso riservato in sede di emissione: è questo il **momento rilevante** ai fini della corretta qualificazione del buono. Diversamente la sua natura cambierebbe in base alle valutazioni dei vari possessori nonché da quelle del fornitore compromettendo così l'uniformità del relativo trattamento IVA (risposta a interpello 23 dicembre 2020, n. 617).
Ciò che assume rilevanza dirimente ai fini della qualificazione come monouso o multiuso di un buono-corrispettivo è la certezza o meno, già al momento dell'emissione del buono-corrispettivo, del trattamento IVA della cessione di beni o prestazione di servizi che esso incorpora, da intendersi come certezza circa la territorialità dell'operazione, la natura, qualità e quantità dei beni o servizi, oltre l'IVA applicabile a detti beni e servizi, tutti elementi necessari ai fini della documentazione fiscale dell'operazione (risposte a interpello 12 dicembre 2019, n. 519 e 23 gennaio 2020, n. 10).

Buono corrispettivo monouso

Il buono corrispettivo si considera **monouso** quando sin dalla sua emissione si conosce sia l'oggetto, sia il luogo ove deve avvenire la transazione (art. 6-ter, D.P.R. n. 633/1972).
Ai fini IVA si realizza una **cessione imponibile** sin dal **momento della sua emissione**, quindi anticipatamente rispetto al suo effettivo utilizzo per l'acquisto del bene o del servizio concordato. È altresì **soggetto all'imposta** qualsiasi **trasferimento del voucher anteriore al suo effettivo utilizzo.**
Avendo soddisfatto l'imposta sin dal momento della sua emissione, il trasferimento del buono a favore dell'utilizzatore finale quale concambio del bene o del servizio è **escluso dall'imposta**; altrettanto irrilevante è il suo effettivo utilizzo ossia la consegna del bene o del servizio a favore del portatore.
La **base imponibile** è data dall'ammontare del corrispettivo che l'emittente il buono ha ricevuto per l'emissione del voucher.
La cessione di beni o la prestazione di servizi a cui il buono-corrispettivo monouso dà diritto, se effettuata da un soggetto diverso da quello che ha emesso detto buono-corrispettivo, è rilevante ai fini IVA e si considera resa nei confronti del soggetto che ha emesso il buono-corrispettivo.

Buono corrispettivo multiuso

Il buono corrispettivo si considera **multiuso** quando all'atto della sua emissione non si conosce né l'oggetto, né il luogo ove deve avvenire la transazione (art. 6-quater, D.P.R. n. 633/1972).
Non potendosi conoscere a priori il regime IVA applicabile, **l'imponibilità** si realizza solo **al momento dell'utilizzo effettivo** del voucher da parte del consumatore finale e non al momento della sua emissione (risposta a interpello n. 147/2021). In sostanza tanto l'emissione quanto una sua cessione prima dell'utilizzo effettivo è **irrilevante** ai fini IVA.
La **base imponibile** del voucher al momento del suo utilizzo è data:
- dall'ammontare del corrispettivo che è dovuto all'emittente del buono;
- in mancanza, dal valore monetario del voucher al netto dell'IVA relativa ai beni ceduti od ai servizi prestati (art. 13, c. 5-bis, D.P.R. n. 633/1972);
- se il buono è utilizzato solo parzialmente, la base imponibile è determinata in misura proporzionale alla parte di valore effettivamente utilizzata effettivamente utilizzata al netto dell'IVA relativa.

L'accettazione del voucher da parte dell'emittente o di un suo punto vendita o da parte della piattaforma nel caso di acquisti on-line è a titolo di corrispettivo e rappresenta il momento di effettuazione dell'operazione ai fini IVA da certificare mediante memorizzazione elettronica e trasmissione telematica dei dati relativi ai corrispettivi (➔46.25.) ed emissione del documento commerciale (➔46.6.2.), ovvero con scontrino/ricevuta fiscale laddove consentiti in base al D.M. 10 maggio 2019 , oppure, se richiesta dal cliente, con fattura elettronica tramite SDI (risposta a interpello 23 dicembre 2020, n. 617).

IVA

I trasferimenti del buono multiuso che precedono il suo riscatto, totale o parziale, non costituiscono "effettuazione" di alcuna operazione e sono considerati "cessioni di denaro o crediti di denaro" fuori campo IVA (art. 2, c. 3, D.P.R. n. 633/1972).
Il voucher potrebbe anche essere **dematerializzato** per consentire ad utenti registrati di ordinare quanto voluto su una piattaforma elettronica informatica attraverso specifica "app" e pagando on-line con carta di credito o per il tramite di un borsellino elettronico (wallet) precedentemente caricato mediante versamenti effettuati dallo stesso utente mediante carte elettroniche, contanti o ticket restaurant. Il wallet costituisce, in questo caso, il voucher multiuso e la sua ricarica è esclusa da IVA, in quanto trattasi di mero movimento di denaro (art. 2, c. 3, lett. a) del D.P.R. n. 633/1972) (risposta a interpello n. 523/2021).

Servizi di distribuzione e simili - Sono autonomamente rilevanti ai fini IVA. In assenza di uno specifico corrispettivo, la **base imponibile** è data dalla differenza tra il prezzo di emissione e quello di acquisto nel corso della sua distribuzione sino al consumatore finale (art. 13, c. 5-bis, D.P.R. n. 633/1972).

L'**aliquota** applicabile è quella propria del bene o del servizio. La detraibilità dell'imposta dipende dalla detraibilità oggettiva del bene o del servizio ovvero dal soggetto (➡**46.17**).

43.3. ELEMENTI DISTINTIVI DELLE CESSIONI DALLE PRESTAZIONI

Vi sono fattispecie per le quali non è agevole la distinzione tra cessioni e prestazioni oppure vi sono operazioni ove è la legge a qualificarle in un senso o in un altro.

Operazioni composte o complesse

Si è in presenza di un'operazione composta (cessione di bene e prestazione di servizio) quando due o più elementi o atti forniti dal soggetto passivo al cliente sono così strettamente connessi da formare, oggettivamente, una sola prestazione economica inscindibile la cui scomposizione avrebbe carattere puramente artificiale.
Occorre:

- far riferimento al contratto tra le parti ed alla loro volontà. Il contratto non necessariamente deve avere la forma scritta (artt. 1362, 1363 e 1366 c.c.), salvo che ciò sia imposto dal codice civile;
- verificare se le diverse attività debbano essere considerate prestazioni autonome o piuttosto attività interne strumentali al risultato finale dell'operazione, rilevando in tale ultimo caso solo il costo della stessa (ris. 23 maggio 2002, n. 153/E).

Secondo la Corte di giustizia UE, per stabilire se un'unica operazione composta debba essere qualificata come cessione di beni o prestazioni di servizi occorre individuarne gli **elementi predominanti** (CGE causa C-497/09). Se è vero che il rapporto tra il prezzo del bene e quello dei servizi è un dato obiettivo che rappresenta un indice di cui si può tener conto nel qualificare l'operazione di cui alla causa principale, è altrettanto vero che il costo del materiale e dei lavori non deve, da solo, assumere un'importanza decisiva.

CASO 3 - Differenze tra cessione di beni e prestazioni di servizio secondo la Corte di Giustizia UE

Ad una copisteria è stato chiesto di procedere alla realizzazione di una serie di fotocopie di documenti, fascicoli, planimetrie, ecc. per conto del cliente proprietario degli originali.
Per la copisteria l'operazione rappresenta una prestazione di servizio, mentre l'organo accertatore propende per la qualificazione dell'operazione come cessione di beni.
La Corte di giustizia europea (causa C-88/09) ha stabilito che l'attività di reprografia (attività di riproduzione meccanica di un'opera attraverso fotocopia, xerocopia o sistema analogo):

- risponde alle caratteristiche di una "**cessione di beni**" laddove si limiti a una pura e semplice operazione di riproduzione di documenti su supporti mentre il potere di disporre di questi ultimi viene trasferito dal reprografo al cliente che ha ordinato le copie dell'originale;
- costituisce una prestazione di servizi quando l'attività svolta per il cliente si accompagna a diverse prestazioni complementari come la consulenza e l'adattamento, la modifica e l'alterazione dell'originale in funzione dei desideri del cliente, con la produzione di copie che differiscono più o meno sensibilmente dal documento originale da esso inizialmente fornito.

Appalto e cessioni in opera

La fornitura con posa in opera rientra tra le cessioni di beni.

IVA

L'appalto rappresenta una prestazione di servizio. È una fattispecie assai comune nel campo dell'edilizia (➡46.11.).

L'Amministrazione finanziaria ha chiarito (circ. n. 37/E/2015) che un'operazione composta rientra nel campo delle:

- **cessioni di beni** quando **contemporaneamente**:
  - il contratto previsto tra parti riguarda la cessione, dopo il completamento dell'installazione e la realizzazione di collaudi di beni posti in opera e in grado di funzionare;
  - il costo del materiale è preponderante rispetto all'importo fatturato dal fornitore;
  - il bene fornito mantiene la sua natura originaria;
  - il bene viene installato secondo condizioni standard scelte dal fornitore e senza che il cliente chieda di adattare i beni forniti a suoi bisogni specifici;
- prestazioni di servizio, al verificarsi di **una soltanto delle seguenti situazioni**:
  - il cliente non acquista il bene al termine dell'operazione perché lo stesso resta di proprietà del prestatore oppure viene acquistato da un operatore "terzo";
  - il contratto previsto tra le parti non fa riferimento ad una fornitura di beni ma al "risultato" di un'opera;
  - il costo del materiale sia minoritario rispetto all'importo totale fatturato dal cedente / prestatore;
  - il bene fornito perde la sua natura originaria;
  - il bene viene installato secondo regole specifiche e dettagliate richieste dal cliente per adattarlo a suoi bisogni specifici propri.

Appalto - Il contratto di appalto (artt. 1655 e ss. c.c.) rappresenta una **obbligazione di fare** (anche se comprensiva di un dare). Ai fini IVA, integra una **prestazione di servizi**, per cui è in riferimento a questa classificazione che occorre individuare le modalità di applicazione dell'imposta per ciò che riguarda il momento impositivo (➡43.2.2.), l'eventuale applicazione del regime di *reverse charge*, ecc.

> L'appaltatore s'impegna a fornire l'opera con caratteristiche completamente diverse da quelle di un'ordinaria produzione standard, talché la produzione degli stessi spesso rende necessaria la creazione di una distinta attrezzatura ovvero di una particolare organizzazione del lavoro con gestione a proprio rischio (elemento essenziale nell'appalto).

È frequente che nei casi di appalto sia prevista una fatturazione **a stato di avanzamento lavori** (SAL) (➡43.2.2.) ossia in acconto rispetto all'intero valore dell'opera. A fine lavori potrà essere emessa, in alternativa:

- una fattura per il **totale pattuito** evidenziando gli acconti incassati a stato di avanzamento;
- una fattura per il **solo saldo**.

Al termine dei lavori, il committente (specie nel campo degli appalti pubblici), dopo avere ricevuto la fattura finale, all'atto del pagamento ne trattiene una quota a titolo di **ritenuta di garanzia**, successivamente corrisposta all'appaltatore dopo la constatazione della regolarità dell'opera e della sua accettazione finale.

CASO 4 - Fatturazione della ritenuta di garanzia nell'appalto pubblico ed in quello privato

Un appaltatore ha terminato l'opera e deve emettere fattura a saldo. Contrattualmente è prevista una ritenuta di garanzia. Si domanda se detta fattura finale debba essere emessa al lordo o al netto della ritenuta.

L'ANCE (29 aprile 2013) in merito al quesito ha così risposto:

- nel caso di **appalto pubblico,** l'impresa emette fattura non comprensiva della ritenuta a garanzia. Questa assume rilevanza IVA e va fatturata nel momento in cui, a seguito di collaudo provvisorio, viene corrisposta all'appaltatore. Per altro se la fattura relativa al SAL rechi anche l'importo della ritenuta, l'operazione si considera effettuata anche in relazione a tale ammontare (art. 6, c. 6, D.P.R. n. 633/1972);
- nel caso di **appalto tra privati** la ritenuta a differenza degli appalti pubblici, ha funzione di garantire la corretta esecuzione dell'opera e non già quello di garantire il rispetto degli obblighi previsti nei contratti pubblici. Pertanto, l'appaltatore è tenuto ad emettere fattura comprensiva anche della ritenuta.

Fornitura con posa in opera - Come nell'appalto si è in presenza di un dare e di un fare, ma con assoluta prevalenza del primo.

IVA

Agli effetti IVA, tale operazione dà luogo ad una **cessione di beni** ed è in considerazione di questa classificazione che occorre individuare le modalità di applicazione dell'imposta per ciò che riguarda il momento di effettuazione (➡43.2.1.), la fatturazione, registrazione, ecc.

Caratteristiche intrinseche del contratto di fornitura con posa in opera	
Contratto misto	Convivono prestazioni e cessioni e, di regola, i beni rientrano nell'ordinaria produzione o commercializzazione
Contratto unitario, sia pure misto	L'eventuale fatturazione separata del bene rispetto al servizio di esecuzione non modifica il suo concetto di cessione di beni. L'eventuale fatturazione dei soli beni rappresenta un mero acconto rispetto al totale del contratto, mentre quella successiva relativa alla prestazione per mettere in opera il bene, rappresenta il saldo. Quest'ultima mantiene la stessa aliquota propria dei beni consegnati (➡43.5.)

CASO 5 - Cessione di beni con posa in opera

Un fornitore stipula un contratto mediante il quale si impegna a fornire in opera alcuni impianti di propria produzione (riscaldamento e condizionamento) e di installarli compresi rifacimenti dei pavimenti per il passaggio delle tubature. I lavori murari potranno essere eseguiti direttamente da lui oppure affidati ad un terzo.

In entrambe le situazioni si è in presenza di una cessione perché l'attività di posa in opera rappresenta un mero accessorio rispetto all'operazione principale di vendita degli impianti, vendita che non realizzerebbe lo scopo contrattuale senza il montaggio e l'installazione. Ne deriva che anche le opere murarie ed i rifacimenti per far passare le tubature devono essere fatturate con la medesima aliquota vigente per la cessione degli impianti.

In questa ipotesi se il cessionario è un soggetto passivo d'imposta, l'operazione è soggetta a *reverse charge*.

Cessioni e prestazioni per disposizione o sentenze

La normativa IVA provvede a classificare specifiche operazioni nell'ambito dell'una o dell'altra categoria. A titolo di esempio sono:

- **cessioni di beni**
  - commissione per la vendita e per l'acquisto di beni,
  - locazioni con clausola di trasferimento della proprietà vincolante per entrambe le parti,
  - leasing di veicoli,
- **prestazioni di servizi**
  - conferimenti, fusioni, scissioni, trasformazioni aziendali con trasferimento dei relativi beni,
  - cessioni di schede telefoniche dall'operatore al rivenditore (Corte UE, causa C-520/2010),
  - commercio elettronico diretto e comunque cessione di beni immateriali,
  - somministrazione di alimenti e bevande,
  - assegnazione di beni ai soci.

43.4. OPERAZIONI GRATUITE

Sono **operazioni a titolo gratuito** quelle effettuate senza pagamento di un corrispettivo. Possono riguardare sia le cessioni di beni, sia le prestazioni di servizi. Inoltre, possono essere effettuate:

- "per spirito di liberalità";
- nelle more di un'operazione commerciale;
- per estinguere precedenti obbligazioni.

43.4.1. Cessione gratuite di beni

Cessione gratuita a scopo commerciale di beni di propria produzione o commercializzazione

Si intendono gli omaggi di beni rientranti nell'attività tipica dell'impresa, cioè quella effettivamente svolta e non solo quella nominalmente indicata nello Statuto, ma di fatto non esercitata o marginale. Non sono considerate spese di rappresentanza.

All'atto della destinazione dei beni a titolo di omaggio è necessario verificare se l'IVA al momento del loro acquisto era stata detratta o meno:

- se **detratta,** la cessione gratuita è **imponibile**, indipendentemente dal valore degli stessi;

IVA

> – se **non detratta,** la cessione gratuita è **esclusa**, indipendentemente dal valore degli stessi.

Quando l'omaggio rientra nell'ambito dell'imponibilità, in quanto l'IVA risulta detratta a monte, la **base imponibile** è data (➡**43.1.**):
- dal **prezzo di acquisto**, ovvero
- dal **costo di produzione** valutato al momento della cessione.

L'aliquota è quella propria del bene concesso in omaggio.
Rientrano in questa disciplina anche le cessioni gratuite di beni in sostituzione di altri beni precedentemente venduti e non più in garanzia (➡**43.4.2.**).

> Per gli omaggi di **beni di propria produzione o commercializzazione a favore dei dipendenti**, l'imposta a monte è detraibile, mentre la cessione gratuita è imponibile e deve essere fatturata anche se la rivalsa è obbligatoria. L'impresa può decidere di non detrarre l'IVA all'acquisto per non assoggettare all'imposta la successiva cessione gratuita.

Se la cessione gratuita è imponibile, non necessariamente il cedente deve esercitare la rivalsa mediante emissione di fattura (art. 18, D.P.R. n. 633/1972) soprattutto per ragioni di immagine commerciale. Qualora sia emessa fattura elettronica a carico del cliente tramite SDI, questa può prevedere il solo pagamento dell'imposta e non anche della base imponibile. Nel caso di emissione di fattura elettronica, nel Campo "Tipo documento" va indicato il codice TD27. Se con IVA in rivalsa, il cliente - se soggetto passivo d'imposta - può detrarla.
Di regola in luogo della fattura è possibile (circ. n. 32/1973) (➡**41.1.**):
- emettere **autofattura** in unico esemplare da registrare nel registro delle fatture attive e quindi versare l'imposta. Questo documento può riassumere tutti gli omaggi effettuati nel mese (➡**48.3.**). L'autofattura per omaggi deve essere comunque essere emessa in formato elettronico ed inviata attraverso SDI, indicando come dati anagrafici del cedente e del cessionario il medesimo soggetto (Agenzia delle Entrate, risposte FAQ dicembre 2018). I dati del "cedente/prestatore" vanno indicati sia nella sezione della fattura elettronica denominata "dati del cedente/prestatore", sia in quella denominata "cessionario/committente". Infine, nel Campo "Tipo documento" va indicato il codice TD27. La fattura rinvenibile nella sezione "Fatture e corrispettivi" del portale dell'Agenzia, e relativa al "cessionario/committente", non deve essere registrata nel registro IVA acquisti e l'imposta relativa non può essere detratta (FAQ n. 139/2019);
- istituire un apposito **registro degli omaggi** (➡**46.26.3.**).

Cessione gratuita a scopo commerciale di beni non di propria produzione o commercializzazione e di importo non superiore ad euro 50,00

Per i **beni acquistati appositamente per essere omaggio** (ad esempio, liberalità in determinati periodi dell'anno ovvero in particolari circostanze), l'**IVA sugli acquisti non è detraibile**.
È possibile detrarre l'IVA sull'acquisto dei beni il cui costo unitario sia non superiore ad **euro 50,00** al netto dell'IVA (Assonime n. 89/1996).
Se l'IVA sull'acquisto dei beni da omaggiare non risulta detratta, la successiva cessione è **esclusa** e la fattura non deve essere emessa.
Per gli **omaggi composti da più beni** (ad esempio, cesto natalizio), il valore unitario limite di euro 50,00 si riferisce al valore complessivo; se la sommatoria dei beni, tutti inferiori ad euro 50,00, risulta superiore, l'imposta non è più detraibile.

> Per l'Amministrazione finanziaria, per gli omaggi di **beni non di propria produzione o commercializzazione a favore dei dipendenti**, l'imposta a monte non è detraibile (ris. n. 666305/1990).

> Se il bene acquistato per essere ceduto a titolo gratuito e non rientrante nell'oggetto della propria attività è di valore:
> - non superiore ad euro 50,00, l'IVA sull'acquisto è detraibile;
> - superiore ad euro 50,00, l'IVA sull'acquisto non è detraibile.
>
> Le successive cessioni gratuite sono escluse dal campo di applicazione dell'imposta indipendentemente dal valore del bene da omaggiare.

I beni non rientranti nella propria produzione o commercializzazione che, all'atto dell'acquisto, **non erano ancora stati destinati specificamente ad omaggio**, hanno dato luogo alla detrazione della relativa imposta (salvo il caso di indetraibilità oggettiva o soggettiva). In tal caso, a seguito della cessione a titolo gratuito dei suddetti beni, se gli stessi sono di valore unitario:
- **non** superiore a euro 50,00, la detraibilità permane, mentre l'omaggio è escluso da IVA e da fatturazione;

IVA

- superiore a euro 50,00, la detraibilità permane, ma occorre assoggettare a IVA l'omaggio mediante autofattura in formato elettronico, ovvero istituendo un apposito registro degli omaggi.

Cessione gratuita di campioni appositamente contrassegnati

Sono **escluse** dall'IVA le **cessioni gratuite** di **campioni** (beni destinati ad essere ceduti ai soli fini promozionali a favore di clienti o potenziali tali):

- appositamente **contrassegnati** come tali in modo indelebile sulla confezione (etichette adesive non sono utilizzabili);
- di **modico valore**.

Il concetto di "modico valore" non è definito dalla normativa, ma occorre fare riferimento agli usi commerciali escludendo i beni di valore significativo. Qualora più campioni siano consegnati ad un unico destinatario, il modico valore deve riferirsi all'intero insieme di beni.

Cessioni gratuite a titolo di sconto, premio, abbuono

Trattasi dei cosiddetti sconti merci (non degli sconti condizionati od incondizionati in denaro (➔**43.1.**)).
Le cessioni di beni a tale titolo sono **escluse** dalla base imponibile quando:

- lo sconto od abbuono è previsto sin dall'origine nel contratto, ordine o conferma d'ordine. Accordi successivi anche se integrativi del contratto originario esulano dalla presente fattispecie;
- i beni in oggetto **non** devono essere assoggettabili ad una aliquota superiore rispetto ai beni facenti parte dell'operazione principale.

È **irrilevante** che i beni siano oggetto dell'attività propria dell'impresa o meno.
L'imposta assolta all'acquisto o per la loro produzione è sempre detraibile (salvo indetraibilità oggettiva).
La fattura deve essere emessa ancorché in esclusione d'imposta (art. 15) esponendo il **valore normale** (➔**43.1.1.**) ed indicando la dizione "art. 15 del D.P.R. n. 633/1972". Detto valore normale non entra a far parte del volume d'affari (➔**47.**).

Cessione gratuita di beni non più idonei alla loro commercializzazione

Riguarda la cessione di prodotti:

- **alimentari** e **prodotti farmaceutici** con difetti di confezionamento, etichettatura, peso ecc. che non ne consentano l'ingresso ordinario nel circuito commerciale oppure perché prossimi alla scadenza, destinati a scopi di solidarietà sociale a favore di associazioni ed enti privi dello scopo di lucro, ONLUS, e simili. La cessione è formalizzata mediante apposita comunicazione da inviare telematicamente all'Agenzia delle Entrate;
- beni di propria produzione o commercializzazione non di lusso, **difettosi** (cosiddetta seconda scelta) oppure **obsoleti**, consegnati a favore di ONLUS per un valore complessivo non superiore al 5% del reddito d'impresa. La cessione gratuita è formalizzata mediante apposita comunicazione da inviare telematicamente all'Agenzia delle Entrate;
- **prodotti editoriali od informatici** non commercializzabili a favore di enti locali, carceri, scuole, enti religiosi, ecc.

Cessione gratuita di beni da parte di artisti e professionisti

Quelle operate da esercenti arti o professioni, di regola non rientrano nell'ambito della propria attività, pertanto questi omaggi sono **esclusi** da IVA.
È possibile la detraibilità dell'imposta al momento del loro acquisto se di valore unitario non superiore ad euro 50,00. Non è detraibile se superiore.

Autoconsumo di beni

Qualora un bene sia stato destinato all'uso o al consumo personale o familiare dell'imprenditore/professionista (compresa l'assegnazione ai soci) o ad altra finalità estranea all'esercizio d'impresa arte o professione, il passaggio è considerato cessione di bene.
Per altro se l'imposta a monte non era stata detratta per qualsiasi ragione, la cessione per autoconsumo o destinazione a finalità estranea è esclusa dall'imposta.
Se imponibile, la sua base è data dal prezzo di acquisto del bene o di un bene simile oppure dal prezzo di costo (art. 13, c. 2, lett. c), D.P.R. n. 633/1972, non trovando applicazione alla fattispecie il valore normale *ex* art. 14). Al momento dell'estromissione o autoconsumo occorre emettere fattura elettronica e nel Campo "Tipo documento" va indicato il codice TD27.

Cessioni gratuite verso l'estero

Bisogna distinguere tra:

- cessioni gratuite verso Paesi della Comunità europea;
- cessioni gratuite di beni verso Paesi extra UE.

IVA

Cessioni gratuite verso Paesi della Comunità europea **-** In mancanza del requisito dell'onerosità, una cessione gratuita **non realizza una cessione intracomunitaria** (➡51.2.) e va trattata come un'operazione interna. Ancorché rivolta ad un soggetto UE **trovano** piena **applicazione** le regole evidenziate a proposito delle:

- cessioni gratuite di beni di propria produzione o commercializzazione;
- cessioni gratuite di beni non di propria produzione o commercializzazione.

L'operazione andrà autofatturata o registrata su apposito registro omaggi. In questi casi l'autofattura sarà sempre cartacea in quanto il soggetto residente/stabilito in Italia è comunque obbligato ad inviare una comunicazione dei dati relativi a detto documento all'Agenzia delle Entrate mediante il cosiddetto "esterometro" (➡62.1.2.) (art. 1, c. 3-bis, D.Lgs. n. 127/2015). Ciò almeno sino al **1° luglio 2022** data in cui l'esterometro nelle attuali forme sarà sostituito da comunicazione a SDI con il medesimo formato della fattura elettronica (art. 5, c. 14-ter, D.L. n. 146/2021).

Cessione gratuita di beni verso Paesi extra UE **-** Sia le disposizioni doganali, sia quelle IVA non prevedono il requisito dell'onerosità ai fini della qualificazione dell'operazione come cessione all'esportazione, per cui anche le operazioni effettuate senza corrispettivo (es.: sostituzione di beni in garanzia, sconti in natura ecc.) a favore di soggetti passivi o privati, se il bene è inviato al di fuori della UE, rientrano nel concetto di **esportazione** agli effetti dell'IVA.
Di regola, le cessioni gratuite di beni verso Paesi extra-UE devono essere fatturate come non imponibile (art. 8, D.P.R. n. 633/1972), ma non concorrono a formare il plafond per l'acquisto di beni e servizi senza applicazione dell'imposta (➡49.2. e segg.). Se, però, i beni ceduti a titolo gratuito non rientrano nell'oggetto dell'attività propria, oppure sono inviati al cliente non residente in sostituzione in garanzia, le relative operazioni non devono essere fatturate in regime di non imponibilità e, in dogana, occorre presentare una **fattura pro-forma** (➡46.14.5.).
Per quanto concerne le **esportazioni per fini umanitari** (art. 8, c. 1, lett. b-bis), D.P.R. n. 633/1972) vedasi (➡44.1.2.) e (➡55.2.2.).

Sostituzione gratuita di beni 43.4.2.

La sostituzione gratuita di beni precedentemente venduti non rappresenta una cessione gratuita vera e propria. Quando il contratto prevede una **garanzia** di eventuale sostituzione del bene ceduto in presenza di difetti di fabbricazione occorre operare un distinguo, come rappresentato nella tabella che segue.

Contratto	Trattamento dell'operazione
- il bene è **ancora in garanzia** e/o - esiste un **contratto di manutenzione** ancora valido al momento della richiesta di sostituzione da parte del cliente	L'operazione è **esclusa** dal campo di applicazione dell'imposta, non necessita di emissione di fattura, ma solo di documento di accompagnamento (➡46.8.2.). Per presunzione è da ritenere che il prezzo di vendita tenesse già conto di possibili interventi nell'intervallo di tempo coperto dalla garanzia o dal contratto di manutenzione. Il **contratto di manutenzione** (se a pagamento) è soggetto ad IVA in quanto trattasi di normale **prestazione di servizio** da fatturare anticipatamente ovvero non oltre la data di pagamento dell'abbonamento
- il bene è fuori garanzia	L'operazione è soggetta a fatturazione e ad imposta come normale cessione **imponibile**.

Ai fini commerciali, può capitare che l'impresa decida di sostituire comunque il bene gratuitamente ancorché lo stesso non sia più in garanzia.
Questa operazione rappresenta una cessione gratuita di beni di propria produzione o commercializzazione (➡43.4.1.).

Retrovendite

La cosiddetta retrovendita si verifica tutte le volte che:

- il **venditore** si impegna, **fuori garanzia**, a sostituire i beni o sue parte difettose, e
- il **cessionario** si impegna a sua volta a restituire al venditore i beni in precedenza acquistati.

IVA

L'operazione, dettata da ragioni puramente commerciali, non può essere inquadrata in una normale cessione gratuita di beni da parte del venditore, in quanto la proprietà dei beni da sostituire è stata pienamente trasferita a suo tempo.
Premesso che è **irrilevante che la restituzione avvenga a favore dell'originario venditore**, nell'ipotesi considerata si realizza la cessione di un bene usato di proprietà del cessionario a favore del venditore, in cambio di altri beni (uguali o simili) in sua sostituzione.

L'operazione integra, pertanto, una permuta che implica la doppia fatturazione (➡46.2.):
- dal cessionario al cedente i beni usati, al loro valore normale (➡43.1.1.);
- dal cedente al cessionario per i beni "nuovi" in sostituzione.

L'aspetto finanziario riguarda la differenza tra i due valori.

CASO 6 - Commercio al dettaglio
Nell'ipotesi di resi di merci a commercianti al minuto si rinvia a (➡46.24.2. e ➡46.25.).

CASO 7 - Vendite per corrispondenza
Nelle vendite per corrispondenza e nel commercio elettronico indiretto (➡50.10.1.), il venditore è esonerato dall'emissione della fattura. L'Amministrazione finanziaria ha ammesso la possibilità per questi soggetti di procedere alle variazioni in diminuzione relative ai resi, purché istituiscano delle procedure documentali atte a collegare la vendita con il successivo reso ed a monitorare il movimento dei beni (ris. n. 247/E/2009).
Se il **cliente** è un **non residente** e il bene deve essere consegnato ad un suo domicilio in Italia, il documento è sempre cartaceo (indicando l'indirizzo estero di residenza, mentre quello italiano ha solo la funzione di indicare il luogo di consegna del bene). L'operazione va indicata nell'esterometro (➡62.1.2.). Ciò almeno sino al 1° luglio 2022 data in cui l'esterometro nelle attuali forme sarà sostituito da comunicazione a SDI con il medesimo formato della fattura elettronica (art. 5, c. 14-ter, D.L. n. 146/2021).

43.4.3. Prestazioni gratuite di servizi

Occorre distinguere tra:
- prestazioni gratuite contrattualmente previste nella vendita di un bene;
- prestazioni gratuite per finalità estranee all'esercizio di impresa.

Prestazioni gratuite contrattualmente previste nella vendita di un bene

Di regola si tratta di manutenzioni già previste contrattualmente per la durata di un periodo determinato, ossia di interventi per ottemperare ad un **obbligo di garanzia** (➡43.4.2.).
Gli interventi non sono autonomamente soggetti ad imposta. Il venditore aveva già tenuto conto del loro costo nel prezzo di vendita del bene già assoggettato al tributo.
Eventuali pezzi utilizzati per riportare in efficienza il bene rappresentano cessioni accessorie alla prestazione principale (manutenzione), che quindi non sono soggette autonomamente a IVA (➡46.1.1.).
Per vincere la presunzione di cessione "in nero" l'impresa deve (ris. n. 611268/1989) (➡43.6.1.):
- emettere una nota numerata progressivamente da consegnare al cliente entro 30 gg dal ricevimento del bene;
- annotarla su apposito registro di carico/scarico *ex* art. 39, D.P.R. n. 633/1972 (➡46.26.3.);
- emettere una seconda nota accompagnatoria a scarico della precedente e annotarla sul medesimo registro, al momento della restituzione del bene riparato o sostituito.

Prestazioni gratuite per finalità estranee all'esercizio di impresa

L'argomento non riguarda l'autoconsumo di servizi da parte di artisti e professionisti in quanto la norma fa preciso riferimento alle imprese.
I casi più frequenti sono le consumazioni offerte dal titolare dell'impresa a favore di terzi (per esempio ad orchestrali e simili da parte dei titolari di teatri).
Per quanto concerne la detraibilità dell'IVA a monte:
- se il costo unitario è **superiore** ad **euro 50,00**, l'**IVA non** è **detraibile**;
- se il costo è non **superiore** ad **euro 50,00**, l'**IVA** assolta a monte resta **detraibile**.

Se la prestazione di servizio offerta oppure "autoconsumata" è di **valore superiore a euro 50,00 -** e se l'imposta relativa era stata **detratta -** essa rileva ai fini IVA con obbligo di emissione di autofattura elettronica. In particolare, nel campo "Tipo documento" occorre indicare il codice TD27.

IVA

Indipendentemente dal valore del servizio di somministrazione offerto, l'imprenditore è tenuto ad emettere **scontrino fiscale** (se trattasi di locale aperto al pubblico) riportante una base imponibile pari alle spese sostenute per il servizio (➡46.24.1.) (art. 13, D.P.R. n. 633/1972).
In ogni caso la rivalsa dell'IVA (art. 18, D.P.R. n. 633/1972) non è obbligatoria nel caso del cosiddetto autoconsumo esterno.

ALIQUOTE 43.5.

L'**aliquota dell'imposta** è la **percentuale** da applicare alla base imponibile al fine di giungere alla determinazione dell'IVA relativa (➡43.1.).
Sono previste diverse aliquote da utilizzare in funzione della tipologia del bene o del servizio (art. 16, D.P.R. n. 633/1972) e, inoltre, nei casi in cui il soggetto passivo operi generalmente con il pubblico (➡46.24.1.) e/o sia autorizzato ad emettere scontrini o ricevute fiscali ad IVA compresa (➡46.24.1.) da registrare nel registro dei corrispettivi (➡46.26.2.), occorre applicare specifiche regole per determinare la base imponibile (art. 27, D.P.R. n. 633/1972).
Le aliquote si distinguono in **ordinaria e ridotte**, nelle misure previste dalla tabella che segue.

22%	Aliquota ordinaria	È quella generalmente applicabile sia alle cessioni di beni, sia alle prestazioni di servizio, salvo che per disposizione normativa non sia prevista un'aliquota differente.
4%	Aliquote ridotte	Si applica ai beni e servizi indicati nella Tabella A, Parte II allegata al D.P.R. n. 633/1972, quali: - generi alimentari di prima necessità, - prodotti della panetteria ordinaria, compresi, oltre ai cracker ed alle fette biscottate, anche quelli contenenti ingredienti e sostanze ammessi dal Titolo III della Legge n. 580/1967, con la sola inclusione degli zuccheri già previsti dalla Legge n. 580/1967, ovvero destrosio e saccarosio, i grassi e gli oli alimentari industriali ammessi dalla legge, i cereali interi o in granella e i semi, i semi oleosi, le erbe aromatiche e le spezie di uso comune, - prodotti surgelati grigliati anche se contenenti olio quale coadiuvante tecnologico (consulenza giuridica 15 maggio 2019, n. 16). L'aliquota entra in vigore dal 1° gennaio 2019 (art. 1, c. 4, Legge n. 145/2018) per: - giornali, periodici, libri, altri prodotti editoriali, anche trasmessi in formato elettronico, - banche dati elettroniche; l'applicabilità dell'aliquota agevolata è subordinata a due condizioni: • che i prodotti da distribuire siano contraddistinti da un proprio codice ISBN (per i libri e prodotti affini) o ISSN (per le pubblicazioni in serie come periodici, quotidiani o riviste, gli annuari, ecc.) (circ. n. 20/E/2016); • che in relazione alle operazioni di messa a disposizione «on line» (per un periodo di tempo determinato) dei prodotti editoriali, questi abbiano le caratteristiche distintive tipiche dei giornali e notiziari quotidiani, dispacci delle agenzie di stampa, libri, periodici (circ. n. 23/E/ 2014 e C.M. n. 328/1997). In assenza anche di una sola delle suddette condizioni, non è possibile l'applicazione dell'aliquota ridotta, pertanto la distribuzione on-line dei citati prodotti è soggetta all'aliquota ordinaria (risposta a interpello 1° marzo 2019, n. 69); - carta per l'editoria, - spese per l'acquisto della cosiddetta "prima casa" non di lusso in presenza di determinati requisiti, - costruzioni rurali destinate ad uso abitativo del proprietario del terreno o dei suoi addetti, cedute dal costruttore, anche non ultimate e senza mutamento d'uso; - beni, escluse le materie prime e semilavorate, forniti per la costruzione anche in economia delle cosiddette "case Tupini"; - assegnazioni, anche in godimento, di case di abitazione "prima casa", a soci di cooperative edilizie e loro consorzi, - prestazioni dipendenti da contratti di appalto per la costruzione di case dell'edilizia popolare, nei confronti dei costruttori,

IVA

		- apparecchi ortopedici, - veicoli non di lusso a favore di invalidi di cilindrata non superiore a 2.000 cc se con motore a benzina o **ibrido;** a 2.800 cc se con motore diesel o **ibrido** e di potenza **non superiore a 150 KW se con motore elettrico** (D.P.R. n. 633/1972, Tabella A, parte II, numero 31), - cessione di sussidi tecnici e informatici direttamente a favore di persone con disabilità (6).
5%	Aliquote ridotte	Si applica ai beni e servizi indicati nella Tabella A parte II-bis allegata al D.P.R. n. 633/1972, quali: - alcune prestazioni di servizi educativo-socio-assistenziale rese da cooperative sociali (1), - prestazioni di trasporto urbano di persone da parte di mezzi cosiddetti "da piazza" ed abilitati ai servizi di trasporto marittimo, lacuale, fluviale e lagunare (Tab. A parte II-bis, n. 1-ter) (5), - cessioni di alcune erbe aromatiche. Con effetto sulle operazioni realizzate dal 1° gennaio 2020 si applica ai prodotti per l'igiene intima femminile (c.d. assorbenti interni od esterni) purché **compostabili o lavabili** nonché alle coppette mestruali (D.P.R. n. 633/1972, Tabella A, parte II, numero 1-quinquies), - **presidi anti Covid-19** quali ventilatori polmonari per terapia intensiva e subintensiva; monitor multiparametrico anche da trasporto; pompe infusionali per farmaci e pompe peristaltiche per nutrizione enterale; tubi endotracheali; caschi per ventilazione a pressione positiva continua; maschere per la ventilazione non invasiva; sistemi di aspirazione; umidificatori; laringoscopi; strumentazione per accesso vascolare; aspiratore elettrico; centrale di monitoraggio per terapia intensiva; ecotomografo portatile; elettrocardiografo; tomografo computerizzato; mascherine chirurgiche; mascherine FFP2 e FFP3; articoli di abbigliamento protettivo per finalità sanitarie quali guanti in lattice in vinile e in nitrile, visiere e maschere protettive; tute di protezione; calzari e soprascarpe, cuffie copricapo, camici impermeabili, camici chirurgici; termometri, detergenti disinfettanti per le mani; dispenser a muro per disinfettanti; soluzioni idroalcoliche in litri; perossido al 3 per cento in litri; carrelli per emergenza; estrattori RNA; tamponi per analisi cliniche; provette sterili; attrezzature per la realizzazione di ospedali da campo (2) (3). Le cessioni della strumentazione per la diagnostica Covid-19, effettuate entro il 31 dicembre 2020 erano esenti (➔44.2.); la loro esenzione è confermata a **tutto il 2022** (art. 1, c. 452, Legge n. 178/2020). Lo stesso regime di esenzione e per lo stesso tempo, sempre con possibilità di detrazione dell'IVA a monte, riguarda la cessione di vaccini anti Covid-19, nonché le rispettive prestazioni di servizio strettamente connesse (es.: somministrazione del vaccino, tamponi e test).
10%		Si applica ai beni e servizi indicati nella Tabella A parte III allegata al D.P.R. n. 633/1972, quali: - altri prodotti alimentari, - medicinali, - dispositivi medici di cui alla voce doganale 3004 del regolamento di esecuzione 2017/1925 (medicamenti costituiti da prodotti anche miscelati, preparati per terapie o profilassi, presentati sotto forma di dosi per assorbimento percutaneo o condizionati per la vendita al minuto). L'aliquota entra in vigore dal 1° gennaio 2019 (art. 1, c. 3, Legge n. 145/2018), - prodotti assorbenti e tamponi, destinati alla protezione dell'igiene femminile, non compresi nel n. 1-quinquies Tab A, parte II-bis (dal 1° gennaio 2022, art. 1 c. 13, Legge n. 234/2021), - preparazioni alimentari non nominate in tabella e non comprese altrove, - integratori alimentari (risposta a interpello n. 365/2019), - prestazioni alberghiere,

		- somministrazione di alimenti e bevande, - cessione di piatti pronti e di pasti, cotti, arrostiti, fritti o altrimenti preparati per essere immediatamente consumati o comunque preparati per essere immediatamente consumati o consegnati a domicilio o asportati (take away) (art. 1, c. 40, Legge n. 178/2020), - contratti di scrittura connessi a tutti gli spettacoli teatrali, ai concerti, alle attività circensi e di spettacolo viaggiante, anche nei casi in cui le relative prestazioni siano condotte da intermediari, - altri trasporti di persone e dei rispettivi bagagli al seguito ivi compresi i trasporti extraurbani, diversi da quelli di cui alla Tabella A, parte II-bis, n. 1-ter, e da quelle esenti a norma dell'articolo 10, primo comma, n. 14 rientrano tra quelle indicate dalla Tab. A, parte III, n. 127-novies) (5), - somministrazione, entro certi limiti, di gas metano ad uso cottura cibi e produzione di acqua calda, - locazione di abitazioni da parte dei costruttori, - locazioni di alloggi sociali, - opere di urbanizzazione, - costruzione e cessione di altre case non di lusso e dei relativi interventi di recupero, - impianti ed attrezzature sportive, - opere d'arte (4) d'antiquariato e da collezione se cedute dall'autore, - gestione di rifiuti urbani e speciali, - lettiere di origine vegetale per animali domestici (risposta a interpello 9 aprile 2019, n. 105), - ai servizi di carattere sportivo resi dalle società sportive dilettantistiche lucrative riconosciute dal CONI nei confronti di chi pratica l'attività sportiva a titolo occasionale o continuativo in impianti gestiti dalle menzionate società.

(1) Le cooperative sociali non possono più optare tra imponibilità ed esenzione (circ. 15 luglio 2016, n. 31/E e risposta a interpello n. 240/2019).
(2) Sino al 31 dicembre 2020 la loro cessione **è esente da IVA, comunque,** con diritto di detrazione *ex* art. 19, c. 1, D.P.R. n. 633/1972 dell'imposta pagata a monte. L'elenco è da considerare tassativo (circ. n. 26/E/2020). Sono soggetti al medesimo trattamento i beni indicati in tabella importati o acquistati in altro Paese UE. È irrilevante il fatto che prima di giungere al consumatore finale siano oggetto di più cessioni ovvero rientranti nell'ambito di contratti d'opera, appalto, noleggio e simili. Il trattamento agevolato è applicabile sia alle cessioni a titolo oneroso sia a quelle gratuite nel senso che l'imposta pagata a monte resta comunque detraibile. Il medesimo trattamento è applicabile anche alle prestazioni accessorie alle cessioni dei beni menzionati (circ. n. 26/E/2020).
(3) Le cessioni gratuite a favore di enti pubblici, associazioni riconosciute, fondazioni aventi esclusivamente finalità di assistenza, beneficenza, educazione, istruzione, studio o ricerca scientifica e alle ONLUS, anche se **effettuate dal 1° gennaio 2021 restano comunque esenti** ma senza più la possibilità per il cedente di detrarre l'imposta corrisposta a monte (circ. n. 26/E/2020).
(4) Non rientrano dell'aliquota agevolata del 10% le "opere d'arte" realizzate dall'autore per mezzo di stampanti 3D, stampanti FDM software di modellazione 3D ove il suo intervento risulta residuale (risposta a interpello n. 303/2020).
(5) L'aliquota ridotta (5 o 10%) per il trasporto per vie d'acqua, da porto a porto, compete esclusivamente se diretto alle sole persone; qualora invece al trasporto si aggiunge, con un unico corrispettivo ed offerto da un unico prestatore, anche un servizio di somministrazione di parti e bevande od altri servizi turistici (guide), l'intera operazione è soggetta all'aliquota ordinaria e non si può parlare di componenti accessorie al trasporto (ris. n. 8/E/2021).
(6) i soggetti con disabilità, all'atto dell'acquisto, devono produrre copia del certificato attestante l'invalidità funzionale permanente rilasciato dalla azienda sanitaria o dalla commissione medica integrata. Qualora dai certificati non risulti il collegamento tra il sussidio tecnico-informatico e la menomazione permanente, devono essere integrati con una certificazione rilasciata dal medico curante. (D.M. 7 aprile 2021).

Beni finiti nel comparto edile

Alla cessione dei beni finiti, diversi quindi dalle materie prime e semilavorate, è applicabile l'aliquota IVA del:

- **4%** quando sono forniti per la costruzione, anche in economia, di fabbricati di tipo economico aventi le caratteristiche richieste dalla Legge Tupini (Legge n. 408/1949) nonché delle costruzioni rurali (n. 24, Tab. A, parte II, D.P.R. n. 633/1972);
- **10%** quando sono forniti per la realizzazione di opere e impianti (opere di urbanizzazione, impianti, edifici assimilati ai fabbricati "Legge Tupini") nonché degli interventi di recupero c.d. agevolati (n. 127-sexies e n. 127-terdecies, Tab. A, parte III, D.P.R. n. 633/1972) (➡**50.11.7.**).

Non vi è una definizione legislativa del concetto di bene finito. Numerose sono le definizioni elaborate dalla prassi, per altro alcune anche contraddittorie. Sono beni finiti quei beni, non materie prime o semilavorate, che anche successivamente al loro impiego nella costruzione o nell'intervento di recupero non perdono la loro individualità, pur incorporandosi nell'immobile e che possono essere sostituiti in modo assolutamente autonomo (ancorché in astratto) dalla struttura della quale fanno parte.

Inoltre, possono godere dell'aliquota ridotta solo nell'ultima fase di commercializzazione (dettagliante/consumatore finale).

Ad esempio sono beni finiti: gli ascensori, i montacarichi, gli infissi, i sanitari, i prodotti per gli impianti idrici, elettrici, a gas, le porte, i lavandini, le ringhiere per balcone complete di ogni elemento, le ringhiere per recinzione completa di ogni elemento, le tettoie per balconi e terrazze che vengono montate sul pavimento e sulla facciata dell'edificio, i corrimano, i sanitari in genere, le scale a chiocciola, a giorno o retrattili.

Non possono essere considerati beni finiti: le tegole, le maioliche, i mattoni, in quanto, unitamente ad altri beni, concorrono a formare il tetto, i pavimenti, i muri.

Prestazioni didattiche rese da scuole guida per il conseguimento della patente

Dal 1° gennaio 2020 le prestazioni didattiche rese da scuole guida per il conseguimento delle sole patenti B e C1 sono soggette ad IVA al 22% e non possono più essere considerate esenti (art. 10, n. 20), D.P.R. n. 633/1972). La modifica non ha effetto retroattivo e la risoluzione n. 79/E/2019 è da considerarsi superata.

Le scuole guida dal **1° gennaio 2020** sono tenute all'obbligo della memorizzazione e trasmissione telematica dei dati dei corrispettivi giornalieri.

Clausole di salvaguardia

Le cosiddette "clausole di salvaguardia" che prevedevano automatiche variazioni, in aumento, delle aliquote IVA sono state abrogate (art. 123, D.L. n. 34/2020).

L'aliquota da applicare è quella vigente al momento di effettuazione dell'operazione (➡**43.2.**). Di conseguenza eventuali modifiche intervenute in seguito non rilevano. Lo stesso dicasi in caso di successiva emissione di nota di credito assoggettata all'imposta: questa resta sempre quella originaria anche se all'atto dell'emissione del documento di variazione l'aliquota sia mutata (➡**43.5.1.**).

Operazioni soggette ad aliquote diverse

Per le operazioni unitarie per le quali sono previste cessioni di beni o prestazioni soggette ad aliquote diverse, da fatturare con un unico prezzo indistinto, si applica sul valore complessivo del bene e/o della prestazione l'**aliquota più elevata**.

È ammesso un trattamento differenziato solo se in fattura sono evidenziati separatamente i corrispettivi relativi alle singole operazioni soggette ad aliquote diverse.

Casi particolari

Per le **prestazioni di servizi** dipendenti da:

- **contratti d'opera**, di **appalto** e simili aventi per oggetto la produzione di beni;
- contratti di **leasing** finanziario od operativo, **noleggio** e simili relativi all'utilizzo di beni mobili od immobili;

l'aliquota da applicare:

- è quella prevista per la cessione del bene, se **soggetto ad imposta**; ovvero, se escluso da imposta;
- quella ordinaria (art 16, c. 3, D.P.R. n. 633/1972).

IVA

CASO 8 - Cessione di contratto di leasing con IVA non detratta sul bene relativo

Si consideri la cessione di un contratto di leasing afferente a un veicolo per il quale l'imposta non è stata interamente detratta dal locatario in quanto esente da imposta (es.: medico).

La disposizione secondo la quale, nel caso di contratti di locazione finanziaria, l'imposta si applica con la stessa aliquota che sarebbe applicabile in caso di cessione dei beni dati in locazione, è inserita nell'art. 16 del D.P.R. n. 633/1972 (rubricato "aliquote dell'imposta") ed è chiaramente riferita all'oggetto della transazione (cosiddetta indetraibilità oggettiva) indipendentemente dal soggetto che pone in essere l'operazione.

Pertanto:

- nel caso normale di un soggetto passivo d'imposta, l'acquisizione di un veicolo mediante contratto di leasing comporta una detraibilità a monte dell'imposta solo parziale (ma l'IVA trova comunque applicazione); nella successiva cessione del contratto trova applicazione la disposizione di cui all'art. 19-bis1 del D.P.R. n. 633/1972 (circ. 13 marzo 2009, n. 8/E);
- ove l'indetraibilità dipenda dalla posizione del soggetto passivo (medico), ossia se l'indetraibilità dell'imposta sugli acquisti sia per causa soggettiva e non più oggettiva, evidentemente la disposizione dell'art. 16 (indetraibilità oggettiva) non può più trovare applicazione, conseguentemente non può nemmeno trovare applicazione l'art. 10, c. 1, n. 27-quinquies del D.P.R. n. 633/1972 che fa riferimento esclusivo alle cessioni di beni e non alle prestazioni di servizi (sia pur a queste ultime assimilate dall'art. 3 del D.P.R. n. 633/1972). Conseguentemente la cessione del contratto di leasing effettuata da un soggetto, il quale non può mai detrarre l'IVA sugli acquisti per ragioni soggettive e non oggettive, è pienamente soggetta all'imposta, indipendentemente dal fatto che quella a monte non sia stata affatto detratta, sia pur indirettamente (ris. n. 25/E/2000).

Scorporo dell'imposta dal corrispettivo

I commercianti al minuto e i soggetti ad essi equiparati rilasciano lo scontrino o la ricevuta fiscale per le proprie operazioni, a meno che il cliente non richieda la fattura non oltre il momento di effettuazione dell'operazione (art. 22, D.P.R. n. 633/1972).

Gli scontrini e le ricevute fiscali rappresentano il valore del corrispettivo globalmente considerato, ossia comprensivo dell'imposta (art. 22, D.P.R. n. 633/1972).
Anche nel registro giornaliero dei corrispettivi vengono annotati al lordo del tributo.

Alla fine del periodo (mese o trimestre) occorre determinare l'IVA effettivamente incassata in relazione alle varie vendite in modo da procedere alla liquidazione e al versamento dell'imposta.

Determinazione della base imponibile e dell'imposta - Per "scorporare" l'IVA da un corrispettivo si applica il metodo matematico (cd. metodo dei divisori). In particolare, occorre:

- dividere l'importo lordo per i divisori propri della specifica aliquota, in modo da ottenere la base imponibile;
- applicare alla base imponibile la corrispondete aliquota, in modo da determinare l'imposta.

Aliquota	Divisori
22	1,22
4	1,04
5	1,05
10	1,10

CASO 9 - Metodo dei divisori

Un ristoratore ha registrato un totale corrispettivi lordi del mese x = 10.000. L'aliquota è quella del 10%.
10.000/1,10 = 9.091 base imponibile
9.091 x 10% = 909 IVA
Corrispettivo = 10.000

Ventilazione dei corrispettivi

Con la procedura di ventilazione (art. 24, c. 3, D.P.R. n. 633/1972), i **commercianti al minuto** e i soggetti ad essi equiparati, se in possesso di determinati requisiti soggettivi e oggettivi, possono registrare i corrispettivi giornalieri in modo globale, senza distinguere le diverse aliquota IVA.

I **commercianti al dettaglio** che possono beneficiare di tale semplificazione sono i venditori al minuto di (D.M. 24 febbraio 1973):
- prodotti alimentari o dietetici;
- articoli tessili;
- vestiario;
- calzature;
- igiene personale;
- prodotti farmaceutici.

Se il commerciante è autorizzato a vendere anche merci rientranti in altre categorie, la ventilazione è ammessa a condizione che l'ammontare annuo degli acquisti e delle importazioni di tali merci sia non superiore al 50% dell'ammontare complessivo degli acquisti e delle importazioni. Se il limite del 50% viene superato, la ventilazione non può essere applicata nell'anno successivo.

Allo stesso modo, nell'anno successivo non è possibile avvalersi della semplificazione laddove l'ammontare annuo dei corrispettivi relativi alle vendite con emissione di fattura, con esclusione di quelle relative all'alienazione di beni strumentali, sia superiore al 20% dei corrispettivi totali.
Anche i commercianti al minuto che adottano il sistema di ventilazione dei corrispettivi dal 1° gennaio 2020 sono obbligati alla **memorizzazione elettronica ed alla trasmissione dei dati dei corrispettivi giornalieri** fatte salve le operazioni esonerate con il D.M. 10 maggio 2019. Al fine di evitare l'indicazione dell'IVA, in quanto non rilevabile al momento della cessione, nel documento commerciale, è stata prevista un'apposita stringa che consente la dicitura "AL - Altro non IVA" (risposta a interpello n. 420/2019).

Procedura per la ventilazione - Per effettuare la ventilazione dei corrispettivi, il contribuente deve:
- **registrare** gli **acquisti** distinguendoli per aliquota e separando quelli da ventilare perché destinati alla vendita;
- al termine del periodo (mese o trimestre):
  - **sommare** gli **acquisti** di beni da ventilare suddivisi per aliquota tenendo conto anche dei mesi o trimestri precedenti, sin dall'inizio del periodo d'imposta;
  - **determinare** la **percentuale** di **incidenza** per ciascun gruppo di acquisti avente la medesima aliquota, rispetto al totale degli acquisti;
  - **applicare** le **percentuali** così trovate, al totale dei corrispettivi registrati, determinando così la ventilazione degli stessi;
  - scorporare l'imposta ivi contenuta con il criterio precedentemente indicato.

Quando ad una attività di commercio al minuto alla quale sia possibile applicare il metodo della ventilazione dei corrispettivi se ne affianchi un'altra, non accessoria alla precedente, si rientra in un'ipotesi di separazione per obbligo (➡43.7.).
Con l'introduzione dell'obbligo di utilizzare i registratori telematici (➡46.25.) la procedura della ventilazione è espressamente prevista dalle specifiche tecniche relative al funzionamento di tali macchinari (Provv. n. 182017/2016) e da **marzo 2020** il documento commerciale rilasciato al cliente (➡46.6.2.), al posto della puntuale aliquota IVA relativa al bene ceduto, potrà riportare il valore: "VI" = Ventilazione IVA. Dovrà essere inoltre alimentato il campo 4.1.3 (ventilazione) (circ. n. 3/E/2020).

IVA

43.5.1. Variazioni delle aliquote

In caso di variazione delle aliquote, è necessario stabilire se, per un'operazione in corso, **debba essere applicata l'aliquota originaria o quella nuova**.
A tal fine, l'aliquota corretta è quella applicabile al **momento di effettuazione dell'operazione**, da individuare in via generale secondo quanto indicato nello schema che segue (➡43.2.):

cessioni di beni mobili	all'atto della loro consegna o spedizione
cessioni di beni immobili	all'atto della stipulazione del contratto
prestazioni di servizio	all'atto del pagamento del corrispettivo
operazioni intracomunitarie (➡51.)	- se relative a cessioni di beni, all'inizio del trasporto o spedizione - se relative a prestazioni di servizi generiche, all'ultimazione delle stesse (➡51.6.)
operazioni di importazione	alla data di accettazione della dichiarazione doganale (➡54.2.)

Stabilito il momento di effettuazione dell'operazione, la **regola** da applicare a seguito di una variazione di aliquota è la seguente:

- se il **momento di effettuazione** dell'operazione è sorto **anteriormente** alla data di introduzione della **nuova aliquota**, si applica la vecchia aliquota, anche nel caso la fattura sia emessa in data successiva;
- se il momento di effettuazione dell'operazione è sorto **successivamente** alla data di introduzione della nuova aliquota, si applica quest'ultima.

CASO 10 - Variazioni dell'aliquota IVA

Si supponga che la modifica dell'aliquota IVA avvenga in data 1° settembre.

Esempio n. 1

- Incasso totale del corrispettivo a seguito di fatturazione anticipata ad agosto.
- Emissione della fattura in data dell'incasso.

L'operazione risulta effettuata in agosto. Aliquota vecchia anche se il bene viene consegnato o la prestazione viene resa in vigenza del nuovo regime.

Esempio n. 2

- Incasso parziale (acconto) del corrispettivo ad agosto.
- Emissione della fattura in data pari all'incasso.
- Consegna del bene ottobre.

L'operazione risulta effettuata, nei limiti dell'importo dell'acconto, con l'aliquota vecchia. Successivamente alla consegna si procede all'emissione della fattura per il saldo. Solo questa porzione ricade nel regime dell'aliquota nuova e l'acconto non va più modificato.

Esempio n. 3

- Spedizione del bene: agosto.
- Fatturazione dello stesso a settembre grazie alla fatturazione differita.

La fatturazione differita non sposta il momento di effettuazione dell'operazione. La fattura ancorché emessa a settembre sconta l'aliquota vecchia.

Esempio n. 4

- Consegna del bene in agosto con prezzo da definire come da contratto.
- Definizione del prezzo: ottobre.

Il momento sorge alla determinazione del prezzo. Si applica la nuova aliquota.

Esempio n. 5

In giugno viene stipulato un contratto di leasing per un macchinario con corresponsione dei canoni mensili anticipati per 3 anni.

La società di leasing ha emesso le fatture a giugno (con maxicanone), luglio e agosto con l'aliquota vecchia. Le fatture da settembre in poi scontano la nuova aliquota. Le precedenti non vanno modificate.

Esempio n. 6

- Un soggetto rientrante nel regime IVA per Cassa cede un bene da lui stesso prodotto consegnandolo ad un soggetto passivo d'imposta a luglio.
- La fattura differita è emessa in agosto con l'aliquota vecchia.
- La fattura viene pagata in novembre.

Solo l'esigibilità è legata alla data del pagamento, mentre il momento di effettuazione dell'operazione non viene modificato, si applica l'aliquota vecchia.

Esempio n. 7

- Come nel numero precedente, ma a luglio dell'anno successivo la fattura risulta ancora impagata.
- L'acquirente non è assoggettato ad alcuna procedura concorsuale.

Il cedente è obbligato per legge a versare l'imposta per il decorso di un anno dall'effettuazione dell'operazione. L'IVA da versare resta comunque quella vecchia.

Esempio. n. 8

- Nel mese di novembre un prestatore di servizi, in accordo con il cliente, acconsente una riduzione del prezzo della propria prestazione per non conformità al contratto.
- Emette nota di credito a novembre assoggettandola al tributo.

IVA

- La fattura originaria era stata emessa a marzo.

La nota di credito emessa a novembre e volontariamente assoggettandola ad IVA manterrà l'aliquota originaria, ossia la vecchia.

Esempio n. 9

- Un costruttore edile riceve in agosto una fattura senza IVA esposta per manodopera resa da un subappaltatore a giugno.
- La fattura è datata fine luglio.
- La fattura è integrata in *reverse charge* dal costruttore con iva vigente al momento e registrata in agosto.
- Il debito viene saldato in ottobre.

Il momento di effettuazione per i servizi è il pagamento (salvo che la fattura non sia stata emessa in data precedente). La fattura e l'integrazione ricadono interamente nel regime della vecchia aliquota ancorché il pagamento sia effettuato ad ottobre.

Esempio n. 10

- Come nel numero precedente, ma la fattura viene ricevuta in ottobre già in vigenza della nuova aliquota.
- L'integrazione è effettuata nella stessa data.

Nonostante ciò, l'aliquota resta quella vecchia in quanto la fattura era stata emessa nel mese di luglio. L'integrazione, ancorché effettuata in epoca di vigenza della nuova aliquota è irrilevante perché l'operazione di *reverse charge* è un mero onere a carico del committente al solo fine di monitoraggio fiscale e non atto tale da modificare il momento di effettuazione dell'operazione.

43.6. PRESUNZIONI DI VENDITA E DI ACQUISTO

Il legislatore ha definito alcuni eventi al verificarsi dei quali, salvo prova contraria, i beni si **presumono ceduti o acquistati** anche in assenza della relativa fattura (art. 53, D.P.R. n. 633/1972; D.P.R. n. 441/1997).

Periodo di permanenza dei beni presso terzi

Salvo specifici contratti quali il deposito, il periodo di permanenza dei beni presso terzi **non può superare un anno** dal momento dell'uscita (entrata) dei beni dai (nei) luoghi ove si esercita l'attività.

Se, in seguito al superamento del limite annuo, i beni sono stati:

- fatturati ed accettati dal soggetto che li detiene, la cessione s'intende perfezionata dal punto di vista sia fiscale, sia civilistico;
- fatturati, ma non accettati e non ancora restituiti, la fattura rileva solo ai fini IVA.

La fattura dei **beni non accettati** rileva esclusivamente ai fini IVA onde evitare che i beni restino a disposizione di terzi a tempo indefinito senza che venga mai versata la relativa imposta.
L'emissione della fattura non implica il trasferimento della proprietà al terzo depositario, che resta pur sempre in capo al soggetto che a suo tempo li aveva consegnati. In altri termini, non si ha vendita né ai fini civilistici, né ai fini contabili.

IVA

43.6.1. Presunzioni di cessione

Si presumono ceduti i beni prodotti o commercializzati o strumentali precedentemente:

- acquistati,
- fabbricati,
- importati,

ma **non esistenti** preso i **luoghi** in cui il **soggetto passivo svolge** la propria **attività**, né in quelli dei suoi rappresentanti (art. 35, D.P.R. n. 633/1972).

Tra questi luoghi rientrano:

- la sede sociale;
- i propri stabilimenti o magazzini;
- i depositi;
- le sedi secondarie;
- le filiali e succursali;
- le dipendenze;
- i negozi;
- i mezzi di trasporto nella disponibilità dell'impresa.

Funzionamento della presunzione di cessione

La presunzione opera a seguito del raffronto tra le entità dei beni:
- acquistati, importati, prodotti (**al netto** di quelli utilizzati per la produzione o distrutti, nonché dei beni consegnati a terzi per lavorazione, deposito, lavorazione, comodato, tentata vendita, ecc.), e
- quelli effettivamente giacenti nei luoghi ove detto soggetto svolge la propria attività, comprese le dipendenze, ecc.

La **differenza positiva** evidenzia le quantità di beni che, **in via presuntiva**, viene considerata **ceduta**.

Se le consistenze finali risultano inferiori a quelle contabilizzate, i beni costituenti la differenza si presumono ceduti senza il pagamento dell'imposta.

Non essendo una presunzione assoluta, il **soggetto può fornire** la **prova contraria**.

Non operatività della presunzione

La presunzione non opera se viene dimostrato che i beni stessi sono stati:
- impiegati per la produzione;
- perduti o distrutti;
- consegnati a terzi in lavorazione, deposito, comodato, tentata vendita o in dipendenza di:
  - contratti d'opera;
  - appalto;
  - trasporto;
  - mandato;
  - commissione;
  - altro titolo non traslativo della proprietà (prestito d'uso nel caso di beni strumentali, manutenzione, riparazione, ecc.).

Mezzi di prova

Vari possono essere i mezzi di prova da utilizzare ai fini in esame:
- documento di trasporto (**DDT**) con causale non traslativa della proprietà;
- specifico registro di **carico/scarico**;
- disponibilità di:
  - depositi;
  - sedi secondarie;
  - filiali, succursali;
  - dipendenze;
  - negozi;
  - altri locali;
  - mezzi di trasporto;

  risultanti da:
  - iscrizione nel registro delle imprese, CCIIAA, altro pubblico registro;
  - dichiarazione di inizio attività o di avvenuta variazione anteriore alla movimentazione dei beni;
- altro documento dal quale risulti il luogo di destinazione dei beni, annotato in uno dei registri obbligatori.

> Per i **beni depositati presso propri rappresentanti**, il rapporto di rappresentanza con deposito deve risultare alternativamente da:
> - atto pubblico;
> - scrittura privata registrata;
> - lettera annotata in apposto registro presso l'Agenzia delle Entrate competente in relazione al domicilio del rappresentante o del rappresentato, in data anteriore al movimento dei beni.

Consegna di beni a terzi residenti in Paesi UE od Extra UE

Per la consegna di beni a terzi residenti in Paesi UE od extra UE si rinvia a (➡**51.5.** e ➡**55.1.**).

Presunzioni di acquisto 43.6.2.

Si **presumono** acquistati senza fattura i beni esistenti presso un soggetto passivo, se quest'ultimo non è in grado di dimostrare il titolo in base al quale ne ha la detenzione.

Mezzi di prova

Le prove da utilizzare sono rappresentate:
- dalla fattura di acquisto;

IVA

- dalla bolla doganale;
- dal documento di trasporto (DDT) o altra scheda di trasporto ove si possa rilevare il titolo in base alla quale la movimentazione sia stata eseguita;
- dall'annotazione sui registri IVA o sul libro giornale;
- da apposito registro di carico/scarico;
- da un contratto (comodato, prestito d'uso, ecc.) avente data certa.

43.7. ESERCIZIO DI PIÙ ATTIVITÀ

Un medesimo soggetto passivo d'imposta può **esercitare contemporaneamente più attività** differenti ma rilevanti agli effetti del tributo (art. 36, c. 1, D.P.R. n. 633/1972). Il soggetto passivo deve:
- possedere un unico numero di Partita IVA (➔45.) valido per tutte le attività esercitate;
- **applicare l'imposta**, adempiendo a tutti gli obblighi "formali" (fatturazione, registrazioni, determinazione del volume d'affari, comunicazioni, dichiarazioni, liquidazioni, versamenti), in modo **unitario e cumulativo** per tutte le attività.

Deroghe

In determinate situazioni, è prevista la separazione obbligatoria delle attività, mentre in altri casi è possibile optare per la separazione facoltativa delle attività (art. 36, D.P.R. n. 633/1972).

43.7.1. Separazione obbligatoria

Il contribuente è obbligato alla separazione delle attività nei seguenti **casi**:
- esercizio contemporaneo di **imprese ed arti e professioni**;
- esercizio contemporaneo di una qualsiasi attività unitamente e di un'attività commerciale al minuto con l'applicazione del sistema della **ventilazione dei corrispettivi** (➔43.5.);
- esercizio contemporaneo di un'attività di lavoro **autonomo o d'impresa** e di **un'attività agricola** rientrante nel regime speciale forfetario (➔50.1.);
- esercizio contemporaneo di un'attività **spettacolistica ed intrattenimento** e di altre attività, se per la prima l'IVA è applicata in via forfetaria o è inglobata nell'imposta sugli intrattenimenti.

L'obbligo di separazione **decade**:
- nel caso di attività contemporanea di lavoro autonomo o d'impresa oppure agricola forfetaria ed altre attività oppure nel caso di esercizio contemporaneo di attività spettacolistica con altre attività, se il soggetto **opta** per l'applicazione dell'imposta nei modi normali;
- quando il sistema della ventilazione non è più possibile;
- nel caso di esercizio contemporaneo di attività professionali la regola è quella generale del metodo unitario e cumulativo, salvo **opzione** per la separazione;
- nel caso delle c.d. **imprese agricole miste** per le quali l'agricoltore nell'ambito della medesima impresa procede anche alla cessione di beni non rientranti nella Tabella A, Parte I, allegata al D.P.R. n. 633/1972.

43.7.2. Separazione opzionale di una o più attività

L'opzione è possibile per **qualunque attività**, salvo che non siano le disposizioni di legge a prevedere l'obbligo di separazione. Al di fuori di questa ipotesi, la separazione presuppone che le attività siano effettivamente distinte caratterizzate, cioè, da **codici Ateco distinti** e non meramente accessorie alle altre e devono essere gestite con contabilità separata. Il riferimento ai codici Ateco costituisce solo uno dei criteri con cui è possibile procedere alla separazione. Si tratta, infatti, di un criterio formalistico per consentire più agevolmente il controllo circa la corretta imputazione delle operazioni (circ. n. 19/E/2018).

La formulazione letterale dell'art. 36, c. 3, del D.P.R. n. 633/1972 presuppone un criterio di separazione basato non solo sul regime IVA (esenzione o imponibilità) applicato all'operazione, ma anche sulla categoria catastale del fabbricato (abitativo ovvero diverso dall'abitativo) (circ. n. 22/E/2013, par. 9). Inoltre, all'interno di ciascuna delle attività separate di cessione e di locazione, è possibile separare, rispettivamente, le cessioni di fabbricati abitativi esenti da IVA. Ne deriva come non sia possibile una separazione basata unicamente sul regime fiscale di esenzione o di imponibilità (risposta a interpello 18 dicembre 2020, n. 608).

In presenza di separazione opzionale di attività a detrazione limitata, è esclusa la detrazione dell'IVA relativa agli acquisti di **beni non ammortizzabili** utilizzati per più attività.

Le spese generali riferibili a beni e servizi utilizzati promiscuamente vanno ripartiti tra le attività in proporzione al volume d'affari.

L'opzione può essere conveniente allorquando vi siano una o più attività esenti in regime di pro-rata di detrazione, con incidenza sugli acquisti riferiti all'attività imponibile.

IVA

Locazioni e cessioni immobiliari

Su opzione, è possibile **separare le attività** per i soggetti che effettuano sistematicamente (art. 36, c. 3, D.P.R. n. 633/1972):

- locazioni esenti da IVA di fabbricati (o porzione di fabbricati) a destinazione abitativa, con detrazione esclusa o ridotta in base al pro-rata;
- locazioni di fabbricati strumentali, imponibili a IVA o di altri immobili.

La facoltà in oggetto si applica anche per le **operazioni di leasing immobiliare**, di modo che è possibile optare per l'applicazione separata dell'IVA in relazione alle locazioni finanziarie di immobili abitativi, esenti da imposta, che comportano la riduzione del diritto di detrazione.

Inoltre, è possibile optare per l'applicazione separata dell'imposta per i soggetti che effettuano sia locazioni o cessioni, esenti da imposta, di fabbricati o porzioni di fabbricato a destinazione abitativa che comportano la riduzione del pro rata, sia locazione o cessioni di altri fabbricati o di altri immobili, con riferimento a ciascuno di tali settori di attività (art. 36, c. 3, D.P.R. n. 633/1972).

Società di gestione dei fondi comuni di investimento immobiliare

Per le società di gestione dei fondi comuni di investimento immobiliare, l'IVA è determinata e liquidata separatamente dall'imposta dovuta per l'attività della società ed è applicata distintamente per ciascun fondo (art. 8, c. 1, D.L. n. 351/2001, convertito in Legge n. 410/2001).

Servizi di gestione individuale di portafogli

Dato che i servizi di gestione individuale di strumenti finanziari, a decorrere dal 1° gennaio 2013, sono assoggettati a IVA con applicazione dell'aliquota ordinaria, possono **optare** per l'**applicazione separata** dell'imposta, i soggetti che svolgono sia il servizio di gestione individuale di portafogli, ovvero prestazioni di mandato, mediazione o intermediazione relative al predetto servizio, sia attività esenti dall'imposta.

Modalità di esercizio dell'opzione

L'opzione per la separazione delle attività si esercita con il "comportamento concludente", fermo restando l'obbligo di comunicazione nell'ambito della dichiarazione IVA relativa all'anno in cui è stata manifestata la scelta (➡45.). L'opzione:

- è **vincolante per almeno 3 anni** e, se non revocata, si rinnova anno per anno;
- ha validità dal 1° gennaio dell'anno di adozione e non è possibile procedere alla separazione in corso d'anno.

Può essere revocata con le medesime modalità dell'opzione, ma non è possibile nel corso del periodo di rettifica della detrazione (art. 19-bis2, D.P.R. n. 633/1972) di beni ammortizzabili (➡48.1.4.).

Conseguenze della separazione delle attività

Sia nel caso di separazione obbligatoria che opzionale, il soggetto passivo deve:

- **emettere** le **fatture** con **distinte numerazioni**. I passaggi di beni da un'attività ad un'altra vengono fatturate al valore normale, mentre quelli inerenti ai servizi non rilevano salvo che non vengano attribuiti all'attività che abbia una detrazione ridotta; in tal caso occorre sempre far riferimento al valore normale;
- istituire dei **registri separati** per ciascuna attività con distinte annotazioni;
- **liquidare** l'imposta in modalità separata, ma con **versamento** unico e cumulativo;
- presentare un'**unica dichiarazione annuale** compilando tanti moduli quante sono le attività gestite separatamente;
- rilevare il **volume d'affari separatamente** per ciascuna di esse in presenza di obbligo di separazione. Se, invece, la separazione è per opzione, il volume d'affari si riferisce all'insieme di tutte le attività (➡47.).

In presenza di una o più attività per le quali la detrazione dell'imposta sia ridotta oppure benefici dell'applicazione forfetaria, la detraibilità dell'IVA relativa a beni e servizi utilizzati promiscuamente, è ammessa nei limiti imputabili a detta attività, con esclusione per i beni ammortizzabili utilizzati promiscuamente.

Per quanto concerne gli eventuali **passaggi interni in presenza di separazione delle attività**, occorre distinguere tra passaggi di beni e passaggi di servizi; in particolare:

- i **passaggi di beni** tra attività separate devono essere assoggettati ad IVA, con obbligo di fatturazione elettronica con riferimento al loro valore normale e di annotazione nei registri obbligatori entro lo stesso mese qualora il bene sia trasferito a favore di un'attività che conferisca il diritto alla detrazione dell'IVA in misura inferiore rispetto alla misura del diritto alla detrazione conferito dall'attività dalla quale il bene provenga;

IVA

- i **passaggi di servizi** tra attività separate, eseguiti nei confronti di attività soggetta a detrazione ridotta (soggetta all'applicazione della regola del pro-rata generale) o forfetizzata (in applicazione di un regime speciale) sono assoggettabili ad IVA, con obbligo di fatturazione in modalità elettronica, con riferimento al loro valore normale, e di registrazione, con l'avvertenza che tali operazioni, in mancanza di pagamento dei corrispettivi, si considerano effettuate nel momento in cui sono rese.

Pertanto, **non è rilevante ai fini IVA** il passaggio di beni o servizi tra attività che conferiscono (ovvero limitano o precludono) in uguale misura il diritto alla detrazione dell'IVA assolta sui beni e i servizi acquistati o prodotti (circ. n. 19/E/2018).
Con l'introduzione obbligatoria della **fatturazione elettronica**, l'Agenzia delle Entrate ha chiarito che anche per queste tipologie di operazioni è obbligatoria l'emissione di fattura elettronica (a sé stessi) da inoltrare attraverso SDI (Faq dicembre 2018).

IVA

OPERAZIONI SENZA IMPOSTA 44.

OPERAZIONI NON IMPONIBILI 44.1.

Le operazioni che il legislatore qualifica come **non imponibili**, pur rientrando pienamente nel campo IVA, non vengono sottoposte all'imposizione, ma consentono la detrazione a monte salvo i casi di indetraibilità soggettiva od oggettiva (➜48.1.3.).

Le operazioni non imponibili riguardano:

- le **esportazioni dirette** (art. 8, lett. a), D.P.R. n. 633/1972) (➜55.2.1.);
- le **esportazioni indirette** od improprie (art. 8, lett. b) e b-bis), D.P.R. n. 633/1972) (➜55.2.2.);
- le **operazioni con esportatori abituali** (art. 8, lett. c), D.P.R. n. 633/1972) (➜55.2.3.);
- le **operazioni assimilate alle esportazioni** (art. 8-bis, D.P.R. n. 633/1972) (➜55.2.4.);
- i **trasporti internazionali** e simili (art. 9, D.P.R. n. 633/1972) (➜44.1.5.);
- cessioni e prestazioni di servizio nei confronti di determinati organismi internazionali o comunitari (art. 72, D.P.R. n. 633/1972) (➜44.1.6.).

Esportazioni dirette 44.1.1.

L'esportazione diretta (➜55.2.1.) di un bene è **caratterizzata** dai seguenti presupposti:

- **trasferimento fisico e definitivo** di un bene verso un Paese non comunitario. Il bene può essere trasferito allo Stato originario oppure può subire lavorazioni, trasformazioni, assiemaggi e simili, effettuate dal cedente o da un terzo, ma **per ordine** del **cliente estero**;
- **trasferimento** del **diritto di proprietà** o di un diritto reale di godimento a favore di un altro soggetto sia esso italiano od estero;
- il **trasporto o** la **spedizione** all'estero devono avvenire **a cura o a nome** del **cedente**.

Rientrano tra le esportazioni dirette anche:

- le esportazioni effettuate tramite **commissionario** del cedente, anche per incarico dei propri cessionari o commissionari di questi. La fatturazione non imponibile in questa situazione è quella tra il cedente ed il commissionario;
- le **cessioni di beni verso** il **terzista** residente al fine di sottoporli, **su incarico** dell'**acquirente** finale estero, a lavorazione, trasformazione, montaggio e simili, purché l'esportazione sia a cura o a nome del terzista ovvero a cura o a nome dell'acquirente estero;
- le **cessioni di beni verso** il **terzista** residente al fine di sottoporli, **su incarico del cedente**, a lavorazione, trasformazione, montaggio e simili, purché l'esportazione sia a cura o a nome del cedente residente;
- le esportazioni di beni prodotti a seguito di contratto di **appalto** con materie prevalentemente o totalmente fornite dal cedente stesso che in questo caso assume la figura di prestatore di servizi;
- le spedizioni extra UE a titolo gratuito oppure franco valuta (free of charge) per future vendite (➜46.14.6.);
- le cessioni all'estero di beni a seguito di lavorazioni o assiemaggi con beni acquistati in temporanea importazione;
- le operazioni nell'ambito di un contratto di **consignment stock o di call-off stock** all'estero (➜56.2.). L'esportazione si considera effettuata non al momento della spedizione all'estero dei beni, bensì al momento del prelievo dei beni da parte del cliente estero.

Non possono essere considerate esportazioni, perché non vi è il passaggio della proprietà:

- temporanee esportazioni in riferimento a beni inviati all'estero per subire trattamenti al termine dei quali i beni rientrano in Italia (c.d. **perfezionamento passivo**);
- **esportazioni** definitive, ma **senza passaggio di proprietà**;

IVA

- esportazioni di beni precedentemente introdotti in Italia in **temporanea importazione** per qui subire lavorazioni, al termine della quale tornano fuori del territorio comunitario.

Le esportazioni, pur essendo operazioni non imponibili, contribuiscono ad incrementare il **volume d'affari** (➡47.) **ed il plafond di esportatore abituale** (➡49.), devono essere **fatturate e registrate** e danno diritto alla detrazione dell'imposta assolta sugli acquisti.

Per la prova dell'avvenuta esportazione ➡55.4.

44.1.2. Esportazioni indirette

Sono le cessioni di beni mobili in Italia a favore di un soggetto passivo estero il quale, direttamente o tramite terzi, provvede a trasportare o far trasportare i beni al di fuori della UE (art. 8, c. 1, lett. b), D.P.R. n. 633/1972) (➡55.2.2.).

È il caso della vendita **franco fabbrica**.

L'operazione, pur realizzando una cessione in Italia, è relativa a beni che devono lasciare il territorio comunitario; è qualificata pertanto come **non imponibile**.

Questa metodologia è soggetta alle seguenti **condizioni**:

- l'acquirente extra UE non può essere un soggetto privato;
- i beni devono essere esportati dall'acquirente estero senza che possano subire lavorazioni, montaggio e simili in Italia (c.d. cessione allo stato originario);
- la cessione non deve realizzarsi per il tramite di commissionari;
- l'esportazione deve essere effettuata **entro 90 giorni** dalla cessione.

Il soggetto esportatore è l'acquirente estero. Tutta la documentazione doganale, nonché il codice MRN rimane nelle sue mani (➡55.4.).

Il cedente nazionale resta in possesso solo della propria fattura vistata dalla dogana di esportazione, **ma non da quella di uscita**.

Il cedente, di fatto, non ha la prova che l'esportazione sia stata realizzata entro i 90 giorni fissati dalla legge, visto anche che l'acquirente estero potrebbe non consegnare mai al cedente i documenti doganali che provano l'uscita dalla UE.

Termine di perfezionamento

Il cessionario estero deve procedere all'esportazione direttamente o tramite terzi **entro 90 giorni** dalla cessione in Italia dei beni.

Questo lasso di tempo può creare dei problemi in capo al cedente; infatti possono presentarsi le seguenti situazioni:

- i beni sono stati esportati oltre i 90 giorni e la fattura vidimata dalla dogana è giunta nelle mani del cedente in epoca successiva;
- i beni sono stati esportati nei termini, ma la prova dell'avvenuta esportazione è arrivata oltre i 90 giorni;
- il cedente non ha ricevuto alcuna comunicazione dal cessionario dell'avvenuta esportazione.

In tutti questi casi il cedente, decorso il novantesimo giorno ed entro il trentesimo giorno successivo, è tenuto al versamento dell'imposta come se la cessione fosse un'operazione domestica.

Prova dell'esportazione	Comportamento
Non riceve alcuna prova	Può detrarre l'IVA oppure chiederne il rimborso
Riceve la prova dopo i 90 giorni, ma prima del decorso dei 30 successivi	Può astenersi dal versamento dell'imposta
L'esportazione è avvenuta nei 90 giorni, ma la prova arriva nei 30 giorni successivi	Può astenersi dal versamento dell'imposta
L'esportazione è avvenuta nei 90 giorni, ma la prova arriva dopo i 30 giorni successivi	Deve procedere al versamento dell'imposta. Al ricevimento della prova può detrarre l'imposta versata o chiederne il rimborso

L'Agenzia delle Entrate ha adottato, nel corso degli anni, posizioni altalenanti. Dapprima ha affermato che l'operazione continua a restare non imponibile, ma è dovuta la sola sanzione pari al 50% del tributo di cui all'art. 7 del D.Lgs. n. 471/1997 (C.M. 25 gennaio 1999, n. 23). Successivamente, ha ritenuto che con il versamento dell'imposta l'operazione è da considerare interna, negando ogni possibilità di recupero del tributo (circ. 12 giugno 2002, n. 50/E).

IVA

Sul punto è intervenuta la Corte di Giustizia europea (CGE C-563/12) stabilendo l'illegittimità di un termine decadenziale di 90 giorni ai fini della non imponibilità. In effetti, i Paesi membri possono prevedere, per ragioni di certezza del diritto, un limite temporale per l'esportazione, ma nel rispetto comunque dei principi generali dettati dall'Unione che escludono la perdita del beneficio della non imponibilità se la prova dell'esportazione è stata ottenuta anche dopo il decorso del termine previsto dalla legislazione nazionale.
L'Agenzia delle Entrate, prendendo atto dell'orientamento della Corte UE, ha precisato che il regime di non imponibilità si applica sia quando il bene sia stato esportato entro i 90 giorni, ma il cedente ne acquisisca la prova oltre i termini dei 30 giorni successivi, sia quando il bene esca dalla UE dopo il decorso di 90 giorni, purché sia acquisita la prova dell'avvenuta esportazione (ris. n. 98/E/2014). È pertanto recuperabile l'imposta versata nel frattempo con nota di variazione oppure con richiesta di rimborso.

Un'ulteriore tipologia di esportazione, non imponibile IVA, è quella introdotta dalla Legge europea 2017 (Legge n. 167/2017), con effetto dal 12 dicembre 2017, che ricorre quando i **beni** sono **ceduti** nei confronti delle **Amministrazioni pubbliche e** dei **soggetti della cooperazione allo sviluppo** per essere trasportati o spediti fuori dall'Unione europea verso Paesi in via di sviluppo o soggetti a calamità naturali, entro 180 giorni, in attuazione di **finalità umanitarie** (art. 8, c. 1, lett. b-bis), D.P.R. n. 633/1972) (➡**55.2.2.**).
L'esportazione deve avvenire a cura del cessionario o per suo conto, mediante apposite modalità fissate dal Ministero dell'economia. Condizione essenziale è che le organizzazioni citate (amministrazioni pubbliche estere e ONG) rilascino apposita dichiarazione sulla effettiva destinazione dei beni.
Onere del donante è l'emissione di una **autofattura** indicante il valore normale dei beni con la dicitura "cessione gratuita *ex* art. 2, n. 4 del D.P.R. n. 633/1972".
La prova dell'avvenuta esportazione consta nella documentazione doganale.
Anche per tali operazioni, effettuate senza addebito dell'imposta, si applica la sanzione amministrativa (dal 50 al 100% dell'IVA) qualora il trasporto o la spedizione fuori del territorio dell'Unione europea non avvenga nel termine di 180 giorni. In particolare, la sanzione non si applica se, nei 30 giorni successivi, viene eseguito, previa regolarizzazione della fattura, il versamento dell'imposta.

Operazioni nei confronti degli esportatori abituali 44.1.3.

Rientrano nel concetto di cessioni all'esportazione anche le **cessioni** di beni e le prestazioni di servizi rese da un soggetto passivo stabilito in Italia, anche tramite proprio commissionario, a favore di un altro soggetto passivo italiano che, quale **esportatore abituale** (➡**55.2.3.**), abbia trasmesso al primo:
- una copia della dichiarazione d'intento precedentemente inoltrata telematicamente all'Agenzia delle Entrate, e
- una copia della ricevuta telematica di avvenuta trasmissione.

Queste operazioni, pur essendo rivolte ad un soggetto passivo italiano sono:
- **non imponibili**, ma
- **non** concorrono alla formazione dello *status* di **esportatore abituale** (➡**49.**) del cedente/prestatore.

Dal **1° gennaio 2022** aumentano i controlli atti a contrastare l'utilizzo fraudolento delle dichiarazioni d'intento (Legge n. 178/2021). L'Agenzia delle Entrate utilizzerà specifiche analisi di rischio con lo scopo di verificare i requisiti di chi dichiara di essere "esportatore abituale". Il cliente, ad esempio, non potrà emettere fattura, qualora questa contenga un numero di protocollo che è stato invalidato). Inoltre, il cedente/prestatore dovrà indicare in fattura:
- nel campo Codice Natura: N3.5;
- nel campo "Altri dati gestionali" il numero di protocollo della dichiarazione d'intento ricevuta con la data della ricevuta telematica rilasciata dall'Agenzia.

La fattura elettronica diretta al cliente esportatore abituale è soggetta all'imposta di bollo nella misura di euro 2,00 per importi superiori ad euro 77,47. L'imposta è da assolvere in modo virtuale (➡**46.13.4.**).

Operazioni assimilate alle esportazioni 44.1.4.

Sono operazioni non imponibili le **cessioni** di beni e le **prestazioni** di servizio collegate al **settore navale ed aeronautico** (art. 8-bis, D.P.R. n. 633/1972) (➡**55.2.4.**).

IVA

Operazione	Oggetto dell'operazione	Caratteristiche
Cessioni di	Navi	- adibite alla navigazione in alto mare e destinate all'esercizio di attività commerciali o al trasporto a pagamento di passeggeri o di pesca; - adibite alla pesca costiera o ad operazioni di salvataggio o di assistenza in mare; - destinate alla demolizione; - navi militari; - apparati motori e loro componenti e di parti di ricambio degli stessi; - beni destinati a dotazione di bordo; - forniture destinate al rifornimento e vettovagliamento; - sono da ricomprendere anche le cessioni di: • galleggianti antincendio; • gru galleggianti; • pontoni in genere; • chiatte; • piattaforme.
	Aeromobili	- compresi i satelliti, a favore di organi dello Stato ancorché dotati di personalità giuridica; - destinati ad imprese di navigazione aerea che effettuano prevalentemente trasporti internazionali di persone o beni; - apparati motori e loro componenti e di parti di ricambio degli stessi; - beni destinati a dotazione di bordo; - forniture destinate al rifornimento e vettovagliamento dell'equipaggio e dei passeggeri.
Prestazioni di servizio a favore di	Navi ed aeromobili	- uso di bacini di carenaggio; - prestazioni relative alla costruzione, manutenzione, riparazione, modificazione, trasformazione, assiemaggio, allestimento, arredamento; - locazione e leasing di navi ed aeromobili; - demolizioni di navi; - servizi diversi dai precedenti ma direttamente destinati a sopperire ai bisogni delle navi e degli aeroplani e del loro carico.

Sono **escluse dalla non imponibilità**:
- le cessioni di **navi ed imbarcazioni da diporto**, salvo che le stesse non siano iscritte nel Registro Internazionale e purché rientrino in certe caratteristiche di lunghezza;
- le **provviste di bordo** effettuate a favore di navi adibite alla pesca costiera;
- le cessioni di carburante a bordo di navi ed aerei (c.d. **bunkeraggio**) che effettuano prevalentemente trasporti internazionali dalla compagnia petrolifera a favore di un intermediario.

Restano non imponibili le **cessioni effettuate dalle compagnie petrolifere a favore dell'armatore**.

44.1.5. Servizi internazionali o connessi agli scambi internazionali

Sono considerate operazioni non imponibili (art. 9, D.P.R. n. 633/1972) i trasporti internazionali di persone e cose, nonché i servizi direttamente connessi, se in base al principio di territorialità, risultano rilevanti nel territorio dello Stato, in quanto almeno parzialmente qui utilizzati.

Se non sono territorialmente rilevanti in Italia sono **esclusi** dall'**imposta**:
- i **trasporti internazionali di persone**. I trasporti di persone per via terra, mare, aria, da o verso l'Italia se effettuati parte nel nostro Stato e parte all'estero in dipendenza di un unico contratto (art. 1700 c.c.), sono considerati:
  - **non imponibili** per la tratta percorsa in Italia. Le spese di trasporto e spedizione relative ad importazioni definitive di beni sono non imponibili purché il loro valore sia compreso nella base imponibile, ancorché non abbiano scontato l'imposta in dogana all'atto dell'importazione (art. 9, c. 2, D.P.R. n. 633/1972);
  - **esclusi** per la tratta percorsa all'estero.

La **fattura** emessa dal prestatore stabilito in Italia indica separatamente le due porzioni (non imponibile - esclusa).

Il committente stabilito in Italia, se acquista il servizio da un prestatore non residente, adotta la procedura di **integrazione** o di **autofatturazione** sempre indicando separatamente le due tratte con le causali non imponibile ed esclusa;

– i **trasporti internazionali di cose**. Si tratta di trasporti internazionali di beni in esportazione, in importazione temporanea o meno, in transito. Queste prestazioni sono considerate:
  - **non imponibili** per la porzione di corrispettivo relativo alla tratta nazionale;
  - **escluse** per la tratta percorsa all'estero;

  quando i trasporti sono stati commissionati da:
  - soggetti passivi stabiliti in Italia;
  - da privati per la tratta eseguita in Italia.

Il D.L. n. 146/2021 (art. 5-septies, c. 1) è intervenuto sull'art. 9 del D.P.R. n. 633/1972, aggiungendo il c. 3 e stabilendo che dal **1° gennaio 2022 non sono** più considerate **prestazioni non imponibili i servizi di trasporto** resi da **soggetti diversi da**:

– esportatore;
– titolare del regime di transito;
– importatore;
– destinatario dei beni;
– prestatore dei servizi di spedizione relativi a: a) trasporti di persone eseguiti parte in Italia e parte all'estero in dipendenza di un unico contratto, b) trasporti di beni in esportazione, in transito o intemporanea importazione, c) trasporti di beni in importazione purché i relativi corrispettivi dei servizi siano inclusi nella base imponibile;
– prestatore di servizi relativi alle operazioni doganali.

L'imponibilità dei servizi eseguiti da soggetti diversi da quelli sopra menzionati deriva da una sentenza della Commissione europea (29 giugno 2017 causa C-288/16). Sono pertanto esclusi dalla non imponibilità: i servizi resi da un vettore, o da un sub-vettore o da un consorzio di vettori ad un altro vettore o a soggetti diversi.

Pur entrando in vigore con le operazioni effettuate a far tempo dal 1° gennaio 2022, sono fatti salvi i comportamenti dei soggetti che si erano immediatamente adeguati alla sentenza applicando l'IVA sulle prestazioni e detraendo l'imposta assolta sugli acquisti.

Qualora il trasporto internazionale riguardi la movimentazione di beni da un Paese estero ad un altro Paese estero, senza alcun transito sul territorio nazionale (c.d. **estero su estero**) ed il committente è un soggetto passivo stabilito in Italia, essi sono **imponibili in Italia** in quanto, trattandosi di **servizi generici**, occorre far riferimento al luogo di stabilimento del committente e non già ove il servizio venga eseguito.

Con particolare riguardo alle **importazioni**, se i beni sono stati dichiarati in dogana come **franco destino**, la tratta eseguita in Italia è non imponibile, ma se dichiarate **franco confine** la tratta eseguita in Italia è comunque soggetta all'imposta.

Prestazioni e servizi non imponibili

Sono considerate non imponibili anche le seguenti prestazioni e servizi:

– **noleggi e locazioni** di navi, aerei, autoveicoli, vagoni, cabine letto, container, ferroviari, adibiti ai **trasporti internazionali**;
– **servizi di spedizione** relativi ai trasporti di persone, ai trasporti di beni in esportazione, in transito o in importazione temporanea o definitiva, sempreché il loro valore sia compreso nella base imponibile, anche se non hanno scontato l'imposta in dogana (art. 9, c. 4, D.P.R. n. 633/1972);
– servizi relativi alle **operazioni doganali**;
– **servizi accessori** alle **spedizioni** se i corrispettivi di questi servizi siano stati inclusi nella base imponibile al momento dell'importazione anche se non sia stata assoggettata ad imposta (art. 9-quater, D.P.R. n. 633/1972);
– **servizi** di **carico, scarico, trasbordo, manutenzione**, stivaggio, disistivaggio, pesatura, misurazione, controllo, refrigerazione, magazzinaggio, deposito, custodia **e simili**, relativi a beni in esportazione, in transito, in importazione temporanea o definitiva;
– **servizi** resi nei porti, autoporti, aeroporti e scali ferroviari di confine, **collegati al funzionamento** e manutenzione **degli impianti** ovvero al movimento di mezzi di trasporto di beni o di mezzi di trasporto, nonché le prestazioni rese dagli agenti marittimi raccomandatari;
– **servizi di intermediazione** resi in nome e per conto di agenzie di viaggio relativamente alle prestazioni rese al di fuori della Comunità europea;

IVA

- **manipolazioni usuali** (lavorazioni atte ad assicurare la conservazione, ovvero a migliorare la presentazione o la qualità commerciale delle merci) eseguite all'interno di depositi doganali di beni di provenienza extra UE;
- trattamenti di **perfezionamento attivo** (lavorazioni, trasformazioni, riparazioni ecc.) relativi a beni di provenienza extra UE in temporanea importazione o di beni nazionali o nazionalizzati o comunitari destinati all'esportazione a cura del prestatore stesso o dal committente non qui residente o da soggetti terzi per loro conto.

44.1.6. Cessioni e prestazioni nei confronti di organismi internazionali

Le cessioni di beni e prestazioni di servizi nei confronti dei sottoindicati organismi internazionali sono equiparate alle operazioni non imponibili di cui agli artt. 8, 8-bis, 9 (art. 72, D.P.R. n. 633/1972). Questa equiparazione rileva anche agli effetti dell'acquisizione delle agevolazioni a favore degli esportatori abituali.

d Sono pertanto non imponibili le cessioni di beni e prestazioni di servizi a favore:

- delle sedi e dei rappresentanti diplomatici e consolari di Stati che in via di reciprocità riconoscono analoghi benefici alle sedi diplomatiche e consolari esistenti nei loro Paesi;
- dei comandi NATO e dei comandi militari degli Stati membri, nonché dell'amministrazione della difesa qualora agisca per conto della NATO;
- della UE, della Comunità europea dell'energia atomica, della BCE, della Banca europea degli investimenti, di altri organismi della UE in accordo con il Protocollo 8 aprile 1965, purché dette operazioni non comportino distorsioni alla libera concorrenza;
- dell'ONU e delle sue istituzioni specializzate nell'esercizio delle proprie funzioni istituzionali;
- dell'Istituto universitario europeo e della Scuola europea di Varese nell'esercizio delle specifiche funzioni istituzionali;
- di organismi internazionali riconosciuti diversi da quelli sopra citati, nonché dei membri di tali organismi alle condizioni e nei limiti fissati dalle convenzioni internazionali.

La non imponibilità, tranne per le operazioni nei confronti della NATO, trova applicazione purché l'ammontare delle cessioni o delle prestazioni sia di importo superiore ad euro 300,00, al netto IVA. Il limite di euro 300,00 non si applica alle cessioni di prodotti soggetti ad accisa.

44.2. OPERAZIONI ESENTI

Si tratta di cessioni di beni e prestazioni di servizi che per loro natura e considerati i soggetti passivi coinvolti, sarebbero da assoggettare all'imposta, ma che per diverse **ragioni sociali**, **finanziarie** o altro, il legislatore ha deciso di esentare dal tributo (art. 10, D.P.R. n. 633/1972).

Le **operazioni esenti** rientrano nell'ambito di applicazione dell'imposta, conseguentemente il fornitore del bene ovvero il prestatore del servizio, se soggetti passivi d'imposta, sono **obbligati ad emettere fattura**, sia pur con la causale "operazione esente".

I soggetti che pur compiendo operazioni esenti **possono non emettere fattura** sono:

- **istituti di credito**;
- **società finanziarie e fiduciarie** per la custodia /amministrazione dei titoli e le altre operazioni bancarie;
- le **società assicurative** per le operazioni di assicurazione e di vitalizio;
- chi tratta valute estere (**cambiavalute**) non da collezione;
- **agenzie di riscossione tributi**;
- i soggetti che pongono in essere esclusivamente **operazioni esenti** (ad esempio, medici); questi sono autorizzati ad emettere ricevuta fiscale e sono esonerati dalla dichiarazione, salvo non abbiano effettuato altre operazioni imponibili od acquisti intracomunitari.

Le **operazioni esenti**, oltre che essere soggette all'obbligo di fatturazione, devono:

- essere annotate sui registri IVA (➔**46.26.**);
- partecipare al volume d'affari (➔**47.**);
- essere incluse nella dichiarazione (➔**62.3.**).

Inoltre, l'effettuazione **non occasionale** di operazioni esenti fa perdere in tutto od in parte la detraibilità dell'IVA sugli acquisti (➔**48.1.4.**).

Infatti, non è detraibile l'imposta relativa all'acquisto o all'importazione di beni e servizi afferenti operazioni esenti o comunque non soggette all'imposta (art. 19, c. 2, D.P.R. n. 633/1972). Ciò nonostante se il bene (ammortizzabile o meno), per il quale l'IVA a monte non era stata detratta, cambia la sua iniziale destinazione al momento dell'effettivo impiego oppure muta il regime fiscale del soggetto passivo (es.: abbandono od ingresso in un regime speciale; modifica dell'attività esercitata, ecc.), la detrazione può essere ammessa (art. 19-bis2, D.P.R. n. 633/1972).

IVA

Le operazioni esenti sono **tassativamente elencate** e sono così sintetizzabili (art. 10, D.P.R. n. 633/1972):

Oggetto	Descrizione dell'operazione
Operazioni finanziarie ed assicurative	Concessione e negoziazione di crediti, fondi; conti correnti; operazioni di pronto contro termine; operazioni concernenti valute aventi corso legale; depositi; operazioni in titoli; dilazioni di pagamento e gestioni similari; servizio di bancoposta, ecc. Operazioni relative ad azioni, obbligazioni; operazioni relative a valori mobiliari, fondi comuni di investimento mobiliare, ecc. Assicurazioni e riassicurazioni e di vitalizio.
Riscossione tributi	Sono esenti tutti i versamenti effettuati mediante utilizzo dei Modd. F23 e F24. Restano imponibili gli aggi.
Lotto, lotterie nazionali e simili; Corse, giochi e competizioni	Sono esenti quelle relative all'esercizio di: - lotto, lotterie nazionali, giochi di abilità, concorsi pronostici, totalizzatori e scommesse; Totocalcio, Totip, Bingo e simili; - gare, corse, competizioni di qualsiasi tipo; - case da gioco autorizzate; operazioni di sorte locali organizzate. Raccolta giocate effettuate mediante apparecchi da divertimento (VTL).
Locazione e cessione di immobili abitativi e non	(➡**50.11.**)
Mandato, mediazione, intermediazione	Relative a: - tutte le operazioni elencate in precedenza con eccezione di quanto concerne gli immobili, - oro e valute estere ed ai depositi ove siano parti la Banca d'Italia, l'UIC e le banche agenti.
Cessioni di oro da investimento	Cessioni di oro in lingotti o placchette di peso superiore ad 1 grammo e purezza almeno pari a 995 millesimi. La cessione di oro industriale e quella relativa a prodotti finiti è imponibile.
Servizi sociali	Le cessioni gratuite effettuate da enti pubblici, associazioni riconosciute e fondazioni con esclusiva finalità di assistenza, beneficienza ecc.; da Onlus; a favore di popolazioni colpite da calamità naturali o catastrofi.
Trasporti di persone	Trasporto urbano di persone (**mediante veicoli da piazza**, ossia taxi per via terra, marittima, lagunare, fluviale) (ris. n. 8/E/2021). Di contro i trasporti urbani di persone con mezzi diversi dai veicoli da piazza sono imponibili: - al 10% se il mezzo di trasporto si muove su terra; - al 5% se il mezzo si muove su acqua. Eventuali trasporti extraurbani di persone con qualunque mezzo sono imponibili al 10%. Si considerano urbani i trasporti effettuati nel territorio comunale o tra comuni distanti tra loro meno di cinquanta chilometri. Trasporto di malati o feriti mediante autoambulanza.
Servizio postale	Sono esenti le prestazioni del servizio postale universale comprese le cessioni di beni a queste accessorie, effettuate da soggetti obbligati all'esecuzione. Eventuali prestazioni di servizio e cessioni di beni accessorie, ma le cui condizioni sono state negoziate individualmente sono imponibili.

Oggetto	Descrizione dell'operazione
Prestazioni sanitarie	Prestazioni di: - diagnosi, cura, riabilitazione, rese alla persona da soggetti abilitati all'esercizio della professione medica; - ricovero e cura presso enti ospedalieri, cliniche, case di cura ecc. stabilimenti termali ed Onlus. Sono imponibili le prestazioni rese per rendere più confortevole il ricovero.
Cessioni di vaccini e prestazioni connesse (somministrazione dei vaccini, tamponi, test, ecc.)	Cessioni di vaccini anti Covid-19 autorizzati dalla Commissione UE o dagli Stati membri, nonché le prestazioni di servizi strettamente connessi a tali vaccini relativamente alle operazioni effettuate **dal 20 dicembre 2020 al 31 dicembre 2022.** L'imposta eventualmente pagata a monte è detraibile ai sensi dell'art. 19, c.1 del D.P.R. n. 633/1972 (art. 1, c. 453, Legge n. 178/2020).
Cessioni strumentazioni per diagnostica Covid-19 e prestazioni di servizi strettamente connesse a tali strumentazioni	Le citate cessioni e prestazioni che erano soggette all'aliquota agevolata del 5% per le operazioni effettuate sino al 31 dicembre 2020, diventano esenti se effettuate a far tempo **dal 1° gennaio 2021 e fino al 31 dicembre 2022**, con diritto alla detrazione dell'imposta assolta a monte (art. 1, c. 452, Legge n. 178/2020).
Prestazioni educative e didattiche	Le prestazioni educative dell'infanzia e della gioventù, e quelle didattiche di ogni genere comprese la formazione, aggiornamento e riqualificazione professionale, rese da scuole od istituti riconosciuti. Un ente certificatore non residente in Italia che offra corsi di lingua estera a favore di un istituto scolastico nazionale se riconosciuto dal Ministero della Pubblica istruzione può emettere fatture in esenzione di IVA, indicando il proprio identificativo estero, mentre l'istituto scolastico nazionale procederà al reverse charge (risposta a interpello n. 750/2021). In particolare, per quanto concerne gli istituti universitari, le loro prestazioni sono esenti solo se l'attività è stata riconosciuta e autorizzata dal MIUR e le attività svolte devono essere rese nell'ambito di un'attività approvata e finanziata da enti pubblici (Amministrazioni statali, Regioni, Enti locali, Università ecc.) tale da far ritenere sussistente un riconoscimento per atto concludente della specifica attività didattica e formativa posta in essere (circ. n. 22/E/2008 e risposta a interpello 3 aprile 2019, n. 94). Le prestazioni proprie, quali asili, scuole materne, orfanatrofi, colonie, case di riposo e simili, rese da particolari soggetti - ivi comprese le aziende agricole sociali (Legge 18 agosto 2015, n. 141) la cui attività abbia natura e finalità essenzialmente sociale e assistenziale (ris. n. 77/E/2018) - a favore dell'infanzia, della terza età e di soggetti che versano in condizioni disagiate. Vedasi oltre le specifiche esclusioni.
Biblioteche, discoteche	Prestazioni rese da biblioteche, discoteche e simili, prestazioni connesse con le visite culturali a musei, gallerie, pinacoteche, palazzi, parchi, ecc.
Prestazioni previdenziali	Le prestazioni previdenziali a favore di personale dipendente.
Cessioni di organi umani	Sono esenti le cessioni di organi umani, plasma, sangue, latte umano.
Pompe funebri	Sono esenti le prestazioni proprie compresi l'allestimento della camera ardente, il disbrigo delle pratiche amministrative necessarie, la sepoltura e l'eventuale trasporto del feretro.

IVA

Oggetto	Descrizione dell'operazione
Prestazioni socio-sanitarie ed assistenziali	Prestazioni rese in comunità od a domicilio da particolari organismi pubblici, istituti sanitari riconosciuti, enti con finalità assistenziale e da Enti del Terzo Settore di natura non commerciale, nei confronti di: anziani, inabili, tossicodipendenti, malati di AIDS, migranti senza fissa dimora, richiedenti asilo, detenuti, donne vittime di sfruttatori della prostituzione.
Prestazioni delle compagnie barracellari	Le operazioni rese dalla polizia locale, urbana o campestre tipica della Sardegna.
Pesca marittima	L'importazione nei porti effettuata da imprese di pesca marittima di prodotti ittici a scopo di commercializzazione.
Consorzi, società consortili, cooperative	Le prestazioni a favore dei propri soci e consorziati a determinate condizioni (art. 10, u.c., D.P.R. n. 633/1972).

Esclusioni specifiche
- Dal mese di **agosto 2019** le prestazioni didattiche-formative effettuate dalle **scuole guida** e finalizzate al **conseguimento della patente di guida,** tanto automobilistica quanto di volo o di vela, non sono più considerate prestazioni esenti. Ciò a seguito della sentenza della Corte di Giustizia europea, causa C-449/17 per la quale dette prestazioni sono **soggette all'IVA**; per tale ragione l'Agenzia delle Entrate ha divulgato la ris. n. 79/E/2019 con la quale si è adeguata alla sentenza europea. Si veda al riguardo (➜43.5.).
- Anche i **corsi di nuoto** non possono essere considerati prestazioni esenti in quanto non possono rientrare nella categoria degli insegnamenti scolastici od universitari (CGE, sent. causa n. C-373/19). Il nostro legislatore non si è ancora adeguato, ma la sentenza dovrebbe essere considerata immediatamente applicabile anche in Italia.

Esenzione nel caso di cessioni di beni facilitate da interfacce elettroniche

Se territorialmente rilevanti in Italia, si considerano esenti le cessioni effettuate verso un facilitatore che possa essere considerato cessionario/rivenditore *ex lege* (➜42.2.1.). Resta l'obbligo di fatturazione (art. 10, c. 3, D.P.R. n. 633/1972).
L'esenzione non rileva ai fini del calcolo del pro-rata di detrazione (➜48.1.4.) ed **è possibile la detrazione dell'imposta a monte relativa agli acquisti seguiti da una cessione B2B** (art. 19, c. 3, lett. d-bis), D.P.R. n. 633/1972).

Presidi ed attrezzatura medico chirurgica per la lotta contro la pandemia di Covid-19

In aggiunta alle voci tassativamente previste per le operazioni esenti da imposta, le cessioni di beni soggetti all'aliquota agevolata del 5% (vedasi tabella in (➜43.5.) sino al **31 dicembre 2020** sono **esenti** da imposta (art. 124, D.L. n. 34/2020), ma con diritto della detrazione dell'imposta pagata a monte ai sensi dell'art. 19, c. 1, D.P.R. n. 633/1972.
Godono del medesimo trattamento agevolato (**esente sino al 31 dicembre 2020**) le importazioni e gli acquisti intracomunitari dei beni **presidi anti Covid-19** elencati nella tabella in (➜43.5.) (aliquota al 5%). Inoltre, gli stessi **possono essere oggetto** di successive cessioni (a titolo oneroso o gratuito) prima di giungere al consumatore finale usufruendo dell'esenzione sino al 31 dicembre 2020.
Le cessioni gratuite dei presidi anti Covid-19 citati, a favore di enti pubblici, associazioni riconosciute, fondazioni aventi esclusivamente finalità di assistenza, beneficenza, educazione, istruzione, studio o ricerca scientifica e alle Onlus effettuate entro il 31 dicembre 2020 sono esenti e consentono la detrazione dell'imposta pagata a monte, quelle effettuate successivamente continuano a restare esenti, ma al cedente non è più concessa la detraibilità dell'IVA assolta.
Per maggior chiarezza dell'operazione è opportuno che le fatture emesse in esenzione riportino la dizione: "operazione esente con diritto all'esenzione" oppure "cessione esente ai sensi dell'art. 124, c. 2, D.L. n. 34/2020" (circ. n. 26/E/2020).

Cessioni di beni con IVA non detratta

Si considerano **esenti da imposta** le cessioni che hanno per oggetto beni acquistati o importati senza il diritto alla **detrazione totale** della relativa imposta (art. 10, c. 1, n. 27-quinquies, D.P.R. n. 633/1972).

Agevolazioni per i soggetti che compiono operazioni esenti

I soggetti che pongono in essere esclusivamente o prevalentemente operazioni esenti possono essere dispensati:

- **dall'obbligo di fatturazione** (anche ricevute fiscali) e
- di **registrazione**.

Chi nell'anno solare precedente ha effettuato esclusivamente prestazioni esenti (ad esempio, il medico) è **esonerato** anche dalla **presentazione della dichiarazione annuale**, salvo che:

- debba procedere alla rettifica della detrazione per gli acquisti di beni ammortizzabili;
- abbia realizzato operazioni intracomunitarie.

Non possono godere di tutte queste **agevolazioni** coloro che:

- cedono oro da investimento,
- effettuano prestazioni sanitarie,
- effettuano prestazioni di ricovero e cura.

Se il medesimo soggetto effettua anche altre operazioni non esenti, per queste si applicano le regole ordinarie.

> La dispensa dagli adempimenti per le operazioni esenti esclude la possibilità di esercitare la detrazione dell'imposta relativa alle operazioni che, a valle, sono imponibili, a meno che si opti per la separazione delle attività.

44.3. OPERAZIONI ESCLUSE E FUORI CAMPO IVA

Operazioni escluse dalla base imponibile

Le operazioni **escluse dalla base imponibile** sono state trattate nel paragrafo (➔43.1.2.).
Ad esse possono aggiungersi:

- le cessioni gratuite di beni di valore unitario non superiore ad euro 50,00,
- le prestazioni gratuite rese da professionisti ed artisti,
- le operazioni effettuate dalle associazioni di volontariato solidale,
- i compensi per la trasmissione delle dichiarazioni fiscali,
- il prestito o distacco di personale (Legge n. 67/1988) per il quale l'impresa distaccante chiede a titolo di rimborso un corrispettivo non superiore al costo sostenuto per il dipendente.

La Corte di Giustizia europea, invece, considera da assoggettare ad imposta il rimborso effettuato dalla distaccataria, indipendentemente dal fatto che l'importo del corrispettivo sia eguale, superiore od inferiore ai costi sostenuti dalla distaccante. Ciò in quanto tra distaccante e distaccataria si è comunque realizzato un rapporto giuridico teso a realizzare uno scambio di prestazioni reciproche e, come tale, rientrante in pieno nella sfera del tributo (sentenza causa C-94/19).

> Con riferimento al personale, è sempre soggetto all'imposta il lavoro interinale (Legge n. 133/1999) in quanto l'agenzia "intermediatrice" fattura con IVA un corrispettivo superiore al puro costo del dipendente anche se al netto degli oneri previdenziali, retributivi e dei rimborsi a piè di lista.

Tutte le operazioni escluse dalla base imponibile vanno **fatturate**, ma **non rientrano** nel **volume d'affari** (➔47.). Tutte le operazioni escluse dall'imposta, ma comunque obbligate all'emissione della fattura, sono soggette alla fatturazione in modalità elettronica.

Operazioni escluse dal campo di applicazione dell'imposta

Le operazioni **escluse** in quanto **fuori campo IVA**:

- non riguardano cessioni o prestazioni di servizi effettuate nell'esercizio di imprese arti o professioni (artt. 1, 4 e 5, D.P.R. n. 633/1972);
- sono tali perché così stabilito dalla legge (artt. 2, c. 3 e 3 c. 3, D.P.R. n. 633/1972);
- per carenza assoluta del presupposto della territorialità, fatte salve le deroghe indicate più oltre.

Non rientrano nel campo di applicazione dell'imposta le prestazioni di servizi, quali i **contributi** pubblici, che non portano alcun vantaggio al soggetto che li eroga, né si è in presenza di elementi che possano indicare un rapporto sinallagmatico tra erogante e ricevente, perché ad esempio questi li usa per il perseguimento dei propri obiettivi sociali (risposta a interpello n. 234/E/2019).
Tutte le operazioni escluse perché fuori campo IVA **non soggiacciono ad alcun obbligo sostanziale o formale** stabilito dal D.P.R. n. 633/1972. Conseguentemente non vi è neppure l'obbligo di comunicare nulla a SDI. Per altro, in via del tutto volontaria, è possibile l'emissione e la ricezione via SdI anche di fatture elettroniche "fuori campo IVA". In tale ultimo caso, il "codice natura" da utilizzare per rappresentare tali operazioni è "N2".

IVA

Deroga

Le **prestazioni di servizio generiche** rese a favore di un **soggetto passivo non residente** che, secondo la regola generale delle prestazioni di servizi, sono considerate escluse:

- non concorrono a formare il volume d'affari;
- non partecipano alla formazione del plafond di esportatore abituale,

ma benché extraterritoriali sono comunque **soggette a fatturazione in esclusione di imposta**.

OMAGGI 44.4.

Per la trattazione degli omaggi quali cessioni di beni non soggette all'imposta si veda (➡**43.4.1.**).

IVA

45. ADEMPIMENTI FORMALI PER I SOGGETTI D'IMPOSTA

45.1. INIZIO ATTIVITÀ

I soggetti che intraprendono l'esercizio di un'impresa, arte o professione (➔42.1.) nello Stato ovvero i soggetti non residenti che vi istituiscono una Stabile Organizzazione (➔60.2.) devono, **entro 30 giorni** dall'inizio dell'attività, darne **comunicazione** ad un qualsiasi ufficio territoriale dell'Agenzia delle Entrate (art. 35, D.P.R. n. 633/1972) al fine di ottenere l'attribuzione della **Partita IVA**, senza la quale non è possibile operare.

La dichiarazione deve essere redatta, a pena di nullità, sui modelli:

- AA9/12 riservato agli artisti, professionisti, imprese individuali;
- AA7/10 per le società e per gli enti non commerciali e per le associazioni che intendano svolgere anche attività commerciali;

ovvero al REA per determinati soggetti (quali le imprese societarie ed individuali) mediante "comunicazione unica" in via telematica; ciò consente di richiedere in una sola volta la partita IVA e il codice fiscale e contestualmente aprire una posizione INAIL, iscriversi all'INPS e al registro delle imprese.
Nella tabella seguente si definisce l'inizio di attività per le diverse categorie di soggetti.

Inizio attività	Soggetti
Compimento di un'operazione attiva o passiva, effettuata non con carattere occasionale	Artisti Enti non commerciali Associazioni riconosciute e non Altri enti che intendano svolgere attività anche commerciali
Data di iscrizione all'albo professionale	Professionisti (la mera iscrizione all'albo senza alcun mezzo operativo non determina la soggettività IVA)
Compimento di un'operazione attiva o passiva, effettuata non con carattere occasionale per	Imprese individuali
Data dell'atto di costituzione	Società di persone
Data di iscrizione nel Registro Imprese	Società di capitali

I **soggetti non residenti** che intendono identificarsi in Italia devono presentare il Mod. ANR.
Le disposizioni in tema di inizio attività, variazioni della stessa e cessazione sono disciplinate dall'art. 35 del D.P.R. n. 633/1972.

Soggetto	Modello	Modalità di presentazione	Note
Artisti/ professionisti	AA9/12	- **telematica**	Direttamente o tramite soggetto abilitato alle trasmissioni telematiche. La dichiarazione si considera presentata al ricevimento del file. L'AE rilascia comunicazione.
		- **diretta** a qualunque ufficio dell'AE	Modello cartaceo in duplice esemplare con copia del documento d'identità del dichiarante. Analoga copia in caso di presentazione a mezzo di delegato. Si considera presentata il giorno stesso della consegna.
		- **posta** a qualunque ufficio dell'AE	Mediante raccomandata con copia del documento d'identità del dichiarante. Si considera presentata il giorno della spedizione.

Soggetto	Modello	Modalità di presentazione	Note
Imprese individuali	AA9/12	- **diretta** al REA	Mediante supporto digitale della comunicazione unica, con firma elettronica. Il Registro Imprese comunica all'AE e questa restituisce all'impresa la ricevuta una volta elaborata la comunicazione unica.
		- **telematica**	Direttamente o tramite soggetto abilitato alle trasmissioni telematiche. La dichiarazione si considera presentata al ricevimento del file. L'AE rilascia comunicazione.
Società	AA7/10	- **telematica**	Direttamente o tramite soggetto abilitato alle trasmissioni telematiche. La dichiarazione si considera presentata al ricevimento del file. L'AE rilascia comunicazione.
		- **diretta** al REA	Mediante supporto digitale della comunicazione unica, con firma elettronica. Il Registro Imprese comunica all'AE e questa restituisce all'impresa la ricevuta una volta elaborata la comunicazione unica.
- Enti non commerciali - Associazioni riconosciute e non che intendano svolgere attività commerciali e simili	AA7/10	- **telematica**	Direttamente o tramite soggetto abilitato alle trasmissioni telematiche. La dichiarazione si considera presentata al ricevimento del file. L'AE rilascia comunicazione.
		- **diretta** al REA	Direttamente o tramite soggetto abilitato alle trasmissioni telematiche. La dichiarazione si considera presentata al ricevimento del file. L'AE rilascia comunicazione.

Compilazione dei modelli

I Modelli AA7/10 e AA9/12 devono essere compilati in tutte le loro parti, compresi i **Codici** delle attività (**ATECO**) che si intendono intraprendere, i **dati** del **contribuente** e sua sottoscrizione, nonché il **volume d'affari** che presumibilmente si pensa di raggiungere (questo al fine di rientrare o meno in determinati regimi).

Acquisti intracomunitari ed obbligo di fidejussione

Qualora il richiedente intenda compiere acquisti intracomunitari di particolari beni entro i tre anni successivi dall'ottenimento del numero di Partita IVA, quali autoveicoli, telefoni cellulari, PC, animali vivi, carni fresche, deve presentare all'Agenzia delle Entrate anche apposita **polizza fidejussoria** o **fidejussione bancaria** per la durata di **3 anni** dalla data di rilascio della stessa mentre l'importo da garantire non può essere inferiore ad euro 50.000.
L'Agenzia delle Entrate, ricevuta la richiesta di inizio attività ed eventualmente espletate le pratiche collegate alla Certificazione unica, **rilascia** una specifica ricevuta indicante il **numero di Partita IVA**. Numero che non cambia anche nell'ipotesi di variazione del domicilio fiscale. Deve essere indicato sia nelle dichiarazioni fiscali, sia nell'eventuale sito WEB, sia nella documentazione diretta a terzi (corrispondenza, fatture, bolle di consegna, ecc.).

Pubblicità delle Partite IVA

L'Agenzia delle Entrate ha messo a disposizione sul proprio sito, nella sezione "servizi online", la possibilità di **verificare** la **validità** del numero di Partita IVA tanto dei soggetti passivi stabiliti in Italia, quanto dei codici di identificazione dei soggetti comunitari (le Partite IVA locali) (art. 35-quater, D.P.R. n. 633/1972).

IVA

VARIAZIONI 45.2.

Quando anche uno solo degli elementi indicati nella dichiarazione di inizio di attività venga **modificato** il contribuente persona fisica o giuridica è tenuto a presentare nuovamente il modello relativo alla propria posizione (AA7/10 o AA9/12), comunicando negli appositi campi solo i dati variati e omettendo di indicare i dati rimasti immutati, ad eccezione dei dati richiesti nel quadro B relativi al soggetto d'imposta. Tali dati infatti - con la sola esclusione del riquadro relativo all'attività di commercio elettronico - devono essere sempre indicati al fine di consentire la corretta acquisizione della dichiarazione in Anagrafe Tributaria.

La dichiarazione deve essere presentata entro 30 giorni dall'avvenuta variazione ad un ufficio dell'Agenzia.
A seguito dell'avvenuta ricezione del modello, l'Agenzia rilascia una specifica ricevuta.

I **casi** più comuni di **variazione** con obbligo di comunicazione sono:
- operazioni straordinarie societarie, che comportino l'estinzione di uno dei soggetti coinvolti (es. fusione); in questo caso la dichiarazione di variazione è presentata dal soggetto rimanente;
- modifiche da ditta individuale a società;
- cessazione di una o più attività esercitate ma con proseguimento di altre attività;
- affitto d'azienda;
- spostamento della sede o del domicilio fiscale (in questa ipotesi la variazione ha effetto a partire dal sessantesimo giorno successivo alla data in cui si è verificata);
- modifiche nella compagine sociale;
- successione ereditaria;
- modifica del luogo di conservazione delle scritture contabili;
- apertura di cantieri edili della durata superiore a 2 mesi.

45.3. CESSAZIONE

Entro 30 giorni dalla data di cessazione dell'intera attività, il contribuente, persona fisica o giuridica, è tenuto alla presentazione del Mod. AA7/10 o AA9/12 indicando la data dell'avvenuta cessazione (art. 35, c. 3, D.P.R. n. 633/1972).

Momento di cessazione dell'attività

La cessazione si ha non quando il contribuente si astiene dallo svolgere qualsiasi attività rilevante ai fini IVA, bensì in momenti ben precisi stabiliti dalla norma.

Soggetto	Momento
Artisti e professionisti	Alla data di chiusura di tutti i rapporti con fornitori e clienti; fatturando questi ultimi per tutte le prestazioni effettuate sino a tale data e cedendo (a terzi od a sé stesso) i beni strumentali. L'incasso o meno del corrispettivo è irrilevante (circ. n. 11/E/2007, risp. 7.1 e ris. n. 232/E/2009). Di diverso avviso le Sezioni Unite della Corte di Cassazione, per la quale resta dovuta l'IVA sui compensi professionali incassati dopo la cessazione dell'attività (ord. 21 aprile 2016, n. 8059). Nel caso di fatturazione differita o di cliente con procedimento giudiziario in corso, la posizione non può essere chiusa sin tanto che il corrispettivo non è stato incassato oppure egli non abbia proceduto al versamento della relativa imposta ancorché il corrispettivo non sia stato ancora incassato. Se per errore ha proceduto alla chiusura della partita IVA senza che il corrispettivo sia stato fatturato, occorre comunque emettere fattura. Di contro, un incasso relativo ad una prestazione precedentemente fatturata ed incassata successivamente alla chiusura, con imposta già liquidata ante chiusura, è irrilevante agli effetti IVA.
Imprese individuali	Alla data di ultimazione della procedura di liquidazione.
Società	Alla data di cancellazione della società presso il Registro delle Imprese.
- Enti non commerciali - Associazioni riconosciute e non che intendano svolgere attività commerciali e simili	Alla data di cessazione effettiva dell'attività commerciale. Se l'ente o l'associazione in questione continuano la propria esistenza senza più svolgere attività commerciali in modo abituale, cessa la partita IVA, resta il solo codice fiscale.

La chiusura della partita IVA a seguito della cessazione dell'attività obbliga comunque alla presentazione della dichiarazione annuale IVA nei tempi ordinari e terrà conto anche delle operazioni fino alla data di cessazione.

IVA

Se, a seguito di **operazione straordinaria societaria**, una o più società si estingue, il soggetto che la ha sostituita oppure il nuovo soggetto, subentrando è obbligato a presentare la **dichiarazione** in luogo dei soggetti estinti.

Morte del contribuente

In caso di decesso del contribuente in costanza della propria attività, sia esso artista, professionista od imprenditore individuale, tutti gli **obblighi formali e sostanziali** debbono essere **adempiuti dagli eredi** entro 6 mesi dall'evento (art. 35-bis, D.P.R. n. 633/1972).

Obblighi degli eredi	
Soggetto defunto	**Modalità operative per gli eredi**
Imprenditore individuale	- Presenta entro 30 giorni dal decesso i **Modd. AA7/10 o AA9/12** per denunciare la cessazione dell'attività (qualora l'erede volesse proseguire l'attività ed è già in possesso di una Partita IVA propria, questa subentra a quella cessata; se non possiede Partita IVA ne deve aprire una propria). - Provvede a tutti gli **obblighi** quali: fatturazione, registrazione, liquidazioni, versamenti, comunicazioni periodiche, dichiarazione annuale non effettuati dal *de cuius* negli ultimi suoi ultimi 4 mesi. Eventuali **provvigioni** percepite e non fatturate dal *de cuius* sono escluse da IVA.
Artista o professionista	- Gli eredi non possono chiudere la partita IVA del professionista defunto sino a quando non interviene l'**incasso** dell'**ultima parcella**, ovvero in alternativa devono provvedere a fatturare i **compensi non incassati** e versare l'IVA e solo nei successivi 30 giorni chiudere la partita IVA (Cass. SS.UU., sent. n. 8059/2016). L'Agenzia delle Entrate ha chiarito che, in presenza di fatture ad esigibilità differita da incassare oppure di fatture da emettere, è ammissibile una deroga all'obbligatorietà della chiusura della partita IVA del contribuente deceduto da parte degli eredi entro 6 mesi dalla data della sua morte (ris. n. 34/E/2019). Resta comunque salva la possibilità per gli eredi di chiudere la Partita IVA anticipando l'esigibilità rispetto al momento dell'effettivo incasso. - Il compenso da prestazione professionale resta imponibile all'IVA, anche se percepito successivamente alla chiusura della partita IVA (Cass. SS.UU., sent. n. 8059/2016); deve pertanto ritenersi superata la ris. n. 501918/1973. - Qualora, il professionista ovvero i suoi eredi avessero chiuso egualmente la Partita IVA, prima che tutti gli incassi siano stati soddisfatti, il servizio svolto dal *de cuius* resta comunque imponibile ai fini IVA (Cass. SS.UU., sent. n. 8059/2016). Non potendo gli eredi riaprire la partita IVA del *de cuius*, l'obbligo di provvedere all'emissione di fattura al momento del pagamento da parte del committente soggetto passivo d'imposta ricade su quest'ultimo ai sensi dell'art. 6, c. 8, D.Lgs n. 471/1997 (c.d. "fattura spia", risposta a interpello n. 52/E/2020). Sull'argomento è ritornato nuovamente l'Agenzia delle entrate che, di fatto, **ha superato la precedente risposta** n. 52/E/2020, chiarendo che l'erede può chiedere la riapertura della partita IVA del *de cuius* e quindi fatturare le partite ancora aperte sempre in nome e per conto di quest'ultimo (risposta a interpello n. 785/2021). Vedasi anche (➡**42.1.2.**).

Chiusura della Partita IVA per cessazione

Il contribuente titolare di partita IVA che ha cessato la propria attività ha l'obbligo di comunicare, entro 30 giorni, all'Agenzia delle Entrate la cessazione della propria attività e richiedere la chiusura della partita IVA. L'iter operativo è differente a seconda dell'obbligatorietà o meno all'iscrizione nel registro delle imprese.

Contribuenti obbligati all'iscrizione nel Registro Imprese (REA) - La chiusura della partita IVA per cessazione dell'attività imprenditoriale si realizza utilizzando il Modello comunicazione unica (ComUnica) da inviare telematicamente al Registro Imprese presso la competente Camera di Commercio. Ai fini IVA occorre compilare la modulistica informatica dell'Agenzia delle Entrate e allegare la pratica nell'applicativo ComUnica. La cancellazione dal REA avviene entro 5 giorni dal rilascio della ricevuta della comunicazione unica.

IVA

Contribuenti non soggetti ad iscrizione al REA - In linea generale non sono obbligati all'iscrizione al REA i seguenti soggetti:

- professionisti;
- Co.Co.Co.;
- venditori porta a porta;
- imprese agricole con volume affari annuo inferiore ad euro 10.329,13;
- aziende coniugali;
- associazioni tra imprese, professionisti, agricoltori;
- enti non commerciali (salvo svolgano attività economica strumentale a quella istituzionale perché in tal caso sono obbligatoriamente iscritte al REA) e società di mutuo soccorso.

In caso di cessazione dell'attività, detti soggetti sono tenuti a inviare il Mod. AA9/12):

- in via telematica direttamente o tramite i soggetti incaricati della trasmissione telematica (CAF, patronati, commercialisti, ecc.). Le dichiarazioni si considerano presentate nel giorno in cui si conclude la ricezione dei dati da parte dell'Agenzia delle Entrate;
- in duplice esemplare direttamente (o tramite persona delegata) a un qualsiasi ufficio dell'Agenzia delle Entrate;
- in unico esemplare, mediante raccomandata, allegando copia di un documento di identificazione del dichiarante, da inviare a un qualsiasi ufficio dell'Agenzia delle Entrate. Le dichiarazioni si considerano presentate nel giorno in cui risultano spedite.

Nel caso di prestazioni di servizi, né il professionista, né i suoi eventuali eredi possono chiudere la partita IVA prima dell'incasso dell'ultima parcella. Resta comunque possibile anticipare la fatturazione delle prestazioni rese in via anticipata rispetto all'effettivo incasso. In questa evenienza occorre computare nell'ultima dichiarazione IVA anche le operazioni con IVA differita anticipandone l'esigibilità (ris. n. 34/E/2019 e risposta a interpello n. 52/2020).

Chiusura delle partite inattive

L'Amministrazione finanziaria può procedere alla **revoca** delle partite IVA inattive, ossia quelle per le quali sia stato accertato (art. 35, c. 15-quinquies, D.P.R. n. 633/1972):

- il non svolgimento di alcuna attività per **tre anni consecutivi**, o
- la **mancata presentazione** della dichiarazione annuale per tre periodi d'imposta consecutivi.

Prima di procedere alla revoca, provvede ad avvisare il contribuente interessato mediante apposita comunicazione, invitandolo a **rispondere entro 30 giorni** dal suo ricevimento se egli abbia effettivamente cessato l'attività ovvero se abbia rinvenuto errori nella comunicazione.

In caso di **mancate risposte** o di risposte **non soddisfacenti**, la Partita IVA è definitivamente revocata ed il contribuente è sanzionato per l'omissione della comunicazione che a suo tempo avrebbe dovuto dare.

Provvedimento di chiusura della partita IVA

Con l'attribuzione della partita IVA gli Uffici possono operare una serie di controlli al fine di verificare che i dati comunicati siano esatti e veritieri. Qualora i dati vengano considerati non veritieri, l'Agenzia delle Entrate emana un **provvedimento con il quale chiude d'ufficio la partita IVA**. Ai contribuenti ai quali sia stato notificato il provvedimento di chiusura della partita IVA è **preclusa** la possibilità di avvalersi, a far tempo dalla data di notifica, della possibilità di effettuare **compensazioni con crediti tributari** di qualunque natura ed importo, anche quando essi non siano ancora maturi in riferimento all'attività esercitata con la partita IVA oggetto del provvedimento. Il divieto rimane in vigore sino a quando la partita IVA risulti cessata ovvero fino a quando permangono le circostanze che hanno determinato l'emissione del provvedimento (art. 17, D.Lgs. n. 241/1997). Detti crediti potranno essere oggetto di rimborso oppure riportati a nuovo nella dichiarazione successiva anche con la compensazione verticale IVA da IVA. I soggetti che effettuano **operazioni intracomunitarie**, ai quali sia stato notificato il **provvedimento di esclusione della partita IVA dall'apposita banca dati (VIES)**, non possono operare la **compensazione** dei crediti IVA dalla data della notifica del provvedimento sino a quando le irregolarità che hanno provocato l'emissione del provvedimento, non siano state rimosse. Nel caso di utilizzo in compensazione del credito in violazione dei punti sopra indicati, il **Mod. F24** è scartato d'ufficio e l'azione viene comunicata d'ufficio tramite i sistemi telematici con apposita ricevuta (art. 17, D.Lgs. n. 241/1997).

CICLO ATTIVO 46.

IVA

46.1. BASE IMPONIBILE

Regola generale

La base imponibile è costituita dall'**importo complessivo** dei corrispettivi **incrementato** degli **oneri**, delle **spese** ed oneri contrattualmente previsti od accollati a terzi, di eventuali integrazioni ed **al netto** degli **sconti** incondizionati previsti contrattualmente sul quale occorre applicare l'aliquota relativa al bene od alla prestazione per ottenere l'imposta (➔**43.1.**) (art. 13, D.P.R. n. 633/1972).
Ne deriva che qualora un onere, astrattamente da accollare tramite fattura al cessionario (ad es. le **accise**) di fatto non venga traslato a quest'ultimo in quanto il cedente non ne è obbligato, detto onere non è soggetto all'imposta (sent. n. 26145/2019).
Le accise dovute a titolo proprio dal cedente rientrano nella base imponibile soltanto se effettivamente traslate sul cessionario, perché solo in tal caso entrano a far parte del prezzo (art. 13, c. 1, D.P.R. n. 633/1972) (C.T.R. Lombardia, sent. 28 gennaio 2020, n. 209).

Eccezioni

La regola generale in alcuni casi è sostituita:
- dal cosiddetto **valore normale** (➔**43.1.1.**) sostanzialmente nei casi di:
  - permute (➔**46.2.**);
  - operazioni tra parti correlate (➔**43.1.1.**);
  - cessioni di beni a titolo di sconto, premio, abbuono (➔**43.4.1.**);
- dal **prezzo di acquisto o di costo** nei casi di:
  a. cessione di beni a titolo gratuito;
  b. autoconsumo da parte dell'imprenditore;
  c. assegnazione di beni ai soci;
- dalle **spese sostenute** dal soggetto passivo per l'esecuzione delle:
  d. prestazioni di servizi gratuite, ma soggette all'IVA;
  e. prestazioni per assegnazioni ai soci;
  f. prestazioni mediante concessione di beni in uso;
  g. prestazioni derivanti da cessioni di contratti.

46.1.1. Cessioni e prestazioni accessorie

La base imponibile, quando la cessione o prestazione è soggetta all'imposta, può essere incrementata da una serie di altri elementi, in quanto accessori all'operazione principale (art. 12, D.P.R. n. 633/1972).

Operazioni accessorie

In linea di principio, più prestazioni formalmente distinte devono essere considerate come una prestazione unica (risposta a interpello n. 348/2021 e sent. 18 gennaio 2018 causa C-463/16) quando sono:
- tra loro collegate attraverso un vincolo di accessorietà, caratterizzato dalla miglior fruizione di un servizio grazie ad un altro ad esso ancillare;
- strettamente connesse al punto da formare, oggettivamente, un'unica prestazione economica indissociabile, la cui scomposizione avrebbe un carattere artificiale.

In altri termini, sono accessorie le operazioni che:
- integrano, completano o rendono possibile l'operazione principale;
- sono rese dal medesimo soggetto che esegue l'operazione principale, anche a mezzo di terzi, ma per suo conto e spese;
- sono rivolte al medesimo soggetto nei cui confronti è resa l'operazione principale.

Costituiscono cessioni e prestazioni accessorie:
- il **trasporto**;
- la **posa in opera**;
- l'**imballaggio**;
- il **confezionamento**;
- la **fornitura** di recipienti o contenitori;
- le altre cessioni o prestazioni accessorie ad una cessione di beni o ad una prestazione di servizi, effettuati direttamente dal cedente o prestatore ovvero per suo conto e a sue spese.

> Le operazioni accessorie non sono soggette **autonomamente** all'imposta nei rapporti fra le parti dell'operazione principale.
> Se l'operazione principale è soggetta all'imposta, i corrispettivi delle cessioni o prestazioni accessorie imponibili concorrono a formare la base imponibile (art. 12, c. 2, D.P.R. n. 633/1972).

IVA

Attrazione al regime impositivo dell'operazione principale

Dato che le operazioni accessorie imponibili concorrono alla formazione della base imponibile, se l'operazione principale:

- è **soggetta ad imposta**, l'operazione accessoria è imponibile con la medesima aliquota;
- è **non imponibile od esente**, anche l'operazione accessoria si considera tale.

L'operazione accessoria, per sua natura, deve essere imponibile, perché se fosse non imponibile o esente, resterebbe tale indipendentemente dall'imponibilità dell'operazione principale.

Il nesso di accessorietà è circoscritto ai rapporti tra le controparti dell'operazione principale, senza estendersi ai rapporti tra il cedente/cessionario ed un terzo. Peraltro, possono darsi anche prestazioni accessorie effettuate da un terzo, ma per conto del cedente/prestatore ed a sue spese.

CASO 1 - Cessione di beni con trasporto

In un'operazione di cessione di merci, il cedente si rivolge ad un trasportatore per la consegna delle stesse al cessionario.

Il trasporto in questo caso assume una rilevanza autonoma tra il trasportatore ed il cedente e nulla ha a che vedere con la cessione dei beni; infatti non si è in presenza di due operazioni (cessione e trasporto) da parte di un unico soggetto, cioè il cedente. Pertanto, il trasporto è fatturato assoggettandolo autonomamente ad aliquota ordinaria.

Fatturazione

Sebbene, di regola, le cessioni/prestazioni accessorie vengano fatturate con quella principale, nulla vieta che l'operazione accessoria sia fatturata separatamente. È opportuno che la relativa fattura indichi gli estremi della fattura dell'operazione principale (circ. n. 198/E/1996).

PERMUTA 46.2.

La **permuta** è quel contratto che ha per oggetto il reciproco trasferimento della proprietà delle cose o di altri diritti da un contraente all'altro (art. 1552 c.c.).

Si tratta di uno scambio tra:

- un bene ed un altro bene;
- un bene ed un servizio;
- un servizio ed un altro servizio.

Civilisticamente, la permuta è un contratto **unitario**, mentre dal punto di vista dell'IVA le due operazioni sono **distinte** e come tali vanno trattate (art. 11, D.P.R. n. 633/1972).

Nella permuta manca il corrispettivo o almeno una parte di esso se il valore di scambio non è uguale. Ai fini IVA, la base imponibile è data dal "valore normale" del bene o servizi oggetto di scambio (➡43.1.1.).

Permuta tra soggetti d'imposta

Se entrambe le parti sono soggetti passivi d'imposta, possono presentarsi le seguenti situazioni:

Permuta	Procedura
Scambio tra due beni	Ognuna delle due parti fattura l'altra per il valore del bene. Il momento impositivo, per entrambe le operazioni, si verifica con la data della prima cessione.
Scambio di un bene con un servizio	Chi cede il bene fattura con l'aliquota prevista per il medesimo. Se le parti concordano che l'operazione avvenga contestualmente, entrambe le fatture sono emesse in pari data il giorno dello scambio. Se il bene viene scambiato per primo, rileva per entrambi la data della consegna o spedizione (bene mobile) o stipula dell'atto pubblico (bene immobile). Se il servizio viene scambiato per primo, chi lo riceve emette fattura con la data del giorno in cui l'ha ottenuto, mentre il prestatore emette fattura alla spedizione o ricevimento dei beni permutati o alla data del rogito.

IVA

Permuta	Procedura
Scambio di servizio contro servizio	Entrambi i soggetti emettono fattura il giorno in cui uno dei due ha ottenuto il servizio in cambio del proprio prestato antecedentemente. È fatta salva la possibilità di emettere fattura anticipatamente rispetto al servizio da rendere o da ricevere.

CASO 2 - Scambio fra due servizi
A presta il servizio a B il giorno X.
B presta il servizio ad A il giorno X+n.
Entrambi emettono fattura il giorno X+n.

Permuta tra un soggetto d'imposta ed un privato

Solo l'operazione effettuata dal soggetto passivo deve essere fatturata ed assoggettata al tributo.

Deroga

Il principio della doppia fatturazione, caratteristico della permuta, non trova applicazione per la cessione al prestatore del servizio di residuati o sottoprodotti della lavorazione di materie fornite dal committente, quando il valore normale di tali beni **non supera** il **5%** del corrispettivo in denaro (art. 11, c. 2, D.P.R. n. 633/1972) e la cessione dei sottoprodotti non è soggetta all'imposta.
Il prestatore emette una fattura per le sole lavorazioni effettuate e una nota di credito per il valore dei sottoprodotti.
Qualora il valore normale dei sottoprodotti o dei residuati fosse superiore al citato 5%, si applica la regola generale della permuta di beni contro servizi (lavorazione).

Conguaglio

Quando uno dei due beni o prestazioni ha un valore superiore all'altro, la differenza è generalmente conguagliata in denaro.
Se è previsto un conguaglio in denaro, questo **non costituisce** autonoma **controprestazione**, dovendosi considerare parte della base imponibile dell'operazione da calcolare in ragione del valore normale. Tuttavia, limitatamente a tale importo, da considerare alla stregua di un acconto, la fattura dovrà essere emessa in esclusione d'imposta all'atto del relativo pagamento (ris. n. 331/E/2008).

Permuta e split payment

Possono aversi casi di permuta con o senza conguaglio e/o compensazione tra soggetti entrambi in regime di split payment, ovvero quando solo il cliente è soggetto a split payment (➜**46.12.**).

46.2.1. Dazioni in pagamento

Consistono nella cessione di beni e prestazioni di servizi effettuate per **estinguere precedenti obbligazioni** con il consenso del creditore (art. 1197 c.c.).
Le dazioni in pagamento sono trattate ai fini IVA esattamente come le permute. Si differenziano da queste ultime per la previsione nel contratto originario di un corrispettivo monetario a seguito di una cessione o di una prestazione; successivamente, le parti concordano che, in luogo del pagamento, il debitore debba fornire un servizio o altri beni.

IVA

46.3. MOMENTO DI EFFETTUAZIONE DELL'OPERAZIONE ED ESIGIBILITÀ DELL'IMPOSTA

Il momento di effettuazione dell'operazione, che rientra (➜**43.2.**) nel campo del ciclo attivo domestico, **può** anche **essere anticipato** ogni qualvolta la fattura venga emessa:
- indipendentemente o
- antecedentemente,

rispetto alle cessioni di beni (➜**43.2.1.**) e alle prestazioni di servizio (➜**43.2.2.**).
Il momento di effettuazione, sia nel caso delle cessioni di beni sia per le prestazioni di servizio, **coincide**, di regola, con il momento in cui l'**imposta diventa esigibile** da parte dell'Erario con l'obbligo di versamento del tributo da parte del debitore d'imposta (➜**42.4.**) ed in contropartita la possibilità di detrazione del tributo da parte del cliente soggetto passivo d'imposta.
La coincidenza tra momento di effettuazione dell'operazione ed esigibilità presenta alcune **deroghe** che prevedono la posticipazione dell'esigibilità.
In particolare, nei casi di:
- triangolazione interna,
- operazioni con Enti pubblici (➜**46.5.**),

l'esigibilità è rinviata al momento del pagamento del corrispettivo indicato in fattura.
Nei casi di:
- "IVA per cassa" (➡50.9.), solo l'esigibilità è posticipata al momento dell'incasso del corrispettivo, ma l'IVA assolta a monte non può essere detratta sino a quella data;
- vendita a prova, con clausola di gradimento o, comunque, sottoposta a condizione, il momento di effettuazione rimane inalterato, mentre l'esigibilità è posticipata al verificarsi della condizione.

Consegna di beni - Decorrenza dell'anno

Con specifico riferimento ai beni mobili, allo scopo di contrastare possibili fenomeni di evasione consistenti nella possibilità di farli giungere al consumo senza assolvimento dell'imposta, il legislatore ha previsto una clausola in base alla quale il **momento di effettuazione** dell'operazione viene comunque ad esistenza decorso **1 anno dalla consegna o spedizione senza** che sia stata emessa **fattura**. Con la nascita legale del momento di effettuazione si realizza anche l'esigibilità dell'imposta, che dovrà essere versata anche se i presupposti civilistici della vendita non risultino ancora soddisfatti (➡43.6.).
I casi più comuni riguardano beni che vengono consegnati a terzi con possibilità per questi ultimi di provarli se soddisfacenti le proprie necessità e poi non vengono richiesti in restituzione; oppure attrezzature consegnate al terzista per la lavorazione di beni consegnatigli, in mancanza di documentazione certa relativa alla consegna delle attrezzature stesse.

Momento di emissione della fattura 46.3.1.

La tempistica per l'emissione delle fatture è disciplinata dall'art. 21, c. 4 del D.P.R. n. 633/1972 nonché dal D.M. 18 novembre 1976 e può essere così riassunta:

Fatture relative a	Tempistica di emissione	Riferimenti
Regola generale	Entro 12 giorni dall'effettuazione dell'operazione determinata *ex* art. 6 DPR 633/1972	Art. 21, c. 4, D.P.R. n. 633/1972
Cessione di beni consegnati o spediti con Documento di trasporto (c.d.: fattura differita)	Entro il giorno 15 del mese successivo a quello di effettuazione dell'operazione	Art. 21. c 4, lett. a), D.P.R. n. 633/1972
Triangolazione interna (cessione di beni effettuata dal cessionario promotore, per il tramite del proprio cedente	Entro il mese successivo a quello di consegna o spedizione dei beni	Art. 21, c. 4, lett. b), D.P.R. n. 633/1972
Prestazioni di servizi effettuate nello stesso mese solare nei confronti del medesimo soggetto	Unica fattura entro il giorno 15 del mese successivo a quello di effettuazione dell'operazione	Art. 21, c. 4, lett. a), D.P.R. n. 633/1972
Prestazione di servizi **generici** (*ex* art. 7-ter) rese a favore di soggetti passivi stabiliti in altro Paese UE	Entro il giorno 15 del mese successivo a quello di effettuazione dell'operazione	Art. 21, c.4, lett. c), D.P.R. n. 633/1972
Prestazioni di servizi **generici** (*ex* art. 7-ter) rese o ricevute da un soggetto passivo stabilito extra UE	Entro il giorno 15 del mese successivo a quello di effettuazione dell'operazione	Art. 21, c. 4, lett. d), D.P.R. n. 633/1972
Operazioni effettuate da sedi secondarie o altre dipendenze che non provvedono direttamente all'emissione della fattura	Entro il mese successivo a quello di effettuazione dell'operazione	D.M. 18 novembre 1976

IVA

Fatture relative a	Tempistica di emissione	Riferimenti
Operazioni effettuate da imprese fuori della propria sede per il tramite di propri dipendenti, ausiliari o intermediari		
Per le cessioni di beni inerenti a contratti estimatori e per i passaggi di beni dal committente al commissionario		

46.4. ULTIMAZIONE DELL'OPERAZIONE

Di regola, nel caso di prestazioni di servizio, il momento di effettuazione dell'operazione coincide con il pagamento delle stesse, ovvero, se antecedente, alla data di emissione della fattura.
L'eccezione è rappresentata dalle prestazioni di servizi generici (➡42.3.3.) (art. 7-ter, D.P.R. n. 633/1972) con soggetti passivi d'imposta non residenti (nella UE od extra UE).

Il momento di effettuazione di una prestazione generica (attiva o passiva) con soggetti passivi non residenti è **l'ultimazione dell'operazione** ed è, a tal fine, **irrilevante** l'eventuale **emissione anticipata della fattura**.

Di fatto, non è agevole per il soggetto italiano individuare con esattezza il momento di ultimazione di una prestazione generica.

In un'ottica di semplificazione, l'Amministrazione finanziaria ha precisato che la fattura emessa dal prestatore estero è assunta come "indice" dell'effettuazione dell'operazione (circ. 20 settembre 2012, n. 35/E e circ. 21 maggio 2013, n. 16/E).
Di conseguenza, il momento di effettuazione della prestazione e di esigibilità dell'imposta coincide con la data di ricevimento della fattura.

Eventualmente, potranno essere i documenti scambiati tra le parti ad assumere ruolo centrale nella tempistica degli adempimenti. È opportuno che il committente nazionale chieda al prestatore estero una dichiarazione di ultimazione.

46.5. OPERAZIONI VERSO LO STATO E ALTRI ENTI

Le operazioni verso determinati enti pubblici consentono al cedente/prestatore di differire l'esigibilità dell'IVA (➡46.3.) sino al momento del pagamento del corrispettivo da parte degli stessi enti (art. 6, c. 5, D.P.R. n. 633/1972).

Enti ed operazioni per i quali è possibile avvalersi dell'esigibilità differita
• Stato ed organi dello Stato anche se dotati di personalità giuridica, • Enti pubblici territoriali (Regioni, Province, Comuni) e Consorzi costituiti tra di essi, • Camere di commercio, • Istituti universitari statali, • ASL, • Enti ospedalieri (con, esclusione degli enti ecclesiastici di assistenza sanitaria), • Enti pubblici di ricovero e cura aventi prevalentemente carattere scientifico, • Enti pubblici di assistenza e beneficenza, • Enti pubblici previdenziali. Inoltre: • cessioni di beni e prestazioni di servizio effettuate a favore di Soci, associati o partecipanti, da parte degli Enti e delle associazioni od organizzazioni similari non aventi personalità giuridica, nonché da parte delle società semplici che non abbiano per oggetto esclusivo o principale l'esercizio di attività commerciali, • cessioni effettuate dai farmacisti di medicinali pronti all'uso umano o veterinario, compresi i prodotti omeopatici, nonché le sostanze farmaceutiche ed articoli di medicazione di cui le farmacie debbono obbligatoriamente essere dotate secondo la farmacopea ufficiale.

IVA

Effetti del differimento dell'esigibilità

Attraverso la previsione in esame, l'Amministrazione finanziaria:

- non esige l'imposta al momento di effettuazione dell'operazione (➜**46.3.**);
- vieta l'esercizio del diritto alla detrazione della stessa da parte del cessionario/committente sino a quando quest'ultimo non l'abbia corrisposta al cedente/prestatore.

Questa facoltà è chiamata **fatturazione con IVA ad esigibilità differita** e non va confusa con la fatturazione differita (➜**46.8.**).

Modalità operative

Il cedente o prestatore deve:

- emettere fattura (elettronica o analogica nei casi previsti) al massimo entro 12 giorni dalla data di effettuazione dell'operazione;
- indicare in calce alla stessa la dizione "Fattura ad esigibilità differita *ex* art. 6, c. 5, D.P.R. n. 633/1972";
- annotare separatamente o, facoltativamente, in apposito registro delle fatture emesse le fatture entro il giorno 15 del mese successivo (art. 21, c. 4, D.P.R. n. 633/1972) a quello di emissione e con riferimento al medesimo mese a far tempo dal **15 luglio 2019**; sino a detta data la fattura deve essere annotata entro 15 giorni dalla sua emissione;
- provvedere alla liquidazione dell'imposta nel periodo (mese o trimestre) di incasso del corrispettivo.

La **fattura**, ancorché ad esigibilità differita, **partecipa** comunque alla **formazione** del **volume d'affari** nel periodo d'imposta della sua emissione, **anche se non incassata** (➜**47.**).

Mancato pagamento della fattura

In caso di mancato pagamento della fattura ad esigibilità differita, è possibile emettere **nota di credito** a storno della fattura originaria, senza i limiti di tempo generalmente previsti per le variazioni in diminuzione (ris. n. 75/E/2002).

Opzione per l'esigibilità immediata

Pur essendo il regime naturale nei confronti dei soggetti sopra indicati, la fatturazione con esigibilità differita è **facoltativa**.

Il fornitore, infatti, attraverso il proprio "comportamento concludente", può rinunciare all'esigibilità differita, optando per l'applicazione dell'esigibilità immediata, nel qual caso, in calce alla fattura, occorre specificare "IVA ad esigibilità immediata" o similare.

Fatturazione elettronica

Nei confronti della **Pubblica Amministrazione**, di enti pubblici ed altri soggetti individuati da specifiche leggi, il cedente/prestatore deve obbligatoriamente utilizzare la fatturazione in formato elettronico, pena l'irricevibilità della fattura cartacea e quindi del pagamento del corrispettivo (➜**46.13.**).

Split payment

L'esigibilità differita dell'IVA non è applicabile alle operazioni soggette a split payment (art. 17-ter, D.P.R. n. 633/1972) (➜**46.12.**).

FATTURA 46.6.

Il Codice civile non fornisce una **definizione** di fattura, richiamandola a proposito:

- dei libri, documenti e scritture contabili obbligatorie (art. 2214 c.c.);
- delle modalità di tenuta della contabilità (art. 2219 c.c.), applicabili anche alle fatture;
- dell'obbligo di conservazione per 10 anni (art. 2220 c.c.) (➜**98.3.**).

Nella disciplina IVA, la **fattura** rappresenta lo strumento necessario per documentare i termini e le modalità della transazione sottostante, nonché per controllare la correttezza della base imponibile, dell'imposta o delle cause di non imponibilità esenzione, ecc. (art. 21, D.P.R. n. 633/1972).

La fattura (anche sotto forma di nota, conto, parcella e simili) dal 1° gennaio 2019 è emessa:

- in **forma elettronica** (➜**46.13.**);
- in **forma cartacea** in **casi residuali** e solo per determinate operazioni (D.L. n. 119/2018); in particolare:
  - **esportazioni**;
  - operazioni **intracomunitarie**;
  - operazioni effettuate da **associazioni sportive dilettantesche in regime forfetario** (Legge n. 398/1991) che non hanno superato ricavi commerciali per euro 65.000 nel periodo d'impo-

sta precedente. Se nell'anno precedente hanno superato detto limite la fattura deve essere emessa per loro conto dal cessionario/committente soggetto passivo d'imposta in modalità elettronica (art. 1, c. 3, D.Lgs. n. 127/2015);
- operazioni effettuate nei periodi d'imposta 2019, 2020 e 2021 nei confronti di persone fisiche (termini così prorogati dall'art. 1, c. 1105, Legge n. 178/2020), da **operatori sanitari** tenuti all'invio dei dati al **Sistema Tessera Sanitaria** (➡62.1.4.), quali aziende ospedaliere, istituti di ricovero e cura a carattere scientifico, policlinici universitari, farmacie pubbliche e private, presidi di specialistica ambulatoriale, le strutture per l'erogazione delle prestazioni di assistenza protesica e di assistenza integrativa, altri presidi e strutture accreditati per l'erogazione dei servizi sanitari e iscritti all'Albo dei medici chirurghi e degli odontoiatri, ottici, biologi, tecnici sanitari di biologo medico, tecnici (audiometristi, audioprotesisti, neurofisiopatologi); igienisti dentali, ecc. (art. 10-bis, D.L. n. 119/2018); ciò a prescindere dal diniego del paziente (Forum CNDCEC - Agenzia delle Entrate del 15 gennaio 2019).

Sino a tutto il 2021 prosegue il divieto di emissione di fattura elettronica che comprende anche i casi in cui la fattura riguardi sia **spese sanitarie,** sia **altre voci di spesa non sanitarie** (art. 10-bis, D.L. n. 119/2018).
In questo caso, però, possono darsi le seguenti ipotesi:
- non è possibile distinguere nell'unica fattura la parte riguardante la spesa sanitaria da quella non sanitaria: l'intera fattura cartacea va inviata via Tessera sanitaria;
- è possibile distinguere le due quote. Entrambe vanno comunque inviate via Tessera Sanitaria (TS) mediante fattura cartacea.

Qualora una struttura od un operatore sanitario fatturino invece separatamente le prestazioni sanitarie da quelle non sanitarie, queste ultime vanno fatturate elettronicamente solo se non contengono dati sensibili circa lo stato di salute del paziente.
Il divieto è altresì esteso anche ai soggetti che non sono tenuti all'invio dei dati al Sistema tessera sanitaria (ad esempio podologi, fisioterapisti, logopedisti), con riferimento alle sole fatture relative alle prestazioni sanitarie effettuate nei confronti delle persone fisiche **se comportano un trattamento di dati sulla loro salute** (risposta a interpello 19 marzo 2019, n. 78).
Il divieto concerne altresì le prestazioni rese dai **veterinari** qualora le loro prestazioni siano soggette all'obbligo di invio al Sistema tessera sanitaria (risposta a consulenza giuridica 30 aprile 2019, n. 15).
In proposito era già stato chiarito che nel caso in cui una fattura documenti sia spese da inviare al Sistema tessera sanitaria, sia altre voci di spesa, essa dovrà essere analogica o elettronica extra SdI (Agenzia delle Entrate, FAQ 29 gennaio 2019, n. 58).

Se il soggetto che eroga la prestazione, sia esso persona fisica o giuridica, si **avvale di terzi** che fatturano il servizio al prestatore e non direttamente all'utente, questi terzi, fermi eventuali esoneri che li riguardino, fatturano in modalità elettronica.
Le prestazioni in ambito sanitario resi a favore di soggetti diversi dalle persone fisiche fatte salve eventuali eccezioni che riguardino il cedente/prestatore (art. 1, c. 3, D.Lgs. n. 127/2015) dovranno, invece, essere documentate mediante fatture elettroniche inviate a mezzo SdI.
Anche le **cessioni di prodotti estetici** nei confronti delle persone fisiche devono essere documentate con fattura elettronica, fatte salve le cessioni (circ. n. 7/E/2018) da comunicare mediante tessera sanitaria (risposta a interpello 9 aprile 2019, n. 103).
Ai fini della elaborazione della dichiarazione dei redditi precompilata, i soggetti tenuti all'invio dei dati al sistema tessera sanitaria adempiono all'obbligo di trasmissione dei dati giornalieri mediante la memorizzazione e trasmissione dei corrispettivi, utilizzando i nuovi registratori di cassa telematici (art. 15, D.L. n. 124/2019). Per la memorizzazione e trasmissione dei dati si veda (➡62.1.4.).

IVA

46.6.1. Soggetti obbligati

Di regola, il soggetto obbligato all'emissione della fattura e al versamento all'Erario dell'imposta è il fornitore, che assume pertanto la qualifica non solo di soggetto passivo dell'operazione, ma anche di debitore d'imposta (➡42.4.) (art. 17, D.P.R. n. 633/1972).

Deroghe

Sono previste quando l'obbligo d'imposta è traslato in capo al cessionario o committente; nel qual caso soggetto passivo dell'operazione resta il cedente o prestatore, ma il debitore della relativa imposta diventa il cessionario o committente. Le ipotesi contemplate sono quelle riconducibili:
- al c.d. **reverse charge**, sia interno sia esterno;
- allo **split payment**;

- all'autorizzazione a favore di un terzo di emettere fattura per conto del fornitore su specifico incarico di questi (**fattura in outsourcing**) (➔46.10.);
- all'obbligo di **emissione autofattura** quando la fattura non perviene al cessionario/committente entro un determinato periodo di tempo (➔48.3.) oppure nel caso di **acquisti da produttori agricoli** (art. 34, D.P.R. n. 633/1972) (➔50.1.) oppure nell'ipotesi delle **vendite di documenti di viaggio** da parte degli esercenti attività di trasporto oppure nel caso di operazioni effettuate da soggetti non residenti o non stabiliti, ma rilevanti in Italia. Vi è obbligo di emissione di autofattura anche in caso di "autoconsumo", cessione di beni a titolo di "omaggio" se rientranti nella produzione o commercio dell'impresa ovvero per quelli sempre ceduti gratuitamente non rientranti nell'attività propria dell'impresa se di costo superiore ad euro 50 e per i quali sia stata operata la detrazione dell'imposta all'atto del loro acquisto (➔43.4.1 e ➔55.2.7).

Anche in tutti questi casi il **documento** è sempre in formato **elettronico**.

L'obbligo dell'emissione della fattura prescinde dalla natura imponibile o meno dell'operazione.

Documento commerciale. Casi di esonero dall'emissione della fattura 46.6.2.

Dal **1° gennaio 2020** l'utilizzo del Registratore telematico è obbligatorio per tutti i commercianti al minuto e per tutti i soggetti di cui all'art. 22 del D.P.R. n. 633/1972.
Resta comunque prevista la possibilità di emissione di fattura elettronica (e non più cartacea) se espressamente richiesta dal cliente (risposta a interpello n. 7/2019).
Tutti i soggetti obbligati a emettere documenti mediante utilizzo di registratori di cassa elettronici devono memorizzare elettronicamente e trasmettere telematicamente (➔46.25.) all'Agenzia delle Entrate i dati relativi ai propri corrispettivi giornalieri (art. 2, c. 1, D.Lgs. n. 127/2015).
Il documento commerciale, insieme alla memorizzazione e trasmissione telematica dei corrispettivi, costituiscono la modalità di assolvimento della certificazione fiscale dei corrispettivi, ossia scontrino e ricevuta fiscale.
I **requisiti minimi** del documento commerciale sono stati individuati da apposito provvedimento (D.M. 7 dicembre 2016); tra essi: l'indicazione dei "**servizi resi**" (cosa diversa dalle prestazioni effettuate di cui al Decreto IVA); l'**ammontare** del corrispettivo complessivo e di quello pagato ed eventualmente **codice fiscale** o **partita IVA** dell'acquirente, solo se questi ne abbia fatta espressa richiesta non oltre il momento di effettuazione dell'operazione (circ. n. 3/E/2020).
L'emissione del documento e correlatamente la sua memorizzazione elettronica e la successiva trasmissione deve essere effettuata al momento:
- del pagamento del corrispettivo, totale o parziale;
- della consegna del bene o della ultimazione della prestazione, se anteriori al pagamento.

Operazioni senza pagamento

Per le operazioni senza pagamento occorre distinguere tra cessione di beni e prestazione di servizi ultimata e non pagata; in particolare:
- **cessione di beni**: l'operazione va memorizzata ed emesso il documento commerciale, con l'evidenza del corrispettivo non riscosso. All'incasso non è necessario generare un nuovo documento. Si può dar evidenza dell'avvenuto pagamento con una semplice quietanza oppure direttamente sul documento emesso in precedenza;
- **prestazione di servizi ultimata e non pagata**: l'operazione va memorizzata ed emesso il documento commerciale, con l'evidenza del corrispettivo non riscosso (momento del "servizio reso". All'incasso occorre emettere un nuovo documento commerciale in quanto ai fini IVA l'operazione si perfeziona con il pagamento. Eventuale emissione di fattura anticipata rende non necessaria l'emissione del documento commerciale.

È sempre possibile emettere una fattura immediata oppure una fattura differita entro il giorno 15 del mese successivo purché l'operazione sia accompagnata da apposito documento (es.: DDT).

Ticket restaurant/Buoni pasto

I servizi sostitutivi di mensa erogati a fronte della presentazione di un "buono pasto" (da non confondere con i buoni corrispettivi (➔43.2.3.) comportano, specularmente, che la somministrazione venga remunerata dalla società emittente il ticket. In quel momento (rimborso del buono) si verifica l'esigibilità dell'imposta.
Alla ricezione del ticket il prestatore:
- memorizza il corrispettivo (in tutto od in parte non pagato),
- emette il documento commerciale.

IVA

Dal **1° luglio 2020** i dati dei corrispettivi giornalieri trasmessi riportano elementi informativi di maggior dettaglio circa la natura della transazione (circ. n. 3/E/2020).

Documenti commerciali ed imposta di bollo

Il documento commerciale utilizzato per rappresentare, anche ai fini commerciali, l'operazione è esente da bollo (circ. n. 3/E/2020).
Per quanto concerne i registratori di cassa elettronici si rinvia a (➡46.25.).
L'Agenzia delle Entrate ha chiarito gli altri casi di esonero dall'emissione della fattura elettronica (circ. n. 14/E/2019):
- operazioni fuori campo IVA (art. 2, c. 3, nonché art. 3, c. 4, D.P.R. n. 633/1972);
- prestazioni medico sanitarie generiche e specialistiche;
- cessione di prodotti editoriali (art. 74, D.P.R. n. 633/1972);
- operazioni poste in essere da agricoltori in regime di esonero (art. 34, D.P.R. n. 633/1972).

46.6.3. Elementi della fattura

La fattura deve contenere le indicazioni riportate nella tabella che segue (art. 21, c. 2, D.P.R. n. 633/1972), nonché degli altri dati (alcuni facoltativi) imposti dal Provv. 28 febbraio 2020, n. 99922 al fine di meglio gestire la fatturazione elettronica:

Dati obbligatori
· **Dati dell'emittente** - Denominazione o ragione sociale o ditta o nome e cognome, residenza o domicilio o sede legale dell'emittente - Codice fiscale, Partita IVA ed ISO dell'emittente, del rappresentante fiscale o dell'ubicazione della Stabile Organizzazione per i soggetti non residenti - Nel caso di fatture emesse da un soggetto diverso dal cedente deve essere valorizzato l'elemento "soggetto emittente" - Numero progressivo che l'emittente attribuisce al file che inoltra a SdI - Codice identificativo del tipo di trasmissione. Per default: **FPR12** (formato trasmissione fattura verso privati) - Eventuale tipo di albo professionale di appartenenza - Regime fiscale dell'emittente - Eventuali elementi identificativi dell'emittente se questi è una Stabile Organizzazione di un soggetto estero - Codice destinatario (formato di 7 digit) oppure indirizzo PEC - Data di emissione che nel caso della fattura elettronica è la data riportata nel campo "data" della sezione "Dati generali" del file della e-fattura. Per le fatture veicolate attraverso SdI, poiché quest'ultimo ne attesta inequivocabilmente il momento di trasmissione, è possibile assumere che tale data sia sempre e comunque la data di effettuazione dell'operazione (circ. n. 14/E/2019). Nel caso di fatture analogiche od elettroniche spedite mediante canali diversi da SdI, il documento deve riportare entrambe le date: effettuazione dell'operazione (nel corpo della fattura); emissione del documento (nel campo: data fattura) - Codice EORI solo nel caso di operatori economici nei rapporti con le autorità doganali della UE - Numerazione progressiva
Dati del cessionario/committente - Denominazione o ragione sociale o ditta o nome e cognome, residenza o domicilio o sede legale del cessionario/committente ovvero della Stabile Organizzazione se il committente/cessionario è un soggetto non residente ovvero del Rappresentante fiscale - Numero di partita IVA o codice di identificazione fiscale attribuito dallo Stato membro UE al committente/cessionario comunitario o codice fiscale se consumatore finale - Codice EORI solo nel caso di operatori economici nei rapporti con le autorità doganali della UE
Dati corpo fattura - Titolo di non assoggettamento all'imposta - Natura, quantità e qualità dei beni ceduti ovvero dei servizi prestati - Corrispettivo ed elementi necessari per la determinazione della base imponibile compresi quelli ceduti a titolo di sconto, premio od abbuono. In luogo del corrispettivo esporre il valore normale nei casi previsti dal D.P.R. n. 633/1972 (➡43.1.1.);

IVA

Dati obbligatori
- Aliquota dell'IVA
- Imposta, con arrotondamento al centesimo di euro
- Totale, dato da imponibile più imposta
- Codice identificativo della "natura" dell'operazione
- Norma di riferimento in caso di operazioni non imponibili, esenti o escluse con obbligo di fatturazione
- Norma di riferimento nel caso di reverse charge
- Estremi della eventuale dichiarazione di intento per cessioni ad esportatori abituali
- Numero e data del Documento di Trasporto (DDT) nel caso di fatturazione differita
- Indicazione se l'operazione è soggetta al regime del margine
- Indicazione del tipo di esigibilità (immediata o differita)
- Indicare nel caso di fatture per operazioni accessorie, separatamente da quella riguardante l'operazione principale, gli estremi di quest'ultima
- Se la fattura è soggetta a ritenuta alla fonte occorre indicare: la tipologia della ritenuta, l'importo della ritenuta, l'aliquota, la causale del pagamento
- Eventuale bollo virtuale (codice: **SI**)
- Eventuale cassa previdenziale (tipo di cassa, aliquota, importo del contributo)
- Data di prima immatricolazione od iscrizione nei Pubblici Registri e numero dei chilometri percorsi, delle ore navigate, delle ore volate, in caso di cessione intracomunitaria di mezzi di trasporto nuovi
- Indicazione dell'eventuale terzo se questi ha provveduto su incarico del cedente/prestatore, all'emissione della fattura in luogo di questi
- Inserire i codici CGI, CUP, CUU nel caso di fattura elettronica
Altri dati (art. 2250 c.c.)
- Capitale sociale con l'indicazione se esso sia stato interamente versato o meno
- Numero di iscrizione al REA
- Eventuale stato di messa in liquidazione
- Nome dell'unico socio ovvero denominazione della società uninominale, nel caso di società di capitali a socio unico
- Se l'impresa è soggetta ad attività di coordinamento e controllo da parte di altra società con la denominazione di questa

Sempre ai fini di una migliore gestione delle **fatture elettroniche** i dati possono anche variare qualora l'emittente sia il rappresentante fiscale dell'emittente oppure di un terzo intermediario del soggetto emittente.
Per le deroghe rispetto ai dati obbligatori si veda (➔**46.14.**).
Con particolare riguardo agli ulteriori dati, rispetto a quelli sopra enumerati, previsti per una corretta compilazione e trasmissione delle fatture elettroniche si rinvia al ➔**46.13.**

Osservazioni

La **numerazione** delle fatture deve essere effettuata in modo che la fattura possa essere **individuata** in **modo inequivoco in ogni momento**. L'emittente può (ris. n. 1/E/2013):

- iniziare da 1 e proseguire ininterrottamente sino alla cessazione dell'attività;
- proseguire dal primo numero successivo all'ultimo numero utilizzato nell'anno precedente;
- utilizzare un sistema di numerazione progressiva per anno solare ove appaia oltre all'anno anche il numero della fattura;
- adottare serie differenti in funzione delle necessità dell'impresa (per reparto, business unit, unità territoriali, tipologia di prodotto, ecc.).

La **denominazione del cliente** non sempre coincide con chi abbia usufruito di un servizio. È il caso, ad esempio, delle prestazioni alberghiere o di somministrazione pasti a favore di dipendenti o terzi quando le spese sono sostenute direttamente dal datore di lavoro o committente. La fattura deve **riportare** il nome del **cliente effettivo** nel campo "identificativi fiscali" (ris. n. 87/E/2017). Di conseguenza il nome del fruitore andrà indicato nella descrizione della fattura.
Analogamente, nel caso di cessioni di beni o prestazioni di servizi interamente **a favore di privati consumatori** che provvedono congiuntamente al pagamento della parcella, occorre riportare il nome di uno solo degli acquirenti nel campo "identificativi fiscali", gli altri nella descrizione della fattura.
Infine, si precisa che l'Amministrazione non ha ritenuto plausibile l'emissione di una sola fattura cointestata nel caso B2B (ris. n. 87/E/2017). Ciò obbliga all'emissione di tante fatture pro quota, quanti sono i debitori. Di contro è possibile l'emissione di fatture cointestate nel caso **B2C.** Conseguentemente, in occasione dell'invio della fattura elettronica a SdI nel macroblocco "Cessionario-Commit-

tente" si indicano i dati di uno solo dei cointestatari (ris. n. 87/E/2017), mentre nel campo "Dati Generali" si inseriscono i Codici fiscali e i dati di tutti i cointestatari.

Per la **descrizione** della qualità dei **beni**, non sono accettabili descrizioni generiche oppure tali da ricomprendere una vasta categoria di beni similari. Neppure può essere ammessa l'indicazione del mero codice del prodotto neppure se la fattura sia accompagnata dal listino descrittivo, salvo che la legenda chiarificatrice non faccia parte essa stessa della fattura (ad esempio stampandola sul retro).

Qualora la cessione riguardi una pluralità di beni soggetti ad **aliquote diverse** (ad esempio i cesti natalizi), deve essere effettuata una **distinta indicazione** della base imponibile con riferimento a ciascuna di esse.

In alternativa, occorre predisporre un prospetto con la descrizione generica della confezione ceduta e del prezzo complessivo, con indicazione dei diversi imponibili che lo compongono, delle aliquote e delle imposte relative. Tale prospetto deve essere depositato presso l'Agenzia delle Entrate competente territorialmente rispetto alla sede sociale e, in tal caso (circ. n. 19/E/1992):

- copia del prospetto va inviata per conoscenza al competente Comando di Polizia Tributaria ed ai clienti dell'impresa;
- la fattura deve riportare il tipo di confezione, il prezzo complessivo, gli imponibili alle varie aliquote, le imposte corrispondenti e gli estremi dell'autorizzazione. Per prassi, è possibile applicare a tutto il bene composto, l'aliquota più elevata di uno dei suoi componenti.

È possibile emettere un'unica fattura sia per tutte le **cessioni** e **prestazioni effettuate** nel **medesimo giorno** a favore del **medesimo cliente,** sia per tutte le cessioni nel medesimo mese solare a favore del medesimo destinatario.

Con riferimento alla lingua è possibile indicare le descrizioni dei beni o dei servizi in una lingua differente dall'italiano. L'emittente deve essere in grado di fornire al verificatore una traduzione eventualmente anche giurata.

È possibile esporre gli importi in una **valuta differente** da quella di conto, purché l'imposta (se ed in quanto applicabile) sia espressa anche in euro.

In caso di fatturazione interna, in **valuta diversa dall'euro**, relativa ad operazione soggetta all'imposta, l'attuale tracciato ministeriale Xml non prevede l'indicazione dell'imposta anche in valuta. È consigliabile convertire l'importo in euro e indicarlo come tale nel file Xml che sarà trasmesso tramite il Sistema di Interscambio, e riportare il valore della prestazione in valuta estera in un campo diverso del tracciato come informazione aggiuntiva.

Titolo di non applicazione dell'imposta	
Operazione	**Indicazione in fattura**
Cessioni gratuite ed autoconsumo (art. 2, D.P.R. n. 633/1972)	Autofattura
Cessioni di beni in transito o depositati in luoghi soggetti a vigilanza doganale (art. 7-bis, c. 1, D.P.R. n. 633/1972)	Operazione non soggetta
Cessioni e prestazioni escluse per carenza del presupposto territoriale (artt. da 7 a 7 septies, con esclusione di quelle *ex* art. 10, D.P.R. n. 633/1972, nn. 1), 4) e 9)) a favore di soggetti stabiliti nella UE	Inversione contabile
Come sopra, ma nei confronti di soggetti extra UE	Operazione non soggetta
Operazioni non imponibili (artt. 8, 8-bis, 9, 38-quater, D.P.R. n. 633/1972)	Operazione non imponibile
Operazioni esenti (art. 10, D.P.R. n. 633/1972), salvo art. 10, n. 6), relativo al gioco del lotto, lotterie, ecc.	Operazione esente
- Cessioni imponibili di oro da investimento, di materiale d'oro e di semilavorati di purezza pari o superiore a 325 millesimi (art. 17, c. 5, D.P.R. n. 633/1972) - subappalti edili compresa la prestazione di manodopera nei confronti di imprese edili o dell'appaltatore principale o di altro subappaltatore (art. 17, c. 6, lett. a), D.P.R. n. 633/1972) - cessioni di fabbricati imponibili per opzione (art. 17, c. 6, lett. a-bis), D.P.R. n. 633/1972)	Inversione contabile

Titolo di non applicazione dell'imposta	
Operazione	**Indicazione in fattura**
- prestazioni di servizi di pulizia, di demolizione, di installazione di impianti e di completamento di edifici (art. 17, c. 6, lett. a-ter), D.P.R. n. 633/1972) - prestazioni di servizi rese da imprese consorziate nei confronti del proprio consorzio se aggiudicatario di una commessa nei confronti di un ente pubblico verso il quale il consorzio è obbligato ad emettere fattura in regime di split payment (art. 17, c. 6, lett. a-quater), D.P.R. n. 633/1972) - cessioni di telefoni cellulari, console da gioco, tablet, PC e laptop, nonché alle cessioni di dispositivi a circuito integrato, quali microprocessori e unità centrali di elaborazione, effettuate prima della loro installazione in prodotti destinati al consumatore finale. La presente regola trova applicazione a tutte le operazioni effettuate **sino al 30 giugno 2022** (art. 17, c. 6, lett. b) e c), D.P.R. n. 633/1972) - trasferimenti di quote di emissioni di gas ad effetto serra La presente regola trova applicazione a tutte le operazioni effettuate sino al 31 dicembre 2018 (art. 17, c. 6, lett. d-bis), D.P.R. n. 633/1972) - trasferimenti di altre unità utilizzabili dai gestori e di certificati relativi al gas e all'energia elettrica. La presente regola trova applicazione a tutte le operazioni effettuate sino al 31 dicembre 2018 (art. 17, c. 6, lett. d-ter), D.P.R. n. 633/1972) - cessioni di gas e di energia a soggetti passivi IVA rivenditori. La presente regola trova applicazione a tutte le operazioni effettuate sino al 31.12.2018 (art. 17, 6 lett. d-quater, D.P.R. n. 633/1972) - Operazioni individuate da apposito Decreto ministeriale (art. 17, c. 7, D.P.R. n. 633/1972)	
Acquisti di beni e/o servizi da soggetti extra UE (art. 17, c. 2, D.P.R. n. 633/1972)	Autofattura
Acquisti di prodotti agricoli da soggetti esonerati (art. 34, c. 6, D.P.R. n. 633/1972)	Autofattura
Acquisti di beni da San Marino o Città del Vaticano (art. 71, D.P.R. n. 633/1972)	Autofattura
Aggi ai rivenditori di documenti di viaggio (art. 74, D.P.R. n. 633/1972)	Autofattura
Operazioni effettuate da Agenzie di viaggio in regime speciale (art. 74-ter, D.P.R. n. 633/1972)	Regime del margine - Agenzie di viaggio
Cessioni di rottami ed altri materiali di recupero (art. 74, D.P.R. n. 633/1972)	Inversione contabile
Provvigioni dalle agenzie di viaggio a favore dei propri intermediari (art. 74-ter, D.P.R. n. 633/1972)	Autofattura
Cessioni intracomunitarie di beni e/o servizi (art. 46, D.L. n. 331/1993)	Operazione non imponibile
Operazioni triangolari comunitarie ove il fornitore nazionale (promotore) acquista da fornitore UE incaricando quest'ultimo di consegnare direttamente i beni in altro Paese UE	Indicare il debitore d'imposta
Estrazione di beni dai depositi IVA (art. 50-bis, D.L. n. 331/1993)	Autofattura
Operazioni soggette ai regimi del margine (D.L. n. 41/1995)	Beni usati Oggetti d'arte Oggetti d'antiquariato e di collezione
Nel caso di opzione del regime "IVA per cassa" da parte dei soggetti con volume d'affari non superiore a 2 milioni di euro	IVA per cassa - art. 32-bis, D.L. n. 83/2012

IVA

46.7. FATTURA IMMEDIATA

È considerata **fattura immediata** quella emessa al **momento** di **effettuazione dell'operazione (nella stessa giornata)**. Per le fatture emesse a partire dal 1° luglio 2019, la fattura immediata può essere emessa entro 12 giorni dalla data di effettuazione dell'operazione. Questa regola è applicabile sia alle fatture elettroniche, sia a quelle analogiche o elettroniche che non transitano via SdI (D.L. n. 34/2019) (➔**98.8.**). Sempre nel caso delle fatture analogiche o elettroniche extra SdI occorre riportare in fattura sia la data di emissione della fattura, sia quella di effettuazione dell'operazione ai sensi dell'art. 6 del D.P.R. n. 633/1972.

> Qualora il dodicesimo giorno dall'effettuazione dell'operazione cada in giorno di sabato o festivo, **non è applicabile il rinvio al primo giorno lavorativo successivo.** Ciò in quanto l'emissione della fattura (**cartacea od elettronica**) non rientra tra gli adempimenti che il contribuente deve assolvere nei confronti dell'Amministrazione finanziaria, bensì tra gli obblighi contrattuali con la controparte affinché quest'ultima possa detrarre l'imposta (risposta a interpello n. 129/2020).

Per altro, a partire **dal 1° luglio 2019** (art. 11, c. 2, D.L. n. 119/2018), la data di emissione della fattura elettronica è individuata da quella della trasmissione a SdI. Anche in questa ipotesi, la trasmissione della fattura elettronica immediata è considerata tempestiva se lo è entro 12 giorni dall'effettuazione dell'operazione (art. 6, D.P.R. n. 633/1972).
In proposito l'Agenzia delle Entrate (circ. n. 14/E/2019) ha fornito i seguenti esempi chiarificatori:
- cessione di beni: 28 settembre;
- la fattura elettronica immediata potrà essere emessa (ossia trasmessa a SdI):
  - il 28 settembre. In questo caso "data operazione" e "data di emissione" coincidono. In fattura, nel campo "data" si indica: 28 settembre;
  - entro i 12 giorni successivi al 28 settembre. Per esempio: 8 ottobre. In fattura, nel campo "data" sarà indicato sempre: 28 settembre ossia la data dell'operazione;
  - generata e trasmessa a SdI in uno qualsiasi dei 12 giorni successivi al 28 settembre. Anche in questa ipotesi nel campo "data" della fattura si indica sempre 28 settembre, ossia la data di effettuazione dell'operazione.

In altri termini, nella fattura deve sempre essere indica la data dell'operazione, mentre la data di emissione è valorizzata direttamente da SdI all'atto della trasmissione del file al sistema (risposta a interpello n. 129/2020).
Per completezza, la fattura andrà sempre annotata nel registro IVA vendite entro il giorno 15 del mese successivo (nell'ipotesi: 15 ottobre) con riferimento allo stesso mese di effettuazione dell'operazione (settembre) e l'imposta sarà liquidata il giorno 16 ottobre con riferimento a settembre.
In caso di **pagamento anticipato**, anche solo parziale rispetto al totale del corrispettivo, dal 1° luglio 2019 la fattura elettronica deve riportare anche la data in cui è corrisposto parte il corrispettivo servizio sempreché tale data sia diversa dalla data di emissione della fattura.
Occorre distinguere tra (art. 21, c. 4, lett. a), D.P.R. n. 633/1972):
- cessioni di beni;
- prestazioni di servizi.

Le cessioni di beni, al pari delle prestazioni di servizio, se poste in essere nell'arco di un mese solare nei confronti del medesimo destinatario, possono essere riepilogate in un'unica fattura (➔**46.14.**).

IVA

46.7.1. Cessioni di beni

Una fattura creata mediante uno strumento elettronico che ne consenta la mera trasmissione per posta elettronica (e comunque al di fuori del sistema SdI) è pur sempre considerata una fattura "cartacea".
Se la consegna o spedizione è comprovata dal **documento di trasporto (DDT)** (➔**46.8.**), la fattura può essere emessa entro il **giorno 15** del **mese successivo** alla **consegna** o spedizione.
Ai fini della **liquidazione** dell'imposta, però, non rileva il mese di emissione della fattura differita, bensì quello, anteriore, di consegna o spedizione dei beni.
Quest'ultima condizione riduce di molto l'eventuale utilità della fatturazione differita (➔**46.8.**), in quanto non sposta la liquidazione del tributo. Resta la sua utilità come riepilogo di tutti i beni spediti (con DDT) al medesimo cliente nell'arco del medesimo mese, oppure nell'ipotesi di triangolazioni interne (per il computo corretto dei 12 giorni vedasi (➔**46.7.**)).

Prestazioni di servizi 46.7.2.

Le disposizioni IVA stabiliscono che le prestazioni di servizi si considerano effettuate, in assenza di emissione anteriore di fattura, all'atto del pagamento del servizio (art. 6, c. 3, D.P.R. n. 633/1972), mentre per quelle transnazionali esse si considerano al momento della ultimazione delle stesse.
Peraltro, una lettura dell'art. 6, c. 3, D.P.R. n. 633/1972 che possa portare a ritenere che il presupposto oggettivo dell'imponibilità si verifichi solo con il pagamento totale o parziale del corrispettivo si rivelerebbe in contrasto con la disciplina comunitaria (artt. 62. 63, 66, direttiva n. 2006/112/CE).
La direttiva n. 2006/112/CE, infatti, distingue tre momenti:

a. il fatto generatore (➡41.3.);
b. l'esigibilità dell'imposta (➡41.3.) che nel caso delle prestazioni di servizi viene a coincidere con il fatto generatore;
c. il pagamento.

Ne deriva che identificare il momento di effettuazione di una prestazione di servizi con quello del rilascio di una fattura o dell'incasso del corrispettivo e non con l'esecuzione della prestazione, sarebbe in palese inconciliabile contrasto con la disciplina comunitaria.
Pertanto, una corretta lettura dell'art. 6, c. 3 deve essere necessariamente intesa che con il conseguimento del corrispettivo coincide non l'evento generatore del tributo, bensì (solo per esigenze di semplificazione funzionale alla riscossione) solo la sua condizione di esigibilità, ed estremo limite temporale per la fatturazione (Cass., SS.UU., n. 8059/2016).

> In sintesi, anche per le prestazioni di servizio il momento generatore dell'imposta non è il pagamento del corrispettivo, bensì il materiale espletamento dell'operazione.

Per regola generale, la fattura per le prestazioni di servizio dovrebbe essere emessa non oltre il momento del pagamento sia esso anticipato o meno rispetto alla conclusione. Nel caso di prestazioni di servizi generici effettuati nei confronti di soggetti passivi non residenti (UE od extra UE) rileva non già il pagamento, bensì l'ultimazione della prestazione (➡43.2.2.).
In caso di **pagamento anticipato**, anche solo parziale rispetto al totale del corrispettivo, dal 1° luglio 2019 la fattura elettronica deve riportare anche la data in cui è corrisposto parte del corrispettivo servizio, sempreché tale data sia diversa dalla data di emissione della fattura.
Dal 1° luglio 2019 la fattura può essere emessa entro 12 giorni dall'effettuazione dell'operazione (art. 21, D.P.R. n. 633/1972) (per il computo corretto dei 12 giorni vedasi (➡46.7.)).

> Se, ad esempio, l'incasso del corrispettivo avviene il 25 settembre, la fattura può essere emessa il giorno stesso dell'incasso (25 settembre) o anche successivamente purché la trasmissione a SdI avvenga entro il dodicesimo giorno dall'incasso (7 ottobre). Nel campo "Data" del file XML va indicato il giorno di effettuazione dell'operazione (che in questo esempio è il 25 settembre). Nel caso di fatturazione anticipata rispetto all'incasso, la trasmissione a SdI dovrebbe essere consentita nei 12 giorni successivi alla data dell'emissione della fattura anticipata e questo termine andrebbe indicato nel campo "Data" del file XML.

È possibile emettere fattura differita entro il giorno 15 del mese successivo anche per i servizi resi in Italia se scambiati tra le medesime parti nell'arco di un mese solare e i servizi generici resi nei confronti di soggetti UE.

Condizioni

Le prestazioni di servizio interne devono essere individuabili attraverso idonea documentazione ed effettuate nei confronti del medesimo soggetto nel corso dello stesso mese solare e la fattura differita deve recare il dettaglio delle operazioni effettuate.
Indipendentemente dalla tipologia di documentazione (contratto, lettera di incarico, nota consegna lavori, relazione professionale, ecc.), è sufficiente che da essa si possa **individuare** con certezza (circ. n. 18/E/2014):

- la **prestazione** eseguita;
- la **data** dell'effettuazione;
- le **parti** contraenti.

L'Agenzia delle Entrate ha chiarito che le cosiddette **fatture proforma od avvisi di parcella** che i professionisti sono soliti consegnare al cliente prima dell'emissione della fattura elettronica, sono da considerare "**idonea documentazione**" e come tali consentono l'emissione della fattura elettronica differita per servizi entro il giorno 15 del mese successivo all'effettuazione dell'operazione come disposto dall'art. 6 del D.P.R. n. 633/1972 (FAQ 27 novembre 2018, n. 22).

IVA

46.8. FATTURA DIFFERITA - DOCUMENTO DI TRASPORTO (DDT)

46.8.1. Fattura differita

La fatturazione differita è lo strumento che consente al cedente o prestatore di un servizio di emettere fattura in un momento successivo rispetto al momento di effettuazione dell'operazione. Si ricorda che con l'entrata in funzione generalizzata della fatturazione elettronica (➔46.13.) **la data di emissione** (riportata nel "campo data" della sezione "Dati generali" del file) viene a coincidere con **la data di effettuazione** dell'operazione. La fattura è emessa entro 12 giorni dall'effettuazione dell'operazione (art. 6, D.P.R. n. 633/1972) per la **trasmissione** del file a SdI.
Anche con l'introduzione della fatturazione elettronica è possibile emettere fatture (elettroniche) differite da emettere come di consueto **entro** il **giorno 15** del **mese successivo** a quello di effettuazione dell'operazione (➔98.7.). Ancora una volta la liquidazione dell'imposta rileverà con riferimento al momento di effettuazione dell'operazione.

> Se, ad esempio, la cessione di beni e l'emissione di DDT avviene nella medesima data 19 marzo 20XX, l'emissione della fattura elettronica differita deve avvenire il 15 aprile 20XX (con data del documento 15 aprile 20XX).
> L'IVA relativa concorre alla liquidazione del tributo relativa al mese di marzo 20XX.

Sul tracciato XML delle fatture differite, nel campo "data" si indica la data del **DDT** o di altro documento di trasporto. La registrazione e liquidazione dell'imposta decorrono da tale data. Qualora nello stesso mese a fronte del medesimo cliente fossero stati emessi più documenti di trasporto, sul tracciato può essere indicata la data dell'**ultimo DDT** (circ. n. 14/E/2019). In proposito, Assosoftware aveva affermato che, in presenza di una pluralità di documenti di trasporto tutti emessi nell'arco del medesimo mese e nei confronti del medesimo cliente, è possibile utilizzare anche la data di fine mese e non necessariamente quella dell'ultimo DDT (soluzione confermata dalla risposta a interpello n. 389/2019).
L'Agenzia delle Entrate ha fornito alcuni esempi chiarificatori in tema di fatturazione differita (circ. n. 14/E/2019 e risposta a interpello n. 389/2019):

- unico DDT datato 20 settembre 20XX con effettuazione dell'operazione 20 settembre 20XX; in questo caso la fattura elettronica potrà essere emessa entro il giorno 15 ottobre, ma riporterà come data nel tracciato XML: 20 settembre 20XX data di effettuazione dell'operazione. L'annotazione della fattura nel registro IVA vendite deve avvenire entro il giorno 15 del mese successivo all'emissione, quindi entro il 15 ottobre, mentre la liquidazione dell'imposta andrà effettuata entro il 16 ottobre;
- pluralità di cessioni effettuate nei confronti dello stesso soggetto. Consegne: 2, 10, 28 settembre. Si vuol emettere un'unica fattura; in questo caso la fattura elettronica potrà essere emessa al massimo entro il giorno 15 del mese di ottobre. Nel campo "data" della sezione dati generali del file verrà valorizzata:
- con un giorno qualsiasi tra il 2 settembre ed il 15 ottobre, qualora la data di predisposizione del documento sia contestuale a quello di invio a SdI (data emissione;
- con la data di almeno una delle operazioni (preferibilmente con la data dell'ultima operazione.

Ulteriore precisazione riguarda i più ampi termini di emissione della fattura così come disposto da una serie di norme speciali. Queste non vengono intaccate dalle disposizioni in commento. Si prendano ad esempio i maggiori termini previsti per le operazioni effettuate per il tramite di sedi secondarie o di altre sedi che non sono abilitate alla fatturazione; i contratti estimatori ovvero nel caso di eredi di un professionista (art. 35-bis, D.P.R. n. 633/1972). Per tali operazioni la fattura può essere emessa e registrata entro il mese successivo a quello di effettuazione dell'operazione.
La fattura cosiddetta differita rappresenta una **modalità alternativa** rispetto alla fattura immediata quando i beni siano destinati ad essere trasportati scortati da un documento di trasporto. Originariamente la fattura differita consentiva lo slittamento di un mese rispetto all'ordinaria liquidazione. Tale posticipazione non è più ammessa in quanto ora non rileva il mese di emissione della fattura differita, bensì quello, anteriore, di consegna o spedizione dei beni.
In ogni caso, la fattura differita deve essere emessa **non oltre il giorno 15 del mese successivo** rispetto a quello di consegna o spedizione o a quello di effettuazione delle prestazioni nel caso di servizi resi in Italia se scambiati tra le medesime parti nell'arco di un mese solare e di servizi generici resi nei confronti di soggetti UE.

IVA

Pluralità di prestazioni di servizi erroneamente ritenuta rientrante nell'ambito delle fatture differite

Le disposizioni che consentono di emettere un'unica fattura riepilogativa-differita, per documentare le prestazioni di servizi rese nel mese, si riferiscono esclusivamente a quelle prestazioni per le quali si sia verificata l'**esigibilità** dell'imposta.

Nel caso delle prestazioni di servizio, qualora il **pagamento** del corrispettivo **non** si sia ancora **verificato** (ovvero uno degli altri momenti quali, ad esempio, prestazioni di servizio ad uso personale o a titolo gratuito per finalità estranee *ex* art. 3, c. 3, primo periodo, D.P.R. n. 633/1972, oppure prestazioni di servizio generiche effettuate da non residenti a favore di soggetti qui stabiliti o prestazioni di servizio non generiche effettuate da soggetti stabiliti in Italia a favore di soggetti non residenti *ex* art. 6, c. 6, D.P.R. n. 633/1972), ma avverrà solo successivamente all'emissione della fattura riepilogativa, **non si può parlare di fatturazione differita.** Qui il momento impositivo - quello nel quale la prestazione si considera effettuata e l'imposta esigibile - coincide con l'emissione della fattura (che costituisce anche la data da indicare nel campo "data" della sezione "dati generali").

Conseguentemente, non si possono applicare le regole della fatturazione differita, bensì quelle della **fatturazione ordinaria.**

Se, ad esempio, nel mese di settembre dell'anno XXXX sono stati emessi più documenti, la fattura può essere emessa:

- il 30 settembre con trasmissione al massimo entro i 12 giorni successivi e la relativa imposta affluirà nella liquidazione di settembre;
- anche in una data diversa, per esempio 1° ottobre. In questo caso, detta data costituisce il momento dell'esigibilità dell'imposta ed il documento trasmesso al massimo entro il giorno 13, ma l'imposta parteciperà alla liquidazione del mese di ottobre (risposta a interpello n. 389/2019).

Anche la **fattura elettronica differita** deve riportare i nuovi codici introdotti dalle specifiche tecniche di cui al provvedimento direttoriale del 28 febbraio 2020, n. 99922; in particolare:

Codice	Descrizione
TD24	Fattura differita normale (art. 21, c. 4, terzo periodo, lett. a), D.P.R. n. 633/1972)
TD 25	Fattura superdifferita per triangolazioni interne (art. 21, c. 4, terzo periodo, lett. b), D.P.R. n. 633/1972)

Il Provv. 20 aprile 2020 ha modificato i termini di utilizzo obbligatorio dei codici sopra riportati.

In particolare, dal **1° gennaio 2022** devono essere utilizzate esclusivamente le specifiche Tecniche versione 1.7 del Provv. 28 ottobre 2021, n. 293384/2021.

Per un esame completo si veda (➡**46.13.**).

È consentita l'emissione della fattura entro **la fine del mese successivo** all'effettuazione dell'operazione (D.M. 18 novembre 1996) qualora questa sia stata effettuata:

- da sedi secondarie non abilitate all'emissione di fatture,
- nell'ambito di contratti estimatori,
- in conseguenza di passaggi di beni dal committente al commissionario,
- al verificarsi delle condizioni che determinano il prezzo nel caso di cessioni di beni con prezzo da determinare.

CASO 3 - Cessione con trasporto

Cessione con trasporto 5 giugno.

- il DDT è datato 5 giugno;
- la fattura differita può essere emessa e datata non oltre il giorno 15 luglio;
- annotata e registrata nel registro delle fatture emesse di luglio;
- concorre alla liquidazione del mese di giugno o, nel caso di contribuente trimestrale, alla liquidazione del secondo semestre.

Triangolazioni interne

Nessuna modifica ha riguardato la cosiddetta triangolazione interna ove il secondo cedente/primo acquirente può emettere fattura entro il mese successivo a quello di consegna/spedizione da parte del primo cedente al cliente finale. In questa ipotesi, il **secondo cedente/primo acquirente** può effettivamente **beneficiare** dello **slittamento** di un mese della liquidazione dell'imposta (art. 21, c. 4, lett. b), D.P.R. n. 633/1972).

CASO 4 - Triangolazione interna

A, primo cedente:

- emette alla spedizione DDT con data 5 giugno per la consegna al cliente C di beni per conto del secondo cedente/primo acquirente B;
- emette fattura differita verso B in data 14 luglio;
- annota la fattura nel registro delle fatture emesse del mese di luglio, ma
- la fattura partecipa alla liquidazione di giugno.

B, secondo cedente/primo acquirente:

- emette fattura differita verso il cliente finale C in data 29 luglio, riportando gli estremi del DDT di A;
- annota la fattura nel registro delle fatture emesse di luglio;
- la fattura partecipa alla liquidazione di luglio. Ossia con riferimento al medesimo mese dell'annotazione.

Anche gli esercenti **commercio al dettaglio**, di regola esonerati dall'emissione della fattura se non richiesta dal cliente al momento dell'effettuazione dell'operazione, possono emettere fattura differita. In questo caso il Documento di trasporto (➡**46.8.2.**) può essere sostituito dal documento commerciale opportunamente integrato. In tale ipotesi, i corrispettivi certificati da documento commerciale vanno scorporati dal totale giornaliero.

Fatturazione differita per servizi

La fatturazione differita può essere utilizzata non solo per le cessioni di beni, ma anche nel caso di prestazioni di servizi. Nel campo descrizione occorre indicare in dettaglio la tipologia dei servizi eseguiti e, soprattutto, il riferimento ad idonea documentazione che possa attestare quanto eseguito (lettera di incarico, contratto, nota consegna lavori, data di effettuazione della prestazione, ecc.).

46.8.2. Documento di trasporto

Il **documento di trasporto (DDT)** è un documento contabile che, ai fini IVA, consente:

- di emettere **fattura differita**;
- di costituire **mezzo di prova** oltre che per la cessione dei beni trasportati, anche e soprattutto per dimostrare il titolo per il quale beni vennero consegnati ad un terzo a titolo non traslativo della proprietà (conto visione, prova, deposito, lavorazione e simili) (➡**43.6.1.**).

La **forma** del documento è libera secondo le necessità dell'emittente, ma deve almeno:

- essere emesso in **duplice esemplare**;
- contenere le **generalità** e residenza dei **soggetti** interessati;
- indicare il **numero progressivo** del documento stesso, eventualmente anche con distinte serie;
- indicare **data di consegna** o spedizione che può essere anche successiva alla data di formazione del documento;
- generalità del **vettore** compresa la sua Partita IVA se il trasporto è effettuato da un terzo;
- specificare la **natura**, **qualità** e **quantità** dei **beni** trasportati;
- contenere eventuali **clausole** non traslative della proprietà dei beni trasportati;
- contenere l'eventuale indicazione che la consegna viene effettuata per conto e su disposizione di **altro acquirente** (cosiddette operazioni triangolari).

Al DDT è equiparabile qualsiasi documento (nota di consegna, lettera di vettura, polizza di carico, ecc.) purché ne rispetti il contenuto essenziale sopra indicato. Anche la scheda di trasporto (documento obbligatorio nel caso di trasporto per conto terzi) può sostituire il DDT purché integrata con gli ulteriori dati previsti dal DDT. Il DDT può essere validamente sostituito da una fattura immediata, sia essa elettronica o cartacea, in quanto essa può anche scortare i beni durante il tragitto verso la destinazione (circ. n. 8/E/2020). È chiamata anche fattura accompagnatoria e riassume sia tutti i dati delle fatture immediate, sia gli elementi qualificanti tali da poter validamente sostituire il DDT.

Il DDT **non deve indicare i prezzi** dei beni trasportati **né**, tanto meno, **l'IVA**. Qualora il DDT contenesse anche questi dati assumerebbe valore di fattura in caso di accertamento.
Sebbene non più previsto, è opportuno che la fattura differita indichi il numero del DDT relativo.
Il DDT **può** anche **non scortare** i **beni trasportati**, ma essere inviato, non oltre il giorno di consegna, con altro mezzo (posta, e-mail, fax, DDT elettronico), nel qual caso permane il diritto alla fatturazione differita.

DDT elettronico

Per sua natura, il DDT elettronico non può mai scortare i beni trasportati. È opportuno che il trasportatore abbia con sé una **dichiarazione scritta** da parte del venditore con la quale attesti che i DDT

IVA

sono emessi solo in formato elettronico e viene garantita la possibilità di accesso e verifica dell'archivio elettronico ove gli stessi sono custoditi.

DDT ed esportazioni

Il documento di trasporto **non consente** la **fatturazione differita** in caso di esportazione dei beni perché, ai fini doganali, occorre esibire la fattura al momento dell'attraversamento della frontiera comunitaria.

Se presentato in Dogana e ivi vistato con l'indicazione degli estremi del DAU, il DDT può:

- essere **integrato** dalla Dogana con l'indicazione dell'uscita dei beni dalla UE;
- essere **conservato** insieme al DAU vistato dalla Dogana di uscita.

Ciò è sufficiente a provare l'effettiva uscita della merce dal territorio comunitario e giustificare l'emissione della fattura in regime di non imponibilità.

DDT e cessioni intracomunitarie

In caso di cessioni intracomunitarie è ammessa la fatturazione differita purché sia stato emesso il relativo DDT. Può essere utile ed opportuna la sua emissione soprattutto nei casi di triangolazione.

CASO 5 - Triangolazione intracomunitaria

Si consideri il seguente schema:

- IT primo cedente vende ad altro IT primo acquirente/secondo cedente;
- su ordine di IT primo acquirente, IT primo cedente consegna direttamente i beni al secondo acquirente UE.

In questa situazione **l'utilizzo del DDT si dimostra vantaggioso** perché consente a IT primo cedente di fatturare in regime di non imponibilità sebbene IT primo acquirente sia residente in Italia. Il DDT indica che il trasporto è stato effettuato verso un Paese UE su incarico di IT primo acquirente.

FATTURA ANTICIPATA 46.9.

Il momento di effettuazione di un'operazione può sorgere anche in un momento precedente rispetto a quanto, di regola, è previsto per le cessioni di beni e per le prestazioni di servizio.

Qualora per qualunque ragione, indipendentemente od antecedentemente:

- alla consegna o spedizione dei beni mobili,
- alla stipula per gli immobili,
- al pagamento del corrispettivo di un servizio, ecc.,

sia stata **emessa fattura**, l'**operazione** sottostante si considera comunque **rilevante** agli effetti dell'IVA, che diventa esigibile nei limiti dell'importo fatturato. Anche in caso di fatturazione elettronica anticipata trovano applicazione le regole illustrate nei paragrafi precedenti.

Eccezione

La regola generale è derogata nel caso di **prestazioni per servizi generici** (art. 7-ter, D.P.R. n. 633/1972) resi o ricevuti da operatori esteri, che si considerano effettuati:

- alla data della loro ultimazione (➡43.2.2.) e (➡51.7.1.);
- alla data di eventuali pagamenti parziali o totali eseguiti antecedentemente.

Ne deriva che l'**emissione anticipata** della fattura è **irrilevante**.

FATTURA EMESSA PER CONTO DEL FORNITORE 46.10.

Sebbene, come regola generale, la fattura debba essere emessa dal soggetto passivo IVA, cioè colui che cede un bene o presta un servizio, è prevista la possibilità di emissione della fattura da parte di un terzo per conto del fornitore (c.d. "fatturazione in **outsourcing**").

Il soggetto terzo può essere:

- il cliente;
- un terzo stabilito in Italia;
- un terzo stabilito all'estero.

Questa prassi, sebbene non comune, consente di soddisfare esigenze di **semplificazione** ottimizzando le incombenze legate alla fatturazione e garantendo l'**uniformità** della gestione contabile.

È generalmente adottata da grandi società che "impongono" i propri standard a fornitori di piccole/medie dimensioni, nonché nei rapporti tra mandante e mandatario.

La fatturazione in outsourcing trova discreta diffusione nei gruppi societari ove una delle società aderenti si assume l'incarico di prestare servizi di natura amministrativa a favore delle altre società.

È stato precisato che (circ. n. 45/E/2005):

- il cedente o prestatore deve preventivamente autorizzare il cliente o il terzo;

IVA

– entrambe le parti devono dare il consenso alle procedure di emissione da adottare;
– il cliente o terzo attribuisce alle fatture che emette per conto del cedente o del prestatore una distinta numerazione rispetto a quella che emette in qualità di fornitore;
– nell'ipotesi di emissione della fattura da parte del cliente, ovvero di un terzo non incaricato della gestione della contabilità, la fattura emessa in via elettronica va inviata a SdI, questi consegna il documento all'indirizzo telematico del cedente o prestatore (PEC o codice destinatario) riportato nella fattura stessa. È fatto salvo il caso in cui il cessionario/committente abbia utilizzato il servizio di registrazione presente nel portale Fatture e Corrispettivi messo a disposizione dall'Agenzia;
– devono essere registrate entro il giorno 15 del mese successivo a quello di emissione e con riferimento al medesimo mese (art. 21, c. 4, lett. c), D.P.R. n. 633/1972);
– in fattura, deve essere riportata l'annotazione che la stessa è emessa, per conto del cedente o del prestatore, dal cessionario o committente ovvero da un terzo.

Anche nel caso di fatturazione in outsourcing vale la possibilità di emissione del documento entro 12 giorni dall'effettuazione dell'operazione (per il computo corretto dei 12 giorni vedasi (➜46.7.)).

Incarico di outsourcing a soggetto non residente

Accordi di outsourcing possono essere stipulati anche con soggetti passivi residenti all'estero (UE o Extra UE).

Se il soggetto che si vuole incaricare risiede in un Paese extracomunitario con il quale l'Italia non abbia ancora stipulato accordi di reciproca assistenza in campo fiscale, il soggetto italiano deve preventivamente **comunicare telematicamente** all'Agenzia delle Entrate:
– i **propri dati**;
– i **dati** del **cliente** o del terzo non residente;
– le **modalità** di **fatturazione**.

Inoltre, la possibilità di poter incaricare il soggetto extra UE della propria fatturazione in outsourcing presuppone che l'operatore italiano:
– abbia iniziato l'attività da almeno 5 anni solari (decorrenti dalla data di apertura della partita IVA);
– non abbia ricevuto, nel corso dei 5 anni precedenti, atti impositivi o di contestazione di violazioni sostanziali in materia di IVA.

Incarico di outsourcing da soggetto non residente a soggetto stabilito in Italia

La esternalizzazione del processo di emissione di fatture può trovare applicazione anche a favore di **soggetti non residenti** che **operano** nel territorio nazionale **mediante**:
– **Stabile Organizzazione**, oppure
– un **rappresentante fiscale** o mediante identificazione diretta.

46.11. FATTURA IN REVERSE CHARGE

L'inversione contabile o **reverse charge** (art. 17, c. 5) e 6); art. 21, c. 6-bis ed art. 74, c. 8) e 9), D.P.R. n. 633/1972) rappresenta una deroga espressamente prevista dal D.P.R. n. 633/1972 e implica che il **cessionario/committente**, soggetto passivo residente nel territorio dello Stato, divenga **obbligato** al **versamento** dell'**imposta** al posto del cedente/prestatore nel caso di:
– specifiche operazioni tra residenti (reverse charge interno) quali, ad esempio, acquisti di rottami, di oro da investimento, di prestazioni di subappalto nel campo edile, di bancali di legno (➜50.6.), di fabbricati strumentali, di installazione di impianti e completamento di edifici, di servizi di pulizia, di cessioni di lap-top e tablet PC, trasferimenti di quote di emissioni di gas ad effetto serra, ecc. Queste operazioni in reverse charge interno sono prorogate sino al 30 giugno 2022 (art. 2, c. 2-bis, D.L. n. 119/2018);
– prestazioni d'opera (non necessariamente limitate a quelle connesse al campo immobiliare) effettuate mediante contratti di appalto, subappalto, affidamento a consorziati, o rapporti negoziali caratterizzati da prevalente utilizzo di manodopera presso le sedi di attività del committente, con utilizzo di beni strumentali di proprietà o comunque riconducibili al committente. L'obbligo del reverse charge non si applica in caso di rilascio al committente di una certificazione di regolarità fiscale, che verrà messa a disposizione dall'Agenzia delle Entrate al ricorrere di determinati requisiti di affidabilità (art. 17-bis, D.Lgs. n. 241/1997).
Questa ultima estensione del reverse charge era subordinata all'autorizzazione di deroga da parte del Consiglio UE (che ha negato tale autorizzazione con comunicazione COM (2020)243);
– cessioni e prestazioni rilevanti in Italia ove il cedente/committente sia un soggetto non residente; è obbligo del cessionario/prestatore stabilito in Italia emettere fattura in reverse charge anche se

IVA

il cedente/prestatore si sia identificato in Italia ovvero abbia nominato un rappresentante fiscale (risposta a interpello n. 11/E/2020);

- cessioni e prestazioni rilevanti in Italia ove il cedente/committente è un soggetto stabilito in Italia mentre il cessionario/committente è un soggetto non residente e senza stabile organizzazione in Italia. Il cessionari/committente deve identificarsi in Italia ovvero nominare un proprio rappresentante fiscale che assolverà l'obbligo di reverse charge (circ. n. 21/E/2016);
- cessionario/committente e cedente/committente, entrambi non stabiliti in Italia per le operazioni qui rilevanti: il reverse charge non è applicabile. Il fornitore deve assolvere agli obblighi di fatturazione IVA mediante identificazione diretta ovvero tramite rappresentante fiscale.

Regola

Il **fornitore** se stabilito in Italia (reverse charge interno Tipo documento TD16) provvede all'emissione della fattura elettronica (con Codice natura: da N6.1 a N6.9 regime di inversione contabile a seconda della tipologia dell'operazione) (➡**46.13.**) che non contiene l'addebito dell'imposta. La fattura va annotata nel **registro delle vendite**.

L'**acquirente** o **committente** è tenuto ad integrare la fattura (analogica o elettronica extra SdI) ricevuta con l'applicazione dell'imposta e, successivamente, provvede alla liquidazione dell'imposta previa annotazione della fattura integrata sui **registri** delle **vendite** (entro il mese di ricevimento ovvero anche successivamente, ma comunque **entro il giorno 15 del mese successivo** a quello di emissione e con riferimento al medesimo mese) (➡**46.26.**) (➡**98.4.**). Non necessita di alcun invio a SdI.

In considerazione del fatto che le fatture elettroniche non sono modificabili, in caso di fattura elettronica ricevuta in regime di reverse charge interno, l'acquirente/committente, senza necessità di procedere alla materializzazione del documento può effettuare l'integrazione predisponendo un altro documento, da allegare al file della fattura, contenente i dati richiesti per soddisfare l'integrazione nonché gli estremi della fattura in questione. Detto documento può, se si vuole, essere inviato a SdI (circ. 2 luglio 2018, n. 13/E). In tal caso i dati del cessionario/committente sono da inserire tanto nella sezione "dati del cedente/prestatore" quanto in quella "dati del cessionario committente".

In sostanza in queste situazioni l'acquirente o committente assume la figura di debitore d'imposta (➡**42.4.**).

In caso di mancato esercizio dell'inversione contabile per errore da parte del cedente/prestatore che ha provveduto al versamento dell'imposta addebitata in rivalsa al cessionario, l'Amministrazione finanziaria nega a quest'ultimo il diritto alla detrazione dell'imposta, ma al contribuente non può essere negato il diritto di chiedere il rimborso direttamente all'Agenzia delle Entrate e non al venditore qualora ciò risulti particolarmente difficoltoso a causa dell'insolvenza del venditore (Corte di Giustizia UE 26 aprile 2017, causa C-564/15). Qualora il cedente/prestatore si avveda dell'errore prima del versamento dell'imposta può rimediare mediante una nota di credito a storno totale della fattura errata e contemporanea emissione di fattura senza esposizione dell'IVA e con la consueta dicitura "inversione contabile".

Se l'operazione posta in essere nei confronti di:
- una **PA**,
- altro **Ente pubblico**,
- società soggette alla scissione dei pagamenti,

ricade nel regime di reverse charge, non è più applicabile lo split payment; a tal fine, è però richiesto, nel caso di ente non commerciale, che quest'ultimo abbia acquistato il bene o servizio nell'ambito dell'attività commerciale (➡**46.12.**). Tra split payment e reverse charge, infatti, vige il principio di alternatività in base al quale "nelle ipotesi in cui l'operazione di acquisto rientri in una delle fattispecie riconducibili nell'ambito applicativo dell'inversione contabile, c.d. reverse charge, non si applica la scissione dei pagamenti" (art. 17-ter, c. 1, del D.P.R. n. 633/1972 e circ. n. 15/E/2015).

IVA

Ambito di applicazione 46.11.1.

Reverse charge tra residenti (reverse charge interno o domestico)

Il meccanismo dell'inversione contabile trova applicazione tra soggetti passivi d'imposta stabiliti in Italia alle operazioni riportate nella tabella che segue.

Operazione	Note esplicative
Cessione di oro e argento industriale	Trattasi di oro grezzo e prodotti semilavorati di purezza pari o superiore a 325 millesimi, destinati a successive lavorazioni. L'oro usato ceduto per essere trasformato o fuso è considerato oro industriale. L'oro marcato "a norme CE" è considerato oro finito non soggetto a reverse charge[1]. Argento in lingotti o grani solo se di purezza pari o superiore a 900 millesimi.
Cessione di telefoni cellulari e dispositivi a circuito integrato (sino al 30 giugno 2022)	Dispositivi a circuito integrato quali microprocessori, CPU, componenti di PC, server ecc., ceduti ad altri soggetti d'imposta prima della loro installazione in prodotti destinati al consumatore finale per uso proprio o professionale (quindi anche se dotati di Partita IVA). Sono esclusi i componenti ed accessori dei telefoni cellulari/smartphone.
Cessione di console da gioco, tablet PC, laptop e loro componenti e accessori (sino al 30 giugno 2022)	Sono tablet PC i tablet dotati di sistemi operativi che consentano di funzionare come se fossero dei PC. Sono laptop i PC portatili. Tutte le cessioni devono essere effettuate prima della loro prima installazione in prodotti destinati al consumatore finale. Consumatore finale può essere anche un soggetto dotato di Partita IVA se li ha acquistati per uso proprio e non per commercializzazione.
Trasferimenti di quote di gas ad effetto serra Cessione di gas ed energia elettrica a soggetti rivenditori (sino al 30 giugno 2022)	Rientrano in questa fattispecie anche: - trasferimenti di quote di gas ad effetto serra che possono essere utilizzati dai gestori per adeguarsi alle direttive UE; - trasferimenti di certificati (verdi, bianchi, garanzie, ecc.) relativi a gas e a energia elettrica; - cessioni di gas ed energia elettrica a rivenditori residenti in Italia.
Pallet usati	Trattasi di bancali di legno recuperati ai cicli di utilizzo successivi al primo. I cicli di utilizzo successivi al primo si riferiscono a tutte le fasi successive alla prima immissione in commercio del pallet nuovo (➡50.6. - Rottami). Se la cessione avviene nell'ambito di una cessione di merci l'inversione non trova applicazione in quanto considerata accessoria alla vendita delle merci.
Rottami	Cessioni sia da produttori, sia dai raccoglitori e rivenditori autorizzati di rottami, cascami, avanzi di metalli ferrosi e non, carta da macero, stracci, cascami di ossa, pelli, vetri, plastica, gomma, comprese le lavorazioni atte all'ottenimento di un prodotto qualificabile come rottame. Operazioni accessorie quali il loro trasporto rientrano nell'inversione contabile.
Rapporti tra società consorziate e consorzi	Le società consorziate sono legate ai consorzi mediante mandato senza rappresentanza. Se il consorzio agisce in base ad un contratto assoggettabile a reverse charge, tale modalità trova applicazione anche nei rapporti tra società consorziate e consorzio stesso. Se il consorzio a seguito di un appalto con un ente pubblico o società rientrante nello split payment, la medesima disciplina trova applicazione in capo alla società consorziata.

Operazione	Note esplicative
Settore edile	Tutte le regole IVA connesse al settore edile sono racchiuse nel Capitolo (➔50.11.4.).

[1] I dentisti ed odontotecnici effettuando solo operazioni esenti non possono detrarre l'IVA, la quale pertanto deve essere versata nella prima liquidazione utile

Per gli **acquisti interni** per i quali l'operatore IVA italiano riceve una fattura elettronica riportante la natura da N6.1 a N6.9 a seconda del settore interessato (reverse charge *ex* art. 17, D.P.R. n. 633/1972). L'Agenzia ha chiarito che la fattura elettronica ricevuta dovrà essere integrata come di consueto e registrata sui registri *ex* artt. 23 e 25 del D.P.R. n. 633/1972. L'integrazione della fattura consiste nella predisposizione di un altro documento, contenente sia i dati necessari per l'integrazione sia gli estremi della stessa ed inviata a SDI.

Reverse charge nelle operazioni con l'estero (reverse charge esterno)

Gli obblighi relativi alle:
- cessioni di beni e
- prestazioni di servizio generiche (➔42.3.3.),

territorialmente rilevanti in Italia poste in essere da soggetti passivi residenti all'estero nei confronti di soggetti passivi stabiliti Italia, devono essere adempiuti da questi ultimi indipendentemente da dove dette cessioni o prestazioni siano state effettivamente effettuate (art. 17, c. 2, D.P.R. n. 633/1972).
Il **regime dell'inversione contabile permane** in capo al cessionario/committente anche nel caso in cui il soggetto passivo estero abbia provveduto a nominare un proprio **rappresentante fiscale** ovvero si sia **identificato direttamente** (➔52.4.).
L'introduzione della **fatturazione elettronica dal 1° gennaio 2022 trova rilevanza** anche nell'ambito di operazioni di acquisto o di prestazioni di servizio effettuate da **soggetti comunitari od extracomunitari**. Il soggetto passivo stabilito in Italia, in questi casi, procederà ad integrare la fattura UE (ovvero ad autofatturarsi nel caso di fatture extra-UE). Conseguentemente egli deve inviare a SDI una un documento in formato XML quale integrazione della fattura UE oppure dell'autofattura nel caso di fatture extraUE. Si noti che nel caso di operazioni extracomunitarie il documento può essere evitato in presenza di bolle doganali, in quanto queste sono documenti già "noti" all'Amministrazione.

In particolare, la fattura in formato XLM dovrà essere caratterizzata con il **codice documento**:
- **TD17** per l'integrazione o l'autofattura per acquisti di servizi dall'estero;
- **TD18** per l'integrazione di acquisto di beni intracomunitari;
- **TD19** per l'integrazione o autofattura che prevede l'applicazione dell'imposta da parte dei cessionari o committenti stabiliti in Italia qualora l'operazione sia posta in essere da un soggetto passivo non stabilito in Italia e qui privo di stabile organizzazione;
- **TD20** relativo all'autofattura per regolarizzazione ed integrazione delle fatture intracomunitarie non ricevute o di importo inferiore al dovuto.

Vedasi anche ➔46.13.

Se il soggetto estero opera attraverso o con la partecipazione di una Stabile Organizzazione in Italia, l'operazione deve essere intesa come totalmente effettuata in Italia, quindi è soggetta normalmente all'IVA e non più a reverse charge. Può essere il caso di un'impresa estera che cede un immobile sito in Italia a favore di un'altra impresa estera.

Reverse charge tra non residenti

L'istituto dell'inversione contabile trova applicazione anche nel caso in cui l'operazione di cessione/prestazione sia realizzata tra soggetti non stabili in Italia (ossia senza sede, filiale, Stabile Organizzazione) se dette operazioni sono ivi rilevanti.
In tale evenienza, il **cessionario/committente**, sebbene non stabilito nel territorio italiano, è **obbligato** ad applicare il regime dell'inversione contabile. Conseguentemente, egli è tenuto a identificarsi in Italia, direttamente o mediante un rappresentante fiscale (circ. 25 maggio 2016, n. 21/E) e quindi applicare la procedura precedentemente illustrata.
Operazioni con soggetti privati - Esclusione
Il meccanismo dell'inversione contabile prevede che la fattura, senza l'imposta, sia integrata dal cessionario/committente o che, se il cedente/prestatore è stabilito al di fuori della UE, sia emessa un'autofattura. Il reverse charge presuppone che il cliente sia un soggetto passivo d'imposta italiano che agisca in quanto tale, cioè che acquisti il bene o servizio nell'esercizio della propria attività economica. Conseguentemente, sono escluse le operazioni che di per sé rientrerebbero nel regime di reverse

IVA

charge, ma che sono poste in essere a favore di privati consumatori o comunque non di soggetti passivi d'imposta.
Permane comunque l'obbligo di emissione di fattura elettronica ed invio della stessa tramite SdI. Il privato consumatore riceverà direttamente dal fornitore una copia della fattura elettronica qualora non gli abbia consegnato né la propria e-mail né la propria PEC, in caso contrario quest'ultimo potrà trovare il documento nel proprio "cassetto fiscale".

46.11.2. Modalità applicative

Il **cedente**:
- emette fattura senza addebito dell'imposta indicando il Tipo documento ed il Codice natura appropriato;
- annota la fattura nel registro delle vendite sia pur senza l'indicazione dell'aliquota (ciò non pregiudica la detraibilità dell'imposta assolta a monte, entro il giorno 15 del mese successivo all'effettuazione dell'operazione).

Il **cessionario**:
- integra la fattura al suo ricevimento compilando apposita fattura in formato XML e indicando come Codice Natura: N6.9 e Tipo documento TD 19 e la invia a SDI, indicando l'aliquota e l'imposta relativa;
- annota la fattura integrata nel registro delle fatture emesse entro il mese di ricevimento, ovvero anche successivamente entro il giorno 15 del mese successivo a quello di emissione e con riferimento al medesimo mese. La fattura integrata deve essere annotata anche nel registro degli acquisti per poter detrarre l'imposta (salvo impedimenti soggettivi od oggettivi).

Fattura erroneamente emessa in regime di reverse charge

Si consideri il caso di fattura emessa erroneamente in regime di reverse charge, anziché con addebito dell'imposta. In questo caso, il fornitore/prestatore deve:
- emettere nota di credito con data relativa al mese di emersione dell'errore;
- emettere fattura correttamente assoggettata al tributo nella medesima data di cui sopra;
- inserire l'imposta a debito nella liquidazione del mese o trimestre relativo all'emissione della fattura corretta;
- versare l'imposta non applicata sulla fattura erroneamente ritenuta rientrante nel regime di reverse charge, la sanzione e gli interessi ad essa relativa con le riduzioni di cui al ravvedimento operoso se temporalmente possibile. In considerazione che l'operazione effettuata era estranea al regime dell'inversione contabile, non trova applicazione la sanzione per errata applicazione di detto regime (circ. n. 16/E/2017).

46.12. FATTURAZIONE IN "SPLIT PAYMENT"

Il regime di scissione dei pagamenti o **"split payment"**, prevede che (art. 17-ter, D.P.R. n. 633/1972):
- il **fornitore** del bene o del servizio sia obbligato ad emettere **fattura** esponendo l'**IVA** per l'operazione dallo stesso realizzata ed indicando: "Scissione dei pagamenti";
- il **cessionario** o committente (come individuato dalle disposizioni legislative) paghi al fornitore/prestatore solo il **corrispettivo** ma **non l'imposta**;
- il **cessionario o committente versi** egli stesso l'imposta addebitatagli in fattura dal fornitore **direttamente all'Erario** in occasione della prima liquidazione utile successiva al pagamento del corrispettivo (➜**98.21.**).

Il meccanismo della scissione dei pagamenti **non fa venir meno** in capo al cedente/prestatore la qualifica di **debitore d'imposta** e pertanto la responsabilità per una corretta applicazione dell'aliquota d'imposta resta sempre in carico a questi. Ciononondimeno, il cessionario o committente è tenuto ad esperire i controlli in suo potere sulla correttezza dell'operato del cedente o prestatore e pertanto è soggetto alla sanzione di cui all'art. 6, c. 8 del D.Lgs. n. 471/1997 qualora accetti una fattura irregolare (risposta a interpello 28 ottobre 2019, n. 436).

> Il 30 giugno 2020 sarebbe scaduta l'autorizzazione concessa dalla UE all'applicazione da parte dell'Italia dello split-payment, in quanto con l'avvento a regime della fatturazione elettronica esso non avrebbe più avuto senso. A seguito della richiesta italiana di un'ulteriore **proroga, il** Consiglio della UE ha accolto l'istanza concedendo la richiesta **proroga dal 1° luglio 2020 al 30 giugno 2023** (decisione 24 luglio 2020, n. 2020/1105).

Esigibilità dell'imposta 46.12.1.

L'IVA addebitata al cessionario/committente rientrante nel regime della scissione dei pagamenti è esigibile al pagamento del relativo corrispettivo (imponibile ed accessori).
Il cessionario/committente può **optare** per l'esigibilità dell'imposta prima del ricevimento della fattura o all'atto della registrazione del documento.

Soggetti interessati 46.12.2.

I cessionari o committenti, obbligati al versamento dell'imposta direttamente all'Erario, sono:

- Stato;
- Organi dello Stato ancorché dotati di personalità giuridica;
- Enti pubblici territoriali (Regioni, Province, Comuni, Comunità montane) e consorzi tra essi costituiti;
- Camere di commercio;
- Istituti universitari;
- ASL;
- Enti ospedalieri ed enti pubblici di ricovero e cura prevalentemente a carattere scientifico;
- Enti pubblici di assistenza e beneficenza;
- Enti di previdenza;
- CONI;
- Autorità indipendenti;
- Amministrazioni autonome;
- Aziende speciali;
- Società controllate di diritto e/o di fatto dalla Presidenza del Consiglio dei ministri e dai ministeri e delle società controllate da queste;
- Società controllate di diritto dalle regioni, province, città metropolitane, comuni, unioni di comuni e delle società da queste controllate;
- Società quotate ed inserite nell'indice Ftse Mib della Borsa italiana.

Dal 1° gennaio 2018, sono stati aggiunti anche i soggetti di seguito elencati (D.L. n. 148/2017):

- Enti pubblici economici nazionali, regionali e locali, comprese le aziende speciali e le aziende pubbliche di servizi alle persone;
- Fondazioni partecipate per non meno del 70% del proprio fondo di dotazione, da pubbliche amministrazioni;
- Società controllate dalla Presidenza del Consiglio dei ministri e dai ministeri;
- Società controllate direttamente od indirettamente da amministrazioni pubbliche e da enti e società già a loro volta soggette a split payment;
- Società partecipate per non meno del 70% del capitale da amministrazioni pubbliche, da enti ed altre società già a loro volta soggette a split payment;
- Società quotate che oltre ad essere inserite nell'indice Ftse Mib della Borsa italiana risultano identificate ai fini IVA.

Stante la complessità e vastità degli enti che potrebbero essere soggetti alla disciplina della scissione dei pagamenti, la circ. 17 gennaio 2018, n. 1/E ha fornito l'indirizzo del sito che ne indica l'elenco aggiornato: http: //indicepa.gov.it/documentale/ricerca.php
In ogni caso, **entro il 15 novembre di ogni anno**, il Dipartimento delle Finanze pubblica l'elenco definitivo. Le **nuove inclusioni** hanno effetto a partire dall'**anno successivo**. Il Ministero Economia e Finanza ha pubblicato - per il 2022 - l'elenco aggiornato al 20 ottobre 2021 dei soggetti verso i quali è obbligatoria l'emissione di fatture in split payment.
La circolare n. 1/E/2018 suggerisce ai fornitori di contattare preventivamente i propri clienti che potrebbero rientrare nella categoria dei soggetti obbligati allo split payment. È comunque possibile individuare i soggetti presenti negli elenchi ministeriali verso i quali è obbligatoria la fattura in split payment anche attraverso il codice fiscale relativo.
È stata espressamente prevista la possibilità di richiedere ai cessionari/committenti un attestato dal quale emerga o meno l'applicabilità del nuovo regime (D.L. n. 148/2017). Il possesso di tale attestato solleva da qualsiasi responsabilità il fornitore.
Peraltro, la circ. n. 27/E/2017 ha precisato che la previsione di cui al D.L. n. 148/2017 ha carattere meramente temporaneo, in quanto gli operatori interessati possono accedere agli elenchi definitivi pubblicati sul sito dell'Agenzia delle Entrate.

Professionisti

Anche i professionisti dovrebbero emettere fatture con il metodo della scissione dei pagamenti (D.L. n. 50/2017).

Peraltro, il **Decreto Dignità** (D.L. n. 87/2018) ha stabilito che sono **esclusi dallo split payment** i contribuenti i quali ricevono il **corrispettivo assoggettato a ritenuta** (di acconto o di imposta). Si tratta in genere di: artisti, lavoratori autonomi, professionisti, studi professionali associati.

Restano assoggettati al regime di split payment gli agenti di commercio, i mediatori, i procacciatori di affari e simili, in quanto esercenti **attività d'impresa** e non di lavoro autonomo, sebbene anch'essi assoggettati a ritenuta IRPEF (relazione del direttore delle entrate al D.L. n. 87/2018).

Gli esercenti lavoro autonomo, pertanto, emettono fattura nei confronti dei soggetti ordinariamente interessati alla scissione dei pagamenti, secondo le regole ordinarie.

Ne deriva che le fatture emesse dai professionisti nei confronti di Pubbliche amministrazioni e società soggette al meccanismo dello split payment, **evidenziano l'IVA** e questa deve, da un lato essere pagata dal cessionario/committente al fornitore professionista (o assimilato) e questi deve provvedere al suo versamento all'erario. Se la fattura (in formato elettronico) è a debito di PA, di regola il versamento dell'imposta è differito all'incasso della fattura (art. 6, c. 5, D.P.R. n. 633/1972), ma il documento deve riportare la dizione "Fattura con IVA differita" (➡46.5.). Si rammenta che il differimento del versamento del tributo non è applicabile alle società controllate da enti pubblici, né alle società quotate al Fitse Mib.

Qualora si rendesse necessaria una **variazione in diminuzione** (➡46.18.2.) di una fattura precedentemente emessa in regime di split payment, anche la nota di credito pur emessa dopo il 14 luglio 2018 verrà gestita come se fosse in regime di scissione dei pagamenti; pertanto il fornitore/prestatore del servizio non potrà portare in detrazione l'imposta, ma soltanto annotarla nel registro vendite.

46.12.3. Operazioni escluse dallo split payment

Ancorché rivolte a favore di enti e società soggetti allo split payment, sono escluse da tale disciplina:

- le cessioni effettuate da **soggetti non obbligati** all'emissione della fattura in quanto operanti in locali aperti al pubblico. In tali casi l'operazione è giustificata dal documento commerciale emesso tramite registratore telematico;
- le operazioni effettuate da soggetti che per legge **non espongono l'IVA** in fattura (es.: forfetari; soggetti al regime di vantaggio);
- la trasmissione telematica dei corrispettivi (grande distribuzione). Fatta salva l'ipotesi ove il cliente richieda espressamente la fattura;
- le operazioni giustificate mediante **fattura semplificata** (➡46.14.3.);
- le operazioni eseguite nei confronti di esportatori abituali che abbiano rilasciato lettera d'intento (➡49.) (circ. n. 27/2017);
- le operazioni soggette a **regimi particolari** che non prevedono l'esposizione dell'IVA in fattura (es.: regime del margine, editoria) (➡50.);
- le operazioni poste in essere da fornitori che applicano **regimi speciali di detrazione** (es.: agricoltura ed operazioni connesse, ma solo strettamente per le operazioni che contraddistinguono l'attività, circ. n. 27/E/2017) e il regime forfetario per gli enti non profit (➡50.);
- le operazioni di cessioni e prestazioni soggette al regime dell'inversione contabile (**reverse charge**) in quanto eseguite a favore del destinatario della fattura nella sua veste di operatore commerciale (➡46.11.1.). È compito del destinatario della fattura specificare se l'acquisizione rientri nell'attività commerciale od istituzionale. Tra split payment e reverse charge, infatti, vige il principio di alternatività in base al quale "nelle ipotesi in cui l'operazione di acquisto rientri in una delle fattispecie riconducibili nell'ambito applicativo dell'inversione contabile, c.d. reverse charge, non si applica la scissione dei pagamenti" (art. 17-ter, c. 1, del D.P.R. n. 633/1972 e circ. n. 15/E/2015):

Operazione rientrante	Reverse charge	Split payment
- Nell'ambito commerciale	SÌ	NO
- Nell'ambito istituzionale	NO	SÌ

IVA

<table>
<tr><th>Operazione rientrante</th><th>Reverse charge</th><th>Split payment</th></tr>
<tr><td>- Parzialmente nell'una e nell'altra tipologia</td><td colspan="2">Il soggetto rientrante nel regime della scissione dei pagamenti deve indicare al fornitore la quota parte del bene o del servizio acquistato da destinare alla sfera commerciale, determinata con criteri oggettivi, in relazione alla quale è applicabile l'inversione contabile, esclusa perciò dallo split payment, mentre la quota istituzionale rientra nell'applicabilità di quest'ultimo regime.</td></tr>
</table>

Qualora il gruppo IVA (➡59.) comprenda nel suo perimetro uno o più partecipanti che rientrerebbero nella disciplina dello split payment, tale regime non trova applicazione per le operazioni effettuate nei confronti del gruppo (circ. n. 19/E/2018).

In caso di pagamento mediante **compensazione e permuta** di beni e servizi (➡46.2.) occorre distinguere (circ. n. 27/E/2017):

- se l'operazione di compensazione e/o permuta interviene tra soggetti entrambi in **regime di scissione** dei pagamenti, lo split payment non opera sino all'ammontare compensato. Nel caso di permuta lo split payment non opera salvo che non sia previsto un conguaglio; in tal caso solo il conguaglio è soggetto alla scissione dei pagamenti;
- se l'operazione di permuta **senza conguaglio** interviene ove il fornitore non rientra tra i soggetti rientranti nel regime dello split payment, non trova applicazione la scissione dei pagamenti;
- se è previsto un **conguaglio in denaro** a favore del fornitore, il meccanismo trova applicazione per l'imposta relativa al saldo, ma non viceversa;
- in caso di **compensazione** di debiti e crediti totale tra un fornitore ed un cliente rientrante nello split payment, la scissione dei pagamenti torna ad essere applicata ed il cliente provvede al versamento dell'intera imposta (è consigliabile escludere dalla compensazione la parte corrispondente all'IVA addebitata in fattura).

Operazioni "miste"

Nel caso di fatture con corrispettivo parzialmente imponibile, mentre l'altra porzione è esente od esclusa, la quota imponibile è soggetta alla scissione dei pagamenti mentre l'altra porzione non lo è. Il pagamento sarà totale al netto dell'IVA afferente la porzione imponibile.

Adempimenti 46.12.4.

Acquisti istituzionali

Per gli acquisti istituzionali, a differenza di quelli rientranti nell'attività commerciale eventualmente svolta dall'ente, trova applicazione il regime della scissione dei pagamenti.

In tali situazioni:

- l'ente deve **annotare** versare l'imposta entro il giorno 16 del mese successivo a quello del pagamento del corrispettivo, senza possibilità di compensazione;
- il **versamento** può essere **eseguito**:
  - con un unico versamento cumulativo dell'imposta divenuta esigibile nel mese;
  - con un versamento per l'imposta divenuta esigibile in ciascun giorno;
  - con un versamento per l'imposta divenuta esigibile per ciascuna fattura;
- il versamento va **effettuato**:
  - dagli enti pubblici titolari di conti presso la Banca d'Italia con Mod. F24 Enti pubblici;
  - dagli enti autorizzati a tenere un conto presso banche convenzionate con l'Agenzia delle Entrate, con Mod. F24 normale;
  - dagli altri enti, sul capitolo di bilancio 1203.

Acquisti commerciali

L'ente deve **annotare** le fatture ricevute sia nel registro degli acquisti, sia in quello delle vendite, in tal modo l'IVA relativa concorre alla liquidazione del mese in cui le stesse vengono pagate o registrate.

Diritto alla detrazione per i cessionari/committenti soggetti allo split payment

Per i contribuenti soggetti a split payment, l'imposta relativa all'acquisto di beni o alle prestazioni ricevute diviene **esigibile** al **momento** del **pagamento** dei corrispettivi (D.M. 23 gennaio 2015).

Tuttavia, questi contribuenti possono comunque optare per l'**esigibilità** dell'imposta **anticipata** al momento della ricezione della fattura ovvero al momento della registrazione della medesima.

IVA

A proposito dell'esigibilità anticipata, l'Agenzia delle Entrate ha chiarito (circ. n. 1/E/2018) che ai fini dell'esercizio del diritto alla detrazione dell'imposta, è possibile dare **rilevanza**, alternativamente, al momento della:

- **ricezione** della **fattura** di acquisto, ovvero
- sua **registrazione**.

L'opzione per l'esigibilità anticipata potrà essere effettuata in relazione a ciascuna fattura ricevuta/registrata, rilevando, a tal fine, il comportamento concludente del contribuente. In tal caso, il diritto alla detrazione dell'imposta potrà essere esercitato nel momento in cui l'imposta medesima diviene esigibile, ossia al verificarsi di uno dei due eventi sopra indicati, a condizione che il soggetto sia già in possesso della relativa fattura di acquisto.
Qualora sia stato effettuato il pagamento del corrispettivo anteriormente alla registrazione della fattura, l'esigibilità non potrà più essere riferita alla registrazione e l'imposta sarà comunque dovuta con riferimento al momento del pagamento.
Nell'ipotesi, invece, che il contribuente non abbia **optato** per l'**esigibilità anticipata**, le regole speciali in tema di split payment derogano al principio generale (art. 25, D.P.R. n. 633/1972). Viene così meno l'obbligo di annotare la fattura di acquisto entro il termine di presentazione della dichiarazione relativa all'anno di ricevimento della stessa, e con riferimento al medesimo anno. L'annotazione del documento deve avvenire entro il termine fissato per la presentazione della dichiarazione relativa all'anno in cui l'imposta diviene esigibile, nonostante il contribuente abbia ricevuto la fattura in un periodo di imposta precedente.
Nell'ipotesi di **esigibilità differita** (art. 6, c. 5 del D.P.R. n. 633/1972), nel caso di **mancato pagamento in tutto od in parte** non trova applicazione l'art. 21, c. 7 del medesimo decreto secondo il quale l'imposta è comunque dovuta per l'intero ammontare esposto in fattura (ris. n. 75/E/2002); conseguentemente il cessionario/committente obbligato al versamento dell'IVA direttamente all'erario in base allo split-payment, versa l'imposta dovuta sugli importi effettivamente pagati e non per quelli indicati in fattura (risposta a interpello n. 436/2019).

46.12.5. Fornitori - Modalità applicative ed adempimenti

Il fornitore:

- **emette** fattura elettronica indicando anche l'IVA, nonché la dizione "operazione soggetta a scissione dei pagamenti"; in particolare, nel caso di **fattura elettronica verso la PA**, tra gli elementi obbligatori da indicare - oltre a quelli indicati dall'art. 21 del D.P.R. n. 633/1972 - occorre evidenziare anche il **Codice Identificativo di Gara (CIG)** (D.L. n. 66/2014). L'eventuale mancata indicazione non pregiudica la validità fiscale della fattura e questa può essere sanata con l'invio di un nuovo documento utile ad integrare il dato mancante nel documento originario (risposta a interpello n. 436/2019);
- **annota distintamente** la fattura nel registro delle vendite per evitare di computarla erroneamente tra quelle a debito nella liquidazione del periodo;
- se, al termine del periodo d'imposta, si trova in posizione di credito IVA, fa concorrere le operazioni sottoposte al regime della **scissione dei pagamenti** alla determinazione del presupposto del rimborso IVA sulla base della cosiddetta "aliquota media";
- con eccedenza di credito d'imposta, ha **diritto al rimborso** in via prioritaria, limitatamente alla parte di credito derivante da operazioni in split payment; la richiesta va esplicitata in sede di dichiarazione annuale.

Il **momento di ricevimento** della fattura elettronica coincide con il rilascio, da parte del Sistema di Interscambio, della **ricevuta di consegna**.

IVA

Esclusioni

Le fatture emesse da un soggetto che rientra nel regime forfetario (Legge n. 190/2014) (➔50.7.) o in quello di vantaggio (D.L. n. 98/2011), non evidenziando l'imposta, non soggiacciono agli adempimenti previsti dalla scissione dei pagamenti. Pertanto, sono **escluse** dalle regole dello split payment tutte le operazioni per le quali le relative fatture sono prive di IVA ed in particolare dall'obbligo di **fatturazione elettronica** (chiarimento fornito dall'Agenzia delle Entrate in occasione dell'incontro con la stampa specializzata del 1° febbraio 2018).

Variazione delle fatture emesse

Le variazioni **in aumento** rientrano anch'esse nel regime dello split payment.
Per le variazioni **in diminuzione**, la nota di credito non dà diritto a portare in detrazione l'imposta corrispondente alla variazione. La nota di credito va annotata a rettifica del registro delle vendite, senza effetti sulla liquidazione periodica.

Correzione di errori

Si espone il caso in cui il fornitore abbia emesso **una fattura in regime ordinario** perché ha erroneamente ritenuto che il cliente non rientrasse tra i soggetti obbligati allo split payment.

Comportamento della PA	Comportamento del fornitore
Non ha ancora pagato la fattura	- Emette NC a totale storno della fattura originaria; - Emette nuova fattura in split payment.
Ha pagato la fattura al netto dell'IVA	
Ha pagato la fattura ed anche l'IVA	L'IVA è già stata computata nella propria liquidazione periodica ed essendo stata versata all'Erario non effettua alcuna correzione. Sono comunque applicabili le sanzioni per gli errori formali.

Accertamento e rivalsa

In caso di accertamento di una maggiore imposta in capo al fornitore, quest'ultimo, una volta **eseguito** il **pagamento** della maggior imposta accertata, può **addebitare l'imposta in via di rivalsa** alla PA senza più applicare lo split payment mediante nota di debito senza sottostare a quanto disposto dall'art. 60 del D.P.R. n. 633/1972 (ris. n. 75/E/2016).

FATTURA ELETTRONICA 46.13.

È il documento emesso e ricevuto in qualunque **formato elettronico** (➡**98.8.**).
Dal 1° gennaio 2019 i soggetti passivi d'imposta sono obbligati all'emissione di fatture elettroniche verso chiunque: B2B, B2C e non più limitatamente alla Pubblica Amministrazione (➡**46.13.1.**).

Nell'ambito della fatturazione elettronica, con il termine "emissione" si intende la procedura di invio del documento al Sistema di Interscambio. In particolare, è la data riportata nel campo "data" della sezione "dati generali" del file della fattura elettronica.

In considerazione del fatto che in caso di fattura elettronica trasmessa a SdI, quest'ultimo attesta inequivocabilmente e trasversalmente (all'emittente, al ricevente, all'amministrazione finanziaria) la data di avvenuta trasmissione, è possibile assumere che la data riportata nel campo "data", sia sempre e comunque la data di effettuazione dell'operazione. Ciò significa che nella possibilità concessa dal legislatore (D.L. n. 34/2019) di poter emettere la fattura (elettronica od analogica) entro i 12 giorni successivi all'effettuazione dell'operazione, la "data" da indicare nella sezione "dati generali" è sempre quella dell'operazione, mentre l'intervallo di 12 giorni potrà essere sfruttato per la trasmissione del file a SdI (C.M. n. 14/E/2019) (per il computo corretto dei 12 giorni vedasi (➡**46.7.**)).

Si consideri, ad esempio, la **fattura elettronica immediata** relativa a cessione di beni in data 28 settembre.
La fattura elettronica immediata potrà essere emessa (ossia trasmessa a SdI):
- il 28 settembre. In questo caso "data operazione" e "data di emissione" coincidono. In fattura, nel campo "data" si indica: 28 settembre;
- entro i 12 giorni successivi al 28 settembre. Per esempio: 8 ottobre. In fattura, nel campo "data" si indica sempre: 28 settembre ossia la data dell'operazione;
- generata e trasmessa a SdI in uno qualsiasi dei 12 giorni successivi al 28 settembre. Anche in questa ipotesi nel campo "data" della fattura si indica sempre 28 settembre, ossia la data di effettuazione dell'operazione.

Solo i soggetti stabiliti in Italia possono emettere fatture elettroniche, di contro i soggetti esteri solamente qui **identificati**, non sono a ciò abilitati (art. 1, c. 3, D.Lgs. n. 127/2015). In particolare, il soggetto estero anche se non stabilito nel territorio nazionale può ricevere fatture elettroniche purché gli sia assicurata la possibilità di ottenere copia cartacea della fattura ove ne faccia richiesta (circ. n. 13/E/2018).
La fattura elettronica è un documento informatico, in formato strutturato, trasmesso per via telematica al Sistema di Interscambio e da questo recapitato al soggetto ricevente. La trasmissione telematica al Sistema di Interscambio può riferirsi ad una fattura singola ovvero ad un lotto di fatture.
La fattura elettronica contiene obbligatoriamente le informazioni stabilite dall'art. 21 del D.P.R. n. 633/1972 ovvero, nel caso di fattura semplificata, quelle stabilite dall'art. 21-bis del medesimo decreto, nonché degli altri elementi previsti dalle specifiche tecniche (Provv. 28 febbraio 2020, n. 99922 che ha sostituito, integrandolo, il precedente Provv. n. 89757/2018).

Fra i dati del cessionario/committente, se soggetto passivo d'imposta, da inserire obbligatoriamente in fattura (*ex* art. 21, D.P.R. n. 633/1972), vi è anche il numero di Partita IVA di questi.
Ne deriva che è compito del cedente/prestatore verificare sul sito dell'Agenzia la sua esistenza e validità.
Infatti, in caso di **inesistenza** della Partita IVA, la fattura viene scartata da SdI e pertanto è considerata non emessa.
Diverso è il caso di una Partita IVA **cessata.** Questa non viene eliminata dal *data base*, pertanto la fattura viene egualmente accettata e considerata correttamente emessa. È compito dell'Agenzia delle Entrate eventualmente effettuare successivi controlli per riscontare la veridicità dell'operazione.
Lo stesso dicasi per quanto riguarda il codice fiscale - inesistente o cessato perché deceduto - del cessionario/committente.

Ai fini di una corretta trasmissione telematica delle fatture elettroniche, sia ordinarie che semplificate, occorre inserire ulteriori dati negli appositi **campi** previsti nella fattura elettronica e di seguito descritti (circolare n. 1/E/2017).
Con riferimento alle fatture elettroniche ordinarie, nel campo destinato ad accogliere dati individuativi (es.: ragione sociale, codice fiscale, Partita IVA, indirizzo, mail, ecc.) occorre altresì indicare:
- la **codifica del regime fiscale** dell'emittente:

RF01	Ordinario
RF02	Contribuenti minimi (art. 1, c. 96-117, Legge n. 244/2007)
RF04	Agricoltura ed attività connesse e pesca (artt. 34 e 34-bis, D.P.R. n. 633/1972)
RF05	Vendita sale e tabacchi
RF06	Vendita Sali e tabacchi
RF07	Editoria
RF08	Gestione servizi telefonia pubblica
RF09	Rivendita documenti di trasporto pubblico e di sosta
RF10	Intrattenimenti, giochi e altre attività di cui alla Tariffa allegata all'art. 74, c. 6, D.P.R. 633/1972
RF11	Agenzie di viaggio e turismo
RF12	Agriturismo (Legge n. 413/1991)
RF13	Vendite a domicilio
RF14	Rivendita beni usati, oggetti d'arte, d'antiquariato o da collezione
RF15	Agenzie di vendite all'asta e di oggetti d'arte, antiquariato o da collezione
RF16	IVA per cassa P.A. (art. 6, c. 5, D.P.R. n. 633/1972)
RF17	IVA per cassa (art. 32-bis, D.L. n. 83/2012)
RF 18	Altro
RF19	Regime forfetario (art. 1 c. 54-89 Legge n. 190/2014)

– **il codice destinatario**:

Uno dei codici che il Sistema di Interscambio ha attribuito al soggetto passivo che ne abbia fatto richiesta attraverso la funzione "Richiesta codice destinatario B2B" presente nel sito www.fatturapa.gov.it	
0000000	Quando la fattura è destinata ad un soggetto che riceve tramite PEC e questa sia stata indicata nel campo PEC destinatario
0000000	Quando la fattura è destinata ad un soggetto per il quale non si conosce il canale telematico (PEC o altro) sul quale recapitare il file. ES.: consumatore finale; cessionario/committente in regime di "vantaggio"
XXXXXXX	Per le fatture emesse verso soggetti non residenti, non stabiliti, non identificati in Italia. Qualora nei rapporti con soggetti passivi non stabiliti in Italia, si voglia comunque emettere fattura elettronica, da inoltrare a SdI, nel campo "codice destinatario" si inseriscono 7 X e con tale procedura si può evitare l'invio dell'"esterometro" (➔62.1.2.).

IVA

- **la PEC destinatario**. Rappresenta l'indirizzo al quale, se il campo è stato valorizzato, la fattura viene recapitata se il valore **codice del destinatario** è stato valorizzato con **7 zeri** e non risulti registrato alcun canale telematico associato alla partita IVA del cessionario/committente.

Nella sezione **Dati Generali Documento** sono presenti, tra gli altri, i seguenti campi (Guida alla compilazione delle fatture elettroniche e all'esterometro - Versione 1.3):

- **Tipo documento** (da valorizzare in formato alfanumerico di 4 caratteri):

TD01	Fattura - Codice da utilizzare anche nel caso di fattura che il cessionario deve emettere (autofattura) per acquisti da produttori agricoli esonerati
TD02	Acconto/Anticipo su fattura
TD03	Acconto/anticipo su parcella
TD04	Nota di credito
TD05	Nota di debito
TD06	Parcella
TD07	Fattura semplificata
TD08	Nota di credito semplificata
TD09	Nota di debito semplificata
TD10	Fattura di acquisto intracomunitario di beni
TD11	Fattura di acquisto intracomunitario di servizi
TD12	Documento riepilogativo (art. 6, D.P.R. n. 695/1996)
TD16	Integrazione fattura reverse charge interno
TD17	Integrazione/autofattura per acquisti servizi dall'estero
TD18	Integrazione per acquisti di beni intracomunitari
TD19	Integrazione/autofattura per acquisti di beni *ex* art. 17, c. 2, D.P.R. n. 633/1972
TD20	Autofattura per regolarizzazione ed integrazione delle fatture (ex art. 6, c. 8, D.Lgs. n. 471/1997 o artt. 4, 6 c. 5, D.L. n. 331/1993)
TD21	Autofattura per splafonamento
TD22	Estrazione beni da deposito IVA
TD23	Estrazione beni da deposito IVA con versamento dell'IVA
TD24	Fattura differita di cui all'art. 21, c. 4, lett. a) (fattura differita collegata a DDT o di idonea documentazione nel caso dei servizi)
TD25	Fattura differita di cui all'art. 21, c. 4, terzo periodo, lett. b) (fattura differita per le operazioni triangolari interne)
TD26	Cessione beni ammortizzabili e per passaggi interni (ex art. 36, D.P.R. n. 633/1972)
TD 27	Fattura per autoconsumo o per cessioni gratuite senza rivalsa. Fattura che non va consegnata al destinatario, ma inviata a SdI (Faq n. 40/2018) e registrata nel solo Registro (FAQ n. 139/2019

- **Dati Cassa previdenziale**. Se il prestatore è iscritto ad una cassa previdenziale, potrà indicarvi l'apposito codice che varia a seconda della specifica cassa o dell'INPS (i codici vanno da TC01 a TC22);
- **Tipo Ritenuta** (da valorizzare in formato alfanumerico di 4 caratteri) a carico del cessionario/committente:

RT01	Ritenuta persone fisiche
RT02	Ritenuta persone giuridiche
RT03	Contributo INPS

IVA

RT04	Contributo ENASARCO
RT05	Contributo ENPAM
RT06	Altro contributo previdenziale

– **Esigibilità dell'IVA** (deve essere dichiarata dal cliente):

I	Immediata
D	Per una contabilità IVA per cassa
S	Per le fatture emesse in Split Payment

Codice natura. Se la fattura è soggetta al tributo va indicata la relativa aliquota, ma se per qualsiasi ragione l'imposta non è applicabile (esenzione, non imponibilità, esclusione, ecc.) allora occorre evidenziare la relativa causale data dal codice natura.
L'utilizzo del Codice Natura, nei casi sopra indicati, è sempre obbligatorio, in caso di assenza SDI scarta il file con codice di errore 00445.

Obbligatori dal 1° gennaio 2021	Descrizione
N1	Operazioni escluse (art. 15, D.P.R. n. 633/1972)
N2.1	Non soggette ad IVA ai sensi degli artt. da 7 a 7-septies, D.P.R. n. 633/1972
N2.2	Non soggette - altri casi (in tutti i casi in cui un soggetto IVA, es.: Forfettario o per le operazioni monofasi *ex* art. 74, non è obbligato ad emettere fattura)
N3.1	Non imponibili - esportazioni
N3.2	Non imponibili - cessioni intracomunitarie
N3.3	Non imponibili - cessioni verso S. Marino
N3.4	Non imponibili - cessioni assimilate alle cessioni all'esportazione
N3.5	Non imponibili - a seguito di dichiarazioni d'intento
N3.6	Non imponibili - altre operazioni
N4	Esenti
N5	Regime del margine /IVA non esposta in fattura
N6.1	Inversione contabile - cessione di rottami e altri materiali di recupero
N6.2	Inversione contabile - cessione di oro e argento puro sia che si tratti di metallo da investimento, industriale o variamente equiparato ad esso (consulenza giuridica 24 dicembre 2020, n. 16)
N6.3	Inversione contabile - subappalto nel settore edile
N6.4	Inversione contabile - cessione di fabbricati
N6.5	Inversione contabile - cessione di telefoni cellulari
N6.6	Inversione contabile - cessione di prodotti elettronici
N6.7	Inversione contabile - prestazioni comparto edile e settori connessi
N6.8	Inversione contabile - operazioni settore energetico
N6.9	Inversione contabile - altri casi. Va utilizzato nel caso di fattura trasmessa via SDI per eventuali nuove tipologie di operazioni rispetto a quelle elencate negli altri N6, per le quali è previsto il regime dell'inversione contabile. Questo codice NON va utilizzato per le prestazioni a committente UE per le quali occorre adoperare il codice N2.1.
N7	IVA assolta in altro Stato UE (vendite a distanza *ex* art. 40, c. 3 e 4, e art. 41, c. 1, lett. b), D.L. n. 331/1993, prestazioni di servizi di telecomunicazioni, tele-radiodiffusione ed elettronici *ex* art. 7-sexies, lett. f) e g)

– **Modalità di pagamento**. In questo campo occorre indicare il codice relativo alla tipologia di pagamento della fattura (Codici da MP1 riservato ai contanti, sino a MP23 PagoPA).

IVA

Il Provv. n. 99922/2020 ha sostituito il precedente Provv. 89757/2018 istitutivo di una serie di codici da utilizzare per la fatturazione elettronica e l'esterometro. Successivamente l'Agenzia delle Entrate ha pubblicato una serie di aggiornamenti, l'ultimo dei quali del 18 dicembre 2020 (versione 1.3) aumentando considerevolmente il numero dei codici. Ciò allo scopo di facilitare sia l'Amministrazione, sia i contribuenti ai fini di una migliore e più puntuale indicazione delle varie casistiche nella dichiarazione annuale.

Disposizione transitoria
Dal 1° gennaio 2021 devono essere utilizzate esclusivamente le specifiche di cui al Provv. n. 99922/2020 (versione 1.6.1) integrate con i nuovi codici di cui alla citata Guida del 18 dicembre 2020(versione 1.3). Una fattura trasmessa a SdI successivamente al 31 dicembre 2020 (entro i 12 giorni dall'emissione) utilizzando i codici in vigore sino al 31 dicembre 2010 non viene scartata dal sistema se nel campo "data" è rilevata una data anteriore al 31 dicembre 2020. Di contro una fattura con "data" a far tempo dal 1° gennaio 2021 sarà accettata da SdI solo con il tracciato della versione 1.6.1. (FAQ n. 149/2020).

Per quanto riguarda le modalità di emissione di una fattura elettronica da parte del cessionario/committente in caso di omissione di fattura da parte del cedente/committente, cosiddetta "**fattura o autofattura spia**" si veda (➡**48.2.**).
La fattura elettronica è un file in formato XML nella generalità dei casi e nel formato XML-PA se diretto verso la Pubblica Amministrazione.
Il suo utilizzo è subordinato all'accettazione da parte del destinatario, anche mediante comportamento concludente.
Il soggetto emittente deve garantire i seguenti **requisiti**:
- l'**autenticità dell'origine**, ossia deve essere comprovata sia l'identità dell'emittente sia quella del destinatario;
- l'**integrità del documento**, nel senso che il contenuto non può in alcun modo essere alterato;
- la **leggibilità della fattura**, nel senso che essa deve essere leggibile e comprensibile dal momento dell'emissione sino al termine del periodo di conservazione.

È **irrilevante** il **formato originario** utilizzato per la creazione della fattura. Ciò che rileva è il formato all'atto della trasmissione e del ricevimento.
Una fattura semplicemente trasmessa in via elettronica (es.: e-mail) non è una fattura in formato elettronico. Sono da considerare in "formato cartaceo" (meglio: analogico) anche quelle redatte con l'utilizzo di software, ma poi spedite in formato cartaceo, come pure quelle nate come documenti informatici, ma privi anche uno solo dei requisiti essenziali per la fattura elettronica.

Pubblica Amministrazione 46.13.1.

Per agevolare i soggetti passivi IVA che hanno rapporti con la Pubblica amministrazione e, quindi, l'obbligo di trasmissione delle proprie fatture in formato elettronico, l'Agenzia delle Entrate, sul proprio sito Internet, mette a disposizione gratuitamente un servizio web che può essere utilizzato direttamente, previa autentificazione, ovvero per il tramite di terzi abilitati alla trasmissione telematica delle dichiarazioni all'Agenzia (➡**98.9.**).
Il servizio consente di **creare** in formato XML-PA, **trasmettere** e **conservare** le fatture in formato elettronico sottoscritte con firma digitale o qualificata. Peraltro, il formato XML-PA sarà affiancato da altri formati al fine di consentire all'Italia di essere in regola con gli standard europei di fatturazione verso le PA.
Il Governo italiano, con il D.Lgs. n. 148/2018, ha dato attuazione alla normativa europea (Direttiva UE n. 2014/55) in tema di fatturazione elettronica **nell'ambito degli appalti pubblici**.
Con Provvedimento dell'Agenzia delle Entrate del 18 aprile 2019, n. 99370 sono state approvate le nuove regole tecniche in tema di fatturazione elettronica europea per le amministrazioni centrali, mentre per quelle periferiche il provvedimento è rinviato al 2020. Allo stato attuale, però, i modelli standard europei basati su sintassi "Cross industry invoice" Xml e la "Universal business language" non sono estendibili e, quindi, applicabili agli attuali standard fissati per la fatturazione elettronica italiana attualmente vigente.
Le fatture elettroniche nazionali attualmente obbligatorie verso la Pubblica amministrazione vengono **trasmesse telematicamente** al Servizio di Interscambio (SdI), che è una piattaforma elettronica gestita dall'Agenzia delle Entrate per il controllo tecnico e successivo smistamento dei file ricevuti.
La trasmissione alla SdI può avvenire anche mediante:
- **posta certificata**;
- servizi di cooperazione applicativa su rete **Internet**;

IVA

– mediante trasferimento dei dati con protocollo **Ftp**.

Il SdI, ricevuto il file contenente la o le fatture elettroniche, effettua dei **controlli** meramente **formali**, al termine dei quali, constatata la **regolarità** formale, inoltra il file all'Ufficio della PA corrispondente al Codice Univoco riportato all'interno del tracciato (tale codice può essere sostituito da un codice fittizio "999999" solo nel caso che non esista alcun codice destinatario nell'indice della PA, ovviamente deve essere comunque indicato il codice fiscale). L'Ufficio della PA che ha ricevuto la fattura che le compete entro 15 gg. dalla data riportata nella **ricevuta di consegna** può:

– **accettare**. L'accettazione avviene attraverso lo stesso canale con il quale l'ha ricevuta da SdI. Questi invia all'emittente la notifica che attesta l'accettazione. Ciò prova: emissione e ricevimento;
– **rifiutare**. Il rifiuto della fattura, da espletare entro 15 giorni dal ricevimento segue lo stesso iter sopra indicato;
– **non fare nulla**. Nei 15 giorni successivi alla ricezione SdI provvede a notificare sia alla PA sia all'emittente, una notifica di decorrenza dei termini con la quale viene comunicata la mancata notifica di qualunque esito da parte della PA.

Al fine contrastare l'eccessivo numero di fatture verso la PA, rifiutate per le più disparate cause, il D.M. n. 132/2020, entrato in vigore il **6 novembre 2020**, ha disposto una serie stringente di motivazioni per le quali le Pubbliche amministrazioni possono rifiutare le fatture elettroniche ricevute tramite SdI. Ne deriva che, **al di fuori dei sottoindicati casi,** le PA **non possono** rifiutare le fatture elettroniche ricevute. Non solo, ma se gli elementi ritenuti inesatti possono essere corretti mediante **nota di accredito** *ex* art. 26, c. 2, D.P.R. n. 633/1972, anche in tale situazione l'Amministrazione non può rifiutare la fattura.

Il rifiuto della fattura è ammesso solo quando:

– il documento si riferisce ad un'operazione non posta in essere nei confronti del destinatario che ha ricevuto la fattura;
– è stato omesso ovvero è errata l'indicazione del CIG o del CUP;
– è stato omesso od errato il codice repertorio;
– è stata omessa od errata l'indicazione del codice di autorizzazione all'immissione in commercio (AIC);
– è stata omessa od errata l'indicazione del numero e data della determina dirigenziale d'impegno di spesa nel caso di fatture emesse verso Regioni ed enti locali.

Il rifiuto deve essere comunicato al fornitore e deve indicare chiaramente la causa del rigetto.

Le notifiche debbono essere conservate dall'emittente, perché in caso di rifiuto per errori la fattura deve essere corretta e rinviata alla PA destinataria attraverso SdI.

In caso di constatazione di **irregolarità** formali, l'Ufficio della PA invia immediatamente all'emittente una **notifica di scarto**.

La notifica di scarto equivale a **mancata emissione** della fattura, la quale pertanto non deve neppure essere annotata sul registro delle vendite.

In caso di **avviso di mancata consegna,** SdI trascorsi i successivi 10 giorni invia all'emittente un'attestazione di avvenuta trasmissione con impossibilità di recapito. Tale attestazione è costituita da un file contenente la fattura originale ed un altro file XML di notifica sottoscritto elettronicamente. Il tutto deve essere inoltrato telematicamente dal cedente/prestatore all'ufficio della PA destinataria mediante PEC od e-mail.

Anche la PA potrebbe rifiutare entro il termine di 15 giorni, una fattura elettronica pervenutale da SdI (cosiddetta "notifica d'esito committente").

Le cause che possono consentire alle amministrazioni destinatarie delle fatture elettroniche di rifiutare le stesse, nonché le modalità tecniche con le quali comunicare tale rifiuto al cedente/prestatore saranno definite con Decreto ministeriale (art. 1, c. g-ter, Legge n. 244/2007).

Operatori di filiera degli appalti pubblici

Sono obbligati all'utilizzo della fatturazione elettronica tutti gli **operatori** della filiera degli **appalti pubblici**:

– subappaltatori;
– subcontraenti;
– fornitori di beni e servizi all'appaltatore;
– prestazioni di natura intellettuale rivolte all'appaltatore;
– chiunque altro intervenga a qualunque titolo nel ciclo per la realizzazione di un contratto di appalto pubblico.

L'importo dei corrispettivi previsti nei contratti o subcontratti è irrilevante.

Per le prestazioni rese all'interno della filiera **subappaltatori** e **subcontraenti** nei rapporti con la Pubblica Amministrazione, la fatturazione elettronica trova applicazione, a far tempo dal **1° luglio 2018** per i **soli rapporti** (appalti e/o altri contratti) "**diretti**" tra il soggetto titolare del contratto e la pubblica amministrazione, nonché tra il primo e coloro di cui egli si avvale, con esclusione degli ulteriori passaggi successivi.
Così ha chiarito l'Agenzia delle Entrate (circ. n. 8/E/2018) che fornisce anche i seguenti esempi:
- se l'impresa A stipulasse un contratto di appalto con la pubblica amministrazione X ed un (sub) appalto/contratto con B e C per la realizzazione di alcune delle opere, le prestazioni rese da A ad X sarebbero necessariamente documentate con fattura elettronica al pari di quelle da B o C ad A;
- al contrario, laddove B e/o C si avvalessero di beni/servizi resi da un ulteriore soggetto (in ipotesi D) per adempiere gli obblighi derivanti dal (sub)appalto/contratto, D emetterebbe fatture secondo le regole ordinarie e, dunque, anche in formato analogico se rientrante tra i soggetti esonerati dalla fatturazione elettronica tra privati altrimenti emetterebbe fattura elettronica, ma non del modello Pubblica Amministrazione.

Inoltre, nell'ambito degli appalti con la PA, vi è obbligo di emettere fattura elettronica XML-PA, via SdI solo in capo a coloro che operano nei confronti della stazione appaltante ovvero a chi è **titolare di contratti di subappalto** propriamente detto (ossia quando esegue direttamente una parte dello stesso) o riveste la qualifica di **subcontraente** (colui che per vincolo contrattuale esegue un'attività nei confronti dell'appaltatore e, in quanto tale, viene comunicato alla stazione appaltante con obbligo di CIG e/o CUP) (circ. n. 13/E/2018).
Anche questa disposizione viene a cadere con l'introduzione generalizzata della fatturazione elettronica.
Sono, inoltre, **esclusi dalla fatturazione elettronica** XML-PA i rapporti in cui a monte della filiera vi sia un soggetto non qualificabile come PA (circ. n. 13/E/2018). Questi rapporti saranno definiti mediante la fatturazione elettronica stabilita nei rapporti tra privati.
Infine, l'obbligo della fatturazione elettronica è **escluso** nei rapporti interni fra consorziati e consorzio quando solo quest'ultimo è titolare di un rapporto diretto con la PA.
Le fatture dovranno riportare gli stessi codici CUP e CIG presenti nelle fatture emesse dall'appaltatore capofila nei confronti della PA.

Conservazione delle fatture verso la PA

Una volta accettata la fattura dalla PA, questa deve essere conservata:
- dall'**emittente**: in modalità elettronica. È lecito un uso cartaceo ai soli fini interni amministrativi;
- dal **destinatario**: che può scegliere se conservarla in formato elettronico, oppure stamparla e conservarla in modo tradizionale.

Ciascun operatore, in conformità alla propria organizzazione aziendale, può conservare copie informatiche delle fatture elettroniche in uno dei formati ammessi dal D.P.C.M. 3 dicembre 2013, quali ad esempio: **PDF, JPG, TXT** (circ. n. 13/E/2018).

> La conservazione delle fatture (cartacee od elettroniche) può essere fatta anche all'**estero**, purché tra i due Stati esista uno strumento giuridico di reciproca assistenza in tema di IVA.

I documenti informatici devo essere conservati in modo tale da:
- **rispettare** le **norme** del Codice civile, quelle del Codice dell'amministrazione digitale e delle relative regole tecniche;
- rispettare le **disposizioni tributarie** in merito alla corretta tenuta della contabilità;
- consentire le funzioni di **ricerca** e di **estrazione** delle **informazioni** e dei dati delle fatture.

Il processo di conservazione termina:
- con l'apposizione di un riferimento temporale, opponibile ai terzi, sul pacchetto di archiviazione;
- entro 3 mesi dalla scadenza prevista per l'invio della dichiarazione annuale IVA.

Anche la conservazione può essere affidata a terzi purché ne sia data preventiva notizia all'Agenzia delle Entrate (➜45.2.).

Altri soggetti 46.13.2.

Tutte le fatture relative ad operazioni tra soggetti passivi residenti o stabiliti nel territorio dello Stato (operazioni B2B), comprese le relative eventuali variazioni, devono essere emesse **esclusivamente per via elettronica**.

Esonero soggettivo

I contribuenti che si avvalgono del:
- regime di vantaggio (sia imprese, sia lavoratori autonomi);

IVA

- regime forfetario;
- regime tipico dei piccoli produttori agricoli (*ex* art. 34, c. 6, D.P.R. n. 633/1972),

sono in linea generale esonerati dall'emissione delle fatture elettroniche B2B e B2C, ad esclusione delle fatture nei confronti della P.A.
Inoltre, sono esonerati:

- le **associazioni senza fini di lucro**,
- le **pro-loco**,
- le **associazioni sportive dilettantesche** iscritte nel registro del CONI e che abbiano optato per il regime agevolato *ex* Legge n. 398/1991,
- i **soggetti in regime forfetario**,
- le **associazioni** che applicano il regime SIAE *ex* Legge n. 398/1991.

In particolare, i soggetti che abbiano optato per il regime agevolato *ex* Legge n. 398/1991 sono **esonerati purché** nell'anno precedente **non abbiano realizzato proventi** da attività commerciali *ex* art. 85 del TUIR (quindi con esclusione delle quote associative od i corrispettivi incassati per specifiche iniziative a favore degli associati) **superiori a 65.000 euro**. Al superamento della soglia scatta l'obbligo della fatturazione elettronica la quale, però, sarà a cura del cessionario/committente previamente informato dall'ente associativo se le parti concordano in tal senso; altrimenti l'associazione sarà obbligata ad emettere lei stessa la e-fattura direttamente oppure per il tramite di un terzo appositamente delegato.
In ogni caso i soggetti esonerati di cui sopra possono, se vogliono, emettere fatture elettroniche seguendo le disposizioni del Provv. n. 89757 del 30 aprile 2018. Qualora il cessionario/committente sia anch'esso un soggetto esonerato, il fornitore è tenuto a consegnargli una copia analogica della fattura elettronica, salvo che non abbia concordato il ricevimento della fattura elettronica fornendogli la propria PEC.
Infine, i **soggetti esteri meramente identificati in Italia** che vogliano realizzare nel nostro Paese operazioni rilevanti ai fini IVA ancorché identificatisi direttamente o per nomina di rappresentante fiscale continuano a restare estranei alla disciplina della fatturazione elettronica, pertanto la fatturazione anche per il tramite del rappresentante fiscale sarà correttamente eseguita consegnando all'acquirente il documento emesso in formato cartaceo.
Altrettanto dicasi per il fornitore/prestatore nazionale il quale potrà astenersi dall'emettere fattura elettronica nei confronti del soggetto estero ancorché identificato in Italia (direttamente o per il tramite di un rappresentante fiscale), ma si limiterà all'emissione di una fattura analogica, con obbligo di comunicazione dei dati mediante l'esterometro. Qualora, invece, decidesse di emettere comunque fattura elettronica, egli deve mettere a disposizione del cliente estero una copia cartacea della fattura al fine di consentire a quest'ultimo l'eventuale recupero dell'imposta a credito. A seguito di questa scelta il fornitore/prestatore nazionale è esonerato dall'esterometro.
Ciò almeno sino al **1° luglio 2022,** data in cui l'esterometro nelle attuali forme sarà sostituito da comunicazione a SDI con il medesimo formato della fattura elettronica (D.L. n. 146/2021).
Si ribadisce che qualora un soggetto non abbia l'obbligo di emissione della fattura elettronica vi provveda egualmente, essa deve obbligatoriamente essere trasmessa telematicamente attraverso SdI (Faq n. 15/2018).
Relativamente alle operazioni con soggetti stabiliti nella **Repubblica di S. Marino** si rimanda a (➔57.).

Emissione della fattura elettronica

Ciò che rileva ai fini dell'emissione della fattura in formato elettronico è la data della stessa. Anche una **nota di credito** emessa dal fornitore/prestatore di servizio al fine di correggere una fattura (cartacea) emessa nel 2018 (anno anteriore all'obbligo della fatturazione elettronica) deve in ogni caso essere emessa in formato elettronico ed indirizzata attraverso SdI.

Ulteriori chiarimenti

L'Agenzia delle Entrate ha divulgato le regole tecniche per l'emissione e ricezione delle fatture elettroniche emesse tra soggetti passivi residenti, stabiliti o identificati in Italia (Provv. 30 aprile 2018, n. 89757/2018) e ha messo a disposizione dei soggetti passivi IVA una serie di servizi - totalmente gratuiti per gli utenti - per predisporre, trasmettere, consultare e conservare le fatture elettroniche.
Per facilitare l'accesso a tali servizi, è stato predisposto un apposito "portale web" - accessibile dal sito internet dell'Agenzia - denominato "Fatture e Corrispettivi".
Il portale contiene anche i servizi per gestire:

- il processo di trasmissione dei dati dei corrispettivi;
- il processo di trasmissione delle comunicazioni periodiche di liquidazione IVA;

- il processo di comunicazione del c.d. spesometro (sebbene verrà abrogato per le operazioni effettuate a partire dal 1° gennaio 2019).

Il portale prevede altresì dei link per:

- accedere al servizio di Registrazione della modalità di ricezione della fattura elettronica;
- predisporre e trasmettere le fatture elettroniche e per sottoscrivere la convenzione per usufruire del servizio gratuito di conservazione elettronica di tutte le fatture emesse e ricevute tramite il SdI;
- per generare il QR Code, in pdf o in formato immagine, contenente i dati identificativi fiscali dell'operatore IVA;
- consultare i dati rilevanti ai fini IVA, onde accedere alle funzioni di ricerca, visualizzazione e download dei file delle fatture elettroniche emesse e ricevute attraverso il SdI;
- monitorare i file trasmessi, al fine di ricerca e visualizzazione delle ricevute di scarto o di consegna o di impossibilità di consegna delle fatture elettroniche.

Esonero oggettivo

Sono esonerati dagli obblighi della fatturazione elettronica le operazioni per le quali non sussiste l'obbligo di documentare l'operazione mediante fattura, quali, ad esempio:

Riferimenti al D.P.R. n. 633/1972	Tipologia di operazioni
art. 2, c. 3	Cessione di denaro, di campioni gratuiti di modico valore, di determinate tipologie di terreni, di valori bollati, di beni utilizzati nell'ambito di operazioni e concorsi a premio, di operazioni straordinarie, ecc.
art. 3, c. 4	Cessione diritti di autore e similari da parte degli autori o dei loro eredi; prestiti obbligazionari, ecc.
art. 22	Operazioni effettuate da commercianti al minuto ed assimilati verso soggetti privati con contestuale emissione di documento commerciale ai fini della memorizzazione e trasmissione telematica dei corrispettivi giornalieri (➡46.24.1.). Resta salva la facoltà per il cliente di chiedere la fattura non oltre il momento di effettuazione dell'operazione
art. 34	Operazioni poste in essere da agricoltori in regime di esonero ove l'obbligo di emissione della fattura ricade sul cessionario/committente.
art. 74	Operazioni rientranti nel regime monofase dell'editoria (resa forfetaria)

Modalità di emissione e trasmissione delle e-fatture 46.13.3.

IVA

Emissione e trasmissione delle e-fatture

Tutte le fatture (elettroniche, analogiche ed elettroniche extra SdI) devono contenere (art. 21, D.P.R. n. 633/1972):

- la data di effettuazione della cessione o della prestazione ovvero la data in cui è corrisposto in tutto od in parte il corrispettivo, sempreché tale data sia diversa dalla data di emissione della fattura;
- la possibilità di emettere la fattura entro 12 giorni dall'effettuazione dell'operazione secondo l'art. 6 del D.P.R. n. 633/1972 (per il computo corretto dei 12 giorni si veda (➡46.7.)).

Come regola generale, l'emissione della fattura (elettronica o meno) non è più ancorata al momento di effettuazione dell'operazione, ma potrà essere eseguita entro i 12 giorni successivi all'effettuazione dell'operazione. Si ribadisce che nel caso della fatturazione elettronica, con il termine "emissione" si intende il momento di invio del documento a SdI; inoltre, nel documento occorre indicare anche la data in cui è effettuata la cessione di beni o la prestazione di servizi ovvero quella in cui è corrisposto in tutto o in parte il corrispettivo, nel caso in cui tale data sia diversa da quella di emissione della fattura.

L'emissione e la trasmissione delle fatture elettroniche in formato XML (con apposizione o meno della firma digitale) devono avvenire con SW in commercio oppure con un'App ed una procedura WEB resi gratuiti dall'Agenzia stessa. Gli operatori sono comunque liberi di poter ancora utilizzare processi di trasferimento dati EDI, sfruttando anche i servizi offerti da provider ed intermediari, integrando i flussi delle fatture elettroniche in formato XML, ciò al fine di consentire ad emittente e destinatario una corretta gestione fiscale delle fatture.

In ogni caso la fattura valida ai fini fiscali è quella trasmessa a SdI; conseguentemente l'Agenzia delle Entrate mette a disposizione:

- un SW installabile sul proprio PC per la predisposizione della e-fattura;
- una procedura WEB ed un'App per la trasmissione a SdI;
- un servizio WEB di generazione di un codice a barre dimensionale (QRCode) per l'acquisizione automatica delle informazioni anagrafiche IVA del cessionario/committente, compreso il suo indirizzo telematico;
- un servizio di registrazione attraverso il quale il cessionari/committente (o un suo intermediario) può indicare a SdI il canale e l'indirizzo telematico per la ricezione dei file;
- un servizio per la ricerca, consultazione e acquisizione delle e-fatture attive e passive, in un'area riservata dell'Agenzia;
- dei servizi WEB informativi ai fini di assistenza, di sperimentazione del processo.

L'accesso ai suddetti servizi potrà essere effettuato attraverso il sistema SPID, le credenziali Fisconline/Entratel, la Carta Nazionale dei Servizi.

Una volta elaborata la e-fattura, questa potrà essere trasmessa mediante:

- PEC;
- i servizi informatici sopra indicati (specifica funzionalità del servizio WEB "Fatture e corrispettivi". Si veda oltre "Nuove funzionalità di web service";
- un sistema di cooperazione applicativa INTERNET con protocollo HTTPS (previo accreditamento a SdI);
- un sistema di trasmissione dati terminali remoti basato su protocollo FTP (previo accreditamento a SdI).

La registrazione dell'**indirizzo telematico** è possibile all'interno dell'area riservata "Fatture e corrispettivi" del sito dell'Agenzia delle Entrate, accessibile mediante SPID, CNS, Entratel o Fisconline.

Flusso operativo

Cedente/prestatore - Affinché il soggetto trasmittente possa validamente interagire con il SdI, devono essere soddisfatti i requisiti minimi indispensabili alla sua identificazione. Il soddisfacimento di tali requisiti si ottiene definendo uno o più canali di trasmissione/comunicazione attraverso:

- dotazione di una casella di posta elettronica certificata o di analogo indirizzo di posta elettronica basato su tecnologie che certifichino data e ora dell'invio e della ricezione delle comunicazioni e l'integrità del contenuto delle stesse;
- adesione e sottoscrizione di un accordo di servizio con il SdI per disciplinare la trasmissione della fattura, e relativi messaggi di notifica, attraverso servizio esposto tramite modello "web-service";
- adesione e sottoscrizione di un *accordo di servizio* con il SdI per disciplinare la trasmissione della fattura, e relativi messaggi di notifica, attraverso protocolli di "file transfer" (servizio SdIFtp)

Nel caso di utilizzo del servizio di invio telematico esposto su interfaccia web di fruizione dei servizi "Fatture e corrispettivi", l'autenticazione avviene attraverso l'utilizzo delle credenziali Fisconline o Entratel oppure, in alternativa, di un dispositivo di tipo Smartcard oppure di un'identità SPID.

Inoltre, deve:

- scegliere quale tipologia di canale utilizzare per il dialogo con SdI (es.: PEC);
- decidere se apporre o meno la firma digitale sul file XML;
- acquisire l'indirizzo telematico o il codice destinatario chiedendogli il suo Codice ID oppure la PEC;
- controllare l'esistenza e la correttezza della Partita IVA o del codice fiscale del destinatario.

Quindi, invia la e-fattura opportunamente compilata di tutti i dati richiesti dal D.P.R. n. 633/1972 oltre a quelli specificamente voluti dall'Allegato A al Provv. 28 febbraio 2020, n. 99922 al proprio cliente attraverso SdI. La fattura "immediata" (➡46.7.) o "differita" (➡46.8.) deve essere trasmessa a SdI al momento di effettuazione dell'operazione (➡43.2.) (artt. 6 e 21, D.P.R. n. 633/1972).

Riceve il **riscontro** della trasmissione:

- se la trasmissione del *file* al destinatario soggetto IVA, ha esito positivo in quanto ha superato i controlli, riceve da SdI una **ricevuta di avvenuta consegna** o messa a disposizione con relativa data di consegna della fattura e la procedura per l'emittente è terminata. Inoltre, SdI mette a disposizione un duplicato informatico della e-fattura nell'area riservata del cessionario/committente. La fattura si considera emessa con riferimento alla data apposta sulla stessa;
- se entro i 5 giorni successivi all'invio riceve da SdI una **ricevuta di scarto**, la fattura (o le fatture del lotto) si considera **non emessa**. In tal caso emette una nota di variazione a solo uso interno ed è tenuto alla riemissione della fattura previa eliminazione degli errori bloccanti. In considera-

IVA

zione del fatto che la data di trasmissione della fattura è comunque nota a SdI, l'emittente ha 5 giorni di tempo per trasmettere nuovamente a SdI la e-fattura senza incorrere in una violazione dell'art. 6 del D.P.R. n. 633/1972. La fattura ritrasmessa nei 5 giorni, in sostituzione di quella scartata, riporta come **data** quella del **documento originario**. Qualora non sia possibile riproporre il medesimo numero e data, la nuova fattura può: a) riportare un nuovo numero e data, ma deve essere ricollegabile con la precedente; b) oppure riportare una numerazione progressiva che faccia comprendere come quest'ultima sia rettificativa della precedente ed annotata separatamente o in apposito sezionale (circ. n. 13/E/2018).

Riceve notizia da SdI che il **recapito** della fattura al cliente **non** è stato **possibile** per cause tecniche non imputabili a SdI. Gli viene, inoltre, comunicato che SdI ha messo a disposizione la fattura nell'area autenticata dei servizi telematici del cessionario/committente.

In questo caso è tenuto a **comunicare** per altra via al cessionario/committente che l'originale della fattura è a sua disposizione nell'area riservata del sito dell'Agenzia. Se il cliente non ha utilizzato il servizio di preregistrazione, l'emittente è tenuto a compilare un particolare campo ("codice destinatario") e se il destinatario è un consumatore finale indicherà oltre al codice convenzionale (in questo caso formato da 7 zeri) anche il codice fiscale di quest'ultimo. La comunicazione *può* essere effettuata anche mediante invio di copia informatica od analogica e nel caso di consumatore finale *deve* inviargli anche una copia informatica o analogica della fattura.

In caso di trasmissione di e-fattura ad un **consumatore privato**, ad un soggetto in regime di vantaggio, ad un soggetto forfetario, ad un soggetto agricolo, deve tempestivamente comunicargli che la fattura è acquisibile nella propria area riservata WEB dell'Agenzia delle Entrate.

Riceve da SdI la **comunicazione** che la fattura messa a disposizione in apposita area riservata del destinatario è stata **letta** dal cliente consumatore finale e simili.

> È possibile **conservare** una copia della fattura invece che in formato XML, in formato PDF a condizione che la conformità all'originale (che rimane sempre quella in formato XML trasmesso a SdI) sia attestata da un Pubblico ufficiale oppure che detta conformità non sia espressamente disconosciuta. In ogni caso è tenuto a conservare gli esiti e le ricevute inviate da SdI.

SdI - Ricevuta la fattura elettronica (ovvero il lotto di fatture elettroniche) rilascia all'emittente un **riscontro** dell'avvenuta trasmissione.

Effettua una serie di **controlli** del file ricevuto al fine di rilevare la presenza o meno di uno degli errori indicati nell'Allegato A del Provv. 30 aprile 2018, n. 89757. Se il controllo **non è superato** a causa di errori formali o sostanziali, recapita entro i 5 giorni successivi una **ricevuta di scarto.** Se il controllo **è superato,** provvede a recapitare la e-fattura al cessionario/committente e all'emittente invia una notifica di buon esito. Il **recapito** può avvenire mediante:

- PEC;
- un sistema di cooperazione applicativa INTERNET;
- un sistema di trasmissione dati terminali remoti basato su protocollo FTP.

Qualora il canale di trasmissione sia individuato, trasmette la e-fattura al destinatario e se la trasmissione si è risolta positivamente, invia all'emittente una **ricevuta di consegna**.

Se il **recapito non è possibile** per cause tecniche non imputabili a SdI, questi metterà a disposizione del cessionario/committente nella propria area riservata del sito dell'Agenzia la e-fattura. SdI comunica l'informazione al cedente/committente.

In caso di trasmissione ad un consumatore privato, ad un soggetto in regime di vantaggio, un soggetto forfetario, un soggetto agricolo, la fattura verrà messagli a disposizione in un'apposita area WEB riservata dell'Agenzia delle Entrate. Informa il cedente/prestatore quando il cessionario/committente ha preso visione della fattura nell'area autenticata.

Cessionario/committente - Diversamente dai cessionari/committenti della PA, i destinatari della fattura elettronica, privati, non possono rifiutarla.

È previsto un sistema di "preregistrazione" del cessionario/committente in modo che il flusso di indirizzamento colleghi la fattura a PEC e Partita IVA. Se il cessionario/committente non si è registrato è comunque tenuto a comunicare all'emittente il proprio indirizzo.

La fattura gli perviene attraverso i medesimi canali di trasmissione utilizzate dal cedente/prestatore per la trasmissione (es.: preregistrazione), ovvero con la presa visione della fattura messagli a disposizione nella sua area riservata del sito WEB dell'Agenzia, allorquando si tratti di un privato consumatore o similare. Nel momento in cui il cessionario/committente, accedendo alla sua area riservata, prende visione della fattura, il sistema registra tale operazione e modifica lo stato del file che risulta così ricevuto dal destinatario. L'informazione della data di presa visione della fattura da parte del

IVA

cessionario/committente è resa disponibile al cedente/prestatore nell'area di consultazione delle fatture elettroniche di sua competenza.
Se la PEC non è stata comunicata dal destinatario oppure è un contribuente in regime di vantaggio, forfetario o produttore agricolo, da un lato l'emittente è tenuto - come detto - a compilare un particolare campo con il codice convenzionale a 7 zeri.
Qualora il cessionario/committente sia un soggetto IVA in **regime forfetario** questi non ha alcun obbligo di conservazione digitale della fattura elettronica ricevuta, neppure se abbia comunicato al fornitore il proprio indirizzo PEC o telematico. Invece dovrà comunque conservare una copia cartacea della fattura elettronica ricevuta (circ. n. 9/E/2019).
In definitiva, la fattura si ha per ricevuta nel momento in cui risulta essergli stata recapitata o di presa visione nella propria area riservata.
In presenza di una fattura elettronica ricevuta in regime di reverse charge interno (art. 17, c. 5 e 6, D.P.R. n. 633/1972), l'eventuale integrazione può essere effettuata predisponendo un altro documento, da allegare al file della fattura, contenente i dati richiesti per soddisfare l'integrazione nonché gli estremi della fattura in questione. Detto documento può, se si vuole, essere inviato a SdI (circ. n. 13/E/2018).
È possibile **conservare** una copia della fattura invece che in formato XML, in formato PDF a condizione che la conformità all'originale (che rimane sempre quella in formato XML trasmesso a SdI) sia attestata da un Pubblico ufficiale oppure che detta conformità non sia espressamente disconosciuta.

Consumatore finale - Per il cessionario/committente non soggetto ad IVA, si ha:

- **messa a disposizione** del documento direttamente in un'area a questi riservata del sito dell'Agenzia al quale possa accedere tramite i servizi telematici della stessa Agenzia;
- **ricevimento diretto di una copia analogica** (detta anche copia di cortesia) della fattura anche inviatagli via e-mail con contestuale comunicazione della messa a disposizione appena sopra indicata.

La fattura si ha per ricevuta nel momento in cui risulta essergli stata recapitata o di presa visione nella propria area riservata.
Si rammenta che anche la fattura elettronica diretta ai privati consumatori deve contenere tutti gli elementi di cui agli artt. 21 e 21-bis del D.P.R. n. 633/1972. Invece non contiene né il codice destinatario (al suo posto vanno indicati 7 zeri nell'apposito campo), né la PEC.

> Qualora il cessionario/committente sia un soggetto privato (consumatore privato) residente in Italia **non dotato di sistemi** che gli consentano di ricevere una fattura in formato elettronico, il cedente/prestatore di servizio, pur restando obbligato all'emissione di fattura elettronica da indirizzare a SdI, può rilasciargli una **copia cartacea** della e-fattura. Può essere rilasciata anche una copia informatica della fattura, se il consumatore finale comunica il proprio indirizzo e-mail (Provv. n. 89757/2018).

Anche nei confronti di **soggetti esteri** (UE od extra UE) - siano essi privati o soggetti d'imposta (compresi i residenti nei territori di Livigno e Campione d'Italia) - non scatta l'obbligo della fatturazione elettronica. Ad essi potrà essere consegnata una copia cartacea. Nonostante ciò, il fornitore/prestatore è comunque obbligato alla trasmissione telematica all'Agenzia delle Entrate dei dati delle fatture (cosiddetto esterometro sino al 30 giugno 2022 e successivamente mediante trasmissione diretta dei dati tramite SDI in formato XML come per le fatture elettroniche).

Intermediari - La trasmissione e ricezione delle fatture elettroniche tramite SdI può essere effettuata direttamente dal contribuente ovvero per il tramite di intermediari appositamente delegati.
Sono da considerare intermediari abilitati: dottori commercialisti, ragionieri, periti commerciali, consulenti del lavoro, CAF, oppure gli altri soggetti indicati dal D.M. 18 febbraio 1999.
La delega può essere conferita ovvero revocata esclusivamente:

- per il tramite di apposite funzionalità messe a disposizione nel sito WEB dell'Agenzia delle Entrate;
- mediante apposito modulo da presentare presso un qualunque ufficio dell'Agenzia.

L'intermediario può ricevere dall'emittente la fattura elaborata secondo i formati gestionali interni dell'emittente. È suo compito trasformarla in formato XML per la trasmissione a SdI e quindi rispedirgli una copia in formato PDF.
L'Agenzia delle Entrate ha emanato le disposizioni tecniche per l'**attivazione on-line delle deleghe** (Provv. n. 291241/2018).
La delega può essere **singola** (ossia per un solo invio) **ovvero massiva**. Preventivamente l'incaricato deve ricevere apposita delega conferitagli dal cliente. Le deleghe devono essere **annotate** in un apposito **registro cronologico** che può essere tenuto anche in formato elettronico, con l'indicazione

IVA

del numero progressivo e della data della delega, dei dati di identificazione fiscale del cliente e degli estremi del suo documento di identità. La delega consente all'intermediario di operare nell'area denominata "Fattura e corrispettivi" del cliente stesso. Il registro deve essere conservato per un eventuale controllo richiesto dall'Agenzia delle Entrate. La delega deve essere trasmessa all'Agenzia delle Entrate entro 90 giorni dall'avvenuta sottoscrizione da parte del cliente.
In assenza di errori bloccanti la delega "massiva" è efficace entro 2 giorni dal ricevimento del benestare telematico da parte dell'Agenzia ed ha una durata di 2 anni dalla data del conferimento. Infine:
- di regola l'apposizione della firma elettronica qualificata è a cura dell'emittente;
- in presenza di un intermediario, se questo si limita a trasmettere allo SdI una fattura predisposta dall'emittente, la firma digitale va apposta dallo stesso cedente/prestatore;
- se, invece, è l'intermediario ad aggregare i dati della fattura che trasmette allo SdI, è quest'ultimo ad apporre la propria firma digitale.

Si rammenta che l'apposizione della firma elettronica digitale non è obbligatoria nelle transazioni tra privati, ma solo con enti della P.A.

L'emissione della fattura elettronica può anche essere affidata ad un terzo che agisce per conto del cedente/prestatore (può essere un terzo, il cliente o l'intermediario). In tale evenienza la fattura deve riportare l'annotazione che la fattura è stata compilata per conto del cedente/prestatore ai sensi dell'art. 21, c. 2, lett. n), D.P.R. n. 633/1972 (risposta a interpello n. 348/E/2019).

Esigibilità e detraibilità dell'imposta

La **data** di **esigibilità** dell'imposta coincide con la **data** riportata **sulla fattura**. Se SdI ha scartato la fattura questa è considerata non emessa ed il cedente/prestatore è tenuto alla sua riemissione previa correzione degli errori bloccanti e, pertanto, occorre far riferimento alla data della nuova fattura.
La **data** dalla quale decorrono i termini per la **detraibilità** (salve ragioni soggettive od oggettive) coincide con la **data** di **ricezione** attestata al destinatario o dai canali telematici ovvero dalla data di sua presa visione nell'area riservata WEB dell'Agenzia.
In particolare, è stabilito che **entro il giorno 16 di ciascun mese** può essere esercitato il diritto alla detrazione dell'IVA relativa ai documenti di acquisto ricevuti e annotati entro il 15 del mese successivo a quello di effettuazione dell'operazione.
La regola è applicabile sia ai contribuenti mensili, sia a quelli trimestrali. Mutuando l'esempio fornito dalla circ. n. 14/2019 si avrà:
- Contribuente mensile
  - operazione del 28 settembre;
  - emissione di fattura elettronica il giorno 8 ottobre;
  - ricevuta dal cliente il 10 ottobre;
  - annotata nel registro acquisti entro il giorno 15 ottobre.

Il diritto alla detrazione può essere esercitato con riferimento al mese di settembre.
- Contribuente trimestrale
  - operazione del 29 giugno;
  - emissione di fattura elettronica il giorno 8 luglio;
  - ricevuta dal cliente il 13 luglio;
  - annotata nel registro acquisti entro il giorno 15 luglio.

Il diritto alla detrazione può essere esercitato con riferimento al secondo trimestre.
La norma non trova applicazione nelle operazioni effettuate in un anno le cui fatture siano ricevute nell'anno successivo. In tal caso la detrazione potrà essere fatta nell'anno di ricevimento della fattura.
- operazione di dicembre 20XX,
- fattura ricevuta ed annotata nel 20XX+1,
- la detrazione potrà essere effettuata con riferimento al mese di effettiva ricezione e registrazione del documento (20XX+1) al più entro il termine di presentazione della dichiarazione relativa a questo ultimo anno.

Conservazione, consultazione e acquisizione delle fatture elettroniche presso l'Agenzia

I soggetti IVA, attraverso un apposito accordo di servizio con l'Agenzia delle Entrate, possono usufruire di un servizio di consultazione e acquisizione dei predetti documenti (fatture ed eventuali allegati) inviati attraverso SdI. Ciò non toglie che il soggetto interessato possa comunque conservare ulteriormente in proprio o tramite un terzo, le fatture elettroniche.
Il servizio vale sia agli effetti civilistici sia agli effetti fiscali ed è applicabile sia nei rapporti B2B, sia B2C, sia con quelli con la PA e transitate tramite SdI (circ. n. 18/E/2018).

IVA

Il servizio garantisce la conservazione dei documenti per un periodo di 15 anni (salvo revoca da parte del contribuente allo scopo di rientrare in possesso di tutte le sue fatture) e riguarda tutte le tipologie di documenti transitati via SdI (fatture elettroniche ordinarie e semplificate, autofatture, note di variazioni ecc.), nonché gli allegati a tali documenti tanto nel caso di inoltro obbligato o volontario.
In ogni momento il soggetto interessato può chiedere, dietro richiesta motivata, di ottenere l'esibizione delle fatture conservate seguendo le modalità esposte nel Manuale della conservazione.
Il cedente/prestatore o il cessionari/committente, l'intermediario abilitato, ma anche il consumatore finale, possono aderire al servizio di consultazione e acquisizione delle fatture elettroniche a partire dal 1° luglio 2019. L'adesione al servizio di consultazione delle fatture elettroniche emesse e ricevute da detta data è stata prorogata sino al 31 dicembre 2021 (Provv. n. 298662/2021). Vedasi oltre: "Scadenze".
I file contenenti i dati fattura sono a disposizione unicamente a favore del soggetto che ha aderito al servizio. A chi non ha aderito vengono messi a disposizione unicamente i dati essenziali della fattura con esclusione di quelli concernenti natura, qualità e quantità.
In ogni caso, saranno disponibili per consultazione solo i dati fattura (ossia quelli ritenuti "non sensibili") sino al termine dell'ottavo anno successivo alla presentazione della dichiarazione annuale IVA di riferimento. Ad esempio: operazione del 30 dicembre 2019, fattura elettronica trasmessa il 3 gennaio 2020. Per il cedente/prestatore i dati fattura saranno disponibili sino al 31 dicembre 2028, mentre per il cessionario/acquirente saranno disponibili sino al 31 dicembre 2029. L'adesione al servizio di "Consultazione" garantisce all'utente di ritrovare in qualsiasi momento (nei limiti temporali previsti dal Provvedimento dell'Agenzia delle Entrate del 30 aprile 2018) le fatture emesse e ricevute all'interno del portale Fatture e Corrispettivi, nonché rendere i rapporti con l'Amministrazione finanziaria più trasparenti e collaborativi. La mancata adesione al servizio di "Consultazione" non rappresenterà di per sé un elemento di valutazione nell'ambito dell'attività di analisi del rischio condotta dall'Agenzia delle Entrate (FAQ n. 125/E/2019).

Utilizzo dei file delle fatture elettroniche da parte della P.A.

I file delle fatture elettroniche acquisiti mediante SdI e che debbono essere memorizzati sino al termine dell'ottavo anno successivo a quello della presentazione della relativa dichiarazione ovvero sino al termine di eventuali giudizi, potranno essere utilizzati (art. 14, D.L. n. 124/2019):

- dalla Guardia di Finanza nell'ambito della propria funzione di polizia economico-finanziaria;
- dall'Agenzia delle Entrate e dalla Guardia di Finanza nell'ambito delle loro funzioni di analisi del rischio e di controllo fiscale.

Nuove funzionalità di "web service"

L'Agenzia delle Entrate ha previsto una nuova funzionalità a favore dei soggetti che utilizzano un canale "web service" per lo scambio dei dati con SdI. Questa funzionalità è in grado di produrre un **report di quadratura** delle fatture elettroniche e delle notifiche scambiate tra SdI ed il soggetto (trasmittente o ricevente).

Inoltre, la medesima funzionalità, prevede un **servizio di reinoltro** delle fatture elettroniche e delle notifiche che non sono state recapitate al soggetto (in sostanza, le fatture che si trovano nello stato di **impossibilità di recapito**). Quando l'operazione va a buon fine, la funzionalità riallinea automaticamente la data di consegna con la data di ritrasmissione che è quella rilevante ai fini fiscali (Provv. 23 settembre 2020, n. 311557).

IVA

46.13.4. Fattura ed imposta di bollo

Esiste un principio di alternatività tra l'IVA e l'imposta di bollo (D.P.R. n. 642/1972) nel senso che, di regola, se la fattura riporta l'IVA l'imposta di bollo non è dovuta, e viceversa.
Più nello specifico:

- l'imposta di bollo, se ed in quanto applicabile, è attualmente fissata nella misura di euro 2 se l'importo della fattura e similare è superiore ad euro 77,47;
- il tributo di bollo è assolto in relazione alla fattura cartacea (quando ancora emissibile) mediante apposizione di contrassegno telematico sostitutivo della vecchia marca da bollo ed è acquistabile presso i rivenditori autorizzati (tabaccai).

Il contrassegno già riporta la data di emissione, conseguentemente non è necessario apporvi il timbro datario o comunque procedere all'annullamento della "marca". L'importante è che il contrassegno sia antecedente rispetto al documento su cui viene apposto, altrimenti se ne evidenzia la tardività;

Obbligo dell'emittente

È l'**emittente** a dover **ottemperare** all'obbligo; può rivalersi sul cliente addebitandoglielo in aggiunta al corrispettivo fatturato.

Se l'emittente non appone il contrassegno ovvero non indica sulla fattura elettronica che la stessa è soggetta al pagamento del bollo in modo virtuale, il decreto istitutivo dell'imposta di bollo dispone che sono **solidalmente responsabili** entrambe le parti. Pertanto, chi riceve un documento non in regola, è tenuto a presentare entro 15 giorni l'atto all'Ufficio delle Entrate e corrispondere l'imposta. Così operando egli è sollevato da qualsiasi responsabilità, mentre sarà sanzionato l'emittente.
L'applicazione dell'imposta di bollo rappresenta un onere per l'emittente la fattura, ma rappresenta un'anticipazione in nome e per conto del cessionario/committente (art. 5, c. 1, n. 3, D.P.R. n. 633/1972); di conseguenza questi è tenuto a rimborsare l'imposta al fornitore/prestatore (RM n. 430585/1992).
Se nessuna delle parti provvede e l'omissione viene accertata, entrambi sono soggetti tanto al tributo quanto alla sanzione.
In particolare, se il fornitore non assoggetta all'imposta di bollo una fattura elettronica che invece doveva essere assoggettata al tributo, il cessionario/committente per non incorrere in sanzioni, può provvedervi versando l'importo dovuto, mediante Mod. F24, entro 15 giorni dalla data di ricevimento della fattura irregolare senza la necessità di presentare all'Agenzia delle Entrate la fattura irregolare (circ. n. 14/E/2019).
Dal **1° gennaio 2020**, in caso di omesso, ritardato o insufficiente versamento l'Agenzia comunica telematicamente al contribuente l'ammontare dell'imposta e della sanzione **ridotta del 30%**, nonché degli interessi maturati sino all'ultimo giorno del mese antecedente alla comunicazione. Trascorsi inutilmente 30 giorni dal ricevimento della comunicazione l'Agenzia provvede all'iscrizione a ruolo a titolo definitivo (art. 12-novies, D.L. n. 34/2019).
Per i versamenti effettuati con un ritardo non superiore a 90 giorni, la sanzione è ridotta al 15% e se effettuata con un ritardo non superiore a 15 giorni la sanzione del 15% è ulteriormente ridotta ad 1/15 per ogni giorno di ritardo (art. 13, D.Lgs. n. 472/1997).

Fatture miste

Per fatture miste si intendono quelle fatture in parte non soggette ad IVA ed in parte sì. Non vi è dubbio che per le porzioni non soggette ad IVA - perché esenti, escluse, fuori capo IVA, non imponibili, ad esempio, in quanto cessioni indirette (art. 8, lett. c)), fatture messe da soggetti in regime di vantaggio o forfetari, ecc. - che superino l'importo di euro 77,47, occorre adempiere all'imposta di bollo indipendentemente dalla tipologia di fattura (cartacea od elettronica).
Più delicata è l'ipotesi per la quale la porzione sia non soggetta ad IVA in quanto **fuori campo IVA ma relativa a spese anticipate in nome e per conto** della controparte (art. 15, D.P.R. n. 633/1972). Evento abbastanza frequente per notai e commercialisti.
Qualora di tratti **di tributi** dovuti dal medesimo cliente (es. imposte, tasse, concessioni governative, contributi, diritti camerali, diritti di segreteria, diritti di conservatoria, diritti di cancelleria, marche da bollo, contributo unificato), trova applicazione l'articolo 5 della tabella B allegata al D.P.R. n. 642/1972 e, pertanto, tale porzione non è soggetta all'imposta di bollo indipendentemente dall'importo.
In tutti gli altri casi di spese anticipate in nome e per conto della controparte (diversi da tributi dovuti dal cliente) non può trovare applicazione la norma derogatoria. Pertanto, le altre spese anticipate in nome e per conto della controparte sono comunque soggette a bollo se complessivamente di importo superiore ad euro 77,47 (risposta a interpello n. 491/2021).
L'interpretazione dell'Agenzia solo parzialmente collima con lo studio della Commissione di studi del Notariato (n. 184/2019). A parere di quest'ultimo tutte le spese sostenute in nome e per conto del cliente, fuori campo IVA *ex* art. 15 del D.P.R. n. 633/1972, sono solo una mera anticipazione finanziaria e non rappresentano compensi (corrispettivi) per l'attività svolta. Come tali non soggetti a bollo. Indipendentemente da ciò, resta l'opportunità, quando si ritenga che una parte della fattura non sia da assoggettare all'imposta di bollo, di indicare come Codice natura N1 e non N4.

Fattura elettronica ed imposta di bollo

Indipendentemente dal fatto che una fattura sia emessa in modalità elettronica o cartacea, in linea generale se questa contiene un importo esente o non soggetto ad IVA superiore a euro 77,47, è soggetta all'imposta di bollo. Vedasi anche la tabella Fatture soggette a bollo.
Con l'introduzione della fattura elettronica, l'imposta di bollo è **assolta "in modo virtuale"**. Il Ministero dell'Economia e delle Finanze ha illustrato le modalità applicative (D.M. 28 dicembre 2018 e "Guida - L'imposta di bollo sulle fatture elettroniche, aprile 2021), sintetizzabili come segue:

– il pagamento dell'imposta di bollo sulle fatture elettroniche (sia quelle transitate via SdI, sia quelle extra SdI in quanto debbono portare il riferimento all'assolvimento ai sensi del D.M. 17 giugno 2014) emesse in ciascun trimestre dovrà essere effettuato **entro i termini di seguito indicati.** È

IVA

prevista la possibilità di una cadenza semestrale di versamento del tributo, qualora gli importi dovuti non superino la soglia di euro 1.000 annui (art. 12-novies, D.L. n. 34/2019);
- è la stessa Agenzia delle Entrate a render noto all'emittente l'importo dell'imposta dovuta (vedasi oltre: Procedura automatizzata di assolvimento dell'imposta), in base ai dati presenti nelle fatture elettroniche inviate a SdI (correttamente elaborate e non scartate, infatti quelle scartate dal sistema si considerano non emesse e quindi non sorge il presupposto per pagamento);
- i contribuenti sono comunque tenuti a verificare gli importi resi noti dall'Agenzia ed eventualmente integrare quanto comunicato in presenza di eventuali integrazioni (il caso più comune riguarda le fatture elettroniche extra SdI). Le eventuali modifiche o integrazioni o eliminazioni vanno effettuate nell'**elenco B** messo a disposizione dall'Agenzia nel portale "Fatture e corrispettivi" del contribuente;
- in presenza di altri documenti informatici non è possibile assolvere l'imposta in modo virtuale (circ. n. 16/E/2015);
- la dicitura da inserire in una fattura per indicare l'avvenuto assolvimento dell'imposta di bollo è la medesima sia nel caso delle fatture analogiche/cartacee che in quelle elettroniche ovvero "Imposta di bollo assolta in modo virtuale ai sensi dell'art. 15 del D.P.R. n. 642/1972 e del D.M. 17/06/2014". Nel caso delle fatture elettroniche il contribuente deve valorizzare spuntando "SI" nel campo "Bollo virtuale" nel tracciato del file XML;
- ai fini del calcolo dell'imposta di bollo dovuta sulle fatture elettroniche trasmesse via SdI, l'Agenzia integra quelle che non recano l'annotazione di assolvimento del tributo, avvalendosi di proprie procedure automatizzate. L'applicazione di questa disposizione, originariamente prevista per il 1° gennaio 2020 (art. 12-novies, D.L. n. 34/2019) è stata prorogata al **1° gennaio 2021** (art. 143, D.L. n. 34/2020). Vedasi oltre: Procedura automatizzata di assolvimento dell'imposta.

Emissione di fattura elettronica per conto altrui e imposta di bollo

Un soggetto passivo IVA (cliente) può essere specificatamente autorizzato da un terzo (fornitore) ad emettere fattura elettronica in suo nome e per suo conto. In particolare, se il terzo è:
- un soggetto forfetario che, come tale, non obbligato all'emissione di fattura elettronica, può essere emessa fattura cartacea o, per opzione, in formato elettronico a sua scelta;
- un soggetto autonomo ed occasionale non provvisto di partita IVA, può essere emessa di regola una semplice ricevuta non fiscale soggetta a bollo se di importo superiore ad euro 77,47.

In queste situazioni il cliente - soggetto IVA - può essere autorizzato, previa istanza, ad ottenere l'autorizzazione al **pagamento in modo virtuale** dell'imposta di bollo, ai sensi dell'art. 15 del D.P.R. n. 642/1972 (risposta a interpello n. 324/2021).

Termini di assolvimento

Dal 1° gennaio 2021 è stata modificata radicalmente la tempistica del pagamento dell'imposta di bollo che viene così scaglionata (D.M. 4 dicembre 2020):

Gennaio - Marzo	Versamento entro il 31 maggio
Aprile - Giugno	Versamento entro il 30 settembre
Luglio - Settembre	Versamento entro il 30 novembre
Ottobre - Dicembre	Versamento entro il 28 febbraio dell'anno successivo

Sono previste, inoltre, le seguenti ulteriori semplificazioni:

Se l'imposta **complessivamente** dovuta sulle fatture elettroniche emesse nel **primo** trimestre (Gennaio - Marzo) non è superiore ad € 250	Pagamento entro il 30 settembre
Se l'imposta **complessivamente** dovuta sulle fatture elettroniche emesse **nei primi due trimestri** (Gennaio - Giugno) non è superiore ad € 250	Pagamento entro 30 novembre

L'imposta di bollo è dovuta anche nel caso di fatture emesse nei confronti dei soggetti che non sono obbligati a ricevere fatture in formato elettronico, indipendentemente dal fatto che quest'ultimo abbia o meno reso noto all'emittente la propria e-mail o la PEC oppure abbia chiesto una copia cartacea della fattura elettronica.

IVA

Individuazione del trimestre di riferimento

L'Agenzia delle Entrate ha illustrato come debba essere correttamente individuato il trimestre di riferimento per l'assolvimento dell'imposta (Guida - L'imposta di bollo sulle fatture elettroniche, aprile 2021).

In linea generale si deve far riferimento alla "data di consegna", così come risulta dalla "ricevuta di consegna", rilasciata dal sistema al termine dell'elaborazione, ovvero alla data di messa a disposizione, nel caso di impossibilità di consegna, qualora precedenti alla fine del trimestre.

- Fattura elettronica datata e trasmessa al Sistema di Interscambio il 30 marzo, la cui data di consegna attestata nella ricevuta è il 31 marzo, viene considerata tra le fatture relative al primo trimestre.
- Fattura elettronica datata e trasmessa al Sistema di Interscambio il 30 marzo, la cui data di consegna attestata nella ricevuta è il 1° aprile, viene considerata, ai fini del bollo, tra le fatture relative al secondo trimestre.

Qualora la fattura elettronica sia emessa favore di P.A. per l'individuazione del trimestre di riferimento occorre considerare le fatture:

- consegnate e accettate dalla Pubblica amministrazione destinataria, per le quali la data di consegna, contenuta nella "ricevuta di consegna", è precedente alla fine del trimestre (la data in cui è avvenuta l'accettazione non rileva);
- consegnate e in decorrenza termini (la Pubblica amministrazione non ha notificato né l'accettazione né il rifiuto), per le quali la data di consegna, contenuta nella "ricevuta di consegna", è precedente alla fine del trimestre (la data della notifica di decorrenza termini non rileva);
- non consegnate, per le quali la data di messa a disposizione, contenuta nella "ricevuta di impossibilità di recapito", è precedente alla fine del trimestre.

Procedura automatizzata di assolvimento dell'imposta

Relativamente alle fatture elettroniche emesse dal 1° gennaio 2021, che ad avviso dell'Amministrazione finanziaria erano da assoggettare all'imposta di bollo e ciò non è stato indicato dal contribuente, verranno integrate direttamente, per ciascun trimestre, dall'Agenzia delle Entrate sulla base dei dati in suo possesso.

Il contribuente **verrà informato** dell'aggiornamento operato direttamente dall'Agenzia entro il giorno 15 del mese successivo alla chiusura del trimestre mediante procedura automatizzata.

Il contribuente riceve sul proprio portale "Fatture e corrispettivi" due elenchi denominati:

- **Elenco A**: con l'elenco di tutte le fatture elettroniche correttamente assoggettate al Bollo (elenco non modificabile);
- **Elenco B**: con l'elenco di tutte le fatture che ad avviso dell'Agenzia dovrebbero essere assoggettate al Bollo, ma che non presentano la relativa spunta nel campo "Bollo virtuale" del tracciato della fattura elettronica. Questo elenco è modificabile.

Al ricevimento della comunicazione il contribuente può:

- ritenere che le fatture non debbano subire alcuna integrazione. In tal caso corregge i dati comunicatigli entro l'ultimo giorno del primo mese successivo alla chiusura del trimestre. Per altro le fatture elettroniche inviate nel secondo trimestre possono essere modificate dal contribuente entro il 10 Settembre dell'anno di riferimento;
- accettare l'integrazione.

Il contribuente può modificare l'elenco B indicando quali fatture, di quelle selezionate, non realizzano i presupposti per l'applicazione dell'imposta di bollo e aggiungendo gli estremi identificativi delle fatture elettroniche che, invece, devono essere assoggettate ma non sono presenti né nell'elenco A né in quello B.

Le **modifiche** ai due elenchi devono essere effettuate entro l'ultimo giorno del mese successivo al trimestre di riferimento. Per quanto riguarda il secondo trimestre, il termine del 31 luglio slitta al 10 settembre.

L'elenco B può essere modificato più volte entro il termine previsto.

La Guida illustra le date dei vari passi relativi alla messa a disposizione degli elenchi, ai termini per le eventuali modifiche, ai termini di versamento come già illustrato in precedenza (Termini di assolvimento).

IVA

Trimestri	Messa a disposizione degli elenchi	Data limite modifiche a elenco B	Visualizzazione importo dovuto	Scadenza versamento
1°	15 aprile	30 aprile	15 maggio	31 maggio
2°	15 luglio	10 settembre	20 settembre	30 settembre
3°	15 ottobre	31 ottobre	15 novembre	30 novembre
4°	15 gennaio	31 gennaio	15 febbraio	28 febbraio

Restano immodificate le semplificazioni precedentemente illustrate per i valori inferiori a 250 euro.

Comunicazioni al contribuente

Entro il 15 del secondo mese successivo alla chiusura del trimestre, l'Agenzia rende noto telematicamente al contribuente, l'ammontare dell'imposta complessivamente dovuta sulle fatture elettroniche inviate tramite il SdI in ciascun trimestre solare, calcolata sulla base delle fatture per le quali è stato indicato in fattura l'assolvimento dell'imposta e delle eventuali integrazioni del periodo precedente. Il **termine della comunicazione slitta al 20 settembre** nel caso di fatture elettroniche trasmesse tramite SdI nel secondo trimestre.

Modalità di pagamento

L'imposta viene calcolata direttamente dall'Agenzia delle Entrate sulla base dei documenti trasmessi a SdI, resa nota nell'area riserva del sito dell'Agenzia e potrà essere versata:

- indicando sull'apposita funzionalità web del portale "Fatture e corrispettivi" l'Iban corrispondente al conto corrente intestato al contribuente, sul quale viene così addebitato l'importo dell'imposta di bollo dovuta, oppure
- mediante Mod. F24 predisposto dall'Agenzia delle Entrate da utilizzare in modalità telematica. I relativi Codici tributo sono i seguenti:

Codici	Causale
2521	Primo trimestre
2522	Secondo trimestre
2523	Terzo trimestre
2524	Quarto trimestre
2526	Sanzioni
2527	Interessi

Sanzioni ed obbligazioni in solido

In caso di **tardivo, omesso od insufficiente versamento**, l'Agenzia delle Entrate comunica telematicamente: l'ammontare dell'imposta, la sanzione ridotta ad 1/3 di quella edittale, gli interessi maturati sino al giorno precedente quello dell'elaborazione della comunicazione.

Se il pagamento non viene effettuato entro i 30 giorni successivi al ricevimento della comunicazione, l'Agenzia iscrive a ruolo l'imposta non versata, la sanzione e gli interessi.

Per le fatture elettroniche inviate attraverso SdI e soggette all'imposta di bollo, il cedente/prestatore è **obbligato al pagamento in solido** dell'imposta, anche nel caso in cui il documento sia emesso da un terzo per suo conto (art. 1, c. 1108, Legge n. 178/2020).

Fatture soggette al bollo

Sono soggette a bollo le fatture, note, parcelle:

- esenti da IVA (art. 10, D.P.R. n. 633/1972);
- non imponibili, ma esclusivamente quelle relative:
  - ad operazioni assimilate alle esportazioni (art. 8-bis);
  - ai servizi internazionali o connessi agli scambi internazionali (art. 9);
  - alle cessioni ad esportatori abituali (art. 8, c. 1, lett. c));
- escluse dalla base imponibile (art. 15);
- escluse dal campo IVA (per carenza dei presupposti soggettivi od oggettivi o territoriali ancorché soggette all'obbligo della fattura);
- quando di importo superiore a euro 77,47.

IVA

Si riportano schematicamente i casi più comuni:

Documenti	Bollo per importi superiori ad € 77,47
Fattura (Nota debito, Nota credito, Autofattura, Autofattura in reverse charge) con IVA esposta (anche se con aliquote diverse)	NO
Fattura con aliquota 0 (es.: cessione di rottami)	SÌ
Operazioni fuori campo IVA (ricevute per prestazioni occasionali, servizi intracomunitari resi, ecc.) (artt. 2, 3, 4, 5, 7, D.P.R. n. 633/1972)	SÌ
Fatture proforma emesse da professionisti, ricevute, note, notule, distinte e simili (in quanto non possono esporre l'IVA)	SÌ
Fattura con importi soggetti ad IVA ed altri importi non assoggettati al tributo (cosiddetta "fattura mista")	SÌ, solo nel caso in cui gli importi non assoggettati ad IVA siano superiori ad € 77,47, altrimenti NO
Fatture emesse: - da soggetti in regime di vantaggio e lavoratori in mobilità (Legge n. 98/2011) - da contribuenti in regime forfetario (Legge n. 190/2014)	SÌ No se relative ad acuisti intracomunitari o se il contribuente è debitore d'imposta tramite reverse charge
Fattura relativa ad esportazione diretta (anche tramite commissionari) o triangolare (IT1 cede a IT2 che rivende a extra UE con consegna diretta da parte di IT1) di merci (art. 8, lett. a), D.P.R. n. 633/1972)	NO
Fattura relativa a cessione di beni, consegnati in Italia, ad acquirenti non residenti (art. 8, let.t b), D.P.R. n. 633/1972). È considerata esportazione diretta se vengono rispettate le condizioni previste dalla norma; se non rispettate diventa soggetta ad IVA	NO
Fattura relativa ad esportazione "indiretta", ossia cessione ad esportatore abituale a seguito di "dichiarazione d'intento (art. 8, lett. c), D.P.R. n. 633/1972)	SÌ
Fattura relativa ad operazioni assimilate alle esportazioni (art. 8-bis, D.P.R. n. 633/1972) ma se riguarda beni destinati a dotazioni o provviste di bordo	SÌ NO
Fattura relativa a servizi internazionali (art. 9, D.P.R. n. 633/1972) se riferita a: - operazioni dirette esclusivamente all'esportazione di beni (perché ancillari all'esportazione): - ai beni in transito doganale, ai trasporti di persone, ecc.	SÌ
Fattura emessa dal fornitore/prestatore e rientrante nel regime di reverse charge (es.: rottami, subappalti in edilizia, cessione di CPU, cessioni di cellulari) (art. 17, D.P.R: n. 633/1972)	NO
Tutte le operazioni "esenti" da IVA (art. 10, D.P.R. n. 633/1972)	NO
Split payment (scissione dei pagamenti verso la PA) (art. 17-ter, D.P.R. n. 633/1972)	NO
Fattura emessa per cessioni di beni e prestazioni di servizi in virtù di accordi e trattati internazionali (art. 72, D.P.R. n. 633/1972), se l'operazione è da considerare: - non imponibile *ex* art. 8, D.P.R. n. 633/1972 (esportazioni); - assimilata alle esportazioni *ex* art. 8-bis, D.P.R. n. 633/1972; - assimilata ai servizi internazionali o connessi agli scambi internazionali (art. 9, D.P.R. n. 633/1972)	 NO SÌ NO

IVA

Documenti	Bollo per importi superiori ad € 77,47
Fatture per cessioni/acquisti con la Città del Vaticano (art. 71, D.P.R. n. 633/1972)	NO
Fatture per cessioni/acquisti con la Repubblica di S. Marino (art. 71, D.P.R. n. 633/1972)	NO
Fattura per cessioni intracomunitarie (artt. 41 e 58, D.L. n. 331/1993)	NO
Fattura per acquisti intracomunitari integrata dal cessionario con IVA (art. 38, D.L. n. 331/1993)	NO
Fattura per acquisti intracomunitari integrata dal cessionario, e relativa ad operazione considerata non imponibile in Italia (art. 42, D.L. n. 331/1993)	NO
Fattura per acquisti intracomunitari integrata dal cessionario, e relativa ad operazione considerata esente o non soggetta in Italia (art. 42, D.L. n. 331/1993)	SÌ
Fatture escluse da IVA (spese in nome e per conto, interessi di ora, ecc.) (art. 15, D.P.R. n. 633/1972)	SÌ
Fattura fuori campo IVA per carenza dei presupposti soggettivi (artt. 4 e 5, D.P.R. n. 633/1972), oggettivi (artt. 1, 2, 3, D.P.R. n. 633/1972), territoriali (artt. da 7 a 7-septies, D.P.R. n. 633/1972)	SÌ
Depositi di denaro e depositi cauzionali (in quanto fuori campo IVA)	SÌ
Fatture per prestazioni di servizi generici (art. 7-ter, D.P.R. n. 633/1972) che per disposizione di legge siano considerate extra-territoriali	SÌ
Fatture con IVA assolta all'origine (settore editoria) (art. 74, D.P.R. n. 633/1972)	NO
Fatture e quietanze relative alla vendita di sali e tabacchi, fiammiferi, valori bollati, biglietti lotterie, ecc. (art. 74, D.P.R. n. 633/1972)	NO
Fatture per pacchetti e servizi turistici con destinazioni extra UE (art. 74-ter, D.P.R. n. 633/1972)	SÌ
Fattura proforma e copia di fatture da allegare al fine di ottenere il benestare all'import/export di merci	NO
Fatture riepilogative mensili emesse da tour operator per prestazioni di intermediazione a favore di agenzie viaggi per servizi con destinazione extra UE (art. 74- ter, D.P.R. n. 633/1972)	SÌ
Note credito (art. 26, D.P.R. n. 633/1972): - con IVA esposta; - senza IVA esposta, ma con l'indicazione che la fattura cui si riferisce era assoggettata all'IVA - senza IVA esposta per qualsiasi ragione (per es.: emessa oltre un anno dall'effettuazione dell'operazione	 NO NO SÌ
Copie e duplicati di fatture: - riportanti in calce la dicitura: "copia conforme all'originale, rilasciata a richiesta di XXX" o similare - riportanti in calce la dicitura "copia per uso interno amministrativo" o similare e non consegnata ad un terzo	 seguono il medesimo trattamento previsto per le fatture originarie NO

IVA

Documenti	Bollo per importi superiori ad € 77,47
- con dichiarazione di conformità emessa da un pubblico ufficiale	SÌ bollo di € 16, sin dall'origine, indipendentemente dagli importi esposti in fattura
Fatture, comprese le copie dichiarate conformi ecc. chieste o poste in essere da Onlus (art. 27-bis, D.P.R. n. 642/1972)	NO

Fatture esenti da bollo

In base al principio di alternatività tra IVA ed imposta di bollo, ogni qualvolta la fattura è assoggettata ad IVA il bollo non è dovuto (esente).

L'**esenzione** non riguarda unicamente la fattura, ma anche: le **ricevute**, le **quietanze**, le **note**, i conti, gli **estratti di conto**, nonché le **lettere di addebitamento e di accreditamento** e gli atti similari quali le lettere sollecitatorie di pagamento, gli avvisi di emissione di tratte, le lettere accompagnatorie di assegni relativi a fatture non allegate e recanti l'importo delle fatture stesse, nonché le note di variazione degli importi addebitati o accreditati", **a condizione che**:

1. tali documenti riguardino il pagamento di importi relativi a cessioni di beni o prestazioni di servizi assoggettate ad IVA;
2. sugli stessi sia indicata l'IVA concernente le operazioni a cui i documenti si riferiscono ovvero sia indicato, con un'apposita annotazione, che si tratta di documenti emessi in relazione al pagamento di corrispettivi di operazioni assoggettate ad IVA.

Anche i **documenti commerciali** sono esenti da bollo (circ. n. 3/E/2020).

Sono comunque considerate assoggettate ad IVA anche le fatture non imponibili relative a:

- esportazioni (dirette e triangolari);
- operazioni intracomunitarie.

Le **fatture in reverse charge** emesse dal cedente/prestatore senza evidenziazione dell'IVA in quanto per disposizione di legge (ad esempio subappalti nel campo edile) è compito dell'acquirente/committente autofatturarsi esponendo il tributo, sono comunque da considerare "assoggettate" al tributo, pertanto, esenti da bollo.

Codici tributo per imposta di bollo su fatture elettroniche - Con ris. n. 42/E/2019 sono stati istituiti i seguenti codice tributo:

Codice	Descrizione
2521	Imposta di bollo sulle fatture elettroniche - primo trimestre - art. 6 D.M. 17 giugno 2014
2522	Imposta di bollo sulle fatture elettroniche - secondo trimestre - art. 6 D.M. 17 giugno 2014
2523	Imposta di bollo sulle fatture elettroniche - terzo trimestre - art. 6 D.M. 17 giugno 2014
2524	Imposta di bollo sulle fatture elettroniche - quarto trimestre - art. 6 D.M. 17 giugno 2014
2525	Imposta di bollo sulle fatture elettroniche - SANZIONI - art. 6 D.M. 17 giugno 2014
2526	Imposta di bollo sulle fatture elettroniche - INTERESSI - art. 6 D.M. 17 giugno 2014

Gruppo IVA e imposta di bollo

L'esistenza di un Gruppo IVA (➡59.) prevede una **corresponsabilità** solidale tra il rappresentante del Gruppo ed i suoi partecipanti:

- se la fattura è predisposta od emessa dal singolo partecipante al Gruppo, esso è considerato obbligato principale per l'assolvimento del tributo, mentre il Gruppo è obbligato in solido;
- se il documento è predisposto dal Rappresentante del Gruppo, egli ne è l'obbligato principale, mentre i singoli partecipanti saranno obbligati in solido (circ. n. 14/E/2019).

Fatture analogiche e imposta di bollo

In caso di emissione di **fattura analogica**, il sistema di assolvimento dell'imposta di bollo non è mutato. In questi casi occorre apporre sul documento l'apposita marca da due 2 euro oppure assolvere il tributo in maniera virtuale (art. 15, D.P.R. n. 642/1972).

46.13.5. Collegamenti tra fatturazione elettronica e split payment

Il Ministero dell'Economia e delle Finanze ha individuato le Pubbliche amministrazioni tenute ad applicare il regime dello split payment, facendo riferimento alle Amministrazioni destinatarie della disciplina sulla fatturazione elettronica obbligatoria (D.M. 13 luglio 2017).
Conseguentemente, tutte le fatture rivolte ad uffici della PA e degli altri soggetti interessati (➡**46.12.**) devono essere effettuate mediante fattura elettronica.
Le operazioni per le quali vige il criterio di **reverse charge**, ancorché rivolte alla Pubblica amministrazione, sono **escluse** dall'obbligo di fatturazione elettronica.

46.13.6. Tax Free Shopping e fatturazione elettronica

L'Agenzia delle Dogane ha diramato le disposizioni necessarie per l'emissione delle fatture elettroniche da parte dei cedenti verso viaggiatori extraUE (determinazione direttoriale n. 54088/RU del 22 maggio 2018) ovvero cittadini italiani iscritti all'AIRE. L'obbligo di emissione della fatturazione elettronica per questi soggetti è entrata in vigore il **1° settembre 2018.**
Per approfondimenti si rinvia al (➡**55.6.**).

46.14. ALTRE TIPOLOGIE DI FATTURE

46.14.1. Parcelle, note, conti, notule

Il D.P.R. n. 633/1972 equipara alla fattura anche queste tipologie di documenti solitamente emessi da professionisti.
Qualsiasi documento che contenga tutti i dati previsti dall'IVA è considerato fattura (➡**46.6.**).
Una dizione del tipo "la presente nota non costituisce fattura che sarà emessa al pagamento del corrispettivo" non è sufficiente ad evitare che essa sia considerata fattura a tutti gli effetti, qualora contenga i dati previsti dall'IVA (art. 21, D.P.R. n. 633/1972). Conseguentemente, l'imposta esposta va liquidata nei tempi di legge, indipendentemente dall'incasso in quanto da considerare **fattura anticipata** (➡**46.9.**).
È consuetudine, per i professionisti ed altri prestatori di servizi, emettere un avviso di fattura detto ancorché impropriamente **fattura proforma** (da non confondere con la vera fattura proforma (➡**46.14.5.**)) al fine di allertare il proprio cliente sul corrispettivo che dovrà corrispondergli. Al successivo momento di incasso, emetterà la fattura elettronica. **Dal 1° luglio 2019** è consentito emettere la fattura 12 giorni dopo l'effettuazione dell'operazione (art. 6, D.P.R. n. 633/1972). Affinché la fattura proforma non acquisti le vesti di fattura vera e propria (oltre tutta irregolare in quanto non elettronica) occorre che manchino alcuni elementi essenziali di quest'ultima, per esempio l'importo dell'IVA.
L'Agenzia delle Entrate ha chiarito che la "fattura proforma" in questione è considerata "**documento idoneo**" a consentire la fatturazione differita per servizi. Ciò consente al contribuente di poter emettere entro il giorno 15 del mese successivo all'effettuazione dell'operazione. Entro lo stesso termine la fattura deve essere annotata nel registro delle fatture emesse, ma con riferimento al mese di effettuazione dell'operazione (Faq 27 novembre 2018).

46.14.2. Fatture riepilogative

Fatture di valore non superiore a 300 euro

Le fatture emesse o ricevute per prestazioni o cessioni di beni, nel corso di un mese e di importo non superiore a 300 euro (con riferimento al singolo documento), possono essere **annotate cumulativamente** in una distinta comunemente nota anche come fattura riepilogativa. Ciò consente di fare un'unica annotazione dei rispettivi registri.
In occasione dell'incontro con la stampa specializzata del 1° febbraio 2018, l'Agenzia delle Entrate ha precisato che l'importo di **300 euro** deve intendersi **comprensivo dell'IVA**, contraddicendo così una consolidata interpretazione dottrinaria che, invece, l'aveva ritenuto al netto dell'imposta sulla base della ris. n. 29/E/1996.
Nella distinta riepilogativa devono essere riportati:
- i **numeri** delle **fatture** cui il documento si riferisce;
- il **numero attribuito** alla distinta da annotare in relazione alle fatture ricevute;
- l'ammontare complessivo dell'**imponibile** o le eventuali esenzioni, non imponibilità od esclusione;

IVA

– l'ammontare dell'**imposta** suddivisa per aliquota.

Fattura riepilogativa mensile

Tutte le cessioni e le prestazioni rese nei confronti del medesimo destinatario nell'arco di un mese solare possono essere riepilogate in un'unica fattura riepilogativa.
Quest'ultima deve indicare:

– la **quantità** consegnata di ogni singolo bene globalmente nel periodo in considerazione;
– gli **estremi** dei DDT accompagnatori dei beni consegnati;
– il **valore** complessivo dei corrispettivi nel caso di prestazioni di servizio.

Fattura semplificata 46.14.3.

È consentita l'emissione di fatture in formato elettronico con un **contenuto minore di dati** obbligatori rispetto alla regola (➔**46.6.**) (art. 21-bis, D.P.R. n. 633/1972).
Può essere emessa nei seguenti casi:

– importo complessivo della fattura, IVA compresa, **non** è **superiore a 400 euro**;
– **note di variazione** (debito o credito) senza alcun limite d'importo purché faccia riferimento esplicito ad un'altra fattura ordinaria o semplificata;
– può essere emessa anche mediante **registratore di cassa**. In questo caso si possono indicare nel documento gli stessi elementi identificativi normalmente contenuti nel documento commerciale omettendo gli altri dati di regola richiesti dall'art. 21, c. 2, D.P.R. n. 633/1972.

I **dati minimi** da indicare sono:

– data di emissione;
– numero progressivo che la identifichi in modo univoco;
– dati identificativi dell'emittente ovvero del suo rappresentante fiscale ovvero ubicazione della Stabile Organizzazione in Italia nel caso di soggetti non residenti;
– numero di partita IVA dell'emittente;
– dati identificativi del cessionario o committente ovvero del suo rappresentante fiscale ovvero ubicazione della Stabile Organizzazione in Italia nel caso di soggetti non residenti;
– il codice fiscale e/o la partita IVA del cliente;
– descrizione dei beni ceduti o dei servizi resi;
– ammontare complessivo compreso di IVA oppure i dati che consentano di calcolare l'imposta;
– riferimento alle fatture che si vogliono modificare in caso di fattura rettificativa, nonché dei dati specifici che si intendono modificare.

Con l'introduzione della fatturazione elettronica semplificata o meno il codice fiscale o la partita IVA sono obbligatori e non più alternativi ai dati identificativi del cessionario/committente (è così superata la ris. n. 87/E/2017).
Se il cessionario/committente è un soggetto passivo stabilito:

– in Italia, è possibile indicare in luogo dei suoi dati identificativi il solo codice fiscale o la sua partita IVA;
– nella UE, è possibile indicare solo il numero identificativo attribuitogli nello Stato ove è stabilito.

La fattura semplificata **non** può essere **utilizzata**:

– nel caso di cessioni intracomunitarie;
– per le cessioni di beni e prestazioni di servizi extraterritoriali, nella specie per le operazioni effettuate nei confronti di un soggetto passivo stabilito in altro Paese UE (escluse le operazioni esenti), in cui sia debitore della relativa imposta e comunque diverse da operazioni finanziarie ed assicurative.

Fattura elettronica semplificata

Se il soggetto passivo non risulta tra quelli esonerati dall'emissione della fattura elettronica, anche la fattura semplificata **è emessa in formato elettronico**.
Nella fattura elettronica semplificata il campo "Tipo documento" va compilato con il codice TD07 e con il codice TD08 l'eventuale nota di credito semplificata.
È possibile emettere una fattura elettronica semplificata con solo IVA (tipica nel caso delle note di accredito emesse per la sola IVA dopo la chiusura di una procedura concorsuale) utilizzando il tipo documento "Fattura semplificata" (Faq n. 27/2018 e risposte al CNDCEC del 15 gennaio 2019).
I soggetti obbligati alla certificazione dei corrispettivi possono rilasciare al cliente una fattura elettronica semplificata contestualmente alla consegna del bene o all'ultimazione della prestazione (circ. n. 18/E/2014). Questi documenti sostituiscono la certificazione dei corrispettivi.

IVA

46.14.4. Fatture mediante registratore di cassa

Dal 1° gennaio 2020, l'emissione di fatture tramite misuratori fiscali è stato sostituito dall'obbligo generalizzato dell'emissione della fattura elettronica ovvero del documento commerciale tramite registratore telematico (in alternativa è possibile per taluni soggetti, ad esempio coloro cha abbiano più punti vendite o effettuino cessioni a domicilio di utilizzare la Procedura WEB (➜46.24.1.)).
È ammesso l'uso di registratori di cassa adattati che consentano la memorizzazione e la trasmissione automatica dei corrispettivi giornalieri.

46.14.5. Fatture pro-forma

La fattura pro-forma è nota nel commercio internazionale (codice doganale) e si utilizza esclusivamente per:
- attestare l'uscita di beni dal territorio doganale comunitario di beni in determinate condizioni;
- consentire alla Dogana di importazione di applicare i diritti, i dazi ed eventualmente l'IVA.

Di regola, viene utilizzata per consentire l'**erogazione di finanziamenti** nelle operazioni transnazionali che banche estere possibili finanziatrici (es., Banca Europea Investimenti) richiedono di presentare ai propri sportelli, insieme ad altri documenti, a prova dell'effettivo debito/credito transnazionale tra le parti contraenti.
La fattura pro-forma riguarda esclusivamente l'esportazione di **beni** diversi dai "documenti" e **non destinati**:
- né alla **vendita**;
- né quali "**sconti in natura**".

Conseguentemente è **utilizzabile** esclusivamente:
- per la **movimentazione** di **beni** destinati extra UE senza passaggio di proprietà, ad esempio:
  - lavorazioni,
  - riparazioni e simili,
  - utilizzi all'estero per scopi dell'impresa esportatrice (macchine da cantiere e simili),
  - che al termine delle operazioni di cui sopra rientreranno in Italia;
- per **omaggi** di beni non di propria produzione né di propria commercializzazione, destinati all'esportazione.

La fattura pro-forma può essere **sostituita** da:
- una **lista valorizzata**, oppure mediante
- una **esportazione temporanea**.

Caratteristiche della fattura pro-forma
Evidenziazione della parola "pro-forma" o *pro-forma* invoice.
Dati identificativi dell'emittente, compresa la Partita IVA.
Redazione in lingua inglese od in quella del Paese del destinatario.
Descrizione dettagliata dei beni da esportare.
Motivazione dell'esportazione.
Indicazione del valore doganale dei beni (valore normale ovvero *fair market value*).
Indicazione in calce della dicitura: "documento non valido ai fini dell'art. 8, D.P.R. n. 633/1972".

La fattura pro-forma, non essendo un documento a rilevanza fiscale, **non deve** essere:
- annotata sui registri IVA,
- presa in considerazione dall'Amministrazione finanziaria in caso di accertamento, salvo il caso di falsa dichiarazione,
- utilizzata per provare l'effettiva fatturazione dei beni esportati indicati nel DAU in quanto documento fiscalmente irrilevante.

Il termine "fattura *pro-forma*" a volte è utilizzato da professionisti od imprenditori che vogliono far conoscere il proprio credito al cliente senza anticipare il versamento del tributo. È utilizzato quale sinonimo di notula e simili, ma si tratta di un utilizzo improprio.

46.14.6. Fatture franco valuta

Le fatture franco valuta o free of charge sono documenti utilizzati nell'ambito transnazionale per le quali non è richiesto il pagamento al cliente estero.
Possono essere emesse a seguito di spedizioni di beni di propria produzione e/o commercializzazione:
- a scopo di sostituzione gratuita di beni in garanzia (➜43.4.2.);
- come invio di materiali gratis per adempiere ad originarie clausole contrattuali;

IVA

– a seguito di accordi sopravvenuti;
– per concessione concordata di sconti in natura;
– per omaggi;
– per trasferimento all'estero di beni senza passaggio di proprietà.

Utilizzo di fatture franco valuta verso Paesi della UE

Le fatture franco valuta possono essere utilizzate anche nell'ambito di scambi di beni con Paesi della UE. In tal caso però:
– non realizzano i presupposti di una cessione intracomunitaria in quanto trasferimenti effettuati a titolo non oneroso;
– ai fini IVA devono essere trattate come le fatture per omaggi con:
  • emissione di un documento di trasporto all'atto della spedizione;
  • emissione di fattura con IVA qualora si tratti di beni di propria produzione/commercializzazione per i quali l'IVA a monte non fu detratta;
  • determinazione dell'imposta sul valore normale;
  • obbligo di versamento dell'IVA alle normali scadenze.

L'utilizzo di una fattura franco valuta per beni da spedire in altri Stati comunitari è controproducente in quanto è un incremento di costi dovuti all'IVA:
– versata e non recuperata dal cliente estero,
– non deducibile ai fini delle imposte reddituali a causa della mancata rivalsa.
È preferibile emettere un'autofattura oppure l'annotazione su un apposito registro degli omaggi.

Utilizzo di fatture franco valuta verso Paesi extra UE

Per le cessioni gratuite di beni verso Stati extra UE, occorre **emettere**:
– il **documento di trasporto** all'atto della spedizione dei beni,
– la **fattura di vendita** non imponibile ai fini IVA ai sensi dell'art. 8, D.P.R. n. 633/1972.

Le fatture franco valuta non concorrono né alla formazione del plafond dell'esportatore abituale (➡49.), né al volume d'affari (➡47.), ma rilevano fiscalmente e devono essere annotate sui registri IVA.

Fatture consolari 46.14.7.

La fattura consolare serve ad attestare il prezzo dei beni destinati ad essere esportati, sulla piazza dell'esportatore, in modo da evitare negoziazioni di prezzi inferiori all'effettivo valore.
Tale documento, **irrilevante ai fini IVA**, è richiesto per le esportazioni verso determinati Paesi (specialmente nell'area medio orientale e in alcuni Paesi latino americani).
I modelli di queste speciali fatture sono conformi alle regole stabilite dai Paesi che pretendono tale documento e i relativi moduli vengono forniti direttamente dai consolati e legalizzati da questi con l'apposizione di apposito visto. Di regola, con il pagamento di diritti consolari spesso altissimi.
Talvolta, la fattura consolare può essere sostituita da una normale fattura commerciale, ma vidimata dalle autorità consolari, ambasciate o camere di commercio estere.
Spesso i modelli vengono direttamente compilati dagli spedizionieri a seguito di richiesta della mandante, oppure anche dal rappresentante diplomatico del Paese di importazione, ma di stanza nel Paese dell'esportatore corredandoli dei necessari documenti (lettera di vettura, polizza di carico, ecc.) ed in base ai dati da questi risultanti.

IVA

FATTURAZIONE IN VALUTA 46.15.

È fattura in valuta qualunque tipologia di fattura emessa in una divisa diversa dall'euro.
È irrilevante la nazionalità o la residenza del cliente che può essere comunitario, extra comunitario o, anche, nazionale.
In tema di fatture elettroniche che il contribuente deve emettere in divisa estera nei confronti di altro soggetto passivo, l'Agenzia delle Entrate ha precisato che per le fatture elettroniche nazionali deve essere valorizzato obbligatoriamente il campo 2.1.1.2 "divisa" con EUR e conseguentemente anche l'imponibile e l'imposta devono essere espressi in euro. L'indicazione della controvaluta in valuta diversa dall'euro va indicata alternativamente nei campi del blocco 2.2.1.3 (2.2.1.3.1 con l'indicazione del tipo di divisa estera e codice 2.2.1.3.2 per il controvalore in valuta) oppure nel campo 2.2.1.16 "altri dati gestionali" (Forum Entrate - CNDCEC, 15 gennaio 2019).

È anche possibile valorizzare il campo "Divisa" con una valuta diversa da euro ma:

- l'operatore dovrà specificare in fattura (anche nei campi descrittivi) che gli importi dell'imponibile e dell'IVA delle singole righe e dei dati di riepilogo sono in euro e solo l'importo totale della fattura (che il SdI non controlla) si intenderà in valuta estera;
- gli importi delle singole righe e, in particolare, dei campi 2.2.2.5 e 2.2.2.6 saranno considerati dall'Agenzia delle Entrate in euro (FAQ n. 64/2020 aggiornata al 15 ottobre 2020).

Nelle fatture emesse in valuta, la base imponibile e gli oneri accessori sono computati secondo il cambio del **giorno** in cui è **effettuata l'operazione**.

In mancanza di tale indicazione nella fattura: secondo il cambio del **giorno antecedente più prossimo**.

Il **tasso di cambio** da utilizzare è quello comunicato giornalmente dalla Banca d'Italia; in assenza, occorre far riferimento alla quotazione del giorno antecedente più vicino.

È possibile fare riferimento al tasso di cambio pubblicato dalla BCE (www.ecb.int/stats/exchange/eurofxref/index.en.html). In tal caso, occorre utilizzare questa metodologia per tutte le operazioni effettuate nel corso dell'anno solare.

> La fattura emessa prima della consegna o spedizione dei beni ceduti non deve essere variata qualora il tasso sia mutato alla diversa data di effettiva consegna o spedizione.

I soggetti che utilizzano sistemi elettronici di contabilità ed hanno volumi rilevanti di transazioni con l'estero possono avere difficoltà ad adeguare giorno per giorno i cambi. In genere, il cambio viene tenuto fisso per un certo lasso di tempo e, quindi, aggiornato periodicamente.

È da ritenere che detta metodologia sia **accettabile** anche ai fini IVA, purché:

a. l'**intervallo** di tempo sia **ragionevolmente breve**: per esempio rivisto settimanalmente;
b. nel frattempo, **non** siano **emerse variazioni impreviste** e di significativo valore nel cambio in questione; in tale ipotesi, occorre adeguare immediatamente la valuta.

Fatture in valuta da importazioni

Rilevano solo ai fini della **contabilità generale** non potendo essere direttamente annotate sui registri IVA obbligatori in quanto su questi si registrano i dati della bolla doganale; inoltre la conversione in moneta di conto viene operata in Dogana al fine dell'applicazione dei dazi, diritti ed IVA.

Fatture per operazioni intracomunitarie

I corrispettivi e le spese accessorie in valuta estera sono computati secondo il cambio del giorno, se indicato nella fattura, di effettuazione dell'operazione o, in mancanza di tale indicazione, di quello del giorno antecedente più prossimo, oppure del cambio pubblicato dalla BCE.

Le **fatture in lingua straniera** devono essere tradotte in italiano a richiesta dell'Amministrazione finanziaria.

È possibile redigere una fattura in lingua estera anche nei rapporti tra soggetti nazionali, per esempio perché essa deve essere esibita in Dogana di ingresso di un Paese estero a seguito di una esportazione fatta per conto del cliente, oppure perché deve essere presentata in una Banca estera per un finanziamento, ecc.

Anticipi, acconti, saldi

Per le fatture in valuta estera emesse:

- a titolo di acconto, oppure
- anticipatamente,

il **cambio da indicare** nella fattura dell'acconto è quello del giorno dell'incasso, mentre quello della fattura in anticipo è quello del giorno della sua emissione.

Come tali, vanno indicati in fattura ed annotati nei registri obbligatori.

La fattura a saldo o definitiva, nella sua stesura in valuta, deve tener conto anche dell'acconto/anticipo nella medesima valuta.

> In considerazione dell'evento "tempo", il cambio della fattura a saldo o definitiva sarà differente da quello della/e fattura/e di acconto od anticipo. Il cambio al momento della sua emissione deve essere applicato solo al saldo (totale dedotto acconti/anticipi), mentre quello relativo agli acconti/anticipi non verrà più interessato.

IVA

FATTURAZIONE PER RIADDEBITI 46.16.

Vanno considerate distintamente:
- le spese sostenute in anticipo da un soggetto passivo per l'esecuzione di un contratto, ma che poi vengono riaddebitate al cessionario/committente;
- le spese sostenute in anticipo da un soggetto passivo che poi vengono suddivise in tutto od in parte con altri soggetti;
- le fatture registrate per errore perché in realtà destinate ad un terzo e che gli vengono riaddebitate.

Riaddebiti di spese sostenute per conto terzi 46.16.1.

Di regola, le spese sostenute in anticipo per l'esecuzione di un contratto vengono sostenute dal cedente/prestatore, per mera semplicità o per altre ragioni e, successivamente, rifatturate alla controparte. Il caso più comune è quella del professionista che anticipa determinate spese in nome proprio, ma per conto del committente, quali viaggio e alloggio.
Oppure, spese che per ragioni pratiche vengono inizialmente sostenute da un soggetto, ma in virtù della collaborazione con altri soggetti, vengono successivamente suddivise e riaddebitate. Il caso più comune è quella del titolare di uno studio al quale sono intestate le utenze e periodicamente riaddebita pro quota le stesse a carico degli altri colleghi.

Modalità del riaddebito

Contrattualmente, il riaddebito può derivare da un mandato con o senza rappresentanza.

Mandato con rappresentanza - È quel contratto (art. 1704 c.c.) ove al mandatario è stato conferito il potere di agire in nome e per conto del mandante. Per il mandato non è necessaria la forma scritta.
In questo caso, il mandatario anticipa delle somme o comunque sostiene delle spese in nome e per conto del mandante.
Il riaddebito rappresenta un semplice **movimento di denaro escluso da IVA**.
Il mandatario che ha sostenuto la spesa in nome e per conto altrui deve ricevere la fattura già intestata alla controparte.
Il mandatario (art. 2, c. 3, lett. a), e art. 15, n. 3, D.P.R. n. 633/1972):
- non può annotarla nei propri registri;
- deve consegnare al mandante l'originale;
- deve chiedergli il rimborso (IVA compresa) mediante un semplice documento valido solo ai fini contabili od anche per corrispondenza;

Mandato senza rappresentanza - È il contratto (1705 c.c.) in cui il mandatario agisce in proprio nome ma per conto del mandante. Acquista i diritti e assume gli obblighi derivanti dagli atti compiuti con i terzi. Qui le condizioni IVA delle prestazioni tra il mandatario ed il terzo, all'atto del trasferimento (riaddebito), si riproducono del pari nei rapporti tra mandatario e mandante. Pertanto, se la prestazione era imponibile, non imponibile, esente o non soggetta, anche il riaddebito sarà imponibile, non imponibile, esente o non soggetta.
Occorre però che il **riaddebito sia effettivamente riconducibile all'istituto del mandato;** ne deriva che non può essere tale il riaddebito per spese che oggettivamente non trasferibili in quanto direttamente consumate dal mandatario (es. spese di alloggio o vitto). In tal caso il loro riaddebito deve essere inquadrato in un altro ambito, per esempio, può essere un di cui della provvigione e in tal caso soggetti ad IVA ordinaria. Occorre comunque tener presente anche il **principio territoriale od extra-territoriale** *ex* art. 7-ter e seguenti del D.P.R. n. 633/1972 (ris. n. 146/1999).
Infine, se la prestazione rientra nell'ambito del **reverse charge** (➡46.11.) anche il riaddebito che deve effettuare il mandatario verso il mandante rientra nell'inversione contabile.

Nel **mandato per la vendita** di servizi:
- il mandatario fattura al committente terzo l'importo totale pattuito (con IVA se la prestazione è soggetta);
- il mandante fattura al mandatario l'importo totale pattuito al netto della provvigione pattuita (oltre IVA se la prestazione è soggetta).

La provvigione è così esclusa da IVA (art. 13, c. 2 lett. b), D.P.R. n. 633/1972).
Nel **mandato per l'acquisto** di servizi:
- il soggetto terzo (prestatore) se soggetto IVA fattura al mandatario l'importo totale pattuito oltre l'IVA se dovuta;

IVA

- il mandatario fattura al mandante l'importo totale pattuito aumentato della propria provvigione, oltre all'IVA.

In tal caso la **provvigione è soggetta** anch'essa ad IVA (art. 13, c. 2 lett. b) Decreto IVA.

La provvigione deve essere autonomamente fatturata se solo una delle parti è soggetta d'imposta (ris. n. 67/E/2000).
Nel contratto di mandato, il mandatario riceve le fatture relative alle spese che sono emesse a nome del mandatario.
Questi deve annotarle nei registri IVA.
Se le spese anticipate in nome proprio da parte del mandatario costituiscono:

- un'**operazione** strettamente **accessoria** a quella sottostante (es. spese di trasporto anticipate dal mandatario ed a questa fatturate dal trasportatore oppure le spese di riscaldamento, affitto, luce, telefono e simili che il professionista deve ripartire con altri colleghi che condividono con lui lo studio), la fattura di riaddebito alla mandante indicherà un'aliquota d'imposta uguale a quella addebitata al mandatario, oppure il regime di esenzione o di non imponibilità, a seconda della tipologia di spesa. Sono da considerare spese accessorie (art. 12, D.P.R. n. 633/1972) altresì quelle sostenute dal mandatario per le spese sostenute da questi in occasioni di viaggi per svolgere il proprio incarico (treno, auto, aereo, mezzi pubblici, vitto e alloggio) anche se sostenute all'estero. È opportuno che i documenti siano intestati al mandatario; possono anche essere non intestate (es.: scontrini) purché coerenti con il periodo della missione. Le fatture di richiesta di rimborso sono in ogni caso soggette all'aliquota ordinaria;
- un'**operazione autonoma** rispetto a quella principale (es. spese per lavorazioni di beni che avrebbero dovuto essere sostenute direttamente dal mandante), la fattura per il riaddebito mantiene la propria natura di prestazione di servizio evidenziando l'IVA ordinaria, oppure il regime di esenzione o di non imponibilità o di esclusione, a seconda della tipologia di spesa. L'esclusione dal tributo ricorre se si tratta, per esempio, di una prestazione di servizio generica sostenuta a favore di un mandante/committente non residente.

Esempio

In presenza di un mandato senza rappresentanza (mandato per la vendita di servizi) che lega un'impresa che gestisce, tra l'altro, uno studio medico con i medici e mettendo a loro disposizione degli appositi spazi ove accogliere i pazienti:

- l'impresa (**mandataria**) fattura l'importo totale pattuito con i clienti/pazienti le prestazioni rese in esenzione di IVA (art. 10, c. 1, n. 18, D.P.R. n. 633/1972);
- i professionisti (**mandanti**) fatturano l'impresa mandataria per le prestazioni da essi stessi erogate, sempre in regime di esenzione (art. 10, c. 1, n. 18, D.P.R. n. 633/1972). Le fatture emesse dai professionisti verso la mandante sono pari alla differenza tra quanto fatturato dall'impresa mandataria ai pazienti e la provvigione concordata e riconosciuta all'impresa ovvero è l'importo della prestazione resa al cliente/paziente *diminuito* della provvigione concordata.

Detta provvigione è esclusa da imposta *ex* artt. 3, c. 4, lett. h) e art. 13, c. 2 lett. b) del D.P.R. n. 633/1972 (risposta a interpello n. 132/2020).

IVA

46.16.2. Riaddebiti di fatture registrate per errore

La società che ha ricevuto e registrato erroneamente la fattura e liquidata l'imposta deve procedere al riaddebito con le stesse modalità del mandatario senza rappresentanza fatturando la consorella esattamente nelle medesime condizioni IVA del documento ricevuto e registrato. La fattura si limiterà a richiamare gli estremi di quella erroneamente ricevuta e registrata. Se la liquidazione non è ancora avvenuta, emette una nota di credito a solo uso interno al fine di stornare l'errata registrazione, mentre quella originaria verrà inviata all'avente diritto.
Resta salva la **possibilità** di **richiedere** all'emittente una **nota di credito** a totale storno, con l'invito ad emettere nuova fattura, questa volta con i dati della società destinataria corretti.

46.17. FATTURAZIONE CON IVA NON DETRATTA

La regola base dell'IVA è che essa sia neutrale rappresentando una semplice partita di giro. L'IVA pagata al fornitore va a decurtare quella incassata dai propri clienti.
A tale regola si aggiungono numerose eccezioni al fine di evitare che, dopo aver consentito la detrazione dell'IVA a monte, il bene o servizio possa giungere al consumatore finale senza essere più assoggettato ad imposta.

Per tali ragioni, sono stati disciplinati casi di indetraibilità:
- soggettiva,
- oggettiva.

Rientra nell'ipotesi dell'IVA indetraibile anche quella afferente acquisti di beni destinati a finalità estranee all'esercizio dell'impresa, quindi tecnicamente non inerenti, oppure perché **acquistati da privati** perché in questa ipotesi, evidentemente, l'IVA non esiste.
Per i casi di indetraibilità dell'IVA a monte si rinvia a (➡48.1.).

Indetraibilità soggettiva

Si ha indetraibilità soggettiva quando il legislatore generalmente individua nel soggetto passivo d'imposta un contribuente che pone in essere attività che danno luogo ad operazioni esenti (➡44.2.) (art. 19, c. 5, D.P.R. n. 633/1972).
Qualora il contribuente compia nel periodo d'imposta sia operazioni esenti, sia operazioni soggette all'imposta, la detrazione a monte è determinata in misura proporzionale (art. 19-bis) dando così luogo al cosiddetto "pro rata" di detraibilità.
Rientrano nel campo dell'indetraibilità soggettiva anche quei contribuenti che, per opzione, scelgono la dispensa dagli adempimenti IVA, in quanto pongono in essere esclusivamente operazioni esenti (art. 36-bis, D.P.R. n. 633/1972).

Indetraibilità oggettiva

L'indetraibilità oggettiva deriva:
- esclusivamente dall'**oggetto** (bene o servizio) acquistato od importato (art. 19-bis1, D.P.R. n. 633/1972);
- oppure è dovuta al fatto che il bene o servizio acquistato od importato è utilizzato per effettuare un'**operazione esente** o non soggetta (art. 19, c. 4 e art. 19-bis2, D.P.R. n. 633/1972).

Non è detraibile l'IVA relativa all'acquisto e all'importazione di beni o servizi afferenti operazioni esenti:
- operazioni di gestione dei crediti,
- operazioni di finanziamento,
- operazioni di assicurazione,
- operazioni relative a partecipazioni e titoli,
- locazioni di terreni ed aziende agricole,
- cessioni di fabbricati con certe tipologie,
- cessioni gratuite a favore di associazioni, enti di beneficenza, Onlus, popolazioni colpite da catastrofi naturali,
- prestazioni sanitarie e di ricovero,
- cessioni di beni per i quali a norma di legge non è stata consentita la detrazione dell'imposta all'atto del loro acquisto.

In presenza di attività che diano luogo ad operazioni esenti la **detraibilità** dell'IVA a monte è **ridotta**, in applicazione del c.d. ***pro rata***.
Se il bene o servizio è solo in parte utilizzato per operazioni non soggette (escluse) all'imposta, la detrazione dell'IVA relativa è proporzionalmente ammessa.

Indetraibilità derivante da limitazioni soggettive

L'indetraibilità dell'IVA assolta a monte può essere totale o parziale.

Indetraibilità totale - Se l'acquisto del bene o servizio ha comportato una indetraibilità totale, derivante:
- da ***pro rata***, la successiva rivendita è **esente** dall'imposta. Questa disposizione è applicabile anche nella successiva vendita di beni per i quali l'indetraibilità a monte sia di **carattere oggettivo**;
- da **opzione per la dispensa dagli adempimenti**, la successiva rivendita è **soggetta all'imposta** (in quanto disposizione non richiamata nel citato art. 10, c. 1, n. 27-quinquies, D.P.R. n. 633/1972).

Indetraibilità parziale - Se l'acquisto del bene ha comportato una indetraibilità parziale, la successiva cessione è **integralmente soggetta** all'imposta (art. 13, c. 1, D.P.R. n. 633/1972).

Indetraibilità derivante da limitazioni oggettive

Se l'indetraibilità **parziale** è legata alla tipologia del bene o servizio, in sede di successiva rivendita la base imponibile è determinata moltiplicando il corrispettivo per la percentuale di detraibilità (art. 13, c. 4, D.P.R. n. 633/1972).

Se l'indetraibilità a monte è stata **totale**, sempre per ragioni oggettive, la successiva rivendita è esente (art. 10, c. 1, n. 27-quinquies, D.P.R. n. 633/1972).

Rivendita di beni usati acquistati da privati

Se la cessione riguarda beni usati, acquistati presso "privati" o, comunque, presso soggetti passivi IVA che non hanno potuto operare la detrazione, **si applica** il **regime del margine** (art. 36, D.L. n. 41/1995).

Fatturazione con IVA non detratta		
Indetraibilità all'acquisto	**Ragioni**	**Trattamento alla rivendita**
Totale	Oggettive	**Esente** da imposta (art. 10, n. 27-quinquies, D.P.R. n. 633/1972).
Parziale	Oggettive	L'Iva alla rivendita è applicata **nella medesima proporzione** (art. 13, c. 4, D.P.R. n. 633/1972). Esempio tipico: l'autovettura, telefono cellulare
Totale	Soggettive (pro-rata di detraibilità pari a zero dovuto al volume d'affari integralmente composto da operazioni esenti)	**Esente** da imposta (art. 10, n. 27-quinquies, D.P.R. n. 633/1972).
Parziale	Soggettive (presenza sia di operazioni esenti nel volume d'affari sia di operazioni imponibili che comportano il calcolo del pro rata di detraibilità)	**Assoggettamento** ad imposta **dell'intero corrispettivo** di cessione.
Totale	Opzionali (art. 36-bis, D.P.R. n. 633/1972)	**Assoggettamento** ad imposta **dell'intero corrispettivo** di cessione (circ. n. 328/1997 e ris. n. 16/2007).

Esempi di fatturazione con IVA parzialmente detratta all'acquisto

CASO 6 - Cessione di un bene con IVA evidenziata

L'acquisto di un'autovettura ha comportato per l'acquirente una indetraibilità dell'IVA pari al 60%:
- viene venduta ad un terzo a 10.000 più IVA;
- determinazione della base imponibile:

10.000 x 40% (percentuale di detrazione ammessa) = 4.000 imponibile.
IVA = 4.000 x 22% = 880.
(10.000 - 4.000) = 6.000 importo non soggetto (art. 13, c. 5, D.P.R. 633/1972).

CASO 7 - Cessione di un bene IVA compresa

Un'autovettura all'atto dell'acquisto aveva comportato per l'acquirente una indetraibilità dell'IVA pari al 60%. Ora viene ceduta ad un terzo a 10.000 IVA compresa.
Poiché all'acquisto l'imposta detraibile è stata solo del 40%, la base imponibile relativa alla successiva vendita deve essere determinata moltiplicando il prezzo di cessione (nell'esempio comprensivo dell'IVA) per la percentuale di detrazione operata a monte e, quindi, scorporare l'imposta (22%). Ciò che residua rappresenta la porzione fuori campo IVA (art. 13, c. 5, D.P.R. n. 633/1972).
Prezzo di vendita x 0,4 / (1 + 0, 22 x 0,4)
(10.000 x 40%) / (1 + 22% x 40%)
4.000 / (1 + 0,088) = 4.000/1,088 = 3.676,47 (imponibile)
3.676,47 x 0,22 = 808,82 (IVA)
10.000 - 3.676,47 - 808,82 = 5.514,71 (importo non soggetto)

IVA

VARIAZIONI DELLE FATTURE EMESSE 46.18.

Dopo l'emissione e registrazione di una fattura possono verificarsi degli accadimenti (per esempio, errori, inesattezze e simili) che **influenzano** l'**imponibile o** l'**imposta**, nel qual caso occorre procedere alla correzione della fattura originaria mediante apposite procedure.

In particolare, l'Agenzia si è pronunciata in tema di **aggiustamenti/variazioni di prezzo non conosciuti al momento dell'effettuazione** dell'operazione in quanto contrattualmente connesso ad eventi futuri o comunque riscontrabili successivamente. Nella fattispecie il prezzo definitivo era legato al volume dei profitti conseguiti dalle parti.

Qualora vi sia uno stretto legame tra l'originaria cessione (al prezzo provvisorio) ed il momento in cui il parametro di riferimento (nel caso, appunto, il profitto derivante) viene a concretizzarsi, l'aggiustamento di prezzo che ne deriva, incide sulla base imponibile ai sensi dell'art. 13 del D.P.R. n. 633/1972 e, conseguentemente, vi è obbligo di emissione di fattura integrativa in aumento (con Nota di Debito) ovvero in diminuzione (con Nota di Credito) ai sensi dell'art. 26 del medesimo decreto (risposta a interpello n. 529/2021).

Fondamentalmente, le rettifiche delle fatture emesse e registrate danno luogo a:

- variazioni in aumento;
- variazioni in diminuzione;
- correzione di errori nella registrazione.

Variazioni in aumento 46.18.1.

Le variazioni in aumento, qualunque ne sia la causa, devono obbligatoriamente essere **eseguite mediante** una **nota di debito** (quindi con numerazione a sé stante) o con una normale fattura.

La disciplina IVA **non prevede** un **limite di tempo** entro il quale procedere all'emissione della Nota di debito o della fattura integrativa.

Il decorrere del tempo incide comunque sulla misura della sanzione e sugli interessi applicabili in relazione al versamento tardivo della differenza a debito.

Le variazioni in aumento **interessano** il **volume d'affari** del periodo di emissione della relativa nota di debito, anche se afferente eventi di anni precedenti.

Se l'errore o l'inesattezza riguarda solo l'imposta è possibile emettere una fattura o una nota di debito relativa alla sola IVA.

La nota di debito, che deve essere numerata e datata come una normale fattura, va regolarmente annotata sul registro delle fatture emesse per il cedente/prestatore e su quello delle degli acquisti per il destinatario (art. 26, c. 1, D.P.R. n. 633/1972).

In definitiva, il **cedente/prestatore** deve:

- rettificare, senza limiti temporali, la fattura emessa in precedenza senza IVA o con IVA errata, emettendo fattura di sola IVA esercitando, ove possibile, la rivalsa nei confronti del cessionario/committente;
- integrare la dichiarazione annuale se già presentata;
- versare la maggiore imposta (ed eventuali interessi e sanzioni se dovuti).

Il **cessionario/committente** al ricevimento della nota di debito deve:

- verificare se sia ancora possibile esercitare il diritto alla rivalsa *ex* art. 19, c. 1 secondo periodo, D.P.R. n. 633/1972, in quanto il diritto alla detrazione sorge nel momento in cui l'imposta diventa esigibile ed è esercitato, al più tardi, con la dichiarazione relativa all'anno in cui il diritto alla detrazione è sorto ed alle condizioni esistenti al momento del sorgere di tale diritto. Conseguentemente se l'IVA è stata addebitata in sede di regolarizzazione, il termine di decadenza decorre esclusivamente dalla data in cui cessionario/committente è venuto in possesso della fattura (risposta a interpello n. 261/2020).

Variazioni in diminuzione 46.18.2.

Se, dopo l'emissione e registrazione della fattura originaria, l'operazione viene meno in tutto od in parte o se ne riduce l'ammontare imponibile, il cedente/prestatore **può,** se vuole, procedere ad effettuare la relativa variazione in diminuzione mediante emissione di una **nota credito**.

In tal modo, il cedente o prestatore restituisce l'importo dell'IVA al cessionario, recuperandola dall'Erario mediante una corrispondente riduzione dell'IVA a debito; il cessionario o committente soggetto IVA, a sua volta, ha l'obbligo di computare il medesimo importo tra l'IVA a debito al fine di controbilanciare la detrazione a suo tempo effettuata per la fattura oggetto di rettifica, riversando così all'Erario tale ammontare.

Per ragioni di cautela fiscale, il legislatore prevede la possibilità per il cedente o prestatore di emettere una nota di credito solo al ricorrere di determinati presupposti, ponendo specifici limiti temporali per l'emissione della nota di credito rilevante ai fini IVA.

IVA

Sono previsti, però, specifici limiti temporali per l'emissione della nota di credito rilevante ai fini IVA. È importante sottolineare che la procedura della variazione in diminuzione, a differenza di quella in aumento, è facoltativa. L'emissione della nota credito comporta, però, l'obbligo per la controparte di annotarla nei registri IVA obbligatori, fatto salvo il caso dell'esistenza di una procedura concorsuale in atto.
Per l'emissione delle note credito vi possono essere casi con e senza limiti temporali.

Variazioni in diminuzione senza limite temporale

Nelle ipotesi di:

- nullità, annullamento, revoca, risoluzione, rescissione e simili dell'operazione originaria,
- mancato pagamento totale o parziale a causa di procedure concorsuali rimaste infruttuose che coinvolgono il debitore,
- abbuoni e sconti previsti contrattualmente. Se lo sconto è "condizionato", la successiva variazione in diminuzione è da considerare non soggetta all'imposta. La nota di credito elettronica riporterà come codice natura N2.2 (dal 1° gennaio 2021),
- variazioni che dipendono da precedenti accordi contrattuali (anche verbali),
- mancato pagamento totale o parziale di fattura con IVA ad esigibilità differita nei confronti dello Stato ed altri enti (➡46.5.),

il momento di emissione della nota di credito **coincide** con la manifestata **certezza** del **mancato incasso** (art. 26, c. 2, D.P.R. n. 633/1972).
Con specifico riferimento al concetto di "simili", di cui al primo punto sopra indicato, è possibile farvi rientrare tutte quelle cause che sono in grado di determinare una modificazione dell'assetto giuridico tra le parti, facenti così cadere sin dall'inizio (cosiddetto effetto *ex tunc*) gli effetti dell'atto originario; inoltre diventa indispensabile che la variazione e la sua causa trovino registrazione ai sensi degli artt. 23, 24 e 25 del D.P.R. n. 633/1972 (risposta a interpello 19 marzo 2019, n. 77).
Qualora le parti siano ricorse al giudice al fine di far valere le proprie ragioni, ma poi decidono di chiudere la vertenza con un **accordo transattivo**, ai fini della nota di variazione trova applicazione il terzo comma dell'art. 26 (con limite temporale) e non il comma 2 del medesimo articolo, perché questa non deriva da una decisione dell'autorità giudiziaria (risposta a interpello n. 387/2019).
Se è vero che nelle ipotesi sopra delineate non vi è limite temporale per la variazione in diminuzione, è altrettanto vero che il **diritto alla detrazione** deve comunque essere esercitato, **al più tardi**, con la dichiarazione relativa all'anno in cui tale diritto è sorto ed alle condizioni esistenti al momento della nascita del diritto medesimo (conforme alla risposta a interpello n. 119/2021).
In ipotesi di risoluzione (giudiziale o di diritto) dei contratti a **prestazione periodica e continuativa**, il momento che consente l'emissione della nota di variazione (ai sensi dell'art. 26, c. 2 del D.P.R. n. 633/1972) in presenza di una clausola risolutiva espressa, non coincide né con la comunicazione formale da parte del fornitore al cliente inadempiente (prevista per l'attivazione della clausola risolutiva espressa), né dall'eventuale recesso del cliente inadempiente, ma è **sufficiente** la materiale risoluzione del contratto attivata dal fornitore (risposta a interpello n. 119/2021). La nota di credito così emessa confluirà nella liquidazione periodica relativa al periodo di emissione del documento ovvero, ai sensi del comma 1 dell'art. 19 del D.P.R. n. 633/1972, nella dichiarazione annuale dell'anno di emissione (risposta a interpello n. 192/2020).
Per le **prestazioni ad esecuzione continuata o periodica**, in presenza di procedura esecutiva ove le note di variazioni siano emesse in relazione a fatture emesse sia prima sia dopo la dichiarazione di fallimento per servizi resi prima del fallimento, il prestatore deve comunque insinuarsi al passivo della procedura ed attendere l'esito della stessa, in quanto non è applicabile l'ultimo comma dell'art. 26 che è relativo esclusivamente alle procedure esecutive individuali rimasta infruttuosa.
Il curatore, ricevute le note di credito, le deve semplicemente annotare (circ. n. 8/E/2017, punto 13) senza includerle nel riparto finale e nella dichiarazione IVA finale della procedura (risposta a interpello n. 261/2020).

Variazioni in diminuzione in presenza di procedure concorsuali ed esecutive

Ipotesi per la quale il cessionario/committente sia sottoposto a procedure concorsuali ante 26 maggio 2021 - Se il cliente che non ha pagato il debito e l'IVA è stato assoggettato ad una procedura concorsuale od esecutiva aperta prima del 26 maggio 2021, trova ancora applicazione la formulazione dell'art. 26, c. 2 del D.P.R. n. 633/1972.
In pratica, il fornitore ha diritto di emettere nota di credito al fine del recupero dell'imposta versata all'erario, ma mai incassata, senza limiti di tempo sebbene ciò sia possibile solo al verificarsi di determinati eventi, riportati nella tabella che segue.

Tipologia di procedura	Momento dal quale è possibile emettere nota di credito
- Fallimento - Fallimento in corso di procedura	Solo dopo che il piano di riparto dell'attivo sia diventato definitivo. Oppure in sa assenza: alla scadenza del termine per il reclamo al decreto di chiusura del fallimento
- Liquidazione coatta amministrativa	Trascorso il termine di 20 gg. dalla pubblicazione in G.U. della notizia del deposito presso la cancelleria del piano di riparto
- Concordato fallimentare - Liquidazione coatta amministrativa	Dalla data di definitività del passaggio in giudicato della sentenza di omologa
- Concordato preventivo	Solo i creditori chirografari e solo per la quota del proprio credito che non trova accoglimento con la chiusura del concordato possono attivarsi dopo che la sentenza di omologa è divenuta definitiva
Accordi di ristrutturazione dei debiti	Dall'omologazione degli accordi

In particolare, con riguardo al **fallimento**, il creditore può emettere la nota di variazione in diminuzione solamente se lo stesso si sia insinuato nella procedura e purché la stessa sia risultata infruttuosa (risposta a interpello n. 33/2020).
Con particolare riferimento alle procedure aperte prima del 26 maggio 2021 le quali, secondo il Decreto Sostegni bis (art. 18, c. 2, D.L. n. 73/2021), continuano a trovare applicazione secondo le "vecchie" regole dell'art. 26 del D.P.R. n. 633/1972 (ossia occorre attendere la conclusione delle procedure stesse), è opportuno segnalare che la Commissione Tributaria provinciale di Vicenza (sentenza 17 aprile 2019, n. 145) ha stabilito che il diritto alla variazione in diminuzione, e quindi al recupero dell'imposta, può essere esercitato anche in presenza della ragionevole probabilità che il debito non possa essere saldato e ciò senza aspettare l'ultimazione della procedura concorsuale. La decisione della C.T.P. fa leva proprio sui principi della causa UE C-246/17. In buona sostanza secondo la Corte di Giustizia:

– i principi interpretativi della UE vanno immediatamente applicati anche se in contrasto con le leggi nazionali;
– ogni qualvolta esistono sufficienti elementi soggettivi per ritenere che il mancato pagamento sarà ragionevolmente certo, il fornitore/prestatore ha il pieno diritto di emettere nota di variazione senza dover attendere la chiusura delle procedure.

Ipotesi per la quale il cessionario/committente sia sottoposto a procedure concorsuali dal 26 maggio 2021 in poi - Il Decreto Sostegni-bis (D.L. n. 73/2021) ripristina la disciplina del recupero dell'IVA relativa a crediti inesigibili, oggetto di procedure concorsuali, introdotta dalla Legge di Stabilità 2016 (Legge n. 208/2015) e mai entrata in vigore a causa delle modifiche apportate dalla Legge di Bilancio dell'anno successivo (Legge n. 232/2016), rendendo la disposizione dell'art. 26, c. 2 del D.P.R. n. 633/1972 finalmente conforme all'ordinamento europeo.
Relativamente alle procedure avviate a far tempo dal 26 maggio 2021 **non è più necessario attenderne la chiusura** per poter recuperare l'IVA versata all'erario dal cedente/prestatore e mai pagata dal cessionario/committente sottoposto ad una procedura concorsuale. Il cedente/prestatore può ora, emettere **nota di variazione in diminuzione** già a partire:

– **dalla data in cui il cessionario o committente viene assoggettato alla procedura concorsuale.** Si considera assoggettato a procedura concorsuale dalla data della sentenza dichiarativa del fallimento o del provvedimento che ordina la liquidazione coatta amministrativa o del decreto di ammissione alla procedura di concordato preventivo o del decreto che dispone la procedura di amministrazione straordinaria delle grandi imprese in crisi;
– dalla data del decreto che omologa un **accordo di ristrutturazione dei debiti** (*ex* art. 182-bis, Legge fallimentare R.D. n. 267/1942);
– dalla data di pubblicazione nel registro delle imprese di un **piano attestato** ai sensi dell'art. 67, c. 3, lett. d), del R.D. n. 267/1942.

Nel caso di attivazione di **procedure esecutive individuali**, la variazione in diminuzione **resta sempre subordinata all'esito infruttuoso** della medesima (ciò ai sensi del c. 12 del citato art. 26, che non ha subito modifiche); il creditore **dovrà attendere** il verbale di pignoramento dal quale risulti l'assoluta assenza di beni da pignorare ovvero l'impossibilità di accesso al domicilio del debitore o la sua irreperibilità oppure dopo che per tre volte l'asta per la vendita dei beni sia andata deserta (circ. n. 20/E/2021).

A seguito delle modifiche all'art. 26, ora in linea con le disposizioni unionali, devono ritenersi superate le precedenti circolari e risoluzioni che negavano la possibilità di emettere nota di variazione in diminuzione con diritto alla detrazione dell'imposta non incassata, al creditore che non si sia insinuato al passivo del debitore per il credito corrispondente (circ. n. 20/E/2021).

Per quanto riguarda il **cedente/prestatore rimasto insoddisfatto,** la nota di variazione emessa all'inizio della procedura (e non più alla sua conclusione) consente di recuperare immediatamente l'imposta precedentemente versata alla duplice condizione:

– che l'imposta sia effettivamente esigibile,
– che sia in possesso della fattura di acquisto o della bolletta d'importazione.

Rimane immodificata la possibilità di emissione della nota di credito anche alle fattispecie in cui trova applicazione il meccanismo dell'**inversione contabile** (reverse charge).

Termini entro i quali il creditore ha diritto di detrarre l'imposta (artt. 19 e 26 del D.P.R. n. 633/1972)	
- procedure individuali rimaste infruttuose, - fallimento - liquidazione coatta amministrativa, - concordato preventivo - amministrazione grandi imprese in crisi -accordo di ristrutturazione debiti - piano attestato	La nota di credito va emessa a partire dalla data di apertura delle varie procedure ed il creditore può detrarre l'imposta corrispondente alla variazione entro il termine di presentazione della dichiarazione della dichiarazione relativa all'anno di avvio della procedura. Pertanto, se la data della sentenza dichiarativa o del provvedimento di liquidazione coatta o del decreto relativo al concordato o all'accordo di ristrutturazione, ecc. è dell'anno X - la NC può essere emessa nello stesso anno X con detrazione nella prima liquidazione periodica, - se emessa nell'anno X+1 (comunque entro il termine di presentazione della dichiarazione) la detrazione può avvenire nella prima liquidazione periodica utile dell'anno X+1 oppure direttamente nella dichiarazione annuale relativa all'anno X

In sintesi:

– la data **a partire dalla quale** è possibile **emettere** una nota di variazione in diminuzione è quella in cui il cessionario è assoggettato alla procedura;
– la data **entro la quale** è possibile **emettere** la nota di variazione coincide con il termine per la presentazione della dichiarazione IVA relativa all'anno in cui viene aperta la procedura;
– la data **entro la quale** è possibile esercitare la **detrazione** è la data della liquidazione periodica IVA relativa al trimestre o al mese in cui la nota di credito viene emessa ovvero, al più tardi, nella dichiarazione IVA relativa all'anno di emissione della nota stessa.

Mancata emissione della nota di credito

Sebbene il superamento del limite temporale previsto di per sé non possa precludere del tutto il diritto alla detrazione, al fine di evitare che il contribuente possa rimanere inerte e quindi, successivamente, attivarsi, l'Agenzia ha chiarito che al supero del limite di cui sopra siano possibile solo i seguenti due rimedi, ma alle condizioni indicate:

– presentazione successiva di una **dichiarazione integrativa a favore.** Solo laddove non vi siano errori od omissioni cui rimediare. Infatti, questi sono i presupposti per questa tipologia di integrazione, mentre una nota di credito costituisce una mera facoltà e non un errore od omissione;
– presentazione di una **istanza di rimborso** *ex* art. 30-ter del D.P.R. n. 633/1972. Detto istituto è esperibile solo nel caso in cui il creditore, per motivi a lui non imputabili, non sia stato legittimato ad emettere la nota di variazione. Trattasi di norma residuale ed eccezionale non usufruibile nel caso di colpevole inerzia del creditore (circ. n. 20/E/2021).

Relativamente al **cessionario/committente inadempiente**, occorre operare il seguente distinguo:

– se in presenza di una **procedura concorsuale,** non è tenuto a registrare, ai sensi degli artt. 23 e 24, D.P.R. n. 633/1972, la nota di variazione in diminuzione emessa dal cedente o prestatore;
– se in presenza di un **accordo di ristrutturazione dei debiti** oppure di un **piano attestato**, è, invece, tenuto a registrare la nota di credito ricevuta nel registro delle vendite o dei corrispettivi, però entro il limite della detrazione a suo tempo operata.

IVA

Qualora, nell'ambito di una procedura concorsuale o in caso di procedura esecutiva rimasta infruttuosa, **il cessionario o committente provveda al pagamento** (anche parziale) del corrispettivo, ha il diritto di detrarre l'imposta corrispondente alla variazione.
Il **cedente o prestatore** deve operare, questa volta, una variazione in aumento ai sensi degli artt. 21 e 26, c. 1, D.P.R. n. 633/1972 al fine di garantire la neutralità dell'imposta.
Rimane altresì immodificata la disposizione per la quale nel caso di risoluzione contrattuale per inadempimento relativa a **contratti a esecuzione continuata o periodica**, la facoltà di emettere nota di variazione non si estende alle cessioni e prestazioni per cui il cessionario o committente e il cedente o prestatore abbiano correttamente adempiuto alle proprie obbligazioni.

Cessione del credito e fallimento - Un credito può essere ceduto (art. 1260 e ss. c.c.):

- **pro solvendo**, quando il cedente, oltre a garantire l'esistenza e la validità del credito, si assume la garanzia per l'eventuale inadempimento del debitore ceduto;
- **pro soluto**, quando il cliente con la cessione si libera di ogni obbligo di pagare il debito qualora il debitore originario risulti inadempiente. Il cedente il credito deve solo garantire l'esistenza di questo e la mancanza di cause di nullità, annullabilità o altri vizi che possano far venir meno il credito (art. 1267 c.c.).

Se la cessione del credito è avvenuta in epoca anteriore alla dichiarazione di fallimento, il cessionario del credito ceduto è legittimato ad insinuarsi nel passivo. Qualora in tale circostanza la cessione del credito sia avvenuta pro solvendo, sebbene l'infruttuosità della procedura sia formalmente accertata in via definitiva in capo al cessionario del credito ceduto (in quanto soggetto che legittimamente si era insinuato nel passivo), sotto il profilo sostanziale gli effetti si riverberano, invece, in capo al cedente che con la cessione pro solvendo è rimasto responsabile dell'inadempimento del debitore. Inoltre, la circostanza che il soggetto insinuatosi nel passivo sia un soggetto diverso rispetto a quello che ha assolto l'IVA al momento di effettuazione dell'operazione non è di ostacolo all'applicazione della variazione in diminuzione *ex* art. 26, c. 2 del D.P.R. n. 633/1972 da parte del cessionario del credito (risposta a interpello 1 aprile 2019, n. 91).
Non rientrano nella disposizione le procedure di:

- amministrazione controllata;
- amministrazione controllata delle grandi imprese in crisi.

Infruttuosità della procedura esecutiva note di credito

Per poter emettere una nota di credito a recupero dell'IVA addebitata originariamente in fattura, occorre che si verifichi almeno una delle sottoindicate condizioni (art. 26, c. 12, D.P.R. n. 633/1972):

- nell'ipotesi di pignoramento presso terzi, quando dal verbale di pignoramento redatto dall'ufficiale giudiziario risulti che presso il terzo pignorato non vi sono beni o crediti da pignorare;
- nell'ipotesi di pignoramento di beni mobili, quando dal verbale sopra citato risulti la mancanza di beni da pignorare ovvero l'impossibilità di accesso al domicilio del debitore ovvero la sua irreperibilità;
- nell'ipotesi in cui, dopo che per tre volte l'asta per la vendita del bene pignorato sia andata deserta, si decida di interrompere la procedura esecutiva per eccessiva onerosità.

Variazioni in diminuzione con limite temporale

Vi sono variazioni in diminuzione che possono dipendere da:

- sopravvenuti **accordi** tra le parti,
- **errori** nell'imponibile o nell'imposta,
- emissione di fatture per **operazioni inesistenti** (nel senso di errore e non di dolo),
- **mancato pagamento** totale o parziale di fatture con IVA ad esigibilità immediata nei confronti dello Stato ed altri enti.

In tali evenienze, la nota di credito ai fini IVA **non può essere emessa oltre un anno** dall'effettuazione dell'operazione originaria che si vuol correggere.
In altri termini, decorso l'anno, l'operazione non può più essere corretta ai fini IVA, ma resta impregiudicata la possibilità di operare correzioni solo per regolarizzare la contabilità generale. In tale evenienza, il cedente/prestatore ha il diritto di chiedere all'Erario il rimborso dell'imposta versata entro i termini di legge.
Quanto detto risulta dalla lettura dell'art. 26, c. 2 e 3, D.P.R. n. 633/1972. Sennonché, occorre tener conto anche dell'art. 19 relativo alla detraibilità dell'imposta, secondo il quale il diritto alla detrazione può essere esercitato al massimo entro la data di presentazione della dichiarazione relativa all'anno di presentazione della dichiarazione dell'anno in cui il diritto alla detrazione è sorto e alle medesime condizioni esistenti alla nascita del diritto stesso (D.L. n. 50/2017).

IVA

Ne consegue che la rettifica con la nota di variazione in diminuzione deve essere effettuata entro gli stessi termini su indicati.
Solo il cedente/prestatore (debitore d'imposta) ha il diritto di emettere nota di credito, fatto salvo il caso di fatturazione in reverse charge, nel qual caso il debitore dell'imposta non è più il cedente/prestatore, bensì il cessionario/committente.

La prassi per la quale, a seguito di inerzia del cedente/prestatore, sia il cessionario/committente ad emettere nota di debito con IVA è da ritenere non corretta, sebbene accettata dal fornitore, in quanto a ben vedere la nota di debito è equiparata ad una fattura e, quindi, il cessionario/committente potrebbe essere sanzionato per emissione di fattura a fronte di un'operazione inesistente. Una indiretta conferma di ciò si rileva dalla lettura del Provv. n. 89757/2018 a proposito delle fatture elettroniche (che diverranno la regola per tutti dal 1° gennaio 2019) ove al paragrafo 6.2, si afferma che le richieste del cessionario/committente al cedente/prestatore di variazioni di cui all'art. 26 non sono gestite da SdI. Ciò starebbe indirettamente a significare che solo il cedente/prestatore è intitolato all'emissione di note di credito in diminuzione di precedenti fatture da lui emesse. L'unico caso in cui il cessionario è legittimato ad emettere una nota di credito per variazione in diminuzione di una fattura precedentemente emessa nei suoi confronti è quando il documento è emesso dal cessionario, ma **in nome e per conto** del cedente/prestatore (ris. n. 36/E/2008).

Nel particolare caso di un fornitore di una società appartenente ad un gruppo IVA (➡**59.**) - ove quest'ultima non aveva segnalato, come d'obbligo, il numero di partita IVA del gruppo prima dell'operazione di acquisto e, al ricevimento della fattura del fornitore, indicante come numero di partita IVA quello precedente il proprio ingresso nel perimetro del gruppo, aveva ritenuto di regolarizzare il documento mediante emissione di autofattura (c.d. "fattura spia (➡**48.2.**)) - l'Agenzia delle Entrate ha consentito al fornitore di prelevare dal proprio cassetto fiscale il documento "regolarizzato" dal cliente e di annotarlo esclusivamente sul registro IVA vendite. Ciò ha permesso al fornitore di detrarre l'IVA originariamente addebitata, poiché la regolarizzazione era già stata effettuata, sia pur in modo anomalo, dal cessionario (risposta a interpello n. 133/2020).
Una nota di debito esclusa da IVA, invece, è sempre accettabile in quanto non pregiudizievole per l'erario.
La nota di credito, numerata e datata, deve essere registrata (artt. 26, c. 2 e 21, c. 7, D.P.R. n. 633/1972):
- dal **cedente/prestatore**, alternativamente nel registro degli acquisti oppure nel registro delle fatture emesse con segno negativo;
- dal **cessionario/prestatore**, nel registro delle fatture emesse oppure nel registro degli acquisti con segno negativo.

IVA

Variazioni in diminuzione nel caso di operazioni con l'estero

Nell'ipotesi di prestazioni di cessioni di beni o servizi che si considerano effettuate in Italia da soggetti non residenti (ad esempio *ex* art. 7-ter del Decreto IVA) gli adempimenti sono eseguiti dai committenti o cessionari mediante integrazione dei documenti ricevuti secondo il meccanismo del reverse charge. Ne deriva che il cessionario/committente, in tali ipotesi, ha la **possibilità** di **variare in diminuzione l'imponibile/imposta**, operando la conseguente detrazione. In particolare (risposta a interpello n. 308/2021):
- il cessionario/committente, nonostante la controparte sia un soggetto non stabilito in Italia, può - se vuole - emettere fattura elettronica, via SDI: Tipo documento TD17 annotandola nei registri IVA;
- in alternativa il cessionario/committente può, in alternativa, emettere documento analogico (proprio perché la controparte è estera). In tale evenienza, però, deve trasmettere telematicamente l'**esterometro** entro la fine del mese successivo al trimestre di riferimento (art. 1, c. 3-bis, D.Lgs. n. 127/2015). Ciò almeno sino al **1° luglio 2022** data in cui l'esterometro nelle attuali forme sarà sostituito da comunicazione a SDI con il medesimo formato della fattura elettronica (D.L. n. 146/2021).

Variazioni in diminuzione a seguito di truffe o furti

Qualora il passaggio dei beni avvenga indipendentemente dalla volontà del cedente - del tutto assente (come nell'ipotesi di furto) ovvero artatamente manipolata (come nell'ipotesi di truffa) - mancano i presupposti perché questo passaggio integri la fattispecie di "cessione" ai fini IVA.
Pertanto, qualora l'operazione sia stata comunque fatturata, pur mancando i requisiti per un suo assoggettamento all'imposta, e l'imposta sia stata versata dal "cedente" (senza poter esercitare in concreto la rivalsa), quest'ultimo ha la possibilità di emettere una nota di variazione in diminuzione ai

sensi dell'art. 26, c. 2 del D.P.R. n. 633/1972, ovviamente nel presupposto che alla luce di elementi oggettivi, al momento dell'emissione della fatture attiva, egli non sapesse e non potesse ragionevolmente sapere che si trattasse di un furto o di una truffa. Questa possibilità rientra tra gli eventi che la disposizione chiama "simili". La nota di variazione risente dei limiti temporali di cui all'art. 19 e successivi, ossia al più tardi con la dichiarazione relativa all'anno in cui il diritto alla detrazione è sorto ed alle condizioni esistenti al momento della nascita del diritto medesimo.
Il dies a quo è individuato con quello della irrevocabilità della sentenza che ha per esempio accertato la truffa. Qualora il citato termine fosse già spirato, si potrà attivare la procedura del rimborso ai sensi dell'art. 30-ter del D.P.R. n. 633/1972 (risposta a interpello n. 331/E/2019).

Momento di emissione della nota di variazione in diminuzione

Indipendentemente dal fatto che una variazione in diminuzione abbia o meno il limite dell'anno per il suo esercizio, l'Agenzia delle Entrate (circ. n. 1/E/2018) ha precisato che per effetto del combinato disposto dell'art. 26, e dell'art. 19 del D.P.R. n. 633/1972, la nota di credito deve essere emessa (e la maggiore imposta a suo tempo versata può essere detratta), al più tardi, entro la **data** di presentazione della **dichiarazione** IVA relativa all'**anno** in cui si è verificato il **presupposto** per operare la variazione in diminuzione.
Ad esempio, se una fattura è stata emessa nel 2017 e la causa che determina la variazione in diminuzione emerge nel 2019 [cosiddetto "fatto generatore"], la nota di credito deve essere emessa non più tardi della presentazione della dichiarazione annuale IVA relativa al 2019 (al massimo 30 aprile 2020).

> Si rammenta che una nota di credito emessa a rettifica di una fattura cartacea, emessa ante 2019, deve sempre essere formata ed inviata a SdI in formato elettronico.

Errori nelle registrazioni 46.18.3.

Se una fattura è stata emessa/ricevuta correttamente in tutti i suoi dati, fondamentalmente imponibile ed imposta, ma in sede di annotazione sui registri IVA sono stati commessi errori, è possibile procedere direttamente alle correzioni dell'imponibile e/o dell'imposta nei registri interessati senza procedere all'emissione di alcun documento.

ANTICIPI, ACCONTI, CAPARRA E DEPOSITI CAUZIONALI 46.19.

Fattura anticipata

È consuetudine, nei casi di **contratto di fornitura** o **prestazione di rilevante importo** (ad esempio, per i contratti di appalto immobiliare), che il cedente/prestatore, prima dell'esecuzione dei lavori commissionatigli, emetta una fattura in anticipo rispetto all'inizio dei lavori.
Si tratta della cosiddetta **fatturazione anticipata** .
Occorre distinguere se il pagamento connesso alla fatturazione anticipata sia relativo:
- ad un contratto in cui tutti gli **elementi** siano già **conosciuti** al momento del pagamento; oppure
- ad un contratto relativo a cessioni di beni od a prestazioni di servizi ove gli elementi **non** siano ancora **determinati** o determinabili al momento del pagamento.

Un'operazione rilevante ai fini IVA ricade nel campo di applicabilità del tributo anche se:
- anteriormente al verificarsi degli eventi (ossia, nel caso delle cessioni di beni, del passaggio della proprietà del bene stesso), ovvero
- indipendentemente da essi, sia stata emessa fattura, oppure abbia avuto luogo in tutto od in parte il pagamento del corrispettivo (art. 6, c. 4, D.P.R. n. 633/1972).

Nel primo caso, la fattura è assoggettata ad imposta, se ed in quanto l'operazione sia imponibile.
Nel secondo caso, mancando il presupposto oggettivo, la fattura è **esclusa** sino a che gli elementi non determinati verranno ad esistenza.

Acconti

L'acconto è l'importo contrattualmente previsto per il prosieguo delle attività concordate.

> La **differenza** tecnica tra la **fatturazione anticipata** e gli **acconti** è che:
> - nel primo caso, la fattura (indipendentemente dal pagamento) viene emessa prima dell'inizio dei lavori richiesti,
> - nel secondo caso, la fattura (indipendentemente dal pagamento) viene emessa in funzione dello stato di avanzamento lavori (SAL) o comunque a determinate scadenze concordate tra le parti.
>
> Ai fini IVA, contrariamente alla contabilità generale, non vi è sostanziale differenza.

IVA

Tanto nel caso degli anticipi, quanto in quello degli acconti, l'aliquota applicabile è quella vigente al momento di emissione della fattura e rimane cristallizzata, per l'importo fatturato, indipendentemente dalle eventuali e future variazioni dell'aliquota d'imposta.

Anticipi/Acconti	Modalità operative
Cessioni di beni tra soggetti stabiliti in Italia	La fatturazione va effettuata non oltre il momento del pagamento
Cessioni od acquisti intracomunitari di beni	Non vi è obbligo di emissione di fattura in quanto non rilevano ai fini IVA
Prestazioni di servizi generici (art. 7-ter) **Committente** stabilito in Italia **Prestazione** resa da soggetto stabilito in Italia	La fatturazione va effettuata non oltre il momento del pagamento È consentita la emissione della fattura entro il giorno 15 del mese successivo al pagamento in presenza di idonea documentazione
Prestazioni di servizi generici (art. 7-ter) **Committente** stabilito in Italia **Prestazione** resa da soggetto stabilito nella UE	La fattura emessa dal soggetto UE deve essere **integrata** entro il giorno 15 del mese successivo al suo ricevimento
Prestazioni di servizi generici (art. 7-ter). **Committente** stabilito in altri Paesi UE **Prestazione** resa da soggetto stabilito Italia	La fattura può essere emessa non oltre il giorno 15 del mese successivo a quello di incasso
Prestazioni di servizi generici (art. 7-ter) **Committente** stabilito in Italia **Prestazione** resa da soggetto stabilito extra UE	**Autofattura** entro il giorno 15 del mese successivo al ricevimento della fattura estera
Prestazioni di servizi generici (art. 7-ter) **Committente** stabilito extra UE **Prestazioni** rese da soggetto stabilito in Italia	La fattura può essere emessa non oltre il giorno 15 del mese successivo a quello di incasso
Prestazioni di servizi **diverse da quelle generiche**	La fatturazione va effettuata non oltre il momento del pagamento È consentita la emissione della fattura entro il giorno 15 del mese successivo al pagamento in presenza di idonea documentazione

Al termine dei lavori, il fornitore emette la **fattura finale a saldo**, che tiene conto, in diminuzione, degli anticipi o degli acconti precedentemente fatturati.
La disciplina IVA non regola le modalità di "assorbimento" degli anticipi e degli acconti precedentemente fatturati.
È possibile un recupero integrale, oppure un recupero percentuale.

CASO 8 - Fatturazione a stato d'avanzamento lavori

Opera pluriennale, con pagamento a stato avanzamento lavori:
- valore dell'opera pari a 20.000;
- emissione di una fattura per anticipo all'ordine, pari a 1.000;
- al raggiungimento del 1° step emissione di un SAL pari a 5.000, accettazione da parte del cliente.

Previo accordo sono possibili due soluzioni per il recupero dell'anticipo:
- assorbimento totale. La fattura del 1° step sarà pertanto pari a 5.000, dedotto l'anticipo di 1.000, la base imponibile sarà 4.000,
- assorbimento proporzionale. Dato che il 1° step rappresenta il 25% del totale, anche l'acconto sarà assorbito nella medesima proporzione ed il restante sarà rinviato agli eventuali successivi step ovvero al saldo finale.

Pertanto: 5.000 - 250 (= 1.000 x 25%) = 4.750, base imponibile.
Qualora l'insieme degli acconti abbiano raggiunto il valore della prestazione o della fornitura, la fattura finale è pari a zero, ma deve essere comunque emessa ed annotata separatamente nel registro delle fatture emesse.

IVA

CASO 9 - Totale degli acconti corrispondente al valore dell'opera
Totale degli acconti: 500.
Prezzo dell'opera: 500.
La fattura finale espone il valore del corrispettivo della prestazione pari a 500 ed in diminuzione il valore degli acconti precedentemente fatturati pari a 500 con l'indicazione dei relativi estremi. Il saldo e l'IVA sono zero.

Caparra

Esistono due tipologie di caparre (artt. 1385 e 1386 c.c.): la confirmatoria e la penitenziale.

Caparra confirmatoria - Si ha quando, alla conclusione del contratto, una parte dà all'altra, ad esempio, una somma di denaro che:

- gli verrà restituita in caso di adempimento del contratto, oppure
- sarà imputata a riduzione della prestazione dovuta.

Se la parte che ha dato la caparra è inadempiente, l'altra può recedere dal contratto trattenendo la caparra.
Se la parte che ha ricevuto la caparra è inadempiente, l'altra può recedere dal contratto esigendo il doppio della caparra.
È possibile, per la parte non inadempiente, domandare l'esecuzione o la risoluzione del contratto con risarcimento del danno subìto.
La caparra confirmatoria ha **funzione risarcitoria** rispetto a successivi inadempimenti.

Caparra penitenziale - La caparra versata ha la sola funzione di corrispettivo del recesso quando questo istituto sia espressamente previsto contrattualmente.
In tale ipotesi, il recedente perde la caparra data o deve restituire il doppio di quella ricevuta.
Pertanto, la caparra penitenziale ha una **funzione di** mera **garanzia** per le parti.

Entrambe le caparre sono escluse **dall'imposta** senza alcun obbligo di emissione di fattura per carenza del presupposto impositivo.

Eccezioni - Se le parti vogliono subito **aggiungere** alla natura specifica della caparra confirmatoria anche quella di **anticipo** del corrispettivo tale volontà deve essere espressa nel contratto. La caparra assume anche la veste di fatturazione anticipata e **soggetta al tributo** con la medesima aliquota della cessione/prestazione.
Se successivamente gli importi corrisposti a titolo di caparra assumono la natura di **acconto**, l'operazione si considera effettuata in quel momento, e per la parte corrispondente a tale importo è soggetta ad IVA, con l'aliquota della cessione/prestazione.
Se sin dalla stesura del contratto preliminare (patto ove le parti si obbligano reciprocamente alla stesura di un successivo contratto definitivo e nel quale vengono specificati i contenuti e gli aspetti essenziali - art. 1385 c.c.) le parti si accordano che contestualmente il promissario versa al promittente una somma che verrà "imputata al prezzo a titolo di caparra e acconto prezzo", si ha l'effetto di **prevalenza** dell'**acconto rispetto** alla **caparra** con l'assoggettamento dell'importo all'imposta se l'operazione è soggetta all'IVA.

Deposito cauzionale ed a garanzia

In luogo di un acconto o di una caparra, in ambito contrattuale può essere richiesto il deposito, a garanzia, di un bene o di una somma di denaro.

Deposito cauzionale - Ha una funzione di **garanzia** a favore del creditore e questo deposito può continuare per tutto il tempo della durata dell'operazione (ad esempio, somministrazione di gas, energia elettrica, linea telefonica oppure perché il cliente viene in possesso di beni particolarmente delicati o suscettibili di danneggiamento prima del passaggio della proprietà o in costanza del contratto di noleggio o locazione finanziaria).
Il deposito cauzionale non realizza né una cessione di beni né una prestazione di servizio; pertanto, esso resta al di **fuori del campo di applicazione dell'imposta** senza che sia richiesta l'emissione di fattura.
Qualora, per ragioni contabili, fosse emessa fattura, la stessa deve riportare la dicitura "Operazione esclusa da IVA.

Deposito a garanzia - Il deposito a garanzia per il corretto adempimento di un contratto è **escluso** dal campo di applicazione dell'IVA.

IVA

Se viene **imputato al servizio** assume la veste di **corrispettivo** soggetto ad IVA con la medesima aliquota prevista per l'operazione principale.
Altro tipo di deposito a garanzia è quello richiesto dalle Dogane, per esempio per differire il pagamento dei diritti doganali in importazione (anche attraverso fidejussioni bancarie o apposite polizze assicurative). Anche questa tipologia di deposito è **fuori campo IVA**.

Somme in deposito - È prassi, per determinate categorie di **professionisti** (segnatamente avvocati, notai, commercialisti), ricevere somme in deposito (dette anche **fondo spese indistinto**) per far fronte a spese da sostenere in nome e per conto del cliente. Questi depositi devono essere obbligatoriamente annotati su un apposito registro (➡**46.26.3.**). Queste somme ricevute normalmente a titolo globale ed indistinto (D.M. 31 ottobre 1974, art. 3), ossia tanto per spese che il professionista dovrà sostenere in nome e per conto del cliente (es.: spese notifica, bolli, depositi in CCIIAA ecc.) quanto a titolo di corrispettivo, possono essere trattenute dal professionista per un periodo **massimo di 60 giorni** dall'incasso. Trascorsi i quali il medesimo è tenuto ad emettere fattura. La fattura elettronica sarà **esclusa da IVA** in quanto trattasi di spese sostenute in nome e per conto del cliente. In particolare, il professionista potrà ancora usufruire di 12 giorni oltre il sessantesimo (art. 21, c. 4, D.P.R. n. 633/1972, e circ. n. 14/E/2019) (Consiglio Nazionale del Notariato, studio n. 178/2018-T).
Se il professionista è in grado, già al momento del ricevimento della somma, di individuare quale parte è destinata a corrispettivo della propria prestazione deve emettere la relativa fattura.

46.20. IMBALLAGGI A PERDERE, DA RENDERE, NON RESTITUITI

Gli **imballaggi** e gli altri contenitori similari possono essere:
- oggetto di **cessione** in uno con i beni ivi contenuti; in questo caso si tratta dei cosiddetti "imballaggi a perdere"; ovvero
- consegnati al cliente con **obbligo di restituzione**, noti anche come "imballaggi a rendere".

Il trattamento ai fini degli imballaggi diverge a seconda delle due situazioni.

Imballaggi a perdere

Imballaggi a perdere quali operazioni accessorie - Gli imballaggi e le forniture di recipienti e contenitori, se accessori rispetto ad un'operazione principale, e consegnati direttamente dal fornitore ovvero per suo conto o a sue spese in uno con le merci cedute, **non** sono **soggetti** autonomamente all'imposta.
Concorrono a formare la base imponibile dell'operazione principale con la medesima aliquota (art. 12, D.P.R. n. 633/1972) (➡**46.1.1.**).
Di regola, gli imballaggi, quali accessori, vengono ceduti e quindi fatturati insieme alla cessione del bene principale.
È possibile la fatturazione separata degli imballaggi, anche in un periodo diverso rispetto alla principale. In tale evenienza, nella fattura devono essere indicati tutti gli elementi necessari e sufficienti per collegarla in modo certo all'operazione principale. Qualora l'operazione principale preveda una cessione con una pluralità di aliquote, anche il prezzo degli imballaggi va proporzionalmente suddiviso.

Imballaggi a perdere quali operazioni autonome - Qualora non esistano le condizioni perché la cessione dell'imballaggio possa essere considerata accessoria rispetto al bene, essa è oggetto di specifica fatturazione ed imposizione.
Detta cessione potrebbe essere conglobata insieme a quella del bene in un'unica fattura, ma è anche possibile la fatturazione separata, per enfatizzare la sua autonomia rispetto alla cessione del bene.
L'aliquota è quella propria dell'imballaggio e non quella del bene.

Mancato addebito

Se l'imballaggio **non accessorio** all'operazione principale non viene fatturato **costituisce cessione gratuita** (liberalità) (➡**43.4.1.**).
Le cessioni gratuite di beni non prodotti né commercializzati dall'impresa sono escluse dall'imposta (art. 2, c. 2, n. 4, D.P.R. n. 633/1972) se:
- di costo unitario **non superiore ad euro 50**. La cessione è esclusa dall'imposta, ma è consentita la detrazione, a monte, dell'IVA sul costo d'acquisto degli stessi;
- di costo unitario **superiore ad euro 50**. La cessione è esclusa dall'imposta, ma la detrazione a monte dell'imposta sul costo di acquisto non è consentita.

Imballaggi a rendere

Sono tali gli imballaggi di valore intrinsecamente rilevante o che possono essere utilizzati in modo ripetuto.

IVA

Trattandosi di beni durevoli, il fornitore non intende cedere l'imballaggio, ma consegnarlo in via provvisoria al cliente che dovrà, entro un tempo stabilito, restituirlo.
È indispensabile che il **patto di resa** sia:
- previsto contrattualmente, ovvero
- inserito nelle condizioni generali di vendita, ovvero
- nell'ordine, ovvero
- nella corrispondenza commerciale tra le parti intercorsa in epoca antecedente rispetto alla data della fattura, ovvero
- qualificato in fattura non quale corrispettivo dell'imballaggio.

Come cautela, il fornitore può pretendere una somma a titolo di cauzione con lo specifico fine di garanzia della resa.
La cauzione può essere forfetariamente determinata, ovvero in linea con il valore degli imballaggi consegnati.
Rispettando questi vincoli, gli imballaggi a rendere non rilevano ai fini IVA, ancorché la loro consegna potrebbe essere considerata come un'operazione accessoria rispetto alla cessione del bene (art. 15, c. 1, n. 4, D.P.R. n. 633/1972).

Se la **resa** è **facoltativa** e non vincolante per il cliente, la cauzione non ha più natura risarcitoria, ma assume carattere di corrispettivo; come tale, è autonomamente soggetta ad IVA ordinaria sin dal momento della consegna in uno con i beni.
Qualora il cliente restituisca gli imballaggi, il fornitore può procedere alla rettifica dell'imponibile e dell'imposta mediante la procedura di **variazione in diminuzione** (➔46.18.2.) (art. 26, c. 2, D.P.R. n. 633/1972).

Restituzione

Con la restituzione, il fornitore procede al rimborso della cauzione.
L'operazione di restituzione **costituisce** una **movimentazione di denaro**, non rilevate ai fini IVA. Di norma, si emette una nota di credito esclusa da IVA con causale: "operazione esclusa da IVA *ex* art. 2, c. 3, lett. a), D.P.R. n. 633/1972".

Mancata restituzione

Se l'imballaggio non viene restituito, la cauzione viene incamerata dal fornitore assumendo la natura di corrispettivo (parziale o meno) per gli imballaggi non restituiti, con obbligo di emissione di fattura con l'aliquota propria degli imballaggi.
Possono darsi due situazioni:
- **cauzione superiore al valore** degli imballaggi non restituiti: il fornitore fattura il valore degli imballaggi e restituisce (senza problemi d'imposta) la differenza tra il maggior valore della cauzione e quello degli imballaggi non restituiti;
- **cauzione inferiore al valore** degli imballaggi non restituiti: il fornitore fattura il valore degli imballaggi non restituiti assoggettando l'intero imponibile all'IVA. Il cliente è tenuto a corrispondere la differenza tra imballaggi e cauzione oltre all'intera IVA.

Modalità operativa

Il fornitore delle merci con imballaggi da rendere, se questi non gli sono stati restituiti entro i termini contrattuali, può:
- emettere **singole fatture** relativamente agli imballaggi non restituiti;
- qualora la massa degli imballaggi sia considerevole, emettere un'unica **fattura differita** al 31 gennaio dell'anno successivo per tutti gli imballaggi non restituiti nel periodo d'imposta precedente da qualsivoglia cliente (➔98.10.).

Per aderire a questa possibilità, occorre:
- istituire un apposito registro di carico/scarico (➔46.26.3.);
- annotarvi le consegne ed i resi distintamente per tipo di recipiente e di imballaggio e per aliquota d'imposta;
- determinare il residuo di imballi e contenitori non resi, dato dalla differenza tra consegnati e restituiti nel corso dell'intero periodo d'imposta precedente, senza alcuna individuazione dei clienti inadempienti;
- determinare la base imponibile, data:
  - dalla somma delle cauzioni trattenute nel corso dell'anno e relative alle mancate rese;
  - in assenza di cauzioni: dal valore normale degli imballaggi non resi.

IVA

La **fattura riepilogativa**, in luogo del nome dei clienti, deve riportare l'esplicito riferimento al D.M. 11 agosto 1975 e, inoltre:

- deve essere emessa in un unico esemplare,
- non va consegnata ai clienti che, pertanto, non possono portare in detrazione l'imposta.

Prodotti ortofrutticoli

Nell'ambito del commercio all'ingrosso di prodotti ortofrutticoli, le cessioni, gratuite o meno, di imballaggi e contenitori a perdere devono essere fatturati con un **corrispettivo identico** al **prezzo** del loro **acquisto**.

Tale corrispettivo è indicato separatamente in fattura incrementando così la base imponibile dei prodotti ed assoggettato alla medesima aliquota di questi ultimi in base al principio di accessorietà.

Se gli imballaggi dei prodotti ortofrutticoli sono a rendere, essi sono esclusi dalla base imponibile (art. 15, D.P.R. n. 633/1972).

46.21. ESPORTATORE ABITUALE

L'**esportatore abituale** è quel soggetto d'imposta che nell'anno solare precedente oppure nei 12 mesi precedenti abbia registrato un volume d'affari con l'estero superiore al 10% di quello complessivo.

Per approfondimenti si rinvia a (➜**49.1.**).

Sono esclusi dallo *status* di esportatore abituale coloro che:

- hanno iniziato l'attività da meno di 12 mesi;
- non possono procedere alla detrazione dell'imposta.

Lo *status* di esportatore abituale consente di:

- **acquistare** ed
- **importare**,

beni o servizi senza corrispondere l'IVA, al proprio fornitore ovvero in dogana.

Per fare ciò deve seguire una specifica procedura che prevede alcune comunicazioni sia all'Agenzia delle Entrate, sia al proprio fornitore (➜**49.**).

Affinché il fornitore di un bene o di un servizio possa fatturare senza applicazione dell'imposta un soggetto passivo che si dichiari esportatore abituale, prima di procedere nell'emissione della fattura deve **verificare** nel sito dell'Agenzia delle Entrate che risulti la **trasmissione** telematica da parte del cliente esportatore abituale (circ. n. 31/E/2014).

Dal 2 marzo 2020 le sopra indicate azioni sono state modificate dal Provv. n. 96911/2020. Il fornitore dell'esportatore abituale deve ora semplicemente accedere al proprio "cassetto fiscale" per rinvenire tutte le informazioni relative alle dichiarazioni d'intento che lo riguardano. In particolare, l'esportatore, dopo aver predisposto il nuovo modello (entrato in vigore il 2 marzo 2020) di dichiarazione d'intento, lo trasmette all'Agenzia che rilascia un'apposita ricevuta riportante anche il numero di protocollo di ricezione ed in automatico inserisce tutti i dati nel cassetto fiscale del fornitore indicato dall'esportatore abituale. Tra i dati rilevabili nel cassetto fiscale, il fornitore trova anche l'ammontare per il quale l'esportatore abituale chiede la fatturazione in sospensione d'imposta.

L'accesso al cassetto fiscale è consentito anche agli intermediari del fornitore.

Scaricata la lettera d'intento dal cassetto fiscale:

- **emette** fattura "**non imponibile**" indicando la disposizione di legge (art. 8, c. 2, oppure art. 8-bis oppure art. 9, D.P.R. n. 633/1972) e gli estremi del numero di protocollo attribuito dall'Agenzia delle Entrate alla lettera d'intento. Nella fattura elettronica gli estremi del protocollo vanno indicati nei campi facoltativi relativi ai dati generali della fattura, mentre nel campo natura dell'operazione indica il codice: N3.5; N3.5.
- **monitora** che il valore dei beni che man mano cede al cliente non superi il limite che questi ha indicato nella dichiarazione d'intento.

Novità 2022

Con specifico riferimento al fornitore/prestatore che abbia ricevuto una dichiarazione d'intento da un esportatore abituale, dal 1° gennaio 2022 cambiano le metodologie di controllo del documento e di emissione della fattura non imponibile (Provv. n. 293390/2021).

In particolare, all'emissione della fattura XML deve indicare nel Campo 2.2.1.14 "Natura", come di consueto, il codice N3.5 e deve compilare il blocco 2.2.1.16 "Altri dati gestionali", inserendo le seguenti informazioni:

- Campo 2.2.1.16.1 "Tipo dato" la dicitura: "Intento";
- Campo 2.2.1.16.2 "Riferimento testo" va inserito il Protocollo di ricezione della Dichiarazione d'intento ed il suo progressivo separato dal segno " – " oppure dal segno " / ";

IVA

- Campo 2.2.1.16.4 "Riferimento data" va indicata la data della ricevuta telematica rilasciata dall'Agenzia e contenente il Protocollo della dichiarazione d'intento.

Se l'Agenzia delle Entrate invalida la dichiarazione d'intento, viene automaticamente invalidata anche la fattura elettronica trasmessa a SDI dal fornitore/prestatore, qualora questa riporti l'indicazione della dichiarazione d'intento che sia stata invalidata.

ASSEGNAZIONE AI SOCI 46.22.

Le società di persone o di capitale, le cooperative, i consorzi, gli enti pubblici e privati, le associazioni, possono:

- assegnare beni, oppure
- eseguire prestazioni di servizio,

a qualsiasi titolo ed a favore di propri soci, associati o partecipanti.

Assegnazione di beni

Di regola, le **assegnazioni di beni** sono **soggette ad imposta** in quanto equiparate a cessioni imponibili (art. 2, c. 2, n. 6, D.P.R. n. 633/1972) salvo che l'assegnazione si riferisca a beni:

- per i quali **non è possibile esercitare la detrazione** a monte dell'IVA per ragioni oggettive o soggettive;
- **esenti**, ovvero **esclusi** dall'imposta per ragioni oggettive; nel qual caso, essi mantengono la propria posizione di esenzione o di esclusione anche in sede di assegnazione.

Quando rientrano nel campo di applicazione dell'imposta, le assegnazioni dei beni devono essere fatturate con il valore determinato sulla base del valore normale (➡43.1.1.) (art. 14, D.P.R. n. 633/1972), registrate e concorrono alla formazione del volume d'affari (➡47.).

Assegnazione di servizi

Sono considerate prestazioni di servizio le assegnazioni ai soci di:

- locazioni e affitti di beni mobili od immobili,
- noleggi,
- cessioni di beni immateriali (diritti d'autore, software, ecc.),
- cessione di contratti (es.: contratti di leasing),

soggette ad imposta in base al costo o alle spese sostenute dall'assegnante per l'acquisizione dei beni o servizi concessi in uso od in godimento ai soci (➡43.1.1.) (art. 3, c. 3 e art. 13, D.P.R. n. 633/1972).

OPERAZIONI CON I DIPENDENTI 46.23.

Le più comuni operazioni con i dipendenti e che possono interessare l'IVA sono:

- la messa a disposizione di veicoli per il loro uso promiscuo;
- la messa a disposizioni di cellulari e PC per il loro uso promiscuo.

Messa a disposizione di veicoli

Non costituisce **prestazione di servizio** rilevante a fini IVA l'**assegnazione a titolo gratuito** a favore di dipendenti (oltre che l'uso personale o familiare) di veicoli stradali a motore per il cui acquisto, locazione, anche finanziaria, o noleggio, la detrazione dell'imposta è stata operata in misura ridotta (40%) (art. 3, c. 6 e art. 19-bis1, c. 1, lett. c), D.P.R. n. 633/1972).

Costituisce **prestazione di servizio** rilevante ai fini IVA l'**assegnazione** di veicolo **a titolo oneroso** e l'imposta a monte è da considerare interamente deducibile (salvo impedimenti oggettivi o soggettivi) (ris. n. 6/DF/2008).

La base imponibile è costituita dal valore normale qualora sia dovuto un corrispettivo inferiore a detto valore. Il valore normale a questi specifici fini è il medesimo da utilizzare ai fini delle imposte reddituali, ossia in misura pari al 30% dell'importo corrispondente ad una percorrenza convenzionale di **15.000 Km. annui**.

Messa a disposizione di cellulari

Costituisce prestazione di servizio la messa a disposizione di telefoni cellulari e smartphone, ed è rilevante ai fini IVA. La base imponibile è costituita dal valore normale qualora sia dovuto un corrispettivo inferiore a detto valore (➡47.).

Per il datore di lavoro:

- l'imposta sull'acquisto o noleggio, canone di abbonamento, spese di manutenzione e riparazione, è **interamente deducibile** se i collegamenti telefonici sono stati limitati solo alla parte di traffico telefonico di lavoro e rientrante nell'esercizio dell'impresa (cosiddetto **uso esclusivo**);

IVA

– se ad **uso promiscuo** (lavoro e privato del dipendente) l'IVA sull'acquisto o noleggio, canone di abbonamento, spese di manutenzione e riparazione è **parzialmente deducibile**. È opportuno che la parte indeducibile non sia inferiore al 50%.

Messa a disposizione di PC, tablet e simili

Per quanto concerne la messa a disposizione anche ad **uso promiscuo** di PC, tablet, laptop e simili, non vi è una disposizione specifica in materia, ma si rammenta che nei casi di acquisto di beni ad uso promiscuo l'IVA a monte è solo **parzialmente detraibile** in funzione dell'utilizzo effettivo aziendale. Se detti beni vengono assegnati in uso a dipendenti anche in questa ipotesi l'operazione costituisce una prestazione di servizio, il trattamento è assimilabile a quanto previsto per la messa a disposizione dei telefoni cellulari.

46.24. ESONERO DALL'EMISSIONE DELLA FATTURA

Per ragioni di semplicità amministrativa, vi sono dei soggetti IVA che possono non emettere la fattura. In tali casi, di regola, la fattura è sostituita da altri documenti.
In particolare, sono esonerati dall'emissione della **fattura elettronica** i seguenti soggetti:

– operatori in **regime di vantaggio** (D.L. n. 98/2011);
– operatori rientranti nei **regimi forfetari** (Legge n. 190/2014);

(entrambe le categorie possono comunque optare per l'emissione della fatturazione elettronica applicando le relative regole)

– **piccoli produttori agricoli** (art. 34, D.P.R. n. 633/1972);
– operatori **non residenti o non stabiliti** in Italia;
– **operatori tenuti all'invio al Sistema Tessera Sanitaria** (ai fini dell'elaborazione della dichiarazione dei redditi precompilata (D.L. n. 119/2018). Per questi ultimi soggetti il divieto e, quindi l'obbligo di fatturazione cartacea ed a trasmettere i dati secondo le ordinarie modalità, è esteso a tutto il periodo d'imposta 2022.

46.24.1. Documento commerciale

Dal **1° gennaio 2020** tutti i soggetti che potevano emettere scontrini e/o ricevute fiscali sono ora obbligati a sostituirli con l'emissione, mediante apposito registratore telematico, di uno specifico **documento commerciale.** Resta per altro salva la possibilità di emissione di fattura elettronica qualora richiesta esplicitamente dal cliente prima del completamento dell'operazione di cessione/prestazione.
Per meglio comprendere quali siano i soggetti che debbono ora operare con il registratore telematico, si rammenta che in precedenza potevano essere emessi scontrini o ricevute fiscali relativamente alle seguenti operazioni:

– cessioni di beni effettuate da commercianti al minuto che operano in locali aperti al pubblico;
– cessioni di beni in spacci all'interno di imprese o di enti privati. In tali casi le cessioni possono essere effettuate esclusivamente nei confronti di soggetti abilitati all'accesso;
– attività di organizzazione di escursioni, visite della città, giri turistici e simili effettuate da agenzie di viaggio e turismo;
– cessioni di beni mediante apparecchi di distribuzione automatica o mediante corrispondenza o mediante e-commerce indiretto;
– cessione di beni nel domicilio del cliente mediante presentazione del bene;
– cessioni effettuate da ambulanti;
– prestazioni di alberghi e ristoranti, bar, mense aziendali;
– prestazioni di trasporto di persone compresi i loro bagagli al seguito;
– prestazioni rese, comprese le operazioni di credito, gestione e custodia titoli e gestioni patrimoniali di titoli, da istituti di credito, società finanziarie e fiduciarie;
– prestazioni delle società di assicurazione.

Scontrino elettronico o documento commerciale

Il Decreto Rilancio ha spostato al **1° gennaio 2021** l'obbligo di munirsi di registratori di cassa elettronici per l'emissione di **documenti/scontrini telematici** per la **generalità degli esercenti,** inclusi i **forfetari** e quelli rientranti nel **regime dei minimi,** compresi anche quelli **con attività di vendita al dettaglio.** Dalla stessa data decade, quindi, il riferimento ad un volume d'affari superiore 400.000 euro per l'obbligo di emissione allo scontrino elettronico.
Sino al 31 dicembre 2021 potevano essere utilizzati i registratori telematici con caratteristiche inferiori alla Versione 7.0. Dal 1° gennaio 2022 gli esercenti possono utilizzare solo quelli aggiornati con questa ultima versione (➔46.25.)

Esistono comunque ancora alcune specifiche **categorie** che sono **esonerate** dall'obbligo di emissione dello scontrino elettronico, per queste categorie si rinvia al ➡46.25. **"Casi di esonero"**.
Il nuovo adempimento consente di evitare l'annotazione delle operazioni nel registro dei corrispettivi di fatto abolito (➡46.26.2.).
Il documento commerciale consente di memorizzare e trasmettere all'amministrazione finanziaria, con cadenza giornaliera i dati delle cessioni entro 12 giorni dall'effettuazione dell'operazione.
Per approfondimenti si veda (➡46.25).
Gli esercenti **commercio al dettaglio**, di regola esonerati dall'emissione della fattura se non richiesta dal cliente al momento dell'effettuazione dell'operazione, possono emettere **fattura differita**. In questo caso il Documento di trasporto (➡46.8.2.) può essere sostituito dal documento telematico. In tale ipotesi, i corrispettivi certificati dal documento vanno scorporati dal totale giornaliero.
Ulteriori approfondimenti sul documento commerciale al (➡46.6.2.).

Procedura WEB sostitutiva del registratore telematico

I soggetti passivi d'imposta che utilizzavano i bollettari madre/figlia (➡50.7.) a causa del limitato numero delle operazioni possono, in luogo del registratore telematico, utilizzare un'apposita procedura WEB messa gratuitamente a disposizione dall'Agenzia delle Entrate sul proprio portale.
È opportuno segnalare che la procedura WEB necessita una connessione Internet sempre attiva, al momento dell'effettuazione dell'operazione.
È inoltre possibile che il soggetto sia possessore del registratore telematico, ma abbia anche adottato la Procedure WEB, Questo può capitare allorquando vi sia del personale che operi fuori della sede di lavoro ove il registratore è istallato.
Le operazioni generate mediante Procedura WEB, sono comunque memorizzate dal sistema che provvede anche all'emissione del documento commerciale da rilasciare al cliente via Web. È poi il sistema a procedere automaticamente all'insieme delle varie operazioni (registratore e Procedura WEB) e poi mostrarle nel portale Fatture e Corrispettivi.

Restituzione di merci al cedente 46.24.2.

Nell'ipotesi di accettazione di resi di merci precedentemente vendute da un negoziante al dettaglio suffragate da scontrino fiscale o ricevuta fiscale, nei residui casi ove questi documenti siano ancora temporaneamente ammessi, possono darsi due situazioni:

- accettazione della resa con **emissione di un buono** da spendere in un momento successivo per acquisti di valore non inferiore al valore del buono stesso(vedasi anche ➡43.2.3. e ➡46.25. **Correzione ed annulli successivi alla trasmissione dei corrispettivi**). La procedura illustrata **non può essere applicata**:
  - quando lo storno non è totale, ma solo parziale rispetto al corrispettivo originariamente incassato;
  - se l'aliquota dell'IVA dei beni restituiti differisce da quella dei beni che si vorrebbero in sostituzione;
  - quando il venditore opera con il sistema della ventilazione dei corrispettivi (➡43.5.);
- accettazione della resa con **rimborso totale** dell'importo dell'acquisto. In questa situazione occorre:
  - ritirare la merce unitamente alla documentazione fiscale emessa in precedenza e contemporaneamente aprire una "pratica di reso" numerata;
  - emettere una ricevuta fiscale compilata in tutte le sue parti e con l'indicazione sia di "rimborso per restituzione merce venduta" sia del numero della "pratica di reso";
  - registrare la ricevuta, con segno negativo, sul registro dei corrispettivi al fine di calcolare l'imposta a debito;
  - restituire al cliente del corrispettivo e sottoscrizione della ricevuta fiscale di reso;
  - conservare tutta la documentazione per tutto il periodo entro il quale l'amministrazione può operare l'accertamento (ris. n. 219/E/2003).

Nel caso di restituzione in presenza di **scontrini** emessi da **registratori** elettronici e trasmissione telematica dei corrispettivi, si veda anche (➡46.25.).

Biglietti per l'accesso e simili 46.24.3.

Alcune categorie di soggetti sono esonerate sia dall'emissione della fattura, sia dal rilascio della ricevuta e dello scontrino fiscale. Di regola, si tratta di quei soggetti che svolgono attività direttamente connesse al settore degli intrattenimenti e degli spettacoli.
La **certificazione dei corrispettivi** è data dall'emissione di biglietti per l'accesso emessi o da appositi **misuratori fiscali** o da biglietterie automatizzate.

IVA

Le attività di intrattenimento e spettacolo fanno parte di settori particolari alla cui trattazione si rinvia (➡50.4.).

46.25. SOGGETTI OBBLIGATI ALLA TRASMISSIONE TELEMATICA DEI CORRISPETTIVI

A decorrere dal **1° gennaio 2020** i soggetti che effettuano operazioni di cui all'art. 22, D.P.R. n. 633/1972 memorizzano elettronicamente mediante apposito registratore telematico (RT) e trasmettono telematicamente all'Agenzia delle Entrate i dati relativi ai corrispettivi giornalieri. Così facendo i medesimi soggetti sono esonerati dagli obblighi di registrazione sul registro dei corrispettivi (D.Lgs. n. 127/2015).

Al fine di poter ottemperare all'obbligo di memorizzazione e trasmissione telematica dei corrispettivi, il **Registratore Telematico** deve essere in regola ed aggiornato nelle connesse specifiche tecniche. Numerosi sono stati i Provvedimenti ministeriali al riguardo.
Con Provvedimento n. 228725 del 7 settembre 2021 è stato **ulteriormente differito al 1° gennaio 2022** il termine a decorrere dal quale l'invio telematico dei corrispettivi dovrà essere effettuato unicamente con il tracciato telematico **Versione 7.0.**
L'ulteriore rinvio è stato causato sia dal perdurare della pandemia di Covid-19 sia, e soprattutto, sia dalle richieste provenienti dalle associazioni di categoria stante le rilevanti novità previste con la Versione 7.0. Tra queste si segnalano: la suddivisione dei corrispettivi per aliquota IVA e per natura delle operazioni se non imponibili; l'indicazione della eventuale applicazione del meccanismo della ventilazione dei corrispettivi; la gestione di quelli non riscossi per cessioni di beni consegnati e al netto dei valori di resi ed annulli.

Tempistica per la memorizzazione

La memorizzazione elettronica e, a richiesta del cliente, la consegna del documento commerciale deve essere effettuata non oltre il momento di ultimazione dell'operazione ossia:

- all'atto della consegna del bene o della ultimazione della prestazione se contestuale al pagamento;
- per le **cessioni** senza contestuale pagamento, l'operazione va comunque memorizzata; va emesso il documento commerciale con l'indicazione "corrispettivo non riscosso", al successivo pagamento non va emesso null'altro;
- per i **servizi ultimati** senza contestuale pagamento, l'operazione va comunque memorizzata; va emesso il documento commerciale con l'indicazione "corrispettivo non riscosso", al successivo pagamento va emesso un nuovo scontrino con i dati del precedente. L'imposta relativa concorrerà alla liquidazione dell'IVA relativa al mese successivo rispetto all'ultimo documento commerciale emesso nei confronti del medesimo cliente (art. 1, c. 1109, Legge n. 178/2020).
  Vedasi anche "Correzione ed annullo dei documenti commerciali in (➡46.25.1.).

I dati relativi ai corrispettivi giornalieri sono trasmessi all'Agenzia delle Entrate **entro 12 giorni dall'effettuazione dell'operazione.**
La memorizzazione e trasmissione dei corrispettivi giornalieri devono essere effettuate mediante strumenti tecnologici che garantiscano l'inalterabilità e la sicurezza dei dati. Ciò sostituisce l'obbligo di certificazione dei corrispettivi (Legge n. 413/1991 e D.P.R. n. 696/1996). Resta fermo l'obbligo di emissione di fattura, se richiesta dal cliente.
L'obbligo di memorizzazione e trasmissione dei dati dei corrispettivi giornalieri riguarda anche i commercianti al minuto che operando con numerosissimi articoli soggetti ad aliquote diverse adottano la cosiddetta **ventilazione dei corrispettivi** (➡43.7.1.).
A decorrere dal **1° gennaio 2023** (termine così rinviato dal D.L. n. 146/2021 rispetto al precedente 2 gennaio 2021) i soggetti obbligati alla trasmissione dei dati al Sistema **Tessera Sanitaria** (➡46.6. e ➡62.1.4.) adempiono a quest'obbligo esclusivamente mediante la memorizzazione e trasmissione telematica dei dati relativi ai corrispettivi giornalieri mediante l'utilizzo degli appositi registratori di cassa telematici (art. 3, c. 5, D.L. n. 183/2020).
A decorrere dal **1° luglio 2022** (termine così rinviato dal D.L. n. 146/2021) i soggetti che effettuano operazioni di cui all'art. 22 del D.P.R. n. 633/1972 e che accettano incassi mediante carte di credito o di debito e altre forme di pagamento elettronico che consentono la memorizzazione, l'inalterabilità e la sicurezza dei dati, possono assolvere attraverso detti mezzi all'obbligo di memorizzazione e trasmissione dei dati dei corrispettivi giornalieri (art. 1, c. 1109, Legge n. 178/2021).

IVA

Casi di esonero

Con D.M. 10 maggio 2019 sono stati stabiliti specifici esoneri dagli adempimenti sopra illustrati. Più in particolare sono esonerate le seguenti operazioni:

Operazioni esonerate	Descrizione
Non soggette all'obbligo di certificazione dei corrispettivi (art. 2, D.P.R. n. 696/1996)	Vendita di tabacchi; giornali; cessione di alcuni prodotti agricoli; vendita per corrispondenza ed assimilata; servizi di stampa e recapito duplicati di patenti compresi i servizi di gestione e rendicontazione del relativo pagamento; prestazioni di servizio di telecomunicazioni, teleradiodiffusioni e di servizi elettronici: e-commerce. Prestazioni assicurative che essendo esonerate dall'obbligo di certificazione dei corrispettivi, sono di conseguenza esonerate dall'obbligo di trasmissione telematica (art. 2, lett. n), D.P.R. n. 696/1996)
Prestazioni di trasporto	Pubblico collettivo di persone, di veicoli e di bagagli al seguito, qualora i biglietti di trasporto assolvano di certificazione fiscale (originariamente l'esonero cessava il 31 dicembre 2019, il D.M. 24 dicembre 2019 ha eliminato tale termine)
Operazioni collegate a quelle sopra indicate nonché le operazioni di cui all'art. 22 del D.P.R. n. 633/1972	Devono essere marginali rispetto alle precedenti ovvero marginali rispetto a quelle soggette agli obblighi di fatturazione. Sono considerate marginali le operazioni i cui ricavi o compensi non superino l'1% del volume d'affari registrato nel 2018. L'esonero era limitato al solo anno 2019. Tale termine è stato eliminato dal D.M. 24 dicembre 2019
Operazioni effettuate a bordo di navi, aerei, treni	Solo nel caso di trasporti internazionali
Vendite a distanza (e-commerce)	D.M. 24 dicembre 2019
Somministrazioni in mense aziendali	D.M. 24 dicembre 2019
Prestazioni di gestione del servizio di lampade votive	D.M. 24 dicembre 2019

Le **attività spettacolistiche** (➜**50.4.1.**) per le quali sia necessaria la vendita di biglietti d'accesso (cinema, teatro, concerti, mostre, fiere campionarie, esposizioni ecc.) sono **esonerate** dall'invio telematico dei corrispettivi sebbene non espressamente indicate nei casi di esonero previsti dal D.M. 10 maggio 2019; sono da considerare escluse in quanto i titoli sono emessi mediante **misuratori fiscali** o biglietterie automatizzate che trasmettono a SIAE i dati di vendita. Gli stessi dati sono messi a disposizione dell'anagrafe tributaria direttamente dalla stessa SIAE (risposta a interpello n. 506/E/2019).
I soggetti che effettuano operazioni per le quali sarebbero esonerati dalla certificazione telematica dei corrispettivi possono comunque scegliere di memorizzare elettronicamente e trasmettere telematicamente i dati dei corrispettivi giornalieri di tali operazioni (art. 1, c. 3, D.M. 10 maggio 2019).

Il D.M. 10 maggio 2019 non inserisce tra i soggetti esonerati né i minimi, né i forfetari.
I dati relativi alle operazioni esonerate devono continuare ad essere annotati sul registro dei corrispettivi.

La possibilità per la quale le operazioni effettuate da soggetti operanti in locali aperti al pubblico in determinate zone d'Italia potessero essere documentate, invece che con scontrino elettronico, con **ricevuta fiscale** oppure con **scontrino fiscale** cartaceo è stata soppressa (art. 12-quinquies, D.L. n. 34/2019).

Esercenti impianti di distribuzione di carburante per autotrazione

Le cessioni di carburanti per autotrazione (benzina e gasolio) effettuate nei confronti di soggetti d'imposta sono soggette all'obbligo di emissione di fattura elettronica (➜**48.4.**). Nei confronti dei soggetti privati od esonerati (minimi e forfetari) la disciplina è più articolata. Innanzi tutto, allo stato attuale non

IVA

è prevista l'emissione di alcun "documento commerciale". Di contro detti esercenti sono obbligati alla **memorizzazione** e **trasmissione** dei corrispettivi giornalieri con decorrenze temporali diverse.
In particolare:

- dal 1° settembre 2020 avvio dell'obbligo di memorizzazione e trasmissione dei dati dei corrispettivi previsti per i gestori con impianti che, nel 2018, hanno erogato più di 1,5 milioni di litri di benzina e gasolio destinati a essere utilizzati come carburanti per motori;
- dal 1° gennaio 2021 avvio dell'obbligo per gli operatori con impianti di distribuzione che, nel 2018, hanno erogato fino a 1,5 milioni di litri di benzina e gasolio (Provv. n. 171426/2020).

Resta salva la possibilità di memorizzazione e trasmissione dei corrispettivi giornalieri su base volontaria a prescindere dalle suddette date di avvio di obbligatorietà.
Per i **soggetti trimestrali**, la trasmissione dei corrispettivi giornalieri può essere effettuata entro l'ultimo giorno del mese successivo al trimestre di riferimento.
Per **i soggetti mensili**, l'invio va effettuato entro la fine del mese successivo a quello di riferimento.
Gli esercenti di impianti di **distribuzione ad alta automazione** certificano i corrispettivi delle cessioni di carburanti per autotrazione tramite memorizzazione elettronica e trasmissione dei dati a far tempo dal 1° luglio 2018.
Qualora la cessione riguardi altra tipologia di carburanti diversi da benzina e gasolio, l'obbligo di certificazione è escluso, ma se effettuata tramite distributori automatici, la memorizzazione ed invio sono sempre obbligatori (circ. n. 2/E/2020).

Fattura elettronica semplifica sostitutiva dello scontrino fiscale

I soggetti obbligati a certificare i corrispettivi possono rilasciare al cliente una fattura elettronica semplificata contestualmente alla consegna del bene o all'ultimazione della prestazione (circ. n. 18/E/2014). Questi documenti sostituiscono la certificazione dei corrispettivi.

Registratore e momento di trasmissione

È necessario l'utilizzo di un apposito **registratore telematico** identificato dall'Agenzia delle Entrate tramite un apposito codice oppure mediante **server** telematici. I registratori di cassa tradizionali possono essere utilizzati solo se adattati alla funzione. Resta salva la **possibilità alternativa di emissione di fattura elettronica** da consegnare al cliente su sua richiesta al momento della vendita.
Questi registratori debbono certificare i corrispettivi di vendita rilasciando appositi documenti commerciali, oppure emettendo fattura elettronica anche semplificata. A fine giornata occorre sottoscrivere digitalmente con sigillo elettronico dell'Agenzia delle Entrate il flusso dati da trasmettere (Provv. direttoriale 28 ottobre 2016). I documenti commerciali emessi dal registratore o dal server devono essere conformi ai requisiti di cui al D.M. 7 dicembre 2016 e devono contenere anche il **Codice fiscale** ovvero il numero di **Partita IVA** dell'acquirente.
Il personale dell'Agenzia è abilitato all'attivazione del registratore e ne verifica la validità e correttezza con cadenza biennale. Alla chiusura serale il registratore genera un file XML, non più modificabile.
I dati relativi ai corrispettivi giornalieri sono trasmessi telematicamente all'Agenzia in formato XML entro **12 giorni** dall'effettuazione dell'operazione determinata ai sensi dell'art. 6, D.P.R. n. 633/1972. Restano fermi gli obblighi di memorizzazione giornaliera dei dati nonché quelli per effettuare le liquidazioni periodiche dell'imposta (per il computo corretto dei 12 giorni si veda (➡**46.7.**)).

In sintesi, i soggetti tenuti alla memorizzazione e trasmissione dei corrispettivi giornalieri ma privi di Registratore Telematico (RT) nel primo semestre di vigenza dell'obbligo e fino alla disponibilità del RT:

- certificano i corrispettivi con scontrini e ricevute fiscali,
- inviano i dati entro l'ultimo giorno del mese successivo a quello di effettuazione dell'operazione,
- liquidano comunque correttamente e tempestivamente l'IVA (ris. n. 6/E/2020).

La trasmissione telematica dei corrispettivi, insieme alla memorizzazione (e all'emissione del documento commerciale connessa) **non può usufruire di alcuna sospensione** dei termini previsti per altri adempimenti emanati a seguito della epidemia di Covid-19 (circ. n. 3/E/2020 e circ. n. 8/E/2020).

Registratori telematici e "punti cassa"

Per gli esercenti che operano con un numero **non** inferiore a tre **punti cassa**, per singolo punto vendita, la memorizzazione e trasmissione telematica dei dati dei corrispettivi giornalieri dei singoli punti cassa possono essere effettuate mediante un unico "punto di raccolta" costituito da un registratore di cassa collegato ai singoli punti cassa (**server di collegamento-Registratore telematico**) allocato

IVA

presso un singolo punto di vendita ove vengono raccolti i corrispettivi e costituisce lo strumento che sigilla i file e li invia al sistema dell'Agenzia (Provv. n. 182017/2020).
A parere dell'Amministrazione finanziaria il riferimento a "non inferiore a tre punti cassa" deve ritenersi rivolta ad ipotesi di punti vendita aperti al pubblico. Qualora, invece, i punti cassa siano collocati in locali non aperti al pubblico (ad esempio, laboratori, negozi on line, negozi virtuali) tale limitazione non opera (risposta a interpello n. 416/2020).

Applicazione delle sanzioni

Dal 1° gennaio 2021 l'obbligo di memorizzazione e trasmissione elettronica dei dati degli scontrini vale per tutti i commercianti al minuto (ad eccezione di quelli espressamente esonerati dalla loro emissione) e attività assimilati senza aver più riguardo al volume d'affari che fu dichiarato per il 2018.
La mancata o non tempestiva memorizzazione, oppure trasmissione con dati non completi o non veritieri, è colpita con una sanzione, per ciascuna operazione, pari al 90% dell'imposta non memorizzata o non trasmessa, con il minimo di euro 500. La sanzione è unica nel caso di violazioni relative ai diversi momenti di memorizzazione e trasmissione. La sanzione è ridotta ad euro 100 qualora l'errore o l'omissione non abbiano inciso sulla corretta liquidazione del tributo.
In caso di malfunzionamento od irregolare funzionamento del RT, si applica la medesima sanzione sopra indicato, qualora emerga che il corrispettivo non sia stato annotato sul cosiddetto **registro di emergenza**, salvo non sia stata attivata la procedura via Web per il recupero dei dati (circ. G. di F. 5 gennaio 2021, n. 2017/2021).
Sempre in caso di malfunzionamento dei server RT, in presenza di **più punti cassa per punto vendita**, l'esercente deve provvedere a conservare, a titolo di archiviazione, un'apposita stampa riepilogativa di tutti i documenti che non si sono potuti caricare sul server centrale e quindi né conservare né trasmettere telematicamente. Anche questo registro deve essere tenuto in modalità informatica (risposta dell'Agenzia delle Entrate resa in occasione dell'incontro con la stampa specializzata del 28 gennaio 2021).

Modalità di trasmissione

L'Agenzia delle Entrate, ricevuto il file al massimo entro 12 giorni dall'effettuazione dell'operazione (per il computo corretto dei 12 giorni vedasi (➡46.7.)), controlla la regolarità formale e lancia l'**esito di ricezione**. Se il file è rifiutato o, comunque, se l'esito è negativo, il file è scartato e la trasmissione si considera come non avvenuta, dovendo essere ripetuta mediante un file corretto entro i successivi 15 giorni. A fronte dell'opzione per la trasmissione telematica giornaliera dei corrispettivi, sono eliminati gli obblighi di:

- registrazione dei corrispettivi;
- conservazione delle fatture e degli scontrini;
- comunicazione dati;
- invio dei modelli INTRASTAT per le operazioni intracomunitarie.

Inoltre, è prevista una "corsia preferenziale" per i rimborsi annuali del credito IVA e i termini di accertamento sono ridotti.
Al cliente viene rilasciato, a richiesta, un documento sostitutivo del tradizionale scontrino al fine di consentirgli, se soggetto d'imposta, la detrazione o la deduzione fiscale. Il documento commerciale emesso, non ha un valore fiscale, ma può essere utilizzato dal privato consumatore a titolo di garanzia del prodotto o del servizio acquistato, nonché per un eventuale cambio merce.

Credito d'imposta

In considerazione del fatto che tutti gli attuali registratori di cassa devono essere sostituiti (o integrati) con registratori che consentano la trasmissione telematica dei corrispettivi, viene concesso un **bonus** agli operatori che nel 2019 e nel 2020:

- hanno acquistato un registratore telematico, pari al 50% della spesa (comprensiva di IVA per la parte eventualmente non detraibile) sostenuta con il massimo di euro 250;
- hanno adattato il vecchio registratore rendendolo conforme alle nuove specifiche tecniche pari al 50% della spesa sostenuta con il massimo di euro 50.

Il bonus riguarda anche le apparecchiature telematiche acquisite in leasing, con l'esclusione di coloro che acquisiscono il bene per un uso indiretto, ossia per la vendita o concessione in leasing a terzi.
Il bonus è in forma di credito d'imposta da utilizzare in compensazione a far tempo dalla prima liquidazione periodica successiva al mese di registrazione della fattura di acquisto/adattamento. Nel caso di contribuenti trimestrali che liquidano l'imposta relativa al IV trimestre entro il 16 marzo 2021, in caso di registrazione e pagamento della fattura entro il mese di dicembre possono usufruire della compensazione dal 16 marzo.

IVA

Al bonus registratore telematico da utilizzare in compensazione in F24 è stato attribuito il Codice 6899.

Per poter usufruire del bonus il commerciante deve provvedere al pagamento del nuovo registratore telematico ovvero delle spese di adattamento mediante un mezzo di pagamento tracciabile.

Distributori automatici (vending machine)

I distributori automatici o vending machine vanno intesi come apparecchi che, su richiesta dell'utente, erogano direttamente (es.: cibi o bevande) o indirettamente (es.: gettoni per far funzionare altre macchine oppure per ricaricare chiavette) beni o servizi costituiti da almeno le seguenti componenti hardware tra loro collegate:

- sistema di pagamento,
- sistema elettronico costituito da una o più schede dotate di processore in grado di memorizzare ed elaborare dati al fine di erogare il bene od il servizio selezionato,
- meccanismi che consentono l'erogazione del bene o del servizio,
- porta di comunicazione in grado di trasferire i dati ad un dispositivo atto a trasmettere gli stessi al sistema dell'Agenzia delle Entrate.

Infatti, anche i soggetti che utilizzano distributori automatici sono obbligati alla memorizzazione elettronica e trasmissione telematica dei dati dei corrispettivi giornalieri.

Anche i distributori **privi di porta di comunicazione** come sopra specificata sono obbligati alla trasmissione dei dati. In questo caso è possibile sopperire a tale mancanza con:

- registratore telematico (RT) e rilascio di documento commerciale, oppure
- mediante la procedura WEB accedendo al portale Fatture e corrispettivi nel sito dell'Agenzia delle Entrate, aggiungendo nel documento elettronico on line oltre alla descrizione del bene o servizio reso, l'ammontare del corrispettivo incassato (risposta a interpello n. 125/2020).

Qualora le apparecchiature **siano prive sopra indicate componenti**, non possono essere considerate vending machine (es.: l'apparecchiatura che previo inserimento di gettone o moneta ovvero mediate pulsantiera si limita a sollevare una sbarra per far accedere ad un posteggio). Resta fermo l'obbligo di annotazione degli incassi giornalieri sul registro dei corrispettivi (risposta a interpello n. 131/2020).

46.25.1. Contenuto dello scontrino elettronico o documento commerciale

Il documento commerciale emesso dal registratore telematico di regola è emesso su supporti cartacei di dimensioni adeguate per una corretta leggibilità e conservazione, ma su richiesta del cliente può essere anche essere emesso in formato elettronico che garantisca l'autenticità e l'inalterabilità.

I dati obbligatori che il documento commerciale deve contenere sono i seguenti:

1. in caso di **vendita o prestazione**:
   - dati dell'emittente comprensivi di Partita IVA,
   - indicazione "Documento commerciale di vendita o prestazione",
   - descrizione dell'operazione, aliquota IVA e prezzo comprensivo dell'imposta,
   - totale IVA compresa ed indicazione della relativa IVA,
   - modalità di pagamento (contanti, carta di debito o credito, assegno, ticket),
   - corrispettivo non riscosso,
   - resto,
   - sconto,
   - importo pagato,
   - data e numero del documento commerciale,
   - codice alfanumerico del documento commerciale,
   - eventuale punto cassa.

   In caso di pagamento totalmente per contanti può darsi la necessità di un arrotondamento (l'arrotondamento è obbligatorio *ex* art. 13-quater, D.L. n. 50/2017).

   Se l'**arrotondamento è per eccesso (**questo avviene mediante pagamento per contanti) è possibile specificarne l'ammontare inserendolo tra le modalità di pagamento con l'indicazione: "Arro. DL n. 50/17".

   Se l'**arrotondamento è per difetto** va indicato come sconto e tra le modalità di pagamento con l'indicazione: "Arro. DL n. 50/17".

   Se un bene viene dato in **omaggio** il relativo importo concorre alla valorizzazione del documento commerciale ed il suo importo indicato come "non riscosso". L'importo dell'omaggio deve essere inoltre riportato tra le modalità di pagamento con la voce "omaggio";
2. in caso di **reso**:
   - dati dell'emittente comprensivi di Partita IVA,

IVA

- indicazione “documento commerciale emesso per reso merce”,
- data e numero del documento commerciale originario di vendita,
- descrizione dell’operazione, aliquota IVA e prezzo comprensivo dell’imposta,
- totale complessivo di cui IVA,
- data e numero del documento commerciale,
- codice alfanumerico del documento commerciale,
- eventuale punto cassa;

3. in caso di **annullamento**:
   - dati dell’emittente comprensivi di Partita IVA,
   - indicazione “documento commerciale emesso per annullamento”,
   - data e numero del documento commerciale originario di vendita,
   - descrizione dell’operazione, aliquota IVA e prezzo comprensivo dell’imposta,
   - totale complessivo di cui IVA,
   - data e numero del documento commerciale,
   - codice alfanumerico del documento commerciale,
   - eventuale punto cassa.

Nel caso di annullo o reso di una vendita effettuata con **altro dispositivo** (diverso punto cassa) il documento deve riportare il numero di riferimento del documento originario nonché il codice alfanumerico del relativo registratore.
Si veda anche oltre **“Correzione ed annulli dei documenti commerciali”.**
Qualora l’operazione non sconti l’imposta per qualsiasi ragione oggettiva, il documento commerciale deve riportare la seguente **codifica**:

Natura e ventilazione dell’IVA			**Dicitura da stampare**
EE	**N1**	Escluse *ex* art. 15	Esclusa
NS	**N2**	Non soggette	Non soggetta
NI	**N3**	Non imponibili	Non imponibile
ES	**N4**	Esenti	Esente
RM	**N5**	Regime del margine	Regime del margine
AL	**N6**	Altro non IVA	Operazione non IVA
VI		Ventilazione IVA	Ventilazione IVA

Per un approfondimento sulla memorizzazione elettronica, trasmissione telematica dei dati e del documento commerciale, che costituiscono un unico adempimento, vedasi Provv. n. 248558/2020 che riporta anche il lay out del documento commerciale.
Il documento commerciale di regola non ha valore fiscale, ma è possibile attribuirgli valore fiscale se evidenzia il codice fiscale e/o la partita IVA dell’acquirente. Anche in questo caso la richiesta deve essere formulata non oltre il momento di effettuazione dell’operazione.

Correzione e annullo dei documenti commerciali

Il registratore telematico, mediante apposite funzioni, può consentire la correzione o l’annullamento dell’operazione prima che questa sia conclusa.
È possibile **rettificare/annullare** l’operazione utilizzando:
– un documento commerciale per **reso merce,**
– un documento commerciale per **annullo.**
In pratica si tratta di uno **scontrino negativo**. In quanto tale, a somiglianza delle note di credito, dovrà essere emesso con segno positivo. È il sistema che provvede alla correzione in diminuzione; per tale ragione il documento in questione deve riportare gli estremi del Documento di riferimento che si vuol correggere od annullare.

Documento commerciale per reso merce - Può capitare che successivamente alla trasmissione telematica dei corrispettivi, il venditore riconosca alla clientela la facoltà di restituire la merce entro un certo termine da quello dell’acquisto, ricevendo in contropartita un “buono-acquisto” per merce di pari valore, ovvero il rimborso integrale del prezzo pagato.
Antecedentemente all’introduzione dei registratori telematici era intervenuta l’Agenzia delle Entrate con due risoluzioni:

1. nel caso di rilascio al cliente di un buono- sconto del valore pari a quello del bene reso da spendere nel medesimo punto vendita, il venditore deve sottrarre prezzo della merce sostituita dal

IVA

corrispettivo indicato nello scontrino emesso per certificare il nuovo acquisto ed annotare detto importo nella voce "rimborsi per sostituzione". Qualora il venditore registri i corrispettivi senza distinzione di aliquota, occorre applicare il metodo della "ventilazione". Nel caso, invece, di corrispettivi annotati per aliquota, il buono sconto deve riferirsi a beni da dare in sostituzione soggetti alla medesima aliquota del bene restituito (ris. 5 ottobre 2001, n. 154/E). In caso di consegna di un **buono acquisto** da spendere nei futuri acquisti, all'atto della cessione del nuovo prodotto il cedente può emettere due scontrini: il primo "negativo", di importo pari al buono-acquisto, per rettificare il corrispettivo del bene reso; il secondo di importo pari al corrispettivo globale del nuovo bene, per certificarne l'acquisto. Con l'introduzione dei Registratori Telematici, vi è la possibilità di emettere un documento commerciale per reso merce (assimilabile allo "scontrino negativo" di cui sopra).

Attenzione: il buono acquisto ricade nella disciplina del **buono corrispettivo** (➡43.2.3.) per cui occorre analizzare se **"monouso"** (art. 6-ter, D.P.R. n. 633/1972 oppure multiuso (art. 6-quater, D.P.R. n. 633/1972) (risposta a interpello n. 167/2020);

2. nel caso di rimborso al cliente di quanto speso per la merce restituita, la procedura è la seguente:
   - il venditore deve procedere, **all'apertura di una "pratica di reso" numerata**, contenente tutti i dati e i documenti relativi all'originaria operazione (quindi, anche l'indicazione dello scontrino originario) e alla sua avvenuta risoluzione;
   - **riprendere in carico il bene restituito nella contabilità di magazzino** - con indicazione della causale e del numero identificativo della pratica di reso;
   - emettere uno **scontrino fiscale "negativo"**, con indicazione sia della "**rimborso per restituzione merce venduta**", sia del numero identificativo della pratica di reso;
   - **registrare lo scontrino fiscale "negativo"** nel registro dei corrispettivi, in diminuzione dei corrispettivi del giorno soggetti alla stessa aliquota del bene restituito;
   - il fornitore **deve restituire al cliente il prezzo pagato**, oppure, in caso di cambio merce, consegnare al cliente un "**buono acquisto**" con indicato il numero identificativo della pratica, con sottoscrizione, in entrambi i casi, di una ricevuta da parte del cliente;
   - **conservare la pratica** di reso fino alla scadenza dei termini per l'accertamento.

La **nuova operazione di acquisto** deve in ogni caso essere documentata da **un nuovo scontrino fiscale** (o in alternativa da una fattura se richiesta dal cliente) al fine di documentare l'acquisto sostitutivo, nel quale registrare il **prezzo pieno di vendita**, con conseguente integrale assoggettamento a **IVA della nuova operazione** con l'aliquota sua propria (ris. n. 219/E/2003).

Queste **due metodologie sono state confermate** anche in presenza di corrispettivi telematici trasmessi giornalmente. In proposito l'Agenzia ha chiarito che la procedura di reso deve fornire tutti quegli elementi che servono a correlare la restituzione del bene ai documenti probanti l'acquisto originario, quali: le generalità del soggetto acquirente; l'ammontare del prezzo rimborsato; i dati di riferimento del documento certificativo dell'operazione originaria (allora: scontrino; oggi: documento commerciale); il numero di identificazione attribuito alla pratica di reso, che deve essere riportato su ogni documento emesso per certificare il rimborso (scontrino negativo).

A ciò si aggiunga il supporto offerto dalle scritture ausiliarie di che consentono di conoscere la movimentazione fisica del bene reinserito nel circuito di vendita (Principio di diritto n. 21/2019).

Documento commerciale per annullo - Se l'operazione non si è ancora conclusa (per esempio perché in fase di battitura ci si è accorti di un errore e il documento commerciale non è ancora definitivamente chiuso), il registratore telematico consente la correzione inserendo l'importo errato in negativo per annullare l'operazione. Se invece il documento commerciale è già stato chiuso, la procedura di correzione può avvenire emettendo con le stesse modalità riferite al caso precedente uno scontrino negativo e rilasciando quindi un documento commerciale corretto all'acquirente.

Le metodologie viste di correzione, annullo reso possono essere egualmente applicate anche nel caso in cui il soggetto passivo d'imposta utilizzi la Procedura WEB (➡46.24.1.).

46.26. REGISTRI OBBLIGATORI

La normativa IVA obbliga tutti i soggetti passivi ad annotare i dati relativi ai documenti emessi o ricevuti su appositi **registri**.

I registri previsti dalle disposizioni IVA possono essere tenuti **manualmente** oppure con sistemi meccanografici od **elettronici**.

Di particolare rilevanza, ai fini di una corretta gestione delle liquidazioni d'imposta e per eventuali controlli da parte dell'organo accertatore, sono il registro delle fatture emesse, il registro degli acquisti e il registro dei corrispettivi, previsto per particolari categorie di contribuenti.

In particolare, la tenuta dei **registri delle fatture emesse e** di quelle **ricevute** con **sistemi elettronici** è considerata regolare ancorché i relativi dati non siano stati trascritti su supporti cartacei nei tempi di legge se, in sede accesso, ispezione o verifica, i registri risultano aggiornati sugli stessi sistemi elettronici e immediatamente **stampabili a richiesta dei verificatori** (art. 19-octies, D.L. n. 148/2017). L'Agenzia delle Entrate, nel corso dell'incontro con la stampa specializzata tenutosi il 1° febbraio 2018, ha precisato che questo *favor rei* ha natura retroattiva anche in presenza di eventuali contestazioni sorte prima dell'entrata in vigore della norma, purché il contribuente al momento dell'accesso, ispezione o verifica abbia provveduto all'immediata stampa dei registri.
È data possibilità ai soggetti che adottano la contabilità ordinaria di annotare le operazioni rilevanti ai fini IVA sul libro giornale.
Accanto ai registri menzionati se ne aggiungono molti altri che devono essere adottati a seconda delle circostanze.
In ogni caso, vi sono delle regole comuni a tutte i registri indipendentemente dalla forma (cartacea, a fogli mobili o su tabulati), che riguardano le modalità di tenuta, i tempi di annotazione, i tempi di conservazione (art. 39, D.P.R. n. 633/1972).

Modalità di tenuta

Intestazione e numerazione progressiva - Prima di iniziarne l'uso i registri devono:
- essere intestati con i dati del soggetto;
- indicare la Partita IVA;
- indicare la tipologia del registro.

L'imposta di bollo non è dovuta e neppure la tassa di concessione governativa.
Inoltre, ogni singola pagina deve essere numerata progressivamente ogni anno e deve riportare come prefisso o suffisso l'anno solare stesso.

> I soggetti con **esercizio sociale "a cavallo"** devono tenere conto che questa particolarità è irrilevante ai fini IVA, in quanto per questo tributo il periodo d'imposta coincide sempre con l'anno solare.

Norme di tenuta - Si applicano le disposizioni dell'art. 2219 c.c., per cui i registri, i bollettari, gli schedari e i tabulati devono essere tenuti:
- secondo le norme di una contabilità ordinaria;
- senza spazi in bianco;
- senza interlinee e senza trasporti a margine;
- senza cancellature od abrasioni. Se è necessaria qualche cancellazione, questa deve essere fatta in modo che le parole cancellate siano leggibili.

Se la tenuta dei registri è **su supporto informatico**, le **annotazioni** possono essere effettuate **entro 60 giorni** dalla data di effettuazione dell'operazione, ma ciò non influisce sui tempi di liquidazione dell'imposta.

Tempi di conservazione

Ciascun registro (ma anche le fatture e le bolle doganali ricevute) deve essere conservato sino al termine del periodo di accertamento dell'imposta, ossia sino al **31 dicembre del quinto anno successivo** a quello di presentazione della **dichiarazione**.
Tuttavia, tale termine può subire allungamenti in caso di accertamento o di contenzioso in atto. In queste ipotesi, i registri vanno conservati sino al termine delle procedure, anche oltre il termine ordinario. Infine, la conservazione dei registri che rappresentano sempre delle scritture contabili e le fatture a norma del Codice civile (art. 2220 c.c.) vanno conservati per **10 anni** a decorrere dalla data dell'**ultima** registrazione.
La conservazione dei registri può essere effettuata anche con sistemi elettronici che garantiscano la immodificabilità dei dati.

Luogo di conservazione

Tra gli adempimenti formali che il soggetto passivo deve adempiere all'inizio della propria attività rientra anche quello di dichiarare il luogo di conservazione delle scritture e di segnalare eventuali variazioni (➜45.1.).
Di regola, i registri sono conservati dove il contribuente esercita la propria attività, ivi comprese le sedi periferiche.
Possono essere conservati anche presso terzi, ma in questa evenienza il depositario dei registri deve rilasciare **apposita dichiarazione** al depositante, da esibire a richiesta degli accertatori.

IVA

Il luogo di conservazione dei soli **registri** in **formato elettronico** può essere **anche all'estero**, a condizione che con lo specifico Stato esista uno strumento giuridico che disciplini la reciproca assistenza con l'Italia.

46.26.1. Registro delle fatture emesse

Questo **registro** è preposto ad accogliere i dati di tutte le fatture emesse, le fatture in reverse charge, le autofatture, le note di variazioni in aumento od in diminuzione di precedenti fatture attive, siano esse imponibili, non imponibili, esenti, escluse dall'imposta, ma rientranti nel campo di applicazione dell'IVA (art. 23, D.P.R. n. 633/1972) (➡98.16.).

Gli **elementi essenziali** sono:

- numero progressivo della registrazione;
- numero e data della fattura emessa. La numerazione delle fatture elettroniche deve essere distinta da quella riguardante le fatture cartacee;
- dati anagrafici del destinatario. È opportuno inserire anche Partita IVA e codice fiscale;
- imponibile;
- imposta relativa suddivisa per aliquota;
- in colonne separate indicare le operazioni, non imponibili, esenti o non soggette con la norma di riferimento;
- in colonne separate, gli ammontari delle cessioni intracomunitarie.

Relativamente alle fatture elettroniche è ammessa la facoltà di indicare nel registro il riferimento riportato nel campo "data" della sezione "dati generali" del file che rappresenta, come detto, il momento di effettuazione dell'operazione e non quello di generazione e trasmissione del file.

Con riguardo, invece, alle fatture analogiche, nel registro va evidenziata la data della fattura che coincide con quella di spedizione/consegna, la data di effettuazione è, invece, indicata distintamente nel corpo della fattura se diversa dall'altra.

Al momento della registrazione, al fine di poter individuare con chiarezza il mese di riferimento in relazione al quale deve essere operata la liquidazione dell'imposta, la data da indicare nel registro è quella di effettuazione dell'operazione indicata nel campo "Data" della sezione "Dati generali" del file contenente la fattura elettronica. La medesima precisazione vale altresì per le fatture analogiche e per quelle digitali extra SdI.

Qualora la fattura elettronica, già annotata nel registro, fosse scartata da SdI, in considerazione che essa è da considerare come non emessa, si deve procedere alla rettifica della registrazione (circ. n. 14/E/2019).

Problemi di cronologia con le fatture elettroniche

Le fatture attive devono essere registrate nell'ordine della loro numerazione, entro il giorno 15 del mese successivo a quello di effettuazione dell'operazione e con riferimento al mese di effettuazione (art. 23, D.P.R. n. 633/1972).

La data di effettuazione dell'operazione coincide con la data inserita nel campo "data fattura" (➡46.6.3.). Inoltre, la fattura immediata può essere emessa entro 12 giorni dall'effettuazione dell'operazione (per il computo corretto dei 12 giorni vedasi (➡46.7.)). Può darsi il caso di emissione di fatture immediate e contestuali, ossia generate e trasmesse il medesimo giorno della consegna ed emissione di fatture immediate, ma la cui trasmissione è effettuata nelle more dei 12 giorni. Nulla cambia, invece, per quanto riguardano i termini di registrazione che restano fissi entro il giorno 15 del mese successivo sempre con riferimento al mese di effettuazione dell'operazione. Questo fenomeno può comportare un accavallamento nella numerazione delle fatture. La circ. n. 14/E/2019 offre questo esempio chiarificatore:

- fattura elettronica immediata emessa l'8 ottobre per un bene consegnato il 28 settembre, sfruttando così parzialmente il diritto alla trasmissione entro il massimo di 12 giorni. Questa fattura riporta come numerazione: 1000;
- fattura elettronica immediata emessa e trasmessa il giorno 1° ottobre, con protocollo 990.

Ne deriva che la data che compare sul documento con protocollo 1000 risulta antecedente (28 settembre) a quella con protocollo 990 (1° ottobre).

In queste situazioni il rispetto della cronologia della numerazione e correlata data può essere rispettata lasciando libero l'operatore di adottare delle metodologie che meglio si adattino alle proprie esigenze, per esempio con registri sezionali, oppure a blocchi distinti tra immediate e contestuali e le altre, oppure con particolari codici distintivi, ecc. così che si possa facilmente distinguere quelle afferenti un periodo (nell'esempio: settembre) da quelle afferenti un altro mese (nell'esempio: ottobre).

IVA

La metodologia suggerita dalla circ. n. 14/E/2019 è del resto in linea con la prassi da lungo tempo in uso presso molte imprese, ossia quella di **tenere più registri delle fatture emesse** per ragioni amministrative, per esempio:

- quando più unità periferiche sono abilitate all'emissione di fatture;
- quando si vogliono tener suddivise le fatture per grandi categorie di prodotti.

In questi casi è necessario istituire distinte serie di numerazioni.

I totali delle operazioni così distinte debbono affluire ad un **registro delle fatture emesse riepilogativo** al fine di una corretta e tempestiva liquidazione dell'imposta.

Tempi di registrazione

Variano a seconda della tipologia di fattura emessa (immediate, differite, documento riepilogativo per le fatture di importo non superiore ad euro 300).

Fattura	Termini di annotazione
Immediata Differita Ad esigibilità differita	In apposito registro e nell'ordine della loro numerazione entro il giorno 15 del mese successivo a quello di effettuazione delle operazioni e con riferimento allo stesso mese di effettuazione delle operazioni; inoltre, le fatture relative alle cessioni di beni effettuate dal cessionario nei confronti di un soggetto terzo per il tramite del proprio cedente sono registrate entro il giorno 15 del mese successivo a quello di emissione e con riferimento al medesimo mese (art. 23, D.P.R. n. 633/1972)
Emessa da autotrasportatori per conto terzi	Entro il trimestre successivo a quello di effettuazione dell'operazione
Emessa da sedi secondarie e nei passaggi dal committente al commissionario	Entro la fine del mese successivo di effettuazione dell'operazione
Emessa dal secondo cedente in una operazione di triangolazione interna.	Entro il giorno 15 del mese successivo a quello di emissione e con riferimento al medesimo mese

Semplificazioni fiscali

A partire dal 13 settembre 2021, l'Agenzia delle Entrate mette a disposizione dei soggetti IVA obbligati alla fatturazione elettronica, in un'apposita area riservata nel proprio sito Internet, le **bozze del registro delle fatture emesse** (art. 16, D.L. n. 124/2019).

Registro precompilato

In attuazione all'art. 4 del D.Lgs. n. 127/2015, la cui entrata in vigore è stata più volte rinviata anche a causa della pandemia di Covid-19 e riguardante la predisposizione da parte dell'Agenzia delle Entrate delle bozze dei **registri IVA**, delle **liquidazioni periodiche IVA** e della relativa **dichiarazione annuale**, in data 8 luglio è stato pubblicato il Provvedimento n. 183994/2021.

In sintesi, il Provvedimento ha stabilito che la predisposizione dei documenti sopra indicati avverrà scaglionata nel tempo ed in funzione della tipologia dei contribuenti (trimestrali).

Con esclusione, per gli anni 2021 e 2022, di una serie di soggetti passivi (➡62.3.3.), l'Agenzia delle Entrate mette a disposizione, di fatto **dal 13 settembre 2021**, le bozze dei registri acquisti e vendite precompilati relativamente ai dati in suo possesso per le operazioni effettuate a partire dal 1° luglio.

> Quanto trattato nel presente paragrafo vale anche per i **registri degli acquisti** stante il trattamento sostanzialmente simile da parte dell'Agenzia delle Entrate.

Le bozze dei registri IVA sono elaborate con **riferimento a ciascun trimestre**, utilizzando le seguenti informazioni:

- i dati delle **fatture elettroniche emesse verso soggetti passivi o emesse verso la P.A.** con data di consegna a SDI o la data di messa a disposizione in caso di impossibilità di recapito, sia antecedente al primo giorno del secondo mese successivo al trimestre di riferimento nonché dei dati desumibili dagli "esterometri" inviati ovvero dai dati trasmessi tramite SDI dal 1° luglio 2022;
- i dati delle **fatture elettroniche ricevute** che risultano consegnate ai committenti/cessionari in data sia antecedente al primo giorno del secondo mese successivo al trimestre di riferimento;

– i dati delle **operazioni transfrontaliere** per le quali la data di notifica dell'esito di avvenuta trasmissione all'Agenzia delle Entrate sia antecedente al primo giorno del secondo mese successivo al trimestre di riferimento.

I soggetti passivi che hanno ricevuto od emesso fatture ed è stata loro trasmessa la bozza del relativo registro possono, direttamente o tramite intermediario, entro l'ultimo giorno del mese successivo al trimestre di riferimento, **convalidare**, oppure **integrare** le relative bozze. Queste, una volta convalidate oppure integrate, fanno **venire meno la tenuta dei registri IVA.** Sarà compito dell'Agenzia **conservare i registri sino al 31 dicembre del quindicesimo anno** successivo a quello di riferimento.

Inoltre, l'Agenzia in riferimento ai registri convalidati ovvero integrati elabora la bozza della liquidazione periodica (LIPE) (➡62.1.3.) nonché il Mod. F24 per il versamento dell'imposta che ne emerge.

Il soggetto passivo **può accedere** alle bozze tramite apposito applicativo nella sezione "Fatture e corrispettivi" per visualizzare, estrarre le bozze, modificarle, integrarle, ecc.

46.26.2. Registro dei corrispettivi

L'introduzione generalizzata ed obbligatoria per:

- commercianti al dettaglio,
- artigiani che operano in locali aperti al pubblico,
- albergatori,
- ristoratori,
- mense aziendali,
- tutti coloro che operano in pubblici esercizi,

di effettuare le operazioni mediante apposito registratore telematico (ovvero mediante Procedura WEB) consente di evitare:

- la tenuta del Registro dei corrispettivi,
- la conservazione delle copie dei documenti commerciali emessi,
- la tenuta del cosiddetto Libretto di Servizio.

Tutti i **soggetti tenuti all'invio dei dati al Sistema Tessera sanitaria** possono provvedere a tale obbligo mediante la memorizzazione elettronica e la trasmissione telematica dei dati relativi ai corrispettivi giornalieri, al Sistema Tessera sanitaria anziché all'Agenzia delle Entrate.

A decorrere dal **1° gennaio 2023** (termine così rinviato dal D.L. n. 146/2021 rispetto al precedente 2 gennaio 2021), i medesimi soggetti sono obbligati alla memorizzazione elettronica e trasmissione telematica dei dati relativi a tutti i corrispettivi giornalieri esclusivamente utilizzando i registratori telematici elettronici (art. 2, D.Lgs. n. 127/2015).

Da quanto sopra si può affermare che oramai i soggetti ancora obbligati alla tenuta del registro dei corrispettivi sono quelli esonerati dall'obbligo di memorizzazione e trasmissione dei corrispettivi giornalieri. Vedasi "casi di esonero" in (➡46.25.).

46.26.3. Altre tipologie di registri

La normativa IVA prevede ulteriori registri da istituire in funzione delle varie categorie di operazioni che si possono affiancare a quelle tipicamente di cessione/prestazione (od acquisto).

Tipologia del registro	Causale e modalità di tenuta
Omaggi	- cessioni gratuite di beni di propria produzione o commercializzazione (➡43.4.1.); - annota il totale dei valori normali degli omaggi effettuati nel mese. Totale da riportare nel registro delle fatture emesse per ottemperare alla liquidazione periodica dell'IVA.
Imballaggi non restituiti	- registro di carico scarico che annota gli imballaggi consegnati e quelli restituiti. Alla fine del periodo d'imposta è possibile determinare quelli non restituiti e poter emettere un'unica fattura riepilogativa (➡46.20.).
- Beni in conto deposito e simili - Beni in lavorazione, riparazione, manutenzione	- registro di carico scarico con la funzione di monitorare propri beni giacenti presso terzi ovvero quelli ricevuti da terzi anche per poter vincere le presunzioni fiscali di cessione od acquisto in evasione d'imposta (➡43.6.).

Tipologia del registro	Causale e modalità di tenuta
Somme ricevute in deposito	- rileva giornalmente l'ammontare delle somme che un professionista (avvocato, commercialista, notaio) ha ricevuto dal proprio cliente per far fronte, in nome e per conto di quest'ultimo, alle spese connesse all'incarico ricevuto (➡46.19.).
- Immissione ed estrazione di beni dai depositi IVA - Consignment stock	- sebbene la tenuta di questo registro competa al gestore del deposito (➡56.), è opportuno che anche il depositante e/o il depositario ne tengano uno proprio per gestire il carico/scarico dei beni.
Registri sezionali	- da istituire a cura delle sedi secondarie, filiali e simili, quando abilitate ad emettere esse stesse le fatture i cui dati, poi, verranno trasmessi alla sede centrale amministrativa per la liquidazione dell'imposta.
Registro riepilogativo	- da istituire in presenza di più registri sezionali adottati da unità periferiche (filiali, ecc.); - riepiloga i dati mensili delle varie unità al fine di consentire un'unica liquidazione dell'imposta; - accoglie i medesimi dati annotati nel registro delle fatture emesse o ricevute.
Movimenti di beni nella UE a titolo non traslativo della proprietà	- registro di carico scarico obbligatorio in presenza di trasferimenti di beni in o da altri Paesi della UE senza passaggio di proprietà (➡56.).
Registro delle tirature	- registro obbligatorio per gli editori che determinano l'imposta in modo forfetario o sulla base delle copie effettivamente vendute (➡50.2.).
Registro riassuntivo	- registro obbligatorio per la controllante ove annota gli ammontari delle liquidazioni di tutto il gruppo per procedere poi alla liquidazione unica del saldo netto (➡58.3.).

L'istituzione di registri aventi funzione di carico e scarico dei beni consegnati a terzi a titolo non traslativo della proprietà hanno essenzialmente lo scopo di vincere le presunzioni di cessione senza emissione di fattura (➡43.6.1.), nonché del limite dell'anno dalla consegna o spedizione (art. 6, c. 1, D.P.R. n. 633/1972).

IVA

47. VOLUME D'AFFARI

47.1. DEFINIZIONE

Il volume d'affari rappresenta l'**ammontare complessivo** delle **operazioni attive** (cessioni di beni e prestazioni di servizi):

– registrate o
– soggette a registrazione

in un anno solare al netto delle variazioni in diminuzione e tenendo conto anche delle variazioni in aumento (art. 20, D.P.R. n. 633/1972).

La corretta determinazione del volume d'affari è importante soprattutto perché disposizioni di legge volte a concedere agevolazioni formali o sostanziali sono di regola commisurate al volume d'affari. Legato al volume d'affari è anche l'ingresso nel **regime IVA mensile** o **trimestrale**.

47.2. DETERMINAZIONE

La determinazione del volume d'affari è data dalla **somma algebrica** degli elementi indicati nella tabella che segue.

Operazioni che concorro alla formazione del volume d'affari
Imponibili relativamente ai conferimenti di prodotti agricoli e cessioni da agricoltori esonerati (art. 34, D.P.R. n. 633/1972).
Operazioni imponibili agricole.
Operazioni imponibili commerciali e professionali comprese le variazioni in aumento.
Operazioni che concorrono a formare il plafond.
Operazioni non imponibili.
Operazioni non imponibili a seguito di dichiarazione d'intento.
Operazioni esenti.
Operazioni in regime di "reverse charge" se effettuate nei confronti di soggetti UE od "operazioni non soggette" se effettuate nei confronti di soggetti extra UE.
Operazioni con fattura ad esigibilità differita anche oltre l'anno in corso.
Operazioni non soggette ad imposta (artt. da 7 a 7-septies, D.P.R. n. 633/1972).
Operazioni non soggette nei confronti dei terremotati.
Operazioni con imposta esigibile negli anni successivi.
Operazioni effettuate nei confronti delle pubbliche amministrazioni e delle società da esse controllate e delle società quotate con applicazione del meccanismo dello "split payment" (art. 17-ter, D.P.R. n. 633/1972).

Operazioni che concorro alla formazione del volume d'affari
Tipologia delle operazioni
Altre operazioni non imponibili: - cessioni di beni in transito o depositati in luoghi soggetti a vigilanza doganale (art. 7-bis, c. 1, D.P.R. n. 633/1972); - cessioni fatte in regime di dettaglio, e senza applicazione dell'IVA, a viaggiatori stranieri residenti in Paesi terzi (art. 38-quater, c. 1); - cessioni e prestazioni di servizi relative a beni destinati ad essere introdotti o custoditi nei depositi IVA, di cui all'art. 50-bis, c. 4, lettera c), d), e), h), i), D.L. n. 331/1993; - cessioni di beni e prestazioni accessorie effettuate nei confronti dello Stato e di altre Organizzazioni governative riconosciute per la cooperazione allo sviluppo (art. 8, c. 1, lett. b-bis), D.P.R. n. 633/1972);

IVA

Operazioni che concorro alla formazione del volume d'affari
Tipologia delle operazioni
- prestazioni extra-UE delle agenzie di viaggio rientranti nel regime speciale (art. 74-ter); - cessioni di beni usati, limitatamente alla differenza tra i corrispettivi e il margine (art. 37, D.L. n. 41/1995); - esportazioni di beni ceduti in omaggio a soggetti extracomunitari; - esportazioni definitive di beni per finalità di lavorazione.

Operazioni che non concorrono alla formazione del volume d'affari
Cessioni di beni ammortizzabili (compresi diritti di brevetti industriali, di utilizzazione delle opere d'ingegno, di concessione nonché marchi di fabbrica).
Passaggi di beni e di servizi tra attività separate.
Interessi di mora e di penalità.
Operazioni fuori campo IVA per difetto dei presupposti oggettivo e/o soggettivo e/o territoriale (salvo quelle espressamente rientranti nel calcolo del volume d'affari).
Variazioni in diminuzione di fatture registrate o soggette a registrazione.
Operazioni effettuate in anni precedenti, ma con imposta esigibile nell'anno.

Si rammenta, infine, che il volume d'affari è da intendere sempre **riferito al complesso delle cessioni di beni e delle prestazioni di servizi** effettuate, registrate o soggette a registrazione, in un anno solare. Pertanto, se vengono espletate più attività, il volume d'affari determinato con le regole sopra esposte, è quello che deriva dall'insieme di tutte le attività svolte nell'anno solare precedente, indipendentemente dal fatto che alcune di queste siano giustificate da fatture elettroniche o meno. Ciò rileva anche per determinare il superamento o meno di 400.000 euro di volume d'affari annuo (ris. n. 47/E/2019).

IVA

48. CICLO PASSIVO

48.1. DETRAIBILITÀ E INDETRAIBILITÀ DELL'IMPOSTA

Il principio cardine dell'imposta è la sua **neutralità**. In linea generale, infatti, l'IVA assolta a monte, ossia sugli acquisti imponibili di beni e servizi, è detraibile dall'IVA addebitata ai propri clienti. L'eccedenza di quest'ultima rispetto a quella detratta rappresenta l'imposta da versare all'erario.
In realtà, la **detrazione dell'imposta** esplicitata in un documento rilevante IVA, registrato ancorché non pagato, subisce un numero considerevole di **eccezioni** che impediscono in tutto od in parte di esercitare la detrazione. L'indetraibilità, in particolare, può dipendere da cause oggettive o soggettive.
Si noti che le Direttive in tema di IVA non parlano mai di detraibilità, bensì di deduzione. Per altro il legislatore nazionale ha sostituito tale termine con detraibilità, forse per differenziarne il significato che le due fattispecie assumono ai fini delle imposte dirette.

48.1.1. Condizioni per la detraibilità

L'imposta versata o semplicemente dovuta (sempreché la fattura sia stata contabilizzata) è **detraibile**:
- in relazione ai beni e servizi acquistati o importati;
- nell'esercizio di impresa, arte o professione.

Inoltre:
- l'acquisto del bene o del servizio deve essere finalizzato alla produzione di altri beni o servizi a loro volta imponibili.

L'acquisto deve pertanto essere **inerente**.

INERENZA = l'acquisto deve essere in stretto rapporto di "**strumentalità**" tra l'esercizio di una certa attività ed il suo utilizzo

L'inerenza deve essere valutata sotto diversi aspetti:
- **strumentalità** - Non è sufficiente che l'acquisto sia stato effettuato "nell'esercizio dell'impresa", bensì deve essere servito esclusivamente **"per" l'esercizio d'impresa**. La strumentalità va intesa nel senso di mezzo (materiale od immateriale) da utilizzare/impiegare per l'ottenimento di beni o servizi assoggettabili al tributo e da cedere a terzi;
- **momento della nascita della strumentalità** - La strumentalità non necessariamente deve già sussistere al momento dell'acquisto del bene o del servizio. Non può essere negata la strumentalità e, quindi, la detraibilità dell'imposta collegata ad acquisti comunque destinati ad entrare nel ciclo produttivo ancorché in un futuro prossimo. A maggior ragione se i ritardi sono imputabili a fatti esterni (ad esempio, la burocrazia);
- **esistenza della strumentalità anche se il bene o servizio non può più essere impiegato** - L'analisi va operata caso per caso, ad esempio, se un bene viene rubato, diventa inutilizzabile per ragioni proprie o perché la produzione è mutata, per cui non si rinvengono ragioni logiche per non confermare la detrazione operata all'acquisto. Se invece il bene viene, ad esempio, distolto dall'attività produttiva per essere impiegato in operazioni non imponibili o per essere destinato a finalità estranee all'esercizio dell'impresa arte o professione, cioè per essere immesso al consu-

IVA

mo privato, l'IVA a monte non è detraibile. Per disciplinare queste situazioni il legislatore ha previsto l'istituto della rettifica della detrazione (art. 19-bis2, D.P.R. n. 633/1972);
- **strumentalità e sua connessione con l'attività svolta** - Il verificatore tende a contestare la detrazione del tributo quando gli acquisti di beni e servizi sono:
  - relativi a una attività non contemplata nello statuto sociale; ovvero
  - assolutamente non collegabili all'attività concretamente svolta al momento dell'acquisto.

In realtà, anche queste osservazioni possono avere un fondamento di verità, ma ogni caso è a sé stante e occorre considerare che:
- l'attività effettivamente svolta, spesso, è più ampia di quanto previsto dallo statuto;
- l'imposta è detraibile se i beni e servizi acquistati sono preparatori allo svolgimento dell'attività economica, che al momento del sostenimento dei relativi costi può anche non essere attuale. Del resto, il legislatore disciplina l'**esercizio di più attività** prevedendo che un unico soggetto possa svolgere anche attività differenti, senza però che sussista l'obbligo di avvio simultaneo delle varie attività.

Diritto alla detrazione 48.1.2.

Il diritto alla detrazione sorge nello stesso istante in cui l'imposta diventa esigibile per l'Erario ossia, di regola, con il **momento di effettuazione dell'operazione**.
L'esigibilità consiste nel diritto per l'Erario ad esigere il tributo. A questo diritto corrisponde, con qualche eccezione (➡48.1.3.), il diritto per il cessionario/committente di detrarre l'imposta. Se i due momenti temporali e quantitativi vengono a coincidere, la neutralità del tributo è perfetta (art. 19, D.P.R. n. 633/1972).
Vi sono casi in cui (segnatamente, operazione con lo Stato ed enti pubblici, IVA per cassa, ecc.) resta fermo il momento di effettuazione, mentre l'esigibilità dell'imposta è rinviata ad un momento successivo, che in generale coincide con la data di pagamento del corrispettivo del bene o servizio.
La detrazione:
- **spetta** solo se, previa registrazione della fattura, essa è esercitata al più tardi con la dichiarazione IVA relativa all'anno in cui è sorto il relativo diritto e alle condizioni esistenti in quel momento (art. 19, c. 1, D.P.R. n. 633/1972, come modificato dal D.L. n. 50/2017);
- **spetta** solo se gli acquisti di beni e servizi sono finalizzati alla realizzazione di operazioni imponibili od assimilate, anche in assenza (non patologica) di operazioni di cessione o di prestazioni o se al momento dell'acquisto non è ancora certo il momento di inizio dell'attività (➡48.1.1.);
- **spetta** anche nel caso in cui il cessionario/committente abbia pagato una fattura e versato l'imposta relativamente ad un acquisto o ad un servizio connesso ad un'attività che, di fatto, poi non si è potuta più esercitare (ossia prima dell'inizio dell'esercizio di una data attività). Ciò una volta escluso che l'operazione sia stata preordinata dalle parti al fine di abusare della disciplina in tema di detrazione (risposta a interpello n. 584/2021);
- **spetta** al soggetto che paga l'IVA in dogana se è anche colui che utilizza i beni importati nell'esercizio dell'attività propria;
- **spetta** al dichiarante doganale non "ancora" proprietario della merce al momento dello sdoganamento in quanto destinata a consignment stock. Infatti, ad assolvere l'imposta in dogana è il futuro proprietario (man mano che la preleva) che la utilizzerà nell'ambito della propria attività (risposta a interpello n. 509/2021);
- **non spetta** al soggetto che paga l'imposta all'importazione per conto di un altro soggetto (ad esempio, il rappresentante in dogana) in quanto i beni non formano l'oggetto della propria attività o comunque non sono inerenti ad essa (risposta a interpello n. 4/2020);
- **non spetta** al trasportatore non essendo né il proprietario, né l'importatore;
- **non spetta** in relazione agli acquisti di beni e servizi utilizzati per compiere operazioni esenti od escluse da IVA (art. 19, c. 2, D.P.R. n. 633/1972);
- **non spetta** tra operatori B2B se il cessionario/committente non ha ricevuto la fattura elettronica, ma erroneamente, una fattura cartacea;
- **spetta** solo **parzialmente** se il soggetto d'imposta esercita contemporaneamente attività imponibili ed attività esenti o non soggette ma con diritto alla detrazione (art. 19, c. 5, D.P.R. n. 633/1972);
- **spetta "pro-quota"** in relazione ad acquisti di beni da utilizzare promiscuamente nell'esercizio proprio dell'attività e per finalità estranee all'esercizio dell'attività (art. 19, c. 4, D.P.R. n. 633/1972).

Momento di esigibilità ai fini della detrazione	
Operazione	**Esigibilità**
Acquisto di beni mobili	Data di consegna o spedizione
Acquisto di immobili	Data di stipula dell'atto notarile
Acquisto di beni mobili ed immobili con trasferimento condizionato	Data in cui si verifica la condizione
Acquisto con riserva di proprietà	Data di consegna o spedizione (beni mobili); data dell'atto (immobili)
Acquisti con contratti estimatori	Data di acquisto del terzo e, comunque, dopo il decorso di un anno dalla consegna o spedizione
Passaggi dal committente al commissionario	Data della vendita da parte del commissionario
Prestazioni di servizi	Data di pagamento In alcuni casi (es. servizi con soggetti esteri: data di ultimazione delle prestazioni); in altri (es. prestazioni con carattere continuativo: data di maturazione dei corrispettivi)
Cessioni e prestazioni in regime "IVA per cassa"	Data di incasso della operazione attiva e, comunque, non oltre 1 anno dalla data di effettuazione dell'operazione
Cessioni allo Stato, enti pubblici, o per particolari beni	Data di pagamento da parte dell'Ente. Fatta salva la possibilità per il cedente/prestatore di optare in fattura per l'esigibilità immediata
Autoconsumo di beni	Data di prelievo dei beni
Autoconsumo di servizi da parte dell'impresa	Data di effettuazione del servizio
Fattura anticipata e acconti	Data della fattura, nei limiti dell'importo fatturato e data del pagamento, nei limiti dell'importo pagato

Per poter esercitare il diritto alla detrazione è indispensabile che la **fattura** sia correttamente **registrata** nel registro degli acquisti (art. 25, D.P.R. n. 633/1972).

Regola generale

Il cessionario/committente può esercitare il diritto della detrazione dell'imposta relativa alle fatture **ricevute** e **annotate** entro il giorno 15 del mese successivo a quello di effettuazione dell'operazione, fatta eccezione per quelle relative a operazioni effettuate nell'anno precedente.

Esempio

Operazione effettuata nel mese X dell'anno 2XXX. Fattura emessa e inviata a SDI entro i 12 giorni successivi cadenti nel mese X+1 sempre dell'anno 2XXX.

Il cessionario:

a. riceve e registra la fattura entro il giorno 15 del mese X+1. Può detrarre l'IVA nel mese X;
b. riceve la fattura entro il giorno 15 del mese X+1 e la registra dopo il giorno 15 può portare in detrazione l'imposta nel mese X+1 o nei mesi successivi (vedasi paragrafo). Lo stesso dicasi se la fattura viene ricevuta dopo il giorno 15 del mese X+1

Reverse Charge

L'IVA assolta dal soggetto passivo residente mediante l'inversione contabile applicata alle fatture relative a spese per **servizi infragruppo resi da soggetti esteri** deve essere riconosciuta come detraibile anche qualora siano contestati l'incongruenza della spesa o il comportamento antieconomico dell'impresa residente. Ai fini della detraibilità dell'IVA, l'impresa residente è tenuta solamente a dimostrare l'esistenza e la natura dei servizi acquistati, a fornire i relativi riscontri "giustificativi" e a provare che le relative spese presentano un nesso con le operazioni economiche compiute che danno diritto alla detrazione (Norma di comportamento AIDC n. 205/2019).

Spese sostenute da dipendenti

Di regola i dipendenti in trasferta sostengono spese quali, viaggio, vitto, alloggio nonché di trasporto. Dette spese sono sostenute per conto del datore di lavoro, con la conseguenza che il prestatore del

servizio deve fatturare direttamente quest'ultimo. Con la fatturazione elettronica B2B, non è più possibile che il documento sia cointestato (cliente: il datore di lavoro; fruitore del servizio: il dipendente) (ris. n. 87/E/2017) (➡46.6.3.). Ai fini fiscali possono pertanto sorgere dei problemi nella dimostrazione dell'inerenza della spesa.
Lo stesso problema si pone ai fini IVA alla luce della circ. n. 6/E/2009 che pretendeva anche i dati del fruitore tutte le volte che questi fosse diverso dal cliente vero e proprio. Per superare questi scogli il fornitore del servizio dovrà, prima di trasmettere il file a SDI, inserire i dati dei fruitori tra i "Dati generali" e non insieme ai dati del Cliente (datore di lavoro).
In ogni caso, ogniqualvolta i dati identificativi del datore di lavoro e del/dei dipendenti siano rilevabili nel documento, l'IVA relativa a:

- prestazioni alberghiere, spese di vitto (alimenti e bevande), è detraibile tanto nel caso che la spesa sia stata anticipata da dipendente quanto nel caso essa sia sostenuta direttamente dal datore di lavoro. Qualora la spesa sia invece documentata attraverso l'emissione di scontrini parlanti o di ricevute fiscali, lo scorporo e la detrazione dell'imposta non sono ammessi;
- spese di trasporto, quali, treni, aerei, navi e simili, è sempre indetraibile, fatta salva l'ipotesi in cui il mezzo di trasporto utilizzato formi oggetto dell'attività propria del datore di lavoro (art. 19-bis1, c. 1, lett. e), D.P.R. n. 633/1972).

Modifiche ai tempi di detrazione

L'esercizio della **detrazione** può esser fatto valere **annotando** la **fattura** anche **in periodi successivi** a quello dell'effettivo ricevimento, comunque **non oltre** il **termine** della **presentazione** della **dichiarazione** relativa all'anno in cui il diritto alla detrazione è sorto e alle condizioni esistenti al momento della nascita del diritto medesimo (art. 19, D.P.R. n. 633/1972, come modificato dal D.L. n. 50/2017).
A chiarimento, è intervenuta l'Agenzia delle Entrate (circ. n. 1/E/2018), la quale, dopo aver premesso che il diritto alla detrazione deve essere esercitato in relazione al periodo d'imposta nel corso del quale ricorrono i requisiti che consentono la detraibilità dell'imposta, ossia l'esigibilità dell'imposta e il possesso/annotazione della fattura, prosegue ribadendo che le fatture relative agli acquisti effettuati devono essere registrate al più tardi **entro** il **termine** di presentazione della **dichiarazione annuale** relativa all'**anno** di **ricezione** della **fattura** e con riferimento al medesimo anno. Pertanto, il diritto alla detrazione potrà essere esercitato nell'anno in cui il soggetto passivo:

- è venuto in possesso del documento contabile nel caso residuale delle fatture cartacee ovvero,
- nel caso delle fatture elettroniche, nel momento in cui **la fattura è considerata ricevuta** dal cessionario/committente intendendo come tale il momento in cui fattura è stata recapitata da SDI al suo indirizzo telematico o quando ne abbia preso visione nel proprio portale Fatture e corrispettivi.

Ovviamente l'annotazione in contabilità è l'altro elemento essenziale per poter far confluire l'imposta relativa nella liquidazione periodica relativa al mese o trimestre del periodo di competenza.

> Si è detto che il diritto alla detrazione può essere esercitato al massimo entro il termine di presentazione della dichiarazione annuale relativa all'anno di ricezione della fattura. Ne deriva che in caso di presentazione tardiva della dichiarazione (ossia entro 90 giorni dalla data della scadenza ordinaria), il fatto **non consente** la detrazione dell'IVA emergente da una **nota di credito** emessa dopo il termine ordinario di presentazione della dichiarazione ancorché essa sia stata inviata entro 90 giorni dalla scadenza (risposta a interpello 15 dicembre 2020, n. 593).

Fatture a cavallo dell'anno

Per le fatture a cavallo d'anno, ossia per le fatture emesse in un anno e ricevute e registrate nell'anno successivo, la detrazione può avvenire solo nell'anno di ricevimento della fattura.
Una fattura di acquisto ricevuta nell'anno 20XX (e relativa, ad esempio, ad un'operazione effettuata nel 20XX-1) potrà essere annotata in contabilità, al più tardi, entro il 30 aprile 20XX+1 (termine di presentazione della dichiarazione IVA relativa all'anno 20XX); qualora la registrazione di tale documento avvenga nei primi 4 mesi del 20XX+1, essa dovrà essere effettuata in un'apposita sezione del registro IVA degli acquisti relativo a tutte le fatture ricevute nel 20XX, al fine di evidenziare che l'imposta - non computata nelle liquidazioni periodiche IVA relative al 20XX+1 - concorre alla determinazione del saldo della dichiarazione annuale IVA relativa all'anno 20XX (circ. n. 1/E/2018).
Naturalmente la detrazione può essere esercitata alle condizioni esistenti nel periodo di imposta in cui l'imposta medesima è divenuta esigibile. Così, ad esempio, un soggetto che abbia acquistato un servizio nel 20YY (anno in cui aveva un pro-rata di detraibilità del 75%), pur operando la detrazione

IVA

nel 20YY+1 (anno in cui ha ricevuto la fattura dal proprio fornitore), dovrà applicare in sede di detrazione il pro-rata vigente nel 20YY.
Inoltre, entro il giorno 16 di ogni mese può essere esercitato il diritto alla detrazione relativo anche ai documenti di acquisto ricevuti e annotati entro il 15 del mese successivo a quello in cui è stata effettuata l'operazione (art. 1, D.P.R. n. 100/1998). In ogni caso tale disciplina **non si applica** alle **operazioni** effettuate **nell'anno precedente**.

Una **nota di credito** emessa dal fornitore/prestatore di servizio nel corso del 20XX al fine di correggere una fattura (cartacea) emessa nel 20XX-1, deve in ogni caso essere emessa in formato elettronico ed indirizzata attraverso SDI.

CASO 1 - Fattura dicembre 2XXX registrata a dicembre

- Acquisto dei beni il 20 dicembre 2XXX
- Fattura ricevuta entro il 31 dicembre 2XXX
- Registrazione della fattura entro il 31 dicembre 2XXX

L'imposta a credito relativa all'acquisto dei beni, previa registrazione della fattura nel 2XXX, confluirà nella liquidazione del mese di dicembre 2XXX, da eseguire entro il 16 gennaio 2XXX+1.

CASO 2 - Fattura dicembre 2XXX ricevuta a dicembre e registrazione nel 2XXX+1

- Acquisto dei beni il 20 dicembre 2XXX
- Fattura ricevuta entro il 31 dicembre 2XXX
- Registrazione della fattura successivamente al 2XXX

Qualora la fattura non sia stata registrata nel 2XXX, essa potrà essere registrata al più tardi, entro il 2XXX+1 (termine di presentazione della dichiarazione IVA relativa all'anno 2XXX) in un'apposita sezione del registro IVA degli acquisti relativo a tutte le fatture ricevute nel 2XXX così da poterla escludere dalla liquidazione relativa al 2XXX+1.
Il credito IVA concorrerà così a formare il saldo della dichiarazione annuale IVA relativa al 2XXX.

CASO 3 - Operazione effettuata nel 2XXX e fattura ricevuta nel 2XXX+1

In proposito occorre ricordare che l'emittente ha 12 giorni di tempo per trasmettere la fattura a SDI rispetto al momento di effettuazione dell'operazione.
Qualora la fattura sia datata dicembre dell'anno 2XXX, ma usufruendo legittimamente dei 12 giorni di cui sopra, la fattura viene inviata a SDI nei primi giorni dell'anno 2XXX+1, per essere da quest'ultimo recapitata al cessionario:

- se il cessionario la registra entro il giorno 15 gennaio, la detrazione sarà possibile con la prima liquidazione relativa al mese di gennaio (ossia 16 febbraio nel caso di un operatore mensile);
- se il cessionario la registra successivamente (e separatamente rispetto alle altre annotazioni del periodo) la detrazione sarà possibile entro la data di trasmissione della dichiarazione relativa all'anno 2XXX.

CASO 4 - Operazione effettuata nel 2XXX e fattura registrata dopo il 30 aprile 2XXX+1

- Operazione effettuata nel mese di dicembre 2XXX;
- Fattura datata 2XXX, ricevuta nello stesso anno, ma registrata dopo il 30 aprile 2XXX+1.

La detrazione non può più essere effettuata nella dichiarazione relativa all'anno 2XXX, ma solo mediante presentazione di dichiarazione integrativa per il 2XXX (termine ultimo per la presentazione della dichiarazione integrativa per l'anno 2XXX è il 31 dicembre 2XXX+6.

CASO 5 - Operazione effettuata nel 2XXX, fattura ricevuta nel 2XXX+1 registrata entro il 31 dicembre 2XXX+1

- Operazione effettuata nel mese di dicembre 2XXX;
- Fattura ricevuta nel 2XXX+1, ma registrata entro il 31 dicembre 2XXX+1.

La detrazione può essere esercitata con la liquidazione relativa al mese o trimestre di registrazione. Il termine ultimo per tale esercizio è il 30 aprile 2XXX+2.

CASO 6 - Esportatore abituale nell'anno 2xxx con perdita della qualifica nell'anno 2xxx+1

- Nel mese di gennaio 2xxx +1 un soggetto ha ricevuto una fattura elettronica datata fine dicembre 2xxx senza indicazione d'imposta;
- nell'anno 2xxx il soggetto era esportatore abituale, tale qualifica è stata persa con l'inizio dell'anno 2xxx+1;
- la fattura ricevuta a gennaio viene registrata a gennaio 2xxx+1 e partecipa alla liquidazione di detto mese;
- la fattura entra nella dichiarazione relativa all'anno 2xxx.

IVA

Il fatto che nel 2xxx+1 il soggetto abbia perso la qualifica di esportatore abituale è irrilevante a questi fini in considerazione del fatto che l'operazione è stata effettuata nel 2xxx e partecipa all'utilizzo del plafond creato per quell'anno.

Registro sezionale

L'esercizio del diritto alla detrazione è subordinato all'esistenza di un duplice requisito (salvo i casi di indetraibilità oggettiva o soggettiva):

- il **possesso** della fattura passiva (stabilendo con esattezza la **data di ricezione** della stessa);
- la sussistenza del presupposto della sua **esigibilità** (es.: consegna o spedizione dei beni; effettuazione della prestazione) con conseguente obbligo della sua **annotazione** nei registri obbligatori ai fini IVA anteriormente all'esercizio della detrazione.

Ai fini della detrazione occorre che entrambe le **condizioni** si verifichino **nello stesso mese o trimestre** anche in corso d'anno (e non solo al termine dell'anno). Pertanto, se una fattura la cui esigibilità è sorta nel mese x, ma è stata ricevuta e registrata dal destinatario nel mese x+1, l'IVA relativa è detraibile con riferimento al mese x+1 e non già al mese x (circ. n. 1/E/2018).

L'Agenzia delle Entrate suggerisce l'istituzione di un apposito **registro sezionale** ove, con un numero di protocollo distinto, annotare cronologicamente le fatture registrate formalmente nell'anno (o nel mese) X+1, ma con riferimento all'anno (o mese) X in quanto l'esigibilità è sorta nell'anno (o mese) X (circ. n. 1/E/2018).

Nel caso di **fatture differite**:

- se la fattura viene in possesso entro il termine di effettuazione dell'operazione, l'IVA è detraibile nello stesso mese;
- se è consegnata oltre l'ultimo giorno ed entro il giorno 15 del mese successivo, l'IVA è detraibile in quest'ultimo mese successivo.

In caso di **note di variazione** in diminuzione di un'operazione precedentemente effettuata:

- se la variazione è **causata da una clausola contrattuale**, la nota di credito deve essere emessa non oltre la data di presentazione della dichiarazione annuale relativa all'anno di insorgenza del diritto alla variazione; così operando è possibile l'esercizio della detrazione dell'imposta;
- se la variazione in diminuzione è **conseguente ad un accordo tra le parti extracontrattuale**, la nota di credito deve essere emessa entro il consueto termine annuale (art. 26, c. 3, D.P.R. n. 633/1972).

L'Agenzia delle Entrate consiglia l'istituzione del registro sezionale anche per queste situazioni, soprattutto quando si verificano a cavallo dell'anno (circ. n. 1/E/2018).

Indetraibilità oggettiva e soggettiva 48.1.3.

Indetraibilità oggettiva

La normativa IVA prevede diverse tipologie di beni e servizi per i quali il soggetto passivo d'imposta non può, **in tutto o in parte**, detrarre l'imposta addebitata in rivalsa dal proprio fornitore.

L'indetraibilità discende direttamente dalla natura del bene o servizio acquistato (art. 19-bis1, D.P.R. n. 633/1972), **salvo** che si tratti di bene o servizio che formi **oggetto** dell'**attività propria**, nel qual caso l'imposta pagata sull'acquisto è detraibile.

Beni e servizi ad indetraibilità oggettiva (art. 19-bis1, D.P.R. n. 633/1972)
- Aeromobili comprese le relative spese di impiego, manutenzione, riparazione; - beni di lusso di cui alla Tabella B allegata al D.P.R. n. 633/1972; - navi ed imbarcazioni da diporto e relativi componenti e ricambi; - acquisto, noleggio, leasing di veicoli stradali a motore (detrazione limitata al 40%); - carburanti e lubrificanti per autotrazione, transito stradale (detrazione limitata al 40%) (➔48.4.); - trasporto di persone utilizzato direttamente dall'utilizzatore. È detraibile se il trasporto è stato commissionato al trasportatore/vettore; - alimenti e bevande, salvo il loro utilizzo per: • mense scolastiche, aziendali o interaziendali; • distributori automatici collocati nei locali delle imprese; - spese di rappresentanza come definite ai fini delle imposte sul reddito e gli omaggi, salvo che siano di costo unitario non superiore ad euro 50,00;

IVA

Beni e servizi ad indetraibilità oggettiva (art. 19-bis1, D.P.R. n. 633/1972)
- acquisto e locazione di fabbricati e di loro porzioni a destinazione abitativa, nonché le spese di manutenzione, recupero o gestione (eccetto che per le imprese costruttrici dei medesimi fabbricati); - telefoni cellulari. La misura dell'indetraibilità è scelta dal soggetto passivo, ma se superiore al 50% l'Agenzia delle Entrate si riserva di effettuate i relativi controlli (➡46.23.); - manifestazioni a premio con beni messi in palio dai soggetti promotori. Se, per ottenere il premio, il consumatore deve versare un contributo, l'imposta per l'acquisto dei beni messi in palio è detraibile pro-quota mediante apposita rettifica.

Veicoli

Ai fini IVA, per veicolo stradale a motore si intendono quelli a motore (diversi dai trattori agricoli o forestali) normalmente adibiti al trasporto stradale di persone e/o cose di portata inferiore a 34 quintali, con massimo di 9 posti compreso il conducente; l'imposta è ammessa in detrazione nella misura del 40% purché essi siano acquistati ed utilizzati nell'esercizio d'impresa, arte o professione. Per i veicoli ed autoveicoli **utilizzati esclusivamente** nell'attività propria dell'impresa (ad esempio taxi, scuole guida, aziende di noleggio e/o leasing), veicoli utilizzati da **agenti e rappresentanti** per la propria attività, veicoli utilizzati per il trasporto di merci, veicoli stradali a motore acquistati dal datore di lavoro acquistati in leasing anche a lungo termine e concessi in uso ai dipendenti dietro pagamento di corrispettivo (locazione), autoveicoli per i quali si sia in grado di dimostrare un utilizzo esclusivamente aziendale o professionale, la detrazione IVA spetta al **100%.**

Per gli autocarri e veicoli per il trasporto di persone (autobus) di portata eguale o superiore a 35 quintali ed almeno 8 posti oltre a quello del conducente, trattori agricoli e forestali, la detraibilità spetta al **100%.**

Per i motocicli ad uso privato di cilindrata superiore a 350 c.c. è prevista la **indetraibilità totale** (Tabella B, D.P.R. n. 633/1972).

Con riferimento ai costi di custodia, manutenzione e riparazione, transito autostradale, acquisto di carburanti e lubrificanti, imposta è prevista la detraibilità in tutto od in parte in linea con il veicolo cui afferiscono.

> **Non è detraibile** l'imposta assolta sugli acquisti di beni e servizi ed alle importazioni di beni quando relativa ad operazioni rientranti nei regimi speciali OSS e IOSS (➡51.9.4.).

Indetraibilità soggettiva

Quando il soggetto passivo svolge abitualmente attività in regime di esenzione da IVA non può esercitare la detrazione dell'imposta assolta sugli acquisti se non nei limiti del cd. pro-rata.

Tale ipotesi di indetraibilità è di tipo soggettivo, in quanto discende dalle **caratteristiche** dell'**attività** svolta dal **contribuente**, dalla quale dipende il relativo regime impositivo, e non è in alcun modo legata alla natura e qualità dei beni e servizi acquistati.

L'indetraibilità soggettiva si verifica anche quando l'operatore esercita l'**opzione** per la **dispensa** dagli **adempimenti** per le **operazioni esenti** (art. 36-bis, D.P.R. n. 633/1972), nel qual caso la detrazione resta preclusa per tutti gli acquisti, anche se utilizzati per compiere operazioni imponibili.

> **CASO 7 - Opzione per l'esonero dagli adempimenti per le operazioni esenti**
> Un'impresa di pompe funebri svolge operazioni esenti ai fini IVA. Se opta per la dispensa da adempimenti a norma dell'art. 36-bis del D.P.R. n. 633/1972, anche in presenza di operazioni imponibili, non può detrarre l'IVA pagata sugli acquisti.

> I **soggetti privi di partita IVA** (ad esempio, i privati) non possono detrarre l'IVA sugli acquisti dagli stessi effettuati.
> Peraltro, l'imposta assolta sugli acquisti effettuati **prima dell'ottenimento della Partita IVA** può, successivamente, essere detratta se detta attribuzione è stata ottenuta entro un termine ragionevole e, comunque, prima della presentazione della dichiarazione relativa all'anno di acquisto.

48.1.4. Indetraibilità assoluta pro-quota e pro-rata

Indetraibilità assoluta (e relative eccezioni)

L'art. 19, c. 2 del D.P.R. n. 633/1972 detta la regola generale secondo la quale non è detraibile l'IVA assolta sull'acquisto od importazione di beni e servizi afferenti operazioni: **esenti**, **non soggette** ov-

IVA

vero **escluse** dal campo di applicazione dell'imposta (Relazione illustrativa all'art. 2 del D.Lgs. n. 313/1997).
Si tratta della c.d. **indetraibilità assoluta**. In aggiunta viene ulteriormente specificato che in nessun caso è detraibile l'imposta relativa all'acquisto o all'importazione di beni o servizi utilizzati per l'effettuazione di manifestazioni a premio.
Per altro la regola dell'indetraibilità assoluta, trova una vasta gamma di **eccezioni** nelle operazioni indicate nel medesimo art. 19, c. 3 che riconosce comunque il diritto alla detrazione dell'imposta a monte, nonostante le operazioni connesse siano non soggette all'IVA. In altri termini queste ultime sono considerate **assimilate alle operazioni imponibili.**

	Operazioni non soggette, ma assimilate alle imponibili
Art. 19, c. 3, lett. a)	Cessioni all'esportazione, assimilate alle cessioni all'esportazione, servizi internazionali o connessi agli scambi internazionali, cessioni intracomunitarie (artt. 8, 8-bis, 9, D.P.R. n. 633/1972 e artt. 40, 41, D.L. n. 331/1993)
Art.19, c. 3, lett. a-bis)	Operazioni finanziarie in genere; operazioni di assicurazione, di riassicurazione e di vitalizio; operazioni relative alle valute estere; operazioni relative ai tioli azionari, obbligazionari, relative a valori mobiliari, contratti a termine, ecc. qualora effettuate esclusivamente nei confronti di soggetti extra UE o a beni destinati all'esportazione (art. 10, nn. da 1 a 4 del D.P.R. n. 633/1972)
Art. 19, c. 3, lett. b)	Operazioni extraterritoriali che qualora effettuate in Italia avrebbero dato diritto alla detrazione
Art.19, 3 lett. c)	Cessioni aventi per oggetto il denaro o crediti in denaro; cessioni e conferimenti in altre imprese aventi per oggetto imprese o rami aziendali; cessioni di campioni gratuiti di modico valore e appositamente contrassegnati; passaggi di beni in dipendenza di operazioni straordinarie societarie (art. 2, c. 3, lett. a), b), d) f), D.P.R. n. 633/1972)
Art.19, c. 3, lett. d)	Cessioni di oro da investimento effettuate da soggetti che lo producono o trasformano oro in oro da investimento (art. 10, n. 11, D.P.R. n. 633/1972)
Art. 19, c. 3 lett. d-bis)	Le cessioni di beni effettuate verso un facilitatore che utilizza interfacce elettroniche, se territorialmente rilevanti in Italia, sono esenti, ma non incidono sul calcolo del pro-rata (art. 10, c. 3, D.P.R. n. 633/1972)
Art. 19, c. 3, lett. e)	Operazioni non soggette all'imposta ed equiparate a quelle non imponibili *ex* art. 2, c. 3 del D.P.R. n. 633/1972 se realizzate per il commercio: di sali e tabacchi ceduti attraverso le apposite rivendite; di fiammiferi limitatamente alle operazioni successive alle consegne al Consorzio industrie fiammiferi, comprese le prime immissioni in consumo di fiammiferi di provenienza UE; di giornali quotidiani, di periodici, di libri ivi compresi gli eventuali supporti integrativi o cataloghi inseriti dagli editori; per le prestazioni dei gestori di posti telefonici a disposizione del pubblico ed altri apparecchi similari; per le cessioni di documenti di viaggio relativi ai trasporti pubblici urbani o di documenti di sosta relativi ai parcheggi gestiti dall'esercente l'attività di trasporto ovvero l'attività di gestione di autoparcheggio sulla base di prezzo di vendita al pubblico (art. 74, c. 1, D.P.R. n. 633/1972)

Indetraibilità pro-quota

Per i beni e i servizi utilizzati **parzialmente per operazioni non soggette** all'IVA, la detrazione **non è ammessa per la quota imputabile a tali utilizzi** (art. 19, c. 4, D.P.R. n. 633/1972).
Lo **stesso criterio** trova applicazione anche nei casi di acquisti di beni e servizi utilizzati in parte per la realizzazione di **operazioni esenti occasionali**.
Inoltre:
– la quota indetraibile è determinata secondo criteri oggettivi e coerenti con la natura dei beni e dei servizi acquistati. Il soggetto è libero di trovare il criterio più appropriato, ovviamente tale da superare l'eventuale esame da parte degli organi accertatori (ris. n. 100/E/2005). Solo se risulti impossibile l'adozione di criteri specifici in quanto gli acquisti sono destinati promiscuamente, ad esempio, alle attività commerciali ed a quelle non commerciali, si ricorre ad un criterio forfetario basato sul volume di affari dato dal rapporto tra l'ammontare delle operazioni imponibili e l'ammontare totale delle operazioni effettuate (ris. n. 137/E/1998);

- con i medesimi criteri è determinata la quota di imposta indetraibile relativa ai beni e servizi in parte utilizzati per fini privati o per fini estranei all'esercizio dell'impresa, arte o professione.

Indetraibilità pro-rata

Si ha una limitazione della detraibilità dell'IVA sugli acquisti quando vengono poste in essere promiscuamente:

- attività che danno luogo ad operazioni che conferiscono il diritto di detrazione ed attività esenti;
- imponibili o assimilate (ossia quelle che vengono "assimilate" alle imponibili di cui alla tabella precedente) ed operazioni esenti, in forma sistematica (art. 19, c. 5, D.P.R. n. 633/1972).

I soggetti che si trovino in tale situazione non devono procedere ad alcuna distinzione degli acquisti di beni e servizi a seconda della loro destinazione ad operazioni imponibili o ad operazioni esenti in quanto l'imposta detraibile viene determinata in base al criterio detto di **pro-rata** la cui percentuale (determinata *ex* art. 19-bis) è calcolata in riferimento a tutta l'imposta assolta a monte e non solo a quella relativa ai beni e servizi utilizzati promiscuamente (risposta a interpello n. 2/2021).

La limitazione alla detraibilità viene determinata mediante il seguente rapporto (art. 19-bis1, D.P.R. n. 633/1972):

$$\frac{\text{Operazioni che danno diritto alla detrazione (comprese quelle esenti ma “assimilate” alle imponibili)}}{\text{Operazioni che danno diritto alla detrazione + Operazioni esenti}}$$

Tra le **operazioni esenti** (di cui al denominatore) non si deve tener conto delle cessioni di oro e quelle di cui ai numeri da 1) a 4) dell'art. 10 del D.P.R. n. 633/1972, effettuate nei confronti di soggetti stabiliti fuori della Comunità o relative a beni destinati ad essere esportati fuori della Comunità stessa.

Non concorrono alla determinazione del rapporto (né al numeratore né al denominatore):

- le cessioni di beni ammortizzabili (materiali ed immateriali);
- i passaggi di beni all'interno della stessa impresa tra attività separate (art. 36, u.c.);
- le cessioni di denaro o di crediti in denaro;
- le cessioni e conferimenti di aziende;
- le cessioni di campioni gratuiti;
- i passaggi di beni in presenza di fusioni, scissioni, trasformazioni;
- le cessioni (esenti) che hanno per oggetto beni acquistati o importati senza poter detrarre totalmente la relativa imposta (art. 10, n. 27-quinquies);
- le operazioni esenti indicate nei numeri da 1) a 9) dell'art. 10, quando non formano oggetto dell'attività propria del soggetto o sono accessorie ad operazioni imponibili.

Se dal bilancio civilistico dell'impresa determinati beni risultano classificati come strumentali, questi non possono essere tenuti in considerazione ai fini del calcolo del pro-rata IVA, anche se gli stessi abbiano un turnover veloce e continuo al fine di consentire il costante aggiornamento del patrimonio immobile (materiale od immateriale) (risposta a interpello n. 16/2020).

L'Agenzia delle Entrate, a proposito delle imprese che svolgono in contemporanea sia operazioni imponibili, sia operazioni esenti "assimilate" non occasionali (si veda la tabella sopra riportata), sia operazioni esenti in modo assoluto, per determinare correttamente la percentuale di pro-rata, occorre che (risposta a interpello n. 2/2021):

- l'imposta assolta a monte e relativa alle operazioni **esenti in modo assoluto** (art. 19, c. 2), sia trattata separatamente e resa indetraibile, senza concorrere al calcolo della percentuale di pro-rata;
- l'imposta assolta a monte per gli acquisti di beni e servizi utilizzati in modo promiscuo (vedasi sopra "indetraibilità pro-quota"), sia detratta in funzione della quota parte in cui tali beni e servizi sono utilizzati per le attività non soggette ad IVA (art. 19, c. 4). Anche queste, quindi, non partecipano al calcolo della percentuale di pro-rata;
- solo dopo aver reso indetraibile l'intera imposta afferente alle operazioni esenti in modo assoluto ed altrettanto aver reso indetraibile mediante il criterio pro-quota la porzione di imposta relativa agli acquisti di beni e servizi promiscui, sull'importo residuo di imposta si applica la percentuale di detrazione pro-rata (artt. 19, c. 5 e 19-bis).

Arrotondamento - Il risultato del rapporto va assunto sino al terzo decimale e successivamente arrotondarlo per eccesso o per difetto a seconda che la parte decimale sia superiore a 0,500 o meno.

IVA

La percentuale così determinata e arrotondata deve essere applicata all'IVA sugli acquisti in modo da determinare la parte di imposta detraibile in sede di liquidazione periodica oppure di dichiarazione annuale.

CASO 8 - Esempio di calcolo del pro-rata
Operazioni imponibili nell'anno: 10.000.
Operazioni esenti effettuate nell'anno: 3.000.
IVA complessivamente assolta sugli acquisti: 2.800.
Calcolo della percentuale di detraibilità:
10.000 / (10.000 + 3.000) * 100 = 76,923%
Arrotondamento percentuale di detraibilità: 77%
Determinazione dell'IVA sugli acquisti detraibile:
2.800 x 77% = 2.156
IVA indetraibile: (2.800 - 2.156) = 644

Liquidazioni dell'imposta in corso d'anno

In corso d'anno al momento delle liquidazioni periodiche non è possibile conoscere l'ammontare delle operazioni imponibili e quelle esenti relative all'anno stesso, con conseguente impossibilità di conoscere anche la percentuale di pro-rata applicabile. Per tale ragione, si applica la medesima percentuale di detraibilità applicata nell'anno precedente. Alla fine del periodo d'imposta, si determina il corretto pro-rata e si procede alla rettifica dei calcoli effettuati nei mesi/trimestri precedenti. Il conguaglio che emerge **affluisce** direttamente in sede di **dichiarazione annuale**.
Qualora nell'anno precedente il contribuente abbia effettuato solo operazioni imponibili, mentre nell'anno corrente effettui anche operazioni esenti, le liquidazioni periodiche sono effettuate considerando l'imposta sugli acquisti come interamente detraibile, quindi procederà al conguaglio in dichiarazione.
Nel **primo anno di attività**, presumendo di effettuare operazioni sia imponibili sia esenti, si applicherà una percentuale di pro-rata presuntivo nelle liquidazioni periodiche e, alla fine dell'anno, si procederà al calcolo corretto esponendolo in dichiarazione.

Rettifica per cambio d'uso o di regime

Di regola, l'imposta relativa ad un acquisto può essere immediatamente ed interamente portata in detrazione se la spesa è stata sostenuta perché il **bene** o il **servizio** è destinato ad essere **utilizzato** nell'ambito dell'**attività dell'impresa**, **arte** o **professione**.
Al contrario, possono darsi casi per i quali la spesa sia stata sostenuta per compiere un'operazione ove l'imposta non sia ammessa in detrazione (esempio, spesa di rappresentanza).
In entrambe le situazioni, successivamente all'acquisto, la destinazione potrebbe cambiare. Ossia, nel primo caso, i beni acquistati potrebbero essere successivamente destinati ad operazioni fuori del campo IVA o, nel secondo caso, essere destinati ad attività rientranti nell'ambito di operazioni soggette ad IVA.
È evidente come occorra procedere a delle rettifiche a favore dell'erario, ovvero a favore del contribuente al fine di ripristinare il corretto funzionamento del tributo (art. 19-bis2, D.P.R. n. 633/1972).
Il meccanismo di rettifica è, infatti, parte integrante del sistema di detrazione dell'IVA e mira ad aumentare la precisione delle detrazioni così da assicurare la neutralità dell'imposta (Direttiva n. 2006/112/CE). Ed ha lo scopo di perseguire l'obbiettivo di stabilire una relazione stretta e diretta tra il diritto alla detrazione dell'IVA pagata a monte e l'impiego dei beni e/o dei servizi per le operazioni soggette all'imposta a valle (Corte di Giustizia UE, cause 31 maggio 2018, C-660/16 e C-661/16).

Beni non ammortizzabili e servizi

In caso di utilizzo di beni non ammortizzabili servizi qualora siano utilizzati per effettuare operazioni che danno diritto a **detrazione in misura diversa da quella inizialmente operata**, occorre procedere ad una variazione della detrazione iniziale. Detta variazione va operata solo quando l'anno di primo utilizzo sia differente da quello dell'acquisto e nel frattempo sia variato il diritto alla detrazione.
Al contrario, non si rende necessaria alcuna rettifica se al loro primo impiego è stata rispettata la destinazione prevista in sede di acquisto, cui è stata collegata la detrazione operata o la non detrazione.
In genere la rettifica opera quando l'IVA all'acquisto non è stata interamente detratta e successivamente il bene viene ceduto con applicazione dell'imposta. In questa situazione la **maggior detrazione** a seguito di rettifica va esplicitata in dichiarazione. Viceversa, se all'acquisto l'imposta è stata interamente detratta e successivamente ceduta, ad esempio gratuitamente, assoggettandola all'imposta

(autofattura - registro omaggi), la rettifica non è necessaria, in quanto la cessione ancorché gratuita è stata tassata.
La disposizione è applicabile anche ai beni durevoli di valore non superiore a 516,46 euro ed a quelli di valore superiore, ma con coefficiente di ammortamento fiscale superiore al 25%.
Le rettifiche operano solo se l'imposta a monte era stata completamente detratta o non detratta. Non opera in caso di detrazione parziale.

Beni ammortizzabili (e beni immateriali di cui all'art. 103 del TUIR)

Anche nel caso dei beni ammortizzabili (costo non inferiore a 516,47 euro e coefficiente di ammortamento fiscale non superiore al 25%) utilizzati per operazioni che diano diritto ad una detrazione diversa, a causa del diverso utilizzo, da quella operata al momento dell'acquisto, entro i 4 anni successivi alla loro entrata in funzione (totale 5 anni) ovvero entro i 9 successivi in caso di immobili (totale 10 anni) occorre procedere alla rettifica dell'imposta con riferimento a tanti quinti o decimi che mancano al compimento del quinquennio. Se il cambio avviene nell'anno stesso del primo impiego del bene, allora la rettifica è immediata e integrale.
La rettifica deve essere operata in particolare quando, successivamente alla dichiarazione dell'IVA, sono intervenuti dei mutamenti negli elementi presi in considerazione per determinare l'importo della detrazione. Tali variazioni sono probabili specialmente nel caso dei **beni d'investimento,** spesso utilizzati per un certo numero di anni, nel corso dei quali possono cambiare gli scopi cui erano destinati.
Occorre prestare particolare attenzione nel caso di **fabbricati** o porzioni di fabbricati soggetti ad un diritto reale di godimento con imposta non detratta al momento dell'effettuazione dell'operazione, sui quali vi siano stati **interventi di recupero, manutenzione e riparazione di carattere straordinario** per le quali, invece, l'IVA era stata detratta in sede di loro sostentamento. Si è dunque in presenza di **spese su beni di terzi**, relative a beni ammortizzabili, come tali, soggetti alla medesima disciplina applicabile ai beni ammortizzabili di cui incrementano il valore, rientrando a pieno titolo nella rettifica alla detrazione (art. 19-bis2, c. 2 e 8, D.P.R. n. 633/1972). In questa situazione la data iniziale da considerare per il cosiddetto "**periodo decennale di osservazione fiscale**" decorre dal momento di ultimazione della manutenzione straordinaria dell'immobile (risposta a interpello 29 aprile 2019, n. 131).
Qualora il bene in oggetto sia **ceduto** nel periodo durante il quale opera la rettifica, questa va operata in un'unica soluzione con riferimento agli anni mancanti al compimento del periodo. La percentuale di detrazione è pari al 100% se la cessione è soggetta ad imposta; in ogni caso l'imposta detraibile non può superare quella dovuta sulla cessione.
Se la **variazione di destinazione** si verifica rispettivamente **oltre 9 anni o 4 anni** dall'entrata in funzione, **nessuna rettifica** deve essere operata (art. 19-bis2, c. 2, D.P.R. n. 633/1972).
Si rammenta che a questi fini i **fabbricati ed aree fabbricabili** sono in ogni caso considerati beni ammortizzabili anche quando sono classificati come "beni merce" in bilancio.
Il **periodo di monitoraggio** è di 10 anni a decorrere dall'anno di acquisto, ovvero di ultimazione ovvero dal momento di ultimazione delle opere straordinarie di manutenzione, recupero, riparazione incrementative (art. 19-bis2, c. 8, D.P.R. n. 633/1972).
Se, a seguito di una **operazione straordinaria** (fusione, scissione, cessione di azienda o di ramo aziendale), confluiscono beni ammortizzabili da una società che realizza operazioni imponibili a favore di una società con ridotta o limitata detrazione d'imposta per effetto dell'effettuazione di operazioni esenti, si rende necessaria una rettifica dell'IVA detratta dalla società fusa, incorporata ecc. con riferimento alla data alla data del loro acquisto e non a quella dell'operazione straordinaria. Inoltre, il cedente deve fornirgli tutti i dati necessari per il corretto calcolo. È evidente che l'acquirente si trova in una posizione di pro-rata per motivi propri, deve procedere al riversamento dell'imposta che era stata detratta negli anni precedenti (ris. n. 344/E/2002). Quindi si procede al versamento dell'IVA detratta nei 4 o nei 9 anni antecedenti.
Viceversa, quando oggetto dell'operazione straordinaria è una società con indetraibilità totale a favore di una società con possibilità di detrazione totale o parziale, la rettifica si applica solo se non sono ancora trascorsi 4 o 9 anni dalla loro entrata in funzione e se la variazione è di oltre 10 punti percentuali (art. 19-bis2, c. 7, D.P.R. n. 633/1972).

Cambio di regime

Se l'attività del contribuente muta, ad esempio, perché:
- si intraprendono nuove attività esenti od imponibili,
- si cambia regime speciale,
- si passa da un regime di piena imponibilità dell'attività ad uno di esenzione, ecc.,

IVA

ciò comporta una detrazione in una misura differente rispetto a quella inizialmente operata; occorre procedere in un'unica soluzione ad una sua rettifica con riferimento ai beni e servizi non ancora ceduti od utilizzati e, con specifico riferimento ai beni materiali ammortizzabili ed immateriali (opere dell'ingegno, marchi, brevetti, know-how, diritti di concessione e simili), purché non siano ancora trascorsi 4 anni dalla loro entrata in funzione (9 anni per gli immobili).
La rettifica deve essere indicata nella dichiarazione dell'anno in cui si è verificato l'evento.

Rettifica per variazione del pro-rata

Qualora un soggetto passivo che si trovi in regime di pro-rata acquisti beni ammortizzabili (anche in leasing o mediante contratti di appalto), nonché proceda a prestazioni di servizio relative a:

- trasformazione,
- riattamento,
- ristrutturazione

dei beni stessi, se successivamente e per qualunque ragione la percentuale di detrazione sia mutata, occorre procedere alla rettifica dell'IVA corrisposta a monte per il loro acquisto.
Peraltro, la rettifica è:

- **obbligatoria**: se la percentuale di detrazione è variata di oltre 10 punti. La rettifica deve essere compiuta in 5 anni a decorrere dalla loro entrata in funzione ovvero 10 anni dalla data di acquisto o di ultimazione lavori nel caso di beni immobili;
- **facoltativa**: se la percentuale di detrazione è variata non più di 10 punti. Se si opta comunque per la rettifica, il soggetto passivo deve adottare il medesimo criterio per almeno 5 anni consecutivi ovvero 10 anni nel caso di immobili. Inoltre, deve darne evidenza nella dichiarazione annuale.

La rettifica si effettua aumentando o diminuendo l'IVA annuale in ragione di 1/5 (o 1/10 per gli immobili) della differenza tra l'ammontare della detrazione operata e quello corrispondente alla percentuale di detrazione dell'anno di competenza.

CASO 9 - Acquisto di bene con detrazione dell'imposta e successivo cambio di destinazione del bene

Un'impresa ha acquistato un bene ammortizzabile l'anno X detraendo interamente l'IVA pari a 6.000.
Nell'anno X+2 destina il bene ad un uso estraneo all'attività d'impresa che quindi non avrebbe consentito la detraibilità dell'imposta. Si ha perciò un cambio di destinazione.
Occorre effettuare una rettifica della detrazione iniziale relativamente agli anni mancanti al compimento del quinquennio di ammortamento.
La rettifica è pari a: 6.000 x 3/5 = 3.600. Questo è l'importo IVA che l'impresa deve indicare nella dichiarazione relativa all'anno in cui si sono verificate le variazioni di destinazione e versare sempre con la dichiarazione annuale.
Il medesimo meccanismo è applicabile anche quando il bene ammortizzabile, che non aveva consentito la detrazione all'acquisto perché destinato ad operazioni esenti (es. locazione), successivamente è stato adibito ad un uso soggetto ad IVA. In questo caso si ha una rettifica della detrazione a favore dell'impresa.

CASO 10 - Pro-rata non superiore di 10 punti rispetto a quello dell'anno precedente. Rinuncia alla tolleranza

Nell'anno X si è acquistato un bene ammortizzabile con IVA assolta di 6.000.
Il pro-rata di detrazione è 70%. L'IVA detratta è stata: 4.200 (6.000 x 70%).
Nell'anno X+1 il *pro-rata* di detrazione è del 75% (non superiore di 10 punti all'anno X).
Si procede alla rettifica:

- IVA detraibile rispetto al cespite acquistato nell'anno X = 4.500 (= 6.000*75%);
- (4.500 - 4.200)/5 = 60 (rettifica a favore).

In sede di dichiarazione verranno detratti 60 in più rispetto alle liquidazioni contabili dell'anno X+1.

CASO 11 - Recupero proporzionale dell'IVA non detratta al momento dell'acquisto

Si riprende l'esempio precedente.
Nell'anno x+1 il cespite viene venduto.
Pro-rata dell'anno X+1 = 75%.
Occorre procedere al recupero degli anni che mancano dall'anno della vendita al compimento del quinquennio: (x+2; X+3, X+4) = 3.

IVA

IVA che sarebbe stata detraibile nell'anno X	6.000
IVA detratta nell'anno X	4.200
Differenza	1.800
(1.800/5) = (360x3) =1.080.	
Inoltre, nell'anno X+1 occorre tener conto del pro-rata dell'anno:	
Pro-rata X+1 = 75% (6.000 x 75%) =	4.500
Dedotto pro-rata anno calcolato anno X	4.200
Differenza	300
(300/5) = 60	
Importo totale da detrarre in sede di dichiarazione: (1.080 + 60) = 1.140.	

Inapplicabilità del pro-rata

Il pro-rata non è applicabile se il soggetto passivo esercita:

- **attività** imponibili o assimilate ed **occasionali operazioni esenti**;
- **attività esenti** e occasionali operazioni imponibili o assimilate.

Nel calcolo del *pro-rata* sono, inoltre, espressamente escluse le operazioni esenti di cui ai numeri da 1) a 9) dell'art. 10 del D.P.R. n. 633/1972:

- non facenti parte dell'attività propria; ovvero
- accessorie alle operazioni imponibili.

Per tali operazioni opera l'indetraibilità specifica dell'imposta se i beni o servizi acquistati sono utilizzati in via esclusiva per compiere le citate operazioni esenti (art. 19-bis, c. 2, D.P.R. n. 633/1972).

48.1.5. Rettifiche e regolarizzazioni delle fatture ricevute

Errore di registrazione (errore interno)

Se la fattura ricevuta era esatta in tutti i suoi termini e l'errore è stato commesso in sede di registrazione della stessa, la correzione è "interna", non essendo interessato il fornitore.

In particolare, se l'**errore** riguarda:

- l'imponibile o l'imposta di una fattura già registrata e la dichiarazione non è ancora stata presentata, la rettifica può essere effettuata tramite la registrazione di un documento interno;
- una fattura qualificata come non imponibile o esente in luogo di imponibile è sufficiente l'emissione e registrazione di un documento interno a comprova della rettifica.

In riferimento alle fatture passive ricevute, si rammenta il generale **principio di buona fede e correttezza,** il quale comporta che il cessionario/committente debba, prima di intraprendere qualsiasi azione volta a rimediare l'errore del fornitore/prestatore, di segnalare detta circostanza a quest'ultimo, affinché possa rimediare con l'emissione di opportuni documenti (elettronici ovvero cartacei a seconda della situazione personale). In assenza di risposte positive da parte del fornitore/prestatore, sarà il cessionario/committente a dover intervenire.

Qualora una fattura **sia stata registrata**, ancorché errata per qualunque ragione, il cessionario/committente soggetti passivi d'imposta, hanno 30 giorni di tempo a partire dalla data di registrazione per regolarizzare la fattura ricevuta (art. 6, c. 8, lett. b), D.Lgs. n. 471/1997).

Fattura passiva relativa ad operazione inesistente

Ricevuta la fattura elettronica da SDI ed accortosi che il documento è relativo ad una operazione **inesistente** (inesistenza soggettiva oppure inesistenza oggettiva) ovvero **non corrispondente al rapporto contrattuale sottostante**, il cessionario/committente soggetto passivo d'imposta deve astenersi dal registrarla e nel contempo sollecitare il fornitore ad emettere nota di credito elettronica a totale storno (Norma di comportamento AIDC n. 209/2020).

Fattura passiva con IVA addebitata in eccesso o non dovuta

In caso di fatturazione di un'operazione rientrante nel campo IVA, ma:

- con aliquota **superiore** a quella naturalmente corretta,
- assoggettata ad imposta mentre era da considerare **non imponibile**,

il cessionario/committente, soggetto IVA, che abbia comunque regolarmente assolto l'imposta a favore del cedente/prestatore, è tenuto a registrare il documento nel registro acquisti e può detrarre l'imposta erroneamente addebitatagli. Resta soggetto alla sanzione *ex* art. 6, c. 6, D.Lgs. n. 471/1997 (circ. GdF n. 114153/2018). La Corte di Cassazione ha riconosciuto al cessionario/committente in caso di applicazione dell'imposta in misura superiore a quella effettiva erroneamente assolta (ad esempio fattura con aliquota 20% invece del 10%) di poter legittimamente portare in detrazione la

IVA

maggiore imposta versata all'emittente (precisando, inoltre, che con il D.L. n. 34/2019 la disposizione è applicabile anche ai casi sorti prima delle modifiche apportate dall'art. 1, c. 935, Legge n. 205/2017) (ord. n. 23817/2020).
Di contro, in caso di ricevimento di fattura con IVA a fronte di un'operazione che per sua natura era da considerare **fuori campo**, il cessionario/committente non può detrarre autonomamente l'imposta erroneamente addebitatagli, ma deve procedere alla procedura del rimborso (art. 30-ter, D.P.R. n. 633/1972).

Fattura passiva con aliquota inferiore a quella dovuta o un imponibile inferiore al dovuto

Il cessionario/committente è tenuto a registrare la fattura nel registro acquisti ancorché errata. Se il fornitore, previamente avvertito, non provvede ad emettere fattura integrativa, il cessionario/committente entro 30 giorni dalla registrazione provvede a trasmettere telematicamente un'autofattura spia (➡**48.2.**) utilizzando il **codice TD20.** La maggior imposta versata potrà essere portata in detrazione con i limiti temporali, oggettivi e soggettivi stabiliti dall'art. 19 del D.P.R. n. 633/1972 (Norma di comportamento AIDC n. 209/2020).

Fattura passiva esente erroneamente emessa con IVA

L'Agenzia delle Entrate ha chiarito che il cessionario/committente non ha diritto alla detrazione dell'IVA erroneamente corrisposta all'emittente della fattura se in corrispondenza di un'operazione che era, invece, esente da IVA (ris. n. 51/2021). Il diritto alla detrazione spetta solo se l'errore è riferito all'applicazione di un'aliquota maggiore rispetta a quella dovuta (a suffragio viene richiamata la sentenza n. 10439/2021).
A corollario ne deriverebbe due regimi sanzionatori:

- a carico del cessionario/committente, qualora abbia applicato un'imposta superiore al dovuto ed erroneamente assolta dal cliente: da 250 euro a 10.000 euro. Permane per il cessionario/committente il diritto alla detrazione;
- sanzione del 90% della detrazione illegittimamente compiuta dal cessionario/committente negli altri casi. Conseguentemente questa sanzione deve essere comminata nel caso di operazioni esenti/non imponibili.

Contraria a questa tesi è l'Associazione dei Dottori Commercialisti (norma di comportamento n. 214/2021) secondo la quale il diritto alla detrazione compete in tutti i casi di errata applicazione dell'imposta in misura a quella dovuta e quindi anche nei casi di operazioni esenti, non imponibili od escluse con l'unica condizione che l'imposta sia stata pagata dal cliente e che non si sia in presenza di frode. Al massimo dovrebbe poter trovare applicazione la sanzione fissa tra 250 e 10.000 euro, ma non certamente quella del 90% dell'IVA indebitamente detratta in quanto nessun danno ne è derivato all'Erario.
Per completezza si noti che anche la **Corte di Giustizia Europea** (sentenza n. C-935/19 del 15 aprile 2021) ha ritenuto illegittima una sanzione proporzionale a carico del cessionario/committente (se in assenza di frode) proprio a causa di assenza di perdita di gettito fiscale. Ciò in applicazione dei principi di neutralità e proporzionalità. In particolare, questa sentenza è stata fatta propria dalla **CTR della Lombardia** (sentenza 15 giugno 2021 n. 2270) riconoscendo il diritto alla detrazione dell'IVA in capo al cessionario/committente e l'applicazione della sanzione fissa di cui all'art. 6, c. 6 secondo periodo del D.Lgs. n. 471/1997).

Fattura passiva con quantitativi inferiori al concordato

Il cessionario/committente è tenuto a registrare la fattura nel registro acquisti ancorché errata. Se il fornitore non provvede ad emettere una fattura integrativa entro 30 giorni dalla registrazione, l'acquirente è tenuto ad emettere un'autofattura (➡**48.2.**) utilizzando il **codice TD20.**

Fattura passiva con quantitativi superiori al concordato

È quella che in casi fraudolenti la Cassazione chiama "sovrafatturazione per inesistenza relativa" (Cass. n. 45056/2010).
In ogni caso si tratta di un'operazione parzialmente inesistente e, in assenza di collusione fra fornitore e cliente, questi deve accordarsi con il fornitore affinché questi emetta nota di credito elettronica a correzione della fattura originaria. Quindi procedere alla simultanea registrazione dei due documenti.

IVA

Fattura di variazione diminuzione per errata emissione della fattura da parte del fornitore

Quando il fornitore, ricorrendone i presupposti, emette nota di variazione in diminuzione (➡46.18.2.) di una fattura emessa in split payment, il cessionario/committente PA deve:

- numerare la nota di variazione, indicare l'importo della variazione della relativa IVA facendo riferimento alla fattura originaria;
- se l'acquisto rientra nell'ambito commerciale, registra la nota di variazione sia nel registro vendite, sia nel registro acquisti;
- se l'acquisto rientra nell'ambito istituzionale (non commerciale), può computare l'eventuale IVA versata in eccesso rispetto a quella indicata nella fattura originaria a scomputo dell'imposta da versare nei momenti successivi, sempre nell'ambito dello split payment (circ. n. 6/E/2015, n. 15/E/2015, n. 27/E/2017) (risposta a interpello n. 378/2020).

Errata applicazione del "reverse charge"

Nelle ipotesi di errata applicazione del regime del reverse charge, ove l'IVA sia stata assolta dal cedente/prestatore o dal cessionario/committente, non è necessario procedere alla regolarizzazione delle fatture errate. Ove il cessionario/committente riceva una fattura con imposta non dovuta o applicata in misura superiore a quella effettiva, si attiverà per chiedere al fornitore una nota di credito e l'emissione di una nuova fattura corretta. Se il fornitore non provvede, il cessionario/committente regolarizza la fattura vis SDI astenendosi dal portare in detrazione l'imposta erroneamente applicata (Norma di comportamento AIDC n. 209/2020).

Errori ed irregolarità che non incidono sull'imponibile o sull'imposta

Si tratta genericamente di errori formali o di descrizione. Anche in questa ipotesi è opportuno chiedere lo storno della fattura con riemissione di documento corretto e completo. In caso contrario il cliente può emettere autofattura elettronica (➡48.2.) utilizzando il **codice TD20.** In ogni caso il cliente può registrare egualmente la fattura imprecisa restando legittimano a detrarre l'imposta effettivamente dovuta se sussistono i presupposti soggettivi e oggettivi (Norma di comportamento AIDC n. 209/2020).

Duplicazione del versamento IVA da parte del cessionario/committente P.A.

Nell'ipotesi di duplicazione di versamento dell'imposta mediante due distinti modelli F24, il cessionario/committente organo della P.A. può recuperare l'imposta versata in eccesso scomputando l'imposta relativa dai futuri versamenti da eseguire in applicazione dello split payment (risposta a interpello n. 378/2020).

Acquisto soggetto ad abbuoni e/o sconti

Se l'abbuono o lo sconto era **previsto contrattualmente**, il fornitore è tenuto ad emettere nota di credito a rettifica senza limiti di tempo. Il cliente deve registrarla nel registro degli acquisti con il segno meno, ovvero nel registro delle vendite con segno positivo. L'operazione è non soggetta ad IVA, pertanto la fattura elettronica deve riportare come codice natura N2.2 (dal 1° gennaio 2021).
Se deriva da successivo accordo, il fornitore può emettere nota di credito con IVA non oltre un anno dall'effettuazione dell'operazione; successivamente il documento ha valenza solo per la contabilità generale e non può riportare l'IVA.

> La prassi per la quale, a seguito di inerzia del cedente/prestatore, sia il cessionario/committente ad emettere nota di debito con IVA è da ritenere scorretta, sebbene accettata dal fornitore, in quanto la nota di debito è equiparata ad una fattura e, quindi, il cessionario potrebbe essere sanzionato per l'emissione di fattura a fronte di una operazione inesistente.
> Una nota di debito esclusa da IVA, invece, è **accettabile in quanto non pregiudizievole** per l'erario.

48.2. MANCATO RICEVIMENTO DELLA FATTURA

Quando il cedente/prestatore è un soggetto passivo d'imposta e per qualsivoglia ragione non emetta fattura all'effettuazione dell'operazione oppure al pagamento, l'acquirente/committente è tenuto ad attivarsi presso il fornitore stesso.
Una volta accertato il perdurare dell'inadempienza, decorsi inutilmente **4 mesi dalla data di effettuazione dell'operazione**, entro i **successivi 30 giorni** (art. 6, c. 8, D.Lgs. n. 471/1997) il cessionario/committente deve:

- provvedere a **versare l'imposta** (ancorché eventualmente corrisposta all'inadempiente) mediante Mod. F24 con codice 9399;

IVA

- emettere autofattura elettronica (➡48.3.) e trasmetterla a SDI con codice TD20 nel campo "Tipo documento". Dovranno inoltre essere compilati nella sezione "dati del cedente/prestatore" i dati del fornitore che avrebbe dovuto emettere il documento, nella sezione "Dati del cessionario/committente" inserendo quelli relativi al soggetto che emette e trasmette a SDI e nella sezione "Soggetto emittente" va utilizzato il codice CC (FAQ n. 65/2020). In tal modo viene superato il precedente obbligo di presentare una copia dell'autofattura all'Ufficio IVA. Con la regolarizzazione della fattura il cessionario può portare in detrazione l'IVA relativa se detraibile oggettivamente o soggettivamente.

Questa procedura rappresenta l'unico rimedio per evitare la corresponsabilità con il fornitore inadempiente. Deve essere applicata anche nei casi di operazione esente o non imponibile.
Qualora, successivamente al completamento della procedura, dovesse pervenire la fattura l'acquirente mantiene il diritto alla detrazione dell'imposta addebitatagli con tale documento.

La fattura "spia", o autofattura denuncia, deve essere emessa in formato elettronico, ma qualora la partita IVA del fornitore inadempiente risulti cessata **da oltre 5 anni**, il cessionario/committente è tenuto ad emetterla **in formato cartaceo**. In caso contrario SDI, non trovando più detto numero nell'anagrafe tributaria, scarterà il documento (risposta a interpello n. 344/2021).

AUTOFATTURA 48.3.

L'**autofattura** propriamente detta è il documento che viene **emesso** direttamente dal **destinatario** della **cessione o** della **prestazione** in luogo dell'ordinario obbligo che vedrebbe il fornitore, nella sua qualità di debitore d'imposta, come soggetto tenuto ad emettere la fattura.
Più precisamente, come chiarito dall'Agenzia delle Entrate (circ. n. 14/E/2019), l'autofattura vera e propria è quel documento che contiene i medesimi elementi di una normale fattura che se ne differenzia in quanto:
- l'emittente non è il cedente/prestatore, ma il cessionario del bene ovvero il committente del servizio che assolve l'imposta (ed è dunque obbligato a liquidare l'IVA) in sostituzione del primo;
- il cedente/prestatore e il cessionario/committente coincidono in un unico soggetto, ovvero l'operazione è a titolo gratuito (art. 2, c. 2, D.P.R. n. 633/1972).

Nell'effettuazione di determinate operazioni è la legge stessa che impone al fornitore di non emettere la fattura, il cui obbligo è demandato direttamente al cliente committente o cessionario.
In altri casi, è il cessionario o committente stabilito in Italia ad essere obbligato all'emissione dell'autofattura.
Con l'introduzione dell'obbligo della fatturazione elettronica, in caso di obbligo di emissione di autofattura, anche questa deve essere in formato elettronico e trasmessa via SDI indicando come "Tipo documento" il codice TD01 (tranne nel caso della cosiddetta "fattura spia", si veda la tabella che segue, nella quale va indicato come "Tipo documento" il codice TD20).
L'unica eccezione all'obbligo della autofattura elettronica riguarda quella a fronte degli acquisti di beni e servizi da soggetti extra UE, per i quali il soggetto passivo italiano è attualmente obbligato all'esterometro. Ciò almeno sino al **1° luglio 2022** data in cui l'esterometro nelle attuali forme sarà sostituito da comunicazione a SDI con il medesimo formato della fattura elettronica (art. 5, c. 14-ter, D.L. n. 146/2021). Tuttavia, anche nell'ipotesi di acquisti da soggetti extra UE, il cessionario committente italiano può trasmettere su base volontaria, l'autofattura via SDI, indicante:
- i dati del cedente/prestatore non residente nella sezione 1.2. "Cedente/Prestatore";
- i dati del cessionario/committente stabilito in Italia nella sezione 1.4. "Cessionario/committente";
- il campo 1.6 "soggetto emittente" va valorizzato con il codice "CC".

In tale evenienza il soggetto passivo italiano è esonerato dall'esterometro.
Poiché l'autofattura elettronica è inviata via SDI, ma riporta i dati dell'emittente sia nella sezione dedicata al "cedente/prestatore", sia nella sezione "cessionario/committente", nel portale dell'Agenzia, sezione "Fatture e corrispettivi" essa è rinvenibile sia come fattura attiva, sia come fattura passiva. Ne deriva che per non commettere errori, l'autofattura deve essere registrata unicamente nel registro delle fatture emesse, provvedendo al versamento dell'imposta relativa, se l'operazione è imponibile.

Autofattura per estrazione da deposito IVA

L'Agenzia delle Entrate ha fornito alcune precisazioni sulla modalità di assolvimento dell'imposta al momento dell'estrazione (circ. n. 14/E/2019); si rinvia al riguardo al paragrafo (➡56.1).
Nella tabella che segue sono indicati i soggetti passivi e le situazioni che implicano l'emissione dell'autofattura.

Operazione	Adempimenti
Acquisti da agricoltori esonerati (art. 34, D.P.R. n. 633/1972)	- emettere fattura elettronica trasmettendola a SDI senza indicarvi le generalità del cedente, l'imposta è determinata applicando le aliquote corrispondenti alle percentuali di compensazione determinate da appositi decreti ministeriali Il cessionario può utilizzare la fatturazione differita; in tal caso, però, è egli stesso obbligato all'emissione del DDT; - annotare l'autofattura solo nel registro degli acquisti, separatamente dalle altre fatture di acquisto. Non è possibile detrarre la relativa imposta; - consegnare una copia dell'autofattura all'agricoltore esonerato che deve conservarla. Qualora l'acquirente sia un soggetto che utilizzi il sistema di fatturazione elettronica può, entro gli stessi termini, trasmettere l'autofattura in formato elettronico allo SDI. Ciò consente di evitare la presentazione della medesima autofattura cartacea all'Agenzia delle Entrate (Provv. 30 aprile 2018, n. 89757, par. 6.4).
Acquisti di tartufi, nell'esercizio di impresa, da raccoglitori non soggetti IVA	- emettere autofattura elettronica trasmettendola a SDI, nei termini di legge, senza indicarvi le generalità del cedente; - annotare l'autofattura nel registro acquisti, ma l'acquirente non può detrarre la relativa imposta; - versare l'imposta; - comunicare annualmente alle Regioni di appartenenza la quantità commercializzata (e fatturata con IVA), nonché la provenienza e la data della raccolta sulla base delle risultanze contabili.
Omaggi di beni di propria produzione o commercializzazione	l'impresa cedente: - emette autofattura elettronica, da inviare telematicamente a SDI, per ciascun omaggio (indipendentemente dal valore o costo del bene omaggiato); - annota l'autofattura sul registro delle vendite e provvede alla liquidazione e al versamento dell'imposta. L'impresa cedente può anche: - emettere un'unica autofattura mensile riepilogativa degli omaggi effettuati nel periodo considerato; - annotare la suddetta autofattura sul registro delle vendite e provvedere alla liquidazione e versamento dell'imposta. In alternativa all'emissione dell'autofattura resta possibile assolvere l'imposta dovuta previa istituzione di un registro degli omaggi o esercitare la rivalsa in sede di fatturazione.
Autoconsumo di beni	- emissione di autofattura elettronica, da inviare telematicamente a SDI, da annotare nel registro delle vendite, con successiva liquidazione e versamento dell'imposta.
"Splafonamento" da parte dell'esportatore abituale (art. 8, c. 1, D.P.R. n. 633/1972)	- fra le varie modalità per sanare lo splafonamento vi è l'emissione di un'autofattura elettronica, da inviare telematicamente a SDI, contenente gli estremi identificativi di ogni fornitore, il numero progressivo di protocollo delle fatture ricevute, l'ammontare eccedente il plafond e l'imposta che avrebbe dovuto essere applicata; - un esemplare va annotato nel registro degli acquisti provvedendo nel contempo al versamento dell'imposta delle sanzioni e degli interessi, mentre l'altro esemplare va consegnato all'Agenzia delle Entrate.

Operazione	Adempimenti
Agenzie di viaggio, per le provvigioni pagate agli intermediari (art. 74-ter, D.P.R. n. 633/1972)	- il tour operator che corrisponde provvigioni a favore delle agenzie di viaggio che operano in nome e per conto del tour operator (mandatari con rappresentanza) emette autofattura riepilogativa mensile da annotare nel registro vendite ed acquisti distinguendo quelle soggette ad IVA da quelle non imponibili. SDI la consegna all'intermediario che la annota nel registro vendite senza registrazione dell'imposta perché già contabilizza ed assolta in precedenza dal tour operator; - il tour operator che riconosce provvigioni a favore delle agenzie di viaggio che hanno acquistato pacchetti turistici su richiesta del viaggiatore emette autofattura anche se l'agenzia è priva di mandato con rappresentanza. La procedura è simile a quella sopra indicata; - se l'agenzia di viaggio che cede il servizio turistico ad un'altra agenzia riconosce a quest'ultima una provvigione deve emettere autofattura per il compenso riconosciuto.
Fatture non pervenute entro 4 mesi dall'effettuazione dell'operazione	- l'acquirente che entro 120 giorni dall'effettuazione dell'operazione (o dal pagamento) non ha ricevuto la fattura dal proprio fornitore deve emettere autofattura nei 30 giorni successivi e trasmetterla a SDI con codice TD20. Dovranno essere compilate sia le sezioni del fornitore quanto quelle del cliente con i rispettivi dati. In tal modo viene superato il precedente obbligo di presentare una copia dell'autofattura all'Ufficio IVA, annotarla sul registro IVA, versare l'imposta, quindi annotare l'autofattura sul registro degli acquisti al fine di poter detrarre l'imposta precedentemente versata (➡**48.2.**).
Mancato ricevimento della fattura di acquisto intracomunitario	- l'acquirente nazionale che non riceve la fattura dal cedente comunitario entro il secondo mese successivo a quello di effettuazione dell'operazione, emette autofattura cartacea (in quanto nei rapporti con soggetti stabiliti all'estero non è prevista la fatturazione elettronica, salvo opzione al fine di evitare l'esterometro) in un unico esemplare entro il giorno 15 del terzo mese successivo, la registra entro detto termine e con riferimento al mese precedente indicandovi anche il numero identificativo del fornitore comunitario (1).
Acquisto intracomunitario con corrispettivo inferiore al reale	- l'acquirente emette fattura integrativa in un unico esemplare entro il giorno 15 del mese successivo alla registrazione della fattura originaria e provvede a registrarla entro detto termine e con riferimento al mese precedente, esponendo l'importo non fatturato, nonché il numero identificativo del fornitore comunitario. L'acquirente potrebbe anche optare per l'emissione del documento in formato elettronico da inviare a SDI al solo scopo di evitare la comunicazione periodica relativa alle transazioni effettuate con soggetti non stabiliti in Italia (esterometro).
Prestazioni di servizi generici rese da un soggetto comunitario a favore di un committente nazionale in modo continuativo nell'arco di un periodo superiore ad un anno, e per le quali non sia prevista la corresponsione nel predetto arco temporale di acconti o pagamenti, anche parziali (art. 6, c. 3, D.P.R. n. 633/1972)	- il committente, decorsi 12 mesi dall'inizio della prestazione, al termine dell'anno emette autofattura con riferimento al servizio resogli nell'arco temporale. Così via al termine di ciascun anno sino al completamento del servizio richiesto (➡**52.2.**). L'autofattura in formato cartaceo può essere sostituita con una autofattura elettronica da inoltrare a SDI al solo scopo di evitare la comunicazione periodica relativa alle transazioni effettuate con soggetti non stabiliti in Italia (esterometro) (1).
Acquisti da soggetti extra UE (art. 17, c. 2, D.P.R. n. 633/1972)	Gli acquisti effettuati da un soggetto passivo stabilito in Italia, da soggetti non residenti e non stabiliti in Italia.

(1) Si rammenta che l'esterometro sarà abolito dal 1° luglio 2022 e sostituito con una apposita comunicazione da trasmettere a SDI nelle stesse forme utilizzate per l'invio della fattura elettronica

IVA

CASO 12 - Mancato ricevimento della fattura e scadenza dei termini di regolarizzazione oltre quello di presentazione della dichiarazione annuale

Nel caso di fattura non pervenuta entro 4 mesi dall'effettuazione dell'operazione, ipotizzando che quest'ultima sia stata realizzata a dicembre 2XXX, i 4 mesi scadrebbero successivamente al 30 aprile 2XXX+1, data ultima di possibile presentazione della dichiarazione annuale per il 2XXX.

Secondo le attuali disposizioni, il momento ultimo in cui è possibile operare la detrazione dell'imposta scadrebbe con la presentazione della dichiarazione per il 2018 con riferimento allo stesso anno.

L'autofattura non può che avvenire dopo il 30 aprile 2XXX+1, ma ciò sembrerebbe impedire la detrazione dell'imposta secondo le nuove regole applicabili dall'anno 2XXX. Andrebbe confermato in via ufficiale se il diritto di detrazione possa essere esercitato in occasione della prima liquidazione successiva alla regolarizzazione.

In ogni caso l'autofattura va emessa in formato elettronico con "tipo documento: TD20".

Solo se fosse stato possibile trasmetterla in formato elettronico attraverso lo SDI prima della data ultima di presentazione della dichiarazione e fosse stata parimenti annotata in apposita sezione del registro IVA acquisti, allora l'IVA relativa avrebbe potuto esser detratta con riferimento all'anno precedente.

48.4. SCHEDA CARBURANTI/FATTURA ELETTRONICA

48.4.1. Scheda carburanti

La scheda carburanti a cura dell'acquirente soggetto IVA e sostitutivo di altra documentazione fiscale a carico del gestore, stante il divieto di emissione di fattura da parte di quest'ultimo salvo che per ipotesi residuali, è stata definitivamente **abolita** a partire **dal 1° gennaio 2019**.

48.4.2. Fattura elettronica per cessioni di carburante per autotrazione

Dal 1° gennaio 2019 la fattura elettronica è obbligatoria anche per la cessione di carburante (benzina e gasolio) per autotrazione (D.L. n. 79/2018) a favore di **soggetti passivi d'imposta**.

L'obbligo di fatturazione elettronica **non riguarda** (neppure a regime), ad esempio, le cessioni di benzina per motori che fanno parte di gruppi elettrogeni, impianti di riscaldamento, attrezzi vari, utensili da giardinaggio e così via, compresi i mezzi diversi da quelli che possono circolare per strada, come ad esempio i natanti.

L'obbligo dell'emissione di fattura elettronica **riguarda** anche i soggetti passivi d'imposta che acquistano **benzina e/o gasolio all'ingrosso**, da cedere successivamente ai propri soci od associati. La fatturazione può essere effettuata su base mensile nei confronti del singolo socio od associato purché comprovato da apposito documento di consegna.

L'**emissione della fattura elettronica**, nel solo ambito dei rapporti tra soggetti passivi d'imposta che agiscono nell'esercizio di impresa, arte o professione, avviene per il tramite del **Sistema di Interscambio**. La fattura non riporta la targa o altro estremo identificativo del veicolo al quale sono destinati (casa costruttrice, modello, ecc.), come invece era previsto per la c.d. "scheda carburante" (circ. n. 8/E/2018).

Qualora le cessioni di carburante per autotrazione siano accompagnate da un documento (anche informatico) contenente l'indicazione della data, delle generalità del cedente, del cessionario e dell'eventuale incaricato del trasporto, nonché la descrizione della natura, della qualità e della quantità dei beni ceduti, è possibile emettere un'unica fattura, entro il 15 del mese successivo, che riepiloghi tutte le operazioni avvenute nel mese precedente tra i medesimi soggetti (**fattura elettronica differita**).

Anche per le fatture elettroniche per acquisti di carburanti per autotrazione e di importo inferiore ad euro 300,00 emesse nel corso del mese, con riferimento allo stesso acquirente, in luogo di ciascuna potrà essere annotato un documento riepilogativo nel quale dovranno essere indicati i numeri delle fatture cui si riferisce, l'ammontare complessivo imponibile delle operazioni e l'ammontare dell'imposta, distinti secondo l'aliquota applicata.

Restano **esclusi** dall'obbligo della fatturazione elettronica i soggetti che rientrano nel cosiddetto "regime di vantaggio" e quelli che applicano il regime forfetario (circ. n. 8/E/2018 e circ. n. 13/E/2018). Sono inoltre escluse dall'obbligo di fattura elettronica le cessioni di carburanti per autotrazione nei confronti di clienti che acquistano al di fuori dell'esercizio di impresa arti o professioni.

IVA

Obblighi per le cessioni a clienti esonerati

Per quanto riguarda gli obblighi fiscali in capo al gestore di un impianto di distribuzione di carburanti per autotrazione, nei confronti dei soggetti esonerati dall'obbligo della fatturazione elettronica, si rinvia al (➡**46.25.**).

Obbligo di pagamento mediante mezzi di pagamento tracciabili

La deducibilità del costo e la detraibilità dell'IVA relative all'acquisto di carburante sono consentite, a partire dal 1° luglio 2018, solo se il relativo **pagamento** è effettuato **mediante mezzi tracciabili** (carte di credito, di debito, prepagate emesse da operatori finanziari soggetti all'obbligo di comunicazione *ex* art. 7, c. 6, D.P.R. n. 605/1973 oppure da altro mezzo ritenuto idoneo ed individuato con provvedimento del Direttore dell'Agenzia delle Entrate (art. 1, c. 923, Legge n. 205/2017).
Sebbene i **trattori agricoli e forestali**, nonché, in generale, le macchine individuate nell'art. 57 del Codice della strada siano esclusi dalla fatturazione elettronica, anche per questi mezzi vige l'obbligo di utilizzare mezzi di pagamento tracciabili se si vuol detrarre l'IVA sugli acquisti ovvero dedurre i costi (circ. n. 13/E/2018).
Tra i mezzi di pagamento tracciabili l'Agenzia individua anche i pagamenti effettuati tramite carte di credito, debito e prepagate emesse da operatori non tenuti a tale comunicazione (circ. n. 8/E/2018). Pertanto, nel caso di un dipendente o di un amministratore che utilizzi una propria carta di credito/debito/prepagata e tale spesa gli sia riconosciuta e rimborsata, la riferibilità della spesa al datore di lavoro è indubbia; ciò consentirà la deducibilità del costo e la detraibilità dell'IVA. Lo stesso vale nel caso di utilizzo di servizi offerti da operatori mediante **app per smartphone** o tablet che consentono l'acquisto di carburante con addebito diretto del costo su conto corrente o carta di credito (contestualmente all'acquisto o in un momento successivo) ovvero attingono ad una provvista mantenuta dal consumatore presso l'operatore, periodicamente ricostituita in ragione del consumo.
In caso di rapporto commerciale tra un soggetto attivo nella grande distribuzione di carburante ed un altro soggetto gestore di carte di credito/debito che permettono all'utente di acquistare il carburante utilizzando detti mezzi di pagamento, la fattura elettronica a giustificazione di tutti i prelievi effettuati dagli utenti nel mese può essere del tipo "differita". Resta fermo che in tal caso la fattura emessa dal grande distributore a carico del gestore delle carte, per essere "differita" deve contenere le indicazioni atte ad identificare i soggetti, tra i quali è effettuata l'operazione, nonché le indicazioni previste per la carta carburanti. Nella fattispecie almeno: data, generalità cedente e cessionario, quantità del carburante ceduto (risposta a interpello n. 44/2020).
Detti mezzi tracciabili dovranno essere intestati al soggetto IVA; ne deriva che in presenza di più veicoli occorrerà munirsi di altrettanti mezzi tracciabili.
L'Agenzia delle Entrate ha chiarito che si considerano idonei a provare l'avvenuta effettuazione delle operazioni i seguenti mezzi di pagamento:

- gli assegni, bancari e postali, circolari e non,
- i vaglia cambiari e postali,
- i mezzi elettronici tra cui, a titolo meramente esemplificativo, addebito diretto, bonifico bancario o postale, bollettino postale, carte di debito, di credito, prepagate, "bancomat" ovvero altri strumenti di pagamento elettronico disponibili che consentano anche l'addebito in conto corrente (Provv. n. 73203/2018).

Resta possibile l'utilizzo delle apposite carte rilasciate dalle compagnie petrolifere (netting) ed anche i buoni che permettono l'acquisto esclusivamente di carburanti e lubrificanti purché i relativi pagamenti siano effettuati con modalità tracciabili.
Con particolare riferimento ai "**buoni carburanti**" (ma anche carte, ricaricabili o meno, ovvero altri strumenti, emessi dalle Compagnie petrolifere), occorre fare una distinzione tra quelli:

- **monouso**, ossia quelli che consentono l'acquisto di carburante presso un distributore della medesima compagnia emittente. In questo caso la fatturazione elettronica è anticipata al momento dell'emissione del buono e non a quello successivo dell'erogazione;
- **multiuso**, ossia quelli che consentono l'acquisto di carburante presso distributori di varie compagnie, comprese quelle cosiddette "bianche" ovvero consentono l'acquisto di più beni e servizi. In questo caso la fatturazione elettronica è applicabile solo al momento dell'erogazione (utilizzo) presso l'impianto.

La precisazione dell'Agenzia (circ. n. 8/E/2018) in tema di buoni carburante, modifica pertanto il precedente documento di prassi (C.M. n. 30/1974), ma le nuove regole sono entrate effettivamente in vigore **dal 1° gennaio 2019**.
È da ritenere che le altre spese connesse ai veicoli, quali quelle di custodia, manutenzione, riparazione, noleggio e simili, non comportino l'obbligo di un mezzo di pagamento "tracciabile".

Credito d'imposta a favore degli esercenti impianti di distribuzione carburante

Agli esercenti di impianti di distribuzione di carburante è riconosciuto un credito d'imposta pari al **50%** del totale delle commissioni addebitate (a partire dal 1° luglio 2018 per coloro che già a quella data si sono attrezzati per l'emissione di fatture elettroniche; negli altri casi il credito d'imposta è riconosciuto dal 1° gennaio 2019) per le transazioni effettuate tramite **sistemi di pagamento elettronico** mediante carte di credito, emesse da operatori finanziari soggetti all'obbligo di comunicazione all'Anagrafe tributaria. Il credito d'imposta è utilizzabile esclusivamente in compensazione "orizzontale", cioè mediante Mod. F24, a decorrere dal periodo d'imposta successivo a quello di maturazione.

48.5. ESPORTATORE ABITUALE

Il soggetto passivo d'imposta abilitato all'**acquisto** di beni e servizi è interamente trattato nel capitolo (➡**49.**).

48.6. FATTURA EMESSA PER CONTO DEL FORNITORE

Di regola, la fattura deve essere emessa dal debitore d'imposta, cioè dal soggetto che effettua la cessione dei beni o la prestazione di servizi. Tuttavia, quest'ultimo può **accordarsi** preventivamente con un **altro soggetto** (cessionario/committente), oppure con un **soggetto terzo,** che si assuma l'impegno **di emettere** la fattura per conto del fornitore, ferma restando **la responsabilità di quest'ultimo per l'adempimento** nei confronti dell'erario (cosiddetta fattura in outsourcing trattata al (➡**46.10.**)).

48.7. REGISTRI OBBLIGATORI

Anche nell'ambito della gestione del ciclo passivo sono previsti particolari **registri** da tenere ai fini IVA.

Per quanto concerne modalità e norme di tenuta nonché tempi e luoghi di conservazione, si rinvia a (➡**46.22.**) in quanto disposizioni comuni anche con il ciclo attivo.

48.7.1. Registro degli acquisti

Nel registro vanno annotate (art. 25, D.P.R. n. 633/1972) (➡**98.17.**):
- le fatture ricevute imponibili, non imponibili, esenti;
- le autofatture imponibili, non imponibili ed esenti quando le disposizioni ne esigano la registrazione oltre che nel registro delle fatture emesse;
- le autofatture per prestazioni ricevute da soggetti passivi extra UE;
- le bolle doganali di importazione.

Non vanno annotati:
- gli acquisti e prestazioni **escluse** dall'imposta;
- le operazioni che prevedano l'**indetraibilità totale** dell'imposta.

Gli **elementi essenziali** sono:
- data della fattura;
- data e numero della bolla doganale di importazione con indicazione della Dogana di ingresso;
- dati identificativi del fornitore dei beni o della prestazione di servizio;
- imponibile ed imposta suddivisa per aliquota;
- importo esente o non imponibile con richiamo della relativa disposizione di legge;
- eventuali dati esclusi dall'imposta ma esplicitati in fattura;
- imponibile ed imposta riferentisi a fatture passive differite, da registrare in colonna separata per non detrarre erroneamente l'imposta prima del pagamento del corrispettivo.

A partire dal **24 ottobre 2018**, è stato abrogato l'obbligo di numerare in ordine progressivo le fatture passive e le bollette doganali di importazione nonché le fatture emesse in reverse charge, tanto al ricevimento di detti documenti, quanto ai fini della loro registrazione (D.L. n. 119/2018).

Resta comunque impregiudicata la possibilità di continuare a numerare i documenti relativi agli acquisti ove ciò risulti utile all'organizzazione imprenditoriale. La norma non ha comunque né soppresso né modificato, l'ulteriore obbligo di annotare in apposito registro le fatture di acquisto e di attribuire un ordine progressivo di numerazione. (circ. n. 14/E/2019).

Secondo l'Agenzia delle Entrate, la numerazione delle fatture elettroniche e di quelle analogiche può, come già chiarito dalla risoluzione n. 1/E/2013, proseguire ininterrottamente, a condizione che sia garantita l'identificazione univoca della fattura, indipendentemente dalla natura analogica o elettronica. Così, ad esempio, alla fattura numero 1 analogica, possono succedere la numero 2 e 3 elettroniche, la numero 4 analogica e così via, senza necessità di ricorrere a separati registri sezionali (FAQ 27 novembre 2018).

IVA

L'Agenzia delle Entrate ha specificato che per le fatture elettroniche d'acquisto, sulle quali è impossibile procedere con l'apposizione del numero progressivo di registrazione, l'individuazione della fattura potrà essere consentita tramite l'associazione informatica della fattura con i dati riportati all'interno del registro IVA (risposta a interpello 11 ottobre 2018, n. 34).

Per quanto riguarda **i registri degli acquisti precompilati** vedasi (➡**46.26.1.**) in ragione della similarità di trattamento con il registro delle vendite.

Fatture di importo inferiore a 300 euro e fatture degli spedizionieri

Come per le fatture emesse, anche quelle ricevute di importo inferiore a 300 euro (IVA compresa, come affermato dall'Agenzia delle Entrate nel corso dell'incontro con la stampa specializzata del 1° febbraio 2018), previa numerazione, possono essere riepilogate su un apposito documento interno riportante:

- i numeri attribuiti alle fatture riepilogate,
- l'imponibile e l'imposta suddivisi per aliquota.

Vanno **annotate** entro il **15** del **mese successivo** a quello solare cui si riferiscono le **fatture** riepilogate.

Anche le fatture relative alle prestazioni di trasporto ricevute per il tramite di spedizionieri, quale che ne sia l'importo, possono essere riepilogate con le stesse regole.

Termini di registrazione

La registrazione della fattura o della bolla doganale è essenziale ai fini dell'esercizio del diritto alla detrazione dell'imposta.

Per l'esercizio di tale diritto, la registrazione va effettuata **anteriormente** alla **liquidazione periodica** nella quale è esercitato il diritto alla detrazione e comunque non più tardi della dichiarazione relativa all'anno di ricevimento e con riferimento allo stesso anno (➡**48.1.2.**) (D.L. n. 50/2017).

Deroghe

Sono **esclusi** dall'obbligo di tenuta del registro degli acquisti:

- i contribuenti che hanno aderito al **regime forfetario** introdotto nel 2015;
- i soggetti in regime fiscale di vantaggio per l'**imprenditoria giovanile** e **lavoratori in mobilità** (D.L. n. 98/2011, art. 27, c. 1 e 2), purché vi abbiano aderito entro il 31 dicembre 2015;
- gli **agricoltori/pescatori minimi** (volume d'affari non superiore a 7.000 euro costituito per almeno 2/3 da cessione di prodotti agricoli/ ittici) (art. 34, c. 6);

i contribuenti in "contabilità ordinaria", che sostituiscano il registro con **altro libro obbligatorio** (libro giornale o registro cronologico), ma in tale ipotesi devono comunque rispettare i termini e le modalità previsti dalla normativa IVA. Inoltre, su richiesta dell'Amministrazione finanziaria, tali operatori devono essere in grado di fornire i medesimi dati che sarebbero stati annotati per obbligo sul registro degli acquisti.

Semplificazioni fiscali

A partire dalle operazioni IVA effettuate dal 1° gennaio 2021, in via sperimentale (termine inizialmente previsto per il 1° luglio 2020 così modificato dall'art. 142, D.L. n. 34/2020), l'Agenzia delle Entrate si è impegnata a mettere a disposizione dei soggetti IVA obbligati alla fatturazione elettronica, in apposita area del proprio sito Internet, le bozze del Registro degli acquisti (art. 4, D.Lgs n. 127/2015).

ALTRI REGISTRI 48.8.

In merito alle fatture ad esigibilità differite ricevute dal soggetto passivo, è possibile provvedere alla relativa annotazione su un apposito registro sezionale, invece che sul registro degli acquisti, al fine di non far confluire la relativa imposta nella liquidazione periodica prima che la fattura ad esigibilità differita sia stata pagata.

Nel ciclo passivo, gli altri registri riguardano di regola il carico e lo scarico di merci sia per un controllo dei beni non di proprietà entrati nei propri luoghi di esercizio dell'attività, sia ai fini di vincere la presunzione di acquisto senza corresponsione dell'imposta (➡**43.6.2.**), nonché il limite dell'anno dalla consegna o spedizione (all'art. 6, c. 1, D.P.R. n. 633/1972).

Si tratta, ad esempio, del:

- registro delle merci ricevute in conto deposito, lavorazione, riparazione ecc.;
- registro dei beni ricevuti in conto visione o prova;
- registro dei beni ricevuti in prestito d'uso;
- registro degli imballaggi non restituiti;

IVA

- registro dei beni ricevuti da soggetti residenti in Paesi della UE e trasferiti in Italia a titolo non traslativo della proprietà;
- registro delle dichiarazioni d'intento trasmesse al fornitore nel caso degli esportatori abituali.

IVA

ESPORTATORE ABITUALE 49.

SOGGETTI ESPORTATORI ABITUALI 49.1.

L'**esportatore abituale** (art. 8, c. 1, lett. c), D.P.R. n. 633/1972) è il soggetto d'imposta **residente o non residente**, **ma identificato** ai fini IVA **in Italia**, direttamente o tramite rappresentante fiscale, che nell'anno solare precedente oppure nei 12 mesi precedenti abbia registrato operazioni con l'estero rappresentate da:

- esportazioni,
- cessioni intracomunitarie,
- servizi internazionali o connessi con gli scambi internazionali,

superiori al 10% del volume d'affari, appositamente rettificate al fine di non tenere conto di alcune operazioni extraterritoriali (➔47.) (➔49.2.).

L'Agenzia delle Entrate - che aveva già confermato il diritto alla maturazione del plafond in capo a **soggetti passivi non residenti in Italia**, ma qui identificati (ris. n. 80/E/2011) - ha ora esteso questa possibilità ad una impresa con sede all'estero ed identificata in Italia, o che qui abbia nominato un proprio rappresentante fiscale ai fini IVA, la quale svolga il ruolo di agente senza rappresentanza (commissionario/mandatario *ex* art. 1731 c.c.) ove non si prevede il passaggio di proprietà dei beni tra committente e commissionario (risposta a interpello n. 1/2021).

Anche nel caso di **operazione triangolare** (promotore/secondo cedente stabilito in Italia, acquista beni dal primo cedente: residente all'estero, ma identificato in Italia, incaricandolo di consegnare direttamente i beni al proprio cessionario finale residente in un Paese extra UE. Qui si verifica una doppia cessione all'estero con maturazione di un doppio plafond, ma "libero" per il primo cedente e "vincolato" per il secondo (promotore) (➔49.2.; ➔53.1.2.) (risposta a interpello n. 580/2020).

Lo *status* di esportatore abituale consente di:

- **acquistare** e
- **importare**

beni o servizi senza corrispondere l'IVA al proprio fornitore ovvero in dogana nei limiti del c.d. plafond.

L'esportatore abituale può acquistare od importare senza imposta beni o servizi "potenzialmente" esportabili, compresi i beni ammortizzabili ed i beni acquistati in leasing, purché inerenti all'attività svolta (circ. n. 145/E/1998), con la eccezione del "plafond vincolato" (➔49.2.) che riguarda i commissionari ed i promotori delle triangolazioni in quanto utilizzabile solo per acquistare beni da esportare allo stato originario (per ulteriori eccezioni si rimanda al successivo paragrafo "Utilizzo del plafond").

A tal fine, l'esportatore abituale deve seguire una specifica procedura che prevede una serie di comunicazioni sia all'Agenzia delle Entrate, sia al proprio fornitore.

Soggetti esclusi

Sono esclusi i seguenti soggetti:

- coloro che hanno **iniziato l'attività da meno di 12 mesi** (nel senso di anno solare per coloro che adottano il plafond fisso, ovvero 12 mesi di calendario per coloro che vogliono adottare il plafond mobile) (➔49.2.2.),
- **produttori agricoli** in regime speciale (art. 34, D.P.R. n. 633/1972),
- tutti i **soggetti** che **non** possono **detrarre** l'**IVA** sugli acquisti.

IVA

Utilizzo del plafond

Il plafond può essere speso per acquistare **beni** e **servizi non necessariamente** destinati ad essere a loro volta **esportati** o, comunque, inviati in altri Paesi UE. Possono, dunque, essere acquistati senza pagamento dell'IVA anche beni solo potenzialmente esportabili sebbene di fatto non varcheranno mai i confini nazionali, tant'è che i servizi sono agevolabili sebbene non possano essere materialmente spediti/trasportati all'estero.

Gli acquisti che **non** possono essere effettuati utilizzando il plafond sono:

- **immobili**, ivi compresi i **servizi di installazione degli impianti** che formano parte integrante dell'immobile e sono ad esso serventi (a questi infatti si applica il meccanismo dell'inversione contabile - reverse charge - che prevale, quale meccanismo antifrode (circ. n. 37/E/2015) rispetto al regime di non imponibilità previsto per gli esportatori abituali (Principio di diritto 9 aprile 2019, n. 14);
- **servizi di locazione finanziaria immobiliare** e **contratti di appalto** per la costruzione di immobili (risposta a interpello n. 304/2020);
- **aree fabbricabili**;
- **beni** e **servizi** con **IVA indetraibile** per ragioni soggettive od oggettive, anche per effetto di pro-rata. In caso di indetraibilità parziale, il plafond può essere speso pro-quota, in proporzione al costo del bene o servizio con imposta detraibile.

49.2. MODALITÀ DI CALCOLO DEL PLAFOND

Il plafond è determinato avendo come punto di partenza:

- il **volume d'affari** generale **"rettificato"** e
- il volume d'affari **realizzato** mediante **cessioni verso l'estero** (UE od Extra UE) che concorrono alla formazione del plafond stesso.

Volume d'affari rettificato

Il punto di partenza è il volume d'affari (art. 20, D.P.R. n. 633/1972) (➡47.2.) **diminuito** delle:

- cessioni di **beni in transito**;
- cessioni di beni **depositati** in **luoghi** soggetti a **vigilanza doganale**;
- cessioni di beni e prestazioni di servizi **extraterritoriali** (art. 21, c. 6-bis, lett. a) e lett. b), D.P.R. n. 633/1972 ossia, rispettivamente, cessioni di beni e prestazioni di servizi - non finanziari - rese nei confronti di soggetto passivo UE debitore d'imposta in altro Paese UE e cessioni di beni e prestazioni di servizi resi extra UE nei confronti di chiunque);
- compravendita di carburanti, con eccezioni (➡49.3.).

È **esportatore abituale** chi può vantare un totale fatture di esportazione, assimilate alle esportazioni, intracomunitarie registrate nell'anno precedente oppure nei 12 mesi precedenti per un ammontare **superiore al 10% del volume d'affari** rettificato.

Una volta determinati i requisiti per essere considerati esportatori abituali, il **plafond** è **dato** dall'**ammontare complessivo** dei **corrispettivi** delle operazioni con l'estero registrati nel periodo di riferimento che concorrono alla sua formazione, laddove il plafond può essere determinato in riferimento:

- all'anno solare precedente: **plafond fisso** (➡49.2.1.),
- ai 12 mesi precedenti: **plafond mobile** (➡49.2.2.).

Operazioni verso l'estero che concorrono alla formazione del plafond
- esportazioni dirette (anche triangolari) o cessioni in Italia a soggetti esteri che provvederanno essi stessi all'esportazione entro 90 giorni dalla consegna dando la prova dell'avvenuta uscita dei beni dal territorio nazionale con esclusione di quelle indirette ossia vendite ad altri esportatori abituali e di quelle a favore di viaggiatori esteri; - cessione di beni prelevati da un Deposito IVA, purché vi sia un trasporto o spedizione fuori dalla UE; - cessione intracomunitaria di beni prelevati da un deposito IVA con trasporto o spedizione in altro Paese UE; - operazioni assimilate alle esportazioni; - servizi internazionali o connessi con gli scambi internazionali; - servizi internazionali o connessi con gli scambi internazionali "effettuati nell'esercizio dell'attività propria dell'impresa" rese nei confronti di soggetti residenti;

Operazioni verso l'estero che concorrono alla formazione del plafond
- operazioni intracomunitarie (dirette o triangolari), comprese quelle riguardanti oro e argento; - cessioni e prestazioni a favore di residenti nella Città del Vaticano o nella Repubblica di S. Marino; - cessioni e servizi in base ad accordi internazionali; - triangolazioni proprie (soggetto IT che cede a soggetto IT con trasporto/consegna a cura del primo a favore di un soggetto UE); - triangolazioni tra soggetti UE e soggetto italiano; - prestazioni di trasporto e connesse operazioni di intermediazione, intra comunitarie; - lavorazioni intracomunitarie di beni; - margini positivi delle esportazioni riguardanti i beni usati.

Operazioni che non concorrono alla formazione del plafond
- cessioni e prestazioni ad altri esportatori abituali; - cessioni con trasporto o spedizione fuori del territorio dell'Unione europea entro 180 giorni dalla consegna, a cura del cessionario o per suo conto, effettuate nei confronti delle Amministrazioni pubbliche e dei soggetti della cooperazione allo sviluppo in attuazione di finalità umanitarie, comprese quelle dirette a realizzare programmi di cooperazione allo sviluppo (art. 8, c. 1, lett. b-bis), D.P.R. n. 633/1972); - invio di beni all'estero per la lavorazione o a titolo non traslativo della proprietà (esportazioni temporanee); - cessioni "franco valuta" o comunque a titolo gratuito; - invio in Paesi extra UE di beni di proprietà dell'impresa per un uso strumentale nell'attività propria (attrezzature, macchinari e simili presso cantieri esteri); - cessioni di beni in transito doganale; - cessioni di beni in depositi IVA senza che gli stessi vengano estratti dopo la cessione o se la successiva cessione non costituisce esportazione o cessione comunitaria; - cessioni in Italia a viaggiatori extra UE; - prestazioni di servizi effettuate extra UE da agenzie di viaggio; - la restante parte dei corrispettivi che non costituisce margine nelle esportazioni di beni usati (coincidente con il prezzo di acquisto); - tutte le prestazioni di servizi extraterritoriali, (artt. 7-bis, 7-ter, 7-quater, 7-quinquies, D.P.R. n. 633/1972); - prestazioni "generiche" di servizi rese a committenti esteri identificati ai fini IVA nel proprio Stato in quanto escluse da IVA (art. 7-ter, D.P.R. n. 633/1972).

Operazioni che variano il plafond

Successivamente all'emissione della fattura possono verificarsi degli accadimenti che comportano la **variazione in aumento** ovvero **in diminuzione** dell'operazione che concorre a formare il plafond.

Variazioni in aumento - Se l'evento determina l'**aumento** dell'**imponibile**, il fornitore è obbligato all'emissione di una **nota debito**.
La nota di debito mantiene le medesime caratteristiche della fattura principale e, quindi, è non imponibile.
In particolare:

- se **emessa nel corso dell'anno**, va direttamente ad aumentare il plafond disponibile dell'esportatore abituale;
- se **emessa** l'**anno successivo**, non aumenta il plafond disponibile di quell'anno ma aumenta il plafond dell'anno precedente nel quale è stata effettuata l'operazione principale;
- se **emessa in anni** ancora **successivi**, non può aumentare il plafond disponibile nell'anno in cui tale fattura integrativa viene registrata, né serve ad aumentare il plafond originario relativo all'anno in cui è stata effettuata l'operazione principale (tale plafond è già stato utilizzato). La variazione è ininfluente.

Variazioni in diminuzione - L'emissione delle **note di credito** in diminuzione della base imponibile sono sempre facoltative. Tuttavia, ai fini del plafond, tali variazioni vanno comunque considerate anche se non emesse.

> La nota credito **emessa** lo **stesso anno** dell'operazione principale riduce sempre il plafond disponibile dell'anno.

IVA

La nota credito **emessa** (o non emessa) l'**anno successivo** non diminuisce il plafond disponibile di tale anno successivo, ma riduce il plafond dell'anno precedente.
La nota credito **emessa** (o non emessa) **in anni** ancora **successivi** diminuisce il plafond disponibile dell'anno in cui è stata effettuata l'operazione principale. Questo potrebbe causare per quell'anno uno splafonamento se il plafond di quell'anno fosse stato interamente consumato.

Qualora il soggetto passivo effettui **sia operazioni imponibili sia operazioni esenti**, il plafond utilizzabile deve essere ridotto della quota di ***pro-rata*** (➡48.1.4.).

Operazioni triangolari e plafond vincolato o condizionato

Occorre prestare particolare attenzione alle cessioni triangolari ed a quelle effettuate per il tramite di commissionari.
Nel caso di esportazioni cosiddette **triangolari -** ove si ha un **primo cedente** italiano che cede ad un secondo cedente italiano, ma consegna direttamente in dogana i beni a favore del cliente estero del secondo cedente italiano - l'acquirente italiano (**secondo cedente**), se esportatore abituale, avrà un **plafond ridotto** di un ammontare pari al costo di acquisto del bene presso il proprio fornitore nazionale e destinato ad essere esportato.
Tale riduzione non opera qualora i beni acquistati senza assolvere l'imposta, vengano esportati (in triangolazione) **entro 6 mesi dall'acquisto**, tali e quali, ossia senza alcun intervento di manutenzione, modificazione o simili.
Si ha lo stesso vincolo nel caso di intervento di un commissionario quale promotore dell'esportazione nell'ambito di una operazione di esportazione triangolare.

CASO 1 - Plafond libero e plafond vincolato

IT1 vende a IT2 e consegna direttamente ad un cliente extra UE di IT2 all'estero:
- per IT1 l'intera fattura verso IT2 è qualificata come esportazione diretta *ex* art. 8, c. 1, lett. a), D.P.R. n. 633/1972 e partecipa totalmente alla formazione del plafond a favore di IT1 stesso (cosiddetto Plafond libero);
- IT2, che acquista i beni da IT1 per poi cederli e fatturarli al proprio cliente estero, vede il proprio plafond (quello che avrebbe realizzato nella cessione diretta al cliente estero) temporaneamente ridotto di un ammontare pari al corrispettivo fatturatogli da IT1.

Questa porzione ridotta (chiamata plafond condizionato o vincolato) potrà comunque essere interamente utilizzabile a formare il plafond solo se IT2 acquista beni da esportare nello stato originario, ossia senza lavorazione, trasformazione ecc., entro 6 mesi dal loro acquisto.
Se IT2 ha un plafond, quanto fatturato al proprio cliente extra UE va a costituire una sorta di duplice plafond:
- una parte libero pari alla differenza tra il prezzo fatturato al proprio cliente estero e quanto fatturatogli da IT1;
- una parte vincolato o condizionato pari al prezzo di acquisto fatturatogli da IT1.

CASO 2 - Plafond libero e plafond vincolato

IT2 acquista da IT1 ad un prezzo di 1.000 e rivende i beni al cliente estero per 1.400:
- la parte pienamente utilizzabile per la costituzione del plafond è pari a 400 (1.400 - 1.000);
- la parte pari al corrispettivo dei beni acquistati (1.000) è ad utilizzo vincolato al fine dell'acquisto di beni da esportare nello stato originario, entro sei mesi dalla data in cui gli sono stati consegnati.

Si tenga presente che in dichiarazione annuale IVA occorre indicare come plafond l'intero ammontare fatturato al cliente estero (nell'esempio: 1.400) sebbene l'utilizzo sia differenziato.

Ai fini della corretta utilizzazione del plafond, si deve tener conto del momento esatto in cui l'operazione si considera effettuata, come sinteticamente riportato nella tabella che segue.

Operazione	Momento di utilizzo del plafond
Acquisto di beni	- consegna o spedizione - data di pagamento se antecedente la consegna dei beni od il ricevimento della fattura - data della fattura se antecedente la consegna o pagamento - al momento dell'estrazione di beni precedentemente introdotti all'interno di un deposito IVA

Operazione	Momento di utilizzo del plafond
Acquisto di servizi	- pagamento - data della fattura se antecedente il pagamento
Importazioni	data della bolla doganale
Acquisti intracomunitari di beni o servizi	possibile, ma non utile

Plafond fisso 49.2.1.

Il soggetto che intenda utilizzare il plafond fisso, all'**inizio** di ciascun **periodo d'imposta, deve**:

- determinare l'**ammontare** delle **cessioni** registrate con riferimento a quelle effettuate all'estero nel periodo d'imposta precedente;
- determinare lo **status** di **esportatore** abituale (➔49.1.) verificando se l'ammontare delle cessioni effettuate all'estero e registrate nell'anno precedente superi il 10% del volume d'affari rettificato;
- determinare l'entità del **plafond disponibile** rettificato come sopra precisato. In genere esso è pari alle cessioni effettuate all'estero nell'anno solare precedente.

L'ammontare del plafond così determinato rappresenta il limite massimo di beni e servizi che possono essere acquistati senza pagare l'IVA al proprio fornitore nel corso del medesimo periodo d'imposta.

Utilizzo del plafond

Il **plafond disponibile** si riduce man mano che vengono effettuati acquisti senza assolvimento dell'imposta (**acquisti in sospensione d'imposta**) e si esaurisce quando questi abbiano consumato l'ammontare del plafond determinato all'inizio dell'anno.

Al termine del periodo d'imposta (31 dicembre) eventuali residui di plafond non utilizzato sono definitivamente persi.

CASO 3 - Calcolo del plafond fisso

Un'impresa nel corso dell'anno precedente (X) ha registrato cessioni all'estero per 70.000.

Nell'anno solare precedente (X) ha realizzato un volume d'affari rettificato pari a 600.000.

All'inizio dell'anno (X+1) procede a verificare se vi siano i presupposti per essere considerato esportatore abituale:

70.000/600.000 = 0,1167.

Ossia 11,67%. È pertanto esportatore abituale.

Il plafond disponibile nell'anno X+1 per acquisti in sospensione d'imposta ammonta a 70.000.

L'impresa può effettuare acquisti senza IVA per un ammontare massimo di 70.000. Questo plafond si riduce man mano con gli acquisti senza IVA. Eventuali residui al 31 dicembre sono persi.

Plafond mobile 49.2.2.

Calcolo del plafond mensile

In caso di opzione per il metodo del plafond mobile, il soggetto passivo deve all'**inizio di ogni mese**:

- calcolare l'**ammontare** delle **cessioni** effettuate e registrate verso l'estero nei 12 mesi precedenti;
- determinare lo **status** di **esportatore** abituale (➔49.1.) verificando se l'ammontare delle cessioni effettuate all'estero e registrate nei 12 mesi precedente superi il 10% del volume d'affari rettificato.

Il **plafond disponibile** nel mese è dato dalla differenza tra:

- le cessioni effettuate all'estero nei 12 mesi precedenti, e
- l'utilizzo totale del plafond alla fine del mese precedente al netto delle cessioni all'estero del 13° mese.

Nel corso del mese si possono acquistare beni o servizi senza pagamento dell'IVA nei limiti del plafond disponibile.

Ricalcolo mensile

Alla **fine di ogni mese** occorre calcolare **l'utilizzo totale progressivo del plafond** dato dalla sommatoria degli utilizzi del plafond nei mesi precedenti sino al mese immediatamente precedente e l'utilizzo del plafond nel mese appena concluso.

Vantaggio

Il metodo del plafond mobile è decisamente più complicato rispetto a quello del plafond fisso. Può essere conveniente la sua adozione qualora si prevedano **incrementi progressivi di cessioni all'estero**.

CASO 4 - Calcolo del plafond mobile

Un'impresa nei 12 mesi dell'anno x ha effettuato esportazioni per 400.000.
All'inizio di gennaio dell'anno x+1 il plafond disponibile è 400.000 così calcolato:

Operazioni all'estero nei 12 mesi precedenti		400.000
dedotto		
Utilizzo del plafond alla fine del mese precedente (dicembre x)	0	
Al netto delle cessioni all'estero del 13° mese precedente	- 0	
Totale utilizzo	0	0
Plafond disponibile nel mese di gennaio x+1		400.000

A fine gennaio x+1 il plafond è stato utilizzato per 50.000.
Si procede alla verifica dell'utilizzo complessivo del plafond.

Plafond utilizzato nel mese di gennaio	50.000
Utilizzo del plafond alla fine del periodo precedente	- 0
Utilizzo totale del plafond a fine gennaio	50.000

Nello stesso mese (gennaio) sono state effettuate operazioni all'estero per 30.000.
Determinazione del plafond disponibile all'inizio di febbraio

cessioni all'estero nei 12 mesi precedenti		
da gennaio anno x a gennaio anno x+1	400.000	
dedotte cessioni all'estero nel 13° mese precedente (gennaio anno x)	(20.000)	
cessioni all'estero nel mese precedente (gennaio anno x+1)	30.000	
	410.000	410.000
dedotto l'utilizzo del plafond alla fine del mese precedente al netto delle cessioni all'estero effettuate nel 13° mese precedente		
utilizzo del plafond alla fine del mese precedente (gennaio anno x+1)	50.000	
cessioni all'estero effettuate nel 13° mese precedente (anno x)	(20.000)	
	30.000	(30.000)
Plafond disponibile all'inizio di febbraio (anno x+1)		**380.000**

E così via con la medesima metodologia per tutti i restanti mesi sino all'eventuale consumo del plafond. All'inizio del nuovo anno occorre verificare i presupposti per essere ancora esportatore abituale.

Modifica del sistema di calcolo

È possibile passare da un metodo di calcolo all'altro, ma solo all'inizio di ciascun periodo d'imposta.

Passaggio da mobile a fisso - Nel solo mese di gennaio si assume come plafond quello che sarebbe stato utilizzabile, in base al metodo del plafond mobile, per lo stesso mese. Non vi è possibilità di recuperare eventuali quote pregresse non utilizzate.

Passaggio da fisso a mobile - Il plafond utilizzabile è quello relativo alle operazioni registrate nell'anno precedente.

49.2.3. Operazioni straordinarie

Affitto d'azienda

Perché possa avere effetto il trasferimento del beneficio di utilizzazione della facoltà di acquistare beni e servizi per cessioni all'esportazione, senza pagamento dell'imposta, è necessario che tale

IVA

trasferimento sia espressamente **previsto** nel relativo **contratto** e che ne sia data comunicazione con lettera **raccomandata** entro **30 giorni** all'ufficio IVA competente per territorio (art. 8, c. 4, D.P.R. n. 633/1972).
Le "Dichiarazioni di inizio attività, variazione dati o cessazione attività" - **Modelli AA7/10** (per i soggetti diversi dalle persone fisiche) e **AA9/12** (per le persone fisiche) - contengono un'apposita casella che deve essere barrata per comunicare l'intenzione di avvalersi del beneficio (➡45.). L'adempimento s'intende regolarmente rispettato con la compilazione della sezione 3 del quadro D del Mod. AA7/10 e della sezione 3 del quadro E del Mod. AA9/12.

Cessione/conferimento d'azienda

Il trasferimento del plafond non è condizionato al passaggio di tutti i rapporti con la clientela non residente o, più in generale, di tutte le posizioni creditorie e debitorie relative all'azienda o al ramo d'azienda ceduto o conferito. Il diritto a fruire dello speciale trattamento fiscale nasce dalla situazione obiettiva, ovverosia dall'essere esportatore abituale nei limiti quantitativi previsti dalla relativa disciplina. Situazione nella quale il cessionario/conferitario subentra per effetto del trasferimento dei rapporti giuridici (attivi e passivi) relativi al complesso aziendale ceduto/conferito ed è richiesto che il cessionario/conferitario prosegua l'attività di esportazione (ris. 21 aprile 2008, n. 165).
Nei **modelli AA7/10** e **AA9/12**, il cedente/conferente e il cessionario/conferitario devono barrare, rispettivamente:
- la casella PL della sezione 2 del quadro D e la casella PL della sezione 1 del quadro D (Mod. AA7/10);
- la casella PL della sezione 2 del quadro E e la casella PL della sezione 1 del quadro E (Mod. AA9/12).

Trasferimento del plafond a stabile organizzazione in Italia

Nel caso di trasferimento all'estero della residenza fiscale di un soggetto esportatore abituale con mantenimento della branch in Italia, il mantenimento del medesimo numero di partita IVA è dovuto al subentro in continuità nel requisito soggettivo da parte della stabile organizzazione (art. 4, D.P.R. n. 633/1972). In tale circostanza, secondo l'Agenzia delle Entrate, la posizione della branch è assimilabile a quella del soggetto avente causa di un'operazione di riorganizzazione aziendale, il quale succede alla società dante causa negli obblighi e nei diritti relativi all'IVA inerenti al complesso aziendale oggetto del trasferimento. Di conseguenza viene riconosciuto alla Stabile organizzazione di subentrare nello status di esportatore abituale della casa madre trasferitasi all'estero e quindi del plafond maturato da questa purché tale plafond sia relativo al complesso aziendale dal quale è scaturito e per mezzo del quale viene esercitata, senza soluzione di continuità, l'attività da cui originano le operazioni non imponibili con l'estero (risposta a interpello n. 336/2020).

COMUNICAZIONI ALL'AGENZIA - DICHIARAZIONE O LETTERA D'INTENTO 49.3.

Il soggetto che risulta nelle condizioni di essere qualificato esportatore abituale e desidera procedere ad acquisti in sospensione d'imposta, prima di chiedere a qualsiasi proprio fornitore di fatturare senza imposta deve procedere ai seguenti **adempimenti**:
- **compilare** il modello ministeriale di "Dichiarazione d'intenti" in tutte le sue parti: Frontespizio e Quadro A. Dal 2 marzo 2020 l'esportatore abituale è tenuto ad utilizzare il nuovo modello di dichiarazione d'intenti (Provv. n. 96911/2020 e relative specifiche tecniche). Sino al 27 aprile 2020 era consentito l'utilizzo del precedente modello;
- **trasmettere** la Dichiarazione telematicamente all'**Agenzia delle Entrate** ed attendere di ricevere la "ricevuta telematica di avvenuta trasmissione";
- dal 2 **marzo 2020** non è più necessario l'invio al fornitore né della copia della dichiarazione, né della ricevuta telematica, in quanto i dati necessari all'emissione di fattura in sospensione d'imposta possono essere scaricati direttamente dal fornitore dal proprio cassetto fiscale;
- dalla citata data **non è più necessario** per l'esportatore abituale numerare ed annotare la Dichiarazione d'intenti e la relativa ricevuta.

La trasmissione telematica del modello ministeriale può essere effettuata direttamente o per il **tramite** di **intermediari** abilitati.
La Dichiarazione d'intento può riguardare ad insindacabile scelta dell'esportatore abituale:
- una singola operazione,
- una pluralità di operazioni.

IVA

Divieto di utilizzo della dichiarazione d'intento per la compravendita di carburanti

Dal 27 ottobre 2019 è fatto **divieto** di utilizzo della **dichiarazione d'intento** a quei soggetti che, pur avendo tutti requisiti per essere considerati esportatori abituali, **compravendono carburanti.** L'utilizzo è **consentito limitatamente** al caso di vendite operate da depositi commerciali nei confronti di imprese di autotrasporto internazionale di persone e cose per l'esercizio dell'attività d'impresa (art. 1, c. 941-bis, Legge n. 205/2017) che possiedano i requisiti soggettivi individuati dall'art. 24-ter, c. 2 del Testo Unico Accise (risposta a interpello n. 337/2020).

Importazioni - Dogana

Nel caso di importazioni **non** è **necessario** presentare una **copia** della **dichiarazione** precedentemente inviata all'Agenzia insieme ad una copia della **ricevuta** di avvenuta trasmissione in quanto l'Amministrazione ha messo a disposizione delle dogane un'apposita banca dati alla quale possono attingere le informazioni necessarie. Per l'esportatore abituale sarà dunque **sufficiente** indicare gli estremi della dichiarazione d'intento e della relativa ricevuta nel **DAU**.

La dichiarazione d'intento nel caso delle importazioni può riguardare esclusivamente una singola operazione. Ogni importazione senza addebito d'imposta dovrà essere suffragata da apposita dichiarazione d'intenti inviata telematicamente all'Agenzia delle Entrate. Nella dichiarazione d'intento occorre **indicare** un "**valore presunto**" relativamente all'imponibile ai fini IVA della singola operazione doganale che tenga cautelativamente conto di tutti gli elementi che concorrono al calcolo di tale imponibile. L'**importo effettivo** è, invece, quello risultante dalla **dichiarazione doganale** collegata alla dichiarazione d'intenti.

Estrazione da un deposito IVA

L'esportatore abituale può effettuare l'estrazione di beni da un deposito IVA **senza assolvere l'imposta**, ma utilizzando il plafond. La dichiarazione d'intento, in questo caso, deve essere trasmessa telematicamente all'Agenzia delle Entrate che rilascia apposita ricevuta anch'essa telematicamente (art. 50-bis, c. 6, D.L. n. 331/1993).

Scadenza

La validità delle dichiarazioni d'intento, tanto se consegnate al fornitore nazionale quanto se relative ad importazioni, scadono irrimediabilmente al **31 dicembre** di **ciascun anno**.

L'esportatore abituale non può fruirne per acquisti effettuati anche nei primissimi giorni dell'anno successivo.

> Qualora entro il mese di dicembre l'acquirente/committente sia già in grado di conoscere con esattezza di trovarsi ancora nella posizione di esportatore abituale anche per l'anno successivo, potrà predisporre ed inviare telematicamente e successivamente ai fornitori, delle nuove dichiarazioni d'intento contenenti già la numerazione per l'anno successivo.

IVA

49.4. COMUNICAZIONI AL FORNITORE

L'esportatore abituale, una volta inviato telematicamente all'Agenzia delle Entrate il modello di dichiarazione d'intento ed ottenuta la ricevuta di avvenuta trasmissione, invia una copia dei predetti documenti al fornitore affinché quest'ultimo sia legittimato ad applicare il regime di non imponibilità IVA per le cessioni/prestazioni poste in essere nei confronti dell'esportatore abituale.

L'esportatore abituale, a sua volta, è tenuto a **monitorare** l'**utilizzo** del **plafond**.

Se nel corso dell'anno si dovesse accorgere che il plafond sia oramai quasi esaurito, provvederà ad inviare al/ai fornitori che in precedenza avevano ricevuto copia della dichiarazione d'intento relativa ad una pluralità di operazioni, una **comunicazione** con la richiesta di interruzione delle forniture in sospensione d'imposta.

Non è necessario che analoga comunicazione sia trasmessa all'Agenzia delle Entrate in quanto quest'ultima, attraverso la banca dati in suo possesso, è in grado autonomamente di monitorare l'utilizzo del plafond disponibile.

49.5. CONTROLLI DA PARTE DEL FORNITORE

Il fornitore, al ricevimento della dichiarazione d'intento e della copia della ricevuta telematica di avvenuta trasmissione da parte dell'esportatore abituale, è tenuto a:

- **controllare telematicamente** l'avvenuta presentazione all'Agenzia della dichiarazione d'intento da parte dell'esportatore abituale. Esame che può essere effettuato direttamente on-line nel sito dell'Agenzia nella sezione "Verifica ricevuta dichiarazione d'intento" oppure tramite il proprio cassetto fiscale qualora abilitato ad Entratel o a Fiscoline. La verifica viene eseguita inserendo alcu-

ni dati (numero di protocollo; numero progressivo; anno di emissione della dichiarazione; codice fiscale dell'esportatore abituale) rinvenibili dalla ricevuta stessa;
- **scaricare** il **messaggio** "dichiarazione d'intento correttamente presentata" e conservarlo;
- **emettere fattura** con la dicitura "non imponibile" oppure: "art. 8, c. 1, lett. c), del D.P.R. n. 633/1972";
- **indicare in fattura** il numero attribuito alla dichiarazione d'intento;
- **apporre** sulla fattura la marca da bollo da euro 2,00 al superamento di euro 77,47;
- **annotare** la **dichiarazione e** la **ricevuta** entro i 15 giorni successivi al loro ricevimento, alternativamente in un apposito registro tenuto ai sensi dell'art. 39 del decreto IVA oppure in un'apposita sezione del registro delle vendite o dei corrispettivi;
- **riepilogare** i dati delle dichiarazioni ricevute per ogni singolo esportatore abituale, nella dichiarazione annuale IVA.

La **verifica** della trasmissione telematica della lettera d'intento deve essere effettuata in **data anteriore alla consegna** del bene o al pagamento anticipato anche parziale dello stesso rispetto alla data della fattura di vendita. In caso contrario (es.: riscontro della trasmissione anche immediatamente successivo alla consegna) la fattura non può godere della non imponibilità (art. 8, c. 1, lett. c), D.P.R. n. 633/1972).

Il fornitore **è tenuto** ad applicare le direttive comunicategli, **salvo che**:
- non potesse non conoscere che il richiedente non aveva le caratteristiche di esportatore abituale oppure
- la cessione riguardasse beni oggettivamente esclusi dal plafond (esempio, immobile) oppure
- entrambe le parti fossero in accordo per un tentativo di frode.

Solo in queste circostanze vi è corresponsabilità con il cliente.

Novità 2022

Dal 1° gennaio 2022 (con l'entrata in vigore della legge di bilancio 2021) aumentano gli obblighi di controllo e formazione della fattura elettronica non imponibile che il fornitore/prestatore emette a carico del cliente. Le novità sono state diramate dall'Agenzia delle Entrate con proprio Provv. n. 293390/2021.

Vedasi in dettaglio il ➡**capitolo 46.21. paragrafo "Novità 2022"**.

SPLAFONAMENTO E RIMEDI 49.6.

Qualora l'esportatore abituale acquisti beni e servizi in regime di sospensione d'imposta in misura eccedente il limite del plafond disponibile, deve procedere alla regolarizzazione degli acquisti in eccesso mediante una delle procedure sotto indicate.

Prima alternativa

L'ex esportatore abituale deve immediatamente:
- **avvisare** il **fornitore** chiedendogli di regolarizzare le operazioni fatturate senza applicazione dell'imposta, mediante emissione di Nota di Debito pari all'IVA non esposta nelle fatture originarie;
- **corrispondere** al fornitore l'IVA così addebitatagli;
- **annotare** la Nota di Debito nel periodo di competenza;
- **versare** la **sanzione e** gli **interessi** mediante F24. È possibile il ravvedimento operoso se l'errore è individuato nei termini previsti per l'applicazione di questo istituto (➡**75.5.**). Le sanzioni ed interessi potrebbero essere già stati versati dal fornitore in uno con l'IVA originariamente non addebitata. In tal caso il rapporto rimane tra ex esportatore abituale e fornitore al quale dovrà rimborsare tanto la sanzione quanto gli interessi. Se, l'IVA è stata versata dal fornitore mediante variazione in aumento (oltre sanzione ed interesse), il cessionario, al di là dell'ipotesi di frode, può detrarre l'imposta addebitatagli il cui termine coincide con quello dell'emissione della nota di debito, ossia al più tardi entro il termine di presentazione della dichiarazione relativa all'anno in cui detto diritto è sorto, ciò ai sensi dell'art. 19 del D.P.R. n. 633/1972 (risposta a interpello n. 531/2020).

Seconda alternativa

È preferibile alla prima perché non coinvolge il fornitore in quanto è l'ex esportatore abituale che provvede a:
- **emettere autofattura** in duplice esemplare in cui indicare:
  - gli estremi del fornitore (o dei fornitori);
  - il numero di protocollo delle fatture ricevute errate;
  - l'ammontare di eccedenza rispetto al plafond disponibile;
  - l'ammontare dell'imposta che doveva essere indicata nelle citate fatture;
- **annotare** un esemplare dell'autofattura nel solo registro acquisti ai fini della detrazione;

IVA

- **versare l'IVA dovuta** mediante F24. **In alternativa** è possibile anche **conteggiarla a debito nella prima liquidazione periodica**, in tal modo si potrà utilizzare eventuali crediti a compensazione;
- versare la **sanzione e gli interessi** mediante F24. È possibile il ravvedimento operoso se l'errore è individuato nei termini previsti per l'applicazione di questo istituto;
- **presentare** il secondo esemplare dell'autofattura all'Ufficio IVA;
- **indicare in dichiarazione** annuale l'imposta regolarizzata al fine di evitare una doppia detrazione (rigo: variazioni ed arrotondamenti), mentre l'ammontare della fattura originariamente ricevuta in sospensione d'imposta non dovrà più essere esposta nel rigo relativo agli acquisti non imponibili.

49.7. DISPOSIZIONI A CONTRASTO DELLE FRODI DA UTILIZZO DI FALSI PLAFOND

Al fine di contrastare possibili frodi per falso utilizzo del plafond IVA, è previsto un meccanismo automatico teso ad effettuare specifiche analisi di rischio e, in caso di esito positivo, consenta all'Agenzia delle Entrate, *ex* art. 51 del DPR n. 633/1972, di inibire sia il rilascio, sia l'invalidazione di lettere d'intento illegittime rilasciate da falsi esportatori abituali che risultavano aver già emesso dichiarazioni d'intento false sulla base di plafond fittizi.
In caso di emersione di irregolare emissione di dichiarazioni d'intento, viene inibita la facoltà di rilasciare nuove dichiarazioni.
Qualora sulla fattura elettronica sia esposto il numero di protocollo di una lettera d'intento invalidata, SDI inibisce l'emissione della fattura elettronica recante il titolo di non imponibilità *ex* art. 8, c. 1, lett. c del D.P.R. n. 633/1972 (art. 1, c. 1079-1081, Legge n. 178/2020).

SETTORI PARTICOLARI E REGIMI SPECIALI 50.

AGRICOLTURA E SIMILI 50.1.

Produttori agricoli - Pesca in acque dolci 50.1.1.

Ai fini IVA sono considerati produttori agricoli (art. 34, D.P.R. n. 633/1972):

- coloro che esercitano per professione abituale, anche non organizzata in forma d'impresa, ovvero sotto forma di organismi associativi, le **attività di coltivazione** del fondo, **allevamento** degli animali, api e simili (art. 2135 c.c.);
- i soggetti che esercitano attività di **pesca** in acque dolci, di allevamento di rane, di piscicoltura, di mitilicoltura, di ostricoltura e di allevamento di rane e altri molluschi e crostacei.

All'elenco si aggiunge una serie di altri soggetti collettivi quali:

- gli organismi di intervento agricolo,
- le cooperative e consorzi che utilizzano prevalentemente prodotti dei soci, ovvero forniscono prevalentemente ai soci beni e servizi diretti alla cura e allo sviluppo del ciclo biologico,
- gli enti che provvedono per legge, anche previa manipolazione o trasformazione, alla vendita collettiva per conto dei produttori soci.

Per questi soggetti sono previsti i seguenti **regimi particolari** che si **affiancano a quello ordinario**:

- il regime speciale,
- il regime dell'esonero.

Regime speciale

Indipendentemente dal volume d'affari realizzato, ai produttori agricoli come sopra definiti si applica un **regime speciale** che prevede:

- per le **cessioni**, la normale emissione di fatture assoggettate alle diverse aliquote IVA (fatti salvi i soggetti esonerati), così come previste dalla prima parte della Tabella A allegata D.P.R. n. 633/1972 relativa ai prodotti agricoli e agli animali;
- per la **contabilità**:
  - la tenuta dei registri acquisti e vendite;
  - l'osservanza di tutti i consueti obblighi, quali: liquidazioni periodiche, dichiarazione annuale, versamenti, comunicazioni dati IVA, ecc.;

IVA

- l'esonero dall'emissione dello scontrino o ricevuta fiscale per le cessioni nei confronti di privati consumatori;

– per gli **acquisti**, la detrazione dell'IVA assolta sugli acquisti in misura **forfetizzata**.

Forfetizzazione - È data dall'applicazione di **percentuali di compensazione** stabilite per gruppi di prodotti, direttamente applicate all'ammontare imponibile delle cessioni stesse.
Le percentuali di compensazione sono stabilite da appositi decreti ministeriali (D.M. 12 maggio 1992, D.M. 30 dicembre 1997, D.M. 23 dicembre 2005, D.M. 26 gennaio 2016, D.M. 2 febbraio 2018 e da ultimo D.M. 5 giugno 2020, D.M. 5 febbraio 2021, D.M. 10 febbraio 2021).
In particolare - facendo seguito alla Legge di bilancio 2021 che ha prorogato anche per il 2021, l'innalzamento delle percentuali di compensazione forfettaria (art. 1, c. 39, Legge n. 178/2020) - il D.M. 10 febbraio 2021 aveva fissato al 7,65% la percentuale applicabile alle cessioni di animali vivi della specie bovina, compresi gli animali del genere bufalo, e al 7,95% la percentuale relativa alle cessioni di animali vivi della specie suina.
Successivamente, il Decreto Sostegni bis ha stabilito una eguale percentuale di compensazione pari al 9,50% applicabile alle cessioni di animali vivi della specie bovina e suina (art. 68, D.L. n. 73/2021).
Detta percentuale è stata **confermata anche per il 2022** (art. 1, c. 527, Legge n. 234/2021).
L'IVA effettivamente corrisposta sugli acquisti non è detraibile.
La detrazione forfetizzata **non si applica** per le cessioni di beni il cui acquisto è derivato:

– da un **atto non soggetto all'IVA**, per esempio da una donazione;
– da un'**operazione in esenzione d'imposta**, sempre che il cedente, il donante o il conferente, sia soggetto al regime ordinario.

Regime speciale e operazioni intracomunitarie - Per quanto concerne le **cessioni** intracomunitarie, i produttori agricoli e quelli di prodotti ittici d'acqua dolce emettono fattura non imponibile.
Le cessioni intracomunitarie, in uno con le cessioni interne, danno diritto alla detrazione forfetaria dell'IVA pagata a monte sugli acquisti applicando il medesimo meccanismo sopra illustrato, ovvero chiedendone il rimborso (art. 51, D.L. n. 331/1993).

Acquisti da fornitore UE		
Acquisti	**Acquirente**	**Obblighi**
Acquisti intracomunitari realizzati nell'anno precedente, **superiori** ad euro 10.000 ovvero superamento del medesimo limite nel corso dell'anno	In regime **ordinario**	- numerare ed integrare le fatture UE con l'aliquota propria del bene - annotarle separatamente sia nel registro delle vendite, sia nel registro degli acquisti, indicando l'imposta in apposita colonna perché **indetraibile** - liquidare e versare l'IVA dovuta senza operare alcuna detrazione, con la prima liquidazione utile
Acquisti di importo **inferiore** ad € 10.000 ovvero non superamento del medesimo limite nel corso dell'anno		- **esonero** dal versamento dell'IVA in Italia in quanto l'imposta è dovuta nel Paese UE del fornitore che, pertanto, l'addebita in fattura (esattamente come se il produttore agricolo fosse un consumatore finale) - la fattura UE **non** va integrata e va contabilizzata solo ai fini contabili - è fatta salva l'opzione per l'applicazione dell'IVA sugli acquisti intracomunitari
	In regime **speciale**	L'acquisto non è considerato intracomunitario, pertanto l'agricoltore nazionale deve corrispondere l'imposta direttamente al fornitore UE (esattamente come se fosse un consumatore finale)

Regime speciale e operazioni di import/export - Le **esportazioni** di prodotti agricoli verso soggetti residenti in Paesi extra UE sono cessioni all'esportazione a tutti gli effetti, in quanto tali non imponibili ai sensi dell'art. 8 del D.P.R. n. 633/1972.
Tali operazioni danno comunque diritto alla detrazione dell'IVA a monte, mediante il sistema delle percentuali di compensazione.

Per i produttori agricoli, le esportazioni non vanno a costituire alcun plafond in quanto ad essi non è applicabile il regime degli esportatori abituali.
Di contro, è possibile cedere prodotti agricoli od ittici a terzi **esportatori abituali**. In tal caso, la fattura è non imponibile ed il produttore agricolo può ottenere il rimborso dell'IVA derivante dall'applicazione delle percentuali di compensazione.
Le **importazioni** seguono le regole ordinarie previste per le importazioni di beni da chiunque effettuate, ma nel caso di specie la detrazione è forfetizzata calcolandola sulle cessioni come già illustrato.

Regime dell'esonero

Accanto al regime speciale, sono previste disposizioni di particolare favore per i produttori agricoli e ittici d'acqua dolce, con un **volume d'affari** assai **ridotto**.

> Sono ammessi al regime dell'esonero coloro i quali nell'anno precedente abbiano realizzato o prevedano di non superare un volume non superiore ad **euro 7.000**, costituito per almeno 2/3 da cessione di prodotti agricoli o ittici compresi nella prima parte della Tabella A allegata al D.P.R. n. 633/1972.

È comunque fatta salva la possibilità per il soggetto interessato di non avvalersi del regime in esame, nel qual caso l'opzione e la revoca si esercita in base al c.d. comportamento concludente, dandone comunicazione in sede di dichiarazione annuale (art. 34, c. 6, D.P.R. n. 633/1972).

Agevolazione - I soggetti che si trovano nelle condizioni indicate sono **esonerati**:
- dall'**obbligo** di **emissione di fattura**. Sono gli acquirenti soggetti passivi obbligati ad emettere autofattura i quali debbono applicare le percentuali di compensazione stabiliti da appositi decreti per categorie di prodotti. L'esonero dalla emissione della fattura non è stato modificato dall'introduzione obbligatoria della fatturazione elettronica; pertanto, i soggetti agricoli minimi e i forfetari con un reddito annuo inferiore a 65.000 euro nonché, come detto in precedenza, i piccoli produttori agricoli con un volume d'affari inferiore a 7.000 euro all'anno continuano a non emettere alcun tipo di fattura; sono sempre gli acquirenti soggetti IVA ad emettere fattura elettronica per loro conto in reverse charge (art. 34, c. 6, D.P.R. n. 633/1972). Con specifico riferimento alla numerazione delle fatture che il cessionario/committente soggetto d'imposta deve emettere in luogo del produttore agricolo/ittico esonerato, detto il cessionario, nel rispetto di un'ordinata contabilità, può determinarla nel modo più confacente alla propria organizzazione aziendale (ad esempio, numerando progressivamente le fatture poi consegnate agli agricoltori cedenti facendole seguire da una o più lettere identificative), con l'unico limite dell'univocità, ossia dell'identificazione certa del documento, anche tramite la sua data, così da evitare duplicazioni o ostacolo all'attività di controllo (risposta a interpello 30 aprile 2019, n. 132);
- dalla **registrazione**, **liquidazione** periodica, **versamento** dell'imposta;
- dalla presentazione **dichiarazione dati** e dichiarazione **annuale**;
- dall'emissione di **DDT** (questo è emesso direttamente dal cessionario all'atto del ritiro).

Obblighi - Sono previsti i seguenti obblighi:
- essere in possesso del **numero** di **partita IVA**;
- **numerare** progressivamente e **conservare** le **fatture** di acquisto ovvero le autofatture ricevute dagli acquirenti e gli eventuali DAU in caso di importazione;
- vigilare che le **cessioni** dei prodotti agricoli rappresentino i **2/3** del proprio **volume d'affari**;
- **trattenere l'IVA** incassata dal cliente che gli ha consegnato una copia dell'autofattura, ciò a titolo di compensazione dell'imposta assolta sugli acquisti.

> Se nell'anno viene **superato** il **limite** di **7.000 euro,** a partire dall'anno successivo occorre adottare il regime speciale o quello ordinario.
> Le cessioni di prodotti non agricoli o ittici risultano essere superiori ad 1/3 del volume d'affari dell'anno precedente, il regime dell'esonero cessa immediatamente.

Cessioni - Il soggetto in regime di esonero non emette fattura, spettando al **cessionario**, soggetto passivo d'imposta, l'**obbligo di emettere autofattura** elettronica riportante la dizione "autofatturazione".
L'IVA da applicare a detto documento corrisponde alla percentuale di compensazione per quel determinato bene venduto dall'agricoltore esonerato.
L'acquirente in tale situazione emette, con la consegna a suo favore dei prodotti agricoli, autofattura elettronica che invia a SDI. Nel campo "Codice Destinatario" va indicato il codice convenzionale a sette zeri e la partita IVA nella casella "Identificativo Fiscale". SDI, dopo i consueti controlli, recapita

l'autofattura nella area "riservata" di Fisconline (o Entratel) dell'acquirente, mentre l'emittente è tenuto:
- a comunicare l'avvenuto "deposito" al fornitore agricolo (Provv. 30 aprile 2018);
- a consegnargli una copia cartacea di tale fattura o a inviarla per e-mail;
- ad annotare l'autofattura nel registro degli acquisti.

L'agricoltore conserva la fattura, prelevandola dalla propria area riservata oppure quella cartacea ricevuta dal cessionario, incassa l'imposta dal cessionario, ma non la versa.
Se l'acquisto riguarda **prodotti non agricoli** o servizi, l'IVA è calcolata con le aliquote relative e non già con le percentuali di compensazione.

Variazioni delle percentuali di compensazione - In caso di variazioni delle percentuali di compensazione, se la nuova percentuale di compensazione è maggiore di quella previgente, l'acquirente è tenuto ad emettere una Nota di Debito di sola IVA per la differenza.
Anche questo documento verrà registrato solo nel registro degli acquisti e l'imposta è detraibile. La maggiore IVA dovrà poi essere corrisposta all'agricoltore.

Regime dell'esonero ed operazioni intracomunitarie - Qualora siano stati effettuati **acquisti intracomunitari** di beni nell'anno precedente per un importo pari o superiore ad euro 10.000 o il limite è superato nel corso dell'anno, i produttori agricoli "esonerati" devono:
- numerare ed annotare le fatture estere in un apposito registro entro il mese successivo al ricevimento;
- trasmettere mensilmente all'Agenzia delle Entrate il Mod. INTRA-12 (➜98.14.) in duplice esemplare;
- versare l'imposta presso il medesimo Ufficio.

Se gli acquisti **non** superano il citato limite, l'**imposta** è dovuta **nel Paese UE di acquisto** e la fattura estera va semplicemente conservata.
In presenza di **cessioni intracomunitarie** i produttori in regime di esonero sono dispensati dall'emissione di fattura e dalla comunicazione periodica dei dati mediante il cosiddetto "esterometro" (➜62.1.2.).

Opzione per il regime ordinario

I soggetti che per loro natura rientrerebbero nel regime speciale od in quello di esonero possono optare per il regime ordinario, **vincolante** per un **triennio** a partire dall'anno dell'esercizio dell'opzione.
L'opzione va comunicata nella dichiarazione annuale IVA da presentare in riferimento all'anno di scelta, ma già in precedenza l'agricoltore che opta per il regime ordinario può applicarlo in base al c.d. comportamento concludente.
In genere gli agricoltori/allevatori ecc. che optano per il regime ordinario sono quelli soggetti ad un'aliquota IVA sull'acquisto più elevata rispetto alla corrispondente percentuale di compensazione applicata in fase di vendita. L'opzione per il regime ordinario comporta per l'agricoltore/allevatore l'obbligo di emissione della fattura elettronica anche, nel caso di operazioni transfrontaliere verso SDI il quale riceverà anche il documento inerente ai dati relativi alle operazioni con l'estero e che dal 2022 sostituirà il c.d. spesometro.

Raccoglitori occasionali

Anche i raccoglitori occasionali di:
- prodotti selvatici quali, ad esempio, funghi, tartufi, sughero, ghiande, frutti dell'ippocastano, muschi e licheni;
- piante officinali a crescita spontanea;

qualora nell'anno solare precedente abbiano realizzato un **volume d'affari non superiore** ad **euro 7.000** derivante almeno per i 2/3 dalla cessione di prodotti agricoli, sono esonerati da qualunque adempimento IVA (rilascio di fatture, versamento d'imposta, altri obblighi documentali e dichiarativi).

Produttori agricoli forfetari - I produttori agricoli che gestiscono la:
- produzione di prodotti selvatici non legnosi non ricompresi nella classe ATECO 02.30 quali, ad esempio, produzione gestita dei prodotti e delle piante di cui al punto precedente; la coltivazione di funghi o tartufi; la coltivazione di bacche o noci; la raccolta di legna da ardere; la produzione di trucioli;
- coltivazione di piante officinali,

non superiore a 65.000, possono applicare il **regime forfetario** (art. 1, c. 699, Legge n. 145/2018). Sono **esonerati** all'emissione di **fattura** o in alternativa, allo scontrino o ricevuta fiscale; sono **esonerati** dal versamento dell'IVA e dagli altri adempimenti in materia (registrazione delle fatture emesse;

registrazione dei corrispettivi; registrazione degli acquisti; tenuta e conservazione dei registri e documenti, fatta eccezione per le fatture di acquisto e per le bollette doganali di importazione; dichiarazione e comunicazione annuale IVA).
È possibile il passaggio dal regime forfetario a quello ordinario. L'**opzione** deve essere comunicata con la prima dichiarazione da presentare dopo la scelta operata; è valida per almeno un triennio e, trascorso il periodo minimo, resta valida per ciascun anno successivo, fino a quando ne permane la concreta applicazione.
Quando, invece, venga meno uno dei requisiti per accedere al regime forfetario o si verifica una delle cause di esclusione, il regime agevolato cessa di avere effetto dall'anno successivo con obbligo di assolvere a tutti gli adempimenti relativi all'applicazione del regime ordinario.

Il passaggio dalle regole ordinarie di applicazione dell'IVA al regime forfetario comporta la rettifica della detrazione (art. 19-bis.2, D.P.R. n. 633/1972) da operarsi nella dichiarazione dell'ultimo anno di applicazione delle regole ordinarie.
In caso di passaggio, anche per opzione, dal regime forfetario a quello ordinario, occorre operare un'analoga rettifica della detrazione nella dichiarazione del primo anno di applicazione delle regole ordinarie.

Attività connesse a quella agricola 50.1.2.

Per attività connesse a quella agricola si intendono (art. 34-bis, D.P.R. n. 633/1972):
- le attività di **manipolazione**, **conservazione**, **trasformazione**, **commercializzazione** e **valorizzazione** aventi per oggetto prodotti agricoli ottenuti prevalentemente dal fondo;
- le **prestazioni di servizi** realizzate mediante l'uso prevalente di attrezzature dell'**azienda agricola**.

L'IVA dovuta dagli esercenti tali attività va determinata riducendo l'imposta relativa alle operazioni imponibili in misura pari al 50% del suo ammontare a titolo di **deduzione forfettaria** dell'imposta relativa agli acquisti e alle importazioni.
È possibile optare per il regime ordinario. I soggetti che si avvalgono di detto regime non sono considerati contribuenti minimi (D.M. 2 gennaio 2008).

Agriturismo 50.1.3.

I soggetti che svolgono attività di agriturismo determinano l'IVA in misura **forfetaria** per differenza, applicando all'imposta relativa alle operazioni imponibili attive registrate nell'anno di riferimento una detrazione forfettaria del 50%.
L'esercizio dell'attività agrituristica in **forma societaria** comporta l'applicabilità del regime speciale solo ai fini IVA e non per le imposte dirette.
È possibile **optare** per il **regime ordinario** comunicando la scelta nella dichiarazione annuale IVA. L'opzione è vincolante per l'anno in corso ed i due successivi.
I soggetti che esercitano sia l'attività agricola sia l'attività agrituristica devono tenere una **contabilità separata**.

Cooperative agricole e della pesca 50.1.4.

I passaggi di prodotti agricoli e ittici a favore di determinati enti, ad esempio le cooperative di conferimento, ai fini della vendita, anche previa manipolazione o trasformazione, si considerano effettuati all'atto del versamento del prezzo a favore dei produttori (agricoli o ittici) soci o associati. In tale situazione la fattura può essere emessa dai citati enti anche per conto dei produttori conferenti consegnando, inoltre, a questi ultimi un esemplare della fattura per gli ulteriori adempimenti fiscali (art. 34, c. 7, D.P.R. n. 633/1972).
Con l'introduzione generalizzata della **fatturazione elettronica**, l'Agenzia ha chiarito che:
- l'ente conferitario può emettere fattura elettronica **per conto di ogni singolo socio** utilizzando una distinta numerazione per ogni singolo socio conferente. In tal modo le fatture emesse per conto dei soci risultano progressive per ciascuno di essi e distinte da quelle eventualmente emesse dai singoli soci a carico di terzi, che pertanto devono avere una numerazione progressiva differente;
- l'ente conferente che emette fatture elettroniche per conto del socio deve valorizzare i blocchi "terzo intermediario o soggetto emittente" e "Soggetto emittente", inserendo i dati della cooperativa e indicando che l'emittente è il "Cessionario/committente";

IVA

– la cooperativa conferitaria può inserire nella fattura elettronica il proprio indirizzo telematico (es. PEC o il proprio codice destinatario) come indirizzo del destinatario della fattura. Inoltre, deve comunicare al socio produttore agricolo o ittico di aver emesso la fattura e fa pervenire a questi una copia elettronicamente o in formato PDF (Agenzia delle Entrate, FAQ 21 dicembre 2018, n. 47, risposte a istanze di consulenza giuridica 18 marzo 2019, nn. 10, 11, 12).

50.2. EDITORIA

Relativamente al campo editoriale, per:
- quotidiani,
- periodici,
- libri,
- supporti integrativi anche elettronici (ad esempio, DVD),
- cataloghi,

la normativa IVA prevede un **regime speciale**, detto "**monofase**", in base al quale l'**imposta** relativa ai predetti prodotti è **dovuta** esclusivamente **dall'editore**, sulla base del prezzo di vendita al pubblico e non più sul sistema ordinario della "rivalsa".

Per poter rientrare nel regime monofase, i prodotti editoriali devono:
- riguardare prodotti stampabili,
- riportare il prezzo sulla copertina anche se distribuiti gratuitamente,
- riportare il prezzo comprensivo dell'imposta.

Sono **esclusi** dal regime monofase:
- i prodotti on line rientranti nel cosiddetto commercio **elettronico diretto** (➜**50.10.2.**);
- le **vendite congiunte** di prodotti editoriali e di altri beni non editoriali.

Aliquote

L'imposta relativa ai prodotti editoriali (comprese operazioni strettamente accessorie, come ad esempio, la c.d. incellofanatura delle riviste da spedire), si calcola, di regola, con l'aliquota del **4%**.
L'aliquota è quella ordinaria (22%) per i giornali pornografici e i cataloghi.

Funzionamento del regime monofase

L'imposta, a scelta dell'editore, può essere calcolata:
- sulla base delle **copie vendute**,
- sulle copie consegnate, con **forfetizzazione dei resi**. Il sistema della forfetizzazione è quello naturale per il campo editoriale; solo per opzione si può adottare il metodo delle copie vendute.

Forfetizzazione dei resi - L'imposta è determinata:
- per libri,
- periodici,
- quotidiani,

in base alle copie effettivamente consegnate o spedite, **dedotta** una percentuale da applicare sul prezzo di copertina a titolo di resa, pari:
- all'**80%** di quanto consegnato o spedito a qualsiasi titolo, nel caso dei quotidiani e periodici. Limitatamente al 2020 la resa forfetizzata è stabilita al **95%** per i giornali quotidiani e periodici esclusi quelli pornografici e quelli ceduti unitamente a beni diversi dai supporti integrativi (art. 187, D.L. n. 34/2020). La resa forfetizzata al 95% per le medesime pubblicazioni appena citate è stata confermata **anche per l'anno 2021** (art. 67, c. 7, D.L. n. 73/2021);
- al **70%** di quanto consegnato o spedito a qualsiasi titolo, nel caso dei libri.

La somma su cui applicare la percentuale forfetizzata è determinata dal prezzo di copertina di tutte le copie consegnate o spedite, anche a titolo gratuito, in abbonamento o in esecuzione di contratti estimatori (sono escluse le copie esportate, in quanto non imponibili e quelle cedute a titolo di campione gratuito, purché riportino la relativa specifica indicazione espressa sia sopra il prezzo di vendita, che sulla copertina).

Con il sistema della forfetizzazione dei resi non sussiste l'obbligo di emissione della fattura (né elettronica, né cartacea) in quanto il documento di addebito del corrispettivo (c.d. estratto conto) deve indicare che l'imposta è assolta direttamente dall'editore.

Non va calcolata l'IVA sui resi.

Una volta determinato il corrispettivo, IVA compresa, occorre poi scorporare l'imposta (➜**43.5.**) e procedere così al versamento direttamente da parte dell'editore. Le variazioni di prezzo intervenute successivamente alla consegna o spedizione, comportano corrispondenti rettifiche della base imponibile già assoggettata all'imposta.

IVA

Nel regime forfettario l'editore è tenuto ad istituire un apposito registro, detto "**registro delle tirature**", annotando entro il mese successivo:

- il numero delle copie consegnate o spedite;
- il numero delle copie consegnate o spedite in abbonamento;
- il numero di copie cedute senza applicazione dell'imposta in esportazione o cessione intracomunitaria;
- il numero di copie costituenti la resa forfetaria;
- il prezzo di vendita al pubblico, comprensivo dell'imposta, di ciascuna copia;
- l'ammontare dei corrispettivi, determinato moltiplicando il prezzo di cui alla lettera e) per il numero delle copie consegnate o spedite;
- l'ammontare dei corrispettivi, comprensivi dell'imposta, riscossi per le cessioni di pubblicazioni effettuate in abbonamento, ridotto delle percentuali di forfetizzazione della resa;
- l'ammontare complessivo imponibile determinato sulla base dell'importo dei corrispettivi, diminuito, a norma del c. 4 dell'art. 27, D.P.R. n. 633/1972, delle percentuali ivi indicate;
- l'ammontare della relativa imposta.

Metodo delle copie vendute - Metodo **opzionale** rispetto al precedente per quanto concerne i prodotti editoriali. L'opzione è da esercitare nella dichiarazione annuale IVA e può riguardare:

- **ogni testata** o titolo: opzione vincolante per un triennio; può essere revocata solo successivamente;
- il **singolo numero**: l'opzione è vincolante solo per quel numero, ma può essere comunicata anche cumulativamente con eventuali altri numeri opzionati nel corso del periodo d'imposta.

L'imposta viene calcolata sulla base del prezzo di vendita e numero di copie effettivamente vendute (su segnalazione del distributore) al netto dell'IVA calcolata sui resi (a storno dell'IVA a debito sulla cessione).

Con il metodo delle copie vendute l'editore ha la facoltà di emettere fattura o meno.

Se **non opta** per la fatturazione, l'editore è tenuto a predisporre un apposito registro nel quale indicare le cessioni avvenute (circ. n. 328/E/1997).

Se **opta** per l'emissione della fattura, ove comunque l'imposta non è mai evidenziata in quanto non è consentita la rivalsa, il documento è in **formato elettronico**. Sebbene la cessione sia fuori campo IVA, in quanto operazione monofase, il formato XML consente di inviare anche queste fatture a SDI indicando come codice "N2", "N.2.2".

Esclusioni

Sono esclusi dal regime speciale:

- cessioni di beni diversi dai **supporti integrativi**, unitamente al prodotto editoriale, di costo superiore al 50% del prezzo di vendita dell'intera confezione;
- cessioni di **CD, DVD** e simili non collegati al un prodotto cartaceo;
- vendite mediante **commercio elettronico diretto**, in quanto prestazioni di servizio;
- servizi di intermediazione con rappresentanza per la commercializzazione di prodotti editoriali;
- **distribuzione gratuita** di giornali o periodici dipendenti da contratti di pubblicità con inserzionisti pubblicitari.

Momento impositivo

Con il metodo:

- della **forfetizzazione**, assume rilevanza la consegna o spedizione dei beni;
- delle **copie vendute**, assume rilevanza la notizia dal distributore centrale del numero delle copie effettivamente vendute.

Il pagamento di **acconti** prima della consegna o spedizione non rileva, salvo il caso di abbonamenti.

Per **entrambi i regimi** (forfetizzazione dei resi; copie vendute) è necessario che le pubblicazioni rechino sulla copertina l'indicazione del prezzo di vendita al pubblico comprensivo di IVA. In assenza di tale requisito, pur restando ferma l'applicazione del regime monofase sull'intero prezzo della confezione, si diventa applicabile l'aliquota ordinaria IVA del 22% anziché quella ridotta.

Cessioni intracomunitarie ed esportazione di prodotti editoriali

Il regime speciale dell'editoria non è applicabile né alle cessioni intracomunitarie, né a quelle destinate extra UE (art. 74, D.P.R. n. 633/1972).

IVA

Commercio elettronico diretto

Qualora l'editore venda prodotti editoriali on line scaricabili dall'acquirente (quindi non acquisto di prodotti editoriali che verranno successivamente spediti a destinazione) l'operazione non rientra più nel regime dell'art. 74, obbligando il cedente all'emissione di apposita fattura elettronica.

Detrazione dell'IVA non assolta dal cliente

L'editore rientrante nel regime monofase può emettere nota di accredito (*ex* art. 26, c. 2, D.P.R. n. 633/1972) al fine di poter recuperare l'IVA in caso di insolvenza del cliente (non consumatore finale, bensì con soggetti IVA quali ad esempio le imprese di distribuzione).

L'Agenzia delle Entrate ha chiarito che indipendentemente dalle modalità di liquidazione dell'imposta (nella fattispecie: forfetizzazione della resa), il fallimento del cliente rende nulla l'operazione ai fini IVA e quindi resta impregiudicato il diritto in capo all'editore di procedere alla variazione. Pertanto, egli potrà, a seguito di emissione di apposita nota di credito, portare in detrazione l'imposta corrispondente. Naturalmente il principio è applicabile anche in caso di applicazione del metodo delle copie vendute (risposta a interpello n. 155/2019).

50.3. AGENZIE DI VIAGGIO

In relazione all'**organizzazioni di viaggi**, si distinguono due figure:

- il **tour operator**: soggetto che organizza viaggi, crociere, soggiorni, pacchetti turistici. Offerte che possono essere cedute direttamente al fruitore, ma di regola il tour operator si avvale di un intermediario, ossia l'agenzia di viaggi;
- l'**agenzia di viaggi**: si pone direttamente in contatto con il possibile fruitore e provvede alla:

a. vendita delle proposte del tour operator;
b. vendita diretta di particolari servizi, come la prenotazione di biglietti, alberghi ecc.

L'agenzia può operare come "agente" del tour operator, **con o senza rappresentanza**.

Regime speciale

Le operazioni poste in essere da:

- tour operator e
- agenzie di viaggio con rappresentanza dei tour operator,

ricadono in un **sistema speciale** di determinazione dell'imposta (art. 74-ter, D.P.R. n. 633/1972) basato sul procedimento "**da base a base**".

Operazioni escluse dal regime speciale

Sono escluse dal regime speciale e rientrano in quello ordinario dell'IVA:

- le prestazioni di **intermediazione** in nome e per conto del cliente, ovvero che agiscono nella qualità di intermediari con rappresentanza dei clienti, quali, ad esempio:
  - il servizio di prenotazione di alberghi e viaggi;
  - i diritti di agenzia, i rimborsi spese sostenute, ecc.;
- l'acquisto **in nome proprio** e per conto della clientela di servizi turistici.

Procedimento "da base a base"

È un procedimento applicabile alle operazioni rese dalle **agenzie di viaggio** (tour operator) che:

- organizzano e vendono direttamente al viaggiatore ovvero ad un'altra agenzia un "**pacchetto turistico**" (viaggio, alloggio e servizi turistici non accessori al trasporto o all'alloggio) che pur prevedendo una pluralità di servizi, possa essere qualificato "**unitario**";
- vendono - in nome e per conto proprio - pacchetti turistici come sopra detto, ma **organizzati da altri**;
- vendono in nome proprio e per conto del soggetto (tour operator) che ha organizzato il pacchetto;
- vendono **ad** un'**altra agenzia**, la quale acquista il pacchetto su mandato del viaggiatore;
- vendono a viaggiatori o ad altre agenzie servizi turistici non organizzati in pacchetti, ma solo se già nella disponibilità dell'agenzia prima della richiesta da parte del potenziale cliente.

Questi servizi, oltre al viaggio e all'alloggio, devono comprendere anche altri servizi al cliente che siano di durata superiore alle 24 ore.

Metodologia

L'imposta è calcolata mediante lo **scorporo dalla base imponibile**, a sua volta determinata dalla differenza tra:

- il corrispettivo come pattuito per la vendita (al lordo dell'IVA) e pagato dal cliente, e
- l'ammontare complessivo (lordo IVA) dei costi sostenuti per l'acquisto dei servizi e/o dei beni da terzi a diretto vantaggio dei viaggiatori, comprese le commissioni e le provvigioni.

IVA

CASO 1 - Determinazione IVA mediante scorporo dalla base imponibile

- Corrispettivo incassato (lordo IVA):	1.000
- costi sostenuti per la realizzazione del pacchetto (lordo IVA)	700
- base di calcolo (IVA compresa)	300

- aliquota ordinaria 22% (indipendentemente dal fatto che beni o servizi che compongono il pacchetto possano soggiacere ad aliquote differenti)

(300/1,22) = 245,90

IVA = (300 - 245,90) = 54,10

L'IVA corrisposta a monte sui costi e spese direttamente connessi alla formazione dei pacchetti **non può essere detratta**.
Trattandosi di prestazione di servizi, occorre far riferimento al committente, soggetto passivo, e verificare se questi sia stabilito o meno nel territorio dello Stato.
Se l'agenzia è un soggetto stabilito in Italia, le operazioni:

– **effettuate nella UE** sono soggette al regime speciale.
– Solo la parte svolta nella UE è imponibile. La base imponibile, al lordo dell'IVA, è data dal rapporto tra la parte di viaggio effettuata nella UE e il totale del viaggio (UE + Extra UE). Dalla base imponibile "lorda" si sottraggono le eventuali spese per servizi effettuati nella UE da terzi e, quindi, si scorpora l'imposta.
– Se il pacchetto è venduto ad un committente stabilito in Italia, ma prevede un viaggio totalmente nella UE l'imposta è dovuta solo sul margine (➡**50.5.**);
– **effettuate fuori della UE** sono non imponibili *ex* art. 9 del D.P.R. n. 633/1972 (➡**44.1.5.**);
– **miste**, ossia effettuate **parte nel territorio UE e parte fuori dal territorio comunitario**, la base imponibile è determinata dal rapporto tra i costi sostenuti dall'agenzia per le operazioni effettuate da terzi all'interno della UE e quelli sostenuti nel territorio comunitario ed extra UE. La percentuale che ne risulta va applicata all'ammontare del corrispettivo convenuto dall'agenzia per la sua prestazione. Quindi si detrae il costo dei servizi prestati da terzi a favore del viaggiatore nella UE e il risultato costituisce la base imponibile al lordo dell'imposta;
– i servizi **resi** dall'agenzia **in nome e per conto del cliente** fruitore, se quest'ultimo è:
  - residente in Italia, sono soggetti ad IVA;
  - cliente finale UE od extra UE, sono "fuori campo IVA" (➡**42.3.**), in quanto trova applicazione la regola territoriale relativa alle prestazioni di servizi generici (art. 7-ter, D.P.R. n. 633/1972) basata sulla tassazione nel luogo del committente;
– qualora l'agenzia acquisti un **singolo servizio** (es.: hotel, aereo, treno) la prestazione rientra fra quelle in deroga rispetto al principio della territorialità (artt. 7-quater e 7-quinquies) e non rientra nel regime speciale.

Modalità di fatturazione

La fattura attiva è obbligatoriamente emessa, anche se non richiesta dal cliente:

– senza esposizione dell'imposta,
– con l'indicazione: "Regime del margine - Agenzie di viaggio" e con l'eventuale specificazione della norma di riferimento, anche comunitaria.

Le fatture sono emesse:

– nel caso di **organizzazione e vendita di pacchetti turistici**:
  - direttamente **ai viaggiatori**: emissione a carico degli stessi entro il giorno di effettuazione di effettuazione dell'operazione (partenza o pagamento);
  - direttamente a viaggiatori **da parte di mandatari con rappresentanza**: l'organizzatore emette fattura entro il mese successivo alla data di effettuazione dell'operazione;
– nel caso di **sola vendita di pacchetti turistici**:
  - **in nome e per conto proprio**, ma organizzati da terzi: l'organizzatore emette fattura all'agenzia all'effettuazione dell'operazione ed altrettanto fa l'agenzia nei confronti del viaggiatore;
  - **organizzati in proprio**, ma venduti per il tramite di altre agenzie senza rappresentanza: l'organizzatore fattura l'agenzia e questa a sua volta fattura il viaggiatore.

IVA

Le fatture attive vanno emesse al pagamento o non oltre la data di inizio del viaggio; è possibile posticiparne l'emissione al mese successivo solo se il pacchetto viene ceduto per il tramite di una agenzia autorizzata.

Registrazioni

Fatture attive - Vanno annotate nel registro dei corrispettivi, oppure in apposito registro tenuto a norma dell'art. 39 del D.P.R. n. 633/1972. L'annotazione cronologica deve essere eseguita entro il mese successivo a quello di effettuazione delle operazioni.

Fatture passive - Per l'organizzazione di un servizio rientrante nel regime speciale "da base a base", esse vanno:
- annotate separatamente sul registro degli acquisti, oppure
- in un apposito registro separato nel quale indicare, separatamente, le operazioni soggette all'imposta da quelle non imponibili od escluse.

Liquidazione dell'imposta

L'imposta va liquidata e versata mensilmente ed è determinata dalla **differenza tra**:
- l'**ammontare dei corrispettivi** relativi alle operazioni imponibili diventate esigibili nel mese precedente, e
- l'**ammontare dei costi registrati** nello stesso periodo relativi alle cessioni e prestazioni effettuate a diretto vantaggio del viaggiatore nella UE. Ovvero, per le agenzie che operano in nome e per conto proprio nonché per il mandatario senza rappresentanza, dal corrispettivo pattuito relativo alle prestazioni effettuate all'interno della UE.

Dalla differenza, mediante **scorporo**, si ottiene la base imponibile sulla quale applicare l'aliquota ordinaria e da questa si detrae l'IVA dovuta o addebitata all'agenzia a titolo di rivalsa in relazione agli acquisti diversi da quelli sostenuti a vantaggio del viaggiatore.
Qualora in sede di liquidazione periodica (mensile o trimestrale), ovvero di dichiarazione annuale, i costi sostenuti per l'organizzazione dei pacchetti risultassero superiori ai corrispettivi imponibili relativi al medesimo periodo, l'eccedenza va riportata a nuovo ad incremento dei costi del periodo immediatamente successivo.

CASO 2 - Liquidazione dell'imposta *ex* art. 74-ter, con costi superiori alle vendite

Liquidazione mese X		
Totale vendite del mese	€ 70.000	
Totale acquisti del mese	€ 100.000	
Base imponibile lorda	(€ 30.000)	Credito di costo
Liquidazione mese X + 1		
Totale vendite del mese	€ 120.000	
Totale acquisti del mese	€ 50.000	
Credito di costo mese X	€ 30.000	
Base imponibile lorda	€ 40.000	

Base imponibile netta:

(€ 40.000/1,22) = € 32.786,89

Imposta dovuta per il mese X + 1 = (€ 32.786,89 x 22%) = € 7.213,11.

CASO 3 - Liquidazione dell'imposta *ex* art. 74-ter relativamente a pacchetti turistici organizzati per viaggi nella UE, fuori della UE, misti

Liquidazione mese X	
- Pacchetti venduti nella UE	€ 150.000
- Pacchetti venduti extra UE	€ 100.000
- Pacchetti misti (UE ed extra UE)	€ 50.000
- Acquisti nella UE	€ 60.000

IVA

- Acquisti fuori UE	€ 40.000	
- Acquisti misti (porzione UE)	€ 10.000	} 18.000
- Acquisti misti (porzione extra UE)	€ 8.000	

Determinazione dell'IVA rientrante nel regime dell'art. 74-ter:

Vendite nella UE		150.000,00
Vendite miste (porzione UE): 50.000 x (10.000/18.000) =		27.777,78
	Totale	177.777,78

Acquisti nella UE		(82.000,00)
Acquisti misti (porzione UE)		(10.000,00)
	Totale	(92.000,00)

Base imponibile lorda: (177.777,78 - 92.000) = 85.777,78

Base imponibile netta: 85.777,78/1,22 = 70.309,66

IVA dovuta *ex* art. 74-ter = (70.309,66 x 22%) = € 15.468,12.

Qualora il tour operator venda ad un'altra agenzia (intermediaria con rappresentanza) la quale acquisti il pacchetto su mandato del viaggiatore, quest'ultima ha diritto ad una provvigione dal tour operator sulla vendita del citato pacchetto. Il **tour operator**:

- invia un **estratto conto** dal quale si rileva:
  - il riferimento all'operazione;
  - l'importo;
  - la provvigione maturata;
- ricevuta **conferma dell'accettazione** dei dati, emette **autofattura** riepilogativa di tutte le provvigioni corrisposte nel mese precedente. L'autofattura riporta l'indicazione che l'agenzia al ricevimento del documento deve annotarlo nel registro delle vendite, ma non può contabilizzare l'imposta. Va annotata dal tour operator nel mese di emissione sia nel registro delle fatture emesse, sia in quello delle fatture ricevute.

L'**agenzia che ha percepito la provvigione** annota la fattura riepilogativa nel registro delle fatture emesse o in quello dei corrispettivi, entro il termine di presentazione della dichiarazione annuale (è possibile procedere a detta annotazione senza attendere la fattura, ma unicamente sulla base dei documenti in possesso dell'agenzia).

In riferimento alle agenzie organizzatrici che per le prestazioni di intermediazione emettono una fattura riepilogativa mensile (art. 74-ter, c. 8, D.P.R. n. 633/1972), l'Agenzia delle Entrate (FAQ 21 dicembre 2018) ha chiarito che l'agenzia di viaggi organizzatrice deve compilare la fattura elettronica ordinaria ("Tipo Documento" TD01), evidenziando che la stessa è emessa per conto dell'agenzia viaggi intermediaria (valorizzando i blocchi "Terzo Intermediario o Soggetto emittente" e "Soggetto emittente") ed inserendo - in luogo dell'aliquota IVA - il codice natura:

- N6.9 se la fattura riguarda operazioni imponibili;
- da N3.1 a N.3.6 se la fattura riguarda operazioni non imponibili.

Per le **prestazioni di intermediazione** rese da agenzie di viaggio, la fattura riepilogativa mensile emessa dal tour operator evidenzia che essa è stata emessa per conto dell'agenzia di viaggi intermediaria. L'agenzia di viaggio deve ricevere una copia della fattura emessa per suo conto dal tour operator. Nella fattura elettronica, in questo caso, nel campo 1.2 devono essere indicati i dati dell'agenzia di viaggi intermediaria; nel campo 1.4 quelli del tour operator; nel campo 1.6 va indicato il codice CC, in quanto emessa dal cessionario/committente. Se nella fattura elettronica è riportato l'indirizzo telematico dell'agenzia intermediaria, è SDI a consegnare la fattura a tale indirizzo telematico, fatto salvo il caso in cui il tour operator abbia utilizzato il servizio messo a disposizione dall'Agenzia delle Entrate, presente nel portale "Fatture e corrispettivi", oppure abbia inserito il proprio indirizzo telematico come destinatario della fattura stessa. In ogni caso il tour operator deve segnalare all'agenzia di viaggi di aver trasmesso a SDI la fattura ed inviarle una copia in PDF o un duplicato del file XML della fattura.

I **voucher** (➡43.2.3.) **per tour turistici** rilasciati da agenzie di viaggio/tour operator assumono la caratteristica di essere considerati "monouso" (art. 6-ter, c. 1, D.P.R. n. 633/1972); conseguentemente il tour si considera effettuato nei confronti del soggetto emittente il voucher che diventa, pertanto, destinatario della fatturazione elettronica tramite SDI (risposta a interpello n. 324/E/2019).

Regime ordinario

Per tutte le operazioni:
- diverse da quelle sopra indicate; oppure
- quando il tour operator operi in nome e per conto del cliente, ovvero come mandatario con o senza rappresentanza del cliente finale (prenotazione alberghi, vidimazione passaporti, vendita biglietti di trasporto, ecc.),

l'IVA dovuta si determina secondo la regola generale (imposta da imposta).
In tal caso l'Agenzia di viaggio:
- emette fattura per la prestazione effettuata e l'aliquota d'imposta è quella relativa all'operazione sottostante, ovvero non imponibile o non soggetta;
- annota sui registri delle fatture attive secondo i criteri ordinari.

L'IVA eventualmente pagata per l'acquisto dei servizi resi e non rientranti nel regime speciale è detraibile.

> Nel caso di organizzazione di escursioni, visite della città, giri turistici ed eventi similari effettuata dall'agenzia di viaggi, quest'ultima non è più obbligata all'emissione della fattura, salvo non espressamente richiesta dal cliente non oltre l'effettuazione dell'operazione o del pagamento. In tal caso, l'agenzia rilascia lo scontrino o la ricevuta fiscale.

Rapporti tra agenzia di viaggi ed alberghi

L'**albergo** che presta i propri servizi direttamente ai **clienti** che abbiano prenotato direttamente, o per il tramite di agenzie di viaggi, ed addebita detti servizi ai clienti, **emette documento commerciale**, memorizza e trasmette telematicamente i corrispettivi relativi. Resta salva per il cliente la possibilità di richiedere, non oltre il momento di pagamento, la fattura (elettronica tramite SDI) con rilascio di analogo documento cartaceo.
L'**albergo** che aderisce alla richiesta da parte di un'**agenzia di viaggio** di riservare un certo numero di camere e quest'ultima, dopo aver incassato direttamente il corrispettivo dal cliente finale, ne comunica il nominativo al momento della effettiva prenotazione, emette nei confronti dell'agenzia una fattura elettronica se questa ha sede in Italia, cartacea se all'estero. Infine, per ottenere il pagamento dei servizi prestati, l'albergo rendiconta l'agenzia mediante **fattura pro-forma** ovvero **documento commerciale** con la dicitura "corrispettivo non riscosso". All'incasso emette un documento commerciale oppure una fattura riepilogativa (risposta a interpello n. 486/E/2019).

Servizio di prenotazione ed emissione di biglietti aerei

L'agenzia di viaggio che richieda direttamente al cliente viaggiatore il compenso per il servizio di prenotazione ed emissione di biglietti aerei:
- per i **voli nazionali**, applica l'IVA con l'aliquota ordinaria;
- per i **voli internazionali** (UE ed extra UE) in dipendenza di un unico contratto, assoggetta la tratta nazionale al regime di non imponibilità IVA.

L'agenzia non rilascia fattura per i biglietti emessi direttamente dalla stessa, in quanto il compenso è certificato da un apposito tagliando annesso al biglietto.

Prenotazioni via Internet

Per le prenotazioni via Internet, l'agenzia di viaggio non emette un biglietto, ma solo un **codice di prenotazione** che consente al cliente/viaggiatore di accedere direttamente al check-in dell'aeroporto.
Il compenso è certificato alternativamente da:
- uno scontrino o ricevuta fiscale;
- una fattura, solo su richiesta del cliente.

50.4. INTRATTENIMENTI E SPETTACOLI

50.4.1. Attività di intrattenimento

Le seguenti attività sono **soggette tanto all'IVA** (ad **aliquota ordinaria**) quanto all'**imposta sugli intrattenimenti** (ISI):
- **esecuzioni musicali** di qualunque genere, non dal vivo, svolte in locali all'aperto od al chiuso, intrattenimenti danzanti anche in discoteche, sale da ballo, quando l'esecuzione di musica dal vivo sia di durata inferiore al 50% dell'orario complessivo di apertura;
- utilizzazioni dei **bigliardi**, **bigliardini**, **juke-box**, **videogiochi**, **bowling**, noleggio **kart**;

– ingressi nelle **sale gioco** e di scommessa;
– esercizio del gioco nei **casinò** e negli altri luoghi a ciò destinati (es.: navi da crociera).

Per tali attività, le imprese assolvono gli obblighi di certificazione dei corrispettivi con il rilascio di un titolo di accesso (biglietto) emesso mediante apparecchi misuratori fiscali ovvero mediante biglietterie automatizzate (art. 74, c. 6, D.P.R. n. 633/1972).

Esenzione dall'invio telematico dei corrispettivi

Le **attività spettacolistiche** per le quali sia necessaria la **vendita di biglietti d'accesso** (cinema, teatro, concerti, mostre, fiere campionarie, esposizioni ecc.) sono **esonerate** dall'invio telematico dei corrispettivi (➜**46.25.**). Sebbene non espressamente indicate nei casi di esonero previsti dal D.M. 10 maggio 2019, tali attività sono da considerare escluse in quanto i titoli sono emessi mediante misuratori fiscali o biglietterie automatizzate che trasmettono a SIAE i dati di vendita. Gli stessi dati sono messi a disposizione dell'anagrafe tributaria direttamente dalla stessa SIAE (risposte a interpello n. 506/E/2019 e n. 535/E/2019).

Base imponibile e determinazione dell'imposta

Base imponibile - È pari all'importo dei biglietti venduti maggiorati delle eventuali spese accessorie obbligatorie (es.: consumazioni) e delle eventuali prestazioni pubblicitarie, mentre il momento di effettuazione dell'operazione coincide con la data di effettuazione dello spettacolo.

Determinazione dell'imposta - Dalla base imponibile si scorpora sia l'IVA, sia l'imposta sugli intrattenimenti.

Dall'IVA così determinata si **detrae forfetariamente il 50%**, che viene classificato come IVA **detraibile**, mentre si considera IVA **dovuta** il restante 50%.

La detrazione è pari ad 1/3 nel caso in cui il soggetto effettui operazioni di cessione o concessione di diritti di ripresa televisiva o di trasmissione radiofonica.

Non è detraibile o rimborsabile l'IVA assolta sugli acquisti.

CASO 4 - Scorporo dell'IVA e dell'ISI dal prezzo totale di accesso

Prezzo biglietto d'ingresso		50,00
Prestazioni accessorie obbligatorie (consumazioni)		20,00
Totale		70,00
Base imponibile mediante scorporo delle imposte (IVA 22% + ISI 16%)	50,72	
IVA 22%	11,16	
ISI (16%)	8,12	
Totale	70,00	

Versamento dell'imposta

Il versamento dell'imposta deve avvenire:
– **entro** il **16 del mese successivo**, per le attività a carattere continuativo svolte in ogni mese;
– **entro** il **quinto giorno successivo** alla conclusione della **manifestazione**, per le attività occasionali;
– **entro** il **16** del **mese successivo** a quello di chiusura dell'esercizio, in riferimento alle quote od ai contributi associativi;
– **entro 30 giorni** dall'originario termine di pagamento, qualora la manifestazione programmata non abbia luogo, e nei limiti dell'imposta afferente i corrispettivi incassati, ma non rimborsati.

Esoneri ed obblighi

Chi esercita le citate attività di intrattenimento è **esonerato**:
– dall'**emissione** della fattura (ad eccezione delle operazioni relative a prestazioni di sponsorizzazione, cessione o concessioni di diritti ripresa televisiva e di trasmissione radiofonica ed alle prestazioni pubblicitarie);
– dall'obbligo di **registrazione** dei corrispettivi;
– dalla **presentazione** della dichiarazione annuale.

Permane l'obbligo:
– della **conservazione e numerazione delle fatture ricevute**;

- di istituire il **registro delle fatture ricevute** e di provvedere, quindi, alla registrazione delle fatture d'acquisto e delle bollette doganali d'importazione e alle annotazioni, in apposita sezione, delle fatture emesse **relative alle sponsorizzazioni e alle operazioni assimilate**.

Opzione per il regime ordinario

È fatta salva la possibilità per l'operatore di optare per il regime ordinario.
L'opzione si esercita con comunicazione sia alla SIAE, sia all'Agenzia delle Entrate ed è valida sino a revoca e comunque per non meno di 5 anni.

50.4.2. Spettacoli

Le attività di spettacolo sono quelle elencate nella Tabella C allegata al D.P.R. n. 633/1972 (art. 74-quater, D.P.R. n. 633/1972) (➡42.2.2.) e (➡43.7.).
La Tabella C riguarda le seguenti aree dello spettacolo:

- spettacoli **cinematografici** e misti di cinema ed avanspettacolo;
- spettacoli **sportivi**;
- esecuzioni **musicali** di qualunque genere con esclusione dei concerti musicali vocali e strumentali e dei trattenimenti danzanti anche in discoteche, sale da ballo quando l'esecuzione di musica dal vivo
  sia di durata pari o superiore al 50% dell'orario complessivo di apertura ed esclusione di quelle effettuate tramite juke-box;
- lezioni di **ballo** collettive;
- **rievocazioni storiche**, giostre e simili;
- spettacoli **teatrali** di ogni genere;
- **concerti** vocali strumentali;
- **attività circensi** e dello spettacolo viaggiante compresi quelli di burattini e marionette, compresi i corsi mascherati ed in costume;
- **mostre** e **fiere** campionarie;
- **esposizioni** scientifiche, artistiche industriali, rassegne cinematografiche;
- prestazioni di servizio fornite in locali aperti al pubblico mediante **radiodiffusioni**;
- diffusione **radiotelevisiva**, anche a domicilio, con accesso condizionato, effettuata in forma digitale via cavo o via satellite.

Per tali attività, le imprese assolvono gli obblighi di certificazione dei corrispettivi con il rilascio di un **titolo di accesso** (biglietti) emesso mediante apparecchi misuratori fiscali ovvero mediante biglietterie automatizzate.

Momento impositivo

Sorge all'inizio dell'esecuzione della manifestazione, ancorché il corrispettivo sia stato precedentemente percepito, ad eccezione delle operazioni eseguite in abbonamento, per le quali il momento impositivo coincide con il pagamento del corrispettivo.

Regime IVA

Il **regime IVA applicabile** può essere ordinario o forfetario in funzione del volume d'affari realizzato nell'anno precedente.

Ordinario - Si applica quando, nell'anno precedente, gli esercenti hanno realizzato un volume d'affari superiore ad euro 50.000. Sono previsti i seguenti adempimenti:

- emettere i biglietti;
- osservare tutte gli obblighi contabili (annotazioni, liquidazioni, versamento, comunicazione dati, dichiarazione annuale) previsti dalla legislazione IVA, ed in aggiunta:
  - emettere fattura elettronica in luogo del "biglietto" per le prestazioni pubblicitarie e di sponsorizzazione, per le concessioni ai diritti di ripresa dell'evento. Tali fatture vanno annotate in apposita colonna del registro delle vendite;
  - annotare i corrispettivi incassati dalla vendita dei biglietti in un registro dei corrispettivi;
  - scorporare dal totale annotato nel registro dei corrispettivi l'imposta con l'aliquota propria della tipologia dello spettacolo;
  - annotare sul registro degli acquisti ove, in apposita sezione, è possibile annotare le fatture emesse;
  - emettere un documento riepilogativo con cadenza giornaliera e mensile degli incassi.

Per gli enti non commerciali è detraibile l'imposta relativa agli acquisti fatti nell'esercizio di attività commerciali a condizione che per tali attività sia stata tenuta una contabilità separata.

Forfetario - Possono determinare la base imponibile in misura forfetaria pari al 50% dei corrispettivi incassati per l'attività propria nonché per altre attività collaterali:

- i soggetti che hanno realizzato nel periodo d'imposta precedente un **volume d'affari non superiore a euro 25.822,84**;
- gli esercenti degli spettacoli viaggianti, indipendentemente dal volume d'affari, se costituiti in forma di associazioni senza scopo di lucro che, avendone i requisiti, abbiano optato per il regime contabile forfetario previsto dalla Legge n. 398/1991.

Non è consentita la detrazione analitica dell'IVA assolta a monte sugli acquisti.

È fatta salva la facoltà per i contribuenti minori di **optare** per l'applicazione dell'imposta nei **modi ordinari**. L'opzione si esercita in sede di dichiarazione annuale IVA ed è vincolante per un quinquennio.

Gli **adempimenti contabili** previsti per i soggetti minori (forfetari) sono i seguenti:

- certificare i corrispettivi incassati mediante il rilascio di ricevuta fiscale o scontrino fiscale manuale o a tagli fissi;
- numerare le fatture ricevute;
- presentare dichiarazione annuale dell'IVA;
- provvedere al versamento annuale dell'IVA tramite Mod. F24;
- conservare i documenti aventi rilevanza tributaria secondo le disposizioni ordinarie.

I soggetti che hanno realizzato nel periodo d'imposta precedente un **volume d'affari compreso tra** euro **25.822,84 e** euro **50.000** non possono usufruire del regime per le attività spettacolistiche (art. 74-quater, c. 5, D.P.R. n. 633/1972) e devono, quindi, determinare l'IVA secondo il **regime ordinario**, ma possono continuare ad usufruire delle seguenti semplificazioni fiscali previste per i forfetari:

- certificazione dei corrispettivi rilasciando ricevuta fiscale o scontrino a tagli fissi ed integrato con le indicazioni previste per i biglietti di accesso;
- esonero dall'obbligo di annotazione dei corrispettivi;
- determinazione della base imponibile dai corrispettivi incassati secondo il criterio dei soggetti in regime normale;
- esonero dagli obblighi di liquidazione e di versamento periodico dell'IVA;
- numerazione delle fatture ricevute e conservazione senza annotazione sui registri;
- versamento dell'imposta con cadenza annuale. La dichiarazione annuale è comunque obbligatoria.

Le imprese esercenti attività spettacolistiche, se hanno realizzato nell'anno solare precedente un volume d'affari:

- **non superiore a 25.822,84** euro, possono fruire del regime forfetario di determinazione della base imponibile IVA e beneficiare del regime di semplificazione della certificazione e degli adempimenti contabili;
- **superiore a 25.822, 84 euro, ma non a 50.000 euro**, non possono fruire del regime forfetario e determinano la base imponibile IVA secondo i criteri ordinari, ma possono certificare i corrispettivi e assolvere agli adempimenti contabili in modo semplificato;
- **non superiore a 25.822,84 euro**, ma hanno **optato** per la determinazione dell'imponibile **secondo i criteri ordinari**, possono fruire comunque del regime di semplificazione degli adempimenti contabili e di certificazione dei corrispettivi;
- **superiore a 50.000 euro**, determinano la base imponibile IVA secondo i criteri ordinari, documentano i corrispettivi mediante titoli di accesso emessi dagli appositi apparecchi misuratori fiscali o biglietterie automatizzate e non possono beneficiare del regime di semplificazione degli adempimenti contabili.

REGIME DEL MARGINE (BENI USATI) 50.5.

Il commercio dei **beni usati**, nonché degli **oggetti d'arte, antiquariato e collezione**, è disciplinato dal D.L. n. 41/1995, il quale ha stabilito sia i criteri applicabili per la determinazione dell'imposta, sia tutte le fasi connesse alla fatturazione. In particolare, chi applica il regime del margine è obbligato ad emettere fattura elettronica.

Le cessioni di beni d'occasione e degli oggetti d'arte, da collezione o d'antiquariato e le cessioni di mezzi di trasporto d'occasione sono **escluse** dall'ambito di applicazione delle regole sulle **vendite a distanza** (art. 3, D.Lgs. n. 83/2021).

Il **regime speciale** riguarda:

- tutti i soggetti che esercitano, abitualmente od occasionalmente, il commercio dei beni usati, d'arte, antiquariato, collezione;

- le cessioni dei medesimi beni mediante leasing (D.L. n. 16/2012) acquisiti da privati;
- i soggetti d'imposta che non abbiano potuto detrarre l'IVA a monte relativa a detti beni o servizi;
- i soggetti che abbiano a loro volta assoggettato l'operazione al regime del margine.

Il regime speciale trova pertanto applicazione sia nel caso di **cessioni di beni**, sia di **prestazioni di servizio** (leasing) con le relative differenze in tema di momento di effettuazione dell'operazione.

Definizione di bene usato
- Beni mobili usati suscettibili di reimpiego anche tramite lavorazione, riparazione e simili; - oggetti **d'arte,** d'**antiquariato** e da **collezione** quali: quadri, incisioni, stampe, litografie, sculture, arazzi, oggetti in ceramica, smalti su rame, fotografie firmate dall'artista, numerate e tirate nel limite di 30 esemplari; francobolli, collezioni varie; oggetti d'antiquariato diversi da quelli d'arte o collezione ed aventi più di 100 anni); - acquisizione di **contratti di leasing di beni mobili** rientranti nelle categorie suddette ed acquisiti presso i soggetti sottoelencati.

Per poter rientrare nel regime speciale i beni devono essere stati acquisiti presso:

- privati,
- altri operatori operanti anch'essi nel regime del margine,
- soggetti d'imposta che non hanno potuto detrarre l'IVA all'acquisto dei medesimi beni,
- soggetti passivi che non hanno potuto detrarre interamente l'imposta (10% o 15% *ex* Legge n. 388/2000; resta esclusa la detrazione forfetaria del 40%) relativa ad autovetture,
- soggetti d'imposta residenti nella UE esonerati, ovvero in regime franchigia nel proprio Paese,

da parte di:

- **esercenti per professione abituale** il commercio (ingrosso, dettaglio, ambulante) dei medesimi beni;
- imprese e professionisti nonché enti soggetti IVA, per **le vendite occasionali degli stessi beni**.

I **metodi calcolo** per il regime speciale dei beni usati sono:

- analitico;
- forfetario;
- globale.

50.5.1. Metodo analitico

È il criterio ordinario per i soggetti che operano nel settore in esame. Sono fatte salve alcune eccezioni ove per determinati soggetti è prevista l'applicazione del metodo forfetario o di quello globale.

La modalità di determinazione dell'imposta ricalca quella riservata alle agenzie di viaggio con il metodo "da base a base", ove l'imposta è determinata operazione per operazione, ossia per ogni singola vendita (da qui il nome analitico).

L'**imposta** viene così **determinata**:

- prezzo di vendita (lordo IVA),
  dedotto
- prezzo di acquisto eventualmente maggiorato delle spese accessorie direttamente imputabili al bene e di riparazione (il tutto al lordo dell'IVA ovvero con IVA concettualmente compresa nel caso di acquisti da privati).

Se la **differenza è positiva**: si scorpora l'IVA applicando la relativa aliquota.

Se la **differenza è negativa**: non vi è imposta perché il **margine è nullo**.

Eventuali **margini negativi** non possono compensare altri margini positivi.

CASO 5 - Metodo analitico, determinazione del margine e dell'imposta

- Corrispettivo incassato:	1.000	(lordo IVA)
- trasporto e riparazione	550	(lordo IVA)
- base di calcolo	450	

Aliquota IVA: 10%

- determinazione della base imponibile mediante scorporo:

(450/1,1) = 409,10 (Margine).

IVA = (450 - 409,10) = 40,90.

Obblighi contabili

I soggetti che adottano il metodo analitico devono:

– **annotare** entro 15 giorni dall'acquisto e comunque non oltre la data di cessione, in apposito **registro di carico/scarico** gli acquisti indicando, in particolare:
  - data di acquisto e di cessione;
  - natura, qualità e quantità dei beni acquistati e venduti;
  - prezzo di acquisto (lordo IVA);
  - spese connesse alla riparazione;
  - prezzo di vendita;
  - margine;

– **annotare** sul **registro dei corrispettivi** (se esercenti in locali aperti al pubblico) giornalmente o con un'unica annotazione complessiva di tutte le operazioni effettuate nel mese (➔46.26.2.).

Se obbligati all'emissione di **fattura,** l'IVA non viene esposta in quanto la cessione avviene al lordo IVA, il documento deve indicare: "Regime del margine - beni usati"; "Regime del margine - oggetti d'arte", "Regime del margine - oggetti d'antiquariato o da collezione". Le fatture emesse non vengono annotate.

Non è detraibile l'imposta incorporata nella **fattura di acquisto** e non è possibile detrarre l'IVA a monte sia sull'acquisto, sia sulle spese accessorie.

È fatta salva la possibilità, per il commerciante di beni usati ovvero per l'acquirente mediante contratti di leasing, di **optare** per l'applicazione dell'imposta in modo **ordinario anche per singola operazione**.

L'opzione va comunicata nella dichiarazione annuale relativa al periodo in cui si è, di fatto, applicato il regime normale, in base al "comportamento concludente". In questo caso il soggetto è **obbligato ad emettere fattura esponendo l'IVA** ed è possibile operare la detrazione nella prima liquidazione (mensile o trimestrale) successiva.

CASO 6 - Cessione cumulativa di preziosi

La ditta individuale Alfa cede al banco metalli Beta il seguente materiale di oreficeria usata:

Descrizione	Prezzo di acquisto Euro
n. 1 bracciale a catena in oro giallo, 18 Kt. peso 18 gr.	526,60
n. 1 anello lavorato a sbalzo, oro bianco 18 Kt. peso 6 gr.	169,55
n. 1 catenina a maglia fine con medaglietta in oro giallo 18 Kt. peso 6 gr.	167,90
n. 1 bracciale in oro rosso composto da 7 cerchi rigidi uniti da un a fascia e pendaglio a cuore, 18 Kt. peso 45 gr.	1.354,95

I quattro pezzi vengono venduti al prezzo di euro 31,123 al grammo

Totale prezzo di vendita (euro 31,123 * 75 gr.)	2.334,23
Totale costo	(2.219,00)
Margine lordo	115,23
Margine netto (euro 115,23/1,22)	94,45
IVA: euro 94,45 * 22% (da inserire nella prima liquidazione utile)	20,78

Metodo forfetario 50.5.2.

È riservato alle sotto-indicate categorie. La base imponibile è determinata in misura forfetaria da applicare sui prezzi di vendita.

Categorie	Deduzione per la determinazione della base imponibile
Commercianti di prodotti editoriali (libri, riviste) di antiquariato: - in forma ambulante - fissa	 25% 50%
Commercianti di prodotti editoriali non d'antiquariato	25%
Cessione di oggetti d'arte ove il prezzo di acquisto manchi o non sia determinabile o non sia rilevante	60%

Categorie	Deduzione per la determinazione della base imponibile
Cessione di francobolli da collezione	50%
Cessioni effettuate dagli ambulanti	50%
Cessione di parti di ricambio di autoveicoli o di apparecchiature elettromeccaniche	50%

CASO 7 - Metodo forfetario, determinazione dell'imposta	
- Cessione di un'intera collezione di francobolli (IVA compresa)	5.000,00
- percentuale forfetaria di riduzione 50%	
- base imponibile misurata in misura forfetaria (5.000 * 50%) (Margine forfetario)	2.500,00
- Aliquota francobolli da collezione (Tab. A allegata al D.P.R. n. 633/1972 - voce 127-decies)	10%
Scorporo dell'imposta: (2.500/1,1) = 2.272,73 (2.500 - 2.272,73) = 227,27	
IVA	227,27

Obblighi

Gli obblighi previsti sono i seguenti:

- emissione della **fattura**, salvo che il rivenditore non sia un dettagliante, nel qual caso la fattura viene emessa, a richiesta del cliente, con indicazione globale del prezzo di vendita, senza separata indicazione dell'IVA. Se la fattura non viene emessa deve essere rilasciato lo **scontrino o la ricevuta fiscale**;
- annotazione dei corrispettivi delle cessioni sul **registro dei corrispettivi**, separatamente da quelle delle altre operazioni;
- numerazione e conservazione delle fatture di acquisto senza obbligo di annotazione in alcun registro.

50.5.3. Metodo globale

È destinato ai soggetti che comprano beni usati per masse come compendio unitario e con prezzo indistinto.

Non può essere adottato dai soggetti che applicano il metodo forfetario.

L'eventuale opzione per il metodo analitico vale per l'intera attività e non per le singole operazioni.

Non è possibile optare direttamente per il regime ordinario.

Rientra in questo regime il commercio, non in forma ambulante, dei beni usati sotto-indicati con la precisazione che non possono essere tenuti in considerazione i beni che per loro natura rientrano nell'ambito del metodo forfetario:

- **veicoli usati**;
- **monete** ed altri oggetti da collezione;
- confezioni di **abiti**, biancheria e loro accessori;
- qualsiasi bene di costo **inferiore a 516,46 euro**;
- beni anche di diverso genere acquistati in massa od a peso e con prezzo indistinto.

Sono **esclusi** dal regime:

- le cessioni di libri di antiquariato;
- i rivenditori occasionali.

Determinazione del margine

Il margine è determinato globalmente, quale **differenza** positiva tra:

- l'ammontare delle cessioni e
- l'ammontare degli acquisti aumentati delle spese di riparazione ed accessorie, complessivamente realizzate nell'arco di un mese o di un trimestre.

È possibile compensare i margini negativi con quelli positivi realizzati nel medesimo periodo d'imposta.

Non è possibile detrarre l'IVA sugli acquisti.

Dalla base imponibile (**margine**) viene **scorporata** la relativa imposta.

IVA

Qualora gli acquisti e le vendite fossero soggetti ad aliquote diverse, occorre separarle al fine di una corretta individuazione dell'imposta dovuta.
L'estrapolazione va effettuata solo sui beni ceduti, in considerazione del fatto che gli acquisti potrebbero essere stati effettuati presso privati non soggetti all'imposta.

CASO 8 - Metodo globale, determinazione del margine e dell'imposta

	Aliquota		Totale
	22%	4%	
Cessioni (IVA compresa)	2.000,00	4.000,00	6.000,00
Acquisti			(3.500,00)
Margine globale			2.500,00
Cessioni/totale cessioni = incidenza percentuale	(2.000/6.000) = 40%	(4.000/6.000) = 60%	100%
Calcolo	(2.500,00 × 40%) = 1.000,00	(2.500,00 × 60%) = 1.500,00	2.500,00
Scorporo dell'IVA			
Imponibile	819,67	1.442,31	2.268,76
IVA	**180,33**	**57,69**	**231,24**
	1.000,00	1.500,00	2.500,00

Obblighi

Gli obblighi previsti sono i seguenti:
- emissione della **fattura**, salvo che il rivenditore non sia un dettagliante, nel qual caso la fattura è emessa solo su richiesta del cliente. Sul documento occorre riportare l'indicazione globale del prezzo di vendita, quindi senza separata indicazione dell'IVA, specificando:
  - "Regime del margine - beni usati";
  - "Regime del margine - oggetti d'arte";
  - "Regime del margine - oggetti d'antiquariato o da collezione";

> Con riferimento al regime del margine con IVA non esposta in fattura, è stato precisato che la fattura elettronica deve riportare nel campo "Natura" la sigla "N5 - regime del margine/ IVA non esposta in fattura". Inoltre, poiché in tali tipologie di fatture il cedente/prestatore non indica separatamente l'imposta (IVA), il campo del tracciato denominato "Imponibile Importo" deve riportare il valore dell'imponibile comprensivo di IVA (circ. n. 1/E/2017).

- istituzione di un registro per le **cessioni** che indichi:
  - la data di vendita;
  - la natura, qualità e quantità dei beni;
  - i corrispettivi, al lordo dell'IVA, incassati;
- istituzione di un registro per gli **acquisti** indicante: data di acquisto, natura, qualità, costo al lordo dell'IVA.

Liquidazione dell'imposta

Il calcolo dell'IVA da liquidare periodicamente, con cadenza mensile o trimestrale, avviene per **masse di acquisti e di vendite** nel medesimo periodo (mese o trimestre). Si tiene conto delle vendite effettuate in tale lasso temporale indipendentemente da quando avvenne l'acquisto, il quale potrebbe anche essere assai precedente.
Nel regime globale del margine, **l'imposta dovuta viene determinata** come nell'esempio precedente, ma il calcolo non si basa sul margine relativo a beni individuati, ma sul margine determinato per masse, per esempio a peso.
Inoltre, quando il **margine** è **negativo**, esso può essere utilizzato per ridurre il margine positivo del periodo immediatamente successivo, sino ad assorbimento totale.

Operazioni con l'estero 50.5.4.

Il regime del margine nelle operazioni con l'estero va analizzato distinguendo tra:
- operazioni con Paesi "terzi";
- operazioni con Paesi UE.

IVA

Importazioni

I beni importati da Paesi "terzi", assolvendo l'IVA in dogana, restano estranei rispetto all'ambito applicativo del regime del margine.
Fanno eccezione gli oggetti d'arte, di antiquariato e da collezione importati da soggetti rivenditori che hanno optato per l'applicazione del regime del margine (art. 36, c. 2, D.L. n. 41/1995).

Cessioni all'esportazione

Il margine è **non imponibile** ai fini IVA per:
- le cessioni all'esportazione;
- le operazioni assimilate alle cessioni all'esportazione;
- le cessioni nei confronti dei viaggiatori extracomunitari;
- le operazioni con la Città del Vaticano e con la Repubblica di San Marino;
- le operazioni con organismi comunitari.

Ai fini del conteggio del plafond e della determinazione dello status di esportatore abituale, si tiene conto del margine, al netto dell'IVA relativa ai beni ceduti in regime di non imponibilità.
Non si tiene, invece, conto del margine relativo alle cessioni effettuate nei confronti dei viaggiatori extracomunitari (circ. n. 177/E/1995, § 5).

> Ai fini della determinazione della qualifica di esportatore abituale, il volume d'affari è pari all'ammontare del margine, al netto dell'IVA.

Acquisti e cessioni intracomunitarie

Gli acquisti e le cessioni di beni usati tra soggetti passivi IVA residenti in diversi Stati membri non sono considerati operazioni intracomunitarie e, quindi, sono **assoggettate** a IVA nel **Paese** del **cedente**.
Qualora il cedente non applichi il regime del margine per effetto dell'opzione (art. 36, c. 3, D.L. n. 41/1995), dette operazioni devono essere assoggettate al regime degli scambi intracomunitari, sempreché il cessionario sia soggetto IVA nel proprio Paese di residenza.
Sebbene gli scambi effettuati, in applicazione del regime del margine, tra soggetti passivi residenti in Stati membri diversi, non siano considerati operazioni intracomunitarie, occorre presentare, ai soli fini statistici, i modelli INTRASTAT (circ. n. 177/E/1995, § 5).

Volume d'affari

Il volume d'affari è pari all'ammontare totale dei corrispettivi, al netto dell'IVA relativa al margine.

50.5.5. Agenzie di vendite all'asta

Ambito applicativo

Il regime speciale ha per oggetto le cessioni di beni mobili usati, nonché di oggetti d'arte, d'antiquariato e da collezione (art. 40-bis, D.L. n. 41/1995):
- effettuate dagli organizzatori della **vendita all'asta**;
- in nome proprio e **per conto di "privati"**;
- in base ad un **contratto di commissione** per la vendita all'asta dei beni.

Ai fini dell'applicazione del regime in oggetto, i beni devono essere acquistati dall'esercente l'agenzia di vendita all'asta:
- sulla base di contratti di commissione;
- nel territorio dello Stato italiano o in quello di altro Stato membro.

Si considerano effettuate per conto di "privati" anche le vendite realizzate sulla base di contratti di commissione stipulati con soggetti passivi IVA che:
- non hanno potuto detrarre, neppure parzialmente, l'imposta relativa all'acquisto o all'importazione dei beni;
- beneficiano, nello Stato di appartenenza, se membro dell'UE, del regime di franchigia previsto per le piccole imprese;
- hanno assoggettato la cessione al regime del margine.

Determinazione del margine

L'IVA relativa alla rivendita ha, come base imponibile, la differenza tra (art. 40-bis, c. 1, D.L. n. 41/1995):
- il prezzo dovuto dal cessionario del bene; e
- l'importo che l'esercente l'agenzia di vendita all'asta corrisponde al committente successivamente alla vendita del bene.

IVA

Al riguardo, occorre considerare che:
- nel prezzo dovuto dal cessionario è compresa la commissione e le altre spese accessorie addebitate dall'esercente all'acquirente del bene venduto;
- l'importo che l'organizzatore della vendita all'asta corrisponde al committente è costituito dal prezzo di aggiudicazione in asta del bene, al netto della commissione che l'organizzatore della vendita riceve dal committente in virtù del contratto di mandato.

Momento di effettuazione

Le cessioni agli esercenti agenzie di vendite all'asta si considerano effettuate **all'atto della rivendita** dei beni stessi da parte del commissionario (art. 40-bis, c. 4, D.L. n. 41/1995).
Sulla fattura emessa da quest'ultimo, nel momento così individuato, non deve essere indicata l'imposta separatamente dal corrispettivo praticato (circ. 16 novembre 2000, n. 207/E).

IVA sulle spese accessorie alla vendita

È indetraibile, per la casa d'aste, l'IVA relativa alle spese accessorie alla vendita (art. 40-bis, c. 2, D.L. n. 41/1995).

Vendita di oggetti d'arte importati in regime di ammissione temporanea

La vendita di un bene soggetto al regime dell'ammissione temporanea (in esenzione totale dai dazi) e la successiva importazione definitiva costituiscono **due operazioni distinte** (Corte di Giustizia 9 febbraio 2006, causa C-305/03).
Di conseguenza, le commissioni percepite dai soggetti che agiscono in qualità di mediatori sul bene stesso non possono essere soggette all'aliquota IVA ridotta dell'operazione principale, riferita all'importazione di opere d'arte.
In sostanza, la distinzione tra le due operazioni comporta la necessità di separare la commissione dovuta alla casa d'aste, in modo che il regime del margine si applichi al solo prezzo dell'oggetto venduto.

ROTTAMI 50.6.

È previsto un regime IVA particolare, basato sul reverse charge, per il commercio di:
- rottami ferrosi,
- cascami ed avanzi di metalli ferrosi e dei relativi lavori,
- carta da macero,
- stracci,
- scarti di ossa, di pelli, di vetri, di gomma e plastica,
- bancali in legno (pallets) recuperati ai cicli di utilizzo successivi al primo.

Sono ricomprese nelle disposizioni speciali anche le pulizie, sezionatura, taglio, compattamento, lingottaggio, senza modificarne la natura, ovvero altre lavorazioni accessorie atte al trasporto e stoccaggio. Il regime per il commercio di rottami è soggetto a **fatturazione** mediante reverse charge senza esposizione dell'imposta.
Qualora le lavorazioni del "rottame" siano particolarmente complesse e tali da modificare sensibilmente la natura di "rottame derivato o vecchio" per renderlo idoneo ad essere utilizzato direttamente in nuovi processi produttivi, la loro cessione fa rientrare l'operazione nel regime ordinario e non più nel reverse charge (risposta a interpello n. 528/2021).
I rottami presi in considerazione dalla disposizione *ex* art. 74 citato riguardano sia la cessione di **"rottami nuovi"** (ossia gli scarti di lavorazione), sia i **"rottami vecchi"** provenienti ad esempio dalla raccolta rifiuti (circ. n. 43/E/2008).
Se, invece, l'operazione rientra nel regime di inversione contabile, è compito dell'acquirente integrare la fattura con l'aliquota ordinaria. In via di eccezione, si applica - senza necessità di invio a SDI - l'aliquota ridotta del 10% quando le operazioni di cui sopra riguardano la gestione, lo stoccaggio e il deposito temporaneo di **rifiuti urbani** e **rifiuti speciali** (art. 74, c. 7 e 8, D.P.R. n. 633/1972).

Pallets e inversione contabile

I pallet in legno usati o bancali (➡46.11.; ➡46.11.1.), ossia quelli recuperati ai cicli di utilizzo successivi al primo (art. 74, c. 7, D.P.R. n. 633/1972) possono essere ceduti dal venditore:
- **unitamente alla merce e senza previsione di resa**. In questo, solo, caso, la vendita del bancale in legno ha natura accessoria (art. 12, D.P.R. n. 633/1972) e, pertanto, il relativo corrispettivo concorre a formare la base imponibile dell'operazione principale;
- **unitamente alla merce, ma con obbligo espressamente pattuito di restituzione dei pallet**. In questo caso la cessione dei bancali è considerata operazione autonoma rispetto alla cessione delle merci. Conseguentemente il corrispettivo del bancale di legno non concorre a formale la

IVA

base imponibile della merce (art. 15, c. 1, n. 4, D.P.R. n. 633/1972). Il cedente deve evidenziare in fattura l'importo della cauzione nella fattura di vendita della merce.

Per ciò che concerne la **restituzione** dei pallet occorre ancora distinguere:

- **se la resa non era stata pattuita**, il cedente emette fattura senza addebito d'imposta, con l'annotazione "inversione contabile". L'acquirente, se soggetto passivo d'imposta, integra la fattura con l'indicazione dell'imposta e dell'aliquota e la annota sul registro (*ex* art. 23 o art. 24 nonché art. 25 del D.P.R. n. 633/1972). Codice Tipo documento: TD16, l'invio a SDI è facoltativo; codice natura: N6.1;
- **se la resa era stata pattuita** l'operazione diventa imponibile ai fini IVA allorquando l'acquirente non adempie a tale obbligo. Il cedente emette fattura verso l'acquirente per ogni bancale in legno non restituito, valorizzandolo secondo le regole del valore normale. Può anche emetter un'unica fattura **entro il 31 gennaio** per tutti i bancali non restituiti nel corso dell'anno precedente. Per una corretta gestione del carico e scarico è previsto l'obbligo di apposito registro.

50.6.1. Operazioni con l'estero

Importazioni

Le importazioni aventi per oggetto i rottami e gli altri materiali di recupero sono imponibili. Con la presentazione del DAU, l'IVA è accertata e liquidata in Dogana e la relativa bolletta doganale non integrata con l'aliquota e l'imposta deve essere annotata, con riferimento al mese del suo rilascio, sia nel registro delle vendite o dei corrispettivi, sia in quello degli acquisti (ai fini dell'esercizio del diritto di detrazione). Peraltro, la riscossione dell'imposta è posticipata e, trovando applicazione le disposizioni del Titolo II del D.P.R. n. 633/1972 "Obblighi dei contribuenti", dovrebbe applicarsi il regime di reverse charge come detto in precedenza, ma nel caso dell'importazione si ha coincidenza tra cedente e cessionario. Pertanto, per l'assolvimento del tributo è sufficiente la doppia registrazione della bolletta doganale.

Se l'importazione è effettuata da un privato o da un soggetto IVA che non opera in tale veste, l'imposta è versata direttamente in dogana.

Acquisti intracomunitari

Sono imponibili gli acquisti intracomunitari riguardanti i rottami e gli altri materiali di scarto provenienti da un altro Paese comunitario.

Cessioni intracomunitarie e cessioni all'esportazione

Entrambe le tipologie di operazioni beneficiano della non imponibilità (art. 41, D.L. n. 331/1993 e art. 8, D.P.R. n. 633/1972).

50.6.2. Rapporti con il regime del margine

Fermo restando che entrambi i regimi riguardano due categorie distinte di beni, può tuttavia accadere che l'operazione di acquisto e di rivendita abbia per oggetto un bene soggetto all'applicazione di entrambi i regimi speciali (circ. n. 28/E/2004).

Si tratta, per esempio, del rivenditore di rottami che acquisti da un "privato" un autoveicolo destinato alla demolizione e che, successivamente, rivenda i singoli pezzi di ricambio ancora funzionanti. In tal caso, infatti, i pezzi di ricambio ceduti, essendo utilizzabili nello stato originario (o previa riparazione) ed essendo stati acquistati da un "privato", devono essere assoggettati a IVA sul margine, determinato forfetariamente, nella misura del 50% del prezzo di vendita (art. 36, c. 5, lett. b-ter), D.L. n. 41/1995).

Il regime speciale per i rottami si applica anche ai **materiali** oggetto **di trattamento** (es. ripulitura, selezione, taglio, compattamento o resa sotto forma di lingotto), finalizzato a facilitarne l'utilizzazione, il trasporto e lo stoccaggio, senza modificarne la natura. In altri termini, gli stessi devono restare materiali di recupero o di scarto, non suscettibili di essere utilizzati senza previa lavorazione o trasformazione (ris. 13 novembre 1987, n. 460432 e circ. 2 agosto 1999, n. 165/E, § 2.1).

Gli stessi criteri vanno applicati anche, ad esempio, alla cessione di:

- libri acquistati come carta da macero;
- vestiti acquistati come stracci.

Acquisto di bene usato ceduto come rottame

In caso di adozione del metodo globale del margine (art. 36, c. 6, D.L. n. 41/1995), se il bene usato, acquistato da un "privato" e destinato ad essere rivenduto con applicazione del regime del margine, viene ceduto come rottame (ad esempio, l'acquisto di uno stock di vestiti rivenduti come stracci), deve essere operata una **rettifica** al fine di ridurre l'importo degli acquisti del costo sostenuto per acquistare il bene ceduto come rottame (circ. 22 giugno 1995, n. 177/E).

IVA

CONTRIBUENTI MINORI 50.7.

I **soggetti passivi d'imposta di ridotte dimensioni** possono adottare:
- un regime semplificato;
- un regime forfetario.

Regime semplificato

Hanno diritto di aderire al regime semplificato i contribuenti che nell'anno solare precedente hanno realizzato un **volume d'affari** (➡47.) entro i seguenti **limiti**:
- esercenti arti e professioni ed imprese di prestazione di servizi euro 400.000;
- imprese (altre) euro 700.000.

In caso di **esercizio di più attività** (➡43.7.):
- con adozione di unica contabilità per tutte le attività (prestazioni di servizi ed altre attività), **ma con separata annotazione** anche per opzione, occorre fare riferimento unicamente ai limiti sopra riportati a seconda della tipologia di attività;
- con adozione di unica contabilità per tutte le attività (prestazioni di servizi ed altre attività) ma **senza separata annotazione**, occorre fare riferimento all'unico limite di 700.000 euro;
- con contabilità separata per **obbligo di legge** (➡43.7.1.), nel caso di attività sia di servizi, sia altre, si applicano le rispettive regole sopra enunciate in presenza di separata o meno annotazione dei corrispettivi. In questa situazione può capitare che il contribuente sia "semplificato" per alcune attività, per altre no.

Dal 1°gennaio 2019, i contribuenti minori rientrano a pieno titolo nel nuovo obbligo della **fatturazione elettronica**, con abbandono dell'utilizzo dei bollettari madre/figlia. Restano, invece le altre semplificazioni.

Liquidazione dell'imposta - I contribuenti minori possono liquidare l'imposta su **base trimestrale**, con la **maggiorazione** dell'**1%** a titolo di interessi (➡61.1.).

L'**opzione** per la liquidazione e versamento trimestrale, per i soggetti che in base al proprio volume d'affari rientrano tra i forfettari, è automatica in base a "comportamento concludente". Pertanto, nel primo anno detti soggetti possono applicare le regole trimestrali senza alcuna formalità. Solo in sede di prima dichiarazione annuale IVA, sono tenuti ad evidenziare l'opzione barrando la **casella 1 del rigo VO2.**

L'eventuale **revoca**. Per scelta o per supero dei limiti verrà esplicitata sempre in sede di dichiarazione annuale barrando la **casella 2 del rigo VO2**.

L'**opzione** per la liquidazione trimestrale obbliga alla sua applicazione per tutto il periodo d'imposta e si intende **implicitamente rinnovata** di anno in anno, salvo esplicita revoca e finché permangono i citati limiti di volume d'affari. Se, in corso d'anno, si supera il limite, si continua ad operare nel regime semplificato per tutto l'anno, con passaggio al regime ordinario nell'anno successivo.

L'opzione per la liquidazione e versamento trimestrale non necessariamente comporta l'applicazione del sistema della bolletta "madre e figlia".

Un soggetto passivo d'imposta che abbia le caratteristiche per aderire al regime semplificato può, pertanto, optare per la liquidazione trimestrale, ma continuare ad emettere normale fattura e tenere i registri previsti dalla legislazione IVA.

> Gli esercenti arti e professioni possono adottare il sistema della liquidazione trimestrale, emettere fattura, tenere i registri IVA, indipendentemente dal volume d'affari.

I soggetti trimestrali per opzione possono **annotare le fatture emesse** nel registro di cui all'art. 23 del D.P.R. n. 633/1973, entro la fine del mese successivo al trimestre di effettuazione dell'operazione e con riferimento allo stesso mese di effettuazione dell'operazione (art. 1, c. 1102, Legge n. 178/2020).

> Esempio:
> - emissione di fattura: febbraio;
> - annotazione entro il 30 aprile (come da disposizione Legge n. 178/2021);
> - versamento dell'imposta entro il 16 maggio (secondo mese successivo al trimestre di riferimento).

I soggetti che rientrano "naturalmente" nel regime semplificato hanno comunque la **facoltà di optare per il regime ordinario**; in tal caso questo resta valido fino a revoca. L'**opzione e la revoca** per il regime ordinario si desumono dal comportamento concludente esercitato, a cui deve seguire la comunicazione espressa nella prima dichiarazione IVA da presentare successivamente alla scelta.

IVA

È altresì possibile **transitare dal regime semplificato a quello forfetario**. In questo caso però occorre procedere alle **rettifiche** IVA. Per esempio:

- in presenza di beni ammortizzabili per i quali non sia ancora terminato il quinquennio dall'acquisto,
- in presenza di servizi acquistati e non ancora utilizzati,

occorre determinare e versare l'IVA relativa.

Regime forfetario

Il regime forfetario è il regime naturale per tutti i soggetti che sono in possesso dei requisiti fissati dalla Legge di stabilità 2015. È comunque possibile optare per il regime ordinario indicando tale opzione nella dichiarazione annuale IVA.

I soggetti passivi d'imposta che hanno **ricavi o fatturato** entro **limiti** stabiliti (fissati dalla Legge n. 190/2014, art. 1, c. da 54 a 89) beneficiano di una serie di agevolazioni sia ai fini delle imposte dirette (tassazione mediante imposta sostitutiva), sia ai fini IVA.

In altri termini, le persone fisiche esercenti attività d'impresa o di lavoro autonomo rientrano nel regime forfetario se nell'**anno precedente** hanno conseguito **ricavi** ovvero hanno percepito **compensi** ragguagliati ad anno **non superiori ad euro 65.000** (con esclusione di coloro che sono soci di Srl o coloro che abbiano percepito redditi di lavoro dipendente negli ultimi 2 anni) ed hanno sostenuto spese non superiori ad euro 20.000 lordi per lavoro dipendente e collaboratori compresi gli utili da partecipazione agli associati.

Rientrano nel regime forfetario anche le **associazioni sportive dilettantesche iscritte nel registro del CONI** le quali abbiano optato per il regime agevolato *ex* Legge n. 398/1991, che nel periodo d'imposta precedente hanno conseguito dall'esercizio di attività commerciali proventi nel limite di € 65.000; tali soggetti, se nel periodo d'imposta precedente hanno conseguito ricavi commerciali superiori a detto limite devono assicurarsi che i propri cessionari/committenti emettano fattura elettronica (autofattura) per loro conto (art. 1, c. 3, D.Lgs. n. 127/2015). La stessa disposizione è applicabile anche alle *pro-loco* ed alle associazioni del Terzo Settore (Agenzia delle Entrate, FAQ 11 gennaio 2019).

Passaggio dal regime ordinario al forfetario e viceversa

Se un soggetto aveva adottato negli anni precedenti il regime ordinario ed avendone i requisiti aderisce al regime dei forfetari, deve rettificare l'IVA detratta negli anni antecedenti. La rettifica va eseguita nella dichiarazione IVA dell'ultimo anno di permanenza nel regime ordinario e l'eventuale imposta a debito va versata in unica soluzione (D.P.R. n. 633/1972, art. 19-bis2 e circ. n. 10/E/2016). Si deve tener conto anche dell'IVA relativa alle operazioni ad esigibilità differita (D.P.R. n. 633/1972, art. 6, c. 5), nonché di quelle per le quali l'imposta è liquidabile per cassa. La medesima rettifica della detrazione va effettuata anche in caso di passaggio dal regime forfetario a quello ordinario nella dichiarazione del primo anno di applicazione delle regole ordinarie.

Qualora un soggetto rientrante per natura nel **regime forfetario** si sia comportato come un contribuente ordinario e, di conseguenza**, abbia applicato l'IVA con le modalità ordinarie** della rivalsa e della detrazione, può emettere una nota di variazione (D.P.R. n. 633/1972, artt. 26, c. 3 e 7 e 21, c. 4) per correggere i dati della fattura, da conservare ma senza obbligo di registrazione ai fini IVA, che il cessionario/committente dovrà registrare, salvo il suo diritto alla restituzione dell'importo pagato al cedente o al prestatore a titolo di rivalsa (circ. n. 9/E/2019).

Esclusioni

Sebbene possano rispettare i requisiti di ricavi previsti dalla legge, ai fini IVA sono escluse le persone fisiche che si avvalgono dei regimi speciali *ex* art. 74 del D.P.R. n. 633/1972.

Vantaggi e svantaggi del regime forfetario

Con riferimento all'IVA, i **vantaggi** (art. 1, c. 58, Legge n. 190/2014) del regime forfetario sono:

- l'esonero dalla liquidazione e dal versamento dell'imposta e dagli altri adempimenti in materia (registrazione delle fatture emesse; registrazione dei corrispettivi; registrazione degli acquisti, dichiarazione annuale IVA) salvo che per gli acquisti intracomunitari;
- l'esonero dalla tenuta e conservazione dei registri e documenti, fatta eccezione per le fatture di acquisto e le bollette doganali di importazione. In caso di ricezione di **fatture elettroniche** non sussiste l'obbligo di conservazione digitale delle stesse, anche qualora abbiano volontariamente comunicato ai cedenti/prestatori il loro indirizzo telematico o abbiano provveduto a registrare la PEC o il codice destinatario, abbinandoli univocamente alla loro partita IVA mediante utilizzo del servizio di registrazione offerto dall'Agenzia delle Entrate. Resta, in tale evenienza, l'obbligo di conservazione del documento cartaceo (circ. n. 9/E/2019);

IVA

– l'esonero dalla dichiarazione IVA;

Permane l'**obbligo** di **emissione della fattura in forma cartacea** che deve recare, anziché l'ammontare dell'imposta, l'annotazione "Operazione in franchigia da IVA" oppure "Operazione non soggetta"). Se il contribuente è esonerato dall'obbligo di fatturazione deve rilasciare lo **scontrino o la ricevuta fiscale**.

Tali soggetti sono, infatti, **esclusi** dall'obbligo di emissione di **fattura elettronica** (Agenzia delle Entrate, incontro con la stampa specializzata del 1° febbraio 2018 e circ. n. 9/E/2019). Tuttavia, possono decidere di aderire **volontariamente** alle nuove regole sulla fatturazione elettronica. Continua, viceversa, a rimanere obbligatoria la fatturazione elettronica nei confronti della **Pubblica amministrazione.**

Al fine di incentivare l'utilizzo della fatturazione elettronica (per questi soggetti volontaria), è previsto un regime premiale a favore dei forfetari che abbiano realizzato un **fatturato annuo** costituito **esclusivamente da fatture elettroniche**, riducendo di un anno (ossia: 4 anni) il termine di decadenza per la notificazione degli **avvisi di accertamento** (art. 1, c. 74, Legge n. 190/2014).

Il Governo italiano ha chiesto al Consiglio europeo l'**estensione**, oltre che il prolungamento, dell'utilizzo della **fatturazione elettronica** anche ai **soggetti forfetari** attualmente esclusi come sopra detto (salvo il caso di operazioni con la P.A.). L'autorizzazione è stata approvata con Decisione UE n. 2021/2251 pubblicata in G.U.U.E. del 17 dicembre 2021.
Ottenuta l'autorizzazione, affinché l'obbligo diventi esecutivo, il Governo dovrà emanare un provvedimento normativo specifico che presumibilmente verrà adottato nel corso del 2022.

Nel caso di operazioni verso soggetti che rientrano nello split-payment (**➡46.12.**), le fatture emesse da soggetti che applicano il regime forfetario non sono sottoposte agli specifici adempimenti previsti da detta disciplina in quanto non espongono l'IVA.

Di contro, gli "**svantaggi**" del regime forfetario sono:

– il **divieto di rivalsa** dell'IVA nazionale corrisposta ai propri fornitori nazionali e ai fornitori UE per le operazioni imponibili in Italia;
– la perdita della natura intracomunitaria delle operazioni (attive) di **cessione di beni** poste in essere nei confronti di clienti UE, pur sempre senza diritto alla rivalsa IVA e con indicazione in fattura: "Operazione non rientrante tra quelle intracomunitarie *ex* art. 41, c. 2-bis, D.L. n. 331/1993"; non si iscrivono al VIES e non compilano alcun Intrastat. Nel caso di **prestazioni di servizi** a favore di soggetto UE la fattura va emessa senza addebito d'imposta (*ex* art. 7-ter del D.P.R. n. 633/1972) e va compilato il Mod. Intra per le prestazioni rese.
  Per quanto concerne gli **acquisti di beni** da Paesi UE:
  a. se il loro ammontare nell'anno precedente non ha superato euro 10.000 e fino a quando nell'anno in corso detto limite non è superato (art. 38, c. 5, D.L. n. 331/1993), l'imposta è assolta nel Paese del cedente, il cessionario forfetario non si iscrive al VIES e non ha obblighi di Intrastat, salva l'opzione per l'applicazione in Italia anche prima di superare la soglia;
  b. se gli acquisti intracomunitari di beni superano il 10.000 euro, l'acquisto rileva in Italia secondo le regole ordinarie con obbligo di iscrizione al VIES, all'integrazione della fattura estera, ecc.;
  c. per gli acquisti di servizi da soggetti non residenti, l'IVA è assolta in Italia con gli obblighi appena sopra indicati in capo al committente (art. 1, c. 58, Legge n. 190/2014 e circ. n. 10/E/2016);
– il divieto di creazione e di utilizzo del **plafond** per l'acquisto di beni e servizi in sospensione d'imposta;
– l'obbligo di liquidazione e di versamento dell'imposta nei termini ordinari in caso di acquisti in regime di reverse charge;
– la numerazione e conservazione delle fatture di acquisto e delle bollette doganali;
– la certificazione dei corrispettivi, fatta eccezione per le attività esonerate *ex* D.P.R. n. 696/1996;
– l'integrazione delle fatture per le operazioni di cui risultino debitori di imposta con l'indicazione dell'aliquota e della relativa imposta, da versare entro il giorno 16 del mese successivo a quello di effettuazione delle operazioni, senza diritto alla detrazione dell'imposta relativa;
– l'obbligo di iscrizione al VIES in caso di effettuazione di operazioni intracomunitarie, al verificarsi delle condizioni sopra indicate.

Si rammenta che l'obbligo di memorizzazione e trasmissione telematica dei corrispettivi interessa anche i soggetti in regime forfetario salvo che l'attività svolta non rientri tra quelle esonerate (circ. n. 3/E/2020).

IVA

50.8. AUTOTRASPORTO PER CONTO TERZI

Sono soggetti ammessi ad un regime **trimestrale speciale** (➔61.1.1.) gli autotrasportatori di merci per conto terzi iscritti al relativo albo (Legge 6 giugno 1974, n. 298).

> Possono usufruire del regime agevolato anche le **cooperative** e i **consorzi** iscritti nel medesimo albo, qualora concludano i contratti di trasporto in nome proprio seppure nell'interesse dei propri associati.

Si analizzano di seguito le **agevolazioni** previste:
- non vi è l'obbligo di esercitare una specifica opzione;
- obbligo di effettuare le **liquidazioni IVA** trimestralmente indipendentemente dal volume d'affari. La maggiorazione per interessi dell'1%, non è dovuta (➔61.1.);
- i termini per le **liquidazioni trimestrali** coincidono con quelli previsti per i trimestrali per opzione salvo l'ultimo trimestre, la cui liquidazione va fatta entro il 16 febbraio dell'anno successivo e non in sede di dichiarazione annuale;
- possibilità di **registrare** le fatture emesse in ciascun trimestre solare entro il trimestre solare successivo a quello di emissione con riferimento alla data di annotazione e non a quella di emissione;
- possibilità di **emettere una sola fattura** per più prestazioni di servizi effettuate in ciascun trimestre solare nei confronti del medesimo committente.

Se vengono esercitate anche **altre attività diverse** da quelle che possono beneficiare della liquidazione trimestrale speciale, occorre:
- tenere per esse una contabilità separata,

  oppure
- annotarle distintamente.

La relativa imposta deve essere liquidata e versata mensilmente o trimestralmente nei modi ordinari a seconda del loro complessivo ammontare, considerato distintamente da quello delle prestazioni di trasporto.

50.9. IVA PER CASSA

Il regime di IVA per cassa prevede che determinati contribuenti possano liquidare l'IVA per tutte le operazioni poste in essere (cessioni di beni e/o prestazioni di servizi) solo al momento del pagamento del corrispettivo.

50.9.1. Soggetti autorizzati

Sono autorizzati:
- i soggetti operanti nell'esercizio di impresa,
- i soggetti esercenti arti e professioni anche sotto forma di studi associati,
- gli enti non commerciali in relazione alle operazioni effettuate nell'ambito dell'attività commerciale,

che effettuino cessioni di beni, oppure prestazioni di servizi imponibili nel territorio dello Stato unicamente nei confronti di **cessionari o committenti esercenti attività d'impresa, arte o professione**.

Il regime **non** può essere **adottato**:
- per le operazioni effettuate nei confronti di:
  - **privati**;
  - soggetti IVA persone fisiche che acquistano o cedono beni o i servizi per **uso privato** e non nell'esercizio della propria attività imprenditoriale, artistica o professionale, in qualità di beni strumentali;
- nonché per le seguenti operazioni:
  - **cessioni intracomunitarie** od esportazioni ed operazioni assimilate;
  - cessioni e prestazioni **rientranti in regimi speciali** quali il regime "monofase" (art. 74, D.P.R. n. 633/1972), il regime del margine per i beni usati, il regime delle agenzie di viaggio e turismo;
  - cessioni rientranti nel regime agricolo;
  - cessioni e prestazioni soggette a reverse charge;
  - cessioni e prestazioni con IVA ad esigibilità differita:
    - operazioni nei confronti dello Stato e dei suoi organi, degli enti pubblici, ecc.;
    - cessioni di prodotti farmaceutici da parte delle farmacie;
  - cessioni e prestazioni effettuate a favore di soci, associati o partecipanti dietro corresponsione di specifici corrispettivi o di contributi supplementari.

IVA

I soggetti che possono adottare il regime di cassa sono altresì obbligati all'adozione della fatturazione elettronica.

Condizioni e limiti 50.9.2.

Condizioni e limiti sono:

- il regime dell'IVA per cassa si applica in base al "**comportamento concludente**", essendo a tal fine sufficiente indicare in fattura la dizione: "esigibilità differita *ex* art. 32-bis del D.L. n. 83/2012". L'opzione viene successivamente confermata in dichiarazione IVA, barrando l'apposita casella;
- nell'anno solare precedente, il contribuente deve avere realizzato un volume d'affari **non superiore a 2 milioni** di euro comprensivo sia delle operazioni per le quali è applicabile l'opzione, sia di quelle escluse;
- il contribuente deve prevedere di realizzare nell'anno un volume d'affari non superiore a 2 milioni di euro in caso di inizio dell'attività;
- se l'inizio di attività è in corso d'anno, il **limite non** è **ragguagliabile**;
- in caso di esercizio di più attività, la soglia si riferisce al **volume** d'affari **complessivamente considerato**.

Se, in corso d'anno, il volume d'affari supera il limite di 2 milioni di euro, il regime dell'IVA per cassa non si applica alle operazioni attive e passive effettuate a partire dal mese successivo a quello in cui il limite è stato superato.

Obblighi

Il soggetto passivo che esprime la volontà di usufruire del regime IVA per Cassa ha l'obbligo di **assoggettare tutte le operazioni alla esigibilità differita** salvo quelle per le quali il regime non può essere adottato. L'opzione ha una durata di **almeno 3 anni**, fatto salvo il superamento della soglia pari a 2 milioni di euro.

Trascorso il periodo minimo, l'opzione è automaticamente rinnovata per ciascun anno successivo, salva la possibilità di revoca, da esercitarsi con le stesse modalità previste per l'opzione.

Limite temporale per le fatture emesse

L'IVA **diventa comunque esigibile** decorso **un anno** dall'effettuazione dell'operazione con obbligo per il cedente/prestatore di versare l'imposta ancorché non incassata.

Il limite dell'anno vale anche per le **fatture ricevute**.

Conseguentemente, decorso un anno dall'effettuazione dell'operazione:

- l'IVA a monte può essere detratta, ancorché non corrisposta al proprio fornitore;
- occorre includere nell'IVA a debito l'ammontare del tributo non incassato.

Tutti gli **altri obblighi** "formali", quali:

- la numerazione delle fatture e
- l'annotazione nel registro delle fatture emesse,

non godono di alcuna posticipazione.

Deroghe al limite dell'anno

Il limite temporale dell'anno non trova applicazione se il cliente, prima del decorso dell'anno, è assoggettato a **procedura concorsuale**.

Non rientrano nella deroga le **procedure esecutive**.

Uscita dall'opzione

Il contribuente esce dal regime dell'IVA per cassa al ricorrere di due distinte cause:

- **superamento del limite** di 2 milioni di euro;
- **revoca** dell'opzione.

Superamento del limite

Se il limite è **superato in corso d'anno**, l'**uscita** è **automatica**. Si applica il regime ordinario a decorrere dal mese successivo a quello in cui la soglia è superata per quanto riguarda le **operazioni attive**.

Per le **operazioni passive** le regole ordinarie trovano applicazione a partire dal mese successivo a quello di ricevimento delle fatture, indipendentemente dal momento di effettuazione degli acquisti È possibile detrarre l'imposta a monte ancorché non pagata.

Non è **consentita** l'**uscita volontaria** dal regime in **corso d'anno**.

Revoca dell'opzione

Si desume dal "comportamento concludente" e deve essere comunicata all'Agenzia delle Entrate barrando l'apposita casella di revoca nel Quadro VO della dichiarazione IVA.

IVA

In caso di revoca dell'opzione, nella liquidazione relativa all'ultimo mese/trimestre di applicazione del regime occorre:
- computare a debito l'IVA delle operazioni effettuate i cui corrispettivi non sono incassati;
- detrarre l'IVA a credito relativa agli acquisti non ancora pagati.

Detrazione dell'IVA sugli acquisti

È possibile detrarre l'IVA addebitata dai fornitori (circ. n. 44/E/2012) solo quando, a sua volta, il soggetto che si trovi nel regime di cassa avrà pagato loro il corrispettivo, e comunque **decorso un anno** dall'**effettuazione** dell'**operazione**.

In considerazione del fatto che la norma sul *cash accounting* differisce il momento in cui l'IVA sugli acquisti può essere considerata esigibile, anche il termine entro il quale il soggetto passivo può esercitare il diritto alla detrazione dell'imposta deve essere al momento del pagamento del corrispettivo (circ. n. 1/E/2018).

CASO 9 - Operazioni a cavallo dell'anno. Momento di detrazione dell'imposta

Si consideri il seguente caso:
- fattura emessa da un fornitore a carico di un soggetto che abbia aderito all'IVA per cassa, relativamente ad una cessione di beni consegnati nel mese di dicembre 2XXX,
- fattura pagata e registrata da tale soggetto nel mese di aprile 2XXX+1.

L'IVA evidenziata in tale fattura è detraibile nella liquidazione del mese di aprile 2XXX+1 in quanto, in tale mese risultano verificati i presupposti di esigibilità (pagamento) e di possesso del documento. Peraltro, la fattura potrà essere registrata al più tardi entro il termine di presentazione della dichiarazione relativa all'anno 2XXX+1. Qualora la registrazione intervenga nel periodo compreso tra il 1°gennaio ed il 30 aprile 2XXX+2 (termine di presentazione della dichiarazione per l'anno 20XX+1), il contribuente potrà annotare la fattura in un registro sezionale relativo al 2XXX+1 e facendo confluire il credito IVA ad esso relativo nella dichiarazione relativa al periodo 2XXX+1.

Detraibilità posticipata

La detraibilità posticipata al pagamento **riguarda tutti gli acquisti** effettuati, indipendentemente dalla circostanza che gli stessi siano riferibili ad operazioni che, a valle, rientrino nel regime dell'IVA per cassa.

L'operatore che acquista beni o servizi da un soggetto che ha adottato il regime di cassa può esercitare il diritto di detrazione senza dovere attendere il momento di pagamento del corrispettivo. In altri termini, il regime di cassa applicato dal cedente o prestatore non influisce sul termine di esercizio della detrazione in capo al cessionario o committente, a meno che anche quest'ultimo abbia adottato il regime di cassa.

Acquisti esclusi

Sono esclusi dal differimento del diritto alla detrazione:
- gli acquisti di beni e servizi soggetti a **reverse charge**;
- gli acquisti **intracomunitari**;
- le **importazioni**;
- le **estrazioni dai depositi IVA**.

Incasso dei corrispettivi

Ai fini dell'individuazione del **momento di incasso**, salvo che esso avvenga in contanti, occorre fare riferimento ai documenti attestanti l'effettiva disponibilità dell'importo pagato (circ. 30 aprile 2009, n. 20/E). Se l'incasso è parziale, l'IVA dovuta è calcolata e versata in **misura proporzionale**.

Gli **incassi** dai clienti (e specularmente i pagamenti ai fornitori) **possono essere cumulativi** rispetto ad un certo numero di fatture registrate. In questo caso, se dalla documentazione:
- **non** è **possibile abbinare** il pagamento a singole e specifiche **fatture** attive o passive, gli incassi vanno imputati con riferimento all'ordine di registrazione delle fatture emesse o ricevute;
- è **possibile** operare l'**abbinamento**, l'incasso o il pagamento è imputato alle relative fatture senza tener conto dell'ordine di registrazione.

50.9.3. Fatturazione e adempimenti contabili

Le fatture elettroniche devono riportare la dicitura "Operazione con IVA ad esigibilità differita *ex* art. 32-bis del D.L. n. 83/2012" o similare. L'eventuale mancanza della suddetta specificazione è sanzionabile solo come violazione formale (circ. 30 aprile 2009, n. 20/E). Il soggetto che abbia adottato il

IVA

regime di cassa computa l'imposta nella prima liquidazione utile rispetto al momento dell'incasso, ovvero decorso un anno dall'effettuazione dell'operazione.
Anche le fatture per cassa, siano esse elettroniche od analogiche, godono della possibilità di emissione entro il massimo termine di 12 giorni dal momento di effettuazione dell'operazione che nella fattispecie coincide con l'incasso (per il computo corretto dei 12 giorni si veda (➡46.7.).
Le fatture vanno **annotate** nel registro delle fatture emesse entro 15 giorni dalla loro emissione (ovvero entro il giorno 15 del mese successivo se si tratti di "fatturazione differita", ma sempre con riferimento al momento di effettuazione dell'operazione stessa). Indipendentemente dall'incasso, le operazioni attive **concorrono** alla formazione del **volume d'affari**.

COMMERCIO ELETTRONICO 50.10.

Le operazioni commerciali di acquisto e di vendita effettuate via web possono essere suddivise in due tipologie:
- commercio elettronico indiretto (*off-line*);
- commercio elettronico diretto (*on line*).

Il **commercio elettronico indiretto** consiste nella compravendita di beni fisici utilizzando i collegamenti **telematici** sia per far "prendere visione" dell'oggetto al potenziale cliente, sia per procedere alle operazioni di pagamento (di regola tramite carte di credito, carte di debito, carte prepagate, PayPal, ecc.). È irrilevante ove sia situato il venditore.

Il **commercio elettronico diretto** consiste nella compravendita di beni virtuali (es.: giochi in linea, testi, ecc.) o anche di servizi virtuali (download di software, e-learning, ecc.).
Le modalità di pagamento, di regola, sono le medesime già indicate per gli acquisti tramite commercio elettronico indiretto. È irrilevante ove sia situato il venditore.

Commercio elettronico indiretto 50.10.1.

Si esaminano di seguito le ipotesi di **vendite a distanza** (commercio elettronico indiretto) **di beni internamente all'Italia** a favore sia di privati consumatori, sia di soggetti passivi d'imposta, nonché di vendite a distanza verso soggetti passivi d'imposta stabiliti in Paesi extra UE (export). Per le **vendite a distanza intracomunitarie** in genere e di **vendite a distanza di beni importati** a favore di acquirenti non soggetti passivi d'imposta **(privati consumatori) si rimanda a** (➡51.12.).
Si ha commercio elettronico indiretto quando il canale telematico viene utilizzato in luogo di quello tradizionale, ai fini della vendita di beni materiali. Si tratta, più propriamente, del caso in cui il venditore mette a disposizione sul proprio sito web (o su un sito web che si rende disponibile per tale attività) il catalogo dei prodotti con esposizione di caratteristiche merceologiche, prezzi e condizioni di consegna, permettendo al cliente di effettuare i propri ordini per via telematica e, conseguentemente, ricevere il bene fisico. Ne deriva che questa tipologia di commercio **ai fini IVA** rientra nella categoria delle **cessioni di beni**, per cui, **di regola**, trovano applicazione le disposizioni che disciplinano questa tipologia di operazioni, tanto in merito al momento di effettuazione, quanto alla fatturazione, registrazione, liquidazione, versamento dell'imposta, dichiarazione, ecc.

Ai fini IVA, le operazioni di commercio elettronico indiretto sono **equiparate** alle **vendite per corrispondenza** di beni mobili, effettuate nell'ambito del commercio al minuto. Di conseguenza:
- l'emissione della fattura non è obbligatoria salvo che non sia stata esplicitamente richiesta dal cliente non oltre il momento di effettuazione dell'operazione (art. 22, c. 1, n. 1), D.P.R. n. 633/1972);
- l'emissione di scontrini o ricevute fiscali non è obbligatoria (art. 2, D.P.R. n. 696/1996 e risposta a interpello n. 198/2019);
- non è richiesta l'emissione del DDT;
- permane l'**obbligo di annotazione** delle operazioni di vendita on line nel registro dei corrispettivi (art. 24, D.P.R. n. 633/1972). Sebbene il commercio elettronico indiretto sia esonerato dalla memorizzazione e trasmissione telematica giornaliera dei corrispettivi mediante appositi registratori di cassa elettronici, è comunque possibile rinunciare all'esonero ai sensi dell'art. 1, c. 3, D.M. 10 maggio 2019 (risposta a interpello n. 416/2020).

Quando la cessione viene effettuata a favore di un soggetto non residente, ma il bene deve essere consegnato presso un suo domicilio in Italia e questi chiede l'emissione di una fattura non oltre il momento di effettuazione dell'operazione, il documento riporta l'indirizzo estero di residenza, mentre quello italiano rileva unicamente quale indicazione del luogo di consegna del bene. L'operazione va indicata nell'esterometro (➡62.1.2.); ciò almeno sino al **1° luglio 2022** data in cui l'esterometro nelle

IVA

attuali forme sarà sostituito da comunicazione a SDI con il medesimo formato della fattura elettronica (art. 5, c. 14-ter, D.L. n. 146/2021).

Beni immateriali su supporti fisici

Gli acquisti di beni immateriali effettuati mediante la spedizione di supporto fisici che li contengano, quali ad esempio CD, DVD, chiavette USB, audio-videocassette, dischetti, ecc., rientrano sempre tra le **cessioni di beni materiali** qualora non vi sia possibilità di modifiche o adattamenti (es. il software pacchettizzato). Diverso è il caso dei **programmi**, software e simili che ad esempio sono stati **realizzati su richiesta** del cliente e vengono spediti mediante DVD e simili. In questo caso, il supporto è solo il mezzo, per cui tali operazioni danno luogo ai fini IVA a prestazioni di servizi (➡**50.10.2.**).

Il commercio elettronico indiretto deve essere valutato sia nei rapporti interni all'Italia (cedente ed acquirente entrambi ivi residenti), sia nei più frequenti rapporti internazionali.

Nelle **operazioni interne all'Italia**:

- il cedente è un soggetto passivo stabilito in Italia,
- l'acquirente può essere sia un soggetto passivo stabilito in Italia, oppure un privato consumatore.

Procedura
Il **cedente**: - provvede all'emissione del DDT nel caso di cessione di beni mobili; - si astiene dall'emettere fattura o certificazione fiscale, ma se richiesta dal cliente emette fattura all'atto di **effettuazione dell'operazione** che, nel caso di pagamento tramite **carta di credito**, coincide con l'inserimento dei dati del cliente. L'aliquota è quella relativa al bene oggetto della transazione; - annota l'incasso sul registro dei corrispettivi. È possibile evitare la tenuta del registro dei corrispettivi installando apposito Registratore telematico emettente "documento commerciale". Il Registratore telematico provvede contemporaneamente alla gestione dei corrispettivi (sostituendo il registro) tramite memorizzazione elettronica ed invio telematico degli stessi. In alternativa al registratore telematico è possibile utilizzare l'apposita procedura web "documento commerciale on line" scaricabile dal portale "Fatture e corrispettivi" dal portale dell'Agenzia delle Entrate; - liquida e - versa l'imposta.
L'acquirente - se soggetto IVA provvede ad annotare la spesa solo in contabilità generale, ma se ha ottenuto su richiesta la fattura la annota sui registri IVA, detrae l'imposta se ed in quanto consentito.

Qualora un soggetto rientrante nei **regimi speciali** di cui all'art. 74 del D.P.R. n. 633/1972 volesse cedere propri beni, ai fini delle registrazioni e degli altri adempimenti fiscali deve comunque **continuare ad applicare le regole particolari previste per i regimi speciali** e non, per esempio, la semplice annotazione sul registro dei corrispettivi. Ad esempio, la cessione di prodotti editoriali via internet è possibile, ma l'individuazione dell'ammontare dell'IVA resta ancorata al metodo delle copie vendute oppure della forfetizzazione dei resi (➡**50.2.**).

Resi di merci

Qualora, nei termini previsti dal Codice del consumo per esercitare il "non gradimento" del bene, il cliente ritornasse al cedente la merce acquistata, il cedente in assenza di fattura e/o di scontrino non può procedere alle ordinarie variazioni in diminuzione (➡**46.18.2.**).

Il recupero dell'imposta versata è possibile solo a condizione che si adotti una procedura documentale idonea a creare un collegamento tra la vendita ed il successivo reso, nonché a verificare la movimentazione della merce restituita (carico a magazzino) (ris. n. 274/2009).

Cessioni verso Paesi UE con cessionario soggetto passivo d'imposta

Se anche il cessionario è un soggetto d'imposta si realizza una vendita di beni materiali con applicazione delle disposizioni relative alle cessioni intracomunitarie (art. 41, D.L. n. 331/1993) (➡**51.**); il **cedente** soggetto passivo **stabilito in Italia** previamente iscritto al VIES (➡**52.1.**):

- **emette fattura non imponibile** ai sensi dell'art. 41 del D.L. n. 331/1993 con la dicitura "inversione contabile";
- la annota nel registro delle fatture emesse;
- presenta il Mod. INTRA 1-bis.

La cessione concorre alla formazione del volume d'affari e al plafond per gli esportatori abituali.

Il **cessionario non residente** soggetto passivo realizza un acquisto intracomunitario imponibile nel proprio Stato UE.

IVA

Cessioni verso Paesi UE con cessionario soggetto privato

Per le cessioni verso Paesi UE con cessionario soggetto privato, si rimanda a (➡51.12.).

Soglie UE previste per il commercio a distanza

> Con l'introduzione dal 1° luglio 2021 del Regime OSS (➡51.12.) le soglie sono state sostituite da un'unica soglia eguale per tutti i Paesi membri del valore di 10.000 euro.

Si rammenta che il principio di **tassazione** nel **Paese di destinazione** presuppone che le "vendite a distanza" (➡51.12.) siano effettuate da un operatore che abbia superato la predetta **soglia annua** di 10.000 euro verso il privato consumatore di altro Paese UE.
Se la **cessione** ovvero l'insieme delle cessioni raggiunge un valore **superiore alla soglia** di 10.000 euro annui, la cessione a distanza anche nei confronti di un privato è cessione intracomunitaria non imponibile (art. 41, D.P.R. n. 633/1972).
Per quanto concerne la compilazione degli elenchi riepilogativi, dette cessioni affluiscono nel Mod. Intra 1-bis, sia agli effetti statistici, sia fiscali.

Cessioni verso Paesi extra UE

Le cessioni di beni mediante commercio elettronico "indiretto" da parte di un soggetto IVA stabilito o identificato in Italia a favore di un soggetto extra UE (privato o soggetto IVA) costituiscono, ai fini IVA, **cessioni all'esportazione** (➡55.).
Il cedente deve:

- emettere fattura non imponibile;
- compilare il DDT;
- ottenere il DAE dall'ufficio doganale di esportazione e, attraverso la dogana di uscita, il "risultato di uscita" a prova dell'avvenuta esportazione;
- annotare la fattura sul registro delle fatture emesse, che concorre alla formazione del volume d'affari e del plafond di esportatore abituale.

> In caso di esportazione di software standardizzati (che sono considerati beni fisici), la fattura, di regola, comprende sia il valore del supporto, sia quello del contenuto.

L'invio di beni all'estero (UE od extra-UE) nell'ambito di un'operazione di commercio elettronico indiretto, per essere depositati in regime di consignment stock/call off stock (➡56.2.), può essere accompagnato da una fattura (questa, ad esempio nel caso di trasferimento dei beni in un Paese extra-UE, è una mera fattura franco valuta che deve riportare gli estremi dell'annotazione sul registro dei beni presso terzi).
Essa non può essere considerata relativa ad una cessione intracomunitaria o ad un'esportazione, in quanto manca il requisito fondamentale del trasferimento del diritto di proprietà (questo avverrà solo al prelievo dei beni da parte del cessionario), pertanto tale fattura non contribuirà alla formazione del plafond né alla qualifica di esportatore abituale (risposta a interpello n. 238/2020).

Brexit **-** Il commercio elettronico indiretto equivale alla cessione di beni. Se effettuato nei confronti di soggetti UK, l'operazione rappresenta, pertanto, un'esportazione non imponibile ai sensi dell'art. 8, c. 1 del D.P.R. n. 633/1972. Quindi, operazione comunque da fatturare ancorché trattasi di e-commerce indiretto in quanto l'operazione è collegata con il transito attraverso il controllo doganale.
Il fornitore italiano per **cessioni inferiori a euro 135** (al netto di IVA e trasporto) deve aprire una partita IVA in UK mediante registrazione on line, e qui assolvere l'imposta. Qualora **l'acquirente sia un soggetto passivo d'imposta in UK**, l'imposta può essere assolta dall'acquirente mediante reverse charge, la cui applicazione deve essere evidenziata in fattura dal fornitore nazionale.
Se la cessione viene effettuata tramite **Marketplace**, l'imposta sarà dichiarata ed assolta dal Marketplace, così il fornitore nazionale non deve più identificarsi in UK.
Se la fornitura ha un valore **superiore a euro 135**, la fattura emessa dal venditore italiano può essere emessa senza applicazione dell'IVA. Questa, insieme agli eventuali dazi, è pagata dal cliente UK in dogana se la resa è DAP (Delivered at Place) ed il venditore italiano non è tenuto ad identificarsi in UK. Se la resa è DDP (Delivered Duty Paid) il venditore italiano deve aprire una propria Partita VAT in UK e munirsi preventivamente di Codice EORI, assolvere l'imposta in Dogana e, successivamente, cedere i beni fatturando la vendita come cessione interna in UK.
Di contro, se la medesima tipologia di operazioni è effettuata nei confronti di un **soggetto stabilito nell'Irlanda del Nord**, essa è ancora da considerare operazione intracomunitaria (➡55.2.9.).

IVA

Acquisti da Paesi UE

Se l'acquirente è un soggetto passivo stabilito in Italia, l'operazione realizza un normale acquisto **intracomunitario**, imponibile ai fini IVA in Italia (➜52.).

Il **cessionario soggetto IVA** previamente iscritto al VIES, per poter operare con soggetti comunitari:

- integra la fattura estera con l'imposta relativa (o dell'eventuale titolo di esenzione, di esclusione, di non imponibilità);
- la annota tanto nel registro delle fatture emesse quanto in quello degli acquisti entro gli ordinari termini.

Acquisti da Paesi extra UE

L'operazione realizza una importazione di beni (➜54.), indipendentemente dal fatto che il cessionario sia un soggetto IVA o un privato.

Il bene deve transitare in Dogana e ivi assolvere l'IVA e gli eventuali dazi.

Se l'acquirente è un soggetto passivo "esportatore abituale" (➜49.) potrà utilizzare la dichiarazione d'intento per evitare il versamento dell'IVA.

La fattura estera non è annotata nel registro degli acquisti, dovendo essere registrata la bolla doganale (DAU) ai fini della detrazione dell'IVA.

Importazione a mezzo posta

Le importazioni di beni a mezzo posta quando giungono per la presentazione in dogana si considerano immesse in libera pratica. Il soggetto destinatario è considerato dichiarante e come tale soggetto al pagamento immediato dell'IVA e degli eventuali dazi.

Per le importazioni di valore **inferiore ad euro 1.549,37** i tributi sono assolti anticipatamente dall'amministrazione postale, mentre per valori superiori occorre presentare in dogana il DAU per lo sdoganamento.

Importazione per immissione in libera pratica di beni di valore non superiore a 150 euro

Dal **1° luglio 2021**, una spedizione:

- composta da merci spedite direttamente da un territorio o un Paese terzo ad una persona che si trova nell'Unione Europea ed il cui valore intrinseco non ecceda complessivamente 150 euro (con esclusione dei prodotti, alcolici, i profumi e l'acqua da toletta, i tabacchi ed i prodotti del tabacco), oppure
- di beni non aventi natura commerciale, entro il medesimo limite, spediti da un privato ad un altro privato,

può essere sdoganata, in luogo della normale dichiarazione di immissione in libera pratica, con un set di dati specifico ridotto - cosiddetto tracciato (H7) - con esclusione per i beni che, dopo essere state introdotti nel territorio doganale dell'Unione, sono vincolati al regime di deposito doganale (circ. n. 21/D/2021 e determinazioni nn. 219776/RU/2021 e 219778/RU/2021).

Per approfondimento vedasi (➜54.12.).

Momento di effettuazione dell'operazione

Il pagamento con **carta di credito** fa sì che l'operazione si consideri realizzata **con l'inserimento dei propri dati** nella schermata messa a disposizione sul sito del fornitore.

50.10.2. Commercio elettronico diretto

Consiste nella vendita (*on line*) effettuata interamente, compreso il pagamento, in modalità telematica (**Internet**).

In particolare:

- il **fornitore** mette a disposizione, in rete, un determinato bene virtuale ovvero un servizio contro il pagamento, sempre *on line*, del corrispettivo mediante accredito diretto sul proprio conto corrente attraverso lo strumento di una carta di debito, di credito o prepagata;
- il **committente**, sia esso privato, impresa o professionista, tramite il sistema telematico si mette in contatto con il fornitore, ovunque esso sia e, scelto quanto desidera, lo "scarica" (*download*) direttamente sul proprio sistema senza che nulla si sia materializzato nel frattempo. In alcuni casi, il committente potrà, poi, trasferire il bene digitale su propri supporti fisici (es. DVD o simili; carta, ecc.);
- l'**oggetto** della transazione non può mai essere un bene tangibile.

IVA

Servizi rientranti nell'ambito dell'e-commerce
Fornitura di siti *web* e *web hosting*, compresa la gestione e manutenzione da remoto di programmi ed attrezzature; archiviazione *on line* di dati; amministrazione in remoto di sistemi
Forniture *on line* di *software* di qualunque genere (es.: programmi; antivirus e bannerblocker) e relative *release; download* diretti di *firewall*, ecc.
Forniture on line di immagini, testi (riviste e libri elettronici) e informazioni di qualunque genere; accesso a *data base;* creazione di siti; fornitura di banner pubblicitari; utilizzo di motori di ricerca
Forniture *on line* di musica, film, giochi (anche d'azzardo o basati sulla sorte), suonerie per cellulari, accesso a giochi on line
Accesso e *download* di programmi politici, culturali, artistici, sportivi, scientifici o di intrattenimento
Forniture e prestazioni di insegnamento on line (*e-learning)* che non abbiano bisogno dell'intervento dell'uomo, compresa la correzione automatica di esercizi
Elaborazione, fornitura ed invio on line di brani musicali, giochi, e-book, e simili

Esclusioni

Non rientrano nel commercio elettronico diretto, oltre alle forniture di beni ordinati in via elettronica (➡**50.10.1.**), anche:

- la fornitura di supporti magnetici (DVD, CD, videocassette, videogiochi su DVD o CD);
- i servizi professionali;
- i servizi di riparazione a computer;
- i servizi pubblicitari;
- i servizi di helpdesk o di videotelefonia;
- l'accesso a Internet.

Ai fini IVA, le **caratteristiche** dell'e-commerce sono le seguenti:

- se un'operazione rispetta le caratteristiche per rientrare nel comparto del commercio elettronico "diretto", essa è da qualificare sempre come **prestazione di servizio** e mai come cessione di beni;
- quali prestazioni di servizi "generici" (➡**42.3.3.**) occorre far riferimento alla residenza del committente.

Per le operazioni relative a servizi digitali nei confronti di privati residenti nella UE, in luogo dell'identificazione del fornitore nello Stato di residenza del committente, è possibile aderire al regime MOSS (➡**51.9.3.**);

- se l'operazione è **soggetta ad IVA,** l'importo dovuto è quello determinato in base alle aliquote previste dal Paese del committente. La normativa UE prevede che alle operazioni di e-commerce sia applicabile soltanto l'aliquota ordinaria (eccezione, in Italia, per i prodotti editoriali *on line*, soggetti all'aliquota ridotta del 4%).

Obbligo di emissione della fattura

Nel commercio elettronico "diretto", l'operazione deve sempre essere fatturata, salvo il caso in cui sia rivolta nei confronti di un privato consumatore (art. 22, c. 1, n. 6-ter, D.P.R. n. 633/1972).

Può essere emessa:

- dal **fornitore** ovvero, in determinate circostanze,
- dal **committente** (autofattura, ovvero, a seconda dei casi, fattura integrata dal committente).

La fattura può essere inviata in via telematica al cliente, ma in tal caso non si tratta di una "fattura elettronica".

Fatturazione interna

Tra **soggetti passivi** entrambi stabiliti **in Italia**:

- il **prestatore**:
  - emette fattura in data non posteriore a 12 giorni da quella del pagamento effettuato dal cliente mediante carta di credito;
  - la annota sul registro delle fatture emesse;
  - liquida l'imposta nei termini di legge;
- il **committente**:
  - annota la fattura sui registri fiscali;
  - detrae l'imposta addebitatagli se ed in quanto consentito.

IVA

Nei confronti di un **soggetto privato consumatore**:
- la prestazione rileva interamente in Italia (art. 7-sexies, c. 1, lett. f), D.P.R. n. 633/1972);
- il prestatore di servizi elettronici è **esonerato dall'emissione della fattura**, qualora la prestazione sia rivolta a soggetti privati, salvo che questi ne richiedano comunque l'emissione non oltre il momento di effettuazione dell'operazione (art. 22, c. 1, n. 6-ter), D.P.R. n. 633/1972);
- gli stessi operatori sono esclusi anche dal rilascio di scontrini o ricevute fiscali (D.M. 27 ottobre 2015);
- il prezzo di vendita del servizio include l'imposta e il prestatore registra l'incasso sul registro dei corrispettivi. È fatta salva la possibilità di trasmettere telematicamente e giornalmente i corrispettivi direttamente all'Agenzia delle Entrate in luogo della tenuta del registro dei corrispettivi.

Fatturazione verso Paesi della UE

Nei confronti di un **soggetto passivo**:
- trattasi di prestazioni di servizi soggette alla disciplina territoriale prevista per le prestazioni di servizio di carattere generico, per le quali, cioè, l'operazione si considera **effettuata** nel **Paese del committente** (➔42.3.3.) (art. 7-ter, D.P.R. n. 633/1972);
- il fornitore emette la fattura elettronica con la clausola "Inversione contabile" (art. 21, c. 6-bis, lett. a), D.P.R. n. 633/1972);
- il **prestatore** soggetto passivo stabilito in Italia deve essere iscritto al VIES;
- la fattura è annotata sul registro delle fatture emesse, in colonna separata, e l'importo partecipa al volume d'affari, ma non alla formazione del plafond di esportatore abituale. Il documento va indicato nello spesometro.

Nei confronti di un **soggetto privato consumatore**:
- come regola generale, le prestazioni di servizi elettronici, rese a favore di privati consumatori comunitari, **rilevano nel Paese del committente** quindi considerate extraterritoriali (➔42.3.5.) (art. 7-sexies, c. 1, lett. f), D.P.R. n. 633/1972);
- ne deriva che il prestatore deve addebitare l'imposta dovuta nel Paese del committente previa apertura di una posizione IVA locale.

Deroga

Al fine di evitare che il prestatore sia obbligato ad indentificarsi in ciascun Paese UE di consumo è stato istituito a livello europeo il regime speciale OSS - IOSS.

Con l'iscrizione al regime speciale, gli obblighi di dichiarazione e pagamento dell'imposta relativi alle prestazioni rese da prestatori che offrono servizi mediante commercio elettronico diretto a favore di privati UE vengono assolti nel Paese del prestatore.

Fatturazione verso Paesi extra UE

Nei confronti di un **soggetto passivo**:
- l'operazione è **esclusa** da IVA in Italia, in applicazione della regola territoriale generale delle prestazioni di servizio generiche, a prescindere dal luogo di utilizzo (art. 7-ter, D.P.R. n. 633/1972). Sarà eventualmente il soggetto passivo estero a doversi "autofatturare" per versare l'imposta nel proprio Paese;
- il prestatore italiano **emette comunque fattura** con la clausola "Operazione non soggetta" da annotare sul registro IVA vendite in colonna separata e il relativo importo concorre alla formazione del volume d'affari, ma non rileva ai fini della composizione del plafond di esportatore abituale. Sino al 30 giugno 2022 il prestatore/cedente può emettere fattura cartacea e presentare il c.d. esterometro. Dal 1° luglio 2022 l'emissione della fattura elettronica è generalizzata, l'esterometro di per sé è abolito, ma comunque vige l'obbligo di comunicazione, attraverso SDI e con le stesse modalità di emissione della fattura elettronica, dei dati relativi a dette operazioni. Per completezza vedasi anche (➔51.9.).

Nei confronti di un **soggetto privato consumatore**:
- la prestazione **non rileva** territorialmente in Italia (art. 7-sexies, c. 1, lett. f), D.P.R. n. 633/1972);
- il prestatore emette **fattura esclusa da IVA** con dicitura "Operazione non soggetta".

È opportuno verificare se nel Paese extra UE vi siano adempimenti fiscali che coinvolgano il prestatore.

Fatturazione da Paesi UE

Nei confronti di **soggetto passivo stabilito in Italia**:
- l'operazione è **rilevante** agli effetti dell'IVA in Italia;

– indipendentemente dal fatto che il fornitore sia identificato o meno in Italia, il committente:
  - integra la fattura comunitaria con i dati necessari per determinare l'imposta dovuta (art. 17, c. 2, D.P.R. n. 633/1972)
  - sino al 30 giugno 2022 deve indicare i dati relativi alle transazioni con il fornitore UE attraverso l'inoltro telematico del cosiddetto esterometro. Quest'ultimo, a partire dal 1° luglio 2002, è formalmente abolito e sostituito con una comunicazione telematica a SDI con la medesima procedura XLM utilizzata per la fatturazione elettronica. Per completezza vedasi (➡51.9.);

– annota la fattura integrata sia sul registro delle fatture emesse, sia su quello degli acquisti ai fini della detrazione.

Nei confronti di un **soggetto privato consumatore**:
– l'operazione è **rilevante** agli effetti dell'IVA in Italia, in quanto il committente è stabilito in Italia;
– se il prestatore ha aderito ai regimi speciali OSS è **dispensato** dall'emissione della fattura;
– in caso contrario, egli deve identificarsi ai fini IVA in Italia per assolvere la relativa imposta e adempiere ai connessi obblighi "formali".

Fatturazione da Paesi extra UE

Nei confronti di **soggetto passivo stabilito in Italia**:
– l'operazione è rilevante agli effetti dell'IVA in Italia, in quanto il committente è stabilito in Italia;
– il committente deve emettere **autofattura** in un unico esemplare con l'indicazione dell'IVA calcolata con l'aliquota ordinaria. Con l'emissione dell'autofattura si deve generare un documento, sempre da trasmettere a SDI, contenente i dati dell'operazione e che sostituisce il cosiddetto spesometro.

Nei confronti di **soggetto privato residente in Italia**:
– anche i soggetti passivi domiciliati o residenti fuori della UE e che non abbiano una Stabile Organizzazione nella UE, qualora operino nel settore dei servizi digitali, possono iscriversi ai regimi speciali (➡54.12.), seguirne le regole ed **evitare l'emissione di fattura** nei confronti del privato consumatore italiano (art. 74-quinquies, D.P.R. n. 633/1972);
– il servizio resta comunque **assoggettato** all'IVA italiana nella misura ordinaria. L'imposta verrà poi liquidata dal soggetto extra UE nel Paese ove abbia aderito al regime speciale corrispondete a quello nazionale, secondo le regole ivi stabilite. Sarà poi compito del relativo ufficio fiscale riaccreditare l'IVA allo Stato membro ove di consumo (es. Italia). Per completezza si vedano i regimi speciali nel capitolo (➡51.9.).

> Il commercio elettronico diretto è considerato prestazione di servizi. Il soggetto passivo stabilito in Italia nel commercio B2C verso UK non può applicare uno dei regimi speciali previsti per le vendite a distanza e l'operazione è soggetta all'imposta in Gran Bretagna (**compresa l'Irlanda del Nord**) con obbligo di identificazione o nomina di rappresentante fiscale, mentre in Italia essa è esclusa dall'imposta (art. 7-octies, D.P.R. n. 633/1972).

IVA NEL CAMPO IMMOBILIARE 50.11.

Le regole IVA, per quanto concerne il **settore immobiliare**, sono varie in funzione:
– della tipologia del **contratto** (cessione, locazione);
– della tipologia dell'**immobile** (fabbricato ad uso abitativo: accatastato nelle categorie A/1, A/8, A/9, civile, rientrante nelle agevolazioni della Legge Tupini, "prima casa"; strumentale);
– del **tempo** trascorso tra l'ultimazione dei lavori e la cessione;
– della figura del **cedente**: impresa che ha edificato l'immobile o si tratti di un mero rivenditore;
– di eventuali interventi di **recupero** e **ristrutturazione**;
– della presenza di **appalti** o **subappalti**;
– dell'esistenza o meno di **esenzioni** dal tributo ovvero da assoggettabilità all'imposta;
– dell'**edificabilità** o meno del terreno.

Nozione di edificio

È considerato edificio un sistema costituito dalle **strutture** edilizie **esterne** che delimitano uno spazio di volume definito, dalle strutture **interne** che ripartiscono detto volume e da tutti gli **impianti** e dispositivi tecnologici che si trovano stabilmente al suo interno; il termine può riferirsi a un intero edificio ovvero a parti di edificio progettate o ristrutturate per essere utilizzate come unità immobiliari a sé stante (circ. 27 marzo 2015, n. 14/E).

Non sono considerati **edifici** le prestazioni di servizi aventi ad oggetto:
– terreni,
– parti del suolo,

- parcheggi,
- piscine,
- giardini,

salvo che questi non costituiscano un elemento integrante dell'edificio stesso (es. parcheggi interrati pertinenziali, giardini pensili, lastrico solare, ecc.).

Una diversa nozione di edificio si desume dal Regolamento UE n. 282/2011, che con effetto giuridicamente vincolante per tutti i Paesi UE definisce il concetto di immobile, dal quale si desume - secondo la Commissione europea - che mentre il fabbricato può essere definito come una struttura (eretta dall'uomo) con un tetto e dei muri, come una casa o una fabbrica, il termine "edificio" ha un **significato più ampio** e **comprende altre strutture** (erette dall'uomo) che non si considerano generalmente come fabbricati, precisando che gli edifici possono comprendere opere di ingegneria civile, quali strade, ponti, aerodromi, porti, dighe, condotte del gas, impianti idrici e fognari, nonché impianti industriali quali centrali elettriche, turbine eoliche, raffinerie, ecc.

Edifici rientranti nella "Legge Tupini"

Si tratta case di abitazione costruite secondo le norme dettate dalla cosiddetta Legge Tupini (Legge n. 408/1949), accatastate/accatastabili in una categoria diversa da A/1, A/8, A/9 e che comprendono anche uffici/negozi a condizione che:

- almeno il 50% della superficie totale dei piani sopra terra sia destinato ad abitazioni;
- non più del 25% della superficie totale dei piani sopra terra sia destinato a negozi.

Momento di effettuazione dell'operazione

Ai fini IVA, il momento di effettuazione dell'operazione in caso di:

- **cessione**, coincide con il momento della stipula dell'atto (rogito). Tuttavia, se gli effetti traslativi o
- costitutivi si producono posteriormente, l'operazione si considera effettuata nel momento in cui si producono tali effetti (➜43.2.1.);
- **assegnazione in proprietà** di case di abitazione fatte ai soci da cooperative edilizie a proprietà divisa, coincide con la data del rogito notarile (art. 6, c. 2, lett. d-bis), D.P.R. n. 633/1972);
- **locazione**, coincide con il pagamento.

Imponibilità ed esenzione

Come regola generale, nel caso di:

- **locazione** di immobili **ad uso abitativo**, l'operazione è **esente**, ma in certe situazioni, il locatore può **optare** per l'imponibilità con l'aliquota ridotta del 10%;
- **affitto** di fabbricati strumentali, l'operazione è **esente, ma** in certe situazioni il locatore può **optare** per l'imponibilità con l'aliquota ordinaria;
- **cessione** di immobili ad **uso abitativo,** l'operazione è **esente**, salvo **opzione** per l'imponibilità (art. 17, c. 6, lett. a-bis), D.P.R. n. 633/1972) da parte del cedente oppure quando la cessione è effettuata dal costruttore/ristrutturatore entro 5 anni dall'ultimazione dei lavori. Di regola l'opzione per l'imponibilità si attua quando il cessionario è un soggetto d'imposta IVA; in questo caso l'operazione viene attuata mediante reverse charge (➜46.11.), metodologia non applicabile se il cessionario è un privato consumatore;
- **cessione** di immobile **strumentale**, l'operazione è **soggetta** ad imposta (ordinaria o ridotta a seconda delle situazioni), oppure **esente** se il cedente è il costruttore e la cessione è effettuata oltre 5 anni dall'ultimazione della costruzione/ristrutturazione e lo stesso **non opta** per l'imponibilità.

Operazioni esenti e detraibilità

In via generale, il soggetto passivo che effettua operazioni **esenti** da IVA **non può detrarre l'imposta pagata a monte** (➜44.2.) in relazione agli acquisti di beni o servizi connessi all'operazione posta in essere e comporta la nascita di un eventuale pro-rata (➜48.1.4.).

Peraltro, questa regola non si applica se l'operazione di locazione o di cessione immobiliare rientra nell'ambito dell'attività propria, oppure il locatore/cedente opta per l'imponibilità per evitare l'indetraibilità, parziale o totale.

Indennizzo per rinuncia ad aumento del canone di locazione o di affitto - L'indennizzo versato dal conduttore al locatore per la rinuncia, da parte di quest'ultimo, all'aumento del canone annuo in sede di rinnovo del contratto, non può essere considerato alla stregua di un canone di locazione pagato in un'unica soluzione. Conseguentemente esso deve essere considerato come un'obbligazione autonoma, tanto più se formalizzata come scrittura separata rispetto a quella locatizia. Trattandosi di indennizzo (comunque denominato) è da considerare **escluso** da IVA per mancan-

IVA

za del presupposto oggettivo, ma assoggettabile ad imposta proporzionale di registro (risposta a interpello 29 gennaio 2019, n. 16).

Corrispettivo per cessione del contratto di locazione - Il corrispettivo derivante dalla cessione di un contratto di locazione non costituisce per sua natura, attività di locazione. Pertanto, non può rientrare nell'ambito delle operazioni esenti *ex* art. 10, D.P.R. n. 633/1972, bensì nell'art. 3, c. 2, n. 5 del medesimo decreto e, conseguentemente è soggetto ad IVA in quanto operazione effettuata a titolo oneroso (risposta a interpello 29 gennaio 2019, n. 16).

Cessione di immobili abitativi 50.11.1.

Cedente	Momento della cessione	Tipologia abitazione	IVA
Impresa costruttrice anche mediante appalto oppure che ha eseguito interventi di recupero	**Entro 5 anni** dalla ultimazione oppure prima dell'ultimazione	- abitazione **no** A/1, A/8, A/9, - **no** alloggio sociale. Prima casa	4%
		- abitazione **no** A/1, A/8, A/9, - **no** alloggio sociale, - **no** Prima casa	10%
		Abitazione: A/1, A/8, A/9	22% (10% se il cedente ha eseguito interventi di recupero)
	Oltre 5 anni	- abitazione **no** A/1, A/8, A/9, - **no** alloggio sociale. - Prima casa	Esente oppure su opzione del cedente: 4%
		- abitazione **no** A/1, A/8, A/9, - **no** alloggio sociale, - **no** Prima casa	Esente oppure su opzione del cedente: 10%
		Abitazione: A/1, A/8, A/9	Esente oppure su opzione del cedente: 22% (10% se il cedente ha eseguito interventi di recupero)
Altre imprese	*	- abitazione **no** A/1, A/8, A/9, - Prima casa	Esente
		- abitazione **no** A/1, A/8, A/9, - **no** Prima casa	
		- abitazione A/1, A/8, A/9,	
		Alloggi sociali	4% se destinati a Prima casa 10% se non destinati a Prima casa
* Per questa casistica il tempo è irrilevante.			

Se la cessione è imponibile e l'acquirente è un soggetto IVA, il cedente fattura in reverse charge (➔46.11.) su opzione esercitata nel rogito di vendita (art. 17, c. 6, lett. a-bis), D.P.R. n. 633/1972); tale opzione non può essere esercitata se il cessionario è un privato consumatore.

Non sono soggette a reverse charge le cessioni di immobili abitativi poste in essere dalle **imprese che li hanno costruiti o ristrutturati** entro **5 anni dall'ultimazione dei lavori**. In tali ipotesi, infatti, le cessioni sono **imponibili IVA**.

> La cessione di eventuali **pertinenze** segue lo stesso regime fiscale applicabile alla vendita del fabbricato principale, salvo che il cedente la pertinenza sia un soggetto diverso dal cedente il fabbricato principale. In tal caso, occorre compiere una valutazione caso per caso sulla base del regime impositivo esposto nella tabella di cui sopra.

La cessione a corpo **di una unità immobiliare** nella quale sia installa una **cucina funzionante** quest'ultima non possiede le caratteristiche proprie dei beni immobili in quanto non è né incorporata né parte integrante dell'immobile, inoltre può essere smontata e disinstallata senza alterare il fabbricato. Non può neppure essere considerata come operazione accessoria (*ex* art. 12 del D.P.R. n. 633/1972) alla cessione dell'abitazione. Per tali ragioni la cessione dell'immobile (aliquota 10%) deve essere distinta da quella della cucina funzionante (aliquota 22%) (ris. n. 25/E/2021).

50.11.2. Locazione di immobili abitativi

– **Conduttore**: chiunque

Locatore	Tipologia dell'immobile	IVA
Imprese di costruzione o che ha provveduto alla ristrutturazione	- Abitazione - alloggio sociale	Esente oppure su opzione del locatore: 10%
Altri soggetti IVA	- Abitazione	Esente
	- Alloggio sociale	Esente oppure su opzione del locatore: 10%

Se la locazione è imponibile e l'affittuario è un soggetto IVA, il locatore fattura in reverse charge (➜46.11.) su opzione dell'affittuario espressa nel contratto d'affitto.

50.11.3. Cessione di immobili strumentali (per natura)

Per **impresa costruttrice** non si intende solo il soggetto a cui risulta intestato il provvedimento amministrativo in forza del quale ha luogo la costruzione o la ristrutturazione del fabbricato (vale a dire, le imprese che realizzano o ristrutturano direttamente i fabbricati con organizzazione e mezzi propri), ma anche quella che, in modo occasionale, si avvale di imprese terze per la realizzazione dei lavori (risposta a interpello 21 dicembre 2020, n. 611).

Sono operazioni esenti le cessioni di fabbricati strumentali per natura o sue porzioni con esclusione di quelle cessioni effettuate entro 5 anni dalla ultimazione della costruzione o degli interventi manutentivi, effettuati dalle imprese costruttrici degli stessi o dalle imprese che hanno eseguito direttamente o attraverso imprese appaltatrici determinati interventi (segnatamente quelli di cui all'art. 3, c. 1 lett. c), d), f) del D.P.R. n. 380/2001), nonché per quelle cessioni ove il cedente ha manifestato espressamente l'opzione per l'imposizione (art. 10, primo c., n. 8-ter, D.P.R. n. 633/1972). Scopo della scelta per l'assoggettamento all'imposta è quello di attenuare gli effetti negativi della limitazione alla detrazione dell'imposta sugli acquisti e spese che derivano ad un'impresa che effettua operazioni esenti (pro-rata). Secondo l'Amministrazione finanziaria, rientrano nell'imponibilità anche opzionale, non solo quelle intestatarie del provvedimento di concessione alla costruzione o ristrutturazione, ma anche quelle che occasionalmente si avvalgono di terzi per la realizzazione dei lavori sopramenzionati (risposta ad interpello n. 736/2021).

Cedente	Momento della cessione	IVA
Imprese costruttrici o di ripristino	**Entro 5 anni** dalla ultimazione oppure **prima dell'ultimazione**	- 22% se le cessioni sono effettuate dalle stesse imprese costruttrici, o dalle imprese che vi hanno eseguito, anche tramite imprese appaltatrici **interventi di ristrutturazione** edilizia (art. 3, c. 1 lett. c), d), f), D.P.R. n. 380/2001). Cessioni per le quali nel relativo atto il cedente abbia espressamente manifestato **l'opzione per l'imposizione** (art. 10, c. 1, n. 8-ter, D.P.R. n. 633/1972) -10% se la cessione è relativa a: - porzioni di fabbricati a prevalente destinazione abitativa; - fabbricati o loro porzioni effettuate da imprese che hanno eseguito interventi di recupero) (Tab. A, Parte III, n. 127-quinquiesdecies, D.P.R. n. 633/1972)

Cedente	Momento della cessione	IVA
	Oltre 5 anni dall'ultimazione	Esente (oppure se il cedente opta per l'imponibilità: 22% ovvero: 10% se: - porzioni di fabbricati a prevalente destinazione abitativa; - fabbricati o loro porzioni effettuate da imprese che hanno eseguito **interventi di recupero**) (Tab. A, Parte III, n. 127-quinquiesdecies, D.P.R. n. 633/1972)
Soggetti diversi (rivenditori)	*	Esente oppure se il cedente opta per l'imponibilità: 22%

* In questa casistica il tempo è irrilevante.

Se la cessione è imponibile e l'acquirente è un soggetto IVA, il cedente fattura in reverse charge (➜**46.11.**) su opzione esercitata nel rogito di vendita (art. 17, c.6, lett. a-bis), D.P.R. n. 633/1972); tale opzione non può essere esercitata se il cessionario è un privato consumatore.
Non sono soggette a reverse charge le cessioni di immobili strumentali poste in essere dalle **imprese che li hanno costruiti o ristrutturati** entro **5 anni dall'ultimazione dei lavori.** In tali ipotesi, infatti, le cessioni sono **imponibili IVA.**
La cessione di eventuali **pertinenze** segue lo stesso regime fiscale applicabile alla vendita del fabbricato principale, salvo che il cedente la pertinenza sia un soggetto diverso dal cedente il fabbricato principale. In tal caso, occorre compiere una valutazione caso per caso sulla base del regime impositivo esposto nella tabella di cui sopra.

Affitto di immobili strumentali (per natura) 50.11.4.

Locatore	Ha esercitato l'opzione per l'imponibilità?	IVA
Qualunque soggetto passivo d'imposta	Sì	22%
	NO	Esente

Terreni 50.11.5.

– **Cedente**: impresa

Tipologia del terreno	Regime IVA
Edificabile[1] e relative pertinenze	22%
	Escluse dall'imposta: - cessioni gratuite di aree a favore dei Comuni per opere di urbanizzazione primaria e secondari, - le cessioni di terreni edificabili posti in essere da imprenditori agricoli; - cessione da parte di imprenditore agricolo di terreno divenuto edificabile; - cessione di contratti aventi per oggetto terreni non edificabili.
- Non agricoli e non edificabili e relative pertinenze - Agricoli e relative pertinenze ceduti ad imprenditore agricolo o ad altro soggetto - Agricoli e relative pertinenze, con le agevolazioni per la piccola proprietà contadina	**Escluse**

[1] Un terreno è considerato edificabile in base allo strumento urbanistico generale (PRG) adottato dal Comune. È irrilevante che quest'ultimo non sia ancora stato approvato dalla Regione al momento della stipula dell'atto.

50.11.6. Appalti, subappalti e reverse charge

Come regola generale, si applica l'inversione contabile alle prestazioni di servizi, compresa la manodopera, rese da subappaltatori nel campo immobiliare (art. 17, c. 6, lett. a), D.P.R. n. 633/1972). Perché il reverse charge possa trovare applicazione occorre che la prestazione sia effettuata a favore di un committente, il quale a sua volta si sia impegnato, nei confronti di un terzo, per l'esecuzione della medesima prestazione (appalto). L'inversione contabile si applica anche relativamente all'installazione di impianti su immobili.

È stata ulteriormente allargato il campo di applicazione del reverse charge in presenza di appalti e subappalti, quindi anche oltre lo stretto settore immobiliare (art. 17, D.P.R. n. 633/1972). Sono ora soggetti ad inversione contabile le prestazioni di servizi effettuate tramite contratti di appalto e subappalto, affidamento a soggetti consorziati o rapporti negoziali comunque denominati, caratterizzati dall'utilizzo prevalente di manodopera (c.d. labour intensive) presso le sedi di attività del committente e dall'utilizzo di beni strumentali riconducibili a quest'ultimo. I nuovi obblighi non si applicano in caso di rilascio al committente di una **certificazione di regolarità fiscale** che verrà messa a disposizione dall'Agenzia delle Entrate al ricorrere di determinati requisiti di affidabilità.

La nuova disposizione **non si applica** alle prestazioni resa alle PA e ai soggetti nei cui confronti si applica il meccanismo dello split payment nonché alle agenzie per il lavoro.

Infine, l'efficacia della disposizione è subordinata al rilascio di **autorizzazione** di una misura di deroga da parte del **Consiglio dell'Unione europea.**

Appalti

Tipologia costruzione in appalto	A favore di	IVA
Fabbricati con i requisiti della Legge Tupini	- imprese costruttrici (soggetti che svolgono l'attività di costruzione di immobili per la successiva rivendita); - cooperative edilizie e loro consorzi, anche a proprietà indivisa, se per i soci ricorrono i requisiti per l'acquisto di un'abitazione "prima casa"; - soggetti che hanno i requisiti per l'acquisto di un'abitazione "prima casa"; - ampliamento e completamento di fabbricati "Tupini", abitazioni "prima casa" e fabbricati rurali destinati ad uso abitativo.	4%
Fabbricati rurali	uso abitativo del proprietario del terreno o di altri addetti alla coltivazione dello stesso o all'allevamento del bestiame, purché permanga l'originaria destinazione.	
Realizzazione di opere ed interventi	- superamento delle barriere architettoniche.	
Fabbricati "Tupini" ed assimilati	- soggetti diversi da quelli che svolgono l'attività di costruzione di immobili per la successiva rivendita (ad esempio, per locazione).	10%
Abitazioni non di lusso quando **non** ricorrono i requisiti "prima casa"	- chiunque.	
Edifici destinati a finalità di istruzione, cura, assistenza e beneficenza	*	
Opere di urbanizzazione primaria e secondaria	- Comuni.	
Opere di manutenzione ordinaria e straordinaria ed interventi di restauro, conservazione e ristrutturazione	*	
Abitazioni accatastate: A/1, A/8, A/9	- chiunque.	22%
* Nessuna condizione prevista.		

Subappalti

La casistica prevista per gli appalti trova applicazione anche nei casi di subappalto, in quanto essi sono una sorta di opera accessoria alla principale e, come tale, soggetti allo stesso trattamento impositivo (circ. 1° marzo 2001, n. 19/E).

Reverse charge per prestazioni di servizi relative ad edifici

Soggiacciono al regime di reverse charge (➔46.11.) le **prestazioni di servizi** inerenti edifici e rivolte a favore di soggetti passivi d'imposta, compresa la Pubblica amministrazione quando agisce nell'esercizio di attività commerciale. In proposito le fatture rivolte alla PA, ma soggiacenti al regime di reverse charge, sono escluse dall'obbligo della fatturazione elettronica.

In particolare, i servizi rientranti nel regime di reverse charge sono quelli individuati nella **Sezione F** dei codici attività della Tabella **ATECO 2007**.

Le prestazioni di servizio **realizzate mediante appalto** classificabili nel **Gruppo 43** della Tabella ATECO sono soggette a reverse charge e, in caso di pluralità di prestazioni, è necessario scomporle tra quelle soggette al regime di inversione contabile e quelle soggette al regime ordinario. Tuttavia, l'Agenzia delle Entrate consente l'applicazione delle regole ordinarie se il contratto è finalizzato alla costruzione o ristrutturazione di un edificio (circ. 27 marzo 2015, n. 14/E e circ. n. 35/E/2017).

Se il cedente o locatore ha optato per l'inversione contabile, anche le fatture di **acconto** seguono la stessa regola (circ. n. 37/E/2015). Ciò nonostante, se sono stati corrisposti **acconti** sul corrispettivo pattuito in regime di esenzione mentre nulla era espresso nel contratto preliminare e, in sede di contratto definitivo, il cedente ha esercitato l'**opzione per l'imponibilità IVA**, la **base imponibile** del tributo è costituita dal solo **importo dovuto a saldo.**

Riguardo all'elencazione riportata nella Tabella ATECO, è stato inoltre chiarito che (circ. 27 marzo 2015, n. 14/E):

- le prestazioni consistenti nel rifacimento della facciata di un edificio possono ritenersi comprese fra i servizi di completamento e, conseguentemente, assoggettate al meccanismo del reverse charge;
- devono essere escluse dal meccanismo dell'inversione contabile le prestazioni di servizi relative alla preparazione del cantiere di cui al codice "43.12", in quanto le stesse non sono riferibili alla fase del completamento, bensì a quella propedeutica della costruzione;
- rispetto al codice "43.32.02", riferito alla posa in opera di infissi, arredi, controsoffitti, pareti mobili e simili, la posa in opera di arredi deve intendersi esclusa dall'applicazione del meccanismo dell'inversione contabile, in quanto non rientra nella nozione di completamento relativo ad edifici.

Servizi	Descrizione
Pulizia	- di nuovi edifici post costruzione; - a vapore, sabbiatura, e attività simili per pareti esterne di edifici; - pulizia generale (non specializzata) di edifici; - altre attività di pulizia specializzata di edifici e di impianti e macchinari industriali (escluse le pulizie dei macchinari; - servizi di disinfestazione solo per le prestazioni riferite agli edifici.
Demolizione	- demolizione di edifici (con esclusione della demolizione di altre strutture).
Installazione di impianti	- elettrici in edifici o in altre opere di costruzione (compresa manutenzione e riparazione); - elettronici (compresa manutenzione e riparazione); - idraulici, di riscaldamento e di condizionamento dell'aria (compresa manutenzione e riparazione) in edifici o in altre opere di costruzione; - per la distribuzione del gas (inclusa manutenzione e riparazione); - di spegnimento antincendio anche di estinzione automatica, relativi allarmi a condizione che facciano parte di impianto installato nell'edificio (inclusi quelli integrati e la manutenzione e riparazione). Non rientrano gli estintori a bombola; - di depurazione per piscine (inclusa manutenzione e riparazione); - di irrigazione per giardini (inclusa manutenzione e riparazione); - di ascensori e scale mobili e loro riparazione e manutenzione (compresi i diritti di chiamata a pagamento e le manutenzioni derivanti da canone periodico); - di isolamento termico, acustico o antivibrazioni; - noleggio ed installazione di ponteggi per conto terzi, - altri lavori di costruzione e installazione.

IVA

Servizi	Descrizione
Completamento	- intonacatura e stuccatura; - posa in opera di casseforti, forzieri, porte blindate; - posa in opera di infissi, arredi, controsoffitti, pareti mobili e simili; - rivestimento di pavimenti e di muri; - tinteggiatura e posa in opera di vetri; - attività non specializzate di lavori edili (muratori); - altri lavori di completamento e di finitura degli edifici.

L'**impianto funzionale** o servente all'edificio, indipendentemente dal fatto che una parte dello stesso sia collocato all'esterno dell'edificio, deve essere visto come un bene unico, complessivamente destinato a servizio dell'edificio. In questa situazione, alla prestazione si applica il reverse charge (circ. 27 marzo 2015, n. 14/E).

Le seguenti attività sono **escluse** da reverse charge:
- preparazione del cantiere;
- trivellazione e perforazione;
- realizzazione di coperture;
- sterilizzazione di attrezzature medico sanitarie;
- la derattizzazione;
- pulizia e lavaggio di aree pubbliche, rimozione di neve e ghiaccio;
- prestazioni rese da professionisti (architetti, geometri, ingegneri);
- forniture di beni con installazioni in opera in quanto cessioni e non prestazioni di servizio (➡43.3.);
- noleggio di attrezzature con manovratore se il manovratore è il mero esecutore delle direttive del committente;
- noleggio di attrezzature senza manovratore;
- noleggio e installazione di propri ponteggi.

Prestazioni miste

In presenza di un unico contratto contenente una pluralità di servizi parte dei quali soggetti a reverse charge e parte al regime ordinario occorre **separare** le diverse **fattispecie**.

Il cedente/prestatore deve emettere **più fatture**, in parte soggette a IVA e in parte al sistema dell'inversione contabile.

Se tale suddivisione risulta eccessivamente complicata ed onerosa, specialmente in presenza di un unico contratto di appalto che comprenda anche altre prestazioni (art. 17, c. 6, lett. a-ter), D.P.R. n. 633/1972), in una logica di semplificazione si applicano le regole ordinarie e non quelle dell'inversione contabile (circ. 27 marzo 2015, n. 14/E).

Reverse charge e subappalto

Il meccanismo del reverse charge si applica nelle ipotesi in cui i soggetti subappaltatori rendano servizi, compresa la manodopera, ad imprese del comparto dell'edilizia che si pongono quali appaltatori o, a loro volta, quali subappaltatori, in relazione alla realizzazione dell'intervento edilizio.

L'inversione contabile trova applicazione quando:
- il servizio è reso da un subappaltatore nei confronti di una impresa edile quale appaltatore principale o altro subappaltatore. Il reverse charge **non si applica**, invece, nei confronti del **general contractor**;
- il subappaltatore e l'appaltatore principale operano nel campo edile o il servizio rientri nel contratto d'opera.

IVA

Semplificando graficamente si ha:

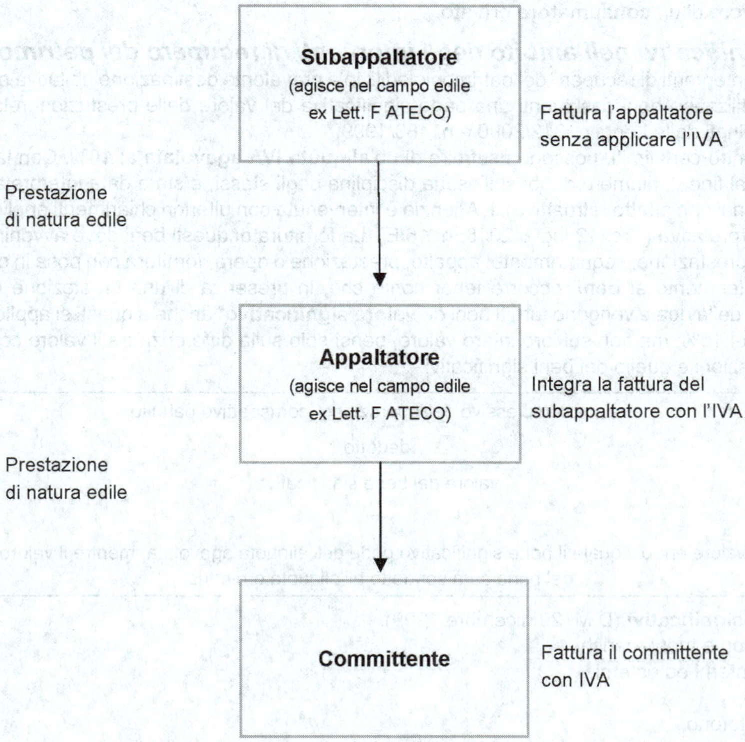

Agevolazioni per ristrutturazioni edilizie ed altri incentivi 50.11.7.

Gli interventi dedicati al recupero edilizio possono usufruire di un'aliquota ridotta in funzione della tipologia dell'intervento. L'agevolazione si applica, di regola, sulle prestazioni di servizi effettuate dall'impresa che ha eseguito i lavori stessi. Le agevolazioni riguardano:

- i lavori di manutenzione ordinaria e straordinaria;
- i lavori di restauro, risanamento conservativo e ristrutturazione.

Lavori di manutenzione ordinaria e straordinaria

Occorre individuare se una determinata tipologia di lavori rientri o meno nella definizione di manutenzione ordinaria o straordinaria (Legge n. 488/1999).

Manutenzione ordinaria	Interventi che riguardano le opere di riparazione, rinnovamento e sostituzione delle finiture degli edifici e quelle necessarie ad integrare o mantenere in efficienza gli impianti tecnologici esistenti.
Manutenzione straordinaria	Opere e modifiche necessarie per rinnovare e sostituire parti anche strutturali degli edifici, nonché per realizzare ed integrare i servizi igienico-sanitari e tecnologici, sempre che non alterino i volumi e le superfici delle singole unità immobiliari e non comportino modifiche delle destinazioni di uso.

Sono agevolabili i lavori realizzati su **abitazioni civili** ossia fabbricati che hanno **più del 50%** della superficie sopra terra destinata ad **uso abitativo privato** comprese le pertinenze e le parti comuni (circ. n. 71/E/2000). Sono da ricomprendere anche gli edifici di **edilizia residenziale pubblica**, purché adibiti a dimora di soggetti privati.

Aliquota - L'aliquota agevolata del **10%** è applicabile, in questi casi, non solo alle prestazioni di servizi, ma anche alle cessioni di beni nell'ambito di un **contratto di appalto** e sempreché i lavori siano a **favore** di un **consumatore privato**.

Beni significativi nell'ambito degli interventi di recupero del patrimonio edilizio - Gli interventi di recupero del patrimonio edilizio a prevalente destinazione abitativa privata, per i quali si utilizzano beni costituenti una parte significativa del valore delle prestazioni relative sono stati disciplinati dalle Leggi n. 212/2000 e n. 488/1999.
Tali beni, entro certi limiti, possono usufruire di un'**aliquota IVA agevolata al 10%**. Con la Legge n. 205/2017, al fine di dirimere dubbi sull'esatta disciplina degli stessi, è stata data interpretazione autentica (quindi con effetto retroattivo). L'Agenzia è intervenuta con ulteriori chiarimenti applicativi della norma interpretativa (circ. 12 luglio 2018, n. 15/E). La fornitura di questi beni deve avvenire nell'ambito di una prestazione, segnatamente: appalto, prestazione d'opera, fornitura con posa in opera. Con specifico riferimento ai **beni**, occorre tener conto che, in presenza di una prestazione di servizio nell'ambito della quale vengono forniti beni di "**valore significativo**" anche a questi si applica l'aliquota ridotta del 10%, ma non sul loro intero valore, bensì solo sulla differenza tra il valore complessivo delle prestazioni e quello dei beni significativi.

valore complessivo dell'operazione (corrispettivo pattuito)
dedotto
valore del bene significativo
=
Limite di valore entro il quale il bene significativo gode dell'aliquota agevolata, mentre il valore residuo del bene sarà soggetto all'aliquota ordinaria.

Sono **beni significativi** (D.M. 29 dicembre 1999):
- ascensori e montacarichi,
- infissi interni ed esterni,
- caldaie,
- videocitofono,
- apparecchiature di condizionamento e riciclo dell'aria,
- sanitari e rubinetteria da bagni,
- impianti di sicurezza.

La Legge n. 205/2017 ha introdotto una disposizione di **interpretazione autentica** in tema di beni significativi (art. 1, c. 19, Legge n. 205/2017) al fine di una più esatta individuazione del loro valore in presenza di una fornitura anche di parti staccate di detti beni. Secondo la norma, il valore dei beni significativi si effettua sulla base dell'**autonomia funzionale** delle **parti staccate** rispetto al manufatto principale. Inoltre, rientrano tra i beni significativi tutti quegli oneri che concorrono alla produzione dei beni stessi: **materie prime** e **manodopera**.
La circ. 12 luglio 2018, n. 15/E a proposito dell'elencazione dei beni che per legge sono da considerare significativi e che deve essere intesa "tassativa", ha precisato che questi "devono essere intesi nel loro significato generico e non tecnico. Conseguentemente, sono classificabili come "beni significativi" anche quelli che hanno la medesima funzionalità di quelli espressamente menzionati nell'elenco, ma che per specifiche caratteristiche e/o per esigenze di carattere commerciale assumono una diversa denominazione (a titolo esemplificativo, la stufa a *pellet* utilizzata per riscaldare l'acqua per alimentare il sistema di riscaldamento e per produrre acqua sanitaria deve essere assimilata alla caldaia (*i.e.* bene significativo); diversamente, la stufa a *pellet* utilizzata soltanto per il riscaldamento dell'ambiente non può essere assimilata alla caldaia)".
Con riferimento alle parti staccate ed i componenti:
- se connotate da una propria autonomia funzionale rispetto al bene significativo, **non** sono comprese nel valore di questo ai fini della verifica della **quota parte non soggetta** all'aliquota del 10%;
- se concorre alla normale funzionalità del bene significativo, quindi è priva di una propria autonomia funzionale, essa deve essere considerata come sua parte integrante, pertanto il valore della parte staccata confluisce con quello del bene significativo, per la determinazione del limite cui applicare l'aliquota del 10%.

Per quanto concerne il concetto di beni finiti nell'ambito edile con la possibilità di godere della riduzione al **4%** ovvero al **10%** dell'aliquota IVA, si veda (➔43.5.).

IVA

L'Agenzia delle Entrate ha chiarito il concetto di "**valore**" del bene significativo (circ. 12 luglio 2018, n. 15/E):

- se il bene significativo è **prodotto dal prestatore** stesso, il valore è il costo di produzione (costi direttamente imputabili al prodotto, ammortamento dei beni materiali ed immateriali inerenti alla produzione, manutenzioni e riparazioni con esclusione delle spese generali e dei costi di distribuzione), comprensivo degli oneri direttamente imputabili. Non può mai essere inferiore al costo delle materie prime utilizzate e al costo della manodopera impiegata;
- se il bene significativo **non è prodotto dal prestatore** stesso, ma **acquistato da terzi**, il valore del bene non può essere inferiore al costo di acquisto.

In entrambi i casi deve essere **escluso il margine** (mark-up) aggiunto al costo di produzione oppure al costo di acquisto del bene.

CASO 10 - Determinazione dell'IVA in presenza di beni significativi

Intervento di manutenzione straordinaria del valore totale di euro 10.000:

- il valore del bene significativo è di 6.000
- la prestazione vera e propria ed i materiali non significativi utilizzati ammontano complessivamente a 4.000

Determinazione dell'imposta in presenza di beni significativi.

a. (10.000 - 6.000) = 4.000 x 10% = 400
b. (6.000 - 4.000) = 2.000 x 22% = 440.

Riepilogando:

a)	4.000	+			
b)	4.000				
	8.000	x	10%	=	800
	2.000	x	22%	=	440
	10.000				1.240

Allo stesso risultato si può giungere più semplicemente con la seguente operazione:

Base imponibile al 10% = (corrispettivo globale - valore bene significativo) x 2
Ciò che resta è soggetto all'aliquota ordinaria.

Mutuando dall'esempio precedente:
(10.000 - 6.000) = (4.000 x 2) = 8.000 al 10%
Il residuo 2.000 è assoggettato al 22%.
Pertanto, se l'**ammontare dei beni significativi non supera la metà del costo complessivo**, tutta la prestazione, compresi i beni significativi, va fatturata al 10% (circ. 12 luglio 2018, n. 15/E).
La disciplina dei beni significativi **non opera** quando il committente - soggetto IVA - dell'intervento è inquadrabile fra quelli soggetti a **reverse charge** (art. 17, c. 6, lett. a-ter), D.P.R. n. 633/1972; circ. n. 37/E/2015).

Modalità di fatturazione

Sia nel caso di emissione di fattura sia in quello di rilascio di ricevuta fiscale, nel documento deve obbligatoriamente essere indicato in modo distinto (Legge n. 205/2017):

- l'oggetto ed il valore complessivo dell'operazione;
- il valore dei beni significativi forniti con indicazione della parte di questi assoggettata ad aliquota ridotta e la parte soggetta all'aliquota ordinaria.

Anche se tutto il bene fosse da assoggettare all'aliquota agevolata, i dati di cui sopra vanno in ogni caso indicati.

CASO 11 - Fatturazione di prestazioni comprensive di cessioni di beni significativi

Fornitura con posa in opera di un bene significativo prodotto dal prestatore.
Il valore del bene significativo è superiore alla metà del corrispettivo pattuito.

- corrispettivo: 1.800 di cui 1.000 è il valore (alias: costo) del bene,
- manodopera: 600,
- mark-up: 200.

In fattura il prestatore deve indicare separatamente:

- il valore della manodopera comprensiva del mark-up: 800,

- il valore del bene significativo: 1.000.

Andrà assoggettato al **10%** 1.600 dato da:
- 800 (=manodopera + mark-up),
- 800 (=corrispettivo 1800 - valore significativo 1000).

Andrà assoggettato al **22%** 200 dato dall'eccedenza di valore del bene significativo.

Acconti - In caso di pagamento di **acconti** riferibili a interventi con fornitura, anche di beni significativi, il limite di valore entro cui applicare l'aliquota del 10% ai suddetti beni, dovrà essere calcolato in relazione all'intero corrispettivo dovuto dal committente e non ad un singolo acconto o al solo saldo. Il valore del bene significativo dovrà poi essere riportato, nella quota percentuale corrispondente alla parte di corrispettivo pagata, in ogni fattura relativa al singolo pagamento, indicando sia la parte di valore del bene significativo da assoggettare all'aliquota del 10% sia quella da assoggettare all'aliquota ordinaria (circ. n. 71/E/2000).

CASO 12 - Fatturazione di acconti in presenza di forniture di beni significativi

Valore beni significativi	6.000
Manodopera ed altri beni	4.000
Corrispettivo pattuito	10.000

Acconto 30% = 3.000

In presenza dell'acconto occorre individuare la quota parte dell'acconto attribuibile ai beni **non** significativi (che sono soggetti all'aliquota del 10%)
(4.000 x 30%) = 1.200.
Il complemento all'acconto globale del valore del bene significativo indica la parte di questo attribuibile a detto bene da assoggettare al 22%:
(6.000 - 3.000) = 3.000 x 30% = 900
La differenza residua attribuibile al bene significativo rappresenta la porzione assoggettabile al 10%:
(6.000 - 3.000) = 3.000x30% = 900
In definitiva si avrà:

1.200		
900		
2.100	al 10% =	210
900	al 22% =	198
3.000		408

Esclusioni dall'agevolazione - Sono esclusi dall'agevolazione dell'aliquota ridotta del 10%:
- i **materiali** od i beni **forniti** da un **soggetto diverso** da quello che esegue i lavori,
- i materiali o i beni **acquistati direttamente dal committente**,
- le **prestazioni professionali**,
- le **prestazioni di servizi** resi in **esecuzione di subappalti** alla ditta esecutrice dei lavori. La ditta subappaltatrice deve fatturare con l'aliquota IVA ordinaria del 22% alla ditta principale che, successivamente, fatturerà la prestazione al committente con l'IVA al 10%, se ne ricorrono i presupposti.

Casi particolari - L'Agenzia delle Entrate è intervenuta a chiarimento anche per alcune tipologie di beni (circ. 12 luglio 2018, n. 15/E):
- **tapparelle, scuri, veneziane** - di regola esse sono da considerare funzionalmente autonome rispetto agli infissi (interni o esterni), pertanto non sono attratte nel costo del bene significativo (infisso). Pertanto, il loro costo va compreso in quello della prestazione da assoggettare al 10%. Solo se le stesse fossero strutturalmente integrate nell'infisso, allora perdono la loro autonomia funzionale e sono attratte nel bene significativo seguendone le sorti in funzione del valore complessivo se superiore o meno al 50% del valore dell'intera prestazione;
- **zanzariere** - valgono le stesse regole appena sopra esposte. Le zanzariere normalmente assumono autonoma rilevanza rispetto agli infissi, pertanto il loro valore entra a far parte del corrispettivo da assoggettare al 10% e non di quello del bene significativo. Solo se strutturalmente integra-

IVA

te nell'infisso allora seguono le sorti del bene significativo nella determinazione della quota parte da assoggettare al 10% e di quella da assoggettare al 22%;
- **grate di sicurezza** - essendo installate per prevenire atti illeciti non possono mai esser considerate parti staccate degli infissi. Pertanto, la loro installazione non assumendo autonoma rilevanza, al contrario entra quale componente della prestazione di servizi da assoggettare al 10%.

Restauro e risanamento conservativo - Si intendono gli interventi rivolti a conservare l'organismo edilizio e ad assicurarne la funzionalità mediante un insieme sistematico di opere che, nel rispetto degli elementi tipologici, formali e strutturali dell'organismo stesso, ne consentano destinazioni d'uso con essi compatibili. Tali interventi comprendono il consolidamento, il ripristino e il rinnovo degli elementi costitutivi dell'edificio, l'inserimento degli elementi accessori e degli impianti richiesti dalle esigenze d'uso, l'eliminazione degli elementi estranei all'organismo edilizio.

Ristrutturazione edilizia - Si intendono gli interventi rivolti a trasformare gli organismi edilizi mediante un insieme sistematico di opere che possono portare ad un organismo edilizio in tutto o in parte diverso dal precedente. Tali interventi comprendono il ripristino o la sostituzione di alcuni elementi costitutivi dell'edificio, la eliminazione, la modifica e l'inserimento di nuovi elementi ed impianti.

Aliquota - Anche questi lavori godono dell'aliquota ridotta del 10% se rivolti ai medesimi fabbricati di civile abitazione indicati a proposito dei lavori di ordinaria e straordinaria manutenzione.

Ulteriori agevolazioni - Nell'ambito del recupero edilizio in genere sono altresì agevolabili:
- gli acquisti di beni (con esclusione di materie prime e semilavorati) forniti per la realizzazione degli interventi di restauro, risanamento conservativo e di ristrutturazione edilizia, individuati dal Testo Unico in materia edilizia (D.P.R. n. 380/2001);
- le forniture di beni finiti, ossia beni che, ancorché incorporati nella costruzione, conservano la propria individualità (per esempio, porte, infissi esterni, sanitari, caldaie, ecc.).

L'agevolazione spetta sia quando l'acquisto è fatto direttamente dal committente dei lavori sia quando ad acquistare i beni è la ditta o il prestatore d'opera che li esegue.

Incentivi per l'efficienza energetica degli edifici

Nell'ambito delle disposizioni concernenti le detrazioni fiscali, relativamente agli interventi tesi all'efficienza energetica dei fabbricati e riduzione del rischio sismico (c.d. bonus 110%), l'IVA non detraibile o parzialmente detraibile (artt. 19, 19-bis, 19-bis1, 36-bis, D.P.R. n. 633/1972), relativa a tutte le spese rilevanti ai fini di tale beneficio, si considera nel calcolo dell'ammontare complessivo ammesso al beneficio e ciò indipendentemente dalla modalità di rilevazione contabile adottata dal contribuente (art. 6-bis, D.L. n. 41/2021).

Cessioni di beni o prestazioni di servizi su immobili - Territorialità 50.11.8.

Talora si è in presenza di operazioni per le quali è difficile distinguere se si tratti di una cessione di beni o piuttosto, di una prestazione di servizi (➡43.3.). Se, ad esempio, le parti volevano arrivare ad un risultato nuovo e diverso rispetto al complesso dei beni necessari per la realizzazione dell'operazione, si è in presenza di una prestazione di servizi. Qualora la prestazione sia connessa ad un immobile occorre individuare la territorialità dell'operazione e, di conseguenza, l'assoggettamento o meno al tributo.

Il luogo ove è sito l'immobile, cui sono connessi i servizi, attrae l'assoggettamento o meno all'IVA indipendentemente dal luogo ove il committente sia stabilito (Italia od estero). Pertanto, schematicamente, si avrà:

Ubicazione dell'immobile	Tassazione del servizio ad esso collegato
Italia	In Italia
Estero (UE od extraUE)	Irrilevante in Italia Tassazione nello Stato UE od extra UE Nello Stato estero il prestatore del servizio deve: - identificarsi o nominare un proprio rappresentante fiscale, ai fini dell'IVA locale se l'immobile è nella UE; - nominare un proprio rappresentante fiscale se l'immobile è sito extraUE (con eccezione della UK e Norvegia ove è possibile anche l'identificazione).

51. OPERAZIONI INTRACOMUNITARIE ATTIVE

51.1. OPERAZIONI PRELIMINARI - VIES

Il soggetto passivo d'imposta che intende intraprendere operazioni con altri soggetti passivi stabiliti nella UE, tanto per cessioni di beni, quanto per prestazioni di servizi, è tenuto ad iscriversi al VAT Information Exchange System (**VIES**) che è l'**archivio informatico europeo** di tutte le **partite IVA**. Esso permette di controllare (o far controllare) se effettivamente la controparte è esistente e se è un soggetto passivo d'imposta. Inoltre, è essenziale al fine di informare la Stato UE di arrivo dei beni circa la presenza sul suo territorio di beni provenienti da altro Stato UE.

> L'elenco dei soggetti comunitari iscritti al VIES è consultabile nel sito dell'Agenzia delle Entrate (sezione "Controllo delle partite IVA comunitarie") oppure attraverso il portale della Commissione europea.

Il soggetto passivo stabilito in Italia richiede l'**iscrizione** al VIES all'**inizio** della propria **attività**, insieme alla **richiesta** di attribuzione del **numero** di **Partita IVA**. Se il soggetto è già esistente può comunque chiedere, telematicamente, in modalità diretta o tramite i soggetti abilitati, l'iscrizione nell'archivio VIES.

È possibile in qualsiasi momento comunicare la volontà di **retrocedere dall'opzione** perché non si ha più intenzione di effettuare operazioni intracomunitarie. La revoca dell'opzione può essere effettuata esclusivamente attraverso i servizi telematici.

L'**iscrizione** nell'archivio ha **effetto immediato**, a partire dal momento della richiesta della partita IVA, ovvero della ricezione telematica della richiesta di iscrizione al VIES.

Esclusione - Cancellazione

L'Agenzia delle Entrate ha stabilito le modalità e i criteri con cui vengono effettuati i controlli nei confronti dei soggetti titolari di partita IVA per riscontrare eventuali irregolarità nei dati forniti per la loro

identificazione ai fini IVA. A seguito di tali controlli l'Agenzia delle Entrate può emanare un provvedimento di cessazione della partita IVA e di esclusione della stessa dalla banca dati VIES. Al contribuente resta sempre ferma la possibilità di chiedere nuovamente l'inclusione nella banca dati.
Di regola, la **cancellazione** avviene a seguito:

- dell'esito negativo dell'attività di controllo in merito alla correttezza e completezza dei **dati forniti**;
- della **mancata presentazione** dei Modd. **Intra** per **4 trimestri consecutivi**.

La cancellazione dal VIES ha **effetto** dal **60° giorno** successivo dalla comunicazione da parte dell'Ufficio competente.
Nel periodo intercorrente tra il ricevimento della comunicazione e la cancellazione, il soggetto interessato può rivolgersi all'Ufficio per **provare** l'**operatività** in ambito intracomunitario e, quindi, per mantenere l'iscrizione al VIES. In alternativa, il contribuente può manifestare l'intenzione di effettuare operazioni intracomunitarie (Provv. 12 giugno 2017).

Iscrizione di soggetti UE al VIES in Italia

I soggetti passivi d'imposta UE non residenti in Italia e che abbiano intenzione di realizzare **operazioni** intracomunitarie **imponibili** nel territorio italiano devono anch'essi **iscriversi** al VIES **direttamente** oppure per il **tramite** di un **rappresentante fiscale**.
Se intendono realizzare esclusivamente **operazioni non imponibili**, esenti o non soggette in Italia possono adempiere mediante la nomina di un **rappresentante fiscale** con il limitato compito di provvedere agli obblighi di fatturazione e di presentazione dei modelli Intrastat.

Operazioni intracomunitarie senza iscrizione al VIES

Dal **1° gennaio 2020** è entrata in vigore la **Direttiva n. 2018/1910/UE** che, sovvertendo consolidate sentenze della Corte di Giustizia europea, ha ora stabilito che un'operazione intracomunitaria può essere effettuata senza applicazione dell'imposta solo se:

- il cessionario stabilito in Paese UE differente rispetto a quello del cedente sia iscritto al VIES anteriormente alla realizzazione dell'operazione;
- il cessionario sia in possesso di un valido numero di identificazione IVA. È per altro sufficiente che si tratti di un numero di identificazione attribuito da uno Stato UE diverso da quello di origine dei beni;
- il cessionario abbia comunicato al cedente, già nell'ordine di acquisto, tale numero di identificazione IVA;
- il cedente abbia controllato per ogni singola operazione l'esistenza e la validità del codice, mediante interrogazione nel sistema VIES;
- il cedente abbia provveduto alla corretta presentazione dei modelli INTRASTAT dai quali appaia l'indicazione del numero identificativo IVA.

La Direttiva, pertanto, considera **elemento essenziale** - e non più meramente formale - la sussistenza e l'indicazione del **codice identificativo**. In assenza ovvero qualora non vengano presentati i modelli Intrastat, l'operazione non può più essere considerata non imponibile e pertanto dovrà essere assoggettata all'imposta vigente nel Paese del cedente/prestatore, con le ovvie conseguenze sanzionatorie in capo a quest'ultimo.
Il legislatore nazionale ha recepito interamente quanto stabilito dalla Direttiva, con il D.Lgs. n. 192/2021 (noto anche come Quick fixes) benché le disposizioni in materia fossero già obbligatorie anche in Italia dal 1° gennaio 2020. All'art. 41 del D.L. n. 331/1993 è stato inserito il nuovo c. 2-ter, in base al quale le cessioni intracomunitarie sono non imponibili solo se i cessionari abbiano comunicato il numero identificativo loro attribuito da un altro Paese UE ed il cedente abbia compilato e trasmesso l'elenco INTRASTAT ovvero abbia giustificato l'incompleta o la mancata compilazione dell'elenco.

Fatturazione senza iscrizione al VIES 51.1.1.

Dal 1° gennaio 2020, con l'entrata in vigore della Direttiva n. 2018/1910/UE (così come confermato anche dal D.Lgs. n. 192/2021), l'inclusione nell'archivio VIES è la condizione indispensabile che legittima un soggetto passivo ad effettuare operazioni intracomunitarie imponibili nel Paese UE di destinazione del bene o servizio.
Nel caso di mancata iscrizione (ovvero in caso di esclusione o revoca), la controparte, non avendo modo di riscontrare la soggettività passiva IVA del cedente/prestatore o del cessionario/committente, deve esimersi dal qualificare fiscalmente l'operazione come soggetta al regime degli scambi intracomunitari (circ. 1° agosto 2011, n. 39/E e ris. n. 42/E/2012).
Pertanto, eventuali cessioni o prestazioni intracomunitarie effettuate **verso** un **soggetto passivo non** ancora **incluso** nell'archivio **VIES** (o escluso a seguito di diniego o revoca) devono ritenersi **assoggettate ad imposizione in Italia**, alla stessa stregua di una cessione o prestazione interna.

51.2. DEFINIZIONE DI CESSIONE INTRACOMUNITARIA

Si ha **cessione intracomunitaria** quando si è in presenza di una **cessione** di beni:

- **a titolo oneroso**;
- che dà luogo al **trasferimento** della **proprietà** o alla costituzione o trasferimento di altro diritto reale di godimento;
- con **trasporto/spedizione** dei **beni** dallo Stato italiano a quello comunitario di destinazione. Il trasporto o spedizione deve essere effettuato dal venditore, dal cessionario o da un terso per loro conto;
- effettuata da un soggetto passivo nello Stato UE di spedizione o trasporto dei beni, verso un altro **soggetto passivo** d'imposta ivi identificato il quale abbia comunicato al cedente il **numero** di **identificazione** rilasciatogli dal proprio Stato membro ed entrambi iscritti al VIES;
- il cedente deve compilare correttamente e presentare i modelli **Intra**.

Non si è in presenza di cessione intracomunitaria non imponibile se:

- il cedente riceve dal cessionario l'indicazione di un numero di partita IVA che non risulta nel Sistema VIES;
- il cedente non ha presentato il Mod. Intra o lo ha presentato con dati non corretti, salvo riconoscimento di errore in buona fede o di indicazione dell'operazione del modello del mese successivo per mero errore materiale.

> Il **Principato di Monaco**, dal punto di vista fiscale, è considerato territorio della Repubblica francese, per cui le transazioni con il Principato sono considerate intracomunitarie.

Rientrano nella definizione di cessioni intracomunitarie:

- le **vendite a distanza** (per corrispondenza, in base a cataloghi e simili, mediante commercio elettronico indiretto) a favore di **privati** con trasporto nel Paese estero a cura del fornitore nazionale.
  Queste cessioni:
  - sono imponibili nello Stato UE di destinazione qualora l'ammontare delle cessioni realizzate dal cedente nell'altro Stato, nell'anno precedente ed in quello in corso, sia superiore alla soglia stabilita da tale Stato (art. 41, c. 1, D.L. n. 331/1993) (➔50.10.1.),
  - sono imponibili in Italia se l'ammontare delle vendite a distanza effettuate verso lo Stato UE non supera la predetta soglia;
- le cessioni di **mezzi di trasporto nuovi** a favore di chiunque;
- le cessioni di **beni con installazione**, **montaggio** o **assiemaggio** da parte del fornitore o da terzi per suo conto;
- i **trasferimenti** di beni in altro Stato membro **per esigenze** della propria **impresa** (la fattura è verso sé stessi e la base imponibile è costituita dal valore normale). Trattasi della c.d. **Cessione intracomunitaria assimilata**.

Cessione intracomunitaria assimilata

Sono assimilate alle cessioni intracomunitarie non imponibili vere e proprie - effettuate a titolo oneroso - le spedizioni (senza vendita contestuale), da parte di un soggetto passivo qui stabilito, di beni di propria produzione o commercializzazione o da terzi per suo conto, in altro Paese UE. Ciò a condizione (art. 41, c. 3, D.P.R. n. 331/1993) che i beni:

- **non** siano oggetto di operazioni di manipolazione relative al perfezionamento attivo;
- **non** siano destinati ad essere utilizzati temporaneamente per l'esecuzione di prestazioni di servizi;
- o che se fossero importati beneficerebbero dell'ammissione temporanea in totale esenzione di dazi doganali (art. 41, c. 2, lett. c), D.P.R. n. 633/1993).

Dal punto di vista operativo l'imposta è dovuta nel territorio dello Stato membro di destinazione ove si trova il magazzino di stoccaggio. Pertanto:

- il soggetto passivo nazionale deve identificarsi direttamente ovvero nominare un proprio rappresentante fiscale in tale Stato unionale;
- il trasferimento dei beni presuppone l'emissione di una fattura da parte del soggetto passivo stabilito in Italia nei confronti della propria partita IVA aperta nello Stato UE. La fattura è non imponibile (art. 46, c. 2 e 3, D.P.R. n. 331/1993);
- la propria partita IVA nello Stato UE provvederà agli adempimenti necessari secondo la legislazione locale;
- la successiva cessione a terzi, dal punto di vista IVA è soggetta alle formalità previste dallo Stato UE ove è stata aperta la partita IVA. Pertanto, soggetta all'imposta locale se la cessione avviene

nel medesimo Stato unionale, ovvero cessione intracomunitaria o esportazione se i beni sono destinati ad altro Stato membro ovvero diretti verso un Paese extra UE (risposta a interpello n. 273/2020).

L'operazione di cessione intracomunitaria assimilata non deve essere confusa con quella di consignment stock (o call-off stock) (➡56.2.) perché quest'ultima presuppone che lo stoccaggio effettuato presso il cliente destinatario dei beni ovvero presso un altro magazzino, ma in entrambe le situazioni egli ha la piena disponibilità dei beni che può prelevare per le proprie necessità.

OPERAZIONI NON RIENTRANTI NEL REGIME INTRACOMUNITARIO 51.3.

Cause di esclusione dalle operazioni intracomunitarie 51.3.1.

Cessione gratuite di beni

Una cessione gratuita di beni (omaggio, donazione, campioni gratuiti, ecc.), anche a favore di un soggetto passivo UE, **non** rappresenta una cessione intracomunitaria mancando il presupposto dell'onerosità, né evidentemente un'esportazione. Pertanto, le cessioni gratuite sono:

- **soggette** ad IVA italiana, se si tratta di beni rientranti nell'attività propria dell'impresa cedente e per le quali l'**IVA a monte** è stata **detratta**;
- **non soggette** ad IVA, se si tratta di beni rientranti nell'attività propria dell'impresa cedente e per le quali l'**IVA a monte non** è stata **detratta**;
- **non soggette** ad IVA, se si tratta di beni **non rientranti** nell'**attività propria** dell'**impresa cedente**, indipendentemente dal loro valore unitario.

> Se al cessionario vengono addebitate delle **spese di trasporto** relative a beni ceduti gratuitamente, queste assumono **rilevanza fiscale autonoma**, perché rappresentano il corrispettivo della prestazione di trasporto. Si tratta di prestazioni generiche (➡42.3.3.) (art. 7-ter, D.P.R. n. 633/1972) non imponibili perché occorre far riferimento al paese dell'acquirente/committente. In fattura occorre indicare "Inversione contabile".
> Se il cessionario è un soggetto passivo d'imposta, dette spese devono essere indicate nel **Mod. Intra 1-quater**.

Altre cause di esclusione dalla definizione di operazione intracomunitaria

Non danno luogo a cessioni intracomunitarie, oltre alle operazioni carenti di almeno uno dei requisiti essenziali, gli invii di beni in altro Stato UE:

- per essere oggetto di **perizie** o di operazioni di **perfezionamento**, di **manipolazioni** usuali, **con** successiva **rispedizione** dei beni in Italia;
- per essere **temporaneamente utilizzati** per l'esecuzione di prestazioni di servizi da parte dello stesso fornitore italiano;
- che, se provenissero da uno Stato extra UE, beneficerebbero della **temporanea importazione** in esenzione totale dei dazi doganali;
- se si tratta di **beni usati**.

Il passaggio di beni dal committente al commissionario è soggetto ad IVA come operazione interna.

OPERAZIONI NON IMPONIBILI 51.4.

Le cessioni intracomunitarie di beni che soddisfano i presupposti richiesti per tale qualificazione si considerano **non imponibili IVA**.

L'IVA assolta a monte dal cedente stabilito in Italia in relazione ai beni ceduti è detraibile.

La fattura di vendita è emessa riportando il codice di identificazione attribuito al cessionario comunitario e la dicitura "operazione non imponibile", con l'eventuale indicazione della norma di riferimento, anche comunitaria.

MOMENTO DI EFFETTUAZIONE DELL'OPERAZIONE DI CESSIONE DI BENI 51.5.

Fermo restando che la **regola generale** del momento di effettuazione di un'operazione di cessione intracomunitaria è rappresentata dall'inizio del trasporto o spedizione (art. 39, D.L. n. 331/1993), sono previste alcune **deroghe**. In particolare:

- in presenza di **condizioni sospensive**, il momento di effettuazione è posticipato all'epoca in cui si realizzano dette condizioni, comunque non oltre un anno dalla consegna;
- in presenza di un **contratto estimatorio**, il momento di effettuazione si verifica:
  - alla rivendita del bene al terzo;

- al prelievo del bene da parte del destinatario;
- alla scadenza del termine concordato per la vendita, qualora non restituito nel frattempo;
- entro un anno dalla consegna se anteriore al verificarsi delle circostanze di cui sopra;

– in presenza di **cessioni effettuate in modo continuativo** nel corso di un periodo superiore ad un mese, al termine di ciascun mese.

51.5.1. Prova dell'avvenuta cessione

Il cedente deve **dimostrare** l'avvenuta **spedizione** e **cessione** in un altro Paese UE mediante la conservazione ed esibizione di una serie di documenti.

L'Agenzia delle Entrate è intervenuta più volte in merito ai documenti necessari al fine di provare l'avvenuta cessione di beni a favore di soggetti stabiliti in altri Paesi della UE, sia nel caso in cui il trasporto o spedizione sia curato direttamente dal venditore (ad es.: ris. n. 345/E/2007, ris. n. 477/E/2008, risposta a interpello n. 100/2019) sia dall'acquirente (ris. n. 19/E/2013 e risposta a interpello n. 117/2020).

Anche le consorelle amministrazioni comunitarie hanno, ciascuna, dato la propria interpretazione in tema di documentazione atta a provare l'avvenuta operazione comunitaria. Da ultimo è intervenuto il Reg. UE n. 1912/18 al fine di dare uniformità di regole.

Regolamento UE n. 1912/18

Dal 1° gennaio 2020, affinché si realizzi una cessione intraeuropea, le presunzioni sono dettate direttamente dal Reg. UE n. 1912/18 e recepite dalla nostra Amministrazione finanziaria con la risposta a interpello n. 117/2020 e con la circ. n. 12/E/2020.

Nel caso di **trasporto o spedizione curati dal venditore stabilito in Italia o per suo conto**, il venditore deve essere in possesso di una dichiarazione in cui attesta che beni sono stati spediti o trasportati per suo conto in un altro Stato membro.

In aggiunta a detta dichiarazione, il venditore deve esibire **almeno 2** dei seguenti documenti:

- DDT o CMR firmato dal cedente, dal cessionario e dal vettore;
- polizza di carico;
- fattura di trasporto aereo;
- fattura dello spedizioniere.

In alternativa (aggiunta alla dichiarazione di cui sopra), è possibile esibire **almeno 1** dei seguenti documenti:

- DDT o CMR firmato,
- polizza di carico,
- fattura di trasporto aereo,
- fattura dello spedizioniere,

nonché **almeno uno** dei seguenti documenti:

- polizza assicurativa del trasporto o documenti bancari attestanti il pagamento del trasporto,
- documenti ufficiali rilasciati da una pubblica autorità attestanti l'arrivo dei beni,
- ricevuta rilasciata da un depositario.

Nel caso di **trasporto o spedizione a cura del cessionario o per conto di questi (*ex* works)**, l'acquirente deve fornire al cedente, entro il decimo giorno del mese successivo alla cessione, una dichiarazione scritta certificante che i beni sono stati trasportati o spediti dall'acquirente, o da un terzo per conto dello stesso acquirente, e che identifichi lo Stato membro di destinazione dei beni e contenente data e tutti gli elementi identificativi delle parti. Una trasmissione anche oltre il termine del decimo giorno non preclude la possibilità per il venditore di beneficiare della presunzione di cessione intracomunitaria in presenza di tutte le altre condizioni previste dall'art. 45-bis della Direttiva (risposta a interpello 29 dicembre 2020, n. 632). Ossia, oltre alla dichiarazione che i beni sono stati trasportati da un Paese ad un altro, il venditore deve essere in possesso di **almeno 2** dei seguenti documenti rilasciati da due diverse parti indipendenti l'una dall'altra sia dal venditore, sia dall'acquirente:

- un documento o una lettera CMR riportante la firma è da presumere, dal vettore;
- una polizza di carico;
- una fattura di trasporto aereo;
- una fattura emessa dallo spedizioniere.

In alternativa (aggiunta alla dichiarazione di cui sopra), è possibile esibire **almeno 1** degli elementi sopra indicati insieme a:

- una polizza assicurativa relativa alla spedizione o al trasporto dei beni;
- documenti bancari attestanti il pagamento per la spedizione o il trasporto dei beni;
- documenti ufficiali rilasciati da una pubblica autorità, ad esempio da un notaio, che confermano l'arrivo dei beni nello Stato membro di destinazione;

- una ricevuta rilasciata da un depositario nello Stato membro di destinazione che confermi il deposito dei beni in tale Stato membro.

La documentazione utilizzata a prova e rientrante tra quelle tassativamente indicate dal Regolamento deve essere conservata a cura del venditore (risposta a interpello n. 100/2019).

Con riferimento al CMR, l'Agenzia riconosce che non sempre è possibile ottenere tale documento debitamente firmato dal destinatario o addirittura non si riesca ad ottenere il CMR stesso; pertanto ricorda che ai fini della prova sussistono anche altri mezzi ritenuti idonei quali ad esempio il CMR elettronico oppure un insieme di documenti sottoscritti dal quale si possano ricavare le medesime informazioni. I documenti alternativi devono essere conservati insieme alle fatture di vendita, agli elenchi Intrastat, ecc. (risposta dell'Agenzia delle Entrate nel corso dell'incontro con la stampa specializzata del 28 gennaio 2021).

È invece **esclusa l'applicazione della presunzione** che le merci siano state trasportate o spedite in altro Stato membro qualora il trasporto o la spedizione siano stati effettuati dal cedente o dal cessionario **senza l'intervento di altri soggetti** come, ad esempio, lo spedizioniere o il trasportatore. Infatti, gli elementi di prova non contraddittori richiesti dal Regolamento devono provenire da due parti indipendenti tra loro, dal venditore e dall'acquirente. Ad esempio, non sono considerate parti indipendenti: una Stabile organizzazione e la sua Casa madre; oppure soggetti legati da vincoli familiari o altri stretti legami personali, gestionali, associativi, proprietari, finanziari o giuridici quali definiti dagli Stati membri (es., amministratore delegato e società amministrata; società legate da rapporti di controllo ai sensi dell'art. 2359 c.c.) (circ. n. 12/E/2020).

Indipendentemente dal Regolamento rimane sempre fermo l'**obbligo**:

- di essere in possesso del codice identificativo della controparte,
- che entrambi i soggetti siano iscritti al VIES,
- che le operazioni siano correttamente indicate nei modelli INTRA.

In estrema sintesi, occorre che:

- il venditore che certifica che i beni siano stati spediti o trasportati direttamente o per suo conto e sia in possesso di almeno due documenti che attestino il trasporto o la spedizione all'estero;
- il venditore sia in possesso del codice identificativo IVA del cessionario/committente e ne abbia verificato l'esistenza e la validità dello stesso sul sistema VIES;
- il venditore che sia in possesso di una dichiarazione scritta del cessionario UE attestante che i beni sono stati trasportati o spediti dall'acquirente stesso o da terzi per suo conto.

La documentazione utilizzata a prova e rientrante tra quelle tassativamente indicate dal Regolamento deve essere conservata a cura del venditore (risposta a interpello n. 100/E/2019).

Trasporto di beni 51.5.2.

È definito trasporto intracomunitario di beni l'operazione di trasporto il cui **luogo di partenza** (ossia il luogo ove effettivamente inizi la fase di trasporto) e luogo **di arrivo** si trovino in **due Stati UE differenti**.

> È irrilevante il fatto che per arrivare dal luogo di partenza a quello di arrivo i beni attraversino anche Stati non facenti parte dell'Unione.

Sebbene il trasporto sia considerato un **servizio generico** viene qui trattato per la sua stretta connessione con la cessione dei beni. Infatti, qualora il trasporto abbia le caratteristiche per essere considerato una **prestazione accessoria** rispetto alla principale, l'operazione complessiva **configura** sempre una **cessione di beni** (➡46.1.1.) (art. 12, D.P.R. n. 633/1972).

Trattandosi di servizio generico, l'**imposta** è **dovuta** nel **Paese**:

- del **committente**, se soggetto IVA;
- del **prestatore**, se il committente non è un soggetto IVA.

Prestatore	Committente	IVA in Italia
Soggetto passivo italiano	Soggetto passivo stabilito nella UE	NO
	Soggetto passivo stabilito in Italia	SÌ

CESSIONE DI BENI EXTRATERRITORIALI 51.6.

L'**obbligo** di fatturazione sussiste anche per tutte le operazioni (cessioni di beni e prestazioni di servizi) di natura extraterritoriale (UE od extra UE).

Sono cessioni di beni extraterritoriali (art. 7-bis, D.P.R. n. 633/1972):

- le **cessioni** di **beni in transito**, ossia beni esteri che attraversano il territorio dello Stato, ma destinati ad essere consegnati in altri Stati esteri;

- le cessioni di beni che non soddisfano il presupposto territoriale, essendo **effettuate in altro Paese UE o extra-UE**.

Caratteristiche delle fatture per le operazioni extraterritoriali

Per le cessioni di beni nei confronti di **soggetto passivo UE**, che sia debitore d'imposta in altro Stato della UE (con riferimento allo Stato ove l'operazione è "territoriale") occorre indicare in fattura:

- il **numero di identificazione** attribuito dallo Stato UE;
- la dicitura "**inversione contabile**";
- su base facoltativa, la **norma di riferimento**, anche comunitaria.

Se il bene ceduto si trova in uno **Stato extra UE**, la dicitura da riportare in fattura è "**operazione non soggetta**".

Le fatture in esame vanno annotate nel registro delle fatture emesse in apposita colonna e contribuiscono al volume d'affari (salvo che per gli esportatori abituali).

Cessionario	Il bene si trova	Obbligo del cedente ad emettere fattura	IVA in fattura	Indicazione in fattura	Riferimento D.P.R. n. 633/1972
Soggetto passivo UE	Nella UE	SÌ	NO	Inversione contabile	Art. 21, c. 6-bis, lett. a)
	extra UE			Operazione non soggetta	Art. 21, c. 6-bis, lett. b)
Soggetto passivo extra UE (debitore d'imposta nella UE)	Nella UE			Inversione contabile	Art. 21, c. 6-bis, lett. a)
Soggetto passivo italiano	Nella UE			Inversione contabile	Art. 21, c. 6-bis, lett. a)
	extra UE			Operazione non soggetta	Art. 21, c. 6-bis, lett. b)
Privato (italiano, UE, extra UE)	Nella UE	La fattura è emessa dal rappresentante fiscale ovvero direttamente tramite identificazione fiscale nello Stato UE	SÌ (quella locale, se la cessione è ivi soggetta all'imposta)		
	extra UE	SÌ	NO	Operazione non soggetta	Art. 21, c. 6-bis, lett. b)

51.7. SERVIZI INTRACOMUNITARI

Nell'ambito delle prestazioni di servizio occorre distinguere fra **prestazioni**:

- **generiche** (➜**42.3.3.**),
- **specifiche** (➜**42.3.4.**).

Prestazioni di servizi generici

Se una prestazione di servizio generica è resa in Italia è ivi tassabile allorquando il committente sia residente in Italia (art. 7-ter, D.P.R. n. 633/1972).

Una prestazione **non** si considera **effettuata** in **Italia** se resa a favore di:

- committenti residenti nella UE;
- rappresentanti fiscali in Italia di un soggetto passivo UE, perché non sono considerati soggetti stabiliti in Italia;
- soggetti passivi UE identificati direttamente in Italia, perché non sono considerati soggetti stabiliti in Italia;
- Stabili Organizzazioni all'estero di soggetti passivi stabiliti in Italia.

Luogo di tassazione - Le prestazioni di servizi rese a soggetti passivi di imposta IVA (**B2B**) sono **tassate** nel luogo in cui è **stabilito** il **committente** della **prestazione**.
Le prestazioni di servizi rese nei confronti di soggetti privati (**B2C**) sono tassate nel **luogo** di stabilimento del **prestatore** del **servizio**.

Prestazioni di servizi specifici

Trattasi di fattispecie derogatorie rispetto alle regole generali previste per i servizi generici che nel caso di operazioni B2B vedono la prevalenza del luogo di stabilimento del committente.
Tra le principali **deroghe** si ricordano:

- servizi relativi a beni **immobili**, tassati nel Paese dove è ubicato l'immobile;
- **trasporti di persone**, tassati nel singolo Paese UE per la tratta interna;
- servizi di **ristorazione** e catering, tassati nel Paese della loro esecuzione;
- servizi di **locazione e noleggio a breve termine** di mezzi di trasporto, tassati nel Paese di messa a disposizione del mezzo e di utilizzo;
- servizi di **accesso a manifestazioni** culturali, artistiche, sportive, scientifiche educative, ricreative, comprese fiere ed esposizioni, e relative prestazioni accessorie all'accesso, tassati nel Paese dove si verifica la materiale esecuzione dell'evento.

Momento di effettuazione dell'operazione per i servizi 51.7.1.

Prestazioni generiche

Il momento di effettuazione per i servizi generici (➜42.3.3.) coincide:

- con l'**ultimazione** della prestazione, ovvero
- con il **momento del pagamento** del corrispettivo, se **anteriore** all'**ultimazione** e limitatamente all'importo incassato (art. 6, c. 6, Legge 14 dicembre 2011, n. 217).

L'emissione della fattura anticipata rispetto all'ultimazione o all'eventuale pagamento anticipato è irrilevante ai fini del momento impositivo.

Nell'ambito delle prestazioni generiche sono previste specifiche regole per le **prestazioni**:

- **continuative** di durata **inferiore** ad **1 anno**, che si considerano effettuate alla data di maturazione dei corrispettivi;
- **continuative** di durata **superiore** ad **1 anno**, che si considerano effettuate al termine di ciascun anno solare, sino alla conclusione delle prestazioni stesse, sempreché non comportino versamenti di acconti o pagamenti anche parziali.

Prestazioni specifiche

A differenza delle prestazioni generiche (➜42.3.4.), si applicano regole particolari per determinate tipologie di servizi, indipendentemente dalla qualifica del committente (soggetto passivo o privato).

Prestazioni	Luogo impositivo	Fattura ed IVA
Servizi immobiliari (7-quater)	Luogo ove è situato l'immobile	- Immobile in Italia: SÌ con IVA - Immobile all'estero: SÌ, ma senza IVA e con dizione "inversione contabile" se imponibile nel Paese del committente
Trasporto passeggeri (7-quater, lett b)	In proporzione alla distanza percorsa in Italia	- Tutta in Italia: SÌ con IVA - Parte in Italia, parte all'estero in dipendenza di un unico contratto: SÌ, non imponibile art. 9 - Tratta all'estero: SÌ, ma senza IVA e con dizione "inversione contabile" se imponibile nel Paese del committente

IVA

Prestazioni	Luogo impositivo	Fattura ed IVA
Ristorazione e catering (7-quater, lett. c) e d)	Nello Stato ove sono materialmente eseguiti	- Eseguiti in Italia: SÌ con IVA - Eseguiti all'estero: SÌ, ma senza IVA e con dizione "inversione contabile" se imponibile nel Paese del committente
	Nello Stato di partenza se resi a bordo di navi, aerei, treni, per la parte di trasporto di persone effettuato nella UE	- Partenza da Italia: Si con IVA - Partenza dall'estero: SÌ, ma senza IVA e con dizione "in versione contabile" se imponibile nel Paese del committente
Noleggio e simili (a breve termine) di mezzi di trasporto (art. 7, quater, lett. e)	In Italia se resi da: - un soggetto passivo italiano od estero a favore di un soggetto UE	SÌ con IVA
- Attività educative, ricreative e simili - Fiere ed esposizioni (rese dagli enti organizzatori o titolari, nonché prestazioni per l'allestimento degli *stand*) - Attività degli organizzatori - Attività accessorie alle precedenti (art. 7-quinquies, lett. a)	Tassazione nel luogo del committente dal 17 marzo 2012	Se il committente del servizio è un soggetto passivo UE: SÌ, ma senza IVA e con dizione "inversione contabile" se imponibile nel Paese del committente
Prestazioni per l'accesso alle manifestazioni culturali, artistiche, sportive, scientifiche, educative, ricreative e simili, nonché le prestazioni accessorie all'accesso (7-quinquies, lett. b)	Nello Stato ove è reso il servizio	- Eseguito in Italia: SÌ con IVA - Eseguito all'estero: SÌ ma senza IVA e con dizione "inversione contabile" se imponibile nel Paese di esecuzione della prestazione indipendentemente da dove sia stabilito il committente
Prestazioni di intermediazione in nome e per conto del cliente (diverse da quelle di agenzia immobiliare) nei confronti si committenti non soggetti passivi d'imposta (privati consumatori) (art. 7-sexies, lett. a))	In Italia quando le operazioni che sono oggetto dell'intermediazione si considerano ivi effettuate	Se la prestazione è considerata eseguita in Italia: SI IVA. Se è eseguita all'estero, il committente stabilito in Italia emette fattura: senza IVA.
Prestazioni di trasporto diversi da quelli intracomunitari (art. 7-sexies, lett. b))	Nello Stato in proporzione alla distanza percorsa in Italia. (5% forfetario per un unico trasporto internazionale marittimo; 38% forfetario per l'unico trasporto aereo internazionale)	Per la quota forfetaria attribuibile al percorso (navale od aereo) attribuito all'Italia: SI con IVA
Prestazioni di trasporto intracomunitario di beni (art. 7-sexies, lett. c))	Si considerano effettuate in Italia quando il trasporto inizia nel territorio dello Stato	Sì con IVA
Prestazioni di lavorazione e perizie relative a beni mobili; prestazioni accessorie ai trasporti compreso carico e scarico e movimentazione (art. 7-sexies, lett. d))	Si considerano effettuate in Italia quando materialmente eseguite nel territorio dello Stato	Sì con IVA. Se rese a favore di soggetti passivi d'imposta, rileva il luogo di stabilimento del committente

Questi servizi specifici vanno **fatturati** al momento di effettuazione dell'operazione, rappresentato dal **pagamento**, ovvero dalla **data** della **fatturazione anticipata**.
Devono essere registrate nei 15 giorni successivi ma con riferimento alla data di emissione.

IVA

Prestazioni di servizi specifici di rilevanza extraterritoriale

Trattasi di prestazioni specifiche che hanno:

- rilevanza in un **Paese** UE **diverso** da quello del **prestatore**,
- mentre il **committente** è stabilito in un **altro Paese UE**.

Queste operazioni pur se escluse dall'imposta, sono soggette obbligatoriamente alla **fatturazione e registrazione separata** nel registro delle vendite e concorrono a formare il volume d'affari. Vanno inserite sia nella comunicazione dati, sia nella dichiarazione annuale.
Non generano plafond per l'esportatore abituale.

CASO 1 - Prestazioni di servizi specifici di rilevanza extraterritoriale

- Soggetto passivo stabilito in Italia, presta una serie di servizi su un immobile sito in Spagna.
- Il committente è un soggetto passivo sito in Francia.
- La rilevanza fiscale è nel Paese dove è sito l'immobile (Spagna).

Procedura:

1. Il committente francese deve preliminarmente identificarsi o nominare un proprio rappresentante fiscale in Spagna.
2. Il prestatore soggetto passivo italiano emette fattura fuori campo IVA *ex* art. 7-quater con la dicitura "inversione contabile" intestandola al soggetto identificato ovvero al suo rappresentante in Spagna.
3. Il committente, mediante l'identificazione o tramite il rappresentante fiscale, è soggetto al "*reverse charge*" ed a tutti gli altri obblighi previsti in Spagna.

Lavorazioni 51.7.2.

Si tratta in genere di:

- lavorazione generiche su beni;
- montaggi;
- assiemaggi;
- opere di adattamento ad altri beni;
- trasformazione;
- riparazione e simili;
- manipolazioni per il miglioramento e/o la conservazione dei prodotti.

Lavorazioni per conto del soggetto stabilito in Italia

Per capire se l'operazione di lavorazione possa o meno essere considerata intracomunitaria occorre verificare se al termine della stessa i beni:

- Rientrano in Italia	Non si realizza operazione intracomunitaria
- Restano nel Paese della lavorazione - Vengono spediti in altro Paese della UE	Si realizza operazione intracomunitaria. Il prestatore stabilito in Italia deve: - nominare nel Paese UE (ove resta o viene spedito) un proprio rappresentante fiscale oppure identificarsi direttamente; - fatturare sé stesso nel Paese; - assolvere gli obblighi d'imposta ivi previsti

Lavorazioni per conto di soggetto stabilito in altro Paese UE

Una cessione che preveda l'invio per la lavorazione nel Paese UE del cessionario comporta per il cedente italiano l'obbligo di:

- **nominare** un proprio **rappresentante fiscale** ovvero
- **identificarsi** direttamente nel Paese della lavorazione.

Conseguentemente:

- fattura sé stesso nel Paese UE;
- assolve gli obblighi d'imposta ivi previsti.

La successiva cessione si realizza nel Paese della lavorazione. Si tratta di:

- una cessione all'interno del Paese UE che soggiace alle regole fiscali sostanziali e formali locali;
- una cessione fuori campo IVA (operazione extraterritoriale) ai fini fiscali italiani.

IVA

51.8. ANTICIPI E ACCONTI

51.8.1. Cessione di beni

Nelle operazioni intracomunitarie relative a cessioni di beni, gli **acconti** ricevuti **anteriormente** all'inizio del **trasporto** o spedizione dei beni **non** sono **rilevanti** ai fini IVA.
Conseguentemente, non è obbligatorio emettere fattura per l'importo incassato.
Tuttavia, **se** prima del trasferimento del bene al cessionario viene **emessa fattura** dal cedente ad attestazione dell'incasso, l'operazione si considera effettuata nei limiti dell'importo fatturato; sicché, di fatto, è possibile dare **rilevanza** agli **effetti** dell'**IVA** agli acconti incassati emettendo, facoltativamente, fattura in regime di non imponibilità.
La fattura per anticipo/acconto va annotata nei registri obbligatori nei termini di legge.
Non sorge obbligo di presentazione del Mod. INTRA 1-bis, che deve essere presentato solo a seguito della fattura a saldo, per l'intero importo (art. 50, c. 7, D.L. n. 331/1993).

51.8.2. Prestazioni di servizi

Per le prestazioni di servizi generici **rileva** il **momento** di **ultimazione**.
Gli **acconti** ricevuti **anteriormente** all'ultimazione dell'operazione, **non** sono **rilevanti**.
Conseguentemente non è obbligatorio fatturare parzialmente l'operazione che resta invece vincolata alla sua effettiva esecuzione. Se emessa per ragioni interne amministrative, l'operazione - non imponibile - si considera effettuata nei limiti dell'importo fatturato.
Se emessa va annotata nei registri obbligatori con riferimento al mese di effettuazione e concorre al volume d'affari.
In ogni caso per i servizi generici il ricevimento della fattura da prestatore non residente è indice di ultimazione del servizio, per cui in relazione a tale momento devono essere adempiuti gli obblighi connessi a reverse charge.
Al contrario nel caso di prestazione di **servizi** considerati "**specifici**", gli **acconti rilevano** immediatamente e, quindi, devono essere subito fatturati.
Nell'ipotesi di prestatore stabilito in Italia e committente stabilito in un Paese della UE la rilevanza degli acconti e della fatturazione può essere così riassunta:

Servizio	Rilevanza		Emissione fattura
	Acconto	Fattura	
Generico	SÌ	NO	Facoltativa
Specifico	SÌ	SÌ	Obbligatoria alla data incasso
Continuativo/periodico	SÌ	NO	Emissione entro il giorno 15 del mese successivo alla maturazione dei corrispettivi

51.9. CESSIONE E SERVIZI B2C

51.9.1. Cessioni di beni

Regola generale e imponibilità dell'operazione

Le cessioni di beni a **privati** consumatori stabiliti in un **altro Paese UE non** realizzano un'**operazione intracomunitaria** per carenza di uno dei suoi presupposti essenziali (➔51.2.) ossia che il cessionario sia un soggetto passivo d'imposta nel proprio Stato.
L'operazione si considera effettuata in Italia. La fattura sarà assoggettata all'IVA interna ovvero esente o non soggetta a seconda delle circostanze.
Sono tali, ad esempio:

- tutte le cessioni effettuate all'interno di **locali aperti al pubblico**;
- le cessioni effettuate su treni, navi, aerei, a favore di **passeggeri comunitari** durante l'esecuzione di un trasporto:
  - con partenza dall'Italia e destinazione altro Paese UE, senza scali fuori della UE;
  - con partenza dall'Italia e destinazione fuori della UE, ma con soste all'interno della UE;
- le cessioni effettuate negli **esercizi commerciali** ubicati negli **aeroporti italiani** a favore di viaggiatori UE.

Regola per le cessioni di beni: non imponibilità

Sono considerate non imponibili, ancorché poste in essere nei confronti di soggetti privati:

- le cessioni effettuate su treni, navi, aerei a favore di **passeggeri** con partenza dall'Italia e **destinazione** finale **fuori** della **UE** senza scali intermedi;
- le cessioni effettuate in particolari negozi (*ex* **duty free shop**) ubicati all'interno di porti od aeroporti a favore di passeggeri muniti di doppia carta d'imbarco e purché la spesa per ciascun viaggiatore sia non superiore a **175 euro**. La speciale procedura prevista per le cessioni a turisti esteri extra UE non è applicabile ai soggetti privati residenti nel territorio della comunità (➔**55.6.**).

Deroghe

Per evitare arbitraggi fiscali e fenomeni di distorsione della concorrenza, sono state introdotte delle regole specifiche per alcune cessioni di beni a favore di soggetti privati residenti in altri Paesi UE.
È il caso delle **vendite a distanza** (➔**50.1.**) delle **cessioni di mezzi di trasporto nuovi**.

Cessione di mezzi di trasporto nuovi - La cessione rileva nel **Paese UE di destinazione** ancorché effettuata nei confronti di un privato.
L'operazione è **non imponibile** (art. 41, c. 2, lett. b), D.L. n. 331/1993).
La fattura va rilevata ai solo agli effetti statistici nel Mod. **INTRA 1-bis**.

Mezzi di trasporto interessati dalla deroga (art. 38, c. 4, D.L. n. 331/1993)		
Tipologia	**Caratteristiche essenziali**	**Requisito della novità**
Imbarcazioni	Lunghezza ≥ 7,5 metri	Con navigazione: < 100 ore Oppure sono stati ceduti non oltre 3 mesi dall'immatricolazione
Aeromobili	Peso al decollo: ≥ 1.550 Kg.	Con ore di volo: ≤ 40 oppure sono stati ceduti non oltre 3 mesi dall'immatricolazione
Veicoli	Motore > di 48 c.c. ovvero Potenza > 7,2 KW e purché destinati al trasporto di persone o cose	Percorrenza: < 6.000 Km e ceduti entro 6 mesi dall'immatricolazione

Prestazioni di servizi 51.9.2.

Prestazioni di servizi generici

I servizi generici (rientranti nell'art. 7-ter del D.P.R. n. 633/1972) resi a favore di soggetti privati (B2C) residenti in altro Stato della UE **rilevano nel luogo di stabilimento del prestatore**. Se quest'ultimo è italiano, tali prestazioni sono **soggette a IVA in Italia**.

Prestazioni di servizi specifici

Trovano applicazione le deroghe territoriali (artt. 7-quater a 7-septies, D.P.R. n. 633/1972) (➔**42.3.4.**).
Una disciplina particolare è prevista per i servizi digitali resi a privati (➔**51.9.1.**).

IVA

Regimi speciali per le vendite a distanza intracomunitarie 51.9.3.

Il regime **MOSS (Mini One Stop Shop)**, attivo dal 1° ottobre 2014, era stato istituito relativamente ai servizi di telecomunicazione, teleradiodiffusione ed elettronici (c.d. **servizi TBE**), se effettuati a favore di soggetti privati (B2C) rilevano nel Paese ove il committente è stabilito. Lo scopo era quello da un lato di evitare che l'erogatore del servizio dovesse identificarsi ovvero nominare un proprio rappresentante fiscale in ogni Paese UE ove sono stabiliti i propri clienti privati consumatori (in considerazione che nei confronti dei privati il luogo di tassazione è quello di stabilimento di quest'ultimo) e, dall'altro, di semplificare una serie di formalità ed incombenze.
Proprio per evitare l'apertura di una posizione IVA in ogni Paese UE in cui sono diretti i servizi in esame, era stata prevista la possibilità di aderire al regime speciale MOSS che consentiva al prestatore di **accentrare** in un unico Paese UE, vale a dire quello di stabilimento, gli **obblighi** di **dichiarazione** e di **versamento** dell'imposta (art. 74-quinquies, D.P.R. n. 633/1972).
Per sommi capi potevano, opzionalmente, iscriversi al MOSS in Italia:

- i soggetti passivi stabiliti in Italia (art. 74-sexies, c. 1);

- i soggetti stabiliti fuori della UE dotati in Italia di Stabile Organizzazione. Se possedevano una Stabile Organizzazione anche in altro Paese UE, l'opzione per la registrazione al MOSS non si sarebbe potuta revocata prima del termine del secondo anno successivo (art. 74-sexies, c. 2);
- i soggetti residenti fuori della UE non stabiliti in altri Paesi membri i quali potevano identificarsi in Italia per l'assolvimento degli obblighi IVA in relazione ai servizi TBE resi a committenti non soggetti passivi d'imposta domiciliati o residenti nell'UE (art. 74-quinquies, c. 1 e 3).

Questo regime ha operato **sino al 30 giugno 2021** e le imprese ivi iscritte **dal 1° luglio 2021** sono confluite automaticamente nel nuovo regime speciale **OSS (One Stop Shop).**

Il regime speciale OSS, in realtà, è un regime MOSS non più limitato ai servizi TBE, ma è allargato a tutte le prestazioni di servizio rese a privati, alle vendite intracomunitarie e nazionali di beni tramite l'uso di una interfaccia elettronica, sempre a favore di privati.

Al fine di poter rendere effettivamente operativi i nuovi regimi dal 1° luglio 2021, il MEF, a partire dal **1° aprile 2021,** ha messo a disposizione dei soggetti interessati a queste tipologie di transazioni un'apposita funzionalità che consenta agli stessi di potersi registrare on-line sul sito www.agenziaentrate.gov.it (comunicato MEF 29 marzo 2021).

Sinteticamente, i nuovi regimi speciali sono:

OSS (One Stop Shop) - Si tratta di un regime opzionale per l'assolvimento degli obblighi IVA:
- relativamente a tutti i **servizi** resi nella UE a favore di consumatori privati (B2C) da soggetti passivi stabiliti in Paesi extra UE, nonché
- relativamente a: (i) tutti i **servizi** resi negli altri Stati UE, sempre a favore di privati consumatori; (ii) a tutte le **vendite a distanza** intracomunitarie *ex* art. 38-ter del D.L. n. 331/1993 (➡42.2.1.); (iii) a tutte le **cessioni di beni facilitate** tramite l'uso di interfacce elettroniche *ex* art. 2-bis, c. 1 del D.P.R. n. 633/1972 (➡42.2.1.).

Nella pratica attuazione della nuova disposizione, il primo gruppo è detto **OSS non UE** mentre il secondo è detto **OSS UE.**

IOSS (Import Scheme) - un regime opzionale per l'assolvimento degli obblighi IVA relativamente a tutte le **vendite a distanza di beni importati** (➡42.2.1.) ad eccezione dei beni soggetti ad accisa e di valore non superiore a 150 euro.

Resta sempre valida la **soglia limite** di 10.000 euro annui. Pertanto, se:
- la cessione/prestazione è inferiore a 10.000 euro essa rileva nello Stato del fornitore;
- la cessione/prestazione è maggiore di 10.000 euro annui, essa rileva nello Stato del destinatario.

L'**adesione** (opzionale e volontaria) ai regimi speciali, **vale sia per le vendite a distanza di beni (B2C) sia per prestazioni di servizi resi a soggetti consumatori stabiliti in altri Stati UE**. In altri termini non è possibile utilizzare l'adesione solo per le operazioni rientranti in una delle due categorie appena citate

Se il fornitore utilizza una piattaforma elettronica (marketplace) non vi è trasferimento in capo a quest'ultima degli obblighi derivanti dalle vendite a distanza intra UE. Infatti, l'art. 2-bis del D.P.R. n. 633/1972 (➡42.2.1.) trasferisce in capo al soggetto facilitatore il debito d'imposta, trasformandolo in **fornitore presunto** solo se il fornitore è stabilito in un Paese extra UE ed i beni si trovano nella UE.

IVA

51.9.4. OSS e IOSS

OSS non UE

A questo regime speciale possono aderire i soggetti passivi (in sostanza, fornitori esteri) non stabiliti e non dotati di stabile organizzazione in alcun Paese UE e, quindi, **adempiere nello Stato di iscrizione** a tutti gli obblighi in materia di IVA relativamente a tutti **servizi resi** nella UE a favore di committenti non soggetti passivi d'imposta (B2C) (art. 74-quinquies, D.P.R. n. 633/1972 e Provvedimento n. 168315/2021).

I soggetti che applicano questo regime speciale **non possono detrarre** dall'imposta che emerge a seguito delle operazioni ivi rientranti, l'imposta relativa agli acquisti di beni e servizi ed alle importazioni. L'imposta relativa agli acquisti ed importazioni effettuati da soggetti passivi stabiliti fuori della UE che abbiano aderito al regime speciale possono chiederne il rimborso *ex* art. 38-ter, c. 1-bis del D.P.R. n. 633/1972.

OSS UE

Al regime OSS-UE possono aderire:

- i soggetti passivi stabiliti ed identificati nella UE (compresa l'Italia) che **non** abbiano stabilito il domicilio all'estero;
- i soggetti passivi **stabiliti extra UE** che dispongono di una **stabile organizzazione in Italia**;
- i soggetti passivi **stabiliti extra** UE che **non** dispongono di una **stabile organizzazione nella UE** e che spediscono o trasportano i beni a partire dall'Italia, previa nomina di un rappresentante fiscale al fine di registrarsi al regime;
- le interfacce elettroniche quando considerate "fornitori presunti" ai fini dell'assolvimento degli obblighi in tema di IVA;

per tutti i **servizi resi in altri Stati UE** nei confronti di committenti consumatori finali (B2C); per tutte le **vendite a distanza intracomunitarie di beni** (art. 38-bis, c. 1 e 3, D.P.R. n. 633/1972); per tutte le **cessioni di beni** facilitate tramite l'uso di **interfacce elettroniche**, quando il soggetto passivo si considera cessionario/rivenditore (art. 2-bis, D.P.R. n. 633/1972). Rientrano in detto regime anche le cessioni di beni effettuate in Italia di beni già in libera pratica e collocati presso magazzini in Italia che non possano essere considerati Stabili organizzazioni (art. 74-sexies, D.P.R. n. 633/1972).

Il soggetto passivo che ha aderito al regime speciale OSS UE **non può detrarre** dall'imposta dovuta a seguito delle operazioni ivi rientranti quella relativa agli acquisti di beni e servizi ed alle importazioni di beni.

IOSS

Al regime speciale IOSS possono aderire:

- soggetti passivi **domiciliati nel territorio dello Stato o ivi residenti** che non abbiano stabilito il domicilio all'estero incluse le piattaforme elettroniche;
- i soggetti passivi **domiciliati o residenti fuori della UE** che dispongono di una stabile organizzazione in Italia, incluse le piattaforme elettroniche;
- i soggetti passivi domiciliati o residenti **fuori della UE** non stabiliti in alcuno Stato UE. Questi possono scegliere in quale Stato UE aderire;

ai fini dell'assolvimento degli obblighi in materia di IVA, relativi a tutte le **vendite a distanza di beni importati** da territori o Paesi terzi, *ex* art. 38-ter, c. 2 e 3, del D.L. n. 331/1993, **ad eccezione dei beni soggetti ad accisa**, in spedizioni di valore intrinseco **non superiore a 150 euro.** È prevista la nomina di un "intermediario" se il fornitore non ha una sede nella UE.

L'**importazione** dei beni è **detassata** e resta ferma la tassazione nel Paese UE di destinazione dei beni.

Le vendite a distanza di beni importati da Paesi extra UE, dichiarate ai sensi del presente regime speciale, **la cessione si considera effettuata e l'imposta diviene esigibile nel momento in cui il pagamento è accettato** (art. 74-sexies1, D.P.R. n. 633/1972).

Non è detraibile dall'imposta dovuta a seguito di operazioni rientranti nel regime speciale IOSS, quella relativa agli acquisti di beni e servizi ed alle importazioni di beni che può comunque essere chiesta a rimborso *ex* art. 38-ter, c. 1-bis, del D.P.R. n. 633/1972.

Disposizioni comuni

Iscrizione - Per poter utilizzare il regime speciale OSS (OSS UE, OSS non UE e IOSS) il soggetto passivo interessato deve registrarsi nello Stato UE di identificazione, ossia nello Stato ove ha fissato la sede della propria attività. Se lo Stato UE è l'Italia l'iscrizione avviene in via telematica tramite l'apposita funzionalità reperibile sul sito dell'Agenzia delle Entrate, sezione OSS e IOSS.

Il **Centro Operativo di Pescara** (**COP**) è l'ufficio competente in Italia a svolgere le attività connesse ai regimi speciali di cui trattasi ed in primis a trattare le richieste di iscrizione nonché la liquidazione dell'imposta dovuta in base alle dichiarazioni, agli eventuali rimborsi, all'accertamento dell'imposta dovuta, alle attività di accertamento.

Nel caso OSS non UE, il COP comunica al richiedente, via e-mail, il numero di identificazione IVA valido per tutti i Paesi UE, il codice identificativo per l'accesso ai servizi telematici dell'Agenzia delle Entrate unitamente alle relative istruzioni.

Nel caso OSS UE i soggetti passivi che intendono aderire a questo regime utilizzano le funzionalità rese disponibili, tramite i servizi telematici dell'Agenzia delle Entrate, previo inserimento delle proprie credenziali personali. La registrazione viene effettuata online, inserendo i dati richiesti secondo le

IVA

istruzioni fornite. A tal fine, i predetti soggetti esercitano l'opzione trasmettendo per via telematica all'Agenzia delle Entrate i dati contenuti in specifico documento.
Nel caso IOSS i soggetti passivi che non hanno una sede nella UE, interessati al regime speciale, possono identificarsi in Italia, direttamente o tramite il c.d. **intermediario IOSS**, richiedendo la registrazione online e compilando un modulo disponibile sul sito istituzionale dell'Agenzia delle Entrate, nella sezione a libero accesso. A tal fine, i soggetti interessati esercitano l'opzione trasmettendo per via telematica all'Agenzia delle Entrate i dati contenuti in apposito schema.
I soggetti passivi domiciliati o residenti fuori della UE stabiliti in un Paese con il quale la UE ha concluso un accordo di assistenza reciproca, possono registrarsi direttamente al regime, previa richiesta di attribuzione dell'identificativo con la medesima procedura indicata per i soggetti OSS non UE.
Nel caso in cui un soggetto passivo disponga di una stabile organizzazione anche in un altro Stato membro dell'Unione Europea, **l'opzione non può essere revocata prima del termine del secondo anno successivo** a quello del suo esercizio.

Intermediario o rappresentante IOSS
Con intermediario IOSS, si intende un rappresentante fiscale (➡60.1.2.) appositamente nominato dal soggetto passivo nell'ambito del regime speciale IOSS.
I soggetti passivi stabiliti nel territorio dello Stato possono registrarsi per svolgere le funzioni dell'intermediario IOSS trasmettendo per via telematica all'Agenzia delle Entrate i dati contenuti nello stesso schema che deve essere utilizzato dai soggetti che intendono aderire al regime speciale IOSS. Il COP, effettuate le necessarie verifiche, comunica al richiedente, a mezzo e-mail, il numero di identificazione d'intermediario IOSS attribuitogli (Provv. n. 168315/2021).

Variazione dati e uscita dal regime speciale - Le variazioni intervenute rispetto ai dati comunicati in sede di registrazione, l'intenzione di non svolgere più operazioni di cui alle disposizioni relative ai regimi OSS non UE, OSS UE e IOSS, nonché la perdita dei requisiti richiesti dai predetti regimi sono comunicate telematicamente all'Agenzia delle Entrate utilizzando le funzionalità messe a disposizione sul sito dell'Agenzia.
In caso di esclusione d'ufficio è l'Agenzia delle Entrate stessa che informa i soggetti interessati.
L'opzione per uno dei regimi speciali non può essere revocata prima del termine del secondo anno successivo a quello del suo esercizio.

Dichiarazioni periodiche - I soggetti **OSS non UE** ed i soggetti **OSS UE** presentano telematicamente, **trimestralmente** ed entro la fine del mese successivo al trimestre di riferimento (anche in mancanza di operazioni), una apposita dichiarazione utilizzando apposito schema reso disponibile sul sito dell'Agenzia delle Entrate.
Per i soggetti passivi **OSS non UE:**
- la dichiarazione può essere modificata entro 3 anni dalla data in cui doveva essere presentata la dichiarazione iniziale con una dichiarazione relativa a periodi d'imposta successivi, indicando il pertinente Stato membro in cui la prestazione di servizi si considera effettuata, il periodo di imposta e l'importo dell'imposta in relazione ai quali sono richieste le modifiche;
- la dichiarazione deve evidenziare l'imposta dovuta in ciascuno Stato membro ove l'operazione si considera effettuata. In dichiarazione non può essere inserita l'imposta assolta a monte al fine di poter rendere le prestazioni;

tali soggetti se tenuti alla presentazione della **dichiarazione IVA** per attività non rientranti nell'OSS non UE, in tale sede può detrarre l'imposta corrisposta in relazione alle attività rientranti nel regime speciale.
Per i soggetti passivi **OSS UE** è previsto che qualora i beni spediti o trasportati anche a partire da altri Stati UE, nella dichiarazione periodica devono indicare anche il numero di identificazione IVA ed il numero di registrazione fiscale assegnato da ciascuno Stato UE di partenza dei beni.
I soggetti **IOSS** presentano, direttamente o tramite *l'intermediario IOSS* **mensilmente**, entro la fine del mese successivo a quello al quale la dichiarazione si riferisce, anche in mancanza di operazioni, una dichiarazione compilata sulla base di apposito schema reso disponibile sul sito dell'Agenzia delle Entrate.

Determinazione dell'imposta e suo versamento - La dichiarazione periodica (trimestrale o mensile) deve indicare l'imponibile e l'imposta relative alle operazioni territorialmente rilevanti del Paese di stabilimento del cessionario/committente ivi stabilito e non soggetto passivo d'imposta, separatamente indicata per ciascun Paese e con le aliquote ivi vigenti al momento di effettuazione

IVA

dell'operazione. Anche la fattura deve riportare l'aliquota del Paese del cessionario privato consumatore.

Questo è uno dei punti più delicati di tutta la nuova normativa in tema di regimi speciali.
La commissione UE ha creato una banca dati collegata alla "nomenclatura combinata" doganale in riferimento alle cessioni di beni ed al codice CPA per le prestazioni di servizio.
Di fatto la nomenclatura combinata nazionale è arretrata di decenni e quindi non in linea con quelle sopra citate con il concreto rischio di rilevare un'aliquota d'imposta non corretta.

Il **versamento** dell'imposta emergente dalla dichiarazione periodica è interamente effettuato al momento della sua presentazione applicando le regole già vigenti per il MOSS (D.M. 20 aprile 2015 ed art. 74-octies, D.P.R. n. 633/1972), ossia:

- con **addebito** sul proprio **conto** aperto presso un **intermediario** della **riscossione** convenzionato con l'Agenzia delle Entrate. Le somme riscosse sono trasferite giornalmente sulla contabilità speciale aperta presso la tesoreria statale, intestata all'Agenzia delle Entrate. Nella richiesta di addebito inviata telematicamente all'Agenzia delle Entrate tramite il suo portale, l'operatore deve indicare il codice IBAN del conto e il numero di riferimento unico della dichiarazione a cui si riferisce il versamento;
- nel caso in cui l'operatore non disponga del conto aperto presso un intermediario della riscossione convenzionato con l'Agenzia delle Entrate, mediante **bonifico** da accreditare su un'apposita contabilità speciale aperta presso la tesoreria statale, intestata all'Agenzia delle Entrate, secondo le istruzioni fornite dalla medesima Agenzia tramite il portale. Nella **causale** del bonifico è indicato il numero di riferimento unico della dichiarazione a cui si riferisce il versamento.

Non è prevista la possibilità (art. 74-octies, c. 1, D.P.R. n. 633/1972 e art. 1, c. 1, D.M. 20 aprile 2015):
- di effettuare il pagamento tramite Mod. F24;
- di utilizzare eventuali crediti d'imposta in compensazione "orizzontale" (art. 74-octies, c. 1, D.P.R. n. 633/1972).

È compito della Pubblica amministrazione, dopo controllo della dichiarazione, procedere ad attribuire a ciascun Paese UE ivi indicato, la quota di imposta di propria pertinenza.

Vantaggi dell'adesione ai regimi speciali - In presenza di prestazioni di servizio e cessioni di beni a distanza a favore di privati consumatori residenti in altri Paesi UE i principali vantaggi dell'adesione ai regimi speciali sono:

- evitare l'identificazione ovvero la nomina di un proprio rappresentante fiscale in ogni Stato membro dove l'operazione rileverebbe al superamento della soglia di 10.000 euro;
- assolvere e dichiarare l'imposta dovuta a destino direttamente per mezzo del portale messo a disposizione dall'Agenzia delle Entrate operando con un unico numero identificativo valido per ciascuno Stato UE. Gli effetti dell'iscrizione decorrono dal primo giorno del trimestre successivo all'iscrizione;
- esonero dall'emissione di fattura per le operazioni rientranti nei regimi speciali. Per altro il fornitore/prestatore può comunque emettere fattura, ma in tale evenienza deve rispettare tutte le formalità e gli obblighi previsti per le operazioni "ordinarie" stabilite dalla legislazione del Paese UE di identificazione. Secondo **AssoSoftware,** qualora il soggetto passivo decida di emettere comunque fattura elettronica a carico del cliente non soggetto passivo, è opportuno **indicare -** nel formato Xml della fattura - **il solo imponibile** con **codice natura N7**, mentre l'imposta estera vigente nello Stato del consumo verrà indicata nel campo "**Altri dati gestionali**" (FAQ 22 ottobre 2021);
- esonero dalla tenuta dei registri IVA e della dichiarazione annuale in riferimento alle operazioni in discorso. Di contro vi è l'obbligo di apposite **dichiarazioni trimestrali o mensili** ed obbligo **di conservare** tutta la documentazione inerente le operazioni rientranti nei regimi speciali, per 10 anni;
- possibilità di mantenere la partita IVA aperta in altri Stati UE, oppure chiuderla oppure, se opera su più Stati, chiuderne alcune e mantenerne aperte altre.

Il soggetto che ha aderito, ad esempio, al regime OSS-UE (art. 74-sexies, D.P.R. n. 633/1972) può vendere senza obbligo di emissione di fattura o di altra certificazione fiscale e, pertanto, le relative operazioni non vanno indicate né nella LIPE (➔62.1.3.), né nella dichiarazione annuale (➔62.3.) ma solo riepilogate nella dichiarazione periodica trimestrale inviata tramite lo sportello unico OSS.

IVA

Ciò nonostante, ed a miglior chiarimento, l'Agenzia ha chiarito che per le cessioni oltre la soglia di euro 10.000, dette operazioni:
- concorrono allo status di esportatore abituale ed alla costituzione del plafond IVA per gli acquisti senza applicazione dell'imposta;
- consentono alla possibilità di ottenere il rimborso annuale o trimestrale (art. 30, c.2, lett. b) e art. 38-bis, c. 2 del D.P.R. n. 633/1972);

ma per poter beneficiare di queste agevolazioni, pur dovendo dichiarare e versare l'IVA mediante il Regime OSS-UE, il soggetto deve (in aggiunta alla documentazione delle operazioni) comunque:
- emettere fattura *ex* art. 46, D.P.R. n. 331/1993 (non è stato chiarito se con codice N3.2 oppure N7);
- registrare le operazioni nei registri IVA;
- presentare la dichiarazione annuale inserendo queste operazioni nel Quadro VE (rigo VE30, campo 3);
- presentare il Mod. TR compilando i righi TA30 e TD2 ai fini del rimborso trimestrale dell'eventuale credito IVA o della relativa compensazione del credito.

(risposta a interpello n. 802/2021)

Assistenza - Per informazioni di carattere generale sull'applicazione dei regimi speciali è attivo il servizio mail: ossitaly@agenziaentrate.it; invece il COP è competente per l'attività di assistenza sia sulle proprie attività, sia sui propri provvedimenti all'indirizzo cop.pescara.ioss@agenziaentrate.it.

51.10. FATTURAZIONE E REGISTRAZIONE

Fatturazione negli scambi intracomunitari		
Operazione	**Tempi di fatturazione**	**Indicazioni in fattura**
Cessione di beni	Entro il giorno 15 del mese successivo all'effettuazione dell'operazione (inizio del trasporto o della spedizione indipendentemente da chi ne cura l'effettuazione) (➔98.5.).	- "non imponibile" (art. 41, D.L. n. 331/1993); - numero di identificazione fiscale attribuito al cliente; - indicazione del Paese UE se diverso da quello del cliente; - numero di identificazione fiscale attribuito al soggetto italiano nei casi di spedizione di beni dell'impresa senza passaggio di proprietà.
Prestazioni generiche	Entro il giorno 15 del mese successivo all'effettuazione dell'operazione: - ultimazione del servizio, - maturazione dei corrispettivi nel caso di prestazioni continuative o periodiche di durata inferiore all'anno, - se di durata ultrannuale, al termine di ciascun anno solare fino alla conclusione delle prestazioni, se non comportano pagamenti nel periodo.	- operazione esclusa da IVA indicando "inversione contabile"; - numero di identificazione fiscale attribuito al cliente.
Prestazioni specifiche	(si rinvia alla tabella ➔51.7.1.).	

Registrazione

Le fatture emesse debbono essere annotate nel registro delle vendite secondo l'ordine della numerazione ed entro il termine di emissione, con riferimento al mese di effettuazione dell'operazione. Ossia entro il **giorno 15** del **mese successivo** a quello di **effettuazione dell'operazione**, l'importo deve confluire nella liquidazione relativa al mese in cui l'operazione è stata effettuata (➔98.18.).

Novità 2022

La Legge di bilancio 2021 (Legge n. 178/2020) ha introdotto rilevanti novità in tema di cessioni di beni e prestazioni di servizi verso e da soggetti passivi non stabiliti e non residenti in Italia.
Le novità riguardano sia le operazioni attive, sia le passive tanto con controparte stabilita nella UE, quanto extra UE.

In particolare, dal **1° luglio 2022** (termine così prorogato dal D.L. n. 146/2021 rispetto al precedente termine del **1° gennaio 2022**) le fatture emesse **verso soggetti stabiliti nella UE** dovranno essere trasmesse attraverso SDI, esattamente come per le operazioni interne. Stante questo obbligo, dalla medesima data (1° luglio 2022) verrà abolito il cosiddetto esterometro. Anche queste trasmissioni a SDI dovranno essere effettuate entro 12 giorni dalla data di effettuazione dell'operazione.

INTRASTAT 51.11.

Gli **elenchi INTRASTAT** rappresentano un insieme di obblighi e procedure a carico dei soggetti IVA che abbiano rapporti con altri soggetti passivi d'imposta stabiliti in Stati della UE, a **fini statistici** e **fiscali**.
Agli elenchi riepilogativi da presentare con riferimento ai periodi decorrenti dal 1° gennaio 2022 sono state apportate una serie di semplificazioni (Agenzia delle Dogane e dei Monopoli, determinazione 23 dicembre 2021, n. 493869/RU). I nuovi modelli da utilizzare sono rinvenibili sul portale delle Dogane.
In caso di spedizioni di beni di **valore inferiore a 1.000 euro**, ad esempio, è possibile evitare la disaggregazione della nomenclatura combinata, utilizzando il Codice unico "99500000".
Con riferimento al modello riepilogativo **INTRA 1** nella **Sezione 5** vanno ora indicate le informazioni relative all'identità ed al numero di identificazione assegnato al soggetto passivo destinatario dei beni oggetto di cessione intracomunitaria in **regime di Call-off stock** (➔53.3.).
Gli elenchi da presentare periodicamente e telematicamente all'Agenzia delle Dogane sono:

Frontespizio	INTRA 1 - destinato a riepilogare le cessioni di beni e le prestazioni di servizi resi in ambito comunitari, oltre ai sottoindicati intercalari
Sezione 1	INTRA 1-bis: Cessione di beni INTRA 1-ter: rettifiche a cessioni di beni di periodi precedenti
Sezione 2	INTRA 2-bis: acquisti di beni INTRA 2-ter: rettifiche acquisti di beni di periodi precedenti
Sezione 3	INTRA 1-quater: Servizi resi INTRA 1-quinquies: rettifiche servizi resi in periodi precedenti
Sezione 4	INTRA 2-quater: Servizi ricevuti INTRA 2-quinquies: rettifiche servizi ricevuti in periodi precedenti

Cessione di beni e servizi 51.11.1.

La **presentazione** dei modelli relativi alle cessioni di beni (INTRA 1-bis) e servizi (INTRA 1-quater) è:
– **trimestrale** se le cessioni di beni e servizi non superano **50.000 euro per trimestre**, nei 4 trimestri precedenti e riguarda la sola parte fiscale e non statistica;
– **mensile** se le cessioni di beni/servizi risultano pari o superiori a 50.000 euro nel trimestre di riferimento e/o in uno dei quattro trimestri precedenti.

La compilazione dei **dati statistici** negli elenchi **mensili** relativi alle cessioni di beni è **opzionale** per i soggetti che non hanno superato i **100.000 euro** di operazioni **trimestrali** in nessuno dei 4 trimestri precedenti.
Per quanto concerne le **prestazioni di servizi** i Modd. Intra riguardano esclusivamente i cosiddetti servizi generici *ex* art. 7-ter, con esclusione- quindi - di tutte le altre tipologie di servizi indicati negli artt. 7-quater e seguenti.
Indipendentemente dalla periodicità dell'invio, dal 1° gennaio 2020, in ottemperanza alla Direttiva n. 2018/1910/UE, nel modello deve essere chiaramente indicato il **codice identificativo IVA** del cessionario/committente, pena la **decadenza della non imponibilità** dell'operazione con obbligo di assoggettamento della stessa all'imposta vigente nel Paese del cedente/prestatore, oltre alle sanzioni relative.

Controllo del superamento dei limiti

Il controllo del superamento dei limiti va effettuato **distintamente** per ogni categoria di operazioni.
Le soglie operano in ogni caso in maniera indipendente: il superamento della soglia per una singola categoria non incide sulla periodicità relativa alle altre tre categorie di operazioni.

CASO 2 - Acquisti intracomunitari di beni e servizi. Controllo dei rispettivi limiti per gli adempimenti mensili o trimestrali
Se nel corso di un trimestre un soggetto passivo ha realizzato acquisti intracomunitari di beni pari a 350.000 euro e, nel medesimo periodo, ha ricevuto servizi intracomunitari per 10.000 euro, sarà

IVA

tenuto a presentare mensilmente l'elenco riepilogativo dei soli acquisti intracomunitari di beni, e non quello dei servizi intracomunitari ricevuti.

Termini di invio

Entro il **giorno 25 del mese successivo** al periodo di riferimento.

Beni esclusi dall'Intrastat

Sono esclusi dall'Intrastat:

- strumenti di pagamento aventi corso legale e valori; oro detto monetario;
- soccorso d'urgenza in regioni sinistrate;
- merci che beneficiano dell'immunità diplomatica, consolare o simile;
- merci destinate a un uso temporaneo, purché siano rispettate le seguenti condizioni: a) non è prevista né effettuata alcuna lavorazione, b) da durata prevista dell'uso temporaneo non è superiore a 24 mesi, c) la spedizione o l'arrivo non sono stati dichiarati come consegna o acquisizione ai fini dell'IVA;
- dischetti, nastri informatici, pellicole, disegni, cassette audio e video, CD- ROM con programmi informatici, se concepiti su richiesta di un cliente particolare o non oggetto di transazioni commerciali, nonché release non oggetto di fatturazione per il destinatario;
- beni destinati ad essere riparati e in seguito alla riparazione, nonché i pezzi di ricambio associati;
- merci spedite alle forze armate nazionali stanziate al di fuori del territorio statistico;
- mezzi di lancio di veicoli spaziali;
- vendita di nuovi mezzi di trasporto da parte di persone fisiche o giuridiche soggette all'IVA a cittadini privati di altri Stati membri;
- servizi non generici (artt. 7-quater e seguenti).

Tabella riepilogativa

Modello	Oggetto	Periodicità	
Intra 1-bis	Cessioni di beni	Trimestrale	Se le cessioni nel trimestre ovvero in almeno uno dei 4 trimestri precedenti l'ammontare delle cessioni non ha superato euro 50.000. Va compilata e trasmessa solo la parte fiscale e non quella statistica
		Mensile	Se in almeno uno dei 4 trimestri precedenti, l'importo delle cessioni è stato pari o superiore ad euro 50.000. Va compilata e trasmessa solo la parte fiscale
Intra 1-quater	Prestazioni di servizi	Trimestrale	Se le prestazioni nel trimestre ovvero in almeno uno dei 4 trimestri precedenti l'ammontare delle prestazioni non ha superato euro 50.000. Va compilata e trasmessa solo la parte fiscale e non quella statistica
		Mensile	Se in almeno uno dei 4 trimestri precedenti, l'importo delle prestazioni è stato pari o superiore ad euro 50.000. Va compilata e trasmessa sia la parte fiscale sia la parte statistica

51.12. VENDITE A DISTANZA INTRACOMUNITARIE DI BENI E VENDITE A DISTANZA DI BENI IMPORTATI

Per **vendite a distanza intracomunitarie di beni** si intendono le cessioni di beni spediti o trasportati dal fornitore o per suo conto, anche quando il fornitore interviene indirettamente nel trasporto o spedizione, da uno Stato UE ad un altro e diverso Stato UE, con destinazione:

- una persona fisica non soggetto d'imposta (B2C) oppure
- favore di organismi internazionali e consolari *ex* art. 72 del D.P.R. n. 633/1972 (➡**44.1.6.**), oppure

- (con esclusione dei beni soggetti ad accisa), cessionari (soggetti passivi o non soggetti passivi) non tenuti all'applicare l'IVA sugli acquisti intracomunitari e che non abbiano optato per la sua applicazione (art. 38-bis, c. 1, D.L. n. 331/1993).

Per **vendite a distanza intracomunitarie di beni importati** da Paesi (o territori) extraUE si intendono le cessioni di beni spediti o trasportati dal fornitore o per suo conto, anche quando il fornitore interviene indirettamente nel trasporto o spedizione dei beni, da un Paese (o territorio) extraUE con arrivo in un Paese UE a favore di:

- persona fisica non soggetto d'imposta (B2C) oppure
- organismi internazionali e consolari *ex* art. 72 del D.P.R. n. 633/1972 (➔**44.1.6.**), oppure
- (con esclusione dei beni soggetti ad accisa) cessionari (soggetti passivi o non soggetti passivi) non tenuti all'applicare l'IVA sugli acquisti intracomunitari e che non abbiano optato per la sua applicazione (art. 38-bis, c. 2, D.L. n. 331/1993).

Deroghe
Il regime delle vendite a distanza di cui sopra non si applica (art. 38-bis, c. 3, D.L. n. 331/1993):
- alle cessioni di mezzi di trasporto nuovi;
- alle cessioni di beni da installare, montare, assiemare a cura del fornitore o per suo conto, nello stato di arrivo dei beni;
- ai beni soggetti ad accise quando effettuate nei confronti di:
  a. enti, associazioni ed altre organizzazioni *ex* art. 4, c. 4 del D.P.R. n. 633/1972, non soggetti passivi d'imposta;
  b. soggetti passivi d'imposta per i quali l'IVA sia totalmente indetraibile;
  c. produttori agricoli (art. 34, D.P.R. n. 633/1972) che non abbiano optato per l'applicazione dell'IVA nei modi ordinari;
  d. soggetti che applicano il regime del margine (➔**50.5.**).

Intervento "indiretto" del fornitore nel trasporto/spedizione 51.12.1.

Per presunzione legislativa si considera che i beni siano stati comunque spediti o trasportati dal fornitore quando:

- il trasporto/spedizione dei beni è dato in **subappalto dal fornitore** ad un terzo che poi consegna effettivamente i beni al cessionario;
- il trasporto/spedizione dei beni è effettuato da un terzo, ma il **fornitore si assume la responsabilità**, totale o parziale, della consegna dei beni al cessionario;
- il **fornitore fattura e riscuote le spese di trasporto dal cessionario** per poi ribaltarle in capo ad un terzo che organizza il trasporto/spedizione dei beni;
- il **fornitore promuove** con ogni mezzo, i servizi di consegna di un terzo presso l'acquirente, **mette in contatto** l'acquirente ed un terzo o **comunica in altro modo** a un terzo le informazioni necessarie per la consegna dei beni al consumatore (art. 5-bis del Regolamento di esecuzione n. 2011/282/UE, inserito dal Regolamento di esecuzione n. 2019/2026/UE).

Non si considera vi sia intervento del fornitore quando il cessionario effettui direttamente il trasporto o ne organizzi la consegna ad un terzo ed il fornitore non interviene per coadiuvarne l'organizzazione.
Il costo del **trasporto/spedizione** di beni è imputato alle cessioni effettuate dal soggetto che ne facilita le cessioni tramite l'uso di interfacce elettroniche (c.d. marketplace) (➔**42.2.1.**) (art. 38-bis, c. 4 del D.L. n. 331/1993 introdotto dal D.Lgs. n. 83/2021).

Territorialità per le vendite a distanza intracomunitarie verso persona fisica stabilita in Italia 51.12.2.

Quale deroga all'art. 7-bis del D.P.R. n. 633/1972 (➔**42.3.2.**), dal 1° luglio 2021 viene disciplinata la vendita a distanza intracomunitaria di beni spediti o trasportati a partire da uno Stato UE, quando l'arrivo è in Italia (sempre a favore di una persona fisica non soggetto passivo d'imposta oppure a soggetti *ex* art. 72 D.P.R. n. 633/1972): **è considerata effettuata in Italia** (**tassazione nello Stato di destinazione**) (art. 40, c. 3, D.L. n. 331/1993).

Deroga
La suddetta disposizione non trova applicazione qualora il cedente sia stabilito in un solo Stato UE e ricorrano congiuntamente le seguenti condizioni:
- l'ammontare complessivo, al netto dell'IVA, delle prestazioni di servizi nei confronti di committenti consumatori finali stabiliti nella UE diversi da quello di stabilimento del prestatore *ex* art. 7-octies, c. 2 lett. b) e delle vendite a distanza intracomunitarie non ha superato nell'anno so-

IVA

lare precedente la soglia di 10.000 euro e fino a quando, nell'anno in corso, tale limite non è superato;
- il cedente non ha optato per l'applicazione dell'imposta nel territorio dello Stato.

In caso di superamento della soglia nel corso dell'anno, le operazioni già eseguite nel periodo anteriore al superamento sì intendono effettuate nello Stato membro di origine e l'imposta verrà applicata secondo il principio dì destinazione soltanto a partire dalla cessione che ha determinato il superamento della soglia (art. 40, c. 4, D.L. n. 331/1993).

51.12.3. Territorialità per le vendite a distanza in altro Stato UE di beni importati da Paesi extra UE

Le vendite a distanza di beni importati da Stato extra UE in altro Stato UE si **considerano effettuate in Italia** se l'Italia è lo stato di arrivo dei beni Italia (sempre a favore di una persona fisica non soggetto passivo d'imposta oppure a soggetti *ex* art. 72, D.P.R. n. 633/1972) (art. 40, c. 4-ter, D.L. n. 331/1993).

L'IVA relativa alle vendite a distanza di beni importati direttamente in Italia si applica:
- in Italia se l'arrivo dei beni è l'Italia qualora l'operazione sia stata dichiarata nel regime IOSS (➜51.9.4.);
- nello Stato UE qualora la destinazione finale sia in detto Stato comunitario.

51.12.4. Territorialità per le vendite a distanza intracomunitarie di beni dall'Italia verso altro Stato UE e vendite a distanza di importati in Italia da Paesi extra UE ed inviati a destinazione in altro Stato UE

Le vendite a distanza intracomunitarie di beni spediti o trasportati dall'Italia con destinazione di un altro Stato UE (sempre a favore di una persona fisica non soggetto passivo d'imposta oppure a soggetti *ex* art. 72 D.P.R. n. 633/1972) costituiscono operazioni non imponibili in Italia, ma sono soggette all'imposta nel luogo di arrivo (**tassazione nello Stato di destinazione**).

Deroga

La disposizione non trova applicazione se il cedente è stabilito in Italia e ricorrono congiuntamente le seguenti condizioni:
- il venditore non è stabilito anche in altro Stato UE;
- l'ammontare complessivo, al netto dell'imposta, tanto nel caso di prestazioni di servizi sempre nei confronti di privati consumatori stabiliti in altri Stati UE nonché delle vendite a distanza intracomunitarie di beni nella UE, non ha superato nell'anno solare precedente la soglia di 10.000 euro e fino al momento del supero di tale soglia;
- il venditore non abbia optato per l'applicazione dell'imposta nell'altro Stato membro. Opzione da comunicare in dichiarazione e con effetto per almeno 2 anni (art. 41, c. 1, lett. b), D.L. n. 331/1993).

Altrettanto non imponibili sono le vendite a distanza di beni importati da Paesi extra UE in Italia e poi spediti o trasportati a destinazione di altro Stato UE (art. 41, c. 1, lett. b-bis), D.L. n. 331/1993).

IVA

51.12.5. Quadro di sintesi

Nelle vendite a distanza vige il principio generale secondo il quale la territorialità dell'IVA nel caso di cessioni a favore di cessionari non soggetti passivi d'imposta o a soggetti *ex* art. 72 del D.P.R. n. 633/1972, è individuata ove detto cessionario è stabilito.

Di contro la territorialità dell'operazione ritorna in capo al venditore soggetto passivo d'imposta al ricorrere congiunto delle seguenti condizioni:
- il cedente non è stabilito in altro Stato anche attraverso una stabile organizzazione;
- l'ammontare complessivo delle vendite a cessionari non soggetti passivi d'imposta non deve aver superato la soglia di 10.000 euro nell'anno solare precedente e sino al suo supero nell'anno in corso;
- il cedente non abbia optato (in dichiarazione e con un vincolo almeno biennale) per uno dei regimi speciali previsti dalla normativa.

Nel caso di vendite a distanza intracomunitarie verso un consumatore finale non soggetto passivo d'imposta e con territorialità dell'operazione nello Stato del cessionario, il venditore che abbia superato la soglia di 10.000 euro (tanto per servizi quanto per cessioni di beni) al **fine di evitare di doversi identificare** ovvero nominare un proprio rappresentante fiscale in ciascun Paese UE ove ha operato, può **aderire ad uno dei regimi speciali** (OSS oppure IOSS nel caso di vendite a distanza di beni importati da Paesi extra UE) eliminando l'obbligo di emissione di fattura, dei registri IVA per le relative operazioni ed anche della dichiarazione annuale, ma dichiarando telematicamente e periodicamente all'Agenzia delle Entrate l'ammontare delle operazioni effettuate (imponibile, aliquota IVA del Paese di destino, imposta), versare periodicamente, sempre all'Agenzia delle Entrate l'imposta complessivamente considerata e conservare tutta la documentazione sino al termine del decimo anno successivo (➡51.9.4.).

Anche i soggetti passivi che facilitano tramite l'uso di piattaforme elettroniche (**marketplace**) le cessioni di beni e le prestazioni di servizi a cessionari/committenti non soggetti passivi d'imposta, debbono conservare la documentazione relativa alle operazioni, per 10 anni a partire dal 31 dicembre dell'anno in cui l'operazione è stata effettuata (art. 39, c. 4, D.P.R. n. 633/1972).

IVA

52. OPERAZIONI INTRACOMUNITARIE PASSIVE

52.1. OPERAZIONI PRELIMINARI - VIES

Un soggetto passivo stabilito in Italia per operare - tanto nel ciclo attivo, quanto in quello passivo - con un altro soggetto passivo stabilito in altro Stato della UE deve preventivamente essere iscritto al VIES (VAT Information Exchange System).

Per le modalità di iscrizione del soggetto nazionale si veda (➔51.1.).

Anche il fornitore comunitario del bene o del servizio deve essere iscritto al VIES affinché sia applicabile il regime IVA basato sull'imposizione nel Paese di destinazione del bene o servizio.

È onere dell'operatore economico stabilito in Italia controllare nel portale dell'Agenzia delle Entrate o della Commissione europea l'inserimento della controparte in detto elenco.

52.1.1. Fatturazione da soggetti UE privi di numero identificativo

Posizione italiana

Secondo le regole fiscali italiane, chiunque voglia esercitare un'attività economica come professione abituale, ancorché non esclusiva, deve sempre **richiedere** all'Agenzia delle Entrate l'**attribuzione** di un **numero** di **Partita IVA** (➔45.1.). Ciò indipendentemente dal volume d'affari che si pensa di raggiungere nel corso dell'anno.

Posizione di alcuni Stati comunitari

Alcuni Stati comunitari (a solo titolo di esempio: Francia, Germania, Spagna) consentono, ai soggetti con un **ridotto volume d'affari** e in applicazione di specifiche disposizioni interne, di:

- emettere fattura senza addebito dell'imposta locale;
- **non richiedere** alla propria Amministrazione fiscale alcuna **attribuzione** di **codice identificativo** ai fini del tributo.

Tali operatori sono comunque obbligati ad indicare in fattura gli estremi della norma agevolativa.

Il soggetto passivo italiano non è tenuto a conoscere i comportamenti e le eventuali agevolazioni concesse alle proprie controparti. In particolare:

- se il cedente/prestatore non è in possesso di un codice identificativo IVA o, comunque, non l'ha indicato per qualsivoglia ragione in fattura, il cliente italiano non ha alcun punto di riferimento per comprendere se chi ha emesso fattura sia effettivamente un soggetto passivo d'imposta nel proprio Stato oppure sia semplicemente un privato;
- l'indicazione in fattura della disposizione agevolativa è sicuramente un elemento significativo, ma non sufficiente per qualificare il fornitore come soggetto passivo d'imposta.

Per tali ragioni, il cedente/prestatore deve essere equiparato ad un privato (circ. n. 36/E/2010).

Il **cliente nazionale**:

- non integra la fattura estera ricevuta;
- non emette fattura in reverse charge;
- non la annota sui registri IVA;

IVA

- non include l'operazione nel modello INTRASTAT mensile degli acquisti o dei servizi ricevuti;
- registra la fattura esclusivamente in contabilità generale per giustificare il costo sostenuto.

DEFINIZIONE DI ACQUISTO INTRACOMUNITARIO DI BENI O SERVIZI 52.2.

Acquisto di beni

Sono da considerare **operazioni intracomunitarie** (art. 38, D.L. n. 331/1993):

- gli **acquisti** intercorsi tra soggetti passivi d'imposta, con trasporto fisico dei beni da un **Paese UE** (comprese le transazioni con il **Principato di Monaco** che agli effetti fiscali è considerato territorio della Repubblica francese) verso l'Italia, **a titolo oneroso**;
- le **operazioni assimilate** agli acquisti intracomunitari, ossia quelli che riguardano:
  - il trasferimento di beni da altro Paese UE verso l'Italia senza il trasferimento della loro proprietà a terzi, ma solo a "se stessi" per le esigenze dell'impresa;
  - l'introduzione di beni in un deposito che il soggetto stabilito nella UE effettua presso un soggetto passivo stabilito in Italia (*consignment stock*) (➔56.).

È onere del cessionario/committente stabilito in Italia indicare al cedente/prestatore UE, prima del perfezionamento dell'operazione, il proprio **numero di Partita IVA**. La sua mancata indicazione nella fattura comunitaria **dal 1° gennaio 2020** non è più un errore formale bensì sostanziale, facendo automaticamente decadere la cessione/prestazione da intracomunitaria ad operazioni interna al Paese del cedente/prestatore con applicazione dell'imposta colà vigente (Direttiva n. 2018/1910/UE).

Momento di effettuazione dell'operazione - Per gli acquisti intracomunitari il **momento di effettuazione** dell'operazione (art. 39, D.L. n. 331/1993) coincide:

- con l'**inizio del trasporto o consegna dei beni**, ovvero
- al **termine di ciascun mese solare** se gli **acquisti sono effettuati in modo continuativo** in un periodo superiore ad un mese, ovvero
- al **verificarsi degli effetti** che posticipano gli effetti costitutivi o traslativi dell'acquisto, ma comunque entro un anno dall'inizio del trasporto o spedizione.

Esclusione dalla definizione di acquisti intracomunitari di beni

Non danno luogo ad un acquisto intracomunitario, imponibile ai fini dell'imposta (art. 38, c. 5, D.L. n. 331/1993):

- i beni di provenienza intra-UE **introdotti** in un **deposito IVA** in Italia;
- la cessione ad un soggetto passivo stabilito in Italia di beni già ivi esistenti al momento della cessione posta in essere da un soggetto residente in altro Paese UE (anche se identificato direttamente o per mezzo di un rappresentante fiscale in Italia);
- l'introduzione in Italia di beni **verso** la **Stabile Organizzazione** (S.O.) del soggetto passivo UE, quindi senza cessione, qualificata come acquisto intracomunitario assimilato. È la S.O. ad assolvere l'imposta all'introduzione dei beni nel territorio italiano con la procedura dell'integrazione della fattura emessa dalla Casa Madre. La successiva vendita in Italia sarà eseguita dalla S.O. con IVA in quanto qualificabile come operazione interna;
- i beni di provenienza intra-UE introdotti in Italia per **perizie o lavorazioni**, purché al termine della prestazione i beni siano rispediti al soggetto passivo nello stesso Stato di provenienza;
- i beni di provenienza intra-UE introdotti in Italia per essere utilizzati per l'esecuzione di **prestazioni di servizi** (es. locazione, anche finanziaria, noleggio, comodato, ecc.) da parte di chi li ha introdotti;
- i beni di provenienza intra-UE introdotti in Italia per essere ivi installati o montati dal soggetto UE o per suo conto;
- i beni di provenienza intra-UE che, se importati, beneficerebbero dell'esenzione totale dai dazi doganali prevista per il regime della **temporanea importazione**;
- l'acquisto di **beni usati**;
- il **gas** e l'**energia elettrica** introdotti in Italia mediante appositi sistemi;
- la mancata preventiva comunicazione del numero di Partita IVA al cedente/prestatore (Direttiva n. 2018/1910/UE).

Prestazioni di servizio

Le prestazioni di servizio (generiche o specifiche) considerate **rilevanti territorialmente in Italia** rese da un soggetto passivo estero a favore di un soggetto passivo d'imposta stabilito in Italia (committente) possono essere soggette a IVA, ovvero non imponibili o esenti.

Di regola, il **luogo di utilizzo** della prestazione o quello di esecuzione della stessa **è irrilevante**. Rientrano, pertanto, tra le prestazioni territorialmente rilevanti in Italia anche le prestazioni generiche

IVA

eseguite materialmente all'estero da un soggetto passivo non residente stante il **criterio del Paese del committente**.

Le prestazioni di servizi rese in Italia da un soggetto passivo UE a favore di un soggetto passivo stabilito nel territorio nazionale ed effettuate in modo **continuativo** nell'arco di un periodo **superiore ad un anno** e che non comportano versamenti di acconti o pagamenti parziali nel medesimo periodo si considerano effettuate al termine di ciascun anno solare sino alla loro ultimazione.

In questa situazione, la **base imponibile** è data dalle **spese sostenute dal committente** per l'esecuzione delle prestazioni.

CASO 1 - Prestazioni ad esecuzione continuativa o periodica

Si supponga che un'impresa comunitaria, in data 1° febbraio 20XX, abbia stipulato con una società italiana un contratto di aggiornamento triennale di un software pari a 36 mesi (quindi sino al 31 gennaio 20XX+3) per un ammontare complessivo pari ad euro 10.000. Non sono previsti acconti.

Al termine del primo anno solare successivo alla stipula contrattuale (31 dicembre 20XX+1) l'impresa comunitaria deve fatturare i servizi eseguiti nel periodo 1° febbraio 20XX - 31 dicembre 20XX+1; ossia 23 mesi (circ. n. 37/E/2011 par. 4.4).

Determinazione della base imponibile per l'emissione dell'autofattura:

- durata del contratto: 36 mesi (dal 1° febbraio 20XX al 31 gennaio 20XX+3);
- decorsi 12 mesi dall'inizio della prestazione, il committente deve attendere la fine del medesimo anno (31 dicembre 20XX+1) per emettere autofattura. La prima parte del servizio di aggiornamento è, pertanto, di 23 mesi;
- base imponibile dell'autofattura: (10.000 x 23/36) = 6.388,89.

Software

Il software può essere acquistato da soggetti passivi stabiliti in Paesi comunitari. In alcuni casi detto acquisto rappresenta un acquisto di beni (➡**50.10.1.**), mentre in altri casi si tratta di una prestazione di servizi (➡**42.2.2.**).

Software di base - Di regola è ceduto in uno con la macchina (*hardware*); il prezzo di quest'ultimo comprende anche il programma operativo.

Trattasi perciò di un **acquisto** intracomunitario di bene unitario (*hardware* + *software*).

La fattura estera riporta un valore omnicomprensivo.

Software applicativo standardizzato (o pacchettizzato) - Questi programmi, che non possono essere modificati dal cliente e generalmente vengono ceduti a tempo indefinito sono da considerare **acquisti intracomunitari di beni**, ancorché spesso si utilizzi la formula della cessione del diritto d'uso.

Software personalizzato - È una **prestazione di servizio** generica ove rileva la data di **ultimazione**. Se ceduto mediante **commercio elettronico** indiretto o diretto vedasi (➡**50.10.**).

52.2.1. Acquisto di mezzi di trasporto nuovi

La compravendita di mezzi di trasporto nuovi sono considerati assimilati agli acquisti intracomunitari, **imponibili IVA**, anche se il cedente non è soggetto d'imposta ed anche se non effettuati nell'esercizio di imprese, arti e professioni.

L'acquisto rileva nel **paese di destinazione** ancorché effettuato nei confronti di un privato consumatore.

Mezzi di trasporto interessati dalla deroga (art. 38 c. 4, D.L. n. 331/1993)		
Tipologia	**Caratteristiche essenziali**	**Requisito della novità**
Imbarcazioni	Lunghezza > 7,5 metri	Con navigazione: < 100 ore oppure sono stati ceduti non oltre 3 mesi dall'immatricolazione
Aeromobili	Peso al decollo > 1.550 Kg	Con ore di volo: < 40 oppure sono stati ceduti non oltre 3 mesi dall'immatricolazione

Mezzi di trasporto interessati dalla deroga (art. 38 c. 4, D.L. n. 331/1993)		
Tipologia	**Caratteristiche essenziali**	**Requisito della novità**
Veicoli	Motore > di 48 c.c. ovvero Potenza > 7,2 KW e purché destinati al trasporto di persone o cose	Percorrenza: < 6.000 Km e ceduti entro 6 mesi dall'immatricolazione

Cessionario soggetto passivo IVA

Cedente soggetto IVA - L'operazione è un acquisto intracomunitario con obbligo di integrazione della fattura comunitaria.

Cedente soggetto privato - Questi non può emettere fattura. Poiché la tassazione deve avvenire nel Paese di destinazione, l'acquirente rende imponibile l'operazione mediante autofattura soggetta ad IVA.

Cessionario soggetto privato

Cedente soggetto IVA - L'acquirente presenta all'ufficio delle Entrate competente una dichiarazione, allegando una copia della fattura.

Cedente soggetto privato - L'acquirente deve presentare all'ufficio delle Entrate competente una dichiarazione, allegando una copia dell'atto relativo alla cessione o altra documentazione equipollente.

La dichiarazione deve essere presentata entro **30 giorni** dall'**acquisto** e, comunque, prima dell'immatricolazione, dell'iscrizione in pubblici registri o dell'emanazione di provvedimenti equivalenti relativi al mezzo acquistato.

L'Agenzia, all'atto della presentazione della dichiarazione:

- riscuote l'imposta dovuta e
- restituisce al dichiarante un esemplare della dichiarazione, con l'indicazione degli estremi della quietanza di pagamento.

In particolare, per quanto concerne l'acquisto di autovetture di provenienza comunitaria il D.M. 26 marzo 2018 del Ministero Trasporti ha stabilito che:

- gli operatori economici che acquistano veicoli, motoveicoli e rimorchi provenienti dalla UE,
- i soggetti privati che acquistano veicoli, motoveicoli e rimorchi nuovi od usati provenienti dalla UE,
- le case costruttrici, in merito all'abbinamento dei numeri di telaio con i rispettivi codici di antifalsificazione dei veicoli da immatricolare,

devono comunicare al Dipartimento Trasporti i dati riepilogativi dell'operazione.

Mod. F24 versamenti con "Elementi identificativi"

Per poter immatricolare il veicolo (auto, moto, e loro rimorchi) nuovo od usato, oggetto di acquisto intracomunitario, occorre preventivamente aver versato l'IVA sulla prima cessione interna, utilizzano il Mod. F24 "Elementi identificativi" dal quale emerge, tra l'altro, il **numero di telaio** del mezzo.

Sono **esclusi** dalla procedura gli acquisti intracomunitari di veicoli nuovi provenienti:

- direttamente dalle case costruttrici;
- destinati al mercato nazionale;
- provvisti di codice di antifalsificazione.

Il versamento deve essere effettuato:

- **entro il 16** del mese successivo, per i contribuenti mensili ed il giorno 16 del secondo mese successivo, per i contribuenti trimestrali;
- comunque, **entro il nono giorno** lavorativo **anteriore** alla **richiesta** di immatricolazione del veicolo.

I soggetti IVA eseguono il versamento in via telematica, mentre quelli esonerati dall'obbligo di versamento telematico (circ. n. 30/E/2006) procedono al versamento con modello in forma cartacea.

Per i versamenti in oggetto è **vietata** la **compensazione**.

IVA

52.2.2. Noleggio a lungo termine di mezzi di trasporto B2C

Sono considerati prestazioni di noleggio, leasing, locazioni di mezzi di trasporto a lungo termine:

- il possesso o l'uso ininterrotto di un mezzo di trasporto **aereo e terrestre** per un periodo superiore a **30 giorni**;
- il possesso o l'uso ininterrotto di un mezzo di trasporto **marittimo** per un periodo superiore a **90 giorni**.

Le prestazioni di noleggio, leasing, locazione e simili, a lungo termine di mezzi di trasporto (**diversi dalle imbarcazioni da diporto**), disciplinate dall'art. 7-sexies, c. 1, lett. e), D.P.R. n. 633/1972, rese nei confronti di soggetti privati sono tassate in Italia se si verifica **una delle due** seguenti condizioni:

- le prestazioni sono rese a soggetti privati domiciliati o residenti in Italia senza domicilio all'estero e sono utilizzate nella Comunità;
- le prestazioni sono rese a soggetti privati extra-UE e sono utilizzate in Italia.

Le prestazioni di noleggio, leasing, locazione e simili, a lungo termine **di imbarcazioni da diporto** sono tassate in Italia quando si verifica **una delle quattro** seguenti condizioni:

- le prestazioni sono rese da soggetti passivi d'imposta italiani, il mezzo è messo a disposizione in Italia e le prestazioni sono utilizzate nella UE;
- il mezzo è messo a disposizione fuori dalla UE, l'utilizzo avviene in Italia, il prestatore è un soggetto extracomunitario che è stabilito nello Stato dove avviene la messa a disposizione del mezzo;
- le prestazioni sono rese a privato italiano da un soggetto stabilito in uno Stato diverso da quello dove avviene la messa a disposizione del mezzo e l'utilizzo della imbarcazione avviene nella UE;
- le prestazioni sono rese a privato extra-UE da un soggetto stabilito in uno Stato diverso da quello dove avviene la messa a disposizione del mezzo e l'utilizzo avviene in Italia.

A **partire dal 1° novembre 2020,** il luogo della prestazione di servizi di locazione, **noleggio e simili di imbarcazioni da diporto a breve od a lungo termine** (➡42.3.4.) si considera effettuato al di fuori della UE qualora, con adeguati mezzi di prova, si possa dimostrare l'effettiva utilizzazione e l'effettiva fruizione del servizio al di fuori della UE. Alle medesime operazioni effettuate prima del 1° novembre 2020, possono essere applicate le percentuali indicative del presumibile utilizzo delle imbarcazioni al di fuori delle acque della UE (art. 1, c. 725 e 726, Legge n. 160/2019; ris. n. 47/E/2020). L'Agenzia delle Entrate ha chiarito che le percentuali indicative di presumibile utilizzo delle imbarcazioni al di fuori delle acque territoriali della UE possono continuare ad essere utilizzate in relazione a contratti di locazione **conclusi** anteriormente al 1° novembre 2020 (ris. n. 62/E/2020).

La Legge di bilancio 2021 ha previsto che al fine di poter **dimostrare l'effettivo utilizzo nella UE** della locazione a lungo termine di imbarcazioni da diporto (art. 7-sexies, D.P.R. n. 633/1972) è prevista la compilazione, da parte dell'utilizzatore, di un apposito **modello** di dichiarazione approvato con Provvedimento del Direttore dell'Agenzia delle Entrate, da trasmettere telematicamente all'Agenzia, la quale rilascia ricevuta telematica con protocollo di ricezione da inserire nella fattura di noleggio. Il noleggiatore deve preventivamente riscontrare telematicamente l'avvenuta presentazione della dichiarazione. In caso contrario è responsabile dell'IVA dovuta in relazione all'effettivo utilizzo del servizio di noleggio a lungo termine di imbarcazioni da diporto nella UE.

Con Provvedimento del Direttore dell'Agenzia delle Entrate entro il 1° febbraio 2021 devono essere approvati il modello di dichiarazione di cui sopra e la dichiarazione prevista per le navi adibite alla navigazione d'alto mare (➡55.2.4.). Le disposizioni appena delineate trovano applicazione alle operazioni effettuate dal sessantesimo giorno successivo all'adozione del Provvedimento direttoriale (art. 1, c. 710, 711, 712, Legge n. 178/2020).

52.3. OBBLIGHI CONNESSI ALLA FATTURAZIONE

L'acquisto di beni servizi da soggetti passivi stabiliti nella UE, sono - di regola - suffragati da una fattura comunitaria. A differenza delle importazioni di beni, ove la fattura estera è irrilevante in quanto occorre dar rilievo alla bolla doganale, nelle operazioni passive UE, la fattura comunitaria rileva agli effetti delle annotazioni sui registri IVA; solo che essa deve essere "integrata" da una serie di dati utili, quali, ad esempio: l'imposta italiana relativa ovvero la traduzione del corrispettivo nella valuta di conto se emessa con una divisa diversa dall'euro.

Le disposizioni che regolano gli adempimenti relativi alla fatturazione sono l'art. 46, c. 1 e 5 e l'art. 47, c. 1 del D.L. n. 331/1993.

Novità 2022

La Legge di bilancio 2021 (Legge n. 178/2020) ha introdotto rilevanti novità in tema di cessioni di beni e prestazioni di servizi verso e da soggetti passivi non stabiliti e non residenti in Italia.

Le novità, quindi riguardano sia le operazioni attive, sia le passive tanto con controparte stabilita nella UE, quanto extra UE.
In particolare, dal **1° luglio 2022** (termine così rinviato dal D.L. n. 146/2021 rispetto al precedente **1° gennaio 2022**), le fatture o documenti similari ricevuti da soggetti passivi UE dovranno essere integrate dal soggetto passivo stabilito in Italia mediante un **documento integrativo** in formato XML, da trasmettere a SDI entro il 15° giorno del mese successivo a quello di ricevimento del documento estero. Questa novità abolirà dalla stessa data il cosiddetto esterometro.
Il documento integrativo della fattura passiva comunitaria è un file XML con caratteristiche simili a quelle previste per la fatturazione elettronica interna, ma vengono previsti anche dei codici specifici quali ad esempio:
- **TD17** per l'integrazione in caso di acquisto di servizi da fornitori/prestatori comunitari;
- **TD18** per l'integrazione in caso di beni acquistati da soggetti passivi UE;
- **TD19** per l'integrazione della fattura in caso di beni acquistati da soggetti UE, ma relativi ad operazioni rilevanti in Italia ex art. 17, c. 2 del D.P.R. n. 633/1972.

Per un panorama completo si rinvia alla Guida alla compilazione della fattura elettronica pubblicata a cura dell'Agenzia delle Entrate in data 7 luglio 2021.

Integrazione e registrazione della fattura 52.3.1.

Acquisto di beni

Il soggetto passivo d'imposta stabilito in Italia, al ricevimento della **fattura comunitaria**, deve eseguire degli interventi sulla fattura comunitaria. Questi interventi determinano la cosiddetta "inversione contabile" o reverse charge: a differenza dell'autofattura (➡**48.3.**), il cedente/prestatore documenta l'operazione senza addebito di imposta (a maggior ragione se questi è un soggetto passivo comunitario). Questa è integrata dal cessionario/committente soggetto passivo italiano che provvede all'assolvimento del tributo.
In linea generale **rientrano** nella fattispecie di reverse charge non solo le **operazioni intrattenute con fornitori comunitari** (art. 46, D.L. n. 331/1993), ma anche **altre tipologie di operazioni quali**, ad esempio, gli acquisti di beni e servizi da fornitori soggetti passivi IVA residenti o stabiliti in Italia. Si tratta del cosiddetto reverse charge interno o domestico per distinguerlo da quello intracomunitario (reverse charge esterno). Fanno parte del **reverse charge domestico**: gli acquisti di rottami, bancali in legno, prestazioni di servizi di pulizia, demolizione, installazione di impianto e completamento di edifici, acquisti di oro da investimento, prestazioni di subappalto edile, acquisti di immobili strumentali, acquisti di tablet PC, e laptop. (circ. n. 14/E/2019).
Ciò chiarito il cessionario/committente nel caso di reverse charge esterno deve intervenire sulla fattura comunitaria come segue:
- **numerarla**;
- **integrarla** con l'eventuale **controvalore in euro del corrispettivo** e degli altri elementi che concorrono a formare la base imponibile. In presenza di una divisa diversa dall'euro la conversione nella valuta nazionale deve essere fatta al tasso di cambio del giorno di effettuazione dell'operazione;
- **integrarla** con la relativa **IVA** calcolata sulla base imponibile come sopra determinata con l'aliquota propria del bene vigente al momento di effettuazione dell'operazione. L'operazione potrebbe anche essere esente o non imponibile, nel qual caso, in luogo dell'indicazione dell'imposta, occorre specificare il titolo di esenzione ovvero di non imponibilità con l'eventuale norma di riferimento, anche comunitaria;
- **annotarla**, così integrata, nel **registro delle fatture emesse**, distintamente rispetto alle altre fatture nazionali, entro il giorno **15** del **mese successivo** a quello di ricevimento con riferimento al mese precedente (➡**98.19.**).

L'introduzione della **fatturazione elettronica non trova rilevanza** nell'ambito di operazioni di acquisto o di prestazioni di servizio effettuate da soggetti comunitari od extracomunitari. Il soggetto passivo stabilito in Italia, in questi casi, procede ad integrare la fattura UE (ovvero ad autofatturarsi nel caso di fatture extra-UE), ma non procede ad alcun invio telematico a SDI in quanto, a partire dal 1° gennaio 2019, egli deve comunicare i dati all'Agenzia delle Entrate tramite il cosiddetto **esterometro** (art. 1, c. 3-bis, D.Lgs. n. 127/2015). L'obbligo di fatturazione elettronica mediante integrazione in reverse charge scatterà dal 1° luglio 2022 e contestualmente verrà abolito l'esterometro nelle attuali forme, sostituito da comunicazione a SDI con il medesimo formato della fattura elettronica (art. 5, c. 14-ter, D.L. n. 146/2021).
La fattura integrata va anche annotata nel registro degli **acquisti** al fine di poter esercitare il diritto alla detrazione dell'imposta.

IVA

Le indicazioni di legge sono direttamente apposte sul documento mediante timbro od etichetta autoadesiva.

L'Agenzia delle Entrate consente di emettere un **documento interno** sul quale annotare tutte le "integrazioni" richieste oltre ai riferimenti alla fattura comunitaria, da allegare e conservare unitamente a quest'ultima.
Quest'ultima possibilità diventa indispensabile in caso di ricevimento dal fornitore estero di una **fattura elettronica**. In tal caso, se:
- il documento interno è anch'esso in formato elettronico viene allegato alla fattura e reso immodificabile;
- in formato cartaceo, anche la fattura elettronica deve essere materializzata e conservata in forma cartacea insieme a detto documento interno.

L'indicazione nel **registro delle fatture emesse** è un mero artificio contabile, pertanto essa non concorre né al volume d'affari, né alla formazione del plafond a favore dell'esportatore abituale.

Enti non commerciali

Gli enti non commerciali (➡**42.1.1.**) ancorché non soggetti passivi IVA possono anch'essi operare sul mercato comunitario ed effettuare acquisti di beni. In tali evenienze occorre fare le seguenti distinzioni:
- **ente non commerciale privo di partita IVA.** Trattasi di enti, associazioni ecc. che non effettuano operazioni commerciali (eventualmente solo in via eccezionale). Non esercitando attività rilevanti ai fini dell'imposta, non sono soggetti passivi e pertanto non devono assoggettare al tributo gli acquisti intracomunitari purché l'ammontare di questi non abbia superato 10.000 euro nell'anno precedente e sino a quando detto limite non venga superato nell'anno in corso (art. 38, c. 5, D.L. n. 331/1993). Ne consegue che entro il limite l'imposta è dovuta nello Stato della fonte e quindi non sono considerati acquisti intracomunitari, ma l'ente deve presentare preventivamente all'Agenzia delle entrate e per ogni acquisto intracomunitario il **Mod. INTRA-13** (art. 50, c. 4, D.L. n. 331/1993).
  Il superamento del limite ovvero qualora venga scelta l'opzione per il pagamento dell'IVA in Italia sugli acquisti intracomunitari (art. 38, c. 6, D.L. n. 331/1993), implica che l'ente debba richiedere **l'attribuzione di Partita IVA** con Mod. AA7/10 (si noti che in questa evenienza l'attribuzione del numero di partita IVA non comporta comunque la qualifica di soggetti passivi d'imposta, visto che essa serve solo per il pagamento dell'imposta in Italia), chiedere anche l'iscrizione al VIES e decade l'autorizzazione preventiva *ex* Mod. INTRA-13.
  Quindi:
  - integrare la fattura UE (art. 17, c. 2, D.P.R. n. 633/1972);
  - numerarla progressivamente;
  - annotarla in apposito registro (art. 47, c. 3, D.L. n. 331/1993) entro il giorno 15 del mese successivo a quello di ricevimento della fattura e con riferimento al mese precedente;
  - versare l'imposta entro il giorno 16 del mese successivo e senza diritto alla detrazione dell'IVA relativa;
  - presentare telematicamente il Mod. **INTRA-12** ove devono essere indicati gli acquisti registrati con riferimento al secondo mese precedente, l'imposta dovuta e gli estremi del versamento (art. 49, c. 1, D.P.R. n. 633/1972);
- **ente non commerciale dotato di partita IVA.** Gli acquisti intracomunitari, in questo caso, rientrano nel regime ordinario con applicazione delle medesime regole sopra enunciate per i soggetti che abbiano superato il limite di 10.000 euro. Per altro in questo caso il mod. INTRA-12 deve essere presentato solo con riguardo agli acquisti intracomunitari relativi alla parte istituzionale.

Se gli acquisti intracomunitari riguardano sia la parte istituzionale sia la parte commerciale, l'ente è obbligato a tenere la contabilità separata per le due attività.

Enti non commerciali e reverse charge

Gli enti, le associazioni e le altre organizzazioni che non abbiano per oggetto esclusivo o principale l'esercizio di attività commerciali o agricole, relativamente agli acquisti di beni e servizi nell'ambito di un'attività non commerciale per i quali abbiano assunto il ruolo di "debitori d'imposta" (inversione contabile o reverse charge *ex* art. 17, c. 2 del D.P.R. n. 633/1972) per gli acquisti di beni e servizi da soggetti non residenti, sono obbligati, oltre alle consuete registrazioni e dichiarazioni, a presentare il **Mod. INTRA-12** in via telematica direttamente o tramite intermediario abilitato, entro la fine del mese successivo a quello di registrazione degli acquisti.

Acquisto di prestazioni di servizi

Le prestazioni di servizio (generiche o specifiche) considerate rilevanti territorialmente in Italia se rese da un soggetto passivo estero a favore di un soggetto passivo d'imposta stabilito in Italia possono essere imponibili, ovvero non imponibili (➡44.1.) o esenti (➡44.2.).
Rientrano tra le prestazioni territorialmente rilevanti in Italia anche le prestazioni generiche **eseguite materialmente all'estero** da un soggetto passivo non residente, stante il criterio territoriale basato sul **Paese del committente**.
Se la prestazione di servizio è territorialmente rilevante in Italia e il fornitore è stabilito in altro Paese UE trovano applicazione le medesime regole di integrazione e annotazione applicabili agli acquisti intracomunitari di beni.

Mancato ricevimento della fattura 52.3.2.

Se l'acquirente non riceve dal proprio **fornitore UE** la fattura relativa ad:
- **acquisti** intracomunitari di beni

oppure
- **prestazioni** di servizi generici

entro il 2° mese successivo a quello di effettuazione dell'operazione (inizio del trasporto, ovvero ultimazione della prestazione), deve emettere un'**autofattura** (in formato cartaceo, quindi da non inviare telematicamente a SDI) in un unico esemplare entro il giorno **15** del **3° mese successivo** all'effettuazione dell'operazione e annotarla nel registro delle fatture emesse entro il termine di emissione e con riferimento al mese precedente. L'autofattura deve essere anche annotata nel registro degli acquisti ai fini dell'esercizio della detrazione della relativa imposta.
L'autofattura deve riportare anche il numero di identificazione attribuito al fornitore comunitario dal proprio Stato membro.

Il pagamento anticipato è **irrilevante**, quindi:
- il **fornitore** può astenersi dall'emettere fattura all'incasso dell'anticipo e
- l'**acquirente** non emette autofattura se non riceve la fattura dell'anticipo dal fornitore.

Esposizione in fattura di valori inferiori al reale 52.3.3.

Il soggetto passivo stabilito in Italia che ha ricevuto una fattura dal fornitore comunitario con indicazione di un **corrispettivo inferiore al vero** deve emettere **fattura integrativa** entro il giorno 15 del mese successivo alla registrazione della fattura originaria ed annotarla nei due registri, entro il medesimo termine e con riferimento al mese precedente.

OPERAZIONI EFFETTUATE MEDIANTE RAPPRESENTANTE FISCALE O IDENTIFICAZIONE DIRETTA 52.4.

Un soggetto passivo non residente in Italia, se effettua operazioni che risultino essere imponibili in Italia per ragioni di territorialità (➡42.3.), deve adempiere a tutti gli obblighi di legge anche per poter esercitare i propri diritti quali, ad esempio, i rimborsi d'imposta.
Deve, pertanto, alternativamente, **nominare** in Italia ovvero in altro Stato UE un proprio rappresentante fiscale oppure ivi **identificarsi direttamente** (art. 17, c. 3, D.P.R. n. 633/1972).
I casi più comuni sono (art. 35-ter, D.P.R. n. 633/1972):
- cessione di beni a distanza effettuate in Italia;
- cessione di beni già presenti nel nostro Paese, a favore di soggetti privati residenti nel nostro Paese ovvero a favore di soggetti che ai fini IVA si comportano come tali (quali ad es. gli enti non commerciali anche se dotati di partita IVA), nonché a favore di soggetti IVA di altri Paesi (UE ed extra-UE) se i beni restano in Italia;
- immissione in libera pratica di beni in Italia da parte di soggetti di altri Paesi comunitari che devono identificarsi ai fini IVA in Italia per assolvere l'imposta in dogana (ris. n. 60/1999);
- introduzione di beni in Italia da parte di operatori di altri Paesi UE per esigenze della propria impresa.

Rappresentante fiscale 52.4.1.

Il rappresentante fiscale può essere:
- **una persona fisica**,
- una **persona giuridica** (società di persone o di capitali),
- un **ente commerciale** o **non commerciale** residente in Italia,

purché abbia le caratteristiche di essere soggetto passivo stabilito in Italia e nominato secondo specifiche regole (art. 1, c. 4, D.P.R. n. 441/1997).

Nonostante la Gran Bretagna non faccia più parte della UE, il soggetto passivo stabilito in UK, in alternativa alla nomina di un proprio rappresentante fiscale in Italia, può ancora qui identificarsi direttamente (ris. n. 7/E/2021). Vedasi anche (➔52.4.2.).

Rappresentante fiscale e partita IVA

Qualora il soggetto nominato quale rappresentate fiscale in Italia di uno o più soggetti non residenti fosse già in possesso di una propria partita IVA, dovrà aprirne altre esclusivamente dedicate al/ai soggetti esteri. Ciascuna sarà autonoma ed indipendente e gestita con contabilità separata.

Resta vietato al soggetto non residente di nominare più rappresentanti fiscali in Italia o essere, comunque, identificato in modo plurimo nel territorio nazionale (art. 17, c. 3, D.P.R. n. 633/1972).

Responsabilità

Il rappresentante fiscale è responsabile **in solido** con il soggetto non residente per tutti gli obblighi previsti dalla normativa e per il pagamento dell'IVA dovuta.

Il rappresentante fiscale, per l'Amministrazione finanziaria, viene visto come se fosse il soggetto estero che, evidentemente, non può essere "raggiunto" a causa della sua non residenza (Corte di Giustizia UE, causa C-1/08).

Al rappresentante fiscale viene attribuita una **soggettività passiva parziale**, limitata alle sole operazioni che il mandante estero pone in essere per il suo tramite (Cass. n. 8122/2001).

Funzioni

Il rappresentante fiscale, se il proprio rappresentato non residente effettua un'operazione territorialmente rilevante in Italia, deve **emettere fattura senza** applicazione dell'**IVA**. Le fatture emesse dal rappresentante fiscale devono contenere:

- sia i **dati** del **rappresentante**;
- sia i **dati** del **soggetto estero rappresentato**, in particolare la partita IVA.

I cessionari o committenti soggetti IVA, residenti nel territorio dello Stato, che acquistano in Italia beni o servizi attraverso il rappresentante fiscale, devono applicare il **reverse charge**, attraverso la procedura di integrazione o di autofatturazione. In sede di reverse charge, pertanto, il cessionario o committente nazionale applica l'imposta se l'operazione è imponibile, oppure specifica il titolo di esenzione o di non imponibilità, se l'operazione è detassata (art. 17, c. 2, D.P.R. n. 633/1972).

Nomina

Il rappresentante fiscale è nominato in Italia mediante **atto pubblico**, oppure **scrittura privata** autenticata oppure **lettera annotata** nell'apposito registro presso l'Agenzia delle Entrate territorialmente competente rispetto al rappresentante, in data antecedente all'effettuazione di operazioni territorialmente rilevanti in Italia da parte del non residente.

La nomina del rappresentante deve essere resa nota all'altra parte.

Fatturazione per conto del rappresentato

Il rappresentante fiscale nominato in Italia emette, **per conto del soggetto estero**, le fatture di vendita con le medesime modalità previste dall'art. 21 del D.P.R. n. 633/1972.

Le fatture emesse dal rappresentante **devono essere cointestate** ossia contenere gli estremi del rappresentante (e la sua qualità) e del soggetto rappresentato, comprese le partite IVA.

Il fatto che il fornitore abbia nominato un proprio rappresentante fiscale e questi possa emettere fattura (cointestata con il mandante) non inficia il fatto che il documento sia senza l'IVA e che il cessionario/committente italiano sia comunque obbligato ad integrare detta fattura mediante reverse charge.

Il rappresentato resta sempre un soggetto non stabilito in Italia, quindi non rientrante nell'obbligo della fatturazione elettronica.

Il cessionario/committente resta, però, obbligato all'esterometro sino al 30 giugno 2022 perché - dal **1° luglio 2022 -** l'esterometro nelle attuali forme sarà sostituito da comunicazione a SDI con il medesimo formato della fattura elettronica (art. 5, c. 14-ter, D.L. n. 146/2021) (➔62.1.2.).

Il rappresentante fiscale provvede altresì:

- alle **annotazioni** nei registri IVA in nome e per conto del rappresentato estero;
- alla **liquidazione** dell'imposta se dovuta;
- al suo eventuale **versamento**;
- a tutte le **comunicazioni** e dichiarazioni richieste dalla legge;
- alle richieste di **rimborso**.

IVA

Fatturazione diretta da parte del rappresentante

Rappresentante nominato in Italia - La fattura, oltre che direttamente dal fornitore non residente, può essere emessa dal rappresentante, ma deve **riportare** oltre ad i propri **dati** anche quelli del **rappresentato**.
In considerazione del fatto che il rappresentante agisce in nome e per conto di un soggetto non stabilito in Italia, la fattura - ancorché emessa direttamente dal rappresentante fiscale - non rientra nell'obbligo della fatturazione elettronica.
Il cessionario/committente tratta detta fattura come se fosse emessa direttamente dal soggetto estero e la integra in reverse charge.
Può capitare che il cessionario/committente italiano, soggetto passivo IVA, per una operazione rilevante nello Stato riceva una fattura intestata al rappresentante fiscale del cedente/prestatore non residente.
Fermo restando che il cessionario/committente è comunque tenuto ad assolvere l'imposta mediante reverse charge, deve (ris. n. 21/E/2015):
- rifiutare la fattura del rappresentante e sollecitare la controparte all'emissione di regolare fattura;
- se questa giunge nei tempi di legge, la integra in reverse charge e la annota sui registri delle vendite e degli acquisti;
- se questa non dovesse giungere entro il secondo mese successivo a quello di effettuazione dell'operazione, entro il giorno 15 del terzo mese successivo deve emettere autofattura, registrandola con riferimento al mese precedente ai fini del versamento della relativa imposta (➡52.3.2.).

> Il rappresentante può emettere un documento che riporti esclusivamente la propria partita IVA, ma solo per proprie esigenze interne. È un documento non rilevante ai fini dell'IVA e dovrebbe riportare l'indicazione che l'imposta afferente tale operazione verrà assolta dal cessionario o committente, soggetto passivo (ris. n. 89/E/2010).

Rappresentante nominato dal fornitore estero in altro Paese UE - Un rappresentante fiscale può essere nominato da un fornitore estero (UE o extra UE) in qualunque Stato della UE e questi può operare verso un soggetto stabilito in Italia per conto del proprio mandante.
L'operazione è particolarmente conveniente nel caso di fornitore extra UE. Infatti, questi può nominare un proprio rappresentante in un Paese diverso dall'Italia (➡54.2.), la successiva operazione di transazione verso il soggetto passivo nazionale, per il soggetto estero **diventa un'operazione di cessione intracomunitaria non soggetta ad imposta**.
In questa situazione il soggetto stabilito in Italia deve ottenere:
- il numero identificativo del rappresentante fiscale e del fornitore estero;
- la prova dell'eventuale trasferimento dei beni da un Paese extra UE con importazione in altro Paese UE con immissione in libera pratica (es.: documentazione doganale) con successivo trasferimento e vendita in Italia;
- la prova del trasferimento da un Paese UE all'Italia (operazione intracomunitaria).

Si segnala che in alcuni Paesi UE il rappresentante fiscale non emette fattura nei confronti del cliente finale estero (ad esempio italiano), ma è tenuto alla sola compilazione di un **elenco riepilogativo** delle operazioni effettuate. Elenco inutile ai fini fiscali nazionali. In tale situazione il, cessionario stabilito in Italia è tenuto ad autofatturarsi.

Rappresentante fiscale "leggero"

Qualora un soggetto passivo stabilito nella UE effettui in Italia esclusivamente operazioni attive e passive:
- esenti,
- non imponibili,
- non soggette,

il rappresentante fiscale ha l'obbligo di procedere solamente:
- ad **emettere fattura** per le operazioni effettuate;
- a presentare i modelli **INTRASTAT** se del caso (➡52.5.).

Non è perciò **tenuto** né alle **registrazioni contabili**, né alla presentazione della dichiarazione IVA.
Tali semplificazioni decadono allorquando il soggetto UE compia anche una sola operazione soggetta ad imposta, anche mediante reverse charge (art. 44, c. 3, D.L. n. 331/1993).

IVA

Gestori dei depositi IVA

I gestori dei depositi IVA (➔56.) assumono la veste di rappresentanti fiscali **leggeri** (➔60.1.), nei limiti cioè dell'art. 44, c. 3, D.L. n. 331/1993, relativamente agli obblighi IVA connessi alle operazioni relative ai beni custoditi nei depositi, a condizione che i soggetti non residenti che introducono, estraggono o compiono operazioni sui beni durante la custodia non abbiano già nominato un proprio rappresentante fiscale o abbiano provveduto ad identificarsi direttamente.

I gestori dei depositi IVA possono chiedere l'attribuzione di un numero di partita IVA da utilizzare per tutti i soggetti passivi non stabiliti in Italia e da essi rappresentati (art. 50-bis, c. 7, D.L. n. 331/1993).

52.4.2. Identificazione diretta

In alternativa alla nomina di un proprio rappresentante fiscale, il soggetto residente nella UE può identificarsi direttamente (art. 35-ter, D.P.R. n. 633/1972).

> Dal 1° gennaio 2021 la Gran Bretagna è uscita dalla UE. Conseguentemente, un soggetto passivo UK per effettuare operazioni rilevanti nella UE avrebbe dovuto chiudere l'eventuale partita IVA in Italia e nominare un proprio rappresentante fiscale nel nostro Paese. L'Agenzia delle Entrate ha chiarito che il Protocollo d'intesa tra l'Unione e la Gran Bretagna rispecchia sostanzialmente quanto già in vigore con la Norvegia, conseguentemente ritiene ancora possibile l'identificazione diretta in luogo della nomina di un rappresentante fiscale (ris. n. 7/E/2021).

Con l'identificazione diretta, egli si comporta **come** un **soggetto** passivo **residente** in Italia per tutte le incombenze IVA, pur mantenendo lo **status di soggetto estero** ossia di soggetto non stabilito in Italia e, come tale, **escluso** dall'obbligo della **fatturazione elettronica**. Specularmente l'operazione che pone in essere conserva la natura di operazione imponibile, non imponibile, esente e non incide sul luogo di sua effettuazione (ris. n. 48/E/2009).

Modalità di richiesta

Prima dell'effettuazione di qualsiasi operazione territorialmente rilevante in Italia, il soggetto UE deve presentare direttamente o tramite raccomandata (con i dati identificativi e l'attestazione di essere soggetto passivo nel proprio Stato) al Centro Operativo di Pescara un apposito modello di richiesta (**Mod. ANR/3**).

Attualmente, l'identificazione diretta non è ammessa per i soggetti stabiliti al di fuori della UE.

Il Centro operativo attribuisce il numero di partita IVA al soggetto non residente.

Da quel momento il non residente opera come un soggetto IVA stabilito in Italia, pur mantenendo la non residenza.

> Il medesimo soggetto estero non può operare in Italia sia attraverso un rappresentante fiscale, sia mediante identificazione diretta.

52.5. INTRASTAT

La comunicazione ha fondamentalmente fini statistici e di controllo sui movimenti economici con l'estero.

L'Agenzia delle Dogane e dei Monopoli ha introdotto una serie di semplificazioni per gli elenchi riepilogativi da presentare in riferimento ai periodi decorrenti **dal 1° gennaio 2022** (Determinazione 23 dicembre 2021, n. 493869/RU).

I modelli riguardano tanto le operazioni attive (cessioni di beni o servizi) nei confronti di altri soggetti UE, quanto quelle di acquisto, sempre da soggetti stabiliti nella UE.

52.5.1. Acquisti di beni e servizi

L'invio dei modelli riguarda:

- acquisti di beni INTRA 2-bis (acquisti di beni). La Determinazione delle Dogane n. 493869 ha **abrogato** a partire dalle operazioni effettuate dal 1° gennaio 2022 l'invio di questo modello qualora con **cadenza trimestrale;**
- acquisti di servizi INTRA 2-quater (prestazioni di servizi ricevuti da soggetti UE). I servizi da inserire nel modello sono esclusivamente quelli cosiddetti generici (art. 7-ter, D.P.R. n. 633/1972) con esclusione, quindi, di quelli indicati negli artt. 7-quater e seguenti. La sopra indicata Determinazione **abroga** a far tempo dal 1° gennaio 2022 anche l'invio **trimestrale** di questo modello.

Quando ancora previsti detti invii riguardano **esclusivamente la parte statistica** dei rispettivi modelli (Provv. 25 settembre 2017).

IVA

L'obbligo di invio **mensile** dei modelli relativi agli acquisti di beni e servizi è riservato ai soggetti che abbiano **eguagliato o superato** acquisti totali nel trimestre in almeno uno dei 4 trimestri precedenti:
- **350.000 euro** (per le operazioni effettuate **dal 1° gennaio 2002** rispetto ai precedenti 200.000 euro) nel caso di acquisto di beni;
- **100.000 euro** nel caso di acquisti di servizi.

Le soglie da rispettare per la compilazione dei modelli Intrastat restano soglie da monitorare autonomamente. Un soggetto passivo potrebbe esser tenuto alla compilazione anche solo di uno dei modelli INTRA di riferimento. Il superamento della soglia di riferimento comporta l'onere della segnalazione Intrastat a partire dal mese successivo a quello in cui è avvenuto il superamento.
La presentazione del Mod. Intra-2 bis è, facoltativa per tutti i restanti soggetti IVA (diversi da quelli obbligati), con periodicità mensile.
Con riguardo al Mod. Intra-2 quater (servizi ricevuti) tutte le informazioni ivi contenute sono rese solo per finalità statistiche. La presentazione del modello resta facoltativa per tutti i restanti soggetti IVA, con periodicità mensile.
I modelli vanno presentati mensilmente entro il **25 del mese successivo al mese di riferimento**.
La Determinazione n. 493869/RU/2021 ha apportato numerose semplificazioni in riferimento alle istruzioni tecniche per la compilazione dei modelli. Conseguentemente sono stati pubblicati sul sito delle Dogane i nuovi modelli. In particolare, per quanto concerne il Mod. Intra 2-bis per le spedizioni di valore inferiore ad euro 1.000 è possibile non effettuare la disaggregazione della nomenclatura combinata utilizzando il codice unico "99500000".
Numerose sono anche le modifiche e semplificazioni al Mod. Intra 2-quater; tra le altre, non sarà più necessario indicare: il codice IVA del fornitore, l'ammontare delle operazioni in valuta, la modalità di erogazione del servizio, le modalità di incasso ed il Paese di pagamento.

Altri modelli Intrastat 52.5.2.

A solo titolo informativo si segnalano i seguenti modelli Intra relativi al ciclo passivo:
- **INTRA 12.** Riguarda gli enti, le associazioni, le altre organizzazioni senza personalità giuridica e le società semplici che non esercitano in maniera esclusiva o principale attività commerciali o agricole e i produttori agricoli (art. 34, c. 6, D.P.R. n. 633/1972), che hanno effettuato acquisti intracomunitari di beni oltre il limite di 10.000 euro oppure che hanno optato per l'applicazione in Italia su detti acquisti. L'adempimento riguarda anche gli enti non commerciali e agricoltori esonerati che sono tenuti ad assumere il ruolo di debitori dell'imposta mediante applicazione del meccanismo del reverse charge, per gli acquisti di beni e servizi da soggetti non residenti (art. 17, c. 2, D.P.R. n. 633/1972); nonché gli enti non commerciali soggetti IVA, solo per gli acquisti realizzati nell'esercizio di attività commerciali;
- **INTRA 13.** Gli enti, le associazioni, le altre organizzazioni senza personalità giuridica e le società semplici che non esercitano in via esclusiva o principale attività commerciali o agricole, che intendano effettuare acquisti intracomunitari di beni soggetti ad imposta fino al raggiungimento del limite di 10.000 euro e che non hanno optato per l'applicazione dell'Iva in Italia su questi acquisti, devono dichiarare all'ufficio competente in relazione al domicilio fiscale:
  - l'ammontare dell'acquisto in corso;
  - l'ammontare complessivo degli acquisti effettuati nell'anno.

Tabella riepilogativa

Intra	Operazione	Periodicità e regole
Intra 2-bis	Beni	Periodicità mensile Obbligo solo se l'importo totale trimestrale è eguale o superiore a 350.000 euro per almeno uno dei quattro trimestri precedenti. Compilare solo parte statistica
Intra 2-quater	Servizi	Periodicità mensile Obbligo solo se acquisti di servizi superiori a 100.000 euro trimestrali Compilare solo parte statistica
Sono aboliti gli invii a periodicità trimestrale del Mod. Intra 2-bis s e del Mod. 2-quater		

Beni esclusi dall'Intrastat

Si veda elenco (➜51.11.1.).

IVA

53. TRIANGOLAZIONI E CESSIONI A CATENA

53.1. DEFINIZIONE E REGOLA GENERALE

Il D.Lgs. n. 192/2021 (detto Quick fixes) ha dato attuazione alla Direttiva UE n. 2018/1910 in tema di transazioni unionali a catena, ossia quelle operazioni che vedono coinvolti **almeno** tre soggetti passivi e come scopo una serie di **successive cessioni** di beni, oggetto di un **unico trasporto intracomunitario** dal primo cedente all'ultimo acquirente della catena.
La Direttiva intendeva stabilire quale cessione nell'ambito della catena potesse assumere la veste di cessione intracomunitaria e, quindi, essere considerata **non imponibile** ai fini IVA. Nell'incertezza, infatti, potevano aversi casi di doppia imposizione ovvero di nessuna imposizione.
Il legislatore nazionale ha recepito le disposizioni della direttiva introducendo nel D.L. n. 331/1993 il **nuovo art. 41-ter** rubricato "Cessioni a catena" ove le operazioni, il cui trasporto o spedizione ha inizio in Italia, sono disciplinate dal comma 2, mentre l'ipotesi per la quale sia l'Italia lo Stato di arrivo finale dei beni è disciplinata dal c. 3.
In sintesi:

– si considerano **cessioni consecutive** quelle che si perfezionano con un **unico trasporto o spedizione** dei beni dallo Stato del primo cedente **allo Stato del cessionario definitivo**;
– è considerato "**operatore intermedio**" un cedente all'interno della catena diverso dal primo, che **trasporta o spedisce** i beni **direttamente o tramite** un soggetto terzo che agisce per suo conto, **al cessionario finale** in altro Stato membro.

Il punto focale derivante dalla definizione è che chi effettua il trasporto o spedizione direttamente verso il cessionario finale della catena debba essere l'operatore intermedio. Quindi, **solo la cessione verso l'operatore intermedio** (primo cedente verso Promotore), al quale viene attribuita per presunzione il trasporto o spedizione i beni direttamente oppure per il tramite di un terzo, ma per suo conto, **realizza una cessione intracomunitaria** non imponibile.
Se il trasporto fosse eseguito da o per conto del primo cedente oppure da o per conto dell'ultimo cessionario, il trasporto dovrebbe essere imputato rispettivamente alla prima o all'ultima cessione e l'art. 41-ter non sarebbe applicabile.

Deroga
Se il promotore (operatore intermedio) comunica al cedente di essere in possesso di un numero di identificazione IVA nel Paese dal quale sono stati trasportati o spediti i beni, la spedizione o trasporto saranno attribuiti alla cessione effettuata dal promotore al proprio cliente, ossia dall'operatore intermedio al suo cliente (che così realizza una cessione intracomunitaria non imponibile). Di contro la cessione tra il primo cedente ed il promotore diverrà imponibile, quale cessione interna, nel Paese del cedente.

Tutte le **cessioni (o acquisti)** successive a quella considerata intracomunitaria **non** costituiscono operazioni intracomunitarie, **bensì operazioni interne** tassabili nei vari Paesi.
Inoltre, la disposizione non preclude la possibilità di utilizzare, anche in questi casi le semplificazioni previste per le **cessioni triangolari** (art. 40, c. 2 secondo periodo, D.L. n. 331/1993) e per gli **acquisti triangolari** (art. 38, c. 7, D.L. n. 331/1993); in particolare, l'operatore intermedio (alias: **promotore** della triangolazione) può **designare come debitore d'imposta** il destinatario finale dei beni senza che sia obbligato ad identificarsi od a nominare un proprio rappresentante fiscale nel Paese di destinazione finale dei beni.

IVA

In questo caso: la **prima cessione** (primo cedente - operatore intermedio) diventa una cessione interna imponibile nello Stato UE di partenza, mentre la **cessione dall'operatore intermedio al suo cliente** diventa un'operazione intracomunitaria non imponibile.

Schema di sintesi

Comportamento dell'operatore intermedio	Conseguenze
Cui è attribuito il trasporto o spedizione dei beni direttamente anche per il tramite di un terzo, ma per suo conto al cessionario finale	Il primo cedente fattura al promotore una operazione intracomunitaria non imponibile
Comunica al primo cedente il proprio numero identificativo acquisito nel Paese UE di partenza dei beni	Il promotore fattura al cessionario finale una operazione intracomunitaria non imponibile. La cessione tra il cedente ed il promotore è imponibile nello Stato del cedente.
Designa quale debitore d'imposta il cessionario finale e non si identifica nello Stato UE di destinazione finale dei beni	

Esclusione dalla disciplina delle operazioni a catena

Le esclusioni dalla disciplina delle operazioni a catena si hanno nei seguenti casi:

- quando il trasporto è effettuato dal primo cedente o dall'ultimo cessionario;
- cessioni interne o esportazioni;
- triangolazioni interne *ex* art. 58 del D.L. n. 331/1993 ossia in presenza di un cedente ed un cessionario residenti od identificati nello Stato ed un terzo identificato nella UE che sia destinatario finale dei beni;
- vendite a distanza di beni effettuate per il tramite di interfacce elettroniche che assumono la veste di rivenditori dei beni stessi *ex* art. 2-bis del D.P.R. n. 633/1972 (art. 41-ter, c. 4, D.L. n. 331/1993) con decorrenza dal 1° luglio 2021 a seguito della Direttiva UE n. 2455/2017.

Designazione del debitore d'imposta 53.1.1.

Di regola il **Promotore** della triangolazione (sia esso identificato in Italia oppure soggetto UE) **emette fattura** nei confronti del proprio cliente (destinatario finale), ma di fatto la **merce** viene **spedita** al cessionario finale da un **altro soggetto** (primo cedente).

Ne deriva che secondo le disposizioni intracomunitarie, la vendita si realizzerebbe nel territorio dell'acquirente destinatario finale. Di conseguenza il promotore sarebbe costretto ad identificarsi ovvero a nominare un proprio rappresentate fiscale in quello Stato.

Al fine di evitare tutto ciò, la norma consente al promotore di **designare** espressamente **in fattura** (artt. 38, c. 7 e 40, c. 2 del D.L. n. 331/1993), quale debitore d'imposta (➔42.4.), l'**acquirente finale**, il quale assolverà così a tutte gli obblighi dell'imposta in **reverse charge**.

In questa ipotesi nella fattura dal promotore al cessionario finale, riporta:

- i dati relativi al cessionario;
- il numero di identificazione attribuito al cessionario,
- la dizione: "designato ad assolvere l'imposta quale soggetto designato al pagamento dell'imposta (artt. 38, c. 7; 40, c. 2; 44, c. 2, lett. a), D.L. n. 331/1993).

Triangolazioni nazionali (non è applicabile l'art. 41-ter)	Quelle ove siano presenti: - 2 operatori stabiliti in Italia - 1 operatore stabilito in altro Stato della UE
Triangolazioni comunitarie	Quelle ove siano presenti: - 1 operatore stabilito in Italia - 2 operatori stabiliti nello stesso Stato UE oppure in differenti Stati della UE
Triangolazioni Extracomunitarie (non è applicabile l'art. 41-ter)	Quelle ove siano presenti: - 2 operatori stabiliti in Italia - 1 operatore stabilito in uno Stato extra UE oppure: - 1 operatore stabilito in Italia - 2 operatori stabiliti nello stesso Stato extra UE oppure in differenti Stati extra UE

Infine, vi possono essere le **operazioni** triangolari **con lavorazione** (➔53.5.) e le triangolazioni **miste**, nell'ipotesi di lavorazioni e cessioni di beni congiunte. Generalmente la lavorazione viene effettuata in un Paese diverso da quello di destinazione finale dei beni.

53.1.2. Plafond libero e plafond condizionato o vincolato

L'operatore nazionale (ITA2) che cede beni ad un operatore UE od Extra UE, ma acquistandoli da un altro operatore nazionale (ITA1) ed incaricando ITA1 di consegnarli al proprio cliente estero, pone in essere una cessione intracomunitaria ovvero una esportazione diretta. Anche per l'altro operatore nazionale (ITA1) la cessione verso ITA2 costituisce un'operazione non imponibile (ovvero un'esportazione diretta) a condizione che i beni vengano trasportati o spediti all'estero da ITA1 su incarico di ITA2.

L'utilizzo della triangolazione contribuisce a formare il plafond (➔49.2.) di esportatore abituale sia in capo ad ITA1 sia a ITA2.

Ma:

- per ITA1 (primo cedente) il plafond generato è liberamente disponibile;
- per ITA2 (promotore), invece, solo il plafond:
  - dato dalla differenza di prezzo tra i beni ceduti e quello dei beni acquistati è liberamente utilizzabile, mentre
  - il plafond dato dal corrispettivo fatturatogli da ITA1 è vincolato ed è utilizzabile per l'acquisto di beni da esportare entro 6 mesi dalla consegna, nello Stato originario.

53.2. TRIANGOLAZIONI NAZIONALI

Premesso che non è applicabile quanto previsto dall'art. 41-ter strettamente relativo alle operazioni a catena, nelle triangolazioni nazionali intervengono solitamente:

- **2 soggetti** residenti in **Italia**,
- **1 soggetto** residente od identificato in un Paese della **UE**.

I casi che si possono presentare sono diversi a seconda della posizione nella triangolazione dei due soggetti nazionali e di quello estero.

53.2.1. Condizione per la non imponibilità

Quando **primo cedente** e **promotore** della triangolazione sono entrambi **residenti** in **Italia**, perché l'operazione sia "non imponibile", occorre che i beni siano trasportati o spediti in altro Stato membro **a cura o a nome del primo cedente**, anche per incarico dei propri cessionari o commissionari di questi.

La non imponibilità permane anche se i beni sono stati sottoposti per conto del promotore, ad opera del primo cedente stesso o di terzi, a **lavorazione**, trasformazione, montaggio, assiemaggio o adattamento ad altri beni (art. 41, c. 1, lett. a), art. 58, D.L. n. 331/1993).

Si propongono di seguito alcune ipotesi fra le molte che possono darsi.

1° Ipotesi

IT1 primo cedente è incaricato da IT2 di spedire direttamente i beni a UE senza che IT2 entri mai in possesso dei beni.

IT2 promotore (acquirente da IT1 e cedente verso UE).

UE cessionario finale. Riceve i beni da IT1 ed una fattura da IT2.

Secondo l'art. 58, c. 1, D.L. n. 331/1993 emette fattura per **cessione interna non imponibile** verso IT2. Il citato articolo non appare in linea con la Direttiva n. 2008/1910 **entrata in vigore il 1° gennaio 2020** e che deve essere ritenuta applicabile in tutti gli Stati UE. Sebbene la Direttiva prenda in considerazione solo le cessioni a catena con tre soggetti stabiliti in tre Paesi UE differenti, la regola base secondo la quale in una triangolazione solo una cessione può essere classificata come intracomunitaria, mentre l'altra non può usufruire della non imponibilità si ritiene applicabile anche alle triangolazioni nazionali.

Pertanto, **dal 1° gennaio 2020**, se il trasporto è imputato a IT2 (promotore), la cessione da IT1 verso IT2 dovrebbe essere considerata interna e soggetta all'IVA.

IT2 emette fattura per **cessione intracomunitaria** non imponibile verso UE (art. 41, c. 1 lett. a)). Compila INTRA 1-bis. La cessione va a costituire eventuale plafond per IT2. IT2 è obbligato all'esterometro nelle forme attuali oppure (dal 1° luglio 2022) come comunicazione trasmessa a SDI nelle stesse forme utilizzate per la fatturazione elettronica.

2° Ipotesi

UE primo cedente ed incaricato da IT1 di spedire direttamente i beni ad IT2.

IT1 promotore (acquista da UE vende a IT2).

IT2 riceve i beni da UE ed una fattura da IT1.
IT1 riceve fattura da UE come **operazione intracomunitaria**, la integra in reverse charge (art. 38, D.L. n. 331/1993) in formato elettronico e la invia a SDI , la registra sia nel registro delle vendite, sia in quello degli acquisti. IT1 è obbligato all'esterometro nelle forme attuali oppure (dal 1° luglio 2022) come comunicazione trasmessa a SDI nelle stesse forme utilizzate per la fatturazione elettronica.
IT1 alla notizia dell'avvenuta consegna dei beni ad IT2 emette fattura elettronica, da trasmettere via SDI, a carico di questi soggetta ad IVA in quanto trattasi di **cessione interna** (art. 7-bis, D.P.R. n. 633/1972).

3° Ipotesi

IT1 primo cedente consegna direttamente i beni a IT2.
UE promotore (acquista da IT1 e vende a IT2).
IT2 riceve i beni da IT1 ed una fattura da UE.
IT1 spedisce direttamente i beni ad IT2. I beni non lasciano il territorio nazionale. Non esegue una cessione triangolare. La fattura a carico di UE è **soggetta ad IVA** in quanto operazione interna (UE potrà recuperarla mediante le disposizioni di cui all'art. 38-bis2 del D.P.R. n. 633/1972). La fattura non è elettronica.
IT2 riceve fattura da UE, ma pur non trattandosi di acquisto intracomunitario in quanto trattasi di un acquisto interno, deve operare l'integrazione della fattura secondo la procedura prevista per tali operazioni (art. 17, c. 2, D.P.R. n. 633/1972 che richiama gli artt. 46 e 47 del D.P.R. n. 331/1993). IT2 è obbligato all'esterometro nelle forme attuali oppure (dal 1° luglio 2022) come comunicazione trasmessa a SDI nelle stesse forme utilizzate per la fatturazione elettronica, ma non ai Mod. Intra in quanto l'operazione non è intracomunitaria.

TRIANGOLAZIONI COMUNITARIE 53.3.

Le triangolazioni comunitarie si caratterizzano dalla presenza di tre operatori residenti in Stati diversi. Le ipotesi sono numerose; ne vengono esaminate solo alcune.

Primo tipo 53.3.1.

Intervengono:
- 2 soggetti residenti nello stesso Paese della UE,
- 1 soggetto residente in Italia.

1° Ipotesi

UE1 primo cedente, consegna direttamente i beni a IT.
UE2 promotore acquista da UE1 (sito nel suo stesso Stato) e li vende a IT. Il trasporto è effettuato direttamente da UE2 ovvero per suo conto.
IT cessionario finale riceve i beni direttamente da UE1 ed una fattura da UE2.
IT riceve una fattura da UE2 imponibile in quanto **considerata cessione interna in Italia imponibile**. La integra e la registra e la comunica all'Agenzia mediante esterometro ovvero dal 1° luglio 2022 con file XML come per le fatture elettroniche.
Per altro se UE2 designa IT come debitore d'imposta, la fattura da UE2 a IT è considerata intracomunitaria.

2° Ipotesi

UE1 vende beni a IT e li consegna direttamente a UE2 (nel suo stesso Stato).
IT promotore. Acquista beni da UE1 e li vende a UE2.
UE2 cessionario finale e cliente di IT. Riceve i beni da UE1.
L'operazione **non è intracomunitaria** perché i beni non lasciano il territorio di UE1 ed UE2.
IT riceve fattura da UE2 **assoggettata all'IVA** dello Stato di UE1, ma trattandosi di operazione extraterritoriale (beni allo stato estero) va registrata solo in contabilità.
IT emette fattura a carico di UE2 **non imponibile** con la dicitura "inversione contabile" (art. 7-bis, D.P.R. n. 633/1972) trattandosi di operazione extraterritoriale (i beni sono allo Stato estero) ma con obbligo di fatturazione; comunque da comunicare mediante esterometro o con il nuovo esterometro dal 1° luglio 2022, con invio dei dati tramite file in formato XML e procedura eguale a quella di trasmissione delle fatture elettroniche. Non compila il Mod. Intra in quanto i beni non entrano in Italia.

3° Ipotesi

IT primo cedente consegna direttamente i beni a UE2 su incarico di UE1.
UE1 promotore acquista beni da IT e li fa consegnare direttamente a UE2 (nel suo stesso Stato) da IT. UE1 trasporta direttamente o fa eseguire la spedizione a suo nome.

IVA

UE2 cessionario finale. Riceve i beni da IT ed una fattura da UE1.

IT emette fattura per **cessione intracomunitaria** a carico di UE1 (art. 41, D.L. n. 331/1993) perché cede beni a titolo oneroso a favore di altro soggetto passivo sito nella UE beni che vengono consegnati in altro Paese UE I dati della fattura vanno indicati nell'esterometro o con il nuovo esterometro dal 1° luglio 2022, con invio dei dati tramite file in formato XML e procedura eguale a quella di trasmissione delle fatture elettroniche. Compila e spedisce il Mod. INTRA cessioni.

53.3.2. Secondo tipo

Intervengono:

- 2 soggetti residenti in 2 diversi Paesi della UE,
- 1 soggetto residente in Italia,

in conseguenza alle nuove disposizioni, in vigore dal 1° gennaio 2020, introdotte dalla Direttiva n. 2018/1910/UE.

53.3.3. Utilizzo di identificazione fiscale ottenuta in altro Stato UE

Qualora il primo cessionario, stabilito ed identificato nel medesimo Stato del fornitore dal quale i beni vengono spediti o trasportati, utilizzi un **numero di identificazione** ottenuto in un **diverso Stato UE** (differente anche da quello del cessionario finale UE), l'operazione mantiene le caratteristiche di una triangolazione comunitaria perché occorre far riferimento unicamente al codice identificativo con il quale è stato effettuato l'acquisto intracomunitario al fine di constatare se le condizioni previste dalla normativa siano comunque soddisfatte (Corte di giustizia UE, causa C-580/2016).

53.4. TRIANGOLAZIONI EXTRACOMUNITARIE

Premesso che non è applicabile quanto previsto dall'art. 41-ter strettamente relativo alle operazioni a catena, nelle triangolazioni extracomunitarie intervengono:

- 1 soggetto residente in Italia.
- 1 soggetto residente in uno Stato della UE.
- 1 soggetto residente in uno Stato extra UE.

Le ipotesi sono numerose. Ne vengono esaminate alcune.

1° Ipotesi

IT primo cedente. Spedisce direttamente i beni a XUE su incarico di UE e fattura UE.

UE promotore. Acquista da IT e lo incarica di inviare direttamente i beni per suo conto a XUE.

XUE cessionario finale. Riceve direttamente i beni da IT ed una fattura da UE.

IT effettua una **esportazione** nei confronti di XUE. Fattura a UE come cessione non imponibile (art. 8, D.P.R. n. 633/1972). IT emette fattura analogica, non trasmette i dati via esterometro perché l'operazione è giustificata dalla bolletta doganale.

2° Ipotesi

UE primo cedente. Spedisce direttamente i beni a XUE su incarico di IT e fattura a IT.

IT promotore. Acquista i beni da UE e li fa spedire direttamente a XUE.

XUE cessionario finale. Riceve i beni direttamente da UE ed una fattura da IT.

IT non realizza **nessuna operazione rilevante ai fini IVA**. I beni si trovano allo Stato estero e vengono spediti da uno Stato estero ad un altro Stato estero.

La fattura ricevuta da UE rileva solo in contabilità generale.

La fattura analogica emessa nei confronti di XUE non è un'esportazione in quanto i beni si trovano allo Stato estero. È una fattura per operazione extraterritoriale; la fatturazione è egualmente obbligatoria con clausola "Operazione non soggetta" (art. 21, c. 6-bis, D.P.R. n. 633/1972). La annota sul registro IVA vendite, concorre al volume d'affari, ma non al plafond di esportatore abituale. Pur non essendo soggetta all'IVA per carenza del presupposto territoriale, per il solo fatto di essere obbligati all'emissione di fattura, ciò comporta che i dati debbano essere comunicati mediante l'esterometro.

3° Ipotesi

IT primo cedente. Spedisce direttamente i beni a UE su incarico di XUE e fattura a XUE.

XUE promotore. Acquista i beni da IT ed ordina a questi di spedirli direttamente a UE.

UE cessionario finale. Riceve direttamente i beni da IT ed una fattura da XUE.

IT Dato che non si può parlare di cessione intracomunitaria in quanto il cessionario è un soggetto extracomunitario, ma nel contempo non è neppure un'esportazione perché i beni sono destinati in uno Stato UE, l'operazione di cessione da IT verso XUE è da classificare come **cessione interna,** da fatturare analogicamente con IVA a carico di XUE, perché al momento della cessione i beni si trovano in Italia (art. 7-bis, D.P.R. n. 633/1972). I dati vanno in ogni caso comunicati mediante esterometro.

IVA

Se XUE si identifica o nomina un proprio rappresentante fiscale:

a. in Italia. IT fattura al rappresentante/soggetto identificato, **non imponibile** (art. 58, D.L. n. 331/1993). L'operazione non deve entrare nel Mod. INTRA; deve essere comunicata mediante esterometro e la fattura è analogica;
b. nello Stato di UE. Allora IT fattura con documento analogico non imponibile (art. 41, D.L. n. 331/1993) come **cessione intracomunitaria** al rappresentante fiscale e compila il Mod. Intra cessioni; l'operazione va inserita nell'esterometro;
c. in altro Stato dell'Unione diverso da quello di UE. IT fattura con documento analogico al rappresentante come non imponibile (art. 41, D.L. n. 331/1993) e compila il Mod. INTRA. Inserisce l'operazione nell'esterometro.

4° Ipotesi

UE primo cedente. Spedisce direttamente i beni in IT su incarico di XUE e fattura XUE.
XUE promotore. Acquista da UE ed ordina a questi di spedirli direttamente a IT.
IT cessionario finale. Riceve i beni da UE e una fattura da XUE.
IT riceve una fattura da XUE ed emette autofattura (art. 17, c. 2, D.P.R. n. 633/1972) e la registra sia negli acquisti sia nelle vendite. La comunicazione dei dati mediante esterometro può essere evitata solo se IT può disporre della bolletta dogana, ma in questo caso i beni provengono dalla UE, quindi l'esclusione non è possibile.

5° Ipotesi

XUE primo cedente. Spedisce direttamente i beni in UE su incarico di IT e fattura a IT.
IT promotore. Acquista i beni da XUE e ordina a questi di spedirli direttamente a UE.
UE cessionario finale. Riceve i beni da XUE ed una fattura da IT.
IT tanto la fattura emessa da XUE, quanto la fattura emessa a carico di UE sono **escluse** dal campo di applicazione dell'IVA. Infatti i beni sono acquistati e venduti all'estero, non viene effettuata nessuna importazione, né cessione intracomunitaria.
In ogni caso, IT emette fattura **nei confronti di UE** con la dicitura "inversione contabile" (art. 21, c. 6-bis, D.P.R. n. 633/1972). L'obbligo di emissione del documento comporta altresì l'obbligo di comunicazione dell'operazione mediante esterometro. La fattura emessa XUE, invece, rilevando solo ai fini contabili non obbliga all'esterometro.

6° Ipotesi

UE primo cedente. Spedisce direttamente i beni a XUE su incarico di IT e fattura IT.
IT promotore. Acquista i beni da UE e ordina a questi di spedirli direttamente a XUE.
XUE cessionario finale. Riceve i beni direttamente da UE ed una fattura da IT.
IT tanto la fattura di acquisto da UE quanto la fattura di cessione a XUE sono o **escluse** dal campo di applicazione dell'IVA. Infatti, i beni sono acquistati e venduti all'estero, non viene effettuata nessuna importazione, né esportazione da parte di IT.
Per la cessione **nei confronti di XUE**, IT deve emettere una fattura analogica con la dicitura "operazione non soggetta" (art. 21, c. 6-bis, D.P.R. n. 633/1972). L'operazione non va indicata nell'esterometro. La fattura ricevuta da UE va integrata, registrata nel registro degli acquisti e delle vendite e l'operazione indicata nell'esterometro.

7° Ipotesi

IT1 primo cedente. Spedisce direttamente i beni a XUE su incarico di IT2 e fattura a IT2.
IT2 promotore. Acquista i beni da IT1 e lo incarica di spedire i beni a XUE.
XUE cessionario finale. Riceve i beni da IT1 ed una fattura da IT2.
IT1 emette fattura elettronica nei confronti di IT2 come **esportazione non imponibile** (art. 8, c. 1, lett. a), D.P.R. n. 633/1972). La bolla di esportazione è emessa a nome di IT2. L'operazione non deve essere inserita nell'esterometro in presenza della bolla doganale.
IT2 emette fattura analogica nei confronti di XUE come **esportazione non imponibile** (art. 8, c. 1, lett. a), D.P.R. n. 633/1972). Stampa il messaggio "risultati di uscita" dal sito internet dell'Agenzia delle Dogane a prova dell'avvenuta uscita dei beni dalla UE. Matura un plafond parte libero e parte vincolato. In presenza della notifica dell'esportazione (il messaggio di uscita merce collegato all'Mrn dell'operazione) non è necessaria la comunicazione dei dati mediante esterometro.

8° Ipotesi

IT primo cedente nei confronti di UE (che agisce tramite il proprio rappresentante fiscale in Italia) con consegna diretta dei beni a XUE per conto di UE.
UE per il tramite del suo rappresentante fiscale vende a XUE.

XUE cessionario finale riceve i beni direttamente da IT.
IT emette fattura analogica nei confronti del rappresentante fiscale di UE. L'operazione va indicata nell'esterometro.
UE per il tramite del proprio rappresentante fiscale fattura con documento analogico XUE. L'operazione non va inserita nell'esterometro.

9° Ipotesi

IT1 primo cedente. Cede beni a XUE (che agisce tramite il proprio rappresentante fiscale in Italia) e li spedisce direttamente in XUE2.
XUE1 promotore. Per il tramite del proprio rappresentante fiscale in Italia acquista beni da IT1 e gli dà ordine di consegnarli direttamente a XUE2.
XUE2 cessionario finale. Riceve i beni direttamente da IT1 e la fattura dal rappresentante di XUE1.
IT1 emette fattura analogica nei confronti del rappresentante fiscale di XUE1 ed inserisce l'operazione nell'esterometro.
XUE1 per il tramite del proprio rappresentante fiscale nominato in Italia emette fattura analogica verso XUE2. L'operazione non va inserita nell'esterometro in quanto UE1 deve nominare un "esportatore doganale".

10° Ipotesi (operazione mista intracomunitaria)

XUE cedente verso **IT**.
UE1 (diverso da IT) Rappresentante fiscale di XUE.
IT acquirente finale.
XUE introduce (**importazione)** i beni nel Paese di UE1 e sdogana in sospensione di imposta in quanto beni destinati a proseguire verso altri Paesi UE (art. 143, Direttiva n. 2006/112/CE).
IT pur avendo come fornitore un soggetto extra UE, attraverso l'intervento di UE1 realizza un'operazione **intracomunitaria**, soggetta ad IVA ma in regime di reverse charge indicando in fattura che si tratta di operazione triangolare.

53.5. TRIANGOLAZIONI CON LAVORAZIONE

Le lavorazioni su beni mobili sono considerate prestazione di servizi generici, di conseguenza questo tipo di prestazioni è soggetto o meno all'imposta in funzione dello status del committente e della sua residenza (➡42.3.3.) (art. 7-ter, D.P.R. n. 633/1972).
Se il committente è un soggetto passivo d'imposta residente in uno Stato UE, **la prestazione è esclusa da IVA in Italia**, ma soggetta comunque a fatturazione. Essendo operazione esclusa non partecipa alla formazione del plafond a favore degli esportatori abituali. La fattura riporterà la dicitura "inversione contabile".
Di seguito alcune ipotesi in cui è coinvolto un soggetto d'imposta stabilito in Italia che deve operare delle lavorazioni per conto altrui a seguito di contratto di appalto, subappalto, opera e simili. Il medesimo soggetto è incaricato di spedire direttamente i beni lavorati ad un terzo per conto del promotore.

1° Ipotesi

IT1 vende dei beni ad un soggetto UE.
UE acquista i beni incaricando IT1 di consegnarli a IT2 per lavorazione.
IT2 riceve da IT1 i beni per lavorazione con l'incarico di consegnarli direttamente a UE.
IT1 effettua una **cessione intracomunitaria** non imponibile verso UE (art. 41, c. 1, lett a), D.L. n. 331/1993).
Compila il Mod. INTRA. Emette un DDT con destinatario della consegna IT2 specificando come causale "lavorazione per conto di UE". Deve ottenere da IT2 la prova dell'avvenuta spedizione nello Stato di UE. L'operazione non va inserita nell'esterometro.
IT2 al ricevimento dei beni per conto di UE effettua l'annotazione obbligatoria di carico sul registro dei beni (art. 50, D.L. n. 331/1993). Eseguita la lavorazione ne cura la spedizione a UE. Acquisisce la prova dell'avvenuta spedizione fuori dall'Italia. Fattura a UE la prestazione di lavorazione come servizio generico **non soggetto a IVA** se l'ordine di lavorazione l'ha ricevuto da UE; in tal caso inserisce l'operazione nell'esterometro; se, invece, l'ordine di lavorazione l'ha ricevuto da IT1, fattura a questi la prestazione di lavorazione come servizio generico soggetto ad IVA.

2° Ipotesi

IT1 riceve materie prime da UE per essere lavorate e quindi consegnate a IT2 su incarico di UE per una ulteriore lavorazione.
UE Promotore.

IVA

IT2 riceve da IT1 dei beni semilavorati per un'ulteriore trasformazione al termine della quale spedisce i beni finiti a UE.

IT1 annota sul registro di c/s i beni ricevuti in conto lavorazione (art. 50, D.L. n. 331/1993). Invia il Mod. INTRA-2bis degli acquisti agli effetti statistici (solo se presenta la dichiarazione con cadenza mensile). Emette fattura **non soggetta ad IVA** al committente UE e inserisce l'operazione nell'esterometro in quanto pur essendo esclusa dall'imposta costituisce comunque operazione soggetta a registrazione nei registri IVA.

Al termine della lavorazione spedisce a IT2 i beni semilavorati con indicazione sul DDT che trattasi di beni lavorati per conto di UE. Scarica il registro di c/s. Invia il Mod. INTRA prestazioni di servizio effettuate a favore di UE.

IT2 ricevuta la merce semilavorata la annota su un registro di c/s (art. 50, D.L. n. 331/1993). Fattura con documento analogico la prestazione al committente UE **non soggetta ad IVA** (art. 7-ter, D.P.R. n. 633/1972). Invia il Mod. INTRA cessioni ai soli fini statistici (se presenta la dichiarazione con cadenza mensile) ed il Mod. INTRA servizi per le lavorazioni effettuate a favore di UE ed inserisce l'operazione nell'esterometro in quanto pur essendo esclusa dall'imposta costituisce comunque operazione soggetta a registrazione nei registri IVA.

3° Ipotesi

IT invia materie prime per la lavorazione a UE1 e lo incarica di inviare i semilavorati a UE2 situato in un altro paese della UE, per una ulteriore lavorazione al termine della quale i beni devono essere rispediti da UE2 a IT.

IT annota su apposito registro di c/s i beni inviati in lavorazione a UE1 (art. 50, D.L. n. 331/1993). Invia il Mod. INTRA-1bis delle cessioni nella sola parte statistica (se presenta il modello con cadenza mensile). Riceve da UE1 e da UE2 le fatture per le lavorazioni **senza imposta; le integra** e le registra sui registri delle vendite e degli acquisti. Invia il Mod. INTRA-2bis degli acquisti per la sola parte statistica (se presenta il modello con cadenza mensile). Compila ed invia anche il Mod. INTRA-2quater per le fatture relative ai servizi ricevuti da UE1 e UE2. Entrambe le fatture di UE1 ed UE2 vanno indicate nell'esterometro.

OPERAZIONI QUADRANGOLARI 53.6.

Si propongono alcuni esempi di operazioni "quadrangolari" ossia operazioni che vedono coinvolti più di tre soggetti stabiliti in diversi Stati della UE. Di questi operatori, uno è il promotore, ossia colui che acquista beni da un soggetto che verranno venduti più volte sino ad arrivare al cliente finale, mentre i beni si muoveranno dal primo venditore direttamente all'ultimo acquirente.

Prove

Preliminarmente si rammenta che il promotore (Operatore intermedio) in linea generale o comunque chi vuol beneficiare della non imponibilità deve essere in grado di fornire le prove:

- che sia lui stesso ovvero un terzo, ma per suo conto, ad occuparsi del trasporto;
- che il trasporto o spedizione sia effettivamente realizzato da un altro Paese UE ad un altro Paese UE quale destinazione finale.

1° Esempio

IT (promotore) acquista beni da **AT** e quindi li rivende a **LUX** che li rivende infine a **B**.

Il trasporto dei beni da AT a B è effettuato da IT (direttamente o per suo conto).

AT fattura una cessione intracomunitaria a favore di IT.

IT si identifica o nomina un rappresentante fiscale in B in quanto i beni di IT sono qui destinati ove (con numero identificativo acquisito in B) ha effettuato un acquisto intracomunitario.

IT con il numero identificativo acquisito in B fattura il proprio cliente in LUX con l'IVA belga.

2° Esempio

Medesimo esempio di cui sopra, ma qui IT possiede un numero identificativo in AT. In questa situazione:

AT fattura IT con IVA austriaca come operazione interna.

IT, con la partita IVA austriaca, fattura LUX una cessione intracomunitaria non imponibile in AT.

3° Esempio

Medesimo esempio dell'esempio n. 1, con la variante che il trasporto è curato direttamente o tramite un terzo per suo conto dall'ultimo cessionario B.

IVA

Secondo l'art. 41-ter chi effettua il trasporto è il soggetto che compie l'operazione intracomunitaria; pertanto, questa si realizza tra LUX (fornitore) e B (cliente/ultimo cessionario) in relazione ai beni provenienti da AT.

Tutte le altre operazioni non possono essere considerate intracomunitarie, conseguentemente: IT, apre una partita IVA in AT. Così AT fattura IT come operazione interna il cliente IT con partita IVA AT. Successivamente IT, con partita IVA AT, fattura il cliente LUX.

Per chiudere il cerchio, LUX non può direttamente fatturare il cliente come operazione intracomunitario in quanto i beni non partono da LUX, ma da AT, ne consegue che LUX deve prima aprire una partita IVA in AT, e finalmente fattura, come detto sopra, l'operazione intracomunitaria, ma con la partita IVA presa in AT.

4° Esempio

Medesimo esempio dell'esempio n. 1, con la variante che il trasporto è curato direttamente o tramite un terzo per suo conto da LUX che diventa operatore intermedio.

In questa situazione qualora LUX aprisse una partita IVA in AT (luogo di partenza dei beni), fatturerebbe una cessione intracomunitaria il cliente finale B.

Anche IT apre una partita IVA in AT, così AT fattura IT come cessione interna, ossia con IVA AT. Altrettanto fa IT con partita IVA AT nei confronti del proprio cliente LUX.

Come si può vedere le variabili possono essere numerose anche per lo stesso caso. Occorre esaminare attentamente le diverse soluzioni possibili per trovare quella migliore e meno onerosa.

OPERAZIONI DI IMPORTAZIONE

54.

DEFINIZIONE

54.1.

Per **importazione** si intende l'**introduzione** (**temporanea o definitiva**) di **beni** provenienti da Paesi al di fuori della UE o da territori considerati esclusi dalla UE che non siano già stati immessi in libera pratica (ossia non abbiano già assolto i dazi e le altre imposte a seguito di una dichiarazione doganale) in uno Stato della UE (art. 67, c. 1, D.P.R. n. 633/1972).

Un'importazione, ai fini dell'applicazione dell'IVA in dogana, può essere **realizzata** da chiunque: **impresa**, **lavoratore autonomo**, **artista**, **privato** (art. 1, D.P.R. n. 633/1972). Per le stabili organizzazioni in Italia di un soggetto passivo non stabilito si veda (➡54.5.).

I beni provenienti da Paesi non UE, ma destinati alla UE, sono vincolati al regime della immissione in libera pratica ed al pagamento delle imposte (IVA ed accise) del Paese ove gli stessi sono immessi in consumo (Codice doganale dell'Unione - Reg. UE n. 952/2013). Qualora, invece, i beni assolvano l'obbligazione doganale con il pagamento degli eventuali diritti, ma non l'IVA in quanto destinati ad essere immessi in un deposito IVA, si ha che i beni sono in libera pratica, ma non si realizza ancora l'immissione in consumo.

Pertanto, ai fini dell'importazione occorre pertanto distinguere tra:

- **immissione in libera pratica**: con questo regime i beni provenienti da Stati extra UE diventano beni comunitari. A tal fine, in dogana vengono assolti i dazi oltre all'IVA (che agli effetti doganali è considerata un dazio);
- **immissione in consumo**: con questo regime si realizza la cosiddetta importazione definitiva. In dogana si assolvono l'IVA ed eventualmente le accise che possono colpire particolari beni.

> Non necessariamente i due regimi debbono realizzarsi nello stesso Stato.
> Una volta considerata in libera pratica, la merce può liberamente circolare all'interno della UE senza ulteriori vincoli.

Sono considerate importazioni (art. 67, D.P.R. n. 633/1972):

- l'**immissione in libera pratica** in Italia, ma se i beni sono destinati:
  - ad essere trasferiti in altri Stati membri eventualmente dopo l'esecuzione di manipolazioni previamente autorizzate dall'autorità doganale, oppure
  - ad essere introdotti in depositi fiscali ai fini IVA

non scontano l'imposta in Dogana, ma l'importatore deve fornire il proprio numero di Partita IVA, il numero di identificazione del cessionario estero, nonché eventuale altra idonea documentazione che possa provare l'effettivo trasferimento dei medesimi beni in altro Stato UE;

- le operazioni di **perfezionamento attivo**, ossia le introduzioni in Italia di beni destinati ad essere nuovamente esportati al termine di operazioni di trasformazione, lavorazione ecc. sulla base di un contratto d'opera o di appalto;
- le operazioni di **ammissione temporanea di beni destinati ad essere esportati** tali e quali (ossia senza aver subito alcun trattamento, lavorazione, ecc.) che non fruiscono dell'esenzione totale dei dazi doganali;

IVA

- le operazioni di **immissione al consumo** relative a beni provenienti dal Monte Athos, dalle Canarie, dai possedimenti francesi d'oltremare, le immissioni in consumo di beni provenienti da Campione d'Italia e dalle acque italiane del Lago di Lugano;
- la **reimportazione a scarico** di esportazione temporanea fuori dalla UE;
- la **reintroduzione** di beni precedentemente esportati.

I beni una volta importati con il pagamento dei dazi e degli altri oneri doganali vengono detti "**nazionalizzati**".

Non sono ancora considerati importati i beni:
- non ancora immessi in libera pratica in Italia;

oppure
- in regime di transito;

oppure
- depositati in luoghi soggetti a vigilanza doganale,

Pertanto, una successiva cessione non è soggetta ad IVA in quanto beni considerati allo stato estero (art. 7-bis, D.P.R. n. 633/1972). Tale circostanza va comunque debitamente comprovata mediante documentazione che possa attestare come il negozio giuridico si sia pienamente concluso prima dello sdoganamento (circ. n. 6/D/2020).

54.2. MOMENTO IMPOSITIVO

Di regola il momento impositivo sia ai fini IVA, sia ai fini degli eventuali ulteriori dazi e diritti di confine da assolvere in dogana, si verifica quando viene presentata in dogana la **dichiarazione di importazione**.

Fino al 30 giugno 2021, le **piccole spedizioni** di beni di carattere non commerciale di valore intrinseco (➡42.2.1.) totale sino a 22 euro erano esenti da IVA all'importazione. Il D.Lgs. n. 83/2021 ha abrogato questa disposizione introdotta dal D.M. n. 489/1997. Pertanto, anche questi beni di scarso valore sono **soggetti all'imposta** in Dogana a far tempo dal **1° luglio 2021**.

Ogni operazione doganale deve essere preceduta da una dichiarazione in dogana che può essere fatta da chiunque presenti ivi la merce. L'importazione si considera effettuata all'atto dell'accettazione della dichiarazione d'importazione da parte dell'autorità doganale che provvede a riscuotere anche la corrispondente imposta. Il documento assume così il valore di dichiarazione doganale e attesta l'avvenuto pagamento dei diritti dovuti o l'adempimento delle formalità richieste.

È **debitore dell'imposta** (soggetto passivo dell'obbligazione doganale) ed è quindi obbligato al pagamento:
- il proprietario della merce e solidalmente;
- tutti coloro per conto dei quali la merce è stata importata (o esportata).

In altri termini il debitore è:
- il **dichiarante**, ossia la persona:
  - che fa la dichiarazione in dogana a nome proprio, oppure
  - nel cui nome è fatta la dichiarazione;
- **chiunque presenti** o **detenga i beni** oggetto dell'importazione.

Una volta accettata la dichiarazione doganale, l'IVA diventa esigibile dalla dogana che provvede alla registrazione in apposito registro. Con la registrazione, viene assegnata alla dichiarazione doganale il valore di bolla doganale (**DAU**) intestata al dichiarante (art. 70, c. 1, D.P.R. n. 633/1972).

Inoltre, il dichiarante deve essere in possesso di un documento comprovante l'importazione che lo indichi come destinatario o importatore e che menzioni l'ammontare dell'IVA dovuta o ne consenta il calcolo.

Benché liquidata, non sempre l'IVA viene riscossa in dogana.

È il caso, per esempio:
- dell'importatore, che avendo le caratteristiche di esportatore abituale, ha presentato in dogana con modalità telematiche (➡49.3.) la dichiarazione d'intento, sospendendone così il versamento;
- delle importazioni di beni destinati ad essere trasferiti in altro Stato UE, eventualmente dopo l'esecuzione delle manipolazioni usuali (prestazioni che non modificano le caratteristiche fisiche e merceologiche del bene). In questo caso, l'importatore deve fornire il proprio numero di Partita IVA, quello del cessionario stabilito in altro Stato UE e, a richiesta della dogana, idonea documentazione che provi l'effettivo trasferimento dei medesimi beni nello Stato UE di destinazione;
- dell'operatore extra UE che nomina un proprio rappresentante fiscale in Italia o in altro Stato comunitario; i beni provenienti dal Paese dell'operatore possono essere messi in libera pratica

senza pagamento dell'IVA se gli stessi beni sono destinati ad essere spediti o consegnati ad altro soggetto passivo stabilito in altro Paese della UE (art. 143, Direttiva CE n. 2006/112) (➜52.4.1.). Qualora, però, gli stessi beni non fossero destinati ad essere spediti o consegnati in altro paese UE, allora sarà il rappresentante fiscale ad assolvere l'imposta in dogana;
- dell'importazione di oro industriale di argento in lingotti o grani di purezza pari o superiore a 900 millesimi previa presentazione in dogana di apposita attestazione da parte del soggetto passivo importatore (➜54.10.).

Bolla doganale 54.2.1.

Preventivamente, l'importatore proprietario dei beni ovvero il soggetto da questi incaricato ad agire in suo nome e conto in dogana, per poter assolvere il tributo ed immetterli in libera pratica in Italia deve:
- **fornire** una serie di **informazioni anteriormente** all'arrivo nel territorio comunitario dei beni acquistati (con eccezione di quelli in transito senza scalo nella UE). Le informazioni vanno fornite mediante sistema elettronico denominato AIS (per le esportazioni si chiama AES). Per far ciò gli importatori devono preventivamente essere iscritti presso il Servizio Telematico Doganale (STD). Il tracciato della dichiarazione sommaria di entrata si chiama ENS ed è disponibile sul sito dell'Agenzia delle Dogane e va presentata prima dell'arrivo delle merci presso l'Ufficio doganale di entrata;
- presentare la **dichiarazione doganale** sottoscritta dal dichiarante.

La Dogana, con la registrazione della dichiarazione doganale, di fatto la trasforma in bolla doganale.

> La bolla doganale o bolletta doganale o DAU (Documento Amministrativo Unico) è il documento attraverso il quale si **formalizza** la **dichiarazione** doganale. Ha caratteristiche precise, previste dalla normativa comunitaria per tutti i Paesi della UE.
> Nella stessa devono essere indicati gli elementi e i dati relativi alle merci oggetto di importazione (o di esportazione).

Sul **DAU** devono essere riportate le seguenti **indicazioni**:
- l'identità e domicilio fiscale del proprietario delle merci, e l'eventuale suo rappresentante;
- la qualità, la quantità, il valore, l'origine della merce;
- la classificazione tariffaria;
- la destinazione doganale;
- l'importo dei singoli tributi e l'ammontare complessivo della somma da pagare o garantire.

Al DAU bisogna **allegare**:
- la fattura commerciale (che indica la natura, la qualità e la quantità della merce che si vuole importare, nonché il corrispettivo dovuto dal compratore);
- i documenti di trasporto;
- le eventuali licenze, garanzie e autorizzazioni;
- i documenti o i certificati speciali richiesti da apposite legislazioni.

Bolla doganale e IVA

Per l'importatore, la bolla doganale è il documento utile ai fini IVA, mentre la fattura estera rileva solo per la contabilità generale.
È quindi la sola bolla doganale che andrà **annotata** nel **registro degli acquisti** (➜54.11.).

> La presenza della **bolla doganale** di importazione rende meramente **facoltativo** l'invio telematico della comunicazione periodica (cosiddetto "**esterometro**") che comunque resterà in vigore nelle attuali forme sino al 30 giugno 2022.

L'**imposta detraibile** è esclusivamente quella che appare sul DAU, indipendentemente dall'importo che potrebbe risultare applicando l'aliquota IVA del bene all'ammontare indicato come base imponibile nella fattura estera.

IMPORTAZIONI NON SOGGETTE ALL'IMPOSTA 54.3.

Non si considerano soggette a IVA (art. 68, D.P.R. n. 633/1972):
- le importazioni di beni **in sospensione d'imposta** effettuate da esportatori abituali che presentano in Dogana oltre alla dichiarazione doganale anche la dichiarazione d'intento;
- le importazioni di **campioni gratuiti di modico valore** ed appositamente contrassegnati;
- le importazioni di **beni** destinati ad essere **ceduti ad organismi internazionali**;
- la **reintroduzione** entro 3 anni dall'esportazione, di beni da parte dello stesso soggetto che li aveva precedentemente esportati e che non hanno subito alcuna lavorazione (esempio: macchi-

IVA

nari esportati in temporanea per l'esecuzione di lavori d'appalto all'estero) o sono reintrodotti godendo della franchigia doganale;
- le importazioni di **beni donati ad enti pubblici**, associazioni riconosciute, fondazioni con determinati scopi sociali, nonché donati a favore di popolazioni colpite da calamità naturali;
- le importazioni di **gas** mediante un sistema di gas naturale o una rete connessa a un tale sistema, ovvero di gas immesso da una nave adibita al trasporto di gas in un sistema di gas naturale o in una rete di gasdotti a monte, **energia elettrica**, calore o freddo mediante reti di riscaldamento o di raffreddamento;
- l'importazione definitiva di qualunque bene la cui cessione nel territorio dello Stato è esente da imposta ex art. 10, D.P.R. n. 633/1972;
- l'importazione di **oro da investimento,** in quanto la sua cessione rientra tra quelle esenti da imposta. Il beneficio è subordinato alla presentazione di apposita attestazione in dogana ove viene dichiarato che il materiale in importazione ha tutte le caratteristiche per essere considerato oro da investimento (➜**54.10.**);
- le importazioni di beni per i quali l'imposta è stata dichiarata nell'ambito del **regime speciale IOSS** (➜**51.9.4.**) purché della dichiarazione doganale di importazione sia indicato il numero individuale di identificazione IVA attribuito per l'applicazione di detto regime speciale al fornitore o al suo rappresentante fiscale (➜**60.1.2.**) (art. 68, c. 1, lett. g-ter), D.P.R. n. 633/1972).

54.4. BASE IMPONIBILE E DETERMINAZIONE DELL'IMPOSTA

La **base imponibile** sulla quale viene determinata l'IVA corrisponde al **valore** della **merce importata** aumentato del **valore** del **nolo** nazionale ed extra UE, dei **dazi doganali** precedentemente determinati nonché dell'ammontare delle spese di inoltro fino al luogo di destinazione all'interno della UE.

Invece, la base imponibile sulla quale vengono determinati i dazi corrisponde al valore della merce importata aumentato del nolo extra-UE.

Nel caso di cessione di beni originariamente introdotti nella UE con il regime della **temporanea importazione**, la base imponibile è data dal prezzo di cessione al netto del valore dei beni accertato in dogana al momento del loro passaggio in dogana.

In via generale, le **spese** di **sdoganamento**, che comprendono i dazi e l'IVA, vengono **anticipate dallo spedizioniere** in nome e per conto dell'importatore per essere successivamente riaddebitate a quest'ultimo, come voce esclusa dalla base imponibile (➜**44.3.**), nella fattura relativa al trasporto, il cui corrispettivo è non imponibile IVA se è già stato assoggetto ad imposta in dogana (➜**44.1.5.**).

Nel caso di beni che prima dello sdoganamento abbiano formato oggetto di una o più cessioni, la base imponibile è costituita dal corrispettivo dell'ultima cessione.

Nel caso di **reimportazioni di beni precedentemente esportati** in regime di **perfezionamento passivo** (che consente di esportare temporaneamente merci comunitarie fuori dalla UE per sottoporle a trasformazione e reimportare i prodotti risultanti (c.d. prodotti compensatori) alla reimportazione dei citati prodotti compensatori, vengono pagati i diritti doganali (dazi e IVA) relativi al maggior valore acquisito dalle merci per effetto delle lavorazioni o trasformazioni ricevute all'estero (compenso di lavorazione).

In regime di perfezionamento passivo è possibile effettuare le seguenti operazioni:
- la trasformazione di merci;
- lavorazioni di merci compreso il montaggio, l'assemblaggio, l'adattamento ad altre merci;
- la riparazione di merci compreso il riattamento e la messa a punto.

In quest'ultimo caso è possibile la reimportazione per equivalenza di prodotti di sostituzione. I prodotti importati in sostituzione di quelli inviati in riparazione devono essere classificati nella stessa sottovoce tariffaria e avere le stesse qualità commerciali e caratteristiche tecniche della merce inviata in riparazione. I prodotti di sostituzione possono anche essere importati prima di effettuare la temporanea esportazione.

Nel caso di importazione di **supporti informatici**, contenenti programmi standardizzati, i dati e le relative istruzioni concorrono a formare il valore imponibile in quanto considerati acquisti di beni e non di servizi (art. 69, c. 1, D.P.R. n. 633/1972) (➜**50.10.1.** e ➜**52.2.**).

L'**aliquota** d'imposta che viene accertata in dogana è quella propria del bene ed è riscossa per ciascuna operazione (art. 70, D.P.R. n. 633/1972).

Servizi di trasporto e spedizione di beni in franchigia

I servizi di trasporto e spedizione di beni in importazione beneficiano del trattamento di **non imponibilità** a condizione che il loro valore, all'atto dell'importazione, sia stato **compreso** nella base imponibile IVA (art. 9, c. 1, nn. 2, 4, 4-bis, D.P.R. n. 633/1972). In altri termini le spese di trasporto relative

all'importazione di beni sono non imponibili a condizione che il relativo corrispettivo sia compreso nella base imponibile anche se non sono state assoggettate ad IVA in dogana all'atto dell'importazione (Agenzia Dogane, nota n. 7423/2019).
I **servizi accessori** relativi alle spedizioni, sempreché abbiano concorso alla formazione della base imponibile e ancorché la medesima non sia stata assoggettata all'imposta, godono del trattamento di non imponibilità (art. 9, c. 1, n. 4-bis, D.P.R. n. 633/1972).

Variazioni della base imponibile 54.4.1.

Successivamente all'operazione doganale di importazione, può emergere che il valore dichiarato non corrisponda al vero.
In questa ipotesi possono darsi due situazioni:
- il valore dichiarato è **inferiore al vero**. In questo caso il soggetto che ha proceduto all'importazione deve chiedere alla dogana di applicare la procedura di revisione dell'accertamento del valore;
- il valore dichiarato è **superiore al vero**. È sufficiente una rettifica contabile dell'operazione, salvo che il bene non venga riesportato.

In un contratto di **consignment stock/call-off stock** (➡**56.**), se il prezzo corrisposto all'acquisto definitivo delle merci è superiore al valore dichiarato in dogana al momento dell'ingresso dei beni, lo stesso importo concorre alla liquidazione solo per la differenza.

DETRAZIONE DELL'IMPOSTA 54.5.

Una volta assolta l'imposta in dogana, la sua **detraibilità** può essere limitata od esclusa solamente per **ragioni soggettive** (➡**42.1.**), riferite all'importatore, od **oggettive** (➡**42.2.**), cioè riguardanti il bene importato.
La **stabile organizzazione** di un soggetto passivo non stabilito in Italia può procedere all'importazione di beni della casa madre, anche se non ha partecipato in alcun modo alle operazioni della casa madre. Con l'immissione in libera pratica dei beni della casa madre, la stabile organizzazione, a seguito del pagamento dell'IVA, ha il diritto di portare in detrazione (o in compensazione nell'anno successivo) l'imposta emergente dalla dichiarazione annuale, in quanto l'assolvimento dell'IVA in dogana costituisce condizione necessaria al perfezionamento delle operazioni effettuate dalla casa madre (risposta a interpello n. 160/2020).
Il **trasportatore** non ha alcun diritto di poter detrarre l'IVA assolta in dogana.
Quando un soggetto passivo d'imposta importa beni come importatore, in nome e per conto proprio, ancorché essi non siano di sua proprietà (es. **noleggiatore**), e l'operazione è in nesso diretto e immediato con la propria attività economica, ha diritto alla detrazione del tributo se e in quanto oggettivamente detraibile (risposta a interpello 11 gennaio 2019, n. 6).
L'acquirente italiano che stipula un contratto di **consignment stock** (➡**56.**) con società extra UE, pur essendo al momento dell'importazione soltanto il detentore e non il proprietario del bene, deve versare l'IVA in dogana all'atto di ingresso della merce nel nostro Paese e può immediatamente detrarla dopo aver annotato la bolletta doganale nell'apposito registro (ris. n. 346/E/2008).

IMPORTAZIONI EFFETTUATE DA ESPORTATORI ABITUALI 54.6.

Per l'esportatore abituale (➡**49.3.**), nel caso di importazione, non è necessario presentare una copia della dichiarazione precedentemente inviata telematicamente all'Agenzia delle Entrate insieme ad una copia della ricevuta di avvenuta trasmissione, in quanto l'Amministrazione finanziaria ha messo a disposizione della Dogana un'apposita banca dati alla quale gli uffici doganali possono attingere le informazioni necessarie. Per l'esportatore abituale sarà dunque sufficiente indicare gli **estremi** della **dichiarazione d'intento** e della relativa **ricevuta** nel DAU.
La dichiarazione d'intento, nel caso dell'importazione, può riguardare esclusivamente una **singola operazione**. In altri termini, ogni importazione senza addebito d'imposta deve essere collegata ad una dichiarazione d'intenti inviata telematicamente all'Agenzia delle Entrate.

IMPORTAZIONI TEMPORANEE 54.7.

Il regime di ammissione temporanea permette l'importazione temporanea di merci extracomunitarie, per utilizzi vari, in **esonero** totale o parziale **dai diritti doganali** (dazi e IVA) e senza l'applicazione di misure di politica commerciale. La merce in ammissione temporanea deve essere **riesportata senza** aver subito **modifiche**, a parte il normale deprezzamento dovuto all'uso che ne è stato fatto.
Scopo del regime è facilitare il traffico internazionale e la circolazione di strumenti, attrezzature e merci a fini economici e non (ad esempio, mezzi di trasporto, merci utilizzate per esposizioni, fiere, convegni, merci a seguito di viaggiatori).

IVA

La temporanea importazione viene autorizzata mediante presentazione alla dogana di arrivo della merce:
- della **dichiarazione doganale di temporanea importazione** oppure
- di un **Carnet ATA**.

L'autorizzazione è subordinata alla possibilità di identificare la merce in temporanea importazione attraverso marchi, numeri di serie, matricole, fotografie.
La **base imponibile** è data dal corrispettivo della vendita al netto del valore accertato in dogana all'atto dell'importazione temporanea.

54.7.1. Garanzia

All'atto della temporanea importazione deve essere prestata garanzia per i diritti doganali relativi alla merce in introdotta in Italia.
La temporanea importazione è concessa:
- in **esonero totale** di dazi ed IVA in determinate ipotesi indicate dal Codice Doganale dell'Unione;
- in **esonero parziale** per le fattispecie non rientranti nelle ipotesi di esonero totale, **con il pagamento integrale dell'IVA** ed in maniera parziale del dazio.

54.7.2. Durata dell'importazione temporanea

La merce in regime di ammissione temporanea può rimanere nella UE per un periodo massimo di **24 mesi**, ma periodi più brevi sono previsti per alcuni tipi di merce quando accompagnate dal Carnet ATA (es.: materiali professionali, merci per esposizioni in fiere, materiale pedagogico o scientifico, campioni commerciali, film cinematografici).

Eventuale cessione in Italia di beni entrati con il vincolo della temporanea importazione

Agli effetti dell'IVA sono considerati **territorialmente rilevanti** in Italia le cessioni aventi per oggetto i beni vincolati al regime della temporanea importazione, esistenti nel territorio italiano (art. 7-bis, c. 1, D.P.R. n. 633/1972).
Per tali cessioni, la **base imponibile** è costituita dal corrispettivo della cessione diminuito del valore accertato dall'ufficio doganale all'atto della temporanea importazione, in modo da evitare la duplicazione dell'imposta sul valore dei beni già tassato in sede di importazione a seguito della garanzia trattenuta dalla dogana a causa della mancata riesportazione dei beni (art. 13, c. 2, lett. e), D.P.R. n. 633/1972).

54.8. ROYALTY IN DOGANA

La base imponibile sulla quale viene determinata l'IVA corrisponde al valore della merce importata aumentato del valore del nolo nazionale ed extra UE, nonché dei dazi doganali precedentemente determinati. Se il prezzo di acquisto di un bene prevede anche il pagamento delle royalties occorre comprendere se le stesse rilevino nella determinazione della base imponibile.

> Il Codice Doganale dell'Unione (CDU) prevede che, per determinare il valore in dogana, il **prezzo** effettivamente pagato per le merci importate deve essere **integrato** dai **corrispettivi** e i **diritti di licenza** relativi alle merci da valutare, che il compratore, direttamente o indirettamente, è tenuto a pagare come condizione per la vendita delle merci da valutare, nella misura in cui detti corrispettivi e diritti di licenza non siano stati inclusi nel prezzo effettivamente pagato o da pagare.

54.8.1. Inclusione o non inclusione delle royalties nella base imponibile

Le royalties sono da addizionare al valore doganale della merce quando:
1. **non** sono **incluse nel prezzo** pagato;
2. sono **riferibili ai beni** oggetto di valutazione;
3. l'acquirente è tenuto a pagarle, direttamente o indirettamente, come **condizione di vendita**.

Se le condizioni sono soddisfatte, la base imponibile è aumentata del valore delle royalties e quindi anche queste concorrono alla determinazione dell'IVA.
Mentre le prime due condizioni sono facilmente verificabili, è più difficile individuare quando il pagamento delle royalties (diretto od indiretto) rappresenti una condizione della vendita.

Condizioni della vendita

Occorre esaminare se il pagamento della royalty è:
- una **condizione esplicita** di vendita dei beni, ossia quando il contratto di licenza di vendita dei beni è subordinato al pagamento del corrispettivo o del diritto di licenza;

IVA

- una **condizione implicita** quando i beni sono acquistati da una parte e i diritti sono pagati da un'altra.

Nel **primo caso** è possibile incrementare il valore doganale del bene da importare con le corrispondenti royalties contrattualmente stabilite. Vi è una stretta connessione con la fornitura poiché il mancato pagamento di esse è di ostacolo all'acquisto dei beni. Ciò si ha generalmente in un rapporto contrattuale a due:
- licenziante;
- ditta importatrice che poi commercializzerà le merci.

Nel **secondo caso** il rapporto contrattuale è a tre:
- fornitore estero che riceve il corrispettivo della vendita dei beni, ma non le royalties;
- importatore che paga il corrispettivo al fornitore transnazionale;
- licenziante che riceve le royalties dall'importatore nazionale.

Più nello specifico, il Regolamento di esecuzione stabilisce i casi in cui i corrispettivi e i diritti di licenza sono considerati pagati come "condizione di vendita" (CTP La Spezia, sent. n. 613/2/15; CTR Liguria, sent. n. 415/2017; Agenzia Dogane, prot. n. 69073/RU/2016). Detta circostanza esiste quando si realizza anche una sola delle seguenti circostanze:
- il venditore o una persona a esso collegata chiede all'acquirente di effettuare tale pagamento;
- il pagamento da parte dell'acquirente è effettuato per soddisfare un obbligo del venditore, conformemente agli obblighi contrattuali;
- le merci non possono essere vendute all'acquirente o da questo acquistate senza versamento dei corrispettivi o dei diritti di licenza a un licenziante.

Ne deriva che nei rapporti tra tre parti occorre **analizzare** l'esistenza di eventuali **legami** tra di esse (per esempio: una parte è in grado di esercitare, di diritto o di fatto un potere di costrizione o di orientamento nei confronti di un'altra). Di conseguenza:
- se **esistono** legami, le **royalties incrementano** il valore del bene da importare;
- se, invece, **non esiste** alcun **legame** tra le tre parti, il rapporto di vendita è tra le società fornitrici e l'importatore il quale, separatamente, ha un contratto con la licenziante esclusivamente per il pagamento delle royalty, per cui il **valore** delle **royalties non** va **incluso** nella base imponibile.

Calcolo

Se sussistono le condizioni di inclusione nella base imponibile, il licenziatario/importatore ha l'obbligo di provvedere alla quantificazione delle royalties all'atto dello sdoganamento, anche nell'ipotesi in cui esse saranno pagate al licenziante, per esempio in percentuale non sul prezzo di acquisto, bensì sulle vendite che il licenziatario porrà in essere.

IMPORTAZIONE DI MEZZI DI TRASPORTO 54.9.

Aeromobili e navi 54.9.1.

Sono considerati **non imponibili** all'atto dell'importazione i seguenti beni (art. 8-bis, D.P.R. n. 633/1972) (**➜44.1.**):
- **navi** adibite alla navigazione in alto mare e **destinate** all'esercizio di **attività commerciali** o della **pesca** o ad operazioni di **salvataggio** o di **assistenza** in mare o alla demolizione (escluse le unità da diporto);
- **navi militari e da guerra**;
- **aeromobili**, compresi i satelliti, a favore di organi **dello Stato** ancorché dotati di personalità giuridica;
- **aeromobili** destinati ad **imprese di navigazione aerea** che effettuano prevalentemente trasporti internazionali di persone o beni;
- apparati motori e loro componenti e di parti di ricambio degli stessi e delle navi ed aeromobili di cui ai punti precedenti;
- beni destinati a dotazione di bordo delle navi ed aeromobili di cui ai punti precedenti;
- forniture destinate al rifornimento e vettovagliamento dell'equipaggio e dei passeggeri delle navi ed aeromobili di cui ai punti precedenti;

Sono da ricomprendere anche le cessioni di **galleggianti** antincendio, gru galleggianti, pontoni in genere, chiatte, **piattaforme** e i galleggianti mobili o sommergibili destinati alle attività di ricerca e di sfruttamento del suolo marino (art. 2, c. 4, Legge n. 28/1997).

Al contrario, l'importazione di **unità da diporto** originarie o battenti bandiera extra UE è soggetta ad IVA da corrispondere direttamente in dogana. Non è soggetta all'imposta:
- l'importazione temporanea degli stessi beni,
- l'importazione di unità da diporto destinate a noleggio e di yacht commerciali.

Se l'IVA è dovuta, la base imponibile è determinata secondo le regole normali (➜54.4.).

54.9.2. Mezzi di trasporto terrestri (autoveicoli)

Importazione definitiva di autoveicoli

Un veicolo con **targa extracomunitaria** può circolare in Italia per un limitato periodo di tempo, deve essere condotto solo dal titolare extracomunitario (o da un suo parente) residente all'estero ed il veicolo può essere utilizzato solo per uso privato e non commerciale.
Se per una qualsiasi ragione occorre procedere all'importazione definitiva del veicolo, questo non può essere immatricolato se non viene esibita una certificazione doganale dalla quale risulti siano stati **assolti i diritti**, gli eventuali **dazi** e l'**IVA**.

Importazione temporanea di mezzi di trasporto

Il Regolamento di esecuzione comunitario n. 2015/234 statuisce l'**esonero totale** dall'applicazione dei dazi e quindi anche dell'IVA, in occasione dell'importazione temporanea di mezzi di trasporto (stradale, ferroviario, adibiti alla navigazione aerea, alla navigazione marittima e fluviali) immatricolati in Paesi terzi purché vengano soddisfatte entrambe le seguenti condizioni:

- il **mezzo** di trasporto deve essere stato **immatricolato** al di **fuori** del territorio doganale dell'**Unione** a nome di una persona stabilita fuori di tale territorio ovvero, se non immatricolato, deve risultare di proprietà di una persona stabilita al di fuori del territorio doganale dell'Unione;
- il mezzo di trasporto deve essere **utilizzato** da una **persona** stabilita al di **fuori** del territorio doganale dell'**Unione**. Inoltre, se utilizzato per uso privato da una terza persona stabilita al di fuori del territorio doganale dell'Unione, la concessione dell'esenzione totale dal dazio all'importazione è subordinata alla condizione che tale persona sia debitamente autorizzata per iscritto dal titolare dell'autorizzazione.

Tuttavia, anche una persona stabilita nel territorio doganale dell'Unione può beneficiare dell'ammissione temporanea del mezzo di trasporto stradale in franchigia dai dazi doganali e dell'IVA.
Infine, le **persone fisiche** che sono stabilite nel territorio beneficiano di un'**esenzione** totale dai dazi e dell'IVA all'importazione per i **mezzi** di trasporto adibiti ad uso commerciale o privato a condizione che siano alle **dipendenze** del proprietario, del locatario o dell'affittuario del mezzo di trasporto e che il datore di lavoro sia stabilito al di fuori di tale territorio doganale. Le dogane all'atto dell'immissione intemporanea chiedono copia del contratto di lavoro.

54.10. ORO INDUSTRIALE - ORO DA INVESTIMENTO

Nel caso di importazione di oro **industriale** (materiale d'oro, nonché di prodotti semilavorati di purezza pari o superiore a 325 millesimi) l'IVA, anziché essere corrisposta in dogana, deve essere assolta con le **stesse modalità** applicabili alle **cessioni interne** (art. 70, c. 5, D.P.R. n. 633/1972).
In altri termini, l'imposta è accertata e liquidata in dogana, ma la riscossione è posticipata previa consegna di apposita attestazione resa dall'importatore in dogana. Nel caso di specie si dovrebbe applicare la regola interna di reverse charge, ma nel caso dell'importazione è sufficiente che la bolletta d'importazione sia registrata nel registro degli acquisti e in quello delle vendite entro il mese di ricevimento ovvero anche successivamente, ma comunque entro 15 giorni dal ricevimento e con riferimento al relativo mese (art. 17, c. 5, D.P.R. n. 633/1972), nonché in quello degli acquisti.
Se l'importazione è effettuata da un privato o da un soggetto IVA che non opera in tale settore, l'imposta è versata direttamente in dogana.
Lo stesso regime si applica all'**argento in lingotti o grani di purezza pari o superiore a 900 millesimi**.
Nel caso di importazione di **oro da investimento** (art. 10, c. 1, n. 11, D.P.R. n. 633/1972), invece, l'operazione è non soggetta all'imposta (art. 68, c. 1, lett. c), D.P.R. n. 633/1972) (**esente**). Per poter beneficiare dell'esenzione, l'importatore deve rilasciare in dogana un'apposita attestazione su propria carta intestata attestante che l'oro da importare risponda per forma, peso e purezza, ai requisiti di legge.
Poiché l'esenzione dal tributo è un requisito "oggettivo", anche l'importazione di oro effettuata da un privato gode dell'agevolazione (circ. n. 24/D/2000).
Tuttavia, considerato che taluni requisiti dell'oro da investimento (purezza e peso unitario) non sono immediatamente verificabili in sede di visita doganale, il beneficio è subordinato alla presentazione di apposita attestazione in sede di dichiarazione doganale, da redigere secondo precise modalità da parte dell'importatore, da cui risulti che il metallo importato ha natura di oro da investimento.

54.11. REGISTRAZIONI

Di regola i beni importati sono scortati dalla fattura estera e dalla bolla di accompagnamento (DAU).

Ai fini delle registrazioni nel **registro degli acquisti** ciò che **rileva** è il **valore** delle **merci** e l'**imposta** così come risultano esposti nel DAU. Il fatto che la base imponibile (eventualmente tradotta in euro) così come risulta dalla fattura estera possa divergere dal documento doganale è del tutto irrilevante. Infatti, la determinazione della base imponibile effettuata dalla dogana si basa su proprie tabelle di valorizzazione.
La fattura estera è da registrare unicamente ai fini contabili.

La **bolla doganale** deve essere:
- **annotata** nel registro degli acquisti al fine di poter esercitare il diritto alla detrazione dell'imposta, indicando l'ammontare dell'imponibile e dell'imposta ovvero dell'eventuale causa di esenzione o non imponibilità (ad esempio perché è stata utilizzata la dichiarazione d'intento).

Nella descrizione, al posto del nome dell'effettivo fornitore dei beni, si deve **indicare** la **Dogana di ingresso**.
È abrogato l'obbligo di numerare in ordine progressivo le bollette doganali d'importazione (art. 13, c. 1, D.L. n. 119/2018).

La registrazione del DAU deve avvenire in **data antecedente** alla **prima liquidazione** utile così da poter subito operare la detrazione e comunque entro il termine di presentazione della dichiarazione annuale relativa all'anno di ricezione della fattura e con riferimento allo stesso anno (art. 25, c. 1, D.P.R. n. 633/1972, come modificato dal D.L. n. 50/2017).

CASO 1 - Annotazione della bolletta doganale nel registro degli acquisti
Importazione di beni dalla Cina attraverso il valico doganale di Gaggiolo (VA).
Il DAU riporta i seguenti valori:

- valore della merce:	100.000	euro
- dazi	6.000	euro
- base imponibile IVA	106.000	euro
- IVA 22%	23.320	euro

Indicazioni nel registro degli acquisti:

- fornitore: Dogana di Gaggiolo		
- Imponibile	106.000	euro
- IVA 22%	23.320	euro (IVA a credito)

Novità 2022

La Legge di bilancio 2021 (Legge n. 178/2020) ha introdotto rilevanti novità in tema di cessioni di beni e prestazioni di servizi verso e da soggetti passivi non stabiliti e non residenti in Italia.
Le novità riguardano sia le operazioni attive, sia le passive tanto con controparte stabilita nella UE, quanto extra UE.
In particolare, dal **1° luglio 2022** (data così posticipata dal D.L. n. 146/2021 rispetto al precedente termine del **1° gennaio 2022**), i cessionari, ai soli fini IVA, dovranno "sostituire" le fatture o documenti similari ricevuti da soggetti passivi extraUE con apposite **autofatture**, esclusivamente in formato XML, da trasmettere a SDI entro il 15° giorno del mese successivo a quello di effettuazione dell'operazione. Questa novità abolirà dalla stessa data il cosiddetto esterometro almeno nelle forme attualmente stabilite.
Il documento sostitutivo della fattura passiva extracomunitaria è un file XML con caratteristiche simili a quelle previste per la fatturazione elettronica interna.
Per un panorama completo si rinvia alla Guida alla compilazione della fattura elettronica pubblicata a cura dell'Agenzia delle Entrate in data 7 luglio 2021.

Spedizioniere 54.11.1.

Non di rado l'importazione viene eseguita attraverso l'intervento di uno spedizioniere.
La fattura dello spedizioniere contiene di regola:
- spese di trasporto;
- servizi doganali resi;
- altri eventuali servizi;
- spese anticipate per conto dell'importatore: IVA e dazi.

IVA

CASO 2 - Annotazione della fattura dello spedizioniere nel registro degli acquisti

Si supponga una fattura dello spedizioniere così articolata:

- spese di trasporto	1.000	euro
- servizi doganali	300	euro
- spese anticipate (IVA e dazi)	700	euro
- Totale	2.000	euro

Indicazioni nel registro degli acquisti:

Fornitore: Alfa spa	1.000	non imponibile art. 9, D.P.R. n. 633/1972
	300	non imponibile art. 9, D.P.R. 633/1972
	700	escluso da IVA art. 15, D.P.R. 633/1972

Qualora lo spedizioniere fosse un soggetto estero senza Stabile Organizzazione in Italia, senza rappresentante fiscale o identificazione diretta, occorre operare il reverse charge, secondo la procedura di integrazione o di autofatturazione, a seconda del luogo di stabilimento dello spedizioniere (altro Paese UE o extra-UE).

54.12. REGIME SPECIALE NEL CASO DI VENDITE A DISTANZA

L'imposta è dovuta per tutte le spedizioni di beni **importati nella UE e, ai fini doganali, devono risultare da una apposita dichiarazione doganale**.

Per le spedizioni di beni di valore intrinseco (➜42.2.1.) non superiore a 150 euro non aventi natura non commerciale inviati da un privato ad un altro privato, è possibile utilizzare una modalità dichiarativa semplificata **Super reduced data set** (dichiarazione H7).

Per queste importazioni, in alternativa allo IOSS (➜51.9.4.) è stato introdotto dal 1° luglio 2021, il **regime speciale di dichiarazione e pagamento dell'IVA all'importazione** (➜50.10.1.).

La dichiarazione doganale composta da un set di dati ridotto H7 può essere resa da qualsiasi soggetto che presenta i beni (non soggetti ad accisa) in dogana qualunque sia il regime IVA applicabile (IOSS, regime speciale di dichiarazione e pagamento dell'IVA, regime ordinario) purché:

- di valore non superiore a 150 euro;
- di provenienza extra UE;
- non vi siano diritti da accertare diversi dall'IVA;
- non vi siano divieti o restrizioni in relazione a detti beni.

Con specifico riferimento al Regime speciale, i soggetti che presentano in dogana i beni con le caratteristiche sopra esposti la cui spedizione o trasporto si conclude in Italia, per conto del cessionario stabilito in Italia tenuto al pagamento dell'imposta possono assolvere il tributo entro il termine di pagamento del dazio all'importazione, presentando **una dichiarazione** relativa alle importazioni effettuate **nel mese di riferimento**.

Dalla dichiarazione deve risultare l'ammontare dell'IVA riscossa direttamente presso le persone alle quali i beni sono destinati.

Gli importi dovuti sono aggregati su base mensile tenendo conto delle spedizioni consegnate nel mese di riferimento.

La dichiarazione è presentata in formato elettronico.

L'imposta è calcolata **applicando l'aliquota ordinaria**, indipendentemente da quella che sarebbe applicabile in funzione della tipologia del bene.

Il **pagamento** è effettuato entro il **giorno 16** del mese successivo a quello di aggregazione. Può essere effettuato in un'unica soluzione oppure con versamenti frazionati corrispondenti a raggruppamenti di spedizioni.

Il sistema informatico dell'Agenzia delle Dogane, entro il decimo giorno lavorativo di ciascun mese, mette a disposizione degli operatori un'apposita funzione che consente di generare in automatico la versione precompilata della dichiarazione riferita alle spedizioni effettuate nel mese precedente. La dichiarazione si considera regolarmente presentata solo a seguito della validazione da parte del soggetto obbligato, che deve avvenire entro il giorno 16 del mese successivo a quello di riferimento.

I soggetti che hanno provveduto al versamento devono altresì **conservare la documentazione** relativa alle importazioni a norma dell'art. 39 del D.P.R. n. 633/1972 che, su richiesta dell'Amministrazione deve essere fornita, in formato elettronico.

È comunque facoltà del cessionario optare per la procedura di importazione prevista dall'art. 67 (➡54.1.) al fine di potersi avvalere dell'eventuale aliquota IVA ridotta (art. 70.1, D.P.R. n. 633/1972; circ. n. 26/D/2021 e determinazioni nn. 219776/RU e 219776/RU del 2021).

IVA

55. OPERAZIONI DI ESPORTAZIONE

55.1. DEFINIZIONE

Sono considerate **cessioni all'esportazione** le cessioni di beni, anche tramite commissionari, eseguite mediante trasporto o spedizione al di fuori del territorio della UE a cura o a nome dei cedenti o dei commissionari, anche per incarico dei propri cessionari o commissionari di questi. Le eventuali cessioni ai commissionari sono da qualificare anch'esse come esportazioni (➡55.2.1.).

I beni possono anche essere sottoposti, per conto del cessionario, ad opera del cedente o di terzi ad operazioni di lavorazione, trasformazione, assiemaggio o adattamento ad altri beni.

Il cessionario può essere residente in Italia, comunitario od extra comunitario.

È **cessione all'esportazione** quando si ha:

- il **trasferimento** della proprietà dei beni;
- il **trasporto** dei suddetti beni a cura o a nome del cedente o per suo conto anche se hanno subito processi di **lavorazione** e simili ed anche se si tratti di beni ceduti a titolo **gratuito**;
- l'**uscita** fisica dei beni dalla UE:
  - anche se immessi in deposito in regime di franco valuta (➡46.14.6.) per essere successivamente ceduti;
  - anche se riesportati dopo la lavorazione di beni precedentemente temporaneamente importati;
- la **prova** dell'uscita dal territorio doganale UE data dal messaggio informatico trasmesso dalla Dogana di uscita (➡55.4.2.).

Le esportazioni concorrono a formare sia il **volume d'affari** (➡47.), sia il **plafond** di esportatore abituale (➡49.2.) e danno diritto alla detrazione dell'IVA assolta a monte sugli acquisti, salvo cause soggettive ovvero oggettive. Vanno in ogni caso **fatturate** con l'indicazione di "Operazione non imponibile" e con l'eventuale specificazione della norma di riferimento, anche comunitaria.

Rientrano nel concetto di esportazione ai fini IVA anche le consegne all'estero di beni prodotti in dipendenza di **contratti di appalto**, ma solo nel limite del prezzo dei beni esportati definitivamente (circ. n. 26/1979). Le prestazioni ad esse accessorie sono, tuttavia, non imponibili in base al principio di accessorietà (art. 12, D.P.R. n. 633/1972).

Accanto alle esportazioni vere e proprie (art. 8, D.P.R. n. 633/1972) vi sono:

- le **operazioni "assimilate"** alle esportazioni (art. 8-bis, D.P.R. n. 633/1972);
- i **servizi internazionali o connessi agli scambi internazionali** (art. 9, D.P.R. n. 633/1972).

> Le operazioni di cessione all'esportazione, quelle assimilate alle esportazioni, nonché i servizi internazionali o connessi agli scambi internazionali, sono **non imponibili** ai fini IVA.

Esistono **altre tipologie di operazioni** che rientrano nel concetto di esportazione:

- il **trasferimento** di beni **da** uno **Stato membro verso** un **Paese extra UE** L'operazione realizza una esportazione, ma **ai fini IVA non** costituisce un'operazione **non imponibile**, **bensì esclusa da IVA** per difetto del presupposto territoriale, non trovando applicazione il disposto dell'art. 8 in quanto prevale la norma speciale dell'art. 7-bis relativo alla territorialità (ris. 20 dicembre 2010, n. 134/E);
- le **esportazioni temporanee**, ossia l'uscita dal territorio nazionale di beni e introduzione in uno Stato extra UE con la clausola che gli stessi beni (ovvero beni simili nel caso di reimportazione "per equivalenza") rientrino in Italia entro termini stabiliti;

IVA

- le **esportazioni definitive "franco valuta"** ossia le operazioni avente per oggetto beni esportati dal soggetto passivo italiano per essere ad esempio lavorati ed in seguito reimportati. Tale procedura, per celerità, spesso sostituisce il regime agevolato previsto dalla normativa doganale con il termine di "perfezionamento passivo". In caso di beni venduti all'uscita dalla UE, l'operazione deve essere suffragata da una fattura di cessione non imponibile, provando che quest'ultima sia direttamente collegabile con l'uscita dei beni franco valuta, mediante apposite annotazioni su registro dedicato ed indicazione dei relativi estremi in fattura;
- esportazioni di propri beni nell'ambito di un contratto di **appalto** di lavori da eseguire all'**estero**.

Gli ultimi tre casi, non comportando il trasferimento della proprietà, non possono essere qualificati come "esportazioni" ai fini IVA. La documentazione da presentare in dogana, ancorché sotto forma di fattura **pro-forma** (➡46.14.5.), dovrà riportare la dizione: "non valida ai fini dell'esportazione art. 8, D.P.R. n. 633/1972".

Novità 2022

La Legge di bilancio 2021 (Legge n. 178/2020) ha introdotto rilevanti novità in tema di cessioni di beni e prestazioni di servizi verso e da soggetti passivi non stabiliti e non residenti in Italia.

Le novità riguardano sia le operazioni attive, sia le passive tanto con controparte stabilita nella UE, quanto extra UE.

In particolare, **dal 1° luglio 2022** (termine così posticipato dal D.L. n. 146/2021 rispetto al precedente **1° gennaio 2022**) le fatture emesse a favore di soggetti passivi extraUE devono essere in formato XML e trasmettesse a SDI entro il 12° giorno successivo a quello di effettuazione dell'operazione. Questa novità abolirà dalla stessa data il cosiddetto esterometro almeno nelle forme attualmente previste.

La fattura passiva è un file XML con caratteristiche simili a quelle previste per la fatturazione elettronica interna.

Per un panorama completo si rinvia alla **Guida** alla compilazione della fattura elettronica pubblicata a cura dell'Agenzia delle Entrate in data 7 luglio 2021.

ESPORTAZIONI - TIPOLOGIE 55.2.

Ai fini IVA le **esportazioni di beni** si possono suddividere in:

- esportazioni **dirette** (art. 8, c. 1, lett. a), D.P.R. n. 633/1972);
- esportazioni **indirette** o improprie (art. 8, c. 1, lett. b) e b-bis), D.P.R. n. 633/1972);
- operazioni **con esportatore abituale** (art. 8, c. 1, lett. c) e c. 2, D.P.R. n. 633/1972);
- **assimilate** (art. 8-bis, D.P.R. n. 633/1972).

Esportazioni dirette 55.2.1.

Si ha esportazione diretta quando intervengono tutte le seguenti circostanze:

- **trasferimento fisico e definitivo** del bene di produzione o commercializzazione del cedente verso un altro Paese non comunitario. Il bene può essere trasferito allo stato originario oppure può subire lavorazioni, trasformazioni, montaggi e simili, effettuati dal cedente o da un terzo, ma per ordine dell'acquirente estero;
- **trasferimento** del **diritto di proprietà** (all'estero) a favore di un altro soggetto italiano od estero;
- **trasporto** o spedizione all'estero **a cura** od a nome del **cedente**.

Sono da considerare esportazioni dirette, per esempio, anche:

- le esportazioni effettuate per il tramite di un **commissionario** del cedente, anche per incarico dei propri cessionari o commissionari di questi. Il committente fattura al commissionario non imponibile IVA art. 8, c. 1, lett. a) e potrà provare l'avvenuta esportazione mediante apposizione del timbro "visto uscire" sul retro della fattura emessa a carico del commissionario mentre per quest'ultimo la prova sarà data dal "risultato di uscita" (➡55.4.);
- le cessioni di beni verso un **terzista** residente al fine di sottoporli, su incarico dell'acquirente finale estero, a lavorazione, trasformazione, montaggio e simili, purché l'esportazione sia a cura o a nome del terzista ovvero a cura od a nome dell'acquirente estero;
- le cessioni di beni verso un **terzista** residente al fine di sottoporli, su incarico del cedente, a lavorazione, trasformazione, montaggio e simili purché l'esportazione sia a cura o a nome del cedente residente;
- le esportazioni di beni prodotti a seguito di un contratto di **appalto** (➡43.3.) con materie prevalentemente o totalmente fornite dallo stesso cedente che in questo caso assume anche la figura del prestatore di servizi;

IVA

- le operazioni nell'ambito di un contratto di **consignment stock/call-off stock** (➡**56.2.**) all'estero. L'esportazione in questo caso si considera effettuata al momento del prelievo dei beni da parte del cliente estero tenuto a segnalare il fatto al cedente nazionale.

Non possono essere considerate **esportazioni dirette**, non essendoci il passaggio della proprietà:

- le esportazioni temporanee, riferite ai beni inviati all'estero per subire determinati trattamenti al termine dei quali rientrano in Italia (c.d. **perfezionamento passivo**);
- le esportazioni definitive, ma **senza passaggio** della **proprietà**;
- le esportazioni di beni introdotti in Italia in **temporanea importazione** per subire una lavorazione sul territorio nazionale, al termine della quale tornano fuori dal territorio UE.

Fattura differita

Per le esportazioni dirette **non è possibile** l'emissione di una **fattura differita** (ammissibile solo per le triangolazioni (➡**55.3.**)) in quanto è necessario esibire la fattura per il compimento dell'operazione doganale.

Acconti

Anche gli acconti ricevuti in relazioni a beni destinati ad essere esportati sono soggetti a fatturazione non imponibile (*ex* art. 8, c. 1, lett. a), D.P.R. n. 633/1972). La successiva fattura di vendita deve esporre tanto il valore complessivo della cessione, quanto l'importo ricevuto a titolo di acconto.

55.2.2. Esportazioni indirette o improprie

Si dicono esportazioni indirette od improprie le esportazioni che **non** vengono **effettuate** direttamente **dal cedente** soggetto stabilito in Italia, bensì dall'acquirente soggetto passivo stabilito in altro Paese UE o extra-UE in maniera diretta oppure attraverso l'incarico affidato ad un vettore.

La disposizione (art. 8, c. 1, lett. b), D.P.R. n. 633/1972) peraltro pone una serie di **vincoli** affinché il cedente nazionale possa fatturare la vendita qualificandola come non imponibile:

- l'acquirente **non** può essere un **privato** consumatore;
- i beni acquistati devono essere esportati dal soggetto estero acquirente (direttamente o tramite terzi) **senza subire** alcuna **lavorazione**, montaggio e simili sul suolo italiano;
- la cessione **non** deve realizzarsi per il **tramite** di **commissionari**;
- l'esportazione deve essere eseguita **entro 90 giorni** dalla cessione.

Caso tipico è la cessione Franco Fabbrica (EXW) ad un operatore economico **non residente** in Italia o nella UE che agisca direttamente neanche attraverso un suo rappresentante fiscale in Italia.

L'esportatore è pertanto il **soggetto passivo estero**. Tutta la documentazione doganale, nonché il codice MRN rimane nelle sue mani.

Il **cedente nazionale** resta in possesso solo della propria fattura vistata dalla dogana di esportazione (ma non da quella di uscita), per cui non può essere assolutamente certo dell'effettiva esportazione da parte del cessionario e soprattutto che l'operazione sia stata compiuta nei 90 giorni.

Per le problematiche riguardanti il limite massimo di esportazione (➡**44.1.2.**).

Cessioni nei confronti di soggetti della cooperazione allo sviluppo

Costituiscono cessioni all'esportazione **non imponibili** (art. 8, lett. b-bis), D.P.R. n. 633/1972) anche le cessioni con **trasporto o spedizione** fuori del territorio dell'Unione europea, **entro 180 giorni** dalla consegna, a cura del cessionario o per suo conto, effettuate nei confronti:

- delle **amministrazioni pubbliche** e
- dei **soggetti della cooperazione** allo sviluppo iscritti nell'apposito elenco (aggiornato periodicamente dall'Agenzia) ove vengono inseriti gli enti e le organizzazioni che rispettano i parametri ed i criteri sulla base dei quali vengono verificate le loro competenze ed esperienze nel campo della cooperazione allo sviluppo.

La **prova** dell'avvenuta esportazione dei beni è data dalla **documentazione doganale**.

> Qualora il trasporto o spedizione fuori dall'UE non avvenga entro 180 giorni dalla consegna, il cedente è soggetto ad una sanzione amministrativa dal 50% al 100% dell'IVA, salvo che la fattura non sia regolarizzata, con versamento dell'IVA, entro i successivi 30 giorni.

Le organizzazioni interessate al provvedimento sono:

- le **organizzazioni non governative** specializzate nella cooperazione allo sviluppo e nell'aiuto umanitario;
- gli **Enti del Terzo Settore** (art. 79, c. 5, D.Lgs. n. 117/2017) statutariamente finalizzati alla cooperazione allo sviluppo e alla solidarietà internazionale;

IVA

- le organizzazioni di **commercio equo e solidale**, della finanza etica e del microcredito che statutariamente perseguono la cooperazione internazionale allo sviluppo;
- le **organizzazioni** e associazioni delle comunità **di immigrati** che mantengono con le comunità dei Paesi di origine rapporti di cooperazione e sostegno allo sviluppo o che collaborano con soggetti con le medesime caratteristiche attivi nei Paesi interessati;
- le **cooperative sociali**, le organizzazioni sindacali dei lavoratori e degli imprenditori, le fondazioni, le organizzazioni di volontariato e le associazioni di promozione sociale purché i rispettivi statuti prevedono la cooperazione allo sviluppo;
- le **organizzazioni** con sede in Italia che godono da almeno 4 anni dello status consultivo presso il **Consiglio economico e sociale** delle Nazioni Unite.

Operazioni con esportatore abituale 55.2.3.

Sebbene spesso chiamate "esportazioni indirette" in realtà le cessioni effettuate a seguito di cessione di beni da un residente a favore di un altro soggetto residente "esportatore abituale" non sono delle esportazioni vere e proprie; tuttavia ad esse si applica il **medesimo trattamento** delle **esportazioni dirette**, sebbene il cessionario potrebbe anche non esportare mai i beni acquistati "in sospensione d'imposta" (art. 8, c. 1, lett. c) e c. 2, D.P.R. n. 633/1972) (➡**49.**).

Si ricorda che:

- le cessioni di beni e servizi ad esportatori abituali non concorrono alla formazione dello status di esportatore abituale del cedente stesso;
- prima di poter emettere fattura in sospensione di imposta il fornitore deve:
  - **controllare** telematicamente nel "cassetto fiscale" dell'Agenzia delle Entrate gli estremi del protocollo di ricezione della dichiarazione d'intento che l'esportatore abituale aveva preventivamente inviato telematicamente all'Agenzia;
  - **scaricare** il messaggio "dichiarazione d'intento correttamente presentata" e conservarlo;
- nel caso di dichiarazioni ricevute valide per tutto l'anno esse decadono con il 31 dicembre dell'anno di emissione, pertanto in prossimità della scadenza il fornitore deve tener conto del momento di effettuazione dell'operazione al fine di non travalicare detto termine.

Esportazioni assimilate 55.2.4.

Le cessioni di beni e le prestazioni di servizi rivolte al settore **navale ed aereo** sono considerate **non imponibili** ancorché eseguite nel territorio dello Stato (art. 8-bis, D.P.R. n. 633/1972).

Sono considerate non imponibili anche:

- le cessioni di apparati motori e loro componenti e ricambi,
- i beni da destinare a dotazioni di bordo,
- le forniture destinate al vettovagliamento, comprese le somministrazioni di alimenti e bevande a bordo (con esclusione, per le navi da pesca costiera, alle provviste di bordo),
- le prestazioni di servizio accessorie quali: uso dei bacini di carenaggio relativi alla costruzione, manutenzione, riparazione, modificazione, trasformazione, assiemaggio, allestimento, arredamento.

Sono del pari non imponibili le locazioni, il leasing sia delle navi, sia degli aeromobili, nonché i relativi apparati motori e loro componenti e ricambi, le operazioni di demolizione delle navi.

Tali operazioni concorrono sia alla formazione del volume d'affari, sia alla costituzione del plafond e consentono l'esercizio della detrazione dell'imposta corrisposta a monte (➡**44.1.4.**).

Una nave si considera adibita alla navigazione in alto mare (e dunque assimilata alle cessioni all'esportazione *ex* art. 8-bis, c. 1, D.P.R. n. 633/1972) se ha effettuato nell'anno solare precedente o, in caso di primo utilizzo, effettua nell'anno in corso un numero di viaggi in alto mare superiore al 70%. I soggetti che intendono avvalersi della facoltà di effettuare acquisti o importazioni senza pagamento dell'imposta attestano la condizione della navigazione in alto mare mediante apposita dichiarazione utilizzando un modello predisposto dall'Agenzia delle Entrate e trasmettendolo all'Agenzia delle Entrate telematicamente. Questa rilascia una dichiarazione il cui protocollo deve essere indicato nella fattura.

Il modello di dichiarazione è adottato entro il 1° febbraio 2021 mediante Provvedimento del Direttore dell'Agenzia delle Entrate e trova applicazione alle operazioni effettuate a partire dal sessantesimo giorno successivo all'adozione del provvedimento (art. 1, c. 708, 711, 712, Legge n. 178/2020).

Con specifico riferimento alle **navi commerciali d'alto mare** (ossia quelle che hanno effettuato più del 70% dei propri viaggi nell'anno precedente oltre le 12 miglia marine dalla costa italiana) possono acquistare beni e servizi di cui all'art. 8-bis, c. 1, D.P.R. n. 633/1972 senza applicazione dell'IVA. Questa agevolazione è applicabile anche **in via anticipata** alle navi ancora in costruzione sulla base

IVA

di una **dichiarazione dell'armatore** dalla quale risulti che, una volta ultimata, la nave sarà adibita alla navigazione d'alto mare. Condizione da verificare entro l'anno successivo al varo.
L'armatore che intende avvalersi della non imponibilità trasmette preventivamente all'Agenzia delle Entrate apposita **dichiarazione** in via telematica attestante la condizione di utilizzo in alto mare della nave. La dichiarazione può riguardare anche più operazioni tra le stesse parti.
Gli **estremi del protocollo** di ricezione rilasciati dall'Agenzia devono essere **indicati nelle fatture emesse** senza imposta ovvero nella dichiarazione doganale in caso di import. Nell'ipotesi di presentazione di dichiarazione nella quale si attesti una percentuale determinata in via provvisoria, l'armatore (il trader od il cantiere a seconda delle situazioni effettive) deve verificare a consuntivo che la nave sia stata effettivamente utilizzata "in alto mare" come sopra indicato (circ. n. 39/E/2021).

55.2.5. Esportazioni temporanee

I beni possono essere esportati temporaneamente (quindi con previsione di rientro in Italia) essenzialmente nei seguenti casi:
- per essere soggetti a lavorazione, trasformazione, assiemaggio, ecc.;
- per esposizioni (fiere, mercati e simili);
- per tentata vendita.

Lavorazioni e simili

Le procedure per esportare beni e merci da sottoporre a trattamenti, e successivo rientro dei prodotti finiti, possono essere:
- esportazioni temporanee vere e proprie;
- esportazione definitiva senza trasferimento del diritto di proprietà dei beni;
- esportazione definitiva con trasferimento del diritto di proprietà dei beni.

Esportazioni temporanee vere e proprie - L'esportazione temporanea corrisponde al regime del cosiddetto **perfezionamento passivo** specificamente disciplinato dal Codice doganale.
Questo permette agli operatori di esportare temporaneamente, beni da sottoporre a lavorazione ("**operazione di compensazione**").
I beni risultanti dalla lavorazione ("**prodotti compensatori**") verranno successivamente reintrodotti nel territorio comunitario in esenzione totale o parziale dai relativi dazi doganali.
I trattamenti (**operazioni di compensazione**) sono:
- trasformazione in prodotti aventi caratteristiche chimiche, fisiche od organolettiche diverse da quelle delle merci temporaneamente esportate;
- lavorazione non rientrante nel precedente punto, compresi il montaggio, l'assiemaggio e l'adattamento ad altre merci;
- riparazione, compresi il riattamento e la messa a punto;
- altri trattamenti non compresi nei punti precedenti.

Ai fini IVA l'esportazione "temporanea" di beni oggetto di successiva lavorazione:
- **non costituisce cessione all'esportazione** ai sensi dell'art. 8 del D.P.R. n. 633/1972 non essendovi trasferimento del diritto di proprietà;
- non concorre alla formazione del plafond.

La **bolla di esportazione** temporanea riporta il **valore dei beni in uscita**.
La bolla di importazione dei prodotti compensatori indica il valore delle operazioni di compensazione (ossia il valore delle lavorazioni).
I dazi e **l'IVA si applicano sul valore delle operazioni di compensazione**.

> Le esportazioni temporanee vere e proprie trovano **poca utilizzazione** soprattutto a causa dei tempi tecnici che occorrono per ottenere le necessarie autorizzazioni per all'assolvimento delle formalità finalizzate all'identificazione dei beni esportati contenuti nei prodotti compensatori.

Esportazione definitiva senza trasferimento di proprietà - In alternativa al regime del "perfezionamento passivo", gli operatori economici possono ricorrere al regime di esportazione definitiva senza passaggio della proprietà dei beni oggetto delle operazioni di compensazione.
Con questo regime:
- non è necessaria alcuna autorizzazione;
- per vincere la presunzione di cessione non si possono utilizzare "fatture pro-forma", ma piuttosto:
  - **una lista valorizzata** (elenco descrittivo dei beni coi rispettivi valori) da registrare in uno specifico registro tenuto e conservato ai sensi dell'art. 39 del D.P.R. n. 633/1972 (➜43.6.1.), ovvero

IVA

- un **documento di trasporto** o di consegna (DDT, documenti doganali, ecc.), senza necessità di annotarlo nel predetto registro, ma solo da conservare.

Tanto la lista valorizzata quanto il documento di trasporto devono essere invalidati dalla dogana con la dicitura "Non valida ai fini dell'art. 8 del D.P.R. n. 633/1972". Nessuna registrazione è richiesta ai fini IVA.

Anche questa operazione non attribuisce all'operatore nazionale il beneficio della non imponibilità IVA (art. 8, D.P.R. n. 633/1972); pertanto, la relativa operazione è **irrilevante** ai fini della formazione del **plafond** e del conseguente acquisto in sospensione d'imposta.

All'atto della eventuale reimportazione si realizza una "immissione in libera pratica" dei medesimi beni il cui **valore imponibile ai fini IVA** viene commisurato al **valore doganale dei beni importati**, comprensivo:

- non solo del compenso pattuito per la lavorazione;
- ma anche del valore dei beni in precedenza esportati;
- nonché degli apporti utilizzati per l'ottenimento dei beni medesimi e di tutti gli altri elementi da prendere in considerazione in base all'art. 69 del D.P.R. n. 633/1972.

È pertanto una procedura che **penalizza** il soggetto che **non abbia un plafond** da utilizzare all'importazione dei prodotti compensatori.

Ai fini IVA una eventuale **cessione** dei beni esportati durante la loro permanenza all'estero è **irrilevante** per carenza del presupposto territoriale (➔44.3.) (art. 7, D.P.R. n. 633/1972).

Esportazione definitiva con trasferimento della proprietà - Affinché l'invio all'estero di beni da sottoporre a lavorazione sia qualificabile come cessione all'esportazione è necessario che la **proprietà** degli stessi venga **trasferita** all'acquirente estero (trasformatore) anche con contratto verbale e che risulti **pagato** il relativo **corrispettivo**, anche mediante la compensazione finanziaria delle posizioni debitorie e creditorie intercorrenti tra le parti.

Acclarata l'onerosità dell'operazione questa può andare a costituire il **plafond** di esportatore abituale. Le formalità, in questa situazione sono le stesse valevoli per le esportazioni dirette (➔55.1.) ove la fattura emessa dall'esportatore vede come cliente il trasformatore.

All'atto della **reintroduzione** dei beni, realizzandosi un'importazione, si dovrà corrispondere l'**IVA sul valore intero dei beni importati**, con l'eventuale utilizzazione del plafond precedentemente formato.

È evidente come l'impatto fiscale a cui l'esportatore è sottoposto è allineato con quello derivante dall'applicazione del regime del perfezionamento passivo.

È la metodologia più utilizzata dagli operatori economici.

Esposizioni, fiere e simili - Carnet ATA

In caso di invio in Paesi extra UE di merci per esposizioni, fiere e simili o campioni commerciali o tentata vendita, viene di regola applicata la procedura di esportazione temporanea con l'utilizzo del **Carnet ATA** (Admission Temporaire - Temporary Admission), valido per l'esportazione temporanea di merci verso Paesi non facenti parte dell'Unione europea e aderenti alla convenzione ATA.

Sono **esclusi** i beni temporaneamente esportati per essere lavorati, assiemati, trasformati, riparati e simili.

Attraverso il carnet ATA si **evita il pagamento** di **dazi** e l'**IVA** alla dogana, purché le merci siano reimportate entro i termini indicati nel documento ed al massimo entro **12 mesi**.

L'utilizzo del Carnet ATA consente la **semplificazione** delle operazioni di sdoganamento rispetto alle ordinarie procedure di export ed import temporanee. Inoltre, il titolare è esonerato dall'obbligo di depositare qualsiasi cauzione presso la dogana di importazione.

La presentazione del carnet all'Ufficio doganale, al fine di beneficiare del regime di temporanea esportazione, equivale alla presentazione della domanda di autorizzazione.

Cessione dei beni esportati con Carnet ATA - Il titolare deve richiedere al competente Ufficio doganale la regolarizzazione dell'operazione, con presentazione di apposita **dichiarazione doganale definitiva**, da redigere su Modello DAU.

Trattandosi di una cessione di beni già allo Stato estero non dà luogo ad una cessione all'esportazione, non imponibile ai fini IVA ai sensi dell'art. 8, c. 1, lett. a), D.P.R. n. 633/1972 e, pertanto, la stessa **non genera plafond** per l'operatore nazionale. L'emissione della fattura è comunque obbligatoria con la causale "operazione non soggetta" e con l'eventuale indicazione del riferimento normativo, anche comunitario.

IVA

55.2.6. Esportazioni congiunte

Prima dell'**uscita** dal territorio doganale della **UE**, i beni possono essere assoggettati, per conto del cessionario, ad opera del cedente stesso ovvero di terzi, a prestazioni di servizio, quali:
- **lavorazioni**;
- **trasformazioni**;
- **montaggi**;
- **assiemaggi**;
- **adattamenti** ad altri beni.

Non esiste alcun termine per l'uscita dei beni dalla UE. Il procedimento di lavorazione può essere realizzato **senza limiti di tempo** (art. 8, c. 1, lett. a) seconda parte, D.P.R. n. 633/1972).

I soggetti interessati sono tre:
- un committente;
- un cedente;
- un terzista che può eseguire la lavorazione per conto di un committente non residente ovvero di un committente residente.

Esportazione con lavorazione per conto di un committente non residente

Cedente stabilito in Italia - La cessione dei beni al committente estero realizza una esportazione diretta **non imponibile** (*ex* art. 8, c. 1, lett. a), D.P.R. n. 633/1972) anche se i beni sono soggetti a lavorazione per conto del committente non residente, prima dell'esportazione. L'esportatore deve presentare in dogana sia la fattura di vendita sia quella di lavorazione.

Terzista stabilito in Italia - La lavorazione è **fuori campo** IVA *ex* art. 7-ter quale prestazione generica, in quanto il committente non è stabilito in Italia.

Esportazione con lavorazione per conto di un committente stabilito in Italia

Cedente stabilito in Italia - La cessione dei beni al committente estero realizza una esportazione diretta **non imponibile** (*ex* art. 8, c. 1, lett. a), D.P.R. n. 633/1972) anche se i beni sono soggetti a lavorazione per conto del committente non residente, prima dell'esportazione. Il DAU intestata al cedente residente riporta il prezzo dei beni e della lavorazione. Occorre presentare sia la fattura di cessione sia quella di lavorazione.

Terzista stabilito in Italia - Fattura la prestazione di servizio al cedente stabilito assoggettandola ad IVA, quale operazione interna.

55.2.7. Esportazioni gratuite

Anche le cessioni gratuite di beni entrano a pieno titolo nel concetto di esportazioni, indipendentemente dalla circostanza che le stesse riguardino:
- omaggi;
- sostituzione di beni in garanzia;
- originari accordi contrattuali;
- sconti in natura, ecc.

Tipologia	Fatturazione
Di propria produzione o commercializzazione	Si tratta di una normale esportazione diretta non imponibile *ex* art. 8, c. 1 lett. a) Va annotata sul registro delle vendite Non concorre al plafond
Non di propria produzione o commercializzazione	La cessione è fuori campo IVA (art. 2, c. 2 n. 4). Ai fini doganali occorre presentare una "fattura pro-forma"
In sostituzione a garanzia di altri beni precedentemente ceduti	

55.2.8. Esportazioni a seguito di appalto

Si considerano cessioni all'esportazione anche le consegne fuori della UE di beni prodotti in esecuzione di contratti di appalto eseguiti anch'essi all'estero, ma limitatamente al corrispettivo dei beni esportati (circ. n. 26/1979).

IVA

Tipologia	Fatturazione
Esportazione di beni dall'Italia per l'esecuzione di un appalto fuori della UE	Va individuata la porzione del corrispettivo da riferire al valore dei beni. Questa costituisce cessione all'esportazione non imponibile (art. 8, c. 1 lett. a).
Beni prodotti in Italia su ordinazione dell'acquirente extra UE e con materie prime dell'appaltatore e successivamente esportati	La spedizione costituisce esportazione (*ex* art. 8, c. 1 lett. a) sebbene collegata all'appalto (circ. n. 145/E/1998).
Beni prodotti in Italia su ordinazione dell'acquirente extra UE con materie prime fornite da questi o da suoi fornitori italiani od esteri	Si possono dare due ipotesi: 1) materie prime trasferite in temporanea importazione. La successiva uscita dalla UE non realizza alcuna esportazione; 2) materie prime fornite da fornitore nazionale, si realizza una esportazione congiunta, quindi non imponibile per la parte beni e fuori campo IVA per la lavorazione addebitata al committente extra UE.

Brexit: cessioni all'esportazione 55.2.9.

Dal 1° gennaio 2021, con l'uscita definitiva della Gran Bretagna dalla UE, le cessioni di beni verso quel Paese sono considerate esportazioni e non più cessioni intracomunitarie.
Conseguentemente (per sommi capi):

- decade l'obbligo, in capo al fornitore, di verificare se il cliente sia iscritto nel **VIES**;
- di contro il fornitore nazionale deve richiedere all'Agenzia delle Entrate l'attribuzione del **codice EORI**;
- le fatture non possono più essere emesse *ex* art. 41 del D.L. n. 331/1993 ed altrettanto decade l'obbligo di comunicare le relative operazioni nel Mod. **ITASTAT**;
- le operazioni sono non imponibili *ex* art. 8 del D.P.R. n. 633/1972. In caso di **pagamento anticipato** occorre emettere fattura non imponibile a norma di uno dei commi dell'art. 8 citato;
- l'esportazione deve essere verificata tramite il **messaggio MRN**, rilasciato dalla dogana UE di uscita nel caso di **esportazione diretta**, se **indiretta** il fornitore deve chiedere al cliente UK una copia del DAU oltre alla stampa del codice MRN;
- in caso di esportazione di beni con **passaggio della proprietà differito** in dogana si può presentare una fattura pro-forma;
- il **deposito** di beni in UK per esservi successivamente venduti rappresenta una **esportazione definitiva**. La successiva vendita in loco è esclusa da IVA per carenza del requisito territoriale. Può essere esportata anche in regime di **temporanea esportazione** da definire entro 24 mesi;
- l'invio di beni in **consignment stock** (➔56.2.2.) in UK prevede una esportazione con fattura "pro-forma" mentre al successivo prelievo dei beni occorre emettere una fattura non imponibile *ex* art. 8 del D.P.R. n. 633/1972. La movimentazione (carico e scarico) deve essere annotata su apposito registro.

A fini della cessione di beni, il Protocollo di fine dicembre 2020 tra UE e UK, ha stabilito che nei confronti **dell'Irlanda del Nord esse** sono ancora da considerare cessioni intracomunitarie a tutti gli effetti **sino a tutto il 2024**, nonostante la sua appartenenza al Regno unito. Pertanto, le fatture continuano ad essere emesse secondo le disposizioni dell'art. 41 del D.L. n. 331/1993 ed indicate nel Mod. INTRASTAT.
L'Irlanda del Nord, sempre dal 1° gennaio 2021 ha un numero di partita IVA specifico preceduto dalla sigla **XI.**
Infine, gli **scambi tra UK e Irlanda del Nord** sono ora soggetti alle formalità doganali previste per import/export.

ESPORTAZIONI TRIANGOLARI 55.3.

Anche le esportazioni triangolari fanno parte delle **esportazioni dirette** (art. 8, c. 1, lett. a), D.P.R. n. 633/1972). I soggetti interessati sono:

- un **primo cedente** (IT1) soggetto passivo IVA il quale provvede a propria cura o fa provvedere a proprio nome al trasporto o spedizione fuori della UE di beni, su incarico dell'acquirente nazionale (IT2);

IVA

- un **primo acquirente** (IT2) che acquista da IT1 ordinandogli di spedire i beni direttamente al proprio cliente extra UE all'estero e di curarne direttamente o a far curare a nome di IT1 la spedizione od il trasporto all'estero;
- un **acquirente finale extra UE**, cliente di IT2 che riceve direttamente i beni da IT1. Per il vero potrebbe essere anche un soggetto italiano che per proprie necessità si faccia inviare i beni direttamente all'estero.

L'operazione può avvenire anche per il tramite di commissionari tanto di IT1, quanto di IT2.
Così operando, sia IT1, sia IT2 (e/o i loro commissionari) possono usufruire della non imponibilità (art. 8, c. 1, lett. a), D.P.R. n. 633/1972).

55.4. MEZZI DI PROVA DELL'AVVENUTA ESPORTAZIONE

La prova dell'avvenuta esportazione deve risultare:
- da **documento doganale**, oppure
- da **vidimazione** apposta dall'ufficio doganale su un **esemplare** della **fattura**, oppure,
- dalla **vidimazione** apposta dall'ufficio doganale su un **esemplare** della **bolla** di **accompagnamento** merci - BAM - (per i residui casi per i quali essa risulti essere ancora obbligatoria), oppure su un esemplare del documento di trasporto (DDT).

> Di fatto la disposizione (art. 8, D.P.R. n. 633/1972) è in parte **superata** dall'informatizzazione delle dogane di tutta la Comunità.

55.4.1. Uffici doganali

Vi sono due tipologie di dogane:
- dogana di esportazione, più correttamente **Ufficio doganale di esportazione**;
- dogana di uscita, più correttamente **Ufficio doganale di uscita**.

Gli Uffici sono tra di loro collegati telematicamente mediante un sistema di informatizzazione delle operazioni di esportazione denominato Export Control System (**ECS**).

Ufficio doganale di esportazione

È quello espressamente individuato come Ufficio doganale competente per la sorveglianza del **luogo** in cui l'**esportatore è stabilito** o in quello in cui le **merci** sono **caricate** o **imballate** per l'esportazione (fatti salvi alcune specie minori).
Presso l'ufficio, l'esportatore presenta le merci e la dichiarazione di esportazione (cosiddetto **DAU**).
La dichiarazione doganale deve essere trasmessa all'ufficio doganale di esportazione in formato elettronico tramite le apposite funzionalità del sistema informatico dell'Agenzia AIDA.
L'ufficio di esportazione procede ad accettare la dichiarazione e ad effettuare l'analisi dei rischi ai fini fiscali e di sicurezza. All'operazione è assegnato un **numero** di riferimento **MRN** (Movement Reference Number).
Espletati tali adempimenti, l'ufficio di esportazione svincola le merci a condizione che esse lascino il territorio doganale alle stesse condizioni in cui si trovavano quando la dichiarazione di esportazione è stata accettata.
L'Ufficio consegna all'operatore oppure allo spedizioniere il Documento di Accompagnamento Esportazione (**DAE**) che indica, tra l'altro anche il codice identificativo MRN.
Il DAE accompagna la merce dalla dogana di esportazione fino a quella di uscita dalla UE, dove devono essere presentati all'ufficio doganale.

Ufficio doganale di uscita

Nell'ambito della UE, la **dogana di uscita** corrisponde all'ufficio doganale, in qualunque Paese della UE ubicata, dal quale i beni lasciano il territorio della UE.
All'arrivo delle merci scortate dal DAE, il dichiarante lo consegna per consentire l'immediato riconoscimento dell'operazione e l'effettuazione degli adempimenti connessi all'uscita della merce.
L'ufficio, accertato che la merce corrisponda a quella dichiarata, verifica l'uscita fisica dei beni dal territorio della UE e quindi invia il messaggio elettronico "**risultati di uscita**" tramite il sistema informatico doganale AIDA all'ufficio di esportazione.
Il messaggio "**uscita conclusa**" costituisce prova dell'uscita della merce dal territorio doganale della UE.
Il messaggio è consultabile dall'operatore digitando il numero di MRN sul sito dell'Agenzia alla sezione "Tracciamento di movimenti di esportazione o di transito (MRN)".

> La merce svincolata per l'esportazione deve **uscire** dal territorio doganale dell'Unione entro **90 giorni** dalla data dello svincolo.

IVA

Il messaggio "uscita conclusa" viene inviato solo a titolo informativo anche all'esportatore. Questi verifica il buon esito dell'esportazione tramite interrogazione via informatica utilizzando il codice MRN consegnatogli in precedenza.

Prova per l'esportatore 55.4.2.

La prova per l'esportatore che effettivamente la merce abbia varcato i confini comunitari, qualora l'operazione rientri nel sistema ECS, presuppone l'accesso al portale on-line del sito dell'Agenzia delle Dogane denominato "Notifica di esportazione AES", con successiva digitazione del numero MRN, composto da 18 caratteri, ricevuto dalla dogana di esportazione.
La stampa ottenuta non è di per sé il mezzo di prova, come non è mezzo di prova neppure il messaggio di risultato di uscita ricevuto dalla dogana di uscita.

Secondo le disposizioni doganali, la prova è il "**risultato di uscita**" che l'Amministrazione doganale ha già messo a disposizione dell'Amministrazione finanziaria.

È opportuno archiviare la stampa scaricata dal sito insieme alla pratica di esportazione.
Nel caso di **esportazioni**:

- **triangolari** (ove IT1 vende a IT2 il quale rivende a extra UE, con il trasporto o la spedizione fuori della UE che avviene direttamente o tramite terzi),
- di prodotti **in sospensione** di accisa,
- **abbinate a transito** (ossia esportazioni con merce scortate dai cosiddetti Carnet ATA; T2; Carnet TIR),
- effettuate **per via aerea**, **navale**, **ferroviaria** o **postale**,
- tramite **commissionario**,

trovano ancora applicazione le disposizioni del Decreto IVA, per cui la **prova** dell'**effettiva** esportazione è data:

- dalla **fattura** vistata dalla dogana;
- dal **DAE** timbrato in dogana;
- dal **DDT** anch'esso timbrato dalla dogana, nel caso di operazione triangolare con utilizzo della fattura differita tra IT1 ed IT2.

Secondo la **Corte di Cassazione** (sentenze n. 19750/2013, n. 18826/2017) è da escludere che la prova dell'esportazione possa sostanziarsi semplicemente nella fattura di trasporto/spedizione oppure nella documentazione di pagamento (bonifici bancari, accrediti sul c/c, ecc.).
Oltre ai documenti cartacei sopra citati, possono considerarsi mezzo di prova dell'avvenuta esportazione anche:

- le attestazioni delle Pubbliche amministrazioni del Paese di destinazione, da cui si desume l'avvenuta presentazione delle merci nella dogana di entrata;
- le attestazioni apposte da Autorità estere su documenti doganali emessi a scorta dei beni introdotti nel locale territorio doganale, a condizione di reciprocità;
- gli idonei documenti di trasporto internazionale.

FATTURAZIONE 55.5.

Ai fini IVA, la **fattura** relativa alle cessioni all'esportazione deve essere **emessa** al momento di **inizio** del **trasporto/spedizione** dei beni al di fuori della UE o al momento della **consegna** dei beni al cessionario, in caso di esportazione a cura o a nome di quest'ultimo.
Le fatture relative a beni destinati all'esportazione, **di regola**, sono emesse in **formato cartaceo** e non elettronico; ciò nonostante è comunque **possibile** (salvo i casi sopra citati che impongono il visto doganale sul documento) emettere **fattura elettronica** inserendo nella voce "codice destinatario" il valore "0000000".
L'utilizzo della modalità di fatturazione elettronica oppure la presenza di una bolla doganale, rende **facoltativo** l'obbligo di comunicazione periodica mediante il cosiddetto **esterometro** anche nella futura forma (dal 1° luglio 2022) di trasmissione dei dati a SDI mediante file XML, esattamente come per la fatturazione elettronica.
L'Agenzia delle Entrate ha confermato che, in considerazione del fatto che l'Amministrazione conosce i dati dell'operazione di esportazione attraverso la bolla doganale (o anche dalla fattura elettronica facoltativamente utilizzata dal contribuente), **non vi è alcun obbligo** di presentare la fattura in dogana per l'apposizione del **visto uscire**, né il codice della bolletta ottenuto ai fini del successivo invio elettronico tramite SDI della fattura (risposta a interpello 24 aprile 2019, n. 130).

IVA

Anche per quanto riguarda le fatture da emettere nei confronti degli esportatori abituali, occorre fare riferimento alle regole dell'art. 6, D.P.R. n. 633/1972, distinguendo a seconda che l'operazione sia una cessione o una prestazione (➔**43.2.**).

55.6. CESSIONE A VIAGGIATORI EXTRACOMUNITARI

I **commercianti al dettaglio** che cedono beni destinati all'uso personale o familiare di un acquirente extra-UE (**turista**), compresi i cittadini italiani iscritti all'AIRE (risposta a interpello 2 aprile 2019, n. 93), all'interno del proprio negozio e che operano nei seguenti settori:
- capi d'abbigliamento in senso lato,
- pelletteria,
- oggetti di orologeria, di gioielleria, di argenteria e similari,
- articoli cinefotografici,
- articoli sportivi,
- apparecchiature elettroniche in genere (cellulari, computer, Hi-Fi e simili),
- cosmetici, profumi e prodotti di bellezza,
- giocattoli,
- prodotti alimentari,
- vini e alcolici in genere,
- alimentari,

possono, **su richiesta** del turista, cedere i propri articoli come **operazioni non imponibili** (art. 38-quater, D.P.R. n. 633/1972).

Condizioni dell'acquirente

I turisti interessati debbono soddisfare entrambe le seguenti condizioni:
- essere **privati consumatori**, ossia non devono trattarsi di soggetti passivi d'imposta nel proprio Paese od in altro Stato non comunitario;
- essere **domiciliati** oppure residenti in uno Stato **extra-UE**.

A questi fini **rientrano**:
- i residenti nella zona di **Livigno**;
- i residenti di **Campione d'Italia**;
- i cittadini italiani iscritti all'AIRE.

Non rientrano invece i soggetti residenti o domiciliati a **San Marino** in considerazione delle particolari disposizioni che regolano le cessioni tra l'Italia e questa Repubblica.

I beni agevolabili devono avere le seguenti **caratteristiche**:
- essere destinati all'**uso personale** del viaggiatore o dei suoi familiari ancorché questi non viaggino con lui;
- rientrare nelle categorie merceologiche sopra elencate e comunque devono essere **privi** del requisito della **commerciabilità** da parte dell'acquirente;
- avere un **valore** complessivamente **superiore** a **154,94 euro** (IVA compresa) e giustificati da un'unica fattura. Tale limite deve essere superato per ogni acquisto o gruppo di acquisti effettuato nello stesso giorno presso lo stesso negoziante.

Condizioni del cedente

La non imponibilità si applica alle cessioni effettuate dai **commercianti al dettaglio**. Non si esclude, tuttavia, l'estensione dell'agevolazione ai **grossisti** che abbiano ottenuto l'iscrizione al REC e l'autorizzazione amministrativa anche per il commercio al dettaglio, sempreché le cessioni al minuto avvengano in appositi locali, distinti da quelli destinati alla vendita all'ingrosso (ris. 7 settembre 1998, n. 126/E).

Per il cedente, le operazioni in esame, in quanto non imponibili, danno diritto alla detrazione dell'imposta assolta "a monte" sugli acquisti, ma:
- non concorrono alla determinazione dello *status* di esportatore abituale e alla formazione del *plafond*;
- non consentono di richiedere il rimborso dell'IVA annuale o trimestrale.

Condizioni per la cessione agevolata

Devono lasciare il territorio italiano:
- purché **inseriti** nei **bagagli** personali;
- **entro 3 mesi** dall'acquisto;
- **accompagnati** dalla **fattura** di vendita non più vistata dalla Dogana di uscita ma, a seguito della digitalizzazione informatica, attraverso il "visto digitale" rappresentato da un codice univoco gene-

rato dalla procedura Otello 2.0. In caso di uscita dei beni dalla UE attraverso un altro Stato comunitario, la prova di uscita è fornita dalla Dogana estera secondo le modalità di legge ivi previste.

Scelte comportamentali del cedente

Prima alternativa:

- **emettere** fattura per il valore del bene dopo aver scorporato l'imposta indicando in calce alla stessa che trattasi di **operazione non imponibile** ai sensi dell'art. 38-quater, c. 1, D.P.R. n. 633/1972;
- **indicare** in fattura anche gli estremi del passaporto o altro documento similare, dell'acquirente;
- **riscuotere** il prezzo del bene al netto dell'IVA;
- **informare** l'acquirente che quest'ultimo dovrà obbligatoriamente:
  - esportare i beni acquistati entro 3 mesi;
  - reinviargli la fattura vistata dalla dogana di uscita entro 4 mesi dall'acquisto;
- **annotare** la fattura nel registro delle fatture emesse in apposita colonna. La fattura **non** partecipa all'eventuale formazione **del plafond** di esportatore abituale, non incide sulla detraibilità dell'IVA assolta a monte;
- **allegare** la fattura ritornatagli, vistata dalla dogana, all'esemplare in suo possesso emesso al momento della vendita al fine di giustificare la non imponibilità dell'operazione.

> Se il venditore non dovesse ricevere la fattura debitamente vistata dalla dogana, **entro** il termine del **terzo** mese successivo a quello di effettuazione dell'operazione, egli sarà **obbligato** ad emettere una **nota di debito di sola IVA** a regolarizzazione. Inoltre, sarà soggetto a una sanzione dal 50 al 100% del tributo in caso di mancata regolarizzazione nei termini (art. 7, c. 2, D.Lgs. n. 471/1997).

Seconda alternativa:

- **fatturare** il bene **assoggettandolo all'IVA** evidenziando che trattasi di fattura ai sensi dell'art. 38-quater, c. 2, D.P.R. n. 633/1972, indicando anche gli estremi del passaporto o altro documento similare dell'acquirente;
- **riscuotere** l'importo della vendita IVA compresa;
- **chiedere** all'acquirente le **modalità** con cui preferisce ottenere il **rimborso diretto** dell'imposta (bonifico, assegno, ecc.);
- **annotare** detto documento nel registro delle fatture emesse;
- **informare** l'acquirente che quest'ultimo dovrà obbligatoriamente esportare i beni acquistati entro 3 mesi;
- **reinviare** la fattura vistata dalla dogana di uscita entro 4 mesi dall'acquisto;
- **recuperare** l'IVA attraverso l'emissione di una nota di variazione in diminuzione (art. 26, D.P.R .n. 633/1972) e annotando la corrispondente variazione nel registro degli acquisti.

Fattura Tax Free Shopping

A decorrere dal 1° settembre 2018, le fatture inerenti al Tax Free Shopping (c.d FTF) devono essere emesse in modalità elettronica (Legge n. 205/2017) (➡46.13.6.).

La fatturazione elettronica interessa tutte le tipologie di cessioni di beni sopra indicate, sempre nel limite minimo di euro 154,94 (IVA compresa) e sempre a favore di soggetti privati non residenti nella Comunità e sempre nei medesimi limiti temporali di esportazioni.

Il commerciante cedente:

- deve nominare preventivamente un gestore persona fisica. Se il cedente è una persona giuridica deve comunque nominare un gestore persona fisica. La nomina deve avvenire utilizzando il Modello Autorizzativo Unico;
- può delegare ad un terzo tutti gli adempimenti;
- deve utilizzare la fatturazione elettronica indipendentemente dalle alternative di cui sopra utilizzate.

La digitalizzazione della procedura di emissione della fattura digitale avviene tramite il sistema Otello 2.0 (che aggiorna la precedente versione Otello) (determinazione direttoriale n. 54088/RU/2018).

Dal **1° dicembre 2018**:

- tutte le operazioni relative a fatture tax free sono gestite unicamente da Otello 2.0. con soppressione della versione precedente, nonché dell'uso del visto di uscita mediante timbro "conalbi". La prova dell'uscita delle merci è data unicamente dal **codice di visto digitale univoco** generato da Otello 2.0. In caso di uscita dal territorio doganale dell'Unione Europea attraverso un altro Stato membro, la prova di uscita delle merci è fornita dalla dogana estera secondo le modalità vigenti in tale Stato membro;

IVA

- i soggetti interessati devono ottenere l'accreditamento ai servizi digitali di Otello 2.0, mediante i sistemi nazionali di identità digitale (credenziali SPID ovvero Carta Nazionale dei Servizi) (nota n. 54505/RU/2018);
- ai cessionari viene messa a disposizione una fattura elettronica o analogica contenente il Codice emesso dal sistema, attestante l'avvenuta acquisizione.

Con l'avvenuta acquisizione dei dati da parte di Otello 2.0, i dati di natura fiscale della e-fattura sono messi a disposizione del cedente in un'apposita area a lui riservata del sito dell'Agenzia delle Entrate. L'eventuale impossibilità di trasmissione dei messaggi per cause tecniche sarà resa nota al cedente direttamente dal sistema, con invito a ritrasmetterli non appena possibile.

Flusso operativo

Il **cedente**, mediante la procedura informatica Otello 2.0, emette e invia immediatamente la fattura per il "Tax Free Shopping" all'Agenzia delle Dogane, che la riceve in tempo reale e la notifica.
Questa contiene il codice (c.d. "codice richiesta") che identifica univocamente la transazione e che deve essere indicato sulla copia del documento che il cedente mette a disposizione del cessionario in forma analogica o elettronica. Pertanto, il documento può essere considerato esistente solo nel momento in cui entra nella disponibilità del cessionario, al quale deve essere consegnato. Nel caso di fattura elettronica è considerata esistente quando messa a disposizione in modalità digitale (ad esempio, invio per e-mail).
Se il cessionario ha raggiunto il punto di uscita prima che il cedente abbia trasmesso la fattura tax free in una situazione di fallback (malfunzionamento del sistema), i dati non sono disponibili in OTELLO 2.0, pertanto non è possibile apporre il visto digitale. In questa evenienza il personale doganale accede ad una particolare funzione del sistema per acquisire il set minimo di dati - rilevati dalla copia del documento che il cedente ha messo a disposizione del cessionario, in forma analogica o elettronica, necessari ai fini del successivo ricongiungimento automatico con i dati della fattura tax free trasmessi dal cedente non appena il sistema ritorna ad essere disponibile (risposta a interpello n. 485/2021).
Il **cessionario**, per avere diritto al rimborso o allo sgravio dell'IVA, dimostra l'avvenuta uscita dei beni dal territorio doganale della UE attraverso il "visto digitale" rappresentato da un codice univoco generato da Otello 2.0. Successivamente si reca in dogana (che ha già ricevuto il file della fattura).
L'**Ufficio doganale** verifica se il contenuto della fattura coincide con quanto esposto e, in caso di regolarità, inserisce nel sistema informativo l'avvenuta esportazione delle merci.
Il **cedente** collegandosi via internet a Otello 2.0, può verificare se e quando il visto è stato rilasciato. Quindi, se il cedente ha emesso fattura con IVA, quando riscontra sul portale che il visto è stato rilasciato, può restituire l'IVA al cessionario ed emettere una nota di variazione.
È rimessa, invece, al cessionario la scelta di avvalersi o meno dell'ausilio delle società di tax free per ottenere un rimborso più veloce (risposta a interpello 2 aprile 2019, n. 93).

Altri adempimenti del venditore

Ricevuto nei tempi tecnici il documento vistato, in caso di avvenuta variazione in diminuzione, il venditore, che abbia messo fattura elettronica con IVA, può, se vuole (art. 26, c. 2, D.P.R. n. 633/1972):

- emettere **una nota di credito** a diminuzione della sola imposta, registrandola nei libri obbligatori;
- **allegare** la nota di credito alla fattura riportante il codice univoco emesso dal sistema operativo Otello 2.0 a giustificazione della non imponibilità della cessione. Come detto, con la fatturazione elettronica il cedente mette a disposizione dell'acquirente una fattura analogica od elettronica che contiene il codice ricevuto in risposta che ne certifica l'avvenuta acquisizione da parte del sistema. Infine, il messaggio contenente i dati dell'eventuale variazione, effettuata ai sensi dell'art. 26 del D.P.R. n. 633/1972, è trasmesso dal cedente al momento dell'effettuazione della variazione;
- **effettuare direttamente il rimborso** dell'imposta al cliente con le procedure precedentemente concordate.

Entrambe le alternative presentano rischi a carico del venditore (1° alternativa) o del cessionario estero (seconda alternativa).
Onde evitare i rischi per entrambe le parti sono state costituite apposite società denominate **Tax Free** o **Tax Refund**, che operano:

- **aprendo** degli appositi sportelli presso aeroporti, porti, ecc. nel Paese del cedente;
- **aprendo** appositi sportelli nel Paese del cessionario.

In entrambi i casi esse agiscono come mandatarie senza rappresentanza dei negozianti che abbiano aderito al circuito e provvedono a:

- **raccogliere** dai viaggiatori esteri le fatture non appena questi abbiano provveduto a far vistare le stesse dalla Dogana di uscita;
- **verificarne** la correttezza formale e temporale rispetto al momento di acquisto;

- **provvedere** a farle pervenire entro 4 mesi dall'acquisto al negoziante;
- **rimborsare** immediatamente l'IVA al viaggiatore, al netto di una commissione a carico di questi ovvero sarà il cessionario, una volta rientrato nel proprio Stato a far pervenire agli sportelli della società Tax Free sita sul suo territorio, la succitata documentazione al fine di ottenere l'accredito, mediante o bonifico od altro strumento, l'importo corrispondente all'IVA pagata.

Il **limite minimo di acquisto** mediante il sistema **Tax Free Shopping** è fissato in **euro 154,94**. Potrebbe capitare che a seguito di un **reso parziale** da parte del cliente, il valore residuo della cessione sia inferiore a detto limite minimo. In tale situazione la differenza tra il valore così determinato a seguito dell'emissione di nota di credito ed il valore minimo dovrà essere fatturato con IVA. Ad esempio:
- valore originario della cessione euro 200;
- emissione di nota di credito per euro 80;
- valore residuo ed effettivo della cessione euro 120. Importo inferiore al minimo di legge di 154,94 euro.

Il commerciale dovrà emettere una fattura per euro 34,94 più IVA relativa in quanto la cessione non può più rientrare nella disciplina TFR e la cessione è stata effettuata in Italia.

Note di variazione

Qualora il cedente abbia la necessità di procedere ad una variazione della fattura elettronicamente trasmessa mediante la piattaforma Otello, occorre distinguere due fattispecie:
- fattura originaria emessa **senza addebito d'imposta -** Trascorsi 4 mesi dalla cessione senza che il venditore abbia ricevuto copia della fattura con l'apposizione del "visto digitale di uscita" (art. 38-quater, c. 1, D.P.R. n. 633/1972), è obbligato alla regolarizzazione dell'operazione mediante emissione di una fattura (**variazione in aumento**) per la sola IVA dovuta, entro il mese successivo. La fattura di variazione va anch'essa inoltrata telematicamente attraverso Otello (ris. n. 58/E/2019). Non è possibile procedere all'emissione di una nota di variazione cumulativa in riferimento ad una pluralità di fatture telematiche in quanto ogni singola operazione di cessione (fattura ed eventuale nota di variazione ad essa riferibile) risulta inequivocabilmente identificata dal sistema Otello 2.0 mediante la notifica del cosiddetto "codice richiesta" che deve essere indicato sulla copia che il cedente consegna al cessionario, pertanto Otello 2.0 processa singolarmente ogni cessione, conseguentemente anche la correlata nota variazione viene univocamente individuata e ciò impedisce una nota di variazione cumulativa (ris. n. 58/E/2019);
- fattura originaria emessa **con addebito d'imposta -** il cliente, al momento dell'uscita dal territorio comunitario, ha diritto al rimborso dal venditore dell'imposta pagata a favore di questi. Il diritto al rimborso dell'imposta pagata nasce a condizione che i beni siano trasportati fuori della UE entro il terzo mese successivo alla cessione e purché il cessionario restituisca al cedente copia della fattura vistata dall'ufficio doganale entro il mese ancora successivo. Il rimborso viene effettuato direttamente dal cedente, il quale poi a sua volta ha il diritto al recupero dell'imposta mediante annotazione della variazione (**variazione in diminuzione**), annotandola sul registro degli acquisti. Qui non vi è la necessità di emissione di un apposito documento autonomo, ma solo della semplice annotazione. Conseguentemente non vi è la necessità di alcuna nota da far transitare attraverso Otello 2.0. Resta comunque obbligato a fornire le prove a suffragio della nota di variazione. La prova può essere fornita con qualunque mezzo, quindi anche mediante i documenti rilasciati dagli intermediari tax free ai propri clienti (cedenti), purché questi consentano di collegare inequivocabilmente la fattura originaria con la variazione (circ. n. 65/E/2019).

IVA

56. DEPOSITI E CONSIGNMENT STOCK/CALL OFF STOCK

56.1. DEPOSITO IVA

I **depositi IVA** agevolano gli scambi di beni in ambito intracomunitario, rendendo possibile trasferire la merce da un Paese membro all'altro evitando di assoggettare ad imposta i singoli passaggi. In particolare, attraverso i depositi IVA, per determinate operazioni effettuate mediante l'introduzione dei beni nel deposito, l'imposta, ove dovuta, è **assolta** dall'acquirente finale solo al momento dell'**estrazione** dei beni **dal deposito**.

Spesso vengono utilizzati i depositi IVA dei destinatari, al fine di superare il limite di un anno dalla consegna previsto per i beni oggetto di un contratto di consignment stock (➡56.2.).

I depositi IVA sono luoghi fisici situati nel territorio dello Stato italiano, all'interno dei quali la merce viene introdotta, staziona, e poi viene estratta.
Dal punto di vista fiscale, i depositi IVA consentono che, per determinate operazioni, l'imposta, ove dovuta, sia assolta al momento dell'estrazione dei beni, con il meccanismo dell'inversione contabile (c.d. "reverse charge") o con versamento diretto da parte del gestore del deposito.
I depositi IVA **si distinguono dai depositi doganali**, in quanto rispetto a questi ultimi:
- non possono esservi introdotti merci extra UE che non abbiano assolto i dazi all'atto dell'ingresso nel territorio comunitario;
- i beni stoccati non sono soggetti a vigilanza continua da parte degli organi doganali;
- i beni devono fisicamente entrare nel deposito IVA, al fine di ottenere i benefici fiscali.

Nel deposito IVA **possono essere introdotti** beni:
- nazionali;
- di provenienza comunitaria;
- di provenienza extracomunitaria già immessi in libera pratica e che abbiano assolto gli eventuali dazi doganali;
- negoziati nelle borse merci.

Sono **esclusi**:
- i beni destinati alla vendita al dettaglio al suo interno;
- i beni extracomunitari;
- i beni vincolati al regime di ammissione temporanea;
- i beni importati a scarico di un regime di perfezionamento attivo.

Il vantaggio del deposito IVA è dato dal **differimento** dell'**assolvimento** dell'**IVA** ad un **momento successivo** (estrazione) rispetto a quello dell'introduzione dei beni (art. 50-bis, D.L. n. 331/1993).

Possono assumere la qualifica di depositi IVA, tra l'altro, i seguenti depositi già autorizzati dall'autorità doganale:
- magazzini generali;
- depositi franchi;
- punti franchi gestiti dalle imprese munite di autorizzazione;
- depositi fiscali per i prodotti soggetti ad accisa;
- depositi doganali.

IVA

Gestore del deposito

La gestione di depositi IVA è soggetta a **preventiva autorizzazione** ed a controlli successivi demandati alle Direzioni Provinciali dell'Agenzia delle Entrate ed ai Comandi della Guardia di Finanza competenti per territorio. La gestione del deposito è affidata ad un gestore che può essere:

- un soggetto per il quale l'autorizzazione non è necessaria, quali:
  - imprese esercenti magazzini generali con autorizzazione doganale;
  - imprese esercenti depositi franchi;
  - imprese operanti nei punti franchi;
  - depositi fiscali per i prodotti soggetti ad accisa;
  - depositi doganali (compresi quelli per la custodia e la lavorazione delle lane);
- un soggetto che può essere autorizzato, in quanto riscuote la fiducia dell'amministrazione doganale;
- un soggetto che può essere autorizzato alla custodia di beni per conto terzi, quali:
  - società di capitali;
  - cooperative;
  - enti con capitale sociale o fondo di dotazione non inferiore a 516.456,90 euro che riscuotano la fiducia dell'Amministrazione finanziaria.

Differimento del pagamento

Il differimento del pagamento dell'imposta al momento dell'estrazione del deposito IVA riguarda le operazioni relative ai beni e le operazioni eseguite sui beni che si trovano nel deposito riportate in tabella.

Operazioni	Natura dell'operazione
Introduzione	- Acquisti intracomunitari di beni - Importazione di beni extracomunitari (immissione in libera pratica) - Cessioni intracomunitarie di beni
Relative ai beni custoditi	- Cessioni - Prestazioni di servizi (perfezionamento, manutenzioni usuali anche se eseguite in locali limitrofi e che non durino più di 60 giorni)
Estrazione	- Cessioni intracomunitarie - Cessioni all'esportazione - Trasferimento dei beni da un deposito IVA ad altro deposito IVA

Soggetti interessati 56.1.1.

I soggetti interessati all'utilizzo dei depositi IVA sono:

- colui che **introduce** i beni. Possono essere soggetti nazionali, comunitari o extracomunitari;
- colui che **estrae** i beni. Deve essere un soggetto passivo d'imposta od un suo rappresentante fiscale se estero od identificato direttamente o soggetti stabiliti in Italia per il tramite di una Stabile Organizzazione. Non può pertanto procedere all'estrazione un privato consumatore;
- il **gestore**. Questi oltre ad essere il custode dei beni introdotti, per una tipologia di estrazione, è anche corresponsabile con il soggetto che estrae per la mancata o irregolare applicazione dell'IVA relativa al bene che viene estratto; se non osserva le disposizioni relative alla tenuta del registro e all'acquisizione o emissione dei documenti relativi ai beni introdotti od estratti (art. 50-bis, c. 8, D.L. n. 331/1993) deve provvedere lui stesso al versamento dell'imposta.

Introduzione nel deposito 56.1.2.

Presupposto sostanziale per l'esenzione dell'IVA al momento dell'estrazione è che i beni vi siano **introdotti fisicamente**.

Peraltro, sebbene possa sostenersi che il mancato rispetto dell'obbligo di introduzione delle merci nel deposito comporti il pagamento dell'imposta all'importazione se non vi è frode o evasione è possibile regolarizzare con l'inversione contabile.

I **beni** da introdurre devono essere **accompagnati da**:

- documento amministrativo o commerciale o di trasporto contenenti i dati dei beni e del soggetto proprietario, se di **provenienza UE**;
- DAU se di **provenienza extra UE** (i beni devono però essere precedentemente immessi in libera pratica). Per non assolvere l'IVA il DAU deve specificare che i beni immessi in libera pratica sono destinati ad essere introdotti in un deposito IVA.

Non vi è un **limite temporale** specifico di giacenza nel deposito; per altro tanto la direzione Dogane quanto l'Agenzia delle Entrate sostengono che l'agevolazione è ammessa solo se i beni sono materialmente custoditi nel deposito senza un tempo minimo di giacenza, purché l'introduzione soddisfi economicamente e giuridicamente il contratto di deposito (circ. n. 16/D/2006, ris. n. 440/E/2008).

Acquisti intracomunitari di beni mediante introduzione nel deposito IVA

Si tratta dei beni provenienti da altro Stato membro, costituenti acquisti intracomunitari ivi compresi i trasferimenti di beni da parte di soggetti comunitari per finalità rientranti nell'esercizio dell'impresa.
All'atto dell'immissione il **depositario** deve:

- **integrare** la fattura comunitaria senza applicazione dell'imposta (art. 50-bis);
- **annotare** la fattura così integrata nel registro degli acquisti e delle vendite.

Immissione in libera pratica di beni destinati ad essere introdotti nel deposito IVA

L'immissione in libera pratica di beni extracomunitari destinati ad essere introdotti in un deposito IVA non sconta l'IVA all'importazione, il cui ammontare resta tuttavia soggetto ad idonea **garanzia** fino alla estrazione dei beni dal deposito, salvo che l'importatore non sia un soggetto notoriamente solvibile.
All'arrivo dei beni in dogana il **depositario** deve:

- presentare in Dogana il documento doganale di importazione ovvero un documento sottoscritto dallo stesso dal quale risulti la presa in carico dei beni in apposito **registro** (art. 50-bis, c. 3, D.L. n. 331/1993). La mancata esibizione di detto documento comporta la riscossione da parte della Dogana dell'importo dell'IVA dovuta;
- presentare in Dogana idonea garanzia qualora non sia esonerato per notoria solvibilità;
- prendere in carico la bolla doganale di importazione nella quale, peraltro, non viene evidenziata l'imposta.

Cessioni di beni mediante introduzione nel deposito IVA

Sino al 31 marzo 2017, se il destinatario della cessione era un soggetto passivo d'imposta in altro Stato membro, l'operazione si perfezionava con l'introduzione della merce in deposito effettuata dal cedente senza che fosse dovuto il pagamento dell'IVA. L'operazione non integrava una cessione intracomunitaria e il fornitore stabilito in Italia emetteva fattura nei confronti del cessionario UE con l'indicazione "non soggetta ad IVA in quanto beni introdotti in deposito IVA". L'acquirente soggetto passivo comunitario non era tenuto né ad identificarsi direttamente in Italia, né a nominare un proprio rappresentante fiscale.

> **Dal 1° aprile 2017**, le cessioni di beni eseguite mediante introduzione nel deposito sono **escluse *tout court*** dal **pagamento dell'imposta**, a prescindere sia dal luogo di stabilimento/identificazione del cessionario (Italia, altro Paese UE o Paese extra-UE), sia dalla tipologia di beni oggetto dell'operazione, compresi o meno nella Tabella A-bis allegata al D.L. n. 331/1993.

Anche per tali operazioni, l'introduzione dei beni nel deposito deve avvenire sulla scorta di documenti amministrativi, commerciali o di trasporto contenenti i dati identificativi dei beni e del soggetto proprietario degli stessi, per conto del quale avviene l'operazione di introduzione.

Cessioni di beni custoditi in deposito IVA

Le transazioni all'interno del deposito sono effettuate in **sospensione** dell'**imposta**, a nulla rilevando la circostanza che i cedenti e i cessionari siano residenti o meno in Italia. In altri termini, se le cessioni avvengono all'interno del deposito senza estrazione, l'operazione è considerata non soggetta (circ. n. 2/E/2015), con la conseguenza che il corrispettivo non rileva ai fini della maturazione dello status di esportatore abituale.
Se il **cedente**:

- è un soggetto d'imposta **stabilito in Italia**, emette fattura senza applicazione dell'imposta, indicando in fattura "art. 50-bis, c. 4, lett. c) del D.L. n. 331/1993";
- è un soggetto **non residente**, gli adempimenti relativi all'operazione devono essere effettuati dal cessionario nazionale in reverse charge (se il cedente è soggetto UE) con autofattura (se il cedente è extra UE), senza applicazione dell'imposta;
- **ed il cessionario** sono entrambi soggetti **non residenti**, **non identificati** ai fini IVA nel territorio dello Stato o con Stabile Organizzazione in Italia che non interviene materialmente nell'operazione, non sono tenuti agli obblighi di fatturazione, ma solo all'obbligo di consegnare o inviare in ogni caso al gestore del deposito un documento commerciale che attesti l'avvenuta transazione.

IVA

Prestazioni di servizi rese su beni custoditi nel deposito IVA

Le prestazioni di servizi, comprese le operazioni di perfezionamento e le manipolazioni usuali sui beni custoditi nel deposito IVA, possono essere effettuate non solo all'interno del deposito, ma anche in locali limitrofi, sempreché, in tal caso, le suddette operazioni siano di **durata non superiore** a **60 giorni**.

In linea di principio, le prestazioni in oggetto sono da considerare quali prestazioni di servizi "generiche", per cui assumono rilevanza nel luogo di stabilimento del committente.

Per contro, il magazzinaggio di merci con assegnazione di una parte specifica dell'immobile ad uso esclusivo del destinatario è considerato un servizio relativo ad un bene immobile, come tale territorialmente rilevante nel Paese in cui è ubicato l'immobile (art. 31-bis, Reg. UE n. 282/2011 e Corte di Giustizia, sent. 27 giugno 2013, causa C-155/12).

Dall'ambito delle prestazioni di servizio su beni custoditi nel deposito IVA sono **escluse** le **spese di trasporto** dei beni destinati all'introduzione o all'estrazione, in quanto trattasi di servizi resi su beni che non si trovano fisicamente nel deposito, **salvo che** non si tratti delle spese per il trasporto dei beni da un deposito IVA ad un altro deposito IVA, perché solo in questa circostanza anche a dette spese non si applica l'imposta.

Trasferimento dei beni in altro deposito IVA

Il semplice trasferimento dei beni da un deposito IVA ad un altro **non costituisce estrazione**, ma deve essere accompagnato da un documento di trasporto da annotare sia nel registro del deposito di partenza, sia in quello del deposito di arrivo. Non è rilevante agli effetti dell'imposta che, invece, dovrà essere applicata qualora, contestualmente al trasferimento dei beni da un deposito IVA ad un altro, vi sia un **passaggio di proprietà** degli stessi. In tal caso occorre ricorrere alla procedura di fatturazione in **reverse charge**.

Obbligo di documentazione

Tutte le operazioni sopra analizzate (di cui all'art. 50-bis, c. 4, D.L. n. 331/1993) devono essere documentate secondo la tipologia dell'operazione (es. bolla doganale, oppure fattura elettronica se effettuate tra due soggetti d'imposta italiani non soggetta all'imposta sino al momento dell'estrazione).

Estrazione dal deposito 56.1.3.

Non è più richiesto che il soggetto che procede all'estrazione debba essere iscritto alla Camera di commercio da almeno un anno e dimostri una effettiva operatività, attestando, altresì la regolarità dei versamenti IVA.

Possono estrarre i beni ed assolvere l'imposta:

- i soggetti passivi stabiliti in Italia;
- i soggetti passivi non residenti che si siano identificati direttamente o abbiano nominato un proprio rappresentante fiscale. Questi soggetti possono anche servirsi del gestore del deposito quale rappresentante fiscale leggero (➡52.4.) nei casi in cui l'estrazione non comporti alcun debito d'imposta.

Modalità di pagamento dell'imposta

L'imposta va corrisposta all'atto dell'estrazione dei beni dal deposito per la loro utilizzazione o commercializzazione in Italia.

In alcuni casi vi è l'**obbligo** materiale della sua corresponsione, in altri l'assolvimento avviene tramite il meccanismo di **reverse charge**, in altri ancora l'imposta resta in **sospensione** d'imposta perché chi estrae è un esportatore abituale che utilizza il plafond.

Il meccanismo di reverse charge può dar luogo:

- all'emissione di una **autofattura** oppure;
- all'integrazione di quella ricevuta dal cedente.

Non necessariamente vi è corrispondenza tra valore del bene introdotto e valore del bene estratto, in quanto quest'ultimo deve essere incrementato delle spese ivi sostenute ed ad esso riferibili.

Regole generali per l'estrazione

- obbligo di fatturazione elettronica (fatti salvi i casi generali di esclusione);
- esclusione dall'obbligo di fatturazione elettronica per i rapporti con soggetti non residenti o stabiliti in Italia con facoltà di procedere alla e-fattura su base volontaria;
- obbligo di fatturazione elettronica, via SDI nel caso in cui il bene, estratto dall'operatore italiano, durante la permanenza nel deposito sia stato oggetto di una prestazione di servizi, territorialmente rilevante in Italia, che ne abbia modificato il valore;

IVA

- obbligo di registrazione dell'autofattura/reverse charge (art. 17, c. 2, D.P.R. n. 633/1972) (risposta a interpello n. 142/2019).

Ulteriori precisazioni

L'autofattura ovvero la fattura integrata deve essere consegnata in dogana per ottenere lo svincolo della garanzia prestata al momento dell'introduzione dei beni nel deposito quando importati in libera pratica.

In particolare:

- se il bene estratto è stato introdotto a seguito di importazione, l'operazione è stata documentata mediante bolletta doganale, la presenza di questo documento consente sia di non emettere fattura elettronica, sia di evitare la comunicazione dati esterometro;
- eventuali successive cessioni all'interno del deposito (che non sono soggette all'imposta) devono essere documentate con fattura elettronica da trasmettere via SDI qualora la cessione sia avvenuta tra soggetti passivi stabiliti in Italia. Qualora la cessione sia rivolta a soggetti passivi non residenti o non stabiliti in Italia la fattura sarà analogica oppure elettronica extra SDI, ma in queste ipotesi trova applicazione l'esterometro (a far tempo dal 1° luglio 2022 anche queste cessioni a non residenti dovranno essere effettuate mediante emissione di fattura elettronica);
- per i beni di provenienza extra UE introdotti in libera pratica, l'estrazione può avvenire: con autofattura analogica da parte del soggetto che li aveva introdotti; con fattura elettronica da trasmettere via SDI se nel periodo di permanenza nel deposito i beni erano stati oggetto di operazioni di lavorazione, trasformazione e simili che ne abbiano modificato il valore originario.

Se il soggetto che procede all'estrazione dei beni dal deposito è un non residente deve nominare un rappresentante fiscale in Italia o identificarsi direttamente. Non è possibile utilizzare il gestore come rappresentante leggero perché l'imposta è dovuta.

Estrazione di beni	Modalità di assolvimento dell'imposta
Precedentemente introdotti a seguito di acquisto intracomunitario	**Cessione in Italia** Il proprietario dei beni procede all'estrazione assolvendo l'imposta mediante reverse charge: - integrando la fattura comunitaria; - indicando i servizi eventualmente resi sui beni e l'imposta; - procedendo all'annotazione della variazione in aumento sia nel registro delle fatture emesse (entro 15 giorni dall'estrazione e con riferimento alla relativa data), sia nel registro degli acquisti (entro il mese successivo a quello dell'estrazione). **Cessione verso la UE** Il soggetto che estrae, emette fattura non imponibile (art. 41, D.L. n. 331/1993) e presenta Mod. INTRA 1-bis. **Cessione verso Paesi extra-UE** Il soggetto che estrae emette fattura non imponibile (art. 8, D.P.R. n. 633/1972). In caso di estrazione dei beni sulla base della dichiarazione doganale, occorre il documento di esportazione.
Precedentemente introdotti a seguito di immissione in libera pratica	**Cessione in Italia** Il proprietario dei beni che procede all'estrazione assolve l'imposta mediante autofattura con riferimento alla dichiarazione doganale ed integrando il DAU. Il soggetto in reverse charge, che procede all'estrazione, presta idonea garanzia, secondo le modalità stabilite da appositi decreti, per l'importo corrispondente all'imposta dovuta per la durata di 6 mesi dalla data di estrazione. Sono esclusi dall'obbligo di garanzia: - coloro che hanno già prestato garanzia al momento dell'introduzione nel deposito; - i soggetti con certificazione AEO (Operatore Economico Autorizzato); - i soggetti considerati "virtuosi" dalla pubblica amministrazione.

IVA

Estrazione di beni	Modalità di assolvimento dell'imposta
	Cessione verso la UE Il soggetto che estrae emette fattura non imponibile (art. 41, D.L. n. 331/1993) e presenta Mod. INTRA 1-bis. **Cessione verso Paesi extra-UE** Il soggetto che estrae emette fattura non imponibile (art. 8, D.P.R. n. 633/1972). In caso di estrazione dei beni sulla base della dichiarazione doganale, occorre il documento di esportazione.
Precedentemente introdotti a seguito di acquisto interno ed estratti per essere ceduti nel territorio italiano	L'imposta deve essere materialmente pagata ove il debitore dell'IVA è il soggetto che provvede all'estrazione, ma obbligato al versamento (mediante F24 Elementi identificativi - c.d. ELIDE - intestato al soggetto che estrae) è il gestore del deposito che agisce in nome e per conto di chi estrae e con lui resta solidalmente responsabile. L'imposta va sempre versata in quanto non sono ammesse compensazioni. Il versamento va effettuato entro il giorno 16 del mese successivo all'estrazione a cura del gestore. Adempimento posto a carico di chi estrae è quello di annotare sul solo registro degli acquisti una fattura (**autofattura**) con i dati della ricevuta del versamento effettuato dal gestore. L'autofattura va emessa in formato elettronico, trasmessa a SDI e deve contenere i dati identificativi del soggetto residente o stabilito che ha effettuato l'estrazione sia nella sezione cedente, sia in quella cessionario. Il soggetto che estrae, se esportatore abituale, può utilizzare il plafond non versando così l'imposta. È onere del gestore procedere ai necessari riscontri telematici. Se chi provvede all'estrazione è un soggetto non residente e solamente identificato in Italia, questi è escluso dall'obbligo di emettere autofattura elettronica; sarà il rappresentante fiscale che potrà procedere all'emissione di autofattura in modalità analogica o anche, a scelta, elettronica extra SDI (risposta a interpello 9 aprile 2019, n. 104).

Se il cedente dei beni è un soggetto passivo non residente non identificatosi in Italia, gli adempimenti di fatturazione e presentazione dei Modelli INTRA possono essere adempiuti dal gestore del deposito in qualità di rappresentante fiscale leggero (circ. n. 12/E/2015) (➜52.4.).

Autofattura in formato elettronico

I dati del cessionario/committente vanno inseriti sia nella sezione "Dati del cessionario/committente", sia nella sezione "Dati cedente/prestatore".
Se l'estrazione non riguarda carburanti, deve essere utilizzato il blocco 2.2.1.3 "Codice articolo" e inserito nel campo 2.2.1.3.1 "Codice tipo" il valore "DEP" e nel campo 2.2.1.3.2 "Codice valore" il valore "0" (circ. n. 14/E/2019).

Restituzione di beni non conformi

Nel caso in cui i beni introdotti in deposito siano estratti per essere restituiti al fornitore in quanto **non conformi** a quanto concordato, la relativa estrazione con trasporto o spedizione al di fuori della Comunità dà luogo ad una risoluzione, totale o parziale, del contratto; conseguentemente, tale **restituzione** non realizza una ipotesi per la quale debba essere emessa autofattura. La movimentazione deve essere annotata nei registri del depositario (circ. n. 12/E/2015).

Base imponibile

La base imponibile sulla quale va commisurata l'imposta è data:
- dal corrispettivo o valore relativo all'operazione non assoggettata all'IVA per effetto dell'introduzione ovvero,
- qualora successivamente i beni abbiano formato oggetto di una o più cessioni, dal corrispettivo o valore relativo all'ultima di tali cessioni, in ogni caso aumentato, se non già compreso, dell'importo relativo alle eventuali prestazioni di servizi delle quali i beni stessi abbiano formato oggetto durante la giacenza fino al momento dell'estrazione.

Se i beni, durante il periodo di custodia, hanno subito dei **cali fisici o tecnici** la base imponibile deve tener conto, in diminuzione, di detti cali, purché questi siano basati su criteri oggettivi e riscontrabili.

IVA

All'atto dell'estrazione, si dovrà tener conto delle **spese di custodia** addebitate dal depositario senza applicazione dell'imposta. I relativi corrispettivi concorrono alla formazione della base imponibile all'atto dell'estrazione, se territorialmente rilevanti.

Svincolo della garanzia

Per procedere allo svincolo della garanzia, il soggetto che ha proceduto all'estrazione dei beni deve produrre:

– **copia dell'autofattura** (o nel caso di esportazione o cessione intracomunitaria copia della fattura) integrata con gli estremi della registrazione (o copia dei registri iva da cui risulti la registrazione), oppure
– **dichiarazione sostitutiva di atto di notorietà** con copia del documento di identità attestante la conformità all'originale e l'effettiva registrazione dell'autofattura o della fattura.

56.1.4. Depositi fiscali di carburanti per autotrazione

Sono previste deroghe alle norme che regolano il pagamento delle accise sui carburanti (segnatamente benzina e gasolio) da utilizzare esclusivamente per l'autotrazione, con particolare riferimento alla gestione di questi combustibili, di provenienza nazionale, comunitaria od extracomunitaria, quando sono stoccati in depositi fiscali.

In particolare, dal **1° gennaio 2018**, l'immissione in consumo da un deposito fiscale o l'estrazione da un deposito a cura di un destinatario "registrato" (art. 8, D.Lgs. n. 504/1995) è subordinato al pagamento immediato dell'IVA, mediante F24 e senza possibilità di compensazione (circ. n. 18/E/2019).

Per certi versi, quindi, i depositi fiscali utilizzati solo per la custodia di carburanti per autotrazione, trovano - dal punto di vista fiscale - un deciso avvicinamento alle regole dei depositi IVA piuttosto che a quelle tipiche dei depositi fiscali ove il tributo viene scomputato per differenza tra la massa delle operazioni attive e quella delle operazioni passive.

Debitore dell'imposta è colui che procede all'estrazione per conto del quale il gestore del deposito procede alla immissione in consumo; l'imposta deve essere assolta prima dell'estrazione. La **ricevuta di pagamento** deve essere consegnata al gestore prima dell'estrazione, pena l'improcedibilità dell'operazione (in caso contrario vi è responsabilità solidale tra i due soggetti).

Le cessioni che vengono eseguite all'interno del deposito sono effettuate in sospensione d'imposta, ma con obbligo di fatturazione elettronica - senza evidenziazione dell'IVA - e indicazione del titolo di non applicazione (art. 1, c. 939, Legge n. 205/2017). Lo stesso regime di non applicabilità dell'imposta si ha nei casi di circolazione dei prodotti tra depositi fiscali ovvero tra un deposito fiscale ed il deposito di un destinatario registrato.

Misure antifrode

L'obbligo di dotarsi del sistema Info **entro il 31 dicembre 2021** è esteso a tutti i depositi di carburanti e di altri prodotti energetici soggetti ad accisa, con capacità di stoccaggio non inferiore a 3.000 mc.

Nel caso di deposito fiscale utilizzato anche come deposito IVA, il soggetto garante è obbligato a trasmettere in via telematica all'Agenzia delle Entrate il modello di garanzia, ciò allo scopo di evitare il pagamento anticipato dell'IVA. L'Agenzia rilascia apposita ricevuta telematica con il numero di protocollo.

Nel caso di depositi costieri, con eccezione dei depositi di stoccaggio di GPL, la validità della variazione della titolarità o del trasferimento della gestione, sono subordinate alla preventiva comunicazione di inizio di attività da trasmettere sia alle competenti autorità amministrative, sia all'Agenzia delle Dogane. I provvedimenti autorizzativi sono revocati in caso di inoperatività del deposito per oltre 6 mesi (art. 1, c. 1075 - 1078, Legge n. 178/2020).

Base imponibile

La base imponibile ai fini IVA, che comprende anche l'accisa, è data:

– dal corrispettivo o valore "dell'operazione di introduzione",

ovvero

– "dal corrispettivo o valore relativo all'ultima cessione effettuata durante la loro custodia nel deposito" eventualmente aumentato dal valore dei possibili servizi effettuati durante la custodia e sino al momento dell'estrazione. Ne deriva che se questi ultimi sono fatturati separatamente non dovranno più essere assoggettati all'imposta.

In caso di **importazione,** non concorre alla formazione della base imponibile l'eventuale importo sul quale l'imposta sia già stata assolta in dogana salvo che il soggetto che procede all'immissione in consumo dal deposito fiscale ovvero all'estrazione dal deposito di destinatario registrato sia un soggetto diverso da quello che ha assolto l'IVA all'importazione.

IVA

Modalità di pagamento dell'IVA

L'immissione in consumo dal deposito fiscale o l'estrazione dal deposito di un destinatario registrato del carburante per autotrazione è subordinata:

- al pagamento dell'IVA con Mod. F24 ELIDE (cod. tributo: 6044; codice identificativo "64"), i cui riferimenti vanno indicati nel documento di accompagnamento (DAS);
- all'indicazione del codice identificativo in corrispondenza del codice fiscale del gestore del deposito ovvero del destinatario registrato, nonché il codice dell'accisa;
- alla consegna, in originale, della ricevuta di versamento dell'imposta al gestore del deposito, il quale a sua volta, tramite accesso al proprio **cassetto fiscale**, verifica la presenza del modello.

I soggetti obbligati al pagamento dell'IVA possono effettuare un versamento cumulativo per l'IVA stimata in relazione ai prodotti che si prevede di immettere in consumo ovvero di estrarre da uno specifico deposito; in questo caso, sul Documento Amministrativo Semplificato (DAS) relativo ad ogni singola immissione in consumo o estrazione, dovrà essere riportato il riferimento sempre allo stesso Modello di versamento F24. In caso di versamenti cumulativi il gestore è tenuto ad effettuare verifiche di congruità.

Gli **esportatori abituali** (➜**49.**) non possono utilizzare il proprio *plafond* disponibile nel caso di immissione in consumo o di estrazione dei carburanti dal deposito fiscale; conseguentemente anch'essi sono obbligati al versamento immediato dell'imposta. Se il deposito fiscale è utilizzato anche come deposito IVA, detto divieto non è applicabile (ris. n. 55/E/2017).

Adempimenti contabili

Se l'estrazione avviene da parte del medesimo soggetto che ha realizzato l'acquisto intraUE, occorre:

- procedere all'integrazione della fattura comunitaria in reverse charge (circ. n. 14/E/2019, paragrafi 6.3 e 6.4);
- annotare la variazione in aumento nel registro delle fatture emesse, senza far concorrere l'imposta alla liquidazione di periodo;
- annotare la variazione in aumento nel registro degli acquisti.

Se l'estrazione avviene da parte di soggetto diverso da quello che ha realizzato l'acquisto intraUE, occorre:

- emettere autofattura *ex* art. 17, c. 2, del D.P.R. n. 633/1972;
- versare l'imposta con Mod. F24;
- annotare l'autofattura nel registro degli acquisti.

È fatto divieto di compensazione orizzontale dell'imposta (circ. n. 18/E/2019).

Estrazione da un deposito fiscale inferiore a 3.000 mc. ed immissione dello stesso prodotto in altro deposito commerciale a cura ed a favore del medesimo soggetto

L'estrazione di prodotti petroliferi da un deposito fiscale (beni in sospensione sia di IVA sia di accise) da parte del titolare di un deposito fiscale con capacità inferiore a 3.000 mc. per la loro immissione in altro deposito commerciale (libero) del medesimo soggetto che operi in proprio e non in qualità di gestore di depositi per conto terzi, non rientra nelle deroghe di cui alla Legge di bilancio 2018 (art. 1, c. 937 e ss., Legge n. 205/2017); conseguentemente al momento dell'estrazione dal deposito fiscale per essere immesso in un deposito libero ancorché a favore del medesimo soggetto, quindi senza alcuna cessione, l'IVA deve essere comunque assolta mediante versamento con Mod. F24 i cui riferimenti devono essere indicati nel DAS.

CONSIGNMENT STOCK - CALL OFF STOCK 56.2.

Sebbene nell'ordinamento nazionale non si faccia distinzione tra "**consignment stock**" e "**call off stock**" (tanto è vero che il trattamento fiscale è lo stesso per entrambi gli istituti), in realtà - da un punto di vista meramente tecnico - si tratterebbe di due contratti atipici differenti.

Il **consignment stock** è un **contratto atipico** di fornitura con il quale un fornitore trasferisce propri beni immettendoli in deposito direttamente:

- presso un'**altra impresa UE** destinataria finale della cessione,
- presso un **terzo depositario** affinché il cessionario possa mantenere la piena disponibilità dei beni per tutto il periodo del deposito.

I beni rimangono pertanto di proprietà del cedente/depositante fino al momento in cui il compratore ne effettua il prelievo per destinarli alla produzione.

Con il prelievo dei beni da parte del depositario si realizza il passaggio della proprietà.

Nel **call off stock,** invece, il significato assume un concetto leggermente diverso a seconda del Paese. In UK, per esempio, il termine indica quando la merce è messa direttamente a disposizione del cliente.
Per mera semplicità di trattazione nel prosieguo si utilizzerà sempre il termine consignment stock in quanto terminologia più conosciuta.
È un contratto assai diffuso nel commercio internazionale soprattutto perché consente di evitare numerose formalità di carattere fiscale. Di regola si utilizza il contratto di consignment stock ove il deposito, di proprietà del destinatario delle merci, è situato all'estero. Il deposito può anche essere di un terzo, ma il suo accesso è esclusivo per il cessionario. Ha la funzione di minimizzare tutti i costi di stoccaggio, trasporto e relativa logistica.

Nell'ordinamento italiano il consignment stock trova molti punti in comune sia con il **contratto estimatorio** (artt. 1556-1558 c.c.), sia con il **contratto di prestito d'uso**.

Contratti di consignment stock possono essere instaurati da soggetti passivi stabiliti in Italia sia nei confronti di altri soggetti UE, sia extra UE.

Direttiva n. 2018/1919/UE

Al fine di armonizzare il trattamento fiscale di tali contratti all'interno della UE, dal **1° gennaio 2020** è in vigore la Direttiva n. 2018/1910/UE. Sebbene alcuni Paesi (Italia, Francia, Germania) fossero già allineati con la procedura ora stabilita dalla Direttiva, altri Paesi invece (es.: Danimarca, Estonia, Grecia, Malta, Portogallo e Spagna) non riconoscevano il consigment stock/call off stock in quanto suddividevano l'operazione (concettualmente unitaria) in due porzioni: 1) il trasporto/spedizione a se stessi dei beni nello Stato di destinazione, obbligando così il cedente ad aprire una partita IVA in detto Stato; 2) la cessione avveniva come operazione interna nello Stato di destinazione; l'operazione si perfezionava con la fatturazione per mezzo di un rappresentante fiscale ovvero a seguito di identificazione diretta.
La Direttiva n. 2018/1910/UE ha stabilito che l'operazione sia da considerare un ***unicum* non suddivisibile** in due operazioni distinte. In particolare, il consignment stock/call off stock si distingue per la seguente particolarità: si tratta sempre di una cessione intracomunitaria (a favore dello Stato di partenza dei beni) e di un acquisto intracomunitario (a favore del Paese di destinazione) con la caratteristica che l'operazione verrà effettivamente a realizzarsi solo con il prelievo (a mano a mano ovvero in blocco) dei beni da parte del cessionario che li destinerà alla propria attività ovvero li destinerà alla rivendita. In ogni caso l'operazione dovrà essere completata entro 12 mesi dall'arrivo dei beni.
Inoltre, il nuovo art. 17-bis della Direttiva n. 2018/1910/UE stabilisce delle **condizioni** affinché un'operazione possa essere considerata di consignment stock; in particolare:

1. i beni oggetto dell'operazione sono trasferiti da un soggetto IVA di uno Stato membro (o da un terzo per suo conto) verso un altro Stato UE, in previsione del fatto che dopo il loro arrivo, i beni saranno ceduti ad un altro soggetto passivo, il quale ha diritto di acquisirne la proprietà in conformità agli accordi contrattuali;
2. il soggetto che trasferisce i beni non deve avere, nel Paese membro di destinazione dei beni, una sede operativa della attività o una stabile organizzazione. Questi può anche essere semplicemente identificato nel Paese di destinazione;
3. il cessionario deve essere identificato nello Stato membro di destinazione e la sua identità e il numero di identificazione comunicati alla controparte prima del trasferimento dei beni. In base ad accordo precedente alla risoluzione di quello con il destinatario originario è possibile cambiare il cessionario finale anche se non stabilito nel Paese di arrivo dei beni;
4. il cedente deve annotare il trasferimento dei beni in un apposito registro indicando gli estremi del cessionario ed il suo numero identificativo e ne dia analoga notizia anche negli elenchi Intrastat Anche il destinatario deve annotare in un apposito registro l'arrivo dei beni, ma tale obbligo non è vincolante per l'applicazione del regime di non imponibilità.

In caso di distruzione, perdita o furto dei beni, le condizioni cessano di essere soddisfatte a far tempo dal giorno in cui i beni sono stati effettivamente rimossi o distrutti oppure il giorno in cui è accertata la distruzione o la scomparsa degli stessi.
Se anche una sola delle condizioni sopra indicate non si verifica o viene meno oppure la giacenza superi il periodo di 12 mesi, l'operazione non è considerata cessione intracomunitaria, bensì operazione intracomunitaria "**assimilata**" a partire dal momento che la condizione non possa essere soddisfatta oppure dal giorno successivo allo scadere dei 12 mesi. In tali ipotesi il fornitore deve identificarsi nel Paese membro di destinazione dei beni al fine di regolarizzare una "cessione interna" verso sé stessi e soggetta all'imposta in detto Stato.

IVA

Esistono per altro delle **eccezioni** quando:
- i beni sono stati rispediti dal depositario nel Paese di partenza entro 12 mesi e tale rispedizione sia annotata sul registro di c/s del cedente;
- il cessionario originario del contratto di consignment stock/call off stock è sostituito da altro soggetto passivo sempre in regime di consignment stock/call off stock;
- il cessionario originariamente originario sia sostituito da altro soggetto passivo purché la sostituzione si concretizzi entro i 12 mesi, siano soddisfatte comunque tutte le condizioni sopra riportate, il fornitore annoti nel proprio registro di c/s il nuovo cessionario e nei Modelli Intra riporti gli elementi indicativi e il numero identificativo del nuovo cessionario.

L'invio di beni all'estero (UE od extra-UE) per essere depositati in regime di consignment stock può essere accompagnato da una fattura. Questa, ad esempio nel caso di trasferimento dei beni in un Paese extra-UE, è una mera fattura **franco valuta** che deve riportare gli estremi dell'annotazione sul registro dei beni presso terzi; essa non può essere considerata relativa ad una cessione intracomunitaria o ad un'esportazione, in quanto manca il requisito fondamentale del trasferimento del diritto di proprietà (questo avverrà solo al prelievo dei beni da parte del cessionario). Pertanto, tale fattura non contribuirà alla formazione del plafond né alla qualifica di esportatore abituale (risposta a interpello n. 238/2020).

Registro

La Direttiva prevede che entrambi i soggetti (trasferente e destinatario) istituiscano un apposito **registro di carico/scarico** (➡56.2.4.).

INTRASTAT

La direttiva prescrive che il soggetto passivo trasferente i beni in altro Stato debba indicare in apposito elenco riepilogativo delle cessioni intracomunitarie una serie di dati.
Anche l'Italia ha istituito, a far tempo dalle operazioni poste in essere dal 1° gennaio 2022, un apposito Modello denominato INTRA-1 sexies (Riepilogo delle cessioni intracomunitarie di beni e dei servizi resi) da trasmettere, mensilmente o trimestralmente in relazione alle consuete condizioni previste per la trasmissione degli altri modelli Intrastat (Determinazione n. 493869/RU/2021).

Consignment stock verso soggetti UE 56.2.1.

L'Italia, con riferimento a quanto stabilito dalla Direttiva n. 2018/1919/UE, in verità era già sostanzialmente allineata anche in assenza di specifiche disposizioni normative. A ciò ha provveduto con il D.Lgs. n. 192/2021 (noto anche come **Quick fixes**), inserendo nel D.L. n. 331/1993 i nuovi articoli 38-ter (concernente le movimentazioni dei beni verso il nostro Paese), 41-bis (concernente le movimentazioni dei beni in uscita) ed aggiungendo un nuovo comma all'art. 50 in relazione alle norme di tenuta di un apposito registro di carico e scarico.
Le due disposizioni (artt. 38-ter e 41-bis) sono speculari, ma in particolare l'art. 38-ter stabilisce le seguenti **condizioni**:

a. che il trasferimento dei beni sia destinato ad una successiva cessione a un soggetto passivo stabilito nel Paese di destinazione;
b. che nel Paese di destinazioni di beni, il soggetto passivo trasferente non abbia né una sede di attività né una stabile organizzazione;
c. che il soggetto ricevente i beni sia iscritto nel VIES ed identificato nel Paese di destinazione ai fini del tributo
d. che il soggetto passivo trasferente i beni ne annoti le movimentazioni in un apposito registro;
e. che il soggetto passivo trasferente indichi nel Mod INTRA-1 sexies l'identità nonché il numero di partita IVA del soggetto passivo ricevente.

Ovviamente, oltre a quanto disposto dalle norme di legge, è opportuno che il soggetto passivo italiano trasferente debba:
- essere preventivamente **iscritto** al **VIES**;
- ottenere dal cessionario il suo **codice identificativo** attribuitogli in uno Stato membro diverso da quello in cui la spedizione o il trasporto dei beni ha inizio;
- verificarne la correttezza e validità sul sito VIES (Direttiva n. 2018/1910/UE);
- stipulare un chiaro **contratto** di consignment stock in data antecedente alla partenza dei beni;
- compilare alla spedizione il **Modulo CMR** di accompagnamento, dal quale risulti chiaramente che le merci sono consegnate a titolo di deposito ovvero in conto visione presso il cliente estero;
- concordare con il cessionario una procedura per il **controllo** tempestivo delle **quantità** prelevate;

- emettere **fattura** non imponibile entro il giorno 15 del mese successivo a quello del prelievo (art. 41, lett. a), D.L. n. 331/1993). Fra gli **elementi essenziali** da inserire in fattura vi è il codice identificativo attribuito al committente da altro Paese UE diverso da quello del fornitore nazionale. La fattura rileva anche ai fini del plafond di esportatore abituale;
- annotare distintamente la fattura nel **registro** delle fatture emesse entro il medesimo termine sopra indicato, ma con riferimento al mese di effettuazione dell'operazione;
- **monitorare** affinché i beni consegnati non superino l'anno di permanenza; all'eventuale superamento, il cedente deve identificarsi ovvero nominare un proprio rappresentante fiscale e quindi emettere fattura a sé stesso ai soli fini IVA (cessioni assimilate *ex* art. 41, c. 2 lett. c) del D.L. n. 331/1993). Si sottolinea che la fattura riguarda solo l'imposta in quanto ai **fini civilistici e contabili** i beni restano pur sempre di **proprietà del trasferente**.

In compenso per il cedente nazionale non è necessaria l'apertura di una propria partita IVA nel Paese del deposito.

> Nel caso di **beni fungibili** che venissero man mano rimpiazzati a seguito di prelievo, è spesso impossibile individuare con esattezza l'"anzianità" dei beni prelevati. Per tale motivo può essere opportuno un sistema di controllo delle giacenze del tipo FIFO.

In sintesi:
- la movimentazione dei beni e lo stoccaggio in un deposito sito in altro Stato UE non realizza, ai fini IVA, alcuna cessione intracomunitaria né verso sé stessi né verso il soggetto estero;
- solo il successivo prelievo (e per la quantità prelevata) da parte del depositario realizzerà la cessione intracomunitaria;
- tutte le formalità sopra delineate devono essere adempiute;
- presentare il Mod. Intra-1 sexies quando viene realizzata la cessione;
- il regime di consigment stock/call off stock ha una durata massima di 12 mesi dall'arrivo dei beni nel Paese di destinazione. L'eventuale supero determina, dal giorno successivo, una cessione a sé stessi con obbligo di identificazione ovvero di nomina di rappresentante fiscale e di fatturazione.

Decadenza dal regime di consignment stock/call off stock

Qualora:
- i beni non siano trasferiti al ricevente entro 12 mesi dal trasferimento,
- non siano rispettate le condizioni precedentemente indicate,
- i beni siano ceduti ad un soggetto passivo differente rispetto al destinatario originariamente indicato,
- i beni siano trasferiti dal Paese UE di destinazione originaria verso altro Paese tanto della UE quanto extraUE,
- i beni siano perduti, distrutti rubati,

il regime di consignment stock decade, con obbligo per il trasferente di identificarsi all'estero ovvero di nominare un proprio rappresentante fiscale e di fatturare a sé stessi ai soli fini IVA.

Consignment stock triangolare

L'Agenzia delle Entrate ha preso in considerazione la fattispecie in cui sono coinvolti **tre soggetti** appartenenti a **tre Paesi UE diversi**. Il caso è quello del soggetto passivo nazionale IT che cede i beni al cessionario UE1, ma su incarico di quest'ultimo spedisce i beni in consignment stock a favore di UE1 nel Paese di UE2, cliente di UE1.

Il depositante UE1 deve identificarsi ai fini IVA nel Paese di effettiva consegna fisica dei beni, in quanto il primo cedente IT non realizza una cessione intracomunitaria in sospensione per effetto del consignment stock, essendo questo stipulato tra UE1 e UE2 (ris. n. 49/E/2008).

Con l'introduzione dei beni nel Paese di UE2 da parte dell'operatore italiano si realizza una **cessione intracomunitaria per assimilazione**, nella specie a "se stessi", da fatturare in regime di non imponibilità IVA (art. 41, c. 2, lett. c), D.L. n. 331/1993). Correlativamente, nel Paese di UE2, la posizione IVA dell'operatore italiano provvede al corrispondente acquisto intracomunitario, imponibile IVA.

La successiva cessione nei confronti del promotore della triangolazione, posta in essere nel momento del prelievo dei beni da parte del destinatario, dà luogo ad una **cessione interna** al Paese di UE2.

56.2.2. Consignment stock verso soggetti extra-UE

In caso di **introduzione immediata, senza sdoganamento**, nel deposito, il **cedente**:
- presenta alla dogana per l'esportazione definitiva una **lista valorizzata** (➔55.2.5.) ovvero una fattura **proforma** valida solo ai fini doganali riportante la dizione: "trattasi di merce in conto consi-

IVA

gnment stock. Operazioni non valida ai fini dell'art. 8 del D.P.R. n. 633/1972" (➡46.14.5.) con il presumibile valore di vendita;
- compila comunque una bolla doganale riportante i riferimenti al consignment stock;
- annota su un apposito registro di carico/scarico i beni inviati, al fine di vincere la presunzione di cessione (➡43.6.1.);
- emette **fattura non imponibile** per cessione all'esportazione (art. 8, c. 1, lett. a), D.P.R. n. 633/1972) al ricevimento dal cessionario estero dell'informazione sui quantitativi effettivamente estratti. La fattura deve indicare:
  - gli estremi della bolla doganale di riferimento;
  - gli estremi del documento ricevuto (ovvero scaricato direttamente qualora il cedente e l'acquirente si siano accordati per un accesso diretto al servizio informatico di quest'ultimo).

  La fattura rileva anche ai fini del plafond di esportatore abituale (ris. n. 50/E/2005);
- **scarica** il **registro** della parte prelevata. Qualora le immissioni siano a flusso continuo soprattutto di beni fungibili, lo scarico avverrà con un concordato criterio, per esempio FIFO;
- **monitora** le rimanenze in modo da non superare mai l'anno rispetto all'invio.

Il **cessionario estero** provvede allo sdoganamento dei beni man mano prelevati, assolvendo a tutte le formalità e pagando eventuali dazi all'importazione, diritti ecc. secondo la legislazione locale.
In caso di **introduzione con sdoganamento immediato**, per il cedente nazionale nulla cambia rispetto a quanto sopra descritto. I beni all'atto dell'importazione nello Stato estero vengono immediatamente dichiarati per l'importazione definitiva a nome del cessionario estero, il quale riceverà così subito tutta la documentazione doganale con la corresponsione dei dazi.

Consegna di beni all'estero extra UE presso un deposito del cedente italiano e cessioni al prelievo

Se alla base dell'operazione vi è un **impegno vincolante** al trasferimento della proprietà, sebbene quest'ultimo si realizzi successivamente al trasferimento/spedizione dei beni all'estero, all'estrazione dei beni da un deposito del cedente stabilito in Italia similarmente al consignment stock, ai fini IVA viene a configurarsi un'**esportazione diretta** nei limiti del valore dei beni prelevati, utile alla formazione del plafond di esportatore abituale (ris. n. 94/E/2013). Il **cedente**:
- al passaggio di proprietà, coincidente con la consegna da parte del fornitore nazionale dei beni stoccati nel proprio deposito estero, realizza una **cessione all'esportazione** (art. 8, c. 1, lett. a), D.P.R. n. 633/1972), ma nel limite dei beni effettivamente consegnati;
- annota in apposito registro le spedizioni dei beni all'estero, riportando per ciascuna annotazione gli estremi del documento di esportazione;

indica sulla fattura di vendita, emessa al momento della consegna dei beni all'acquirente, la corrispondente annotazione del registro relativa ai medesimi prodotti.

> Il fornitore (esportatore) stabilito in Italia presenta in dogana una fattura **pro-forma;** all'atto del prelievo (in tutto id in parte) da parte del cliente UK, l'esportatore emette fattura non imponibile *ex* art. 8, D.P.R. n. 633/1972, relativa ai quantitativi effettivamente prelevati. La movimentazione in carico e scarico è annotata su appositi registri (➡56.2.4.).

Consignment stock da Paesi extra UE verso l'Italia 56.2.3.

Qualora all'ingresso dei beni, l'IVA venga comunque assolta in Dogana, dalla bolla d'importazione deve risultare con chiarezza che trattasi di beni di terzi in conto deposito o visione in Italia. In alternativa si istituisce un registro di carico e scarico dei beni ricevuti e prelevati (*ex* art. 39, D.P.R. n. 633/1972).
Al prelievo il cessionario qui stabilito emette **autofattura** indicante:
- corrispettivo ed IVA relativa;
- estremi della bolletta doganale di importazione;
- estremi dell'annotazione della bolletta nel registro acquisti.

L'autofattura va **annotata** sia nel **registro acquisti**, sia in quello delle vendite.

> L'annotazione sul registro acquisti ha finalità utile solo alla dimostrazione del costo, ma è **irrilevante ai fini IVA** in quanto l'imposta era già stata assolta in dogana. Fatto **salvo** il caso in cui il corrispettivo dovuto al prelievo risulti essere superiore rispetto a quello indicato in bolla doganale al momento dell'importazione. In tale evenienza la differenza, da annotare su entrambi i registri, rileva ai fini IVA sia pur per la sola differenza.

Per i beni inviati in Italia in consignment stock, da Paesi extra UE, se è vero che il momento di effettuazione dell'operazione ai fini IVA è rinviato al momento del passaggio della proprietà, ciò non in-

IVA

fluenza il **momento dell'esigibilità** dell'imposta. Questa deve essere accertata, liquidata e riscossa in dogana al momento dell'ingresso dei beni, sebbene essi non siano ancora di proprietà dell'acquirente italiano (circ. n. 346/E/2008), imposta che può essere immediatamente da questi detratta.

All'arrivo delle merci dalla UK, esse devono essere sdoganate assolvendo contemporaneamente anche l'imposta; la dogana rilascia una bolletta doganale da annotare sul registro *ex* art. 25 del D.P.R. n. 633/1972. Al prelievo occorre emettere autofattura con IVA ed annotarla separatamente sul registro acquisti e vendite solo al fine di giustificare il costo (ris. n. 346/E/2008).

56.2.4. Registro obbligatorio

Nel caso di consegna di beni a soggetto UE od extra UE, in capo ad entrambi i soggetti, visto che i beni non si trovano in luoghi ove il cedente esercita la propria attività, al fine di poter provare che gli stessi non siano stati venduti in evasione d'imposta *ex* D.P.R. n. 441/1997 (➔43.6.1.), è indispensabile istituire un registro di carico e scarico. Il D.Lgs. n. 192/2021 ha, in proposito, aggiunto il comma 5-bis all'art. 50 del D.L. n. 331/1993, a far tempo dalle operazioni poste in essere dal 1° gennaio 2022, con i dati obbligatori da indicare nel registro di carico/scarico. In particolare:

– **a carico del trasferente**:
  a. Stato membro di partenza e la relativa data;
  b. numero di identificazione IVA del soggetto passivo destinatario dei beni, attribuito dallo Stato verso il quale i beni sono spediti;
  c. Stato UE verso cui i beni sono spediti o trasportati, numero di identificazione IVA del depositario, indirizzo del deposito in cui i beni sono immagazzinati all'arrivo, e data di arrivo dei beni al deposito;
  d. valore, descrizione e quantità dei beni arrivati al deposito;
  e. numero di identificazione IVA dell'eventuale soggetto passivo che sostituisce l'originario depositario;
  f. base imponibile, descrizione e quantità dei beni ceduti, data in cui ha luogo la cessione dei beni e numero di identificazione IVA dell'acquirente;
  g. data in cui si verifica una delle condizioni che fa venir meno la disciplina del call off e il relativo motivo;
  h. valore, descrizione e quantità dei beni rispediti, nonché data in cui gli stessi sono rispediti.

– **a carico del destinatario**:
  a. numero di identificazione IVA del soggetto passivo che trasferisce i beni in regime di call off stock;
  b. descrizione e quantità dei beni destinati;
  c. data in cui i beni a lui destinati arrivano al deposito;
  d. base imponibile, descrizione e quantità dei beni a lui ceduti, nonché data in cui ha luogo l'acquisto intracomunitario;
  e. descrizione e quantità dei beni e data in cui i beni sono prelevati dal deposito;
  f. descrizione e quantità dei beni distrutti o mancanti e data in cui si è verificata la distruzione, perdita o furto dei beni precedentemente arrivati al deposito o data in cui ne è accertata la distruzione o la scomparsa.

Il registro può essere cartaceo od elettronico. Può essere anche realizzato con un sistema di collegamento telematico tra cedente e cessionario che permetta di operare i carichi e scarichi on line e, quindi, in tempo reale. Il registro deve essere tenuto senza cancellature, abrasioni e conservato sino al termine dei tempi previsti per l'accertamento dell'imposta.

OPERAZIONI CON SAN MARINO E CITTÀ DEL VATICANO 57.

OPERAZIONI CON LA REPUBBLICA DI SAN MARINO 57.1.

Lo Stato di San Marino e lo Stato della Città del Vaticano, pur interamente inglobati nel territorio italiano, sono da considerare non facenti parte né del territorio nazionale, né di quello comunitario. Ciò non di meno trovano applicazione anche per le operazioni intrattenute con operatori stabiliti nei predetti Stati alcune regole tipiche delle operazioni intracomunitarie (art. 71, D.P.R. n. 633/1972).
Il D.M. 21 giugno 2021 ha regolamentato tutte le transazioni tra S. Marino e lo Stato italiano.
Si segnala che:

- le cessioni di beni da un soggetto passivo residente, stabilito od identificato in Italia, effettuate mediante trasporto o consegna nel territorio di San Marino, ivi compresi i servizi connessi, sono considerati non imponibili purché l'operatore economico sanmarinese abbia ottenuto un codice identificativo dal proprio ufficio tributario e l'abbia comunicato al fornitore nazionale;
- è **assimilata ad una cessione** la movimentazione di beni tra i due Stati a titolo non traslativo della proprietà. **Non** si ha detta assimilazione in caso di invii di beni verso San Marino per lo svolgimento di perizie, operazioni di perfezionamento, lavorazioni, ovvero introduzione a San Marino di beni temporaneamente utilizzati per l'esecuzione di prestazioni, ecc. quando gli stessi beni sono poi rispediti al committente del servizio. La movimentazione dei beni deve essere annotata su apposito registro (art. 39, D.P.R. n. 633/1972) anche quando la causale sia indicata nel DDT di accompagnamento;
- non è considerata introduzione in Italia la movimentazione di beni oggetto di perizie, perfezionamento, manipolazioni usuali se i beni sono successivamente trasportati o spediti al committente. Altrettanto per i beni temporaneamente utilizzati in Italia per l'esecuzione di prestazioni. Anche in questo caso la movimentazione dei beni deve essere annotata su apposito registro (art. 39, D.P.R. n. 633/1972) anche quando la causale sia indicata nel DDT di accompagnamento.

Tutte le operazioni di cessione **si considerano effettuate** all'inizio del trasporto o spedizione al cessionario a terzi per suo conto dall'Italia verso San Marino e viceversa. Tuttavia, se la vendita ha effetto differito o sospeso, l'effettuazione sorge nel momento in cui si realizzino detti effetti (non più tardi di un anno dalla movimentazione). Resta ferma la regola secondo la quale se il cedente emette comunque fattura o ne viene pagato in tutto od in parte il corrispettivo, l'operazione rileva limitatamente a quanto fatturato o pagato.
Nel caso di **consignment stock** o di contratti estimatori, l'operazione si considera effettuata al momento della rivendita dei beni a terzi e comunque non oltre un anno dalla consegna o spedizione. Anche in queste situazioni, le operazioni devono essere annotate in apposito registro.

IVA

Cessioni di beni 57.1.1.

Regime applicabile sino al 30 settembre 2021

Le cessioni di beni da esportare nello **Stato di San Marino**, effettuate da un soggetto passivo stabilito in Italia a favore di un **soggetto passivo sammarinese**, erano da considerare **non imponibili** e soggette alle seguenti formalità da parte dell'operatore nazionale:

- emissione di **DDT** in tre esemplari, dei quali 2 da consegnare al cessionario;
- emissione di **fattura**, non imponibile, in 4 esemplari entro il giorno 15 del mese successivo a quello di effettuazione dell'operazione. Il primo restava all'esportatore, gli altri tre andavano consegnati al cessionario il quale ne doveva restituire uno debitamente vistato (mediante timbro a secco dell'Ufficio di San Marino oppure della seconda parte della marca sammarinese) a testimonianza dell'effettiva introduzione dei beni in quel Paese. La fattura riportava come causale "cessione non imponibile" e l'eventuale riferimento normativo (art. 71, D.P.R. n. 633/1972);
- **conservazione** della **documentazione** di ritorno (DDT e fattura vistata);

- **annotazione** della fattura nel **registro** delle fatture emesse evidenziando la data di ricevimento della fattura vistata entro lo stesso termine di emissione e con riferimento al mese di effettuazione.

Le fatture di **acconto** non andavano vistate dall'Ufficio di San Marino in quanto l'operazione era rinviata all'emissione della fattura definitiva che doveva richiamare quelle di acconto. Per evitare l'esterometro era possibile l'emissione di una fattura elettronica (D.L. n. 34/2019).

Le cessioni concorrevano a formare il **plafond** di esportatore abituale.

Anche in regime di fatturazione elettronica il cedente soggetto passivo stabilito in Italia doveva emettere comunque tre copie di fatture in formato cartaceo nei confronti del soggetto Sanmarinese (con Codice natura N3.3.).

Era comunque possibile l'emissione di una fatturazione elettronica al solo fine di evitare l'esterometro (➡**62.1.2.**); in tal caso nel Codice destinatario andavano indicate sette X (art. 12, D.L. n. 34/2019). Il D.L. n. 34/2019, pur introducendo la fatturazione elettronica anche nell'ambito delle transazioni con la Repubblica di San Marino, non incideva sulle operazioni non regolate dal D.M. 24 dicembre 1993 quali ad esempio le cessioni di mezzi di trasporto nuovi e le cessioni di beni a distanza.

Se il bene ceduto ad un soggetto passivo Sanmarinese non veniva esportato nella Repubblica e l'acquirente aveva interesse al recupero dell'imposta addebitatagli, quest'ultimo era obbligato a nominare un proprio rappresentante fiscale in Italia. Il cedente poteva non emettere fattura elettronica nei confronti del rappresentante in quanto il soggetto passivo sanmarinese non era stabilito in Italia, salvo che il cedente volesse evitare l'esterometro.

Il regime di non imponibilità presupponeva che il cessionario sammarinese fosse un soggetto passivo IVA. In caso contrario, le cessioni verso **privati consumatori** erano soggette a IVA in Italia in quanto considerate *ex lege* cessioni interne, fatta eccezione per:

- le cessioni di mezzi di trasporto "nuovi";
- cessioni di beni per corrispondenza, in base a cataloghi e simili con trasporto a carico del cedente nei confronti di soggetti che non agiscono nell'esercizio di imprese, arti e professioni (c.d. "vendite a distanza").

Regime transitorio (1° ottobre 2021 - 30 giugno 2022)

Dal 1° ottobre 2021, l'operatore nazionale, oltre a poter emettere fattura cartacea, può emettere fattura di vendita in formato elettronico (ovviamente non imponibile *ex* artt. 8 e 9 del D.P.R. n. 633/1972), applicando una delle seguenti procedure:

- indicando come "Codice destinatario" 7X e nel Campo Partita IVA del cessionario/committente il Codice "OO e 11 volte 9" se soggetto privato consumatore7 volte il numero 0;
- riportando il Codice destinatario attribuito all'Ufficio Sanmarinese (2R4GTO8) ed il codice operativo attribuito dal medesimo Ufficio al cessionario sanmarinese.

Nell'ipotesi di emissione di fattura elettronica, l'operatore economico nazionale la inoltra a SDI (come per le fatture elettroniche nazionali). Quest'ultimo trasmette il documento all'Ufficio tributario di San Marino il quale, una volta constatato il regolare assolvimento dell'imposta, lo convalida informando anche SDI per attestarne, se del caso, la regolarità.

L'Agenzia delle Entrate mette a disposizione del venditore un apposito canale per la verifica dell'esito del controllo. Se il documento non viene convalidato, deve essere regolarizzato a cura del cedente italiano mediante emissione di nota di variazione in aumento e non si applicano sanzioni ed interessi se la regolarizzazione avviene entro i 30 giorni successivi alla scadenza di 4 mesi dall'emissione della fattura.

Quando convalidata, l'Ufficio tributario di San Marino inoltra la fattura al cessionario sanmarinese.

Il cedente italiano non è più obbligato all'annotazione della fattura sul registro delle fatture emesse, né al Mod. INTRA Vendite.

Regime definitivo dal 1° luglio 2022

Dal 1° luglio 2022, per le cessioni di beni viene meno la possibilità di emissione di fatture cartacee, subentrando a pieno titolo l'obbligo di emissione di fatture in formato elettronico secondo le regole appena sopra enunciate.

Resteranno esentati solo determinati soggetti i quali già ora possono non emettere fatture elettroniche (es: i forfetari).

57.1.2. Prestazioni di servizi effettuate

Le prestazioni di servizi, non accessorie alle cessioni all'esportazione, rese da un soggetto passivo stabilito in Italia a favore di un **soggetto passivo sammarinese** non trovano una specifica trattazione

IVA

nell'art. 71 del Decreto IVA. Pertanto, ad esse si **applicano le regole generali sulla territorialità** delle prestazioni di servizio (➡**42.3.**).
Occorre, dunque, distinguere tra:
- prestazioni generiche (➡**42.3.3.**) (art. 7-ter, D.P.R. n. 633/1972) e
- prestazioni specifiche (➡**42.3.4.**) (artt. 7-quater e 7-quinquies, D.P.R. n. 633/1972).

Nel **primo caso** torna applicabile la regola dell'**ultimazione della prestazione**: il prestatore stabilito in Italia emette fattura non oltre l'ultimazione della prestazione, sebbene esclusa da IVA e con la dicitura "operazione non soggetta" e l'eventuale indicazione del riferimento normativo.
Eventuali acconti od anticipi non rilevano agli effetti della fatturazione. Se la fattura è antecedente all'ultimazione, la prestazione viene considerata ultimata per la porzione fatturata.
Nel **secondo caso** occorre fare riferimento alle specifiche disposizioni in materia al fine di individuare se la prestazione sia soggetta a IVA, oppure non imponibile od esclusa. La regola generale per questi servizi è che la prestazione si considera effettuata al **momento** del **pagamento** del corrispettivo, salvo che sia stata emessa fattura antecedentemente: il prestatore stabilito in Italia emette fattura o in anticipo rispetto all'incasso ma non oltre questo.
Il soggetto passivo italiano emette fattura elettronica indicando sette X nel Codice destinatario allo scopo di evitare l'invio dell'esterometro (sino al 30 giugno 2022) (➡**62.1.2.**).
L'operatore sanmarinese, soggetto passivo d'imposta, che intendesse recuperare dell'IVA addebitatagli in quanto l'operazione era territorialmente rilevante nello stato italiano, è obbligato a nominare un proprio rappresentante fiscale in Italia. Si rammenta che ancorché con rappresentante fiscale in Italia il soggetto sanmarinese non è qui stabilito, conseguentemente il prestatore italiano non è obbligato all'emissione di fattura elettronica nei confronti del rappresentante, salvo che voglia evitare l'esterometro; in tal caso emette fattura elettronica indicando nel Codice destinatario sette 0.

Prestazioni di servizi e fatturazione elettronica

Per le prestazioni di servizi rese nei confronti di operatori economici sanmarinesi che abbiano comunicato il numero di identificazione ricevuto dal loro ufficio tributario, la fattura, non soggetta all'imposta *ex* art. 21, c. 6-bis (ossia fuori campo IVA), può essere emessa dal soggetto passivo italiano in formato elettronico tramite SDI, che la trasmette all'ufficio tributario di S. Marino per il successivo inoltro al committente (art. 20, D.M. 21 giugno 2021).
Le fatture per servizi resi da soggetti italiani verso sanmarinesi potranno essere ancora in forma **cartacea anche dopo il 30 giugno 2022**.
Inoltre, le fatture non soggette ad imposta perché fuori campo IVA a partire dal 1° luglio 2022 potranno essere emesse in formato elettronico dal soggetto italiano solo opzionalmente e con codice destinatario caratterizzato da sette X. Pertanto, al committente dovrà essere inviata esclusivamente un documento cartaceo "di cortesia".

Acquisti di beni 57.1.3.

Regime applicabile sino al 30 settembre 2021

Gli acquisti di beni dalla Repubblica di San Marino da parte di soggetti passivi nazionali **scontavano** l'**IVA in Italia** ed erano soggetti a due procedure alternative:
- fatture di acquisto con IVA esposta;
- fatture di acquisto senza IVA esposta.

Fatture di acquisto con IVA esposta - Questa procedura prevedeva una molteplicità di attori: il fornitore sammarinese, l'Ufficio tributario di San Marino, l'Ufficio IVA di Pesaro ed il cliente italiano; ognuno con specifici compiti.
Compiti del **fornitore sammarinese erano**:
- emettere fattura in 4 esemplari con indicazione, oltre ai consueti dati, anche del proprio numero di identificazione fiscale, nonché di quello del cliente italiano;
- applicare l'IVA italiana relativa ai beni forniti;
- presentare all'Ufficio tributario di San Marino le fatture ed un elenco riepilogativo in 4 copie;
- versare l'imposta al proprio Ufficio tributario;
- trasmettere un esemplare della fattura al cliente italiano vidimata dall'Ufficio tributario di San Marino.

Compiti dell'**ufficio tributario di San Marino erano**:
- acquisire i dati e timbrare le fatture;
- incassare l'IVA dal fornitore sanmarinese;
- trasmettere entro il giorno 15 del secondo mese successivo a ciascun trimestre, i dati, gli elenchi e gli esemplari delle fatture all'Ufficio IVA di Pesaro;

- trasmettere l'IVA incassata all'Ufficio IVA di Pesaro;
- consegnare le fatture vistate dall'Ufficio pesarese al fornitore.

Compiti dell'**Agenzia delle Entrate** di Pesaro erano:

- liquidare ed incassare l'IVA trasmessagli;
- annotare gli estremi del versamento sugli esemplari delle fatture e restituire due copie all'Ufficio tributario di San Marino.

Obblighi del **cliente italiano**: si trattava di obblighi che riguardavano gli operatori economici e i soggetti ad essi assimilati, quali: gli enti e associazioni anche quando agivano al di fuori delle attività commerciali ed agricole e gli enti e le associazioni e le altre organizzazioni non soggetti passivi, ma identificati ai fini dell'IVA. In particolare, il cliente italiano:

- ricevuta la fattura dal fornitore la pagava al fornitore compresa l'IVA esposta;
- annotava la fattura nel registro degli acquisti onde poter detrarre l'imposta pagata a titolo di rivalsa nella prima liquidazione utile;
- la annotava sul registro delle fatture emesse entro i successivi 15 giorni, ma con riferimento al mese di ricevimento;
- compilava l'esterometro.

Fatture di acquisto senza IVA esposta - Di seguito, si illustra la procedura che era necessario seguire nel caso di fatture di acquisto senza IVA esposta.

Compiti del **fornitore sammarinese**:

- emettere fattura in tre esemplari con indicazione oltre ai consueti dati, anche del proprio numero di identificazione fiscale, nonché di quello del cliente italiano;
- far vistare le fatture, insieme ad un elenco riepilogativo, dal proprio Ufficio tributario;
- trasmettere un esemplare al cliente italiano.

Compiti dell'**ufficio tributario di San Marino**:

- timbrare e restituire due esemplari al fornitore;
- trasmettere entro il giorno 15 del secondo mese successivo a ciascun trimestre, i dati e gli elenchi all'Agenzia delle Entrate italiana.

Obblighi del **cliente italiano**:

- ricevuta la fattura sammarinese, calcolare l'imposta dovuta ed integrare l'esemplare di fattura ricevuto annotando l'imposta (indicando nel campo Natura della fattura elettronica il Codice N6.9.). In alternativa poteva essere emesso un nuovo documento entro 15 giorni dal ricevimento della fattura sanmarinese;
- annotare la fattura integrata sia sul registro delle vendite entro i 15 giorni successivi al ricevimento, ma con riferimento al mese di ricevimento, sia su quello degli acquisti per detrarre l'imposta nella prima liquidazione utile.
- compilare l'esterometro.

Acconti - In caso di ricevimento da parte del fornitore sanmarinese di una fattura d'acconto, questa non soggiaceva a particolare procedura in quanto ai fini IVA l'obbligazione sorgeva al momento del ricevimento della fattura a saldo (che doveva riportare, a scalare, l'acconto o gli acconti pagati in precedenza e che doveva essere munita del visto dell'Ufficio tributario di San Marino).

Regime transitorio (1° ottobre 2021 – 30 giugno 2022)

Dal 1° ottobre 2021 gli operatori economici stabiliti nella Repubblica di San Marino, oltre ad emettere fattura cartacea, possono effettuare cessioni di beni nei confronti di soggetti economici stabiliti in Italia, giustificate da fattura elettronica. Per fare ciò devono:

- aver ottenuto un numero di identificazione dal proprio ufficio fiscale;
- far accompagnare le merci spedite o trasportate, da DDT o altro documento idoneo ad individuare i soggetti tra i quali è effettuata l'operazione;
- far pervenire a SDI dette fatture per il tramite del proprio ufficio tributario; SDI le recapita al cessionario che può visualizzarle attraverso apposito canale informatico.

Anche le fatture elettroniche emesse dal soggetto sanmarinese possono essere:

- con IVA esposta, oppure
- senza addebito d'imposta.

Nel primo caso:

- l'operatore sanmarinese versa l'IVA al proprio Ufficio tributario;
- questi entro 15 giorni versa l'imposta all'apposito ufficio dell'Agenzia delle Entrate trasmettendogli, altresì, gli elenchi riepilogativi delle fatture corrispondenti a detti versamenti;
- entro altri 15 giorni l'Agenzia controlla i dati ed i versamenti dandone comunicazione all'altro Ufficio. Se non vi è corrispondenza l'Agenzia chiede all'altro Ufficio i necessari adeguamenti;

IVA

- l'esito positivo dei riscontri operati dall'Agenzia viene trasmesso al competente ufficio di San Marino ed al cessionario italiano. Solo dopo questa fase questi può detrarre l'imposta *ex* art. 19 del D.P.R. n. 633/1972.

Nel secondo caso (fattura senza addebito d'imposta):

- il soggetto passivo italiano, ricevuto da SDI la fattura elettronica sanmarinese, assolve l'imposta in reverse charge ed annota la fattura nei registri vendite ed acquisti.

Regime definitivo dal 1° luglio 2022

Dal 1° luglio 2022, anche gli operatori economici sanmarinesi, per le cessioni di beni a favore di analoghi soggetti economici stabiliti in Italia, devono emettere esclusivamente fatture elettroniche con la procedura sopra delineata.

Prestazioni di servizi ricevute 57.1.4.

Il D.M. 21 giugno 2021 nulla dispone circa la possibilità di fatturazione elettronica da parte del soggetto passivo sanmarinese nei confronti di soggetti stabiliti in Italia. D'altra parte, nulla dispone al riguardo neppure l'art. 71, D.P.R. n. 633/1972.

Tornano applicabili le regole generali in materia di territorialità.

Prestazioni generiche e specifiche

Per quanto concerne i servizi generici, questi rilevano ai fini IVA con l'**ultimazione** della prestazione salvo il pagamento totale o parziale in via anticipata.

Il committente, soggetto passivo stabilito in Italia, deve emettere **autofattura** non appena a conoscenza dell'ultimazione del servizio commissionato (indicando come Codice natura N6.9.).

L'autofattura va annotata sia nel registro delle fatture emesse (entro il giorno 15 del mese successivo all'effettuazione dell'operazione), sia in quello degli acquisti per poter operare la detrazione.

In alternativa all'autofattura quale documento cartaceo, nel caso di prestazioni di servizi rilevanti territorialmente in Italia, in luogo dell'autofattura, il committente italiano può emettere un **documento elettronico** (art. 12, D.L. n. 34/2019) da indirizzare a SDI, ma sarà comunque **obbligato** all'esterometro (➡62.1.2.).

Prestazioni specifiche

Una volta che si sia verificato il momento di effettuazione dell'operazione (di regola coincidente con la data di pagamento), l'annotazione sul registro delle fatture emesse va effettuata nei successivi 15 giorni, ma con riferimento alla data di emissione.

Analoga registrazione va effettuata sul registro degli acquisti.

Vendite a distanza nei confronti di soggetti consumatori finali privati 57.1.5.

Il D.M. 21 giugno 2021 disciplina anche le cessioni a distanza di beni a favore di privati cittadini San Marino. La disposizione ricalca sostanzialmente quanto già previsto per i regimi speciali OSS/IOSS (➡51.9.3.; ➡51.9.4.). È appena il caso di rammentare che San Marino non fa parte della UE.

Le vendite a distanza di beni (con esclusione dei mezzi di trasporto nuovo) che partono da uno Stato diverso da quello di arrivo a destinazione di acquirenti non soggetti d'imposta scontano l'imposta a destinazione quando il cedente ha superato nell'anno solare precedente un ammontare complessivo di cessioni in detto altro Stato superiore a **28.000 euro** e sempreché questo limite non sia superato nel corso dell'anno.

Ne deriva che al di sotto di tale limite, l'imposta è dovuta nello Stato del venditore, salvo che questi non opti comunque per l'applicazione **dell'imposta a destino**.

In particolare, gli operatori economici italiani esercitano l'opzione per l'applicazione dell'imposta a destino devono farne comunicazione all'Agenzia nella dichiarazione relativa all'anno di esercizio dell'opzione ed ha effetto per un biennio, salvo revoca. Gli operatori stabiliti nella Repubblica di San Marino, per le cessioni di beni da assoggettare ad imposta in Italia devono qui nominare un proprio rappresentante fiscale secondo le regole dell'art. 17 del D.P.R. n. 633/1972 (➡52.4.1.).

OPERAZIONI CON LA CITTÀ DEL VATICANO 57.2.

Cessioni di beni

Le cessioni di beni e le prestazioni di servizi accessorie alle cessioni di beni sono fatturate in regime di **non imponibilità**.

La fattura riporterà come causale "cessione non imponibile" e l'eventuale riferimento normativo (art. 71, D.P.R. n. 633/1972).

Per dimostrare l'effettiva introduzione dei beni in detto Stato è sufficiente far apporre dalle locali autorità il timbro "**visto entrare**" su un esemplare della fattura emessa.

Prestazioni di servizi

Le prestazioni di servizi, non accessorie alle cessioni di beni, rese da un soggetto passivo stabilito in Italia a favore di un soggetto passivo residente nella **Città del Vaticano** seguono la **regola generale sulla territorialità** delle prestazioni di servizi. Pertanto, si rendono applicabili le medesime regole illustrate a proposito delle prestazioni di servizi con San Marino.

IVA

IVA DI GRUPPO 58.

DEFINIZIONE 58.1.

L'**IVA di gruppo** (da non confondere con il Gruppo IVA (➡59.)) consiste in un particolare meccanismo di liquidazione dell'IVA periodica e del conguaglio di fine anno, che consente alle società facenti parte di un gruppo societario - ed opzionalmente aderenti alla procedura - di **trasferire** i propri **crediti** e **debiti** d'imposta alla società **controllante**. Quest'ultima procede al versamento solo del netto (compensazione) dato dalla somma algebrica delle posizioni debitorie e creditorie delle società aderenti. Le società a credito possono ottenere l'immediato rimborso del proprio credito tramite movimento finanziario all'interno del gruppo (art. 73, c. 3, D.P.R. n. 633/1972, D.M. 13 dicembre 1979, D.M. 13 febbraio 2017).

ADESIONE 58.2.

L'**adesione volontaria** al meccanismo di liquidazione può essere esercitata da:

- società di capitali (S.p.A., S.r.L., S.A.p.A.),
- società di persone (S.n.c., Sas.),

quando le azioni o quote aventi diritto al voto siano possedute, per una percentuale superiore al 50% del loro capitale, almeno dal 1° luglio dell'anno solare precedente a quello dell'esercizio dell'opzione, dall'ente o dalla società controllante (o da un'altra società controllata da quest'ultima).

> La sopravvenuta mancanza di alcuno dei requisiti sopra previsti ha effetto a partire dalla liquidazione periodica relativa al mese o trimestre nel corso del quale il requisito viene meno.

La partecipazione all'IVA di gruppo è possibile solo se la società controllante possieda i requisiti di controllo societario (diretto od indiretto) di tutte le altre società che intendono entrare nel perimetro, senza soluzione di continuità antecedentemente al 1° luglio dell'anno precedente, anche per effetto di operazioni straordinarie societarie. Pertanto, nel caso di incorporazione di una società realizzata in epoca successiva al 1° luglio, la quale a sua volta possedeva più del 50% di altra società prima del 1° luglio dell'anno precedente, fa sì che non si realizzi un passaggio senza soluzione di continuità nella posizione giuridica di controllo, in quanto viene a mancare in capo alla controllante, il possesso indiretto della maggioranza delle azioni o quote di quest'ultima società, per il periodo di tempo previsto alla sopra citata norma (risposta a interpello n. 187/2020).
L'adesione all'IVA di gruppo è del tutto volontaria e facoltativa. Pertanto, a scelta della controllante, possono essere incluse alcune società controllate ed escluse altre. Possono partecipare alla procedura anche le società stabilite in altri Paesi della comunità, purché la propria forma giuridica sia considerata equivalente a quella che la procedura ammette per le imprese stabilite in Italia e ivi identificandosi direttamente ovvero per il tramite di un rappresentante fiscale (ris. n. 22/E/2005).
In particolare, una società di diritto estera, identificata in Italia direttamente o per il tramite di un rappresentante fiscale ed in possesso di tutti i requisiti richiesti dal D.M. 13 dicembre 1979 (requisito temporale e percentuale di possesso) può partecipare alla procedura dell'IVA di gruppo in qualità di controllante ancorché non effettui operazioni rilevanti ai fini IVA in Italia (risposta a interpello n. 536/E/2019).

Manifestazione dell'opzione

L'ente o società commerciale controllante comunica all'Agenzia l'esercizio dell'opzione compilando la dichiarazione annuale ai fini IVA presentata nell'anno solare a decorrere dal quale intende esercitare l'opzione. All'interno del modello di dichiarazione IVA annuale, si rinviene il **quadro VG** che deve essere compilato per manifestare espressamente l'opzione.
Dalla dichiarazione (➡62.3.) dell'ente o società controllante devono risultare:

- il numero di partita IVA delle società controllate;
- il tipo di comunicazione relativa a ciascuna società controllata;
- la sussistenza del requisito di controllo, specificando data di origine e percentuale di possesso delle azioni o quote delle società controllate;
- la rinuncia della società controllante in ipotesi di IVA di gruppo attivata da una sub-holding;

IVA

- il prospetto **IVA 26PR** riepilogativo delle liquidazioni di tutte le società appartenenti al gruppo, costituito dai quadri VS, VV, VW, VY, VZ;
- le eventuali garanzie offerte dalla controllante nel caso di compensazioni all'interno del gruppo dei crediti di alcune con i debiti di altre ovvero se il credito viene riportato all'anno successivo.

La dichiarazione di opzione ha **effetto fino a revoca** da esercitarsi con le medesime modalità di comunicazione. Invece, ogni **variazione** dei **dati** relativi alle società controllate intervenuta nel corso dell'anno deve essere comunicata all'Agenzia delle Entrate entro 30 giorni con lo specifico **Mod. IVA 26** (➡58.6.). Ai fini della liquidazione IVA di gruppo può assumere il ruolo di società controllante anche una **società controllata da** un'**altra società**. In tal caso però è necessario che le società a monte di quella designata rinuncino, per iscritto, ad avvalersi a loro volta della procedura.

58.3. LIQUIDAZIONI E VERSAMENTI

Le varie società interne al perimetro dell'IVA di gruppo:

- procedono autonomamente alla determinazione della liquidazione dell'imposta, mensile o trimestrale, con le ordinarie registrazioni sui registri IVA, senza tener conto dell'eventuale credito del periodo precedente;
- determinano così l'importo a debito ovvero a credito;
- comunicano alla controllante deputata alla gestione del meccanismo la risultanza.

Le posizioni debitorie o creditorie delle singole società aderenti alla liquidazione dell'IVA di gruppo, una volta trasferite alla società controllante, vengono da queste acquisite, anche in caso di uscita dal perimetro di una delle società partecipanti.

La **società controllante**, ricevute tempestivamente le varie liquidazioni:

- le annota su un apposito **registro riassuntivo** numerato e tenuto ai sensi dell'art. 39 del D.P.R. n. 633/1972, insieme al dato emergente dalla propria liquidazione;
- ne fa la somma algebrica per procedere alla **liquidazione** dell'**IVA di gruppo**, quindi:
  - se il **saldo complessivo** è a **debito**, procede al suo **versamento** entro il giorno 16 di ciascun mese successivo (ovvero nel caso di versamenti, relativi ai contribuenti minori, entro il 16 del secondo mese successivo a ciascuno dei primi tre trimestri solari). Qualora una o più partecipanti sia considerata impresa minore, occorre procedere al versamento maggiorando il debito dell'1% (➡61.1.1.);
  - se il **saldo complessivo** è **a credito** può essere rinviato a nuovo, oppure utilizzato in compensazione verticale o interna (IVA da IVA), oppure chiesto a rimborso infrannuale se esistono tutte le condizioni per questa procedura (art. 30, D.P.R. n. 633/1972). Qualora l'eccedenza di credito sia generata da una **società non operativa** o **di comodo** (➡30.4.) (ossia quelle in perdita sistematica in relazione ai 5 esercizi precedenti ovvero quelle che non hanno superato il cosiddetto test di operatività (➡30.7.), non può essere utilizzata in compensazione ai fini della liquidazione dell'IVA di gruppo, né essere chiesta a rimborso dalla controllante;
- regola finanziariamente, secondo gli accordi contrattuali intercorsi con le controllate, il rimborso delle eventuali singole posizioni a credito.

È vietato alle società che partecipano per la prima volta alla liquidazione IVA di gruppo di far confluire nei calcoli compensativi della procedura la propria **eccedenza** di **credito IVA** derivante dal periodo d'imposta precedente. Di conseguenza, tali eccedenze detraibili restano definitivamente nella disponibilità del soggetto in capo al quale si sono formate e ad esse si applicano i criteri ordinari (art. 30, D.P.R. n. 633/1972).

In altri termini, l'utilizzo di tali eccedenze negli anni successivi deve avvenire nel rispetto delle regole normalmente applicabili ai soggetti non facenti parte di un gruppo societario. Questi ultimi, pertanto, in alternativa alla richiesta di rimborso, possono "rinviare" le eccedenze al periodo d'imposta successivo in modo da chiederle a rimborso nelle annualità successive, ovvero:

- computarle in detrazione in anni successivi, una volta venuta meno la partecipazione alla liquidazione di gruppo; ovvero
- utilizzarle in compensazione "orizzontale".

Le società controllate rispondono in solido con l'ente o società controllante delle somme o imposte risultanti dalle proprie liquidazioni periodiche o dalle proprie dichiarazioni e non versate dall'ente o società controllante. Qualora una controllata non abbia versato alla controllante l'importo di IVA dovuta, la società controllante deve attivarsi per ottenerne il versamento. Ciò nonostante, la sua corresponsabilità permane e se l'importo non versato alla consolidante è tale da far scattare le sanzioni di carattere penale, **del fatto è responsabile il rappresentante legale della controllante** e non della controllata (sent. n. 5513/2019).

Società con liquidazione mensile e società con liquidazione trimestrale

Può capitare che nell'ambito del gruppo coesistano società con liquidazione su base mensile ed altre su base trimestrale. In tale situazione la controllante deve procedere **separatamente** ai rispettivi **conteggi**, quindi, al termine del trimestre procede al versamento in uno con quello emergente dalla liquidazione mensile ed opera il **versamento cumulativo** entro il giorno 16 del mese successivo. In alternativa, procede a **versamenti separati** (trimestrali e mensili). In questo caso, però, l'eventuale credito dell'ultimo trimestre può essere compensato solo con il debito trimestrale (circ. n. 10/1990).

Omesso o ritardato versamento

L'Amministrazione finanziaria, se constata un omesso o ritardato versamento non sanato, può chiedere:

- alla controllante l'intero importo non versato o ritardato, oltre a comminare le relative sanzioni;
- alle altre società partecipanti solo la relativa quota di imposta trasferita e per la porzione non assorbita dalle compensazioni.

Acconto

In vista della scadenza del versamento dell'acconto dell'anno corrente in chiusura (27 dicembre), le **singole società** partecipanti alla liquidazione dell'IVA di gruppo, qualora la composizione non sia variata, devono ciascuna trasmettere alla controllante l'importo previsionale del proprio acconto determinato:

- sul dato storico, oppure,
- sul dato previsionale, oppure
- sulle risultanze del mese di dicembre sino al giorno 20.

La **controllante** sommando algebricamente le stime di tutte le società appartenenti al perimetro:

- determina il **dato previsionale di gruppo**,
- confronta il dato previsionale con il dato storico del gruppo desumendolo dalle liquidazioni di gruppo e procede ad effettuare le varie compensazioni,
- determina l'acconto e procede al suo versamento. È pertanto onere della controllante quello di procedere al versamento dell'acconto, quale unico obbligato (circ. n. 52/E/1991).

Qualora, invece, la composizione del gruppo fosse mutata nel corso dell'anno:

- le società fuoriuscite procedono autonomamente al calcolo del proprio acconto e la controllante non ne tiene conto;
- le società che dovessero entrare nel corso dell'anno trasmettono alla controllante i propri dati previsionali esattamente come le società già facenti parte del perimetro.

Casi particolari - Per determinati grandi imprese erogatrici di servizio pubblico (telecomunicazione, somministrazione di acqua, gas, energia elettrica, vapore e teleriscaldamento urbano, servizi di raccolta, trasporto e smaltimento dei rifiuti solidi urbani e assimilati, di fognatura e depurazione e che nell'anno solare precedente hanno versato imposta sul valore aggiunto per un ammontare superiore a due milioni di euro) l'acconto IVA è elevato al 97% dell'importo corrispondente alla media dei versamenti trimestrali eseguiti, o che avrebbero dovuto essere eseguiti, per i precedenti trimestri dell'anno (art. 1, c. 471, Legge n. 311/2004). Per le modalità di calcolo del limite di 2 milioni di euro si veda (➔62.2.1.). Si tratta del cosiddetto **acconto storico speciale**. In particolare, potrebbero esserci società partecipanti all'IVA di gruppo (controllante e controllate) che determinano l'acconto con criteri differenti a seconda che le imprese partecipanti siano **alcune mensili ed altre trimestrali**. La determinazione ed il versamento dell'acconto annuale deve essere effettuato dalla controllante sulla base di quanto comunicato dalle singole società. Pertanto:

- per quelle che adottano il metodo storico o previsionale, l'acconto è pari all'88% del versamento effettato o che si sarebbe dovuto effettuare nel mese di dicembre dell'anno precedente o se inferiore, di quello da effettuare per lo stesso mese dell'anno in corso;
- per quelle che sono trimestrali (ma non possiedono i requisiti per poter adottare il metodo storico speciale), l'acconto è sempre pari all'88% della somma algebrica delle posizioni debitorie e creditorie delle liquidazioni IVA dell'ultimo trimestre;
- per quelle che adottano il metodo storico speciale, l'acconto è pari al 97% della media dei versamenti relativi ai precedenti trimestri dell'anno in corso;
- l'importo definitivamente da versare è pari alla somma algebrica di quanto sopra (risposte a interpello n. 350/2019 e n. 15/2020).

IVA

58.4. COMPENSAZIONI E RIMBORSI

Compensazioni e garanzie

I **crediti** che le **singole società** hanno trasferito alla controllante e che sono stati effettivamente compensati con i debiti delle altre società appartenenti al gruppo devono essere **garantiti** da apposita fidejussione o con cauzione in titoli di Stato o garantiti dallo Stato a favore dell'Agente della riscossione. La garanzia è a carico delle singole società interessate alla compensazione del proprio credito. Ai fini della compensazione, le eccedenze dei crediti risultanti dalle dichiarazioni annuali IVA della società controllante o delle società controllate, che vengono compensate in tutto o in parte con i debiti IVA delle altre società partecipanti alla procedura di liquidazione dell'IVA di gruppo, devono essere **garantite** (art. 38-bis, D.P.R. n. 633/1972) (si veda Procedura ordinaria con obbligo di garanzia in ➡61.3.1.). Se la garanzia è necessaria, essa costituisce il presupposto alla validità della compensazione e se non prestata, la compensazione non può essere effettuata. Se, nonostante l'omessa prestazione della garanzia si procede egualmente alla compensazione, l'Agenzia delle Entrate procede al recupero in capo alla controllante degli importi indebitamente compensati (con l'irrogazione delle sanzioni). Una volta regolarizzata la violazione, il credito ripristinato torna nella disponibilità della controllante che è l'unica legittimata al ripristino del credito compilando il quadro VW40 della dichiarazione (risposta a interpello n. 164/2020).
La garanzia ha una durata di 3 anni dalla data della compensazione con l'applicazione della franchigia del 10% dei versamenti effettuati nel biennio precedente.
Le società considerate "virtuose" sono esonerate dalla presentazione della garanzia. Le garanzie previste per le controllate possono essere assunte dalla controllante sia per le eccedenze di credito di gruppo compensate, sia nel caso di richiesta di rimborso del credito.

> La compensazione è ammessa solo se verticale od interna (ossia IVA da IVA). Non è ammessa la compensazione orizzontale (ossia IVA con altre imposte o tributi).

La **compensazione superiore** ad **euro 5.000** può essere esercitata a far tempo dal 10° giorno successivo alla presentazione della dichiarazione IVA, munita di visto di conformità rilasciato da un professionista abilitato (➡61.4.).
Il **credito di gruppo** ossia il credito complessivo che emerge dalla dichiarazione annuale e riportato all'anno successivo è separatamente ed autonomamente garantito dalla **controllante** mediante polizza fidejussoria o cauzione in titoli di Stato, nella dichiarazione annuale relativa all'anno in cui detto credito ha trovato compensazione.

Formalità per il rimborso o la compensazione trimestrale

L a controllante che abbia realizzato nel trimestre precedente un'eccedenza di imposta detraibile superiore a 2.582,28 euro, può chiedere in tutto od in parte il rimborso di detta eccedenza oppure utilizzarla in compensazione anche con altri tributi (compensazione orizzontale ➡61.4.1. e segg.) purché in possesso dei requisiti già ricordati. Il credito può essere anche compensato mediante Mod. F24. La richiesta deve essere formalizzata mediante apposito modello denominato **Mod TR** (si veda ➡61.3.2. e ➡61.4.2.). Il Mod. TR deve essere inviato esclusivamente in via telematica all'Agenzia delle Entrate, direttamente ovvero per il tramite di intermediari qualificati, entro l'ultimo giorno del mese successivo al trimestre di riferimento.

Rimborsi

Solo la controllante è deputata a poter chiedere il rimborso del credito di gruppo. Il rimborso può essere **trimestrale o annuale**.

Rimborso annuale	Rimborso trimestrale
Per poter chiedere il rimborso sia la controllante sia le controllate devono soddisfare almeno uno dei seguenti **requisiti**: - il credito è superiore ad euro 2.582,28; - l'aliquota media acquisti ed importazioni è maggiore di quella mediamente applicata su tutte le operazioni effettuate, maggiorata del 10%;	Per poter chiedere il rimborso sia la controllante sia le controllate devono soddisfare almeno uno dei seguenti **requisiti**: - il credito è superiore ad euro 2.582,28; - l'aliquota media acquisti ed importazioni è maggiore di quella mediamente applicata su tutte le operazioni effettuate, maggiorata del 10%;

IVA

Rimborso annuale	Rimborso trimestrale
- operazioni non imponibili maggiore del 25% dell'ammontare complessivo delle operazioni attive registrate nell'anno; - prevalenza di operazioni non soggette. La società controllata che ha trasferito l'eccedenza di credito, deve presentare la propria dichiarazione annuale prima di quella della controllante. La controllante deve poi presentare telematicamente la propria dichiarazione compilando altresì il **Prospetto IVA 26 PR** (costituito dai quadri VS, VV, VW, VY, VZ della dichiarazione) dal quale emerga il credito chiesto a rimborso. Nel modello può essere anche chiesta la quota parte del rimborso per la quale la controllante intende utilizzare la procedura semplificata di rimborso tramite l'agente della riscossione. Tale quota, cumulata con gli importi che sono stati o che saranno compensati nel corso dell'anno, non può superare il limite di euro 700.000. Di regola è richiesta alla controllante la presentazione di garanzie (vedasi sopra), salvo il caso in cui la controllante sia considerata impresa "virtuosa".	- operazioni non imponibili maggiore del 25% dell'ammontare complessivo delle operazioni attive registrate nell'anno; - prevalenza di operazioni non soggette. La società controllante invia telematicamente il **Mod. IVA TR** entro l'ultimo giorno successivo al trimestre di riferimento. Di regola è richiesta alla controllante la presentazione di garanzie (vedasi sopra), salvo il caso in cui la controllante sia considerata impresa "virtuosa". Restano ferme le responsabilità delle controllate che hanno maturato il credito.

IVA di Gruppo e Brexit

L'Agenzia delle Entrate ha chiarito che la partita IVA attribuita mediante identificazione diretta non cessa automaticamente per effetto della fuoriuscita del Regno Unito dall'Unione Europea. I soggetti passivi stabiliti nel Regno Unito che già dispongono in Italia di un rappresentante fiscale IVA o di un identificativo IVA, nominato o rilasciato antecedentemente al 1° gennaio 2021, possono continuare ad avvalersene per le operazioni interne (risposta a interpello n. 288/2021). Nel caso di specie, la capogruppo, società di diritto UK e stabilita fiscalmente nel Regno Unito, pur non svolgendo in Italia alcuna attività rilevante ai fini IVA, si era qui identificata al fine di optare per la procedura di liquidazione dell'IVA di gruppo con le sue controllate società stabilite in Italia. Il credito d'imposta maturato nell'anno ante Brexit (2020), a seguito delle operazioni effettuate dalle controllate ed emergente dal Quadro IVA 26PR, non poteva essere chiesto a rimborso dalle controllate in mancanza dei necessari requisiti. Anche la società inglese non può utilizzare il credito né a rimborso né in compensazione non svolgendo alcuna attività in Italia. Nonostante quanto sopra, l'Agenzia delle Entrate ha chiarito che il credito non è perso. La società UK dovrà, nel corso del 2021, chiudere la propria Partita IVA con Mod. Anr/3 (cessazione di attività), e poi richiedere il rimborso del credito con la dichiarazione annuale IVA2022 utile per il periodo d'imposta 2021.

DICHIARAZIONI 58.5.

Ogni società è tenuta ad inviare telematicamente la propria **dichiarazione IVA** nel periodo tra il **1° febbraio** ed il **30 aprile**. La società che ha trasferito l'eccedenza di credito deve presentare la propria dichiarazione annuale prima di quella della controllante.
In particolare, la controllante deve inviare la propria dichiarazione annuale, che comprende anche il "Mod. 26PR" riepilogante le società partecipanti all'IVA di gruppo, le liquidazioni periodiche ed annuali, nonché la determinazione dell'IVA a debito od a credito. Deve inoltre indicare le garanzie, se dovute, presentate all'Agente della riscossione. Il Prospetto 26PR è composto dai quadri VS, VV, VW, VY, VZ.

VARIAZIONI 58.6.

Eventuali variazioni nella composizione del gruppo per il venir meno dei requisiti deve essere comunicata telematicamente all'Agenzia delle Entrate competente mediante presentazione dell'apposito Mod. IVA 26 **entro 30 giorni** dal verificarsi della variazione.
Il venir meno dei requisiti di controllo ha effetto dal periodo (mese o trimestre) in cui l'evento si è verificato. Se in corso d'anno la procedura viene a cessare per qualsiasi ragione oppure non viene rinnovata, solo la ex controllante può chiedere il rimborso ovvero il riporto in avanti delle eventuali eccedenze creditorie.

59. GRUPPO IVA

59.1. DEFINIZIONE

Il Gruppo IVA, introdotto nel nostro ordinamento dalla Legge di bilancio 2017, è caratterizzato essenzialmente da due elementi: le cessioni di beni e/o le prestazioni di servizio intra gruppo sono considerate, ai fini IVA escluse dal suo ambito; si presenta verso l'esterno come un unico soggetto ancorché la specifica operazione sia realizzata da un solo membro (vedi oltre).
Per poter costituire un gruppo IVA occorre che il rappresentante del Gruppo ne manifesti la volontà attraverso una **opzione.** L'opzione per la sua costituzione (in presenza anche di particolari vincoli) se presentata:

- **dal 1° gennaio al 30 settembre**, darà effetto al Gruppo IVA dal 1° gennaio dell'anno successivo;
- **dal 1° ottobre al 31 dicembre**, darà effetto al Gruppo IVA dal secondo anno successivo.

L'opzione si esercita mediante l'invio telematico del Modello AGI/1 all'Agenzia delle Entrate. Deve essere sottoscritta sia dal rappresentante del Gruppo, sia da tutti gli altri partecipanti. L'opzione ha validità triennale con rinnovo automatico per ogni altro anno successivo (➡59.2.2.).
I principali **vantaggi** del Gruppo IVA discendono dall'irrilevanza ai fini impositivi dei rapporti tra i soggetti facenti parte del gruppo, tali essendo quelli stabiliti nel territorio dello Stato per i quali ricorrano congiuntamente i vincoli finanziario, economico e organizzativo (art. 70-ter, D.P.R. n. 633/1972). L'opzione risulta conveniente in modo particolare per gli operatori in regime di esenzione, che possono evitare l'indetraibilità da pro-rata nei rapporti infragruppo e aumentare la percentuale di detrazione quando operano con soggetti esterni al gruppo se quest'ultimo è composto anche da operatori con attività imponibile.
I vantaggi descritti sono dovuti al fatto che, con l'esercizio dell'opzione da parte di tutti i soggetti facenti parte del gruppo (secondo il c.d. "all-in, all-out principle"), gli stessi perdono la propria autonomia soggettiva diventando un **unico soggetto passivo d'imposta**, denominato "Gruppo IVA", i cui obblighi sono adempiuti e i diritti esercitati dal rappresentante del gruppo (art. 70-septies, D.P.R. n. 633/1972).
Il Gruppo IVA non va confuso con l'istituto dell'IVA di gruppo (➡58.). Anzi, i due istituti possono dirsi antitetici; ai partecipanti del Gruppo IVA, ad esempio, è inibita la possibilità di optare per la liquidazione IVA di gruppo (circ. n. 19/E/2018).

IVA

> Più imprese stabilite sul territorio italiano, tra le quali ricorrano congiuntamente **vincoli**:
> - **finanziari**,
> - **economici**,
> - **organizzativi**,
>
> possono unirsi ai fini IVA in un unico soggetto passivo che sarà considerato un **unico contribuente** nei confronti dell'Amministrazione finanziaria tanto per le operazioni attive, quanto per quelle passive realizzate sia nei confronti del gruppo sia nei confronti di terzi.
> Pertanto, ai fini IVA sarà dotato di una propria partita IVA e di una propria autonoma iscrizione al VIES.

59.2. SOGGETTI INTERESSATI

Requisiti soggettivi

Possono aderire alla costituzione di un Gruppo IVA (art. 70-bis, D.P.R. n. 633/1972) i soggetti passivi stabiliti nel territorio dello Stato che esercitino un'attività d'impresa, arte o professione, legati tra di loro da vincoli di ordine finanziario, economico, organizzativo.

Possono partecipare ad un Gruppo IVA anche le **holding gestorie o miste**, ossia quelle che interferiscono nell'amministrazione dei soggetti partecipati esercitandone di fatto la direzione oppure che offrono ai soggetti partecipati servizi di comune interesse e di comune fruizione.
Possono partecipare ad un Gruppo IVA anche le **società di gestione del risparmio** e le società costituite nell'ambito di una operazione di cartolarizzazione.

Soggetti esclusi

Anche alla luce dei chiarimenti delle Entrate (circ. n. 19/E/2018), non possono partecipare alla costituzione di un Gruppo IVA:
- le **sedi** e le **stabili organizzazioni** all'estero di soggetti passivi con sede dell'attività in Italia;
- i soggetti la cui azienda sia sottoposta a **sequestro giudiziario**, la disposizione opera anche se oggetto di sequestro è una sola di esse;
- i soggetti sottoposti a **fallimento**, concordato preventivo, liquidazione coatta amministrativa e amministrazione straordinaria delle grandi imprese in crisi;
- le cosiddette holding pure, cioè quei soggetti la cui attività si limita al mero possesso di partecipazioni, quote sociali, obbligazioni o titoli al fine della percezione dei relativi dividendi, interessi o altri frutti, e che non costituiscono esercizio di impresa e non sono neppure soggetti passivi IVA. Resta salvo quanto specificato a proposito dell'esistenza del vincolo finanziario (➡59.2.1.);
- gli **enti non commerciali** per le attività istituzionali svolte;
- gli **enti pubblici** per le funzioni esercitate in veste di pubblica autorità;
- i **consorzi** con mera rilevanza interna;
- i soggetti posti in **liquidazione** ordinaria.

Inoltre, non possono partecipare al Gruppo IVA, quali controllati, i soggetti passivi IVA **non costituiti in forma societaria** per i quali non possono trovare applicazione le regole concernenti il diritto di voto (così come disposto dall'art. 2359, c. 1 n. 1) del c.c.). Questi stessi soggetti possono partecipare al Gruppo IVA solo in qualità di controllanti con diritto di voto come appena indicato e possiedano anche i requisiti dei vincoli economico ed organizzativo (circ. n. 19/E/2018).
L'Agenzia delle Entrate (circ. n. 19/E/2018), con una interpretazione estensiva dell'art. 70-ter, c. 1 lett. b) del D.P.R. n. 633/1972, ha chiarito che è possibile costituire in Italia un Gruppo IVA composto da imprese qui residenti, ma sotto il controllo di un soggetto stabilito in un **Paese estero:**
- annoverato nella cosiddetta **white list** (D.M. 4 settembre 1996 e successive integrazioni), oppure
- che preveda un adeguato **scambio di informazioni** tramite Convenzione per evitare la doppia tassazione sul reddito, oppure
- ove esista uno **specifico accordo internazionale**, oppure
- ove sia stato stipulato un accordo che assicuri un adeguato **scambio di informazioni** in materia di **assistenza amministrativa**.

Nei casi in cui la capofila sia stabilita all'estero occorre però verificare l'esistenza del vincolo finanziario (➡59.2.1.).

Vincoli 59.2.1.

I soggetti passivi interessati alla costituzione di un unico soggetto passivo d'imposta possono costituire un Gruppo IVA se rispettano i vincoli di seguito descritti.
Tutti i seguenti vincoli devono sussistere al momento dell'esercizio dell'opzione per la costituzione del Gruppo IVA e comunque già dal **1° luglio dell'anno precedente** a quello in cui ha effetto l'opzione (art. 1, D.M. 6 aprile 2018).

Vincolo finanziario

Vi è vincolo finanziario (art. 70-ter, D.P.R. n. 633/1972), in presenza di società controllate (art. 2359, c. 1, n. 1), c.c.), quando da almeno il 1° luglio dell'anno solare precedente:
- tra i soggetti partecipanti esiste un rapporto di controllo diretto o indiretto;
- i soggetti sono controllati, direttamente o meno, dallo stesso soggetto purché residente in Italia o in un altro Paese per il quale l'Italia abbia stipulato un accordo di trasparenza e scambio di informazioni. Lo "stesso soggetto" può anche essere una **persona fisica**, anche priva dello status di soggetto passivo IVA e rivestire comunque il soggetto di controllante ancorché non partecipante (risposta a interpello n. 194/2019).

Secondo la Relazione governativa di accompagnamento alla Legge 11 dicembre 2016, n. 232 (Legge di bilancio 2017), il vincolo finanziario sussiste qualora il soggetto A controlla sia il soggetto B che, a sua volta, controlla il soggetto C, sia il soggetto D che, a sua volta, controlla il soggetto E.

IVA

L'Agenzia delle Entrate ha fornito in aggiunta (circ. n. 19/E/2018) i seguenti esempi:
- controllo a "**raggiera**". Quando per esempio la capogruppo A, partecipa per almeno il 50% al capitale delle società B, C e D indipendenti tra di loro;
- controllo a "**catena**". Quando, per esempio, la capogruppo A controlla per più del 50% la società B che a sua volta controlla sempre per più del 50% la società C che a sua volta possiede una partecipazione si supponga del 30 in D che a sua volta è partecipata anche da A per il 40%.

Inoltre, il decreto fiscale di accompagnamento alla legge di bilancio per il 2019 (D.L. n. 119/2018) ha stabilito che il **vincolo finanziario** si considera **comunque sussistente** tra i soggetti passivi, stabiliti in Italia, partecipanti ad un Gruppo Bancario cooperativo di cui all'art. 37-bis del Testo Unico delle leggi in materia bancaria e creditizia (D.Lgs. n. 385/1993).

È **esclusa** l'esistenza del vincolo finanziario tra soggetti stabiliti in Italia e controllati dalla medesima società estera quando in mezzo si frappongano altre società stabilite all'estero.

Le **holding pure** sono escluse dalla possibilità di entrare nel perimetro del Gruppo IVA (➜59.1.). Ciò nonostante le società che direttamente o indirettamente sono controllate (*ex* art. 2359, c. 1 n. 1) del c.c.) dalla holding pura possono comunque formare un Gruppo IVA; quest'ultima, pur esclusa dal perimetro, diverrà il punto imprescindibile ai fini dell'individuazione del nuovo soggetto.

Per la **stabile organizzazione** ai fini IVA in Italia di un soggetto passivo estero, il vincolo deve essere verificato, secondo i parametri dell'art. 2359, c. 1, n. 1 del c.c., in capo alla casa madre estera nei confronti della propria stabile organizzazione. È escluso possano entrare a far parte del Gruppo, nelle vesti di **controllati**, le stabili organizzazioni di entità non residenti, nei confronti delle quali non sia possibile accertare la presenza dei requisiti di cui all'art. 2359, c. 1, c.c. Le stabili organizzazioni di soggetti passivi non stabiliti possono entrare a far parte del Gruppo, qualora la Casa Madre eserciti, ai sensi del sopra citato articolo del codice civile, un controllo di diritto nei confronti delle altre entità stabilite in Italia, a loro volta aderenti al Gruppo (risposta a interpello n. 539/2020).

Qualora tra i soggetti passivi intercorra il vincolo finanziario, si presumono sussistenti anche i vincoli economico ed organizzativo (art. 70-ter, c. 4, D.P.R. n. 633/1972). Tale **presunzione non opera** per i soggetti in relazione ai quali il vincolo finanziario è stabilito per effetto dell'acquisizione di partecipazioni nell'ambito di interventi finalizzati al **recupero di crediti** o derivanti dalla conversione di azioni di nuova emissione, di crediti verso **imprese in temporanea difficoltà** (ris. n. 54/E/2018). Conseguentemente venendo a mancare questo vincolo le imprese che effettuano tali operazioni sono escluse dal perimetro del Gruppo IVA (art. 70-ter, c. 6).

Vincolo economico

Vi è vincolo economico quando tra i soggetti sussista almeno una delle seguenti forme di cooperazione economica:
- svolgimento di un'attività principale (nel senso di "attività caratteristica" come si evince dallo Statuto) dello stesso genere (ossia appartenenti alla medesima tipologia di attività commerciale o professionale, senza che ciò conduca a dare valore determinante ai codici Ateco);
- svolgimento di attività complementari (ossia deve esistere un rapporto di necessaria strumentalità tra attività la cui funzionalità ed il cui valore economico si manifestano solo in combinazione) o interdipendenti ove deve esistere una connessione tra attività reciproca, ma eventuale;
- svolgimento di attività a vantaggio di uno o più soggetti. Ad esempio, quando un soggetto offre un beneficio sostanziale all'attività svolta da un altro soggetto riducendone i costi (servizi amministrativi /o contabili di gruppo, gestione generalizzata del personale, ecc.) oppure quando un soggetto sia impegnato nello svolgimento a titolo oneroso ad attività funzionali al perseguimento di obiettivi economici della casa madre o di altre consociate.

È considerato sussistente il vincolo economico anche:
- nei rapporti tra le parti dei cosiddetti contratti di distribuzione (es.: contratti di distribuzione; contratti di franchising) (circ. n. 19/E/2018);
- in presenza di un soggetto controllante **persona fisica** non necessariamente soggetto IVA, quando l'attività di quest'ultimo fornisce alle sue controllate è in grado di avvantaggiare lo svolgimento delle loro attività economiche (principio di diritto n. 9/2020).

Esclusione dell'esistenza del vincolo economico - Non sussiste il vincolo economico quando esso è determinato:
- dall'**acquisto di partecipazioni** nell'ambito di un'attività di recupero crediti;
- dalla **conversione in azioni** di nuova emissione dei crediti verso le imprese in temporanea difficoltà finanziaria.

IVA

Vincolo organizzativo

Vi è vincolo organizzativo quando tra le imprese che intendono partecipare al Gruppo IVA esiste in via di diritto (ex Libro V, Titolo V, Capo IX del c.c.) od in via di fatto un coordinamento tra gli organi decisionali, ancorché tale coordinamento sia svolto da un altro soggetto.
L'Agenzia delle Entrate ha chiarito che l'attività di direzione e coordinamento può essere esercitata, ad esempio, in virtù di "**particolari vincoli contrattuali**" quali i contratti di agenzia, di commissione, di concessione, di affiliazione commerciale che pongono la società agente o commissionaria o concessionaria o affiliata in una condizione di **dipendenza economica** e ne fanno una società satellite della società preponente o concedente o affiliante, come previsto dall'art. 2497-septies c.c. (circ. n. 19/E/2018). In altri termini deve esistere una limitazione della capacità decisionale di ciascuno di essi e la loro sottoposizione agli indirizzi ed al controllo di una struttura unica preposta alla determinazione degli obiettivi di gruppo.
Il vincolo organizzativo sussiste anche nel caso in cui la controllante del Gruppo sia una **persona fisica**, ancorché non soggetto IVA, se vi sia una interazione tra i membri mediante la devoluzione a questa persona delle strategie operative dell'intero Gruppo (principio di diritto n. 9/2020).

Istanza di interpello

Per vincere le seguenti presunzioni:
- insussistenza del vincolo economico o di quello organizzativo presunto in presenza di quello finanziario;
- ricorrenza di quello economico presunto insussistente per i soggetti per i quali il vincolo finanziario è stabilito in dipendenza di operazioni di conversione di crediti in partecipazioni,

è prevista la presentazione all'Agenzia delle Entrate di apposita istanza di un cosiddetto interpello probatorio (art. 70-ter, c. 5 e 6). L'interpello ha lo scopo di ottenere un parere sulla sussistenza delle condizioni o sulla idoneità degli elementi probatori richiesti dalla legge per l'accesso al Gruppo IVA (ris. 54/E/2018).
È consentita la **presentazione** dell'interpello anche prima della costituzione di un Gruppo IVA. L'interpello può essere presentato sia dal singolo soggetto passivo (società) interessato al parere, sia dal rappresentante del gruppo costituito o da costituire. In ogni caso esso deve essere **sottoscritto** da entrambi.
È **ammissibile** la presentazione di un'**unica istanza** per la inclusione ovvero la espulsione di una pluralità di soggetti. In tal caso la sottoscrizione è richiesta oltre che al rappresentante anche a tutti i soggetti interessati.
L'Amministrazione è tenuta a rispondere entro 120 giorni dalla presentazione dell'istanza (art. 11, c. 3, Legge n. 212/2000).

Opzione 59.2.2.

I vincoli finanziario, economico e organizzativo devono sussistere al momento dell'esercizio dell'opzione per la costituzione del Gruppo IVA e comunque già dal 1° luglio dell'anno precedente a quello in cui ha effetto l'opzione (circ. n. 19/E/2018).
Verificata la sussistenza tra le imprese dei vincoli finanziario, economico ed organizzativo, il **rappresentante del gruppo** presenta in via telematica la dichiarazione relativa alla costituzione del Gruppo IVA, sottoscritta da tutti i partecipanti, utilizzando apposito modello predisposto dal Direttore dell'Agenzia delle Entrate (D.M. 6 aprile 2018).
Il Modello, denominato AGI/1 e le modalità di trasmissione sono stati approvati con Provvedimento direttoriale del 19 settembre 2018, n. 215450.
La presentazione della dichiarazione di opzione per la costituzione del Gruppo IVA è un requisito sostanziale, per cui **non** è **possibile** avvalersi del cosiddetto **comportamento concludente** (art. 70-novies, D.P.R. n. 633/1972).
La domanda deve contenere (art. 70-quater, D.P.R. n. 633/1972):
- **denominazione** del Gruppo IVA;
- **dati identificativi** del rappresentante di gruppo e dei soggetti partecipanti al gruppo medesimo;
- **attestazione della sussistenza**, che tra i soggetti appartenente al gruppo vi siano i vincoli finanziario economico e organizzativo;
- **tipo di attività** svolta dal Gruppo IVA;
- **elezione di domicilio** presso il rappresentante di gruppo da parte di ciascun partecipante al gruppo;
- **sottoscrizione** del **rappresentante di gruppo** (➜59.3.), che presenta la dichiarazione, e degli altri soggetti partecipanti al gruppo.

IVA

Si aggiunga, inoltre, che ai fini:
- della scelta per l'applicazione separata dell'imposta nel caso di **esercizio di più attività** (art. 36, D.P.R. n. 633/1972),
- della comunicazione per la **dispensa** dagli **adempimenti** per le **operazioni esenti** (art. 36-bis),

la **dichiarazione** di costituzione del gruppo può essere **integrata** entro il 31 dicembre dell'anno precedente a quello in cui ha effetto la costituzione del Gruppo IVA (D.M. 6 aprile 2018).
Successivamente le opzioni di cui ai citati artt. 36 e 36-bis possono essere esercitate o modificate per semplice comportamento concludente.

Durata e revoca dell'opzione

L'adesione al Gruppo IVA è **vincolante per un triennio** a partire dall'anno in cui essa ha effetto, purché continuino nel frattempo a sussistere i tre citati vincoli. Successivamente, l'opzione si rinnova automaticamente per ciascun anno sino all'eventuale esercizio della revoca.

Termini di presentazione dell'opzione

Se la dichiarazione è presentata dal rappresentante del gruppo (art. 70-quater, D.P.R. n. 633/1972):
- tra il **1° gennaio ed il 30 settembre**, l'opzione ha effetto dall'anno immediatamente successivo;
- tra il **1° ottobre ed il 31 dicembre**, l'opzione ha effetto a partire dal secondo anno successivo.

L'opzione per la costituzione del Gruppo IVA non può essere sostituita dal cosiddetto "comportamento concludente".
Una volta costituitosi il Gruppo IVA, **possono successivamente entrare a farvi parte** anche altri soggetti purché, tra questi ultimi e quelli già partecipanti, sussistano i predetti vincoli finanziari, economici ed organizzativi.
La comunicazione deve essere presentata entro il **novantesimo giorno** successivo a quello in cui tali vincoli si sono instaurati, ma la partecipazione diventa effettiva **a decorrere dall'anno successivo**.

59.2.3. Effetti dell'opzione

Con l'adesione opzionale al gruppo, le varie società partecipanti perdono la propria autonomia soggettiva (a differenza della liquidazione dell'IVA di gruppo), decadono dagli eventuali regimi opzionali eventualmente adottanti ante costituzione del gruppo ed ai fini IVA iniziano ad operare come **un unico soggetto** tanto nei rapporti interni, quanto nei rapporti con i terzi.
Le dichiarazioni e gli altri obblighi formali di comunicazione, liquidazione e versamento dell'imposta sono effettuati dal rappresentante di gruppo.
In altri termini:
- tutte le imprese interne al perimetro del gruppo assumono la partita IVA **attribuita al gruppo** in sede di presentazione dell'opzione. Ciò nonostante, l'originaria partita IVA precedentemente attribuita a ciascun partecipante deve comunque essere riportata in ogni dichiarazione ed in tutti gli altri atti o comunicazioni rilevanti ai fini IVA. In tal modo la partita IVA di ciascun partecipante viene associata a quella attribuita al gruppo. L'informazione di tale associazione, corredata della data di decorrenza, viene resa dall'Anagrafe Tributaria in sede di interrogazione o verifica della singola partita IVA, in modo che il trattamento della stessa possa essere regolato in modo corretto;
- è vietato il trasferimento al gruppo delle eccedenze IVA detraibili emergenti dalle varie dichiarazioni annuali di ciascuna delle partecipanti e riferibili all'anno antecedente quello di adesione al gruppo. Tale trasferimento è possibile nel limite dei versamenti d'imposta effettuati nel medesimo periodo. Tali eccedenze restano a disposizione delle singole società e potranno essere chieste a rimborso ovvero utilizzate in compensazione orizzontale;
- la partita IVA attribuita al gruppo assume anche la valenza di **codice fiscale**;
- alla data di efficacia del gruppo (1° gennaio), è necessaria l'iscrizione al VIES con le consuete modalità se il gruppo deve effettuare operazioni intracomunitarie. Di contro i partecipanti al gruppo già eventualmente iscritti al VIES vengono automaticamente esclusi dall'elenco e potranno nuovamente iscriversi solo dopo lo scioglimento o la revoca del gruppo;
- il Gruppo IVA potrà essere registrato con autonoma abilitazione all'utilizzo dei servizi telematici erogati dall'Agenzia, compresi quelli disponibili per la fatturazione elettronica;
- tutte le **operazioni** di cessione di beni e prestazioni di servizi effettuate da un soggetto partecipante a un Gruppo IVA nei confronti di un **altro soggetto** partecipante allo **stesso Gruppo IVA** non sono considerate operazioni IVA. Da ciò ne deriva che agi effetti IVA diventa irrilevante la determinazione della base imponibile con conseguente inosservanza del consueto obbligo di emissione di fattura, registrazione, annotazione ed inserimento dell'operazione nella dichiarazione annuale, per le operazioni intercorse tra una società del gruppo ed un'altra partecipante al

IVA

medesimo gruppo. Invece le citate operazioni infragruppo rilevano ai fini della contabilità generale. L'Agenzia delle Entrate ha chiarito che nell'ipotesi di **IVA applicata separatamente all'interno del gruppo**, ad esempio per i passaggi interni di beni e servizi, l'operazione ritorna ad assumere rilevanza IVA con tutte le conseguenze formali e sostanziali del caso (circ. n. 19/E/2018);

- tutte le **cessioni** di beni e prestazioni di servizi effettuate da un soggetto partecipante a un Gruppo IVA nei confronti di un **soggetto che non ne fa parte** si considerano effettuate dal Gruppo IVA e sono soggette all'imposta (se del caso). Tale conclusione è valida anche nei casi di import/export e di cessioni/acquisti intracomunitari posti in essere da partecipanti a gruppo. Non solo, ma il diritto all'acquisto di beni e servizi senza il pagamento dell'IVA è esercitato dal Gruppo IVA, che utilizza anche il plafond maturato in capo al singolo membro nell'anno precedente al suo ingresso;
- tutti gli **acquisti** di beni e servizi effettuate nei confronti di un **soggetto partecipante** a un Gruppo IVA da un soggetto che non ne fa parte si considerano effettuate nei confronti del gruppo e quindi dovranno essergli fatturate con l'unica partita IVA;
- gli obblighi formali e sostanziali dell'imposta (dichiarazioni, liquidazioni, versamenti) sono a carico o a favore del Gruppo IVA.

Con particolare riguardo al versamento dell'acconto IVA questo non deve essere effettuato il primo anno di costituzione del Gruppo in quanto la costituzione del Gruppo non produce alcun effetto successorio tra le posizioni giuridiche attive e passive delle società appartenenti al Gruppo e così verrebbe a mancare uno dei due parametri di commisurazione su cui si basa il calcolo dell'acconto. Per gli anni successivi la determinazione dell'acconto su base storica deve effettuarsi tenendo unicamente conto del versamento effettuato o che avrebbe dovuto effettuare il Gruppo nel mese di dicembre dell'anno precedente. Per quanto concerne i soggetti partecipanti che esercitano attività "speciali" (art. 1, c. 1, D.M. n. 370/2000) per le quali il Gruppo ha liquidato trimestralmente l'IVA, l'acconto va calcolato nella misura del 97% dell'importo corrispondente alla media dei versamenti trimestrali eseguiti o che avrebbero dovuto essere eseguiti nei precedenti trimestri dell'anno in corso (risposta a interpello n. 859/E/2021).

Regime transitorio

Con riguardo alle operazioni (cessioni di beni e prestazioni di servizi) effettuate nel periodo che intercorre tra l'esercizio dell'opzione e l'effettiva costituzione del gruppo, è necessario - al fine del corretto esercizio del diritto alla detrazione - verificare quale sia il soggetto (Gruppo IVA o partecipanti al gruppo) in capo a cui si sono verificati entrambi i menzionati presupposti. La corretta soluzione deriva dal concetto generale del **momento di effettuazione dell'operazione** (➡43.2.).
L'Agenzia delle Entrate ha fornito un paio di esempi chiarificatori (circ. n. 19/E/2018).

CASO 1 - Cessioni di beni
Si consideri un Gruppo IVA costituito a decorrere dal 1° gennaio 2XXX.
Un fornitore ha ceduto beni ad un soggetto partecipante al gruppo in data 27 dicembre 2XXX-1; la fattura è stata ricevuta in data 31 dicembre 2XXX-1.
Il diritto alla detrazione spetta alla società partecipante al Gruppo che farà concorrere il credito IVA nella liquidazione del mese di dicembre (entro il 16 gennaio), ovvero alla determinazione del saldo della dichiarazione annuale IVA relativa all'anno 2XXX-1, presentata dalla società medesima.

CASO 2 - Prestazioni di servizi
Un professionista ha fornito un servizio ad un soggetto partecipante al gruppo nel mese di dicembre 2XXX.
La fattura di acquisto è stata ricevuta il 3 febbraio 2XXX+1, quindi, dopo la costituzione del Gruppo IVA (1° gennaio 2XXX+1).
Il diritto alla detrazione spetta al Gruppo IVA, soggetto in capo al quale si verificano entrambe le condizioni di esigibilità dell'imposta e del possesso della fattura. Il credito IVA concorrerà ad una delle liquidazioni periodiche del gruppo nel corso del 2XXX+1, ovvero alla determinazione del saldo della dichiarazione annuale IVA relativa all'anno 2XXX+1, presentata dal Gruppo.

Nel caso in cui una società partecipante al Gruppo IVA debba svolgere servizi o cessione di beni territorialmente rilevanti all'estero e si necessiti, pertanto, di un codice identificativo all'estero (corrispondente alla Partita IVA nazionale), ad oggi non è chiaro se l'identificazione debba essere ottenuta dalla singola società ovvero dal rappresentante del gruppo.
Qualora una società appartenente al gruppo possegga a sua volta una stabile organizzazione, una filiale o simili (**branch**) situata all'estero, oppure sia una stabile organizzazione in Italia ad aderire a Gruppo IVA, si viene a spezzare quel vincolo di indifferenza fiscale che di regola presiede le opera-

zioni tra casa madre (non partecipante ad un Gruppo IVA) e branch, in quanto entrambe considerate un'unica entità.
La Corte di giustizia europea ha sancito che questa unicità viene a cadere quando la casa madre è partecipe di un Gruppo IVA (sent. causa C-7/13).
Alle stesse conclusioni si può giungere dalla lettura dei commi 4-bis e seguenti dell'art. 70-quinquies del D.P.R. n. 633/1972 che trovano applicazione a far tempo dal 1° gennaio 2018 (art. 1, c. 985, Legge n. 205/2017).
Pertanto, in caso di adesione ad un Gruppo IVA, non trova applicazione il principio secondo cui la stabile organizzazione e casa madre estera costituiscono un solo ed unico soggetto passivo e le operazioni interessate assumeranno rilevanza ai fini IVA (imponibili, non imponibili, esenti. In particolare, per le prestazioni di servizi occorre verificare se questi siano generici o specifici e regolarsi di conseguenza. Tale principio di rottura del nesso di neutralità (art. 70-quinquies, c. 4-quinquies, D.P.R. n. 633/1972) è stato confermato da un parere dell'Agenzia delle entrate che ha ribadito come le prestazioni e/o le cessioni operate da una sede o da una branch di un Gruppo IVA estero verso una sede od una branch con sede in Italia devono essere considerate come effettuate tra soggetti terzi, con la conseguenza che le operazioni tra loro intercorrenti entrano nella sfera di applicazione dell'imposta (risposta a interpello n. 143/2021).
L'Agenzia ha ribadito questa interruzione del nesso di identità soggettiva tra Casa madre (facente parte di un gruppo IVA in UK) e la sua branch italiana (risposta a interpello n. 756/2021). Ne deriva che ove la branch non effettui operazioni imponibili in Italia, ma solo acquisti imponibili, questa può chiedere il rimborso dell'IVA assolta sugli acquisti, senza che la Casa madre sia tenuta alla presentazione dell'istanza di rimborso.
Si rammenta che nei casi di scambi commerciali tra casa madre e branch, la base imponibile coincide con il valore normale (➡43.1.).

Operazioni effettuate dal Gruppo IVA e nei confronti di esso

La Legge di bilancio 2018 (Legge n. 205/2017) ha integrato le disposizioni relative alle operazioni effettuate dal Gruppo IVA e nei confronti di esso (art. 70-quinquies, D.P.R. n. 633/1972), stabilendo che:

– le cessioni di beni e le prestazioni di servizi **effettuate da una sede** o da una stabile organizzazione partecipante al Gruppo IVA **nei confronti di una sua stabile organizzazione** o della sua sede situata all'estero si considerano effettuate dal Gruppo IVA nei confronti di un soggetto che non ne fa parte;
– le cessioni di beni e le prestazioni di servizi **effettuate nei confronti di una sede** o di una stabile organizzazione partecipante a un Gruppo IVA da una sua stabile organizzazione o dalla sua sede situata all'estero si considerano effettuate **nei confronti del Gruppo IVA** da un soggetto che non ne fa parte;
– le cessioni di beni e le prestazioni di servizi effettuate nei confronti di una sede o di una stabile organizzazione partecipante a un **Gruppo IVA costituito in un altro Stato membro**, da una sua stabile organizzazione o dalla sua sede situata nel territorio dello Stato si considerano effettuate **nei confronti del Gruppo IVA** costituito nell'altro Stato mentre da un soggetto che non ne fa parte;
– le cessioni di beni e le prestazioni di servizi effettuate da una sede o da una stabile organizzazione partecipante a un **Gruppo IVA costituito in un altro Stato membro nei confronti di una sua stabile organizzazione** o della sua sede situata nel territorio dello Stato si considerano effettuate dal Gruppo IVA costituito nell'altro Stato membro nei confronti di un soggetto che non ne fa parte.

Cessioni di beni/prestazioni di servizio - Sintesi			
Effettuate dalla Sede o dalla S.O. partecipante al Gruppo IVA	Nei confronti della Sede o della S.O. (situata all'estero)	Sono considerate effettuate dal Gruppo IVA verso un soggetto che non ne fa parte	Art. 70-quinquies, c. 4-bis, D.P.R. n. 633/1972
Effettuate dalla Sede o dalla S.O. (situata all'estero)	Nei confronti della Sede o della S.O. partecipante al Gruppo IVA	Sono considerate effettuate da un soggetto che non fa parte del Gruppo IVA nei confronti del Gruppo IVA	Art. 70-quinquies, c. 4-ter, D.P.R. n. 633/1972

IVA

Cessioni di beni/prestazioni di servizio - Sintesi			
Effettuate dalla Sede o dalla S.O. partecipante al Gruppo IVA	Nei confronti della Sede o della S.O. partecipante ad un Gruppo IVA costituito in altro Stato UE	Sono considerate effettuate nei confronti del gruppo UE da parte di un soggetto che non ne fa parte	Art. 70-quinquies, c. 4-quater, D.P.R. n. 633/1972
Effettuate dalla Sede o della S.O. partecipante ad un Gruppo IVA costituito in altro Stato UE	Nei confronti della Sede o dalla S.O. partecipante al Gruppo IVA	Sono considerate effettuate dal gruppo UE nei confronti di un soggetto che non ne fa parte	Art. 70-quinquies, c. 4-quinquies, D.P.R. n. 633/1972

Infine, la Legge di bilancio 2018 specifica che la **base imponibile** delle **operazioni** di cui ai commi da 4-bis a 4-quinquies sopra illustrati, è determinata ai sensi dell'art. 13, c. 1 e 3, del D.P.R. n. 633/1972, ossia:

– in presenza di un corrispettivo, la base imponibile è data dal corrispettivo stesso così come concordato tra le parti (art. 13, c. 1, D.P.R. n. 633/1972);
– in presenza di un corrispettivo per operazioni imponibili od esenti effettuate tra parti correlate ove una soffra di una limitazione alla detrazione a causa del pro-rata, la base imponibile è il valore normale come stabilito dall'art. 14 del Decreto IVA e non più il corrispettivo concordato tra le parti (art. 13, c. 3, D.P.R. n. 633/1972).

Le stabili organizzazioni italiane possono partecipare al Gruppo IVA a partire dal 2019.

L'adesione al gruppo fa **cessare** gli effetti di tutte le **altre** eventuali **opzioni** in materia di IVA già esercitate da ogni soggetto, anche se non è decorso il termine minimo di validità.

Fatturazione attiva e passiva

Il decreto di attuazione del regime del Gruppo IVA (D.M. 6 aprile 2018), a proposito di fatturazione, stabilisce quanto segue:

– **fatturazione attiva** - il rappresentante o i singoli partecipanti (eventualmente anche deputando in tutto od in parte un unico partecipante per conto del gruppo) documentano le cessioni di beni ovvero le prestazioni di servizi, indicando in fattura oltre al numero di partita IVA attribuito al gruppo, anche il codice fiscale del soggetto partecipante che ha realizzato l'operazione.
– Anche i Gruppi IVA dal 1° gennaio 2019 saranno **obbligati alla fatturazione elettronica** nei confronti di **soggetti terzi** rispetto al gruppo. Al contrario, nei **rapporti interni** tra le imprese facenti parte del medesimo gruppo, le fatture opzionalmente emesse, essendo considerate "fuori campo", non rilevando agli effetti del tributo, non rientreranno neppure nell'ambito della fatturazione elettronica; pertanto potranno continuare ad essere emesse in **formato cartaceo**. Come detto rilevano solo ai fini contabili;
– **fatturazione passiva** - il rappresentante del gruppo od i partecipanti comunicano ai propri fornitori sia partita IVA del gruppo, sia il codice fiscale del singolo acquirente. Se all'atto del ricevimento il codice fiscale non è indicato, è onere dei medesimi soggetti inserirlo.

Qualora il rappresentante del gruppo ovvero uno dei partecipanti non abbia comunicato al proprio fornitore il numero di partita IVA del gruppo, può capitare che quest'ultimo emetta fattura con il numero di partita IVA del partecipante prima della sua adesione al gruppo stesso. In tal caso il cedente/cessionario deve provvedere alla correzione emettendo nota di accredito (➔**46.18.2.**) elettronica a storno della fattura errata ed emissione di nuovo documento con partita IVA del gruppo. Qualora il cessionario/committente, ancora una volta, senza avvisare il fornitore provvedesse erroneamente a regolarizzare mediante emissione di autofattura (c.d. fattura spia) (➔**48.2.**), il fornitore, prelevato il documento di regolarizzazione dal proprio "cassetto fiscale" e senza più emettere variazione in diminuzione, lo annota nel registro IVA vendite e conserva la documentazione agli atti (risposta a interpello n. 133/2020).

Può capitare che il fornitore, nonostante preventiva segnalazione di appartenenza del cessionario/committente ad un Gruppo IVA, emetta fattura indicando, erroneamente, il numero di partita IVA della singola società acquirente invece di quella del Gruppo. È onere del cessionario/committente avvisare il fornitore affinché questi emetta nota di variazione ex art. 26, c. 2 del D.P.R. n. 633/1972 a storno della fattura errata e successiva emissione di nuova fattura corretta. Se il prestatore/cedente non provvede, il cessionario/committente deve attivarsi con la medesima procedura prevista per la cosiddetta "fattura elettronica spia" (➔**48.2.**). Ove la fattura originaria sia stata già registrata, trattandosi di correzione di un elemento formale, basta annotare sul registro acquisti che la regolarizzazione è av-

IVA

venuta mediante emissione di autofattura (estremi del documento) e conservarla. Analoga annotazione dovrà essere effettuata dal fornitore o committente (risposta a interpello n. 373/2020).
Le **cessioni di beni** e le **prestazioni di servizi** effettuate **tra i partecipanti** al gruppo non sono considerate operazioni rilevanti ai fini IVA. Le stesse debbono essere **rilevate** nell'ambito delle scritture contabili obbligatorie ai fini civilistici e delle imposte dirette. Inoltre, le imprese in **contabilità semplificata** riportano tali operazioni, in ordine cronologico e riportando tutti gli elementi utili per una loro corretta identificazione.

Utilizzo del plafond e dichiarazione d'intento

Già dal primo anno di efficacia dell'opzione per la sua costituzione, il gruppo potrà beneficiare dello status di esportatore abituale (➜**49.**) sulla base del plafond maturato da ciascun partecipante e nei limiti dell'ammontare complessivo delle esportazioni e delle operazioni assimilate registrate da tutti i partecipanti nell'anno solare o nei 12 mesi precedenti alla costituzione del Gruppo IVA.
Successivamente, la verifica del possesso della qualifica di esportatore abituale andrà verificata in capo al gruppo stesso.
Il rappresentante del gruppo, per effettuare **acquisti in sospensione d'imposta**, invia telematicamente i modelli di dichiarazione d'intento all'Agenzia e successivamente le trasmette ai propri fornitori, unitamente alla ricevuta di avvenuta trasmissione delle stesse all'Agenzia delle Entrate. È consentita la presentazione delle dichiarazioni d'intento anche da parte dei singoli partecipanti, che dovranno indicare nella citata dichiarazione di intento, unitamente al proprio codice fiscale, il numero di partita IVA del gruppo.

Gruppo IVA e split payment

Qualora il Gruppo IVA comprenda nel suo perimetro uno o più partecipanti rientranti nella disciplina dello split payment, tale regime **non trova applicazione** per le operazioni effettuate nei confronti del gruppo (circ. n 19/E/2018).

Registrazioni versamenti e liquidazioni dell'imposta

Il decreto di attuazione del regime del Gruppo IVA (D.M. 6 aprile 2018) ha altresì chiarito che:

- le **annotazioni** nei registri delle fatture emesse, dei corrispettivi, delle fatture ricevute devono essere effettuate dal rappresentante del gruppo o dai partecipanti, anche mediante appositi registri sezionali;
- le **liquidazioni periodiche** (mensili o trimestrali) e il conguaglio di fine anno vengono effettuati esclusivamente dal rappresentante del gruppo che determina l'**imposta a debito o a credito** del gruppo. Questa è data dalla **somma algebrica** dei debiti e dei crediti emergenti dalle liquidazioni di tutte le società partecipanti e dalle stesse trasferiti al gruppo;
- il **versamento** dell'imposta a debito del gruppo compete esclusivamente al rappresentante. Questi utilizza il Mod F24 intestato al Gruppo IVA, mentre il codice fiscale del rappresentante risulta solo come coobbligato (codice 50);
- **non è ammessa** la cosiddetta **compensazione orizzontale** (➜**61.4.**) mediante utilizzo dei crediti relativi ad altre imposte o contributi maturati in capo ai partecipanti al gruppo e, viceversa, il credito IVA annuale o infrannuale maturato dal gruppo non può essere utilizzato in compensazione orizzontale per pagare i debiti d'imposta dei partecipanti al gruppo. Tale divieto, a differenza della procedura di liquidazione dell'IVA di gruppo (➜**58.**), riguarda anche la capogruppo (rappresentante) (risposta a interpello n. 355/2021).

Diritti ed obblighi del Gruppo IVA

Il diritto all'acquisto di beni e servizi senza il pagamento dell'imposta in quanto esportatori abituali (➜**49.1.**) è esercitato:

- dal gruppo, anche nel caso in cui detto diritto sia maturato dai singoli partecipanti nell'anno antecedente l'ingresso;
- dai singoli partecipanti a seguito della cessazione del Gruppo IVA, in proporzione alle operazioni, a ciascuno di essi riferibili, che ne hanno costituito il presupposto.

È il Gruppo IVA, per effetto della sua costituzione, ad applicare le disposizioni relative alla **rettifica della detrazione** (➜**48.1.4.**) con riferimento alla data in cui i beni e i servizi sono stati acquistati dai partecipanti.
In tema di rettifica della detrazione trovano applicazione i c. 1, 2, 3, 4, 7 dell'art. 19-bis2 del D.P.R. n. 633/1972 valutando, con riferimento a ciascun bene (distinguendo se trattasi di bene ammortizzabile o meno) o a ciascun servizio, se in sede di costituzione del Gruppo IVA si sia determinata una modifica rispetto alla situazione precedente riferibile ad ogni singolo partecipante al gruppo. Le rettifiche

saranno operate dal Gruppo IVA, nella dichiarazione relativa all'anno in cui si verificano gli eventi che determinano le rettifiche della detrazione, sulla base delle risultanze delle scritture contabili.
I singoli partecipanti assumono gli obblighi e i diritti derivanti dall'applicazione delle disposizioni IVA con riferimento alle operazioni per le quali l'imposta diventa esigibile (➜48.1.2.) o il diritto alla detrazione è esercitabile anteriormente alla data di ingresso nel Gruppo IVA ovvero successivamente alla sua cessazione.

Comunicazioni periodiche e dichiarazioni

Il decreto di attuazione del regime del Gruppo IVA (D.M. 6 aprile 2018) stabilisce che è onere del rappresentante del gruppo effettuare:

- le **comunicazioni dati** delle fatture emesse, ricevute e registrate, comprese le eventuali note di credito relative alle operazioni transfrontaliere (esterometro) (➜62.1.2.);
- le comunicazioni di sintesi delle **liquidazioni periodiche** IVA;
- la presentazione della **dichiarazione annuale** IVA;
- la **trasmissione telematica** all'Agenzia delle Entrate dei dati di tutte le fatture emesse, ricevute e delle relative variazioni effettuati mediante il Sistema di interscambio (art. 1, c. 3, D.Lgs. n. 127/2015);
- la richiesta di rimborso dell'eventuale credito IVA.

Rimborsi IVA

I rimborsi d'imposta, qualora il gruppo sia in possesso dei requisiti richiesti dall'art. 30 del D.P.R. n. 633/1972 (➜61.3.1.) devono essere eseguiti a seguito di richiesta da parte del rappresentante del gruppo, con le modalità previste dall'art. 38-bis del D.P.R. n. 633/1972 (➜61.3.1.).
In aggiunta a ciò, il D.M. 6 aprile 2018 prevede che la **dichiarazione sostitutiva di atto notorio** (art. 38-bis, c. 3) attesti che:

- il **patrimonio netto** non sia diminuito rispetto all'anno precedente, di oltre il 40%;
- la **consistenza immobiliare** non si sia ridotta di oltre il 40% in conseguenza di cessioni non effettuate nell'ambito della normale gestione dell'attività esercitata;
- nel caso di società non quotata in borsa, non siano state cedute proprie **azioni o quote** di ammontare superiore al 50% del capitale sociale.

La sussistenza delle citate condizioni è verificata prendendo a riferimento la sommatoria dei valori di ciascun partecipante al gruppo.
La regolarità dei **versamenti contributivi** deve essere verificata in capo a tutti i componenti del gruppo.
Infine, la condizione secondo la quale è prevista la prestazione di apposita **garanzia** per **rimborsi** di ammontare **superiore a 30.000 euro** (art. 38-bis, c. 4, lett. a), D.P.R. n. 633/1972), deve essere verificata in capo ad ogni partecipante che eserciti un'attività da meno di 2 anni (c.d. "soggetti a rischio"), diversa da una start up innovativa.
L'**eccedenza d'imposta** chiesta a rimborso può essere ceduta dal rappresentante del gruppo su delega dei partecipanti. In tal caso devono essere rispettate le disposizioni dell'art. 1260 e ss. c.c.
Il **credito d'imposta** maturato e non utilizzato dal Gruppo IVA prima della cessazione è chiesto a rimborso applicando le regole e le condizioni di cui all'art. 30 del D.P.R. n. 633/1972, oppure può essere computato in detrazione dal rappresentante del gruppo nelle proprie liquidazioni o nella propria dichiarazione annuale.
Una **eccedenza di debito** imputabile al gruppo non può essere compensata con i crediti relativi ad altre imposte o contributi maturati dai singoli partecipanti (D.M. 6 aprile 2018).

Eccedenze detraibili

Con la costituzione del Gruppo IVA, il passaggio per i singoli soggetti partecipanti da una soggettività passiva propria ad una collettiva del gruppo può determinare conseguenze sui crediti d'imposta emergenti dalle singole dichiarazioni annuali trasmesse prima dell'entrata nel gruppo (art. 70-sexies, D.P.R. n. 633/1972).
Queste **non possono essere trasferite** al gruppo e restano in capo alla singola società e **possono** essere:

- chieste a rimborso a prescindere dalla ricorrenza dei requisiti previsti dall'art. 30, D.P.R. 633/1972 (➜61.3.1.);
- utilizzate in compensazione orizzontale (ai sensi dell'art. 17, D.Lgs. 9 luglio 1997, n. 241).

Il **divieto di trasferimento** del credito al gruppo riguarda solo la **parte** del **credito eccedente** i versamenti dell'IVA effettuati per l'anno precedente a quello di entrata a far parte del Gruppo IVA. Tale divieto non trova applicazione per la parte delle eccedenze detraibili pregresse che trova capienza nei versamenti IVA effettuati nell'anno precedente al primo anno di partecipazione al Gruppo IVA.

CASO 3 - Eccedenza creditoria trasferibile al Gruppo IVA
Un soggetto:
- entra a far parte del Gruppo IVA a partire dal 2XXX,
- la dichiarazione annuale relativa al 2XXX-1 evidenzia un credito pari a 1.000,
- ha effettuato versamenti periodici IVA per il 2XXX-1 pari a 500.

Ne consegue che l'eccedenza creditoria è limitatamente trasferibile al Gruppo IVA per un importo di 700.

L'eventuale credito d'imposta residuo (nell'esempio pari a 300) emergente dalla dichiarazione del gruppo e non richiesta a rimborso al momento della cessazione dello stesso, rimane nella disponibilità del rappresentante che potrà liberamente utilizzarlo in compensazione orizzontale ovvero richiesto a rimborso.

Revoca dell'opzione

La revoca dell'opzione determina lo **scioglimento** del Gruppo IVA.
La revoca è esercitata dal rappresentante del gruppo con **dichiarazione telematica** e utilizzando sempre il Modello AGI/1.

Termini

Se la **revoca** è presentata dal **1° gennaio al 30 settembre**, ha effetto a decorrere dall'anno successivo; se presentata dal **1° ottobre al 31 dicembre**, ha effetto dal secondo anno successivo.
Come per l'esercizio dell'opzione, anche per la revoca è indispensabile l'invio dell'apposita dichiarazione e **non è ammesso** il comportamento concludente (art. 70-novies, D.P.R. n. 633/1972).
La revoca è presentata in via telematica su apposito modello ministeriale a cura del rappresentante e deve essere sottoscritta anche da tutti gli altri partecipanti al gruppo (D.M. 6 aprile 2018).
Di regola il gruppo **cessa** a partire dall'anno successivo rispetto a quello in cui viene accertato il mancato esercizio dell'opzione. Ciò nonostante, qualora i partecipanti decidano di esercitare essi stessi l'opzione per partecipare al gruppo medesimo (art. 70-quater, c. 1, lett. b), D.P.R. n. 633/1972). In tal caso l'opzione ha sempre effetto dal 1° gennaio dell'anno successivo (art. 1, c. 4, D.M. 6 aprile 2018).
Una dichiarazione di revoca presentata nel corso del triennio dall'anno in cui è divenuta efficace l'opzione per la costituzione è **priva di effetto**.
L'Agenzia delle Entrate ha chiarito che (circ. n. 19/E/2018), oltre nell'ipotesi di revoca, il Gruppo IVA può venir meno anche:
- per venir meno della pluralità dei soggetti (anche a causa del venir meno dei vincoli finanziari, economici, organizzativi),
- per effetto della violazione del principio di *all in, all out* verificata dall'Amministrazione e non sanata.

Il venir meno della pluralità dei soggetti deve essere comunicata dal rappresentante del gruppo **entro 30 giorni** dal verificarsi della circostanza.
Nell'altra ipotesi non è prevista alcuna comunicazione, ma il gruppo cessa di esistere dall'anno immediatamente successivo all'accertamento della violazione.

IVA

59.2.4. Separazione delle attività

Nei confronti dei soggetti che esercitano più attività l'imposta si applica **unitariamente e cumulativamente** per tutte le attività, con riferimento al volume di affari complessivo. In particolare, in presenza di attività effettivamente distinte ed obiettivamente autonome, ancorché svolte nell'ambito della stessa impresa è possibile optare per detta separazione (art. 36, c. 3, D.P.R. n. 633/1972) (➡43.7.2.). Con riferimento alla nozione di più attività svolte dalla stessa impresa la classificazione Ateco, pur costituendo un criterio utile ed adottabile, non può considerarsi esaustivo per il riscontro del carattere della diversità delle attività separabili opzionalmente anche nel caso in cui un soggetto passivo ponga in essere, in via sistematica, sia operazioni imponibili sia esenti, e si riscontri la presenza strutturale di acquisti di beni e servizi specificamente riferibili alle diverse tipologie di operazioni attive (imponibili ed esenti) poste in essere nonché vi sia, rispetto ai beni ammortizzabili ed ai servizi utilizzati promiscuamente, la possibilità di determinare, sempre con criteri oggettivi, l'effettiva **quota di utilizzo** nell'ambito delle diverse tipologie di operazioni (circ. n. 19/E/2018).
Quanto sopra è applicabile anche in presenza del Gruppo IVA a regime.
Se un soggetto aveva optato per la separazione delle attività prima di partecipare al gruppo, il passaggio comporta sempre il venir meno dell'opzione anche nel caso in cui il periodo minimo (3 anni) non sia ancora decorso. Inoltre, l'allocazione dei beni e dei servizi al gruppo non è considerato passaggio interno.

Qualora la stessa **attività** sia **svolta da più partecipanti al gruppo**, la separazione opzionale esercitata dal nuovo soggetto "collettivo" può avvenire sia "aggregando" in un'unica attività separata le medesime attività riferibili ai diversi soggetti partecipanti, sia optando per una separazione che continui a riflettere le distinte entità giuridiche che esercitano effettivamente tali attività.
Possono darsi passaggi interni di beni e servizi per i quali il gruppo ha optato per la separazione dell'imposta.
I **passaggi interni** (art. 36, c. 5, D.P.R. n. 633/1972) di beni e servizi tra attività separate rilevano agli effetti dell'IVA solo quando il passaggio avviene verso un'attività che preveda un diritto alla detrazione dell'imposta in misura inferiore rispetto a quella di provenienza del bene o del servizio. In particolare, detto comma prevede che i **passaggi di servizi** verso l'attività a detrazione ridotta o forfetaria si considerano effettuati in base al loro valore normale (art. 3, D.P.R. n. 633/1972); pertanto non si può tener conto delle singole componenti di costo per la produzione del bene o del servizio (escludendo alcune componenti come il costo del personale relativo) bensì del corrispettivo o prezzo normale (ossia l'intero importo che il destinatario, al medesimo stadio di commercializzazione di quello in cui avviene la prestazione di servizi o la cessione del bene, dovrebbe pagare, in condizioni di libera concorrenza, ad un soggetto indipendente per ottenere i servizi/beni in questione nel tempo e nel luogo di tale operazione). Per i **passaggi interni di beni** si applicano le disposizioni degli artt. 21 e seguenti del D.P.R. n. 633/1972, sempre con riferimento al loro valore normale, con emissione di fattura (n. P.IVA del Gruppo e Codice Fiscale della partecipante destinataria ed esercente l'attività separata) e le annotazioni sui registri IVA devono avvenire nello stesso mese.
Occorre analogo meccanismo correttivo anche nel caso di **cessioni di beni ovvero di prestazioni di servizio a titolo gratuito**, in quanto l'art. 36, c. 5 non fa alcun riferimento alla detrazione o detraibilità dell'imposta assolta a monte come invece impone l'art. 2, c. 2 e 3 del D.P.R. n. 633/1972.
La rilevanza IVA è invece da escludere nel caso di passaggi da un'attività in cui è precluso il diritto alla detrazione (es.: provenienza da una attività che aveva esercitato l'opzione di cui all'art. 36-bis del D.P.R. n. 633/1972) ad un'attività ove la detrazione è invece possibile.

Criteri di imputazione dei beni ammortizzabili e dei servizi utilizzati promiscuamente

Nel caso di esercizio dell'opzione per l'applicazione separata dell'imposta relativamente a talune attività, la **detrazione** dell'IVA relativa agli acquisti di beni ammortizzabili e di servizi utilizzati promiscuamente è ammessa nei limiti della parte imputabile a ciascuna attività separata. Al contrario la detrazione relativa all'acquisto di altri beni utilizzati promiscuamente nell'esercizio delle attività separate è esclusa. La parte imputabile a ciascuna attività nell'ambito degli acquisti di beni ammortizzabili e di servizi deve essere effettuata sua base di criteri oggettivi; solo se ciò non fosse possibile, si potrebbe far riferimento al rapporto tra volumi d'affari delle diverse attività.

Dispensa da adempimenti per operazioni esenti

Qualora il gruppo opti per la dispensa dagli obblighi di fatturazione e di registrazione relativamente ad una serie di operazioni esenti da IVA di cui all'art. 36-bis del D.P.R. n. 633/1972 (➔44.2., ➔48.1.3.), esso **non è ammesso a detrarre** dall'IVA eventualmente dovuta quella relativa agli acquisti e alle importazioni. L'opzione per la dispensa può essere esercitata anche con riferimento all'attività esente per la quale il gruppo abbia esercitato l'opzione per l'applicazione separata dell'imposta di cui in precedenza. In tale eventualità, la dispensa ha effetto solo con riferimento alle operazioni esenti poste in essere nell'ambito dell'attività esente per la quale è stata scelta l'applicazione separata dell'imposta, e non si estende alle operazioni relative ad altre eventuali attività esenti svolte, ma per le quali non è stata effettuata l'opzione per l'applicazione separata dell'imposta.
Se per una determinata attività esente il gruppo ha operato una scelta differente rispetto a quanto operato dalla partecipante prima del suo ingresso ne perimetro, ciò assume rilevanza agi effetti della rettifica alla detrazione ex art. 19-bis2 del D.P.R. n. 633/1972 in riferimento all'imposta assolta per l'acquisto di beni e servizi nell'ambito dell'attività esente rispetto alla quale era stata fatta una diversa scelta opzionale.

RAPPRESENTANTE DEL GRUPPO 59.3.

La società controllante assume il ruolo di rappresentante del gruppo se esercita sugli altri partecipanti il controllo finanziario.
Qualora **nessun soggetto** che esercita il **controllo di diritto** possa esercitare l'opzione (es.: quando i soggetti stabiliti nel territorio dello Stato siano «sorelle» in quanto controllati da un soggetto che non è stabilito nel territorio dello Stato oppure quando il soggetto naturalmente deputato è una holding pura), il rappresentante del Gruppo IVA è individuato nel soggetto partecipante con **volume d'affari**

o ammontare di ricavi più elevato nel periodo precedente alla costituzione del gruppo medesimo (art. 70-septies, c. 2, D.P.R. n. 633/1972). È tale il soggetto che "comparando gli importi dei volumi d'affari e dei ricavi dei partecipanti al gruppo, esprima il valore assoluto più elevato" (Relazione governativa alla Legge di bilancio 2017).
È pertanto il rappresentante del gruppo il soggetto deputato ad adempiere gli obblighi ed esercitare i diritti del gruppo stesso (art. 70-septies, D.P.R. n. 633/1972).
Per i gruppi IVA costituiti tra soggetti passivi stabiliti nel territorio dello Stato, partecipanti ad un Gruppo Bancario cooperativo, il rappresentante di gruppo è la società capogruppo come individuata dal Testo unico delle leggi in materia bancaria e creditizia (art. 37-bis, c. 1, lett. a), D.Lgs. n. 385/1993).
Gli **obblighi** a carico del **rappresentante del gruppo** sono i seguenti:
- inviare telematicamente la comunicazione dell'opzione per la costituzione del Gruppo IVA;
- trasmettere eventuali deroghe (es.: applicazione separata dell'IVA in caso di esercizio di più attività, dispensa dagli adempimenti per le operazioni esenti);
- comunicare a clienti e fornitori del numero di Partita IVA del gruppo e del codice fiscale del partecipante interessato all'operazione. Tale comunicazione può essere eseguita anche dai singoli partecipanti interessati ad una determinata operazione;
- annotare (o far annotare ai vari partecipanti) nei registri delle fatture emesse, dei corrispettivi o su appositi registri sezionali, delle fatture ricevute le operazioni attive e passive;
- provvedere alle liquidazioni periodiche ed al conguaglio di fine anno con determinazione del debito o del credito del gruppo;
- comunicare i dati delle fatture attive e passive e delle eventuali note di credito;
- comunicare i dati delle liquidazioni periodiche IVA;
- presentare la dichiarazione annuale IVA;
- trasmettere i dati di tutte le fatture emesse, ricevute e delle relative variazioni effettuati mediante il Sistema di interscambio;
- provvedere alla richiesta dei rimborsi dell'IVA a credito, sussistendone le condizioni;
- comunicare la revoca dell'opzione con scioglimento del gruppo;
- segnalare l'esclusione dal gruppo di uno o di più partecipanti al gruppo;
- segnalare l'ingresso nel gruppo di uno o di più partecipanti al gruppo.

A questi **obblighi** che riguardano i rapporti tra il gruppo ed i terzi, compresa la PA, se ne devono aggiungere altri "**interni**", come la necessità di seguire tutti i passaggi interni di beni e servizi tra le società partecipanti, ancorché irrilevanti ai fini IVA. Tracciabilità da formalizzare mediante l'emissione e la gestione di appositi documenti a solo uso interno.

Impossibilità per la controllante stabilita in Italia di divenire rappresentante

Qualora le varie società non siano controllate da uno stesso soggetto passivo stabilito in Italia, detto ruolo dovrà essere svolto da quel soggetto qui stabilito avente il volume d'affari o fatturato più alto con riferimento all'ultima dichiarazione presentata.

Responsabilità del rappresentante di gruppo

Il rappresentante del gruppo è responsabile per l'adempimento degli obblighi connessi all'esercizio dell'opzione (art. 70-octies, D.P.R. n. 633/1972).

Corresponsabilità

In ogni caso ciascun soggetto che partecipa al gruppo ha, comunque, la responsabilità paritetica delle somme dovute a titolo di imposta, interessi e sanzioni, a seguito delle varie attività di controllo svolte dall'Agenzia delle Entrate.
Resta salva la non aggredibilità dei fondi gestiti dalle Società di gestione fondi.

Sostituzione del rappresentante

Possono anche darsi casi di subentro nella rappresentanza, nella particolare ipotesi in cui il rappresentante cessi di far parte del gruppo oppure quando il rappresentante originario non cessi di far parte del gruppo, ma sia soggetto ad esempio ad una trasformazione soggettiva.
Il soggetto destinato a subentrare assume la carica di nuovo rappresentante dal giorno successivo alla cessazione del precedente. La sostituzione deve essere comunicata dal nuovo rappresentante entro 30 giorni, utilizzando l'apposito modello approvato con Provvedimento n. 215450 del 19 settembre 2018 (art. 70-novies, D.P.R. n. 633/1972).

59.4. AMPLIAMENTO DEL PERIMETRO DEL GRUPPO

Durante il periodo di sussistenza del gruppo, questo può subire modificazioni quali ampliamenti o riduzioni (esclusione).

IVA

Qualora nel periodo di validità dell'opzione:
- emergano vincoli economici ed organizzativi nei confronti di soggetti che precedentemente non potevano esservi compresi oppure
- il vincolo finanziario si instauri nei confronti di soggetti passivi residenti relativamente ai quali esso non esisteva al momento dell'opzione,

i predetti soggetti parteciperanno al Gruppo IVA a decorrere dall'anno immediatamente successivo a quello di insorgenza dei citati vincoli (art. 70-quater, c. 5, D.P.R. n. 633/1972).
Più nello specifico, si considerino le situazioni di seguito riportate:
1. nell'anno X, il Gruppo IVA Alfa assume il controllo del soggetto Beta, precedentemente non ricompreso nel perimetro di Alfa per carenza del vincolo finanziario.
   Il vincolo finanziario si considera instaurato nei confronti di Beta:
   a. dall'anno X se il controllo sussisteva almeno dal 1° luglio dell'anno X.
      In questa circostanza la partecipazione di Beta al Gruppo IVA Alfa decorre dall'anno X+1;
   b. dall'anno X+1 se il controllo viene a sussistere in data successiva al 1° luglio dell'anno X. In questa circostanza la partecipazione di Beta al Gruppo Alfa decorre dall'anno X+2.
2. Nell'ambito del Gruppo IVA Gamma, la società Delta (appartenente al gruppo stesso) decide - tramite operazione straordinaria societaria - di trasferire ad una Newco un proprio ramo mediante conferimento o scissione, mantenendone l'intera partecipazione.

Con l'operazione in discorso, il perimetro soggettivo del gruppo sostanzialmente non si modifica; non solo, ma i requisiti dei vincoli già esistenti in capo a Delta si trasferiscono automaticamente in capo alla Newco.
In siffatta situazione non si può più far riferimento al discrimine del 1° luglio e, pertanto, l'inclusione della Newco nel Gruppo Gamma ha effetto immediato senza soluzione di continuità.
L'inclusione nel perimetro di nuovi partecipanti deve essere comunicata telematicamente mediante apposita dichiarazione con le procedure indicate nel Provvedimento n. 215450/2018, **entro 90 giorni** dal giorno successivo a quello in cui i vincoli sono instaurati.
In riferimento alle situazioni precedenti si avrà che (ris. n. 30/E/2021):
- se il controllo viene conseguito ante 1° luglio (**situazione 1, lett. a)**), il vincolo finanziario si instaura nell'anno X, la partecipazione al Gruppo ha effetto dal 1° gennaio X+1 ed i 90 giorni per la dichiarazione di inclusione decorrono dal 1° luglio dell'anno X;
- se il controllo viene conseguito post 1° luglio (**situazione 1, lett. b)**), il vincolo finanziario si instaura nell'anno X+1, la partecipazione al Gruppo ha effetto dal 1° gennaio X+2 ed i 90 giorni per la dichiarazione di inclusione decorrono dal 1° luglio dell'anno X+1.

Sostanzialmente in linea con le conclusioni sopra esposte la risposta a interpello n. 757/2021. In questo caso una delle società partecipanti ad un Gruppo IVA chiedeva se due sue società neocostituite ed interamente possedute potessero partecipare al Gruppo sin dalla loro nascita. La risposta è stata negativa, in quanto in tale situazione non si verifica una "continuità" come potrebbe verificarsi con altre operazioni straordinarie societarie (per esempio una fusione) ed il loro ingresso determinerebbe sia un allargamento del perimetro, sia un ampliamento delle attività svolte dal Gruppo. Per tali ragioni le neo costituite società potranno entrare nel Gruppo solo dall'anno successivo (➜59.1.) a quello in cui tutti i "vincoli" siano effettivamente sorti (➜59.2.1.).

ESCLUSIONE DALLA PARTECIPAZIONE AL GRUPPO 59.5.

Se un soggetto ha aderito al gruppo senza avere i requisiti soggettivi (➜59.2.), l'opzione è priva di effetti solamente per detto soggetto.
Se un soggetto partecipante al gruppo: viene a perdere uno dei vincoli (finanziario, economico, organizzativo - con prevalenza di quello finanziario), oppure subisce il sequestro giudiziario dell'azienda, oppure è sottoposto ad una procedura concorsuale, oppure è posto in liquidazione ordinaria, cessa di partecipare al gruppo.
Gli **effetti** dell'esclusione decorrono:
- dalla data in cui si verificano gli eventi di cui sopra (salvo in caso di perdita dei vincoli economici od organizzativi) ed ha effetto per le operazioni effettuate e per gli acquisti e le importazioni annotati a partire da tale data;
- dall'anno successivo in caso di perdita dei vincoli economici od organizzativi.

È onere del rappresentante del gruppo segnalare mediante dichiarazione telematica all'Agenzia delle Entrate, utilizzando apposito modello, l'esclusione del o dei partecipanti per i motivi sopra indicati (D.M. 6 aprile 2018).
La dichiarazione di esclusione deve essere presentata **entro 30 giorni** dalla data in cui si sono verificati gli eventi citati.

IVA

Deroghe
Al venir meno del vincolo economico o di quello organizzativo la cessazione si produce a decorrere dall'anno successivo. Al verificarsi di sequestro giudiziario, di procedure concorsuali e di liquidazione ordinaria, l'esclusione si ha rispettivamente alla data (art. 70-decies, D.P.R. n. 633/1972): - di efficacia del provvedimento che dispone il sequestro giudiziario; - della sentenza dichiarativa del fallimento; - del decreto di ammissione al concordato preventivo; - del provvedimento che ordina la liquidazione coatta amministrativa; - del decreto che ha disposto la procedura di amministrazione straordinaria delle grandi imprese in crisi; - di assunzione della delibera assembleare della liquidazione ordinaria.

59.5.1. Cessazione del gruppo

Il Gruppo IVA cessa di esistere quando viene meno la pluralità dei soggetti partecipanti.
L'eccedenza detraibile risultante dalla dichiarazione del gruppo non richiesta a rimborso è computata in detrazione dal soggetto che agiva in qualità di rappresentante di gruppo nelle proprie liquidazioni o nella propria dichiarazione annuale (art. 70-decies, D.P.R. n. 633/1972).

Comunicazioni

Tanto nel caso di esclusione, quanto nel caso di cessazione del gruppo, il fatto è segnalato dal Rappresentante di gruppo **entro 30 giorni** dalla data in cui si sono verificati gli eventi, attraverso apposita dichiarazione da inviare telematicamente all'Agenzia delle Entrate mediante modello ministeriale.

59.6. ADEMPIMENTI

Adempimenti IVA

Le modalità ed i termini speciali:
- di emissione, numerazione e registrazione delle fatture;
- di liquidazione e dei versamenti periodici,

sono stabiliti dal D.M. 6 aprile 2018 come illustrato in precedenza.

Gruppi IVA con particolari soggetti

Se al gruppo partecipano banche, società assicurative, società di gestione fondi, trovano applicazioni specifiche disposizioni ministeriali (D.M. n. 75/2004 e D.M. 30 maggio 1989 espressamente richiamati dall'art. 70-duodecies, D.P.R. n. 633/1972).
In particolare, con riferimento alle **società di gestione fondi** incluse in un Gruppo IVA, è stato chiarito che:
- per le cessioni di beni e le prestazioni di servizi relative alle operazioni dei fondi immobiliari istituiti dalle società di gestione agisce quale soggetto passivo ai fini dell'imposta sul valore aggiunto il gruppo e non la società di gestione di fondi;
- l'imposta è determinata e liquidata separatamente dall'IVA dovuta per l'attività della società di gestione di fondi ed è applicata distintamente per ciascun fondo;
- al versamento delle imposte dovute dai fondi, pur gestiti per legge come attività separate, procede il rappresentante del Gruppo IVA cumulativamente con le somme complessivamente dovute dal gruppo stesso;
- le società di gestione di fondi per la fatturazione delle operazioni attive e passive poste in essere per conto dei fondi utilizzano il numero di partita IVA attribuito al gruppo, oltre al proprio codice fiscale e ai dati identificativi del fondo cui le operazioni stesse sono imputate;
- qualora le operazioni rese o ricevute dalla società di gestione (anche per conto dei fondi) abbiano quale controparte un altro membro del gruppo, esse sono irrilevanti ai fini IVA.

Resta fermo il **divieto di compensazione orizzontale.**
Invece, per gli **immobili costituenti il fondo** permane il diritto ai rimborsi d'imposta senza presentazione delle garanzie previste dall'art. 38-bis del D.P.R. n. 633/1972. Da ultimo giova ricordare che la corresponsabilità dei partecipanti trova una limitazione a favore delle società di gestione fondi con riferimento ai fondi stessi; ciò a garanzia e tutela dei sottoscrittori (circ. n. 19/E/2018).

Modelli

I modelli per la presentazione dell'opzione di costituzione, di variazione, di cessazione, ecc. sono stati approvati con il Provvedimento del Direttore dell'Agenzia delle Entrate n. 215450 del 19 settembre 2018.

IVA

OPERAZIONI REALIZZATE DA SOGGETTI ESTERI IN ITALIA 60.

IDENTIFICAZIONE DIRETTA E RAPPRESENTANTE FISCALE 60.1.

Un soggetto passivo non residente in Italia quando debba compiere operazioni che in base al requisito della territorialità (➡42.3.) siano qui rilevanti agli effetti dell'IVA, salvo che non agisca direttamente attraverso una propria Stabile Organizzazione stabilita in Italia (➡60.2.), può operare solo previa:
- **identificazione diretta** (solo per i soggetti UE); ovvero
- **nomina** di un proprio **rappresentante fiscale** (per i soggetti UE ed extra UE).

L'identificazione diretta o la nomina di un proprio rappresentante fiscale è necessaria quando il soggetto non residente pone in essere in Italia operazioni:
- nei confronti di privati consumatori;
- nei confronti di soggetti non stabiliti in Italia per determinati beni esistenti in Italia (es. prestazioni su immobili).

La stessa esigenza si pone in relazione a specifiche operazioni, come:
- le "vendite a distanza" in ambito intracomunitario, se effettuate nei confronti di privati consumatori una volta superata la soglia di euro 35.000;
- alcune operazioni riguardanti l'utilizzo dei depositi IVA (di cui all'art. 50-bis, D.L. n. 331/1993);
- alcune operazioni triangolari o quadrangolari.

Anche a seguito dell'identificazione ai fini IVA in Italia, il **soggetto estero** mantiene il proprio *status* di **soggetto passivo estero**.
Ne deriva che, soprattutto ai fini della determinazione della territorialità delle operazioni, il soggetto non residente non diventa soggetto passivo stabilito in Italia, ma solo ivi identificato.
Di conseguenza, permane l'obbligo per il committente o per il cessionario stabilito in Italia di ricorrere al criterio del reverse charge (integrazione o autofatturazione), anche se il cedente o prestatore estero è identificato in Italia. L'autofattura emessa dal committente/cessionario stabilito in Italia deve essere emessa in formato elettronico ed inviata a SDI. Per le operazioni poste in essere sino al 30 giugno vi è l'obbligo della comunicazione periodica denominata "esterometro" (➡62.1.2.). Dal 1° luglio 2022 l'esterometro è sostituito da una apposita comunicazione da trasmettere a SDI nelle stesse forme utilizzate per l'invio della fattura elettronica.

I **soggetti non residenti** non possono avvalersi contemporaneamente di una identificazione diretta e di un rappresentante fiscale. Se decidono di operare direttamente devono chiudere la partita IVA aperta per mezzo del rappresentante in Italia; allo stesso modo, se decidono di operare attraverso un rappresentante devono chiudere la partita IVA loro attribuita al momento dell'identificazione.
La presenza di una propria **stabile organizzazione** preclude sia la possibilità di identificarsi direttamente, sia di nominare un rappresentante fiscale in Italia.

Identificazione diretta 60.1.1.

L'identificazione diretta (artt. 17, c. 3 e 35-ter, D.P.R. n. 633/1972) è riservata ai soggetti passivi stabiliti nella UE o in un Paese terzo con il quale esistano strumenti giuridici che disciplinano la reciproca assistenza in materia di imposizione indiretta. Attualmente tali strumenti sono stati attuati solo con il **Regno di Norvegia** che, in data 1° agosto 2018, ha sottoscritto con la UE un accordo di cooperazio-

IVA

ne amministrativa al fine di consentire alle reciproche autorità incaricate in tema di IVA di prestarsi reciproca assistenza per tutelare il gettito IVA e garantire il rispetto di tale legislazione. Grazie a questo accordo è ora possibile, per i soggetti passivi stabiliti in Norvegia che realizzino in Italia cessioni di beni o prestazioni di servizi soggette all'imposta, potersi qui identificare direttamente senza ricorrere all'istituto del rappresentante fiscale. Ciò al fine di assolvere agli obblighi ed esercitare i diritti in materia di imposta sul valore aggiunto nel nostro Paese (ris. n. 44/E/2020).
A seguito del Protocollo d'intesa tra la UE e la Gran Bretagna, dal 1° gennaio 2021 è possibile l'istituto dell'identificazione diretta anche per i soggetti passivi d'imposta stabiliti in UK che effettuano operazioni rilevanti ai fini IVA in Italia, nonostante detto Stato non sia più membro comunitario (ris. n. 7/E/2021).

Modalità

Il soggetto comunitario che intende identificarsi direttamente in Italia, prima di compiere qualunque operazione qui rilevante, deve presentare al Centro operativo di Pescara il **Mod. ANR/3** con il quale viene richiesta l'identificazione diretta e l'attribuzione di un numero di partita IVA italiana.
La **presentazione** può avvenire:
- in maniera **diretta**;
- mediante **raccomandata**, allegando: copia del documento di identificazione del dichiarante, nonché la certificazione attestante la qualifica di soggetto passivo IVA nello Stato di appartenenza.

Al Mod. ANR deve **allegare**:
- **certificato** rilasciato dalle autorità fiscali del **Paese di appartenenza** che attesti l'iscrizione ai fini dell'IVA locale;
- **certificato** (in originale ed aggiornato) rilasciato dalla **Camera di commercio** dello Stato di stabilimento con l'indicazione dei rappresentanti con facoltà di agire ed i poteri di firma;
- **traduzione** sottoscritta delle predette **certificazioni** e copia del documento identificativo del soggetto che ha eseguito la traduzione;
- copia del **documento** d'identità del **legale rappresentante** della richiesta d'identificazione diretta;
- **dichiarazione** del **legale rappresentante** della società in cui si specifica l'attività effettuata nel Paese estero di stabilimento; l'attività che si intende svolgere in Italia a seguito dell'identificazione diretta; le motivazioni della richiesta; i soggetti verso cui si rivolge l'attività in Italia; l'assenza di stabile organizzazione in Italia.

Lo stesso modello deve essere utilizzato in caso di successive **variazioni**, da inviare entro 30 giorni dall'avvenimento.

Operatività

Ottenuto dal Centro Operativo di Pescara il numero di Partita IVA, il soggetto non residente può **operare** come un qualsiasi altro soggetto passivo. Pertanto, è tenuto all'obbligo delle scritture contabili, delle liquidazioni, dei versamenti, delle comunicazioni e della dichiarazione annuale e di tutti gli altri **doveri** imposti dalla legge, nonché dei **diritti** (per esempio, ottenere i rimborsi delle eccedenze d'imposta direttamente dal Centro Operativo di Pescara).

IVA

60.1.2. Rappresentante fiscale

La **nomina** di un rappresentante fiscale (se non si sia proceduto all'identificazione diretta), nel caso di operazioni intracomunitarie, è **obbligatoria** nei seguenti casi (art. 17, c. 3, D.P.R. n. 633/1972):
- quando l'operazione è rilevante in Italia e l'acquirente/committente **soggetto privato non può assolvere** l'imposta;
- quando vi sono **vendite a distanza** (➔50.10.1.) di beni mobili materiali eseguite in Italia da un soggetto passivo UE, se al di **sopra** della soglia annua di **euro 35.000**;
- quando il soggetto UE, effettuato lo sdoganamento, immette **in libera pratica** beni esteri acquistati da soggetti stabiliti in Italia (il debitore d'imposta è il soggetto UE tramite il rappresentante fiscale e questi emette fattura nei confronti del cessionario);
- quando vengono introdotti beni per l'esigenza della propria impresa.

I **soggetti passivi extra UE** per le operazioni realizzate in Italia e rilevanti ai fini IVA sono assoggettati a tutti gli obblighi e diritti connessi all'imposta. È possibile operare tramite una propria Stabile organizzazione (➔60.2.) oppure nominando in Italia un proprio rappresentante fiscale. Si noti che gli operatori stabiliti fuori dalla comunità non possono qui identificarsi, ma solo agire tramite un rappresentante fiscale.

Sono previste solo poche **deroghe**; è il caso, ad esempio, della Norvegia ed ora della Gran Bretagna dopo la cosiddetta Brexit, che possono ancora - in alternativa al rappresentante fiscale - agire mediante **identificazione diretta** (rispettivamente: ris. n. 44/E/2020 e ris. n. 7/E/2021).
Sempre in tema di **Brexit**, è stato chiarito che il soggetto passivo stabilito in UK, esportatore abituale, può consentire al proprio rappresentante fiscale eventualmente nominato dopo la non necessaria chiusura della propria identificazione fiscale in Italia (ris. n. 7/E/2021) di utilizzare il plafond IVA maturato.
La **nomina** del rappresentante fiscale in Italia avviene mediante atto pubblico o scrittura privata autenticata o lettera annotata in apposito registro presso l'Agenzia delle Entrate territorialmente competente rispetto al domicilio fiscale del rappresentante ovvero da comunicazione effettuata all'Agenzia delle Entrate.
La nomina deve avvenire in **data anteriore** all'effettuazione della **prima operazione rilevante in Italia** (art. 1, c. 4, D.P.R. n. 441/1997) e deve essere comunicata all'altro contraente anteriormente all'effettuazione dell'operazione.
È possibile nominare un rappresentante fiscale in Italia anche per una singola operazione (ris. n. 66/2002).
Il rappresentante fiscale di un soggetto estero (UE od extra UE) può essere una **persona fisica** residente in Italia ovvero una **persona giuridica** con sede in Italia.

> Il rappresentante fiscale può assumere la contemporanea **rappresentanza** di **più operatori** comunitari, per ognuno dei quali otterrà uno specifico numero di partita IVA.
> Invece, il soggetto estero non può nominare più di un rappresentante in Italia.

Operatività

Il soggetto passivo estero, con la nomina del rappresentante fiscale in Italia, può, attraverso il suo tramite, adempiere a tutti gli **obblighi** previsti dalla legge IVA:
- richiesta della partita IVA per conto del rappresentato;
- presentazione del modello di inizio attività;
- fatturazione attiva (senza IVA salvo che nei confronti di privati consumatori);
- scritture contabili;
- liquidazioni e versamenti dell'imposta;
- comunicazioni obbligatorie;
- dichiarazione;
- richiesta di eventuali rimborsi d'imposta.

Allo stesso modo, può esercitare anche tutti i diritti previsti dalla normativa IVA.

Adempimenti del rappresentante fiscale

Apertura di partita IVA - Il rappresentante fiscale deve presentare la **dichiarazione** di **inizio attività**. Se il rappresentante possiede già una propria partita IVA non può utilizzarla in rappresentanza del mandante non residente, ma deve richiedere un apposito numero di partita IVA per conto del mandante. In considerazione del fatto che il rappresentante può rappresentare anche più mandanti esteri, dovrà ottenere tante partite IVA specifiche per ciascun rappresentato estero, le due o più partite IVA devono essere gestite con contabilità separate.

Ruolo e responsabilità del rappresentante
1) Il rappresentante fiscale non incide sull'individuazione del luogo della prestazione che di regola resta sempre l'estero (tranne che per le cessioni e prestazioni specifiche che per territorialità si considerano cedute od eseguite in Italia).
2) Le operazioni messe in atto dal soggetto estero con rappresentante fiscale in Italia non coinvolgono il rappresentante fiscale.
3) Sostituisce in tutti gli adempimenti formali e sostanziali IVA, il soggetto estero ed è solidalmente responsabile con lo stesso per gli obblighi d'imposta.
4) Esercita i diritti, in nome e per conto del soggetto non residente che rappresenta, connessi all'applicazione dell'IVA.
5) Diviene destinatario degli obblighi e dei diritti previsti dalle disposizioni IVA per le operazioni che risultano rilevanti in Italia.
6) La prestazione di rappresentanza fiscale resa da un soggetto residente in Italia ad un soggetto non residente è fuori dal campo di applicazione dell'IVA per assenza del presupposto territoriale.

Rappresentante fiscale leggero

Nel caso di operazioni intracomunitarie, se queste sono esclusivamente:

- non imponibili,
- esenti,
- non soggette,

il soggetto passivo non residente può nominare un rappresentante leggero (art. 44, c. 3, D.L. n. 331/1993) (➔52.4.1.) il quale si occuperà solo dei seguenti obblighi:

- **fatturazione** in modalità cartacea delle operazioni;
- compilazione e presentazione degli **elenchi INTRA**.

Non è perciò tenuto né alle **registrazioni contabili**, né alla **presentazione** della **dichiarazione IVA**. La semplificazione cessa alla prima effettuazione di operazioni soggette all'imposta. Da quel momento scattano in capo al rappresentante tutti gli obblighi che competono ai normali rappresentanti fiscali.

60.1.3. Operazioni realizzate mediante identificazione diretta

Qualora l'operatore comunitario opti per l'identificazione diretta, assume gli stessi doveri, oneri e diritti di un soggetto passivo stabilito in Italia. Ciò non influisce, però, sul suo status giuridico di non residente.

I soggetti non residenti meramente identificati non possono essere inclusi tra i soggetti "stabiliti" (a meno che non possa essere dimostrata l'esistenza di una stabile organizzazione) e, di conseguenza, **non rientrano** nell'obbligo di **fatturazione elettronica** (art. 1, c. 3, D.Lgs. n. 127/2015; circ. n. 13/E/2018).

Cessione di beni da parte di soggetto identificato, con consegna diretta dei beni dal Paese UE

In questa situazione, nonostante l'identificazione fiscale in Italia, l'operazione rientra pienamente nelle cessioni intracomunitarie. La conseguenza è che:

- il **cedente UE**:
  - non può utilizzare per la fatturazione la partita IVA qui ottenuta;
  - non può emettere fattura assoggettata all'IVA italiana;
  - non è oggetto ad alcun adempimento formale o sostanziale ai fini IVA;
- il **cessionario** stabilito in Italia nei confronti della fattura passiva si comporta esattamente come nel caso di un acquisto intracomunitario di beni (➔52.3.).

Cessione di beni da parte di un soggetto identificato, con consegna attraverso la posizione IVA acquisita in Italia

In questa situazione l'operazione si sdoppia:

- il **cedente** UE emette fattura per cessione intracomunitaria a carico di se stesso con la posizione IVA italiana;
- il cedente UE/posizione IVA italiana:
  - integra la fattura italiana in reverse charge;
  - liquida l'imposta dopo aver annotato l'operazione sui registri delle vendite e degli acquisti;
- il **cessionario** stabilito in Italia riceve dalla posizione IVA del cedente UE una fattura intracomunitaria che deve integrare con l'applicazione dell'imposta, *ex* art. 17, c. 2, D.P.R. n. 633/1972 (circ. 21 giugno 2010, n. 36/E).

60.1.4. Operazioni realizzate attraverso il rappresentante fiscale

Fatturazione da parte del soggetto passivo estero con rappresentante in Italia

Un soggetto estero non stabilito in Italia, che abbia nominato un proprio rappresentante fiscale per le operazioni rilevanti IVA effettuate in Italia, dovrà comunque **emettere fattura cartacea** e non fattura elettronica (salvo in caso di stabile organizzazione in Italia) sia pur per il tramite del rappresentante (art. 1, c. 3, D.Lgs. n. 127/2015 e circ. n. 13/E/2018).

Occorre inoltre distinguere tra:

- fatturazione nei confronti di un **soggetto passivo d'imposta**;
- fatturazione nei confronti di un consumatore **privato** residente in Italia.

Nel **primo caso**, l'operatore estero deve **emettere propria fattura**, indicando anche il numero di partita IVA del rappresentante fiscale. In pratica la fattura può anche essere emessa dal rappresentante, con la partita IVA dell'operatore estero, ma "come se fosse stata emessa" direttamente dal rappresentato.

La fattura non riporterà l'IVA.
Il **soggetto passivo italiano**, ricevuto il documento:
- se da soggetto UE, procederà in reverse charge integrandolo dei dati IVA;
- se da soggetto extra UE, procederà ad emettere autofattura da annotare sia sul registro delle vendite nei 15 giorni successivi, sia in quello degli acquisti. La fattura estera rileva solo ai fini della contabilità generale.
- successivamente deve provvedere (per le operazioni poste in essere entro il 30 giugno 2022) all'invio telematico dei dati relativi alle operazioni realizzate con soggetti transfrontalieri mediante il cosiddetto "esterometro" (➡62.1.2.), documento che dal 1° luglio 2022 sarà abolito e sostituito con una apposita comunicazione da trasmettere a SDI nelle stesse forme utilizzate per l'invio della fattura elettronica.

Nulla cambia anche in caso di fatturazione di beni già esistenti sul territorio italiano.

La **fattura** deve sempre essere emessa dal **soggetto non residente** e deve sempre indicare anche il rappresentante. È sempre compito del cliente italiano integrare la fattura ovvero autofatturarsi in modalità cartacea, quindi da non trasmettere a SDI, a seconda delle circostanze.

Non è accettabile una fattura emessa direttamente dal rappresentante con la propria partita IVA, ancorché assoggettata o meno ad IVA. Il cessionario italiano deve rifiutarla e chiedere la corretta emissione del documento con la partita IVA del cedente estero (ris. n. 21/E/2015).
Il rappresentante fiscale è abilitato ad emettere fattura direttamente, ma solo per proprie esigenze interne di ordine amministrativo. Il documento non è rilevante ai fini IVA e deve indicare, inoltre, che l'imposta relativa sarà assolta dal cessionario/committente al ricevimento della fattura da parte del soggetto estero.
Nel **secondo caso**, in relazione ad invio di beni direttamente dalla UE a favore di un privato (può anche essere il caso del cosiddetto commercio elettronico indiretto (➡50.10.1.)), se il complesso di operazioni effettuate con l'Italia è superiore alla soglia di protezione, il soggetto estero, previamente identificato nel territorio nazionale, emette fattura con IVA italiana a carico del consumatore finale.

Fatturazione da parte di un non residente per operazioni territorialmente rilevanti in Italia

Quando un soggetto passivo non residente effettua operazioni – cessioni di beni e/o prestazioni di servizi - territorialmente rilevanti in Italia (art. 7-quater, D.P.R. n. 633/1972) a favore di un soggetto passivo qui stabilito trova applicazione il reverse charge (art. 17, c. 2, D.P.R. n. 633/1972) e, quindi, l'IVA deve essere assolta dal cessionario/committente. Conseguentemente, **il non residente emette fattura con il proprio codice identificativo estero** e non con il numero di partita IVA italiano, indipendentemente da una sua identificazione diretta o nomina di rappresentante fiscale e anche se ha presentato la dichiarazione IVA in Italia. Ciò perché per le operazioni soggette a reverse charge, il soggetto estero non è più debitore d'imposta (risposta a interpello n. 339/2020).

Fatturazione da parte di un soggetto passivo estero che ha nominato un rappresentante fiscale in altro Paese UE

Per l'esame si rinvia al (➡52.4.1.) ed al (➡54.2.).

Fatturazione da parte di soggetti passivi stabiliti in Italia

Le fatture che un soggetto passivo stabilito in Italia deve emettere nei confronti del soggetto estero che ha operato per il tramite di rappresentante fiscale devono riportare oltre alla denominazione sociale del soggetto anche l'identificazione del suo rappresentante.
Poiché la fattura emessa dal soggetto passivo stabilito in Italia è rivolta ad un soggetto non stabilito, la stessa sarà in forma cartacea per tutte le operazioni poste in essere sino al 30 giugno 2022 (art. 5, c. 14-ter, D.L. n. 146/2021). Quelle successive ricadranno nell'ambito di applicazione della fatturazione elettronica tramite SDI.

STABILE ORGANIZZAZIONE IN ITALIA 60.2.

Con tale termine si intende una qualunque organizzazione, diversa dalla sede dell'attività economica, caratterizzata da un grado di sufficiente **permanenza** e da una **struttura idonea** in termini di mezzi umani e materiali tale da poter essere in grado di ricevere ed utilizzare i servizi ricevuti per le proprie esigenze, nonché di essere in grado di fornire essa stessa i servizi dei quali si ritiene in grado di prestare; si tratta del c.d. **centro di attività stabile** (circ. n. 37/E/2011 e Reg. UE n. 282/2011). La definizione di stabile organizzazione ai fini IVA non coincide perfettamente con l'analoga definizione ai fini delle imposte dirette (art. 162 del TUIR).

La Corte di Cassazione (sentenza 18 maggio 2018, n. 12237) ha affermato che ai fini IVA la stabile organizzazione di una società estera in Italia si realizza solo in presenza in una **struttura dotata di risorse materiali ed umane** e può essere costituita anche da un'entità dotata di personalità giuridica, alla quale la società straniera abbia affidato, anche di fatto, la cura di affari (con l'esclusione delle attività di carattere meramente preparatorio o ausiliario, quali la prestazione di consulenze o la fornitura di know how). Occorre far riferimento al concetto di centro di attività stabile (art. 9, c. 1 Direttiva 77/388/CE) di cui sopra. Non è tale, per esempio, un centro direzionale ove si riuniscono i manager della società estera, non essendoci elementi riconducibili alla sussistenza di una struttura connotata da un idoneo apporto umano e tecnico.
Anche la Corte di Giustizia Europea ha confermato che per potersi avere stabile organizzazione ai fini IVA occorre necessariamente l'esistenza di una struttura dotata di **mezzi sia umani e tecnici**. Di conseguenza non può essere considerata stabile organizzazione l'immobile "che non disponga di risorse umane che lo rendano idoneo ad operare in modo autonomo" (CGE, sent. causa C-931/19).
Essere in possesso di un numero identificativo IVA non è, di per sé, elemento sufficiente per ritenere che un soggetto passivo residente all'estero abbia una stabile organizzazione nello Stato ove esso si è identificato.
La **stabile organizzazione** può agire sotto una **duplice veste**:
- quella di vero e proprio **soggetto passivo** con riguardo alle operazioni effettuate o ricevute direttamente;
- quella di mero **strumento** del soggetto estero al fine di adempiere agli obblighi ed esercitare i diritti derivanti dalle operazioni territorialmente rilevanti dallo stesso effettuate.

Secondo le disposizioni IVA, una Stabile Organizzazione (S.O.) in Italia di un soggetto passivo stabilito all'estero è un **soggetto passivo** d'imposta **in Italia**, autonomo rispetto alla casa madre, **limitatamente** alle operazioni da essa effettuate o ricevute (art. 7, c. 1, lett. d), D.P.R. n. 633/1972).
La S.O.:
- è tenuta a presentare la **dichiarazione di inizio** attività ottenendo così un proprio numero di Partita IVA e, quindi, lo *status* di soggetto passivo d'imposta anche se non opera con i terzi;
- deve provvede ad assolvere tutti gli **adempimenti** ordinari, compresa la tenuta dei registri previsti dalla normativa fiscale.

Ciò nonostante, la S.O. di un soggetto non residente **non è** una **persona giuridica distinta** dalla casa madre estera, in quanto ne rappresenta una semplice articolazione territoriale.
Pertanto:
- non è possibile che uno stesso soggetto estero nomini un proprio rappresentante fiscale in Italia, laddove egli già vi abbia istituito una S.O;
- le prestazioni intercorse tra la casa madre e la propria S.O. sono escluse dal campo di applicazione dell'IVA (ris. n. 81/E/2006).

Ciò nonostante, questa unicità viene a cessare qualora la casa madre entri a far parte di un gruppo IVA (➔59.).

Recupero del credito IVA

Sebbene non possano coesistere contemporaneamente S.O. ed identificazione diretta o rappresentante fiscale, la S.O. in Italia di una società comunitaria ha il **diritto** di recuperare, tramite la detrazione, il credito IVA relativo alle operazioni effettuate con la partita IVA di identificazione diretta o del rappresentante fiscale successivamente cessate.

Rimborso dell'imposta

L'attuale disciplina IVA **nega** la **possibilità** di fruire della procedura prevista per i soggetti comunitari e di quella prevista per i soggetti extracomunitari ai fini del **rimborso diretto dell'IVA** assolta in Italia (artt. 38-bis2 e 38-ter, D.P.R. n. 633/1972), qualora il soggetto estero disponga di una S.O. nel Paese.
La stabile organizzazione di un soggetto non stabilito in Italia non può chiedere il rimborso del credito IVA relativo alle operazioni effettuate dalla casa madre, neppure nel caso in cui la stabile organizzazione non partecipi alla realizzazione delle operazioni poste in essere in Italia dalla casa madre (art. 30, c. 2, lett. e), D.P.R. n. 633/1972 e risposta a interpello n. 160/2020).

60.2.1. Operazioni realizzate autonomamente dalla Stabile Organizzazione

È un soggetto autonomo rispetto alla casa madre unicamente per le operazioni da essa direttamente effettuate o ricevute.
Può assumere un **duplice ruolo** di debitore d'imposta, quando:
- "lavora per sé stessa" in termini di operazioni attive e passive rilevanti ai fini IVA,

oppure quando
- le operazioni che un soggetto non residente realizza tramite una stabile organizzazione vanno rese con riferimento a tale specifica posizione soggettiva.

Ne deriva che essa, come qualunque operatore stabilito in Italia, **deve**:
- essere in possesso di una propria **partita IVA**;
- essere in possesso dei **registri obbligatori** IVA sui quali annotare le operazioni rilevanti esattamente come un qualunque soggetto passivo stabilito in Italia;
- emettere **fattura in formato elettronico** e procedere a tutti gli **adempimenti** connessi (registrazione, detrazione, liquidazione, ecc.):
  - in relazione alle operazioni da essa stessa compiute nel territorio dello Stato (acquisti e vendite direttamente effettuate sia nazionali, sia comunitarie sia di import/export);
  - quando i suoi mezzi umani o tecnici vengono impiegati per operazioni inerenti alla realizzazione di cessioni di beni o prestazioni di servizi.

Operazioni realizzate tramite Stabile Organizzazione 60.2.2.

I criteri per stabilire se una stabile organizzazione abbia o meno partecipato effettivamente alle operazioni attive o passive realizzate, nominalmente, dalla casa madre sono stabilite dal Regolamento UE n. 282/2011.

Sostanzialmente sono due le situazioni per le quali la S.O. sia essa stessa debitrice d'imposta, vale a dire:
- nelle operazioni effettuate dalla casa madre a favore di un **soggetto passivo stabilito in Italia**, con l'intervento, meglio con la "partecipazione" della S.O.;
- nelle operazioni effettuate dalla casa madre nei confronti di un **privato consumatore** ancorché non vi sia alcun intervento nell'operazione da parte della S.O.

In definitiva, ciò che rileva è che la stabile organizzazione utilizzi, nell'ambito di una data operazione, i suoi mezzi umani o tecnici indipendentemente dalla circostanza che il contratto relativo sia stato sottoscritto esclusivamente tra la casa madre estera ed il proprio cliente (estero o stabilito in Italia).

Qualora la stabile organizzazione non si limiti a mere funzioni di supporto amministrativo/contabile, ma piuttosto metta in atto una serie articolata di funzioni, compresa quella di fare da cerniera tra cliente finale e casa madre, si può affermare che la branch sia effettivamente parte attiva e come tale tenuta agli obblighi IVA (fatturazione, registrazione, ecc.).

Ciò significa che un intervento considerato parte essenziale dell'operazione che la casa madre sta ponendo in essere è sufficiente perché la S.O. sia considerata diretta **esecutrice** dell'operazione stessa (risposta a interpello n. 52/2021).

La **fattura emessa** con il numero di identificazione IVA della stabile organizzazione implica che quest'ultima, salvo prova contraria, abbia partecipato all'operazione posta in essere dalla casa madre.

In presenza dei presupposti perché la S.O. abbia partecipato all'operazione resa nei confronti di soggetti passivi residenti, il debitore dell'imposta è la S.O. stessa. Sarà, dunque, questa ad emettere fattura applicando l'IVA italiana (se ed in quanto dovuta).

Nell'evenienza che vi sia partecipazione della S.O. all'operazione rilevante in Italia ai fini IVA, gli obblighi IVA sono assolti dalla stabile organizzazione italiana, utilizzando:
- una **serie distinta** di **numerazione** per le fatture non riferibili alle operazioni effettuate attraverso la stabile organizzazione,
- conseguente **registrazione separata**,
- indicazione in un **distinto modulo** della dichiarazione annuale del soggetto estero,
- applicando l'imposta italiana, se ed in quanto dovuta, ovvero quale operazione non imponibile *ex* art. 8 del D.P.R. n. 633/1972 oppure intracomunitaria a seconda che il cliente finale della casa madre sia soggetto extra UE oppure UE.

Se il fornitore della casa madre è un soggetto passivo stabilito al di fuori dell'Italia (senza, a sua volta, una branch nel nostro Stato), la stabile organizzazione coinvolta fattivamente nell'operazione deve assolvere l'IVA in reverse charge se il fornitore è soggetto UE oppure autofatturandosi se extra UE.

Operazioni realizzate senza intervento della Stabile Organizzazione 60.2.3.

Deve escludersi che la S.O. partecipi all'effettuazione dell'operazione quando in nessun modo il cedente o prestatore non residente utilizzi le risorse tecniche o umane della stabile organizzazione in Italia per l'esecuzione della cessione o della prestazione.

IVA

Non può essere considerata partecipazione la mera funzione di supporto amministrativo (contabilità, fatturazione, recupero crediti, ecc.).

Obblighi del cessionario/committente stabilito in Italia

Se la S.O. **non partecipa** all'operazione il debitore dell'imposta è il cessionario/committente soggetto passivo d'imposta stabilito in Italia. Sarà pertanto quest'ultimo ad assolvere l'IVA mediante **reverse charge** (integrazione o autofattura).
Se il cessionario/committente è un privato consumatore e il cedente/prestatore possiede una S.O. in Italia, gli obblighi IVA sono ottemperati direttamente dalla S.O.

60.3. DIRITTO AL RIMBORSO E MODALITÀ

I soggetti passivi stabiliti in altro Paese della UE o in Paesi extra-UE con accordo di reciprocità (Svizzera, Israele, Norvegia e Principato di Monaco) hanno diritto al rimborso dell'imposta assolta in Italia. Si rimanda al paragrafo ➡60.30.1. per le modalità applicative.

Esclusioni

I soggetti passivi **non residenti** non hanno diritto al rimborso:
- se l'imposta era relativa a beni per i quali l'IVA non è detraibile (indetraibilità oggettiva) (➡48.1.3.);
- se hanno una Stabile Organizzazione in Italia (➡60.2.). In questo caso è deputata alla detrazione dell'imposta la Stabile Organizzazione, ancorché l'IVA sia stata assolta dalla casa madre;
- se effettuano nel proprio Stato operazioni esenti od escluse il rimborso va erogato in base al pro-rata, secondo le regole interne del Paese;
- se effettuano operazioni attive in Italia, imponibili o non imponibili (cessioni intracomunitarie, esportazioni), con l'**eccezione** delle operazioni soggette a reverse charge, ove il debitore d'imposta è il cessionario/committente.

60.3.1. A favore di soggetti UE

Il soggetto comunitario, riconosciuto come soggetto passivo d'imposta nel proprio Stato di appartenenza, che abbia assolto l'imposta in Italia e non rientri nelle esclusioni sopra delineate, deve inviare richiesta di rimborso (art. 38-bis2, D.P.R. n. 633/1972).

Modalità di richiesta

Occorre inviare **telematicamente** alla propria amministrazione fiscale, apposita richiesta di rimborso. L'amministrazione competente invia sempre in via telematica, al Centro Operativo di Pescara la richiesta. Questa viene esaminata entro **4 mesi** dalla ricezione. È facoltà del Centro chiedere ulteriori informazioni al soggetto che devono essere fornite entro i 30 giorni successivi.

Cadenza della richiesta

La richiesta di **rimborso** può avere cadenza:
- **trimestrale** con decorrenza dal primo giorno del mese successivo al trimestre di riferimento ed entro il giorno 30 settembre dell'anno successivo al periodo di riferimento. L'importo chiesto a rimborso **non** può essere **inferiore a 400 euro**;
- **annuale** con decorrenza dal 1° gennaio dell'anno successivo a quello della richiesta ed entro il 30 settembre dello stesso anno. L'importo chiesto a rimborso **non** può essere **inferiore** a **50 euro**.

In caso di imposta corrisposta solo in **mesi inferiori al trimestre** (ad esempio, febbraio e marzo, ma nulla per aprile), occorre richiedere il rimborso mediante **istanza annuale** in quanto non è possibile cumulare tali mesi con quelli relativi al trimestre successivo.

Esclusioni

La procedura di cui all'art. 38-bis2 non è possibile per:
- i soggetti residenti in altro Stato UE che dispongano di una stabile organizzazione in Italia;
- il soggetto residente in altro Stato UE che abbia effettuato, nel periodo oggetto di rimborso, cessioni di beni o prestazioni di servizi rilevanti ai fini IVA in Italia, con esclusione: delle cessioni di beni o prestazioni di servizi per i quali il debitore dell'imposta è il suo cliente; delle prestazioni di servizi di trasporto non imponibili ed operazioni ad esse accessorie.

IVA

Modalità di rimborso

Se non ci sono ulteriori richieste da parte del Centro Operativo di Pescara, il rimborso viene effettuato su conto estero o c/c postale estero entro 10 giorni lavorativi successivi alla scadenza del termine di 4 mesi dalla ricezione dell'istanza.

In caso di ritardo nel rimborso, trovano applicazione interessi nella misura del 2% annuo (art. 38-bis2, c. 9 e art. 38-bis, c. 1, D.P.R. n. 633/1972).

Attenzione: non è possibile negare il rimborso ad un soggetto passivo stabilito in altro Stato della UE per il solo fatto di essersi identificato direttamente in Italia o di aver qui nominato un proprio rappresentante fiscale (risposta a interpello n. 339/2020 a parziale modifica della FAQ n. 40/2020 ed in conformità a quanto chiarito dalla Corte di giustizia UE, sentenza causa C-323/12).

Ad integrazione di quanto sopra, è riconosciuta la possibilità di avvalersi della procedura di rimborso *ex* art. 38-bis2 al soggetto passivo comunitario che abbia nominato un proprio rappresentante fiscale in Italia o si sia qui identificato direttamente purché le fatture di acquisto:

- siano intestate alla partita IVA del soggetto non residente e non al suo rappresentante fiscale e neppure alla partita IVA italiana;
- non confluiscano nelle liquidazioni periodiche e nella dichiarazione annuale presentata dal rappresentante fiscale.

Qualora il soggetto estero decida di chiedere il rimborso **in sede di dichiarazione annuale** relativamente alle fatture intestate alla partita IVA estera, il rappresentante fiscale deve tenere distinte dette operazioni da quelle riferite alla partita IVA italiana, le deve annotare separatamente nei registri IVA e in un apposito modulo della dichiarazione annuale (risposta a interpello n. 359/2021).

A favore di soggetti extra UE 60.3.2.

Il **rimborso** dell'IVA assolta in Italia non è concesso a tutti i soggetti passivi residenti in Paesi extra UE, ma solo a favore:

- di quelli esercenti arti o professione o attività d'impresa, in quegli Stati extra UE che hanno stabilito con l'Italia **accordi di reciprocità** in materia di IVA. Allo stato, quindi, solamente: **Israele**, **Norvegia**, **Svizzera** e **Principato di Monaco**;
- di soggetti domiciliati o residenti fuori dell'Unione europea, e che abbiano **aderito** al **regime speciale** introdotto dagli artt. 74-quinquies e seguenti del D.P.R. n. 633/1972, anche in assenza della condizione di reciprocità.

Diritto al rimborso

Il diritto al **rimborso IVA** pagata in Italia è **riconosciuto** al **soggetto passivo extra-UE** purché questi effettivamente svolga nel proprio Stato attività le cui operazioni siano assoggettate all'imposta. Conseguentemente se il soggetto effettua solo operazioni esenti, non imponibili od escluse non ha diritto al rimborso. Il rimborso può essere limitato (pro-rata) se effettua operazioni imponibili ed operazioni esenti sul proprio territorio.

Se il soggetto passivo extra UE ha effettuato in Italia, nel periodo di riferimento, cessioni di beni o prestazioni di servizio, con la eccezione per i trasporti non imponibili e le operazioni soggette a reverse charge, non ha diritto al rimborso tramite questa procedura.

Modalità di richiesta

La richiesta:

- va presentata in forma cartacea utilizzando il **Mod. 79** scaricabile dal sito dell'Agenzia delle Entrate;
- va compilata in **italiano o inglese**;
- va **inviato** al **Centro Operativo** di **Pescara** mediante posta raccomandata AR oppure tramite corriere espresso oppure consegnata a mano non oltre il **30 settembre** dell'anno successivo a quello cui si riferisce la richiesta di rimborso. Non sono valide le richieste inviate per fax o per posta elettronica.

Cadenza delle richieste

Sono ritenute valide le istanze riferibili ad uno dei seguenti periodi:

- I trimestre (fatture **da gennaio a marzo**);
- II trimestre (fatture **da aprile a giugno**);
- III trimestre (fatture **da luglio a settembre**);
- IV trimestre (fatture **da ottobre a dicembre**);
- **annuale** (fatture da gennaio a dicembre).

È ammessa la richiesta di rimborso per un periodo inferiore a 3 mesi qualora questi periodi rappresentino la parte residua di un anno solare.

IVA

Importi minimi

L'importo chiesto a **rimborso** non può essere inferiore a:

- **400 euro** se l'istanza è **trimestrale**;
- **50 euro** se l'istanza è **annuale**.

Alla richiesta va **allegata** la seguente **documentazione**:

- originali delle fatture;
- documentazione da cui si evinca il pagamento delle fatture medesime;
- attestazione rilasciata dall'Amministrazione dello Stato di stabilimento del richiedente, dalla quale risulti la qualità di soggetto passivo dell'imposta sul valore aggiunto, nonché la data di decorrenza di tale iscrizione.

L'attestazione ha validità annuale dalla data del rilascio e può essere utilizzata per tutte le istanze presentate in detto periodo.

IVA

LIQUIDAZIONI, VERSAMENTI, RIMBORSI E COMPENSAZIONI 61.

LIQUIDAZIONI E VERSAMENTI 61.1.

A seguito della pandemia Covid-19 nell'anno 2020 sono intervenute numerose disposizioni al fine di posticipare diversi adempimenti fiscali. Disposizioni rivolte in via generale a tutti i contribuenti, altre a contribuenti specifici per attività e per localizzazione in determinate aree del Paese.
Alcune sono oramai scadute, altre sono ancora in vigore anche accavallandosi.
Di seguito la tabella relativa alle scadenze IVA ancora in essere:

Scadenza originaria	Norma e beneficiari	Nuove scadenze
18 gennaio 2021 16 febbraio 2021	**Legge n. 178/2020 (Legge di bilancio 2021)** Federazioni sportive nazionali, enti di promozione sportiva, associazioni e società professionistiche e dilettantistiche, con sede nel territorio nazionale e che operano nel campo di competizioni sportive in corso di svolgimento *ex* D.P.C.M. 24 ottobre 2020.	- mediante rateizzazione, fino ad un massimo di **24 rate mensili di eguale importo con versamento della prima rata il 30 maggio 2021**. I versamenti relativi alle rate di dicembre 2021 e di dicembre 2022 vanno comunque versati rispettivamente entro il giorno 16 dicembre 2021 e dicembre 2022. Non si dà luogo al rimborso di quanto eventualmente già versato.
	Art. 97, D.L. n. 104/2020 (Decreto Agosto) (che richiama l'art. 126, D.L. n. 34/2020 (Decreto Rilancio) che a sua volta fa riferimento ai versamenti sospesi dall'art. 18, D.L. n. 23/2020) 1) Soggetti passivi tenuti al versamento dell'IVA annuale del 16 marzo che hanno rateizzato il saldo versando solo la prima rata; 2) soggetti con compensi non superiori a 50 milioni di euro nel 2019 ed una diminuzione dei compensi di almeno il 33% nel mese di marzo/aprile 2020 rispetto al medesimo mese del 2019 sono sospesi e rinviati i versamenti scadenti ad aprile/maggio 2020;	

IVA

Scadenza originaria	Norma e beneficiari	Nuove scadenze
16 aprile 2020 18 maggio 2020	3) soggetti con compensi superiori a 50 milioni di euro nel 2019 ed una diminuzione dei compensi maggiore od eguale al 50% nel mese marzo/aprile 2020 rispetto al medesimo mese del 2019 sono sospesi e rinviati i versamenti scadenti ad aprile/maggio 2020. La sospensione si applica anche ai soggetti passivi che hanno iniziato la propria attività dopo il 31 marzo 2019; La sospensione dei versamenti IVA si applica per i mesi di aprile e maggio, a prescindere dal volume dei compensi realizzati nel 2019, ai soggetti passivi stabiliti nelle Province di Bergamo, Brescia, Lodi, Piacenza, che abbiano subito una diminuzione dei compensi di almeno il 33% nel mese di marzo/aprile 2020 rispetto al medesimo mese 2019, La medesima sospensione si applica anche ai soggetti passivi che hanno iniziato la propria attività dopo il 31 marzo 2019.	Il 50% di quanto non versato al 16 di settembre 2020 in applicazione delle sospensioni prorogate, può essere versato in un massimo di **24 rate mensili eguali a partire dal 16 gennaio 2021** (quindi al massimo sino al **16 dicembre 2022**). I versamenti sono effettuati senza applicazione di sanzioni ed interessi. Non si dà luogo al rimborso di quanto eventualmente già versato.
16 marzo 2020	**Art. 97, D.L. n. 104/2020 (Decreto Agosto) (che richiama l'art. 127 del D.L. n. 34 (Decreto Rilancio) che a sua volta fa riferimento all'art. 61 del D.L. n. 18/2020 (Decreto Cura Italia))** Sono sospesi i versamenti con riguardo ad una numerosa serie di soggetti (1). Versamenti già rinviati al 31 maggio e successivamente al 16 settembre. **Art. 97, D.L. n. 104/2020 (Decreto agosto) (che richiama l'art. 127 del D.L. n. 34/2020 (Decreto Rilancio) che fa riferimento all'art. 62 del D.L. n. 18/2020 (Decreto Cura Italia))** La sospensione riguarda i soggetti passivi: 1) con ricavi non superiori a 2 milioni nel 2019 con versamenti che sarebbero scaduti nel periodo 8-31 marzo (versamenti già rinviati al 31 maggio e quindi al 16 settembre); 2) che indipendentemente dai compensi realizzati nel 2019 abbiano sede o domicilio fiscale nelle Province di Bergamo, Brescia, Cremona, Lodi, Piacenza. Versamenti già rinviati al 31 maggio e successivamente al 16 settembre).	
Note		
1. Il c. 2 dell'art. 61 del Decreto Cura Italia elenca una lunga serie di soggetti tra i quali si segnala: imprese turistico recettive, tour operator, agenzie di viaggio, guide turistiche; federazioni sportive, palestre, centri sportivi, piscine; teatri, sale da concerto, teatri, cinema, gestori di lotto e lotterie, VLT, parchi divertimento; organizzatori di corsi e fiere di qualunque tipo; ristoranti, gelaterie, pasticcerie, bar, pub; scuole di ogni tipo, servizi di trasporto, noleggio di mezzi di trasporto o di attrezzature sportive; librerie; Onlus e APS iscritte nei rispettivi registri.		

Con il D.L. n. 221/2021 alcune attività economiche, intrinsecamente comportanti assembramenti potenzialmente pericolosi, erano state vietate o comunque sospese sino al 31 gennaio 2022. Più precisamente:

- le feste comunque denominate, gli eventi a queste assimilati che implichino assembramenti all'aperto;

- i concerti all'aperto;
- le attività nelle sale da ballo, discoteche e locali assimilati.

In riferimento alle suddette attività, è intervenuto il D.L. n. 4/2022 sospendendo i versamenti IVA scadenti nel mese di gennaio 2022. Gli stessi potranno essere effettuati, senza sanzioni né interessi, in un'unica soluzione entro il 16 settembre 2022. Come di consueto non si fa luogo al rimborso di quanto già eventualmente pagato.

Ulteriori osservazioni

Per calcolare correttamente il fatturato da confrontare occorre rammentare che esso è quello derivante dalle operazioni effettuate nei mesi indicati dalle corrispondenti disposizioni. Al totale occorre aggiungere anche le operazioni escluse dall'imposta, sempre riferentesi a detti mesi.
In particolare, per le fatture immediate si fa riferimento alla data della fattura, mentre per quelle differite alla data del DDT **escludendo**, in quest'ultimo caso, le fatture emesse il mese in questione, ma relative ad operazioni del mese precedente ed **aggiungendo**, invece, quelle relative ai mesi in considerazione, ma emesse nel mese successivo.
Nel caso di **IVA di gruppo** (➡58.) per poter godere della sospensione del versamento dell'IVA previsto per le imprese con ricavi non superiori a 50 milioni nel 2019 e riduzione dei ricavi maggiore del 33% oppure superiori a 50 milioni e riduzione dei ricavi non inferiore al 50%, è sufficiente che anche uno solo dei soggetti facenti parte del perimetro della liquidazione IVA di gruppo abbia le caratteristiche normativamente specificate, sempreché l'ammontare dei ricavi derivanti dall'attività dallo stesso svolta sia prevalente rispetto a quello complessivamente realizzato a livello di gruppo (circ. n. 8/E/2020). Tuttavia, qualora la condizione di prevalenza non sia realizzata, ma una o più società partecipanti alla liquidazione IVA di gruppo abbiano le caratteristiche che, individualmente, consentono di beneficiare della sospensione disposta dall'art. 18, D.L. n. 23/2020, è comunque possibile escludere dalla liquidazione periodica di gruppo la componente a debito riferibile a dette società, relativa al mese di marzo e/o di aprile 2020" (circ. n. 11/E/2020).
Le medesime considerazioni sono applicabili al **Gruppo IVA** (➡59.).

Liquidazioni periodiche 61.1.1.

La **liquidazione periodica** è lo strumento di calcolo che consente di determinare il saldo dell'IVA in un dato periodo di tempo considerato e che può essere mensile o trimestrale.
Dalla differenza tra l'imposta afferente alle operazioni attive divenute esigibili e quella afferente alle operazioni passive emerge un **saldo** che può essere **positivo** (debito d'imposta) o **negativo** (credito d'imposta).

Strettamente collegata alla liquidazione dell'imposta è la "Comunicazione delle liquidazioni periodiche IVA", comunemente chiamata **LIPE**.
Al riguardo vedasi ➡62.1.2.

Periodicità di versamento dell'imposta

La regola generale vuole che la periodicità dei versamenti dell'IVA a debito sia su **base mensile** (➡98.12.), con riferimento alle operazioni attive (risultante dalle annotazioni eseguite o da eseguire nei registri obbligatori) e passive (risultanti dalle annotazioni eseguite) (art. 27, D.P.R. n. 633/1972).
Peraltro, determinati soggetti possono rientrare naturalmente ovvero per opzione in un regime di liquidazione e versamento dell'imposta su **base trimestrale** (➡98.13.).

Contribuenti trimestrali

Trimestrali per natura - Sono contribuenti trimestrali **"per natura"**, detti anche "**trimestrali speciali**", (art. 74, c. 4, D.P.R. n. 633/1972):

- autotrasportatori di cose per conto terzi;
- banche ed istituti di credito;
- assicurazioni;
- imprese di somministrazione di gas, energia elettrica;
- gestione dei rifiuti urbani;
- impianti di distribuzione di carburanti per autotrazione e cessioni accessorie o collegate;
- concessionarie autostradali;
- Croce Rossa Italiana;
- imprese esercenti lampade votive;
- operatori della sanità che eseguono solo prestazioni esenti.

IVA

Questi soggetti, mediante apposito decreto, sono autorizzati a liquidare e versare l'imposta trimestralmente entro il secondo mese successivo al trimestre di riferimento. Resta ferma la data del 27 dicembre per il versamento dell'acconto annuale IVA.
A differenza dei contribuenti trimestrali per opzione, quelli speciali non debbono maggiorare i versamenti trimestrali dell'1% a titolo di interessi.

Trimestrali per opzione - Sono contribuenti trimestrali **"per opzione"** (➡50.7.) i cosiddetti **contribuenti minori**, ossia colore che nell'anno solare precedente hanno realizzato un volume d'affari (➡47.) non superiore a:

- **400.000 euro** per le imprese aventi per oggetto prestazioni di servizio e per gli esercenti arti e professioni;
- **700.000 euro** per le imprese esercenti altre attività.

Questi soggetti possono optare in dichiarazione o con un comportamento concludente, per le liquidazioni ed i versamenti con cadenza trimestrale anziché mensile.
In questo caso, però, i **versamenti** devono essere **maggiorati** dell'**1%** a titolo di interessi.
La maggiorazione va annotata sul registro delle fatture emesse o su quello dei corrispettivi. Va calcolata sull'importo lordo prima di qualsiasi compensazione (➡61.4.) orizzontale, se la compensazione è verticale allora si applica sul netto.
L'**opzione è annuale** con rinnovo automatico di anno in anno salvo revoca ovvero supero dei limiti sopra richiamati.
L'**acconto** da versare entro il 27 dicembre non prevede alcuna maggiorazione a titolo di interessi.

Calcolo e versamento

Modalità di calcolo:

- imposta esigibile nel periodo come risulta dalle annotazioni eseguite o comunque da eseguire nei registri delle vendite o dei corrispettivi;

dedotta

- imposta risultante dalle annotazioni effettivamente eseguite nel registro degli acquisti purché l'esercizio del diritto alla detrazione venga esercitato nello stesso periodo;

dedotto

- credito d'imposta relativo al periodo precedente.

Se il risultato è **non inferiore** ad **euro 25,82**, si procede al versamento dell'imposta entro le date di scadenza.
Se il risultato è **inferiore** ad **euro 25,82** o a credito, si riporta al periodo successivo in somma o a compensazione (➡61.4.).

Modalità e termini di versamento - Qualora il saldo rappresenti un debito per il soggetto passivo, questi deve provvedere al suo versamento entro determinate date, utilizzando un modello (**F24**) da trasmettere in via telematica all'Agenzia delle Entrate.

Contribuenti mensili			**Contribuenti trimestrali (per natura o per opzione)**		
Mese	Da versare entro	Codice	Trimestre	Da versare entro	Codice
Gennaio	**16/2**	6001	Gennaio - Marzo	**16/5**	6031
Febbraio	**16/3**	6002			
Marzo	**16/4**	6003			
Aprile	**16/5**	6004	Aprile - Giugno	**20/8**	6032
Maggio	**16/6**	6005			
Giugno	**16/7**	6006			
Luglio	**20/8**	6007	Luglio - Settembre	**16/11**	6033
Agosto	**16/9**	6008			
Settembre	**16/10**	6009			
Ottobre	**16/11**	6010	Ottobre - Dicembre	**16/2** trimestrali speciali **16/3** trimestrali per opzione	6034
Novembre	**16/12**	6011			
Dicembre	**16/1**	6012			

Contribuenti mensili			**Contribuenti trimestrali (per natura o per opzione)**		
Mese	Da versare entro	Codice	Trimestre	Da versare entro	Codice
Dicembre (acconto)	**27/12**	6013	Dicembre (acconto)	**27/12**	6035

Se l'ultimo giorno di scadenza del versamento cade di **sabato** o altro **giorno festivo**, il versamento può essere posticipato al primo giorno feriale immediatamente successivo.

In particolare, a seguito della presentazione del modello "comunicazione delle liquidazioni periodiche (LIPE)" (➡62.1.3.) è possibile assolvere il debito d'imposta mediante addebito diretto sul proprio conto corrente oppure scaricare il Mod. F24 già precompilato dalla sezione "Liquidazioni periodiche IVA (LIPE)" presente nel portale Fatture e corrispettivi.

Deroghe

Le imprese che operano attraverso **sedi secondarie** o altre dipendenze che non sono autonome per la fatturazione e le annotazioni obbligatorie possono annotare tutte le operazioni entro la fine del mese successivo a quello di effettuazione dell'operazione.
Ciò consente loro di usufruire di un mese in più per le liquidazioni ed i versamenti.
Ad esempio, i corrispettivi relativi ad aprile possono essere annotati entro la fine di maggio ed il versamento verrà effettuato il 16 giugno.
I contribuenti che affidano la tenuta della **contabilità IVA a terzi** eseguono le liquidazioni periodiche assumendo come elemento di calcolo quelli del secondo mese antecedente.
Ad esempio, il 16 maggio versano l'importo di aprile con i dati di marzo, e così via.
I **subfornitori:**

- nei rapporti con il committente,
- in presenza di un contratto scritto qualificato di "subfornitura" ove venga precisato il prezzo pattuito,
- nel quale sia specificato che il pagamento verrà effettuato successivamente rispetto alla consegna del bene o al termine della prestazione,

procedono ad una liquidazione mensile o trimestrale dell'IVA, ma il versamento dell'imposta può essere **differito al giorno 16 del secondo mese successivo al trimestre** stesso senza maggiorazione di interessi. Il differimento riguarda unicamente le subforniture che abbiano le caratteristiche appena sopra citate.
Nel caso di effettuazione contemporanea di **subforniture** (art. 74, c. 5, D.P.R. n. 633/1972) e di altre operazioni occorre procedere alla liquidazione mensile complessiva delle operazioni (agevolate e non), per cui:

- entro il giorno 16 del mese successivo, è necessario effettuare il versamento dell'imposta relativa alle operazioni "ordinarie";
- entro il giorno 16 del secondo mese successivo al trimestre, è necessario effettuare il versamento dell'imposta relativa alla subfornitura agevolata.

CASO 1 - Liquidazioni in caso di effettuazione di subforniture

Mese di **febbraio**:

- IVA a debito sulle operazioni ordinarie: 10.000;
- IVA a debito sulle operazioni derivanti da subforniture: 5.000;

Entro il **16 marzo** occorre procedere alla liquidazione globale dell'imposta:

- entro la stessa data del 16 marzo, occorre versare 10.000;
- entro il **16 maggio** (secondo mese successivo al trimestre di riferimento), occorre versare 5.000.

Per i **subfornitori** sono stati istituiti appositi codici tributo con riferimento alle sole operazioni di subfornitura.

CODICI TRIBUTO
6720 - 1° trimestre - soggetti mensili 6721 - 2° trimestre - soggetti mensili 6722 - 3° trimestre - soggetti mensili

IVA

CODICI TRIBUTO
6723 - 4° trimestre - soggetti mensili 6724 - 1° trimestre - soggetti trimestrali 6725 - 2° trimestre - soggetti trimestrali 6726 - 3° trimestre - soggetti trimestrali 6727 - 4° trimestre - soggetti trimestrali La liquidazione del quarto trimestre va effettuata entro il 16 febbraio dell'anno successivo.

Arrotondamenti

Gli importi da versare sono da arrotondare al centesimo di euro:

- per **eccesso** se il terzo decimale è uguale o maggiore di cinque (es. 2.576,387 = 2.576,39);
- per **difetto** se il terzo decimale è inferiore a cinque (es. 3.943,764 = 3.43,76).

L'**IVA a debito,** ossia quella che emerge dal complesso delle fatture emesse, entra a far parte della liquidazione del periodo, così come esposta, indipendentemente dal fatto che la fattura sia stata pagata o meno ed indipendentemente che l'imposta sia stata erroneamente conteggiata.
Restano salve le **deroghe** per i soggetti che:

- emettono fatture differite (➡**46.8.**);
- hanno adottato il regime di **IVA per cassa** (➡**50.9.**).

Semplificazioni fiscali

A partire dal **1° luglio 2020**, l'Agenzia delle Entrate si è impegnata a mettere a disposizione dei contribuenti obbligati alla fatturazione elettronica, le bozze delle comunicazioni delle liquidazioni periodiche IVA precompilate (art. 16, D.L. 26 ottobre 2019, n. 124) (➡**62.1.3.**). Queste sono ora effettivamente disponibili a far tempo dall'8 novembre 2021 sul portale "Fatture e corrispettivi".

61.1.2. Liquidazione saldo annuale

Per i **soggetti trimestrali** l'IVA dovuta in dichiarazione annuale di regola coincide con quella dell'ultimo trimestre dell'anno (da maggiorare dell'1% per determinati soggetti). L'importo a debito potrebbe essere differente dall'ammontare dell'ultimo trimestre in presenza di errori, omissioni, versamenti eccessivi.
Per i soggetti mensili se le liquidazioni periodiche a debito e/o a credito sono state operate correttamente nel corso di tutto il periodo d'imposta, dopo la liquidazione del mese di dicembre non dovrebbe emergere alcun ulteriore versamento (saldo) da operare.
Qualora ciò non fosse, può essere che nel corso del periodo d'imposta appena concluso si sono commessi **errori**, **omissioni**, oppure si è verificata una **modifica del pro-rata** (infatti in corso d'anno si opera con un pro-rata provvisorio, quindi in sede di dichiarazione si provvede al ricalcolo indicando il conguaglio nel rigo VF37) o, ancora, vi è stato un **eccesso** nel versamento dell'**acconto** di dicembre. Ciò comporta una posizione debitoria.
L'eventuale saldo nasce dalla **differenza** tra il **debito annuale** e la **sommatoria** dei **versamenti** effettuati in corso d'anno, al netto dell'acconto annuale (➡**62.2.**).
Qualora il saldo risulti essere **superiore ad euro 10,33**, occorre procedere al suo versamento (➡**98.11.**).

Termini di versamento

Indipendentemente dalla metodologia utilizzata per il pagamento (unica soluzione; rateazione) il **codice** di versamento è sempre **6099**.
I termini sotto indicati valgono tanto per i contribuenti mensili, quanto per quelli trimestrali.

Termini di versamento in un'unica soluzione - È possibile versare l'eventuale saldo che emerge dalla dichiarazione annuale IVA:

- entro il **16 marzo**, senza maggiorazioni;

oppure seguendo le regole di scadenza delle **dichiarazioni dei redditi**. In questo caso:

- **dal 17 marzo al 30 giugno**, con contestuale versamento di una maggiorazione dello 0,40% a titolo di interessi, calcolati su ogni mese successivo al 16 marzo. Non si applica la maggiorazione se il versamento è effettuato a titolo di adeguamento ai parametri o agli studi di settore;
- **dal 1° luglio al 30 luglio**. Si applica la maggiorazione dello 0,40% oltre ad un ulteriore 0,40% a titolo di interessi.

IVA

Termini di versamento su base rateale - È possibile versare l'eventuale saldo che emerge dalla dichiarazione annuale IVA con:
- **rateazione** del saldo in rate mensili eguali (massimo 9 rate) da versare entro il 16 di ciascun mese, maggiorando la rata da versare ciascun mese dello 0,33% a partire dalla rata successiva alla prima (16 marzo);
- differimento del versamento in un'**unica soluzione** entro il **30 giugno**, con una maggiorazione dello 0,40% a titolo di interessi per ogni mese o frazione di mese successivo al 16 marzo (massimo: 1,60%);
- **rateazione** del saldo a partire **dal 30 giugno**, in un massimo di 6 rate eguali, con maggiorazione del saldo dello 0,40% per ciascun mese o frazione di mese scadente tra il 16 marzo ed il 30 giugno. L'importo così ottenuto va suddiviso nel numero di rate di eguale importo prescelto (scadenza ultima 16 novembre) con una ulteriore maggiorazione dello 0,33% mensile per ogni rata successiva alla prima;
- **rateazione del saldo** a partire **dal 30 luglio**, in un massimo di 5 rate eguali (ultima entro il 16 novembre), con la maggiorazione a titolo di interessi dello 0,40% per ciascun mese o frazione di mese scadente tra il 16 marzo ed il 30 luglio (massimo 2%), con una ulteriore maggiorazione dello 0,40% a titolo di interessi per ciascuna rata successiva alla prima. La maggiorazione dello 0,40% si applica sulla parte del debito non compensato con i crediti indicati nel Mod. F24. Ogni rata va versata entro il giorno 16 del mese di riferimento.

F24 telematico e cartaceo 61.1.3.

In linea generale **tutti i soggetti** muniti di **partita IVA** sono tenuti ad effettuare i versamenti ovvero a compiere le compensazioni orizzontali utilizzano il Mod. F24 ed inviarlo all'Agenzia delle Entrate in via telematica. L'invio può essere effettuato direttamente, una volta ottenute le credenziali, il PIN, il codice univoco (o codice destinatario) e creato la propria password, oppure per mezzo degli intermediari abilitati a questo servizio.
Vi sono dei **soggetti IVA** che sono da sempre **autorizzati** ad utilizzare il Mod. F24 in **forma cartacea** (circ. n. 30/E/2006 e circ. 19 settembre 2014, n. 27/E), ossia:
- gli **eredi** dei contribuenti titolari di partita IVA, per i pagamenti relativi all'attività del soggetto deceduto;
- i contribuenti che hanno **cessato** la **posizione IVA**, in relazione ai tributi relativi allo svolgimento dell'attività;
- i produttori **agricoli esonerati** dagli obblighi IVA;
- i soggetti che non possono detenere un c/c (es. soggetti **falliti**);
- i soggetti che godono di **crediti d'imposta** utilizzabili in compensazione solo **presso** gli **Agenti della Riscossione**;
- i modelli F24 **precompilati**, **inviati** dagli enti **al contribuente**, sempre che non vi siano compensazioni;
- i **curatori fallimentari**, per i versamenti effettuati per conto della procedura concorsuale.

LIQUIDAZIONI PERIODICHE A CREDITO 61.2.

Dalla **liquidazione periodica** determinata come indicato in (➔61.1.) potrebbe anche emergere un credito.
Il credito emergente in corso d'anno può essere:
- utilizzato per **compensare futuri debiti d'imposta** che dovessero emergere dalle successive liquidazioni (cosiddetta compensazione verticale o interna);
- utilizzato per **compensare altre imposte**, tributi, contributi (cosiddetta compensazione orizzontale) (➔61.4.2.);
- chiesto a **rimborso infrannuale** (➔61.3.2.).

F24 a zero (compensazioni verticali) 61.2.1.

Nel Mod. F24 "a saldo zero" l'ammontare dei pagamenti (esposti nella colonna "importi a debito pagati") è pari all'ammontare dei crediti utilizzati in compensazione (esposti nella colonna "importi a credito compensati") e dunque il saldo finale del modello (pagamenti meno compensazioni) è pari a zero.
Peraltro, è possibile effettuare la compensazione di un debito d'imposta con un credito d'imposta.
Se il credito ed il debito sono della stessa natura (IVA debito con IVA a credito) la compensazione si dice verticale o interna. Di contro, se le imposte sono differenti, allora la compensazione si dice orizzontale o esterna (➔61.4.3.).

IVA

Nel caso delle sole **compensazioni verticali**, non è prevista alcuna formalità ed alcun limite, in quanto si tratta solamente di una diversa modalità di esercitare il diritto alla detrazione. Pertanto, **non** esiste alcun **obbligo** di presentare il **Mod. F24** tramite i canali telematici delle Entrate.
Le compensazioni verticali non concorrono a determinare il limite dei 700.000 euro annui previsto dall'art. 34, c. 1, Legge n. 388/2000.

61.3. RIMBORSO DEL CREDITO

61.3.1. Rimborso annuale

I soggetti a credito al termine dell'anno possono chiedere il rimborso in sede di dichiarazione annuale compilando l'apposito Quadro VX, in due situazioni:
- per **cessazione dell'attività**; oppure
- se **rispettano** determinati **limiti** e condizioni.

È possibile chiedere ed ottenere il rimborso del credito annuale anche se si è dimenticato di presentare la dichiarazione annuale IVA (Cass. sent. n. 17757/2016 e Cass. ord. n. 22340/2018), purché:
- l'ammontare del credito risulti dalle liquidazioni periodiche;
- gli acquisti siano stati effettuati da un soggetto passivo d'imposta;
- che quest'ultimo sia debitore dell'IVA attinente a tali acquisti;
- i beni siano usati ai fini di proprie operazioni imponibili.

Cessazione dell'attività

Il liquidatore nel caso delle società di capitali, o nel caso di società di persone questa abbia provveduto alla cessione del credito, può - nella dichiarazione annuale - esprimere la richiesta del rimborso dell'eccedenza d'imposta, purché:
- sia **superiore** ad **euro 10,33**;
- se **superiore** ad **euro 30.000** occorre presentare apposita **garanzia** per i **soggetti "a rischio"** per la durata di 3 anni dall'esecuzione del rimborso o, se inferiore, al periodo mancante al termine di decadenza dell'accertamento. Il limite di 30.000 per rientrare nell'esonero da garanzia, si riferisce all'ammontare complessivo di tutte le richieste di rimborso effettuate per il periodo d'imposta (sia con il Mod. TR, sia con quello annuale) (circ. n. 32/E/2014).

I soggetti che l'Amministrazione finanziaria considera "**non a rischio**" (o virtuosi) sono esonerati dalla presentazione della garanzia presentando la dichiarazione annuale munita del **visto di conformità** (o della sottoscrizione dell'organo di controllo) (vedasi anche "Indici ISA e visto di conformità" in questo paragrafo) e della **dichiarazione sostitutiva di atto notorio** attestante la sussistenza di determinati requisiti patrimoniali e la regolarità contributiva. In particolare, occorre attestare che:
- il patrimonio netto non è diminuito di oltre il 40% rispetto all'ultimo periodo d'imposta né, nel medesimo arco temporale, la consistenza immobiliare si è ridotta di oltre il 40% in conseguenza di cessioni non effettuate nell'ambito della normale gestione dell'attività esercitata;
- nel caso di società non quotata in borsa, non siano state cedute proprie azioni o quote di ammontare superiore al 50%;
- i versamenti contributivi previdenziali e assicurativi sono stati eseguiti.

La richiesta di rimborso deve essere indicata in sede di dichiarazione annuale compilando gli appositi campi del quadro VX.

Soggetti passivi in attività

È possibile chiedere il rimborso solo se l'eccedenza detraibile sia **superiore** ad **euro 2.582,28** all'atto della presentazione della dichiarazione.
Oltre al limite minimo di importo il contribuente richiedente deve soddisfare almeno una delle seguenti **condizioni** relativamente all'anno per il quale chiede il rimborso (artt. 30 e 38-bis, D.P.R. n. 633/1972 l'indicazione delle condizioni è tassativa):
- quando esercita esclusivamente o prevalentemente attività che comportano l'effettuazione di operazioni soggette ad imposta con aliquote inferiori a quelle dell'IVA relativa agli acquisti o importazioni, computando anche quelle effettuate ai sensi dell'art. 17 c. 5, 6, 7 e dell'art. 17-ter del D.P.R. n. 633/1972. In particolare, il rimborso spetta se il soggetto abbia esercitato esclusivamente o prevalentemente attività per le quali l'**aliquota mediamente applicata** alle operazioni attive, supera quella mediamente applicata sulle operazioni effettuate, maggiorata del 10%, tenendo conto delle operazioni registrate o soggette a registrazione nel periodo di riferimento con esclusione degli acquisti, delle importazioni e delle cessioni di beni ammortizzabili (art. 3, c. 6, D.L. n. 250/1995). Nel calcolo dell'aliquota media rientrano le operazioni per le quali non è applicata al-

cuna IVA (operazioni ad aliquota zero), ma non quelle operazioni non soggette all'imposta quando effettuate all'interno di un deposito IVA (risposta a interpello n. 469/2020);
- abbia effettuato operazioni **non imponibili** (➡44.1.) **superiori** del **25%** delle operazioni complessivamente effettuate;
- abbia effettuato **acquisti** o importazioni di **beni ammortizzabili** anche in esecuzione di contratti di appalto o di leasing e acquisti di beni e servizi per studi e ricerche. In tale evenienza la richiesta di rimborso deve far esclusivo riferimento all'IVA relativa all'acquisto di detti beni o servizi;
- La Corte di Cassazione ha stabilito che non spetta il rimborso IVA per le opere eseguite su immobili di terzi. In questi casi, in fatti, non si può parlare di beni ammortizzabili. Per essere tali sono ammortizzabili quelli dotati del requisito della strumentalità e la loro utilità non si esaurisce in un unico esercizio, ma soprattutto l'imprenditore deve disporre del bene in quanto titolare del diritto di proprietà (ord. n. 23667/2020). Ai fini del rimborso dell'eccedenza detraibile, occorre che il bene sia oggettivamente "ammortizzabile" cioè suscettibile di essere sottoposto al processo di ammortamento anche se questo non è ancora iniziato (risposta a interpello n. 497/2020);
- abbia realizzato un ammontare di **operazioni non soggette** all'imposta per carenza del presupposto territoriale (➡42.3.5.) **superiore al 50%** di tutte le operazioni effettuate nel medesimo anno;
- nel caso di un **soggetto non residente**, questi deve essersi identificato direttamente in Italia ovvero abbia **nominato** un proprio **rappresentante fiscale**, purché non abbia una Stabile organizzazione in Italia (➡52.4.).

È possibile chiedere un rimborso inferiore all'importo di euro 2.582,28, se l'eccedenza di credito è stata in parte compensata o rinviata a nuovo ed in parte chiesta a rimborso.
Nel caso di esportazioni, cessioni ad esportatori abituali, cessioni intracomunitarie di prodotti agricoli effettuate da **produttori agricoli in regime speciale**, questi hanno diritto alla detrazione (o al rimborso) dell'ammontare dell'IVA calcolata sulla base delle percentuali di compensazione, mentre l'imposta effettivamente assolta sugli acquisti è ininfluente, essendo indetraibile (art. 34, c. 9, D.P.R. n. 633/1972).

Triennio a credito

Indipendentemente dalle condizioni sopra riportate, il soggetto può chiedere il rimborso dell'eccedenza detraibile, risultante dalla dichiarazione annuale, se risulta **a credito anche nelle 2 dichiarazioni annuali immediatamente precedenti**.
In questo caso è possibile il rimborso del minor importo delle eccedenze detraibili dei 3 anni, anche se di importi inferiori a euro 2.582,28.
Se sono stati acquistati beni ammortizzabili o sostenute spese di ricerca è possibile chiedere anche il rimborso dell'IVA ad essi afferente, purché essa non risulti già computata nel minor credito chiesto a rimborso.

Presupposti del rimborso del credito IVA annuale
Cessazione dell'attività
Ipotesi previste dall'art. 30, c. 3, D.P.R. n. 633/1972, sempreché l'eccedenza sia superiore a 2.582,28 euro: - aliquota media delle operazioni attive, maggiorata del 10%, inferiore all'aliquota media delle operazioni passive; - operazioni non imponibili superiori al 25% del volume d'affari; - acquisti e importazioni di beni ammortizzabili e acquisti di beni e servizi per studi e ricerche; - operazioni extraterritoriali superiori al 50% del volume d'affari; - identificazione diretta o per mezzo del rappresentante fiscale del soggetto non residente.
Minore eccedenza detraibile delle ultime tre dichiarazioni IVA annuali
Produttori agricoli che hanno effettuato cessioni di prodotti agricoli compresi nella Tabella A, Parte I, allegata al D.P.R. n. 633/1972, soggette al regime di non imponibilità previsto per: - le cessioni all'esportazione; - le cessioni ai viaggiatori extracomunitari; - le cessioni nei confronti di determinati organismi internazionali; - le cessioni intracomunitarie.

Procedura di richiesta del rimborso

La richiesta di rimborso dell'eccedenza di credito è effettuata compilando il Quadro VX della dichiarazione annuale.

Richieste **superiori ad euro 30.000:**
- comportano l'obbligo di apposizione del **visto di conformità** (vedasi anche "Indici ISA e visto di conformità" in questo paragrafo) (o della sottoscrizione del soggetto incaricato della revisione legale) accompagnato dalla dichiarazione sostitutiva di atto notorio attestante il possesso dei requisiti patrimoniali e di regolarità contributiva di cui sopra,
- possono essere erogati **previa presentazione di idonea garanzia** se i richiedenti:
  - esercitano attività d'impresa da meno di 2 anni (con esclusione delle start-up innovative);
  - presentano la dichiarazione o l'istanza priva del visto di conformità io della sottoscrizione alternativa da parte dell'organo di controllo oppure non presentano la dichiarazione sostitutiva dell'atto di notorietà;
  - chiedono il rimborso dell'eccedenza risultante all'atto della cessazione dell'attività;
  - sono considerati soggetti "a rischio" ovvero nei 2 anni antecedenti la richiesta di rimborso hanno ricevuto avvisi di accertamento o di rettifica che evidenziano significativi scostamenti rispetto a quanto dichiarato (art. 38-bis, c. 4, lett. b)) (risposta a interpello n. 292/2020).

Inoltre:
- qualora il contribuente intenda apporre il visto di conformità, non apposto sulla dichiarazione originaria, può presentare una dichiarazione integrativa anche oltre i 90 giorni dalla data di scadenza della presentazione della dichiarazione (circ. n. 6/E/2015);
- tra gli atti che obbligano alla presentazione di idonea garanzia non sono solo quelli di accertamento o rettifica, ma anche quelli relativi ad altri tributi amministrati dall'Agenzia delle Entrate (circ. n. 33/E/2016).

L'Agenzia delle Entrate ha chiarito che il **limite di euro 30.000** (precedentemente 15.000) debba intendersi riferito non alla singola richiesta, ma alla **sommatoria delle istanze** di rimborso presentate per l'intero periodo d'imposta (circ. n. 32/E/2014). Entro detto limite i rimborsi possono essere effettuati senza presentazione di garanzia o apposizione di visto di conformità né sottoscrizione alternativa (art. 10, c. 7, D.L. n. 78/2009).
Inoltre, la soglia **limite di 30.000 euro** va calcolata separatamente per i rimborsi e per le compensazioni.
Vi sono due modalità per chiedere il rimborso:
- la **procedura semplificata**;
- la **procedura ordinaria**.

A partire dal 1° gennaio 2018, i rimborsi da conto fiscale (art. 1, c. 4-bis, D.L. n. 50/2017) sono erogati direttamente ai contribuenti dall'Agente della riscossione.

Procedura semplificata - Si applica per i rimborsi IVA di importo superiore a 30.000 euro e, comunque, entro il limite annuo di 700.000 euro, nei confronti dei **soggetti "virtuosi"**, ossia dei contribuenti che:
- esercitano l'attività d'impresa da almeno 2 anni;
- non hanno ricevuto avvisi di accertamento o rettifica per determinati importi;
- non richiedono il rimborso del credito IVA per cessazione dell'attività.

Per questi soggetti è prevista la possibilità di richiedere il rimborso presentando, in sostituzione della garanzia, la **dichiarazione IVA annuale** dalla quale emerge il credito IVA, corredata da **visto di conformità** (vedasi anche "Indici ISA e visto di conformità" in questo paragrafo) o sottoscrizione alternativa da parte dell'organo di controllo e una dichiarazione sostitutiva dell'atto di notorietà attestante che:
- il patrimonio netto non è diminuito di oltre il 40% rispetto a quanto emerso dall'ultimo periodo d'imposta;
- la consistenza degli immobili non si è ridotta rispetto alle risultanze dell'ultimo periodo di imposta di oltre il 40% per cessioni non effettuate nella norma gestione dell'attività esercitata;
- l'attività non è cessata né si è ridotta per effetto di cessioni di aziende o rami di aziende;
- non risultano cedute, nell'anno precedente alla richiesta, azioni o quote della società per un ammontare superiore al 50% del capitale sociale;
- i versamenti previdenziali e assicurativi versati correttamente.

Il **rimborso** è effettuato dall'Agente della riscossione che è tenuto ad eseguirlo **entro 60 giorni** dalla richiesta procedendo all'accreditamento sul c/c del soggetto passivo.

Procedura ordinaria (con obbligo di garanzia) - Riguarda i **contribuenti** ritenuti "non virtuosi" o "**a rischio**", in quanto tali obbligati a presentare la garanzia patrimoniale.

Si tratta:

- dei soggetti passivi che **esercitano** un'**attività** d'impresa da **meno di 2 anni**, diversi dalle c.d. "start-up innovative";
- dei soggetti passivi che hanno ricevuto, nei 2 anni precedenti la richiesta di rimborso, **avvisi** di **accertamento o rettifica** da cui risulti, per ciascun anno, una differenza tra gli importi accertati e quelli dell'imposta dovuta o del credito dichiarato in misura superiore:
  - al 10% degli importi dichiarati, se questi non superano 150.000 euro;
  - al 5% degli importi dichiarati, se questi superano 150.000 euro ma non superano 1.500.000 euro;
  - all'1% degli importi dichiarati, o comunque a 150.000 euro, se gli importi dichiarati superano 1.500.000 euro;
- dei soggetti che hanno **presentato** la **dichiarazione**, ovvero l'istanza da cui emerge il credito IVA, **senza** il **visto** di **conformità** o la sottoscrizione alternativa, ovvero non abbiano presentato la dichiarazione sostitutiva di atto di notorietà;
- dei soggetti che richiedono il **rimborso** dell'eccedenza detraibile **risultante** all'atto della **cessazione** dell'**attività**.

Nelle ipotesi indicate, il rimborso è eseguito dall'Agenzia delle Entrate **entro 3 mesi** dalla richiesta.

Procedura di rimborso in via prioritaria - A favore dei soggetti sottoelencati è possibile accedere ad un rimborso in via prioritaria, ossia entro 3 mesi dalla richiesta, se:

- l'**aliquota** mediamente applicata alle **operazioni attive**, maggiorata del 10%, risulta **inferiore** a quella mediamente applicata su quelle **passive**;
- l'**attività** è esercitata da almeno **3 anni**;
- l'**eccedenza** chiesta a rimborso è **pari** o **maggiore** di **10.000 euro** (3.000 euro per i rimborsi infrannuali);
- l'**eccedenza** chiesta a rimborso è **pari** o **maggiore** del **10%** dell'**IVA assolta** complessivamente nel periodo per il quale si chiede il rimborso.

Possono chiedere il rimborso in via prioritaria:

- i soggetti che effettuano in modo prevalente operazioni soggette a **reverse charge** (art. 17, c. 6, lett. a-ter), D.P.R. n. 633/1972), ossia prestazioni di servizi di pulizia, di demolizione, di installazione di impianti e di completamento relative ad edifici;
- i **subappaltatori** operanti nel **settore edile** che effettuano prestazioni di servizi con applicazione di reverse charge (art. 17, c. 6, lett. a), D.P.R. n. 633/1972);
- i soggetti che svolgono attività di recupero e preparazione per il **riciclaggio** di **cascami** e **rottami metallici**;
- i soggetti che producono **zinco**, **piombo** e **stagno**, nonché i **semilavorati** degli stessi metalli di base non ferrosi;
- i soggetti che producono **alluminio e semilavorati**;
- i soggetti che fabbricano **aeromobili**, **veicoli spaziali** e relativi dispositivi;
- i soggetti che si occupano di **proiezione cinematografica**.

I soggetti che fatturano in **split payment** (➡46.12.), se soddisfano il requisito dell'aliquota media (art. 30, c. 3, lett. a), D.P.R. n. 633/1972), possono chiedere il rimborso in via prioritaria per la parte di credito relativa alle operazioni in split payment.

Categoria contribuenti	Codice ATECO 2007	Riferimenti
Subappaltatori edili	Codice rientrante nella Sezione F	D.M. 22 marzo 2007
Soggetti passivi operanti nel settore del commercio dei rottami metallici	38.32.10	D.M. 25 maggio 2007
Produttori di zinco, piombo e stagno	24.43.0	D.M. 18 luglio 2007
Produttori di alluminio	24.42.0	D.M. 21 dicembre 2007
Produttori di aeromobili, di veicoli spaziali e dei relativi dispositivi	30.30.09	D.M. 10 luglio 2014
Soggetti passivi per le operazioni soggette a "split payment"	Irrilevante	Art. 8, D.M. 23 gennaio 2015
Esercenti cinematografi	59.14.00	D.M. 27 aprile 2015

IVA

Categoria contribuenti	Codice ATECO 2007	Riferimenti
Soggetti passivi che effettuano prestazioni di servizi di pulizia, di demolizione, di installazione di impianti e di completamento relative ad edifici, assoggettate al meccanismo di reverse charge	81.21.00, 81.22.02, 43.11.00, 43.21.01, 43.21.02, 43.22.01, 43.22.02, 43.22.03, 43.29.01, 43.29.02, 43.29.09, 43.31.00, 43.31.01, 43.32.02, 43.33.00, 43.34.00, 43.39.01, 43.39.09	D.M. 29 aprile 2016

Garanzie

Le garanzie eventualmente richieste sono rappresentate da:

- **cauzioni** in **titoli di Stato** o garantiti dallo Stato;
- **fidejussione** rilasciata da istituto di credito, da un'impresa notoriamente ritenuta solvibile, da una compagnia di assicurazioni operante nel campo delle cauzioni.

L'**importo** della garanzia deve coprire l'importo chiesto a rimborso e gli interessi.

La garanzia è intestata, a seconda dell'organo deputato al rimborso, all'Agente della riscossione oppure all'Agenzia delle Entrate.

Indici ISA e visto di conformità

Gli Indici Sintetici di Affidabilità fiscale (ISA), che dal 2019 hanno sostituito i precedenti studi di settore, sono basati su analisi statistiche con lo scopo di verificare la normalità e la coerenza di quanto dichiarato da esercenti attività d'impresa, arte o professione, rispetto alla categoria economica di appartenenza e, quindi di stimolare l'emersione, per esempio, di basi imponibili IVA non risultanti nelle scritture e registri contabili. Gli indici si esprimono in "gradi" di affidabilità con una scala da 1 a 10 per ogni singolo contribuente. Se il punteggio raggiunto è sufficientemente alto, il contribuente ha diritto ad un **Regime premiale.** Nell'ambito IVA, per esempio, il regime premiale consente l'esonero dall'applicazione del visto di conformità per la compensazione dei crediti d'imposta e sulle istanze di rimborso. Altri vantaggi riguardano la preclusione degli accertamenti basati su presunzioni semplici e la riduzione di un anno del termine di decadenza per gli accertamenti.

Gli ISA devono essere approvati entro il 31 dicembre di ogni anno in riferimento all'anno stesso (art. 9-bis, D.L. n. 50/2017). A causa della pandemia di Covid 19 hanno fatto eccezione i periodi d'imposta 2020 e 2021. Per questi 2 anni l'approvazione e/o integrazione con nuovi indici, è stata spostata (art. 148, D.L. n. 34/2020) rispettivamente al:

- 31 marzo 2022 per il periodo 2021;
- 30 aprile 2022 per il periodo 2021.

Esecuzione dei rimborsi

I soggetti passivi che usufruiscono della **procedura semplificata** trasmettono telematicamente la dichiarazione annuale compilando il Quadro VX e l'Agenzia delle Entrate, entro i successivi 10 giorni, invia i dati relativi alla richiesta di rimborso all'Agente della riscossione che dispone l'accreditamento sul c/c bancario del contribuente tra il 41° ed il 60° giorno successivo alla richiesta.

Nella **procedura ordinaria**, invece, i soggetti passivi devono inviare telematicamente la dichiarazione annuale compilando il Quadro VX, mentre l'Agenzia delle Entrate esamina la richiesta, chiede le garanzie e dispone entro 90 giorni dalla richiesta il pagamento all'Agente della riscossione il quale provvede entro 20 giorni dalla disposizione di pagamento.

Infine, i soggetti passivi che usufruiscono della **procedura prioritaria** ottengono il rimborso entro 3 mesi dalla richiesta (art. 20, D.M. 28 dicembre 1993, n. 567 e circ. 13 aprile 2015, n. 15/E). Il decreto citato prevede che la priorità nell'esecuzione sia garantita dall'attribuzione, da parte dell'Agenzia, di un numero progressivo, nell'ambito della rispettiva graduatoria (trimestrali o annuali), tale da assicurare la precedenza dei suddetti rimborsi rispetto ai rimborsi non prioritari.

Il **rimborso** del **credito** IVA **spetta** anche se discendente da una **dichiarazione annuale omessa**, purché il contribuente sia in grado di dimostrare che l'eccedenza detraibile:

- deriva da operazioni attive e passive realizzate nell'ambito dell'attività d'impresa/arte/professione;
- emerge dalle liquidazioni d'imposta e trova conferma dalle risultanze dei registri IVA regolarmente tenuti.

Realizzandosi queste circostanze, l'omessa presentazione della dichiarazione annuale IVA rappresenta una violazione formale (Cass., SS.UU., sent. n. 17757/2016).

IVA

Una volta che il credito chiesto a rimborso è stato esposto nella dichiarazione annuale, resta soggetto solamente alla **prescrizione decennale**. Di conseguenza, il contribuente non è tenuto ad alcun ulteriore adempimento, se non a quello di sollecitare l'Ufficio che ritardi oltre i tempi previsti dalla norma (Cass., SS.UU., sent. n. 4145/2016).

Rimborso infrannuale 61.3.2.

In alternativa alla compensazione è possibile, a determinate condizioni, chiedere il **rimborso** del credito, totale o parziale, sorto nei primi tre trimestri dell'anno (art. 38-bis, c. 2, D.P.R. n. 633/1972) (➔98.20.).

La richiesta di rimborso, da trasmettere all'Agenzia delle Entrate in via telematica utilizzando il **Mod. IVA TR**, ha per oggetto l'eccedenza di **credito** maturata nel **trimestre**, purché di ammontare **superiore** ad **euro 2.582,28**.

Il riferimento al trimestre prescinde dalla periodicità di liquidazione adottata dal contribuente (mensile o trimestrale, per natura o per opzione).

La richiesta di rimborso deve essere presentata entro la fine del **mese successivo a ciascuno dei primi 3 trimestri** di competenza. I crediti maturati nel **4° trimestre** possono essere chiesti a rimborso esclusivamente in sede di **dichiarazione annuale**.

> La richiesta di rimborso si riferisce **soltanto** al credito sorto nel **trimestre di riferimento**, per cui non possono essere chiesti in restituzione né crediti relativi al trimestre precedente, né crediti emergenti in sede chiusura dell'anno precedente.

Trimestre	Richiesta entro:
Gennaio - Marzo	30 aprile
Aprile - Giugno	31 luglio
Luglio - Settembre	31 ottobre
Ottobre - Dicembre	entro 30 aprile con la dichiarazione

La presentazione del Mod. IVA TR oltre le scadenze indicate non può essere regolarizzata e il contribuente perde il diritto ad ottenere il rimborso.

Condizioni di rimborso

Il rimborso IVA infrannuale è riconosciuto se il richiedente, in relazione al trimestre di riferimento:

- ha effettuato esclusivamente o prevalentemente **operazioni attive** soggette ad una **aliquota media**, maggiorata del 10%, **inferiore** all'aliquota media delle **operazioni passive**;
- ha effettuato **operazioni non imponibili** per un ammontare **superiore** al **25%** dell'ammontare complessivo delle operazioni attive;
- ha effettuato **acquisti** e **importazioni** di **beni ammortizzabili** per un ammontare **superiore** ai **2/3** del **totale** degli acquisti e delle importazioni imponibili. In tale ipotesi può essere chiesta a rimborso o utilizzata in compensazione unicamente l'imposta afferente gli acquisti di beni ammortizzabili del trimestre;
- ha effettuato **operazioni** nei confronti di **soggetti** passivi **non stabiliti** nel territorio dello **Stato** per un importo **superiore** al **50%** dell'ammontare complessivo delle operazioni attive.

Tali requisiti, tanto nel caso di richiesta a rimborso come in quella di compensazione, devono sussistere facendo riferimento allo specifico trimestre di riferimento.

Limite annuo

Ai fini della compensazione "orizzontale" (➔61.4.1.), era stato previsto il limite annuo di euro **1.000.000** (art. 147, D.L. n. 34/2020) ma per il solo 2020, così da equipararlo a quello già previsto per i subappaltatori di lavori edili che applicano il meccanismo del reverse charge e che nell'anno solare precedente abbiano realizzato un volume d'affari costituito per almeno l'80% da prestazioni in subappalto soggette a reverse charge. Il maggior limite a euro 1.000.000 sembrava non più confermato, pertanto dal 1° gennaio 2021 si sarebbe tornati al precedente limite di 700.000 euro.

Il Decreto Sostegni-bis - **per il solo 2021** - ha portato il limite massimo compensabile a **2.000.000 di euro** (art. 22, D.L. n. 73/2021).

In sintesi:

IVA

Periodo d'imposta	Limite massimo compensabile
Sino al 2019	700.000 euro
2020	1.000.000 euro
2021	2.000.000 euro

Per il **rimborso IVA infrannuale**, invece, il **limite** di cui sopra **non esiste**, ma i crediti ottenuti a rimborso **riducono** la soglia utilizzabile ai fini della compensazione "orizzontale" per l'importo restituito. In ogni caso la richiesta di rimborso infrannuale può essere effettuata solo se l'**eccedenza** di **credito** maturata in un trimestre sia di ammontare **superiore** ad **euro 2.582,28**.

Modalità di richiesta del rimborso

La richiesta va inviata esclusivamente in via telematica all'Agenzia delle Entrate utilizzando il **Mod. IVA TR**. Sino ad euro 30.000 non è previsto l'obbligo di **garanzia**, né altri adempimenti formali (il limite di 30.000 euro si riferisce alla somma di tutte le eventuali richieste effettuate nell'anno solare (circ. n. 32/E/2014)). Al di sopra di tale soglia, la garanzia:

– deve essere presentata dai contribuenti "a rischio" (➡**61.3.1.**), secondo le stesse modalità previste per i rimborsi annuali (➡**61.3.1.**);
– non deve essere presentata dai contribuenti ritenuti "virtuosi". Per le formalità relative si veda (➡**61.3.1.**);

Al fine di evitare la prestazione di garanzia, può essere presentata la richiesta di rimborso (Mod. TR) munita di **visto di conformità** (si veda però (➡**61.3.1.**) o sottoscrizione da parte dell'organo di controllo nonché una **dichiarazione sostitutiva** di atto di notorietà attestante l'esistenza di determinati requisiti patrimoniali.

> Sino ad un importo di 50.000 euro annui sono esonerati dal visto di conformità e dalla garanzia coloro che hanno conseguito un punteggio pari ameno ad 8 nell'applicazione degli ISA per l'anno 2019.

Modello TR integrativo

L'Agenzia delle Entrate ha previsto la possibilità di integrare/rettificare il Mod. IVA TR tramite l'invio di un modello integrativo, al fine di mutare la destinazione del credito IVA infrannuale da compensazione a rimborso o viceversa, ponendo quale limite temporale a tale scelta la data in cui viene "effettivamente" trasmessa la dichiarazione IVA annuale ed a condizione che non sia già stato disposto il rimborso o compensato il credito (ris. n. 99/E/2014 e n. 35/E/2015). Inoltre, i termini entro i quali inoltrare telematicamente il Mod. TR integrativo sono stati estesi entro il 30 aprile di ogni anno - o comunque, entro il diverso termine di scadenza di invio della dichiarazione IVA annuale - al fine di integrare/modificare elementi (quali, ad esempio, la richiesta di esonero dalla produzione della garanzia fideiussoria, l'apposizione del visto di conformità, l'attestazione dei requisiti contributivi e patrimoniali) che non incidono sulla destinazione e/o ammontare del credito infrannuale, ovviamente sempre che l'eccedenza IVA non sia già stata rimborsata ovvero compensata (ris. n. 82/E/2018).

In tale evenienza:

– non è necessario presentare una dichiarazione annuale IVA "sostitutiva nei termini", considerato che gli elementi modificati non hanno incidenza sul contenuto della dichiarazione annuale;
– tali integrazioni o correzioni non sono soggetti a sanzioni.

Esecuzione del rimborso

Anche per i **rimborsi IVA** infrannuali, le modalità e i termini di esecuzione sono quelli previsti per il rimborso annuale (➡**61.3.1.**).

Società partecipanti all'IVA di gruppo

Gli enti e le società controllanti, che si avvalgono delle disposizioni relative all'IVA di gruppo (➡**58.**) (art. 73, D.P.R. n. 633/1972), possono richiedere il **rimborso infrannuale** (o comunicare l'utilizzo in compensazione) dell'eccedenza di credito IVA del gruppo se superiore ad euro 2.582,28.

Modifica della scelta (rimborso o compensazione)

La scelta fra il rimborso e la compensazione dell'eccedenza di credito trimestrale può essere modificata con l'inoltro, sempre in via telematica, di un **nuovo Mod. TR**, anche oltre la data di effettiva presentazione della dichiarazione annuale, ma comunque entro il 30 aprile.

IVA

La modifica può consistere nella richiesta di compensazione in luogo del rimborso e viceversa e deve essere effettuata **prima** che l'Amministrazione finanziaria abbia completato la **fase istruttoria** del **rimborso**, ovvero che il contribuente non abbia già utilizzato il credito in compensazione.

Cessione del credito

Il **Decreto Crescita 2019** (art. 12-sexies, c. 1, D.L. n. 34/2019) ha previsto la possibilità di cessione del credito IVA anche trimestrale, oltre che di quello annuale (già prevista dall'art. 5, c. 4-ter, D.L. n. 70/1988). La norma si applica ai crediti dei quali sia chiesto il rimborso a decorrere dal 1° gennaio 2020.
La cessione deve essere effettuata mediante atto pubblico o scrittura privata autenticata e notificata alla competente Agenzia delle Entrate.
È possibile anche la **cessione anticipata del credito annuale** IVA che poi verrà esposto in dichiarazione annuale, ma oltre alla redazione dell'atto come sopra indicato, la notificazione deve comunque essere effettuata dopo la presentazione della dichiarazione annuale IVA perché è solo da detta data che il credito vantato nei confronti della pubblica amministrazione diventa certo e definito (risposta a interpello n. 469/2020).

Rimborso dell'imposta assolta in altro Stato UE 61.3.3.

I soggetti passivi IVA stabiliti in Italia e che abbiano assolta l'IVA in altro Stato comunitario a seguito di acquisti di beni e servizi, possono chiederne il rimborso mediante apposita procedura (art. 38-bis1, D.P.R. n. 633/1972).
Per altro, non sempre l'imposta assolta all'estero può sempre essere chiesta a rimborso. Ogni Stato della UE ha un elenco di acquisti o di prestazioni la cui IVA non è rimborsabile. L'elenco aggiornato deve essere richiesto alle autorità locali ovvero ai propri consolati esistenti in Italia.

Procedura

I soggetti interessati al rimborso inviano un'apposita istanza in via telematica (direttamente, per il tramite di un incaricato abilitato alla trasmissione ovvero per mezzo delle Camere di commercio italiane all'estero) al **Centro operativo di Pescara,** contenente:
- i dati identificativi del richiedente compresa la Partita IVA;
- codice della sua attività economica;
- il periodo di riferimento per il rimborso;
- Paese del rimborso;
- numero dei documenti o delle fatture interessate per il rimborso;
- estremi del c/c bancario con i relativi codici IBAN e BIC;
- un elenco dettagliato delle fatture estere e dei dati significativi (data, numero, fornitore, imponibile, imposta, percentuale di detrazione ammessa, natura dei beni, ecc.).

Con la istanza occorre allegare tre autocertificazioni attestanti la sussistenza dei requisiti per ottenere il rimborso.
Il Centro operativo effettua una serie di controlli sull'istanza ed al periodo interessato, se dal controllo non emergono problematiche, inoltra direttamente l'istanza all'ufficio interessato sito nello Stato UE che è tenuto ad eseguire il rimborso nei 15 giorni successivi al ricevimento della richiesta. In caso contrario il Centro nei 15 giorni dal ricevimento dell'istanza emette provvedimento di rifiuto e non trasmette nulla allo Stato estero. Contro tale rifiuto è ammesso il ricorso (Provv. n. 53471/2010).

Soggetti non ammessi al rimborso

Sono esclusi dalla possibilità di ottenere il rimborso i soggetti che durante il periodo di riferimento rimborso:
- non abbiano svolto un'attività d'impresa, arte o professione;
- abbiano effettuato unicamente operazioni esenti o non soggette che non danno diritto alla detrazione dell'imposta;
- si siano avvalsi del regime speciale previsto per gli imprenditori agricoli;
- abbiano una Stabile organizzazione nel Paese UE interessato al rimborso;
- abbiano effettuato nel Paese UE operazioni attive.

Termini

Va presentata una istanza per ogni periodo d'imposta entro il **30 settembre** dell'anno solare successivo, nei limiti e con la periodicità stabiliti dallo stato UE e comunque l'istanza è presentata per un periodo non inferiore ad un trimestre e deve essere di importo non inferiore a 400 euro. Se l'importo

IVA

complessivo relativo ad uno o più trimestri risulta inferiore a questo limite, va presentata con cadenza annuale.

61.4. COMPENSAZIONE DEL CREDITO IVA

Il soggetto passivo IVA, in luogo della richiesta di rimborso annuale o infrannuale, può effettuare la compensazione dell'eccedenza detraibile con altre imposte, tributi e contributi (c.d. **compensazione orizzontale**) esclusivamente in modalità telematica utilizzando "F24 web" o "F24 online" ovvero tramite un intermediario abilitato.

> Le **società "di comodo"** non hanno diritto né al rimborso, né alla compensazione del credito IVA che viene definitivamente perso (art. 30, c. 4, Legge n. 724/1994).

Anche la compensazione del credito IVA può avvenire su base:
- annuale, ovvero
- infrannuale.

61.4.1. Compensazione annuale

La compensazione dell'eccedenza di credito IVA relativa all'anno precedente con altre tipologie di imposte prevede limiti che variano a seconda del periodo d'imposta. In particolare:

Periodo d'imposta	Limite di compensabilità	Norma di riferimento
Fino al 2019	700.000 euro	Legge n. 388/2000
2020	1.000.000 euro	D.L. n. 34/2000
2021	2.000.000 euro	D.L. n. 73/2021

Le **modalità** da seguire sono differenti a seconda che la compensazione, da attuare mediante il Mod. F24, riguardi importi:
- non superiori ad euro 5.000; ovvero
- superiori a detto importo.

Compensazione orizzontale del credito annuale IVA	
Fino ad euro 5.000 annui (per le **start-up innovative** la compensazione del credito IVA libera è ammessa fino all'importo di **50.000** euro)	È possibile operare in compensazione dal 1° gennaio dell'anno di presentazione della dichiarazione annuale a credito senza alcuna limitazione e senza l'obbligo di garanzia (Codice tributo 6099).
Oltre euro 5.000 annui (oltre 50.000 euro per le start-up innovative)	È possibile operare la compensazione a partire **dal 10° giorno successivo** alla presentazione della dichiarazione IVA, munita di **visto di conformità** rilasciato da un professionista abilitato o la sottoscrizione alternativa da parte dell'organo di controllo (D.L. n. 50/2017). Il visto di conformità è obbligatorio anche se il credito IVA non sia stato utilizzato in compensazione (ris. n. 103/2017). Per i casi di esonero dal visto di conformità si veda oltre "ISA e visto di conformità".

> Il limite inferiore o superiore ad euro 5.000 non si riferisce al credito emergente dalla dichiarazione, bensì all'utilizzo in compensazione.
> Per le **start-up innovative** il limite per la compensazione del credito annuale Iva, elevato a 50.000 euro dal 26 marzo 2015, spetta solo per il periodo di iscrizione nella sezione speciale del REA.

CASO 2 - Eccedenza di credito oltre euro 5.000. Modalità dell'utilizzo in compensazione orizzontale

Ipotizzando un'eccedenza di credito da dichiarazione annuale pari a euro 40.000:
- **sino ad euro 5.000** è possibile procedere all'utilizzo in compensazione "orizzontale" dal 1° gennaio anche se non è stata ancora presentata la dichiarazione IVA;
- **oltre euro 5.000**, la compensazione "orizzontale" è ammessa solo a partire dal decimo giorno successivo alla presentazione della dichiarazione IVA, avendo compilato il Quadro VX, previa apposizione del visto di conformità ovvero dalla presentazione dell'istanza da cui il credito emerge.

ISA e visto di conformità

In linea generale l'utilizzo del credito IVA annuale od infrannuale per importi **superiori a 5.000 euro annui** è subordinato all'apposizione del **visto di conformità** sulla dichiarazione o sull'apposita istanza (art. 10, c. 1, lett. a), n. 7), D.L. n. 78/2009).

Tuttavia, è consentito ai soggetti passivi d'imposta che abbiano ottenuto un **punteggio ISA** almeno pari ad 8 in riferimento al periodo d'imposta **2020** di essere **esonerati** dall'apposizione del visto di conformità:

- sulla dichiarazione annuale in relazione alla compensazione di crediti IVA per un importo annuo non superiore ad euro 50.000 annui maturati nell'annualità 2021;
- sulla richiesta di compensazione dei crediti infrannuali, maturati nei primi tre trimestri dell'anno 2022 e di importo non superiore ad ero 50.000 annui. I medesimi benefici sono riconosciuti anche ai soggetti passivi con un grado ISA almeno **pari ad 8,5** calcolato sulla media semplice degli indici ottenuti a seguito della loro applicazione nel 2019 e, 2020.

Le soglie di esonero sono da intendere cumulative (art. 9-bis, c. 11, del D.L. n. 50/2017) riferendosi alle richieste di compensazione effettuate nel 2022 (Provv. n. 103206/2021).

Deve comunque trattarsi di crediti di importo superiore ad euro 5.000 anni (circ. n. 17/E/2019).

Divieto di compensazione

La compensazione è vietata in presenza di **debiti iscritti a ruolo** scaduti per imposte erariali di ammontare **superiore** a **1.500 euro**. A questi fini rilevano esclusivamente i ruoli per i quali sono già trascorsi i 60 giorni dalla notifica della cartella. Non rilevano, invece, quelli rateizzati da parte dell'agente della riscossione.

Se si vuole procedere alla compensazione è necessario prima assolvere il debito scaduto presso l'Agente della riscossione.

La compensazione del credito annuale per importi **superiori a 5.000 euro** annui può essere effettuata a partire dal **decimo giorno successivo a quello di presentazione della dichiarazione** dalla quale il credito emerge, anche se "verticale" (art. 3, D.L. n. 124/2019).

Compensazione infrannuale 61.4.2.

La compensazione "orizzontale" su base trimestrale può essere effettuata senza attendere la presentazione della dichiarazione IVA da presentare, a condizione che:

- l'eccedenza di credito IVA detraibile sia **superiore** ad **euro 2.582,28**;
- siano soddisfatti determinati **requisiti** (➡**61.3.1.**);
- l'utilizzo in compensazione dell'eccedenza sia **comunicato** mediante il **Mod. TR** entro l'ultimo giorno del mese successivo cui si riferisce il trimestre. Per eventuale mutamento dell'originaria richiesta di rimborso in richiesta di rimborso infrannuale occorre procedere mediante invio telematico di un **Mod. TR integrativo** anche oltre la data di effettiva presentazione della dichiarazione annuale IVA, ma comunque entro il 30 aprile e sempreché le correzioni non riguardino dati che non incidono sull'importo del credito infrannuale (ris. n. 35/E/2018) (➡**61.3.2.**);
- la compensazione avvenga mediante il **Mod. F24** a partire dal 10° giorno successivo all'invio del Mod. TR per importi superiori a 5.000 euro.

Il **limite annuo massimo** dei crediti compensabili tramite il Mod. F24 è stato di **1.000.000** ma per il solo 2020 così da equipararlo a quello già previsto per i subappaltatori di lavori edili che applicano il meccanismo del reverse charge e che nell'anno solare precedente abbiano realizzato un volume d'affari costituito per almeno l'80% da prestazioni in subappalto soggette a reverse charge. Il maggior limite ad 1 milione sembrava non più confermato, pertanto dal 1° gennaio 2021 si sarebbe tornati al precedente limite di 700.000 euro. Il Decreto Sostegni-bis - **per il solo 2021 -** ha portato il limite massimo compensabile a **2.000.000 di euro** (art. 22, D.L. n. 73/2021).

Il **credito utilizzabile è** quello **trimestrale**, occorrendo verificare la differenza tra l'IVA a credito e l'IVA a debito del trimestre senza tenere conto dell'eventuale credito IVA del periodo precedente.

Trimestre	Istanza TR entro:	Codice Mod. F24
Gennaio - Marzo	30 aprile	6036
Aprile - Giugno	31 luglio	6037
Luglio - Settembre	31 ottobre	6038
Ottobre - Dicembre	31 gennaio	6099

IVA

Se la data di scadenza cade di sabato o altro giorno festivo, la scadenza è prorogata al primo giorno successivo non festivo.

Come per la compensazione dell'eccedenza di credito IVA annuale, anche la compensazione infrannuale segue **modalità differenti** a seconda che la compensazione, da attuare mediante il Mod. F24, riguardi **importi**:
- **non superiori** a **euro 5.000**, ovvero
- **superiori** a detto importo.

Compensazione orizzontale del credito infrannuale IVA	
Fino ad euro 5.000 annui (per le **startup innovative** la compensazione del credito IVA libera è ammessa fino all'importo di **50.000** euro)	- Presentazione preventiva del Mod. TR; - compensazione con Mod. F24 da inviare esclusivamente con i servizi telematici; - utilizzo immediato del credito in compensazione senza attendere il 10° giorno successivo all'invio del Modello TR.
Oltre euro 5.000 annui (oltre 50.000 euro per le start up innovative)	- Presentazione preventiva del Mod. TR; - compensazione con Mod. F24 da inviare esclusivamente con i servizi telematici; - utilizzo in compensazione a partire **dal 10° giorno successivo** all'invio del Mod. TR, munito di **visto di conformità** rilasciato da un professionista abilitato (il visto è obbligatorio anche quando alla richiesta non faccia seguito alcun effettivo utilizzo in compensazione, ris. 28 luglio 2017, n. 103/E).

Il "**tetto**" di **5.000 euro** è riferito all'anno di maturazione del credito e non all'anno solare di utilizzo in compensazione ed è **calcolato distintamente** per ciascuna tipologia di credito IVA (**annuale** o **infrannuale**) (ris. n. 103/E/2017, risposte n. 2 e 3).
La compensazione dei crediti IVA per periodi inferiori all'anno per importi superiori a 5.000 euro annui può essere effettuata a partire dal decimo giorno successivo alla presentazione dell'istanza (art. 3, D.L. n. 124/2019).
I contribuenti che possono compensare sia i crediti IVA annuali sia quelli maturati trimestralmente, nello stesso anno solare hanno, quindi, a disposizione crediti IVA relativi a 2 anni d'imposta, ossia **due distinti plafond** cui fare riferimento, di cui il primo relativo al credito IVA annuale e il secondo relativo alla sommatoria dei crediti IVA trimestrali.

Il **limite** di **5.000 euro** "annui" per l'apposizione del **visto di conformità** (➔61.4.1.) va calcolato tenendo conto dei crediti trimestrali chiesti in compensazione nei trimestri precedenti. Se si ha un credito chiesto in compensazione di 3.000 euro nel primo trimestre è possibile chiedere in compensazione nei trimestri successivi ulteriori crediti fino a 2.000 euro senza l'apposizione del visto di conformità.
Qualora, il credito richiesto superi i 2.000 euro, sull'istanza deve essere apposto il visto, al di là degli effettivi utilizzi.

IVA

Divieto di compensazione

La compensazione è **vietata** in presenza di debiti iscritti a ruolo scaduti per imposte erariali di ammontare **superiore** a **1.500 euro**.
Se si vuole procedere alla compensazione è necessario prima assolvere il debito scaduto presso l'Agente della riscossione.

61.4.3. F24 per compensazioni orizzontali - Modalità di invio

Le modalità di invio del Mod. F24 relativo ai pagamenti/compensazioni sono differenti a seconda che il contribuente sia o non sia un soggetto IVA (qui indicati solo per completezza di trattazione).

Soggetto	Invio	Saldo	Modalità di invio
Titolare di Partita IVA (con o senza compensazione orizzontale)	- Diretto, - Tramite intermediari abilitati	Maggiore di zero	**Direttamente**: - utilizzando "F24 Web" o "F24 on line" attraverso Entratel o Fisconline oppure

Soggetto	Invio	Saldo	Modalità di invio
			- home banking degli intermediari alla riscossione convenzionati con l'Agenzia (Banche, Poste Italiane, Agenti della riscossione, ecc.) oppure **Tramite intermediari** abilitati che utilizzano "F24 cumulativo" o "F24 addebito unico"
Privati (senza compensazione)	- Diretto, - Tramite intermediari abilitati	Maggiore di zero	In **modalità telematica** oppure in **forma cartacea** presso gli intermediari alla riscossione. **Non vi è limite minimo** di importo
Privati (con compensazione orizzontale)			**Solo in modalità telematica** mediante "F24 Web" o "F24 on line" attraverso Fisconline oppure **attraverso gli intermediari alla riscossione** convenzionati con l'Agenzia (Banche, Poste Italiane, Agenti della riscossione, ecc.) c.d. home banking
- Titolare di partita IVA - Privato		Uguale a zero	**Solo in modalità telematica** mediante "F24 Web" o "F24 on line" attraverso Fisconline o Entratel, oppure **tramite intermediari** abilitati che utilizzano "F24 cumulativo" o "F24 addebito unico. **Non è possibile utilizzare l'home banking**

L'Agenzia delle Entrate, con la ris. n. 68/E/2017, ha fornito l'elenco dei codici tributo il cui utilizzo in compensazione orizzontale obbliga i titolari di partita IVA alla trasmissione telematica del Mod. F24 mediante i servizi dell'Agenzia Fisconline/Entratel.

Compensazione errata e scarto del Mod. F24

In sede di controllo dei Mod. F24 utilizzati in compensazione che presentano profili di rischio, l'Agenzia delle Entrate può **sospendere** fino a 30 giorni l'**esecuzione** delle **deleghe di pagamento** (Legge n. 205/2017).

Se al termine dei controlli, oppure trascorsi i 30 giorni dalla data di presentazione del Mod. F24, il credito risulta correttamente utilizzato, la delega è eseguita e le compensazioni ed i versamenti in esso contenuti sono considerati corretti ed effettuati alla data stessa della sua effettuazione.

In caso contrario, il Mod. F24 viene scartato in quanto il credito è considerato inesistente oppure non utilizzabile (ad esempio perché non ancora maturato). Lo scarto può essere sanato con la ripetizione del pagamento accompagnato dalla relativa sanzione, se successiva alla data di scadenza prevista.

È possibile fruire del **ravvedimento operoso** se i tempi tra lo scarto ed il nuovo pagamento lo consentono (risposta dell'Agenzia delle Entrate in occasione dell'incontro con la stampa specializzata del 1° febbraio 2018).

Per la trattazione del divieto di compensazione a seguito di provvedimento di chiusura della partita IVA, si rinvia a (➡**45.3.**).

RESTITUZIONE DELL'IMPOSTA NON DOVUTA 61.5.

L'art. 30-ter del D.P.R. n. 633/1972 è stato introdotto dalla Legge Europea (art. 8, c. 1, Legge n. 167/2017) e disciplina le modalità di una situazione di "rimborso" particolare. Infatti, la disposizione è intitolata non già rimborso, bensì "restituzione" dell'imposta non dovuta, proprio per distinguerla dalla disciplina ordinaria già esposta nei paragrafi precedenti.

Come nel caso dell'art. 30, anche l'art. 30-ter si riferisce ad eccedenze d'imposta, questa volta però derivanti non più dal normale meccanismo di applicazione dell'imposta, ma per esempio: da errori di

versamento che non sono emersi in sede di dichiarazione annuale, da assoggettamento ad imposta di operazioni che erano invece esenti od escluse o non imponibili, da errata applicazione dello split payment, da una duplicazione di versamento, da un'applicazione di un'imposta superiore a quella effettivamente dovuta, ecc.
In altri termini, la disposizione riconosce ad un soggetto passivo d'imposta il diritto ad essere rimborsato dell'IVA indebitamente versata, in virtù del principio generale della neutralità dell'imposta.
Nelle situazioni sopra esposte, il soggetto passivo (**cedente o prestatore**) deve presentare un'apposita **domanda di restituzione** dell'imposta non dovuta, da presentare **entro il termine decadenziale di 2 anni** dalla data di versamento della medesima imposta ovvero, se successivo, dal giorno in cui si è verificato il presupposto per la restituzione. Ciò perché il cessionario/committente, non potendo detrarre l'IVA addebitatagli, si rivale sul cedente/prestatore per ottenere da questi il rimborso dell'imposta pagatagli e non dovuta. Di regola questi "aggiustamenti" vengono effettuati applicando le regole e le tempistiche stabilite dall'art. 26 del D.P.R. n. 633/1972. Se non più applicabili torna utile usufruire dell'art. 30-bis.
Qualora l'errore emerga a seguito di un accertamento definitivo a cura dell'Amministrazione finanziaria (art. 30-ter, c. 2), il termine per la presentazione della domanda di restituzione è di **2 anni** dall'avvenuta restituzione al cessionario/committente di quanto pagato a titolo di rivalsa.

In caso di applicazione dell'imposta in misura superiore a quella effettiva, erroneamente assolta dal cedente o prestatore, fermo restando il diritto del cessionario o committente alla detrazione, l'anzidetto cessionario o committente è punito con la sanzione amministrativa compresa fra 250 euro e 10.000 euro. (art. 1, c. 935-octies, Legge n. 205/2017).

A ben guardare anche l'articolo 26, c. 3, del D.P.R. n. 633/1972, consente la possibilità di emettere le note di variazione in diminuzione di cui al precedente comma 2 ai casi di accordo tra le parti, nonché nei casi di indicazione in fattura (di corrispettivi) od imposte in misura superiore a quella reale, con la limitazione temporale di 1 anno. Sembrerebbe quindi che il soggetto passivo possa utilizzare la norma di carattere generale (*ex* art. 26) oppure quella dell'art. 30-ter a sua scelta. Sennonché, con diversi documenti di prassi (per tutti, risposta a interpello n. 762/2021), l'Agenzia ha chiarito che:

a. l'emissione di note di variazione *ex* art. 26 è lo strumento principale (e generale) per porre rimedio agli errori compiuti in sede di fatturazione;
b. nell'impossibilità oggettiva di emettere tempestivamente le note, può farsi ricorso all'articolo 30-ter del medesimo decreto.

Infine, il terzo comma, per ovvie ragioni di cautela fiscale, esclude la restituzione dell'IVA quando il versamento sia avvenuto in un contesto di frode fiscale.
Le disposizioni di cui all'art. 30-ter hanno applicazione con effetto retroattivo grazie alla conversione in legge del Decreto Crescita (D.L. n. 34/2019).

COMUNICAZIONI PERIODICHE, ACCONTI D'IMPOSTA, DICHIARAZIONE 62.

COMUNICAZIONI PERIODICHE 62.1.

In luogo delle comunicazioni annuali dati IVA, degli elenchi clienti e fornitori, del Mod. INTRASTAT acquisti (➡52.5.), della comunicazione di operazioni con soggetti "black list" e della comunicazione relativa ai dati dei contratti stipulati con società di leasing, **dal 2017** sono previsti esclusivamente adempimenti comunicativi aventi carattere periodico, vale a dire:

- la **comunicazione** dei **dati** in relazione alle **vendite a distanza** mediante **piattaforme digitali**;
- la **trasmissione telematica dei dati delle operazioni transfrontaliere** (cosiddetto: esterometro) (**dal 1° gennaio 2019**). Ciò almeno sino al **1° luglio 2022** data in cui l'esterometro nelle attuali forme sarà sostituito da comunicazione a SdI con il medesimo formato della fattura elettronica (D.L. n. 146/2021);
- la **comunicazione** dei **dati** delle **liquidazioni periodiche**, **c.d. LIPE**.

Vendite a distanza mediante piattaforme digitali 62.1.1.

In ottemperanza al **Reg. UE di esecuzione n. 2019/2026 del 21 novembre 2019**, il D.L. n. 135/2018 aveva stabilito che, qualora un soggetto passivo faciliti (tramite l'uso di un'interfaccia elettronica quale un mercato virtuale, una piattaforma, un portale o mezzi analoghi) le vendite a distanza di telefoni cellulari, console da gioco, tablet PC e laptop:

- importati da territori terzi o Paesi terzi, di valore intrinseco non superiore a euro 150;
- nell'Unione europea da parte di un soggetto passivo non stabilito nell'Unione europea a una persona che non è un soggetto passivo,

si considera che lo stesso soggetto passivo che abbia facilitato l'operazione, abbia anche ricevuto e ceduto detti beni, presumendo altresì che colui che vende i beni tramite l'interfaccia elettronica sia un soggetto passivo e la persona che acquista tali beni non sia un soggetto passivo (B2C). Conseguentemente, gli stessi devono applicare il meccanismo di reverse charge. L'entrata in vigore della disposizione era prevista per il **1° luglio 2021** (art. 3, D.L. n. 183/2020).
Per altro il D.Lgs n. 83/2021 ha abrogato le disposizioni che prevedono l'applicazione del meccanismo dell'inversione contabile (reverse charge) al caso di vendite o cessioni di beni facilitate da soggetti passivi che mettono a disposizione di terzi l'uso di un'interfaccia elettronica, una piattaforma, un portale o mezzi analoghi. Di conseguenza, poiché il D.L. n. 135/2018, anche a causa di successivi rinvii, sarebbe entrato in vigore il 1° luglio 2021 e che l'art. 8 del D.Lgs n. 83/2021 ne ha abrogato le suddette disposizioni a far tempo dalla medesima data, di fatto esse non sono mai entrate in vigore.

Trasmissione telematica dei dati delle operazioni transfrontaliere (esterometro) 62.1.2.

Dal 1° gennaio 2019, è entrato in vigore l'obbligo di trasmettere, per via telematica all'Agenzia delle Entrate, i dati delle cessioni di beni e delle prestazioni di servizi effettuate e ricevute verso e da soggetti stabiliti all'estero o comunque non stabiliti in Italia ancorché qui identificati (c.d. **esterometro**) (Provv. 30 aprile 2018, n. 89757/2018) (➡98.6.). In altri termini, l'**esterometro** riguarda tutte le

operazioni attive e passive con soggetti esteri per le quali non sia stato possibile emettere fatture elettroniche (o ricevere fatture elettroniche via SDI).
Poiché l'esterometro si riferisce esclusivamente ad operazioni transfrontaliere, ne deriva che per **acquisti di beni che restano all'estero** non realizzando né importazione né operazione intracomunitaria, **non sussiste alcun obbligo** di presentazione di questo strumento.

Pur rimanendo confermato l'obbligo di segnalazione delle operazioni effettuate e ricevute da soggetti non stabiliti o non residenti in Italia, con riferimento alle **operazioni effettuate dal 1° luglio 2022** l'esterometro nella sua attuale modalità documentale sarà abolito (termine così modificato dal D.L. n. 146/2021 rispetto al 1° gennaio 2022 previsto dalla Legge n. 178/2020). Il citato obbligo di segnalazione avverrà mediante trasmissione telematica attraverso SDI entro i seguenti termini (art. 1, c. 1103, Legge n. 178/2020):
- **fatture attive**: trasmissione da effettuare entro il termine di emissione del documento, ossia entro 12 giorni dall'effettuazione dell'operazione;
- **fatture passive**: trasmissione da effettuare entro 15 giorni dal ricevimento del documento o di effettuazione dell'operazione.

Sono tenuti all'esterometro tutti i soggetti passivi residenti o stabiliti nel territorio nazionale che sono obbligati alla fatturazione elettronica nelle operazioni con altri soggetti passivi residenti o stabiliti in Italia. Dal che ne deriva che sono **esonerati** dalla compilazione dell'esterometro i soggetti che si avvalgono del **regime di vantaggio**, i **forfetari**, **le associazioni senza fini di lucro, le pro-loco**, le **associazioni sportive dilettantesche** che hanno conseguito proventi da attività commerciale fino a 65 mila euro annui (circ. n. 14/E/2019).

Per quanto riguarda i rapporti B2B e B2C con residenti in **Livigno e Campione d'Italia**, l'Agenzia delle Entrate ha chiarito che questi due comuni non rientrano nel territorio italiano. Pertanto, le operazioni svolte con soggetti residenti e stabiliti in tali comuni si considerano **operazioni transfrontaliere** e rientrano tra quelle per le quali va trasmessa la comunicazione dei dati delle fatture transfrontaliere. Tuttavia, poiché i soggetti ivi residenti sono identificati con un codice fiscale, il cedente/prestatore stabilito in Italia può utilizzare comunque una fattura elettronica inoltrandola a SDI, compilando il campo del codice destinatario con il valore convenzionale "0000000" e fornire una copia (elettronica o analogica) al cliente di Livigno o di Campione d'Italia. In tal modo non sarà più necessario inviare i dati di tali fatture utilizzando l'esterometro.
Ad analoghe conclusioni si giunge con riferimento ai **soggetti non residenti**, ma identificati in Italia. In altri termini i soggetti non stabiliti in Italia, ma solo qui identificati, direttamente od anche per il tramite di un rappresentante fiscale, non sono tenuti né all'emissione di fatture elettroniche, né di trasmissione dell'esterometro (risposta a interpello 26 febbraio 2019, n. 67).
Qualora verso un soggetto non residente sia stata emessa fattura elettronica, deve essere assicurata al cessionario/committente non stabilito la possibilità di ottenere **copia cartacea della fattura**, ove lo stesso ne faccia richiesta. Ai fini del rilascio di tale copia è richiesto l'**intervento di un pubblico ufficiale che ne attesti la conformità all'originale** ai sensi dell'art. 23 del Codice dell'amministrazione digitale (CAD) (risposta a interpello 26 febbraio 2019, n. 67). Per altro, Assonime suggerisce una procedura alternativa in quanto deve essere considerata rilevante ai fini della detraibilità dell'IVA la **fattura elettronica emessa dal cedente/prestatore**, con decorrenza dei termini per l'esercizio della detrazione a partire dalla **data di presa in visione del documento** nell'area riservata del sito internet dell'Agenzia in cui la fattura è stata depositata (Assonime, circ. 11 aprile 2019, n. 10). Questa interpretazione sarebbe conforme a quanto chiarito dall'Agenzia delle Entrate (FAQ 27 novembre 2018, n. 30) relativamente al file nel file XML in cui va indicato il valore predefinito "**0000000**" nel campo "**codice destinatario**", salvo che il cessionario/committente comunichi uno **specifico indirizzo telematico** (PEC o codice destinatario).
Con riguardo alle fatture elettroniche emesse da un cedente/prestatore estero rientrante nel regime delle piccole imprese e, come tale, **privo del numero di identificazione fiscale**, queste vanno inserite nell'**esterometro** anche se l'operazione è rilevante in Italia. In tale circostanza nel campo "natura" delle operazioni effettuate con soggetti non stabiliti va indicato il **codice "N2.1"** per le operazioni non soggette a Iva per **carenza del presupposto territoriale** (risposta a interpello 27 marzo 2019, n. 85).
Per i soggetti passivi italiani che effettuano scambi di beni e/o servizi con soggetti non residenti siano essi privati o meno, l'invio dell'esterometro riguarda tutte le cessioni di beni e le prestazioni di servizio

IVA

generiche verso e da soggetti passivi non stabiliti in Italia, senza alcuna limitazione (risposta a interpello n. 85/2019). Infatti, ai fini dell'obbligo di comunicazione:
- rileva unicamente la circostanza che il soggetto non sia stabilito in Italia (oppure sia stabilito a Livigno o a Campione d'Italia) indipendentemente dalla natura dello stesso;
- non è significativo il fatto che l'operazione sia rilevante o meno, ai fini IVA, nel territorio nazionale;
- gli acquisti di beni e servizi da soggetti extraUE, devono essere documentati da autofattura (*ex* art. 17, c. 2, D.P.R. n. 633/1972) per la quale non corre l'obbligo di emissione elettronica con invio a SDI, detti acquisti ricadono pertanto nell'obbligo dell'esterometro. Quest'ultimo potrà essere evitato emettendo comunque, volontariamente, una e-fattura. Peraltro, lascia perplessa la implicita conclusione della circolare che impone l'esterometro per acquisti effettuati presso altri operatori non residenti e fuori campo IVA per carenza del presupposto territoriale, indipendentemente dal valore dell'operazione (es.: acquisti di carburante all'estero, alberghi, ristoranti, bar, ecc.);
- anche le operazioni extraterritoriali (es.: cessione all'estero di beni già esistenti fuori dal territorio nazionale), se documentate da una fattura, rientrano nell'obbligo di comunicazione via esterometro, indipendentemente dal fatto che l'operazione di esportazione potrebbe essere documentata da una bolletta doganale emessa però da un'altra dogana UE.

Conclusione non del tutto condivisa da Assonime. Secondo l'Associazione occorre sottolineare che per gli acquisti di beni e servizi presso soggetti esteri, i dati da trasmettere sono quelli relativi alle **fatture ricevute soggette a registrazione** e questa circostanza non necessariamente si verifica in casi analoghi a quello di cui alla citata risposta. Secondo Assonime rilevano ai fini dell'esterometro unicamente le operazioni soggette a registrazione. Pertanto anche quelle **fuori campo IVA** (➡44.3➡.) ma che sono documentate da una fattura o da una autofattura soggette a registrazione ad esempio ai sensi dell'art. 21, c. 6-bis, D.P.R. n. 633/1972 (Assonime, circ. n. 10/2019).

Di contrario avviso è l'Agenzia delle Entrate ribadendo che, a differenza del vecchio spesometro, l'esterometro **non riguarda le operazioni rilevanti ai fini IVA** effettuate, ma tutte le cessioni di beni e le prestazioni di servizi verso e da soggetti non stabiliti nel territorio dello Stato, comprese quelle soggette a *reverse charge*, comprese quelle di insignificante valore (ristoranti all'estero, consumazioni al bar, acquisto di carburanti all'estero e simili) o irrilevanti ai fini IVA comprese le commissioni finanziarie relative ad operazioni bancarie od assicurative che se territorialmente irrilevanti (art. 21 c. 6-bis, D.P.R .n. 633/1972) (risposta a interpello n. 91/2020).

La comunicazione è **facoltativa** per tutte le operazioni per le quali è stata emessa una **bolletta doganale** e quelle per le quali siano state emesse o ricevute **fatture elettroniche**.

Dal **1° gennaio 2020 l'esterometro** ha cadenza **trimestrale** e non più mensile, con inoltro entro la fine del mese successivo alla scadenza del trimestre (art. 1, c. 3-bis, D.Lgs. n. 127/2015). In altri termini:

Gennaio - Marzo	Entro 30 Aprile
Aprile - Giugno	Entro 31 Luglio
Luglio - Settembre	Entro 31 Ottobre
Ottobre - Dicembre	Entro 31 Gennaio

Come detto, dal 1° luglio 2022 l'esterometro, nella sua forma attuale, sarà abolito. In considerazione che l'attuale esterometro ha una cadenza trimestrale, ne deriva che l'ultimo invio (relativo al trimestre Aprile-Giugno 2022) dovrebbe essere effettuato entro il 31 luglio, ma considerando che il 31 luglio 2022 cade di domenica, l'invio dovrebbe essere effettuato il lunedì – primo giorno successivo feriale; per altro tutte le scadenze fiscali cadenti, anche a seguito di proroga, nel mese di agosto vengono automaticamente prorogate al 20 agosto (art. 37, c. 11-bis del D.L. n. 223/2006). In definitiva, **l'ultimo esterometro potrà essere inviato entro il 22 agosto 2022** in quanto il giorno 20 cade di sabato.

Si è detto che l'esterometro riguarda tanto le fatture attive quanto quelle passive nelle operazioni con soggetti esteri. In particolare, per quelle passive, al fine di non sbagliare il **periodo di trasmissione** telematica dei dati, si rammenta che occorre far **riferimento** non al momento di ricezione di dette fatture estere, bensì **al momento di registrazione dell'operazione.**

CASO 1 - Trasmissione telematica dei dati delle operazioni transfrontaliere

Fattura passiva UE datata 16 maggio 20XX.

Ricevuta ed annotata sul registro delle fatture ricevute mediante reverse charge il 29 maggio 20XX.

In questo caso la fattura dovrà essere inserita nello "spesometro mensile" da inviare entro il 30 giugno 20XX.

IVA

I dati richiesti nel caso delle **fatture ricevute** sono i seguenti:
- i dati identificativi del cedente/prestatore;
- i dati identificativi del cessionario/committente;
- la data del documento comprovante l'operazione;
- la data di registrazione (per i soli documenti ricevuti e le relative note di variazione);
- il numero del documento;
- la base imponibile;
- l'aliquota IVA applicata e l'imposta ovvero, ove l'operazione non comporti l'annotazione dell'imposta nel documento;
- la tipologia dell'operazione.

Per le sole **fatture emesse**, le comunicazioni possono essere eseguite trasmettendo al sistema dell'Agenzia delle Entrate l'intera fattura emessa, e compilando solo il campo "Codice Destinatario" con un codice convenzionale indicato nelle specifiche tecniche allegate al Provv. 28 febbraio 2020 n. 99922 che ha sostituito il precedente 30 aprile 2018, n. 89757/2018.

Con successivo chiarimento del 24 maggio 2018, in occasione di un incontro con la stampa specializzata, l'Agenzia delle Entrate ha chiarito che **con solo riferimento alle fatture emesse** verso soggetti esteri, qualora queste siano trasformate in fatture elettroniche ed inviate a SDI, ciò consente di evitare l'obbligo dell'esterometro. Anche le fatture passive estere attraverso nuove specifiche (➔46.13.), tese ad individuare rispettivamente le fatture comunitarie integrate ovvero le autofatture nei casi di fatture estere extra UE ed inviate a SDI, consentono di evitare l'esterometro (Provv. n. 99922/2020).

Dal 1° gennaio 2021 nel solo esterometro non deve essere indicato il codice Natura (➔46.13.➔) relativamente ad acquisti di beni o servizi da soggetti passivi UE. Non deve neppure essere indicato nel caso di autofattura per acquisti di servizi da soggetti extra UE. È sufficiente la sola indicazione dell'imponibile e dell'imposta relativa (risposta dell'Agenzia delle Entrate resa in occasione dell'incontro con la stampa specializzata del 28 gennaio2021), ciò contrariamente a quanto, invece, deve essere inserito nella fattura elettronica.

62.1.3. Comunicazione dei dati delle liquidazioni periodiche (c.d. LIPE)

Con la finalità di contrastare il fenomeno dell'evasione IVA, dal 2017 è stato introdotto l'obbligo dell'**invio trimestrale** dei dati riepilogativi delle liquidazioni periodiche dell'imposta.
Per quanto riguarda i versamenti si veda (➔61.1.1.).

Soggetti obbligati

L'adempimento riguarda **tutti i soggetti passivi IVA**, quali: le imprese individuali, i professionisti, gli studi associati, le società di persone, di capitali, i soggetti esteri che si sono identificati direttamente in Italia o che operano in tale ambito mediante il rappresentante fiscale, le Stabili Organizzazioni le società aderenti alla procedura di liquidazione dell'IVA di gruppo.

I soggetti esercenti più attività che determinano l'imposta in modalità separata sono tenuti anch'essi all'invio di un'unica comunicazione con cadenza trimestrale.

Soggetti esonerati

Sono esonerati dalla comunicazione i **soggetti** passivi **non obbligati**:
- alla presentazione della **Dichiarazione annuale** IVA (ad esempio, i soggetti che hanno reso esclusivamente operazioni esenti; i produttori agricoli in regime speciale);
- all'effettuazione delle **liquidazioni periodiche** (ad esempio, i soggetti minimi/forfetari), sempreché, nel corso dell'anno, non vengano meno le condizioni di esonero.

Sono altresì esonerati i soggetti passivi che nel trimestre di riferimento non hanno effettuato né operazioni attive e né passive, sempreché non debbano riportare un credito del mese o del trimestre precedente.

Dati da comunicare

Nella comunicazione i contribuenti indicano i dati contabili riepilogativi delle liquidazioni periodiche dell'imposta, anche nell'ipotesi di liquidazione con eccedenza a credito.

La comunicazione riepiloga il **totale** delle **liquidazioni** periodiche effettuate nel mese (contribuenti mensili) o nel trimestre (contribuenti trimestrali) **suddivisi per aliquota**.

I dati vanno comunicati **anche** nel caso in cui la **liquidazione** sia **a credito**.

Per i soggetti che **esercitano più attività** gestite con contabilità separata, per ciascun trimestre va inviata una sola comunicazione, riepilogativa delle liquidazioni di tutte le attività.

IVA

Termini di presentazione della comunicazione

L'invio è trimestrale in modalità telematica indipendentemente dal fatto che il contribuente sia con liquidazione mensile o trimestrale (➡98.2.).
Con modalità da stabilire con appositi provvedimenti dell'Agenzia delle Entrate, la comunicazione dati IVA può essere inviata **opzionalmente**, anche con cadenza **semestrale** (art. 1-ter, Legge n. 148/2017).

Contribuenti mensili	Contribuenti trimestrali	Invio entro il
gennaio, febbraio, marzo	Primo trimestre	31 maggio
aprile, maggio, giugno	- Secondo trimestre - Primo semestre (opzionale)	16 settembre
luglio, agosto, settembre	Terzo trimestre	30 novembre
ottobre, novembre, dicembre	- Quarto trimestre - Secondo semestre (opzionale)	28 febbraio

I **contribuenti mensili** compilano **un modulo** per **ciascun mese**.
I **contribuenti trimestrali** compilano **un solo modulo** per tutto il trimestre.
I contribuenti con liquidazione **sia mensile, sia trimestrale** con contabilità separata, compilano **un modulo** per **ciascun mese ed uno** per **il trimestre** (totale 4).
Si considerano **tempestive** le comunicazioni trasmesse entro i termini prescritti ma scartate dal servizio telematico, purché ritrasmesse entro i 5 giorni successivi alla data contenuta nella comunicazione dell'Agenzia delle Entrate che attesta il motivo dello scarto.
In considerazione che la **dichiarazione annuale IVA** può essere presentata, di regola, nel periodo 1° marzo - 30 aprile, i soggetti passivi che provvedono a presentarla **entro il termine del 1° marzo** evitano di presentare la dichiarazione LIPE relativa al quarto trimestre dell'anno precedente compilando il Quadro VP.
Per **correggere** eventuali **errori od omissioni** è possibile presentare una nuova comunicazione, sostitutiva della precedente, prima della presentazione della dichiarazione annuale IVA; successivamente, la correzione deve avvenire direttamente nella dichiarazione annuale (ris. n. 104/E/2017). Se sono presentate più comunicazioni riferite al medesimo periodo, l'ultima sostituisce le precedenti.

L'obbligo di trasmissione della comunicazione non ricorre in **assenza di dati** da indicare per il trimestre.

Modalità di trasmissione

Il modello, insieme alle istruzioni, sono gratuitamente disponibili in formato elettronico e possono essere prelevati dal sito Internet dell'Agenzia delle Entrate.
La comunicazione dei dati delle liquidazioni periodiche IVA, con il relativo modello, può essere effettuata:
- **direttamente** dal contribuente;
- da un **intermediario abilitato** che deve rilasciare al contribuente copia del modello trasmesso e della ricevuta per attestarne l'avvenuto ricevimento da parte del Fisco (prova dell'avvenuta presentazione).

Generato il file in **formato XML** va inviato esclusivamente con modalità telematica attraverso:
- l'applicativo "**Fatture e corrispettivi**",
- un canale **web services** o "**Ftp**" abilitato per il colloquio con il sistema di interscambio.

La **ricevuta di avvenuta trasmissione telematica** è resa disponibile nell'apposita sezione dell'area autenticata del sito dell'Agenzia delle Entrate nonché nella sezione Consultazione dell'area autenticata dell'interfaccia web "Fatture e Corrispettivi". In relazione alla **verifica della tempestività** delle comunicazioni, si considerano tempestive quelle trasmesse entro i termini prescritti, ma scartate dal servizio telematico, purché ritrasmesse entro i 5 giorni successivi alla data contenuta nella comunicazione dell'Agenzia delle Entrate che attesta il motivo dello scarto.

Semplificazioni fiscali

L'Agenzia delle Entrate, a partire dalle operazioni effettuate dal **1° gennaio 2021** (termine così modificato dall'art. 142 del D.L. n. 34/2020 rispetto al precedente termine del 1° luglio 2020), in via sperimentale, metterà a disposizione dei soggetti obbligati alla fatturazione elettronica, in apposita area riservata nel proprio sito Internet, le bozze delle comunicazioni delle liquidazioni periodiche IVA (art. 4, c. 1, D.Lgs. n. 127/2015).

LIPE precompilata

In attuazione all'art. 4 del D.Lgs. n. 127/2015, la cui entrata in vigore è stata più volte rinviata anche a causa della pandemia di Covid-19 e riguardante la predisposizione da parte dell'Agenzia delle Entrate delle bozze dei **registri IVA**, delle **liquidazioni periodiche IVA** e della relativa **dichiarazione annuale**, in data 8 luglio è stato pubblicato il Provvedimento n. 183994/2021.

In particolare, Il Provvedimento ha stabilito che la predisposizione dei documenti sopra indicati avverrà scaglionata nel tempo ed in funzione della tipologia dei contribuenti (trimestrali).

Con esclusione di una serie di soggetti passivi (➔**62.3.3.**), l'Agenzia delle Entrate mette a disposizione, di fatto dall'8 novembre 2021 (rispetto alla precedente data di avvio del 13 settembre), le bozze dei registri acquisti e vendite precompilati (➔**46.26.1.**), relativamente al terzo trimestre 2021.

I dati ivi contenuti possono essere consultati nel sito dell'Agenzia al portale Fatture e corrispettivi. Gli stessi possono essere convalidati, integrati ovvero modificati direttamente dal contribuente ovvero da un suo intermediario. In particolare, possono visionare i dati contenuti nella LIPE i soggetti passivi che hanno validato i registri IVA precompilati relativi al terzo trimestre e che erano stati precedentemente messi a disposizione sul portale dall'Agenzia delle Entrate.

Con riferimento al trimestre per i quali i registri sono stati convalidati o integrati, l'Agenzia elabora la bozza della liquidazione periodica (LIPE) a partire dal **sesto giorno del secondo mese successivo al trimestre di riferimento.**

In pari data mette anche a disposizione la bozza del Mod. F24 per il pagamento delle somme risultanti dalla liquidazione trimestrale. Il versamento dell'imposta può ora essere effettuato mediante addebito diretto sul proprio conto corrente oppure utilizzare il Modello F24 messo a disposizione.

62.1.4. Comunicazione dei dati Tessera Sanitaria

Sono obbligati alla comunicazione dei dati Tessera Sanitaria:

- le ASL;
- le aziende ospedaliere;
- gli istituti di ricovero e cura a carattere scientifico;
- i policlinici universitari;
- le farmacie e le parafarmacie;
- i presidi specialistici ambulatoriali;
- le strutture specializzate nelle prestazioni protesiche e quelle accreditate per l'erogazione dei servizi sanitari;
- i medici chirurghi, odontoiatri, infermieri, psicologi, ostetriche, radiologi e tecnici di radiologia medica, ottici.

Il Sistema Tessera Sanitaria (TS) è deputato a raccogliere:

- i dati concernenti le spese sanitarie sostenute nell'anno precedente;
- gli eventuali rimborsi effettuati nell'anno precedente in relazione a prestazioni sanitarie non erogate o solo parzialmente erogate. Deve essere indicata la data relativa ai versamenti dei corrispettivi per le prestazioni non usufruite;
- biologi, igienisti dentali, fisioterapisti, logopedisti, podologi, ecc.

La trasmissione dei dati al Sistema Tessera sanitaria, originalmente prevista su base mensile, per il 2021 è stata sospesa e sostituita da una comunicazione **semestrale** (rinviando la scadenza mensile al 2022) (art. 3, D.L. n. 183/2020 e D.M. 29 gennaio 2021).

Il D.M. 23 luglio 2021 aveva stabilito il calendario per le trasmissioni relative al 2021. Successivamente, con il Provv. n. 28825/2022 è stata prorogata dal 31 gennaio all'8 febbraio l'ultima trasmissione per il 2021. In seguito il D.M. 2 febbraio 2022 ha confermato anche per il 2022 la trasmissione con cadenza semestrale. In sintesi:

Periodo di riferimento	Momento di trasmissione
Secondo semestre 2021	Entro 8 febbraio 2022
Primo semestre 2022	Entro 30 settembre 2022
Secondo semestre 2022	Entro 31 gennaio 2023

IVA

Dal 1° gennaio 2023 tornerà la periodicità mensile, entro la fine del mese successivo.
Al fine di individuare con esattezza il periodo entro il quale devono essere inviati i dati, occorre far riferimento alla **data di pagamento** da parte del paziente/cliente.
Il D.L. n. 146/2021, in riferimento ai soggetti tenuti all'invio dei dati al Sistema TS, ha rinviato al 1° gennaio 2023 la decorrenza dell'obbligo di **memorizzazione elettronica e trasmissione telematica** dei dati relativi ai corrispettivi giornalieri, ai fini dell'elaborazione della dichiarazione dei redditi precompilata.

Registratore telematico

Sino al 31 dicembre 2021 i soggetti precedentemente indicati potevano rinviare l'adeguamento del RT, utilizzando in sua vece la funzionalità messa a disposizione sul portale www.sistemats.it, mediante trasmissione giornaliera sia dei dati dei corrispettivi, sia dei dati relativi alle spese sanitarie (D.L. n. 183/2020).

Tipologia dei dati da trasmettere

Per le spese sostenute devono essere indicate:
- le modalità di pagamento, fatta salva l'esclusione in relazione alle spese per acquisto di medicinali e per quelle relative a prestazioni sanitarie sostenute presso strutture o pubbliche od accreditate al SSN;
- codice fiscale del paziente;
- data del documento;
- tipologia della spesa;
- importo;
- tipo di documento fiscale (fattura, documento fiscale, scontrino);
- eventuale aliquota IVA;
- indicazione dell'eventuale esercizio dell'opzione, da parte del cliente, alla messa a disposizione dei propri dati all'Agenzia delle Entrate.

ACCONTO IVA ANNUALE 62.2.

I contribuenti che effettuano versamenti IVA sia su base mensile, sia trimestrale, devono **entro** il **27 dicembre** di ciascun anno versare un **acconto d'imposta** relativo all'ultima liquidazione del medesimo periodo d'imposta (➜98.1.).
Se il giorno 27 cade di sabato o di altro giorno festivo, il versamento è posticipato al primo giorno successivo non festivo.

> Nessun acconto è dovuto se inferiore ad euro 103,29.

L'acconto IVA è dovuto da tutti i soggetti passivi, obbligati alla liquidazione periodica del tributo:
- su base **mensile** (contribuente "mensile");
- su base **trimestrale** "**per natura**" (art. 74, c. 4, D.P.R. n. 633/1972);
- su base **trimestrale** "**per opzione**" (art. 7, D.P.R. n. 542/1999).

Soggetti esonerati
- Soggetti che devono versare un **acconto inferiore a 103,29 euro**; - Soggetti che hanno **cessato** (o cessano) l'**attività** in corso d'anno entro il 30 novembre per i contribuenti mensili o entro il 30 settembre per i trimestrali; - Soggetti in **regime agricolo di esonero** con volume d'affari inferiore a 7.000 euro annui (art. 34, c. 6, D.P.R. n. 633/1972); - Soggetti che esercitano **attività di intrattenimento** (art. 74, c. 6, D.P.R. n. 633/1972); - **Società e associazioni sportive dilettantistiche** e associazioni in genere che applicano il regime forfettario di cui alla Legge n. 398/1991; - Soggetti che aderiscono al regime di vantaggio per l'**imprenditoria giovanile** (art. 27, c. 1 e 2, D.L. n. 98/2011; - Soggetti che fruiscono del **regime forfetario** (art. 1, c. 54-89, Legge n. 190/2014) compresi quelli che erano nel regime forfetario nell'anno precedente e ne sono usciti nell'anno corrente);

IVA

Soggetti esonerati
- Soggetti che hanno effettuato esclusivamente **operazioni esenti** o non imponibili agli effetti dell'IVA;
- Soggetti che hanno effettuato operazioni attive esclusivamente con il meccanismo dello **"split payment"** nei confronti della Pubblica amministrazione;
- Soggetti che hanno **iniziato** l'**attività** in corso d'anno;
- **Contribuenti mensili** che abbiano evidenziato un **credito** IVA nella liquidazione relativa al mese di **dicembre** dell'anno precedente o che prevedano di chiudere a credito nel mese di dicembre dell'anno corrente;
- **Contribuenti trimestrali** "per natura" che abbiano evidenziato un **credito** IVA nella liquidazione relativa all'**ultimo trimestre** dell'anno precedente o che ritengano di chiudere a credito il quarto trimestre dell'anno corrente;
- Contribuenti trimestrali "per opzione" che abbiano evidenziato un **credito** IVA nella dichiarazione IVA relativo all'**anno anteriore** a quello di **versamento** dell'acconto.

62.2.1. Calcolo dell'acconto

Sono previste **3 modalità** di calcolo che il contribuente può scegliere di adottare:
- metodo storico;
- metodo storico speciale per determinati soggetti passivi;
- metodo previsionale;
- metodo calcolato sui dati effettivi o analitico.

Metodo storico

L'acconto è determinato applicando l'aliquota dell'**88%**:
- del versamento dovuto nel **mese di dicembre** dell'anno precedente nel caso dei **contribuenti mensili**,
- dell'**ultimo trimestre** dell'anno precedente per i **contribuenti trimestrali "per natura"**,
- del versamento dovuto come risulta dalla precedente dichiarazione annuale, al lordo dell'eventuale acconto, nel caso dei contribuenti **trimestrali "per opzione"**.

I contribuenti trimestrali "per opzione" non tengono conto nel calcolo della maggiorazione dell'1%. Non si tiene neppure conto dell'eventuale adeguamento agli studi di settore o parametri per l'anno di riferimento.

Metodo "storico speciale" - Per determinate grandi imprese erogatrici di servizio pubblico (telecomunicazione, somministrazione di acqua, gas, energia elettrica, vapore e teleriscaldamento urbano, servizi di raccolta, trasporto e smaltimento dei rifiuti solidi urbani e assimilati, di fognatura e depurazione e che nell'anno solare precedente hanno versato imposta sul valore aggiunto per un **ammontare superiore a due milioni di euro**) l'acconto IVA è elevato al **97%** dell'importo corrispondente alla media dei versamenti trimestrali eseguiti, o che avrebbero dovuto essere eseguiti, per i precedenti trimestri dell'anno.

Il limite dei 2 milioni è determinato:
- dai versamenti relativi all'imposta dovuta in base alle liquidazioni periodiche;
- da eventuali versamenti integrativi afferenti i versamenti di cui al punto precedente;
- dal versamento relativo al quarto trimestre dell'anno precedente, in quanto normalmente effettuato entro il 16 febbraio dell'anno successivo (circ. n. 54/E/2005).

In **alternativa**, detti soggetti possono utilizzare **unicamente** il metodo analitico (art. 1, c. 471, Legge n. 31/2004). Per le imprese del settore che fanno parte dell'IVA di gruppo vedasi (➡58.3.).

Metodo previsionale

Questo metodo alternativo consente di determinare l'acconto in misura pari **all'88% dell'IVA che si prevede di versare:**
- nel mese di dicembre per i contribuenti mensili;
- per il quarto trimestre per i contribuenti trimestrali "per natura";
- in sede di dichiarazione annuale nel caso dei contribuenti trimestrali "per opzione".

Per non incorrere in sanzioni, è necessario che a consuntivo l'acconto versato **non risulti inferiore** all'88% di quanto effettivamente dovuto per il mese di dicembre, quarto trimestre o dichiarazione IVA dell'anno corrente.

IVA

Per entrambi i metodi in esame, se la periodicità della liquidazione è mutata rispetto all'anno precedente, passando:
- **da trimestrale a mensile**, l'acconto è pari ad un terzo dell'imposta dovuta per il quarto trimestre;
- **da mensile a trimestrale**, l'acconto è calcolato sulle liquidazioni degli ultimi 3 mesi dell'anno precedente.

Metodo calcolato basato sui dati effettivi o analitico

Con il **metodo della liquidazione anticipata** al **20 dicembre** si considerano le operazioni (attive e passive) del periodo 1° dicembre al 20 dicembre (per i contribuenti mensili), ovvero dal 1° ottobre al 20 dicembre (per i contribuenti trimestrali). L'acconto da versare è in questo caso pari al 100% dell'IVA a debito che sia eventualmente emersa da tale liquidazione aggiuntiva.
In sostanza, **l'importo da versare**, nella misura del **100%**, è ottenuto sommando algebricamente i seguenti elementi:
- (con segno +) l'IVA a debito relativa alle operazioni annotate (o che avrebbero dovuto essere annotate) nei registri IVA delle fatture emesse e degli acquisti per il periodo compreso tra:
  - il 1° dicembre e il 20 dicembre, se i contribuenti effettuano le liquidazioni con cadenza mensile;
  - il 1° ottobre e il 20 dicembre, se i contribuenti effettuano le liquidazioni trimestralmente;
- (con segno +) l'IVA a debito relativa alle operazioni effettuate tra il 1° novembre e il 20 dicembre, ma non ancora annotate non essendo decorsi i termini di emissione della fattura o di registrazione;
- (con segno -) l'IVA a credito relativa agli acquisti e alle importazioni annotati nel registro degli acquisti nel periodo compreso tra:
  - il 1° dicembre e il 20 dicembre, per i contribuenti mensili;
  - il 1° ottobre e il 20 dicembre, per i contribuenti trimestrali;
- (con segno -) l'IVA a credito relativa alle operazioni intracomunitarie, per le quali la corrispondente IVA a debito è stata già considerata (per effetto della doppia registrazione);
- (con segno -) l'eventuale IVA a credito riportata dalla liquidazione relativa al periodo precedente (mese di novembre o terzo trimestre).

I soggetti che adottano il regime di cassa (➔50.9.) devono tener conto anche delle operazioni per le quali si sia verificata l'esigibilità o siano state pagate, ancorché non annotate entro il **20 dicembre**.

Ai fini dell'acconto IVA, le PA che sono soggetti passivi IVA e le società devono tenere conto dell'imposta versata all'Erario nell'ambito della scissione dei pagamenti (art. 5, c. 2-bis, D.M. 23 gennaio 2015). Alla luce, poi, dell'art. 2, c. 4, del D.M. 27 giugno 2017 e dei chiarimenti resi dalla circ. Agenzia delle Entrate n. 28/2017, in caso di applicazione del metodo storico:
- le PA e società che versano l'IVA all'Erario direttamente, secondo la modalità prevista dal c. 1 dell'art. 5 del D.M. 23 gennaio 2015, devono operare un ulteriore versamento di acconto, determinato sulla base dell'ammontare dell'imposta da scissione dei pagamenti divenuta esigibile nel mese di novembre, ovvero, in caso di liquidazione trimestrale, nel terzo trimestre dell'anno corrente;
- le PA e società che, invece, annotano le fatture nei registri delle fatture emesse o dei corrispettivi, ai sensi del c. 1 dell'art. 5 del D.M. 23 gennaio 2015, devono determinare l'acconto sulla base di calcolo come definito per la categoria di contribuenti cui appartengono (mensile, trimestrale, ecc.); a tale base dovrà essere aggiunto l'ammontare dell'imposta divenuta esigibile secondo le disposizioni sulla scissione dei pagamenti nel mese di novembre dell'anno corrente per i contribuenti con liquidazione mensile, ovvero, in caso di liquidazione trimestrale, nel terzo trimestre.

Contribuenti che hanno optato per affidare a terzi la propria contabilità

Questi soggetti possono calcolare l'acconto da versare entro il 27 dicembre, applicando:
- il **metodo storico** pari al **88%** dell'imposta dovuta in base alla liquidazione effettuata per il **mese di dicembre dell'anno precedente**, sulla base delle operazioni relative al mese di novembre dell'anno precedente; oppure
- in misura pari a **2/3 dell'imposta** dovuta in base alla liquidazione da effettuare per il mese di dicembre dell'anno in corso, riferita alle operazioni relative al mese di novembre dello stesso anno.

IVA

62.2.2. Versamento

Il versamento, se non inferiore ad euro 103,29, va effettuato in un'unica soluzione (fatta salva la possibilità di rateizzare il versamento se ricorrono le condizioni soggettive ed oggettive previste da D.L. n. 157/2020 (➡61.)) mediante invio telematico del Mod. F24 direttamente dal contribuente ovvero tramite intermediari abilitati.

I codici tributo da utilizzare per l'acconto, indipendentemente dalla metodologia usata, sono:

- **6013** (mensile);
- **6035** (trimestrale).

L'acconto dovuto può essere **compensato** con altri debiti tributari o contributivi.

In sede di dichiarazione l'acconto versato va detratto dalla liquidazione definitiva del mese di dicembre per i contribuenti mensili o dalla liquidazione dell'ultimo trimestre per i contribuenti trimestrali per natura ovvero dal saldo relativo all'anno relativo alla dichiarazione nel caso dei trimestrali per opzione.

62.3. DICHIARAZIONE ANNUALE

A chiusura delle operazioni compiute nel periodo d'imposta, tutti i soggetti passivi muniti di Partita IVA devono provvedere alla preparazione e successivamente all'inoltro in via telematica di una dichiarazione che **riassume** il complesso delle **operazioni attive e passive** relative a tutte le attività esercitate, suddivise per aliquota nonché l'eventuale emersione di un debito o di un credito d'imposta.

L'adempimento consente:

- la determinazione del **volume d'affari** dell'anno (➡47.) al fine di poter determinare se il soggetto abbia o meno diritto ad alcune semplificazioni contabili;
- la determinazione dell'**IVA** effettivamente **detraibile**;
- il controllo dei casi in cui il soggetto deve applicare il **pro-rata** per l'anno successivo e la percentuale (➡48.1.4.);
- la rettifica di eventuali **errori** nelle liquidazioni periodiche;
- la scelta o conferma di eventuali **opzioni** previste dalle norme.

62.3.1. Soggetti obbligati e soggetti esonerati

Soggetti obbligati - Sono obbligati alla redazione ed invio della dichiarazione annuale IVA, tutti i soggetti muniti di partita IVA stabiliti in Italia abbiano o meno compiuto operazioni imponibili, i soggetti non stabiliti in Italia ma che si sono identificati direttamente (➡60.1.1.); i rappresentanti fiscali in Italia di soggetti non residenti (➡60.1.2.); le Stabili Organizzazioni (➡60.2.), le società controllanti che aderiscono all'IVA di gruppo (➡58.); la capogruppo nel caso di Gruppo IVA (➡59.).

Soggetti esonerati - Sono esonerati dall'obbligo di presentazione della dichiarazione annuale i soggetti:

- che hanno effettuato esclusivamente **operazioni esenti** o che hanno effettuato esclusivamente operazioni esenti in regime di dispensa *ex* art. 36-bis (➡44.2.). L'esonero viene meno se il contribuente:
  - è tenuto ad effettuare rettifiche della detrazione operata in anni precedenti,
  - abbia effettuato operazioni intracomunitarie,
  - abbia effettuato acquisti da soggetti che obbligatoriamente applicano il regime di reverse charge;
- **produttori agricoli** con un volume d'affari riferito all'anno precedente non superiore a 7.000 euro (➡50.1.);
- esercenti attività di **intrattenimento**, **gioco** e **spettacolo** in regime forfetario (➡50.4.);
- **soggetti** di **ridotte dimensioni** (forfetari: compensi conseguiti non superiori a euro 30.000; spese per dipendenti non superiori ad euro 5.000; possesso di beni strumentali non superiori ad euro 20.000, ovvero rientranti nel regime di vantaggio per l'imprenditoria giovanile);
- **persone fisiche** ed imprese individuali **titolari** di un'**unica azienda** che è concessa **in affitto** a terzi senza svolgere alcuna attività rilevante ai fini IVA;
- **rappresentanti fiscali "leggeri"** (➡52.4.);
- associazioni **sportive dilettantesche, pro-loco**;
- associazioni ed enti **non soggetti passivi** d'imposta, **ma titolari** di un numero di **partita IVA** solo perché hanno effettuato acquisti intracomunitari oltre la soglia di legge (➡50.10.1.);
- **imprese extra UE** con attività di **e-commerce** (➡50.10. e ➡51.9.1.), identificate in Italia.

62.3.2. Formalità, modalità di presentazione, tempistica

L'Agenzia delle Entrate pubblica sul proprio sito i modelli di dichiarazione con le relative istruzioni.

IVA

I modelli utilizzabili sono due:
- **Mod. IVA**;
- **Mod. IVA Base**.

Il primo è destinato a tutta la platea dei contribuenti IVA, mentre il secondo è riservato - quale **alternativa** non obbligatoria - ai contribuenti che nell'anno:
- hanno determinato l'imposta dovuta o l'imposta ammessa in detrazione secondo le regole generali previste dalla disciplina IVA e, pertanto, non hanno applicato gli specifici criteri dettati dai regimi speciali IVA quali, ad esempio, quelli previsti per gli agricoltori o per le agenzie di viaggio;
- hanno effettuato in via occasionale cessioni di beni usati e/o operazioni per le quali è stato applicato il regime per le attività agricole connesse di cui all'art. 34-bis;
- non hanno effettuato operazioni con l'estero (cessioni ed acquisti intracomunitari, cessioni all'esportazione ed importazioni, ecc.);
- non hanno effettuato acquisti ed importazioni senza applicazione dell'imposta utilizzando il plafond;
- non hanno partecipato ad operazioni straordinarie o trasformazioni sostanziali soggettive (cessioni o conferimenti aziendali).

Non possono utilizzare il **Mod. IVA Base**, ma esclusivamente quello "ordinario":
- i soggetti **non residenti** che hanno istituito nel territorio dello Stato una stabile organizzazione, ovvero che si avvalgono di rappresentanti fiscali o dell'identificazione diretta;
- le **società di gestione del risparmio** che gestiscono fondi immobiliari chiusi;
- i soggetti tenuti ad utilizzare il Mod. F24 Elementi identificativi (c.d. Elide) per l'immatricolazione di veicoli di provenienza UE (➡52.2.1.);
- i curatori **fallimentari** e dai commissari **liquidatori** tenuti a presentare la dichiarazione annuale per conto dei soggetti IVA sottoposti a procedura concorsuale;
- le società che hanno partecipato ad una procedura di liquidazione **dell'IVA di gruppo** (➡58.);
- i soggetti che hanno presentato nell'anno **dichiarazioni integrative a favore** e che, sono tenuti ad indicare il credito derivante dal minor debito o dal maggiore credito risultante dalle dichiarazioni integrative nella dichiarazione relativa al periodo d'imposta in cui sono presentate le dichiarazioni integrative.

Modalità di presentazione

La dichiarazione una volta redatta sul modello ministeriale deve essere inviata esclusivamente in **forma telematica** direttamente dal contribuente oppure per il tramite di intermediari a ciò abilitati.

> Nel frontespizio della dichiarazione annuale la casella "Esonero dall'apposizione del **visto di conformità**" deve essere barrata da tutti i soggetti d'imposta che - a seguito dell'applicazione degli indici sintetici di affidabilità fiscale per l'anno 2020 abbiano realizzato un punteggio almeno pari a 8 (Provvedimento n. 103206/2021) - sono esonerati dalla richiesta del visto ovvero dalla prestazione delle garanzie, per le compensazioni o richieste di rimborsi per un importo non superiore a 50.000 euro annui (➡61.3.1., ➡61.3.2., ➡61.4.1., ➡61.4.2.) (art. 9-bis, c. 11, lett. a) e b), D.L. n. 50/2017 e circ. n. 17/E/2019).

Termini di presentazione

La dichiarazione annuale può essere inviata nell'intervallo temporale dal **1° febbraio al 30 aprile** (➡98.15.).

> Resta comunque possibile la presentazione della dichiarazione annuale IVA entro il 28 febbraio 2022 qualora si vogliano inserire i dati relativi alle liquidazioni dell'ultimo trimestre del 2021 (LIPE) direttamente in dichiarazione compilando il quadro VP (art. 21-bis, D.L. n. 178/2010). Il medesimo quadro – sempre entro la medesima data del 28 febbraio - è da utilizzare per l'invio dei dati omessi, incompleti od errati.

Se il termine ultimo cade di sabato o di altro giorno festivo, l'invio può essere effettuato il primo giorno lavorativo immediatamente successivo.

La dichiarazione inviata dopo la scadenza del 30 aprile è considerata in **ritardo** se ciò avviene non oltre il 29 luglio (entro 90 giorni dalla scadenza).

Se inviata **oltre 90 giorni** (dal 30 luglio) la dichiarazione è considerata **omessa**.

> Il termine di scadenza per la presentazione della dichiarazione IVA (attualmente 30 aprile) è anche il termine ultimo per poter esercitare la **detrazione dell'imposta sugli acquisti ed importazioni**

IVA

(supportati dai connessi documenti) relativa all'anno che si sta dichiarando (art. 19, c. 1, D.P.R. n. 633/1972).

Dichiarazione per l'anno 2021 (Modello IVA 2022)

Nel corso del 2021 sono state numerose le novità che hanno coinvolto l'IVA e, conseguentemente, la redazione della dichiarazione annuale.
Queste le principali novità:
Con riferimento alle c.d. "**percentuali di compensazione**" relative ai settori agricoli, della pesca, dell'acquacoltura ed agrituristico è stata interessata la **Sez. 1, rigo VE3** che prevede le nuove percentuali compensative (applicabili alle cessioni di animali vivi delle specie bovina e suina fissate ambedue nella misura del 9,5 per cento dall'art. 68, D.L. n. 73/2021). Ciò ha comportato la rinumerazione dei righi di questa sezione. Specularmente anche il **rigo VF4 della Sez. 1** ha visto riaggiornare le percentuali di compensazione e rinumerazione dei righi. Inoltre, con specifico riferimento alle Imprese agricole anche la **Sez. 3-B rigo VF41** ha visto aggiornata la percentuale compensativa come sopra detto.
La **Sez. 3- A del Quadro VF** è dedicata alle operazioni esenti. Anche questa (**Campo 7**) ha subito una integrazione per poter ivi indicare le operazioni esenti, ma che consentono comunque la detrazione a monte (art. 10, c. 3, D.P.R. n. 633/1972) ed è ora denominato "Operazioni esenti art. 19, c. 3, lett. a-bis) e d-bis). Infine, il successivo **Campo 9** è ora denominato "Operazioni esenti Legge n. 178/2020" al fine di poter tener conto delle operazioni riguardanti: le cessioni di strumenti diagnostiche le prestazioni di servizio connesse; le cessioni di vaccini anti **Covid-19** e le prestazioni connesse.
Altra novità riguarda la necessità di indicazione delle operazioni relative **all'IVA nell'e-commerce.**
Precisamente il **Quadro VO**, **Sez. 1** vede la ridenominazione dei righi **VO10** e **VO11** che ora fanno, appunto, riferimento specifico alle "Vendite a distanza intracomunitarie" per poter tener conto di quanto ora dispone il D.Lgs. n. 83/2021 in materia (cessioni e prestazioni di servizi di telecomunicazione, teleradiodiffusione ed elettronici). In proposito si rammenta la soglia di euro 10.000 al di sotto della quale l'imposta è dovuta nel Paese del cedente/prestatore. La medesima **SEZ 1** vede il nuovo **rigo VO17** per consentire la revoca dell'opzione eventualmente esercitata in precedenza in relazione ai servizi *ex* art. 7-octies del D.P.R. n. 633/1972 (originariamente dedicato alle prestazioni di servizio TTE ed ora esteso anche alle vendite a distanza intra UE e prestazioni B2C con pagamento dell'imposta nel Paese di consumo).
Da ultimo nel Quadro VX rigo VX4 riservato ai contribuenti che intendono chiedere il rimborso del credito emergente dalla precedente dichiarazione è stato soppresso il precedente campo 6 "contribuenti subappaltatori" che potevano operare compensazioni entro il limite annuo di 1 milione di euro. Al riguardo la Legge n. 234/2021 art. 1, c. 72 consente che la compensazione orizzontale del credito IVA (o del rimborso con procedura semplificata) sia fattibile nel limite di 2 milioni euro. Tale incremento è generalizzato e, pertanto, applicabile anche dai subappaltatori.
La Dichiarazione IVA 2022 deve essere presentata nel periodo compreso tra il 1° febbraio 2022 e il 2 maggio 2022 (in quanto il termine naturale del 30 aprile essendo un sabato, slitta al 2 maggio 2022, primo giorno lavorativo successivo).

Correzione ed integrazioni della dichiarazione

Una dichiarazione integrativa può essere presentata solo se la dichiarazione originaria è stata validamente inviata.

Qualora il contribuente riscontri degli **errori** oppure delle **omissioni**, compresi quelli che abbiano determinato l'indicazione di un maggiore o di un minore imponibile o, comunque, di un maggiore o di un minore debito d'imposta ovvero di una maggiore o di una minore eccedenza detraibile rispetto a quanto esposto nella dichiarazione annuale già inviata, può provvedere con un **nuovo invio** con i dati corretti. Se la dichiarazione integrativa è inviata prima della scadenza ultima del 30 aprile non vi sono sanzioni.
La **correzione** può essere effettuata entro il 31 dicembre del quinto anno successivo a quello in cui è stata presentata la dichiarazione (D.L. n. 193/2016).

Dichiarazione integrativa a favore e compensazione

Il diritto alla detrazione dell'imposta ed il principio di neutralità sono garantiti anche dalla cosiddetta dichiarazione integrativa a favore (D.P.R. n. 322/1998) con la quale è possibile **correggere errori** od **omissioni** che hanno determinato l'indicazione di un maggiore imponibile, di un maggiore debito d'imposta o di una minore eccedenza detraibile.

IVA

La dichiarazione integrativa a favore può essere presentata **entro** il **31 dicembre** del **quinto anno successivo** a quello in cui è stata presentata la dichiarazione originaria. Ne deriva entro lo stesso termine è possibile recuperare l'imposta non detratta sugli acquisti documentati dalla relativa fattura.
Se la dichiarazione integrativa a favore del contribuente è presentata **entro** il **termine** per la presentazione della **dichiarazione** dell'**anno successivo**, il credito che è emerso può:

- essere **detratto** nella liquidazione dell'imposta di tale periodo;
- essere **utilizzato** in **compensazione orizzontale** (➔**61.4.1.**);
- essere **chiesto a rimborso** (➔**61.3.1.**) con riferimento all'anno cui si riferisce la dichiarazione integrativa.

Se presentata in periodo successivo, il credito può essere utilizzato:

- in compensazione orizzontale con debiti d'imposta maturati nel periodo successivo a quello di presentazione della dichiarazione integrativa;
- chiesto a rimborso, ma con evidenziazione del credito nella dichiarazione annuale relativa all'anno di presentazione della dichiarazione integrativa.

Dichiarazione precompilata IVA 62.3.3.

In attuazione dell'art. 4 del D.Lgs. n. 127/2015, la cui entrata in vigore è stata più volte rinviata anche a causa della pandemia di Covid-19 e riguardante la predisposizione da parte dell'Agenzia delle entrate delle bozze dei registri IVA, delle liquidazioni periodiche IVA e della relativa dichiarazione annuale, in data 8 luglio è stato pubblicato il Provvedimento n. 183994/2021.
Il Provvedimento stabilisce che la predisposizione dei documenti sopra indicati avverrà scaglionata nel tempo ed in funzione della tipologia dei contribuenti.
Per quanto concerne i registri vendite ed acquisti precompilati si rimanda al (➔**46.26.1.**), per la LIPE al (➔**62.1.3.**). In riferimento alla bozza della dichiarazione annuale, il Provvedimento, stabilisce che:

- a partire dalle operazioni **effettuate dal 1° luglio 2021**, l'Agenzia mette a disposizione dei soggetti IVA residenti e stabiliti in Italia le bozze dei registri IVA (ciclo attivo e ciclo passivo). Per il **terzo trimestre 2021** i dati saranno messi a disposizioni per la consultazione, estrazione, convalida o modifica, dal **13 settembre 2021**, mentre dall'8 novembre 2021 è messa a disposizione la dichiarazione precompilata della "liquidazione periodica IVA (LIPE)" relativa al terzo trimestre 2021;
- dal luglio 2021 e per il 2022 in via sperimentale le bozze indicate nel punto precedente verranno messe a disposizione unicamente per i **contribuenti trimestrali** con **esclusione** - per tutto il 2021 ed il 2022 ed indipendentemente dalla loro tempistica di liquidazione - dei sottoindicati soggetti per i quali nel biennio **non verranno predisposte** le bozze dei **registri IVA, LIPE e Dichiarazione annuale IVA**:
  - che operano in regime speciale (es.: art. 74 e segg.);
  - che applicano l'IVA separatamente relativamente alle diverse attività esercitate;
  - che aderiscono all'IVA di gruppo oppure ad un gruppo IVA;
  - per i quali è stato dichiarato il fallimento oppure la liquidazione coatta amministrativa;
  - che operano il commercio al minuto che non hanno ancora aggiornato i propri RT all'ultima versione di tracciato;
  - che trasmettono i corrispettivi per le cessioni di carburanti per motori;
  - che cedono beni o servizi tramite distributori automatici;
  - che erogano prestazioni sanitarie.

Anche i soggetti che effettuano la liquidazione "per cassa" sono esclusi, ma per il solo 2021.
Le bozze delle fatture, sulla base di quanto a conoscenza dell'Agenzia al 30 giugno 2021, possono essere consultate, convalidate o corrette direttamente dal contribuente ovvero tramite l'intermediario incaricato. Su questa base l'Agenzia elabora una bozza di LIPE. Infine, se la convalida od integrazione si riferisce all'intero anno, elabora una bozza della dichiarazione annuale nonché della bozza di F24 per il versamento dell'imposta eventualmente emergente dalla dichiarazione.
In considerazione del fatto che il Provvedimento prende in esame le operazioni in corso nella seconda parte del 2021, sarà solo dal **10 febbraio 2023** che l'Agenzia metterà a disposizione dei contribuenti interessati la **bozza della dichiarazione annuale** sulla base delle bozze convalidate dei registri e delle liquidazioni periodiche relative al 2022.

Dichiarazione e fallimento (o procedura coatta amministrativa) 62.3.4.

Se il fatto generatore dell'imposta si è verificato prima della dichiarazione dell'apertura della procedura concorsuale nei confronti del creditore inadempiente, mentre l'imposta diventa esigibile nelle more della procedura stessa, il relativo credito non può essere considerato prededucibile, ma partecipa alla ripartizione dell'attivo insieme agli altri crediti concorsuali.

Da ciò ne deriva la necessità di annotazione separata delle fatture emesse ante apertura del fallimento o di liquidazione coatta amministrativa ed incassate dopo la dichiarazione di fallimento, da quelle realizzate successivamente. L'IVA relativa alle prime non è immediatamente deducibile.

Ai fini della dichiarazione annuale si devono seguire le indicazioni che emergono dalle istruzioni alla dichiarazione (paragrafo 2.3 - Casi particolari di presentazione della dichiarazione- Punto A) **anche nei casi in cui il fallimento** (o la liquidazione coatta amministrativa) **sia stata aperto in un periodo d'imposta precedente.**

In particolare, il curatore o il commissario liquidatore devono presentare la dichiarazione composta da due moduli:

- nel primo (previa barratura del codice VA3) le operazioni registrate ante dichiarazione di fallimento o di liquidazione coatta, la cui imposta è diventata esigibile successivamente;
- nel secondo le operazioni effettuate e registrate successivamente alla dichiarazione di fallimento o di liquidazione coatta.

Infine, occorre rammentare che il Quadro VX è destinato ad accogliere unicamente il debito o credito (Quadro VL) relativo al periodo successivo al fallimento, mentre l'eventuale debito relativo al periodo ante non può essere sommato a quest'ultimo. Se dal Quadro VX emerge un credito questo può essere compensato (mediante Mod. F24) con altri debiti fiscali o contributivi sorti post apertura della procedura di fallimento.

Al contrario un eventuale credito d'imposta relativo al periodo ante dichiarazione di fallimento deve essere sommato e compensato con quanto emerge dalla Sez. 3 del Quadro VL di ciascun modulo ed il netto affluire al Quadro VX (risposta a interpello n. 230/2021).

Dichiarazione Mod. IVA 74-bis

In ogni caso il curatore o il commissario liquidatore, entro 4 mesi dalla loro nomina sono tenuti a presentare telematicamente, per conto del contribuente, una dichiarazione relativa alle operazioni effettuate nel periodo antecedente la dichiarazione di fallimento o di liquidazione coatta amministrativa, ciò al fine di potersi insinuare al passivo. Per la dichiarazione occorre utilizzare il Mod. IVA 74-bis.

62.3.5. Definizione agevolata di somme dovute a seguito di controllo automatizzato ("avvisi bonari")

Con il Decreto Sostegni sono state introdotte disposizioni atte a sostenere gli operatori economici che hanno subito consistenti riduzioni del volume d'affari nell'anno 2020 in conseguenza degli effetti economici derivanti dal perdurare dell'emergenza epidemiologica da Covid-19.

In particolare, in tema di IVA, si consente agli operatori economici che hanno subito consistenti riduzioni del volume d'affari nell'anno 2020 (più del 30%), in conseguenza degli effetti economici derivanti dal perdurare dell'emergenza epidemiologica da Covid-19, di definire in via agevolata le somme dovute a seguito del controllo automatizzato (c.d. avvisi bonari), ai fini delle imposte dirette e dell'IVA, le cui comunicazioni sono state elaborate entro il 31 dicembre 2020 (con riferimento alle dichiarazioni 2017) ovvero devono essere elaborate entro il 31 dicembre 2021 (con riferimento alle dichiarazioni 2018), qualora tali comunicazioni di irregolarità non siano state inviate per la sospensione disposta dai provvedimenti emergenziali (art. 5, D.L. n. 41/2021).

La definizione agevolata consiste nell'abbattimento delle sanzioni e delle somme aggiuntive richieste con gli avvisi bonari; restano dovuti imposte, interessi e contributi previdenziali. In caso di adesione, è previsto il versamento secondo le ordinarie modalità di riscossione delle somme dovute in seguito a controlli automatici, vale a dire entro 30 giorni dal ricevimento della comunicazione.

INDIRETTE

IMPOSTA DI REGISTRO

63.

INDIRETTE

63.1. OGGETTO DELL'IMPOSTA

L'**imposta di registro** si applica agli atti:
- **soggetti a registrazione**;
- **volontariamente presentati** per la registrazione.

L'**oggetto** dell'imposta di registro per quanto genericamente e formalmente individuato negli atti soggetti a registrazione o volontariamente presentati per la registrazione, è costituito, nella sostanza, dagli **effetti giuridici** di tali atti e l'imposta si collega all'atto come negozio e non all'atto come documento (Cass., Sez. V, 8 giugno 2018, n. 14923).

Atti soggetti a registrazione

Sono soggetti a registrazione:

a. gli **atti indicati nella Tariffa** allegata al Testo Unico, se formati **per iscritto** nel territorio dello Stato;
b. i **contratti verbali** di (art. 3, D.P.R. n. 131/1986):
   - **locazione o affitto di beni immobili** esistenti nel territorio dello Stato e relative cessioni, risoluzioni e proroghe anche tacite;
   - **trasferimento e affitto di aziende** esistenti nel territorio dello Stato e di costituzione o trasferimento di diritti reali di godimento sulle stesse e relative cessioni, risoluzioni e proroghe anche tacite;
c. le **operazioni delle società** ed enti esteri (art. 4, D.P.R. n. 131/1986);
d. gli **atti formati all'estero**, compresi quelli dei consoli italiani, che comportano **trasferimento della proprietà** ovvero costituzione o trasferimento di altri diritti reali, anche di garanzia, **su beni immobili o aziende** esistenti nel territorio dello Stato e quelli che hanno per oggetto la **locazione o l'affitto** di beni immobili o aziende.

L'invalidità o **l'inefficacia dell'atto** non rileva ai fini dell'imposta, che è dovuta anche se l'atto è invalido, in quanto trattasi di imposta d'atto, che prescinde dalla validità ed efficacia dell'atto suscettibile di registrazione (CTR Toscana 28 settembre 2015, n. 1620 e Cass. 2 luglio 2003, n. 10429). In caso di **nullità** o **annullabilità** di un atto (➔63.2.3.)

Registrazione in termine fisso e in caso d'uso - Gli atti **soggetti a registrazione** si distinguono in:
- atti soggetti a registrazione in **termine fisso** (Tariffa, **Parte I**);
- atti soggetti a registrazione solo in **caso d'uso** (Tariffa, **Parte II**).

Gli atti soggetti a registrazione solo in caso d'uso **non scontano l'imposta** fino a che non si verifica il **caso d'uso** (artt. 5 e 6, D.P.R. n. 131/1986).

Atti non soggetti a registrazione

Per gli atti indicati nella Tabella allegata al Testo Unico **non vi è obbligo** di chiedere la **registrazione**.

INDIRETTE

Gli atti **non indicati nella tariffa**, diversi dai contratti verbali e dagli atti sopra menzionati, **non sono soggetti** a registrazione.

Atti volontariamente assoggettati a registrazione

Gli atti volontariamente presentati per la registrazione sono soggetti ad imposta, anche se:

- **non compresi** nella Tariffa;
- **compresi** nella Tabella.

Atti a titolo oneroso e gratuito

Gli atti in parte onerosi e in parte gratuiti sono soggetti:

- all'imposta di registro per la parte a titolo oneroso;
- all'**imposta sulle donazioni**, ove applicabile, per la parte a **titolo gratuito** (art. 25, D.P.R. n. 131/1986).

ATTI SOGGETTI A REGISTRAZIONE IN TERMINE FISSO 63.2.

Sono soggetti a **registrazione in termine fisso** gli atti indicati nella **Parte I** della **Tariffa**. Tra questi rientrano, ad esempio:

- **trasferimento** della proprietà di **immobili**;
- **trasferimento**, costituzione o rinuncia di **diritti reali immobiliari di godimento** (enfiteusi, superficie, usufrutto, uso, abitazione, servitù);
- **espropriazione** per pubblica utilità e trasferimenti coattivi di immobili;
- trasferimento di beni e diritti mobiliari non soggetti ad IVA;
- contratti di **associazione in partecipazione** con apporto di beni;
- **atti di natura** dichiarativa relativi a beni o rapporti di qualsiasi natura;
- **atti relativi a società** (costituzione e aumento di capitale, fusioni, trasformazioni, proroghe, assegnazioni ai soci, regolarizzazione di società di fatto, operazioni di società o enti esteri);
- **locazione e affitto** di beni immobili di durata superiore a 30 giorni;
- **atti giudiziari**;
- contratti **preliminari** di immobili.

Sono soggetti a registrazione in termine fisso anche gli "**Atti diversi** da quelli altrove indicati aventi per oggetto prestazioni a **contenuto patrimoniale**" (art. 9, Tariffa, Parte I, D.P.R. n. 131/1986). La fattispecie rappresenta una **clausola di chiusura** finalizzata a disciplinare tutte le fattispecie fiscalmente rilevanti diverse da quelle indicate nelle restanti disposizioni, purché però si tratti di fattispecie con **prestazione onerosa**, e in questo specifico senso aventi un contenuto patrimoniale (Cass., Sez. V, 18 luglio 2019, n. 19310). Invece, le scritture private non autenticate **non aventi per oggetto prestazioni a contenuto patrimoniale**, come ad esempio gli **atti di ricognizione del debito**, scontano l'imposta in **misura fissa** e solo in **caso d'uso** (art. 4, Tariffa, Parte II, D.P.R. n. 131/1986) (Cass. 11 gennaio 2018, n. 481, ritiene che l'atto di **ricognizione del debito** configuri un atto avente per oggetto prestazioni a **contenuto patrimoniale**, soggetto ad imposta di registro in **misura fissa**, Cass., 8 giugno 2021, n. 15910. Invece, Cass. 12 febbraio 2020, n. 3379, ritiene applicabile l'imposta **proporzionale** dell'1%, in quanto l'atto di ricognizione del debito avrebbe natura di atto **dichiarativo**).

Termine per la registrazione 63.2.1.

Gli atti soggetti a registrazione in **termine fisso** devono essere registrati (art. 13, D.P.R. n. 131/1986):

- **entro 20 giorni** dalla data dell'atto, se si tratta di **atti formati in Italia**;
- **entro 30 giorni** dalla data dell'atto, se la registrazione avviene utilizzando la **procedura telematica** (MUI) (art. 4, D.P.R. n. 308/2000);
- **entro 30 giorni** dalla data dell'atto, per i **contratti di locazione** (art. 17, D.P.R. n. 131/1986);
- **entro 60 giorni** se **formati all'estero**.

Per i **contratti verbali** soggetti a registrazione, il termine di 20 giorni decorre **dalla loro esecuzione** (art. 13, c. 2, D.P.R. n. 131/1986). La data apposta sul modello di denunzia è irrilevante.
Per i contratti di **affitto di fondi rustici**, non formati per atto pubblico o scrittura privata autenticata, l'obbligo di registrazione può essere assolto presentando all'ufficio delle entrate, **entro il mese di febbraio**, una denuncia relativa ai **contratti in essere nell'anno precedente** (art. 17, c. 3-bis, D.P.R. n. 131/1986).

Per la sospensione dei termini nel **periodo compreso tra l'8 marzo e il 31 maggio 2020**, cfr. art. 62, c. 1, D.L. n. 18/2020 e circ. 3 aprile 2020, n. 8/E.

INDIRETTE

Sono previsti termini specifici per la registrazione delle denunce di eventi successivi alla registrazione (➡63.8.4.).

Atti giudiziari

I cancellieri:

- per i decreti di trasferimento,
- per gli atti da essi **ricevuti**,

devono richiedere la registrazione entro **60 giorni** da quello in cui il provvedimento giudiziario è stato **emanato** (art. 13, c. 1-bis, D.P.R. n. 131/1986).
Per gli altri provvedimenti giudiziari (sentenze, decreti ingiuntivi, ecc.), i cancellieri devono richiedere la registrazione **decorsi 10 giorni** ed **entro 30 giorni** da quello in cui il provvedimento è stato **pubblicato o emanato** (art. 13, c. 3, D.P.R. n. 131/1986).

Se dagli atti del procedimento **non risulta l'indicazione del domicilio o della residenza anagrafica** delle parti, il termine di 30 giorni decorre dal momento di **acquisizione di tali dati** (art. 13, c. 3, D.P.R. n. 131/1986).

Esempi

1) Un **decreto ingiuntivo** deve essere registrato entro **30 giorni** dalla data di **emanazione**.

2) Una **sentenza** deve essere registrata entro **30 giorni** dalla data di **pubblicazione**.

3) Un **decreto di trasferimento** deve essere registrato entro **60 giorni** dalla data di **emanazione**.

4) Una **sentenza** pubblicata in data 14 gennaio ma **non indicante il domicilio e la residenza anagrafica** delle parti deve essere registrata entro **30 giorni** da quando la residenza e il domicilio delle parti vengono conosciuti.

5) Un atto **rogato dal cancelliere** deve essere registrato entro **60 giorni** dalla data di **emanazione**.

Atti soggetti ad approvazione od omologazione

Per gli atti soggetti ad approvazione o ad omologazione da parte della **pubblica amministrazione** o dell'**autorità giudiziaria** ordinaria, il termine per la richiesta di registrazione decorre **dal giorno** in cui i **soggetti obbligati** a richiedere la registrazione hanno avuto **notizia del provvedimento** di approvazione o di omologazione (art. 14, c. 1, D.P.R. n. 131/1986).

I funzionari e i cancellieri preposti all'ufficio che deve provvedere all'approvazione od omologazione dell'atto devono **dare notizia** dell'approvazione od omologazione, ai soggetti interessati, **entro 5 giorni dall'emanazione del provvedimento**, mediante lettera raccomandata con avviso di ricevimento.

Atti ad esecuzione rinviata

Per gli atti che non possono avere esecuzione senza che sia trascorso un intervallo di tempo fissato dalla legge, il termine per la richiesta di registrazione decorre **dal giorno in cui l'atto è divenuto eseguibile** (art. 14, c. 1, D.P.R. n. 131/1986).

Società costituite all'estero

La richiesta di registrazione per:

- l'**istituzione** o il **trasferimento** della **sede amministrativa, legale o secondaria** della società **nel territorio dello Stato**,
- le **altre operazioni** societarie,

deve essere presentata **entro 60 giorni**.
Per le operazioni societarie che **non risultano da atto scritto**, la registrazione deve essere richiesta **entro 20 giorni** dalla iscrizione nel **registro delle imprese** dell'operazione effettuata, se il termine cade prima di quello di 60 giorni dall'operazione (art. 13, c. 4, D.P.R. n. 131/1986).

Atti non formati in un solo giorno

Per gli **inventari**, le **ricognizioni** dello stato di cose o di luoghi e tutti gli atti che non sono formati in un solo giorno, il termine per la richiesta di registrazione decorre dalla **data di chiusura dell'atto** (art. 13, c. 2, D.P.R. n. 131/1986).

INDIRETTE

Atti pubblici e scritture private autenticate

Gli atti pubblici e le scritture private autenticate devono essere sempre registrati in **termine fisso**, anche se non aventi per oggetto prestazioni a contenuto patrimoniale, con esclusione degli atti di cui agli artt. 4, 5,11, 11-bis e 11-ter della Tabella (Tariffa Parte I, artt. 9 e 11, D.P.R. n. 131/1986) (➔63.4.).

L'atto costitutivo di **fondo patrimoniale** *ex* art. 167 c.c. non è un atto traslativo a titolo oneroso, né un atto avente per oggetto prestazioni a contenuto patrimoniale né, infine, un atto avente natura meramente ricognitiva, con conseguente **applicabilità dell'imposta nella misura fissa** indicata nell'art. 11, Tariffa Parte I, D.P.R. n. 131/1986 (Cass. 12 settembre 2019, n. 22758).

Alla **cessione di quota societaria**, quand'anche avvenuta per effetto di sentenza emessa ai sensi dell'art. 2932 c.c., si applica la disciplina specifica di cui all'art. 11 D.P.R. n. 131/1986 che prevede l'assoggettamento dell'atto all'imposta di registro in **misura fissa** (Cass. 23 giugno 2021, n. 18037).

Costituisce atto pubblico anche il "**certificato successorio europeo**" (risposta a interpello 27 novembre 2020, n. 563).

Scritture private autenticate

Per le scritture private autenticate il termine per la richiesta di registrazione decorre dalla **data dell'ultima autenticazione** (art. 13, c. 2, D.P.R. n. 131/1986).

Ufficio competente 63.2.2.

Atti pubblici o autenticati

Gli **atti pubblici** e le **scritture private autenticate** devono essere registrati presso l'Ufficio delle entrate nella cui circoscrizione risiede il notaio che ha redatto o autenticato l'atto (art. 9, D.P.R. n. 131/1986).

Atti giurisdizionali

Gli atti degli **organi giurisdizionali** devono essere registrati presso l'Ufficio delle entrate nella cui circoscrizione risiede il pubblico ufficiale obbligato a richiedere la registrazione (artt. 9 e 10, lett. c), D.P.R. n. 131/1986).

Altri atti

La registrazione **di tutti gli altri atti** può essere eseguita da qualsiasi Ufficio delle entrate.

Esempio
Un contratto di locazione redatto con scrittura privata non autentica può essere registrato presso qualunque Ufficio delle entrate del territorio nazionale.

Nullità e annullabilità dell'atto 63.2.3.

La nullità o l'annullabilità dell'atto **non dispensa dall'obbligo di chiedere la registrazione** e di pagare la relativa imposta (art. 38, D.P.R. n. 131/1986; Cass. 19 marzo 2018, n. 6834; Cass. 31 marzo 2011, n. 7340).

Rimborso

L'imposta assolta deve essere restituita, per la parte eccedente la misura fissa, quando l'atto sia dichiarato nullo o annullato:
- per causa non imputabile alle parti,
- con sentenza passata in giudicato,

e l'atto non sia **suscettibile di ratifica, convalida o conferma**.

Esempi
1) Non dà luogo a rimborso l'inefficacia del contratto derivante da risoluzione (Cass. 1° aprile 2003, n. 4971).

2) Non dà luogo a rimborso l'inefficacia del contratto scaturente dalla sentenza che accerti l'esistenza del diritto di prelazione a favore del proprietario del fondo confinante (CTC 15 febbraio 2002, n. 1332).

ATTI SOGGETTI A REGISTRAZIONE IN CASO D'USO 63.3.

Sono soggetti a **registrazione solo in caso d'uso** gli atti indicati nella **Parte II** della **Tariffa**.

L'imposta è applicata in base alle disposizioni vigenti al momento della richiesta di registrazione.

Caso d'uso

Si ha caso d'uso quando un atto si **deposita** per essere acquisito presso gli **uffici giudiziari** nell'esplicazione di **attività amministrativa** (art. 6, D.P.R. n. 131/1986).

Non si ha **caso d'uso** quando l'atto viene depositato presso le cancellerie giudiziarie nell'esecuzione di **attività giurisdizionali**.

Esempi
Si ha **caso d'uso** se un atto viene depositato nell'ambito dei procedimenti di **volontaria giurisdizione**.
Non si ha **caso d'uso** per le domande di insinuazione al **passivo fallimentare** o nel **processo di esecuzione** (ris. 5 aprile 1983, n. 251258).

Si ha caso d'uso quando un atto si **deposita** per essere acquisito presso le **amministrazioni dello Stato** o degli **enti pubblici territoriali** e i rispettivi **organi di controllo** (art. 6, D.P.R. n. 131/1986).
Il deposito dell'atto dal quale scaturisce il "caso d'uso" presuppone la volontarietà.
Non si ha **caso d'uso** quando il deposito:
- avviene per l'adempimento di un'**obbligazione** delle suddette amministrazioni;
- è obbligatorio per legge o regolamento.

Esempi
Si ha **caso d'uso** se un atto viene **depositato**, cioè acquisito dall'ufficio presso il quale è presentato.
Non si ha **caso d'uso** quando un atto viene **esibito** e, dopo, rientra nella disponibilità del soggetto che l'ha presentato.
Non si ha **caso d'uso** quando l'atto deve essere depositato per **obbligo di legge**.

63.3.1. Operazioni soggette ad IVA

Sono soggette a registrazione solo in caso d'uso le **scritture private non autenticate** contenenti **esclusivamente** disposizioni relative ad operazioni **soggette ad IVA** (art. 5, D.P.R. n. 131/1986).
Si considerano soggette ad IVA le operazioni:
- sulle quali è applicata l'imposta con **aliquota** del 4, 5, 10 o 22%;
- tra soggetti partecipanti a un **gruppo IVA** (artt. 70-bis e ss., D.P.R. n. 633/1972);
- per le quali l'imposta non è dovuta per **mancanza del requisito della territorialità** (artt. da 7 a 7-septies D.P.R. n. 633/1972);
- **non imponibili**, **esenti** o **non soggette** ad IVA, per le quali la fattura è obbligatoria (art. 21, c. 6, D.P.R. n. 633/1972).

Operazioni non soggette ad IVA - Si considerano non soggette ad IVA le seguenti operazioni, sia esenti sia imponibili ad IVA (art. 5, c. 2, D.P.R. n. 131/1986):
- le **locazioni** di **terreni**, **aziende agricole**, **aree** diverse da quelle destinate a parcheggio di veicoli (art. 10, c. 1, n. 8), D.P.R. n. 633/1972);
- le **locazioni** di **fabbricati** (art. 10, c. 1, n. 8), D.P.R. n. 633/1972);
- le **cessioni di fabbricati abitativi** (art. 10, c. 1, n. 8-bis), D.P.R. n. 633/1972);
- le **cessioni di fabbricati strumentali** (art. 10, c. 1, n. 8-ter), D.P.R. n. 633/1972);
- le **cessioni** che hanno per oggetto **beni acquistati o importati senza il diritto alla detrazione** totale della relativa imposta (art. 10, c. 27-quinquies), D.P.R. n. 633/1972);
- le **locazioni di immobili** effettuate nei confronti dei **consorziati** o soci da consorzi, costituiti tra soggetti per i quali, nel triennio solare precedente, la percentuale di detrazione è stata non superiore al 10% (art. 10, c. 2, D.P.R. n. 633/1972);
- le **cessioni di beni e le prestazioni di servizi tra soggetti partecipanti a un gruppo** IVA per le quali, se effettuate nei confronti di un soggetto non partecipante al gruppo IVA, si applicherebbero le disposizioni sopra citate.

Atti pubblici e scritture private autenticate

Gli atti pubblici e le scritture private autenticate devono essere sempre registrati in **termine fisso** (Tariffa Parte I, artt. 9 e 11, D.P.R. n. 131/1986).

CASO 1 - Atti soggetti e non soggetti a IVA
1) L'atto di **cessione di un bene non soggetto ad IVA** perché l'operazione si considera effettuata

INDIRETTE

fuori del territorio dello Stato (art. 7-bis, D.P.R. n. 633/1972) è soggetto a registrazione ai fini dell'imposta di registro **solo in caso d'uso** perché l'operazione, a questi fini, si considera soggetta a IVA (art. 5, c. 2, D.P.R. n. 131/1986).

2) Il contratto redatto con **scrittura privata non autenticata** relativo a una prestazione di servizi che sconta l'IVA del 22% deve essere registrato **solo in caso d'uso** perché l'operazione è soggetta a IVA (art. 5, c. 2, D.P.R. n. 131/1986).

3) Il contratto redatto con **scrittura privata autenticata** relativo a una prestazione di servizi che sconta l'IVA del 22% deve essere registrato in **termine fisso** (art. 5, c. 2, D.P.R. n. 131/1986).

4) Un contratto d'appalto redatto con **scrittura privata non autenticata**, le cui prestazioni scontano l'IVA del 10% ma che contiene anche **clausole escluse da IVA** (ad esempio, prevede la clausola penale), deve essere registrato in **termine fisso** perché non tutte le disposizioni in esso contenute sono relative ad operazioni soggette a IVA.

Termine per la registrazione 63.3.2.

La registrazione degli atti soggetti a registrazione in caso d'uso deve avvenire quando si verifica il caso d'uso; la legge **non prevede alcun termine** per adempiere a tale obbligo.
In dottrina sono state enunciate **due tesi**:

1. la registrazione degli atti da registrare in caso d'uso deve essere operata **prima dell'evento** che realizza il caso d'uso;
2. la registrazione deve avvenire **entro 30 giorni dall'evento**.

Decadenza per l'accertamento

L'Amministrazione finanziaria può richiedere la corresponsione dell'imposta entro il generale termine decadenziale di **5 anni** dal momento in cui si è verificato il caso d'uso (art. 76, c. 1, D.P.R. n. 131/1986) (➡**63.33.3.**).

ATTI NON SOGGETTI A REGISTRAZIONE 63.4.

Per gli atti indicati nella **Tabella** allegata al D.P.R. n. 131/1986 non vi è obbligo di richiedere la registrazione, nemmeno in caso d'uso e se presentati per la registrazione, l'imposta è dovuta in misura fissa (art. 7, D.P.R. n. 131/1986).

Atti pubblici e scritture private autenticate

Gli atti pubblici e le scritture private autenticate aventi per oggetto gli atti previsti nella Tabella sono soggetti a registrazione in **termine fisso** (art. 7, e Tariffa Parte I, artt. 9 e 11, D.P.R. n. 131/1986), ad **esclusione** (v. Tariffa Parte I, art. 11):

- degli atti di **ultima volontà** (Tabella, art. 4, D.P.R. n. 131/1986);
- degli atti in **materia impositiva** (Tabella, art. 5, D.P.R. n. 131/1986);
- delle **cambiali**, vaglia cambiari, assegni bancari e circolari (Tabella, art. 11, D.P.R. n. 131/1986);
- degli **atti di protesto cambiario**, da chiunque redatti, e conti di ritorno (Tabella, art. 11, D.P.R. n. 131/1986);
- degli atti di natura traslativa o dichiarativa aventi ad oggetto **veicoli** iscritti nel pubblico registro automobilistico (Tabella, art. 11-bis, D.P.R. n. 131/1986);
- dei **verbali di gara** o d'incontro, dichiarazioni di nomina di cui all'art. 583 del c.p.c. e relativi depositi, redatti o ricevuti dai notai delegati (Tabella, art. 11-ter, D.P.R. n. 131/1986).

Non sono soggetti a registrazione gli "atti costitutivi, statuti ed ogni altro atto necessario per l'adempimento di obblighi dei movimenti o **partiti politici**, derivanti da disposizioni legislative o regolamentari" (Tabella, art. 11-quater, D.P.R. n. 131/1986).

Registrazione volontaria 63.4.1.

Chiunque vi abbia interesse può richiedere in qualsiasi momento, pagando la relativa imposta, la registrazione di un atto (art. 8, D.P.R. n. 131/1986). Gli **atti non soggetti a registrazione**, se sono registrati volontariamente, scontano l'imposta in **misura fissa** (200 euro) (art. 7, D.P.R. n. 131/1986).

SOGGETTI OBBLIGATI 63.5.

Gli **obblighi soggettivi** per l'applicazione dell'imposta di registro sono:

- l'obbligo di **richiedere la registrazione** dell'atto (art. 10, D.P.R. n. 131/1986);

– l'obbligo di **corrispondere il tributo** (art. 57, D.P.R. n. 131/1986).

63.5.1. Soggetti obbligati a richiedere la registrazione

Sono tenuti a chiedere la registrazione dell'atto (art. 10, D.P.R. n. 131/1986):

Atto	Obbligati	D.P.R. n. 131/1986
Scritture private **non autenticate**	Parti contraenti	art. 10, c. 1, lett. a)
Atti pubblici e privati **formati all'estero**	Parti contraenti	art. 10, c. 1, lett. a)
Contratti **verbali**	Parti contraenti	art. 10, c. 1, lett. a)
Atti **pubblici** e scritture **private autenticate**	Notaio	art. 10, c. 1, lett. b)
Atti redatti da **pubblici ufficiali**	Pubblico ufficiale che ha redatto gli atti	art. 10, c. 1, lett. b)
Sentenze e atti degli organi giurisdizionali	Cancelliere e segretario	art. 10, c. 1, lett. c)
Atti sottoposti a **registrazione d'ufficio**	Impiegati dell'Amministrazione finanziaria o appartenenti alla Guardia di Finanza	art. 10, c. 1, lett. d)
Scritture private non autenticate redatte a seguito dell'attività di **agenti immobiliari**	Agenti immobiliari	art. 10, c. 1, lett. d)-bis

Registrazione d'ufficio

In **mancanza di richiesta** di registrazione da parte dei soggetti obbligati è eseguita la registrazione d'ufficio, previa riscossione dell'imposta dovuta (art. 15, D.P.R. n. 131/1986).

Atti pubblici e scritture private autenticate - La registrazione è eseguita d'ufficio per gli atti pubblici e le scritture private autenticate, conservati presso il pubblico ufficiale che li ha redatti o le ha autenticate.

Qualora **non si rinvengano gli atti** iscritti nei relativi repertori, la registrazione è eseguita sulla base degli elementi desumibili dal repertorio (art. 15, c. 1, lett. a), D.P.R. n. 131/1986).

Atti degli organi giurisdizionali - La registrazione è eseguita d'ufficio per gli atti degli organi giurisdizionali **conservati presso le cancellerie giudiziarie** (art. 15, c. 1, lett. a), D.P.R. n. 131/1986).

Scritture private non autenticate - La registrazione è eseguita d'ufficio per le scritture private non autenticate soggette a registrazione in **termine fisso** quando:

- sono **depositate** presso pubblici uffici;
- l'amministrazione finanziaria viene **legittimamente in possesso** in base ad una legge che autorizza il sequestro;
- l'amministrazione finanziaria ne ha visione nel corso di **accessi, ispezioni o verifiche** eseguiti ai fini di altri tributi (art. 15, c. 1, lett. b), D.P.R. n. 131/1986).

Contratti verbali di locazione o affitto di immobili - La registrazione è eseguita d'ufficio per i contratti verbali di locazione o affitto di beni immobili esistenti nel **territorio dello Stato**, e relative **cessioni, risoluzioni e proroghe** anche tacite (art. 3, c. 1, lett. a), D.P.R. n. 131/1986), quando, in difetto di prova diretta, risultino da presunzioni gravi, precise e concordanti (art. 15, c. 1, lett. c), D.P.R. n. 131/1986.

> Il contribuente può fornire **la prova contraria**, ad **esclusione di quella testimoniale** (art. 15, c. 2, D.P.R. n. 131/1986).

Contratti verbali di trasferimento e affitto di aziende - Per i contratti verbali di trasferimento e affitto di aziende esistenti nel territorio dello Stato, costituzione o trasferimento di **diritti reali di godimento** sulle stesse aziende, e relative **cessioni, risoluzioni e proroghe** anche tacite, la registrazione è eseguita d'ufficio quando, in **difetto di prova diretta**, la loro esistenza risulta (art. 15, c. 1, lett. d), D.P.R. n. 131/1986):

- dal fatto che la stessa attività commerciale viene **continuata nello stesso locale** o in parte di esso;
- vengono apportati **cambiamenti** nella ditta, nell'insegna o nella titolarità dell'esercizio.

INDIRETTE

La registrazione è eseguita d'ufficio anche quando l'esistenza del contratto risulta da altre **presunzioni gravi, precise e concordanti**.

Il contribuente può fornire la **prova contraria**, ad **esclusione** di quella **testimoniale** (art. 15, c. 2, D.P.R. n. 131/1986).

Operazioni societarie - Per le operazioni di società ed enti esteri soggette a registrazione (art. 4, D.P.R. n. 131/1986), la registrazione è eseguita d'ufficio quando, in difetto di prova diretta, risultino da **presunzioni gravi, precise e concordanti** (art. 15, c. 1, lett. c).

Decadenza

Per gli atti soggetti a registrazione:
- in **termine fisso**, rispetto ai quali è intervenuta la decadenza (art. 76, c. 1, D.P.R. n. 131/1986);
- in caso d'uso;

la registrazione è eseguita d'ufficio quando **si verifica il caso d'uso** (➡63.3.) (art. 6, D.P.R. n. 131/1986).

Soggetti obbligati al pagamento dell'imposta 63.5.2.

Sono obbligati al pagamento dell'imposta (art. 57, c. 1, D.P.R. n. 131/1986):
a. **i pubblici ufficiali**, che hanno redatto, ricevuto o autenticato l'atto;
b. i soggetti nel cui **interesse** è stata richiesta la registrazione;
c. le **parti contraenti**, le parti **in causa** (➡63.22.4.), coloro che hanno sottoscritto o avrebbero dovuto **sottoscrivere le denunce** di eventi successivi alla registrazione (art. 19, D.P.R. n. 131/1986), coloro che hanno **richiesto i provvedimenti giurisdizionali** (es. decreto ingiuntivo, lodo arbitrale);
d. le parti interessate al verificarsi della **condizione sospensiva** apposta ad un atto;
e. il **soggetto che ha richiesto la registrazione**, per gli atti soggetti a registrazione in caso d'uso e per quelli presentati volontariamente alla registrazione.

Solidarietà

I soggetti obbligati al pagamento dell'imposta sono fra loro solidalmente responsabili (art. 57, c. 1, D.P.R. n. 131/1986). Il **debitore solidale** che ha pagato l'intero debito può rivalersi nei confronti degli altri debitori solidali (art. 1299 c.c.).

CASO 2 - Soggetti obbligati solidalmente

1) Il **notaio** che ha rogato un atto di acquisto di un immobile e ne ha richiesto la registrazione presso il competente Ufficio è solidalmente obbligato con le parti contraenti al pagamento dell'imposta di registro.
In caso di omesso pagamento dell'imposta l'Ufficio delle entrate può legittimamente notificare l'avviso di liquidazione al notaio, che, nel pagare le relative somme, definisce il rapporto tributario anche nei confronti del contribuente (Cass. 21 febbraio 2007, n. 4047).

2) Se il pagamento dell'imposta viene chiesto dall'Ufficio al venditore di un bene immobile questi può **rivalersi successivamente sul compratore**, in quanto, ove non pattuito diversamente, le spese del contratto sono a carico dell'acquirente (art. 1475 c.c.) (Cass. 16 luglio 2010, n. 16743).

3) Nel caso di **aumento di capitale** effettuato mediante **conferimenti in natura**, l'imposta dovuta deve qualificarsi come principale e non complementare con il conseguente obbligo solidale del **notaio** rogante (Cass. 23 marzo 2011, n. 6606).

4) Anche se il soggetto obbligato alla richiesta di **registrazione telematica**, per atti dallo stesso redatti, ricevuti o autenticati, è il **notaio**, i soggetti tenuti al pagamento del tributo rimangono, in ogni caso, le **parti contraenti** (art. 57, D.P.R. n. 131/1986). In tal senso, la notificazione dell'avviso di liquidazione per l'integrazione dell'imposta versata, notificato al notaio rogante che, in sede di rogito di compravendita immobiliare, si sia avvalso della procedura di registrazione telematica, provvedendo alla relativa autoliquidazione ed al corrispondente versamento, vale solo a costituirlo quale **responsabile d'imposta**, tenuto all'integrazione del versamento, ma non incide sul principio per cui soggetti obbligati al pagamento dell'imposta restano le parti sostanziali dell'atto medesimo; principio valido anche nel caso in cui il notaio rogante abbia omesso di provvedere, anche parzialmente, al versamento delle somme destinate al pagamento (Cass. 11 giugno 2019, n. 15627; Cass. 9 ottobre 2020, n. 21815).

Gli **agenti immobiliari** sono solidalmente tenuti al pagamento dell'imposta per le scritture private non autenticate di natura negoziale, stipulate a seguito della loro attività, per la conclusione degli affari (art. 57, c. 1-bis, D.P.R. n. 131/1986).
L'**utilizzatore** dell'immobile concesso in **locazione finanziaria** è solidalmente obbligato al pagamento del tributo per l'immobile, anche da costruire o in corso di costruzione, acquisito dal locatore per la conclusione del contratto (art. 57, c. 1-ter, D.P.R. n. 131/1986).

Responsabilità dei pubblici ufficiali - È limitata all'imposta principale e non si estende al pagamento delle imposte **complementari e suppletive** (art. 57, c. 2, D.P.R. n. 131/1986).

> È **principale** l'imposta applicata al momento della registrazione.
> È **suppletiva** l'imposta applicata successivamente se diretta a correggere errori od omissioni dell'ufficio.
> È **complementare** l'imposta applicata in ogni altro caso (art. 42, D.P.R. n. 131/1986) (➡63.33.2.).

Caso d'uso e registrazione volontaria

Per gli atti:
- soggetti a registrazione in **caso d'uso**,
- presentati **volontariamente** alla registrazione,

obbligato al pagamento dell'imposta è **esclusivamente** chi ha richiesto la registrazione (art. 57, c. 5, D.P.R. n. 131/1986).

Condizione sospensiva

Quando un atto è soggetto a condizione sospensiva, le parti interessate al suo avveramento sono **solidalmente obbligate** al pagamento dell'imposta quando (art. 57, c. 3, D.P.R. n. 131/1986):
- la condizione **si verifica**;
- l'**atto produce i suoi effetti** prima dell'avveramento della condizione.

L'imposta dovuta a seguito di avveramento della condizione è di natura **complementare**.

Imposta complementare per fatto addebitabili a una delle parti

L'imposta complementare dovuta per un fatto imputabile soltanto ad una delle parti contraenti è a carico esclusivamente di questa (art. 57, c. 4, D.P.R. n. 131/1986).

> **Esempio**
> Si verifica la **decadenza dalle agevolazioni prima casa** per mancato trasferimento della residenza da parte dell'acquirente entro 18 mesi dall'acquisto. La differenza d'imposta, con sanzioni e interessi, è dovuta soltanto dal compratore.

Atto contenente più disposizioni

Un atto, alla cui formazione hanno partecipato **più soggetti**, contenente **più disposizioni non necessariamente connesse** e **non derivanti** per la loro intrinseca natura le une dalle altre comporta:
- responsabilità solidale di tutte le parti per il pagamento dell'**imposta principale**;
- che ogni parte è tenuta a corrispondere l'imposta di registro **complementare e suppletiva** limitatamente alle convenzioni alle quali ha partecipato (art. 57, c. 6, D.P.R. n. 131/1986).

> **CASO 3 - Disposizioni non connesse**
> Con uno stesso atto A cede un immobile a B e un altro immobile a C.
> L'atto contiene due disposizioni non connesse e non derivanti per la loro intrinseca natura l'una dall'altra:
> 1. tutti i soggetti che hanno partecipato all'atto, compreso il notaio, sono responsabili solidali per il pagamento dell'imposta principale;
> 2. se l'Agenzia delle Entrate rettifica l'imposta dovuta in relazione alla cessione dell'immobile ceduto a B, A e B sono responsabili solidali per l'imposta complementare.

Contratti in cui è parte lo Stato

Nei contratti in cui è parte lo Stato, obbligata al pagamento dell'imposta è unicamente l'altra **parte contraente** (art. 57, c. 7, D.P.R. n. 131/1986).

> Se il contratto in cui è parte lo Stato viene presentato **volontariamente** alla registrazione dall'Amministrazione statale, l'Ufficio esegue la registrazione gratuita (circ. 10 giugno 1986, n. 37).

INDIRETTE

Il trasferimento dell'obbligo in capo all'altro contraente non si applica quando parte del contratto non è lo Stato ma un **ente pubblico territoriale** (Regione, Provincia, Comune) (ris. 20 ottobre 2008, n. 392/E).

Esempio
Un immobile di una Regione viene concesso in uso a favore dello Stato a titolo oneroso. L'imposta di registro è dovuta dalla Regione.

Espropriazione o trasferimento coattivo

Negli atti di espropriazione per pubblica utilità e di trasferimento coattivo della proprietà o di diritti reali di godimento l'imposta è dovuta solo dall'**ente espropriante** o dall'**acquirente** senza diritto di rivalsa. Se espropriante o acquirente è lo **Stato** l'imposta **non è dovuta**.

Diritto al rimborso

Il **notaio** rogante, obbligato al pagamento dell'imposta per fatti e situazioni esclusivamente riferibili ad altri, **non è legittimato** a chiedere il rimborso delle somme pagate in eccedenza a titolo di imposta di registro (Cass. 6 maggio 2005, n. 9440; Cass. 8 marzo 2006, n. 4954; Cass. 21 febbraio 2007, n. 4047).
La titolarità alla presentazione dell'istanza di rimborso è unicamente in capo alle parti contraenti (ris. 11 dicembre 2013, n. 90).

ALTERNATIVITÀ IVA-REGISTRO 63.6.

Per gli atti relativi a cessioni di beni e prestazioni di servizi soggetti ad IVA l'imposta, se dovuta, si applica in **misura fissa** (200 euro) (art. 40, c. 1, D.P.R. n. 131/1986).
Per gli atti relativi a cessioni di beni e prestazioni di servizi **non soggetti ad IVA**, l'imposta, se dovuta, si applica in **misura proporzionale**, se così previsto dalla Tariffa.

Obbligo di registrazione degli atti soggetti ad IVA 63.6.1.

Le **scritture private non autenticate** contenenti **esclusivamente** disposizioni relative ad operazioni **soggette ad IVA** devono essere registrate solo in **caso d'uso** (art. 5, D.P.R. n. 131/1986) (➡63.3.1.).
Le scritture private non autenticate contenenti disposizioni relative ad operazioni **soggette ad IVA e** ad operazioni **non soggette ad IVA** devono essere registrate in **termine fisso** se comprese tra quelle indicate nella Tariffa Parte I allegata al Testo Unico.

Esempio
Contratto relativo a prestazioni soggette ad IVA e contenente anche una clausola penale e una caparra confirmatoria: l'atto deve essere registrato in termine fisso perché contiene anche operazioni non soggette ad IVA (clausola penale, caparra confirmatoria).
Sulla caparra confirmatoria si applica l'imposta proporzionale di registro (0,50%, Tariffa Parte I, art. 6).
Sulla clausola penale si applica, al momento della registrazione, l'imposta in misura fissa (200 euro).

Gli atti pubblici e le scritture **private autenticate** devono essere registrati in termine fisso.

Operazioni soggette ad IVA 63.6.2.

Si considerano soggette ad IVA le operazioni:
- sulle quali è **applicata l'imposta** con aliquota del 4, 5, 10 o 22%;
- tra soggetti partecipanti a un **Gruppo IVA** (artt. 70-bis e ss., D.P.R. n. 633/1972);
- per le quali l'imposta non è dovuta per **mancanza del requisito della territorialità** (artt. da 7 a 7-septies, D.P.R. n. 633/1972);
- **non imponibili**, **esenti** o **non soggette** ad IVA, per le quali la fattura è obbligatoria (art. 21, c. 6, D.P.R. n. 633/1972).

Le operazioni non imponibili, esenti o non soggette ad IVA, per le quali la fattura è obbligatoria (art. 21, c. 6, D.P.R. n. 633/1972) sono le seguenti:
- cessioni relative **a beni in transito o depositati** in luoghi soggetti a **vigilanza doganale** (non soggette ad IVA a norma dell'art. 7-bis, c. 1, D.P.R. n. 633/1972);
- cessioni **all'esportazione**, operazioni **assimilate** alle cessioni all'esportazione, **servizi internazionali**, cessioni a **viaggiatori extracomunitari** (operazioni "non imponibili" a norma degli artt. 8, 8-bis, 9 e 38-quater, D.P.R. n. 633/1972);

INDIRETTE

- operazioni **esenti** di cui all'art. 10 del D.P.R. n. 633/1972 (**escluse** quelle di cui ai nn. 8, 8-bis e 27-quinquies dello stesso art. 10, nonché le prestazioni esenti previste dal secondo c. della stessa norma);
- operazioni soggette al **regime del margine** (D.L. n. 41/1995);
- operazioni effettuate dalle **agenzie di viaggio** e turismo soggette al regime del margine (art. 74-ter, D.P.R. n. 633/1972).

63.6.3. Operazioni non soggette ad IVA

Si considerano non soggette ad IVA le seguenti operazioni esenti da IVA (art. 40, c. 1, D.P.R. n. 131/1986):

- **locazioni** di **terreni**, **aziende agricole**, **aree** diverse da quelle destinate a parcheggio di veicoli (art. 10, c. 1, n. 8), D.P.R. n. 633/1972);
- **locazioni** di **fabbricati** (art. 10, c. 1, n. 8), D.P.R. n. 633/1972);

Sono soggette ad IVA:

1. le **locazioni di fabbricati abitativi**:
   - per le quali nel relativo atto il locatore abbia espressamente manifestato l'opzione per l'imposizione, effettuate dalle imprese costruttrici degli stessi o dalle imprese che vi hanno eseguito, anche tramite imprese appaltatrici, gli interventi di recupero (art. 3, c. 1, lett. c), d), ed f), D.P.R. n. 380/2001);
   - destinati ad alloggi sociali;
2. le **locazioni di fabbricati strumentali** che per le loro caratteristiche non sono suscettibili di diversa utilizzazione senza radicali trasformazioni.

- le **cessioni di fabbricati abitativi** (art. 10, c. 1, n. 8-bis), D.P.R. n. 633/1972);

Sono **soggette a IVA** le cessioni di fabbricati abitativi:

- effettuate dalle imprese costruttrici degli stessi, entro 5 anni dalla data di ultimazione della costruzione;
- effettuate dalle imprese che vi hanno eseguito, anche tramite imprese appaltatrici, gli interventi di recupero (art. 3, c. 1, lett. c), d) e f), D.P.R. n. 380/2001), entro 5 anni dalla data di ultimazione dell'intervento;
- effettuate dalle imprese costruttrici o dalle imprese che vi hanno eseguito interventi di recupero anche successivamente al quinquennio, nel caso in cui nel relativo atto il cedente abbia espressamente manifestato l'opzione per l'applicazione dell'IVA;
- destinati ad alloggi sociali, per le quali nel relativo atto il cedente abbia espressamente manifestato l'opzione per l'applicazione dell'IVA.

- le **cessioni** che hanno per oggetto **beni acquistati o importati senza il diritto alla detrazione** totale della relativa imposta (art. 10, c. 27-quinquies), D.P.R. n. 633/1972);
- le **locazioni di immobili** effettuate nei confronti dei **consorziati** o soci da consorzi, costituiti tra soggetti per i quali, nel triennio solare precedente, la percentuale di detrazione è stata non superiore al 10% (art. 10, c. 2, D.P.R. n. 633/1972);
- le **cessioni di beni e le prestazioni di servizi** tra soggetti partecipanti a un **gruppo IVA** per le quali, se effettuate nei confronti di un soggetto non partecipante al gruppo IVA, si applicherebbero le disposizioni sopra citate.

Le operazioni considerate soggette e non soggette ad IVA ai fini dell'applicazione del principio di alternatività (art. 40, D.P.R. n. 131/1986) non sono le stesse di quelle considerate soggette e non soggette ad IVA ai fini della registrazione in caso d'uso delle scritture private non autenticate (art. 5, D.P.R. n. 131/1986) (➔63.3.1.).
Infatti:

- l'art. 5 fa riferimento alle operazioni **esenti e imponibili** (art. 10, nn. 8), 8-bis), 8-ter) e 27-quinquies, D.P.R. n. 633/1972);
- l'art. 40 fa riferimento **solo alle operazioni esenti** (art. 10, nn. 8), 8-bis), e 27-quinquies), senza comprendere le operazioni imponibili di locazione o cessione di immobili e senza considerare le cessioni di fabbricati strumentali (n. 8-ter).

INDIRETTE

Fabbricati strumentali 63.6.4.

Locazione

La locazione di fabbricati strumentali da parte di soggetti passivi IVA, che per le loro caratteristiche non sono suscettibili di diversa utilizzazione senza radicali trasformazioni, sconta sempre l'imposta **proporzionale** di registro (art. 40, c. 1-bis, D.P.R. n. 131/1986).
L'aliquota applicabile è l'**1% del canone** (Tariffa Parte I, art. 5, c. 1, lett. a-bis), D.P.R. n. 131/1986).

L'imposta proporzionale di registro si applica anche se la locazione dell'immobile strumentale:
- è **imponibile all'IVA** (art. 10, n. 8), D.P.R. n. 633/1972);
- interviene tra soggetti partecipanti a un **Gruppo IVA**.

Cessione

La cessione di fabbricati strumentali è **soggetta ad IVA** quando (art. 10, n. 8-ter, D.P.R. n. 633/1972):
a. la vendita è effettuata dalle **imprese costruttrici entro 5 anni** dalla data di ultimazione della costruzione;
b. la vendita è effettuata dalle imprese che vi hanno eseguito, anche tramite imprese appaltatrici, gli **interventi di recupero** (art. 3, c. 1, lett. c), d) e f), D.P.R. n. 380/2001) **entro 5 anni** dalla data di ultimazione dell'intervento;
c. nell'atto di vendita il cedente manifesti espressamente l'**opzione** per l'imposizione ad IVA.

Negli **altri casi**, la cessione di fabbricati strumentali è **esente da IVA** (art. 10, n. 8-ter, D.P.R. n. 633/1972).
Per la vendita di immobili strumentali, **sia esenti sia imponibili ad IVA**, l'imposta di registro si applica sempre in **misura fissa** (200 euro).

Le cessioni di immobili strumentali, sia imponibili sia esenti da IVA, ai fini del principio di alternatività si considerano in ogni caso **operazioni soggette ad IVA** (art. 40, c. 1, D.P.R. n. 131/1986).

CASO 4 - Cessione di fabbricati abitativi e strumentali

1) La cessione di un **fabbricato abitativo** da parte di una **banca** è soggetta ad **imposta proporzionale** di registro (secondo le aliquote previste dall'art. 1 della Tariffa Parte I), in quanto atto **non soggetto ad IVA**.

2) La cessione di un **fabbricato abitativo** da parte dell'**impresa costruttrice** dello stesso, entro 5 anni dalla data di ultimazione della costruzione, è soggetta ad **imposta fissa** di registro (200 euro), in quanto atto **soggetto ad IVA**.

3) La cessione di un **fabbricato abitativo** da parte di un privato è soggetta ad **imposta proporzionale** di registro (secondo le aliquote previste dall'art. 1 della Tariffa Parte I), in quanto atto **non soggetto ad IVA**.

4) La cessione di un **fabbricato strumentale** da parte di un privato è soggetta ad **imposta proporzionale** di registro (secondo le aliquote previste dall'art. 1 della Tariffa Parte I), in quanto atto **non soggetto ad IVA**.

5) La cessione di un **fabbricato strumentale** quando il cedente, nell'atto di vendita, manifesta l'opzione per l'imponibilità ad IVA è soggetta ad **imposta fissa** di registro (200 euro), in quanto atto **soggetto ad IVA**.

6) La cessione di un **fabbricato strumentale** da parte di una banca, che nell'atto di vendita non manifesta l'opzione per l'imponibilità ad IVA, è soggetta ad **imposta fissa** di registro (200 euro), in quanto l'operazione, anche se esente (art. 10, n. 8-ter, D.P.R. n. 633/1972), si considera **soggetta a IVA** (art. 40, c. 1, D.P.R. n. 131/1986, che considera soggette ad IVA le operazioni esenti, tranne alcune ipotesi tra le quali non rientra il n. 8-ter dell'art. 10).

Operazioni permutative 63.6.5.

Per le operazioni permutative (art. 11, D.P.R. n. 633/1972) l'imposta di registro si applica sulla cessione o prestazione eventualmente **non soggetta ad IVA**. Gli atti di permuta che intervengono tra un ente pubblico territoriale e lo Stato sono soggetti all'imposta di registro in misura fissa (ris. 31 gennaio 2018, n. 12/E), ad imposta ipotecaria nella misura fissa di 200 euro e ad imposta catastale nella misura dell'1% (cfr. art. 10, c. 1, del D.Lgs. n. 347/1990; risposta a interpello 20 ottobre 2021, n. 739).

Esempi

1) Permuta tra un privato e un'impresa costruttrice di un **terreno edificabile** (da parte del privato) con un **fabbricato abitativo** realizzato dall'impresa.
La cessione del terreno edificabile, in quanto effettuata da un privato, non è soggetta ad IVA e sconta l'imposta proporzionale di registro (9%, Tariffa Parte I, art. 1, c. 1, primo periodo).

2) Permuta tra un privato e un'impresa costruttrice di un **fabbricato fatiscente** (da parte del privato) con un **fabbricato abitativo** realizzato dall'impresa.
La cessione del fabbricato fatiscente, in quanto effettuata da un privato, non è soggetta ad IVA e sconta l'imposta proporzionale di registro (9%, Tariffa Parte I, art. 1, c. 1, primo periodo, in mancanza di agevolazioni *ex* art. 7, D.L. n. 34/2019) mentre la cessione dell'immobile ottenuto dalla ristrutturazione del fabbricato sconta l'imposta fissa di registro in quanto operazione soggetta a IVA (risposta a interpello 22 dicembre 2020, n. 613).

Permuta tra beni non soggetti ad IVA

Nel caso di permuta che non include trasferimenti soggetti ad IVA, l'imposta di registro si applica una sola volta, sul valore del bene che dà luogo all'applicazione della maggiore imposta (art. 43, c. 1, lett. b), D.P.R. n. 131/1986; Consiglio Nazionale del Notariato studio n. 111-2011/T).

63.7. INTERPRETAZIONE DEGLI ATTI

L'imposta di registro è applicata secondo la **intrinseca natura** e gli **effetti giuridici** dell'atto presentato alla registrazione, anche se non vi corrisponda il titolo o la forma apparente (art. 20, D.P.R. n. 131/1986).
La natura e gli effetti dell'atto devono essere desunti dagli elementi contenuti nell'atto stesso, **prescindendo**:
- da elementi interpretativi esterni all'atto stesso (**extratestuali**), come per esempio i comportamenti assunti dalle parti;
- dalle disposizioni contenute in **altri negozi giuridici** collegati con quello da registrare.

Non devono assumere rilevanza gli **interessi oggettivamente e concretamente perseguiti** dalle parti nei casi in cui gli stessi possono condurre ad una assimilazione di fattispecie contrattuali giuridicamente distinte, ad esempio la cessione totalitaria di quote non può essere assimilata a una cessione di azienda (Rel. Ill. all'art. 1, c. 87, Legge n. 205/2017).

L'**esclusione**, ai fini interpretativi, degli **elementi "extratestuali"** e di quelli **desumibili da atti collegati**, è stata inserita con decorrenza **1° gennaio 2018** (art. 1, c. 87, lett. a), Legge n. 205/2017). La giurisprudenza di legittimità ha ritenuto che a tale modifica normativa **non potesse riconoscersi** "l'effetto interpretativo di quella previgente" (Cass. 26 gennaio 2018, n. 2009, Cass. 9 gennaio 2019, n. 362). Tuttavia, con un **nuovo intervento legislativo** (art. 1, c. 1084, Legge n. 145/2018) è stato stabilito che l'art. 1, c. 87, lettera a), della Legge n. 205/2017, "costituisce interpretazione autentica dell'art. 20, comma 1" del D.P.R. n. 131/1986. Con tale previsione, il legislatore ha inteso, quindi, attribuire **valenza retroattiva**, applicabile quindi ai rapporti ancora pendenti (Cass. 23 settembre 2019, n. 23549), anteriori al 1° gennaio 2018, alla nuova versione dell'art. 20, che esclude, ai fini interpretativi, la valenza di elementi extratestuali (come, ad esempio, i comportamenti delle parti) e le disposizioni contenute in negozi giuridici "collegati" (cfr. circ. 10 aprile 2019, n. 8/E, par. 6.1) (la questione di legittimità costituzionale dell'art. 20, D.P.R. n. 131/1986, nel testo introdotto dall'art. 1, c. 87, lett. a), Legge n. 205/2017, è stata dichiarata non fondata da Corte cost., 21 luglio 2020, n. 158).
Resta fermo che, ove si configuri un **vantaggio fiscale** che non può essere rilevato mediante l'attività interpretativa (art. 20, D.P.R. n. 131/1986), tale vantaggio potrà essere **valutato dal competente ufficio dell'Agenzia**, in sede di controllo degli atti registrati anche in data antecedente al 1° gennaio 2018, sulla base della sussistenza dei presupposti costitutivi dell'abuso del diritto (circ. 10 aprile 2019, n. 8/E, par. 6.1. e Cass. 26 gennaio 2018, n. 2009).

Abuso del diritto

Si ha abuso del diritto quando con una o più **operazioni prive di sostanza economica** (fatti, atti e contratti, anche tra loro collegati, inidonei a produrre effetti significativi diversi dai vantaggi fiscali) si realizzano essenzialmente **vantaggi fiscali indebiti** (benefici, anche non immediati, realizzati in con-

trasto con le finalità delle norme fiscali o con i principi dell'ordinamento tributario), pur nel rispetto formale delle norme fiscali (art. 10-bis, Legge n. 212/2000).
Le operazioni che integrano un abuso del diritto **non sono opponibili** all'Amministrazione finanziaria, la quale:
- ne **disconosce i vantaggi**;
- **determina i tributi** sulla base delle norme e dei principi elusi;
- tiene conto di quanto eventualmente **versato** dal contribuente.

Presupposti - I presupposti per l'esistenza dell'abuso **sono tre**:
1. **l'assenza di sostanza economica** delle operazioni effettuate.

> Sono operazioni prive di sostanza economica i fatti, atti e contratti, anche tra loro collegati, inidonei a produrre effetti significativi diversi dai vantaggi fiscali.

2. la realizzazione di un **vantaggio fiscale indebito.**

> Sono vantaggi fiscali indebiti i benefici, anche non immediati, realizzati in contrasto con le finalità delle norme fiscali o con i principi dell'ordinamento tributario.

3. la circostanza che il vantaggio è **l'effetto essenziale dell'operazione**.

> I vantaggi fiscali indebiti devono essere:
> - fondamentali rispetto a tutti gli altri fini perseguiti dal contribuente;
> - lo scopo essenziale della condotta.

Operazioni giustificate da valide ragioni extrafiscali - Non possono essere considerate abusive le operazioni giustificate da valide ragioni extrafiscali, non marginali, anche di ordine **organizzativo o gestionale**, che rispondono a finalità di miglioramento strutturale o funzionale dell'impresa ovvero dell'attività professionale del contribuente.

Libertà di scelta tra diversi regimi opzionali - La scelta tra regimi opzionali diversi offerti dalla legge e tra operazioni comportanti un diverso carico fiscale non può essere considerata abuso del diritto.

Accertamento - L'abuso del diritto deve essere accertato con apposito atto, **preceduto**, a pena di nullità, **dalla notifica** al contribuente di una **richiesta di chiarimenti** da fornire **entro 60 giorni**, in cui sono indicati i motivi per i quali si ritiene configurabile un abuso del diritto (art. 10-bis, c. 6, Legge n. 212/2000).
L'Agenzia delle Entrate ha l'onere di dimostrare la sussistenza della condotta abusiva.
Il contribuente ha l'onere di dimostrare l'esistenza delle ragioni extrafiscali che escludono la sussistenza dell'abuso.

Riscossione - In caso di ricorso, i tributi o i maggiori tributi accertati, unitamente ai relativi interessi, sono posti in riscossione dopo la sentenza di primo grado (art. 68, D.Lgs. n. 546/1992; art. 19, D.Lgs. n. 472/1997).

Sanzioni - Le operazioni abusive non danno luogo a fatti punibili ai sensi delle leggi penali tributarie (art. 10-bis, c. 13, Legge n. 212/2000). Le sanzioni amministrative trovano applicazione senza eccezioni.

REGISTRAZIONE DEGLI ATTI 63.8.

La **registrazione** attesta l'**esistenza dell'atto** e gli attribuisce **data certa** di fronte ai terzi (art. 18, D.P.R. n. 131/1986).
La registrazione degli atti può avvenire con **procedura ordinaria** o per **via telematica**.
Regole particolari sono previste per la registrazione dei contratti di locazione (➔**63.9.**).

Procedura ordinaria 63.8.1.

La **richiesta di registrazione** degli atti scritti deve essere redatta in duplice esemplare su appositi stampati forniti dall'ufficio, conformi al modello approvato con Decreto del Ministero dell'Economia e delle Finanze (art. 11, c. 1, D.P.R. n. 131/1986).
La richiesta di registrazione deve essere presentata presso **l'Ufficio delle entrate competente**, previo **versamento** dell'imposta dovuta.

INDIRETTE

Ufficio competente

L'ufficio competente alla registrazione degli **atti pubblici** e delle **scritture private autenticate** è quello nella cui circoscrizione **risiede**:

- il **notaio** che ha ricevuto o autenticato l'atto;
- il **delegato della Pubblica Amministrazione** che ha ricevuto o autenticato l'atto.

Per gli atti pubblici e le scritture private autenticate, i **notai** possono presentare la relativa richiesta **esclusivamente in via telematica**.

I **provvedimenti giudiziari** debbono essere registrati presso l'ufficio delle entrate nella cui circoscrizione **risiede il cancelliere** o il segretario, cioè dove si trova la sede del pubblico ufficiale stesso.
Tutti gli **altri atti** possono essere registrati presso **qualsiasi ufficio delle entrate**.

L'ufficio presso il quale è stata effettuata la registrazione è competente a compiere **ogni altra attività** in ordine all'atto registrato.

L'ufficio competente provvede alla **liquidazione dell'imposta principale** di registro prima dell'esecuzione della registrazione. L'imposta deve essere versata dal soggetto che richiede la registrazione mediante **Mod. F23** (dal **7 dicembre 2020** il versamento dell'imposta per gli **atti pubblici** e le **scritture private autenticate**, non registrati telematicamente, può essere effettuato con il **Mod. F24**. A partire dal **1° luglio 2021** per tali versamenti non potrà più essere utilizzato il Mod. F23 - Provv. 27 novembre 2020).

Documentazione richiesta

In caso di registrazione tradizionale, è necessario presentare all'ufficio delle entrate:

- almeno **due copie dell'atto**, con firma originale;
- **contrassegno** che dimostri il pagamento dell'imposta di bollo;
- la **richiesta di registrazione** redatta sul **Mod. 69** (per la registrazione dei contratti di locazione e affitto di beni immobili deve essere utilizzato il Mod. "RLI", che sostituisce il Mod. 69) (➜63.9.);
- l'**elenco degli atti** presentati per la registrazione, redatto sul **Mod. RR**;
- la ricevuta del pagamento dell'imposta.

Per gli atti redatti in **lingua straniera**, deve essere allegata una traduzione in lingua italiana redatta da un perito iscritto presso il tribunale nella cui circoscrizione ha sede l'ufficio dell'Agenzia delle Entrate ed asseverata conforme con giuramento.

Atti redatti in forma pubblica

Per gli atti pubblici e le scritture private autenticate deve essere presentato (art. 11, c. 2, D.P.R. n. 131/1986):

- l'**originale dell'atto** con una copia conforme. In luogo dell'originale dell'atto, può essere presentata una copia certificata conforme dal pubblico ufficiale depositario (art. 36, Legge n. 340/2000);
- se si tratta di atti relativi a beni immobili, deve essere presentata anche una **copia in carta libera**;
- la **richiesta di registrazione** redatta sul **Mod. 69**, in duplice copia;
- l'**elenco degli atti** presentati per la registrazione, redatto sul **Mod. RR**;
- la ricevuta del pagamento dell'imposta, effettuato attraverso il **Mod. F23**.

Per gli atti pubblici e le scritture private autenticate, i **notai** possono presentare la relativa richiesta **esclusivamente in via telematica**.

Contratti verbali

La registrazione dei contratti verbali deve essere richiesta presentando all'ufficio una **denuncia in doppio originale** redatta su modelli forniti dall'ufficio stesso.
La denuncia deve essere **sottoscritta** da almeno una delle parti contraenti e deve indicare le generalità e il domicilio di queste, il luogo e la data di stipulazione, l'oggetto, il corrispettivo pattuito e la durata del contratto (art. 12, c. 1, D.P.R. n. 131/1986).
Per le **operazioni societarie** non risultanti da atto scritto, la denuncia deve essere firmata dal rappresentante della società o ente estero ovvero da uno dei soggetti che rispondono delle obbligazioni della società o ente (art. 12, c. 2, D.P.R. n. 131/1986).

La denuncia assume la qualità di **atto**.

Procedura telematica 63.8.2.

Per gli atti pubblici ricevuti e le scritture private autenticate, i notai possono presentare la relativa richiesta esclusivamente in via telematica (D.Lgs. n. 463/1997 e D.P.R. n. 308/2000), mediante il **Modello Unico Informatico** (MUI).

In caso di **malfunzionamento del software** per la registrazione il notaio deve ricorrere alla **procedura d'urgenza**, che prevede la registrazione secondo il sistema tradizionale, presentando il modello cartaceo con i relativi allegati allo sportello dell'Ufficio di competenza.

La procedura telematica è **facoltativa** per gli atti redatti, ricevuti o autenticati da ufficiali giudiziari, segretari o delegati della Pubblica Amministrazione e altri pubblici ufficiali (diversi dai notai) che operano in determinate amministrazioni dello Stato ed enti di pubblica appartenenza.

Versamento dell'imposta

La procedura telematica si caratterizza perché l'**imposta principale di registro** e le **imposte ipotecaria e catastale** vengono **autoliquidate** dal notaio.

La regolarità dell'autoliquidazione e del versamento delle imposte degli atti con procedura telematica è controllata dagli uffici territorialmente competenti (circ. 5 febbraio 2003, n. 6/E).

Qualora risulti dovuta una **maggiore imposta**, l'Ufficio richiede la differenza con **apposito avviso** di liquidazione, **entro 60 giorni** dalla data di presentazione del MUI. La maggiore imposta deve essere corrisposta **entro 15 giorni dalla notifica.** Trascorso tale termine, sono dovuti gli interessi moratori e la sanzione per omesso o tardivo versamento (art. 13, D.Lgs. n. 471/1997).

Per la sospensione e la proroga dei termini relativi alle attività di liquidazione (➔**63.33.2.**).

Effetti della registrazione 63.8.3.

La registrazione (art. 18, c. 1, D.P.R. n. 131/1986):

- attesta l'esistenza degli atti;
- ed attribuisce ad essi data certa di fronte ai terzi (art. 2704 c.c.).

Conservazione

L'Ufficio delle entrate conserva gli originali, le copie trattenute ed i modelli; trascorsi 10 anni, trasmette la documentazione all'archivio notarile (art. 18, c. 2, D.P.R. n. 131/1986).

Le denunce di contratti verbali e dei modelli vengono distrutti.

Rilascio di copie

Su richiesta delle **parti contraenti**, dei loro **aventi causa** o di **coloro nel cui interesse** la registrazione è stata eseguita, l'ufficio delle entrate rilascia copia:

- delle **scritture private**;
- delle **denunce**;
- degli **atti formati all'estero**;
- delle **note** e delle **richieste di registrazione** di qualunque atto pubblico o privato.

Il rilascio di copie ad altre persone può avvenire soltanto su autorizzazione dell'autorità giudiziaria competente.

Denuncia di eventi successivi alla registrazione 63.8.4.

Gli eventi successivi alla registrazione dell'atto, che comportano una **liquidazione di un'imposta ulteriore** rispetto a quella pagata al momento della registrazione, devono essere denunciati all'ufficio che ha registrato l'atto al quale si riferiscono (art. 19, D.P.R. n. 131/1986):

- dalle **parti contraenti**;
- dai loro **aventi causa**;
- da coloro nel cui **interesse** è stata **richiesta la registrazione**.

Termine

La denuncia deve avvenire:

- entro **20 giorni** dal verificarsi dell'evento (30 giorni in caso di registrazione telematica);
- entro **60 giorni** dal verificarsi dell'evento, se connesso alla **nascita** o alla **sopravvivenza di una persona**.

La decorrenza del termine deve essere ancorata al momento di effettiva conoscenza dell'evento (Consiglio Nazionale del Notariato, Studio n. 102/2008).

INDIRETTE

Per la sospensione dei termini nel **periodo compreso tra l'8 marzo e il 31 maggio 2020**, cfr. art. 62, c. 1, D.L. n. 18/2020 e circ. 6 maggio 2020, n. 11/E.

Eventi

Alcuni eventi che danno luogo all'obbligo di denuncia sono previsti dalla legge:
- avveramento di **condizione sospensiva** (art. 19, c. 1, D.P.R. n. 131/1986);
- esecuzione di un atto sottoposto a condizione sospensiva prima dell'**avveramento della condizione** (art. 19, c. 1, D.P.R. n. 131/1986);
- contratti a **prezzo indeterminato** (art. 35, D.P.R. n. 131/1986);
- contratti a **tempo indeterminato** (art. 36, D.P.R. n. 131/1986);
- contratti con **proroga tacita** (art. 36, D.P.R. n. 131/1986);
- **proroga *ex lege*** della durata di una concessione soggetta ad imposta (risposta a interpello 9 dicembre 2020, n. 569 e 10 maggio 2021, n. 325);
- atti soggetti ad **approvazione od omologazione**, presentati per la registrazione **prima dell'approvazione o della omologazione** (art. 27, c. 5, D.P.R. n. 131/1986) (➡63.2.1.).

In caso di **sopravvenuta decadenza dai benefici fiscali** il contribuente non è tenuto ad effettuare alcuna comunicazione, in quanto la norma prevede l'obbligo della denuncia soltanto in relazione ad eventi che danno origine ad una ulteriore liquidazione dell'imposta (Cass. 22 gennaio 2021, n. 1299; Cass. 30 giugno 2016, n. 13424).

63.8.5. Registrazione a debito

La registrazione a debito avviene **senza contemporaneo pagamento** delle imposte dovute (art. 59, c. 1, D.P.R. n. 131/1986).

Decadenza e prescrizione (➡63.33.3.)

Sentenze in cui è parte un'Amministrazione dello Stato

Si registrano a debito le sentenze, i provvedimenti e gli atti che occorrono nei procedimenti contenziosi in cui è parte un'amministrazione dello Stato (art. 59, c. 1, lett. a), D.P.R. n. 131/1986).

Se il procedimento si conclude con la **compensazione delle spese giudiziarie**, l'imposta di registro è prenotata a debito per la metà o per la quota di compensazione.
Le **spese prenotate a debito** non comportano materiale esborso ma sono annotate in un registro per essere eventualmente recuperate.
Il residuo dell'imposta va pagato dall'altra parte processuale (ris. 19 novembre 2015, n. 95/E).
Se la registrazione della sentenza che dispone la compensazione delle spese di giudizio **è chiesta dalla parte** diversa dall'amministrazione, nel proprio interesse o per uno degli usi previsti dalla legge, l'imposta di registro della sentenza è pagata **per intero dalla stessa parte** (art. 159, D.P.R. n. 115/2002; ris. 19 novembre 2015, n. 95).

Le spese "prenotate a debito" sono **recuperate** dall'amministrazione, insieme alle altre spese anticipate, in caso di condanna dell'altra parte alla **rifusione delle spese** in proprio favore (art. 158, c. 3, D.P.R. n. 115/2002).

Sentenze in cui è parte un ente morale

Si registrano a debito le sentenze, i provvedimenti e gli atti che occorrono nei procedimenti contenziosi in cui sono parti le persone o gli enti morali:
- ammessi al beneficio del **patrocinio** a spese dello Stato;
- quando essi vengono **formati d'ufficio** o ad **istanza** o nell'**interesse** dei detti soggetti (art. 59, c. 1, lett. a), D.P.R. n. 131/1986);
- ovvero dopo che sia iniziato il procedimento contenzioso e sono necessari per l'ulteriore corso del procedimento stesso o per la sua definizione (art. 59, c. 1, lett. b), D.P.R. n. 131/1986).

Atti relativi alla procedura fallimentare

Si registrano a debito gli atti relativi alla **procedura fallimentare** (art. 59, c. 1, lett. c), D.P.R. n. 131/1986).

Sentenze di condanna al risarcimento del danno da reato

Si registrano a debito le **sentenze** e gli altri atti degli organi giurisdizionali che condannano al risarcimento del danno prodotto da fatti costituenti reato (art. 59, c. 1, lett. d), D.P.R. n. 131/1986) (➡63.22.3.).

La registrazione a debito delle sentenze di condanna al risarcimento del danno prodotto da fatti costituenti reato non richiede necessariamente il concreto accertamento del reato, ma solo la sua astratta configurabilità.
Conseguentemente, il fatto può essere riconosciuto anche nell'ambito di una **sentenza di condanna** emessa in esito a un **giudizio civile** (Cass. 4 dicembre 2020, n. 27778; Cass. 12 novembre 2014, n. 24096).
La registrazione a debito riguarda esclusivamente le sentenze e **non si applica agli atti esecutivi** delle medesime, come l'ordinanza di assegnazione di crediti del debitore esecutato (Cass. 18 settembre 2013, n. 21311).

REGISTRAZIONE DEL CONTRATTO DI LOCAZIONE 63.9.

La **registrazione dei contratti di locazione o affitto di beni immobili** può avvenire con **modalità ordinaria** o per **via telematica** (➔99.2.).

La registrazione del contratto di locazione per via telematica rappresenta un **obbligo** per:
- i contribuenti-contraenti che possiedono **almeno 10 unità immobiliari** (art. 5, c. 3, D.P.R. n. 404/2001);
- gli **agenti immobiliari** (art. 10, lett. d-bis), DPR 131/86) (art. 5, c. 3-bis, D.P.R. n. 404/2001).

Per gli **altri contribuenti** la registrazione telematica costituisce **una facoltà**.

Procedura ordinaria 63.9.1.

La registrazione con procedura ordinaria prevede la presentazione presso l'ufficio delle entrate competente di:
- almeno due copie, con firma in originale, del **contratto da registrare**;
- la richiesta di registrazione su **Mod. RLI**;
- il **Mod. RR**, in cui vanno indicati i contratti da registrare se sono in numero superiore a uno;
- i contrassegni telematici per il **pagamento dell'imposta di** bollo;
- la ricevuta di pagamento dell'imposta di registro effettuata con **Mod. F24 ELIDE**.

I contribuenti che optano per la **cedolare secca** (regime sostitutivo) non devono versare l'imposta di registro né l'imposta di bollo.

Indicazione dei dati catastali

Nel Mod. RLI (quadro C) devono essere indicati i dati catastali degli immobili locati o affittati (o dati in comodato) (art. 19, c. 15, D.L. n. 78/2010).

Procedura telematica 63.9.2.

Per la registrazione del contratto di locazione di immobili attraverso i servizi *online*, è necessario essere registrati ai servizi telematici dell'Agenzia delle Entrate ed utilizzare il **programma applicativo RLI** (trasmissione telematica **diretta**).
In alternativa, il contribuente può rivolgersi ad **intermediari abilitati**.

Allegazione del contratto

In caso di registrazione telematica, al modello deve essere allegato un unico file, in formato TIF e/o TIFF e PDF/A (PDF/A-1a o PDF/A-1b), contenente:
- **copia del contratto** sottoscritto dalle parti;
- **copia di eventuali ulteriori documenti** (ad esempio: inventari, mappe, planimetrie e disegni).

L'allegazione del file è **facoltativa** se la locazione riguarda:
- un immobile ad **uso abitativo**;
- **privo** di particolari clausole contrattuali e di allegati soggetti ad imposta di bollo;
- posto in essere al di fuori dell'**attività di impresa** o di **lavoro autonomo**;
- con un numero di locatori e conduttori **non superiore a 3**;
- aventi ad oggetto **una sola unità abitativa** e un numero massimo di **3 pertinenze**;
- immobili **tutti censiti** con attribuzione di rendita.

Pagamento delle imposte

In caso di registrazione per via telematica, il software calcola automaticamente le imposte da versare in sede di registrazione e richiede l'indicazione degli estremi del conto corrente, acceso presso una delle banche convenzionate o presso Poste Italiane Spa, per il **versamento *on line***.

I contribuenti che optano per la **cedolare secca** (regime sostitutivo) non devono versare l'imposta di registro né l'imposta di bollo.

63.9.3. Denuncia cumulativa di fondi rustici

Per i contratti di affitto di fondi rustici, non stipulati per atto pubblico o con scrittura privata autenticata, relativi a uno **stesso anno solare**, è possibile presentare un'**unica denuncia cumulativa**, in doppio originale, **entro il mese di febbraio** dell'anno successivo (art. 17, c. 3-bis, D.P.R. n. 131/1986).
Unitamente alla denuncia cumulativa, devono essere presentati all'ufficio (circ. 12 febbraio 1999, n. 36/E):
- l'attestazione del pagamento dell'imposta di registro dovuta (**Mod. F24 ELIDE**);
- il modello di richiesta di registrazione (**Mod. RLI**).

La **data di stipula** da indicare sulla denuncia cumulativa è quella di presentazione della denuncia stessa all'ufficio.

La denuncia cumulativa dell'affitto di fondi rustici può essere presentata sia **in forma ordinaria** sia **in forma telematica**.

Imposta minima

Per i contratti di affitto di fondi rustici l'ammontare dell'imposta dovuta per la denuncia **non può essere inferiore** alla misura fissa di **67 euro** (Tariffa, Parte I, art. 5, Nota I), D.P.R. n. 131/1986).

63.9.4. Contratto verbale di locazione

Per i contratti verbali di locazione, in luogo del contratto scritto, deve essere presentata la **denuncia** di contratto verbale (art. 12, D.P.R. n. 131/1986) la quale deve:
- essere redatta, in doppio originale, sull'**apposito modulo** di denuncia di contratto verbale di locazione e di affitto di beni immobili fornito dagli uffici delle entrate, che deve essere presentato **unitamente al Mod. RLI**;
- essere **sottoscritta** da almeno una delle parti contraenti;
- indicare le **generalità e il domicilio delle parti contraenti**, il luogo e la data di stipulazione, il **canone pattuito** e la **durata del contratto**.

I contratti di locazione ad **uso abitativo** devono essere stipulati **in forma scritta a pena di nullità** (art. 1, c. 4, Legge n. 431/1998).

63.9.5. Atti sprovvisti delle indicazioni necessarie

Se l'atto sottoposto alla registrazione non contiene la **dichiarazione di valore** né l'indicazione del **corrispettivo**, la **base imponibile** è determinata d'ufficio (art. 53, c. 1, D.P.R. n. 131/1986).
Se l'atto non contiene l'indicazione della sua **data**, si assume come tale quella in cui è **eseguita la registrazione**.
La violazione è punita con la **sanzione da 258 a 2.065 euro** (art. 53, c. 2, D.P.R. n. 131/1986).

63.10. ATTI CHE CONTENGONO PIÙ DISPOSIZIONI

Se un atto contiene più disposizioni:
- **che non derivano** necessariamente, per la loro intrinseca natura, **le une dalle altre,** ciascuna di esse è soggetta ad imposta come se fosse un atto distinto (art. 21, c. 1, D.P.R. n. 131/1986);
- **che derivano** necessariamente, per la loro intrinseca natura, **le une dalle altre**, l'imposta si applica **una sola volta** in relazione alla disposizione che dà luogo **all'imposizione più onerosa** (art. 21, c. 2, D.P.R. n. 131/1986).

Per **disposizione** si intende una **convenzione negoziale** suscettibile di produrre effetti giuridici valutabili autonomamente, in quanto in sé compiuta nei suoi riferimenti soggettivi, oggettivi e causali (circ. 21 febbraio 2014, n. 2/E par. 7.1).
Nel caso di **atti giurisdizionali**, per **più disposizioni** si intendono le diverse statuizioni che possono confluire nell'atto (Cass. 7 giugno 2004, n. 10789).

Le diverse disposizioni **non derivano** necessariamente, per la loro intrinseca natura, le une dalle altre quando ciascuna di esse è espressione di una **autonoma capacità contributiva**. In tal caso, l'imposta di registro deve essere applicata distintamente per ciascuna disposizione (circ. 29 maggio 2013, n. 18/E, par. 1.6.1).

INDIRETTE

Il c. 2 dell'art. 21, D.P.R. n. 131/1986, che disciplina il caso in cui le diverse disposizioni **derivino necessariamente**, per la loro intrinseca natura, **le une dalle altre**, è norma di **stretta interpretazione**, e ricorre solo allorquando è la volontà della legge o l'intrinseca natura delle diverse disposizioni a determinare tra esse un rapporto di **connessione oggettiva**, necessaria e inscindibile, e non anche quando quel rapporto trovi origine nella **mera volontà delle parti** (Cass. 9 ottobre 2020, n. 21820; Cass. 8 ottobre 2020, n. 21713; Cass. 7 giugno 2004, n. 10789).

CASO 5 - Disposizioni che non derivano le une dalle altre

1) Un atto che contiene **contratti di acquisto di diversi beni** da parte di diversi venditori a favore del medesimo acquirente dà luogo a disposizioni che **non derivano** necessariamente le une dalle altre perché la riunione delle molteplici compravendite nello stesso documento è solo il frutto di una scelta volontaria delle parti, posto che la natura intrinseca degli atti posti in essere non impedirebbe di realizzarli con atti separati (circ. 21 febbraio 2014, n. 2/E, par. 7.1.1).
2) Costituisce atto contenente disposizioni **non connesse**, la cessione di (ris. 2 aprile 2015, n. 35):
- più quote sociali da parte di più cedenti a più cessionari;
- più quote sociali da parte di più cedenti ad un unico cessionario;
- una quota sociale da parte dell'unico titolare a più cessionari.

In entrambi i casi, **l'imposta si applica singolarmente** per ogni negozio di cessione (in senso conforme, v. Cass. 21 giugno 2019, n. 16708).

3) Quando con un **solo negozio** sono trasferiti a **soggetti diversi** distinti immobili, ciascun trasferimento di proprietà è soggetto ad autonoma tassazione (Cass. 23 ottobre 2019, n. 27043).

Verbali assembleari

Per il verbale assembleare che apporta diverse modifiche allo statuto della società, se ciascuna modifica non è dotata di autonomo contenuto patrimoniale, deve essere pagata una sola **imposta fissa** di registro (circ. 7 ottobre 2011, n. 44/E).

Esempio

È soggetto ad un'unica imposta di registro il verbale assembleare contenente modifiche statutarie relative alla sede e alla denominazione sociale.

Disposizioni prive di contenuto patrimoniale

Nel caso in cui nel medesimo documento siano contenute più disposizioni non aventi per oggetto prestazioni a contenuto patrimoniale va pagata **un'unica imposta di registro in misura fissa** (200 euro), se formato per atto pubblico o scrittura privata autenticata (Tariffa, Parte I, art. 11) (circ. 7 ottobre 2011, n. 44/E).

Se l'atto contiene:
- una disposizione a contenuto **patrimoniale**,
- e una disposizione priva di tale contenuto,

l'imposta di registro deve essere corrisposta solo con riferimento alla disposizione che esprime una manifestazione di capacità contributiva (circ. 7 ottobre 2011, n. 44).

Applicazione dell'imposta

Nel caso di atto contenente più disposizioni che **non derivano** le une dalle altre, le singole disposizioni sono soggette ciascuna ad autonoma imposizione sulla base della sua natura.

CASO 6 - Imposta minima su atti che contengono più disposizioni

1) Un atto contiene due convenzioni, che non derivano l'una dall'altra, soggette ad imposta proporzionale di 50 e 80 euro. Il totale (130 euro) è inferiore alla tassa fissa (200 euro).
In tal caso, deve essere percepita una sola tassa fissa (200 euro) (circ. 29 maggio 2013, n. 18/E, par. 1.6; ris. 4 febbraio 1982, n. 250529).

2) Un atto contiene due convenzioni, che non derivano l'una dall'altra, soggette ad imposta proporzionale di 250 e 80 euro. L'atto sconta l'imposta di 330 euro senza che sia necessario liquidare l'imposta in misura minima (200 euro) in relazione alla convenzione soggetta ad imposta proporzionale di 80 euro (circ. 29 maggio 2013, n. 18/E, par. 1.6; circ. 14 ottobre 1983, n. 88).

3) Un atto contiene due convenzioni, che non derivano l'una dall'altra, soggette ad imposta proporzionale di 140 e 80 euro. L'atto sconta l'imposta di 220 euro senza che sia necessario liquidare

l'imposta in misura minima (200 euro) (circ. 29 maggio 2013, n. 18/E, par. 1.6; ris. 3 luglio 2008, n. 272/E).

4) Un atto contiene due convenzioni, che non derivano l'una dall'altra, entrambe soggette ad imposta fissa.
Troveranno applicazione tante imposte fisse quante sono le disposizioni autonome, di contenuto economicamente apprezzabile (circ. 29 maggio 2013, n. 18/E, par. 1.6.1).

5) Un atto contiene due convenzioni connesse, entrambe soggette ad imposta fissa.
Troverà applicazione una sola imposta fissa (circ. 29 maggio 2013, n. 18/E, par. 1.6.1), in quanto l'atto è soggetto a tassazione una sola volta, con riferimento alla disposizione che determina l'imposizione più onerosa.

6) Unico venditore trasferisce diversi immobili a tre diversi acquirenti. L'imposta proporzionale di registro è la seguente:
- 300 euro per la prima vendita;
- 200 euro per la seconda vendita;
- 300 euro per la terza vendita.

L'imposta di registro complessivamente dovuta è pari a 1.000 euro (imposta minima per i trasferimenti immobiliari, art. 10, c. 2, D.Lgs. n. 23/2011), applicabile una sola volta (circ. 21 febbraio 2014, n. 2/E).

7) Unico venditore trasferisce diversi immobili a tre diversi acquirenti. L'imposta proporzionale di registro è la seguente:
- 600 euro per la prima vendita;
- 300 euro per la seconda vendita;
- 850 euro per la terza vendita.

L'imposta di registro complessivamente dovuta è pari a 1.750 euro, in quanto superiore all'imposta minima per i trasferimenti immobiliari di 1.000 euro (circ. 21 febbraio 2014, n. 2/E).

8) Atto recante un trasferimento immobiliare soggetto ad imposta proporzionale di registro pari a 900 euro e un trasferimento di immobile strumentale, soggetto ad IVA, per il quale trova applicazione l'imposta di registro in misura fissa, pari a 200 euro.
L'importo minimo di 1.000 euro si applica alla prima operazione mentre per la seconda è comunque dovuto il tributo fisso di 200 euro (oltre all'IVA, naturalmente) (circ. 21 febbraio 2014, n. 2/E).

9) In caso di sentenza di condanna (principale) del responsabile civile e di condanna (accessoria) dell'assicuratore, permane, come in ogni caso di litisconsorzio facoltativo, l'autonomia dei rispettivi titoli, dei rapporti giuridici e delle singole *causae petendi*, con la conseguenza che esse, per loro natura scindibili, restano distinte ed autonomamente tassabili (Cass. 8 ottobre 2020, n. 21713).

Accolli di debiti

Non sono soggetti ad imposta di registro:
- gli accolli di debiti o oneri se **collegati e contestuali ad altre disposizioni**;
- le **quietanze rilasciate nello stesso atto** che contiene le disposizioni cui si riferiscono (art. 21, c. 3, D.P.R. n. 131/1986).

Esempi

1) L'accollo del mutuo inserito in un contratto di vendita immobiliare non è tassabile in modo autonomo.
Il debito accollato riduce il corrispettivo che l'acquirente è tenuto a versare ma non riduce il valore del bene e, quindi, la base imponibile dell'operazione (art. 43, c. 2, D.P.R. n. 131/1986).

2) Acquisto di un immobile per 400.000 euro, con accollo del mutuo di 230.000 euro. Base imponibile: 630.000 euro (400.000 + 230.000).

3) Non è soggetta ad imposta di registro la quietanza per il pagamento ricevuto, inserita nell'atto di compravendita di un immobile.

INDIRETTE

Le quietanze rilasciate con atto diverso da quello che contiene le disposizioni cui esse si riferiscono sono soggette imposta di registro con l'aliquota dello 0,50% (Tariffa, Parte I, art. 6, D.P.R. n. 131/1986) (Cass. 16 aprile 2020, n. 7846).

ENUNCIAZIONE DI ATTI NON REGISTRATI 63.11.

Quando un atto fa menzione di disposizioni documentate da **atti scritti** o intervenute **verbalmente** tra le stesse parti, non sottoposte a registrazione, l'**imposta** si applica anche alle **disposizioni in esso enunciate** (art. 22 c. 1 e 2, D.P.R. n. 131/1986).

Presupposti

La tassazione degli atti enunciati si applica se:

- le disposizioni enunciate siano intercorse **tra le stesse parti** che hanno stipulato l'atto enunciante, nel senso che occorre "la corrispondenza tra le parti intervenute nell'atto enunciato e in quello enunciante" (Cass. 4 agosto 2020, n. 16662; Cass. 2 febbraio 2000, n. 1125; Cass. 14 gennaio 2011, n. 780);
- dall'atto enunciante si possono individuare gli **elementi essenziali del contratto** (o dell'atto) enunciato;
- l'atto enunciato non è stato registrato;
- l'atto enunciante è sottoposto alla **registrazione** (Cass. 14 gennaio 2011, n. 780).

Con riferimento alla **corrispondenza necessaria tra le parti** intervenute nell'atto enunciato e in quello enunciante, la norma si riferisce non solo alle parti che hanno sottoscritto l'atto enunciante e quello enunciato, bensì anche a tutti i soggetti che, pur non essendo intervenuti in atto e non avendolo sottoscritto, risentono **direttamente** dei suoi effetti e si riferisce, quindi, alle **parti sostanziali**, non essendo esclusa la configurabilità dell'**istituto dell'enunciazione** dall'eventuale presenza nell'atto enunciante di soggetti ulteriori rispetto alle parti della disposizione enunciata (Cass. 4 agosto 2020, n. 16662).

Esempio

Vi è enunciazione quando venditore e acquirente si danno atto che l'immobile è detenuto dall'acquirente in qualità di inquilino, ma non quando il venditore renda noto all'acquirente che l'immobile vendutogli è condotto in locazione da terzi; allo stesso modo, non vi è enunciazione nel caso di richiamo effettuato da un **decreto ingiuntivo** ad un ricorso giudiziale nel quale si fa riferimento ad una cessione di crediti effettuata tra **soggetti diversi** dal debitore ingiunto o quando una cessione di credito, effettuata mediante corrispondenza commerciale tra cedente e cessionario, viene enunciata nell'atto soggetto a registrazione di rinuncia al credito del cessionario nei confronti del debitore ceduto, per la mancanza di identità delle parti intervenute nell'atto enunciante e in quello enunciato (Cass. 4 agosto 2020, n. 16662).

L'imposizione degli atti "enunciati" e non registrati **non si applica** all'enunciazione degli **atti esenti**, "né, tanto meno, riguarda gli **atti soggetti ad imposizione sostitutiva**, i quali, avendo già scontato l'imposta, non possono essere nuovamente assoggettati ad imposizione, in assenza di diverso ed autonomo presupposto impositivo" (Cass., Sez. V, 4 luglio 2019, n. 17938).

Sanzione

Se l'atto enunciato era soggetto a registrazione in **termine fisso**, si applica anche la **sanzione per la mancata registrazione** (art. 22, c. 1, D.P.R. n. 131/1986) che va dal 120 al 240% dell'imposta dovuta.

Enunciazione di atto soggetto a registrazione in caso d'uso

L'enunciazione di un atto soggetto a registrazione solo in caso d'uso comporta l'applicazione dell'imposta sull'atto enunciato, anche se il caso d'uso **non si è ancora verificato** (Cass. 4 agosto 2020, n. 16662; Cass. 30 ottobre 2015, n. 22243; Cass. 14 marzo 2007, n. 5946. In senso contrario, v. lo studio Consiglio nazionale del Notariato 208-2010/T, in base al quale la tassazione può avvenire se il caso d'uso si è concretizzato prima della registrazione dell'atto enunciante).

Enunciazione di contratti verbali

L'enunciazione di contratti verbali non soggetti a registrazione in termine fisso **non** dà luogo all'**applicazione** dell'imposta quando gli effetti delle disposizioni enunciate:

- sono **già cessati**;
- o **cessano** in virtù dell'atto che contiene l'enunciazione (art. 22, c. 2, D.P.R. n. 131/1986).

INDIRETTE

Atti dell'autorità giudiziaria

L'applicazione dell'imposta di registro in caso di enunciazione di atti si applica anche nel caso in cui l'enunciazione avvenga in un atto dell'autorità giudiziaria. In questo caso, se l'atto enunciato è soggetto a **registrazione solo in caso d'uso** l'imposta si applica sulla parte dell'atto enunciato **non ancora eseguita** (art. 22, c. 3, D.P.R. n. 131/1986).

Esempio

In un giudizio civile instaurato per il recupero di una somma non pagata, la sentenza di condanna al pagamento della somma enuncia una scrittura privata intervenuta tra le parti, rimasta inadempiuta, con la quale il debito viene riconosciuto. L'atto enunciato deve essere assoggettato ad imposta di registro in quanto la prestazione rientra tra quelle ancora da eseguire (Cass. 26 ottobre 2016, n. 21619).

Se l'enunciazione riguarda un atto soggetto a registrazione in termine fisso e non registrato, si applica l'imposta di registro e la sanzione per mancata registrazione (art. 22, c. 1, D.P.R. n. 131/1986; Corte cost. 18 gennaio 1999, n. 7).

Decadenza

Nel caso in cui l'atto enunciato sia di **data anteriore al quinquennio** non è possibile per l'amministrazione finanziaria applicare l'imposta e la sanzione amministrativa, per intervenuta decadenza (ris. 17 luglio 1992, n. 260069). Infatti, l'imposta sugli atti soggetti a registrazione e non presentati per la registrazione deve essere richiesta, a pena di decadenza, nel **termine di 5 anni** dal giorno in cui avrebbe dovuto essere richiesta la registrazione (art. 76, c. 1, D.P.R. n. 131/1986) (➔**63.33.3.**).

63.12. BENI SOGGETTI AD ALIQUOTE DIVERSE

Se una disposizione ha per oggetto più beni o diritti, per i quali sono previste **aliquote diverse**, si applica l'**aliquota più elevata** (art. 23, c. 1, D.P.R. n. 131/1986).

Se per i singoli beni o diritti sono pattuiti **corrispettivi distinti**, ciascun bene o diritto è soggetto all'**aliquota propria**.

La cessione di più beni o diritti soggetti ad aliquote diverse non va confusa con l'ipotesi di atti che contengono più disposizioni (art. 21) (➔**63.10.**). Nel primo caso, con un unico negozio giuridico si vendono più beni o diritti soggetti a diverse aliquote. Nel secondo caso, l'atto contiene più negozi giuridici.

CASO 7 - Cessione di più beni ad aliquote diverse

1) L'atto con cui un soggetto vende beni diversi a diversi acquirenti è un atto contenente più disposizioni (art. 21). L'atto con cui un soggetto cede ad un acquirente **un fabbricato e un terreno** è un unico negozio giuridico con il quale si dispone di più beni soggetti ad aliquote diverse (art. 23, D.P.R. n. 131/1986).

2) Viene **ceduta un'azienda** composta di beni mobili, denaro e beni immobili. L'atto di cessione indica i singoli beni ceduti, stabilendo il relativo corrispettivo.
In tal caso, ciascun bene o diritto è soggetto all'aliquota propria:
- beni mobili e denaro: 3% (Tariffa, Parte I, artt. 2 e 9);
- beni immobili: 9% o 15% (Tariffa, Parte I, art. 1).

3) Si cede un **terreno** qualificato in parte come **agricolo** e in parte come **non agricolo**.
Il corrispettivo pattuito è unico e indistinto. L'atto è soggetto ad imposta di registro con l'aliquota più elevata (15% prevista per i terreni agricoli, Tariffa, Parte I, art. 1) (CTC 12 luglio 2004, n. 6510).

4) Viene ceduto un **terreno** avente diverse destinazioni d'uso (una parte residenziale, una parte vincolata a spazi pubblici ed una parte agricola), indicando i diversi corrispettivi pattuiti per le singole parti.
L'imposta di registro si applica per ogni porzione di bene, con l'aliquota propria (ris. 9 aprile 2004, n. 57/E).

Pertinenze

Le pertinenze sono in ogni caso soggette alla **disciplina prevista per il bene principale** al cui servizio o ornamento sono destinate, anche se nell'atto viene indicato un corrispettivo distinto (art. 23, c. 3, D.P.R. n. 131/1986).

INDIRETTE

Cessione di eredità o di quote indivise

Nel caso di cessione di eredità indivisa o quote di una comunione, i **crediti**, i **beni mobili**, le **rendite** facenti parte dell'eredità o della comunione sono soggetti alle aliquote proprie di ciascuno di essi (art. 23, c. 2, D.P.R. n. 131/1986).

Cessione di azienda

Nelle cessioni di aziende o di complessi aziendali relativi a singoli rami dell'impresa, composti da beni diversi per i quali viene indicato il relativo corrispettivo, ai fini dell'applicazione delle diverse aliquote (art. 23, c. 1, D.P.R. n. 131/1986), le **passività** si imputano ai diversi beni, sia mobili che immobili, in **proporzione del loro rispettivo valore**.

CASO 8 - Cessione di azienda con indicazione distinta del corrispettivo

Viene ceduta un'azienda composta di beni mobili, denaro e beni immobili. L'atto di cessione indica i singoli beni ceduti, stabilendo il relativo corrispettivo e valore.
In tal caso, ciascun bene o diritto è soggetto all'aliquota propria:
- beni mobili e denaro: valore 1.000; aliquota 3% (Tariffa, Parte I, artt. 2 e 9; circ. 29 maggio 2013, n. 18, par. 6.57);
- beni immobili: valore 10.000; aliquota 9% o 15% (Tariffa, Parte I, art. 1);
- avviamento: valore 3.000; aliquota 3% (Tariffa, Parte I, artt. 2 e 9; circ. 29 maggio 2013, n. 18, par. 6.57);
- passività: 8.000.

Ai fini della determinazione della base imponibile dei beni cui applicare le aliquote proprie, le passività si imputano ai diversi beni, in proporzione al loro valore (1.000, 10.000, 3.000).

Se l'atto di cessione di azienda **non indica distinti corrispettivi** dei diversi beni che la compongono, all'intero valore dell'atto si applica l'aliquota del bene con **tassazione più elevata** (circ. 29 maggio 2013, n. 18/E, par. 6.57; circ. 6 febbraio 2007, n. 6/E, par. 1.4.).

ATTI SOTTOPOSTI A CONDIZIONE SOSPENSIVA 63.13.

Gli atti **sottoposti a condizione sospensiva** sono registrati con il pagamento dell'imposta in **misura fissa** (200 euro, art. 27, c. 1, D.P.R. n. 131/1986).
Quando la condizione **si verifica** o l'atto produce **i suoi effetti** prima dell'avverarsi di essa, si riscuote la **differenza** tra:
- l'imposta dovuta secondo le norme vigenti **al momento della formazione dell'atto**;
- quella pagata in sede di registrazione.

Denuncia del verificarsi della condizione

Quando la condizione si verifica, il contribuente deve denunciare l'evento **entro 20 giorni** all'Ufficio presso cui l'atto è stato registrato, in quanto occorre versare l'imposta di registro (art. 19, D.P.R. n. 131/1986).

Se l'avveramento della condizione viene formalizzato in un **atto pubblico o in una scrittura privata autenticata** l'obbligo di denuncia può essere assolto mediante registrazione dell'atto pubblico o scrittura privata.
In tal caso:
- l'atto pubblico o la scrittura privata autenticata è soggetto ad **imposta fissa** (200 euro);
- l'Ufficio **liquida l'ulteriore imposta di registro**, pari alla differenza tra quella corrisposta all'atto della registrazione iniziale e quella dovuta (ris. 14 gennaio 2014, n. 7/E).

Nel caso in cui, in relazione ad una **compravendita immobiliare** sottoposta a condizione sospensiva, al momento della stipula dell'atto di riconoscimento di avveramento della condizione sia versato il prezzo residuo e venga rilasciata quietanza, l'atto è soggetto a tassazione nella misura dello 0,50% (Tariffa, Parte I, art. 6, D.P.R. n. 131/1986; Cass. 16 aprile 2020, n. 7846).

Vendite con riserva di proprietà - Non si considerano sottoposti a condizione sospensiva (art. 27, c. 3, D.P.R. n. 131/1986).

Condizione potestativa - Non si considerano sottoposti a condizione sospensiva gli atti sottoposti a condizione che ne fanno dipendere gli effetti **dalla mera volontà dell'acquirente o del creditore** (art. 27, c. 3, D.P.R. n. 131/1986).
Tali atti sono soggetti ad imposta di registro come se la condizione non fosse stata apposta.

INDIRETTE

Esempio
A vende a B un immobile sito a Milano, a condizione che B si trasferisca in quella città.
L'atto di vendita non si considera sottoposto a condizione sospensiva.

Analogamente, il trasferimento di un immobile in favore del promissario acquirente, subordinatamente al pagamento del corrispettivo pattuito, è soggetto ad **imposta proporzionale di registro**, poiché il verificarsi della condizione dipende dalla mera volontà dell'acquirente ovvero dall'iniziativa unilaterale del promittente acquirente (Cass. 27 novembre 2020, n. 27123; Cass. 30 aprile 2019, n. 11411).
A tali fini, il **condividente assegnatario** del bene può essere considerato alla stregua di un acquirente (Cass. 26 novembre 2019, n. 30778).
Gli atti sottoposti a condizione sospensiva che ne fa dipendere gli effetti dalla mera volontà del venditore o dell'obbligato sono civilisticamente nulli ma soggetti **all'imposta in misura fissa** (art. 27, c. 4, D.P.R. n. 131/1986).

Atti soggetti ad approvazione o omologazione

Gli atti soggetti ad approvazione o ad omologazione da parte della pubblica amministrazione o dell'autorità giudiziaria ordinaria (art. 14, c. 1, D.P.R. n. 131/1986) sono soggetti ad imposta:
- quando **interviene l'approvazione o la omologazione**;
- o quando l'**atto diviene eseguibile** per il decorso dell'intervallo di tempo fissato dalla legge (art. 27, c. 5, D.P.R. n. 131/1986).

Atto presentato alla registrazione prima dell'approvazione o omologazione

Se l'atto viene presentato all'Ufficio per la registrazione prima dell'approvazione o della omologazione è soggetto alla sola **imposta fissa** (200 euro).
Successivamente, quando interviene l'approvazione o la omologazione o quando l'atto diviene eseguibile per il decorso dell'intervallo di tempo fissato dalla legge si applica l'**imposta principale** determinata secondo le disposizioni vigenti al momento dell'approvazione o della omologazione o quando l'atto è **divenuto eseguibile** per decorso del tempo.
Dall'imposta principale viene **dedotta l'imposta fissa** pagata in sede di registrazione dell'atto.
L'intervenuta approvazione o omologazione deve essere **denunciata entro 20 giorni**, a cura delle parti contraenti o dei loro aventi causa e di coloro nel cui interesse è richiesta la registrazione, all'Ufficio che ha registrato l'atto, per il pagamento dell'imposta.

Condizione risolutiva

Il contratto soggetto a condizione risolutiva è soggetto ad imposizione secondo le **regole ordinarie**, perché produce i suoi effetti immediatamente.

63.14. RISOLUZIONE DEL CONTRATTO

La **risoluzione del contratto** è soggetta ad **imposta** di registro **fissa** (200 euro) se dipende da:
- una **clausola risolutiva espressa**;
- una **condizione risolutiva espressa**.

Inserimento della clausola o condizione con atto successivo

L'imposta di registro è dovuta in **misura fissa** anche nel caso in cui la clausola risolutiva o la condizione risolutiva, non previste dall'originario contratto, siano stipulate, con **atto pubblico** o **scrittura autenticata**, entro il **secondo giorno** non festivo successivo a quello della conclusione del contratto.

Corrispettivo

Se per la risoluzione del contratto è previsto un corrispettivo su tale ammontare si applica l'imposta **proporzionale** di registro:
- nella misura dello **0,50%**, se il pagamento è **contestuale alla risoluzione** (Tariffa, Parte I, art. 6, D.P.R. n. 131/1986);
- nella misura del **3%** se il pagamento del corrispettivo viene **differito** (Tariffa, Parte I, art. 9, D.P.R. n. 131/1986), in quanto si realizza un autonomo atto negoziale (circ. 10 giugno 1986, n. 37).

Risoluzione dipendente da altre cause

Se la risoluzione del contratto dipende da cause diverse dalla clausola risolutiva espressa o dalla condizione risolutiva espressa, l'imposta è dovuta per le **prestazioni derivanti dalla risoluzione** (art. 28, c. 2, D.P.R. n. 131/1986).
L'eventuale **corrispettivo** stabilito per la risoluzione si considera una **maggiorazione delle prestazioni** stesse.

Rientra tra le cause diverse dalla clausola risolutiva e dalla condizione risolutiva ogni ipotesi di scioglimento del contratto che scaturisce dalla **volontà delle parti** e che determina il venir meno degli effetti del contratto (ad esempio, scioglimento del contratto per **mutuo consenso**).
Lo scioglimento del rapporto contrattuale per mutuo consenso deve essere assoggettato a tassazione (Cass. ord. 2 marzo 2015, n. 4134).

Lo scioglimento per **mutuo consenso** di un **contratto a effetti traslativi** (cui il conferimento in società va equiparato) "realizza un nuovo trasferimento di proprietà" (Cass. 19 febbraio 2014, n. 3935; cfr. anche ris. 18 gennaio 2022, n. 3/E).
Pertanto nel caso di risoluzione di un contratto di **vendita con riserva di proprietà**, "il contratto con il quale viene convenuta la risoluzione di detta vendita, comportando la retrocessione del bene oggetto del contratto risolto deve essere assoggettato alla imposta proporzionale di registro da applicarsi con la aliquota prevista per i trasferimenti immobiliari" (risposta a interpello 12 febbraio 2019, n. 41 e 28 ottobre 2019, n. 439; Cass. ord. 9 marzo 2018, n. 5745 e Cass. ord. 5 ottobre 2018, n. 24506).
Il regime di tassazione da applicare al contratto di **risoluzione di diritto di usufrutto a termine** è quello previsto per la cessione di diritti reali su beni **immobili strumentali per natura** e quindi con applicazione dell'imposta di registro in misura fissa (tanto se esente da IVA o imponibile per opzione, in virtù del principio di alternatività IVA/registro) e delle imposte ipotecarie e catastali rispettivamente nella misura del 3% e dell'1% (risposta a interpello 12 febbraio 2019, n. 41).

Risoluzione giudiziale

La risoluzione del contratto accertata con sentenza dal giudice civile sconta l'imposta in **misura fissa** (Tariffa, Parte I, art. 8, lett. e).

Il **decreto ingiuntivo di condanna al pagamento di somma di denaro**, emesso sulla base della prova scritta costituita dal contratto recante la clausola risolutiva espressa, ha natura di sentenza di condanna, e, se esecutivo, deve essere assoggettato all'**imposta proporzionale di registro** (art. 8, lett. b), Tariffa, Parte I, D.P.R. n. 131/1986); mentre, se l'effetto restitutorio consegue alla **pronuncia giudiziale di risoluzione** del medesimo contratto (art. 1458 c.c.), all'atto dell'autorità giudiziaria deve applicarsi l'imposta di registro in **misura fissa** (art. 8, lett. e), Tariffa Parte I, D.P.R. n. 131/1986) (Cass. 9 dicembre 2020, n. 28031).

TRANSAZIONI 63.15.

La transazione può avere ad oggetto:

1. **trasferimento di proprietà** o trasferimento o costituzione di **diritti reali** di beni immobili o mobili;
2. **obblighi di pagamento**;
3. **né trasferimento** di proprietà **né obblighi** di pagamento.

Trasferimento di proprietà o trasferimento o costituzione di diritti reali

Se la transazione comporta il trasferimento del diritto di proprietà su **beni immobili** oppure il trasferimento o la costituzione di **diritti reali immobiliari**, si applica l'imposta di registro **proporzionale** con le aliquote previste dalla Tariffa allegata al Testo Unico (Parte I, art. 1, D.P.R. n. 131/1986).
Nel caso di transazione che comporta la risoluzione di un precedente **conferimento di azienda**, qualora a seguito del conferimento il complesso di beni oggetto dell'accordo transattivo ha smesso di svolgere l'attività d'impresa per mancanza delle prescritte autorizzazioni, non potendosi configurare un ramo d'azienda l'accordo negoziale transattivo ha per oggetto un insieme di beni immobili e mobili. Pertanto, nel caso di terreni agricoli questi saranno soggetti ad imposta proporzionale di registro con l'aliquota del 15% (art. 1, Tariffa, allegata al D.P.R. n. 131/1986) e alle imposte ipo-catastali con le aliquote, rispettivamente, del 2 e 1% (art. 1, Tariffa allegata al D.Lgs. n. 347/1990 e art. 10 del medesimo D.Lgs. n. 347/1990) mentre i macchinari saranno soggetti all'aliquota del 3% (art. 2, Tariffa, allegata al D.P.R. n. 131/1986) (risposta a interpello 18 settembre 2020, n. 380).
Se la transazione comporta il trasferimento del diritto di proprietà su **beni mobili** oppure il trasferimento o la costituzione di **diritti reali su tali beni** trova applicazione l'imposta di registro **proporzionale** con le aliquote previste dalla Tariffa allegata al Testo Unico (Parte I, art. 2 o, per le unità da diporto, art. 7, D.P.R. n. 131/1986).

INDIRETTE

Transazione con obblighi di pagamento

Se dalla transazione derivano obblighi di pagamento, si applica l'imposta proporzionale di registro in relazione a tali obblighi (aliquota del 3%, Tariffa, Parte I, art. 9, D.P.R. n. 131/1986; risposta a interpello 7 giugno 2021, n. 390; ris. 16 luglio 2004, n. 91) (art. 29, D.P.R. n. 131/1986).

> Ai fini della tassazione, **non si tiene conto**:
> - degli obblighi di restituzione;
> - degli obblighi estinti per effetto della transazione (art. 29, D.P.R. n. 131/1986).

Transazione che non comporta trasferimento di diritti reali né obblighi di pagamento

Sulle transazioni che non importano trasferimento di proprietà o trasferimento o costituzione di diritti reali né obblighi di pagamento, l'imposta è dovuta **in misura fissa** (art. 29, D.P.R. n. 131/1986).

63.16. RATIFICA, CONVALIDA, CONFERMA

La ratifica, la convalida e la conferma sono soggette all'imposta in **misura fissa** (art. 30, c. 1, D.P.R. n. 131/1986).

Se la ratifica, la convalida e la conferma comportano l'enunciazione di atti non registrati, si applicano le disposizioni in materia di enunciazione di atti (art. 22, D.P.R. n. 131/1986) (➡63.11.).

Pagamento di corrispettivo

Quando per la ratifica, la convalida o la conferma è pattuito un corrispettivo **a carico dell'acquirente**, pagato contestualmente alla conclusione dell'atto di ratifica, convalida, conferma, sul corrispettivo è dovuta l'imposta con l'**aliquota propria** del contratto originario **ratificato, convalidato o confermato** (art. 30, c. 2, D.P.R. n. 131/1986).

> Se il corrispettivo **non viene pagato contestualmente**, si applica la **maggiore imposta** tra quella calcolata applicando al valore del corrispettivo (art. 30, c. 2, D.P.R. n. 131/1986):
> - la medesima aliquota applicabile al contratto originario;
> - l'aliquota del 3% (Tariffa, Parte I, art. 9).

Quando per la ratifica, la convalida o la conferma è pattuito un corrispettivo **a carico dell'alienante** su di esso è dovuta l'imposta (art. 30, c. 3, D.P.R. n. 131/1986):

- di quietanza (0,50%) **se il pagamento è contestuale all'atto** di ratifica, convalida, conferma (Tariffa, Parte I, art. 6, D.P.R. n. 131/1986);
- per l'assunzione dell'obbligazione (3%) **se il pagamento non è contestuale all'atto** di ratifica, convalida, conferma (Tariffa, Parte I, art. 9, D.P.R. n. 131/1986).

> La disciplina prevista nel caso di corrispettivo **a carico dell'alienante** si applica anche nel caso in cui il contratto oggetto di ratifica, convalida, conferma **non sia traslativo della proprietà** e sia previsto un **corrispettivo** a carico di una delle parti (art. 30, c. 4, D.P.R. n. 131/1986).

63.17. CESSIONE DEL CONTRATTO

Cessioni soggette ad IVA

La cessione del contratto posta in essere da soggetti passivi IVA nell'esercizio di imprese, arte o professioni, è soggetta ad IVA (art. 3, c. 2, n. 5), D.P.R. n. 633/1972).

In base al principio di alternatività IVA-Registro:

- per la cessione del contratto effettuata mediante **scrittura privata non autenticata** e comprendente **esclusivamente operazioni soggette ad IVA** vi è obbligo della registrazione **solo in caso d'uso** (art. 5, c. 2, D.P.R. n. 131/1986);
- per la cessione di contratto soggetta ad IVA l'imposta di registro si applica **in misura fissa**.

Cessioni non soggette ad IVA

La cessione del contratto che non sia posta in essere da soggetti IVA sconta l'imposta di registro con **l'aliquota propria del contratto ceduto**, a condizione che non si tratti di cessione senza corrispettivo del contratto di locazione (art. 31, c. 1, D.P.R. n. 131/1986). Nonostante il termine "aliquota" possa far pensare all'applicazione dell'imposta proporzionale, allo stesso deve attribuirsi un significato più ampio, non strettamente aderente alla formulazione letterale della disposizione normativa (risposta a interpello 22 dicembre 2020, n. 613).

INDIRETTE

> La cessione senza corrispettivo del contratto di locazione di beni immobili è assoggettata all'imposta nella misura fissa di 67 euro (Tariffa, Parte I, art. 5, nota I).

Base imponibile

Per la cessione dei contratti, la base imponibile ai fini dell'imposta di registro è costituita dal corrispettivo pattuito per la cessione più il **valore delle prestazioni** ancora **da eseguire** (art. 43, c. 1, lett. d), D.P.R. n. 131/1986) (circ. 9 luglio 2003, n. 36/E).

Cessione di un contratto a titolo gratuito

Per la cessione verso corrispettivo di un contratto a titolo gratuito, l'imposta di registro si applica con l'**aliquota** stabilita per il corrispondente **contratto a titolo oneroso** (art. 31, c. 2, D.P.R. n. 131/1986).

> **Esempi**
>
> 1) Cessione di un **contratto di donazione**: si applicano le aliquote previste per la compravendita (contratto a titolo oneroso, corrispondente alla donazione).
>
> 2) Cessione di un **contratto di comodato**: si applicano le aliquote previste per la locazione (contratto a titolo oneroso, corrispondente al comodato).

Cessione del contratto di leasing immobiliare

Per le cessioni, da parte degli **utilizzatori**, di **contratti di locazione finanziaria** aventi ad oggetto **immobili** sono previste disposizioni specifiche (Tariffa, Parte I, art. 8-bis, D.P.R. n. 131/1986).
Se la cessione del contratto è relativa a **immobili strumentali** (art. 10, n. 8-ter, D.P.R. n. 633/1972), anche da costruire ed ancorché assoggettati ad IVA, si applica l'imposta di registro proporzionale con **aliquota del 4%** (Tariffa, Parte I, art. 8-bis, c. 1, D.P.R. n. 131/1986).
Se la cessione del contratto è relativa a immobili a **destinazione abitativa** (art. 10, n. 8-bis, D.P.R. n. 633/1972), di categoria catastale diversa da A1, A8 e A9, effettuate nei confronti di soggetti per i quali ricorrono le condizioni per la "**prima casa**", ancorché assoggettati ad IVA, si applica l'imposta di registro proporzionale con **aliquota dell'1,5%** (Tariffa, Parte I, art. 8-bis, c. 1-bis, D.P.R. n. 131/1986).
Se la cessione del contratto è relativa a immobili a **destinazione abitativa**, diversi da quelli sopraindicati (per esempio, categoria catastale A1, A8 o A9 oppure categoria catastale diversa ma in assenza dei requisiti "prima casa"), anche da costruire ed ancorché assoggettati ad IVA (art. 10, n. 8-bis, D.P.R. n. 633/1972), si applica l'imposta di registro proporzionale con **aliquota del 9%** (Tariffa, Parte I, art. 8-bis, c. 1-ter, D.P.R. n. 131/1986).

Base imponibile - Per le cessioni dei contratti di leasing, l'imposta si applica sul **corrispettivo pattuito** per la cessione aumentato della **quota capitale** compresa nei canoni ancora da pagare oltre al **prezzo di riscatto** (Tariffa, Parte I, art. 8-bis, nota, D.P.R. n. 131/1986).

> Il regime previsto per la cessione del contratto relativo a immobili a destinazione abitativa (Tariffa, Parte I, art. 8-bis, c. 1-bis e c. 1-ter, D.P.R. n. 131/1986) è applicabile **dal 1° gennaio 2016 al 31 dicembre 2020** (art. 1, c. 84, Legge n. 208/2015) (➜63.24.8.).

DICHIARAZIONE DI NOMINA 63.18.

In caso di contratto per persona da nominare, la dichiarazione di nomina è soggetta all'imposta in **misura fissa**, a **condizione** che la relativa facoltà derivi dalla **legge** ovvero da **espressa riserva** contenuta nell'atto cui la dichiarazione si riferisce (art. 32, D.P.R. n. 131/1986).

Termini per l'esercizio della nomina

Ai fini dell'applicazione dell'imposta in misura fissa la dichiarazione di nomina deve essere **esercitata entro 3 giorni dalla data dell'atto**.
La dichiarazione di nomina:
1. deve avvenire **mediante atto** pubblico o **scrittura privata autenticata**;
2. deve essere **presentata per la registrazione** entro il 3 giorni dalla data dell'atto.

Dichiarazione di nomina fatta direttamente nell'atto - Se la dichiarazione viene fatta nello stesso atto o contratto che contiene la riserva, non è dovuta alcuna imposta.

Dichiarazione di nomina fatta oltre i 3 giorni dall'atto - Se la dichiarazione non viene esercitata entro 3 giorni dalla data dell'atto, è dovuta l'imposta stabilita per l'atto cui si riferisce la dichiarazione (art. 32, D.P.R. n. 131/1986).

INDIRETTE

Esempio
Nel caso di **contratto preliminare** di compravendita con riserva di nomina del terzo, la nomina tardiva determina unicamente l'applicabilità dell'imposta di registro in misura fissa (dovuta sul contratto preliminare) sia nei confronti dell'originario promissario acquirente, che del terzo nominato tardivamente, mentre l'imposta di registro proporzionale dovuta in relazione al contratto definitivo di compravendita graverà esclusivamente sulle parti che hanno stipulato l'atto, restando del tutto estraneo a tale contratto il promissario acquirente che ha effettuato, sia pur oltre il termine contrattuale, la nomina del terzo (Cass. 9 febbraio 2018, n. 3176).

63.19. MANDATO IRREVOCABILE

Il **mandato irrevocabile** con **dispensa** dall'obbligo di **rendiconto** è soggetto all'imposta stabilita per l'atto per il quale è stato conferito (art. 33, c. 1, D.P.R. n. 131/1986).
Il mandato irrevocabile con **obbligo di rendiconto**:
- se **gratuito**, è soggetto alla sola **imposta fissa** (Tariffa, Parte I, art. 11, D.P.R. n. 131/1986);
- se **oneroso**, sconta l'imposta **proporzionale del 3%** (Tariffa, Parte I, art. 9, D.P.R. n. 131/1986).

CASO 9 - Mandato con o senza obbligo di rendiconto
1) A (mandante) conferisce a B (mandatario) mandato irrevocabile per la vendita di un immobile a **titolo gratuito**.
Il mandatario **ha l'obbligo di rendiconto**.
Il mandato è soggetto ad imposta di registro in **misura fissa**.

2) A (mandante) conferisce a B (mandatario) mandato irrevocabile per la vendita di un immobile **dietro corrispettivo**.
Il mandatario **ha l'obbligo di rendiconto**.
Il mandato è soggetto ad **imposta di registro proporzionale** (3% del compenso pattuito).

3) A (mandante) conferisce a B (mandatario) mandato irrevocabile per la vendita di un immobile a **titolo gratuito**.
Il mandatario **non ha l'obbligo di rendiconto**.
Il mandato è soggetto alla **stessa imposta di registro prevista per la vendita dell'immobile** (in quanto la legge presume che A stia vendendo l'immobile a B).

Atto di surrogazione

L'atto da cui risulta la surrogazione nei diritti del creditore (artt. 1201 e 1203 c.c.) è soggetto all'imposta stabilita per la cessione del diritto spettante al creditore surrogato (art. 33, c. 2, D.P.R. n. 131/1986).

Mandato senza rappresentanza

Nel mandato senza rappresentanza per la vendita di un immobile, il trasferimento a titolo gratuito, dal mandante al mandatario, dell'immobile oggetto di futura cessione sconta l'**imposta di registro in misura fissa**, in quanto non integra il presupposto impositivo per all'applicazione dell'imposta sulle donazioni e successioni (Cass. 30 aprile 2019, n. 11401).

63.20. DIVISIONI

La divisione di una massa comune di beni può comportare l'assegnazione di beni:
- per un **valore pari a quello spettante** di diritto (quota di fatto uguale a quota di diritto);
- per un **valore diverso** (superiore/inferiore) a quello spettante di diritto (quota di fatto maggiore/minore della quota di diritto).

La costituzione di una **comunione** mediante un negozio di **unificazione di due compendi** produce effetti analoghi, seppur opposti, a quelli dell'atto di divisione della comunione, con applicazione dell'imposta di registro dell'**1%** (risposta a interpello 16 giugno 2021, n. 413).

63.20.1. Assegnazioni proporzionali

Se al condividente sono assegnati beni (compreso denaro) per un valore complessivo non eccedente quello a lui spettante sulla massa comune, la divisione ha natura meramente dichiarativa.
L'imposta di registro si applica in misura proporzionale, con **aliquota** dell'**1%** (Tariffa, Parte I, art. 3), anche se la massa comune comprende beni immobili (ris. 15 febbraio 1990, n. 310701; risposta a interpello 31 gennaio 2022, n. 60).

INDIRETTE

Esempio
Una massa comune di beni appartenente a due soggetti ha un valore di 100.000 euro. In sede di divisione ciascun soggetto ha diritto a una quota pari a 50.000 euro.
L'atto di divisione sconta l'imposta proporzionale di registro con l'aliquota dell'1% sull'intera massa comune di 100.000 euro.

Scioglimento della comunione mediante assegnazione del bene in natura

In caso di scioglimento della comunione mediante assegnazione del bene in natura a un condividente e versamento agli altri di somme pari al valore delle quote, si applica l'aliquota di divisione e non quella di vendita, giacché quest'ultima si applica solo nel caso in cui a un condividente siano stati attribuiti beni per un valore eccedente quello spettante e limitatamente alla parte in eccedenza (Cass., Sez. V, 1° agosto 2019, n. 20736, Cass. 15 ottobre 2019, n. 25958).

Assegnazioni non proporzionali 63.20.2.

Se la divisione comporta l'assegnazione ad un condividente **di una quota di fatto superiore rispetto a quella di diritto**, l'operazione, limitatamente all'eccedenza, è considerata **una vendita** (art. 34, c. 1, D.P.R. n. 131/1986; risposte a interpello 31 gennaio 2022, n. 60 e 13 dicembre 2019, n. 526, Cass. 28 marzo 2018, n. 7606).

Imposta di registro

L'assegnazione non proporzionale è assoggettata a tassazione ai fini del registro:
- come atto dichiarativo (aliquota dell'1%, Tariffa, Parte I, art. 3, D.P.R. n. 131/1986);
- come vendita, limitatamente all'eccedenza della quota di fatto attribuita al condividente rispetto alla quota di diritto.

Conguagli

Se per la differenza tra quota di fatto attribuita e quota di diritto viene pattuito un conguaglio **superiore al 5% del valore della quota di diritto**, questo è soggetto all'imposta **proporzionale** dovuta per gli atti traslativi indipendentemente dal suo concreto versamento. La presunzione posta dal legislatore tributario è da considerarsi "assoluta": la **divergenza quantitativa** tra quota di fatto e quota di diritto induce a ritenere che il conguaglio deve essere tassato con l'imposta proporzionale prevista per i trasferimenti (circ. 29 maggio 2013, n. 18/E, par. 2.2.2.; si veda anche Cass. 28 marzo 2018, n. 7606 e Cass. 15 ottobre 2019, n. 25958: "se, invece, vi è conguaglio, o la quota assegnata è superiore a quella spettante, la divisione, in relazione al conguaglio o al maggiore assegno, è considerata a carattere traslativo e come tale soggetta al **tributo proporzionale**").
In tal caso, l'imposta si applica con l'**aliquota** prevista (art. 34, c. 2, D.P.R. n. 131/1986):
- per i **trasferimenti mobiliari**, fino a concorrenza del valore complessivo dei beni mobili e dei crediti compresi nella quota (Tariffa, Parte I, art. 2, D.P.R. n. 131/1986);
- per i **trasferimenti immobiliari**, per l'eccedenza (Tariffa, Parte I, art. 1, D.P.R. n. 131/1986).

Secondo un'altra interpretazione, l'imposta di registro all'1% (e non l'imposta prevista per i trasferimenti) è applicabile anche alle divisioni con conguaglio, se all'esito del procedimento di divisione ai condividendi vengono assegnati beni (in natura e/o con conguagli) corrispondenti alla loro quota di diritto (Studio n. 11-2020/T del 31 gennaio 2020 del Consiglio nazionale del notariato; CTR Lazio 4 marzo 2020, n. 1258).

CASO 10 - Divisione con conguaglio
Una massa comune di beni appartenente a due soggetti ha un valore di 100.000 euro.
In sede di divisione ad A vengono attribuiti beni per un valore di 60.000 euro e a B beni per un valore di 40.000 euro.
In cambio, A dovrà corrispondere a B la somma di 10.000 euro (conguaglio).
L'atto di divisione sconta l'imposta proporzionale di registro:
- con l'aliquota dell'1% sulla massa comune, decurtata del valore dell'eccedenza di quota (100.000 - 10.000) euro;
- con l'aliquota applicabile alla vendita del bene, su una base imponibile di 10.000 euro (art. 34, c. 2, D.P.R. n. 131/1986).

L'aliquota applicabile è quella prevista: per i trasferimenti mobiliari fino a concorrenza del valore complessivo dei beni mobili e dei crediti compresi nella quota (Tariffa, Parte I, art. 2); per i trasferimenti immobiliari, per l'eccedenza (Tariffa, Parte I, art. 1).
Secondo autorevole dottrina, i conguagli dovrebbero essere tassati con le aliquote proporzionali relative ai trasferimenti mobiliari e immobiliari solo per la **quota eccedente il 5%** (Studio n. 73/2005/T del Consiglio nazionale notariato).

INDIRETTE

Conguagli irrilevanti - I conguagli **inferiori al 5%** del valore della quota di diritto non danno luogo ad un'autonoma tassazione della parte eccedente.

CASO 11 - Conguaglio inferiore al 5%
Una massa comune di beni appartenente a due soggetti ha un valore di 100.000 euro. In sede di divisione ad A vengono attribuiti beni per un valore di 52.000 euro e a B beni per un valore di 48.000 euro.
In cambio, A dovrà corrispondere a B la somma di 2.000 euro (conguaglio).
Il conguaglio attribuito è inferiore al 5% del valore della quota di diritto (50.000 x 5% = 2.500 euro).
L'atto di divisione sconta l'imposta proporzionale di registro con l'aliquota dell'1% sull'intera massa comune di 100.000 euro.

63.21. CONTRATTI A PREZZO O A TEMPO INDETERMINATO

63.21.1. Contratti a prezzo indeterminato

Se il corrispettivo deve essere determinato posteriormente alla stipulazione del contratto, l'imposta è applicata in base al **valore dichiarato dalla parte che richiede la registrazione** (art. 35, c. 1, D.P.R. n. 131/1986).
La determinazione definitiva del corrispettivo deve essere oggetto di denuncia presso l'Ufficio delle entrate dove è stato registrato il contratto (art. 19, D.P.R. n. 131/1986) e può dar luogo:
- a **conguaglio**, se il prezzo definitivo è superiore a quello dichiarato all'atto della registrazione;
- a **rimborso**, se il prezzo definitivo è inferiore a quello dichiarato.

La denuncia deve essere presentata **entro 20 giorni** dal momento in cui il corrispettivo viene definitivamente determinato (art. 19, D.P.R. n. 131/1986).

Variazione del corrispettivo

Ogni variazione del corrispettivo che interviene durante l'esecuzione del contratto deve essere **denunciata entro 20 giorni** presso l'Ufficio delle entrate dove è stato registrato il contratto (art. 19, D.P.R. n. 131/1986).

Adeguamenti del canone di locazione

Gli adeguamenti del canone di locazione al costo della vita possono essere richiesti a norma della legge sull'equo canone (Legge n. 392/1978) o al di fuori di tale legge.
Gli adeguamenti effettuati in base alla legge sull'**equo canone**:
- non concorrono a formare la **base imponibile** relativamente all'annualità del contratto nel corso della quale si sono verificate;
- rilevano ai fini della base imponibile soggetta a imposta di registro dall'**anno successivo** (art. 35, c. 2, D.P.R. n. 131/1986).

Esempio
Durata del contratto dal 16 aprile 2018 al 16 aprile 2022.
Il 16 aprile 2019 viene adeguato il canone di locazione in base alla legge sull'equo canone.
L'adeguamento concorre alla formazione della base imponibile a partire dall'annualità che ha inizio il 16 aprile 2020.

Nel caso in cui l'imposta di registro sia stata corrisposta per l'intera durata del contratto, gli adeguamenti del canone hanno effetto solo ai fini della determinazione della base imponibile in caso di proroga del contratto (art. 35, c. 2, D.P.R. n. 131/1986).

Gli adeguamenti **non** effettuati in base alla legge sull'**equo canone** concorrono **da subito** alla formazione della base imponibile soggetta ad imposta di registro.

63.21.2. Contratti a tempo indeterminato

Per i contratti a tempo indeterminato l'imposta è applicata **in base alla durata dichiarata dalla parte che ne richiede la registrazione** (art. 36, c. 1, D.P.R. n. 131/1986).
Se alla data indicata il rapporto non sia cessato deve essere presentata all'Ufficio una nuova denuncia, corrispondendo l'imposta in relazione alla maggiore durata del contratto (artt. 19 e 36, D.P.R. n. 131/1986).

Durata dipendente dalla vita di una persona

Se la durata dell'atto dipende dalla vita di una persona si applica la disciplina prevista per le **rendite** (art. 36, c. 2, D.P.R. n. 131/1986).

Contratti con proroga tacita

Per i contratti con patto di proroga tacita l'imposta è applicata in relazione **alla durata pattuita** (art. 36, c. 3, D.P.R. n. 131/1986). Le parti hanno l'obbligo **di denunciare l'ulteriore periodo** di durata del rapporto e di pagare la relativa imposta in base alle norme vigenti al momento in cui il contratto è divenuto vincolante per il nuovo periodo (art. 19, D.P.R. n. 131/1986).

Contratti con diritto di recesso

Per i contratti che attribuiscono ad una parte il diritto di recedere prima della scadenza ma dopo un determinato periodo di tempo, l'imposta è applicata in relazione a tale periodo (art. 36, c. 3, D.P.R. n. 131/1986).

In caso di ulteriore durata del contratto, le parti hanno l'obbligo di **presentare denuncia** e di pagare l'integrazione di imposta per l'ulteriore durata (art. 19, D.P.R. n. 131/1986).

ATTI DELL'AUTORITÀ GIUDIZIARIA 63.22.

Gli **atti dell'autorità giudiziaria** soggetti ad imposta in termine fisso sono (art. 37 e Tariffa, Parte I, art. 8, D.P.R. n. 131/1986):

- i provvedimenti che **definiscono**, anche parzialmente, il **giudizio**;
- i **decreti ingiuntivi** esecutivi;
- i provvedimenti di **aggiudicazione** e di **assegnazione**, anche in sede di scioglimento di comunioni;
- i provvedimenti che dichiarano **esecutivi i lodi arbitrali**;
- le sentenze che dichiarano **efficaci** nel territorio dello Stato le **sentenze straniere**.

Gli atti giudiziari sono soggetti ad imposta anche se al momento della registrazione sono stati **impugnati** o sono ancora **impugnabili**.

In base al **principio di buona fede**, l'ufficio deve rideterminare l'imposta proporzionale di registro dovuta sulla sentenza di primo grado quando già riformata dalla sentenza di appello divenuta definitiva in presenza di richiesta di accertamento con adesione del contribuente, perché tale richiesta evidenzia l'acquiescenza tacita alla sentenza di appello (Cass. 8 luglio 2020, n. 14281).

In caso di **pluralità di provvedimenti** dell'autorità giudiziaria, ciascuno di essi è soggetto **autonomamente ad imposizione**, senza che possa attribuirsi rilevanza alla circostanza che si riferiscano al medesimo oggetto ed alle stesse parti, in quanto il tributo non è volto a colpire il trasferimento di ricchezza, ma inerisce direttamente all'atto (Cass. 28 dicembre 2020, n. 29691; Cass. 18 aprile 2018, n. 9501).

Decreto ingiuntivo

L'ordinanza ingiunzione di pagamento rientra tra gli atti dell'autorità giudiziaria soggetti all'imposta di registro **proporzionale**, in quanto **ha natura "decisoria"** (Cass. 28 luglio 2010, n. 17607).

Il decreto ingiuntivo ottenuto dal garante di una fideiussione, che sia stato escusso dall'Agenzia delle Entrate per l'inadempimento di un'obbligazione d'imposta da parte del debitore principale, è soggetto a registrazione con **aliquota proporzionale al valore della condanna**, in quanto il garante, a seguito del pagamento, non fa valere corrispettivi o prestazioni soggetti a IVA (Cass., SS.UU., 10 luglio 2019, n. 18520; Cass. 23 aprile 2020, n. 8085; Cass. 14 marzo 2018, n. 6350; Cass. 17 maggio 2017, n. 12240); **l'azione di regresso**, infatti, per il suo carattere autonomo e meramente "restitutorio", non coinvolge l'applicazione del principio di alternatività IVA/registro (ris. 30 luglio 2019, n. 70/E; in senso conforme ris. 22 febbraio 2017, n. 22/E).

In caso di **plurime fideiussioni** enunciate nello stesso **decreto ingiuntivo** e comportanti responsabilità solidale cumulativa dei fideiussori per lo stesso debito, **l'imposta proporzionale** di registro va applicata ad **una sola fideiussione**, con sottoposizione delle altre ad imposta di registro in misura fissa (Cass. 17 gennaio 2018, n. 976).

I decreti ingiuntivi che dispongono il pagamento di corrispettivi o prestazioni **soggetti ad IVA** non sono soggetti all'imposta proporzionale (Tariffa, Parte I, art. 8, nota II, D.P.R. n. 131/1986).

Le somme indicate nel decreto ingiuntivo per la **condanna al pagamento** delle somme incassate dalla società appaltante per l'esecuzione di lavori effettuati dalla società mandante, sono soggette all'imposta di registro **in misura fissa**, in quanto relative a prestazioni di servizio **già soggette ad IVA** (Cass. 2 luglio 2020, n. 13527).

Sentenza passata in giudicato

Se la sentenza passata in giudicato comporta una modifica della misura della tassazione già operata, il contribuente ha diritto al **rimborso** ovvero è tenuto a versare il **conguaglio** (art. 37, c. 1, D.P.R. n. 131/1986).

Alla sentenza passata in giudicato sono **equiparati**:
- l'atto di **conciliazione giudiziale**;
- l'atto di **transazione stragiudiziale** in cui è parte l'Amministrazione dello Stato.

In caso di diritto al **rimborso**, il contribuente deve **presentare istanza all'Ufficio che ha riscosso** l'imposta entro **3 anni** dal giorno in cui tale diritto è sorto.

Alternatività IVA - Registro

Gli atti giudiziari recanti **condanna al pagamento di somme o valori**, ad altre prestazioni o alla consegna di beni di qualsiasi natura, , **non sono soggetti all'imposta** proporzionale per la parte in cui dispongono il pagamento di corrispettivi o prestazioni soggetti all'IVA (art. 40 e Tariffa, Parte I; art. 8, nota II, D.P.R. n. 131/1986), senza distinzione tra **quota capitale e quota interessi**, quando questi ultimi non abbiano natura moratoria (Cass 12 febbraio 2020, n. 3379; v. anche Cass. 9 dicembre 2020, n. 28031).

La sentenza di condanna che un istituto di credito ottenga per il **recupero delle somme** ad esso dovute per un **finanziamento** va sottoposta a **tassazione fissa**, trattandosi di prestazioni, ancorché esenti, attratte pur sempre all'orbita dell'IVA (Cass. 9 dicembre 2020, n. 28031; Cass. 13 luglio 2017, n. 17276).

La Corte Costituzionale ha dichiarato la **illegittimità costituzionale** dell'art. 8, c. 1, lett. c), della Parte prima della Tariffa allegata al D.P.R. n. 131/1986, nella parte in cui assoggetta all'imposta proporzionale di registro, anziché a quella fissa, le pronunce che definiscono i **giudizi di opposizione allo stato passivo del fallimento** con accertamento di crediti derivanti da **operazioni soggette ad IVA** (Corte cost. 13 luglio 2017, n. 177).

Il **principio di alternatività** con l'IVA opera nei soli casi indicati all'art. 8, lett. b) (provvedimenti recanti condanna al pagamento di somme o valori o altre prestazioni, o alla consegna di beni di qualsiasi natura) e **non anche nelle ipotesi di cui alla lett. c)**, relativi all'accertamento di diritti a contenuto patrimoniale (Cass. 19 aprile 2019, n. 11036).

63.22.1. Misura dell'imposta

Le **aliquote** d'imposta applicabili per la tassazione degli atti giudiziari sono stabilite dalla Tariffa, Parte I, art. 8, D.P.R. n. 131/1986.

Oggetto dell'atto	Aliquota
Trasferimento o costituzione di diritti reali su **beni immobili**	2%, 9%, 15%
Trasferimento o costituzione di diritti reali su **unità da diporto**	Stessi importi di cui all'art. 7
Condanna al **pagamento di somme** o valori	3%
Condanna ad **eseguire prestazioni**	3%
Condanna alla **consegna di beni** di qualsiasi natura	3%
Accertamento di **diritti a contenuto patrimoniale**	1%
Atti che **non recano** trasferimento, condanna o accertamento di **diritti a contenuto patrimoniale**	200 euro

INDIRETTE

Oggetto dell'atto	Aliquota
Che dichiarano la **nullità o** pronunciano **l'annullamento di un atto** (ancorché portanti condanna alla restituzione di denaro o beni, o la risoluzione di un contratto)	200 euro
Scioglimento o cessazione degli **effetti civili del matrimonio**; **separazione** personale (ancorché recanti condanne al pagamento di assegni o attribuzioni di beni patrimoniali)	Esenzione (art. 19, Legge n. 74/1987)
Omologazione	200 euro
Atti del **Consiglio di Stato** e dei **TAR** che definiscono, anche parzialmente, il giudizio, compresi i decreti ingiuntivi, che recano **condanna al pagamento di somme di danaro** diverse dalle spese processuali	3%
Decreti ingiuntivi esecutivi emessi dal **Consiglio di Stato o dal TAR**	3%

Sentenze di accertamento

La sentenza di accertamento del debito del terzo nei confronti del debitore esecutato, essendo di mero accertamento e non suscettibile di esecuzione forzata, è soggetta all'imposta proporzionale (e non a quella fissa) di registro (Cass. 19 aprile 2019, n. 11036).

Revocatoria fallimentare

La sentenza che accoglie l'azione revocatoria fallimentare e dispone le conseguenti restituzioni, producendo l'effetto giuridico del recupero alla procedura esecutiva di beni che ne erano in precedenza assenti e realizzando un trasferimento di ricchezza in favore del fallimento, è soggetta ad aliquota proporzionale ai sensi dell'art. 8, c. 1, lett. b), Tariffa Parte I, D.P.R. 26 aprile 1986 (Cass. 13 maggio 2019, n. 12685; Cass. 7 luglio 2017, n. 16814).

Sulla statuizione del giudice che accoglie la domanda di revocatoria esperita dal curatore fallimentare ai sensi dell'articolo 2901 del Codice civile e dell'articolo 66 della Legge Fallimentare trova applicazione l'imposta di registro in misura fissa (risposta a interpello 18 settembre 2020, n. 380).

Scioglimento del matrimonio o cessazione dei suoi effetti civili

Tutti gli atti, i documenti ed i provvedimenti relativi ai procedimenti di:
- scioglimento del matrimonio,
- cessazione degli effetti civili del matrimonio,
- diretti ad ottenere la corresponsione o la revisione degli assegni,

sono **esenti** dall'imposta di bollo, di **registro** e da **ogni altra tassa** (art. 19, Legge n. 74/1987; circ. 21 febbraio 2014, n. 2, par. 9.2.; Cass. ord. 21 settembre 2017, n. 22023).

L'esenzione si applica anche a tutti gli atti, documenti e provvedimenti relativi al procedimento di **separazione personale dei coniugi** (Corte cost. 25 febbraio 1999, n. 41, 15 aprile 1992, n. 176, 10 maggio 1999, n. 154), ivi comprese le sentenze di divisione rese necessarie dal mancato raggiungimento di accordi di separazione e di divorzio (Cass. 6 luglio 2020, n. 13840) e agli accordi a favore dei figli (circ. 29 maggio 2013, n. 18/E, par. 1.15), anche nel caso in cui trascorrano più anni tra la data del decreto di omologa del Tribunale e la stipula dell'atto notarile per la realizzazione degli accordi presi dalle parti in sede di separazione consensuale omologata (risposta a interpello 25 novembre 2019, n. 493).

La convenzione di **negoziazione assistita** (art. 2, D.L. n. 132/2014), conclusa tra coniugi al fine di raggiungere una soluzione consensuale di separazione personale, di cessazione degli effetti civili del matrimonio, produce i medesimi effetti dei provvedimenti giudiziari che concludono i procedimenti di separazione e divorzio e, quindi, possono essere ricondotti nell'ambito dell'art. 19 della Legge n. 74/1987, in base al quale tutti gli atti, i documenti ed i provvedimenti relativi al procedimento di scioglimento del matrimonio o di cessazione degli effetti civili del matrimonio sono esenti dall'imposta di bollo, di registro e da ogni altra tassa (risposta a interpello 28 maggio 2020, n. 158).

L'esenzione da imposta di registro si applica anche nel caso, in cui nell'ambito di tali procedimenti, sono posti in essere atti di **trasferimento immobiliare** (circ. 21 febbraio 2014, n. 2/E, par. 9.2., Cass. ord. 21 settembre 2017, n. 22023), in conformità agli accordi presi dalle parti in sede di scioglimento del matrimonio o di separazione consensuale omologata (risposta a interpello n. 493 del 25 novembre 2019). In tali casi, la vendita infraquinquennale a terzi dell'immobile acquistato con i benefici "prima casa", concordata dai coniugi in sede di **separazione**, non comporta la decadenza dall'agevolazione (Cass. 21 marzo 2019, n. 7966; ris. 9 settembre 2019, n. 80/E).

INDIRETTE

63.22.2. Base imponibile

La base imponibile per la tassazione degli atti giudiziari si determina con le stesse regole previste per la tassazione degli atti ordinari (art. 43, c. 4, D.P.R. n. 131/1986) (➡63.2.).

63.22.3. Registrazione

Soggetti obbligati

Sono **obbligati a richiedere la registrazione** degli atti giudiziari, alla cui formazione hanno partecipato nell'esercizio delle loro funzioni, i **cancellieri** e i **segretari** degli organi giurisdizionali (art. 10, c. 1, lett. c), D.P.R. n. 131/1986).

I provvedimenti della Corte di Cassazione sono **esenti dall'obbligo della registrazione** (art. 73, c. 1-bis, D.P.R. n. 115/2002).

Trasmissione degli atti all'Ufficio delle entrate

Il funzionario addetto all'ufficio giudiziario **trasmette telematicamente all'Ufficio delle entrate** le sentenze, i decreti e gli altri atti giudiziari soggetti ad imposta di registro ai fini della registrazione (art. 73, c. 1, D.P.R. n. 115/2002).

Per le **sentenze** di **condanna al risarcimento del danno prodotto da fatti costituenti reato** la trasmissione della sentenza è curata dal funzionario addetto all'Ufficio del **giudice dell'esecuzione** (artt. 73-ter, D.P.R. n. 115/2002).

Termini per richiedere la registrazione

I cancellieri, per i provvedimenti e gli atti giudiziari **diversi** dai **decreti di trasferimento** e dagli **atti da essi ricevuti**, devono richiedere la registrazione **decorsi 10 giorni ed entro 30** giorni da quello in cui il provvedimento è stato pubblicato o emanato.

Se dagli atti del procedimento **non sono desumibili**:
- il **domicilio**
- o la **residenza anagrafica**

delle parti, la registrazione deve essere chiesta **entro 30 giorni** dalla data di acquisizione di tali elementi (art. 13, c. 3, D.P.R. n. 131/1986).

Decreti di trasferimento e atti ricevuti dai cancellieri

I cancellieri, per i decreti di trasferimento e gli atti da essi ricevuti, devono richiedere la registrazione **entro 60 giorni** da quello in cui il provvedimento è stato emanato (art. 13, c. 1-bis, D.P.R. n. 131/1986).

Sentenze di condanna al risarcimento del danno da reato

La registrazione delle sentenze e degli altri atti recanti condanna al risarcimento del danno prodotto da fatti costituenti reato deve essere richiesta entro **30 giorni** dalla data di **passaggio in giudicato** (artt. 73, c. 2-ter e 73-bis, c. 1, D.P.R. n. 115/2002).

Le sentenze e gli altri atti degli organi giurisdizionali che condannano al risarcimento del danno prodotto da fatti costituenti reato si **registrano a debito**, cioè senza contemporaneo pagamento delle imposte dovute (art. 59, c. 1, lett. d), D.P.R. n. 131/1986).
Le **parti in causa** possono **segnalare all'ufficio giudiziario**, anche per il tramite del proprio difensore, la sussistenza dei presupposti previsti per la registrazione a debito delle pronunce che condannano al risarcimento del danno prodotto da fatti costituenti reato, **entro 10 giorni** dalla data di pubblicazione o emanazione.
Se la registrazione a debito non viene concessa, l'Ufficio giudiziario deve darne apposita motivazione, da trasmettere all'Ufficio delle entrate (art. 73, c. 2-quater, D.P.R. n. 115/2002).

Estremi di registrazione degli atti

L'ufficio delle entrate comunica gli estremi di protocollo e di registrazione **entro 10 giorni**:
- dalla **ricezione** degli atti, nei casi di imposta **prenotata a debito** (➡63.8.5.);
- dal **pagamento** negli altri casi.

L'ufficio annota questi dati in calce all'originale degli atti.

INDIRETTE

Liquidazione e riscossione dell'imposta 63.22.4.

Soggetti obbligati

I **cancellieri** e i **segretari** sono tenuti al pagamento dell'imposta - o al deposito della somma dovuta se il pagamento è differito (art. 16, c. 2, D.P.R. n. 131/1986) - all'atto della richiesta di registrazione limitatamente ai **decreti di trasferimento** emanati nei procedimenti esecutivi e agli atti da essi ricevuti (art. 54, c. 2, D.P.R. n. 131/1986) (➡63.33.2.).

Per gli **altri atti** degli organi giurisdizionali il pagamento dell'imposta deve essere effettuato, **entro 60 giorni** dalla notifica di avviso di liquidazione, **dalle parti in causa** o dai soggetti nel cui interesse è richiesta la registrazione (art. 54, c. 3, D.P.R. n. 131/1986). Per "**parti in causa**" devono intendersi, in via solidale, tutti coloro che abbiano preso parte al giudizio, nei confronti dei quali la pronuncia giurisdizionale si è espressa nella parte dispositiva e la cui sfera giuridica sia in qualche modo interessata dagli effetti di tale decisione. Il **presupposto della solidarietà** non può, quindi, essere individuato nella mera situazione processuale del soggetto che, pur avendo partecipato al giudizio, sia rimasto totalmente estraneo al rapporto considerato nella sentenza, dovendosi, invece, avere riguardo esclusivamente alla **situazione sostanziale** che abbia dato causa alla sentenza registrata (Cass. 19 giugno 2020, n. 12009).

Una volta emesso l'avviso di liquidazione, l'eventuale riforma, totale o parziale, della decisione nei successivi gradi di giudizio, e fino alla formazione del giudicato, non incide sull'avviso di liquidazione, integrando, piuttosto, un autonomo titolo per l'esercizio dei diritti al conguaglio o al rimborso dell'imposta, da far valere separatamente e non nel medesimo procedimento (Cass. 6 maggio 2019, n. 11798; Cass. 16 maggio 2018, n. 12023).

Provvedimenti giudiziari non soggetti a registrazione 63.22.5.

Gli atti diversi da quelli espressamente indicati nella Tariffa (Parte I, art. 8) non sono soggetti a registrazione.

Esempi

Non sono soggetti a registrazione i provvedimenti emessi:

- dalla Corte Costituzionale (Tabella, art. 2);
- dal Consiglio di Stato e dai TAR (diversi da quelli soggetti ad imposta sopra indicati) (Tabella, art. 2);
- dalle Commissioni tributarie (Tabella, art. 2);
- dalla Corte dei Conti (Tabella, art. 2);
- dalla Corte di Cassazione (art. 73, c. 2, D.P.R. n. 115/2002);
- in tema di contenzioso elettorale (Tabella, art. 2);
- in materia di controversie individuali di lavoro e di previdenza e assistenza obbligatoria (Tabella, art. 10);
- per le controversie relative alle opposizioni alle sanzioni amministrative (art. 23, c. 10, Legge n. 689/1981).

BASE IMPONIBILE 63.23.

Le norme sulla base imponibile dell'imposta di registro contengono:

- **disposizioni generali** (art. 43, D.P.R. n. 131/1986);
- **disposizioni specifiche** in relazione a determinati atti (artt. da 44 a 53, D.P.R. n. 131/1986).

Disposizioni generali 63.23.1.

Atto	Base imponibile	Art. 43, c. 1, D.P.R. n. 131/1986
Contratti a titolo oneroso traslativi o costitutivi di **diritti reali**	Valore del bene o del diritto alla data dell'atto	lett. a)
Contratti a titolo oneroso traslativi o costitutivi di **diritti reali** sottoposti a **condizione sospensiva**, ad **approvazione** o ad **omologazione**	Valore del bene o del diritto alla data in cui si producono gli effetti traslativi o costitutivi	lett. a)

INDIRETTE

Atto	Base imponibile	Art. 43, c. 1, D.P.R. n. 131/1986
Permute di beni	Valore del bene che dà luogo all'applicazione della maggiore imposta	lett. b)
Obbligazione in cambio di beni o altra obbligazione	Valore del bene ceduto o della prestazione che dà luogo all'applicazione della maggiore imposta	lett. c)
Permute soggette ad IVA	Valore del bene o della prestazione non soggetta ad IVA	lett. b) o c) e art. 40, c. 2.
Cessioni di contratto	Corrispettivo pattuito per la cessione e valore delle prestazioni ancora da eseguire	lett. d)
Assunzione di obbligazione che non costituisce corrispettivo di altra prestazione	Ammontare dell'obbligazione assunta	lett. e)
Estinzione di una precedente **obbligazione**	Ammontare dell'obbligazione estinta e, se questa ha per oggetto un bene diverso dal denaro, dal valore del bene alla data dell'atto	lett. e)
Prestazione di **garanzia** reale o personale	Somma garantita. Se la garanzia è prestata in denaro o in titoli, dalla somma di denaro o dal valore dei titoli, se inferiore alla somma garantita.	lett. f)
Contratti diversi da quelli indicati nei punti precedenti, aventi per oggetto **prestazioni a contenuto patrimoniale**	Ammontare dei corrispettivi in denaro pattuiti per l'intera durata del contratto	lett. h)
Contratti relativi ad **operazioni soggette** e ad operazioni **non soggette ad IVA**	Valore delle cessioni e delle prestazioni non soggette ad IVA	lett. i)

Immobili

Per la determinazione della base imponibile in caso di vendita di immobili viene attribuito rilievo esclusivamente al valore del bene **alla data dell'atto** (ovvero, se trattasi di atto traslativo sottoposto a **condizione** sospensiva, **approvazione** o **omologazione**, alla data in cui si **producono gli effetti** traslativi o costitutivi), a prescindere dalle possibili ricadute derivanti da vicende che successivamente interessano il bene (Cass. 9 ottobre 2020, n. 21870).

Accollo di debiti

Concorrono a formare la base imponibile anche (art. 43 c. 2, D.P.R. n. 131/1986):
- i debiti o gli altri oneri oggetto di **accollo**;
- le **obbligazioni estinte** per effetto dell'atto.

Esempio
Acquisto di un immobile per 400.000 euro, con accollo del mutuo di 230.000 euro.
Base imponibile: 630.000 euro (400.000 + 230.000).

L'accollo del debito concorre a formare la base imponibile e, quindi, non è soggetto ad imposta autonomamente (art. 21, c. 3, D.P.R. n. 131/1986) (Cass. 26 giugno 2003, n. 10201).

Corrispettivi in valuta estera

Se i prezzi o i corrispettivi che concorrono a formare la base imponibile dell'imposta di registro sono espressi in valuta estera o in valuta oro, occorre procedere al ragguaglio al cambio (art. 43, c. 3, D.P.R. n. 131/1986):
- del giorno della stipulazione dell'atto;
- risultante alla **diversa data di ragguaglio stabilita dalle parti**.

INDIRETTE

Atti dell'autorità giudiziaria

Le disposizioni sulla base imponibile previste per gli atti e i contratti valgono anche per la tassazione degli atti giudiziari (➡63.22.2.).

Espropriazione forzata e asta pubblica 63.23.2.

La base imponibile è costituita dal **prezzo di aggiudicazione** (art. 44, c. 1, D.P.R. n. 131/1986):

- per la vendita di beni mobili e immobili fatta in sede di espropriazione forzata;
- per la vendita di beni mobili e immobili fatta all'asta pubblica;
- per i contratti stipulati o aggiudicati in seguito a pubblico incanto.

Nel caso di **decadenza dell'aggiudicatario** per mancato pagamento del prezzo e di nuovo incanto (art. 587 c.p.c.) la base imponibile è costituita dal prezzo di aggiudicazione diminuito della parte già assoggettata ad imposta (art. 44, c. 1, D.P.R. n. 131/1986).

Immobili ad uso abitativo

Nel particolare caso in cui l'espropriazione o l'asta abbia ad oggetto immobili ad uso abitativo, acquisiti da privati, può trovare applicazione, in presenza degli altri requisiti previsti, il criterio del c.d. "prezzo valore" (➡63.23.10.).

Espropriazione per pubblica utilità 63.23.3.

Per l'espropriazione per pubblica utilità e per ogni altro atto della pubblica autorità traslativo o costitutivo della proprietà di beni **mobili**, beni **immobili**, **aziende**, **diritti reali** sugli stessi, la base imponibile è costituita dall'ammontare definitivo dell'**indennizzo** (art. 44, c. 2, D.P.R. n. 131/1986).

Trasferimento volontario

In caso di trasferimento volontario all'espropriante nell'ambito della procedura espropriativa la base imponibile è costituita dal **prezzo** (art. 44, c. 2, D.P.R. n. 131/1986).

Le **cessioni volontarie**, inserendosi nell'ambito di un procedimento espropriativo e producendo gli stessi effetti del decreto di esproprio (cfr. art. 45 del D.P.R. n. 327/2001), sono soggette alla medesima disciplina prevista per gli **atti di espropriazione per pubblica utilità** (risposta a interpello 6 ottobre 2021, n. 669).

Soggetto obbligato

Negli atti di espropriazione per pubblica utilità o di trasferimento coattivo della proprietà o di diritti reali di godimento, l'imposta di registro è dovuta solo dall'**ente espropriante o** dall'**acquirente**, senza diritto di rivalsa (art. 57, c. 8, D.P.R. n. 131/1986).

Se espropriante o acquirente è lo **Stato**, l'imposta **non è dovuta** (art. 57, c. 8, D.P.R. n. 131/1986). Il riferimento allo Stato della qualifica di "espropriante o acquirente" consente di ricomprendere nell'ambito di applicazione dell'esenzione (art. 57, c. 8, D.P.R. n. 131/1986) anche le procedure di esproprio nelle quali l'**ente espropriante è un soggetto diverso dallo Stato** (ad esempio, il concessionario delegato per l'esecuzione di opere pubbliche), purché, in questi casi, il **trasferimento del diritto di proprietà** sui beni espropriati avvenga **direttamente ed immediatamente** a favore del "**Demanio dello Stato**", senza, quindi, mai transitare per il patrimonio del soggetto espropriante. Ai fini dell'esenzione dall'imposta di registro non è, dunque, necessario che nei procedimenti di esproprio lo Stato rivesta sia la qualifica di espropriante che quella di soggetto acquirente. Conseguentemente, tale esenzione troverà applicazione sia nel caso in cui lo Stato sia il soggetto espropriante sia nel caso in cui lo stesso, pur non essendo il soggetto "espropriante", sia però il soggetto "acquirente" (ris. 19 settembre 2018, n. 66/E; Cass. 13 marzo 2020, n. 7221).
Nei casi in esame, inoltre, non sono dovute le imposte ipotecaria e catastale (art. 1, c. 2 e art. 10, c. 3, D.Lgs. n. 347/1990).

Concessioni e atti con Amministrazioni dello Stato 63.23.4.

Per gli atti di:

- **concessione su beni demaniali**, cessione e surrogazione relativa,
- **concessione di diritti d'acqua** a tempo determinato, cessione e surrogazione relativa,

la base imponibile è pari all'ammontare del **canone** (art. 45, D.P.R. n. 131/1986).
Per gli atti di **trasferimento** di **beni immobili** o di **diritti reali** immobiliari da/a Amministrazioni dello Stato, compresi gli organi con personalità giuridica, con valore determinato dall'Agenzia del Territorio

INDIRETTE

in base a disposizioni di legge, la base imponibile è pari all'ammontare del **corrispettivo pattuito** (art. 45, D.P.R. n. 131/1986).

63.23.5. Rendite e pensioni

Base imponibile rendite

Per la costituzione di rendite la base imponibile è data (art. 46, c. 1, D.P.R. n. 131/1986):

- dalla **somma pagata** o dal **valore dei beni ceduti** dal beneficiario;
- ovvero, dal **valore della rendita**, **se maggiore** rispetto al valore della somma pagata o al valore dei beni ceduti dal beneficiario.

Base imponibile pensioni

Per la costituzione di pensioni la base imponibile è data dal **valore della pensione** (art. 46, c. 1, D.P.R. n. 131/1986).

Valore della rendita e della pensione

Rendita perpetua o a tempo indeterminato - Il valore della rendita perpetua o a tempo indeterminato è pari a **80 volte l'annualità** (art. 46, c. 2, lett. a), D.P.R. n. 131/1986 e art. 1, D.M. 21 dicembre 2021).

Esempio
Con scrittura privata autenticata in data 10 gennaio 2021 A cede a B un immobile del valore di 600.000 euro pattuendo che l'acquirente gli dovrà corrispondere, come corrispettivo, una rendita perpetua di 1.000 euro l'anno.
Valore della rendita: 1.000 x 10.000 = 10.000.000 euro.

Rendita o pensione a tempo determinato - Il valore della rendita o pensione a tempo determinato è costituito dal valore attuale dell'annualità, calcolato al saggio legale di interesse (dal 1° gennaio 2021 pari all'1,25% in ragione d'anno - D.M. 13 dicembre 2021) ma in nessun caso superiore a **80 volte l'annualità** (art. 46, c. 2, lett. b), D.P.R. n. 131/1986 e art. 1, D.M. 21 dicembre 2021).

Il valore della rendita o pensione **a tempo determinato**, con clausola di cessazione per effetto della morte del beneficiario prima della scadenza, è costituito dal **valore attuale dell'annualità**, calcolato al saggio legale di interesse, ma il suo valore non può superare quello determinato nei modi previsti per la rendita o pensione vitalizia con riferimento alla **durata massima della rendita o pensione** (art. 46, c. 4, D.P.R. n. 131/1986).

Rendita o pensione vitalizia - Il valore della rendita o pensione vitalizia è costituito dall'ammontare che si ottiene moltiplicando l'**annualità per il coefficiente indicato** nel prospetto seguente (allegato D.P.R. n. 131/1986), applicabile in relazione all'età della persona alla cui morte deve cessare (art. 46, c. 2, lett. c), D.P.R. n. 131/1986; D.M. 21 dicembre 2021).

Età del beneficiario (anni compiuti)	Coefficiente	Età del beneficiario (anni compiuti)	Coefficiente
da 0 a 20	76,00	da 64 a 66	40,00
da 21 a 30	72,00	da 67 a 69	36,00
da 31 a 40	68,00	da 70 a 72	32,00
da 41 a 45	64,00	da 73 a 75	28,00
da 46 a 50	60,00	da 76 a 78	24,00
da 51 a 53	56,00	da 79 a 82	20,00
da 54 a 56	52,00	da 83 a 86	16,00
da 57 a 60	48,00	da 87 a 92	12,00
da 61 a 63	44,00	da 93 a 99	8,00

Esempio
Rendita annua costituita il 20 gennaio 2022 di 10.000 euro a favore di una persona di 53 anni.
Base imponibile: 10.000 x 56 = 560.000.

INDIRETTE

Rendita o pensione costituita congiuntamente a favore di più persone

Il valore della rendita o pensione costituita congiuntamente a favore di più persone, che **cessa con la morte di una qualsiasi di esse**, è determinato secondo le regole previste per la rendita o pensione vitalizia (art. 46, c. 2, lett. c), tenendo conto **dell'età del meno giovane** dei beneficiari (art. 46, c. 3, D.P.R. n. 131/1986).

Se la rendita o pensione è costituita congiuntamente a favore di più persone con **diritto di accrescimento** tra loro, il valore è determinato tenendo conto dell'età del più giovane dei beneficiari (art. 46, c. 3, D.P.R. n. 131/1986).

L'**accrescimento** è quel fenomeno giuridico, relativo alla contitolarità di diritti, che produce l'effetto di espandere la quota degli altri contitolari qualora venga meno la titolarità di alcuno di essi (per esempio, a causa di morte).

Enfiteusi 63.23.6.

Per la costituzione di enfiteusi e per la devoluzione o la cessione del diritto dell'enfiteuta, la base imponibile è pari a:

- **20 volte** il canone annuo;
- ovvero, **se maggiore, al valore del diritto dell'enfiteuta** (art. 47, c. 1, D.P.R. n. 131/1986).

Affrancazione - La base imponibile è costituita dalla somma dovuta dall'enfiteuta (art. 47, c. 2, D.P.R. n. 131/1986).

Valore del diritto del concedente - È pari alla somma dovuta dall'enfiteuta per l'affrancazione (art. 47, c. 3, D.P.R. n. 131/1986).

Valore del diritto dell'enfiteuta - È pari alla differenza tra:

- il valore della piena proprietà;
- e la somma dovuta per l'affrancazione (art. 47, c. 3, D.P.R. n. 131/1986).

Usufrutto, uso e abitazione 63.23.7.

Per il trasferimento della proprietà gravata da diritto di usufrutto, uso, abitazione, la **base imponibile** è costituita dalla **differenza tra**:

- il valore della **piena proprietà**;
- il valore **dell'usufrutto, uso o abitazione** (art. 48, D.P.R. n. 131/1986).

Valore dell'usufrutto, dell'uso o dell'abitazione

Il valore dell'usufrutto, dell'uso o dell'abitazione si determina come segue:

1. si moltiplica il valore della piena proprietà per il saggio legale d'interesse (dal 1° gennaio 2022 pari all'1,25% in ragione d'anno - D.M. 13 dicembre 2021);
2. si moltiplica il valore dell'annualità per il coefficiente applicabile in base all'età della persona, alla cui morte il diritto di usufrutto, uso o abitazione deve cessare per il saggio legale di interesse (➡63.23.5.).

Valore piena proprietà	X	Saggio legale di interesse	=	Valore **dell'annualità**
Valore annualità	X	Coefficiente tabella	=	Valore **dell'usufrutto, uso, abitazione**

Esempio

Usufrutto su un immobile di valore pari a 450.000 euro.
Età dell'usufruttuario: 59 anni.
Tasso interesse 2022: 1,25%.
Valore annualità: 450.000 x 1,25% = 5.625.
Valore usufrutto: 5.625 x 48 = 270.000.
Valore nuda proprietà: 450.000 - 270.000 = 180.000.

Il medesimo procedimento vale sia nel caso di **cessione del diritto di usufrutto** sia nel caso della sua **costituzione**.
Lo stesso procedimento si utilizza per la determinazione del valore **dell'uso** e **dell'abitazione**.

63.23.8. Crediti

Per i crediti la base imponibile è costituita **dal loro importo**, senza tener conto degli interessi non ancora maturati.

Rileva il **valore nominale del credito** oggetto di cessione, indipendentemente dalla circostanza che il cessionario possa presumibilmente percepire una somma inferiore, a seguito ad esempio dell'insinuazione al passivo fallimentare del cedente (ris. 26 febbraio 1974, n. 300176).

Crediti fruttiferi

Per i crediti infruttiferi che scadono almeno dopo 1 anno dalla data dell'atto con il quale sono stati costituiti o ceduti, la base imponibile è costituita dal loro valore attuale calcolato al saggio legale di interesse.

Crediti di valore non determinabile

Se al momento della cessione il valore del credito ceduto **non è quantificabile** esattamente, in quanto il suo ammontare può variare in base ad elementi esterni (ad esempio, in base a quanti beni saranno prodotti o venduti), l'imposta di registro deve essere corrisposta, al momento della registrazione, sul valore del credito stimato ed eventualmente **conguagliata** versando la differenza o chiedendo il rimborso (artt. 35 e 19, D.P.R. n. 131/1986).

63.23.9. Atti societari

Per il conferimento di immobili o di diritti reali immobiliari per la costituzione di:
- **società**,
- **enti** diversi dalle società,
- **consorzi**,
- **associazioni**,
- **altre organizzazioni** di persone o di beni, **con o senza personalità giuridica**,

aventi per oggetto esclusivo o principale, l'esercizio di **attività commerciali o agricole**, la **base imponibile** è pari al valore dei **beni o** diritti conferiti, al **netto** di **passività**, **oneri accollati** all'ente conferitario, **spese e oneri** inerenti alla costituzione o all'esecuzione dell'aumento.

Spese e oneri inerenti alla costituzione o all'esecuzione dell'aumento

Le spese e oneri inerenti alla costituzione o all'esecuzione dell'aumento sono calcolati **forfetariamente** in misura pari al:
- **2%** del valore dichiarato fino a **103.291,38 euro**;
- **1%** per la parte eccedente, e in ogni caso in misura **non superiore a 516.456,90 euro**.

63.23.10. Valore dei beni e dei diritti

Ai fini della determinazione della base imponibile si assume come valore dei beni o dei diritti:
- quello **dichiarato dalle parti nell'atto**;
  in mancanza o se superiore;
- il **corrispettivo pattuito** per l'intera durata del contratto (art. 51, c. 1, D.P.R. n. 131/1986).

Beni immobili e aziende

Per gli atti che hanno per oggetto:
- beni **immobili**,
- **diritti reali** immobiliari,
- **aziende** o diritti reali su di esse,

si intende per valore il **valore venale** in comune commercio (art. 51, c. 2, D.P.R. n. 131/1986).

Controllo di congruità beni immobili

Per gli atti che hanno per oggetto beni **immobili** o **diritti reali** immobiliari, l'Ufficio delle entrate verifica se il **valore dichiarato** in atti dalle parti **corrisponda al valore venale** in comune commercio del bene (art. 51, c. 3, D.P.R. n. 131/1986).
La verifica è effettuata secondo tre criteri, che possono anche concorrere tra loro:
1. criterio **comparativo**;
2. criterio **della capitalizzazione**;

INDIRETTE

3. **altri elementi**.

> Con particolare riferimento al **conferimento di immobili in società**, ove i conferenti siano **persone fisiche**, la base imponibile non può essere depurata delle **passività** connesse ad ipoteche accese dai conferenti per ottenere un loro personale finanziamento (Cass., Sez. VI, 3 aprile 2019, n. 9209).

Criterio comparativo - L'ufficio effettua il controllo di congruità avendo riguardo:
- ai **trasferimenti** a qualsiasi titolo,
- e alle **divisioni** e **perizie giudiziarie**,

anteriori **di non oltre 3 anni** alla data dell'atto o a quella in cui se ne produce l'effetto traslativo o costitutivo, aventi per oggetto gli **stessi immobili** o altri di **analoghe caratteristiche e condizioni**.

Criterio della capitalizzazione - L'ufficio effettua il controllo di congruità avendo riguardo:
- al **reddito netto** di cui gli immobili sono suscettibili;
- **capitalizzato** al tasso mediamente applicato alla detta data e nella **stessa località** per gli investimenti immobiliari.

> Il criterio del **canone capitalizzato** si rivela plausibile perché il canone è la contropartita che la parte poi divenuta cedente ha richiesto a fronte della capacità reddituale rinunciata ed è il costo che l'affittuaria paga in ragione della redditività che si attende di ritrarre dall'azienda (Cass. 23 giugno 2020, n. 12305).

Altri elementi - L'ufficio effettua il controllo di congruità avendo riguardo ad **ogni altro elemento di valutazione**, anche sulla base di **indicazioni** eventualmente **fornite dai Comuni**.

> Le **quotazioni OMI** (Osservatorio del Mercato Immobiliare) non costituiscono fonte tipica di prova ma vanno **integrate** con altri elementi di valenza almeno indiziaria (Cass. 6 novembre 2020, n. 24875).

Controllo di congruità aziende

Per gli atti che hanno per oggetto aziende o diritti reali su aziende, l'Ufficio delle entrate verifica se il valore dichiarato in atti dalle parti **corrisponda al valore venale** in comune commercio del bene (art. 51, c. 4, D.P.R. n. 131/1986).

> Per la verifica del valore, l'Ufficio delle entrate può:
> - tenere conto anche degli **accertamenti** compiuti ai fini di **altre imposte** (ad esempio, IVA e/o imposte dirette);
> - **procedere ad accessi, ispezioni e verifiche** secondo le disposizioni relative all'IVA (art. 51, c. 4, D.P.R. n. 131/1986);
> - utilizzare i poteri di **verifica ed accertamento** previsti ai fini delle imposte sui redditi (art. 53-bis, D.P.R. n. 131/1986).

La verifica è effettuata con riferimento al **valore complessivo dei beni** che compongono l'azienda, **compreso l'avviamento** e con **esclusione**:
- delle unità da diporto (Tariffa, Parte I, art. 7, D.P.R. n. 131/1986);
- dei veicoli iscritti al PRA (Tabella, art. 11-bis, D.P.R. n. 131/1986).

> L'esistenza di un **valore di avviamento** dell'azienda, costituente l'oggetto di un giudizio di fatto rimesso al prudente apprezzamento del giudice di merito, non può essere esclusa sulla base della sola circostanza che l'impresa abbia subito delle perdite negli esercizi degli anni precedenti e di quelli successivi (Cass., Sez. V, 4 novembre 2015, n. 22506), in quanto tale circostanza non esaurisce l'oggetto dell'indagine (Cass., Sez. V, 28 dicembre 2018, n. 33576).

Il valore complessivo dell'azienda si determina **al netto delle passività** relative all'azienda stessa risultanti:
- dalle scritture contabili obbligatorie;
- o da atti aventi data certa a norma del Codice civile.

> Dal valore dell'azienda **non sono dedotte le passività**:
> - che l'alienante si è espressamente impegnato ad estinguere;
> - relative alle unità da diporto e ai veicoli.

INDIRETTE

Rettifica del valore

L'ufficio, se ritiene che i beni immobili, i diritti reali immobiliari, le aziende o i diritti reali su di esse, hanno un valore venale superiore al valore dichiarato o al corrispettivo pattuito, con lo stesso atto (art. 52, c. 1, D.P.R. n. 131/1986):

a. **rettifica il valore** dichiarato;
b. provvede alla **liquidazione** della **maggiore imposta**, con gli interessi e le sanzioni.

L'**avviso di rettifica** e liquidazione della maggiore imposta **deve contenere**:
1. l'indicazione del valore attribuito a ciascuno dei beni o diritti;
2. gli elementi in base ai quali il maggior valore è stato determinato;
3. le aliquote applicate;
4. il calcolo della maggiore imposta;
5. l'imposta dovuta in caso di presentazione del ricorso.

Sistema del prezzo-valore

L'Ufficio delle entrate non può procedere alla rettifica del valore di beni immobili, quando i contribuenti applicano il sistema del "prezzo-valore" (art. 1, c. 497, Legge n. 266/2005).

Con il criterio del "prezzo valore":
- la base imponibile è costituita dal **valore catastale** dell'immobile;
- le parti sono obbligate a **dichiarare il corrispettivo realmente pattuito**, anche se maggiore del valore catastale;
- la **tassazione** si applica in ogni caso sul **valore catastale**.

Il sistema "prezzo-valore" si applica alle cessioni:
- di **immobili ad uso** abitativo e relative **pertinenze** (box, cantine, ecc.), dotati di **rendita catastale**. Il numero delle pertinenze può anche essere superiore a 1 (ris. 11 aprile 2008, n. 149);
- soggette ad **imposta di registro**;
- effettuate nei confronti di persone fisiche **che non agiscano** nell'esercizio di attività commerciali, artistiche o professionali;
- nelle quali sia indicato il **reale corrispettivo** nel relativo atto di vendita.

Per qualificare come **pertinenza** di un fabbricato **un'area**, è necessario che intervenga un'oggettiva e funzionale modificazione dello stato dei luoghi che **sterilizzi in concreto e stabilmente il diritto di edificare** e che non si risolva, quindi, in un mero collegamento materiale, rimovibile a discrezione (Cass. 24 dicembre 2020, n. 29527). Ai fini della sussistenza del **vincolo pertinenziale** tra il bene principale e quello accessorio è necessaria la presenza del requisito soggettivo dell'appartenenza di entrambi al **medesimo soggetto**, nonché del requisito oggettivo della **contiguità**, anche solo di servizio, tra i due beni (Cass. ord. 16 maggio 2018, n. 11970).

Il sistema del "prezzo valore" trova applicazione anche con riferimento agli immobili con attribuzione di **rendita proposta con la procedura Docfa**. La definitiva determinazione della rendita influirà sulla determinazione della base imponibile, e quindi legittimerà l'ufficio a riscuotere la differenza di imposta, con i relativi interessi, ma senza penalità (Cass. 6 febbraio 2019, n. 3409).
Il sistema del "prezzo-valore" richiede una precisa **richiesta che la parte acquirente deve rendere al notaio**.

Se viene **occultato**, anche in parte, il **corrispettivo pattuito**:
a. le imposte sono dovute sul corrispettivo pattuito e non sul valore catastale;
b. si applica la sanzione dal 50% al 100% della differenza tra l'imposta dovuta e quella già applicata in base al corrispettivo dichiarato.

CASO 12 - Sistema di tassazione "prezzo-valore"

1) Cessione di un immobile adibito a **uso ufficio**, di categoria catastale A10.
Il sistema "prezzo-valore" non si applica non trattandosi di immobile ad uso abitativo.

2) Cessione di fabbricato abitativo effettuato dall'**impresa costruttrice** entro 5 anni dalla ultimazione della costruzione.
Il sistema "prezzo-valore" non si applica trattandosi di cessione soggetta ad IVA.

3) Cessione di fabbricato abitativo effettuato nei confronti di un soggetto che agisce nell'**esercizio di impresa**.

Il sistema "prezzo-valore" non si applica.

4) Cessione di fabbricato abitativo effettuato nei confronti di un privato da parte di un'impresa costruttrice, che **cede il bene oltre 5 anni dalla ultimazione** della costruzione, senza optare per l'applicazione dell'IVA.
Il sistema "prezzo-valore" si applica, in quanto la cessione è soggetta ad imposta di registro ed è realizzata nei confronti di una persona fisica che non agisce nell'esercizio di attività commerciali, artistiche o professionali.

5) **Cessione di un fabbricato** con "prezzo valore" di 300.000 euro. Nell'atto viene occultato il corrispettivo realmente percepito, pari a 450.000 euro.
L'imposta di registro si applica su 450.000 euro; si applica la sanzione dal 50% al 100% della differenza tra l'imposta dovuta e quella già applicata in base al corrispettivo dichiarato.

Il sistema del "prezzo valore" si applica anche (ris. 1° giugno 2007, n. 121/E):
- agli acquisti a titolo **derivativo-costitutivo**;
- agli atti traslativi della **nuda proprietà**;
- agli **atti di rinuncia**;
- ad **ogni altro negozio** assimilato al trasferimento, per il quale la base imponibile è determinata con riferimento al valore del bene oggetto dell'atto.

Il sistema del "prezzo valore" si applica, inoltre:
- agli acquisti effettuati in sede di **espropriazione forzata** e **pubblici incanti**(Corte cost. 23 gennaio 2014, n. 6; circ. 4 marzo 2015, n. 8/E);
- ai contratti **atipici di mantenimento** (ris. 25 agosto 2017, n. 113/E);
- alla **permuta**, con l'obbligo di indicare in atto l'eventuale conguaglio pattuito dalle parti nonché il valore attribuito a ciascuno dei beni permutati (ris. 9 novembre 2007, n. 320/E e risposta a interpello del 25 novembre 2019, n. 494 con la quale è stato specificato che è assimilabile alla permuta il trasferimento della proprietà di un immobile come corrispettivo della **rinuncia all'eredità**);
- ai trasferimenti disposti con **provvedimento giudiziale** (ris. 28 maggio 2021, n. 38/E).

Determinazione del prezzo-valore

Il "prezzo valore" è pari al **valore catastale dell'immobile rivalutato** (art. 52, c. 4 e 5, D.P.R. n. 131/1986). Il valore catastale dell'immobile rivalutato è determinato dal:
- reddito risultante in **catasto**;
- **aggiornato** con i coefficienti stabiliti ai fini delle imposte sul reddito (rivalutazione del 5%);
- **moltiplicato** per **110**, se si tratta di "prima casa", **120** se non si tratta di "prima casa".

CASO 13 - Applicazione del sistema "prezzo-valore"

1) Cessione di un appartamento con rendita catastale di 800 euro, che **non costituisce "prima casa"**. Prezzo pattuito (da indicare in atti): 250.000 euro.
- aggiornamento rendita catastale: 800 x 1,05 = 840;
- moltiplicazione per 120: 100.800;
- 100.800 x 9% = 9.072 euro (imposta di registro).

L'imposta sul prezzo realmente pagato sarebbe di 22.500 euro.

2) Cessione di un appartamento con rendita catastale di 800 euro, che **costituisce "prima casa"**. Prezzo pattuito (da indicare in atti): 250.000 euro.
- aggiornamento rendita catastale: 800 x 1,05 = 840;
- moltiplicazione per 110: 92.400;
- 92.400 x 2% = 1.848 euro (imposta di registro).

L'imposta sul prezzo realmente pagato sarebbe di 5.000 euro.

COMPRAVENDITA IMMOBILIARE 63.24.

Il contratto di **compravendita immobiliare** è soggetto ad imposta **proporzionale di registro** oppure ad **IVA** a seconda:
- della **natura** del bene;
- e/o dei **soggetti** che effettuano l'operazione.

In caso di vendita degli immobili con il **pagamento del prezzo a rate** (art. 1523 c.c.) ai fini dell'imposta di registro, per effetto di quanto prevede l'art. 27, c. 3 del D.P.R. n. 131/1986, l'effetto traslativo si verifica immediatamente, sicché il tributo deve essere corrisposto in misura proporzionale **al momento della registrazione dell'atto** (risposta a interpello 24 settembre 2020, n. 409).

Applicazione dell'IVA/Registro

Per gli atti relativi a cessioni di beni **non soggetti ad IVA** l'imposta di registro si applica in **misura proporzionale**.

Per gli atti relativi a cessioni di beni **soggetti ad IVA** l'imposta di registro si applica in **misura fissa** (200 euro).

Imposta proporzionale di registro

Sono previste **4 aliquote** d'imposta (Tariffa, Parte I, art. 1, D.P.R. n. 131/1986):

Beni **immobili in genere** (fabbricati e terreni)	9%
Case di abitazione con le agevolazioni "**prima casa**", escluse quelle di categoria catastale A1, A8 e A9	2%
Terreni agricoli e relative pertinenze a favore di soggetti **diversi dai coltivatori diretti** e dagli imprenditori agricoli professionali, iscritti nella relativa gestione previdenziale ed assistenziale	15%
Case di abitazione, escluse quelle di categoria catastale A1, A8 e A9, cedute a banche e intermediari finanziari autorizzati all'esercizio dell'attività di **leasing finanziario**, acquisite in locazione finanziaria da utilizzatori per i quali ricorrono le condizioni per le agevolazioni "prima casa" (fino al 31 dicembre 2020)	1,5%

Imposta minima

Nei casi in cui trova applicazione l'imposta proporzionale di registro, l'imposta **non può essere inferiore a 1.000 euro** (art. 10, c. 2, D.Lgs. n. 23/2011).

Agevolazioni

La sottoposizione di un atto ad una determinata tassazione, ai fini dell'imposta di registro, con il **trattamento agevolato** richiesto o comunque accettato dal contribuente, comporta, in caso di decadenza dal beneficio, **l'impossibilità** di invocare altra agevolazione, anche se richiesta in via subordinata già all'inizio (Cass., Sez. VI, 21 marzo 2019, n. 8078).

Deve escludersi che l'agevolazione **"prima casa"** originariamente invocata in ragione dell'esistenza di un certo presupposto (trasferimento della residenza entro 18 mesi), possa, poi, essere recuperata in ragione di un **diverso presupposto** (luogo dell'attività lavorativa) una volta che si sia accertato inesistente quello su cui si confidava (Cass. 16 marzo 2018, n. 6501).

Imposte ipotecaria e catastale

Gli atti assoggettati all'imposta proporzionale di registro sono soggetti alle imposte ipotecaria e catastale nella misura fissa di **50 euro ciascuna** (art. 10, c. 3, D.Lgs. n. 23/2011).

Imposta di bollo, tributi speciali catastali, tasse ipotecarie

Gli atti assoggettati all'imposta proporzionale di registro e tutti gli atti e le formalità direttamente conseguenti posti in essere per effettuare gli adempimenti presso il catasto ed i registri immobiliari sono **esenti** (art. 10, c. 3, D.Lgs. n. 23/2011):

- dall'imposta di **bollo**;
- dai **tributi speciali catastali**;
- dalle **tasse ipotecarie**.

Demolizione e ricostruzione di interi fabbricati

Per i trasferimenti di **interi fabbricati** a favore di **imprese di costruzione** (ivi comprese le **cooperative edilizie**, risposta a interpello 11 dicembre 2019, n. 515) **o di ristrutturazione** immobiliare, effettuati entro il **31 dicembre 2021**, che, **entro i successivi 10 anni**, provvedano alla demolizione e ricostruzione degli stessi oppure vi eseguano interventi di manutenzione straordinaria, interventi di restauro e risanamento conservativo o interventi di ristrutturazione edilizia, con il conseguimento della classe energetica NZEB, A o B, procedendo **all'alienazione delle unità immobiliari** il cui volume complessivo superi il 75% del volume dell'intero fabbricato, si applicano l'imposta di registro e le imposte ipotecaria e catastale nella misura fissa di **euro 200 ciascuna**. Qualora non siano rispettate

INDIRETTE

le condizioni sopra richiamate, le imposte di registro, ipotecaria e catastale sono dovute nella misura ordinaria con l'applicazione degli interessi e della **sanzione del 30%** delle stesse imposte (art. 7, D.L. n. 34/2019).
L'agevolazione si applica anche in caso di trasferimento di un **capannone agricolo** ma non può essere estesa al terreno agricolo eventualmente ceduto unitamente al capannone (risposta a interpello 13 dicembre 2019, n. 525) né alla cessione di **terreni edificabili** (risposta a interpello 11 dicembre 2019, n. 515). L'agevolazione, in presenza di tutte le condizioni previste, si applica anche nel caso di **permuta** (cessione di fabbricato fatiscente con l'obbligo di demolire e costruire un nuovo fabbricato, e con l'ulteriore obbligo di attribuire, a titolo di controprestazione, alcune porzioni al permutante) e anche all'eventuale **cessione di contratto** da parte dell'impresa acquirente ad altra impresa di costruzioni (risposta a interpello 22 dicembre 2020, n. 613).
L'agevolazione (applicazione delle imposte fisse di registro, ipotecaria e catastale):
- **non si applica** qualora l'acquisto sia effettuato da parte di un **fondo immobiliare** (risposta a interpello 7 luglio 2020, n. 204); nel caso di acquisto effettuato da un'impresa di costruzione o di ristrutturazione, la vendita può avvenire anche nei confronti di un fondo immobiliare, in quanto nel termine "alienazione" "possono essere ricompresi anche gli **apporti** di immobili **ai fondi immobiliari**" (risposta a interpello del 27 maggio 2021, n. 376); **si applica** anche nel caso in cui l'intero fabbricato da acquistare contenga due unità immobiliari censite come C/6 (**autorimessa**) e C/1 (**negozio**), purché sia ceduto almeno il 75% del volume dell'intero fabbricato (risposta a interpello 7 luglio 2020, n. 203); le unità abitative "**in corso di costruzione**" non possono essere considerate ai fini del raggiungimento del 75% del volume complessivo (risposta a interpello 29 aprile 2021, n. 305);
- **si applica** anche in presenza dei c.d. **piani di recupero** "per comparto discontinuo", ma solo con riferimento all'acquisto di fabbricati ed escludendo quello di eventuali terreni (risposta a interpello 31 luglio 2020, n. 234);
- **si applica** anche se l'acquisto dell'intero fabbricato avvenga mediante **più atti di compravendita**, (risposta a interpello 18 settembre 2020, n. 384);
- **non si applica** in caso di **cessione avente ad oggetto terreni**, anche ove si tratti di quelli su cui costruire i nuovi edifici (risposta a interpello 31 luglio 2020, n. 234).

Trasferimenti a Enti del Terzo Settore

Le imposte di registro, ipotecaria e catastale si applicano in **misura fissa** per gli atti traslativi a titolo oneroso della proprietà di beni immobili e per gli atti traslativi o costitutivi di diritti reali immobiliari di godimento a favore di tutti gli Enti del Terzo Settore, incluse le imprese sociali, a **condizione** che i beni siano direttamente utilizzati, **entro 5 anni** dal trasferimento, in diretta attuazione degli scopi istituzionali o dell'oggetto sociale e che l'ente renda, contestualmente alla stipula dell'atto, apposita dichiarazione in tal senso (art. 82, c. 4, D.Lgs. n. 117/2017). Tale agevolazione **non** si rende **applicabile** in caso di **cessione di azienda** (risposta a interpello 26 agosto 2020, n. 277).

Cessioni soggette/non soggette ad IVA

Venditore non soggetto IVA - Le cessioni di immobili poste in essere da un venditore non soggetto IVA (ad esempio, un privato) o che non effettua l'operazione nell'esercizio di impresa, arte o professione, sono **escluse dal campo applicativo dell'IVA** e soggette ad **imposta di registro proporzionale**.

Venditore soggetto IVA - Le cessioni di immobili poste in essere nell'esercizio di impresa, arte o professione rientrano nel campo di applicazione dell'IVA e possono essere, a seconda della natura del bene e del soggetto che effettua l'operazione:
- **imponibili** ad IVA (aliquote: 4%, 10%, 22%);
- **esenti** da IVA (art. 10, c. 1, nn. 8-bis), 8-ter) e 27-quinquies), D.P.R. n. 633/1972);
- **escluse** da IVA per carenza del requisito della **territorialità** (artt. 7 e 7-bis, D.P.R. n. 633/1972).

Cessioni soggette ad IVA - Ai fini dell'applicazione dell'imposta di registro, si considerano soggette ad IVA (art. 40, c. 1, D.P.R. n. 131/1986), le cessioni di immobili, effettuate nell'esercizio di impresa, arte o professione:
- **imponibili**;
- poste in essere tra soggetti partecipanti a un **gruppo IVA** (artt. 70-bis e ss., D.P.R. n. 633/1972);
- **escluse** da IVA per carenza del requisito della **territorialità** (artt. 7 e 7-bis, D.P.R. n. 633/1972);
- **esenti** da IVA (art. 10, D.P.R. n. 633/1972).

INDIRETTE

Cessioni non soggette ad IVA - Non si considerano soggette ad IVA e scontano l'imposta **proporzionale di registro** le seguenti operazioni:

Operazione	Note	Riferimenti
Cessioni di **fabbricati abitativi esenti**	Sono **soggette ad IVA**: a) le cessioni effettuate **dalle imprese costruttrici** entro 5 anni dall'ultimazione della costruzione; b) le cessioni effettuate dalle **imprese ristrutturatrici**, entro 5 anni dall'ultimazione dell'intervento; c) le cessioni effettuate dalle imprese costruttrici o ristrutturatrici oltre i 5 anni, se nell'atto di vendita viene manifestata **l'opzione per l'imposizione** ad IVA; d) le cessioni di **fabbricati abitativi** destinati ad alloggi sociali se nell'atto di vendita viene manifestata **l'opzione per l'imposizione** ad IVA.	art. 10, c. 1, n. 8-bis), D.P.R. n. 633/1972
Cessioni di fabbricati acquistati **senza il diritto a detrazione**		art. 10, c. 1, n. 27-quinquies), D.P.R. n. 633/1972
Cessioni tra soggetti partecipanti a un **Gruppo IVA** per le quali, se effettuate nei confronti di un soggetto non partecipante al gruppo IVA, si applicherebbero le disposizioni di cui all'art. 10, c. 1, nn. 8-bis) e 27-quinquies)		art. 40, c. 1, D.P.R. n. 131/1986

La cessione di **fabbricati strumentali** si considera:
- soggetta ad IVA, sia se imponibile sia se esente da IVA (art. 40, c. 1, D.P.R. n. 131/1986);
- non soggetta ad IVA se l'operazione viene effettuata al di fuori dell'esercizio di impresa, arte o professione (ad esempio, da un privato).

CASO 14 - Applicazione dell'imposta

1) L'atto di cessione di una **casa di abitazione** da parte di un **privato non è soggetto ad IVA**.
Si applica l'imposta **proporzionale di registro**:
- 2%, se l'acquirente beneficia delle agevolazioni per la "**prima casa**";
- 9% negli **altri casi**.

2) L'atto di cessione di una **casa di abitazione** da parte di un'impresa diversa da quella costruttrice o ristrutturatrice costituisce un'operazione **esente da IVA** (art. 10, c. 1, n. 8-bis), D.P.R. n. 633/1972).
Ai fini dell'imposta di registro si considera **operazione non soggetta ad IVA**.
Si applica l'imposta **proporzionale di registro**:
- 2%, se l'acquirente beneficia delle agevolazioni per la "**prima casa**";
- 9% negli **altri casi**.

3) L'atto di cessione di una **casa di abitazione** da parte dell'impresa costruttrice entro 5 anni dalla ultimazione della costruzione è **soggetto ad IVA** (art. 10, c. 1, n. 8-bis), D.P.R. n. 633/1972).
Si applica l'imposta **fissa di registro** (200 euro).

4) L'atto di cessione di una **casa di abitazione** da parte dell'impresa costruttrice, oltre 5 anni dalla ultimazione della costruzione, con opzione in atto per l'applicazione dell'IVA, è **soggetto ad IVA** (art. 10, c. 1, n. 8-bis), D.P.R. n. 633/1972).
Si applica l'imposta **fissa di registro** (200 euro).

5) L'atto di cessione di un **fabbricato strumentale** da parte di un privato **non è soggetto ad IVA**.
Si applica l'imposta **proporzionale di registro** pari al 9%.

INDIRETTE

6) L'atto di cessione di un **fabbricato strumentale** da parte di un'impresa diversa da quella costruttrice o ristrutturatrice, che non manifesta, nell'atto di cessione, l'opzione per l'applicazione dell'IVA, costituisce un'operazione **esente da IVA** (art. 10, c. 1, n. 8-ter), D.P.R. n. 633/1972).
Ai fini dell'imposta di registro l'operazione si considera comunque **soggetta ad IVA** (art. 40, c. 1, D.P.R. n. 131/1986).
Si applica l'imposta **fissa di registro** (200 euro).

7) L'atto di cessione di un **fabbricato strumentale** da parte dell'impresa costruttrice entro 5 anni dalla ultimazione della costruzione è **soggetto ad IVA** (art. 10, n. 8-ter), D.P.R. n. 633/1972).
Si applica l'imposta **fissa di registro** (200 euro).

8) La cessione di un **immobile residenziale non ultimato** è soggetta ad IVA e alle imposte di registro, ipotecaria e catastale nella misura fissa di euro 200 ciascuna (risposta a interpello 4 agosto 2020, n. 241).

Immobili ad uso abitativo 63.24.1.

Definizione

Sono immobili ad **uso abitativo** i fabbricati o le porzioni di fabbricato classificate o classificabili nelle **categorie del gruppo A**, eccetto A/10 (circ. 4 agosto 2006, n. 27/E).
Sono immobili **diversi** da quelli abitativi (immobili "**strumentali**") le unità immobiliari urbane classificate o classificabili nelle categorie dei gruppi B, C, D, E, A/10 (uffici e studi privati).
La distinzione tra immobili ad uso abitativo e immobili strumentali deve essere operata con riferimento alla **classificazione catastale dei fabbricati**, a prescindere dal loro effettivo utilizzo (circ. 4 agosto 2006, n. 27/E).

Abitazioni di lusso - Si considerano abitazioni di lusso quelle classificate o classificabili nelle categorie:
- **A/1**: abitazioni di tipo signorile;
- **A/8**: abitazioni in ville;
- **A/9**: castelli e palazzi di eminenti pregi artistici e storici.

Per le abitazioni **di lusso** le agevolazioni "**prima casa**" non sono applicabili.

Cessione di immobili abitativi non soggetti ad IVA			
Categoria catastale	**Registro**	**Ipotecaria**	**Catastale**
Da A/2 a A/7 e A/11	2% (prima casa) 9% (altro)	50 €	50 €
A/1, A/8, A/9	9%	50 €	50 €

Cessioni soggette ad IVA

Sono soggette ad IVA le cessioni di unità abitative effettuate (art. 10, n. 8-bis), D.P.R. n. 633/1972):
1. dalle **imprese costruttrici**, **entro 5 anni** dalla data di ultimazione della costruzione;
2. dalle **imprese costruttrici**, **oltre 5 anni** dalla data di ultimazione della costruzione, se nel relativo atto il cedente espressamente manifesta **l'opzione per l'imposizione** IVA;
3. dalle imprese che vi hanno eseguito, anche tramite imprese appaltatrici, **interventi di recupero** (art. 3, c. 1, lett. c), d) ed f), D.P.R. n. 380/2001), **entro 5 anni** dalla data di ultimazione dell'intervento;
4. dalle imprese che vi hanno eseguito, anche tramite imprese appaltatrici, **interventi di recupero** (art. 3, c. 1, lett. c), d) ed f), D.P.R. n. 380/2001), **oltre 5 anni** dalla data di ultimazione dell'intervento, se nel relativo atto il cedente espressamente manifesta **l'opzione per l'imposizione** IVA.

Fabbricati destinati ad alloggi sociali

Sono soggette ad IVA anche le cessioni di fabbricati di civile abitazione destinati ad alloggi sociali (D.M. 22 aprile 2008), per le quali, nel relativo atto, il cedente espressamente manifesta **l'opzione per l'imposizione** IVA.

INDIRETTE

Cessione di immobili abitativi soggetti ad IVA				
Categoria catastale	**IVA**	**Registro**	**Ipotecaria**	**Catastale**
Da A/2 a A/7 e A/11	4% (prima casa) 10% (altro)	200 €	200 €	200 €
A/1, A/8, A/9	22%	200 €	200 €	200 €

Le **imposte ipotecaria e catastale** si applicano nella misura di 50 euro ciascuna se gli atti sono assoggettati all'**imposta proporzionale di registro**.
Negli altri casi, la misura dell'imposta fissa ipotecaria e catastale è pari a 200 euro (art. 10, c. 1, D.Lgs. n. 347/1990 e nota all'art. 1, Tariffa allegata, D.Lgs. n. 347/1990).

Agevolazioni "prima casa"

L'aliquota del 2% per l'acquisto della "prima casa" per le case di abitazione non di lusso si applica agli **atti traslativi o costitutivi** (Tariffa, Parte I, art. 1, nota II-bis, D.P.R. n. 131/1986):
- della **proprietà**;
- della **nuda proprietà**;
- dell'**usufrutto**;
- dell'**uso**;
- dell'**abitazione**.

Immobili agevolabili	Immobili non agevolabili
- abitazioni di tipo civile (cat. A/2); - abitazioni di tipo economico (cat. A/3); - abitazioni di tipo popolare (cat. A/4); - abitazioni di tipo ultrapopolare (cat. A/5); - abitazioni di tipo rurale (cat. A/6); - abitazioni in villini (cat. A/7); - abitazioni ed alloggi tipici dei luoghi (cat. A/11).	- abitazioni di tipo signorile (cat. A/1): - abitazioni in ville (cat. A/8); - castelli e i palazzi di eminenti pregi artistici e storici (cat. A/9); - Uffici e studi privati (A/10).

Le agevolazioni "prima casa" si applicano, limitatamente all'imposta di registro, anche alle sentenze dichiarative dell'acquisto per **usucapione** dell'abitazione non di lusso (ris. 20 marzo 2012, n. 25/E; Cass. 15 gennaio 2010, n. 581) e nelle ipotesi in cui il trasferimento immobiliare avviene con un **provvedimento giudiziale** (ris. 28 maggio 2021, n. 38/E). In tali casi, la parte dovrà rendere le dichiarazioni prescritte prima della registrazione del provvedimento di trasferimento (sentenza o decreto) del giudice, dovendosi escludere che le stesse possano effettuarsi in un momento successivo (Cass. 21 gennaio 2021, n. 1270) (sulla forma delle dichiarazioni cfr. ris. 28 maggio 2021, n. 38/E).
Le agevolazioni "prima casa" si applicano anche con riferimento agli **atti a titolo gratuito** (circ. 8 aprile 2016, n. 12/E, par. 2.3).

Condizioni - L'agevolazione si applica in presenza di tre condizioni (Tariffa, Parte I, art. 1, nota II-bis):
1. ubicazione dell'immobile nel **comune di residenza** dell'acquirente o in quello di **esercizio dell'attività**;
2. **mancanza di altro immobile** nel **comune** dove si trova l'immobile da acquistare;
3. **mancanza** nel **territorio dello Stato di altro immobile** acquistato con le agevolazioni **"prima casa"**.

Ubicazione dell'immobile nel comune di residenza - L'immobile da acquistare deve essere ubicato nel territorio del Comune in cui l'acquirente **ha** o **stabilisca entro 18 mesi** dall'acquisto la propria **residenza** (Tariffa, Parte I, art. 1, nota II-bis), c. 1, lett. a), D.P.R. n. 131/1986).

Nel caso di acquisto di immobili sottoposti a **uno o più interventi** che consentono una detrazione di imposta del 110% (isolamento termico, impianti di climatizzazione), di cui all'art. 119, c. 1, lett. a), b) e c), del D.L. n. 34/2020, il **termine** per stabilire la residenza è di **30 mesi** dalla data di stipulazione dell'atto di compravendita (art. 119, c. 10-ter, del D.L. n. 34/2020, convertito dalla Legge n. 77/2020, come modificato dal D.L. n. 77/2021).

La norma subordina il riconoscimento dell'agevolazione alla circostanza che la residenza sia trasferita, nel termine di 18 mesi, **nel Comune** in cui è ubicato l'immobile e **non necessariamente nell'abitazione** acquistata (Cass. 8 luglio 2020, n. 14203).

La dichiarazione di voler stabilire la residenza nel comune ove è ubicato l'immobile acquistato deve essere resa, **a pena di decadenza**, dall'acquirente **nell'atto di acquisto** (Tariffa, Parte I, art. 1, nota II-bis), lett. a), D.P.R. n. 131/1986). La **forza maggiore** o il **caso fortuito**, idonei ad impedire la decadenza in caso di mancato trasferimento della residenza entro 18 mesi dall'acquisto, "devono consistere in un **evento inevitabile ed imprevedibile**, non ravvisabile né in caso di mancata ultimazione di un appartamento in costruzione né in caso di **protrazione di lavori di straordinaria manutenzione** di un immobile già edificato" (Cass. 23 maggio 2019, n. 14114). Costituisce caso di forza maggiore il **mancato rilascio dell'immobile da parte dell'occupante** abusivo (Cass. 9 maggio 2019, n. 12404; Cass. 18 aprile 2019, n. 10937), così come uno stato di malattia tale da ostacolare la tempestiva variazione anagrafica (Cass. 25 gennaio 2000, n. 797).
Nel caso di **omissione** nell'atto di acquisto delle **dichiarazioni necessarie** per l'applicabilità delle agevolazioni previste dalla legge (ad esempio, "prima casa") l'Agenzia delle Entrate ha riconosciuto la possibilità che, con **atto integrativo**, successivo al rogito, il contribuente possa rendere le dichiarazioni previste ed erroneamente omesse in atto, per fruire del regime di favore (risposta a interpello 18 settembre 2020, n. 384).

Assume rilievo la **residenza anagrafica** dell'acquirente, a nulla rilevando lo stato di fatto, ove contrastante con il dato anagrafico (Cass. 12 febbraio 2013, n. 3384).

Ubicazione dell'immobile nel comune di esercizio dell'attività - L'agevolazione spetta anche se l'immobile da acquistare si trova nel comune in cui l'acquirente svolge la propria attività (Tariffa, Parte I, art. 1, nota II-bis), c. 1, lett. a, D.P.R. n. 131/1986).

Cittadini trasferiti all'estero per ragioni di lavoro - Per i soggetti trasferiti all'estero per ragioni di lavoro, l'agevolazione spetta anche se l'immobile da acquistare si trova nel comune in cui ha sede o esercita l'attività il soggetto da cui l'acquirente dipende (Tariffa, Parte I, art. 1, nota II-bis), c. 1, lett. a, D.P.R. n. 131/1986).

Cittadini emigrati all'estero - Se l'acquirente è un cittadino italiano emigrato all'estero, l'agevolazione spetta anche se l'immobile è acquistato come prima casa sul territorio italiano (Tariffa, Parte I, art. 1, nota II-bis), c. 1, lett. a, D.P.R. n. 131/1986), senza che sia richiesto di stabilire la residenza nel Comune in cui si trova l'immobile (risposta a interpello 10 settembre 2020, n. 333) e anche qualora l'immobile sia concesso in comodato gratuito ad un parente (risposta a interpello 28 ottobre 2021, n. 751). L'agevolazione spetta anche nel caso di acquisto, da parte di un cittadino italiano emigrato all'estero, del diritto di **nuda proprietà della abitazione "prima casa"** nel territorio nazionale, che il soggetto intenda far costruire sul terreno di cui è nudo proprietario (risposta a interpello 24 luglio 2019, n. 308).

Mancanza di altro immobile nel comune - Per usufruire dell'agevolazione, l'acquirente deve dichiarare nell'atto di acquisto di non essere titolare esclusivo o in comunione (legale o ordinaria) con il coniuge dei diritti di proprietà, usufrutto, uso e abitazione di altra casa di abitazione nel territorio del comune in cui è situato l'immobile da acquistare (Tariffa, Parte I, art. 1, nota II-bis), c. 1, lett. b, D.P.R. n. 131/1986). Non è richiesta la verifica del **concreto utilizzo** che dell'immobile ad uso abitativo viene fatto né con riferimento alle case di abitazione che il contribuente già possiede né con riferimento all'immobile che si intende acquistare (risposta a interpello 10 settembre 2019, n. 378), essendo irrilevante **l'utilizzazione di fatto** diversa dalla classificazione catastale (circ. 1° marzo 2001, n. 19/E). In **giurisprudenza** è controversa la questione se, in presenza, nello stesso comune, di un immobile catastalmente classificato come abitazione, l'**agevolazione non spetti**, **a prescindere** dal fatto che l'immobile preesistente sia o meno **concretamente idoneo** a soddisfare, per dimensioni e caratteristiche complessive, i bisogni abitativi del contribuente e della sua famiglia. Al riguardo, l'orientamento più recente ritiene che non è di ostacolo all'applicazione delle agevolazioni "prima casa" la circostanza che l'acquirente dell'immobile sia al contempo proprietario d'altro immobile (acquistato senza agevolazioni nel medesimo comune) che **non sia concretamente idoneo**, per dimensioni e caratteristiche complessive, dal punto di vista soggettivo del compratore in relazione alle esigenze abitative del suo nucleo familiare, a soddisfare le esigenze abitative dell'interessato (Cass., Sez. V, 5 luglio 2019, n. 18092; Cass., Sez. VI, ord. 16 maggio 2019, n. 13118; Cass. 2 febbraio 2018, n. 2565). In **senso contrario**, si è affermato che in presenza, nello stesso comune, di un immobile catastalmente classificato come abitazione l'**agevolazione non spetta**, **a prescindere** che l'immobi-

INDIRETTE

le preesistente sia o meno **concretamente idoneo** a soddisfare, per dimensioni e caratteristiche complessive, i bisogni abitativi del contribuente e della sua famiglia (Cass. 5 aprile 2018, n. 8429).
Secondo la **prassi amministrativa**, l'inidoneità deve essere valutabile sulla base di **criteri oggettivi**, con la conseguenza che la fruizione dell'agevolazione per un nuovo acquisto può essere riconosciuta nel caso "di **assoluta inidoneità** (quale può essere, ad esempio, l'inagibilità) dell'immobile (già posseduto) all'uso abitativo" (ris. 20 agosto 2010, n. 86/E; cfr. anche ris. 1° agosto 2017, n. 107/E).
Inoltre, in caso di proprietà di **altro immobile** ubicato nello stesso Comune e **locato a terzi** l'agevolazione **non spetta** (risposta a interpello 10 settembre 2019, n. 378; contra, v. Cass. ord. 27 luglio 2018, n. 19989).

L'agevolazione spetta anche se al momento dell'alienazione l'acquirente è titolare di altro immobile, anche ubicato nello stesso comune, **acquistato con i benefici "prima casa"**, a condizione che tale immobile sia **alienato entro 1 anno** dalla data dell'atto stesso (Tariffa, Parte I, art. 1, nota II-bis), c. 4-bis, D.P.R. n. 131/1986).

L'agevolazione si applica se l'acquirente è titolare, anche nel comune in cui si trova l'immobile da acquistare, del diritto di **nuda proprietà** su altro immobile sito nello stesso comune, acquistata **senza usufruire dei benefici** prima casa.

Tra i diritti che impediscono l'applicazione del beneficio (proprietà, usufrutto, uso e abitazione) **non è compreso** quello di **nuda proprietà** (Tariffa, Parte I, art. 1, nota II-bis), c. 1, lett. b), D.P.R. n. 131/1986).

L'agevolazione **si applica** se l'acquirente è titolare **per quote** di altro immobile sito nel medesimo comune in cui si intende acquistare l'immobile con l'agevolazione prima casa, se l'immobile preesistente **non è stato acquistato** con i benefici "prima casa".

L'agevolazione **non spetta** se il diritto di proprietà su un altro immobile ubicato nello stesso comune sia detenuto in **comproprietà con il coniuge** (Tariffa, Parte I, art. 1, nota II-bis), c. 1, lett. b), D.P.R. n. 131/1986).

Mancanza nel territorio dello Stato di altro immobile acquistato con le agevolazioni "prima casa" - Per usufruire dell'agevolazione, l'acquirente deve dichiarare nell'atto di acquisto di non essere titolare esclusivo o per quote anche in regime di comunione legale, su tutto il territorio nazionale, dei diritti di:
- proprietà,
- usufrutto,
- uso,
- abitazione,
- e nuda proprietà,

su **altra casa di abitazione** acquistata dallo **stesso soggetto** o dal **coniuge** con le **agevolazioni** "prima casa" (Tariffa, Parte I, art. 1, nota II-bis), c. 1, lett. c, D.P.R. n. 131/1986).

L'agevolazione spetta anche se al momento dell'alienazione l'acquirente è titolare di altro immobile, anche ubicato nello stesso comune, **acquistato con i benefici "prima casa"**, a condizione che tale immobile sia **alienato entro 1 anno** dalla data dell'atto stesso (Tariffa, Parte I, art. 1, nota II-bis), c. 4-bis, D.P.R. n. 131/1986).

L'agevolazione è applicabile:
- per l'acquisto di un appartamento, **contiguo ad un altro** già posseduto ed acquistato beneficiando dell'agevolazione "prima casa", a condizione che le **due unità** vengano **fuse in una sola** (ris. 19 dicembre 2017, n. 154);
- nel caso in cui, dopo l'acquisto agevolato, il soggetto, a seguito di **risoluzione di un precedente atto di donazione**, ridiventi titolare dell'immobile donato antecedentemente all'acquisto stesso (risposta a interpello 29 ottobre 2019, n. 443), considerato che, in tal caso, al momento dell'acquisto della "prima casa", l'acquirente non aveva la titolarità di altro immobile abitativo nel medesimo Comune (risposta a interpello 28 maggio 2020, n. 158).

L'agevolazione non si applica se l'acquirente è titolare del diritto di **nuda proprietà** su altro immobile ubicato nel territorio dello Stato acquistato **usufruendo dei benefici** prima casa (Tariffa, Parte I, art. 1, nota II-bis), c. 1, lett. c), D.P.R. n. 131/1986; circ. 12 agosto 2005, n. 38, par. 2.2).

INDIRETTE

Tra i diritti che impediscono l'applicazione del beneficio **è compreso** quello di **nuda proprietà** (Tariffa, Parte I, art. 1, nota II-bis), c. 1, lett. c), D.P.R. n. 131/1986).

CASO 15 - Requisiti per fruire dell'agevolazione

1) Un soggetto residente a Roma acquista un appartamento ubicato a Latina. In presenza delle altre condizioni previste, l'agevolazione **si applica se**:
- nell'atto di acquisto l'acquirente dichiara di voler stabilire la residenza a Latina,
- e tale condizione si avveri entro 18 mesi dall'acquisto.

2) Un soggetto residente a Roma, proprietario di un appartamento a Milano, acquista un appartamento ubicato a Roma. L'agevolazione **si applica se** l'immobile di Milano è stato acquistato senza usufruire dei benefici "prima casa".

3) Un soggetto residente a Roma, proprietario di un appartamento ubicato a Roma, acquistato senza usufruire dei benefici "prima casa", acquista un altro appartamento ubicato a Roma.
L'agevolazione **non si applica** in quanto il soggetto è proprietario di altra casa di abitazione nel territorio del comune in cui è situato l'immobile da acquistare (mancanza del requisito nota II-bis, lett. b).

4) Due coniugi sono titolari in comunione legale di un appartamento ubicato a Latina, acquistato con i benefici "prima casa". Il marito acquista un appartamento a Roma, dichiarando in atti di volervi trasferire la propria residenza.
L'agevolazione **non si applica** in quanto il marito è titolare per quote, in regime di comunione legale, di altra casa di abitazione nel territorio dello Stato acquistata con i benefici prima casa (mancanza del requisito nota II-bis, lett. c).

5) Un soggetto residente a Roma è proprietario al 50% **con il fratello** di un appartamento ubicato a Roma, acquistato senza usufruire dei benefici "prima casa". Acquista un altro appartamento ubicato a Roma.
L'agevolazione **si applica** perché l'acquirente non è titolare esclusivo né in comunione con il coniuge del diritto di proprietà di altra casa di abitazione nel territorio del comune in cui è situato l'immobile da acquistare (nota II-bis, lett. b).

6) Due coniugi sono titolari in comunione legale di un appartamento ubicato a Roma, acquistato senza usufruire dei benefici "prima casa". Acquistano un altro appartamento a Roma di cui mantengono l'usufrutto, mentre la nuda proprietà è acquisita dalla figlia.
Per l'acquisto del **diritto di usufrutto** l'agevolazione non si applica perché i coniugi sono titolari in comunione con l'altro coniuge del diritto di proprietà di altra casa di abitazione a Roma (mancanza del requisito nota II-bis, lett. b).
Per l'acquisto della **nuda proprietà** da parte della figlia, l'agevolazione si applica (nota II-bis, lett. b).

7) Un soggetto residente a Roma, proprietario al 50% con il fratello di un appartamento ubicato a Milano, acquistato con i benefici "prima casa", acquista un altro appartamento ubicato a Roma.
L'agevolazione **non si applica** perché l'acquirente è titolare per quote della proprietà di una casa di abitazione nel territorio dello Stato acquistata usufruendo dei benefici "prima casa" (mancanza del requisito nota II-bis, lett. c).

8) Un coniuge in **comunione legale** acquista un appartamento a Roma, senza usufruire delle agevolazioni "prima casa". L'altro coniuge acquista successivamente un altro appartamento a Roma.
L'agevolazione **non si applica** in quanto il soggetto è proprietario, in comunione con il coniuge, di altra casa di abitazione nel territorio del comune in cui è situato l'immobile da acquistare (mancanza del requisito nota II-bis, lett. b).

9) Un coniuge, in regime di **separazione dei beni**, acquista un appartamento a Roma, senza usufruire delle agevolazioni "prima casa". L'altro coniuge acquista successivamente un altro appartamento a Roma.
L'agevolazione **si applica** in quanto il soggetto non è proprietario, nemmeno in comunione con il

INDIRETTE

coniuge, di altra casa di abitazione nel territorio del comune in cui è situato l'immobile da acquistare.

Pertinenze - Le agevolazioni "prima casa" **spettano** per l'acquisto, anche se con atto separato, **delle pertinenze** dell'immobile agevolato (Tariffa, Parte I, art. 1, nota II-bis), c. 3), anche se **non censite in catasto** unitamente all'abitazione principale (Cass. 13 marzo 2013, n. 6259).

Per le pertinenze:
- classificate o classificabili nelle **categorie catastali C/2, C/6 e C/7**,
- che siano destinate a **servizio della casa di abitazione** oggetto dell'acquisto agevolato,

il beneficio si applica limitatamente **ad una per ciascuna categoria**.

Fabbricati in corso di costruzione - L'agevolazione si applica anche per i fabbricati in corso di costruzione da destinare ad **immobili non di lusso** (circ. 1° marzo 2001, n. 19/E) anche se tali benefici possono essere conservati soltanto qualora la finalità di destinare l'immobile a propria abitazione venga realizzata entro 3 anni dalla registrazione dell'atto (termine di decadenza del potere di accertamento) (circ. 12 agosto 2005, n. 38, par. 3.3; Cass. 6 ottobre 2020, n. 21466; Cass. 17 ottobre 2018, n. 26088); tale termine non rientra tra quelli sospesi dall'art. 24 del D.L. n. 23/2020 (risposta a interpello 12 gennaio 2021, n. 39).Nel caso di acquisto di immobile in costruzione ubicato in un **comune diverso da quello di residenza dell'acquirente**, l'obbligo di trasferire la propria residenza entro il termine di 18 mesi dall'atto non può essere derogato per la mancata ultimazione dell'appartamento in costruzione (Cass. 17 aprile 2018, n. 9433; Cass. 23 luglio 2020, n. 15740).
La cessione di un immobile residenziale non ultimato è soggetta ad IVA e alle imposte di registro, ipotecaria e catastale nella misura fissa di euro 200 ciascuna (risposta a interpello 4 agosto 2020, n. 241).

Diritti reali sullo stesso immobile - Il titolare di **una quota di proprietà** dell'immobile può beneficiare dell'agevolazione (circ. 12 agosto 2005, n. 38/E):
- per l'acquisto di ulteriori quote di proprietà del medesimo immobile;
- per l'acquisto della nuda proprietà se è già titolare del diritto di uso, usufrutto o abitazione;
- per l'acquisto del diritto di usufrutto, uso o abitazione se è già titolare della nuda proprietà.

Cessioni di immobili soggette ad IVA - L'agevolazione "prima casa" si applica anche per le cessioni di unità abitative soggette ad IVA.
In tal caso, le **dichiarazioni** da rendere:
- devono essere riferite al momento in cui si **realizza l'effetto traslativo**;
- possono essere effettuate **nell'atto di acquisto** o in sede di **contratto preliminare**.

Leasing - Per il leasing abitativo v. (➜**63.24.8.**)

Decadenza dall'agevolazione - È prevista la decadenza dalle agevolazioni "prima casa" (➜**63.33.3.**):
- in caso di **dichiarazione mendace**, circa le condizioni previste per l'applicazione del beneficio;
- in caso di **mancata vendita entro 1 anno** dell'immobile già posseduto e acquistato con i benefici "prima casa";
- in caso di **trasferimento** per atto a titolo oneroso o gratuito degli immobili acquistati con i benefici **prima** del decorso del termine di **5 anni dalla data del loro acquisto** (Tariffa, Parte I, art. 1, nota II-bis), c. 4-bis, D.P.R. n. 131/1986).

In caso di cessione infraquinquennale la decadenza **non si applica** se il contribuente, **entro 1 anno dall'alienazione** dell'immobile acquistato con i benefici, proceda **all'acquisto di altro immobile** da adibire a **propria abitazione principale** (cfr. Cass. 30 dicembre 2019, n. 34572).
A tali fini, "assume rilievo sia l'acquisto della proprietà di un'abitazione da destinare ad abitazione principale, sia la realizzazione di una nuova abitazione su un terreno di proprietà" mentre la **decadenza** trova invece applicazione nell'ipotesi di **acquisto della sola nuda proprietà** (Cass., Sez. V, 28 giugno 2018, n. 17148).
La **cessione** a terzi di un immobile oggetto di agevolazione "prima casa", in virtù di clausole contenute in un **accordo di separazione** omologato dal giudice, finalizzato alla risoluzione della crisi coniugale, **non comporta** la decadenza dal relativo beneficio (risposta a interpello 1° ottobre 2021, n. 651; ris. 9 settembre 2019, n. 80/E).

In caso di decadenza dall'agevolazione:

- sono **dovute le imposte** di registro, ipotecaria e catastale nella misura ordinaria, oltre agli interessi;
- si applica una **sovrattassa pari al 30%** delle stesse imposte.

Nel caso di decadenza dalle agevolazioni "prima casa", ove il contribuente abbia contratto un mutuo con applicazione **dell'imposta sostitutiva** in misura agevolata, il soggetto incorre anche nella **decadenza** dalle agevolazioni fiscali relative alle imposte sostitutive sul mutuo (risposta a interpello 24 settembre 2020, n. 409).

Se si tratta di **cessioni soggette ad IVA** l'ufficio dell'Agenzia delle Entrate presso cui sono stati registrati i relativi atti:

- **recupera**, nei confronti degli acquirenti, la differenza fra l'imposta calcolata in base all'aliquota applicabile in assenza di agevolazioni e quella risultante dall'applicazione dell'aliquota agevolata;
- applica la **sanzione amministrativa** del 30% della differenza medesima.

La normativa che ha identificato gli immobili non di lusso, cui applicare l'imposta agevolata, in base al **classamento catastale** e non più alla stregua dei parametri di cui al D.M. 2 agosto 1969 (art. 10, c. 1, lett. a), D.Lgs. n. 23/2011), pur non potendo trovare applicazione, quanto alla debenza del tributo, agli atti negoziali anteriori alla data della sua entrata in vigore (7 aprile 2011), può tuttavia spiegare effetti **ai fini sanzionatori**, in applicazione del principio del "**favor rei**", posto che, proprio in ragione della più favorevole disposizione sopravvenuta, la condotta mendace, che prima integrava una violazione fiscale, non costituisce più il presupposto per l'irrogazione della sanzione (Cass. 26 marzo 2019, n. 8409).

CASO 16 - Cessione infraquinquennale di immobile "prima casa"

1) Un contribuente titolare di un appartamento acquistato con i benefici "prima casa" lo cede dopo 4 anni dall'acquisto. **Entro 1 anno** dalla cessione il contribuente completa la **costruzione di una nuova abitazione** su terreno di proprietà, destinandola a propria abitazione principale. La decadenza dall'agevolazione "prima casa" non opera (Cass. 16 settembre 2016, n. 18214; Cass., Sez. V, 27 novembre 2015, n. 24253; ris. 26 gennaio 2017, n. 13/E).

2) Un contribuente titolare di un appartamento acquistato con i benefici "prima casa" lo cede dopo 4 anni dall'acquisto. **Entro 1 anno** dalla cessione il contribuente **acquisisce un immobile a titolo gratuito**, destinandolo a propria abitazione principale. La decadenza dall'agevolazione "prima casa" non opera (Cass., Sez. V, 13 novembre 2015, n. 23219).

3) Un contribuente titolare di un appartamento acquistato con i benefici "prima casa" lo cede dopo 4 anni dall'acquisto. Entro 1 anno dalla cessione il contribuente **acquista una quota non significativa di altro immobile**, come tale non idonea per consentire di poterlo adibire a propria abitazione. Si applica la decadenza dall'agevolazione "prima casa" (Cass., Sez. V, 17 giugno 2011, n. 13291).

4) Un contribuente titolare di un appartamento acquistato con i benefici "prima casa" lo cede dopo 4 anni dall'acquisto. Entro 1 anno dalla cessione il contribuente **acquista la nuda proprietà di altro immobile**. Si applica la decadenza dall'agevolazione "prima casa" (Cass., Sez. V, 28 giugno 2018, n. 17148).

Sospensione termini per Covid-19

Con lo scopo di impedire la **decadenza dal beneficio** "prima casa" sono stati **sospesi**, nel periodo compreso tra il 23 febbraio 2020 e il 31 dicembre 2021, i **termini previsti** (art. 24, D.L. n. 23/2020, come modificato dall'art. 3, c. 11-quinquies, D.L. n. 183/2020):

a. per effettuare gli **adempimenti ai fini del mantenimento del beneficio** "prima casa" (Tariffa, Parte I, art. 1, nota II-bis);
b. per il **riconoscimento del credito d'imposta** per il riacquisto della "prima casa" (art. 7, Legge n. 448/1998).

I termini oggetto di sospensione sono i seguenti (cfr. circ. 13 aprile 2020, n. 9/E, par. 8.1):

- il periodo di **18 mesi dall'acquisto** della prima casa entro il quale il contribuente **deve trasferire la residenza** nel comune in cui è ubicata l'abitazione;
- il termine di **1 anno** entro il quale il contribuente che ha trasferito l'immobile acquistato con i benefici "prima casa" nei 5 anni successivi alla stipula dell'atto di acquisto, **deve procedere**

INDIRETTE

all'acquisto di un altro immobile da destinare a propria abitazione principale (la proroga in oggetto non si applica al termine quinquennale, circ. 13 aprile 2020, n. 9/E, par. 8.2.1);
- il termine di **1 anno** entro il quale il contribuente che abbia acquistato un immobile da adibire ad abitazione principale, deve procedere alla **vendita dell'abitazione** ancora in suo possesso, purché quest'ultima sia stata, a sua volta, acquistata usufruendo dei benefici "prima casa" (risposta a interpello 4 settembre 2020, n. 310).

È inoltre sospeso il termine di **1 anno** dall'alienazione dell'immobile acquistato con i benefici "prima casa", stabilito per il riacquisto di altra casa di abitazione al fine del riconoscimento, in relazione a tale ultimo atto di acquisto, di un **credito d'imposta** fino a concorrenza dell'imposta di registro o dell'imposta sul valore aggiunto corrisposta in relazione al precedente acquisto agevolato (art. 7, Legge n. 448/1998).
La sospensione in esame **non si applica** al **termine quinquennale** di decadenza dall'agevolazione in parola, previsto per il caso dell'alienazione infraquinquennale dell'immobile (circ. 13 aprile 2020, n. 9/E, par. 8.2.1).
La sospensione può trovare applicazione solo se il "termine" di cui trattasi sia riconducibile tra quelli **specificatamente elencati** dal citato art. 24 D.L. n. 23/2020 (risposta a interpello 9 aprile 2021, n. 235).

63.24.2. Immobili strumentali

Definizione

Sono immobili strumentali le unità immobiliari urbane classificate o classificabili nelle categorie dei gruppi **B, C, D, E, A/10** (uffici e studi privati), che per le loro **caratteristiche** non sono suscettibili di diversa utilizzazione **senza radicali trasformazioni**.

Cessione di immobili strumentali non soggetti ad IVA			
Categoria catastale	**Registro**	**Ipotecaria**	**Catastale**
Gruppi B, C, D, E, A/10	9%	50 €	50 €

La cessione di un immobile strumentale per natura da parte di un Comune è **soggetta a imposta proporzionale di registro e non ad IVA**, quando sia dimostrato che, per **diversi anni prima della cessione**, l'immobile **non** era stato **utilizzato** per lo svolgimento di un'**attività d'impresa** (Cass. 5 luglio 2017, n. 16534; Cass. 28 giugno 2017, n. 16173).

Cessioni soggette ad IVA

Per la cessione di immobili strumentali soggetta ad IVA l'imposta di registro si applica in **misura fissa** (200 euro) (art. 40, c. 1, D.P.R. n. 131/1986), anche se disposte in un procedimento di esecuzione forzata (Cass. 27 novembre 2019, n. 30903).
Si considerano soggette ad IVA le cessioni di immobili strumentali effettuate, nell'esercizio di imprese, arti e professioni:
- tra soggetti partecipanti a un **gruppo IVA**;
- le cessioni **esenti da IVA** (art. 10, n. 8-ter, D.P.R. n. 633/1972);
- le cessioni effettuate dalle **imprese costruttrici** degli immobili entro 5 anni dalla data di ultimazione della costruzione;
- le cessioni effettuate dalle **imprese di recupero** degli immobili entro 5 anni dalla data di ultimazione dell'intervento;
- le cessioni per le quali nel relativo atto il cedente abbia espressamente **manifestato l'opzione per l'imposizione** ad IVA.

Cessione di immobili strumentali soggetti ad IVA				
Categoria catastale	**IVA**	**Registro**	**Ipotecaria**	**Catastale**
Gruppi B, C, D, E, A/10	10% o 22%	200 €	3%	1%
Gruppi B, C, D, E, A/10	-	200 €	3%	1%

INDIRETTE

Terreni

63.24.3.

Costituiscono operazioni **non soggette ad** IVA:

- le cessioni di terreni effettuate **al di fuori dell'esercizio di imprese**, arti o professioni (ad esempio, cessione di un terreno edificabile, non edificabile, agricolo, da parte di un privato);
- le cessioni di terreni **non suscettibili di utilizzazione edificatoria** (art. 2, c. 3, lett. c), D.P.R. n. 633/1972), anche se poste in essere da soggetti IVA.

Costituiscono operazioni **soggette ad IVA** le cessioni di **terreni edificabili** effettuate nell'esercizio di imprese, arti o professioni.

Un'area si considera **fabbricabile** se utilizzabile a scopo edificatorio in base allo **strumentalo urbanistico generale adottato dal Comune**, indipendentemente dall'approvazione della Regione e dall'adozione di strumentai attuativi del medesimo (art. 36, c. 2, D.L. n. 223/2006). La ricorrenza di particolari **vincoli o destinazioni urbanistiche** che condizionino, in concreto, l'edificabilità del suolo, non sottrae le aree su cui insistono al regime fiscale proprio dei suoli edificabili, ma incidono soltanto sulla concreta **valutazione del relativo valore venale** e, conseguentemente, della base imponibile" (Cass. 25 gennaio 2019, n. 2179; Cass. 25 maggio 2018, n. 13129).

Cessione di terreni non soggetti ad IVA			
Tipo terreno	**Registro**	**Ipotecaria**	**Catastale**
Terreno non agricolo	9%	50 €	50 €
Terreno agricolo ceduto a soggetti diversi: - dai coltivatori diretti - dagli imprenditori agricoli professionali, iscritti nella relativa gestione previdenziale ed assistenziale.	15%	50 €	50 €
Terreno agricolo ceduto a favore di: - coltivatori diretti - imprenditori agricoli professionali, iscritti nella relativa gestione previdenziale ed assistenziale.	9%	50 €	50 €

Sono **terreni agricoli** quelli classificati come tali dagli strumenti urbanistici. Tale classificazione risulta dal certificato di destinazione urbanistica.

Cessione di terreni soggetti ad IVA				
Tipo terreno	**IVA**	**Registro**	**Ipotecaria**	**Catastale**
Terreno edificabile	22%	200 €	200 €	200 €

Agevolazioni piccola proprietà contadina

Gli atti di trasferimento a titolo oneroso di **terreni** e relative pertinenze, qualificati **agricoli** in base a strumenti urbanistici vigenti, posti in essere a favore di **coltivatori diretti** ed **imprenditori agricoli professionali**, iscritti nella relativa gestione previdenziale ed assistenziale, sono soggetti a:

- imposte di **registro** e **ipotecaria** nella misura **fissa**;
- all'imposta **catastale** nella misura **dell'1%** (art. 2, c. 4-bis, D.L. n. 194/2009).

La medesima agevolazione si applica:

- alle **operazioni fondiarie** operate attraverso l'Istituto di servizi per il mercato agricolo alimentare (**ISMEA**);
- agli atti di trasferimento a titolo oneroso di terreni agricoli e relative pertinenze posti in essere a favore di proprietari di **masi chiusi** della Provincia autonoma di **Bolzano**, da loro abitualmente coltivati (Legge provinciale 28 novembre 2001, n. 17);
- agli atti di trasferimento di terreni agricoli condotti in affitto da una **società agricola semplice**, anche qualora i soci, che posseggono i requisiti per essere qualificati come imprenditori agricoli a titolo principale, acquistino il terreno *uti singuli*, "a patto che gli stessi acquirenti continuino a coltivare direttamente il fondo acquistato con le agevolazioni" (risposta a interpello 25 novembre 2019, n. 491).

Per **l'anno 2021** agli atti di trasferimento a titolo oneroso di **terreni e relative pertinenze**, di **valore economico inferiore o uguale a 5.000 euro,** qualificati agricoli in base a strumenti urbanistici vigenti, posti in essere a favore di coltivatori diretti e imprenditori agricoli professionali, iscritti nella

INDIRETTE

relativa gestione previdenziale e assistenziale, **non si applica l'imposta di registro fissa** (art. 1, c. 41, Legge n. 178/2020).

Familiari coadiuvanti del coltivatore diretto - L'agevolazione prevista per i titolari dell'impresa agricola è stata estesa agli atti di trasferimento a titolo oneroso di terreni e relative pertinenze, qualificati agricoli in base agli strumenti urbanistici vigenti, posti in essere **in favore dei familiari coadiuvanti** del coltivatore diretto titolare di impresa agricola al cui esercizio i predetti familiari partecipano attivamente, appartenenti al medesimo nucleo familiare, che risultano iscritti nella gestione assistenziale e previdenziale agricola quali coltivatori diretti (art. 1, c. 705, Legge n. 145/2018). Tale agevolazione **si affianca** a quella già applicabile a favore del **coniuge e dei parenti in linea retta** dei coltivatori diretti e imprenditori agricoli professionali-IAP iscritti nella relativa gestione previdenziale di soggetti, aventi i requisiti di cui al medesimo art. 2, c. 4-bis, conviventi con i predetti soggetti e purché già proprietari di terreni agricoli (art. 1, c. 907, Legge n. 208/2015; circ. n. 8/E del 10 aprile 2019).

Decadenza dalle agevolazioni

I soggetti sopra indicati **decadono dalle agevolazioni** se, prima che siano trascorsi **5 anni** dalla stipula degli atti, alienano volontariamente i terreni ovvero cessano di coltivarli o di condurli direttamente (ivi compreso il caso in cui una società agricola che ha beneficiato dell'agevolazione affitti il terreno ad uno socio di minoranza - risposta a interpello del 30 aprile 2021, n. 307). In tal caso, l'imposta di registro si applica nella misura del 9% (e non del 15%) (risposta a interpello 18 novembre 2020, n. 551). L'imposta si applica nella misura del 9% anche nel caso di rinuncia all'applicazione dell'agevolazione (risposta a istanza di consulenza giuridica 24 giugno 2020, n. 7).

Pertinenze - Alle pertinenze del terreno si applica lo stesso regime fiscale previsto per la cessione del terreno.

Cessioni di aree in base a convenzioni di urbanizzazione

Gli atti preordinati alla trasformazione del territorio, aventi ad oggetto interventi edilizi riconducibili alle norme sulla edificabilità dei suoli (Legge n. 10/1977), posti in essere mediante **accordi o convenzioni tra privati ed enti pubblici**, nonché tutti gli atti attuativi posti in essere in esecuzione dei primi, sono soggetti all'imposta di **registro in misura fissa** e sono **esenti dalle imposte ipotecarie e catastali** (art. 20, c. 2, Legge n. 10/1977 e art. 32, D.P.R. n. 601/1973).
Rientrano nell'ambito dell'agevolazione, tra l'altro (ris. 11 gennaio 2019, n. 1/E):

- le cessioni di aree per la realizzazione delle **opere di urbanizzazione** connesse all'intervento edilizio (ris. 11 gennaio 2019, n. 1/E; ris. 4 gennaio 2012, n. 1/E e ris. 1° giugno 2015, n. 56/E);
- gli atti aventi ad oggetto la **redistribuzione di aree** tra colottizzanti, finalizzati ad eliminare gli effetti distorsivi derivanti dalla convenzione di lottizzazione (ris. 11 gennaio 2019, n. 1/E).

Il regime agevolativo **non può essere esteso** ad atti che, sebbene genericamente preordinati alla trasformazione del territorio, non hanno ad oggetto interventi edilizi riconducibili a quelli previsti dalla disciplina individuata dalla Legge n. 10/1977 (ris. 11 gennaio 2019, n. 1/E).

Non è più vigente il regime di favore previsto in relazione ai trasferimenti di beni immobili compresi in **piani urbanistici particolareggiati**, che prevedeva l'applicazione dell'imposta di registro con aliquota all'1% e delle imposte ipotecaria e catastale nella misura rispettivamente del 3% e dell'1%. Gli atti in esame sono soggetti all'imposta di registro in misura proporzionale del 9%, per un importo minimo di imposta di registro pari a 1.000 euro e alle imposte ipotecaria e catastale, ciascuna nella misura fissa di 50 euro (circ. 21 febbraio 2014, n. 2/E, par. 1.4).
Il regime agevolativo **continua ad applicarsi** per gli atti stipulati **fino al 31 dicembre 2013** e prevede un termine (11 anni dall'acquisto) entro il quale il soggetto deve completare la costruzione. Nel caso in cui la costruzione non sia stata ultimata (o l'immobile sia venduto) entro il predetto termine di 11 anni dalla stipula dell'atto, si incorre nella **decadenza** e l'imposta di registro è dovuta con l'aliquota ordinaria, detratta quella versata con l'aliquota agevolata, oltre agli interessi di mora e **non si applicano sanzioni** (risposta a interpello 4 settembre 2020, n. 311). In proposito, è stato affermato che l'agevolazione potrà comunque trovare applicazione qualora l'edificazione non sia realizzata nel termine di legge per effetto di una **causa esterna sopravvenuta, imprevedibile ed inevitabile** (Cass., SS.UU., 23 aprile 2020, n. 8094).

Conferimento di terreni al consorzio - Nel caso di conferimento ad un Consorzio, in assenza di onerosità, da parte dei singoli consorziati non operanti nell'esercizio di impresa, della proprietà dei terreni sui quali dovrà essere realizzato il piano di lottizzazione, l'agevolazione sopra indi-

INDIRETTE

cata riguarda solo la parte delle **aree conferite destinata alla realizzazione delle opere di urbanizzazione** mentre le parti di aree conferite e non interessate dalla realizzazione delle opere di urbanizzazione non potranno beneficiare del trattamento di favore, e i relativi atti saranno soggetti al trattamento ordinario applicabile agli atti traslativi di diritti reali immobiliari (imposta proporzionale di registro del 9%, art. 1, Tariffa, Parte I, D.P.R. n. 131/1986 e imposte ipotecaria e catastale di 50 euro ciascuna, art. 10, c. 3, D.Lgs. n. 23/2011). L'agevolazione potrà trovare applicazione "a condizione che i conferenti, nei relativi atti di conferimento, siano in grado di **individuare** la superficie delle aree destinate alla realizzazione delle opere di urbanizzazione ed indichino, distintamente sempre nei medesimi atti, il **valore venale** da attribuire alle stesse, in attuazione della disciplina prevista per la determinazione della base imponibile ai fini dell'imposta di registro" (ris. 11 gennaio 2019, n. 1/E).
In caso di conferimento delle aree da parte di un soggetto che opera nell'esercizio dell'attività di impresa, l'operazione rientra nel campo di **applicazione dell'IVA**; conseguentemente, ai fini delle imposte di registro, ipotecaria e catastale, gli atti di conferimento sconteranno l'imposta in **misura fissa**, pari a 200 euro ciascuna per ognuna di tali imposte (art. 40, D.P.R. n. 131/1986).

Redistribuzione di aree - Le operazioni c.d. di **redistribuzione fondiaria**, finalizzate ad eliminare gli effetti distorsivi derivanti dalla convenzione di lottizzazione, per riequilibrare la capacità edificatoria dei singoli lottizzanti, se poste in essere dai soggetti che hanno assunto gli obblighi connessi con l'attuazione della convenzione di lottizzazione, possono beneficiare del **regime di favore** di cui all'art. 32, D.P.R. n. 601/1973 (imposta di registro in misura fissa ed esenzione dalle imposte ipotecarie e catastali).

Cessione di diritti volumetrici - Gli atti aventi ad oggetto la cessione di diritti volumetrici dal Comune ad una società, da porre in essere in esecuzione di quanto previsto dalla convenzione attuativa di un piano particolareggiato, **non può beneficiare del trattamento di favore** (imposta di registro in misura fissa ed esenzione dalle imposte ipotecarie e catastali ai sensi dell'art. 20, Legge n. 10/1977 e dell'art. 32, D.P.R. n. 601/1973). L'atto è soggetto ad imposta proporzionale di registro (nella misura del 9%, *ex* art. 1, Tariffa, Parte I, allegata al D.P.R. n. 131/1986) e alle imposte ipotecaria e catastale ciascuna nella misura fissa di 50 euro (art. 10, c. 3, art. 10, D.Lgs. n. 23/2011) (ris. 24 ottobre 2018, n. 80/E).
Nel caso di acquisto di terreni per la demolizione e ricostruzione interi fabbricati (➜63.24.).

Diritti reali di godimento 63.24.4.

Gli atti traslativi o costitutivi di diritti reali immobiliari di godimento (**superficie, enfiteusi, usufrutto, uso, abitazione, servitù prediali**, compresi la **rinuncia** pura e semplice agli stessi) sono soggetti alle **stesse aliquote** previste per la cessione del diritto di proprietà degli immobili.

> Gli atti **costitutivi di servitù** su terreni **agricoli** non scontano l'aliquota del 15%, ma quella ordinaria (9%), in quanto l'art. 1, Tariffa Parte I, D.P.R. n. 131/1986, prevede tale aliquota maggiorata solo per il "trasferimento" di terreni agricoli e non anche per la "costituzione" di diritti reali di godimento (ris. 15 gennaio 2021, n. 4/E; Cass. 13 ottobre 2020, n. 2218; Cass. 5 settembre 2019, n. 22198).

Atti espropriativi 63.24.5.

I provvedimenti di espropriazione per **pubblica utilità** e i **trasferimenti coattivi** di beni immobili, sono soggetti alle **stesse aliquote** previste per la cessione del diritto di proprietà degli immobili.

Soggetti obbligati

Negli atti di espropriazione per pubblica utilità, trasferimento coattivo della proprietà o di diritti reali di godimento, l'imposta è dovuta solo dall'**ente espropriante** o dall'**acquirente** senza diritto di rivalsa. Se espropriante o acquirente è lo **Stato** l'imposta **non è dovuta** (➜63.23.3.).

> Alla sentenza che, rideterminandone l'entità, ordini il **deposito delle dovute indennità di esproprio e di occupazione legittima**, si applica l'imposta proporzionale di cui all'art. 8, lett. b) Tariffa Parte I, D.P.R. n. 131/1986, trattandosi di statuizione di condanna, priva della funzione, propria del provvedimento amministrativo di espropriazione per pubblica utilità, di trasferire la proprietà del bene allo Stato (Cass. 6 marzo 2019, n. 6481).
> La **sentenza** di opposizione alla **stima dell'indennità** spettante all'espropriato per effetto del provvedimento ablatorio sconta l'imposta di registro con **l'aliquota dell'1%,** non potendosi applicare l'aliquota del 3% propria delle sentenze di condanna (Cass. 30 giugno 2021, n. 18430).

63.24.6. Contratto preliminare

Forma

Il contratto preliminare deve essere stipulato, a pena di nullità, con la **medesima forma** contrattuale richiesta per il **contratto definitivo** (art. 1351 c.c.).

Trascrizione

Deve essere trascritto (art. 2645-bis c.c.) il contratto preliminare redatto per **atto pubblico** o scrittura privata **autenticata** che ha ad oggetto la **futura conclusione** di contratti che **trasferiscono la proprietà**, **costituiscono o trasferiscono** diritti di usufrutto, superficie, enfiteusi, diritti di comunione, diritti di servitù prediali, uso e abitazione.

Registrazione

Atto pubblico o scrittura privata autenticata - Sono soggetti a **registrazione in termine** fisso, a prescindere dal regime IVA dell'atto.

Scrittura privata non autenticata - I contratti preliminari di ogni specie sono soggetti a registrazione **in termine fisso** (Tariffa, Parte I, art. 10, D.P.R. n. 131/1986). Tuttavia, il contratto preliminare, redatto per scrittura privata **non autenticata**, che contiene **solo disposizioni soggette ad IVA** è soggetto a registrazione **solo in caso d'uso** (art. 5, D.P.R. n. 131/1986).

> Per verificare se si tratta di atto soggetto ad IVA si deve valutare l'operazione oggetto del **contratto definitivo** (studio Consiglio nazionale del Notariato 13-2007/T).

Contratti preliminare di vendita o di locazione di fabbricati - I contratti preliminari stipulati **con scrittura privata non autenticata** relativi alla futura stipula di un definitivo di:

- **compravendita** di fabbricati (abitativi o non abitativi, esenti o imponibili IVA, art. 10, nn. 8-bis) e 8-ter), D.P.R. n. 633/1972),
- **locazione immobiliare** (art. 10, n. 8, D.P.R. n. 633/1972),

sono soggetti a **registrazione in termine fisso**, indipendentemente dal regime IVA del definitivo (art. 5, c. 2, D.P.R. n. 131/1986).

Imposta dovuta

I contratti preliminari di ogni specie sono soggetti ad **imposta fissa di registro** (200 euro).

Caparre

Se il contratto preliminare prevede la corresponsione di una caparra confirmatoria (art. 1385 c.c.), si applica, oltre all'imposta di registro fissa dovuta sul preliminare, l'**imposta proporzionale dello 0,5%** sull'ammontare della caparra (Tariffa, Parte I, art. 6, D.P.R. n. 131/1986).

Acconti

Se il contratto preliminare prevede il pagamento di un acconto sul prezzo:

- **non soggetto ad IVA**, è dovuta l'**imposta proporzionale del 3%** sull'ammontare dell'acconto (Tariffa, Parte I, art. 9, D.P.R. n. 131/1986);
- **soggetto ad IVA**, deve essere corrisposta l'imposta di registro nella misura fissa per il contratto preliminare (art. 10, Tariffa, Parte I, D.P.R. n. 131/1986) e una seconda imposta fissa per la pattuizione che stabilisce la dazione di uno o più acconti, assoggettati ad IVA (risposta a interpello 24 luglio 2019, n. 311).

> Se il contratto preliminare prevede la dazione di somme a titolo di **caparra confirmatoria** o il pagamento di **acconti di prezzo** non soggetti ad IVA, l'imposta di registro pagata è **imputata all'imposta principale** dovuta per la registrazione del contratto definitivo (Tariffa, Parte I, nota all'art. 10, D.P.R. n. 131/1986).

63.24.7. Usucapione

I provvedimenti che accertano l'acquisto per usucapione della proprietà di beni **immobili** o di **diritti reali di** godimento sui beni medesimi sono soggetti all'imposta con le **stesse aliquote** previste per la **cessione** dei predetti beni (Tariffa, Parte I, art. 8, nota II-bis, D.P.R. n. 131/1986).

Terreno con fabbricato

L'imposta di registro, dovuta su di una sentenza che accerta l'usucapione di un terreno, si estende anche al **fabbricato su di esso edificato** prima o durante il tempo richiesto dalla legge per il verificarsi dell'usucapione, atteso che l'usucapione come titolo di acquisto vale per accessione anche per detto fabbricato (Cass., Sez. V, 20 giugno 2019, n. 16532).

Leasing abitativo 63.24.8.

Per il trasferimento nei confronti di banche e intermediari finanziari autorizzati all'esercizio dell'attività di leasing finanziario, di case di abitazione di categoria catastale diversa da A/1, A/8 o A/9 (da A/2 a A/7 e A/11), acquisite in locazione finanziaria, da utilizzatori che soddisfano le condizioni per l'applicazione dell'agevolazione **"prima casa"**, l'imposta di registro è dovuta con **l'aliquota dell'1,5%**.

L'applicazione dell'aliquota agevolata dell'1,5% è prevista **dal 1° gennaio 2016 al 31 dicembre 2020** (art. 1, c. 84, Legge n. 208/2015).

Per la verifica delle **condizioni** previste:
- in luogo dell'**acquirente**, deve essere considerato l'**utilizzatore**;
- in luogo dell'**atto di acquisto** va preso il **contratto di locazione finanziaria** (Tariffa, Parte I, art. 1).

Se il trasferimento dell'immobile non è utilizzato come **"prima casa"**, l'imposta di registro è dovuta con l'aliquota ordinaria **(9%)**.

La locazione dell'immobile da parte della società di leasing all'utilizzatore è esente da IVA (art. 10, primo c., n. 8) del D.P.R. n. 633/1972) e soggetta a registrazione solo in **caso d'uso** (D.P.R. n. 131/1986, Tariffa Parte II, art. 1, Nota).

COMPRAVENDITA DI BENI DIVERSI DAGLI IMMOBILI 63.25.

Gli atti **non soggetti ad IVA**:
- traslativi a titolo oneroso della **proprietà**,
- traslativi o costitutivi di **diritti reali di godimento**,

relativi a beni **diversi** dagli immobili e dalle unità da diporto, da veicoli iscritti nel pubblico registro automobilistico (Tabella, art. 11-bis, D.P.R. n. 131/1986) sono soggetti all'imposta di registro nella misura del **3%** (Tariffa, Parte I, art. 2, D.P.R. n. 131/1986).

Le merci cedute nell'ambito di una **cessione di azienda** sono soggette all'aliquota del 3%.

Trasferimenti a favore dello Stato e di enti pubblici

Se il trasferimento avviene a favore:
- dello Stato,
- di enti pubblici territoriali,
- consorzi costituiti esclusivamente tra gli enti pubblici territoriali,
- di comunità montane,

si applica l'imposta di registro in **misura fissa** (200 euro).

Contratti di associazione in partecipazione

Se i beni sono apportati in una associazione in partecipazione, si applica l'imposta di registro in **misura fissa** (200 euro).

OPERAZIONI DI CREDITO A MEDIO E LUNGO TERMINE 63.26.

Le operazioni relative ai finanziamenti a medio e lungo termine:
- sono **esenti dalle imposte indirette** (registro, bollo, ipotecaria, catastale, concessioni governative), che sarebbero altrimenti applicabili ai singoli atti posti in essere per effettuare le operazioni;
- sono **soggette ad un'imposta sostitutiva** (artt. 15-20-bis, D.P.R. n. 601/1973);
- il regime dell'imposta sostitutiva si applica **su opzione** del contribuente.

Ambito applicativo 63.26.1.

L'imposta sostitutiva si applica:
- alle operazioni relative ai **finanziamenti a medio e lungo termine** effettuate dalle **banche** (sono finanziamenti a medio e lungo termine quelli la cui durata contrattuale è superiore a 18 mesi) (art. 15, D.P.R. n. 601/1973);
- alle **operazioni di finanziamento** effettuate da **Cassa depositi e prestiti Spa** delle opere, impianti, reti, dotazioni, destinati a iniziative di pubblica utilità (art. 15 e art. 5, c. 7, lett. b), D.L. n. 269/2003);

INDIRETTE

- alle operazioni relative ai **finanziamenti di qualunque durata**, effettuati dalle banche nei settori del credito (art. 16, D.P.R. n. 601/1973) per il lavoro italiano all'estero, all'artigianato, cinematografico, teatrale, di rifinanziamento, peschereccio di esercizio;
- alle **operazioni di finanziamento**, la cui durata contrattuale sia stabilita in **più di 18 mesi**, poste in essere da società di cartolarizzazione, imprese di assicurazione costituite e autorizzate ai sensi delle normative degli Stati membri, OICR costituiti negli Stati membri e negli Stati aderenti all'accordo sullo Spazio economico europeo (art. 17-bis, D.P.R. n. 601/1973);
- alle **garanzie di qualunque tipo**, da chiunque e in qualsiasi momento prestate in relazione alle operazioni di finanziamento strutturate come emissioni di obbligazioni o titoli similari alle obbligazioni (l'agevolazione si applica alle eventuali surroghe, sostituzioni, postergazioni, frazionamenti, cancellazioni anche parziali, cessioni di credito, trasferimenti di garanzie, cessione, relative alle obbligazioni) (art. 20-bis, D.P.R. n. 601/1973);
- alle **operazioni di mutuo** relative all'acquisto di abitazioni poste in essere da enti, istituti, fondi e casse previdenziali nei confronti di propri dipendenti ed iscritti (art. 2, c. 1-bis, D.L. n. 220/2004).

L'atto di **cessione del credito** derivante da un finanziamento assoggettato ad imposta sostitutiva, e di trasferimento della relativa **garanzia ipotecaria**, rientra nel regime sostitutivo e può, quindi, beneficiare del relativo effetto sostitutivo (ris. 16 febbraio 2018, n. 17/E).

Requisito temporale

Il requisito temporale (18 mesi) va riferito esclusivamente alla durata prevista dalle **clausole contrattuali** e **non alla durata effettiva**, che può essere maggiore o minore (circ. 24 settembre 2002, n. 8).

CASO 17 - Durata minima del finanziamento

1) Viene stipulato un finanziamento con durata contrattuale superiore a 18 mesi.
È prevista una clausola che subordina l'erogazione a un evento successivo alla stipula, determinando una riduzione del periodo effettivo di durata del finanziamento.
La previsione di tale clausola non incide sulla durata prevista.
L'imposta sostitutiva è applicabile (circ. 24 settembre 2002, n. 8/T).

2) Viene stipulato un contratto di mutuo di durata pari a 12 anni, prevedendo la facoltà per la banca di variare tale termine alla successiva stipulazione di atto pubblico di quietanza.
L'agevolazione non si applica in quanto l'imposta ipotecaria ordinaria deve essere riscossa all'atto della richiesta delle formalità, per cui è estraneo all'individuazione del regime fiscale ogni elemento non contenuto nel contratto presentato all'ufficio contestualmente alla suddetta richiesta (Cass. ord. 19 marzo 2014, n. 6412).

Estinzione anticipata del finanziamento - La richiesta di estinzione anticipata del finanziamento, avanzata dal mutuatario, **non fa venir meno** l'applicazione dell'agevolazione (circ. 27 aprile 2001, n. 3/T; circ. 14 giugno 2007, n. 6/T; Cass. 18 febbraio 1994, n. 1585).
Il beneficio non è applicabile se il contratto, pur prevedendo un finanziamento superiore a 18 mesi, consenta all'azienda di credito di risolvere anticipatamente il rapporto con recesso unilaterale (Cass. 24 maggio 2013, n. 12928), **salva l'ipotesi** di risoluzione anticipata in applicazione delle ordinarie norme del codice civile in tema di **inadempimento grave**, o in virtù di particolari clausole contrattuali di salvaguardia destinate ad operare in corso di rapporto, sempreché tale anticipata risoluzione sia collegata a circostanze di fatto **obiettivamente accertabili** e non rimesse al mero arbitrio dell'istituto mutuante (Cass. ord. 18 aprile 2018, n. 9506).

63.26.2. Nozione di finanziamento

Costituisce finanziamento la **provvista di disponibilità finanziarie**, cioè la possibilità di attingere danaro, in qualunque momento ciò sia necessario, **in base ad un impegno** assunto dall'istituto di credito, con **obbligo di restituzione** entro il termine (medio o lungo) previsto contrattualmente (Cass. 29 marzo 2002, n. 4611).
Non rientrano nell'ambito dei finanziamenti che possono beneficiare dell'applicazione dell'imposta sostitutiva:
- la **costituzione di una garanzia ipotecaria**, correlata a una operazione di ricognizione di debito con contestuale stipulazione con il debitore di un piano di rientro di durata superiore ai 18 mesi (circ. 22 dicembre 1999, n. 240/E/T);
- una **dilazione nell'adempimento del debito** (circ. 27 dicembre 2002, n. 12/T).

Contratto di mutuo 63.26.3.

I contratti di mutuo che non rientrano nella disciplina agevolativa prevista per le operazioni a medio e lungo termine:

- se esenti da IVA (art. 10, n. 1), D.P.R. n. 633/1972), scontano l'imposta di registro **in misura fissa** (200 euro) (art. 40, c. 1, D.P.R. n. 131/1986);
- se esclusi da IVA, sono soggetti all'imposta di registro in misura proporzionale, con **aliquota del 3%** (Tariffa, Parte I, art. 9, D.P.R. n. 131/1986).

LOCAZIONE IMMOBILIARE 63.27.

Registrazione del contratto di locazione 63.27.1.

Tutti i **contratti di locazione** formati in Italia, aventi ad oggetto immobili, compresi i fondi rustici, devono essere **registrati entro 30 giorni** dalla loro stipulazione (art. 2, c. 1, lett. a) e art. 3, D.P.R. n. 131/1986) (➜63.9.).

Soggetti obbligati

Per i contratti di locazione redatti nella forma di scrittura privata non autenticata l'obbligo di richiedere la registrazione grava sulle **parti contraenti** (conduttore e locatore) (art. 10, c. 1, lett. a), D.P.R. n. 131/1986).

Agenti di affari - Se la locazione viene conclusa con l'intervento di un agente di affari in mediazione, l'obbligo della registrazione grava anche su tale soggetto (art. 10, c. 1, lett. d-bis), D.P.R. n. 131/1986).

Contratti non soggetti a registrazione in termine fisso

Sono soggetti a registrazione **solo in caso d'uso** i contratti di locazione:

- stipulati mediante **scrittura privata non autenticata**;
- aventi **durata non superiore a 30 giorni** complessivi nel corso dell'anno (Tariffa, Parte II, art. 2-bis, D.P.R. n. 131/1986).

Oggetto del contratto	Regime IVA	Obbligo registrazione
Abitativo, di durata **superiore a 30 giorni**	Escluso	SÌ
Abitativo, di durata **superiore a 30 giorni**	Esente	SÌ
Abitativo, di durata **superiore a 30 giorni**	Imponibile	SÌ
Strumentale, di durata **superiore a 30 giorni**	Escluso	SÌ
Strumentale, di durata **superiore a 30 giorni**	Esente	SÌ
Strumentale, di durata **superiore a 30 giorni**	Imponibile	SÌ
Abitativo/Strumentale di durata **non superiore** a 30 giorni, redatto per **atto pubblico**	Escluso/esente/Imponibile	SÌ
Abitativo/Strumentale di durata **non superiore** a 30 giorni, redatto per scrittura privata **autenticata**	Escluso/esente/Imponibile	SÌ
Abitativo/Strumentale di durata **non superiore** a 30 giorni, redatto per scrittura privata **non autenticata**	Escluso/esente/Imponibile	NO

Durata del contratto

La durata del contratto viene determinata facendo riferimento al rapporto di locazione intercorso nell'anno **tra lo stesso locatario e affittuario** (circ. 16 gennaio 1998, n. 12/E).

Contratti formati all'estero

I contratti di locazione formati all'estero sono soggetti a registrazione se l'immobile concesso in locazione si trova in Italia (art. 2, c. 1, lett. d), D.P.R. n. 131/1986).

Cedolare secca 63.27.2.

L'opzione per l'applicazione della "**cedolare secca**" sostituisce l'imposta di registro dovuta sul contratto di locazione (art. 3, D.Lgs. n. 23/2011).

INDIRETTE

L'opzione si applica solo se il locatore, titolare del diritto di proprietà o di altro diritto reale di godimento sugli immobili, è una persona fisica che non agisce nell'esercizio dell'attività d'impresa o di arti e professioni (ris. 17 maggio 2019, n. 50/E).

Immobili commerciali

Il regime opzionale della cedolare secca sugli affitti degli immobili destinati all'uso abitativo è stato esteso, per i nuovi contratti stipulati **nell'anno 2019** (o rinnovati in tale anno in quanto scaduti - risposta a interpello 22 settembre 2020, n. 388) dalle persone fisiche al di fuori dell'esercizio di un'attività d'impresa o di arti e professioni, anche agli **immobili destinati ad attività commerciale** (negozi e botteghe di **categoria catastale C1**, nonché eventuali pertinenze, come magazzini, locali di deposito, stalle, scuderie, rimesse, tettoie chiuse e aperte se congiuntamente locate), con superficie non superiore a 600 metri quadrati, escluse le pertinenze (art. 1, c. 59, Legge n. 145/2018) (circ. 10 aprile 2019, n. 8/E).
Tale regime non è applicabile ai **contratti stipulati nell'anno 2019**, qualora alla data del 15 ottobre 2018 fosse in corso un contratto non scaduto.

> Nel caso in cui il soggetto non abbia espresso l'opzione per l'applicazione della cedolare secca, lo stesso potrà comunque optare in occasione della prima scadenza annuale (risposta a interpello 22 settembre 2020, n. 388).

63.27.3. Imposta proporzionale di registro

L'imposta proporzionale di registro è dovuta sui contratti di locazione immobiliare:
- **esclusi** da IVA;
- **esenti** da IVA (art. 10, n. 8), D.P.R. n. 633/1972);
- **imponibili** ad IVA se relativi a **immobili strumentali** (art. 40, c. 1-bis, D.P.R. n. 131/1986).

Le locazioni di fabbricati - **diversi dagli immobili strumentali** - **soggette ad IVA** scontano l'imposta di registro in misura fissa se il contratto è soggetto a registrazione.

CASO 18 - Applicazione dell'imposta di registro

1) Locazione di un'**abitazione da parte di un privato**.
L'operazione è esclusa da IVA.
Il contratto è soggetto ad imposta di registro proporzionale (se il locatore non opta per la cedolare secca) (2%).
Il contratto deve essere registrato se la durata supera i 30 giorni o è redatto per atto pubblico o scrittura privata autenticata.

2) Locazione di un'**abitazione** da parte di **un'impresa** diversa da quella costruttrice o ristrutturatrice.
L'operazione è esente da IVA (art. 10, n. 8, D.P.R. n. 633/1972).
Il contratto è soggetto ad imposta di registro proporzionale (2%).
Il contratto deve essere registrato se la durata supera i 30 giorni o è redatto per atto pubblico o scrittura privata autenticata.

3) Locazione di un'**abitazione** da parte dell'**impresa costruttrice** o **ristrutturatrice** che manifesti l'opzione per l'applicazione dell'IVA nel relativo contratto.
L'operazione è soggetta ad IVA (art. 10, n. 8, D.P.R. n. 633/1972).
Il contratto è soggetto ad imposta di registro in misura fissa.
Il contratto deve essere registrato se la durata supera i 30 giorni o è redatto per atto pubblico o scrittura privata autenticata (art. 5, c. 2, D.P.R. n. 131/1986).

4) Locazione di un **immobile strumentale** da parte di un **privato**.
L'operazione è esclusa da IVA.
Il contratto è soggetto ad imposta di registro proporzionale (2%).
Il contratto deve essere registrato se la durata supera i 30 giorni o è redatto per atto pubblico o scrittura privata autenticata.

5) Locazione di un **immobile strumentale** da parte di **un'impresa** che **non manifesti l'opzione** per l'applicazione dell'IVA nel relativo contratto.
L'operazione è esente da IVA (art. 10, n. 8, D.P.R. n. 633/1972).
Il contratto è soggetto ad imposta di registro proporzionale (1%).

INDIRETTE

Il contratto deve essere registrato se la durata supera i 30 giorni o è redatto per atto pubblico o scrittura privata autenticata.

6) Locazione di un **immobile strumentale** da parte di **un'impresa** che **manifesti l'opzione** per l'applicazione dell'IVA nel relativo contratto.
L'operazione è imponibile ad IVA (art. 10, n. 8, D.P.R. n. 633/1972).
Il contratto è soggetto ad imposta di registro proporzionale (1%).
Il contratto deve essere registrato se la durata supera i 30 giorni o è redatto per atto pubblico o scrittura privata autenticata.

La misura dell'**imposta proporzionale di registro** è indicata nella Tariffa, allegata al Testo Unico (Tariffa, art. 5, D.P.R. n. 131/1986).

Locazione e affitti di beni immobili		
Bene locato	**Aliquota %**	**Art. 5 Tariffa** D.P.R. n. 131/1986
Fondi rustici	0,5	c. 1, lett. a)
Immobili strumentali (soggetti ad IVA o esenti)	1	c. 1, lett. a-bis)
Altri (ad es. abitativi, strumentali esclusi da IVA)	2	c. 1, lett. b)
Concessioni su beni demaniali, cessioni e surrogazioni relative	2	c. 2
Concessioni di diritti d'acqua a tempo determinato, cessioni e surrogazioni relative	0,5	c. 3
Contratti di comodato di beni immobili	Imposta fissa (200 euro)	c. 4

I contratti di locazione di **terreni agricoli** destinati ad **impianti eolici** sono soggetti all'imposta di registro dello **0,50%** (Tariffa, Parte I, art. 5, D.P.R. n. 131/1986) (risposta a interpello 27 aprile 2021, n. 299).

Importo minimo dell'imposta proporzionale - Per le locazioni e gli affitti di beni immobili l'ammontare dell'imposta non può essere inferiore alla misura fissa di **67 euro** (Tariffa, Parte I, art. 5, Nota II, D.P.R. n. 131/1986).

Base imponibile

La base imponibile per il pagamento dell'imposta di registro sulle locazioni immobiliari è pari al **canone pattuito** dalle parti (art. 17, c. 3, D.P.R. n. 131/1986). Per i contratti di locazione a **canone concordato**, riguardanti immobili che si trovano in uno dei **Comuni ad elevata tensione abitativa**, la base imponibile su cui calcolare l'imposta di registro è **ridotta del 30%**. In pratica, quindi, il canone è assunto nella misura del 70% (ris. 20 aprile 2018, n. 31/E).

Alle somme riconosciute al locatore a titolo di **indennità**, a fronte del sacrificio che il locatore stesso subisce per la decurtazione del corrispettivo rispetto al canone pattuito, e qualificate come tali in atti ("scrittura indennitaria"), non si applica il trattamento previsto per il canone di locazione, con la conseguenza che, da un lato, l'indennità **è esclusa da IVA** e che, dall'altro, la stessa è **soggetta all'imposta di registro nella misura del 3%** (art. 9, Tariffa Parte I, D.P.R. n. 131/1986) (risposta a interpello 29 gennaio 2019, n. 16).

Contratti di durata pluriennale

Per i contratti di locazione e sublocazione di immobili urbani di durata pluriennale, l'imposta può essere assolta per **l'intera durata del contratto** oppure **annualmente** (art. 17, c. 3, D.P.R. n. 131/1986) (➡99.4.).

Pagamento in unica soluzione - L'imposta viene liquidata e interamente versata dalle parti contraenti con il **Mod. F24 ELIDE** al momento della registrazione del contratto (➡63.9.).
In tal caso, l'importo si **riduce** di una **percentuale** pari alla metà del tasso di interesse legale moltiplicato per il numero delle annualità (Tariffa, art. 5, Nota I, D.P.R. n. 131/1986).

INDIRETTE

In caso di **risoluzione anticipata del contratto** il contribuente che ha corrisposto l'imposta sul corrispettivo pattuito per l'intera durata del contratto ha diritto al rimborso del tributo relativo alle annualità successive a quella in corso (art. 17, c. 3, D.P.R. n. 131/1986).

Pagamento annuale - L'imposta dovuta per la prima annualità viene versata con il **Mod. F24 ELIDE** (➡**63.9.**) al momento della registrazione del contratto.
L'imposta relativa alle **annualità successive alla prima**, anche conseguenti a proroghe del contratto comunque disposte, deve essere versata, con le stesse modalità, entro 30 giorni dalla scadenza di ciascuna annualità (art. 17, c. 3, D.P.R. n. 131/1986).
Per la sospensione dei termini nel **periodo compreso tra l'8 marzo 2020 e il 31 maggio 2020** cfr. art. 62, c. 1 e 6, D.L. n. 18/2020 e circ. 3 aprile 2020, n. 8/E, par. 1.21.
Per la sospensione e la proroga dei termini relativi alle attività di liquidazione e ai versamenti per effetto del Covid-19 (➡**63.33.2.**).

Locazione di immobili			
Immobile locato	**Da**	**IVA**	**Registro**
Abitativo (Categoria A, esclusa A/10)	Soggetto non IVA	Escluso	2% (salva opzione per la cedolare secca)
Abitativo (Categoria A, esclusa A/10)	Soggetto IVA che non manifesta l'opzione per l'applicazione dell'IVA	Esente (art. 10, n. 8), D.P.R. n. 633/1972)	2%
Abitativo (Categoria A, esclusa A/10)	Impresa costruttrice o ristrutturatrice che manifesta l'opzione per l'applicazione dell'IVA	Imponibile (art. 10, n. 8), D.P.R. n. 633/1972)	200 €
Alloggi sociali	Soggetto IVA che manifesta l'opzione per l'applicazione dell'IVA	Imponibile (art. 10, n. 8), D.P.R. n. 633/1972)	200 €
Immobile strumentale	Soggetto non IVA	Escluso	2% (salva opzione per la cedolare secca per i contratti stipulati nel 2019
Immobile strumentale	Soggetto IVA che non manifesta l'opzione per l'applicazione dell'IVA	Esente (art. 10, n. 8), D.P.R. n. 633/1972)	1%
Immobile strumentale	Soggetto IVA che manifesta l'opzione per l'applicazione dell'IVA	Imponibile (art. 10, n. 8), D.P.R. n. 633/1972)	1%

63.27.4. Cessioni, risoluzioni e proroghe

L'imposta di registro è dovuta anche per le cessioni, risoluzioni e proroghe anche tacite del contratto di locazione e affitto di beni immobili.

Soggetti obbligati

L'imposta deve essere **liquidata dalle parti** contraenti ed assolta **entro 30 giorni** successivi all'evento presso lo stesso Ufficio in cui è stata eseguita la registrazione ovvero anche in via telematica (art. 17, c. 1, D.P.R. n. 131/1986).

Misura minima dell'imposta - L'imposta dovuta non può essere inferiore alla **misura fissa di 67 euro** (Tariffa, Parte I, art. 5, Nota II; circ. 16 gennaio 1998, n.12).

Cessione del contratto soggetta ad IVA - Se la cessione del contratto avviene verso corrispettivo ed è soggetta ad IVA si applica l'imposta di registro in **misura fissa** (67 euro) (circ. 9 luglio 2003, n. 36).

INDIRETTE

Cessione del contratto non soggetta ad IVA - Se la cessione del contratto avviene **verso corrispettivo** e non è soggetta ad IVA, continua ad essere dovuta **l'imposta per le annualità successive**, pari al:

- **2%** se il contratto riguarda un **immobile urbano**,
- **0,50%** se la cessione ha per oggetto un contratto di locazione di un **fondo rustico**,

dei canoni che residuano alla scadenza del contratto (con un minimo di 67 euro).

Cessione senza corrispettivo - La cessione senza corrispettivo del contratto di locazione e sublocazione di immobili **urbani** di durata **pluriennale** è assoggettata all'imposta **fissa** di 67 euro (Tariffa, Parte I, art. 5, Nota I), D.P.R. n. 131/1986).

> Se la cessione del contratto senza corrispettivo **non** riguarda immobili **urbani** oppure il contratto **non ha durata pluriennale**, si applica la tassazione dovuta per le cessioni di contratto verso corrispettivo.

Risoluzione del contratto - Le risoluzioni del contratto di locazione **di immobili urbani di durata pluriennale** sono soggette all'imposta di registro nella misura fissa di 67 euro.
Se il contratto è risolto anticipatamente ed è stato versato l'importo relativo all'intera durata, chi ha pagato ha diritto al rimborso delle annualità successive a quella in corso.

Proroga del contratto - In caso di proroga del contratto di locazione o di affitto (art. 17, D.P.R. n. 131/1986):

- **entro 30 giorni**, deve essere pagata l'imposta di registro dovuta;
- **entro 20 giorni** dal pagamento, deve essere presentato, all'Ufficio dell'Agenzia delle Entrate presso il quale è stato registrato il contratto, l'attestato di versamento dell'imposta dovuta per la proroga, fatta eccezione per l'ipotesi di versamento telematico dell'imposta di registro.

Comodato 63.27.5.

I contratti di comodato di:

- **beni immobili** sono soggetti a registrazione in termine fisso e all'imposta di registro **in misura fissa** (200 euro) (art. 5, c. 4, Tariffa, Parte I, D.P.R. n. 131/1986);
- **beni mobili** sono soggetti all'imposta solo in **caso d'uso** (art. 3, Tariffa, Parte II, D.P.R. n. 131/1986).

AFFITTO DI AZIENDA 63.28.

Affitto di azienda non soggetto ad IVA

L'affitto di azienda non soggetto ad IVA sconta **l'imposta proporzionale di registro**.

> L'affitto **dell'unica azienda** costituisce un'operazione non soggetta ad IVA (C.M. 19 marzo 1985, n. 26/321285).

Misura dell'imposta - Sul canone di affitto si applica **l'aliquota del 3%** (Tariffa, Parte I, art. 9, D.P.R. n. 131/1986).
Se l'azienda affittata comprende anche **immobili** e non vengono previsti canoni di affitto distinti in relazione alla parte immobiliare e al resto dell'azienda, si applica su tutto il canone **l'aliquota del 3%** (Tariffa, Parte I, art. 9, D.P.R. n. 131/1986).
Se vengono previsti **canoni d'affitto distinti** in relazione alla parte immobiliare ed al resto dell'azienda affittata (art. 23, c. 1, D.P.R. n. 131/1986):

- sul canone relativo alla **parte immobiliare** si applicano, a seconda della tipologia di immobile, le aliquote del 2%, dell'1% o dello 0,5% (cfr. Tariffa, Parte I, art. 5, D.P.R. n. 131/1986);
- sul canone relativo agli **altri beni** si applica l'aliquota del 3% (Tariffa, Parte I, art. 9, D.P.R. n. 131/1986).

Affitto di azienda soggetto ad IVA

Se l'affitto di azienda è soggetto ad IVA l'imposta di registro si applica **in misura fissa** (200 euro).

Contratti verbali

Sono soggetti a registrazione i contratti verbali di **affitto** di **aziende esistenti nel territorio dello Stato** (art. 3, c. 1, lett. b), D.P.R. n. 131/1986). L'obbligo si applica anche alle **cessioni, risoluzioni, proroghe** dei predetti contratti.

INDIRETTE

63.29. CESSIONE DI AZIENDA

Costituisce **cessione di azienda** il trasferimento di **un'entità economica organizzata** in maniera stabile che, in occasione del trasferimento, **conservi la sua identità** e consenta l'esercizio di un'attività economica finalizzata al perseguimento di uno specifico obbiettivo (Cass. 11 maggio 2016, n. 9575).

Nella nozione di "trasferimento di **un'universalità totale o parziale di beni**" rientra il trasferimento di un'azienda o di una parte autonoma di un'impresa, compresi gli elementi materiali e, eventualmente, immateriali che, complessivamente, costituiscono un'impresa o una parte di impresa idonea a svolgere un'attività economica autonoma, ma **non vi rientra la mera cessione** di beni, quale la vendita di uno **stock di prodotti**. Non costituisce cessione di azienda l'operazione mediante la quale un bene immobile che era destinato a un esercizio commerciale viene concesso in locazione, unitamente a tutti i beni strumentali e di inventario necessari per tale esercizio, ancorché il locatario prosegua l'attività del locatore utilizzando la stessa denominazione commerciale (CGUE, 19 dicembre 2018, n. C-17/18).

Sono **elementi atti a dimostrare l'avvenuta cessione di azienda** (Cass. 11 maggio 2016, n. 9575):
- il trasferimento di beni materiali e immateriali;
- riassunzione della maggior parte del personale;
- il trasferimento della clientela;
- analogia tra le attività esercitate prima e dopo la cessione.

Nella nozione di cessione d'azienda ai fini tributari assume rilevanza centrale l'**elemento funzionale**, ossia il **legame** fra il singolo elemento aziendale e l'impresa (Cass. ord. 20 settembre 2017, n. 21767), anche a scapito di ciò che le parti abbiano scritto, essendo rilevante soltanto ciò che esse abbiano effettivamente realizzato col complessivo regolamento negoziale adottato, anche indipendentemente dal contenuto delle dichiarazioni rese (Cass. Sez. V, 27 dicembre 2018, n. 33495; Cass., Sez. V, 15 marzo 2017, n. 6758). La giurisprudenza comunitaria specifica, inoltre, che il trasferimento di un'azienda o di un suo ramo corrisponde al **trasferimento dell'insieme di beni**, materiali e immateriali, i quali "complessivamente costituiscono un'impresa o una parte d'impresa idonea a continuare un'attività economica autonoma..." (Corte. di Giustizia, 10 novembre 2011, C-444/10, che ha ricompreso nel trasferimento d'azienda la cessione dello stock di merci e dell'attrezzatura di un negozio), senza che abbia rilievo il requisito dell'attualità dell'esercizio dell'impresa né la mancata cessione delle relazioni finanziarie, commerciali e personali (Cass., Sez. V, ord. 27 dicembre 2018, n. 33486; Cass., Sez. V, 17 novembre 2017, n. 27290).

CASO 19 - Cessione di azienda

1) Con un unico atto di acquisto si procede alla **cessione di uno stabilimento produttivo** comprensivo di silos, impianti, macchinari, computer e arredi d'ufficio. L'operazione configura una cessione di azienda (Cass., Sez. V, ord. 27 dicembre 2018, n. 33486).

2) Cessione di un'azienda (**supermercato**) assoggettata ad imposta di registro seguita dalla cessione del magazzino assoggettata ad IVA. L'atto deve essere qualificato complessivamente come cessione di azienda (Cass., Sez. V, 27 dicembre 2018, n. 33495).

3) La cessione di una ***members-list*** (insieme di dati anagrafici e commerciali concernenti i singoli clienti e/o potenziali clienti) non configura una cessione di ramo di azienda ma una prestazione di servizio soggetta ad IVA con aliquota ordinaria (art. 3, c. 2, n. 2), D.P.R. n. 633/1972) (risposta a interpello 18 dicembre 2020, n. 609).

4) **L'insieme** dei marchi, le formule, i disegni, i domini e tutti i diritti di proprietà intellettuale connessi, insieme al magazzino, integra, di fatto, una **struttura organizzativa aziendale**, in quanto trattasi di una serie di elementi che, combinati tra loro, possono prefigurare un'organizzazione potenzialmente idonea, nel suo complesso, allo svolgimento di un'attività economica a sé stante (risposta a interpello 12 novembre 2020, n. 546).

Registrazione del contratto

La registrazione del contratto di cessione deve eseguirsi **entro 20 giorni dalla stipula** dell'atto.

Il termine è di **60 giorni** se l'atto è **formato all'estero**.

Contratti verbali

Sono soggetti a registrazione i contratti verbali:
- di **trasferimento** e di **affitto** di **aziende** esistenti nel territorio dello Stato;
- di **costituzione** o **trasferimento** di **diritti reali di godimento** su aziende (art. 3, c. 1, lett. b), D.P.R. n. 131/1986).

L'obbligo si applica anche alle cessioni, risoluzioni, proroghe, dei predetti contratti.

Fondi immobiliari chiusi

Gli apporti ai fondi immobiliari chiusi (art. 37, D.Lgs. n. 58/1998, TUIF) costituiti da una **pluralità di immobili prevalentemente locati** al momento dell'apporto, si considerano assimilati, agli effetti delle imposte indirette (IVA, Registro, Ipotecaria, Catastale) ai conferimenti di azienda e scontano, quindi, le imposte fisse (200 euro) (art. 8, c. 1-bis, D.L. n. 351/2001; circ. 21 febbraio 2014, n. 2/E, par. 9.6).

Base imponibile 63.29.1.

La base imponibile per la tassazione degli atti di cessione d'azienda è pari al:
- **valore corrente** dell'azienda ceduta;
- **comprensivo** dell'avviamento;
- **al netto** di debiti e altre passività.

Il valore dell'avviamento rileva non solo se positivo, ma anche se negativo (Cass. 17 gennaio 2018, n. 979).

Valore corrente dell'azienda

Il valore corrente delle aziende è costituito dal loro **valore venale in comune commercio** dei beni che compongono l'azienda, compreso l'avviamento, **esclusi** (art. 51, c. 2 e 4, D.P.R. n. 131/1986):
- i **natanti**, le imbarcazioni e le navi (Tariffa, Parte I, art. 7, D.P.R. n. 131/1986);
- i **veicoli** iscritti nel PRA (Tabella, art. 11-bis, D.P.R. n. 131/1986).

Passività

Le passività che possono essere dedotte ai fini della determinazione della base imponibile sono (art. 51, c. 4, D.P.R. n. 131/1986):
- quelle **risultanti dalle scritture contabili** obbligatorie
- o risultanti **da atti aventi data certa**.

Non sono deducibili le passività:
- che il cedente si sia **impegnato ad estinguere**,
- relative a **beni non rilevanti** ai fini dell'imposta di registro,
- relative a **beni assoggettati** a tassazione in **misura fissa**.

Sono deducibili soltanto i debiti relativi all'esercizio dell'azienda ceduta e non anche debiti diversi, come ad esempio quelli personali dell'imprenditore, che il cessionario si è impegnato a pagare (Cass. ord. 31 ottobre 2016, n. 22099).

Valutazione dell'Ufficio

Gli **immobili** e l'**avviamento** sono soggetti a valutazione da parte dell'ufficio delle entrate.
L'ufficio può tenere conto anche degli **accertamenti** compiuti **ai fini di altre imposte** e può procedere ad **accessi, ispezioni e verifiche** secondo le disposizioni relative all'IVA.

Rettifica del valore - L'ufficio, se ritiene che il **valore** venale dell'azienda sia superiore al **valore dichiarato** o al **corrispettivo pattuito**, provvede con lo stesso atto:
- alla **rettifica** del valore
- e alla **liquidazione della maggiore imposta**, con gli interessi e le sanzioni (art. 51, c. 1, D.P.R. n. 131/1986).

Espropriazione forzata

In caso di **espropriazione** per pubblica utilità e per **ogni altro atto della pubblica autorità** traslativo o costitutivo della **proprietà di** aziende e di **diritti reali** su aziende, la base imponibile è costituita dall'ammontare definitivo **dell'indennizzo** (art. 44, c. 2, D.P.R. n. 131/1986).

Trasferimento volontario - In caso di trasferimento volontario all'espropriante nell'ambito della procedura espropriativa la base imponibile è costituita dal prezzo (art. 44, c. 2, D.P.R. n. 131/1986).

INDIRETTE

63.29.2. Aliquote

Se per la cessione di azienda vengono pattuiti **corrispettivi distinti** per le singole categorie di beni, l'imposta si applica con le **aliquote proprie** delle diverse tipologie di **beni** (art. 23, c. 1, D.P.R. n. 131/1986).

Esempio
Immobili: 9% (Tariffa, Parte I, art. 1).
Merci: 3% (Tariffa, Parte I, art. 2).

Se viene indicato un **corrispettivo unitario** per i diversi beni, soggetti ad aliquote diverse, si applica l'aliquota più elevata (art. 23, c. 1, D.P.R. n. 131/1986).

Passività

Ai fini dell'applicazione delle diverse aliquote, le **passività** si imputano ai diversi beni in **misura proporzionale** al valore degli stessi (art. 23, c. 4, D.P.R. n. 131/1986).

Costituzione e aumento di capitale con conferimenti di aziende

Si applica l'**imposta fissa** di registro (200 euro) per la **costituzione** e l'**aumento di capitale** o patrimonio, con **conferimento** di proprietà o diritto reale di godimento, su **aziende** o su complessi aziendali relativi a singoli rami dell'impresa (Tariffa, Parte I, art. 4, c. 1, lett. a), n. 3), D.P.R. n. 131/1986).

Conferimento di aziende

Si applica l'**imposta fissa** di registro (200 euro) per il conferimento di aziende o di complessi aziendali relativi a singoli rami dell'impresa fatto:
- **da una società**;
- **ad altra società** esistente o da costituire (Tariffa, Parte I, art. 4, c. 1, lett. b), D.P.R. n. 131/1986).

Sostegno pubblico

A seguito dell'emergenza da Covid-19 è prevista la possibilità di fornire sostegno pubblico ad alcune operazioni societarie tra banche (art. 169, D.L. n. 34/2020). Tali operazioni si considerano cessioni di rami di azienda ai fini IVA e ai relativi atti le imposte di registro, ipotecaria e catastale si applicano, ove dovute, nella misura fissa di 200 euro ciascuna (art. 172, c. 1, D.L. n. 34/2020).

63.30. OPERAZIONI SOCIETARIE

Le operazioni societarie effettuate con **atto pubblico** o **scrittura privata autenticata** sono soggette a registrazione in **termine fisso** (art. 5, D.P.R. n. 131/1986).
Le operazioni societarie **soggette ad IVA** (imponibili o esenti), effettuate con scrittura privata non autenticata sono soggette a registrazione solo in **caso d'uso** (art. 5, c. 2, D.P.R. n. 131/1986).

Costituzione di società e aumento di capitale

Operazione	Imposta di registro	Tariffa, Parte I, art. 4, lett. a)
Conferimento di proprietà o diritto reale di godimento su **beni immobili**	stesse aliquote previste dall'art. 1 della Tariffa, Parte I	n. 1)
Conferimento di proprietà o di diritto reale di godimento: 1) su **fabbricati** destinati specificamente all'esercizio di **attività commerciali** 2) su **aree** destinate ad essere utilizzate per la costruzione dei suddetti fabbricati (sempreché i fabbricati siano ultimati entro 5 anni dal conferimento)	4%	n. 2)
Conferimento di proprietà o diritto reale di godimento su **aziende** o su complessi aziendali relativi a singoli rami dell'impresa	200 €	n. 3)
Conferimento di proprietà o di diritto reale di godimento su **unità da diporto**	stesse aliquote previste dall'art. 7 della Tariffa, Parte I	n. 4)
Conferimento di **denaro**, **beni mobili** (esclusi gli autoveicoli) diritti diversi da quelli indicati nei punti precedenti	200 €	n. 5)

INDIRETTE

Operazione	Imposta di registro	Tariffa, Parte I, art. 4, lett. a)
1) Conversione di **obbligazioni in azioni** 2) **Passaggio a capitale di riserve** (diverse da quelle costituite con sopraprezzi o con versamenti dei soci in conto capitale o a fondo perduto e da quelle iscritte in bilancio a norma di leggi di rivalutazione monetaria)	200 €	n. 6)

Società con sede in altro Paese membro - Gli atti indicati nella tabella sono soggetti all'imposta nella misura fissa di 200 euro se la società destinataria del conferimento ha la sede legale o amministrativa in altro Stato membro dell'Unione europea (Tariffa, Parte I, art. 4, Nota IV, D.P.R. n. 131/1986).

Fusioni, scissioni, conferimenti

Operazione	Imposta di registro	Tariffa, Parte I, art. 4
Fusione tra società	200 €	lett. b)
Scissione di società	200 €	lett. b)
Conferimento di **aziende** o di complessi aziendali fatto **da una società a un'altra società** esistente o da costituire	200 €	lett. b)

I **passaggi di beni** a seguito di atti di fusione o di trasformazione di società e di analoghe operazioni poste in essere da altri enti, non sono soggetti ad IVA (art. 2, c. 3, lett. f), D.P.R. n. 633/1972). Pertanto, in applicazione del **principio di alternatività IVA/Registro** (art. 40, D.P.R n. 131/1986), i relativi atti devono essere assoggettati all'imposta di registro (ris. 11 gennaio 2019, n. 2/E):

- nella **misura proporzionale del 3%,** quando l'operazione di fusione avviene tra **enti non commerciali** (art. 9, Tariffa Parte I, D.P.R. n. 131/1986) (Cass. 12 gennaio 2021, n. 227);
- in **misura fissa**, quando l'operazione di fusione è posta in essere tra società od enti aventi per oggetto esclusivo o principale **l'esercizio di attività commerciale o agricola** (ris. 15 aprile 2008, n. 152/E e ris. 18 aprile 2008, n. 162/E), come ad **esempio** nel caso di fusione tra due fondazioni bancarie (art. 4, c. 1, lett. b), Tariffa Parte I D.P.R. n. 131/1986).

Per quanto riguarda la **base imponibile** per l'applicazione dell'imposta di registro, occorre fare riferimento al valore (determinato alla data di stipula dell'atto di fusione) dei beni e dei diritti, compresi i beni immobili, assunti al netto delle passività, iscritti nel patrimonio dell'ente incorporato (ris. 11 gennaio 2019, n. 2/E).
Gli **atti di fusione o di scissione di società di qualunque tipo** sono soggette alle imposte **ipotecaria e catastale** in **misura fissa** di euro 200 ciascuna (art. 10, c. 2, D.Lgs. n. 347/1990 e art. 4, Tariffa Parte I, allegata D.P.R. n. 131/1986).

Modifiche statutarie

Le altre modifiche statutarie, comprese le trasformazioni e le proroghe sono soggette all'imposta di registro **in misura fissa** (200 euro) (Tariffa, Parte I, art. 4, lett. c), D.P.R. n. 131/1986). Il verbale attestante il deposito presso il notaio italiano dell'atto di trasferimento estero su estero di una società estera che possiede un immobile in Italia è soggetto all'imposta di registro in misura fissa (Tariffa, Parte I, art. 11, D.P.R. n. 131/1986) (risposta a interpello del 30 aprile 2021, n. 310).

L'atto di **trasformazione di un ente commerciale**, diverso dalle società, **in fondazione** avente anch'essa la qualifica di ente commerciale, è soggetta all'imposta di registro in **misura fissa** pari a 200 euro (ris. 28 giugno 2019, n. 63/E).
L'atto di trasformazione di **un'associazione sportiva dilettantistica** in una **società di capitali** che persegua fini di lucro sconta l'imposta di registro in misura proporzionale (Cass. 5 ottobre 2021, n. 26878).

INDIRETTE

Assegnazioni ai soci

Operazione	Imposta di registro	Tariffa, Parte I, art. 4
Assegnazione ai soci, associati, partecipanti **soggette ad IVA**	200 €	lett. d)
Assegnazione ai soci, associati, partecipanti aventi per oggetto **utili in denaro**	200 €	lett. d)
Assegnazione ai soci, associati, partecipanti **in ogni altro caso**	Le stesse aliquote previste per la costituzione e aumento del capitale (lett. a)	lett. d)

Regolarizzazione di società, operazioni di società estere, Geie

Operazione	Imposta di registro	Tariffa, Parte I, art. 4
Regolarizzazione di **società di fatto** derivanti da comunione ereditaria di azienda, tra **eredi** che **continuano** in forma societaria l'esercizio dell'impresa	200 €	lett. e)
Operazioni di società ed enti **esteri**	200 €	lett. f)
Atti propri dei Gruppi di interesse economico (**Geie**)	200 €	lett. g)

Operazioni di società ed enti esteri

Le operazioni di trasferimento di sede o di istituzione di sedi secondarie nel territorio dello Stato da parte di società o enti esteri sono soggette a registrazione in **termine fisso** (art. 4, D.P.R. n. 131/1986). Se tali operazioni **non risultano da atto scritto**, la denuncia deve essere firmata:

– dal rappresentante della società o ente estero;
– ovvero da coloro che rispondono delle obbligazioni della società o dell'ente (art. 12, c. 2, D.P.R. n. 131/1986).

Termine per la registrazione - Le denunce delle operazioni non risultanti da atto scritto (art. 12, c. 2, D.P.R. n. 131/1986) devono essere presentate:

– **entro 20 giorni** dalla iscrizione nel registro delle imprese
– e, in ogni caso, **non oltre 60 giorni** dalla istituzione o dal trasferimento della sede amministrativa, legale o secondaria nel territorio dello Stato o dalle altre operazioni compiute da società ed enti esteri (art. 4; art. 13, c. 4, D.P.R. n. 131/1986).

Trust

L'istituzione di un "**trust**" (conforme alla Legge n. 364/1989, di ratifica ed esecuzione della Convenzione dell'Aja 1° luglio 1985), con dotazione patrimoniale tra disponente e *trustee* **non configura** un trasferimento imponibile, trattandosi di operazioni meramente strumentali ed attuative degli scopi di segregazione e di apposizione del vincolo di destinazione; l'operazione potrà assumere rilievo ai fini dell'imposta di registro **soltanto al momento dell'eventuale attribuzione finale del bene al beneficiario**, a compimento e realizzazione del trust (Cass. 21 giugno 2019, n. 16705/4/3/2; Cass. 12 settembre 2019, n. 22754; Cass. ord. 26 novembre 2019, n. 30816).

L'atto di **revoca di un Trust** con il quale si determina la cessazione del Trust e la **restituzione ai disponenti** dei medesimi beni immobili precedentemente segregati in Trust, in modo tale che gli immobili conferiti da ciascun disponente ritorneranno nella proprietà di ciascuno di essi, se redatto per atto pubblico o scrittura privata autenticata deve essere registrato in termine fisso con applicazione dell'imposta di registro **in misura fissa**, non avendo ad oggetto prestazioni a carattere patrimoniale (Tariffa, Parte I, art. 11, D.P.R. n. 131/1986) (risposta a interpello del 18 maggio 2021, n. 352).

Patrimonio rilancio

Al fine di attuare interventi e operazioni di sostegno e rilancio del sistema economico-produttivo italiano in conseguenza dell'emergenza epidemiologica da "Covid-19" è costituito un patrimonio destinato denominato "**Patrimonio Rilancio**" (art. 27, c. 1, D.L. n. 34/2020).

Sono **esenti dall'imposta di registro**, dall'imposta di bollo, dalle imposte ipotecaria e catastale e da ogni altra imposta indiretta, nonché da ogni altro tributo o diritto:
- gli **apporti** effettuati dal Ministero dell'Economia e delle Finanze nel patrimonio destinato (art. 27, c. 2, D.L. n. 34/2020);
- i **trasferimenti** al Ministero dell'Economia e delle Finanze effettuati a seguito della cessazione del patrimonio destinato (art. 27, c. 14, D.L. n. 34/2020).

Tutti gli **atti, contratti, trasferimenti, prestazioni e formalità** relativi alle operazioni, sotto qualsiasi forma, effettuate dal Patrimonio Destinato e dai suoi comparti, alla loro esecuzione, modificazione ed estinzione, alle garanzie anche reali di qualunque tipo da chiunque e in qualsiasi momento prestate, sono **escluse** dall'imposta sul valore aggiunto, dall'imposta sulle transazioni finanziarie, **dall'imposta di registro**, dall'imposta di bollo, dalle imposte ipotecaria e catastale e da ogni altra imposta indiretta, nonché ogni altro tributo o diritto (art. 27, c. 13, D.L. n. 34/2020).

CESSIONI DI CREDITI E GARANZIE 63.31.

Cessioni di crediti 63.31.1.

La cessione di crediti può avere **natura finanziaria** o **non finanziaria**.

Operazioni di natura finanziaria

Le cessioni di crediti aventi natura finanziaria rientrano nel campo applicativo dell'IVA tra le **operazioni esenti** (art. 10, n. 1), D.P.R. n. 633/1972).

Le cessioni di crediti di **natura finanziaria** concluse mediante scritture private **non autenticate** sono soggette a registrazione **solo in caso d'uso** (se non contengono anche disposizioni relative a operazioni non soggette ad IVA) (art. 5, c. 2, D.P.R. n. 131/1986).

Le cessioni di crediti concluse mediante **atto pubblico** o scritture private **autenticate** sono soggette a registrazione **in termine fisso**.

Gli atti relativi a cessioni di crediti **esenti da IVA** sono soggetti ad imposta di registro **in misura fissa** (200 euro).

Operazioni di natura non finanziaria

Il contratto di cessione di crediti di natura **non finanziaria** è operazione **esclusa** dal campo di applicazione **dell'IVA**.

L'atto è soggetto all'imposta di **registro nella misura proporzionale dello 0,50%** (Tariffa, Parte I, art. 6, D.P.R. n. 131/1986).

Esempio

L'atto di cessione di crediti stipulato a scopo di **garanzia di un contratto di *leasing*** non costituisce un'operazione finanziaria.

L'atto è:
- **escluso da IVA** (art. 2, c. 3, lett. a), D.P.R. n. 633/1972);
- soggetto ad imposta di registro nella **misura dello 0,50%** (ris. 4 luglio 2008, n. 278/E; ris. 17 ottobre 2012, n. 95).

Base imponibile

Per la cessione dei crediti soggetta ad imposta proporzionale di registro, la base imponibile è costituita dall'**importo dei crediti**, **senza** tener conto degli **interessi** non ancora maturati.

Garanzie 63.31.2.

Operazione soggetta ad IVA

Nel caso in cui la garanzia fideiussoria è rilasciata da un soggetto passivo IVA, nell'esercizio dell'attività, costituisce un'operazione soggetta ad IVA anche se esente (art. 10, n. 1, D.P.R. n. 633/1972).

In tal caso, l'imposta di registro è dovuta in **misura fissa** (200 euro), ove la fideiussione sia soggetta a registrazione o venga volontariamente registrata.

Operazione non soggetta ad IVA

Le garanzie prestate al di fuori dell'attività d'impresa sono soggette all'imposta di registro nella misura proporzionale dello **0,50%**.

In caso di **plurime fideiussioni** enunciate nello stesso **decreto ingiuntivo** e comportanti responsabilità solidale cumulativa dei fideiussori per lo stesso debito, l'**imposta proporzionale** di registro

INDIRETTE

va applicata ad **una sola fideiussione**, con sottoposizione delle altre ad imposta di registro in misura fissa (Cass. 17 gennaio 2018, n. 976).

Garanzie prestate in solido

Le garanzie personali prestate in solido (co-fideiussioni) tra più soggetti danno luogo all'applicazione di una sola imposta, salva l'applicazione dell'imposta fissa per quelle non contestuali (Tariffa, Parte I, art. 6, D.P.R. n. 131/1986).

63.32. SCAMBIO DI CORRISPONDENZA

Alcuni atti, se redatti mediante corrispondenza, sono soggetti a registrazione **solo in caso d'uso** (Tariffa, Parte II, art. 1, D.P.R. n. 131/1986).

Atti soggetti a registrazione in termine fisso

Sono soggetti a registrazione in termine fisso gli atti redatti per corrispondenza:
- per i quali è richiesta dal codice civile, a pena di nullità, la forma scritta;
- aventi per oggetto cessioni di aziende o costituzioni di diritti di godimento sulle stesse.

Atti soggetti a registrazione in caso d'uso

Sono soggetti a registrazione solo in caso d'uso, se redatti mediante corrispondenza, i seguenti atti:
- atti **traslativi** a titolo oneroso della proprietà di beni diversi dagli immobili e dalle unità da diporto;
- atti di **natura dichiarativa** relativi a beni o rapporti di qualsiasi natura, escluse le imbarcazioni da diporto;
- **cessioni di crediti** (compensazioni e remissioni di debiti, quietanze, tranne quelle rilasciate mediante scrittura privata non autenticata, garanzie reali e personali a favore di terzi, se non richieste dalla legge);
- **prestazioni a contenuto patrimoniale** (ad esempio, un contratto concluso per corrispondenza);
- **contratti preliminari** di ogni specie.

Un **contratto stipulato per corrispondenza** è soggetto a registrazione e, quindi, al pagamento dell'imposta proporzionale di registro solo in caso d'uso e non in termine fisso. Il "contratto stipulato per corrispondenza **si distingue dal contratto stipulato per scrittura privata non autenticata** per il fatto che nel secondo caso vi è un solo documento nel quale risultano formalizzate le volontà di tutti i contraenti e le loro sottoscrizioni, mentre, se si tratta di 'corrispondenza', in ogni documento è raccolta la volontà unilaterale di un solo contraente" (Cass. 15 dicembre 2017, n. 30179; Cass. 4 agosto 2020, n. 16662). Pertanto, per aversi il cosiddetto **scambio di corrispondenza commerciale** "non è necessario che il rapporto epistolare si attui esclusivamente mediante lettere spedite e ricevute perché a tale modalità va equiparato anche lo **scambio delle dichiarazioni unilaterali effettuato brevi manu**, il che rende del tutto irrilevante, per un verso, la mancanza della prova dell'avvenuta trasmissione tra le parti e, per altro verso, la circostanza che le società abbiano la stessa sede sociale" (Cass. 26 luglio 2018, n. 19799).

63.33. ACCERTAMENTO E RISCOSSIONE

63.33.1. Poteri degli Uffici

Ai fini dei controlli e degli accertamenti in materia di imposta di registro gli Uffici delle entrate possono esercitare gli **stessi poteri previsti per le imposte sui redditi** (art. 53-bis, D.P.R. n. 131/1986; artt. 31 e ss., D.P.R. n. 600/1973):
- accessi, ispezioni e verifiche;
- richieste di informazioni, questionari, inviti;
- accessi ai dati bancari e finanziari.

63.33.2. Imposta principale, suppletiva e complementare

Imposta principale

È principale l'imposta (art. 42, c. 1, D.P.R. n. 131/1986):
- applicata al momento della registrazione;
- richiesta dall'ufficio, se diretta a correggere errori od omissioni effettuati in sede di autoliquidazione nei casi di presentazione della richiesta di registrazione per via telematica (Cass. 9 ottobre 2020, n. 21815).

INDIRETTE

Riscossione dell'imposta principale - L'imposta principale viene riscossa dall'Ufficio all'atto della **richiesta di registrazione** (art. 54, c. 1, D.P.R. n. 131/1986).
In **mancanza di** pagamento, l'Ufficio procede alla **registrazione d'ufficio** e notifica apposito **avviso di liquidazione** al soggetto o ad uno dei soggetti obbligati al pagamento dell'imposta, con invito ad effettuare il pagamento dell'imposta **entro 60 giorni** (art. 54, c. 4 e 5, D.P.R. n. 131/1986). Per gli atti giudiziari (➡**63.22.4.**).

Procedura telematica - Nel caso di procedura telematica di registrazione degli atti l'imposta principale di registro e le imposte ipotecaria e catastale vengono **autoliquidate** dal notaio.
La regolarità dell'autoliquidazione e del versamento delle imposte degli atti con procedura telematica è controllata dagli uffici territorialmente competenti (circ. 5 febbraio 2003, n. 6/E).
Qualora risulti dovuta una **maggiore imposta**, l'Ufficio richiede la differenza con **apposito avviso** di liquidazione, con invito ad effettuare il pagamento dell'imposta **entro 15 giorni** (D.Lgs. n. 463/1997 e D.P.R. n. 308/2000) (➡**63.8.2.**).

Imposta suppletiva

È suppletiva l'imposta applicata successivamente alla registrazione, se diretta a correggere errori od omissioni dell'ufficio (art. 42, c. 1, D.P.R. n. 131/1986).

Riscossione dell'imposta suppletiva - Il pagamento delle imposte suppletive deve essere eseguito **entro 60 giorni** da quello in cui è avvenuta la **notifica** della relativa liquidazione (art. 55, c. 2, D.P.R. n. 131/1986).

Imposta complementare

È complementare l'imposta applicata **in ogni altro** caso (art. 42, c. 1, D.P.R. n. 131/1986).

Riscossione dell'imposta complementare - Il pagamento dell'imposta complementare dovuta in base **all'accertamento** o alla presentazione di una delle denunce di eventi successivi alla registrazione (art. 19, D.P.R. n. 131/1986) deve essere eseguito **entro 60 giorni da quello in cui è avvenuta la notifica della relativa liquidazione** (art. 55, c. 1, D.P.R. n. 131/1986).

Sospensione dei termini per Covid-19

Per effetto dell'emergenza sanitaria da Covid-19, è stata prevista la **sospensione**, fino al **31 dicembre 2020**, **della notifica** dei principali atti impositivi, rinviandola **entro il 28 febbraio 2022** (art. **157**, c. 1, D.L. n. 34/2020, come modificato dall'art. 22-bis del D.L. n. 183/2021, conv. dalla Legge n. 21/2021).
La sospensione riguarda gli atti di **accertamento**, di **contestazione**, di **irrogazione delle sanzioni**, di **recupero dei crediti** di imposta, di **liquidazione** e di **rettifica e liquidazione**, per i quali i termini di decadenza sono scaduti tra l'8 marzo 2020 ed il 31 dicembre 2020. Tali atti dovevano essere **emessi** entro il 31 dicembre 2020 e vanno **notificati** nel periodo compreso **tra il 1° marzo 2021 e il 28 febbraio 2022**, salvo casi di indifferibilità e urgenza, o al fine del perfezionamento degli adempimenti fiscali che richiedono il contestuale versamento di tributi.
Si tratta, quindi, degli atti e provvedimenti che vengono emessi al termine della fase del controllo sostanziale con riferimento agli atti o alle imposte, sia indirette che dirette, i cui termini di decadenza scadono nel periodo indicato (circ. 20 agosto 2020, n. 25/E, par. 3.10.2).
Con riferimento ai predetti atti, **non sono dovuti**, se previsti, gli **interessi** per ritardato pagamento (art. 6, D.M. 21 maggio 2009) e gli interessi per ritardata iscrizione a ruolo (art. 20, D.P.R. n. 602/1973), per il periodo compreso tra il 1° gennaio 2021 e la data di notifica dell'atto stesso.

> Il differimento dei termini non si applica agli avvisi di liquidazione destinati ai notai a seguito di controllo sull'**autoliquidazione degli atti notarili** (circ. 20 agosto 2020, n. 25/E, par. 3.10.2).

Inoltre, sono stati prorogati al 16 settembre 2020 i termini di versamento delle somme dovute in base ad atti di liquidazione a seguito di attribuzione della rendita catastale (art. 12, D.L. n. 70/1988, art. 52, D.P.R. n. 131/1986), ad atti di liquidazione per omessa registrazione di contratti di locazione e di contratti diversi (artt. 10, 15 e 54, D.P.R. n. 131/1986) e ad avvisi di liquidazione emessi in presenza di omesso, carente o tardivo versamento dell'imposta di registro. La proroga riguarda gli atti sopra indicati, i cui termini di versamento scadono nel periodo compreso tra il 9 marzo 2020 e il 31 maggio 2020 (art. 149, D.L. n. 34/2020). I versamenti oggetto di proroga sono effettuati, senza applicazione di sanzioni e interessi, in un'unica soluzione entro il 16 settembre 2020 o, a decorrere dal medesimo giorno del mese di settembre 2020, mediante rateazione fino a un massimo di 4 rate mensili di pari importo, con scadenza il 16 di ciascun mese (art. 149, c. 5).

63.33.3. Decadenza

Il potere dell'Amministrazione finanziaria di pretendere il pagamento dell'imposta di registro e l'irrogazione delle relative sanzioni si estingue per intervenuta decadenza, cioè per il fatto obiettivo del decorso del tempo.

> Per effetto dell'emergenza sanitaria da Covid-19, gli atti di accertamento, di contestazione, di irrogazione delle sanzioni, di recupero dei crediti di imposta, di liquidazione e di rettifica e liquidazione, per i quali i termini di decadenza, calcolati senza tener conto del periodo di sospensione di cui sopra, sono scaduti tra **l'8 marzo 2020 ed il 31 dicembre 2020**, dovevano essere **emessi entro il 31 dicembre 2020** e vanno **notificati** nel periodo compreso **tra il 1° marzo 2021 e il 28 febbraio 2022**, salvo casi di indifferibilità e urgenza, o al fine del perfezionamento degli adempimenti fiscali che richiedono il contestuale versamento di tributi (art. 157, c. 1, D.L. n. 34/2020, come modificato dall'art. 22-bis, D.L. n. 183/2020, conv. dalla Legge n. 21/2021).
>
> Relativamente ai termini **non scaduti** nel periodo tra l'8 marzo 2020 e il 31 dicembre 2020 si rende applicabile lo **spostamento in avanti** del decorso dei termini per la stessa durata della sospensione, prevista dall'art. 67, c. 1, D.L. n. 18/2020, pari a 85 giorni (risposta dell'Agenzia delle Entrate resa in occasione dell'incontro con la stampa specializzata del 27 gennaio 2022).

Atti registrati

Rettifica del valore degli immobili e delle aziende - L'avviso di rettifica e di liquidazione della maggiore imposta dovuta a seguito della **rettifica del valore venale** di immobili ed aziende (art. 51, c. 3 e 4, D.P.R. n. 131/1986) (➜63.23.10.) deve essere notificato entro il termine di decadenza di **2 anni dal pagamento dell'imposta** proporzionale (art. 76, c. 1-bis, D.P.R. n. 131/1986).

Imposta principale - Salvo il caso di rettifica del valore di immobili e aziende, per gli atti presentati per la registrazione, il pagamento dell'imposta principale deve essere richiesto **entro 3 anni dalla richiesta di registrazione** (art. 76, c. 2, lett. a), D.P.R. n. 131/1986).

Imposta suppletiva - Per gli atti presentati per la registrazione, il pagamento dell'imposta suppletiva deve essere richiesto **entro 3 anni dalla richiesta di registrazione** ovvero dalla data di presentazione della denuncia per eventi successivi alla registrazione (art. 76, c. 2, lett. c), D.P.R. n. 131/1986).

Denunce successive alla registrazione - Per le denunce presentate in caso di eventi successivi alla registrazione, che impongono una ulteriore liquidazione dell'imposta dovuta (art. 19, D.P.R. n. 131/1986), l'imposta complementare deve essere richiesta **entro 3 anni dalla data in cui è stata presentata la denuncia** (art. 76, c. 2, lett. b), D.P.R. n. 131/1986).

Sentenze tributarie

Il termine triennale di decadenza **decorrente dalla data della notificazione della sentenza** delle commissioni tributarie ovvero dalla data in cui la stessa è divenuta definitiva (art. 76, c. 2, lett. b), D.P.R. n. 131/1986) si applica solo nei casi in cui, a seguito della sentenza, l'Ufficio sia tenuto a procedere ad un **ulteriore accertamento** d'imposta, per avere il giudice accolto solo parzialmente il ricorso avverso l'atto impositivo senza, tuttavia, provvedere esso stesso a determinare l'imposta dovuta. Qualora invece non sia necessaria alcuna ulteriore attività di determinazione dell'imposta il termine di prescrizione è quello decennale (Cass. 31 luglio 2020, n. 16495; Cass. 24 settembre 2019, n. 20153).

63.33.4. Prescrizione

Il credito dell'Amministrazione finanziaria per l'imposta definitivamente accertata si prescrive in ogni caso in **10 anni** (art. 78, D.P.R. n. 131/1986; Cass. 20 marzo 2019, n. 7754; Cass. 30 gennaio 2018, n. 2231).
In particolare, una volta divenuto definitivo l'atto di accertamento (ad esempio, avviso di liquidazione, avviso di rettifica) l'unico termine rilevante in fase di recupero del credito tributario è quello **decennale** di prescrizione *ex* art. 78, D.P.R. n. 131/1986 (Cass. 31 luglio 2020, n. 16495; Cass. 20 marzo 2019, n. 7754).

Agevolazioni

In caso di decadenza dalle agevolazioni in materia di imposta di registro il **termine di decadenza** è quello **triennale** (Cass., SS.UU., 21 novembre 2000, n. 1196; Cass. 29 gennaio 2019, n. 2384) e

INDIRETTE

decorre, nel caso in cui l'agevolazione dipenda dal **compimento di un facere**, da quando il contribuente **ometta di provvedervi** (ad esempio, in caso di mancata utilizzazione edificatoria dell'area) (Cass. 9 gennaio 2019, n. 363).

In tema di trattamento agevolato per l'acquisto della "prima casa" il termine di decadenza triennale decorre dal giorno in cui il proposito del contribuente, inizialmente attuabile, è successivamente rimasto **ineseguito** o **ineseguibile** (Cass. 9 gennaio 2019, n. 363) e, cioè:

- **dal giorno della registrazione dell'atto**, se il beneficio non spettava e il contribuente ne ha goduto in base ad una falsa dichiarazione;
- **dal giorno** in cui i suoi **presupposti** sono **venuti meno** o divenuti **irrealizzabili** (Cass., Sez. VI, ord. 30 gennaio 2017, n. 2275).

Atti non registrati

Per gli atti soggetti a registrazione e non presentati per la registrazione l'imposta deve essere richiesta nel termine di **5 anni dal giorno in cui avrebbe dovuto essere richiesta la registrazione** (art. 76, c. 1, D.P.R. n. 131/1986).

Registrazione d'ufficio - Per i **contratti verbali** e per gli atti presentati alla registrazione in **caso d'uso** (art. 15, lett. c), d) ed e), D.P.R. n. 131/1986) l'imposta deve essere richiesta nel termine di **5 anni dal giorno in cui si è verificato il fatto** che legittima la registrazione d'ufficio (art. 76, c. 1, D.P.R. n. 131/1986).

Denunce successive alla registrazione - In caso di eventi successivi alla registrazione, che impongono una ulteriore liquidazione dell'imposta dovuta (art. 19, D.P.R. n. 131/1986), l'imposta deve essere richiesta nel termine di **5 anni dal giorno in cui la denuncia avrebbe dovuto essere presentata**.

Contratti di locazione pluriennali

Per i contratti di locazione pluriennali (art. 17, D.P.R. n. 131/1986), l'imposta relativa:

- alle **annualità successive** alla prima,
- alle **cessioni, risoluzioni e proroghe**,

nonché le connesse sanzioni e gli interessi dovuti, devono essere richieste **entro il 31 dicembre del quinto anno successivo** a quello di scadenza del pagamento (art. 76, c. 2-bis, D.P.R. n. 131/1986).

Riscossione a debito

Il procedimento di riscossione dell'imposta, in quanto condizionato all'acquisizione del carattere di definitività del provvedimento giudiziario ed affidato all'iniziativa del Cancelliere dell'ufficio giudiziario e non dell'Amministrazione finanziaria, è **incompatibile con il vincolo temporale di decadenza triennale** (art. 76, c. 2, D.P.R. n. 131/1986), sicché risulta applicabile il solo termine decennale di prescrizione (art. 78, D.P.R. n. 131/1986) (Cass. 30 luglio 2020, n. 16381).

Riscossione in pendenza di giudizio 63.33.5.

Il ricorso del contribuente **non sospende la riscossione** (art. 56, c. 1, D.P.R. n. 131/1986), a meno che si tratti di **imposta complementare** per il maggior valore accertato o **imposte suppletive**.

Imposta complementare per il maggior valore accertato

Nel caso di ricorso contro l'avviso di accertamento per imposta complementare sul maggior valore accertato la maggior imposta deve essere pagata:

- per **1/3 entro 60 giorni** dalla notifica della relativa liquidazione (art. 56, c. 1, lett. a), D.P.R. n. 131/1986);
- per **i 2/3 dopo la sentenza della commissione tributaria provinciale** che respinge il ricorso (art. 68, c. 1, lett. a), D.Lgs. n. 546/1992);
- per l'ammontare risultante dalla sentenza della commissione tributaria provinciale, e comunque non oltre i 2/3, se la stessa accoglie parzialmente il ricorso (art. 68, c. 1, lett. b), D.Lgs. n. 546/1992);
- per il residuo ammontare determinato nella sentenza della **commissione tributaria regionale** (art. 68, c. 1, lett. c), D.Lgs. n. 546/1992);
- per l'ammontare dovuto nella pendenza del giudizio di primo grado dopo la sentenza della Corte di cassazione di **annullamento con rinvio** e per l'intero importo indicato nell'atto in caso di mancata riassunzione (art. 68, c. 1, lett. c-bis), D.Lgs. n. 546/1992).

Imposte suppletive

Le imposte suppletive devono essere corrisposte dopo **l'ultima sentenza non impugnata** o impugnabile solo con ricorso in Cassazione (art. 68, c. 3, D.Lgs. n. 546/1992).

Termine per il pagamento

Il pagamento delle imposte richieste in relazione alle decisioni delle commissioni tributarie, deve essere effettuato, con gli interessi di mora, **entro 60 giorni dalla notifica dell'avviso di liquidazione** (art. 56, c. 2, D.P.R. n. 131/1986).

INDIRETTE

IMPOSTE IPOTECARIA E CATASTALE 64.

IMPOSTA IPOTECARIA 64.1.

Oggetto dell'imposta 64.1.1.

L'**imposta ipotecaria** è dovuta per l'esecuzione delle formalità di **trascrizione**, **iscrizione**, **rinnovazione**, **annotazione** nei **pubblici registri immobiliari** (art. 1, D.Lgs. n. 347/1990).

La **trascrizione** rende pubblico il **trasferimento** della proprietà immobiliare e può essere eseguita solo in forza di:
- sentenza;
- atto pubblico;
- scrittura privata con sottoscrizione autenticata o accertata giudizialmente (art. 2657 c.c.).

Un'iscrizione ipotecaria effettuata in **difetto di un titolo idoneo** costituisce un atto estraneo al sistema legale della pubblicità ipotecaria e, pertanto, non può costituire il presupposto dell'imposta (Cass. 5 maggio 2011, n. 9862).

Con **l'iscrizione** nei registri immobiliari si costituisce **l'ipoteca** sui beni immobili o sui beni mobili registrati (art. 2808, c. 2, c.c.).

Con l'atto di **rinnovazione dell'ipoteca** si ottiene la proroga di efficacia dell'iscrizione di ipoteca originariamente effettuata (artt. 2847 e ss., c.c.).

Con l'atto di **annotazione** si rendono conoscibili le vicende modificative od estintive di una formalità già esistente.

L'annotazione del **reclamo** (*ex* art. 113-ter disp. att. c.c.) a margine della **trascrizione con riserva** (*ex* art. 2674-bis c.c.), soddisfa un interesse privato, per cui obbligato al pagamento della relativa imposta ipotecaria è il soggetto stesso che richiede detta annotazione (Cass. 2 dicembre 2021, n. 37969).

Trasferimenti effettuati nell'interesse dello Stato

Non sono soggetti all'imposta ipotecaria e all'imposta catastale (art. 1, c. 2 e art. 10, c. 3, D.Lgs. n. 347/1990; circ. 21 febbraio 2014, n. 2/E, par. 1.4).

Per gli atti di espropriazione per pubblica utilità o di trasferimento coattivo della proprietà o di diritti reali di godimento, quando espropriante o acquirente è lo **Stato**, l'imposta **non è dovuta** (art. 1, c. 2, e art. 10, c. 3, D.Lgs. n. 347/1990). Il riferimento allo Stato comprende anche soggetti diversi (ad esempio, il concessionario delegato per l'esecuzione di opere pubbliche), purché il trasferimento del diritto di proprietà sui beni espropriati avvenga **direttamente ed immediatamente** a favore del "**De-**

INDIRETTE

manio dello Stato", senza, quindi, mai transitare per il patrimonio del soggetto espropriante (ris. 19 settembre 2018, n. 66/E; Cass. 13 marzo 2020, n. 7221).
Le esenzioni previste in favore dello Stato per le procedure di espropriazione per pubblica utilità **non si estendono** all'ANAS (Cass. ord. 17 novembre 2021, n. 34854) né alla società Rete Ferroviaria Italiana Spa (Cass. ord. 13 agosto 2020, n. 17034).

Poiché la "**vendita competitiva**" conserva la propria natura coattiva a prescindere dalla forma dell'atto di trasferimento (atto notarile o decreto di trasferimento), nel caso in cui acquirente è lo Stato **non sono dovute** le imposte ipotecarie (art. 1, c. 2, D.Lgs. n. 347/1990) e catastali (art. 10, c. 3, D.Lgs. n. 347/1990) né l'imposta di registro (risposta a interpello 8 ottobre 2021, n. 690).

Trasferimenti a favore di enti locali

I trasferimenti a titolo oneroso, soggetti ad **imposta proporzionale** di registro, effettuati a favore di:
- **Regioni, Province, Comuni**,
- **altri enti** pubblici territoriali,
- **consorzi** costituiti **esclusivamente** tra gli stessi,
- comunità **montane**,

sono soggetti alle imposte ipotecaria e catastale nella **misura fissa di 50** euro ciascuna (art. 10, c. 3, D.Lgs. n. 23/2011; circ. 21 febbraio 2014, n. 2/E, par. 1.4).

Per i **trasferimenti a titolo oneroso** di beni immobili a favore di Regioni, Province e Comuni, l'imposta ipotecaria è applicabile nella **misura fissa** di euro 200, come previsto dall'art. 2 della Tariffa allegata al TUIC (risposta a interpello del 27 aprile 2021, n. 293, relativo al trasferimento di un immobile "strumentale").

Non sono soggetti alle imposte ipotecaria e catastale i **trasferimenti gratuiti** a favore dello Stato, delle Regioni, delle Province e dei Comuni (art. 1, c. 2, D.Lgs. n. 347/1990; risposta a interpello 11 gennaio 2022, n. 15).

Trasferimenti a Enti del Terzo Settore

Le imposte di registro, ipotecaria e catastale si applicano in **misura fissa** per gli atti traslativi a titolo oneroso della proprietà di beni immobili e per gli atti traslativi o costitutivi di diritti reali immobiliari di godimento a favore di tutti gli **Enti del Terzo Settore**, incluse le imprese sociali, **a condizione** che i beni siano direttamente utilizzati, **entro 5 anni** dal trasferimento, in diretta attuazione degli scopi istituzionali o dell'oggetto sociale e che l'ente renda, contestualmente alla stipula dell'atto, apposita dichiarazione in tal senso (art. 82, c. 4, D.Lgs. n. 117/2017). Tale agevolazione non si rende applicabile in caso di **cessione di azienda** (risposta a interpello 26 agosto 2020, n. 277).

Fondi immobiliari chiusi

Gli apporti ai fondi immobiliari chiusi (art. 37, D.Lgs. n. 58/1998, TUIF) costituiti da una **pluralità di immobili prevalentemente locati** al momento dell'apporto, si considerano assimilati, agli effetti delle imposte indirette (IVA, Registro, Ipotecaria, Catastale) ai conferimenti di azienda e scontano, quindi, le imposte fisse (200 euro) (art. 8, c. 1-bis, D.L. n. 351/2001; art. 10 e Tariffa art. 4, D.Lgs. n. 347/1990; circ. 21 febbraio 2014, n. 2/E, par. 9.6).

Per le **volture catastali** e le **trascrizioni** relative alle cessioni di beni **immobili strumentali**, di cui all'art. 10, n. 8-ter), D.P.R. n. 633/1972, anche se assoggettati all'imposta sul valore aggiunto, di cui siano parte **fondi immobiliari chiusi** (di cui all'art. 37 del D.Lgs. n. 58/1998, concernente disposizioni in materia di intermediazione finanziaria), le **aliquote** delle imposte ipotecaria e catastale sono **ridotte della metà** (art. 35, c. 10-ter, D.L. n. 223/2006) (risposta a interpello del 27 aprile 2021, n. 293).

Trust

Le imposte ipotecarie e catastali relative alla trascrizione e alla voltura di atti di **conferimento di immobili in *trust*** dal disponente al fiduciario devono essere applicate in misura fissa (Cass. ord. 26 novembre 2019, n. 30816), trattandosi di operazioni meramente strumentali ed attuative degli scopi di segregazione e di apposizione del vincolo di destinazione, la cui rilevanza potrà verificarsi **soltanto al momento dell'eventuale attribuzione finale del bene al beneficiario**, a compimento e realizzazione del trust (Cass. 21 giugno 2019, n. 16705/4/3/2; in senso conforme, con riferimento al trust c.d. **autodichiarato**, ove disponente e trustee coincidano, Cass. ord. 14 giugno 2021, n. 16688) (➔64.1.5.). L'atto di **revoca di un Trust** con il quale si determina la cessazione del Trust e la **restitu-**

INDIRETTE

zione ai disponenti dei medesimi beni immobili precedentemente segregati in Trust, in modo tale che gli immobili conferiti da ciascun disponente ritorneranno nella proprietà di ciascuno di essi, è soggetto all'applicazione delle imposte ipotecaria e catastale in **misura fissa** (artt. 4 e 10, c. 2, D.Lgs. n. 347/1990; Cass. 30 marzo 2021, n. 8719).

Sostegno pubblico

A seguito dell'emergenza da Covid-19 è prevista la possibilità di fornire sostegno pubblico ad alcune operazioni societarie tra banche (art. 169, D.L. n. 34/2020). Tali operazioni si considerano cessioni di rami di azienda ai fini IVA e ai relativi atti le imposte di registro, ipotecaria e catastale si applicano, ove dovute, nella misura fissa di 200 euro ciascuna (art. 172, c. 1, D.L. n. 34/2020).

Patrimonio rilancio

Al fine di attuare interventi e operazioni di sostegno e rilancio del sistema economico-produttivo italiano in conseguenza dell'emergenza epidemiologica da "Covid-19" è costituito un patrimonio destinato denominato "**Patrimonio Rilancio**" (art. 27, c. 1, D.L. n. 34/2020).

Sono **esenti dall'imposta di registro**, dall'imposta di bollo, dalle imposte ipotecaria e catastale e da ogni altra imposta indiretta, nonché da ogni altro tributo o diritto:

- gli **apporti** effettuati dal Ministero dell'economia e delle finanze nel patrimonio destinato (art. 27, c. 2, D.L. n. 34/2020);
- i **trasferimenti** al Ministero dell'economia e delle finanze effettuati a seguito della cessazione del patrimonio destinato (art. 27, c. 14, D.L. n. 34/2020).

Tutti gli **atti, contratti, trasferimenti, prestazioni e formalità** relativi alle operazioni, sotto qualsiasi forma, effettuate dal Patrimonio Destinato e dai suoi comparti, alla loro esecuzione, modificazione ed estinzione, alle garanzie anche reali di qualunque tipo da chiunque e in qualsiasi momento prestate, sono **escluse** dall'imposta sul valore aggiunto, dall'imposta sulle transazioni finanziarie, **dall'imposta di registro**, dall'imposta di bollo, dalle imposte ipotecaria e catastale e da ogni altra imposta indiretta, nonché ogni altro tributo o diritto (art. 27, c. 13, D.L. n. 34/2020).

Cessioni soggette ad imposta di registro proporzionale o all'IVA 64.1.2.

Imposta proporzionale di registro

I trasferimenti immobiliari assoggettati all'imposta proporzionale di registro (Tariffa, Parte I, art. 1, D.P.R. n. 131/1986) sono soggetti alle **imposte ipotecaria e catastale** nella misura fissa di **50 euro ciascuna** (art. 10, c. 3, D.Lgs. n. 23/2011).

> L'applicazione dell'imposta **nella misura di 50 euro** trova applicazione anche in relazione agli atti che fino al 31 dicembre 2013 godevano dell'esenzione da imposta di registro, ipotecaria e catastale e che sono ora soggette ad imposta di registro proporzionale (art. 10, c. 4, D.Lgs. n. 23/2011) (per esempio, atti a favore di **enti pubblici e fondazioni o associazioni** legalmente riconosciute, ONLUS, partiti politici).

IVA

Per le cessioni immobiliari soggette ad IVA (art. 40, c. 1, D.P.R. n. 131/1986) l'imposta ipotecaria si applica nella **misura fissa** di 200 euro (Tariffa, nota all'art. 1, D.Lgs. n. 347/1990).

Immobili strumentali

Per la trascrizione di atti e sentenze che importano il trasferimento di immobili strumentali (art. 10, n. 8-ter, D.P.R. n. 633/1972):

- **soggetti ad IVA**,
- **esenti da IVA**,

l'imposta ipotecaria si applica nella **misura proporzionale** del **3%** (Tariffa, art. 1-bis, D.Lgs. n. 347/1990).

> La cessione di un **immobile residenziale non ultimato** è soggetta ad IVA e alle imposte di registro, ipotecaria e catastale nella misura fissa di euro 200 ciascuna (risposta a interpello 4 agosto 2020, n. 241).

CASO 1 - Applicazione dell'imposta ipotecaria

1) Cessione di un **fabbricato abitativo** da parte di un **privato**.
L'atto è escluso da IVA e soggetto ad imposta proporzionale di registro (2% o 9%).
Le imposte ipotecaria e catastale si applicano in misura pari a 50 euro ciascuna (art. 10, c. 3, D.Lgs. n. 23/2011).

INDIRETTE

2) Cessione di un **fabbricato abitativo** da parte di un **soggetto IVA**, diverso dall'impresa di costruzione o di ristrutturazione.
L'atto è esente da IVA (art. 10, n. 8-bis), D.P.R. n. 633/1972).
Si applica l'imposta proporzionale di registro (2% o 9%).
Le imposte ipotecaria e catastale si applicano in misura pari a 50 euro ciascuna (art. 10, c. 3, D.Lgs. n. 23/2011).

3) Cessione di un **fabbricato abitativo** da parte dell'**impresa costruttrice** entro 5 anni dall'ultimazione della costruzione.
L'atto è soggetto ad IVA (art. 10, n. 8-bis), D.P.R. n. 633/1972).
Le imposte ipotecaria e catastale si applicano in misura fissa (200 euro) (Tariffa, nota all'art. 1 e art. 10, c. 2, D.Lgs. n. 347/1990).

4) Cessione di un **immobile strumentale** da parte di un **privato**.
L'atto è escluso da IVA e soggetto ad imposta proporzionale di registro (2% o 9%).
Le imposte ipotecaria e catastale si applicano in misura pari a 50 euro ciascuna (art. 10, c. 3, D.Lgs. n. 23/2011).

5) Cessione di un **immobile strumentale** da parte un **soggetto IVA** che in atto opta per l'applicazione dell'imposta.
L'atto è soggetto ad IVA (art. 10, n. 8-ter), D.P.R. n. 633/1972).
L'imposta ipotecaria si applica nella misura proporzionale del 3% (Tariffa, art. 1-bis, D.Lgs. n. 347/1990).
L'imposta catastale si applica nella misura proporzionale dell'1% (art. 10, c. 1, D.Lgs. n. 347/1990).

6) Cessione di un **immobile strumentale** da parte un **soggetto IVA** diverso dall'impresa di costruzione o di ristrutturazione che non opta per l'applicazione dell'imposta.
L'atto è esente da IVA (art. 10, n. 8-ter), D.P.R. n. 633/1972).
L'imposta ipotecaria si applica nella misura proporzionale del 3% (Tariffa, art. 1-bis, D.Lgs. n. 347/1990).
L'imposta catastale si applica nella misura proporzionale dell'1% (art. 10, c. 1, D.Lgs. n. 347/1990).

Cessione di immobili abitativi non soggetti ad IVA

Categoria catastale	Registro	Ipotecaria	Catastale
Da A/2 a A/7 e A/11	2% (prima casa) 9% (altro)	50 €	50 €
A/1, A/8, A/9	9%	50 €	50 €

Cessione di immobili abitativi soggetti ad IVA

Categoria catastale	IVA	Registro	Ipotecaria	Catastale
Da A/2 a A/7 e A/11	4% (prima casa) 10% (altro)	200 €	200 €	200 €
A/1, A/8, A/9	22%	200 €	200 €	200 €

Cessione di immobili strumentali non soggetti ad IVA

Categoria catastale	Registro	Ipotecaria	Catastale
Gruppi B, C, D, E, A/10	9%	50 €	50 €

Cessione di immobili strumentali soggetti ad IVA

Categoria catastale	IVA	Registro	Ipotecaria	Catastale
Gruppi B, C, D, E, A/10	10% o 22%	200 €	3%	1%

INDIRETTE

Cessione di immobili strumentali esenti IVA				
Categoria catastale	**IVA**	**Registro**	**Ipotecaria**	**Catastale**
Gruppi B, C, D, E, A/10	==	200 €	3%	1%

Cessione di terreni non soggetti ad IVA			
Tipo terreno	**Registro**	**Ipotecaria**	**Catastale**
Terreno non agricolo	9%	50 €	50 €
Terreno agricolo ceduto a soggetti diversi: - dai coltivatori diretti - dagli imprenditori agricoli professionali, iscritti nella relativa gestione previdenziale ed assistenziale	15%	50 €	50 €
Terreno agricolo ceduto a favore di: - coltivatori diretti - imprenditori agricoli professionali, iscritti nella relativa gestione previdenziale ed assistenziale	9%	50 €	50 €

Cessione di terreni soggetti ad IVA				
Tipo terreno	**IVA**	**Registro**	**Ipotecaria**	**Catastale**
Terreno edificabile	22%	200 €	200 €	200 €

Misura minima dell'imposta proporzionale

L'imposta proporzionale **non può essere inferiore alla misura fissa** (200 euro) (art. 18, D.Lgs. n. 347/1990).

Base imponibile 64.1.3.

Trascrizioni

Per le trascrizioni, la base imponibile, ai fini dell'applicazione dell'imposta in misura proporzionale, è quella determinata ai fini dell'imposta:
- di registro (➔63.23.);
- o dell'imposta sulle successioni e donazioni (art. 2, c. 1, D.Lgs. n. 347/1990).

Atto esente da imposta di registro o di successione e donazione - Se l'atto è esente dall'imposta di registro o dall'imposta sulle successioni e donazioni o è soggetto a dette imposta in misura fissa, la base imponibile è determinata **secondo le disposizioni relative a tali imposte** (art. 2, c. 1, D.Lgs. n. 347/1990).

Permuta immobiliare - L'imposta è applicata una **sola volta**. La base imponibile è costituita dal **valore del bene** che dà luogo all'applicazione della **maggiore imposta** (circ. 13 febbraio 2007, n. 8/E). Gli atti di permuta che intervengono tra un ente pubblico territoriale e lo Stato sono soggetti all'imposta di registro in misura fissa; le volture eseguite a favore dello Stato non sono soggette né all'imposta ipotecaria né all'imposta catastale mentre la voltura a favore dell'ente pubblico territoriale sconta l'imposta ipotecaria in misura fissa e quella catastale nella misura dell'1%. (ris. 31 gennaio 2018, n. 12/E). È assimilabile alla permuta il trasferimento della proprietà di un immobile come corrispettivo della **rinuncia all'eredità** (risposta a interpello 25 novembre 2019, n. 494).

Contratti preliminari - La trascrizione dei contratti preliminari (art. 2645-bis, c.c.) è soggetta ad imposta in **misura fissa** (200 euro).

INDIRETTE

Iscrizioni, rinnovazioni e annotazioni

Per le iscrizioni, rinnovazioni, relative annotazioni di **ipoteca**, la **base imponibile** è commisurata all'**ammontare del credito garantito**, comprensivo di **interessi e accessori** (art. 3, c. 1, D.Lgs. n. 347/1990).

Interessi - Se gli interessi sono indicati soltanto nel saggio si cumulano le annualità alle quali per legge si estende l'iscrizione e la rinnovazione.

Iscrizione di ipoteca a garanzia di rendita o pensione - Se l'ipoteca è iscritta a garanzia di rendita o pensione, la base imponibile si determina in base alla disciplina **dell'imposta di registro** (art. 2, c. 2, D.Lgs. n. 347/1990).

Annotazione per restrizione di ipoteca - La base imponibile dell'annotazione per restrizione di ipoteca è pari al **minor valore** (art. 2, c. 3, D.Lgs. n. 347/1990):

- tra quello del **credito garantito**
- e quello degli **immobili** o parti di immobili liberati.

Il **valore degli immobili liberati** è determinato secondo le disposizioni relative all'imposta di registro (art. 2, c. 3, D.Lgs. n. 347/1990).
Per le restrizioni di beni effettuate in base a **decreto di trasferimento**, la base imponibile è costituita dal **prezzo di aggiudicazione** (art. 44, D.P.R. n. 131/1986) e non è applicabile il sistema del "prezzo valore" (art. 1, c. 497, Legge n. 266/2005; circ. 4 marzo 2015, n. 8/E).

64.1.4. Imposta relativa a più formalità

Se per **uno** stesso credito e in virtù dello **stesso atto**, devono eseguirsi **più iscrizioni o rinnovazioni**, l'imposta ipotecaria **proporzionale** è dovuta **per una sola formalità** (la prima).
Le **altre formalità** sono soggette ad **imposta fissa** (art. 4, D.Lgs. n. 347/1990).
La nozione di "**stesso atto**" va riferita al titolo di iscrizione dell'ipoteca; con la conseguenza che, in caso di plurime formalità di cancellazione della stessa ipoteca iscritta per lo stesso credito su più immobili, ancorché disposte in esito a **plurimi decreti giudiziali** di trasferimento di questi ultimi, l'imposta ipotecaria è applicabile in misura proporzionale **soltanto su una formalità**, restando le altre assoggettate all'imposta in misura fissa (Cass. 17 gennaio 2018, n. 978).

CASO 2 - Unicità del credito

1) Iscrizione di **ipoteca su due immobili**, in relazione a un credito derivante da **unico atto**.
Sulla prima iscrizione si applica l'imposta proporzionale e sulla seconda l'imposta fissa (anche se l'iscrizione si esegue su due Uffici diversi).

2) Pluralità di ipoteche iscritte su beni di **proprietà di più soggetti**, quali fideiussori per uno stesso credito iscritto.
Si applica una sola imposta ipotecaria proporzionale (CTC, 14 luglio 1988, n. 5620).

3) Iscrizione di ipoteca su **più immobili** in base a un **unico decreto ingiuntivo**. Il creditore assente dapprima alla cancellazione dell'iscrizione relativa ad un bene e, poi, alla cancellazione dell'iscrizione relativa ai beni restanti.
Le formalità sono soggette al pagamento della sola imposta proporzionale sulla prima annotazione e all'imposta fissa per le altre (Cass. 5 giugno 2013, n. 14177).

4) A vende un **appartamento** a B. A e C vendono un **box** a B.
L'iscrizione di ipoteca sui due immobili non configura uno stesso credito (i creditori sono due).
Si applica l'imposta proporzionale sulle due iscrizioni.

Identità dell'atto

La locuzione "**stesso atto**" (art. 4, c. 1, D.Lgs. n. 347/1990) deve intendersi come **identità di titolo di iscrizione**. La cancellazione di un'ipoteca iscritta presso due conservatorie ma derivante dallo **stesso titolo di iscrizione** paga l'imposta proporzionale sulla prima formalità e quella fissa sulla seconda, anche se ciò derivi da distinti atti di assenso del creditore (Cass. 5 giugno 2013, n. 14177; Cass. 30 novembre 2011, n. 25526).

Formalità presso più uffici

Se le formalità devono eseguirsi in più uffici, devono essere presentate **all'ufficio presso il quale si paga l'imposta proporzionale** (art. 4, c. 2, D.Lgs. n. 347/1990):

- le note prescritte dal codice civile,
- altrettante copie delle stesse quanti sono gli uffici, in cui la formalità deve essere ripetuta.

L'ufficio appone su ciascuna di esse il visto di conformità all'originale e la certificazione di eseguita formalità e le restituisce al richiedente.

> Il richiedente può presentare a ciascuno degli uffici, presso i quali la formalità deve essere ripetuta, **copia della nota** recante la certificazione di eseguita formalità **autenticata da notaio**.

Trascrizione del certificato di successione 64.1.5.

Nel caso di successione ereditaria

- comprendente **beni immobili** o diritti reali immobiliari,
- a **chiunque devoluti**,
- e **qualunque** ne sia il **valore**,

l'ufficio delle entrate **redige il certificato di successione**, in conformità alle risultanze della dichiarazione della successione o dell'accertamento d'ufficio, e ne richiede la trascrizione (art. 5, c. 1, D. Lgs. n. 347/1990).

La trascrizione del certificato è richiesta ai soli effetti del pagamento delle imposte ipotecaria e catastale e **non costituisce trascrizione degli acquisti** a causa di morte degli immobili e dei diritti reali immobiliari compresi nella successione (art. 5, c. 2, D.Lgs. n. 347/1990).

> Nel caso di **costituzione di un *trust*** in sede di **successione testamentaria**, che comporti il conferimento di un'immobile sito in Italia con effetti traslativi, si applicano le imposte ipotecaria e catastale con l'aliquota proporzionale, pari rispettivamente al 2% e all'1% (risposta a interpello 10 settembre 2019, n. 371) (➔**64.1.1.**)

Termini per le formalità 64.1.6.

Termini per la trascrizione

Notai e altri pubblici ufficiali - I notai e gli altri pubblici ufficiali che hanno **ricevuto o autenticato** l'atto soggetto a trascrizione, o presso i quali è stato **depositato** l'atto ricevuto o autenticato all'estero, devono chiedere la trascrizione **entro 30 giorni dalla data dell'atto o del deposito** (art. 6, c. 1, D.Lgs. n. 347/1990).

Atti soggetti ad approvazione od omologazione - Per gli atti ricevuti o autenticati da un **notaio** o da altro **pubblico ufficiale**, soggetti ad approvazione od omologazione, le richieste di trascrizione devono essere presentata **entro 30 giorni**, dal momento in cui il notaio o il pubblico ufficiale:

- ha **avuto notizia** dell'omologazione od approvazione,
- **ovvero** dal giorno in cui l'atto ha avuto **esecuzione** (art. 14, D.P.R. n. 131/1986).

Cancellieri - I cancellieri, in relazione agli atti e provvedimenti soggetti a trascrizione da essi **ricevuti** o ai quali essi hanno comunque **partecipato**, devono richiedere la trascrizione **entro 30 giorni dalla data dell'atto** o del provvedimento ovvero della sua **pubblicazione,** se questa è prescritta (art. 6, c. 2, D.Lgs. n. 347/1990).

Trascrizione del certificato di successione - Deve essere richiesta (art. 6, c. 3, D.Lgs. n. 347/1990) **entro 60 giorni** dalla data di presentazione della **dichiarazione di successione** con l'indicazione degli **estremi** dell'avvenuto **pagamento** dell'imposta ipotecaria.

Termini per l'annotazione

Atti e domande giudiziali - La trascrizione degli atti e delle domande giudiziali (artt. 2652 e 2653 c.c.) deve essere annotata **entro 30 giorni** dalla data dell'atto.

Quando gli atti e domande giudiziali si riferiscono ad un atto trascritto od iscritto, l'annotazione deve essere effettuata in margine alla trascrizione o all'iscrizione (art. 7, D.Lgs. n. 347/1990 e art. 2654 c.c.).

INDIRETTE

Atti e sentenze - Qualora un atto trascritto o iscritto è dichiarato **nullo** (art. 1418 c.c.), **annullato** (art. 1425 c.c.), **risolto** (art. 1453 c.c.), **rescisso** (art. 1447 c.c.), **revocato** (art. 2901 c.c.), soggetto a **condizione risolutiva** (art. 1360 c.c.) la dichiarazione di nullità, l'annullamento, la risoluzione, la rescissione, la revocazione, l'avveramento della condizione devono **annotarsi**:
- **in margine** alla trascrizione o all'iscrizione dell'atto,
- **entro 30 giorni** dalla data dell'atto o della pubblicazione della sentenza o della pronunzia del decreto (art. 7, D.Lgs. n. 347/1990 e art. 2655 c.c.).

Decreto di aggiudicazione - Il decreto di aggiudicazione a favore del terzo acquirente deve essere annotato, **entro 30 giorni**, in margine alla trascrizione dell'atto di acquisto (art. 7, D.Lgs. n. 347/1990 e art. 2896 c.c.).

64.2. IMPOSTA CATASTALE

64.2.1. Oggetto dell'imposta

L'**imposta catastale** è dovuta sulle **volture catastali**, a seguito della modifica dei dati risultanti dal **Catasto** (art. 10, D.Lgs. n. 347/1990).

Trasferimenti effettuati nell'interesse dello Stato - Non sono soggetti all'imposta ipotecaria e all'imposta catastale (art. 1, c. 2 e art. 10, c. 3, DLgs. n. 347/1990; circ. 21 febbraio 2014, n. 2/E, par. 1.4).

Atti di espropriazione per pubblica utilità (➡**64.1.1.**).

Fondi immobiliari chiusi (➡**64.1.1.**)

Trust (➡**64.1.1.**, ➡**64.1.5.**).

Trasferimenti a favore di enti locali - I trasferimenti a titolo oneroso, soggetti ad imposta proporzionale di registro, effettuati a favore di:
- **Regioni, Province, Comuni**,
- altri enti pubblici territoriali,
- **consorzi** costituiti **esclusivamente** tra gli stessi,
- comunità montane,

sono soggetti alle imposte ipotecaria e catastale nella **misura fissa di 50** euro ciascuna (art. 10, c. 3, D.Lgs. n. 23/2011; circ. 21 febbraio 2014, n. 2, par. 1.4).

64.2.2. Cessioni soggette ad imposta di registro proporzionale o all'IVA

Imposta proporzionale di registro

I trasferimenti immobiliari assoggettati all'imposta proporzionale di registro (Tariffa, Parte I, art. 1, D.P.R. n. 131/1986) sono soggetti alle **imposte ipotecaria e catastale** nella misura fissa di **50 euro ciascuna** (art. 10, c. 3, D.Lgs. n. 23/2011) (➡**64.1.2.**).

IVA

Per le cessioni immobiliari soggette ad IVA (v. art. 40, c. 1, D.P.R. n. 131/1986) l'imposta catastale si applica in **misura fissa** (200 euro) (art. 10, c. 2, D.Lgs. n. 347/1990).

Immobili strumentali

Per la trascrizione di atti e sentenze che importano il trasferimento di immobili strumentali (art. 10, n. 8-ter, D.P.R. n. 633/1972):
- **soggetti ad IVA**,
- **esenti da IVA**,

l'imposta catastale si applica nella **misura proporzionale** dell'1% (art. 10, c. 1, D.Lgs. n. 347/1990) (➡**64.1.2.**).

> Il criterio oggettivo per poter individuare con certezza la **strumentalità del bene** è la **classe catastale** di appartenenza al momento della cessione del bene (Cass. 9 novembre 2016, n. 22765).

Misura minima dell'imposta proporzionale

L'imposta proporzionale **non può essere inferiore alla misura** fissa (200 euro) (art. 18, D.Lgs. n. 347/1990).

INDIRETTE

Base imponibile 64.2.3.

Per la determinazione della base imponibile, valgono le disposizioni previste per l'imposta ipotecari (➜**64.1.3.**).

DISPOSIZIONI 64.3.

Soggetti obbligati al pagamento 64.3.1.

Sono obbligati al pagamento dell'imposta ipotecaria e dell'imposta catastale (art. 11, c. 1, D.Lgs. n. 347/1990):

- coloro **che richiedono le formalità** soggette ad imposta ipotecaria (art. 1, D.Lgs. n. 347/1990) **e le volture** soggette ad imposta catastale (art. 10, D.Lgs. n. 347/1990),
- e i **pubblici ufficiali** obbligati al pagamento dell'imposta di registro o dell'imposta sulle successioni e donazioni, relativamente agli atti ai quali si riferisce la formalità o la voltura (art. 11, c. 1, D.Lgs. n. 347/1990).

Le imposte ipotecaria e catastale sul trasferimento degli immobili di interesse **storico, artistico e archeologico** si applicano in misura fissa (Cass. ord. 9 novembre 2021, n. 32598).

Responsabilità solidale

Sono solidalmente tenuti al pagamento delle imposte (art. 11, c. 2, D.Lgs. n. 347/1990):

- tutti coloro **nel cui interesse** è stata richiesta la formalità o la voltura,
- i **debitori** contro i quali è stata iscritta o rinnovata l'ipoteca (per le iscrizioni e rinnovazioni),
- l'**utilizzatore** dell'immobile concesso in **locazione finanziaria**.

Uffici competenti 64.3.2.

A seguito della **incorporazione dell'Agenzia del territorio** da parte dell'Agenzia delle Entrate, gli uffici competenti all'applicazione delle imposte ipotecaria e catastale fanno tutti capo all'Agenzia delle Entrate.

Riscossione dell'imposta 64.3.3.

Per il versamento delle imposte ipotecaria e catastale deve essere utilizzato il **Mod. F23**.
Le imposte ipotecaria e catastale dovute in relazione alla **dichiarazione di successione** devono essere versate con il **Mod. F24** (Provv. 17 marzo 2016 e ris. 25 marzo 2016, n. 16/E).

Riscossione dell'imposta ipotecaria

L'imposta ipotecaria è riscossa all'atto della **richiesta della formalità** (art. 13, c. 2, D.Lgs. n. 347/1990).

Successione ereditaria

In caso di **successione ereditaria** comprendente immobili o diritti reali immobiliari, gli eredi e legatari devono **autoliquidare** l'imposta dovuta e provvedere al relativo versamento (art. 33, c. 1-bis, D.Lgs. n. 346/1990).
Gli uffici delle entrate, in sede di liquidazione dell'imposta di successione, provvedono a correggere gli errori e le omissioni commessi dagli eredi e dai legatari (art. 13, c. 2-bis, D.Lgs. n. 347/1990).

Dilazione del pagamento

Il pagamento delle imposte ipotecaria e catastale **non può essere dilazionato** (art. 13, c. 3, D.Lgs. n. 347/1990).

Accertamento e liquidazione 64.3.4.

Per l'**accertamento** e la **liquidazione** delle imposte ipotecaria e catastale, per la **irrogazione** delle relative **sanzioni**, per le modalità e i termini della **riscossione** e per la **prescrizione**, si applicano le disposizioni relative **all'imposta di registro** (➜**63.33.**) e all'imposta sulle **successioni e donazioni** (➜**65.**) (art. 13, c. 1, D.Lgs. n. 347/1990), ivi comprese le **sospensioni dei termini** previsti per effetto del Covid-19.

Formalità e volture senza previo pagamento dell'imposta 64.3.5.

Possono essere eseguite anche senza previo pagamento delle imposte (art. 15 c. 1, D.Lgs. n. 346/1990):

- le **iscrizioni**, **rinnovazioni** ed annotazioni:
  a. dal **pubblico ministero** nell'interesse di privati,
  b. da **pubblici ufficiali** e da **privati** in virtù di un obbligo loro imposto per legge;

INDIRETTE

- le **formalità** e le **volture**, richieste dalle **Amministrazioni dello Stato**, quando le spese relative devono far carico ad altri.

> Trascrizioni e cancellazioni di **pignoramenti**, iscrizioni e cancellazioni di **ipoteche** richieste **dall'Agenzia delle Entrate - riscossione** sono esenti da ogni tributo e diritto (art. 47, c. 1, D.P.R. n. 602/1973). L'agevolazione si applica anche alla **riscossione coattiva** effettuata dai **Comuni** per le proprie entrate tributarie e patrimoniali (ris. 12 dicembre 2017, n. 149/E).

64.3.6. Formalità e volture da eseguirsi a debito

Possono essere effettuate a debito, cioè senza il contestuale pagamento dell'imposta (art. 16, c. 1, D.Lgs. n. 347/1990):

- le **trascrizioni** del sequestro **conservativo** (art. 316 c.p.p.), sequestro **preventivo** (art. 321 c.p.p.) e del sequestro **per fini di prova** (art. 253 c.p.p.);
- le iscrizioni e le trascrizioni del **sequestro conservativo** in materia di **sanzioni amministrative tributarie** (art. 22, D.Lgs. n. 472/1997);
- le formalità e le volture richieste nei **procedimenti civili nell'interesse dello Stato** e di persone fisiche o giuridiche ammesse al **gratuito patrocinio**;
- le formalità e le volture relative a procedure di **fallimento** e ad **altre procedure concorsuali**;
- le trascrizioni degli **atti ricevuti dai cancellieri** o alla cui **formazione** hanno partecipato.

> L'ufficio delle entrate **notifica** apposito **avviso di liquidazione** alle **parti interessate** con l'invito a effettuare il pagamento dell'imposta **entro 60 giorni**.
> Decorso tale termine, l'ufficio procede alla riscossione coattiva (art. 16, c. 2-bis, D.Lgs. n. 347/1990).

Riscossione dell'imposta prenotata a debito

Per le trascrizioni e le iscrizioni del **sequestro conservativo**, l'imposta prenotata a debito deve essere riscossa sulla somma che risulterà **definitivamente dovuta** (art. 16, c. 2, D.Lgs. n. 347/1990).

64.3.7. Operazioni di credito a medio e lungo termine

Le operazioni relative ai finanziamenti a medio e lungo termine (➜**63.26.**):

- sono **esenti dalle imposte indirette** (registro, bollo, ipotecaria, catastale, concessioni governative), che sarebbero altrimenti applicabili ai singoli atti posti in essere per effettuare le operazioni;
- sono **soggette ad un'imposta sostitutiva** (artt. 15-20-bis, D.P.R. n. 601/1973).

64.3.8. Agevolazioni piccola proprietà contadina

Gli atti di trasferimento a titolo oneroso di **terreni** e relative pertinenze, qualificati **agricoli** in base a strumenti urbanistici vigenti, posti in essere a favore di **coltivatori diretti** ed **imprenditori agricoli professionali**, iscritti nella relativa gestione previdenziale ed assistenziale, sono soggetti a:

- imposte di **registro** e **ipotecaria** nella misura **fissa**,
- all'imposta **catastale** nella misura **dell'1%** (art. 2, c. 4-bis, D.L. n. 194/2009).

> La medesima agevolazione si applica:
> - alle **operazioni fondiarie** operate attraverso l'Istituto di servizi per il mercato agricolo alimentare (**ISMEA**);
> - agli atti di trasferimento a titolo oneroso di terreni agricoli e relative pertinenze posti in essere a favore di proprietari di **masi chiusi** della provincia autonoma di **Bolzano**, da loro abitualmente coltivati (Legge provinciale 28 novembre 2001, n. 17).

I soggetti sopra indicati **decadono dalle agevolazioni** se, prima che siano trascorsi **5 anni** dalla stipula degli atti, alienano volontariamente i terreni ovvero cessano di coltivarli o di condurli direttamente.

64.3.9. Cessioni di aree in base a convenzioni di urbanizzazione

Gli atti preordinati alla trasformazione del territorio, aventi ad oggetto interventi edilizi riconducibili alle norme sulla edificabilità dei suoli (Legge n. 10/1977), posti in essere mediante **accordi o convenzioni tra privati ed enti pubblici**, nonché tutti gli atti attuativi posti in essere in esecuzione dei primi sono soggetti all'imposta di **registro in misura fissa** e sono **esenti dalle imposte ipotecarie e catastali** (art. 20, c. 2, Legge n. 10/1977 e art. 32, D.P.R. n. 601/1973).

Rientrano nell'ambito dell'agevolazione, tra l'altro (ris. 11 gennaio 2019, n. 1/E) (➜**63.24.3.**):

- le cessioni di aree per la realizzazione delle **opere di urbanizzazione** connesse all'intervento edilizio (ris. 4 gennaio 2012, n. 1 e ris. 1° giugno 2015, n. 56),

INDIRETTE

– gli atti aventi ad oggetto la **redistribuzione di aree** tra colottizzanti.
Per i trasferimenti di **interi fabbricati** destinati alla demolizione e ricostruzione degli stessi (➜**63.24.**).
Non è più vigente il regime di favore previsto in relazione ai trasferimenti di beni immobili compresi in **piani urbanistici particolareggiati**, che prevedeva l'applicazione dell'imposta di registro con aliquota all'1% e delle imposte ipotecaria e catastale nella misura rispettivamente del 3% e dell'1%. Gli atti in esame sono soggetti all'imposta di registro in misura proporzionale del 9%, per un importo minimo di imposta di registro pari a 1.000 euro e alle imposte ipotecaria e catastale, ciascuna nella misura fissa di 50 euro (circ. 21 febbraio 2014, n. 2/E, par. 1.4).

La **cessione di cubatura**, in caso di trascrizione e voltura, è soggetta ad imposta ipotecaria e catastale in misura fissa (art. 10, c. 2 e art. 4, Tariffa, D.Lgs. n. 347/1990; Cass., SS.UU., 9 giugno 2021, n. 16080).

Decadenza 64.3.10.

Sono previsti specifici **termini** di decadenza per la riscossione delle **imposte**, delle **sanzioni**, per la durata dei **privilegi** e per il rimborso di imposte e sanzioni (art. 18, D.Lgs. n. 347/1990).
Per quanto riguarda la **sospensione dei termini** causa Covid-19 (➜**63.33.3.**).

Oggetto	Termine di decadenza
Imposte da corrispondere agli Uffici delle entrate	Stessi termini previsti in materia di imposta di registro o di imposta sulle successioni e donazioni
Imposte da corrispondere agli Uffici di pubblicità immobiliare	- 3 anni dal giorno in cui è stata eseguita la relativa formalità oppure - 5 anni dalla scadenza del termine entro il quale la stessa doveva essere richiesta L'intervenuta decadenza non dispensa dal pagamento dell'imposta nel caso di successiva richiesta della formalità.
Sanzioni amministrative	- termine stabilito per l'accertamento dell'imposta oppure - 5 anni dalla violazione, se l'imposta non è dovuta
Privilegi a garanzia dei crediti dello Stato per le imposte ipotecaria e catastale	5 anni dalla data di registrazione dell'atto o dalla data in cui è stata eseguita o doveva essere eseguita la formalità o la voltura
Rimborso di imposte e sanzioni	- 3 anni dal giorno del pagamento ovvero - da quello in cui è sorto il diritto alla restituzione, se posteriore.

TASSE IPOTECARIE 64.4.

Le tasse ipotecarie sono quelle previste dalla **tabella** allegata al D.Lgs. n. 347/1990.

Esenzioni 64.4.1.

Atti soggetti ad imposta proporzionale di registro

Tutti gli atti e le formalità posti in essere per effettuare gli adempimenti presso il catasto ed i registri immobiliari, relativi ad atti **soggetti ad imposta proporzionale di registro** (2%, 9%, 15%, 1,5%) sono **esenti** dall'imposta di bollo, dai tributi speciali catastali e **dalle tasse ipotecarie** (art. 10, c. 3, D.Lgs. n. 23/2011).

L'esenzione si applica anche agli atti di trasferimento o di costituzione di **diritti reali immobiliari di godimento**, soggetti ad imposta proporzionale di registro.

Non sono dovute tasse ipotecarie per le operazioni eseguite nell'**interesse dello Stato** (art. 19, D.Lgs. n. 347/1990). L'esenzione si applica anche agli atti di **espropriazione per pubblica utilità** o di trasferimento coattivo della proprietà o di diritti reali di godimento quando l'**ente espropriante o** l'**acquirente** è lo **Stato** (ris. 19 settembre 2018, n. 66/E) (➜**64.1.1.**).

INDIRETTE

Beni immobili di proprietà

L'accesso ai servizi di consultazione delle banche dati ipotecaria e catastale avviene gratuitamente e in esenzione da tributi se viene richiesto **presso gli uffici**, in relazione a beni immobili dei quali il soggetto richiedente risulta titolare, anche in parte, del diritto di proprietà o di altri diritti reali di godimento (art. 6, c. 5-quater, D.L. n. 16/2012).
La gratuità del servizio e l'esenzione da tributi si applica anche se la consultazione **avviene per via telematica** (art. 6, c. 5-quinquies, D.L. n. 16/2012; Provv. 4 marzo 2014 e Provv. 2 agosto 2016 del Direttore dell'Agenzia delle Entrate, circ. 24 marzo 2017, n. 3/E).

64.4.2. Atti soggetti a tasse ipotecarie

ESECUZIONE DI FORMALITÀ			
Operazione	**Tariffa (€)**	**Note**	**n. ord.**
Per **ogni nota** di: - trascrizione, - iscrizione, - domanda di annotazione	35,00	Compresa la certificazione di formalità da apporre in calce al duplo della nota da restituire al richiedente	1.1
Per **ogni** formalità con **efficacia di voltura**	55,00	Tale somma **si aggiunge** ai 35 € del punto 1.1.	1.2
ISPEZIONI			
Operazione	**Tariffa (€)**	**Note**	**n. ord.**
Ricerca su **base informativa**	7,00	- Per ogni nominativo - ovvero per ciascuna unità immobiliare - ovvero per ciascuna richiesta congiunta L'importo è comprensivo delle prime **30 formalità**	2.1.1
Per **ogni** gruppo di 15 formalità o frazione di 15	3,50	Tale somma è dovuta per le richieste **eccedenti le prime 30** formalità	2.1.2
Ricerca nei **registri cartacei** (repertori, tavole, rubriche, schedari)	3,00	Per **ogni nominativo** richiesto	2.1.3
Per **ogni titolo** stampato	8,00		2.1.4
Per **ogni nota** stampata	4,00		2.1.4
Per **ogni nota** o **titolo** visionati	4,00		2.1.5
Tentativo di accesso **non produttivo**	0,15		2.1.6
RICERCA SOGGETTO IN AMBITO NAZIONALE			
Operazione	**Tariffa (€)**	**Note**	**n. ord.**
Per **ogni** nominativo richiesto	20,00		3.1
CERTIFICAZIONI			
Operazione	**Tariffa (€)**	**Note**	**n. ord.**
Per **ogni** certificato ipotecario riguardante **una sola persona**	30,00	Se il certificato riguarda cumulativamente il padre, la madre, i figli, entrambi i coniugi, l'importo è dovuto una volta sola	4.1.1
Per **ogni nota visionata** dall'ufficio	2,00		4.1.2
Per **ogni richiesta** di copia nota o titolo	10,00		4.2.1
Per ogni altra certificazione o attestazione	5,00		4.3.1

INDIRETTE

NOTE D'UFFICIO			
Operazione	**Tariffa (€)**	**Note**	**n. ord.**
Per **le rinnovazioni d'ipoteca** da eseguirsi d'ufficio	10,00		5.1
TRASMISSIONE TELEMATICA			
Operazione	**Tariffa (€)**	**Note**	**n. ord.**
Trasmissione telematica di elenco dei soggetti presenti nelle formalità di un determinato giorno	0,15	Per ogni soggetto	6.1

INDIRETTE

65. IMPOSTE SULLE SUCCESSIONI E DONAZIONI

65.1. IMPOSTA SULLE SUCCESSIONI

L'**imposta sulle successioni** colpisce i **trasferimenti di beni e diritti** per **causa di morte** (art. 2, c. 47, D.L. n. 262/2006).

Sono altresì considerati trasferimenti di diritti per causa di morte (art. 1, D.Lgs. n. 346/1990):
- costituzione di diritti reali di godimento,
- rinunzia a diritti reali o di credito,
- costituzione di rendite o pensioni.

Il trasferimento dei beni e diritti per causa di morte può avvenire per:
- **successione legittima** (soggetti passivi: gli eredi);
- **disposizione testamentaria** (soggetti passivi: eredi ed eventuali legatari).

L'imposta è dovuta anche in relazione all'immissione nel **possesso temporaneo** dei beni dell'assente e al trasferimento successorio in seguito a dichiarazione di **morte presunta** (dichiarata dal Tribunale nei casi di mancanza di notizie di un soggetto da oltre 10 anni - art. 58 c.c.).

La successione si apre al **momento della morte** nel luogo dell'ultimo domicilio del defunto (art. 456 c.c.).

65.1.1. Successione legittima

Nella successione legittima, l'eredità spetta nel seguente ordine (art. 565 c.c.):
- coniuge;
- discendenti;
- ascendenti;
- collaterali;
- altri parenti (fino ad un massimo del sesto grado);
- Stato (art. 586 c.c.).

Sono equiparati al coniuge i soggetti uniti da **unione civile** (Legge n. 76/2016), mentre non maturano diritti successori i **conviventi "di fatto"**.

Al **padre** ed alla **madre** succedono i figli (anche adottivi), la parentela naturale deve risultare da sentenza civile o penale.

INDIRETTE

OGGETTO DELL'IMPOSTA 65.2.

L'imposta colpisce il trasferimento dell'asse ereditario, ovvero il complesso dei beni, diritti e obbligazioni quali (artt. 9 e 11, D.Lgs. n. 346/1990):

- immobili;
- diritti reali sui beni immobili (es. diritto di superficie);
- denaro, gioielli e mobilia (limitatamente ad un importo pari al 10% dell'imponibile dell'asse ereditario, salvo che non risulti un importo diverso dall'inventario eventualmente redatto ai sensi art. 769 Codice di procedura civile);
- titoli il cui reddito sia stato indicato nell'ultima dichiarazione dei redditi presentata dal "*de cuius*";
- beni mobili e titoli al portatore di qualsiasi specie posseduti dal defunto o depositati presso terzi a suo nome;
- partecipazioni societarie;
- rendite e pensioni;
- crediti;
- navi, imbarcazioni, aeromobili.

La **mobilia** da considerare nell'attivo ereditario comprende l'insieme dei mobili destinati ad uso ed ornamento delle abitazioni, compresi i beni culturali non sottoposti al c.d. "vincolo" di tutela delle cose d'interesse artistico o storico (Legge 1° giugno 1939, n. 1089).

Le **partecipazioni societarie** del *de cuius* non determinano un trasferimento della qualità di socio agli eredi, ma unicamente il diritto alla liquidazione della quota societaria (Cass. 19 aprile 2001, n. 5809).

La **quantificazione della quota posseduta** in una società di persone spetta ai soci superstiti e non agli eredi, salvo valutazione di merito da parte del Giudice (Cass. 19 luglio 2018, n. 19305).

I **beni cointestati** (saldi attivi dei c/c bancari, contenuto di cassette di sicurezza, titoli ecc.) si presumono posseduti in quote uguali dove non diversamente specificato (art. 11, D.Lgs. n. 346/1990).
I beni oggetto di **comunione legale** rientrano nell'asse ereditario nella misura della metà.

Beni esclusi dall'applicazione dell'imposta 65.2.1.

Non concorrono a formare l'attivo ereditario, e come tali non risultano oggetto dell'imposta di successione (art. 12, D.Lgs. n. 346/1990):

- beni e diritti **iscritti in pubblici registri** per i quali il defunto aveva **perduto la titolarità** (situazione da provare mediante provvedimenti giurisdizionali, atti pubblici, scritture private autenticate o altro atto recante data certa);
- **titoli** ed **azioni** ceduti anteriormente l'apertura della successione (alienati mediante atto autentico o girata autenticata);
- **TFR** ed altre **indennità** di fine rapporto di lavoro e/o contratto di agenzia;
- indennità spettanti agli eredi in forza di **assicurazioni previdenziali obbligatorie** o stipulate dal *de cuius*;
- **crediti contestati** giudizialmente alla data di apertura della successione (fino a riconoscimento giurisdizionale o procedura transattiva);
- **crediti** verso Stato, Enti Pubblici Territoriali ed Enti pubblici di previdenza (fino a riconoscimento dell'amministrazione debitrice);
- **crediti** ceduti allo Stato entro la data di presentazione della dichiarazione di successione;
- **beni culturali** sottoposti al vincolo precedentemente all'apertura della successione per i quali sono stati assolti gli obblighi di conservazione e protezione;
- **titoli del debito pubblico** ed altri titoli di Stato garantiti dallo Stato o equiparati, compresi BOT, CCT e titoli corrispondenti emessi da stati UE e Stati aderenti all'Accordo sullo Spazio economico europeo (Islanda, Liechtenstein e Norvegia);
- **veicoli** iscritti al PRA.

Non costituiscono inoltre elementi dell'attivo ereditario:

- il **consolidamento dell'usufrutto** per i soggetti titolari della nuda proprietà del bene (art. 61, D. Lgs. n. 346/1990);
- la **riscossione dei ratei di pensione** da parte del coniuge o dei figli del defunto (ris. 18 febbraio 2008, n. 53/E);
- i **risarcimenti assicurativi o previdenziali** riscossi dai beneficiari già individuati nelle polizze, contratti, posizioni stipulate dal defunto (art. 12, D.Lgs. n. 346/1990);

INDIRETTE

- il **conferimento di aziende**, rami di esse, quote di società di persone e quote/azioni di società di capitali se conferite a favore del coniuge e discendenti (art. 3, c. 4-ter, D.Lgs. n. 346/1990).

La **rinuncia all'usufrutto**, rappresentando a tutti gli effetti un trasferimento del diritto a favore di altro soggetto, non può considerarsi esente dall'imposta sulle successioni e donazioni (Cass. 28 gennaio 2019, n. 2252).

65.2.2. Passivo ereditario

Dall'attivo ereditario è possibile dedurre il passivo costituito dai **debiti** contratti dal defunto (comprese le somme dovute al coniuge divorziato a seguito di sentenza di scioglimento o cessazione degli effetti civili del matrimonio) **esistenti alla data del decesso** (art. 20, D.Lgs. n. 346/1990) purché risultanti da:

- atto scritto di data certa anteriore all'apertura della successione;
- provvedimento giurisdizionale definitivo;
- scritture contabili obbligatorie (qualora contratti nell'esercizio di impresa);
- scritture contabili obbligatorie del creditore.

I debiti verso lo Stato, Enti Pubblici Territoriali ed Enti pubblici che gestiscono forme obbligatorie di previdenza ed assistenza sociali sono deducibili anche se accertati in data posteriore (purché il presupposto si sia verificato anteriormente l'inizio della successione).

Debiti non deducibili

Non risultano deducibili (art. 22, D.Lgs. n. 346/1990) i debiti:

- contratti per l'acquisto di beni e diritti non compresi nell'attivo ereditario;
- relativi ad assegni presentati al pagamento oltre il termine dei 4 giorni precedenti la data di apertura della successione.

Nella ipotesi di debiti cointestati (inclusi i saldi passivi dei conti correnti bancari cointestati), gli stessi si assumono in proporzione alla quota di pertinenza del defunto, determinata in parti uguali tra i condebitori nell'ipotesi di mancata specifica indicazione.

Debiti sopravvenuti

Possono essere dedotti i debiti la cui esistenza sia sopravvenuta successivamente (art. 23, D.Lgs. n. 346/1990), ovvero:

- entro 3 anni dall'apertura della successione;
- oltre 3 anni se risultanti da provvedimento giudiziario o amministrativo emesso dopo 30 mesi dall'apertura della successione, ma con deducibilità da far valere entro 6 mesi dalla data in cui il provvedimento sia risultato definitivo (Cass. 7 maggio 1997, n. 3986; Cass. 21 dicembre 2011, n. 27984).

Spese mediche e funerarie

Risultano deducibili le spese mediche e chirurgiche (comprese spese per ricoveri, protesi e medicinali) purché:

- sostenute dagli eredi negli ultimi 6 mesi,
- risultanti da regolari fatture/quietanze.

Le spese funerarie regolarmente documentate sono deducibili fino all'importo massimo di euro 1.032,92 (art. 24, D.Lgs. n. 346/1990).

65.2.3. Territorialità

L'imposta è dovuta in relazione ai beni e diritti trasferiti:

- **ovunque esistenti** (anche all'estero), se il **defunto era residente** in Italia;
- limitatamente ai **beni e diritti esistenti in Italia**, se il **defunto era residente all'estero**.

Si considerano esistenti nello Stato:

- beni e diritti iscritti in pubblici registri dello Stato e diritti reali di godimento ad essi relativi;
- quote di partecipazione (anche azionarie) in enti o società con sede legale (o sede amministrativa od oggetto sociale) situata in Italia;
- obbligazioni ed altri titoli emessi dallo Stato italiano o da enti e società aventi sede legale o sede amministrativa o oggetto principale nel territorio dello Stato italiano;
- titoli rappresentativi di merci esistenti nello Stato;
- crediti, cambiali, vaglia cambiari, assegni emessi da soggetto residente in Italia;
- crediti garantiti su beni esistenti nello Stato fino a concorrenza del valore dei beni medesimi (indipendentemente dalla residenza del debitore);

INDIRETTE

- beni viaggianti nel territorio estero con destinazione nello Stato o vincolati al regime doganale della temporanea esportazione.

Se il *de cuius* aveva trasferito la propria residenza in Italia esercitando l'opzione per la tassazione agevolata prevista dall'art. 24-bis del D.P.R. 917/1986, l'imposta è dovuta limitatamente ai beni e diritti esistenti nello Stato al momento della successione (art. 1, c. 158, Legge n. 232/2016).

Doppia imposizione

Al fine di scongiurare la doppia/multipla imposizione in materia di successioni (Commissione UE, raccomandazione 15 dicembre 2011, n. 2011/856/EU) è riconosciuto un credito di imposta fino a concorrenza delle imposte pagate in uno Stato estero (sui beni esistenti nello Stato estero) in dipendenza della medesima successione (art. 26, D.Lgs. n. 346/1990), salvo l'applicazione di quanto previsto in **convenzioni** internazionali **contro la doppia imposizione** in materia di successioni che ad oggi risultano stipulate con i seguenti Stati:

Stato	Riferimenti
Danimarca	Legge 18 marzo 1968, n. 649
Francia	Legge 14 dicembre 1994, n. 708
Grecia	Legge 18 marzo 1968, n. 524
Israele	Legge 12 aprile 1973, n. 201
Regno Unito	Legge 9 agosto 1967, n. 793
USA	Legge 19 luglio 1956, n. 943
Svezia	Legge 13 marzo 1958, n. 280

DICHIARAZIONE DI SUCCESSIONE 65.3.

La **dichiarazione di successione** deve essere presentata dai soggetti obbligati alla liquidazione dell'imposta di successione, qualora dovuta.

A partire dal **1° gennaio 2019** la **dichiarazione di successione** va **presentata esclusivamente in modalità telematica** tramite i servizi dell'Agenzia delle Entrate (applicativo "Dichiarazione di successione SUC"):

- direttamente dal dichiarante obbligato;
- tramite intermediari abilitati (inclusi gli istituti di patronato e di assistenza sociale - Provv. 18 aprile 2019);
- tramite Ufficio territoriale dell'Agenzia delle Entrate competente in relazione all'ultima residenza nota del defunto (in caso di ultima residenza all'estero l'ufficio territoriale di riferimento è quello di "Roma 6 - Eur Torrino - via Canton 20 - 00144 ROMA").

La presentazione del **modello in forma cartacea** (consentita opzionalmente fino al 31 dicembre 2018) resta comunque prevista per integrare e correggere le dichiarazioni già presentate in forma cartacea, nonché utilizzabile dai dichiaranti residenti all'estero impossibilitati alla trasmissione telematica, purché redatta su modulistica conforme a quella approvata e trasmessa all'ufficio territoriale competente con modalità in grado di garantire la data di spedizione.

La dichiarazione di successione trasmessa in modalità telematica consente l'**automatica** annotazione delle **volture catastali** senza necessità di ulteriori adempimenti (salvo diversa scelta espressa).

La voltura catastale automatica non risulterà tuttavia applicabile nei territori ove vige il Sistema Catastale Tavolare ovvero nelle province di Trieste, Gorizia, Trento, Bolzano, nonché nei Comuni di Aiello del Friuli, Aquileia, Campolongo al Torre, Cervignano del Friuli, Chiopris-Viscone, Fiumicello, Malborghetto-Valbruna, Pontebba, Ruda, San Vito al Torre, Tapogliano, Tarvisio, Terzo di Aquileia, Villa Vicentina e Visco (provincia di Udine), Pedemonte e Casotto (Provincia di Vicenza), Magasa e Valvestino (Provincia di Brescia) Cortina d'Ampezzo, Colle Santa Lucia e Livinallongo del Col di Lana (provincia di Belluno).

Fino a presentazione della dichiarazione di successione non risulterà possibile per gli aventi causa:

- incassare i crediti del defunto (compresi saldi attivi dei conti correnti bancari);
- pretendere la consegna dei beni del defunto detenuti da terzi;
- volturare i beni immobili (art. 48, D.Lgs. n. 346/1990).

INDIRETTE

65.3.1. Soggetti obbligati alla presentazione

Sono obbligati all'adempimento dichiarativo (art. 28, D.Lgs. n. 346/1990) i soggetti riportati nella seguente tabella.

	Soggetti obbligati
Eredi	Eredi legittimi che hanno accettato in maniera tacita od espressa l'eredità
Chiamati all'eredità	Potenziali eredi che non hanno ancora accettato l'eredità
Legatari	Soggetti individuati nel testamento
Soggetti immessi nel possesso temporaneo dei beni dell'assente	Eredi o legatari di soggetto scomparso dichiarato assente da provvedimento del Tribunale
Amministratori dell'eredità	Soggetto designato ad amministrare il patrimonio del defunto in attesa che si verifichi una eventuale condizione sospensiva prevista nel testamento
Curatori dell'eredità giacente	Soggetto designato dal Tribunale ad amministrare il patrimonio del defunto in attesa di accettazione dell'eredità
Esecutori testamentari	Soggetto designato dal *de cuius* nel proprio testamento, con incarico di eseguire le volontà testamentarie
Trustee	In caso di istituzione di un trust

Se all'adempimento risultano obbligati più soggetti, è sufficiente che la dichiarazione venga presentata **da uno solo di essi**.

Nel caso in cui il **chiamato all'eredità deceda prima di accettare il lascito testamentario**, il diritto di accettazione dell'eredità viene trasferito agli eredi del "chiamato", e con esso l'obbligo di presentazione della denuncia di successione (risposta a interpello 12 febbraio 2019, n. 42).

CASO 1 - Dichiarazione presentata dall'esecutore testamentario in caso di immobili da destinare alla vendita

Qualora il lascito testamentario sia costituito da beni immobili da destinare alla vendita per la distribuzione ai beneficiari dell'effettivo realizzo, la dichiarazione di successione (e l'assolvimento delle relative imposte) dovrà essere presentata dall'esecutore testamentario (risposta a interpello 7 novembre 2019, n. 471).

Una volta realizzata l'alienazione degli immobili, il ricavato della vendita sarà oggetto di dichiarazione di successione integrativa (➜65.3.3.) che potrà essere presentata indistintamente dall'esecutore testamentario o da uno qualsiasi dei legatari beneficiari.

Esenzione dalla presentazione della dichiarazione di successione

Non sussiste obbligo di presentazione della dichiarazione di successione qualora ricorrano **congiuntamente** le seguenti circostanze (art. 28, c. 7, D.Lgs. n. 346/1990):

- eredità **devoluta** a favore di coniuge e/o parenti in linea retta (figli/genitori/nipoti);
- **assenza di beni immobili** nell'attivo ereditario;
- **valore complessivo** dell'attivo ereditario (valore lordo dei beni) **non superiore a 100.000,00 euro**.

Il valore complessivo va rispettato anche in relazione a beni e diritti sopravvenuti nell'attivo ereditario successivamente ai termini di presentazione della dichiarazione. In tal caso i termini decorreranno dalla data di superamento della soglia di esenzione.

Non vi è l'obbligo di presentazione della dichiarazione se tutti gli aventi diritto **rinunciano all'eredità** o al legato o chiedono la **nomina di un curatore** (non essendo nel possesso dei beni ereditari) prima del termine previsto per la presentazione della dichiarazione di successione, ma è necessario rendere comunicazione (raccomandata A.R.) all'Agenzia delle Entrate di tale rinuncia.

Termini di presentazione 65.3.2.

La dichiarazione va presentata entro il termine di 12 mesi dalla data del decesso.

La **dichiarazione telematica** si intende **regolarmente presentata** al momento della ricezione dei dati da parte dell'Agenzia delle Entrate (documentabile qualora trasmessa telematicamente, con la seconda ricevuta rilasciata dall'Agenzia delle Entrate).

Il termini di 12 mesi può tuttavia avere decorrenza differente dalla data del decesso nei seguenti casi (art. 31, D.Lgs. n. 346/1990):

Fattispecie	12 mesi decorrenti da:	Note
Nomina di un rappresentante legale, curatore od esecutore testamentario	Notizia legale della nomina	
Fallimento del defunto	Chiusura del fallimento	Purché la dichiarazione di fallimento sia intervenuta entro i 6 mesi successivi dalla data del decesso
Possesso temporaneo persona assente	Immissione nel possesso dei beni	
Morte presunta	Sentenza dichiarazione morte presunta divenuta eseguibile	Se i beneficiari erano stati immessi precedentemente nel possesso dei beni i termini decorrono dalla data di immissione nel possesso
Eredità accettata con beneficio di inventario	Scadenza del termine per la formazione dell'inventario	
Rinunzia eredità o legato	Notifica rinunzia agli altri obbligati	Gli obbligati devono dimostrare la data nella quale hanno avuto notizia della rinunzia
Eventi sopravvenuti	Notizia dell'evento sopravvenuto	Casi di differente ripartizione dell'eredità o di applicazione di imposte superiori a quelle già liquidate, o casi che fanno decadere l'esenzione della presentazione
Enti non riconosciuti	Data riconoscimento o diniego	Purché gli enti presentino domanda di riconoscimento entro 1 anno dall'apertura della successione

Altre dichiarazioni 65.3.3.

I soggetti obbligati possono presentare una dichiarazione "supplementare", entro il termine di presentazione ordinario, per correggere dati e informazioni già dichiarate.

Tali soggetti sono altresì tenuti a presentare una dichiarazione aggiuntiva, anche oltre il termine di presentazione ordinario, purché non sia stato già notificato un atto di rettifica e comunque entro i termini previsti per l'accertamento (ris. 13 gennaio 2012, n. 8/E), nelle ipotesi di **eventi sopravvenuti** (anche solo in quanto a conoscenza) quali:

- eventi che **modificano la valutazione originaria** complessiva (incremento dell'attivo ereditario) determinando una maggiore imposta;
- **mutamento nella composizione** dei legittimati a succedere (ad esempio per successivo ritrovamento di un testamento, o successivo accertamento di figli naturali). Le dichiarazioni presentate successivamente a quella originaria possono assumere la tipologia di dichiarazione:
  - **integrativa**, qualora siano da includere ulteriori elementi dell'attivo (o minori elementi del passivo) rispetto alla dichiarazione originaria;
  - **rettificativa**, per correggere errori materiali;
  - **sostitutiva**, per sostituire completamente la precedente dichiarazione inviata.

INDIRETTE

La **dichiarazione rettificativa**, oltre il termine di un anno, può essere utilizzata anche per correggere l'**errata indicazione della data di decesso** (in quanto errore formale non suscettibile di incidere sulla determinazione della base imponibile). In tal caso saranno dovute, per le formalità di trascrizione, le imposte catastali e ipotecarie in misura fissa, la tassa ipotecaria, l'imposta di bollo e i tributi speciali (risposta a interpello 4 dicembre 2018, n. 92).

Entro i termini di accertamento dell'imposta principale risulterà possibile emendare la dichiarazione di successione presentata (Cass. 18 novembre 2011, n. 24265), mentre una volta decorsi i suddetti termini di accertamento risulterà possibile presentare dichiarazione solo per fatti sopravvenuti (ris. 13 gennaio 2012, n. 8/E).

65.3.4. Modello di dichiarazione

Il modello ministeriale (Provv. 21 ottobre 2019) si compone di un frontespizio e di n. 17 quadri, dei quali alcuni vanno compilati obbligatoriamente mentre altri solo al ricorrere di determinati presupposti.

Quadro del modello	Contenuto	Obbligatorietà di compilazione
FRONTESPIZIO	Dati anagrafici del *de cuius* e del soggetto che presenta la dichiarazione	SÌ
EA	Eredi, legatari ed altri soggetti	SÌ
EB	Attivo ereditario - catasto terreni	Se risultanti nell'attivo ereditario
EC	Attivo ereditario - fabbricati	Se risultanti nell'attivo ereditario
ED	Passivo ereditario	Se sussistono le tipologie e le condizioni di deducibilità
EE	Riepilogo asse ereditario	SÌ
EF	Liquidazione imposte ipocatastali e altri tributi	Se risulta compilato uno dei quadri EA / EB
EG	Elenco allegati	SÌ
EH	Dichiarazioni sostitutive	Se vanno rese dichiarazioni sostitutive di atto di notorietà
EI	Dichiarazioni volture catastali	Se risulta necessario integrare/correggere risultante castali discordanti
EL	Attivo ereditario - terreni sistema tavolare	Se risultati nell'attivo ereditario immobili situati nei territori ove vige il Sistema Catastale Tavolare
EM	Attivo ereditario - fabbricati sistema tavolare	Se risultati nell'attivo ereditario immobili situati nei territori ove vige il Sistema Catastale Tavolare
EN	Aziende	Se risultanti nell'attivo ereditario
EO	Azioni - obbligazioni - titoli e quote sociali	Se risultanti nell'attivo ereditario
EP	Aeromobili	Se risultanti nell'attivo ereditario
EQ	Navi e imbarcazioni	Se risultanti nell'attivo ereditario
ER	Rendite e crediti	Se risultanti nell'attivo ereditario
ES	Donazioni e atti a titolo gratuito	Se risultanti donazioni od altri atti di liberalità effettuati dal *de cuius* in favore degli eredi o legatari

Legatari - I legatari sono tenuti ad indicare (oltre ai propri dati, l'oggetto del proprio legato e le eventuali donazioni a proprio favore) i dati del defunto e dei chiamati all'eredità, il loro grado di parentela o affinità con il defunto e le eventuali accettazioni o rinunzie intervenute. Non sono invece tenuti a fornire descrizione analitica di tutti i beni e diritti compresi nell'attivo ereditario (contrariamente agli altri soggetti obbligati).

INDIRETTE

Documenti da allegare

Alla dichiarazione di successione va allegato necessariamente un documento (da redigere in forma libera) concernente la ricostruzione dell'**albero genealogico**, dal quale risultino nome, cognome, luogo e data di nascita del coniuge e dei soggetti beneficiari legati al defunto da vincoli di parentela.
Il **certificato di morte** e lo **stato di famiglia,** nella dichiarazione telematica, possono essere resi in forma di dichiarazione sostitutiva di atto notorio mediante la compilazione della relativa sezione del quadro EH (Sezione I).
Lo **stato di famiglia** va tuttavia allegato in tutte le situazioni non esaustivamente rappresentabili con le informazioni fornite nel quadro EH.
Va inoltre allegato **obbligatoriamente** quando la dichiarazione di successione sia presentata da:
- **curatore** dell'eredità giacente;
- **amministratore** dell'eredità;
- **esecutore** testamentario.

L'ulteriore documentazione da allegare (in formato elettronico in caso di trasmissione telematica) al modello di dichiarazione è riportata nella tabella seguente (art. 30, D.Lgs. n. 346/1990).

Documento da allegare	Note
Documentazione comprovante eventuali passività	
Copia autentica del documento, avente data anteriore all'apertura della successione, comprovante i debiti del defunto esistenti alla data di apertura della successione, ovvero del provvedimento giurisdizionale definitivo.	Se il debito non è certificato dai suddetti documenti, esso deve risultare da attestazione redatta sul modello conforme "dichiarazione di sussistenza di debito" presente sul sito internet dell'Agenzia delle Entrate, sottoscritto da uno dei soggetti obbligati alla dichiarazione di successione, nonché dai creditori del defunto (tranne che per i debiti verso i dipendenti).
Documenti di prova delle deduzioni, riduzioni e detrazioni di cui si intende fruire.	
Richiesta di agevolazioni sulle imposte ipocatastali	Comprensiva della dichiarazione sostitutiva di atto notorio in cui il richiedente attesti di avere gli specifici requisiti per fruirne.
Richiesta di riduzioni sull'imposta di successione	Comprensiva della dichiarazione sostitutiva di atto notorio in cui il richiedente attesti di avere gli specifici requisiti per fruirne.
Dichiarazione con cui il coniuge ed i discendenti del defunto, destinatari di trasferimenti anche tramite patti di famiglia, di aziende o rami di aziende, di quote sociali e azioni, si impegnano a proseguire l'esercizio dell'attività d'impresa o a detenerne il controllo (limitatamente alle società di capitali) per un periodo non inferiore a 5 anni dalla data del trasferimento.	
Dichiarazione sostitutiva di atto notorio con cui richiedere l'esenzione dal pagamento dell'imposta di successione (nonché esclusione di imposta di bollo e agevolazione sulle imposte ipo-catastali) per beni e diritti conferiti in trust a favore di soggetti disabili.	La dichiarazione deve attestare la presenza dei requisiti (trust con esclusiva finalità di assistenza e solo se tutti i beneficiari risultano disabili.
Dichiarazione sostitutiva di atto notorio con cui attestare l'inagibilità abitativa dell'immobile pre-posseduto, per eventi naturali sopravvenuti.	Al fine di rendere la dichiarazione è necessario il possesso di certificazione di inagibilità rilasciata dagli organi competenti.
Dichiarazione sostitutiva di atto notorio con cui attestare la contiguità dell'immobile acquisito in successione con uno pre-posseduto per il quale si era usufruito di agevolazione "prima casa".	La dichiarazione deve attestare la permanenza dei requisiti per la fruizione delle agevolazioni c.d. "prima casa".

INDIRETTE

Documento da allegare	Note
Copia dell'ultimo bilancio o inventario.	Per i soggetti non obbligati alla redazione del bilancio è necessario allegare un prospetto attestante le attività e passività dell'azienda dal quale risulti il patrimonio netto alla data di apertura della successione.
Copia degli atti di ultima volontà del defunto, nonché la copia del verbale di pubblicazione del testamento.	In caso di successione testamentaria.
Copia dell'atto pubblico o della scrittura privata autenticata dai quali risulta l'eventuale accordo delle parti per l'integrazione dei diritti di legittima lesi.	
Copie degli inventari richiesti dalla legge.	Ad esempio, il verbale di apertura della cassetta di sicurezza redatto dal notaio o da un funzionario dell'Agenzia delle Entrate.
Certificati di morte di soggetti deceduti all'estero.	Vanno allegati unitamente alla dichiarazione sostituiva di atto notorio attestante che gli stessi costituiscono copie degli originali.
Certificati relativi a navi e aeromobili posseduti all'estero.	Vanno allegati unitamente alla dichiarazione sostituiva di atto notorio attestante che gli stessi costituiscono copie degli originali.
Documentazione comprovante l'eventuale imposta pagata all'estero.	Unitamente alla dichiarazione sostituiva di atto notorio attestante che la stessa costituisce copia dell'originale.
Copia del documento d'identità di chi sottoscrive le dichiarazioni sostitutive di atto notorio da allegare alla dichiarazione di successione.	Qualora rese dai beneficiari diversi dal dichiarante.
Traduzione in lingua italiana eseguita da un perito iscritto presso il tribunale ed asseverata conforme con giuramento.	Nel caso di documenti redatti in lingua straniera va allegata unitamente alla dichiarazione sostituiva di atto notorio attestante che la stessa costituisce copia dell'originale.

Qualora i documenti siano già in possesso della Pubblica Amministrazione sarà sufficiente rendere le relative dichiarazioni sostitutive di atto notorio precompilate nel quadro EH.

L'Agenzia delle Entrate, nelle istruzioni di compilazione del modello ministeriale di dichiarazione di successione, consiglia di **allegare** altresì, al ricorrere dell'ipotesi, copia della seguente ulteriore documentazione:

- sentenza dichiarativa di assenza o morte presunta;
- atto di rinuncia all'eredità (formalizzato presso un Notaio o presso il Tribunale territorialmente competente);
- atto di unione civile;
- dichiarazione sostitutiva di atto notorio dalla quale risulti la destinazione urbanistica dei terreni.

Ricevute telematiche di presentazione

Il sistema telematico di ricezione e gestione delle dichiarazioni di successioni, rilascia **cinque tipologie di ricevute**:

- al momento della **trasmissione** del file (attestazione di ricezione dei dati);
- a seguito del **controllo formale** (costituisce prova dell'avvenuta presentazione se l'esito del controllo risulta positivo, in caso contrario riporta le motivazioni dello scarto);
- esito di **pagamento** delle imposte (esclusivamente nel caso in cui sia stato scelto l'addebito in c/c delle imposte dovute);
- copia semplice della **dichiarazione** di successione o eventuale richiesta di regolarizzazione di denuncia incompleta/irregolare;
- esito delle **volture catastali** (salvo che il contribuente non abbia espresso volontà di non avvalersi dell'automaticità delle volture).

INDIRETTE

Con la versione attualmente in vigore della modulistica (e relativa applicazione software) è possibile inoltre richiedere l'attestazione di avvenuta presentazione (in alternativa al rilascio della copia conforme della dichiarazione presentata telematicamente) che viene rilasciata in modalità telematica in formato "PDF", munita di sistemi anti contraffazione in grado di garantire l'originalità del documento (il documento è corredato di contrassegno - c.d. "Glifo" - e codice identificativo - cvd).

CALCOLO E LIQUIDAZIONE DELLE IMPOSTE 65.4.

Le **imposte sulla successione** vengono calcolate sulla base di parametri valutativi dei beni e diritti oggetto del trasferimento ereditario o legatario e con applicazione di franchigie e percentuali differenziate sulla base del grado di parentela del beneficiario.

Criteri di valutazione 65.4.1.

Tipologia di bene o diritto	Metodo di valutazione	Riferimenti
Immobili in piena proprietà	Valore commerciale. Più comunemente viene utilizzato il valore catastale (valore catastale rivalutato e con applicazione del coefficiente di moltiplicazione) in quanto in ogni caso non soggetto ad accertamento.	art. 14, c. 1, lett. a), D.Lgs. n. 346/1990
Immobili in nuda proprietà	Differenza tra valore della piena proprietà e diritto reale di godimento di cui è gravato.	art. 14, c. 1, lett. b), D.Lgs. n. 346/1990
Diritti reali di godimento (usufrutto, uso, abitazione)	Applicazione del coefficiente delle rendite vitalizie al valore dell'annualità (ottenuto dal prodotto del valore della piena proprietà per il saggio di interesse legale).	art. 14, c. 1, lett. c), D.Lgs. n. 346/1990
Enfiteusi	Per l'enfiteuta il maggiore dei valori tra l'importo del canone annuo moltiplicato per 20 e la differenza tra il valore della piena proprietà e la somma dovuta per l'affrancazione. Per il concedente sarà pari alla somma dovuta per l'affrancazione.	art. 14, c. 1, lett. d), D.Lgs. n. 346/1990
Aziende	Valore dei beni che la compongono risultanti alla data dell'apertura della successione (al netto dei beni che non concorrono a formare attivo ereditario (➡65.2.1.), e delle passività (➡65.2.2.).	art. 15, c. 1, D.Lgs. n. 346/1990
Navi e aeromobili	Prezzi di mercato (se non rientranti tra i beni che compongono l'azienda).	art. 15, c. 2, D.Lgs. n. 346/1990
Titoli quotati in borsa o negoziati al mercato ristretto	Media prezzi di compenso o prezzi fatti nell'ultimo trimestre precedente l'apertura della successione, maggiorata dei dietimi di interessi successivamente maturati.	art. 16, c. 1, lett. a), D.Lgs. n. 346/1990
Azioni, titoli e quote di partecipazione non quotate e quote di società semplici, di persone e assimiliate	Quota percentuale del patrimonio risultante dall'ultimo bilancio pubblicato tenendo conto dei movimenti sopravvenuti. In mancanza di bilancio o inventario la percentuale di partecipazione va applicata al valore complessivo dei beni e dei diritti al netto delle passività documentate e dei titoli di Stato (o garantiti dallo Stato).	Art. 16, c. 1, lett. b), D.Lgs. n. 346/1990
Titoli o quote di partecipazione a fondi comuni di investimento	Valore risultante da pubblicazione fatte o prospetti redatti a norma di legge o regolamento, al netto del valore dei titoli di stato compresi nel patrimonio alla data del decesso.	Art. 16, c. 1, lett. c), D.Lgs. n. 346/1990
Obbligazioni ed altri titoli	Valore comparato a quello dei titoli avanti analoghe caratteristiche quotati in borsa o negoziati al mercato ristretto o in mancanza desunto da altri elementi certi.	Art. 16, c. 1, lett. d), D.Lgs. n. 346/1990
Titoli gravati da diritti di usufrutto	Applicazione del coefficiente delle rendite vitalizie al prodotto dato dal valore della piena proprietà per il saggio di interesse legale.	Art. 16, c. 2, D.Lgs. n. 346/1990

INDIRETTE

Tipologia di bene o diritto	Metodo di valutazione	Riferimenti
Rendite e pensioni vitalizie	Applicazione del coefficiente delle rendite vitalizie all'annualità, in relazione all'età della persona alla cui morte essa deve cessare. Se la rendita o pensione è costituita congiuntamente a favore di più persone, risulterà adottabile il coefficiente relativo alla persona meno giovane, ovvero alla più giovane se è previsto il diritto di accrescimento tra di loro.	Art. 17, c. 1, lett. c), D.Lgs. n. 346/1990
Rendite e pensioni a tempo determinato	Valore attuale annualità della rendita calcolato al tasso legale di interesse, nel limite del valore pari a 80 volte l'annualità. Se è prevista la cessazione per causa di morte del beneficiario si applicano i criteri previsti per la cessazione delle rendite o pensioni vitalizie.	Art. 17, c. 1, lett. b), D.Lgs. n. 346/1990
Rendite e pensioni a tempo indeterminato	Un valore pari a 80 volte l'annualità.	Art. 17, c. 1, lett. a), D.Lgs. n. 346/1990
Crediti fruttiferi	Importo nominale comprensivo degli interessi maturati (compresi i saldi attivi bancari, CTC 6 marzo 1995, n.888).	Art. 18, c. 1, lett. a), D.Lgs. n. 346/1990
Crediti infruttiferi	Valore attuale calcolato al saggio di interesse legale (purché scadenti almeno 1 anno dopo l'apertura della successione).	Art. 18, c. 1, lett. b), D.Lgs. n. 346/1990
Crediti in natura	Valore dei beni che ne sono oggetto.	Art. 18, c. 1, lett. c), D.Lgs. n. 346/1990
Altri beni	Valore di mercato.	Art. 19, D.Lgs. n. 346/1990

Il **diritto di abitazione** non potrà essere inserito nella dichiarazione di successione qualora sia attribuito ad un **convivente di fatto** (art. 1, c. 42, Legge 20 maggio 2016, n. 76) che non riveste la qualifica di erede o legatario (risposta a interpello 12 ottobre 2018, n. 37).
La convivenza "di fatto" con il *de cuius*, che determina il riconoscimento del diritto di abitazione, può essere documentata anche mediante **autocertificazione** (risposta a interpello 4 novembre 2019, n. 463).

65.4.2. Misura dell'imposta di successione

Al valore netto della quota ereditaria risulterà applicabile l'imposta distintamente calcolata sulla quota di ciascun erede/legatario (art. 2, c. 48, D.L. 3 ottobre 2006, n. 262).

Franchigia

L'imposta è applicata sul valore della quota ereditaria eccedente una **soglia di esenzione** (c.d. franchigia) determinata in relazione al grado di parentela e prevista in misura maggiorata per beneficiari disabili (art. 2, c. 48, D.L. 3 ottobre 2006, n. 262).

<table>
<tr><th rowspan="2">Soggetto beneficiario</th><th colspan="2">Franchigia</th><th rowspan="2">Percentuale applicabile su importi oltre franchigia</th></tr>
<tr><th>Ordinaria</th><th>Maggiorata per soggetto portatore di handicap</th></tr>
<tr><td>Coniuge</td><td rowspan="6">€ 1.000.000,00</td><td rowspan="6">€ 1.500.000,00</td><td rowspan="6">4%</td></tr>
<tr><td>parte dell'unione civile</td></tr>
<tr><td>Figlio/a</td></tr>
<tr><td>Genitore</td></tr>
<tr><td>Nipote in linea retta</td></tr>
<tr><td>Nonno/a</td></tr>
</table>

<table>
<tr><th rowspan="2">Soggetto beneficiario</th><th colspan="2">Franchigia</th><th rowspan="2">Percentuale applicabile su importi oltre franchigia</th></tr>
<tr><th>Ordinaria</th><th>Maggiorata per soggetto portatore di handicap</th></tr>
<tr><td>Pronipote in linea retta</td><td rowspan="4">€ 1.000.000,00</td><td rowspan="4">€ 1.500.000,00</td><td rowspan="4">4%</td></tr>
<tr><td>Bisavo</td></tr>
<tr><td>Figlio di pronipote in linea retta</td></tr>
<tr><td>Trisavo</td></tr>
<tr><td>Fratelli e sorelle</td><td>€ 100.000,00</td><td>€ 1.500.000,00</td><td>6%</td></tr>
<tr><td>Genitori del coniuge</td><td rowspan="16">nessuna</td><td rowspan="16">€ 1.500.000,00</td><td rowspan="16">6%</td></tr>
<tr><td>Cognato/a</td></tr>
<tr><td>Nonno/a del coniuge</td></tr>
<tr><td>Nipote (figlio/a di figlio/a del coniuge)</td></tr>
<tr><td>Zio/a</td></tr>
<tr><td>Nipote (figlio/a di fratello/sorella)</td></tr>
<tr><td>Zio/a del coniuge</td></tr>
<tr><td>Bisavo del coniuge</td></tr>
<tr><td>Figlio/a di nipote (figlio/a di figlio/a di Figlio/a di fratello/sorella)</td></tr>
<tr><td>Figlio/a di nipote (figlio/a di figlio/a di Figlio/a del coniuge)</td></tr>
<tr><td>Cugino/a</td></tr>
<tr><td>Prozio/a</td></tr>
<tr><td>Figlio/a del coniuge</td></tr>
<tr><td>Figlio/a del cognato</td></tr>
<tr><td>Nuora/genero</td></tr>
<tr><td>Nipote di nipote (in linea collaterale)</td></tr>
<tr><td>Figlio/a di cugino/a</td><td rowspan="9">nessuna</td><td rowspan="9">€ 1.500.000,00</td><td rowspan="9">8%</td></tr>
<tr><td>2° cugino/a</td></tr>
<tr><td>Fratello/sorella di bisavo</td></tr>
<tr><td>Altro cugino/a</td></tr>
<tr><td>Figlio di 2° cugino/a</td></tr>
<tr><td>Nipote di trisavo</td></tr>
<tr><td>Nipote di cugino/a</td></tr>
<tr><td>Soggetto estraneo</td></tr>
<tr><td>Stato, Regioni, Province, Comuni, città metropolitane, Onlus</td><td colspan="3" rowspan="3">Non soggetti ad imposta</td></tr>
<tr><td>Enti pubblici, fondazioni e associazioni riconosciute, movimenti e partiti politici, enti religiosi</td></tr>
<tr><td>Altri enti pubblici e privati a condizione che il testamento ne disponga specificatamente finalità di assistenza, studio, ricerca scientifica, educazione o altre finalità di pubblica utilità</td></tr>
</table>

INDIRETTE

65.4.3. Riduzioni dell'imposta

Qualora nell'asse ereditario ricadano beni e diritti oggetto di precedente trasferimento "*mortis causa*" nei precedenti 5 anni, risultano applicabili le seguenti agevolazioni:

Successione avente ad oggetto i medesimi beni e diritti di altra successione o donazione avvenuta entro i precedenti 5 anni		
Tempo trascorso dalla precedente successione o atto di donazione	**Riduzione dell'imposta dovuta nella misura di**	**Riferimenti**
Oltre 4 anni entro 5 anni	10%	art. 25, c. 1, D.Lgs. n. 346/1990
Oltre 3 anni ed entro 4 anni	20%	
Oltre 2 anni ed entro 3 anni	30%	
Oltre 1 anno ed entro 2 anni	50%	
Meno di 1 anno	50%	

Per talune tipologie di beni l'imposta può essere determinata in misura agevolata applicando le seguenti riduzioni:

Tipologia beni	Riduzioni dell'imposta	Riferimenti
Beni immobili culturali non vincolati in epoca anteriore l'apertura della successione	50% (a seguito presentazione di inventario dei beni all'organo periferico del Ministero dei Beni culturali ed ambientali	art. 25, c. 2, D.Lgs. n. 346/1990
Fondi rustici devoluti al coniuge, parenti in linea retta o fratelli/sorelle nell'ambito di una famiglia diretto-coltivatrice	40% sul valore massimo di € 103.291,38 purché i beneficiari siano coltivatori diretti (necessaria attestazione ufficio regionale competente)	art. 25, c. 3, D.Lgs. n. 346/1990
Immobili o parte di essi adibiti all'esercizio di impresa artigiana familiare devoluti al coniuge o parenti in linea retta entro il 3° grado	40% sul valore massimo di € 103.291,38 (necessario che l'impresa familiare artigiana risulti da atto pubblico o scrittura privata autenticata)	art. 25, c. 4, D.Lgs. n. 346/1990
Aziende o rami di esse, quote di società di persone, o beni strumentali ubicati in Comuni montani con meno di 5000 abitanti o frazioni con meno di 1000 abitanti (anche se situati in Comuni montani di maggiori dimensioni) devolute al coniuge o parteni entro il terzo grado	40% purché vi sia continuazione dell'attività imprenditoriale per un periodo non inferiore a 5 anni da documentare con dichiarazione da presentare entro i successivi 60 giorni ad ufficio competente ove sono registrate la denuncia o l'atto. In mancanza, il beneficiario è tenuto al pagamento dell'imposta in misura ordinaria.	art. 25, c. 4-bis, D.Lgs. n. 346/1990

65.4.4. Imposte sugli immobili

Se nell'attivo ereditario sono ricompresi terreni e fabbricati (ovvero diritti reali di godimento sui medesimi) risulterà necessario provvedere al pagamento delle imposte dovute per le trascrizioni e volture catastali secondo le tariffe in vigore (D.Lgs. 31 ottobre 1990, n. 347).

Imposta ipotecaria	Imposta catastale	Imposta di bollo	Tassa ipotecaria
2% (versamento minimo € 200,00)	1% (versamento minimo € 200,00)	€ 64,00	€ 35,00

INDIRETTE

Requisiti "prima casa"

Se ricorrono i requisiti per le agevolazioni **"prima casa"** (art. 1, Tariffa Parte I, nota II-bis, D.P.R. n. 131/1986) per un fabbricato abitativo e relative pertinenze (➡63.24.1.), le **imposte ipocatastali** sono corrisposte nella misura fissa di 200,00 euro ciascuna.
La dichiarazione di successione dovrà contenere dichiarazione sostitutiva di atto di notorietà attestante la **sussistenza dei requisiti** di legge.
Se il beneficiario risulta già titolare di diritto di proprietà di altra abitazione, potrà avvalersi delle agevolazioni solo con l'impegno a vendere l'abitazione già posseduta entro il termine di 1 anno dall'apertura della successione (art. 1, Tariffa Parte I, nota II-bis, c. 4-bis, D.P.R. n. 131/1986).
L'agevolazione "prima casa" spetta anche in relazione all'acquisizione di una **abitazione contigua a quella pre-posseduta**, qualora si provveda all'accorpamento in un'unica unità abitativa avente le caratteristiche "non di lusso" (ris. 4 giugno 2009, n. 142/E).

CASO 2 - Mancata vendita entro l'anno
Nel caso di mancata vendita entro l'anno, il contribuente che si trovi nelle condizioni di non poter rispettare l'impegno assunto potrà proporre istanza di rettifica e riliquidazione dell'imposta dovuta, entro il termine di decadenza dell'agevolazione (1 anno dall'apertura della successione). In tal caso, la somma dovuta sarà maggiorata dei soli interessi, senza applicazione di sanzioni (circ. 13 giugno 2016, n. 27/E, par. 3.1).

Le agevolazioni sulla prima casa fruite in occasione di successione non precludono la possibilità di avvalersi delle medesime agevolazioni in caso di successivo acquisto di altro immobile. La fruizione delle agevolazioni sulla prima casa è consentita anche in relazione al successivo acquisto di immobili da accorpare a quello già posseduto, salvo che la fusione degli immobili non determini un accatastamento nelle categorie A/1, A/8 o A/9 (ris. 19 dicembre 2017, n. 154/E).

CASO 3 - Possidenza di altro immobile non acquisito con le agevolazioni "prima casa"
Il contribuente, già proprietario di un immobile abitativo acquisito in epoca precedente all'introduzione delle agevolazioni c.d. "prima casa", che eredita una abitazione, potrà comunque avvalersi, in relazione all'immobile acquisito in successione, dei requisiti agevolativi c.d. "prima casa", con l'impegno alla vendita dell'immobile preposseduto entro il termine di 1 anno (risposta a interpello 21 dicembre 2018, n. 123).

Il possesso in comunione dei beni non fa venire meno la possibilità per il coniuge superstite di beneficiare del requisito della prima casa in quanto il regime di comunione si scioglie automaticamente con il decesso del coniuge (ris. 17 ottobre 2017, n. 126/E).

In caso di immobile **devoluto a più soggetti**, la tassazione agevolata risulterà applicabile esclusivamente ai soggetti che potranno far valere i requisiti di legge (fermo restando che la dichiarazione sostitutiva di atto notorio possa essere resa da qualsiasi soggetto firmatario della dichiarazione di successione).
In caso di unico beneficiario di più immobili, la tassazione agevolata risulterà applicabile ad un solo immobile ad uso abitativo e relative pertinenze.

Pagamento dei tributi sui trasferimenti immobiliari 65.4.5.

Il pagamento dei tributi dovuti per i trasferimenti immobiliari inclusi nella successione può essere adempiuto (art. 33, c. 1-bis, D.Lgs. n. 346/1990):
- mediante addebito diretto sul **c/c del dichiarante** (se la dichiarazione è presentata direttamente dal contribuente);
- addebito del **c/c dell'intermediario** abilitato o del pubblico ufficiale intervenuto nella compilazione/trasmissione della dichiarazione di successione;
- mediante **Mod. F24** se la dichiarazione è presentata tramite l'ufficio territoriale competente dell'Agenzia delle Entrate.

Nelle ipotesi in cui la **richiesta di voltura** non sia contestuale alla presentazione della dichiarazione di successione, i tributi andranno regolati direttamente presso gli uffici che eseguono gli adempimenti.
Tali casi ricorrono:
- nei territori dove vige il sistema del Libro fondiario;
- per volture relative ad eredità giacente o amministrata;
- per volture di immobili conferite ad un Trust;
- per volture riguardanti oneri reali;

INDIRETTE

– per scelta del contribuente che non ha optato per la voltura automatica.

65.4.6. Casi particolari

Determinate tipologie di beni rientranti nell'asse ereditario, al ricorrere di specifiche condizioni, possono beneficiare dell'esenzione totale o parziale dell'imposta di successione e delle imposte indirette da assolvere ordinariamente sulle trascrizioni immobiliari.

Beni culturali

I beni culturali sottoposti a vincolo godono delle seguenti agevolazioni:

– **esclusione dall'attivo ereditario** (non scontano imposta di successione) se vincolati in epoca precedente l'apertura della successione (art. 13, D.Lgs. n. 346/1990);
– **riduzione del 50%** dell'imposta se vincolati successivamente l'apertura della successione (art. 25, c. 2, D.Lgs. n. 346/1990).

È necessario in entrambi i casi allegare alla dichiarazione di successione la documentazione rilasciata dal competente organo periferico del Ministero dei beni e delle Attività Culturali e del Turismo (o analoghi organi competenti per i territori della Regione Sicilia e delle province autonomi di Trento e Bolzano) attestante l'esistenza del vincolo.

Terreni agricoli

I **terreni agricoli** sono esenti da ogni imposizione fiscale (imposte di successione, ipocatastali e di bollo) se devoluti a coltivatori diretti o imprenditori agricoli professionali (art. 5-bis, Legge n. 97/1994) a condizione che i beneficiari:

– siano iscritti alla relativa gestione previdenziale;
– si impegnino a costituire un "compendio unico" (pertinenze indivisibili per 10 anni, o 15 anni se in zone montante, dal momento dell'acquisto) ed a coltivarlo o condurlo per almeno 10 anni dal trasferimento.

È necessario allegare attestazione dalla quale si possa evincere il possesso dei requisiti (o rendere in alternativa dichiarazione sostitutiva).

Trust costituito per testamento

Qualora il *de cuius* abbia disposto un testamento che preveda la devoluzione del lascito ereditario ad un **trust** appositamente costituito, risulterà necessario individuare, ai fini della corretta imposizione (risposta a interpello 10 settembre 2019, n. 371):

– i **beni e diritti esistenti** nel territorio dello Stato conferiti nel trust;
– il **rapporto di parentela** esistente tra disponente e beneficiario.

Aziende o rami di esse, quote sociali ed azioni

Se devolute al coniuge o discendenti (anche tramite patti di famiglia) che si impegnano a proseguire l'attività (o detenere il controllo) per un periodo non inferiore a 5 anni dalla data del trasferimento, non sono soggetti ad imposte di successione (art. 3, c. 4-ter, D.Lgs. n. 346/1990), ipocatastali (art. 1, c. 2 ed art. 10, c. 3, D.Lgs. n. 347/1990) e di bollo.

Boschi in terreni montani

Risultano esenti da imposta sulle successioni se devoluti ad ascendenti, discendenti e coniuge (art. 9, c. 5, D.P.R. n. 601/1973).

Aziende agricole

I beni che la costituiscono e che sono ad essa strumentali sono esenti da imposta di successione (art. 14, Legge n. 441/1998), imposta catastale e di bollo (scontano imposta ipotecaria in misura fissa) se trasferiti ad ascendenti o discendenti entro il terzo grado purché il beneficiario:

– **non abbia compiuto ancora 40 anni** (età massima 39 anni e 364 giorni al momento dell'apertura della successione);
– sia **coltivatore diretto** o **imprenditore agricolo** a titolo professionale e risulti iscritto alla relativa gestione previdenziale, o assuma l'impegno ad iscriversi entro 3 anni dal trasferimento (è ammessa anche l'assunzione di impegno a diventare imprenditore agricolo o coltivatore diretto entro 24 mesi dal trasferimento con obbligo di iscrizione alla gestione previdenziale entro i successivi 2 anni);
– si impegni a condurre o coltivare il fondo **per almeno 6 anni**.

L'attività potrà essere condotta anche in forma societaria.

INDIRETTE

Fondi rustici

I trasferimenti in successione di fondi rustici e costruzioni rurali (anche se non insistenti sul fondo) godono di una riduzione dell'imposta pari al 40% applicabile sull'importo massimo di euro 103.291,38 (art. 25, c. 3, D.Lgs. n. 346/1990) purché devoluti al coniuge, parenti in linea retta o fratelli/sorelle a condizione che:

- il beneficiario sia un coltivatore diretto;
- la devoluzione avvenga nell'ambito della famiglia diretto-coltivatrice.

Tali requisiti devono essere attestati dall'ufficio regionale competente (documentazione da allegare alla dichiarazione di successione).
Se il fondo rustico è situato in **terreni montani** (altitudine non inferiore a 700 metri s.l.m. o facenti parte di comprensori di bonifica montana o comunque compresi nell'elenco della commissione censuaria centrale), il trasferimento (se fatto a scopo di arrotondamento o accorpamento di proprietà diretto-coltivatrici) **non è** in ogni caso **soggetto** ad **imposte catastali e di bollo** (scontano l'imposta ipotecaria in misura fissa) se devoluti a coltivatori diretti o imprenditori agricoli professionali.

Immobili di impresa artigiana familiare

La successione di immobili (o parte di essi) di impresa artigiana familiare devoluti al coniuge o a parenti in linea retta entro il terzo grado, gode di una **riduzione pari al 40%** applicabile sull'**importo massimo di euro 103.291,38** (art. 25, c. 4, D.Lgs. n. 346/1990).
È condizione essenziale, tuttavia, che l'esistenza dell'impresa familiare artigiana risulti da atto pubblico o scrittura privata autenticata.
L'impresa familiare artigiana può essere costituita anche in forma societaria o di cooperativa (con la sola esclusione delle società per azioni e in accomandita per azioni), purché:

- la maggioranza dei soci svolga in prevalenza lavoro personale;
- il lavoro abbia funzione preminente sul capitale.

Aziende, quote di società di persone, beni strumentali

L'imposizione fiscale inerente la successione della proprietà di aziende, quote di società di persone e beni strumentali a favore del coniuge o parenti entro il terzo grado, gode della riduzione dell'importo (art. 25, c. 4-bis, D.Lgs. n. 346/1990) per una quota pari al **40% dell'imposta complessiva** se:

- **situate in Comuni montani** con meno di 5.000 abitanti (o nelle frazioni con meno di 1.000 abitanti di Comuni montani di maggiori dimensioni);
- gli aventi causa **proseguono** effettivamente l'attività imprenditoriale per un periodo non inferiore a **5 anni** dal trasferimento.

Per fruire della detrazione il beneficiario è tenuto a rendere:

- **dichiarazione** sostitutiva del **possesso dei requisiti** in fase dichiarativa (o allegare idonea attestazione);
- **dichiarazione**, entro 60 giorni dal termine dei 5 anni, di aver **effettivamente proseguito l'attività** imprenditoriale per il periodo richiesto (pena il recupero della maggiore imposta oltre interessi di mora decorrenti dalla data di scadenza del provvedimento di liquidazione originaria).

La **valutazione delle quote societarie** (con esclusione delle quote delle società quotate e delle quote azionarie), qualora non risulti redatto né il bilancio né l'inventario, sarà effettuata analiticamente su base "tabellare" (art. 35, c. 5, D.Lgs. n. 346/1990) in misura non inferiore a:

- **75 volte** il reddito domenicale risultante in catasto, per i terreni;
- **100 volte** il reddito determinato ai fini delle imposte sui redditi, per i fabbricati (risposta 5 gennaio 2021, n. 5).

Immobili inagibili a seguito degli eventi sismici del 2016

Non sono soggetti ad imposta di successione (né ad imposte sugli immobili quali tasse ipotecarie e catastali, imposta di registro o di bollo), gli immobili demoliti o dichiarati inagibili a seguito degli eventi sismici verificatisi a far data dal 24 agosto 2016, nei territori delle Regioni Abruzzo, Lazio, Marche ed Umbria (art. 48, c. 7-bis, D.L. n. 189/2016), salvo che, al momento dell'apertura della successione, l'immobile oggetto del trasferimento successorio non sia stato già riparato o ricostruito in tutto o in parte (art. 48, c. 7-quater, D.L. n. 189/2016).
L'esenzione è applicabile esclusivamente con riferimento a successioni di persone fisiche che, alla data degli eventi sismici, risultino proprietarie o titolari di diritti reali di godimento relativi ad immobili:

- ubicati nei Comuni individuati nel D.L. n. 189/2016;
- situati in territori diversi, purché sia comprovabile, mediante perizia asseverata redatta da tecnico abilitato, il nesso di casualità diretto tra i danni riscontrabili e gli eventi sismici occorsi a far data dal 24 agosto 2016, (art. 7-ter, D.L. n. 189/2016).

Immobili inagibili a seguito del crollo del ponte Morandi di Genova del 2018

Non sono soggetti ad imposta di successione (né ad imposte sugli immobili quali tasse ipotecarie e catastali, imposta di registro o di bollo), gli immobili demoliti o dichiarati inagibili a seguito del crollo del "ponte Morandi" avvenuto in Genova il 14 agosto 2018, fermo restando l'obbligo dichiarativo (art. 3, c. 4, D.L. n. 109/2018).

65.5. LIQUIDAZIONE DELL'IMPOSTA DI SUCCESSIONE

L'imposta sulla successione **viene liquidata** dall'Ufficio entro il termine di **3 anni** (termine di decadenza) dalla data di presentazione della dichiarazione, tenendo conto anche di eventuali dichiarazioni integrative o sostitutive e dei rimborsi fiscali erogati successivamente alla data di presentazione della dichiarazione. L'imposta, calcolata sul valore attribuito ad ogni singolo beneficiario dell'eredità o del testamento, va **versata entro 60 giorni** dalla **notifica** dell'avviso di liquidazione (art. 37, D.Lgs. n. 346/1990). Può assumere valore di:

- imposta **principale**, liquidata sulla base della dichiarazione di successione originaria (o unica);
- imposta **complementare**, liquidata sulla base di accertamento d'Ufficio;
- imposta **suppletiva**, liquidata sulla base di una dichiarazione integrativa, modificativa o sostitutiva, per correggere errori od omissioni.

L'imposta è **riliquidata** negli stessi termini in caso di presentazione di dichiarazione sostitutiva od integrativa.

L'ufficio del registro liquida l'imposta una volta accertata la regolarità dei dati dichiarati e la completezza della documentazione, nonché l'avvenuto assolvimento delle imposte per le trascrizioni immobiliari, provvedendo a correggere eventuali errori materiali e di calcolo commessi dal dichiarante nella determinazione dell'imponibile e dell'imposta (passività non deducibili, allegati non conformi o non presenti).

65.5.1. Solidarietà degli obbligati

Gli eredi sono obbligati solidalmente al pagamento dell'imposta (art. 36, D.Lgs. n. 346/1990) per l'intero ammontare da loro dovuto (e dai legatari).

I legatari sono obbligati al pagamento dell'**imposta relativa ai rispettivi legati**.

Il coerede che ha accettato l'eredità con il beneficio d'inventario è obbligato al pagamento nel limite del valore della propria quota.

Fino ad accettazione dell'eredità, i chiamati all'eredità, gli eredi che non hanno ancora accettato e gli altri soggetti obbligati (con esclusione dei legatari) risultano obbligati solidamente al pagamento dell'imposta nel limite del valore dei beni ereditari rispettivamente posseduti. L'Agenzia delle Entrate può chiedere al Tribunale la fissazione di un termine per l'accettazione o la nomina di un curatore dell'eredità giacente.

L'**imposta versata dall'erede**, che **successivamente rinuncia all'eredità**, non è trasferibile o computabile dal successivo erede tenuto alla presentazione dell'ulteriore dichiarazione di successione, ma può essere esclusivamente richiesta a rimborso dall'erede rinunciatario (risposta a interpello 7 ottobre 2021, n. 677).

65.5.2. Modalità di pagamento

Il pagamento va eseguito **entro 60 giorni** (art. 37, c. 1, D.Lgs. n. 346/1990) tramite **Mod. F24** e l'imposta liquidata matura interessi di mora del 2,5% per ogni semestre compiuto (art. 6, D.M. 21 maggio 2009), decorrenti dalla data di scadenza del termine. Qualora la liquidazione (eventualmente comprensiva di sanzioni ed interessi) non ecceda l'importo di **10,32 euro** non si dovrà dar luogo al pagamento.

È consentito il pagamento, oltre che in contanti, anche mediante cessione di (artt. 37 e 39, D.Lgs. n. 346/1990):

- **cedole** di titoli del debito pubblico scadute computate per l'importo netto (anche non scadute nei casi previsti dalla Legge);
- **titoli di credito bancari e postali** a copertura garantita;
- **beni di interesse culturale ed artistico** (la proposta deve essere sottoscritta da tutti gli eredi o dal legatario ed essere presentata al Ministero per i beni culturali e ambientali entro il termine di pagamento dell'imposta. Il Ministero, entro 6 mesi stabilisce condizioni e valore della cessione).

Dilazione del pagamento 65.5.3.

Se l'importo dovuto risulta superiore a 999,99 euro è possibile provvedere al **pagamento rateale** (art. 38, D.Lgs. n. 346/1990) effettuando:

- pagamento per un importo **non inferiore al 20%** entro il termine originario di **60 giorni** dall'avviso di liquidazione;
- pagamento del restante importo, suddiviso in **8 rate trimestrali**, scadenti l'ultimo giorno di ciascun trimestre (ovvero in 12 rate trimestrali qualora l'importo liquidato sia maggiore di 20.000,00 euro) comprensivo di interessi, calcolati dal primo giorno successivo al pagamento del 20%.

Il mancato pagamento nei termini comporta la decadenza della dilazione e l'iscrizione a ruolo dell'importo residuo comprensivo di sanzioni ed interessi, salvo che l'inadempimento consista in:

- **tardivo versamento** della somma iniziale (20%) non superiore a 7 giorni;
- **versamento insufficiente** per un importo non superiore al 3% e in ogni caso a 10.000,00 euro.

ACCERTAMENTO 65.6.

L'Amministrazione finanziaria può provvedere ad accertare l'imposta (o la maggior imposta) dovuta a seguito di (art. 35, D.Lgs. n. 346/1990):

- successiva presentazione di dichiarazione integrativa/modificativa/sostitutiva;
- dichiarazione irregolare, incompleta o infedele;
- omessa dichiarazione.

> La presentazione della dichiarazione **oltre il termine** (tardiva) non inficia la possibilità di liquidare la dichiarazione purché non sia già intervenuto un accertamento d'ufficio.

Poteri di accertamento

All'Amministrazione Finanziaria competono i poteri di accertamento (art. 47, D.Lgs. n. 346/1990) che ha pertanto facoltà di:

- **invitare** i soggetti obbligati alla **presentazione della dichiarazione** o alla produzione di documenti, dati e notizie (anche comparendo di persona o per rappresentanza);
- **inviare** ai soggetti obbligati **questionari** da restituire compilati e firmati;
- **attingere** informazioni da Pubblici Ufficiali ed altri soggetti della Pubblica Amministrazione che siano tenuti a comunicare dati e notizie in loro possesso;
- **dimostrare**, anche sulla base di presunzioni gravi, precise e concordanti, la simulazione o dissimulazione di atti e fatti rilevanti nella determinazione della misura dell'imposta (comprese le simulazioni di atti di trasferimento a titolo oneroso anteriori di oltre 6 mesi rispetto all'apertura della successione);
- **richiedere** ai rispettivi servizi di vigilanza l'**esattezza delle certificazioni** attestanti posizioni debitorie del defunto verso istituti di credito;
- **disconoscere vantaggi tributari** ottenuti con disposizioni elusive (art. 69, c. 7, Legge n. 342/2000).

Dichiarazione irregolare, incompleta o infedele 65.6.1.

In presenza di dichiarazione di successione irregolare l'ufficio notifica invito alla regolarizzazione entro i successivi 60 giorni (art. 32, D.Lgs. n. 346/1990), decorsi i quali la denuncia si considera omessa.

La dichiarazione di successione è **irregolare** se:

- manca indicazione delle generalità del defunto e dell'ultima residenza;
- mancano le generalità dei chiamati all'eredità o legatari;
- la descrizione analitica dei beni e diritti compresi nell'attivo ereditario e l'indicazione dei rispettivi valori risulta omessa o incompleta;
- non risultano assolte le imposte dovute in presenza di trasferimenti immobiliari;
- non risulta completa della documentazione da allegare.

La dichiarazione è **incompleta** se non sono indicati tutti i beni e diritti compresi nell'attivo ereditario.

Si considera **infedele** la dichiarazione nella quale sono indicati valori inferiori o determinati sulla base di attestazioni o documenti non veritieri (comprese le passività inesistenti o l'omissione dell'indicazione delle donazioni precedenti che concorrono ad abbattere la franchigia).

L'accertamento della maggiore imposta da liquidare a seguito di dichiarazione infedele o incompleta va effettuata dall'ufficio nel termine di 2 anni dal pagamento dell'imposta principale.

Dichiarazione omessa 65.6.2.

In caso di dichiarazione omessa, l'Agenzia delle Entrate provvede ad accertare l'attivo ereditario, e a liquidare l'imposta, sulla base delle notizie e dei dati ad essa noti (sulla base delle comunicazioni cui

INDIRETTE

sono tenuti gli ufficiali dello stato civile) con **avviso di accertamento** e liquidazione da notificare entro 5 anni dalla scadenza del termine di presentazione (art. 27, c. 2, D.Lgs. n. 346/1990), contenente:

- descrizione dei beni e dei diritti dell'attivo ereditario;
- indicazione delle generalità dei chiamati all'eredità e della quota a ciascuno di essi attribuibile nonché dei criteri di attribuzione;
- estremi e valore eventuali donazioni precedenti;
- dettaglio del calcolo dell'imposta e degli interessi decorrenti dal termine di presentazione della dichiarazione omessa.

La **motivazione dell'atto** (a pena di nullità) deve contenere indicazione dei presupposti di fatto e le ragioni giuridiche che lo hanno determinato, provvedendo ad allegare (o a riprodurne il contenuto essenziale) eventuali atti non conosciuti al contribuente (art. 34, c. 2-bis, D.Lgs. n. 346/1990).

L'esistenza di eventuale passivo o la spettanza di riduzioni e detrazioni di imposta devono essere dimostrate dal contribuente entro 6 mesi dalla notifica dell'avviso di liquidazione.

Per la determinazione del valore delle aziende, dei diritti reali su di esse, delle azioni o quote, l'ufficio può tener conto anche degli accertamenti relativi ad altre imposte e/o procedere con accessi, ispezioni e verifiche secondo le disposizioni vigenti sull'imposta sul valore aggiunto.

L'imposta liquidata si **prescrive** nel termine di **10 anni** decorrenti da:

- data di notificazione (in mancanza di ricorso del contribuente);
- data della decisione/sentenza (qualora il contribuente abbia proposto ricorso).

65.6.3. Ricorsi

Il contribuente può impugnare l'avviso di liquidazione entro 60 giorni dalla notifica con ricorso o reclamo alla Commissione Provinciale territorialmente competente senza tuttavia che sia sospesa la riscossione dell'imposta principale (art. 40, D.Lgs. n. 346/1990).

L'imposta complementare (determinata in sede di accertamento o rettifica) in presenza di ricorso può essere pagata (art. 40, D.Lgs. n. 346/1990):

- un terzo **entro i termini ordinari di pagamento** (salvo sospensione disposta dall'intendente di Finanza);
- un terzo **dopo il giudizio della CTP**;
- un terzo **dopo il giudizio della CTR**.

L'imposta suppletiva (liquidata per correggere errori e/o omissioni di una precedente liquidazione) in presenza di ricorso deve essere pagata al termine dell'ultimo grado di giudizio o dell'ultima decisione non impugnata.

La presentazione della dichiarazione oltre il termine non inficia la possibilità di liquidare l'imposta purché non sia già stato notificato l'accertamento d'ufficio.

Disapplicazione norme antielusive

In caso di accertamento di maggior tributo notificato per applicazione delle norme antielusive, il contribuente può presentare istanza al Direttore Regionale dell'Agenzia delle Entrate competente per territorio nella quale vanno indicate le fattispecie concrete per le quali si ritengono non applicabili le disposizioni antielusive (Ministero delle Finanze, Decreto 19 giugno 1998, n. 259), allegando copia della documentazione rilevante ai fini della individuazione e della qualificazione dell'operazione.

65.6.4. Rimborsi

L'imposta pagata indebitamente dal contribuente deve essere rimborsata, unitamente agli **interessi** e **sanzioni** eventualmente pagate, **entro 90 giorni** da quello in cui la decisione è diventata definitiva (art. 40, c. 1, D.Lgs. n. 346/1990).

Il rimborso deve essere richiesto **entro 3 anni a pena di decadenza** (art. 42, c. 2, D.Lgs. n. 346/1990).

L'Amministrazione finanziaria non dà luogo a procedere per rimborsi di importi **non superiori a 10,33 euro**.

65.7. IMPOSTA SULLE DONAZIONI

L'imposta sulle donazioni colpisce i trasferimenti di beni e diritti effettuati a **titolo gratuito** per **atto tra vivi** (art. 55, D.Lgs. n. 346/1990) e grava sul beneficiario della donazione. Gli elementi distintivi della donazione sono pertanto:

- la gratuità del trasferimento (assenza di qualunque forma di corrispettivo);
- la liberalità (effettuata in **assenza** di alcun **vincolo giuridico**) (art. 769 c.c.).

INDIRETTE

Oggetto dell'imposta 65.7.1.

L'imposta colpisce i trasferimenti a titolo gratuito concernenti qualsivoglia tipologia di **beni** (immobili, liberalità e valori, beni mobili, titoli, quote, azioni e partecipazioni, ecc.) e la **costituzione di vincoli di destinazione** dei beni, e risulta applicabile (art. 2, c. 49, D.L. n. 262/2006) sul valore:

- totale dei beni e diritti ceduti (al netto degli eventuali oneri da cui è gravato il beneficiario);
- della quota di donazione attribuita a ciascun soggetto (in caso di donazioni effettuate a favore di più beneficiari).

Esclusioni

Restano esclusi dall'applicazione dell'imposta sulle donazioni i trasferimenti a titolo gratuito concernenti talune tipologie:

- di beni;
- di beneficiari.

Donazioni escluse da imposizione fiscale in relazione all'oggetto	
Oggetto della donazione	**Riferimenti**
Beni di modico valore valutato in proporzione alla capacità economica del donante	art. 783 c.c.
Liberalità effettuate in occasione di servizi resi o in conformità agli usi	art. 770 c.c.
Spese di mantenimento, educazione, per malattia, ordinari per abbigliamento o per nozze	art. 742 c.c.
Corredo nuziale e spese per l'istruzione artistica o professionale (valutato in proporzione alla capacità economica del donante)	
Veicoli iscritti al PRA	art. 59-bis, D.Lgs. n. 346/1990

Donazioni escluse da imposizione fiscale in relazione al beneficiario	
Beneficiario	**Riferimenti**
Stato, Regioni, Province, Comuni	art. 3, D.Lgs. n. 346/1990
Enti pubblici, fondazioni e associazioni riconosciute, movimenti e partiti politici, enti religiosi, Onlus	
Altri enti pubblici e privati che hanno come scopo esclusivo l'assistenza, lo studio, la ricerca scientifica, l'educazione, l'istruzione o altre finalità di pubblica utilità	
Fondazioni bancarie D.Lgs. n. 153/1999	
Popolazioni colpite da eventi di calamità pubblica	art. 27, c. 3, Legge n. 133/1999
Trust, vincoli di destinazione e fondi speciali a favore portatori di handicap grave (se effettuati a favore dei soggetti che li hanno costituiti in caso di premorienza del beneficiario)	art. 6, Legge n. 112/2016

Donazioni escluse da imposizione fiscale con riferimento a specifico oggetto a favore di specifico beneficiario		
Oggetto	**Beneficiario**	**Riferimenti**
Aziende, rami d'azienda, quote sociali, azioni	Coniuge o discendente (che prosegua l'attività aziendale o il controllo societario per almeno 5 anni)	art. 3, c. 4-ter, D.Lgs. 346/1990
Beni esistenti all'estero	Soggetto che ha trasferito la residenza dall'estero se la donazione è effettuata nel periodo di vigenza dell'opzione per la tassazione sostitutiva (➜65.2.3.)	art. 1, c. 158, Legge 232/2016

INDIRETTE

Restano altresì esclusi da imposizione sui trasferimenti gratuiti:
- **il consolidamento dell'usufrutto** a beneficio del nudo proprietario (art. 61, D.Lgs. n. 346/1990);
- la costituzione di **patti di famiglia** (art. 3, c. 4-ter, D.Lgs. n. 346/1990).

Il **trasferimento di aziende** o **quote di partecipazione** al discendente, avvenuto con la costituzione di un patto di famiglia, è soggetto ad imposta sulle donazioni qualora non sussistano le condizioni esimenti (specifica dichiarazione nell'atto di donazione della intenzione di detenere le quote e/o proseguire l'attività aziendale per un periodo minimo di 5 anni).
L'esenzione dall'imposta opera tuttavia esclusivamente nei casi di trasferimenti di partecipazione a favore dei **discendenti in linea retta** (nipoti *ex filio*) e non anche a favore dei parenti discendenti in linea collaterale (nipoti *ex fratre*) (Cass. 29 novembre 2019, n. 31333).

Forma dell'atto di donazione

L'atto di donazione richiede, ai fini della prova, la forma dell'**atto pubblico** (notarile) con la presenza di 2 testimoni.
In caso di precedenti donazioni avvenute tra i medesimi soggetti, l'atto dovrò contenere altresì l'indicazione delle precedenti donazioni con attualizzazione del valore globale dei beni già trasferiti.

Benché sia richiesta la **forma scritta dell'atto di donazione**, l'imposta è applicabile anche in assenza del medesimo (Cass. 18 gennaio 2012, n. 634).

Nell'ipotesi di **atto simulato**, la successiva risoluzione per "mutuo dissenso" non ha efficacia nei confronti dell'Erario, con la conseguenza che restano dovute le relative imposte (anche in relazione alla perdita dei benefici "prima casa" per donazione effettuata prima del decorso del termine di 5 anni dall'acquisto) (Cass. 29 agosto 2018, n. 21312).

Liberalità indirette

I trasferimenti a titolo gratuito che comportano i medesimi effetti della donazione (arricchimento di una parte a favore dell'altra in assenza di corrispettivo) configurano liberalità indirette (art. 56-bis, D.Lgs. n. 346/1990) e scontano l'imposta nella **medesima misura delle donazioni "formalizzate" per atto pubblico**, salvo che lo schema contrattuale adottato sia soggetto ad imposta di registro o imposta sul valore aggiunto (principio di alternatività delle imposte).
In mancanza di atto formale, l'imposta sulle liberalità indirette risulta applicabile qualora la donazione indiretta sia:
- registrata volontariamente;
- riscontrata in ambito di procedimenti di accertamento tributario (art. 56-bis, D.Lgs. n. 346/1990).

65.7.2. Calcolo dell'imposta

L'imposta sulle donazioni è applicata (art. 56, D.Lgs. n. 346/1990):
- in **misura fissa** in relazione a determinate tipologie di trasferimento;
- in **misura proporzionale** nella generalità dei casi.

Imposta sulle donazioni in misura fissa

L'imposta è determinata in misura fissa (nella medesima misura dell'imposta di registro) pari ad **200,00 euro**, qualora gli atti di donazione riguardino (artt. 12 e 59, D.Lgs. n. 346/1990):
- **TFR** ed altre indennità di fine rapporto di lavoro e/o contratto di agenzia;
- **crediti contestati giudizialmente** fino a riconoscimento giurisdizionale o procedura transattiva;
- **crediti** verso Stato, Enti Pubblici Territoriali ed Enti pubblici di previdenza (fino a riconoscimento dell'amministrazione debitrice);
- **crediti** ceduti allo Stato;
- **beni culturali vincolati** (➡65.4.6.).

Imposta sulle donazioni in misura proporzionale

Il valore dei beni e diritti oggetto della donazione è determinato alle medesime condizioni previste per l'imposta di successione (art. 56, D.Lgs. n. 346/1990) (➡65.4.1.) (➡65.4.3.), salvo la possibilità di detrarre l'eventuale IVA assolta (se la relativa fattura risulta allegata all'atto).

Per l'imposta di donazione (diversamente dall'imposta di successione), **risultano imponibili anche i valori dei titoli del debito pubblico** ed altri titoli di Stato garantiti dallo Stato o equiparati (compresi BOT, CCT e titoli corrispondenti emessi da stati UE e Stati aderenti all'Accordo sullo Spazio economico europeo Islanda, Liechtenstein e Norvegia).

INDIRETTE

Oneri - Dal valore globale vanno **dedotti gli oneri che gravano sul beneficiario** diversi da quelli che hanno per oggetto prestazioni a soggetti terzi (circ. 29 maggio 2013, n. 18/E).
Gli oneri gravanti sulla donazione concernenti prestazioni a terzi individualmente determinati, si considerano donazioni a favore dei beneficiari.

Misura dell'imposta sulle donazioni

Sui trasferimenti a titolo gratuito risulta applicabile l'imposta distintamente calcolata sulla quota di ciascun beneficiario secondo la tabella che segue:

<table>
<tr><th rowspan="2">Soggetto beneficiario</th><th colspan="2">Franchigia</th><th rowspan="2">Percentuale applicabile sugli importi oltre franchigia</th></tr>
<tr><th>Ordinaria</th><th>Maggiorata per soggetto portatore di handicap</th></tr>
<tr><td>Coniuge</td><td rowspan="10">€ 1.000.000,00</td><td rowspan="10">€ 1.500.000,00</td><td rowspan="10">4%</td></tr>
<tr><td>parte dell'unione civile</td></tr>
<tr><td>Figlio/a</td></tr>
<tr><td>Genitore</td></tr>
<tr><td>Nipote in linea retta</td></tr>
<tr><td>Nonno/a</td></tr>
<tr><td>Pronipote in linea retta</td></tr>
<tr><td>Bisavo</td></tr>
<tr><td>Figlio di pronipote in linea retta</td></tr>
<tr><td>Trisavo</td></tr>
<tr><td>Fratelli e sorelle</td><td>€ 100.000,00</td><td>€ 1.500.000,00</td><td>6%</td></tr>
<tr><td>Genitori del coniuge</td><td rowspan="12">nessuna</td><td rowspan="12">€ 1.500.000,00</td><td rowspan="12">6%</td></tr>
<tr><td>Cognato/a</td></tr>
<tr><td>Nonno/a del coniuge</td></tr>
<tr><td>Nipote (figlio/a di figlio/a del coniuge)</td></tr>
<tr><td>Zio/a</td></tr>
<tr><td>Nipote (figlio/a di fratello/sorella)</td></tr>
<tr><td>Zio/a del coniuge</td></tr>
<tr><td>Bisavo del coniuge</td></tr>
<tr><td>Figlio/a di nipote (figlio/a di figlio/a di Figlio/a di fratello/sorella)</td></tr>
<tr><td>Figlio/a di nipote (figlio/a di figlio/a di Figlio/a del coniuge)</td></tr>
<tr><td>Cugino/a</td></tr>
<tr><td>Prozio/a</td></tr>
<tr><td>Figlio/a del coniuge</td><td rowspan="8">nessuna</td><td rowspan="8">€ 1.500.000,00</td><td rowspan="8">8%</td></tr>
<tr><td>Figlio/a del cognato</td></tr>
<tr><td>Nuora/genero</td></tr>
<tr><td>Nipote di nipote (in linea collaterale)</td></tr>
<tr><td>Figlio/a di cugino/a</td></tr>
<tr><td>2° cugino/a</td></tr>
<tr><td>Fratello/sorella di bisavo</td></tr>
</table>

INDIRETTE

<table>
<tr><th rowspan="2">Soggetto beneficiario</th><th colspan="2">Franchigia</th><th rowspan="2">Percentuale applicabile sugli importi oltre franchigia</th></tr>
<tr><th>Ordinaria</th><th>Maggiorata per soggetto portatore di handicap</th></tr>
<tr><td>Altro cugino/a</td><td rowspan="5">nessuna</td><td rowspan="5">€ 1.500.000,00</td><td rowspan="5">8%</td></tr>
<tr><td>Figlio di 2° cugino/a</td></tr>
<tr><td>Nipote di trisavo</td></tr>
<tr><td>Nipote di cugino/a</td></tr>
<tr><td>Soggetto estraneo</td></tr>
<tr><td>Stato, Regioni, Province, Comuni, città metropolitane, Onlus</td><td colspan="3" rowspan="3">Non soggetti ad imposta</td></tr>
<tr><td>Enti pubblici, fondazioni e associazioni riconosciute, movimenti e partiti politici, enti religiosi</td></tr>
<tr><td>Altri enti pubblici e privati a condizione che il testamento ne disponga specificatamente finalità di assistenza, studio, ricerca scientifica, educazione o altre finalità di pubblica utilità</td></tr>
</table>

Tassazione liberalità indirette - In caso di liberalità indirette (➡65.7.1.), potrebbe risultare conveniente far valere il disposto normativo che prevede la tassazione con aliquota pari al **7%** solo per **importi superiori alla franchigia di 180.759,90 euro** (art. 56-bis, D.Lgs. n. 346/1990).

Somme compensative derivanti da "patti di famiglia" - Scontano l'imposta nella misura percentuale e con le franchigie attribuibili al rapporto intercorrente **tra assegnatario e legittimario** e non quello intercorrente tra disponente ed assegnatario o tra disponente e legittimario (Cass., ord. 19 dicembre 2018, n. 32823).

Cumulo di donazioni - La franchigia spetta in unica misura anche in relazione a più trasferimenti gratuiti avvenuti in epoche diverse tra i medesimi soggetti. Per ciascuna donazione o trasferimento gratuito successivo al primo (incluso la successione) sarà necessario "riliquidare" cumulativamente il valore globale netto di tutte le donazioni, provvedendo alla attualizzazione dei valori relativi alle donazioni precedenti (art. 57, D.Lgs. n. 346/1990) (➡65.4.2.).

Territorialità - L'imposta sulle donazioni è dovuta anche in relazione a donazioni, dirette o indirette:
- **formate all'estero** nei confronti di beneficiario residenti in Italia;
- **donante residente in Italia**;
- **beni** oggetti della donazione esistenti **nel territorio italiano**.

L'imposta pagata all'estero sui trasferimenti gratuiti è riconosciuta come credito di imposta a valere sull'imposta sulle donazioni, salvo non risulti applicabile una convenzione contro le doppie imposizioni (attualmente attiva solo con la Francia e parzialmente con la Grecia).

Liquidazione imposte indirette collegate alle donazioni

Gli atti di donazione scontano altresì le ulteriori imposte ordinariamente previste:
- imposta di registro;
- imposta di bollo;
- imposte ipocatastali (con riferimento al trasferimento di immobili o diritti immobiliari).

Imposta di registro - Gli atti di donazione sono in ogni caso soggetti a registrazione con applicazione dell'imposta di registro:
- nella **misura fissa di 200,00 euro** (art. 11 Tariffa, Parte I, allegata al D.P.R. n. 131/1986);
- nel **termine fisso di 20 giorni** (art. 13, D.P.R. 131/1986), ovvero di 60 giorni per atti formati all'estero concernenti immobili o aziende esistenti in Italia o comunque con beneficiario residente in Italia.

Gli atti di donazione sottoposti a **condizione sospensiva** (a favore di **nascituri**, enti in attesa di riconoscimento o di procedimenti autorizzativi) scontano una imposizione provvisoria ai fini del registro in misura fissa (200,00 euro), salvo riliquidazione da effettuare entro 20 giorni dalla realizzazione della condizione.

Non risultano tuttavia soggetti ad imposta di registro le donazioni per le quali l'imposta di donazione non è dovuta:
- per esclusione normativa (art. 55, c. 2, D.Lgs. n. 346/1990);
- per mancato superamento dell'importo di franchigia (circ. 7 ottobre 2011, n. 44/E).

Imposta di bollo - Sugli atti di donazione soggetti a registrazione è dovuta altresì l'imposta di bollo nelle seguenti misure fisse:
- **45,00 euro** se avente ad oggetto beni mobili;
- **230,00 euro** se avente ad oggetto beni immobili;
- **300,00 euro** se avente ad oggetto beni immobili e comporti iscrizione nel registro delle imprese (➜**66.4.1.**).

Imposte ipocatastali - Se la donazione ha per oggetto immobili o diritti reali sugli immobili, saranno dovute le **imposte ipotecarie e catastali** applicate in misura fissa o proporzionale in relazione ai requisiti dichiarati dal beneficiario (➜**65.4.4.**).
Le agevolazioni sulla prima casa fruite in sede di donazione, non precludono la possibilità di avvalersi delle medesime agevolazioni in caso di successivo acquisto di altro immobile.

Pagamento delle imposte 65.7.3.

L'imposta sulle donazioni è regolata:
- direttamente tramite il Notaio (responsabile di imposta) per gli atti pubblici;
- mediante **Mod. F24**, da utilizzare obbligatoriamente nei casi di registrazione degli atti presso gli uffici territoriali dell'Agenzia delle Entrate **a partire dal 1° luglio 2021** (codice 1569 - ris. 2 dicembre 2020, n. 76/E);
- mediante **Mod. F23,** nei casi di registrazione degli atti presso gli uffici territoriali dell'Agenzia delle Entrate, utilizzabile fino alla data del 30 giugno 2021 (Provv. Agenzia delle Entrate 27 novembre 2020).

INDIRETTE

66. IMPOSTA DI BOLLO

66.1. PRESUPPOSTO DELL'IMPOSTA

L'**Imposta di bollo** è una imposta indiretta (non correlata alla capacità contributiva) che colpisce la produzione di atti, documenti e registri. Concepita come imposta "cartolare" (D.P.R. 26 ottobre 1972, n. 642), giacché riferita a documenti prodotti in forma cartacea, ha assunto di fatto, in considerazione della evoluzione tecnologica che ha spinto sempre più verso una dematerializzazione degli atti, la natura di una imposta "di atto".

66.1.1. Alternatività Imposta di bollo e IVA

L'assolvimento dell'imposta di bollo è **alternativo all'applicazione dell'IVA** (art. 6, Tabella, D.P.R. n. 642/1972). Risultano pertanto esentati dall'applicazione dell'imposta di bollo tutti i documenti emessi in relazione ad operazioni soggette ad IVA:

- fatture;
- note di variazione;
- quietanze;
- estratti conto e riepilogo situazioni creditorie / debitorie;
- lettere di accompagnamento di assegni;
- solleciti di pagamento;
- preavvisi di emissione fatture;
- copie conformi dei documenti di cui sopra (ris. 1° agosto 1973, n. 415755).

Operazioni soggette a IVA

Ai fini dell'**individuazione delle operazioni** assoggettate ad IVA va fatto riferimento a quelle per le quali è **effettivamente dovuto il tributo**.

Sono pertanto da considerarsi esenti dall'applicazione dell'imposta di bollo anche le ricevute, quietanze, note, solleciti di pagamenti e qualsivoglia documento emesso in relazione ad operazioni IVA, anche qualora **non vi sia esposizione del tributo in fattura** ovvero nei casi di:

- inversione contabile (c.d. **reverse charge** ➡46.8.) (circ. 29 dicembre 2006, n. 37/E);
- scissione dei pagamenti (**split payment** ➡46.9.);
- operazioni non imponibili relative ad **esportazioni** di merci e **cessioni intracomunitarie**;
- operazioni effettuate da soggetti partecipanti ad un **gruppo IVA**, a partire dal 1° gennaio 2018 (art. 6-bis, D.P.R. n. 642/1972);
- **IVA assolta all'origine** (sali e tabacchi, giornali e riviste, trasporti pubblici, ecc., ai sensi art. 74, c. 1, D.P.R. n. 633/1972);
- **settori speciali** (agenzie di viaggio, regime dei beni usati ecc., ai sensi art. 74-ter, D.P.R. n. 633/1972).

I medesimi documenti risulteranno viceversa **assoggettati ad imposta di bollo** per operazioni che ai fini dell'IVA risultino:

- **esenti** (art. 10, D.P.R. n. 633/1972) (➡44.2.);
- **non imponibili** relative a operazioni assimilate alle esportazioni, servizi internazionali esportazioni indirette, scambi internazionali (➡44.1.);

INDIRETTE

- **escluse** dal campo di applicazione IVA e/o dalla base imponibile (➡**44.3.**);
- emessi in relazione ai **regimi contabili fiscali agevolati** (c.d. minimi e forfettari).

I documenti esenti da imposta di bollo ai sensi del principio dell'alternatività con l'IVA dovranno necessariamente riportare una dicitura che dichiari il titolo di esenzione (ad esempio: "documento emesso in relazione a movimentazioni e corrispettivi soggetti all'Imposta sul valore aggiunto").

Fatture con importi contemporaneamente assoggettati a IVA e bollo

In caso di fatture (e altri documenti) concernenti **contemporaneamente** importi assoggettati ad IVA ed importi assoggettabili ad imposta di bollo, quest'ultima è dovuta esclusivamente se l'importo delle operazioni non assoggettabili ad IVA eccede la "**franchigia**" di **euro 77,47** (ris. 3 luglio 2001, n. 98/E).
Qualora gli importi non assoggettati ad IVA siano costituiti da **spese anticipate** in nome e per conto del cliente per imposte, tasse, contributi, concessioni governative ed altri tributi, l'imposta di bollo non risulta dovuta (risposta a interpello 20 luglio 2021, n. 491).

Soggetto obbligato all'assolvimento dell'imposta di bollo sulle fatture

L'obbligo di assolvere il pagamento dell'imposta di bollo sulle fatture ricade su chi emette la fattura in quanto soggetto che forma il documento fiscale e lo consegna o spedisce (ris. 18 novembre 2008, n. 444/E).
Nel caso di **fatture** elettroniche **emesse** da un **soggetto terzo incaricato**, il **cedente** (o prestatore di servizi) resta **obbligato in solido** (art. 1, c. 1108, Legge n. 178/2020).

Modalità di assolvimento dell'imposta di bollo sulle fatture elettroniche emesse

L'imposta di bollo dovuta sulle fatture elettroniche (➡**46.13.4.**)va versata **trimestralmente** (art. 6, c. 2, D.M. 17 giugno 2014), con la seguente cadenza:
- **31 maggio** - imposta di bollo dovuta sulle fatture elettroniche emesse nel 1° trimestre;
- **30 settembre** - imposta di bollo dovuta sulle fatture elettroniche emesse nel 2° trimestre;
- **30 novembre** - imposta di bollo dovuta sulle fatture elettroniche emesse nel 3° trimestre;
- **28 febbraio** (29 febbraio in caso di anno bisestile) - imposta di bollo dovuta sulle fatture elettroniche emesse nel 4° trimestre dell'anno precedente.

A partire **dal 1° gennaio 2020** è altresì possibile rinviare il versamento dell'imposta dovuta al termine previsto per il versamento relativo al periodo successivo, nei seguenti casi (art. 6, c. 2, D.M. 17 giugno 2014):
- imposta di bollo dovuta sulle fatture elettroniche emesse nel corso del **1° trimestre pari o inferiore ad euro 250,00**, pagamento rinviabile al termine di versamento dell'imposta dovuta per il secondo trimestre;
- imposta di bollo **complessivamente dovuta** sulle fatture elettroniche emesse nel corso del **1° trimestre e del 2° trimestre pari o inferiore ad euro 250,00**, pagamento rinviabile al termine di versamento dell'imposta dovuta per il terzo trimestre.

L'Agenzia delle Entrate rende disponibile un servizio di liquidazione dell'imposta trimestralmente dovuta, sulla piattaforma web "Fatture e Corrispettivi" (accessibile con proprie credenziali di autenticazione), calcolata sulla base dei dati desunti dai documenti regolarmente trasmessi attraverso il "Sistema di Interscambio - SDI".
Il calcolo predisposto dall'Agenzia delle Entrate, tuttavia, non può considerarsi "esaustivo" e pertanto non esime il contribuente dall'onere di verifica e di versamento dell'effettivo importo dovuto (circ. 17 giugno 2019, n. 14/E).
Il **versamento** può essere effettuato:
- mediante **addebito diretto** sul c/c bancario o postale (procedura accessibile nell'area riservata del portale "fatture e corrispettivi");
- mediante **Mod. F24**, con esposizione dei seguenti codice tributo (ris. 9 aprile 2019, n. 42/E):
  - cod. 2521: imposta dovute sulle fatture emesse nel 1° Trimestre;
  - cod. 2522: imposta dovute sulle fatture emesse nel 2° Trimestre;
  - cod. 2523: imposta dovute sulle fatture emesse nel 3° Trimestre;
  - cod. 2524: imposta dovute sulle fatture emesse nel 4° Trimestre;
  - cod. 2525 - sanzioni;
  - cod. 2526 - interessi.

INDIRETTE

Le fatture elettroniche soggette ad **imposta di bollo** devono riportare la specifica annotazione: "l'imposta di bollo dovuta sul presente documento è assolta in modalità telematica ai sensi D.M. 17 giugno 2014".

Liquidazione dell'imposta di bollo

A partire **dal 1° gennaio 2021**, l'**Agenzia delle Entrate provvede** ad **integrare** le fatture sulle quali non risulta assolta l'imposta di bollo dovuta, rendendo disponibili tali informazioni al cedente/prestatore (o all'intermediario eventualmente delegato) per l'eventuale variazione da parte del contribuente, secondo le tempistiche riportate nella seguente tabella (art. 6, c. 2, D.M. 17 giugno 2014; per le modalità tecniche di trasmissione dei dati, Provv. 4 febbraio 2021, n. 34958):

Liquidazione dell'imposta di bollo sulle fatture elettroniche

Periodo di competenza emissione fatture	Comunicazione delle integrazioni effettuate da parte dell'Agenzia delle Entrate	Variazione dei dati integrati dall'Agenzia delle Entrate da parte del contribuente	Liquidazione Agenzia delle Entrate	Versamento imposta
1° trimestre	15 aprile	30 aprile	15 maggio	31 maggio[1]
2° trimestre	15 luglio	10 settembre	20 settembre	30 settembre[2]
3° trimestre	15 ottobre	31 ottobre	15 novembre	30 novembre
4° trimestre	15 gennaio	31 gennaio	15 febbraio	28 febbraio[3]

[1] termine prorogabile al 30 settembre qualora l'importo liquidato non sia superiore a euro 250,00.

[2] termine prorogabile al 30 novembre qualora l'importo liquidato per l'imposta complessivamente dovuta per il 1° ed il 2° trimestre non sia superiore a euro 250,00.

[3] 29 febbraio in caso di anno bisestile.

Il bollo sulle fatture elettroniche, come per tutti gli altri documenti amministrativi informatici redatti secondo le regole previste dal Codice dell'Amministrazione Digitale (D.Lgs. n. 82/2005), è assolto in **misura unica su ciascun documento**, **indipendentemente** dalla produzione di ulteriori e successivi **duplicati informatici** (risposta a interpello 12 febbraio 2019, n. 45).

La modalità di assolvimento nei termini di **120 giorni dalla chiusura dell'esercizio di riferimento** (30 aprile 2022 per esercizio chiuso al 31 dicembre 2021) mediante Mod. F24 resta efficace in relazione all'imposta di bollo dovuta su tutti i restanti documenti fiscalmente rilevanti emessi/redatti/tenuti/utilizzati in modalità informatica (registri, atti e documenti) differenti dalle fatture (art. 6, c. 2, D.M. 17 giugno 2014).

66.2. SOGGETTI OBBLIGATI

Sono **obbligati al pagamento** dell'imposta, le parti che sottoscrivono od utilizzano uno degli atti, documenti o registri soggetti all'imposta.
Pertanto, l'imposta di bollo, nonché le eventuali sanzioni amministrative, incidono sui soggetti che:
- **sottoscrivono,**
- **ricevono,**
- **accettano,**
- **negoziano,**

atti, documenti o registri non in regola con l'assolvimento dell'imposta (art. 22, D.P.R. n. 642/1972).

66.2.1. Solidarietà degli obbligati

L'imposta di bollo si basa sul c.d. **principio della solidarietà** degli obbligati, in ragione del quale l'imposta ricade solidalmente su **tutte le parti** che partecipano alla **produzione** o **all'utilizzo dell'atto**, inclusi i soggetti che si limitano ad enunciarli e/o utilizzarli come allegati di altri atti e/o documenti. Sono **nulli** tutti i **patti** che mirano a **limitare il principio della solidarietà** ponendo una sola parte quale responsabile dell'assolvimento dell'imposta.

Il soggetto che riceve un documento o un atto non correttamente assoggettato all'imposta di bollo è tenuto a **regolarizzare** di propria iniziativa il pagamento **entro 15 giorni** mediante presentazione/trasmissione all'Ufficio del Registro svincolandosi in tal modo da qualsivoglia addebito in caso di successivo accertamento (resta tuttavia esposto all'accertamento il trasgressore originario).

Rapporti con lo Stato

In deroga al principio della solidarietà, in tutti i rapporti in cui la controparte sia lo Stato, l'imposta di bollo, quando dovuta, cede ad **esclusivo carico dell'altro soggetto**.

ATTI SOGGETTI ALL'IMPOSTA 66.3.

Sono soggetti all'imposta secondo il **principio della generalità**, tutte le tipologie di atti, documenti e registri formati nel territorio dello Stato, salvo le specifiche esclusioni normativamente previste, e va pertanto assolta sulla produzione e/o utilizzazione di:

- certificati;
- documenti;
- registri obbligatori;
- libri contabili;
- titoli di credito;
- scritture private;
- quietanze;
- conti;
- istanze, ricorsi, memorie.

Momento impositivo 66.3.1.

L'imposta risulta applicabile:

- fin dall'**origine** (presupposto giuridico la **formazione dell'atto**);
- **in caso d'uso** (presupposto giuridico l'**utilizzazione dell'atto**).

In caso d'uso

Il momento impositivo si concretizza in occasione della **presentazione/trasmissione** dell'atto, documento, o registro, all'Ufficio dell'Agenzia delle Entrate per la registrazione (art. 2, D.P.R. n. 642/1972).
Per le cambiali emesse all'estero il caso d'uso è realizzato anche qualora siano presentate, consegnate, trasmesse, quietanzate, accettate, girate, sottoscritte per avallo o negoziate nel territorio dello Stato.

Fin dall'origine

Gli atti, documenti e registri soggetti all'imposta con momento impositivo individuato **nella data della formazione** dello stesso, sono tassativamente indicati nella tariffa Allegato A - parte prima, mentre quelli soggetti all'imposta **solo in caso di utilizzazione** sono invece elencati nella tariffa Allegato A - parte seconda.
L'elencazione degli atti, documenti e registri soggetti all'imposta dovuta **fin dall'origine**, così come l'elencazione di quelli esentati, **è tassativa** e non può pertanto essere interpretata in via analogica.

Esenzioni 66.3.2.

L'elenco degli atti cui non risulta applicabile l'imposta di bollo è desumibile in parte dalla Tabella, Allegato B, al D.P.R. n. 642/1972 *(*atti, documenti e registri esenti dall'imposta di bollo in modo assoluto) ed in parte da successivi provvedimenti che hanno disposto selettivamente l'esenzione per talune tipologie di atti.
Sono in ogni caso **esclusi dall'applicazione dell'imposta** (art. 1, D.P.R. n. 642/1972):

- gli **atti legislativi**;
- gli **atti amministrativi dello Stato, Regioni, Province, Comuni e loro consorzi** (salvo non siano espressamente previsti nella tariffa).

Atti della P.A.

Tipologia atto	Riferimenti
Atti che autorità, pubblici funzionari e ministri di culto sono tenuti a trasmettere all'ufficio dello stato civile; dichiarazioni e processi verbali trasmessi all'ufficio dello stato civile per comunicare la nascita o la morte di persone o il rinvenimento di bambini abbandonati	D.P.R. n. 642/1972 Tabella All. B - art. 17
Atti e documenti posti in essere da amministrazioni dello Stato, Regioni, Province, Comuni, loro consorzi e associazioni, nonché comunità montane sempreché vengano tra loro scambiati	D.P.R. n. 642/1972 Tabella All. B - art. 16

INDIRETTE

Atti della P.A.	
Tipologia atto	**Riferimenti**
Atti e documenti relativi alla procedura di espropriazione per causa di Pubblica utilità promossa dalle amministrazioni dello stato e da enti pubblici, compresi quelli occorrenti per la valutazione o per il pagamento dell'indennità di espropriazione	D.P.R. n. 642/1972 Tabella All. B - art. 22
Conti degli amministratori di tutte le istituzioni poste sotto la tutela o vigilanza dello stato, delle Regioni, delle Province e dei Comuni	Legge n. 405/1990 - art. 7
Conti delle gestioni degli agenti dello Stato, delle Regioni, Province, Comuni e relative aziende autonome; conti concernenti affari trattati nell'interesse delle dette amministrazioni; conti degli esattori e agenti della riscossione di tributi in genere	D.P.R. n. 642/1972 Tabella All. B - art. 27
Elenchi e ruoli concernenti l'ufficio del giudice popolare, la leva militare ed altre prestazioni personali verso lo Stato, le Regioni, le Province ed i Comuni, nonché tutte le documentazioni e domande che attengono a tali prestazioni e le relative opposizioni	D.P.R. n. 642/1972 Tabella All. B - art. 2
Estratti e copie di qualsiasi atto e documento richiesti nell'interesse dello stato dai pubblici uffici, quando non ricorre l'ipotesi degli atti o procedimenti con prenotazione a debito	D.P.R. n. 642/1972 Tabella All. B - art. 4

Atti e documenti processuali	
Tipologia atto	**Riferimenti**
Certificati rilasciati da organi dell'autorità giudiziaria previsti dall'art. 29 della Tariffa Allegato a, annessa al decreto del presidente della repubblica indicato nel comma 1, limitatamente a quelli relativi alla materia penale	Legge n. 405/1990 - art. 7
Atti della procedura della tutela dei minori e degli interdetti, compresi l'inventario, i conti annuali e quello finale, le istanze di autorizzazione ed i relativi provvedimenti[1]	D.P.R. n. 642/1972 Tabella All. B - art. 13
Atti e provvedimenti dei procedimenti innanzi al conciliatore, compreso il mandato speciale a farsi rappresentare ed escluse le sentenze	D.P.R. n. 642/1972 Tabella All. B - art. 12
Atti e provvedimenti del procedimento innanzi alla corte costituzionale	D.P.R. n. 642/1972 Tabella All. B - art. 12
Atti relativi ai provvedimenti di conciliazione davanti agli uffici del lavoro e della massima occupazione o previsti da contratti o da accordi collettivi di lavoro, nonché i relativi atti per l'esecuzione immobiliare	D.P.R. n. 642/1972 Tabella All. B - art. 12
Atti, documenti e provvedimenti dei procedimenti giurisdizionali ed amministrativi relativi a controversie, nonché i relativi atti per l'esecuzione immobiliare: 1) in materia di assicurazioni sociali obbligatorie ed assegni familiari 2) individuali di lavoro o concernenti rapporti di pubblico impiego 3) in materia di pensioni dirette o di riversibilità 4) in materia di equo canone delle locazioni degli immobili urbani	D.P.R. n. 642/1972 Tabella All. B - art. 12
Atti, documenti e provvedimenti dei procedimenti in materia penale, di pubblica sicurezza e disciplinare (anche se prodotti dal P.M. o dall'imputato o incolpato[2]	D.P.R. n. 642/1972 Tabella All. B - art. 3
Atti, i documenti e i provvedimenti dei procedimenti di esecuzione davanti al pretore quando il valore non supera euro 2.582,28	Legge n. 405/1990 - art. 7
Atti, i documenti ed i provvedimenti relativi al procedimento di scioglimento del matrimonio o di cessazione degli effetti civili del matrimonio nonché ai procedimenti anche esecutivi e cautelari diretti ad ottenere la corresponsione o la revisione degli assegni	Legge n. 74/1987 - art. 19

INDIRETTE

Atti e documenti processuali	
Tipologia atto	**Riferimenti**
Atti, i documenti ed i provvedimenti relativi alle cause per controversie individuali di lavoro o concernenti rapporti di pubblico impiego, gli atti relativi ai provvedimenti di conciliazione dinanzi agli uffici del lavoro e della massima occupazione o previsti da contratti o accordi collettivi di lavoro nonché alle cause per controversie di previdenza e assistenza obbligatorie	Legge n. 533/1973 - art. 10
Istanze e denunce di parte dirette a promuovere l'esercizio dell'azione penale e relative certificazioni	D.P.R. n. 642/1972 Tabella All. B - art. 3

Eccezioni

[1] Atti e contratti compiuti dal tutore in rappresentanza del minore o dell'interdetto.

[2] Cauzioni, costituzioni di parte civile, sentenze e decreti penali di condanna, sentenze penali della Cassazione del Tribunale supremo militare che rigettano o dichiarano inammissibile il ricorso di parte, sentenze di non doversi procedere per remissione anche tacita della querela.

Certificati e documenti identità	
Tipologia atto	**Riferimenti**
Atti e documenti necessari per il rilascio e il rinnovo dei passaporti per determinate categorie di soggetti quali migranti, rimpatriati, indigenti, ministri del culto e religiosi missionari	D.P.R. n. 642/1972 Tabella All. B - art. 18
Atti e documenti necessari per l'ammissione, frequenza ed esami nella scuola dell'obbligo ed in quella materna nonché negli asili nido	D.P.R. n. 642/1972 Tabella All. B - art. 11
Certificati anagrafici richiesti dalle società sportive (su disposizione delle rispettive federazioni e di enti ed associazioni di promozione sportiva di appartenenza)	D.P.R. n. 642/1972 Tabella All. B - art. 8-bis
Certificati, le copie e gli estratti dei registri dello stato civile e l'autenticazione delle sottoscrizioni delle corrispondenti dichiarazioni sostitutive	Legge n. 405/1990 - art. 7
Certificazioni rilasciate dai Comuni per l'aggiornamento della residenza in registri e documenti a seguito dell'istituzione di nuovi Comuni, Province e Regioni e per le variazioni della toponomastica o della numerazione civica	Legge n. 537/1993 - art. 16
Contrassegno invalidi (rilasciato a norma del Codice della strada per facilitazioni nella circolazione e nella sosta dei veicoli a servizio dei soggetti invalidi)	D.P.R. n. 642/1972 Tabella All. B - art. 13-bis
Copie, estratti, certificati, dichiarazioni ed attestazioni di qualsiasi genere rilasciati da autorità, pubblici uffici e ministri di culto nell'interesse di persone non abbienti e domande dirette ad ottenere il rilascio dei medesimi	D.P.R. n. 642/1972 Tabella All. B - art. 8
Certificati anagrafici digitali prodotti negli anni 2021 e 2022	Art. 62 - D.Lgs. n. 82/2005
Dichiarazioni sostitutive delle certificazioni e dell'atto di notorietà	D.P.R. n. 642/1972 Tabella All. B - art. 14
Documenti per diritti elettorali ed elezione delegati scolastici	Legge n. 604/1962
Domande e certificati di nascita per il rilascio del certificato del casellario giudiziario	D.P.R. n. 642/1972 Tabella All. B - art. 14
Domande e documenti per il conseguimento di borse di studio e di presalari e relative quietanze nonché per ottenere l'esonero totale presalari e relative quietanze nonché per ottenere l'esonero totale o parziale dal pagamento delle tasse scolastiche	D.P.R. n. 642/1972 Tabella All. B - art. 11
Domande per il rilascio di copie ed estratti dei registri di anagrafe e di stato civile	D.P.R. n. 642/1972 Tabella All. B - art. 14
Domande per ottenere certificati ed altri atti e documenti esenti da imposta di bollo	D.P.R. n. 642/1972 Tabella All. B - art. 14

Certificati e documenti identità	
Tipologia atto	**Riferimenti**
Duplicati di atti e documenti rilasciati dalla pubblica amministrazione quando gli originali sono andati smarriti o l'intestatario ne ha comunque perduto il possesso	Legge n. 405/1990 - art. 7
Istanze, dichiarazioni o atti equivalenti relativi alla dispensa, all'esonero o alla frequenza dell'insegnamento religioso	D.P.R. n. 642/1972 Tabella All. B - art. 11
Denunce di smarrimento presentate alle competenti autorità, e relative certificazioni da essa rilasciate	Legge n. 405/1990 - art. 7
Legalizzazione delle fotografie prescritte per il rilascio dei documenti personali	D.P.R. n. 445/2000 - art. 34
Passaporti, carte di identità e documenti equipollenti	D.P.R. n. 642/1972 Tabella All. B - art. 18

Documenti del lavoro	
Tipologia atto	**Riferimenti**
Contratti di lavoro e d'impiego sia individuali che collettivi	D.P.R. n. 642/1972 Tabella All. B - art. 25
Domande, compresa l'autentica della sottoscrizione, ed i relativi documenti per la partecipazione ai concorsi, nonché per le assunzioni, anche temporanee, presso le amministrazioni pubbliche	Legge n. 370/1988 - art. 1
Istanze, atti e provvedimenti relativi al riconoscimento in Italia di brevetti per invenzioni industriali, di brevetti per modelli di utilità e di brevetti per modelli e disegni ornamentali	D.P.R. n. 642/1972 Tabella All. B - art. 27-quater
Quietanze degli stipendi, pensioni, paghe, assegni, premi, indennità e competenze di qualunque specie relative a rapporti di lavoro subordinato	D.P.R. n. 642/1972 Tabella All. B - art. 26
Convenzioni per lo svolgimento di tirocini di formazione e orientamento erogati a favore di soggetti che hanno assolto l'obbligo scolastico (limitatamente agli anni 2021 e 2022)	Art. 10-bis - D.L. n. 41/2021

Documenti fiscali	
Tipologia atto	**Riferimenti**
Bollette ed altri documenti doganali di ogni specie, certificati di origine	D.P.R. n. 642/1972 Tabella All. B - art. 15
Delegazioni di pagamento e atti di delega di cui all'art. 3 della Legge n. 843/1978	D.P.R. n. 642/1972 Tabella All. B - art. 5
Domande di autorizzazione d'importazione ai sensi dell'art. 115 del Trattato CEE	D.P.R. n. 642/1972 Tabella All. B - art. 15
Estratti di conti nonché lettere e altri documenti di addebitamento o di accreditamento di somme, portanti o meno la causale dell'accreditamento o dell'addebitamento e relativi benestari quando la somma non supera euro 77,47	Legge n. 405/1990 - art. 7
Fatture ed altri documenti riguardanti il pagamento di corrispettivi di operazioni assoggettate ad imposta sul valore aggiunto, anche se effettuate tra soggetti partecipanti ad un gruppo IVA	D.P.R. n. 642/1972 Tabella All. B - artt. 6-6-bis
Fatture emesse in relazione ad esportazioni di merci, fatture pro-forma e copie di fatture che devono allegarsi per ottenere il benestare all'esportazione e all'importazione di merci, domande dirette alla restituzione di tributi restituibili all'esportazione	D.P.R. n. 642/1972 Tabella All. B - art. 15
Ricevute relative al pagamento di spesa di condominio negli edifici	Legge n. 405/1990 - art. 7

INDIRETTE

Documenti fiscali	
Tipologia atto	**Riferimenti**
Quietanze per il versamento di contributi o quote associative ad associazioni politiche, sindacali e di categoria	D.P.R. n. 642/1972 Tabella All. B - art. 7
Quietanze relative ad oblazioni a scopo di beneficenza a condizione che sull'atto risulti tale scopo	D.P.R. n. 642/1972 Tabella All. B - art. 8
Ricevute delle somme affidate da enti e imprese ai propri dipendenti e ausiliari o intermediari del commercio, nonché agli spedizionieri, per spese da sostenere nell'interesse dell'ente o dell'impresa	D.P.R. n. 642/1972 Tabella All. B - art. 15
Ricevute per indennità, rimborsi spese analitici, rimborsi spese forfettari richiesti a fronte di somme erogate dalle federazioni sportive, discipline sportive associate ed enti di promozione sportiva riconosciuti dal Coni	Circ. 1° agosto 2018, n. 18/E D.P.R. n. 642/1972 Tabella All. B - art. 27-bis

Accertamenti, riscossione e contenzioso tributario	
Tipologia atto	**Riferimenti**
Atti e copie del procedimento (anche esecutivo) di accertamento e riscossione di qualsiasi tributo, contributi, entrate extra tributarie dello stato, delle Regioni, delle Province, dei Comuni e delle istituzioni pubbliche di beneficienza, dei contributi e delle entrate extra tributarie di qualsiasi ente autorizzato per legge ad avvalersi dell'opera dei concessionari del servizio nazionale di riscossione[1]	D.P.R. n. 642/1972 Tabella All. B - art. 5
Dichiarazioni, denunzie, atti, documenti e copie presentati ai competenti uffici ai fini dell'applicazione delle leggi tributarie[1]	D.P.R. n. 642/1972 Tabella All. B - art. 5
Istanze di rimborso e di sospensione del pagamento di qualsiasi tributo, nonché documenti allegati alle istanze medesime (comprese istanze rimborso tariffe erroneamente versate per richiesta di Valutazione Impatto Ambientale e Autorizzazioni Integrate ambientali, risposta a interpello 28 dicembre 2018, n. 144)	D.P.R. n. 642/1972 Tabella All. B - art. 5
Verbali, decisioni e relative copie delle commissioni tributarie nonché copie dei ricorsi, delle memorie, delle istanze e degli altri atti del procedimento depositati presso di esse	D.P.R. n. 642/1972 Tabella All. B - art. 5
Eccezioni [1] Ricorsi, opposizioni ed atti difensivi del contribuente.	

Prestazioni sociali	
Tipologia atto	**Riferimenti**
Atti e documenti concernenti l'iscrizione, la frequenza, e gli esami nell'ambito dell'istruzione secondaria di secondo grado, comprese le pagelle, i diplomi, gli attestati di studio e la documentazione similare	Legge n. 405/1990 - art. 7
Atti e documenti in materia di assicurazioni sociali obbligatorie e di assegni familiari, ricevute dei contributi nonché atti e documenti relativi alla liquidazione e al pagamento di indennità e rendite concernenti le assicurazioni stesse anche se dovute in base a leggi straniere	D.P.R. n. 642/1972 Tabella All. B - art. 9
Certificati concernenti gli accertamenti che le leggi sanitarie demandano agli uffici sanitari, ai medici, ai veterinari ed alle levatrici, quando tali certificati sono richiesti nell'esclusivo interesse della pubblica igiene e profilassi	D.P.R. n. 642/1972 Tabella All. B - art. 10
Documenti giustificativi e gli atti delle procedure di liquidazione degli indennizzi e dei contributi per danni di guerra, gli atti ed i contratti aventi per oggetto tali provvidenze[1]	Legge n. 593/1981 - art. 12

Prestazioni sociali	
Tipologia atto	**Riferimenti**
Documenti inerenti la liquidazione ed il pagamento delle rendite INAIL	D.P.R. n. 1124/1965
Domande e relativa documentazione per l'iscrizione nelle liste di collocamento presso gli uffici del lavoro e della massima occupazione	D.P.R. n. 642/1972 Tabella All. B - art. 9
Domande per il conseguimento di sussidi o per l'ammissione in istituti di beneficenza e relativi documenti [2]	D.P.R. n. 642/1972 Tabella All. B - art. 8
Domande, certificati, documenti, ricorsi occorrenti per la liquidazione e il pagamento delle pensioni dirette o di reversibilità, degli assegni e delle indennità di liquidazione e di buonuscita o comunque di cessazione del rapporto di lavoro anche se a carico di stranieri	D.P.R. n. 642/1972 Tabella All. B - art. 9
Copie delle cartelle cliniche dichiarate conformi all'originale	Legge n. 405/1990 - art. 7
Istanze presentate alle Regioni o alle Province autonome per la richiesta degli interventi di integrazione salariale in deroga concessi in relazione all'emergenza epidemiologica Covid-19	D.L. n. 23/2020, art. 41

Eccezioni

[1] Cambiali.

[2] Le istanze di accesso ai contributi a fondo perduto istituiti in seguito all'emergenza epidemiologica da "Covid-19" sono parificate alle domande per il conseguimento di sussidi ai fini dell'esenzione da imposta di bollo (risposta a interpello 11 gennaio 2021, n. 37).

Titoli	
Tipologia atto	**Riferimenti**
Atti, documenti e registri relativi al movimento, a qualsiasi titolo, e alla compravendita di valute e di valori in moneta o verghe	D.P.R. n. 642/1972 Tabella All. B - art. 15
Azioni, titoli di quote sociali, obbligazioni ed altri titoli negoziabili emessi in serie, nonché certificati di tali titoli, qualunque sia il loro emittente compresi gli atti necessari per la creazione, l'emissione, l'ammissione in borsa, la messa in circolazione la negoziazione o la compravendita di detti titoli	D.P.R. n. 642/1972 Tabella All. B - art. 7
Buoni fruttiferi ed infruttiferi da chiunque emessi	D.P.R. n. 642/1972 Tabella All. B - art. 7
Conti bancari riservati alle fasce di clientela socialmente svantaggiate	D.P.R. n. 642/1972 Tabella All. B - art. 28
Domande per operazioni comunque relative al debito pubblico e documenti esibiti a corredo delle domande stesse	D.P.R. n. 642/1972 Tabella All. B - art. 7
Estratti di conti correnti postali intestati ad amministrazioni dello stato	D.P.R. n. 642/1972 Tabella All. B - art. 7
Libretti di risparmio e quietanze sui depositi e prelevamenti	D.P.R. n. 642/1972 Tabella All. B - art. 7
Libretti postali di risparmio, vaglia postali e relative quietanze	D.P.R. n. 642/1972 Tabella All. B - art. 7
Polizze e ricevute di pegno rilasciate dai monti di credito su pegno, dai monti o società di soccorso e dalle casse di risparmio	D.P.R. n. 642/1972 Tabella All. B - art. 7
Procure speciali per ritiro di somme iscritte nei libretti postali nominativi di risparmio	D.P.R. n. 642/1972 Tabella All. B - art. 7
Quietanze per il rimborso dei titoli, buoni, azioni e quote	D.P.R. n. 642/1972 Tabella All. B - art. 7

INDIRETTE

Titoli	
Tipologia atto	**Riferimenti**
Ricevute, quietanze ed altri documenti recanti addebitamenti o accreditamenti formati, emessi ovvero ricevuti dalle banche nonché dagli uffici della società poste italiane spa non soggetti all'imposta di bollo sostitutiva	D.P.R. n. 642/1972 Tabella All. B - art. 7
Titoli di debito pubblico, buoni del tesoro, certificati speciali di credito ed altri titoli obbligazionari emessi o garantiti dallo stato, nonché le relative quietanze	D.P.R. n. 642/1972 Tabella All. B - art. 7

Atti e documenti elettorali	
Tipologia atto	**Riferimenti**
Atti e documenti relativi all'esercizio dei diritti elettorali ed alla loro tutela sia in sede amministrativa che giurisdizionale (compresi atti e documenti riferiti ad iniziative legislative popolari, raccolta firme a sostegno di referendum, petizioni e istanze, nonché relative autorizzazioni rilasciate dagli Enti locali - ris. 18 luglio 2018, n. 56/E)	D.P.R. n. 642/1972 Tabella All. B - art. 1
Atti e documenti riguardanti la formazione delle liste elettorali	D.P.R. n. 642/1972 Tabella All. B - art. 1
Petizioni agli organi legislativi	D.P.R. n. 642/1972 Tabella All. B - art. 1

Società e associazioni	
Tipologia atto	**Riferimenti**
Atti costitutivi e modificativi delle società di mutuo soccorso, cooperative e loro consorzi, delle associazioni agrarie di mutua cooperative e loro consorzi, delle associazioni agrarie di mutua assicurazione e loro federazioni, ed atti di recesso e di ammissione dei soci di tali enti	D.P.R. n. 642/1972 Tabella All. B - art. 19
Atti costitutivi, statuti ed ogni altro atto necessario per l'adempimento di obblighi dei movimenti o partiti politici, derivanti da disposizioni legislative o regolamentari	D.P.R. n. 642/1972 Tabella All. B - art. 27-ter
Atti inerenti donazioni e le attribuzioni di eredità o di legato di attività delle organizzazioni di volontariato	Legge n. 266/1991 art. 8
Atti, documenti, istanze, contratti, nonché copie anche se dichiarate conformi, estratti, certificazioni, dichiarazioni e attestazioni poste in essere o richiesti dalle federazioni sportive, dagli enti di promozione sportiva e dalle associazioni e società sportive dilettantistiche senza fine di lucro riconosciute dal CONI (comprese le DSA - Discipline Sportive Associate - circ. 1° agosto 2018, n. 18/E)	D.P.R. n. 642/1972 Tabella All. B - art. 27-bis
Atti, documenti, istanze, contratti, nonché copie anche se dichiarate conformi, estratti, certificazioni, dichiarazioni e attestazioni e ogni altro documento cartaceo o informatico in qualunque modo denominato, posti in essere o richiesti dagli enti del Terzo Settore, comprese le cooperative sociali	D.Lgs. n. 117/2017 - art. 82, c. 5
Atti riguardanti gli adempimenti relativi all'iscrizione al registro delle imprese per le start-up innovative e gli incubatori certificati, per i primi 5 anni di iscrizione e fermo restando il mantenimento dei requisiti previsti dalla legge per l'acquisizione della qualifica di start-up innovativa e di incubatore certificato[3]	D.L. n. 179/2012 - art. 26, c. 8
Atti costitutivi e modificativi, gli atti di ammissione e recesso dei soci e gli atti, documenti e registri relativi alle operazioni previste dai rispettivi statuti di società cooperative edilizie di abitazione e loro consorzi disciplinati dai principi della mutualità[1]	D.L. n. 331/1993 - art. 66, c. 3
Repertori, libri, registri ed elenchi prescritti dalle leggi tributarie[2]	D.P.R. n. 642/1972 Tabella All. B - art. 5

Società e associazioni	
Tipologia atto	**Riferimenti**
Eccezioni [1] Assegni bancari e cambiali [2] Repertori tenuti dai Notai [3] L'esenzione non risulta estesa all'imposta dovuta in relazione alla vidimazione e bollatura dei libri contabili e scritture sociali (risposta a interpello 17 luglio 2019, n. 253)	

Trasferimenti immobiliari	
Tipologia atto	**Riferimenti**
Atti relativi ai trasferimenti di terreni destinati alla formazione o all'arrotondamento delle proprietà di imprese agricole diretto-coltivatrici e per l'affrancazione dei canoni enfiteutici e delle rendite e prestazioni perpetue aventi i fini suindicati e relative copie	D.P.R. n. 642/1972 Tabella All. B - art. 21
Domande, certificazioni, attestazioni, documenti, note di trascrizione ipotecaria, e relative copie	D.P.R. n. 642/1972 Tabella All. B - art. 21

Altri atti e documenti	
Tipologia atto	**Riferimenti**
Atti, scritti e documenti relativi al procedimento di adozione speciale e di affidamento, all'assistenza ed alla affiliazione dei minori di cui agli articoli 400 e seguenti del Codice civile; atti di riconoscimento di figli naturali da parte di soggetti non abbienti	D.P.R. n. 642/1972 Tabella All. B - art. 13
Biglietti ed abbonamenti per trasporto di persone nonché domande e documenti comunque occorrenti per il rilascio di detti abbonamenti	D.P.R. n. 642/1972 Tabella All. B - art. 24
Buoni di acquisto ed altri simili titoli in circolazione di importo non superiore ad euro 77,47	Legge n. 405/1990 - art. 7
Contratti di assicurazione ed atti relativi	D.P.R. n. 601/1973 - art. 34
Contratti di locazione di fondi rustici, di colonia parziaria e di società di qualsiasi specie e in qualunque forma redatti; libretti società di qualsiasi specie e in qualunque forma redatti; libretti colonici di cui all'art. 2161 del Codice civile e documenti con simili concernenti rapporti di lavoro agricolo anche se contenenti l'accettazione dei relativi conti fra le parti	D.P.R. n. 642/1972 Tabella All. B - art. 25
Domande di concessione mutui agricoli	Legge n. 153/1975 - art. 16
Domande, atti e relativa documentazione, per la concessione di aiuti comunitari e nazionali al settore agricolo, nonché di prestiti agrari	D.P.R. n. 642/1972 Tabella All. B - art. 21-bis
Testamenti in qualunque forma redatti e schede dei testamenti segreti	D.P.R. n. 642/1972 Tabella All. B - art. 23
Istanze, contratti e documenti presentati alla P.A. entro il 31 dicembre 2020, in conseguenza del crollo del ponte "Morandi" nel Comune di Genova avvenuto il 14 agosto 2018, da soggetti che risultano proprietari, titolari di diritti reali di godimento, residenti, domiciliate, con sede legale od operativa negli immobili oggetto di ordinanze sindacali di sgombero adottate in seguito al crollo.	D.L. n. 109/2018 - art. 3, c. 3
Domande di concessione per l'occupazione di suolo pubblico trasmesse telematicamente all'Ente locale nel periodo 1° maggio 2020 - 31 marzo 2021	D.L. n. 34/2020 - art. 181; D.L. n. 137/2020 - art. 9-ter

INDIRETTE

Altri atti e documenti	
Tipologia atto	**Riferimenti**
Domande di partecipazione a procedure negoziate della P.A., manifestazioni di interesse e offerte economiche non seguite da accettazione da parte della P.A.	Interpello 5 gennaio 2021, risp. n. 7

Allegati ai contratti di locazione

Sono esclusi dall'applicazione dell'imposta di bollo taluni allegati ai contratti di locazione quali:

- Attestazione di Prestazione Energetica (ris. 22 novembre 2013, n. 83/E);
- Attestazione rilasciata dalle organizzazioni rappresentative della proprietà edilizia ai fini della stipula dei contratti di locazione ad uso abitativo a canone concordato (ris. 20 aprile 2018, n. 31/E).

Sono esclusi dall'applicazione dell'imposta di bollo (e dall'imposta di registro) le **scritture private** che hanno come unico oggetto la **riduzione del canone di locazione** di un contratto in essere (art. 19, D.L. 12 settembre 2014, n. 133).

Analogamente è prevista l'**esenzione** da imposizione per le **scritture private** relative ad **accordi di riduzione** del **canone di affitto d'azienda** (o ramo d'azienda) purché il valore complessivo dell'azienda sia costituito per più del 50% dal valore dei fabbricati ed a condizione che l'applicazione delle imposte indirette comporti una tassazione più favorevole rispetto a quella prevista per la locazione dei fabbricati (risposta a interpello 21 dicembre 2018, n. 124).

MISURA DELL'IMPOSTA 66.4.

L'imposta di bollo distingue **tariffe** modulate su **base fissa** e su **base percentuale**.

L'imposta è dovuta nella **misura minima di euro 1,00** con arrotondamento delle frazioni di imposta ai dieci centesimi di Euro, per difetto per frazioni fino ad euro 0,05 e per eccesso per frazioni superiori ad euro 0,05 (art. 3, D.P.R. n. 642/1972).

Per cambiali e vaglia cambiari la misura minima è stabilita in euro 0,50.

Numero di pagine dell'atto

Per l'imposta determinata in funzione del numero di pagine va considerato che (art. 5, D.P.R. 642/1972):

- la **pagina** corrisponde ad una singola facciata;
- il **foglio** è composto da quattro facciate;
- per **copia** si intende la riproduzione (parziale o totale) di un atto; documento o registro **dichiarato conforme da colui che l'ha rilasciata**,
- per i **tabulati meccanografici** l'imposta è dovuta ogni 100 linee o frazioni effettivamente utilizzate;
- per le **riproduzioni fotografiche** o con **metodologie chimiche e/o meccaniche**, il foglio si intende composto da quattro facciate purché tra loro rilegate in modo tale da costituire un atto unico.

Più atti sullo stesso foglio

È consentito trascrivere più atti sul medesimo foglio (già utilizzato per la redazione di altro atto soggetto all'imposta) corrispondendo l'**ulteriore imposta** di bollo nella misura prevista (art. 13, D.P.R. n. 642/1972).

Nelle seguenti ipotesi di più atti scritti sul medesimo foglio, **non** risulta invece necessario **ripetere il pagamento** dell'imposta (art. 13, D.P.R. n. 642/1972):

- **inventari**, processi verbali e gli altri atti che sono compiuti in più sedute;
- la ratifica apposta sull'atto cui si riferisce;
- l'**accettazione del mandatario** apposta sull'atto contenente il mandato;
- la dichiarazione di conferma e di **asseverazione del contenuto** di un atto e la dichiarazione di concordanza con l'originale;
- l'accettazione della **cessione del credito** fatta dal debitore ceduto sull'atto relativo;
- la **dichiarazione di vedovanza** scritta sul certificato di esistenza in vita;
- il certificato di **avvenuta iscrizione**, trascrizione ed annotamento sui pubblici registri apposto sulla nota relativa;
- il **duplicato** della nota per l'**iscrizione ipotecaria** e la sua rinnovazione scritta sul titolo in base al quale avviene la formalità;

INDIRETTE

- la copia della iscrizione, rinnovazione e **trascrizione sui pubblici registri** costituenti un solo stato o certificato e le relative aggiunte e variazioni riportate in un solo stato o certificato anche se lo stato o certificato concerne più di una persona;
- il certificato scritto sull'**estratto catastale** e attestante l'imposta dovuta per i beni ivi descritti e la dichiarazione di eseguita voltura catastale apposta sul documento in base al quale la voltura fu eseguita;
- gli **estratti** rilasciati dai pubblici funzionari e desunti dai registri dei rispettivi uffici, purché riguardino una sola persona o più persone coobbligate o cointeressate nell'affare cui si riferisce il contenuto degli estratti che si rilasciano;
- i **pareri**, le **conclusioni** e i decreti sopra i ricorsi in sede giurisdizionale od amministrativa;
- gli **atti d'istruzione delle cause**, i certificati e le attestazioni apposte sui medesimi, le relazioni di notificazioni scritte sull'originale e sulla copia dell'atto notificato, nonché i precetti apposti in calce alle sentenze ed agli atti rilasciati in forma esecutiva;
- l'autenticazione o la legalizzazione delle **firme** apposte sullo stesso foglio che contiene le firme da autenticare o da legalizzare;
- le certificazioni dei pubblici uffici apposte sul **duplicato** e sul secondo originale delle domande;
- gli atti contenenti **più convenzioni**, **istanze**, **certificazioni** o provvedimenti, se redatti in un unico contesto.

Rinnovo o proroga di atti

È consentito il rinnovo o la proroga di atti formati precedentemente, procedendo ad assolvere l'imposta nella misura vigente al momento del rinnovo o proroga (art. 13, D.P.R. n. 642/1972).

66.4.1. Tariffe per atti soggetti all'imposta fin dall'origine

<table>
<tr><th colspan="2">Tipo atto</th><th>Imposta</th><th>Tariffa allegata D.P.R. n. 642/1972</th></tr>
<tr><td colspan="2">Atti rogati, ricevuti o autenticati, certificati e copie rilasciati da notai od altri pubblici ufficiali</td><td>€ 16,00</td><td>art. 1</td></tr>
<tr><td rowspan="6">Atti rogati, ricevuti o autenticati da notai o da altri pubblici ufficiali, relativi a diritti sugli immobili, inclusi gli atti delle società e degli enti diversi dalle società, sottoposti a registrazione con procedure telematiche, loro copie conformi[1] per uso registrazione ed esecuzione di formalità ipotecarie, comprese le note di trascrizione ed iscrizione, le domande di annotazione e di voltura da essi dipendenti e l'iscrizione nel registro di cui all'art. 2678 del Codice civile</td><td>1) gli atti, aventi ad oggetto il trasferimento ovvero la costituzione di diritti reali di godimento su beni immobili, comprese le modificazioni o le rinunce di ogni tipo agli stessi, nonché atti aventi natura dichiarativa relativi ai medesimi diritti</td><td>€ 230,00</td><td>art. 1</td></tr>
<tr><td>2) per gli atti di cui al numero 1) che comportano anche formalità nel registro delle imprese</td><td>€ 300,00</td><td>art. 1</td></tr>
<tr><td>3) per tutti gli altri atti che comportano formalità nei pubblici registri immobiliari</td><td>€ 155,00</td><td>art. 1</td></tr>
<tr><td>4) per gli atti di cui al numero 3) che comportano anche formalità nel registro delle imprese</td><td>€ 225,00</td><td>art. 1</td></tr>
<tr><td>5) per gli atti concernenti unicamente immobili ubicati nei territori ove vige il sistema del libro fondiario (R.D. 28 marzo 1929, n. 499)</td><td>€ 125,00</td><td>art. 1</td></tr>
<tr><td>6) per gli atti concernenti unicamente immobili ubicati nei territori ove vige il sistema del libro fondiario (R.D. 28 marzo 1929, n. 499) che comportano anche formalità nel registro delle imprese</td><td>€ 195,00</td><td>art. 1</td></tr>
</table>

Tipo atto		Imposta	Tariffa allegata D.P.R. n. 642/1972
Altri atti rogati, ricevuti o autenticati da notai o da altri pubblici ufficiali sottoposti a registrazione con procedure telematiche e loro copie conformi[1] per uso registrazione	1) per gli atti propri delle società e degli enti diversi dalle società incluse la copia dell'atto e la domanda per il registro delle imprese	€ 156,00	art. 1
	2) per le procure, deleghe e simili	€ 30,00	art. 1
	3) per gli atti di cessione di quote sociali	€ 25,00	art. 1
	4) per tutti gli altri atti	€ 45,00	art. 1
Domande, denunce ed atti che le accompagnano, presentate all'ufficio del registro delle imprese ed inviate per via telematica ovvero presentate su supporto informatico (art. 15, c. 2, Legge n. 59/1997)	se presentate da ditte individuali	€ 17,50	art. 1
	se presentate da società di persone	€ 59,00	art. 1
	se presentate da società di capitali	€ 65,00	art. 1
Domande di concessione o di registrazione dei differenti titoli di proprietà industriale ed atti allegati, successive formalità ed istanze varie presentate alle Camere di commercio e all'Ufficio italiano brevetti e marchi ed inviate per via telematica ovvero consegnate su supporto informatico (art. 14, D.P.R. n. 445/2000): per ogni domanda di concessione	per ogni domanda di concessione o di registrazione di marchi d'impresa, novità vegetali, certificati complementari di protezione e topografie di prodotti per semiconduttori	€ 42,00	art. 1
	per ogni domanda di concessione o di registrazione di brevetto per invenzione, modello di utilità, disegno e modello ove alla stessa risulti allegato uno o più dei seguenti documenti: 1) lettera di incarico a consulente di proprietà industriale o riferimento alla stessa 2) richiesta di copia autentica del verbale di deposito 3) rilascio di copia autentica del verbale di deposito	€ 20,00	art. 1
	per ogni istanza di trascrizione e relativi allegati	€ 85,00	art. 1
	per ogni istanza di annotazione	€ 15,00	art. 1
	per istanze diverse dalle precedenti	€ 15,00	art. 1
Scritture private contenenti convenzioni o dichiarazioni anche unilaterali con le quali si creano, si modificano, si estinguono, si accertano o si documentano rapporti giuridici di ogni specie, descrizioni, constatazioni e inventari destinati a far prova fra le parti che li hanno sottoscritti; per ogni foglio		€ 16,00	art. 2
Ricorsi straordinari al Presidente della Repubblica. Atti diretti ad uffici e organi dello Stato di enti territoriali o di enti pubblici. Note di trascrizione nei pubblici registri	ricorsi straordinari al Presidente della Repubblica. Istanze, petizioni, ricorsi e relative memorie diretti agli uffici e agli organi, anche collegiali, dell'Amministrazione dello Stato, delle Regioni, delle Province, dei Comuni, loro consorzi e associazioni, delle comunità montane e delle unità sanitarie locali, nonché agli enti pubblici in relazione alla tenuta di pubblici registri, tendenti ad ottenere l'emanazione di un provvedimento amministrativo o il rilascio di certificati, estratti, copie e simili: per ogni foglio	€ 16,00	art. 3

Tipo atto		Imposta	Tariffa allegata D.P.R. n. 642/1972
	istanze trasmesse per via telematica agli uffici e agli organi, anche collegiali, dell'Amministrazione dello Stato, delle Regioni, delle Province, dei Comuni, loro consorzi e associazioni, delle comunità montane e delle unità sanitarie locali, nonché agli enti pubblici in relazione alla tenuta di pubblici registri, tendenti ad ottenere l'emanazione di un provvedimento amministrativo o il rilascio di certificati, estratti, copie e simili	€ 16,00	art. 3
Atti di organi dello Stato, di enti territoriali e di enti pubblici. Atti di notorietà. Atti di curie o ministri di culto destinati ad uso civile	atti e provvedimenti degli organi della amministrazione dello Stato, delle Regioni, delle Province, dei Comuni, loro consorzi e associazioni, delle comunità montane e delle unità sanitarie locali, nonché quelli degli enti pubblici in relazione alla tenuta di pubblici registri, rilasciati anche in estratto o in copia dichiarata conforme all'originale a coloro che ne abbiano fatto richiesta: per ogni foglio	€ 16,00	art. 4
	certificati di successione conformi alle risultanze delle dichiarazioni uniche di successione dei beni immobili e di diritti reali immobiliari trasmesse con procedure telematiche, comprese le note di trascrizione, con efficacia di voltura, e l'iscrizione nel registro di cui all'art. 2678 del Codice civile: per ogni certificato	€ 85,00	art. 4
	certificati, copie ed estratti delle risultanze e degli elaborati catastali ottenuti dalle banche dati informatizzate degli uffici dell'Agenzia del territorio, attestazioni di conformità	€ 28,00	art. 4
	atti e provvedimenti degli organi dell'Amministrazione dello Stato, delle Regioni, delle Province, dei Comuni, loro consorzi e associazioni, delle comunità montane e delle unità sanitarie locali, nonché quelli degli enti pubblici in relazione alla tenuta di pubblici registri, rilasciati per via telematica anche in estratto o in copia dichiarata conforme all'originale a coloro che ne abbiano fatto richiesta	€ 16,00	art. 4
Certificati di liquidazione dei comitati direttivi degli agenti di cambio (art. 9, R.D. 30 dicembre 1923, n. 3278): per ogni foglio		€ 16,00	art. 5
Cambiali e titoli equivalenti. Note di pegno, delegazioni, ordini in derrate, titoli di credito trasferibili relativi a somme di denaro non specificamente indicate in altri articoli della tariffa. Assegni emessi senza l'osservanza dei requisiti di legge (indicazione traente e trattario, data di emissione, copertura del titolo) o con data diversa da quella di emissione	emesse e pagabili nello stato	12 per mille	artt. 6, 7, 9
	emesse nello stato e pagabili all'estero	9 per mille	artt. 6, 7, 9

INDIRETTE

<table>
<tr><th colspan="2">Tipo atto</th><th>Imposta</th><th>Tariffa allegata D.P.R. n. 642/1972</th></tr>
<tr><td colspan="2">Assegni circolari. Vaglia cambiari e fedi di credito del Banco di Napoli e Banco di Sicilia.</td><td>6 per mille</td><td>art. 10</td></tr>
<tr><td colspan="2">Cambiali accettate da aziende ed istituti di credito (R.D.L. 12 marzo 1936, n. 375) emesse da imprenditori di cui all'art. 2195 c.c. con indicazione dei proventi in qualunque forma pattuiti girabili con la clausola senza garanzia ed aventi scadenza non superiore a 12 mesi, nonché cambiali finanziarie</td><td>0,1 per mille</td><td>art. 10-bis</td></tr>
<tr><td colspan="2">Fatture, note, conti e simili documenti, recanti addebitamenti o accreditamenti, anche non sottoscritti, ma spediti o consegnati pure tramite terzi; ricevute e quietanze rilasciate dal creditore, o da altri per suo conto, a liberazione totale o parziale di una obbligazione euro pecuniaria: per ogni esemplare</td><td>€ 2,00</td><td>art. 13</td></tr>
<tr><td rowspan="4">Estratti conti ed altra documentazione e/o comunicazione inviata dalle banche ed altri istituti di credito</td><td>estratti di conti, nonché lettere ed altri documenti di addebitamento o di accreditamento di somme, portanti o meno la causale dell'accreditamento o dell'addebitamento e relativi benestari quando la somma supera € 77,47: per ogni esemplare</td><td>€ 2,00</td><td>art. 13</td></tr>
<tr><td>estratti conto, inviati dalle banche ai clienti (art. 119, D.Lgs. n. 385/1993), nonché estratti di conto corrente postale e rendiconti dei libretti di risparmio anche postali: per ogni esemplare con periodicità annuale: per cliente persona fisica</td><td>€ 34,20</td><td>art. 13</td></tr>
<tr><td>estratti conto, inviati dalle banche ai clienti (art. 119, D.Lgs. n. 385/1993), nonché estratti di conto corrente postale e rendiconti dei libretti di risparmio anche postali: per ogni esemplare con periodicità annuale: per cliente soggetto diverso da persona fisica</td><td>€ 100,00</td><td>art. 13</td></tr>
<tr><td>comunicazioni periodiche alla clientela relative a prodotti finanziari, anche non soggetti ad obbligo di deposito, ivi compresi i depositi bancari e postali, anche se rappresentati da certificati. L'imposta non è dovuta per le comunicazioni ricevute ed emesse dai fondi pensione e dai fondi sanitari. Per ogni esemplare, sul complessivo valore di mercato o, in mancanza, sul valore nominale o di rimborso</td><td>2 per mille</td><td>art. 13</td></tr>
<tr><td rowspan="4">Ricevute, lettere e ricevute di accreditamento e altri documenti, anche se non sottoscritti, nascenti da rapporti di carattere commerciale, negoziati, ancorché consegnati per l'incasso, presso aziende e istituti di credito, per ogni esemplare</td><td>quando la somma non supera € 129,11</td><td>€ 2,00</td><td>art. 14</td></tr>
<tr><td>oltre euro 129,11 fino a euro 258,23</td><td>€ 2,58</td><td>art. 14</td></tr>
<tr><td>oltre euro 258,23 fino euro 516,46</td><td>€ 4,65</td><td>art. 14</td></tr>
<tr><td>quando la somma supera euro 516,46</td><td>€ 6,80</td><td>art. 14</td></tr>
</table>

<table>
<tr><th colspan="2">Tipo atto</th><th>Imposta</th><th>Tariffa allegata D.P.R. n. 642/1972</th></tr>
<tr><td rowspan="3">Libri e registri</td><td>libro giornale e libro inventari tenuti da soggetti che assolvono in modo forfettario la tassa di concessione governativa per la bollatura e la numerazione di libri e registri (società di capitali, enti commerciali): per ogni cento pagine o frazione di cento pagine</td><td>€ 16,00</td><td>art. 16</td></tr>
<tr><td>libro giornale e libro inventari tenuti da soggetti che non assolvono in modo forfettario la tassa di concessione governativa per la bollatura e la numerazione di libri e registri: per ogni cento pagine o frazione di cento pagine</td><td>€ 32,00</td><td>art. 16</td></tr>
<tr><td>registro generale delle conservatorie dei registri immobiliari (art. 2678 c.c.): per ogni formalità</td><td>€ 16,00</td><td>art. 16</td></tr>
<tr><td colspan="2">Notificazioni giudiziarie e altri avvisi da inserirsi nella Gazzetta Ufficiale dello Stato, nei bollettini ufficiali delle Regioni o nel foglio degli annunzi legali per disposizioni legislative o regolamentari o per ordine del giudice: per ogni foglio</td><td>€ 16,00</td><td>art. 17</td></tr>
<tr><td colspan="2">Copia degli atti delle società da depositarsi a norma dell'articolo 2435 c.c.: per ogni foglio</td><td>€ 16,00</td><td>art. 18</td></tr>
<tr><td colspan="2">Certificati rilasciati e atti stragiudiziali compiuti da organi giurisdizionali</td><td>€ 16,00</td><td>art. 19</td></tr>
<tr><td rowspan="4">Atti e provvedimenti dei procedimenti giurisdizionali civili amministrativi e arbitrali</td><td>atti e provvedimenti dei procedimenti giurisdizionali civili e amministrativi; atti e provvedimenti dei procedimenti arbitrali: per ogni foglio</td><td>€ 16,00</td><td>art. 20</td></tr>
<tr><td>ricorsi, opposizioni ed altri atti difensivi presentati per via telematica alle Commissioni tributarie: per ciascun atto</td><td>€ 24,00</td><td>art. 20</td></tr>
<tr><td>atti d'intimazione ai testimoni nei giudizi di qualsiasi grado e specie: per ogni foglio</td><td>€ 16,00</td><td>art. 20</td></tr>
<tr><td>provvedimento del tribunale che rende esecutivo il lodo arbitrale (art. 825 c.p.c.)</td><td>€ 54,00</td><td>art. 20</td></tr>
<tr><td rowspan="3">Atti, processi verbali, sentenze e decreti in materia penale</td><td>cauzioni e costituzioni di parte civile: per ogni foglio</td><td>€ 16,00</td><td>art. 21</td></tr>
<tr><td>sentenze e decreti penali di condanna; sentenze penali della corte di cassazione e del tribunale supremo militare che respingono o dichiarano inammissibile il ricorso di parte; sentenze di non doversi procedere per remissione anche tacita di querela: per ogni foglio</td><td>€ 16,00</td><td>art. 21</td></tr>
<tr><td>atti e documenti inerenti all'azione civile promossa nel procedimento penale: per ogni foglio</td><td>€ 16,00</td><td>art. 21</td></tr>
<tr><td colspan="4">[1] Per le copie dichiarate conformi, l'imposta, salva specifica disposizione, è dovuta indipendentemente dal trattamento previsto per l'originale.
Tale presupposto impositivo resta valido anche in relazione alle copie informatiche di documenti informatici, se munite di dichiarazione di conformità all'originale attestata da un pubblico ufficiale a ciò autorizzato (risposta a interpello 25 luglio 2019, n. 323).
L'imposta non è dovuta per le copie, dichiarate conformi all'originale informatico, degli assegni presentati al pagamento in forma elettronica per i quali è stato attestato il mancato pagamento nonché della relativa documentazione (nota 1, art. 1 Tariffa allegata al D.P.R. n. 642/1972).</td></tr>
</table>

Tariffe per atti soggetti all'imposta solo in caso d'uso 66.4.2.

<table>
<tr><th colspan="2">Tipo atto</th><th>Imposta</th><th>Tariffa allegata D.P.R. n. 642/1972</th></tr>
<tr><td colspan="2">Conti dei curatori ed altri amministratori giudiziari; atti relativi alla concessione del servizio di riscossione dei tributi (D.P.R. n. 43/1988) e atti di prestazione delle relative cauzioni: per ogni foglio</td><td>€ 16,00</td><td>art. 22</td></tr>
<tr><td colspan="2">Ricevute per versamento o svincolo di somme o valori depositati in garanzia o per semplice custodia presso pubbliche amministrazioni statali o locali compresi i depositi doganali e giudiziari: per ogni ricevuta</td><td>€ 16,00</td><td>art. 23</td></tr>
<tr><td colspan="2">Ricevute e note di consegna di merci con o senza l'indicazione del prezzo: per ogni documento</td><td>€ 16,00</td><td>art. 23</td></tr>
<tr><td colspan="2">Atti e documenti e scritture private redatti sotto forma di corrispondenza o di dispacci telegrafici, ancorché contenenti clausole di specifica accettazione (art. 1341 c.c.): per ogni foglio o esemplare</td><td>€ 16,00</td><td>art. 24</td></tr>
<tr><td colspan="2">Documenti concernenti qualsiasi movimento o ricevimento di denaro, titoli o valori di qualunque quantità o importo scambiati tra casa madre o centrale di un ente pubblico o privato, o di una impresa, e proprie filiali, succursali, sedi, depositi e stabilimenti, nonché quelli scambiati tra un ente pubblico o privato, un'impresa commerciale o industriale e i propri ausiliari, intermediari o spedizionieri: per ogni foglio o esemplare</td><td>€ 16,00</td><td>art. 25</td></tr>
<tr><td colspan="2">Documenti, elenchi, ruoli, matricole e simili relativi all'esercizio di mestieri, arti o professioni: per ogni foglio o esemplare</td><td>€ 16,00</td><td>art. 26</td></tr>
<tr><td colspan="2">Atti e documenti da chiunque rilasciati che, secondo le vigenti disposizioni di legge o regolamentari, devono accompagnare le merci durante il loro trasporto e spaccio ovvero attestarne caratteristiche, pesi, misure o altre qualità: per ogni foglio o esemplare</td><td>€ 16,00</td><td>art. 27</td></tr>
<tr><td colspan="2">Tipi, disegni, modelli, piani, dimostrazioni, calcoli ed altri lavori degli ingegneri, architetti, periti, geometri e misuratori; liquidazioni, dimostrazioni, calcoli ed altri lavori contabili dei liquidatori, ragionieri e professionisti in genere: per ogni foglio o esemplare</td><td>€ 0,52</td><td>art. 28</td></tr>
<tr><td rowspan="3">Titoli di credito provenienti dall'estero</td><td>cambiali</td><td>12 per mille</td><td>art. 29</td></tr>
<tr><td>cambiali e titoli equivalenti (art. 32, c. 1, n. 227/1977), emessi all'estero all'ordine di operatori nazionali a fronte di crediti destinati a formare oggetto di assicurazioni o di finanziamento o all'ordine di istituti italiani o al portatore a fronte di operazioni di credito a medio/lungo termine</td><td>0,1 per mille</td><td>art. 29</td></tr>
<tr><td>altri documenti e registri provenienti dall'estero, aventi contenuto corrispondente a quello di atti, documenti e registri che sono soggetti nello Stato all'imposta</td><td>Nella stessa misura degli atti similari compiuti nello Stato</td><td>art. 30</td></tr>
<tr><td colspan="2">Biglietti del lotto e delle lotterie e cartelle delle tombole autorizzate: per ogni esemplare</td><td>€ 16,00</td><td>art. 31</td></tr>
</table>

Tipo atto		Imposta	Tariffa allegata D.P.R. n. 642/1972
Atti, documenti, registri ed ogni altro scritto, per i quali non sono espressamente previsti il pagamento dell'imposta sin dall'origine ovvero l'esenzione:	per ogni esemplare dell'atto, documento o di altro scritto	€ 16,00	art. 32
	per ogni cento pagine o frazione di cento pagine del registro o del relativo estratto	€ 16,00	art. 32

Per i documenti e gli atti per i quali l'imposta è dovuta in caso d'uso, l'imposta è calcolata nella misura vigente al momento in cui se ne fa uso (a nulla influendo in tal caso la data di formazione dell'atto).

66.5. MODALITÀ DI ASSOLVIMENTO

L'imposta di bollo va assolta esclusivamente con le seguenti modalità:

- tramite intermediario convenzionato con l'Agenzia delle Entrate e contestuale rilascio del **contrassegno telematico**;
- **virtuale** (pagamento effettuato con Mod. F24 o addebito diretto sul c/c);
- **elettronico** (servizio @e.bollo).

66.5.1. Contrassegno telematico

Il contribuente tenuto ad assolvere l'imposta mediante utilizzo del contrassegno telematico deve acquistare **preventivamente** i controvalori presso uno dei soggetti convenzionati abilitati all'emissione del contrassegno:

- rivenditori di generi di monopolio (tabaccai);
- ufficiali giudiziari;
- altri distributori che risultavano già abilitati alla rivendita di valori bollati alla data del 30 giugno 2014.

L'**emissione del contrassegno**, che ha sostituito la rivendita di marche da bollo, deve essere precedente o contestuale alla data di formazione (o di utilizzo) dell'atto e la sua **applicazione** deve a sua volta precedere il momento di sottoscrizione, stipula o annotazione sul registro.

Il contrassegno, stampato su supporto autoadesivo, riporta il **valore** richiesto (emettibile per qualsiasi importo) nonché **data** e **orario** di emissione, oltre ad un **codice identificativo** univoco di sicurezza. L'agenzia delle Entrate, sul proprio sito istituzionale, mette a disposizione un servizio di verifica anticontraffazione dei contrassegni telematici.

Il supporto non è removibile una volta utilizzato (e pertanto non è richiesto annullamento con timbratura o perforazione come avveniva con le marche da bollo).

Contrassegni irreperibili

In caso di impossibilità oggettiva al reperimento dei contrassegni telematici l'imposta potrà essere versata **entro 5 giorni** dalla cessata impossibilità senza applicazione di sanzioni amministrative. Di tale evenienza dovrà esserne fatta menzione nell'atto (art. 32, D.P.R. n. 642/1972).

66.5.2. Modalità virtuale

Il pagamento dell'imposta di bollo può avvenire anche con **modalità virtuale**:

- **su richiesta dell'interessato**, per talune categorie di atti e documenti;
- **obbligatoriamente** per gli atti da trasmettere telematicamente al Registro delle Imprese;
- **facoltativamente** per talune tipologie di atto senza necessità di preventiva richiesta (imposta di bollo sui contratti di locazione registrati telematicamente).

Procedura di autorizzazione

La procedura di autorizzazione per assolvere l'imposta in modalità virtuale è la seguente (artt. 15 e 15-bis, D.P.R. n. 642/1972):

- l'interessato deve presentare **richiesta di autorizzazione** all'ufficio dell'Agenzia delle Entrate territorialmente competente. La domanda va corredata di dichiarazione sottoscritta concernente

INDIRETTE

l'indicazione del numero presuntivo degli atti e documenti che potranno essere emessi e ricevuti durante l'anno;
- l'Agenzia delle Entrate notifica il provvedimento di autorizzazione, o di eventuale diniego, sulla base della tipologia degli atti per i quali è stata richiesta e sulla base di una valutazione di affidabilità del contribuente che la richiede. L'autorizzazione è rilasciata **a tempo indeterminato** ma con **possibilità di revoca**;
- l'Agenzia delle Entrate provvede a liquidare l'imposta provvisoria ripartendola su base bimestrale (numero di atti / bimestri compresi nel periodo intercorrente tra la data di presentazione della richiesta ed il 31 dicembre dell'anno in corso) (➡99.3.);
- entro il 31 gennaio dell'anno successivo il contribuente dovrà presentare la **dichiarazione annuale** in modalità telematica (➡99.1.) (direttamente o tramite intermediario abilitato) secondo modulistica e specifiche tecniche approvate.
  Il **modello** si compone di:
  - frontespizio;
  - Quadro A per l'elencazione degli atti e documenti soggetti ad imposta fissa;
  - Quadro B per l'elencazione degli atti e documenti soggetti ad imposta proporzionale.

  Il modello è utilizzabile anche per effettuare l'opzione (o la revoca) per il pagamento con modalità virtuale dell'imposta di bollo per gli assegni circolari (Provv. 29 dicembre 2017).
  Il modello può essere utilizzato altresì per **rinunciare all'autorizzazione** già rilasciata (circ. 14 aprile 2015, n.16/E);
- l'Agenzia delle Entrate provvede alla liquidazione definitiva ed alla rideterminazione dell'acconto dovuto per il periodo di imposta successivo (assumendo l'imposta determinata nell'anno precedente quale base per la liquidazione dell'imposta provvisoria per l'anno in corso).

I documenti e gli atti per i quali l'imposta di bollo è assolta in modalità virtuale, devono riportarne l'indicazione con riferimento agli estremi dell'autorizzazione rilasciata.

Modifiche tariffarie

In caso di modifiche tariffarie o di determinazione dell'imposta, l'Agenzia provvede a riliquidare le rate non ancora scadute.

Previsione di minor numero di atti

Il contribuente può presentare una istanza per la revisione della liquidazione provvisoria in caso di previsione di minor numero di atti (in seguito a modifiche al regime IVA delle operazioni effettuate, liquidazione volontaria ecc.) che l'Agenzia dovrà recepire entro 30 giorni con la rielaborazione della liquidazione provvisoria.

Banche, Poste, assicurazioni ed altri enti finanziari

Le Banche, Poste, imprese di assicurazioni ed altri enti e società finanziari devono versare un acconto pari al 100% dell'imposta liquidata in via provvisoria entro il 16 aprile di ciascun anno, scomputabile a decorrere dal successivo mese di aprile, termine di versamento della prima rata bimestrale (art. 15-bis, D.P.R. n. 642/1972).
Tali soggetti presentano la **dichiarazione** riportante il numero degli atti e documenti effettivamente emessi nel corso dell'anno, entro l'ultimo giorno del **mese di febbraio** dell'anno successivo.

Conservazione sostitutiva documenti con valenza fiscale

Per la **conservazione sostitutiva** di documenti aventi **valenza fiscale** sono previste le seguenti facilitazioni:
- non è richiesta la preventiva autorizzazione,
- non è richiesta la rendicontazione,
- l'imposta di bollo viene assolta in unica soluzione **entro 120 giorni** dalla chiusura dell'esercizio (30/4 o 29/4 in caso di anno bisestile).

Per la tenuta dei **registri contabili**, l'imposta è dovuta in ragione di:
- euro 16,00 ogni 2.500 registrazioni o frazioni per i soggetti tenuti al versamento della tassa annuale sulle concessioni governative per la numerazione e bollatura di libri e registri contabili (➡69.1.4.),
- euro 32,00 per gli altri soggetti (art. 16, Tariffa Parte I allegata al D.P.R. 642/1972).

Il versamento va effettuato mediante delega Mod. F24 utilizzando i seguenti codici tributo:

INDIRETTE

Codice tributo	Causale	Riferimento
2501	Imposta di bollo su libri, registri ed altri documenti rilevanti ai fini tributari - articolo 6 del Decreto 17 giugno 2014	ris. 2 dicembre 2014, n. 106/E
2502	Imposta di bollo su libri, registri ed altri documenti rilevanti ai fini tributari - articolo 6 del Decreto 17 giugno 2014 - SANZIONI	ris. 23 marzo 2015, n. 32/E
2503	Imposta di bollo su libri, registri ed altri documenti rilevanti ai fini tributari - articolo 6 del Decreto 17 giugno 2014 - INTERESSI	ris. 23 marzo 2015, n. 32/E

Atti da trasmettere al Registro delle Imprese

L'assolvimento dell'imposta di bollo gravante sugli atti da trasmettere al Registro delle Imprese va effettuata **obbligatoriamente in modalità virtuale**.

Può essere effettuata unitamente ai diritti di segreteria spettanti alla Camera di Commercio competente con modalità telematiche (utilizzo del credito preventivamente attivato sul conto Telemaco); in tale ipotesi è la Camera di Commercio ad essere autorizzata all'esazione dell'imposta per conto del contribuente.

L'atto deve riportare la dicitura "Imposta di bollo assolta in modo virtuale tramite la Camera di Commercio di ______, autorizzata con prov. Prot. n. ______ del __/__/____ del Ministero delle Finanze - Dipartimento Delle Entrate".

In alternativa è necessario richiedere autorizzazione al locale Ufficio dell'Agenzia delle Entrate, con dichiarazione dell'esatto numero degli atti presentati nell'anno precedente al registro delle imprese per la liquidazione provvisoria, e ripetere la dichiarazione a consuntivo (sulla quale base sarà rideterminato l'importo provvisorio per l'anno successivo). L'Agenzia delle Entrate liquida l'imposta e notifica l'importo al contribuente che è tenuto a versarla entro 20 giorni dalla notifica.

L'atto deve riportare la dicitura "Imposta di bollo assolta in modo virtuale su dichiarazione presentata alla Direzione Regionale delle Entrate di __________ il __/__/____".

> I **contribuenti già autorizzati** al pagamento dell'imposta in modalità virtuale **non devono ripetere la richiesta** di autorizzazione specifica per gli atti da depositare al Registro delle Imprese, risultando sufficiente l'elencazione degli atti soggetti ad imposta nel quadro A del modello della dichiarazione annuale.

66.5.3. Registrazione telematica dei contratti di locazione

In caso di utilizzo della procedura di registrazione telematica dei contratti di locazione, l'imposta di bollo (e l'imposta di registro) possono essere assolte in modo virtuale mediante addebito diretto sul c/c indicato all'atto della compilazione della modulistica (procedura RLI o RLI Web dell'Agenzia dell'Entrate).

66.5.4. Bollo digitale (servizio @e.bollo)

È possibile utilizzare il servizio @e.bollo per il versamento dell'imposta, nella misura forfettaria di euro 16,00 per ciascun documento, a prescindere dalla dimensione dello stesso, dovuta sulle istanze trasmesse in via telematica alla PA e sui relativi atti e provvedimenti elettronici (Provv. Agenzia delle Entrate 19 settembre 2014). Il servizio, che consente di assolvere il pagamento dell'imposta in modalità digitale (dematerializzazione del contrassegno telematico), può essere utilizzato effettuando il **pagamento online** mediante intermediari abilitati.

66.6. ACCERTAMENTO E SANZIONI

La presentazione ad un pubblico ufficiale o ad un funzionario della Pubblica Amministrazione di un atto o documento non in regola con l'assolvimento dell'imposta di bollo, non inficia la regolare prosecuzione della pratica amministrativa richiesta.

Giudici, funzionari dipendenti della P.A., cancellieri, segretari, arbitri sono obbligati a trasmettere le notizie e gli atti al competente ufficio dell'Agenzia delle Entrate per il successivo accertamento e riscossione del tributo (e relativi interessi e sanzioni applicabili) (art. 19, D.P.R. n. 642/1972).

Gli stessi soggetti, così come qualsiasi altro soggetto che a norma di disposizioni legislative o regolamentari risulta obbligato a tenere o a conservare libri, registri, atti o documenti soggetti a bollo, sono tenuti ad esibirli agli organi accertatori che ne facciano richiesta (art. 35, D.P.R. n. 642/1972).

I **notai** sono dispensati unicamente dall'esibizione di:
- atti relativi ai testamenti segreti;
- atti dei processi verbali di deposito dei testamenti olografi.

Decadenza 66.6.1.

L'amministrazione finanziaria può procedere all'accertamento delle violazioni alle norme sull'imposta di bollo entro il termine di **3 anni** a decorrere dal giorno in cui è stata commessa la violazione (art. 37, D.P.R. n. 642/1972). L'intervenuta **decadenza** tuttavia non autorizza l'uso degli atti, documenti e registri per i quali non è stata assolta correttamente l'imposta di bollo, salvo la possibilità di regolarizzare nella misura vigente al momento dell'uso.
Stesso termine triennale di decadenza vige per la richiesta di rimborso delle imposte (ed eventuali sanzioni non dovute) pagate in modo virtuale, decorrenti dalla data del pagamento.

L'imposta assolta mediante **contrassegno telematico** e/o mediante **versamenti in conto corrente postale** non è ripetibile (non è ammesso il rimborso).

Accertamento 66.6.2.

La constatazione delle violazioni avviene mediante processo verbale, sottoscritto dal contribuente, dal quale risultino:
- le ispezioni e le rilevazioni eseguite;
- le richieste avanzate al contribuente (a chi lo rappresenta);
- le risposte ricevute.

Sequestrabilità degli atti

Gli atti e i documenti possono essere sequestrati soltanto qualora:
- non sia possibile effettuarne riproduzione;
- il contenuto non sia riportabile nel verbale;
- il verbale sia contestato o comunque non sottoscritto dal contribuente.

I **libri** e i **registri** non possono essere sequestrati (l'accertatore adotterà le dovute misure per impedire la successiva alterazione del libro o registro apponendo sigilli, firme e quant'altro sul documento originale - art. 36, D.P.R. n. 642/1972).

Omesso o insufficiente versamento imposta da assolvere in modo virtuale

L'AF può procedere alla irrogazione immediata delle sanzioni (art. 17, c. 3, D.Lgs. n. 472/1997). L'Ufficio non provvede a notificare un apposito atto, ma iscrive direttamente a ruolo il tributo, le sanzioni e gli interessi, in quanto la comunicazione dell'ammontare dell'imposta (sia a titolo provvisorio che di conguaglio definitivo) risulta già effettuata mediante la notifica degli avvisi di liquidazione.

Imposta dovuta sulle fatture elettroniche

In caso di **ritardato, omesso o insufficiente versamento** dell'imposta di bollo dovuta sulle fatture elettroniche emesse, l'Agenzia delle Entrate provvede a comunicare al contribuente, con modalità telematiche l'ammontare:
- dell'**imposta da versare**;
- delle **sanzioni amministrative** dovute **ridotte ad 1/3**;
- degli **interessi** maturati dalla scadenza del versamento all'ultimo giorno del mese precedente l'elaborazione della comunicazione,

con l'invito a regolarizzare entro il termine di 30 giorni (art. 12-novies, D.L. n. 34/2019).
Qualora il contribuente non dovesse procedere al pagamento (intero o parziale) entro il termine notificato, l'Ufficio procederà all'iscrizione a ruolo a titolo definitivo.

Sanzioni 66.6.3.

Per la **mancata apposizione del contrassegno** telematico (imposta di bollo dovuta fin dall'origine) risulta applicabile la **sanzione dal 100% al 500%** dell'imposta non pagata (omesso od insufficiente versamento - art. 25, D.P.R. n. 642/1972). Per il **mancato o insufficiente** versamento dell'**imposta** dovuta in **modalità virtuale** è prevista la **sanzione amministrativa del 30%** (art. 13, D.Lgs. n. 471/1997). Per la violazione della tardiva, omessa o infedele **dichiarazione** per il conguaglio dell'imposta da assolvere in modalità virtuale (da presentare entro il 31 gennaio di ciascun anno ovvero contestualmente alla rinuncia) è prevista la sanzione amministrativa **dal 100% al 200%** dell'imposta dovuta (art. 25, c. 3, D.P.R. n. 642/1972) (➡78.5.).
Risulta applicabile l'istituto del **ravvedimento operoso** (➡75.5.).

ALTRE IMPOSTE E TASSE

IMPOSTE SUGLI IMMOBILI 67.

IMPOSTA UNICA COMUNALE (IUC) 67.1.

L'**Imposta Unica Comunale (IUC)**, istituita con decorrenza 1° gennaio 2014 (art. 1, c. 639, Legge 27 dicembre 2013, n. 147), che prevedeva l'accorpamento dell'IMU (Imposta Municipale Propria), della TASI (Tassa per i Servizi indivisibili erogati dal Comune) e della TARI (Tassa sui rifiuti) è **abolita**, a decorrere **dall'anno 2020**, ad eccezione delle disposizioni relative alla TARI (➡67.4.) (art. 1, c. 738, Legge n. 160/2019). A decorrere dalla stessa data l'**IMU** (➡67.2.) assorbe la **TASI** vigente come tributo separato fino alla data del 31 dicembre 2019 (➡67.3.).

IMPOSTA MUNICIPALE PROPRIA (IMU) 67.2.

L'**imposta municipale propria** ha per presupposto il possesso di immobili diversi dall'abitazione principale (art. 8, D.Lgs. 14 marzo 2011, n. 23).

Soggetto attivo 67.2.1.

Soggetto attivo è il **Comune** nel cui territorio insistono (interamente o prevalentemente) al 1° gennaio di ciascun anno, gli immobili oggetto dell'imposta (art. 1, c. 742, Legge n. 160/2019).
È fatta salva l'autonomia impositiva prevista per i Comuni della Regione Friuli-Venezia Giulia e delle Province autonome di Trento e Bolzano (art. 1, c. 739, Legge n. 160/2019).

Per i Comuni della Regione Friuli-Venezia Giulia continueranno ad applicarsi le disposizioni previste ai fini IMU fino all'introduzione di specifica disciplina di imposta sugli immobili (circ. 18 marzo 2020, n. 1/DF).

Limitatamente all'imposta relativa ai fabbricati iscritti nel **gruppo catastale D** (immobili a destinazione speciale quali opifici, alberghi, teatri, ospedali, ecc.), il **soggetto attivo** è lo **Stato**, salvo per quanto concerne:
- la misura aggiuntiva (rispetto allo 0,76% di competenza dello Stato), deliberata dal singolo Comune;
- l'imposta riferibile ad immobili produttivi posseduti da Comuni e che insistono nel rispettivo territorio (art. 1, c. 744, Legge n. 160/2019).

67.2.2. Soggetti passivi

L'imposta grava su (art. 1, c. 743, Legge n. 160/2019):

– **proprietari di immobili** (siano essi persone fisiche o giuridiche);
– **titolari di diritti reali** gravanti sugli stessi (usufrutto, uso, abitazione, enfiteusi, superficie);
– **genitore assegnatario della casa di abitazione** (a seguito provvedimento del giudice che costituisce diritto di abitazione in capo al genitore affidatario dei figli);
– **concessionari** di aree demaniali;
– **locatari finanziari** (a decorrere dalla data di stipula del contratto di leasing).

> L'imposta risulta dovuta dal proprietario o altro titolare di diritto reale anche qualora l'immobile sia **detenuto abusivamente da terzi** (Cass. 25 ottobre 2021, n. 29868).

In relazione al **possesso congiunto** di un immobile, ciascun soggetto passivo è titolare di **autonoma obbligazione tributaria** e pertanto fruitore (in relazione alla propria quota di possesso) di eventuali agevolazioni o esenzioni indipendentemente dal ricorrere dei requisiti agevolativi in capo agli altri intestatari (art. 1, c. 743, Legge n. 160/2019).

> L'imposta si applica anche ai soggetti non residenti nel territorio dello Stato o che non hanno ivi la sede legale o amministrativa o non vi esercitano l'attività.

Soggetti esclusi

Risultano esclusi da imposizione, i soggetti che detengono l'immobile in qualità di:

– conduttore di locazione immobiliare (inquilino);
– affittuario;
– nudo proprietario;
– assegnatario di alloggio di edilizia residenziale pubblica con patto di futura vendita e riscatto.

67.2.3. Oggetto dell'imposta

L'IMU colpisce il possesso delle seguenti tipologie di immobili:

– fabbricati urbani (compresi immobili strumentali alla cui produzione o scambio è diretta l'attività d'impresa);
– fabbricati rurali;
– aree fabbricabili e non fabbricabili;
– terreni agricoli.

Per **fabbricato** si intende l'unità immobiliare iscritta (o che deve essere iscritta) nel catasto edilizio urbano con attribuzione di rendita catastale.

Sono considerate **parti integranti del fabbricato** (art. 1, c. 741, Legge n. 160/2019):

– l'area sulla quale è **edificata** una costruzione;
– l'area che costituisce **pertinenza** esclusivamente ai fini urbanistici (purché accatastata unitariamente).

Il fabbricato di **nuova costruzione** sconta l'imposizione fiscale a partire dalla data risultante anteriore tra quelle:

– di ultimazione dei lavori di realizzazione;
– di effettivo utilizzo.

Fino a tale data l'IMU sarà dovuta con riferimento **all'area fabbricabile** (art. 1, c. 746, Legge n. 160/2019)

67.2.4. Calcolo dell'imposta

L'imposta è dovuta per ciascun anno solare, in proporzione a:

– **quota** posseduta;
– **periodo** dell'anno nel quale si è protratto il possesso.

> L'imposta è dovuta in relazione a tanti dodicesimi quanti risultano i **mesi di possesso nell'anno**, dovendosi computare per intero i mesi nei quali il possesso si sia protratto per almeno 16 giorni (15 nel caso del mese di febbraio) (art. 1, c. 761, Legge n. 160/2019).

> In caso di acquisizione dell'immobile in corso d'anno, il **giorno del trasferimento** del possesso va computato in capo all'**acquirente**, sul quale grava altresì l'onere tributario qualora i giorni di possesso nel relativo mese risultino uguali a quelli del cedente (art. 1, c. 761, Legge n. 160/2019).

La base imponibile dell'imposta è costituita dall'importo della **rendita catastale** (come risultante al 1° gennaio del relativo anno di imposizione) **rivalutata del 5%** (in attesa che entrino in vigore le nuove tariffe d'estimo - art. 3, c. 48, Legge 23 dicembre 1996, n. 662), e moltiplicata per il coefficiente distintamente individuato per ciascuna categoria catastale di appartenenza.

Rendita

L'efficacia della rendita decorre **dal momento della presentazione della documentazione** necessaria **per l'accatastamento** (prima iscrizione o variazioni per modifiche successivamente intervenute) tramite proceduta telematica Docfa.

In caso di modifiche della rendita derivanti dal riesame del classamento operato dagli uffici finanziari la stessa ha efficacia dal momento della notifica:

- all'intestatario della partita catastale (art. 74, Legge n. 342/2000)
- al possessore dell'immobile qualora non coincidente con l'intestatario della partita catastale (circ. 13 marzo 2001, n. 4/FL).

Dalla medesima data di notifica decorrono i termini per la proposizione del ricorso (art. 2, c. 3, D.Lgs. 31 dicembre 1992, n. 546).

In caso di **interventi edilizi in corso d'anno**, l'eventuale variazione della rendita produce effetti dalla data di ultimazione dei lavori o, qualora antecedente, dalla data di utilizzo dell'immobile (art. 1. c. 745, Legge n. 160/2019).

Qualora sia rettificata (d'ufficio per autotutela o a seguito di sentenza della commissione tributaria) la decorrenza avrà effetto retroattivo (dalla data della modifica indebita o dalla data disposta dal giudice).

Moltiplicatori		
Categoria catastale		**Coefficiente**
A/1	Abitazioni di tipo signorile	160
A/2	Abitazioni di tipo civile	160
A/3	Abitazioni di tipo economico	160
A/4	Abitazioni di tipo popolare	160
A/5	Abitazioni di tipo ultrapopolare	160
A/6	Abitazioni di tipo rurale	160
A/7	Abitazioni in villini	160
A/8	Abitazioni in ville	160
A/9	Castelli, palazzi di eminenti pregi artistici o storici	160
A/10	Uffici e studi privati	80
A/11	Abitazioni e alloggi tipici dei luoghi	160
B/1	Collegi e convitti, educandati; ricoveri; orfanotrofi; ospizi; conventi; seminari; caserme	140
B/2	Case di cura ed ospedali (senza fine di lucro)	140
B/3	Prigioni e riformatori	140
B/4	Uffici pubblici	140
B/5	Scuole e laboratori scientifici	140
B/6	Biblioteche, pinacoteche, musei, gallerie, accademie che non hanno sede in edifici della categoria A/9	140
B/7	Cappelle ed oratori non destinati all'esercizio pubblico di culto	140
B/8	Magazzini sotterranei per il deposito di derrate	140
C/1	Negozi e botteghe	55
C/2	Magazzini e locali deposito	160
C/3	Laboratori per arti e mestieri	140
C/4	Fabbricati e locali per esercizi sportivi (Senza fine di lucro)	140
C/5	Stabilimenti balneari e di acque curative (senza fine di lucro)	140

Moltiplicatori		
Categoria catastale		Coefficiente
C/6	Stalle, scuderie, rimesse, autorimesse (senza fine di lucro)	160
C/7	Tettoie chiuse od aperte	160
D/1	Opifici	65
D/2	Alberghi e pensioni (con fine di lucro)	65
D/3	Teatri, cinematografi, sale per concerti e spettacoli e simili (con fine di lucro)	65
D/4	Case di cura ed ospedali (con fine di lucro)	65
D/5	Istituti di credito, cambio e assicurazione (con fine di lucro)	80
D/6	Fabbricati e locali per esercizi sportivi (con fine di lucro)	65
D/7	Fabbricati costruiti o adattati per le speciali esigenze di un'attività industriale e non suscettibili di destinazione diversa senza radicali trasformazioni	65
D/8	Fabbricati costruiti o adattati per le speciali esigenze di un'attività commerciale e non suscettibili di destinazione diversa senza radicali trasformazioni	65
D/9	Edifici galleggianti o sospesi assicurati a punti fissi del suolo, ponti privati soggetti a pedaggio	65
D/10	Fabbricati per funzioni produttive connesse alle attività agricole	65

Immobili a destinazione speciale (gruppo D) - La rendita catastale viene determinata mediante **stima diretta** tenendo conto del suolo, delle costruzioni e degli elementi strutturalmente connessi che ne accrescono la qualità e l'utilità.
A partire dal 1° gennaio 2016 la stima non deve tener conto della presenza di macchinari, congegni attrezzature e impianti funzionali allo specifico processo produttivo (c.d. **imbullonati**).
Per rettificare valori già stimati è necessaria la presentazione di istanza di variazione con la procedura "Docfa" (art. 1, c. 21-23, Legge n. 208/2015).

Riduzioni

La base imponibile è ridotta della metà nei casi indicati nella seguente tabella:

Casi di riduzione della base imponibile IMU (art. 1, c. 747, Legge n. 160/2019)	
Tipologia immobile	Condizioni
Immobili concessi in comodato	Immobili di Categoria A non di lusso (escluse A/1 - A8 - A/9) - in comodato a parenti in linea retta entro il primo grado (figli-genitori) - utilizzate dal comodatario come abitazione principale - contratto di comodato registrato - comodante residente (e dimorante) nello stesso Comune - comodante possessore di un unico immobile ad uso abitativo in Italia, salvo eventuale ulteriore immobile adibito ad abitazione principale nello stesso Comune (escluse A/1, A/8, A/9)
Fabbricati di interesse storico o artistico	
Fabbricati non utilizzati in quanto dichiarati inagibili o inabitabili	Verificare caratteristiche fatiscenza previste dal regolamento comunale, in alternativa presentare dichiarazione sostitutiva di atto notorio. L'agevolazione spetta limitatamente al periodo dell'anno di sussistenza delle condizioni di inagibilità o inabitabilità accertata dall'ufficio tecnico comunale.

Se la destinazione dell'immobile varia nel corso dell'anno, il calcolo dell'imposta dovuta o della esenzione spettante andrà determinato con riferimento al periodo dell'anno nel quale ricadono tali condizioni.

Comodato - I requisiti per l'agevolazione spettante in caso di immobile concesso in comodato a parenti non vengono meno anche al ricorrere delle seguenti situazioni (ris. 17 febbraio 2016, n. 1/DF):

- possesso di ulteriori **immobili non abitativi** (terreni, garage, magazzini ecc.);
- possesso di **fabbricati rurali ad uso strumentale** destinato ad **abitazione dei dipendenti** esercenti attività agricole nell'azienda a tempo indeterminato o a tempo determinato per un numero annuo di giornate lavorative superiore a cento, assunti in conformità alla normativa vigente in materia di collocamento (sebbene abitativo non preclude l'accesso all'agevolazione, poiché strumentale all'esercizio dell'attività agricola).

In caso di immobili in **comproprietà**, l'agevolazione spetta solo sulla parte che rispetta le condizioni (ad esempio, per l'immobile in regime di comunione di beni concesso in comodato ai genitori di uno dei coniugi, l'agevolazione spetta solo sulla quota del coniuge che rispetta il requisito della parentela diretta).

La **riduzione** prevista per gli immobili concessi in uso gratuito a parenti di primo grado in linea retta, risulta applicabile a partire dalla data di **conclusione del contratto** di comodato (scritto o verbale) e pertanto indipendentemente dalla data di registrazione del medesimo che può avvenire anche tardivamente avvalendosi dell'istituto del ravvedimento operoso (nota Ministero delle Finanze 8 aprile 2016, n. 8876).

Pensionati non residenti - I soggetti non residenti, titolari di **pensione estera** (maturata in regime di convenzione internazionale con l'Italia), possono beneficiare, a partire dall'anno 2021 ed in relazione ad una sola unità immobiliare ad uso abitativo posseduta in Italia (purché non locata o concessa in comodato d'uso), dell'applicazione dell'imposta nella **misura del 50%** (art. 1, c. 48, Legge n. 178/2020). Per il solo **anno 2022** l'imposta è ulteriormente ridotta **nella misura del 37,5%** (art. 1, c. 743, Legge n. 234/2021).

CASO 1 - Calcolo IMU immobile posseduto da più soggetti

Qualora l'immobile sia posseduto da più soggetti (proprietà indivisa), l'esenzione spetterà esclusivamente a coloro che hanno effettivamente destinato il medesimo immobile ad abitazione principale (ris. 5 giugno 2008, n. 12/DF).

Immobile categoria A/2 - rendita catastale € 574,00 posseduto al 33,33% da:

- Soggetto A (non ha adibito l'immobile ad abitazione principale)
- Soggetto B (ha adibito l'immobile ad abitazione principale)
- Soggetto C (ha adibito l'immobile ad abitazione principale per soli 3 mesi)

Determinazione imposta:

- Rivalutazione 574,00 x 5% = 28,70
- Rendita rivalutata 574,00 + 28,70= € 602,70

Applicazione coefficiente di moltiplicazione 602,70 x 160 = 96.432,00 (base imponibile):

- Imposta 96.432,00 x 1,06% = 1.022,18;
- Soggetto A: 1.022,18 x perc. possesso 33,33% = 340,70 (per arrotondamento € 341,00);
- Soggetto B: esente (abitazione principale);
- Soggetto C: 1.022,18 x perc. possesso 33,33% x periodo abitazione principale mesi 3/12: € 255,52 (per arrotondamento € 256,00);
- Totale imposta effettiva gravante sull'immobile: € 341,00 + € 256,00 = € 597,00.

L'agevolazione non spetta se il comodante possiede anche solo una quota di ulteriore immobile in altro Comune o nello stesso Comune se non adibito ad abitazione principale.

La riduzione del 50% della base imponibile è riconosciuta anche al **coniuge del comodatario deceduto** qualora vi sia presenza di **figli minori** (art. 1, c. 747, Legge 27 dicembre 2019, n. 160).

Aliquote

La misura dell'imposta è stabilita normativamente in via ordinaria, salvo la facoltà del Comune di regolamentare aumenti o diminuzioni delle aliquote entro i limiti sanciti.

Tipologia	**Aliquota base stabilita**	**Modificabile dal Comune entro i limiti**		**Riferimento normativo** Legge n. 160/2019
		Minimo	Massimo	
Aliquota ordinaria [1]	0,86%	Azzeramento	1,06%	Art. 1, c. 754 e 755

Tipologia	Aliquota base stabilita	Modificabile dal Comune entro i limiti		Riferimento normativo Legge n. 160/2019
Aliquota ridotta (per abitazioni principali cat. A/1-A8-A/9)	0,50%	Azzeramento	0,60%	Art. 1, c. 748
Fabbricati rurali ad uso strumentale	0,10%	Azzeramento	Non modificabile	Art. 1, c. 750
Fabbricati costruiti dall'impresa costruttrice e destinati alla vendita (purché non locati) [2]	0,10%	Azzeramento	0,25%	Art. 1, c. 751
Terreni agricoli	0,76%	Azzeramento	1,06%	Art. 1, c. 752
Fabbricati gruppo D	0,86% (di cui 0,76% di competenza dello Stato e 0,10% di competenza del Comune)	0,76%	1,06%	Art. 1, c. 753

[1] La misura massima dell'aliquota può essere aumentata, a decorrere dall'anno 2020, di un ulteriore 0,08% per compensare il mancato gettito derivante dall'abrogato tributo della TASI. Negli anni successivi l'ente può esclusivamente operare la riduzione di tale ulteriore maggiorazione, essendo preclusa ogni altra variazione in aumento.

[2] A partire dal 1° gennaio 2022 per tali fabbricati, purché permanga la destinazione di vendita e non siano locati, è prevista l'esenzione.

È possibile consultare le aliquote adottate dal singolo Comune (nonché i regolamenti depositati) sul sito del Ministero dell'Economia e delle Finanze - Dipartimento delle Finanze.

I Comuni hanno facoltà di disporre altresì **regolamentazioni specifiche** del tributo riguardo (art. 1, c. 755, c. 769, c. 775 e c. 777, Legge n. 160/2019):

- diversificazione delle aliquote in relazione alle differenti tipologie di immobili;
- casistiche per l'obbligatorietà di presentazione della dichiarazione;
- condizioni attenuanti o esimenti per l'irrogazione delle sanzioni;
- facoltà di esecuzione di un unico versamento in caso di contitolarità dell'obbligo tributario;
- differenziazione dei termini di versamento in particolari situazioni;
- previsione del rimborso per l'imposta pagata per le aree divenute inedificabili;
- determinazione valori venali in comune commercio delle aree fabbricabili;
- esenzione dell'immobile concesso in comodato gratuito al Comune o ad altro Ente territoriale (o Ente non commerciale) per l'esercizio di scopi istituzionali o statutari;
- riduzione delle aliquote per i soggetti passivi che adempiono al pagamento mediante autorizzazione permanente all'addebito (SDD) sul proprio conto corrente bancario o postale (art. 118-ter, D.L. n. 34/2020).

Procedura di calcolo

L'imposta va determinata secondo la seguente procedura di calcolo:

- individuazione della rendita catastale,
- rivalutazione della rendita catastale (5%),
- applicazione del coefficiente di moltiplicazione,
- abbattimento dell'imponibile con le riduzioni eventualmente applicabili,
- applicazione dell'aliquota e delle eventuali detrazioni,
- rapporto alla percentuale di possesso,
- rapporto al periodo dell'anno di possesso,
- arrotondamento.

CASO 2 - Calcolo IMU immobile concesso in comodato

Immobile di categoria A/2 acquistato il 28 marzo e concesso in comodato al figlio.
Rendita castale 186,20
Rivalutazione 186,20 x 5% = 9,31 - Rendita rivalutata € 195,51.

Applicazione coefficiente di moltiplicazione 195,51 x 160 = 31.281,60.
Riduzione applicabile (comodato) 31.281,60 * 50% = 15.640,80 (base imponibile).
Imposta 15.640,80 x 1,06% = € 165,79.
Percentuale di possesso 100% = 165,79.
Mesi posseduti nell'anno 9/12 (periodo di possesso nel mese di marzo inferiore a 15 giorni non va considerato) 165,79 x 9/12 = 124,34.
Acconto da erogare entro il 16/6 = € 62,17 (per arrotondamento € 62).
Saldo da erogare entro il 16/12 = € 62,17 (per arrotondamento € 62).

Esenzioni 67.2.5.

Sono previste specifiche esenzioni dall'imposizione, al ricorrere di ben definiti requisiti, per talune tipologie di immobili:
- **abitazioni principali**;
- **terreni agricoli**;
- **posseduti dallo Stato** o con particolare destinazione;
- ubicati in territori colpiti da **calamità naturali**;
- immobili gestiti dai proprietari (o comunque dai soggetti passivi IMU) per l'esercizio di attività interessate dalle restrizioni connesse all'emergenza epidemiologica da "**Covid-19**";
- immobili abitativi concessi in locazione da persone fisiche per i quali risulti sospesa l'esecuzione dello **sfratto per morosità** (esenzione dall'imposta limitata all'anno 2021).

Abitazioni principali

L'imposta municipale propria non si applica al possesso dell'abitazione principale ad eccezione di quelle "di lusso" (classificate nelle categorie catastali A/1, A/8 e A/9).
Per abitazione principale si intende l'immobile, iscritto o iscrivibile nel catasto edilizio urbano come **unica unità immobiliare**, nel quale il possessore **e il suo nucleo familiare dimorano abitualmente** e **risiedono anagraficamente** (art. 1, c. 741, Legge n. 160/2019).

Ai fini del riconoscimento dell'agevolazione, la destinazione ad abitazione principale non può rivestire carattere meramente formale, ma deve coincidere con la **residenza effettiva**. Le risultanze anagrafiche possono essere superate da prova contraria, la cui valutazione è riservata al giudice di merito (Cass. ord. 17 aprile 2018, n. 9429).

L'esenzione è fruibile in relazione ad un **unico immobile** anche nel caso in cui i componenti familiari abbiano stabilito la dimora abituale e la residenza anagrafica in immobili diversi nell'**ambito dello stesso Comune o in Comuni diversi** (art. 1, c. 741, Legge n. 160/2019).

Per la giurisprudenza, l'agevolazione relativa all'abitazione principale **non può** in ogni caso **essere riconosciuta** qualora i **coniugi**, non legalmente separati, **abbiano fissato la residenza** anagrafica **in Comuni differenti** (Cass. 24 settembre 2020, n. 20130, Cass. 17 giugno 2021, n. 17408, Cass. 17 gennaio 2022, n. 1199).

Sono **assimilate alle abitazioni principali**, e pertanto esclusi da imposizione, le seguenti tipologie di immobile:

Tipologia immobile	Note
Immobili destinati ad abitazione principale	Salvo che l'immobile non risulti classificato nelle categorie c.d. "di lusso": A/1 (abitazioni di tipo signorile) - A/8 (ville) - A/9 (Castelli o palazzi di pregio artistico/storico) (art. 1, c. 740, Legge n. 160/2019)
Pertinenze dell'abitazione principale	Nel limite di una unità pertinenziale per ciascuna delle categorie catastali C/2 (magazzini e depositi), C/6 (autorimesse, rimesse, stalle e scuderie) e C/7 (tettoie chiuse od aperte) (art. 1, c. 740, Legge n. 160/2019)
Immobili appartenenti alle cooperative edilizie a proprietà indivisa	Adibite ad abitazione principale e relative pertinenze dei soci assegnatari o destinati a studenti universitari soci assegnatari (in deroga al requisito di residenza anagrafica) (art. 1, c. 741, lett. c), Legge n. 160/2019)
Fabbricati di civile abitazione destinati ad alloggi sociali adibiti ad abitazione principale	(art. 1, c. 741, lett. c), Legge n. 160/2019)

Tipologia immobile	Note
Casa familiare assegnata al genitore affidatario dei figli a seguito di provvedimento che costituisce il diritto di abitazione	Il diritto di abitazione assegnata al genitore affidatario è un diritto reale attribuito ai soli fini IMU (art. 1, c. 741, lett. c), Legge n. 160/2019)
Immobile, iscritto o iscrivibile nel catasto edilizio urbano come unica unità immobiliare, posseduto, e non concesso in locazione, dal personale in servizio permanente appartenente alle Forze armate e alle Forze di polizia ad ordinamento militare e da quello dipendente delle Forze di polizia ad ordinamento civile, nonché dal personale del Corpo nazionale dei vigili del fuoco e dal personale appartenente alla carriera prefettizia	In deroga al requisito di residenza anagrafica (art. 1, c. 741, lett. c), Legge n. 160/2019)
Unica unità posseduta da anziani o disabili che acquisiscono la residenza in istituti di ricovero[1]	A condizione che il ricovero sia permanente e che l'immobile non risulti locato (art. 1, c. 741, lett. c), Legge n. 160/2019)

[1] L'assimilazione ad abitazione principale di questa casistica resta di competenza decisionale del singolo Comune.

CASO 3 - Cambio di residenza in corso d'anno, perdita del requisito agevolativo

Il soggetto possessore di un unico immobile abitativo che trasferisce la propria residenza anagrafica in altro Comune perde il requisito di "abitazione principale" e deve riconoscere l'imposta per il periodo residuo.
Immobile categoria A/2 - rendita catastale € 755,32 posseduto al 100%
Trasferimento residenza in data 2 luglio 2019
Determinazione imposta:
- Rivalutazione 755,32 x 5% = 37,77
- Rendita rivalutata 755,32 + 37,77 = € 793,09

Applicazione coefficiente di moltiplicazione 793,09 x 160 = 126.894,00 (base imponibile):
- Imposta 126.894,00 x 1,06% = 1.345,08
- Periodo non coperto da agevolazione ab. Principale = mesi 6
- Imposta annuale 1.345,08/12 = € 112,09 x 6 mesi = 672,54 (per arrotondamento € 673,00)

L'esonero da imposizione è esteso alle **pertinenze** dell'abitazioni principale intendendosi per tali esclusivamente quelle classificate nelle **categorie catastali C/2, C/6 e C/7**, nella misura massima di **un'unità pertinenziale** per ciascuna delle categorie catastali indicate, anche se iscritte in catasto unitamente all'unità ad uso abitativo.
Le pertinenze dell'abitazione principale eccedenti il numero massimo risulteranno soggette ad IMU (fabbricati diversi).
Qualora **due pertinenze** della stessa categoria catastale risultino accatastate unitamente all'unità abitativa (con attribuzione di una unica rendita) risulterà assimilabile all'abitazione principale **una sola** ulteriore pertinenza di categoria catastale differente (circ. 18 maggio 2012, n. 3/DF).

Terreni agricoli

I terreni agricoli (destinati alla coltivazione, selvicoltura, funghicoltura, allevamento di animali) se posseduti e condotti da coltivatori diretti o Imprenditore agricolo professionale (IAP), risultano sempre esenti da IMU.

Imprenditore agricolo è chi esercita un'attività di coltivazione del fondo, selvicoltura, allevamento di animali e attività connesse (art. 2135 c.c.) direttamente, o in qualità di socio di società, per almeno il 50% del proprio tempo di lavoro e che consegua, da tale attività, una quota pari ad almeno il 50% del proprio reddito di lavoro complessivo.
Coltivatore diretto è colui che coltiva il fondo con lavoro prevalentemente proprio e di suoi familiari.

La medesima esenzione risulta applicabile anche qualora i terreni agricoli siano posseduti o condotti da **società agricole** che rivestono la qualifica di "IAP - Imprenditore Agricolo Professionale" (art. 16-ter, D.L. n. 34/2019):

- da **familiari coadiuvanti del coltivatore diretto**, purché appartenenti al medesimo nucleo familiare e iscritti nella gestione previdenziale agricola quali coltivatori diretti (Legge n. 145/2018);

L'estensione dell'agevolazione ai familiari coadiuvanti del coltivatore diretto è efficace anche anteriormente il periodo di imposta 2019 (art. 78-bis, D.L. n. 104/2020).

- da **pensionati** che proseguono l'attività di coltivatore diretto mantenendo l'iscrizione nella relativa gestione previdenziale (art. 78-bis, D.L. n. 104/2020).

Le **società agricole** sono considerate "IAP" qualora nello statuto sia previsto l'oggetto sociale di esercizio esclusivo di coltivazione del fondo, selvicoltura, allevamento di animali e attività connesse, e qualora nella propria compagine siano presenti soggetti con qualifica di IAP nelle seguenti misure (art. 1, c. 3, D.Lgs. 29 marzo 2004, n. 99):

- almeno un socio nelle società di persone (per le società in accomandita la qualifica va riferita ai soci accomandatari);
- almeno un socio amministratore nelle società cooperative;
- almeno un amministratore nel caso di società di capitali.

Se posseduti da **soggetti diversi**, risultano esenti dall'imposta quelli iscritti in catasto con qualsiasi destinazione d'uso compreso quello non coltivato (art. 1, c. 741, Legge n. 160/2019) **aventi le seguenti caratteristiche** (art. 1, c. 758, Legge n. 160/2019):

Tipologia immobile	Note
Posseduti e condotti dai coltivatori diretti e dagli IAP iscritti alla previdenza agricola (incluse le società agricole)	Indipendentemente dalla loro ubicazione
Ubicati nei Comuni delle isoli minori	Isole Tremiti (San Nicola, San Domino, Capraia, Pianosa), Pantelleria, Isole Pelagie (Lampedusa, Lampione, Linosa), Isole Egadi (Favignana, Levanzo, Marettimo, Formica), Ustica, Isole Eolie (Lipari, Vulcano, Alicudi, Filicudi, Stromboli, Panarea), Salina, Isole Suscitane (Sant'Antioco, San Pietro), Isole del Nord Sardegna (La Maddalena, Caprera, Santo Stefano, Spargi, Santa Maria, Budelli, Razzoli, Mortorio, Tavolara, Molara, Asinara), Isole Partenopee (Capri, Ischia, Procida, Nisida, Vivara), Isole Ponziane (Ponza, Palmarola, Zannone), Ventotene, Santo Stefano, Isole Toscane (Elba, Pianosa, Montecristo), Isola del Giglio, Giannutri, Formiche di Grosseto Capraia, Gorgona, Secche della Meloria, Arcipelago di Porto Venere (Palmaria, Tino, Tinetto), Isola del Lago D'Iseo.
A immutabile destinazione agro-silvo-pastorale a proprietà collettiva indivisibile e inusucapibile	
Ricadenti in aree montane o di collina delimitate ai sensi dell'art. 15, Legge n. 984/1977	

Negli altri casi l'IMU va calcolata sul valore ottenuto applicando all'ammontare del reddito dominicale risultante in catasto, vigente al 1° gennaio dell'anno di imposizione, rivalutato del 25%, un moltiplicatore pari a 135 (rapportato al periodo dell'anno ed alla percentuale di possesso).

Valorizzazione dei piccoli borghi

In favore degli artigiani e degli esercenti attività di commercio al dettaglio in Comuni con popolazione fino a 500 abitanti delle aree interne, è prevista l'erogazione di un contributo per il pagamento dell'imposta dovuta sugli immobili posseduti ed utilizzati per l'esercizio dell'attività economica (art. 1, c. 353, Legge n. 234/2021).

Altre tipologie di immobili non soggette ad imposizione

Risultano altresì esenti dall'imposta le seguenti tipologie di immobili (art. 1, c. 759, Legge n. 160/2019):

Tipologia immobile	Note
Immobili posseduti dallo Stato e dai Comuni	
Immobili posseduti da Regioni, Provincie, comunità montane, consorzi tra detti enti, enti del SSN destinati esclusivamente ai compiti istituzionali	Relativamente agli immobili situati nell'ambito del proprio territorio
Fabbricati classificati o classificabili nelle categorie catastali da E/1 a E/9	
Fabbricati con destinazione ad usi culturali aperti al pubblico	Musei, biblioteche, archivi, cineteche, emeroteche statali (di privati, di enti pubblici, di istituzioni e fondazioni) parchi e giardini.
Fabbricati destinati esclusivamente all'esercizio del culto e le loro pertinenze	
Fabbricati di proprietà della Santa Sede	
Fabbricati appartenenti agli Stati esteri e alle organizzazioni internazionali	Per i quali sia prevista l'esenzione dall'imposta locale sul reddito dei fabbricati in base ad accordi internazionali resi esecutivi in Italia
Immobili posseduti utilizzati da enti pubblici e privati (diversi dalle società, compresi trust che non hanno per oggetto esclusivo o principale l'esercizio di attività commerciale e OICR), destinati esclusivamente allo svolgimento con modalità non commerciali di attività assistenziali, previdenziali, sanitarie, di ricerca scientifica, didattiche, ricettive, culturali, ricreative e sportive, di religione o di culto, quelle dirette all'esercizio del culto e alla cura delle anime, alla formazione del clero e dei religiosi, a scopi missionari, alla catechesi, all'educazione cristiana	Purché l'attività esercitata sia di tipo "non commerciale". Gli immobili posseduti da partiti politici restano comunque assoggettati all'imposta indipendentemente dalla destinazione d'uso dell'immobile (art. 7, D.Lgs. n. 504/1992)
Fabbricati rurali ad uso strumentale ubicati nei Comuni montani o parzialmente montani	(art. 9, c. 8, D.Lgs. n. 23/2011)
Immobili danneggiati da eventi sismici fino alla ricostruzione ed agibilità e comunque non oltre il 31 dicembre 2022	Immobili ubicati nei territori colpiti dagli eventi sismici nelle Regioni Abruzzo, Lazio, Marche, Umbria ed in alcuni Comuni dell'isola di Ischia (art. 6, D.L. n. 39/2009; art. 48, c. 16, D.L. n. 189/2016)
Fabbricati ubicati nei Comuni dell'Emilia-Romagna, Lombardia e Veneto colpiti dal sisma del 20 e del 29 maggio 2012	Fino alla definitiva ricostruzione e agibilità dei fabbricati interessati e comunque non oltre il 31 dicembre 2021 (art. 8, c. 3, D.L. 6 giugno 2012, n. 74)
Immobili situati nei Comuni delle Regioni del Lazio, dell'Umbria, delle Marche e dell'Abruzzo interessati dagli eventi sismici che si sono susseguiti a far data dal 24 agosto 2016, detenuti da imprese che intraprendono una nuova attività in tali zone entro il 31 dicembre 2021	Ad eccezione delle imprese che svolgono attività appartenenti alla categoria F della codifica ATECO 2007 che alla data del 24 agosto 2016 non avevano la sede legale o operativa nelle zone colpite dell'evento calamitoso (art. 46, c. 3, D.L. 24 aprile 2017, n. 50)
Immobili situati nelle zone del Comune di Genova soggetti ad ordinanze sindacali di sgombero a causa del crollo del "ponte Morandi"	Limitatamente alle rate in scadenza nel periodo compreso tra il 14 agosto 2018 ed il 31 dicembre 2020 (art. 3, c. 1. D.L. 28 settembre 2018, n. 109)

Tipologia immobile	Note
Immobili situati nella Zfu Genova posseduti ed utilizzati dai beneficiari per l'esercizio di attività economica (di impresa o professionale)	Esclusivamente per i periodi di imposta 2018 e 2019 e per gli immobili situati nel perimetro della Zfu che comprende le sezioni municipali di Valpolcevera, Centro Ovest, Centro Est, Medio Ponente e Ponente nonché i Comuni di Campomorone, Ceranesi, Mignanego, San'Olcese e Serra Riccò (Mise circ. 7 marzo 2019, n. 73726).

Le esenzioni previste per gli immobili posseduti da **Consorzi tra enti territoriali** risultano applicabili anche ai consorzi costituiti tra enti territoriali ed altri enti esenti ai sensi della medesima disposizione (art. 31, c. 18, Legge 27 dicembre 2002, n. 289).
Gli immobili dei **Consorzi che esercitano attività economica**, seppur di pubblica utilità, non possono godere della esenzione non potendosi estendere il concetto di "compiti istituzionali", trattandosi di norma speciale non suscettibile di applicazione estensiva.

Casi particolari 67.2.6.

Abitazioni di lusso - Il possesso di una abitazione principale iscritta in catasto in una delle categorie A/1, A/8 e A/9 determina l'imposizione anche in relazione alle relative pertinenze (art. 13, c. 2, D.L. 6 dicembre 2011, n. 201).
L'aliquota per tali immobili è tuttavia determinata in misura ridotta e con l'applicazione di una detrazione dalla base imponibile dall'imposta pari ad euro 200,00, da rapportare (art. 1, c. 749, Legge n. 160/2019)

- al **periodo** dell'anno durante il quale si protrae tale destinazione;
- proporzionalmente alla **quota posseduta** (qualora l'immobile sia adibito ad abitazione principale da più soggetti).

Ai fini della fruizione della detrazione prevista per le abitazioni principali, è necessario che la medesima abitazione costituisca dimora abituale dell'intero nucleo familiare. Non sorge il diritto alla detrazione nel caso in cui il solo contribuente risulti residente nell'immobile (Cass. 9 gennaio 2018, n. 303).

CASO 4 - Calcolo IMU abitazione di lusso
Abitazione A/1 Rendita (850,40 + 5%) x 160 = 142.867,20 x 5‰ = 714,34.
Cantina C/2 Rendita (42,18 + 5%) x 160 = 7.086,24 x 5‰ = 35,43.
Totale IMU 714,34 + 35,43 - detrazione € 200,00 = 549,77.

Fabbricati locati

Se l'immobile risulta locato a canone concordato (contratti concordati tra le organizzazioni sindacali degli inquilini ed il Comune, art. 5, c. 3, Legge n. 431/1998) l'imposta è ridotta al 75% (art. 1, c. 760, Legge n. 160/2019).

CASO 5 - Calcolo IMU fabbricati locati
Abitazione A/3 Rendita (232,00 + 5%) x 160 = 38.976,00 x 8,6‰ (aliquota fabbricati diversi Comune X) = € 335,19
Riduzione canone concordato = 335,19 x 75% = € 251,39 (IMU da corrispondere)

Locazione di parte dell'abitazione principale - Nella particolare ipotesi che sia locata una porzione di immobile adibito ad abitazione principale, l'IMU sarà sostitutiva dell'IRPEF solo nel caso in cui l'importo della rendita catastale rivalutata risulti maggiore del canone annuo di locazione (al netto della riduzione spettante se non sussiste opzione per la cedolare secca) (circ. 11 marzo 2013, n. 5/E).

Alloggi IACP

È prevista una detrazione di euro 200,00 annuali applicabile in relazione agli alloggi regolarmente assegnati dagli IACP o altri enti di edilizia residenziale pubblica, proporzionalmente al periodo dell'anno per il quale l'immobile risulta assegnato (art. 1, c. 749, Legge n. 160/2019).

Fabbricati rurali

Per i fabbricati riconosciuti come rurali (a seguito di apposita istanza da presentare all'Ufficio provinciale del Territorio) è prevista una aliquota agevolata pari allo 0,10%, non elevabile dall'ente locale (che ne può regolamentare solo l'azzeramento).

Si considerano **fabbricati rurali strumentali**, in quanto necessari allo svolgimento dell'attività agricola, se destinati:

- alla protezione delle piante;
- alla conservazione dei prodotti agricoli;
- custodia delle macchine agricole, degli attrezzi e delle scorte occorrenti per la coltivazione e l'allevamento;
- all'allevamento e al ricovero degli animali;
- all'agriturismo;
- ad abitazione dei dipendenti esercenti attività agricole nell'azienda a tempo indeterminato o a tempo determinato per un numero annuo di giornate lavorative superiore a cento, assunti in conformità alla normativa vigente in materia di collocamento;
- alle persone addette all'attività di alpeggio in zona di montagna;
- ad uso di ufficio dell'azienda agricola;
- alla manipolazione, trasformazione, conservazione, valorizzazione o commercializzazione dei prodotti agricoli, anche se effettuate da cooperative e loro consorzi (art. 1, c. 2, D.Lgs. 18 maggio 2001, n. 228);
- all'esercizio dell'attività agricola in maso chiuso.

Il riconoscimento della ruralità è in ogni caso sganciato dall'attribuzione della categoria catastale (Dipartimento delle Finanze, circ. 18 maggio 2012, n. 3/DF).
La Cassazione si è tuttavia espressa in senso contrario ritenendo rilevante l'oggettiva classificazione catastale, senza che assuma rilevanza la strumentalità dell'immobile all'attività agricola (Cass. 9 marzo 2018, n. 5769).

Aree di demolizione

In caso di utilizzazione edificatoria dell'area di demolizione di fabbricato, di interventi di recupero, la base imponibile è costituita dal valore dell'area (considerata fabbricabile) senza computare il valore del fabbricato in corso d'opera, fino alla data di ultimazione dei lavori (o data di effettivo utilizzo) (art. 1, c. 746, Legge n. 160/2019).

Aree fabbricabili

L'area fabbricabile, intendendosi per tale quella utilizzabile a scopo edificatorio in base allo strumento urbanistico generale adottato dal Comune, indipendentemente dall'approvazione della Regione e dall'adozione di strumenti attuativi del medesimo (art. 36, c. 2, D.L. 4 luglio 2006, n. 223), è soggetta ad IMU con base imponibile costituita dal valore venale in comune commercio (determinato al 1° gennaio dell'anno di imposizione, ovvero dall'adozione degli strumenti urbanistici, ragguagliato al periodo ed alla percentuale di possesso).

Il **valore venale in comune commercio** deve essere determinato con riguardo a (art. 1, c. 746, Legge n. 160/2019):

- zona territoriale di ubicazione;
- indice di edificabilità;
- destinazione d'uso consentita;
- oneri per eventuali lavori di adattamento del terreno;
- prezzi medi rilevati sul mercato per vendite di aree con caratteristiche analoghe.

L'area è da intendersi fabbricabile anche se solo potenzialmente edificabile secondo i criteri previsti agli effetti dell'indennità di espropriazione per pubblica utilità (art. 1, c. 741, Legge 27 dicembre 2019, n. 160).

Non sono considerati fabbricabili i terreni posseduti e condotti dai coltivatori diretti e dagli imprenditori agricoli professionali (art. 1, c. 741, Legge 27 dicembre 2019, n. 160).

L'area è da considerarsi edificabile (e suscettibile di autonoma tassazione) fino al momento di ultimazione della costruzione di un fabbricato (o all'effettivo utilizzo dello stesso).

Il contribuente può verificare l'edificabilità dell'area mediante richiesta di un certificato di destinazione urbanistica, e procedere al raffronto del valore venale da assoggettare ad imposta con quello eventualmente predeterminato dall'ente locale ai fini dell'accertamento.

Fabbricati gruppo D non accatastati

Per i fabbricati che per caratteristiche risultano classificabili nel gruppo D, ma che non risultano iscritti in catasto al 1° gennaio dell'anno di riferimento del tributo, qualora posseduti da imprese che hanno provveduto alla distinta contabilizzazione in bilancio, la base imponibile è determinata in riferimento a (art. 1, c. 746, Legge 27 dicembre 2019, n. 160):

- costo di acquisto (comprensivo dei costi incrementativi sostenuti negli anni successivi, al lordo delle quote di ammortamento), come risultante al 1° gennaio (o data di acquisizione qualora successiva);
- coefficiente di rivalutazione (aggiornato annualmente sulla base di decreto ministeriale).

Coefficiente rivalutazione immobili gruppo D non accatastati Decr. 7 maggio 2021	
Anno	**Coefficiente**
2021	1,01
2020	1,01
2019	1,02
2018	1,03
2017	1,04
2016	1,04
2015	1,04
2014	1,04
2013	1,05
2012	1,07
2011	1,11
2010	1,12
2009	1,13
2008	1,18
2007	1,22
2006	1,25
2005	1,29
2004	1,36
2003	1,41
2002	1,46
2001	1,49
2000	1,54
1999	1,57
1998	1,59
1997	1,63
1996	1,68
1995	1,73
1994	1,79
1993	1,82
1992	1,84
1991	1,87
1990	1,96
1989	2,05

Coefficiente rivalutazione immobili gruppo D non accatastati Decr. 7 maggio 2021	
Anno	**Coefficiente**
1988	2,14
1987	2,32
1986	2,50
1985	2,68
1984	2,86
1983	3,04
1982 e precedenti	3,21

CASO 6 - Calcolo IMU fabbricati gruppo D non accatastati

Capannone industriale iscrivibile alla categoria D/1 non accatastato.
Costo di acquisto sostenuto nel 2011 € 350.000,00.
Spese incrementative sostenute nell'anno 2012 € 18.500,00.
Spese incrementative sostenute nell'anno 2021 € 12.000,00.
Calcolo base imponibile anno 2021:
Costo di acquisto rivalutato = € 350.000,00 x 1, 11 = € 388.500,00;
Spese incrementative anno 2012 rivalutate= € 18.500,00 x 1,07 = € 19.795,00;
Spese incrementative anno 2021 non rilevano (rileveranno sulla base imponibile anno 2022);
Totale Imponibile € 388.500,00 + € 19.795,00 = € 408.295,00;
IMU € 408.295,00 x 8,6‰ = € 3.511,00 (imp. arrotondato).

L'eventuale rivalutazione del fabbricato (effettuata ai sensi delle Legge n. 413/1991, Legge n. 342/2000, Legge n. 448/2001, Legge n. 266/2005, D.L. n. 185/2008, Legge n. 147/2013, Legge n. 208/2015, Legge n. 232/2016, Legge n. 145/2018, Legge n. 160/2019 e art. 110, D.L. 104/2020) rileva quale spesa incrementativa a partire dall'anno di iscrizione in bilancio.

La definizione dell'imposta relativa all'anno in cui è richiesto l'accatastamento del fabbricato classificabile nella "categoria D" da possessori titolari di reddito d'impresa, è da ritenersi solo provvisoriamente determinata con il metodo contabile, dovendosi provvedere ad una successiva riliquidazione sulla base dell'attribuzione della rendita e conseguente conguaglio di imposta ovvero diritto al rimborso della maggiore imposta versata (Cass. 11 maggio 2018, n. 11472).
Per i fabbricati per i quali è stato **richiesto l'accatastamento**, il calcolo dell'imposta va effettuato sulla base della rendita catastale proposta (Ministero delle Finanze, circ. 18 maggio 2013, n. 3/DF), che diventa in ogni caso definitiva se non rettificata dall'ufficio entro un anno dalla presentazione.
In caso di **leasing**, qualora per il fabbricato non sia ancora stata presentata istanza per l'accatastamento (con proposta di rendita), il locatore sarà tenuto a fornire al locatario i dati contabili necessari per la determinazione dell'imposta (art. 1, c. 746, Legge n. 160/2019).
In caso di leasing "traslativo", individuato dalla giurisprudenza nelle ipotesi in cui prevalga il fine di traslare la proprietà del bene piuttosto che la sua mera utilizzazione (Cass. 7 gennaio 1993, n. 65) e riscontrabile qualora il valore economico del bene al termine del contratto risulti apprezzabilmente più elevato del valore di riscatto, dovrà assumersi come base imponibile il valore complessivo del bene ottenuto dalla somma del prezzo di riscatto e della quota capitale di tutte le rate (incluso eventuale maxicanone iniziale).

Fabbricati "merce"

Per le imprese di costruzione è prevista:

- l'imposizione ad aliquota agevolata per gli anni 2020 e 2021;
- l'esenzione da imposizione IMU a partire dall'anno 2022.

Le agevolazioni spettano per gli immobili non ancora venduti (art. 1, c. 751, Legge 27 dicembre 2019, n. 160).

Immobili posseduti da Enti non commerciali

Gli immobili posseduti da enti non commerciali pubblici e privati sono esenti dall'IMU se destinati esclusivamente allo svolgimento delle seguenti attività:

Attività	Definizione - D.M. 19 novembre 2012, n. 200
Assistenziali	Predisposizione ed erogazione di servizi, gratuiti ed a pagamento, o di prestazioni economiche destinate a rimuovere e superare le situazioni di bisogno e di difficoltà che la persona umana incontra nel corso della sua vita, escluse soltanto quelle assicurate dal sistema previdenziale e da quello sanitario, nonché quelle assicurate in sede di amministrazione della giustizia.
Previdenziali	Attività strettamente funzionali e inerenti all'erogazione di prestazioni previdenziali e assistenziali obbligatorie.
Sanitarie	Dirette ad assicurare i livelli essenziali di assistenza (Decreto del Presidente del Consiglio dei Ministri 29 novembre 2001).
Didattiche	Dirette all'istruzione e alla formazione (Legge 28 marzo 2003, n. 53).
Ricettive	Attività che prevedono l'accessibilità limitata ai destinatari propri delle attività istituzionali e la discontinuità nell'apertura nonché, relativamente alla ricettività sociale, quelle dirette a garantire l'esigenza di sistemazioni abitative anche temporanee per bisogni speciali, ovvero svolte nei confronti di persone svantaggiate in ragione di condizioni fisiche, psichiche, economiche, sociali o familiari, escluse in ogni caso le attività svolte in strutture alberghiere e paralberghiere (art. 9, D.Lgs. 23 maggio 2011, n. 79).
Culturali	Attività rivolte a formare e diffondere espressioni della cultura e dell'arte.
Ricreative	Attività dirette all'animazione del tempo libero.
Sportive	Attività rientranti nelle discipline riconosciute dal Comitato olimpico nazionale italiano (CONI) svolte dalle associazioni sportive e dalle relative sezioni non aventi scopo di lucro, affiliate alle federazioni sportive nazionali o agli enti nazionali di promozione sportiva (art. 90, Legge 27 dicembre 2002, n. 289).
Religiose	Dirette all'esercizio del culto e alla cura delle anime, alla formazione del clero e dei religiosi, a scopi missionari, alla catechesi, all'educazione cristiana.

L'esenzione spetta nella misura in cui gli enti esercitano tali attività con **modalità non commerciali**. Tale condizione è comprovata dall'adozione di **clausole di statutarie** in grado di stabilire:

– **limiti e vincoli alla distribuzione** e/o reinvestimento degli utili;
– **devoluzione del patrimonio** in caso di scioglimento.

Ai fini fiscali le **clausole statutarie** sono adeguate a soddisfare il requisito della non commercialità dell'attività quando prevedono:

– divieto di distribuire, anche in modo indiretto, utili e avanzi di gestione nonché fondi, riserve o capitale durante la vita dell'ente, in favore di amministratori, soci, partecipanti, lavoratori o collaboratori, a meno che la destinazione e la distribuzione non siano imposte per legge, ovvero siano effettuate a favore di enti che per legge, statuto o regolamento fanno parte della medesima e unitaria struttura e svolgono la stessa attività ovvero altre attività istituzionali direttamente e specificatamente previste dalla normativa vigente;
– obbligo di reinvestire gli eventuali utili e avanzi di gestione esclusivamente per lo sviluppo delle attività funzionali al perseguimento dello scopo istituzionale di solidarietà sociale;
– obbligo di devolvere il patrimonio, in caso di scioglimento per qualunque causa, ad altro ente non commerciale che svolga un'analoga attività istituzionale, salvo diversa destinazione imposta dalla legge (art. 3, D.M. 19 novembre 2012, n. 200).

Gli Enti non commerciali provvedono al **versamento dell'imposta** (con facoltà di compensazione dei crediti risultanti dalle dichiarazioni presentate a far data dal 1° gennaio 2020, relativi al medesimo Comune) effettuando il pagamento di **due rate di pari importo**, calcolate sulla base dell'imposta complessivamente **dovuta per l'anno precedente** (scadenze ordinarie del **16 giugno** e **16 dicembre**) nonché procedendo al **conguaglio** finale entro il **16 giugno dell'anno successivo**, sulla base delle aliquote risultanti nel sito internet del Dipartimento delle Finanze pubblicate alla data del 28 ottobre dell'anno di riferimento (art. 1, c. 763, Legge n. 160/2019).

Immobili posseduti da Enti non commerciali - Utilizzo misto - Nel caso di utilizzo misto dell'immobile da parte di Enti non commerciali (anche per attività commerciali), l'esenzione risulterà applicabile proporzionalmente alla porzione di superficie destinata allo svolgimento delle attività non commerciali:

– provvedendo all'aggiornamento catastale per la porzione di immobile (laddove individuabile);

- individuando i parametri in grado di determinare la proporzione tra attività commerciale ed attività istituzionale (superficie destinata, numero di addetti, periodi del mese o anno).

La **superficie proporzionalmente esente è determinata** con riferimento (art. 5, D.M. 19 novembre 2012, n. 200):

- allo **spazio destinato alle attività non commerciali** rispetto alla superficie complessiva dei locali utilizzati per le attività dell'ente (qualora l'attività sia organizzata in spazi separati),
- al **numero dei soggetti impiegati** per attività non commerciali rispetto al numero di soggetti totali (per attività miste organizzate nei medesimi locali),
- al **numero dei giorni** in cui è esercitata attività non commerciale, qualora l'utilizzazione mista sia effettuata limitatamente a specifici periodi dell'anno.

> In caso di utilizzo misto si rende necessaria la compilazione della dichiarazione IMU (Mod. IMU/TASI ENC, Decreto 26 giugno 2014) (➡100.2.).

Beni comuni

In caso di beni comuni a più soggetti, gli adempimenti relativi all'imposta e i relativi versamenti sono effettuati da chi amministra il bene (art. 1, c. 768, Legge n. 160/2019), pertanto:

- dall'**amministratore di condominio** (qualora costituito), per gli immobili condominiali accatastati autonomamente;
- dal **curatore** o **commissario liquidatore,** per gli immobili compresi nel fallimento o nella liquidazione coatta amministrativa;
- **amministratore del bene,** per gli immobili sui quali risultano costituiti diritti di godimento a tempo parziale (**multiproprietà**).

67.2.7. Modalità di pagamento

Ciascun soggetto obbligato è tenuto ad effettuare il versamento dell'imposta anche in relazione agli immobili posseduti in comproprietà (per l'imposta liquidata pro-quota) (➡100.3.).

Il versamento dell'imposta va effettuato in due rate di pari importo entro il:

- **16 giugno** (versamento in acconto);
- **16 dicembre** (versamento a saldo).

Ovvero il contribuente può provvedere in unica soluzione (art. 1, c. 762, Legge n. 160/2019) entro il 16 giugno.

L'**acconto** va calcolato sulla base del **primo semestre solare** di possesso con applicazione delle aliquote vigenti e delle detrazioni spettanti nell'anno precedente (art. 1, c. 762, Legge n. 160/2019).

La rata di **saldo** (a conguaglio dell'imposta dovuta per l'intero anno) va determinata sulla base delle aliquote pubblicate, alla data del **28 ottobre** di ciascun anno, nel sito internet del Dipartimento delle Finanze del Ministero dell'Economia e delle Finanze (art. 1, c. 762, Legge n. 160/2019).

> I dati pubblicati nel **prospetto delle aliquote** disponibile sul sito del Dipartimento delle Finanze, assumono **piena efficacia** prevalendo anche sul contenuto, qualora difforme, del regolamento comunale (art. 1, c. 764, Legge n. 160/2019). Nel caso in cui il Comune non provveda alla pubblicazione dei dati entro il termine del 28 ottobre, risulteranno applicabili il regolamento e le aliquote vigenti nel precedente periodo di imposta (art. 1, c. 767, Legge n. 160/2019)

Il pagamento può essere effettuato mediante:

- **Mod. F24** (ordinario o semplificato),
- **bollettino postale** (c/c postale n. 1008857615) in modalità cartacea o telematica gestita da Poste Italiane Spa;
- mediante intermediari abilitati alla piattaforma digitale "PagoPA" (tale modalità sarà operativa solo a seguito dell'emanazione del previsto decreto interministeriale) (art. 1, c. 765, Legge n. 160/2019);
- autorizzazione di addebito permanente sul c/c bancario o postale (qualora tale modalità sia espressamente deliberata dall'Ente Territoriale).

In tutti i casi andranno indicati, nelle apposite sezioni:

- dati anagrafici dell'obbligato;
- numero degli immobili;
- tipologia degli immobili;
- codice catastale del Comune (se si utilizzano i bollettini andrà compilato un bollettino postale differente per ogni Comune cui è destinato il tributo);
- se si tratta di acconto e/o saldo e anno di competenza;
- se si tratta di importi versati a seguito di ravvedimento operoso;

- se gli immobili risultano variati rispetto alla precedente dichiarazione.

Se il soggetto obbligato è residente all'estero è possibile provvedere al versamento anche mediante bonifico bancario o vaglia postale internazionale (Dipartimento delle Finanze, circ. 18 maggio 2012, n. 3/DF).

L'importo deve essere **arrotondato** all'unità di euro:
- per eccesso, se uguale o superiore a 50 centesimi;
- per difetto se inferiore a 50 centesimi (art. 1, c. 166, Legge 27 dicembre 2006, n. 296).

Il pagamento non è dovuto se l'imposta risulta **non superiore a 12 euro** (opportuno tuttavia consultare il regolamento comunale per verificare differenti limiti (art. 1, c. 168, Legge 27 dicembre 2006, n. 296).
Se la sola rata di acconto risulta inferiore a detto limite andrà liquidata l'intera imposta alla scadenza del saldo (ris. 12 aprile 2012, n. 35/E).

Immobili gruppo D - Qualora il Comune abbia deliberato una aliquota aggiuntiva per gli immobili di categoria D, il tributo andrà versato con due distinti codici tributo (cod. 3925 per la quota pari allo 0,76 di competenza dello Stato, cod. 3930 per l'eventuale aliquota aggiuntiva deliberata dal Comune).

Immobili in multiproprietà o posseduti in ambito di condominio - Il versamento va effettuato dall'Amministratore della comunione (o del Condominio) con diritto di rivalsa sui singoli titolari.

Codici tributo (ris. 29 maggio 2020, n. 29/E)		
Tipologia immobile	**Competenza**	**Codice F24**
Abitazione principale e relative pertinenze	Comune	3912
Fabbricati rurali ad uso strumentale	Comune	3913
Terreni	Comune	3914
Aree fabbricabili	Comune	3916
Altri fabbricati	Comune	3918
Interessi da accertamento	Comune	3923
Sanzioni da accertamento	Comune	3924
Immobili ad uso produttivo classificati nel gruppo catastale D	Stato	3925
	Comune	3930
Fabbricati costruiti e destinati dall'impresa costruttrice alle vendite	Comune	3939

Dichiarazione 67.2.8.

La **dichiarazione IMU** va presentata in seguito all'acquisizione del possesso degli immobili e qualora siano intervenute variazioni rilevanti ai fini della determinazione dell'imposta (art. 1, c. 769, Legge n. 160/2019) .
Fino all'emanazione del decreto ministeriale che dovrà disciplinare puntualmente i casi che richiedono la presentazione della dichiarazione, si dovrà far riferimento alle disposizioni vigenti alla data del 31 dicembre 2019, e pertanto provvedere all'inoltro della dichiarazione esclusivamente nei casi in cui si siano generate variazioni non già conoscibili al Comune interessato (D.M. 30 ottobre 2012) (➔**100.1.**).
Non risulta pertanto necessario presentare la dichiarazione in relazione a:
- acquisto, vendita, trasferimenti immobiliari per i quali il Notaio rogante (o altro soggetto abilitato) abbia provveduto alla regolare trascrizione a mezzo del Modello Unico Informatico (MUI);
- variazioni dei dati di classamento o di rendita;
- mutamento delle condizioni del requisito di abitazione principale;
- pertinenze dell'abitazione principale.

Non risulta inoltre necessaria la presentazione della dichiarazione per godere delle esenzioni e/o riduzioni di aliquota relative a:
- fabbricati posseduti a titolo di proprietà o usufrutto da anziani o disabili che acquisiscono la residenza in istituti di ricovero;

- fabbricati rurali ad uso strumentale;
- immobili concessi in comodato d'uso a parenti in linea retta entro il primo grado che la adibiscono ad abitazione principale (art. 13, c. 3, D.L. 6 dicembre 2011, n. 201);
- immobili locati a canone concordato (art. 13, c. 6-bis, D.L. 6 dicembre 2011, n. 201).

La presentazione della dichiarazione si rende necessaria viceversa nei seguenti casi:

Casi di presentazione della dichiarazione IMU		
Finalità comunicazione	**Fattispecie**	**Note**
Riduzione dell'imposta	Fabbricati dichiarati inagibili o inabitabili e di fatto non utilizzati	
	Fabbricati di interesse storico od artistico	
	Terreni agricoli posseduti da coltivatori diretti o IAP	La dichiarazione va presentata in caso di acquisto o perdita dei requisiti di coltivatore diretto o IAP
	Immobili non produttivi di reddito fondiario	Immobili per i quali il Comune ha facoltà di introdurre aliquote agevolate
	Immobili posseduti da soggetti IRES	Immobili per i quali il Comune ha facoltà di introdurre aliquote agevolate
	Immobili locati o affittati	
	Immobili "merce"	
	Immobili in leasing	
Mutamenti della titolarità	Immobile oggetto di atto di concessione amministrativa su aree demaniali	
	Mutamento destinazione di terreno agricolo in area fabbricabile	
	Atto costitutivo, modificativo o traslativo del diritto avente ad oggetto un'area fabbricabile	Da dichiarare qualora il Comune non abbia predeterminato i valori venali in comune commercio delle aree fabbricabili o se in presenza delle stesse il contribuente non abbia inteso adeguarsi
	Area divenuta edificabile a seguito demolizione di un fabbricato	
	Immobile assegnato al socio della cooperativa edilizia a proprietà divisa in via provvisoria	Soggetto tenuto al versamento l'assegnatario
	Immobile assegnato al socio della cooperativa edilizia a proprietà indivisa o è variata la destinazione ad abitazione principale	Ipotesi che ricorre nella circostanza di parziale utilizzazione o adibizione ad abitazione principale ne corso dell'anno
	Immobile concesso in locazione dagli IACP o altri enti di edilizia residenziale pubblica	
	Immobile esente per utilizzazione da parti di enti pubblici e privati	Svolgimento, con modalità non commerciali, di attività assistenziali, previdenziali, sanitarie, di ricerca scientifica, didattiche, ricettive, culturali, ricreative e sportive
	Immobile classificabile nel gruppo castale D, non iscritto in catasto o iscritto senza attribuzione di rendita, posseduto da imprese e distintamente contabilizzato	

Casi di presentazione della dichiarazione IMU		
Finalità comunicazione	**Fattispecie**	**Note**
	Immobile dichiarato inagibile o inabitabile e successivamente recuperato per essere destinato ad attività assistenziali	
	Riunione di usufrutto non dichiarata in catasto	
	Immobile posseduto da persone giuridiche interessate da fusione, incorporazione o scissione	
	Estinzione del diritto di abitazione, uso, enfiteusi o di superficie non dichiarata in catasto	
	Parti comuni censibili di un condominio	Presentata dall'amministratore di condominio
	Immobile oggetto di diritti di godimento a tempo parziale (multiproprietà)	Presentata dall'amministratore di condominio o della comunione
	Acquisto o cessazione di un diritto reale sull'immobile per effetto di legge (ad esempio usufrutto legale dei genitori)	

Immobile in comproprietà tra i coniugi - Nel caso di comproprietà dell'immobile tra coniugi, nel quale risiede e dimora uno solo dei coniugi, lo stesso dovrà dichiarare la spettanza dell'agevolazione (All. 1, D.M. 30 ottobre 2012).

In caso di separazione legale o divorzio ed assegnazione dell'immobile, il coniuge assegnatario dovrà presentare la dichiarazione esclusivamente nell'ipotesi in cui l'immobile destinato ad abitazione principale non sia situato né nel Comune di nascita, né in quello di celebrazione del matrimonio (giacché in questi casi l'acquisizione del diritto di abitazione, anche ai fini tributari, avviene d'ufficio).

Soggetto tenuto alla presentazione della dichiarazione

La dichiarazione va resa sia dal soggetto che ha acquisito lo status di soggetto passivo sia da quello che, a seguito della variazione intervenuto, cessa di esserlo.

In caso di titolarità di più soggetti, la dichiarazione va resa da ciascun di essi per la quota ad esso spettante (All. 1, D.M. 30 ottobre 2012), salvo i casi di:

- costituzione del condominio; obbligo di presentazione da parte dell'amministratore;
- contratti di leasing; la locazione finanziaria per l'acquisto dell'immobile (anche da costruire) comporta l'obbligo dichiarativo solo a carico del locatario (entro 90 giorni dalla stipula del contratto). La società di leasing non ha alcun obbligo dichiarativo. In caso di risoluzione anticipata o mancato esercizio del diritto di riscatto, la condizione di nuova soggettività passiva del tributo va dichiarata da entrambi entro 90 giorni;
- custode cautelare o amministratore giudiziario di beni immobili. Ha l'obbligo di presentazione della dichiarazione solo se previsto dal giudice.

Nel caso di più soggetti titolari di diritti reali sul medesimo immobile sono obbligati alla dichiarazione tutti i contitolari in ragione della propria quota posseduta, salvo facoltà di presentare dichiarazione congiunta da uno qualsiasi dei titolari, purché comprensiva di tutti i contitolari (All. 1, D.M. 30 ottobre 2012).

Modalità e termini di presentazione

La dichiarazione va presentata con riferimento all'anno in cui si è manifestata (o mutata) la condizione e produce i suoi effetti anche per gli anni successivi, mediante compilazione della modulistica reperibile sul sito internet del Ministero delle Finanze o presso gli uffici tributi dei Comuni (approvata con D.M. 30 ottobre 2012).

Il modello va presentato **entro il 30 giugno dell'anno successivo** (art. 1, c. 769, Legge n. 160/2019) a quello in cui ha avuto inizio il possesso degli immobili o si è verificata una variazione rilevante ai fini della determinazione dell'imposta, mediante consegna al Comune sul cui territorio insistono gli immobili dichiarati (art. 6, D.M. 30 ottobre 2012) con una delle seguenti modalità:

- consegna diretta presso l'ufficio tributi del Comune (che è tenuto a rilasciare ricevuta);

- posta raccomandata senza ricevuta di ritorno (la data di spedizione è considerata la data di presentazione);
- trasmissione PEC;
- trasmissione mediante canali telematici dell'Agenzia delle Entrate Fisconline o Entratel.

Gli **enti pubblici e privati diversi dalle società**, i **trust** che non hanno per oggetto esclusivo o principale l'esercizio di attività commerciale nonché gli **organismi di investimento collettivo del risparmio**, residenti nel territorio dello Stato utilizzano, fino ad emanazione del provvedimento di approvazione della nuova modulistica, il Modello **IMU/TASI ENC** (Decreto 26 giugno 2014) (➔100.2.) (art. 1, c. 770, Legge n. 160/2019).

67.2.9. Alternatività IMU - Imposte sui redditi

Qualora l'immobile non sia produttivo di reddito, al fine di evitare una doppia imposizione, è stabilita una alternatività tra imposta locale sugli immobili e imposte sul reddito.

Tipologia immobile e fattispecie	IMU	Imposte sui redditi
Abitazione principale con requisiti esenzione	Esente	Neutralizzato (deduzione pari all'imponibile)
Abitazione principale senza requisiti esenzione	Soggetta	Esente
Altri fabbricati ad uso abitativo situati nello stesso Comune dell'abitazione principale	Soggetti	50%
Altri fabbricati non locati	Soggetti	Esente
Altri fabbricati locati a canone concordato	Soggetti con riduzione del 25% della base imponibile	Soggetti con riduzione del 30% della base imponibile
Terreni agricoli senza requisiti esenzione ed aree edificabili (non affittati)	Soggetti	Esente
Terreni agricoli senza requisiti esenzione ed aree edificabili (affittati)	Soggetti	Soggetti

67.2.10. Sanzioni

Risultano applicabili le seguenti sanzioni (art. 1, c. 774 e 775, Legge n. 160/2019):
- **omessa presentazione** della dichiarazione: sanzione amministrativa dal 100 al 200% dell'imposta o del diritto dovuti (con un minimo di 50,00 euro);
- **dichiarazione infedele**: sanzione amministrativa dal 50 al 100% della maggiore imposta dovuta, con un minimo di euro 50,00;
- **omesso o insufficiente versamento** dell'imposta: sanzione amministrativa pari al 30%.

Risultano, inoltre, applicabili:
- la **riduzione delle sanzioni**, qualora entro il termine per ricorrere alle commissioni tributarie intervenga acquiescenza del contribuente con il pagamento del tributo (se dovuto), della sanzione e degli interessi (art. 1, c. 775, Legge n. 160/2019);
- l'istituto del **ravvedimento operoso** (art. 13, D.Lgs. n. 472/1997).

67.2.11. Accertamento

L'accertamento e la riscossione del tributo sono di competenza del Comune che può procedere a:
- **rettifica** delle **dichiarazioni incomplete o infedeli**;
- **rettifica** dei **parziali o ritardati versamenti**;
- **accertamento d'ufficio** delle omesse dichiarazioni o degli omessi versamenti;
- **notifica** al contribuente della rettifica, a pena di decadenza, **entro il 31 dicembre del quinto anno successivo** a quello in cui la dichiarazione o il versamento sono stati o avrebbero dovuto essere effettuati;
- **contestazione** ed irrogazione delle sanzioni amministrative, **entro il 31 dicembre del quinto anno successivo** alla commissione della violazione (art. 14, D.Lgs. 30 dicembre 1992, n. 504).

Gli **interessi** sono computati con decorrenza dal giorno in cui l'imposta è diventata esigibile nella misura determinata da ciascun ente impositore, nei limiti di tre punti percentuali di differenza rispetto al tasso di interesse legale (art. 1, c. 165, Legge 27 dicembre 2006, n. 296).

Gli **avvisi di accertamento** in tema di imposte locali devono contenere la manifestazione espressa di (art. 1, c. 162, Legge 27 dicembre 2006, n. 296):

- motivazioni;
- presupposti di fatto;
- ragioni giuridiche che li hanno determinato;
- conoscenza da parte del contribuente di ogni atto richiamato;
- indicazione del responsabile del procedimento;
- indicazione dell'autorità amministrativa presso la quale è possibile promuovere istanza di riesame in autotutela o ricorso;
- indicazione dei termini di pagamento o proposizione del ricorso.

I Comuni conservano prerogativa delle attività di accertamento e riscossione anche per l'imposta relativa agli **immobili ad uso produttivo** classificati nel **gruppo catastale D**, riservandosi la spettanza delle maggiori somme riscosse a titolo di imposta, interessi e sanzioni (art. 1, c. 744, Legge n. 160/2019).

Per la riscossione, il Comune può avvalersi del soggetto preposto alla riscossione nazionale (art. 2, c. 2, D.L. n. 193/2016).
In tal caso, gli atti di accertamento emessi a partire dal 1° gennaio 2020 (riferiti a rapporti pendenti alla stessa data) costituiscono titolo idoneo all'esecuzione forzata, c.d. "accertamento esecutivo" (➔71.7.) (art. 1, c. 792, Legge 27 dicembre 2019, n. 160).
Nel caso di **riscossione coattiva** di tributi locali, il relativo titolo esecutivo deve essere notificato al contribuente, a pena di decadenza, entro il 31 dicembre del terzo anno successivo a quello in cui l'accertamento è divenuto definitivo (art. 12, D.Lgs. 30 dicembre 1992, n. 504).

Accertamento con adesione

È fatta salva la facoltà per il Comune di introdurre nel proprio regolamento l'istituto dell'**accertamento con adesione** del contribuente (➔72.1.) (art. 9, c. 5, D.Lgs. n. 23/2011).

Rimborsi

In caso di versamenti eccedenti il dovuto (ovvero in relazione ad imputazioni erronee o duplicazioni di versamento) è necessario presentare istanza di rimborso entro 5 anni dal giorno del versamento (o dalla data di accertamento del diritto alla restituzione) direttamente al Comune.
L'Ente locale è tenuto ad effettuare il rimborso entro 180 giorni dalla data di presentazione dell'istanza (art. 1, c. 164, Legge 27 dicembre 2006, n. 296).

IMIS 67.2.12.

Nei Comuni della Provincia di Trento, in sostituzione dell'IMU (e della TASI) è istituita l'imposta Immobiliare Semplice (IMIS) (Legge provinciale, 30 dicembre 2014, n. 14).
La base imponibile è costituita dalla rendita catastale che non va rivalutata ed alla quale vanno applicati i seguenti moltiplicatori:

Immobili	Coeff. moltiplicazione
Fabbricati classificati nel gruppo A (esclusi A/10) e nelle categorie C/2, C/6, C/7	168
Fabbricati classificati nella categoria catastale A/10 e D/5	84
Fabbricati classificati nel gruppo B e nelle categorie C/3, C/4, C/5	147
Fabbricati classificati nel gruppo catastale D, ad eccezione dei fabbricati classificati nella categoria catastale D/5	68,25
Fabbricati classificati nella categoria catastale C/1	57,75

Alla base imponibile così ottenuta risultano applicabili le seguenti aliquote d'imposta:

- **0,35%** per l'abitazione principale in categoria A/1, A/8, A/9 e le relative pertinenze (massimo due) iscritte nelle categorie catastali C/2, C/6 e C/7, con detrazione di euro 390,14;
- **0,79%** per i fabbricati attribuiti alle categorie catastali D/3, D/4, D/6, D/9 nonché D/1 con rendita castatale superiore ad euro 75.000,00, D/7 e D/8 con rendita catastale superiore ad euro 50.000,00;
- **0,55%** per i fabbricati attribuiti alle categorie catastali C/1, C/3, D/2 e A/10, nonché, limitatamente agli anni 2018 e 2019, per gli immobili di cat. D/1 con rendite catastali non superiori ad euro 75.000,00, di cat. D/7 e D/8 con renditi catastali non superiori ad euro 50.000,00;

- **0,1%** per i fabbricati strumentali all'attività agricola con rendita superiore ad euro 25.000,00 (detrazione dalla rendita 1.500,00 euro);
- **0,49%** per un solo fabbricato concesso in uso gratuito ai parenti di primo grado in linea retta e ai parenti di secondo grado in linea retta adibito ad abitazione principale (residenza e dimora) e relative pertinenze (massimo due appartenenti alle categorie C/2, C/6, C/7) concesse in uso gratuito (comodato);
- **0,895%** per tutte le altre categorie catastali o tipologie di fabbricati.

Risultano **esenti** da imposizione i fabbricati:

- destinati ad abitazione principale e relative pertinenze (massimo due in categoria C/2, C/6, C/7) ad eccezione dei fabbricati rientranti nelle categorie catastali A/1, A/8, A/9;
- strumentali all'attività agricola con rendita inferiore o uguale ad euro 25.000,00;
- destinati ed utilizzati come scuola paritaria;
- concessi in comodato gratuito a soggetti iscritti all'albo delle organizzazioni di volontariato o al registro delle associazioni di promozione sociale.

67.2.13. IMI

Nella Provincia autonoma di Bolzano è vigente l'IMI Imposta municipale sugli immobili, in sostituzione dell'IMU e della TASI (Legge provinciale, 23 aprile 2014, n. 3).
La procedura di calcolo della base imponibile risulta del tutto analoga a quella prevista per l'IMIS (➡67.2.12.) anche con riguardo i coefficienti di moltiplicazione delle rendite catastali.
Sono stabilite aliquote comprese **tra lo 0,2% e l'1,26%** con detrazioni previste per l'abitazione principale modulate anche in relazione alla composizione del nucleo familiare ed alla presenza di componenti con disabilità gravi.

67.3. TASSA SUI SERVIZI INDIVISIBILI (TASI)

La **tassa sui servizi indivisibili** erogati dagli enti locali (Comuni), **abrogata a partire dal 1° gennaio 2020**, gravava sul possesso dei seguenti immobili:

- fabbricati urbani (compresi immobili strumentali alla cui produzione o scambio è diretta l'attività d'impresa);
- fabbricati rurali;
- aree fabbricabili e non fabbricabili.

67.3.1. Accertamento

Ai fini della verifica del corretto assolvimento degli obblighi tributari, il funzionario responsabile del Comune può inviare questionari al contribuente, richiedere dati e notizie a uffici pubblici ovvero a enti di gestione di servizi pubblici e disporre l'accesso ai locali ed aree assoggettabili a tributo, mediante personale debitamente autorizzato e con preavviso di almeno 7 giorni.
In caso di mancata collaborazione del contribuente o altro impedimento alla diretta rilevazione, l'accertamento può essere effettuato in base a presunzioni semplici (art. 2729 c.c.).
L'**avviso di accertamento** per la rettifica delle dichiarazioni infedeli o incomplete può essere emesso dal Comune **entro il 31 dicembre del quinto anno successivo** (art. 1, c. 161, Legge n. 296/2006):

- a quello di presentazione della denuncia infedele o incompleta,
- a quello in cui doveva essere presentata la denuncia omessa.

67.4. TASSA RIFIUTI (TARI)

La **TARI** è destinata a finanziare i costi del servizio di raccolta e di smaltimento dei rifiuti. Il presupposto impositivo è il **possesso** o la **detenzione** a qualsiasi titolo di **locali o di aree scoperte** operative **suscettibili di produrre rifiuti** urbani.
La TARI ha sostituito la TARES, nonché i precedenti tributi aventi medesimo presupposto (TARSU, TIA1, TIA2).
I Comuni che hanno realizzato sistemi di misurazione puntuale della quantità di rifiuti conferiti al servizio pubblico hanno la facoltà di applicare, in luogo della TARI, che ha natura tributaria, una **tariffa** avente natura di corrispettivo (TARIP).

67.4.1. Soggetti passivi

Sono **obbligati** al pagamento della TARI gli **utilizzatori** di locali ed aree suscettibili di produrre rifiuti urbani.
In caso di pluralità di utilizzatori, essi sono tenuti in solido all'adempimento dell'unica obbligazione tributaria (art. 1, c. 644, Legge 27 dicembre 2013, n. 147).

Nel caso di utilizzo di locali multiproprietà o centri commerciali integrati, il responsabile del versamento per le aree comuni e per le aree scoperte concesso in uso esclusivo ai singoli utilizzatori (o possessori) è il gestore dei servizi comuni (per le aree coperte in uso esclusivo restano obbligati i singoli detentori).

Soggetti esclusi

Non sono tenuti all'obbligazione tributaria i soggetti che detengono temporaneamente locali o aree scoperte per periodi **non superiori a 6 mesi.**
In tal caso, obbligato al pagamento resta il possessore (proprietario o titolare di usufrutto, uso, abitazione o superficie) (art. 1, c. 643, Legge 27 dicembre 2013, n. 147).
Se la detenzione del locale o dell'area è inferiore nell'anno solare a 6 mesi, ma è protratta continuativamente nell'anno successivo, il tributo è dovuto per l'intero periodo.

Oggetto del tributo 67.4.2.

Il tributo è dovuto in relazione alle unità immobiliari iscritte o iscrivibili nel catasto edilizio urbano, parametrato sulla **superficie calpestabile** dei locali e delle aree suscettibili di produrre rifiuti urbani e assimilati (art. 1, c. 645, Legge 27 dicembre 2013, n. 147).

> La TARI si applica sulle superfici dichiarate o accertate ai fini dei precedenti prelievi sui rifiuti. Per le unità a destinazione ordinaria iscritte od iscrivibili nel catasto edilizio urbano, il Comune avrà facoltà di considerare assoggettabile alla TARI una superficie pari all'80% di quella catastale, ad avvenuto allineamento dei dati catastali con i dati della toponomastica.

Esclusioni

Non rilevano, nella determinazione del tributo:
- le aree scoperte pertinenziali o accessorie a locali tassabili,
- le aree comuni condominiali (portici, cortile, lavanderia comune, ecc. di cui all'art. 1117 c.c.), salvo che non siano detenute o occupate in via esclusiva (risulta pertanto assoggettato alla TARI l'alloggio del portiere),

le superfici dove si formano, in via continuativa e prevalente, rifiuti speciali, al cui smaltimento sono tenuti a provvedere a proprie spese i relativi produttori (purché risulti dimostrabile lo smaltimento effettuato in conformità delle norme vigenti).

> L'esenzione dalla tassazione delle superfici occupate da rifiuti speciali smaltiti in proprio dal produttore è subordinata alla delimitazione di tali aree ed al possesso di documentazione idonea come definita dal Comune impositore (Cass. 13 aprile 2018, n. 9214).

Immobili posseduti dalla Santa Sede - L'imposta non risulta dovuta per gli immobili la cui proprietà è stata trasferita dallo Stato alla Santa Sede in seguito alla sottoscrizione del Trattato dell'11 febbraio 1929 (basiliche patriarcali di San Giovanni in Laterano, di Santa Maria Maggiore e di San Paolo in Roma, palazzo pontificio di Castel Gandolfo ecc..), a partire dal 21 dicembre 2021 ed in relazione ai periodi di imposta per i quali non risultano decorsi i termini di accertamento o comunque per pendenze non già definite con sentenza passata in giudicato (art. 5, D.L. n. 146/2021).

Tariffe 67.4.3.

Le tariffe del tributo sono determinate sulla base delle quantità e qualità medie ordinarie di rifiuti prodotti, per unità di superficie, in relazione agli usi ed alla tipologia di attività svolte (D.P.R. 27 aprile 1999, n. 158), e sono distinte in:
- domestiche: applicabili alle sole abitazioni familiari;
- non domestiche: applicabili a tutte le restanti utenze (attività commerciali, industriali, professionali e produttive in genere).

> Si evidenzia che alla TARI non si applica il divieto di aumento dei tributi comunali stabilito, per gli anni 2016, 2017 e 2018, dall'art. 1, c. 26, Legge n. 208/2015.

Determinazione delle tariffe

Le componenti tariffarie del tributo devono essere determinate dal Comune in modo da poter assicurare la copertura del servizio di gestione, raccolta e smaltimento dei rifiuti, adottando uno dei criteri di definizione:
- metodo normalizzato (D.P.R. 27 aprile 1999, n. 158);
- secondo il principio di derivazione comunitaria "chi inquina paga" (UE, Direttiva n. 2008/98/CE).

Alle tariffe determinate dal Comune occorre aggiungere il **tributo provinciale, per le funzioni di tutela protezione ed igiene ambientale** (**TEFA**), da calcolarsi percentualmente (nella misura del 5%) sull'importo della TARI (art. 1, c. 666, Legge 27 dicembre 2013, n. 147; MEF Decreto 1° luglio 2020).

Riduzioni

La TARI è dovuta nella misura ridotta di 2/3 per l'unità immobiliare posseduta a titolo di proprietà o usufrutto in Italia, da cittadini italiani non residenti ed iscritti all'AIRE, titolari di pensioni estere maturate in regime di convenzione internazionale con l'Italia, purché non locata o concessa in comodato d'uso (art. 1, c. 48, Legge n. 178/2020).

La riduzione delle aliquote risulta adottabile dal Comune mediante **specifiche delibere comunali** per le seguenti fattispecie (art. 1, c. 659, Legge n. 147/2013):

- abitazione con unico occupante;
- abitazioni tenute a disposizione per uso stagionale od altro uso limitato e discontinuo;
- locali, diversi dalle abitazioni, ed aree scoperte adibiti ad uso stagionale o ad uso non continuativo, ma ricorrente;
- abitazioni occupate da soggetti che risiedano o abbiano la dimora, per più di 6 mesi all'anno, all'estero;
- fabbricati rurali ad uso abitativo.

Il Comune, nell'esercizio della propria autonomia regolamentare, ha facoltà di introdurre ulteriori ipotesi di riduzione tra le quali:

- riduzioni della quota variabile del tributo proporzionali alle quantità di rifiuti speciali assimilati che il produttore dimostra di aver avviato al riciclo, direttamente o tramite soggetti autorizzati;
- riduzione delle utenze non domestiche relative ad attività commerciali, industriali, professionali e produttive in genere, che producono o distribuiscono beni alimentari, che cedono a titolo gratuito, direttamente o indirettamente, beni alimentari agli indigenti e alle persone in maggiori condizioni di bisogno, ovvero per l'alimentazione animale.

I Comuni possono concedere **riduzioni** a favore dei soggetti esercenti attività economiche interessate dalle misure restrittive introdotte nell'anno 2021 per fronteggiare l'emergenza epidemiologica **Covid-19** (art. 6, D.L. n. 73/2021).

Sospensione del servizio - In caso di mancato svolgimento del servizio di gestione dei rifiuti, o di interruzione per motivi sindacali (scioperi) o per imprevedibili impedimenti organizzativi che abbiano determinato una situazione di danno o pericolo di danno alle persone o all'ambiente (riconosciuta dall'autorità sanitaria), la TARI è dovuta nella misura massima del 20% della tariffa.

Nelle zone in cui la raccolta non è effettuata, la misura massima della TARI dovuta è fissata nel 40% della tariffa (proporzionabile alla distanza dal più vicino punto di raccolta).

Gli enti territoriali possono stabilire specifiche riduzioni delle tariffe, fino ad un massimo del 20%, qualora il soggetto passivo adempia al pagamento mediante autorizzazione permanente all'addebito (SDD) sul proprio conto corrente bancario o postale (art. 118-ter, D.L. n. 34/2020).

Aree pubbliche

I soggetti che utilizzano temporaneamente aree pubbliche (con o senza autorizzazione) sono soggetti al tributo calcolato in base alla tariffa giornaliera (tariffa annuale rapportata a giorno e maggiorata in misura non superiore al 100% - art. 1, c. 663, Legge n. 147/2013).

L'occupazione è da considerarsi temporanea quanto si protrae per periodi non superiori a 182 giorni nel corso dello stesso anno solare.

67.4.4. Tariffa corrispettivo (TARIP)

I Comuni che hanno predisposto sistemi di raccolta rifiuti che prevedono metodi di misurazione puntuale delle quantità dei rifiuti conferiti dal singolo produttore, possono prevedere la sostituzione della TARI con applicazione di corrispettivo TARIP (tariffa puntuale) composto da una componente fissa ed una variabile (art. 1, c. 668, Legge n. 147/2013).

Il sistema di rilevazione puntuale deve consentire:

- l'identificazione univoca dell'utenza;
- la misurazione della quantità dei rifiuti conferiti (peso, volume);
- la registrazione del numero dei conferimenti.

Modalità di pagamento 67.4.5.

Il versamento della TARI (➔100.6.) deve avvenire secondo indicazioni e scadenze disciplinate dal Comune impositore, che deve tuttavia prevedere almeno due rate a scadenza semestrale (art. 1, c. 688, Legge n. 147/2013).

È consentito il pagamento in unica soluzione entro il 16 giugno di ciascun anno.

Il pagamento può avvenire mediante:

- **Mod. F24** (ordinario o semplificato);
- **bollettino postale** (sul c/c indicato dal Comune);
- mediante intermediari abilitati (o accesso diretto) alla piattaforma digitale "PagoPA" (D.M. 21 ottobre 2020);
- autorizzazione di addebito permanente sul c/c bancario o postale (qualora tale modalità sia espressamente deliberata dall'ente territoriale).

CODICI TRIBUTO	
Tipologia immobile	**Codice F24** (ris. n. 45/2014)
TARI	3944
Interessi	3945
Sanzioni	3946
Tariffa	3950
Interessi tariffa	3951
Sanzioni tariffa	3952

A partire **dal 1° gennaio 2021**, il versamento del **tributo provinciale per l'esercizio delle funzioni di tutela**, **protezione e igiene ambientale**, dovrà essere versato separatamente mediante esposizione dei seguenti codici tributo:

CODICI TRIBUTO	
Tipologia immobile	**Codice F24** (ris. n. 5/2021)
TEFA - Tributo per l'esercizio delle funzioni di tutela, protezione e igiene dell'ambiente	TEFA
Interessi	TEFN
Sanzioni	TEFZ

Dichiarazione 67.4.6.

I soggetti passivi sono tenuti a presentare una dichiarazione da redigere sulla **modulistica predisposta dal Comune** di riferimento, entro il **30 giugno dell'anno successivo** alla data di inizio del possesso o della detenzione dei locali e delle aree assoggettabili alla TARI, ed ha effetto anche per i periodi di imposta successivi salvo non intervengano modifiche dei dati già dichiarati in grado di determinare un ammontare del tributo differente.

Nel caso di occupazione in comune di un'unità immobiliare, la dichiarazione può essere presentata anche da uno solo degli occupanti (art. 1, c. 684, Legge n. 147/2013).

Nelle dichiarazioni relative ad immobili a destinazione ordinaria devono essere obbligatoriamente indicati i dati catastali, il numero civico di ubicazione dell'immobile e il numero dell'interno, ove esistente (art. 1, c. 685, Legge n. 147/2013).

Accertamento 67.4.7.

Al funzionario responsabile designato dall'Ente locale, competono le funzioni di organizzazione, accertamento e riscossione del tributo.

Ai fini della verifica del corretto assolvimento degli obblighi tributari, al funzionario responsabile sono attribuite facoltà di (art. 1, c. 693, Legge n. 147/2013):

- inviare questionari al contribuente;
- richiedere dati e notizie a uffici pubblici ovvero a enti di gestione di servizi pubblici;
- disporre l'accesso ai locali ed aree assoggettabili a tributo, mediante personale debitamente autorizzato e con preavviso di almeno 7 giorni.

In caso di mancata collaborazione del contribuente o altro impedimento alla diretta rilevazione, l'accertamento può essere effettuato in base a presunzioni semplici.
La **rettifica delle dichiarazioni** infedeli o incomplete può essere accertata **entro il 31 dicembre del quinto anno successivo** a quello della data di presentazione della denuncia (o data entro la quale andava presentata la denuncia omessa).
Il termine per l'accertamento delle violazioni con decadenza alla data del 31 dicembre 2020 risulta prorogato al **26 marzo 2021** (art. 67, D.L. n. 18/2020).

67.5. IMPOSTA SUL VALORE DEGLI IMMOBILI ALL'ESTERO (IVIE)

Il possesso di immobili situati all'estero, da parte di soggetti residenti fiscalmente in Italia, costituisce presupposto per l'**imposta patrimoniale sul valore degli immobili all'estero (IVIE)**.

67.5.1. Soggetti passivi

Sono soggetti all'imposta i seguenti soggetti residenti in Italia, direttamente o attraverso intermediari residenti (ad esempio, società, fondazioni o trust) che agiscono quali soggetti interposti (il possesso di immobili all'estero da parte di altri soggetti con personalità giuridica incide esclusivamente nella determinazione del reddito di impresa) (art. 19, c. 14, D.L. n. 201/2011; circ. 2 luglio 2012, n. 28/E):
- persone fisiche;
- enti non commerciali;
- società semplici;
- società in nome collettivo (snc);
- società in accomandita semplice (sas);
- società equiparate (ad es. associazioni professionali).

> I soggetti **diversi dalle persone fisiche** acquisiscono soggettività passiva all'imposta solamente a **partire dal 1° gennaio 2020**.

I suddetti soggetti risultano obbligati qualora siano:
- **proprietari o titolari** di altro diritto reale sugli immobili esteri;
- **concessionari**, nel caso di concessione di aree demaniali;
- **locatari**, per gli immobili, anche da costruire o in corso di costruzione, concessi in locazione finanziaria (l'obbligo sussiste dalla data della stipula e per tutta la durata del contratto).

67.5.2. Oggetto dell'imposta

Il possesso a qualunque titolo di immobili situati all'estero:
- fabbricati;
- aree fabbricabili;
- terreni.

Sono esclusi dal pagamento dell'imposta, in relazione agli immobili detenuti all'estero (a titolo di proprietà o altro diritto reale), le **persone fisiche non residenti**, titolari di redditi da pensione estera, **che hanno trasferito la propria residenza** in uno dei Comuni minori (con popolazione non superiore a ventimila abitanti) appartenenti al territorio delle Regioni Abruzzo, Basilicata, Calabria, Campania, Molise, Puglia, Sardegna o Sicilia, ovvero in uno dei Comuni colpiti dagli eventi sismici nel periodo agosto 2016-gennaio 2017, optando per la tassazione sostitutiva dei proventi esteri (art. 24-ter, D.P.R. n. 917/1986).
Sono **esclusi** dall'applicazione del tributo, salvo che le medesime non risultino classificabili nelle categorie catastali A/1, A/8 e A/9 (art. 19, c. 15-bis, n. 201/2011):
- l'abitazione principale e le relative pertinenze;
- la casa coniugale assegnata al coniuge, a seguito di provvedimento di separazione legale, annullamento, scioglimento o cessazione degli effetti civili del matrimonio.

> Il requisito di abitazione principale all'estero, per soggetto residente fiscalmente in Italia, può ben sussistere nelle ipotesi di soggetti che prestano lavoro all'estero per lo Stato italiano o per un suo ente locale (residenza fiscale in Italia in deroga ai criteri del TUIR in base ad accordi internazionali ratificati - Provv. 5 giugno 2012).

67.5.3. Determinazione dell'imposta

L'imposta è dovuta in proporzione a:
- quota di possesso;
- periodo dell'anno nel quale si è protratto il possesso (computando per mese intero quello nel quale il possesso si è protratto per almeno 15 giorni).

La **base imponibile** è costituita dal costo risultante dall'atto di acquisto e, in mancanza, secondo il **valore di mercato** rilevabile al termine di ciascun anno solare nel luogo in cui è situato l'immobile (art. 19, c. 15, n. 201/2011).
Qualora l'immobile non sia più posseduto alla data del 31 dicembre dell'anno si deve fare riferimento al valore dell'immobile rilevato al termine del periodo di detenzione (circ. 2 luglio 2012, n. 28/E).
Per gli immobili acquisiti per successione o donazione, il valore da prendere a base di calcolo è quello dichiarato nella dichiarazione di successione o nell'atto registrato o in altri atti previsti dagli ordinamenti esteri con finalità analoghe.
Per gli immobili situati in Paesi UE o SEE, che garantiscono un adeguato scambio di informazioni, il valore da assumere sarà quello o catastale adottando i criteri ivi previsti per la determinazione e rivalutazione della base imponibile ai fini dell'assolvimento di imposte di natura patrimoniale o reddituale.

Credito di imposta

Al fine di evitare la doppia imposizione sull'immobile detenuto all'estero è possibile dedurre ai fini IVIE, a titolo di credito di imposta, l'ammontare dell'eventuale imposta patrimoniale corrisposta nello Stato in cui è situato l'immobile.

Paese	Imposta presa a riferimento per la determinazione del valore imponibile	Imposte patrimoniali detraibili
Austria	Grundsteuer	Grundsteuer
Belgio		Précompte immobilier/ Onroerende Voorheffing
Bulgaria	Danak varhu nedvizhimite imoti	Danak varhu nedvizhimite imoti
Cipro	Foros akinitis periousias	Foros akinitis periousias
Danimarca	Lov om statslig, kommunal og amtskommunal ejendomsværdiskat; Kommunal og amtskommunal grundskyld	Lov om statslig, kommunal og amtskommunal ejendomsværdiskat; Kommunal og amtskommunal grundskyld
Estonia	Maamaks	Maamaks
Finlandia	Kiinteistövero/ Fastighetsskatt	Kiinteistövero/ Fastighetsskatt
Francia	-	Tax foncière - Impôt de Solidarité sur la Fortune
Germania	Grundsteuer	Grundsteuer
Grecia	Foros akinitis periousias	Foros akinitis periousias
Irlanda		The rates
Islanda	Fasteignagjöld	Fasteignagjöld
Lettonia	Nekustamā īpašuma nodoklis	Nekustamā īpašuma nodoklis
Lituania	Nekilnojamojo turto mokestis	Nekilnojamojo turto mokestis
Lussemburgo	Impôt foncier	Impôt foncier
Malta		
Norvegia	Eiendomsskatt	Eiendomsskatt - Formuesskatt
Olanda	Onroerendzaak belasting	Onroerendzaak belasting
Polonia	Podatek od nieruchomości	Podatek od nieruchomości
Portogallo	Imposto Municipal sobre Imóveis	Imposto Municipal sobre Imóveis
Regno Unito	Council Tax	
Rep.ceca	Daň z nemovitostí	Daň z nemovitostí
Romania	Taxa pe cladiri	Taxa pe cladiri
Slovacchia	Dan z nehnutelnosti	Dan z nehnutelnosti

Paese	Imposta presa a riferimento per la determinazione del valore imponibile	Imposte patrimoniali detraibili
Slovenia	Nadomestilo za uporabo stavbnega zemljišča - Davek na premoženje - Davek na nepremično premoženje več je vrednosti	Nadomestilo za uporabo stavbnega zemljišča - Davek na premoženje - Davek na nepremično premoženje več je vrednosti
Spagna	Impuesto sobre Bienes Inmuebles	Impuesto sobre Bienes Inmuebles
Svezia	Fastighetsskatt - Kommunal Fastighetsavgift	Fastighetsskatt - Kommunal Fastighetsavgift
Ungheria	Építményadò	Építményadò

Costituisce credito di imposta anche l'imposta patrimoniale assolta in paesi extra UE o SEE, quali ad esempio quella relativa ad immobili situati:
- negli Stati Uniti, la Real property tax;
- in Argentina, la Impuesto inmobiliario;
- in Svizzera, l'Imposta sulla sostanza delle persone fisiche e l'Imposta immobiliare;
- in Russia, la Tassa sulla proprietà delle persone fisiche, Налог на имущество физических лиц.

Aliquote

Le aliquote dell'imposta sono differenziate in base alla destinazione dell'immobile (art. 19, c. 15 e c. 15-bis, D.L. n. 201/2011):

Tipologia immobile	Percentuale IVIE	Detrazioni
Generalità degli immobili (l'imposta è dovuta solo l'importo risulta superiore alla franchigia di 200,00 euro)	0,76%	-
Immobili adibiti ad abitazione principale od assegnati al coniuge separato/divorziato (abitazioni "di lusso")	0,40%	€ 200,00

Se l'unità immobiliare è adibita ad abitazione principale da più soggetti passivi, la detrazione spetta a ciascuno di essi proporzionalmente alla quota per la quale la destinazione medesima si verifica.

67.5.4. Versamento dell'imposta

Il versamento dell'imposta segue le medesime regole e scadenze previste per l'IRPEF (art. 19, c. 17, D.L. n. 201/2011) (➡100.5.):
- versamento in **acconto** (2 rate);
- versamento a **saldo**;
- misura **minima 12,00** euro.

Codici tributo	
Tipologia immobile	**Codice F24** (ris. n. 26/2020)
IVIE - saldo	4041
IVIE - prima rata acconto	4044
IVIE - seconda rata acconto (o acconto in unica soluzione)	4045
IVIE Soc. Fiduciarie - saldo	4042
IVIE Soc. Fiduciarie - acconto	4046

Qualora gli adempimenti di applicazione e versamento dell'imposta vengano eseguiti mediante **soggetti intermediari residenti** che non abbiano già provveduto ad applicare ritenuta od imposta sostitutiva, i contribuenti sono tenuti a fornire la relativa provvista. In mancanza gli intermediari sono tenuti ad effettuare segnalazioni nominative nella dichiarazione dei sostituti di imposta (art. 19, c. 14, D.L. n. 201/2011).

Obblighi dichiarativi 67.5.5.

I contribuenti residenti che possiedono un immobile all'estero sono tenuti a presentare la dichiarazione dei redditi, a prescindere dalla determinazione dell'imposta, in osservanza alle prescrizioni in tema di monitoraggio fiscale delle attività patrimoniale estere.
Il calcolo dell'imposta va riportato nel **quadro RW** del Mod. Redditi PF.
La segnalazione riportata nel quadro RW non va ripetuta nelle dichiarazioni dei redditi successive, salvo non siano intervenute **variazioni dei dati** già denunciati (art. 4, c. 3, D.L. n. 167/1990).

Accertamento 67.5.6.

L'accertamento, la riscossione, le sanzioni e i rimborsi relative all'IVIE (nonché le procedure per il contenzioso) seguono le disposizioni previste per l'imposta sul reddito delle persone fisiche (art. 19, c. 17, D.L. n. 201/2011).

Sanzioni 67.5.7.

Il mancato adempimento dell'obbligo del monitoraggio fiscale delle attività estere comporta delle sanzioni (art. 5, D.L. n. 167/1990):
- **258,00 €** in caso di presentazione del quadro RW tardivo (entro 90 giorni dal termine ordinario);
- **dal 3% al 15%** del valore dell'attività non dichiarata;
- **dal 6% al 30%** del valore dell'attività non dichiarata detenuta in paesi Black List.

IMPOSTA IMMOBILIARE SULLE PIATTAFORME MARINE (IMPI) 67.6.

L'**imposta immobiliare sulle piattaforme marine** è introdotta a partire **dall'anno 2020** in sostituzione di qualsivoglia altra imposizione immobiliare locale avente ad oggetto le **strutture marine emerse destinate alla coltivazione degli idrocarburi** (art. 38, D.L. n. 124/2019).

Oggetto dell'imposta 67.6.1.

L'imposta colpisce il possesso delle piattaforme marine emerse (con esclusione, pertanto, delle teste pozzo sottomarine e delle unità galleggianti di stoccaggio temporaneo - ris. 16 dicembre 2020, n. 8/DF) situate entro i limi del mare territoriale (come individuato dal Codice della Navigazione, art. 2, R.D. 30 marzo 1942, n. 327).

Calcolo dell'imposta 67.6.2.

La base imponibile segue i medesimi criteri di determinazione di quella prevista per l'IMU per la categoria degli immobili a destinazione speciale (classificabile nella cat. D/7) (art. 38, D.L. n. 124/2019) (➔**67.2.6.**), senza possibilità di scomputo della parte impiantistica (non risulta applicabile il criterio previsto per i c.d. "imbullonati" (➔**67.2.4.**) (ris. 16 dicembre 2020, n. 8/DF).
L'aliquota è fissata al **10,6 per mille** con la seguente ripartizione di destinazione del gettito:
- **Stato**: 7,6 per mille;
- **Comune**: 3 per mille (il Comune non ha potestà regolamentare di modificare la percentuale in aumento o diminuzione).

I Comuni ai quali spetta la quota del 3 per mille saranno individuati con decreto interministeriale (MEF, Min. Interno e Min. Difesa).

Dichiarazione 67.6.3.

In relazione al **primo anno di applicazione dell'imposta** (2020), la dichiarazione degli elementi utili ai fini del calcolo, è effettuata mediante **presentazione del Modello dichiarativo IMU** (➔**67.2.8.**) da indirizzare al Comune di riferimento (ris. 16 dicembre 2020, n. 8/DF).
Per gli **anni successivi**, la dichiarazione andrà presentata (entro il 30 giugno dell'anno successivo) esclusivamente al **variare degli elementi** rilevanti ai fini della determinazione dell'imposta.

Modalità di versamento 67.6.4.

Per gli anni **2020** (ris. 2 dicembre 2020, n. 77/E) e **2021** (art. 38, c. 5-bis, D.L. n. 124/2019) è stato previsto il versamento in **unica soluzione** da effettuarsi, tramite Mod. F24 (codice tributo 3970) entro il **16 dicembre** dell'anno di riferimento. A partire dall'anno 2022, saranno determinati i criteri di versamento diretto della quota di competenza degli enti locali.

Accertamento 67.6.5.

L'**accertamento e la riscossione** del tributo sono di competenza del Comune al quale spettano le maggiori entrate a titolo di imposta, sanzioni e interessi derivanti dallo svolgimento delle attività.

ALTRE IMPOSTE E TASSE

68. IMPOSTE PATRIMONIALI MOBILIARI

68.1. IMPOSTA SULLE ATTIVITÀ FINANZIARIE DETENUTE ALL'ESTERO (IVAFE)

L'**imposta sul valore dei prodotti finanziari (IVAFE)** colpisce la **detenzione all'estero** di:

- prodotti finanziari;
- conti correnti;
- libretti di risparmio.

68.1.1. Soggetti passivi

Sono soggetti all'IVAFE i seguenti soggetti residenti nel territorio dello Stato (art. 19, c. 18 e 18-bis, D.L. n. 201/2011) che detengono all'estero **prodotti finanziari, conti correnti e libretti di risparmio,** a titolo di proprietà o di altro diritto reale (indipendentemente dalle modalità di acquisizione), compresi quelli pervenuti a seguito di successione o donazione (circ. 2 luglio 2012, n. 28/E):

- persone fisiche;
- enti non commerciali;
- società semplici;
- società in nome collettivo (snc);
- società in accomandita semplice (sas);
- società equiparate (ad es. associazioni professionali).

> I soggetti **diversi dalle persone fisiche** acquisiscono soggettività passiva all'imposta solamente a **partire dal 1° gennaio 2020**.

Rientrano nell'ambito soggettivo di applicazione dell'IVAFE anche i contribuenti che prestano la propria attività lavorativa all'estero in via continuativa per i quali la residenza fiscale in Italia è determinata *ex lege* (circ. 2 luglio 2012, n. 28/E) ovvero i soggetti:

- che prestano lavoro all'estero per lo Stato italiano, per una sua suddivisione politica o amministrativa o per un suo ente locale;
- che lavorano all'estero presso organizzazioni internazionali cui aderisce l'Italia;
- che prestano la propria attività lavorativa in zone di frontiera e in paesi limitrofi.

Sono esentati dal pagamento dell'imposta, in relazione alle attività detenute all'estero (a titolo di proprietà o altro diritto reale), le **persone fisiche non residenti**, titolari di redditi da pensione estera, **che hanno trasferito la propria residenza** in uno dei Comuni minori (con popolazione non superiore a ventimila abitanti) appartenenti al territorio delle Regioni Abruzzo, Basilicata, Calabria, Campania, Molise, Puglia, Sardegna o Sicilia, ovvero in uno dei Comuni colpiti dagli eventi sismici nel periodo agosto 2016-gennaio 2017, optando per la tassazione sostitutiva dei proventi esteri (art. 24-ter, D.P.R. n. 917/1986).

Oggetto dell'imposta 68.1.2.

L'imposta si applica alle seguenti attività finanziarie detenute all'estero (Provv. 5 giugno 2012):

- **partecipazioni** al capitale o al patrimonio, rappresentate da titoli, di soggetti residenti o non residenti;
- **obbligazioni italiane** o estere e titoli similari;
- **titoli** pubblici italiani e titoli equiparati emessi in Italia o all'estero;
- titoli non rappresentativi di merce e certificati di massa (comprese le quote di OICR);
- **depositi e conti correnti**;
- **contratti di natura finanziaria** stipulati con controparti non residenti, tra cui finanziamenti, riporti, pronti contro termine e prestito titoli;
- **polizze** di assicurazione sulla vita e di capitalizzazione stipulate con compagnie di assicurazione estere;
- titoli o diritti offerti ai lavoratori dipendenti e assimilati che danno la possibilità di acquistare, ad un determinato prezzo, azioni della società estera con la quale il contribuente intrattiene il rapporto di lavoro o delle società controllate o controllanti (c.d. **stock option**) solo nel caso in cui siano **cedibili**;
- **contratti derivati** e altri rapporti finanziari stipulati al di fuori del territorio dello Stato;
- diritti all'acquisto o alla sottoscrizione di azioni o strumenti finanziari assimilati;
- ogni altra attività da cui possono derivare redditi di capitale o redditi diversi di natura finanziaria di fonte estera.

> I depositi e conti correnti detenuti all'estero, sono soggetti all'IVAFE indipendentemente dalle modalità di alimentazione quali accrediti di stipendi, pensioni, compensi (Provv. 5 giugno 2012).

Sono soggette all'imposta anche le **attività finanziarie** che sono state oggetto di **operazioni di emersione** mediante la procedura della regolarizzazione (Provv. 5 giugno 2012).

> I **redditi (interessi) derivanti da prestiti/finanziamenti** rilevano ai fini dell'imposta esclusivamente qualora i medesimi finanziamenti rappresentino "valori mobiliari" negoziabili all'interno del mercato finanziario, fermo restando l'obbligo dichiarativo ai fini del monitoraggio fiscale (risposta a interpello 19 settembre 2019, n. 386).

Esclusioni 68.1.3.

L'imposta non è dovuta con riferimento a:

- **polizze** emesse da imprese di **assicurazione estere operanti in Italia** in regime di libertà di prestazione di servizi e stipulate da soggetti residenti in Italia (a condizione che dette imprese applichino l'imposta di bollo di cui all'art. 13, c. 2-ter, della Tariffa, All. A, Parte I, D.P.R. n. 642/1972);
- **stock option non cedibili**;
- forme di **previdenza complementare** organizzate o gestite da società ed enti di diritto estero;
- attività finanziarie oggetto di un contratto di amministrazione con una società fiduciaria residente o di gestione con un intermediario residente (soggette all'imposta di bollo);
- **attività finanziarie rimpatriate** (sia fisicamente che giuridicamente);
- **attività finanziarie** detenute all'estero **amministrate da intermediari** finanziari **italiani**;
- **attività estere** fisicamente detenute dal contribuente in Italia;
- quote di **partecipazione in società estere** non rappresentate da titoli e i finanziamenti dei soci;
- **valute estere** e **metalli preziosi** (art. 9, Legge n. 161/2014).

Base imponibile 68.1.4.

Il valore delle attività finanziarie da assoggettare ad imposta, è costituito dal **valore di mercato** come rilevato al **termine di ciascun anno solare** (o al termine del periodo di detenzione qualora siano state dismesse in corso d'anno) nel luogo in cui sono detenute (art. 19, c. 20, D.L. n. 201/2011).

Titoli negoziati

Per i **titoli negoziati in mercati regolamentati** italiani o esteri si deve fare riferimento al valore puntuale di **quotazione** rilevato alla data del 31 dicembre (o al termine del periodo di detenzione se antecedente).

Per la corretta valutazione può essere utilizzata (art. 19, c. 20, D.L. n. 201/2011):
- la documentazione dell'intermediario estero di riferimento per le singole attività ovvero dell'impresa di assicurazione estera;
- il valore nominale o di rimborso (in mancanza di documentazione dell'intermediario);
- valore di acquisto dei titoli (nel caso i titoli non presentino né un valore nominale, né un valore di rimborso).

Se nella data di riferimento (31 dicembre o data antecedente in caso di cessazione della detenzione in corso d'anno) non sia avvenuta negoziazione, dovrà assumersi il valore di quotazione rilevato nel giorno antecedente più prossimo (Provv. 5 giugno 2012).

Titoli non negoziati

Per i titoli non negoziati in mercati regolamentati italiani o esteri (e comunque nei casi in cui le attività finanziarie quotate siano state escluse dalla negoziazione) si deve far riferimento al valore nominale o, in mancanza, al valore di rimborso, anche se rideterminato ufficialmente (Provv. 5 giugno 2012).

68.1.5. Misura dell'imposta

L'imposta è stabilita nella misura del **2 per mille annuo** (art. 19, c. 20, D.L. n. 201/2011) da calcolarsi in **proporzione**:
- alla **quota detenuta** (in caso di cointestazione);
- al **periodo di detenzione** nel corso dell'anno.

Per i **conti correnti** e i libretti di risparmio l'imposta è stabilita in **misura fissa** (art. 19, c. 20, D.L. n. 201/2011), nella medesima misura dell'imposta di bollo (art. 13, c. 2-bis, lett. a) e b) della Tariffa, Parte I, allegata al D.P.R. n. 642/1972) ovvero:
- **a euro 34,20 annuali** per le persone fisiche;
- **euro 100,00 annuali** per gli altri soggetti.

L'imposta **non è dovuta** quando il valore medio di giacenza annuo, come risultante dagli estratti e dai libretti, risulta **complessivamente non superiore** ad **euro 5.000,00**.

Per i soggetti diversi dalle persone fisiche, l'imposta è dovuta nella misura massima prevista per l'imposta di bollo pari ad euro 14.000,00 (art. 19, c. 20, D.L. n. 201/2011).

L'eventuale imposta patrimoniale versata nello Stato in cui sono detenuti i prodotti finanziari, costituisce **credito di imposta da dedurre dall'IVAFE**, fino a concorrenza del suo ammontare (art. 19, c. 21, D.L. n. 201/2011).

68.1.6. Adempimenti dichiarativi

La dichiarazione delle attività finanziarie detenute all'estero avviene mediante la compilazione del **quadro RW** (monitoraggio investimenti ed attività detenute all'estero) del **Mod. Redditi PF**.

Con la compilazione del quadro RW il contribuente assolve contestualmente agli obblighi di:
- monitoraggio delle attività finanziarie detenute all'estero;
- liquidazione dell'IVAFE.

Nei casi di esonero dalla dichiarazione dei redditi (o qualora il contribuente abbia utilizzato il Mod. 730), andrà presentata la dichiarazione dei redditi composta dal solo frontespizio e dal quadro RW.

Sono in ogni caso esonerati dall'adempimento dichiarativo:
- persone fisiche che prestano lavoro all'estero per lo Stato italiano (suddivisione politiche o amministrative, enti locali, organizzazioni internazionali quali l'Onu, la Nato, l'Ocse e la UE);
- i lavoratori frontalieri (limitatamente agli investimenti ed attività di natura finanziaria detenute nel paese dove svolgono l'attività lavorativa;
- cooperative;
- enti pubblici.

Gli importi in valuta estera dovranno essere convertiti in euro adottando il cambio indicato nel provvedimento del direttore dell'agenzia periodicamente emanato a tali fini (art. 4, c. 4, D.L. n. 167/1990).

CASO 1 - Obblighi dichiarativi differenziati

Le attività finanziarie (conti correnti e/o depositi detenuti all'estero) restano tuttavia soggette agli obblighi di monitoraggio fiscale, anche nel caso l'imposta non sia dovuta in relazione alla giacenza media annua rilevata (€ 5.000,00) ma si sia verificato un saldo attivo giornaliero superiore ad € 15.000,00.

Ipotizzando la verifica di un c/c estero, risultano pertanto schematizzabili le seguenti circostanze:

Saldo massimo giornaliero	Giacenza media annua	Monitoraggio fiscale	Liquidazione imposta
> € 15.000,00	< € 5.000,00	SÌ	NO
> € 15.000,00	> € 5.000,00	SÌ	SÌ
< € 15.000,00	> € 5.000,00	NO	SÌ
< € 15.000,00	< € 5.000,00	NO	NO

Versamento dell'imposta 68.1.7.

Il versamento dell'IVAFE (➡100.4.) è effettuato secondo le modalità e i termini previsti per il versamento delle imposte dirette, mediante Mod. F24.

Codici tributo Mod. F24	Codice
IVAFE - prima rata	4047
IVAFE - seconda o unica rata	4048
IVAFE - saldo	4043

La procedura di rateizzazione delle imposte dirette (art. 20, D.Lgs. n. 241/1997) risulta applicabile anche all'IVAFE.

Accertamento 68.1.8.

Risultano applicabili le disposizioni previste per le imposte sui redditi (art. 19, c. 22, D.L. n. 201/2011) in materia di liquidazione, ravvedimento, accertamento, riscossione, sanzioni, rimborsi, contenzioso.

IMPOSTA ERARIALE SUGLI AEROMOBILI PRIVATI 68.2.

L'imposta erariale sugli aeromobili si applica al ricorrere congiuntamente di:

- possesso di aeromobili privati;
- richiesta di rilascio o rinnovo del certificato di revisione dell'aeronavigabilità.

Soggetti passivi 68.2.1.

L'imposta è dovuta dai soggetti che risultato possessori (come risultante dai pubblici registri) di aeromobili privati (art. 16, c. 12, D.L. n. 201/2011) a titolo di:

- proprietà;
- usufrutto;
- acquisto con patto di riservato dominio;
- utilizzo a titolo di locazione finanziaria.

In caso di più soggetti tenuti al pagamento, l'imposta è dovuta solidalmente tra loro (Provv. 28 giugno 2012).

Oggetto dell'imposta 68.2.2.

L'imposta è dovuta in relazione al possesso di **aeromobili privati**, intendendosi per tali i **velivoli non militari** e **non di proprietà dello Stato** (art. 744, R.D. 30 marzo 1942, n. 327):

- immatricolati nel Registro aeronautico nazionale tenuto dall'Ente nazionale per l'aviazione civile (ENAC);
- non immatricolati nel Registro aeronautico nazionale tenuto dall'ENAC, ma la cui permanenza nel territorio italiano si protragga per una durata anche non continuativa superiore a 6 mesi nell'arco di 12 mesi (art. 16, c. 14-bis, D.L. n. 201/2011).

Esclusioni 68.2.3.

Sono esclusi da imposizione (art. 16, c. 14, D.L. n. 201/2011) gli aeromobili:

- militari;
- di Stato e quelli ad essi equiparati (impiegati in servizi istituzionali delle Forze di polizia dello Stato, della Dogana, del Corpo nazionale dei vigili del fuoco, del Dipartimento della protezione civile o in altro servizio di Stato, utilizzati da soggetti pubblici o privati, anche occasionalmente, per attività dirette alla tutela della sicurezza nazionale);

- di proprietà o in esercenza dei licenziatari dei servizi di linea e non di linea, nonché del lavoro aereo (artt. 776-791, R.D. 30 marzo 1942, n. 327);
- di proprietà o in esercenza delle organizzazioni registrate (OR) o delle scuole di addestramento (FTO) e dei centri di addestramento per le abilitazioni (TRTO);
- di proprietà o in esercenza all'Aero club d'Italia, agli Aero club locali e all'Associazione nazionale paracadutisti d'Italia;
- immatricolati a nome dei costruttori e in attesa di vendita;
- destinati esclusivamente all'elisoccorso o all'aviosoccorso;
- storici (con prima immatricolazione ultra-quarantennale);
- di costruzione amatoriale;
- per il volo da diporto o sportivo;
- di Stati esteri, ivi compresi quelli militari.

68.2.4. Misura dell'imposta

La misura annuale dell'imposta (art. 16, c.11, D.L. n. 201/2011) è stabilita in funzione di:
- **tipologia** di aeromobile;
- **peso massimo al decollo**, intendendosi per tale il dato di omologazione riportato nel Manuale di Volo del singolo aeromobile (Provv. 28 giugno 2012).

Misura dell'imposta erariale sugli aeromobili privati			
Peso massimo al decollo	**Aeroplani**	**Elicotteri**	**Alianti, motoalianti, aerostati**
Fino a 1.000 kg	€ 0,75 / kg	€ 1,125 / kg	€ 450,00 (importo fisso)
Fino a 2.000 kg	€ 1,25 / kg	€ 1,875 / kg	
Fino a 4.000 kg	€ 4,00 / kg	€ 6,00 / kg	
Fino a 6.000 kg	€ 5,00 / kg	€ 7,50 / kg	
Fino a 8.000 kg	€ 6,65 / kg	€ 9,975 / kg	
Fino a 10.000 kg	€ 7,10 / kg	€ 10,65 / kg	
Oltre 10.000 kg	€ 7,60 / kg	€ 11,40 / kg	

68.2.5. Liquidazione dell'imposta

L'imposta erariale è corrisposta all'atto della richiesta di rilascio o di rinnovo del certificato di revisione della aeronavigabilità in relazione all'intero periodo di validità del certificato stesso (art. 16, c. 12, D.L. n. 201/2011).

Nel caso in cui il certificato abbia validità inferiore ad 1 anno l'imposta è dovuta nella misura di un dodicesimo per ciascun mese di validità.

Aeromobili non immatricolati

Per gli aeromobili non immatricolati che permangono sul territorio italiano per un periodo superiore a 6 mesi (anche non continuativa) nell'arco di 12 mesi, l'imposta è dovuta (art. 19, c. 14-bis, D.L. n. 201/2011):
- a partire dal mese in cui il limite di 6 mesi è superato;
- nella misura di tanti dodicesimi quanti sono i successivi mesi di permanenza;
- prima che il velivolo rientri nel territorio estero.

68.2.6. Modalità di pagamento

Il pagamento dell'imposta dovuta deve avvenire in **unica soluzione,** non essendo prevista la possibilità di rateizzazione, a mezzo:
- Modello di pagamento **F24 Elide** (elementi identificativi);
- **bonifico a favore del Bilancio dello Stato** al Capo 8 - Capitolo 1223 (esclusivamente per i soggetti che risultino impossibilitati ad utilizzare il Mod. F24).

Codici tributo Mod. F24	Codice
Imposta erariale sugli aeromobili privati	3368
Sanzioni - Ravvedimento	8935
Interessi - Ravvedimento	1930

Il campo "elementi identificativi" è valorizzato con le marche di nazionalità e di immatricolazione identificative dell'aeromobile (ris. 3 febbraio 2012, n. 11/E).

> In caso di pagamento dell'imposta effettuata con bonifico, nella causale andranno indicate le generalità del soggetto tenuto al versamento dell'imposta, l'identificativo dell'aeromobile (marche di nazionalità e di immatricolazione), nonché codice tributo e periodo di riferimento utilizzabili nel Mod. F24.

Accertamento 68.2.7.

Il corretto assolvimento degli obblighi relativi all'imposta erariale sugli aeromobili privati è vigilato dal Corpo della Guardia di Finanza e dalle autorità aeroportuali.
In caso di omesso o insufficiente pagamento delle imposte è applicabile una sanzione pari al 30%, con possibilità di avvalersi dell'istituto del ravvedimento operoso (➔75.5.) (art. 16, c. 15-bis, D.L. n. 201/2011).

IMPOSTA ERARIALE SUI VOLI DEI PASSEGGERI DI AEROTAXI 68.3.

L'imposta erariale sui voli è dovuta in relazione a ciascun trasporto di passeggeri effettuato a mezzo di aeromobili o elicotteri per il servizio "taxi" (art. 16, c. 10-bis, D.L. n. 201/2011).

Soggetti passivi 68.3.1.

L'imposta ricade sui **passeggeri dei voli** o contraenti di contratti di noleggio, che sono tenuti a corrisponderla direttamente al vettore.

Misura dell'imposta 68.3.2.

L'imposta è dovuta:
- per ciascun passeggero;
- per ciascuna tratta con partenza e/o arrivo sul territorio nazionale.

> Per tratta va inteso il tragitto dal luogo di partenza al luogo di destinazione, a prescindere da eventuali scali tecnici (Provv. 28 giugno 2012).

Lunghezza tratta aerea	Importo
Superiore a 100 km ed entro 1.500 km	€ 100,00
Oltre 1.500 km	€ 200,00

Liquidazione dell'imposta 68.3.3.

Il vettore è incaricato della riscossione del tributo e del successivo versamento all'Erario da effettuarsi mediante Modello di pagamento "F24 Elide" (ris. 4 luglio 2012 n. 72/E).

Codici tributo Mod. F24	Codice
Imposta erariale sui voli dei passeggeri di aerotaxi	3379
Sanzioni - ravvedimento	8937
Interessi - ravvedimento	1932

Termini di versamento 68.3.4.

I termini di versamento dell'imposta da parte del vettore variano in funzione del mezzo utilizzato.

Tratte effettuate tramite aeromobili	Termine di versamento
Immatricolati nel registro aeronautico nazionale tenuto dall'Ente nazionale per l'aviazione civile (Enac), o nei registri di Paesi comunitari o appartenenti allo spazio economico europeo	Entro la fine del mese successivo a quello di effettuazione del servizio
Non immatricolati nel Registro aeronautico nazionale tenuto dall'Enac o nei registri di paesi comunitari o appartenenti allo spazio economico europeo	Entro il giorno successivo all'arrivo nel territorio nazionale

I contribuenti impossibilitati a versare utilizzando il Mod. "F24 versamenti con elementi identificativi" possono effettuare il versamento mediante un bonifico in "EURO" in favore del Bilancio dello Stato al Capo 8 - Capitolo 1224, indicando nella causale:
- generalità del vettore;
- numero passeggeri seguito dalla tipologia di tratta;
- codice tributo e data di effettuazione del servizio di aerotaxi indicata con giorno, mese e anno.

68.4. IMPOSTA DI BOLLO SULLE ATTIVITÀ FINANZIARIE SCUDATE

Sulle attività finanziarie oggetto di emersione (art. 13-bis, D.L. n. 78/2009 - artt. 12 e 15, D.L. n. 350/2001) è dovuta, con cadenza annuale, una **imposta di bollo "speciale"** (c.d. "imposta di bollo sulle **attività finanziarie scudate**") (art. 19, c. 6, D.L. n. 201/2011).

68.4.1. Soggetti passivi

Sono assoggettati ad imposta i contribuenti che hanno rimpatriato attività finanziarie detenute all'estero, usufruendo del regime di riservatezza (e che continuano ad usufruirne).

Regime di riservatezza

La segretazione delle informazioni sulle attività finanziaria può venir meno a seguito (circ. 5 luglio 2012, n. 29/E):
- scelta del contribuente da formalizzarsi espressamente all'intermediario mediante atto avente data certa;
- mancato assoggettamento a tassazione definitiva (da parte dell'intermediario) di redditi di capitale e di natura finanziaria derivanti dalle attività rimpatriate che confluiscono nel conto segretato;
- prelevamento di denaro o cessione delle attività finanziarie detenute (qualora il corrispettivo non confluisca sul conto segretato o non venga impiegato per acquistare attività finanziarie da far confluire nel medesimo conto). La riservatezza viene meno solo per l'importo prelevato, dismesso o utilizzato;
- immissione di denaro o attività finanziarie che non sono state oggetto della procedura di emersione nel conto segretato;
- costituzione del rapporto segretato in garanzia di finanziamenti concessi a terzi;
- costituzione in garanzia fornita a fronte di finanziamenti concessi al soggetto che ha posto in essere l'operazione di rimpatrio (limitatamente alla somma concessa in garanzia);
- decesso del contribuente;
- esibizione della dichiarazione riservata in sede di accessi, ispezioni e verifiche dell'A.F.;
- avvisi di accertamento, rettifica, atti di contestazione, inviti a regolarizzare, questionari e richieste avanzate dall'A.F. (Provv. 5 giugno 2012).

Non costituiscono motivo di perdita del regime di riservatezza:
- le operazioni di riporto, pronti contro termine e prestito titoli (in quanto non assimilabili a prelievi effettuati a titolo definitivo);
- le movimentazioni in uscita registrate per disposizioni di legge o contrattuali (pagamento di commissioni o di imposte operate dall'intermediario).

68.4.2. Oggetto dell'imposta

L'imposta si applica esclusivamente alle attività finanziarie oggetto di emersione (Provv. 5 giugno 2012) mediante il c.d. scudo fiscale che risultino:
- aver fruito della procedura **di rimpatrio fisico o giuridico**;
- essere **detenute in regime di riservatezza**;
- essere state assunte da **intermediari abilitati** in:
  - custodia;
  - deposito;
  - amministrazione;
  - gestione.

68.4.3. Esclusioni

Non sono soggette ad imposizione le attività finanziarie:
- **non rimpatriate** (regolarizzate ma rimaste all'estero);
- **non segretate** (per le quali non ci si è avvalsi, o si è rinunciato successivamente, del regime di riservatezza).

Base imponibile 68.4.4.

L'imposta di bollo speciale è calcolata su:

- ammontare di denaro;
- valore di mercato delle attività finanziarie (ovvero in mancanza di questo rispettivamente sul valore nominale, di rimborso, di acquisto);
- redditi finanziari maturati sulle attività segretate (interessi, dividendi ecc.).

Per le polizze di assicurazione dovrà assumersi il valore di riscatto alla data di riferimento o il valore effettivamente rimborsato in caso di liquidazione avvenuto nel corso del periodo di imposta (Provv. 5 giugno 2012).

Misura dell'imposta 68.4.5.

L'imposta di bollo sulle attività finanziarie "scudate" si applica nella misura del **4 per mille** da determinare sull'importo di tali attività, al netto dell'eventuale imposta di bollo "ordinaria" (art. 19, c. 7, D.L. n. 201/2011) dovuta sui rendiconti dei rapporti "segretati" (art. 13, c. 2-bis e 2-ter, Tariffa allegata al D.P.R. n. 642/1972).

Nel caso in cui, nel corso del periodo d'imposta, venga meno in tutto o in parte la segretazione, l'imposta è dovuta sul valore delle attività finanziarie in ragione del periodo in cui il conto o rapporto ha fruito della segregazione (art. 19, c. 8, D.L. n. 201/2011).

Liquidazione dell'imposta 68.4.6.

Le operazioni di liquidazione e versamento dell'imposta sono a carico degli **intermediari finanziari abilitati**:

- banche;
- società di intermediazione mobiliare (SIM);
- società di gestione del risparmio (SGR) (limitatamente alle attività di gestione su base individuale di portafogli di investimento per conto terzi);
- società fiduciarie;
- agenti di cambio;
- poste italiane;
- Stabili Organizzazioni in Italia di banche e di imprese di investimento non residenti;
- imprese di assicurazione residenti (nel caso di polizza oggetto di contratto di amministrazione con società fiduciaria residente, l'obbligo di liquidazione ricade su quest'ultima).

Gli intermediari finanziari abilitati provvedono a:

- **liquidare l'imposta speciale** al netto dell'eventuale imposta di bollo ordinaria dovuta;
- **trattenere l'imposta di bollo speciale** dal conto del soggetto che ha effettuato l'emersione (o ricevere provvista dallo stesso contribuente in caso di incapienza);
- effettuare il relativo **versamento a mezzo Mod. F24** (codice tributo 8111) entro il 16 luglio di ciascun anno con riferimento al valore delle attività ancora segretate al 31 dicembre dell'anno precedente.

L'intermediario, per poter applicare l'imposta in ragione del "*pro rata temporis*", deve essere portato a conoscenza direttamente dal contribuente, di eventuali atti intrapresi dall'A.F. che facciano decadere il regime di riservatezza (accertamenti, ispezioni ecc.).
L'atto di richiesta formale di accesso alla documentazione relativa alla dichiarazione di riservatezza, eventualmente avanzata dall'A.F. direttamente all'intermediario abilitato, costituisce valida modalità di acquisizione dell'informazione, da parte dell'intermediario, per la tassazione *pro rata temporis* (circ. 5 luglio 2012, n. 29/E).

Accertamento 68.4.7.

Gli intermediari obbligati (➔68.4.6.), qualora siano impossibilitati ad effettuare il versamento per indisponibilità nel conto del cliente e mancata provvista dello stesso, sono tenuti a segnalare all'Agenzia delle Entrate (mediante dichiarazione dei sostituti di imposta, Mod. 770) i contribuenti nei confronti dei quali non è stata applicata l'imposta (con conseguente perdita dell'anonimato) per l'iscrizione a ruolo (art. 19, c. 9, D.L. n. 201/2011).
L'**omesso versamento** dell'imposta espone il contribuente ad una sanzione pari all'importo non versato (art. 19, c. 10, D.L. n. 201/2011).

Risultano applicabili le disposizioni in materia di imposta sui redditi (art. 19, c. 11, D.L. n. 201/2011) per:

- accertamento (➡71.5.);
- riscossione (➡74.4.);
- contenzioso (➡80.).

68.5. CANONE RAI

Il **canone Rai** è un tributo dovuto in relazione alla detenzione di uno o più apparecchi atti od adattabili alla ricezione delle radioaudizioni (art. 1, R.D. 21 febbraio 1938, n. 246).
Il tributo prevede misure e metodologie di liquidazioni differenti in relazione ad:

- **utenze domestiche**;
- **utenze commerciali** (c.d. canone speciale).

68.5.1. Utenze domestiche

Per le utenze private, la detenzione di un apparecchio televisivo è presunta *ex lege* dalla presenza di una utenza per la fornitura di energia elettrica, nel luogo di residenza anagrafica (art. 1, R.D. n. 246/1938).

> In ambito familiare, la detenzione di apparecchi atti ad esclusiva ricezione del segnale audio (radio) non comporta il pagamento del canone.

L'importo del tributo (o del c.d. canone di abbonamento) è dovuto in **unica misura** in relazione:

- alla **totalità degli apparecchi** detenuti;
- alla **totalità dei luoghi** adibiti a residenza o dimora del medesimo soggetto;
- alla **stessa famiglia anagrafica**.

> Per famiglia anagrafica si intende un insieme di persone legate da vincoli di matrimonio, unione civile, parentela, affinità, adozione, tutela o da vincoli affettivi, coabitanti ed aventi dimora abituale nello stesso Comune (art. 4, D.P.R. n. 223/1989).

Sono assoggettati al tributo (canone) anche i **residenti all'estero** che detengono in Italia una abitazione con utenza di fornitura di energia elettrica attiva.
L'individuazione delle utenze addebitabili è effettuata dall'Agenzia delle Entrate sulla base dei dati:

- desumibili direttamente dai contratti della tipologia "clienti residenti", per cui l'utente ha dichiarato all'impresa elettrica la propria residenza nel luogo di fornitura;
- incrociati con le informazioni disponibili nel sistema informativo dell'Anagrafe tributaria, in relazione alla coincidenza del luogo di fornitura rispetto a quello di residenza.

> In ogni caso, anche nell'ipotesi in cui per un medesimo codice fiscale risultino attivate più utenze elettriche, il canone è addebitato su una sola fornitura (circ. 30 dicembre 2016, n. 45/E).

Esoneri

Sono previsti specifici esoneri per:

- soggetti **ultrasettantacinquenni** (età pari o superiore a 75 anni) con reddito annuo proprio e del coniuge non superiore a 8.000,00 euro (art. 1, c. 132, Legge n. 244/2007);
- **agenti diplomatici** (art. 34, Convenzione di Vienna del 18 aprile 1961);
- **funzionari o impiegati consolari** (art. 49, Convenzione di Vienna 24 aprile 1963);
- **funzionari di organizzazioni internazionali**, esenti in base allo specifico accordo di sede applicabile;
- **militari** di cittadinanza non italiana o personale civile non residente in Italia di cittadinanza non italiana appartenenti alle forze NATO di stanza in Italia (art. 10, Convenzione di Londra 19 giugno 1951).

> L'esenzione prevista per i **soggetti di età pari o superiore a 75 anni** spetta a condizione che non vi sia convivenza con altri soggetti titolari di reddito proprio fatta eccezione per collaboratori domestici, colf e badanti.
> In caso di accertamento della **mancanza dei requisiti di esenzione** l'Amministrazione Finanziaria procederà con il recupero del canone evaso maggiorato degli interessi di mora e con applicazione di una sanzione amministrativa compresa tra 500,00 e 2.000,00 euro (art. 1, c. 132, Legge n. 244/2007).

Per fruire della esenzione va compilata apposita dichiarazione sostitutiva (modello reperibile sul sito web dell'Agenzia delle Entrate) da spedire, unitamente a copia di un valido documento di riconoscimento, in plico raccomandato senza busta all'Agenzia delle Entrate - Direzione Provinciale 1 di Torino - Ufficio Canone TV - Casella postale 22 - 10121 - Torino, o in alternativa, trasmettere la dichiarazione firmata digitalmente mediante messaggio di posta elettronica certificata all'indirizzo cp22.canonetv@postacertificata.rai.it (Provv. 27 gennaio 2020).

La richiesta di esenzione può essere presentata in qualsiasi momento, tuttavia produce i suoi effetti se presentata entro i seguenti termini:

- il **31 gennaio** per essere esonerati tutto l'anno;
- il **30 giugno** per essere esonerati dal secondo semestre.

La richiesta di esenzione, in caso di attivazione **per la prima volta** di una utenza di energia elettrica, va presentata **entro 60 giorni** dalla data in cui sorge l'obbligo di pagare il canone (la dichiarazione si considera presentata alla data di spedizione risultante dal timbro postale).

Per continuare ad avvalersi dell'agevolazione negli anni successivi - se le condizioni di esenzione permangono - non è necessario presentare ulteriori dichiarazioni.

Disapplicazione della presunzione di legge

Ricade sul contribuente l'onere di comunicare le eventuali ulteriori casistiche di non applicabilità del tributo mediante la presentazione di "dichiarazione sostitutiva relativa al canone di abbonamento alla televisione per uso privato" per vincere la presunzione di legge del possesso di apparecchio televisivo ancorato all'attivazione di una utenza elettrica.

Mediante trasmissione della modulistica ministeriale è possibile dichiarare:

- la non detenzione di apparecchi radiotelevisivi (quadro A), Tale dichiarazione ha efficacia solo per l'anno in corso e va ripetuta per ogni anno successivo se sussistono i requisiti;
- l'assolvimento del tributo da parte di altro componente della famiglia anagrafica (Quadro B);
- variazione di una precedente dichiarazione (quadro C) per l'eventuale venir meno dei presupposti già attestati (ad esempio, nel caso di acquisto di un televisore successivamente alla presentazione di una dichiarazione di non detenzione).

Il modello va presentato **telematicamente** (anche tramite intermediari abilitati) tramite i canali Fisconline o Entratel dell'Agenzia delle Entrate.

> Nei casi in cui non sia possibile l'invio telematico, il modello, unito ad un valido documento di riconoscimento, può essere inviato, tramite raccomandata senza busta, all'indirizzo: Agenzia delle Entrate Ufficio di Torino 1, S.A.T. - Sportello abbonamenti tv - Casella Postale 22 - 10121 Torino.

I termini di efficacia delle dichiarazioni di "non detenzione" sono i seguenti:

- dichiarazione presentata **dal 1° febbraio al 30 giugno**: esonera dall'obbligo di pagamento per il secondo semestre dello stesso anno;
- dichiarazione presentata **dal 1° luglio al 31 gennaio dell'anno successivo**: esonera dall'obbligo del pagamento per l'intero anno successivo.

Misura del canone

L'importo del canone di abbonamento alla televisione per uso privato dovuto è determinato annualmente nella misura di **euro 90,00** (art. 1, c. 40, Legge n. 232/2016), da ripartire in **10 rate mensili**, addebitate con distinta indicazione nelle fatture di utenza elettrica aventi scadenze di pagamento successiva a quella delle rate.

Le rate, ai fini dell'inserimento in fattura, s'intendono scadute il primo giorno di ciascuno dei mesi da gennaio ad ottobre (art. 3, R.D. n. 246/1938).

Le imprese elettriche sono tenute a riversare all'erario entro il giorno 20 del mese successivo a quello di incasso (l'intero canone deve essere comunque riscosso e riversato entro il 20 dicembre dell'anno di riferimento).

Canone per rinnovo abbonamento	
Periodicità Canone	**Importo**
annuale	€ 90,00
semestrale	€ 45,94
trimestrale	€ 23,90

L'obbligo di pagamento decorre **dal mese in cui ha avuto inizio la detenzione** dell'apparecchio (art. 4, R.D. n. 246/1938). In relazione ad utenze attivate in corso d'anno, l'importo del canone risulterà determinato nelle seguenti misure:

Nuove utenze	
Periodo	**Importo**
gennaio - giugno	€ 45,94
febbraio - giugno	€ 38,63
marzo - giugno	€ 31,33
aprile - giugno	€ 24,03
maggio - giugno	€ 16,72
giugno	€ 9,42
gennaio - dicembre	€ 90,00
febbraio - dicembre	€ 84,46
marzo - dicembre	€ 77,16
aprile - dicembre	€ 69,86
maggio - dicembre	€ 62,55
giugno - dicembre	€ 55,25
luglio - dicembre	€ 47,95
agosto - dicembre	€ 40,64
settembre - dicembre	€ 33,34
ottobre - dicembre	€ 26,04
novembre - dicembre	€ 18,73

Per i **pensionati** è prevista una ulteriore modalità di assolvimento tramite trattenuta effettuata dall'Ente Pensionistico sul rateo della pensione. Tale modalità è accessibile per percettori di redditi di pensione non superiori ad € 18.000,00 annui, a seguito di richiesta da presentare secondo modalità stabilite dal singolo istituto previdenziale (Provv. 29 settembre 2010).

Pagamento diretto

Nei casi in cui l'addebito del canone non possa avvenire sulle fatture emesse dalle imprese elettriche, il pagamento è effettuato direttamente dal contribuente mediante **Modello di pagamento F24** (ris. 7 luglio 2016, n. 53/E).

Esempio
Il caso può ricorrere nell'ipotesi dell'inquilino possessore di apparecchio televisivo, ma non intestatario di utenza di fornitura elettrica (intestata al proprietario dell'immobile).

Codici tributo Mod. F24	Codice
Canone per rinnovo abbonamento TV uso privato	TVRI
Canone per nuovo abbonamento TV uso privato	TVNA

Rimborsi - Eventuali importi non dovuti addebitati sulla bolletta di energia elettrica, possono essere richiesti a rimborso mediante presentazione telematica di apposita istanza.

I rimborsi sono effettuati dalle imprese elettriche mediante accredito sulla prima fattura utile (in caso di mancato rimborso da parte dell'azienda elettrica, l'importo a credito sarà erogato direttamente dall'Agenzia delle Entrate).

Una specifica modalità di rimborso (istanza in carta libera munita di copia di documento di riconoscimento da presentare a mezzo raccomandata da indirizzare all'Agenzia delle Entrate, Direzione Provinciale 1 di Torino) è prevista per i soggetti **residenti** nei territori delle **Regioni Abruzzo, Lazio, Marche ed Umbria** interessate dagli eventi sismici verificatisi a far data dal 24 agosto 2016, che avessero già provveduto a versare direttamente (non tramite addebito nelle forniture di energia elettrica) il canone nel periodo compreso dal 1° gennaio 2018 al 29 maggio 2018 (Provv. 2 agosto 2018).

Canone speciale 68.5.2.

Il canone speciale Rai è dovuto in relazione alla detenzione di uno o più **apparecchi atti** o **adattabili alla ricezione delle trasmissioni radio televisive** al di fuori dell'ambito familiare (art. 2, D.Lgs.Lgt. 21 dicembre 1944, n. 458) ovvero:

- apparecchi installati presso **esercizi pubblici**;
- apparecchi situati in **locali aperti al pubblico**;
- impiegati a **scopo di lucro** diretto o indiretto.

Oggetto dell'imposta

L'imposta (canone speciale) colpisce la detenzione, in ambito differente da quello domestico, di apparecchi televisivi in grado di ricevere, decodificare e visualizzare il segnale digitale terrestre o satellitare, direttamente (in quanto costruito con tutti i componenti tecnici necessari) o tramite decoder o sintonizzatore esterno (Ministero dello Sviluppo Economico, nota 20 aprile 2016, n. 28019).

La detenzione di pc, smartphone, tablet, ed ogni altro dispositivo, non sconta alcuna imposizione qualora tali dispositivi non siano dotati del sintonizzatore per il segnale digitale terrestre o satellitare, indipendentemente dalla capacità dei medesimi di consentire la visione di trasmissioni televisive tramite canali web.

L'assolvimento del canone speciale "assorbe" il canone ordinario, pertanto in caso di attività esercitata promiscuamente nei medesimi locali di abitazione sarà dovuto esclusivamente il canone speciale (Ministero delle Comunicazioni, nota 19 novembre 2004, n. 20677).

Misura del canone speciale

L'importo annuale del canone speciale è stabilito nelle seguenti misure (Ministero dello Sviluppo Economico, Decreto 28 dicembre 2018).

Canone speciale (rinnovo) - Importi in vigore (IVA inclusa)				
Cat.	**Attività**	**Annuale**	**Semestrale**	**Trimestrale**
A	alberghi con 5 stelle e 5 stelle lusso con un numero di camere pari a o superiore a cento	€ 6.789,40	€ 3.463,98	€ 1.801,28
B	alberghi con 5 stelle e 5 stelle lusso con un numero di camere inferiore a cento e superiore a venticinque; residence turistico-alberghieri con 4 stelle; villaggi turistici e campeggi con 4 stelle; esercizi pubblici di lusso e navi di lusso	€ 2.036,83	€ 1.039,20	€ 540,38
C	alberghi con 5 stelle e 5 stelle lusso con un numero di camere pari o inferiore a venticinque; alberghi con 4 e 3 stelle e pensioni con 3 stelle con un numero di televisori superiore a dieci; residence turistico-alberghieri con 3 stelle; villaggi turistici e campeggi con 3 stelle; esercizi pubblici di prima e seconda categoria; sportelli bancari	€ 1.018,40	€ 519,58	€ 270,18
D	alberghi con 4 e 3 stelle e pensioni con 3 stelle con un numero di televisori pari o inferiore a dieci; alberghi, pensioni e locande con 2 e 1 stella; residenze turistiche alberghiere e villaggi turistici con 2 stelle; campeggi con 2 e 1 stella; affittacamere; esercizi pubblici di terza e quarta categoria; altre navi; aerei in servizio pubblico; ospedali; cliniche e case di cura; uffici	€ 407,35	€ 207,82	€ 108,07

Canone speciale (rinnovo) - Importi in vigore (IVA inclusa)				
Cat.	**Attività**	**Annuale**	**Semestrale**	**Trimestrale**
E	strutture ricettive di cui alle lettere A), B), C) e D) con un numero di televisori non superiore ad uno; circoli; associazioni; sedi di partiti politici; istituti religiosi; studi professionali; botteghe; negozi e assimilati; mense aziendali; scuole, istituti scolastici non esenti dal canone (ai sensi della Legge 2 dicembre 1951, n 1571)	€ 203,70	€ 103,93	€ 54,03
	canoni speciali radio (unificato per tutte le tipologie e categorie)	€ 29,94	€ 15,28	€ 7,95

Per il corretto inquadramento della categoria e la quantificazione dell'importo del canone, è necessario rivolgersi alla sede RAI competente per territorio anticipatamente l'effettuazione del primo pagamento.
Gli importo dovuti per i nuovi abbonamenti sono tuttavia rilevabili dalla seguente tabella, in relazione al periodo di inizio della detenzione dell'apparecchio televisivo.

Canone speciale (nuovi abbonamenti) - Importi in vigore (IVA inclusa)						
Periodo	**Categoria A**	**Categoria B**	**Categoria C**	**Categoria D**	**Categoria E**	**Radio**
da gennaio a dicembre	6.789,40	2.036,83	1.018,40	407,35	203,70	29,94
da febbraio a dicembre	6.350,64	1.905,20	952,57	381,01	190,54	28,01
da marzo a dicembre	5.773,30	1.732,00	865,98	346,37	173,21	25,46
da aprile a dicembre	5.195,98	1.558,80	779,38	311,74	155,90	22,92
da maggio a dicembre	4.618,64	1.385,60	692,78	277,10	138,57	20,37
da giugno a dicembre	4.041,32	1.212,40	606,18	242,47	121,25	17,83
da luglio a dicembre da gennaio a giugno	3.463,98	1.039,20	519,58	207,82	103,93	15,28
da agosto a dicembre da febbraio a giugno	2.886,66	866,00	432,98	173,19	86,61	12,73
da settembre a dicembre da marzo a giugno	2.309,32	692,80	346,39	138,55	69,28	10,18
da ottobre a dicembre da aprile a giugno	1.732,00	519,60	259,79	103,92	51,97	7,64
da novembre a dicembre da maggio a giugno	1.154,66	346,40	173,19	69,27	34,64	5,10

Canone speciale (nuovi abbonamenti) - Importi in vigore (IVA inclusa)						
Periodo	**Categoria A**	**Categoria B**	**Categoria C**	**Categoria D**	**Categoria E**	**Radio**
dicembre o giugno	577,34	173,20	86,60	34,64	17,33	2,55

Per la detenzione di apparecchi nei cinema, cinema-teatri e in locali a questi assimilabili, oltre al canone base è dovuta una maggiorazione calcolata in base al numero dei posti.

Tipologia locale pubblico	**Canone base**	**Maggiorazione per posto**	**Canone supplementare (percentuale dell'incasso al netto dei diritti erariali e d'autore)**	
			Nella sala di proiezione e spettacolo	**A pagamento esclusivamente di programmi TV**
Cinema, cinema teatri, discoteche, di categoria extra	315,97	0,65	6%	20%
Cinema, cinema teatri, discoteche, di 1ª categoria	315,97	0,49	5%	20%
Cinema, cinema teatri, discoteche, di 2ª categoria	315,97	0,33	4%	20%
Cinema, cinema teatri, discoteche, di 3ª categoria	315,97	0,16	3%	20%
Cinema, cinema-teatri, discoteche, di 4ª e 5ª categoria; teatri-tenda; stadi e piazze (solo canone base per visione gratuita)	243,51	0,08	2%	10%

Pagamento

Il pagamento del **canone speciale** può avvenire mediante:

- **bollettino di c/c postale** (c/c n. 2105);
- **domiciliazione bancaria** (solo per pagamenti annuali).

Il versamento va effettuato entro il **termine** del:

- **31 gennaio**, per pagamenti annuali;
- **31 gennaio e 31 luglio**; per pagamenti semestrali;
- **31 gennaio, 30 aprile, 31 luglio e 31 ottobre**, per le rate trimestrali.

Qualora la scadenza del termine per il pagamento del canone cada di sabato o di giorno festivo, il pagamento stesso è considerato tempestivo se effettuato il primo giorno lavorativo successivo (art. 6, c. 8, D.L. n. 330/1994).

Adempimenti dichiarativi

Le imprese e le società sono tenute ad indicare nella relativa dichiarazione dei redditi (quadro RS) i dati relativi al canone speciale eventualmente dovuto, ovvero indicazione di non detenzione di apparecchi radiotelevisivi (art. 17, D.L. n. 201/2011).

ALTRE IMPOSTE E TASSE

69. TRIBUTI ERARIALI

69.1. TASSE SULLE CONCESSIONI GOVERNATIVE

Le **Tasse sulle Concessioni Governative** (TCG) sono dovute in relazione all'emanazione di **provvedimenti amministrativi** e di altri **atti** specificatamente individuati dalla legge (art. 1, D.P.R. 26 ottobre 1972, n. 641).

Gli atti per i quali non risulta assolto il pagamento della relativa tassa sulle CCGG sono privi di efficacia (art. 8, D.P.R. n. 641/1972).

Gli atti e i provvedimenti elencati nella Tariffa, approvata con D.M. 28 dicembre 1995, non sono soggetti a tassa di concessione governativa se già soggetti a tassa di concessione regionale (Legge n. 281/1970) o comunale sulla base delle disposizioni vigenti in materia di competenze amministrative.

69.1.1. Tipologie

Le tasse sulle concessioni governative si distinguono nelle seguenti tipologie (art. 2, D.P.R. n. 641/1972):

Tipologia Tassa CCGG	Oggetto del tributo	Termine di riscossione
Tassa di rilascio	emanazione di un atto	non oltre la consegna all'interessato
Tassa di rinnovo	rinnovo di validità	alla scadenza dell'atto da rinnovare

Tipologia Tassa CCGG	Oggetto del tributo	Termine di riscossione
Tassa per il visto	apposizione di un visto	al momento dell'espletamento della formalità
Tassa per la vidimazione	apposizione di una vidimazione	al momento dell'espletamento della formalità
Tassa annuale	per atti di durata ultrannuale	Termine fissato dalla Legge

Modalità di pagamento

69.1.2.

Il pagamento della tassa va assolto (art. 3, D.P.R. n. 641/1972):

- in **modo ordinario**, con versamento sul c/c postale n. 6007 intestato "Ufficio del Registro - Tassa concessione governativa - Roma" (c/c n. 210906 per la Regione Sicilia) o con Modello di pagamento F24;
- in **modo straordinario**, mediante apposizione di **contrassegno telematico** equiparato, anche ai fini penali, a quello rilasciato per l'assolvimento dell'imposta di bollo (➡66.5.1.);
- a mezzo **Mod. F24 Elide** (precompilato dall'operatore camerale) per i diritti su **marchi e brevetti** (Provv. 20 novembre 2014) con utilizzo dei codici tributo (ris. 29 gennaio 2015, n. 11/E):
  a. C300 - Brevetti e disegni - Deposito, annualità, diritti di opposizione, altri tributi;
  b. C301 - Annualità convalida brevetto Europeo;
  c. C302 - Marchio - Primo deposito o rinnovo.

A partire dal 1° gennaio 2020, risulta possibile provvedere al versamento delle tasse sulle concessioni governative anche mediante Mod. F24 (art. 17, c. 2, lett. h-sexies), D.Lgs. n. 241/1997).

Misura

69.1.3.

La misura delle tasse dovute sulle differenti tipologie di atti e di provvedimenti amministrativi è specificatamente elencata nella Tariffa allegata al D.P.R. n. 641/1972.

Atti o provvedimenti inerenti la Pubblica Sicurezza			
Atto o provvedimento	**Importo**	**Riferimento**	**Note**
Licenza di porto di pistole, rivoltelle o pistole automatiche, armi lunghe da fuoco e bastoni animati (art. 42, R.D. n. 773/1931; artt. 74 e 79, Reg. 6 maggio 1940, n. 635)	€ 115,00	art. 4, Tariffa allegata al D.P.R. n. 641/1972	La tassa è ridotta a € 7,75 per le guardie giurate, forestali e campestri private e comunali e per le guardie giurate addette ai consorzi di bonifica e di irrigazione. Non sono soggette a tassa le licenze rilasciate a dipendenti civili dello Stato (art. 74 del regolamento di pubblica sicurezza) nonché ai soggetti a rischio dipendente dall'attività svolta nell'ambito delle Amministrazioni della giustizia o della difesa, o nell'esercizio di compiti di pubblica sicurezza (art. 7, c. 2, Legge 21 febbraio 1990, n. 36). La licenza può essere rilasciata senza pagamento di tassa, su motivata richiesta dei competenti organi direttivi, ai funzionari dell'amministrazione finanziaria addetti a servizi per i quali se ne ravvisi l'opportunità.

Atti o provvedimenti inerenti la Pubblica Sicurezza			
Atto o provvedimento	**Importo**	**Riferimento**	**Note**
			Per la concessione a titolo di reciprocità dei permessi gratuiti di porto d'armi al personale diplomatico degli Stati esteri, si osservano le convenzioni e gli usi internazionali.
Licenza di porto di fucile anche per uso di caccia (art. 22, Legge 11 febbraio 1992, n. 157): tassa di rilascio, di rinnovo e annuale	€ 168,00	art. 5, Tariffa allegata al D.P.R. n. 641/1972	È dovuta una addizionale di € 5,16.
Autorizzazione all'esercizio di case da gioco: tassa di rilascio e per ogni anno di validità	€ 539.200,00	art. 6, Tariffa allegata al D.P.R. n. 641/1972	
Rilascio licenza per l'esercizio di attività per fabbricanti di oggetti preziosi ed esercenti di industrie o arti affini	€ 404,00	art. 7, c. 1, lett. a), Tariffa allegata al D.P.R. n. 641/1972	La licenza non è più soggetta a rinnovo e pertanto la tassa è dovuta solo in relazione al rilascio (ris. 4 ottobre 2005, n. 139/E).
Rilascio licenza per l'esercizio di attività per mediatori di oggetti preziosi, nonché fabbricanti, commercianti ed esercenti stranieri che intendono esercitare nello Stato il commercio di oggetti preziosi da essi importati	€ 270,00	art. 7, c. 1, lett. b), Tariffa allegata al D.P.R. n. 641/1972	La licenza non è più soggetta a rinnovo e pertanto la tassa è dovuta solo in relazione al rilascio (ris. 4 ottobre 2005, n. 139/E).
Rilascio licenza per l'esercizio di attività agenti, rappresentanti, commessi viaggiatori e piazzisti dei fabbricanti, commercianti ed esercenti stranieri che esercitano nello Stato il commercio di preziosi	€ 81,00	art. 7, c. 1, lett. c), Tariffa allegata al D.P.R. n. 641/1972	La licenza non è più soggetta a rinnovo e pertanto la tassa è dovuta solo in relazione al rilascio (ris. 4 ottobre 2005, n. 139/E). Non risulta più dovuta per cesellatori, orafi e incastratori di pietre preziose che non necessitano più di preventiva licenza da parte del Questore.
Rilascio licenza per l'esercizio di attività di fabbricanti e commercianti di articoli con montature o guarnizioni in metalli preziosi	€ 202,00	art. 7, c. 1, lett. e), Tariffa allegata al D.P.R. n. 641/1972	La licenza non è più soggetta a rinnovo e pertanto la tassa è dovuta solo in relazione al rilascio (ris. 4 ottobre 2005, n. 139/E).

Atti o provvedimenti inerenti l'attività di pesca			
Atto o provvedimento	**Importo**	**Riferimento**	**Annotazioni**
Licenza per la pesca professionale marittima (art. 4, Legge 17 febbraio 1982, n. 41), per ogni unità adibita	€ 404,00	art. 8, Tariffa allegata al D.P.R. n. 641/1972	Dovuta in unica misura qualora nelle more del rilascio della licenza, venga emessa una attestazione provvisoria (ris. 27 novembre 2014, n. 105/E)

Atti o provvedimenti inerenti la proprietà industriale e intellettuale			
Atto o provvedimento	**Importo**	**Riferimento**	**Annotazioni**
Privativa per nuove varietà vegetali: tassa di domanda, comprensiva della tassa di pubblicazione e di quella per la protezione provvisoria (prima della concessione)	€ 236,00	art. 9-bis, Tariffa allegata al D.P.R. n. 641/1972	
Privativa per nuove varietà vegetali: tassa per il mantenimento in vita della privativa (dalla concessione della privativa) 1° 2° 3° 4° 5° 6° 7° 8° 9° 10° 11° 12° 13° 14° 15° 16° 17° 18° 19° 20° e successivi	 € 101,00 € 135,00 € 168,00 € 202,00 € 236,00 € 270,00 € 303,00 € 337,00 € 371,00 € 404,00 € 438,00 € 472,00 € 505,00 € 539,00 € 573,00 € 607,00 € 640,00 € 674,00 € 708,00 € 741,00	art. 9-bis, Tariffa allegata al D.P.R. n. 641/1972	La tassa di domanda per una nuova varietà vegetale, comprensiva della tassa di pubblicazione e di quella di protezione provvisoria, non è rimborsabile.
Domanda per la licenza obbligatorie su privative per le nuove varietà vegetali	€ 539,00	art. 9-bis, Tariffa allegata al D.P.R. n. 641/1972	
Concessione per la licenza obbligatorie su privative per le nuove varietà vegetali	€ 1.820,00	art. 9-bis, Tariffa allegata al D.P.R. n. 641/1972	
Trascrizioni di atti relativi alle privative per nuove varietà vegetali: - per ogni privativa - per la lettera di incarico	 € 81,00 € 34,00	art. 9-bis, Tariffa allegata al D.P.R. n. 641/1972	
Registrazione per marchi d'impresa (artt. da 36 a 40, R.D. 21 giugno 1942, n. 929): - per la domanda di primo deposito	 € 34,00	art. 11, Tariffa allegata al D.P.R. n. 641/1972	Per la classificazione dei generi di prodotti o servizi si veda la classificazione internazionale risultante dall'accordo di Nizza 15 giugno 1957 e successive modificazioni.

Atti o provvedimenti inerenti la proprietà industriale e intellettuale			
Atto o provvedimento	**Importo**	**Riferimento**	**Annotazioni**
- per il rilascio dell'attestato di primo deposito o di quello di rinnovazione: 1) riguardante generi di una sola classe 2) per ogni classe in più	€ 67,00 € 34,00		La registrazione dura 10 anni a partire dalla data di deposito della domanda. La rinnovazione si effettua per periodi di 10 anni su domanda da depositarsi entro gli ultimi 12 mesi di scadenza del decennio in corso, trascorso il quale la registrazione può essere rinnovata nei 6 mesi successivi al mese di detta scadenza, con l'applicazione della tassa pari ad € 34,00.
Registrazione per marchi di certificazione e collettivi: - per la domanda di primo deposito - per il rilascio dell'attestato di primo deposito o di quello di rinnovazione riguardante generi di una o più classi	€ 135,00 € 202,00	art. 11, Tariffa allegata al D.P.R. n. 641/1972	
Domanda di registrazione internazionale del marchio di rinnovazione	€ 135,00	art. 11, Tariffa allegata al D.P.R. n. 641/1972	Ogni domanda deve avere per oggetto un solo marchio. La tassa di domanda e la tassa di rilascio dell'attestato di primo deposito devono essere pagate prima del deposito della domanda. Del pari la tassa di rilascio dell'attestato di rinnovazione deve essere pagata prima del deposito della relativa domanda. In caso di rigetto della domanda o di rinuncia alla medesima, prima che la registrazione sia stata effettuata, sono rimborsate le somme versate, ad eccezione della tassa di domanda.
Registrazione per marchi d'impresa, di certificazione o per marchi collettivi, nazionali o internazionali: - per lettera d'incarico - per il ritardo nella rinnovazione della registrazione (entro il semestre) - per la trascrizione di atto di trasferimento	€ 34,00 € 34,00 € 81,00	art. 11, Tariffa allegata al D.P.R. n. 641/1972	
Registrazione delle topografie dei prodotti a semiconduttori (Legge 21 febbraio 1989, n. 70): a) per la domanda b) per la registrazione c) per la trascrizione di atto di trasferimento o di costituzione di diritti di garanzia	€ 1.011,00 € 809,00 € 81,00	art. 12, Tariffa allegata al D.P.R. n. 641/1972	La tassa per la registrazione deve essere pagata, su richiesta dell'Ufficio italiano brevetti e marchi, entro 60 giorni dalla data di ricezione della stessa; decorso inutilmente il termine, l'ufficio respinge la domanda.

Atti o provvedimenti inerenti la proprietà industriale e intellettuale			
Atto o provvedimento	**Importo**	**Riferimento**	**Annotazioni**
Certificati complementari di protezione di medicinali (Legge 19 ottobre 1991, n. 349) e di prodotti fitosanitari: a) domanda b) per ciascun anno di mantenimento in vita del certificato c) per la trascrizione di atto di trasferimento o di costituzione di diritti di garanzia	 € 404,00 € 1.011,00 € 67,00	art. 13, Tariffa allegata al D.P.R. n. 641/1972	La tassa dovuta per ciascun anno di mantenimento in vita del certificato deve essere pagata entro il ventesimo anno di validità del brevetto al quale il certificato si riferisce. Per il ritardo della tassa annuale entro il semestre si applica la soprattassa di euro 361,52.
Registrazione di atti tra vivi che trasferiscono in tutto o in parte diritti di autore o diritti connessi al loro esercizio o costituiscono sugli stessi diritti di godimento o di garanzia, nonché di atti di divisione o di società relativi ai diritti medesimi (art. 104, Legge 22 aprile 1941, n. 633): per ogni registrazione	€ 81,00	art. 14, Tariffa allegata al D.P.R. n. 641/1972	
Deposito, con dichiarazione di riserva dei diritti, di dischi fonografici o apparecchi analoghi e di progetti di lavori dell'ingegneria o lavori analoghi (artt. 77, 99 e 105 Legge 22 aprile 1941, n. 633): a) per ogni disco o apparecchio analogo b) per ogni progetto	 € 81,00 € 34,00	art. 14, Tariffa allegata al D.P.R. n. 641/1972	

Atti o provvedimenti inerenti Radio e Televisione			
Atto o provvedimento	**Importo**	**Riferimento**	**Annotazioni**
Libretto di iscrizione alle radiodiffusioni per la detenzione di apparecchi atti o adottabili alla ricezione delle radioaudizioni o delle diffusioni televisive (art. 6, R.D.L. 21 febbraio 1938, n. 246; artt. 1 e 2, Legge 10 febbraio 1954, n. 1150; art. 1, Legge 28 maggio 1959, n. 362; artt. 2 e 8, Legge 15 dicembre 1967, n. 1235; art. 1, D.L. 1 febbraio 1977, n. 11, Legge 5 maggio 1989, n. 171): - per ogni abbonamento alle radioaudizioni	€ 0,70	art. 17, Tariffa allegata al D.P.R. n. 641/1972	Sono soggetti alle tasse anche gli abbonamenti speciali e le licenze gratuite, esclusi quelli riguardanti i pubblici esercizi. Il libretto di iscrizione alle radiodiffusioni dà diritto al titolare e ai suoi familiari di fare uso di apparecchi anche in luoghi diversi dal domicilio indicato nel libretto senza il pagamento di ulteriore tassa; del pagamento della tassa è data prova anche mediante fotocopia della ricevuta di versamento.

Atti o provvedimenti inerenti Radio e Televisione			
Atto o provvedimento	**Importo**	**Riferimento**	**Annotazioni**
- per ogni abbonamento alle diffusioni televisive - per ogni abbonamento alle radioaudizioni mediante apparecchi stabilmente installati su autoscafi non soggetti a tassa automobilistica (unità di diporto e navi non da diporto) - per ogni abbonamento alle diffusioni televisive mediante apparecchi stabilmente installati su autoscafi 1) riguardante apparecchi di ricezione in bianco e nero 2) riguardante apparecchi di ricezione anche a colori	€ 4,13 € 20,00 € 34,00 € 236,00		Le tasse sono dovute per ogni anno solare e devono essere pagate insieme con il canone di abbonamento (➡68.5.). In caso di pagamento rateale del canone, le tasse per l'abbonamento alle diffusioni televisive sono dovute nella misura semestrale di euro 2,12 o trimestrale di euro 1,14. Se durante l'anno è contratto un abbonamento che comporta il pagamento della tassa in misura superiore a quella stabilita per l'abbonamento in corso, la differenza deve essere pagata in occasione del primo versamento di quanto dovuto per il nuovo abbonamento.
Concessione per la installazione e l'esercizio di impianti per la diffusione via etere in ambito locale (art. 22, Legge 6 agosto 1990, n. 223): - di programmi televisivi: 1) tassa di rilascio o di rinnovo 2) tassa annuale - di programmi radiofonici: 1) tassa di rilascio o di rinnovo 2) tassa annuale	 € 4.044,00 € 2.022,00 € 674,00 € 337,00	art. 18, Tariffa allegata al D.P.R. n. 641/1972	Le tasse sono ridotte al 25% ai concessionari privati per la radiodiffusione sonora a carattere comunitario
Concessione per la installazione e l'esercizio di impianti per la diffusione via etere su tutto il territorio nazionale (art. 22, Legge 6 agosto 1990, n. 223): - di programmi televisivi: 1) tassa di rilascio o di rinnovo 2) tassa annuale - di programmi radiofonici: 1) tassa di rilascio o di rinnovo 2) tassa annuale	 € 13.480,00 € 6.740,00 € 2.696,00 € 1.348,00	art. 18, Tariffa allegata al D.P.R. n. 641/1972	Le tasse sono ridotte al 25% ai concessionari privati per la radiodiffusione sonora a carattere comunitario
Concessione per la installazione e l'esercizio di reti per la diffusione via cavo di programmi televisivi (art. 6, D.Lgs. 22 febbraio 1991, n. 73): 1) tassa di rilascio o di rinnovo 2) tassa annuale	 € 3.370,00 € 1.685,00	art. 18, Tariffa allegata al D.P.R. n. 641/1972	Le tasse sono ridotte al 25% ai concessionari privati per la radiodiffusione sonora a carattere comunitario
Autorizzazione per la trasmissione di programmi televisivi in contemporanea via etere o via cavo (art. 22, Legge 6 agosto 1990, n. 223 e art. 11, D.Lgs. 22 febbraio 1991, n. 73): a) tassa di rilascio b) tassa annuale	 € 5.392,00 € 2.696,00	art. 19, Tariffa allegata al D.P.R. n. 641/1972	

Atti o provvedimenti inerenti Radio e Televisione			
Atto o provvedimento	**Importo**	**Riferimento**	**Annotazioni**
Autorizzazione all'installazione e all'esercizio di impianti ripetitori per la ricezione e la contemporanea ritrasmissione nel territorio nazionale di programmi televisivi (artt. 38 e 43, Legge 14 aprile 1975, n. 103): a) irradiati da organismi di radiodiffusione esteri secondo le leggi vigenti nei rispettivi Paesi: 1) tassa di rilascio o di rinnovo 2) tassa annuale b) irradiati dalle concessionarie del servizio pubblico: 1) tassa di rilascio o di rinnovo 2) tassa annuale	 € 4.044,00 € 2.696,00 € 404,00 € 270,00	art. 20, Tariffa allegata al D.P.R. n. 641/1972	
Licenza o documento sostitutivo per l'impiego di apparecchiature terminali per il servizio radiomobili pubblico terrestre di comunicazione (art. 318, D.P.R. 29 marzo 1973, n. 156; art. 3, D.L. 13 maggio 1991, n. 151): per ogni mese di utenza: a) utenze residenziali b) utenze affari	 € 5,16 € 12,91	art. 21, Tariffa allegata al D.P.R. n. 641/1972	La tassa è dovuta, con riferimento al numero di mesi di utenza (considerando mese di utenza anche quello che comprende un solo giorno di utenza - risposta a interpello 12 febbraio 2019, n. 43) considerati in ciascuna bolletta, congiuntamente al canone di abbonamento. Le modalità e i termini di versamento all'erario delle tasse riscosse dal concessionario del servizio sono stabiliti con decreto del Ministro delle finanze di concerto con il Ministro delle poste e delle telecomunicazioni. La tassa non è dovuta per le licenze o i documenti sostitutivi intestati ad invalidi a seguito di perdita anatomica o funzionale di entrambi gli arti inferiori nonché a non vedenti e a sordi. L'invalidità deve essere attestata dalla competente unità sanitaria locale e la relativa certificazione prodotta al concessionario del servizio all'atto della stipulazione dell'abbonamento. L'ambito di utilizzo del servizio radiomobile GSM (familiare o per attività economiche/professionali) va dichiarato all'atto della stipula del contratto di abbonamento con il gestore (ris. 23 marzo 1995, n. 76/E).

Atti o provvedimenti inerenti Professioni, arti e mestieri			
Atto o provvedimento	**Importo**	**Riferimento**	**Annotazioni**
Iscrizione agli albi dei: - mediatori nel ruolo delle camere di commercio, industria, artigianato e agricoltura; - costruttori, imprese ammesse a gestire in appalto dell'Ente ferrovie dello Stato e imprese ammesse a gestire servizi di raccolta, trasporto e smaltimento dei rifiuti urbani; - esercenti imprese di spedizione per terra, per mare e per aria ed esportatori dei prodotti ortofrutticoli; - agenti di assicurazione e mediatori di assicurazione; - periti assicurativi per l'accertamento e la stima dei danni ai veicoli a motore ed ai natanti; - concessionari del servizio di riscossione dei tributi e collettori; - giornali e periodici; - per l'esercizio di attività industriali o commerciali e di professioni arti o mestieri; - consulenti finanziari.	€ 168,00	art. 22, Tariffa allegata al D.P.R. n. 641/1972	Non è soggetto al pagamento della tassa l'iscrizione al primo anno nel registro speciale dei praticanti avvocati (ris. 11 ottobre 2010, n. 103/E). Nell'ambito dello stesso albo è comunque dovuta la tassa per l'iscrizione ad una sezione diversa rispetto a quella in cui si è già iscritti (ris. 12 maggio 2006, n. 59/E). A parere del CNDCEC (nota 20 luglio 2011, prot. 217) non è soggetto al tributo il passaggio dall'Albo all'Elenco speciale (commercialisti che non esercitano la professione per incompatibilità).

69.1.4. Registri contabili

La **bollatura e la numerazione dei libri e registri contabili** (art. 2215 c.c.), anche se effettuata su base volontaria, è soggetta alla tassa di concessione governativa con misura e metodologie di pagamento differenziate in relazione alla **tipologia del soggetto** obbligato (art. 23 Tariffa allegata al D.P.R. n. 641/1972):

- **imprese individuali** e **società di persone**;
- **società di capitali** ed **enti commerciali**.

> I registri tenuti esclusivamente per leggi tributarie (Registri IVA, Registro dei beni ammortizzabili, libro mastro, scritture ausiliarie di magazzino, ecc.) non sono soggetti al tributo.
> Il libro giornale e il libro inventari sono soggetti al tributo solo se vidimati su base volontaria presso un Notaio od un Ufficio del Registro (art. 23, nota 1, Tariffa allegata al D.P.R. n. 641/1972).

Sono in ogni caso **esclusi** dal pagamento della tassa:

- registro di **carico e scarico rifiuti speciali** (ris. 11 novembre 2005, n. 159/E);
- registro delle **operazioni** giornaliere delle **armerie e dei depositi esplosivi** (ris. 5 luglio 2007, n. 153/E).

Imprese individuali e società di persone

La tassa di concessione governativa sulla numerazione e bollatura dei libri sociali e registri contabili, va assolta con modalità ordinarie (➡69.1.2.), nella misura di **67,00 euro** per:

- **ciascun registro** bollato e numerato;
- ogni 500 pagine o frazione;

esclusivamente dai soggetti esclusi dall'applicazione della tassa in misura forfetaria (art. 23, nota 3, Tariffa allegata al D.P.R. n. 641/1972):

- imprenditori commerciali;
- società di persone;
- società cooperative;
- società di mutua assicurazione;
- G.E.I.E.;
- associazioni e fondazioni;

- società estere;
- altri enti tra cui gli enti morali.

Società di capitali ed enti commerciali

La tassa è dovuta **annualmente** in misura forfettaria (nota 3, art. 23, Tariffa allegata al D.P.R. n. 641/1972) per i seguenti soggetti:
- società per azioni;
- società in accomandita per azioni;
- società a responsabilità limitata;
- società consortili per azioni o a responsabilità limitata;
- sedi secondarie di società estere;
- consorzi di enti locali e le aziende di enti locali;
- enti pubblici.

La tassa è dovuta anche dalle **società in liquidazione ordinaria** e da quelle sottoposte a **procedure concorsuali** (comprese le ipotesi di concordato preventivo), qualora sussista l'obbligo di tenuta dei libri da vidimare (circ. 3 maggio 1996, n. 108).

Restano **escluse** dall'applicazione della tassa nella misura annuale forfetaria:
- le **società di capitali dichiarate fallite** (Trib. Torino, ord. 19 febbraio 1996);
- **consorzi** diversi dalle società consortili (Ministero delle Finanze, ris. 10 novembre 1990, n. 411461);
- i soggetti che godono di esenzione totale dalle tasse di concessione governativa (**Onlus, società sportive dilettantistiche**).

La misura della tassa annuale forfetaria è determinata in relazione all'ammontare del capitale sociale o del fondo di dotazione esistente al 1° gennaio di ciascun anno.

Capitale sociale o fondo di dotazione	Importo tassa annuale
Fino a € 516.456,90	€ 309,87
Oltre € 516.456,90	€ 516,46

Il pagamento va effettuato:
- con modalità ordinarie (versamento sul c/c postale n. 6007) per le **società neo costituite**, entro i termini di presentazione della dichiarazione di inizio attività;
- mediante Mod. F24 (codice tributo 7085), entro i termini di versamento dell'IVA dovuta per l'anno precedente, per le **annualità successive**.

Esclusioni 69.1.5.

Sono **esenti** da imposizione gli atti e i provvedimenti (art. 13-bis, D.P.R. n. 641/1972) che riguardano:
- le **Onlus**;
- le **società** ed **associazioni sportive dilettantistiche**;
- gli atti costitutivi, gli statuti ed ogni altro atto necessario per l'adempimento di obblighi dei **movimenti** o **partiti politici**, derivanti da disposizioni legislative o regolamentari.

Accertamento e sanzioni 69.1.6.

L'Amministrazione finanziaria può procedere all'accertamento delle violazioni alle norme del presente decreto entro il termine di **decadenza** di **3 anni** decorrenti dal giorno nel quale è stata commessa la violazione (art. 13, D.P.R. n. 641/1972).

L'accertamento delle infrazioni (comprese quelle costituenti reato) compete anche ai funzionari del Ministero delle finanze e degli uffici da esso dipendenti all'uopo designati, nonché, limitatamente agli accertamenti compiuti nella sede degli uffici predetti, a qualsiasi funzionario od impiegato addetto agli uffici stessi (art. 10, D.P.R. n. 641/1972).

È prevista la **sanzione** dal 100% al 200% dell'importo della tassa non pagata (art. 9, D.P.R. n. 641/1972), e comunque nella **misura minima di euro 103,29** in caso di:
- mancato pagamento della tassa sulle concessioni governative;
- esercizio di una attività per la quale era previsto un atto o provvedimento soggetto al tributo (➡78.6.).

Il **pubblico ufficiale** che emette atti soggetti a tasse sulle concessioni governative senza che sia stato effettuato il pagamento della relativa tassa, è condannato al pagamento del tributo (salvo la possibilità di azione di regresso nei confronti del soggetto obbligato) nonché sanzionato nella misura compresa **tra 103,29 euro e 516,45 euro** (art. 9, D.P.R. n. 641/1972).

Ricorsi

Le controversie relative all'applicazione delle tasse di concessione governativa sono demandate, in via amministrativa, alle decisioni della Direzione Regionale delle Entrate alla quale va presentato il ricorso entro 30 giorni dalla **notifica** del provvedimento e quando l'ammontare delle tasse sia superiore a 51,64 euro (art. 11, D.P.R. n. 641/1972) con una delle seguenti modalità:

- consegna diretta (l'ufficio rilascia contestuale ricevuta);
- raccomandata con avviso di ritorno (la data di spedizione vale quale data di presentazione).

È possibile ricorrere in seconda istanza direttamente al Ministero dell'Economia e delle Finanze (art. 11, c. 3, D.P.R. n. 641/1972):

- qualora sia decorso il termine di 180 giorni dalla data di presentazione del ricorso alla Direzione Regionale delle Entrate senza che sia stata notificata al ricorrente la relativa decisione;
- in caso di provvedimento sfavorevole (ricorso da promuovere entro 30 giorni).

Contro le decisioni del Ministero dell'Economia e delle Finanze (nonché quelle definitive della DRE) è ammesso ricorso in revocazione per errore di fatto o di calcolo (art. 395 c.p.c.) da proporre entro 60 giorni decorrenti da:

- notificazione della decisione;
- data in cui è stata scoperta la falsità o recuperato il documento.

Avverso le decisioni definitive è esperibile l'azione giudiziaria (art. 12, D.P.R. n. 641/1972), da proporre entro:

- 90 giorni dalla notifica della decisione da impugnare;
- 180 giorni dalla data di presentazione del ricorso senza che sia intervenuta la decisione.

Rimborsi

Il contribuente può chiedere la restituzione delle tasse erroneamente pagate entro il termine di **decadenza di 3 anni** a decorrere dal giorno del pagamento o, in caso di rifiuto dell'atto sottoposto a tassa, dalla data della comunicazione del rifiuto stesso.

Non è ammesso il rimborso delle tasse pagate in modo straordinario (contrassegno telematico).

69.2. IMPOSTE SULLE ASSICURAZIONI

I contratti di **assicurazioni private**, stipulati o rinnovati con contraenti domiciliati o aventi sede in Italia (indipendentemente dalla nazionalità dell'impresa assicuratrice), sono assoggettati ad **imposta sulle assicurazioni** (art. 1, Legge 29 ottobre 1961, n. 1216).

L'imposta sulle assicurazioni "**assorbe**" le **imposte di bollo** e di **registro** dovute (art. 16, Legge n. 1216/1961) su:

- contratti di assicurazione, di riassicurazione e di rendita vitalizia;
- ricevute e quietanze;
- ogni altro atto inerente l'acquisizione, gestione ed esecuzione dei contratti di assicurazione, di riassicurazione e di rendita vitalizia.

69.2.1. Oggetto dell'imposta

Scontano il tributo i **contratti** e le **polizze** (art. 1, Legge n. 1216/1961) su:

- **beni immobili** o beni **mobili** in essi contenuti che non siano in transito commerciale, quando i beni immobili sono situati nel territorio della Repubblica;
- **veicoli**, **navi** od **aeromobili** immatricolati o registrati in Italia;
- copertura dei **rischi viaggi o vacanze** (aventi durata inferiore o pari a 4 mesi e quando sono stipulate nel territorio della Stato);
- **merci trasportate** da o verso l'Italia, quando siano stipulate per conto di soggetti domiciliati o aventi sede nel territorio della Repubblica, purché per dette assicurazioni non sia stata pagata imposta all'estero;
- **contro i danni**, quando il contraente ha nel territorio della Repubblica il proprio domicilio ovvero, se trattasi di persona giuridica, la sede o lo stabilimento cui si riferisce il contratto o cui sono addette le persone assicurate;
- **sulla vita**, quando il contraente ha nel territorio della Repubblica il proprio domicilio o, se trattasi di persona giuridica, la sede o lo stabilimento cui sono addette le persone assicurate.

> Le assicurazioni sulla vita, di capitalizzazione e le rendite vitalizie scontano l'imposta esclusivamente se stipulate prima dell'anno 2001 (art. 13, c. 3, D.Lgs. n. 47/2000).

Esenzioni 69.2.2.

Sono **esenti in modo assoluto dall'imposta** (All. C, Legge n. 1216/1961) le assicurazioni:
- contratte da società di mutuo soccorso;
- obbligatorie contro gli infortuni sul lavoro;
- sociali obbligatorie gestite dall'INPS;
- dei crediti all'esportazione;
- delle società mutue di assicurazione per il bestiame in Sardegna;
- dei trasporti di linea aerea;
- delle opere d'arte della Biennale di Venezia;
- dei beni di pertinenza dell'opera Nazionale combattenti ed enti assimilati;
- stipulate dall'Ente delle Tre Venezie;
- indennità dovute agli impiegati privati;
- sulla vita, di capitalizzazione e rendite vitalizie (stipulate a partire dal 1° gennaio 2001);
- contro eventi calamitosi (stipulate a partire dal 1° gennaio 2018 - art. 1, c. 770, Legge n. 205/2017).

Non sono inoltre soggette ad imposta le rendite corrisposte in Italia da parte della assicurazione di invalidità, vecchiaia e superstiti Svizzera (già assoggettata a ritenuta da parte degli Istituti Italiani che provvedono all'erogazione per conto dell'istituto Svizzero - art. 76, Legge n. 413/1991).

Misura dell'imposta 69.2.3.

L'imposta sulle assicurazioni è dovuta in misura proporzionale per **ogni centesimo di euro** di ciascun pagamento del premio, comprensivo di oneri accessori e qualsiasi altro importo corrisposto dal contraente all'assicuratore, ad eccezione solo delle somme che dal contraente medesimo vengono rifuse all'assicuratore a titolo di imposta sulle assicurazioni e contratti di rendita vitalizia (art. 4, Legge n. 1216/1961).

Risultano applicabili aliquote di imposta differenziate in base all'oggetto e tipo di assicurazione:

Misura dell'imposta sulle assicurazioni private		
Oggetto assicurazione	**Aliquota**	**Riferimento**
Rischi navigazione navi immatricolate o registrate in Italia (a decorrere dal 1° gennaio 1998)	0,05%	art. 9-quater, D.L. 30 dicembre 1997, n. 457
Disgrazie accidentali, malattia, interruzione di servizio o produzione in conseguenza di disgrazie accidentali, malattie o morte degli addetti all'esercizio o alla produzione	2,50%	art. 5, Tariffa All. A, Legge n. 1216/1961
Rischi agricoli (perdita del raccolto per intemperie o morte del bestiame)		lett. a) e b), art. 8, Tariffa All. A, Legge n. 1216/1961
Rischi connessi all'utilizzazione pacifica dell'energia nucleare		art. 10, Tariffa All. A, Legge n. 1216/1961
Rischi di impiego connessi alla cessione del quinto dello stipendio		art. 14, Tariffa All. A, Legge n. 1216/1961
Cumulative infortuni	4,38%	art. 4, c .2, Legge 11 marzo 1988, n. 6
Rischi della navigazione e assimilate e assicurazione di navi, galleggianti ed aeromobili durante la costruzione, le riparazioni o la demolizione	7,50%	art. 2, Tariffa All. A, Legge n. 1216/1961
Assistenza	10,00%	art. 24, Tariffa All. A, Legge n. 1216/1961
Assicurazioni sui rischi inerenti veicolo o natanti o ai danni causati dalla loro circolazione	12,50%	art. 1-bis, Legge n. 1216/1961
Rischi dei trasporti terrestri		art. 3, Tariffa All. A, Legge n. 1216/1961
Responsabilità civile e rischi incendio nella conduzione di aziende agricole o forestali		lett. c) e d), art. 8, Tariffa All. A, Legge n. 1216/1961
Infedeltà dei prestatori d'opera		art. 12, Tariffa All. A, Legge n. 1216/1961

Misura dell'imposta sulle assicurazioni private		
Oggetto assicurazione	**Aliquota**	**Riferimento**
Solvibilità dei debitori	12,50%	art. 13, Tariffa All. A, Legge n. 1216/1961
Ritiro della partente a seguito di investimento		art. 16, Tariffa All. A, Legge n. 1216/1961
Assicurazioni globali veicoli a motore		art. 19, Tariffa All. A, Legge n. 1216/1961
Responsabilità civile		art. 4, Tariffa All. A, Legge n. 1216/1961
Furto e rapina	21,25%	art. 6, Tariffa All. A, Legge n. 1216/1961
Rischio incendio, fulmine, esplosione, scoppio e rischio locativo e polizze globali incendio e furto		art. 7, Tariffa All. A, Legge n. 1216/1961
Guasti delle macchine e rischi di montaggio		art. 9, Tariffa All. A, Legge n. 1216/1961
Rischi industriali produzione cinematografica		art. 11, Tariffa All. A, Legge n. 1216/1961
Spese legali		art. 15, Tariffa All. A, Legge n. 1216/1961
Rischio rotture vetri, cristalli, specchi ed altri oggetti fragili		art. 17, Tariffa All. A, Legge n. 1216/1961
Assicurazioni contro il rischio pioggia (albergatori, vacanzieri, organizzatori di eventi e spettacoli all'aperto)		art. 18, Tariffa All. A, Legge n. 1216/1961
Assicurazioni globali fabbricati		art. 20, Tariffa All. A, Legge n. 1216/1961
Assicurazioni globali abitazione privata		art. 21, Tariffa All. A, Legge n. 1216/1961
Altre assicurazioni		art. 22, Tariffa All. A, Legge n. 1216/1961

Contratti di assicurazione soggetti all'imposta solo se stipulati entro il 31/12/2000		
Oggetto dell'assicurazione	**Aliquota imposta**	**Riferimento**
Assicurazioni sulla vita e contratti di capitalizzazione	2,50%	art. 1, Tariffa All. A, Legge n. 1216/1961
Contratti di rendita vitalizia		art. 23, Tariffa All. A, Legge n. 1216/1961

Assicurazioni soggette ad imposta in misura ridotta

L'imposta è dovuta in misura ridotta (All. B, Legge n. 1216/1961) per le seguenti assicurazioni:

Contratti di assicurazione soggetti all'imposta in misura ridotta		
Oggetto dell'assicurazione	**Aliquota imposta**	**Riferimento**
Assicurazione sulla vita umana a garanzia della casa	0,62%	art. 1, Tariffa All. B, Legge n. 1216/1961
Assicurazioni integrative impiegati dello Stato e militari		art. 2, Tariffa All. B, Legge n. 1216/1961
Rischio incendio, fulmine, esplosione, scoppio e rischio locativo e polizze globali incendio e furto stipulate da Cooperative edilizie sovvenzionate dallo Stato	4,25%	art. 3, Tariffa All. B, Legge n. 1216/1961

Modalità di pagamento 69.2.4.

L'imposta sulle assicurazioni è **assolta direttamente dagli assicuratori** che hanno diritto di rivalsa sui contraenti.
In caso di rivalsa sul contraente, nei relativi contratti e ricevute deve essere indicata in modo distinto la somma delle imposte rimborsate dal contraente (art. 17, Legge n. 1216/1961).

Nel caso di subentro di un assicuratore in un rapporto di coassicurazione non è dovuta nuovamente l'imposta in relazione al premio ceduto all'assicuratore subentrante (art. 2-bis, Legge n. 1216/1961).
Le operazioni di riassicurazione non sono soggette ad imposta quando si riferiscono ad assicurazioni per le quali sia stata pagata l'imposta (o comunque se riferite a tipologie di operazioni esenti). In caso diverso le riassicurazioni sono soggette ad imposta secondo le aliquote stabilite nella tariffa (art. 3, Legge n. 1216/1961).

L'imposta va versata telematicamente mediante procedura "**F24 Accise**" (ris. 22 ottobre 2010, n. 109/E) in più fasi:
- versamenti in acconto mensili;
- versamento in acconto annuale;
- saldo a seguito di liquidazione definitiva effettuata dall'Amministrazione finanziaria.

Versamenti in acconto

I versamenti periodici in acconto (art. 9, Legge n. 1216/1961), devono essere effettuati con le seguenti scadenze:
- entro il **mese solare successivo** a quello di incasso, compreso eventuali conguagli dell'imposta dovuta sui premi ed accessori incassati nel secondo mese precedente (i premi ed accessori incassati nel mese di novembre compresi di eventuali conguagli relativi al mese di ottobre, vanno versati entro il 20 dicembre), utilizzando il codice tributo 3354 (ris. 22 ottobre 2010, n. 109/E);
- **entro il 16 novembre**, versamento di un **acconto pari al 100%** dell'imposta liquidata nell'anno precedente (al netto di quella relativa alle assicurazioni contro la responsabilità civile derivante dalla circolazione dei veicoli a motore), utilizzando il codice tributo 3355 (ris. 22 ottobre 2010, n. 109/E).

Le operazioni di conguaglio (a credito o a debito) scaturenti dalla liquidazione definitiva determinata dall'Agenzia delle Entrate, dovranno essere effettuate entro la data del primo versamento utile successivo alla comunicazione della liquidazione (art. 9, c. 4, Legge n. 1216/1961).

Adempimenti 69.2.5.

Denunzia inizio attività

Gli assicuratori nazionali ed i rappresentanti di assicuratori esteri sono tenuti a denunziare all'Ufficio del Registro nella cui circoscrizione hanno la loro sede principale entro 30 giorni dall'inizio dell'attività (art. 20, n. 1216/1961):
- la qualità delle operazioni che intendono fare;
- la sede principale e quella delle filiali e delle succursali;
- i dati anagrafici dei gerenti, rappresentanti, procuratori e firmatari responsabili.

Registro dei premi

Gli assicuratori nazionali (nonché quelli esteri operanti in Italia) devono tenere un registro nel quale annotare tutte le somme incassate (direttamente o a mezzo di agenti o incaricati) per premi ed accessori (art. 5, Legge n. 1216/1961), con specifica indicazione di:

- agenzia o ufficio presso il quale la partita figura iscritta;
- dati anagrafici del rappresentante o dell'incaricato speciale per le partite non iscritte in alcuna agenzia o ufficio;
- numero o numeri della polizza, certificato ed appendice cui la partita si riferisce;
- data della polizza (se i numeri non siano sufficienti per identificarla);
- scadenza delle rate di premio arretrate, correnti ed anticipate;
- periodo di tempo cui si riferisce l'effettuato incasso per le polizze in abbonamento, rispetto alle quali il pagamento dei premi sia regolato con conti periodici;
- mese (ed eventualmente l'anno) in cui è stato effettuato il pagamento dal contraente;
- importo incassato per premio ed accessori;
- importo riscosso a titolo di rivalsa dell'imposta.

Il registro va custodito presso la sede dell'assicuratore italiano, o presso la sede del rappresentante in Italia dell'assicuratore estero (art. 8, Legge n. 1216/1961).

> Le partite devono essere iscritte nel registro entro il secondo mese successivo al trimestre in cui il contraente ha eseguito il pagamento. Non è richiesto un rigoroso ordine cronologico di annotazione (art. 5, Legge n. 1216/1961).

Dichiarazione annuale

Gli assicuratori, entro il **31 maggio** di ciascun anno, devono presentare, in modalità telematica (direttamente o tramite intermediari abilitati ai servizi dell'Agenzia delle Entrate), la **denuncia dell'imposta sulle assicurazioni** dovuta sull'ammontare complessivo dei premi ed accessori incassati (modello approvato con Provv. 29 aprile 2019).

Sulla base della denuncia ricevuta, l'ufficio del registro, entro il 15 giugno, procede alla liquidazione definitiva dell'imposta dovuta per l'anno precedente (art. 9, Legge n. 1216/1961).

Cessione del credito

Nell'ipotesi di cessione d'azienda, il credito relativo all'acconto dell'imposta versato dal soggetto cedente può essere trasferito al soggetto conferitario previo presentazione di apposita comunicazione da indirizzare all'ufficio "Grandi contribuenti della Direzione Regionale del Lazio" (risposta a interpello 12 novembre 2020, n. 541).

Operatori esteri

Gli assicuratori esteri che operano in Italia, qualora non residenti in paesi UE, Norvegia o Islanda (Stati dello Spazio economico europeo che assicurano un adeguato scambio di informazioni), sono tenuti a nominare un rappresentante fiscale residente sul territorio Italiano (art. 4-bis, Legge n. 1216/1961; ris. 21 febbraio 2011, n. 19/E).

Gli assicuratori **non residenti** che operano in **regime di libere prestazioni** di servizi (ris. 6 agosto 2010, n. 80/E):

- presentano denuncia mensile dei premi incassati;
- trasmettono telematicamente la comunicazione degli importi relativi alle assicurazioni contro la responsabilità civile (premi annualmente versati alle province);
- scomputano l'acconto versato entro il 30 novembre, nella denuncia da presentare nel successivo mese di febbraio (e successive denunce, nel caso non sia recuperato integralmente nella denuncia presentata in febbraio - ris. 6 agosto 2010, n. 80/E).

Per gli assicuratori **non residenti diversi** da quelli che operano in **regime di libera prestazioni di servizi** (art. 11, Legge n. 1216/1961):

- la denuncia è presentata dal contraente entro un mese dal giorno del pagamento del premio ed accessori all'assicuratore;
- l'imposta relativa deve essere pagata contemporaneamente alla denuncia.

69.3. IMPOSTA SUGLI INTRATTENIMENTI

L'imposta sugli intrattenimenti (I.S.I.) grava sugli introiti derivanti da **attività di intrattenimento e giochi** svolti nel territorio dello Stato (art. 1, D.P.R. 26 ottobre 1972, n. 640).

Soggetti passivi
69.3.1.

È soggetto all'imposta chiunque:
- **organizzi attività di intrattenimento** oggetto dell'imposta;
- **eserciti case da gioco** (art. 2, D.P.R. n. 640/1972).

Nei casi in cui l'esercizio di case da gioco sia riservato per legge ad un ente pubblico, il soggetto passivo resta l'Ente pubblico anche qualora provveda a delegare ad altri la gestione (art. 2, D.P.R. n. 640/1972).

Oggetto dell'imposta
69.3.2.

Sono soggette all'imposta sugli intrattenimenti le attività di:
- esecuzioni musicali e trattenimenti danzanti (qualora la durata della musica dal vivo risulti inferiore al 50% dell'orario complessivo di apertura al pubblico dell'esercizio);
- utilizzazione di giochi e apparecchi da divertimento o trattenimento a gettone (ovvero a moneta o scheda prepagata);
- utilizzo di strumenti multimediali;
- gioco del bowling;
- noleggio di go-kart;
- ingressi nelle sale gioco riservate all'esercizio delle scommesse;
- concorsi pronostici e scommesse;
- giochi a distanza con vincite in denaro.

Le esecuzioni musicali soggette all'I.S.I. sono quelle **non riconducibili** a concerti musicali vocali e strumentali e comunque ad esecuzioni di musica "dal vivo" per durata pari o superiore al 50% dell'orario complessivo di apertura al pubblico dell'esercizio, in funzione dell'attività di intrattenimento. Per musica "dal vivo" si intende quella eseguita con utilizzo di strumenti musicali polifonici senza ausilio (o con ausilio ridotto) di basi preregistrate o campionate (circ. 7 settembre 2000, n. 165/E).

Determinazione dell'imposta
69.3.3.

La **base imponibile** è costituita dall'importo dei singoli **titoli di accesso** (ingresso e/o occupazione del posto) alle manifestazioni di intrattenimento venduti al pubblico (o dal prezzo comunque corrisposto per assistere o partecipare agli intrattenimenti), al netto dell'imposta sul valore aggiunto se dovuta (art. 3, D.P.R. n. 640/1972).

Sono da **includere** nel computo della **base imponibile** del tributo:
- i **diritti di prevendita** (Avvocatura Generale dello Stato, parere 4 maggio 1999);
- gli **aumenti** apportati ai **prezzi delle consumazioni** o servizi offerti al pubblico;
- i corrispettivi delle cessioni e delle **prestazioni di servizi** accessori, **obbligatoriamente imposte**;
- l'ammontare degli **abbonamenti** per la quota parte da determinare dividendo l'importo dell'abbonamento per il numero di eventi, prestazioni o attività cui l'abbonamento stesso da diritto (art. 6-bis, D.P.R. n. 640/1972);
- i proventi derivanti da **sponsorizzazione e cessione dei diritti** radiotelevisivi, dei contributi da chiunque erogati,
- il **controvalore delle dotazioni** da chiunque fornite e ogni altro provento comunque connesso all'utilizzazione ed alla organizzazione degli intrattenimenti e delle altre attività.

Esempio

Un esercente attività di intrattenimenti ha organizzato complessivamente 30 eventi annuali di cui 6 fruibili in relazione ad abbonamenti annuali venduti ad € 350,00 cadauno.

La quota degli abbonamenti che alimenterà l'imponibile sarà quindi calcolata come segue:

Percentuale eventi fruibili dall'abbonato: 6/30 = 20%

Imponibile: importo abbonamento € 350,00 * 20% = € 70,00

Sono considerati assoggettabili ad imposta le consumazioni obbligatorie e il pagamento del biglietto di ingresso comprensivo di consumazione (circ. 7 settembre 2000, n. 165/E).

Sono **escluse dal computo** dell'ammontare imponibile (art. 3, D.P.R. n. 640/1972) le somme dovute a titolo di rivalsa obbligatoria:
- dell'**imposta sugli intrattenimenti**;
- dell'**IVA**.

Esempio

Prezzo dell'ingresso determinato forfettariamente in € 28,00

Per individuare la base imponibile è necessario provvedere allo scorporo dell'IVA (ad esempio 22%) e dell'ISI (ad esempio 16%): coeff. 1+[(22+16)/100] = 1,38

€ 28,00 / 1,38 = € 20,29 (base imponibile)

Imponibile = € 20,29

IVA 22% = € 4,46

ISI 16% = € 3,25

Totale = € 28,00

69.3.4. Misura dell'imposta

Le aliquote dell'imposta sono stabilite in relazione alla tipologia dell'attività di intrattenimento.

Le aliquote applicabili sono quelli vigenti al **momento iniziale dell'intrattenimento** (art. 4, D.P.R. n. 640/1972).

Eventuali variazioni di aliquota intervenute dopo l'inizio dell'intrattenimento non incidono, pertanto, sulla determinazione del tributo (circ. 7 settembre 2000, n.165/E).

CASO 1 - Intrattenimenti a cavallo di periodi caratterizzati da differente imposizione fiscale

Nell'ipotesi dell'organizzazione di un "Veglione di Capodanno" con inizio della manifestazione fissata alle ore 21.00 e termine alle ore 6.00 del giorno successivo, risulterà applicabile l'aliquota vigente alla data di inizio dell'intrattenimento anche per i titoli di accesso rilasciati dopo la mezzanotte indipendentemente da eventuali variazioni normative che apportino variazioni di aliquote con decorrenza 1° gennaio.

Attività di intrattenimento	Aliquota	Riferimento
Esecuzioni musicali di qualsiasi genere ad esclusione dei concerti e strumentali, e trattenimenti danzanti anche in discoteche e sale da ballo quando l'esecuzione di musica dal vivo di durata inferiore al cinquanta per cento dell'orario complessivo di apertura al pubblico dell'esercizio.	16%	Punto 1, Tariffa allegata al D.P.R. n. 640/1972
Utilizzazione dei bigliardi, degli elettrogrammofoni, dei bigliardini e di qualsiasi tipo di apparecchio e congegno a gettone, a moneta o scheda, da divertimento o trattenimento, anche se automatico o luoghi pubblici o aperti al sia in circoli o associazioni di qualunque specie; utilizzazione ludica di strumenti multimediali: gioco del bowling; noleggio go-kart.	8%	Punto 2, Tariffa allegata al D.P.R. n. 640/1972
Ingresso nelle sale da gioco o nei luoghi specificatamente riservati all'esercizio delle scommesse.	60%	Punto 3, Tariffa allegata al D.P.R. n. 640/1972
Esercizio del gioco nelle case da gioco e negli altri luoghi a ciò destinati.	10%	Punto 4, Tariffa allegata al D.P.R. n. 640/1972

Gli intrattenimenti diversi da quelli espressamente indicati nella Tariffa, sono soggetti all'imposta nella misura di quelli con i quali, per la loro natura, essi hanno maggiore analogia (nota 1, Tariffa allegata al D.P.R. n. 640/1972).

69.3.5. Modalità di pagamento

L'imposta è versata tramite delega unificata Mod. F24 (codice tributo 6728) entro i seguenti termini (art. 6, D.P.R. n. 544/1999):

Tipologia attività	Termine di versamento
Attività a carattere continuativo, svolte in un mese solare	Entro il giorno sedici del mese successivo
Attività occasionali	Entro il quinto giorno successivo a quello di conclusione della manifestazione
Quote e contribuzioni associative	Entro il giorno sedici del mese successivo a quello di chiusura dell'anno sociale

Annullamento o rinvio dell'attività di intrattenimento

Nell'ipotesi di restituzione del corrispettivo per mancato svolgimento della manifestazione, l'imposta è commisurata alle somme non effettivamente rimborsate ed è versata entro 30 giorni dal termine originario.

Nel caso di rinvio della manifestazione (purché contenuto in 90 giorni dal termine originario e con rinnovo della validità dei titoli di accesso già venduti) i termini di versamento decorrono dalla nuova data (art. 6, D.P.R. n. 544/1999).

Rimborsi

Le somme versate erroneamente o in eccedenza possono essere richieste a rimborso dal contribuente entro il termine di decadenza di 5 anni dal giorno dell'effettivo pagamento (art. 40, c. 2, D.P.R. n. 640/1972).

Casi particolari 69.3.6.

Eventi organizzati a favore dei soci o degli associati

Per eventi di intrattenimento organizzati da Enti, società o associazioni a favore dei propri soci o associati, l'imposta si applica:

- sul corrispettivo dei titoli di accesso ed introiti complementari (➡69.3.3.) se previsto (in tal caso l'ente, società o associazione organizzatore è tenuto a presentare, entro 10 giorni dalla fine di ciascun anno sociale, all'ufficio della SIAE o dell'Agenzia delle Entrate apposita dichiarazione dell'ammontare delle quote e dei contributi versati (art. 2, D.P.R. n. 544/1999);
- sull'ammontare delle quote o contributi associativi corrisposti, se l'attività di intrattenimento rappresenta l'unico scopo dell'Ente, ovvero sulla parte di quote e contributi associativi riferibili all'attività di intrattenimento qualora l'ente svolga anche altre attività (art. 3, D.P.R. n. 640/1972).

Ingressi gratuiti

Per le attività di intrattenimento svolte con carattere periodico, le **tessere nominative permanenti** ed i **titoli di accesso gratuiti** non sono soggetti all'imposta nel rispetto dei seguenti limiti:

- 5% della capienza del locale, ragguagliato a ciascuna categoria di posti, per attività svolte con carattere periodico;
- 2% dei posti di ciascuna categoria di cui il locale dispone, per le attività a carattere non periodico.

Nel computo dei suddetti limiti non vanno considerati i titoli di accesso rilasciati alle autorità investite di particolari funzioni o compiti di istituto (c.d. tessere di servizio), purché l'organizzatore provveda a comunicare alla SIAE, prima dell'inizio della manifestazione:

- il numero delle tessere gratuite da rilasciare per compiti di servizio;
- i dati identificativi completi dei titolari con l'indicazione specifica della loro qualifica lavorativa e delle mansioni svolte (Ministero delle Finanze, circ. 7 settembre 2000, n. 165).

> Se gli intrattenimenti o le altre attività vengono svolte in luoghi senza una capienza determinata, i limiti percentuali di accessi gratuiti non imponibili sono calcolati giornalmente in proporzione ai titoli di accesso venduti (art. 26, D.P.R. n. 640/1972).

I **titoli omaggio rilasciati in eccedenza** scontano l'imposta in relazione ai prezzi stabiliti per la corrispondente categoria di titoli di accesso a pagamento (art. 26, D.P.R. n. 640/1972).

Case da gioco

Per le case da gioco la base imponibile è costituita da:

- differenza tra le somme introitate per i giochi e quelle pagate ai giocatori per le vincite, quotidianamente determinata (c.d. "margine");
- altri introiti connessi all'esercizio del gioco.

La certificazione degli introiti è effettuata mediante (art. 5, D.P.R. n. 544/1999):

- compilazione distinte incassi giornaliere (con separata indicazione dei proventi derivanti da attività di gioco) e mensili;
- compilazione delle note per ciascun tavolo da gioco e per il totale degli apparecchi;
- scontrino fiscale (o ricevuta fiscale) da emettere esclusivamente per le operazioni non accessorie effettuate nel corso dell'evento.

> Gli eventuali accantonamenti di parte delle giocate, per la costituzione od incremento di montepremi (ad esempio jackpot), non devono essere decurtate dall'ammontare delle somme incassate ai fini della determinazione della base imponibile in quanto non costituiscono ancora vincite riconosciute ai giocatori (circ. 7 settembre 2000, n. 165/E).

Attività non eterogenee

Nelle ipotesi di attività di intrattenimento organizzate congiuntamente con attività non soggette ad imposta o con attività soggette ad aliquote di imposta differenti, l'imponibile sarà determinato con ripartizione forfettaria degli incassi in proporzione alla durata di ciascuna componente (nota 2 alla Tariffa allegata al D.P.R. n. 640/1972).

CASO 2 - Determinazione dell'imposta sugli intrattenimenti in caso di attività non eterogenee

Qualora nell'ambito di una attività di somministrazione di alimenti e bevande siano organizzate, in sale differenti della medesima struttura, un intrattenimento con musica dal vivo ed un "karaoke", l'imposta andrà determinata in misura forfettaria in proporzione alla durata dell'evento soggetto ad ISI (karaoke).

Attività agonistico sportive

Le attività di intrattenimento riconducibili ad **attività agonistiche e/o sportive** (bigliardo, bowling, go-kart, ecc.) sono **escluse dall'imposta** sugli intrattenimenti (per carenza della caratteristica ludica essenziale).

Sono riconosciute sportive le attività organizzate da:

- Coni;
- Federazioni sportive nazionali;
- Enti di promozione sportiva ed altri soggetti, comunque denominati che perseguano finalità sportive, purché affiliati o riconosciuti dal Coni o da Federazioni sportive nazionali;

Sono riconosciute attività caratterizzate dalla connotazione agonistica (non svolta al solo scopo amatoriale) se:

- inserite o ricollegabili direttamente a manifestazioni sportive (gare, tornei, campionati, ecc.);
- svolte con sistematicità e promosse o riconosciute dal Coni o dalle Federazioni sportive nazionali.

Non è assoggettato ad imposta l'uso degli impianti o attrezzature da parte dei soggetti sopra elencati, nel contesto di una manifestazione riconosciuta come agonistico-sportiva (circ. 7 settembre 2000, n. 165/E).

Intrattenimento a fini di beneficenza

Le attività di intrattenimento organizzate per finalità di beneficenza (introiti destinati ad Enti Pubblici ed Onlus), purché non sia superato il limite di dodici giornate di attività effettuate nel corso dell'anno dal medesimo soggetto godono della riduzione della base imponibile del 50% (art. 5, D.P.R. n. 640/1972).

L'agevolazione spetta alle seguenti condizioni (art. 5, D.P.R. n. 640/1972):

- destinazione all'Ente beneficiario di un importo pari ad almeno due terzi degli incassi al netto delle spese e delle imposte;
- presentazione di dichiarazione preventiva all'ufficio della SIAE (con indicazione della finalità benefica);
- predisposizione e conservazione di apposito rendiconto dal quale risultino le spese relative a ciascuna iniziativa.

Se il soggetto organizzatore è un Ente pubblico, l'imposta **non è dovuta** (purché siano rispettate le condizioni suesposte).

Sono esenti altresì le attività di intrattenimento organizzati dalle Onlus in concomitanza di celebrazioni, ricorrenze o campagne di sensibilizzazione purché sia data comunicazione preventiva all'ufficio SIAE territorialmente competente (art. 5, c. 5, D.P.R. n. 640/1972).

Regime forfetario

È data facoltà di optare per un regime di forfettizzazione dell'imponibile (50% dei proventi conseguiti) in relazione a (art. 14, D.P.R. n. 640/1972):

- esecuzioni musicali non "dal vivo" effettuate in pubblici esercizi (purché non sussistano prestazioni sostitutive ed accessorie obbligatoriamente imposte ai partecipanti);
- attività esercitate da soggetti che nell'anno solare precedente non abbiano conseguito ricavi superiori al tetto di 25.822,84 euro;

- esercizio di attività "miste" (ovvero attività soggette all'imposta esercitate congiuntamente ad attività non soggette all'imposta), sempreché nell'anno solare precedente non abbiano conseguito ricavi superiori al tetto di 25.822,84 euro.

L'opzione non necessita di adempimento preventivo ed è rilevabile per comportamento concludente del contribuente (art. 4, D.P.R. n. 544/1999; art. 1, D.P.R. n. 442/1997).

Adempimenti 69.3.7.

Gli esercenti e gli organizzatori di eventi di intrattenimento e gli altri soggetti passivi del tributo sono tenuti a:

- **presentare dichiarazione preventiva** di effettuazione di attività attestante il possesso della licenza di pubblica sicurezza (art. 19, D.P.R. n. 640/1972);
- **rilasciare**, all'atto del pagamento del prezzo, un **titolo di accesso** per ciascun partecipante o spettatore (art. 6, D.P.R. n. 640/1972), emesso mediante misuratori fiscali conformi al modello approvato dal Ministero delle finanze, ovvero mediante biglietterie automatizzate già in servizio (i titoli di accesso possono essere emessi mediante sistemi elettronici centralizzati gestiti anche da terzi);
- **trasmettere alla SIAE** (in modalità cartacea, telematica o mediante supporto magnetico):
  - il **riepilogo giornaliero** entro il 5° giorno non festivo successivo;
  - il **riepilogo mensile** entro il 5° giorno non festivo del mese successivo (circ. 7 settembre 2000, n. 165/E);
- **provvedere agli adempimenti IVA** (art. 74, D.P.R. n. 633/1972).

Misuratori elettronici

I misuratori fiscali idonei alla emissione dei titoli di accesso, nonché le biglietterie automatizzate idonee all'emissione dei titoli di accesso, devono rispettare le caratteristiche tecniche stabilite (D.M. 13 luglio 2000 e D.dir. 23 luglio 2001) e consentire l'emissione:

- del **documento fiscale riepilogativo degli incassi giornalieri** (al termine di ciascun giorno di attività);
- del **documento fiscale riepilogativo degli incassi mensili** (alla fine di ciascun mese);
- del **titolo di accesso** contenente le seguenti indicazioni:
  - natura dell'attività esercitata;
  - data ed ora dell'evento;
  - luogo, impianto e sala dell'evento;
  - numero ed ordine di posto;
  - natura, titolo ed ogni altro elemento identificativo dell'evento;
  - corrispettivo per l'attività di spettacolo o di intrattenimento;
  - ingresso gratuito, riduzione del prezzo e relative causali, avvenuto pagamento dell'imposta, dicitura "abbonato" ed estremi dell'abbonamento a data libera;
  - ammontare del corrispettivo incassato a titolo di prevendita;
  - natura, qualità e quantità dei beni e servizi oggetto delle prestazioni accessorie, complementari o comunque connesse, con separata indicazione dei corrispettivi;
  - dicitura "emesso per la vendita da parte di" con i dati identificativi del terzo;
  - dicitura "emesso per la vendita da parte dell'organizzatore";
  - stampa del sigillo fiscale (codice di controllo generato da algoritmo di sicurezza atto a consentire la verifica della validità da parte degli organi preposti al controllo).

  Il sistema automatizzato deve inoltre consentire la modifica del nominativo intestatario del ticket e la rivendita dei titoli di accesso nominativi (Provv. 21 dicembre 2021). Il titolo di accesso deve essere **invalidato** all'atto dell'accesso nel luogo di svolgimento dell'evento (art. 3, D.M. 13 luglio 2000) mediante:
- separazione della sezione di controllo del tagliando;
- invalidazione elettronica (in caso di adozione di un sistema di controllo degli accessi automatizzato);
- obliterazione del titolo riferito al singolo evento, per i titoli di abbonamento.

Il titolo di accesso può essere **annullato**, tramite **idonea registrazione**, nel sistema automatizzato che ne ha permesso l'emissione (circ. 27 agosto 1998, n. 209/E), con descrizione anche della causale:

- in via generale entro il **5° giorno lavorativo successivo** al momento iniziale dell'evento;
- **immediatamente**, nel caso in cui il titolo di accesso sia emesso per errore, ma non ancora rilasciato;

– **entro i termini di versamento delle imposte**, qualora l'evento non dovesse effettuarsi e sia previsto il rimborso dei corrispettivi.

Il titolo di accesso annullato, quale documento fiscale, deve essere conservato integro in tutte le sue parti. Nell'ipotesi di manifestazione già iniziata e sospesa per cause di forza maggiore (ad esempio, eventi atmosferici) l'integrità del titolo di accesso già invalidato tramite separazione, è riferibile alla sezione restituita dal partecipante o spettatore per il rimborso (circ. 27 agosto 1998, n. 209/E).

L'annullamento dei titoli emessi "a data libera" risulta possibile entro i seguenti termini:

– entro il **5° giorno lavorativo** successivo a quello del **primo evento** teoricamente fruibile dallo spettatore in caso di **abbonamenti a data libera** (ris. 28 febbraio 2007, n. 27/E);
– entro il **5° giorno lavorativo** successivo all'**ultimo evento** fruibile in caso di **titoli singoli** a data libera (c.d. "open") (ris. 30 settembre 2016, n. 86/E).

Esclusioni

Sono **esentati dal rilascio dei titoli** di accesso:

– esercenti **attività di "minima importanza"** e attività effettuate promiscuamente ad attività non soggette all'imposta con ricavi dell'anno solare precedente non superiori a 25.822,84 euro (certificazione dei corrispettivi mediante scontrino o ricevuta fiscale "integrato");
– soggetti **non imprenditori** che organizzano **attività** di intrattenimento in **maniera occasionale** (tenuti a dichiarare alla SIAE, entro il 5° giorno successivo al termine della manifestazione, gli elementi identificativi dell'evento e i corrispettivi percepiti - art. 3, D.P.R. n. 544/1999);
– prestazioni rese mediante apparecchi da divertimento o trattenimento installati in luoghi pubblici, locali aperti al pubblico, circoli o associazioni.

69.3.8. Apparecchi da divertimento e intrattenimento

L'ammontare delle imposte sugli intrattenimenti dovute per gli **apparecchi e congegni per il gioco lecito** (art. 110, R.D. 18 giugno 1931, n. 773), è determinato con modalità forfetarie (art. 14-bis, D.P.R. n. 640/1972).

Soggetti passivi

Sono soggetti passivi dell'imposta sugli apparecchi da divertimento e intrattenimento coloro che **esercitano attività organizzata diretta alla distribuzione, installazione e gestione economica** di apparecchi meccanici od elettromeccanici da divertimento e intrattenimento, dallo stesso posseduti a qualunque titolo, presso luoghi pubblici o aperti al pubblico ovvero in circoli od associazioni di qualunque specie ovvero l'esercente del locale ove tali apparecchi sono installati, nel caso in cui ne sia proprietario (art. 1, D.M. 22 marzo 2004).

Apparecchi senza vincite in denaro

Sono considerati apparecchi e congegni per il gioco lecito (art. 110, R.D. n. 773/1931):

– quelli **elettromeccanici privi di monitor** attraverso i quali il giocatore esprime la sua abilità fisica, mentale o strategica, attivabili unicamente con l'introduzione di **monete metalliche**, di valore complessivo non superiore, per ciascuna partita, a **1 euro**, che distribuiscono, direttamente e immediatamente dopo la conclusione della partita, premi consistenti in prodotti di **piccola oggettistica**, non convertibili in denaro o scambiabili con premi di diversa specie. In tal caso il valore complessivo di ogni premio non è superiore a venti volte il costo della partita;
– quelli basati sulla sola **abilità fisica**, **mentale** o **strategica**, che **non distribuiscono premi**, per i quali la durata della partita può variare in relazione all'abilità del giocatore e il costo della singola partita può essere **superiore a 50 centesimi di euro**;
– quelli meccanici ed elettromeccanici differenti dai precedenti, attivabili con **moneta**, con **gettone** ovvero con altri strumenti elettronici di pagamento e che possono **distribuire tagliandi** direttamente e immediatamente dopo la conclusione della partita;
– quelli meccanici ed elettromeccanici, per i quali l'accesso al gioco è regolato senza introduzione di denaro ma con **utilizzo a tempo o a scopo**.

Determinazione dell'imposta

L'imponibile è determinato forfetariamente con Decreto Ministeriale (D.M. 10 marzo 2010) che resta in vigore, salvo adozione di successivi decreti da emanarsi entro il 31 gennaio dell'anno cui l'imposta si riferisce.

Cat.	Tipologia apparecchiatura	Imponibile	ISI 8%	IVA 22%[1]
	Apparecchi con vincite di piccola oggettistica (senza vincita in denaro)	€ 1.800,00	144,00	198,00
AM1	Biliardo e apparecchi similari attivabili a moneta o gettone, ovvero affittati a tempo	€ 3.800,00	304,00	418,00
AM2	Elettro grammofono e apparecchi similari attivabili a moneta o gettone	€ 540,00	43,20	59,40
AM3	Biliardo e apparecchi similari attivabili a moneta o gettone, ovvero affittati a tempo (calcio balilla, bigliardini e apparecchi similari)	€ 510,00	40,80	56,10
AM4	Apparecchi elettromeccanici attivabili a monera o gettone, ovvero affittati a tempo (flipper gioco elettromeccanico dei dardi e apparecchi similari	€ 1.090,00	87,20	119,90
AM5	Apparecchi meccanici e/o elettromeccanici per bambini attivabili a moneta o gettone ovvero affittati a tempo (congegno a vibrazione tipo "*kiddie rides*" e apparecchi similari)	€ 520,00	41,60	57,20
AM6	Apparecchi elettromeccanici attivabili a moneta o gettone ovvero affittati a tempo (gioco a gettone azionato da ruspe e apparecchi similari)	€ 1.630,00	130,40	179,30

[1] L'IVA sulle attività di intrattenimento e giochi si applica sulla stessa base imponibile dell'imposta sugli intrattenimenti, con detrazione determinata forfetariamente nella misura del 50% (art. 74, c. 6, D.P.R. n. 633/1972).

Riduzioni

Sono previste riduzioni per apparecchi installati stabilmente:

- in locali che restano chiusi per almeno 6 mesi l'anno (**attività stagionali**) - imponibile medio di cui al D.M. 10 marzo 2010 è **ridotto al 50%** (art. 2, D.M. 7 agosto 2003);
- sale ricreative delle Amministrazioni militari, dei Corpi di polizia e dei Vigili del fuoco - l'imponibile medio di cui al D.M. 10 marzo 2010 è **ridotto ad 1/3** (art. 2, D.M. 7 agosto 2003).

Modalità di pagamento

Il pagamento è effettuato in unica soluzione a mezzo Mod. F24 Accise (codice tributo 5123 - Ente "M") entro il **16 marzo di ogni anno** (ovvero entro il giorno 16 del mese successivo a quello di prima installazione per gli apparecchi e congegni installati dopo il 1° marzo) (art. 14-bis, D.P.R. n. 640/1972).

L'imposta dovuta nel primo anno di installazione dell'apparecchio va determinata in funzione della frazione di anno residua (art. 2, D.M. 10 marzo 2010).

Il gestore è altresì tenuto ad inviare entro i successivi 5 giorni lavorativi al pagamento, all'ispettorato compartimentale dei monopoli di stato territorialmente competente, il modello di liquidazione dell'imposta sugli intrattenimenti (D.M. 2 febbraio 2009).

Apparecchi con vincite in denaro

L'imposta è determinata con modalità forfettarie (ma differenti rispetto a quelle previste per gli apparecchi e i congegni che non corrispondono vincite in denaro) per gli apparecchi e congegni idonei per il gioco lecito che corrispondono vincite in denaro collegati telematicamente in rete con l'AAMS (Amministrazione Autonoma dei Monopoli di Stato).

Per alimentare il montepremi è previsto che sia destinata alle vincite (pay-out) una quota delle somme giocate in misura non inferiore al (art. 1, c. 1051, Legge n. 145/2018):

- 65% per apparecchi AWP (slot) (art. 110, c. 6, lett. a), R.D. n. 773/1931);
- 83% per apparecchi VLT (videolottery) (art. 110, c. 6, lett. b), R.D. n. 773/1931).

Soggetti passivi

I concessionari delle licenze (nulla osta rilasciato dall'AAMS) di apparecchi e congegni che corrispondono vincite in denaro devono iscriversi in un elenco pubblico unico (art. 1, c. 533, Legge n. 266/2005).

Determinazione dell'imposta

Per tali tipologie di apparecchi e congegni, è prevista l'applicazione di un "**prelievo erariale unico**" (PREU) in sostituzione dell'ISI e dell'IVA (art. 39, c. 13, D.L. n. 269/2003), da determinare **sulla base del contatore** estratto dagli apparecchi (art. 3, D.M. 12 aprile 2007).

L'impossibilità di procedere alla lettura del contatore alla fine del periodo contabile determina la necessità di adottare i seguenti criteri (art. 4, D.M. 12 aprile 2007):

- apparecchio non collegato alla rete telematica a seguito della cessazione o sospensione di efficacia del nulla osta: va utilizzato il contatore estratto il giorno stesso in cui si verifica la cessazione o sospensione;
- apparecchio stato sottoposto ad intervento di manutenzione straordinaria che ha comportato la inizializzazione dei contatori: va utilizzato sia il contatore estratto il giorno antecedente all'intervento di manutenzione, sia il contatore estratto l'ultimo giorno del periodo contabile per il periodo decorrente dal giorno dell'intervento straordinario;
- titolarità del "nulla osta" trasferita da un concessionario ad un altro: va utilizzato il contatore estratto il giorno stesso in cui si verifica il trasferimento.

Misura dell'imposta applicabile dal 1° gennaio 2021 (art. 1, c. 731, Legge n. 160/2019)			
Sigla apparecchio	**Tipologia apparecchio**	**Prelievo sull'ammontare delle somme giocate**	**Addizionale sulle vincite di importo eccedenti € 200,00**
VLT	Videolottery	8,6%	20%
AWP	Slot	24,00%	-

Il versamento è effettuato mediante delega di pagamento Mod. "F24 Accise" secondo le seguenti scadenze (art. 39, c. 13-bis, D.L. n. 269/2003 e D.M. 12 aprile 2007):

Data	Periodo contabile	Criteri determinazione acconto	Codice tributo
28 gennaio	1ª rata periodo gennaio-febbraio	25% del prelievo dovuto per il periodo settembre-ottobre dell'anno precedente	5155
13 febbraio	2ª rata periodo gennaio - febbraio	25% del prelievo dovuto per il periodo settembre-ottobre dell'anno precedente	5155
28 febbraio	3ª rata periodo gennaio - febbraio	25% del prelievo dovuto per il periodo settembre-ottobre dell'anno precedente	5155
22 marzo	4ª rata periodo gennaio - febbraio	Saldo periodo gennaio-febbraio, al netto dei n. 3 acconti versati	5155
28 marzo	1ª rata periodo marzo - aprile	25% del prelievo dovuto per il periodo novembre-dicembre dell'anno precedente	5156
13 aprile	2ª rata periodo marzo - aprile	25% del prelievo dovuto per il periodo novembre-dicembre dell'anno precedente	5156

Data	Periodo contabile	Criteri determinazione acconto	Codice tributo
28 aprile	3ª rata periodo marzo - aprile	25% del prelievo dovuto per il periodo novembre-dicembre dell'anno precedente	5156
22 maggio	4ª rata periodo marzo - aprile	Saldo periodo marzo-aprile, al netto dei n. 3 acconti versati	5156
28 maggio	1ª rata periodo maggio-giugno	25% del prelievo dovuto per il periodo gennaio-febbraio	5157
13 giugno	2ª rata periodo maggio-giugno	25% del prelievo dovuto per il periodo gennaio-febbraio	5157
28 giugno	3ª rata periodo maggio-giugno	25% del prelievo dovuto per il periodo gennaio-febbraio	5157
22 luglio	4ª rata periodo maggio-giugno	Saldo periodo maggio-giugno, al netto dei n. 3 acconti versati	5157
28 luglio	1ª rata periodo luglio-agosto	25% del prelievo dovuto per il periodo marzo-aprile	5158
13 agosto	2ª rata periodo luglio-agosto	25% del prelievo dovuto per il periodo marzo-aprile	5158
28 agosto	3ª rata periodo luglio-agosto	25% del prelievo dovuto per il periodo marzo-aprile	5158
22 settembre	4ª rata periodo luglio-agosto	Saldo periodo luglio-agosto, al netto dei n. 3 acconti versati	5158
28 settembre	1ª rata periodo settembre-ottobre	25% del prelievo dovuto per il periodo maggio-giugno	5159
13 ottobre	2ª rata periodo settembre-ottobre	25% del prelievo dovuto per il periodo maggio-giugno	5159
28 ottobre	3ª rata periodo settembre-ottobre	25% del prelievo dovuto per il periodo maggio-giugno	5159
22 novembre	4ª rata periodo settembre-ottobre	Saldo periodo settembre-ottobre, al netto dei n. 3 acconti versati	5159
28 novembre	1ª rata periodo novembre - dicembre	25% del prelievo dovuto per il periodo luglio-agosto	5160
13 dicembre	2ª rata periodo novembre - dicembre	25% del prelievo dovuto per il periodo luglio-agosto	5160
28 dicembre	3ª rata periodo novembre - dicembre	25% del prelievo dovuto per il periodo luglio-agosto	5160
22 gennaio anno successivo	4ª rata periodo novembre - dicembre	Saldo periodo novembre-dicembre, al netto dei n. 3 acconti versati	5160
16 marzo anno successivo	Saldo annuale		5161

Eventuali crediti risultanti dalle singole operazioni di conguaglio (4ª rata di ciascun periodo e saldo annuale) possono essere scomputate dai versamenti successivi (art. 6, D.M. 12 aprile 2007).
Il credito scaturente dalle operazioni di conguaglio annuali può essere richiesto a rimborso (art. 7, D.M. 12 aprile 2007).

I prelievi sulle vincite da apparecchi Videolottery sono trattenuti all'atto del pagamento delle stesse e sono versati dal concessionario unitamente al primo versamento utile della quota della raccolta del gioco dovuta all'erario (art. 5, c. 3, D.M. 12 ottobre 2011).

Per le **addizionali sulle vincite** è prevista (D.M. 16 dicembre 2011):

- l'annotazione in apposito registro;
- il versamento entro il giorno 16 del mese successivo con Mod. F24 Accise (codice tributo 5273) con divieto di compensazione;
- la comunicazione (entro il giorno 10 del mese successivo) dell'ammontare complessivo delle vincite (con specifica delle addizionali trattenute ed importi delle vincite nette) (AAMS, Decreto 6 giugno 2014, prot. RU/48571/2014).

69.3.9. Concorsi pronostici e scommesse

Sui concorsi pronostici e sulle scommesse di qualunque tipo e relative a qualunque evento, accettata nel territorio dello Stato (a prescindere dalla localizzazione dell'evento sportivo e dell'operatore) è dovuta una imposta unica in sostituzione dell'ISI (art. 1, D.Lgs. n. 504/1998).

Soggetti passivi

Sono soggetti passivi dell'imposta unica coloro i quali gestiscono, anche in concessione, i concorsi pronostici e le scommesse, anche in assenza o in caso di inefficacia della concessione rilasciata dal MEF-AAMS (art. 1, c. 66, Legge n. 220/2010).

Base imponibile

La base imponibile è costituita:

- concorsi pronostici: intero ammontare della somma corrisposta dal concorrente per il gioco al netto di diritti fissi e compensi ai ricevitori (aliquota ordinaria 26,80%; elevata al 29% per i concorsi pronostici il cui esercizio è riservato al CONI - art. 21, c. 2, D.Lgs. n. 60/1999);
- scommesse a quota fissa: differenza tra somme giocate e vincite corrisposte (art. 1, c. 945, Legge n. 208/2015 e art. 1, c. 1051, Legge n. 205/2017).

Misura		
Tipologia scommessa		**Aliquota**
TRIS e scommesse assimilabili		22,50%
Scommesse ippiche a totalizzatore		15,70%
Scommesse su eventi diversi dalle corse dei cavalli a totalizzatore		25%
Scommesse a quota fissa sulle corse di cavalli	Se la raccolta avviene su rete fisica	43%
	Se la raccolta avviene a distanza	47%
Scommesse a quota fissa su eventi diversi dalle corse dei cavalli e scommesse con modalità di interazione diretta tra i singoli giocatori	Se la raccolta avviene su rete fisica	20%
	Se la raccolta avviene a distanza	24%
Scommesse a quota fissa su eventi simulati		22%

Pagamento dell'imposta

L'imposta unica dovuta in base alle liquidazioni periodiche versata in unica soluzione con le seguenti scadenze (art. 12-bis, D.L. n. 216/2011):

Imposta unica relativa al periodo	Termine di versamento
Gennaio - aprile	31 agosto
Maggio - agosto	30 novembre
Settembre - novembre	20 dicembre
Dicembre	31 gennaio dell'anno successivo

Adempimenti

Le operazioni relative alle scommesse possono essere documentate (art. 2, D.P.R. n. 66/2002):

- mediante la **ricevuta** per le scommesse contenente solo dati di carattere anonimo, per i soggetti che si avvalgono di sistemi informatici per il collegamento in tempo reale al totalizzatore nazionale del Ministero dell'economia e delle finanze;
- mediante **comunicazione** telematica all'Anagrafe Tributaria dei dati relativi a tutte le operazioni, per i soggetti che si avvalgono di sistemi informatici non collegati in tempo reale con il totalizzatore nazionale del Ministero dell'economia e delle finanze;
- mediante **ricevute cartacee a due sezioni** (preventivamente numerate e vidimate), recante gli elementi identificativi della scommessa, per i soggetti che gestiscono le scommesse senza utilizzo di sistemi informatici.

Le operazioni relative ai concorsi pronostici soggetti all'imposta unica sono documentate mediante le **schede di partecipazione** recanti i contrassegni di validazione stabiliti dal Ministero dell'economia e delle finanze (art. 2, D.P.R. n. 66/2002).

Il soggetto d'imposta provvede alla **stampa di prospetti riepilogativi** (art. 3, D.P.R. n. 66/2002), sui quali andranno annotati gli estremi del versamento dell'imposta effettuati, per:

- ciascuna giornata nella quale si sono svolti gli avvenimenti;
- distintamente per gli introiti derivanti da scommesse rispetto a quelli derivanti da concorsi pronostici.

I soggetti d'imposta che **non si avvalgono di sistemi informatici compilano**, prima dell'inizio di ciascuna gara, un foglio riepilogativo delle scommesse conforme al modello approvato con decreto del Ministero dell'economia e delle finanze, da inviare in copia al totalizzatore nazionale (anche in via telematica) entro il mese successivo a quello di riferimento delle gare.

Accertamento

L'amministrazione autonoma dei monopoli di stato (AAMS) procede alla liquidazione dell'imposta avvalendosi di procedure automatizzate, per verificare la rispondenza della misura e della tempestività dei versamenti effettuati dai concessionari abilitati alla raccolta dei giochi.

I ruoli vanno notificati entro il 31 dicembre del quarto anno successivo a quello per il quale è dovuta l'imposta (art. 24, c. 1 e 6, D.L. n. 98/2011), con possibilità di accedere alla rateazione (art. 24, c. 7, D.L. n. 98/2011).

Le **sanzioni** applicabili sono (art. 5, D.Lgs. n. 504/1998):

- **omesso o ritardato pagamento** dell'imposta unica; sanzione del 30% degli importi non pagati;
- **sottrazione base imponibile**: sanzione dal 120% al 240% della maggiore imposta e chiusura dell'esercizio da 1 a 6 mesi se la base imponibile sottratta è superiore a 50.000,00 euro;
- **omessa o inesatta segnalazione** certificata **di inizio attività**: sanzione amministrativa da 516 euro a 2.000,00 euro;
- **giocate simulate**: sanzione amministrativa pari alla vincita conseguente alla giocata simulata (l'imposta è comunque dovuta), oltre alla chiusura dell'esercizio da 3 a 6 mesi. In caso di recidiva è disposta la chiusura dell'esercizio da 6 mesi a 1 anno. Se la violazione è commessa anche successivamente la chiusura dell'esercizio disposta per recidiva, è prevista la revoca della concessione.

Riduzione delle sanzioni

Se le violazioni non sono state già oggetto di comunicazione di omesso versamento e che, comunque, non siano iniziati accessi, ispezioni, verifiche o altre attività amministrative di contestazione dei quali l'autore o i soggetti solidalmente obbligati abbiano avuto formale conoscenza, le sanzioni sono ridotte nella misura di:

- **1/12 del minimo**, nei casi di mancato pagamento del tributo, se eseguito nel termine di 30 giorni dalla data dell'omissione o dell'errore;
- **1/10 del minimo**, se la regolarizzazione delle violazioni, anche se incidenti sulla determinazione o sul pagamento del tributo, avviene entro 1 anno dalla violazione.

> La riduzione delle sanzioni è applicabile qualora il pagamento delle stesse sia eseguito contestualmente alla regolarizzazione del pagamento del tributo comprensivo degli interessi moratori calcolati al tasso legale con maturazione giorno per giorno (art. 5, c. 8, D.Lgs. n. 504/1998).

Imposta unica su giochi a distanza con vincite in denaro 69.3.10.

È soggetto ad imposta unica, l'esercizio dei seguenti giochi a distanza con vincite in denaro (D.dir. 10 gennaio 2011 e D.M. 19 maggio 2016):

Tipologia	Base imponibile	Aliquota imposta
Giochi di abilità e Bingo	Margine (differenza tra somme raccolte ed importi restituiti in vincita)	25%
Giochi di sorte a quota fissa con esclusione del gioco del lotto e dei suoi giochi complementari	Margine (differenza tra importi puntati ed importi restituiti in vincita distintamente verificata per ciascun mese e per ciascuna tipologia di gioco. Eventuali somme accantonate a titolo di "jackpot" sono da considerarsi quali vincite erogate). Se la differenza è negativa non va versata imposta	25%
Giochi di carte organizzati in forma diversa dal torneo.	Margine, se il gioco è organizzato in modalità "solitario". Se organizzato in modalità "tra giocatori" l'imponibile è dato dalla contribuzione apportata dal giocatore al compenso del concessionario con il quale lo stesso è contrattualizzato, sulla base delle puntate da lui effettuate durante i diversi colpi della propria sessione di gioco.	25%

I bonus eventualmente assegnati dal concessionario (c.d. "*fun bonus*") non rientrano nel calcolo della base imponibile (art. 3, D.M. 11 aprile 2011).

L'imposta va versata mediante delega di pagamento Mod. F24 Accise negli stessi termini dell'imposta unica su concorsi e pronostici (➜69.3.9.).
L'imposta dovuta in base ai conteggi resi disponibili mensilmente ai concessionari è versata in unica soluzione entro il giorno 16 del mese successivo a quello di riferimento (MEF-AAMS, Decreto Direttore Generale 11 aprile 2011).

Diritto sulle vincite sui giochi-lotteria

È dovuto un diritto sulle vincite conseguite attraverso i seguenti giochi (art. 6, D.M. 12 ottobre 2011):
- Vinci per la vita-Win for life;
- Vinci per la vita-Win for Life Gold;
- SiVinceTutto Superenalotto;
- Lotterie nazionali ad estrazione istantanea;
- Enalotto, Superstar;

nella seguente misura del 20% applicabile per vincite superiori a 500,00 euro (art. 1, c. 734, Legge n. 160/2019).
L'importo del diritto è **trattenuto all'atto del pagamento della vincita** e corrisposto all'erario, unitamente al primo versamento utile, nella misura del 90% della somma trattenuta al vincitore (il residuo 10% è destinato al fondo montepremi relativo alle vincite di quarta e quinta categoria dell'enalotto, art. 6, D.M. 12 ottobre 2011).

Adempimenti

I soggetti passivi di imposta (concessionari per la raccolta dei giochi pubblici) devono inoltrare preventivamente istanza per l'autorizzazione all'esercizio dei giochi a distanza allegando esito di conformità della piattaforma di gioco utilizzata (art. 2, D.dir. 10 gennaio 2011).

Registro unico degli operatori del gioco pubblico

A decorrere **dall'esercizio 2020** è prevista l'istituzione del "Registro unico degli operatori del gioco pubblico" presso l'Agenzia delle dogane e dei monopoli (art. 27, D.L. n. 124/2019), al quale sono tenuti ad **iscriversi**, corrispondendo i relativi diritti di iscrizione, i seguenti soggetti:

Tipologia operatore	Diritto di iscrizione
Produttori apparecchi di gioco con codice identificativo unico rilasciato dall'Amministrazione dei Monopoli	€ 2.500,00
Proprietari apparecchi di gioco con codice identificativo unico rilasciato dall'Amministrazione dei Monopoli	€ 500,00
Possessori o detentori a qualsiasi titolo di apparecchi di gioco con codice identificativo unico rilasciato dall'Amministrazione dei Monopoli	€ 200,00

Tipologia operatore	Diritto di iscrizione
Concessionari per la gestione della rete telematica degli apparecchi e terminali di intrattenimento che siano anche proprietari degli apparecchi e terminali con codice identificativo unico	€ 10.000,00
Produttori apparecchi di gioco e congegni elettronici senza premi o con vincite di piccola oggettistica (lett. a) e c), art. 110, c. 7, R.D. n. 773/1931)	€ 2.500,00
Proprietari apparecchi di gioco e congegni elettroniche senza premi o con vincite di piccola oggettistica (lett. a) e c), art. 110, c. 7, R.D. n. 773/1931)	€ 500,00
Produttori apparecchi che possono distribuire tagliandi direttamente e immediatamente dopo la conclusione della partita (lett. c-bis), art. 110, c. 7, R.D. n. 773/1931)	€ 2.500,00
Possessori apparecchi che possono distribuire tagliandi direttamente e immediatamente dopo la conclusione della partita (lett. c-bis), art. 110, c. 7, R.D. n. 773/1931)	€ 200,00
Proprietari apparecchi che possono distribuire tagliandi direttamente e immediatamente dopo la conclusione della partita (lett. c-bis), art. 110, c. 7, R.D. n. 773/1931)	€ 500,00
Produttori apparecchi per cui l'accesso al gioco è regolato senza introduzione di denaro ma con utilizzo a tempo o a scopo (lett. c-ter), art. 110, c. 7, R.D. n. 773/1931)	€ 2.500,00
Proprietari apparecchi per cui l'accesso al gioco è regolato senza introduzione di denaro ma con utilizzo a tempo o a scopo (lett. c-ter), art. 110, c. 7, R.D. n. 773/1931)	€ 500,00
Concessionari del gioco del bingo	€ 10.00,00
Concessionari di scommesse su eventi ippici, sportivi e non sportivi e su eventi simulati	€ 3.000,00
Titolari di punti vendita dove si accettano scommesse su eventi ippici, sportivi e non sportivi, su eventi simulati e concorsi pronostici sportivi, nonché i titolari dei punti per la raccolta scommesse che si sono regolarizzati e i titolari punti di raccolta ad essi collegati	€ 200,00
Concessionari dei giochi numerici a quota fissa e a totalizzatore	€ 10.000,00
Titolari dei punti vendita delle lotterie istantanee e dei giochi numerici a quota fissa e a totalizzatore	€ 200,00
Concessionari del gioco a distanza	€ 10.000,00
Titolari dei punti di ricarica dei conti di gioco a distanza	€ 200,00
Produttori delle piattaforme dei giochi a distanza e di piattaforme per eventi simulati	€ 2.500,00
Società di corse che gestiscono gli ippodromi	€ 3.000,00
Allibratori	€ 500,00
Altri soggetti [1]	da determinare [1]

[1] Da individuare con provvedimento Agenzia delle dogane e dei monopoli.

I **soggetti che operano in più ambiti** sono tenuti al versamento di una sola tassa di iscrizione. I soggetti che svolgono **più ruoli nell'ambito della filiera del gioco** (ad esempio concessionari ed al contempo titolari di punti di raccolta) determinano la tassa di iscrizione individuandola in quella più elevata tra le varie categorie cui risulterebbero ascrivibili (art. 27, c. 4-bis, D.L. n. 124/2019).
L'iscrizione al Registro costituisce titolo abilitativo per i soggetti che svolgono attività in materia di gioco pubblico e deve essere rinnovata **annualmente**.
Le modalità di iscrizione e di cancellazione al Registro, nonché i termini e le modalità di versamento dei diritti, saranno disposte con decreto del MEF.

Sanzioni - L'**omesso versamento** del diritto di iscrizione può essere regolarizzato (prima che la violazione sia accertata) con il versamento della somma dovuta maggiorata di un importo pari al 2% per ogni mese o frazione di mese di ritardo (art. 27, c. 6, D.L. n. 124/2019).
La **mancata iscrizione** al Registro comporta l'applicazione di una sanzione pari ad euro 10.000,00 e l'inibizione all'iscrizione (e relativa mancata abilitazione all'attività) per i successivi 5 anni (art. 27, c. 8, D.L. n. 124/2019).

La medesima sanzione amministrativa pari a 10.000,00 euro è prevista per i concessionari di gioco pubblico che intrattengono rapporti contrattuali (per l'esercizio dell'attività di gioco) con soggetti non iscritti al Registro (il rapporto contrattuale in caso di accertamento dell'irregolarità è in ogni caso risolto di diritto) (art. 27, c. 9, D.L. n. 124/2019).

69.4. IMPOSTA "ECOLOGICA" SULL'ACQUISTO AUTOVEICOLI

L'imposta sugli autoveicoli non "ecologici" era dovuta in relazione all'acquisto e all'immatricolazione di un veicolo di categoria M1 (art. 1, c. 1042, Legge n. 145/2018) nel **periodo compreso tra il 1° marzo 2019 ed il 31 dicembre 2021**.

Non risultava soggetto all'Ecotassa un veicolo il cui contratto di acquisto era stato concluso precedentemente il 1° marzo 2019, sebbene immatricolato successivamente tale data (ris. 28 febbraio 2019, n. 32/E).

L'imposta era applicata in relazione all'immatricolazione in Italia di veicoli di categoria M1 (progettati e costruiti per il **trasporto di persone**, aventi al massimo otto posti a sedere, oltre al sedile del conducente):

- acquistati (anche in locazione finanziaria) **nuovi di fabbrica**;
- acquistati **usati** e già immatricolati in altro Stato.

Non risultava invece applicabile in relazione all'acquisto di veicoli destinati al **trasporto di cose** (categoria differente dalla "M1"), nonché ai veicoli a **uso speciale** (art. 1, c. 1044, Legge n. 145/2018) quali:

- camper;
- veicoli blindati;
- ambulanze;
- auto funebri;
- veicoli con accesso per le sedie a rotelle.

69.4.1. Determinazione dell'imposta

L'imposta era determinata in **misura unica** parametrata al numero di grammi di biossido di carbonio emessi per chilometro, eccedenti le soglie di emissione riportate nella seguente tabella (art. 1, c. 1042, Legge n. 145/2018), come rilevabile dal dato relativo al ciclo di prova NEDC (dal 1° luglio 2021 WLTP) riportato nella carta di circolazione del veicolo al punto V.7 (art. 1, c. 1046, Legge n. 145/2018).

Emissioni CO_2 g/Km	Dal 1° gennaio 2021 al 31 dicembre 2021 — Misura dell'imposta fissa
fino a 160	Imposta non dovuta
da 161 a 175	
da 176 a 190	
da 191 a 200	€ 1.100,00
da 201 a 210	
da 211 a 240	€ 1.600,00
a 241 a 250	€ 2.000,00
da 251 a 290	
oltre 290	€ 2.500,00

69.4.2. Accertamento

Risultano applicabili le medesime disposizioni in materia di **accertamento, riscossione e contenzioso** previste in materia di imposte sui redditi (art. 1, c. 1045, Legge n. 145/2018).

69.5. IMPOSTA SUL CONSUMO DEI MANUFATTI CON SINGOLO IMPIEGO (PLASTIC TAX)

L'**imposta sul consumo dei manufatti con singolo impiego (MACSI)** è dovuta in relazione alla fabbricazione, acquisizione ed importazione di prodotti in plastica monouso (art. 1, c. 634, Legge n. 160/2019).

La decorrenza dell'obbligo tributario, inizialmente prevista al 1° luglio 2020, è stabilita al **1° gennaio 2023** (art. 1, c. 652, Legge n. 160/2019).

Soggetti passivi 69.5.1.

Sono soggetti all'imposta (art. 1, c. 637, Legge n. 160/2019):

- **fabbricanti nazionali** di manufatti in plastica monouso;
- **soggetti** (residenti e non residenti) **che intendono vendere** ad altri soggetti nazionali **manufatti in plastica** ottenuti per loro conto in un impianto di produzione (committenti);
- **soggetti (anche privati) che acquisiscono** i manufatti in plastica monouso **da soggetti stabiliti nell'Unione Europea**;
- **importatori** dei detti manufatti **da paesi extra UE**.

Ai fini della soggettività d'imposta, **non è considerato "fabbricante"** il soggetto che produce MACSI utilizzando **prodotti sui quali l'imposta sia già stata scontata** da altro soggetto, salvo che la lavorazione non preveda l'aggiunta di ulteriore materia plastica (art. 1, c. 638, Legge n. 160/2019).

> Il **rappresentante fiscale** di soggetti non residenti stabiliti nel territorio nazionale, risulta **obbligato in solido** al pagamento dell'imposta (art. 1, c. 645, Legge n. 160/2019).

Oggetto dell'imposta 69.5.2.

Sono soggette ad imposta i manufatti in plastica "monouso" (MACSI) destinati alla funzione di:

- contenimento;
- protezione;
- manipolazione:
- consegna;

di **merci o prodotti alimentari**.

Sono altresì soggetti all'imposta (art. 1, c. 635, Legge n. 160/2019):

- i MACSI destinati alla chiusura, commercializzazione o presentazione dei MACSI utilizzati per le merci o i prodotti alimentari;
- i prodotti semilavorati (realizzati con impiego anche parziale di materiale plastico), comprese le preforme, utilizzati per la produzione dei MACSI.

Il **principio impositivo** (art. 1, c. 634, Legge n. 160/2019) verte sulla coesistenza della triplice condizione di:

- realizzazione dei **manufatti con materie plastiche** (polimeri organici di origine sintetica), anche in forma di fogli, strisce o pellicole;
- **vita del manufatto limitata ad un unico utilizzo** (prodotti non idonei, o comunque non concepiti, per un successivo riutilizzo);
- produzione, importazione o introduzione nel **territorio nazionale**.

L'imposta diviene **esigibile** all'atto dell'immissione in consumo (art. 1, c. 636 e c. 639, Legge n. 160/2019), che si verifica:

- per i manufatti **realizzati in Italia**, all'atto della cessione a soggetti nazionali;
- per i manufatti **provenienti da paesi UE** acquistati da operatori economici nazionali, all'atto dell'acquisto (o della cessione nei confronti di un consumatore privato);
- per i manufatti **provenienti da paesi extra UE**, all'atto della importazione definitiva nel territorio nazionale.

Esclusioni 69.5.3.

L'imposta non si applica in relazione alla cessione, acquisizione o importazione di (art. 1, c. 634 e c. 642, Legge n. 160/2019):

- manufatti compostabili;
- dispositivi medici;
- manufatti adibiti a contenere e proteggere preparati medicinali;
- manufatti ceduti direttamente dal fabbricante per il consumo in altri paesi UE o extra UE;
- manufatti sui quali l'imposta risulta essere stata già assolta da altro soggetto (in tale ipotesi l'imposta già scontata può essere chiesta a rimborso);
- manufatti prodotti con materie plastiche proveniente da processi di riciclo.

Risultano altresì esclusi da imposizione i MACSI contenuti nell'ambito di applicazione delle **franchigie doganali** (beni ad uso personale, beni destinati a soggetti disabili ecc.) di cui al Regolamento UE 16 novembre 2009 n. 1186/2009 (art. 1, c. 646, Legge n. 160/2019).

69.5.4. Determinazione dell'imposta

L'imposta è applicata nella misura di **euro 0,45 per chilogrammo di materia plastica** contenuta nei MACSI (art. 1, c. 640, Legge n. 160/2019).

L'imposta non è versata qualora, sulla base delle dichiarazioni trimestrali, risulti un importo dovuto a titolo di imposta pari o inferiore a 25,00 euro.

69.5.5. Adempimenti

I soggetti obbligati sono tenuti alla presentazione di una **dichiarazione trimestrale** all'Agenzia delle Dogane e dei monopoli, dalla quale risultino desumibili gli elementi per la determinazione dell'imposta dovuta, con la seguente cadenza (art. 1, c. 641, Legge n. 160/2019):

Periodo di immissione al consumo	Termine di presentazione dichiarazione trimestrale
Gennaio - marzo	30 aprile
Aprile - giugno	31 luglio
Luglio - settembre	31 ottobre
Ottobre - dicembre	31 gennaio

I **soggetti non residenti** e non stabiliti nominano un rappresentante fiscale al fine di provvedere al pagamento dell'imposta ed alla dichiarazione da presentare per conto dei cedenti privati (art. 1, c. 645, Legge n. 160/2019).

La presentazione della **dichiarazione può essere omessa** qualora nel periodo di riferimento risulti una **imposta** da liquidare **pari od inferiore a 25,00 euro** (art. 1, c. 643, Legge n. 160/2019).

Per i **MACSI provenienti da paesi extra UE**, l'accertamento dell'imposta (e la relativa riscossione) è affidata all'Agenzia delle dogane e dei monopoli che opera con le medesime modalità previste per i diritti di confine.

Le **specifiche di trasmissione e di contenuto delle dichiarazioni trimestrali**, nonché le modalità di contabilizzazione degli elementi di determinazione dell'imposta, saranno sanciti con l'emanazione di un provvedimento del direttore dell'Agenzia delle dogane e dei monopoli (art. 1, c. 651, Legge n. 160/2019).

69.5.6. Pagamento dell'imposta

Il pagamento dell'imposta è assolto con la medesima **cadenza trimestrale** prevista per l'invio della dichiarazione (30 aprile, 31 luglio, 31 ottobre e 31 gennaio) in **unica soluzione** mediante **Mod. F24** con possibilità di **compensazione** con altre imposte e contributi (art. 1, c. 645, Legge n. 160/2019).

L'imposta non è dovuta qualora risulti nel periodo di riferimento pari od inferiore a 25,00 euro (art. 1, c. 643, Legge n. 160/2019).

69.5.7. Accertamento e sanzioni

Le attività di accertamento sono demandate all'Agenzia delle Dogane e dei Monopoli (alla quale spettano altresì compiti di verifica anche mediante accessi presso i fornitori della plastica riciclata, ai soli fini di riscontro delle dichiarazioni presentate dai soggetti obbligati) che provvede a **notificare un avviso di pagamento** (art. 1, c. 648, Legge n. 160/2019).

Decorsi 30 giorni dall'avvenuta notifica senza che il contribuente abbia ottemperato, risultano applicabili le disposizioni di **riscossione coattiva** (D.Lgs. n. 112/1999).

L'importo minimo previsto per l'iscrizione a ruolo è di euro 10,01, comprensivo di sanzioni amministrative ed interessi (art. 1, c. 648, Legge n. 160/2019).

Sono previste le seguenti **sanzioni amministrative** (art. 1, c. 650, Legge n. 160/2019).

Fattispecie irregolarità	Sanzione	Importo minimo sanzione
Mancato pagamento	Da doppio al quintuplo dell'imposta	€ 250,00
Ritardato pagamento	25% dell'imposta	€ 150,00
Tardiva presentazione dichiarazione	Da € 250,00 a € 2.500,00	€ 250,00
Altre violazioni	Da € 250,00 a € 2.500,00	€ 250,00
È ammessa la definizione agevolate delle sanzioni in caso di irrogazione immediata.		

Rimborsi 69.5.8.

L'imposta indebitamente versata può essere chiesta a rimborso **entro** il termine di **2 anni dalla data del pagamento** (art. 1, c. 649, Legge n. 160/2019).
Non si dà luogo al rimborso per somme pari ad inferiori a 10 euro.

Crediti di imposta 69.5.9.

Per i produttori di MACSI che provvedono nel corso dell'anno 2020 ad **adeguare i processi tecnologici aziendali** mirati alla produzione di manufatti compostabili, è riconosciuto un credito di imposta nella misura del **10% delle spese sostenute**, con un limite **massimo** di **euro 20.000,00** utilizzabile esclusivamente in **compensazione** con altri tributi e contributi, mediante Mod. F24 (art. 1, c. 653-654, Legge n. 160/2019).
Ulteriore credito di imposta potrà essere fruito in relazione alle attività di **formazione del personale** mirato all'apprendimento o perfezionamento delle procedure tecnologiche per la produzione di manufatti compostabili (art. 1, c. 78-81, Legge n. 145/2018) sostenute nel periodo 1° gennaio - 31 dicembre 2020 (art. 1, c. 656, Legge n. 160/2019).

I crediti di imposta summenzionati risulteranno applicabili nel rispetto delle condizioni e dei limiti del c.d. "*de minimis*" (Reg. UE n. 1407/2013).

IMPOSTA SUL CONSUMO DELLE BEVANDE ANALCOLICHE EDULCORATE (SUGAR TAX) 69.6.

L'**imposta sul consumo delle bevande analcoliche** è dovuta in relazione alla cessione, acquisizione o importazione di bevande con contenuto di edulcoranti (art. 1, c. 661, Legge n. 160/2019), con decorrenza 1° gennaio 2023 (art. 1, c. 676, Legge n. 160/2019).

Soggetti passivi 69.6.1.

Sono soggetti all'imposta (art. 1, c. 664, Legge n. 160/2019):
- **fabbricanti nazionali** che cedono bevande edulcorate (anche a titolo gratuito) a consumatori e/o a soggetti commerciali nazionali che ne effettuano la rivendita;
- **soggetti che effettuano il condizionamento** (imballaggio e/o confezionamento) di bevande edulcorate per la successiva cessione (anche a titolo gratuito) a consumatori e/o a soggetti commerciali nazionali che ne effettuano la rivendita;
- **soggetti** (residenti o non residenti nel territorio nazionale) **per conto dei quali sono ottenute le bevande** edulcorate dal fabbricante o dall'esercente l'impianto di condizionamento;
- **acquirenti, nell'ambito dell'esercizio di una attività economica,** di bevande edulcorate provenienti **da Paesi UE**;
- **importatori** di bevande edulcorate provenienti **da Paesi extra UE.**

Oggetto dell'imposta 69.6.2.

Sono soggette ad imposta le **bevande edulcorate**, sia nella forma di prodotto liquido finito, sia nella forma solida predisposta all'utilizzo previa diluizione, **addizionate con sostanze di origine naturale o sintetica**, in grado di conferire sapore dolce alle medesime (art. 1, c. 662, Legge n. 160/2019).
Specificatamente, vengono fatte rientrare nell'ambito di assoggettamento all'imposta, qualora addizionate con sostanze edulcoranti, quelle destinate al consumo alimentare umano aventi titolo alcolometrico inferiore o uguale all'**1,2%** in volume ed individuate nella nomenclatura tariffaria e statistica doganale (c.d. "nomenclatura combinata") alle **voci NC2009 e NC2202** ovvero:
- succhi di frutta (compresi i mosti di uva);
- succhi di ortaggi e legumi non fermentati;
- acque minerali;
- acque gassate;
- altre bevande non alcoliche.

Esclusioni 69.6.3.

L'imposta non si applica in relazione alla cessione, acquisizione, importazione di (art. 1, c. 666, Legge n. 160/2019):
- bevande cedute direttamente dal fabbricante nazionale o dal committente per il **consumo in altri Paesi UE o esportate**;
- bevande ad utilizzo medico speciale per specifiche esigenze nutrizionali destinate a soggetti che necessitano di tali preparati per completare o integrare la propria alimentazione (art. 1, D.M. 12 maggio 2021);

– bevande con **contenuto ridotto di sostanze edulcoranti** determinato nelle seguenti misure:

Tipologia prodotto	Contenuto massimo per esclusione da imposta
Prodotti finiti	25/g per litro
Prodotti predisposti all'utilizzo previa diluizione	125 g per Kg

Il potere edulcorante di ciascuna sostanza è stabilito convenzionalmente ed aggiornato periodicamente con Decreto interministeriale Ministero economia e finanze e Ministero della salute (art. 1, c. 667, Legge n. 160/2019):

Potere edulcorante convenzionale (D. Interm. 15 ottobre 2020)	
Tipologia sostanza	**Quantità equivalente di un grammo di saccarosio (in grammi)**
Destrosio	1,67
Fruttosio	$7{,}69 \times 10^{-1}$
Lattosio	2,50
Saccarosio	1,00
Acelsufame K	$5{,}00 \times 10^{-3}$
Advantame	$2{,}70 \times 10^{-5}$
Aspartame	$5{,}00 \times 10^{-3}$
Acido ciclamico e suoi sali	$7{,}14 \times 10^{-3}$
Eritritolo	1,25
Glicosidi Steviolici	$3{,}33 \times 10^{-3}$
Neoesperidina DC	$6{,}67 \times 10^{-4}$
Neotame	$7{,}69 \times 10^{-5}$
Saccarine e suoi Sali	$2{,}00 \times 10^{-3}$
Sale di aspartame - acesulfame	$2{,}86 \times 10^{-3}$
Sucralosio	$1{,}25 \times 10^{-3}$
Taumatina	$4{,}00 \times 10^{-4}$

I soggetti che intendono produrre o acquistare bevande contenenti sostanze edulcorate non ancora ricomprese nella tabella, dovranno fare riferimento ad un **potere edulcorante convenzionale**, riferito al saccarosio, pari a 1,30 per le sostanze di origine naturale e a 37.000 per le sostanze di origine sintetica, salvo riliquidazione del tributo da effettuarsi all'atto dell'aggiornamento della tabella degli edulcoranti (art. 10, D.M. 12 maggio 2021).

69.6.4. Determinazione dell'imposta

L'imposta è applicata nella seguente misura (art. 1, c. 661, Legge n. 160/2019):

Tipologia prodotto	Misura imposta
Prodotti finiti	€ 10,00 per ogni ettolitro
Prodotti predisposti all'utilizzo previa diluizione	€ 0,25 per ogni chilogrammo

69.6.5. Adempimenti

I soggetti obbligati sono tenuti alla:

– **registrazione preventiva** (artt. 3 e 4, D.M. 12 maggio 2021);
– predisposizione dei **prospetti riepilogativi** (artt. 5 e 6, D.M. 12 maggio 2021);
– presentazione di una **dichiarazione mensile** con indicazione degli elementi utili alla determinazione dell'imposta dovuta, da effettuarsi entro il **mese successivo** a quello cui la dichiarazione si riferisce (art. 1, c. 669, Legge n. 160/2019).

Per gli **importatori** l'imposta è accertata e riscossa direttamente dall'Agenzia delle Dogane e dei Monopoli con le modalità previste per i diritti di confine (art. 1, c. 670, Legge n. 160/2019).

Registrazione Preventiva

Sono tenuti alla registrazione preventiva, da effettuarsi presso l'Agenzia delle Dogane e dei Monopoli territorialmente competente, i **soggetti**:

- **produttori di bevande edulcorate a partire da materie prime o semilavorati** (la registrazione ha per oggetto la denuncia di ciascun impianto di produzione);
- **produttori di bevande edulcorate a partire da prodotti già pronti per il condizionamento** (la registrazione ha per oggetto la denuncia di ciascun impianto di produzione);
- **residenti o non residenti** nel territorio nazionale, che **intendono cedere bevande edulcorate**, ottenute per proprio conto in un impianto di produzione, a consumatori nel territorio dello Stato ovvero a ditte nazionali che ne effettuano la rivendita (la denuncia ha per oggetto l'attività di cessione);
- **che intendono acquistare**, nell'ambito dell'esercizio di un'attività economica, bevande edulcorate provenienti da altri Paesi appartenenti all'Unione Europea.

> I soggetti non residenti sono tenuti ad avvalersi di un rappresentante fiscale e a comunicarne i dati identificativi all'Agenzie delle Dogane e dei Monopoli, prima di iniziare l'attività (art. 3, D.M. 12 maggio 2021).

La registrazione, da effettuarsi in **modalità telematica**, deve contenere le seguenti indicazioni minime:

Dati da indicare obbligatoriamente nella denuncia telematica di registrazione preventiva (artt. 3 e 4, D.M. 12 maggio 2021)

Tipologia sostanza	Produttori a partire da materie prime e semilavorate	Produttori a partire da prodotti già pronti per il condiziona-mento	Soggetti intermediari che cedono prodotti realizzati per proprio conto a consumatori o commer-cianti nazionali	Acquirenti (per la rivendita) di bevande da altri paesi UE
Denominazione	SI	SI	SI	SI
Sede legale	SI	SI	SI	SI
Partita IVA	SI	SI	SI	SI
PEC	SI	SI	SI (2)	SI (2)
Generalità legale rappresentante	SI	SI	SI	SI
Sede impianto produzione /depositi stoccaggio	SI	SI	-	SI (3)
Codice identificativo impianto (1)	-	-	SI	-
Tipologia bevande edulcorate prodotte (codice nomenclatura combinata UE)	SI	SI	NO	-
Quantità stimata di produzione annua	SI	SI	NO	-
Quantità stimata edulcoranti necessaria alla produzione annua stimata	SI	NO	NO	-
Contenuto edulcorante per ogni litro di bevanda finita (ovvero per Kg. di prodotto da diluire) per ciascuna tipologia di bevanda	SI	SI	NO	-

Dati da indicare obbligatoriamente nella denuncia telematica di registrazione preventiva (artt. 3 e 4, D.M. 12 maggio 2021)				
Tipologia sostanza	**Produttori a partire da materie prime e semilavorate**	**Produttori a partire da prodotti già pronti per il condiziona-mento**	**Soggetti intermediari che cedono prodotti realizzati per proprio conto a consumatori o commer-cianti nazionali**	**Acquirenti (per la rivendita) di bevande da altri paesi UE**
Dati concernenti le rese teoriche di lavorazione degli edulcoranti utilizzati per la produzione di ciascuna tipologia di bevanda	SI	NO	NO	-
(1) Il Codice identificativo dell'impianto viene attribuito dall'Agenzia delle Dogane e dei Monopoli in seguito alla registrazione preventiva. (2) Qualora il soggetto non sia residente andrà indicato l'indirizzo di posta elettronica "non certificato" (3) Il soggetto non residente è tenuto ad indicare altresì i luoghi di immagazzinaggio delle bevande acquistate e i dati del rappresentante fiscale.				

Ogni successiva **variazione** dei dati contenuti nelle denunce di registrazione, va comunicata, **entro 15 giorni**, a mezzo PEC (ovvero a mezzo posta elettronica per i soggetti non residenti) (art. 15, D.M. 12 maggio 2021).

L'Ufficio dell'Agenzia delle Dogane e dei Monopoli territorialmente competente (in relazione alla sede dell'impianto di produzione o del magazzino di stoccaggio ovvero alla sede legale o domicilio fiscale del cedente, dell'acquirente residente o del rappresentante fiscale per soggetti non residenti) provvede alla verifica dei dati contenuti nelle denunce telematiche e all'attribuzione di:
– un **codice identificativo per ciascun impianto** di produzione;
– un codice identificativo "unico" per il soggetto intermediario e gli acquirenti di bevande da altri paesi UE.

Prospetti riepilogativi

I soggetti obbligati sono tenuti ad annotare su di un prospetto riepilogativo (conforme ai modelli allegati al D.M. 12 maggio 2021) i dati relativi ai prodotti soggetti all'imposta.
Tali prospetti sono tenuti in **modalità esclusivamente elettronica**, stampati mensilmente (ovvero su richiesta degli organi accertatori) e conservati per un periodo minimo di 5 anni (art. 7, D.M. 12 maggio 2021).

Le risultanze finali di ciascun anno solare vanno riportate nel prospetto relativo all'anno successivo (art. 7, D.M. 12 maggio 2021).

Nello specifico, i fabbricanti annotano, **entro il sesto giorno lavorativo successivo** all'operazione (art. 7, D.M. 12 maggio 2021):
– i quantitativi di bevande edulcorate ottenuti nell'impianto di produzione;
– i quantitativi di prodotti predisposti per diventare bevande previa diluizione;
– i quantitativi ottenuti per conto di soggetti cedenti (con indicazione dei codici identificativi dei detti soggetti);
– il luogo di deposito della merce (qualora differente dal sito di produzione);
– i quantitativi di bevande edulcorate ceduti con distinta annotazione dei quantitativi ceduti per il consumo in altri Paesi UE, extra UE e di quelli relativi a prodotti non soggetti all'imposta;
– l'indicazione della documentazione fiscale relativa alle cessioni (per le esportazioni vanno indicati i dati identificativi della documentazione doganale).

Per le bevande edulcorate ottenute per conto di soggetti cedenti ed **estratte nell'impianto di produzione**, il fabbricante è altresì tenuto a redigere un prospetto riepilogativo mensile dei quantitativi di bevande estratti per ciascun soggetto cedente, da trasmettere, entro il mese successivo a quello di effettuazione delle movimentazioni, all'Agenzia delle Dogane e dei Monopoli ed al soggetto cedente.

I soggetti che realizzano una **produzione maggiore di 100.000 ettolitri/annui** sono tenuti a redigere, entro la fine di ciascun mese solare di riferimento, una ulteriore scheda riepilogativa, conforme al modello ministeriale (Allegato 3, D.M. 12 maggio 2021) con indicazione del potere edulcorante convenzionale.

Gli **acquirenti** residenti (ovvero il rappresentante fiscale per i soggetti non residenti nel territorio nazionale) sono invece tenuti ad annotare, nel prospetto riepilogativo (art. 6, D.M. 12 maggio 2021), i dati relativi a:
- quantitativi di bevande edulcorate acquisiti (distintamente per ciascuna tipologia di prodotto) con separata indicazione dei quantitativi acquistati da altri Paesi UE;
- quantitativi di prodotti predisposti per diventare bevande previa diluizione (distintamente per ciascuna tipologia di prodotto) con separata indicazione dei quantitativi acquistati da altri Paesi UE;
- data di ricevimento della merce;
- il luogo del magazzino;
- estremi della documentazione fiscale relativa all'acquisto.

Dichiarazione mensile

I soggetti obbligati sono tenuti alla presentazione, in **modalità esclusivamente telematica**, di una **dichiarazione** mensile da trasmettere **entro l'ultimo giorno del mese solare successivo** a quello di riferimento (art. 8, D.M. 12 maggio 2021).
Nelle dichiarazioni mensili andranno indicati tutti gli elementi necessari alla quantificazione del tributo dovuto e pertanto, vanno dichiarati:
- dai fabbricanti, i quantitativi della produzione di bevande ceduti a consumatori o commercianti nazionali;
- dagli acquirenti, i quantitativi pervenuti nei magazzini.

I fabbricanti sono altresì tenuti a dichiarare i quantitativi prodotti **per conto terzi** (residenti nazionali o rappresentanti fiscali di soggetti non residenti), che provvedono al versamento del tributo (art. 8, D.M. 12 maggio 2021).

Modalità di pagamento 69.6.6.

Il pagamento dell'imposta è assolto in **unica soluzione** dal soggetto passivo di imposta, **entro l'ultimo giorno del mese solare successivo** a quello di riferimento (medesimo termine di presentazione della dichiarazione mensile) mediante delega di pagamento **Mod. F24** (art. 1, c. 669, Legge n. 160/2019 - art. 8, D.M. 12 maggio 2021).

Accertamento e sanzioni 69.6.7.

Le attività di accertamento sono demandate all'Agenzia delle Dogane e dei Monopoli, cui spettano altresì, congiuntamente agli organi della Guardia di Finanza, compiti di verifica e controllo anche mediante accessi presso gli impianti di produzione, condizionamento e deposito.
I funzionari incaricati redigono un **processo verbale di constatazione** delle violazioni accertate, da notificare a mezzo PEC, per le eventuali osservazioni che i soggetti obbligati possono far pervenire entro i successivi 60 giorni (art. 13, D.M. 12 maggio 2021).
Decorsi tali termini (salvo casi di particolare e motivata urgenza), l'agenzia delle Dogane e dei Monopoli provvede a notificare a mezzo PEC un **avviso di pagamento** (entro 5 anni dalla data dell'omesso versamento) (art. 1, c. 671-672, Legge n. 160/2019). Decorso l'**ulteriore termine di 30 giorni** dall'avvenuta notifica senza che il contribuente abbia ottemperato, risultano applicabili le disposizioni di **riscossione coattiva** (D.Lgs. n. 112/1999). Non si provvede alla riscossione coattiva per **somme pari o inferiore ad euro 30,00** (art. 1, c. 673, Legge n. 160/2019). Sono previste le seguenti **sanzioni amministrative** (art. 1, c. 674, Legge n. 160/2019).

	Sanzione	Importo minimo sanzione
Mancato pagamento	Dal doppio al quintuplo dell'imposta	€ 250,00
Ritardato pagamento	25% dell'imposta	€ 150,00
Tardiva presentazione dichiarazione	Da € 250,00 a € 2.500,00	€ 250,00
Altre violazioni	Da € 250,00 a € 2.500,00	€ 250,00
È ammessa la definizione agevolate delle sanzioni in caso di irrogazione immediata.		

69.6.8. Rimborsi

L'imposta indebitamente versata può essere chiesta a rimborso **entro** il termine di **2 anni** dalla data del **pagamento** (art. 1, c. 673, Legge n. 160/2019).

L'istanza di rimborso deve contenere la **motivazione** dell'indebito versamento e la modalità di rimborso prescelto (in danaro ovvero mediante riconoscimento di un credito da utilizzare a scomputo dei successivi versamenti) e va avanzata, in modalità esclusivamente telematica, all'Agenzia delle Dogane e dei Monopoli che, verificata la regolarità della richiesta, vi provvede **entro 60 giorni** (art. 11, D.M. 12 maggio 2021).

L'eventuale diniego del rimborso è comunicato con provvedimento motivato. L'agenzia non darà luogo in ogni caso a rimborsi per somme pari o inferiori ad euro 30,00 (art. 11, D.M. 12 maggio 2021).

TRIBUTI LOCALI

70.

CANONE UNICO PATRIMONIALE 70.1.

È istituito con decorrenza 1° gennaio 2021, il canone unico patrimoniale di concessione, autorizzazione o esposizione pubblicitaria in sostituzione delle seguenti imposte locali (art. 1, c. 816, Legge n. 160/2019):

- tassa per l'occupazione di spazi e aree pubbliche (TOSAP) (➔70.5.);
- canone per l'occupazione di spazi e aree pubbliche (COSAP);
- imposta comunale sulla pubblicità (ICP) (➔70.3.);
- diritto sulle pubbliche affissioni (DPA) (➔70.4.);
- canone per l'installazione dei mezzi pubblicitari (CIMP);
- canone per l'occupazione delle strade (di pertinenza comunale o provinciale).

Il canone unico "assorbe" ogni onere concessorio o ricognitorio previsto da regolamenti o normative comunale (o provinciale) salvo il riconoscimento di diritti connessi alla prestazione di servizi (art. 1, c. 816, Legge n. 160/2019).

Soggetti dell'imposta 70.1.1.

I **soggetti attivi dell'imposta** sono i seguenti Enti (art. 1, c. 816, Legge n. 160/2019):

- Comuni;
- Province;
- Città Metropolitane;

nei cui territori vengano realizzati, anche abusivamente (art. 1, c. 819, Legge n. 160/2019):
- occupazione di spazi pubblici;
- diffusione di messaggi pubblicitari.

I **soggetti passivi** dell'imposta locale sono (art. 1, c. 823, Legge n. 160/2019):
- **titolare** dell'autorizzazione o concessione (di occupazione spazi o di diffusione pubblicitaria);
- **soggetto** che effettua **abusivamente** occupazione di spazi pubblici o diffusione di messaggi pubblicitari.

Per la diffusione di messaggi pubblicitari risulta **obbligato in solido** il **soggetto pubblicizzato**.

70.1.2. Oggetto del tributo

L'imposta locale colpisce (art. 1, c. 819, Legge n. 160/2019):
- l'**occupazione** (anche abusiva) **di aree**:
  - appartenenti al demanio;
  - appartenenti al patrimonio indisponibile degli enti;
  - soprastanti e sottostanti il suolo pubblico;
- la **diffusione di messaggi pubblicitari** (anche abusivi) effettuata mediante:
  - impianti su aree appartenenti al demanio;
  - impianti su aree appartenenti al patrimonio indisponibile degli enti;
  - beni privati, laddove visibili da luogo pubblico o aperto al pubblico;
  - veicoli ad uso pubblico o ad uso privato.

> Qualora la pubblicità sia effettuata mediante impianti installati su aree pubbliche, l'applicazione del canone dovuto per la diffusione del messaggio pubblicitario "assorbe" l'applicazione dell'ulteriore canone dovuto per l' occupazione di spazi pubblici (art. 1, c. 820, Legge n. 160/2019).

70.1.3. Determinazione dell'imposta

L'importo del canone è determinato in funzione dei seguenti elementi (art. 1, c. 824-825, Legge n. 160/2019):

Imposta per occupazioni	Imposta per diffusione messaggi pubblicitari
Durata occupazione Superficie occupata (espressa in mq.) Tipologia di occupazione Finalità Zona occupata del territorio comunale, provinciale o della città metropolitana	Superficie complessiva del mezzo pubblicitario (espressa in mq.)

Passi carrabili

Per i passi carrabili (modifica del piano stradale intesa a facilitare l'accesso dei veicoli alla proprietà privata), la superficie è determinata moltiplicando la larghezza del passo (misurata sulla fronte dell'edificio o terreno al quale si dà accesso) per una profondità, stabilita convenzionalmente, di un metro lineare (art. 1, c. 824, Legge n. 160/2019).

Il canone di occupazione relativo ai passi carrabili può essere assolto anche **in forma definitiva** mediante il pagamento di un importo pari a **venti annualità**.

Pubblicità effettuata mediante veicoli

L'imposta è determinata in relazione alla **superficie complessiva del veicolo**, indipendentemente dal numero dei messaggi pubblicitari e/o dalla copertura dello spazio disponibile.

Per la pubblicità effettuata su **veicoli ad uso pubblico** l'imposta è dovuta al Comune che ha rilasciato la licenza di esercizio, mentre per i **veicoli ad uso privato** il tributo è destinato al Comune di residenza (ovvero sede legale) del proprietario del veicolo (art. 1, c. 825, Legge n. 160/2019).

> Il **soggetto che utilizza il veicolo** per diffondere il messaggio pubblicitario è **obbligato in solido** all'assolvimento del tributo (art. 1, c. 825, Legge n. 160/2019).

Occupazioni permanenti con cavi e condutture

Il canone per l'occupazione permanente nel territorio comunale con cavi e condutture utilizzate per fornire servizi di pubblica utilità (distribuzione energia elettrica, gas, acqua, trasmissione dati ed altri servizi di rete) è dovuto **dai titolari della concessione** e dai soggetti che occupano il suolo attraver-

so il materiale utilizzo delle infrastrutture appartenenti al soggetto titolare della concessione, in relazione al numero di utenti serviti dalla rete dei servizi nella misura di:
- **euro 1,50** per ciascun utente nei Comuni **fino a 20.000 abitanti**;
- **euro 1,00** per ciascun utente nei Comuni **con oltre 20.000 abitanti**;

con applicazione di un **versamento minimo pari a 800,00 euro** (art. 1, c. 831, Legge n. 160/2019). Nel caso in cui il **soggetto titolare del contratto di vendita** del servizio al cliente finale sia **differente dal soggetto titolare delle infrastrutture** (e sussista effettiva separazione normativa tra tali soggetti) il canone è dovuto esclusivamente dal titolare dell'atto di concessione sulla base del numero di utenze riconducibili alla società di vendita (art. 5, c. 14-quinquies, D.L. 146/2021).

Per occupazioni permanenti di suolo pubblico con impianti direttamente funzionali all'erogazione del servizio di rete devono intendersi anche quelle effettuate dalle aziende esercenti attività strumentali alla fornitura di servizi di pubblica utilità, quali la **trasmissione di energia elettrica** e il **trasporto di gas naturale** (art. 5, c. 14-quinquies, D.L. n. 146/2021).

Gli importi sono rivalutati annualmente sulla base della variazione dei prezzi al consumo come misurata dall'ISTAT al 31 dicembre dell'anno precedente e liquidati entro il 30 aprile di ciascun anno mediante utilizzo della piattaforma PagoPA (art. 1, c. 831, Legge n. 160/2019). Il **numero delle utenze** va rilevato con riferimento ai dati risultanti al 31 dicembre dell'anno precedente e va comunicato all'ente locale competente mediante **autodichiarazione da inviare a mezzo posta elettronica certificata** entro il 30 aprile di ciascun anno (art. 1, c. 831, Legge n. 160/2019).
Per le occupazioni del **territorio provinciale** e delle **città metropolitane** l'importo è determinato nella misura del **20%** dell'importo risultante dall'applicazione della **tariffa pari a euro 1,50** in relazione alle utenze ricadenti nei **comuni compresi nell'ambito territoriale**.

Oneri di manutenzione

Per le **occupazioni del suolo e del sottosuolo** che comportano il sostenimento di oneri di manutenzione non posti direttamente a carico del soggetto che effettua l'occupazione, è possibile prevedere **specifiche maggiorazioni** del canone (art. 1, c. 824, Legge n. 160/2019).

Regolamento comunale

Ciascun Comune o Provincia è tenuto ad adottare un regolamento tributario (art. 1, c. 821, Legge n. 160/2019) che disciplini:
- le procedure per il rilascio delle concessioni per l'occupazione del suolo pubblico e delle autorizzazioni all'installazione degli impianti pubblicitari;
- l'individuazione delle tipologie di impianti pubblicitari autorizzabili (classificazione, superficie, numero e limiti);
- criteri per la predisposizione del piano generale degli impianti pubblicitari (solo per i Comuni con più di 20.000 abitanti);
- superficie degli impianti destinati al servizio delle pubbliche affissioni;
- modalità di dichiarazione per particolari fattispecie;
- esenzioni e riduzioni dell'imposta;
- determinazione delle sanzioni amministrative e delle maggiorazioni di canone per l'occupazione o la diffusione di messaggi pubblicitari effettuate abusivamente.

Limitatamente al periodo 1° gennaio 2021 - 31 marzo 2022 sono disposte le seguenti semplificazioni amministrative (art. 9-ter, c. 4 e 5, D.L. n. 137/2020 e art. 1, c. 706, Legge 234/2021):
- le **domande di concessione** per occupazione di suolo pubblico e/o ampliamento delle superfici già autorizzate, sono presentate, all'ente locale di competenza, in via telematica con allegazione della sola planimetria ed in esenzione dall'imposta di bollo;
- non è soggetta a preventiva autorizzazione l'**installazione temporanea**, sul suolo pubblico e altri spazi aperti di interesse culturale o paesaggistico, di **elementi di arredo urbano amovibili** effettuato dagli esercenti attività di ristorazione e somministrazione bevande, al fine di assicurare il rispetto delle misure di distanziamento connesse all'emergenza da Covid-19;
- **non opera** il **limite temporale di 90 giorni** ordinariamente richiesto per la **rimozione degli elementi temporanei** installati sul suolo pubblico (dagli esercenti attività di ristorazione e somministrazione bevande) per assicurare il rispetto delle misure di distanziamento connesse all'emergenza da Covid-19.

Le occupazioni o la diffusione di **messaggi pubblicitari** effettuate in modo **abusivo** o comunque **difformi da quelle autorizzate**, o quelle per le quali **non** sia stato **corrisposto il canone dovuto**, dovranno in ogni caso essere **rimosse** a cura degli enti locali interessati (art. 1, c. 822, Legge n. 160/2019).

Determinazione delle tariffe

Le tariffe sono determinate in funzione della (art. 1, c. 826-827, Legge n. 160/2019):
- classificazione dei Comuni (numero di abitanti);
- tipologia della concessione od autorizzazione;
- durata.

Classificazione	Tariffa annuale	Tariffa giornaliera
Comuni fino a 10.000 abitanti, Provincie e Città Metropolitane	€ 30,00	€ 0,60
Comuni con oltre 10.000 e fino a 30.000 abitanti	€ 40,00	€ 0,70
Comuni con oltre 30.000 e fino a 100.000 abitanti	€ 50,00	€ 1,20
Comuni con oltre 100.000 e fino a 500.000 abitanti	€ 60,00	€ 1,30
Comuni con oltre 500.000 abitanti	€ 70,00	€ 2,00

I Comuni **capoluogo di Provincia** e di **città metropolitane** non possono in ogni caso collocarsi al di sotto della classe riferita ai Comuni con oltre 30.000 abitanti (art. 1, c. 828, Legge n. 160/2019).

Le tariffe determinate *ex lege* sono tuttavia derogabili e modificabili dal singolo ente in misura tale da poter assicurare un gettito non inferiore a quello derivante dai canoni e tributi soppressi (art. 1, c. 817, Legge n. 160/2019).

Riduzioni ed esenzioni

Sono previste **riduzioni** delle tariffe di imposta (art. 1, c. 829-830, Legge n. 160/2019) per le seguenti tipologie di concessioni:
- occupazioni del **sottosuolo**: riduzione del 75%;
- occupazioni del **sottosuolo con serbatoi** di capacità superiore a 3.000 litri: riduzione del 68,75% (per ogni mille litri o frazioni di capacità del serbatoio, la riduzione si riduce di un ulteriore 6,25%);
- utilizzo spazi acquei compresi nei canali e rivi di traffico dei **Comuni di Venezia e Chioggia**, adibiti ad ormeggio di natanti ed imbarcazioni: riduzione del 50%;
- **esenzione** per occupazioni effettuate da esercenti **attività di ristorazione** (ristoranti, trattorie, tavole calde, pizzerie, birrerie ed esercizi similari) e **somministrazione di bevande**, generi di pasticceria, di gelateria e di prodotti di gastronomia (bar, caffè, gelaterie, pasticcerie, rosticcerie ed esercizi similari), in relazione alla posa temporanea (limitatamente al periodo 1° gennaio 2021 - 31 marzo 2022) di strutture amovibili, elementi di arredo urbano, pedane, tavolini, sedute, ombrelloni e altri elementi installati funzionalmente al rispetto delle misure di distanziamento connesse all'emergenza "Covid-19" (art. 9-ter, c. 2, D.L. n. 137/2020 e art. 1, c. 706, Legge 234/2021).

Gli enti possono stabilire specifiche riduzioni delle tariffe, fino ad un massimo del 20%, qualora il soggetto passivo adempia al pagamento mediante autorizzazione permanente all'addebito (SDD) sul proprio conto corrente bancario o postale (art. 118-ter, D.L. n. 34/2020).

Gli enti possono prevedere, con l'adozione di proprio regolamento, **riduzioni** in relazione ad occupazioni e diffusione di **messaggi pubblicitari** (art. 1, c. 832, Legge n. 160/2019):
- eccedenti i mille metri quadri;
- effettuate per fini non commerciali in occasione di manifestazioni politiche, culturali e sportive;
- effettuate in ambito di spettacoli viaggianti;
- legate ad attività edili.

Gli enti possono prevedere altresì la forfetizzazione del canone da corrispondere unicamente all'atto del rilascio della concessione, da parametrare dal triplo al quintuplo della tariffa prevista per le intercapedini (art. 1, c. 834, Legge n. 160/2019).

Sono **esenti** dall'imposta le occupazioni e i messaggi pubblicitari riportati nella tabella seguente (art. 1, c. 833, Legge n. 160/2019):

Concessioni/autorizzazioni esenti		Note
Occupazioni	Effettuate dallo Stato, dalle Regioni, Province, città metropolitane, Comuni e loro consorzi, enti religiosi ed enti pubblici per finalità di assistenza previdenza, sanità, educazione, cultura e ricerca scientifica	
	Tabelle indicative delle stazioni ferroviarie e degli orari dei servizi di trasporto pubblico	Purché la superficie non superi 1 metro quadrato
	Tabelle esposte per norma di legge o regolamento	
	Occasionali	Come stabilite nei regolamenti di polizia locale
	Impianti adibiti ai servizi pubblici	Nel caso in cui sia prevista la devoluzione gratuita all'ente al termine della concessione
	Aree cimiteriali	
	Condutture idriche utilizzate per l'attività agricola	
Messaggi pubblicitari	Relativi ai giornali e pubblicazioni periodiche esposte sulle facciate esterne delle edicole o locali dove se ne effettua la vendita	Con esclusione delle insegne
	Esposti all'interno delle stazioni dei servizi di trasporto pubblico inerenti all'attività esercitata dall'impresa di trasporto	
	Insegne, targhe e simili apposte per l'individuazione delle sedi di comitati, associazioni, fondazioni e altri enti no-profit	
	Insegne di esercizio di attività commerciali o di servizi, che contraddistinguono la sede dove si svolge l'attività se di superficie complessiva fino a 5 metri quadrati	
	Marchi apposti sulle gru e sulle macchine operatrici adoperate nei cantieri edili	La superficie esente varia tra i 2 ed i 6 mq in relazione allo sviluppo in altezza (10-40 metri lineari)
	Marchio ditta, ragione sociale e indirizzo apposto sui veicoli di proprietà dell'impresa utilizzati per il trasporto (anche in conto terzi)	
	Mezzi pubblicitari posti sulle pareti esterne dei locali di pubblico spettacolo relative alle rappresentazioni in programmazione	
	Realizzati all'interno degli impianti sportivi per manifestazioni dilettantistiche organizzate da associazioni e società sportive dilettantistiche	La capienza della struttura sportiva deve essere limitata a 2.999 posti
	Mezzi pubblicitari inerenti l'attività commerciale o di produzione di beni o servizi se collocati dove è esercitata l'attività	Il messaggio non deve superare la superficie di mezzo metro quadrato per ciascuna vetrina o ingresso
	Affissioni sulle vetrine e porte d'ingresso dei locali dove è esercitata l'attività	
	Passi carrabili, rampe e simili destinati a soggetti portatori di handicap	

70.1.4. Modalità di pagamento

Il pagamento dell'imposta deve essere effettuato direttamente agli Enti (art. 1, c. 835, Legge n. 160/2019), contestualmente al rilascio della concessione all'occupazione o dell'autorizzazione alla diffusione dei messaggi pubblicitari (art. 2-bis, D.L. n. 193/2016) con le seguenti modalità:

- versamento a mezzo **di conto corrente postale** intestato al Comune;
- direttamente presso le **tesorerie comunali** ovvero al concessionario affidatario (anche mediante conto corrente postale);
- delega di pagamento Mod. F24;
- altri strumenti di pagamento elettronici resi disponibili dall'ente impositore.

Al fine di favorire la ripresa del mercato della pubblicità (condizionato dalle restrizioni adottate per il contenimento degli effetti dell'emergenza sanitaria da Covid-19) è prevista la possibilità di richiedere un **credito di imposta** (utilizzabile esclusivamente in compensazione) in relazione al pagamento dei canoni dovuti per le installazioni pubblicitarie (con esclusione delle insegne di esercizio) effettuato nell'anno 2021 (art. 67-bis, D.L. n. 73/2021 e circ. 7 gennaio 2022, n.1/E).

70.1.5. Sanzioni

Per le occupazioni e la diffusione di messaggi pubblicitari effettuati abusivamente o difformemente dai provvedimenti autorizzativi, sono previste le seguenti sanzioni (art. 1, c. 821, Legge n. 160/2019):

Tipologia violazione	Sanzione minima	Sanzione Massima	Sanzione accessoria	Rif. normativo D.Lgs. n. 285/1992
Occupazione abusiva del suolo stradale	€ 173,00	€ 694,00	Obbligo di rimuovere l'occupazione a proprie spese	Art. 20, c. 4 e 5
Occupazione del suolo stradale effettuata senza attenersi alle prescrizioni previste nella concessione	€ 173,00	€ 694,00		Art. 20, c. 4 e 5
Diffusione abusiva di messaggi pubblicitari	€ 430,00	€ 1.731,00	Obbligo di rimuovere l'installazione a proprie spese	Art. 23
Diffusione di messaggi pubblicitari effettuata senza attenersi alle disposizioni autorizzative	€ 1.417,00	€ 14.168,00		Art. 23
Diffusione di messaggi pubblicitari effettuati lungo e in vista degli itinerari internazionali, delle autostrade e delle strade extraurbane principali e relativi accessi	€ 4.833,00	€ 19.332,00		Art. 23

Il regolamento adottato dall'ente locale deve prevedere ulteriori fattispecie sanzionatorie:

- indennità per realizzazioni abusive (canone maggiorato fino al 50%);
- sanzioni amministrative nella misura compresa tra l'ammontare del canone ed il doppio dello stesso (art. 1, c. 821, Legge n. 160/2019).

70.2. CANONE OCCUPAZIONE AREE MERCATI

È istituito con decorrenza 1° gennaio 2021, il canone unico patrimoniale di concessione per l'occupazione nei mercati (canone aree degli spazi appartenenti al demanio o al patrimonio indisponibile) (art. 1, c. 837, Legge n. 160/2019).

70.2.1. Soggetti dell'imposta

I **soggetti attivi dell'imposta** sono i seguenti Enti (art. 1, c. 837, Legge n. 160/2019):

- Comuni,
- Città Metropolitane,

che dispongono l'applicazione del canone in deroga all'applicazione del "canone unico patrimoniale" (➡**70.1.**) (art. 1, c. 838, Legge n. 160/2019).

I **soggetti passivi** dell'imposta locale sono (art. 1, c. 839, Legge n. 160/2019):
- **titolari della concessione** di occupazione di spazi destinati a mercati realizzati anche in strutture attrezzate;
- **soggetti che effettuano l'occupazione** di fatto o abusivamente di spazi destinati a mercati realizzati anche in strutture attrezzate.

Determinazione dell'imposta 70.2.2.

L'imposta è determinata sulla base dei seguenti elementi (art. 1, c. 840-842, Legge n. 160/2019):
- classificazione del Comune (numero di abitanti);
- tipologia della concessione od autorizzazione;
- durata;
- superficie dell'occupazione;
- zona territoriale.

Classificazione	Tariffa annuale	Tariffa giornaliera
Comuni fino a 10.000 abitanti, Provincie e Città Metropolitane	€ 30,00	€ 0,60
Comuni con oltre 10.000 e fino a 30.000 abitanti	€ 40,00	€ 0,70
Comuni con oltre 30.000 e fino a 100.000 abitanti	€ 50,00	€ 1,20
Comuni con oltre 100.000 e fino a 500.000 abitanti	€ 60,00	€ 1,30
Comuni con oltre 500.000 abitanti	€ 70,00	€ 2,00

Maggiorazioni, riduzioni ed esenzioni

Per le occupazioni realizzate nei mercati che si svolgono con **carattere ricorrente** e con **cadenze settimanali** è applicata una **riduzione dal 30% al 40%** del canone (art. 1, c. 843, Legge n. 160/2019).
Sono esentate dall'imposta le **occupazioni effettuate nel periodo 1° gennaio 2021 - 31 marzo 2022** per l'esercizio del commercio su aree pubbliche (art. 9-ter, c. 3, D.L. n. 137/2020 e art. 1, c. 706, Legge 234/2021).
Gli enti impositori possono prevedere:
- riduzioni;
- esenzioni;
- aumenti delle tariffe nella misura massima del 25% (art. 1, c. 843, Legge n. 160/2019).

Modalità di pagamento 70.2.3.

La riscossione dell'imposta dovrà necessariamente transitare sulla piattaforma "PagoPA" (art. 5, D. Lgs. n. 82/2005) tramite i canali abilitati.

Sanzioni 70.2.4.

Per le occupazioni effettuate abusivamente o in maniera difforme rispetto alle prescrizioni contenute nel provvedimento di concessione, sono previste le seguenti sanzioni (art. 1, c. 845, Legge n. 160/2019).

Tipologia violazione	Sanzione minima	Sanzione Massima	Sanzione accessoria	Rif. normativo D.Lgs. n. 285/1992
Occupazione abusiva del suolo stradale	€ 173,00	€ 694,00	Obbligo di rimuovere l'occupazione a proprie spese	Art. 20, c. 4 e 5
Occupazione del suolo stradale effettuata senza attenersi alle prescrizioni previste nella concessione	€ 173,00	€ 694,00		Art. 20, c. 4 e 5

Il regolamento adottato dall'ente locale deve prevedere ulteriori fattispecie sanzionatorie:
- previsione di indennità per le occupazioni abusive (canone maggiorato fino al 50%);
- sanzioni amministrative nella misura compresa tra l'ammontare del canone ed il doppio dello stesso (art. 1, c. 821, Legge n. 160/2019).

70.3. IMPOSTA COMUNALE SULLA PUBBLICITÀ

L'**imposta sulla pubblicità** **abrogata a partire dal 1° gennaio 2021** (art. 1, c. 847, Legge n. 160/2019) in quanto assorbita dal Canone unico patrimoniale (➔**70.1.**), gravava fino al 31 dicembre 2020 sulla **diffusione di messaggi pubblicitari** effettuata attraverso forme di **comunicazione visive o acustiche** comunque percepibili in:

- **luoghi pubblici**;
- luoghi **aperti al pubblico.**

70.3.1. Soggetti dell'imposta

Il **soggetto attivo** era il **Comune** nel cui territorio la pubblicità era effettuata (art. 1, D.Lgs. n. 507/1993).

Il **soggetto passivo tenuto al pagamento** in via principale (soggetto percosso) era colui che disponeva (a qualsiasi titolo) del mezzo attraverso il quale il messaggio pubblicitario veniva diffuso (soggetto che offriva il servizio di pubblicità).

Il **soggetto inciso** dall'imposta era colui che (solidalmente obbligato con il soggetto percosso) **beneficiava della pubblicità**.

70.3.2. Oggetto dell'imposta

L'oggetto del tributo era il **mezzo** attraverso il quale veniva diffuso il **messaggio pubblicitario**, indipendentemente dalla parte effettivamente utilizzata per la diffusione del medesimo (Cass. 1° aprile 2004, n. 6446).

70.3.3. Accertamento

Il Comune (ovvero l'eventuale concessionario al quale il Comune ha affidato il servizio di accertamento e riscossione) può procedere:

- alla rettifica delle dichiarazioni incomplete o infedeli;
- alla rettifica dei parziali o ritardati versamenti;
- all'accertamento d'ufficio delle omesse dichiarazioni;
- all'accertamento degli omessi versamenti.

L'azione di accertamento va esperita con notifica al contribuente di avviso motivato (anche a mezzo di posta raccomandata con avviso di ricevimento) entro il **termine di decadenza** del **31 dicembre del quinto anno successivo** quello in cui la dichiarazione o il versamento sono stati o avrebbero dovuto essere effettuati (per le nuove pubblicità non denunciate, il termine decorre dalla data di inizio della pubblicità, indipendentemente dalla decorrenza del calcolo del tributo presuntivamente disposto dal 1° gennaio dell'anno in cui è stata accertata la pubblicità - nota 19 marzo 2007, prot. 11159/2006/DPF/UFF).

Entro gli stessi termini devono essere **contestate** o **irrogate** le **sanzioni amministrative** tributarie.

Gli **avvisi di accertamento in rettifica e d'ufficio** devono (art. 1, c. 162, Legge n. 296/2006):

- essere **sottoscritti** dal funzionario designato dal Comune per la gestione del tributo;
- essere **motivati** in relazione ai presupposti di fatto ed alle ragioni giuridiche che li hanno determinati;
- essere completi di eventuali **atti non conosciuti dal contribuente** (da allegare o da riprodurre nel contenuto essenziale);
- contenere l'**indicazione dell'ufficio** presso il quale è possibile ottenere informazioni complete in merito all'atto notificato, del responsabile del procedimento, dell'organo o dell'autorità amministrativa presso i quali è possibile promuovere un riesame anche nel merito dell'atto in sede di autotutela;
- essere complete delle indicazioni riguardanti **modalità**, del **termine** e dell'**organo giurisdizionale** cui è possibile ricorrere, nonché il termine di 60 giorni entro cui effettuare il relativo pagamento.

Nel caso di **riscossione coattiva** dei tributi locali, il relativo titolo esecutivo deve essere notificato al contribuente, a pena di decadenza, entro il **31 dicembre del terzo anno successivo** a quello in cui l'accertamento è divenuto definitivo (art. 1, c. 163, Legge n. 296/2006).

Sulle somme dovute si applicano gli **interessi** nella misura determinata dal Comune (nel limite del 3,3% annuo) o in mancanza nella misura del tasso legale (attualmente pari allo 1,25 annuo).

Rimborsi

I rimborsi delle somme versate e non dovute devono essere richiesti dal contribuente entro il termine di **5 anni dal giorno del versamento**, ovvero da quello in cui è stato accertato il diritto alla restituzione.

Il Comune deve procedere al rimborso **entro 180 giorni** dalla data di presentazione dell'istanza (art. 1, c. 164, Legge n. 296/2006).

> I rimborsi delle somme acquisite dai Comuni a titolo di maggiorazione dell'imposta comunale sulla pubblicità (e del diritto sulle pubbliche affissioni) nel **quinquennio 2013-2018** (dichiarate illegittime dalla Corte cost., sent. 30 gennaio 2018, n. 15), possono essere effettuati in forma rateale entro 5 anni dalla data in cui la richiesta del contribuente è diventata definitiva (art. 1, c. 917, Legge n. 145/2018).

Il rimborso deve essere maggiorato degli interessi nella misura determinata dall'Ente locale (nel limite del 3,3% annuo), ovvero in mancanza nella misura del saggio degli interessi legali attualmente pari allo 1,25% (art. 1, c. 165, Legge n. 296/2006).
Gli enti locali disciplinano le modalità con le quali i contribuenti possono **compensare** le somme a credito con quelle dovute al Comune a titolo di tributi locali (art. 1, c. 167, Legge n. 296/2006).
Se il credito del contribuente deriva da modifica degli elementi che concorrono alla determinazione del tributo (superficie, tipologia, durata) dichiarati con istanza di variazione della dichiarazione originaria, è fatto obbligo al Comune di procedere al conguaglio fra l'importo dovuto in seguito alla nuova dichiarazione e quello pagato per lo stesso periodo (art. 8, D.Lgs. n. 507/1993).

DIRITTI SULLE PUBBLICHE AFFISSIONI 70.4.

I diritti sulle pubbliche affissioni, **abrogati a partire dal 1° gennaio 2021** (art. 1, c. 847, Legge n. 160/2019) in quanto assorbiti dal Canone unico patrimoniale (➡70.1.) costituivano il corrispettivo dovuto al Comune, comprensivo dell'imposta sulla pubblicità, per il servizio di affissione di **manifesti contenenti** comunicazioni aventi finalità istituzionali, sociali o comunque **prive di rilevanza economica**.
L'**obbligo di istituzione** del relativo **servizio delle pubbliche affissioni** da parte dei Comuni risulta conseguentemente **soppresso a partire dal 1° dicembre 2021**. A partire da tale data, le comunicazioni istituzionali sono pubblicate dai Comuni, a tutti gli effetti di Legge e/o regolamenti, sui rispettivi siti internet istituzionali (art. 1, c.836, Legge n. 160/2019).

> I Comuni garantiscono in ogni caso, mediante la predisposizione di un congruo numero di impianti, l'affissione, da parte dei soggetti interessati, di manifesti e comunicazioni aventi finalità esclusivamente sociali (essendo escluse quelle con rilevanza prettamente economica) (art. 1, c. 836, Legge n. 160/2019).

Soggetti passivi 70.4.1.

Il diritto sulle pubbliche affissioni era dovuto solidamente dal:
- soggetto che richiedeva il servizio;
- soggetto nell'interesse del quale il servizio veniva reso.

Accertamento 70.4.2.

Per il recupero di somme comunque dovute a tale titolo e non corrisposte, si osservano le stesse disposizioni previste per l'imposta comunale sulla pubblicità (➡70.3.3.).

TASSA PER L'OCCUPAZIONE DI SPAZI E AREE PUBBLICHE (TOSAP) 70.5.

L'imposta, **abrogata a partire dal 1° gennaio 2021** (art. 1, c. 847, Legge n. 160/2019) in quanto assorbita dal Canone unico patrimoniale (➡70.1.), aveva ad oggetto le **occupazioni** di **qualsiasi natura**, effettuate**, anche senza titolo**, nelle strade, nei corsi, nelle piazze e, comunque, sui beni appartenenti al demanio o al patrimonio indisponibile dei Comuni e delle Province.

Soggetti passivi del tributo 70.5.1.

La TOSAP era dovuta (al Comune o alla Provincia) dal **titolare** dell'**atto di concessione** o **di autorizzazione** o, in mancanza, dall'**occupante di fatto**, anche abusivo, in proporzione alla superficie effettivamente sottratta all'uso pubblico.

Oggetto del tributo 70.5.2.

La TOSAP era dovuta in relazione alle occupazioni di spazi e aree effettuate su:
- strade, corsi, piazze;
- spazi soprastanti il suolo pubblico;
- spazi sottostanti il suolo pubblico, compresi gli spazi occupati con condutture ed impianti di servizi pubblici gestiti in regime di concessione amministrativa;

- aree private sulle quali risulta costituita, nei modi e nei termini di legge, la servitù di pubblico passaggio;
- tratti di strade statali o provinciali che attraversano il centro abitato di Comuni con popolazione superiore a 10.000 abitanti;
- occupazioni di spazi acquei adibiti ad ormeggio di natanti e imbarcazioni compresi nei canali e rivi di traffico esclusivamente urbano in consegna ai Comuni di Venezia e di Chioggia.

Il requisito riconosciuto da predominante giurisprudenza per l'applicazione del tributo era la sottrazione del suolo pubblico alla disponibilità della collettività (Cass. 18 settembre 2009, n. 20076; di senso contrario Cass. 9 luglio 2004, n. 12717).

70.5.3. Accertamento

Il Comune può procedere alla **rettifica delle dichiarazioni** infedeli o incomplete con emissione di avviso di accertamento (art. 1, c. 161, Legge n. 296/2006), entro il **31 dicembre del quinto anno successivo** a quello di presentazione della denuncia (o a quello in cui doveva essere presentata la denuncia omessa).

Per l'omessa presentazione della denuncia si applica la sanzione amministrativa dal 100% al 200% della tassa dovuta, con un minimo di 51,65 euro.

Per la denuncia infedele si applica la sanzione dal 50% al 100% della maggiore tassa dovuta.

Se l'errore o l'omissione attengono ad elementi non incidenti sulla determinazione di questa, si applica la sanzione da 51,65 euro a 258,23 euro (art. 53, D.Lgs. n. 507/1993).

Per i rimborsi risultano applicabili le disposizioni previste per l'imposta di pubblicità (➜70.3.3.).

70.6. IMPOSTA COMUNALE DI SCOPO

I Comuni possono istituire una **imposta di scopo** destinata esclusivamente alla copertura delle spese per la **realizzazione di opere pubbliche** da individuare nel regolamento da deliberare (art. 1, c. 145, Legge n. 296/2006).

Il regolamento deve individuare:

- l'opera pubblica da realizzare;
- l'ammontare della spesa da finanziare;
- l'aliquota di imposta;
- l'applicazione di esenzioni, riduzioni o detrazioni in favore di determinate categorie di soggetti, in relazione all'esistenza di particolari situazioni sociali o reddituali;
- le modalità di versamento degli importi dovuti.

L'imposta può essere istituita per la realizzazione delle seguenti **tipologie di opere pubbliche** (art. 1, c. 149, Legge n. 296/2006):

- opere per il trasporto pubblico urbano;
- opere viarie, con l'esclusione della manutenzione straordinaria ed ordinaria delle opere esistenti;
- opere particolarmente significative di arredo urbano e di maggior decoro dei luoghi;
- risistemazione di aree dedicate a parchi e giardini;
- realizzazione di parcheggi pubblici;
- opere di restauro;
- conservazione dei beni artistici e architettonici;
- opere relative a nuovi spazi per eventi e attività culturali, allestimenti museali e biblioteche;
- opere di realizzazione e manutenzione straordinaria dell'edilizia scolastica;
- altre opere pubbliche specificatamente individuate dall'Ente (art. 6, c. 1, D.Lgs. n. 23/2011).

70.6.1. Misura dell'imposta

L'imposta è dovuta, in relazione alla stessa opera pubblica, per un periodo massimo di 10 anni (art. 6, c. 1, D.Lgs. n. 23/2011) ed è determinata applicando alla base imponibile IMU (➜67.2.4.) un'aliquota nella misura massima dello 0,5 per mille.

Nel caso di mancato inizio dell'opera pubblica entro 2 anni dalla data prevista dal progetto esecutivo i Comuni sono tenuti al rimborso dei versamenti effettuati dai contribuenti entro i 2 anni successivi (art. 1, c. 151, Legge n. 296/2006).

70.6.2. Modalità di pagamento

Il versamento dell'imposta può essere effettuato:

- con **Mod. F24**, codice tributo 3926 (ris. 16 aprile 2008, n. 156/E);
- con **bollettino di c/c postale** (D.M. 25 marzo 2009).

IMPOSTA DI SOGGIORNO 70.7.

Soggetti passivi dell'imposta di soggiorno risultano coloro che **alloggiano nelle strutture ricettive** situate nei territori dove la stessa risulta istituita dai competenti Enti locali (art. 4, D.Lgs. n. 23/2011).
I **soggetti impositori** sono i Comuni **capoluogo di Provincia, le Unioni di Comuni** e i **Comuni** inclusi negli elenchi regionali delle **località turistiche o città d'arte**, che hanno la facoltà di applicare l'imposta di soggiorno al fine di destinarne il gettito al finanziamento di interventi in materia di turismo.
Il **gestore della struttura** ricettiva riveste invece la figura del **responsabile di imposta**, obbligato al pagamento con diritto di rivalsa sui soggetti passivi (art. 4, c. 1-ter, D.Lgs. n. 23/2011).

> La responsabilità per l'applicazione ed il versamento dell'imposta attribuita ai gestori delle strutture ricettive risulta applicabile, per interpretazione normativa autentica, anche "retroattivamente" in relazione ai casi verificati anteriormente la data del 19 maggio 2020 (art. 5-quinquies, D.L. n. 146/2021).

Misura dell'imposta

La misura massima dell'imposta di soggiorno applicabile è stabilita in **5 euro** per ciascuna persona e per ciascuna notte di soggiorno (elevata fino ad un massimo di 10 euro al giorno per i comuni capoluogo di provincia che registrano presenze turistiche in misura venti volte superiori al numero dei residenti individuati con D.M.).
Per i soggiorni nelle strutture ricettive di **Roma Capitale** è previsto un **contributo di soggiorno** stabilito nella misura massima di 10,00 euro (art. 14, c. 16, D.L. n. 78/2010).

> L'imposta di soggiorno è dovuta anche in relazione alla stipula di contratti di locazione breve (art. 4, D.L. n. 50/2017).

I Comuni possono adottare un regolamento per disciplinare:
- ulteriori modalità applicative del tributo;
- **esenzioni** e/o **riduzioni** per particolari fattispecie o per determinati periodi di tempo.

Adempimenti 70.7.1.

I gestori delle strutture ricettive sono tenuti:
- alla **riscossione** dell'imposta al cliente;
- al **riversamento dell'imposta** incassata all'ente locale;
- all'**adempimento dichiarativo annuale**, da effettuarsi con modalità telematiche entro il 30 giugno dell'anno successivo.

> La dichiarazione relativa all'anno d'imposta 2020 va presentata, unitamente alla dichiarazione relativa all'anno d'imposta 2021, entro il 30 giugno 2022.

Accertamento 70.7.2.

Per l'omessa o infedele presentazione della dichiarazione da parte dei soggetti obbligati risulta applicabile la sanzione amministrativa pecuniaria nella misura dal 100 al 200% dell'importo dovuto.
Per l'omesso, ritardato o parziale versamento dell'imposta di soggiorno e del contributo di soggiorno si applica la sanzione amministrativa pari al 30% con possibilità di avvalersi delle riduzioni previste dall'istituto del ravvedimento operoso.

CONTRIBUTO DI SBARCO 70.8.

Il Comune di Venezia e i Comuni con sede giuridica nelle isole minori e i Comuni nel cui territorio insistono isole minori possono istituire (con regolamento da adottare ai sensi dell'art. 52 del D.Lgs. n. 446/1997), in **alternativa all'imposta di soggiorno**, un **contributo di sbarco** (art. 4, c. 3-bis, D.Lgs. n. 23/2011).

Soggetti passivi 70.8.1.

Il contributo di sbarco incide sul **passeggero che sbarca sul territorio dell'isola**, ed è riscosso, unitamente al prezzo del biglietto, da parte delle compagnie di navigazione e aeree o dei soggetti che svolgono servizio di trasporto di persone a fini commerciali, che sono responsabili del pagamento del contributo (art. 4, c. 3-bis, D.Lgs. n. 23/2011).

Misura del contributo 70.8.2.

La **misura massima** applicabile del contributo di sbarco è fissata in **2,50 euro per ciascun passeggero** che sbarca sul territorio dell'isola minore, utilizzando vettori che forniscono collegamenti di linea o vettori aeronavali che svolgono servizio di trasporto di persone a fini commerciali, abilitati e autorizzati ad effettuare collegamenti verso l'isola (art. 4, c. 3-bis, D.Lgs. n. 23/2011).

I Comuni possono prevedere un aumento del contributo fino ad un **massimo di 5,00 euro** in relazione:

- a determinati periodi di tempo;
- all'accesso a zone disciplinate nella loro fruizione per motivi ambientali, in prossimità di fenomeni attivi di origine vulcanica.

Il **Comune di Venezia** è autorizzato ad applicare, per l'accesso, con **qualsiasi vettore**, alla Città antica e alle altre isole minori della laguna, il contributo nella misura massima di 10,00 euro (art. 1, c. 1129, Legge n. 145/2018).

70.8.3. Esenzioni

Il contributo di sbarco non è dovuto (art. 4, c. 3-bis, D.Lgs. n. 23/2011) dai:

- soggetti residenti nel Comune;
- lavoratori;
- studenti pendolari;
- componenti dei nuclei familiari dei soggetti che risultino aver pagato l'IMU nel medesimo Comune e che sono parificati ai residenti.

I Comuni possono prevedere nel regolamento modalità applicative del contributo nonché eventuali esenzioni e riduzioni per particolari fattispecie o per determinati periodi di tempo.

70.8.4. Adempimenti

I vettori sono tenuti a:

- riscuotere il contributo unitamente al prezzo del biglietto di trasporto;
- versare il contributo al Comune impositore;
- presentare dichiarazione nelle modalità previste dal regolamento Comunale.

Per l'omessa o infedele presentazione della dichiarazione da parte del responsabile si applica la sanzione amministrativa dal 100 al 200% dell'importo dovuto.

Per l'omesso, ritardato o parziale versamento del contributo si applica la sanzione amministrativa prevista per le imposte dirette (➜76.).

70.9. TRIBUTO SPECIALE PER IL DEPOSITO IN DISCARICA

Il tributo è dovuto alle Regioni e alle Province in relazione ai **depositi in discarica** o in **impianti di incenerimento** senza recupero energetico, **di rifiuti solidi** (compresi i fanghi palabili) per i quali non è previsto recupero energetico (art. 3, c. 24, Legge n. 549/1995).

Ai fini dell'assoggettamento al tributo, risultano assimilabili alle discariche autorizzate le **discariche abusive** e i depositi incontrollati (circ. 24 luglio 1996, n. 190/E).

70.9.1. Soggetti passivi

Soggetto passivo dell'imposta, con obbligo di rivalsa nei confronti di colui che effettua il conferimento, è il **gestore dell'impianto** di stoccaggio o di incenerimento (art. 3, c. 26, Legge n. 549/1995).

Per soggetto che effettua il conferimento va inteso il committente del servizio di stoccaggio definitivo dei rifiuti, non potendosi estendere per assimilazione alcun obbligo di rivalsa nei confronti di altri soggetti quali, ad esempio, vettori o trasportatori nonché intermediari in senso stretto che agiscono in nome e per conto del conferente (Ministero dell'Economia e delle Finanze, circ. 24 luglio 1996, n. 190/E).

70.9.2. Base imponibile

La base imponibile è costituita dalla **quantità dei rifiuti** conferiti in discarica sulla base delle annotazioni nei registri di carico e scarico dei rifiuti (art. 3, c. 28, Legge n. 549/1995).

Per le discariche abusive ed il deposito incontrollato, ovvero in mancanza di registrazione o annotazione, la determinazione dell'imponibile può essere fatta in via presuntiva (presunzioni semplici, purché gravi, precise e concordanti - art. 2729 c.c.).

Misura dell'imposta 70.9.3.

L'ammontare dell'imposta è fissato annualmente (con Legge regionale da emanare entro il 31 luglio per la decorrenza dell'anno successivo) entro i seguenti limiti:

Tipologia rifiuti conferiti	Tariffa minima €/kg.	Tariffa massima €/kg.
Rifiuti settori minerario, estrattivo, edilizio, lapideo e metallurgico	0,001	0,01
Altri rifiuti speciali (compresi quelli pericolosi, tossici e nocivi)	0,00517	0,02582

Alla tariffa adottata in relazione al quantitativo di rifiuti conferiti, è applicabile un coefficiente correttivo, stabilito con decreto interministeriale, per tener conto del peso specifico, della qualità e delle condizioni di conferimento dei rifiuti.

Il tributo è **ridotto nella misura del 20%** per conferimento di rifiuti provenienti da impianti di selezione automatica, riciclaggio e compostaggio, nonché fanghi palabili.

Adempimenti 70.9.4.

Il tributo è **versato alla Regione entro il mese successivo** alla scadenza del trimestre solare in cui sono state effettuate le operazioni di deposito.

Entro i termini previsti per il versamento relativo all'ultimo trimestre dell'anno il gestore è tenuto a produrre alla Regione in cui è ubicata la discarica una **dichiarazione** contenente l'indicazione delle quantità complessive dei rifiuti conferiti nell'anno nonché dei versamenti effettuati (art. 3, c. 30, Legge n. 549/1995).

Accertamento 70.9.5.

L'accertamento, la riscossione, i rimborsi, il contenzioso amministrativo sono disciplinati con legge della Regione.

Sanzioni 70.9.6.

Per l'omessa o infedele registrazione delle operazioni di conferimento in discarica si applica la sanzione amministrativa dal 200% al 400% del tributo relativo all'operazione.

Per l'omessa o infedele dichiarazione si applica la sanzione da 103,29 euro a 516,46 euro.

TASSE AUTOMOBILISTICHE 70.10.

La tassa automobilistica (c.d. bollo auto) è un tributo di competenza delle Regioni a statuto ordinario e Province autonome di Trento e Bolzano, che grava sul possesso di autoveicoli e motoveicoli (art. 5, c. 29, D.L. 30 dicembre 1982, n. 953).

Soggetti passivi 70.10.1.

Sono tenuti al pagamento del tributo i soggetti che risultano essere:

- proprietari;
- usufruttuari;
- acquirenti con patto di riservato dominio;
- utilizzatori a titolo di locazione finanziaria.

In relazione al possesso (come risultante, dal pubblico registro automobilistico, per i veicoli in esso iscritti, e dai registri di immatricolazione per i rimanenti veicoli ed autoscafi) di:

- motocicli;
- veicoli;
- autoscafi diversi da quelli da diporto (soggetti alla tassa erariale in vigore nelle Regioni a Statuto speciale).

L'obbligo del pagamento:

- decorre dal **mese** in cui avviene l'**acquisto del possesso** o la **disponibilità** del veicolo o dell'autoscafo;
- cessa dal **periodo di imposta successivo** a quello nel quale si è verificata la **perdita di possesso** o la disponibilità in conseguenza di provvedimento dell'autorità giudiziaria o della pubblica amministrazione.

Il contribuente può provare la perdita di possesso anche mediante dichiarazione sostitutiva. Se alla stessa sono allegati documenti probanti ai fini della decorrenza della perdita di possesso, la stessa potrà essere riconosciuta con efficacia retroattiva (circ. 2 gennaio 2002, n. 2/E).

ALTRE IMPOSTE E TASSE

70.10.2. Misura

La misura della tassa automobilistica è stabilita in funzione della:
- **tipologia** del veicolo;
- **potenza**;
- **classe ambientale**.

È riconosciuta alle Regioni la facoltà di stabilite incrementi percentuali (nel limite del 10%) degli importi tariffari, nonché disporre riduzioni ed esenzioni.

Autovetture e autoveicoli per il trasporto promiscuo	Fino a 100 Kw	Per ogni kw oltre i 100 kw
Euro 0	€ 3,00	€ 4,50
Euro 1	€ 2,90	€ 4,35
Euro 2	€ 2,80	€ 4,20
Euro 3	€ 2,70	€ 4,05
Euro 4, 5 e 6	€ 2,58	€ 3,87

Motocicli con cilindrata maggiore di 50 cc	Fino a 11 Kw	Per ogni kw oltre gli 11 Kw
Euro 0	26,00	1,70
Euro 1	23,00	1,30
Euro 2	21,00	1,00
Euro 3, 4 e superiori	19,11	0,88

Per le autovetture e gli autoveicoli di grossa cilindrata (potenza superiore a kw 185, è prevista una **addizionale erariale** nella misura di 20,00 euro per ogni kw di potenza del veicolo superiore a 185 kw) (art. 16, c. 1 e 15-ter, D.L. n. 201/2011).

Data di costruzione del veicolo	Addizionale erariale per ogni kw oltre i 185 kw
Entro i 5 anni	€ 20,00
Tra 5 e 10 anni	€ 12,00
Tra 10 e 15 anni	€ 6,00
Tra 15 e 20 anni	€ 3,00
Oltre 20 anni	Non dovuta

Altri veicoli

Per gli altri veicoli la tassa è dovuta nella misura di:
- **autobus**: euro 2,94/kwh;
- **veicoli speciali**: euro 0,43/kwh;
- **autocarri** di peso complessivo **inferiore a 12 tonnellate**: da determinare in base alla portata (ovvero in base alla potenza se immatricolati con codice N1 e carrozzeria F0);
- **autocarri** di peso complessivo **pari o superiore a 12 tonnellate**: da determinare in base al peso complessivo, al numero degli assi e al tipo di sospensione dell'asse;
- **ciclomotori fino a 50cc** di cilindrata e **minicar** sono esenti dalla tassa di possesso ma soggetti alla tassa di circolazione (se circolanti sulla pubblica strada).

70.10.3. Modalità di pagamento

I termini di pagamento variano in funzione di:
- tipologia veicolo;
- potenza;
- tipologia pagamento (iniziale o rinnovo).

È opportuno consultare il regolamento applicato dalla singola Regione per verificare le scadenze di pagamento, o consultare il servizio "online" di verifica del calcolo messo a disposizione dall'Agenzia delle Entrate sul proprio sito web istituzionale.

Il pagamento può essere effettuato **esclusivamente online** tramite il servizio "Bollonet" e PagoPA (sito web ACI) ovvero presso i soggetti abilitati all'utilizzo della piattaforma tecnologica per l'interconnessione e l'interoperabilità tra le Pubbliche Amministrazioni ed i prestatori di servizi di pagamento abilitati (Servizio "PagoPA") (art. 38-ter, D.L. n. 124/2019) quali:
- le delegazioni ACI;
- le agenzie di pratiche auto;
- istituti bancari convenzionati (anche mediante ATM e/o Internet Banking);
- tabaccai convenzionati;
- uffici postali.

Pagamenti cumulativi

È prevista una modalità di pagamento cumulativa delle tasse automobilistiche dovute dai seguenti soggetti:
- imprese concedenti veicoli in locazione finanziaria (art. 7, Legge n. 99/2009);
- aziende con flotte di auto e camion (art. 1, c. 38, Legge n. 232/2016).

Il pagamento cumulativo può essere eseguito telematicamente (per le tasse di competenza delle Regioni Friuli-Venezia Giulia e Sardegna) tramite richiesta di addebito diretto su conto corrente bancario o postale da avanzare tramite i servizi telematici dell'Agenzia delle Entrate (Provv. Agenzia delle Entrate 3 dicembre 2019).

Esenzioni e riduzioni 70.10.4.

Sono **esentati** dal pagamento **i veicoli** (art. 17, D.P.R. 5 febbraio 1953, n. 39):
- in dotazione al **Presidente della Repubblica** ed al Segretariato generale della Presidenza della Repubblica;
- in dotazione fissa dei **Corpi armati dello Stato**;
- autobus e gli autoscafi che effettuano il **servizio postale** su linee in servizio pubblico;
- autocarri e autoscafi esclusivamente destinati, per conto dei Comuni, o di associazioni umanitarie, al **servizio** di **estinzione degli incendi**;
- autoscafi esclusivamente destinati all'industria della **pesca marittima** ed al servizio di pilotaggio;
- destinati da **enti morali ospedalieri** o da associazioni umanitarie al trasporto di persone bisognose di cure mediche o chirurgiche;
- motoveicoli e autoveicoli adattati per la locomozione dei **soggetti disabili** (riconosciuti tali ai sensi della Legge n. 104/1992);
- autoveicoli degli **agenti diplomatici e consolari**, regolarmente accreditati in Italia (a condizione di reciprocità);
- **velocipedi con motore ausiliario**, i motocicli e le motocarrozzette, i motocicli leggeri e le motocarrozzette leggere destinati a sostituire o integrare le possibilità di deambulazione dei mutilati e invalidi per qualsiasi causa;
- **azionati con motore elettrico** per i primi 5 anni di età (art. 20, D.P.R. n. 39/1953);
- sottoposti a **fermo amministrativo** per violazioni al codice della strada (art. 5, c. 36, D.L. n. 953/1982). **Non risultano esentati** dal pagamento della tassa i veicoli sottoposti a **fermo amministrativo imposto dall'agente di riscossione** (Corte cost., sent. 2 marzo 2017, n. 47);
- **con almeno 30 anni di età** (art. 20, D.P.R. n. 39/1953).

Per tali veicoli storici è dovuta una tassa di circolazione forfettariamente determinata per l'eventuale utilizzo sulla pubblica strada (art. 63, c. 4, Legge n. 342/2000).

CASO 1 - Veicoli storici

L'attribuzione dell'attribuito di "Interesse storico e collezionistico" prescinde dal requisito anagrafico del veicolo, essendo affidata all'accertamento costitutivo dell'Automobilclub Storico Italiano (ASI) a tal fine delegato (art. 47, D.P.R. n. 445/2000).

È il caso di veicoli di particolare interesse storico-sportivo che, anche qualora non soddisfino il requisito di anzianità ordinariamente previsto in trent'anni, possono essere ammessi all'agevolazione sulla base di criteri determinati dall'ASI (Cass. 20 luglio 2018, n. 19421).

ALTRE IMPOSTE E TASSE

Riduzioni

L'importo della tassa automobilistica è **ridotto a 1/4** per le autovetture e per gli autoveicoli adibiti al trasporto promiscuo di persone e cose:

- omologati per la circolazione esclusivamente mediante l'alimentazione del motore con gas di petrolio liquefatto o con gas metano;
- azionati con motore elettrico per i periodi successivi al quinquennio di esenzione.

L'importo della tassa automobilistica è **ridotto a 1/2** per gli autoveicoli e motoveicoli di **interesse storico e collezionistico** con anzianità di immatricolazione compresa **tra i 20 e i 29 anni**. Per beneficiare della riduzione è necessario **il possesso del certificato di rilevanza storica** (rilasciato da uno dei seguenti registri: ASI, Storico Lancia, Italiano FIAT e Italiano Alfa Romeo, per gli autoveicoli e Storico FMI per i motoveicoli - art. 60, c. 4, D.Lgs. n. 285/1992) e di relativa **specifica annotazione sulla carta di circolazione** del veicolo (art. 1, c. 1048, Legge n. 145/2018). In fase di prima applicazione possono accedere all'agevolazione anche coloro che, pur non essendo in regola con tale documentazione al momento della prima scadenza della tassa, abbiano assolto a tale obbligo nel termine di 60 giorni (ris. 14 giugno 2019, n. 1/DF).

70.10.5. Accertamento

Le attività di controllo e la riscossione delle tasse automobilistiche sono effettuati direttamente dalle Regioni (art. 17, Legge n. 449/1997, art. 2, D.M. 25 novembre 1998, n. 418).

Il diritto al **rimborso** da parte del contribuente per le tasse indebitamente corrisposte si **prescrive nel termine di 3 anni** da quello in cui doveva essere effettuato il pagamento.

70.11. IMPOSTA PROVINCIALE DI TRASCRIZIONE

L'imposta (IPT) si applica sulle **formalità di trascrizione, iscrizione** ed annotazione dei veicoli richieste al pubblico registro automobilistico, avente competenza nel territorio della Provincia che ha provveduto ad istituirla.

Le formalità possono essere eseguite su tutto il territorio nazionale con ogni strumento consentito dall'ordinamento.

Per la destinazione del gettito alla Province dovrà farsi riferimento:

Situazione	Provincia di competenza	Riferimenti
Avente causa o intestatario del veicolo: società o persona giuridica	sede legale	art. 56, D.Lgs. n. 446/1997
Avente causa o intestatario del veicolo: persona fisica	residenza	art. 56, D.Lgs. n. 446/1997
Veicolo in locazione finanziaria o leasing	sede o residenza del locatario	Ministero dell'Economia e delle Finanze, nota 31 ottobre 2012, n. 23970
Sede legale all'estero	sede secondaria in Italia (in caso di più sedi dislocate quella scelta dalla società)	Ministero dell'Economia e delle Finanze, nota 31 ottobre 2012, n. 23970

In caso di **iscrizione di ipoteca**, l'imposta è dovuta:

- dal proprietario acquirente o intestatario del veicolo;
- locatario (in caso di locazione finanziaria);
- titolare del diritto di godimento (in caso di usufrutto);
- l'acquirente in caso di compravendita con patto di riservato dominio (Ministero dell'Economia e delle Finanze, nota 31 ottobre 2012, prot. 23970).

70.11.1. Misura dell'imposta

L'imposta è dovuta per ciascun veicolo al momento della richiesta di formalità in unica misura anche se quando per lo stesso credito ed in virtù dello stesso atto devono eseguirsi più formalità di natura ipotecaria (art. 56, c. 2, n. 446/1997).

Tariffe (D.M. 27 novembre 1998, n. 435)		
Tipologia dei veicoli		**Importi**
Motocarrozzette e trattrici agricoli		€ 150,81
Autovetture e autoveicoli	fino a 53 kw	€ 150,81
	oltre 53 kw	€ 3,5119 per kw
Autobus e trattori stradali	fino a 110 kw	€ 150,81
	oltre 110 kw	€ 1,7560 per kw
Veicoli a motore per trasporto di cose	fino a 7 quintali	€ 199,35
	oltre 7 e fino a 15 quintali	€ 290,25
	oltre 15 e fino a 30 quintali	€ 326,40
	oltre 30 e fino a 45 quintali	€ 380,63
	oltre 45 e fino a 60 quintali	€ 452,93
	oltre 60 e fino a 80 quintali	€ 519,56
	oltre 80 quintali	€ 646,60
Rimorchi per trasporto di cose	fino a 20 quintali	€ 265,98
	oltre 20 e fino a 50 quintali	€ 356,36
	oltre 50 quintali	€ 452,93
Rimorchi per trasporto di persone	fino a 15 posti	€ 229,82
	da 16 a 25 posti	€ 253,58
	da 26 a 40 posti	€ 302,13
	oltre 40 posti	€ 362,55
Formalità relative ad atti con cui si costituiscono, modificano o estinguono diritti reali di garanzia con un minimo di € 150,81		1,46%
Formalità relative ad atti diversi aventi ad oggetto prestazioni a contenuto patrimoniale con un minimo di € 150,81		7,80%
Formalità relative ad atti non aventi natura patrimoniale		€ 150,81

Le misure stabilite con decreto ministeriale possono essere aumentate dall'Ente locale con propria deliberazione, fino ad un massimo del 30% (art. 56, c. 2, D.Lgs. n. 446/1997).

Esenzioni e riduzioni 70.11.2.

Sono esenti dall'imposta provinciale di trascrizione:

- gli **atti di natura traslativa o dichiarativa** aventi ad oggetto **veicoli adattati ai soggetti portatori di handicap** (art. 1, c. 3, D.M. 27 novembre 1998, n. 435);
- gli atti per i quali risultava **già operante l'esenzione dal tributo** erariale di trascrizione (ris. 17 aprile 2000, n. 49/E):
  - **procedimenti di competenza del Giudice di pace** che non eccedono la somma di 1.032,91 euro;
  - atti relativi a **finanziamenti agevolati**;
  - operazioni delle **associazioni di volontariato**, diverse dalle successioni e dalle donazioni;
  - atti relativi al procedimento di **scioglimento** o di cessazione degli effetti civili del **matrimonio** e di **separazione tra i coniugi**;
- le **cessioni** in blocco di **contratti di locazione finanziaria o leasing**, aventi ad oggetto veicoli, nel caso in cui il cessionario sia una società controllata da un istituto bancario sottoposto alla vigilanza consolidata della Banca d'Italia (ris. 3 ottobre 2000, n. 151/E);
- le **cessioni di mezzi di trasporto usati**, da chiunque effettuate nei confronti dei contribuenti che ne fanno **commercio** (art. 56, c. 6, D.Lgs. n. 446/1997);
- le **cessioni di mezzi di trasporto usati** a seguito di esercizio di **riscatto** da parte del locatario a titolo di **locazione finanziaria** (art. 56, c. 6, D.Lgs. n. 446/1997).

In caso di **fusione tra società esercenti attività di locazione di veicoli senza conducente**, le iscrizioni e le trascrizioni già esistenti al pubblico registro automobilistico relative ai veicoli compresi nell'atto di fusione conservano la loro validità ed il loro grado a favore del cessionario, senza bisogno di alcuna formalità o annotazione art. 56, c. 6, D.Lgs. n. 446/1997).

L'**IPT è ridotta al 25%**:
- per gli **autoveicoli** muniti di carta di circolazione per **uso speciale** ed i **rimorchi** destinati a servire detti veicoli (sempreché non siano adatti al trasporto di cose);
- **rimorchi** ad uso **abitazione per campeggio** e simili (art. 56, c. 6, D.Lgs. n. 446/1997).

Le formalità relative ad **acquisti di veicoli** da soggetto proprietario che **non risulta intestatario** al PRA (purché in possesso del certificato di proprietà o del foglio complementare originale del veicolo), scontano l'imposta di trascrizione in **misura doppia** (art. 56, c. 8, D.Lgs. n. 446/1997).

70.11.3. Accertamento

La liquidazione, la riscossione e l'accertamento dell'imposta, nonché le sanzioni applicabili per l'omesso o il ritardato pagamento dell'imposta, sono affidate alla regolamentazione delle Province.
In mancanza di regolamentazione la competenza spetta allo stesso concessionario del pubblico registro automobilistico.
L'**imposta suppletiva** ed i **rimborsi** devono essere richiesti nel **termine di 3 anni** dalla data in cui la formalità è stata eseguita.

ACCERTAMENTO E RISCOSSIONE

CONTROLLI E ACCERTAMENTI 71.

ACCERTAMENTO E RISCOSSIONE

SISTEMA DEI CONTROLLI E DEGLI ACCERTAMENTI 71.1.

Attività di controllo e di accertamento 71.1.1.

L'attività di accertamento, si articola in quattro fasi principali:
- fase di iniziativa (selezione dei soggetti da sottoporre a controllo e acquisizione degli elementi fiscalmente rilevanti);
- fase istruttoria (selezione dei dati e degli elementi su cui l'accertamento deve fondarsi);
- fase decisoria (individuazione del contenuto dell'atto);
- fase integrativa dell'efficacia (notifica dell'atto).

Soggetti legittimati all'attività di controllo

L'attività di controllo, eseguita ai fini dell'**IVA** e delle **imposte sui redditi** (e **in materia di IRAP**), nonché ai fini delle principali imposte indirette (registro, successioni, donazioni, ipotecaria, catastale, bollo, concessioni governative, ecc.) è effettuata da:
- Agenzia delle Entrate (Direzioni Regionali e Provinciali, Uffici Locali);
- Guardia di Finanza;
- Uffici doganali (in materia di tributi doganali, compresa, quindi, l'IVA, e di elenchi INTRASTAT).

Sono soggetti legittimati all'attività di accertamento in materia di IVA e di imposte sui redditi (nonché in materia di IRAP e di imposte indirette), esclusivamente le Direzioni Regionali e gli Uffici Provinciali dell'Agenzia delle Entrate, nella cui circoscrizione è il domicilio fiscale del contribuente (art. 31, c. 2, D.P.R. n. 600/1973).

Dimensioni del contribuente

I criteri di controllo si differenziano in relazione alle dimensioni del contribuente.

Nei confronti dei soggetti di dimensioni medie e piccole, vengono preferite metodologie di carattere matematico-statistico (è il caso dei **parametri** e degli **studi di settore**).

Nei confronti dei soggetti di maggiore dimensione, viene privilegiato il riscontro diretto dei dati dichiarati attraverso verifiche a scadenze prestabilite. Sulla scorta di tale suddivisione è stato previsto:
- il controllo delle imprese di più rilevante dimensione (con un volume d'affari o di ricavi non inferiori a 100 milioni di euro);

- l'attribuzione, a strutture appositamente individuate, di poteri di controllo in materia di imposte sui redditi e IVA nei confronti delle imprese con un volume d'affari o di ricavi non inferiore ai 100 milioni di euro.

A questo riguardo l'Agenzia delle Entrate (circ. 9 aprile 2009, n. 13) ha effettuato la seguente distinzione:

- grandi contribuenti (con ricavi o volume d'affari superiori a 100 milioni di euro);
- imprese di media dimensione (con ricavi o volume d'affari compresi tra 5,16 e 100 milioni di euro);
- imprese di minori dimensioni (con ricavi o volume d'affari inferiori a 5,16 milioni di euro) e lavoratori autonomi.

Contribuenti di grandi dimensioni (ricavi o volume d'affari superiori a 100 milioni di euro)

È prevista una disciplina specifica in relazione agli accertamenti eseguiti nei confronti dei contribuenti con volume d'affari, ricavi o compensi non inferiori a 100 milioni di euro (art. 27, D.L. n. 185/2008). L'individuazione viene eseguita facendo riferimento al valore più elevato tra:

- **ricavi** (art. 85, c. 1, lett. a) e b), TUIR);
- ammontare lordo complessivo dei **compensi derivanti dall'esercizio di arti e professioni** (art. 53, c. 1, TUIR);
- **volume d'affari** (art. 20, D.P.R. n. 633/1972).

Per tali soggetti l'attività di controllo sostanziale è demandata alle strutture individuate con apposito regolamento di amministrazione dell'Agenzia delle Entrate (art. 27, c. 14, lett. b), D.L. n. 185/2008). L'Ufficio regionale, provinciale o locale competente si determina in base al domicilio fiscale del contribuente (artt. 40, D.P.R. n. 633/1972 e art. 58, D.P.R. n. 600/1973).

Per i Grandi Contribuenti (art. 27, c. da 9 a 12, art. 27, D.L. n. 185/2008), è previsto:

- **controllo sostanziale annuale** entro l'anno successivo a quello della presentazione della dichiarazione (**tutoraggio** ➡71.3.1.);
- disposizioni particolari in tema di **interpello** (➡73.2.).

Imprese di medie dimensioni (ricavi o volume d'affari compresi tra 5,16 e 100 milioni di euro)

Sono considerati i seguenti fattori di rischio:

- l'assenza di controlli negli ultimi anni;
- la bassa redditività negli ultimi anni;
- l'effettuazione di operazioni che impattano notevolmente sulla determina zione del reddito imponibile ai fini IRES/IRAP o sull'IVA;
- la presenza del rischio di evasione in materia di IVA.

Al fine di potenziare le attività di controllo, inoltre, vengono espletate le seguenti iniziative:

- coordinamento da parte della DRE dei controlli che coinvolgono imprese di medie dimensioni appartenenti a gruppi di imprese;
- supervisione dell'analisi di rischio ad opera della DRE per quanto concerne il segmento delle imprese medio-grandi, intendendosi per tali quelle con **fatturato superiore ai 25 milioni di euro**;
- immissione di personale della DRE specializzato nei controlli sui grandi contribuenti presso gli Uffici controlli delle Direzioni provinciali, anche per periodi limitati;
- intensificazione del coordinamento con la Guardia di Finanza.

Imprese di minori dimensioni (ricavi o volume d'affari sino a 5,16 milioni di euro) e lavoratori autonomi

Per le imprese di minori dimensioni e i lavoratori autonomi, in genere, per la selezione dei controlli hanno rilievo, tra l'altro, le discordanze rispetto all'applicazione degli studi di settore. A partire dal Mod. REDDITI 2019, gli studi di settore saranno sostituiti dai nuovi indicatori sintetici di affidabilità, introdotti dall'art. 7-bis, D.L. n. 193/2016. In particolare, si tratta di un insieme di indici, in relazione ai quali sarà possibile valutare il contribuente, da un punto di vista dell'affidabilità fiscale (➡71.6.2.).

71.2. TIPOLOGIE DI CONTROLLO

Poteri dell'Amministrazione finanziaria

L'Amministrazione finanziaria può avvalersi dei seguenti poteri (art. 32, D.P.R. n. 600/1973):

- **procedere** all'esecuzione di accessi, ispezioni e verifiche;
- **richiedere**, previa autorizzazione del Direttore Centrale dell'Accertamento, del direttore regionale delle entrate ovvero, per la Guardia di finanza, del comandante regionale, ai soggetti sottoposti ad accertamento, ispezione o verifica, il **rilascio di una dichiarazione** contenente l'indicazione

della natura, del numero e degli estremi identificativi dei rapporti intrattenuti con le banche, la società Poste italiane S.p.a., gli intermediari finanziari, le imprese di investimento, gli organismi di investimento collettivo del risparmio, le società di gestione del risparmio e le società fiduciarie, nazionali o stranieri, in corso ovvero estinti da non più di 5 anni dalla data della richiesta;
- **richiedere**, previa autorizzazione del Direttore Centrale dell'Accertamento, del Direttore regionale delle entrate ovvero, per la Guardia di finanza, del comandante regionale, alle banche, alla società Poste italiane S.p.a., per le attività finanziarie e creditizie, alle società ed enti di assicurazione per le attività finanziarie, agli intermediari finanziari, alle imprese di investimento, agli organismi di investimento collettivo del risparmio, alle società di gestione del risparmio e alle società fiduciarie, **dati, notizie e documenti** relativi a qualsiasi rapporto intrattenuto od operazione effettuata, ivi compresi i servizi prestati, con i loro clienti, nonché alle garanzie prestate da terzi. Alle società fiduciarie può essere richiesto, tra l'altro, specificando i periodi temporali di interesse, di comunicare le generalità dei soggetti per conto dei quali esse hanno detenuto o amministrato o gestito beni, strumenti finanziari e partecipazioni in imprese;
- **invitare** i contribuenti, indicandone il motivo, a **comparire** di persona o per mezzo di rappresentanti **per fornire dati e** notizie rilevanti ai fini dell'accertamento nei loro confronti, anche relativamente alle operazioni annotate nei conti correnti bancari, la cui copia sia stata acquisita nei modi di cui sopra;
- **invitare** i contribuenti, indicandone il motivo, a **esibire o trasmettere atti e documenti** rilevanti ai fini dell'accertamento nei loro confronti. Ai soggetti obbligati alla tenuta di scritture contabili può essere richiesta anche l'esibizione dei bilanci o rendiconti e dei libri o registri previsti dalle disposizioni tributarie. L'ufficio può estrarne copia ovvero trattenerli, rilasciandone ricevuta, per un periodo non superiore a 60 giorni dalla ricezione. Non possono essere trattenute le scritture cronologiche in uso;
- **inviare** ai contribuenti **questionari relativi a dati e notizie** di carattere specifico rilevanti ai fini dell'accertamento nei loro confronti, con invito a restituirli compilati e firmati.

Può richiedere agli **amministratori di condominio** dati, notizie e documenti relativi alla gestione condominiale, fermo restando l'obbligo per gli amministratori di condominio di comunicare annualmente all'anagrafe tributaria l'ammontare dei beni e servizi acquistati dal condominio e i dati identificativi dei relativi fornitori (art. 7, D.P.R. n. 605/1973).

Istanza di sequestro e/o ipoteca

L'Agenzia delle Entrate, qualora abbia il fondato timore di perdere la garanzia del proprio credito, può chiedere, con istanza motivata, al presidente della Commissione tributaria provinciale, l'iscrizione di ipoteca sui beni del trasgressore e dei soggetti obbligati in solido, e l'autorizzazione a procedere, a mezzo di ufficiale giudiziario, al sequestro conservativo dei loro beni, compresa l'azienda (art. 22, D.Lgs. n. 472/1997).

Le istanze in questione possano essere inoltrate anche dal Comandante provinciale della Guardia di finanza, in relazione ai processi verbali di constatazione rilasciati dai reparti dipendenti.

La GdF dovrà dare tempestiva comunicazione alla direzione provinciale dell'Agenzia delle Entrate, la quale esaminerà l'istanza e comunicherà le proprie eventuali osservazioni al presidente della commissione tributaria, nonché al comandante provinciale richiedente. Decorso il termine di 20 giorni dal ricevimento dell'istanza, si intenderà acquisito il parere dell'Agenzia (art. 16-septies, D.L. n. 119/2018).

Requisiti - L'istanza di sequestro e/o ipoteca è subordinata alla sussistenza di due requisiti:
- il *fumus boni iuris*. Esistenza di un debito tributario a carico del contribuente derivante da un provvedimento dell'amministrazione (atto di contestazione, irrogazione sanzione, PVC);
- il *periculum in mora* (fondato timore di perdere la garanzia del credito). Deve trattarsi di un timore attuale e non potenziale desumibile sia da dati oggettivi, come la consistenza e le caratteristiche del patrimonio del contribuente, sia da dati soggettivi valutando cioè la condotta del debitore.

Secondo quanto affermato dalla Guardia di Finanza, nel corso dell'incontro con la stampa specializzata del 23 gennaio 2019, il comandante della Guardia di Finanza che presenta l'istanza per l'applicazione delle misure cautelari in favore dell'Amministrazione Finanziaria (art. 22, D.Lgs. n. 472/1997) non partecipa al relativo giudizio avanti la CTP competente.

CASO 1 - Riduzione dell'Ipoteca

Nel caso in cui il credito a tutela del quale è stata iscritta ipoteca venga ridotto, poiché interessato da annullamento giudiziale o autotutela, il giudice tributario investito del ricorso può disporre la riduzione del credito (Cass. 23 dicembre 2020, n. 29364).

Non può invece ritersi corretto l'annullamento automatico del l'ipoteca. Questo in quanto il processo tributario, ormai in ragione di un orientamento consolidato, è annoverato non tra quelli di "impugnazione-annullamento" ma di "impugnazione-merito". Conseguentemente il giudice, nei limiti prospettati dalla parte nei motivi di ricorso, deve ricondurre la pretesa nella giusta misura, annullandola solo nella parte che trovava il proprio presupposto nelle maggiori somme originariamente iscritte nonché ordinando la riduzione dell'ipoteca ai sensi dell'art. 2872 c.c., e, in particolare, la riduzione dell'importo per il quale essa era stata iscritta al doppio dell'importo complessivo del (minor) credito ancora a ruolo.

L'ipoteca può essere iscritta (art. 77, D.P.R. n. 602/1973), solo se l'importo per cui si procede supera i 20.000 euro. È iscritta per una somma pari al doppio del credito per cui si procede, da computarsi considerando tutti i ruoli affidati ad Agenzia delle Entrate-Riscossione, sia tributari che non, dunque anche previdenziali (Cass. 7 ottobre 2015, n. 20055).

Compliance dei Comuni

È stata introdotta la collaborazione dei Comuni nell'ambito dell'attività di accertamento. Gli enti, infatti, potranno comunicare all'Agenzia eventuali situazioni anomale rispetto alle dichiarazioni presentate. Quando invece l'Amministrazione ha già proceduto ad accertare il contribuente ne darà notizia al Comune di residenza, il quale valuterà se possono esistere eventuali altri elementi utili ai fini del controllo.

Inottemperanza agli inviti e alle richieste

La mancanza di **collaborazione alle operazioni** di verifica costituisce un argomento di prova sul quale il giudice tributario potrebbe fondare la propria decisione.

Le **notizie** ed i **dati non addotti** e gli atti, i documenti, i libri ed i registri non esibiti o non trasmessi in risposta agli inviti dell'ufficio non possono essere presi in considerazione a favore del contribuente, ai fini dell'accertamento in sede amministrativa e contenziosa. Di ciò l'ufficio deve informare il contribuente contestualmente alla richiesta (art. 32, c. 4, D.P.R. n. 600/1973).
Al fine di vincere tale preclusione il contribuente deve depositare, tale documentazione, in allegato all'atto introduttivo del giudizio di primo grado, dimostrando di non aver potuto adempiere alle richieste degli uffici per causa a lui non imputabile (art. 32, c. 5, D.P.R. n. 600/1973).

Dati e notizie già in possesso degli uffici finanziari

Al contribuente non possono essere chiesti documenti già in possesso degli uffici finanziari, o di altre Amministrazioni Pubbliche indicate dal medesimo (art. 6, c. 4, Legge n. 212/2000). I contribuenti non devono fornire informazioni che siano già in possesso dell'Amministrazione finanziaria e degli enti previdenziali ovvero che da questi possono essere direttamente acquisite da altre amministrazioni (art. 7, c. 1, lett. f), D.L. n. 70/2011). Pertanto:

- **non è sanzionabile** il contribuente che non esibisce documenti richiesti dagli uffici, ma già in loro possesso o detenuti da altre amministrazioni;
- **non è applicabile la preclusione probatoria** in caso di mancata esibizione di tali documenti, nemmeno nel caso in cui tale circostanza venisse evidenziata nel questionario (Cass. 22 giugno 2018, n. 16548).

La **preclusione probatoria** non è stata ritenuta operante nelle seguenti ipotesi:

- documenti in possesso di un ufficio locale diverso da quello che aveva emanato l'avviso di accertamento (CTR Torino 24 aprile 2009, n. 37);
- scritture contabili sottoposte a sequestro penale ad opera della Guardia di Finanza (CTR Cagliari 12 gennaio 2011, n. 3).

CASO 2 - Conseguenze dell'inottemperanza

La **mancata risposta al questionario e il mancato invio della documentazione** richiesta non possono essere considerati in sede contenziosa a favore del contribuente, se l'Ufficio lo aveva informato delle conseguenze dell'inottemperanza. Tale comportamento pertanto è sanzionato con la preclusione amministrativa e processuale di allegazione di dati e documenti non forniti nella sede precontenziosa rendendo valido il procedimento di rettifica, senza bisogno di accertamenti ulteriori (Cass., Sez. V, 20 ottobre 2016, n. 21271).
In tema di accertamento fiscale, l'invito dell'Amministrazione finanziaria (art. 32, c. 4, D.P.R. n. 600/1973) a fornire dati e notizie, assolve alla chiara funzione di assicurare un dialogo preventivo tra Fisco e contribuente per definire le rispettive posizioni, mirando anche ad evitare l'instaurazione del contenzioso giudiziario, per cui l'eventuale omissione è sanzionata con la preclusione amministrativa e processuale di allegazione di dati e documenti non forniti in quella sede. Tale inutilizzabilità consegue in modo automatico all'inottemperanza all'invito, potendo il contribuente **beneficiare**

di una deroga solo se ricorrono le condizioni di cui all'art. 32, c. 5, D.P.R. n. 600/1973, ossia **depositando** in allegato all'atto introduttivo del giudizio di primo grado le notizie, i dati, i documenti, i libri, e i registri non trasmessi, **dichiarando** contestualmente di non aver potuto adempiere alle richieste dell'Ufficio per causa a lui non imputabile (Cass. ord. 3 maggio 2019, n. 11608).Tale norma, si applica anche ai questionari ed inviti in materia di IVA (art. 51, c. 4, D.P.R. n. 633/1972).
Qualora il contribuente non dia seguito alle richieste ed agli inviti eseguiti ai sensi dell'art. 32, D.P.R. n. 600/1973, è considerato legittimo l'**accertamento induttivo extra-contabile** (art. 39, c. 2, lett. d-bis), D.P.R. n. 600/1973). Parimenti, si ritiene sussista la stessa legittimità in caso di parziale o incompleta ottemperanza (Cass. 9 novembre 2021, n. 32629).

La preclusione probatoria, derivante dal **"rifiuto di esibizione" dei documenti non prodotti nella fase di accertamento**, può operare solamente nell'ipotesi in cui vi sia stato un invito specifico e puntuale all'esibizione (Cass. 25 giugno 2019, n. 16962; Cass. 22 giugno 2018, n. 16548, Cass. 17 giugno 2011, n. 13289). Secondo quanto previsto con l'art. 32, c. 4, D.P.R. n. 600/1973, il documento non esibito è **inutilizzabile** solo nel caso in cui sia stato espressamente richiesto al contribuente, poiché solo tale interpretazione della norma garantisce il diritto di difesa del contribuente (art. 24 Cost.) e il principio della capacità contributiva (art. 53 Cost.).
Qualora dovesse **mancare la prova**, da parte dell'Amministrazione finanziaria, di una specifica e puntuale richiesta, la "nuova" documentazione può essere legittimamente prodotta in giudizio da parte del contribuente (Cass. ord. 21 marzo 2018, n. 7011; Cass. ord. 27 dicembre 2016, n. 27069.

Amministrazione finanziaria

La preclusione non opera nel caso di mancata consegna della documentazione, a seguito di generica richiesta di esibizione documentazione circa l'acquisto dei beni rilevanti, ai fini reddituali, contenuta nell'invito a comparire o nel questionario.

CASO 3 - Mancato avvertimento circa la preclusione probatoria
Un contribuente, a seguito di controllo formale, riceve un invito a esibire la documentazione giustificativa di alcune detrazioni d'imposta, senza che sia fatto alcun riferimento alla preclusione probatoria. In seguito alla mancata esibizione della documentazione l'Agente della riscossione notifica la cartella di pagamento. In sede di ricorso il contribuente può produrre ogni documento probativo a giustificazione della detrazione, senza limitazioni.

La Corte di Cassazione ha dichiarato non applicabile, al procedimento tributario il principio "*nemo tenetur se detergere*" (diritto di tacere e di non contribuire alla propria incriminazione), poiché operante esclusivamente nell'ambito di un procedimento penale già attivato (sent. 26 luglio 2017, n. 37107).
Secondo la giurisprudenza di merito l'effetto preclusivo della disamina in sede processuale della documentazione a suo tempo non fornita nella fase istruttoria deve essere circoscritto alle sole ipotesi di condotte volontarie. La corretta gestione dei poteri istruttori deve infatti tendere a consentire l'acquisizione della documentazione necessaria contemperando i poteri dell'Amministrazione finanziaria con le garanzie di difesa del contribuente, al fine di evitare pagamenti non dovuti (CTR Campania, sent. 17 maggio 2018, n. 4669).

Con un recente intervento, la Corte di Giustizia dell'Unione europea si è pronunciata sulla possibilità di riconoscere il diritto al silenzio nell'ambito di una procedura sanzionatoria dinnanzi alla Consob finalizzata all'accertamento degli illeciti anticoncorrenziali. Le sentenze si inseriscono in un cospicuo filone giurisprudenziale che tende ad estendere i principi e le garanzie proprie del settore penale anche alle sanzioni amministrative dotate di carattere punitivo, fattispecie che si verifica anche in ambito tributario (Corte di Giustizia 2 febbraio 2021, causa C-481/19, Causa DB v. Consob su Sent. Interpretativa Corte cost. 30 aprile 2021, n. 84).
La Corte ha sancito la piena applicazione del **diritto al silenzio** a tutti i cittadini implicati in procedimenti solo formalmente amministrativi. Nessuna differenza può sussistere tra i procedimenti formalmente penali e procedimenti formalmente amministrativi, nel caso in cui quest'ultimi possano dare luogo all'irrogazione di sanzioni di natura punitiva secondo i c.d. criteri Engel.
Il principio *nemo tenetur se detegere*, anche conosciuto come diritto a non autoincriminarsi o diritto al silenzio, è stato espressamente riconosciuto come un corollario del diritto di difesa e della presunzione di innocenza, nonché come valido anche nell'ambito di procedimenti amministrativi che possono sfociare in una sanzione sostanzialmente penale.
Di tale decisione dovrà pertanto tenere conto anche la giurisprudenza di legittimità e di merito italiana.

ACCERTAMENTO E RISCOSSIONE

Esibizione e trasmissione di documenti falsi

Chiunque, a seguito delle richieste effettuate nell'esercizio dei poteri in materia di IVA e di imposte sui redditi esibisce o trasmette atti o documenti falsi in tutto o in parte ovvero fornisce dati e notizie non rispondenti al vero è punito ai sensi del Codice penale e delle leggi speciali in materia (art. 76, D.P.R. n. 445/2000) qualora a seguito delle richieste si configurino le fattispecie penali tributarie di cui al D.Lgs. 10 marzo 2000, n. 74 (art. 11, c. 1, D.L. n. 201/2011).

Limiti alla richiesta di documentazione

Non possono, in ogni caso, essere richiesti documenti ed informazioni già in possesso dell'Amministrazione finanziaria o di altre amministrazioni pubbliche indicate dal contribuente (art. 6, c. 4, Legge n. 212/2000, c.d. Statuto del contribuente) né il soggetto passivo deve fornire informazioni che siano già in possesso del Fisco e degli enti previdenziali ovvero che da questi possono essere direttamente acquisite da altre Amministrazioni (art. 7, c. 1, lett. f), D.L. n. 70/2011).

Limiti all'attività di controllo

Il controllo, effettuato nei confronti di imprese a contabilità semplificata o di lavoratori autonomi **non può durare più di 15 giorni lavorativi** contenuti nell'arco di **non più di un trimestre**, termine prorogabile una sola volta per ulteriori 15 giorni. Per le altre categorie di contribuenti (imprese in contabilità ordinaria), restano fermi i più ampi termini di durata del controllo, pari a 30 giorni, prorogabili per ulteriori 30, previsti dall'art. 12, c. 5 della Legge n. 212/2000 (art. 7, D.L. n. 70/2011).
La proroga dovrà essere inserita in un'**apposita comunicazione** motivata da consegnare, per notifica, al contribuente. Dell'avvenuta notifica, inoltre, si dovrà dare atto nel verbale di verifica.

I verificatori hanno poi la **possibilità di ritornare nella sede del contribuente** una volta che sia decorso il termine di 30 giorni (eventualmente prorogato). Tale possibilità è subordinata:
- alla necessità di esaminare le osservazioni e le richieste eventualmente presentate dal contribuente dopo la conclusione delle operazioni di verifica;
- alla sussistenza di specifiche ragioni, previo assenso motivato del dirigente dell'Ufficio.

Secondo la Guardia di Finanza, le specifiche ragioni richiamate dalla norma devono ritenersi configurate nei casi in cui:
- sopravvenga, a intervento già concluso, la **conoscenza di nuovi elementi** che legittimino la redazione dei processi verbali di constatazione finalizzati a consentire l'emanazione di accertamenti modificativi o integrativi;
- sia necessario, a conclusione dell'ispezione svolta presso gli Uffici del reparto operante, **procedere a specifici riscontri documentali** che comprovino le risultanze della precedente attività;
- sia necessario, ultimata un'ispezione di carattere generale, **procedere a un successivo intervento parziale** per contestare, ad esempio, gli esiti degli accertamenti bancari.

Ai fini del **calcolo del periodo** di permanenza presso la sede del contribuente (sia esso di 15 giorni sia esso di 30 giorni), occorre fare riferimento alle giornate di effettiva presenza presso la sede del contribuente (circ. 29 dicembre 2008, n. 1/2008 del Comando Generale della Guardia di Finanza e circ. 27 giugno 2001, n. 64/E).
Pertanto, se i **funzionari**, per esigenze di servizio, **sospendono la verifica** per alcuni giorni e ritornano, successivamente, nella sede del contribuente, detti giorni di sospensione non vengono computati. Parimenti, tali giorni, non vengono computati nel caso in cui il **contribuente** chieda che l'esame delle scritture contabili avvenga **presso il proprio professionista** ovvero nella **sede dell'Amministrazione finanziaria**.
Gli accessi dovuti a controlli di natura fiscale disposti, da qualunque autorità competente, nei confronti delle **micro**, **medie** e **piccole imprese** devono essere oggetto di programmazione da parte degli enti procedenti e di coordinamento tra i vari soggetti interessati (art. 7, c. 2, D.L. n. 70/2011).

La **violazione dei predetti termini** da parte dell'Amministrazione per consolidato orientamento giurisprudenziale di legittimità non comporta l'invalidità del successivo atto impositivo.

CASO 4 - Attività di accertamento posta in essere successivamente al decorso dei termini

Gli elementi rinvenuti successivamente allo spirare dei termini di permanenza sono utilizzabili, e l'accertamento non è affetto da alcuna nullità, posto che le suddette sanzioni procedimentali avrebbero dovuto essere contemplate dal legislatore (Cass. 22 settembre 2011, n. 19338; Cass. 29 novembre 2013, n. 26732; Cass. 15 aprile 2015, n. 7584).
Tuttavia, in considerazione di un opportuno bilanciamento tra interesse fiscale ed esigenza dei diritti del contribuente, si potrebbe sostenere che, in caso di "sforamento" del termine di permanenza

dei verificatori, siano inutilizzabili non tutti gli elementi acquisiti nelle more del controllo, ma solo quelli rinvenuti dopo il decorso dei termini.

Verifiche fiscali 71.2.1.

La **verifica fiscale** consiste nel controllo sostanziale della **gestione economica del soggetto ispezionato nella sua globalità**, ovvero di determinati aspetti della sua attività, avendo riguardo a tutti o parte dei suoi settori di interesse erariale, comprese le leggi a tutela del corretto adempimento degli obblighi contributivi.

Le **verifiche fiscali** possono essere iniziate:

- dagli Uffici dell'Agenzia delle Entrate;
- dai Reparti della Guardia di Finanza.

Mentre le competenze di quest'ultima terminano con la conclusione della verifica fiscale, l'emanazione dell'avviso di accertamento, nonché la gestione dell'eventuale contenzioso sono attribuite all'Agenzia delle Entrate.

Verifiche contabili

Consistono in un **controllo e un riscontro sulla completezza, esattezza e veridicità delle scritture obbligatorie**, ai fini fiscali, sulla scorta delle fatture e degli altri documenti relativi all'impresa, tenuto conto, altresì, dei libri sociali, delle altre scritture prescritte anche ai fini non fiscali o comunque in possesso del contribuente, delle notizie raccolte, nonché di ogni altro fatto o circostanza, compreso ovviamente il controllo delle esistenze di magazzino, che rappresenti elemento patrimoniale o reddituale utile all'accertamento; e, al tempo stesso, dette verifiche contabili sono vaglio giuridico-fiscale dei fatti di gestione che sono stati, o avrebbero dovuto essere, evidenziati nelle scritture obbligatorie o tenuti presenti in sede di dichiarazione annuale.

I Grandi Contribuenti (➡**71.1.1.**), in virtù della loro rilevanza economico-fiscale, sono assoggettati ad una vigilanza specifica e ad una sostanziale ridefinizione delle modalità di intervento, definita **tutoraggio** (art. 27, c. da 9 a 11, D.L. n. 185/2008).

Tutoraggio

Consiste in un monitoraggio dei comportamenti delle imprese appartenenti alla categoria dei Grandi Contribuenti, attraverso l'utilizzo di approcci differenziati in considerazione delle caratteristiche di tale tipologia di soggetti. Il controllo avrà ad oggetto le dichiarazioni in materia di imposte sui redditi e le dichiarazioni IVA e dovrà essere effettuato, da parte dell'Agenzia delle Entrate, di norma, entro l'anno successivo a quello della presentazione.

A far corso dal 2012, l'attività di tutoraggio deve riguardare tutti i Grandi contribuenti esercenti attività di impresa e diviene, per tutta la platea di tali soggetti, la fase in cui realizzare una approfondita **analisi del rischio** di evasione/elusione di ciascun soggetto, propedeutica ad ogni successiva iniziativa di controllo più approfondito, mediante le attività istruttorie sia esterne che interne (circ. 6 agosto 2014, n. 25/E).

Altri tipi di controllo

Vi sono interventi denominati controlli, volti al **riscontro di singoli atti di gestione**, di parte di essa ovvero di particolari **adempimenti extratributari e/o fiscali** (ad esempio in materia di ricevuta e scontrino fiscale o controlli intracomunitari).

Appositi controlli, da parte delle **amministrazioni locali**, sono effettuati sui soggetti che trasferiscono la **residenza all'estero** ovvero nei confronti delle persone fisiche che hanno chiesto l'iscrizione nell'anagrafe degli italiani residenti all'estero dal 1° gennaio 2006 (art. 83, c. 16 e 17, D.L. 25 giugno 2008, n. 112).

Constatazione delle violazioni 71.2.2.

Le violazioni emerse dalla fase istruttoria vengono indicate in un **processo verbale di constatazione** e comunicate, mediante la trasmissione dello stesso, ai competenti uffici dell'Agenzia delle Entrate per l'accertamento del maggior tributo dovuto e/o delle violazioni amministrative.

Contenuto del processo verbale di constatazione
Motivi che hanno indotto al controllo e oggetto dello stesso.
Precisazione che le operazioni di verifica - salvo casi eccezionali ed urgenti, adeguatamente documentati - si svolgeranno durante l'orario ordinario di esercizio dell'attività oggetto di controllo.
Informazione che la parte ha la facoltà di farsi assistere da un professionista di fiducia.

Contenuto del processo verbale di constatazione
Informazione che è facoltà della parte richiedere che l'esame dei documenti amministrativi e contabili sia effettuato presso l'ufficio dei verificatori o presso il professionista che lo assiste e rappresenta.
Informazione che la parte potrà formulare osservazioni e chiarimenti, fornire delucidazioni e dichiarazioni, di cui sarà dato atto nei processi verbali giornalieri.
Informazione che i libri, le scritture ed i documenti richiesti, di cui è stata rifiutata l'esibizione, non potranno essere presi in considerazione, a favore del contribuente, ai fini dell'accertamento in sede amministrativa o contenziosa. Per rifiuto di esibizione si intendono anche la dichiarazione di non possedere i libri e le scritture e/o la loro sottrazione all'ispezione.
Informazione che la mancata esibizione delle scritture contabili e dei documenti la cui tenuta e conservazione, sono obbligatorie per legge, o di cui comunque risulta l'esistenza, renderà applicabile la sanzione amministrativa da 1.000,00 a 8.000,00 euro (art. 9, c. 2, D.Lgs. n. 471/1997).
Precisazione che ogni richiamo alle sanzioni amministrative passibili di applicazione non comporta - alla data odierna - né determinazione, né contestazione, né irrogazione (D.Lgs. 18 dicembre 1997, n. 471).
Informazione che, qualora il contribuente non ha tenuto o sottrae all'ispezione una o più delle scritture contabili obbligatorie, ovvero le scritture medesime non sono disponibili per forza maggiore, l'Amministrazione può rideterminare il reddito d'impresa e procedere alla rettifica induttiva dell'IVA (art. 55, D.P.R. n. 633/1972, art. 39, c. 2, lett. c), D.P.R. n. 600/1973).

Posizione giurisprudenza di merito

È riconosciuto agli **Uffici**, nell'ambito dei poteri ad essi conferiti dalla legge, di **integrare o correggere**, con il proprio avviso di accertamento, i **rilievi** formulati dall'organo che ha eseguito il controllo (**fase istruttoria**) e risultanti dal processo verbale di constatazione da cui trae origine l'accertamento medesimo.

Posizione della Corte di Cassazione

La Corte di Cassazione ha precisato che nessuna norma o principio impone all'Amministrazione finanziaria di fare proprie, nell'accertamento, le conclusioni cui è pervenuta la Guardia di Finanza nell'**esercizio dei poteri di polizia tributaria** (Cass., Sez. trib., 3 aprile 2000, n. 3988).

CASO 5 - Accertamento di maggiori somme rispetto al PVC

È legittimo l'accertamento portante somme maggiori rispetto alle contestazioni del verbale conclusivo della verifica: l'Agenzia, infatti, non è vincolata al contenuto del Pvc, né è tenuta a garantire il diritto al contraddittorio per le maggiori differenze accertate (Cass. ord. 18 maggio 2019, n. 13490). Per le presunzioni conseguenti alle indagini bancarie non è prevista la previa instaurazione del contraddittorio con il contribuente. Con riferimento poi alle somme superiori rispetto alle contestazioni del Pvc, l'atto impositivo non necessariamente dipende dal contenuto del citato verbale. E infatti, solo nel provvedimento finale è esternata la pretesa dell'Ufficio, il cui contenuto è poi vagliato dal giudice in caso di impugnazione. Inoltre, per le indagini bancarie non è obbligatorio il contraddittorio preventivo.

71.2.3. Statuto del contribuente

Lo Statuto dei diritti del contribuente (Legge 27 luglio 2000, n. 212), contiene norme aventi valore di **principi generali dell'ordinamento tributario**. Rispetto ad esse tutte le leggi vigenti saranno rese coerenti e coordinate, anche - ove necessario - mediante disposizioni correttive (Cass., Sez. trib., 14 aprile 2004, n. 7080; Cass., Sez. trib., 10 dicembre 2002, n. 17576).

Le norme dello Statuto costituiscono, in quanto espressione di principi già immanenti nell'ordinamento, criteri guida per il giudice nell'interpretazione delle norme pur non avendo, tuttavia, rango superiore alla legge ordinaria e, conseguentemente, non potendo fungere da norme parametro di costituzionalità, né consentire la disapplicazione della norma tributaria in asserito contrasto con le stesse (Cass., Sez. trib., 5 giugno 2013, n. 14185).

La Corte costituzionale ha precisato che le disposizioni dello Statuto rappresentano criteri di interpretazione adeguatrice della legislazione tributaria, anche antecedente, e che, pertanto, i giudici tributari devono fare diretta applicazione delle norme recate dalla Legge n. 212/2000 (Corte cost. ord. 6 luglio 2004, n. 216).

Verifiche fiscali

Lo Statuto contiene anche norme direttamente rivolte allo svolgimento di verifiche fiscali.
In particolare, nel contesto dei precetti rivolti all'Amministrazione finanziaria, sono contemplate numerose disposizioni destinate a produrre effetti significativi sull'attività degli organi di controllo.
In sintesi, esse riguardano:

- i **diritti e le garanzie** del contribuente sottoposto a verifiche fiscali (art. 12);
- l'istituzione del **Garante del contribuente** (art. 13);
- l'emanazione del "**Codice di comportamento** per il personale addetto alle verifiche tributarie" (art. 15);
- il divieto di richiedere al contribuente documenti ed **informazioni già in possesso dell'Amministrazione finanziaria** o di altre amministrazioni pubbliche (art. 6, c. 4);
- l'inapplicabilità delle **sanzioni relative a violazioni formali** (art. 10, c. 3);
- la possibilità di **estinguere l'obbligazione tributaria** per compensazione ovvero mediante l'accollo del debito tributario altrui, benché senza liberazione del contribuente originario (art. 8) (➡74.2.2.).

> Le disposizioni dello "Statuto del contribuente", si applicano anche nelle ipotesi di attività ispettive o di controllo effettuate dagli enti di previdenza e assistenza obbligatoria (art. 7, c. 2, lett. d), del già citato D.L. n. 70/2011).

Diritti e garanzie del contribuente

Per quanto concerne i **diritti** e le **garanzie** del **contribuente** nel corso delle verifiche fiscali, è previsto che (art. 12, Legge n. 212/2001):

a. gli **accessi** presso locali destinati all'esercizio di attività di impresa o di lavoro autonomo devono essere motivati da **esigenze effettive di indagine e controllo sul luogo** e, salvo casi eccezionali ed urgenti adeguatamente documentati, devono svolgersi durante l'ordinario orario di esercizio dell'attività e con modalità tali da comportare la minore turbativa possibile allo svolgimento dell'attività ed alle relazioni commerciali o professionali;
b. all'inizio della verifica, il contribuente ha **diritto di essere informato** delle ragioni che l'abbiano giustificata e dell'oggetto che la riguarda, della facoltà di farsi assistere da un professionista abilitato alla difesa davanti agli organi di giustizia tributaria, nonché dei diritti che gli devono essere riconosciuti e degli obblighi cui è soggetto;
c. l'**esame dei documenti** amministrativi e contabili, su richiesta del soggetto controllato, può essere effettuato nell'ufficio dei verificatori o presso il professionista che lo assiste o rappresenta;
d. delle **osservazioni e dei rilievi** del contribuente e del professionista, che eventualmente lo assista, deve darsi atto **nel processo verbale delle operazioni di verifica**;
e. la **permanenza** presso la sede del contribuente non può superare i **30 giorni lavorativi**, prorogabili per ulteriori 30 giorni nei casi di particolare complessità dell'indagine individuati e motivati dal dirigente dell'ufficio;
f. la facoltà per il soggetto controllato, il quale ritenga che i verificatori procedano con modalità non conformi alla legge, di rivolgersi al Garante del contribuente;
g. la possibilità per il contribuente **di comunicare**, **entro i 60 giorni successivi** al rilascio della copia del processo verbale di chiusura delle operazioni, **osservazioni e richieste** agli uffici impositori (art. 12, c. 7).

Permanenza presso la sede del contribuente - Secondo la ormai consolidata giurisprudenza di legittimità, il **termine di 30 giorni** non è perentorio ma **ordinatorio**. La violazione del termine di permanenza dell'Amministrazione finanziaria presso la sede del contribuente, non determina la sopravvenuta carenza del potere di accertamento ispettivo.
Possono essere utilizzati gli elementi rinvenuti dai verificatori, anche oltre il termine massimo di permanenza (art. 12, c. 5, Legge n. 212/2000). Tale utilizzabilità deriva dall'assenza di norme in senso contrario. Il termine di 30 giorni, concesso per le verifiche fiscali, deve intendersi come **numero dei giorni effettivi di permanenza presso la sede dell'attività** (Cass. ord. 12 novembre 2021, n. 33894).
Pertanto, nel caso in cui l'attività di verifica venga interrotta e successivamente ripresa, non si terrà conto dei giorni di sospensione dell'attività.
In ogni caso, è prevista la possibilità di ritornare presso il soggetto controllato, decorso tale periodo, per:

- **esaminare le osservazioni** e le richieste eventualmente presentate dopo la conclusione delle operazioni di verifica;

– **specifiche ragioni**, previo assenso motivato del dirigente dell'ufficio.

Diritto al contraddittorio

Da tempo, soprattutto per effetto dei principi affermati dalla Corte di Giustizia UE (sentenze 3 luglio 2014, causa C-129 e C/130/13, Kamino International Logistics, 18 dicembre 2008, causa C-349/07, Sopropè) e dalla Corte costituzionale (sent. n. 132/2015), è oggetto di dibattito se la possibilità per il contribuente di comunicare osservazioni e richieste agli uffici impositori (art. 12, c. 7, lett. g), Legge n. 212/2001) non provi l'esistenza di un obbligo generalizzato dell'Amministrazione Finanziaria di attivare (in ogni verifica, pertanto anche nei casi di cosiddetti **controlli a tavolino**, ossia eseguito senza accesso ai locali del contribuente) un dialogo preventivo con il contribuente, propedeutico all'emanazione dell'atto di accertamento, e, in caso positivo, quale possa essere la conseguenza della violazione di questo obbligo.

Orientamento di legittimità - La Corte di Cassazione con una sentenza resa a sezioni unite (sent. n. 24823/2015), ha espresso un orientamento che ha trovato costante applicazione nei giudizi di legittimità. Precisamente:

1. l'obbligo generale di attivare il contraddittorio prima dell'accertamento, la cui violazione comporta l'invalidità dell'atto, sussiste esclusivamente per i tributi **armonizzati** (come l'IVA), discendendo dall'applicazione dei principi comunitari, mentre per quelli **non armonizzati** (come l'IRES e l'IRAP) va considerato solo nelle ipotesi in cui è espressamente previsto dal legislatore;
2. anche nei tributi "armonizzati" la nullità dell'atto emanato in violazione del principio del contraddittorio procedimentale sussiste a condizione che il contribuente, in giudizio, assolva l'onere di enunciare in concreto le ragioni che avrebbe potuto far valere, non limitandosi a un'opposizione meramente pretestuosa.

In adesione a tali principi, la Corte di Cassazione (con l'ord. n. 28858/2017, riprendendo i principi già espressi con l'ordinanza n. 20799/2017) ha ribadito che l'Amministrazione finanziaria è tenuta al **rispetto dell'obbligo generalizzato di contraddittorio** endoprocedimentale, la cui violazione comporta l'invalidità dell'atto impositivo solo se il contribuente in sede processuale, senza proporre un'opposizione pretestuosa, assolva poi all'onere di enunciare le ragioni che avrebbe potuto far valere durante l'istruttoria. Ciò vale però unicamente per i tributi armonizzati mentre per gli altri il vincolo dell'Amministrazione al contraddittorio endoprocedimentale sussiste soltanto se è stato normativamente previsto.

La Corte di Cassazione (ord. n. 29143/2017) ha dichiarato **illegittimo l'avviso di accertamento emesso prima dei 60 giorni dalla notifica** del processo verbale di costatazione (PVC) precisando l'obbligatorietà del contraddittorio post verifica, previso dall'art. 12, c. 7 dello Statuto del contribuente, in **qualsiasi accertamento** derivante da un **accesso anche istantaneo**. La Corte, **contrariamente a quanto rilevato nelle precedenti pronunce**, ha **escluso** che il contribuente sia tenuto a fornire la **prova di resistenza**, ossia ad enunciare tutti i fatti e i motivi che avrebbe potuto eccepire se il contraddittorio fosse stato eseguito.
Secondo un più recente orientamento la Corte di Cassazione ha affermato come in caso di **omesso contraddittorio preventivo**, se la nullità dell'atto è prevista dalla norma, il contribuente non deve fornire alcuna **prova di resistenza** (Cass. 15 gennaio 2019, n. 701).

Nel caso di **accertamento emesso prima del termine di 60 giorni** previsto dallo Statuto del contribuente, la previsione contenuta nell'art. 12, c. 7, Legge n. 212/2000 è applicabile solo nelle ipotesi di accessi, ispezioni e verifiche presso la sede del contribuente. L'emissione dell'accertamento prima del decorso di 60 giorni della consegna del PVC comporta l'**invalidità dell'atto impositivo**. Per i controlli a tavolino, invece, non esistendo un obbligo generalizzato di contraddittorio prodromico all'emissione dell'atto, occorre distinguere tra tributi armonizzati e non: per i primi valgono le regole comunitarie, e quindi occorre riconoscere il diritto al confronto preventivo, per i secondi tale diritto deve essere accordato solo se previsto per legge.

In ogni caso, per i **tributi armonizzati** occorre superare la cosiddetta "prova di resistenza", ossia la verifica dell'impatto della violazione sull'esito del provvedimento, a condizione che sia il contribuente ad enunciarne le ragioni (Cass., SS.UU., 9 dicembre 2015, n. 24823). Secondo la giurisprudenza comunitaria, il diritto al contraddittorio è regolato dai **principi di equivalenza** (le regole per il tributo armonizzato non devono essere meno favorevoli rispetto ai tributi interni) e di **effettività** (non sia impossibile o eccessivamente gravoso l'esercizio dei diritti dell'ordinamento UE).

In applicazione di questi principi, con riferimento al c. 7 dell'art. 12, Legge n. 212/2000, non esiste alcuna distinzione tra tributi armonizzati e non. L'operatività della prova di resistenza va circoscritta al caso di assenza di una specifica disposizione normativa.

Orientamento di merito - La Commissione Tributaria Provinciale di Milano (sent. n. 3509/2017), affermando che dal mancato rispetto dei termini consegue l'illegittimità dell'atto impositivo, in mancanza di ragioni di urgenza che giustifichino la deroga alla previsione di legge, considera obbligatorio il contraddittorio endoprocedimentale (ossia effettuato prima dell'emanazione dell'atto impositivo) non solo per le **verifiche in loco** (accessi, ispezioni e verifiche) ma anche per tutti gli **accertamenti a tavolino**.

A favore di questa interpretazione estensiva della norma, la Commissione ricorda come la giurisprudenza sia giunta ad affermare che il verbale, a cui il citato art. 12, c. 7, fa riferimento, includa tutte le possibili tipologie di verbali che concludono le operazioni di controllo dell'amministrazione finanziaria. E un onere di verbalizzazione sussiste non solo in caso di accessi, ispezioni e verifiche nei locali in cui si svolge l'attività, ma anche in caso di invito rivolto al contribuente a comparire e produrre documentazione.

Tale interpretazione estensiva va ravvisata nella necessità di assicurare una **corretta azione della pubblica amministrazione**, la quale, proprio grazie al contraddittorio, può valutare il proprio interesse non soltanto alla luce degli **elementi raccolti**, ma anche in base alle **osservazioni rese dal contribuente**. Se dunque questa è la corretta ratio della norma, non può non vedersi come essa debba applicarsi anche agli accertamenti a tavolino, dovendo anche in questa sede operare i principi costituzionali di buon andamento (e correttezza) dell'azione della PA (art. 97 Cost.).

La Commissione Tributaria Regionale Lombardia (sent. n. 2/27/2017) parimenti considera **necessario il contraddittorio endoprocedimentale**, non soltanto nel caso di contestazione di violazioni a seguito di accesso, ma anche nel caso degli accertamenti a tavolino. Pertanto, anche nelle ipotesi di verifiche svolte in ufficio, l'Amministrazione finanziaria è sempre tenuta a richiedere chiarimenti al contribuente e a osservare il termine dilatorio di 60 giorni prima di emettere l'avviso, a pena di nullità dell'atto impositivo.

Sempre la Commissione Tributaria Regionale della Lombardia (sent. 22 gennaio 2019, n. 322), non condividendo le conclusioni cui è giunta la Suprema Corte di Cassazione con la sentenza 9 dicembre 2015, n. 24823, afferma che il principio del necessario **contraddittorio endoprocedimentale** è da considerare un **principio immanente nell'ordinamento tributario** e rileva sia nel caso di contestazioni di fattispecie elusive a carico dei contribuenti, sia nel caso dei cosiddetti accertamenti a tavolino, sia, infine, con riguardo a qualsivoglia pretesa impositiva concernente tributi erariali o locali.

Il contraddittorio, elemento essenziale e imprescindibile ai fini della regolarità della condotta dell'Amministrazione, è posto a garanzia e tutela del contribuente. La giurisprudenza comunitaria ne ha esaltato l'importanza, quale principio di civiltà giuridica (una su tutti sentenza Sopropè). La sua principale funzione è quella di consentire, al soggetto potenzialmente inciso da un atto pregiudizievole, previo invito, a dare chiarimenti ed a esporre le proprie ragioni prima dell'adozione del provvedimento finale. Spetta unicamente al giudice nazionale il compito di verificare se, considerato il periodo intercorso tra il momento in cui l'**amministrazione interessata** ha ricevuto le osservazioni e la data in cui ha assunto la propria decisione, sia possibile o meno ritenere che essa abbia **tenuto debitamente conto delle osservazioni** che le sono state trasmesse.

La Corte costituzionale, ha dichiarato **manifestamente inammissibile** la questione di legittimità sull'art. 12, c. 7 della Legge n. 212/2000, nella parte in cui circoscrive la necessità di formazione del processo verbale di constatazione alle ipotesi in cui sia stato effettuato un accesso esterno da parte dei verificatori (ord. 13 luglio 2017, n. 187).

L'avviso di accertamento che non menzioni le osservazioni del contribuente (art. 12, c. 7, Legge n. 212/2000), è valido, atteso che, da un lato, la nullità consegue solo alle **irregolarità** per le quali sia espressamente prevista dalla legge, oppure da cui derivi una **lesione di specifici diritti o garanzie** tali da impedire la produzione di ogni effetto e, dall'altro lato, l'Amministrazione finanziaria ha l'obbligo di valutare tali osservazioni, ma non di esplicitare detta valutazione nell'atto impositivo (Cass. n. 1778/2019).

ACCERTAMENTO E RISCOSSIONE

CASO 6 - Avviso di accertamento emesso prima dello spirare dei 60 giorni dalla consegna del PVC, ma notificato successivamente a tale data

L'avviso di accertamento **sottoscritto prima dei 60 giorni è illegittimo** anche se notificato oltre tale termine. Ai fini del rispetto del diritto di contraddittorio vale la data di emissione dell'atto e non la sua consegna al contribuente (Cass. ord. 25 ottobre 2019, n. 27415).

Secondo l'orientamento consolidato, l'atto impositivo sottoscritto dal funzionario dell'ufficio in data anteriore alla scadenza del termine dilatorio di 60 giorni previsto dalla norma (art. 12, c. 7, Legge n. 212/2000) è illegittimo **anche se notificato successivamente**. La norma tende a garantire il contraddittorio procedimentale consentendo al contribuente di far valere le sue ragioni quando l'atto impositivo è ancora in fieri. La notificazione, invece, rappresenta solo lo strumento per l'efficacia dell'atto amministrativo emanato.

Pertanto, ai fini del rispetto delle disposizioni sul contraddittorio preventivo obbligatorio nell'ipotesi di accertamento conseguente a verifica presso la sede, ha rilievo la data di emissione dell'atto e non la data di notifica.

La **nullità** conseguente alla violazione dell'art. 12, c. 7, Legge n. 212/2000 non necessità della cosiddetta prova di resistenza e pertanto il **contribuente non è tenuto a evidenziare le ragioni** che non ha potuto rappresentare per la mancanza del contraddittorio. Detta nullità, espressamente prevista, concerne qualsiasi tributo e non soltanto quelli armonizzati. In assenza, invece, di una sanzione espressa di nullità:

- **per i tributi armonizzati**, per cui il contraddittorio preventivo va fatto anche in assenza di accesso, occorre la prova di resistenza;
- **per i tributi non armonizzati**, non sussiste un obbligo generalizzato di contraddittorio, e quindi non sussiste illegittimità.

CASO 7 - Il PVC della polizia giudiziaria non fa scattare i 60 giorni dalla consegna del verbale di constatazione

L'obbligo di rispettare il termine di 60 giorni dalla consegna del verbale di constatazione opera unicamente in presenza di accessi eseguiti ai fini tributari.

Nel caso in cui la verifica derivi da indagini penali, avviate dalla Procura nel cui ambito venivano svolte perquisizioni e sequestri, non opera l'obbligo di rispettare il termine di 60 giorni dalla consegna del verbale di constatazione (Cass. 18 ottobre 2021, n. 28730).

Nuovo contraddittorio preventivo - Dal **1° luglio 2020**, l'Amministrazione finanziaria, fuori dei casi in cui sia stata rilasciata copia del processo verbale di chiusura delle operazioni da parte degli organi di controllo, **prima di emettere un avviso di accertamento**, deve **notificare l'invito a comparire** per l'avvio del procedimento di definizione dell'accertamento (art. 5-ter, D.Lgs. n. 218/1997).

La disposizione va intesa nel senso che, in presenza di un processo verbale "di chiusura delle operazioni" redatto da parte degli organi di controllo, l'ufficio non è tenuto, obbligatoriamente, ad avviare il procedimento con adesione. La ragione della deroga risiede nel fatto che, in tale caso, il contribuente beneficia già della specifica garanzia prevista dall'art. 12, c. 7, Legge n. 212/2000 (Statuto dei diritti del contribuente).

Restano **esclusi dall'invito** obbligatorio:

- avvisi di accertamento parziale (art. 41-bis, D.P.R. n. 600/1973);
- gli avvisi di rettifica parziale (art. 54, c. 3-4, D.P.R. n. 633/1972);
- i casi di **particolare urgenza** e le ipotesi di fondato pericolo per la riscossione;
- altri casi di partecipazione del contribuente prima dell'emissione di un avviso di accertamento (art. 10, c. 3-bis, Legge n. 146/1998; art. 9-bis, c. 16, D.L. n. 50/2017; art. 39, D.P.R. n. 600/1973; art. 55, D.P.R. n. 633/1972; art. 38, c. 4, D.P.R. n. 600/1973; art. 10-bis, c. 6 e 7, Legge n. 212/2000 ecc.).

Esempio

Giustificano le **ragioni d'urgenza**:

- il pericolo derivante da reiterate violazioni che comportino l'obbligo di denuncia per reati tributari (Cass., Sez. V, 22 gennaio 2020, n. 1289, Sez. V, 18 luglio 2014, n. 16478 e Sez. V, 5 febbraio 2014, n. 2587);
- una circostanza imprevedibile e sopravvenuta che impone una stretta tempistica per gli adempimenti dell'amministrazione finanziaria (Cass., Sez. VI, 23 luglio 2015, n. 15547).

Le ragioni che giustificano l'**urgenza** e il **fondato pericolo** devono essere specificatamente motivate nell'atto.
In riferimento all'IVA, tributo armonizzato, è prevista l'esclusione dell'invito obbligatorio solo con riferimento agli accertamenti parziali basati su elementi "certi e diretti" (art. 54, c. 3, D.P.R. n. 633/1972), che non presuppongono ricostruzioni induttive o utilizzo delle presunzioni.

> Secondo il recente orientamento della Cassazione, per i **tributi armonizzati**, **non trovano applicazione** le ragioni di urgenza idonee a legittimare la notifica dell'avviso prima del decorso del termine dei 30 giorni dalla notifica o dal rilascio all'operatore del processo verbale di constatazione (Cass. 29 ottobre 2020, n. 23858).
> In materia di tributi armonizzati è espressamente sancito l'**obbligo di attivazione del contraddittorio endoprocedimentale**, pena l'invalidità dell'atto emesso in violazione.
> La Corte di Giustizia ne ha individuato lo specifico fondamento non soltanto negli artt. 47 e 48 della Carta dei diritti fondamentali dell'Unione europea (che garantiscono il rispetto dei diritti della difesa, nonché il diritto a un processo equo in qualsiasi procedimento giurisdizionale), ma anche nell'art. 41, il quale assicura il diritto a una buona amministrazione.
> Secondo i giudici europei, infatti, è diritto di ogni individuo di essere ascoltato prima che nei suoi confronti venga adottato un provvedimento individuale lesivo (Corte di Giustizia 18 dicembre 2008, causa C-349/07, Sopropé; Corte di Giustizia 3 luglio 2014, causa C-129/13 e C-130/13, Kamino; Corte di Giustizia 20 dicembre 2017, causa C-276/16, Prequ).

Nonostante le predette preclusioni, l'Agenzia delle Entrate, considerando l'obbligo di contraddittorio preventivo uno strumento atto a rafforzare l'intero impianto del procedimento accertativo, incentiva gli uffici, ove possibile, alla valorizzazione di tale strumento anche nelle ipotesi accertative per le quali lo stesso non è obbligatoriamente previsto. In tali ipotesi, tuttavia, precisa che l'assenza del contraddittorio preventivo non determinerà l'invalidità dell'avviso di accertamento espressamente prevista dall'art. 5-ter, c. 5, D.Lgs. n. 218/1997 (circ. 22 giugno 2020, n. 17/E).
Non essendo obbligatoria la partecipazione del contribuente al procedimento, è opportuno precisare che la **mancata risposta all'invito dell'ufficio**, pur determinando l'impossibilità per il contribuente di avvalersi dell'accertamento con adesione dopo la notifica dell'atto impositivo preceduto dall'invito, **non è sanzionabile**. In tale caso l'ufficio sarà libero di procedere alla notifica degli avvisi di accertamento sulla base delle informazioni di cui dispone.

> Difficilmente per le richieste degli uffici effettuate successivamente all'invito (art. 5, D.Lgs. n. 218/1997) possono configurarsi gli estremi del c.d. **rifiuto di esibizione**, che comporta l'inutilizzabilità dei documenti non esibiti e dei dati non forniti.
> Tale istituto (art. 32, D.P.R. n. 600/1973) riguarda infatti **solo la fase di verifica fiscale** e non la fase di accertamento con adesione (sia pure ante accertamento). Può tuttavia accadere che il funzionario inviti la parte, in modo circostanziato, attestando, a verbale, gli effetti del rifiuto a esibire un certo documento o a fornire una specifica informazione.

Mancata adesione - Obbligo di motivazione rafforzata

Se l'**adesione non viene stipulata**, l'avviso di accertamento deve essere specificatamente motivato in relazione ai chiarimenti forniti e ai documenti prodotti dal contribuente nel corso del contraddittorio. Non è sufficiente una valutazione degli elementi forniti dal contribuente: dovranno essere specificatamente argomentate, in motivazione, le ragioni del relativo mancato accoglimento, in modo da rendere intellegibile l'iter seguito per addivenire alla determinazione della pretesa tributaria.

Mancato avvio del contraddittorio

Il mancato avvio del nuovo contraddittorio preventivo comporterà l'invalidità dell'avviso di accertamento qualora il contribuente riesca a fornire la c.d. **prova di resistenza**, ossia dimostri in concreto, in sede di impugnazione dell'atto, le ragioni che avrebbe potuto far valere se il contraddittorio fosse stato correttamente attivato.
In questi ultimi casi, l'invalidità dell'avviso di accertamento, emesso senza aver prima proceduto ad invitare il contribuente al contraddittorio obbligatorio, è rimessa alla valutazione del giudice tributario a cui è demandato stabilire, in sede di impugnazione, se l'osservanza di tale obbligo avrebbe potuto comportare un risultato diverso.
Tale previsione si riporta a quanto già previsto dalla giurisprudenza di legittimità sia per i tributi armonizzati (Cass., SS.UU., n. 24823/2015) sia, recentemente, per i tributi non armonizzati (Cass. n. 701/2019).

ACCERTAMENTO E RISCOSSIONE

Giurisprudenza richiamata, peraltro dalla stessa circ. n. 17/E, emessa dall'Agenzia delle Entrate il 22 giugno 2020.

Ambito applicativo - L'invito di cui all'art. 5-ter è applicabile esclusivamente per la definizione degli accertamenti in materia di:

- imposte sui redditi e relative addizionali;
- contributi previdenziali;
- ritenute;
- imposte sostitutive;
- imposta regionale sulle attività produttive;
- imposta sul valore degli immobili all'estero;
- imposta sul valore delle attività finanziarie all'estero e imposta sul valore aggiunto.

Questo in quanto l'art. 5-ter è stato inserito del Capo II del D.Lgs. n. 218/1997, concernente la definizione dei soli accertamenti nelle imposte sui redditi e nell'IVA. Ne consegue che gli atti relativi alle altre imposte indirette, suscettibili di adesione (imposte sulle successioni e donazioni, registro, ipotecarie e catastali), incluse nel Capo III del D.Lgs. n. 218/1997, non sono interessate dalle norme sul contraddittorio preventivo.

Proroga dei termini - Qualora tra la data di comparizione, indicata nell'invito notificato al contribuente dall'ufficio, e quella di decadenza dell'attività di controllo (artt. 43, D.P.R. n. 600/1973, e 57, D.P.R. n. 633/1972) intercorrono meno di 90 giorni, il termine di decadenza per la notificazione dell'atto impositivo è automaticamente **prorogato di 120 giorni.**

La proroga di 120 giorni si applica, quindi, non solo ai casi in cui l'ufficio è obbligato ad avviare l'iter dell'accertamento ai sensi dell'art. 5-ter, ma anche a tutte le ipotesi in cui l'ufficio abbia ritenuto opportuno avviarlo facoltativamente, in base agli elementi a sua disposizione (art. 5, D.Lgs. n. 218/1997).

Presupposti di operatività della proroga sono:

- la notifica di un invito a comparire per la definizione dell'accertamento;
- un intervallo inferiore a 90 giorni tra la data di comparizione indicata nell'invito e quella di decadenza dell'amministrazione dal potere di notificazione dell'atto impositivo, prescindendo dalla circostanza in base alla quale vi sia o meno un obbligo per l'ufficio di avviare l'iter dell'adesione.

Esempio

Il contribuente riceve un invito la cui data di comparizione è fissata dopo il 3 ottobre dell'anno n, con riferimento ad un periodo di imposta il cui termine di decadenza per l'accertamento è previsto per il 31 dicembre del medesimo anno n (pari a meno di 90 giorni). L'accertamento con adesione non si è perfezionato. L'ufficino può notificare l'avviso di accertamento oltre il termine "ordinario" di decadenza, beneficiando della proroga di 120 giorni che iniziano a decorrere dal 1° gennaio dell'anno n+1 (entro il 29 o 30 aprile dell'anno n+1, a seconda che l'anno sia, rispettivamente, bisestile o meno).

Avviso di accertamento preceduto da invito - Il procedimento con adesione può essere attivato su istanza del contribuente a seguito della notifica di un avviso di accertamento, soltanto nel caso in cui quest'ultimo non sia stato preceduto da un invito a comparire per il contraddittorio con l'ufficio previsto dall'art. 5, D.Lgs. n. 218/1997.

Tale preclusione, già prevista per l'invito attivato dagli uffici in via facoltativa, è stata estesa anche all'**avviso di accertamento preceduto dall'invito** di cui all'art. 5-ter, D.Lgs. n. 218/1997 (circ. 22 giugno 2020, n. 17/E).

Proposta della Commissione interministeriale per la riforma della giustizia tributaria

Nel quadro normativo e giurisprudenziale così delineato si inserisce la proposta della Commissione interministeriale, consistente in:

- inserimento nello Statuto dei diritti del contribuente di un nuovo articolo 6-bis, rubricato "Diritto del contribuente al contraddittorio", contenente il generale diritto del contribuente a partecipare al procedimento amministrativo diretto alla emissione di un atto di accertamento o di riscossione del tributo. L'atto emesso in violazione di tale diritto sarebbe nullo;
- limitazione della preclusione derivante dagli accertamenti parziali a quei soli accertamenti che siano fondati esclusivamente su dati in possesso dell'anagrafe tributaria.

DICHIARAZIONE ANNUALE 71.3.

Con la **dichiarazione annuale**, prevista in materia di IVA, imposte sui redditi ed IRAP, il soggetto porta a conoscenza dell'Agenzia delle Entrate la propria situazione fiscale complessiva (ricavi, costi, redditi, base imponibile, imposta dovuta, detrazioni, deduzioni, ecc.).

> Il contribuente può **rettificare** la propria dichiarazione **sia a favore che a sfavore** - fatta salva l'applicazione delle sanzioni e le disposizioni del ravvedimento operoso - entro i termini di decadenza dell'azione di accertamento (art. 2, c. 8 e 8-bis, D.P.R. n. 322/1998).
> La giurisprudenza di legittimità ammette tale facoltà **anche in sede contenziosa** (Cass. 30 giugno 2017, n. 16286).

Le dichiarazioni, sia a favore che e a sfavore del contribuente, possono ora essere **presentate entro i termini** di **decadenza** dell'**azione di accertamento** di cui all'art. 43, D.P.R. n. 600/1973 (chiarimento Agenzia delle Entrate nel corso dell'incontro con la stampa specializzata del 1° febbraio 2018).
Analoga previsione è contenuta nell'art. 8, D.P.R. n. 322/1998, ai fini IVA.
Tuttavia, le richiamate disposizioni prevedono che, mentre il credito derivante dalla dichiarazione integrativa a favore, presentata entro il termine di presentazione della dichiarazione relativa all'anno d'imposta successivo, può essere **utilizzato** in compensazione già a partire **dal giorno successivo all'integrazione**, quando la dichiarazione integrativa a favore è presentata oltre detto termine (c.d. integrative "ultrannuali"), il maggior credito d'imposta ivi emergente può essere utilizzato in compensazione ai sensi dell'art. 17, D.Lgs. n. 241/1997, solo per eseguire il versamento di debiti maturati a partire dal periodo d'imposta successivo a quello in cui è stata presentata l'integrativa (art. 2, c. 8-bis e art. 8, c. 6-quater, D.P.R. n. 322/1998).
Ciò detto, il limite temporale all'utilizzo in compensazione dei maggiori crediti emergenti dalle dichiarazioni "ultrannuali" non può essere superato attraverso l'**integrazione "a catena"** di tutte le dichiarazioni, a partire da quella in cui è stato commesso l'errore fino all'ultima dichiarazione utile.

Riliquidazione

Tutte le dichiarazioni presentate dai contribuenti (persone fisiche, giuridiche o Enti) sono **riliquidate** dall'Amministrazione finanziaria, in modo automatizzato, allo scopo di controllarne la **correttezza formale**, l'esistenza di errori materiali o di calcolo, di detrazioni d'imposta non spettanti, il corretto e tempestivo versamento delle imposte dovute, ecc.
L'attività di riliquidazione viene effettuata dopo la fase di presentazione della dichiarazione, prima dell'attività di controllo (solo eventuale) da parte dell'Amministrazione finanziaria.

Precompilata IVA

A partire dalle **operazioni IVA effettuate dal 1° luglio 2021** (art. 4, D.Lgs. n. 127/2015), in via sperimentale, nell'ambito di un programma di assistenza on line basato sui dati delle operazioni acquisiti con le fatture elettroniche e con le comunicazioni delle operazioni transfrontaliere, nonché sui dati dei corrispettivi acquisiti telematicamente, è previsto che l'Agenzia delle Entrate metta a disposizione dei soggetti passivi IVA residenti e stabiliti in Italia, in apposita area riservata del proprio sito internet, le bozze dei seguenti documenti (art. 16, D.L. n. 124/2019):

a. **registri** (artt. 23 e 25, D.P.R. n. 633/72);
b. **comunicazioni delle liquidazioni periodiche** dell'IVA.

> A partire dalle operazioni IVA effettuate dal 1° gennaio 2022, in via sperimentale, l'Agenzia delle Entrate mette a disposizione anche la bozza della dichiarazione annuale dell'IVA (art. 4, c. 1-bis, D.Lgs. n. 127/2015).

Per i soggetti passivi IVA che **convalideranno** o, eventualmente, integreranno le informazioni proposte dall'Agenzia delle Entrate, **verrà meno l'obbligo di tenuta dei registri delle fatture acquisti e vendite** (artt. 23 e 25, D.P.R. n. 633/1972), fatta salva la tenuta del registro incassi e pagamenti (art. 18, c. 2, D.P.R. n. 600/1973).
L'**obbligo di tenuta dei registri ai fini IVA** permane per i soggetti che hanno deciso di tenere i registri ai fini dell'imposta sul valore aggiunto senza **operare le annotazioni** relative a incassi e pagamenti (art. 18, c. 5, D.P.R. n. 600/1973).

ACCERTAMENTI IVA 71.4.

Controllo formale della dichiarazione 71.4.1.

L'Amministrazione finanziaria, entro il 31 dicembre del secondo anno successivo a quello di presentazione, procede al controllo formale delle dichiarazioni. Tale controllo implica una ridotta attività amministrativa in cui può essere richiesta l'esibizione di documenti giustificanti determinate voci della dichiarazione. Il procedimento può essere così schematizzato:

- controllo formale della dichiarazione
- invio della "comunicazione bonaria"
- eventuale contraddittorio tra Agenzia delle Entrate e contribuente
- iscrizione a ruolo delle somme
- notifica della cartella di pagamento ad opera dell'Agente della Riscossione

Se vi è pericolo per la riscossione, l'ufficio può provvedere, anche prima della presentazione della dichiarazione annuale, a controllare la tempestiva effettuazione dei versamenti dell'imposta (art. 54-bis, D.P.R. n. 633/1972).

Contribuenti sottoposti a controllo formale

L'attività non riguarda la totalità dei contribuenti poiché è limitata ai soggetti emergenti dai criteri selettivi all'uopo fissati.
Infatti, i controlli sono eseguiti tenendo nella dovuta considerazione i criteri selettivi fissati dal Ministero dell'Economia e delle Finanze, nonché specifiche **analisi di rischio evasione**.

Esito dei controlli

Quando dai **controlli automatici** emerge un risultato diverso rispetto a quello indicato nella dichiarazione, l'esito della liquidazione è comunicato al contribuente mediante **avviso bonario** o **avviso di pagamento**. Qualora a seguito della comunicazione il contribuente rilevi eventuali dati o elementi non considerati o valutati erroneamente nella liquidazione dei tributi, lo stesso può fornire i chiarimenti necessari all'Amministrazione finanziaria entro i 30 giorni successivi al ricevimento della comunicazione. Nell'ipotesi in cui l'Amministrazione ritenga fondati i rilievi del contribuente dovrà **rideterminare, in sede di autotutela, le somme dovute**.

Le somme dovute a seguito dei controlli automatici ovvero dei controlli eseguiti dall'Ufficio ai sensi dell'art. 54-bis, D.P.R. n. 633/1972, sono iscritte direttamente nei ruoli a titolo definitivo (art. 2, D. Lgs. n. 462/1997).

L'iscrizione a ruolo non è eseguita, in tutto o in parte, se il contribuente provvede a pagare le somme dovute **entro 30 giorni dal ricevimento dell'avviso bonario** ovvero della comunicazione definitiva contenente la rideterminazione in sede di autotutela delle somme dovute, a seguito dei chiarimenti forniti dal contribuente. In tal caso, l'ammontare della sanzione è ridotto ad un terzo (**definizione agevolata**).

Presentazione di documenti

Qualora l'Ufficio, con la notifica della comunicazione, richieda **al contribuente la presentazione di documenti** o chiarimenti, il contribuente stesso è sempre ammesso a definire in via agevolata la violazione, con il versamento in misura ridotta della sanzione entro 30 giorni dal ricevimento della comunicazione definitiva (la quale potrebbe confermare o modificare la comunicazione originaria).
Qualora, a seguito della comunicazione originaria, il **contribuente presenti spontaneamente documenti o chiarimenti** per contestare le risultanze del controllo formale, facendo quindi spirare il termine di 30 giorni per la definizione agevolata, il soggetto potrà essere riammesso al versamento agevolato solo nell'ipotesi in cui l'Ufficio, in sede di autotutela, accolga l'istanza di parte, riducendo l'imposta dovuta. In caso contrario, qualora cioè l'Ufficio ribadisca la comunicazione originaria, il contribuente non sarà più ammesso al versamento in misura ridotta.

Per il versamento dell'IVA, degli **interessi** (calcolati dal giorno successivo a quello di scadenza del versamento fino all'ultimo giorno del mese antecedente quello di elaborazione automatizzata della comunicazione - circ. 18 maggio 2000, n. 100/E) e della **sanzione ridotta** deve essere utilizzato il Mod. F24 (si ricorda che il versamento da parte dei soggetti titolari di partita IVA deve essere obbligatoriamente effettuato utilizzando il Modello di versamento F24 on line).

È ammessa la **compensazione** delle somme dovute con eventuali crediti tributari o contributivi (art. 17, D.Lgs. n. 241/1997 e circ. 27 aprile 2000, n. 83/E).

Le **cartelle di pagamento** emesse ai sensi dell'art. 54-bis, D.P.R. n. 633/1972, sono **atti impositivi** e costituiscono il primo atto ricevuto dal contribuente, nel quale si manifesta la pretesa tributaria. Per questo motivo, le stesse, sono impugnabili per vizi propri.

CASO 8 - Richiesta di documentazione a pochi giorni dall'accertamento

Qualora intercorra un eccessivo lasso di tempo fra l'invio del questionario e la richiesta di ulteriore documentazione, accompagnata dalla successiva emissione, a soli 10 giorni di distanza, dell'atto accertativo, risultano violati i principi generali di buona fede e di leale collaborazione, introdotti nell'ordinamento tributario tramite il principio del legittimo affidamento di cui all'art. 10, c. 1 della Legge n. 212/2000. Tale condotta, infatti, rende impossibile l'espletamento di un effettivo contraddittorio endoprocedimentale, non essendo sufficiente a tali fini la mera convocazione del contribuente per la richiesta di informazioni preordinate ad effettuare l'accertamento induttivo (CTP Reggio Emilia 17 giugno 2020, n. 146).

Rateazione delle somme

Le somme dovute in base all'**avviso bonario** notificato al contribuente possono essere versate in forma rateizzata.

Le rate hanno cadenza trimestrale e le somme dovute possono essere versate in un numero massimo di **otto rate trimestrali di pari importo**, ovvero, se **superiori a 5.000** euro, in un numero massimo di **venti rate trimestrali di pari importo** (art. 3-bis, D.Lgs. n. 462/1997).

L'importo della prima rata deve essere versato **entro** il termine di **30 giorni** dal ricevimento della comunicazione.

Sull'importo delle rate successive sono dovuti gli **interessi** calcolati dal primo giorno del secondo mese successivo a quello di elaborazione della comunicazione. Le rate trimestrali nelle quali il pagamento è dilazionato, scadono l'**ultimo giorno di ciascun trimestre**.

In caso di rateazione (art. 3-bis, D.Lgs. n. 462/1997), il mancato pagamento della prima rata entro il termine di 30 giorni dal ricevimento della comunicazione, ovvero di una delle rate diverse dalla prima entro il termine di pagamento della rata successiva, comporta la **decadenza dal beneficio** della rateazione e l'iscrizione a ruolo dei residui importi dovuti a titolo di imposta, interessi e sanzioni in misura piena (art. 15-ter, D.P.R. n. 602/1973).

Il **ritardato pagamento** di una delle rate diverse dalla prima, entro il termine per il versamento della rata successiva, non comporta la decadenza dalla rateazione.

In caso di **tardivo pagamento di una rata diversa dalla prima** entro il termine di pagamento della rata successiva, si procede all'iscrizione a ruolo dell'eventuale frazione non pagata, della sanzione (art. 13, D.Lgs. n. 471/1997), commisurata all'importo non pagato o pagato in ritardo e dei relativi interessi.

Sanzione per ritardato pagamento

Le sanzioni per ritardato pagamento sono riassunte nella tabella che segue.

Ritardo	Sanzione
Contenuto entro 90 giorni	La sanzione del **30%** è **ridotta alla metà**
Contenuto entro 15 giorni	La sanzione del **15%** è ulteriormente **ridotta** a un importo pari a **1/15** per ciascun giorno di ritardo, **pari all'1%** per ciascun giorno di ritardo.
Svolgimento della procedura: l'iscrizione a ruolo non è eseguita se il contribuente si avvale del ravvedimento, entro il termine di pagamento della rata successiva ovvero, in caso di ultima rata o di versamento in unica soluzione, entro 90 giorni dalla scadenza (art. 15-ter, c. 6, D.P.R. n. 602/1973).	

CASO 9 - Omesso o tardivo versamento della terza rata

Si supponga un piano di rateazione che prevede il versamento di euro 1.000 al 31 gennaio (terza rata) e di euro 1.000 entro il 30 aprile (quarta rata).

L'omesso versamento della terza rata entro il 30 aprile, comporta la decadenza dal beneficio della rateazione e l'iscrizione a ruolo dei residui importi dovuti a titolo di imposta, interessi e sanzioni in misura piena.

Il tardivo versamento della terza rata eseguito comunque entro il 30 aprile, comporta l'applicazione della sanzione del 15% (150,00 euro) sull'importo versato in ritardo (entro 90 giorni), oltre ai relati-

ACCERTAMENTO E RISCOSSIONE

vi interessi, mediante iscrizione a ruolo (se l'importo versato fosse inferiore alla somma dovuta, l'Ufficio procederebbe a iscrizione a ruolo anche dell'eventuale frazione non pagata).
Se il ritardo fosse contenuto entro 15 giorni, la sanzione applicabile sarebbe pari a 10 euro (1/15 di 150,00) per ogni giorno di ritardo.

Regolarizzazione delle violazioni - In caso di tardivo versamento della rata il contribuente potrebbe regolarizzazione la violazione mediante versamento dell'importo dovuto e dei relativi interessi, e il pagamento della sanzione ridotta (art. 13, D.Lgs. n. 472/1997).
Il ravvedimento deve avvenire:

- **entro** il termine di **pagamento della rata successiva**;
- in caso di **inadempimento** relativo alla totalità delle somme dovute o all'ultima rata, **entro 90 giorni dalla scadenza**.

Si tratta di un ravvedimento operoso, con riduzione della sanzione da tardivo versamento a 1/10 o a 1/9.

Caratteristiche	Rate
Rate (sino a 5.000 euro)	8 trimestrali
Rate (oltre i 5.000 euro)	20 trimestrali
Decadenza	Mancato pagamento prima rata o di una rata successiva non sanata entro il termine di pagamento della rata successiva (salvo il lieve inadempimento)
Compensazione	Ammessa
Interessi da rateazione	3,5% annuo

È **esclusa** la **decadenza** in caso di lieve inadempimento dovuto a:

- **insufficiente versamento della rata**, per una frazione **non superiore al 3%** e, in ogni caso, a 10.000 euro;
- **tardivo versamento della prima rata**, **non superiore a 7 giorni** (art. 15-ter, c. 3, D.P.R. n. 602/1973).

In tali casi, si procede all'**iscrizione a ruolo** della somma non pagata con applicazione della relativa **sanzione del 30%** commisurata all'importo non versato o pagato in ritardo e dei relativi interessi (art. 13, D.Lgs. n. 471/1997).
Parimenti si procede in caso di **tardivo pagamento di una rata successiva alla prima**, ove la tardività sia contenuta entro il termine per il versamento della rata successiva.
La disposizione si applica anche con riguardo al versamento in unica soluzione delle somme dovute a seguito di controllo formale (art. 15-ter, c. 4, D.P.R. n. 602/1973).

Notifica

La **cartella di pagamento** per l'iscrizione a ruolo deve essere notificata al contribuente, a pena di **decadenza, entro il 31 dicembre** (art. 25, D.P.R. n. 602/1973):

- **del terzo anno successivo** a quello di presentazione della dichiarazione, ovvero a quello di scadenza del versamento dell'unica o ultima rata se il termine per il versamento delle somme risultanti dalla dichiarazione scade oltre il 31 dicembre dell'anno in cui la dichiarazione è presentata, per le somme che risultano dovute a seguito dell'attività di liquidazione (art. 36-bis, D.P.R. n. 600/73). Del quarto anno successivo a quello della presentazione della dichiarazione del sostituto d'imposta;
- del **quarto anno successivo** a quello di presentazione della dichiarazione, per le somme che risultano dovute a seguito dell'attività di controllo formale (art. 36-ter, D.P.R. n. 600/73);
- del **secondo anno** successivo a quello in cui l'accertamento è divenuto definitivo, per le somme dovute in base agli accertamenti dell'ufficio;
- del **terzo anno** successivo a quello di scadenza dell'ultima rata del piano di rateazione per le somme dovute a seguito degli inadempimenti nei pagamenti delle somme dovute a seguito dell'attività di controllo (art. 15-ter, D.P.R. n. 603/73).

Tali termini (art. 25, D.P.R. n. 602/1973), sono applicabili anche in materia di IVA (ai sensi dell'art. 23, D.Lgs. n. 46/1999).
I **termini** menzionati, essendo decadenziali, **non possono in alcun modo essere interrotti**, ferma restando, naturalmente, l'eventualità di una loro proroga ad opera del legislatore.

ACCERTAMENTO E RISCOSSIONE

Per effetto dell'emergenza epidemiologica Covid-19 sono state introdotte disposizioni emergenziali di proroga dei termini (➡74.).

Violazioni formali

Qualora dal controllo formale emergano soltanto **violazioni formali**, che non comportino una maggiore imposta da versare, il contribuente riceve l'atto di contestazione, con il quale l'Ufficio applica al soggetto passivo le sanzioni (D.Lgs. n. 472/1997).
Contro i predetti provvedimenti è ammesso ricorso alla competente Commissione tributaria provinciale.

Controllo automatizzato sui soggetti identificati in Italia

Per i soggetti identificati in Italia che effettuano servizi di telecomunicazione, di teleradiodiffusione ed elettronici sono previsti:
- specifiche tipologie di controllo (art. 54-ter, D.P.R. n. 633/1972);
- un regime speciale per servizi resi **da soggetti non UE a committenti** non soggetti passivi d'imposta **domiciliati**, ovvero **residenti nell'UE**, stabilendo che questi possono identificarsi in Italia (art. 74-quinquies, D.P.R. n. 633/1972), per l'assolvimento degli obblighi in materia di IVA.

Modalità

È necessario presentare apposita richiesta all'ufficio competente dell'Agenzia delle Entrate, il quale comunica al soggetto richiedente il numero di identificazione attribuito.
Tali soggetti sono tenuti a presentare, per ciascun trimestre dell'anno solare ed **entro il giorno 20 del mese successivo al trimestre di riferimento**, anche in mancanza di operazioni, una dichiarazione dalla quale risultino il numero di identificazione, l'ammontare delle prestazioni effettuate nel periodo di riferimento, distintamente per ciascuno Stato membro di domicilio o residenza dei committenti, le aliquote applicate, l'ammontare dell'imposta (art. 74-quinquies, c. 6, D.P.R. n. 633/1972).
Entro il termine di cui sopra, i soggetti passivi devono effettuare il versamento dell'IVA dovuta in base alla dichiarazione trimestrale (art. 74-quinquies, c. 9, D.P.R. n. 633/1972).
Entro il 10° giorno successivo alla scadenza di cui sopra, l'Agenzia delle Entrate, sulla base dei dati e degli elementi desumibili dal portale telematico, verifica l'avvenuta presentazione della dichiarazione, nonché la rispondenza con la dichiarazione e la tempestività dei versamenti dell'imposta risultante dalla stessa (art. 54-ter, D.P.R. n. 633/1972).
L'Amministrazione finanziaria, qualora rilevi che la dichiarazione trimestrale non sia stata ancora trasmessa, inoltra al soggetto passivo un sollecito, così come nel caso in cui sia rilevato che l'imposta dovuta in base alla dichiarazione medesima non sia stata in tutto o in parte versata.
Qualora i soggetti interessati persistano a non osservare le norme relative al regime speciale (art. 74-quinquies, D.P.R. n. 633/1972), l'Amministrazione finanziaria emette provvedimento motivato di esclusione dal regime speciale, avverso il quale è ammesso ricorso secondo le disposizioni relative al contenzioso tributario.

Liquidazione dell'imposta

L'Amministrazione finanziaria, avvalendosi di procedure automatizzate, procede a:
- **correggere gli errori materiali e di calcolo** commessi dai contribuenti nella determinazione dell'imposta;
- **controllare** la rispondenza con la dichiarazione e la tempestività dei versamenti dell'imposta risultante dalla dichiarazione.

Esito del controllo

Quando dai controlli automatici eseguiti emerge un risultato diverso rispetto a quello indicato nella dichiarazione, l'esito del controllo è comunicato per via elettronica al contribuente entro il 31 dicembre del secondo anno successivo a quello di presentazione della dichiarazione. La comunicazione contiene l'**intimazione ad adempiere**, **entro 60 giorni dal ricevimento** della stessa, al pagamento dell'imposta o della maggiore imposta dovuta e non versata, della sanzione (art. 13, D.Lgs. n. 471/1997) e degli interessi (art. 20, D.P.R. n. 602/1973), calcolati fino al giorno in cui è effettuata la liquidazione.
In caso di **mancato pagamento** delle somme dovute entro il termine indicato, la comunicazione diviene titolo esecutivo ai fini della riscossione.
Qualora l'Amministrazione finanziaria verifichi, sulla base delle informazioni presenti nel sistema informativo dell'anagrafe tributaria, che il soggetto, non domiciliato o residente nel territorio dello Stato, **non dispone di fonti di reddito** o beni disponibili nel territorio nazionale, la riscossione delle somme contenute nella comunicazione potrà essere chiesta direttamente ad uno Stato estero attraverso la

cooperazione amministrativa per il recupero dei crediti (Direttiva n. 2010/24/UE del Consiglio del 16 marzo 2010 o altri accordi sulla reciproca assistenza in materia di riscossione dei crediti tributari comparabile a quella assicurata dalla citata Direttiva), in deroga alle disposizioni in materia di iscrizione a ruolo e senza l'affidamento in carico agli agenti della riscossione.
Qualora il contribuente rilevi eventuali dati o **elementi non considerati o valutati erroneamente** nella liquidazione dell'imposta, lo stesso può fornire per via elettronica i chiarimenti necessari all'Amministrazione finanziaria.
I dati contabili risultanti dalla liquidazione si considerano, a tutti gli effetti, come dichiarati dal contribuente.

71.4.2. Accertamento analitico

L'accertamento può definirsi analitico se viene effettuato mediante la rettifica delle singole componenti attive e passive che compongono il reddito d'impresa o di lavoro autonomo (art. 54, c. 2, D.P.R. n. 633/1972). Può essere definito anche "analitico contabile" o solo "contabile" in quanto, non presupponendo che la contabilità, nel suo complesso, sia considerata inattendibile, va a rettificare le singole risultanze della medesima.
L'**accertamento analitico** può distinguersi in:
- accertamento analitico **vero e proprio**;
- accertamento analitico **per presunzioni qualificate**;
- accertamento analitico **indipendente dalla previa ispezione della contabilità del contribuente**.

Accertamento analitico vero e proprio

L'**infedeltà** della dichiarazione **emerge in modo diretto da elementi o dati risultanti** dai **registri** o da altra **documentazione contabile** posta in essere dal contribuente (esempio: dal confronto tra i registri e la dichiarazione, tra i documenti elementari e le registrazioni, tra le notizie raccolte mediante inviti, questionari o accertamenti bancari e le registrazioni medesime, ecc.).

Accertamento analitico per presunzioni qualificate

Si ha quando l'ufficio accerta l'infedeltà della dichiarazione desumendo le omissioni e le false o inesatte indicazioni:
- avvalendosi delle **presunzioni legali** di cessioni e di acquisto (D.P.R. 10 novembre 1997, n. 441);
- avvalendosi di **presunzioni semplici**, purché questi siano **gravi, precise** e **concordanti**.

> Secondo la Corte di Cassazione la presunzione ha il valore autonomo di prova della pretesa fiscale e produce, quindi, l'effetto di **spostare sul contribuente l'onere della prova** contraria (Cass., Sez. V, 5 settembre 2015, n. 18766).

Presunzioni legali e presunzioni semplici

Le presunzioni legali sono quelle presunzioni il cui valore probatorio è riconosciuto dalla legge e che da sole sono sufficienti a legittimare la rettifica del reddito imponibile, addossando l'onere della prova contraria a carico del contribuente.
Caratteristiche principali:
- si risolvono in un notevole alleggerimento probatorio e procedimentale per l'Amministrazione finanziaria;
- pongono un vincolo all'attività valutativa del giudice;
- comprimono fortemente i poteri di difesa del contribuente;
- dove le presunzioni semplici comportano una valutazione caso per caso della gravità precisione concordanza (da svolgersi secondo i criteri generali di rilevanza ed ammissibilità), le presunzioni legali superano tale giudizio.

La prova contraria del contribuente è ammessa per le sole presunzioni legali "relative", mentre per quelle "assolute" non è ammessa prova contraria.
Le presunzioni semplici sono quelle che, di per sé sole, non possono fondare la rettifica del reddito imponibile di un contribuente, ma necessitano di ulteriori **elementi indiziari della presunta evasione** (salvo casi espressamente previsti dalla legge). L'Amministrazione finanziaria è tenuta, in queste ipotesi, a dimostrare la sussistenza di ulteriori elementi che possano servire a conferire il carattere della gravità, precisione e concordanza alla presunzione di maggior imponibile.
Partendo da un fatto noto, si giunge alla determinazione del fatto ignoto sintomatico di evasione. Il **fatto noto è quindi un elemento essenziale della presunzione semplice**. La sua mancanza determina l'inesistenza della presunzione stessa, a prescindere dalla sussistenza dei requisiti di gravità, precisione e concordanza. Il fatto noto deve essere quindi certo o oggettivamente determinabile.

CASO 10 - Fatto noto e modalità di contestazione

È fatto noto l'emissione di un assegno, il pagamento tramite carta di credito piuttosto che un determinato quantitativo di merce in magazzino. In virtù di ciò, qualora le circostanze lo consentano, è opportuno contestare la sussistenza del fatto noto in quanto, nel caso in cui si riuscisse a provare che l'accadimento posto alla base della presunzione non costituisce fatto "noto", cadrebbe la fondatezza della tesi erariale.

Gestione antieconomica

L'antieconomicità della gestione imprenditoriale ha assunto negli ultimi anni un ruolo centrale nell'attività di accertamento dell'Amministrazione finanziaria.

La presenza di una contabilità formalmente regolare, ma intrinsecamente inattendibile per l'antieconomicità del comportamento del contribuente, legittima l'accertamento in via induttiva (art. 54, c. 2 e 3, D.P.R. n. 633/1972), sulla base di **presunzioni semplici, purché gravi, precise e concordanti**, utilizzando le incongruenze tra i ricavi, i compensi ed i corrispettivi dichiarati e quelli desumibili dalle condizioni di esercizio della specifica attività svolta. Incombe sul contribuente l'onere di fornire la prova contraria e dimostrare la correttezza delle proprie dichiarazioni senza che sia sufficiente invocare l'apparente regolarità delle annotazioni contabili.

Qualora l'Amministrazione finanziaria dimostri l'antieconomicità manifesta e macroscopica dell'operazione, non riconosce il diritto alla detrazione dell'IVA "a monte". L'antieconomicità assume rilievo quale indizio di non inerenza della destinazione del bene o servizio all'utilizzo per operazioni assoggettate ad IVA.

L'onere di provare che l'operazione è **realmente esistente** ed **inerente all'attività** svolta grava sul contribuente.

CASO 11 - Il carattere antieconomico non sempre giustifica l'accertamento

Il carattere antieconomico nella gestione dell'impresa, che il contribuente non riesce a giustificare può avere quale conseguenza un accertamento analitico-induttivo. Qualora tuttavia il contribuente riesca a giustificare la ragione delle perdite, come ad esempio la crisi del principale committente dell'azienda, da cui è scaturita la necessità di una riconversione produttiva, l'accertamento deve essere annullato (Cass. 19 gennaio 2021, n. 751).

La valutazione in merito all'incongruità ovvero all'antieconomicità dei costi non può comportare di per sé l'esclusione del diritto alla detrazione dell'Iva assolta. Per escludere il diritto alla detrazione, l'Amministrazione finanziaria deve dimostrare l'"antieconomicità manifesta e macroscopica" dell'operazione, quale indizio di non veridicità della fattura e, conseguentemente, dell'operazione stessa ovvero la non inerenza del bene o servizio (Cass. 7 luglio 2021, n. 19212).

Accertamento analitico senza l'ispezione contabile

L'Ufficio può, in ogni caso, procedere alla rettifica della dichiarazione, indipendentemente dalla previa ispezione della contabilità del contribuente, qualora l'esistenza di operazioni imponibili per ammontare superiore a quello indicato nella dichiarazione, o l'inesattezza delle indicazioni relative alle operazioni che danno diritto alla detrazione, risulti in modo certo e diretto, e non in via presuntiva da:

- **verbali, questionari e fatture**;
- **elenchi allegati** alle dichiarazioni di altri contribuenti;
- **verbali relativi ad ispezioni** eseguite nei confronti di altri contribuenti;
- **altri atti e documenti** in suo possesso.

Motivazione

L'Ufficio deve indicare i criteri logici, le fonti di convincimento e le prove utilizzate per la ricostruzione del reddito in modo da permettere al contribuente l'esercizio del diritto di difesa.

L'obbligo motivazionale a carico dell'Ufficio può essere così riassunto nella tabella che segue.

Tipologia di accertamento	Obbligo di motivazione
Accertamento analitico vero e proprio	L'Ufficio dovrà **soltanto dimostrare la difformità sussistente tra la dichiarazione e gli elementi contabili-documentali che dimostrano l'infedeltà** (esempio: risultanze delle liquidazioni periodiche, registrazione delle fatture emesse, ecc.).
Accertamento analitico per presunzioni qualificate	L'ufficio dovrà dimostrare **la sussistenza e la fondatezza delle presunzioni**.

Tipologia di accertamento	Obbligo di motivazione
Accertamento analitico effettuato indipendentemente dalla previa ispezione della contabilità	L'ufficio dovrà dimostrare la **difformità tra la dichiarazione e gli atti e documenti in suo possesso** o risultanti dai mezzi istruttori sopra indicati (questionari, inviti, ecc.).
È sempre ammessa la prova contraria da parte del contribuente.	

Se nella motivazione degli atti dell'Amministrazione finanziaria si fa riferimento ad un altro atto, questo deve essere **allegato all'atto che lo richiama** (art. 7, c. 1, Legge n. 212/2000).

Posizione della giurisprudenza di legittimità - La giurisprudenza di legittimità si è, a più riprese, pronunciata in ordine ad avvisi di accertamento che richiamano nella parte motivazionale altri atti e, in particolare, processi verbali di constatazione.
In tali occasioni, è stato confermato l'orientamento, che può dirsi ormai definitivamente consolidato, secondo cui l'obbligo di motivazione dell'atto di accertamento può essere soddisfatto anche attraverso il **richiamo ad elementi risultanti da altri atti o documenti**. In questo caso occorre, tuttavia, che detti documenti siano allegati all'atto notificato; in alternativa, il contenuto essenziale di questi ultimi deve essere riportato nel provvedimento che lo richiama. In caso di inosservanza di tali disposizioni, l'accertamento è illegittimo poiché le ragioni della pretesa devono essere chiare al fine di garantire il diritto di difesa del contribuente. Nel rispetto del principio costituzionale di buona amministrazione, occorre che sia previamente esercitata un'azione amministrativa efficiente e congrua alle finalità della legge, per permettere di comprendere la effettiva ragione della decisione adottata (Cass. n. 6636/2016).

CASO 12 - Documenti citati nel PVC ma non allegati (omessa fatturazione)
È **illegittimo** l'avviso di accertamento con cui si contesta l'omessa fatturazione di operazioni imponibili nel momento in cui, sia nell'avviso di accertamento che nel PVC prodromico, siano stati citati ed elencati i documenti probatori posti a base della contestazione, ma gli stessi non siano successivamente prodotti in giudizio.
Questo in quanto, il giudice di merito non ha la possibilità di tenerne conto e, pertanto, non può essere annullata la sentenza da lui resa per omessa valutazione di una prova, nella misura in cui venga dimostrato che quella prova, che rappresenta un allegato al processo verbale di constatazione, non è presente agli atti di causa (Cass. ord. 24 agosto 2018, n. 21105).

CASO 13 - Documenti citati nel PVC ma non allegati (mancata tenuta della contabilità)
È **legittimo** l'avviso di accertamento con il quale si rileva la mancata tenuta della contabilità fiscale in presenza di attività imprenditoriale, nonostante la mancanza di allegazione della documentazione posta a fondamento, richiamata solo *per relationem* nel processo verbale di constatazione (Cass. ord. 18 ottobre 2018, n. 26107).
In tema di motivazione *per relationem* degli atti d'imposizione tributaria, l'art. 7, c. 1 dello Statuto del contribuente, nel prevedere che debba essere allegato all'atto dell'Amministrazione finanziaria ogni documento da esso richiamato in motivazione, si riferisce esclusivamente agli atti di cui il contribuente non abbia già integrale e legale conoscenza.

71.4.3. Accertamento parziale

L'Agenzia delle Entrate, senza pregiudizio dell'ulteriore azione accertatrice nei termini stabiliti dalla legge, qualora da:
- **accessi, ispezioni, verifiche**;
- **segnalazioni** effettuate dalla **Direzione Centrale Accertamento**;
- **segnalazioni** da una **Direzione regionale**;
- **segnalazioni** da un ufficio della medesima Agenzia ovvero di altre **Agenzie fiscali**;
- **segnalazioni** dalla **Guardia di Finanza**;
- **segnalazioni** da **pubbliche amministrazioni** ed enti pubblici;
- oppure dai **dati in possesso dell'anagrafe tributaria**;

risultano elementi che consentono di stabilire l'esistenza di **corrispettivi o di imposta** in tutto o in parte **non dichiarati**, **o di detrazioni** in tutto o in parte non spettanti, può limitarsi ad accertare, in base agli elementi predetti, l'imposta o la maggiore imposta dovuta, il minor credito spettante o il tributo non versato (art. 54, c. 5, D.P.R. n. 633/1972).

L'accertamento parziale può essere attivato dagli uffici anche a seguito delle attività istruttorie (art. 51, c. 2, nn. da 1) a 4), D.P.R. n. 633/1972), vale a dire, inviti a comparire (anche a seguito di accertamenti bancari), inviti ad esibire atti e documenti, questionari. Con l'accertamento parziale, l'Amministrazione finanziaria non ha l'obbligo di sottoporre ad accertamento l'intera posizione fiscale del contribuente, ma può limitarsi a **contestare la singola violazione segnalata** dai predetti organi.
Non è pregiudicata la possibilità di effettuare, in seguito, entro i termini decadenziali legislativamente prescritti, ulteriori accertamenti parziali o l'accertamento ordinario senza necessità di dimostrare la sopravvenuta conoscenza di nuovi elementi (art. 57, c. 4, D.P.R. n. 633/1972).

È considerato illegittimo l'**accertamento "a singhiozzo"**.
Tale circostanza si verifica quando, dopo un primo accertamento parziale, segue un successivo accertamento basato su altri elementi **acquisiti sin dall'origine**, ma non inizialmente contestati, con pregiudizio di una linea difensiva unitaria e complessiva (Cass. 2 ottobre 2018, n. 23685).
La violazione, tuttavia, non pregiudica la legittimità dell'accertamento iniziale, ma esclusivamente quella dell'accertamento successivo, determinando la nullità solo di quest'ultimo.

L'accertamento parziale è uno strumento volto a far emergere materia imponibile. Non costituisce un metodo di accertamento autonomo e indipendente rispetto alle previsioni degli artt. 38 e 39 del D.P.R. n. 600/1973 e degli artt. 54 e 55 del D.P.R. n. 633/1972. È una modalità procedurale che può fondarsi, senza limiti, anche sulla metodologia induttiva. Il correlato atto di accertamento può essere emesso anche in presenza di una contabilità regolare (Cass. ord. 14 dicembre 2018, n. 32459).

Notifica

Gli **avvisi di accertamento** parziale possono essere notificati, come gli avvisi di accertamento ordinari, mediante invio **di lettera raccomandata con avviso di ricevimento** oppure mediante **posta elettronica certificata**.
Qualunque notificazione a mezzo del servizio postale si considera fatta nella data della spedizione.

Termini

Decorrono dalla data in cui l'atto è ricevuto (art. 60, D.P.R. n. 600/1973, applicabile anche in materia di IVA per effetto del rinvio operato dall'art. 56, c. 1, D.P.R. n. 633/1972).

Contribuente momentaneamente assente - La notifica si considera avvenuta decorsi 10 giorni dall'invio della raccomandata al contribuente che lo informa del deposito dell'atto presso l'ufficio postale. Per il calcolo dei giorni, secondo la Cassazione (sent. n. 25040/2017), occorre escludere il giorno iniziale, coincidente con la data di invio della raccomandata informativa.
È considerata **irregolare** la **notifica** al **contribuente temporaneamente assente**, qualora non venga data la prova della ricezione della raccomandata informativa, non essendo sufficiente la prova, fornita dall'Amministrazione finanziaria, di aver spedito la comunicazione dell'avvenuto deposito presso la casa comunale (Cass. n. 5522/2019). In tali ipotesi trova applicazione l'art. 140 c.p.c. Tale norma prevede che, in caso di **impossibilità** di **consegna** del **plico**, l'ufficiale giudiziario depositi copia dello stesso presso la **casa comunale**, ed affigga avviso di deposito in busta chiusa alla porta dell'abitazione o dell'ufficio o dell'azienda del destinatario. Per il perfezionamento della notifica occorre inoltrare al destinatario una **raccomandata informativa** del deposito dell'atto presso la casa comunale. L'Amministrazione finanziaria deve dimostrare, l'effettiva ricezione da parte del destinatario, non essendo sufficiente la prova della sola spedizione.

Notifica a mezzo PEC - È consentito notificare a mezzo PEC (art. 60, D.P.R. n. 600/1973 applicabile anche in materia di IVA per effetto del rinvio operato dall'art. 56, c. 1, D.P.R. n. 633/1972), avvisi e altri atti impositivi a imprese individuali o costituite in forma societaria e a professionisti, trasmettendoli all'indirizzo del destinatario risultante in Ini-PEC.

Casella PEC satura - L'ufficio deve effettuare un secondo tentativo di consegna decorsi almeno 7 giorni dal primo invio.

Ulteriore esito negativo, indirizzo non valido o attivo - La notifica si esegue mediante deposito telematico dell'atto nell'area riservata del sito internet della società InfoCamere Scpa e pubblicazione, entro il secondo giorno successivo, del relativo avviso nello stesso sito, per la durata di 15 giorni.
L'ufficio deve in questo caso **comunicare** comunque al **destinatario** l'avvenuta **notifica** dell'atto **a mezzo di lettera raccomandata**.

ACCERTAMENTO E RISCOSSIONE

Le notifiche avvengono in deroga espressa dell'art. 149-bis del Codice di procedura civile il quale, nel disciplinare la notificazione a mezzo PEC, richiede comunque la trasmissione da parte dell'ufficiale giudiziario di copia informatica dell'atto, sottoscritta con firma digitale, con annessa relata su documento informatico separato e congiunto all'atto cui si riferisce, con indicazione dell'indirizzo di PEC del destinatario come luogo di consegna.

Motivazione

Se la motivazione dell'avviso di accertamento fa riferimento ad un altro atto non conosciuto né ricevuto dal contribuente, questo deve essere allegato all'atto che lo richiama salvo che quest'ultimo non ne riproduca il contenuto essenziale. In caso di inosservanza di tale disposizione, l'accertamento è nullo (art. 56, c. 5, D.P.R. n. 633/1972).

Elementi certi

L'Agenzia delle Entrate può procedere ad accertamento parziale, anche sulla base di **segnalazioni ricevute da altre amministrazioni** nonché dai **dati in possesso dell'anagrafe tributaria**, tuttavia è necessario che risultino elementi che consentono di stabilire l'esistenza di un reddito non dichiarato o il maggior ammontare di un reddito parzialmente dichiarato (CTR Bologna, sent. 1006/2017).
Tali elementi **non possono essere ricavati dai dati forniti da altro contribuente** (spesometro), in assenza di qualsiasi verifica da parte dell'Ufficio, cosicché l'esistenza del reddito dichiarato non può dirsi accertata. Analogamente l'Ufficio può procedere a rettifica della dichiarazione del contribuente ai fini IVA, unicamente quando l'esistenza di operazioni imponibili per ammontare superiore a quello indicato risulti in modo certo e diretto e non in via presuntiva, da verbali, questionari e fatture (art. 54, c. 3, D.P.R. n. 633/1972). Nel caso di specie l'Agenzia si è limitata ad acquisire i dati derivanti dall'applicativo CLI.FO, senza procedere ad alcuna ulteriore verifica bancaria e/o documentale presso la società che si era avvalsa delle fatture del contribuente per importi superiori a quelli, da quest'ultimo dichiarati.
Ad analoghe conclusioni è giunta anche la CTR Milano (sent. n. 4546/16/2014) per un accertamento fondato esclusivamente sul predetto applicativo clienti e fornitori. Il collegio ha ritenuto che i dati fossero privi di certezza e pertanto non potessero fondare la pretesa. L'elenco clienti e fornitori, oggetto delle decisioni dei giudici di merito, era uno strumento sostanzialmente analogo al nuovo spesometro.

71.4.4. Accertamento induttivo

L'Amministrazione finanziaria può procedere all'accertamento dell'imposta dovuta o della maggiore imposta dovuta indipendentemente dalla previa ispezione della contabilità del contribuente (art. 55, D.P.R. n. 633/1972).
In tal caso, l'ammontare **imponibile complessivo** e l'**aliquota** applicabile sono **determinati induttivamente** sulla base dei dati e delle notizie **comunque raccolti o venuti a conoscenza dell'Ufficio** e sono computati in detrazione soltanto i versamenti eventualmente eseguiti dal contribuente e le imposte detraibili, solo se risultanti dalle liquidazioni periodiche.

Casi di ammissibilità

L'accertamento induttivo può essere effettuato in presenza di precise ipotesi, tassativamente indicate dalla legge:

- il contribuente **non ha presentato la dichiarazione annuale**;
- la dichiarazione presentata è priva di **sottoscrizione** e il contribuente non ha provveduto alla sottoscrizione, entro 30 giorni dal ricevimento dell'invito da parte dell'ufficio IVA;
- la dichiarazione reca le indicazioni relative all'ammontare imponibile delle cessioni di beni e delle prestazioni di servizi o degli acquisti e delle importazioni registrate nell'anno precedente, **senza distinzione in base alle aliquote applicabili** e senza l'indicazione delle relative imposte;
- risulta, attraverso il verbale di ispezione, che il contribuente non ha tenuto, ha rifiutato di esibire o ha comunque sottratto all'ispezione i registri previsti dalla legge IVA e le altre **scritture contabili obbligatorie**;
- dal verbale di ispezione risulta che il contribuente non ha emesso le fatture per una parte rilevante delle operazioni ovvero non ha conservato, ha rifiutato di esibire o ha comunque sottratto all'ispezione, totalmente o per una parte rilevante, le **fatture emesse**;
- le omissioni e le **false o inesatte indicazioni** o annotazioni accertate mediante l'accertamento analitico, ovvero le irregolarità formali dei registri e delle altre scritture contabili risultanti dal verbale di ispezione, sono così gravi, numerose e ripetute, da rendere inattendibile la contabilità del contribuente.

Se vi è **pericolo per la riscossione** dell'imposta, l'Ufficio può procedere all'accertamento induttivo, per la **frazione di anno solare già decorsa**, senza attendere la scadenza del termine stabilito per la dichiarazione annuale e con riferimento alle liquidazioni periodiche (art. 55, c. 3, D.P.R. n. 633/1972).

ACCERTAMENTI IMPOSTE SUI REDDITI 71.5.

Ai fini delle **imposte sui redditi**, le norme in materia di accertamento ricalcano sostanzialmente quelle previste in **materia di IVA** (➡71.3.).

Le differenze, sono riconducibili sia al diverso campo operativo dei rispettivi tributi, sia alla platea di soggetti passivi, che, non sono solo soggetti qualificati (imprenditori, artisti e professionisti), ma anche persone fisiche che non svolgono attività commerciali o professionali (artt. dal 36-bis al 41-bis, D.P.R. n. 600/1973).

I diversi tipi di accertamento possono essere così individuati:

– **liquidazione delle imposte** (art. 36-bis);
– **controllo formale delle dichiarazioni** (art. 36-ter);
– accertamento **analitico** (art. 39);
– accertamento **parziale** (art. 41-bis);
– accertamento **induttivo** (art. 39);
– accertamento **d'ufficio** (art. 41);
– accertamento **sintetico** (art. 38).

Controllo formale della dichiarazione 71.5.1.

Liquidazione delle imposte

Avvalendosi di procedure automatizzate, l'Amministrazione finanziaria procede, **entro l'inizio del periodo di presentazione delle dichiarazioni relative all'anno successivo**, alla liquidazione delle imposte, dei contributi e dei premi dovuti, nonché dei rimborsi spettanti in base alle dichiarazioni presentate dai contribuenti e dai sostituti d'imposta (art. 36-bis, D.P.R. n. 600/1973).

Sulla base dei dati e degli elementi direttamente desumibili dalle dichiarazioni presentate e di quelli in possesso dell'anagrafe tributaria, l'Amministrazione finanziaria provvede a:

1. correggere gli **errori** materiali e di calcolo commessi dai contribuenti nella **determinazione degli imponibili**, delle imposte, dei contributi e dei premi;
2. correggere gli errori materiali commessi dai contribuenti nel **riporto delle eccedenze** delle imposte, dei contributi e dei premi risultanti dalle precedenti dichiarazioni;
3. ridurre le **detrazioni d'imposta** indicate in misura superiore a quella prevista dalla legge ovvero non spettanti sulla base dei dati risultanti dalle dichiarazioni;
4. ridurre le **deduzioni dal reddito** esposte in misura superiore a quella prevista dalla legge;
5. ridurre i **crediti d'imposta** esposti in misura superiore a quella prevista dalla legge ovvero non spettanti sulla base dei dati risultanti dalle dichiarazioni;
6. controllare la **rispondenza con la dichiarazione** e la tempestività dei versamenti delle imposte, dei contributi e dei premi, dovuti a titolo di acconto e di saldo, e delle ritenute alla fonte operate in qualità di sostituto d'imposta.

Se vi è **pericolo per la riscossione**, l'ufficio può provvedere, anche prima della presentazione della dichiarazione annuale, a controllare la tempestiva effettuazione dei versamenti dell'imposta (art. 36-bis, c. 2-bis, D.P.R. n. 600/1973).

Quando emerge un risultato diverso rispetto a quello indicato nella dichiarazione, l'esito della liquidazione è comunicato al contribuente o al sostituto d'imposta (mediante il c.d. **avviso bonario** o **avviso di pagamento**) per evitare la reiterazione di errori e per consentire la regolarizzazione degli aspetti formali e la comunicazione all'Amministrazione finanziaria di eventuali dati ed elementi non considerati nella liquidazione.

La Corte di Cassazione ritiene gli avvisi bonari **immediatamente impugnabili**, essendo essi qualificabili come avvisi di accertamento o di liquidazione, cioè come atti con cui l'Amministrazione comunica al contribuente una pretesa tributaria ormai definita, ancorché tale comunicazione non si concluda con una formale intimazione di pagamento bensì con un invito bonario a versare quanto dovuto, non assumendo alcun rilievo la mancanza della formale dizione avviso di liquidazione o avviso di pagamento (Cass., Sez. IV, ord. 28 luglio 2015, n. 15957; Cass., Sez. V, 11 febbraio 2015, n. 2616; Cass., Sez. V, 11 maggio 2012, n. 7344; Cass. 26 gennaio 2021, n. 1584).

La **mancata impugnazione** di tale atto non impedisce tuttavia al contribuente di impugnare la successiva cartella di pagamento, potendosi contestare, in quella sede, anche l'*an* e/o il *quantum* della pretesa impositiva (Cass., Sez. V, 11 febbraio 2015, n. 2616, cit.).

Le **somme dovute** a seguito dei **controlli automatici** ovvero dei controlli eseguiti dagli uffici, sono iscritte direttamente nei **ruoli a titolo definitivo** e la cartella di pagamento deve essere notificata al contribuente, a pena di decadenza, **entro il 31 dicembre del terzo anno** successivo a quello di **presentazione della dichiarazione**, ovvero **del terzo anno successivo** a quello di scadenza del **versamento** dell'unica o ultima rata, se il termine per il versamento delle somme risultanti dalla dichiarazione scade oltre il 31 dicembre dell'anno in cui la dichiarazione è presentata (art. 25, D.P.R. n. 602/1973).

La **cartella** con cui l'Amministrazione chiede il pagamento delle imposte, dichiarate dal contribuente e non versate, **non necessita di specifica motivazione**, in quanto la pretesa tributaria scaturisce dalla pura e semplice obbligazione di pagamento delle imposte, determinate nella dichiarazione del contribuente" (Cass., Sez. trib., ord. 3 dicembre 2013, n. 27098).

Il **termine di iscrizione dei ruoli** (art. 25, D.P.R. n. 602/1973) riguarda la notifica della cartella a seguito di comunicazione di irregolarità di cui all'art. 36-bis, mentre il credito erariale accertato con sentenza, che definisce l'impugnazione dell'atto impositivo, soggiace al termine di prescrizione decennale (art. 2953 c.c.), in quanto il titolo della pretesa tributaria cessa di essere l'atto e diventa la sentenza che, pronunciando sul rapporto, ne ha confermato la legittimità (Cass., Sez. V, 9 agosto 2016, n. 16730).

Riduzione della sanzione	
Il **contribuente** provvede a **pagare le somme** dovute entro 30 giorni dal ricevimento della comunicazione.	L'**iscrizione a ruolo non è eseguita**, in tutto o in parte.
L'**ufficio richiede** al contribuente la **presentazione di documenti o chiarimenti**.	1) Il contribuente stesso **è ammesso a definire in via agevolata** la violazione con il versamento in misura ridotta della sanzione, **entro 30 giorni** dal ricevimento della comunicazione definitiva. 2) Il contribuente **presenta spontaneamente documenti o chiarimenti** per contestare le risultanze del controllo formale, **facendo** quindi **spirare il termine di 30 giorni** per la definizione agevolata. Il soggetto potrà essere riammesso al versamento agevolato solo nell'ipotesi in cui l'Ufficio, in sede di autotutela, accolga l'istanza di parte, riducendo l'imposta dovuta. In caso contrario, qualora cioè l'Ufficio ribadisca la pretesa originaria, il contribuente non sarà più ammesso al versamento in misura ridotta.
L'**avviso bonario** non è stato notificato al contribuente	La riduzione della sanzione può essere richiesta dopo la notifica della cartella di pagamento (tale riduzione, in caso di mancata notifica dell'avviso bonario, può venire applicata direttamente dall'Agente della riscossione).

Giurisprudenza di legittimità

L'emissione della cartella di pagamento (artt. 36-bis, c. 3, D.P.R. n. 600/1973 e 54-bis, c. 3, D.P.R. n. 633/1972) non è condizionata dalla preventiva comunicazione al contribuente dell'esito del controllo (avviso bonario), salvo che il controllo medesimo non riveli l'esistenza di errori essendovi, solo in ipotesi di irregolarità riscontrata nella dichiarazione, l'obbligo di comunicazione per la liquidazione d'imposta, contributi, premi e rimborsi (Cass., Sez. V, 20 novembre 2015, n. 23759; Cass., Sez. V, 26 luglio 2012, n. 13343 e Cass., Sez. VI, ord. 30 luglio 2013, n. 18250).

In tali ipotesi, la **nullità della cartella**, non deriva dalla mancata **omissione dell'avviso bonario**, bensì dall'**omessa attivazione del contraddittorio** nelle ipotesi di evidenti casi di incertezza, su aspetti rilevanti della dichiarazione.

ACCERTAMENTO E RISCOSSIONE

Riduzione della sanzione
Nel caso in cui il contribuente non effettui il pagamento delle somme richieste in base all'avviso bonario, le somme dovute vengono **iscritte a ruolo, unitamente a sanzioni ed interessi.** Gli **interessi** sono dovuti fino all'ultimo giorno del mese antecedente a quello della elaborazione della comunicazione (art. 3, c. 1, D.Lgs. n. 462/1997). I dati contabili risultanti dalla liquidazione si considerano, a tutti gli effetti, come dichiarati dal contribuente e dal sostituto d'imposta.

Controllo formale delle dichiarazioni

L'Amministrazione finanziaria, entro il 31 dicembre del secondo anno successivo a quello di presentazione, procede al controllo formale delle dichiarazioni presentate dai contribuenti e dai sostituti d'imposta, sulla base dei criteri selettivi fissati dal Direttore dell'Agenzia delle Entrate, tenendo anche conto delle capacità operative dei medesimi uffici (art. 36-ter, D.P.R. n. 600/1973).

Poteri dell'Amministrazione finanziaria

Senza pregiudizio dell'azione accertatrice, gli uffici possono:
- escludere, in tutto o in parte, lo **scomputo delle ritenute d'acconto** non risultanti dalle dichiarazioni dei sostituti d'imposta, dalle certificazioni richieste ai contribuenti ovvero delle ritenute risultanti in misura inferiore a quella indicata nelle dichiarazioni dei contribuenti stessi;
- escludere, in tutto o in parte, le **detrazioni d'imposta e/o le deduzioni** dal reddito non spettanti in base ai documenti richiesti ai contribuenti;
- determinare i **crediti d'imposta** spettanti in base ai dati risultanti dalle dichiarazioni e ai documenti richiesti ai contribuenti;
- liquidare la **maggiore imposta** sul reddito delle persone fisiche e i maggiori contributi dovuti sull'ammontare complessivo dei redditi risultanti da più dichiarazioni o Modelli CUD presentati per lo stesso anno, dal medesimo contribuente;
- correggere gli **errori materiali** e di calcolo commessi nelle dichiarazioni dei sostituti d'imposta.

Il contribuente o il sostituto d'imposta può essere invitato a fornire chiarimenti in ordine ai dati contenuti nella dichiarazione e ad eseguire o trasmettere ricevute di versamento e altri documenti non allegati alla dichiarazione o difformi dai dati forniti da terzi.

Esito del controllo formale - È comunicato al contribuente o al sostituto d'imposta (mediante **avviso bonario**) con l'indicazione dei motivi che hanno dato luogo alla rettifica degli imponibili, delle imposte, delle ritenute alla fonte, dei contributi e dei premi dichiarati, per consentire anche la segnalazione di eventuali dati ed elementi non considerati o valutati erroneamente in sede di controllo formale.

In caso di somme dovute a seguito dell'**attività di liquidazione** (all'art. 36-ter del D.P.R. n. 600/1973), la notifica al contribuente della cartella di pagamento deve avvenire, a pena di decadenza, **entro il 31 dicembre del quarto anno successivo** a quello di **presentazione della dichiarazione** (art. 25, D.P.R. n. 602/1973).

Pagamento rateale

Le somme dovute in base all'avviso bonario, sia nel caso di liquidazione delle imposte (art. 36-bis, D.P.R. n. 600/1973), sia nel caso di controlli formali (36-ter, D.P.R. n. 600/1973), possono essere versate in forma rateizzata (art. 3-bis, D.Lgs. n. 462/1997).

In caso di versamento rateale il mancato pagamento della prima rata entro il termine di 30 giorni dal ricevimento della comunicazione, ovvero di una delle rate diverse dalla prima entro il termine di pagamento della rata successiva, comporta la **decadenza dal beneficio** della rateazione e l'**iscrizione a ruolo** dei residui importi dovuti a titolo di imposta, interessi e sanzioni in misura piena, dedotto quanto versato dal contribuente (art. 15-ter, D.P.R. n. 602/1973).

> La decadenza dalla rateazione, quindi, non opera per un semplice ritardo nel versamento di una rata, essendo necessario che il versamento della rata non sia eseguito entro il termine di pagamento della rata successiva.

In caso di **tardivo pagamento** di una rata diversa dalla prima entro il termine di pagamento della rata successiva, si procede all'iscrizione a ruolo dell'eventuale frazione non pagata, della sanzione commisurata all'importo non pagato o pagato in ritardo, e dei relativi interessi.

Se il ritardo è contenuto **entro 90 giorni**, la sanzione applicabile è **ridotta alla metà**.

L'iscrizione a ruolo non è eseguita se il contribuente si avvale del ravvedimento, entro il termine di pagamento della rata successiva ovvero, in caso di ultima rata o di versamento in unica soluzione, entro 90 giorni dalla scadenza (art. 15-ter, c. 6, D.P.R. n. 602/1973).

Definizione agevolata degli avvisi bonari

Per effetto delle novità introdotte con il "Decreto Sostegni" (art. 5, c. da 1 a 11, D.L. n. 41/2021), **potevano essere definite, senza l'applicazione delle relative sanzioni**, le somme dovute a seguito del controllo **automatizzato delle dichiarazioni**, richieste con:

- comunicazioni previste dagli artt. 36-bis del D.P.R. n. 600/1973, e 54-bis del D.P.R. n. 633/1972, elaborate entro il 31 dicembre 2020 e non inviate per effetto della sospensione (art. 157, D.L. 34/2020), con riferimento alle **dichiarazioni relative al periodo d'imposta in corso al 31 dicembre 2017**;
- comunicazioni previste dagli artt. 36-bis del D.P.R. n. 600/1973, e 54-bis del D.P.R. n. 633/1972, elaborate entro il 31 dicembre 2021, con riferimento alle **dichiarazioni relative al periodo d'imposta in corso al 31 dicembre 2018**.

Condizioni per l'accesso - Accedono alla definizione i soggetti con partita IVA attiva al 23 marzo 2021 (data di entrata in vigore del D.L. n. 41/2021) che hanno subito una **riduzione maggiore del 30% del volume d'affari** dell'anno 2020, rispetto al volume d'affari dell'anno precedente, come risultante dalle dichiarazioni annuali IVA. Per i soggetti non tenuti alla presentazione della dichiarazione annuale IVA, si considera l'ammontare dei ricavi o dei compensi risultante dalle dichiarazioni dei redditi.

Modalità della definizione - L'Agenzia delle Entrate, sulla base dei dati risultanti dalle dichiarazioni invia a mezzo raccomandata, con avviso di ricevimento o posta elettronica certificata, la **proposta di definizione con l'indicazione dell'importo ridotto**.

La definizione si perfezionava con il pagamento delle imposte, dei relativi interessi e dei contributi previdenziali, escluse le sanzioni e le somme aggiuntive.

In caso di **mancato pagamento**, in tutto o in parte, alle prescritte scadenze, delle somme dovute, la definizione non produceva effetti e **si applicavano le ordinarie disposizioni in materia di sanzioni e riscossione**. Le **somme versate** fino a concorrenza dei debiti definibili, anche anteriormente alla definizione, restano **definitivamente acquisite**, non sono rimborsabili, né utilizzabili in compensazione per il versamento del debito residuo.

71.5.2. Accertamento analitico

L'accertamento può definirsi analitico se viene effettuato mediante la rettifica delle singole componenti attive e passive che compongono il reddito d'impresa o di lavoro autonomo.

Possono essere assoggettati ad accertamento analitico:

- soggetti che effettuano **attività commerciali**, in forma individuale o collettiva, sia a contabilità ordinaria che semplificata;
- gli **esercenti arti o professioni**, anche se organizzati in forma associata;

possono essere assoggettati ad accertamento analitico.

L'accertamento analitico può consistere in:

- accertamento analitico **vero e proprio**;
- accertamento analitico **per presunzioni qualificate** (altrimenti detto accertamento **analitico-presuntivo**).

Accertamento analitico vero e proprio

Con l'accertamento analitico **vero e proprio** (art. 39, c. 1, D.P.R. n. 600/1973), l'Ufficio **rettifica la dichiarazione** (sia ai fini delle imposte sui redditi - IRPEF, IRES - sia ai fini IRAP), intervenendo:

- **ai fini delle imposte sui redditi**, sulle singole poste che concorrono alla formazione del reddito imponibile;
- **ai fini IRAP,** sulle singole poste che concorrono alla determinazione del valore della produzione netta.

La rettifica può scaturire dal **raffronto tra**:

- la **dichiarazione** (ovvero, per le imprese a contabilità ordinaria, il conto economico) e quanto risulta dalla contabilità del contribuente;
- ovvero da **altri dati ed elementi** indicati dalla norma (ad esempio, mediante raffronto tra la dichiarazione e le registrazioni, tra i documenti elementari e le registrazioni eseguite, ecc.).

Secondo l'orientamento della Corte di Cassazione, questo tipo di accertamento prevede che le omissioni o le false o inesatte indicazioni contabili siano tali da inficiare l'attendibilità e, quindi, l'utilizzabilità delle stesse, con la conseguenza che l'amministrazione può **determinare l'imponibile in base a elementi meramente indiziari** anche se inidonei ad assurgere a prova, ossia privi dei requisiti di gravità, precisione e concordanza (Cass. n. 20132/2017).

È **legittimo** l'accertamento basato anche su **dati estrapolati da una rivista economica** che non sia stata allegata all'atto impositivo a condizione che il contenuto essenziale di tali informazioni sia riportato nel provvedimento dell'ufficio. La mancata allegazione della ricerca riportata sula rivista non è causa di nullità avendo l'ufficio enunciato il suo contenuto essenziale nell'avviso di accertamento consentendo così di contrastarlo.
Secondo la giurisprudenza di legittimità, infatti, l'art. 7 dello Statuto del contribuente, in base al quale occorre allegare o riprodurre a pena di nullità gli atti cui il provvedimento impositivo fa riferimento, si riferisce solo agli **atti di cui il contribuente non ha già avuto integrale e legale conoscenza** (Cass. ord. 23 febbraio 2018, n. 4396).

Accertamento analitico-presuntivo

Quando la rettifica delle singole poste, che concorrono alla determinazione della base imponibile, si basa non sul raffronto diretto tra dichiarazione ed elementi documentali, ma su presunzioni qualificate, si parla di **accertamento analitico con metodo presuntivo**.
La particolarità di questa speciale figura di accertamento analitico consiste nel fatto che la **prova dell'infedeltà della dichiarazione** non emerge direttamente da documenti, verbali, questionari, ecc., ma deve essere tratta dall'Amministrazione utilizzando presunzioni semplici, purché gravi, precise e concordanti, cioè partendo da un fatto noto e desumendo da esso un fatto ignoto, il fatto da provare.

Costituisce giurisprudenza consolidata della Cassazione l'affermazione secondo cui è necessario che la relazione tra fatto noto e fatto ignoto presenti **carattere di ragionevole certezza**, essendo sufficiente che all'accertamento del fatto ignoto si pervenga dalla considerazione di un fatto noto attraverso un processo logico deduttivo basato sull'*id plerumque accidit* (Cass., Sez. I, 17 maggio 1983, n. 3402; Cass., Sez. I, 17 giugno 1980, n. 3846), non essendo necessario che il fatto ignoto si presenti come l'unica conseguenza possibile dei fatti accertati, secondo un legame di necessarietà assoluta ed esclusiva.
In altre parole, nella prova per presunzioni, la relazione tra il fatto noto e quello ignoto non deve avere carattere di necessità, essendo sufficiente che l'esistenza del fatto da dimostrare derivi come conseguenza del fatto noto alla stregua di canoni di ragionevole probabilità (Cass., Sez. V, 7 dicembre 2016, n. 25129).

Presunzione qualificata

È ammessa anche in presenza di una contabilità che il Fisco stesso ritiene correttamente tenuta o, meglio, non inattendibile. Il grado di probabilità del fatto presunto, derivante dal procedimento per presunzioni, deve essere tale da sopravanzare con largo margine ogni altro fatto presumibile, e quindi anche il fatto emergente dalla contabilità. Ove ciò non si verifichi, la prova per presunzioni non avrà il grado di validità probatoria atto a dimostrare la non veridicità delle risultanze contabili e quindi non potrà essere ammesso.

Discrimine

Secondo la giurisprudenza di legittimità, il discrimine tra l'accertamento condotto con metodo **analitico-presuntivo** (art. 39, c. 1, lett. d), D.P.R. n. 600/1973) e l'accertamento condotto con metodo **induttivo puro** (art. 39, c. 2, D.P.R. n. 600/1973) (➜**71.4.4.**), è legato alla parziale o assoluta inattendibilità dei dati delle scritture contabili (Cass. n. 20132/2016).

Tipologia di accertamento analitico	Caratteristiche
Accertamento analitico presuntivo	L'incompletezza, la falsità o l'inesattezza degli elementi dichiarati non è tale da dover prescindere dagli stessi. All'Ufficio accertatore è consentito "completare" le lacune riscontrate utilizzando, ai fini della dimostrazione della esistenza di componenti positivi di reddito non dichiarati ovvero della inesistenza di componenti negativi dichiarati, anche presunzioni semplici (*praesumptio hominis*) purché gravi, precise e concordanti.

Tipologia di accertamento analitico	Caratteristiche
	Mediante accertamento analitico-presuntivo, l'Ufficio può procedere a rettificare il reddito d'impresa anche quando l'esistenza di attività non dichiarate o l'inesistenza di passività dichiarate sia desumibile sulla base di **presunzioni semplici**, purché queste siano **gravi, precise e concordanti**. L'accertamento basato sugli studi di settore (➡71.6.) costituisce una particolare tipologia di accertamento analitico-presuntivo.
Accertamento induttivo puro	Le omissioni o le false od inesatte indicazioni risultano tali da inficiare la attendibilità - e dunque la utilizzabilità - ai fini dell'accertamento anche degli altri dati contabili (apparentemente regolari), con la conseguenza che in questo caso l'Amministrazione finanziaria può prescindere in tutto od in parte dalle risultanze del bilancio e delle scritture contabili, in quanto esistenti, ed è legittimata a determinare l'imponibile in base ad elementi meramente indiziari anche se inidonei ad assurgere a prova presuntiva (artt. 2727 e 2729 c.c.).

Giurisprudenza di legittimità

Secondo la consolidata giurisprudenza di legittimità, per l'accertamento dei redditi di impresa (art. 39, D.P.R. n. 600/1973), la ricorrenza dei presupposti per l'accertamento induttivo (anche nella ipotesi di inattendibilità dell'intera contabilità) non comporta l'obbligo dell'ufficio di avvalersi di tale metodo di accertamento, ma costituisce una mera facoltà che non preclude, pertanto, la possibilità di procedere ad una valutazione analitica dei dati comunque emergenti dalle scritture dell'imprenditore. Inoltre, l'esistenza dei presupposti per l'applicazione del metodo induttivo non esclude che l'amministrazione possa servirsi, nel corso del medesimo accertamento e per determinate operazioni, del metodo analitico vero e proprio (art. 39, c. 1, D.P.R. n. 600/1973) oppure contemporaneamente di entrambe le metodologie (cfr. tra le altre, Cass., Sez. V, 3 febbraio 2012, n. 1555).

In presenza di **contabilità formalmente regolare**, ma **inattendibile** per l'**antieconomicità del comportamento** del contribuente, l'Amministrazione finanziaria può desumere il reddito in via induttiva sulla base di presunzioni semplici, purché gravi, precise e concordanti.

Nella prova per presunzioni, il giudice deve in primo luogo, valutare analiticamente gli elementi indiziari e scartare quelli privi di rilevanza; secondariamente, deve accertare se tutti gli elementi presuntivi isolati siano concordanti e se la loro combinazione sia in grado di fornire una valida prova.

In altre parole, occorre una **valutazione complessiva** di tutti gli elementi indiziari riportati nell'accertamento (Cass., Sez. VI, ord. 31 agosto 2017, n. 20362).

CASO 14 - Percentuali di ricarico

Un caso diffuso di ricorso al metodo analitico-presuntivo è l'utilizzo delle c.d. **percentuali di ricarico** calcolate con la media ponderata e desumibili o dal raffronto tra i costi, i ricavi e le rimanenze, ovvero da documentazioni estranee all'impresa (ad esempio, studi relativi a determinati settori economici) o, infine, da elementi desunti da annualità precedenti rispetto a quella oggetto di controllo (Cass. ord. n. 16119/2017 in linea con il precedente orientamento Cass. n. 20060/2014, n. 23550/2014, n. 18232/2016).

CASO 15 - Impresa di ristorazione: consumo di acqua minerale

Il **consumo di acqua minerale** può costituire un valido elemento per la ricostruzione presuntiva del volume d'affari per ciò che concerne il settore dei ristoranti e delle pizzerie senza richiedere ulteriori delucidazioni motivazionali (Cass. n. 25129/2016).

CASO 16 - Impresa di ristorazione: tovagliometro

I giudici di legittimità richiamando un precedente orientamento giurisprudenziale (Cass. n. 17408/2010; Cass. n. 5870/2012), hanno affermato che nella prova per presunzioni, la relazione tra il fatto noto e quello ignoto non deve avere carattere di necessità, essendo sufficiente che l'esistenza del fatto da dimostrare derivi come conseguenza del fatto noto alla stregua di canoni di ragionevole probabilità. Pertanto, in tema di accertamento presuntivo del reddito d'impresa (D.P.R. 29 settembre 1973, n. 600, art. 39, c. 1, lett. d) è stato ritenuto legittimo l'accertamento che abbia ricostruito i ricavi di un'impresa di ristorazione sulla base del consumo unitario dei tovaglioli utilizzati (si vedano, tra le altre, Cass. n. 51/1999 in tema di materia prima per produrre prodotti di ristorazione, n. 6465/2002 e n. 9884/2002, n. 15808/2006 in tema di consumo di tovaglioli, e, in altro settore, consumo guanti monouso in odontoiatria).

CASO 17 - Presunzioni gravi, precise e concordanti
La presenza di scritture contabili formalmente corrette non esclude la legittimità dell'accertamento analitico induttivo del reddito d'impresa, qualora la contabilità stessa possa considerarsi **complessivamente inattendibile**, essendo in tali casi consentito all'Ufficio di dubitare della veridicità delle operazioni dichiarate e desumere, sulla base di presunzioni semplici, purché gravi, precise e concordanti, maggiori ricavi o maggiori costi, ad esempio determinando il reddito utilizzando le percentuali di ricarico, con conseguente spostamento dell'onere della prova a carico del contribuente.
Quindi in tema di **applicazione presuntiva della percentuale di ricarico** per presumere l'esistenza di ricavi superiori a quelli contabilizzati ed assoggettati ad imposta, non bastano semplici indizi, ma occorrono circostanze gravi, precise e concordanti. Ne consegue che non è legittima la presunzione di ricavi, maggiori di quelli denunciati, fondata sul raffronto tra prezzi di acquisto o di rivendita operato su alcuni articoli anziché su un inventario generale delle merci da portare a base dell'accertamento, né si rende legittimo il ricorso al sistema della media semplice, anziché a quello della media ponderale, quando tra i vari tipi di merce esiste una notevole differenza di valore ed i tipi più venduti presentano una percentuale di ricarico inferiore a quella risultante dal ricarico medio (Cass. n. 4312/2015 e Cass. n. 13319/2011).

CASO 18 - Determinazione presuntiva della percentuale di ricarico
La determinazione della percentuale di ricarico, riferita ad un determinato periodo d'imposta, può essere utilizzata per la ricostruzione del reddito imponibile afferente **periodi d'imposta differenti** laddove **non sia mutata** la natura dell'**attività economica** esercitata dal contribuente nel corso degli anni, in termini quantitativi e qualitativi, sì da rendere inconferente tale dato con la concreta realtà dell'impresa (Cass., Sez. trib., 12 febbraio 2013, n. 3357).

CASO 19 - Rimanenze
È legittimo l'accertamento analitico-induttivo nei confronti di un odontoiatra, basato sull'utilizzo di **guanti monouso**, sebbene il percorso di ricostruzione indiretta dei compensi del professionista tenga in considerazione anche le rimanenze, elemento estraneo alla determinazione del reddito di lavoro autonomo, perché rilevante solo per il calcolo del reddito d'impresa. Tali rimanenze assumono rilievo non in senso tecnico, bensì quali elementi di un più ampio quadro indiziario che deve essere considerati dal Giudice tributario ai soli fini dell'accertamento induttivo del reddito (Cass., Sez. trib. 4 maggio 2018, n. 10692).

CASO 20 - Shampometro
È legittimo l'accertamento analitico-induttivo nei confronti di un parrucchiere, basato sull'utilizzo di **shampoo**. Il quantitativo di shampoo acquistato da un parrucchiere e utilizzato nella sua attività è un elemento presuntivo idoneo a consentire all'Amministrazione Finanziaria una ricostruzione induttiva dei ricavi, sulla base del consumo di tale indispensabile prodotto per l'esercizio dell'attività (CTR Lazio, sent. 23 settembre 2020, n. 2684).

La determinazione della percentuale di ricarico, riferita ad un determinato periodo d'imposta, può essere utilizzata per la ricostruzione del reddito imponibile afferente **periodi d'imposta differenti** laddove **non sia mutata** la natura dell'**attività economica** esercitata dal contribuente nel corso degli anni, in termini quantitativi e qualitativi, sì da rendere inconferente tale dato con la concreta realtà dell'impresa (Cass., Sez. trib., 12 febbraio 2013, n. 3357).
La determinazione in via presuntiva della percentuale di ricarico effettiva sul prezzo della merce venduta, in sede di accertamento induttivo, deve avvenire adottando un criterio che sia:
- coerente con la natura e le caratteristiche dei beni presi in esame;
- applicato ad un campione di beni scelti in modo appropriato;
- fondato su una media aritmetica o ponderale, scelta in base alla composizione del campione di beni; tale modalità di determinazione della reale percentuale di ricarico prescinde del tutto dalla circostanza che la contabilità dell'imprenditore risulti formalmente regolare (Cass., Sez. trib., 11 febbraio 2013, n. 3197).

CASO 21 - Fatture per operazioni oggettivamente inesistenti
È legittimo l'accertamento fondato anche sugli studi di settore, pur in assenza di preventivo contraddittorio con il contribuente, qualora detto strumento presuntivo sia stato utilizzato non nell'ambito di un accertamento parametrico, ma all'interno di un accertamento analitico-induttivo, esperito in forza della riscontrata presenza di fatture per operazioni oggettivamente inesistenti.

ACCERTAMENTO E RISCOSSIONE

Tale strumento può, infatti, essere utilizzato solo quale criterio di giudizio per la rideterminazione, in termini oggettivi e comparabili, del reddito d'impresa e, dunque, ai fini della valutazione della congruità della ricostruzione induttiva del reddito d'impresa (Cass. 24 aprile 2018, n. 10030).

CASO 22 - Accertamento sulla base dei giorni lavorati

È legittimo l'accertamento analitico-presuntivo nei confronti di un dentista con cui l'Agenzia delle Entrate riprenda a tassazione maggiori ricavi sulla base dei giorni lavorati e del numero di interventi sui clienti dichiarato dal contribuente (Cass. 5 febbraio 2019, n. 3290). Qualora l'Amministrazione finanziaria motivi gli indici di inattendibilità dei dati relativi ad alcune poste di bilancio, che denotano ricavi non dichiarati, spetta al contribuente dimostrare la regolarità delle operazioni effettuate. Anche laddove la contabilità sia nel complesso regolare, se il comportamento del contribuente risulta antieconomico l'Amministrazione finanziaria può desumere in via induttiva il reddito del contribuente sulla base di presunzioni semplici, a patto che siano gravi, precise e concordanti.

71.5.3. Accertamento parziale

L'Amministrazione finanziaria, senza pregiudizio dell'ulteriore azione accertatrice nei termini stabiliti (art. 43, D.P.R. n. 600/1973), qualora da accessi, ispezioni e verifiche, da segnalazioni effettuate da altri organi oppure dai dati in possesso dell'**anagrafe tributaria**, risultino elementi che consentono di stabilire l'esistenza di un reddito non dichiarato nonché l'esistenza di imposte o di **maggiori imposte non versate** (escluse le ipotesi di cui agli artt. 36-bis e 36-ter, D.P.R. n. 600/1973), può accertare, in base agli elementi predetti, il reddito o il maggior reddito imponibile ovvero la maggiore imposta da versare (art. 41-bis, D.P.R. n. 600/1973).

L'accertamento parziale può essere attivato dagli uffici anche a seguito delle attività istruttorie (art. 32, c. 1, n. da 1) a 4), D.P.R. n. 600/1973), vale a dire, inviti a comparire (anche a seguito di accertamenti bancari), **inviti ad esibire atti** e **documenti**, **questionari**. In tal modo, l'attività di controllo potrà essere meglio indirizzata verso situazioni di maggiore rischio di evasione.

Così come si è osservato per l'IVA, l'accertamento parziale non pregiudica la possibilità di effettuare, in seguito, entro i termini decadenziali legislativamente prescritti, a prescindere dalla **sopravvenuta conoscenza di nuovi elementi**, l'accertamento ordinario (analitico o induttivo) che, per sua natura, deve obbligatoriamente avere riguardo all'**intera posizione contributiva** del soggetto.

CASO 23 - Differenze inventariali

L'Amministrazione finanziaria può avvalersi dell'accertamento parziale per stabilire l'esistenza di un reddito non dichiarato o il maggiore ammontare di un reddito parzialmente dichiarato (art. 41-bis, c. 1, D.P.R. n. 600/1973), sia in relazione ad un periodo d'imposta, la cui durata corrisponde all'anno solare (art. 7, c. 1, D.P.R. n. 917/1986), sia in relazione ad un più limitato segmento temporale. Il parametro di riferimento consiste nella differenza infrannuale tra le merci giacenti (in magazzino) e quelle iscritte nei registri contabili di magazzino.

Qualora vi siano discordanze tra le risultanze contabili e le giacenze rinvenute in loco, operano le presunzioni di cessione e di acquisto dei beni in evasione di imposta (di cui all'art. 44, D.P.R. n. 441/1997), annoverabili tra le presunzioni legali cosiddette "miste", che consentono, entro i limiti di oggetto e di mezzi di prova stabiliti a fini antielusivi, la dimostrazione contraria da parte del contribuente, il quale sarà tenuto a provare, con le modalità tassativamente indicate dagli artt. 1 e 2, D.P.R. n. 441/1997, che la contrazione registratasi nella consistenza del magazzino è frutto dell'impiego produttivo dei beni e non di cessioni o acquisizioni non contabilizzate (Cass. 28 ottobre 2020, n. 23802).

71.5.4. Accertamento induttivo

L'Ufficio delle imposte determina il reddito d'impresa sulla base dei dati e delle notizie comunque raccolti o venuti a sua conoscenza, con facoltà di prescindere in tutto o in parte dalle risultanze del bilancio e dalle scritture contabili, in quanto esistenti e di avvalersi anche di presunzioni prive dei requisiti di gravità, precisione e concordanza (art. 39, c. 2, D.P.R. n. 600/1973).

Condizioni di applicabilità

Deve sussistere almeno una delle seguenti condizioni:

a. nella dichiarazione non è stato indicato il reddito d'impresa (art. 39, c. 2, lett. a), a prescindere dalla circostanza che il soggetto abbia o meno regolarmente tenuto le scritture contabili, anche se queste potranno comunque assumere valore probatorio;
b. dal verbale di ispezione redatto in sede di accessi, ispezioni e verifiche, risulta che il contribuente non ha tenuto o comunque ha sottratto all'ispezione una o più delle scritture contabili ovvero

quando le scritture medesime non sono disponibili per causa di forza maggiore (art. 39, c. 2, lett. c);

c. quando le omissioni, le false o inesatte indicazioni accertate e le irregolarità formali delle scritture contabili risultanti dal verbale di ispezione redatto in sede di accesso, ispezione e verifica sono così gravi, numerose e ripetute da rendere inattendibili nel loro complesso le scritture stesse, per mancanza delle garanzie proprie di una contabilità sistematica. Le scritture ausiliarie di magazzino non si considerano irregolari se gli errori e le omissioni sono contenuti entro i normali limiti di tolleranza delle quantità annotate nel carico e nello scarico e dei costi specifici imputati nelle schede di lavorazione (art. 39, c. 2, lett. d). Le fattispecie che possono determinare l'**inattendibilità delle scritture contabili** sono, a titolo esemplificativo:
   - l'omessa registrazione di operazioni;
   - la registrazione di fatture per operazioni inesistenti;
   - la non corretta tenuta delle scritture (cancellazioni, abrasioni, spazi in bianco). I fatti sopra indicati devono essere numerosi, ripetuti e di una gravità tale da ingenerare il fermo convincimento che sono stati posti in essere allo scopo di evitare o ridurre l'imposizione;
   - la differenza macroscopica tra quantità di merce acquistata e venduta;

d. quando il contribuente **non ha dato seguito agli inviti** disposti dagli uffici per l'accertamento ai fini delle imposte sui redditi o dell'IVA (lett. d-bis);

e. quando viene rilevata l'**omessa presentazione** dei modelli per la **comunicazione dei dati rilevanti** ai fini dell'applicazione degli studi di settore o di indicazione di cause di esclusione o di inapplicabilità degli studi di settore non sussistenti, nonché di infedele compilazione dei predetti modelli che comporti una differenza superiore al **15%**, o comunque ad **euro 50.000**, tra i ricavi o compensi stimati applicando gli studi di settore sulla base dei dati corretti e quelli stimati sulla base dei dati indicati in dichiarazione (art. 39, c. 2, lett. d-ter).

Le **omissioni**, le **inesattezze** e le **falsità** devono essere di tale natura da rendere inattendibile non questa o quella voce, ma **tutta la contabilità** globalmente intesa, sì da giustificare un accertamento che prescinda - eventualmente anche *in toto* - da essa (Cass., Sez. I, 23 gennaio 1990, n. 349).

CASO 24 - Irretroattività delle irregolarità contabili

Il giudice tributario deve valutare la concreta idoneità **dei documenti extracontabili** rinvenuti **presso terzi** a fondare una rettifica con il metodo induttivo.
In ogni caso le irregolarità contabili riscontrate dalla Polizia tributaria in relazione a una determinata annualità non possono avere alcuna ripercussione automatica sulle dichiarazioni dei redditi della società e dei soci per gli anni precedenti, attesa l'autonomia dei singoli periodi d'imposta (Cass., Sez. I, 24 ottobre 1988, n. 5758; Cass., Sez. VI, ord., 2 dicembre 2016, n. 24709).

CASO 25 - Riconoscimento dei costi in via forfettaria

Quando l'Amministrazione finanziaria procede alla determinazione del reddito imponibile in sede di accertamento induttivo, l'Ufficio, oltre a ricostruire i ricavi, deve tenere altresì conto di una **incidenza percentualizzata dei costi** (Cass., Sez. trib., 17 gennaio 2001, n. 640; Cass., Sez. trib., 12 dicembre 2003, n. 19062). In particolare, nell'accertamento eseguito in tema di reddito d'impresa secondo il metodo induttivo extracontabile (art. 39, c. 2), l'Agenzia delle Entrate deve determinare il reddito tenendo in considerazione anche i costi sostenuti dal contribuente, riconoscendo i costi stessi anche in via forfettaria, posto che la quantificazione del reddito può avvenire sulla base delle c.d. "presunzioni semplicissime" (ovvero prive dei requisiti di gravità, precisione e concordanza). Qualora, invece, si verta in caso di accertamento analitico-induttivo (art. 39, c. 1, lett. d), D.P.R. n. 600/1973), ciò non trova applicazione, siccome il contribuente deve dimostrare (art. 109, TUIR) che i costi, ancorché non imputati a Conto Economico, risultano da elementi certi e precisi (Cass., Sez. V, 27 gennaio 2012, n. 1166).
I costi sostenuti assumono sempre rilevanza sia in caso di accertamento induttivo c.d. "puro", sia in caso di accertamento analitico-induttivo, in quanto componenti negativi del reddito. L'Amministrazione finanziaria deve riconoscere una **deduzione in misura percentuale forfettaria dei costi di produzione** soltanto in caso di accertamento induttivo "puro" (*ex* art. 39, c. 2, D.P.R. n. 600/1973). In caso di accertamento analitico o analitico presuntivo (come ad esempio in caso di indagini bancarie) è il contribuente a dover provare l'esistenza di costi deducibili, afferenti ai maggiori ricavi o compensi, senza che l'Ufficio debba necessariamente procedere al loro riconoscimento **in misura percentuale forfettaria** (Cass. 18 novembre 2021, n. 35128).

CASO 26 - Caratteristiche dei parametri utilizzabili

Devono essere definite in modo trasparente le modalità con le quali l'Agenzia delle Entrate ha stabilito gli importi dei beni ceduti. In particolare, devono essere chiari i parametri utilizzati dall'ufficio per giustificare l'incongruità e l'antieconomicità dei prezzi praticati, alla base della rideterminazione del reddito della società (Cass. 9 gennaio 2018, n. 304).

Onere probatorio a carico del Fisco

L'Amministrazione Finanziaria deve dimostrare i fatti, richiesti dalla legge, che legittimano il ricorso all'accertamento induttivo.
Una volta fornita tale prova, ai fini della rettifica, l'ufficio potrà servirsi di:

1. **dati e notizie comunque raccolti** o venuti a conoscenza dell'ufficio medesimo;
2. **presunzioni semplici non qualificate**.

Costi presunti

La stessa Agenzia, con la circ. n. 32/E/2006, al § 5.5, ha affermato che, in caso di ricostruzione del reddito sulla base del metodo di accertamento induttivo puro, l'Ufficio non può non tenere conto, soprattutto in assenza di documentazione certa, di un'incidenza percentuale di costi presunti a fronte dei maggiori ricavi accertati. Si tratta, infatti, di una tipologia di accertamento che, a fronte di un maggiore reddito accertato, presuppone necessariamente l'esistenza di un costo cui corrisponde l'investimento che ha generato il ricavo. Diversamente opinando, infatti, sempre secondo la stessa Amministrazione finanziaria, si lederebbe il principio di capacità contributiva sancito dagli artt. 3 e 53 Cost.
È opportuno evidenziare, dunque, che alla luce di un così consolidato e chiaro orientamento giurisprudenziale e di prassi, l'Ufficio deve certamente riconoscere i costi qualora ricostruisca complessivamente la situazione del contribuente, prescindendo dalle scritture contabili e solo in base a presunzioni semplici.

ACCERTAMENTO E RISCOSSIONE

71.5.5. Accertamento d'ufficio

L'attività di accertamento, in via generale, postula la regolare presentazione della dichiarazione da parte del contribuente. Gli uffici delle imposte procedono all'**accertamento d'ufficio** (art. 41, D.P.R. n. 600/1973) nei casi di:

– **omessa presentazione** della dichiarazione;
– presentazione di **dichiarazioni nulle**.

Dichiarazione omessa

La dichiarazione è omessa quando non viene presentata dal contribuente. Essa giustifica l'attribuzione all'Amministrazione finanziaria di maggiori poteri nella fase di verifica. La dichiarazione non è omessa se viene presentata entro 90 giorni dalla scadenza del termine.

CASO 27 - Scarto della dichiarazione

La dichiarazione fiscale presentata dall'intermediario, ma poi scartata dal sistema telematico è sempre da considerarsi omessa ai fini fiscali. Lo scarto per errori da parte del sistema informatico non esime l'utente a ripetere tempestivamente la trasmissione. Pertanto, in caso di mancata ripresentazione del modello scartato, l'Amministrazione finanziaria è comunque legittimata ad accertare induttivamente l'imponibile non dichiarato e, in caso di incertezza nella sua determinazione, può optare per la scelta più restrittiva e sfavorevole per il contribuente, utilizzando anche i minori costi riportati nella dichiarazione tardiva prodotta in istruttoria (CTR Lombardia, sent. 10 maggio 2018, n. 2102).

Dichiarazione nulla

La dichiarazione è nulla se non è redatta su stampati conformi ai modelli ufficialmente provati, non reca la sottoscrizione del contribuente o di chi ne ha la rappresentanza legale o negoziale. La nullità è sanata se la dichiarazione è sottoscritta entro 30 giorni dall'invito dell'Ufficio.

Caratteristiche

In caso di accertamento d'Ufficio, l'Amministrazione finanziaria determina il reddito complessivo del contribuente:

– sulla base dei dati e delle notizie comunque raccolti o venuti a sua conoscenza;
– avvalendosi di **presunzioni anche** prive dei requisiti di gravità, precisione e concordanza;
– prescindendo in tutto o in parte dalle risultanze della dichiarazione, se presentata, e dalle eventuali scritture contabili del contribuente ancorché regolarmente tenute.

Una volta constatata l'omessa presentazione della dichiarazione dei redditi, l'Amministrazione finanziaria assume la legittimazione a **utilizzare qualsiasi metodo** di determinazione del reddito per far valere le proprie ragioni, sulla base di tutti i dati e notizie comunque raccolti o venuti a sua conoscenza; di contro, al **contribuente** spetta l'**onere di provare** che il reddito, anche presuntivamente determinato, non è stato prodotto o è stato prodotto in misura inferiore a quello indicato dall'ufficio (Cass. ord. 30 marzo 2012, n. 5213).

Nell'ipotesi di accertamento d'ufficio (ovvero di rettifica eseguita nei confronti di un soggetto che ha omesso di presentare la dichiarazione dei redditi) è legittima la determinazione dell'imponibile basata sulle movimentazioni bancarie derivanti dai conti correnti intestati all'amministratore della società.
Le **indagini bancarie** sono da ritenersi **legittime** anche se estese a **soggetti diversi dal contribuente "accertato"** quali, ad esempio, i congiunti del contribuente stesso o gli amministratori della società. Tale principio, non è derogato nelle ipotesi di accertamento d'ufficio.
In caso di **conti intestati a terzi**, l'Ufficio deve fornire la prova che il conto bancario intestato a terzi sia nella effettiva disponibilità del contribuente, al quale possono essere attribuite le movimentazioni bancarie fiscalmente rilevanti (Cass. ord. 20 dicembre 2018, n. 32974).

Accertamento sintetico 71.5.6.

L'Amministrazione finanziaria determina (sinteticamente) il reddito complessivo del contribuente:
- sulla base delle **spese di qualsiasi genere sostenute**, degli **investimenti** ed i **consumi effettuati** nel corso del periodo d'imposta (art. 38, c. 4 a 8, D.P.R. n. 600/1973);
- sul **contenuto induttivo di elementi indicativi di capacità contributiva** individuato mediante l'analisi di **campioni significativi di contribuenti**, differenziati anche in funzione del nucleo familiare e dell'area territoriale di appartenenza, con Decreto del Ministero dell'economia e delle finanze da pubblicare nella Gazzetta Ufficiale con periodicità biennale.

La determinazione sintetica del reddito complessivo è ammessa a **condizione** che il **reddito complessivo accertabile ecceda di almeno un quinto quello dichiarato**. L'ufficio che procede alla determinazione sintetica del reddito complessivo ha **l'obbligo di invitare il contribuente a comparire** di persona o per mezzo di rappresentanti per fornire dati e notizie rilevanti ai fini dell'accertamento e, successivamente, di avviare il procedimento di **accertamento con adesione** (art. 5, D.Lgs. n. 218/1997).

Applicabilità

L'accertamento sintetico è applicabile alle:
- **persone fisiche** ai fini delle imposte sul reddito;
- persone fisiche che esercitano **imprese, arti e professioni** qualora il reddito complessivo dai medesimi dichiarato (ad esempio, quello dell'impresa individuale) sia inferiore a quello sinteticamente loro attribuibile, in base alle spese sostenute nel periodo d'imposta e ai predetti indici di capacità contributiva.

Regime premiale

I contribuenti, **soggetti al regime di accertamento basato sulle risultanze degli studi di settore** (art. 10, Legge 8 maggio 1998, n. 146), che nel periodo di imposta di riferimento risultano **congrui,** anche per effetto dell'adeguamento, **e coerenti** agli specifici indicatori previsti dai decreti di approvazione degli studi medesimi, possono accedere al regime premiale (art. 10, c. 9, D.L. n. 201/2011) se:
- la **coerenza sussiste per tutti gli indicatori di coerenza e di normalità** previsti dallo studio applicabile;
- nell'ipotesi in cui si conseguano **redditi di impresa** e di **lavoro autonomo**, l'assoggettabilità al regime di accertamento basato sulle risultanze degli studi di settore sussiste per entrambe le categorie reddituali;
- la **congruità** e la **coerenza** sussistono per tutti gli studi di settore applicabili;
- hanno regolarmente assolto gli obblighi di **comunicazione dei dati rilevanti** ai fini dell'applicazione degli studi di settore, indicando fedelmente tutti i dati previsti.

La fedeltà dei dati dichiarati nella compilazione dei modelli degli studi di settore risulta sussistere anche nel caso di errori o omissioni di dati che non comportano la modifica:
- dell'**assegnazione ai cluster**;
- del **calcolo dei ricavi o dei compensi** stimati;
- del **posizionamento** rispetto agli indicatori di normalità e di coerenza;

rispetto alle **risultanze dell'applicazione degli studi di settore** sulla base dei dati veritieri.

Accertamento sintetico sulla base delle spese sostenute

L'Amministrazione finanziaria può determinare sinteticamente il reddito complessivo del contribuente sulla base delle spese di qualsiasi genere sostenute dal contribuente nel corso del periodo d'imposta.

Prova contraria - A fronte della determinazione sintetica del reddito basata sulle spese di qualsiasi genere sostenute nel corso del periodo d'imposta, il contribuente (art. 38, c. 4, D.P.R. n. 600/1973), può fornire la **prova** che il relativo finanziamento è avvenuto con **redditi**:

- **diversi** da quelli posseduti nello stesso periodo d'imposta;
- **esenti**;
- soggetti a **ritenuta alla fonte** a titolo di imposta;
- legalmente **esclusi dalla formazione della base imponibile**.

L'Ufficio è, quindi, svincolato dall'individuazione di **specifici parametri o coefficienti** su cui basarsi, essendo sufficiente quantificare le spese di qualsiasi genere sostenute dal soggetto passivo nel corso del periodo d'imposta.

Presunzione - Tutto quanto si è speso nel periodo d'imposta deve essere finanziato con i redditi posseduti nel medesimo periodo, ferma restando la prova contraria che le spese sono state finanziate con altri mezzi.

Spese di qualsiasi genere - L'Amministrazione finanziaria ha precisato che i relativi dati sono capillarmente raccolti, sia con flussi informatici strutturati che tramite l'acquisizione di dati sul territorio. In tale ambito hanno assunto particolare rilievo gli elementi che caratterizzano la capacità di spesa relativa a beni non di prima necessità quali:

- **imbarcazioni**,
- **auto di lusso**,
- possesso di **cavalli**,
- **iscrizione a scuole** e **circoli** esclusivi,
- acquisto di **opere d'arte** ecc. (circ. 12 marzo 2010, n. 12/E, risp. 8.1.).

> Sono prese in considerazione, altresì, anche **altre spese**, quali, a titolo indicativo, quelle sostenute per turismo, viaggi, iscrizione a palestre, centri benessere, le spese per oneri deducibili e detraibili (spese mediche, assicurative, per contributi previdenziali, per riscatti di laurea o del periodo militare), nonché le spese di qualsiasi genere che emergono dalle comunicazioni delle operazioni IVA previste dal c.d. "**spesometro**" (art. 21, D.L. n. 78/2010).

L'Amministrazione finanziaria ha, inoltre, confermato che tra le spese di qualsiasi genere sostenute nel periodo d'imposta, e che rilevano nella determinazione sintetica del reddito, rientrano anche quelle che nella disposizione normativa previgente (art. 38, D.P.R. n. 600/1973, in vigore prima della riforma recata dal D.L. n. 78/2010) erano individuate come **spese per incrementi patrimoniali** (circ. 21 giugno 2011, n. 28/E, risp. 8.1).

Il contribuente potrà fornire la prova relativa alla formazione della provvista utilizzata per l'effettuazione dello specifico investimento individuato, dimostrando, ad esempio, che la provvista si è formata anche anni addietro (circ. 14 maggio 2014, n. 10/E, risp. 12.4).

La norma prevede la facoltà di determinare sinteticamente il reddito complessivo del contribuente sulla base delle spese di qualsiasi genere sostenute nel corso del periodo d'imposta e non in misura pari alle spese medesime.

Ai fini della determinazione della spesa sostenuta nel corso del periodo d'imposta, si applica il **principio di cassa**.

Valore dei beni - In presenza di acquisto di un **bene immobile** effettuato tramite finanziamento (mutuo, leasing, ecc.) ai fini dell'accertamento sintetico (art. 38, c. 4, D.P.R. n. 600/1973) rileveranno **solamente le quote o i canoni pagati nell'anno** che andranno ad aggiungersi alle altre spese sostenute nel corso del periodo d'imposta esaminato (circ. n. 28/E, risp. 6.2.).

Accertamento sintetico sulla base del contenuto induttivo di elementi indicativi di capacità contributiva (redditometro)

Fino all'anno d'imposta 2015, il contenuto **induttivo** degli elementi indicativi di capacità contributiva (D.M. 16 settembre 2015 - Tabella A) è determinato tenendo conto **della spesa media, per gruppi e categorie di consumi, del nucleo familiare** di appartenenza del contribuente (art. 10, D.L. n. 87/2018). Tale contenuto corrisponde alla spesa media risultante dall'indagine annuale sui consumi delle famiglie compresa nel Programma statistico nazionale (art. 13, D.Lgs. 6 settembre 1989, n.

322), effettuata su campioni significativi di contribuenti appartenenti ad undici tipologie di nuclei familiari distribuite nelle cinque aree territoriali in cui è suddiviso il territorio nazionale.
Le tipologie di nuclei familiari considerate (D.M. 16 settembre 2015 - Tabella B) sono determinate considerando le risultanze di analisi e studi socio-economici, anche di settore.

Scostamento di un quinto - La determinazione sintetica del reddito complessivo è ammessa a condizione che il reddito complessivo accertabile ecceda di almeno un quinto quello dichiarato.

L'Agenzia delle Entrate ha chiarito che lo scostamento del 20% deve essere commisurato al **reddito dichiarato** (circ. 31 luglio 2013, n. 24/E, § 3.5.). Ad esempio reddito dichiarato pari a 100; si può procedere all'accertamento qualora il reddito accertabile sia pari almeno a 121 (100+20% = 120).

Procedimento - L'adempimento richiesto all'Amministrazione finanziaria è duplice (art. 38, c. 7, D.P.R. n. 600/1973):
- **invitare il contribuente a comparire** di persona o per mezzo di rappresentanti per fornire dati e notizie rilevanti ai fini dell'accertamento;
- **attivare sempre il procedimento di accertamento con adesione** (art. 5, D.Lgs. n. 218/1997).

Il contribuente può fornire la prova esimente sia nella fase istruttoria (ad esempio, in risposta al questionario dell'Ufficio, in sede di invito, ecc.) sia in sede di **accertamento con adesione**, presentandosi presso l'Ufficio nel giorno ed ora indicati.

Sanzione applicabile - Nei casi in cui il contribuente non si presenti all'invito dell'Ufficio si applica la sanzione da 250 a 2.000 euro (art. 11, c. 1, lett. c), D.Lgs. n. 471/1997).

Prova contraria - Il contribuente può **giustificare** la spesa sostenuta dimostrando che la stessa è stata finanziata con redditi riferibili ad **annualità pregresse** rispetto a quella oggetto di accertamento (ad esempio, con risparmi derivanti da redditi conseguiti in precedente periodi d'imposta) o che le spese sono state coperte con elementi patrimoniali accumulati in periodi d'imposta precedenti o sono state finanziate da **economie terze** (circ. 12 marzo 2010, n. 12/E, risp. 8.3.).

CASO 28 - Collegamento causale tra entrate ed uscite
L'Amministrazione finanziaria non può richiedere al contribuente di contrastare l'accertamento sintetico dimostrando il collegamento causale tra entrate ricevute e uscite sostenute, essendo sufficiente **dimostrare** il **transito delle somme** nella propria disponibilità, nonché la **persistenza della durata nel possesso**. Nel caso di specie veniva annullato l'accertamento effettuato al coniuge per avere acquistato un'auto di grossa cilindrata con il denaro ricevuto dal marito e la cui disponibilità era stata provata attraverso l'esibizione degli estratti conti bancari (Cass. n. 3804/2017).

Mezzi finanziari - Per quanto riguarda la dimostrazione che i mezzi finanziari per l'effettuazione delle spese provengono da redditi **esenti**, soggetti a **ritenuta alla fonte** a titolo di imposta o **legalmente esclusi** dalla formazione della base imponibile, il contribuente può fornire la prova del possesso di (art. 38, D.P.R. n. 600/1973):
- redditi **agrari** tassati non in base al reddito effettivamente prodotto, bensì alle rendite catastali aggiornate;
- **utili** distribuiti da società di capitale;
- acconti di **dividendi**;
- somme disponibili a seguito di rimpatrio beneficiando dello **scudo fiscale** o di **condoni**;
- somme avute in **donazione** o **successione**;
- **riscatto** di polizze assicurative o di titoli;
- somme provenienti dal **disinvestimento** di beni immobili, mobili o di titoli di Stato;
- somme ricevute da **risarcimenti** o per **indebitamento** (mutui, finanziamenti, prestiti);
- **vincite**, premi, lotterie;
- rateazione di **plusvalenze** d'impresa;
- redditi effettivi percepiti per la locazione **di immobili di interesse storico/artistico** (per i quali, ai fini fiscali, deve essere dichiarata la sola rendita catastale e non il canone di locazione);
- redditi di **natura finanziaria** assoggettati a ritenuta alla fonte a titolo d'imposta;
- plusvalenze derivanti da **partecipazioni qualificate** (parzialmente escluse) e plusvalenze derivanti dalle partecipazioni **non qualificate** (soggette a ritenuta a titolo di imposta).

ACCERTAMENTO E RISCOSSIONE

Le **spese** relative ai **beni e servizi** si considerano **sostenute dalla persona fisica** cui risultano riferibili sulla base dei dati disponibili o delle informazioni presenti in Anagrafe tributaria.
Inoltre, si considerano sostenute dal contribuente anche le spese relative ai beni e servizi effettuate dal **coniuge** e dai **familiari fiscalmente a carico** (art. 2, Decreto 24 dicembre 2012).

Non si considerano sostenute dalla persona fisica le spese per i beni e servizi se gli stessi sono relativi esclusivamente ed effettivamente all'**attività di impresa** o all'**esercizio di arti e professioni**, sempre che tale circostanza risulti da idonea documentazione (art. 2, c. 2, Decreto 16 settembre 2015).

Accertamento nei confronti delle società che partecipano al consolidato fiscale nazionale

La disciplina relativa alla **tassazione consolidata di gruppo** prevede due sistemi di consolidamento: uno tra società residenti (consolidato nazionale - artt. da art. 117 a 129), l'altro anche con società non residenti (consolidato mondiale - artt. da 130 a 142, D.P.R. n. 917/1986).
Nel consolidato fiscale nazionale, **la fase di controllo può attuarsi**:

- in una **rettifica della dichiarazione di gruppo**;
- in una **rettifica delle dichiarazioni delle singole società consolidate**.

Ai fini **IRES**, l'accertamento va eseguito dall'ufficio competente per la consolidata mediante unico atto da notificare sia alla consolidante che alla consolidata (art. 40-bis, D.P.R. n. 600/1973).
La **notifica dell'accertamento** alle consolidate deve avvenire presso il domicilio eletto (art. 119, TUIR), ovvero presso la sede della consolidante (circ. 31 ottobre 2007, n. 60/E).
L'**accertamento unico** viene utilizzato nelle ipotesi in cui occorra rettificare il reddito delle consolidate, o della consolidante. Non opera nel caso di rettifiche che hanno ad oggetto dati ed elementi trasferiti dalla singola consolidata alla dichiarazione di gruppo, diversi dal reddito complessivo proprio di ciascun soggetto partecipante al consolidato (circ. 6 giugno 2011, n. 27/E)
Verranno poi emessi atti nei confronti della sola consolidata ove la questione concerna le **eccedenze** e i **crediti d'imposta** da questa dichiarati e non trasferiti al consolidato, rimasti quindi nella disponibilità della stessa.
Tra la consolidata accertata e la consolidante vige il **litisconsorzio necessario**. (art. 40-bis, D.P.R. n. 600/1973).
La **riscossione in pendenza di giudizio** è eseguita per il terzo a prescindere dal fatto che uno dei due soggetti abbia o meno presentato ricorso (circ. 6 giugno 2011, n. 27/E).

Computazione delle perdite - La consolidante ha facoltà di chiedere che siano computate in diminuzione dei maggiori imponibili accertati le perdite di periodo del consolidato non utilizzate, sino a concorrenza del loro importo (art. 40-bis, D.P.R. n. 600/1973).
A tal fine, occorre presentare un'**istanza all'ufficio competente** (Provv. Agenzia delle Entrate 20 ottobre 2014).
Detta istanza va presentata entro il termine per il ricorso, ossia **entro 60 giorni dalla ricezione dell'atto** (art. 21, D.Lgs. n. 546/1992).
Da tale momento, il **termine rimane sospeso** sia per la consolidata sia per la consolidante per 60 giorni, e, entro i 60 giorni successivi alla ricezione dell'istanza, l'Agenzia delle Entrate deve provvedere al **ricalcolo dell'eventuale maggiore imposta dovuta**, degli interessi e delle sanzioni correlate, e comunicare l'esito alla consolidata e alla consolidante.

Per perdite di periodo del consolidato, si intendono sia le perdite **relative al periodo d'imposta oggetto di rettifica**, sia quelle **ancora utilizzabili alla data di chiusura dello stesso** (art. 84 TUIR). Si scomputano per prime le perdite relative al periodo d'imposta oggetto di rettifica (art. 2.3, Provv. Agenzia delle Entrate 29 ottobre 2010).

71.6. RISULTANZE FINANZIARIE

L'accertamento bancario (indagine finanziaria) è una particolare procedura che consente all'Amministrazione finanziaria di acquisire elementi e dati sui rapporti intrattenuti dai contribuenti con gli intermediari finanziari. Dall'esame di tali dati è possibile individuare movimentazioni che, se non opportunamente giustificate dal contribuente, vengono contestate dalla stessa Amministrazione finanziaria quali maggiori ricavi o compensi.
L'Amministrazione finanziaria può eseguire controlli ed effettuare accertamenti utilizzando le **risultanze bancarie o finanziarie** riconducibili al contribuente ai fini:

- IVA e imposte sui redditi (artt. 51, D.P.R. n. 633/1972 e 32, D.P.R. n. 600/1973);

- accise (art. 18, c. 3, D.Lgs. n. 504/1995);
- imposte di registro, ipotecaria e catastale (D.P.R. n. 131/1986);
- IRAP (art. 24, D.Lgs. n. 446/1997).

Gli **accertamenti finanziari** rappresentano un importante sistema di controllo, la cui **legittimità costituzionale** è stata affermata con ord. n. 33 del 26 febbraio 2002 della Corte costituzionale, utilizzabile sia per l'esecuzione di verifiche parziali, sia per verifiche globali.

Oggetto delle indagini

Gli accertamenti finanziari possono avere ad **oggetto qualsiasi rapporto intrattenuto od operazione effettuata**, ivi compresi i servizi prestati dalle banche e dalle Poste (per qualsiasi rapporto o qualsiasi operazione si intende l'elenco dei rapporti e delle operazioni contenute nelle tabelle allegate 1 e 2 al Provv. 22 dicembre 2005 del Direttore dell'Agenzia delle Entrate).

Possono essere effettuati non solo sulle **banche e le Poste** ma anche nei confronti di **intermediari finanziari**, imprese di investimento, organismi di investimento collettivo del risparmio, società di gestione del risparmio, società ed enti di assicurazione per le attività finanziarie (art. 23, c. 24 e 25, D.L. 6 luglio 2011, n. 98) e società fiduciarie.

L'accertamento eseguito sulla base delle risultanze bancarie è **una facoltà** (al pari degli accessi, ispezioni, verifiche, questionari, inviti, ecc.) per mezzo della quale gli uffici possono raccogliere **elementi probatori** per rettificare la dichiarazione del contribuente nell'ambito degli schemi di controllo riferibili all'accertamento analitico ovvero a quello induttivo.

CASO 29 - Contraddittorio

In questa tipologia di accertamento, la liceità della ricostruzione dei maggiori ricavi o compensi non è condizionata dalla sussistenza del contraddittorio con il contribuente nel corso della fase amministrativa. L'invito a fornire dati e notizie in ordine alle operazioni annotate nei conti bancari costituisce per l'ufficio una mera facoltà, da esercitarsi in piena discrezionalità e non un obbligo. Dal mancato esercizio di tale facoltà, pertanto, non scaturisce alcuna illegittimità della rettifica operata per effetto di tale accertamento (Cass. ord. 11 gennaio 2018, n. 415).

CASO 30 - Precostituzione della prova contraria

Un metodo per confutare la pretesa può derivare dall'utilizzare, per ogni transazione finanziaria, il canale telematico (bancomat, carta di credito), dando, in tal modo, traccia di ogni operazione. Il contribuente, anche anni dopo, sarà così in grado di provare che tale transazione è fiscalmente irrilevante (ad esempio: acquisto relativo ad un bene personale).

È prudente altresì: conservare la documentazione bancaria (almeno gli estratti conto); annotare a margine le operazioni, come gli assegni, per le quali sul menzionato estratto non compaiono dettagli, indicandone la causale nonché l'emittente/destinatario.

CASO 31 - Presunzioni legali

Per le presunzioni legali, in materia di accertamento bancario, occorre fare una distinzione fra movimentazioni bancarie riguardanti conti correnti riconducibili al contribuente o a un familiare e movimentazioni riguardanti conti di una società di capitali partecipata dallo stesso contribuente. Le indagini bancarie estese ai **conti correnti intestati ai congiunti**, possono legittimamente fondare l'accertamento ai danni del contribuente. In questa ipotesi, pertanto, il contribuente dovrà fornire idonea prova contraria, la quale, non potrà essere generica, bensì dovrà consistere in una **analitica dimostrazione della provenienza e della destinazione dei singoli pagamenti**. Al contrario le movimentazioni che interessano i **conti della società di capitali partecipata dal contribuente non possono essere imputate ai soci** e, quindi, al soggetto destinatario dell'accertamento. In tal caso non opera alcun meccanismo presuntivo: è infatti consentito inferire che siano riferibili alla società verificata le operazioni sui conti correnti intestati all'amministrazione o al socio, ma non anche che siano riferibili a questi soggetti le movimentazioni sui conti correnti intestati alla società (Cass. 25 settembre 2019, n. 23859).

È richiesto al contribuente, in caso di **presunzioni bancarie** (art. 32, c. 1, n. 2, D.P.R. n. 600/1973), di fornire **analitica e idonea prova** atta a dimostrare che gli elementi desumibili dalle indagini bancarie non si riferiscono ad operazioni imponibili. Tale indicazione dovrà essere specificatamente fornita per ciascuna movimentazione. Spetta invece al giudice di merito, l'onere di operare una verifica rigorosa delle prove fornite dal contribuente a giustificazione di ogni singola movimentazione accertata, dandone specifica motivazione in sentenza (Cass. 20 ottobre 2021, n. 29060).

Trattandosi di una **presunzione legale**, si ritiene non necessiti dei requisiti di gravità, precisione e

ACCERTAMENTO E RISCOSSIONE

concordanza richiesti dall'art. 2729 c.c. per le presunzioni semplici (Cass. ord. 30 giugno 2020, n. 13112).

71.6.1. Richiesta dell'Amministrazione finanziaria

Richieste di dati e notizie agli intermediari finanziari

L'Amministrazione finanziaria **può richiedere**, previa **autorizzazione** del direttore centrale dell'accertamento dell'Agenzia delle Entrate o del direttore regionale della stessa, ovvero, per il Corpo della guardia di finanza, del comandante regionale, alle banche, alla società Poste italiane Spa, agli intermediari finanziari, alle imprese di investimento, agli organismi di investimento collettivo del risparmio, alle società di gestione del risparmio e alle società fiduciarie, **dati, notizie e documenti relativi a qualsiasi rapporto intrattenuto od operazione effettuata**, ivi compresi i servizi prestati, con i loro clienti, nonché alle garanzie prestate da terzi (alle società fiduciarie può essere richiesto, tra l'altro, specificando i periodi temporali di interesse, di comunicare le generalità dei soggetti per conto dei quali esse hanno detenuto o amministrato o gestito beni o attività finanziarie).

Le richieste, nonché le relative risposte, anche se negative, devono essere effettuate **esclusivamente in via telematica**, secondo modalità stabilite con Provvedimento del Direttore dell'Agenzia delle Entrate (art. 1, c. 404, Legge n. 311/2004).

I soggetti obbligati devono fornire al Fisco dati, notizie e documenti relativi a qualsiasi rapporto intrattenuto od operazione effettuata, ivi compresi i servizi prestati, con i loro clienti, nonché alle garanzie prestate da terzi.

Le banche, la società Poste italiane S.p.A., gli intermediari finanziari, le imprese di investimento, gli organismi di investimento collettivo del risparmio, le società di gestione del risparmio, nonché ogni altro operatore finanziario, sono tenuti a rilevare e a tenere in evidenza i dati identificativi, compreso il codice fiscale, di **ogni soggetto** che intrattenga con loro **qualsiasi rapporto** o effettui **qualsiasi operazione** di natura finanziaria ad esclusione di quelle effettuate mediante versamento in conto corrente postale per un **importo unitario inferiore a 1.500 euro** (art. 7, c. 6, D.P.R. n. 605/1973).

Richieste di dati e notizie ai soggetti sottoposti ad accertamento, ispezione o verifica

L'Amministrazione finanziaria, può richiedere, previa **autorizzazione** del direttore centrale dell'accertamento dell'Agenzia delle Entrate o del direttore regionale della stessa, ovvero, per il Corpo della guardia di finanza, del comandante regionale, ai soggetti sottoposti ad accertamento, ispezione o verifica il **rilascio di una dichiarazione** contenente l'indicazione della natura, del numero e degli estremi identificativi dei rapporti **intrattenuti con le banche**, la società Poste italiane S.p.A., gli intermediari finanziari, le imprese di investimento, gli organismi di investimento collettivo del risparmio, le società di gestione del risparmio e le società fiduciarie, nazionali o stranieri, in corso ovvero estinti da non più di 5 anni dalla data della richiesta (art. 51, c. 2, n. 6-bis, D.P.R. n. 633/1972 e art. 32, c. 2, n. 6-bis, D.P.R. n. 600/1973).

Modalità della richiesta telematica - Le richieste e le relative risposte devono essere predisposte secondo lo schema allegato al Provv. 22 dicembre 2005 del Direttore dell'Agenzia delle Entrate (schema "XML allegato numero 4") e firmate digitalmente e crittografate, nonché marcate temporalmente.

Le banche, le Poste e gli altri intermediari finanziari devono essere dotati di una casella di posta elettronica certificata e comunicare, all'Agenzia delle Entrate, il proprio indirizzo di posta elettronica certificata, unitamente alle altre informazioni.

Sulla base delle comunicazioni pervenute, l'Agenzia delle Entrate ha istituito il registro generale degli indirizzi elettronici, dove sono annotati tutti gli indirizzi di posta elettronica certificata comunicati dagli operatori finanziari. Il registro generale è reso disponibile agli altri organi preposti al controllo.

Invito di comparizione - Una volta ottenuti i documenti, i conti e le altre informazioni, gli Uffici o la Guardia di Finanza invitano i contribuenti, indicandone il motivo, a comparire di persona o a mezzo di rappresentanti per fornire dati, notizie e chiarimenti relativamente ai rapporti e alle operazioni annotate nei conti medesimi segnalati dai soggetti sopra indicati (banche, poste, società finanziarie, ecc.).

CASO 32 - Accertamenti bancari lavoratori dipendenti

È legittimo l'accertamento basato sui movimenti del conto corrente di un lavoratore dipendente: si tratta di una presunzione di carattere generale che non è rivolta solo ad imprese e professionisti (Cass. ord. 4 gennaio 2019, n. 104).

L'Agenzia delle Entrate eseguiva delle indagini bancarie nei confronti di un lavoratore dipendente. In esito a tali controlli veniva notificato un avviso di accertamento che era impugnato dinanzi al giudice tributario.
Il contribuente eccepiva che la presunzione prevista in tema di indagini finanziarie non valeva nella specie, poiché non si trattava di reddito di lavoro autonomo o di impresa, poiché era lavoratore dipendente.
Entrambi i giudici di merito confermavano la legittimità della pretesa e il contribuente ricorreva così in Cassazione, lamentando un'errata applicazione della norma.
La presunzione derivante dalle indagini bancarie trasferisce sul contribuente l'onere della prova. Quest'ultimo deve dimostrare in modo analitico l'estraneità di ciascun movimento rispetto a fatti imponibili.
I dati e gli elementi acquisiti attraverso le indagini bancarie possono essere posti a base degli accertamenti e rettifiche se il contribuente non dimostra di averne tenuto conto per la determinazione del reddito soggetto ad imposta. La norma essendo di portata generale, è applicabile anche al lavoratore dipendente.
Sarebbe auspicabile, che in simili accertamenti, gli uffici oltre alla mera sommatoria matematica delle movimentazioni considerate imponibili, indicassero anche la **tipologia di reddito presunto e non dichiarato**. Va infatti considerato che un contribuente privato non ha alcun obbligo di redazione e conservazione delle scritture contabili e pertanto per poter assolvere all'onere di prova contraria, dovrebbe comprendere quale sia la natura reddituale contestata.

ACCERTAMENTO E RISCOSSIONE

Presunzione legale ed onere della prova 71.6.2.

La legge prevede una presunzione legale che comporta **un'inversione dell'onere della prova a carico del contribuente**, stabilendo che i **dati ed elementi** attinenti ai rapporti e alle operazioni **segnalati** dai soggetti di cui sopra (banche, poste, società finanziarie, ecc.) sono posti a base delle **rettifiche** e degli **accertamenti** (analitico o induttivo) se l'interessato non dimostra che ne ha tenuto conto nelle dichiarazioni o che non si riferiscono ad operazioni imponibili o soggette ad imposta.
In **mancanza** di detta dimostrazione, le entrate risultanti dai conti si considerano:
- **componenti positivi del reddito**, ai fini delle imposte sui redditi;
- **operazioni attive ai fini dell'IVA** (la legge prevede che sia le operazioni imponibili sia gli acquisti, dedotti dalla movimentazione bancaria, si considerano effettuati all'aliquota in prevalenza rispettivamente applicata o che avrebbe dovuto essere applicata).

Ai soli effetti dell'**imposizione diretta,** è prevista un'**ulteriore presunzione legale**, superabile da prova contraria posta sempre in capo al contribuente, secondo cui i prelevamenti o gli importi riscossi e non risultanti dalle scritture contabili per **importi superiori a euro 1.000 giornalieri** e, comunque, a **euro 5.000 mensili** sono posti come ricavi a base delle rettifiche ed accertamenti, se il contribuente non ne indica il soggetto beneficiario (l'art. 32, c. 1, n. 2), D.P.R. n. 600/1973).

Posizione dell'Agenzia delle Entrate - Secondo il parere dell'Amministrazione finanziaria, le disposizioni relativa alla nuova presunzione, sono applicabili a partire dal 3 dicembre 2016 (data di entrata in vigore della Legge di conversione del D.L. n. 193/2016). In particolar l'Agenzia ha specificato che a partire dal 3 dicembre 2016, a base delle rettifiche ed accertamenti, saranno considerati ricavi prelevamenti o gli importi riscossi nei limiti previsti dalla nuova disposizione. Non ha pertanto riconosciuto l'applicazione retroattiva delle nuove previsioni (circ. 7 aprile 2017, n. 8/E). In altri termini, secondo l'Agenzia tale applicabilità riguarda gli accertamenti ancora non notificati alla data del 3 dicembre 2016, anche riferiti a periodi d'imposta precedenti, mentre per quelli già emessi, resterebbe applicabile la disposizione previgente (che non prevedeva alcun limite).

Posizione della Guardia di finanza - La Guardia di finanza, ha rilevato che in considerazione della natura procedurale della disciplina delle indagini finanziarie e delle pertinenti presunzioni, si ritiene che le novità introdotte dal D.L. n. 193/2016 abbiano carattere retroattivo e risultino applicabili, pertanto a tutti il periodo d'imposta ancora accertabili.
Lo stesso organo rileva poi che per quanto riguarda il sistema presuntivo i profili interpretativi sono stati già oggetto di un preliminare confronto con la Direzione Centrale Accertamento dell'Agenzia delle Entrate che, tra l'altro, ha condiviso la retroattività applicativa delle menzionate soglie (circ. 7 aprile 2017, n. 109546).

Versamenti

La norma interviene solamente sui **prelievi non giustificati** e **non** anche sui **versamenti**, per i quali rimane in vigore la regola che costituiscono presunzioni di reddito qualora non risultassero giustificati (circ. 7 aprile 2017, n. 8/E).
Pertanto, sia con riguardo alle imprese, sia con riguardo ai lavoratori autonomi (non imprenditori) continua ad operare la presunzione in base alla quale i versamenti, qualora non giustificati, costituiscono maggior reddito.

Presunzioni legali - Le presunzioni legali di cui sopra sono **utilizzabili automaticamente** dall'Ufficio, sebbene il contribuente possa fornire la prova contraria. In sostanza, come chiarito dalla Corte di Cassazione (Cass., Sez. V, 28 agosto 2000, n. 11234), è la stessa legge che individua il fatto costituente il presupposto della presunzione (rinvenimento di dati emergenti da conti bancari non transitati nelle scritture) e che individua l'effetto della presunzione stessa (utilizzabilità dei dati ai fini della ricostruzione della base imponibile).

Prova contraria analitica

Una volta acquisite le risultanze dei conti bancari, la certezza del dato risulta difficilmente controvertibile e l'onere della prova contraria si sposta sicuramente sul contribuente (Cass., Sez. trib., 16 settembre 2005, n. 18429), in quanto il rinvenimento di singoli dati ed elementi risultanti dai conti bancari non transitati nelle scritture dell'imprenditore costituisce il presupposto di una presunzione legale (anche se relativa, in quanto è ammessa la prova del contrario da parte del contribuente) a favore del fisco, utilizzabile ai fini della ricostruzione della base imponibile (Cass., Sez. trib., 14 ottobre 2005, n. 19956). Pertanto, i **dati** e gli **elementi** risultanti dai **conti correnti bancari** assumono **sempre rilievo** ai fini della ricostruzione del reddito imponibile, qualora il titolare dei conti **non produca un'adeguata giustificazione** (Cass., Sez. V, ord. 7 maggio 2013, n. 10584). Incombe, quindi, sul contribuente l'onere dimostrare che gli elementi desumibili dalla movimentazione bancaria non sono riferibili ad operazioni imponibili, fornendo, a tal fine, una prova non generica, ma analitica, con indicazione specifica della riferibilità di ogni versamento bancario, in modo da dimostrare come ciascuna delle operazioni effettuate sia estranea a fatti imponibili (Cass., Sez. VI-5, ord., 6 maggio 2014, n. 9731; in senso conforme Cass., Sez. V, ord. 17 agosto 2009, n. 18339; Cass., Sez. V, 12 maggio 2008, n. 11750).
Secondo la giurisprudenza di legittimità, infatti, i dati raccolti dall'Ufficio in sede di accesso ai conti correnti bancari di un operatore economico consentono, in virtù della presunzione contenuta nella detta normativa, di imputare gli elementi da essi risultanti direttamente a ricavi dell'attività svolta dal contribuente, salva la possibilità per il medesimo di provare che determinati accrediti non costituiscono proventi di detta attività (Cass., Sez. trib., 4 giugno 2007, n. 12975 e n. 12977).
Costituisce, infatti, principio assodato che il D.P.R. n. 633/1972, art. 51, c. 2, n. 2, pone a favore dell'Ufficio la presunzione che le **movimentazioni di denaro**, sia attive che passive, **non regolarmente registrate in contabilità**, siano conseguenza di operazioni imponibili a fine IVA. Tale presunzione ammette la prova contraria, ma questa non può essere parziale o generica.
Incombe sul **contribuente dimostrare l'irrilevanza e la neutralità fiscale di ogni singola movimentazione**. La regolare tenuta della contabilità e la conformità del reddito dichiarato rispetto a quello risultante dagli studi di settore non è sufficiente a contrastare la presunzione legale (anche se relativa) a favore dell'Erario che, come tale non necessita dei requisiti di gravità, precisione e concordanza richiesti dall'art. 2729 c.c. (richiesti invece per le presunzioni semplici), ed è superabile soltanto dalla prova contraria fornita dal contribuente (Cass. sent. n. 6237/2015 e n. 9078/2016), il quale deve dimostrare che gli elementi desumibili dalla movimentazione bancaria non sono riferibili ad operazioni imponibili, fornendo, a tal fine, una prova non generica, ma analitica, con indicazione specifica della riferibilità di ogni versamento bancario, in modo da dimostrare come ciascuna delle operazioni effettuate sia estranea a fatti imponibili (Cass. n. 6947/2017).

Estensione delle indagini bancarie - L'Amministrazione finanziaria può porre a base delle rettifiche ed accertamenti i **conti "cointestati"** al contribuente, dato che:
- anche questi sono conti intrattenuti dal contribuente stesso (Cass., Sez. V, 18 aprile 2003, n. 6232; Cass., Sez. V, 5 ottobre 2007, n. 20858, concernente un conto cointestato ai familiari);
- la cointestazione non tocca, nei rapporti esterni, la posizione di ciascuno dei cointestatari di creditore o debitore, rispetto a tutte le operazioni annotate (Cass., Sez. V, 21 giugno 2001, n. 8457).

Le indagini bancarie possono essere **estese**:
- **ai rapporti conti correnti intestati a congiunti** del contribuente persona fisica, ovvero a quelli degli **amministratori della società contribuente**, qualora abbia motivo di ritenerli connessi ed

inerenti al reddito del contribuente (D.P.R. 29 settembre 1973, n. 600, art. 32, n. 7, riguardo alle imposte sui redditi, che il D.P.R. 26 ottobre 1972, n. 633, art. 51, riguardo all'IVA);

– **ai conti correnti di soggetti terzi** rispetto alla società, legati a quest'ultima a titolo di **amministratore, socio** ovvero quali **congiunti** di questi.

Il rapporto familiare è ritenuto sufficiente a giustificare, salva prova contraria, la riferibilità al contribuente accertato delle operazioni riscontrate su conti correnti bancari degli indicati soggetti (Cass., Sez. V, 21 maggio 2014, n. 11183).

CASO 33 - Rilevanza dei vincoli commerciali

In una società la cui compagine sociale e la cui amministrazione è riferibile ad un unico ristretto gruppo familiare, l'esistenza di tali vincoli è sufficiente a giustificare la riferibilità al contribuente accertato delle operazioni riscontrate su conti correnti bancari intestati a tali soggetti, salva naturalmente la facoltà di questi di provare la diversa origine di tali entrate.

La presunzione legale non trova applicazione con riguardo a conti bancari intestati esclusivamente a persone diverse, ancorché legate al contribuente da vincoli familiari o commerciali, salvo che l'ufficio opponga e poi provi in sede giudiziale che l'intestazione a terzi è fittizia o comunque è superata, in relazione alle circostanze del caso concreto, dalla sostanziale imputabilità al contribuente medesimo delle posizioni creditorie e debitorie annotate sui conti (Cass., Sez. trib., 15 febbraio 2013, n. 3762; in senso contrario, si veda, comunque, Cass., Sez. V, 18 aprile 2003, n. 6232 e Cass., Sez. V, 17 settembre 2001, n. 11639).

Controlli su liste selettive - L'anagrafe tributaria raccoglie e ordina su scala nazionale i dati e le notizie risultanti dalle dichiarazioni e dalle denunce presentate agli uffici dell'Amministrazione finanziaria e dai relativi accertamenti, nonché i dati e le notizie che possono comunque assumere rilevanza ai fini tributari. Tali informazioni sono comunicate agli organi dipendenti dal Ministro delle finanze preposti agli accertamenti ed ai controlli relativi all'applicazione dei tributi ed, in particolare, ai fini della valutazione della complessiva capacità contributiva e degli adempimenti conseguenziali di rettifica delle dichiarazioni e di accertamento, all'ufficio distrettuale delle imposte nella cui circoscrizione il soggetto ha il domicilio fiscale. Sulla base dei dati in suo possesso l'anagrafe tributaria provvede alle elaborazioni utili per lo studio dei fenomeni fiscali (art. 1, D.P.R. n. 605/1973).

Obblighi di comunicazione

Gli uffici pubblici hanno obblighi di comunicazione all'**anagrafe tributaria** (art. 7, D.P.R. n. 605/1973).

Soggetti tenuti alla comunicazione	Obblighi di comunicazione
Le aziende, gli istituti, gli enti e le società	Devono comunicare all'anagrafe tributaria i dati e le notizie riguardanti: a) contratti di assicurazione, ad esclusione di quelli relativi alla responsabilità civile ed alla assistenza e garanzie accessorie, relativamente ai soggetti contraenti; b) contratti di somministrazione di energia elettrica, di servizi di telefonia, fissa, mobile e satellitare, di servizi idrici e del gas, relativamente agli utenti.
Le banche, la società Poste italiane Spa, gli intermediari finanziari, le imprese di investimento, gli organismi di investimento collettivo del risparmio, le società di gestione del risparmio, nonché ogni altro operatore finanziario	Sono tenuti a rilevare e a tenere in evidenza: a) i dati identificativi, compreso il codice fiscale, di ogni soggetto che intrattenga con loro qualsiasi rapporto o effettui, per conto proprio ovvero per conto o a nome di terzi, qualsiasi operazione di natura finanziaria ad esclusione di quelle effettuate tramite bollettino di conto corrente postale per un importo unitario inferiore a 1.500 euro;

ACCERTAMENTO E RISCOSSIONE

Soggetti tenuti alla comunicazione	Obblighi di comunicazione
	b) l'esistenza dei rapporti e l'esistenza di qualsiasi operazione di cui al punto periodo, compiuta al di fuori di un rapporto continuativo, nonché la natura degli stessi, sono comunicate all'anagrafe tributaria ed archiviate in apposita sezione, con l'indicazione dei dati anagrafici dei titolari e dei soggetti che intrattengono con gli operatori finanziari qualsiasi rapporto o effettuano operazioni al di fuori di un rapporto continuativo per conto proprio ovvero per conto o a nome di terzi, compreso il codice fiscale.
Gli ordini professionali e gli altri enti ed uffici preposti alla tenuta di albi, registri ed elenchi	Devono comunicare, su richiesta dell'anagrafe i dati dei soggetti iscritti ai rispettivi ordini professionali entro 6 mesi dalla data di ricevimento della richiesta.
I rappresentanti legali dei soggetti diversi dalle persone fisiche, che non siano tenuti a presentare la dichiarazione	Devono comunicare all'anagrafe tributaria, entro 30 giorni, l'avvenuta estinzione e le avvenute operazioni di trasformazione, concentrazione o fusione.
Gli amministratori di condominio	Devono comunicare annualmente all'anagrafe tributaria l'ammontare dei beni e servizi acquistati dal condominio e i dati identificativi dei relativi fornitori.
Le comunicazioni devono indicare il numero di codice fiscale dei soggetti cui le comunicazioni stesse si riferiscono e devono essere sottoscritte dal legale rappresentante dell'ente o dalla persona che ne è autorizzata, secondo l'ordinamento dell'ente stesso. Per le amministrazioni dello Stato la comunicazione è sottoscritta dalla persona preposta all'ufficio che ha emesso il provvedimento. Le comunicazioni sono trasmesse esclusivamente per via telematica. Le modalità e i termini delle trasmissioni nonché le specifiche tecniche del formato dei dati sono definite con provvedimento del Direttore dell'Agenzia delle Entrate.	

Utilizzo delle informazioni - Le comunicazioni effettuate dagli uffici pubblici, sono utilizzate dall'Agenzia delle Entrate per l'**elaborazione di specifiche liste** selettive di contribuenti a maggior rischio di evasione, con procedure centralizzate, secondo i criteri individuati con provvedimento del Direttore della medesima Agenzia.
In tal modo, è concesso all'Amministrazione finanziaria di avere a disposizione *on line* le risultanze bancarie e finanziarie di tutti i contribuenti, al fine di meglio programmare l'attività di controllo, per il contrasto all'evasione fiscale.
L'esame di queste risultanze bancarie e finanziarie potrà essere eseguito, ai fini del controllo delle posizioni fiscali dei soggetti maggiormente a rischio, senza necessità di alcuna autorizzazione, come è invece previsto, per la richiesta di dati, notizie e documenti relativi a qualsiasi rapporto intrattenuto od operazione effettuata per le quali è necessaria l'autorizzazione del direttore centrale dell'accertamento dell'Agenzia delle Entrate o del direttore regionale della stessa, ovvero, per il Corpo della guardia di finanza, del comandante regionale (artt. 32, n. 7), D.P.R. n. 600/1973 - ai fini delle imposte sui redditi - e 52, n. 7), D.P.R. n. 633/1972 - ai fini dell'IVA).

Proroga dei termini di notifica

Gli atti di accertamento, di contestazione, di irrogazione delle sanzioni, di recupero dei crediti di imposta, di liquidazione e di rettifica e liquidazione, per i quali i termini di decadenza, calcolati senza tener conto del periodo di sospensione dall'8 marzo al 31 maggio 2020 (art. 67, c. 1, D.L. n. 18/20, conv. Legge n. 27/2020), scadevano tra l'8 marzo 2020 e il 31 dicembre 2020, devono essere emessi (pertanto sottoscritti dal funzionario competente) entro il 31 dicembre 2020, ma possono essere notificati nel periodo compreso tra il **1° marzo 2021** e il **28 febbraio 2022**, salvo casi di indifferibilità e urgenza (D.L. n. 7/2021).

Esempio
Entro il **31 dicembre 2020** avrebbero dovuto essere emessi gli accertamenti imposte sui redditi, IVA e IRAP relativi all'annualità 2015 **Mod. UNICO 2016** (2014 Mod. UNICO 2015 qualora ci sia stata l'omessa dichiarazione). La notifica avviene però **dal marzo 2021 al 28 febbraio 2022**.

L'accertamento va notificato, a pena di decadenza, **entro il 31 dicembre del quarto anno successivo a quello di presentazione della dichiarazione** (quinto anno se si tratta di dichiarazione omessa), ai sensi dell'art. 43, D.P.R. n. 600/1973 e dell'art. 57, D.P.R. n. 633/1972 (nella versione antecedente alla Legge n. 208/2015, che opera dalle dichiarazioni presentate nel 2017, relative al 2016).

In riferimento al **raddoppio dei termini per violazioni penali**, abrogato con decorrenza dall'anno 2016 (dichiarazioni da presentare nel 2017), entro il 31 dicembre 2020 dovevano essere emessi gli accertamenti imposte sui redditi, IVA e IRAP relativi all'annualità 2011, Mod. UNICO 2012 (2009 Mod. UNICO 2010 qualora ci sia stata l'omessa dichiarazione). La **notifica** può avvenire nel periodo compreso **tra il 1° marzo 2021 e il 28 febbraio 2022**.
Lo slittamento dei termini di notifica si riferisce anche alle annualità che scadono a fine 2020 per effetto di proroghe dei termini, come il raddoppio per violazioni penali (circ. Agenzia delle Entrate n. 25/2020).

Le tipologie di atti oggetto di differimento si riferiscono, in generale, a provvedimenti che vengono emessi al termine della fase del controllo sostanziale con riferimento agli atti o alle imposte, sia indirette che dirette, i cui termini di decadenza scadono nel periodo indicato.
Per gli atti riferiti invece ad atti o ad imposte i cui termini decadenziali non scadono entro il 31 dicembre 2020, gli uffici potranno svolgere nell'anno 2020 le relative attività di accertamento o di controllo sostanziale senza però procedere alla notifica degli atti, **a meno che abbiano carattere di indifferibilità ed urgenza**, escludendo le fattispecie per le quali è necessario o opportuna l'attivazione del contraddittorio.
Sono fatti salvi anche i casi in cui l'emissione dell'atto è funzionale all'adempimento, come nel caso della liquidazione d'ufficio delle imposte da versare a seguito della presentazione di una istanza del contribuente per la revoca della dichiarazione di intenti espressa in atto ai fini dell'agevolazione prima casa, presentata sia prima sia dopo il decorso dei termini di decadenza.
La proroga, dunque, riguarda tutti gli atti e le imposte per le quali è prevista una decadenza dei termini nel periodo dall'8 marzo al 31 dicembre 2020.

Sospensione della riscossione 71.6.3.

È data la facoltà, al contribuente, di chiedere la **sospensione della riscossione**:
- in via **amministrativa** (art. 39, D.P.R. n. 602/1973);
- in via **giudiziale** (art. 47, D.Lgs. n. 546/1992).

Nell'ipotesi d'impugnazione dell'atto, i contributi ed i premi corrispondenti agli imponibili accertati dall'ufficio ma non ancora definitivi, nonché i relativi interessi, sono iscritti a **titolo provvisorio nei ruoli**, dopo la notifica dell'atto di accertamento, **per un terzo degli ammontari corrispondenti** agli **imponibili** o ai maggiori imponibili **accertati** (art. 15, D.P.R. n. 602/1973).
Pertanto, in presenza di un avviso di accertamento contro cui il contribuente presenti ritualmente e tempestivamente impugnazione, il pagamento degli importi dovuti dovrà essere pari a **un terzo degli ammontari** corrispondenti agli imponibili o ai maggiori imponibili accertati.
Le sanzioni collegate al tributo non dovranno essere versate se non dopo la sentenza, totalmente o parzialmente, sfavorevole al contribuente.

Definizione delle sanzioni 71.6.4.

È ammessa la definizione agevolata con il pagamento di un importo pari **ad un terzo della sanzione irrogata** e comunque non inferiore ad un terzo dei minimi edittali previsti per le violazioni più gravi relative a ciascun tributo, entro il termine previsto per la proposizione del ricorso (art. 17, D.Lgs. n. 472/1997).
Le sanzioni versate (definite) **non saranno rimborsate**, nemmeno in caso di sentenza totalmente favorevole al contribuente.
Nello stesso avviso di accertamento, nella sezione **avvertenze per il contribuente**, alla voce "definizione delle sole sanzioni con riduzione ad un terzo" è indicato l'importo dovuto per beneficiare della definizione.

ACCERTAMENTO ESECUTIVO 71.7.

Gli avvisi di accertamento (analitici, parziali, induttivi), relativi all'IVA, alle imposte sui redditi e all'IRAP, nonché ai connessi provvedimenti di irrogazione sanzioni, **funzionali all'attività di riscossione**, costituiscono anche **titolo per la riscossione delle somme dovute**, senza necessità di iscrizione a ruolo e **notifica della relativa cartella di pagamento** (➡101.1.).

Tali atti **divengono esecutivi una volta trascorsi 60 giorni** dalla loro notifica devono espressamente contenere l'avvertimento che:
- l'avviso di accertamento ha valore di **intimazione ad adempiere**, entro il termine di presentazione del ricorso (60 giorni dalla notifica);
- dopo il termine utile per la presentazione del ricorso l'atto **diventerà esecutivo**;
- decorsi 30 giorni dal termine ultimo per il pagamento, la riscossione delle somme richieste è affidata all'agente della riscossione, anche ai fini dell'**esecuzione forzata**, senza la preventiva notifica della cartella di pagamento.

In ogni caso, la norma stabilisce che l'**esecuzione forzata è sospesa**, *ex lege*, per un periodo di **180 giorni** dall'affidamento in carico agli agenti della riscossione dell'accertamento esecutivo, salvo che per le azioni cautelari e conservative, nonché per ogni altra azione prevista dalle norme ordinarie a tutela del creditore.

Fondato pericolo

La sospensione non opera qualora gli agenti della riscossione vengano a conoscenza di elementi idonei a dimostrare il fondato pericolo di **pregiudicare la riscossione** e in caso di accertamenti definitivi, anche in seguito a giudicato e di recupero di somme derivanti da decadenza dalla rateazione.

Ricorso alle Commissioni tributarie - Il contribuente è intimato, comunque, ad adempiere, entro i termini di presentazione dello stesso, all'obbligo di pagamento di **un terzo degli importi dovuti per imposte e interessi**, come indicato nella sezione "avvertenze per il contribuente" dell'avviso di accertamento, alla voce importi intimati (➜**71.6.3.**).

Sanzioni irrogate

Il pagamento delle sanzioni è dovuto, a titolo provvisorio:
- **per i due terzi**, dopo la sentenza della Commissione tributaria provinciale che respinge il ricorso;
- **per l'ammontare risultante dalla sentenza di primo grado**, e comunque non oltre i due terzi, se la stessa accoglie parzialmente il ricorso;
- **per il residuo ammontare** determinato nella sentenza della Commissione tributaria regionale (artt. 19, D.Lgs. n. 472/1997 e 68, D.Lgs. n. 546/1992).

La procedura di riscossione immediata delle somme dovute, senza la previa iscrizione a ruolo (art. 29, lett. a), D.L. n. 78/2010), si applica ai seguenti casi:
- **mancato pagamento** anche di una sola delle rate successive alla prima dovute a seguito di **accertamento con adesione** (art. 8, c. 3-bis, D.Lgs. n. 218/1997);
- **sentenza della Commissione tributaria sfavorevole**, in tutto o in parte, al contribuente, onde consentire la riscossione frazionata del tributo e delle sanzioni dovute a titolo provvisorio in pendenza di giudizio (artt. 68, D.Lgs. n. 546/1992 e 19, D.Lgs. n. 472/1997).

L'elencazione (art. 29, lett. a), D.L. n. 78/2010), tuttavia, non deve ritenersi tassativa.
In presenza di **sentenza sfavorevole**, in tutto o in parte, per il contribuente, la riscossione frazionata delle somme ancora dovute a titolo di imposta, interessi e sanzioni, sulla base della pronuncia del giudice tributario avverrà, dunque, previa notifica di un ulteriore atto (**intimazione di pagamento**). In tali ultimi casi il versamento delle somme dovute deve avvenire entro 60 giorni dalla notifica.

L'**intimazione** può essere impugnata con ricorso alla Commissione tributaria provinciale per vizi propri dell'atto, come nel caso di errore di calcolo nella determinazione degli importi dovuti a seguito della sentenza.

CASO 34 - Presenza di più obbligati solidali

Qualora vi siano più obbligati solidali, l'avviso di accertamento deve essere notificato, entro i termini decadenziali, a ciascuno di essi.
Il coobbligato solidale, ricevuto l'accertamento esecutivo (anche se per mera conoscenza) lo deve impugnare tempestivamente.
la tesi secondo cui a questi può essere notificata la cartella di pagamento, rimanendo comunque fermo il diritto di difendersi nel merito, non può essere sostenuta, siccome nel sistema degli accertamenti esecutivi non essendoci il ruolo non viene nemmeno più notificata la cartella (Cass., SS.UU., 16 dicembre 2020, n. 28709).

Avvisi bonari

Non costituiscono titoli per la riscossione:

- gli **atti emessi** nei casi di **omesso versamento delle somme rateizzate** in seguito alla definizione delle comunicazioni degli esiti dei **controlli automatici** ovvero dei **controlli formali** delle dichiarazioni (art. 54-bis, D.P.R. n. 633/1972);
- gli **atti emessi** nei casi di **omesso versamento delle somme rateizzate** risultanti dalle comunicazioni dell'esito **dell'attività di liquidazione dei redditi** soggetti a tassazione separata (art. 1, c. 412, Legge n. 311/2004 (➡71.4.1.).

Le **comunicazioni** da cui discendono le somme dovute non hanno i requisiti tipici degli avvisi di accertamento e dei provvedimenti di irrogazione delle sanzioni propriamente intesi, bensì quelli degli **avvisi bonari** contenenti un invito a fornire eventuali dati o elementi non considerati o valutati erroneamente nella liquidazione dei tributi e che quindi manifestano una volontà impositiva ancora in itinere e non formalizzata in un atto definitivo, cancellabile solo in via di autotutela o attraverso l'intervento del giudice.

ACCERTAMENTI EMESSI DAGLI ENTI LOCALI 71.8.

A decorrere **dal 1° gennaio 2020**, gli accertamenti emessi dagli enti locali ed afferenti tributi propri ed entrate patrimoniali saranno **immediatamente esecutivi**, parimenti a quanto avviene per gli avvisi afferenti le imposte sui redditi, IVA, IRAP (art. 29, D.L. n. 78/2010). Non sarà conseguentemente più notificata la cartella di pagamento o l'ingiunzione fiscale (art. 1, c. 792, Legge n. 160/2019).

Decorsi i termini di legge, previsti per la proposizione del ricorso, il credito dell'ente locale potrà esse affidato all'esattore. La riscossione potrà avvenire in proprio ad opera dell'ente impositore, mediante affidamento al concessionario locale o a quello "nazionale" (Agenzia delle Entrate-Riscossione o Riscossione Sicilia spa, considerata agente della riscossione per effetto del D.L. n. 203/2005).

Gli **atti di esecuzione**, come il pignoramento, ovvero **cautelari**, come ipoteca, e fermo dei beni mobili registrati, andranno posti in essere **entro termini di prescrizione**, che potranno essere interrotti da qualsiasi atto di intimazione di pagamento.

Termini di prescrizione 71.8.1.

Per le sanzioni tributarie, la prescrizione è **quinquennale** (art. 20, D.Lgs. n. 472/1997). Costante giurisprudenza ritiene che ciò valga anche per le imposte, in tema di fiscalità locale (Cass. 10 dicembre 2014, n. 26013; Cass. 22 giugno 2017, n. 15580).

Nel caso in cui sussista **sentenza passata in giudicato** (art. 2953 c.c.), la prescrizione, sia per imposte, sia per sanzioni, diviene **decennale**.

Sospensione della prescrizione 71.8.2.

La prescrizione rimane sospesa in caso di:

- **ricorso**, cominciando a decorrere dal giudicato;
- provvedimenti disciplinati dal D.P.R. n. 602/1973 (notificati entro 5 anni);
- **preavviso di fermo** dei beni mobili registrati, la **comunicazione di ipoteca** e l'**intimazione ad adempiere** (art. 50, D.P.R. n. 602/1973);
- **nota di presa in carico** degli importi, contenete l'intimazione di pagamento.

Non può avere effetto interruttivo la trasmissione del carico all'esattore, essendo un atto interno tra enti pubblici.

Termini di pagamento 71.8.3.

Gli importi dovranno essere così corrisposti:

- se il contribuente **presenta ricorso**, entro il relativo termine occorre versare la totalità delle imposte e gli interessi;
- se il contribuente si avvale dell'**acquiescenza**, entro il termine di presentazione del ricorso dovrà versare la totalità delle imposte, gli interessi, fruendo della riduzione delle sanzioni al terzo dell'irrogato;
- se il contribuente **non presenta ricorso** e **non si avvale dell'acquiescenza**, oltre alla totalità delle imposte e degli interessi, dovrà versare altresì le sanzioni per intero (art. 68, D.Lgs. n. 546/1992 e art. 19, D.Lgs. n. 472/1997).

Il termine per il pagamento viene **sospeso** ogni anno **dal 1° al 31 agosto** (art. 1, Legge n. 742/1969).

Il **mancato o tardivo pagamento** delle somme intimate con l'avviso di accertamento esecutivo non dà luogo alle sanzioni del 30 o del 15% (art. 13, D.Lgs. n. 471/1997) dell'importo non pagato o pagato tardivamente.

71.8.4. Rateazione

L'ente creditore o il soggetto affidatario, su apposita richiesta del debitore, potrà concedere la rateazione delle somme dovute:

- fino a 100 euro nessuna rateizzazione;
- da 100,01 a 500 euro fino a quattro rate mensili;
- da 500,01 a 3.000 euro da 5 a 12 rate mensili;
- da 3.000,01 a 6.000 euro da 13 a 24 rate mensili;
- da 6.000,01 a 20.000 euro da 25 a 36 rate mensili;
- oltre 20.000 euro da 37 a 72 rate mensili.

L'ente locale con specifica deliberazione potrà ulteriormente regolamentare condizioni e modalità di rateizzazione, ferma restando la **durata massima non inferiore a 36 rate mensili** per debiti di importi **superiori a 6.000 euro**.

Decadenza

In caso di mancato pagamento di due rate consecutive nel corso del periodo di rateazione, il debitore decade automaticamente dal beneficio e il debito non può più essere rateizzato; l'intero importo ancora dovuto sarà immediatamente riscuotibile in unica soluzione.

71.8.5. Riscossione coattiva

Gli **importi intimati** mediante l'avviso di accertamento esecutivo, **se non pagati entro il termine per il ricorso** e salvo ottenimento della sospensione giudiziale, vengono posti in riscossione, in proprio dall'ente locale, tramite affidamento al concessionario *ex* art. 53, D.Lgs. n. 446/1997 o ad Agenzia delle Entrate-Riscossione.
Le somme vengono affidate in riscossione in via diretta, senza notifica, al contribuente, della cartella di pagamento o dell'ingiunzione fiscale.

Aggi di riscossione

Se gli importi non vengono pagati entro il termine per il ricorso, al contribuente vengono addebitati anche gli aggi di riscossione.
Ove la riscossione sia stata affidata ad **Agenzia delle Entrate-Riscossione**, gli aggi saranno pari al 6% degli importi da riscuotere (art. 17, D.Lgs. n. 112/1999).
Ove la riscossione sia effettuata **in proprio o tramite concessionario** (art. 53, D.Lgs. n. 446/1997), il contribuente dovrà pagare:

- un **aggio pari al 3%** con un **massimo di 300,00 euro** in caso di pagamento entro 60 giorni da quando è spirato il termine per il ricorso (nella maggioranza dei casi, entro 120 giorni dalla notifica dell'atto);
- un **aggio paro al 6%** con **massimo di 600,00 euro** in caso di pagamento oltre i 60 giorni da quando è spirato il termine per il ricorso.

Novità introdotte dalla Legge di bilancio 2022 - A partire dai ruoli affidati dagli enti creditori all'Agente della riscossione **dopo il 1° gennaio 2022** è prevista l'**eliminazione dalla cartella degli oneri di riscossione** (c.d. "aggio") (art. 1, c. 15-17, Legge n. 234/2021). Per i ruoli affidati all'Agente della riscossione fino al 31 dicembre 2021, a prescindere dalla data di notifica della relativa cartella di pagamento che venga notificata anche successivamente a tale data, permangono ancora a carico del contribuente gli oneri di riscossione nella misura e secondo la ripartizione previste dalle diposizioni vigenti fino al 1° gennaio 2022 (data di entrata in vigore Legge n. 234/2021).
L'Agenzia delle Entrate (Provv. 17 gennaio 2022) ha approvato il **modello di cartella di pagamento** che l'Agente della riscossione è tenuto ad utilizzare per le cartelle relative ai carichi affidatigli a decorrere dal 1° gennaio 2022. Resta fermo, per le cartelle relative ai carichi affidati all'Agente della riscossione fino al 31 dicembre 2021, il modello approvato con Provv. 14 luglio 2017.

Interessi di mora

Ove la riscossione sia stata **affidata ad Agenzia delle Entrate-Riscossione**, gli interessi di mora sono disciplinati dall'art. 30 del D.P.R. n. 602/1973 e conteggiati dal giorno successivo alla notifica dell'atto.
Ove la riscossione sia **effettuata in proprio** ovvero tramite **concessionario** (art. 53, D.Lgs. n. 446/1997), al contribuente si applicano, sempre sulla quota capitale, gli **interessi di mora al tasso legale** (che potrà essere maggiorato al massimo di due punti percentuali con apposita delibera dello stesso ente), calcolati a partire dai 30 giorni dal termine per il ricorso.

STUDI DI SETTORE E PARAMETRI 71.9.

Nei confronti dei **contribuenti di minori dimensioni** l'Amministrazione finanziaria può eseguire accertamenti utilizzando **strumenti presuntivi** che misurano i ricavi, i compensi ed il volume d'affari. Tali strumenti erano rappresentati, principalmente, fino all'introduzione degli Indici sintetici di affidabilità (art. 9-bis, D.L. n. 50/2017) dai c.d. **studi di settore** e, in via subordinata, dai c.d. **parametri**, che trovano applicazione per i soggetti per i quali non erano ancora stati approvati gli studi di settore o per i quali gli studi, pur approvati, non erano applicabili.

A decorrere **dal periodo d'imposta in corso al 31 dicembre 2018 (Mod. REDDITI 2019)**, con Decreto del Ministro dell'economia e delle finanze, sono stati individuati **indici sintetici di affidabilità fiscale** cui sono collegati livelli di **premialità** per i contribuenti più affidabili, anche consistenti nell'esclusione o nella riduzione dei termini per gli accertamenti, al fine di promuovere l'adempimento degli obblighi tributari e il rafforzamento della collaborazione tra l'Amministrazione finanziaria e i contribuenti (art. 7-bis, D.L. n. 193/2016).
Contestualmente all'adozione di tali indici cessano di avere effetto, al fine dell'accertamento dei tributi, le disposizioni relative agli studi di settore (art. 62-bis del D.L. 30 agosto 1993, n. 331) e ai parametri (art. 3, c. da 181 a 189, della Legge 28 dicembre 1995, n. 549).

Sistema di presunzioni semplici

La procedura di **accertamento tributario standardizzato** mediante l'applicazione dei **parametri o degli studi di settore** costituisce **un sistema di presunzioni semplici**, la cui gravità, precisione e concordanza non è *ex lege* determinata dallo scostamento del reddito dichiarato rispetto agli *standards* in sé considerati - meri strumenti di ricostruzione per elaborazione statistica della normale redditività - ma nasce solo in esito al contraddittorio da attivare obbligatoriamente, pena la nullità dell'accertamento, con il contribuente. In tale fase, infatti, quest'ultimo ha la facoltà di contestare **l'applicazione dei parametri** provando le circostanze concrete che giustificano lo scostamento della propria posizione reddituale, costringendo l'ufficio - ove non ritenga attendibili le allegazioni di parte - ad integrare la motivazione dell'atto impositivo, indicando le ragioni del suo convincimento. Tuttavia, ogni qual volta il contraddittorio sia stato regolarmente attivato ed il **contribuente ometta di parteciparvi** ovvero si astenga da qualsivoglia attività di allegazione, l'ufficio non è tenuto ad offrire alcuna ulteriore dimostrazione della pretesa esercitata in ragione del semplice disallineamento del reddito dichiarato rispetto ai menzionati parametri (Cass. 20 settembre 2017, n. 21754).

Studi di settore 71.9.1.

L'Amministrazione finanziaria aveva elaborato, d'intesa con le categorie interessate, appositi **studi di settore** validi sia ai fini dell'IVA che delle imposte sui redditi (art. 62-bis, D.L. n. 331/1993; art. 10, Legge 8 maggio 1998, n. 146 e D.P.R. 31 maggio 1999, n. 195) i quali consentivano di **stimare i ricavi o i compensi attribuibili al contribuente** (quindi, non direttamente il reddito del contribuente). Essi individuavano le relazioni esistenti tra le variabili strutturali e contabili delle imprese e dei lavoratori autonomi con riferimento al **settore economico di appartenenza**, ai **processi produttivi** utilizzati, all'**organizzazione**, ai **prodotti e servizi** oggetto dell'attività, alla **localizzazione geografica** e agli altri elementi significativi (ad esempio area di vendita, andamento della domanda, livello dei prezzi, concorrenza, ecc.).

Accertamento con adesione

L'Amministrazione finanziaria, doveva **obbligatoriamente** far ricorso al procedimento di **accertamento con adesione** (art. 10, c. 3-bis, Legge n. 146/1998), inviando ai contribuenti un **invito al contraddittorio** contenente gli elementi rilevanti ai fini dell'accertamento, per pervenire alla definizione. Sulla base di elementi di valutazione direttamente acquisiti ovvero forniti dal contribuente in sede di contraddittorio, gli uffici dovevano **adeguare il risultato** della applicazione degli studi alla concreta particolare situazione dell'impresa, tenendo anche conto della localizzazione nell'ambito del territorio comunale, non colta dalle elaborazioni dalle quali sono scaturiti gli studi di settore. Le osservazioni formulate dai contribuenti nel corso del contraddittorio andranno attentamente valutate motivando sia l'accoglimento che il rigetto delle stesse.
Le difficoltà di adeguamento delle stime derivanti dall'applicazione degli Studi alle singole realtà locali hanno indotto alla loro sostituzione con Indicatori sintetici di affidabilità (ISA).

71.9.2. Indici sintetici di affidabilità (ISA)

Gli **Indici sintetici di affidabilità fiscale** (art. 9-bis, D.L. n. 50/2017), sostitutivi degli studi di settore, sono stati introdotti allo scopo di:
- **favorire l'emersione** spontanea delle basi imponibili;
- **stimolare l'assolvimento degli obblighi tributari** da parte dei contribuenti;
- **rafforzare la collaborazione** tra questi ultimi e l'amministrazione finanziaria.

Gli indici rappresentano la sintesi di indicatori elementari volti a verificare la normalità e la coerenza della gestione aziendale e professionale esprimendo, su una scala da 1 a 10, il grado di affidabilità fiscale riconosciuto a ciascun contribuente, anche al fine di consentirgli l'accesso al regime premiale. Sono **approvati** con Decreto del Ministro dell'economia e delle finanze **entro il 31 dicembre** del periodo d'imposta per il quale sono applicati.
Eventuali integrazioni, indispensabili per tenere conto di situazioni di natura straordinaria, anche correlate a modifiche normative e ad andamenti economici e dei mercati, con particolare riguardo a determinate attività economiche o aree territoriali, sono approvate **entro il mese di febbraio del periodo d'imposta successivo** a quello per il quale sono applicate. Gli indici sono soggetti a **revisione** almeno ogni **2 anni** dalla loro prima applicazione o dall'ultima revisione.
Con provvedimento del direttore dell'Agenzia delle Entrate, da emanare **entro il mese di gennaio** di ciascun anno, sono individuate le **attività economiche** per le quali devono essere elaborati gli indici ovvero deve esserne effettuata la revisione.

Modalità applicative

Gli Indici sintetici di affidabilità fiscale si applicano a decorrere **dal periodo d'imposta in corso alla data del 31 dicembre 2019**.

Soggetti esclusi - Sono esclusi dall'applicazione degli ISA:
- i contribuenti che iniziano o cessano l'attività, oppure per i quali sussistono condizioni di non normale svolgimento della stessa;
- i contribuenti che dichiarano ricavi di cui all'art. 85, c. 1, esclusi quelli di cui alle lett. c), d) ed e), o compensi di cui all'art. 54, c. 1 del D.P.R. 917/1986 di ammontare superiore a 5.164.569 euro;
- i soggetti che usufruiscono del regime forfetario (Legge n. 190/2014) e del regime di vantaggio (D.L. n. 98/2011) e i soggetti che determinano il reddito con altre tipologie di criteri forfetari;
- i soggetti che esercitano due o più attività d'impresa, non rientranti nello stesso indice, se l'importo dei ricavi dichiarati relativi alle attività non rientranti tra quelle prese in considerazione dall'indice dell'attività prevalente supera il 30% del totale dei ricavi dichiarati;
- gli Enti del Terzo Settore non commerciali che optano per la determinazione forfetaria del reddito d'impresa (art. 80, D.Lgs. n. 117/2017);
- le organizzazioni di volontariato e le associazioni di promozione sociale che applicano il regime forfetario (art. 86, D.Lgs. n. 117/2017);
- le imprese sociali (D.Lgs. n. 112/2017);
- le società cooperative, società consortili e consorzi che operano solo a favore delle imprese socie o associate e le società cooperative costituite da utenti non imprenditori che operano solo a favore degli utenti stessi.

Sono inoltre previste **ulteriori cause di esclusione** (art. 3, D.M. 24 dicembre 2019). In riferimento ai seguenti indici, ai fini della **determinazione del limite** di esclusione dall'applicazione degli indici stessi, i **ricavi** devono essere **aumentati delle rimanenze finali e diminuiti delle esistenze iniziali**, valutate ai sensi degli artt. 92 e 93 TUIR:
- **BG40U**, applicabile alle attività di: sviluppo di progetti immobiliari senza costruzione (41.10.00); lottizzazione dei terreni connessa con l'urbanizzazione (42.99.01); compravendita di beni immobili effettuata su beni propri (68.10.00); locazione immobiliare di beni propri o in leasing (68.20.01); affitto di aziende (68.20.02);
- **BG50U**, applicabile alle attività di: intonacatura e stuccatura (43.31.00); rivestimento di pavimenti e di muri (43.33.00); tinteggiatura e posa in opera di vetri (43.34.00); attività non specializzate di lavori edili (muratori) (43.39.01); altri lavori di completamento e di finitura degli edifici n.c.a. (43.39.09); pulizia a vapore, sabbiatura e attività simili per pareti esterne di edifici (43.99.01);
- **BG69U**, applicabile alle attività di: rimozione di strutture ed elementi in amianto specializzata per l'edilizia (39.00.01); costruzione di edifici residenziali e non residenziali (41.20.00); costruzione di strade, autostrade e piste aeroportuali (42.11.00); costruzione di linee ferroviarie e metropolitane (42.12.00); costruzione di ponti e gallerie (42.13.00); costruzione di opere di pubblica utilità per il trasporto di fluidi (42.21.00); costruzione di opere di pubblica utilità per l'energia elettrica e le telecomunicazioni (42.22.00); costruzione di opere idrauliche(42.91.00); altre attività di costruzione

di altre opere di ingegneria civile n.c.a. (42.99.09); demolizione (43.11.00); preparazione del cantiere edile e sistemazione del terreno (43.12.00); trivellazioni e perforazioni (43.13.00); realizzazione di coperture (43.91.00); altre attività di lavori specializzati di costruzione n.c.a. (43.99.09);
- **BK23U**, applicabile alle attività di: servizi di progettazione di ingegneria integrata (71.12.20).

L'indice **BG77U**, attività di: trasporto marittimo e costiero di passeggeri (50.10.00); trasporto marittimo e costiero di merci (50.20.00); trasporto di passeggeri per vie d'acqua interne (inclusi i trasporti lagunari) (50.30.00); trasporto di merci per vie d'acqua interne (50.40.00); altre attività dei servizi connessi al trasporto marittimo e per vie d'acqua (52.22.09); noleggio senza equipaggio di imbarcazioni da diporto (77.21.02); noleggio di mezzi di trasporto marittimo e fluviale (77.34.00); scuole di vela e navigazione che rilasciano brevetti o patenti commerciali (85.32.01), **non si applica** nei confronti delle **corporazioni dei piloti di porto** esercenti le attività di cui al medesimo indice.

Con provvedimento del direttore dell'Agenzia delle Entrate sono individuate le tipologie di contribuenti che, ancorché **esclusi dall'applicazione degli indici**, sono comunque **tenuti alla comunicazione dei dati** economici, contabili e strutturali, previsti dall'art. 9-bis, c. 4, D.L. n. 50/2017 (art. 3, D.M. 24 dicembre 2019).

Per **migliorare il proprio profilo di affidabilità** nonché per **accedere al regime premiale** (art. 9-bis, c. 11, D.L. n. 50/2017) i contribuenti interessati possono indicare nelle dichiarazioni fiscali **ulteriori componenti positivi**, non risultanti dalle scritture contabili, rilevanti per la determinazione della base imponibile ai fini delle imposte sui redditi. Tali ulteriori componenti positivi rilevano anche ai fini IRAP e determinano un corrispondente maggior volume di affari rilevante ai fini IVA.

Ai fini IVA, salva prova contraria, all'ammontare degli **ulteriori componenti positivi** si applica, tenendo conto dell'esistenza di operazioni non soggette ad imposta ovvero soggette a regimi speciali, l'**aliquota media** risultante dal rapporto tra l'imposta relativa alle operazioni imponibili, diminuita di quella relativa alle cessioni di beni ammortizzabili, e il volume d'affari dichiarato. Tale dichiarazione **non comporta l'applicazione di sanzioni e interessi** a condizione che il **versamento** delle relative imposte sia effettuato entro il termine e con le modalità previsti per il versamento a **saldo delle imposte sui redditi** (art. 20, D.Lgs. n. 241/1997).

È stata istituita una commissione di esperti con funzioni consultive (Provv. Agenzia delle Entrate 16 ottobre 2019). Per i periodi in cui trovano applicazione gli indici, i contribuenti possono integrare i redditi non risultanti dalle scritture contabili per migliorare il proprio profilo di affidabilità nonché per accedere al regime premiale. Queste ulteriori componenti positive rilevano ai fini delle imposte dirette e dell'IRAP e determinano un maggior volume di affari ai fini dell'Iva. Alle **componenti positive aggiunte** si applica l'**aliquota media IVA** risultante dal rapporto tra l'imposta relativa alle operazioni imponibili, diminuita di quella relativa alle cessioni di beni ammortizzabili, e il volume d'affari dichiarato.

Per tali integrazioni **non sono dovuti sanzioni e interessi** a condizione che il versamento venga effettuato entro i termini e con le modalità previsti per il versamento a saldo delle imposte sui redditi.

Per le **società in c.d. "perdita sistemica"** (dichiarazioni in perdita fiscale non determinata da compensi erogati ad amministratori e soci, per più di un periodo d'imposta, che non hanno deliberato e interamente liberato nello stesso periodo uno o più aumenti di capitale a titolo oneroso di importo almeno pari alle perdite fiscali stesse) non soggette agli Indici sintetici di affidabilità né a tutoraggio, l'Agenzia e la GdF realizzeranno annualmente piani di intervento coordinati sulla base di analisi di rischio sviluppate mediante l'utilizzo delle banche dati nonché di elementi e circostanze emersi nell'esercizio degli ordinari poteri istruttori e d'indagine.

Regime premiale 71.9.3.

Il contribuente, tramite l'applicazione degli ISA, può verificare, in fase dichiarativa, il proprio grado di affidabilità fiscale in base al posizionamento su una scala di valori da 1 a 10 (10 corrisponde al punteggio di massima affidabilità).

In relazione ai diversi livelli di affidabilità fiscale conseguenti all'applicazione degli ISA, determinati anche per effetto dell'indicazione di ulteriori componenti positivi, sono riconosciuti i seguenti benefici.

Livello di affidabilità	Benefici
Punteggio almeno pari a 8	Esonero dal visto di conformità per la **compensazione dei crediti d'imposta** per un importo non superiore a: - 50.000 euro annui, relativamente all'IVA; - 20.000 euro annui relativamente a IIDD e IRAP. Esonero dal visto di conformità sulla **richiesta di compensazione del credito IVA infrannuale**, maturato nei primi tre trimestri del 2020, per crediti di importo non superiore a 50.000 euro annui. Esonero dal visto di conformità, ovvero dalla **prestazione della garanzia, sulla richiesta di rimborso del credito IVA** maturato sulla dichiarazione annuale per l'anno d'imposta 2019, per crediti d'importo non superiore a 50.000 euro annui. Esonero dal visto di conformità, ovvero dalla prestazione della garanzia, sulla **richiesta di rimborso del credito IVA infrannuale** maturato nei primi tre trimestri dell'anno d'imposta 2020, per crediti di importo non superiore a 50.000 euro annui. **Anticipazione** di un anno dei termini di decadenza per l'attività di accertamento (artt. 43, c. 1, D.P.R. n. 600/1973 e 57, c. 1, D.P.R. n. 633/1972), con riferimento al reddito d'impresa e di lavoro autonomo.
Punteggio almeno pari a 8,5	Esclusione dagli accertamenti basati sulle presunzioni semplici (art. 39, c. 1, lett. d), secondo periodo, D.P.R. n. 600/1973 e art. 54, c. 2, secondo periodo, D.P.R. n. 633/1972).
Punteggio almeno pari a 9	Esclusione dall'applicazione della disciplina delle società non operative e dalla determinazione sintetica del reddito complessivo, laddove il reddito complessivo accertabile non ecceda di due terzi quello dichiarato.

I contribuenti che conseguono, nel medesimo periodo di imposta, **sia reddito di impresa sia reddito di lavoro autonomo**, accedono ai benefici premiali di cui ai precedenti punti se:
- **applicano**, per entrambe le categorie reddituali, i relativi **ISA**, laddove previsti;
- il **punteggio** attribuito a seguito dell'applicazione di ognuno di tali ISA, anche sulla base di più periodi d'imposta, è **pari o superiore a quello minimo** individuato per l'accesso al beneficio stesso.

Conseguentemente, ne risultano **esclusi** i contribuenti che, per il periodo d'imposta interessato:
- **non presentano il modello ISA** in presenza di una **causa di esclusione**;
- **presentano il modello solo per fini statistici**, oppure ai fini dell'acquisizione dei dati necessari all'elaborazione futura degli ISA (circ. 2 agosto 2019, n. 17/E).

Secondo i chiarimenti dell'Agenzia delle Entrate, nonostante il periodo emergenziale che ha caratterizzato il 2020, sono comunque esclusi dal regime premiale i soggetti per cui opera una delle nuove cause di esclusione introdotte dal D.M. 2 febbraio 2021, come modificato dal D.M. 30 aprile 2021 (circ. 4 giugno 2021, n. 6/E).

Novità operative Modello ISA 2021

Tutti gli ISA sono stati oggetto di una profonda revisione finalizzata a garantirne la corretta applicazione; in particolare, tale aggiornamento è stato effettuato in due momenti:
- in una prima fase si è proceduto all'integrale revisione di una prima parte degli ISA (n. 87 ISA), secondo il percorso di ordinaria evoluzione cui annualmente circa la metà degli ISA è sottoposta;
- in una seconda fase sono stati effettuati una serie di specifici interventi che hanno riguardato tutti gli ISA, compresi quelli precedentemente descritti.

Tale attività è stata anche finalizzata, così come normativamente previsto, a tenere conto degli effetti di natura straordinaria della crisi economica e dei mercati conseguente all'emergenza sanitaria causata dalla diffusione del Covid-19 per il periodo d'imposta 2020, nonché a prevedere per la medesima annualità ulteriori ipotesi di esclusione dell'applicabilità degli ISA (circ. 4 giugno 2021, n. 6/E).

Individuazione dei dati rilevanti ai fini dell'applicazione degli ISA per il periodo d'imposta 2022

I dati economici, contabili e strutturali rilevanti per l'applicazione degli indici sintetici di affidabilità per il periodo d'imposta 2022, da dichiarare da parte dei contribuenti interessati, sono quelli individuati nei decreti di approvazione degli indici in vigore per il periodo d'imposta 2021 e quelli per la revisione individuati all'interno dei modelli per la comunicazione dei dati rilevanti ai fini dell'applicazione degli indici sintetici di affidabilità fiscale utilizzati per il periodo d'imposta 2020, approvati con Provv. del Direttore dell'Agenzia delle Entrate 28 gennaio 2021 (Provv. Agenzia delle Entrate 31 gennaio 2022). Ulteriori dati per l'applicazione degli ISA al periodo d'imposta 2022, sono indicati nell'allegato 1, Provv. 31 gennaio 2022.

Le **cause di esclusione** previste dai modelli per l'anno d'imposta 2020 (ISA 2021), che dovrebbero trovare applicazione anche per l'anno d'imposta 2021 (ISA 2022), interessavano:

- i contribuenti che hanno subito una **diminuzione dei ricavi** ovvero dei compensi di almeno il 33% nel periodo d'imposta 2020 rispetto al periodo d'imposta 2019 (**codice 16** nel Mod. REDDITI);
- i contribuenti che hanno aperto la partita IVA a partire dal 1° gennaio 2020 (**codice 17** nel Mod. REDDITI);
- i contribuenti che esercitano, in maniera prevalente, le attività economiche individuate dai codici attività riportati nella tabella n. 2 allegata alle istruzioni - Parte generale (**codice 18** nel Mod. REDDITI).

Soggetti esonerati dagli ISA "causa Covid 19" - Non si applica il regime premiale né vi è la possibilità per il contribuente di essere inserito nelle liste selettive di cui all'art. 9-bis, c. 14, D.L. n. 50/2017, circ. 4 giugno 2021, n. 6/E).

L'Agenzia delle Entrate (nelle risposte rese in occasione dell'incontro con la stampa specializzata del 27 gennaio 2022) ha **escluso** la possibilità, per i soggetti esonerati dagli ISA "causa Covid 19" di poter procedere facoltativamente con l'**innalzamento** (ex adeguamento) **dei ricavi** (righi F03-H05), in dichiarazione dei redditi, stante comunque la necessità di dover presentare il modello ISA (anche se solo ai fini statistici). Tali soggetti, esclusi, ma comunque tenuti alla presentazione dei dati, non hanno la materiale possibilità di determinare l'importo degli ulteriori componenti positivi ai fini ISA.

I contribuenti che **non rientrino nelle cause di esclusione previste**, non possono invocare la causa di esonero generica denominata "periodo di non normale svolgimento dell'attività" (circ. 16 giugno 2020, n. 16/E, par. 8.1. "Effetti dell'applicazione degli ISA in particolari situazioni di non normale svolgimento della attività").

L'individuazione dei ricavi, ovvero dei compensi, ai fini del **confronto tra le 2 annualità**, va effettuata senza tenere conto dell'eventuale dichiarazione di ulteriori componenti positivi, non risultanti dalle scritture contabili (art. 9-bis, c. 9, D.L. n. 50/2017).

La dichiarazione di tali componenti positivi, infatti, è unicamente finalizzata, come previsto espressamente dalla norma, a migliorare il profilo di affidabilità del contribuente e all'accesso al regime premiale (art. 9-bis, c. 11, D.L. n. 50/2017).

Riepilogo esclusioni	
Esclusioni 2021	**Esclusioni 2020**
Soggetti con diminuzione dei ricavi (o compensi) di almeno il 33% nel periodo di imposta 2021 rispetto al periodo d'imposta 2019	Soggetti con diminuzione dei ricavi (o compensi) di almeno il 33% nel periodo d'imposta 2020 rispetto al periodo d'imposta 2019; - soggetti che hanno aperto la partita IVA dal 1° gennaio 2019; - soggetti rientranti nei codici Ateco individuati dall'Agenzia delle Entrate.

Compilazione del modello

Ai fini del raggiungimento di una premialità, la dichiarazione deve essere correttamente compilata. In caso di dati incompleti o inesatti, non può ritenersi legittimo il godimento del beneficio (circ. 9 settembre 2019, n. 20/E).

Esempi

I benefici premiali sono disconosciuti se, a seguito del ricalcolo dell'ISA con i dati corretti, il punteggio ISA scende al di sotto delle soglie minime richieste per i singoli benefici. In questo caso, la perdita del beneficio, ad esempio, dell'esonero dal visto di conformità, comporterebbe l'applicazio-

ACCERTAMENTO E RISCOSSIONE

ne della sanzione pari al 30% del credito indebitamente utilizzato in compensazione (art. 13, D.Lgs. n. 471/1997), oltre al recupero dell'ammontare dei crediti utilizzati.
Nei casi di omissione della comunicazione dei dati rilevanti ai fini della costruzione e dell'applicazione degli indici, o di comunicazione inesatta o incompleta dei medesimi dati, si applica (art. 9-bis, c. 16, D.L. n. 50/2017) la sanzione da 250,00 a 2.000,00 euro (art. 8, c. 1, D.Lgs. n. 471/1997).

Anomalie

L'Agenzia delle Entrate ha approvato diverse tipologie di anomalia nei dati dichiarati ai fini degli studi di settore e degli ISA per il triennio 2016 - 2018, al ricorrere delle quali viene recapitata nel Cassetto fiscale un'apposita comunicazione al contribuente (Agenzia delle Entrate, Provv. 15 novembre 2021).
In relazione alla comunicazione ricevuta, i contribuenti possono fornire chiarimenti e precisazioni utilizzando il software reso disponibile dall'Agenzia. Se sono ravvisati errori od omissioni a seguito dell'anomalia segnalata, questi potranno essere regolarizzati con una dichiarazione integrativa, comprensiva della comunicazione dei dati rilevanti corretta, beneficiando del ravvedimento operoso per la riduzione delle sanzioni in ragione del tempo trascorso dalla commissione della violazione.

Sanzioni

Nei casi di **omissione della comunicazione** dei dati rilevanti ai fini della costruzione e dell'applicazione degli indici, o di **comunicazione inesatta** o **incompleta** dei medesimi dati (art. 9-bis, c. 16, D.L. 24 aprile 2017, n. 50) si applica la sanzione amministrativa pecuniaria **da euro 250,00 a euro 2.000,00** (art. 8, c. 1, D.Lgs. n. 471/1997).
L'Agenzia delle Entrate, prima della contestazione della violazione, mette a disposizione del contribuente (art. 1, c. da 634 a 636, Legge n. 190/2014), le informazioni in proprio possesso, invitando lo stesso ad eseguire la comunicazione dei dati o a correggere spontaneamente gli errori commessi.
Del comportamento del contribuente si tiene conto nella graduazione della misura della sanzione.
L'Agenzia delle Entrate può altresì procedere, previo contraddittorio, all'accertamento dei redditi, dell'imposta regionale sulle attività produttive e dell'imposta sul valore aggiunto.
Le norme in tema di parametri cessano di avere effetto a decorrere dai periodi d'imposta in cui si applicano gli indici. Le norme riferite agli studi di settore si intendono riferite anche agli indici.
L'anno d'imposta 2016 avrebbe dovuto essere l'ultimo anno di applicazione per molti studi di settore. Tuttavia, per effetto delle modifiche introdotte dalla Legge di bilancio 2018 (art. 1, c. 931, Legge n. 205/2017), al fine di evitare la fase transitoria (art. 9-bis, c. 4 e 18, D.L. n. 50/2017) nella quale avrebbero continuato a trovare applicazione gli studi di settore e i parametri contabili, limitatamente alle attività per le quali non sono stati ancora approvati i nuovi indici, tale applicazione è stata differita al periodo d'imposta in corso al 31 dicembre 2018 (Mod. REDDITI 2019).

Dichiarazione integrativa

Le dichiarazioni successive alla scadenza del termine ordinario di presentazione, che modifichino l'originario punteggio ISA, sono considerate:
- **non rilevanti** ai fini dei benefici premiali, se migliorano il punteggio precedentemente ottenuto;
- **rilevanti** ai fini della riduzione o della perdita dei benefici premiali, se riducono il punteggio precedentemente ottenuto dal contribuente (circ. 16 giugno 2020, n. 16/E).

Si ritiene non inclusa nella suddetta fattispecie la dichiarazione integrativa presentata entro 90 giorni dall'ordinario termine di presentazione della dichiarazione in quanto tale dichiarazione integrativa si sostituisce a quella originaria, rimuovendo eventuali infedeltà (Agenzia delle Entrate circ. 12 ottobre 2016, n. 42/E)

Violazioni penali

I benefici:
- esclusione della disciplina delle società non operative e delle società in perdita sistematica;
- esclusione degli accertamenti basati sulle presunzioni semplici;
- anticipazione di un anno dei termini di decadenza per l'attività di accertamento, con riferimento al reddito d'impresa e di lavoro autonomo;
- esclusione della determinazione sintetica del reddito complessivo.

non operano in caso di violazioni che comportino l'obbligo di denuncia penale per uno dei reati previsti dal D.Lgs. n. 74/2000 (art. 9-bis, c. 13, D.L. n. 50/2017).
Permangano in caso di denuncia per reati non disciplinati dal D.Lgs. n. 74/2000, ancorché di natura tributaria.

PROCEDIMENTO DI ADESIONE E DECADENZA 72.

ACCERTAMENTO CON ADESIONE 72.1.

L'**accertamento con adesione** (D.Lgs. n. 218/1997) è un istituto deflattivo del contenzioso che consente al contribuente di definire la controversia nella fase precontenziosa, in contraddittorio con l'Amministrazione Finanziaria (D.Lgs. n. 218/1997) (➔101.2.).

L'istituto consiste in **un accordo tra contribuente e Ufficio** (nella cui circoscrizione territoriale il contribuente ha il domicilio fiscale) che può essere raggiunto sia **prima dell'emissione di un avviso di accertamento** (su iniziativa del contribuente o dell'Ufficio), sia **successivamente all'avvenuta notifica dell'avviso**, su istanza del contribuente e sempreché quest'ultimo non presenti ricorso davanti al giudice tributario.

L'accertamento con adesione permette al contribuente di usufruire di una **riduzione delle sanzioni** amministrative, ridotte in misura pari ad **un terzo del minimo** edittale (art. 2, c. 5, D.Lgs. n. 218/1997) e nella **non applicazione delle sanzioni accessorie**.

Accertamento con adesione	
Ambito applicativo	Accertamenti relativi a imposte sui redditi, IVA e imposte d'atto
Riduzione sanzioni	1/3 del minimo edittale
Cumulo giuridico delle sanzioni	Operante per tributo e per anno
Versamenti rateali	8 o 16 rate trimestrali senza la prestazione di garanzie
Compensazione	Consentita
Effetti penali	Circostanza attenuante
Contributi INPS	Ha effetto
Adesione parziale	Non consentita
Negoziazione della pretesa	Consentita

Procedimento

Il modello procedimentale può essere così delineato:

– istaurazione del contraddittorio con il contribuente. Può scaturire da:
  - invito dell'Amministrazione Finanziaria;
  - istanza del contribuente nei cui confronti sono stati effettuati accessi ispezioni o verifiche;
  - istanza del contribuente prodotta all'atto della ricezione dell'avviso di accertamento;

– comparizione del contribuente nella data fissata per il primo contraddittorio avanti l'Amministrazione Finanziaria;

– eventuale secondo contraddittorio con presentazione di memorie difensive;

– eventuale stesura dell'atto di accertamento con adesione;

– versamento delle somme dovute ovvero della prima rata;

– rilascio dell'atto di accertamento con adesione da parte dell'Amministrazione Finanziaria.

L'accertamento con adesione è esperibile anche per le liti di valore inferiore ad euro 50.000,00, soggette a reclamo/mediazione (➔81.1.).

Ambito soggettivo 72.1.1.

L'**accertamento con adesione** trova applicazione, in linea di massima, per tutti i contribuenti e tutte le categorie reddituali, ivi compresi i sostituti d'imposta.

L'Ufficio delle entrate competente alla definizione per adesione dell'accertamento nei confronti della società, dell'associazione o del titolare dell'azienda coniugale effettua la definizione anche del reddito attribuibile ai soci, agli associati o all'altro coniuge, con unico atto e in loro contraddittorio (art. 4, D. Lgs. n. 218/1997).

Soggetti che non hanno partecipato al contraddittorio

Nei confronti dei **soggetti che non aderiscono alla definizione** o che, benché ritualmente convocati non hanno partecipato al contraddittorio, **gli uffici competenti procedono all'accertamento** sulla base dell'accertamento **definito con adesione nei confronti del soggetto principale** (società, associazione, titolare dell'azienda coniugale).

> L'intervenuta **definizione del reddito da parte della società di persone** costituisce titolo per l'accertamento nei confronti delle persone fisiche in base al principio di trasparenza fissato dall'art. 5, D.P.R. n. 917/1986. Il maggior reddito in capo alla società è automaticamente imputato ai soci in misura proporzionale alla rispettiva quota di partecipazione agli utili, indipendentemente dalla sua effettiva percezione da parte degli stessi.
> L'ufficio procederà al **recupero per trasparenza** nei confronti dei **soggetti che non hanno partecipato al procedimento di adesione** sulla base degli importi determinati nella definizione della società di persone.
> In ogni caso, nell'accertamento nei confronti dei soci, che non hanno partecipato all'adesione, deve trovare applicazione il principio costituzionale della parità di trattamento e della capacità contributiva previsto dall'art. 53 Costituzione (Cass. ord. 13 dicembre 2021, n. 39817).

Società che partecipano al consolidato fiscale

Al procedimento di accertamento con adesione, avente ad oggetto le rettifiche per le società che partecipano al consolidato fiscale (art. 40-bis, c. 2, D.P.R. n. 600/1973), partecipano sia la società consolidante, sia la società consolidata, interessata dalle rettifiche.
La rettifica del reddito si effettua con **unico atto**, emesso dall'Ufficio competente sulla consolidata interessata dalle rettifiche e notificato anche alla consolidante.
La società consolidante può chiedere all'Ufficio di **computare in diminuzione** dei maggiori imponibili accertati le **perdite** di periodo del consolidato **non utilizzate**, fino a concorrenza del loro importo.
L'atto di adesione (art. 7, D.Lgs. n. 218/1997), sottoscritto anche da una sola di esse, si perfeziona con il versamento delle somme dovute per l'adesione, ovvero, nel caso di pagamento rateale, con il versamento della prima rata (artt. 8 e 9, D.Lgs. n. 218/1997) anche da parte di uno solo dei predetti soggetti (art. 9-bis, D.Lgs. n. 218/1997).

Imposte indirette

Anche con riferimento alle imposte indirette diverse dall'IVA (art. 1, c. 2, D.Lgs. n. 218/1997) l'accertamento può essere definito con l'adesione anche di uno solo degli obbligati, con la conseguenza che la definizione chiesta e ottenuta da uno degli obbligati **estingue l'obbligazione tributaria nei confronti di tutti**.
Si considera coobbligato sia colui che è obbligato al pagamento di uno stesso tributo sia colui che è obbligato al pagamento di tributi diversi, ma al cui assolvimento sia legato *ex lege* da un vincolo di solidarietà (C.M. 8 agosto 1997, n. 235/E/855/SP, cap. 2, par. 1.1.).
Poiché la definizione operata da uno solo degli obbligati ha effetto per tutti i coobbligati, deriva, da un lato, che l'Ufficio non potrà procedere ad ulteriore attività di accertamento nei confronti degli altri obbligati e, dall'altro, che gli avvisi di accertamento eventualmente già notificati agli altri coobbligati non potranno formare oggetto di impugnativa.
La presentazione dell'istanza, anche da parte di un solo obbligato, comporta la **sospensione**, **per tutti i coobbligati**, dei **termini per l'impugnazione** e di quelli per la riscossione delle imposte in pendenza di giudizio per un periodo di **90 giorni** (art. 12, c. 2, D.Lgs. n. 218/1997).
L'**impugnazione** dell'avviso di accertamento da parte del soggetto che abbia richiesto l'adesione comporta rinuncia all'istanza da parte di tutti.
Pertanto, l'istanza di adesione, da chiunque presentata, ha la funzione di avviare la relativa procedura nei confronti di tutti i coobbligati, ciascuno dei quali può o meno accedere all'adesione, anche se gli effetti dell'adesione perfezionata da uno di essi si ripercuotono su tutti.

72.1.2. Ambito oggettivo

Rientrano nell'ambito applicativo dell'accertamento con adesione:
- **imposte sui redditi**;
- **IVA**;
- **IRAP**;
- **imposte sostitutive**;
- **addizional**i delle predette imposte;

– tutte le **ulteriori imposte** per le quali sono applicabili le disposizioni previste per le imposte sui redditi in materia di liquidazione, accertamento, riscossione, sanzioni e contenzioso" (C.M. 8 agosto 1997, n. 235/E/855/SP, cap. 1, par. 1.2).

Non possono formare oggetto di adesione gli esiti derivanti dalla liquidazione automatica delle dichiarazioni, in quanto non sono accertamenti in senso tecnico. Alle stesse conclusioni si dovrebbe giungere per il controllo formale. In quest'ultima ipotesi il contribuente, per fruire della riduzione delle sanzioni ad **un terzo o ai due terzi** deve versare le **somme entro 30 giorni** dalla ricezione del c.d. **avviso bonario**.

Considerata la natura dell'istituto, assumono particolare rilevanza le posizioni interessate dall'applicazione di metodologie induttive o presuntive di accertamento e, comunque, dalla presenza di elementi suscettibili di apprezzamento valutativo da parte dell'Ufficio.
La definizione dell'accertamento ai fini delle imposte sui redditi ha effetto anche per l'IVA, limitatamente alle fattispecie per essa rilevanti.

Qualora la definizione riguardi elementi rilevanti ai soli ni delle imposte sui redditi, il maggior imponibile definito non esplica alcun effetto ai fini dell'IVA.

Aliquota media IVA

L'imposta sul valore aggiunto è liquidata applicando, sui maggiori componenti positivi di reddito rilevanti ai fini della stessa, l'aliquota media risultante dal **rapporto** tra l'imposta relativa alle operazioni imponibili, diminuita di quella relativa alle cessioni di **beni ammortizzabili** e di quella considerata **detraibile forfettariamente** in relazione ai **singoli regimi speciali** adottati, e il **volume d'affari incrementato** delle **operazioni non soggette ad imposta** e di quelle per le quali **non sussiste** l'obbligo di **dichiarazione**. Possono formare oggetto della definizione anche le fattispecie rilevanti ai soli fini dell'imposta sul valore aggiunto (art. 2, c. 1, D.Lgs. n. 218/1997).
L'aliquota media dovrà necessariamente essere applicata, quando la definizione delle imposte sui redditi riguardi accertamenti dai quali non sia individuabile l'effettiva natura delle operazioni IVA.
Nelle ipotesi, invece, in cui una maggiore analiticità dell'accertamento e della relativa definizione consentono l'**individuazione dell'oggetto** delle operazioni IVA da cui scaturiscono i corrispettivi non dichiarati, in luogo dell'aliquota media si renderanno ovviamente applicabili le **aliquote specificamente previste**.
Inoltre, la determinazione della maggiore IVA in sede di accertamento con adesione deve anche tenere conto delle regole di determinazione della base imponibile che divergono da quelle applicabili in materia di tributi diretti.

CASO 1 - Plusvalenza
Nell'ipotesi di accertamento di una plusvalenza o di una maggiore plusvalenza ai fini delle imposte sui redditi, per la rettifica del volume d'affari ai fini dell'imposta sul valore aggiunto assumerà rilevanza il corrispettivo o il maggior corrispettivo che ha concorso alla determinazione della plusvalenza e non il solo valore differenziale (rilevante, invece, ai fini delle imposte sui redditi).
Inoltre, è prevista la possibilità che la definizione abbia per oggetto anche fattispecie rilevanti ai soli fini IVA.

L'**accertamento con adesione** riguarda tutte le ipotesi per le quali è riconosciuto agli Uffici il potere di accertamento e, pertanto, non solo per quelle di natura estimativa, anche se che l'istituto esplica con maggior efficacia la propria funzione con riguardo ai beni oggetto di valutazione (beni immobili, aziende, diritti reali su di essi, quando non è prevista la c.d. valutazione automatica).

Procedimento ai fini delle imposte sui redditi ed IVA

Competente alla definizione dell'accertamento con adesione ai fini delle imposte sui redditi, IRAP ed IVA è l'Ufficio delle entrate nella cui circoscrizione il contribuente ha il **domicilio fiscale**. Nel caso di esercizio di attività d'impresa o di arti e professioni l'Ufficio competente all'accertamento effettua la definizione anche del reddito attribuibile ai soci, agli associati o all'altro coniuge, con unico atto e in loro contraddittorio.
Nei confronti dei **soggetti che non aderiscono** alla definizione gli uffici competenti procedono all'accertamento sulla base della stessa e nei loro confronti non si applica la riduzione delle sanzioni.
Il procedimento di accertamento con adesione può essere attivato:
– **d'ufficio**, prima della notifica dell'avviso di accertamento o di rettifica, previo invito al contribuente (art. 5, c. 1, D.Lgs. 19 giugno 1997, n. 218);

- **su istanza del contribuente**, dopo l'avvenuta notifica di un avviso di accertamento o di rettifica non preceduto dall'invito dell'Ufficio (art. 6, D.Lgs. 19 giugno 1997, n. 218).

Al contribuente, nei cui confronti sono stati effettuati accessi, ispezioni o verifiche, è attribuita la **facoltà di richiedere** all'Ufficio la formulazione di una **proposta di accertamento**, con l'obiettivo di pervenire alla definizione, prima della notifica dell'avviso di rettifica.

Avvio del procedimento a cura dell'Ufficio

L'innesco del procedimento di adesione da parte dell'Ufficio delle entrate si realizza mediante l'invio al contribuente di uno specifico invito nel quale, per espressa previsione della norma, devono essere indicati (art. 5, c. 1, D.Lgs. 19 giugno 1997, n. 218):

- **periodi di imposta** suscettibili di accertamento;
- **giorno e il luogo della comparizione** per definire l'accertamento con adesione;
- le maggiori imposte, ritenute, contributi, sanzioni ed interessi dovuti in caso di definizione agevolata dell'invito;
- i motivi che hanno dato luogo alla determinazione delle maggiori imposte, ritenute e contributi.

Scopo

Consentire la definizione dell'invito al contraddittorio mediante il pagamento integrale delle somme dovute, comprensive delle sanzioni ridotte ad 1/3 del minimo.

Eccezione

L'invito a comparire rappresenta un preciso obbligo giuridico in caso di:

- **accertamenti basati sugli studi di settore** (art. 10, c. 3-bis, Legge n. 146/1998);
- accertamento c.d. **sintetico** (art. 38, c. 7, D.P.R. n. 600/1973).

Possibilità del contribuente

Il contribuente ha di fronte una duplice possibilità:

- **rispondere all'invito**, presentandosi presso l'Ufficio nel giorno e nell'ora indicati, dando così inizio all'ordinaria procedura di accertamento con adesione (ovviamente, l'Ufficio potrà valutare eventuali, motivate, richieste di differimento in ordine alla data indicata nell'invito);
- **non rispondere all'invito**. In tal caso, resta ferma la potestà dell'Ufficio di procedere alla notifica degli avvisi di accertamento o di rettifica.

L'**attivazione del procedimento non riveste carattere di obbligatorietà** essendo la stessa lasciata alla valutazione degli Uffici che dovranno, pertanto, tenere conto delle proprie esigenze e capacità operative soprattutto in prossimità dei termini di decadenza dell'azione di accertamento.
Pertanto, ove sia prossimo il termine di decadenza dell'azione di accertamento, l'Ufficio potrà notificare direttamente l'avviso di rettifica, essendo aperta la possibilità per il contribuente, in caso di mancata attivazione del procedimento da parte dell'Ufficio, di agire di propria iniziativa a seguito della notifica dell'avviso di accertamento, qualora riscontri, nello stesso, aspetti che possono portare ad un ridimensionamento della pretesa erariale.
Il carattere di **non obbligatorietà** tuttavia subisce un'**eccezione**. A decorrere dal 1° luglio 2020, l'Amministrazione Finanziaria, fuori dei casi in cui sia stata rilasciata copia del processo verbale di chiusura delle operazioni da parte degli organi di controllo, prima di emettere un avviso di accertamento, dovrà notificare l'invito a comparire per l'avvio del procedimento di definizione dell'accertamento (art. 5-ter, D.Lgs. n. 218/1997).
Il mancato avvio del nuovo contraddittorio preventivo comporterà l'invalidità dell'avviso di accertamento qualora il contribuente riesca a fornire la c.d. **prova di resistenza**, ossia dimostri in concreto, in sede di impugnazione dell'atto, le ragioni che avrebbe potuto far valere se il contraddittorio fosse stato correttamente attivato (➡71.2.3.).

Avvio del procedimento a cura del contribuente

L'innesco del procedimento di adesione a cura del contribuente può avvenire:

- **in caso di notifica di avviso di accertamento o di rettifica** (non preceduto dall'invito al contraddittorio di cui al paragrafo che precede), il contribuente, entro i termini di presentazione del ricorso alla Commissione tributaria provinciale, può presentare istanza di accertamento con adesione. In questo caso, i termini per la proposizione del ricorso sono sospesi per 90 giorni dalla data di presentazione dell'istanza;
- in caso di **accessi ispezioni e verifiche** (art. 6, D.Lgs. n. 218/1997).

Formulazione dell'istanza

Non sono previsti modelli particolari o schemi predefiniti.
Può essere redatta in carta libera e senza particolari formalismi, purché risulti **chiara la volontà del soggetto** di intraprendere la procedura di **accertamento con adesione**.
Deve essere inoltrata all'Ufficio delle Entrate competente ad eseguire gli accertamenti con riferimento agli specifici periodi d'imposta interessati dal controllo, relativamente ai quali il contribuente chiede la formulazione della proposta di accertamento.
La presentazione dell'istanza è finalizzata ad accelerare i tempi dell'eventuale definizione, in quanto il contribuente potrebbe anche attendere la notifica dell'avviso di accertamento e presentare istanza di adesione dopo tale atto.
Gli eventuali **vantaggi** di **presentazione dell'istanza prima della notifica** dell'**avviso di accertamento** risiedono nella circostanza che ove l'Ufficio delle entrate, a seguito dell'istanza, invitasse il contribuente al contraddittorio per avviare la ordinaria procedura di accertamento con adesione, le parti potrebbero concludere, positivamente o negativamente, la procedura, senza l'incombere della scadenza dei termini per impugnare l'avviso (giorni 60 + 90 + eventuale sospensione feriale).
Prima di attivare il procedimento di definizione con l'invio al contribuente dell'invito al contraddittorio, l'Ufficio valuterà gli elementi contenuti nel processo verbale di constatazione redatto a seguito degli accessi, ispezioni o verifiche effettuati nei confronti del contribuente che ha presentato l'istanza, nonché gli altri eventuali elementi disponibili.

Occorre tenere presente che il contribuente è ammesso a regolarizzare le violazioni fiscali, per i tributi amministrati dall'Agenzia delle Entrate, a prescindere dalla circostanza che la violazione sia già stata constatata o che siano iniziati accessi, ispezioni, verifiche o altre attività amministrative di accertamento, delle quali i soggetti interessati abbiano avuto formale conoscenza (salvo la formale notifica di un atto di liquidazione o accertamento o il ricevimento delle comunicazioni di irregolarità in materia di imposte sui redditi e di IVA) (art. 1, c. 637, Legge n. 190/2014).
Pertanto, la **convenienza a presentare l'istanza** di adesione dovrà essere valutata in relazione alla possibilità di regolarizzare le violazioni avvalendosi del ravvedimento.

Le istanze di adesione all'accertamento possono essere **presentate via PEC** alla Direzione provinciale che ha emesso l'atto impositivo, purché **firmate digitalmente** o sottoscritte con **firma autografa** ed accompagnata da una copia del documento di identità (risposte dell'Agenzia delle Entrate del 24 maggio 2018).

CASO 2 - Ammissibilità della domanda "in bianco"

È ammissibile l'istanza di accertamento con adesione "in bianco", mentre non è considerata ammissibile una istanza di adesione che, sebbene denominata tale, è strutturata come una richiesta di autotutela.
Se l'istanza è considerata non sorretta dalla reale volontà di pervenire ad un accordo, l'Amministrazione Finanziaria non ritiene operante la sospensione del termine di 90 giorni per la proposizione del ricorso.

CASO 3 - Perfezionamento dell'adesione

Nel caso in cui, a seguito della sottoscrizione dell'accordo di adesione, non vengano pagate le somme, il contribuente mantiene intatto il diritto al ricorso, sempre che siano ancora pendenti i termini di impugnazione.
È onere del contribuente ricorrere se, sottoscritto l'accordo, l'Ufficio, per qualsiasi ragione, non comunica l'ammontare degli importi da versare.
Come sancisce l'art. 9 del D.Lgs. n. 218/1997, l'accertamento con adesione si perfeziona con il pagamento di tutte le somme o della prima rata, e non con la sottoscrizione del verbale (Cass. 12 novembre 2019, n. 29183).

Invito a comparire

Quando il contribuente formula un'istanza di accertamento con adesione, sia a seguito della notifica di un avviso di accertamento o di rettifica sia a seguito di accessi, ispezioni o verifiche l'Ufficio, **entro 15 giorni dalla ricezione dell'istanza**, formula al contribuente un invito a comparire, senza particolari formalità, a un qualsiasi recapito indicato dallo stesso contribuente nell'istanza di accertamento con adesione.
La formulazione dell'invito **non comporta alcun obbligo di definizione** dell'accertamento per l'Ufficio, che dovrà attentamente valutare, caso per caso, l'idoneità degli elementi forniti dal contribuente a ridimensionare l'accertamento effettuato (C.M. 8 agosto 1997, n. 235/E/855/SP).

ACCERTAMENTO E RISCOSSIONE

Secondo la giurisprudenza di legittimità, la **mancata risposta dell'Ufficio** all'istanza presentata dal contribuente **non comporta nullità** di alcun atto impositivo, posto che essa ha come effetto la sola sospensione del ricorso per 90 giorni (Cass., Sez. trib., 30 dicembre 2009, n. 28051). In pratica, dunque, la convocazione nei 15 giorni successivi all'istanza costituisce una facoltà per gli Uffici finanziari e non un obbligo.

Contraddittorio tra Ufficio e contribuente

La fase del contraddittorio con il contribuente assume particolare rilevanza essendo finalizzata al raggiungimento dell'accordo in ordine alla quantificazione delle maggiori imposte dovute e, quindi, delle conseguenti sanzioni in misura ridotta.

L'accordo può riguardare unicamente il quantum (sia pure integralmente), restando precluso alle parti l'esame relativo all'an, eventualmente risolvibile in via stragiudiziale tramite ricorso allo strumento dell'autotutela.

Il raggiungimento o meno dell'accordo può richiedere più incontri successivi, per la partecipazione ai quali il contribuente può farsi rappresentare da un **procuratore munito di procura speciale** (art. 7, c. 1-bis, D.Lgs. n. 218/1997).

Per ciascun incontro, viene redatto un **sintetico verbale** con il quale viene dato atto, tra l'altro, della documentazione eventualmente prodotta dal contribuente e delle motivazioni addotte. Nel verbale è altresì precisato se il contribuente è rappresentato, presso l'Ufficio, da un procuratore munito di procura speciale (possibilità, invece, esclusa per la definizione del processo verbale di constatazione o dell'invito al contraddittorio). In tal caso copia della procura sarà acquisita agli atti del procedimento (C.M. n. 235/E/1997).

La sospensione non viene meno per il fatto che le parti non abbiano formalizzato l'accordo **prima della scadenza dei 90 giorni** (Cass. 30 giugno 2006, n. 15171; Corte cost. 15 aprile 2011, n. 140; circ. 28 giugno 2001, n. 65/E).

CASO 4 - Mancato accordo

Il contribuente presenta **istanza di accertamento con adesione** avverso un avviso di accertamento. Dopo lo svolgimento del contraddittorio con l'Amministrazione Finanziaria, non viene raggiunto alcun accordo.

Il verbale di constatazione del mancato accordo non integra una rinuncia all'istanza. Lo stesso, non è atto idoneo ad interrompere il termine di sospensione di 90 giorni (artt. 6 e 12, D.Lgs. n. 218/1997). Il contribuente pertanto potrà beneficiare del suddetto termine di sospensione per la proposizione del ricorso (Cass., ord. n. 3278/2019).

CASO 5 - Mancata partecipazione all'incontro

Nel caso in cui il contribuente non si presenti al contraddittorio previsto per il procedimento di adesione ovvero quest'ultima, a parere dell'Ufficio sia in realtà un'autotutela, i termini di impugnazione rimangono comunque sospesi di 90 giorni (Cass. 17 novembre 2020, n. 26166).

In caso di presentazione dell'istanza di adesione prevista (art. 6, D.Lgs. n. 218/1997) la mancata comparizione del contribuente alla data fissata per la definizione, non interrompe la sospensione del termine di 90 giorni. Tale comportamento non può essere infatti considerato una rinuncia formale, e non può escluderne gli effetti dell'adesione.

Tale omissione non integra né la mancanza di reale interesse ad addivenire ad un accordo, né rinuncia all'adesione (Cass. ord. 24 ottobre 2019, n. 27274).

Tali considerazioni sono conformi anche ai principi affermati dalla Corte Costituzionale (sent. 15 aprile 2011, n. 140) secondo i quali l'effetto sospensivo del termine di impugnazione è automatico e prescinde dal concreto atteggiamento del contribuente, il quale può così avvalersi del maggior tempo previsto dalla norma.

Procedimento ai fini dei tributi indiretti

Competente alla definizione degli accertamenti ai fini dei tributi in argomento è l'Ufficio delle Entrate. Valgono le medesime considerazioni svolte a proposito dell'analoga procedura in materia di tributi diretti ed IVA.

In sintesi:

– il procedimento viene attivato, di norma, dall'Ufficio tributario, tramite l'invio, a tutti i soggetti obbligati, di un invito a comparire nel quale vengono indicati gli elementi identificativi dell'atto, della denuncia o della dichiarazione cui si riferisce il rapporto tributario suscettibile di adesione nonché il giorno ed il luogo della comparizione;

- l'**invito a comparire deve indicare**:
  - le **maggiori imposte**, **sanzioni** e **interessi** dovuti in caso di definizione agevolata dell'invito al contraddittorio;
  - i **motivi** che hanno dato luogo alla determinazione delle maggiori imposte.

È riconosciuto al **contribuente** un potere di **iniziativa**:
- può avvalersi dell'istituto formulando apposita **istanza** in carta libera all'Ufficio tributario, indicando il proprio recapito, anche telefonico;
- l'istanza dovrà essere prodotta entro i **termini previsti per l'eventuale impugnazione** dell'atto innanzi alla Commissione tributaria provinciale, con applicazione della sospensione dei termini per 90 giorni ed applicazione della ulteriore sospensione dei termini per il periodo feriale;
- dopo aver prodotto l'istanza in argomento, il richiedente può impugnare l'atto di accertamento, ciò comporta rinuncia all'accertamento con adesione (art. 12, c. 2, D.Lgs. 19 giugno 1997, n. 218).

Gli Uffici, **entro 15 giorni dalla ricezione dell'istanza** presentata dal contribuente a seguito della notifica di un avviso di accertamento o di rettifica, formulano allo stesso un invito a comparire.
Poiché gli elementi costitutivi dell'accertamento sono contenuti nell'avviso notificato, nell'invito l'Ufficio deve limitarsi ad indicare il giorno e il luogo in cui il contribuente o il suo rappresentante deve presentarsi per l'instaurazione del contraddittorio.
Ovviamente, la formulazione dell'invito non comporta alcun obbligo di definizione dell'accertamento per l'Ufficio, che dovrà attentamente valutare, caso per caso, l'idoneità degli elementi forniti dal contribuente a ridimensionare l'accertamento effettuato.

Se l'atto (non impugnato e ancora impugnabile) è stato **notificato entro il 24 ottobre** e a tale data **non** è stata **presentata istanza di adesione**, il contribuente può provvedere alla definizione prevista dall'art. 2, c. 1, D.L. n. 119/2018 entro il 23 novembre oppure, se il termine risulta più ampio, entro 60 giorni dalla data di notifica dell'atto.
Se, invece, l'atto è stato **notificato entro il 24 ottobre** ma entro tale data risultava **già presentata istanza di accertamento con adesione**, come indicato nella relazione illustrativa al decreto - soltanto in questo caso - può fruire dell'ulteriore termine di sospensione di 90 giorni previsto per l'accertamento con adesione. Questo sempre che il termine complessivo (90 giorni più 60 più l'eventuale pausa feriale dei termini processuali) scada successivamente al 23 novembre.

Sospensione feriale

Il decorso dei termini processuali è **sospeso di diritto dal 1° al 31 agosto** di ciascun anno, con la conseguenza che nel calcolo del termine non vanno considerati i giorni compresi in questo arco temporale. La sospensione ha valenza sia per la notifica dell'atto alla controparte, sia per il deposito presso le segreterie delle commissioni tributarie (art. 1, Legge n. 742/1969).
La sospensione feriale dei termini processuali, si applica anche al termine di sospensione di 90 giorni previsto per la redazione dell'atto di accertamento con adesione.

Il periodo di sospensione feriale (1° agosto - 31 agosto) è applicabile ogni qual volta il periodo di sospensione di 90 giorni venga a ricadere, come termine iniziale o come termine finale, **nell'arco temporale che va dal 1° al 31 agosto**, come anche nell'ipotesi in cui il periodo feriale sia **ricompreso nel periodo dei 90 giorni**.

La sospensione non spiega i suoi effetti ove il contribuente abbia formalmente rinunciato all'adesione (CTP Torino 2 settembre 2009, n. 97 e CTR Milano 14 ottobre 2009, n. 93).

Atto di irrogazione delle sanzioni collegato all'avviso di accertamento

Anche l'atto di irrogazione delle sanzioni collegato all'avviso di accertamento, per il quale sia stato esperito il procedimento di adesione, beneficia della **sospensione di 90 giorni** per presentare il ricorso, a nulla rilevando che siano due atti notificati separatamente.
A confermare questo principio è la Corte di Cassazione con l'ordinanza n. 324/2018.

CASO 6 - Atto di irrogazione delle sanzioni
L'Amministrazione finanziaria potrebbe notificare un avviso di accertamento ed un conseguente, separato, atto di irrogazione sanzioni. In tal caso, quest'ultimo, poiché collegato all'avviso accertamento per il quale è stato esperito il procedimento di adesione, dovrebbe anch'esso beneficiare della sospensione di 90 giorni per la presentazione del ricorso. È irrilevante che i due atti siano stati notificati separatamente (Cass. 18 settembre 2015, n. 18377). In tal caso, infatti, sussiste una relazione di pregiudizialità necessaria tra l'accertamento dell'obbligazione dell'imposta e la fattispecie illecita correlata all'imposta evasa. Tale rapporto deve essere verificato in concreto. È ne-

ACCERTAMENTO E RISCOSSIONE

cessario che la condotta illecita, e quindi la sanzione irrogata, sia strumentale all'inadempimento dell'obbligazione tributaria, come avviene per le violazioni c.d. "sostanziali". Tale tesi è contraria a quanto sostenuto dall'Amministrazione Finanziaria, la quale ritiene che i provvedimenti sanzionatori non possono beneficiare della sospensione prevista per il procedimento di adesione ancorché tali sanzioni siano collegate a maggiori tributi.

72.1.3. Conclusione e versamento

In caso di **raggiungimento dell'accordo** tra Ufficio e contribuente, deve essere redatto l'atto di accertamento con adesione, in duplice esemplare, sottoscritto dal contribuente e dal capo dell'Ufficio o da un suo delegato. Nell'atto sono indicati, separatamente per ciascun tributo:

- **elementi** e la **motivazione** su cui la definizione si fonda;
- **liquidazione** delle maggiori imposte, delle sanzioni e delle altre somme eventualmente dovute, anche in forma rateale (art. 7, D.Lgs. n. 218/1997);
- ammontare delle **somme da versare**, ivi comprese le **sanzioni ridotte**.

La riduzione delle sanzioni riguarda, per quanto concerne l'IVA, l'IRAP, e le imposte sui redditi, le violazioni relative:

- **ai tributi oggetto dell'adesione** commesse nel periodo d'imposta;
- al **contenuto delle dichiarazioni** relative allo stesso periodo;
- alle altre **violazioni collegate al tributo**, tipologia alla quale appartengono anche le violazioni relative agli obblighi contabili in quanto da ritenersi prodromiche all'evasione del tributo oggetto di accertamento (cfr. C.M. 8 agosto 1997, n. 235/E/855/SP, par. 2.7).

Cumulo giuridico

L'istituto del cumulo giuridico delle sanzioni trova applicazione limitatamente al singolo tributo e al singolo periodo d'imposta. L'Ufficio, in presenza di violazioni relative a più tributi e/o a più periodi d'imposta, non può applicare una sanzione unica complessiva ma deve determinare una sanzione (unica) per ogni tributo e per ogni singola annualità. La sanzione complessivamente dovuta (su cui si applicherà la riduzione prevista dalla legge) sarà quindi pari alla predette sanzioni calcolate con riguardo ad ogni tributo e ad ogni annualità (art. 12, c. 8, D.Lgs. n. 472/1997).

Riduzioni delle sanzioni

Non sono previste riduzioni per le sanzioni applicabili in sede di **liquidazione delle dichiarazioni** (art. 36-bis, D.P.R. n. 600/1973 e art. 54-bis, D.P.R. n. 633/1972), vale a dire quelle risultanti a seguito della liquidazione automatizzata delle dichiarazioni.

Non sono altresì **previste** riduzioni delle sanzioni per la **mancata**, **incompleta** o **non veritiera risposta** alle richieste formulate dall'Ufficio.

Sulle somme dovute a titolo di **contributi previdenziali e assistenziali** non si applicano sanzioni e interessi.

L'intera procedura si perfeziona soltanto con il pagamento delle somme risultanti dall'accordo stesso. Solo così, infatti, si può ritenere definito il rapporto tributario.

Cassa Forense

L'effetto contributivo dell'accertamento con adesione **non opera per gli avvocati** (art. 17, Legge n. 576/1980). È onere dell'iscritto comunicare alla Cassa gli imponibili fiscali, anche a seguito di accertamenti definitivi.

Non ha dunque effetto ai fini del calcolo della pensione il maggior reddito definito mediante adesione (Cass. 7 marzo 2018, n. 5380).

Versamento delle somme dovute

Il versamento delle somme dovute per effetto dell'accertamento con adesione deve essere eseguito **entro 20 giorni dalla redazione dell'atto** (artt. 8 e 13, D.Lgs. n. 218/1997).

Per il pagamento di imposte sui redditi, ritenute alla fonte, IVA, imposte sostitutive, contributi e altri tributi locali, tutti i contribuenti, titolari e non titolari di partita IVA, devono utilizzare il **Modello di versamento F24** che permette di pagare le somme dovute con un'unica operazione ed effettuare la compensazione dei debiti con eventuali crediti.

L'**imposta di registro** e gli altri **tributi indiretti** (e relative sanzioni), sia che si tratti di somme dovute agli uffici finanziari che di pagamenti dovuti sulla base di atti emessi da altri uffici ed enti (quali processi verbali, ordinanze, ingiunzioni, inviti di pagamento), devono essere invece pagati utilizzando il **Mod. F23**.

Modalità di pagamento

Il contribuente può scegliere di effettuare il pagamento:
- in **unica soluzione**, entro i 20 giorni successivi alla redazione dell'atto;
- in **forma rateale** in un massimo di **8 rate trimestrali** di uguale importo o in un massimo di **16 rate trimestrali** se le somme dovute **superano i 50.000,00 euro**, delle quali la prima da versare entro il termine di 20 giorni dalla redazione dell'atto e le altre da versare entro l'ultimo giorno di ciascun trimestre. Sull'importo delle rate successive alla prima sono dovuti gli **interessi** calcolati dal giorno successivo al termine di versamento della prima rata (➔101.4.).

> Salvo lo specifico regime dei lievi inadempimenti, l'**omesso/tardivo/insufficiente versamento** di tutte le somme o della prima rata impedisce l'adesione (riemergono dunque le sanzioni e le imposte come contestate nell'accertamento).

Decadenza dal beneficio della rateazione

In caso di rateazione, il **mancato pagamento** di una delle **rate diverse dalla prima** entro il **termine di pagamento** della **rata successiva** comporta la **decadenza dal beneficio** della rateazione e l'iscrizione a ruolo dei residui importi dovuti a titolo di imposta, interessi e sanzioni, nonché della sanzione per ritardati od omessi versamenti (art. 13, D.Lgs. n. 471/1997) aumentata della metà e applicata sul residuo importo dovuto a titolo di imposta (art. 15-ter, D.P.R. n. 602/1973).
La decadenza è esclusa in caso di lieve inadempimento dovuto a:
- insufficiente versamento della rata, per una **frazione non superiore al 3%** e, in ogni caso, a diecimila euro;
- tardivo versamento della prima rata, **non superiore a 7 giorni**.

> **CASO 7 - Mancato pagamento di una rata successiva alla prima**
> Un contribuente sottoscrive un accertamento con adesione e opta per il versamento rateale. Non riesce a pagare la terza rata. L'Agente della riscossione notificherà una cartella di pagamento contenente le imposte derivanti dall'accordo non ancora pagate (incluse le sanzioni ridotte al terzo del minimo e gli interessi), più gli aggi e una sanzione pari al 45% delle somme ancora dovute a titolo di tributo.
> Anche in questo caso è possibile chiedere la dilazione ai sensi dell'art. 19, D.P.R. n. 602/1973.

Iscrizione a ruolo

In caso di tardivo pagamento di una rata diversa dalla prima entro il termine di pagamento della rata successiva, si procede all'iscrizione a ruolo dell'eventuale frazione non pagata, della sanzione (art. 13, D.Lgs. n. 471/1997) commisurata all'importo non pagato o pagato in ritardo, e dei relativi interessi. L'iscrizione a ruolo **non è eseguita** se il contribuente si avvale del **ravvedimento** entro il termine di pagamento della rata successiva ovvero, in caso di ultima rata o di versamento in unica soluzione, entro 90 giorni dalla scadenza.
Entro i 10 giorni successivi al pagamento dell'intero importo o della prima rata, il contribuente deve far pervenire all'Ufficio la quietanza.

> In caso di omesso versamento di somme già concordate in sede di adesione, l'Amministrazione finanziaria (Agenzia delle Entrate, nota 30 settembre 2011, prot. n. 2011/141776) può ravvisare un'ipotesi di fondato pericolo per la riscossione, considerando il pericolo insito nell'omesso pagamento della rata e la verosimiglianza della pretesa nella definizione dell'accertamento con la partecipazione del contribuente.

Effetti 72.1.4.

L'**accertamento con adesione** produce i seguenti ulteriori effetti:
- la **riduzione delle sanzioni**;
- **non è soggetto ad impugnazione**;
- **non è integrabile** o modificabile da parte dell'Ufficio;
- **non rileva ai fini extratributari**, fatta eccezione per i contributi previdenziali e assistenziali, la cui base imponibile è riconducibile a quella delle imposte sui redditi.

> L'accertamento con adesione esplica il proprio effetto anche in riferimento ai contributi previdenziali determinati nella dichiarazione dei redditi (art. 2, D.Lgs. n. 218/1997). Su di essi non sono dovuti sanzioni e interessi. È ammesso il pagamento rateale.

Profili penali

I reati di **omesso versamento di ritenute**, di **IVA** e **indebita compensazione** con crediti non spettanti, **non sono punibili** se, prima della dichiarazione di apertura del dibattimento di primo grado, i **debiti tributari**, comprese sanzioni amministrative e interessi, **sono stati estinti mediante integrale pagamento** degli importi dovuti, anche a seguito delle speciali procedure conciliative e di adesione all'accertamento previste dalle norme tributarie, nonché del ravvedimento operoso (art. 13, D.Lgs. n. 74/2000).

Fuori dai predetti casi di non punibilità, le pene per i delitti previsti dallo stesso decreto sono **diminuite fino alla metà** e non si applicano le pene accessorie (art. 12, D.Lgs. n. 74/2000) se, **prima** della dichiarazione di **apertura del dibattimento di primo grado**, i debiti tributari, comprese sanzioni amministrative e interessi, sono stati estinti mediante **integrale pagamento** degli importi dovuti, anche a seguito delle speciali procedure conciliative e di adesione all'accertamento previste dalle norme tributarie. Per gli stessi delitti, il patteggiamento può essere concesso solo quando il debito tributario sia stato estinto (art. 13-bis, D.Lgs. n. 74/2000).

L'avvenuta estinzione del debito a seguito di **speciali procedure conciliative** o di adesione all'accertamento previste dalle norme tributarie costituiscono circostanze attenuanti (art. 13, D.Lgs. n. 74/2000).

La definizione non esclude l'esercizio dell'ulteriore azione accertatrice entro i termini decadenziali se (art. 2, c. 4, D.Lgs. n. 218/1997):

- **sopravviene la conoscenza di nuovi elementi**, in base ai quali è possibile accertare un maggior reddito, superiore al 50% del reddito definito e comunque non inferiore a euro 77.468,53. Si precisa che in caso di definizione per adesione (concordato) dell'accertamento in base a parametri o studi di settore l'Ufficio può comunque procedere ad una ulteriore rettifica delle categorie reddituali oggetto di adesione qualora venga a conoscenza di nuovi elementi, anche se il maggior reddito accertato non è superiore al 50% di quello definito ed è inferiore a 77.468,53 euro (art. 70, c. 3, Legge n. 342/2000);
- la **definizione riguarda accertamenti parziali** (rientrano in tale categoria anche gli accertamenti definiti a seguito di adesione al verbale di constatazione, art. 83 del D.L. n. 112/2008);
- la **definizione riguarda i redditi derivanti da partecipazioni nelle società o nelle associazioni** (art. 5, D.P.R. n. 917/1986) ovvero in **aziende coniugali** non gestite in forma societaria;
- se l'azione accertatrice è esercitata nei confronti delle **società o associazioni o dell'azienda coniugale**, alle quali partecipa il contribuente nei cui riguardi è intervenuta la definizione.

Mancato perfezionamento dell'adesione

L'accertamento con adesione si perfeziona con il versamento delle somme definite in adesione ovvero della prima rata. L'Amministrazione Finanziaria ha specificato (circ. 28 giugno 2001, n. 65) che, in caso di mancato perfezionamento dell'adesione, l'Ufficio è legittimato:

- alla **notifica** dell'avviso di accertamento qualora:
  a. l'atto di adesione sia stato stipulato su invito dell'Ufficio;
  b. l'istanza sia stata **presentata dal contribuente** nelle more della verifica;
- al **recupero delle somme**, a titolo provvisorio o definitivo, degli importi scaturenti dall'atto già notificato con riferimento al quale il contribuente abbia già prodotto l'istanza.

72.2. PRESCRIZIONE E DECADENZA

Gli avvisi di accertamento devono essere **notificati, a pena di decadenza, entro il 31 dicembre del quinto anno successivo** a quello in cui è stata **presentata la dichiarazione**. Nei casi di **omessa presentazione** della dichiarazione o di presentazione di dichiarazione nulla l'avviso di accertamento può essere notificato **entro il 31 dicembre del settimo anno successivo** a quello in cui la dichiarazione avrebbe dovuto essere presentata (art. 57, D.P.R. n. 633/1972; art. 43, D.P.R. n. 600/1973).

> A partire dal 2016 non opera più il raddoppio dei termini decadenziali nel caso di reati tributari di cui al D.Lgs. n. 74/2000.

Disciplina precedente - Per i periodi d'imposta **precedenti a quello in corso alla data del 31 dicembre 2016** (2015), gli avvisi di accertamento dovevano essere notificati, a pena di decadenza, **entro il 31 dicembre del quarto anno successivo** a quello in cui è stata presentata la dichiarazione ovvero, nei casi di omessa presentazione della dichiarazione o di dichiarazione nulla, **entro il 31 dicembre del quinto anno successivo** a quello in cui la dichiarazione avrebbe dovuto essere presentata.

In caso di violazione che comportava obbligo di denuncia (art. 331 c.p.p.) per alcuno dei reati previsti dal D.Lgs. n. 74/2000, i termini di cui sopra erano raddoppiati relativamente al periodo d'imposta in cui è stata commessa la violazione.
Il raddoppio non operava qualora la denuncia da parte dell'Amministrazione finanziaria, in cui è ricompresa la Guardia di finanza, venisse presentata o trasmessa oltre la scadenza ordinaria dei termini di cui al primo periodo.

Riduzione dei termini di accertamento

A decorrere dal **2019** (art. 3, D.Lgs. n. 127/2015) i soggetti passivi IVA che garantiscono la **tracciabilità** dei pagamenti effettuati e degli incassi ricevuti, per **importi superiori a 500,00 euro**, possono fruire della **riduzione di 2 anni** dei termini ordinari di accertamento (art. 57, c. 1, D.P.R. n. 633/1972 e art. 43, D.P.R. n. 600/1973).
Si passa così dalla ordinaria decadenza del potere di accertamento (31 dicembre del quinto anno successivo a quello di presentazione della dichiarazione) a quella ridotta (31 dicembre del terzo anno successivo a quello di presentazione della dichiarazione).
Fino all'anno di imposta 2018, invece, il limite per la tracciabilità di incassi e pagamenti era pari a 30,00 euro (D.M. 4 agosto 2016).

Dal 1° gennaio 2019 le cessioni di beni e le prestazioni di servizi effettuate da soggetti residenti o stabiliti in Italia, sia nei confronti di titolari di partita IVA che di consumatori finali, devono essere necessariamente **trasmesse elettronicamente** al proprio cliente attraverso esclusivamente il Sistema di interscambio (SDI).
È fatta eccezione per alcune categorie di contribuenti:
- in regime di vantaggio o forfettario;
- piccoli produttori agricoli;
- coloro che già inviano i dati al Sistema tessera sanitaria ed enti associativi che hanno optato per l'applicazione della Legge n. 398/1991.

ACCERTAMENTO E RISCOSSIONE

73. AUTOTUTELA E INTERPELLO

ACCERTAMENTO E RISCOSSIONE

73.1. AUTOTUTELA

73.1.1. Principi generali

L'**autotutela** è il potere dell'Amministrazione finanziaria di procedere al ritiro della pretesa fiscale annullando propri atti riconosciuti illegittimi o infondati (art. 2-quater, D.L. n. 564/1994).

L'autotutela non sospende il termine per ricorrere. Pertanto, al fine di impedire la definitività dell'atto, è necessario proporre ricorso entro i termini di cadenza dello stesso, nonostante la domanda sia sotto esame da parte dell'Amministrazione.

Scopo dell'autotutela - è realizzare l'interesse pubblico e non di garantire al cittadino un ulteriore mezzo di difesa oltre a quelli assicurati dal sistema di tutela amministrativa; in nessun caso, quindi, essa, come ben ha precisato l'Amministrazione finanziaria, può essere confusa con la tutela.

Iniziativa

L'annullamento dell'atto illegittimo o infondato può avvenire su iniziativa:

- dello **stesso Ufficio che ha emanato l'atto** o, in via sostitutiva, della **Direzione Regionale delle Entrate** da cui dipende l'Ufficio;
- del **contribuente** (persona fisica, giuridica o Ente), con istanza non soggetta al rispetto di forme particolari;
- del **Garante del contribuente** (art. 13, c. 6, Legge n. 212/2000), in relazione ad atti di accertamento o di riscossione notificati al contribuente.

Competenza degli Uffici

Il potere di esercizio dell'autotutela spetta **all'Ufficio che ha emanato l'atto** o che è competente per gli accertamenti (art. 1, D.M. 11 febbraio 1997, n. 37). In via sostitutiva è previsto che in caso di "**grave inerzia**" il potere è attribuito alla Direzione regionale o compartimentale da cui l'Ufficio dipende (autotutela mediata).

Istanza del contribuente

È prevista la possibilità che il contribuente avanzi richieste di annullamento o rinuncia all'imposizione agli Uffici competenti (art. 5, D.M. 11 febbraio 1997, n. 37). Nel caso in cui la richiesta sia inviata ad Ufficio incompetente, questo è tenuto a trasmetterla all'Ufficio competente dandone avviso al contribuente.

Nel caso in cui l'importo dell'imposta, sanzioni e accessori oggetto di annullamento o rinuncia all'imposizione o dell'agevolazione **superi 516.456,89 euro**, è previsto il parere preventivo della Direzione Regionale o compartimentale da cui l'Ufficio dipende (art. 4, D.M. 11 febbraio 1997, n. 37). Il contribuente che nutre un interesse "qualificato" può chiedere di visionare il suddetto parere (Consiglio di Stato 21 ottobre 2008, n. 5144).

Oggetto

L'annullamento può riguardare:

- gli atti caratterizzati da una **pretesa impositiva**;
- gli atti destinati ad **incidere negativamente sulla sfera giuridica** del contribuente (comunicazione di irregolarità, avviso di accertamento, atto di contestazione, rigetto di istanza di rimborso, ecc.).

L'annullamento dell'atto travolge necessariamente tutti gli altri ad esso consequenziali e comporta l'obbligo di **restituzione delle somme indebitamente riscosse** (circ. 5 agosto 1998, n. 198/S).

Decadenza

Non è ravvisabile un limite temporale per il ritiro della pretesa da parte dell'Ufficio. Pertanto, il ritiro può avvenire anche successivamente allo spirare dei termini per l'accertamento. Il potere di autotutela può essere esercitato anche in caso di "non impugnabilità" dell'atto (art. 2-quater, D.L. n. 564/1994).

Autotutela dell'Amministrazione finanziaria

L'Amministrazione finanziaria può procedere, in tutto o in parte, all'annullamento o alla rinuncia all'imposizione, senza necessità di istanza di parte, anche in pendenza di giudizio o di non impugnabilità, nei casi di:

- errore di persona;
- evidente errore logico o di calcolo;
- errore sul presupposto dell'imposta;
- doppia imposizione;
- mancata considerazione di pagamenti di imposta, regolarmente eseguiti;
- mancanza di documentazione successivamente sanata, non oltre i termini di decadenza;
- sussistenza dei requisiti per fruire di deduzioni, detrazioni o regimi agevolativi, precedentemente negati;
- errore materiale del contribuente, facilmente riconoscibile dall'Amministrazione (art. 2, D.M. n. 37/1997).

Il potere di autotutela non può invece essere esercitato per motivi sui quali sia intervenuta **sentenza passata in giudicato** favorevole all'Amministrazione finanziaria.

Nel potere di **annullamento o revoca** deve intendersi compreso anche il potere di sospensione degli effetti dell'atto che appare illegittimo o infondato (art. 2-quater, c. 1-bis, D.L. n. 564/1994).
Dell'eventuale **annullamento totale o parziale**, è data comunicazione al contribuente, all'organo giurisdizionale davanti al quale sia eventualmente pendente il relativo contenzioso nonché - in caso di annullamento disposto in via sostitutiva (ad esempio, quando la direzione regionale annulla un atto di un ufficio sottordinato) - allo stesso ufficio che ha emanato l'atto.

L'**annullamento di un atto** e la **riemissione** di uno ulteriore in parziale accoglimento delle deduzioni del contribuente **non preclude il ricorso all'acquiescenza**, in quanto, ai fini della stessa, il contribuente deve tenere conto del secondo atto notificato (CTP Torino 8 aprile 2009, n. 51 e Agenzia delle Entrate, nota 30 settembre 2011, prot. n. 2011/141776).

Autotutela parziale

L'annullamento in **autotutela** può essere anche parziale ed esercitato in pendenza di un giudizio innanzi alle commissioni tributarie. A fronte di una rideterminazione della pretesa erariale il contribuente potrebbe non avere più interesse a proseguire il contenzioso oppure potrebbe ritenere più vantaggiosa l'ipotesi di una definizione del giudizio.

CASO 1 - Rischio dell'autotutela parziale

Viene impugnato un avviso di accertamento contenente due rilievi: il primo palesemente infondato ed il secondo per il quale si ritiene corretta la pretesa impositiva.
Se il medesimo atto avesse contenuto solo il secondo rilievo il contribuente avrebbe magari evitato l'impugnazione dell'avviso di accertamento, avvenuta per contestare il primo rilievo.
Nel momento in cui quest'ultimo viene annullato in autotutela, il ricorrente si troverebbe nella situazione di dover continuare un contenzioso che non avrebbe instaurato se l'Ufficio avesse operato in modo corretto sin dall'inizio. Questa situazione comporta che il contribuente, in caso di rigetto del ricorso dovrebbe far fronte ad esborsi più elevati, non potendo più fruire dei benefici previsti da alcuni istituti (riduzione sanzioni, interessi ridotti, ecc.).

Nei casi di annullamento o revoca parziali dell'atto impositivo, il contribuente può avvalersi degli istituti di definizione agevolata delle sanzioni:

- **acquiescenza** (art. 15, D.Lgs. n. 218/1997);
- **definizione delle sanzioni** (art. 16, D.Lgs. n. 472/1997);

alle medesime condizioni esistenti alla data di notifica dell'atto stesso e a condizione che **rinunci al ricorso proposto**.
In tal caso le spese del relativo procedimento restano a carico delle parti che le hanno sostenute.

Non è applicabile invece l'istituto della **definizione delle sanzioni irrogate contestualmente al recupero del tributo** (*ex* art. 17, c. 2, D.Lgs. n. 472/1997) che prevede il pagamento in misura ri-

ACCERTAMENTO E RISCOSSIONE

dotta delle sanzioni con la possibilità comunque di presentare ricorso, in quanto la rinuncia a quest'ultimo è condizione di applicabilità della nuova normativa.

Impugnabilità

L'atto di autotutela parziale non è autonomamente impugnabile, poiché si tratta di una rettifica dell'originaria pretesa impositiva e non di un nuovo atto, sostitutivo di quello precedente annullato (art. 2-quater, c. 1-octies, D.L. n. 564/1994).

Proposta della Commissione interministeriale della giustizia tributaria

La giustizia tributaria è stata attenzionata dal Piano nazionale di ripresa e resilienza (PNRR). Per tale ragione è stato attribuito alla Commissione interministeriale per la riforma della giustizia tributaria l'esame delle criticità esistenti nonché l'elaborazione di interventi legislativi.

In tale ambito è stata proposta l'introduzione di una nuova disposizione (l'art. 10-ter) all'interno dello Statuto dei diritti del contribuente, cui si aggiunge la previsione, all'interno dell'art. 19, D.Lgs. n. 546/1992, di una nuova fattispecie di atto impugnabile consistente nel "rifiuto espresso o tacito all'istanza di autotutela di atti definitivi nei casi previsti dall'articolo 10-ter della legge 27 luglio 2000, n. 212", nonché, all'interno dell'art. 21, D.Lgs. n. 546/1992, di un termine per l'impugnazione del rifiuto tacito di autotutela che rimanda a quello previsto dal precedente c. 2 nel caso di rifiuto tacito della restituzione di tributi.

Autotutela a processo pendente

L'**autotutela** può intervenire anche quando il processo tributario è già stato instaurato. In questo caso occorre distinguere due ipotesi:

1. **autotutela parziale.** Il contenzioso, senza necessità di istanze particolari, prosegue per la "porzione" di provvedimento ancora in essere (Cass. 23 luglio 2007, n. 16252 e Cass. 12 luglio 2006, n. 15825). Il contribuente, se rinuncia al ricorso, può fruire degli istituti che consentono la definizione della pretesa, con la consequenziale riduzione delle sanzioni;
2. **autotutela totale.** All'annullamento d'ufficio dell'intero atto impugnato, il processo si estingue per cessazione della materia del contendere (art. 46, D.Lgs. n. 546/1992). In tal caso, il giudice deve effettuare un giudizio virtuale sull'esito della controversia, e, a seconda delle ipotesi, condannare il soccombente al pagamento delle spese oppure disporne la compensazione (Cass. 15 ottobre 2007, n. 21530 e Cass. 21 settembre 2010, n. 19947).

Qualora, l'autotutela totale fosse disposta **dopo la notifica del ricorso ma prima della costituzione in giudizio**, viene meno l'oggetto del processo. Non è pertanto necessaria la costituzione in giudizio. Quest'ultima tuttavia potrebbe essere effettuata al fine di ottenere la condanna alle spese processuali.

CASO 2 - Diniego di autotutela

Una Srl, presenta alcune dichiarazioni integrative, dalle quali emerge un credito d'imposta in luogo del debito originario. Nelle more, l'Amministrazione finanziaria procede all'iscrizione a ruolo, cui segue la notifica della relativa cartella di pagamento, rimasta incontestata. La società chiede l'annullamento in autotutela al fine di ottenere lo sgravio da parte dell'ufficio, il quale, tuttavia, opponeva il proprio diniego, motivato dalla definitività della cartella.

Il diniego di autotutela non rientra tra gli atti autonomamente impugnabili in commissione tributaria, non essendo compreso nell'elenco contenuto nell'art. 19 del D.Lgs. n. 546/1992, ancorché non tassativo.

Secondo l'orientamento consolidato delle Sezioni Unite (sent. n. 6788/2007), il sindacato giurisdizionale non può mai sostituirsi alla discrezionalità della PA, unica titolare del potere di annullamento in autotutela. Nel giudizio instaurato contro il rifiuto di autotutela, dunque, il giudice potrà valutare unicamente la legittimità del rifiuto e giammai la fondatezza della pretesa tributaria.

Diversamente opinando, si realizzerebbe un'inammissibile rimessione in termini nei confronti di atti divenuti definitivi, che consentirebbe l'impugnazione, ora per allora, della cartella di pagamento non contestata (CTR Milano 16 novembre 2018, n. 4979).

Sgravio

Il potere di autotutela può essere sollecitato anche nella fase di riscossione, mediante apposita domanda di sgravio nei confronti dell'ente che ha formato il ruolo. L'annullamento in autotutela della cartella di pagamento deve essere chiesto all'Agenzia delle Entrate-Riscossione ove il vizio concerna **questioni non di merito** ma proprie della cartella, come quello di notifica o di mancato rispetto dei termini di decadenza.

Responsabilità amministrativa

L'**ingiustificato annullamento** d'ufficio di un atto di accertamento, così come l'ingiustificato diniego di annullamento del suddetto atto, possono integrare gli estremi della **colpa grave**, requisito legittimante una condanna al risarcimento a favore dello Stato per "danno erariale".

> Il funzionario dell'Amministrazione finanziaria può essere condannato al risarcimento del "danno erariale" con provvedimento delle Corte dei conti, su istanza di parte, per non avere, ingiustificatamente, disposto ovvero non disposto l'annullamento d'ufficio di un avviso di accertamento.

Responsabilità processuale aggravata

Nel processo tributario si ritiene applicabile la responsabilità processuale aggravata, detta anche da **lite temeraria** o da **danno processuale** (art. 96 c.p.c.). Qualora la parte agisca con mala fede o colpa grave il giudice, su istanza dell'altra parte, può condannarla, oltre che alle spese, al risarcimento dei danni. In determinate situazioni, gli estremi della responsabilità processuale aggravata possono ritenersi integrati a causa del mancato esercizio del potere di autotutela. Il giudice può, anche d'ufficio, condannare la parte soccombente ad una somma equitativamente determinata in caso di **colpa** (anche non "grave").

Responsabilità civile

Il mancato esercizio del potere di autotutela può rendere applicabile la **responsabilità extracontrattuale** (c.d. "illecito aquiliano" - art. 2043 c.c.). La giurisprudenza di legittimità ha sancito che l'illegittimità della pretesa non può comportare, di per sé, il sorgere del diritto al risarcimento, posto che occorre la violazione delle regole di imparzialità, buona fede e corretta amministrazione. Il comportamento doloso o colposo deve aver violato i suddetti principi, oltre che aver, naturalmente, cagionato la **lesione del diritto del contribuente**.

> L'autotutela deve essere esercitata in **tempi brevi**, tali da non ledere la posizione giuridica soggettiva del contribuente, e spetta al giudice del merito verificare se il tempo impiegato dalla PA sia stato eccessivo o meno (Cass. 20 aprile 2012, n. 6283; Cass. 19 gennaio 2010, n. 698).

Autotutela sostitutiva

Costituisce esercizio del potere di autotutela sostitutiva il ritiro di un atto impositivo e l'emanazione di un nuovo avviso di accertamento con il quale vengono corretti vizi del primo.

> L'istituto va distinto dal c.d. **accertamento integrativo** (art. 43, c. 3, D.P.R. n. 600/1973), basato sulla sopravvenuta conoscenza di nuovi elementi.

L'autotutela sostitutiva è ammessa per **sanare vizi formali dell'atto** (ad esempio, il difetto di sottoscrizione, l'omessa indicazione dell'aliquota o il vizio di notifica), mentre non è concessa nel caso in cui riguardi questioni di merito (ad esempio la determinazione dell'imponibile o l'identificazione dei soggetti passivi).

Condizioni di applicabilità dell'autotutela sostitutiva - Occorre:

- la presenza di vizi formali nell'atto sostituito;
- il rispetto dei **termini decadenziali** per l'accertamento;
- il rispetto di quanto statuito dall'eventuale **giudicato** formatosi;
- l'annullamento del precedente atto impositivo (Cass. n. 21719/2011).

Annullamento del provvedimento di annullamento in autotutela

L'Amministrazione finanziaria, sulla base del generale potere di autotutela, può annullare un precedente proprio provvedimento con il quale, a sua volta, era stato annullato un atto impositivo. In tal caso **l'annullamento non può avere come effetto la reviviscenza del provvedimento originario**, in quanto è sempre necessario che l'Ufficio emani un nuovo ed ulteriore atto, successivo all'annullamento di quello che in precedenza aveva fatto venir meno il provvedimento originario. Al nuovo provvedimento di annullamento in autotutela non può farsi conseguire l'ulteriore effetto di reviviscenza dell'originario atto impositivo il quale, travolto dal primo provvedimento, è stato definitivamente eliminato dall'ordinamento (Cass. 8 ottobre 2013, n. 22827).

> Se l'Ufficio ha esercitato il potere di "**autotutela sostitutiva**" il processo relativo all'atto annullato si estingue, e il contribuente ha l'onere di impugnare il nuovo atto. Invece, ove l'annullamento fosse avvenuto dopo la notifica del ricorso ma prima della costituzione in giudizio, quest'ultimo adempimento può essere omesso, visto che non esisterebbe più l'oggetto del processo.

ACCERTAMENTO E RISCOSSIONE

CASO 3 - Modifica in aumento in luogo dell'accertamento integrativo

In assenza delle condizioni necessarie per l'emissione di un accertamento integrativo (art. 43, D.P.R. n. 600/1973 e art. 57, D.P.R. n. 633/1972) l'Amministrazione finanziaria è legittimata ad esercitare l'autotutela sostitutiva per modificare statuizioni favorevoli al contribuente risultate erronee, anche in caso di assenza di elementi sopravvenuti.

L'esercizio di tale potere è consentito a condizione che vi sia la pendenza dei termini decadenziali dell'accertamento e nel rispetto del giudicato eventualmente formatosi sull'atto viziato (Cass. ord. 3 dicembre 2019, n. 31476).

Diniego di autotutela

La giurisprudenza non è uniforme nel considerare il diniego all'autotutela atto impugnabile.

È necessario stabilire in che termini si pone l'atto di diniego con il **principio di tassatività** degli atti impugnabili.

L'accesso al contenzioso tributario è subordinato alla presenza di un atto espressamente previsto come impugnabile (art. 19, D.Lgs. n. 546/1992), ma ciò non è previsto nel caso del diniego di autotutela.

In relazione a tale questione è stato stabilito (Cass., SS.UU., 27 marzo 2007, n. 7388) che:

- per ciò che riguarda la riconducibilità del provvedimento alle categorie espressamente previste come impugnabili (art. 19, D.Lgs. n. 546/1992), è compito del giudice di merito valutare se l'atto in contestazione possa o meno ritenersi impugnabile;
- la mancata inclusione degli atti in contestazione nel catalogo di quelli espressamente impugnabili (art. 19, D.Lgs. n. 546/1992) comporterebbe una lacuna di tutela giurisdizionale, in violazione dei principi contenuti negli artt. 24 e 113 della Costituzione.

L'impugnabilità del diniego di autotutela è stata ribadita dalla giurisprudenza di legittimità (per tutte: Cass. 23 aprile 2009, n. 9669).

In base al principio di separazione dei poteri, il **Giudice** non può sindacare il merito delle scelte effettuate dagli Uffici: di conseguenza egli **non è**, in linea di principio, **legittimato ad annullare il diniego di autotutela**, se non per questioni di legittimità. Sebbene il sindacato giudiziale possa concernere solo la legittimità del diniego, ove l'atto di rifiuto dell'annullamento d'ufficio contenga una conferma della fondatezza della pretesa tributaria, e tale fondatezza sia esclusa dal giudice, l'Amministrazione finanziaria dovrà adeguarsi a tale pronuncia.

Alla luce di ciò, è possibile sostenere che il **diniego di autotutela** deve ritenersi un **provvedimento autonomamente impugnabile**, ma i motivi del relativo ricorso possono riguardare **solo i profili di illegittimità** dell'atto e non il merito della pretesa; se infatti si ritenesse diversamente, verrebbero di fatto aggirati i termini decadenziali per l'impugnazione dell'atto di cui appunto si chiede l'annullamento.

Definitività dell'atto impugnato

Gli atti impositivi, se non impugnati entro il termine decadenziale di **60 giorni dalla notifica**, diventano **definitivi**.

La definitività dell'atto comporta la cristallizzazione della pretesa che non può più essere messa in discussione né mediante il diniego di autotutela né in sede di ricorso contro la cartella di pagamento.

In questo senso è stato sostenuto che il ricorso contro il diniego di annullamento di un accertamento rimasto inoppugnato non è legittimo, in quanto, diversamente opinando, si darebbe inammissibilmente ingresso ad una controversia sulla legittimità di un atto impositivo ormai definitivo.

La Cassazione (sent. n. 10020/2012), ha precisato che il contribuente, che richiede all'Amministrazione finanziaria di ritirare, in via di autotutela, un **avviso di accertamento divenuto definitivo**, deve prospettare l'esistenza di un interesse di rilevanza generale dell'Amministrazione alla rimozione dell'atto. Ne consegue che contro il diniego dell'Amministrazione di procedere all'esercizio del potere di autotutela può essere proposta impugnazione soltanto per dedurre eventuali profili di illegittimità del rifiuto e non per contestare la fondatezza della pretesa tributaria. Giacché fuori da detta situazione, l'atto con il quale l'Amministrazione finanziaria manifesta il rifiuto di ritirare in autotutela un atto impositivo divenuto definitivo, stante la relativa discrezionalità, non è suscettibile di essere impugnato innanzi alle commissioni tributarie.

INTERPELLO 73.2.

Principi generali 73.2.1.

L'**interpello** rappresenta una procedura ad iniziativa del contribuente volta a conoscere preventivamente la posizione dell'Amministrazione finanziaria rispetto all'applicazione di norme tributarie ad un caso concreto e personale, sul quale sussistono obiettive condizioni di incertezza.
L'istituto è finalizzato a declinare in modo effettivo il principio di collaborazione tra Fisco e contribuente (art. 10, c. 1, Legge n. 212/2000), allo scopo di rendere più chiaro il quadro normativo.

Effetti

La **risposta vincola la stessa Amministrazione**, seppure limitatamente al singolo caso prospettato ed esclusivamente nei riguardi del contribuente istante.
La **risposta non vincola il contribuente**, il quale resta libero di non uniformarsi all'interpretazione dell'Amministrazione, ferma restando ovviamente la potestà dell'Amministrazione stessa di esercitare l'azione di controllo ed accertamento.
Nell'ambito del controllo annuale riservato alle dichiarazioni in materia di imposte sui redditi ed IVA delle imprese di più rilevante dimensione, viene verificato il rispetto della soluzione interpretativa oggetto della risposta di interpello (art. 27, c. 12, D.L. n. 185/2008).
La **risposta** resa in sede di interpello **non costituisce**, in via di principio, **atto impugnabile**, in quanto, stante la natura di parere, al quale il contribuente può non adeguarsi, non è in alcun modo lesivo della posizione del soggetto che potrà impugnare, tempestivamente ed a tempo debito, gli eventuali atti (art. 19, D.Lgs. n. 546/1992) nei quali dovesse farsi applicazione delle disposizioni antielusive il cui esonero è stato negato (Consiglio di Stato, 26 gennaio 2009, n. 414; in senso conforme, circ. 14 giugno 2010, n. 32/E par. 8 e circ. 3 marzo 2009, n. 7/E).

Tipologie di interpello

Sono a disposizione dei contribuenti quattro diverse tipologie di **interpello** (art. 11, Legge n. 212/2000):
- **ordinario** (che ricomprende quello qualificatorio);
- **probatorio**;
- **anti-abuso**;
- **disapplicativo**;
- **sui nuovi investimenti**;
- **adempimento collaborativo**.

Interpello ordinario e qualificatorio 73.2.2.

Interpello ordinario

Il contribuente può interpellare l'Amministrazione finanziaria per ottenere una risposta riguardante fattispecie concrete e personali relativamente a:
- **corretta interpretazione** delle disposizioni, ovvero;
- **corretta qualificazione** di fattispecie;

e contemporaneamente **non** siano comunque **attivabili** le procedure (introdotte dagli artt. 1 e 2, D.Lgs. n. 147/2015) relative a:
- **accordo preventivo** per le imprese con attività internazionale;
- **interpello** sui nuovi investimenti.

Interpello qualificatorio

Il contribuente può interpellare l'Amministrazione finanziaria nel caso in cui le condizioni di obiettiva incertezza incidono sulla corretta qualificazione della fattispecie ai fini fiscali.
Oggetto della relativa istanza non sarà la norma, bensì la **qualificazione del caso** in questione.
L'Amministrazione potrà fornire una risposta che contiene una valutazione basata più sulle circostanze di fatto relative alla fattispecie piuttosto che sull'interpretazione delle norme invocate dal contribuente nel caso concreto.

Esempi
Il Legislatore (art. 7, D.Lgs. n. 156/2015), ha previsto la possibilità di chiedere un parere:
- sulla riconducibilità di una determinata spesa alla categoria delle spese di pubblicità o di rappresentanza;
- sulla sussistenza di una **Stabile Organizzazione** per l'esenzione degli utili e delle perdite delle Stabili Organizzazioni di imprese residenti (art. 168-ter, D.P.R. n. 917/1986).

ACCERTAMENTO E RISCOSSIONE

Sono escluse dall'interpello qualificatorio (circ. 1° aprile 2016, n. 9/E) le ipotesi caratterizzate, alternativamente:
- da una **spiccata ed ineliminabile rilevanza dei profili fattuali** riscontrabili dalla stessa Amministrazione finanziaria ma solo in sede di accertamento: si tratta in sintesi di tutte quelle fattispecie nelle quali, più che rilevare l'aspetto qualificatorio, rilevano i meri accertamenti di fatto;
- dalla necessità di **espletare attività istituzionalmente di competenza di altre Amministrazioni**, enti o soggetti che presuppongono accertamenti di tipo tecnico e non di carattere fiscale.

Obbiettive condizioni di incertezza

Qualora l'**Amministrazione finanziaria si sia pronunciata** su una determinata disposizione normativa di natura tributaria, questa non può più considerarsi obiettivamente incerta, indipendentemente dalla portata del chiarimento fornito e dall'esistenza di orientamenti dottrinali o giurisprudenziali contrastanti (art. 11, c. 4, Legge n. 212/2000).
Quando **manca un'interpretazione ufficiale dell'Amministrazione**, le condizioni di obiettiva incertezza ricorrono in presenza di previsioni normative equivoche, tali da ammettere interpretazioni diverse e da non consentire in un determinato momento, l'individuazione certa di un significato della norma.

Esempio
In presenza di leggi di recente emanazione rispetto alle quali non si è formato un orientamento interpretativo definito, ovvero coesistano orientamenti contraddittori. La previsione va estesa ovviamente anche alle disposizioni normative di non recente emanazione, qualora ricorrano i medesimi presupposti (circ. n. 50/2001).

Istanza di interpello

L'istanza deve essere redatta in forma scritta e deve contenere (art. 3, c. 1, D.Lgs. n. 156/2015):
- dati identificativi dell'istante ed eventualmente del suo legale rappresentante, compreso il codice fiscale;
- indicazione del tipo di istanza di interpello che si propone;
- circostanziata e specifica descrizione della fattispecie;
- specifiche disposizioni di cui si richiede l'interpretazione, l'applicazione o la disapplicazione;
- esposizione, in modo chiaro ed univoco, della soluzione proposta;
- indicazione del domicilio e dei recapiti anche telematici dell'istante o dell'eventuale domiciliatario presso il quale devono essere effettuate le comunicazioni dell'amministrazione e deve essere comunicata la risposta;
- sottoscrizione dell'istante o del suo legale rappresentante ovvero del procuratore generale o speciale. In questo ultimo caso, se la procura non è contenuta in calce o a margine dell'atto, essa deve essere allegata allo stesso.

All'istanza di interpello deve essere **allegata** la **copia della documentazione non in possesso dell'Amministrazione** procedente o di altre Amministrazioni pubbliche indicate dall'istante, rilevante ai fini della risposta. Nei casi in cui la risposta presupponga accertamenti di natura tecnica, non di competenza dell'Amministrazione procedente, alle istanze devono essere allegati anche i **pareri** resi dall'ufficio competente (art. 3, c. 2, D.Lgs. n. 156/2015).
Nel caso in cui le **istanze** fossero **carenti dei requisiti necessari**, l'Amministrazione invita il contribuente alla loro regolarizzazione entro il termine di **30 giorni**. I termini per la risposta all'interpello iniziano in tal caso a decorrere dal giorno in cui la regolarizzazione viene effettuata (art. 3, c. 3, D.Lgs. n. 156/2015).

Modalità di presentazione

La presentazione dell'istanza può avvenire:
- consegna diretta **a mano**;
- spedizione a mezzo **plico raccomandato** con avviso di ricevimento;
- presentazione per via **telematica** attraverso l'impiego della posta elettronica certificata, ovvero attraverso l'utilizzo di servizio telematico (art. 64, D.Lgs. 7 marzo 2005, n. 82).

Termine di presentazione

L'istanza deve essere presentata:
- **prima di porre in essere il comportamento** o di dare attuazione alla norma oggetto di interpello, avendo quest'ultimo una funzione preventiva;

– **prima della scadenza dei termini previsti dalla legge per la presentazione della dichiarazione** o per l'assolvimento di altri obblighi tributari aventi ad oggetto o comunque connessi alla fattispecie cui si riferisce l'istanza medesima senza che, a tali fini, assumano valenza i termini concessi all'amministrazione per rendere la propria risposta (art. 2, c. 2, D.Lgs. n. 156/2015).

Organo destinatario

L'organo competente è determinato in base alla tipologia di tributo e della richiesta come schematizzato nella tabella che segue.

Organo destinatario	Tributo
Direzione regionale dell'Agenzia delle Entrate competente in relazione al domicilio fiscale del contribuente	- Imposte sui redditi; - imposta sul valore aggiunto; - IRAP; - imposta di registro; - imposta sulle successioni e donazioni; - imposta di bollo; - tasse sulle concessioni governative; - imposta sugli intrattenimenti; - altri tributi minori; - imposta ipotecaria; - imposta catastale; - tributi speciali catastali.
Direzione Regionale nel cui ambito opera l'ufficio competente ad applicare la norma tributaria oggetto di interpello (Provv. 4 gennaio 2016, n. 27)	- Imposta ipotecaria dovuta in relazione agli atti diversi da quelli di natura traslativa; - tasse ipotecarie e i tributi speciali catastali; - istanze di interpello ordinario aventi ad oggetto disposizioni o fattispecie di natura catastale.
Direzione Interregionale, Regionale o Interprovinciale territorialmente competente per la soluzione del caso particolare	Tributi di competenza dell'Agenzia delle Dogane e dei Monopoli-Area Dogane, diversi dalle risorse proprie tradizionali dell'Unione Europea, per le quali l'istituto resta disciplinato dalle norme unionali.
Uffici dei monopoli territorialmente competenti per la soluzione del caso particolare (Agenzia delle Dogane e dei Monopoli - Determinazione Direttoriale prot. n. 10539/R.U. del 28 gennaio 2016)	Tributi di competenza dell'Agenzia delle Dogane e dei Monopoli-Area Monopoli.

In caso di **presentazione** dell'istanza ad **ufficio incompetente** ovvero ad un **indirizzo di posta elettronica certificata** o ordinaria **diverso** da quello corrispondente all'ufficio competente, essa deve essere trasmessa tempestivamente all'ufficio competente o all'indirizzo di posta elettronica corretto. In tal caso, il termine per la risposta dell'Amministrazione inizia a decorrere dalla data di ricezione dell'istanza da parte dell'ufficio competente o dalla consegna dell'istanza all'indirizzo di posta elettronica corretto. Della data di ricezione dell'istanza da parte dell'ufficio competente è data notizia al contribuente (Provv. 4 gennaio 2016, n. 27).

È stata definita la ripartizione delle **competenze** tra **Divisione Contribuenti** e **Direzione Centrale Coordinamento Normativo** in ordine alle istanze di interpello e di consulenza giuridica (Provv. 1° marzo 2018).

La Direzione Centrale Coordinamento Normativo (già Direzione Centrale Normativa) è competente per:

– gli **interpelli di maggiore rilevanza**, relativi a norme di recente introduzione. Per tali si intendono quelle entrate in vigore da non oltre 12 mesi rispetto al momento di presentazione dell'istanza, comprese quelle modificative di istituti già esistenti;
– le **istanze di consulenza giuridica** aventi ad oggetto **disposizioni normative** entrate **in vigore da non oltre 12 mesi** rispetto al momento di presentazione dell'istanza presentate dagli uffici dell'Amministrazione finanziaria, ivi inclusa la Guardia di Finanza, e dall'Agenzia delle Entrate-Riscossione e presentate da Associazioni sindacali e di categoria, Ordini professionali, Amministrazioni dello Stato, enti pubblici, enti pubblici territoriali e assimilati, nonché da altri enti istituzionali operanti con finalità di interesse pubblico.

Resta ferma la competenza delle Direzioni Regionali per la ricezione e trattazione delle istanze di consulenza giuridica e la competenza generale della Divisione contribuenti per tutte le istanze di interpello e di consulenza giuridica diverse da quelle espressamente assegnate alla DCCN.
Le strutture centrali dell'Agenzia delle Entrate provvedono (a partire dal mese di settembre 2018) a dare pubblicità alle risposte alle **istanze d'interpello** ammissibili (Legge n. 212/2000) ed alle **istanze di consulenza giuridica esterna** (circ. 5 agosto 2011, n. 42/E), in forma anonima, mediante pubblicazione in una sezione dedicata del sito dell'Amministrazione finanziaria. Qualora le risposte contengano chiarimenti interpretativi del tutto nuovi, modifichino l'orientamento adottato in precedenti documenti di prassi amministrativa, garantiscano maggiore uniformità di comportamento o ricorrano le altre condizioni di cui all'art. 11, c. 6, Legge n. 212/2000 (Statuto dei diritti del contribuente), la pubblicazione continuerà ad avvenire sotto forma di circolare o di risoluzione (Provv. 7 agosto 2018).

Inammissibilità dell'istanza

L'istanza è considerata inammissibile (art. 5, D.Lgs. n. 156/2015) qualora:
- **manchino i dati identificativi dell'istante** (o del suo legale rappresentante) o la circostanziata e specifica descrizione della fattispecie;
- **non sia presentata preventivamente rispetto alla scadenza dei termini previsti** dalla legge per la presentazione della dichiarazione o per l'assolvimento di altri obblighi tributari aventi ad oggetto o comunque connessi alla fattispecie cui si riferisce l'istanza medesima;
- non ricorrano le **obiettive condizioni di incertezza**;
- abbia ad **oggetto la medesima questione sulla quale il contribuente ha già ottenuto un parere**, salvo che vengano indicati elementi di fatto o di diritto non rappresentati precedentemente;
- verta su **materie oggetto degli accordi preventivi** per le imprese con attività internazionale o riguardanti l'interpello preventivo indirizzato alle società che effettuano nuovi investimenti (D.Lgs. n. 147/2015), ovvero riguardanti la procedura abbreviata di interpello preventivo sulla certezza del diritto (D.Lgs. n. 218/2016);
- verta su **questioni per le quali siano state già avviate attività di controllo** alla data di presentazione dell'istanza di cui il contribuente sia formalmente a conoscenza. In tal caso è stato precisato (circ. 1° aprile 2016, n. 9/E) che l'inammissibilità, visto che la norma fa riferimento non all'istante ma alle **questioni oggetto dell'istanza**, ricorre non solo per le attività riferite direttamente al contribuente (quindi anche a terzi), purché l'istante ne sia formalmente a conoscenza e opera anche nel caso in cui oggetto di accertamento non siano direttamente i comportamenti oggetto dell'istanza ma altri, **riferiti a precedenti periodi di imposta**, comunque **strettamente correlati alla richiesta di interpello**, perché, tra l'altro, **perfettamente sovrapponibili;**
- il contribuente, invitato a integrare i dati che si assumono carenti (art. 3, c. 3, D.Lgs. n. 156/2015), **non provvede alla regolarizzazione nei termini previsti** (30 giorni).

Risposta dell'Amministrazione finanziaria

La risposta scritta e motivata deve essere **notificata** (art. 60, D.P.R. n. 600/1973) all'interpellante **entro 90 giorni**.
In alternativa (Provv. 4 gennaio 2016, n. 27), la risposta può essere comunicata:
- mediante **servizio postale** a mezzo raccomandata con avviso di ricevimento, presso il domicilio del contribuente o dell'eventuale domiciliatario;
- per **via telematica** tramite posta elettronica certificata o servizio telematico erogato in rete dall'Agenzia delle Entrate;
- per i **soggetti non residenti** che non si avvalgono di un domiciliatario nel territorio dello Stato, per **invio telematico** alla casella di posta elettronica ordinaria indicata nell'istanza.

Formazione del silenzio-assenso

Qualora la **risposta** dell'Ufficio su istanze ammissibili e recanti l'indicazione della soluzione interpretativa che il contribuente intende adottare **non pervenga** al contribuente **entro 90 giorni** il silenzio equivale a condivisione, da parte dell'amministrazione, della soluzione prospettata dal contribuente (art. 11, c. 3, Legge n. 212/2000).

Il silenzio-assenso copre il contribuente anche con riferimento ai successivi comportamenti posti in essere riconducibili alla fattispecie oggetto di interpello, fatta salva la possibilità di "ripensamento" da parte dell'Ufficio (art. 5, c. 3, D.M. n. 209/2001).

Comunicazione del parere con circolare o risoluzione

L'Amministrazione finanziaria può fornire una risposta collettiva all'istanza mediante la pubblicazione di una circolare o di una risoluzione se (art. 11, c. 6, Legge n. 212/2000) quando:
- un **numero elevato di contribuenti** ha presentato **istanze aventi ad oggetto la stessa questione** o questioni analoghe tra loro;
- il **parere sia reso in relazione a norme di recente approvazione** o per le quali non siano stati ancora resi chiarimenti ufficiali;
- siano stati **segnalati casi di comportamenti non uniformi** da parte degli uffici;
- ritiene il caso ed il relativo chiarimento fornito di **interesse generale**.

In ogni caso resta ferma la necessità della comunicazione della risposta ai singoli istanti.

La risposta **scritta e motivata** dell'Amministrazione finanziaria (artt. 11, c. 3, Legge n. 212/2000) vincola **ogni organo** dell'Amministrazione:
- limitatamente al richiedente;
- con esclusivo riferimento alla questione oggetto dell'istanza di interpello.

Interpello probatorio 73.2.3.

Il contribuente può presentare istanza richiedendo un parere in relazione alla sussistenza delle condizioni ed alla valutazione **dell'idoneità degli elementi probatori richiesti** per l'accesso a specifici regimi fiscali **nei casi espressamente previsti dalla legge** (art. 11, c. 1, lett. b), Legge n. 212/2000). La tempistica della risposta dell'Amministrazione, si differenzia rispetto all'interpello ordinario. L'Amministrazione finanziaria ha, infatti, **120 giorni di tempo per rispondere**, anziché 90.

Tipologie

Sono previste diverse tipologie di interpello probatorio:
- sulle operazioni con imprese di Paesi cd. "black list";
- c.d. "Controlled Foreign Companies";
- degli enti creditizi sulle partecipazioni acquisite nel corso di operazioni di ristrutturazione;
- per continuare il consolidato in caso di operazioni di riorganizzazione;
- per l'accesso al consolidato mondiale;
- per le società considerate non operative;
- per il beneficio ACE.

Soggetti interessati

I contribuenti, **residenti e non residenti**, sostituti di imposta, consulenti incaricati degli adempimenti fiscali possono presentare istanza a:

a. **Direzione regionale delle entrate** competente per territorio per i contribuenti con un volume di affari inferiore ai 100 milioni di euro;
b. **Direzione Centrale Normativa** dell'Agenzia delle Entrate per i contribuenti di più rilevante dimensione (ossia quelli con volume d'affari o ricavi non inferiori a 100 milioni di euro).

Termini di presentazione della domanda

La presentazione dell'istanza deve essere effettuata:
- entro i termini ordinari per la presentazione della dichiarazione;
- entro i termini per l'assolvimento di altri obblighi tributari correlati al caso prospettato nell'istanza.

L'eventuale richiesta di integrazione dell'istanza da parte dell'ufficio competente deve essere presentata entro **30 giorni** dalla presentazione dell'istanza.
La regolarizzazione dell'istanza da parte del contribuente deve avvenire entro i successivi **30 giorni** dalla ricezione della richiesta dell'ufficio competente.
L'eventuale integrazione documentale deve avvenire entro **1 anno** dalla richiesta dell'ufficio.

Termini risposta

L'Amministrazione deve inviare la risposta:
- entro **120 giorni** dalla ricezione dell'istanza;
- entro **60 giorni** dalla ricezione della documentazione integrativa se richiesta.

In caso di inerzia dell'Agenzia, nei **120 giorni** successivi alla presentazione dell'istanza, vale il principio del silenzio-assenso.

Procedure

Il contribuente deve **presentare** l'istanza **in carta libera**, contenente:
- i dati identificativi dell'istante ed eventualmente del suo legale rappresentante;

- l'indicazione del tipo di istanza (vale a dire "interpello probatorio *ex* art. 11, c. 1, lett. b), Legge n. 212/2000");
- la circostanziata e specifica descrizione della fattispecie;
- l'indicazione della norma di riferimento del regime del quale si chiede l'applicazione;
- l'indicazione degli elementi probatori richiesti;
- l'indicazione del domicilio e dei recapiti, anche telematici, dell'istante o dell'eventuale domiciliatario presso il quale devono essere effettuate le comunicazioni dell'amministrazione e comunicata la risposta;
- la sottoscrizione dell'istante o del suo legale rappresentante ovvero del procuratore generale o speciale.

L'istanza deve essere presentata alla **Direzione regionale delle Entrate** competente per territorio mediante:

- consegna a mano;
- spedizione a mezzo plico raccomandato con avviso di ricevimento;
- posta elettronica certificata o accesso tramite il servizio telematico dell'Agenzia (ancora da attivare);
- posta elettronica ordinaria, **solo per i soggetti non residenti nel territorio dello Stato che non si avvalgono di un domiciliatario** nel territorio dello Stato, all'indirizzo dc.norm.interpello@agenziaentrate.it.

Avverso la risposta negativa dell'Agenzia, **non è ammesso ricorso**.

Il contribuente **può rinunciare** all'interpello se, in pendenza dei termini di istruttoria dell'interpello, presenta, con le modalità consentite, la rinuncia espressa all'interpello.

Ipotesi legislativamente previste

Società di comodo - Istanze presentate dalle società che presentano i requisiti per essere considerate "non operative". Il contribuente che non ha presentato interpello ovvero, avendolo presentato, non ha ricevuto risposta positiva, deve dare indicazione in dichiarazione dei redditi dell'esistenza delle condizioni esimenti (art. 30, c. 4-quater, Legge n. 724/1994).

Permanenza nel regime del consolidato nazionale - Istanze presentate in occasione dell'effettuazione di operazioni di riorganizzazione generalmente interruttive del medesimo (ad esempio fusione con enti non appartenenti al consolidato), al fine di verificare che anche dopo le stesse sussistono ancora i requisiti ai fini dell'accesso al regime (art. 117, D.P.R. n. 917/1986). La società o l'ente controllante che intende continuare ad avvalersi della tassazione di gruppo ma non ha presentato la relativa istanza di interpello probatorio per i casi suindicati ovvero, avendola presentata, non ha ricevuto risposta positiva, deve segnalare tale circostanza nella dichiarazione dei redditi (art. 124, c. 5-bis, D.P.R. n. 917/1986).

Accesso al regime del consolidato mondiale - Istanze presentate per verificare la sussistenza dei requisiti per il legittimo esercizio dell'opzione (artt. 130 ss. D.P.R. n. 917/1986). Anche in tal caso chi intende accedere a tale regime ma non ha presentato l'istanza di interpello ovvero, avendola presentata, non ha ricevuto risposta positiva, deve segnalare detta circostanza nella dichiarazione dei redditi (art. 132, c. 5, D.P.R. n. 917/1986).

Applicazione del regime delle imprese estere controllate - Istanze presentate per dimostrare l'esistenza delle condizioni previste per le CFC (art. 167, D.P.R. n. 917/1986). In caso di mancata presentazione dell'interpello ovvero di ricezione di una risposta negativa allo stesso, la mancata segnalazione in dichiarazione dei redditi di partecipazioni in società residenti in Stati con regime fiscale privilegiato comporta l'applicazione di una sanzione.

Applicazione del regime di aiuto alla crescita economica - Istanze presentate per dimostrare che le operazioni effettuate non comportano duplicazioni del beneficio concesso. Il contribuente che intende fruire del beneficio ma non ha presentato l'istanza di interpello prevista ovvero, avendola presentata, non ha ricevuto risposta positiva, deve separatamente indicare nella dichiarazione dei redditi gli elementi conoscitivi indicati con provvedimento del Direttore dell'Agenzia delle entra (art. 1, c. 8, D.L. n. 201/2011).

Partecipazioni acquisite per il recupero di crediti bancari - Istanze presentate dagli enti creditizi per verificare la sussistenza delle condizioni per la non applicazione del regime di esenzione delle plusvalenze (art. 87, D.P.R. n. 917/1986) alle partecipazioni acquisite nell'ambito di interventi finalizzati al recupero di crediti o derivanti dalla conversione in azioni di nuova emissione dei crediti verso imprese in temporanea difficoltà finanziaria, nel rispetto delle diposizioni in materia di vigilanza bancaria. Da evidenziare che l'ente creditizio che non intende applicare il regime di esenzione delle plusvalenze ma non ha presentato l'istanza di interpello suindicata, ovvero, avendola presentata, non ha ricevuto risposta positiva, deve segnalare nella dichiarazione dei redditi gli elementi conoscitivi essenziali da individuare con Provvedimento del Direttore dell'Agenzia delle Entrate (art. 113, c. 6, D.P.R. n. 917/1986).

Sanzioni

L'omessa segnalazione, in dichiarazione, della mancata presentazione o della risposta negativa all'istanza di interpello è punita con la sanzione amministrativa **da 2.000 a 21.000 euro** (art. 8, c. 3-quinquies, D.Lgs. 471/1997).

Unica eccezione è quella relativa alla CFC: in caso di omissione del suindicato obbligo di segnalazione in dichiarazione, si applica una sanzione pari al 10% del reddito della partecipata, con un minimo di 1.000 euro ed un massimo di 50.000 euro (art. 8, c. 3-ter e 3-quater, D.Lgs. n. 471/1997).

Interpello antiabuso 73.2.4.

Il contribuente può presentare (art. 11, c. 1, lett. c), Legge n. 212/2000) istanza richiedendo all'Amministrazione se determinate operazioni che intende realizzare **configurino o meno un'ipotesi di abuso del diritto** (art. 10-bis, Legge n. 212/2000).

Soggetti interessati

I contribuenti, **residenti e non residenti**, sostituti di imposta, consulenti incaricati degli adempimenti fiscali possono presentare istanza a:

- **Direzione regionale delle entrate** competente per territorio per i contribuenti con un volume di affari inferiore ai 100 milioni di euro (**dal 1° gennaio 2018**);
- **Direzione Centrale Normativa** dell'Agenzia delle Entrate:
  a. **fino al 31 dicembre 2017** per tutti,
  b. **dal 1°gennaio 2018** solo per i contribuenti di più rilevante dimensione, ossia quelli con volume d'affari o ricavi non inferiori a 100 milioni di euro.

Termini di presentazione della domanda

La presentazione dell'istanza deve essere effettuata:

- entro i termini ordinari per la presentazione della dichiarazione;
- entro i termini per l'assolvimento di altri obblighi tributari correlati al caso prospettato nell'istanza.

La richiesta di integrazione dell'istanza da parte dell'ufficio competente va presentata entro **30 giorni** dalla presentazione dell'istanza.

La regolarizzazione dell'istanza da parte del contribuente deve avvenire entro **30 giorni** della ricezione della richiesta dell'ufficio competente.

L'eventuale integrazione documentale deve avvenire entro **1 anno** dalla richiesta dell'ufficio.

Termini risposta

L'Amministrazione deve inviare la risposta:

- entro **120 giorni** dalla ricezione dell'istanza;
- entro **60 giorni** dalla ricezione della documentazione integrativa se richiesta.

> In caso di inerzia dell'Agenzia nei **120 giorni** successivi alla presentazione dell'istanza vale il principio del **silenzio-assenso**.

Procedura

Il contribuente deve **presentare** l'istanza **in carta libera**, contenente:

- i dati identificativi dell'istante ed eventualmente del suo legale rappresentante, compreso il codice fiscale;
- l'indicazione del tipo di istanza (interpello antiabuso *ex* art. 11, c. 1, lett. c), Legge n. 212/2000);
- la circostanziata e specifica descrizione della fattispecie;
- le specifiche disposizioni di cui si chiede l'interpretazione, l'applicazione o la disapplicazione;
- l'esposizione, chiara ed univoca, della soluzione prospettata;
- l'indicazione del domicilio e dei recapiti anche telematici dell'istante o dell'eventuale domiciliatario presso il quale devono essere effettuate le comunicazioni dell'amministrazione e deve essere comunicata la risposta;
- la sottoscrizione dell'istante o del suo legale rappresentante ovvero del procuratore generale o speciale.

L'istanza deve essere presentata alla **Direzione regionale delle Entrate** competente per territorio mediante:
- consegna a mano;
- spedizione a mezzo plico raccomandato con avviso di ricevimento;
- posta elettronica certificata o accesso tramite il servizio telematico dell'Agenzia (ancora da attivare);
- posta elettronica ordinaria, **solo per i soggetti non residenti nel territorio dello Stato che non si avvalgono di un domiciliatario** nel territorio dello Stato, all'indirizzo dc.norm.interpello@agenziaentrate.it.

Contro la risposta negativa dell'Agenzia, **non può proporre ricorso**.

Il contribuente **può rinunciare** all'interpello se, in pendenza dei termini di istruttoria dell'interpello, presenta con le modalità consentite, la rinuncia espressa all'interpello; deve ricevere la notifica o la comunicazione della risposta dell'Amministrazione finanziaria, scritta e motivata, entro i termini previsti. La risposta si intende notificata o comunicata al momento della ricezione.

ACCERTAMENTO E RISCOSSIONE

73.2.5. Interpello disapplicativo

Il contribuente può presentare interpello per la **disapplicazione di norme tributarie** che, allo scopo di contrastare comportamenti elusivi, limitano deduzioni, detrazioni, crediti d'imposta o altre posizioni soggettive del soggetto passivo altrimenti ammesse dall'ordinamento tributario, fornendo la dimostrazione che nella particolare fattispecie tali effetti elusivi non possono verificarsi (art. 11, c. 2, Legge n. 212/2000).

Differenza nella disciplina rispetto agli alti interpelli

Questo tipo di interpello, si differenzia dalle altre tipologie in quanto è l'unico interpello **obbligatorio**.

Il contribuente per disapplicare una determinata norma tributaria finalizzata ad evitare l'elusione fiscale deve inoltrare una richiesta all'Amministrazione.

Il termine per la risposta all'interpello disapplicativo è di **120 giorni**.

Nei casi in cui **non sia stata resa risposta favorevole dall'Amministrazione**, il contribuente ha comunque la possibilità di dimostrare che nella particolare fattispecie gli effetti elusivi non possono verificarsi anche nelle successive fasi dell'accertamento, sia in sede amministrativa che contenziosa.

Le **risposte** all'interpello disapplicativo **sono impugnabili**, potendosi proporre ricorso avverso le stesse, anche se **solo unitamente all'atto impositivo** (art. 6, c. 1, D.Lgs. n. 156/2015).

La possibilità di impugnare la risposta dell'Amministrazione per gli interpelli disapplicativi è la conseguenza della loro obbligatorietà.

Il ricorso al giudice tributario non può essere immediato, si deve attendere il successivo atto impositivo dell'Ufficio.

In caso di **risposta negativa** all'interpello disapplicativo, il successivo atto impositivo avente ad oggetto:
- deduzioni;
- detrazioni;
- crediti d'imposta;
- altre posizioni soggettive del contribuente;

deve essere preceduto, **a pena di nullità**, dalla notifica di una richiesta di chiarimenti da parte dell'Amministrazione finanziaria **da fornire entro il termine di 60 giorni**.

Detta richiesta deve essere notificata dall'Amministrazione entro il termine di decadenza previsto per la notificazione dell'atto impositivo.

Tra la **data di ricevimento dei chiarimenti**, ovvero di inutile **decorso del termine** assegnato al contribuente per rispondere, **e quella di decadenza dell'Amministrazione** dal potere di notificazione dell'atto impositivo, devono intercorrere **almeno 60 giorni**. In difetto, il termine di decadenza per la notificazione dell'atto impositivo viene automaticamente prorogato, in deroga a quello ordinario, fino a concorrenza dei 60 giorni.

Motivazione dell'accertamento - L'accertamento deve essere specificamente motivato, **a pena di nullità**, anche in relazione ai chiarimenti forniti dal contribuente.

Si ha nullità dell'atto impositivo ove:
- venga omessa la notifica della richiesta di preventivi chiarimenti;
- non venga dato atto nell'accertamento delle motivazioni per le quali non si sono condivise le argomentazioni fornite dal contribuente in risposta ai chiarimenti richiesti.

Soggetti interessati

I contribuenti, **residenti e non residenti**, sostituti di imposta, consulenti incaricati degli adempimenti fiscali possono presentare istanza a:

- **Direzione regionale delle entrate** competente per territorio per i contribuenti con un volume di affari inferiore ai 100 milioni di euro;
- **Direzione Centrale Normativa** dell'Agenzia delle Entrate per i contribuenti di più rilevante dimensione (ossia quelli con volume d'affari o ricavi non inferiori a 100 milioni di euro).

Termini di presentazione della domanda

La presentazione dell'istanza deve essere effettuata:

- entro i termini ordinari per la presentazione della dichiarazione;
- entro i termini per l'assolvimento di altri obblighi tributari correlati al caso prospettato nell'istanza.

La richiesta di integrazione dell'istanza da parte dell'Ufficio competente va presentata entro **30 giorni** dalla presentazione dell'istanza.

La regolarizzazione dell'istanza da parte del contribuente deve avvenire entro **30 giorni** della ricezione della richiesta dell'Ufficio competente.

L'eventuale integrazione documentale deve avvenire entro **1 anno** dalla richiesta dell'Ufficio.

Termini risposta

L'Amministrazione finanziaria deve inviare la risposta:

- entro **120 giorni** dalla ricezione dell'istanza;
- entro **60 giorni** dalla ricezione della documentazione integrativa se richiesta.

In caso di inerzia dell'Agenzia nei **120 giorni** successivi alla presentazione dell'istanza vale il principio del silenzio-assenso.

> Può essere presentato **ricorso contro il parere negativo entro 60 giorni** dalla data in cui il contribuente ha ricevuto l'atto di accertamento (il ricorso si presenta cumulativamente per l'atto di accertamento e per la risposta negativa all'interpello).
>
> Il ricorso avverso il diniego alla disapplicazione della norma antielusiva è legittimo in quanto la risposta, positiva o negativa, costituisce il primo atto con cui l'Amministrazione porta a conoscenza del contribuente in via preventiva il proprio convincimento.
>
> Qualora tuttavia non si tratti di un diniego alla disapplicazione, bensì di una **dichiarazione di improcedibilità** dell'istanza presentata dal contribuente, quest'ultima **non è** atto **impugnabile**. Tale dichiarazione non rappresenta la posizione dell'Amministrazione finanziaria su una determinata vicenda ma è semplicemente un atto interlocutorio, privo di valutazioni sul merito (Cass. ord. 26 novembre 2020, n. 26977).

Procedura

Il contribuente deve **presentare** l'istanza **in carta libera**, contenente:

- i dati identificativi dell'istante ed eventualmente del suo legale rappresentante, compreso il codice fiscale;
- l'indicazione del tipo di istanza (vale a dire "interpello disapplicativo *ex* art. 11, c. 2, Legge n. 212/2000");
- la circostanziata e specifica descrizione della fattispecie;
- l'indicazione delle norme delle quali si chiede la disapplicazione;
- l'esposizione, in modo chiaro ed univoco, della soluzione proposta;
- l'indicazione del domicilio e dei recapiti anche telematici dell'istante o dell'eventuale domiciliatario presso il quale devono essere effettuate le comunicazioni dell'amministrazione e deve essere comunicata la risposta;
- la sottoscrizione dell'istante o del suo legale rappresentante ovvero del procuratore generale o speciale.

L'istanza deve essere presentata alla **Direzione regionale delle Entrate** competente per territorio mediante:

- consegna a mano;
- spedizione a mezzo plico raccomandato con avviso di ricevimento;
- posta elettronica certificata o accesso tramite il servizio telematico dell'Agenzia (ancora da attivare);
- posta elettronica ordinaria, **solo per i soggetti non residenti nel territorio dello Stato che non si avvalgono di un domiciliatario** nel territorio dello Stato, all'indirizzo dc.norm.interpello@agenziaentrate.it.

Il contribuente può impugnare la risposta dell'Amministrazione **solo unitamente all'atto impositivo** e **può rinunciare** all'interpello se, in pendenza dei termini di istruttoria dell'interpello, presenta con le modalità consentite, la rinuncia espressa all'interpello.

Sanzioni

In caso di mancata presentazione dell'istanza, disapplicazione delle norme aventi ad oggetto deduzioni, detrazioni, crediti d'imposta o altre posizioni soggettive del soggetto passivo ma riconoscimento della disapplicazione da parte dell'Amministrazione finanziaria si applica la sanzione **da 2.000 a 21.000 euro**.

In caso di mancata presentazione dell'istanza, disapplicazione delle norme aventi ad oggetto deduzioni, detrazioni, crediti d'imposta o altre posizioni soggettive del soggetto passivo e disconoscimento della disapplicazione da parte dell'Amministrazione finanziaria la sanzione è raddoppiata: da **4.000 a 42.000 euro**.

73.2.6. Interpello sui nuovi investimenti

È previsto (art. 2, D.Lgs. n. 147/2015) un particolare interpello esperibile dalle imprese, sia nazionali che estere, che:

- intendono **effettuare investimenti nel territorio dello Stato** di ammontare **non inferiore a venti milioni di euro** (somma complessiva che può dunque riguardare anche più anni);
- abbiano **ricadute occupazionali significative**, in relazione all'attività in cui avviene l'investimento, nonché durature.

Tali imprese possono presentare all'Agenzia delle Entrate un'istanza di interpello in merito a:

- trattamento fiscale del loro **piano di investimento**;
- trattamento fiscale delle eventuali **operazioni straordinarie** che si ipotizzano per la realizzazione di tale piano;
- valutazione circa **l'esistenza o meno di un'azienda**;
- valutazione preventiva circa l'eventuale **assenza di abuso del diritto fiscale o di elusione**;
- sussistenza delle condizioni per la **disapplicazione di disposizioni antielusive** e l'accesso ad eventuali **regimi o istituti** previsti dall'ordinamento tributario.

Con riferimento ai tributi non di competenza dell'Agenzia delle Entrate, quest'ultima provvede ad inoltrare la richiesta dell'investitore agli enti di competenza che rendono autonomamente la risposta.

Investimento

L'investimento può coinvolgere (D.M. 29 aprile 2016):

- la **realizzazione di nuove attività economiche** o l'ampliamento di attività economiche preesistenti;
- la **diversificazione della produzione** di un'unità produttiva esistente;
- la **ristrutturazione di un'attività economica** esistente al fine di consentire all'impresa il superamento o la prevenzione di una situazione di crisi;
- le operazioni aventi ad oggetto le **partecipazioni in un'impresa**.

Per determinare il **valore dell'investimento** si devono considerare tutte le risorse finanziarie, anche di terzi, necessarie all'impresa per l'attuazione del piano di investimento. Se l'investimento è realizzato da gruppi di società o raggruppamenti di imprese, si fa riferimento al valore complessivo dell'investimento unitario (risultante dalla somma del valore dei singoli investimenti di tutti i soggetti partecipanti all'iniziativa).

Soggetti interessati

Possono presentare interpello sui nuovi investimenti:

- le imprese italiane ed estere, sia individuali sia collettive, nonché i trust indipendentemente dalla circostanza che abbiano o meno una Stabile Organizzazione nel territorio dello Stato;
- i soggetti non esercenti attività commerciale, a condizione che: gli investimenti siano volti a creare una nuova attività imprenditoriale o partecipare al patrimonio di un'impresa; vi siano **impatti occupazionali**.

Sono **uffici preposti a trattare gli interpelli**:

- la Direzione centrale normativa dell'Agenzia, Ufficio interpelli;
- la Direzione centrale accertamento solo nel caso di soggetti che accedono al **regime dell'adempimento collaborativo**, e a condizione che non si tratti di investimenti realizzati da più soggetti (gruppi di società o raggruppamenti di imprese).

Sono **uffici preposti a verificare la correttezza delle risposte rese**:

- la Direzione provinciale nella cui circoscrizione è il domicilio fiscale del contribuente;

- l'Ufficio grandi contribuenti o Ufficio controlli fiscali della Direzione regionale, in caso di contribuenti con **volume d'affari, ricavi o compensi non inferiori a 100 milioni di euro**;
- la Direzione provinciale o Ufficio grandi contribuenti o Ufficio controlli fiscali della Direzione regionale nella cui circoscrizione si trova il domicilio fiscale dell'impresa che effettua l'investimento o il cui patrimonio è oggetto dell'investimento, in caso di **soggetto non residente privo di Stabile Organizzazione**;
- la Direzione centrale accertamento - Ufficio cooperative compliance, in caso di contribuente che abbia avuto **accesso al regime dell'adempimento collaborativo**.

Termini di presentazione della domanda

La domanda deve essere presentata:
- prima dell'avvio del piano di investimento;
- in fase attuativa dello stesso.

La richiesta di integrazione dell'istanza da parte dell'ufficio competente deve avvenire entro **30 giorni** dalla presentazione dell'istanza.
La regolarizzazione dell'istanza da parte del contribuente deve avvenire entro **30 giorni** della ricezione della richiesta dell'ufficio competente.
L'eventuale integrazione documentale deve avvenire entro **1 anno** dalla richiesta dell'ufficio.

Termini risposta

L'Amministrazione finanziaria deve inviare la risposta:
- entro **120 giorni** dal ricevimento dell'istanza;
- entro **90 giorni** dalla data di acquisizione della documentazione integrativa, se richiesta.

> In caso di **inerzia dell'Agenzia**, nei **120 giorni** successivi alla presentazione dell'istanza (**210 giorni** in caso di richiesta di acquisizione di ulteriori informazioni) vale il principio del silenzio-assenso.

Procedura

Il soggetto interessato deve **presentare** l'istanza **in carta libera** contenente:
- i dati identificativi dell'istante ed eventualmente del suo legale rappresentante, nonché di tutte le imprese che partecipano all'investimento;
- l'indicazione del tipo di istanza (vale a dire "interpello sui nuovi investimenti *ex* art. 2, D.Lgs. n. 147/2015");
- la circostanziata e specifica descrizione del piano di investimento (ammontare, metodi di quantificazione; tempi e modalità di realizzazione; ricadute occupazionali significative; riflessi, che l'investimento oggetto dell'istanza ha sul sistema fiscale italiano);
- l'indicazione delle norme delle quali si chiede l'interpretazione, o in relazione alle quali si chiede di valutare l'eventuale abusività delle operazioni connesse al piano di investimento, nonché le specifiche disposizioni antielusive delle quali si chiede la disapplicazione;
- l'esposizione, in modo chiaro e univoco, del trattamento fiscale che si ritiene corretto;
- l'indicazione del domicilio e dei recapiti anche telematici dell'istante o dell'eventuale domiciliatario presso il quale devono essere effettuate le comunicazioni dell'amministrazione e deve essere comunicata la risposta;
- la sottoscrizione dell'istante o del suo legale rappresentante ovvero del procuratore generale o speciale.

L'istanza deve essere presentata alla **Direzione competente** mediante:
- consegna a mano;
- spedizione a mezzo plico raccomandato con avviso di ricevimento;
- posta elettronica certificata o accesso tramite il servizio telematico dell'Agenzia (ancora da attivare);
- posta elettronica ordinaria, solo per i soggetti non residenti nel territorio dello Stato senza Stabile Organizzazione, all'indirizzo dc.norm.interpello@agenziaentrate.it.

Il contribuente **può rinunciare** all'interpello se, in pendenza dei termini di istruttoria dell'interpello, presenta con le modalità consentite, la rinuncia espressa all'interpello.

Adempimento collaborativo 73.2.7.

È stato introdotto un regime di **adempimento collaborativo** al fine di promuovere forme di **comunicazione e di cooperazione tra l'Amministrazione finanziaria e contribuenti** dotati di un sistema di rilevazione, misurazione, gestione e controllo del rischio, inteso quale rischio di operare in violazione di norme di natura tributaria ovvero in contrasto con i principi o con le finalità dell'ordinamento tributario (D.Lgs. n. 128/2015; Provv. 14 aprile 2016; Provv. 26 maggio 2017).

Soggetti interessati

In fase di prima applicazione, **fino al 31 dicembre 2019**, il regime è riservato:

- ai soggetti residenti e non residenti che realizzano un volume di affari o di ricavi **non inferiore a 10 miliardi di euro**;
- ai soggetti residenti e non residenti che realizzano un volume di affari o di ricavi **non inferiore a 1 miliardo di euro** e che abbiano presentato istanza di adesione al Progetto Pilota sul Regime di Adempimento Collaborativo di cui all'invito del 25 giugno 2013;
- alle imprese che intendono dare esecuzione alla risposta dell'Agenzia delle Entrate, fornita a seguito di istanza di interpello sui nuovi investimenti di cui all'art. 2, D.Lgs. n. 147/2015, **indipendentemente dal volume di affari o di ricavi**;
- al soggetto che svolge **funzioni di indirizzo**.

Ai fini dei **requisiti dimensionali**, si assume, alternativamente, **il valore più elevato tra**:

- i **ricavi** indicati nel bilancio dell'esercizio precedente a quello in corso alla data di presentazione della domanda e ai due esercizi anteriori;
- **il volume d'affari** indicato nella dichiarazione IVA relativa all'anno solare precedente e ai 2 anni solari anteriori.

La prima fase di applicazione si è conclusa il 31 dicembre 2019. Nella seconda fase, viene avviato un percorso che porterà all'inclusione dei contribuenti con ricavi superiori a 100 milioni di euro (circ. 8 agosto 2019, n. 19/E, par. 3.6).

ACCERTAMENTO E RISCOSSIONE

Soggetti esclusi

L'Agenzia delle Entrate, con provvedimento motivato, può dichiarare l'esclusione dei contribuenti dal regime, per la **perdita dei requisiti oggettivi o soggettivi**, ovvero per l'**inosservanza dei seguenti impegni** imposti ai contribuenti (art. 5, c. 2, D.Lgs. n. 128/2015):

a. istituzione e **mantenimento del sistema** di rilevazione, misurazione, gestione e controllo del rischio fiscale, e attuazione delle modifiche del sistema adottato eventualmente ritenute necessarie dalla Agenzia delle Entrate;
b. **comportamento collaborativo e trasparente**, mediante comunicazione tempestiva ed esauriente all'Agenzia delle Entrate dei rischi di natura fiscale e, in particolare, delle operazioni che possono rientrare nella pianificazione fiscale aggressiva;
c. **risposta** alle richieste della Agenzia delle Entrate nel più breve tempo possibile;
d. promozione di una cultura aziendale improntata a principi di **onestà**, **correttezza** e **rispetto della normativa tributaria**, assicurandone la completezza e l'affidabilità, nonché la conoscibilità a tutti i livelli aziendali.

L'adozione del regime dell'adempimento collaborativo comporta l'assunzione di una serie di **doveri** anche da parte dell'Agenzia delle Entrate (art. 5, c. 1, D.Lgs. n. 128/2015), quali:

a. valutazione trasparente, oggettiva e rispettosa dei principi di ragionevolezza e di proporzionalità del sistema di controllo adottato, con eventuale proposta degli interventi ritenuti necessari ai fini dell'ammissione e della permanenza nel regime;
b. **pubblicazione periodica** sul proprio sito istituzionale dell'elenco aggiornato delle operazioni, strutture e schemi ritenuti di **pianificazione fiscale** aggressiva;
c. promozione di **relazioni con i contribuenti** improntate a principi di trasparenza, collaborazione e correttezza nell'intento di favorire un contesto fiscale di certezza;
d. realizzazione di specifiche **semplificazioni** degli adempimenti tributari, in conseguenza degli elementi informativi forniti dal contribuente nell'ambito del regime;
e. **esame preventivo** delle situazioni suscettibili di generare **rischi fiscali** significativi e risposta alle richieste dei contribuenti nel più breve tempo possibile;
f. debita considerazione degli **esiti dell'esame e della valutazione** effettuate dagli organi di gestione, delle risultanze delle attività dei soggetti incaricati, presso ciascun contribuente, della revisione contabile, nonché di quella dei loro collegi sindacali e dei pareri degli organismi di vigilanza.

Effetti e vantaggi del regime

L'adesione al regime comporta una serie di vantaggi per i contribuenti tra cui:

- la possibilità di pervenire con l'Agenzia delle Entrate ad una comune valutazione delle situazioni suscettibili di generare rischi fiscali **prima della presentazione delle dichiarazioni fiscali**;
- una **procedura abbreviata di interpello preventivo** in merito all'applicazione delle disposizioni tributarie a casi concreti, in relazione ai quali l'interpellante ravvisa rischi fiscali.

Ulteriori vantaggi per il contribuente

In riferimento ai rischi di natura fiscale, comunicati in modo tempestivo ed esauriente all'Agenzia delle Entrate, prima della presentazione delle dichiarazioni fiscali, nel caso in cui l'Agenzia non condivide la posizione dell'impresa, le **sanzioni amministrative** applicabili **sono ridotte della metà** e comunque **non possono essere applicate in misura superiore al minimo edittale**; la loro riscossione è in ogni caso sospesa fino alla definitività dell'accertamento.

In caso di **denuncia per reati fiscali**, l'Agenzia delle Entrate comunica alla Procura della Repubblica se il contribuente abbia aderito al regime di adempimento collaborativo, fornendo, se richiesta, ogni utile informazione in ordine al controllo del rischio fiscale e all'attribuzione di ruoli e responsabilità previsti dal sistema adottato.

I contribuenti che aderiscono al regime non sono inoltre tenuti a prestare garanzia per il pagamento dei **rimborsi delle imposte**, sia dirette sia indirette.

In fase di prima applicazione, ovvero **fino al 31 dicembre 2019**, per i controlli nei confronti dei contribuenti che aderiscono al regime è competente in esclusiva l'Agenzia delle Entrate, Direzione Centrale Accertamento.

Termini domanda

Il regime è applicabile al periodo d'imposta nel corso del quale la richiesta di adesione è trasmessa all'Agenzia delle Entrate.

Presentazione ed integrazione della documentazione a corredo dell'istanza devono avvenire entro **30 giorni** dalla data di presentazione della stessa.

Termini risposta

L'accoglimento o il rigetto dell'istanza deve essere comunicato entro i **120 giorni** successivi alla data di presentazione.

> Per **domande presentate dopo la chiusura del periodo di imposta** e **prima della scadenza dei termini** per il deposito del bilancio o della presentazione della dichiarazione IVA, tale termine è prorogato fino al 10° giorno successivo alla data di comunicazione all'Ufficio competente dell'avvenuto deposito del bilancio o della presentazione della dichiarazione IVA.

Procedura

I contribuenti devono presentare apposita **istanza** redatta sul modello reso disponibile sul sito istituzionale della Agenzia delle Entrate;

- via PEC all'indirizzo dc.acc.cooperative@pec.agenziaentrate.it, con firma digitale;
- con posta elettronica ordinaria all'indirizzo dc.acc.ucc@agenziaentrate.it. per i soggetti non residenti, privi di PEC. In caso di sottoscrizione non digitale, il firmatario deve allegare all'istanza copia di un valido documento di identità.

I contribuenti devono altresì produrre la **documentazione** richiesta (punto 4.5 del Provv. 14 aprile 2016) mediante:

- PEC all'indirizzo dc.acc.cooperative@pec.agenziaentrate.it;
- raccomandata con avviso di ricevimento;
- presentazione diretta all'ufficio competente che ne rilascia ricevuta.

L'**Agenzia delle Entrate**, tramite PEC o, ove consentito, posta elettronica ordinaria, invia al contribuente la comunicazione dell'accoglimento o del rigetto dell'istanza a seguito della verifica della sussistenza dei requisiti oggettivi e soggettivi.

Accoglimento della domanda - Il contribuente:

- attende l'invito dell'Ufficio per lo svolgimento dell'incontro di apertura della procedura di adempimento collaborativo;
- partecipa all'incontro di apertura a mezzo del legale rappresentante o di un procuratore legale;
- nomina uno o più referenti incaricati di gestire l'interazione con l'Ufficio nel corso della procedura. L'Agenzia delle Entrate, a sua volta, assegna al contribuente almeno 2 funzionari di riferimento;
- concorda con l'Ufficio le soglie di materialità quantitativa e qualitativa delle fattispecie in ordine alle quali si intendono operanti i doveri di collaborazione e trasparenza, tenendo in debita considerazione anche il settore in cui opera il contribuente;
- comunica all'Ufficio, nel corso della procedura, a mezzo posta elettronica certificata le situazioni suscettibili di generare rischi fiscali significativi e le operazioni che possono rientrare nella pianificazione fiscale aggressiva, o eventuali ulteriori situazioni che il contribuente ritenga incerte, controverse o, comunque, fonte di rischio fiscale potenzialmente significativo;

- attende l'invio, da parte dell'Agenzia delle Entrate, tramite PEC, raccomandata RR o consegna in mani proprie al contribuente (art. 60, D.P.R. n. 600/1973), dei pareri motivati o degli altri strumenti idonei a garantire certezza preventiva sulle fattispecie esaminate, con cui essa rende nota la propria posizione in merito ai rischi fiscali comunicati;
- decide se chiedere lo svolgimento di ulteriori approfondimenti istruttori in contraddittorio con l'Ufficio;
- sottoscrive e conserva il verbale redatto con l'Ufficio a seguito degli ulteriori approfondimenti;
- partecipa all'incontro di chiusura della procedura entro il termine di presentazione della dichiarazione relativa al periodo di imposta in cui opera la procedura;
- partecipa agli incontri di apertura degli esercizi successivi da tenersi entro 90 giorni dall'inizio del periodo di imposta. Qualora si verifichi un mutamento delle condizioni di fatto o di diritto su cui si è basata una delle risposte rese dall'Agenzia delle Entrate nel corso della procedura, attendere l'invito dell'Ufficio a partecipare all'apposito contraddittorio e parteciparvi.

Imprese con attività internazionale - Hanno accesso ad una procedura finalizzata alla stipula di accordi preventivi, con principale riferimento ai seguenti ambiti (art. 31-ter, D.P.R. n. 600/1973):

a. preventiva **definizione in contraddittorio dei metodi di calcolo** del valore normale delle operazioni con società non residenti nel territorio dello Stato (art. 110, c. 7, D.P.R. n. 917/1986) e dei valori di uscita o di ingresso in caso di trasferimento della residenza, rispettivamente (artt. 166 e 166-bis, D.P.R. n. 917/1986);
b. **applicazione** ad un caso concreto di **norme**, anche di origine convenzionale, concernenti l'attribuzione di utili e perdite alla Stabile Organizzazione in un altro Stato di un'impresa o un ente residente ovvero alla Stabile Organizzazione in Italia di un soggetto non residente;
c. valutazione preventiva della **sussistenza o meno** dei requisiti che configurano una **Stabile Organizzazione** situata nel territorio dello Stato (art. 162, D.P.R. n. 917/1986), nel rispetto di quanto disposto dalle vigenti Convenzioni contro le doppie imposizioni stipulate all'Italia;
d. **applicazione** ad un caso concreto di **norme**, anche di origine convenzionale, concernenti l'erogazione o la percezione di **dividendi**, **interessi** e **royalties** e altri componenti reddituali a o da soggetti non residenti.

Istanze aventi ad oggetto fattispecie di rilevanza pluridisciplinare

La gestione delle istanze di interpello aventi ad oggetto la definizione delle attività ammissibili all'agevolazione fiscale e la riconducibilità di quelle prospettate con l'interpello tra quelle di:

- ricerca e sviluppo (art. 3, D.L. n. 145/2013);
- ricerca, sviluppo, innovazione e design (art. 1, c. da 198 a 209, Legge n. 160/2019);

presuppone, in riferimento ai profili extra tributari, **conoscenze tecniche** in tutto o in parte rimesse ad altre Amministrazioni dello Stato, istituzionalmente titolari di competenze indispensabili per la definizione dell'ambito oggettivo del beneficio fiscale.

Si fa riferimento, a titolo esemplificativo, alle istanze aventi ad oggetto:

- il bonus ricerca e sviluppo (art. 3, D.L. n. 145/2013);
- il credito d'imposta per investimenti in beni strumentali tecnologicamente avanzati (Legge n. 232/2016, All. A) e in beni strumentali immateriali funzionali ai processi di trasformazione 4.0 (Legge n. 232/2016, All. B);
- il credito d'imposta formazione 4.0 (art. 1, c. 46-56, Legge n. 205/2017);
- il credito d'imposta per gli investimenti nel Mezzogiorno (art. 1, c. 98-108, Legge n. 208/2015), gli incentivi agli investimenti in start up innovative anche se operano con strumenti diversi dal credito d'imposta (art. 29, D.L. n. 179/2012);
- il credito d'imposta per le attività di consulenza relativa al processo di quotazione delle PMI (art. 1, c. 89-92, Legge n. 205/2017).

L'Agenzia delle Entrate, con la circ. n. 31/E del 2020 ha inteso rimodulare le **modalità di gestione** di tali istanze.

Istanza di interpello avente ad oggetto esclusivamente la riconducibilità di una determinata attività all'ambito applicativo della disciplina agevolativa - Tale istanza deve essere **esclusa** dagli interpelli, in quanto l'istruttoria richiederebbe specifiche competenze tecniche non di carattere fiscale (circ. Agenzia delle Entrate 1° aprile 2016, n. 9/E, par. 4.3.1).

Istanza avente ad oggetto sia l'ammissibilità dell'attività al beneficio, sia le questioni aventi carattere fiscale - Tali istanze sono oggetto di **diversa valutazione** a seconda che il contribuente:

- alleghi il propedeutico parere del competente organo in ordine all'inquadramento tecnico dell'attività espletata;
- non alleghi alcun parere del competente organo in ordine all'inquadramento tecnico dell'attività espletata.

Nel primo caso l'istanza è ammissibile e sarà istruita secondo le modalità descritte dall'art. 11 della Legge n. 212/2000. Nella seconda ipotesi la risposta avrà ad oggetto soltanto l'esame del quesito a carattere fiscale.

Istanza avente ad oggetto esclusivamente questioni di carattere fiscale - In questo caso si procederà ad istruire la risposta secondo le **ordinarie modalità**, fermo restando che, in assenza di parere tecnico, la risposta fornita assumerà acriticamente gli elementi rappresentati dal contribuente in ordine ai profili di carattere tecnico (non fiscali).

Quanto sinora affermato si applica alle tipologie di interpello previste dall'art. 11 della Legge n. 212/2000, agli interpelli sui nuovi investimenti (art. 2, D.Lgs. n. 147/2015) e alle istanze presentate ai fini dell'adempimento collaborativo di cui al D.Lgs. n. 128/2015.

Le indicazioni fornite sono applicabili alle **istanze presentate a partire dal 23 dicembre 2020**, ritenendosi dunque superati i chiarimenti forniti dalle precedenti circolari, in relazione alla gestione delle istanze di interpello aventi ad oggetto il credito d'imposta per la ricerca e sviluppo di cui all'art. 3 del D.L. n. 145/2013.

Determinazione dei termini per l'effettuazione dei controlli sui crediti agevolativi

Qualora sia accertato che le attività/spese sostenute **non** siano **ammissibili** al credito d'imposta ricerca e sviluppo, secondo quanto rilevato nella circ. n. 31/E del 2020, si configura un'ipotesi di **credito inesistente** per carenza totale o parziale del presupposto costitutivo. L' **atto di recupero** dovrà essere notificato **entro il 31 dicembre dell'ottavo anno successivo a quello del relativo utilizzo** in compensazione. Non rileva, ai fini della violazione, la mera esposizione del credito in dichiarazione annuale.

Esempio

Nel caso in cui il controllo verta sull'esistenza del credito d'imposta maturato nel **periodo d'imposta 2015**, indicato nella dichiarazione presentata nel 2016 e utilizzato in compensazione nel corso del 2017, gli Uffici potranno procedere alle operazioni di **verifica entro l'ottavo anno successivo a quello del relativo utilizzo in compensazione**, e, qualora riscontrino che il credito utilizzato è "inesistente" per mancanza dei presupposti costitutivi, dovranno notificare **l'atto di recupero entro il 31 dicembre 2025**.

Sanzione

Nelle ipotesi di contestazione di crediti inesistenti trova applicazione la sanzione **dal 100 al 200%** della misura dei crediti stessi (art. 13, c. 5, D.Lgs. n. 471/1997).

Fermo restando che per tale sanzione **non è applicabile la definizione agevolata**:

- il contribuente può beneficiare della riduzione delle sanzioni prevista dall'art. 13 del D.Lgs. n. 472/1997 (c.d. ravvedimento), anche successivamente alla constatazione della violazione, ma comunque prima che sia stato notificato l'atto di recupero;
- i competenti Uffici, in ragione delle "circostanze che rendono manifesta la sproporzione tra l'entità del tributo cui la violazione si riferisce e la sanzione", potranno applicare la predetta sanzione con una riduzione fino alla metà del minimo edittale (art. 7, c. 4, D.Lgs. n. 472/1997).

Il delineato contesto potrebbe trovare applicazione anche per i recenti incentivi - molti dei quali sotto forma proprio di crediti di imposta - introdotti per favorire la ripresa economica conseguente all'**emergenza sanitaria**.
Si ricorda a titolo esemplificativo, il **superbonus del 110%**, per il quale gli uffici, potrebbero contestare automaticamente l'utilizzo di un credito inesistente.
Situazioni ritenute non suscettibili di fruire del previsto bonus (nonostante gli acquisti e gli investimenti siano stati realmente sostenuti), ben potrebbero rischiare di essere considerate crediti inesistenti.

Risposte a interpelli applicabili a soggetti diversi dal contribuente istante

La risposta dell'Amministrazione finanziaria ad un interpello, pur avendo efficacia vincolante limitatamente alla questione oggetto dell'interpello ed al contribuente istante, **può estendersi anche a soggetti diversi** da quest'ultimo, che, in relazione all'atteggiarsi e alla struttura della fattispecie impositiva, nonché all'allocazione dei relativi obblighi, sono indissolubilmente legati alla questione investita dall'interpello (Cass. ord. 30 marzo 2021, n. 8740).

L'Amministrazione finanziaria, nel caso di specie, ha sostenuto che ai fini dell'operatività dell'effetto vincolante di una risposta ad interpello, occorre il presupposto rappresentato dall'identità soggettiva. Identità che non sussiste nel caso in cui l'interpello richiamato sia stato proposto da un alto contribuente. Tale affermazione, assume rilevanza in quanto spesso l'Amministrazione finanziaria motiva le proprie pretese basandosi sui documenti di prassi (tra cui anche chiarimenti forniti in esito a specifiche istanze). Documenti che, in questa circostanza, a contrario, sostiene abbiano valenza esclusivamente in riferimento al contribuente interpellante.

73.2.8. Ruling internazionale

Il ***ruling* internazionale** costituisce un accordo sottoscritto tra il **competente ufficio dell'Agenzia delle Entrate** e le **imprese che svolgono un'attività internazionale**.

L'accordo è **vincolante** per il periodo d'imposta nel corso del quale l'accordo è stipulato e per i quattro periodi d'imposta successivi. Il vincolo viene meno qualora intervengano mutamenti nelle circostanze di fatto o di diritto.

Soggetti interessati

Possono accedere alla procedura degli accordi preventivi:

- le imprese **residenti con attività internazionale**;
- le imprese **non residenti che operano in Italia per mezzo di una Stabile Organizzazione**.

Non sono ammessi alla procedura di *ruling* le persone fisiche e, in genere, tutti i soggetti che non esercitano attività d'impresa.

Oggetto

Possono essere oggetto di *ruling* internazionale le seguenti fattispecie (art. 31-ter, c. 1, D.P.R. n. 600/1973):

- preventiva definizione in contraddittorio dei metodi di calcolo del valore normale delle operazioni con società non residenti nel territorio dello Stato, che direttamente o indirettamente controllano l'impresa, ne sono controllate o sono controllate dalla stessa società che controlla l'impresa (art. 110, c. 7, D.P.R. n. 917/1986);
- applicazione ad un caso concreto di norme, anche di origine convenzionale, concernenti l'attribuzione di utili o perdite alla Stabile Organizzazione in un altro Stato di un'impresa residente ovvero alla Stabile Organizzazione in Italia di un soggetto non residente;
- applicazione ad un caso concreto di norme, anche di origine convenzionale, concernenti l'erogazione o la percezione di dividendi, interessi, royalties e altri componenti reddituali oppure da soggetti non residenti;
- preventiva definizione in contraddittorio dei valori di uscita o di ingresso in caso di trasferimento della residenza (artt. 166 e 166-bis, D.P.R. n. 917/1986);
- valutazione preventiva della sussistenza dei requisiti che configurano una Stabile Organizzazione situata nel territorio dello Stato, tenuti presenti i criteri previsti dall'art. 162 del D.P.R. n. 917/1986, nonché dalle vigenti convenzioni contro le doppie imposizioni stipulate dall'Italia.

Avvio della procedura

La richiesta per accedere alla procedura deve essere inviata:

- a mezzo **raccomandata con avviso di ricevimento**;
- **tramite consegna diretta** ai seguenti Uffici che ne rilascia ricevuta: Ufficio Accordi preventivi e controversie internazionali dell'Agenzia delle Entrate, Direzione Centrale Accertamento, Settore Internazionale, sezione di Roma, Via Cristoforo Colombo, 426 c/d oppure sezione di Milano, Via Manin, 25;
- a mezzo **posta elettronica certificata**, ovvero attraverso l'utilizzo di un servizio telematico erogato in rete dall'Agenzia delle Entrate.

Contenuto dell'istanza

L'istanza a pena d'inammissibilità deve contenere:

- denominazione dell'impresa;
- sede legale o domicilio fiscale, se diverso dalla sede legale;

- codice fiscale e/o la partita IVA;
- l'indicazione del domiciliatario nazionale per la procedura, se diverso dall'impresa, presso il quale si richiede di inoltrare le comunicazioni attinenti la procedura stessa;
- oggetto dell'accordo preventivo, oltre che una sintetica descrizione degli elementi specifici dello stesso;
- la documentazione atta a comprovare il possesso del requisito di impresa con attività internazionale, da allegare all'istanza.

Deve essere firmata dal legale rappresentante o da altra persona munita dei poteri di rappresentanza.
Se l'istanza è presentata da **impresa non residente**, è necessario altresì indicare l'indirizzo della **Stabile Organizzazione** nel territorio dello Stato ed eventualmente il domiciliatario nazionale per la procedura. Tali requisiti non sono richiesti in caso di istanza presentata da impresa non residente ai fini della valutazione preventiva della sussistenza dei requisiti che configurano una Stabile Organizzazione situata nel territorio dello Stato.
L'Agenzia delle Entrate ha anche previsto (Provv. 21 marzo 2016) la necessità di ulteriori elementi specifici da inserire nell'istanza a seconda del suo oggetto.

L'**ammissibilità** o l'**improcedibilità dell'istanza** è comunicata **entro 30 giorni** dal ricevimento della stessa. Qualora l'istanza sia improcedibile, l'Ufficio potrà richiedere l'integrazione della stessa al contribuente. L'istanza può risultare anche direttamente inammissibile.

Prima dell'avvio formale del procedimento, il contribuente può **chiedere un incontro** all'Ufficio al fine di ottenere **chiarimenti e/o indicazioni in merito alla procedura**.

Svolgimento della procedura

L'**accordo** tra Amministrazione e contribuente deve **perfezionarsi entro 180 giorni** dal ricevimento dell'istanza e si conclude con la sottoscrizione congiunta del documento.
Le attività si svolgono sempre in contraddittorio ma il procedimento varia a seconda dell'oggetto dell'istanza.
L'accordo si perfeziona con la **sottoscrizione congiunta** da parte del responsabile dell'Ufficio competente e del legale rappresentante dell'impresa che ha attivato la procedura (o di altra persona munita dei poteri di rappresentanza dell'impresa stessa).

Verifica degli accordi

L'efficacia dell'accordo sottoscritto viene meno in caso di **mutamenti nelle circostanze** di fatto o di diritto costituenti presupposto delle conclusioni raggiunte in sede di accordo.
In caso di accertata **violazione totale o parziale dell'accordo** sottoscritto, il competente Ufficio delle entrate procede alla notifica di un atto motivato con il quale si invita l'impresa a far pervenire, entro 30 giorni dalla notifica, eventuali memorie difensive. L'accordo si considera **risolto** (anche parzialmente) quando:

- le **memorie** presentate siano considerate **inidonee** a smentire la violazione denunciata;
- sia vanamente **decorso il termine di 30 giorni** previsto per la presentazione delle memorie difensive.

È prevista la possibilità di **modifica dell'originario accordo** stipulato quando siano mutate le condizioni che avevano portato alla stipula dell'accordo stesso.
Tale modifica deve essere firmata entro **180 giorni** dalla data di ricezione della richiesta da parte del contribuente o dalla data in cui il mutamento delle condizioni di fatto e/o di diritto risulta intervenuto ovvero, quando non sia possibile accertare tale data, da quella di comunicazione dell'invito da parte dell'Ufficio.

Efficacia dell'accordo

L'accordo tra il contribuente e l'Amministrazione finanziaria **vincola le parti per 5 anni** limitando, di fatto, i poteri di accertamento alle materie diverse da quelle oggetto di accordo.
In tal modo l'Amministrazione finanziaria e il contribuente sono vincolati per il periodo d'imposta nel corso del quale è stipulato l'accordo e per i quattro periodi d'imposta successivi.

Rinnovo

L'accordo può essere rinnovato, a mezzo di **apposita richiesta** da inoltrare all'Ufficio almeno **90 giorni** prima della scadenza.
L'avvio dell'istruttoria volta al rinnovo ovvero il rigetto della richiesta deve essere comunicata almeno **15 giorni** prima della scadenza dell'accordo.

Comunicazione alle autorità estere

È stato previsto uno scambio automatico obbligatorio di informazioni tra Stati. In particolare, i servizi di collegamento, ossia gli uffici designati quali responsabili principali dei contatti con gli altri Stati membri nel settore della cooperazione amministrativa, scambiano, direttamente con gli altri Stati membri, le informazioni relative ai *ruling* preventivi transfrontalieri e agli accordi preventivi sui prezzi di trasferimento.

Gli accordi preventivi hanno carattere unilaterale, in quanto gli stessi sono stipulati tra il contribuente e l'Amministrazione finanziaria italiana, non coinvolgendo soggetti terzi come l'Autorità fiscale estera la quale non è dunque vincolata all'accordo.

RISCOSSIONE 74.

ACCERTAMENTO E RISCOSSIONE

ASPETTI GENERALI 74.1.

La **riscossione** delle principali imposte avviene mediante versamento diretto del contribuente, con la presentazione, fisica o telematica, di specifici modelli di pagamento a soggetti delegati (Agente della riscossione, banche, poste), in cui devono essere indicati, oltre agli estremi identificativi del contribuente, anche i "codici tributo" (➔**74.1.1.**).

Omesso versamento, tardivo o inferiore al dovuto

Qualora il soggetto non effettui il versamento spontaneo, ovvero il versamento risulti tardivo o inferiore rispetto all'importo da pagare, l'Amministrazione finanziaria notifica al contribuente un **avviso di liquidazione** ovvero un **avviso di pagamento** (a seconda del tributo) con il quale richiede la differenza d'imposta non pagata, i relativi interessi e le sanzioni.

Omesso versamento di somme liquidate dall'Amministrazione finanziaria

Qualora il soggetto non effettui il versamento delle somme liquidate dall'Amministrazione finanziaria, con avviso di liquidazione o di pagamento, entro il termine ivi stabilito (generalmente, 60 giorni), l'Agenzia delle Entrate procede alla **riscossione coattiva** (➔**74.1.3.**).

> La **fase coattiva della riscossione**, a decorrere dal 1° luglio 2017 è attribuita all'Agenzia delle Entrate-Riscossione (art. 1, D.L. 22 ottobre 2016, n. 193).

Riscossione mediante ruoli

L'Agenzia delle Entrate-Riscossione prende in carico le somme da riscuotere per conto dell'Agenzia delle Entrate (nonché degli altri enti che, per scelta o per legge, affidano ad esso la riscossione coattiva, come ad esempio l'INPS, l'Agenzia delle Dogane e dei Monopoli, le Camere di commercio, gli enti locali, ecc.) mediante il c.d. "ruolo", cioè l'elenco dei "debitori", con l'indicazione delle somme da versare (➔**74.1.3.**, ➔**74.4.11.**).

Successivamente, notifica al contribuente un apposito atto, denominato "**cartella di pagamento**", in cui sono riepilogate le somme da pagare, comprensive di interessi e sanzioni, le relative motivazioni, gli enti creditori (Agenzia delle Entrate, INPS, Comuni, ecc.).

Il contribuente deve pagare le somme indicate nella cartella **entro 60 giorni** dalla data di notifica della stessa, salva la possibilità, entro lo stesso termine, di:
- impugnare l'atto, ovvero;
- chiedere al giudice o all'Ente creditore la sospensione dell'esecuzione, ovvero;
- chiedere all'Agente della riscossione la rateazione dell'importo da pagare.

Novità introdotte dalla Legge di bilancio 2022

Per le cartelle di pagamento notificate **dal 1° settembre 2021 al 31 marzo 2022**, il termine per il pagamento delle somme non è quello ordinario di 60 giorni, bensì di **180 giorni** (art. 1, c. 913, Legge n. 234/2021).
I 60 giorni per il pagamento continueranno a trovare applicazione per le cartelle di pagamento notificate dal 1° aprile 2022.
Nel lasso temporale dei 180 giorni non possono essere disposte azioni esecutive (pignoramenti) nonché cautelari (fermi, ipoteche), e non decorrono interessi di mora.
Il maggior termine di pagamento vale **solo per le cartelle di pagamento**, quindi non per gli accertamenti esecutivi né per gli avvisi di addebito INPS.

> Per il **ricorso giudiziale**, continua a valere il termine di 60 giorni (art. 21, D.Lgs. n. 546/1992) anche per le cartelle in oggetto.

Riscossione coattiva

ACCERTAMENTO E RISCOSSIONE

In caso di mancato pagamento e ove non sia stata concessa alcuna sospensione, si procede alla riscossione coattiva, avvalendosi dei mezzi coercitivi previsti dalla legge (**fermo amministrativo di veicoli**, **pignoramento** di beni mobili o immobili, **iscrizione di ipoteca** su immobili, **blocco dei pagamenti**, ecc.).
La stessa procedura si applica per le maggiori somme che l'Agenzia delle Entrate richiede ai contribuenti a seguito dell'attività di accertamento, mediante la quale l'Amministrazione finanziaria accerta basi imponibili o imposte non dichiarate.

74.1.1. Versamenti diretti

Per il **versamento diretto di imposte e tasse** devono essere utilizzati:
- il **Mod. F23**, per tasse e imposte indirette (registro, entrate patrimoniali e demaniali), compresi relativi interessi e sanzioni;
- il **Mod. F24** (➔**74.2.**) per le imposte sui redditi, l'IRAP, l'IVA, le ritenute alla fonte, le addizionali regionali e comunali dell'IRPEF, i contributi previdenziali ed assistenziali (dovuti all'INPS, all'INAIL, all'ENPALS, ecc.), compresi relativi interessi e sanzioni.

Dal 1° gennaio 2017 sono versati mediante il Mod. F24: l'imposta sulle successioni, l'imposta ipotecaria, l'imposta catastale, le tasse ipotecarie, l'imposta di bollo, l'imposta comunale sull'incremento di valore degli immobili e i tributi speciali, nonché i relativi accessori, interessi e sanzioni, dovuti in relazione alla presentazione della dichiarazione di successione (➔**65.**) (Provv. 17 marzo 2016, prot. 40892).

Pagamento mediante F23 - Si effettua presso:
- agenzia di riscossione;
- banca;
- ufficio postale;

indipendentemente dal domicilio fiscale di chi versa o dall'ubicazione dell'ufficio finanziario o dell'Ente che lo richiede.

Pagamento mediante F24 - È effettuato:
- dai **soggetti in possesso di partita IVA** esclusivamente in via telematica, ovvero
- dai **soggetti non titolari di partita IVA**, anche previa presentazione del modello in forma cartacea, presso qualsiasi:
  a. agenzia di riscossione;
  b. banca;
  c. ufficio postale;

indipendentemente dal domicilio fiscale di chi versa.
Ulteriori obblighi di utilizzo dei sistemi telematici per la presentazione delle deleghe di pagamento F24 sono previsti dal 1° ottobre 2014 (➔**74.2.1.**) (art. 11, c. 2, D.L. n. 66/2014).

Versamenti unitari e compensazione 74.1.2.

Il **Mod. F24** è definito "**unificato**" perché permette al contribuente di effettuare, con un'unica operazione, il pagamento delle somme dovute, compensando il versamento con eventuali crediti.

I contribuenti **titolari di partita IVA** hanno l'obbligo di utilizzare, anche tramite intermediari (professionisti, associazioni di categoria, CAF, ecc.), modalità telematiche di pagamento (art. 37, c. 49, D.L. n. 223/2006).

Il Modello di pagamento unificato **F24** è presente nelle versioni:

- **F24 ordinario**;
- **F24 Accise**;
- **F24 Semplificato**;
- **F24 Elementi identificativi**.

Sul sito dell'Agenzia delle Entrate è presente l'elenco completo delle imposte, con i relativi codici tributo, che devono essere versate con i rispettivi Modelli F24.

Intermediari abilitati Entratel

Gli intermediari abilitati al canale Entratel (professionisti, associazioni di categoria, CAF, ecc.), possono effettuare i versamenti *on line* delle imposte dovute dai loro clienti con addebito diretto sui conti correnti di questi ultimi, utilizzando il Mod. "**F24 cumulativo**". L'uso di tale servizio è subordinato alla sottoscrizione *on line*, da parte degli intermediari che vi aderiscono per la prima volta, di un'apposita convenzione disponibile sul sito web del servizio Entratel, che ne indica anche il relativo periodo di validità.

Riscossione mediante ruolo 74.1.3.

Il versamento mediante iscrizione a ruolo e **notifica della cartella di pagamento** è previsto:

a. **per la riscossione delle imposte sui redditi**, nei casi diversi da quelli in cui opera il versamento diretto e per la riscossione delle imposte risultanti da **avvisi di rettifica e di accertamento** impugnati dal contribuente, ovvero da sentenze delle commissioni tributarie (➔74.4.11.);
b. **per la riscossione coattiva** (in materia di **IVA** ed **imposte indirette**) e per la riscossione dell'IVA risultante da **avvisi di rettifica e di accertamento** impugnati dal contribuente ovvero da sentenze delle commissioni tributarie (➔74.4.11.);
c. **per la riscossione delle altre imposte** per le quali sia espressamente prevista l'iscrizione a ruolo (ad esempio, in caso di dilazione di pagamento, di alcune imposte locali).

In caso di **riscossione delle imposte sui redditi**, esclusi gli accertamenti "esecutivi", le somme dovute vengono richieste al contribuente la prima volta, con la **cartella di pagamento** (➔74.4.11.).

Ritenuta diretta 74.1.4.

Le ipotesi nelle quali la riscossione del tributo avviene mediante ritenuta diretta, che può essere tanto **a titolo di imposta** quanto a **titolo di acconto**, sono individuate dal D.P.R. n. 600/1973.

La ritenuta diretta viene operata dalle Amministrazioni dello Stato quando corrispondono somme a titolo di lavoro dipendente (art. 29, D.P.R. n. 600/1973).

SOGGETTI E OPERATIVITÀ 74.2.

Versamenti unitari 74.2.1.

Mod. F24

Le principali imposte e contributi che devono essere versati mediante **Mod. F24** sono:

a. **imposte sui redditi**, relative **addizionali** e **ritenute alla fonte**;
b. **IVA** (dovuta in base alle liquidazioni periodiche, a saldo ed in acconto);
c. **imposte sostitutive** delle imposte sui redditi e dell'IVA;
d. **IRAP**;
e. **addizionale regionale e comunale all'IRPEF**;
f. **contributi previdenziali** dovuti da titolari di posizione assicurativa in una delle **gestioni amministrate da enti previdenziali**, comprese le quote associative;
g. **contributi previdenziali** e assistenziali dovuti dai **datori di lavoro** e dai committenti di prestazioni di collaborazione coordinata e continuativa (INPS, INAIL, ENPALS, INPDAI);
h. **premi per l'assicurazione contro gli infortuni** sul lavoro e le malattie professionali;
i. **interessi** previsti in caso di **pagamento rateale**;
j. **IMU, TARES, TARI e TASI**;

ACCERTAMENTO E RISCOSSIONE

k. somme dovute in relazione alla **dichiarazione di successione** (imposta sulle successioni, imposta ipotecaria e catastale, tasse ipotecarie, imposta di bollo, interessi e sanzioni);
l. **Imposta sostitutiva sui finanziamenti**;
m. **autoliquidazione da dichiarazioni**;
n. **ravvedimento**;
o. **controllo automatizzato e documentale della dichiarazione**;
p. **avviso di accertamento**;
q. **avviso di irrogazione delle sanzioni**;
r. **accertamento con adesione**;
s. **conciliazione giudiziale**.

A decorrere dal **1° gennaio 2020**, Il versamento unitario e le compensazioni che riguardano i crediti e i debiti relativi a:
- tasse sulle concessioni governative;
- tasse scolastiche;

possono essere effettuate con Mod. F24 (art. 17, c. 2, D.Lgs. n. 241/1997).

Compensazione - I debiti derivanti dai versamenti di imposte, interessi e sanzioni, per il cui versamento deve essere utilizzato il Mod. F24, possono essere **compensati** con eventuali crediti risultanti dalla dichiarazione annuale e dalle denunce periodiche contributive (➡74.2.2.).
È previsto l'obbligo generalizzato di utilizzare i canali telematici dell'Agenzia delle Entrate per la presentazione dei Mod. F24 (D.L. 26 ottobre 2019, n. 124).

Regole di presentazione

F24 senza compensazione - Le modalità di presentazione sono diverse a seconda che si tratti di soggetti privati o titolari di partita IVA:
- i **titolari di partita IVA** hanno l'obbligo generalizzato di utilizzare le **modalità telematiche**. Potranno usare sia i servizi telematici dell'Agenzia delle Entrate (Fisconline/Entratel), sia quelli di remote/home banking gestiti da banche o poste;
- i **soggetti privati** possono usare sia i **servizi telematici** (Entratel/Fisconline, remote/home banking), sia il **modello cartaceo**, indipendentemente dall'importo.

F24 con compensazione - I Modelli F24 contenenti compensazioni devono essere presentati, sia da parte dei **contribuenti titolari di partita IVA** che da parte di quelli **senza partita IVA**, **esclusivamente in via telematica**.

È esteso ai **contribuenti non titolari di partita IVA** l'obbligo di utilizzare i sistemi telematici messi a disposizione dall'Agenzia delle Entrate per la presentazione dei Modelli F24 contenenti compensazioni "orizzontali", di qualsiasi importo:
- di crediti relativi alle imposte sui redditi (IRPEF e IRES) e alle relative addizionali, alle imposte sostitutive delle imposte sul reddito e all'IRAP;
- dei crediti d'imposta ai fini agevolativi da indicare nel quadro RU della dichiarazione dei redditi.

Parimenti a quanto già previsto per i contribuenti titolari di partita IVA, anche per i **contribuenti senza partita IVA**, sono esclusi da tale obbligo i Modelli F24 che espongono compensazioni tra crediti e debiti della stessa imposta (c.d. **compensazione "verticale" o "interna"**), sulla base dei codici tributo indicati dall'Amministrazione finanziaria (ris. 9 giugno 2017, n. 68/E).

Esempio
Nel caso di debito pari a 5.000 afferente il secondo acconto IRPEF (codice tributo "4034") compensato con 4.000 euro di saldo IRPEF a credito (codice tributo "4001"), trattandosi di compensazione "verticale" o "interna" non sussiste l'obbligo di utilizzare i servizi telematici dell'Agenzia delle Entrate per la presentazione del Mod. F24.
Nel caso in cui, invece, venga utilizzato in compensazione anche un credito di 500 euro relativo alla cedolare secca sulle locazioni (codice tributo "1842"), la compensazione parziale dell'IRPEF a debito con il credito da cedolare secca determina una compensazione "orizzontale" che comporta l'obbligo di invio telematico.

Invio telematico Modelli F24 - I Modelli F24 assoggettati all'obbligo di invio telematico potranno essere inviati mediante i servizi "F24 on line", "F24 web" e "F24 intermediari", messi a disposizione dall'Agenzia delle Entrate.

Servizio "F24 on line" - Per usufruire del servizio "F24 on line" è necessario:
- avere un conto corrente presso una banca convenzionata con l'Agenzia delle Entrate o presso Poste Italiane S.p.A., sul quale addebitare le somme dovute;
- essere in possesso del pincode di abilitazione.

Servizio "F24 web" - Il servizio "F24 web" consente ai contribuenti di compilare e trasmettere il modello di versamento direttamente dal sito dell'Agenzia delle Entrate, senza la necessità di scaricare alcun software. Il pagamento avviene con un "ordine di addebito" sul conto corrente bancario o postale del contribuente, a beneficio dell'Agenzia delle Entrate.

Servizio "F24 intermediari" - Il servizio "F24 intermediari" è riservato agli incaricati della trasmissione telematica delle dichiarazioni, abilitati ad Entratel (es. dottori commercialisti, esperti contabili e consulenti del lavoro etc.), che intendono eseguire i versamenti on line delle somme dovute dai propri clienti:
- con addebito diretto sui conti correnti bancari o postali di questi ultimi ("F24 cumulativo"); il contribuente intestatario del Mod. F24 deve essere l'unico intestatario del conto corrente, oppure un cointestatario (es. con il coniuge), ma con abilitazione a operare con firma disgiunta;
- oppure sul conto corrente dell'intermediario medesimo ("F24 addebito unico").

Tabella riepilogativa - Nuova disciplina di presentazione Mod. F24 (D.L. n. 124/2019)

F24	Soggetti titolari di partita IVA	Soggetti non titolari di partita Iva
Mod. F24 senza compensazioni, con saldo a debito di qualsiasi importo	Obbligo di presentare le deleghe attraverso: - i servizi dell'Agenzia delle Entrate ("F24 on line", "F24 web" o "F24 cumulativo"); - i servizi messi a disposizione dalle banche, dalle Poste o da altri prestatori di servizi di pagamento (ad esempio, home banking).	Presentazione telematica delle deleghe attraverso: - i servizi dell'Agenzia delle Entrate ("F24 on line", "F24 web" o "F24 cumulativo"); - i servizi messi a disposizione dalle banche, dalle Poste o da altri prestatori di servizi di pagamento (ad esempio, home banking). È, comunque, possibile avvalersi della presentazione cartacea dei Modelli F24.
Mod. F24 che presentano compensazioni, con saldo a debito	Obbligo di utilizzare i servizi telematici dell'Agenzia delle Entrate ("F24 on line", "F24 web" o "F24 cumulativo"). In caso di compensazioni "interne" o "verticali" è possibile avvalersi dei servizi messi a disposizione dalle banche, dalle Poste o da altri prestatori di servizi di pagamento (ad esempio, home banking).	Obbligo di utilizzare i servizi telematici dell'Agenzia delle Entrate ("F24 on line", "F24 web" o "F24 cumulativo"). In caso di compensazioni "interne" o "verticali" è possibile avvalersi dei servizi messi a disposizione dalle banche, dalle Poste o da altri prestatori di servizi di pagamento (ad esempio, home banking).
Mod. F24 a saldo zero	Obbligo di utilizzare i servizi telematici dell'Agenzia delle Entrate ("F24 on line", "F24 web" o "F24 cumulativo").	

Contenuto del modello - Nel modello devono essere indicati:
- codice fiscale;
- dati anagrafici;
- domicilio fiscale;
- codici tributo o causali contributo per le quali si effettua il versamento;
- anno cui si riferisce il versamento stesso in quattro cifre (es.: "2017");
- importi da versare con le prime due cifre decimali (anche nel caso di importi pari a zero).

Eventuali errori commessi nella compilazione possono comportare richieste di pagamento della stessa somma già versata (Istruzioni del Modello).

Pagamento delle sanzioni

L'importo relativo alle sanzioni espresse in misura fissa deve essere arrotondato eliminando i decimali; quello relativo alle sanzioni proporzionali deve essere arrotondato alla seconda cifra decimale, secondo i normali criteri (art. 51, c. 2 e 3, D.Lgs. n. 213/1998).

Esempio

Se la terza cifra è uguale o superiore a 5, l'arrotondamento al centesimo va effettuato per eccesso (74,955 euro arrotondato diventa 74,96 euro); se la terza cifra è inferiore a 5, l'arrotondamento va effettuato per difetto (74,952 euro arrotondato diventa 74,95 euro).

Saldo uguale a zero

I Modelli F24 il cui saldo finale, per effetto delle compensazioni effettuate, è di importo pari a zero, devono essere presentati **esclusivamente** mediante i **servizi telematici** messi a disposizione dall'Agenzia delle Entrate ("F24 on line", "F24 web" o "F24 cumulativo"), indipendentemente dal possesso della partita IVA.

Rettifica del Mod. F24

Ciascun soggetto può correggere gli errori concernenti il **periodo di riferimento** ed i **codici tributo** e può, inoltre:

- ripartire tra più tributi l'importo a debito o a credito indicato con un solo codice tributo, o
- annullare le deleghe con saldo pari a zero.

Gli errori sanabili si configurano come **violazioni meramente formali.** Pertanto, gli Uffici devono accogliere le istanze senza la necessità di ulteriori adempimenti da parte del contribuente (circ. 21 gennaio 2002, n. 5/E).

74.2.2. Compensazione tra imposte e contributi

I principali crediti compensabili sono quelli risultanti dalle dichiarazioni e dalle denunce periodiche, relativi alle seguenti imposte:

- **IRPEF**;
- **IRES**;
- **relative addizionali**;
- **ritenute alla fonte**;
- **IRAP**;
- **IVA**;
- **imposte sostitutive** delle imposte sui redditi e dell'IVA.

La **compensazione del credito annuale o relativo a periodi inferiori all'anno** dell'imposta sul valore aggiunto, dei crediti relativi alle imposte sui redditi e alle relative addizionali, alle imposte sostitutive delle imposte sui redditi e all'imposta regionale sulle attività produttive:

- per importi per **importi inferiori a 5.000 euro,** può essere effettuata a partire **dal 1° gennaio dell'anno successivo** a quello in cui è maturato;
- **per importi superiori a 5.000** euro annui, può essere effettuata a partire dal decimo giorno successivo a quello di presentazione della dichiarazione o dell'istanza da cui il credito emerge (art. 17, c. 1, D.Lgs. n. 241/1997).

Pertanto, **i crediti superiori ad euro 5.000**, maturati a decorrere dal periodo d'imposta in corso al 31 dicembre 2019, potranno essere utilizzati in compensazione:

- solo a seguito della **presentazione del Mod. REDDITI o IRAP** dal quale emergono;
- a partire **dal decimo giorno** successivo a quello di presentazione della relativa dichiarazione.

Vengono estese ai crediti relativi alle imposte sui redditi e all'IRAP (REDDITI 2020 e IRAP 2020) le stesse regole già applicabili ai crediti IVA, introducendo un differimento temporale del momento in cui diviene possibile l'utilizzazione del credito fiscale in compensazione.

Per i crediti (imposte sui redditi e IRAP) maturati nel **periodo d'imposta in corso al 31 dicembre 2018**, emergenti dai modelli REDDITI 2019 e IRAP 2019, rimangono pertanto applicabili le precedenti disposizioni che non prevedevano l'obbligo di preventiva presentazione della dichiarazione dalla quale emergono.

Anche a seguito alle sospensioni degli adempimenti tributari, disposta dal Decreto "Cura Italia" (art 62, D.L. n. 18/2020), resta fermo che l'utilizzo in compensazione "orizzontale" del credito IVA annuale o trimestrale, oltre il limite di 5.000 euro, richiede la preventiva presentazione del Modello dichiarativo o del "TR" (interpretazione confermata dall'Agenzia delle Entrate con la circ. 6 maggio 2020, n. 11/E).

Visto di conformità

I contribuenti che intendono utilizzare in compensazione **crediti IVA per importi superiori a 5.000 euro annui** (art. 10, c. 1, lett. a), n. 7, D.L. n. 78/2009, convertito dalla Legge n. 102/2009) ovvero crediti relativi alle imposte sui redditi (IRES e IRPEF) e addizionali, alle ritenute alla fonte, alle imposte sostitutive delle imposte sui redditi e all'IRAP (art. 1, c. 574, Legge n. 147/2013) hanno l'obbligo di richiedere l'apposizione del **visto di conformità** sulle dichiarazioni dalle quali emerge il credito.
In alternativa, la dichiarazione deve essere **sottoscritta** anche dai soggetti che esercitano il **controllo contabile** di cui all'art. 2409-bis c.c., con l'attestazione che è stata effettuata:

- la verifica della **regolare tenuta e conservazione delle scritture contabili obbligatorie** ai fini delle imposte sui redditi e delle imposte sul valore aggiunto;
- la verifica della **corrispondenza dei dati** esposti nella dichiarazione alle risultanze delle scritture contabili e di queste ultime alla relativa documentazione (art. 2, c. 2, D.M. 31 maggio 1999, n. 164).

Il regime premiale, connesso all'**applicazione degli ISA** (D.L. n. 50/2017) (➡71.9.2.), prevede benefici fiscali connessi ai diversi gradi di affidabilità, tra i quali, l'**esonero dall'apposizione del visto di conformità per la compensazione di crediti** per un importo non superiore a 50.000 euro annui relativamente all'IVA e per un importo non superiore a 20.000 euro annui relativamente alle imposte dirette e all'IRAP.

Limite dei crediti utilizzabili in compensazione

Il limite massimo dei crediti di imposta e dei contributi compensabili in un anno è pari a **700.000 euro** (art. 25, c. 4, D.Lgs. 9 luglio 1997, n. 241; art. 34, c. 1, Legge 23 dicembre 2000, n. 388 e art. 9, D.L. 8 aprile 2013, n. 35) per ciascun **anno solare**, in relazione all'ammontare, cumulativo, dei crediti d'imposta e contributi che possono essere:

- compensati ai sensi del D.Lgs. n. 241/1997;
- chiesti a rimborso sul conto fiscale (➡74.3.) con la procedura prevista dal D.M. 28 dicembre 1993, n. 567.

Atto di recupero

L'Agenzia delle Entrate può emanare apposito **atto di recupero** motivato, da notificare al contribuente, per la riscossione dei **crediti indebitamente utilizzati**, in tutto o in parte, anche in compensazione (art. 1, c. 421, Legge 30 dicembre 2004, n. 311).

Tale atto di recupero deve essere notificato, a pena di decadenza, **entro il 31 dicembre dell'ottavo anno successivo a quello del relativo utilizzo** (art. 27, c. 16, D.L. n. 185/2008).

Atto di recupero in seguito ad agevolazioni da legislazione emergenziale

È prevista una disciplina generale per il recupero delle **agevolazioni** introdotte dalla legislazione emergenziale, considerate **indebite** (art. 1, c. 31 - 36, Legge n. 234/2021).
Il recupero avviene tramite un **avviso di recupero** del credito d'imposta (art. 1, c. 421 e seguenti, Legge n. 311/2004), notificato, a pena di decadenza, entro il **31 dicembre del quinto anno successivo** a quello in cui è stata commessa la violazione.
Salvo la disciplina di riferimento non preveda già disposizioni specifiche, viene applicata la normativa ordinaria (D.P.R. n. 600/1973, D.P.R. n. 633/1972 e D.Lgs. n. 546/1992). A titolo esemplificativo si indicano quelli ottennali per l'utilizzo in compensazione di crediti inesistenti utilizzati in compensazione.
Alle **controversie** relative all'atto di recupero si applicano le disposizioni del processo tributario (D.Lgs. n. 546/1992).

Sanzioni amministrative

In caso di utilizzo di un'eccedenza o di un credito d'imposta "esistenti" in misura superiore a quella spettante, o in violazione delle modalità di utilizzo previste dalle leggi vigenti, si applica, salva l'applicazione di disposizioni speciali, la sanzione pari al 30% del credito utilizzato.
In caso di utilizzo in compensazione di crediti "inesistenti" per il pagamento delle somme dovute è applicata la sanzione dal 100% al 200% della misura dei crediti stessi (art. 13, c. 4 e 5, D.Lgs. n. 471/1997). È **inesistente** il credito in relazione al quale manca, in tutto o in parte, il presupposto co-

stitutivo e la cui inesistenza non sia riscontrabile mediante controlli di cui agli artt. 36-bis e 36-ter, D.P.R. n. 600/1973, e all'art. 54-bis, D.P.R. n. 633/1972.
In nessun caso si applica la definizione agevolata (artt. 16, c. 3, e 17, c. 2, D.Lgs., n. 472/1997).
Per la riscossione dei crediti inesistenti, utilizzati in compensazione, l'atto di recupero emesso dall'Amministrazione finanziaria deve essere notificato, a pena di decadenza, **entro il 31 dicembre dell'8° anno successivo** a quello del relativo utilizzo.

Esempio
Qualora il controllo verta sull'esistenza del credito d'imposta maturato nel **periodo d'imposta 2015**, indicato nella dichiarazione presentata nel 2016 e utilizzato in compensazione nel corso del 2017, gli Uffici potranno procedere alle operazioni di verifica entro l'ottavo anno successivo a quello del relativo utilizzo in compensazione, e, qualora riscontrino che il credito utilizzato è "inesistente" per mancanza dei presupposti costitutivi, dovranno notificare l'**atto di recupero entro il 31 dicembre 2025**.

Fermo restando che per tale sanzione **non è applicabile la definizione agevolata** prevista, si rammenta che:
- il contribuente può beneficiare della riduzione delle sanzioni prevista dall'art. 13 del D.Lgs. n. 472/1997 (c.d. "ravvedimento"), **anche successivamente** alla constatazione della violazione, ma comunque prima che sia stato notificato l'atto di recupero;
- i competenti Uffici, in ragione delle "circostanze che rendono manifesta la sproporzione tra l'entità del tributo cui la violazione si riferisce e la sanzione", potranno applicare la predetta sanzione riducendo sino la stessa alla **metà** del minimo edittale, ai sensi del c. 4 all'art. 7 del D.Lgs. n. 472/1997 (circ. Agenzia delle Entrate n. 31/2020).

Sanzioni penali

È prevista la reclusione da 6 mesi a 2 anni per chiunque non versa le somme dovute, utilizzando in compensazione **crediti "non spettanti"**, per un importo annuo superiore a 50.000 euro; da 1 anno e 6 mesi a 6 anni per chiunque non versa le somme dovute, utilizzando in compensazione **crediti "inesistenti"** per un importo annuo superiore ai 50.000 euro (art. 10-quater, c. 1 e 2, D.Lgs. n. 74/2000).

Sospensione delle compensazioni

L'Agenzia delle Entrate può sospendere, **fino a un massimo di 30 giorni**, l'**esecuzione dei versamenti** effettuati tramite modelli di pagamento **F24** che contengano compensazioni, in tutti i casi in cui la posizione presenti profili di rischio, al fine di controllare la legittimità dell'utilizzo del credito (art. 37, c. 49-ter, D.L. n. 223/2006).
La sospensione potrà riguardare sia le **deleghe con saldo a zero** sia quelle con **saldo finale a debito**, trattandosi di una disposizione che si applica in tutti i casi in cui il modello di pagamento presenta una compensazione, a prescindere dal risultato finale.
Se all'esito del controllo il **credito** risulterà **correttamente utilizzato**, ovvero decorsi 30 giorni dalla data di presentazione del Mod. F24, il pagamento sarà considerato effettato alla data della presentazione.
In caso contrario, **credito non correttamente utilizzato**, il pagamento **non** si considererà **eseguito**, con tutte le conseguenze connesse all'omesso versamento (➡74.1.).
A decorrere dal 29 ottobre 2018 le posizioni da sottoporre a controllo vengono selezionate sulla base di sei criteri discretivi, specificatamente riferiti:
- alla tipologia dei **debiti pagati**;
- alla tipologia dei **crediti compensati**;
- alla coerenza dei dati indicati nel **Mod. F24**;
- ai **dati presenti nell'Anagrafe Tributaria** o resi disponibili da altri enti pubblici, afferenti ai soggetti indicati nel Mod. F24;
- ad analoghe **compensazioni** effettuate in precedenza dai soggetti indicati nel Mod. F24;
- al pagamento di **debiti iscritti a ruolo** (art. 31, c. 1, D.L. 31 maggio 2010, n. 78).

Nel caso in cui il Mod. F24 venga "respinto" per credito inesistente oppure non utilizzabile (ad esempio, non è ancora maturato), la **ripetizione del pagamento**, se successiva alla scadenza prevista, sarà sanzionata, se non **accompagnata dal ravvedimento** (chiarimento Agenzia delle Entrate nel corso dell'incontro con la stampa specializzata del 1° febbraio 2018).
In riferimento alle compensazioni effettuate con i **codici tributo** 1627, 1628, 1629, 1669, 1671, 6781, 6782 e 6783, l'Agenzia delle Entrate ha rilevato che tali crediti possono essere utilizzati in compensazione esclusivamente ai fini del pagamento delle ritenute e nei limiti del relativo importo. Altri utilizzi in compensazione non sono ammessi e di conseguenza non si pone il dubbio circa l'applicabilità del li-

mite di 700.000 euro annui (nel senso che si tratta di compensazioni per definizione di tipo esclusivamente "interno", alle quali il limite non si applica).
Analogamente, non si applica il limite di compensabilità di 700.000 euro ai crediti di cui ai codici tributo 6781, 6782 e 6783 (emergenti dalla dichiarazione), se utilizzati in compensazione ai fini del pagamento di ritenute e imposte sostitutive. Detto limite si applica se, invece, tali crediti sono utilizzati ai fini del pagamento di altri debiti fiscali o contributivi.

Divieto di compensazione

Il D.L. n. 124/2019 (Decreto fiscale 2020) ha introdotto importanti novità in tema di compensazioni dei crediti.

Accollo del debito d'imposta - Nel caso di accollo del debito d'imposta, è previsto il **divieto**, per l'accollante, di **compensare il debito altrui con debiti fiscali propri**. I versamenti in compensazione saranno considerati come non avvenuti a tutti gli effetti di legge (art. 1, D.L. n. 124/2019).
L'accollo del debito d'imposta, già previsto dallo Statuto del contribuente (art. 8, Legge n. 212/2000), è, dunque, sempre ammesso, salvo il divieto di compensazione (➜71.2.3.).

Sanzioni - Con atti di recupero da notificare, a pena di decadenza, entro il 31 dicembre dell'ottavo anno successivo a quello in cui è stata presentata la delega di pagamento, sono irrogate:

a. all'**accollante** le sanzioni pari al 30% dell'imposta compensata (art. 13, c. 4 o 5, D.Lgs. n. 471/1997);
b. all'**accollato**, in aggiunta all'accollante, la sanzione per omesso versamento, pari al 30% dell'imposta illecitamente compensata dall'accollato (art. 13, c. 1, D.Lgs. n. 471/1997).

Qualora il **credito utilizzato** in compensazione dall'accollante sia **inesistente**, si applica la sanzione dal 100 al 200% della misura del credito stesso.
Accollato e accollante sono obbligati in solido per il pagamento delle imposte e degli interessi.
La disposizione non introduce una rilevante novità, avvallando una prassi già diffusa dell'Amministrazione finanziaria (ris. 15 novembre 2017, n. 140/E).
Rimane ferma la responsabilità penale dell'accollato e dell'accollante per il reato di **indebita compensazione** (art. 10-quater, D.Lgs. n. 74/2000), che, tuttavia, presuppone sempre una condotta dolosa.

Cessazione ed esclusione della partita IVA - In caso di notifica di:

- provvedimento di cessazione della partita IVA (art. 35, c. 15-bis, D.P.R. n. 633/1972);
- provvedimento di esclusione della partita IVA dalla banca dati dei soggetti passivi che effettuano operazioni intracomunitarie, (art. 35, c. 15-bis, D.P.R. n. 633/1972);

è prevista l'**esclusione** della facoltà di avvalersi, a partire dalla data di notifica del provvedimento (secondo le modalità stabilite dal Provv. Agenzia delle Entrate 12 giugno 2017, n. 110418), della **compensazione dei crediti tributari e non**, indipendentemente dal settore impositivo e dall'importo, ovvero esclusivamente riferiti all'IVA, fino a quando permangano le circostanze che hanno determinato l'emissione del provvedimento (art. 2, D.L. n. 124/2019).
Non potranno, dunque, essere **utilizzati in compensazione**, mediante esposizione nel Mod. F24:

- **crediti IVA**;
- **crediti** relative ad **altre imposte**;
- **contributi previdenziali** e assistenziali dovuti all'INPS o all'INAIL;
- **altre somme** a favore dello Stato, delle Regioni, delle Province, dei Comuni e di altri enti (es. Camere di Commercio, specifiche Casse previdenziali professionali).

Inoltre (art. 2, D.L. n. 124/2019), il divieto di compensazione opera:

- a **prescindere dall'importo dei crediti**;
- anche per i crediti che non siano maturati con riferimento all'**attività esercitata con la partita IVA** oggetto del **provvedimento di cessazione**.

I predetti crediti potranno pertanto essere esclusivamente oggetto di:

- richiesta di rimborso da parte del contribuente;
- riporto, quale eccedenza pregressa, nella dichiarazione successiva.

In caso di compensazione il **Mod. F24** sarà **scartato**. Lo scarto è comunicato mediante i servizi telematici dell'Agenzia delle Entrate, al soggetto che ha trasmesso il Mod. F24 mediante apposita ricevuta.

Nel caso di **mancata esecuzione** delle deleghe di pagamento **per effetto dell'attività di controllo** (art. 37, c. 49-ter, D.L. 4 luglio 2006, n. 223), si applica una sanzione pari al 5% dell'importo, per importi fino a 5.000 euro, e pari a 250 euro, per importi superiori a 5.000 euro, per ciascuna delega non eseguita (art. 15, c. 2-ter, D.Lgs. n. 471/1997).

Per effetto dello scarto della delega di pagamento, tutti i versamenti e le compensazioni contenuti nel Mod. F24 si considerano non eseguiti. Il contribuente, in tale ipotesi, sarà tenuto al versamento degli importi a debito indicati nella delega di pagamento oggetto di scarto, ferma restando l'irrogabilità delle sanzioni amministrative (art. 13, c. 1, D.Lgs. n. 471/1997), in caso di mancato pagamento entro le ordinarie scadenze di legge.

Esclusione dalla banca dati VIES - **È esclusa la facoltà** di avvalersi della **compensazione dei crediti IVA**, ai contribuenti a cui sia stato notificato il provvedimento di esclusione della partita IVA dalla banca dati dei soggetti passivi che effettuano operazioni intracomunitarie (c.d. "Banca dati VIES"). Detta esclusione rimane in vigore fino a quando non siano rimosse le irregolarità che hanno generato l'emissione del provvedimento di esclusione (art. 17, c. 2-quinques, D.Lgs. n. 241/1997).

Nel caso di **utilizzo in compensazione di crediti** in violazione di quanto previsto, il Mod. **F24 è scartato**. Lo scarto è comunicato tramite i servizi telematici dell'Agenzia delle Entrate al soggetto che ha trasmesso il Mod. F24, mediante apposita ricevuta.

Iscrizione alla banca dati VIES: il VIES (VAT Information Exchange System) è un sistema di scambio automatico di informazioni fra le Amministrazione finanziaria degli Stati membri dell'Unione europea, (art. 22, Reg. CE 7 ottobre 2003, n. 1798, ora confluito nell'art. 17, par. 1, lett. a), Reg. UE n. 904/2010), e consente:
- alle Amministrazioni finanziarie il monitoraggio delle operazioni intracomunitarie e dei soggetti che le eseguono;
- agli operatori di verificare il numero identificativo IVA delle controparti comunitarie.

Sono tenuti all'iscrizione al VIES i **soggetti passivi IVA** che intendono **effettuare operazioni intracomunitarie**.

Provvedimento di esclusione: nel caso in cui, dai controlli effettuati dall'Amministrazione finanziaria, risulti che il soggetto abbia consapevolmente effettuato operazioni intracomunitarie in un contesto di frode IVA, l'ufficio può notificare un provvedimento di esclusione dell'operatore dalla banca dati VIES.

L'esclusione ha effetto dalla data di registrazione nell'Anagrafe tributaria della notifica del provvedimento dell'Agenzia delle Entrate.

Il soggetto che è stato escluso dalla banca dati VIES può presentare **istanza di nuova inclusione** (Provv. Agenzia delle Entrate 12 giugno 2017, n. 110418). L'ufficio può procedere alla nuova inclusione nella banca dati, dopo aver verificato che siano state **rimosse le irregolarità** che avevano generato l'emissione del provvedimento di esclusione.

Natura dei crediti: l'esclusione dalla compensazione, a seguito del provvedimento di esclusione della partita IVA dalla banca dati VIES, opera per i soli **crediti IVA** (art. 2, D.L. n. 124/2019).

Rimane comunque ammessa la **compensazione "orizzontale"** mediante il Mod. F24 dei **crediti relativi alle altre imposte**, **contributi** e somme dovute all'Erario o ad altri Enti.

Efficacia temporale del divieto di compensazione: l'esclusione dall'utilizzo in compensazione dei crediti IVA:
- opera a partire **dalla data di notifica del provvedimento di esclusione** della partita IVA dalla banca dati VIES (secondo le modalità stabilite dal Provv. Agenzia delle Entrate 12 giugno 2017, n. 110418);
- rimane **in vigore** fino a quando non siano **rimosse le irregolarità** che hanno generato l'emissione del provvedimento di esclusione.

Presupposti per l'utilizzo in compensazione dei crediti d'imposta - La compensazione di:
- credito annuale o relativo a periodi inferiori all'anno dell'imposta sul valore aggiunto;
- crediti relativi alle imposte sui redditi e alle relative addizionali;
- imposte sostitutive delle imposte sui redditi;
- imposta regionale sulle attività produttive;

per importi superiori a 5.000 euro annui, può essere effettuata a partire dal decimo giorno successivo a quello di presentazione della dichiarazione o dell'istanza da cui il credito emerge (art. 3, D.L. n. 124/2019).

Per importi fino a 5.000 euro annui, la compensazione può avvenire prima della presentazione della dichiarazione dalla quale emergono, a partire dal giorno successivo a quello di chiusura del relativo periodo d'imposta.

Esempio

Nel caso di soggetto con **periodo d'imposta coincidente con l'anno solare**, in relazione al credito IRPEF/IRES relativo al periodo d'imposta 2021, pari a 9.000 euro:

- per un importo fino a 5.000 euro potrà essere utilizzato in compensazione nel Mod. F24 a partire dall'1° gennaio 2022, anche se la relativa dichiarazione (Mod. REDDITI PF o SC 2022) non è ancora stata presentata;
- il rimanente importo di 4.000 euro potrà essere utilizzato in compensazione nel Mod. F24 solo a partire dal decimo giorno successivo alla presentazione della dichiarazione (Mod. REDDITI PF o SC 2022) dalla quale emerge, munita del visto di conformità o della sottoscrizione alternativa (salvo esonero in base al regime premiale ISA).

Le modalità di compensazione possono essere riepilogate nella tabella seguente.

Crediti IIDD e IRAP maturati prima del periodo d'imposta in corso al 31 dicembre 2019	
Importi	**Compensazione**
Fino a euro 5.000	Compensazione dal primo giorno del periodo d'imposta successivo a quello di maturazione del credito.
Oltre a euro 5.000	Compensazione dal primo giorno del periodo d'imposta successivo a quello di maturazione del credito, purché la dichiarazione dalla quale emerge venga presentata munita del visto di conformità o della sottoscrizione alternativa (salvo esonero in base al regime premiale ISA).
Crediti maturati dal periodo d'imposta in corso al 31 dicembre 2019	
Fino a euro 5.000	Compensazione dal primo giorno del periodo d'imposta successivo a quello di maturazione del credito.
Oltre a euro 5.000	Compensazione dal decimo giorno successivo a quello di presentazione della dichiarazione dalla quale emerge il credito, munita del visto di conformità o della sottoscrizione alternativa (salvo esonero in base al regime premiale ISA).

La nuova regola di presentazione preventiva della dichiarazione, per la compensazione di crediti superiori a 5.000 euro annui, **non dovrebbe applicarsi** a quelli emergenti dalla **dichiarazione del sostituto d'imposta** (Mod. 770), relativo all'obbligo di preventiva presentazione della dichiarazione non prevede i crediti relativi alle ritenute alla fonte (terzo periodo, c. 1, art. 17, D.Lgs. n. 241/1997). Tale esclusione appare confermata dalla Relazione illustrativa al D.L. n. 124/2019.

È data facoltà ad Agenzia delle Entrate, l'INPS e l'INAIL di definire **procedure di cooperazione rafforzata**, allo scopo di agevolare e rendere più efficace e tempestivo il recupero dei crediti indebitamente utilizzati in compensazione tramite Mod. F24. Nell'ambito di tali procedure, l'INPS e l'INAIL potranno inviare all'Agenzia delle Entrate segnalazioni qualificate circa operazioni che presentano profili di rischio, ai fini del recupero del credito indebitamente compensato.

Rateizzazione 74.2.3.

Il contribuente può scegliere di pagare ratealmente le somme dovute a titolo di saldo e acconto delle imposte e dei contributi risultanti dalla dichiarazione (fatta eccezione per gli acconti dovuti nei mesi di novembre e dicembre, che non sono rateizzabili) (➡74.4.) (art. 20, D.Lgs. n. 241/1997).
Alle rate, verranno applicati gli **interessi** nella misura del **4% annuo** (0,33% mensile).
La rateazione non deve necessariamente riguardare tutti gli importi dovuti sulla base della dichiarazione, potendo, a titolo esemplificativo, rateizzare l'IRPEF e versare in unica soluzione l'IRAP, ovvero rateizzare l'acconto IRPEF e versare in unica soluzione il saldo IRPEF.

La prima rata deve essere versata entro il giorno di scadenza del saldo e/o dell'acconto e, in ogni caso, il pagamento rateale deve essere completato **entro il mese di novembre**.

74.2.4. Pagamento con rimborsi fiscali

È possibile compensare i crediti di imposta richiesti a rimborso con le somme iscritte a ruolo (art. 28-ter, D.P.R. n. 602/1973).

L'Agenzia delle Entrate, in sede di erogazione di un rimborso d'imposta, verificato che il beneficiario è **iscritto a ruolo**, trasmette in via telematica apposita segnalazione all'Agente della riscossione che ha in carico il ruolo, mettendo a disposizione dello stesso le somme da rimborsare.

Ricevuta tale segnalazione, l'Agente della riscossione sospende le azioni volte al recupero delle somme iscritte a ruolo e notifica all'interessato una **proposta di compensazione tra il credito d'imposta ed il debito iscritto a ruolo,** invitando il debitore a comunicare entro 60 giorni se intende accettare tale proposta.

Accettazione della proposta - Il debitore "movimenterà" le somme messe a disposizione dall'Agenzia delle Entrate, compensandole con i debiti iscritti a ruolo (le somme vengono, quindi, riversate all'ente creditore). I due procedimenti amministrativi - rimborso ed iscrizione a ruolo - si estinguono.

Rifiuto della proposta - La riscossione coattiva riprende il proprio iter e l'Agente della riscossione comunica in via telematica all'Agenzia delle Entrate che non ha ottenuto l'adesione dell'interessato alla proposta di compensazione.

L'Agenzia delle Entrate procede all'erogazione del rimborso, secondo la consueta tempistica e procedura.

> Il pagamento di tutte le entrate iscritte a ruolo dall'Agenzia delle Entrate può essere effettuato mediante la compensazione volontaria (art. 20-bis, D.Lgs. n. 46/1999).

Somme iscritte a ruolo da soggetti diversi dall'Agenzia delle Entrate

La procedura di pagamento con rimborsi fiscali può essere attivata anche in presenza di somme che siano iscritte a ruolo da **"altre Agenzie fiscali" e da "enti previdenziali"**, che hanno stipulano una apposita convenzione con l'Agenzia delle Entrate per disciplinare la trasmissione, da parte di quest'ultima, della segnalazione (art. 28-ter, c. 1), anche nel caso in cui il beneficiario di un credito d'imposta sia iscritto a ruolo da uno dei predetti enti creditori (art. 20-bis, c. 2, D.Lgs. n. 46/1999).

> La compensazione può essere attivata solo per i rimborsi d'imposta derivanti da crediti gestiti dall'Agenzia delle Entrate (IRPEF, IRES, IRAP, IVA, imposta di registro, ecc.) in quanto l'attivazione della procedura è di sua esclusiva competenza e, quindi, non può essere applicata per rimborsi diversi da quelli che devono essere erogati dalla stessa Agenzia.

74.2.5. Pagamento con compensazione

È vietata la compensazione, nel Mod. F24 (art. 17, D.Lgs. n. 241/1997), dei crediti relativi alle imposte erariali in presenza di **debiti iscritti a ruolo per imposte erariali e relativi accessori** (es. sanzioni e interessi), di **ammontare superiore a 1.500** euro per i quali sia scaduto il termine di pagamento (art. 31, D.L. n. 78/2010).

Il contribuente ha la possibilità di compensare con crediti disponibili gli importi da versare con il Mod. F24 (es. IVA periodica, ritenute IRPEF, contributi INPS, saldi e acconti IRPEF/IRES/IRAP, ecc.), anche se, come frequentemente accade, il contribuente ha, oltre ai debiti compensabili, altri debiti per imposte iscritti a ruolo (D.Lgs. n. 241/1997).

Determinazione del limite di 1.500 euro

Ai fini della determinazione del limite di 1.500 euro, l'Agenzia delle Entrate (circ. 11 marzo 2011, n. 13 - par. 4) ha chiarito che:

- è necessario fare riferimento agli **importi scaduti** in essere al momento del versamento (comprensivi, come sopra indicato, non solo delle imposte, ma anche di tutti gli oneri accessori);
- nel caso di più cartelle, per importi e per scadenze diverse, occorre verificare il **complessivo debito scaduto** ancora in essere al momento dell'effettuazione del versamento e conseguentemente, in caso di pagamento parziale avvenuto in data anteriore a quella in cui si intende procedere alla compensazione, occorrerà fare riferimento all'ammontare del debito residuo nel giorno di presentazione del Mod. F24;
- la **preclusione alla compensazione** ha rilievo con riferimento ai singoli versamenti in compensazione; pertanto, la permanenza di un debito superiore ai 1.500 euro in occasione di un successivo versamento varrà comunque ai fini della preclusione stessa.

Il limite di **1.500 euro** è costituito dall'ammontare complessivo degli importi iscritti a ruolo e non pagati, anche se i debiti derivanti dalle singole cartelle di pagamento non superano tale soglia. Ad esempio, è **preclusa** la compensazione nel Mod. F24 in presenza di una cartella di pagamento scaduta di 1.000 euro a titolo di IRES e di una cartella scaduta di 600 euro a titolo di IVA.

Esistenza dei debiti iscritti a ruolo

L'esistenza di debiti iscritti a ruolo che **precludono la compensazione** può essere **verificata** dai contribuenti interessati:

- riscontrando le cartelle ad essi notificate;
- accedendo dal sito dell'Agenzia delle Entrate-Riscossione, alla sezione "Controlla la tua situazione", per verificare l'elenco delle cartelle e degli avvisi di pagamento relativi al proprio codice fiscale/partita IVA dall'anno 2000;
- recandosi presso gli sportelli degli Agenti della Riscossione.

Riduzione del debito sotto la soglia - È possibile procedere ad un **pagamento parziale** delle somme iscritte a ruolo (e relativi accessori), al fine di ridurre il debito complessivo sotto la soglia di 1.500 euro e quindi far venir meno la condizione di "blocco" delle compensazioni.

Compensazioni orizzontali e verticali

Il divieto di compensazione si applica solo alle **"compensazioni orizzontali"**, ossia quelle che riguardano crediti e debiti di diversa natura, (ad es. credito IVA con ritenute IRPEF, credito IRES con contributi INPS, ecc.), effettuate necessariamente con Mod. F24.
Non si applica, invece, alle **"compensazioni verticali"**, cioè quelle che riguardano la stessa imposta (ad es. credito IVA con IVA a debito da versare, saldo IRES a credito con acconti IRES, ecc.).

La compensazione all'interno dello stesso tributo è, disciplinata nell'ambito di norme specifiche, e si realizza nei fatti indipendentemente dalla sua successiva evidenziazione nel modello di pagamento (circ. n. 13/E/2011).

Sanzioni

In caso di inosservanza del divieto di compensazione si applica la sanzione del 50% dell'importo dei debiti iscritti a ruolo per imposte erariali e relativi accessori e per i quali è scaduto il termine di pagamento, fino a concorrenza dell'ammontare indebitamente compensato.
La sanzione non può essere applicata fino al momento in cui sull'iscrizione a ruolo penda contestazione giudiziale o amministrativa e non può essere comunque superiore al 50% di quanto indebitamente compensato (art. 31, c. 1, D.L. n. 78/2010).

Esempio

Debito scaduto	Compensazione	Sanzione
25.000 €	25.000 €	12.500 €
25.000 €	18.000 €	12.500 €
70.000 €	25.000 €	25.000 €

In tali ipotesi, l'atto di contestazione o di irrogazione delle sanzioni, deve essere notificato, a pena di decadenza, entro il 31 dicembre del quinto anno successivo a quello in cui è avvenuta la violazione (art. 20, D.Lgs. n. 472/1997). Tali termini decorrono dal giorno successivo alla data di definizione della contestazione (art. 31, c. 1, D.L. n. 78/2010).

Codice tributo

È stato istituito un apposito codice tributo "RUOL" denominato "Pagamento mediante compensazione delle somme iscritte a ruolo per imposte erariali e relativi accessori (art. 31, c. 1, D.L. n. 78/2010)".

Compensazione parziale

Nel caso in cui il pagamento mediante compensazione riguardi solo una parte delle somme dovute, il contribuente è tenuto a comunicare preventivamente all'Agente della riscossione le posizioni debitorie da estinguere, con le modalità e con la modulistica disponibile sul sito istituzionale dell'Agente della riscossione stesso (Mod. RC1).

Assenza della comunicazione all'Agente della riscossione - In tal caso l'imputazione dei pagamenti è effettuata dall'Agente della riscossione secondo i seguenti criteri (art. 31, D.P.R. n. 602/1973):
- il pagamento deve essere prioritariamente imputato alle **rate scadute**;
- il pagamento può essere imputato alle rate non scadute solo per l'eventuale **eccedenza sull'ammontare delle rate scadute**, compresi gli interessi di mora, i diritti e le spese maturati a favore dell'Agente della riscossione;
- nei riguardi delle rate scadute, l'imputazione è fatta, rata per rata, iniziando dalla più remota, al debito d'imposta, alle sanzioni e agli interessi;
- l'imputazione ai diritti e alle spese maturati a favore dell'Agente della riscossione può avvenire solo dopo la **completa estinzione del debito** per le rate scadute e relativi interessi di mora;
- per i **debiti di imposta già scaduti**, l'imputazione è fatta con preferenza alle imposte o quote di imposta meno garantite;
- fra imposte o quote di imposta ugualmente garantite, l'imputazione è fatta con **precedenza a quella più remota**.

Per quanto non espressamente regolato dal legislatore (art. 31, D.P.R. n. 602/1973), si applicano le seguenti disposizioni:
- chi ha più debiti della medesima specie verso la stessa persona può dichiarare, quando paga, quale debito intende soddisfare. In mancanza di tale dichiarazione, il pagamento deve essere imputato al **debito scaduto**; tra più debiti scaduti, **a quello meno garantito**; tra più debiti ugualmente garantiti, **al più oneroso per il debitore**; tra più debiti ugualmente onerosi, **al più antico**. Se tali criteri non soccorrono, l'imputazione è fatta proporzionalmente ai vari debiti (art. 1193 c.c.);
- il debitore non può imputare il pagamento al capitale, piuttosto che agli interessi e alle spese, senza il consenso del creditore; il pagamento fatto in conto di capitale e d'interessi deve essere imputato prima agli interessi (art. 1194 c.c.).

La comunicazione all'Agente della riscossione (art. 4, D.M. 10 febbraio 2011) è quindi opportuna per evitare che il pagamento parziale venga imputato a "pendenze" (es. contributi INPS) che non impediscono la compensazione "ordinaria".

Compensazione con crediti verso la PA

È prevista la possibilità di effettuare la compensazione volontaria degli importi iscritti a ruolo con determinati crediti vantati nei confronti di Pubbliche amministrazioni (art. 31, c. 1-bis, D.L. n. 78/2010).

Ambito soggettivo - La facoltà di compensazione si applica in relazione ai crediti vantati nei confronti delle Amministrazioni dello Stato, compresi gli istituti e scuole di ogni ordine e grado e le istituzioni educative, le aziende ed amministrazioni dello Stato ad ordinamento autonomo, le Regioni, le Province, i Comuni, le Comunità montane e loro consorzi e associazioni, le istituzioni universitarie, gli Istituti autonomi case popolari, le Camere di commercio, industria, artigianato e agricoltura e loro associazioni, tutti gli enti pubblici non economici nazionali, regionali e locali, le amministrazioni, le aziende e gli enti del Servizio sanitario nazionale l'Agenzia per la rappresentanza negoziale delle Pubbliche amministrazioni e le Agenzie di cui al D.Lgs. 30 luglio 1999, n. 300.

Ambito oggettivo - Per essere utilizzati in compensazione i crediti maturati devono essere (art. 1, Decreto 25 giugno 2012):
- relativi a **somministrazioni, forniture e appalti**;
- **non prescritti, certi, liquidi ed esigibili**;
- stati oggetto di apposita **certificazione** da parte dell'ente debitore.

Possono essere utilizzati per il pagamento, totale o parziale, delle somme dovute per:
- **cartelle di pagamento e atti esecutivi**, relativi a:
  - tributi erariali;
  - tributi regionali e locali;
  - contributi previdenziali e assistenziali;
  - premi INAIL per l'assicurazione obbligatoria contro gli infortuni sul lavoro e le malattie professionali;
  - entrate spettanti all'ente che ha rilasciato la certificazione.

Il pagamento mediante compensazione è ammesso anche per gli oneri accessori, gli aggi e le spese a favore dell'Agente della riscossione.

Con riferimento ai carichi affidati all'Agente della riscossione entro il 31 ottobre 2019 (art. 37, c. 1-bis, D.L. n. 124/2019) la compensazione in favore delle imprese titolari di crediti non prescritti, certi, liquidi, esigibili e certificati, per somministrazioni, forniture, appalti e prestazioni professionali, maturati nei

confronti delle PA, qualora la somma iscritta a ruolo sia inferiore o pari al credito vantato, può essere effettuata, a richiesta del creditore, in conformità a quanto previsto dall'art. 28-quater, D.P.R. n. 602/1973.
Le modalità per la compensazione sono sempre quelle previste dai D.M. 25 giugno 2012 e 19 ottobre 2012.

Termine per effettuare la compensazione - I crediti commerciali certificati possono essere utilizzati in **data antecedente a quella prevista per il loro pagamento**, indicata nell'apposita certificazione.

Modalità di compensazione - Il titolare del credito commerciale, acquisita la certificazione, la presenta all'Agente della riscossione competente, per il pagamento totale o parziale delle previste somme. Nel caso in cui il pagamento riguardi **solo una parte delle somme dovute**, il contribuente è tenuto, contestualmente, ad indicare all'Agente della riscossione le posizioni debitorie che intende estinguere.

In caso di mancata indicazione, l'imputazione dei pagamenti è effettuata dall'Agente della riscossione (art. 31, D.P.R. n. 602/1973).

Verifica della validità della certificazione - L'Agente della riscossione procede alla verifica dell'esistenza e della validità di tale certificazione:
- mediante richiesta trasmessa all'ente debitore;
- entro i **3 giorni lavorativi** successivi.

Entro il decimo giorno successivo alla richiesta dell'Agente della riscossione, l'ente debitore è tenuto a comunicare l'esito della verifica all'Agente della riscossione richiedente, che informa il titolare del credito commerciale.

Effettuazione della compensazione - In caso di **esito positivo** della verifica:
- il debito iscritto a ruolo o derivante da atti esecutivi si estingue, limitatamente all'importo corrispondente al credito certificato e utilizzato in compensazione;
- il titolare del credito commerciale ritira l'attestazione di avvenuta compensazione presso lo sportello del competente Agente della riscossione.

Ove l'importo certificato venga utilizzato solo in parte, l'importo del credito residuo da utilizzare in compensazione è annotato sulla copia della certificazione rilasciata dall'Agente della riscossione. Il credito residuo può essere utilizzato solo se la copia della certificazione è accompagnata dall'attestazione di avvenuta compensazione.

Comunicazione dell'avvenuta compensazione - L'Agente della riscossione comunica l'avvenuta compensazione:
- all'ente debitore e all'ente impositore;
- entro i **5 giorni lavorativi** successivi.

Interessi di mora e aggio di riscossione - Restano in ogni caso dovuti gli eventuali interessi di mora e l'aggio, maturati dal momento della quantificazione del debito fino alla data di estinzione del debito.

Istituti definitori e deflativi

I crediti non prescritti, certi, liquidi ed esigibili, maturati nei confronti delle amministrazioni pubbliche per somministrazione, forniture e appalti, possono essere compensati anche con le somme dovute in base ai seguenti istituti (art. 28-quinquies, D.P.R. n. 602/1973):
- **accertamento con adesione**;
- **definizione a seguito di invito a comparire**;
- **adesione al verbale di constatazione**;
- **definizione agevolata sanzioni tributarie** (*ex* artt. 16 e 17, D.Lgs. n. 472/1997);
- **conciliazione giudiziale** (*ex* art. 48, D.Lgs. n. 546/1992);
- **mediazione** (*ex* art. 17-bis, D.Lgs. n. 546/1992).

CONTO FISCALE 74.3.

Il **conto fiscale**, tenuto presso l'Agente della riscossione competente per territorio, è obbligatorio per tutti i soggetti titolari di partita IVA (regolamento 28 dicembre 1993, n. 567).

Su di esso sono registrati tutti i versamenti e i rimborsi relativi alle imposte sui redditi, dovute anche in qualità di sostituto d'imposta, alle imposte sostitutive delle imposte sui redditi, all'IRAP e all'IVA.
Non affluiscono al conto fiscale:

- il contributo per le prestazioni del **servizio sanitario nazionale** (tassa salute);
- l'imposta patrimoniale;
- le sanzioni;
- le somme dovute a titolo di **definizione** di pendenze tributarie (conciliazione, concordato di massa).

> Nel calcolo delle somme versate nel conto fiscale, per l'esonero della garanzia ai fini dei rimborsi IVA per le imprese c.d. "virtuose", devono essere conteggiati anche i versamenti dei contribuenti all'INPS (circ. 4 marzo 2011, n. 10/E).

74.3.1. Apertura, chiusura e variazione del conto fiscale

Il sistema informativo del Ministero delle finanze provvede a comunicare periodicamente ai concessionari ogni **variazione** dei **dati identificativi** dei soggetti interessati alla disciplina del conto fiscale, e cioè:

- **inizio di attività** per la quale sussiste l'obbligo di utilizzare il conto fiscale;
- **variazione dei dati** identificativi dei contribuenti titolari di conto;
- **cessazione di attività** per la quale sussiste l'obbligo di utilizzare il conto fiscale;
- variazione della competenza territoriale dei concessionari.

Entro 10 giorni dal ricevimento delle comunicazioni i concessionari, nel caso di inizio di attività o di trasferimento del contribuente in altro ambito, devono provvedere alla comunicazione all'interessato dell'avvenuta apertura del conto, nonché all'invio del modello per l'indicazione del conto corrente bancario da utilizzare per l'accredito dei rimborsi.
Nello stesso termine il concessionario provvede all'aggiornamento del conto in caso di variazione dei dati identificativi dell'intestatario o alle opportune annotazioni in caso di chiusura del conto.
Il conto fiscale viene aperto con **decorrenza alla data di inizio attività**, dichiarata in occasione della richiesta del numero di partita IVA.

74.4. VERSAMENTI

Novità introdotte dalla Legge di bilancio 2022

Contributi e premi in scadenza nel mese di dicembre 2021 - Sono differiti i termini di versamento in scadenza nel mese di dicembre 2021 per:

- le **federazioni sportive nazionali**,
- gli **enti di promozione sportiva** e le **associazioni e società sportive professionistiche e dilettantistiche**,

che hanno il domicilio fiscale, la sede legale o la sede operativa nel territorio dello Stato (art. 3-quater, c. 1, D.L. n. 146/2021).
La norma rinvia i termini relativi ai versamenti, in scadenza nel periodo compreso dal 1° dicembre 2021 al 31 dicembre 2021, dei:

- **contributi previdenziali e assistenziali**;
- **premi per l'assicurazione obbligatoria**.

I versamenti sospesi devono essere effettuati, senza applicazione di sanzioni e interessi, in **9 rate** mensili a decorrere **dal 31 marzo 2022**.
Come per le sospensioni disposte durante il periodo emergenziale (Decreto "Cura Italia", ovvero Decreto "Liquidità") **non è previsto il rimborso** di quanto già versato.
Versamenti in scadenza nei mesi di gennaio, febbraio, marzo e aprile 2022
Come per l'anno precedente, sono state introdotte misure di sostegno in favore di **specifiche categorie** di soggetti, allo scopo di fronteggiare la crisi derivante dalle misure restrittive introdotte dal Governo (art. 1, c. 923, Legge n. 234/2021).
Per:

- le **federazioni sportive nazionali**,
- gli **enti di promozione sportiva** e le **associazioni e società sportive professionistiche e dilettantistiche**,

che hanno il domicilio fiscale, la sede legale o la sede operativa nel territorio dello Stato e operano nell'ambito di competizioni sportive in corso di svolgimento ai sensi del D.P.C.M. 24 ottobre 2020, sono **sospesi**:

a. i termini relativi ai **versamenti delle ritenute alla fonte** (artt. 23 e 24, D.P.R. n. 600/1973), che i predetti soggetti operano in qualità di sostituti d'imposta, dal 1° gennaio 2022 al 30 aprile 2022;
b. i termini relativi agli adempimenti e ai versamenti dei **contributi previdenziali** e assistenziali e dei **premi per l'assicurazione obbligatoria**, dal 1° gennaio 2022 al 30 aprile 2022;
c. i versamenti IVA, in scadenza nei mesi di gennaio, febbraio, marzo e aprile 2022;
d. i termini relativi ai versamenti delle **imposte sui redditi** in scadenza dal 10 gennaio 2022 al 30 aprile 2022.

I versamenti sospesi devono essere effettuati, senza applicazione di sanzioni e interessi:

– in un'**unica soluzione** entro il 30 maggio 2022;
– mediante **rateizzazione** fino a un massimo di **7 rate** mensili di pari importo, pari al 50% del totale dovuto, e l'ultima rata di dicembre 2022 pari al valore residuo. Il versamento della **prima rata** deve avvenire **entro il 30 maggio 2022**, senza interessi.

I versamenti rateali relativi al mese di dicembre 2022 devono essere effettuati entro il giorno 16 del detto mese.
Come per le sospensioni disposte durante il periodo emergenziale (Decreto "Cura Italia", ovvero Decreto "Liquidità") **non è previsto il rimborso** di quanto già versato.

Novità introdotte dal "Decreto Sostegni ter"

Misure di sostegno per le attività chiuse - Per i soggetti esercenti attività d'impresa, arte o professione, aventi il domicilio fiscale, la sede legale o la sede operativa nel territorio dello Stato, le cui attività sono vietate o sospese fino al 31 gennaio 2022 (art. 6, c. 2, D.L. n. 221/2021), sono sospesi (art. 1, D.L. n. 4/2022):

– i termini relativi ai **versamenti delle ritenute alla fonte** (artt. 23 e 24, D.P.R. n. 600/1973) e delle trattenute relative all'**addizionale regionale e comunale**, che i predetti soggetti operano in qualità di sostituti d'imposta, nel mese di gennaio 2022;
– i termini dei versamenti relativi all'**imposta sul valore aggiunto** in scadenza nel mese di gennaio 2022.

I versamenti sospesi devono essere effettuati, senza applicazione di sanzioni e interessi, in un'unica soluzione entro il **16 settembre 2022**.
Come per le sospensioni disposte durante il periodo emergenziale (Decreto "Cura Italia", ovvero Decreto "Liquidità") **non è previsto il rimborso** di quanto già versato.

Versamento dell'IVA dovuta in base a dichiarazione, a liquidazioni periodiche e in acconto 74.4.1.

I **versamenti** dell'IVA dovuta in base a **dichiarazione annuale**, alle **liquidazioni periodiche** (mensili o trimestrali) e all'**acconto** di **dicembre** devono essere effettuati nell'ambito dei versamenti unitari e, ove applicabile, della compensazione, utilizzando il Mod. F24 (art. 17, D.Lgs. n. 241/1997).

Termini di versamento	
Versamenti mensili	Entro il giorno 16 di ciascun mese successivo (art. 1, D.P.R. n. 100/1998).
Versamenti trimestrali	Trimestrali per opzione: entro il giorno 16 del secondo mese successivo a ciascuno dei primi 3 trimestri solari (art. 7, D.P.R. n. 542/1999). Trimestrali speciali (art. 74, D.P.R. n. 633/1972): il versamento deve essere effettuato anche per il quarto trimestre, entro il 16 febbraio)[1].
Versamenti di conguaglio o a saldo	Entro il giorno 16 del mese di marzo (art. 6, c. 1, D.P.R. n. 542/1999).
Versamento acconto IVA relativo all'ultima liquidazione dell'anno	Entro il giorno 27 del mese di dicembre.

Termini di versamento
[1] Il versamento può essere differito alla scadenza prevista per il versamento delle somme dovute in base alla dichiarazione dei redditi, con la maggiorazione dello 0,40% a titolo d'interesse per ogni mese o frazione di mese successivo al 16 marzo. I termini per il versamento delle imposte sui redditi sono stabiliti dall'art. 17, c. 1, D.P.R. n. 435/2001.

Gli adempimenti fiscali (compresi gli obblighi di versamento) che scadono tra il 1° ed il 20 agosto di ogni anno possono essere effettuati entro il giorno 20 dello stesso mese, senza alcuna maggiorazione (chiarimento Agenzia delle Entrate nel corso dell'incontro con la stampa specializzata del 1° febbraio 2018). Pertanto, il saldo IVA 2021 può essere versato, in via ordinaria (salva l'applicazione delle speciali misure emergenziali previste dai decreti emessi dal Governo) entro:

- il **16 marzo 2022**, senza alcuna maggiorazione (in unica soluzione), oppure in 9 rate mensili dal 16 marzo al 16 novembre con interessi nella misura dello 0,33% mensili a partire dalla seconda rata (pertanto la seconda rata deve essere aumentata dello 0,33%, la terza rata dello 0,66% e così via);
- il **30 giugno 2022**, maggiorando la somma da versare degli interessi nella misura dello 0,40% (art. 6, c. 1, e art. 7, c. 1, lett. b), D.P.R. n. 542/1999) per ogni mese o frazione di mese successivi al termine di pagamento del saldo dovuto con riferimento alla dichiarazione dei redditi (art. 17, c. 1, D.P.R. n. 435/2001);
- **30 luglio 2022**, maggiorando la somma dovuta al 30 giugno (al netto delle compensazioni) degli ulteriori interessi nella misura dello 0,40% (ris. 20 giugno 2017, n. 73/E);
- il **20 agosto 2022**, maggiorando le somme da versare dello 0,40% a titolo di interesse corrispettivo (art. 17, c. 2, D.P.R. n. 435/2001).

I termini che scadono di sabato o in un giorno festivo sono prorogati al primo giorno feriale successivo.

CASO 1 - Dichiarazione anno 2021

Il saldo IVA è quell'importo risultante dalla dichiarazione IVA 2022, anno d'imposta 2021, che i titolari di Partita IVA obbligati, devono versare per essere in regola con l'imposta sul valore aggiunto.

Il versamento del saldo IVA entro il 16 marzo 2022, deve essere effettuato sia dai contribuenti con IVA trimestrale che mensile e soltanto se il rigo VL38 della dichiarazione IVA 2022 risulta pari o superiore a 10,33 euro (art. 3, D.P.R. n. 126/2003), ossia, a 10 euro per effetto degli arrotondamenti effettuati in dichiarazione.

Inoltre, sebbene la **dichiarazione annuale IVA,** non possa più essere presentata insieme alla dichiarazione dei redditi, ossia, insieme al Mod. REDDITI, è rimasta ferma la possibilità per i contribuenti di versare il saldo annuale dell'IVA, entro la nuova scadenza di pagamento delle somme risultanti dalla dichiarazione dei redditi, e quindi, entro il 30 giugno 2022, applicando la maggiorazione dello 0,40% a titolo d'interesse per ogni mese o frazione di mese successivo alla scadenza ordinaria del 16 marzo 2022 (art. 6, D.P.R. n. 542/1999).

Se invece il contribuente opta per la rateizzazione del saldo IVA 2022 dovuto in base alla dichiarazione annuale, deve dividere la somma in rate di pari importo di cui la prima, da versare entro il 16 marzo e quelle successive entro il 16 novembre, alle quali va applicata la percentuale d'interesse fisso di rateizzazione pari allo 0,33% mensile a partire dalla seconda rata, pari allo 0,66% sulla terza, 0,99% sulla quarta e così via.

Rata	Interesse
seconda	0,33%
terza	0,66%
quarta	0,99%

Interessi legali - Dal **1° gennaio 2022**, il tasso di interesse legale passa dallo 0,01% all'**1,25%** (D.M. 13 dicembre 2021).

Tale disposizione ha particolare rilevanza ai fini del ravvedimento operoso, considerato che oltre all'imposta e alle sanzioni ridotte occorre versare anche gli interessi al tasso legale.

Il tasso legale da applicare è quello in vigore nei singoli periodi, secondo un criterio di *pro rata temporis*, ed è, pertanto, pari allo 0,05% fino al 31 dicembre 2020, allo 0,01% fino al 31 dicembre 2021 e all'1,25% dal 1° gennaio 2022 fino al giorno di versamento compreso.

ACCERTAMENTO E RISCOSSIONE

Ciò in tutte le ipotesi in cui l'interesse legale dovrà essere versato utilizzando un apposito codice tributo, per imposte sui redditi, IVA e IRAP. Discorso diverso per le ritenute, in quanto gli interessi sono versati cumulativamente alla ritenuta stessa (ris. Agenzia delle Entrate 22 maggio 2007, n. 109).

Modello IVA anno d'imposta 2021

L'Agenzia delle Entrate, con il Provvedimento 14 gennaio 2022, ha approvato il Mod. IVA 2022.
Il modello, salvo alcune modifiche, rispecchia quello dell'anno precedente. Nel modello 2022 è stata inoltre introdotta la nuova soglia di **2 milioni di euro** per la compensazione "orizzontale" del credito IVA (art. 1, c. 72, Legge n. 234/2021).

Versamento delle imposte sui redditi e rimborsi delle imposte risultanti dalla dichiarazione 74.4.2.

Le imposte sui redditi vanno normalmente versate secondo **tre cadenze** (art. 17, D.P.R. 7 dicembre 2001, n. 435):
- **1ª rata** di acconto;
- **2ª rata** acconto;
- saldo.

I termini che scadono di sabato o in un giorno festivo sono prorogati al primo giorno feriale successivo.

Termini di versamento (art. 17, D.P.R. 7 dicembre 2001, n. 435)	
Persone fisiche, società di persone, associazioni (art. 5, D.P.R. n. 917/1986)	a) entro il 30 giugno dell'anno di presentazione della dichiarazione stessa; b) nelle ipotesi di liquidazione e nei casi di trasformazione, di fusione e di scissione (artt. 5 e 5-bis del D.P.R. n. 322/1998) entro l'ultimo giorno del mese successivo a quello di scadenza del termine di presentazione della dichiarazione.
Soggetti IRES con esercizio coincidente con l'anno solare	Entro il 30 giugno dell'anno di presentazione della dichiarazione.
Soggetti IRES con esercizio non coincidente con l'anno solare	Entro l'ultimo giorno del sesto mese successivo a quello di chiusura del periodo d'imposta (ad esempio, i soggetti che chiudono l'esercizio al 30 giugno effettuano il versamento entro il 31 dicembre).
Soggetti che approvano il bilancio oltre i termini di 4 mesi dalla chiusura dell'esercizio	Entro l'ultimo giorno del mese successivo a quello di approvazione del bilancio; (ad esempio, una società che può approvare il bilancio entro il sesto mese dalla chiusura dell'esercizio, ove il bilancio venga approvato nei termini (30 giugno), versa le imposte entro il 31 luglio; ugualmente, in caso di mancata approvazione del bilancio entro il 30 giugno, la società deve effettuare i versamenti entro il 31 luglio).
Facoltà di effettuare il versamento con 30 giorni di ritardo	I versamenti possono essere effettuati entro il trentesimo giorno successivo ai termini previsti, maggiorando le somme da versare dello 0,40% a titolo di interesse corrispettivo.

Acconto soggetti IRPEF 74.4.3.

Se l'imposta dovuta dai soggetti IRPEF supera l'importo di euro 51,65, è dovuto un **acconto** d'imposta pari al 100% del suo ammontare. Poiché tutti gli importi indicati in dichiarazione sono espressi in unità di euro, l'acconto risulta dovuto qualora l'importo di "Differenza" risulti pari o superiore ad euro 52 (art. 2, Legge 23 marzo 1977, n. 97 e art. 4, c. 2, D.L. 2 marzo 1989, n. 69).

Termini di versamento dell'acconto (art. 17, c. 3, D.P.R. 7 dicembre 2001, n. 435)	
Se l'importo dovuto è inferiore a euro 257,52 €	In unica soluzione entro il 30 novembre.

ACCERTAMENTO E RISCOSSIONE

Termini di versamento dell'acconto (art. 17, c. 3, D.P.R. 7 dicembre 2001, n. 435)	
Se l'importo dovuto è pari o superiore a 257,52 €	In 2 rate: a) la prima, nella misura del 40%, entro il 30 giugno ovvero entro il 30 luglio con la maggiorazione dello 0,40% a titolo di interesse corrispettivo; b) la seconda, nella restante misura del 60%, entro il 30 novembre.

Se il contribuente prevede una minore imposta da dichiarare nella successiva dichiarazione, può determinare gli acconti da versare sulla base di tale minore imposta, fermo restando l'applicazione di sanzioni se la previsione dovesse risultare errata ed il contribuente versasse, quindi, un importo inferiore a quello dovuto (D.Lgs. n. 471/1997).

74.4.4. Acconto soggetti IRES

L'acconto non è dovuto se l'imposta relativa al periodo d'imposta precedente, al netto delle detrazioni, dei crediti d'imposta e delle ritenute d'acconto, è di ammontare non superiore a 20,66 euro. La percentuale dell'acconto IRES è fissata nella misura del 100%.

I versamenti in acconto sono effettuati in due rate se il versamento della prima rata supera euro 103 così suddiviso (art. 17, D.P.R. n. 435/2001):

- **40%** entro il termine previsto per il versamento del saldo dovuto in base alla dichiarazione relativa al precedente periodo d'imposta (30 giugno in caso di esercizio coincidente con l'anno solare). La prima rata può essere versata entro il trentesimo giorno successivo ai termini ordinari di scadenza, maggiorando le somme da versare dello 0,40% a titolo di interesse corrispettivo;
- **60%** alla scadenza della seconda rata, cioè entro l'ultimo giorno dell'undicesimo mese del periodo d'imposta (30 novembre in caso di esercizio coincidente con l'anno solare).

A decorrere dal periodo d'imposta in corso al 31 dicembre 2019, per i soggetti che:

- esercitano, in forma di **impresa** o di **lavoro autonomo**, le attività economiche per le quali sono stati **approvati gli ISA**, prescindendo dal fatto che gli stessi applichino o meno gli ISA;
- dichiarano **ricavi o compensi** di ammontare **non superiore al limite stabilito**, per ciascun ISA, dal relativo Decreto ministeriale di approvazione;

e ricorrendo tali condizioni, anche per i contribuenti che:

  - applicano il **regime forfetario agevolato** (art. 1, c. da 54 a 89, Legge 23 dicembre 2014, n. 190);
  - applicano il **regime fiscale** di vantaggio per l'**imprenditoria giovanile** e **lavoratori in mobilità** (art. 27, c. 1 e 2, D.L. 6 luglio 2011, n. 98);
  - determinano il reddito con **altre tipologie di criteri forfetari**;
  - ricadono nelle altre cause di **esclusione dagli ISA**;
- esercitano attività economiche per le quali sono stati approvati gli **Indici sintetici di affidabilità fiscale** (art. 9-bis, D.L. n. 50/2017);
- **partecipano** a società, associazioni e imprese (artt. 5, 115 e 116, TUIR);

i **versamenti di acconto** dell'imposta sul reddito delle persone fisiche e dell'imposta sul reddito delle società, nonché quelli relativi all'imposta regionale sulle attività produttive sono effettuati, in **due rate ciascuna nella misura del 50%**, fatto salvo quanto eventualmente già versato per l'esercizio in corso con la prima rata di acconto, con corrispondente rideterminazione della misura dell'acconto dovuto in caso di versamento unico (art. 58, D.L. n. 124/2019).

Ambito oggettivo

La rimodulazione del versamento degli acconti è applicabile, oltre che alle imposte individuate espressamente (art. 58, D.L. n. 124/2019), anche:

- all'**imposta sostitutiva** delle imposte sui redditi e dell'IRAP dovuta dai contribuenti che si avvalgono di forme di determinazione del reddito con criteri forfetari (ris. 28 giugno 2019, n. 64/E);
- alla **cedolare secca** sul canone di locazione, all'imposta dovuta sul valore degli immobili situati all'estero (**IVIE**) o sul valore delle attività finanziarie detenute all'estero (**IVAFE**).

Quantificazione degli acconti dovuti

Nella relazione illustrativa al D.L. n. 124/2019 è stato evidenziato che, per il periodo d'imposta in corso al 31 dicembre 2019, è fatto salvo il versamento dell'eventuale prima rata di acconto ed è dovuta, quindi, la seconda rata nella misura del 50% ovvero l'unico versamento nella misura del 90%. In altri termini, per il periodo d'imposta in corso al 31 dicembre 2019, la seconda rata di acconto è dovuta in ogni caso nella misura del 50%, a prescindere dalla data di versamento della prima rata nella misura del 40%; quando invece l'acconto è dovuto in unica soluzione, la misura è del 90% (ris. 12 novembre 2019, n. 93/E).

Rateazione 74.4.5.

È possibile versare in rate mensili le somme dovute a titolo di saldo e di acconto delle imposte, ad eccezione della seconda rata di acconto che deve essere versata in un'unica soluzione. In ogni caso il pagamento rateale deve essere completato **entro il mese di novembre**. La rateazione non deve necessariamente riguardare tutti gli importi (D.Lgs. n. 241/1997): è possibile rateizzare il primo acconto IRPEF e versare in un'unica soluzione il saldo, o viceversa.
Sugli importi rateizzati sono dovuti gli **interessi** nella misura del 4% annuo, da calcolarsi secondo il metodo commerciale, tenendo conto del periodo decorrente dal giorno successivo a quello di scadenza della prima rata fino alla data di scadenza della seconda.
Sugli importi da versare con le **rate mensili successive**, si applicano gli **interessi dello 0,33%** in misura forfetaria, a prescindere dal giorno in cui è eseguito il versamento (ad esempio, qualora la prima rata di versamento scada il 30 giugno 2020 la seconda scade il successivo 30 luglio con l'applicazione degli interessi dello 0,33%).

> Gli adempimenti fiscali e il versamento delle somme a titolo di imposte sui redditi, IVA contributi INPS e tributi a favore di regioni ed enti previdenziali (artt. 17 e 20, c. 4, D.Lgs. n. 241/1997), che hanno scadenza dal 1° al 20 agosto di ogni anno, possono essere effettuati entro il giorno 20 dello stesso mese, senza alcuna maggiorazione (art. 37, c. 11-bis, D.L. n. 223/2006).

Versamenti IVA ed imposte sui redditi in sede di accertamento e contenzioso 74.4.6.

Gli avvisi di accertamento relativi alle imposte sul reddito, all'IRAP e all'IVA, nonché i connessi provvedimenti di irrogazione sanzioni (immediatamente) esecutivi costituiscono titolo per la riscossione delle somme dovute, senza necessità di iscrizione a ruolo e notifica della relativa cartella di pagamento (art. 29, c. 1, D.L. n. 78/2010).
Il sistema della riscossione a mezzo del ruolo continua ad applicarsi agli avvisi di accertamento e ai provvedimenti di irrogazione delle sanzioni riguardanti le imposte indirette nonché le somme dovute in base agli esiti della liquidazione automatica e del controllo formale delle dichiarazioni (artt. 36-bis e 36-ter, D.P.R. n. 600/1973 e art. 54-bis, D.P.R. n. 633/1972).
Se il contribuente non paga le somme dovute in base all'accertamento esecutivo o ai successivi atti derivati, il sistema di riscossione "confluisce" in quello generale, per cui l'Agente della riscossione, sulla base del titolo esecutivo costituito dall'avviso di accertamento o dall'atto derivato (per esempio, sentenza della Commissione tributaria) procede ad espropriazione forzata con i poteri, le facoltà e le modalità che disciplinano la riscossione a mezzo ruolo (D.L. n. 78/2010).

Intimazione ad adempiere 74.4.7.

L'avviso di accertamento emesso dall'Agenzia delle Entrate ai fini delle imposte sui redditi, dell'IRAP e dell'IVA ed il connesso provvedimento di irrogazione delle sanzioni devono contenere anche l'intimazione ad adempiere all'obbligo di pagamento (art. 29, c. 1, lett. a), D.L. n. 78/2010):
- degli importi complessivi negli stessi indicati;
- ovvero, in caso di tempestiva proposizione del ricorso, degli importi a titolo provvisorio (art. 15, D.P.R. n. 602/1973).

> Il pagamento deve avvenire entro il termine di presentazione del ricorso (art. 29, c. 1, lett. a), D.L. n. 78/2010) ferma restando la facoltà di chiedere la sospensione della riscossione in via amministrativa (art. 39, D.P.R. n. 602/1973) o in via giudiziale (art. 47, D.Lgs. n. 546/1992).

Gli avvisi di accertamento devono espressamente contenere l'avvertimento che, decorsi 30 giorni dal termine ultimo per il pagamento, la riscossione delle somme richieste, in deroga alle disposizioni in materia di iscrizione a ruolo, è affidata all'Agente della riscossione anche ai fini dell'esecuzione forzata.

Sospensione dell'esecuzione forzata 74.4.8.

L'esecuzione forzata è sospesa per **un periodo di 180 giorni** dall'affidamento in carico agli Agenti della riscossione degli atti esecutivi (art. 29, D.L. n. 78/2010).

Termine	Evoluzione della riscossione
Termine per la proposizione del ricorso	L'avviso di accertamento diventa esecutivo. Deve essere effettuato il pagamento delle somme dovute nella misura di un terzo degli importi dovuti per imposte ed interessi ove il soggetto presenti ricorso contro l'atto (art. 29, c. 1, lett. a), D.L. n. 78/2010).
Decorsi 30 giorni dal termine per la proposizione del ricorso	L'Amministrazione finanziaria affida il credito all'agente per la riscossione.
Decorsi 180 giorni dall'affidamento all'Agente della riscossione	L'Agente per la riscossione può iniziare l'esecuzione forzata.

La sospensione automatica di 180 giorni dell'esecuzione:
- può affiancarsi alla sospensione giudiziale (art. 47, D.Lgs. n. 546/1992, art. 39, D.P.R. n. 602/1973);
- non si applica con riferimento alle azioni cautelari e conservative, nonché ad ogni altra azione prevista dalle norme ordinarie a tutela del creditore (art. 29, c. 1, lett. b), D.L. n. 78/2010);
- non si applica in caso di accertamenti definitivi, anche in seguito a giudicato, nonché in caso di recupero di somme derivanti da decadenza dalla rateazione (art. 29, c. 1, lett. b), D.L. n. 78/2010).

Fondato pericolo per la riscossione

In presenza di fondato pericolo per il positivo esito della riscossione, decorsi 60 giorni dalla notifica degli accertamenti esecutivi, la riscossione delle somme complessivamente dovute, comprensive quindi di interessi e sanzioni, può essere a data **in carico agli agenti della riscossione** anche prima dei termini previsti.
Decorsi 60 giorni dalla notifica dell'accertamento, l'**esazione delle somme**, compresi gli interessi e le sanzioni, può avvenire **immediatamente** e **per l'intero**, anche prima del termine di 30 giorni dalla scadenza del termine per il versamento e a prescindere dal ricorso.
La disposizione introdotta dal legislatore è pressoché identica a quelle previste per il ruolo straordinario (artt. 11 e 15-bis, D.P.R. n. 602/1973).
Nel caso in cui le somme siano **iscritte nei ruoli straordinari**, la riscossione può avvenire per l'intero a prescindere dalla presentazione del ricorso, in quanto non opera la normativa sulla riscossione frazionata.
I ruoli straordinari **non possono riguardare** gli importi relativi alla **fiscalità locale** (art. 20, D.Lgs. n. 46/1999).
Gli importi sono di diritto iscritti nei ruoli straordinari nel caso di mancato pagamento di somme contestate mediante avviso di recupero di crediti d'imposta inesistenti, **indebitamente compensati** (art. 27, D.L. n. 185/2008).
La **cartella di pagamento** emessa in esecuzione di ruolo straordinario deve essere **motivata** in riferimento al **fondato pericolo per la riscossione** (art. 11, c. 3, D.P.R. n. 602/1973).
Sono esperibili, da parte dell'Agente della riscossione, le azioni cautelari:
- iscrizione di ipoteca legale sugli immobili (art. 77, D.P.R. n. 602/1973);
- fermo di beni mobili registrati (art. 86, D.P.R. n. 602/1973).

Sono considerate **situazioni idonee ad integrare il fondato pericolo** per la riscossione:
- il **fallimento** del contribuente (Cass. 1° giugno 2007, n. 12887);
- l'assoggettamento a **concordato preventivo** (Cass. 19 luglio 1999, n. 7654).

Non sono ritenuti sufficienti, se singolarmente considerati:
- lo stato di semplice **liquidazione della società**;
- il mero richiamo alla **fondatezza dell'accertamento**.

Occorre la presenza di "una pluralità di elementi che inducono l'Amministrazione finanziaria a ritenere reale il rischio di comportamenti da parte del contribuente tesi a sottrarre beni disponibili ad eventuali azioni esecutive da parte dell'Agente della riscossione" (nota Agenzia delle Entrate 30 settembre 2011, prot. n. 2011/141776). Il pericolo deve essere attuale e non potenziale.

Presa in carico

L'Agente della riscossione, con raccomandata semplice o posta elettronica certificata, informa il debitore di aver preso in carico le somme per la riscossione. L'obbligo a carico dell'Agente della riscossione ha mera portata informativa, al fine di tenere il contribuente al corrente circa lo stato del procedimento, al fine della migliore tutela dei propri interessi (art. 8, c. 12, D.L. n. 16/2012).

Provvedimenti di irrogazione delle sanzioni

I **provvedimenti di irrogazione delle sanzioni**, devono contenere l'intimazione ad adempiere, entro il termine di presentazione del ricorso, all'obbligo di pagamento degli importi negli stessi indicati (art. 29, D.L. n. 78/2010).
In caso di impugnazione dell'avviso di accertamento e/o del connesso provvedimento sanzionatorio il soggetto è tenuto al versamento della sola imposta e dei relativi interessi.

Riscossione frazionata

Il tributo, con i relativi interessi e le correlate sanzioni, deve essere pagato:
- **per i due terzi**, dopo la sentenza della Commissione tributaria provinciale che respinge il ricorso;
- **per l'ammontare risultante dalla sentenza della Commissione tributaria provinciale, e comunque non oltre i due terzi**, se la stessa accoglie parzialmente il ricorso;
- **per il residuo ammontare** determinato nella sentenza della Commissione tributaria regionale;
- **per l'ammontare dovuto** nella pendenza del giudizio di primo grado dopo la sentenza della Corte di cassazione di annullamento con rinvio e per l'intero importo indicato nell'atto in caso di mancata riassunzione (art. 68, D.Lgs. n. 546/1992).

L'**atto di rideterminazione delle somme** dovute diventa esecutivo dopo 60 giorni dalla notifica e deve espressamente recare l'avvertimento che, decorsi 30 giorni dal termine ultimo per il pagamento, la riscossione delle somme richieste, in deroga alle disposizioni in materia di iscrizione a ruolo, è affidata in carico agli Agenti della riscossione anche ai fini dell'esecuzione forzata. Anche in questo caso, opera a sospensione *ex lege* per il periodo di 180 giorni dall'affidamento in carico agli Agenti della riscossione dell'atto di rideterminazione (art. 29, D.L. n. 78/2010). Sono fatte salve le ipotesi di azioni cautelari e conservative, nonché di ogni altra azione prevista dalle norme ordinarie a tutela del creditore.

Dilazione di pagamento

È possibile chiedere la dilazione di pagamento all'Agente della riscossione entro 60 giorni dalla notifica della cartella di pagamento (art. 19, D.P.R. n. 602/1973).

Tasso di interesse - Per la rateizzazione del pagamento dei **debiti di natura erariale** il tasso è pari a al **4,5%** annuo (art. 21, c. 1, D.P.R. n. 602/1973), per quelli di **natura previdenziale e assistenziale** è pari al **6%** annuo (art. 13, c. 1, D.L. n. 402/1981 e art. 3, c. 4, D.L. n. 318/1996).
Ai restanti debiti si applica il tasso previsto dall'art. 21, D.P.R. n. 602/1973, salvo diversa determinazione dell'ente creditore (art. 26, c. 1-bis, D.Lgs. n. 46/1999).

Imposte indirette 74.4.9.

In via generale le regole per la riscossione provvisoria dopo il ricorso sono simili sia per le imposte dirette sia per quelle indirette (valga per tutti il caso dell'IVA). Una specificità è rappresentata dagli atti del registro.
Infatti, il ricorso del contribuente avverso tali atti (avviso di liquidazione, avviso di rettifica, ecc.) **non sospende la riscossione** (art. 56, D.P.R. 26 aprile 1986, n. 131).
Il contribuente, anche in caso di impugnazione, è tenuto al versamento dell'eventuale maggior imposta (oltre agli interessi).
Il principio è **derogato** in due casi e precisamente quando viene richiesta in pagamento:
- l'imposta **suppletiva**;
- l'imposta **complementare**, ma limitatamente a quella derivante dal **maggior valore accertato**.

Riscossione in pendenza di giudizio 74.4.10.

Le imposte suppletive debbono essere corrisposte dopo l'ultima sentenza non impugnata o impugnabile solo con ricorso in cassazione (art. 68, c. 3, D.Lgs. n. 546/1992).
In caso di impugnazione dell'avviso di liquidazione, l'imposta suppletiva deve essere corrisposta:
- dopo la sentenza della **commissione tributaria provinciale** che respinge, in tutto o in parte, il ricorso, se la sentenza non viene appellata né dal contribuente né dall'Ufficio;
- dopo la sentenza della **commissione tributaria regionale**, anche se la sentenza viene impugnata con ricorso per cassazione.

Modalità di riscossione

Il pagamento delle imposte deve essere effettuato, con gli **interessi di mora**, entro **60 giorni** dalla notifica dell'avviso di liquidazione (D.P.R. n. 602/1973).

L'avviso deve essere notificato:
- dopo che la sentenza della commissione tributaria provinciale è divenuta definitiva;
- dopo la pubblicazione della sentenza della commissione tributaria regionale, senza dover attendere il passaggio in giudicato della pronuncia ovvero l'avvenuta impugnazione con ricorso per cassazione, dato che la norma prevede la riscossione dell'imposta suppletiva dopo la sentenza di secondo grado (circ. 23 aprile 1996, n. 98/E).

Imposta complementare diversa da quella relativa al maggior valore accertato - Deve essere versata integralmente entro 60 giorni dalla notifica dell'avviso di liquidazione, anche qualora il contribuente impugni l'atto con ricorso alla commissione tributaria provinciale (art. 56, D.P.R. n. 131/1986).

Imposta complementare derivante dal maggior valore accertato dall'Ufficio - Il ricorso del contribuente sospende la riscossione dell'imposta **complementare derivante dal maggior valore** accertato dall'Ufficio (art. 56, D.P.R. n. 131/1986).
Si tratta, in primo luogo, del tributo afferente alla rettifica del valore dei **beni soggetti a sindacato di congruità** (immobili, diritti reali di godimento, aziende e diritti reali su di esse). Rientra, inoltre, nell'ambito applicativo della disposizione in esame anche la maggiore imposta derivante dall'accertamento dell'ufficio del maggior valore per **occultazione di corrispettivo**.
In caso di notifica dell'avviso di rettifica, l'imposta complementare per il maggior valore accertato, qualora il contribuente abbia presentato ricorso alla commissione tributaria provinciale, deve essere pagata per **1/3** entro 60 giorni da quello in cui è avvenuta la notifica della relativa liquidazione.
Il pagamento deve essere eseguito dal contribuente presso l'Agente della riscossione, un ufficio postale o una banca, utilizzando il **Mod. F23**.
Il pagamento delle imposte, di interessi e sanzioni, richieste in relazione alle decisioni delle commissioni tributarie, deve essere effettuato entro 60 giorni dalla notifica dell'avviso di liquidazione. Pertanto, anche le imposte la cui riscossione è frazionata, sulla base dell'esito del contenzioso, sono riscosse con le consuete modalità:
- notifica di avviso di liquidazione da parte dell'Ufficio;
- pagamento spontaneo del contribuente presso un ufficio postale, una banca o l'Agente della riscossione, entro 60 giorni dalla notifica dell'avviso, mediante presentazione del Mod. F23.

L'avviso di liquidazione deve essere notificato dopo la pubblicazione della sentenza della commissione tributaria provinciale o regionale (anche se non definitiva), fermo restando che se il contribuente non impugna la sentenza di primo grado che respinge il suo ricorso, dopo che la pronuncia è divenuta definitiva l'Ufficio potrà notificare altro avviso di liquidazione per la riscossione della restante imposta.
Le stesse disposizioni si applicano anche alle imposte **ipotecarie e catastali** (➔64.) (art. 13, D.Lgs. 31 ottobre 1990, n. 347) e alle imposte di **successione** e **donazione** (➔65.) (artt. 40 e 60, D. Lgs. 31 ottobre 1990, n. 346).

74.4.11. Versamenti tramite ruolo

La **riscossione** a mezzo ruolo è prevista nei seguenti casi:
- IRPEF sui redditi soggetti a **tassazione separata**, ad esclusione delle somme da versare a titolo di acconto (art. 17, D.P.R. n. 917/1986);
- maggiore imposta, interessi e sanzioni (IVA, IRPEF/IRES, relative addizionali regionale e comunale, IRAP, Imposte sostitutive delle imposte sui redditi) a seguito della **liquidazione della dichiarazione presentata** (art. 36-bis, D.P.R. n. 600/1973 e, per l'IVA, art. 54-bis, D.P.R. n. 633/1972);
- imposta dovuta (IVA, IRPEF/IRES, relative addizionali regionale e comunale, IRAP, Imposte sostitutive delle imposte sui redditi) risultante dalle **sentenze delle commissioni tributarie provinciali e regionali** (art. 68, D.Lgs. n. 546/1992);
- maggiore imposta (IVA, IRPEF/IRES, relative addizionali regionale e comunale, IRAP, Imposte sostitutive delle imposte sui redditi) dovuta a seguito del **controllo formale** della dichiarazione (art. 36-ter, D.P.R. n. 600/1973);
- un terzo della maggiore imposta (IRPEF/IRES, relative addizionali regionale e comunale, IRAP, Imposte sostitutive delle imposte sui redditi) corrispondente agli **imponibili accertati** dall'Ufficio ma **non ancora definitivi** per aver il contribuente impugnato l'avviso di rettifica o di accertamento), in caso di omesso versamento spontaneo del contribuente (art. 15, D.P.R. n. 602/1973);

- maggiore imposta (IRPEF/IRES, relative addizionali regionale e comunale, IRAP, Imposte sostitutive delle imposte sui redditi) corrispondente agli imponibili accertati dall'Ufficio a seguito di **avvisi di rettifica** o di **accertamento divenuti definitivi** (ad esclusione dei casi in cui il contribuente si sia avvalso delle norme recate dall'art. 15 del D.Lgs. n. 218/1997 in materia di omessa impugnazione per acquiescenza all'accertamento), in caso di omesso versamento spontaneo del contribuente;
- **riscossione coattiva** dell'IVA, delle tasse e delle imposte indirette (Registro, Ipotecaria, Catastale, Successioni, Donazioni, INVIM, Fabbricazione, Erariali di consumo, Diritti doganali). Si ha riscossione coattiva quando il contribuente non ha eseguito il pagamento a seguito di invito al pagamento, atto di liquidazione, accertamento, rettifica o irrogazione di sanzioni;
- **entrate extratributarie** da riscuotere in più annualità;
- entrate tributarie dilazionate;
- altre entrate per le quali sia espressamente prevista la riscossione tramite ruolo (ad esempio, tassa di smaltimento dei rifiuti solidi urbani).

L'iscrizione a ruolo non è prevista per gli avvisi di accertamento ai fini delle imposte sui redditi e dell'imposta sul valore aggiunto e per i connessi provvedimenti di irrogazione delle sanzioni, i quali sono dotati del carattere di esecutività e consentono di procedere alla riscossione coattiva anche senza iscrizione a ruolo e notifica di cartella di pagamento (art. 29, c. 1, D.L. n. 78/2010).

Ruoli 74.4.12.

Il "ruolo" è un elenco contenente i debitori e le somme da essi dovute, formato dall'ente impositore ai fini della riscossione.

Una volta reso esecutivo, il ruolo viene trasmesso all'Agente della riscossione, il quale prepara le cartelle di pagamento e le invia al domicilio dei singoli debitori. In particolare, l'Agente della riscossione provvede alla:

- alla **predisposizione e notifica** delle cartelle;
- alla **riscossione delle somme** e relativo riversamento alle casse dello Stato e degli altri enti impositori;
- all'**avvio dell'esecuzione forzata**, in caso di mancato pagamento.

I ruoli si distinguono in **ordinari** e **straordinari**.

I ruoli straordinari sono formati quando vi è fondato pericolo per la riscossione; in tal caso, le imposte, gli interessi e le sanzioni sono iscritti per l'intero importo risultante dall'avviso di accertamento, anche se non definitivo (art. 15-bis, D.P.R. n. 602/1973).

Caratteristiche del ruolo

In ciascun ruolo sono iscritte **tutte le somme** dovute dai contribuenti che hanno il domicilio fiscale in comuni compresi nell'ambito territoriale cui il ruolo si riferisce.

Nel ruolo devono essere indicati il numero del **codice fiscale** del contribuente, la specie del ruolo, la data in cui il ruolo diviene esecutivo e il riferimento all'eventuale precedente atto di accertamento ovvero, in mancanza, la **motivazione**, anche sintetica, della pretesa; in difetto di tali indicazioni non può farsi luogo all'iscrizione.

Il ruolo è sottoscritto, anche mediante firma elettronica, dal titolare dell'Ufficio o da un suo delegato (art. 12, c. 2, D.P.R. n. 602/1973).

Non si procede ad iscrizione a ruolo per somme inferiori a **euro 10,33** (art. 12-bis, D.P.R. n. 602/1973).

Novità introdotte dalla Legge di bilancio 2022

È stato modificato il sistema di remunerazione dell'Agente della riscossione, prevedendo una dotazione a carico del bilancio dello Stato per la copertura dei relativi costi di funzionamento e la conseguente **eliminazione dalla cartella degli oneri di riscossione (c.d. "aggio")** a partire dai ruoli affidati dagli enti creditori all'Agente della riscossione **dopo il 1° gennaio 2022.** Rimane **invariato il rimborso dei diritti di notifica** e delle **spese esecutive**. Pertanto:

- per i ruoli affidati all'Agente della riscossione **fino al 31 dicembre 2021**, a prescindere dalla data di notifica della relativa cartella di pagamento che venga notificata anche successivamente a tale data, permangono ancora a carico del contribuente gli oneri di riscossione nella misura e secondo la ripartizione previste dalle diposizioni vigenti fino al 1° gennaio 2022 (data di entrata in vigore Legge n. 234/2021);

- per i ruoli affidati all'Agente della **riscossione dopo il 1° gennaio 2022** saranno eliminati **oneri di riscossione (cd. "aggio").**

Annullamento dei carichi

Per effetto delle novità introdotte dal "Decreto Sostegni" (art. 4, D.L. n. 41/2021), sono **automaticamente annullati i debiti di importo** residuo, al 23 marzo 2021 (data di entrata in vigore del D.L. n. 41/2021), **fino a 5.000 euro**, comprensivo di capitale, interessi per ritardata iscrizione a ruolo e sanzioni, risultanti dai **singoli carichi** affidati agli agenti della riscossione **dal 1° gennaio 2000 al 31 dicembre 2010**, ancorché ricompresi nelle rottamazioni dei ruoli (➔74.5.) (art. 3, D.L. n. 119/2018; art. 16-bis, D.L. n. 34/2019)oppure nel saldo e stralcio degli omessi versamenti (➔74.6.) (art. 1, c. da 184 a 198, Legge n. 145/2018) delle:

- **persone fisiche** che hanno conseguito, nel periodo d'imposta 2019, un **reddito imponibile** ai fini delle imposte sui redditi **fino a 30.000 euro**;
- **soggetti diversi dalle persone fisiche** che hanno conseguito, nel periodo d'imposta in corso alla data del 31 dicembre 2019, un **reddito imponibile** ai fini delle imposte sui redditi **fino a 30.000 euro**.

L'annullamento riguarda i carichi affidati all'Agente della riscossione da qualunque ente creditore, pubblico e privato, che sia ricorso all'utilizzo del sistema di riscossione a mezzo ruolo, fatti salvi i debiti espressamente esclusi (art. 4, c. 9, D.L. n. 41/2021).

I debiti di importo residuo fino a 5.000 euro sono calcolati tenendo conto:

- del capitale;
- degli interessi per ritardata iscrizione a ruolo;
- delle sanzioni.

Restano **esclusi dal computo**:

- gli aggi di riscossione;
- gli interessi di mora;
- le eventuali spese di procedura.

L'Agenzia delle Entrate ha chiarito che Il limite di 5.000 euro è determinato, non con riferimento all'importo complessivo della cartella di pagamento, ma in relazione agli importi dei "singoli carichi" contenuti nella stessa. Ne deriva che, in caso di pluralità di carichi iscritti a ruolo, rileva l'importo di ciascuno. Se i singoli carichi non superano i 5.000 euro, possono beneficiare tutti dell'annullamento. È possibile che, all'interno della medesima cartella di pagamento, vi siano carichi rientranti nello stralcio, in quanto d'importo residuo inferiore alla soglia di 5.000 euro, e carichi esclusi perché d'importo residuo superiore a tale soglia (circ. 24 settembre 2021, n. 11/E).

Lo stralcio **trova applicazione** anche con riferimento:

- rottamazione-ter (art. 3, D.L. n. 119/2018);
- saldo e stralcio (art. 1, c. da 184 a 198, Legge 30 dicembre 2018, n. 145);
- riapertura dei termini per gli istituti agevolativi relativi ai carichi affidati agli agenti della riscossione (art. 16-bis, D.L. n. 34/2019).

Lo stralcio **non trova applicazione** (art. 4, c. 9, D.L. n. 41/2021) con riferimento a:

- somme dovute a titolo di recupero di aiuti di Stato (art. 16, Regolamento UE n. 2015/1589 del Consiglio, del 13 luglio 2015);
- crediti derivanti da pronunce di condanna della Corte dei conti;
- multe, ammende e sanzioni pecuniarie dovute a seguito di provvedimenti e sentenze penali di condanna;
- risorse proprie tradizionali previste dall'art. 2, par. 1, lett. a), delle Decisioni 2007/436/CE, Euratom del Consiglio, del 7 giugno 2007, e 2014/335/UE, Euratom del Consiglio, del 26 maggio 2014;
- IVA riscossa all'importazione.

Da un punto di vista temporale, considerato che l'art. 4, c. 4, del D.L. n. 41/2021 fa riferimento a debiti di importo "residuo" alla data del 23 marzo 2021, rientrano nello Stralcio anche i carichi originariamente di importo superiore a 5.000 euro, ma che, ad esempio, a seguito di un provvedimento di sgravio o di un pagamento parziale, anche in attuazione di definizioni agevolate, alla predetta data risultino al di sotto della soglia dei 5.000 euro.

> Per individuare i carichi definibili occorre fare riferimento non alla data di notifica della cartella di pagamento, ma alla **data (antecedente) di affidamento del carico all'Agente della riscossione** (circ. n. 11/E del 24 settembre 2021).

ACCERTAMENTO E RISCOSSIONE

Fino al 31 ottobre 2021, per i debiti rientranti nel perimetro applicativo dello stralcio erano sospesi:
- le attività di riscossione;
- i relativi termini di prescrizione.

Le somme pagate prima dell'annullamento automatico non possono essere oggetto di rimborso (art. 4, c. 5, D.L. n. 41/2021).

Sul sito internet dell'Agenzia delle Entrate-Riscossione è possibile verificare se i debiti ammessi alle predette definizioni agevolate possono essere oggetto di stralcio. Si tratta di un servizio che controlla esclusivamente la presenza o meno di debiti aventi i requisiti precedentemente rappresentati (c.d. perimetro oggettivo) non essendosi ancora perfezionato l'effettivo annullamento, che si concretizzerà solo dopo la verifica del limite reddituale.
Se dal controllo del piano di pagamento, effettuato attraverso il servizio in argomento, emerge la presenza di carichi potenzialmente interessati dall'annullamento e se, nel periodo d'imposta 2019, il contribuente ha conseguito un reddito imponibile ai fini delle imposte sui redditi non superiore a 30.000 euro (per i soggetti diversi dalle persone fisiche, per individuare il reddito imponibile, si deve far riferimento al periodo d'imposta in corso alla data del 31 dicembre 2019), è altresì possibile, con lo stesso servizio, procedere in autonomia alla richiesta e alla stampa dei moduli di pagamento da utilizzare per il versamento delle rate ancora dovute, calcolate al netto delle somme relative ai suddetti carichi (circ. 24 settembre 2021, n. 11/E).

Cartella di pagamento 74.4.13.

L'Agente della riscossione attiva le procedure di riscossione inviando ai contribuenti, come primo atto, la **cartella di pagamento**, contenente (art. 25, D.P.R. n. 602/1973) (➡**101.3.**):
- la descrizione degli addebiti;
- le istruzioni sulle modalità di pagamento;
- l'invito a pagare **entro 60 giorni** le somme descritte compreso il compenso, in misura ridotta, a favore dell'Agente della riscossione (c.d. "aggio");
- le indicazioni delle modalità per proporre eventuali ricorsi;
- il nome del responsabile del procedimento di iscrizione a ruolo e di quello di emissione e di notificazione della cartella;
- l'indicazione, a pena di nullità, del responsabile del procedimento di iscrizione a ruolo e di quello di emissione e di notificazione della stessa cartella (art. 36, c. 4-ter, D.L. 31 dicembre 2007, n. 248).

Novità introdotte dalla Legge di bilancio 2022 - Per le cartelle di pagamento notificate **dal 1° settembre 2021 al 31 marzo 2022**, il termine per il pagamento delle somme non è quello ordinario di 60 giorni, bensì di **180 giorni** (art. 1. c. 913, Legge n. 234/2021).
I 60 giorni per il pagamento continueranno a trovare applicazione per le cartelle di pagamento notificate dal 1° aprile 2022.
Nel lasso temporale dei 180 giorni non possono essere disposte azioni esecutive (pignoramenti) nonché cautelari (fermi, ipoteche), e non decorrono interessi di mora.
Il maggior termine di pagamento vale **solo per le cartelle di pagamento**, quindi non per gli accertamenti esecutivi né per gli avvisi di addebito INPS.
Per il ricorso giudiziale, continua a valere il termine di 60 giorni (art. 21, D.Lgs. n. 546/1992) anche per le cartelle in oggetto.

Notifica della cartella di pagamento

Può essere effettuata (art. 26, D.P.R n. 602/1973):
- dal personale dell'Agente della riscossione o da altri soggetti abilitati dallo stesso Agente;
- dai messi comunali o dagli agenti della polizia municipale (previa convenzione tra comune e concessionario).

La notifica può essere eseguita, in plico chiuso, anche mediante invio di **raccomandata con avviso di ricevimento** ovvero tramite **posta elettronica certificata**, all'indirizzo del destinatario risultante dall'indice nazionale degli indirizzi di posta elettronica certificata (INI-PEC).

Nei casi di irreperibilità o rifiuto di ricevere la copia, la notificazione della cartella di pagamento si effettua con le modalità stabilite ai fini delle imposte sui redditi (art. 60, D.P.R. n. 600/1973).

Notifica della cartella di pagamento (art. 25, D.P.R. n. 602/1973)	
Per le somme che risultano dovute a seguito dell'attività di liquidazione delle dichiarazioni (art. 36-bis, D.P.R. n. 600/1973 in materia di imposte sui redditi e art. 54-bis, D.P.R. n. 633/1972 in materia di IVA).	Entro il **31 dicembre del terzo anno successivo** a quello di presentazione della dichiarazione (ovvero a quello di scadenza del versamento dell'unica o ultima rata se il termine per il versamento delle somme risultanti dalla dichiarazione scade oltre il 31 dicembre dell'anno in cui la dichiarazione è presentata). Tale termine è prorogato al quarto anno successivo a quello di presentazione della dichiarazione del sostituto d'imposta per le somme che risultano dovute a titolo di tassazione separata (artt. 19 e 20 del TUIR).
Per le somme che risultano dovute a seguito dell'attività di controllo formale delle dichiarazioni (art. 36-ter, D.P.R. n. 600/1973).	Entro il **31 dicembre** del **quarto anno successivo** a quello di presentazione della dichiarazione.
Per le somme dovute in base agli accertamenti dell'ufficio.	Entro il **31 dicembre** del **secondo anno successivo** a quello in cui l'accertamento è divenuto **definitivo**.
Qualunque notificazione a mezzo del servizio postale si considera fatta nella data della spedizione. I termini che hanno inizio dalla notificazione decorrono dalla data in cui l'atto è ricevuto (art. 60, D.P.R. n. 600/1973).	

CASO 2 - Illegittimità della cartella di pagamento che non riporta il criterio per il calcolo degli interessi

La cartella di pagamento che non riporta il criterio per il calcolo degli interessi sul debito tributario preteso è nulla, in quanto non consente al contribuente che l'ha ricevuta di verificare la correttezza della pretesa tributaria dell'Amministrazione finanziaria e pertanto non gli consente di esercitare correttamente il proprio diritto di difesa.

È irrilevante il richiamo nell'atto impositivo dell'art. 20 del D.P.R. n. 602/1973, secondo il quale sulle imposte o sulle maggiori imposte dovute in base alla liquidazione ed al controllo formale della dichiarazione od all'accertamento d'ufficio si applicano, a partire dal giorno successivo a quello di scadenza del pagamento e fino alla data di consegna al concessionario dei ruoli nei quali tali imposte sono iscritte, gli interessi al tasso del 4% annuo. Ciò perché non è posta in discussione la spettanza degli interessi, ma le modalità di calcolo dell'ammontare complessivo indicato nella cartella (Cass. ord. 3 maggio 2018, n. 10481).

CASO 3 - Illegittimità della cartella di pagamento che non riporta gli estremi della comunicazione

È illegittima la cartella di pagamento che non riporta gli estremi della comunicazione con la quale è stata rideterminata l'imposta dovuta, essendo quest'ultimo l'atto presupposto fondante la pretesa. La mancata indicazione degli estremi, ovvero l'allegazione di tale seconda comunicazione di irregolarità, incide sul diritto di difesa, facendo venire meno le ragioni della pretesa (Cass. ord. 11 luglio 2018, n. 18224).

CASO 4 - Illegittimità della cartella di pagamento in pendenza di concordato preventivo

È illegittima la cartella di pagamento emessa in pendenza di concordato preventivo. Si tratta di un atto *inutiliter datum*, irrilevante ai fini dell'inserimento del credito nell'elenco dei creditori della procedura, essendo a tal fine sufficiente la sola iscrizione a ruolo.

L'aggio della riscossione, in quanto relativo ad un atto emesso senza un titolo che lo giustifichi, non può ritenersi dovuto.

La mancata emissione della cartella di pagamento in pendenza della procedura non implica la decadenza dall'azione amministrativa (art. 25, c. 1-bis), D.P.R. n. 602/1973) (CTP Milano 16 novembre 2018, n. 5126).

CASO 5 - Illegittimità della cartella di pagamento in pendenza di fallimento

In pendenza di fallimento, non sono ammesse azioni esecutive individuali nei confronti del fallito, ivi inclusa la notifica della cartella di pagamento. L'ammissione al passivo del credito avviene peraltro sulla base del solo ruolo.

I termini di decadenza entro cui la cartella di pagamento va notificata non decorrono in pendenza di fallimento. È pertanto legittimamente notificata la cartella stessa al socio dopo la chiusura del fallimento (Cass. 27 ottobre 2020, n. 23513).

CASO 6 - Motivazione della cartella di pagamento emessa a seguito di sentenza
La cartella di pagamento emessa a seguito di sentenza non deve contenere una particolare motivazione in merito alle imposte e alle sanzioni, elementi desumibili dalla sentenza.
Tale regola non vale invece per i crediti di origine nuova. La motivazione deve essere presente in ordine, ad esempio, agli interessi che sono maturati successivamente all'emissione della sentenza (Cass. 23 ottobre 2020, n. 23254).

Il contribuente è ammesso a proporre **opposizione all'esecuzione** davanti al tribunale ordinario qualora sia iniziata l'esecuzione e non è possibile trovare adeguata tutela nel processo tributario (Corte cost. 31 maggio 2018, n. 114).
Tale azione presuppone che i rimedi contro l'accertamento o la cartella siano stati esperiti ovvero che siano inutilmente decorsi i termini per proporre ricorso davanti al giudice tributario. L'opposizione rientra nell'ambito dell'art. 615, c. 2, c.p.c. e si propone con ricorso al giudice dell'esecuzione del tribunale competente per territorio (art. 27 c.p.c.).
Nella diversa ipotesi in cui, invece, tramite l'opposizione venga contestata la notifica del titolo esecutivo, la giurisdizione sarà del giudice tributario e l'azione dovrà essere proposta entro 60 giorni dalla notifica del primo atto esecutivo (Cass., SS.UU., 5 giugno 2017, n. 13913).

Novità legislazione emergenziale - I menzionati **termini di decadenza, previsti** per la **notificazione** delle cartelle di pagamento (art. 25, c. 1, lett. a) e b), D.P.R. n. 602/1973), relativamente a:

- le **dichiarazioni presentate nell'anno 2018**, per le somme che risultano dovute a seguito dell'attività di liquidazione (art. 36-bis, D.P.R. n. 600/1973 e 54-bis, D.P.R. n. 633/1972);
- le **dichiarazioni dei sostituti d'imposta presentate nell'anno 2017**, per le somme che risultano dovute ai sensi degli articoli 19 e 20, D.P.R. n. 917/1986;
- le **dichiarazioni presentate negli anni 2017 e 2018**, per le somme che risultano dovute a seguito dell'attività di controllo formale (art. 36-ter, D.P.R. n. 600/1973);

devono essere coordinati con le proroghe derivanti dalla legislazione emergenziale.

Cartella derivante da liquidazione automatica della dichiarazione (art. 36-bis, D.P.R. n. 600/1973 e art. 54-bis, D.P.R. n. 633/1972) - Con riferimento ai carichi affidati all'Agente della riscossione durante il periodo di sospensione **dall'8 marzo 2020 al 31 agosto 2021** (dal 21 febbraio 2020 per i soggetti che avevano residenza o sede operativa nei territori dei comuni individuati come ad alto rischio), sono prorogati di **12 mesi** (art. 68 c. 4-bis, D.L. n. 18/2020) i termini di decadenza e prescrizione **in scadenza nell'anno 2021** per la notifica delle cartelle di pagamento.
Relativamente ai termini di decadenza e prescrizione in scadenza nell'anno 2020 per la notifica delle cartelle di pagamento, è prevista l'applicazione dell'art. 12, c. 2, del D.Lgs. n. 159/2015, che così dispone "I termini di prescrizione e decadenza relativi all'attività degli uffici degli enti impositori, degli enti previdenziali e assistenziali e degli agenti della riscossione aventi sede nei territori dei Comuni colpiti dagli eventi eccezionali, ovvero aventi sede nei territori di Comuni diversi ma riguardanti debitori aventi domicilio fiscale o sede operativa nei territori di Comuni colpiti da eventi eccezionali e per i quali è stata disposta la sospensione degli adempimenti e dei versamenti tributari, che scadono entro il 31 dicembre dell'anno o degli anni durante i quali si verifica la sospensione, sono prorogati, in deroga alle disposizioni dell'art. 3, c. 3, della Legge 27 luglio 2000, n. 212, fino al 31 dicembre del secondo anno successivo alla fine del periodo di sospensione".
Secondo il combinato disposto normativo: **tutti i termini di notifica** delle cartelle di pagamento che **scadono nel corso del 2020** (inclusi quelli in scadenza il 31 dicembre 2020) **sono differiti al 31 dicembre 2022**.
In relazione alla **dichiarazione presentata nel 2017** (anno d'imposta 2016), il termine per la notifica della cartella di pagamento derivante da liquidazione automatica è differito al **31 dicembre 2022**.
Inoltre, i **termini di decadenza per la notifica delle cartelle di pagamento** (art. 25, c. 1, lett. a) e b), D.P.R. n. 602/1973), **sono prorogati di un anno** (art. 157, D.L. n. 34/2020) relativamente a:

a. dichiarazioni presentate nell'anno 2018;
b. dichiarazioni dei sostituti d'imposta presentate nell'anno 2017 (somme dovute ai sensi degli articoli degli articoli 19 e 20, D.P.R. n. 917/1986);
c. dichiarazioni presentate negli anni 2017 e 2018, (somme dovute a seguito dell'attività di controllo formale, art. 36-ter, D.P.R. n. 600/1973).

ACCERTAMENTO E RISCOSSIONE

Pertanto, in relazione alla **dichiarazione presentata nel 2018** (anno d'imposta 2017), il termine per la notifica della cartella di pagamento derivante da liquidazione automatica è differito al **31 dicembre 2022.**

Cartella derivante da controllo formale della dichiarazione (art. 36-ter, D.P.R. n. 600/1973) - I termini di notifica delle cartelle di pagamento **in scadenza nel corso del 2020** sono differiti al **31 dicembre 2022** (art. 68, c. 4-bis, D.L. n. 18/2020).

In relazione alla **dichiarazione presentata nel 2016** (anno d'imposta 2015), il termine per la notifica della cartella di pagamento derivante da controllo formale è differito al **31 dicembre 2022**.

Inoltre, i **termini di decadenza per la notificazione delle cartelle di pagamento** (art. 25, c. 1, lett. a) e b), D.P.R. n. 602/1973), **sono prorogati di un anno** (art. 157, D.L. n. 34/2020) relativamente alle dichiarazioni presentate negli anni 2017. Quindi:

- in relazione alla **dichiarazione presentata nel 2018** (anno d'imposta 2017) il termine per la notifica della cartella di pagamento derivante da controllo formale è differito al **31 dicembre 2023**;
- in relazione alla **dichiarazione presentata nel 2017** (anno d'imposta 2016) il termine per la notifica della cartella di pagamento derivante da controllo formale è differito al **31 dicembre 2022**.

Notifica della cartella di pagamento (art. 25, D.P.R. n. 602/1973)		
Per le somme che risultano dovute a seguito dell'attività di liquidazione delle dichiarazioni (art. 36-bis, D.P.R. n. 600/1973 in materia di imposte sui redditi e art. 54-bis, D.P.R. n. 633/1972 in materia di IVA).	Entro il **31 dicembre del terzo anno successivo** a quello di presentazione della dichiarazione (ovvero a quello di scadenza del versamento dell'unica o ultima rata se il termine per il versamento delle somme risultanti dalla dichiarazione scade oltre il 31 dicembre dell'anno in cui la dichiarazione è presentata). Tale termine è prorogato al quarto anno successivo a quello di presentazione della dichiarazione del sostituto d'imposta per le somme che risultano dovute a titolo di tassazione separata (artt. 19 e 20 del TUIR).	**Proroghe** - art. 157, D.L. n. 34/2020 - D.L. n. 41/2021
Per le somme che risultano dovute a seguito dell'attività di controllo formale delle dichiarazioni (art. 36-ter, D.P.R. n. 600/1973).	Entro il **31 dicembre** del **quarto anno successivo** a quello di presentazione della dichiarazione.	**Proroghe** - art. 157, D.L. n. 34/2020 - D.L. n. 41/2021

Pagamento delle somme

Al pagamento delle somme portate dalla cartella di pagamento il contribuente deve provvedere **entro 60 giorni** dalla data in cui ha ricevuto la notifica della stessa.

Sulle somme da pagare sono dovuti all'Agente della riscossione oneri di riscossione, per il funzionamento del servizio nazionale di riscossione.

Misura degli oneri di riscossione	
Nel caso di pagamento effettuato entro 60 giorni dalla notifica della cartella	3% delle somme riscosse
Nel caso di pagamento effettuato dopo 60 giorni dalla data di notifica della cartella	6% dell'importo dovuto
In ogni caso sono dovuti gli interessi di mora (art. 30, c. 1, D.P.R. n. 602/1973).	

Le somme dovute in base alla cartella possono essere pagate presso:

- Poste;
- Banche;
- sportelli dell'Agente della riscossione.

Ritardato pagamento - Nelle ipotesi di **pagamento in ritardo** oltre le scadenze previste è possibile utilizzare il bollettino **F35** (Provv. 27 febbraio 2002), sommando gli importi dovuti per il ritardo nel versamento.

Eventuali **pagamenti parziali** non sospendono l'attività esecutiva degli Agenti della Riscossione.

Il pagamento parziale può essere effettuato:

- **alle Poste, con l'apposito bollettino F35** sul quale è necessario indicare: il numero di conto corrente postale intestato all'Agente della riscossione; il numero della cartella; i numeri progressivi e gli importi relativi, riportati nel "Dettaglio degli importi dovuti", che si intendono pagare; i diritti di notifica della cartella; il proprio codice fiscale;
- **presso gli sportelli dell'Agente della riscossione**.

Il pagamento delle somme può essere effettuato mediante utilizzo di **rimborsi** fiscali ovvero di crediti compensabili (➡74.2.4.; ➡74.2.5.).

Pagamento delle imposte dirette mediante cessione di beni culturali - I soggetti debitori di imposte sui redditi possano cedere allo Stato, in pagamento totale o parziale delle imposte stesse, dei relativi interessi, sanzioni e degli oneri accessori, i beni di interesse culturale ed artistico in loro possesso (art. 28-bis, D.P.R. n. 602/1973).

La proposta di cessione, con descrizione dettagliata dei beni offerti e correlata da idonea documentazione, deve essere presentata al Ministero per i beni e le attività culturali.

Riesame del ruolo

Il contribuente può presentare domanda di riesame dell'iscrizione a ruolo per l'annullamento totale o parziale dell'iscrizione medesima (autotutela) presso l'Ente che ha emesso il ruolo (D.L. n. 564/1994, D.M. n. 37/1997).

La domanda di riesame/autotutela non sospende i termini di impugnazione.

Sospensione e dilazione del pagamento

La richiesta di pagamento contenuta nella cartella di pagamento o nell'accertamento **esecutivo può essere sospesa:**

- in via **amministrativa**;
- in via **giudiziale**;
- **direttamente dall'Agente della riscossione**.

Sospensione amministrativa della riscossione - Il ricorso contro il ruolo (e la cartella) non sospende automaticamente a riscossione. L'Amministrazione finanziaria ha facoltà di disporla in tutto o in parte fino alla data di pubblicazione della sentenza della commissione tributaria provinciale, con provvedimento motivato notificato al concessionario e al contribuente. Il provvedimento può essere revocato ove sopravvenga fondato pericolo per la riscossione.

Sulle somme che risultano dovute a seguito della sentenza della Commissione tributaria provinciale, il cui pagamento è stato sospeso, si applicano gli interessi al tasso del 4,5% annuo (art. 39, c. 1, D.P.R. n. 602/1973).

Sospensione giudiziale - La facoltà di concedere la sospensione dell'atto trova applicazione anche con riferimento all'accertamento esecutivo e agli altri analoghi atti (art. 29, c. 1, lett. g), D.L. n. 78/2010). Il ricorrente, se dall'atto impugnato può derivargli un danno grave ed irreparabile, può chiedere alla Commissione provinciale competente la sospensione dell'esecuzione dell'atto stesso con istanza motivata, proposta nel ricorso o con atto separato, notificata alle altre parti e depositata (art. 47, D.Lgs. n. 546/1992). Il presidente della Commissione tributaria provinciale fissa con Decreto la trattazione dell'istanza di sospensione per la prima camera di consiglio utile disponendo che ne sia data comunicazione alle parti almeno 10 giorni liberi prima.

In caso di eccezionale urgenza, il presidente, previa delibazione del merito, con lo stesso Decreto, può motivatamente disporre la provvisoria sospensione dell'esecuzione fino alla pronuncia del collegio.

Sospensione da parte dell'Agente della riscossione - La riscossione può essere sospesa anche da parte dell'Agente della riscossione, su presentazione di una dichiarazione da parte del debitore, con il quale venga "**documentato**" che gli atti emessi dall'ente creditore (ad esempio, dall'Agenzia delle Entrate) prima della formazione del ruolo, ovvero la successiva cartella di pagamento o l'avviso per i quali si procede, sono stati interessati da:

a. **prescrizione o decadenza** del diritto di credito sotteso, intervenuta in data antecedente a quella in cui il ruolo è reso esecutivo;
b. **provvedimento di sgravio** emesso dall'ente creditore;

c. **sospensione amministrativa** comunque concessa dall'ente creditore;
d. **sospensione giudiziale**, oppure da una **sentenza** che abbia annullato in tutto o in parte la pretesa dell'ente creditore, emesse in un giudizio al quale il concessionario per la riscossione non ha preso parte;
e. **pagamento effettuato**, riconducibile al ruolo in oggetto, in data antecedente alla formazione del ruolo stesso, in favore dell'ente creditore (Legge 24 dicembre 2012, n. 228, art. 1, c. 537 e 538).

Tale dichiarazione deve essere presentata **entro 60 giorni** dalla notifica, da parte dello stesso Agente della riscossione, del primo atto di riscossione utile (ad esempio, della cartella di pagamento) o di un atto della procedura cautelare o esecutiva eventualmente intrapresa dal concessionario.

È **competenza esclusiva degli enti creditori**, titolari delle somme richieste, verificare la regolarità della **documentazione fornita** dal contribuente e comunicare l'esito, positivo o negativo, delle verifiche sia al cittadino sia all'Agente della riscossione, al quale dovrà anche essere inviato l'eventuale provvedimento di sospensione, sgravio o annullamento del debito. In caso di documentazione inidonea, l'ente creditore è tenuto ad informare l'Agente della riscossione per la ripresa dell'attività di riscossione (Legge n. 228/2012).

Qualora **entro 220 giorni** dalla presentazione della domanda l'ente creditore omette di inviare le citate comunicazione circa l'esito, positivo o negativo, delle verifiche, le somme contestate "sono **annullate** di diritto".

Nel caso in cui il contribuente produca **documentazione falsa**, ferma restando la **responsabilità penale**, si applica la sanzione amministrativa dal 100% al 200% dell'ammontare delle somme dovute, con un importo minimo di 258 euro (art. 1, c. 541, Legge n. 228/2012).

La nuova procedura di sospensione della riscossione trova applicazione anche con riguardo alle somme affidate in seguito alla notifica di un accertamento esecutivo per il quale sia trascorso inutilmente il termine ultimo di pagamento (Legge n. 228/2012).

Dilazione del pagamento

Avendo ricevuto una cartella di pagamento per pagare il debito a rate, si può inviare una richiesta con raccomandata, oppure presentarla ad uno degli sportelli competenti per territorio, o ancora, per importi fino a 60 mila euro, anche on-line.

Persone fisiche	
Debiti fino a euro 60.000	**Debiti superiori a euro 60.000**
I **debiti fino a 60 mila** euro possono essere pagati in via dilazionata, presentando una domanda di rateazione presso l'Agente della Riscossione (disponibile sul sito istituzionale dell'Agenzia delle Entrate Riscossione) dichiarando una temporanea situazione di obiettiva difficoltà economica, fino a un massimo di **72 rate** (**6 anni**). Concorre a determinare la soglia di 60 mila euro, oltre all'importo per cui si richiede la rateizzazione, anche il debito residuo di piani di dilazione già in corso. Le rate potranno essere costanti o crescenti.	I **debiti superiori a 60 mila euro** possono essere pagati in via dilazionata presentando una domanda di rateazione presso l'Agente della Riscossione e **allegando** la certificazione relativa all'Indicatore della situazione economica equivalente (**ISEE**) del proprio nucleo familiare attestante la temporanea situazione di obiettiva difficoltà economica. Se la richiesta è accolta, il piano ordinario consente di pagare il debito fino a un massimo di **72 rate** (**6 anni**). Concorre a determinare la soglia di 60 mila euro, oltre all'importo per cui si richiede la rateizzazione, anche il debito residuo di piani di dilazione già in corso. Le rate potranno essere costanti o crescenti.

<table>
<tr><th>Persone fisiche</th></tr>
<tr><th>Piano straordinario</th></tr>
<tr><td>In caso di impossibilità di pagamento del debito secondo un piano ordinario in 72 rate mensili, si può ottenere una rateizzazione fino a 120 rate di importo costante.
I requisiti per ottenere un piano straordinario sono stabiliti dal Decreto del ministero dell'Economia e delle Finanze del 6 novembre 2013, che fissa anche il numero di rate concedibili in base alla situazione economica.
È necessario dimostrare di non poter pagare il debito secondo i criteri previsti per un piano ordinario. Tale condizione si verifica quando l'importo della rata è superiore al 20% del reddito mensile del proprio nucleo familiare risultante dall'Indicatore della situazione reddituale (ISR) riportato nel Mod. ISEE (Indicatore della situazione economica equivalente).
In questo caso, la domanda di rateizzazione, deve attestare una comprovata e grave difficoltà legata alla congiuntura economica per ragioni estranee alla propria responsabilità, allegando la certificazione relativa all'ISEE del proprio nucleo familiare, comprensiva del quadro N - Indicatore della situazione reddituale, debitamente valorizzato.</td></tr>
<tr><th>Proroga</th></tr>
<tr><td>In caso di difficoltà economiche, qualora il piano di rateizzazione non sia decaduto, può essere richiesto un allungamento dei tempi di pagamento delle rate.
La proroga, richiedibile una sola volta, può essere ordinaria, fino a un massimo di ulteriori 72 rate (6 anni) o straordinaria, fino a un massimo di 120 rate (10 anni).
Per la richiesta di proroga è necessario presentare una domanda motivata dichiarando che, successivamente alla concessione della rateizzazione, si è verificato un peggioramento della temporea situazione di obiettiva difficoltà economica.</td></tr>
</table>

<table>
<tr><th colspan="2">Imprese</th></tr>
<tr><th>Debiti fino a euro 60.000</th><th>Debiti superiori a euro 60.000</th></tr>
<tr><td>Per debiti fino a 60 mila euro si può richiedere la rateizzazione presentando una domanda semplice (anche online), senza aggiungere alcuna documentazione e dichiarando la temporanea situazione di obiettiva difficoltà economica. In questo caso, si accede automaticamente al piano ordinario che consente di pagare il debito fino a un massimo di 72 rate (6 anni).
Concorre a determinare la soglia di 60 mila euro, oltre all'importo per cui si richiede la rateizzazione, anche il debito residuo di piani di dilazione già in corso. Si può scegliere tra rate costanti o rate crescenti.</td><td>Per debiti superiori a 60 mila euro si può richiedere la rateizzazione presentando una domanda e allegando i documenti che attestino la temporanea situazione di obiettiva difficoltà economica:
- per le ditte individuali con regimi fiscali semplificati: la certificazione relativa all'Indicatore della situazione reddituale (ISEE);
- per le altre imprese (ivi comprese le ditte individuali in contabilità ordinaria): il prospetto per la determinazione dell'indice di liquidità e dell'indice Alfa e copia dell'ultimo bilancio approvato e depositato presso il registro delle imprese.
Se la richiesta è accolta, si accede al piano ordinario che consente di pagare il debito fino a un massimo di 72 rate (6 anni).
Concorre a determinare la soglia di 60 mila euro, oltre all'importo per cui si richiede la rateizzazione, anche il debito residuo di piani di dilazione già in corso.
Si può scegliere tra rate costanti o rate crescenti.</td></tr>
<tr><th colspan="2">Piano straordinario</th></tr>
<tr><td colspan="2">Se l'azienda non è in grado di sostenere il pagamento del debito secondo un piano ordinario in 72 rate mensili, si può ottenere una rateizzazione fino a 120 rate di importo costante.
È necessario possedere i requisiti indicati dal Decreto del ministero dell'Economia e delle Finanze del 6 novembre 2013 che stabilisce il numero di rate concedibili in base alla situazione economica.</td></tr>
</table>

ACCERTAMENTO E RISCOSSIONE

Imprese
Si dovranno presentare alcuni documenti che attestino la comprovata e grave difficoltà legata alla congiuntura economica per ragioni estranee alla propria responsabilità, e in presenza delle seguenti condizioni: - per le ditte individuali con regimi fiscali semplificati: quando l'importo della singola rata è superiore al 20% del reddito mensile, risultante dall'Indicatore della situazione reddituale (ISR) riportato nel Mod. ISEE (Indicatore della situazione economica equivalente); - per le altre imprese (ivi comprese le ditte individuali in contabilità ordinaria): quando la rata è superiore al 10% del valore della produzione rapportato su base mensile e l'indice di liquidità, ricavato dai dati di bilancio è compreso tra 0,5 e 1.
Proroga
Se le condizioni economiche dell'impresa peggiorano e il piano di rateizzazione non è decaduto, si può chiedere di allungare i tempi di pagamento delle rate. La proroga, richiedibile una sola volta, può essere ordinaria, fino a un massimo di ulteriori 72 rate (6 anni) o straordinaria, fino a un massimo di 120 rate (10 anni). Per la richiesta di proroga è necessario presentare una domanda motivata allegando alcuni documenti che attestino il peggioramento delle condizioni di difficoltà economica. Per dimostrare l'aggravamento della condizione economica, i titolari di ditte individuali in regimi fiscali semplificati devono produrre un nuovo Mod. ISEE (Indicatore della situazione economica equivalente) di valore inferiore, solo se sono trascorsi 12 mesi dalla precedente certificazione. Altrimenti, è necessario documentare gli eventi che hanno determinato una radicale modifica della situazione reddituale e patrimoniale che non consentono di sostenere più il pagamento della dilazione in corso (improvvisa e oggettiva crisi di mercato anche di carattere locale, cessazione dell'attività della ditta individuale, ecc.). Le altre imprese e le ditte individuali in contabilità ordinaria devono presentare la situazione economico patrimoniale aggiornata, se rispetto alla precedente sono trascorsi almeno 6 mesi. La richiesta di proroga viene analizzata secondo i parametri dell'Indice di Liquidità (che deve essere inferiore al precedente) e dell'Indice Alfa (il cui valore determina soltanto il numero massimo di rate concedibili in proroga). A seconda che la proroga richiesta sia ordinaria o straordinaria, la rate possono essere, rispettivamente, costanti/crescenti oppure solo costanti.

Decreto "Ristori quater"

Per effetto delle novità introdotte dal Decreto "Ristori quater" (art. 7, D.L. n. 157/2020; art. 13-decies, D.L. n. 137/2020), la disciplina della rateazione ha subito importanti modifiche, in riferimento ai provvedimenti di **accoglimento** riferiti alle **domande presentate in data successiva al 30 novembre 2020**.

Termini di decadenza e prescrizione - A seguito della presentazione della domanda di rateazione all'Agente della riscossione, fino alla data dell'eventuale rigetto, ovvero dell'eventuale decadenza:

- sono **sospesi** i termini di **prescrizione e decadenza**;
- **non** possono essere iscritti **nuovi fermi amministrativi e ipoteche** (fatti salvi quelli già iscritti alla data di presentazione della domanda);
- **non** possono essere avviate **nuove azioni esecutive**.

Cause ostative alla concessione della rateazione - Costituisce impedimento alla concessione della dilazione, la verifica effettuata ai sensi dell'art. 48-bis, D.P.R. n. 602/1973.
In altri termini, non può, in nessun caso, essere concessa la dilazione delle somme oggetto di verifica ai sensi dell'art. 48-bis D.P.R. n. 602/1973, iniziata antecedentemente alla data di accoglimento della richiesta di rateazione (art. 19, c. 1-quater, D.P.R. n. 602/1973).

Estinzione delle procedure esecutive - Nel caso di procedure esecutive avviate precedentemente alla domanda di rateazione, il pagamento della prima rata ne determina l'estinzione (anziché, come precedentemente previsto la sospensione), a condizione che non si sia ancora tenuto l'incanto con esito positivo o non sia stata presentata istanza di assegnazione, ovvero il terzo non abbia reso dichiarazione positiva o non sia stato già emesso provvedimento di assegnazione dei crediti pignorati.

Situazione di temporanea difficoltà - In riferimento alle domande di rateazione presentate nel periodo compreso tra il 30 novembre 2020 e il 31 dicembre 2021, sarà necessario **documentare** la **temporanea situazione di obbiettiva difficoltà** ai fini dell'ottenimento della rateazione, solo nel caso in cui i debiti iscritti a ruolo siano di **importo superiore ad euro 100.000** anziché euro 60.000.

Decadenza dalla rateazione - In riferimento ai **provvedimenti di accoglimento** relativi alle **domande presentate dopo l'8 marzo 2020 e fino al 31 dicembre 2021**, in caso di **mancato pagamento**, nel corso del periodo di rateazione, di **dieci rate** (anziché 5), anche non consecutive:

a. il debitore decade automaticamente dal beneficio della rateazione;
b. l'intero importo iscritto a ruolo ancora dovuto diviene immediatamente ed automaticamente riscuotibile in unica soluzione;
c. il carico può essere nuovamente rateizzato se, all'atto della presentazione della richiesta, le rate scadute alla stessa data sono integralmente saldate. In tal caso, il nuovo piano di dilazione può essere ripartito nel numero massimo di rate non ancora scadute alla medesima data.

Nuove rateazioni in caso di decadenza dal beneficio - I carichi contenuti nei piani di dilazione decaduti anteriormente alla data di inizio del periodo di sospensione straordinaria (ossia anteriormente all'8 marzo 2020, ovvero, per i soggetti con residenza/sede operativa nei Comuni individuati nel D.P.C.M. del 1° marzo 2020, al 21 febbraio 2020) possono essere nuovamente dilazionati, presentando la relativa domanda entro il 31 dicembre 2021, senza necessità di saldare le rate scadute alla data di presentazione.

Decadenza dalla definizione agevolata - Relativamente ai debiti per i quali, alla data del 31 dicembre 2019, si è determinata l'inefficacia delle definizioni dei carichi affidati all'Agente della riscossione, possono essere accordate nuove dilazioni (art. 6, D.L. n. 193/2016; art. 1, c. da 4 a 10-quater, D.L. n. 148/2017).

Decadenza dalla rateazione

In caso di mancato pagamento, nel corso del periodo di rateazione, di 5 rate, anche non consecutive (art. 19, D.P.R. n. 602/1973):

- **il debitore decade automaticamente** dal beneficio della rateazione;
- **l'intero importo** iscritto a ruolo ancora dovuto **è immediatamente ed automaticamente riscuotibile** in unica soluzione;
- **il carico può essere nuovamente rateizzato se, all'atto della presentazione della richiesta**, le rate scadute alla stessa data sono integralmente saldate.

Le somme risultanti da cartelle e avvisi non pagati entro la scadenza sono aumentate dagli interessi di mora, fissati annualmente con Provvedimento del Direttore dell'Agenzia delle Entrate, sulla base della media dei tassi bancari attivi.

Sulle somme il cui pagamento è stato rateizzato o sospeso ai sensi dell'art. 19, c. 1, si applicano gli interessi al tasso del 4,5% annuo (art. 21, D.P.R. n. 602/1973).

L'ammontare degli interessi dovuti è determinato nel provvedimento con il quale viene accordata la prolungata rateazione dell'imposta ed è riscosso unitamente all'imposta alle scadenze stabilite. I privilegi generali e speciali che assistono le imposte sui redditi sono estesi a tutto il periodo per il quale la rateazione è prolungata e riguardano anche gli interessi.

Se si verificano situazioni eccezionali, a carattere generale o relative ad un'area significativa del territorio, tali da alterare gravemente lo svolgimento di un corretto rapporto con i contribuenti, la riscossione può essere sospesa, per non più di 12 mesi, con Decreto del Ministero delle finanze dell'economia e delle finanze (art. 19-bis, D.P.R. n. 602/1973).

Riepilogo delle modifiche sulla decadenza delle rateazioni

Periodo	Decadenza rateazione
Rateazioni in corso alla data dell'8 marzo 2020	La decadenza si verifica con il mancato pagamento di 18 rate complessive (fine del periodo di sospensione)
Rateazioni chieste dopo la data dell'8 marzo 2020, entro il 31 dicembre 2021	La decadenza si verifica con il mancato pagamento di 10 rate complessive
Rateazioni richieste a far data dal 1° gennaio 2022	La decadenza si verifica con il mancato pagamento di 5 rate complessive

Mancato pagamento delle somme iscritte a ruolo

L'Agente della riscossione può acquisire notizie sul reddito e sul patrimonio dei singoli contribuenti e può procedere, secondo le disposizioni di legge (artt. 77 e 86, D.P.R. n. 602/1973):

- **fermo amministrativo** di beni mobili registrati (veicoli, natanti, aeromobili);
- **iscrizione di ipoteca** sugli immobili;
- **esecuzione forzata** di beni immobili, mobili e crediti (ad esempio stipendio, emolumenti vari, parcelle, fatture, titoli, somme disponibili sui conti correnti e depositi).

Non si dà corso all'espropriazione se l'unico immobile di proprietà del debitore, con esclusione delle abitazioni di lusso e, comunque, dei fabbricati classificati nelle categorie catastali A/8 e A/9, è adibito ad uso abitativo e lo stesso vi risiede anagraficamente (art. 76, c. 1, D.P.R. n. 602/1973).

L'Agente della riscossione può procedere all'espropriazione immobiliare se l'importo complessivo del credito per cui procede supera 120.000 euro. L'espropriazione può essere avviata se è stata iscritta l'ipoteca e sono decorsi almeno 6 mesi dall'iscrizione senza che il debito sia stato estinto.
L'Agente della riscossione, inoltre, può effettuare il pignoramento dei crediti presso terzi (richiedendo al terzo di pagare le somme di cui il contribuente è creditore entro i limiti dell'importo dovuto).

Procedure esecutive

La procedura esecutiva prende avvio con il **pignoramento** che può avere a oggetto: somme, beni mobili e beni immobili. L'espropriazione forzata è preceduta dalla **notifica dell'avviso di intimazione** in tutti i casi in cui la notifica della cartella di pagamento sia avvenuta da più di un anno. Dalla data di notifica dell'avviso, il debitore ha **5 giorni** di tempo per effettuare il versamento di quanto dovuto. Resta ferma la possibilità di chiedere la **rateizzazione** delle somme a debito o la sospensione legale della riscossione nei casi e nei termini previsti dalla legge.

Pignoramento ed espropriazione (vendita all'asta) di beni mobili e immobili

- Si dà corso alle procedure esecutive per la vendita all'asta dei beni in caso di debiti per i quali persiste il mancato pagamento e soltanto in presenza delle condizioni stabilite dalla legge. In particolare, il pignoramento immobiliare **non può essere effettuato** se l'immobile ha **tutte** le seguenti caratteristiche:

- è l'**unico immobile** di proprietà del debitore;
- è adibito a **uso abitativo** e il debitore vi risiede anagraficamente;
- **non è di lusso**, (cioè non ha le caratteristiche previste dal Decreto del Ministro per i Lavori pubblici 2 agosto 1969) e non è comunque una villa (A/8), un castello o un palazzo di eminente pregio artistico o storico (A/9).

Negli altri casi si può procedere al pignoramento e alla vendita all'asta dell'immobile solo se:

- l'importo complessivo del **debito** è **superiore a 120.000 euro**;
- il **valore degli immobili** del debitore è **superiore a 120.000 euro**;
- sono passati almeno **6 mesi dall'iscrizione di ipoteca** e il debitore non ha pagato.

Il contribuente, con il consenso di Agenzia delle Entrate-Riscossione, può **vendere personalmente** l'immobile pignorato o ipotecato entro i 5 giorni che precedono il primo incanto oppure, nel caso in cui lo stesso non vada a buon fine, entro il giorno precedente al secondo incanto.
In questo caso l'intero corrispettivo sarà versato direttamente all'Agenzia che utilizzerà l'importo per il saldo del debito e restituirà al debitore l'eventuale somma eccedente entro i 10 giorni lavorativi successivi all'incasso.

Avviso di vendita - Il pignoramento immobiliare dell'Agente della riscossione è effettuato mediante la **trascrizione nei registri immobiliari** di un avviso che viene notificato al debitore entro i successivi 5 giorni. L'avviso contiene:

a. le generalità del soggetto nei confronti del quale si procede;
b. la descrizione degli immobili con le indicazioni catastali e la precisazione dei confini;
c. l'indicazione della destinazione urbanistica del terreno;
d. il giorno, l'ora e il luogo del primo, del secondo e del terzo incanto, con intervallo minimo di 20 giorni;
e. l'importo complessivo del credito per cui si procede, con il dettaglio dell'imposta, l'indicazione degli interessi di mora e delle spese di esecuzione già maturate;
f. il prezzo base dell'incanto;
g. la misura minima dell'aumento da apportare alle offerte;
h. l'avvertenza che le spese di vendita e gli oneri tributari concernenti il trasferimento sono a carico dell'aggiudicatario;

i. l'ammontare della cauzione e il termine entro il quale deve essere prestata dagli offerenti;
l. il termine di versamento del prezzo;
m. l'ingiunzione ad astenersi da qualunque atto diretto a sottrarre alla garanzia del credito i beni assoggettati all'espropriazione e i frutti di essi.

Sospensione procedure esecutive

Sono sospese le procedure esecutive aventi a oggetto l'abitazione principale del debitore (Decreto "Milleproroghe") sino al 30 giugno 2021.

Pignoramento presso terzi - Il pignoramento presso terzi riguarda i crediti che il debitore ha verso terzi (per esempio il conto corrente, stipendio), oppure cose del debitore che sono in possesso di terzi. Con questa procedura si richiede a un terzo di **versare direttamente** all'Agenzia delle Entrate-Riscossione quanto da lui dovuto al debitore di quest'ultima, che, a sua volta, è creditore del terzo.

Pignoramento di stipendi e pensioni - Se il pignoramento riguarda stipendi o pensioni o qualsiasi altra indennità derivante da rapporto di lavoro o di impiego, esistono per l'Agente della riscossione alcuni limiti:
- **fino a 2.500 euro** la quota pignorabile è un decimo;
- **tra 2.500 e 5.000 euro** la quota pignorabile è un settimo;
- **sopra i 5.000 euro** la quota pignorabile è un quinto.

Pignoramento conti correnti - Il pignoramento può essere effettuato anche sulle somme depositate sul conto corrente, a esclusione dell'ultimo stipendio o pensione che resta sempre disponibile per qualsiasi necessità del debitore.

Blocco dei pagamenti delle Pubbliche amministrazioni 74.4.14.

Le Pubbliche amministrazioni e le società a prevalente partecipazione pubblica, prima di effettuare, a qualunque titolo, pagamenti di importo superiore a 5.000 euro (10.000 prima del 1° marzo 2018, Legge n. 205/2017), devono verificare, anche in via telematica, se il beneficiario è inadempiente:
- all'obbligo di versamento derivante dalla notifica di una o più cartelle di pagamento;
- per un ammontare complessivo almeno pari a 5.000 euro (10.000 euro prima del 1° marzo 2018, Legge n. 205/2017).

In caso affermativo, i suddetti soggetti non procedono al pagamento e segnalano la circostanza all'Agenzia delle Entrate-Riscossione, ai fini dell'attività di riscossione delle somme (art. 48-bis, D.P.R. n. 602/1973).

Calcolo della soglia dei 5.000 euro

La soglia deve essere riferita all'importo da pagare al **netto delle ritenute alla fonte** ma al **lordo dell'IVA** (circ. Ministero Economia a Finanze 29 luglio 2008, n. 22).
Nel caso di operazioni soggette a **split payment**, il computo dei 5.000 euro va però eseguito al netto dell'IVA poiché quest'ultima non è corrisposta al cedente (circ. 21 marzo 2018, n. 13/RGS).
Qualora la Pubblica amministrazione trattenga (art. 30, c. 5, D.L. n. 50/2016) dal certificato di pagamento i **debiti contributivi** relativi a lavoro dipendente che risultano **non versati dal subappaltatore o dall'affidatario**, la verifica va effettuata al netto di tale intervento sostitutivo (circ. 21 marzo 2018, n. 13/RGS).
Il procedimento può essere in tal modo schematizzato:
- prima di eseguire un pagamento di importo superiore a 5.000 euro (10.000 euro prima del 1° marzo 2018, Legge n. 205/2017) la Pubblica amministrazione inoltra, in via telematica, **richiesta all'Agenzia delle Entrate-Riscossione**;
- quest'ultima, nei 5 giorni feriali successivi alla richiesta, **verifica** se il beneficiario risulta moroso in relazione a una o più cartelle di pagamento, per un importo totale di almeno 5.000 euro (10.000 euro prima del 1° marzo 2018, Legge n. 205/2017);
- in caso affermativo, l'Agente della riscossione **comunica** alla Pubblica amministrazione:
  - l'ammontare del debito inadempiuto, comprensivo delle spese esecutive e degli interessi di mora dovuti;
  - l'intenzione di provvedere alla notifica dell'ordine di versamento (art. 72-bis, D.P.R. n. 602/1973);
- la Pubblica amministrazione **sospende il pagamento** delle somme per i 60 giorni successivi alla comunicazione, sino a concorrenza del debito indicato dall'Agenzia delle Entrate-Riscossione;
- se durante il suddetto **periodo di sospensione e prima della notifica dell'ordine di versamento** intervengono pagamenti da parte del beneficiario o provvedimenti dell'ente creditore che fac-

ciano venire meno l'inadempimento o ne riducano l'ammontare (es. sgravio), l'Agente della riscossione lo comunica all'Amministrazione Pubblica, indicando l'importo che quest'ultima può erogare al beneficiario.
- **decorsi i 60 giorni** senza che l'Agente della riscossione abbia notificato l'ordine di pagamento, la Pubblica Amministrazione provvede al versamento delle somme dovute al proprio creditore.

La proposizione del ricorso contro la cartella di pagamento non fa venire meno l'**inadempimento del beneficiario**, a differenza della sospensione (art. 47, D.Lgs. n. 546/1992 e art. 39, D.P.R. n. 602/1973); parimenti, per la sentenza di accoglimento del ricorso, non avendo rilievo l'eventuale appello della parte pubblica (circ. Ministero Economia e Finanze 29 luglio 2008, n. 22).
Il blocco del pagamento non si applica per i contribuenti che abbiano ottenuto la **dilazione dei ruoli** *ex* art. 19, D.P.R. n. 602/1973.
Le verifiche già effettuate sono **prive di qualunque effetto** se, alla data di entrata in vigore del D.L. n. 34/2020 (e quindi **dal 19 maggio 2020**) che ha introdotto tale previsione normativa, l'Agente della riscossione non aveva notificato il pignoramento ai sensi dell'art. 72-bis, D.P.R. n. 602/1973; per le somme oggetto di tali verifiche, le Pubbliche Amministrazioni e le società a prevalente partecipazione pubblica, hanno potuto quindi procedere al pagamento in favore del beneficiario.

ACCERTAMENTO E RISCOSSIONE

Novità introdotte dalla Legge di bilancio 2022

La procedura di blocco dei pagamenti delle Pubbliche Amministrazioni non opera in relazione ad erogazione di somme, ad opera dell'Agenzia delle Entrate, relative a **qualsiasi contributo a fondo perduto** introdotto ed erogato per effetto dalla legislazione emergenziale (art. 1, c. 653, Legge n. 234/2021).
L'esclusione dal blocco dei pagamenti opera a partire **dal 31 dicembre 2021** (data di pubblicazione in Gazzetta Ufficiale della Legge n. 234/2021).

74.5. ROTTAMAZIONE DEI RUOLI ("ROTTAMAZIONE-TER")

Nel corso del 2019 è stata prevista la rottamazione dei ruoli affidati all'Agente della riscossione (AER) **dal 1° gennaio 2000 al 31 dicembre 2017** (artt. 3 e 5, D.L. n. 119/2018) ottenendo lo sgravio:
- delle sanzioni amministrative;
- degli interessi di mora (art. 30, c. 1, D.P.R. n. 602/1973);

versando in un'**unica soluzione entro il 31 luglio 2019**, o nel numero massimo di **diciotto rate** consecutive, le somme:
a. affidate all'Agente della riscossione a titolo di capitale e interessi;
b. maturate a favore dell'Agente della riscossione (art. 17, D.Lgs. n. 112/1999).

Pur essendo decorsi i termini per l'adesione, permangono le scadenze dei singoli pagamenti per coloro che si sono avvalsi della rateazione, oltre ad eventuali contenziosi connessi al mancato accoglimento della domanda o ad altri accadimenti connessi alla definizione.

Decreto "Rilancio" - Per effetto delle disposizioni introdotte con il Decreto "Rilancio", recante misure urgenti per imprese, lavoratori e famiglie a causa dell'emergenza epidemiologica da Coronavirus, i soggetti **decaduti dalla "Rottamazione-ter"** alla **fine del 2019** potevano presentare **istanza di dilazione del debito residuo**, presentando la relativa domanda **entro il 31 agosto 2020** (art. 154, D.L. n. 34/2020).
La **dilazione del debito residuo** è assoggettata alle **modalità ordinarie** (art. 19, D.P.R. n. 602/1973):
- in caso di debiti complessivi **non superiori a 60.000 euro**, con un **massimo di 72 rate mensili**. Per debiti di importo superiore occorre fare riferimento al valore dell'ISEE o ai dati di bilancio;
- la **domanda** può essere presentata in qualsiasi momento, anche in costanza di procedura esecutiva.

A seguito della presentazione della domanda all'Agente della riscossione è inibito adottare nuove misure cautelari esecutive o avviare nuove azioni esecutive. Le procedure in corso si estingueranno con il pagamento della prima rata, a meno che si sia tenuto l'**incanto con esito positivo** oppure il terzo abbia già reso la propria dichiarazione.

Differimento termini di versamento - Era prevista la riammissione ai provvedimenti di definizione agevolata per tutti i contribuenti che non hanno pagato le rate del 2020 (nei tempi stabiliti dal D.L. n. 73/2021 "Decreto Sostegni bis") (art. 1, D.L. n. 146/2021 "Decreto fiscale").
Le rate non versate afferenti alle scadenze dell'anno 2020 potevano essere corrisposte, in unica soluzione, entro il 30 novembre 2021 insieme a quelle previste in scadenza nel 2021.
Entro il 30 novembre 2021 dunque, dovevano essere corrisposte integralmente:
- le rate della "Rottamazione-ter";
- le rate della "Definizione agevolata delle risorse UE";

scadute il 28 febbraio, 31 maggio, 31 luglio, 30 novembre del 2020 e 28 febbraio, 31 maggio, 31 luglio, 30 novembre del 2021.
Erano considerati **tempestivi** anche i versamenti eseguiti **con un ritardo non superiore a 5 giorni** (art. 3, c. 14-bis, D.L. n. 119/2018).

Carichi esclusi dalla rottamazione 74.5.1.

Erano esclusi dalla rottamazione:
- somme dovute a seguito di **recupero di aiuti di Stato**;
- somme derivanti da **pronunce della Corte dei Conti**;
- multe, ammende e sanzioni pecuniarie afferenti **sentenze penali di condanna**;
- **sanzioni non collegate** a violazioni tributarie, contributive, previdenziali;
- sanzioni amministrative per **violazioni del codice della strada**.

In relazione alle violazioni del codice della strada la rottamazione era possibile limitatamente agli interessi.

Procedura di rottamazione 74.5.2.

La procedura si avviava con la presentazione della domanda all'AE (Mod. DA-2018) entro il termine di decadenza del 30 aprile 2019 (successivamente posticipato al 31 luglio 2019) con la quale si esprimeva la volontà di definire i ruoli ivi indicati, in un'**unica soluzione**, entro il **31 luglio 2019**, ovvero nel numero massimo di **diciotto rate consecutive**, la prima e la seconda delle quali scadute il 31 luglio e il 30 novembre 2019.
Le restanti, di pari ammontare, scadenti il **28 febbraio**, il **31 maggio**, il **31 luglio** e il **30 novembre** di ciascun anno a decorrere dal 2020.
Sui pagamenti rateali, a decorrere dal 1° agosto 2019, sono applicatigli interessi al tasso del 2% annuo.
Per effetto dell'approvazione delle modifiche apportate in sede di conversione del D.L. n. 135/2018 (Decreto "Semplificazioni") è stato consentito l'accesso alla nuova definizione agevolata anche ai soggetti che avevano carichi inclusi nella **"Rottamazione-bis"** e non erano riusciti a rispettare le scadenze previste. In questo caso, tuttavia, la **rateazione** era **ridotta**.
Il versamento delle somme dovute per la definizione agevolata (art. 3, c. 1, D.L. n. 119/2018), poteva infatti avvenire in un'**unica soluzione scaduta il 31 luglio 2019**, ovvero, nel numero massimo di sole **dieci rate** consecutive, ciascuna di pari importo, con le seguenti scadenze: prima e seconda rata, scadute rispettivamente il **31 luglio 2019** e il **30 novembre 2019**. Le restanti rate successive di pari ammontare scadenti il **28 febbraio**, **31 maggio**, **31 luglio** e **30 novembre degli anni 2020 e 2021**.
Sulle rate successive alla prima, a partire dal 1° agosto 2019, erano dovuti gli interessi dello 0,35 annuo.
Resta esclusa la compensazione con Mod. F24, mediante crediti disponibili diversi dai precedenti. È ammesso un ritardo nei singoli pagamenti non superiore a 5 giorni.

Effetti della domanda 74.5.3.

Per effetto della domanda l'**AER non poteva avviare azioni esecutive** né disporre **fermi amministrativi e ipoteche**.
Rimanevano i fermi e le ipoteche già in essere alla presentazione della domanda. Il fermo poteva essere sospeso, su istanza del contribuente, dopo il pagamento della prima rata. Non potevano proseguire procedure esecutive immobiliari già avviate, salvo incanto con esito positivo.
In riferimento al "blocco dei pagamenti delle Pubbliche Amministrazioni", il contribuente, essendo considerato adempiente, poteva riscuotere i crediti vantanti nei confronti delle PA ove non li avesse già compensati.
Per i carichi previdenziali inclusi nella rottamazione è prevista la possibilità di rilasciare il DURC (Documento Unico di Regolarità Contributiva). Tuttavia, qualora il contribuente decada dalla definizione, l'INPS può procedere alla revoca.

> La **dichiarazione di adesione alla definizione agevolata** (art. 6, D.L. n. 193/2016) reca l'impegno del contribuente a rinunciare ai giudizi pendenti sui relativi carichi. Il ricorrente che deposita, nel giudizio di legittimità, l'attestazione di ammissione alla procedura, manifesta un'inequivoca rinuncia al ricorso onde va dichiarata l'estinzione del giudizio (Cass. ord. 22 dicembre 2020, n. 29293).
> L'estinzione del giudizio (*ex lege* o per rinuncia del ricorrente) va distinto dalla pronuncia di cessazione della materia del contendere che ha anche valenza sostanziale, riferendosi al rapporto tributario.

ACCERTAMENTO E RISCOSSIONE

In presenza della dichiarazione del debitore di avvalersi della definizione agevolata dei carichi affidati all'Agente della riscossione, con impegno a rinunciare al giudizio, cui sia seguita la comunicazione dell'esattore, il giudizio di cassazione deve essere dichiarato estinto, rispettivamente per rinuncia del debitore, qualora egli sia ricorrente, ovvero perché ricorre un caso di estinzione "*ex lege*", qualora sia resistente o intimato. In entrambe le ipotesi, peraltro, deve essere dichiarata la cessazione della materia del contendere qualora risulti, al momento della decisione, che il debitore abbia anche provveduto al pagamento integrale del debito rateizzato (cfr. Cass. n. 11540/2019 e n. 24083/2018).

74.5.4. Risorse proprie dell'Unione europea

La definizione agevolata era concessa anche per i debiti affidati all'AER dal 1° gennaio 2000 al 31 dicembre 2017 (art. 5, D.L. n. 119/2018) relativi a:

- **risorse proprie tradizionali** (art. 2, paragrafo 1, lett. a) Decisioni 2007/436/CE e 2014/335/UE);
- **IVA riscossa all'importazione**;

beneficiando dello stralcio di sanzioni ed interessi di mora (art. 30, c. 1, D.P.R. n. 602/1973). Pur essendo decorsi i termini per l'adesione, permangono le scadenze dei **singoli pagamenti** per coloro che si sono avvalsi della **rateazione**, oltre ad eventuali contenziosi connessi al mancato accoglimento della domanda o ad altri accadimenti connessi alla definizione.

I termini di pagamento sono i seguenti: **28 febbraio**, **31 maggio**, **31 luglio** e **30 novembre** di ciascun anno.

74.6. SALDO E STRALCIO

Nel corso dell'anno 2019 erano definibili i debiti iscritti a ruolo per le persone fisiche che versavano in una **grave e comprovata situazione di difficoltà economica** (art. 1, c. 184-189, Legge n. 145/2018). Pur essendo decorsi i termini per l'adesione, permangono le scadenze dei **singoli pagamenti** per coloro che si sono avvalsi della **rateazione**, oltre ad eventuali contenziosi connessi al mancato accoglimento della domanda o ad altri accadimenti connessi alla definizione.

Debiti definibili

Erano definibili i debiti risultanti dai singoli carichi affidati all'Agente della riscossione **dal 1° gennaio 2000 al 31 dicembre 2017**, derivanti dall'omesso versamento:

- di imposte risultanti dalle dichiarazioni annuali e dalle attività previste dall'art. 36-bis del D.P.R. n. 600/1973 e dall'art. 54-bis del D.P.R. n. 633/1972, a titolo di tributi e relativi interessi e sanzioni;
- dei contributi dovuti dagli iscritti alle casse previdenziali professionali o alle gestioni previdenziali dei lavoratori autonomi dell'INPS, con esclusione di quelli richiesti a seguito di accertamento.

Condizione necessaria: l'**iscrizione a ruolo del debito**.

Soggetti interessati

I soggetti interessati erano le sole persone fisiche che versavano in una grave situazione di **difficoltà economica**, comprovata da **ISEE** (indicatore della situazione economica equivalente) riferito all'**intero nucleo familiare non superiore ad euro 20.000**.

Facevano eccezione i soggetti in **stato di sovraindebitamento** che avevano presentato la domanda per la liquidazione di tutti i propri beni (art. 14-ter, Legge n. 3/2012), i quali, indipendentemente dall'ISEE, potevano beneficiare dell'agevolazione.

Somma da versare

La "grave e comprovata situazione di difficoltà economica" era sussistente:

- qualora l'indicatore della situazione economica equivalente (ISEE) del nucleo familiare non sia superiore ad euro 20.000 (art. 1, c. 186, Legge n. 145/2018);
- qualora sia stata aperta, alla data di presentazione della dichiarazione con cui si richiede l'accesso alla definizione agevolata, una procedura di liquidazione dei beni per sovraindebitamento (di cui all'art. 14-ter, Legge 27 gennaio 2012, n. 3 - art. 1, c. 188, Legge n. 145/2018).

Diverse erano le modalità di calcolo delle somme dovute ai fini del perfezionamento della definizione agevolata.

Grave e comprovata situazione di difficoltà economica ancorata all'ISEE - Erano integralmente annullati gli importi dovuti a titolo di sanzioni ed interessi di mora. La somma dovuta a titolo di capitale ed interessi era pari:

1. al **16%** dell'intera somma dovuta (capitale + interessi) per i soggetti con ISEE riferita al nucleo familiare **non superiore a euro 8.500**;

2. al **20%** dell'intera somma dovuta (capitale + interessi) per i soggetti con ISEE riferita al nucleo familiare **superiore a euro 8.500 e non superiore a euro 12.500**;
3. al **35%** dell'intera somma dovuta (capitale + interessi) per i soggetti con ISEE riferita al nucleo familiare **superiore a euro 12.500**.

Erano altresì dovuti:
- aggi (art. 17, D.Lgs. n. 112/1999);
- rimborso delle spese per le procedure esecutive;
- rimborso spese di notifica della cartella di pagamento.

Grave e comprovata situazione di difficoltà economica ancorata al sovraindebitamento - La somma dovuta era pari al 10% delle somme iscritte per la riscossione a titolo di capitale e interessi, oltre ad aggi (art. 17, D.Lgs. n. 112/1999), spese per procedure esecutive e di notifica.
Alla dichiarazione con cui si richiedeva l'accesso alla definizione agevolata andava allegata copia conforme del Decreto di apertura della predetta liquidazione.

Effetti della presentazione della domanda 74.6.1.

A seguito della domanda:
a. erano sospesi i termini di prescrizione e decadenza;
b. erano sospesi, fino alla scadenza della prima o unica rata delle somme dovute a titolo di definizione, gli obblighi di pagamento derivanti da precedenti dilazioni in essere alla data di presentazione;
c. non potevano essere iscritti nuovi fermi amministrativi e ipoteche, fatti salvi quelli già iscritti alla data di presentazione;
d. non potevano essere avviate nuove procedure esecutive;
e. non potevano essere proseguite le procedure esecutive precedentemente avviate, salvo che non si sia tenuto il primo incanto con esito positivo;
f. il debitore non era considerato inadempiente ai fini delle compensazioni e dei pagamenti da parte di pubbliche amministrazioni;
g. era possibile il rilascio del DURC.

Differimento termini di versamento **-** Era prevista la riammissione ai provvedimenti di definizione agevolata per tutti i contribuenti che non avevano pagato le rate del 2020 (nei tempi stabiliti dal D.L. n. 73/2021 "Decreto Sostegni bis" (art. 1, D.L. n. 146/2021).
Le rate non versate, afferenti alle scadenze dell'anno 2020, potevano essere corrisposte, in unica soluzione, **entro il 30 novembre 2021** insieme a quelle previste in scadenza nel 2021.
Entro il 30 novembre 2021 dunque, dovevano essere corrisposte integralmente le rate del "Saldo e stralcio" scadute il 31 marzo, 31 luglio del 2020 e 31 marzo, 31 luglio del 2021.

ACCERTAMENTO E RISCOSSIONE

SANZIONI

PRINCIPI GENERALI DEL SISTEMA SANZIONATORIO 75.

QUADRO NORMATIVO 75.1.

Le norme in materia di **sanzioni fiscali** sono contenute essenzialmente in due decreti legislativi:

- D.Lgs. n. 472/1997: principi generali;
- D.Lgs. n. 471/1997: violazioni e sanzioni in materia di imposte sui redditi, IVA, riscossione e ritenute alla fonte.

Le violazioni relative alle **imposte indirette** (Registro, Ipotecaria, Catastale, Successioni, Donazioni, Bollo, Concessioni governative, Accise, ecc.), alle **imposte locali** (IMU, TARI, TASI, ecc.) e ai **regimi speciali** (Cedolare secca, Assistenza fiscale, e altro) sono contenute nei singoli provvedimenti che disciplinano il rispettivo settore.

Le sanzioni di **natura penale**, che riguardano principalmente le violazioni in materia di imposte sui redditi, IVA e riscossione, sono contenute nel D.Lgs. n. 74/2000.

AMBITO APPLICATIVO 75.2.

Le disposizioni generali sulle sanzioni amministrative in materia tributaria (disciplinate dall'art. 1, D.Lgs. n. 472/1997), ove non diversamente disposto, si applicano a **tutte le violazioni** di natura amministrativa, concernenti **tributi**, **diretti e indiretti**, ivi compresi quelli **locali**.

Il D.Lgs. n. 472/1997 disciplina la **tipologia delle sanzioni** applicabili agli illeciti tributari di natura amministrativa, i **soggetti** responsabili, il concorso di persone, la responsabilità, l'imputabilità e la colpevolezza, il **ravvedimento operoso**, il procedimento di irrogazione, la tutela giurisdizionale, le sanzioni accessorie, i provvedimenti cautelari, la decadenza e prescrizione, la **riscossione**.

> Rientrano tra le violazioni tributarie anche quelle previste dalla normativa sul c.d. "**monitoraggio fiscale**" (D.L. n. 167/1990; Cass. 4 luglio 2003, n. 10607; Cass. 21 luglio 2010, n. 17051; circ. 30 gennaio 2002, n. 9/E, par. 1.13).
> Le violazioni alla **disciplina lavoristica** (lavoro "nero", impiego irregolare di lavoratori) non assumono natura tributaria, con conseguente inapplicabilità dei principi generali previsti dal D.Lgs. n. 472/1997 (Cass. 6 giugno 2014, n. 12770), così come le **violazioni valutarie** (cfr. Testo Unico n. 148/1988).

TIPOLOGIA E MISURA DELLE SANZIONI 75.3.

Le sanzioni amministrative previste per la violazione di norme tributarie sono la **sanzione pecuniaria**, consistente nel pagamento di una somma di denaro, e le **sanzioni accessorie**.

La **somma** irrogata a titolo di **sanzione non produce interessi** (art. 2, c. 3, D.Lgs. n. 472/1997).

75.3.1. Sanzioni pecuniarie

La sanzione pecuniaria consiste nel pagamento di una somma di denaro prevista o in misura **fissa** (ad esempio, 200 euro) ovvero **variabile** (da un minimo a un massimo).
L'importo della sanzione (sia fissa sia variabile) può essere **proporzionale all'imposta** o alla maggiore imposta dovuta o non versata (ad esempio, 30% della somma non versata) ovvero **non proporzionale** (da 500 euro a 2.000 euro).

Nel caso di sanzioni previste in misura **variabile**, per la determinazione concreta della sanzione si ha riguardo:

a. alla **gravità della violazione** desunta anche dalla condotta del contribuente;
b. all'opera svolta dal contribuente per **l'eliminazione o l'attenuazione** delle conseguenze;
c. alla **personalità del trasgressore** (desunta anche dai suoi precedenti fiscali) e alle sue condizioni economiche e sociali (art. 7, D.Lgs. n. 472/1997).

Recidiva

La sanzione è **aumentata fino alla metà** nei confronti di chi, nei 3 anni precedenti, sia incorso in altra violazione della stessa indole non definita ai sensi degli artt. 13, 16 e 17 o in dipendenza di adesione all'accertamento di mediazione e di conciliazione (art. 7, c. 3, D.Lgs. n. 472/1997).

Sono considerate della **stessa indole** le violazioni delle stesse disposizioni e quelle di disposizioni diverse che, per la natura dei fatti che le costituiscono e dei motivi che le determinano o per le modalità dell'azione, presentano profili di sostanziale identità (art. 7, c. 3, D.Lgs. n. 472/1997).

Sproporzione tra tributo e sanzione

Qualora concorrano circostanze che rendono manifesta la sproporzione tra l'entità del tributo cui la violazione si riferisce e la sanzione, questa può essere **ridotta fino alla metà del minimo**.

Riduzione della sanzione

In ogni caso, salvo quanto diversamente disposto da singole leggi di riferimento, in caso di presentazione di una dichiarazione o di una denuncia **entro 30 giorni** dalla scadenza del relativo termine, la sanzione è **ridotta della metà** (art. 7, c. 4-bis, D.Lgs. n. 472/1997).

La sanzione prevista per **l'omessa trasmissione** telematica della dichiarazione da parte dei soggetti abilitati (da 516,46 euro a 5.164,57 euro, art. 7-bis, c. 1, D.Lgs. n. 241/1997) è **ridotta alla metà** se la dichiarazione viene trasmessa con un ritardo non superiore a 30 giorni (ris. 24 dicembre 2020, n. 82).

In caso di applicazione del regime di **adempimento collaborativo** (D.Lgs. n. 128/2015 e Provvedimento del Direttore dell'Agenzia delle Entrate del 26 maggio 2017), per i rischi di natura fiscale comunicati in modo tempestivo ed esauriente all'Agenzia delle entrate prima della presentazione delle dichiarazioni fiscali, se l'Agenzia non condivide la posizione dell'impresa, le sanzioni amministrative applicabili sono **ridotte della metà** e comunque non possono essere applicate in misura superiore al **minimo edittale** (art. 5, c. 2, lett. b), D.Lgs. n. 128/2015).

75.3.2. Sanzioni accessorie

Le sanzioni amministrative **accessorie** (art. 21, D.Lgs. n. 472/1997) possono essere irrogate solo nei casi **espressamente previsti** dalle singole norme sanzionatrici (art. 2, c. 1, D.Lgs. n. 472/1997), quando il provvedimento di irrogazione è divenuto **definitivo** (art. 19, c. 7, D.Lgs. n. 472/1997).

Sanzioni accessorie
Interdizione dalle cariche di amministratore, sindaco o revisore di società di capitali ed enti con personalità giuridica, pubblici e privati (per una durata massima di 6 mesi).
Interdizione dalla partecipazione a gare per l'affidamento di pubblici appalti e forniture (per la durata massima di 6 mesi).
Interdizione dal conseguimento di licenze, concessioni o autorizzazioni amministrative per l'esercizio di imprese o di attività di lavoro autonomo, e la loro sospensione (per la durata massima di 6 mesi).
Sospensione dall'esercizio di attività di lavoro autonomo o di impresa (per la durata massima di 6 mesi).

Le **sanzioni accessorie** si applicano anche in materia di **imposte sui redditi** ed **IVA** (art. 12, c. 1, D.Lgs. n. 471/1997). È prevista una specifica sanzione accessoria (**sospensione della licenza** o dell'autorizzazione all'esercizio dell'attività) in caso di contestazione di quattro distinte violazioni (le quattro violazioni non devono essere necessariamente contestate con quattro separati atti, cfr. Cass. 19 novembre 2020, n. 26322; Cass., Sez. V, 28 ottobre 2020, n. 23700) dell'obbligo di **emissione della ricevuta o dello scontrino fiscale** compiute in giorni diversi, nell'arco di un quinquennio (art. 12, c. 2, D.Lgs. n. 471/1997), a prescindere da un ammontare minimo dei corrispettivi complessivamente non documentati (Cass. 19 novembre 2020, n. 26322). La sanzione in parola si applica anche per la mancata o non tempestiva memorizzazione o trasmissione di **corrispettivi telematici** ovvero per la memorizzazione o trasmissione con dati incompleti o non veritieri. Il provvedimento di sospensione è **immediatamente esecutivo** (in deroga all'art. 19, c. 7, D.Lgs. n. 472/1997) e non è impedito dalla definizione agevolata di cui all'art. 16, c. 3, D.Lgs. n. 472/1997 (Cass. 19 novembre 2020, n. 26322). Nel caso di violazione commessa da uno **stabilimento balneare con annesso bar**, la sospensione dell'attività riguarda l'intera attività esercitata, unitariamente considerata (Cass., Sez. V, 28 ottobre 2020, n. 23703).

La **definizione agevolata** impedisce l'irrogazione delle sanzioni accessorie (art. 16, c. 3, e art. 17, c. 2, D.Lgs. n. 472/1997; circ. 10 luglio 1998, n. 180/E).

Definizione agevolata delle sanzioni 75.3.3.

Diversi istituti prevedono la possibilità per il contribuente di definire la controversia, ottenendo una **riduzione** delle sanzioni irrogate.

In presenza di un **atto di accertamento**, di **rettifica** o di **irrogazione** delle **sanzioni**, il trasgressore e gli obbligati in solido, entro il termine previsto per la proposizione del ricorso, possono definire la controversia con il pagamento di un importo pari ad **1/3 della sanzione indicata** (art. 16, c. 3 e art. 17, c. 2, D.Lgs. n. 472/1997).

La definizione agevolata e la possibilità di estinguere il debito tributario entro il termine per la proposizione del ricorso è da intendere nella sua integrale applicazione, quindi **comprensivo del periodo di sospensione feriale** dei termini processuali (Cass., Sez. V, 15 gennaio 2019, n. 745).

Esempio

Un avviso di accertamento viene notificato il 20 luglio. Il termine per la definizione agevolata delle sanzioni scade il 19 ottobre:

- 11 giorni dal 20 al 31 luglio;
- 30 giorni di sospensione dei termini dal 1° al 31 agosto;
- 30 giorni il mese di settembre;
- 19 giorni dal 1° al 19 ottobre.

La definizione agevolata **non è applicabile**:

- alle sanzioni per **omesso o ritardato pagamento dei tributi**, ancorché risultanti da liquidazioni eseguite a seguito di controlli automatici e formali (artt. 36-bis e 36-ter, D.P.R. n. 600/1973 e artt. 54-bis e 60, c. 6, D.P.R. n. 633/1972) (art. 17, c. 3, D.Lgs. n. 472/1997 e circ. 10 luglio 1998, n. 180/E);
- nel caso di **utilizzo in compensazione** di crediti inesistenti (art. 13, c. 5, D.Lgs. n. 471/1997).

L'importo da versare non può comunque essere inferiore a **1/3 dei minimi edittali** previsti per le violazioni più gravi relative a ciascun tributo.

Per determinare l'importo da versare è necessario effettuare una comparazione tra il **terzo della sanzione irrogata** e il **terzo dei minimi edittali** previsti per le violazioni più gravi relativi a ciascun tributo.

Esempio

Nel caso di violazioni in materia di IVA ed IRES, occorre:

- determinare la sanzione minima prevista dalla legge per le violazioni più gravi contestate ai fini IVA e ai fini IRES;
- calcolare il terzo di tale importo complessivo;
- comparare tale importo con il terzo della sanzione complessivamente irrogata.

SANZIONI

Effetti della definizione agevolata

La definizione agevolata impedisce l'irrogazione delle **sanzioni accessorie** (art. 16, c. 3, D.Lgs. n. 472/1997) e rende inapplicabile l'aumento previsto per il caso di **recidiva** (art. 7, c. 3, D.Lgs. n. 472/1997), "precludendo all'Amministrazione finanziaria di irrogare maggiori sanzioni ed al contribuente di ripetere quanto già pagato" (Cass. 13 novembre 2020, n. 25767; Cass. 15 maggio 2019, n. 12916).

Poiché la norma (art. 16, c. 3, D.Lgs. n. 472/1997) prevede che la controversia sia definita mediante il pagamento in misura ridotta, non è stata ritenuta possibile la definizione relativa solo a **talune delle violazioni commesse**; in tal caso, infatti, verrebbe impedita la definizione dell'intera "controversia" (Cass. 31 marzo 2015, n. 6531; Agenzia delle Entrate, nota 11 settembre 2001, n. 158135).

In senso inverso si è espressa l'Agenzia delle Entrate (circ. 19 febbraio 2008, n. 11/E, risp. n. 9.1), relativamente alle sanzioni applicabili ai CAF in materia di assistenza fiscale, affermando che, a fronte di diverse violazioni contestate con un unico atto, **è possibile definire solo alcune** fattispecie contestate e presentare ricorso per le altre, nonché altra parte della giurisprudenza secondo la quale il contribuente non sarebbe obbligato a definire anche le violazioni per le quali ritiene illegittimo l'atto di irrogazione (Cass. 30 dicembre 2015, n. 26061).

Annullamento o revoca parziali dell'atto

Nei casi di annullamento o revoca parziali dell'atto (**autotutela**) il contribuente può avvalersi degli istituti di definizione agevolata delle sanzioni previsti per l'atto oggetto di annullamento o revoca, alle medesime condizioni esistenti alla data di notifica dell'atto, purché **rinunci al ricorso** (art. 2-quater, c. 1-sexies, D.L. n. 564/1994, convertito dalla Legge n. 656/1994). La disposizione non trova applicazione alla definizione agevolata relativa alle sanzioni collegate al tributo, di cui all'art. 17, c. 2, D.Lgs. n. 472/1997 (art. 2-quater, c. 1-septies, D.L. n. 564/1994).

Controlli automatici

Le somme dovute a seguito di controlli automatici in caso di rettifica di **imposte sui redditi** (art. 36-bis, D.P.R. n. 600/1973) o in materia di **IVA** (art. 54-bis, D.P.R. n. 633/1972), sono iscritte direttamente nei ruoli a titolo definitivo, a meno che il contribuente o il sostituto d'imposta provveda a definire la contestazione, versando le somme richieste **entro 30 giorni** dal ricevimento della comunicazione di irregolarità, anche in modo rateale (nel qual caso, entro tale termine deve essere versata la prima rata). In caso di definizione, l'ammontare delle sanzioni amministrative dovute è **ridotto a 1/3** (art. 2, D.Lgs. n. 462/1997).

Controlli formali

In caso di rettifica della dichiarazione effettuata dall'Ufficio a seguito dei controlli formali (art. 36-ter, D.P.R. n. 600/1973) il pagamento di quanto dovuto (o della prima rata) entro il termine di 30 giorni dal ricevimento della comunicazione di irregolarità, comporta la **riduzione delle sanzioni a 2/3** (art. 3, D.Lgs. n. 462/1997).

Rinuncia ad impugnare (acquiescenza)

In caso di notifica di un avviso di accertamento o di un avviso di liquidazione, le sanzioni irrogate sono **ridotte a 1/3** se il contribuente **rinuncia ad impugnare** l'avviso di accertamento, o di liquidazione, e a formulare istanza di accertamento con adesione, provvedendo a pagare, entro il termine per la proposizione del ricorso, le somme complessivamente dovute, tenuto conto della riduzione. In ogni caso, la misura delle sanzioni **non può essere inferiore a 1/3 dei minimi edittali** previsti per le violazioni più gravi relative a ciascun tributo.

> La riduzione delle sanzioni in caso di rinuncia ad impugnare l'avviso di rettifica o di accertamento trova applicazione sia in materia di **IVA**, **IRAP** ed **imposte sui redditi** (nonché relative imposte sostitutive ed addizionali) sia in materia di **imposte indirette** (registro, successioni e donazioni, ipotecaria e catastali ed altre imposte indirette minori).

L'istituto dell'acquiescenza può operare, in ragione della *ratio* deflattiva ad esso sottesa, anche in relazione a **singoli addebiti dotati di rilevanza autonoma**, pur se ricompresi **in un accertamento unitario**. In caso contrario, la eventuale scelta dell'Ufficio di inserire in un unico avviso di accertamento due vicende fiscalmente completamente autonome potrebbe andare a scapito del contribuente, impedendogli la possibilità per una vicenda di adire il giudice tributario e per l'altra vicenda di accedere ad un istituto deflattivo (Cass., Sez. V, 11 maggio 2018, n. 11497).

SANZIONI

Accertamento con adesione

Qualora il contribuente **definisca per adesione un accertamento**, le sanzioni per le violazioni commesse nel periodo d'imposta concernenti i tributi oggetto dell'adesione, nonché le violazioni concernenti il contenuto delle dichiarazioni relative allo stesso periodo, si applicano nella misura di **1/3 del minimo** previsto dalla legge, **ad eccezione** di quelle applicate in sede di **liquidazione delle dichiarazioni** in materia di **imposte sui redditi** (art. 36-bis, D.P.R. n. 600/1973) o di IVA (art. 60, c. 6, D.P.R. n. 633/1972), nonché di quelle concernenti la **mancata**, **incompleta** o **non veritiera risposta** alle richieste formulate dall'ufficio.

Quando si tratta di **violazioni continuate o progressive** la sanzione dovuta dal contribuente si applica in base al **cumulo giuridico** (art. 12, D.Lgs. n. 472/1997), anziché al cumulo materiale. In tali casi, la sanzione conseguente alla definizione agevolata non può stabilirsi in progressione con violazioni non indicate nell'atto di contestazione o di irrogazione delle sanzioni.

Reclamo e mediazione

Per le controversie di valore non superiore a **50.000 euro**, l'eventuale ricorso giurisdizionale produce anche gli effetti di un reclamo e può contenere una proposta di **mediazione** con rideterminazione dell'ammontare della pretesa. Nel caso in cui le parti addivengano ad un accordo in sede di mediazione, le sanzioni si applicano in misura pari al **35% del minimo previsto dalla legge** (art. 17-bis, D.Lgs. n. 546/1992).

Conciliazione giudiziale

Nel caso in cui le parti raggiungano un accordo mediante **conciliazione giudiziale** (artt. da 48 a 48-ter, D.Lgs. n. 546/1992) le sanzioni amministrative si applicano:

- nella misura del **40% del minimo** previsto dalla legge, qualora la conciliazione si perfezioni nel corso del primo grado di giudizio;
- nella misura del **50% del minimo** previsto dalla legge, qualora la conciliazione si perfezioni nel corso del secondo grado di giudizio.

Concorso di violazioni 75.3.4.

Nel caso di concorso di violazioni si applica una **sanzione unica** (c.d. "**cumulo giuridico**"), **se più favorevole** rispetto alla somma delle sanzioni per le diverse violazioni commesse (c.d. "**cumulo materiale**"). L'applicazione della sanzione unica costituisce un obbligo per l'Amministrazione (Cass. 12 novembre 2020, n. 25509).

Il cumulo giuridico si applica nei seguenti casi di concorso:

- concorso **formale** omogeneo o eterogeneo;
- concorso **materiale**, solo nell'ipotesi in cui con più azioni od omissioni sono commesse diverse violazioni formali della **medesima disposizione**;
- violazioni **continuate**.

Il concorso e la continuazione sono **interrotti dalla constatazione** della violazione. Ne deriva che la constatazione dell'illecito costituisce il punto di arresto per il riconoscimento della **continuazione**: tutto ciò che si pone a monte di tale atto (se della stessa indole) deve essere unito ai fini della determinazione della sanzione; ciò che, invece, è a valle resta escluso dal cumulo giuridico, salvo riconoscere, ove plurime siano le violazioni anche da questo lato, una autonoma e rinnovata applicazione del medesimo istituto (Cass. ord. 9 giugno 2021, n. 16017).

Concorso formale

Si ha concorso formale di violazioni quando uno stesso soggetto commette una **pluralità di violazioni** con **una sola azione od omissione**.

Il concorso formale può essere:

- **omogeneo**: quando la pluralità di violazioni ha per oggetto la **stessa disposizione**;
- **eterogeneo**: quando la pluralità di violazioni riguarda **diverse disposizioni** anche relative a tributi diversi.

Esempi

- Concorso formale **omogeneo**: più violazioni riguardanti la stessa dichiarazione doganale (Cass. 12 novembre 2020, n. 25509);
- Concorso formale **eterogeneo**: infedele dichiarazione di prezzo di una compravendita immobiliare (Registro, Ipotecaria, Catastale).

SANZIONI

La **sanzione unica** si applica al concorso formale, sia omogeneo sia eterogeneo.

Concorso materiale

Si ha concorso materiale qualora siano commesse **più violazioni** con **diverse azioni od omissioni**.

Esempi
- Concorso materiale **omogeneo**: mancata emissione di diverse fatture; più violazioni realizzate in diverse dichiarazioni doganali (Cass. 12 novembre 2020, n. 25509);
- Concorso materiale **eterogeneo**: mancata emissione di fatture, mancata tenuta della contabilità, omessa dichiarazione.

La **sanzione unica** si applica al concorso materiale solo nell'ipotesi in cui con più azioni od omissioni sono commesse diverse **violazioni formali della medesima disposizione**.

Esempi
- Emissione di fatture senza indicazione del codice fiscale.
- Più violazioni di **omessa trasmissione** telematica della dichiarazione da parte dei soggetti abilitati (Cass. ord. 5 ottobre 2021, n. 26911).
- Plurime **ritardate autofatturazioni** nel sistema dell'inversione contabile (Cass. 17 dicembre 2020, n. 28938).

Il **ritardo nella fatturazione** integra una violazione **formale** e non anche sostanziale, ove la condotta, pur oggettivamente lesiva per l'esercizio delle azioni di controllo, non abbia arrecato alcun pregiudizio, con accertamento di fatto di competenza del giudice di merito, sulla determinazione della base imponibile, dell'imposta o sul versamento del tributo, sicché, in caso di pluralità di violazioni della medesima disposizione, è applicabile l'art. 12, c. 1, D.Lgs. n. 472/1997 (Cass. 10 giugno 2021, n. 16450).

Violazioni formali

Sono **violazioni formali** quelle che **non incidono** sulla determinazione dell'**imponibile** o sulla liquidazione, anche periodica, del **tributo** (circ. 10 luglio 1998, n. 180/E, art. 12). Le violazioni che **non arrecano pregiudizio** all'esercizio delle azioni di controllo **e non incidono** sulla determinazione della base imponibile (c.d. violazioni **"meramente" formali**) non sono punibili (art. 10, c. 3, Legge n. 212/2000, art. 6, c. 5-bis, D.Lgs. n. 472/1997, Cass., Sez. V, 25 giugno 2014, n. 14401).

Violazioni continuate

Sono violazioni continuate quelle che, nella loro **progressione**, pregiudicano o tendono a pregiudicare la **determinazione dell'imponibile** ovvero la **liquidazione** anche periodica **del tributo**.

Esempi
- IVA: violazioni degli obblighi di fatturazione, registrazione, liquidazione periodica e dichiarazione annuale (Cass. 30 settembre 2020, n. 20823).
- Imposte sui redditi: omessa contabilizzazione di ricavi, infedele dichiarazione (circ. 10 luglio 1998, n. 180/E).

Violazioni relative a più tributi

La sanzione unica si applica in caso di violazioni continuate, anche se relative **a più tributi**.

Esempio
Violazioni degli obblighi di fatturazione, registrazione, contabilizzazione, liquidazione periodica dell'IVA, infedele dichiarazione annuale IVA e IRES.

Violazioni relative a più annualità

La sanzione unica si applica anche in caso di violazioni continuate riferite a **più annualità**, solo se si tratta di violazioni della **stessa indole** (previsione, questa, estranea alla materia doganale - Cass. 21 settembre 2020, n. 19633).

Sono considerate della stessa indole le violazioni:
- delle **stesse disposizioni**;
- di **disposizioni diverse** che, per la **natura dei fatti** che le costituiscono e dei **motivi** che le determinano o per le **modalità dell'azione**, presentano profili di **sostanziale identità**.

SANZIONI

Esempi
- Dichiarazione infedele ripetuta per più annualità;
- Dichiarazione infedele IRPEF/IRES e dichiarazione infedele IVA;
- Omessa dichiarazione per più annualità (Cass. ord. 30 giugno 2021, n. 18447; Cass. 18 giugno 2020, n. 11831);
- Omesso rilascio di fattura e di ricevuta o scontrino fiscale;
- Omessa registrazione di corrispettivi per vendite al minuto ed omesso rilascio di fattura;
- Mancato versamento di IVA e di IRPEF.

Se l'ufficio non contesta tutte le violazioni riferite a più annualità o non irroga la sanzione **contemporaneamente rispetto a tutte**, quando in seguito vi provvede determina la sanzione complessiva **tenendo conto** delle violazioni oggetto del **precedente provvedimento**.

Se più atti di irrogazione danno luogo a **processi non riuniti** o comunque introdotti avanti a giudici diversi, il giudice che prende cognizione dell'ultimo di essi ridetermina la sanzione complessiva tenendo conto delle violazioni risultanti dalle sentenze precedentemente emanate. Si tratta di un obbligo cui il giudice deve assolvere anche d'ufficio (Cass., Sez. V, 19 aprile 2018, n. 9674), fino a che le precedenti sentenze non siano passate in giudicato (Cass., Sez. V, 12 aprile 2017, n. 9501).

Omesso versamento

Poiché la progressione deve avere riguardo alle violazioni che possono incidere sulla determinazione dell'imponibile o sulla liquidazione del tributo, **sono escluse** dall'ambito applicativo della norma le violazioni di **omesso versamento** (circ. 10 luglio 1998, n. 180/E; Cass. ord. 15 settembre 2021, n. 24785; Cass. 3 marzo 2021, n. 5744; Cass., Sez. V, 15 novembre 2017, n. 27068).

La giurisprudenza, tuttavia, ha anche sostenuto che il cumulo giuridico può trovare applicazione in caso di:
- omesso versamento degli acconti e dei saldi (Cass., Sez. V, 26 ottobre 2016, n. 21570);
- plurime violazioni di omesso versamento di IVA risultante da dichiarazioni relative a diverse annualità (Cass. 16 maggio 2002, n. 7163 e Cass. 8 marzo 2000, n. 2609).

Nell'ipotesi di violazioni continuate che sfociano nell'omesso versamento del tributo non dichiarato (ad es., omessa fatturazione e registrazione, dichiarazione infedele od omessa, omesso versamento dell'imposta relativa) la sanzione prevista per l'omesso versamento deve ritenersi assorbita in quella di dichiarazione infedele od omessa (circ. 12 ottobre 2016, n. 42/E, par. 2.1).

Determinazione della sanzione unica

Nei casi di concorso di violazioni e continuazione si applica:
- la sanzione che dovrebbe infliggersi per la **violazione più grave** (sanzione base), aumentata **da un quarto al doppio**.

Esempio

Omessa fatturazione e dichiarazione infedele IVA per un imponibile di 100.000 euro.
- IVA non fatturata/dichiarata: 22.000.

Si ipotizza che l'Ufficio applichi sempre la sanzione minima.

Omessa fatturazione IVA: 19.800 (art. 6, c. 1, D.Lgs. n. 471/1997).
Infedele dichiarazione IVA: 19.800 (art. 5, c. 4, D.Lgs. n. 471/1997).

Violazione più grave: 19.800 (sanzione base).
Aumento di 1/4: 24.750 (sanzione unica).

Cumulo materiale: 39.600 (19.800 + 19.800).

In questo caso l'Ufficio applicherà la sanzione unica (24.750) essendo più favorevole al cumulo materiale (39.600).

Se le violazioni rilevano ai fini di **più tributi**, si considera quale sanzione base cui riferire l'aumento, quella più grave **aumentata di un quinto**.

Esempio

Omessa fatturazione e dichiarazione infedele IVA e IRES per un imponibile di 100.000 euro.
- IVA non fatturata/dichiarata: 22.000.
- IRES non dichiarata: 24.000.

SANZIONI

Si ipotizza che l'Ufficio applichi sempre la sanzione minima.

Omessa fatturazione IVA: 19.800 (art. 6, c. 1, D.Lgs. n. 471/1997).
Infedele dichiarazione IVA: 19.800 (art. 5, c. 4, D.Lgs. n. 471/1997).
Infedele dichiarazione IRES: 21.600 (art. 1, c. 2, D.Lgs. n. 471/1997).
Omessa contabilizzazione del ricavo: 1.000 (art. 9, c. 1, D.Lgs. n. 471/1997).
Violazione più grave: 21.600.
Aumento di 1/5: 25.920 (sanzione base).
Aumento di 1/4: 32.400 (sanzione unica).

Cumulo materiale: 62.200 (19.800 + 19.800 + 21.600 + 1.000).

In questo caso l'Ufficio applicherà la sanzione unica (32.400) essendo più favorevole al cumulo materiale (62.200).

Quando violazioni della stessa indole vengono commesse in **periodi di imposta diversi**, si applica la sanzione base aumentata **dalla metà al triplo**.

Esempio
Omessa fatturazione e dichiarazione infedele IVA e IRES per un imponibile di 100.000 euro nell'anno 1 e di 60.000 nell'anno 2 (si ipotizza che l'Ufficio applichi sempre la sanzione minima).

Anno 1
- IVA non fatturata/dichiarata: 22.000.
- IRES non dichiarata: 24.000.

Omessa fatturazione IVA: 19.800 (art. 6, c. 1, D.Lgs. n. 471/1997).
Infedele dichiarazione IVA: 19.800 (art. 5, c. 4, D.Lgs. n. 471/1997).
Infedele dichiarazione IRES: 21.600 (art. 1, c. 2, D.Lgs. n. 471/1997).
Omessa contabilizzazione del ricavo: 1.000 (art. 9, c. 1, D.Lgs. n. 471/1997).

Anno 2
- IVA non fatturata/dichiarata: 13.200.
- IRES non dichiarata: 14.400.

Omessa fatturazione IVA: 11.880 (art. 6, c. 1, D.Lgs. n. 471/1997).
Infedele dichiarazione IVA: 11.880 (art. 5, c. 4, D.Lgs. n. 471/1997).
Infedele dichiarazione IRES: 12.960 (art. 1, c. 2, D.Lgs. n. 471/1997).
Omessa contabilizzazione del ricavo: 1.000 (art. 9, c. 1, D.Lgs. n. 471/1997).

Violazione più grave: 21.600.
Aumento di 1/5: 25.920 (sanzione base).
Aumento del 50%: 38.880 (sanzione unica).

Cumulo materiale: 99.920 (19.800 + 19.800 + 21.600 + 1.000 + 11.880 + 11.880 + 12.960 + 1000).

In questo caso l'Ufficio applicherà la sanzione unica (38.880) essendo più favorevole al cumulo materiale (99.920).

Tributi di enti diversi

Le previsioni relative all'applicazione della sanzione unica si applicano separatamente:
- rispetto ai tributi erariali e ai tributi di ciascun altro ente impositore;
- tra i tributi erariali, alle imposte doganali e alle imposte sulla produzione e sui consumi.

Esempi
1) Violazioni alle imposte sui redditi dei fabbricati e all'IMU.
In questi casi, il calcolo per la determinazione della sanzione unica deve essere eseguito separatamente per:
- le imposte sui redditi dei fabbricati;
- l'IMU.

2) Violazioni all'IVA e alle imposte doganali.

SANZIONI

In questi casi, il calcolo per la determinazione della sanzione unica deve essere eseguito separatamente per:
- l'IVA;
- le imposte doganali.

Definizione agevolata

In caso di definizione agevolata (artt. 16 e 17, D.Lgs. n. 472/1997) la sanzione unica non può stabilirsi in progressione con violazioni **non indicate nell'atto di contestazione** o di irrogazione delle sanzioni.

Istituti definitori

Nei casi di:
- accertamento con **adesione**,
- **mediazione** tributaria,
- **conciliazione** giudiziale,

le disposizioni sulla determinazione di una sanzione unica in caso di progressione si applicano **separatamente per ciascun tributo** e per **ciascun periodo d'imposta**.

IMPUTABILITÀ E COLPEVOLEZZA 75.4.

La sanzione è riferibile alla persona fisica che ha commesso o concorso a commettere la violazione (art. 2, c. 2, D.Lgs. n. 472/1997), vale a dire colui che ha posto in essere il comportamento trasgressivo rispetto all'obbligo tributario (circ. 10 luglio 1998, n. 180/E).

Persone giuridiche

Le sanzioni amministrative relative al rapporto fiscale proprio di società o enti con **personalità giuridica** sono esclusivamente a carico della persona giuridica (art. 7, D.L. n. 269/2003).
Il principio di personalizzazione della sanzione lascia il posto alla sola responsabilità oggettiva del soggetto che ha concretamente beneficiato della condotta illecita, con la totale esclusione della persona fisica autrice dell'illecito da ogni forma di responsabilità (Cass. 11 marzo 2016, n. 4775), anche quando la società è "gestita" da un amministratore di fatto (Cass., Sez. V, 25 ottobre 2017, n. 25284); ciò sempreché la persona fisica, autrice della violazione, abbia agito **nell'interesse e a beneficio** della società rappresentata o amministrata, dotata di personalità giuridica, perché ove "il rappresentante o l'amministratore della società con personalità giuridica abbiano agito **nel proprio esclusivo interesse**, utilizzando l'ente con personalità giuridica quale schermo o paravento per sottrarsi alle conseguenze degli illeciti tributari commessi a proprio personale vantaggio" deve essere ripristinata la regola generale secondo cui la sanzione amministrativa pecuniaria colpisce **la persona fisica autrice dell'illecito** (Cass. ord. 20 ottobre 2021, n. 29038; Cass. 1° dicembre 2020, n. 27393; Cass. 13 novembre 2020, n. 25757).

Responsabilità solidale

Al di fuori dell'ipotesi di violazioni commesse da persone giuridiche, quando una violazione, che incide sulla determinazione o sul pagamento del tributo, è commessa dal **dipendente o dal rappresentante legale** o negoziale di una **persona fisica** nell'adempimento del suo ufficio o del suo mandato, ovvero dal dipendente o dal rappresentante o dall'amministratore, anche di fatto, di **società**, **associazione** od ente (privi di personalità giuridica), nell'esercizio delle sue funzioni o incombenze, il **soggetto rappresentato** (persona fisica, società, associazione o ente), nell'interesse del quale ha agito l'autore della violazione, è **obbligato solidalmente** al pagamento di una somma pari alla sanzione irrogata, salvo il diritto di regresso secondo le disposizioni vigenti (art. 11, c. 1, D.Lgs. n. 472/1997).
Se la violazione **non è commessa con dolo o colpa grave**, la sanzione non può essere eseguita nei confronti dell'autore, che non ne abbia tratto diretto vantaggio, in somma eccedente euro 50.000, salva, per l'intero, la responsabilità prevista a carico della persona fisica, della società, dell'associazione o dell'ente (art. 11, c. 1, D.Lgs. n. 472/1997).

Società di persone

Non trattandosi di società con **personalità giuridica** (Cass., SS.UU., 26 aprile 2000, n. 291, Cass. 19 ottobre 2016, n. 21066), le sanzioni fiscali devono essere applicate alla **persona fisica** che ha commesso o concorso a commettere la violazione (art. 2, c. 2, D.Lgs. n. 472/1997).
Pertanto, dell'infedeltà della dichiarazione del reddito di partecipazione risponde, in primo luogo, il **socio amministratore** che ha presentato la dichiarazione della società (dalla quale è poi derivato il reddito attribuito a tutti i soci) (circ. 10 luglio 1998, n. 180/E). Ove l'obbligo di presentazione della di-

SANZIONI

chiarazione ricada su più soci, la sanzione irrogabile è una sola, con **responsabilità solidale** di tutti i soci (art. 9, c. 1, D.Lgs. n. 472/1997).

Non risponde della violazione, invece, l'eventuale **socio non amministratore**, il quale nonostante ripetute richieste di esaminare la documentazione contabile della società non sia stato posto in condizione di verificare in nessun modo l'esattezza della dichiarazione sociale (circ. 10 luglio 1998, n. 180).

Operazioni straordinarie

Per talune operazioni di **trasformazione soggettiva** (cessione d'azienda, trasformazione, fusione, scissione) la responsabilità per sanzioni viene attribuita **solidalmente** alla società destinataria dell'operazione (artt. 14 e 15, D.Lgs. n. 472/1997), onde evitare che attraverso queste operazioni sia pregiudicata la garanzia patrimoniale della società, originaria debitrice, in danno dell'interesse pubblico dell'amministrazione finanziaria (Corte cost. 26 aprile 2018, n. 90).

In caso di **cessione o trasferimento di azienda** (ivi compreso il conferimento) o di ramo di azienda (Cass. ord. 23 luglio 2021, n. 21161), il cessionario, fatta salva la preventiva escussione del cedente, è responsabile in solido per il pagamento dell'imposta e delle sanzioni riferibili alle violazioni commesse **nell'anno** in cui è avvenuta la cessione e nei **due precedenti**, nonché per quelle già **irrogate e contestate** nel medesimo periodo anche se riferite a violazioni commesse in epoca anteriore (art. 14, c. 1).

Tranne che nei casi di cessione in frode alla legge, la responsabilità del cessionario è **limitata** al debito risultante, alla data del trasferimento, dagli atti degli uffici dell'amministrazione finanziaria e degli enti preposti all'accertamento dei tributi di loro competenza (art. 14, c. 2), nonché dal valore dell'azienda o del ramo d'azienda (art. 14, c. 1) (Cass., SS.UU., 16 dicembre 2020, n. 28709).

La cessione dell'**unica quota** appartenente ad un **socio unico** di S.r.l. può essere **riqualificata** come cessione d'azienda e, in quanto tale, esporre il cedente a rispondere dei debiti tributari in solido con il cessionario(*ex* art. 14, D.Lgs. n. 472/1997) (Cass. ord. 7 luglio 2021, n. 19238).

Non sussiste responsabilità solidale del cessionario, salva l'ipotesi di cessione in frode alla legge, quando l'operazione avviene nell'ambito di una procedura concorsuale, di un accordo di ristrutturazione dei debiti (art. 182-bis, R.D. n. 267/1942), di un piano attestato (art. 67, c. 3, R.D. n. 267/1942) o di un procedimento di composizione della crisi da sovraindebitamento o di liquidazione del patrimonio (art. 14, c. 5-bis, D.Lgs. n. 472/1997).

Nell'ipotesi di **trasformazione** o **fusione**, la società risultante dalla trasformazione o dalla fusione subentra negli obblighi delle società trasformate o fuse relativi al pagamento delle sanzioni (art. 15, c. 1, D.Lgs. n. 472/1997).

Nei casi di **scissione** anche parziale di società od enti, ciascuna società od ente è obbligato in solido al pagamento delle somme dovute per violazioni commesse anteriormente alla data dalla quale la scissione produce effetti (art. 15, c. 2, D.Lgs. n. 472/1997), per cui tutte le società partecipanti alla scissione rispondono solidalmente e illimitatamente (Cass. ord. 30 novembre 2021, n. 37484), indipendentemente dalle quote di patrimonio assegnato a seguito dell'operazione (Cass. 10 febbraio 2021, n. 3233).

75.4.1. Elemento soggettivo

Nelle violazioni tributarie punite con sanzioni amministrative ciascuno risponde della propria azione od omissione, cosciente e volontaria, sia essa **dolosa o colposa** (art. 5, c. 1, D.Lgs. n. 472/1997).

Ai fini della punibilità è richiesto che l'azione od omissione, oltre che **cosciente** e **volontaria**, sia anche **colpevole**, cioè che si possa rimproverare all'agente di avere tenuto un comportamento **doloso** o di aver commesso il fatto per **negligenza, imprudenza, imperizia** ovvero **inosservanza** a leggi, regolamenti e discipline (Cass., Sez. V, 20 novembre 2003, n. 17579; Cass. ord. 26 ottobre 2021, n. 30131; Cass., Sez. V, 17 ottobre 2014, n. 21985).

Il principio di personalizzazione della sanzione esclude l'automatica corrispondenza tra la **funzione** in sé rivestita e l'imputazione delle condotte illecite, essendo al contrario necessaria **un'indagine** quanto meno sufficiente ad identificare gli elementi di base da cui evincere l'addebitabilità delle violazioni all'amministratore (Cass. ord. 25 febbraio 2021, n. 5164).

Prova dell'assenza di colpa

La prova dell'assenza di colpa **grava sul contribuente**, sicché va esclusa la rilevabilità d'ufficio di una presunta carenza dell'elemento soggettivo, sotto il profilo della mancanza assoluta di colpa (Cass. 11 dicembre 2020, n. 28291; Cass., Sez. V, 7 febbraio 2018, n. 2912). All'**Amministrazione** spetta dunque l'onere di provare, anche mediante presunzioni semplici, **i fatti costitutivi** della pretesa sanzionatoria vantata (in particolare, per gli **illeciti di "mera trasgressione"**, Cass. 13 novembre 2020, n. 25724); una volta dimostrata la ricorrenza della fattispecie tipica dell'illecito, compete a chi voglia andare esente da responsabilità dimostrare di aver agito in assenza di colpevolezza, sia pure resa con riguardo in generale alle sanzioni amministrative (Cass. 25 novembre 2020, n. 26789; Cass., Sez. V, 10 marzo 2017, n. 6223).

CASO 1 - Richiesta di rimborso IVA superiore al dovuto

Ai fini dell'affermazione della responsabilità del contribuente per aver chiesto un **rimborso IVA** in misura eccedente il dovuto, per difformità dalla dichiarazione, non è richiesto l'accertamento di un **intento fraudolento**, in quanto si configura l'illecito tributario senza richiedere il dolo specifico (art. 5, c. 5, D.Lgs. n. 472/1997) ed è sufficiente, ai fini della punibilità, l'elemento psicologico della colpa, peraltro **presunta** a carico di colui che abbia consapevolmente e volontariamente posto in essere l'atto vietato (art. 5, c. 1, D.Lgs. n. 472/1997) (Cass. ord. 2 marzo 2021, n. 5617; Cass, Sez. V, 12 febbraio 2014, n. 3098).

Delega a un professionista

Il contribuente a cui viene contestata una violazione tributaria non può considerarsi esente da colpa per il solo fatto di avere incaricato un professionista delle relative adempienze, dovendo egli altresì allegare e dimostrare, al fine di escludere ogni profilo di negligenza, da un lato di avere svolto atti diretti a controllare la loro effettiva esecuzione (Cass. 17 marzo 2017, n. 6930; Cass. 11 dicembre 2020, n. 28291), ad esempio facendosi anche consegnare le ricevute telematiche dell'avvenuta presentazione della dichiarazione (Cass. ord. 29 ottobre 2021, n. 30729) e dall'altro dimostrando il comportamento fraudolento del professionista, finalizzato a mascherare il proprio inadempimento (Cass. ord. 29 ottobre 2021, n. 30729; Cass. 24 novembre 2020, n. 26644).

Consulenza tributaria

Le violazioni commesse nell'esercizio dell'attività di **consulenza tributaria** e comportanti la soluzione di problemi di speciale difficoltà sono punibili solo in caso di **dolo** o **colpa grave** (art. 5, c. 1, D.Lgs. n. 472/1997).

La **colpa è grave** quando l'imperizia o la negligenza del comportamento sono indiscutibili e non è possibile dubitare ragionevolmente del significato e della portata della norma violata e, di conseguenza, risulta evidente la **macroscopica inosservanza** di elementari obblighi tributari (art. 5, c. 3, D.Lgs. n. 472/1997).

Non si considera determinato da colpa grave l'**inadempimento occasionale** ad obblighi di versamento del tributo (art. 5, c. 3, D.Lgs. n. 472/1997).

Autore mediato

Nel caso in cui, con violenza o minaccia o **inducendo altri in errore incolpevole**, ovvero avvalendosi di **persona incapace**, anche in via transitoria, di intendere e di volere, si determina la commissione di una violazione fiscale, risponde dell'illecito unicamente **chi ha provocato la violazione** (c.d. "**autore mediato**"), in luogo del suo autore materiale (art. 10, D.Lgs. n. 472/1997).

Concorso di persone

Quando più persone concorrono in una violazione, ciascuna di esse è soggetta **ad una autonoma sanzione** (art. 9, D.Lgs. n. 472/1997).

L'entità della sanzione irrogata può essere diversa per i vari concorrenti, a seconda del differente grado di responsabilità.

Per la configurazione di ipotesi di concorso nella violazione fiscale sono richiesti quattro elementi (circ. 10 luglio 1998, n. 180/E):

1. una **pluralità di soggetti** agenti;
2. la realizzazione di una **fattispecie illecita**;
3. il **contributo** di ciascun concorrente alla realizzazione della violazione;
4. l'**elemento soggettivo**.

Relativamente all'apporto causale del concorrente, deve essere adeguatamente accertata la concreta capacità di **favorire la violazione** della norma tributaria (circ. 10 luglio 1998, n. 180/E).

SANZIONI

Obbligati in solido

Quando la violazione consiste nell'omissione di un comportamento cui sono obbligati in solido più soggetti è irrogata **una sola sanzione** e il pagamento eseguito da uno dei responsabili libera tutti gli altri, salvo il diritto di regresso.

Esempi

1) In caso di omessa presentazione di un atto alla registrazione, la sanzione applicabile alle "parti" è una sola e dà luogo a una obbligazione solidale tra di esse.

2) La normativa di aiuto per l'emergenza **Covid-19** prevede che i soggetti che sostengono spese per il recupero del patrimonio edilizio o per il risparmio energetico possono optare, **in luogo dell'utilizzo diretto della detrazione** spettante, alternativamente per un **contributo** sotto forma di **sconto sul corrispettivo** dovuto o per la cessione di un credito d'imposta di pari ammontare (art. 121, c. 1, D.L. n. 34/2020). In caso di violazione, è previsto che il recupero della differenza d'imposta è effettuato nei confronti del soggetto beneficiario, ferma restando, in presenza di **concorso nella violazione**, oltre all'applicazione delle norme sul concorso (art. 9, c. 1, D.Lgs. n. 472/1997) anche la **responsabilità in solido del fornitore** che ha applicato lo sconto (art. 121, c. 6).

Persone giuridiche

Per le violazioni commesse nell'ambito di persone giuridiche la responsabilità ricade **esclusivamente** sulla persona giuridica (art. 7, D.L. n. 269/2003).
Le norme sul concorso (ad esempio, con l'amministratore, anche di fatto) sono incompatibili con la responsabilità esclusiva della persona giuridica (Cass. ord. 22 maggio 2020, n. 9448; Cass. 25 ottobre 2017, n. 25284).

Nel caso di **soggetti "esterni"** alla persona giuridica, è stata configurata la possibilità di un "concorso" tra **consulente e contribuente** per la violazione di dichiarazione infedele (circ. 25 settembre 2017, n. 23/E, risp. 5.3.; Cass. ord. 22 maggio 2020, n. 9448).

Intrasmissibilità delle sanzioni agli eredi

L'obbligazione al pagamento della sanzione non si trasmette agli eredi (art. 8, D.Lgs. n. 472/1997).
Nel caso di violazioni commesse nell'interesse di un soggetto non dotato di personalità giuridica, la morte dell'autore della violazione non estingue la **responsabilità solidale del soggetto rappresentato** (persona fisica, società di persone, ente non dotato di personalità giuridica) (art. 11, c. 7, D.Lgs. n. 472/1997).
A seguito dell'**estinzione della società**, le sanzioni amministrative a carico di quest'ultima per la violazione di norme tributarie non sono trasmissibili ai soci ed al liquidatore (Cass. 23 dicembre 2020, n. 29384).

75.4.2. Consolidato fiscale e Gruppo IVA

In caso di applicazione del consolidato fiscale la società controllante e le società controllate possono essere, per le violazioni fiscali delle imposte sui redditi (art. 127, D.P.R. n. 917/1986):

a. responsabili **esclusive**;
b. responsabili **in solido** tra loro.

Responsabilità esclusiva della controllante

La società controllante è responsabile **in via esclusiva** per le violazioni (art. 127, c. 1, lett. c), D.P.R. n. 917/1986):

a. degli obblighi di **versamento**.
La comunicazione dell'esercizio dell'opzione per la tassazione di gruppo comporta il **trasferimento alla società consolidante** degli obblighi di versamento IRES, sia a titolo di saldo sia a titolo di acconto (art. 6, c. 1, D.M. 9 giugno 2004). In caso di **omesso versamento** dell'imposta risultante dalla dichiarazione di gruppo la sanzione si applica **esclusivamente** alla stessa società **consolidante**.

Se gli **acconti** sono stati versati, in tutto o in parte, **separatamente** dai soggetti partecipanti alla tassazione di gruppo, le sanzioni sono applicate al consolidante se l'importo dei versamenti complessivi eseguiti risulta **insufficiente** in base alle disposizioni di legge (art. 6, c. 1, D.M. 9 giugno 2004).

b. degli **adempimenti** per la determinazione del reddito di gruppo.

SANZIONI

Esempio
La consolidante deve:
- presentare apposita comunicazione all'Agenzia delle Entrate per l'esercizio congiunto dell'opzione;
- presentare la propria dichiarazione dei redditi senza liquidare l'imposta individuale;
- presentare la dichiarazione dei redditi del consolidato, previa determinazione del reddito complessivo globale;
- liquidare l'IRES del gruppo effettuando i versamenti dovuti.

Responsabilità solidale della controllante e delle controllate

Le singole società che partecipano al consolidato sono responsabili:
a. in caso di **rettifica della dichiarazione** di Gruppo, per la **sanzione** correlata alla maggiore imposta accertata riferita al reddito complessivo globale, in conseguenza della rettifica operata **sul proprio reddito** imponibile (art. 127, c. 2, lett. b), D.P.R. n. 917/1986);
b. per le somme che risultano dovute a seguito di **controlli formali** (art. 36-ter, D.P.R. n. 600/1973), relativi alla dichiarazione di gruppo, in conseguenza della rettifica operata **sulla propria dichiarazione** dei redditi (art. 127, c. 2, lett. b, D.P.R. n. 917/1986);
c. per le somme che risultano dovute a seguito di **controlli automatici** (art. 36-bis, D.P.R. n. 600/1973), relativi alla dichiarazione di gruppo, in conseguenza della rettifica operata **sulla propria dichiarazione** dei redditi (art. 127, c. 2, lett. b, D.P.R. n. 917/1986).

La società **controllante** è responsabile **solidalmente** per il pagamento di una somma pari alla sanzione irrogata al soggetto che ha commesso la violazione (art. 127, c. 1, lett. d, D.P.R. n. 917/1986).

Per la maggiore imposta accertata e per gli interessi relativi, riferita al reddito complessivo globale risultante:
- dalla dichiarazione di gruppo,
- dalla rettifica delle singole dichiarazioni presentate, o
- dai controlli formali o automatici,

è responsabile principale la **società controllante** (art. 127, c. 1, lett. a, D.P.R. n. 917/1986), con responsabilità solidale della **società controllata**, in conseguenza della rettifica operata **sul proprio reddito** imponibile (art. 127, c. 2, lett. a, D.P.R. n. 917/1986).

Responsabilità esclusiva delle controllate

Le società controllate sono responsabili esclusive per le sanzioni **diverse** da quelle correlate alla **rettifica della dichiarazione** e a quelle dovute a seguito di **controlli formali o automatici** (art. 127, c. 2, lett. c, D.P.R. n. 917/1986).
Ad esempio, ricadono in tale ambito le violazioni **formali**, quelle degli obblighi **contabili,** la mancata risposta a **questionari** e quelle, in generale, **non correlate all'imposta** dovuta.

Responsabilità per sanzioni nel consolidato

Violazione	Responsabilità controllante	Responsabilità controllata	D.P.R. n. 917/1986
Omesso versamento, a saldo o in acconto, dell'imposta di gruppo	SÌ	NO	art. 127, c. 1, lett. c) art. 6, c. 1, D.M. 9 giugno 2004
Rettifica dichiarazione di gruppo	SOLIDALE (con la società che ha commesso la violazione)	SÌ (relativamente alla rettifica operata sul proprio reddito imponibile)	art. 127, c. 2, lett. b) art. 127, c. 1, lett. d)
Accertamento maggiore imposta a seguito di controlli automatici o formali	SOLIDALE (con la società che ha commesso la violazione)	SÌ (relativamente alla rettifica operata sulla propria dichiarazione dei redditi)	art. 127, c. 2, lett. b) art. 127, c. 1, lett. d)

SANZIONI

Violazione	Responsabilità controllante	Responsabilità controllata	D.P.R. n. 917/1986
Violazione degli obblighi connessi alla determinazione del reddito complessivo	SÌ	NO	art. 127, c. 1, lett. c)
Sanzioni diverse da quelle di cui sopra	NO	SÌ	art. 127, c. 2, lett. c)

Gruppo IVA

In caso di opzione per il “Gruppo IVA” (art. 70-bis, D.P.R. n. 633/1972) la responsabilità per le sanzioni, per gli obblighi connessi all’esercizio dell’opzione stessa, è attribuita al rappresentante di gruppo (art. 70-octies, c. 1, D.P.R. n. 633/1972). Per le somme che risultano dovute a titolo di imposta, interessi e sanzioni a seguito delle attività di liquidazione e controllo tutti i soggetti partecipanti al gruppo IVA sono responsabili in solido con il rappresentante di gruppo (art. 70-octies, c. 2, D.P.R. n. 633/1972). La norma, quindi, prevede una responsabilità solidale paritetica a carico di tutti i soggetti partecipanti al gruppo IVA, tenendo conto della unitarietà del soggetto passivo costituito dal gruppo stesso (Rel. Ill. Legge n. 232/2016).

75.4.3. Trasparenza fiscale

In caso di opzione per l’applicazione del regime di **trasparenza fiscale** (art. 115, D.P.R. n. 917/1986 e D.M. 23 aprile 2004) la **società partecipata** è solidalmente responsabile con ciascun **socio** per l’imposta, le sanzioni e gli interessi conseguenti all’obbligo di imputazione del reddito (art. 115, c. 8, D.P.R. n. 917/1986).

Applicazione delle sanzioni

In caso di rettifica della dichiarazione della società trasparente, con conseguente rettifica del reddito dichiarato dal socio, la sanzione per **infedele dichiarazione** (art 1, c. 2, D.Lgs. n. 471/1997) deve essere applicata singolarmente ai soci, in relazione al reddito loro attribuito dalla società trasparente, con **responsabilità solidale** di quest’ultima, cui quindi deve essere notificato il relativo atto di rettifica, di accertamento, o di contestazione.

SANZIONI

75.4.4. Cause di non punibilità

La **carenza** dell’elemento soggettivo (**dolo** o **colpa**) rende inapplicabili le sanzioni fiscali (art. 5, D. Lgs. n. 472/1997).
Le cause di non punibilità sono eventi tipicamente indicati dalla legge in presenza dei quali l’elemento soggettivo è insussistente e, quindi, la sanzione non è applicabile (art. 6, D.Lgs. n. 472/1997 e art. 10, Legge n. 212/2000).

Causa di non punibilità	Riferimenti
Errore sul fatto	art. 6, c. 1, D.Lgs. n. 472/1997
Rilevazioni eseguite secondo corretti criteri contabili	art. 6, c. 1, D.Lgs. n. 472/1997
Valutazioni estimative	art. 6, c. 1, D.Lgs. n. 472/1997
Obiettive condizioni di incertezza	art. 6, c. 2, D.Lgs. n. 472/1997 art. 10, c. 3, Legge n. 212/2000
Indeterminatezza modulistica	art. 6, c. 2, D.Lgs. n. 472/1997
Omesso pagamento per fatto addebitale a terzi	art. 6, c. 3, D.Lgs. n. 472/1997 art. 1, Legge n. 423/1995
Ignoranza inevitabile	art. 6, c. 4, D.Lgs. n. 472/1997
Forza maggiore	art. 6, c. 5, D.Lgs. n. 472/1997
Violazioni formali	art. 6, c. 6, D.Lgs. n. 472/1997 art. 10, c. 3, Legge n. 212/2000
Atti conformi a indicazioni dell’Amministrazione	art. 10, c. 2, Legge n. 212/2000

Errore sul fatto

Se la violazione è conseguenza di errore sul fatto, l'agente non è responsabile quando l'errore non è determinato da colpa. L'errore sul fatto si verifica quando il soggetto ritiene di tenere un **comportamento diverso** da quello vietato dalla norma sanzionatoria, sempreché l'errore non sia generato da colpa. Se l'errore dipende da **imprudenza, negligenza o imperizia**, la responsabilità non può essere esclusa (circ. 10 luglio 1998, n. 180/E).

Non costituisce errore sul fatto l'**errore di diritto**, cioè l'errore determinato da una non corretta interpretazione della disposizione violata (salvo il caso di obiettive condizioni di incertezza).

Rilevazioni eseguite secondo corretti criteri contabili

Non danno luogo a violazioni punibili le **rilevazioni** eseguite:
- nel rispetto della **continuità** dei valori di bilancio;
- e secondo **corretti criteri** contabili.

Per l'applicazione di questa causa di esclusione della punibilità è richiesta la sussistenza di **entrambe** le citate condizioni: continuità di bilancio e corretti criteri contabili.

Valutazioni estimative

Non danno luogo a violazioni punibili le **valutazioni** eseguite, anche in presenza di **operazioni straordinarie** (fusioni, scissioni, cessione o conferimento di azienda) secondo **corretti criteri** di stima. In ogni caso, non si considerano colpose le violazioni conseguenti a valutazioni estimative, se differiscono da quelle accertate in misura **non eccedente il 5%**.

Le valutazioni estimative che differiscono da quelle accertate in misura non eccedente il 5% **non si considerano "in ogni caso" colpose**. L'esclusione delle punibilità, quindi, opera anche qualora la valutazione non sia stata eseguita secondo corretti criteri di stima.

Obiettive condizioni di incertezza

Non è punibile l'autore della violazione quando essa è determinata da obiettive condizioni di incertezza sulla portata e sull'ambito di applicazione delle disposizioni alle quali si riferiscono.

In ogni caso, non determina obiettiva condizione di incertezza la **pendenza di un giudizio** in ordine alla legittimità della norma tributaria (art. 10, c. 3, Legge n. 212/2000).

L'incertezza sulla portata delle disposizioni, che esclude la punibilità, deve essere di natura **oggettiva**, relativa al contenuto, all'oggetto e ai destinatari della norma tributaria, traducendosi in insicurezza ed equivocità del risultato conseguito attraverso il procedimento di interpretazione (Cass. 21 febbraio 2014, n. 4154).
L'esimente non opera in presenza di una "**soggettiva ignoranza**" o "**soggettiva difficoltà di comprensione**" delle disposizioni legislative tributarie da osservare, in quanto non possono assumere rilievo elementi inerenti non la norma di per sé ma condotte "soggettive" (Cass. 21 febbraio 2014, n. 4154; Cass. 28 maggio 2007, n. 12442).
L'onere di **allegare** gli elementi a comprova della sussistenza dell'obiettiva incertezza grava sul contribuente (Cass. n. 4154/2014).

Sussiste **incertezza normativa oggettiva** nei seguenti casi (Cass. 23 marzo 2012, n. 4683 e n. 4685; Cass. 29 luglio 2014, n. 17250; Cass. 9 febbraio 2018, n. 3194):
- difficoltà d'individuazione delle disposizioni normative dovute al difetto di esplicite previsioni di legge;
- mancanza di una prassi amministrativa o adozione di prassi amministrative contrastanti;
- mancanza di precedenti giurisprudenziali;
- orientamenti giurisprudenziali contrastanti;
- contrasto tra prassi amministrativa e orientamento giurisprudenziale;
- contrasto tra opinioni dottrinali;
- adozione di norme di interpretazione autentica o meramente esplicative di norma implicita preesistente;
- presenza di leggi di recente emanazione rispetto alle quali non si sia formato un orientamento interpretativo definito, ovvero coesistano orientamenti contraddittori (circ. 10 luglio 1998, n. 98/E).

SANZIONI

L'onere di allegare gli elementi dell'incertezza normativa grava sul contribuente (Cass. 26 gennaio 2018, n. 1999), sicché sussiste il potere del giudice di dichiarare inapplicabili le sanzioni "solo in presenza **di una domanda** del contribuente" (Cass. 24 febbraio 2017, n. 4787).

Indeterminatezza della modulistica

Lo "Statuto del contribuente" prevede che i rapporti tra contribuente e amministrazione finanziaria sono improntati al principio della collaborazione e della buona fede (art. 10, Legge n. 212/2000).
Il contribuente, quindi, non è punibile quando la violazione è causata dalla indeterminatezza:
- delle richieste di informazioni (ad esempio, questionari, inviti, ecc.);
- dai modelli per la dichiarazione e per il pagamento.

Omesso pagamento per fatto addebitabile a terzi

Il contribuente, il sostituto e il responsabile d'imposta non sono punibili quando dimostrano che il **pagamento** del tributo non è stato eseguito per fatto **denunciato** all'autorità giudiziaria e addebitabile **esclusivamente** a terzi (art. 6, c. 3, D.Lgs. n. 472/1997).
L'esimente opera limitatamente alle **sanzioni amministrative** per violazioni di norme tributarie e non per l'imposta né per gli interessi (Cass. ord. 21 luglio 2017, n. 18086; Cass. 30 maggio 2012, n. 8630).
Per quanto riguarda l'**omesso pagamento** per causa imputabile a terzi, si osserva che qualora la violazione consegua alla condotta illecita, penalmente rilevante, di **soggetti qualificati** (dottori commercialisti, ragionieri, consulenti del lavoro, avvocati, notai e altri professionisti), in dipendenza del loro mandato professionale, nei confronti del contribuente e del sostituto d'imposta è prevista la **sospensione della riscossione** delle sanzioni pecuniarie previste dalle leggi d'imposta (art. 1, Legge n. 423/1995).

CASO 2 - Condanna del professionista
Se il giudizio penale si conclude con un provvedimento definitivo di condanna o di applicazione della pena su richiesta delle parti, l'ufficio annulla le sanzioni a carico del contribuente e provvede ad irrogarle a carico del professionista.

CASO 3 - Estinzione del giudizio
Se il giudizio penale si conclude con un provvedimento definitivo di non luogo a procedere per motivi di natura processuale o per intervenuta estinzione del reato ovvero con un provvedimento definitivo di non doversi procedere (art. 529 c.p.p.), la sospensione delle sanzioni resta in vigore ove il contribuente dimostri di aver promosso azione civile contro il professionista entro 3 mesi dal deposito del provvedimento, fornendo all'ufficio la relativa prova. In tale ipotesi, se il giudizio civile si conclude con un provvedimento definitivo di condanna, l'ufficio annulla le sanzioni a carico del contribuente e provvede all'irrogazione a carico del professionista.

CASO 4 - Assoluzione del professionista
Se il giudizio penale si conclude con un provvedimento definitivo di assoluzione ovvero, nei casi di cui sopra, il contribuente non promuove l'azione civile nei confronti del professionista o, laddove promossa, il giudizio civile si conclude con un provvedimento definitivo di rigetto, l'ufficio revoca la sospensione e procede alla riscossione delle sanzioni a carico del contribuente.
Nei casi in parola, i termini di prescrizione e di decadenza previsti per la irrogazione delle sanzioni e per la loro riscossione sono sospesi fino al 31 dicembre dell'anno successivo alla data in cui è divenuto definitivo il provvedimento che conclude il giudizio.

In presenza delle condizioni legittimanti previste dall'art. 6 del D.Lgs. n. 472/1997 l'Ufficio deve astenersi dall'applicazione delle sanzioni per le violazioni degli obblighi di versamento, a prescindere dalla sussistenza delle condizioni previste dalla Legge n. 423/1995 (Cass. 30 novembre 2009, n. 25136; Cass. ord. 17 giugno 2016, n. 12620).

Ignoranza inevitabile

L'ignoranza della legge tributaria **non rileva** se non si tratta di ignoranza inevitabile.
L'errore "inevitabile" si configura quando "da un **comportamento positivo** degli organi amministrativi o da un complessivo pacifico **orientamento giurisprudenziale**, l'agente abbia tratto il convincimento della correttezza dell'interpretazione normativa e, conseguentemente, della liceità del comportamento tenuto" (Corte cost. n. 364/1988; Cass. pen., n. 8154/1994).

Forza maggiore

Chi ha commesso il fatto per forza maggiore **non è punibile**.
La nozione di forza maggiore riguarda circostanze estranee al soggetto, anormali e imprevedibili, le cui conseguenze non avrebbero potuto essere evitate malgrado l'adozione di tutte le precauzioni del

SANZIONI

caso da parte sua (Corte di Giustizia CE 18 dicembre 2007, n. C-314/06; Cass. 8 febbraio 2018, n. 3049; Cass. 9 febbraio 2018, n. 3194).

In materia tributaria, la nozione di forza maggiore non si limita all'impossibilità assoluta, ma deve essere intesa nel senso di circostanze **anormali** e **imprevedibili**, le cui conseguenze non avrebbero potuto essere evitate **malgrado l'adozione di tutte le precauzioni** del caso (Cass. 22 settembre 2017, n. 22153; Corte di Giustizia CE 15 dicembre 1994, n. C-195/91, punto 31). Non costituisce "forza maggiore" la **crisi di liquidità** dell'azienda (Cass. 1 dicembre 2020, n. 27416; Corte di Giustizia UE 18 dicembre 2007, C-314/06).

Violazioni formali

Non sono punibili le violazioni che:

a. non arrecano pregiudizio all'esercizio delle azioni di **controllo**;
b. e non incidono sulla determinazione della **base imponibile**, dell'imposta e sul versamento del **tributo**.

In presenza di **entrambe** le condizioni indicate (circ. 3 agosto 2001, n. 77/E), la violazione si definisce "**meramente formale**" e non comporta l'irrogazione di sanzioni (art. 10, c. 3, Legge n. 212/2000).

CASO 5 - Tardiva fatturazione

Le violazioni "meramente formali" si riferiscono all'ipotesi in cui **manchi** ogni **offensività della violazione**, sia in ordine alla corretta determinazione della base imponibile dell'imposta ed al versamento del tributo, sia in ordine all'esercizio dell'attività di controllo. Sotto tale ottica, il ritardo nelle fatturazioni, in quanto comporta la violazione di un obbligo direttamente e strettamente strumentale alla determinazione ed alla riscossione dell'imposta, è potenzialmente idoneo ad ostacolare il controllo e, di regola, incide sulla determinazione della base imponibile, dell'imposta e sul versamento e, dunque, **non costituisce** una "mera violazione formale", anche ove non abbia comportato sottrazione di materia imponibile (Cass. 25 giugno 2014, n. 14401).

Gli uffici devono **valutare in concreto**, cioè a posteriori, nei singoli casi specifici, se gli illeciti commessi abbiano determinato **pregiudizio** all'esercizio dell'**azione di controllo** ovvero abbiano inciso sulla determinazione della base imponibile, dell'imposta o sul versamento del tributo. Quindi, potrebbe verificarsi che violazioni potenzialmente idonee ad incidere negativamente sull'attività di controllo, come ad esempio le **irregolarità formali** relative al contenuto delle dichiarazioni, non siano punibili, essendo risultato in concreto che le stesse, anche per effetto dell'eventuale regolarizzazione delle medesime, non abbiano ostacolato l'azione dell'ufficio (circ. 3 agosto 2001, n. 77/E).

CASO 6 - Violazioni non meramente formali

L'esimente relativa alle violazioni in esame **non è applicabile** (circ. 3 agosto 2001, n. 77/E):

1. alle violazioni aventi ad oggetto la **presentazione**, entro termini predeterminati normativamente, di atti che, per definizione, sono soggetti a controllo, ad esempio:
   - omessa presentazione della dichiarazione dei redditi o di sostituto d'imposta in cui non sono dovute imposte o ritenute;
   - omessa presentazione della dichiarazione IVA da parte di chi effettua esclusivamente operazioni per le quali non è dovuta l'imposta;
2. alle violazioni per le quali l'esistenza del pregiudizio all'attività di controllo è palese per essere quest'ultima già iniziata, ad esempio:
   - mancata o tardiva restituzione di un **questionario**;
   - inottemperanza all'invito a comparire;
3. l'omessa tenuta di **scritture contabili**;
4. il **rifiuto di esibizione** di documentazione in sede di controlli e verifiche.

Atti conformi a indicazioni dell'Amministrazione

Rispetto ai principi di **buona fede** e di **legittimo affidamento** (art. 10, c. 1, Legge n. 212/2000), non sono irrogate sanzioni né richiesti interessi moratori al contribuente, qualora:

a. si sia conformato a **indicazioni** contenute in atti dell'amministrazione finanziaria, ancorché successivamente modificate dall'amministrazione medesima;
b. il suo comportamento risulti posto in essere a seguito di fatti direttamente conseguenti a **ritardi**, **omissioni** od **errori** dell'amministrazione stessa.

CASO 7 - Contribuente che aderisce alla risposta a interpello

Il contribuente che aderisce alla risposta fornita dall'Agenzia delle Entrate in sede di **interpello** non può essere sanzionato, neppure qualora dovesse in seguito emergere che l'interpretazione

dell'Amministrazione fosse errata. Inoltre, limitatamente alla questione oggetto dell'istanza di interpello, non possono essere irrogate sanzioni nei confronti del contribuente che non abbia ricevuto risposta dall'Amministrazione Finanziaria entro il termine predetto.
Infatti, gli atti, anche a contenuto impositivo o sanzionatorio difformi dalla risposta, espressa o tacita, sono nulli. Tale efficacia si estende ai comportamenti successivi del contribuente riconducibili alla fattispecie oggetto di interpello, salvo rettifica della soluzione interpretativa da parte dell'amministrazione con valenza esclusivamente per gli eventuali comportamenti futuri dell'istante (art. 11, c. 3, Legge n. 212/2000).

75.4.5. Abuso del diritto

L'**abuso del diritto** si configura quando, con una o più operazioni prive di sostanza economica, si realizzano essenzialmente vantaggi fiscali **indebiti**, pur nel rispetto formale delle norme fiscali (art. 10-bis, Legge n. 212/2000). In tale caso, le operazioni non sono opponibili all'AF, che ne **disconosce** i vantaggi determinando i tributi sulla base delle norme e dei principi elusi e tenuto conto di quanto versato dal contribuente per effetto di dette operazioni.
Le operazioni abusive non danno luogo a fatti punibili ai sensi delle leggi **penali** tributarie. Resta ferma l'applicazione delle **sanzioni amministrative** tributarie (art. 10-bis, c. 13, Legge n. 212/2000).

Presupposti dell'abuso del diritto

Per la configurazione dell'abuso del diritto sono richieste tre **condizioni**:

a. **assenza** di **sostanza economica** delle operazioni effettuate;
b. realizzazione di un **vantaggio fiscale indebito**;
c. tale vantaggio indebito deve essere l'effetto **essenziale** dell'operazione.

Sono considerate "**operazioni prive di sostanza economica**" i fatti, gli atti e i contratti, anche tra loro collegati, inidonei a produrre effetti significativi diversi dai vantaggi fiscali, quali, in particolare, la non coerenza della qualificazione delle singole operazioni con il fondamento giuridico del loro insieme e la non conformità dell'utilizzo degli strumenti giuridici a normali logiche di mercato.
Sono "**vantaggi fiscali indebiti**" i benefici, anche non immediati, realizzati in contrasto con le finalità delle norme fiscali o con i principi dell'ordinamento tributario.

Non possono essere considerate abusive, in ogni caso, le operazioni giustificate da valide ragioni **extrafiscali**, non marginali, anche di ordine organizzativo o gestionale, che rispondono a finalità di miglioramento strutturale o funzionale dell'impresa ovvero dell'attività professionale del contribuente (art. 10, c. 3, Legge n. 212/2000).
Anche se la norma fa riferimento all'attività professionale o imprenditoriale del contribuente, per quanto attiene all'**imposta di registro** dovrebbero rilevare anche ragioni extrafiscali di natura non professionale, ad esempio familiare.
L'abuso del diritto può essere configurato solo se i vantaggi fiscali non possono essere disconosciuti contestando la **violazione** di specifiche disposizioni tributarie.

Resta in ogni caso ferma la libertà di scelta del contribuente tra regimi opzionali diversi offerti dalla legge e tra operazioni comportanti un diverso carico fiscale (sempreché l'eventuale risparmio non abbia natura "indebita").

Onere probatorio

In sede di **accertamento**, l'Amministrazione finanziaria ha l'onere di dimostrare la sussistenza della condotta abusiva, non rilevabile d'ufficio, mentre il contribuente ha l'onere di dimostrare l'esistenza delle ragioni extrafiscali che escludono la sussistenza dell'abuso.

75.4.6. Pacificazione fiscale

Per la possibilità di **definire**, **senza applicazione di sanzioni** (D.L. 23 ottobre 2018, n. 119) gli atti di seguito indicati, si rinvia ai paragrafi citati:

a. i **processi verbali di constatazione** (art. 1, D.L. n. 119/2018) (➡**71.2.2.**);
b. gli **atti del procedimento di accertamento** (art. 2, D.L. n. 119/2018);
c. i **carichi affidati all'agente della riscossione** (art. 3, D.L. n. 119/2018) (➡**74.5.**);
d. i **debiti fino a 5.000 euro** affidati agli agenti della riscossione dal 2000 al 2010 (art. 4, D.L. n. 119/2018 e art. 4, D.L. n. 41/2021) (➡**74.6.**);
e. i carichi affidati all'Agente della riscossione a titolo di **risorse proprie dell'Unione europea** (art. 5, D.L. n. 119/2018) (➡**74.5.4.**);
f. le **controversie** tributarie (art. 6, D.L. n. 119/2018) (➡**81.2.31.**).

RAVVEDIMENTO

75.5.

Il **ravvedimento** consente all'autore (o agli autori) della violazione ed ai soggetti solidamente obbligati di **regolarizzare** spontaneamente le omissioni e le irregolarità commesse, beneficiando di una **riduzione delle sanzioni** amministrative. L'entità della riduzione è commisurata al **ritardo** entro il quale la violazione viene sanata (art. 13, D.Lgs. n. 472/1997).
Il ravvedimento trova applicazione per la quasi **totalità** delle violazioni tributarie, salvo esclusioni espresse dettate da specifiche ragioni di politica tributaria (ris. 1° settembre 2017, n. 115/E).
L'Agenzia delle Entrate ha sempre **escluso la possibilità di regolarizzazione** mediante ravvedimento per le violazioni caratterizzate da **condotte fraudolente** (cfr. circ. 10 luglio 1998, n. 180/E), come ad esempio, nei casi di **utilizzo di fatture per operazioni inesistenti** (sul punto, v. anche la risposta dell'Agenzia delle Entrate resa in occasione dell'incontro con la stampa specializzata del 1° febbraio 2018).
A partire dal 25 dicembre 2019 è previsto che i delitti di **dichiarazione** fraudolenta **mediante uso di fatture o altri documenti per operazioni inesistenti** (art. 2, D.Lgs. n. 74/2000) e di **dichiarazione fraudolenta mediante altri artifici** (art. 3, D.Lgs. n. 74/2000) non sono punibili in caso di integrale pagamento dei debiti tributari, comprese sanzioni e interessi, a seguito del ravvedimento operoso (art. 39, D.L. n. 124/2019).
Tale modifica comporta la ammissibilità di applicazione del ravvedimento anche in caso di dichiarazione fraudolenta.

Constatazione della violazione e inizio di controlli

Il ravvedimento **non è consentito**, in via di principio, se la violazione viene **constatata** oppure se **iniziano** accessi, ispezioni, verifiche o altre **attività** amministrative di **accertamento** delle quali l'autore o i soggetti solidalmente obbligati abbiano formale conoscenza (art. 13, c. 1, D.Lgs. n. 472/1997).
Tale preclusione, tuttavia, **non opera** (art. 13, c. 1-ter, D.Lgs. n. 472/1997):
- per i **tributi** amministrati dall'**Agenzia delle Entrate** (ad es. **IRPEF, IRES, IVA, IRAP, Imposte indirette**), salva la notifica degli **atti di liquidazione e di accertamento**, comprese le comunicazioni recanti le somme dovute a seguito di controlli automatizzati o formali ai fini delle imposte sui redditi (artt. 36-bis e 36-ter, D.P.R. n. 600/1973) o dell'IVA (art. 54-bis, D.P.R. n. 633/1972) e dell'avvenuta iscrizione a ruolo della sanzione (Cass. ord. 11 maggio 2021, n. 12389);
- per i tributi doganali e per le accise amministrati **dall'Agenzia delle Dogane e dei Monopoli**, salva la notifica di **avvisi di pagamento e atto di accertamento** (con circ. 30 maggio 2017, n. 47763 è stato chiarito che la norma si riferisce "alla generalità dei tributi amministrati dall'Area Dogane…" dell'Agenzia delle Dogane e dei Monopoli).

Qualora sia stato notificato un atto di accertamento o di liquidazione (o, per i tributi doganali e le accise, un **avviso di pagamento**), il ravvedimento non è più ammesso. Il ravvedimento non è più ammesso nemmeno nel caso di avviso bonario o di rettifica della dichiarazione a seguito di controlli formali.

Adempimenti richiesti

Il perfezionamento del ravvedimento richiede:
a. la **rimozione** della violazione;
b. il **versamento del tributo** (se dovuto) e degli interessi moratori (sul solo tributo) calcolati al tasso legale con maturazione giorno per giorno;
c. il **versamento della sanzione** ridotta.

L'applicazione del ravvedimento è subordinata al pagamento non solo dell'imposta ma anche dei relativi **interessi** (Cass. 16 ottobre 2015, n. 20983).

Le incombenze previste per l'applicazione del ravvedimento (rimozione della sanzione, versamento del tributo e della sanzione in misura ridotta) non devono necessariamente essere effettuate nel **medesimo giorno** ma entro il limite temporale previsto dalla norma (circ. 10 luglio 1998, n. 180/E, ris. 11 luglio 2007, n. 165/E e circ. 12 ottobre 2016, n. 42/E, par. 4.2.). Ai fini della riduzione della sanzione, vale il termine entro il quale viene posto in essere **l'ultimo degli adempimenti** richiesti.

Pagamento rateale

Il pagamento rateale delle somme dovute in base al ravvedimento **è escluso**, qualora i versamenti delle "rate" successive alla prima siano effettuati oltre i termini ultimi normativamente previsti per beneficiare del ravvedimento (ris. 23 giugno 2011, n. 67/E).

SANZIONI

Ravvedimento parziale

Per i soli tributi amministrati dall'Agenzia delle Entrate è consentito al contribuente di avvalersi del ravvedimento anche in caso di versamento frazionato purché nei termini prescritti (art. 13-bis, D.Lgs. n. 472/1997). Nel caso in cui l'imposta dovuta sia versata in ritardo e il ravvedimento, con il versamento della sanzione e degli interessi, intervenga successivamente, la sanzione applicabile corrisponde a quella riferita all'integrale tardivo versamento; gli interessi sono dovuti per l'intero periodo del ritardo; la riduzione prevista in caso di ravvedimento è riferita al momento del perfezionamento dello stesso.

Esempio

Omesso versamento dell'IVA dovuta per i mesi di gennaio, febbraio e marzo: il contribuente può regolarizzare i singoli versamenti applicando ad ognuno la sanzione ridotta a seconda del ritardo oppure può effettuare un versamento tardivo complessivo, regolarizzando così, in una volta sola, le tre violazioni. In questo caso, la sanzione ridotta viene calcolata in base alla data in cui il versamento complessivo è stato effettuato.

Omessa dichiarazione

L'omessa presentazione della dichiarazione (IVA, IRAP, imposte sui redditi, sostituto d'imposta) può essere regolarizzata presentando la dichiarazione **entro 90 giorni dalla scadenza** e versando la sanzione pari a **1/10 del minimo** (art. 13, c. 1, lett. c), D.Lgs. n. 472/1997).
Le dichiarazioni presentate con **ritardo superiore a 90 giorni** non possono beneficiare della riduzione delle sanzioni previste in caso di ravvedimento e si considerano "omesse" (art. 2, c. 7 e art. 8, c. 6, D.P.R. n. 322/1998).

L'espressione "dichiarazione" usata dalla norma comprende anche le nozioni di "**atto**" o "**denuncia**", proprie dell'imposta di registro e delle imposte di successione e donazione (circ. 10 luglio 1998, n. 180/E).
Le violazioni relative a questi tributi possono essere regolarizzate anche se l'atto o la denuncia sono **presentati con ritardo superiore a 90 giorni**, in quanto non esiste una norma (come per le imposte sui redditi, l'IVA e l'IRAP) che equipari all'omissione la presentazione di atti o denunce oltre i 90 giorni (circ. 10 luglio 1998, n. 180/E).

Se la dichiarazione viene presentata entro 90 giorni ma viene omesso, in tutto o in parte, il **versamento del tributo**, si applicano le sanzioni previste per l'omesso versamento, salva l'applicazione del ravvedimento per tale violazione.

CASO 8 - Dichiarazione tardiva entro 90 giorni

La dichiarazione IRPEF (con imposte interamente versate) viene presentata con un ritardo di 80 giorni. In tal caso, la dichiarazione si considera "tardiva" ed è soggetta alla sanzione fissa di euro 250 (circ. 12 ottobre 2016, n. 42/E, par. 2.2.3; art. 1, c. 1, D.Lgs. n. 471/1997), che in caso di ravvedimento può essere ridotta ad 1/10.

CASO 9 - Dichiarazione tardiva oltre 90 giorni

La dichiarazione IRPEF (con imposte interamente versate) viene presentata con un ritardo di 120 giorni. La sanzione prevista va da euro 150,00 a euro 500,00 (art. 1, c. 1, quarto periodo, D.Lgs. n. 471/1997).
Il ravvedimento non è applicabile essendo trascorso il termine di 90 giorni (art. 13, c. 1, lett. c), D.Lgs. n. 472/1997).

CASO 10 - Dichiarazione tardiva e omesso versamento

La dichiarazione IRPEF viene presentata con un ritardo di 80 giorni. L'imposta dovuta, pari a 1.500 euro non è stata versata nei termini.
Per la dichiarazione "tardiva" si applica la sanzione fissa di euro 250 (circ. 12 ottobre 2016, n. 42/E, par. 2.2.3).
Per l'omesso versamento dell'imposta la sanzione è pari al 30% (art. 13, c. 1, D.Lgs. n. 471/1997).
Applicando il ravvedimento, la sanzione per l'omessa dichiarazione è pari a euro 25 (1/10 di 250).
Se il contribuente vuole regolarizzare anche la violazione di omesso versamento, deve versare il tributo, con gli interessi legali, e la sanzione ridotta a seconda del ritardo.

Riduzioni delle sanzioni

In caso di regolarizzazione della violazione mediante ravvedimento (diversa dall'omessa dichiarazione), le sanzioni sono ridotte in modo graduato, a seconda del ritardo entro cui la violazione viene sanata.

Violazione	Ravvedimento effettuato	Sanzione (ridotta)	D.Lgs. n. 472/1997
Omesso versamento di un tributo o di un acconto	Entro 30 giorni	1/10 del minimo	art. 13, c. 1, lett. a)
Errori od omissioni (compreso l'omesso versamento)	Entro 90 giorni	1/9 del minimo	art. 13, c. 1, lett. a-bis)
Omissioni o errori commessi in dichiarazione	Entro 90 giorni	1/9 del minimo	art. 13 c. 1, lett. a-bis)
Errori od omissioni (compreso l'omesso versamento) e violazioni formali che ostacolano l'attività di accertamento	Entro la presentazione della dichiarazione relativa all'anno nel corso del quale è stata commessa la violazione ovvero, quando non è prevista dichiarazione periodica, entro 1 anno	1/8 del minimo	art. 13, c. 1, lett. b)
Errori od omissioni (compreso l'omesso versamento)	Entro la presentazione della dichiarazione relativa all'anno successivo a quello nel corso del quale è stata commessa la violazione ovvero, quando non è prevista dichiarazione periodica, entro 2 anni	1/7 del minimo	art. 13, c. 1, lett. b-bis)
Errori od omissioni (compreso l'omesso versamento)	Oltre la presentazione della dichiarazione relativa all'anno successivo a quello nel corso del quale è stata commessa la violazione ovvero, quando non è prevista dichiarazione periodica, oltre 2 anni	1/6 del minimo	art. 13, c. 1, lett. b-ter)
Violazioni constatate	Dopo la constatazione della violazione	1/5 del minimo[1]	art. 13, c. 1, lett. b-quater)

[1] Per i tributi amministrati dall'Agenzia delle Entrate e per i tributi doganali e le accise amministrati dall'Agenzia delle Dogane e dei Monopoli. Sono escluse le violazioni di: mancata emissione di ricevute fiscali, scontrini fiscali o documenti di trasporto ovvero emissione di tali documenti per importi inferiori a quelli reali; omessa memorizzazione ovvero memorizzazione con dati incompleti o non veritieri dei corrispettivi telematici; omesse annotazioni su apposito registro dei corrispettivi relativi a ciascuna operazione in caso di mancato o irregolare funzionamento degli apparecchi misuratori fiscali; omessa installazione degli apparecchi per l'emissione dello scontrino fiscale.

Quando la liquidazione deve essere **eseguita dall'ufficio**, il ravvedimento si perfeziona con l'esecuzione dei pagamenti entro 60 giorni dalla notificazione dell'avviso di liquidazione (art. 13, c. 3, D.Lgs. n. 472/1997).

Ritrattabilità del ravvedimento

In assenza dei presupposti per il versamento del tributo e delle sanzioni, non è ostativo al rimborso dei relativi importi il versamento degli stessi in sede di ravvedimento operoso, non essendo dovute sanzioni in assenza di debito di imposta per **violazioni formali**, ove non arrechino pregiudizio all'esercizio delle azioni di controllo e, al contempo, ove non incidano sulla determinazione della base imponibile dell'imposta e sul versamento del tributo (Cass. 16 dicembre 2020, n. 28844).

SANZIONI

75.6. APPLICAZIONE DELLE SANZIONI

Competenza dell'Ufficio

La potestà di applicare le sanzioni amministrative tributarie si incardina nell'**Ufficio** cui è demandato **l'accertamento dell'imposta**. Tale Ufficio è competente anche all'irrogazione delle sanzioni accessorie (art. 16, c. 1, D.Lgs. n. 472/1997).

Procedimenti

Sono previsti **tre procedimenti** per l'applicazione delle sanzioni:

1. un procedimento applicabile a **tutte le violazioni** e a tutti i tributi, ove non diversamente previsto (art. 16, D.Lgs. n. 472/1997);
2. un procedimento per l'irrogazione delle **sanzioni collegate al tributo** cui si riferiscono, che si applica **in deroga** a quello di cui sopra (art. 17, c. 1, D.Lgs. n. 472/1997);
3. un procedimento per l'irrogazione delle **sanzioni per omesso o ritardato pagamento** dei tributi, **alternativo** a quelli citati (art. 17, c. 3, D.Lgs. n. 472/1997).

Le sanzioni di **omesso versamento** a seguito di controlli automatici in caso di rettifica di **imposte sui redditi** (art. 36-bis, D.P.R. n. 600/1973) o in materia di **IVA** (art. 54-bis, D.P.R. n. 633/1972) o di controlli formali in materia di **imposte sui redditi** (art. 36-ter, D.P.R. n. 600/1973) sono **iscritte direttamente nei ruoli** a titolo definitivo, a meno che il contribuente o il sostituto d'imposta provveda a definire la contestazione, versando le somme richieste **entro 30 giorni** dal ricevimento della comunicazione di irregolarità, anche in modo rateale (artt. 2 e 3, D.Lgs. n. 462/1997).

Crediti indebitamente utilizzati in compensazione

Per la riscossione dei crediti indebitamente utilizzati in tutto o in parte, anche in compensazione, nonché per il recupero delle relative sanzioni e interessi l'Agenzia delle Entrate può emanare apposito **atto di recupero** motivato.
In caso di mancato pagamento, in tutto o in parte, delle somme dovute entro il termine assegnato dall'ufficio, comunque non inferiore a 60 giorni, si procede alla riscossione coattiva, mediante **iscrizione a ruolo** (art. 1, c. 421 e 422, Legge n. 311/2004).

SANZIONI

75.6.1. Violazioni non collegate al tributo

Il procedimento di irrogazione delle sanzioni applicabile a tutte le violazioni, **ad esclusione di quelle collegate al tributo**, prevede la notifica dell'**atto di contestazione** (art. 16, c. 2, D.Lgs. n. 472/1997).

Esempi

L'atto di contestazione deve essere notificato per le violazioni non collegate al tributo, quali le violazioni:

- degli obblighi contabili;
- in materia di scontrini e ricevuta fiscale;
- formali;
- contestate a titolo di concorso.

L'atto di contestazione può essere utilizzato anche per le violazioni degli obblighi di versamento, in alternativa alla diretta iscrizione a ruolo, tranne che per le violazioni contestate a seguito di controlli automatici e di controlli formali in materia di imposte sui redditi (art. 36-bis e art. 36-ter, D.P.R. n. 600/1973) o in materia di IVA (art. 54-bis, D.P.R. n. 633/1972).

L'atto di contestazione deve essere notificato **entro i termini di decadenza** (➜75.6.4.), tranne che per le violazioni in materia di scontrini e ricevute fiscali.

Contenuto dell'atto di contestazione

L'atto di contestazione deve indicare, **a pena di nullità** (art. 16, c. 2, D.Lgs. n. 472/1997):

- i **fatti** attribuiti al trasgressore;
- gli elementi **probatori**;
- le **norme** applicate;
- i **criteri** seguiti per la **determinazione delle sanzioni** e della loro entità, nonché dei minimi edittali previsti dalla legge per le singole violazioni.

Se la **motivazione** fa riferimento ad un altro atto non conosciuto né ricevuto dal trasgressore, questo deve essere allegato all'atto che lo richiama salvo che quest'ultimo non ne riproduca il contenuto essenziale.

L'atto di contestazione deve indicare anche:

a. la possibilità di **definizione agevolata**;
b. l'invito a produrre **deduzioni difensive**, se il trasgressore non intende addivenire a definizione agevolata;
c. l'organo al quale proporre **l'impugnazione immediata**.

Definizione agevolata

Entro il **termine previsto per la proposizione del ricorso**, il trasgressore e gli obbligati in solido possono definire la controversia con il pagamento di un importo pari **1/3 della sanzione** indicata nell'atto (➜**75.3.3.**).

L'importo da pagare per la definizione agevolata non può comunque essere inferiore ad **1/3 dei minimi** edittali previsti **per le violazioni più gravi** relative a ciascun tributo.

La definizione agevolata impedisce l'irrogazione delle sanzioni accessorie.

Se il contribuente **non si avvale** della definizione agevolata può:

- produrre **deduzioni difensive**;
- **impugnare immediatamente l'atto**, davanti alla commissione tributaria provinciale.

Nel procedimento di irrogazione delle sanzioni **non** trova applicazione l'istituto dell'**accertamento con adesione** previsto unicamente per gli avvisi di accertamento e per gli avvisi di rettifica (Cass. 30 settembre 2020, n. 20864).

Deduzioni difensive

Le deduzioni difensive devono essere presentate entro il **termine per la proposizione del ricorso**.

In caso di presentazione delle deduzioni difensive **non è ammessa l'impugnazione** immediata dell'atto di contestazione davanti alla **Commissione Tributaria Provinciale**.

Se l'impugnazione viene comunque proposta, diventa **improcedibile**.

Quando sono state presentate le deduzioni difensive, l'Ufficio:

- se le accoglie, **archivia** il procedimento;
- se non le accoglie, in tutto o in parte, notifica **l'atto di irrogazione delle sanzioni**.

Atto di irrogazione delle sanzioni

L'atto di irrogazione delle sanzioni deve essere notificato quando sono state proposte deduzioni difensive e l'ufficio non le accoglie, in tutto o in parte.

L'atto di irrogazione delle sanzioni deve essere motivato, a pena di nullità, anche in ordine alle deduzioni presentate.

Decadenza

L'atto di irrogazione delle sanzioni deve essere notificato nel termine di decadenza di **1 anno** dalla presentazione delle deduzioni difensive.

Ricorso

Contro l'atto di irrogazione è ammesso ricorso alla **Commissione Tributaria Provinciale**.

Misure cautelari

Se l'atto di irrogazione non viene notificato **entro 120 giorni dalla presentazione delle deduzioni difensive**, cessa di diritto l'efficacia delle misure cautelari eventualmente applicate (art. 22, D.Lgs. n. 472/1997).

Impugnazione immediata

Se il contribuente **non si avvale della definizione** agevolata e **non presenta le deduzioni** difensive può impugnare l'atto di contestazione con ricorso alla **Commissione Tributaria Provinciale**.

Violazioni in materia di scontrini e ricevute fiscali

L'atto di contestazione deve essere notificato al trasgressore **entro 90 giorni dalla constatazione** per le seguenti violazioni (art. 16-bis, D.Lgs. n. 472/1997):

- **mancata emissione** di ricevute fiscali, scontrini fiscali o documenti di trasporto;
- emissione di tali documenti per **importi inferiori** a quelli reali;
- **omesse annotazioni** sull'apposito registro dei corrispettivi relativi a ciascuna operazione in caso di **mancato o irregolare funzionamento** degli apparecchi misuratori fiscali;
- mancata tempestiva **richiesta di intervento** per la manutenzione;
- **omessa installazione** degli apparecchi misuratori fiscali.

SANZIONI

Se la notifica deve essere eseguita nei confronti di **soggetto non residente** il termine è di **180 giorni**. In caso di proposizione di deduzioni difensive contro l'atto di contestazione, il **termine di decadenza** per l'irrogazione della sanzione è ridotto a **6 mesi**.

75.6.2. Violazioni collegate al tributo

Le sanzioni collegate al tributo cui si riferiscono sono irrogate, senza la preventiva contestazione, con **atto contestuale all'avviso di accertamento o di rettifica** (art. 17, c. 1, D.Lgs. n. 472/1997).

Esempi

Sono violazioni collegate al tributo:
- l'omessa o infedele fatturazione;
- la dichiarazione infedele;
- la dichiarazione omessa, con debito d'imposta;
- l'applicazione di aliquote IVA inferiori a quelle previste.

Si osservano, in quanto compatibili, le disposizioni che regolano il **procedimento di accertamento** del tributo.

Per i **soggetti diversi dalle persone giuridiche**, l'avviso di accertamento o di rettifica deve essere notificato, oltreché al soggetto passivo (debitore della maggiore imposta e dei relativi interessi), **anche alla persona fisica** cui è addebitabile la violazione.

Esempio

Nel caso di violazioni IVA commesse da una società di persone, l'avviso di accertamento deve essere notificato sia alla società - debitrice della maggiore imposta - sia all'autore della violazione (socio amministratore, rappresentante legale, dirigente, ecc.).

Motivazione

Il provvedimento di irrogazione, ancorché contestuale, costituisce un atto autonomo rispetto all'avviso di accertamento o di rettifica, e quindi deve essere motivato, **a pena di nullità** (circ. 10 luglio 1998, n. 180/E).

SANZIONI

Accertamento doganale

All'accertamento doganale, effettuato nella fase del controllo che precede la concessione dello svincolo, resta applicabile il **procedimento di irrogazione** con previa notifica dell'**atto di contestazione** (art. 17, c. 1-bis, D.Lgs. n. 472/1997).

Definizione agevolata

Entro il **termine previsto per la proposizione del ricorso**, il trasgressore e gli obbligati in solido possono definire la controversia con il pagamento di un importo pari a **1/3 della sanzione** indicata nell'atto (➔75.3.3.).

L'importo da pagare per la definizione agevolata non può comunque essere inferiore ad **1/3 dei minimi** edittali previsti **per le violazioni più gravi** relative a ciascun tributo.

La definizione agevolata impedisce l'irrogazione delle sanzioni accessorie.

Se il contribuente **non si avvale** della definizione agevolata può:
- **impugnare immediatamente l'atto**, davanti alla commissione tributaria provinciale;
- ottenere la riduzione delle sanzioni **a 1/3**, se **rinuncia ad impugnare** l'avviso di accertamento e a formulare istanza di accertamento con adesione, provvedendo a pagare, entro il termine per la proposizione del ricorso, le somme complessivamente dovute, tenuto conto della riduzione. Anche in questo caso, la misura delle sanzioni **non può essere inferiore a 1/3 dei minimi edittali** previsti per le violazioni più gravi relative a ciascun tributo;
- ottenere la riduzione delle sanzioni nell'ambito dell'**accertamento con adesione**, con riduzione delle sanzioni nella misura di **1/3 del minimo** previsto dalla legge (sempreché **non inferiore a 1/3 dei minimi**).

75.6.3. Violazioni degli obblighi di versamento

Le violazioni di omesso o ritardato pagamento di tributi possono essere irrogate mediante **iscrizione a ruolo**, senza previa contestazione (art. 17, c. 3, D.Lgs. n. 472/1997).

Controlli automatici e controlli formali

Le sanzioni di **omesso versamento** a seguito di **controlli automatici** in caso di rettifica di **imposte sui redditi** (art. 36-bis, D.P.R. n. 600/1973) o in materia di **IVA** (art. 54-bis, D.P.R. n. 633/1972) o di controlli formali in materia di **imposte sui redditi** (art. 36-ter, D.P.R. n. 600/1973) sono **iscritte direttamente nei ruoli** a titolo definitivo, a meno che il contribuente o il sostituto d'imposta provveda a definire la contestazione, versando le somme richieste **entro 30 giorni** dal ricevimento della comunicazione di irregolarità, anche in modo rateale (artt. 2 e 3, D.Lgs. n. 462/1997).

Definizione agevolata

La **definizione agevolata** che consente di estinguere la controversia, mediante il pagamento di 1/3 della sanzione irrogata (art. 16, c. 3 e art. 17, c. 2, D.Lgs. n. 472/1997) **non è applicabile** alle sanzioni per omesso o ritardato pagamento dei tributi (art. 17, c. 3, D.Lgs. n. 472/1997; Cass. 25 novembre 2020, n. 26782; Cass., Sez. V, 4 aprile 2018, n. 8247; Cass., Sez. V, 21 luglio 2017, n. 18080), sia ove la sanzione sia stata **irrogata unitamente** all'avviso di accertamento sia se sia stata irrogata con un distinto ed **autonomo atto** e anche laddove la violazione derivi da **indebita compensazione** di tributi (Cass. 25 novembre 2020, n. 26782).

Per le somme dovute a seguito di **controlli automatici** la **sanzione è ridotta a 1/3** se il contribuente definisce la contestazione (versando imposta, interessi e sanzione ridotta) **entro 30 giorni** dal ricevimento della comunicazione di irregolarità (art. 2, D.Lgs. n. 462/1997). Per le somme dovute a seguito dei **controlli formali** la **sanzione è ridotta a 2/3** se il contribuente definisce la contestazione (versando imposta, interessi e sanzione ridotta) **entro 30 giorni** dal ricevimento della comunicazione di irregolarità (art. 3, D.Lgs. n. 462/1997).

Controllo automatizzato deleghe di pagamento

A decorrere dalle deleghe di pagamento presentate dal mese di **marzo 2020**, qualora in esito a specifica attività di controllo (art. 37, c. 49-ter, D.L. n. 223/2006) i crediti indicati nelle deleghe stesse si rivelino in tutto o in parte non utilizzabili in compensazione, l'Agenzia delle Entrate comunica telematicamente la mancata esecuzione della delega di pagamento al soggetto che ha trasmesso la delega, entro il termine di 30 giorni, applicando la **sanzione pari al 5%** dell'importo, per importi **fino a 5.000 euro**, e pari a **250 euro**, per importi **superiori a 5.000 euro**, per ciascuna delega non eseguita (art. 15, c. 2-ter, D.Lgs. n. 471/1997). L'**iscrizione a ruolo a titolo definitivo** della sanzione **non è eseguita** se il contribuente provvede a **pagare la somma dovuta, entro 30 giorni** dal ricevimento della comunicazione. L'Agente della riscossione notifica la cartella di pagamento al debitore iscritto a ruolo entro il 31 dicembre del terzo anno successivo a quello di presentazione della delega di pagamento (art. 37, c. 49-quater, D.L. n. 223/2006).

SANZIONI

Decadenza e prescrizione 75.6.4.

La potestà di applicazione delle sanzioni tributarie è soggetta a **termini essenziali** di decadenza, trascorsi i quali il trasgressore non può più essere perseguito.

Decadenza

I termini di decadenza sono (art. 20, c. 1, D.Lgs. n. 472/1997):
- il **31 dicembre del 5° anno successivo** a quello in cui è avvenuta la violazione, per le **violazioni non collegate** al tributo cui si riferiscono;
- il **termine** previsto per l'**accertamento dei singoli tributi**, per le violazioni **collegate al tributo** cui si riferiscono.

Esempi

1) Violazione contabile in materia di IVA commessa nel mese di aprile del 2018. Decadenza: 31 dicembre 2023 (5° anno successivo a quello della violazione).

2) Violazione di omessa fatturazione commessa nel mese di aprile 2018. Decadenza: 31 dicembre 2024 (31 dicembre del quinto anno successivo a quello in cui è stata presentata la dichiarazione relativa al 2018, art. 57, c. 1, del D.P.R. n. 633/1972).

3) Violazione di omessa dichiarazione IVA relativa al 2018. Decadenza: 31 dicembre 2026 (31 dicembre del settimo anno successivo a quello in cui la dichiarazione avrebbe dovuto essere presentata, art. 57, c. 2, del D.P.R. n. 633/1972).

4) Omessa registrazione di atti soggetti a registro, formati nel mese di aprile del 2018. Decadenza: aprile 2023 (5 anni dal giorno in cui avrebbe dovuto essere richiesta la registrazione, art. 76, c. 1, D.P.R. n. 131/1986).

Entro il termine di decadenza:

– deve essere **notificato l'atto di contestazione o quello di irrogazione** (art. 20, c. 1, D.Lgs. n. 472/1997);
– devono essere **resi esecutivi i ruoli** nei quali sono iscritte le sanzioni irrogate per omesso o tardivo versamento di tributi (art. 20, c. 1, D.Lgs. n. 472/1997).

Per effetto dell'emergenza COVID, relativamente ai termini **non scaduti** nel periodo tra l'8 marzo 2020 e il 31 dicembre 2020 si rende applicabile lo **spostamento in avanti** del decorso dei termini per la stessa durata della sospensione, prevista dall'art. 67, c. 1, D.L. n. 18/2020, pari a **85 giorni** (risposta dell'Agenzia delle Entrate resa in occasione dell'incontro con la stampa specializzata del 27 gennaio 2022).

Dichiarazione integrativa

Se viene presentata dichiarazione integrativa o la violazione viene regolarizzata, **i termini per l'accertamento** ai fini delle imposte sui redditi, dell'IVA, dell'imposta di registro e dell'imposta sulle successioni e donazioni **decorrono**, limitatamente agli elementi oggetto dell'integrazione, dalla **presentazione della dichiarazione** integrativa o dalla **regolarizzazione spontanea** degli errori od omissioni (art. 1, c. 640, Legge n. 190/2014).

Indebita compensazione

L'atto di recupero per la riscossione di **crediti inesistenti** utilizzati in compensazione, nonché dei relativi interessi e sanzioni (art. 1, c. 421, Legge n. 311/2004), emesso a seguito del controllo degli importi a credito indicati nei modelli F24, deve essere notificato, a pena di decadenza, entro il **31 dicembre dell'ottavo anno** successivo a quello del relativo utilizzo (art. 27, c. 16, D.L. n. 185/2008). Per il controllo automatizzato delle deleghe di pagamento (➡**75.6.3.**).

Attività detenute nei paradisi fiscali

Per gli investimenti e per le attività detenute, in violazione degli obblighi sul monitoraggio fiscale, in Stati o territori aventi un regime fiscale privilegiato, sono **raddoppiati i termini** (art. 12, c. 2-bis e c. 2-ter, D.L. n. 78/2009):

– per **l'accertamento** delle imposte sui redditi e dell'IVA;
– per la **notifica dell'atto di contestazione o di irrogazione delle sanzioni** relative alle violazioni degli obblighi dichiarativi del modulo RW della dichiarazione annuale dei redditi.

Concorso nella violazione e responsabili solidali

Se nei termini decadenziali previsti la notificazione dell'atto di contestazione o di irrogazione viene eseguita ad **almeno uno degli autori** dell'infrazione o dei soggetti obbligati in solido, per la notifica agli altri soggetti responsabili il termine è **prorogato di 1 anno** (art. 20, c. 2, D.Lgs. n. 472/1997).

Tributi locali

Per i tributi locali il termine di decadenza per l'accertamento e quello per la contestazione e l'irrogazione delle relative sanzioni è fissato al **31 dicembre del 5° anno successivo** a quello in cui la dichiarazione o il versamento sono stati o avrebbero dovuto essere effettuati (art. 1, c. 161-163, Legge n. 296/2006).

Prescrizione della sanzione

Il diritto alla riscossione della sanzione irrogata si prescrive nel termine di **5 anni** (art. 20, c. 3, D.Lgs. n. 472/1997) (Cass. 27 novembre 2020, n. 27178).

Il termine prescrizionale inizia a decorrere dopo che la sanzione è stata irrogata con atto di contestazione o con avviso di irrogazione **divenuto definitivo** (Cass. 9 luglio 2014, n. 15665).

In pratica:

– entro il **termine di decadenza**, la violazione deve essere contestata e deve essere irrogata la sanzione;
– entro il **termine di prescrizione**, la sanzione irrogata deve essere riscossa.

Il diritto alla riscossione delle sanzioni amministrative pecuniarie previste per le violazioni tributarie, irrogate con **sentenza passata in giudicato**, si prescrive entro il termine di **10 anni**, per diretta applicazione dell'art. 953 c.c. (Cass. 27 novembre 2020, n. 27188; Cass. 7 aprile 2017, n. 9076).

Interruzione della prescrizione

L'impugnazione del provvedimento di irrogazione interrompe la prescrizione, che non corre fino alla definizione del procedimento (art. 20, c. 3, D.Lgs. n. 472/1997).

SANZIONI

Esecuzione delle sanzioni 75.6.5.

Se il contribuente, in presenza di atto di contestazione o di irrogazione, di avviso di rettifica o di accertamento ovvero di cartella di pagamento, **non propone ricorso**, la sanzione deve essere pagata nel termine previsto nell'atto (generalmente, entro **60 giorni**).

Ricorso alla commissione tributaria

In caso di ricorso alle Commissioni tributarie, la riscossione delle sanzioni avviene **in forma graduata**, secondo le norme relative al **contenzioso tributario** (art. 19, D.Lgs. n. 472/1997 e art. 68, c. 1 e 2, D.Lgs. n. 546/1992).

Le sanzioni sono riscosse:

a. **prima della sentenza** della Commissione tributaria provinciale: **nulla**;
b. **dopo la sentenza** della **Commissione tributaria provinciale** (anche non se non definitiva, Cass. 18 novembre 2020, n. 26286):
   - **2/3 della sanzione** irrogata, se il ricorso è respinto;
   - **100% della sanzione** irrogata (purché non superiore ai 2/3) se il ricorso viene accolto, in tutto o in parte;
c. **dopo la sentenza** della **Commissione tributaria regionale**: **100% dell'importo** determinato dalla sentenza (diminuendo quanto già versato dopo la sentenza di primo grado).

> Se il ricorso alla Commissione tributaria regionale o in Cassazione viene accolto, la sanzione eventualmente pagata in eccedenza nei precedenti gradi di giudizio deve essere **rimborsata d'ufficio** entro 90 giorni dalla notificazione della sentenza.

Sospensione della riscossione

La **commissione tributaria regionale** può sospendere l'esecuzione delle sanzioni, su istanza del contribuente (art. 19, c. 2, D.Lgs. n. 472/1997), se:

- sussistono **gravi e fondati motivi** o
- se dall'esecuzione può derivargli un **danno grave e irreparabile**.

La sospensione può essere subordinata alla prestazione di una **garanzia**, analoga a quella prevista per i **rimborsi** IVA (art. 52, c. 2 e c. 6, D.Lgs. n. 546/1992).

Durante il periodo di sospensione cautelare si applicano gli **interessi** al tasso previsto per la sospensione amministrativa (art. 47, c. 8-bis, D.Lgs. n. 546/1992).

> Se la **garanzia** viene prestata, la Commissione tributaria regionale **deve sospendere** l'esecuzione delle sanzioni (art. 19, c. 3, D.Lgs. n. 472/1997).

Provvedimenti cautelari 75.6.6.

In base **all'atto di contestazione**, al provvedimento di **irrogazione della sanzione** o al **processo verbale di constatazione** e dopo la loro notifica, l'ufficio, quando ha fondato timore di perdere la garanzia del proprio credito, può chiedere al presidente della commissione tributaria provinciale competente, in via cautelare (art. 22, c. 1, D.Lgs. n. 472/1997):

- **l'iscrizione di ipoteca**,
- **il sequestro conservativo**

sui beni, compresa l'azienda, del trasgressore e dei soggetti obbligati in solido.

Procedimento

Il procedimento ha inizio con **l'istanza** formulata al Presidente della **Commissione Tributaria Provinciale** nella cui circoscrizione ha sede l'Ufficio finanziario che ha emesso o ha competenza ad emettere il provvedimento con il quale viene contestata la violazione ed irrogata la sanzione.

> L'istanza può essere **inoltrata direttamente** dal Comandante provinciale della Guardia di Finanza in relazione ai processi verbali rilasciati dai reparti dipendenti (art. 22, c. 1-bis, D.Lgs. n. 472/1997). In questi casi, la Guardia di Finanza ne dà comunicazione alla Direzione provinciale dell'Agenzia delle Entrate.

La richiesta deve essere adeguatamente **motivata** e deve indicare le circostanze di fatto e di diritto che mettono in pericolo la riscossione del credito erariale.

> L'istanza deve essere notificata alle parti interessate, le quali possono, entro 20 giorni dalla notifica, depositare memorie e documenti difensivi.

Nei casi in cui l'**istanza** viene **presentata direttamente** dalla **Guardia di Finanza**, la direzione provinciale dell'Agenzia delle Entrate la esamina e comunica le proprie eventuali osservazioni al presidente della **Commissione Tributaria Provinciale**, nonché al comandante provinciale richiedente. Decorso il termine di **20 giorni** dal ricevimento dell'istanza, si intende **acquisito il conforme parere dell'Agenzia delle Entrate** (tale termine viene interrotto, una sola volta, in caso di richiesta di chiarimenti).
Il Presidente della Commissione tributaria fissa l'udienza e **la Commissione decide con sentenza**. In caso di **eccezionale urgenza o di pericolo nel ritardo**, il Presidente, ricevuta l'istanza, provvede con **decreto motivato**. Contro il decreto è ammesso reclamo al Collegio entro 30 giorni. Il Collegio, sentite le parti in Camera di consiglio, provvede con sentenza.

Se il contribuente presta **garanzia** la Commissione tributaria può non adottare il provvedimento ovvero può adottarlo solo in parte.

Presupposti

I presupposti per la richiesta di adozione delle misure cautelari sono:
- il ***fumus boni iuris***, ossia l'attendibilità o sostenibilità della pretesa tributaria, sulla base dell'esistenza di un atto di contestazione, di un provvedimento di irrogazione sanzione, di un avviso di accertamento, di un processo verbale di constatazione o di un atto di recupero, ritualmente notificati;
- il ***periculum in mora***, cioè il fondato timore, da parte dell'Ufficio, di perdere la garanzia del proprio credito, il che si verifica qualora vi sia una notevole sproporzione fra la consistenza patrimoniale del contribuente e l'entità del credito da tutelare, tenuto anche conto di ogni concreto elemento indicativo della volontà del debitore di depauperare il proprio patrimonio.

Il provvedimento cautelare può essere richiesto se i due requisiti sono **entrambi sussistenti** (circ. 6 luglio 2001, n. 66/E).

Il concetto di *periculum in mora* richiama una **pluralità di elementi**, anche di carattere indiziario, ma convergenti nell'indurre a ritenere reale, da parte degli Uffici, il rischio di comportamenti del contribuente mediante i quali i beni disponibili vengono sottratti ad eventuali azioni esecutive. Il *periculum in mora* deve essere **attuale** (circ. 15 febbraio 2010, n. 4/E).

Esempi

Non sono previsti limiti minimi per la richiesta di misure cautelari.
L'Agenzia delle Entrate ha fornito indicazioni operative agli Uffici, stabilendo le soglie oltre le quali gli uffici possono valutare l'opportunità di richiedere l'applicazione delle misure cautelari (circ. 15 febbraio 2010, n. 4/E):
1. **maggiore imposta** superiore a euro 120.000;
2. **ritenute non operate** superiore a euro 60.000;
3. importo superiore a euro 60.000 per la **sanzione minima**, se l'autore della violazione (persona fisica) non coincide con il contribuente.

Anche in presenza di rilievi che comportino recuperi di importi inferiori a quelli sopra indicati, i funzionari verificatori possono comunque **valutare l'opportunità** di richiedere le misure cautelari in argomento allorché la condotta del contribuente riveli situazioni di particolare pericolosità per la riscossione del credito tributario.

Perdita di efficacia

L'**iscrizione di ipoteca** e il **sequestro conservativo** perdono efficacia (art. 22, c. 7, D.Lgs. n. 472/1997):
a. se non sono eseguiti nel termine di 60 giorni dalla comunicazione;
b. se, nel termine di 120 giorni dalla loro adozione, non viene notificato atto impositivo, di contestazione o di irrogazione;

In questo caso, il presidente della commissione tributaria, su istanza di parte e sentito l'ufficio o l'ente richiedente, dispone la cancellazione dell'ipoteca.

c. a seguito della sentenza, anche non passata in giudicato, che accoglie il ricorso.

La sentenza costituisce titolo per la cancellazione dell'ipoteca.

In caso di accoglimento parziale del ricorso, il giudice che ha pronunciato la sentenza, su istanza di parte, riduce proporzionalmente l'entità dell'iscrizione o del sequestro. Se la sentenza è pronunciata

SANZIONI

dalla Corte di Cassazione, provvede il giudice la cui sentenza è stata impugnata con ricorso per cassazione.

Tutele e ricorsi 75.6.7.

Contro gli atti di contestazione e i provvedimenti di irrogazione delle sanzioni tributarie è ammesso ricorso, **entro 60 giorni**, salva la sospensione dei termini per il periodo feriale (1° - 31 agosto), alle commissioni tributarie provinciali.
In caso di istanza di accertamento con adesione il termine è **sospeso per 90 giorni**.

> Appartengono alla giurisdizione delle commissioni tributarie tutte le controversie aventi ad oggetto i **tributi di ogni genere** e specie comunque denominati, compresi quelli regionali, provinciali e comunali, le sovrimposte e le addizionali, le relative **sanzioni**, escluse soltanto le controversie riguardanti gli atti della esecuzione forzata tributaria successivi alla notifica della cartella di pagamento.
> Sono comprese nella giurisdizione delle commissioni tributarie le controversie in materia di classamento dei terreni e di immobili urbani.

Proroghe per emergenza Covid-19 75.6.8.

In relazione all'emergenza epidemiologica da **Covid-19**, gli atti di accertamento, di contestazione, di irrogazione delle sanzioni, di recupero dei crediti di imposta, di liquidazione e di rettifica e liquidazione, per i quali i termini di decadenza scadono tra l'8 marzo 2020 ed il 31 dicembre 2020, sono emessi entro il 31 dicembre 2020 e sono notificati nel periodo compreso **tra il 1° marzo 2021 e il 28 febbraio 2022**, salvo casi di indifferibilità e urgenza, o al fine del perfezionamento degli adempimenti fiscali che richiedono il contestuale versamento di tributi (art. 157, c. 1, D.L. n. 34/2020).

PRINCIPIO DI LEGALITÀ E FAVOR REI 75.7.

La legge in vigore al momento in cui è stata commessa la violazione e le leggi in vigore quando la violazione viene accertata, quando la sanzione viene irrogata o durante l'iter del contenzioso fiscale, possono essere diverse.
La modifica può essere:

a. in senso **sfavorevole** al trasgressore;
b. in senso **favorevole** al trasgressore.

Modifica della norma in senso sfavorevole 75.7.1.

La Costituzione prevede che nessuno può essere punito se non in forza di una legge che sia **entrata in vigore prima** del fatto commesso (art. 25, c. 2, Cost.).
Si tratta del **principio di legalità**, recepito anche in materia di **sanzioni tributarie**, per cui nessuno può essere assoggettato a sanzioni pecuniarie fiscali se non in forza di una legge entrata in vigore prima della commissione della violazione (art. 3, c. 1, D.Lgs. n. 472/1997).
Il principio di legalità comporta che la **determinazione dei "fatti"** che costituiscono violazione punibile sia riservata al legislatore (circ. n. 180/E del 10 luglio 1998), con **esclusione dell'integrazione** analogica, fermo restando l'ammissibilità dell'interpretazione estensiva.

> È esclusa la possibilità di prevedere violazioni e comminare sanzioni mediante **provvedimenti di rango inferiore alla legge,** come ad esempio decreti ministeriali, circolari, provvedimenti amministrativi, a meno che non sia la legge a rinviare espressamente ad atti normativi di rango inferiore (decreti) per la specificazione di elementi che concorrono alla definizione del comportamento trasgressivo (ad esempio, fissando termini, condizioni, adempimenti e quant'altro).

Irretroattività

Nessuna sanzione può essere applicata se la relativa previsione legislativa non era in vigore **al momento in cui è stata commessa** la violazione (art. 3, c. 1, D.Lgs. n. 472/1997).

Sanzioni di entità diversa

È preclusa l'applicazione retroattiva delle norme che introducono **sanzioni più gravi** di quelle in vigore al momento in cui la violazione è stata commessa.
In particolare, se la legge in vigore al momento in cui è stata commessa la violazione e le leggi posteriori stabiliscono sanzioni di entità diversa, **si applica la legge più favorevole**, vale a dire quella in vigore al momento in cui la violazione è stata commessa (art. 3, c. 3, D.Lgs. n. 472/1997).

SANZIONI

75.7.2. Modifica della norma in senso favorevole

La modifica della norma in senso favorevole al trasgressore può comportare:

a. l'**abrogazione della norma** sanzionatoria;
b. la previsione di una **sanzione di entità più lieve** rispetto a quella in vigore al momento in cui la violazione è stata commessa.

In entrambi i casi si applica la legge più favorevole al trasgressore (**principio del *favor rei***).

Abrogazione della norma sanzionatoria

Salvo diversa previsione di legge, **nessuno può essere assoggettato a sanzioni** per un fatto che, secondo una legge posteriore, non costituisce violazione punibile (art. 3, c. 2, D.Lgs. n. 472/1997).

Il principio del *favor rei* si applica anche nel caso di modifica normativa riguardante l'applicazione di una **sanzione accessoria** (Cass. 18 ottobre 2018, n. 26178).

Abrogazione del precetto

Se la legge posteriore abolisce un **adempimento strumentale** e, quindi, anche se solo indirettamente, la sanzione, la retroattività favorevole è comunque applicabile, con la conseguenza che **nessuna sanzione potrà essere applicata** (circ. 10 luglio 1998, n. 180/E).

Esempio

L'abolizione dell'obbligo della **bolla di accompagnamento** (D.P.R. 14 agosto 1996, n. 472) ha comportato la inapplicabilità delle sanzioni relative a violazioni commesse antecedentemente.

L'abrogazione dell'obbligo di indicare, nella dichiarazione dei redditi, "l'ammontare dei **trasferimenti da, verso e sull'estero** che nel corso dell'anno hanno interessato gli investimenti all'estero e le attività estere di natura finanziaria" comporta la inapplicabilità della sanzione (Cass. 3 dicembre 2020, n. 27662).

La sanzione non può essere applicata nemmeno se la modifica normativa abroga un **elemento essenziale** della fattispecie, come nel caso di dichiarazione mendace sulle caratteristiche di lusso dell'immobile acquistato con le **agevolazioni "prima casa"**. In forza di una disposizione sopravvenuta, l'esclusione dalla agevolazione non dipende più dalla concreta tipologia del bene e dalle sue intrinseche caratteristiche qualitative e di superficie, bensì dalla circostanza che la casa di abitazione oggetto di trasferimento sia iscritta in categoria catastale A1, A8 ovvero A9 (art. 10, c. 1, lett. a), D.Lgs. n. 23/2011). Pertanto, la dichiarazione mendace circa le predette caratteristiche qualitative, per effetto della modifica normativa, oggi non ha più alcuna rilevanza per l'ordinamento (Cass. 8 febbraio 2017, n. 3357).

SANZIONI

Abrogazione di un intero tributo

Nel caso di abolizione di un intero tributo, **le sanzioni** relative alle violazioni commesse anteriormente **continuano ad applicarsi** (circ. 10 luglio 1998, n. 180/E).

Irrogazione della sanzione

Se la sanzione è già stata irrogata con **provvedimento definitivo** il debito residuo si estingue, ma **non è ammessa ripetizione** di quanto pagato (art. 3, c. 2, D.Lgs. n. 472/1997).

Se la sanzione è stata irrogata con provvedimento **non definitivo**, il debito residuo si estingue ed **è ammessa ripetizione** di quanto pagato.

Previsione di una sanzione di entità più lieve

Se la legge in vigore al momento in cui è stata commessa la violazione e le leggi posteriori stabiliscono sanzioni di entità diversa, **si applica la legge più favorevole**, salvo che il **provvedimento di irrogazione sia divenuto definitivo**.

Il **raffronto** deve essere fatto tra la norma in vigore al momento in cui la violazione è stata commessa e quella vigente alla data in cui la sanzione viene contestata o irrogata.

Se il contribuente impugna il provvedimento e la sanzione, successivamente all'irrogazione, subisce un **ulteriore attenuazione**, la sanzione inflitta deve essere rideterminata, in quanto l'applicazione del *favor rei* è impedita esclusivamente dall'intervenuta definitività del provvedimento.

Applicazione della "legge" più favorevole

La norma fa riferimento all'applicazione della "legge" più favorevole. Pertanto, il giudizio comparato deve essere effettuato tenendo presente, oltre alla misura edittale della pena, la sanzione **concreta-**

mente applicabile, le **circostanze attenuanti**, le **aggravanti**, i **casi di non punibilità**, i **criteri di determinazione** della sanzione, e così via.

Esempio

Nel caso in cui la nuova sanzione preveda un minimo inferiore ed un massimo superiore rispetto alla vecchia sanzione, l'Ufficio deve applicare la nuova sanzione, se intende irrogare il minimo, e la vecchia sanzione, se intende irrogare il massimo.

Definitività del provvedimento sanzionatorio

La legge più favorevole non è applicabile se il provvedimento di irrogazione è divenuto definitivo, a prescindere dall'avvenuto pagamento della sanzione.

Pertanto, se il provvedimento è definitivo il contribuente è tenuto al pagamento della sanzione, anche se nel frattempo è entrata in vigore una legge più favorevole.

Applicazione del principio in sede contenziosa

Il giudice tributario può applicare, anche d'ufficio, il *favor rei* **in ogni stato e grado del giudizio**, anche in sede di legittimità, all'unica condizione che il provvedimento sanzionatorio non sia divenuto definitivo (Cass. 8 febbraio 2017, n. 3357; Cass. 9 marzo 2016, n. 4616).

L'applicabilità, anche d'ufficio, del principio del *favor rei* non esclude il **dovere della parte di allegare** e, se necessario, **provare** la sussistenza dei **fatti costitutivi** e/o eventualmente **modificativi**, ovvero **estintivi**, necessari per la concreta **applicazione** di dette **norme**, non potendo il giudice introdurre nella controversia, di sua iniziativa, elementi di fatto diversi da quelli allegati e provati dalle parti (Cass. 10 dicembre 2007, n. 25734).

SANZIONI

76. SANZIONI IMPOSTE DIRETTE

76.1. QUADRO NORMATIVO

Le **sanzioni in materia di imposte dirette** sono contenute principalmente nel D.Lgs. n. 471/1997:

- art. 1: **dichiarazione**;
- artt. 2 e 14: **sostituti d'imposta**;
- art. 3: omessa denuncia delle variazioni dei **redditi fondiari**;
- art. 8: contenuto e **documentazione** delle dichiarazioni;
- art. 9: obblighi relativi alla **contabilità**;
- artt. 10 e 11: omessa o incompleta risposta a **richieste**, **questionari** e **inviti**;
- artt. 13 e 15: **versamenti** e **compensazioni**.

Le sanzioni di **natura penale** sono contenute nel D.Lgs. n. 74/2000.

76.2. VIOLAZIONI IN MATERIA DI DICHIARAZIONE

Violazione	Norma violata D.P.R. n. 600/1973	Norma sanzionatoria D.Lgs. n. 471/1997	Sanzione
Omessa presentazione della dichiarazione qualora **siano dovute** imposte	artt. da 1 a 6	art. 1, c. 1	da 120% a 240% dell'imposta dovuta (min. 250 €)
Presentazione della dichiarazione **entro la dichiarazione** dell'anno successivo qualora **siano dovute** imposte	artt. da 1 a 6 (e art. 2, D.P.R. n. 322/1998)	art. 1, c. 1	da 60% a 120% dell'imposta dovuta (min. 200 €)
Omessa presentazione della dichiarazione qualora **non siano dovute** imposte	artt. da 1 a 6	art. 1, c. 1	da 250 a 1.000 €
Presentazione della dichiarazione **entro la dichiarazione** dell'anno successivo qualora **non siano dovute** imposte	artt. da 1 a 6 (e art. 2, D.P.R. n. 322/1998)	art. 1, c. 1	da 150 a 500 €
Dichiarazione **infedele** nei casi diversi da quelli seguenti	art. 1	art. 1, c. 2	da 90% a 180% della maggiore imposta o della differenza di credito
Dichiarazione annuale infedele realizzata mediante utilizzo di **documentazione falsa** o per operazioni inesistenti, artifici o raggiri, condotte simulatorie o **fraudolente**	art. 1	art. 1, c. 3	da 135% a 270% della maggiore imposta o della differenza di credito

Violazione	Norma violata D.P.R. n. 600/1973	Norma sanzionatoria D.Lgs. n. 471/1997	Sanzione
Dichiarazione annuale infedele quando la maggiore imposta o il minore credito accertati sono complessivamente **inferiori al 3% dell'imposta e del credito dichiarati** e comunque complessivamente inferiori a **30.000 €**	art. 1	art. 1, c. 4	da 60% a 120% della maggiore imposta o della differenza di credito
Dichiarazione annuale infedele per **erronea imputazione temporale di elementi** positivi o negativi di reddito (purché il componente positivo abbia già concorso alla determinazione del reddito nell'annualità in cui interviene l'attività di accertamento o in una precedente)	art. 1	art. 1, c. 4	da 60% a 120% della maggiore imposta o della differenza di credito, *oppure* - 250 € se non vi è alcun danno per l'Erario
Infedele indicazione del **canone di locazione** su immobili abitativi	art. 1	art. 1, c. 7	da 180% a 360% della maggiore imposta o della differenza di credito

Presentazione della dichiarazione entro la dichiarazione dell'anno successivo

La riduzione delle sanzioni per omessa dichiarazione, qualora la stessa è presentata entro il termine di presentazione della dichiarazione relativa al periodo d'imposta successivo, si applica sempreché la **presentazione avvenga prima dell'inizio** di qualunque attività amministrativa di **accertamento** di cui il contribuente abbia avuto **formale conoscenza**.

Presentazione della dichiarazione entro 90 giorni

Per la presentazione della dichiarazione entro 90 giorni è prevista la **sanzione in misura fissa di 250 euro** (art. 1, c. 1, D.Lgs. n. 471/1997 e circ. 12 ottobre 2016, n. 42/E, par. 2.2.3).
In tal caso, il contribuente può beneficiare anche delle riduzioni previste per il **ravvedimento**, se entro lo stesso termine provvede al versamento della sanzione ridotta (art. 13, c. 1, lett. c), D.Lgs. n. 472/1997) (➔75.5.).

Omessa dichiarazione da parte dei soggetti obbligati alla tenuta di scritture contabili

Le sanzioni applicabili all'omessa o tardiva dichiarazione, **quando non sono dovute imposte**, possono essere aumentate **fino al doppio** nei confronti dei soggetti obbligati alla tenuta di scritture contabili (art. 1, c. 1).

Redditi prodotti all'estero

Se la violazione di omessa o infedele dichiarazione riguarda redditi prodotti all'estero, le sanzioni sono **aumentate di un terzo** con riferimento alle imposte o alle maggiori imposte relative a tali redditi (art. 1, c. 8, D.Lgs. n. 471/1997).

Stati a regime fiscale privilegiato

Se la violazione di omessa o infedele dichiarazione riguarda investimenti ed attività di natura finanziaria detenute negli Stati o territori a regime fiscale privilegiato **la sanzione è raddoppiata** (art. 12, c. 2, D.L. n. 78/2009).

Prezzi di trasferimento

La sanzione per infedele dichiarazione **non si applica** in caso di rettifica del valore normale dei prezzi di trasferimento (art. 110, c. 7, TUIR), qualora, nel corso dell'accesso, ispezione o verifica o di altra attività istruttoria, il contribuente consegni all'Amministrazione finanziaria la **documentazione prevista** da apposito provvedimento (Provv. 29 settembre 2010 del Direttore dell'Agenzia delle Entrate), idonea a consentire il riscontro della conformità al valore normale dei prezzi di trasferimento praticati (art. 1, c. 6, D.Lgs. n. 471/1997) (circ. 26 novembre 2021, n. 15/E).

Dichiarazione incompleta

La dichiarazione incompleta è **compresa nella infedele dichiarazione** (art. 4, D.Lgs. n. 471/1997).

Pagamenti con strumenti di pagamento diversi dal denaro

Per gli esercenti imprese o arti e professioni con ricavi e compensi dichiarati **non superiori a 5 milioni di euro**, i quali per **tutte** le operazioni attive e passive effettuate nell'esercizio dell'attività utilizzano esclusivamente **strumenti di pagamento diversi dal denaro contante** e nelle dichiarazioni in materia di imposte sui redditi e imposte sul valore aggiunto indicano gli estremi identificativi dei rapporti con gli operatori finanziari (art. 7, c. 6, D.P.R. n. 605/1973), le sanzioni amministrative previste per l'omessa o infedele dichiarazione sono **ridotte alla metà** (art. 2, c. 36-vicies-ter, D.L. n. 138/2011).

Riduzione di un terzo della sanzione per dichiarazione infedele

La riduzione di un terzo della sanzione base (art. 1, c. 4, D.Lgs. n. 471/1997) se, **alternativamente**:

- la maggiore imposta o il minore credito accertati siano complessivamente **inferiori al 3%** dell'imposta e del credito dichiarati **e comunque** complessivamente **inferiori a 30.000 euro**;
- l'infedeltà sia conseguenza di un **errore sull'imputazione temporale di elementi positivi o negativi di reddito**, purché il componente positivo abbia già concorso alla determinazione del reddito nell'annualità in cui interviene l'attività di accertamento o in una precedente;

può essere applicata **solo in sede di accertamento** perché presupposto per la piena operatività della riduzione è la presenza di un'attività di controllo volta a verificare che l'infedeltà commessa dal contribuente sia caratterizzata:

- dall'elemento soggettivo della colpevolezza;
- dall'assenza di frode;
- e costruita attraverso una condotta non insidiosa per l'Amministrazione finanziaria.

Il contribuente, quindi, **non può tenere conto della riduzione** di un terzo per determinare la sanzione in caso di **ravvedimento operoso** (ris. 23 ottobre 2017, n. 131).

Tuttavia, quando l'Ufficio contesta la violazione di infedele dichiarazione per errata imputazione temporale di componenti di reddito in un determinato periodo d'imposta e il contribuente **abbia reiterato la violazione nei periodi d'imposta successivi,** le violazioni di questi periodi d'imposta successivi possono essere regolarizzati con il ravvedimento operoso **tenendo conto della riduzione di un terzo** della sanzione (ris. 23 ottobre 2017, n. 131/E).

76.3. SOSTITUTI D'IMPOSTA

Violazione	Norma violata D.P.R. n. 322/1998	Norma sanzionatoria D.Lgs. n. 471/1997	Sanzione
Omessa presentazione della dichiarazione qualora le **ritenute non siano state versate**	art. 4	art. 2, c. 1 e 4	da 120% a 240% delle ritenute non versate (min. 250 €) *più* 50 € per ogni percipiente non dichiarato
Presentazione della dichiarazione **entro la dichiarazione** dell'anno successivo qualora le **ritenute non siano state versate**	art. 4	art. 2, c. 1 e 4	da 60% a 120% delle ritenute non versate (min. 200 €) *più* 50 € per ogni percipiente non dichiarato
Omessa presentazione della dichiarazione qualora le **ritenute siano state versate**	art. 4	art. 2, c. 3 e 4	da 250 € a 2.000 € *più* 50 € per ogni percipiente non dichiarato

Violazione	Norma violata D.P.R. n. 322/1998	Norma sanzionatoria D.Lgs. n. 471/1997	Sanzione
Presentazione della dichiarazione **entro la dichiarazione** dell'anno successivo qualora le **ritenute siano state versate**	art. 4	art. 2, c. 3 e 4	da 150 € a 500 € *più* 25 € per ogni percipiente non dichiarato
Infedele dichiarazione qualora le **ritenute non siano state versate**	art. 4	art. 2, c. 2 e 4	da 90% a 180% delle ritenute non versate (min. 250 €) *più* 50 € per ogni percipiente non dichiarato
Dichiarazione annuale infedele realizzata mediante utilizzo di **documentazione falsa** o per operazioni inesistenti, artifici o raggiri, condotte simulatorie o **fraudolente**	art. 4	art. 2, c. 2-bis	da 135% a 270% della maggiore imposta o della differenza di credito *più* 50 € per ogni percipiente non dichiarato
Dichiarazione infedele quando l'ammontare delle **ritenute non versate** è inferiore al **3%** delle ritenute riferibili all'ammontare dei compensi, interessi ed altre somme dichiarati e comunque **inferiore a 30.000 €**	art. 4	art. 2, c. 2-ter	da 60% a 120% della maggiore imposta o della differenza di credito (min. 250 €) *più* 50 € per ogni percipiente non dichiarato
Infedele dichiarazione qualora le **ritenute siano state versate**	art. 4	art. 2, c. 3 e 4	da 250 € a 2.000 € *più* 50 € per ogni percipiente non dichiarato
Dichiarazione non comprendente tutti i **percipienti**	art. 4	art. 2, c. 3 e 4	50 € per ogni percipiente non dichiarato

Presentazione della dichiarazione entro la dichiarazione dell'anno successivo

La riduzione delle sanzioni per omessa dichiarazione, qualora la stessa è presentata entro il termine di presentazione della dichiarazione relativa al periodo d'imposta successivo, si applica sempreché la **presentazione avvenga prima dell'inizio** di qualunque attività amministrativa di **accertamento** di cui il contribuente abbia avuto **formale conoscenza**.

Presentazione della dichiarazione entro 90 giorni

Per la presentazione della dichiarazione entro 90 giorni è prevista la **sanzione fissa di euro 250** (art. 2, c. 1, 3 e 4, D.Lgs. n. 471/1997 e circ. 12 ottobre 2016, n. 42/E, par. 2.2.3).
In tal caso, il contribuente può beneficiare anche delle riduzioni previste per il **ravvedimento**, se entro lo stesso termine provvede al versamento della sanzione ridotta (art. 13, c. 1, lett. c), D.Lgs. n. 472/1997) (➜75.5.).

Prezzi di trasferimento

La sanzione per infedele dichiarazione **non si applica** in caso di rettifica del valore normale dei prezzi di trasferimento (art. 110, c. 7, TUIR), da cui derivi la non corretta applicazione delle aliquote convenzionali sul valore delle **royalties** e degli **interessi attivi** che eccede il valore normale previsto per l'esercizio della ritenuta (cfr. art. 25, c. 4, D.P.R. n. 600/1973) qualora, nel corso dell'accesso, ispezione o verifica o di altra attività istruttoria, il contribuente consegni all'Amministrazione finanziaria la **documentazione prevista** da apposito provvedimento (Provv. 29 settembre 2010), idonea a consentire il riscontro della conformità al valore normale dei prezzi di trasferimento praticati (art. 2, c. 4-ter, D.Lgs. n. 471/1997) (circ. 26 novembre 2021, n. 15/E).

SANZIONI

Violazione	Norma violata	Norma sanzionatoria D.Lgs. n. 471/1997	Sanzione
Mancata **effettuazione** di ritenute alla fonte	artt. 23 - 26, D.P.R. n. 600/1973	art. 14	20% della somma non trattenuta oltre alla sanzione per omesso versamento o per omessa o infedele dichiarazione

Omessa ritenuta

Ove il sostituto non operi né versi le ritenute si applica la **sanzione del 20%** (art. 14, D.Lgs. n. 471/1997) e, per l'omesso versamento, quella del 30% (art. 13, D.Lgs. n. 471/1997).

Se il sostituto **omette la dichiarazione** ovvero presenta una **dichiarazione infedele**, si applica, in alternativa alla sanzione per omesso versamento, quella prevista per l'omessa o infedele dichiarazione, oltre alla sanzione di euro 50 per ogni percipiente non indicato nella dichiarazione presentata o che avrebbe dovuto essere presentata (art. 2, c. 4, D.Lgs. n. 471/1997). Tutte le violazioni sopra indicate possono essere **regolarizzate mediante ravvedimento** (risposta a interpello 25 giugno 2021, n. 449).

76.4. REDDITI FONDIARI

Violazione	Norma violata D.P.R. n. 917/1986	Norma sanzionatoria D.Lgs. n. 471/1997	Sanzione
Omessa denuncia delle situazioni che danno luogo a **variazioni in aumento** del reddito **dominicale** e del reddito **agrario dei terreni**	artt. 30 e 34	art. 3	da 250 € a 2.000 €

Termine per la denuncia delle variazioni

Le variazioni in aumento del **reddito dominicale** devono essere denunciate dal contribuente **entro il 31 gennaio dell'anno successivo** a quello in cui si sono verificati i fatti che danno luogo alla variazione (art. 30, c. 2, D.P.R. n. 917/1986).

Le tariffe d'estimo relative al **reddito agrario** sono sottoposte a revisione contemporaneamente a quelle previste agli effetti del reddito dominicale (art. 34, c. 29, D.P.R. n. 917/1986).

76.5. CONTENUTO E DOCUMENTAZIONE DELLE DICHIARAZIONI

Violazione	Norma violata D.P.R. n. 600/1973	Norma sanzionatoria D.Lgs. n. 471/1997	Sanzione
Dichiarazione annuale **non redatta in conformità** al modello approvato ovvero con **omissione o inesattezza di dati**	artt. 2-6	art. 8, c. 1	da 250 € a 2.000 €
Omessa presentazione del modello per la comunicazione dei dati rilevanti ai fini dell'applicazione degli **studi di settore**	artt. 2-6	art. 8, c. 1	2.000 €
Mancanza o incompletezza di **documenti** di cui sia prevista la **conservazione** ovvero **l'esibizione** agli uffici	artt. 2-6	art. 8, c. 2	da 250 € a 2.000 €

SANZIONI

Omessa presentazione del modello relativo agli studi di settore

La sanzione prevista per l'omessa presentazione del modello per la comunicazione dei dati rilevanti ai fini dell'applicazione degli studi di settore **non si applica** ove il contribuente provvede alla presentazione del modello a seguito di **specifico invito** da parte dell'Agenzia delle Entrate.

Mancata indicazione di dati relativi ad operazioni con imprese stabilite in paradisi fiscali

Sono previste specifiche sanzioni per la mancata indicazione di spese, dividendi, plusvalenze, rapporti ed altri dati e notizie relative a **soggetti localizzati in territori a fiscalità privilegiata** (art. 8, c. da 3-bis a 3-quinquies, D.Lgs. n. 471/1997).

Mancata sottoscrizione della dichiarazione da parte dei revisori contabili

Se la dichiarazione delle società e degli enti soggetti all'IRES, sottoposti al controllo contabile, non viene sottoscritta dai soggetti che sottoscrivono la relazione di revisione, si applica la sanzione amministrativa **fino al 30% del compenso contrattuale** relativo all'attività di redazione della relazione di revisione e, comunque, non superiore all'imposta effettivamente accertata a carico del contribuente, con un minimo di 250 euro (art. 9, c. 5, D.Lgs. n. 471/1997).

Violazione	Norma violata D.P.R. n. 322/1998	Norma sanzionatoria D.Lgs. n. 471/1997	Sanzione
Dichiarazione di sostituto d'imposta **non redatta in conformità** al modello approvato ovvero con **omissione o inesattezza di dati**	art. 4	art. 8, c. 3	da 500 € a 4.000 €

CONTABILITÀ

76.6.

Violazione	Norma violata D.P.R. n. 600/1973	Norma sanzionatoria D.Lgs. n. 471/1997	Sanzione
Mancata **tenuta** o **conservazione** di documenti o registri previsti in materia di imposte dirette	artt. 14-22	art. 9, c. 1	da 1.000 € a 8.000 €
Rifiuto di **esibire**, dichiarazione di **non possedere** o **sottrazione** all'ispezione di documenti o registri	art. 32	art. 9, c. 2	da 1.000 € a 8.000 €

Attenuanti e aggravanti

La sanzione prevista per la mancata tenuta o conservazione o per il rifiuto di esibizione di libri e registri:

- può essere **ridotta fino alla metà del minimo** (500 euro) qualora le irregolarità rilevate nei libri e nei registri o i documenti mancanti siano di **scarsa rilevanza**, sempreché non ne sia derivato ostacolo all'accertamento delle imposte dovute;
- è irrogata in **misura doppia** (da 2.000 a 16.000 euro) se vengono accertate **evasioni** dei tributi complessivamente **superiori, nell'esercizio, a 50.000 euro**.

SANZIONI

76.7. RICHIESTE, QUESTIONARI E INVITI

76.7.1. Operatori finanziari

Violazione	Norma violata D.P.R. n. 600/1973	Norma sanzionatoria D.Lgs. n. 471/1997	Sanzione
Omesso invio di documenti richiesti a **banche**, agli altri **intermediari finanziari**, società di **assicurazione** nell'esercizio dei poteri inerenti **all'accertamento** delle imposte	art. 32	art. 10, c. 1	da 2.000 € a 21.000 €

Responsabilità

Si presume che autori della violazione siano coloro che hanno sottoscritto le risposte e, in mancanza di risposta, i legali rappresentanti della banca, società o ente (art. 10, c. 3, D.Lgs. n. 471/1997). All'irrogazione delle sanzioni provvede l'ufficio competente in relazione al domicilio fiscale del contribuente al quale si riferisce la richiesta.

76.7.2. Questionari e inviti

Violazione	Norma violata D.P.R. n. 600/1973	Norma sanzionatoria D.Lgs. n. 471/1997	Sanzione
Omissione, **incompletezza** o **non veridicità** di comunicazioni richieste nell'esercizio dei **poteri di verifica e accertamento**	art. 32	art. 11, c. 1	da 250 € a 2.000 €
Mancata restituzione di **questionari** o restituzione con risposte incomplete o non veritiere	art. 32	art. 11, c. 1	da 250 € a 2.000 €
Inottemperanza a **inviti** o **richieste** effettuate nell'esercizio dei **poteri di verifica e accertamento**	art. 32	art. 11, c. 1	da 250 € a 2.000 €
Compenso di partite in violazione del Codice civile o non evidenziato nel prospetto di cui agli artt. 3 e 5, D.P.R. 600/1973	artt. 3 e 5 2423-ter c.c.	art. 11, c. 2	da 250 € a 2.000 €
Omessa, incompleta o infedele **comunicazione delle minusvalenze** e differenze negative di ammontare superiore a 50.000 €	art. 5-quinquies, D.L. n. 203/2005	art. 11, c. 4-bis	10% delle minusvalenze (con un minimo di 500 € e un massimo di 50.000 €)
Omessa, incompleta o infedele **comunicazione delle minusvalenze** e di ammontare superiore a 5.000.000 € derivanti da **cessioni di partecipazioni** che costituiscono immobilizzazioni finanziarie	art. 1, D.L. n. 209/2002	art. 11, c. 4-bis	10% delle minusvalenze (con un minimo di 500 € e un massimo di 50.000 €)
Omesso interpello per la disapplicazione di norme tributarie elusive	art. 11, c. 2, Legge n. 212/2000	art. 11, c. 7-ter	da 2.000 € a 21.000 €

SANZIONI

VERSAMENTI E COMPENSAZIONI

76.8.

Violazione	Norma violata D.P.R. n. 435/2001	Norma sanzionatoria D.Lgs. n. 471/1997	Sanzione
Omesso versamento di imposte	art. 17	art. 13 c. 1	30% della somma non versata
Omesso versamento di imposte con ritardo non superiore a 15 gg.	art. 17	art. 13 c. 1	1/15 del 15% della somma non versata, per ogni giorno di ritardo
Omesso versamento di imposte con ritardo tra 15 e 90 gg.	art. 17	art. 13, c. 1	15% della somma non versata
Utilizzo di eccedenza o di credito **in misura superiore a quella spettante**	art. 17	art. 13, c. 4	30% del credito utilizzato
Utilizzo in compensazione di **crediti inesistenti**	art. 17	art. 13, c. 5	da 100% a 200%

Versamento tardivo

In caso di versamento tardivo, il contribuente può beneficiare delle riduzioni previste per il **ravvedimento**, se entro lo stesso termine provvede al versamento della sanzione ridotta (art. 13, c. 1, lett. c), D.Lgs. n. 472/1997) (➡75.5.).

Omesso versamento della maggiorazione

L'omesso versamento della maggiorazione dello 0,40% sul saldo delle imposte sui redditi ed IRAP, prevista nell'ipotesi di versamento effettuato entro 30 giorni dal termine stabilito, comporta l'applicazione della sanzione del 30% su tale omesso versamento senza determinare la decadenza del termine prorogato (Cass. 4 agosto 2020, n. 16645).

Violazione	Norma violata D.P.R. n. 241/1997	Norma sanzionatoria D.Lgs. n. 471/1997	Sanzione
Modello di versamento non contenente dati necessari per l'**identificazione** del soggetto o per **l'imputazione** della somma versata	artt. 17 e 19	art. 15, c. 1	da 100 € a 500 €
Omessa presentazione del **Mod. F24 a zero**	artt. 17 e 19	art. 15, c. 2-bis	100 € (ridotta a 50€ se il ritardo non è superiore a 5 giorni lavorativi)
Mancata esecuzione delle deleghe di pagamento a seguito dei controlli automatizzati	art. 37, c. 49-ter, D.L. n. 223/2006	art. 15, c. 2-ter	5% dell'importo per importi fino a 5.000 € 250 € per importi superiori a 5.000 €

Omessa presentazione del Mod. F24 a zero

In caso di omessa presentazione del modello di versamento contenente i dati relativi alla eseguita compensazione, la sanzione di 100 euro è ridotta a 50 euro se il **ritardo non è superiore a 5 giorni lavorativi**.

La **tardiva presentazione**, rispetto al termine previsto per il versamento, del **Mod. F24** con cui si compensa un debito fiscale con un credito configura la violazione di versamento tardivo, in quanto la compensazione si realizza soltanto con la presentazione del modello di versamento (Cass. 24 novembre 2020, n. 26667).

SANZIONI

Mancata esecuzione della delega di pagamento

A decorrere dalle deleghe di pagamento presentate dal mese di **marzo 2020**, qualora in esito a specifica attività di controllo (art. 37, c. 49-ter, D.L. n. 223/2006) i crediti indicati nelle deleghe stesse si rivelino in tutto o in parte non utilizzabili in compensazione, l'Agenzia delle Entrate comunica telematicamente la mancata esecuzione della delega di pagamento al soggetto che ha trasmesso la delega, entro il termine di 30 giorni, applicando la **sanzione pari al 5%** dell'importo, per importi **fino a 5.000 euro**, e pari a **250 euro**, per importi **superiori a 5.000 euro**, per ciascuna delega non eseguita (art. 15, c. 2-ter, D.Lgs. n. 471/1997). L'**iscrizione a ruolo a titolo definitivo** della sanzione **non è eseguita** se il contribuente provvede a **pagare la somma dovuta**, entro 30 giorni dal ricevimento della comunicazione.

L'agente della riscossione notifica la cartella di pagamento al debitore iscritto a ruolo entro il 31 dicembre del terzo anno successivo a quello di presentazione della delega di pagamento (art. 37, c. 49-quater, D.L. n. 223/2006).

Crediti inesistenti

La sanzione prevista per l'utilizzo in compensazione di crediti inesistenti (art. 13, c. 5, D.Lgs. n. 471/1997) si applica anche qualora risulti non spettante il contributo a fondo perduto riconosciuto, per sostenere i soggetti colpiti dall'emergenza da Covid-19, a favore dei soggetti esercenti attività d'impresa e di lavoro autonomo e di reddito agrario, titolari di partita IVA (art. 25, c. 12, D.L. n. 34/2020).

SANZIONI IVA 77.

QUADRO NORMATIVO 77.1.

Le **sanzioni** in materia di IVA sono contenute principalmente nel D.Lgs. n. 471/1997:

- art. 5: **dichiarazioni** e **rimborsi**;
- art. 6: **documentazione e registrazione**;
- art. 7: **esportazioni**;
- art. 8: contenuto e **documentazione** delle dichiarazioni;
- art. 9: obblighi relativi alla **contabilità**;
- art. 11: omessa o incompleta risposta a **richieste**, **questionari** e **inviti**;
- artt. 13 e 15: **versamenti** e **compensazioni**.

Le sanzioni in materia di **operazioni intracomunitarie** sono contenute nel D.L. n. 331/1993.

Le sanzioni di **natura penale** sono contenute nel D.Lgs. n. 74/2000.

VIOLAZIONI IN MATERIA DI DICHIARAZIONE 77.2.

Violazione	Norma violata D.P.R. n. 322/1998	Norma sanzionatoria D.Lgs. n. 471/1997	Sanzione
Omessa presentazione della dichiarazione qualora **siano dovute** imposte	art. 8, c. 1	art. 5, c. 1	da 120% a 240% dell'imposta dovuta (min. 250 €)
Presentazione della dichiarazione **entro la dichiarazione** dell'anno successivo qualora **siano dovute** imposte	art. 8, c. 1	art. 5, c. 1	da 60% a 120% dell'imposta dovuta (min. 200 €)
Omessa presentazione della dichiarazione qualora **non siano dovute** imposte	art. 8, c. 1	art. 5, c. 3	da 250 a 2.000 €
Presentazione della dichiarazione **entro la dichiarazione** dell'anno successivo qualora **non siano dovute** imposte	art. 8, c. 1	art. 5, c. 3	da 150 a 1.000 €
Dichiarazione **infedele**	art. 8	art. 5, c. 4	da 90% a 180% della maggiore imposta o della differenza di credito
Dichiarazione annuale infedele realizzata mediante utilizzo di **documentazione falsa** o per operazioni inesistenti, artifici o raggiri, condotte simulatorie o **fraudolente**	art. 8	art. 5, c. 4-bis	da 135% a 270% della maggiore imposta o della differenza di credito

SANZIONI

Violazione	Norma violata D.P.R. n. 322/1998	Norma sanzionatoria D.Lgs. n. 471/1997	Sanzione
Dichiarazione annuale infedele quando la maggiore imposta o il minore credito accertati sono complessivamente **inferiori al 3% dell'imposta e del credito dichiarati** e comunque complessivamente inferiori a **30.000 €**	art. 8	art. 5, c. 4-ter	da 60% a 120% della maggiore imposta o della differenza di credito

Presentazione della dichiarazione entro la dichiarazione dell'anno successivo

La riduzione delle sanzioni per omessa dichiarazione, qualora la stessa è presentata **entro il termine di presentazione della dichiarazione relativa al periodo d'imposta successivo**, si applica sempreché **la presentazione avvenga prima dell'inizio** di qualunque attività amministrativa di **accertamento** di cui il contribuente abbia avuto **formale conoscenza**.

Presentazione della dichiarazione entro 90 giorni

Per la presentazione della dichiarazione entro 90 giorni è prevista la **sanzione fissa di euro 250** (art. 5, c. 1 e 3, D.Lgs. n. 471/1997; circ. 12 ottobre 2016, n. 42/E, par. 2.2.3).

In tal caso, il contribuente può beneficiare anche delle riduzioni previste per il **ravvedimento**, se entro lo stesso termine provvede al versamento della sanzione ridotta (art. 13, c. 1, lett. c), D.Lgs. n. 472/1997) (➡75.5.).

Dichiarazione infedele ed omesso versamento

Nell'ipotesi di dichiarazione infedele non è ravvisabile anche la violazione di omesso versamento dell'IVA non dichiarata. In tali casi, trova applicazione **soltanto la sanzione per dichiarazione infedele** (Cass. 7 dicembre 2020, n. 27963).

Pagamenti con strumenti di pagamento diversi dal denaro

Per gli esercenti imprese, arti o professioni con ricavi e compensi dichiarati **non superiori a 5 milioni di euro** i quali per **tutte** le operazioni attive e passive effettuate nell'esercizio dell'attività utilizzano esclusivamente **strumenti di pagamento diversi dal denaro contante** e nelle dichiarazioni in materia di imposte sui redditi e imposte sul valore aggiunto indicano gli estremi identificativi dei rapporti con gli operatori finanziari (art. 7, c. 6, D.P.R. n. 605/1973), le sanzioni amministrative previste per l'omessa o infedele dichiarazione sono **ridotte alla metà** (art. 2, c. 36-vicies-ter, D.L. n. 138/2011).

Regimi speciali

Nel caso di **omessa presentazione** della dichiarazione cui sono tenuti i soggetti che applicano i seguenti **regimi speciali**, previsti dal D.P.R. n. 633/1972:

- per la dichiarazione e il pagamento dell'IVA all'importazione (art. 70.1);
- per i servizi resi da soggetti non UE (art. 74-quinquies);
- per i servizi resi da soggetti UE, per le vendite a distanza intracomunitarie di beni e per le cessioni di beni con partenza e arrivo nel territorio dello stesso Stato membro, facilitate da interfacce elettroniche (art. 74-sexies);
- per la vendita a distanza di beni importati da territori terzi o Paesi terzi (art. 74-sexies.1);
- per i soggetti identificati in un altro Stato membro (art. 74-septies),

la **sanzione dal 120 al 240%o** è commisurata all'ammontare dell'imposta **dovuta nel territorio dello Stato** che avrebbe dovuto formare oggetto di dichiarazione. La sanzione **non** può essere comunque **inferiore a euro 250** (art. 5, c. 1, D.Lgs. n. 471/1997).

Se la **dichiarazione** è **presentata entro 3 anni** dalla data in cui doveva essere presentata, si applica la sanzione **dal 60 al 120%** dell'ammontare dell'imposta dovuta nel territorio dello Stato per il periodo oggetto di dichiarazione, con un **minimo di euro 200**.

Se la dichiarazione è presentata **entro il termine** di presentazione della **dichiarazione relativa** al periodo successivo si applica la sanzione **dal 30 al 60%** dell'ammontare dell'imposta dovuta nel territorio dello Stato per il periodo oggetto di dichiarazione, con un **minimo di euro 100** (art. 5, c. 1, D.Lgs. n. 471/1997).

RIMBORSI 77.3.

Violazione	Norma violata D.P.R. n. 633/1972	Norma sanzionatoria	Sanzione
Richiesta di rimborso **in assenza dei presupposti** previsti	artt. 30 e 38-bis	art. 5, c. 5, D.Lgs. n. 471/1997	30% del credito rimborsato
Rimborso indebitamente ottenuto da **soggetti non residenti** stabiliti nel **territorio comunitario**	art. 38-bis2	art. 38-bis2, c. 11, D.P.R. n. 633/1972	da 100% a 200% della somma indebitamente rimborsata
Rimborso indebitamente ottenuto da **soggetti non residenti** stabiliti in **territori extracomunitari**	art. 38-ter	art. 38-ter, c. 4, D.P.R. n. 633/1972	da 200% a 400% della somma indebitamente rimborsata

Elemento psicologico

Per l'applicazione della sanzione prevista nel caso venga chiesto un rimborso IVA in misura eccedente il dovuto, per difformità dalla dichiarazione, non è richiesto l'accertamento di un intento fraudolento in quanto la norma (art. 5, c. 5) configura l'illecito tributario senza richiedere il dolo specifico, essendo sufficiente, ai fini della punibilità, l'elemento psicologico della **colpa**, peraltro presunta a carico di colui che abbia consapevolmente e volontariamente posto in essere l'atto vietato (Cass., ord., 2 marzo 2021, n. 5617).

DOCUMENTAZIONE E REGISTRAZIONE 77.4.

Operazioni imponibili 77.4.1.

Violazione	Norma violata D.P.R. n. 633/1972	Norma sanzionatoria D.Lgs. n. 471/1997	Sanzione
Omesso rilascio di fattura o altro documento di certificazione	art. 21, c. 1	art. 6, c. 1	da 90% a 180% dell'imposta
Rilascio di fattura o altro documento di certificazione di operazioni imponibili **con corrispettivo o imposta inferiore**	art. 21, c. 1	art. 6, c. 1	da 90% a 180% dell'imposta
Rilascio di fattura o altro documento di certificazione di operazioni imponibili con corrispettivo o imposta inferiore **se la violazione non incide sulla corretta liquidazione** del tributo	art. 21, c. 1	art. 6, c. 1	da 250 a 2.000 €
Omessa o infedele registrazione di operazioni imponibili	artt. 23 o 24	art. 6, c. 1	da 90% a 180% dell'imposta
Omessa o infedele registrazione di **acquisti intracomunitari**	art. 47, D.L. n. 331/1993	art. 6, c. 1	da 90% a 180% dell'imposta
Mancata o infedele fatturazione per **errata applicazione delle norme sull'inversione contabile**, qualora l'IVA sia stata assolta dal cessionario o committente (➔**77.4.2.**)	artt. 17, 34, c. 6, art. 74, c. 7 e 8 artt. 46, c. 1, e 47, c. 1, D.L. n. 331/1993	art. 6, c. 9-bis2	da 250 a 10.000 €
Omessa o errata trasmissione dei dati **delle operazioni transfrontaliere**	art. 1, c. 3-bis, D.Lgs. n. 127/2015	art. 11, c. 2-quater	2 € per ogni fattura (massimo 1.000 € per ciascun trimestre)

SANZIONI

Operazioni non imponibili o esenti

Se le violazioni consistono nella **mancata documentazione o registrazione** di operazioni non imponibili o esenti o non soggette ad imposta si applica la sanzione **tra il 5% e il 10% dei corrispettivi non documentati o non registrati**, con un **minimo di 500 euro** (la sanzione va da euro 250 a euro 2.000 se la violazione non rileva neppure ai fini della determinazione del reddito) (art. 6, c. 2, D.Lgs. n. 471/1997).

Misura minima della sanzione

Per l'omessa o l'infedele fatturazione o registrazione di operazioni imponibili, la sanzione applicabile **non** può essere **inferiore a 500 euro** (art. 6, c. 4, D.Lgs. n. 471/1997).

Violazioni degli obblighi di fatturazione e registrazione

Nel caso di violazione di più obblighi inerenti alla documentazione e alla registrazione di una medesima operazione, la sanzione è applicata una sola volta (art. 6, c. 5, D.Lgs. n. 471/1997).

Acquisti intracomunitari

In caso di acquisto intracomunitario, la sanzione per l'omessa o infedele registrazione si applica anche se l'operazione è stata assoggettata ad imposta in altro Stato membro.

Fatturazione elettronica e trasmissione telematica delle fatture

In caso di emissione di fattura, tra soggetti residenti o stabiliti nel territorio dello Stato, con modalità diverse da quelle previste per la **trasmissione elettronica delle fatture** (art. 1, c. 6, D.Lgs. n. 127/2015):
- la fattura si intende **non emessa**;
- si applicano le **sanzioni previste per l'omessa fatturazione** (art. 6, D.Lgs. n. 471/1997).

Il cessionario e il committente, per non incorrere nella sanzione di **mancata fatturazione in acquisto** (art. 6, c. 8, D.Lgs. n. 471/1997), devono adempiere agli obblighi documentali ivi previsti mediante il Sistema di Interscambio (art. 1, c. 2, D.Lgs. n. 127/2015) (➜77.4.3.).

Riduzioni delle sanzioni per il primo semestre 2019

Per il primo semestre del periodo d'imposta 2019 le sanzioni di cui sopra:
a. non si applicano se la fattura è emessa con modalità elettronica entro il termine di effettuazione della liquidazione periodica;
b. si applicano con riduzione dell'80% a condizione che la fattura elettronica sia emessa entro il termine di effettuazione della liquidazione IVA del periodo successivo (per i contribuenti che effettuano la liquidazione periodica dell'imposta con cadenza mensile la disposizione si applica fino al 30 settembre 2019).

Trasmissione dei dati delle operazioni transfrontaliere

I soggetti passivi IVA sono tenuti a trasmettere telematicamente all'Agenzia delle Entrate i dati relativi alle operazioni di cessione di beni e di prestazione di servizi effettuate e ricevute verso e da **soggetti non stabiliti nel territorio dello Stato** (art. 1, c. 3-bis, D.Lgs. n. 127/2015).

L'obbligo **non si applica** alle operazioni per le quali:
- è stata emessa una **bolletta doganale**;
- sono state emesse o ricevute **fatture elettroniche**.

La **trasmissione telematica** è effettuata **trimestralmente** entro la fine del mese successivo al trimestre di riferimento. A partire **dal 1° gennaio 2022** la trasmissione dei dati è effettuata in relazione all'emissione o al ricevimento delle fatture (art. 1, c. 3-bis, D.Lgs. n. 127/2015, come modificato dall'art. 1, c. 1103, Legge n. 178/2020).

La **sanzione** prevista per l'omessa o errata trasmissione dei **dati** (2 euro per ciascuna fattura, entro il limite massimo di 1.000 euro per ciascun trimestre, 400 euro mensili dal 1° gennaio 2022) è ridotta alla metà (entro il limite massimo di 500 euro, 200 euro mensili dal 1° gennaio 2022), se la trasmissione è effettuata entro i 15 giorni dalla scadenza ovvero se, nel medesimo termine, è effettuata la trasmissione corretta dei dati (art. 11, c. 2-quater, D.Lgs. n. 471/1997). Non si applica l'art. 12 del D. Lgs. n. 472/1997.

SANZIONI

Violazione	Norma violata	Norma sanzionatoria D.Lgs. n. 471/1997	Sanzione
Mancata o non tempestiva **memorizzazione** o **trasmissione** ovvero memorizzazione o trasmissione con dati incompleti o non veritieri **dei corrispettivi giornalieri**	art. 2, D.Lgs. n. 127/2015	art. 6, c. 2-bis e art. 2, c. 6, D.Lgs. n. 127/2015	90% dell'imposta
Omesso rilascio di ricevute fiscali, **scontrini** fiscali o **documenti di trasporto** ovvero rilascio con importi inferiori a quelli reali	art. 12, Legge n. 413/91 e art. 1, D.P.R. n. 696/1996	art. 6, c. 3	90% dell'imposta

Mancata emissione di ricevute o scontrini fiscali

Se le violazioni consistono nella mancata emissione di ricevute fiscali, scontrini fiscali o documenti di trasporto ovvero nell'**emissione** di tali documenti per **importi inferiori a quelli reali**, la sanzione è in ogni caso **pari al 90%** dell'IVA corrispondente all'importo non documentato (la sanzione era pari al 100% dell'IVA ed è stata **ridotta**, con decorrenza 1° gennaio 2021, dall'art. 1, c. 1110, Legge n. 178/2020). La stessa sanzione si applica in caso di **omesse annotazioni** su apposito registro dei **corrispettivi** relativi a ciascuna operazione in caso di mancato o irregolare funzionamento degli apparecchi misuratori fiscali. Se non constano omesse annotazioni, la **mancata tempestiva richiesta di intervento per la manutenzione** è punita con sanzione amministrativa **da euro 250 a euro 2.000** (art. 6, c. 3, D.Lgs. n. 471/1997).
Per la mancata emissione di ricevute fiscali, scontrini fiscali o documenti di trasporto, la sanzione applicabile **non** può essere **inferiore a 500 euro** (art. 6, c. 4, D.Lgs n. 471/1997).
Per la **sanzione accessoria** della sospensione dell'attività (➔**75.3.2.**)

Trasmissione telematica dei corrispettivi

Per i soggetti tenuti alla memorizzazione elettronica e alla trasmissione telematica dei corrispettivi (art. 2, c. 1, 1-bis e 2, D.Lgs. n. 127/2015) nel caso di **mancata o non tempestiva memorizzazione o trasmissione**, ovvero di memorizzazione o trasmissione con **dati incompleti o non veritieri**, si applica la sanzione pari, per ciascuna operazione, al **90% dell'imposta** corrispondente all'importo non memorizzato o trasmesso (art. 6, c. 2-bis, D.Lgs. n. 471/1997). Tale sanzione si applica anche in caso di **mancato o irregolare funzionamento dei misuratori** telematici; se non constano omesse annotazioni, in caso di **mancata tempestiva richiesta di intervento** per la manutenzione o di omessa verificazione periodica degli stessi strumenti nei termini legislativamente previsti si applica la sanzione amministrativa da **euro 250 a euro 2.000**.

Se l'omessa o tardiva trasmissione ovvero per la trasmissione con dati incompleti o non veritieri dei corrispettivi giornalieri (art. 2, c 1, 1-bis e 2, D.Lgs. n. 127/2015) non ha inciso sulla corretta **liquidazione del tributo**, si applica la **sanzione amministrativa di euro 100** per ciascuna trasmissione. Non si applica l'art. 12 del D.Lgs. n. 472/1997 (art. 11, c. 2-quinquies, D.Lgs. n. 471/1997, introdotto dall'art. 1, c. 1111, Legge n. 178/2020).

Per l'applicazione della sanzione accessoria (**sospensione della licenza** o dell'autorizzazione all'esercizio dell'attività) in caso di contestazione di quattro distinte violazioni relative alla **mancata o non tempestiva memorizzazione o trasmissione** dei corrispettivi telematici ovvero alla loro memorizzazione o trasmissione con dati incompleti o non veritieri (➔**75.3.2.**).

Fino al 1° gennaio 2021 (termine da intendersi così modificato dall'art. 140 del D.L. n. 34/2020) i soggetti con **volume d'affari non superiore a 400.000 euro** potevano adempiere all'obbligo di memorizzazione giornaliera dei corrispettivi mediante i registratori di cassa già in uso ovvero tramite ricevute fiscali (di cui all'art. 12, c. 1, Legge n. 413/1991 e al D.P.R. n. 696/1996). Tale facoltà era ammessa fino al momento di attivazione del registratore telematico e, in ogni caso, non oltre la scadenza sopra indicata (circ. 29 giugno 2019, n. 15/E).

Riduzioni delle sanzioni per il primo semestre 2019

Nel primo semestre di vigenza dell'obbligo di memorizzazione elettronica e di trasmissione telematica dei corrispettivi giornalieri, decorrente dal 1° luglio 2019 per i soggetti con volume di affari superiore

SANZIONI

a euro 400.000 e fino al 1° gennaio 2021 per gli altri soggetti, le sanzioni non si applicano in caso di trasmissione telematica dei dati relativi ai corrispettivi giornalieri entro il mese successivo a quello di effettuazione dell'operazione, fermi restando i termini di liquidazione dell'imposta sul valore aggiunto (art. 2, c. 6-ter, D.Lgs. n. 127/2015, come modificato dall'art. 1, c. 1109, Legge n. 178/2020).

77.4.2. Operazioni esenti o non imponibili

Violazione	Norma violata D.P.R. n. 633/1972	Norma sanzionatoria D.Lgs. n. 471/1997	Sanzione
Omesso rilascio di fattura o altro documento di certificazione	art. 21, c. 1	art. 6, c. 2	da 5% a 10% dell'imponibile non documentato
Rilascio di fattura o altro documento di certificazione di operazioni imponibili **con corrispettivo inferiore**	art. 21, c. 1	art. 6, c. 2	da 5% a 10% dell'imponibile non documentato
Omessa o infedele registrazione di operazioni	artt. 23 o 24	art. 6, c. 2	da 5% a 10% dell'imponibile non documentato

Violazioni non rilevanti ai fini delle imposte dirette

Se la violazione di mancato o infedele rilascio della fattura o di altro documento di certificazione o di mancata o infedele registrazione per operazioni non imponibili o esenti **non rileva** neppure **ai fini della determinazione del reddito** si applica la sanzione fissa da 250 a 2.000 euro.

77.4.3. Violazioni in acquisto

Violazione	Norma violata	Norma sanzionatoria D.Lgs. n. 471/1997	Sanzione
Omessa autofatturazione, da parte del cessionario o committente, che abbia acquistato beni o servizi nell'esercizio di imprese, arti o professioni, senza emissione della fattura	art. 6, c. 8, D.Lgs. n. 471/1997	art. 6, c. 8	100% dell'IVA (min 250 €)
Omessa regolarizzazione, da parte del cessionario o committente, che abbia acquistato beni o servizi nell'esercizio di imprese, arti o professioni, di fatture d'acquisto irregolari	art. 6, c. 8, D.Lgs. n. 471/1997	art. 6, c. 8	100% dell'IVA (min 250 €)
Mancata emissione di autofattura o **mancata integrazione** di fattura emessa da soggetto **non residente**	art. 17, c. 3, D.P.R. n. 633/1972	art. 6, c. 9-bis	da 500 a 20.000 €
Mancata emissione di autofattura o **mancata integrazione** di fattura emessa da soggetto **non residente** se l'operazione **non è annotata in contabilità**	art. 17, c. 3, D.P.R. n. 633/1972	art. 6, c. 9-bis	da 5% a 10% dell'imponibile (min 1.000 €)

Violazione	Norma violata	Norma sanzionatoria D.Lgs. n. 471/1997	Sanzione
Mancata emissione di autofattura o **mancata integrazione** di fattura emessa da soggetto **non residente** se l'IVA **è stata assolta**	art. 17, c. 3, D.P.R. n. 633/1972	art. 6, c. 9-bis1	da 250 a 10.000 €

Mancata autofatturazione

Si applica la sanzione **dal 5% al 10% dell'imponibile**, con un minimo di 1.000 euro, nei confronti dell'acquirente nel caso in cui il cedente o prestatore **non emette fattura entro 4 mesi dalla data di effettuazione dell'operazione** (o emette fattura irregolare) e il cessionario o committente, **entro il 30° giorno successivo** (art. 6, c. 9-bis, D.Lgs. n. 471/1997):

- **non informi l'Ufficio** competente nei suoi confronti dell'omissione o della irregolarità,
- **emetta** o regolarizzi la fattura,
- **assolva l'imposta** mediante inversione contabile.

Reverse charge 77.4.4.

Violazione	Norma violata D.P.R. n. 633/1972	Norma sanzionatoria D.Lgs. n. 471/1997	Sanzione
Mancato assolvimento dell'imposta con il meccanismo del *reverse charge* da parte del cessionario o del committente **se l'IVA non è assolta,** anche irregolarmente, **nemmeno dal cedente o prestatore**	artt. 17, c. 5 e 6, 34, c. 6, o 74, c. 7 e 8	art. 6, c. 9-bis	da 500 a 20.000 €
Mancato assolvimento dell'imposta con il meccanismo del *reverse charge* da parte del cessionario o del committente **se l'IVA non è assolta**, anche irregolarmente, nemmeno dal cedente o prestatore **e se l'operazione non è annotata nella contabilità**	artt. 17, c. 5 e 6, 34, c. 6, o 74, c. 7 e 8	art. 6, c. 9-bis	da 5% a 10% dell'imponibile (min 1.000 €)
Mancato assolvimento dell'imposta con il meccanismo del *reverse charge* da parte del cessionario o del committente **se l'IVA è stata assolta** irregolarmente **dal cedente o prestatore**	artt. 17, c. 5 e 6, 34, c. 6, o 74, c.7 e 8	art. 6, c. 9-bis1	da 250 a 10.000 €
Errato assolvimento dell'imposta con il meccanismo del *reverse charge* da parte del cessionario o del committente	artt. 17, c. 5 e 6, 34, c. 6, o 74, c. 7 e 8	art. 6, c. 9-bis2	da 250 a 10.000 €
Erronea applicazione del *reverse charge* in caso di **operazioni inesistenti**	artt. 17, c. 5 e 6, 34, c. 6, o 74, c. 7 e 8	art. 6, c. 9-bis3	da 5% a 10% dell'imponibile (min 1.000 €)

Emissione della fattura in reverse charge

Configura la violazione di cui all'art. 6, c. 1, D.Lgs. n. 471/1997 la **ritardata autofatturazione** (e conseguente registrazione), nel sistema di inversione contabile (c.d. reverse charge), rispetto al momen-

SANZIONI

to del **compimento dell'operazione imponibile** (Cass. 17 dicembre 2020, n. 28938, relativa all'estrazione di beni da un **deposito IVA**).

Imposta assolta irregolarmente dal cedente o prestatore

Se l'imposta **non viene assolta dal cessionario o committente** con il meccanismo del **reverse charge** ma viene irregolarmente versata dal cedente o prestatore, della sanzione da 250 a 10.000 euro, applicabile all'acquirente, risponde **solidalmente** anche il cedente o prestatore (art. 6, c. 9-bis1, D.Lgs. n. 471/1997).

Se l'applicazione irregolare dell'imposta da parte del cedente o prestatore è stata determinata da un **intento di evasione o di frode** del quale sia provato che il cessionario o committente era consapevole si applica a quest'ultimo la **sanzione dal 90% al 180% dell'IVA** relativa all'imponibile (art. 6, c. 9-bis1, D.Lgs. n. 471/1997).

Imposta assolta irregolarmente dal cessionario o committente

Se l'imposta **viene assolta irregolarmente dal cessionario o committente** con il meccanismo del reverse charge, della sanzione da 250 a 10.000 euro, applicabile al cedente o prestatore, risponde **solidalmente** anche il cessionario o committente (art. 6, c. 9-bis2, D.Lgs. n. 471/1997).

Se l'applicazione irregolare dell'imposta da parte del cessionario o committente è stata determinata da un **intento di evasione o di frode** del quale sia provato che il cedente o prestatore era consapevole si applica a quest'ultimo la **sanzione dal 90% al 180% dell'IVA** relativa all'imponibile (art. 6, c. 9-bis2, D.Lgs. n. 471/1997).

77.4.5. Illegittima detrazione

Violazione	Norma violata D.P.R. n. 633/1972	Norma sanzionatoria D.Lgs. n. 471/1997	Sanzione
Illegittima detrazione dell'IVA assolta sull'acquisto di beni e servizi	artt. 19-19-ter	art. 6, c. 6	90% della detrazione compiuta
Detrazione dell'IVA **applicata in misura superiore** a quella effettiva	art. 19	art. 6, c. 6	da 250 a 10.000 €

Imposta applicata in misura superiore a quella effettiva

In caso di **applicazione dell'IVA in misura superiore a quella effettiva**, erroneamente assolta dal cedente o prestatore, il **cessionario o committente**:

– ha **diritto alla detrazione**;
– è soggetto alla **sanzione amministrativa** compresa fra 250 e 10.000 euro.

La **restituzione dell'imposta** è esclusa qualora il versamento sia avvenuto in un contesto di **frode fiscale** (art. 6, c. 6, D.Lgs. n. 471/1997).

In conformità al tenore letterale dell'art. 6, c. 6, del D.Lgs. n. 471/1997, la **detrazione dell'IVA erroneamente addebitata in fattura** è ammessa nei soli casi in cui sia stata indebitamente applicata **un'aliquota maggiore** rispetto a quella prevista e non anche in tutte le ipotesi di **IVA non dovuta** (Cass. 19 novembre 2021, n. 35500).

77.5. ESPORTAZIONI

Violazione	Norma violata D.P.R. n. 633/1972	Norma sanzionatoria D.Lgs. n. 471/1997	Sanzione
Cessioni di beni senza applicazione di IVA a cura del cessionario non residente se l'esportazione non avviene **entro 90 giorni dalla consegna**	art. 8, c. 1, lett. b)	art. 7, c. 1	da 50% a 100% dell'IVA non applicata

Violazione	Norma violata D.P.R. n. 633/1972	Norma sanzionatoria D.Lgs. n. 471/1997	Sanzione
Cessioni di beni senza applicazione di IVA a **viaggiatori stabiliti fuori della UE** se non viene restituita entro 3 mesi la fattura con il **visto doganale di uscita** e se il cedente non regolarizza l'operazione **entro 1 mese**.	art. 38-quater, D.P.R. 633/1972	art. 7, c. 2	da 50% a 100% dell'IVA non applicata
Cessioni di beni in sospensione d'imposta **in mancanza di dichiarazione di intento**	artt. 8, lett. c), art. 8-bis c. 2, 9 c. 2, 68, lett. a) art. 1, c. 1, lett. c), D.L. n. 746/1983	art. 7, c. 3	da 100% a 200% dell'IVA non applicata
Operazioni senza applicazione di IVA effettuate per **navigazione in alto mare** in mancanza della specifica dichiarazione rilasciata dall'acquirente	art. 8-bis c. 3	art. 7, c. 3-bis	da 100% a 200% dell'IVA non applicata
Cessionario, committente o importatore che rilascia la specifica dichiarazione di **navigazione in alto mare** in assenza dei presupposti richiesti dalla legge	art. 8-bis c. 3	art. 7, c. 3-bis	da 100% a 200% dell'IVA non applicata
Dichiarazione all'altro contraente o in dogana della sussistenza della condizione dell'effettiva **navigazione in alto mare** relativa all'anno solare precedente in mancanza dei presupposti richiesti dalla legge	art. 8-bis c. 3	art. 7, c. 3-ter	da 100% a 200% dell'IVA non applicata
Acquisti in sospensione d'imposta con **rilascio di dichiarazione di intento fuori dei casi consentiti**	artt. 8, lett. c), 8-bis, c. 2, 9, c. 2, 68, lett. a) art. 1, c. 1, lett. c), D.L. n. 746/1983	art. 7, c. 4	da 100% a 200% dell'IVA non applicata
Acquisti in sospensione d'imposta **oltre i limiti consentiti**	art. 8, c. 2	art. 7, c. 4	da 100% a 200% dell'IVA non applicata
Acquisti in sospensione d'imposta **oltre i limiti consentiti**, per **mancata esportazione** dei beni da parte del cessionario o committente, **nel termine di 6 mesi**	art. 8, c. 2	art. 7, c. 4	da 50% a 100% dell'IVA non applicata
Effettuazione di operazioni senza addebito d'imposta nei confronti di esportatori abituali **senza aver prima riscontrato telematicamente l'avvenuta presentazione** della dichiarazione di intento all'Agenzia delle Entrate	art. 1, c. 1, lett. c), D.L. n. 746/1983	art. 7, c. 4-bis	da 100% a 200% dell'IVA non applicata

SANZIONI

Violazione	Norma violata D.P.R. n. 633/1972	Norma sanzionatoria D.Lgs. n. 471/1997	Sanzione
Effettuazione di operazioni senza addebito d'imposta nei confronti di soggetti che effettuano la navigazione in alto mare **senza aver prima riscontrato telematicamente l'avvenuta presentazione** della specifica dichiarazione	art.8-bis, c. 1	art. 7, c. 4-ter	da 100% a 200% dell'IVA non applicata
Dichiarazione mendace circa l'utilizzo nel territorio dell'UE di prestazioni di locazione anche finanziaria, noleggio e simili **non a breve termine** di imbarcazioni **da diporto**	art. 7-sexies, c. 1, lett. e-bis)	art. 1, c. 710, Legge n. 178/2020	30% dell'IVA
Effettuazione di operazioni senza addebito d'imposta nei confronti di soggetti che utilizzano imbarcazioni da diporto in locazione o leasing non a breve termine **senza aver prima riscontrato telematicamente l'avvenuta presentazione** della specifica dichiarazione	art. 7-sexies, c. 1, lett. e-bis)	art. 1, c. 710, Legge n. 178/2020	30% dell'IVA
Indicazione, nelle fatture o nelle dichiarazioni doganali relative a cessioni all'esportazione, **di quantità, qualità o corrispettivi diversi da quelli reali**	art. 8	art. 7, c. 5	Da 100% a 200% dell'eccedenza d'imposta calcolata sulle differenze dei corrispettivi o dei valori normali dei beni presentati in dogana ed i corrispettivi o i valori normali dichiarati sulle fatture o in dogana

Mancata esportazione entro 90 giorni

La sanzione al cedente per la mancata uscita dal territorio comunitario dei beni consegnati al cessionario non residente, entro 90 giorni dalla consegna, non si applica se, nei 30 giorni successivi allo scadere dei 90 giorni, viene eseguito, previa regolarizzazione della fattura, il versamento dell'imposta da parte del cedente (art. 7, c. 1, D.Lgs. n. 471/1997).

Mancata esportazione entro 6 mesi

La sanzione al cedente per cessioni di beni in sospensione d'imposta oltre i limiti consentiti, per la mancata esportazione degli stessi da parte dell'acquirente entro 6 mesi (art. 8, c. 2, D.P.R. n. 633/1972) non si applica se l'imposta viene versata entro 30 giorni dalla scadenza del termine per l'esportazione, previa regolarizzazione della fattura.

Controllo telematico della presentazione della dichiarazione di intento

Dal **1° gennaio 2020**, l'intento degli esportatori abituali di avvalersi della facoltà di effettuare **acquisti o importazioni senza applicazione dell'imposta** deve risultare da **apposita dichiarazione**, redatta in conformità al modello approvato con provvedimento del direttore dell'Agenzia delle Entrate, trasmessa per via telematica all'Agenzia medesima. L'esportatore abituale deve rendere noto al proprio fornitore/prestatore la volontà di effettuare acquisti senza applicazione dell'IVA, comunicando gli **estremi del protocollo** di ricezione della dichiarazione d'intento contenuti nella ricevuta telematica dall'Agenzia delle Entrate, che vanno obbligatoriamente **indicati nel corpo della fattura** (art. 1, c. 1, lett. c), D.L. n. 746/1983).

Dal **2021** i soggetti che intendono avvalersi della facoltà di effettuare acquisti o importazioni senza pagamento dell'imposta per le navi adibite alla **navigazione in alto mare** devono attestare la sussistenza dei presupposti previsti dalla legge mediante apposita **dichiarazione**, redatta in conformità al modello approvato con provvedimento del direttore dell'Agenzia delle Entrate, che deve essere trasmessa telematicamente all'Agenzia stessa. Gli **estremi del protocollo** di ricezione della dichiarazione devono essere **indicati nelle fatture** emesse in base ad essa, ovvero devono essere riportati dall'importatore nella dichiarazione doganale (art. 8-bis, D.P.R. n. 633/1972, come modificato dall'art. 1, c. 708, Legge n. 178/2020).

Le disposizioni relative alla dichiarazione per la **navigazione in alto mare** si applicano alle operazioni effettuate a partire dal **60° giorno successivo** all'adozione del **provvedimento del direttore dell'Agenzia delle Entrate** con il quale viene approvato il modello di dichiarazione (art. 1, c. 712, Legge n. 178/2020).

Locazioni e leasing non a breve termine di imbarcazioni da diporto

Per le prestazioni di servizi di **locazione anche finanziaria, noleggio e simili non a breve termine di imbarcazioni da diporto**, l'utilizzatore deve rendere apposita **dichiarazione** relativa all'effettivo utilizzo nel territorio dell'Unione europea di tali prestazioni (v. art. 7-sexies, c. 1, lett. e-bis), D.P.R. n. 633/1972).

Tale dichiarazione deve essere redatta in conformità al **modello approvato con provvedimento del direttore dell'Agenzia delle Entrate** e deve essere **trasmessa telematicamente** all'Agenzia delle Entrate, che rilascia apposita ricevuta telematica con indicazione del protocollo di ricezione. Gli **estremi del protocollo** di ricezione della dichiarazione devono essere **indicati nelle fatture** relative alla prestazione del servizio. In caso di **dichiarazione mendace**, l'ufficio recupera nei confronti dell'utilizzatore la **differenza** tra l'IVA dovuta in base all'effettivo utilizzo del servizio nel territorio dell'Unione europea e l'imposta indicata in fattura in base alla dichiarazione mendace, irrogando all'utilizzatore la **sanzione del 30%** della differenza medesima, oltre agli **interessi moratori** calcolati al tasso legale con maturazione giorno per giorno.

Il **prestatore** che effettua le prestazioni in parola senza avere prima **riscontrato per via telematica** l'avvenuta presentazione all'Agenzia delle Entrate della dichiarazione è **responsabile dell'IVA** dovuta in relazione all'effettivo utilizzo dei servizi di locazione anche finanziaria, noleggio e simili non a breve termine relativi alle imbarcazioni da diporto nel territorio dell'Unione europea nonché delle eventuali **sanzioni e interessi**.

Le disposizioni relative alla locazione anche finanziaria, noleggio e simili non a breve termine di imbarcazioni da diporto, si applicano alle operazioni effettuate a partire dal 60° giorno successivo all'adozione del provvedimento del direttore dell'Agenzia delle Entrate con il quale viene approvato il modello di dichiarazione (art. 1, c. 712, Legge n. 178/2020).

SANZIONI

OPERAZIONI INTRACOMUNITARIE 77.6.

Violazione	Norma violata D.L. n. 331/1993	Norma sanzionatoria D.Lgs. n. 471/1997	Sanzione
Mancato assolvimento dell'imposta per gli acquisti intracomunitari	art. 46, c. 1 art. 47, c. 1.	art. 6, c. 9-bis	da 500 a 20.000 €
Mancato assolvimento dell'imposta per gli acquisti intracomunitari se l'operazione **non è annotata in contabilità**	art. 46, c. 1 art. 47, c. 1.	art. 6, c. 9-bis	da 5% a 10% dell'imponibile (min 1.000 €)
Omessa autofatturazione di acquisti intracomunitari	art. 46, c. 5	art. 6, c. 9-bis	da 500 a 20.000 €
Omessa presentazione o **infedeltà** della **dichiarazione mensile** degli **enti non commerciali** e degli **agricoltori esonerati** per gli acquisti intracomunitari per i quali è dovuta l'imposta	art. 49, c. 1	art. 5, c. 2	da 120% a 240% dell'imposta (min 250 €)

Violazione	Norma violata D.L. n. 331/1993	Norma sanzionatoria D.Lgs. n. 471/1997	Sanzione
Omessa presentazione della dichiarazione di effettuazione degli acquisti intracomunitari per i quali è dovuta l'imposta da parte degli **enti non commerciali**	art. 50, c. 4	art. 5, c. 3	da 250 a 2.000 €
Violazioni relative alla **immatricolazione di autoveicoli**	art. 53	art. 11, c. 7	da 250 a 2.000 €
Omessa, incompleta, inesatta o irregolare compilazione degli **elenchi Intrastat**	art. 50, c. 6	art. 11, c. 4	da 500 a 1.000 €

77.7. CONTABILITÀ

Le sanzioni per le violazioni in materia di IVA sono le stesse di quelle previste ai fini delle imposte dirette (➡**76.6.**).

77.8. RICHIESTE, QUESTIONARI E INVITI

Le sanzioni per le violazioni in materia di IVA sono le stesse di quelle previste ai fini delle imposte dirette (➡**76.7.**).

77.9. VERSAMENTI E COMPENSAZIONI

Le sanzioni per le violazioni in materia di IVA sono le stesse di quelle previste ai fini delle imposte dirette (➡**76.8.**).

La sanzione prevista per la **dichiarazione infedele** assorbe quella relativa al (conseguente) mancato versamento dell'IVA, in quanto l'art. 13, c. 1 del D.Lgs. n. 471/1997 si riferisce ai casi di omesso versamento dell'imposta **risultante** dalla dichiarazione e ai casi in cui, in seguito alla **correzione di errori materiali o di calcolo** rilevati in sede di controllo della dichiarazione annuale, risulti una maggiore imposta o una minore eccedenza detraibile (Cass. 7 dicembre 2020, n. 27963; circ. 12 ottobre 2016, n. 42/E, par. 2.1., in materia di imposte sui redditi).

La sanzione per l'omesso o tardivo versamento si applica anche al tardivo versamento dell'IVA dovuta per l'**importazione di beni** (Cass. 8 gennaio 2021, n. 169).

SANZIONI IRAP E IMPOSTE INDIRETTE 78.

IRAP 78.1.

Le sanzioni in materia di IRAP sono previste dalle medesime norme relative alle imposte dirette (➡76.), ad esclusione delle violazioni agli obblighi di versamento:
- omessa dichiarazione: art. 1, c. 1, D.Lgs. n. 471/1997 (➡76.2.);
- dichiarazione infedele: art. 1, c. 2, D.Lgs. n. 471/1997 (➡76.2.);
- dichiarazione inesatta: art. 8, c. 1, D.Lgs. n. 471/1997 (➡76.5.);
- mancanza o incompletezza di atti e documenti: art. 8, c. 2, D.Lgs. n. 471/1997 (➡76.5.);
- contabilità: art. 35 del D.Lgs. n. 446/1997, che rinvia alle norme previste in materia di imposte sui redditi (➡76.6.);
- omesso, insufficiente o tardivo versamento: art. 34, D.Lgs. n. 446/1997.

Versamento 78.1.1.

La sanzione per l'omesso, insufficiente o tardivo versamento dell'IRAP è pari al **30% del tributo non versato** (art. 34, D.Lgs. n. 446/1997).
La sanzione è la medesima di quella prevista ai fini delle imposte dirette.

La norma relativa all'IRAP non contiene, in modo espresso, le riduzioni nel caso di versamento entro 15 giorni ovvero entro 90 giorni (➡76.8.).
Si ritiene che le **riduzioni** previste per le violazioni in tema di imposte sui redditi (art. 13, D.Lgs. n. 471/1997) **siano applicabili anche alle violazioni di versamento dell'IRAP** (cfr. Cass. 25 novembre 2020, n. 26789; Istruzioni per la compilazione della dichiarazione IRAP/2015, paragrafo "Sanzioni").

REGISTRO 78.2.

Violazione	Norma violata D.P.R. n. 131/1986	Norma sanzionatoria D.P.R. n. 131/1986	Sanzione
Omissione della richiesta di registrazione degli atti e della presentazione delle denunce	artt. 5, 17 o 19	art. 69	da 120% a 240% dell'imposta dovuta
Richiesta di registrazione tardiva entro 30 giorni	artt. 5, 17 o 19	art. 69	da 60% a 120% dell'imposta dovuta (minimo 200 €)
Insufficiente dichiarazione di valore dei beni e diritti	art. 51, c. 2	art. 71	da 100% a 200% della maggiore imposta dovuta
Occultazione di corrispettivo di atti o denunce	artt. 43-51	art. 72	da 120% a 240% della maggiore imposta dovuta
Decadenza dalle agevolazioni per l'acquisto della **«prima casa»**	art. 1, nota II-bis, della Tariffa, Parte I, allegata	art. 1, nota II-bis, della Tariffa allegata	30% della differenza di imposta

Violazione	Norma violata D.P.R. n. 131/1986	Norma sanzionatoria D.P.R. n. 131/1986	Sanzione
Omessa indicazione nell'atto di vendita di abitazione tra «privati» del **corrispettivo realmente pattuito**	art. 1, c. 497, Legge n. 266/2005	art. 1, c. 498, Legge n. 266/2005	da 50% a 100% della differenza di imposta
Mancata o mendace indicazione: - delle **modalità di pagamento** del corrispettivo, - del fatto **di essersi avvalsi di un mediatore**, ovvero della relativa **spesa sostenuta** per la mediazione, - delle **modalità di pagamento** o del numero di partita IVA o del codice fiscale dell'agente immobiliare	art. 35, c. 22, D.L. n. 223/2006	art. 35, c. 22, D.L. n. 223/2006	da 500 a 10.000 €

Insufficiente dichiarazione di valore di immobili e aziende

Per i **beni immobili**, i **diritti reali immobiliari**, le **aziende** e i **diritti reali su di esse** la sanzione prevista per l'**insufficiente dichiarazione di valore** si rende applicabile soltanto se il valore, definitivamente accertato, supera quello dichiarato, dopo che il valore, definitivamente accertato, **è stato ridotto di 1/4**.

Versamenti

Le sanzioni per le violazioni agli obblighi di versamento sono le stesse di quelle previste ai fini delle imposte dirette (➡76.8.).

78.3. SUCCESSIONI E DONAZIONI

Violazione	Norma violata D.Lgs. n. 346/1990	Norma sanzionatoria D.Lgs. n. 346/1990	Sanzione
Omessa presentazione della dichiarazione	art. 28	art. 50, c. 1	da 120% a 240% dell'imposta
Omessa presentazione della dichiarazione **quando non sono dovute imposte**	art. 28	art. 50, c. 1	da 250 a 1.000 €
Presentazione tardiva Della dichiarazione **entro 30 giorni** dalla scadenza	art. 31	art. 50, c. 1	da 60% a 120% dell'imposta
Presentazione tardiva della dichiarazione **entro 30 giorni** dalla scadenza **quando non sono dovute imposte**	art. 31	art. 50, c. 1	da 150 a 500 €
Infedele dichiarazione	artt. 29 e 32	art. 51, c. 1	da 100% a 200% della differenza d'imposta
Omissioni o infedeltà della dichiarazione **non incidenti sulla determinazione** del tributo	artt. 29 e 32	art. 51, c. 3	da 258 a 1.032 €

Violazione	Norma violata D.Lgs. n. 346/1990	Norma sanzionatoria D.Lgs. n. 346/1990	Sanzione
Mancata allegazione alla dichiarazione ovvero **inesattezze o irregolarità** dei documenti prescritti o dei prospetti rilevanti ai fini della liquidazione delle imposte ipotecaria e catastale, di bollo o delle tasse ipotecarie	art. 30	art. 51 c. 3	da 258 a 1.032 €
Violazioni concernenti l'apertura di **cassette di sicurezza**, armadi, casseforti, borse, valigie, plichi e pacchi chiusi depositati presso banche	art. 48, c. 6 e 7	art. 53, c. 3	da 258 a 2.065 €

Soglia di punibilità

La **sanzione** per la dichiarazione infedele non si applica relativamente all'imposta corrispondente al maggior valore definitivamente accertato dei beni e diritti, diversi dai terreni e fabbricati, se il valore accertato non supera di 1/4 quello dichiarato (art. 51, c. 2, D.Lgs. n. 346/1990).

Regolarizzazione di omissione o errori formali

Se le omissioni o infedeltà della dichiarazione **non incidenti sulla determinazione** del tributo vengono regolarizzati entro 60 giorni dalla richiesta dell'ufficio **la sanzione**, da 258 a 1.032 euro, **è ridotta alla metà** (art. 51, c. 3, D.Lgs. n. 346/1990).

Versamenti

Le sanzioni per le violazioni agli obblighi di versamento sono le stesse di quelle previste ai fini delle imposte dirette (➡76.8.).

IPOTECARIE E CATASTALI 78.4.

Violazione	Norma violata D.Lgs. n. 347/1990	Norma sanzionatoria D.Lgs. n. 347/1990	Sanzione
Omessa richiesta di trascrizione o di annotazione obbligatorie	art. 1	art. 9, c. 1	da 100% a 200% dell'imposta
Richiesta di trascrizione o di annotazione obbligatorie effettuata **con ritardo non superiore a 30 giorni**	art. 1	art. 9, c. 1	da 50% a 100% dell'imposta
Omessa richiesta di trascrizioni o annotazioni soggette ad imposta fissa o **non soggette a imposta** o da eseguirsi a debito ovvero per le quali l'imposta è già pagata entro il termine stabilito	art. 1	art. 9, c. 2	da 100 a 2.000 €
Richiesta di trascrizioni o annotazioni soggette ad imposta fissa o **non soggette a imposta** o da eseguirsi a debito ovvero per le quali l'imposta è già pagata entro il termine stabilito effettuata **con ritardo non superiore a 30 giorni**	art. 1	art. 9, c. 2	50 €

SANZIONI

Violazione	Norma violata D.Lgs. n. 347/1990	Norma sanzionatoria D.Lgs. n. 347/1990	Sanzione
Decadenza dalle agevolazioni per l'acquisto della "**prima casa**"	art. 1, nota II-bis, della Tariffa, Parte I, allegata al D.P.R. n-131/1986	art. 1, nota II-bis, della Tariffa, Parte I, allegata al D.P.R. n 131/1986	30% della differenza di imposta

Versamenti

Le **sanzioni** per le violazioni agli obblighi di versamento sono le stesse di quelle previste ai fini delle imposte dirette (➡76.8.).

78.5. BOLLO

Violazione	Norma violata D.P.R. n. 642/1972	Norma sanzionatoria D.P.R. n. 642/1972	Sanzione
Omesso pagamento dell'imposta	All. A	art. 25, c. 1	da 100% a 500% dell'imposta
Omesso pagamento dell'imposta dovuta sulle **cambiali**	All. A	art. 25, c. 2	da 200% a 1.000% dell'imposta (minimo 103 €)
Omissione o infedeltà della dichiarazione di conguaglio prevista per il pagamento dell'imposta **in modo virtuale**	art. 15	art. 25, c. 3	da 100% a 200% dell'imposta
Tardiva dichiarazione di conguaglio per il pagamento dell'imposta in modo virtuale presentata **entro 30 giorni dalla scadenza**	art. 15	art. 25, c. 3	da 50% a 100% dell'imposta

Versamento dell'imposta in modo virtuale

Le **sanzioni** per le violazioni agli obblighi di versamento dell'imposta in modo virtuale sono le stesse di quelle previste ai fini delle imposte dirette (➡76.8.).

78.6. CONCESSIONI GOVERNATIVE

Violazione	Norma violata D.P.R. n. 641/1972	Norma sanzionatoria D.P.R. n. 641/1972	Sanzione
Esercizio di un'attività per la quale è necessario un atto soggetto a tassa sulle concessioni governative **senza aver** ottenuto l'atto stesso o **assolta la relativa tassa**	art. 1	art. 9, c. 1	da 100% a 200% della tassa (minimo 103 €)

Versamento

Le sanzioni per il mancato pagamento della tassa di concessione governativa sono le stesse di quelle previste ai fini delle imposte dirette (➡76.8.).

SANZIONI

IMU, TASI, TARI 78.7.

IMU 78.7.1.

Violazione	Norma violata D.L. n. 201/2011	Norma sanzionatoria Legge n. 147/2013	Sanzione
Omessa presentazione della dichiarazione o denuncia ai fini IMU	art. 13, c. 12-ter	art. 1, c. 696	da 100% a 200% del tributo dovuto (minimo 50 €)
Infedele dichiarazione ai fini IMU	art. 13, c. 12-ter	art. 1, c. 697	da 50% a 100% del tributo dovuto (minimo 50 €)
Mancata, incompleta o infedele risposta al **questionario** inviato al contribuente per la verifica degli obblighi tributari	art. 1, c. 693, Legge n. 47/2013	art. 1, c. 698	da 100 a 500 €

TASI

Ai fini della **dichiarazione** relativa alla TASI si applicano le disposizioni concernenti la presentazione della dichiarazione IMU (art. 1, c. 687, Legge n. 147/2013).

TARI 78.7.2.

L'obbligo di presentazione della dichiarazione ai fini della TARI è assolto con il pagamento del tributo da effettuare con le modalità e nei termini previsti per la tassa di occupazione temporanea di spazi ed aree pubbliche ovvero per l'imposta municipale secondaria (art. 1, c. 664, Legge n. 147/2013).

Tardiva dichiarazione

Se non diversamente stabilito dalle singole leggi d'imposta, in caso di presentazione di una dichiarazione o di una denuncia **entro 30 giorni dalla scadenza** del relativo termine, la sanzione è ridotta alla metà (art. 7, c. 4-bis, D.Lgs. n. 472/1997).

Versamento

Le sanzioni per mancato pagamento sono le stesse di quelle previste ai fini delle imposte dirette (➜**76.8.**).

Canone unico patrimoniale 78.7.3.

Per le sanzioni (➜**70.1.5.**).

Canone occupazione aree mercati 78.7.4.

Per le sanzioni (➜**70.2.4.**).

Imposta sugli intrattenimenti 78.7.5.

Per le sanzioni (➜**69.3.**).

79. SANZIONI PENALI IVA E IMPOSTE DIRETTE

79.1. QUADRO NORMATIVO

Le sanzioni penali tributarie sono previste per le **imposte dirette** e **l'IVA** (D.Lgs. n. 74/2000).
Le violazioni riguardano:
- le **dichiarazioni** (artt. da 2 a 7);
- la **documentazione** (fatture e scritture contabili) (artt. da 8 a 10);
- i **versamenti** e le **compensazioni** (da 10 a 11).

Le operazioni che realizzano abuso del diritto non danno luogo a fatti punibili ai sensi delle leggi **penali** tributarie (art. 10-bis, c. 13, Legge n. 212/2000).

Con decorrenza **25 dicembre 2019** sono state **inasprite le sanzioni** previste per alcuni reati, sono state ridotte talune **soglie di punibilità** e, in caso di accertamento di reato tributari è stata prevista la **confisca "per sproporzione"** ed è stata estesa la **responsabilità amministrativa** delle società (art. 39, D.L. n. 124/2019).

79.2. DELITTI IN MATERIA DI DICHIARAZIONE

Le **violazioni in materia di dichiarazione** riguardano:
- la dichiarazione **fraudolenta**;
- la dichiarazione **infedele**;
- la dichiarazione **omessa**.

La dichiarazione fraudolenta può essere realizzata:
- avvalendosi di **fatture** o altri documenti **per operazioni inesistenti** (art. 2, D.Lgs. n. 74/2000);
- mediante **altri artifici** (art. 3, D.Lgs. n. 74/2000).

I delitti di dichiarazione fraudolenta e dichiarazione infedele **non sono punibili a titolo di tentativo** (art. 6, D.Lgs. n. 74/2000). Tuttavia, quando gli atti diretti a commettere tali delitti sono compiuti anche nel territorio di altro Stato membro dell'UE, al fine di evadere l'IVA per un valore complessivo non inferiore a 10 milioni di euro, gli stessi sono punibili anche a titolo di tentativo, salvo che il fatto non integri il reato di emissione di fatture per operazioni inesistenti (art. 6, c. 1-bis, D.Lgs. n. 74/2000, aggiunto dall'art. 2, D.Lgs. n. 75/2020).

In tema di **autoriciclaggio**, non è configurabile il reato nell'ipotesi di reimpiego di somme derivanti da **evasione fiscale "sotto soglia"**, difettando il necessario reato presupposto, attesa l'assenza "*ab origine*" di rilievo penale del fatto tipico, in quanto le soglie di punibilità previste dal D.Lgs. n. 74/2000, rientrano tra gli elementi costitutivi del reato (Cass. pen., 18 febbraio 2021, n. 11986).

Dichiarazione fraudolenta mediante fatture o altri documenti per operazioni inesistenti

La dichiarazione fraudolenta avvalendosi di fatture o altri documenti per operazioni inesistenti si consuma nel **momento della presentazione della dichiarazione fiscale**, nella quale sono effettivamente inseriti o esposti **elementi passivi fittizi** (art. 2, D.Lgs. n. 74/2000), "essendo penalmente irrilevanti tutti i **comportamenti prodromici**, ivi comprese le condotte di acquisizione e registrazione nelle scritture contabili di fatture o documenti contabili falsi o artificiosi" (Cass. 22 dicembre 2020, n. 36915).
Le fatture o i documenti devono essere:
- **registrati nelle scritture contabili** obbligatorie,

ovvero
- **detenuti a fine di prova** nei confronti dell'Amministrazione finanziaria.

SANZIONI

Nel caso di **consolidato fiscale**, il delitto di dichiarazione fraudolenta può essere commesso soltanto dalle società che partecipano al consolidato e mai dalla società consolidante (Cass., Sez. III pen., 13 marzo 2018, n. 11034).
Sussiste a carico dell'amministratore di diritto e di quello di fatto il reato di dichiarazione fraudolenta mediante fatture per operazioni inesistenti, anche laddove la **falsa fattura** sia stata **emessa dalla stessa società beneficiaria** che la faccia apparire come proveniente da terzi (Cass., Sez. II pen., 25 luglio 2018, n. 35461).

Soglie di punibilità - Non sono previste soglie di punibilità né con riferimento all'imposta evasa, né con riferimento all'imponibile non dichiarato. Tuttavia, è prevista una **riduzione di** pena se l'ammontare degli elementi passivi fittizi è **inferiore a euro 100.000** (art. 2, c. 2-bis).

Dolo specifico - Il fatto è punibile se il soggetto agisce con il fine specifico **di evadere l'IVA o le imposte sui redditi**.

Esempi
1) Una dichiarazione fraudolenta ai **fini dell'IRAP** non costituisce reato.

2) Se il contribuente agisce esclusivamente con il **fine specifico di truffare un terzo** non è configurabile il reato.

Nel reato di dichiarazione fraudolenta mediante uso di **documenti per operazioni inesistenti**, rilevano tutti quelli aventi, ai fini fiscali, valore probatorio di elementi passivi fittizi, compresi i documenti attestanti spese falsamente deducibili dall'imposta personale (Cass., Sez. III pen., 17 aprile 2018, n. 17126).
Il fine di **evadere le imposte** è comprensivo anche del fine di conseguire un **indebito rimborso** o il riconoscimento di un **inesistente credito d'imposta** (art. 1, c. 1, lett. d), D.Lgs. n. 74/2000).

Per chi agisce in qualità di **amministratore, liquidatore o rappresentante di società**, enti o persone fisiche, il fine di evadere le imposte **si intende riferito alla società**, all'ente o alla persona fisica per conto della quale si agisce.

Il **fine di evasione** può anche **non essere esclusivo**, ma deve sempre sussistere perché, mancando il dolo di evasione, il reato non è configurabile (Cass., 7 maggio 2010, n. 17525). In tema di dichiarazione fraudolenta mediante utilizzo di fatture per operazioni soggettivamente inesistenti, il dolo è ravvisabile nella mera **consapevolezza** dell'imputato degli **intenti fraudolenti** dell'emittente (Cass., Sez. III pen., 9 luglio 2018, n. 30874).

Dichiarazione fraudolenta mediante altri artifici

La dichiarazione fraudolenta mediante altri artifici (art. 3, D.Lgs. n. 74/2000) si realizza quando, al di fuori dei casi di fatture o altri documenti per operazioni inesistenti (art. 2, D.Lgs. n. 74/2000), il contribuente **indica** nella dichiarazione:
- elementi **attivi** per un ammontare inferiore a quello effettivo, elementi **passivi** fittizi, **crediti e ritenute** fittizi, compiendo **operazioni simulate** oggettivamente o soggettivamente, **oppure**
- avvalendosi di **documenti falsi o di altri mezzi fraudolenti** idonei ad **ostacolare l'accertamento** e ad **indurre in errore** l'Amministrazione finanziaria.

Per **operazioni simulate oggettivamente o soggettivamente** si intendono le operazioni apparenti, diverse da quelle che danno luogo ad abuso del diritto (art. 10-bis, Legge n. 212/2000), poste in essere con la **volontà di non realizzarle** in tutto o in parte ovvero le operazioni riferite a **soggetti fittiziamente interposti** (art. 1, c. 1, lett. g-bis), D.Lgs. n. 74/2000).

Il fatto si considera commesso avvalendosi di **documenti falsi** quando tali documenti sono **registrati nelle scritture contabili** obbligatorie o sono **detenuti a fini di prova** nei confronti dell'Amministrazione finanziaria (art. 3, c. 2, D.Lgs. n. 74/2000).

Per **mezzi fraudolenti** si intendono condotte artificiose attive nonché quelle omissive realizzate in violazione di uno specifico obbligo giuridico, che determinano una falsa rappresentazione della realtà (art. 1, c. 1, lett. g-ter), D.Lgs. n. 74/2000).
Non costituiscono mezzi fraudolenti la mera violazione degli obblighi di fatturazione e di annotazione degli elementi attivi nelle scritture contabili o la sola indicazione nelle fatture o nelle annotazioni di elementi attivi inferiori a quelli reali (art. 3, c. 3, D.Lgs. n. 74/2000).

SANZIONI

Integra il reato di dichiarazione fraudolenta e il reato di dichiarazione infedele l'omessa annotazione di elementi attivi di reddito tramite indebite variazioni in diminuzione con riferimento a plusvalenze in **regime fiscale PEX**, di cui l'imprenditore incongruamente fruisce, non potendosi sussumere tale comportamento, al fine di predicarne la non rilevanza penale, nella categoria dell'abuso del diritto o dell'elusione fiscale (Cass. pen., 7 aprile 2021, n. 20001).

Soglie di punibilità - Il reato si configura quando sono **superate contemporaneamente** due soglie:

1. **l'imposta evasa** deve essere **superiore**, con riferimento alle singole imposte, **a 30.000** euro, e
2. l'ammontare complessivo degli **elementi attivi sottratti all'imposizione** e degli **elementi passivi fittizi** è **superiore al 5%** dell'ammontare complessivo degli elementi attivi indicati in dichiarazione o, comunque, a **1 milione 500 mila** euro;

oppure

l'ammontare complessivo dei **crediti e delle ritenute fittizi** in diminuzione dell'imposta è **superiore al 5%** dell'ammontare dell'imposta medesima o, comunque, a **30.000 euro**.

La **soglia di punibilità** prevista in varie fattispecie incriminatrici rientra tra gli **elementi costitutivi** del reato (Cass. pen., 18 febbraio 2021, n. 11986).
Il giudice, per determinare l'**ammontare dell'imposta evasa**, deve effettuare una verifica che, pur non potendo prescindere dalle specifiche regole stabilite dalla legislazione fiscale per quantificare l'imponibile, risente delle limitazioni derivanti dalla diversa finalità dell'accertamento penale, con la conseguenza che occorre tenere conto dei costi non contabilizzati solo in presenza, quanto meno, di **allegazioni fattuali**, da cui desumere la certezza o, comunque, il ragionevole dubbio della loro esistenza, non assumendo rilievo, nella valutazione sulla divergenza dei valori indicati in contabilità, la mera violazione dei **criteri di competenza** e di **inerenza** di ricavi e di costi oggettivamente esistenti (Cass. pen., 18 gennaio 2021, n. 24142).

Esempi

1) Dichiarazione fraudolenta con evasione di imposta di 15.000 euro a titolo di IVA e 29.000 euro a titolo di IRES.
La prima soglia di punibilità **non è superata** e quindi il fatto **non costituisce reato**.

2) Dichiarazione fraudolenta con evasione di imposta di 15.000 euro a titolo di IVA e 31.000 euro a titolo di IRES.
La prima soglia di punibilità **è superata**.
Occorre verificare se è superata anche la seconda soglia di punibilità.

Per **imposta evasa** si intende **la differenza** tra (art. 1, lett. f), D.Lgs. n. 74/2000):
- l'imposta effettivamente **dovuta**,
- e quella **indicata nella dichiarazione**,

al netto delle **somme versate** a titolo di acconto, di ritenuta o, comunque, in pagamento prima della presentazione della dichiarazione o della scadenza del relativo termine.
Per accertare l'ammontare dell'imposta evasa ai fini della verifica del superamento delle soglie di punibilità, qualora vengano **accertati ulteriori ricavi** rispetto a quelli dichiarati dal contribuente, nella determinazione del reddito imponibile non può non tenersi conto di tutti gli elementi - ricavi, proventi, costi ed oneri - che concorrono a formarlo (Cass., Sez. III pen., 14 dicembre 1998, n. 13068), dovendosi ritenere in contrasto coi criteri applicabili ai fini della determinazione del reddito imponibile, e di conseguenza anche dell'imposta, escludere in linea di principio la esistenza dei **costi** necessari per la sua produzione (Cass., Sez. III pen., 18 maggio 2018, n. 21639).
Non si considera imposta evasa quella teorica e non effettivamente dovuta collegata a una **rettifica in diminuzione di perdite** dell'esercizio o di **perdite pregresse** spettanti e utilizzabili.

Dolo specifico - Il fatto è punibile se il soggetto agisce con il fine specifico, anche se non esclusivo, **di evadere l'IVA o le imposte sui redditi**.
Il **fine di evadere le imposte** è comprensivo anche del fine di conseguire un **indebito rimborso** o il riconoscimento di un **inesistente credito d'imposta** (art. 1, c. 1, lett. d), D.Lgs. n. 74/2000).

SANZIONI

Dichiarazione infedele

Si ha dichiarazione infedele quando, **al di fuori delle ipotesi di dichiarazione fraudolenta**, il contribuente indica, in una dichiarazione annuale ai fini dell'IVA o delle imposte sui redditi (art. 4, D.Lgs. n. 74/2000):

- **elementi attivi** per un ammontare inferiore a quello effettivo;
- **elementi passivi** inesistenti.

Soglie di punibilità - Il reato si configura quando sono **superate contemporaneamente** due soglie:

1. **l'imposta evasa** deve essere **superiore**, con riferimento a taluna delle singole imposte, **a 100.000 euro**;
2. l'ammontare complessivo degli **elementi attivi sottratti** all'imposizione e degli **elementi passivi inesistenti** è **superiore al 10%** dell'ammontare complessivo degli elementi attivi indicati in dichiarazione,

ovvero

comunque, **superiore a 2 milioni di euro**.

Il reato di dichiarazione infedele può essere integrato anche con riferimento alla presentazione di una dichiarazione fiscale inerente ad una **società in accomandita semplice**, ma in questo caso l'imposta evasa - dovendo il reddito della società, ricavabile dal risultato di esercizio, essere imputato direttamente ai singoli soci, ovviamente ciascuno per la sua quota di partecipazione - va calcolata avendo riguardo al **reddito dei singoli soci** (Cass. pen., 14 settembre 2020, n. 31195).

Esempi

1) Dichiarazione infedele con evasione di imposta di 90.000 euro a titolo di IVA e 99.000 euro a titolo di IRES.
La prima soglia di punibilità **non è superata** e quindi il fatto **non costituisce reato**.

2) Dichiarazione infedele con evasione di imposta di 90.000 euro a titolo di IVA e 110.000 euro a titolo di IRES.
La prima soglia di punibilità **è superata**.
Occorre verificare se è superata anche la seconda soglia di punibilità.

3) Dichiarazione infedele presentata da soggetto in **perdita fiscale**, con rettifica della perdita.
La prima soglia di punibilità **non è superata** non essendovi evasione di imposta.

Per **imposta evasa** si intende **la differenza** tra (art. 1, lett. f), D.Lgs. n. 74/2000):

- l'imposta effettivamente **dovuta**
- e quella **indicata nella dichiarazione**,

al netto delle somme versate a titolo di acconto, di ritenuta o, comunque, in pagamento prima della presentazione della dichiarazione o della scadenza del relativo termine.
Non si considera imposta evasa quella teorica e non effettivamente dovuta collegata a una **rettifica in diminuzione di perdite** dell'esercizio o di **perdite pregresse** spettanti e utilizzabili.

Dolo specifico - Il fatto è punibile se il soggetto agisce con il fine specifico, anche se non esclusivo, **di evadere l'IVA o le imposte sui redditi**.
Il **fine di evadere le imposte** è comprensivo anche del fine di conseguire un **indebito rimborso** o il riconoscimento di un **inesistente credito d'imposta** (art. 1, c. 1, lett. d), D.Lgs. n. 74/2000).

Violazioni di criteri contabili - Non si tiene conto (art. 4, c. 1-bis, D.Lgs. n. 74/2000):

- della **non corretta classificazione** e della valutazione di elementi attivi o passivi oggettivamente esistenti, rispetto ai quali i criteri concretamente applicati sono stati comunque indicati nel bilancio ovvero in altra documentazione rilevante ai fini fiscali;
- della violazione dei criteri di determinazione dell'esercizio di **competenza**;
- della non **inerenza** o della non **deducibilità** di elementi passivi reali.

Valutazioni - Non danno luogo a fatti punibili le valutazioni che singolarmente considerate, differiscono in misura **inferiore al 10% da quelle corrette**. Degli importi compresi in tale percentuale non si tiene conto nella verifica del superamento delle **soglie di punibilità** (art. 4, c. 1-ter, D.Lgs. n. 74/2000).

SANZIONI

Omessa dichiarazione

Il reato di dichiarazione omessa si realizza quando il contribuente, al fine di evadere le imposte sui redditi o sul valore aggiunto, non presenta una delle dichiarazioni annuali ai fini dell'IVA, delle imposte sui redditi o di sostituto d'imposta (art. 5, D.Lgs. n. 74/2000).

Non si considera omessa la dichiarazione (art. 5, c. 2, D.Lgs. n. 74/2000):
- **presentata entro 90** giorni dalla scadenza;
- **non sottoscritta**;
- **non redatta su uno stampato conforme** al modello prescritto.

Il **momento di commissione** del reato di **omessa dichiarazione** delle imposte sui redditi o sull'IVA è da individuarsi in quello di scadenza non del termine per la presentazione della dichiarazione dei redditi, ma dell'ulteriore termine di 90 giorni (Cass., Sez. III pen., 30 agosto 2018, n. 39243).

Soglia di punibilità - L'**imposta evasa** deve essere **superiore**, con riferimento a taluna delle singole imposte, **a 50.000 euro**.

Per l'omissione della **dichiarazione di sostituto d'imposta** rilevano le **ritenute non versate**, che ai fini della configurabilità del reato devono essere **superiori a 50.000 euro**.

Per **imposta evasa** si intende **la differenza** tra (art. 1, lett. f), D.Lgs. n. 74/2000):
- l'imposta effettivamente **dovuta**
- e quella **indicata nella dichiarazione**,

al netto delle somme versate a titolo di acconto, di ritenuta o, comunque, in pagamento prima della presentazione della dichiarazione o della scadenza del relativo termine.
Non si considera imposta evasa quella teorica e non effettivamente dovuta collegata a una **rettifica in diminuzione di perdite** dell'esercizio o di **perdite pregresse** spettanti e utilizzabili.

Ai fini del reato di **omessa presentazione della dichiarazione dei redditi**, l'imposta netta non può essere desunta dal volume d'affari IVA indicato nella dichiarazione IVA presentata dallo stesso contribuente, ma si deve tenere conto almeno dei componenti negativi indicati in tale dichiarazione (Cass., Sez. III pen., 16 maggio 2018, n. 21639).

Dolo specifico - Il fatto è punibile se il soggetto agisce con il fine specifico, anche se non esclusivo, **di evadere l'IVA o le imposte sui redditi**.

La semplice violazione dell'obbligo dichiarativo non è sufficiente alla configurazione del reato. È necessaria non solo l'effettiva evasione (superiore al *quantum* previsto dalla norma) ma anche la prova che l'**omessa dichiarazione è preordinata proprio all'evasione** dell'imposta e per le quantità superiori alla soglia della rilevanza penale, e dunque nella consapevolezza del loro ammontare (Cass. 29 dicembre 2017, n. 57934).

Il fine di evadere le imposte è comprensivo anche del fine di conseguire un **indebito rimborso** o il riconoscimento di un **inesistente credito d'imposta** (art. 1, c. 1, lett. d), D.Lgs. n. 74/2000).

Violazione	Norma sanzionatoria D.Lgs. n. 74/2000	Sanzione	Soglie di punibilità
Dichiarazione fraudolenta avvalendosi di **fatture** o altri documenti **per operazioni inesistenti**	art. 2	Reclusione da 4 a 8 anni (1)	Nessuna
Dichiarazione fraudolenta mediante **altri artifici**	art. 3	Reclusione da 3 a 8 anni	1) Imposta evasa > 30.000 € 2) Elementi attivi/passivi > 5% degli elementi attivi indicati in dichiarazione o comunque superiori a 1.500.000 € *oppure* Crediti e ritenute fittizi > 5% dell'imposta o comunque a 30.000 €

Violazione	Norma sanzionatoria D.Lgs. n. 74/2000	Sanzione	Soglie di punibilità
Dichiarazione **infedele**	art. 4	Reclusione da 2 anni a 4 anni e 6 mesi	1) Imposta evasa > 100.000 € 2) Elementi attivi/passivi > 10% degli elementi attivi indicati in dichiarazione o comunque superiori a 2.000.000 €
Omessa dichiarazione	art. 5, c. 1	Reclusione da 2 a 5 anni	Imposta evasa > 50.000,00
Omessa dichiarazione di sostituto d'imposta	art. 5, c. 1-bis	Reclusione da 2 a 5 anni	Ritenute non versate > 50.000,00
(1) Se l'ammontare degli elementi passivi fittizi è inferiore a 100.000 € la pena va da 1 anno e 6 mesi a 6 anni (art. 2, c. 2-bis)			

DELITTI IN MATERIA DI DOCUMENTAZIONE 79.3.

Le **violazioni in materia di documentazione** riguardano:

- l'**emissione di fatture** o altri documenti **per operazioni inesistenti** (artt. 8 e 9, D.Lgs. n. 74/2000);
- l'**occultamento o distruzione** di **documenti contabili** (art. 10, D.Lgs. n. 74/2000).

Emissione di fatture o altri documenti per operazioni inesistenti

Il delitto si realizza quando vengono rilasciate fatture o altri documenti per operazioni inesistenti **al fine di consentire a terzi l'evasione** delle imposte sui redditi o dell'IVA.
Il reato sussiste anche se il destinatario **non faccia uso dei documenti** ricevuti.

La fattura **si ha per emessa** all'atto della sua consegna, spedizione, trasmissione o messa a disposizione del cessionario o committente (art. 21, c. 1, D.P.R. n. 633/1972).

Altri documenti - Si considerano **documenti assimilabili alle fatture** quelli aventi analogo rilievo probatorio, come ad esempio, **ricevute fiscali**, **scontrini** fiscali, **bolle di accompagnamento** indicanti l'ammontare del corrispettivo, **lettere di vettura**, note, conti, parcelle e simili, autofatture, schede carburanti, **note di variazione**.

Le fatture e gli altri documenti **si riferiscono ad operazioni inesistenti** quando:
- sono emessi a fronte di **operazioni non realmente effettuate** in tutto o in parte,

ovvero
- indicano i corrispettivi o l'IVA **in misura superiore a quella reale,**

ovvero
- riferiscono l'operazione **a soggetti diversi da quelli effettivi**.

Il reato si configura anche quando le operazioni, pur valide sotto il profilo giuridico, sono in realtà fittizie sul piano economico (Cass., Sez. III pen., 18 maggio 2018, n. 21996).

Dolo specifico - Il fatto è punibile se il soggetto agisce con il fine specifico, anche se non esclusivo, di consentire a terzi **di evadere l'IVA o le imposte sui redditi**.
Il **fine di evadere le imposte** è comprensivo anche del fine di conseguire un **indebito rimborso** o il riconoscimento di un **inesistente credito d'imposta** (art. 1, c. 1, lett. d), D.Lgs. n. 74/2000).

Non assumono rilevanza condotte **il cui fine è diverso da quello di consentire a terzi l'evasione fiscale** (ad esempio, quando il responsabile agisce per truffare un terzo) in materia di IVA e imposte dirette (ad esempio, se il documento fittizio consente l'evasione dell'imposta di registro).

Emissione di più fatture inesistenti - L'emissione o il rilascio di più fatture o documenti per operazioni inesistenti nel corso del medesimo periodo di imposta si considera come un solo reato (art. 8, c. 2, D.Lgs. n. 74/2000, circ. n. 154/2000).

Soglie di punibilità - Non sono previste soglie di punibilità né con riferimento all'imposta evasa, né con riferimento all'imponibile non dichiarato. Tuttavia, è prevista una **riduzione di pena** se l'impor-

SANZIONI

to non rispondente al vero indicato nelle fatture o nei documenti, per periodo d'imposta, è **inferiore a euro 100.000** (art. 8, c. 2-bis, D.Lgs. n. 74/2000).

Concorso con il reato di dichiarazione fraudolenta - Non è configurabile il concorso del reato di emissione di fatture o altri documenti per operazioni inesistenti con il reato di dichiarazione fraudolenta (art. 9, D.Lgs. n. 74/2000).

Esempio
- A emette fattura per operazione inesistente per consentire l'evasione a B;
- B utilizza la fattura per abbattere il reddito soggetto ad imposta ed evadere il tributo.

A risponde del reato di emissione di fattura per operazione inesistente ma non può essere chiamato a titolo di concorso per il reato di dichiarazione fraudolenta commesso da B.

Diversamente, ove il **medesimo soggetto** abbia operato sia come emittente che come utilizzatore della fattura relativa ad operazioni inesistenti **risponderà di entrambi i reati** (Cass. 1° dicembre 2020, n. 34021; Cass. 21 maggio 2012, n. 19247).

Concorso con altri reati - Il reato di emissione di fatture per operazioni inesistenti può concorrere con il reato di truffa ai danni dello Stato (Cass. 15 luglio 2010, n. 27541).

Occultamento o distruzione di documenti contabili

Il delitto si realizza quando sono occultati o distrutti, totalmente o parzialmente, **scritture contabili** o documenti di cui è **obbligatoria la conservazione** (art. 10, D.Lgs. n. 74/2000).

Esempi

1) **Scritture contabili**: libro giornale, libro inventari, registro beni ammortizzabili, registri IVA.

2) **Documenti** di cui è obbligatoria la conservazione: fatture attive e passive, ricevute, ricevute fiscali, bolle di accompagnamento, scontrini fiscali.

Dolo specifico - È richiesto che il fatto venga posto in essere in modo da non consentire la ricostruzione dei redditi o del volume di affari al fine di evadere le imposte sui redditi o l'IVA ovvero di **consentire** l'evasione a terzi.

L'**impossibilità di ricostruire** il reddito od il volume d'affari derivante dalla distruzione o dall'occultamento di documenti contabili non deve essere intesa in senso assoluto, sussistendo anche quando è necessario procedere all'**acquisizione presso terzi della documentazione mancante** (Cass. 31 dicembre 2020, n. 37917; Cass. 15 gennaio 2019, n. 7051).

Il fine di evadere le imposte è comprensivo anche del fine di conseguire un **indebito rimborso** o il riconoscimento di un **inesistente credito d'imposta** (art. 1, c. 1, lett. d), D.Lgs. n. 74/2000).

Per chi agisce in qualità di **amministratore, liquidatore o rappresentante di società**, enti o persone fisiche, il fine di evadere le imposte **si intende riferito alla società**, all'ente o alla persona fisica per conto della quale si agisce.

Il fine di evasione può anche **non essere esclusivo**, ma deve sempre sussistere perché, mancando il dolo di evasione, il reato non è configurabile (Cass. 7 maggio 2010, n. 17525).

Occultamento - L'occultamento consiste nel tenere nascosta la contabilità.
Non si configura il reato in esame quando la tenuta della propria contabilità viene affidata a terzi (circ. n. 154/2000).

Distruzione - La distruzione consiste nell'eliminazione o soppressione materiale delle scritture contabili o dei documenti ovvero nel disfacimento degli stessi, così da impedirne la semplice lettura (circ. n. 154/2000).

Ai fini del reato di occultamento o distruzione di documenti contabili, poiché la fattura deve essere emessa in **duplice esemplare**, il **rinvenimento** di uno di questi presso il terzo destinatario dell'atto può far desumere che il mancato rinvenimento dell'altra copia presso l'emittente sia conseguenza della sua distruzione o del suo occultamento (Cass. pen., 5 marzo 2021, n. 18380).

Soglie di punibilità - Non sono previste soglie di punibilità né con riferimento all'imposta evasa, né con riferimento all'imponibile non dichiarato.

SANZIONI

Concorso con il reato di bancarotta fraudolenta - Il delitto si realizza **salvo che il fatto costituisca più grave reato** (art. 10, c. 1, D.Lgs. n. 74/2000).
Pertanto, in caso di concorso di questo delitto con quello di **bancarotta fraudolenta**, si applicano soltanto le sanzioni previste per quest'ultimo reato (Relazione illustrativa al D.Lgs. n. 74/2000 e circ. n. 154/2000).

Violazione	Norma sanzionatoria D.Lgs. 74/2000	Sanzione	Soglie di punibilità
Emissione di **fatture** o altri documenti **per operazioni inesistenti**	art. 8	Reclusione da 4 a 8 anni (1)	Nessuna
Occultamento o distruzione di **documenti contabili**	art. 10	Reclusione da 3 a 7 anni	Nessuna
(1) Se l'importo non rispondente al vero indicato nelle fatture o nei documenti, per periodo d'imposta, è inferiore a 100.000 € la pena va da 1 ano e 6 mesi a 6 anni (art. 8, c. 2-bis, D.Lgs. n. 74/2000).			

DELITTI IN MATERIA DI VERSAMENTI E COMPENSAZIONE 79.4.

Le violazioni penali in materia di versamenti e compensazione sono le seguenti:
- omesso versamento di **ritenute** dovute o certificate (art. 10-bis, D.Lgs. n. 74/2000);
- omesso versamento di **IVA** (art. 10-ter, D.Lgs. n. 74/2000);
- indebita **compensazione** (art. 10-quater, D.Lgs. n. 74/2000);
- **sottrazione fraudolenta** al pagamento di imposte (art. 11, D.Lgs. n. 74/2000).

L'omesso versamento di imposte diverse dalle ritenute e dall'IVA non è previsto come reato (salvo il reato di indebita compensazione).

Omesso versamento di ritenute dovute o certificate

Costituisce delitto l'omesso versamento, **entro il termine previsto per la presentazione della dichiarazione annuale** di sostituto di imposta (art. 10-bis, D.Lgs. n. 74/2000):
- delle **ritenute dovute** sulla base della stessa dichiarazione,

ovvero
- **risultanti dalla certificazione** rilasciata ai sostituiti (dipendenti, collaboratori, ecc.).

L'impiego delle uniche **somme disponibili del datore di lavoro** non per il pagamento delle ritenute effettuate, ma per corrisponderle ai dipendenti non esclude il reato di omesso versamento di ritenute (Cass. 13 gennaio 2021, n. 1134; Cass. 14 giugno 2017, n. 29544; *contra*, Cass. 12 febbraio 2018, n. 6737) secondo cui il dolo è escluso quando le uniche somme disponibili sono corrisposte ai dipendenti quali "mezzi di sostentamento necessari" per loro e per le loro famiglie.

Soglia di punibilità - Il reato si realizza se l'omesso versamento riguarda ritenute per un **ammontare superiore a 150.000 euro** per ciascun periodo d'imposta.

> **Esempio**
> Omesso versamento di ritenute per:
> - 120.000 euro per l'anno 2019;
> - 130.000 euro per l'anno 2020.
>
> Il reato non si realizza perché l'ammontare delle ritenute non versate non supera 150.000 euro per ciascun periodo d'imposta.

Risponde del reato di omesso versamento delle ritenute non solo l'amministratore che ha certificato e/o dichiarato le ritenute d'acconto, ma tutti i **componenti del consiglio di amministrazione**, anche in presenza di riparto di competenze (Cass., Sez. III pen., 23 gennaio 2018, n. 2741).

Omesso versamento di IVA

Costituisce delitto l'omesso versamento, **entro il termine per il versamento dell'acconto** relativo al periodo d'imposta successivo, dell'IVA dovuta in base alla dichiarazione annuale (art. 10-ter, D.Lgs. n. 74/2000).
L'acconto IVA deve essere versato **entro il 27 dicembre** dell'anno di competenza.

SANZIONI

Esempio
Omesso versamento dell'IVA risultante dalla dichiarazione annuale relativa al 2018 entro il 27 dicembre 2019.

La **presentazione della dichiarazione** costituisce un presupposto necessario ai fini della consumazione del reato di omesso versamento dell'IVA (Cass., Sez. III pen., 30 marzo 2018, n. 14595). Il delitto non può essere giustificato "dal pagamento degli stipendi ai lavoratori dipendenti" (Cass. 7 gennaio 2021, n. 202).

Soglia di punibilità - Il reato si realizza se l'omesso versamento riguarda un **ammontare superiore a 250.000 euro** per ciascun periodo d'imposta.
Il **superamento di 4.345 euro** della soglia di punibilità non integra la causa di non punibilità per particolare tenuità del fatto (Cass., Sez. III pen., 30 marzo 2018, n. 14595).

Indebita compensazione

Costituisce delitto l'indebita compensazione di tributi utilizzando:
- crediti **non spettanti** (art. 10-quater, c. 1, D.Lgs. n. 74/2000),

ovvero
- crediti **inesistenti** (art. 10-quater, c. 2, D.Lgs. n. 74/2000).

Il reato di **indebita compensazione** può configurarsi sia in caso di compensazione verticale sia in caso di compensazione orizzontale (Cass., 31 dicembre 2020, n. 37932; Corte cost., 21 febbraio 2018, n. 35).
Il reato si concretizza anche nel caso di indebita compensazione di crediti con debiti contributivi (Cass., 8 gennaio 2021, n. 389; Cass., 31 dicembre 2020, n. 37932).

Soglia di punibilità - Il reato di indebita compensazione, per crediti esistenti ma non spettanti e per crediti inesistenti, si realizza se la compensazione riguarda **importi superiori a 50.000 euro**.

Crediti inesistenti - Si intende inesistente il credito in relazione al quale manca, in tutto o in parte, il presupposto costitutivo e la cui inesistenza non sia riscontrabile mediante i controlli formali (artt. 36-bis e 36-ter, D.P.R. n. 600/1973 e art. 54-bis, D.P.R. n. 633/1972) (art. 13, c. 5, D.Lgs. n. 471/1997). Il delitto di indebita compensazione non presuppone la presentazione da parte del contribuente di una **dichiarazione annuale** (Cass., Sez. III pen., 23 novembre 2020, n. 32686).

Esempi
1) Un credito IVA indicato nel modello di versamento come credito dell'anno precedente ma non emergente dalle liquidazioni periodiche di tale anno o non indicato nella relativa dichiarazione annuale viene utilizzato in compensazione.
Non si tratta di un **credito** inesistente in quanto il suo indebito utilizzo in compensazione sarebbe riscontrabile mediante i controlli formali (art. 54-bis, D.P.R. n. 633/1972).

2) Crediti non spettanti:
- crediti il cui indebito utilizzo può essere rilevato mediante i controlli formali (artt. 36-bis e 36-ter, D.P.R. n. 600/1973, art. 54-bis, D.P.R. n. 633/1972);
- crediti esistenti ma non utilizzabili in compensazione;
- crediti esistenti ma utilizzati in compensazione oltre i limiti consentiti;
- crediti risultanti dalla dichiarazione, ridotti per effetto di rettifiche al reddito imponibile.

Il reato di indebita compensazione mediante **accollo fiscale di crediti d'imposta inesistenti**, realizzato tramite l'elaborazione o la commercializzazione di modelli di pagamento fiscale, sussiste sempre in capo all'ideatore, mentre in capo al debitore accollato va soltanto provata la sua conoscenza dell'inesistenza dei crediti utilizzati per la compensazione dei propri debiti fiscali (Cass., Sez. III pen., 3 luglio 2018, n. 29870).

Sottrazione fraudolenta al pagamento di imposte

Costituisce delitto la sottrazione fraudolenta al pagamento di imposte, che si realizza:
- **alienando simulatamente** o compiendo altri atti fraudolenti sui propri o su altrui **beni** idonei a rendere, in tutto o in parte, inefficace la procedura di riscossione coattiva (art. 11, c. 1, D.Lgs. n. 74/2000);

- **falsificando la documentazione** presentata ai fini della procedura di **transazione fiscale** allo scopo di ottenere per sé o per altri un pagamento parziale dei tributi e relativi accessori (art. 11, c. 2, D.Lgs. n. 74/2000).

Alienazione simulata di beni - Commette il reato di sottrazione fraudolenta al pagamento di imposte chi:
- **aliena** simulatamente, o
- compie **altri atti fraudolenti**,

sui propri o su altrui beni idonei a rendere, in tutto o in parte, **inefficace la procedura di riscossione coattiva** (il reato non è integrato dalla per la **sola alienazione di beni privati a prezzo di mercato**, anche se avvenuta successivamente alla notifica dell'avviso di accertamento, Cass., Sez. III pen., 2 luglio 2018, n. 29636).

Il reato si realizza se le azioni fraudolente siano **astrattamente idonee** (giudizio *ex ante*) a rendere inefficace la procedura esecutiva, anche se poi, nel concreto, tale evento **non si realizza**.
Ad esempio, integra la condotta in esame:
- la messa in atto "di **più operazioni di cessioni di aziende e di scissioni societarie** simulate, finalizzate a conferire ai nuovi soggetti societari immobili, dal momento che nella fattispecie criminosa indicata rientra qualsiasi stratagemma artificioso del contribuente tendente a sottrarre, in tutto o in parte, le garanzie patrimoniali alla riscossione coattiva del debito tributario" (Cass., Sez. III, 9 gennaio 2018, n. 232);
- l'**omessa dichiarazione del possesso all'estero di somme di danaro** che legittima la configurabilità del delitto di sottrazione fraudolenta al pagamento di imposte sui redditi, non rilevando che dette somme sarebbero state oggetto dell'imposta sostitutiva prevista dall'art. 13-bis del D.L. n. 78/2009 (Cass., Sez. III pen., 26 marzo 2018, n. 14007);
- la **scissione societaria proporzionale** effettuata con trasferimento del suo patrimonio, ma con esclusione dei debiti tributari, e dalla successiva cessione del capitale sociale a prezzo vile e a prestanome che procede alla liquidazione della società (Cass., Sez. III pen., 10 luglio 2018, n. 31420).

L'ammontare complessivo delle **imposte, interessi e sanzioni** a cui ci si sottrae deve essere **superiore a 50.000 euro** (se la somma supera 200.000 euro è prevista una pena più grave).

È richiesto il **dolo specifico** di aver agito al fine di sottrarsi al pagamento di:
- **imposte sui redditi** o **IVA**,

ovvero di
- **interessi** e **sanzioni** amministrative relativi a imposte sui redditi o IVA.

Falsificazione della documentazione presentata a fini di transazione fiscale - Il delitto richiede che nella documentazione presentata ai fini della procedura di transazione fiscale siano falsamente indicati:
- **elementi attivi** per un ammontare **inferiore a quello effettivo,**

ovvero
- elementi passivi **fittizi**.

L'ammontare complessivo degli **elementi attivi** non indicati e/o degli **elementi passivi fittizi** deve essere complessivamente **superiore a 50.000 euro** (se la somma supera 200.000 euro è prevista una pena più grave).

È richiesto il **dolo specifico** di aver agito al fine di ottenere per sé o per altri un **pagamento parziale**:
- dei tributi,
- e relativi accessori.

SANZIONI

Violazione	Norma sanzionatoria D.Lgs. n. 74/2000	Sanzione	Soglie di punibilità
Omesso versamento di **ritenute** dovute in base a dichiarazione o certificate	art. 10-bis	Reclusione da 6 mesi a 2 anni	Ritenute non versate > 150.000 €
Omesso versamento di **IVA** dovuta in base alla dichiarazione annuale	10-ter	Reclusione da 6 mesi a 2 anni	IVA non versata > 250.000 €
Indebita compensazione di tributi con **crediti non spettanti**	10-quater, c. 1	Reclusione da 6 mesi a 2 anni	Somme non versate > 50.000 €
Indebita compensazione di tributi con **crediti inesistenti**	10-quater, c. 2	Reclusione da 1 anno e 6 mesi a 6 anni	Somme non versate > 50.000 €
Alienazione simulata o compimento di altri atti fraudolenti sui propri o su altrui beni idonei a rendere in tutto o in parte inefficace la procedura di riscossione coattiva	11, c. 1	Reclusione da 6 mesi a 4 anni (da 1 a 6 anni se le somme non versate > 200.000 €)	Somme non versate > 50.000 €
Indicazione nella documentazione presentata ai fini della procedura di **transazione fiscale** di elementi attivi per un ammontare inferiore a quello effettivo od elementi passivi fittizi	11, c. 2	Reclusione da 6 mesi a 4 anni (da 1 a 6 anni se gli elementi attivi/passivi > 200.000 €)	Elementi attivi/passivi > 50.000 €

SANZIONI

79.5. PENE ACCESSORIE

La condanna per uno dei delitti in materia tributaria importa l'applicazione di pene accessorie (art. 12, D.Lgs. n. 74/2000).

Pena accessoria	Delitto (la cui condanna prevede la pena accessoria)
Interdizione dagli Uffici direttivi delle persone giuridiche e delle imprese (da 6 mesi a 3 anni)	Tutti
Incapacità di contrattare con la pubblica Amministrazione (da 1 a 3 anni)	Tutti
Interdizione dalle funzioni di rappresentanza e assistenza in materia tributaria (da 1 a 5 anni)	Tutti
Interdizione perpetua dall'Ufficio di componente di Commissione tributaria	Tutti
Pubblicazione della sentenza a norma dell'art. 36 c.p.	Tutti

Pena accessoria	Delitto (la cui condanna prevede la pena accessoria)
Interdizione dai pubblici Uffici (da 1 a 3 anni)	- Dichiarazione fraudolenta mediante uso di fatture o altri documenti per operazioni inesistenti (art. 2); - Dichiarazione fraudolenta mediante altri artifici (art. 3); - Emissione di fatture o altri documenti per operazioni inesistenti (art. 8).

Confisca

Nel caso di **condanna** o di **applicazione della pena su richiesta delle parti** per uno dei delitti in materia tributaria **è sempre ordinata la confisca dei beni** che ne costituiscono il profitto o il prezzo, salvo che appartengano a persona estranea al reato.
Quando la confisca dei beni che costituiscono il profitto o il prezzo del reato non è possibile, si applica la **confisca per equivalente** (art. 12-bis, D.Lgs. n. 74/2000).

> La **confisca per equivalente** comporta la possibilità di confiscare beni di cui il reo ha la disponibilità, per un **valore corrispondente** al prezzo o profitto del reato.

Confisca per sproporzione

Nei casi di condanna o di applicazione della pena su richiesta delle parti per i delitti in materia tributaria, indicati di seguito, si applica l'art. 240 c.p. (sequestro e **confisca "per sproporzione"**, nonché confisca anche nel caso di **estinzione del reato**) (art. 12-ter, D.Lgs. n. 74/2000):
- **dichiarazione fraudolenta** mediante uso di fatture o altri documenti **per operazioni inesistenti** (art. 2): quando l'ammontare degli elementi passivi fittizi è superiore a euro 200.000;
- **dichiarazione fraudolenta** mediante **altri artifici** (art. 3): quando l'imposta evasa è superiore a euro 100.000;
- **emissione di fatture** o altri documenti **per operazioni inesistenti** (art. 8): quando l'importo non rispondente al vero indicato nelle fatture o nei documenti è superiore a euro 200.000;
- **sottrazione fraudolenta** al pagamento di imposte (art. 11, c. 1): quando l'ammontare delle imposte, delle sanzioni e degli interessi è superiore ad euro 100.000;
- **sottrazione fraudolenta** al pagamento di imposte nei casi di **transazione fiscale** (art. 11, c. 2): quando l'ammontare degli elementi attivi inferiori a quelli effettivi o degli elementi passivi fittizi è superiore a euro 200.000.

CAUSE DI NON PUNIBILITÀ 79.6.

Per i delitti di **omesso versamento**, di **indebita compensazione** e di **dichiarazione omessa o infedele** sono previste specifiche cause di non punibilità se interviene il pagamento di imposte, sanzioni e interessi (art. 13, D.Lgs. n. 74/2000).

Versamenti e compensazioni

I reati di:
- omesso **versamento di ritenute** (art. 10-bis, D.Lgs. n. 74/2000),
- omesso **versamento di IVA** (10-ter, D.Lgs. n. 74/2000),
- indebita **compensazione** di tributi con **crediti non spettanti** (art. 10-quater, c. 1, D.Lgs. n. 74/2000),

non sono punibili se, **prima della dichiarazione di apertura del dibattimento** di primo grado, i debiti tributari, comprese sanzioni amministrative e interessi, sono stati estinti mediante **integrale pagamento degli importi dovuti** (art. 13, c. 1, D.Lgs. n. 74/2000).

> È valido il pagamento anche se eseguito per effetto delle **procedure** conciliative (conciliazione **giudiziale**, **acquiescenza** all'accertamento), di accertamento con **adesione** o di **ravvedimento operoso**.

Se prima della dichiarazione di apertura del dibattimento di primo grado, il debito tributario è in fase di **estinzione mediante rateizzazione**, viene dato un termine di **3 mesi** per il **pagamento del debito residuo**.
In tal caso, la **prescrizione è sospesa**.
Il Giudice ha facoltà di **prorogare** tale termine **una sola volta** per non oltre 3 mesi.

SANZIONI

Dichiarazione fraudolenta, infedele o omessa

I reati di:

- dichiarazione **fraudolenta** (artt. 2 e 3, D.Lgs. n. 74/2000),
- **infedele** dichiarazione (art. 4, D.Lgs. n. 74/2000),
- **omessa** dichiarazione (art. 5, D.Lgs. n. 74/2000),

non sono punibili se **i debiti tributari**, comprese sanzioni e interessi, **sono stati estinti** mediante integrale pagamento degli importi dovuti, a seguito:

- del **ravvedimento operoso**;
- della **presentazione della dichiarazione** omessa entro il termine di presentazione della dichiarazione **relativa al periodo d'imposta successivo** (art. 13, c. 2, D.Lgs. n. 74/2000).

Il **ravvedimento** o la **presentazione** tardiva della dichiarazione devono intervenire **prima** che l'autore del reato abbia avuto **formale conoscenza**:
- di **accessi**, ispezioni, verifiche,

o dell'inizio:
- di qualunque **attività di accertamento** amministrativo,
- o di **procedimenti penali**.

Se prima della dichiarazione di apertura del dibattimento di primo grado, il debito tributario è in fase di **estinzione mediante rateizzazione**, viene dato un termine di **3 mesi** per il **pagamento del debito residuo**.

Altri delitti di frode

Queste cause di non punibilità **non sono mai applicabili** ai delitti di:

- emissione di **fatture** o altri documenti **per operazioni inesistenti** (art. 8, D.Lgs. n. 74/2000);
- indebita compensazione con **crediti inesistenti** (art. 10-quater, c. 2, D.Lgs. n. 74/2000);
- **sottrazione fraudolenta** al pagamento di imposte (art. 11, D.Lgs. n. 74/2000).

Obiettive condizioni di incertezza

La punibilità **è sempre esclusa**, per **tutti i delitti** previsti dal D.Lgs. n. 74/2000, quando la violazione di norme tributarie dipende da **obiettive condizioni di incertezza** sulla loro portata e sul loro ambito di applicazione (art. 15, D.Lgs. n. 74/2000).

79.7. CIRCOSTANZE ATTENUANTI E AGGRAVANTI

Circostanze attenuanti

Fuori dai casi di non punibilità, le pene per i delitti di cui al D.Lgs. n. 74/2000:

- sono **diminuite fino alla metà**,
- e **non si applicano le pene accessorie**,

se, **prima** della dichiarazione di **apertura del dibattimento** di primo grado, i **debiti tributari**, comprese sanzioni amministrative e interessi, **sono stati estinti** mediante integrale pagamento degli importi dovuti (art. 13-bis, c. 1, D.Lgs. n. 74/2000).

È valido il pagamento anche se eseguito per effetto delle **procedure** conciliative (conciliazione **giudiziale**, **acquiescenza** all'accertamento), di accertamento con **adesione** o di **ravvedimento operoso**.

Esempi

1) **Omesso versamento** IVA: **prima dell'apertura** del dibattimento di primo grado il contribuente **versa le somme dovute** in base ad accertamento con adesione.
Il reato **non è punibile** (art. 13, c. 1, D.Lgs. n. 74/2000).

2) **Dichiarazione** IVA/Imposte dirette **infedele**: **prima dell'apertura** del dibattimento di primo grado il contribuente **versa le somme dovute** in base ad **accertamento con adesione**.
La causa di non punibilità non si applica perché il pagamento è avvenuto dopo l'inizio del procedimento penale e non in base a ravvedimento (art. 13, c. 2, D.Lgs. n. 74/2000).
Si applica la **riduzione della pena** fino alla metà (art. 13-bis, c. 1, D.Lgs. n. 74/2000).

3) **Dichiarazione** IVA/Imposte dirette **omessa**: l'imposta dovuta è stata pagata a seguito della presentazione della dichiarazione omessa **entro il termine di presentazione della dichiarazione relativa al periodo d'imposta successivo**.
Il reato **non è punibile** (art. 13, c. 2, D.Lgs. n. 74/2000).

4) Utilizzo **in compensazione** di crediti **inesistenti** (art. 10-quater, c. 2, D.Lgs. n. 74/2000): **prima dell'apertura** del dibattimento di primo grado il contribuente **versa le somme dovute** in base ad accertamento con adesione.
La causa di non punibilità non si applica perché il reato non è compreso tra quelli di cui all'art. 13.
Si applica la **riduzione della pena fino alla metà** (art. 13-bis, c. 1, D.Lgs. n. 74/2000) (Cass., Sez. III pen., 6 febbraio 2018, n. 5448, per il pagamento effettuato in sede di ravvedimento. In senso contrario, esclude la possibilità di regolarizzare la dichiarazione infedele per utilizzo di fatture per operazioni inesistenti con ravvedimento la C.M. n. 180/E del 10 luglio 1998).

Circostanze aggravanti

Si applica l'**aumento della metà della pena** qualora uno dei delitti contemplati dal D.Lgs. n. 74/2000 viene commesso dal **concorrente nel reato** nell'esercizio dell'attività di **consulenza fiscale** svolta da un professionista o da un intermediario finanziario o bancario attraverso l'**elaborazione** o la **commercializzazione di modelli di evasione fiscale** (art. 13-bis, c. 3, D.Lgs. n. 74/2000).

PRINCIPIO DI SPECIALITÀ 79.8.

Quando uno stesso fatto è punito sia a titolo di **reato tributario** sia da una **sanzione amministrativa**, si applica soltanto la disposizione speciale sia essa quella penale, sia essa quella amministrativa (art. 19, D.Lgs. n. 74/2000).
Per disposizione speciale s'intende quella che contiene tutti gli elementi dell'altra (generale) più uno o diversi elementi specializzanti.

Il più delle volte risulterà speciale **la norma penale**, in considerazione degli elementi specifici da essa richiesti, quali il dolo specifico, il superamento delle soglie di punibilità e le particolari modalità commissive (circ. n. 154/2000).

L'esclusione della sanzione amministrativa vale soltanto per le persone fisiche a cui si applica la sanzione penale (art. 19, c. 2, D.Lgs. n. 74/2000).
Nel caso di **violazione amministrativa commessa da società** o enti con personalità giuridica, la responsabilità penale è in capo alle **persone fisiche** che hanno commesso il reato mentre la sanzione amministrativa trova applicazione nei confronti della **società o dell'ente** (art. 7, D.L. n. 269/2003) (Cass. 10 gennaio 2018, n. 562; Corte di Giustizia UE, sent. C-217/15 e sent. C-350/15).

Tra il reato di **dichiarazione infedele** (*ex* art. 4, D.Lgs. n. 74/2000), e gli illeciti amministrativi di cui agli artt. 1, c. 2, e 5, c. 4, D.Lgs. n. 471/1997, **non sussiste** il **rapporto di specialità** (Cass. pen., 15 ottobre 2021 - 20 gennaio 2022, n. 2245).
Il procedimento amministrativo è volto al recupero a tassazione delle imposte non versate, mentre il procedimento penale è teso alla prevenzione e alla repressione dei reati in materia tributaria, con la conseguenza che non può ritenersi sussistente il principio del ***ne bis in idem*** per la **dichiarazione infedele** (Cass. pen., 14 gennaio 2021, n. 4439).

CONTENZIOSO

ASPETTI GENERALI 80.

INQUADRAMENTO 80.1.

Il **contenzioso tributario** è disciplinato dai Decreti legislativi nn. 545 e 546 del 31 dicembre 1992.
Il **processo tributario** ha carattere impugnatorio: il contribuente, al ricevimento di un provvedimento impositivo dell'Amministrazione finanziaria (art. 19, D.Lgs. n. 546/1992) può:
- proporre ricorso giurisdizionale (➔81.2.);
- definirlo mediante gli strumenti conciliativi (➔81.2.23.) e deflativi del contenzioso (➔80.3.).

I contribuenti possono, altresì, proporre nei confronti della Pubblica Amministrazione, istanze di:
- rimborso;
- sospensione;
- interpello;
- autotutela;
- rateizzazione.

GIURISDIZIONE TRIBUTARIA 80.2.

Organi 80.2.1.

La **giurisdizione tributaria** è organizzata in **Commissioni Tributarie Provinciali**, operanti in primo grado, e **Commissioni Tributarie Regionali**, operanti in secondo grado (art. 1, D.Lgs. n. 545/1992).
Le sentenze delle Commissioni Tributarie Regionali possono essere impugnate davanti alla **Corte di Cassazione** (organo di legittimità), terzo ed ultimo grado di giudizio.
Le Commissioni Tributarie Provinciali si trovano in ciascun capoluogo di provincia e sono suddivise in Sezioni, a ciascuna delle quali sono assegnati un presidente, un vicepresidente e 4 membri; il collegio giudicante è composto da 3 giudici: 2 membri e il presidente, che è di regola un magistrato. Le Commissioni Tributarie Regionali si trovano invece in ciascun capoluogo regionale.
Nei Comuni con più di 120.000 abitanti e distanti più di 100 chilometri dal Comune capoluogo di Regione è possibile istituire **Sezioni staccate** delle Commissioni Tributarie Regionali (art. 1, c. 1-bis, D.Lgs. n. 545/1992).

Nomina dei giudici

I giudici delle Commissioni Tributarie sono nominati con Decreto del Presidente della Repubblica, su proposta del Ministro delle finanze, a seguito di deliberazione del Consiglio di Presidenza della Giustizia Tributaria. Le nomine successive sono adottate con Decreto del Ministro dell'Economia (art. 9, c. 1, D.Lgs. n. 545/1992).

Oggetto della giurisdizione tributaria 80.2.2.

La **giurisdizione tributaria** ha ad oggetto i tributi di ogni genere e specie comunque denominati, compresi quelli regionali, provinciali, comunali, per il Servizio sanitario nazionale, le sovraimposte, le addizionali con le relative sanzioni e interessi (art. 2, D.Lgs. n. 546/1992) e trova un limite nell'elenco degli **atti impugnabili** (art. 19, D.Lgs. n. 546/1992):
- **avviso di mora**;
- **avviso di accertamento** del tributo;
- **avviso di liquidazione** del tributo;
- provvedimento che irroga le **sanzioni**;
- **ruolo** e **cartella di pagamento**;
- **iscrizione di ipoteca** sugli immobili (art. 77, D.P.R. n. 602/1973);
- il **fermo** di **beni mobili** registrati (art. 86, D.P.R. n. 602/1973);

CONTENZIOSO

- atti relativi alle **operazioni catastali** (in tema si segnala che il diniego, espresso o tacito, opposto dall'A.F. all'istanza di variazione della rendita catastale non è qualificabile come diniego di autotutela, ma integra un atto relativo alle operazioni catastali di attribuzione di rendita ed è, quindi, impugnabile dinanzi al giudice tributario *ex* art. 19, c. 1, lett. f), D.Lgs. n. 546/1992 - Cass., ord. 4 novembre 2021, n. 31574);
- **rifiuto** espresso o tacito della **restituzione di tributi**, sanzioni pecuniarie ed interessi o altri accessori non dovuti;
- **diniego** o **revoca di agevolazioni** o rigetto di domande di definizione agevolata di rapporti tributari;
- **decisione di rigetto dell'istanza di apertura di procedura amichevole** presentata ai sensi della Direttiva UE 2017/1852 del Consiglio del 10 ottobre 2017 o ai sensi degli Accordi e delle Convenzioni internazionali per evitare le doppie imposizioni di cui l'Italia è parte ovvero ai sensi della Convenzione relativa all'eliminazione delle doppie imposizioni in caso di rettifica degli utili di imprese associate n. 90/436/CEE;
- ogni **altro atto** per il quale la legge ne preveda l'**autonoma impugnabilità** davanti le Commissioni Tributarie.

L'elenco delimita gli atti impugnabili ma non va inteso in senso rigorosamente tassativo: **sono** infatti **impugnabili** tutti **gli atti equivalenti a quelli** espressamente **indicati**, anche se diversamente denominati. La giurisprudenza, ad esempio ammette che possano essere impugnati tutti gli atti che contengano una pretesa tributaria individuata, ancorché non siano propriamente avvisi di accertamento, o liquidazione, ad esempio i c.d. **avvisi bonari** (Cass., sent. 30 settembre 2021, n. 26509; Cass., ord. 19 febbraio 2016, n. 3315; Cass., Sez. V, ord. 30 gennaio 2020, n. 2144; Cass, Sez. VI-5, ord. 9 settembre 2019, n. 22507) o le cartelle di pagamento emesse a seguito di **controllo automatizzato** (Cass., Sez. V, ord. 28 gennaio 2021, n. 1913).

Impugnabilità dell'estratto di ruolo emesso dall'Agenzia delle Entrate-Riscossione

Rilevanti novità in tema di impugnabilità dell'estratto di ruolo e di limiti all'impugnabilità del ruolo stesso sono state introdotte dall'art. 12, c. 4-bis,l D.P.R. n. 602/1973, il quale prevede ora che:

- l'**estratto di ruolo non è impugnabile**;
- il **ruolo e la cartella di pagamento invalidamente notificata** sono suscettibili di diretta **impugnazione nei soli casi** in cui il debitore che agisce in giudizio dimostri che dall'iscrizione a ruolo possa derivargli un **pregiudizio per**:
  - la partecipazione a una procedura di appalto, per effetto di quanto previsto nell'art. 80, c. 4, D.Lgs. n. 50/2016 (Codice dei contratti pubblici);
  - la riscossione di somme a lui dovute da Amministrazioni pubbliche e società a totale partecipazione pubblica (art. 1, c. 1, lett. a), D.M. n. 40/2008), per effetto delle verifiche di inadempienza a versamenti derivanti da cartelle (art. 48-bis, D.P.R. n. 602/1973);
  - la perdita di un beneficio nei rapporti con una P.A.

La questione dell'**introduzione del divieto di impugnare gli estratti di ruolo** emessi dall'Agenzia delle entrate-Riscossione era già in precedenza stata posta nell'ambito di un question time (cfr. Camera dei Deputati, risposta a interrogazione 1° dicembre 2021, n. 5-07177).

In merito alla possibilità di impugnare l'estratto di ruolo nei casi in cui le relative cartelle di pagamento non sono state notificate o sono state irregolarmente notificate al contribuente, l'art. 19, c. 1, del D. Lgs. n. 546/1992, prevede, nel novero degli atti impugnabili, alla lett. d), il ruolo e la cartella di pagamento (non menzionando anche l'estratto di ruolo). Secondo il c. 3 dell'art. 19, l'impugnazione di un atto non notificato compreso nel novero dell'art. 19 sarebbe consentita ove vi sia la notifica di un successivo **atto, consequenziale** al primo, la cui impugnazione consentirebbe di impugnare anche l'atto precedente non notificato.

La Cassazione ritiene ammissibile l'impugnazione della cartella di pagamento non notificata, unitamente all'estratto di ruolo, indipendentemente dalla notifica dell'estratto di ruolo medesimo, consentendola anche nel caso in cui lo stesso estratto di ruolo sia stato rilasciato dall'agente della riscossione su richiesta del contribuente (Cass., SS.UU., sent. 2 ottobre 2015, n. 19704; Cass., ord. 13 marzo 2020, n. 7228).

L'**estratto di ruolo**, rilasciato allo sportello o acquisito in via telematica, **non costituisce un atto di riscossione o di esecuzione**. Si tratta di un semplice documento, elaborato informaticamente, recante gli elementi delle cartelle di pagamento e dei ruoli ad esse sottesi. L'estratto di ruolo, dunque, è un documento ben distinto dal ruolo stesso, quest'ultimo atto amministrativo-impositivo dell'ente creditore e titolo esecutivo (notificato insieme alla cartella di pagamento che lo contiene), suscettibile di

CONTENZIOSO

autonoma impugnabilità e composto dal nominativo del debitore e dall'indicazione delle somme da esso dovute. Pertanto - per sua natura - l'estratto di ruolo, privo di intimazione ad adempiere, **non ha di per sé carattere lesivo della sfera patrimoniale del debitore**. In tale contesto, potrebbe essere valutata la possibilità di **consentire l'impugnabilità dell'estratto di ruolo limitatamente a specifiche e tassative ipotesi**, in base alle quali, dall'iscrizione a ruolo non immediatamente opposta, possa derivare, in capo al debitore, un effettivo pregiudizio. L'Agenzia delle Entrate ritiene auspicabile che sia adottata un'iniziativa volta a prevedere una limitata possibilità di impugnare gli estratti di ruolo emessi dall'Agenzia delle Entrate-Riscossione, in modo tale che possa evitarsi la compromissione del diritto di difesa del debitore, riducendo però al tempo stesso il contenzioso generato dagli innumerevoli ricorsi strumentali e dilatori avverso il documento in analisi.

Parti nel processo 80.2.3.

Le parti del processo sono (art. 10, D.Lgs. n. 546/1992):
- il ricorrente;
- il resistente.

Ricorrente è il contribuente, cioè il soggetto passivo dei tributi (persona fisica, persona giuridica o ente privo di personalità giuridica, quale l'associazione non riconosciuta, il comitato, la società di fatto, la società di persone, ecc.) colui che impugna l'atto notificato.

Resistente è l'autorità che ha emanato l'atto impugnato o non ha emanato l'atto richiesto (ufficio dell'Agenzia delle Entrate, del territorio, delle dogane, l'ente locale o l'agente della riscossione).

Il ricorrente che impugna l'atto dovrà, nel ricorso, **indicare** in maniera corretta **la parte resistente**. Tale indicazione è **requisito** di ammissibilità del ricorso (art. 18, c. 2, lett. c), D.Lgs. n. 546/1992) (➡81.2.1.).

Il fatto che il contribuente abbia individuato il legittimato passivo nel **concessionario**, piuttosto che nel titolare del credito tributario, non determina l'inammissibilità della domanda (Cass., Sez. V, ord. 15 luglio 2020, n. 14991; Cass., Sez. VI-5, ord. 18 febbraio 2020, n. 3955).

In caso di impugnazione della cartella per vizio di motivazione, legittimato passivo è l'ente impositore (Cass., Sez. V, sent. 29 aprile 2020, n. 8329).

> Se il ricorso viene proposto verso più atti, il resistente può essere più di un ente.

Il difetto di legittimazione è rilevabile in ogni stato e grado del giudizio (c.d. *legitimatio ad causam*).

Pluralità di parti

Il **processo tributario** può essere anche un processo con pluralità di parti: vi è **litisconsorzio necessario** quando l'oggetto del ricorso riguarda inscindibilmente più soggetti (art. 14, D.Lgs. n. 546/1992).

Per il principio dell'unitarietà dell'accertamento esiste litisconsorzio necessario tra soci e società di persone anche quando quest'ultima si estingue per effetto della cancellazione dal registro delle imprese (Cass., ord. 30 novembre 2021, n. 37483; Cass., ord. 14 marzo 2018, n. 6285).

Se ad una società di persone viene notificato un avviso di accertamento, da tale avviso discendono sui soci, persone fisiche, altrettanti avvisi per imposte dirette. Tali soci, persone fisiche, sono parti dello stesso processo e dovranno presentare il ricorso congiuntamente; in mancanza di ciò, ricorsi proposti autonomamente dovranno essere riuniti innanzi al Giudice adito per primo (art. 14, c. 2, D.Lgs. n. 546/1992).

Nel giudizio di impugnazione dell'atto di classamento di beni demaniali affidati in concessione promosso dal **concessionario**, non sussiste il litisconsorzio necessario dello Stato (Cass., Sez. V, ord. 11 marzo 2020, n. 6821).

Nel giudizio di impugnazione promosso dalla **consolidante** non sussiste il litisconsorzio necessario con la società consolidata (Cass., Sez. V, sent. 20 febbraio 2020, n. 4415).

Alla **parte soccombente** è **preclusa l'impugnazione del rigetto della domanda di condono** per violazione dell'integrità del contraddittorio, quando si accerti, con apprezzamento "ex post", che l'esito del giudizio sia stato tale da non arrecare alcun pregiudizio alla posizione dei litisconsorti pretermessi (Cass., ord. 1° ottobre 2021, n. 26737).

Nel caso di litisconsorzio necessario il processo non può svolgersi se non con tutte le parti e l'eventuale sentenza resa senza la presenza di tutte le parti nel processo è nulla.

Si parla, invece, di **litisconsorzio facoltativo** quando possono esservi più parti in giudizio, ma il processo è valido comunque, ad esempio quando l'obbligazione tributaria dedotta in giudizio è connotata da solidarietà passiva.

Nel processo tributario, è ammissibile l'**intervento adesivo** dipendente del terzo che sia destinatario potenziale o mediato dell'atto impugnato, in quanto, essendo solidalmente responsabile dell'obbligazione tributaria insieme con il contribuente, è titolare di un rapporto dipendente o connesso rispetto a quello da esso costituito, così da potere essere chiamato successivamente ad adempiere in luogo di altri; mentre è da escludere in caso di responsabilità paritetica, nella quale il presupposto d'imposta è realizzato congiuntamente da più persone, ciascuna delle quali risponde, nei rapporti interni, "pro quota" (Cass., ord. 11 marzo 2021, n. 6854).

80.2.4. Assistenza tecnica

Entrambe le parti devono avere la capacità di stare in giudizio, personalmente, oppure mediante un procuratore personale o speciale ma senza avvocato, solo in casi di controversia avente un **valore fino a 3.000 euro** (art. 12, D.Lgs. n. 546/1992).
I soggetti abilitati all'assistenza tecnica (cfr. D.M. 5 agosto 2019, n. 106, in vigore dal 1° aprile 2020) sono (art. 12, c. 3):

- gli **avvocati iscritti all'albo**;
- i soggetti iscritti nella Sezione A commercialisti dell'Albo dei **dottori commercialisti e degli esperti contabili**;
- i **consulenti del lavoro iscritti all'albo**;
- gli **impiegati** delle carriere dirigenziale, direttiva e di concetto degli **enti impositori** e del **Ministero** nonché ufficiali ed ispettori della **Guardia di Finanza** purché cessati dall'impiego dopo almeno 20 anni di servizio di cui almeno gli ultimi dieci nell'ambito dei tributi (art. 63, c. 3, D.P.R. n. 600/1973);
- i soggetti già iscritti alla data del 30 settembre 1993 nei ruoli di **periti ed esperti** tenuti dalle **Camere di commercio**, industria, artigianato e agricoltura per la subcategoria tributi, in possesso di diploma di laurea in giurisprudenza o in economia e commercio o equipollenti o di diploma di ragioniere limitatamente alle materie concernenti le imposte di registro, di successione, i tributi locali, l'IVA, l'IRPEF, l'IRAP e l'IRES;
- i **funzionari** delle **associazioni di categoria** che al 15 gennaio 1993 (data di entrata in vigore del D.Lgs. n. 545/1992) risultavano iscritti negli elenchi tenuti dalle Intendenze di finanza competenti per territorio;
- i dipendenti delle associazioni delle categorie rappresentate nel Consiglio nazionale dell'economia e del lavoro (**CNEL**) e i dipendenti delle imprese, o delle loro controllate, limitatamente alle controversie nelle quali sono parti, rispettivamente, gli associati e le imprese o loro controllate, in possesso del diploma di laurea magistrale in giurisprudenza o in economia ed equipollenti, o di diploma di ragioneria e della relativa abilitazione professionale;
- i dipendenti dei centri di assistenza fiscale (**CAF**) e delle relative società di servizi, purché in possesso di diploma di laurea magistrale in giurisprudenza o in economia ed equipollenti, o di diploma di ragioneria e della relativa abilitazione professionale, limitatamente alle controversie dei propri assistiti originate da adempimenti per i quali il CAF ha prestato loro assistenza.

Per le controversie relative ai **tributi doganali** sono anche abilitati all'assistenza tecnica gli **spedizionieri doganali** iscritti nell'apposito albo.
La **compatibilità** tra l'esercizio dell'attività di **assistenza tecnica** e di un'**attività d'impresa in forma societaria**, complementare o accessoria alla professione, da parte degli iscritti nei ruoli dei periti ed esperti per la sub-categoria tributi, va valutata in base all'oggetto sociale e alla natura dell'attività della società (cfr. ris. 22 ottobre 2020, n. 7/DF). Se il soggetto esercita l'attività professionale in forma societaria in base alla Legge n. 4/2013, le condizioni preclusive *ex* art. 9, c. 2, D.M. n. 106/2019, non sono applicabili. In caso contrario, l'iscrizione negli elenchi può essere mantenuta, a condizione che il professionista non rivesta nella società la qualifica di:

- socio illimitatamente responsabile o amministratore di società di persone, aventi quale finalità l'esercizio di attività di impresa commerciale;
- amministratore unico o consigliere delegato di società di capitali, anche in forma cooperativa;
- presidente di consiglio di amministrazione con poteri individuali di gestione.

Gratuito patrocinio

I contribuenti che hanno un **reddito** imponibile **non superiore** ad **euro 11.746,68** (D.M. 23 luglio 2020) possono avvalersi del gratuito patrocinio (parte III del D.P.R. n. 115/2002). Gli stessi dovranno sottoscrivere un'istanza (art. 78, D.P.R. n. 115/2002) che dovrà essere autenticata dal difensore scelto tra gli iscritti negli elenchi degli avvocati per il patrocinio a spese dello Stato. L'istanza dovrà essere presentata alla Segreteria della Commissione Tributaria all'interno della quale si trova la Commissione per il patrocinio a spese dello Stato.
Il contribuente **non** è naturalmente **soggetto** al **versamento** del **contributo unificato**.

Procura generale e speciale

Il difensore deve essere munito di procura alle liti, generale o speciale, conferita con atto pubblico o scrittura privata autenticata. La procura è **generale** quando la stessa può riguardare una **serie di processi** (ad esempio, una persona può conferire a colui che gli amministra i beni anche il potere di rappresentarlo nelle liti che lo riguardino), **speciale** quando riguarda un **determinato processo**, anche se nei diversi gradi di giudizio.
Entrambe le procure vanno sottoscritte dal rappresentato e la sottoscrizione va autenticata.
La procura speciale può essere apposta a margine o in calce a un atto processuale, in tale caso la sottoscrizione può essere autenticata dal difensore. Per la procura nel processo telematico (➜83.3.).
Se il ricorrente è una **persona giuridica**, la procura, che viene conferita dal rappresentante dell'ente, dovrà contenere le generalità e la qualifica della persona fisica che conferisce al difensore l'incarico di rappresentare e difendere la società. Spetta alla controparte provare l'irregolarità dell'atto di conferimento soggetto a pubblicità legale (Cass., ord. 22 giugno 2021, n. 17750; Cass., ord. 11 marzo 2020, n. 6799).
Gli **uffici dell'Amministrazione finanziaria** possono stare in giudizio direttamente, avvalendosi del loro titolare (il direttore) o di un suo delegato, oppure mediante l'ufficio del contenzioso della Direzione regionale.
L'art. 12, c. 8, del D.Lgs. n. 546/1992, prevede la facoltà per i soli Uffici finanziari di farsi assistere anche dall'**Avvocatura delio Stato**; si tratta di una facoltà aggiuntiva, fermo restando che nessuna norma impedisce che questi o gli agenti della riscossione o gli enti locali possano farsi assistere da difensori abilitati anche privati (Cass., ord. 2 marzo 2021, n. 5693; Cass., Sez. VI-5, ord. 29 marzo 2021, n. 8671).

Competenza delle Commissioni Tributarie 80.2.5.

Le Commissioni Tributarie hanno una competenza territoriale. Le Commissioni Tributarie Provinciali sono competenti relativamente alle controversie proposte nei confronti dell'ufficio o dell'ente, degli enti locali o dei concessionari del servizio della riscossione che hanno **sede** nella loro **circoscrizione** (art. 4, D.Lgs. n. 546/1992). Le Commissioni Tributarie Regionali sono competenti per le impugnazioni contro le decisioni delle Commissioni Tributarie Provinciali che hanno sede nella loro Regione.
Le **Sezioni staccate delle CTR** costituiscono mera articolazione interna delle Commissioni, irrilevante ai fini della competenza territoriale (Cass., ord. 23 giugno 2021, n. 18043; Cass., Sez. V, ord. 15 luglio 2020, n. 14995).

Incompetenza

La competenza è inderogabile e l'incompetenza è **rilevabile**, anche d'ufficio, solamente nel grado al quale il vizio si riferisce (art. 5, D.Lgs. n. 546/1992). Quindi, se l'incompetenza territoriale non viene eccepita in primo grado, non potrà essere eccepita nel secondo grado.
Se la Commissione Tributaria Provinciale dichiara la propria incompetenza, tramite sentenza, le parti debbono **riassumere** la **causa** davanti al **giudice** indicato dalla stessa come **competente**, il quale non potrà dichiararsi incompetente, entro il termine indicato dal Giudice o, in difetto, entro 6 mesi dalla pubblicazione della sentenza (art. 5, c. 5, D.Lgs. n. 546/1992) ovvero possono proporre **appello** contro la sentenza.

Poteri delle Commissioni Tributarie 80.2.6.

Le Commissioni Tributarie, ai fini istruttori e nei limiti dei fatti dedotti dalle parti, esercitano tutte le facoltà di **accesso**, di **richiesta di dati**, di **informazioni** e **chiarimenti** conferite agli uffici tributari ed all'ente locale da ciascuna legge d'imposta (art. 7, D.Lgs. n. 546/1992).
Il potere del giudice di **acquisire d'ufficio i mezzi di prova** non può supplire a carenze delle parti nell'assolvere il rispettivo onere probatorio, ma solo in situazioni di oggettiva incertezza, in funzione integrativa degli elementi istruttori in atti, e sempre che la parte non possa integrare la prova fornita (Cass., sent. 14 dicembre 2021, n. 40010; Cass., ord. 31 luglio 2020, n. 16476; Cass., ord. 24 febbraio 2020, n. 4762).

> Nel caso in cui il PVC è allegato all'atto impositivo ma non è prodotto in giudizio, il giudice può disporne l'acquisizione (anche *ex* art. 22, c. 4 e 5, D.Lgs. n. 546/1992, senza che ciò implichi esercizio dei poteri di integrazione probatoria *ex* art. 7, c. 1, D.Lgs. n. 546/1992), trattandosi di attività preordinata alla completezza del provvedimento impositivo già in atti, funzionale all'integrazione del contraddittorio su di esso; nel caso, invece, in cui l'atto impositivo trascrive parti del PVC o si limita a richiamarlo, il giudice di merito, con onere di motivazione sul punto, dovrà verificare se tali circostanze integrano, eventualmente anche con agli altri elementi acquisiti al giudizio, indizi che

CONTENZIOSO

non consentono di condurre a una decisione ragionata e, dunque, impongano l'esercizio del potere di integrazione probatoria *ex* art. 7 (Cass., ord. 11 maggio 2021, n. 12383).

Le stesse Commissioni, in presenza di fattispecie molto complesse, possono richiedere apposite **relazioni** ad organi tecnici dell'Amministrazione dello Stato o di altri enti pubblici compresa la Guardia di finanza, ovvero disporre la consulenza tecnica (cfr. in proposito Consiglio di presidenza della giustizia tributaria - Delibera 12 gennaio 2021, n. 1/2021).
Nel **processo tributario** **non** sono **ammesse** le **prove testimoniali** ed il **giuramento** (Cass., Sez. V, ord. 9 marzo 2021, n. 6405; Corte cost. n. 18/2000 e ord. n. 324/2001).
Le **dichiarazioni rese da terzi** hanno valore indiziario e possono assurgere a fonte di prova presuntiva (Cass., ord. 4 novembre 2021, n. 31588; Cass., sent. 23 settembre 2021, n. 25804; Cass., ord. 17 agosto 2021, n. 23000; Cass., Sez. VI-5, ord. 20 maggio 2020, n. 9316).
Il **giudicato penale** non ha un'autonoma rilevanza vincolante nel processo tributario (Cass., ord. 13 dicembre 2021, n. 39541; Cass. 22 maggio 2015, n. 10578 e Cass. 13 febbraio 2015, n. 2938), ma il giudice deve vagliare per proprio conto se le prove raccolte nel giudizio penale siano idonee a fondare il proprio convincimento circa i fatti costitutivi della pretesa tributaria (Cass., ord. 1° aprile 2021, n. 9068; Cass., Sez. V, ord. 25 febbraio 2020, n. 4982).
Quando il giudice tributario ravvisa l'infondatezza parziale della pretesa dell'A.F., non può limitarsi ad annullare "*in toto*" l'atto impositivo, ma deve accertare e quantificare, entro i limiti posti dal "*petitum*" delle parti, l'entità della pretesa, dandone un contenuto quantitativo diverso da quello sostenuto dai contendenti, avvalendosi degli **ordinari poteri di indagine e di valutazione dei fatti e delle prove**, in tale modo determinando l'ammontare effettivo delle imposte e delle sanzioni dovute; ciò non viola il principio di corrispondenza tra chiesto e pronunciato e non costituisce attività amministrativa di nuovo accertamento, rappresentando l'esercizio dei **poteri di controllo, di valutazione e di determinazione del "*quantum*" della pretesa** tributaria (Cass., Sez. V, ord. 2 marzo 2021, n. 5623; Cass., Sez. V, sent. 9 febbraio 2021, n. 3080).

Il potere del giudice tributario di **dichiarare l'inapplicabilità delle sanzioni** amministrative per violazioni di norme fiscali, per errore sulla norma tributaria (cfr. art. 8, D.Lgs. n. 546/1992), in caso di **obiettiva incertezza** sulla portata e sull'ambito applicativo della stessa, presuppone una **domanda** del contribuente, formulata nei modi e nei termini processuali appropriati, che non può essere proposta per la prima volta in appello (Cass., ord. 3 giugno 2021, n. 15406).

80.2.7. Compiti delle Segreterie delle Commissioni Tributarie

Le segreterie delle Commissioni Tributarie svolgono i seguenti compiti (art. 9, D.Lgs. n. 546/1992):
- ricezione dei ricorsi;
- tenuta degli incartamenti;
- assistenza delle Commissioni in tutte le relative incombenze (udienze e camere di consiglio);
- rilascio di copie di atti e di documenti;
- attività di comunicazione e di notificazione;
- ogni altra funzione attribuitagli dalla normativa specifica.

CONTENZIOSO

80.3. STRUMENTI DEFLATTIVI DEL CONTENZIOSO TRIBUTARIO

Gli **strumenti deflattivi** permettono al contribuente di raggiungere un **accordo** con l'ufficio senza intraprendere alcuna azione giudiziaria (o senza attenderne la conclusione, in alcuni casi), **prima** e **dopo** l'emissione di un **avviso di accertamento**. Essi sono solitamente distinti in strumenti giudiziali e stragiudiziali.
Gli **strumenti stragiudiziali** sono:
- l'autotutela (➡**73.1.**);
- l'acquiescenza (➡**73.1.**);
- la definizione agevolata delle sanzioni (➡**75.3.3.**);
- l'accertamento con adesione (➡**72.**).

Gli **strumenti giudiziali** sono:
- il ricorso/reclamo per le controversie minori (➡**81.1.**);
- la conciliazione giudiziale in primo grado (➡**81.2.23.**);
- la conciliazione giudiziale in appello (➡**81.2.23.**).

Gli strumenti deflattivi possono essere utilizzati anche **prima** dell'emissione del **Processo Verbale di Constatazione** (PVC) che è un atto endoprocedimentale privo di effetti tributari e di efficacia lesiva e, in quanto tale, **non impugnabile** in via diretta e autonoma dinanzi alle Commissioni Tributarie.

La non immediata impugnabilità (del PVC) non preclude che eventuali vizi del processo verbale, che rendano dubbia l'efficacia probatoria del medesimo, quanto alle modalità dell'accesso e/o all'acquisizione dei documenti, possano comunque essere fatti valere in relazione alla impugnazione dell'atto di accertamento (Cons. di Stato 14 aprile 2014, n. 1821).

Nel **PVC**, che precede l'emissione di un avviso di accertamento nei casi di verifiche sul campo (es. accessi, ispezioni e verifiche), vengono riportati l'attività svolta e i rilievi dei verificatori. L'atto **contiene**:
- la descrizione del **soggetto verificato**;
- l'indicazione dei **fatti contestati**;
- il richiamo delle **norme** (ritenute) **violate**;
- le **contestazioni** dei **verificatori** e le proposte/pretese impositive e sanzionatorie;
- eventuali **dichiarazioni** del contribuente o del suo difensore. In tale fase infatti il contribuente può farsi assistere da un professionista o persona di fiducia, al quale conferirà procura amministrativa.

La mancata redazione del PVC comporta la nullità dell'accertamento (Cass., sent. n. 7843/2015).
Gli strumenti deflattivi da utilizzare in questa fase ante avviso di accertamento sono:
- il ravvedimento operoso (➡**75.5.**);
- l'istanza di accertamento con adesione (➡**72.**).

CONTENZIOSO

81. PROCESSO TRIBUTARIO

81.1. RECLAMO E MEDIAZIONE

Per l'impugnazione di atti notificati di valore **non superiore** a **50.000 euro** i contribuenti sono tenuti **preliminarmente** a presentare ricorso che produce anche gli effetti di un **reclamo** (art. 17-bis, D.Lgs. n. 546/1992). L'importo è stato innalzato da 20.000 a 50.000 euro per gli atti notificati a partire dal 1° gennaio 2018 (art. 10, D.L. n. 50/2017).

Il reclamo e la **mediazione** sono strumenti che permettono di instaurare una **fase precontenziosa**, preventiva ed obbligatoria, di contraddittorio con l'Amministrazione finanziaria, chiedendo il riesame, ed eventualmente proponendo un'istanza di mediazione, dell'atto impugnabile.

I principali **vantaggi** del regime di reclamo/mediazione sono:

- la possibilità di applicazione dell'istituto a tutti gli enti impositori, agli agenti della riscossione e ai concessionari privati (art. 53, D.Lgs. n. 446/1997), nonché alle controversie in materia catastale;
- la rimodulazione del beneficio della riduzione delle sanzioni in modo favorevole al contribuente;
- la presenza di regole specifiche per il pagamento delle somme dovute a seguito di mediazione;
- l'estensione anche alle cause reclamabili della possibilità di esperire la conciliazione giudiziale.

CONTENZIOSO

81.1.1. Valore della controversia

Per valore della controversia si intende l'**importo** del **tributo** al netto degli interessi e delle eventuali sanzioni irrogate con l'atto impugnato (art. 12, c. 2, D.Lgs. n. 546/1992) (➡81.2.8.).

Se l'atto impugnato è riferito a più tributi, il valore della lite riguarda esclusivamente il tributo di cui si chiede l'annullamento.

Nel caso di un atto di **sole sanzioni** il valore della lite è, invece, rappresentato dal valore di queste ultime.

CASO 1 - Valore di lite

Al contribuente X viene notificato un atto di accertamento per maggiori imposte da versare di 10.000 euro oltre a sanzioni e interessi rispettivamente per 2.000 euro e 300 euro. Per valore di lite si intende l'importo della maggiore imposta da versare cioè 10.000 euro. Pertanto, il contribuente X ha l'obbligo di presentare il reclamo/mediazione in quanto il valore della lite rientra nella soglia di "reclamabilità" posta dal legislatore.

Se al contribuente X fosse stato notificato un atto di accertamento riguardante esclusivamente le sanzioni per 5.000 euro, il valore di tale lite sarebbe di 15.000 euro e pertanto, come nell'esempio precedente, tale importo rientra nella soglia di reclamabilità.

Per **data di notifica** si intende la data in cui il contribuente riceve la notifica dell'atto e non la data di spedizione da parte dell'Amministrazione finanziaria(circ. n. 9/E/2012, circ. n. 1/E/2014, circ. n. 38/E/2015 confermato con circ. n. 30/E/2017).

Il ricorso **non** è **procedibile** fino alla scadenza del termine di **90 giorni dalla** data di **notifica**, entro il quale deve essere conclusa la procedura (art. 17-bis, c. 2, D.Lgs. n. 546/1992).

Si segnala che la Corte costituzionale, ha dichiarato l'**illegittimità costituzionale** del comma 2 dell'art. 17-bis del D.Lgs. n. 546/1992, nel testo originario (in vigore fino al 31 dicembre 2013), il quale prevedeva che la presentazione del **reclamo fosse condizione di ammissibilità del ricorso**. Anche la Corte di cassazione (ord. 14 ottobre 2021, n. 27955) ha confermato che, per effetto della suddetta dichiarazione di incostituzionalità, l'omessa presentazione del reclamo non è condizione di ammissibilità del ricorso con riguardo ai rapporti non esauriti per i quali è applicabile l'indicata disposizione normativa e i cui effetti, in ragione della pronuncia di incostituzionalità, devono considerarsi venuti meno fin dall'origine (Corte cost., sent. 16 aprile 2014, n. 98).

Se il reclamo è accolto, l'ufficio annulla, in tutto o in parte, l'atto emesso, con la riduzione delle sanzioni.

In caso di esito negativo si instaurerà un normale ricorso così come disciplinato dal D.Lgs. n. 546/1992.

Atti reclamabili 81.1.2.

Il reclamo-mediazione è **obbligatorio**, fermo restando il requisito del valore non superiore a 50.000 euro, per gli **atti** degli **enti impositori**, quali:

- Agenzie fiscali (Entrate, Dogane);
- Enti locali (Comuni, Province);
- Camere di commercio e Consorzi di bonifica.

Si può pertanto trattare di (➔**80.2.2.**):

- avvisi di **accertamento** e **rettifica**;
- avvisi di **maggior valore** e di **liquidazione** delle **imposte** d'atto;
- atti di **recupero** dei **crediti di imposta**;
- atto di **diniego/revoca** di **agevolazioni** con cui viene contestata una maggiore imposta;
- atti irrogativi di **sanzioni amministrative**;
- atti **notificati** ai **soci**, **amministratori** e **liquidatori** di società (art. 36, D.P.R. n. 602/1973);
- **rifiuto** espresso o tacito di **restituzione** dei **tributi**;
- atti riguardanti la materia catastale concernenti il **classamento** degli **immobili** e l'attribuzione della **rendita catastale**;
- avviso di **liquidazione**;
- **ruolo**;
- cartelle di pagamento per **vizi propri**;
- **fermi** di **beni mobili registrati** (art. 86, D.P.R. n. 602/1973);
- iscrizioni di **ipoteche sugli immobili** (art. 77, D.P.R. n. 602/1973);
- ogni altro atto per il quale la legge preveda l'**autonoma impugnabilità** innanzi alle Commissioni Tributarie.

Atti esclusi 81.1.3.

Sono esclusi gli atti:

- di valore **superiore** a **50.000 euro** a partire dal 2018;
- di **valore indeterminabile**, salvo quelli di natura catastale, concernenti il classamento degli immobili e l'attribuzione della rendita catastale;
- aventi ad oggetto "**sanzioni accessorie**" (emessi ai sensi dell'art. 21, D.Lgs. n. 472/1997);
- riguardanti istanze di **ipoteca** e **sequestro conservativo** (art. 22, D.Lgs. n. 472/1997);
- relativi a **tributi** che costituiscono risorse proprie tradizionali **UE**.

Se la causa è di **valore indeterminabile**, è **esclusa** dall'obbligo della proposizione del reclamo, come nell'ipotesi di provvedimenti di cancellazione o di diniego di iscrizione all'Anagrafe delle ONLUS (art. 11, D.Lgs. n. 460/1997).
Se oltre al diniego sono oggetto di contestazione anche il tributo o il maggior tributo accertato contestualmente con il provvedimento impugnato e/o le relative sanzioni irrogate con il medesimo atto, la procedura del reclamo diventa obbligatoria nei limiti previsti, in quanto il valore della controversia è individuabile nel tributo o maggior tributo accertato, al netto dei relativi interessi e sanzioni.

CONTENZIOSO

81.1.4. Contenuto del reclamo e mediazione

Il **reclamo** oltre ad una motivata richiesta di **annullamento totale o parziale** dell'**atto contestato** sulla base di elementi di fatto e di diritto può contenere una motivata proposta di mediazione diretta a un ridimensionamento della pretesa impositiva (art. 17-bis, c. 1, D.Lgs. n. 546/1992).

L'atto introduttivo della fase di reclamo è il ricorso (➡**81.2.**); si rendono pertanto applicabili le relative disposizioni del D.Lgs. n. 546/1992, nello specifico:

- obbligo di assistenza tecnica (art. 12) (➡**80.2.4.**);
- modalità di stesura del ricorso (art. 18);
- atti impugnabili (art. 19) (➡**80.2.2.**);
- modalità di **notifica del ricorso** (art. 20) (➡**81.2.10.**);
- termine di notifica del ricorso (art. 21) (➡**81.2.10.**);
- documenti da depositare (art. 22 c. 4) (➡**81.2.15.**).

Nella **procura alle liti** sarà opportuno inserire la facoltà di pervenire ad una mediazione della lite.

La **riscossione** e il **pagamento** delle somme dovute in base all'atto oggetto di reclamo sono **sospesi** fino alla scadenza del termine di **90 giorni** per l'esame del reclamo (art. 17-bis, c. 8, D.Lgs. n. 546/1992).

Il ricorrente deve anche allegare una copia dell'atto impugnato ed una copia di tutti i documenti che, in caso di esito negativo della fase amministrativa, egli intende allegare al ricorso.

81.1.5. Notifica del reclamo e mediazione

A partire **dal 1° luglio 2019** la notifica avviene in maniera telematica (➡**83.3.**).

Tale strumento **sospende** il termine per la proposizione del ricorso per il periodo di **90 giorni**.

L'Ufficio, all'esito dell'istruttoria, può:

- **accogliere**, anche parzialmente, il reclamo;
- **rigettare** il reclamo;
- **formulare** una proposta di mediazione.

Se nei termini prescritti non è effettuato il **versamento integrale delle somme dovute** (ovvero della prima rata in caso di pagamento rateale), la mediazione non si perfeziona e l'atto originario, avverso il quale il contribuente ha proposto l'istanza, continua a produrre effetti.

Perfezionamento mediazione

Per le controversie aventi ad oggetto un **atto impositivo** o di riscossione, la mediazione si perfeziona con il **versamento**, entro il termine di **20 giorni** dalla data di sottoscrizione dell'**accordo** tra le parti, delle somme dovute ovvero della prima rata. Per il versamento di quanto sopra si applicano le disposizioni, anche sanzionatorie, previste per l'accertamento con adesione (art. 8, D.Lgs. n. 218/1997).

Per le controversie aventi ad oggetto la **restituzione di somme**, la stessa si perfeziona con la sottoscrizione di un accordo nel quale sono indicate le somme dovute con i termini e le modalità di pagamento. Tale accordo costituisce titolo per il pagamento delle somme dovute al contribuente.

Per le controversie di natura catastale la mediazione si ha con la sottoscrizione dell'accordo (circ. n. 38/E/2015).

Le **sanzioni amministrative** si applicano nella misura del **35%** del minimo previsto dalla legge (art. 17-bis, c. 7, D.Lgs. n. 546/1992).

Nell'eventualità in cui siano decorsi **90 giorni** senza che sia stato notificato l'accoglimento del reclamo o senza che sia stata conclusa la mediazione, i termini di **costituzione in giudizio** delle parti decorrono dalla predetta data (art. 17-bis, c. 3, D.Lgs. n. 546/1992); pertanto il contribuente dovrà nel termine di **30 giorni** costituirsi in giudizio con le stesse modalità del ricorso (➡**81.2.14.**) ed **esclusivamente in maniera telematica** a seguito del ricorso notificato a decorrere **dal 1° luglio 2019**.

CONTENZIOSO

81.2. RICORSO IN PRIMO GRADO

Il **processo tributario** si instaura con il **ricorso in primo grado** avverso uno degli atti impugnabili (➡**80.2.2.**), prima notificato alla parte poi depositato in **Commissione Tributaria Provinciale**

81.2.1. Contenuto del ricorso in primo grado

Il ricorso in primo grado deve contenere, a pena d'inammissibilità, le seguenti indicazioni (art. 18, D.Lgs. n. 546/1992):

- la **Commissione** Tributaria **competente** (indicata nell'atto stesso);
- **i dati** del **ricorrente** (se trattasi di società, i dati del legale rappresentante), con l'indicazione dei dati anagrafici, della residenza o sede legale (se trattasi di società) dell'indirizzo di posta elettronica certificata;

- i **dati** del **resistente**, l'ufficio/Ente nei confronti del quale si propone ricorso;
- gli **estremi** dell'**atto** impugnato;
- l'**oggetto** della domanda;
- i **motivi** del ricorso di diritto e/o di fatto;
- la **sottoscrizione** del difensore;
- il conferimento dell'incarico al **difensore**.

Nel ricorso vanno altresì indicati:

- il **valore** della **lite** (la mancanza del valore di causa comporta l'applicazione del contributo unificato di euro 1.500);
- i **dati** del **difensore** con riferimento alla categoria professionale di appartenenza;
- il **codice fiscale** (art. 125 c.p.c.);
- la **PEC** (art. 18, c. 3, D.Lgs. n. 546/1992);
- il numero di **fax** (art. 13, c. 3-bis, D.P.R. n. 115/2002).

Inammissibilità del ricorso

Il ricorso deve essere **sottoscritto dal difensore** pena l'inammissibilità dello stesso.
Se il valore della lite non supera i 3.000 euro, il contribuente può stare in giudizio senza assistenza tecnica.
L'inammissibilità del ricorso è rilevabile d'ufficio in ogni stato e grado del processo (art. 22, c. 2, D.Lgs. n. 546/1992).
Possono dare luogo all'inammissibilità dell'impugnazione in sede di esame preliminare:

- la **mancata sottoscrizione** del ricorso ad opera del difensore (art. 18, D.Lgs. n. 546/1992);
- la **mancata indicazione**, nel ricorso (art. 18, D.Lgs. n. 546/1992):
  - della Commissione Tributaria adita;
  - del ricorrente o del suo legale rappresentante;
  - della parte resistente;
  - dell'atto impugnato;
  - dei motivi di impugnazione;
- il **mancato rispetto dei termini**:
  - per la proposizione del ricorso (art. 21, D.Lgs. n. 546/1992);
  - per la costituzione in giudizio del ricorrente (art. 22, D.Lgs. n. 546/1992);
- l'utilizzo di **forme di notifica** del ricorso non previste in alcun modo dalla legge (ad esempio, posta ordinaria);
- la proposizione del ricorso nei confronti di un **soggetto privo di legittimazione** passiva;
- la **difformità** tra il **ricorso** depositato ed il **documento notificato** (ma non la mancanza dell'attestazione di conformità, Cass., ord. 26 maggio 2014, n. 11760; Cass., Sez. V, ord., 11 maggio 2017, n. 11637; Cass., Sez. V, 15 marzo 2017, n. 6677).

> È inammissibile il ricorso presentato dal contribuente, qualora risulti la **non conformità dell'atto** depositato in Commissione con quello notificato all'Ufficio e, in particolare, se il primo di essi contiene una pagina in più che non risulta nel secondo. In tal caso, non occorre neanche considerare il contenuto del foglio aggiuntivo, derivandone certamente la non conformità e conseguentemente l'inammissibilità del ricorso (CTP Veneto Treviso, Sez. III, 15 marzo 2017).

La carenza nell'atto introduttivo del processo delle indicazioni necessarie per la individuazione del **legale rappresentante** (anche organico) del ricorrente, inficia l'atto medesimo e ne determina l'inammissibilità tutte le volte che sia causa di incertezza assoluta al riguardo (Cass. n. 6359/2008, n. 6214/2000, n. 7804/2000). Se il giudice si limita a dichiarare l'inammissibilità del ricorso di primo grado sulla base della mera carenza "dell'indicazione personale del legale rappresentante", e della mancata indicazione nel mandato della persona che lo ha conferito, senza indagare se tale carenza costituisse causa di incertezza assoluta (ad esempio verificando se la firma del mandato fosse leggibile o se il legale rappresentante fosse identificabile per il tramite dei documenti di causa), viola la legge.

> È causa d'inammissibilità dell'**appello notificato** per **posta**, non la mancanza di attestazione da parte dell'appellante della conformità dell'atto d'impugnazione notificato rispetto a quello depositato presso la segreteria della Commissione Tributaria Regionale, ma la sua effettiva difformità, di modo che si presume la conformità quando le parti appellate si siano costituite senza sollevare alcuna eccezione al riguardo (Cass. 15 aprile 2016, n. 7518; Cass., Sez. V, ord. 11 maggio 2017, n. 11637; Cass., Sez. V, 15 marzo 2017, n. 6677).

CONTENZIOSO

Il contenuto del ricorso e i motivi di inammissibilità sono riassunti nella tabella che segue.

Indicazione	Omissione	Norma
Commissione Tributaria competente	Inammissibilità	Art. 18, D.Lgs. n. 546/1992
Generalità del ricorrente o del legale rappresentante della società	Inammissibilità	Art. 18, D.Lgs. n. 546/1992
Residenza/sede legale del ricorrente	No inammissibilità (rischio che le comunicazioni avvengano presso la segreteria)	Art. 18, D.Lgs. n. 546/1992
Elezione di domicilio	No inammissibilità (rischio che le comunicazioni avvengano presso la segreteria)	Art. 18, D.Lgs. n. 546/1992
Codice fiscale del ricorrente	No inammissibilità; maggiorazione della metà del contributo unificato; sanzione amministrativa da 103 a 2.065 euro	Art. 18, D.Lgs. n. 546/1992; art. 13, c. 3-bis, D.P.R. n. 115/2002; artt. 6 e 13, D.P.R. n. 605/1973
Casella PEC del ricorrente	Nessun effetto particolare, specie perché il ricorrente ben può essere sprovvisto di PEC	Art. 16-bis, c. 1, D.Lgs. n. 546/1992
Generalità del difensore	Inammissibilità	Art. 18, D.Lgs. n. 546/1992
Numero di fax del difensore	No inammissibilità; maggiorazione della metà del contributo unificato	Art. 13, c. 3-bis, D.P.R. n. 115/2002
Codice fiscale del difensore	No inammissibilità; sanzione amministrativa da 103 a 2.065 euro	Art. 125 c.p.c.; artt. 6 e 13, D.P.R. n. 605/1973
Casella PEC del difensore	No inammissibilità; maggiorazione della metà del contributo unificato	Art. 13, c. 3-bis, D.P.R. n. 115/2002
Parte resistente	Inammissibilità	Art. 18, D.Lgs. n. 546/1992
Atto impugnato	Inammissibilità	Art. 18, D.Lgs. n. 546/1992
Motivi di ricorso	Inammissibilità	Art. 18, D.Lgs. n. 546/1992
Conclusioni	Inammissibilità	Art. 18, D.Lgs. n. 546/1992
Elenco documenti	Nessun effetto (documenti producibili sino a 20 giorni prima dell'udienza)	-
Sottoscrizione del difensore	Inammissibilità	Art. 18, D.Lgs. n. 546/1992
Procura al difensore	No inammissibilità (sanatoria del giudice *ex* art. 182 c.p.c., ma è bene non dimenticarla)	Art. 18, D.Lgs. n. 546/1992
Dichiarazione di valore della causa	No inammissibilità (la segreteria potrebbe pretendere il contributo nella misura massima)	Art. 14, D.P.R. n. 115/2002
Dichiarazione di conformità	Inammissibilità se difetta nella copia depositata in segreteria e se c'è effettiva difformità	Art. 22, D.Lgs. n. 546/1992

81.2.2. Commissione Tributaria competente

In primo grado il ricorso si propone innanzi la **Commissione Tributaria Provinciale** territorialmente competente. Rientrano nella **giurisdizione** delle Commissioni Tributarie tutte le controversie relative a **tributi di ogni genere e specie**.

CONTENZIOSO

La **competenza** si determina in relazione alla sede dell'Ufficio che ha emanato l'atto: ogni Commissione Tributaria è competente per gli atti emessi da Uffici compresi nel territorio della sua giurisdizione (➡80.2.5.).
Se questa indicazione manca, il ricorso è inammissibile.

> È inammissibile il ricorso introduttivo in cui non risulti essere indicato il nominativo della Commissione Tributaria Provinciale competente (CTP Piemonte Alessandria, 5 luglio 2010).

Parti processuali 81.2.3.

Le parti nel processo sono il ricorrente e il resistente (➡80.2.3.).
Per i dati da indicare riguardanti le parti processuali (➡81.2.1.).

Atti impugnabili 81.2.4.

Per gli atti impugnabili innanzi la Commissione Tributaria (art. 19, D.Lgs. n. 546/1992) (➡80.2.2.).

Oggetto della domanda 81.2.5.

L'oggetto della domanda (art. 19, D.Lgs. n. 546/1992) è costituito dalla richiesta di annullamento di uno degli atti impugnabili o dall'accertamento del diritto al rimborso e alla condanna al relativo versamento.

Motivi del ricorso 81.2.6.

I motivi sono le ragioni di fatto e di diritto e devono tutti essere indicati nel ricorso introduttivo. È **vietato** introdurre **motivi nuovi** in un momento successivo. Fa eccezione l'ipotesi dei motivi aggiunti (➡81.2.17.).
È opportuno formulare un motivo autonomo anche sulle sanzioni, anche se queste siano semplicemente la conseguenza dell'accertamento del tributo. Il ricorso privo di motivi è inammissibile.
Lo stesso può contenere la richiesta di sospensione dell'atto impugnato e la richiesta di discussione in pubblica udienza.

Procura alle liti 81.2.7.

Per la procura alle liti e l'assistenza tecnica nel processo tributario (➡80.2.4.).
Il ricorso **privo di procura non** è **inammissibile**, ma il giudice, rilevato il difetto di rappresentanza (Cass. 30 giugno 2009, n. 15241; Cass., Sez. V, ord. 11 marzo 2020, n. 6799; Cass., Sez. V, ord. 7 marzo 2018, n. 5426; Cass., Sez. V, 2 luglio 2014, n. 15029), deve invitare la parte a sanare.

Valore della causa 81.2.8.

Per valore della lite si intende l'**importo dei tributi** al netto delle sanzioni e degli interessi (art. 12, c. 2, D.Lgs. n. 546/1992).
Se la controversia riguarda solo le **sanzioni**, il valore della lite è formato dalla somma delle sanzioni.
Nel caso in cui un atto si riferisca a **più tributi**, il valore deve essere calcolato con riguardo al totale delle imposte che hanno formato oggetto di contestazione da parte del contribuente.
Nel caso in cui il contribuente decida di presentare una impugnazione cumulativa avverso una **pluralità di atti**, il valore della lite deve essere individuato con riferimento a ciascun atto impugnato.
In calce al ricorso è obbligatorio apporre la dichiarazione di valore necessaria a quantificare l'importo del contributo unificato da versare, in mancanza della quale il ricorrente è tenuto a versare il contributo di euro 1.500 (importo massimo) (Cass., ord. 10 giugno 2021, n. 16282). Tuttavia, l'omessa indicazione del valore della causa nelle conclusioni del ricorso introduttivo non determina la maggiorazione, se tale specificazione è contenuta nella nota di iscrizione a ruolo (Cass., Sez. V, sent. 29 ottobre 2020, n. 23874).

Contributo unificato 81.2.9.

Il contributo unificato da versare varia a seconda del valore della lite.
Per i procedimenti innanzi la Commissione Tributaria Provinciale e Regionale si applicano gli importi indicati in tabella (cfr. art. 13, c. 6-quater, D.P.R. n. 115/2002).

CONTENZIOSO

Valore della Causa	Contributo
Valore fino a € 2.582,28	€ 30,00
Valore superiore a € 2.582,28 e fino a € 5.000,00	€ 60,00
Valore superiore a € 5.000,00 e fino a € 25.000,00	€ 120,00
Valore superiore a € 25.000,00 e fino a € 75.000,00	€ 250,00
Valore superiore a € 75.000,00 e fino a € 200.000,00	€ 500,00
Valore superiore a € 200.000,00	€ 1.500,00

Per le liti di valore **indeterminabile** il contributo unificato è pari ad **euro 120**.
Il contributo unificato si versa:
- mediante Mod. F23;
- con bollettino di conto corrente;
- con marca adesiva "uso tributario" acquistabile presso le tabaccherie da apporre sulla nota di iscrizione a ruolo.

Con l'obbligo del PTT è possibile versare il contributo unificato anche con Pago PA.
Le **ONLUS** non sono esenti dal contributo unificato, poiché il termine "atti" va riferito solo a quelli amministrativi e non a quelli processuali, e poiché l'esenzione è giustificabile solo in base a un criterio di meritevolezza, in funzione della solidarietà sociale, dell'oggetto del giudizio e non in base alla qualità del soggetto (Cass., sent. 28 ottobre 2020, n. 23686). Inoltre, le associazioni di volontariato senza scopo di lucro e le ONLUS non sono esenti dal pagamento del contributo unificato per le attività giurisdizionali connesse allo svolgimento di quelle statutarie, ancorché a tutela di interessi riconosciuti di particolare rilevanza sociale, dato che le norme che prevedono agevolazioni o esenzioni tributarie sono soggette a stretta interpretazione e non ammettono un'interpretazione estensiva o analogica (Cass., SS.UU. sent. 15 aprile 2021, n. 10013).

CASO 2 - Valore di lite e calcolo del contributo unificato
Una Società riceve un avviso di accertamento riguardante l'IVA per euro 20.000, l'IRES per euro 79.000, l'IRAP per euro 11.000 oltre sanzioni per euro 99.000.
Il valore di causa da dichiarare per questo procedimento sarà pari ad euro 110.000 ottenuto dalla somma dei tributi di cui all'avviso di accertamento interamente impugnato. Tale atto, rientrante nello scaglione da 75.000 a 200.000 sconterà un contributo unificato pari ad euro 500.
Una Società impugna nello stesso ricorso n. 3 avvisi di accertamento. Il primo per tributi complessivi pari ad euro 58.000 oltre sanzioni per euro 20.000. Il secondo per tributi complessivi pari ad euro 72.000 oltre sanzioni per euro 25.000. Il terzo per tributi complessivi pari ad euro 88.000 oltre a sanzioni per euro 30.000.
Il valore di causa da dichiarare per questo procedimento sarà di euro 58.000 relativo al primo avviso impugnato che sconterà un contributo unificato di € 250 (scaglione da 25.000 a 75.000), di euro 72.000 relativo al secondo avviso impugnato che sconterà un contributo unificato di euro 250 (scaglione da 25.000 a 75.000), di euro 88.000 relativo al terzo avviso impugnato che sconterà un contributo unificato di euro 500 (scaglione da 75.000 a 200.000).
Il contributo unificato tributario si versa per ogni atto impugnato (CTR Toscana 17 luglio 2018, n. 1462).

In caso di **ricorsi cumulativi**, il contributo unificato deve essere determinato in base alla somma dei contributi dovuti per ciascun atto impugnato (Cass., ord. 10 giugno 2021, n. 16283).
Le segreterie delle Commissioni effettuano il controllo del corretto pagamento del contributo unificato; in caso di **omesso** o **carente** versamento la segreteria provvederà ad inviare comunicazione al ricorrente ed ai difensori nella quale intimerà il pagamento del dovuto **entro 30 giorni** senza sanzioni amministrative. Decorso tale termine, se all'invito non segue il pagamento, verranno aggiunti interessi e **sanzioni** dal **100%** al **200%** dell'importo dovuto (art. 16, D.P.R. n. 115/2002).
Se il difensore non indica nel corpo del ricorso il proprio indirizzo di posta elettronica certificata o la parte non indica il proprio codice fiscale, il contributo unificato è aumentato della metà.

81.2.10. Proposizione del ricorso

Entro **60 giorni** dalla notifica dell'atto impugnato (art. 21, D.Lgs. n. 546/1992) il contribuente deve **notificare il ricorso** all'ufficio che ha emesso l'atto contestato, redatto con le indicazioni obbligatorie (➜**81.2.1.**), esclusivamente mediante **PEC** (➜**83.3.**), diventata obbligatoria dal 1° luglio 2019.

CONTENZIOSO

La notifica mediante consegna diretta è ammissibile solo nei confronti delle Agenzie fiscali e degli enti locali, e non degli Agenti della Riscossione.
La notifica via PEC si intende **perfezionata** al momento in cui viene generata la **ricevuta di** avvenuta **consegna**.
I termini per proporre ricorso sono **sospesi**:
- durante la sospensione feriale dei termini (dal 1° al 31 agosto art. 1, Legge n. 742/1969, come modificato dall'art. 16, D.L. n. 132/2014);
- durante i 90 giorni a seguito dell'istanza di accertamento con adesione (art. 6, c. 3, D.Lgs. n. 218/1997). Tale termine è soggetto alla sospensione straordinaria a seguito dell'emergenza Covid-19, di cui all'art. 83, c. 2, D.L. n. 18/2020, che sospendeva i termini dal 9 marzo 2020 fino al 15 aprile 2020, protratta fino all'11 maggio 2020 (art. 36, D.L. n. 23/2020; circ. 16 aprile 2020, n. 10/E); *ex* art. 158, D.L. n. 34/2020, tale sospensione si intende cumulabile in ogni caso con la sospensione del termine di impugnazione prevista dalla procedura di accertamento con adesione.

Quando un contribuente propone ricorso avverso, ad esempio, un avviso di accertamento, lo stesso non è esentato dal versamento delle somme richieste nell'atto impugnato: in questo caso dovrà versare, entro il termine della proposizione del ricorso, 1/3 delle somme. In caso contrario avverrà l'iscrizione a ruolo.
In caso di accoglimento del ricorso, le somme versate in eccedenza rispetto a quanto statuito dalla sentenza della Commissione saranno rimborsate entro 90 giorni dalla notifica della stessa (➡81.2.26.).

Omessa notifica dell'atto presupposto 81.2.11.

Per il principio di **autonomia degli atti impugnabili** (art. 19, c. 3, D.Lgs. n. 546/1992) ogni atto può essere impugnato solo per **vizi propri**, per cui quando il contribuente, che ha ricevuto un avviso di accertamento, ometta di proporre impugnazione nel termine di 60 giorni dalla notifica dell'atto, non potrà, in sede di ricorso **contro il ruolo e la cartella**, sollevare questioni relative alla legittimità dell'avviso stesso nonché alla debenza del tributo, ma potrà eccepire solo vizi relativi all'iscrizione a ruolo o alla legittimità della cartella di pagamento (Cass., Sez. V, ord., 23 maggio 2018, n. 12759; Cass., Sez. VI-5, ord., 24 maggio 2017, n. 13102).
Questo al fine di realizzare la concentrazione delle impugnazioni, di modo che gli **effetti degli atti si consolidano** e le questioni si definiscono mano a mano che non vengano tempestivamente impugnati gli atti successivamente notificati.
Sono **atti presupposti**:
- gli avvisi di accertamento;
- gli avvisi di irrogazione delle sanzioni;
- gli avvisi di liquidazione;
- le cartelle di pagamento.

Sono **atti successivi**:
- le intimazioni di pagamento;
- le cartelle di pagamento.

> La mancata notificazione di atti autonomamente impugnabili, adottati precedentemente all'atto notificato, ne consente l'impugnazione unitamente a quest'ultimo.

Di conseguenza **l'atto antecedente non notificato** "può" essere impugnato **unitamente al successivo** evidenziando nel ricorso i motivi che il contribuente avrebbe potuto eccepire contro l'atto non notificato, se lo stesso fosse stato notificato. Il vizio di omessa notifica dell'atto presupposto deve essere fatto valere con l'impugnazione dell'atto successivo o ruolo (CTP Napoli 6 giugno 2017, n. 9973).
Il provvedimento, **impugnabile e non notificato**, può essere impugnato anche prima della notifica dell'atto successivo come l'impugnazione del ruolo, anche prima della valida notifica della cartella, nei casi in cui la pretesa tributaria sia stata conosciuta attraverso il rilascio del c.d. estratto del ruolo (Cass. 2 ottobre 2015, n. 19704; Cass., Sez. VI-5, ord., 13 marzo 2020, n. 7228; Cass., Sez. V, ord. 3 dicembre 2020, n. 27672).
L'omissione della notificazione di un **atto presupposto** costituisce vizio procedurale che comporta la **nullità dell'atto** consequenziale notificato (Cass. 7 dicembre 2021, n. 38771; Cass. 18 ottobre 2021, n. 28561; Cass. 26 ottobre 2007, n. 22529).

CONTENZIOSO

Il vizio di nullità dell'atto "successivo" per mancata notifica dell'atto presupposto trova quindi applicazione in ogni procedimento tributario caratterizzato da una sequenza di atti autonomamente impugnabili quali, ad esempio:

- cartella di pagamento notificata al liquidatore di società senza previa notifica dell'atto (art. 36, D.P.R. n. 602/1973);
- cartella di pagamento emanata senza previa notifica dell'avviso d'irrogazione delle sanzioni.

La Suprema Corte (sent. 16412/2007; Cass., Sez. V, ord. 15 gennaio 2020, n. 565) ha sancito che al contribuente è data facoltà di contestare "alla radice" la pretesa, impugnando, in via cumulativa, l'atto successivo e l'atto presupposto.

Questo vale anche nel caso di **irrituale** notifica dell'atto presupposto.
Il contribuente impugnando l'atto successivo eccepirà l'omessa notifica dell'atto presupposto.
La mancata impugnazione dell'atto consequenziale notificato ne consolida i suoi effetti (Cass. n. 3343/2013).

Se la cartella di pagamento è notificata senza previa notifica dell'avviso di accertamento, il ricorrente dovrà sollevare l'omissione nel ricorso contro il ruolo. Trascorso il termine per impugnare la cartella, questa mancanza non potrà essere sollevata nel ricorso contro il successivo ed eventuale avviso di mora né, tantomeno avverso gli atti esecutivi (Cass. n. 6721/2012; Cass., Sez. V, ord., 18 gennaio 2018, n. 1144).

81.2.12. Liti di rimborso

Il contribuente propone istanza all'Amministrazione Finanziaria, la quale può:

- **rifiutare** espressamente il rimborso;
- comportarsi in maniera **inerte**.

Rifiuto espresso

Il contenzioso che si instaura a seguito della mancata accettazione dell'istanza di rimborso si svolge nelle forme ordinarie; tali cause di rimborso possono derivare dall'impugnazione di un diniego espresso o di un silenzio-rifiuto.
Il contribuente, dopo aver proposto istanza di rimborso, inoltrata all'ufficio competente territorialmente, ed avendo da questi ricevuto un rifiuto espresso dovrà entro **60 giorni** dalla ricezione dell'atto proporre ricorso (art. 21, D.Lgs. n. 546/1992).

A seguito della emergenza da Covid-19, era prevista la sospensione straordinaria dei termini fino all'11 maggio 2020 (art. 83, D.L. n. 18/2020; art. 36, c. 1, D.L. n. 23/2020; circ. 16 aprile 2020, n. 10/E) (➡81.2.10.).

Se il contribuente omette di presentare ricorso entro il termine, il provvedimento è inoppugnabile e il rapporto d'imposta, riferito alle annualità oggetto della richiesta, deve ritenersi cristallizzato.
Nel caso di ricorso contro il rifiuto espresso il processo segue le regole ordinarie.

Rifiuto tacito

Qualora il contribuente, a seguito dell'istanza di rimborso formulata, sia di fronte ad un comportamento inerte da parte dell'Ufficio, decorsi **90 giorni** dalla notifica dell'istanza, potrà **impugnare** il **silenzio-rifiuto** entro i termini previsti da ciascuna legge d'imposta e sino a quando il diritto non è prescritto nel termine decennale di prescrizione (art. 2946 c.c.). Il termine di 90 giorni per la formazione del silenzio-rifiuto ha natura amministrativa, per cui non ha rilievo la sospensione feriale dei termini (Cass. 9 dicembre 2008, n. 28914).
In mancanza di specifiche disposizioni, la domanda **non** potrà essere avanzata **dopo 2 anni** dal **pagamento** (art. 21, D.Lgs. n. 546/1992) o, se posteriore, dal giorno in cui si è verificato il presupposto per la restituzione, come nel caso di accertamento divenuto definitivo per mancata impugnazione nei termini o per acquiescenza, nonché nei casi di accertamento con adesione o conciliazione.
In caso di **adempimento rateale**, il termine di decadenza biennale dal giorno in cui la pretesa dell'A.F. si è resa definitiva, entro cui va presentata l'istanza di rimborso, decorre da ciascun pagamento e non dalla data dell'ultima quota del pagamento frazionato (Cass., ord. 3 febbraio 2021, n. 2420).
Il processo che ne segue diviene assimilabile più ad un accertamento della situazione giuridica sottostante che all'impugnazione di un atto. Per questo motivo, se il processo contro il silenzio-rifiuto venisse dichiarato inammissibile, l'**azione può essere riproposta**, fermo restando il termine di prescrizione decennale (art. 2946 c.c.).

Prima del decorso di 90 giorni, il ricorso eventualmente presentato è inammissibile. Decorso il termine, il ricorso è proponibile entro l'ordinario termine prescrizionale (Cass. 12 marzo 2008, n. 6724; Cass. 16 settembre 2010, n. 19639 e Cass. 18 febbraio 2015, n. 3187).

Ricorso

Tra gli atti impugnabili dal contribuente innanzi le Commissioni Tributarie viene contemplato il **rifiuto espresso** o **tacito alla restituzione** di tributi, sanzioni pecuniarie ed interessi o altri accessori non dovuti.

Quindi il ricorso può essere fatto sia contro un atto di diniego sia contro il silenzio-rifiuto.
Il termine di presentazione dell'istanza varia a seconda del tributo in questione:

- per le imposte sui redditi entro 48 mesi dalla data dell'indebito versamento;
- per i tributi locali entro il termine di 5 anni dalla data del versamento;
- per l'imposta di registro entro il termine di 3 anni dalla data del pagamento.

Il ricorso deve contenere, a pena di inammissibilità, i **motivi su cui si fonda**.

La mancata produzione in giudizio dell'istanza di rimborso non è motivo di inammissibilità del ricorso (Cass. 17 dicembre 2014, n. 26560).

I motivi posti a fondamento del diniego espresso possono essere integrati dal resistente nelle proprie controdeduzioni mentre, nel caso di silenzio-rifiuto, è stato sostenuto che i motivi di diniego possono altresì essere formulati in appello (Cass. 20 aprile 2012, n. 6246) stante anche la mancanza in primo grado del provvedimento impugnato.
L'istanza può essere notificata tramite:

- consegna diretta;
- spedizione senza busta raccomandata con ricevuta di ritorno.

L'ente impositore potrebbe accogliere la **domanda solo parzialmente**: in questo caso, il contribuente potrà impugnare il provvedimento di rigetto parziale, entro 60 giorni dalla sua notifica, dinanzi alla competente Commissione Tributaria. È improponibile una **seconda istanza** di rimborso per il mancato accoglimento integrale della prima, con conseguente inidoneità della stessa alla formazione di un silenzio-rifiuto impugnabile (Cass., Sez. V, sent. 22 ottobre 2020, n. 23157; Cass., Sez. V, ord. 11 settembre 2020, n. 18872).
In ipotesi di modico valore della lite, anche nelle liti da rimborso è necessaria l'instaurazione della fase di **reclamo** (➡**81.1.**).

Nelle liti di rimborso, l'onere della prova spetta al contribuente, dato che, in questa fattispecie, riveste il ruolo di attore in senso sostanziale (Cass. 4 maggio 2004, n. 8439, Cass. 25 novembre 2011, n. 24951, Cass. 18 maggio 2018, n. 12291; Cass., Sez. VI-5, ord. 28 gennaio 2020, n. 1906, CT II Bolzano 5 maggio 2008, n. 7, CTR Lazio n. 827/2017): il contribuente agisce per far valere un suo credito (art. 2697 c.c.). Il contribuente che impugna il silenzio rifiuto su un'istanza di rimborso deve dimostrare che non sussistono ipotesi che legittimano il rifiuto, mentre l'A.F. può difendersi senza vincoli a una specifica motivazione di rigetto, così che le eventuali incongruenze del ricorso introduttivo possono legittimamente essere eccepite dall'Ufficio anche in appello (Cass., ord. 10 settembre 2020, n. 18830).

Va ricordato che l'A.F. ha la possibilità di opporre direttamente, nel giudizio incardinato avverso il diniego di rimborso, l'**eccezione di compensazione**, senza che ciò comporti un indebito ampliamento dell'oggetto del giudizio (Cass., Sez. V, 9 marzo 2021, n. 6395).
Il contribuente, se ricorrono i requisiti previsti dall'art. 47 del D.Lgs. n. 546/1992, cioè se dall'atto impugnato può derivargli un danno grave ed irreparabile (➡**81.2.22.**), deve chiedere alla Commissione Tributaria Provinciale la sospensione dell'esecuzione del provvedimento.

CONTENZIOSO

Liti da riscossione 81.2.13.

Sono liti da riscossione quelle aventi ad oggetto l'impugnazione di atti esattivi emanati dall'Agente della Riscossione (art. 19, c. 1, D.Lgs. n. 546/1992).
Gli atti emanati dall'Agente della Riscossione sono autonomamente impugnabili dinanzi alle Commissioni Tributarie.
Tali atti sono:

- il ruolo e la cartella di pagamento;
- l'avviso di mora;
- il fermo di beni mobili registrati;

– l'iscrizione di ipoteca.

Ruolo - È l'elenco dei debitori e delle somme da essi dovute, formato dall'ufficio ai fini della riscossione a mezzo dell'Agente (➡74.); diviene esecutivo con la sottoscrizione del titolare dell'ufficio o di un suo delegato (artt. 10-12, D.P.R. n. 602/1973).
Tale ruolo viene consegnato all'agente della riscossione, che redige la cartella di pagamento contenente l'intimazione ad adempiere l'obbligo risultante dal ruolo entro il termine di 60 giorni dalla notifica della cartella.

La notificazione della cartella di pagamento vale anche come notificazione del ruolo (art. 21, c. 1, D.Lgs. n. 546/1992).

Per la diretta impugnabilità del ruolo e della cartella di pagamento che si assume invalidamente notificata (➡80.2.2.).

Avviso di mora - È sostituito dall'**avviso** di **intimazione di pagamento**; come previsto dall'art. 50, D.P.R. n. 602/1973, ove l'espropriazione non venga iniziata entro un anno dalla notifica della cartella di pagamento, l'espropriazione stessa deve essere preceduta dalla notifica di un avviso che contiene l'intimazione ad adempiere l'obbligo risultante dal ruolo **entro 5 giorni**.
L'avviso di intimazione deve essere adeguatamente motivato.

Iscrizione di ipoteca e fermo di beni mobili registrati - Si collocano tra la notificazione della cartella di pagamento ed il pignoramento che dà inizio all'espropriazione (artt. 77 e 86, D.P.R. n. 602/1973).
L'Agente della Riscossione è parte processuale, per cui, limitatamente agli atti da questi formati ed ai vizi ad esso imputabili, è abilitato a stare in giudizio (art. 10, D.Lgs. n. 546/1992).
A decorrere dal 1° gennaio 2016, la legittimazione processuale passiva dell'Agenzia delle entrate non è più necessaria ai fini della mediazione tributaria, poiché il reclamo e la mediazione (art. 17-bis, D.Lgs. n. 546/1992) (➡81.1.) si applicano anche agli Agenti della Riscossione ed ai soggetti iscritti nell'albo per l'accertamento e la riscossione delle entrate degli enti locali (art. 53, D.Lgs. n. 446/1997).
Dal 1° gennaio 2016 infatti il reclamo, finalizzato alla mediazione, viene **esteso** a tutte le **controversie indipendentemente** dall'**ente impositore**, ivi comprese quelle degli enti locali (circ. 22 dicembre 2017, n. 30/E).
La **Commissione** Tributaria **competente** è quella nella cui circoscrizione hanno **sede** l'**ente impositore**, l'Agente della riscossione ovvero l'ente locale (art. 4, c. 1, D.Lgs. n. 546/1992).
Nelle **liti di riscossione** la Commissione Tributaria competente dovrebbe essere quella sita nella circoscrizione in cui ha sede l'ente impositore che ha emanato l'atto impositivo, indipendentemente dalla sede dell'Agente della riscossione.

La Corte Costituzionale, con sentenza n. 44 del 3 marzo 2016, ha sancito l'incostituzionalità dell'art. 4, c. 1, D.Lgs. n. 546/1992, nella sua formulazione previgente alle modifiche introdotte dal D.Lgs. n. 156/2015, laddove statuiva che per le controversie proposte nei confronti degli Agenti di riscossione è competente la Commissione Tributaria Provinciale nella cui circoscrizione gli Agenti stessi hanno sede, anziché quella nella cui circoscrizione ha sede l'ente locale concedente.

Sul **titolo esecutivo** da impugnare dovrà essere riportato il **riferimento** all'eventuale **atto di accertamento**, o, in mancanza, la **motivazione** della **pretesa tributaria**. L'impugnazione della cartella carente di motivazione ne sana la nullità quando la stessa abbia raggiunto lo scopo viste le difese del contribuente (Cass. n. 3707/2016).

La giurisprudenza di legittimità afferma che, quando la cartella di pagamento e la relativa iscrizione a ruolo rappresentano atti della riscossione di una pretesa impositiva già portata a conoscenza del contribuente, l'**obbligo di motivazione** può ritenersi **assolto** con l'indicazione degli **estremi** dell'**atto presupposto** e non è necessaria l'allegazione dell'avviso di accertamento o la riproduzione del suo contenuto essenziale, non dovendosi applicare l'art. 7, c. 1 dello Statuto del Contribuente (Cass. 21 febbraio 2014, n. 4152).

Per contro, quando, oltre ad atti della riscossione, la cartella ed il ruolo assumono natura impositiva, nel senso di atti portatori di una pretesa notificata per la prima volta al destinatario, il ruolo deve dotarsi delle ragioni giustificative per cui viene intimato il pagamento (Cass., SS.UU., 14 maggio 2010, n. 11722).

In mancanza di un'adeguata motivazione, l'iscrizione a ruolo deve ritenersi nulla.

CONTENZIOSO

Non vi è nullità della cartella quando dalle difese del contribuente è evidente che lo stesso abbia piena conoscenza dei presupposti dell'imposizione, per averli puntualmente contestati, e non abbia allegato e specificamente provato quale sia stato in concreto il pregiudizio che il vizio dell'atto abbia determinato al suo diritto di difesa (Cass. 14 gennaio 2015, n. 432).

La Cassazione ha individuato il **vizio di motivazione** nell'indicazione della **somma** degli **interessi** dovuta **senza** la precisazione delle relative **modalità** di **calcolo**, anche in considerazione della vetustà della pretesa impositiva cui gli interessi inerivano (Cass. 21 marzo 2012, n. 4516).

Il ricorso nel quale il contribuente impugna una cartella di pagamento non per vizi propri ed indica quale soggetto passivo solo l'Agente della Riscossione è ammissibile in quanto l'Agente della Riscossione ha l'onere di chiamare in causa l'ente impositore (Cass., ord. 28 settembre 2018, n. 23627; Cass. 5 ottobre 2018, n. 24466; Cass. 17 aprile 2019, n. 10669; Cass., Sez. VI-5, ord. 18 febbraio 2020, n. 3955).
Il **modello** di **cartella di pagamento** con le avvertenze che devono essere contenute nella cartella stessa e con le indicazioni al contribuente per la presentazione di un eventuale ricorso o riesame, comprensive anche di specifiche informazioni con riferimento al procedimento di reclamo/mediazione (➡**81.1.**) è stato emanato con Provv. 17 gennaio 2022 per i ruoli consegnati agli agenti della riscossione a partire dal 1° gennaio 2022 (per le cartelle relative ai carichi affidati fino al 31 dicembre 2021, resta fermo il modello approvato con Provv. 14 luglio 2017).

Costituzione in giudizio del ricorrente 81.2.14.

Decorsi **30 giorni** dalla **notifica del ricorso** il ricorrente deve, a pena di **inammissibilità**, **costituirsi in giudizio** esclusivamente mediante deposito del ricorso tramite il S.I.Gi.T. (➡**83.4**) (art. 16-bis, c. 3, D.Lgs. n. 546/1992).
A tale termine è applicabile la sospensione feriale dei termini dal 1° al 31 agosto per un totale di **31 giorni** (Legge n. 742/1969). Al termine della costituzione in giudizio si applica la sospensione straordinaria Covid-19 (➡**81.2.10.**).
L'inammissibilità è rilevabile d'ufficio, in ogni stato e grado del giudizio, indipendentemente dalla costituzione del resistente (art. 22, c. 2, D.Lgs. n. 546/1992).
La **litispendenza** si determina con la notifica del ricorso e non con la costituzione in giudizio del ricorrente, adempimento ulteriore che non incide sull'esistenza del processo, ma ne preclude la prosecuzione (Cass., ord. 3 novembre 2020, n. 24288).
In caso di **reclamo** e mediazione, avverso atti di valore non superiori a 50.000 euro a decorrere dal 1° gennaio 2018, (➡**81.1.**) il termine per la costituzione in giudizio inizia a decorrere, in caso di mancata conclusione della mediazione, trascorsi 90 giorni dalla data di **notifica del ricorso**. A tale termine si applica la sospensione straordinaria Covid-19 (➡**81.2.10.**).
I contribuenti che possono non avvalersi dell'assistenza tecnica (➡**80.2.4.**) non hanno l'obbligo del deposito telematico; essi ne hanno la facoltà, solo se in possesso di un regolare indirizzo PEC da indicarsi nell'atto.
Il **Giudice**, nonostante l'obbligatorietà del PTT, **con provvedimento motivato**, **può autorizzare** il **deposito cartaceo a mezzo posta**, in plico raccomandato senza busta con avviso di ricevimento o direttamente presso la segreteria della Commissione Tributaria adita, entro 30 giorni dalla data di notifica (art. 22, D.Lgs. n. 546/1992).
Tale autorizzazione può essere rilasciata:

- dal Presidente della Commissione Tributaria nel caso, ad esempio, di mancata iscrizione a ruolo per un blocco giornaliero della funzionalità del S.I.Gi.T. non programmato;
- dal Presidente di Sezione nel caso di un ricorso/appello già iscritto a ruolo;
- dal Collegio nell'ipotesi in cui la questione sia sollevata in udienza.

In questi casi per il resistente vige sempre l'obbligo di deposito telematico.

Deposito documenti 81.2.15.

Il ricorrente all'atto della **costituzione in giudizio** dovrà depositare, presso la segreteria della **Commissione Tributaria Provinciale** adita tramite il S.I.Gi.T.:

- il **ricorso notificato via PEC**, in formato nativo digitale creando un file PDF/A sul quale è apposta la **dichiarazione di conformità** firmato digitalmente in formato Cades (estensione pdf.p7m) (➡**83.4.**);
- **la procura alle liti** (➡**83.3.**);
- la **nota di iscrizione a ruolo** (NIR) a completamento della quale sarà richiesto:
  - di scegliere la Commissione Tributaria competente e la tipologia dell'atto da depositare (ricorso/appello/ controdeduzioni);

- di inserire i dati generali (numero parti ricorrenti, parti resistenti, rappresentanti dei ricorrenti, atti impugnati, difensori, data notifica ricorso e numero degli allegati.

– la prova del **pagamento** del **contributo unificato** (art. 194, D.P.R. 115/2002) (➡**83.4.**);

– gli **allegati**.

La mancata allegazione al ricorso dell'atto impugnato non determina l'inammissibilità del ricorso poiché lo stesso può essere prodotto anche successivamente ovvero su impulso del Giudice Tributario (Cass., ord. 31 maggio 2018, n. 13817). Nonostante non sia prevista sanzione per l'omesso deposito dell'atto impugnato, il contribuente è tenuto a provvedervi quando sia eccepita la tardività del ricorso, essendo dalla notifica dell'atto ricavabile la prova della tempestiva introduzione del giudizio (Cass., ord. 10 novembre 2020, n. 25107).

Se l'atto depositato in Commissione Tributaria non è conforme a quello consegnato o spedito alla parte resistente, il ricorso è **inammissibile**.

81.2.16. Costituzione in giudizio del resistente

Entro **60 giorni** dalla data in cui il ricorso è stato notificato (art. 23, D.Lgs. n. 546/1992), la parte resistente provvederà alla **costituzione in giudizio** mediante il deposito delle controdeduzioni, e degli eventuali allegati esclusivamente con modalità telematiche attraverso il S.I.Gi.T. (art. 16-bis, c. 3, D.Lgs. n. 546/1992) (➡**83.5.**).

Tali documenti potranno essere depositati anche successivamente, purché entro **20 giorni liberi**, cioè al fine del computo non deve essere calcolato né il giorno di inizio né quello di scadenza, prima dell'udienza (art. 32, c. 1, D.Lgs. n. 546/1992). A tale termine si applica la sospensione straordinaria Covid-19 (➡**81.2.10.**).

Il termine di 60 giorni per la costituzione in giudizio del resistente ha natura **ordinatoria**, cioè non è previsto a pena di decadenza, quindi il resistente si può costituire anche successivamente (Cass., Sez. V, ord., 30 gennaio 2019, n. 2585; Cass., Sez. V, ord., 29 maggio 2019, n. 14638).

La Suprema Corte (sent. 9 gennaio 2004, n. 138 e sent. 30 gennaio 2004, n. 1771) ha ribadito che, mentre il termine per la costituzione in giudizio del resistente non è perentorio, i **termini** per il **deposito** dei **documenti** (entro 20 giorni liberi dalla data di udienza) e delle memorie (entro 10 giorni liberi prima dell'udienza) sono **perentori ed inderogabili** (principio ribadito da Cass., Sez. V, Sent., 13 novembre 2018, n. 29087).

Anche alla costituzione in giudizio del resistente si applica la sospensione feriale dei termini.

> Se l'Ufficio si costituisce non entro i 60 giorni ma nei termini per la presentazione delle memorie ai sensi dell'art. 32, D.Lgs. n. 546/1992 (➡**81.2.19.**), non gli è più consentito di esporre nelle proprie controdeduzioni tutte le eccezioni processuali e di merito che non siano rilevabili d'ufficio (Cass. 2 aprile 2015, n. 6734). Nello specifico l'Ufficio ha l'obbligo di esporre ciò nella costituzione in giudizio e non successivamente nelle memorie (Cass. 10 giugno 2016, n. 11943).

Il processo può svolgersi anche con la mancata costituzione in giudizio del resistente il quale però non riceverà l'avviso di trattazione di udienza (➡**81.2.24.**) nonché la comunicazione del dispositivo della sentenza (➡**81.2.25.**).

81.2.17. Integrazione dei motivi

È fatto divieto di integrare i motivi, i quali devono essere individuati nel ricorso introduttivo.

L'integrazione dei motivi, (art. 24, D.Lgs. 546/1992) è **ammessa solo** in presenza di deposito di documenti non conosciuti ad opera delle altre parti o per ordine della Commissione. Tale atto si effettua con le stesse modalità del ricorso introduttivo entro **60 giorni** dalla data in cui l'interessato ha notizia del **deposito** dei documenti (Cass. 15 ottobre 2013, n. 23326).

81.2.18. Produzione dei documenti

I documenti possono essere depositati fino a **20 giorni** liberi prima dell'**udienza** (art. 32, c. 1, D.Lgs. n. 546/1992), **termine perentorio** (Cass. 15 gennaio 2014, n. 655; CTR Roma, 1 marzo 2017, n. 923; Cass., Sez. V, Sent., 13 novembre 2018, n. 29087). A tale termine si applica la sospensione straordinaria Covid-19 (➡**81.2.10.**).

Se essi sono depositati unitamente ad un atto (ricorso), dovranno essere elencati nello stesso atto cui sono allegati; quando i documenti sono prodotti separatamente dovranno essere elencati in una nota sottoscritta da depositare, sempre in maniera telematica nel fascicolo telematico.

Memorie illustrative 81.2.19.

Le memorie illustrative possono essere depositate dalle parti fino a **10 giorni** liberi prima dell'**udienza**, termine perentorio (art. 32, D.Lgs. n. 546/1992). A tale termine si applica la sospensione straordinaria Covid-19 (➔**81.2.10.**).
In tali memorie si potrà solo illustrare e non integrare i motivi di ricorso.

Reclamo contro provvedimenti presidenziali 81.2.20.

Tale procedura (art. 28, D.Lgs. n. 546/1992) può essere intrapresa contro:
- i **decreti** di **inammissibilità** del ricorso;
- i **decreti** dichiarativi dell'**interruzione**, della **sospensione** ed **estinzione** del processo.

Qualora il Presidente di sezione della Commissione Tributaria all'esito dell'esame preliminare del ricorso abbia emesso decreto di inammissibilità, il ricorrente può, entro **30 giorni** dalla data di comunicazione di tale decreto, proporre **reclamo** e notificarlo alle parti costituite secondo le forme previste per la **notifica del ricorso** (➔**81.2.10.**) (art. 20, c. 1 e 2, D.Lgs. n. 546/1992). A tale termine si applica la sospensione straordinaria Covid-19 (➔**81.2.10.**).
Il mancato rispetto di detto termine è causa di inammissibilità del reclamo.

> È **inammissibile** l'appello proposto in opposizione al decreto del Presidente che dichiari l'inammissibilità del ricorso introduttivo **depositato** presso la Commissione Tributaria Provinciale **successivamente** al decorso del termine di **30 giorni** dalla **notifica** effettuata nei confronti dell'ente impositore constando, qualora siano spirati i 30 giorni dalla data di emissione del decreto, la mancata proposizione del reclamo e la conseguente incompetenza dell'Organo adito. In questo caso il contribuente non depositava il ricorso alla CTP entro i 30 giorni dalla notifica dello stesso all'Ufficio (art. 22 c. 1 D.Lgs. 546/1992), il Presidente della CTP di Milano dichiarava, con decreto, l'inammissibilità del ricorso. La parte proponeva appello contro tale decreto non rispettando i termini. Sia il ricorso in primo grado che l'appello sono stati dichiarati inammissibili (CTR Lombardia, Milano, 19 febbraio 2014, n. 877; Cass., Sez. V, 15 aprile 2016, n. 7514).

Entro 15 giorni decorrenti dall'ultima notificazione il reclamante dovrà depositare tale reclamo nella segreteria della Commissione Tributaria di competenza (art. 22, c. 1, D.Lgs. n. 546/1992).
Le altre parti potranno, entro 15 giorni dalla notifica del reclamo, provvedere all'eventuale produzione di memorie (art. 28, c. 3, D.Lgs. n. 546/1992).
La Commissione Tributaria in composizione collegiale deciderà sul reclamo in Camera di Consiglio (art. 28, c. 4, D.Lgs. n. 546/1992) con **sentenza**, soggetta ad impugnazione, se lo stesso è dichiarato inammissibile o se vi è estinzione del processo, con **ordinanza non impugnabile** negli altri casi.

Riunione dei ricorsi 81.2.21.

I ricorsi aventi lo **stesso oggetto** o che siano tra loro **connessi** e pendenti alla **medesima Sezione** possono essere riuniti dal Presidente della Sezione, mediante decreto, al fine di favorire una maggiore economia dei processi e di evitare la formazione di giudicati difformi (art. 29, D.Lgs. n. 546/1992; circ. 23 aprile 1996, n. 98).
La riunione in caso di pendenza presso giudici diversi è prevista nel caso di **litisconsorzio necessario**.
Con la riunione effettuata in caso di litisconsorzio necessario la causa è unica; un unico processo prosegue anche per i successivi gradi di giudizio; se la riunione è avvenuta per causa di opportunità, i singoli giudizi, sebbene la sentenza sia unica, non perdono la loro **autonomia** e si risolvono in altrettante pronunce quante sono le cause decise e ciascuna pronuncia è soggetta al rispettivo regime di impugnazione (Cass., Sez. I, 12 gennaio 2010, n. 259; Cass. 20 luglio 2001, n. 9906 e Cass. 13 febbraio 1992, n. 1759).

CONTENZIOSO

Sospensione cautelare 81.2.22.

Se dall'atto impugnato può derivargli un danno grave ed irreparabile, il ricorrente può chiedere alla **Commissione Tributaria Provinciale**, ove pende la causa di merito, la sospensione della sua esecuzione (art. 47, D.Lgs. n. 546/1992).
Il ricorso proposto, infatti, di per sé non sospende l'efficacia esecutiva dell'atto.
Tale richiesta **motivata** può essere inserita nel ricorso o proposta con **atto separato**.
Questo è un procedimento incidentale che va ad instaurarsi all'interno del giudizio principale; l'istanza deve essere infatti presentata innanzi la Commissione Tributaria competente. Ove l'istanza fosse presentata innanzi ad un altro Giudice (es. ricorso di merito pendente in Commissione Tributaria di Genova e istanza di sospensione presentata innanzi la Commissione Tributaria di Savona), lo stesso dovrebbe dichiarare l'**inammissibilità**.

La sospensione cautelare perde efficacia quando il giudizio arriva a sentenza o si estingue. Infatti, nel caso di ottenimento della sospensione dell'atto, la stessa termina qualora la sentenza di merito rigetti il ricorso proposto dal contribuente.

Se la sospensiva viene proposta con atto separato, dovrà essere **notificata** alle parti ed entro **30 giorni** depositata alla Commissione Tributaria Provinciale di competenza alla stregua del ricorso (➡**81.2.14.**).

Presupposti

Le condizioni dell'azione cautelare sono:

- il *fumus boni iuris* ossia la verosimile fondatezza delle ragioni addotte;
- il *periculum in mora* ossia il danno che il ricorrente subirebbe dalla esecuzione pendente il giudizio.

Il *fumus boni iuris* sussiste quando le argomentazioni evidenziate nel ricorso risultano giuridicamente plausibili (CTP Modena n. 216/1999).

Il *periculum in mora* sussiste quando vi è la fondata possibilità che dall'esecuzione di quanto impugnato possa derivare al ricorrente un danno grave ed irreparabile.

Deve ritenersi che il *periculum in mora* sia insito nell'elevatezza dell'importo in contestazione e nella lunghezza dei tempi per l'eventuale rimborso.

Per dimostrare l'esistenza del *periculum in mora* il contribuente dovrà produrre documentazione inerente alla propria situazione patrimoniale (ad esempio, estratti conto o situazione debitoria).

Tali requisiti devono sussistere **congiuntamente**.

Udienza cautelare

Il Presidente della **Commissione Tributaria Provinciale** fissa la trattazione dell'istanza nella prima Camera di Consiglio utile; la stessa è **decisa** entro **180 giorni** dalla data di **presentazione**.

La **data di trattazione** è comunicata dalla segreteria almeno 10 giorni liberi prima dell'udienza.

La **discussione** avviene in sede collegiale ed è prevista la presenza delle parti.

Il Presidente, in caso di eccezionale urgenza, può disporre con decreto la provvisoria sospensione fino alla pronuncia del Collegio (art. 47, c. 3, D.Lgs. n. 546/1992).

Ordinanza cautelare

La pronuncia del Collegio può essere di **accoglimento** o di **rigetto** dell'istanza.

Entrambe le ordinanze **non sono impugnabili**.

La sospensione può essere anche **parziale** (art. 47, c. 5, D.Lgs. n. 546/1992) quando solo alcune parti rispondono ai presupposti della sospensione, ed essere subordinata alla presentazione di idonee **garanzie**; la parte che ha sostenuto le spese per l'ottenimento della garanzia ha diritto, qualora il ricorso venga accolto, al rimborso delle stesse.

Il provvedimento (art. 47, c. 4, D.Lgs. n. 546/1992) dovrà essere immediatamente comunicato alle parti in udienza.

In caso di accoglimento dell'istanza di sospensione la trattazione della controversia dovrà essere fissata non oltre i **90 giorni** (il termine non è perentorio).

Se il giudice, a seguito della camera di consiglio fissata per la decisione dell'istanza di sospensione dell'atto impugnato, senza il consenso delle parti, **decide anche nel merito** la controversia, senza la fissazione dell'udienza di trattazione, si è in presenza di una **nullità** processuale che comporta la nullità anche della relativa sentenza per violazione del diritto di difesa; tuttavia, tale vizio non determina la retrocessione del giudizio (*ex* art. 59, D.Lgs. n. 546/1992), poiché esula dalle ipotesi tassative ivi previste (Cass., sent. 9 novembre 2021, n. 32593).

La sospensione dell'atto inibisce ogni forma di **riscossione**.

Qualora il contribuente, anche in presenza di tale sospensiva, subisse atti di riscossione, potrà ottenere la sospensione di tali atti mediante autodichiarazione (art. 1, c. 537 ss., Legge n. 228/2012, direttiva Equitalia 11 gennaio 2013, n. 2).

In caso di **accoglimento parziale del ricorso** e di conferma della legittimità del titolo impugnato, la sospensione giudiziale della riscossione non determina la necessità di una nuova iscrizione a ruolo per gli interessi legali maturati, senza che incida, in senso negativo, il c. 8-bis dell'art. 47, secondo cui durante la sospensione cautelare si applicano gli interessi al tasso previsto per la sospensione amministrativa (Cass., ord. 6 ottobre 2021, n. 27209; Cass., Sez. V, ord. 27 ottobre 2020, n. 23548; Cass., Sez. VI-5, ord. 28 settembre 2020, n. 20361).

CONTENZIOSO

Revoca o modifica ordinanza cautelare

Il provvedimento, su motivata istanza di parte, potrebbe essere revocato o modificato prima della sentenza di trattazione del merito.

La parte che presenta istanza dovrà **dimostrare** che le **situazioni** che hanno portato all'accoglimento dell'istanza cautelare sono **mutate**, come per esempio nel caso di un aggravamento delle condizioni patrimoniali del debitore.

In caso di accoglimento della sospensiva, la parte interessata ad un'eventuale revoca e/o modifica sarà naturalmente l'ente impositore; nel caso opposto, il rigetto della sospensiva, il contribuente avrà interesse a ripresentare l'istanza sempre che siano sopravvenuti mutamenti della propria situazione economica e/o fatti, quali ad esempio l'abrogazione di norme che non potevano essere conosciuti alla presentazione della prima istanza di sospensione.

CASO 3 - Ripresentazione istanza di sospensiva

Un contribuente riceve una cartella di pagamento che impugna ed unitamente al ricorso propone l'istanza di sospensiva fondata su argomentazioni di merito ed evidenziando che la propria situazione patrimoniale, uno stipendio di circa 2.000 euro mensili non consente il pagamento della pretesa ammontante a 20.000 euro.

La Commissione non rilevando il danno grave ed irreparabile rigetta la richiesta di sospensiva.

Nel mentre il contribuente perde il lavoro e, venendo a mancare la fonte primaria di reddito, non avendo egli altri beni, ripropone l'istanza di sospensione. È evidente che tali mutamenti non potevano essere conosciuti alla presentazione della prima istanza di sospensione.

Conciliazione giudiziale 81.2.23.

La conciliazione giudiziale è uno **strumento deflattivo** del contenzioso (➔80.3.).

Essa prevede la riduzione delle **sanzioni amministrative** al **40%** (se conclusa in primo grado) o al **50%** (se conclusa in secondo grado) del minimo edittale delle sanzioni irrogate in rapporto all'ammontare del tributo risultante dalla conciliazione (art. 48-ter, D.Lgs. n. 546/1992).

Tutti i tributi possono essere oggetto di conciliazione. Anche le liti sottoposte a reclamo/mediazione (➔81.1.) possono essere conciliate in sede giudiziale.

Quando l'accordo interviene prima della fissazione di udienza, il Giudice tributario sottopone l'accordo di conciliazione ad un controllo di legittimità (art. 48, c. 3, D.Lgs. n. 546/1992) per verificarne i presupposti e la sua ammissibilità.

Quando l'accordo è depositato nel processo, dopo la fissazione della data di udienza, il controllo viene effettuato dalla Commissione.

Procedimento di conciliazione

Il procedimento di conciliazione può avvenire in **udienza** (art. 48-bis, D.Lgs. n. 546/1992) e **fuori udienza** (art. 48).

Nel primo caso, ciascuna delle parti entro **10 giorni liberi** dalla data di trattazione dell'udienza può presentare istanza per la **totale** o **parziale** conciliazione. La Commissione, valutando le condizioni di ammissibilità, invita le parti alla conciliazione.

Se le parti giungono ad un accordo, durante l'udienza verrà redatto il **processo verbale** che diventerà, con l'indicazione delle somme dovute, i tempi e le modalità, titolo per la riscossione.

Se l'accordo è stato raggiunto sull'intera materia del contendere, il Giudice dichiarerà, con sentenza, l'**estinzione del giudizio** per cessata materia del contendere.

Se l'accordo è stato parziale, la Commissione, tramite **ordinanza**, dichiarerà la parziale estinzione della materia del contendere ed il processo procederà per tutte le altre contestazioni.

Nel caso di conciliazione fuori udienza, le parti congiuntamente depositano l'accordo di conciliazione concluso fuori udienza. Dopo il vaglio di legittimità, il Presidente di sezione, con **decreto**, dichiara, in caso di accordo sul totale delle contestazioni, l'avvenuta **cessazione** della materia del contendere. In caso di accordo parziale, il Presidente emette **ordinanza** per la parziale cessazione della materia del contendere e procede all'assegnazione della causa per la prosecuzione della stessa.

Versamento delle somme

Il versamento del dovuto o della prima rata, se si è optato per il pagamento rateale, dovrà avvenire:

- entro **20 giorni** dalla data di **redazione** del **processo verbale** in caso di conciliazione in udienza;
- entro **20 giorni** dalla **data** di **sottoscrizione dell'accordo conciliativo** in caso di conciliazione fuori udienza.

CONTENZIOSO

A causa dell'**emergenza Covid-19**, i termini di versamento delle somme dovute a seguito di accordo conciliativo nel periodo 9 marzo-31 maggio 2020 sono stati prorogati al 16 settembre 2020 (art. 149, D.L. n. 34/2020).
In caso di pagamento rateale sono previste massimo 8 rate trimestrali elevabili a 16 per importi superiori a 50.000 euro. Ai sensi dell'art. 6, c. 2, lett. e), D.M. 21 maggio 2009, gli interessi relativi alle somme dovute a seguito di conciliazione giudiziale sono stabiliti al tasso del 3,5% annuo.
Gli importi richiesti dovranno essere decurtati per quanto già versato a titolo di iscrizione provvisoria.
In caso di **omesso versamento** di quanto scaturito dalla conciliazione l'Ufficio iscrive a ruolo le residue somme dovute a titolo di imposta, interessi e sanzioni e la sanzione *ex* art. 13 del D.Lgs. n. 471/1997, aumentata della metà e il processo proseguirà.
A fronte di **conciliazione rateale**, l'effetto estintivo della pretesa fiscale originaria e la sua sostituzione con una certa e concordata si verifica solo se la fattispecie conciliativa si perfeziona secondo le modalità di cui all'art. 48, c. 3, D.Lgs. n. 546/1992, che prevede il pagamento della prima rata e la prestazione di idonea garanzia sull'importo delle rate successive; in caso di **mancato versamento delle somme residue** pattuite, l'accordo conciliativo non si risolve e l'A.F. può esigere il pagamento attraverso la riscossione coattiva, mentre non altrettanto può fare in caso di mancato o ritardato versamento della prima rata e/o di omessa prestazione della garanzia, in quanto la conciliazione non si è perfezionata (Cass., ord. 24 giugno 2021, n. 18212).

81.2.24. Svolgimento del processo

Avviso di trattazione

Nel processo tributario esiste una sola udienza la cui data, scaduti i termini di costituzione in giudizio delle parti, viene fissata dal Presidente della Commissione Tributaria il quale, dopo aver ritenuto che non vi siano i presupposti per adottare i provvedimenti relativi all'inammissibilità del ricorso e all'estinzione/interruzione/sospensione del processo, nomina il relatore (art. 30, D.Lgs. n. 546/1992) ed è nella stessa udienza che la controversia viene trattata e decisa.
L'avviso di trattazione di udienza viene comunicato alle parti **costituite in giudizio** almeno **30 giorni liberi** prima della data prevista per la trattazione (art. 31, D.Lgs. n. 546/1992), a pena di **nullità** della pronuncia (Cass. 6 marzo 2015, n. 4588; Cass., Sez. V, ord., 31 ottobre 2018, n. 27837) tramite PEC nella casella indicata dal difensore o dalla parte nel ricorso.
I termini di costituzione in giudizio delle parti devono essere scaduti; pertanto la data di trattazione non può essere fissata prima di 60 giorni dal momento in cui il resistente ha ricevuto il ricorso (art. 23, D.Lgs. n. 546/1992).
Tale data è importante per il **deposito dei documenti**, delle **memorie illustrative**, delle **repliche** e per la richiesta di **trattazione in pubblica udienza**.
Nel processo con pluralità di parti l'avviso deve essere comunicato a tutti i **coobbligati**.
La mancata comunicazione comporta la **nullità** della sentenza nei soli confronti della parte che non ha ricevuto l'avviso.
In caso di **litisconsorzio necessario** la mancata comunicazione ad uno dei litisconsorti comporta la **nullità** del processo per tutte le parti.

> Se il ricorso non contiene la richiesta di trattazione in pubblica udienza, la trattazione, di regola, viene fissata nella forma della Camera di Consiglio.

Nel caso in cui il contribuente abbia proposto **istanza di sospensiva** e la stessa sia stata accolta, l'udienza di trattazione dovrà essere fissata di regola non oltre 90 giorni dalla pronuncia.

Rinvio dell'udienza

L'udienza può essere rinviata dal Presidente di Sezione al verificarsi delle seguenti circostanze:
- giustificato **impedimento** del **relatore**;
- giustificato **impedimento** di alcuna delle **parti**;
- esigenze di **servizio** (art. 31, D.Lgs. n. 546/1992);
- **sciopero** dei difensori e del personale degli uffici;
- necessità di **acquisire** d'ufficio **documenti** rilevanti al fine della lite prima della pronuncia.

In caso di **rinvio della deliberazione**, il mancato rispetto del termine di 30 giorni non comporta nullità della decisione, trattandosi di termine ordinatorio (Cass., Sez. VI-5, ord. 31 gennaio 2020, n. 2299).

Trattazione in Camera di Consiglio

Quando non diversamente richiesto, il ricorso viene discusso in Camera di Consiglio in assenza dei difensori e delle parti (art. 33, D.Lgs. n. 546/1992).

Fino a **5 giorni** liberi prima della data della Camera di Consiglio è ammesso il deposito di **brevi repliche**.
La controversia viene esposta al Collegio dal relatore; il segretario redige il processo verbale.

Decisione in Camera di Consiglio

Subito dopo il termine della discussione il Collegio delibera la decisione (art. 35, D.Lgs. n. 546/1992).
Alla fase della decisione devono partecipare gli stessi componenti del Collegio che hanno assistito alla discussione in pubblica udienza ovvero alla trattazione in Camera di Consiglio, pena la nullità della sentenza.

Discussione in pubblica udienza

La discussione in pubblica udienza (art. 34, D.Lgs. n. 546/1992) può essere richiesta all'interno del ricorso o sino a **10 giorni** liberi prima dell'udienza mediante **istanza** da notificare alle parti costituite e depositata in segreteria (art. 32, D.Lgs. n. 546/1992).
All'udienza di discussione il relatore espone i fatti e le questioni della controversia ed il Presidente ammette le parti presenti alla discussione.
La mancata partecipazione delle parti non impedisce al giudice di decidere (CTC 13 dicembre 1983, n. 4619).
Alla pubblica udienza assiste il segretario il quale redige processo verbale (art. 34, c. 2, D.Lgs. n. 546/1992).
La Commissione può, nei casi di elevata complessità delle questioni o in relazione al consistente numero di documenti prodotti, su istanza della parte e vagliati i presupposti, disporre il **differimento** della discussione del quale deve essere data comunicazione alle parti costituite.
Nel **giudizio di legittimità**, la causa può essere trattata, anziché in pubblica udienza, con il nuovo rito camerale "non partecipato", in presenza di particolari ragioni giustificative, obiettive e razionali, tra cui evitare, nel periodo di **emergenza Covid-19**, assembramenti negli uffici giudiziari e contatti ravvicinati (Cass., ord. 20 novembre 2020, n. 26480).

Udienza a distanza

Ai sensi del c. 4 dell'art. 16 del D.L. n. 119/2018, l'udienza - sia pubblica, che in camera di consiglio - può essere attivata a distanza con **collegamento audiovisivo** tra l'aula di udienza e il luogo del collegamento da remoto del contribuente, del difensore, dell'Ufficio impositore e dei soggetti della riscossione, nonché dei giudici tributari e del personale amministrativo delle Commissioni, tali da assicurare la contestuale, effettiva e reciproca visibilità delle persone presenti in entrambi i luoghi e di udire quanto viene detto. Il luogo dove avviene il collegamento da remoto è equiparato all'aula di udienza.
La partecipazione da remoto all'udienza pubblica può essere **richiesta** dalle parti **nel ricorso o nel primo atto difensivo o anche con apposita istanza** da depositare in segreteria e notificata alle parti costituite prima della comunicazione dell'avviso di rinvio della trattazione.
Il D.dir. 11 novembre 2020 ha individuato le **regole tecnico-operative** per la partecipazione e lo svolgimento dell'udienza da remoto.
La decisione del Presidente di svolgere l'udienza a distanza è comunicata alle parti a **mezzo PEC**. Prima dell'udienza, la segreteria della Commissione invia una seconda comunicazione all'indirizzo PEC, contenente il *link* per partecipare all'udienza a distanza. Questo è diverso per ciascuna udienza, strettamente personale e non cedibile a terzi, fatta eccezione per l'eventuale difensore delegato. In caso di mancato funzionamento del collegamento da remoto, il Presidente sospende l'udienza e, se è impossibile ripristinare il collegamento, la rinvia, disponendo che ne venga data comunicazione alle parti.

Verbale di udienza - Redatto come documento informatico, è sottoscritto con firma elettronica qualificata o firma digitale dal Presidente o dal giudice monocratico e dal segretario dell'udienza. Se non è possibile procedere con la sottoscrizione digitale, il segretario effettua copia informatica del verbale sottoscritto con firma autografa e la inserisce nel fascicolo informatico d'ufficio, previa apposizione della propria firma digitale.

Specifiche tecniche - Le specifiche tecniche funzionali alla partecipazione dei difensori o delle parti che si difendono in proprio sono individuate nelle Linee guida tecnico-operative, pubblicate sul sito internet dedicato alla giustizia tributaria del Ministero dell'economia e delle finanze.
Il collegamento presso il domicilio del contribuente che si difende personalmente può essere garantito solo se lo stesso ha optato per le modalità telematiche nel processo. Il difensore può dichiarare che

CONTENZIOSO

nel collegamento audiovisivo presso il suo domicilio web è presente anche il contribuente da lui difeso (circ. 4 luglio 2019, n. 1/DF).

La disciplina è integrata, nel periodo emergenziale, dall'art. 27 del D.L. n. 137/2020, il quale prevede che, fino al **31 marzo 2022** (termine così prorogato in base alle modifiche *ex* art. 16, c. 3, D.L. n. 228/2021), lo svolgimento delle udienze pubbliche e camerali e delle camere di consiglio con collegamento da remoto è autorizzato, secondo la rispettiva competenza, con **decreto motivato del presidente della CTP o CTR**, da comunicare almeno 5 giorni prima della data fissata per un'udienza pubblica o una camera di consiglio. I decreti possono disporre che le udienze e le camere di consiglio si svolgano anche solo parzialmente da remoto. In tutti i casi in cui sia disposta la discussione da remoto, la segreteria comunica alle parti, di regola, almeno 3 giorni prima della trattazione, l'avviso dell'ora e delle modalità di collegamento. In alternativa alla discussione da remoto, le controversie fissate per la trattazione in udienza pubblica passano in decisione sulla base degli atti, salvo che almeno una delle parti non insista per la discussione, con apposita istanza, da notificare alle altre parti costituite e da depositare almeno 2 giorni liberi anteriori alla data fissata per la trattazione. I difensori sono comunque considerati presenti a tutti gli effetti. Nel caso in cui sia chiesta la discussione e non sia possibile il collegamento da remoto, si procede mediante trattazione scritta, con fissazione di un termine non inferiore a 10 giorni prima dell'udienza per deposito di memorie conclusionali e di 5 giorni prima dell'udienza per memorie di replica. Nel caso in cui non sia possibile garantire il rispetto di tali termini, la controversia è rinviata a nuovo ruolo, con possibilità di prevedere la trattazione scritta nel rispetto dei medesimi termini. In caso di trattazione scritta, le parti sono considerate presenti.

Il Consiglio di presidenza della giustizia tributaria, con delibera 24 novembre 2021, n. 1409/2021, ha fornito le seguenti indicazioni:

- dall'entrata in vigore dell'art. 16, c. 4, del D.L. n. 119/2018, le **modalità ordinarie di tenuta delle udienze** pubbliche o camerali si intendono **comprensive di quella a distanza**, svolte nel rispetto delle regole tecnico-operative individuate nel D.D. 11 novembre 2020. In presenza di istanza delle parti per la tenuta dell'udienza a distanza e in base ai criteri generali stabiliti dai Presidenti delle Commissioni Tributarie, i **Presidenti delle Sezioni** provvedono a definire le controversie per le quali è ammesso lo svolgimento da remoto e l'ufficio di segreteria è autorizzato a darne comunicazione alle parti;
- limitatamente alla durata del **periodo emergenziale**, relativamente all'evento pandemico da Covid-19, rimangono in vigore le misure previste dall'art. 27 del D.L. n. 137/2020, secondo cui lo **svolgimento delle udienze** pubbliche e camerali e delle camere di consiglio con **collegamento da remoto** è **autorizzato**, secondo la rispettiva competenza, con decreto motivato del Presidente della CTP o CTR, in deroga alla previsione ordinaria di autorizzazione in capo ai singoli Presidenti di Sezione.

CONTENZIOSO

81.2.25. Sentenza

Le **sentenze** nel processo tributario sono:

- di **annullamento parziale** o **totale** dell'atto;
- di **condanna** al **rimborso** per somme versate.

Il Giudice redige e sottoscrive la sentenza la cui motivazione è scritta dal relatore.

Il **difetto di motivazione**, con conseguente **nullità della pronuncia** per l'assenza di un requisito di forma indispensabile, si profila nei seguenti casi: **radicale carenza**; argomentazioni estrinsecate inidonee a rivelare la "ratio decidendi" (cd. **motivazione apparente**) o fra loro logicamente inconciliabili o comunque perplesse od obiettivamente incomprensibili; apodittica negazione che sia stata data la prova di un fatto o affermazione che tale prova sia stata fornita, omettendo qualsiasi riferimento sia al mezzo di prova che ha avuto a specifico oggetto la circostanza in questione, sia al relativo risultato e sempre che i relativi vizi emergano dal provvedimento in sé (Cass., Sez. V, ord. 2 marzo 2021, n. 5625).

Contenuto della sentenza

La sentenza, dovrà indicare (art. 36, c. 2, D.Lgs. n. 546/1992):

- la **composizione** del **Collegio**, le **parti** e i **difensori**, qualora vi siano;
- la concisa **esposizione** dello **svolgimento** del processo;
- le **richieste** delle **parti**;
- la succinta esposizione dei **motivi** in fatto e in diritto;
- il **dispositivo**;
- la **data** della deliberazione;
- la **sottoscrizione** del Presidente e dell'estensore.

Pubblicazione e comunicazione della sentenza

Il testo integrale originale della sentenza deve essere reso pubblico mediante **deposito** nella Segreteria della Commissione Tributaria entro il **termine**, di carattere **ordinatorio**, di **30 giorni** dalla data dell'avvenuta delibera (art. 37, D.Lgs. n. 546/1992).
Il dispositivo sarà **comunicato** alle parti costituite entro **10 giorni** dall'avvenuto deposito.
L'Agenzia delle Entrate (risposta a interpello 25 marzo 2021, n. 211) ha precisato che la **sentenza di rigetto**, configurando una pronuncia di merito, va assoggettata a **imposta di registro**. Il provvedimento di **rigetto per ragioni di merito** dovrà essere registrato in temine fisso. Diversamente, il provvedimento di **rigetto per ragioni di rito**, al pari dei provvedimenti di estinzione e incompetenza, non è da sottoporre alle formalità della registrazione.

Esecuzione della sentenza 81.2.26.

A seguito della sentenza emessa dalla **Commissione Tributaria Provinciale**, il **tributo** oggetto di giudizio dovrà essere **pagato** (art. 68, D.Lgs. n. 546/1992):

- per i due terzi dopo la sentenza di rigetto del ricorso;
- per l'ammontare risultante dalla sentenza della Commissione Tributaria Provinciale, e comunque non oltre i due terzi, se la stessa accoglie parzialmente il ricorso.

Gli importi da versare vanno in ogni caso **diminuiti** di quanto già **corrisposto**.
Se il ricorso viene accolto, il tributo corrisposto in eccedenza, rispetto a quanto deciso dalla Commissione Tributaria Provinciale nella sentenza, con i relativi interessi previsti dalle leggi fiscali, deve essere rimborsato.
Con applicazione alle pronunce di condanna emesse a decorrere **dal 21 dicembre 2021**, l'agente della riscossione paga le spese e gli onorari di giudizio liquidati con la pronuncia di condanna, nonché gli accessori di legge, solo con **accredito sul conto corrente** della controparte o del suo difensore distrattario. Le **somme sono richieste** in pagamento alla competente struttura territoriale dell'agente della riscossione, indicata nel sito internet istituzionale, con **raccomandata A/R o PEC**. Il soggetto legittimato deve fornire, alla richiesta, gli estremi del proprio c/c bancario e non può notificare il titolo esecutivo né promuovere **azioni esecutive** per recuperare le somme, se non **decorsi 120 giorni dalla ricezione della richiesta** (art. 5-octies, D.L. n. 146/2021).
Nella **riscossione di dazi e diritti doganali**, se la CTP ha accolto, in tutto o in parte, il ricorso, escludendo o riducendo l'ammontare dovuto, le eventuali maggiori somme pretese non sono esigibili, sicché l'Amministrazione doganale deve adottare gli eventuali atti di sgravio e limitare l'avvio o la prosecuzione della riscossione al minore importo accertato in giudizio; nel caso di già avvenuta esazione, deve escludersi, invece, il diritto al rimborso delle maggiori somme e allo svincolo delle garanzie prestate, che sorge solo quando la sentenza sia passata in giudicato (Cass., Sez. V, ord. 17 marzo 2020, n. 7346).
Le **sentenze** di condanna al pagamento di somme in favore del contribuente e quelle emesse su ricorso avverso gli atti relativi alle operazioni catastali (art. 2, c. 2) sono **immediatamente esecutive**.

> Il pagamento di somme dell'importo superiore a 10.000 euro, diverse dalle spese di lite, può essere subordinato dal giudice, anche tenuto conto delle condizioni di solvibilità dell'istante, alla prestazione di idonea garanzia (art. 69, D.Lgs. n. 546/1992).

CONTENZIOSO

Condanna alle spese 81.2.27.

Il Giudice quantifica l'importo delle spese di lite ed indica, nelle ordinanze cautelari e nelle sentenze, la parte soccombente che dovrà rimborsarle. Tale statuizione costituisce capo autonomo della decisione (Cass., sent. 24 febbraio 2020, n. 4845).
In caso di **pluralità di parti** soccombenti il Giudice condanna ciascuna di esse in proporzione al rispettivo interesse nella causa.

Compensazione - Il Giudice può anche dichiarare, in tutto o in parte, **compensate** le spese di lite in caso di soccombenza reciproca o quando esistono gravi motivi che devono essere espressamente motivati(art. 15, c. 2, D.Lgs. n. 546/1992). La compensazione può essere, altresì, disposta solo nel caso di **assoluta novità della questione** trattata o di **mutamento della giurisprudenza** rispetto alle questioni dirimenti o nelle ipotesi di **sopravvenienze** relative a tali questioni e di **assoluta incertezza** che presentino la stessa, o maggiore, gravità ed eccezionalità delle situazioni tipiche espressamente previste (Cass., ord. 18 febbraio 2020, n. 3977).
Il giudice deve **liquidare l'ammontare del**le spese e degli onorari del giudizio **separatamente**: l'indicazione dell'importo complessivo è illegittima, in quanto inidonea a consentire il controllo sulla corret-

tezza della liquidazione, anche in ordine al rispetto delle tabelle (Cass., ord. 29 ottobre 2020, n. 23919).
Se la **parte pubblica**, risultata vittoriosa, è **assistita da un proprio funzionario o da un proprio dipendente**, si applicano le disposizioni per la liquidazione del compenso spettante agli avvocati, con la riduzione del 20% dell'importo complessivo ivi previsto (Cass., ord. 11 ottobre 2021, n. 27634; Cass., Sez. V, ord. 19 febbraio 2021, n. 4473).
È prevista la c.d. **responsabilità aggravata per lite temeraria** (art. 15, c. 2-bis, D.Lgs. n. 546/1992).

Casi particolari

Nell'ipotesi di **reclamo mediazione**, in caso di mancato raggiungimento della mediazione, la parte soccombente è condannata al pagamento di un **ulteriore 50%** delle spese di giudizio.
Alla parte che **rifiuta** la **proposta di conciliazione** (art. 15, c. 2-octies, D.Lgs. n. 546/1992) verranno addebitate le spese del giudizio che saranno invece dichiarate compensate tra le parti nel caso di conclusione della conciliazione.
Nei casi di definizione delle pendenze tributarie previsti dalla legge le spese del giudizio estinto restano a carico della parte che le ha anticipate (art. 46, c. 3, D.Lgs. n. 546/1992).
La **definizione agevolata della controversia** *ex* art. 6 del D.L. n. 119/2018 comprende il pagamento delle spese processuali che, restando a carico della parte che le ha anticipate, non devono essere liquidate dal giudice, che dichiara l'estinzione del giudizio per cessata materia del contendere (Cass., Sez. V, ord. 9 ottobre 2020, n. 21826).
Se la cessazione della materia del contendere avviene per altri motivi, le spese saranno attribuite secondo il criterio della **soccombenza virtuale** (Corte cost. n. 274/2005); questo vuol dire che il Giudice dovrà porre le spese a carico di colui che avrebbe perso la lite, se questa fosse continuata.
Nel caso di estinzione del processo per **rinuncia al ricorso**, colui che rinuncia, salvo diverso accordo tra le parti, deve farsi carico delle spese (art. 44, D.Lgs. n. 546/1992).
Nel caso di estinzione del processo a causa dell'**inattività delle parti**, le spese restano a carico di chi le ha anticipate (art. 45, D.Lgs. n. 546/1992).
Nel giudizio di **revocazione**, il difensore della parte può essere condannato al pagamento in proprio delle spese processuali solo quando abbia agito in virtù di procura inesistente e non meramente nulla (Cass., Sez. V, ord. 7 maggio 2020, n. 8591).

81.2.28. Sospensione del processo

Consiste nel temporaneo arresto del suo svolgimento, disposto dal giudice al verificarsi di determinate situazioni.
Il contenzioso riprende il suo normale svolgimento quando è cessato il motivo che ha determinato la sospensione.
Vi sono **3 ipotesi** di sospensione necessaria previste per legge (art. 39, D.Lgs. n. 546/1992). Due concernono la pendenza di una diversa controversia davanti al giudice ordinario: la proposizione della **querela di falso** in sede civile, la sussistenza di una questione circa lo **stato** o la **capacità delle persone**. La terza, introdotta dal 1° gennaio 2016, è la sospensione per la **pendenza** di **altra causa tributaria pregiudiziale**.
La pregiudizialità ricorre quando la definizione di una questione o un procedimento costituisce la conseguenza logica o giuridica della definizione di un altro.
Da gennaio 2016 è anche possibile la sospensione su concorde richiesta delle parti, in caso di proposizione della domanda di risoluzione amichevole delle controversie da doppia imposizione tra Stati.
Altre disposizioni di legge applicabili anche al processo tributario individuano ulteriori ipotesi di sospensione necessaria.
Con la sospensione, il processo tributario entra in uno stato di quiescenza, sino a quando le parti, entro 6 mesi dal giorno in cui è cessata la causa che ha comportato la sospensione (art. 43, D.Lgs. n. 546/1992), non provvedono a riassumerlo.
Durante la sospensione non possono essere compiuti atti processuali: qualora ciò non fosse rispettato, gli atti sarebbero affetti da nullità insanabile.

> In caso di **pendenza separata dei giudizi** relativi all'accertamento del maggior reddito contestato alla società di capitali e di quello di partecipazione conseguentemente contestato al singolo socio, si impone la **sospensione**, in attesa del passaggio in giudicato della sentenza emessa nei confronti della società, che costituisce l'antecedente logico-giuridico non solo nelle ipotesi di controversie su contestazioni di utili extracontabili, ma in tutti i casi di contestazione rivolti alla compagine sociale relativi ai maggiori redditi derivanti da ricavi non dichiarati o da costi non sostenuti (Cass., Sez. V, ord. 26 gennaio 2021, n. 1574).

CONTENZIOSO

Interruzione del processo 81.2.29.

L'interruzione del processo assicura la corretta estrinsecazione del principio del contraddittorio ed ha luogo nei casi in cui, a causa di evento sopravvenuto, viene **lesa l'effettività** del **contraddittorio** perché una delle parti non può più stare in giudizio.
Le cause di interruzione del processo sono elencate dalla legge tributaria (art. 40, D.Lgs. n. 546/1992) e conseguono ad eventi che interessano la parte; il rappresentante della parte o il difensore quali:
- il **venir meno** della capacità di stare in giudizio di **una delle parti** per morte o altre cause (non determina l'interruzione del processo la perdita della capacità di stare in giudizio dell'Ufficio);
- la **morte**, la **radiazione** o **sospensione** dall'albo di uno dei **difensori** (art. 12, D.Lgs. n. 546/1992).

Momento dell'evento interruttivo

Perché si configuri l'interruzione del processo, l'evento che lo determina deve realizzarsi **in un dato arco temporale** e deve essere, in taluni casi, dichiarato dal difensore della parte.

> Se l'evento si verifica **prima** della proposizione del ricorso, vi è la proroga dei termini per la proposizione; se si verifica **dopo** la proposizione del ricorso, ma **prima** della trattazione o dell'ultimo giorno utile per il deposito delle memorie, vi è l'interruzione; se si verifica **dopo** la trattazione o dopo l'ultimo giorno utile per il deposito di memorie, non vi è nessun effetto.

A differenza della sospensione, l'interruzione del processo si produce automaticamente al momento del verificarsi dell'evento o al momento in cui l'evento interruttivo viene palesato dal difensore della parte. Pertanto, essa viene solo dichiarata - e non disposta - dal Presidente della Sezione o dalla Commissione.
L'interruzione produce i propri effetti in relazione agli atti del processo ed ai termini processuali.
Durante l'interruzione non possono essere compiuti atti del processo.
La ripresa del processo interrotto è subordinata alla presentazione, al Presidente di sezione della Commissione, di un'istanza di trattazione, **entro 6 mesi** dal momento in cui è stata dichiarata l'interruzione e grava sulla segreteria della Commissione Tributaria l'onere di comunicare alle parti la data della nuova udienza; pertanto, la mancata notifica, da parte dell'istante, del decreto di fissazione dell'udienza medesima alla controparte, nel termine assegnato, non determina l'estinzione del processo (Cass., ord. 4 maggio 2021, n. 11661).
In seguito a tale istanza, il presidente fissa l'udienza e la segreteria inoltra gli avvisi richiesti per legge.

Estinzione del processo 81.2.30.

Rinuncia al ricorso

Con la rinuncia al ricorso, il processo si estingue (art. 44, D.Lgs. n. 546/1992). Il ricorrente che rinuncia deve rimborsare le spese alle altre parti, salvo loro diverso accordo. Se la rinuncia non è **accettata** dalle parti costituite che abbiano effettivo interesse a proseguire il processo, essa non ha effetto.
La rinuncia e l'accettazione sono **sottoscritte** dalle parti personalmente o da loro procuratori speciali, nonché dai difensori e si depositano nella segreteria della Commissione. Il presidente della Sezione con decreto reclamabile o la Commissione con sentenza dichiarano l'estinzione del processo.
La **rinuncia al ricorso per cassazione** produce l'estinzione del processo anche in assenza di accettazione, non avendo tale atto carattere "accettizio" per essere produttivo di effetti processuali e, determinando il passaggio in giudicato della sentenza impugnata, comporta il venire meno dell'interesse a contrastare l'impugnazione, fatta salva la condanna del rinunciante alle spese del giudizio (Cass., ord. 28 maggio 2020, n. 10140).

Inattività delle parti

Se le parti cui spetta di proseguire, riassumere o integrare il giudizio non vi provvedono entro il **termine perentorio** stabilito dalla legge o dal giudice, il processo si estingue (art. 45, D.Lgs. n. 546/1992). Le spese del processo estinto restano a carico delle parti che le hanno anticipate. Tale estinzione è **rilevata anche d' ufficio** solo nel grado di giudizio in cui si verifica e rende inefficaci gli atti compiuti. L'estinzione è dichiarata dal presidente della Sezione con decreto reclamabile o dalla Commissione con sentenza.

Cessazione della materia del contendere

Il giudizio si estingue, in tutto o in parte, nei casi di **definizione delle pendenze tributarie** previsti dalla legge e in ogni altro caso di cessazione della materia del contendere (art. 46, D.Lgs. n. 546/1992). La cessazione della materia del contendere è dichiarata con decreto reclamabile del presidente o con sentenza della Commissione. Nei casi di definizione delle pendenze tributarie previsti dalla legge, le spese del giudizio estinto restano a carico della parte che le ha anticipate.

La pronuncia di cessata materia del contendere presuppone la **cessazione della posizione di contrasto** tra le parti in ragione del sopravvenire, in corso di giudizio, di **fatti sostanziali** - quali l'annullamento dell'atto oggetto di impugnazione - incidenti sul "*petitum*" e sulla "*causa petendi*" della lite contestata e idonei perciò a fare venire meno l'interesse giuridicamente rilevante alla pronuncia; dall'avvenuta definizione, in altro processo e con forza di giudicato, di una pretesa impositiva non può desumersi il venire meno del contrasto tra le parti in ordine a un diverso atto impositivo, che consegua da distinti presupposti (Cass., Sez. V, ord. 27 febbraio 2020, n. 5351).

All'emanazione di una sentenza di cessata materia del contendere consegue la **caducazione di tutte le pronunce** emanate nei precedenti gradi di giudizio e non passate in giudicato e la sua assoluta **inidoneità ad acquistare efficacia di giudicato sostanziale** sulla pretesa fatta valere (Cass., Sez. VI-5, ord. 19 febbraio 2020, n. 4167).

La **modificazione in diminuzione dell'originario avviso di accertamento** non può comportare la cessazione della materia del contendere, in quanto permane l'interesse della PA a vedere riconosciuto il proprio credito tributario e quello del contribuente a negare la pretesa (Cass., Sez. VI-5, ord. 7 settembre 2020, n. 18625).

81.2.31. Schema dei termini relativi al procedimento innanzi alla CTP

Termini
1) Predisposizione ricorso da notificarsi, a tutte parti del primo grado, entro 60 giorni dalla notifica dell'atto (➡**81.2.10.**);
2) Costituzione in giudizio del ricorrente entro 30 giorni dalla notifica del ricorso (➡**81.2.14.**), entro 120 giorni in caso di reclamo (➡**81.1.**);
3) Costituzione in giudizio del resistente entro 60 giorni dalla notifica del ricorso (➡**81.2.16.**), entro 150 giorni in caso di reclamo (➡**81.1.**);
4) Deposito documenti entro 20 giorni liberi da udienza (➡**81.2.18.**);
5) Deposito memorie illustrative entro 10 giorni liberi da udienza (➡**81.2.19.**);
6) Istanza di trattazione in pubblica udienza entro 10 giorni liberi da udienza (➡**81.2.24.**);
7) Deposito brevi repliche entro 5 giorni liberi da udienza (➡**81.2.24.**).

CONTENZIOSO

IMPUGNAZIONI E TUTELA ESECUTIVA 82.

PRINCIPI GENERALI 82.1.

I mezzi **ordinari** per impugnare le sentenze della **Commissione Tributaria Provinciale** sono (art. 50, D.Lgs. n. 546/1992):

- l'appello (➡82.2.);
- il ricorso per Cassazione (➡82.3.);
- la revocazione (art. 395, nn. 4 e 5, c.p.c.) (➡82.5.).

Quelli **straordinari** sono:

- la revocazione (art. 395, nn. 1, 2, 3 e 6, c.p.c.) (➡82.5.).

L'impugnazione è soggetta a termini **perentori**: 60 giorni dalla notifica della sentenza o, in mancanza, 6 mesi dalla sua pubblicazione (art. 51, D.Lgs. n. 546/1992). A tali termini si applica la sospensione straordinaria Covid-19 (➡81.2.10.).

> Nel caso di revocazione (art. 395 n. 1, 2, 3 e 6, c.p.c.), il termine di 60 giorni decorre dal giorno in cui è stato scoperto il dolo o sono state dichiarate false le prove o è stato recuperato il documento o è passata in giudicato la sentenza che accerta il dolo del giudice (art. 51, c. 2, D.Lgs. n. 546/1992).

Alla scadenza di tali termini l'impugnazione è inammissibile e conseguentemente vi è il passaggio in **giudicato** della sentenza, rilevabile anche d'ufficio dal Giudice in ogni stato e grado del processo giudicato formale (art. 324 c.p.c.) e sostanziale (art. 2909 c.c.).

ATTO DI APPELLO 82.2.

Il secondo grado del processo tributario è l'**appello**.

Tale procedimento si instaura innanzi le **Commissioni Tributarie Regionali** di competenza ed ha come oggetto le sentenze, sia di rito che di merito, (➡81.2.25.) emesse dalla Commissione Tributaria Provinciale.

L'atto di appello è presentato dalla parte **soccombente** del primo grado di giudizio.

In caso di accoglimento o **rigetto parziale** del ricorso, tutte le parti avrebbero l'interesse ad impugnare, pertanto potrebbe aversi la contemporanea proposizione di due atti di appello avverso la stessa sentenza. In tale circostanza, la parte che effettua per prima la costituzione in giudizio rappresenta **l'appellante principale**.

Il processo d'appello segue le norme previste per il processo in primo grado (➡81.2.).

A seguito dell'adozione del PTT (➡83.4.).

Termini 82.2.1.

L'atto di appello deve essere proposto - **termine perentorio** - entro **60 giorni** dalla notifica della sentenza (termine breve) o, in mancanza, **entro 6 mesi** dalla sua pubblicazione (termine lungo) (art. 51, D.Lgs. n. 546/1992).A tali termini si applica la sospensione straordinaria Covid-19 (➡81.2.10.).

L'appello notificato fuori termine è inammissibile (CTR Roma, Sez. XII, n. 1052/2017).

La parte interessata ad appellare, pertanto, dovrà valutare se notificare o meno la sentenza per far decorrere il termine breve per l'impugnazione.
Se la sentenza, in copia autentica, viene notificata in via telematica (➔83.3.) la stessa parte dovrà, **entro 30 giorni** dalla data di avvenuta notifica, **depositare**, tramite il SIGiT la **copia autentica** della sentenza nella segreteria della Commissione Tributaria unitamente alla prova dell'avvenuta notifica.
Quando le parti sono entrambe soccombenti, con la notifica della sentenza, i termini per impugnare decorrono sia per il notificante che per il notificatore (Cass. 12 giugno 2007, n. 13732).

CASO 1 - Proposizione appello in caso di soccombenza di entrambe le parti
Un contribuente in primo grado ottiene una sentenza parzialmente favorevole che riduce la pretesa; egli notifica la sentenza all'Agenzia delle Entrate.
Dalla data della notifica, per entrambi decorre il termine breve per impugnare.
Il contribuente ha interesse ad impugnare per richiedere l'annullamento dell'atto, l'Agenzia a sua volta ha interesse a proporre appello per richiedere l'integrale conferma dell'accertamento impugnato in primo grado.

I termini per proporre appello sono sospesi durante la **sospensione feriale** dei termini ossia dal 1° al 31 agosto (art. 1, Legge n. 742/1969, come modificato dall'art. 16, D.L. n. 132/2014).

82.2.2. Contenuto

L'atto di appello, a pena di inammissibilità, deve contenere (art. 53, D.Lgs. n. 546/1992):
- l'indicazione della **Commissione Tributaria** adita;
- l'indicazione **dell'appellante**;
- l'indicazione degli **appellati**;
- gli **estremi** della **sentenza** impugnata;
- l'**esposizion**e sommaria dei **fatti**;
- l'**oggetto** della domanda il *petitum*;
- i **motivi** di impugnazione causa *petendi*;
- la **sottoscrizione** del difensore.

Il ricorso in appello, come il ricorso di primo grado (➔81.2.1.) (➔83.3.), deve, altresì, contenere:
- la casella **PEC** del **difensore**, la cui mancanza può causare la maggiorazione della metà del contributo unificato;
- il numero di **fax** del **difensore**, la cui mancanza può causare la maggiorazione della metà del contributo unificato;
- la casella **PEC** della **parte**;
- il **codice fiscale** del **difensore** nonché della parte;
- la dichiarazione di **valore della causa**, la cui mancanza può comportare la debenza del contributo unificato nella misura massima.

L'inammissibilità dell'atto di appello è rilevabile d'ufficio in ogni stato e grado del processo (art. 22, c. 2, D.Lgs. n. 546/1992) (➔81.2.1.).
L'atto di appello sottoscritto dal contribuente senza la presenza del difensore, nel caso di superamento della soglia dei 3.000 euro (➔80.2.4.) è inammissibile. (Cass., SS.UU. 13 dicembre 2017, n. 29919).

82.2.3. Oggetto della domanda

Per oggetto della domanda di appello, si intendono i **capi** della **sentenza di primo grado** dei quali l'appellante chiede la riforma e il **provvedimento** che chiede al giudice di appello in sostituzione di quello del primo grado.
Sui punti della sentenza non impugnati si forma il c.d. **giudicato interno** cioè tali punti sono definitivamente decisi come nella sentenza di primo grado.
L'atto di appello **non** può contenere **domande nuove** e non sono ammissibili **eccezioni** nuove (non rilevabili d'ufficio), a pena di inammissibilità delle stesse (art. 57, D.Lgs. n. 546/1992, CTR Lazio 24 gennaio 2017, n. 123, Cass., ord. 10 maggio 2019, n. 12467).

Il divieto di proporre in appello nuove eccezioni riguarda **eccezioni in senso tecnico** e non le mere argomentazioni difensive, tendenti a inficiare la sentenza sotto un profilo logico ulteriore rispetto a quello esposto in primo grado, dato che le difese, le argomentazioni e le prospettazioni con cui l'A.F. si difende dalle contestazioni già dedotte in giudizio non costituiscono, a loro volta, eccezioni in senso stretto (Cass., Sez. V, ord. 3 febbraio 2021, n. 2413).

Sulla base dei motivi sollevati nel ricorso di primo grado infatti si delinea l'oggetto del contendere.

CONTENZIOSO

Esempi

Sono state considerate domande nuove in un processo di impugnazione di un diniego di rimborso IVA, la deduzione dell'Ufficio del fatto che la somma versata a titolo di imposta dovesse essere assoggettata al meccanismo del pro-rata (Cass. n. 14231/2015).

Non sono state considerate domande nuove la decadenza del contribuente dalla possibilità di chiedere il rimborso di un tributo indebitamente versato determinato dal mancato rispetto del termine fissato per l'udienza visto che esso è rilevabile d'ufficio in ogni grado del processo (Cass. n. 317/2015).

Inoltre non si possono introdurre nuove **prove**, a meno che esse non siano ritenute necessarie ai fini della decisione o che la parte dimostri di non averle potute fornire nel precedente grado di giudizio per cause ad essa non imputabili (art. 58, D.Lgs. n. 546/1992).

Produzione di nuovi documenti

È prevista l'**ammissibilità** di **nuovi documenti** **entro 20 giorni** liberi prima dell'udienza (➔**81.2.18.**) e con l'osservanza delle formalità di cui all'art. 24, c., D.Lgs. n. 546/1992 (i documenti devono essere elencati negli atti di parte cui sono allegati o, se prodotti separatamente, in apposita nota sottoscritta da depositare in originale e in numero di copie in carta semplice pari a quello delle altre parti), dovendo tale termine ritenersi, anche in assenza di espressa previsione legislativa, di **natura perentoria** e, quindi, sanzionato con la decadenza (Cass., ord. 24 giugno 2021, n. 18103).

In appello è fatta salva la possibilità di produrre nuovi documenti ancorché preesistenti al primo grado (Cass., ord. 27 ottobre 2015, n. 21909, Cass. 11 aprile 2018, n. 8929) e pure se, in quest'ultimo giudizio, la parte era rimasta **contumace** (Cass., ord. 23 giugno 2021, n. 17921).

È dunque possibile produrre documenti nuovi in appello:
- a prescindere dall'**impossibilità** di produrli in **primo grado**;
- anche se prodotti **tardivamente** in primo grado;
- fermo restando il **divieto** di **domande nuove**;
- **entro 20 giorni** liberi prima dell'udienza (Cass., ord. 28 giugno 2018, n. 17164).

L'atto di appello può richiedere:
- la **riforma**, parziale o totale, della sentenza, oppure
- l'**annullamento** della sentenza con rimessione della lite in primo grado (c.d. appello rescindente).

Motivi 82.2.4.

L'atto di appello proposto senza la formulazione dei motivi è **inammissibile**.

L'atto di appello non può consistere nella mera riproduzione del contenuto del ricorso di primo grado ma deve indicare i **vizi** o gli **errori** di valutazione della **sentenza impugnata**.

L'appellante individua le questioni che formano l'oggetto e l'ambito del riesame chiesto al giudice di secondo grado, esplicitando gli errori commessi dal Giudice nel processo di primo grado e precisando le ragioni per le quali richiede la riforma della sentenza impugnata (Cass., ord. 21 novembre 2013, n. 26162).

Mentre nel ricorso in primo grado i motivi riguardano l'atto impositivo, in appello i motivi riguardano la sentenza.

L'appello è **a critica libera** nel senso che può anche basarsi su questioni di rito, quali ad esempio il difetto di giurisdizione. Quando si tratta di questioni di rito è necessario che l'atto di appello denunci vizi che determinino la rimessione in primo grado e che lo stesso non sia semplicemente fondato su questioni processuali.

Procura alle liti 82.2.5.

Se nel processo in primo grado la procura (➔**81.2.7.**) conferita al difensore non prevedeva limitazioni, la sua efficacia si estende anche all'atto di appello che dovrà richiamarla nel testo come già negli atti di primo grado (Cass. n. 27298/2019).

Valore della causa 82.2.6.

Nel processo di **appello** il valore della causa, in caso di **rigetto** del ricorso in primo grado, sarà uguale a quanto indicato nello stesso. In caso di **accoglimento parziale** del ricorso di primo grado, il valore della causa corrisponderà al minore tributo o sanzione **rideterminato** dalla sentenza di primo grado.

CONTENZIOSO

Nell'**appello incidentale**, (➡82.2.9.) il valore della controversia è costituito dalla parte della sentenza che è oggetto dell'appello stesso (D.P.R. n. 115/2002; circ. n. 1/DF/2011).
Per il contributo unificato da versare valgono le regole del processo in primo grado (➡81.2.9., ➡83.4.).

82.2.7. Notifica

L'atto di appello deve essere notificato, entro il termine di **60 giorni** dalla **notifica** della sentenza **o**, in mancanza, **6 mesi** dalla sua **pubblicazione** a pena di decadenza a tutte le parti del primo grado di giudizio svoltosi avanti la **Commissione Tributaria Provinciale**. A tali termini si applica la sospensione straordinaria Covid-19 (➡81.2.10.).
L'appello va notificato con riferimento all'elezione di domicilio o alla dichiarazione di residenza evincibili dagli atti di primo grado.
È nulla la notifica fatta alla parte personalmente e non presso il difensore domiciliatario nel processo di primo grado (Cass., ord. 10 luglio 2018, n. 18104).
La notifica può avvenire con le stesse modalità indicate nel ricorso in primo grado (➡81.2.1.) ovvero esclusivamente a mezzo PEC (art. 16 bis, c. 3, D.Lgs. n. 546/1992) (➡83.3.).
Il perfezionamento della notifica e la costituzione in giudizio seguono le norme del procedimento di primo grado (➡81.2.).
L'appello dichiarato **inammissibile** non può essere riproposto, indipendentemente dalla circostanza che il termine previsto dalla legge non sia ancora decorso (art. 60, D.Lgs. n. 546/1992).
In caso di notifica di un ricorso in appello a mezzo **operatore privato privo di titolo abilitante**, nulla perché non sanata dalla costituzione della parte appellata, è superfluo concedere un termine per la rinnovazione, atteso che alla mancanza di certezza legale della data di consegna dell'atto al destinatario, dovuta all'assenza di poteri certificativi dell'operatore, consegue la palese **inammissibilità dell'impugnazione per tardività** (Cass., ord. 6 luglio 2021, n. 19019).

82.2.8. Costituzione in giudizio dell'appellante

Entro **30 giorni** decorrenti dalla notifica, l'appellante è tenuto a costituirsi in giudizio esclusivamente mediante deposito telematico tramite il SIGiT (➡83.3.) a pena di inammissibilità. A tali termini si applica la sospensione straordinaria Covid-19 (➡81.2.10.).
Il processo di secondo grado si svolge sulla falsariga di quello di primo grado (➡81.2.14.) (➡83.4.).
All'avvenuto deposito dell'appello da parte dell'appellante, la segreteria della Commissione Tributaria Regionale farà richiesta alla segreteria della Commissione Provinciale della trasmissione del fascicolo del processo, che deve contenere copia autentica della sentenza.

82.2.9. Costituzione in giudizio dell'appellato

L'appellato si costituisce in giudizio mediante l'atto di controdeduzioni e, ove sussistano i presupposti, depositando appello incidentale (art. 54, D.Lgs. n. 546/1992).
L'**appello incidentale**, da proporre solo in caso di soccombenza, anche parziale, deve essere presentato, a pena di inammissibilità, con le controdeduzioni **entro** il termine di **60 giorni** dalla notifica dell'atto di appello. A tali termini si applica la sospensione straordinaria Covid-19 (➡81.2.10.).

> L'atto di appello incidentale deve avere gli stessi requisiti di forma e contenuto dettati per l'appello principale (art. 53, D.Lgs. n. 546/1992).

La devoluzione al giudice del gravame dell'**eccezione di merito, respinta in primo grado, formulata dalla parte comunque vittoriosa**, esige la proposizione dell'appello incidentale, ma se la parte ripropone tale eccezione contestando la statuizione sul punto, può procedersi alla sua **riqualificazione**, in applicazione del principio dell'idoneità dell'atto al raggiungimento dello scopo, tenuto anche conto che l'appello incidentale non deve essere notificato, ma è contenuto nelle controdeduzioni, depositate nel termine di costituzione dell'appellato, venendo così ad affievolirsi la distinzione tra appello incidentale, riproposizione dei motivi e difesa del resistente (Cass., ord. 24 giugno 2021, n. 18119).
La costituzione in giudizio avviene come per il processo in primo grado (➡81.2.16.) (➡83.5.).
La **costituzione tardiva** dell'appellato non comporta effetti irreversibili.

82.2.10. Riunione degli appelli

Per ragioni di economia processuale in secondo grado le impugnazioni proposte separatamente contro la stessa sentenza debbono essere riunite, anche d'ufficio, in un solo processo.

CONTENZIOSO

La mancata riunione dei due appelli proposti separatamente non determina la nullità di nessuna delle due sentenze emanate (Cass. 19 maggio 2006, n. 11809; Cass., Sez. V, Sent. 12 ottobre 2016, n. 20514).

L'obbligo di riunione degli appelli proposti avverso la stessa sentenza non esclude che quest'ultima possa disporsi in merito ad appelli proposti contro sentenze diverse (Cass. 11 febbraio 2003, n. 2013).

È nulla la sentenza con cui il giudice, dopo aver riunito le impugnazioni avverso due sentenze di primo grado, abbia deciso una sola delle controversie (Cass. 18 aprile 2007, n. 9219).

Tutela cautelare 82.2.11.

L'appellante può chiedere alla **Commissione Tributaria Regionale** di sospendere in tutto o in parte l'esecutività della sentenza emessa dalla **Commissione Tributaria Provinciale** ed impugnata, o l'esecuzione dell'atto impugnato, se sussistono gravi e fondati motivi (art. 52, D.Lgs. n. 546/1992).
Tale istanza cautelare non è subordinata alla prova, da parte dell'appellante, del *fumus boni juris*. Ciò nonostante, è auspicabile evidenziare nell'istanza l'esistenza di tale presupposto.
Se la Commissione Tributaria Regionale **accoglie** l'istanza, l'Ufficio non può iscrivere a ruolo i **due terzi del tributo** (art. 68, c. 1, lett. a), D.Lgs. n. 546/1992).
La sospensiva può essere subordinata al rilascio di garanzia (art. 62-bis, D.Lgs. n. 546/1992); nelle more si applicano gli interessi.
Per le modalità si rimanda al (➜**81.2.22.**).

Sentenza 82.2.12.

La sentenza emessa dalla **Commissione Tributaria Regionale** si sostituisce a quella emessa in primo grado.
Le sentenze di **appello** possono essere:
- **di rito** quando dichiarano l'inammissibilità dell'appello, ad esempio per il decorso dei termini di impugnazione (art. 51, D.Lgs. n. 546/1992), l'estinzione del giudizio oppure il difetto di giurisdizione o competenza;
- **di merito** quando si pronunciano sui motivi di impugnazione della sentenza di primo grado oggetto di appello.

Le sentenze di appello possono anche essere di tipo diverso e nei seguenti casi (art. 59, D.Lgs. n. 546/1992):
- quando dichiarano la competenza declinata o la giurisdizione negata dal primo giudice;
- quando riconoscono che nel giudizio di primo grado il contraddittorio non è stato regolarmente costituito o integrato;
- quando riconoscono che la sentenza impugnata, erroneamente giudicando, ha dichiarato estinto il processo in sede di reclamo contro il provvedimento presidenziale;
- quando riconoscono che il Collegio della Commissione Tributaria provinciale non era legittimamente composto;
- quando manca la sottoscrizione della sentenza da parte del giudice di primo grado.

Sentenze di rimessione alla Commissione provinciale

In tali casi la Commissione Tributaria Regionale **rimette la causa alla Commissione Provinciale** che ha emesso la sentenza impugnata e trasmette d'ufficio il relativo fascicolo senza necessità di **riassunzione** ad opera delle parti.
La parte motivazionale della sentenza del giudice di appello non è legittima qualora contenga un mero rinvio alla decisione dei giudici di primo grado, il giudice, infatti, deve dare atto, sia pure sinteticamente di aver effettuato un apprezzamento autonomo della controversia (Cass. 20 settembre 2013, n. 21517; Cass. 19 febbraio 2018, n. 3999).
Tale illegittimità potrebbe essere censurata in Cassazione che, se del caso, **rimetterà** la causa dinanzi al giudice di secondo grado.

Tutte le **sentenze che riportano errori** materiali, di calcolo od omissioni possono essere corrette su ricorso presentato da una delle parti. Lo stesso Giudice che ha emesso la sentenza provvederà alla correzione.
Questo procedimento non è soggetto a termini perentori e termina o con decreto, quando vi è accordo tra le parti, o mediante ordinanza.

CONTENZIOSO

Esecuzione della sentenza

A seguito della sentenza sfavorevole al contribuente emessa dalla Commissione Tributaria Regionale, lo stesso sarà tenuto a versare il residuo ammontare determinato nella sentenza stessa (art. 68, D.Lgs. n. 546/1992).

Termini relativi al procedimento innanzi la Commissione Tributaria Regionale
1. Predisposizione appello da notificarsi, a tutte parti del primo grado, **entro 60 giorni** dalla notifica della sentenza o **6 mesi** dalla pubblicazione (➔82.2.);
2. Costituzione in giudizio dell'appellante **entro 30 giorni** dalla notifica dell'atto di appello (➔82.2.8.);
3. Costituzione in giudizio dell'appellato **entro 60 giorni** dalla notifica dell'appello (➔82.2.9.);
4. Controdeduzione ed appello incidentale **entro 60 giorni** dalla notifica dell'appello (➔82.2.9.);
5. Deposito documenti **entro 20 giorni liberi** da udienza (come in primo grado ➔81.2.18.);
6. Deposito memorie illustrative **entro 10 giorni liberi** da udienza (come in primo grado ➔81.2.19.);
7. Istanza di trattazione in pubblica udienza **entro 10 giorni liberi** da udienza (come in primo grado ➔81.2.24.);
8. Deposito brevi repliche **entro 5 giorni liberi** da udienza (come in primo grado ➔81.2.24.).

Condanna alle spese

Le spese devono essere liquidate con riferimento ai singoli gradi di giudizio.

82.3. RICORSO IN CASSAZIONE

Contro le sentenze pronunciate dalle Commissioni Tributarie Regionale è ammesso il **ricorso per Cassazione** (art. 62, D.Lgs. n. 546/1992) per i seguenti motivi (nn. 1-5, art. 360 c.p.c.):

- motivi attinenti alla **giurisdizione**;
- violazione delle norme sulla **competenza**, quando non è prescritto il regolamento di competenza;
- violazione o falsa **applicazione** di **norme** di diritto e dei **contratti** e **accordi collettivi** nazionali di lavoro;
- **nullità** della **sentenza** o del procedimento;
- **omesso** esame circa un **fatto decisivo** per il giudizio che è stato oggetto di discussione tra le parti.

Previo accordo tra le parti, si prevede che una sentenza emessa dalla **Commissione Tributaria Provinciale** possa essere impugnata direttamente innanzi la Corte di Cassazione, "saltando" l'appello, a norma dell'art. 360, c. 1, n. 3, c.p.c. (violazione e falsa applicazione norme di diritto) (art. 62, c. 2-bis, D.Lgs. n. 546/1992).

82.3.1. Termini

I termini per proporre ricorso sono di **60 giorni dalla notifica** della sentenza o, in mancanza, di **6 mesi dal** suo **deposito**.

Tali termini scontano il periodo feriale. A tali termini si applica la sospensione straordinaria Covid-19 (➔81.2.10.).

82.3.2. Requisiti di forma

Per i requisiti di forma è obbligo fare riferimento a quanto contenuto nel **Protocollo d'intesa** tra la Corte di Cassazione e il Consiglio Nazionale Forense, in merito alle regole redazionali dei motivi di ricorso in materia civile e tributaria, del 17 dicembre 2015.

Il Protocollo evidenzia lo schema da seguire per la redazione del ricorso al fine di evitare la stesura di atti **sovradimensionati** nell'esposizione di motivi ed argomentazioni, nonché, definisce in modo chiaro il c.d. **principio di autosufficienza** del ricorso cioè fare in modo che, senza la necessità di visionare atti diversi dal ricorso medesimo, la Corte possa valutare le argomentazioni proposte dal ricorrente.

I motivi di ricorso devono indicare i fatti e le norme di diritto su cui si fondano.

> Il motivo deve essere specifico ovvero deve essere individuato in modo autonomo e presentare l'indicazione completa delle argomentazioni idonee ad avvalorarlo (Cass. 22 dicembre 2014, n. 27205).

82.3.3. Contenuto

Il ricorso in Cassazione dovrà contenere, a pena di inammissibilità (art. 366 c.p.c.):

- l'indicazione delle **parti**;
- l'indicazione della **sentenza** o della decisione **impugnata**;

- l'esposizione sommaria dei **fatti** della causa;
- i **motivi** per i quali si chiede la cassazione, con l'indicazione delle norme di diritto su cui si fondano;
- l'indicazione della **procura**, se conferita con atto separato e, nel caso di ammissione al gratuito patrocinio, del relativo decreto;
- la specifica indicazione degli **atti** processuali, dei **documenti** e dei **contratti** o accordi collettivi sui quali il ricorso si fonda.

Nel ricorso per cassazione l'esposizione dei fatti di causa realizzata tramite la pedissequa riproduzione degli atti processuali non soddisfa il requisito di cui all'art. 366 c.p.c., n. 3, che prescrive "l'esposizione sommaria dei fatti della causa". Vi è l'obbligo di sintesi (Cass. 12 settembre 2017, n. 21136; Cass. 4 aprile 2018, n. 8245).
L'obbligo di **specificità dei motivi** del ricorso rappresenta onere indefettibile di ammissibilità dello stesso (Cass., ord. 28 novembre 2017, n. 28377).
È inammissibile il ricorso che viola il **principio di autosufficienza** (Cass. 6 luglio 2018, n. 17843).

Se il ricorrente non ha domicilio in Roma, ovvero non ha indicato l'indirizzo di posta elettronica certificata comunicato al proprio ordine, le notificazioni gli sono fatte presso la cancelleria della Corte di Cassazione.
Per **parti** si intendono le parti costituite nel giudizio conclusosi con la pronuncia della sentenza impugnata.

Il ricorso deve essere sottoscritto, a pena di inammissibilità, da un **avvocato** iscritto all'Albo dei Cassazionisti e munito di **procura speciale**.

Deposito del ricorso 82.3.4.

Il **ricorso** deve essere depositato, a pena di improcedibilità, presso la Cancelleria della Corte entro **20 giorni** dall'ultima notifica alle parti contro le quali è proposto. A tali termini si applica la sospensione straordinaria Covid-19 (➔81.2.10.).
Il deposito può essere effettuato anche tramite il servizio postale (art. 134 c.p.c.); in tal caso fa fede la consegna all'ufficio postale evincibile dal timbro apposto dall'ufficio stesso) (Cass. 21 giugno 1995, n. 7013).
Insieme al ricorso il ricorrente deve depositare (art. 369, c. 2, c.p.c.):
- il decreto di concessione del **gratuito patrocinio**;
- la copia autentica della **sentenza** o della decisione impugnata con la relazione di notificazione, se questa è avvenuta;
- la **procura speciale**, se questa è conferita con atto separato;
- gli **atti processuali**, i **documenti**, i **contratti** o accordi collettivi sui quali il ricorso si fonda;
- istanza, in duplice copia, vistata dalla cancelleria del Giudice che ha pronunciato la sentenza o del quale si contesta la giurisdizione, per la trasmissione del fascicolo di ufficio alla Cancelleria della Corte di Cassazione (art. 369 c.p.c.).

A pena di improcedibilità è richiesto il deposito della copia autentica della sentenza, ma non che se ne faccia menzione nel ricorso (Cass. 10 ottobre 1996, n. 8856; Cass., Sez. V, sent. 19 settembre 2014, n. 19750).
A seguito del ricorso in Cassazione, il ricorrente dovrà pagare il **contributo unificato** che, per i ricorsi in materia tributaria, va calcolato nella misura prevista per il processo civile in Cassazione (art. 261, D.P.R. n. 115/2002):

Valore della Causa	Contributo da versare
fino a € 1.100,00	€ 86,00
superiore a € 1.100,00 e fino a € 5.200,00	€ 196,00
superiore a € 5.200,00 e fino a € 26.000,00	€ 474,00
superiore a € 26.000,00 e fino a € 52.000,00	€ 1.036,00
superiore a € 52.000,00 e fino a € 260.000,00	€ 1.518,00
superiore a € 260.000,00 e fino a € 520.000,00	€ 2.428,00
superiore a € 520.000,00	€ 3.372,00

CONTENZIOSO

Per i processi in Cassazione, oltre al contributo unificato, è dovuto un importo di 200 euro, pari all'**imposta fissa di registrazione** dei provvedimenti giudiziari (art. 13, c. 2-bis, D.P.R. n. 115/2002). Poiché il Portale dei pagamenti telematici prevede due soli campi, per il "contributo unificato" e i "diritti di cancelleria", in attesa delle modifiche alla procedura informatica, i due versamenti, che hanno lo stesso codice (contributo unificato e imposta fissa di registrazione), vanno aggregati, aggiungendo all'importo del contributo unificato dovuto, l'importo di 200 euro (Corte di cassazione, comunicato stampa 12 aprile 2021).

82.3.5. Controricorso

La parte resistente può proporre controricorso da notificare al ricorrente entro **40 giorni dalla** notifica del ricorso (art. 370 c.p.c.). A tali termini si applica la sospensione straordinaria Covid-19 (➡**81.2.10.**).

Al controricorso si applicano le norme sul ricorso (artt. 365 e 366 richiamati dall'art. 370, c. 2 c.p.c.). Il controricorso dovrà essere **depositato** entro i successivi **20 giorni dalla notifica** effettuata alla controparte insieme con gli atti e i documenti e con la procura speciale, se conferita con atto separato (art. 370, c. 3 c.p.c. e artt. 134, 135, 137 disp. att. c.p.c.). A tali termini si applica la sospensione straordinaria Covid-19 (➡**81.2.10.**).

82.3.6. Ricorso incidentale

La parte resistente può a sua volta ricorrere contro la sentenza proponendo ricorso incidentale, per altri motivi o su altri punti, esaminati, su cui sia rimasto **soccombente**, da notificare alle altre parti interessate entro **40 giorni** dalla notifica del ricorso, a pena di inammissibilità anche se non fossero decorsi i termini generali per le impugnazioni. A tali termini si applica la sospensione straordinaria Covid-19 (➡**81.2.10.**).

Esempio

Sentenza della CTR depositata in segreteria in data 5 gennaio 2022 non notificata.

Il termine per proporre ricorso per Cassazione scade il 5 luglio 2022 (6 mesi dalla data del deposito). Il contribuente notifica il ricorso alla parte che lo riceve in data 5 maggio 2022, da tale data partono i 40 giorni entro i quali proporre ricorso incidentale che dovrà essere notificato entro il 14 giugno 2022 nonostante il termine per l'impugnazione (5 luglio 2022) non sia ancora spirato.

82.3.7. Controricorso al ricorso incidentale

Il ricorrente al quale è stato notificato ricorso incidentale può resistervi con controricorso al ricorso incidentale (art. 371, c. 4, c.p.c.) ma non può sollevarvi **nuove censure**, nuove **questioni o motivi** (Cass. 23 giugno 1998, n. 6233) né proporre ricorso incidentale (Cass. 1° dicembre 1999, n. 13358), che è consentito solo a parti diverse dal ricorrente principale (➡**82.3.6.**) e solo se non sono decorsi i 40 giorni dalla notifica del ricorso principale (Cass. 24 settembre 1999, n. 10513 e Cass. 12 gennaio 1996, n. 188).

82.3.8. Tutela cautelare

Il ricorso per Cassazione non sospende l'esecuzione della sentenza, ma, in pendenza di esso, è possibile chiedere la sospensione dell'efficacia esecutiva della sentenza impugnata alla Commissione Tributaria Regionale che l'ha emessa (art. 373 c.p.c.).

Nell'istanza la parte ricorrente dovrà provare il **danno grave e irreparabile** e non i gravi e fondati motivi (art. 62-bis, D.Lgs. n. 546/1992) e dovrà dimostrare di aver **depositato** il ricorso per cassazione contro la sentenza della quale si chiede la sospensione.

La sospensione può essere subordinata alla prestazione della **garanzia** (art. 69, c. 2, D.Lgs. n. 546/1992; CTR Lombardia, ord. 8 marzo 2013, n. 9).

È opportuno richiedere la **sospensione** dell'esecuzione dell'**atto originario** per evitare che l'Ufficio iscriva a ruolo o continui a richiedere il pagamento dell'originaria iscrizione a ruolo del terzo.

Pertanto, in caso di accoglimento, l'Ufficio non solo non può iscrivere a ruolo **i due terzi del tributo**, ma non può iscrivere a ruolo neppure il terzo dell'imposta perché viene sospesa l'esecutività **dell'atto originario** (CTR Bari - Sezione staccata di Lecce, ord. 29 febbraio 2016, n. 217).

82.3.9. Svolgimento del processo in Cassazione

A seguito dell'**emergenza Covid-19**, con il protocollo d'intesa del 9 aprile 2020 tra la Corte di Cassazione, la Procura generale presso la Corte di Cassazione ed il Consiglio Nazionale Forense, si stabiliscono le regole per la trattazione delle adunanze e delle udienze. Tale protocollo, che richiama i Provvedimenti n. 44 e 47 del Primo Presidente della Corte di Cassazione, si intende efficace fino al

CONTENZIOSO

30 giugno 2020, successivamente prorogato al 31 luglio 2020, ed invita i difensori ad inviare in maniera telematica gli atti processuali già inviati in modalità cartacea.
Tale richiesta sarà avanzata nel provvedimento di fissazione di udienza; entro 7 giorni i difensori dovranno adempiere.
Tutte le cause fissate in **udienza pubblica fino al giugno 2020** saranno **rinviate a nuovo ruolo**; le cause fissate in **adunanza camerale fino al mese di maggio 2020 saranno rinviate a nuovo ruolo** (Provvedimento n. 47, Corte di Cassazione).
Per l'**accesso ai servizi della Corte di Cassazione**, **fino al 30 settembre 2020** bisognerà fare riferimento a quanto contenuto nel provvedimento del Primo Presidente della Corte di Cassazione prot. 1882/2020/I (che richiama il provvedimento prot. 939/2020/I così come modificato dal provvedimento prot. 1367/2020/I).
La Corte di Cassazione ha diramato il **format per l'invio degli atti alla Cancelleria della Corte** (comunicato stampa 2 novembre 2020).

Il D.L. 28 ottobre 2020, n. 137, ha delineato il seguente assetto:
- i procedimenti con udienze fissate **entro il 12 novembre 2020** seguono il rito ordinario;
- i procedimenti con udienze fissate **fra il 13 novembre e il 27 novembre 2020** si svolgono in forma camerale non partecipata, salvo che intervenga richiesta di discussione orale, da formulare entro il 7 novembre 2020;
- i procedimenti con udienze fissate **dal 28 novembre 2020** si svolgono in forma camerale non partecipata, salvo che intervenga richiesta di discussione orale, formulata entro 25 giorni liberi prima dell'udienza, ovvero il 4 novembre 2020.

Il **termine di 25 giorni prima dell'udienza**, applicabile dopo la cessazione del regime transitorio, è un termine libero, sicché non dovranno essere computati né il giorno iniziale né quello finale (Corte di Cassazione, nota 4 novembre 2020).
Le **modalità per la celebrazione mediante collegamento da "remoto"** delle adunanze civili e delle udienze penali camerali non partecipate sono state stabilite con Decreto del Primo Presidente 5 novembre 2020, n. 144). Il decreto, che prevede la necessaria presenza in Corte del presidente del collegio o di un consigliere dallo stesso delegato, ha lo scopo di assicurare la piena disponibilità del fascicolo processuale, mediante la condivisione degli atti con i componenti del collegio che partecipano a distanza, nonché di attestare la piena partecipazione all'udienza dei magistrati che si collegano da remoto.
Ai sensi dell'art. 221, c. 5, del D.L. n. 34/2020, è accertata presso la Corte di cassazione l'installazione e l'idoneità delle attrezzature informatiche, nonché la funzionalità dei servizi di comunicazione del settore civile per il deposito telematico degli atti processuali e dei documenti da parte dei difensori delle parti, a decorrere dal 31 marzo 2021 (Ministero della Giustizia, D.dir. 27 gennaio 2021).
Si sono ampliate le possibilità per la Cassazione di decidere con rito semplificato, vale a dire con **ordinanza in camera di consiglio**, anziché in udienza pubblica con sentenza (D.L. n. 168/2016).

Sezione-filtro - Il procedimento dinanzi alla **Sezione-filtro** (art. 380-bis c.p.c.) viene ancora semplificato.
Nella Sezione-filtro, se a un sommario esame non ricorrono i presupposti per la decisione immediata (inammissibilità o manifesta fondatezza o infondatezza) il presidente della Sezione filtro, senza alcuna formalità, rimette la causa alla Sezione di competenza (la Sezione Quinta, tributaria, per i ricorsi tributari) (art. 376, c. 1, c.p.c.).
Se, invece, in esito a tale sommario esame, si ritiene possano sussistere i presupposti per la decisione immediata, il Presidente della Sezione filtro, su proposta del relatore che ha esaminato il fascicolo, fissa con decreto la data della adunanza della Corte, specificando se è stata ravvisata ipotesi di inammissibilità, manifesta fondatezza o infondatezza. Il decreto è comunicato almeno 20 giorni prima agli avvocati delle parti, che possono presentare memorie non oltre 5 giorni prima (art. 380-bis c.p.c.).
In quella adunanza la Corte pronuncia con ordinanza la inammissibilità o manifesta fondatezza o infondatezza, ovvero rimette la decisione alla Sezione tributaria in pubblica udienza (art. 375, n. 1 e 5 e 380-bis, u.c.).
Quindi la Sezione-filtro decide con ordinanza oppure, se ritiene che non ricorrano i presupposti, rimette direttamente la causa alla pubblica udienza della Sezione semplice.
Vengono meno, quindi, sia la notifica agli avvocati della relazione con l'esposizione delle ragioni che possono giustificare la pronuncia con ordinanza, sia la possibilità per le parti di chiedere di essere sentiti.

CONTENZIOSO

Memorie - Le parti possono depositare memorie illustrative fino a **5 giorni prima** della fissazione dell'**adunanza** camerale.

Fissazione adunanza

La trattazione del ricorso può avvenire mediante pubblica udienza o udienza in Camera di consiglio. Dopo le ultime riforme, la trattazione in pubblica udienza è divenuta eccezionale e si ha solo per i giudizi che riguardino questioni giuridiche di particolare importanza (ovvero nel caso di giudizio di revocazione). Si tratta ovviamente di una valutazione discrezionale del Collegio.

L'**avviso** di fissazione dell'**adunanza camerale** comunicata agli avvocati delle parti e al pubblico ministero dovrà contenere:

- l'indicazione della **data**, dell'**ora** e del **luogo** dell'adunanza stessa;
- l'indicazione che l'adunanza camerale **non** è **partecipata**;
- l'indicazione del **termine** entro il quale le parti hanno facoltà di **depositare memorie**.

> Il presidente della Sezione-filtro, su proposta del relatore, fissa l'adunanza camerale per decidere sul ricorso - nei casi in cui si configuri un'ipotesi di "inammissibilità", "manifesta infondatezza o "manifesta fondatezza" dello stesso - e le parti possono presentare memorie non oltre 5 giorni prima della data stabilita per l'adunanza (art. 380-bis c.p.c.).

Istanza di trattazione della causa in pubblica udienza

Qualora un ricorso sia avviato alla trattazione camerale di Sezione ordinaria, le parti possono richiedere motivatamente, nella memoria depositata o con apposita istanza, che la trattazione avvenga invece in **pubblica udienza** indicando la questione di diritto di particolare rilevanza che, a loro avviso, giustifica la discussione pubblica (Protocollo d'intesa 15 dicembre 2016 tra Corte di Cassazione, Consiglio Nazionale Forense e Avvocatura Generale dello Stato).

Le **decisioni** della Corte possono essere:

- di **rettificazione**, il giudice di legittimità corregge la motivazione errata oggetto del ricorso;
- di **rigetto**, i motivi addotti dal ricorrente sono ritenuti infondati;
- di **accoglimento** del ricorso, viene dichiarata la cassazione della decisione impugnata e si può disporre o meno il rinvio ad altro giudice.

82.3.10. Spese

Se il ricorso è accolto senza rinvio, la Corte provvede sulle spese di tutti i giudizi precedenti, liquidandole essa stessa o rimettendone la liquidazione al giudice che ha pronunciato la sentenza cassata (art. 385 c.p.c.).

82.4. GIUDIZIO DI RINVIO

In caso di **sentenza di rinvio** alla **Commissione Tributaria Provinciale** o Regionale, la parte interessata dovrà riassumere il processo entro il termine perentorio di **6 mesi** (sconta il periodo feriale) a pena di estinzione dell'intero processo, e passaggio in giudicato del provvedimento impugnato (art. 63, D.Lgs. n. 546/1992; CTR Piemonte n. 586/2016). A tali termini si applica la sospensione straordinaria Covid-19 (➔81.2.10.).

Tale atto dovrà essere **notificato** a **tutte** le **parti** presenti nel giudizio di Cassazione, altrimenti sarà considerato **inammissibile**.

> Nel processo di rinvio, le **parti**, che conservano la **stessa posizione processuale** che avevano nel precedente grado di giudizio, non possono formulare richieste diverse da quelle prese nel procedimento in cui la sentenza cassata era stata pronunciata.

Se il difensore era già stato nominato nel giudizio di merito, non occorre altra procura.

Successivamente, la parte che ha provveduto alla riassunzione dovrà **costituirsi in giudizio** (art. 22, D.Lgs. n. 546/1992).

Nel giudizio di rinvio successivo alla cassazione della sentenza impugnata, la **riassunzione** della causa deve essere preceduta, a pena di inammissibilità, dal deposito di copia autentica della sentenza di legittimità o dell'ordinanza decisoria che definisce il giudizio (Cass., Sez. V, ord. 11 febbraio 2020, n. 3250). È onere della segreteria della Commissione adita richiedere alla cancelleria della Corte di Cassazione la trasmissione del fascicolo del processo.

In caso di estinzione del processo dovuta all'**omessa riassunzione** della causa davanti al giudice del rinvio, la regola generale dell'art. 2945, terzo c., c.c., non trova applicazione e il **termine di prescrizione** della pretesa fiscale decorre dalla data di scadenza del termine utile per la (non attuata) riassunzione (Cass., sent. 16 settembre 2021, n. 25014).

In caso di **annullamento dell'intero giudizio di merito**, da parte della Cassazione, non si applica il principio del "*tempus regit processum*" - secondo cui vanno mantenute le norme vigenti al momento della proposizione della domanda iniziale - poiché esso presuppone l'esistenza di atti processuali validi, compiuti nel previgente regime, mentre nell'ipotesi suddetta, insieme con l'atto originario, cade anche il collegamento con il precedente regime processuale e il nuovo giudizio che si instaura a seguito di rinvio restitutorio è sottoposto alle regole vigenti nel momento in cui, con la riassunzione, si rinnova l'atto introduttivo nullo, in virtù del giustapposto principio del "*tempus regit actum*". Mentre nell'ipotesi di **rinvio c.d. prosecutorio** (o proprio), il giudice non deve tenere conto delle modifiche processuali "*medio tempore*" intervenute, vertendosi in una fase ulteriore dell'originario procedimento (introdotto secondo le regole in quel momento vigenti), nel caso **rinvio c.d. restitutorio** (o improprio), le sopravvenienze normative incidono, invece, sul nuovo processo che si svolge dinanzi al primo giudice, cui la causa sia stata rimessa in conseguenza dell'annullamento dell'intero procedimento (Cass., Sez. VI-5, ord. 15 ottobre 2020, n. 22407).

REVOCAZIONE 82.5.

Le sentenze pronunciate in grado d'**appello** o in unico grado dalle Commissioni Tributarie possono essere impugnate (art. 395 c.p.c., art. 64, c. 1, D.Lgs. n. 546/1992).
Le sentenze per le quali è scaduto il termine per l'appello possono essere impugnate per i motivi di cui ai numeri 1, 2, 3, e 6 dell'art. 395 c.p.c. purché la scoperta del dolo o della falsità dichiarata o il recupero del documento o il passaggio in giudicato della sentenza (art. 395, n. 6 c.p.c.) siano posteriori alla scadenza del termine suddetto vale a dire successivi ai 60 giorni dalla notifica della sentenza o in mancanza successivi ai 6 mesi decorrenti dal deposito della sentenza (art. 64, c. 2, D.Lgs. n. 546/1992).
Nel giudizio di revocazione, il difensore della parte può essere condannato al pagamento in proprio delle spese processuali solo quando abbia agito in virtù di **procura inesistente** e non meramente nulla, giacché, in tale ipotesi, il rapporto processuale si instaura validamente, onerando il giudice, che rilevi il vizio della procura, di ordinarne la **rinnovazione sanante** (Cass., Sez. V, ord. 7 maggio 2020, n. 8591).
Il ricorso per revocazione indirizzato alla stessa Commissione Tributaria che ha pronunciato la sentenza impugnata deve, a pena di inammissibilità, contenere (art. 53, c. 1, D.Lgs. n. 546/1992) l'indicazione della Commissione Tributaria a cui è diretto, dell'appellante e delle altre parti nei cui confronti è proposto, gli estremi della sentenza impugnata, l'esposizione sommaria dei fatti, l'oggetto della domanda ed i motivi specifici dell'impugnazione (**➡82.2.2.**) e la specifica indicazione del **motivo di revocazione** e **della prova dei fatti** (art. 395, nn. 1, 2, 3 e 6 c.p.c.) nonché del **giorno della scoperta o della falsità dichiarata o del recupero del documento** (art. 64, D.Lgs. n. 546/1992). Ai fini del ricorso per revocazione ordinaria è sufficiente l'indicazione degli estremi della sentenza, senza che sia anche necessaria la sua allegazione, non essendo tale onere contemplato dalla norma (Cass., Sez. V, ord. 21 gennaio 2020, n. 1233).
L'atto introduttivo con cui la parte domanda la revocazione della sentenza d'appello comprende anche la richiesta di pronuncia sul merito della controversia, quand'anche quest'ultima non sia formulata in modo esplicito (Cass., Sez. V, sent. 18 settembre 2020, n. 19450).
Sono motivi di **revocazione straordinaria** (art. 395, nn. 1, 2, 3 e 6, c.p.c.) se:
- sono l'effetto del dolo di una delle parti in danno dell'altra;
- si è giudicato in base a prove riconosciute o comunque dichiarate false dopo la sentenza oppure che la parte soccombente ignorava essere state riconosciute o dichiarate tali prima della sentenza;
- dopo la sentenza sono stati trovati uno o più documenti decisivi che la parte non aveva potuto produrre in giudizio per causa di forza maggiore o per fatto dell'avversario;
- la sentenza è effetto del dolo del giudice, accertato con sentenza passata in giudicato.

Sono motivi di **revocazione ordinaria** (art. 395, nn. 4 e 5, c.p.c.) se:
- la sentenza è l'effetto di un **errore di fatto** risultante dagli atti o documenti della causa. Vi è questo errore quando la decisione è fondata sulla supposizione di un fatto la cui verità è incontrastabilmente esclusa, oppure quando è supposta l'inesistenza di un fatto la cui verità è positivamente stabilita, e tanto nell'uno quanto nell'altro caso se il fatto non costituì un punto controverso sul quale la sentenza ebbe a pronunciare (Cass., ord. n. 7617/2018: è effetto di errore revocatorio la sentenza che risulti frutto di una svista percettiva sull'intero oggetto del contendere) (Cass. n. 603/2018: è errore revocatorio la mancata comunicazione della fissazione dell'udienza o dell'adunanza) (**➡82.3.9.**);
- la sentenza è **contraria ad altra precedente** avente fra le parti autorità di cosa giudicata, purché non abbia pronunciato sulla relativa eccezione.

L'istanza di revocazione (art. 395, n. 5, c.p.c.), per essere la sentenza da revocare contraria ad altra precedente avente tra le parti autorità di cosa giudicata, è ammissibile solo quando si tratta di giudicato risultante da un giudizio separato e sempre che, con la sentenza da revocare, il giudice non abbia pronunciato sull'eccezione di giudicato esterno; quando il contrasto con un precedente giudicato si riferisce ad una sentenza pronunciata nell'ambito dello stesso giudizio, il rimedio contro la violazione del giudicato interno è quello del ricorso per cassazione ai sensi dell'art. 360, c. 1, n. 4, c.p.c. (Cass. n. 155/2014).

82.5.1. Termini

Il ricorso deve essere proposto in caso di **revocazione straordinaria** (ad esempio, la scoperta del fatto che si è giudicato su prove false) entro il termine di **60 giorni** decorrente dal momento in cui si è scoperto il fatto o la circostanza su cui si fonda il motivo di revocazione. Tutto ciò è esercitabile anche dopo la formazione del giudicato e può investire anche le sentenze di primo grado.

Per gli **altri motivi di revocazione** (cioè i motivi di revocazione che sono conoscibili già al momento della lettura della sentenza, ad esempio, l'errore sul fatto) il ricorso deve essere proposto entro **60 giorni** decorrenti dalla notificazione della sentenza o, in mancanza, entro il termine di 6 mesi, decorsi i quali non è più esercitabile essendosi verificato il giudicato. Il ricorso per revocazione è proposto e depositato a norma dell'art. 53, c. 2, D.Lgs. n. 546/1992 (➔**82.2.2.**) (➔**82.2.4.**).

A tali termini si applica la sospensione straordinaria Covid-19 (➔**81.2.10.**).

Le parti possono proporre **istanza cautelare** (➔**82.2.11.**).

Contro la sentenza che decide il giudizio di revocazione sono ammessi i mezzi d'impugnazione ai quali era originariamente soggetta la sentenza impugnata per revocazione.

Il ricorso per revocazione deve essere **depositato** entro **30 giorni** dalla proposizione nella segreteria della Commissione Tributaria competente, a pena di inammissibilità. A tali termini si applica la sospensione straordinaria Covid-19 (➔**81.2.10.**).

82.6. GIUDIZIO DI OTTEMPERANZA

È previsto a seguito di inottemperanza agli obblighi derivanti dalla sentenza tributaria passata in giudicato (art. 70, D.Lgs. n. 546/1992).

Il ricorso è proponibile solo dopo la scadenza del termine entro il quale è prescritto dalla legge l'adempimento dell'obbligo previsto dalla sentenza a carico dell'ufficio finanziario o ente locale o, in mancanza di tale termine, dopo **30 giorni** dalla loro **messa in mora** a mezzo ufficiale giudiziario (art. 70, c. 2, D.Lgs. n. 546/1992; Cass. 5 novembre 2021, n. 31856).

Il ricorso deve essere redatto in **doppio originale**, intestato al Presidente della Commissione e contenere sia la sommaria **indicazione dei fatti** sia, a pena di inammissibilità, gli **estremi** della **sentenza** di cui si chiede l'ottemperanza e depositato alla Commissione Provinciale che ha pronunciato la sentenza di cui si intende ottenere l'esecuzione forzata oppure, negli altri casi, alla Commissione Regionale.

Tale atto deve essere corredato dei seguenti **allegati**:

- copia della sentenza in originale;
- copia autentica della messa in mora notificata, ove necessaria (art. 70, c. 3, D.Lgs. n. 546/1992).

Una volta instaurato il giudizio, l'ufficio dovrà adempiere agli obblighi derivanti dalla sentenza nel termine di **20 giorni** dall'avvenuta comunicazione.

In mancanza di adempimento, il ricorso è assegnato alla Sezione che ha emesso la sentenza e il Presidente della stessa fissa apposita udienza **in camera di consiglio** nel contraddittorio delle parti non oltre **90 giorni** dal deposito del ricorso. La segreteria **comunica** alle parti la **data** almeno **10 giorni** liberi prima. Il Collegio adotta con sentenza i provvedimenti indispensabili per l'ottemperanza, eventualmente delegando a tale scopo un proprio componente oppure nominando un commissario (art. 70, c. 7, D.Lgs. n. 546/1992).

La **chiusura** del procedimento viene dichiarata **con ordinanza**.

In caso di **richiesta di rimborso IVA**, il giudice dell'ottemperanza deve accertare se il contribuente abbia utilizzato l'eccedenza in detrazione o in compensazione, integrando tale circostanza una causa di improponibilità della domanda, dato che tali istituti costituiscono modalità alternative di esercizio del diritto al recupero dell'eccedenza IVA detraibile e che, in caso di ricorso ad essi, l'esecuzione del rimborso riguarderebbe un obbligo il cui corrispondente interesse è stato già unilateralmente e direttamente soddisfatto dal contribuente (Cass., Sez. V, sent. 4 giugno 2020, n. 10570). Invece, l'avvenuta accettazione da parte del contribuente di un **rimborso parziale** delle somme dovutegli in base alla sentenza, con riguardo alla quale viene avviato il giudizio di ottemperanza, non preclude il rimborso

CONTENZIOSO

dell'importo rimanente, non equivalendo l'accettazione a rinuncia o transazione sul residuo (Cass., ord. 3 giugno 2021, n. 15306).
La sentenza non definitiva, con la quale si preveda il **rimborso, in favore del contribuente, di dazi doganali** ritenuti non dovuti non può ritenersi immediatamente esecutiva, in quanto disposizione incompatibile con il Codice doganale comunitario e con il Codice doganale unionale, con conseguente inammissibilità del ricorso per ottemperanza eventualmente proposto (Cass., Sez. V, ord. 13 ottobre 2020, n. 22012).

CONTENZIOSO

83. PROCESSO TRIBUTARIO TELEMATICO

83.1. INQUADRAMENTO

Il **Processo Tributario Telematico (PTT)** si colloca nell'ambito del processo di digitalizzazione della giustizia (D.M. 23 dicembre 2013, n. 163; Decreto 4 agosto 2015; circ. 11 maggio 2016, n. 2/DF; Decreto 30 giugno 2016, Decreto 22 dicembre 2016, circ. n. 1/DF del 4 luglio 2019, art. 16, D.L. n. 119/2018; D.dir. 6 novembre 2020).

Il PTT, finalizzato a digitalizzare la giustizia tributaria, è stato avviato a partire dal 1° dicembre 2015 nelle prime Regioni pilota e si è poi esteso dal 2017 a tutto il territorio nazionale.

Tale strumento è diventato obbligatorio in tutte le Commissioni tributarie d'Italia (art. 16-bis, c. 3, D. Lgs. n. 546/1992) per i **ricorsi di I e II grado notificati a decorrere dal 1° luglio 2019**.

Rimane **escluso** da tale obbligatorietà chi sta in giudizio senza assistenza tecnica (art. 16-bis, c. 3, D.Lgs. n. 546/1992) (➔80.2.4.).

83.2. REGISTRAZIONE

Sotto il profilo strutturale, il PTT si fonda in un sistema di informazioni denominato S.I.Gi.T. acronimo di Sistema Informativo della Giustizia Tributaria.

Per poter aderire al Processo Tributario Telematico, l'utente, dovrà **registrarsi** attraverso il **portale** dedicato **S.I.Gi.T.**, per il cui utilizzo è stato predisposto il regolamento 23 dicembre 2013, n. 163 (disciplina dell'uso di strumenti informatici e telematici nel processo tributario), per poi accedere al sistema informativo della Giustizia Tributaria. Con le credenziali ottenute (UserID e Password) potrà, altresì, consultare il fascicolo della propria controversia.

L'utente dovrà disporre, oltre che di una connessione internet, della firma digitale e di una casella PEC.

La **firma elettronica** necessaria per conferire validità giuridica agli atti trasmessi è prevista nelle forme della "firma elettronica qualificata" e della "firma digitale".

> La firma digitale del difensore ha una scadenza triennale. Pertanto, potrebbe succedere che essa sia temporalmente valida all'atto della notifica del ricorso all'ente impositore, ma risulti poi scaduta all'atto della costituzione in giudizio per via telematica.
> Le **firme elettroniche** qualificate e digitali, ancorché sia scaduto, revocato o sospeso il relativo certificato qualificato del sottoscrittore, sono **valide** se alle stesse è associabile un **riferimento temporale** opponibile ai terzi che collochi la generazione di queste firme rispettivamente in un momento precedente alla scadenza, revoca o sospensione del certificato (D.P.C.M. 22 febbraio 2013, art. 62) e, sotto tale profilo, la PEC costituisce un valido riferimento temporale opponibile ai terzi (D.P.C.M. 22 febbraio 2013, art. 41).

La **Posta Elettronica Certificata** è un sistema di comunicazione in grado di attestare l'invio e l'avvenuta consegna di un messaggio di posta elettronica e di fornire ricevute opponibili ai terzi (art. 1, c. 1, lett. v-bis), D.Lgs. n. 82/2005).

Per l'utilizzo della PEC nel Processo Tributario Telematico valgono le caratteristiche del decreto istitutivo (D.P.R. n. 68/2005) senza alcune limitazioni. Tramite PEC avvengono, quindi, le **notificazioni** tra le parti processuali del ricorso introduttivo o del ricorso in appello, oltre che le **comunicazioni** processuali da parte delle segreterie delle Commissioni tributarie.

Attraverso il S.I.Gi.T. si **inviano telematicamente** alle Commissioni tributarie i ricorsi, gli appelli, le controdeduzioni, le memorie, gli allegati e le sentenze, sottoscritti in modo digitale, attraverso l'utilizzo di moduli dedicati e configurati in formato pdf/A.

CONTENZIOSO

Possono **accedere** al S.I.Gi.T. (art. 3, c. 2, Decreto n. 163/2013):
- soltanto i **giudici tributari**, le **parti**, i **procuratori** e i **difensori** (artt. 11 e 12, D.Lgs. n. 546/1992);
- il **personale** abilitato delle segreterie delle **Commissioni tributarie**;
- i **consulenti tecnici** e gli altri soggetti (art. 12, D.Lgs. n. 546/1992) (➔80.2.4.);
- le parti, i loro procuratori e difensori, nonché i consulenti e gli organi tecnici possono accedere alle sole informazioni contenute nei fascicoli dei procedimenti in cui sono costituiti o svolgono attività di consulenza.

Il S.I.Gi.T. assicura (art. 3, D.M. n. 163/2013):
- l'individuazione della Commissione Tributaria presso la quale depositare il ricorso o appello e gli atti connessi;
- l'individuazione del procedimento giurisdizionale tributario attivato;
- l'individuazione del soggetto abilitato;
- la trasmissione degli atti e documenti alla Commissione Tributaria competente;
- la ricezione degli atti e documenti da parte della Commissione Tributaria competente;
- il rilascio delle attestazioni concernenti le attività di cui ai precedenti punti relativi alla trasmissione e alla ricezione degli atti;
- la formazione del fascicolo informatico;
- la trasmissione del fascicolo informatico dalla Commissione Tributaria Provinciale a quella Regionale nonché da e verso organi giurisdizionali diversi.

Tutti gli aventi diritto possono accedere e consultare il fascicolo processuale contenente tutti gli atti e documenti del contenzioso, tramite il **Telecontenzioso**.
Le regole tecniche, che le parti che intendono costituirsi con modalità telematica debbono rispettare sono stabilite dal Decreto 4 agosto 2015.
Dal 1° luglio 2019 il ricorso telematico è diventato obbligatorio.

Il Processo Tributario Telematico si colloca nell'ambito del processo di digitalizzazione della giustizia già attuato nel processo civile e la **scelta** di utilizzo dello stesso va effettuata "*ab origine*", vale a dire sin **dal primo grado**, non essendo ammissibile la modifica di un iter cartaceo in primo grado, in telematico in grado di appello. Pertanto, laddove sin dal primo grado venga scelto l'iter telematico, la costituzione, la proposizione del ricorso e le comunicazioni conseguenti alle stesse possono essere effettuate tutte, nessuna esclusa, in via telematica, dal che consegue che tutto il prosieguo del processo tributario, compreso l'atto di appello, potrà essere effettuato con tale formula, nel rispetto degli artt. 16 e 16-bis, D.Lgs. 31 dicembre 1992, n. 546 (CTR Firenze, 31 maggio 2017). Contraria la sentenza n. 7530/18/18 della CTR del Lazio che ha ritenuto **ammissibile l'appello notificato a mezzo PEC** nonostante il primo grado fosse avvenuto in modalità "cartacea" in considerazione del fatto che la prosecuzione in appello con le stesse modalità del primo grado riguarda solo il caso in cui "la parte abbia utilizzato in primo grado le modalità telematiche e non il caso inverso in cui la parte abbia utilizzato in primo grado le modalità cartacee".

Il D.L. n. 119/2018, c. 2, art. 16, dispone che l'art. 16-bis, c. 3, D.Lgs n. 546/1992, nel testo vigente prima dell'entrata in vigore del Decreto n. 119/2018, si interpreta nel senso che le parti possono utilizzare in ogni grado di giudizio la modalità prevista per il **Processo Tributario Telematico (PTT)** **indipendentemente dalla modalità prescelta dalla controparte** nonché dall'avvenuto svolgimento del giudizio di primo grado con modalità analogiche.
Inoltre, l'appello notificato a mezzo PEC prima dell'entrata in vigore del D.M. 4 agosto 2015 è inammissibile, in virtù del principio di specialità della disciplina del processo tributario (Cass., Sez. VI-5, ord. 26 giugno 2020, n. 12739).

CONTENZIOSO

NOTIFICA TELEMATICA 83.3.

È prevista la sospensione straordinaria dei termini processuali, a seguito dell'emergenza Covid-19 (art. 83, D.L. n. 18/2020; art. 36, D.L. n. 23/2020; circ. 16 aprile 2020, n. 10/E) (➔81.)

Per espressa previsione di legge, la trasmissione effettuata via PEC equivale alla notificazione per mezzo della posta e, se la trasmissione è effettuata in conformità alle Regole tecniche di riferimento, consente di opporre ai terzi la data e l'ora di trasmissione (risultante dalla ricevuta di accettazione) e di ricezione del documento (risultante dalla ricevuta di avvenuta consegna).
A partire dal 1° luglio 2019 gli atti processuali sia di primo che di secondo grado devono essere **obbligatoriamente** trasmessi telematicamente all'indirizzo PEC della controparte che dovrà eleggere domicilio digitale.

Tali indirizzi sono reperibili nei portali:
- IPA (www.indicepa.gov.it);
- INI-PEC (www.inipec.gov.it).

Per le **società** o le **imprese** individuali iscritte nel registro delle imprese va considerato il **domicilio digitale** comunicato al momento dell'iscrizione nel **registro delle imprese** e pubblicato nell'INI-PEC (art. 16, c. 6, D.L. n. 185/2008, come modificato dall'art. 37, c. 1, lett. a), D.L. n. 76/2020; art. 5, c. 1, D.L. n. 179/2012).
Per i **professionisti** iscritti in albi o elenchi istituiti con legge (parti o difensori) va considerato il **domicilio digitale** comunicato ai rispettivi **ordini o collegi** e pubblicato nell'INI-PEC (art. 16, c. 7, D.L. n. 185/2008, come modificato dall'art. 37, c. 1, lett. d, D.L. n. 76/2020). La variazione dell'indirizzo PEC deve essere tempestivamente comunicata ed ha **effetto dal 10° giorno successivo alla notifica** alla segreteria della Commissione Tributaria nonché alle parti costituite.
L'indirizzo di posta elettronica certificata **del difensore o delle parti** è indicato nel ricorso o nel primo atto difensivo. La comunicazione si intende perfezionata con la ricezione avvenuta nei confronti di almeno uno dei difensori della parte (art. 16-bis, c. 1, D.Lgs. n. 546/1992).
Per **gli enti impositori** va considerato l'indirizzo **PEC** pubblicato nell'**IPA** che è l'indice delle Pubbliche Amministrazioni contenente l'elenco delle caselle di PEC o degli indirizzi di posta elettronica delle Pubbliche Amministrazioni.
Per la **segreteria** delle CT va considerato l'indirizzo **PEC** pubblicato nell'**IPA** e per tutti gli altri va considerato l'indirizzo PEC rilasciato da un gestore di PEC in conformità alla normativa (D.P.R. n. 68/2005).

La **prova** della notifica a mezzo posta certificata è costituita dalle **ricevute di accettazione** e di avvenuta consegna rilasciate dal sistema.

Il ricorrente dovrà provvedere a salvare tali ricevute in formato PDF/A per poi depositarle unitamente al ricorso previa apposizione di firma digitale. Nella notifica a mezzo PEC, non sussiste un obbligo esclusivo di usare la firma digitale in **formato CADES**, in cui il file generato si presenta con l'estensione finale "p7m", rispetto alla firma digitale in **formato PADES**, nel quale il file sottoscritto mantiene il comune aspetto "nomefile.pdf" (Cass., ord. 8 luglio 2020, n. 14402).
L'indirizzo **PEC** del difensore, lo stesso che è stato comunicato all'ordine professionale di appartenenza, o quello del contribuente che si difende in proprio nei casi previsti (➡**80.2.4.**) è necessario per la notifica del ricorso telematico e diventa il **domicilio digitale** eletto valevole per le comunicazioni e le notificazioni (art. 16-bis, c. 4, D.Lgs. n. 546/1992; art. 6, D.M. n. 163/2013).
In mancanza di indicazione dell'indirizzo PEC del difensore ed ove lo stesso non sia reperibile dai pubblici elenchi, ovvero nelle ipotesi di mancata consegna del messaggio PEC per cause imputabili al destinatario, le comunicazioni sono eseguite esclusivamente mediante deposito in segreteria della Commissione Tributaria (art. 16-bis, c. 2, D.Lgs. n. 546/1992). La **mancata consegna** all'avvocato della comunicazione o notificazione inviatagli a mezzo PEC produce effetti diversi a seconda che gli sia o meno imputabile: nel primo caso, le notificazioni/comunicazioni saranno eseguite solo mediante deposito in cancelleria; nel secondo, attraverso l'utilizzo delle forme ordinarie previste dal codice di rito (Cass., Sez. VI-5, ord. 18 febbraio 2020, n. 3965).
L'**atto** deve essere un **file nativo digitale** (Decreto 4 agosto 2015); il file del ricorso, il cui nome non dovrà superare i 100 caratteri, dovrà essere salvato e convertito nei formati previsti (PDF/A-1a o PDF/A-1b) quindi si dovrà procedere alla sottoscrizione con firma digitale.
Occorre prestare attenzione che il file, pronto per la notifica, non contenga **errori** relativi a:
- virus;
- dimensione oltre i 10 mb;
- firma;
- integrità dei file.

Tali errori infatti compromettono il successivo deposito telematico impedendone l'iscrizione a ruolo. Infatti solo al momento del deposito mediante la piattaforma SI.Gi.T. il sistema attua il controllo dei files già notificati.
Il sistema, in presenza di più difensori, prevede più firme digitali degli atti.
Il ricorrente notifica il ricorso all'Ufficio impositore tramite il sistema PEC, il quale attesta:
- la **partenza** del messaggio (tramite ricevuta di accettazione e di inoltro);
- la **consegna** (tramite ricevuta di avvenuta consegna);
- la **provenienza**, il **riferimento temporale** e l'**integrità** del **contenuto** di quanto trasmesso sicché il valore legale attribuito alla PEC risulta essere quello della raccomandata con avviso di avvenuta ricezione.

CONTENZIOSO

Non vi è l'obbligo della relata di notifica ma, riguardo alla notifica via PEC, la circolare n. 1/DF del 4 luglio 2019 suggerisce di inserire nell'**oggetto della notifica** la dicitura "notificazione ai sensi dell'art. 16-bis, c. 3, D.Lgs. n. 546/1992" nonché di indicare nel corpo del messaggio i dati relativi a:

- tipologia atto (ricorso, appello, sentenza ...);
- atto impugnato o sentenza;
- dati del difensore;
- dati del ricorrente;
- dati del destinatario della notifica;
- indirizzo PEC a cui l'atto viene notificato;
- indicazione della Commissione Tributaria adita.

Se la notifica riguarda una sentenza, la stessa circolare suggerisce, per la decorrenza del termine breve per l'impugnazione (➡82.1.), di indicare nel corpo del messaggio "notifica ai sensi dell'art. 38 del D.Lgs. n. 546/1992".

Riguardo al compimento degli adempimenti e in relazione al computo dei **termini processuali** vale quanto avviene per il sistema postale e cioè:

- nei confronti del **mittente**, la notifica si intende perfezionata al momento dell'invio al proprio gestore, così come attestato dalla relativa ricevuta di accettazione appositamente generata da quest'ultimo;
- nei confronti del **destinatario**, la notifica si intende perfezionata nel momento in cui la comunicazione o notificazione dei documenti informatici è resa disponibile nella casella di posta elettronica certificata.

Per il notificante la notifica eseguita tra le ore 21 e le ore 24 del giorno di scadenza si perfeziona, e si considera dunque tempestiva, se entro le ore 23,59 di quel giorno è generata la ricevuta di accettazione; **per il destinatario** opera il differimento al giorno successivo (Corte cost., sent. n. 75/2019; Cass., Sez. VI-2, ord. 14 ottobre 2020, n. 22136).

Procura

Come nel processo cartaceo (➡81.2.7.) il contribuente dovrà rilasciare apposita procura.

Qualora la procura sia rilasciata dal **contribuente sprovvisto di firma digitale**, la stessa, come nel processo tradizionale sarà rilasciata su **atto separato** dall'atto principale con firma autografa, debitamente autenticata dal difensore.

Il difensore provvederà alla scansione del documento (file PDF/A), lo firmerà digitalmente e lo allegherà all'atto. Prima della firma digitale occorre inserire sul file l'attestazione della conformità.

Qualora la procura sia rilasciata dal **contribuente provvisto di firma digitale**, la stessa, redatta con atto a parte, potrà essere **firmata digitalmente** dallo stesso unitamente alla firma digitale dell'avvocato (circ. 11 maggio 2016, n. 2/DF). Essendo la procura un atto fisicamente separato rispetto al ricorso, sarebbe auspicabile che la stessa contenesse specifico riferimento all'atto da impugnare.

COSTITUZIONE IN GIUDIZIO DEL RICORRENTE E DEPOSITO DEGLI ATTI 83.4.

Come nel processo tradizionale (➡81.2.14.; ➡81.2.10.) entro 30 giorni dalla notifica, il ricorrente dovrà provvedere alla costituzione in giudizio da effettuarsi depositando in modalità telematica presso il S.I.Gi.T. il **ricorso**, gli **allegati** e la **nota di iscrizione a ruolo** dopo avere corrisposto il contributo unificato.

> Tra i documenti **allegati** figurano obbligatoriamente:
> - la **ricevuta** di **PEC** attestante l'avvenuta notifica del ricorso alla controparte;
> - la **procura alle liti**;
> - la documentazione comprovante l'avvenuto **pagamento** del **contributo unificato** tributario.

Naturalmente i file dovranno essere redatti secondo le norme tecniche.

Per quanto concerne la **dimensione degli atti**, gli stessi dovranno avere dimensione massima del singolo file 10 MB.

Qualora il documento sia superiore alla dimensione massima di 10 MB, è necessario suddividerlo in più file per un numero massimo di 50 file allegati a ciascun deposito.

Per ogni deposito telematico la dimensione massima è di 50 MB, con la possibilità di trasmettere ulteriore documentazione attraverso depositi successivi.

Il numero di caratteri consentito per la denominazione del file del ricorso non dovrà superare i 100 caratteri.

CONTENZIOSO

Per gli **allegati**, è ammesso il deposito della copia per immagine di documenti analogici e gli stessi possono essere depositati, oltre che in formato PDF/A, anche in formato TIFF con una risoluzione non superiore a 300DPI, in bianco e nero e compressione CCITT Group IV (modalità Fax).
Ciascun allegato deve essere **firmato digitalmente**.

Non è consentito trasmettere i file del ricorso/appello/controdeduzioni e dei documenti allegati nei formati compressi (ad esempio, file .zip o .rar).

Ciascun allegato non può superare la dimensione massima di 10 MB. Prima di firmare gli allegati è consigliabile verificare il peso dei singoli file nonché il peso complessivo. Il numero di caratteri consentito per la denominazione di ciascun file contenente i documenti non dovrà superare i 70 caratteri.
In caso di deposito telematico il **pagamento** del **contributo unificato** è calcolato come nel processo tradizionale (➔81.2.9.) e la sua **certificazione** da allegare, dovrà avvenire:

– per il pagamento mediante **F23** o con versamento su **c/c postale**, la ricevuta dell'avvenuto pagamento dovrà essere scansionata (file PDF/A), firmata digitalmente e trasmessa come allegato del ricorso/appello. Gli estremi del versamento dovranno essere indicati nel campo "Calcolo CU";
– per il pagamento presso le **tabaccherie** il contrassegno dovrà essere scansionato (file PDF/A), firmato digitalmente e trasmesso come allegato del ricorso/appello. Gli estremi del versamento dovranno essere indicati nel campo "Calcolo CU. L'originale andrà successivamente depositato nella segreteria della Commissione Tributaria adita;
– per il pagamento tramite "**pagoPA**" - Sistema di pagamento elettronico alle Pubbliche amministrazioni, il sistema è raggiungibile dall'area riservata del PTT (Servizi e Utilità e cliccare su PagoPa effettua pagamenti); non va prodotta alcuna ricevuta perché il pagamento avviene in tempo reale.

In caso di richiesta di ammissione al patrocinio a spese dello Stato o prenotazione a debito occorre flaggare le apposite caselle.
Effettuata la **trasmissione del deposito telematico**, per la costituzione in giudizio, si riceve una ricevuta sincrona immediata ma è necessario attendere il rilascio del numero di RGR e/o RGA che avverrà dopo che il sistema avrà provveduto ad effettuare i controlli relativi all'esistenza e alla validità della firma digitale, all'inesistenza di virus nei file allegati, alla dimensione dell'atto ed integrità dei files.
L'iscrizione a ruolo dell'atto principale **non si perfeziona** quando il sistema informatico rileva le **anomalie** di cui sopra. Il sistema provvede ad inviare una PEC contenente la tipologia delle anomalie riscontrate. I messaggi ricevuti via PEC sono disponibili anche nell'area riservata del sistema informatico.

Le **anomalie** riscontrate nell'atto principale comportano la non acquisizione di tutti gli allegati anche se conformi ai requisiti richiesti.

Le **anomalie** riscontrate nei soli **allegati,** invece, non impediscono l'iscrizione a ruolo del ricorso. Il SI.Gi.T. iscrive il ricorso ma non acquisisce i file che contengono le anomalie. Per tali file sarà necessario un ulteriore deposito.
Per il **mittente** la notifica/comunicazione si perfeziona alla data in cui la comunicazione/notificazione è stata inviata al proprio gestore, attestata dalla relativa ricevuta di accettazione. Per il **destinatario** alla data in cui la comunicazione/notificazione è resa disponibile nella propria casella PEC, indicata nel ricorso o nel primo atto difensivo.

L'avvenuto **deposito telematico** di atti e documenti informatici è attestato con la **ricevuta di accettazione** rilasciata dal S.I.Gi.T., inviata all'indirizzo PEC della parte, completa di data di avvenuta trasmissione e di indicazione dell'acquisizione al fascicolo informatico.

83.5. COSTITUZIONE IN GIUDIZIO DEL RESISTENTE

Obbligatorietà del processo telematico - Fino al 30 giugno 2019 la parte resistente, indipendentemente dalla scelta operata dal ricorrente, aveva la facoltà di avvalersi delle modalità telematiche di deposito delle controdeduzioni e relativi documenti allegati. Ne derivava che anche in presenza di ricorsi/appelli notificati e depositati con modalità tradizionali (ufficiale giudiziario, a mezzo posta ovvero a sportello) la parte resistente poteva **scegliere** di avvalersi del deposito telematico degli atti processuali, senza precludere la validità del deposito (circ. n. 2/DF/2016).
La costituzione in giudizio telematica è valida indipendentemente dalla modalità di introduzione del ricorso (CTR Emilia-Romagna, 16 luglio 2018, n. 1908).

CONTENZIOSO

Tuttavia, se la parte (sia ricorrente sia resistente) si avvaleva delle modalità telematiche in primo grado, era **obbligata** successivamente ad utilizzare le medesime modalità anche nel giudizio d'**appello** nonché per il deposito degli atti successivi alla costituzione in giudizio.
A far data dagli **atti notificati dal 1° luglio 2019**, il deposito telematico, le **controdeduzioni** e gli altri **atti** del processo tributario, unitamente alle **ricevute** della PEC, devono essere obbligatoriamente depositati presso la segreteria della Commissione Tributaria mediante il **S.I.Gi.T**. (art. 9, c. 3, D.M. n. 163/2013).
Il SIGIT richiede o il numero di iscrizione a ruolo o i dati identificativi della controversia. Successivamente rilascia una prima ricevuta di accettazione PEC che attesta il momento del deposito. Entro 24 ore il sistema effettua un secondo controllo ed inoltra PEC con l'esisto dei controlli.

> Nell'atto di controdeduzioni la parte resistente deve indicare l'indirizzo di PEC, valevole come domicilio digitale eletto, per la ricezione delle comunicazioni e notificazioni previste dalla legge.

DEPOSITO ATTI SUCCESSIVI ALLA COSTITUZIONE 83.6.

Il SIGIT richiede a colui che deve inserire un atto successivo alla costituzione in giudizio di indicare alternativamente:
- il numero di iscrizione a ruolo o il numero della ricevuta delle controdeduzioni;
- il numero di ricevuta di accettazione.

Come per la costituzione in giudizio del resistente (➡83.5.) il sistema invia una prima PEC (contenente numero, data, ora della trasmissione) che attesta il momento del deposito e, a seguito del secondo controllo, una ulteriore PEC contenente l'esito dei controlli.
Per quanto riguarda il deposito telematico delle memorie, come nel processo tradizionale (➡81.2.19.), lo stesso dovrà avvenire entro **10 giorni** liberi **prima** dell'**udienza** di discussione.
La ricevuta rilasciata dal sistema attesterà l'avvenuto deposito.
Gli atti depositati telematicamente dovranno essere:
- **redatti** in **PDF** "nativo", cioè non derivante da scansione per immagine;
- **privi** di **restrizioni** per le operazioni di selezione e copia di parti ed essere privi di elementi attivi, tra cui macro e campi variabili;
- avere tutte le altre caratteristiche indicate in precedenza (➡83.3.).

Tutti i file dovranno essere firmati digitalmente.

FASCICOLO INFORMATICO E CONSULTAZIONE DEL FASCICOLO 83.7.

Il fascicolo informatico è formato dalla segreteria della Commissione Tributaria inserendovi anche le attestazioni rilasciate dal S.I.Gi.T. ed ogni altro atto e documento informatico acquisito dal SI.Gi.T.
Il fascicolo è formato da **quattro cartelle**:
- fascicolo del **ricorrente** contenente tutti gli atti processuali, gli allegati e le ricevute;
- fascicolo del **resistente** contenente tutti gli atti processuali, gli allegati e le ricevute rilasciate;
- fascicolo **d'ufficio** contenente tutti i provvedimenti giurisdizionali adottati dalla Commissione adita e le comunicazioni inviate alle parti processuali;
- fascicolo delle **altre parti resistenti** contenente tutti gli atti processuali, gli allegati e le ricevute.

Nel **Processo Tributario Telematico (PTT)** il fascicolo informatico sostituisce il "vecchio" faldone cartaceo e potrà essere consultabile on-line dalle parti ed altri autorizzati che hanno accesso al S.I. Gi.T.
L'assegnazione dei fascicoli è determinata dal sistema tramite un algoritmo.
Con il Telecontenzioso si potranno **consultare** gli **atti** processuali del fascicolo informatico ed estrarre liberamente copia dei documenti presenti **senza** il **pagamento** dei diritti e ai sensi dell'art. 25-bis, D.Lgs. n. 546/1992 il difensore potrà attestarne la conformità (➡83.8.).
È possibile accedere al Telecontenzioso anche attraverso la piattaforma S.I.Gi.T.
La segreteria, di conseguenza, non rilascerà più le copie in formato cartaceo in quanto tutto sarà disponibile nel fascicolo informatico e per le parti diventerà più facile ed immediato disporre delle stesse.
Anche gli atti dei Giudici saranno acquisiti tramite il fascicolo informatico.
Sarà cura del S.I.Gi.T. trasmettere il fascicolo informatico alla Commissione Tributaria Regionale o altre giurisdizioni.

CONTENZIOSO

Trasmissione dei fascicoli informatici

Il 19 ottobre 2021 è stata firmata la **convenzione tra la Cassazione e il Ministero dell'economia e delle finanze** per la **trasmissione dei fascicoli informatici** della giustizia tributaria (cfr. Cass., comunicato stampa 19 ottobre 2021 e MEF, comunicato 19 ottobre 2021), la quale:

- garantisce ai **giudici di legittimità** la **visione del fascicolo** processuale digitale formatosi nel giudizio presso le Commissioni tributarie;
- prevede la **trasmissione** da parte della Corte di cassazione della **sentenza** adottata nel relativo giudizio, affinché ne sia data pubblicità nel fascicolo digitale di merito;
- impegna la Corte e il MEF a garantire la **consultazione e lo scambio dei dati e documenti presenti nelle rispettive banche dati**, per favorire la conoscenza degli orientamenti giurisprudenziali in materia tributaria;
- consente:
  a. la **visione dei fascicoli** processuali informatici delle **CTP e CTR**, per i quali **penda ricorso per cassazione**. Il MEF si impegna a mettere a disposizione della Corte un'apposita applicazione per l'accesso al sistema informativo della giustizia tributaria (S.I.GI.T).- mediante credenziali di accesso (*User ID* e *password*) - per consentire la visione integrale dei fascicoli processuali informatici delle CTP e CTR e la possibilità di estrarre copia informatica, di tutti gli atti processuali contenuti nei fascicoli informatici, sia di primo, che di secondo grado, delle Commissioni tributarie;
  b. la **conoscenza dei provvedimenti di legittimità** e delle pendenze dei ricorsi tributari presso la Cassazione. La Corte si impegna a comunicare alla competente Commissione tributaria, tramite medesima applicazione, i provvedimenti depositati dalla Sezione V e a fornire alle Commissioni tributarie l'accesso all'apposita applicazione gestita dal Ministero della giustizia "(SIC-CIVILE)", per acquisire le informazioni circa le pendenze dei ricorsi in Cassazione.

La convenzione ha **efficacia** dal momento in cui il MEF rende disponibile le funzionalità dell'applicativo. Nelle more della sua attivazione, la convenzione disciplina:

- l'accesso temporaneo al fascicolo;
- la trasmissione del provvedimento della Cassazione;
- lo scambio dati sulla pendenza dei ricorsi di legittimità;
- la consultazione e l'acquisizione delle sentenze di legittimità e di merito.

Per il **periodo transitorio**, tali procedure sono operative dalla data in cui il MEF trasmette alla Corte le credenziali di accesso al PTT.

83.8. CERTIFICAZIONE DI CONFORMITÀ

Al fine del **deposito** e della **notifica** con **modalità telematiche** della **copia informatica**, anche per immagine, di un atto processuale di parte, di un provvedimento del giudice o di un documento formato su supporto analogico e detenuto in originale o in copia conforme, il difensore e il dipendente di cui si avvalgono l'ente impositore, l'Agente della riscossione ed i soggetti iscritti nell'albo per l'accertamento e la riscossione delle entrate degli enti locali (art. 53, D.Lgs. n. 446/1997) (➡**81.1.**), attestano la conformità della copia dell'atto, secondo le modalità di cui al D.Lgs. n. 82/2005 (Codice dell'amministrazione digitale) (art. 25-bis, c. 1, D.Lgs. n. 546/1992).

L'attestazione di conformità all'originale informatico del file estratto può essere inserita direttamente nel file da attestare. Successivamente il file così formato andrà firmato digitalmente.

Per attestare la conformità di numerosi file è possibile provvedere tramite l'attestazione di un file separato che elenchi tutti i file. Tale elenco dovrebbe contenere un riferimento univoco ai file. Anche tale attestazione dovrà essere firmata digitalmente.

Analogo potere di attestazione di conformità è esteso, anche per l'**estrazione di copia analogica**, agli atti e ai provvedimenti presenti nel **fascicolo informatico**, formato dalla segreteria della Commissione tributaria o trasmessi in allegato alle comunicazioni telematiche dell'ufficio di segreteria. Detti atti e provvedimenti equivalgono all'originale anche se privi dell'attestazione di conformità all'originale da parte dell'ufficio di segreteria (art. 25-bis, c. 2, D.Lgs. n. 546/1992).

Nel compimento dell'attestazione di conformità, il difensore e il dipendente di cui si avvalgono l'ente impositore, l'Agente della riscossione ed i soggetti iscritti nell'albo per l'accertamento e la riscossione delle entrate degli enti locali (art. 53, D.Lgs. n. 446/1997), assumono ad ogni effetto la veste di pubblici ufficiali (art. 25-bis, c. 5, D.Lgs. n. 546/1992).

83.9. REDAZIONE E DEPOSITO DELLE SENTENZE DIGITALI

Il D.dir. 6 novembre 2020 ha stabilito le **regole tecnico-operative** relative:

- alla **redazione in formato digitale** e al **deposito telematico** dei **provvedimenti del giudice** (cioè alla versione informatica del provvedimento giurisdizionale monocratico e collegiale);

- alla **redazione del processo verbale di udienza in formato digitale** da parte del segretario di Sezione (cioè alla versione informatica del documento che attesta le attività svolte in udienza, pubblica o in Camera di consiglio);
- alla **redazione e alla trasmissione telematica degli atti digitali** da parte degli **ausiliari del giudice**;
- alla **trasmissione dei fascicoli processuali informatici**.

Le regole si applicano solo ai provvedimenti adottati all'esito dello svolgimento dell'**udienza di trattazione fissata dall'entrata in vigore** della disciplina.

In seguito alle modifiche apportate dall'art. 1 del D.dir. 18 maggio 2021, la **nuova disciplina è entrata in vigore**:
- il **1° dicembre 2020** presso la CTP di Roma e la CTR del Lazio;
- il **1° giugno 2021** presso le CTP di Frosinone, Latina, Rieti e Viterbo, nonché presso le CTP e CTR delle Regioni Calabria, Campania, Lombardia, Puglia e Sicilia;
- il **1° ottobre 2021** presso le CTP e CTR delle Regioni Emilia-Romagna, Liguria, Piemonte, Toscana e Veneto;
- il **1° dicembre 2021** presso le CTP e CTR delle Regioni Abruzzo, Basilicata, Friuli-Venezia Giulia, Marche, Molise, Sardegna, Umbria, Valle d'Aosta, nonché presso le Commissioni di I e II grado di Trento e Bolzano.

I **provvedimenti giurisdizionali digitali** sono redatti in **formato PDF/A** e sottoscritti con **firma elettronica qualificata o firma digitale**.

Il segretario pubblica digitalmente il provvedimento mediante **deposito nel fascicolo** processuale informatico. Se il deposito avviene in **formato analogico**, per indisponibilità del sistema informatico, il segretario estrae copia informatica e ne **attesta la conformità all'originale**, apponendo la firma elettronica qualificata o firma digitale.

Il **processo verbale di udienza**, prodotto in formato PDF/A e sottoscritto con firma elettronica qualificata o firma digitale, è inserito nel fascicolo processuale informatico. Se è redatto in formato analogico, per indisponibilità del sistema informatico, il segretario crea successivamente la copia informatica e ne attesta la conformità all'originale, apponendo la firma elettronica qualificata o firma digitale.

Dal **1° dicembre 2020**, la **trasmissione degli atti digitali da parte degli ausiliari del giudice e delle P.A.** alle quali sono stati chiesti adempimenti istruttori, è effettuata *ex* art. 9 del D.dir. 4 agosto 2015 e previa registrazione al S.I.Gi.T.

La **trasmissione del fascicolo processuale informatico tra le Commissioni tributarie** avviene tramite S.I.Gi.T. La trasmissione del fascicolo informatico o di suoi singoli atti, in ogni stato e grado del giudizio, **tra organi giurisdizionali diversi** dalle Commissioni tributarie, avviene con modalità telematiche stabilite con apposite convenzioni.

CONTENZIOSO

OPERAZIONI STRAORDINARIE

CESSIONE D'AZIENDA 84.

CONCETTO DI AZIENDA 84.1.

Non esistendo una definizione fiscale d'azienda è necessario fare riferimento alla definizione introdotta dal Codice civile: l'azienda è il complesso dei **beni organizzato** dall'imprenditore **per l'esercizio dell'impresa** (art. 2555 c.c.).

L'**azienda** (o il ramo d'azienda) va considerata quale universalità di beni materiali, immateriali e di rapporti giuridico-economici suscettibili di consentire l'esercizio dell'attività di impresa e non i singoli beni che compongono l'azienda stessa (circ. 19 dicembre 1997, n. 320/E e da ultimo risposta a interpello 11 febbraio 2021, n. 101).

Per poter parlare di azienda è necessario che:

- vi sia un rapporto di **complementarietà e strumentalità** tra i singoli elementi costitutivi (Cass. 12 dicembre 2018, n. 32085);
- il complesso organizzativo sia idoneo a produrre nuova ricchezza che determina un valore economico maggiore della mera somma del valore delle singole componenti (**avviamento**);
- sussista già al momento dello scorporo dal complesso cedente l'**autonomia funzionale** dell'azienda (o del ramo d'azienda) ceduto che consiste nella capacità del ramo d'azienda di perseguire uno scopo produttivo con i propri mezzi funzionali e organizzativi. In sostanza, deve essere in grado di svolgere lo stesso servizio eseguito prima della cessione, senza continuare a dipendere dal cedente e senza la necessità di integrazioni rilevanti da parte del cessionario (cfr., da ultimo, Cass. 25 ottobre 2017, n. 25382);
- i beni ceduti abbiano un'**attitudine potenziale** all'utilizzo per un'attività d'impresa. Non è, invece, necessario che vi sia l'**attualità dell'esercizio dell'impresa**, né il trasferimento delle relazioni finanziarie, commerciali e personali (Cass. 13 luglio 2021, n. 19866 e Cass. 19 aprile 2017, n. 9855): la validità della cessione d'azienda non è condizionata, in ogni caso, all'effettiva continuazione dell'attività da parte del cessionario (Cass. 14 marzo 2018, n. 6184).

CASO 1 - Cessione di una Member-List

L'operazione di cessione di una Member-List, pur comportando la possibilità di utilizzare una raccolta sistematica d'informazioni essenziali e funzionali allo svolgimento della vendita on line, non concretizza il trasferimento di un complesso di elementi idoneo di per sé a consentire la prosecuzione autonoma dell'attività di vendita svolta tramite le piattaforme digitali. Il trasferimento della Member-List rappresenta, invece, una cessione di un singolo asset (risposta a interpello 18 dicembre 2020, n. 609).

Ramo d'azienda - Assimilata alla cessione d'azienda è anche la cessione di un ramo della stessa che riguarda il trasferimento di uno **specifico settore** dell'intera azienda, composto da un insieme di beni tra loro coordinati e utilizzabili per realizzare un determinato ciclo produttivo.

OPERAZIONI STRAORDINARIE

Al fine di individuare il corretto trattamento fiscale dell'operazione di cessione d'azienda è necessario distinguere la cessione d'azienda a titolo oneroso (➔84.2.) dalla cessione d'azienda a titolo gratuito, anche detta donazione d'azienda (➔84.3.).

84.2. CESSIONE D'AZIENDA A TITOLO ONEROSO

Si intende, oltre al caso tipico della compravendita, anche gli atti a titolo oneroso che importano la costituzione o il trasferimento di diritti reali di godimento e per i conferimenti in società (art. 9, c. 5, D.P.R. n. 917/1986), come:
- l'esecuzione coattiva;
- la permuta;
- il conferimento;
- la *datio in solutum*.

Elementi costitutivi di un contratto di cessione d'azienda	
Finalità dell'operazione	Trasferimento del complesso aziendale, svincolando il soggetto cedente sia dalla proprietà dell'azienda sia dalla sua gestione
Oggetto della cessione	Azienda (➔84.1.)
Corrispettivo	Disponibilità liquide o mezzi equivalenti sostitutivi di risorse monetarie

La cessione d'azienda a titolo oneroso determina in capo al cedente l'emersione di **plusvalenze imponibili** (art. 86, c. 2, D.P.R. n. 917/1986) e **minusvalenze deducibili** (art. 101, c. 1, D.P.R. n. 917/1986). Le plusvalenze e le minusvalenze devono essere calcolate con riferimento all'intera azienda, intesa come universalità di beni comprensiva dell'avviamento.

CASO 2 - Cessione azienda agricola

Non determina l'emersione di plusvalenze e minusvalenze fiscalmente rilevanti la cessione di un'azienda agricola che svolge la sua attività nei limiti previsti per la determinazione catastale del reddito (art. 32, D.P.R. n. 917/1986), essendo già compresa nella determinazione forfettaria del reddito agrario (circ. 21 marzo 1980, n. 9/9/252 e circ. 6 settembre 1980, n. 9/1597).

Operazione fiscalmente simmetrica - L'operazione di cessione d'azienda è considerata un'operazione simmetrica sotto il profilo fiscale, in quanto atta a generare componenti positivi tassabili in capo al cedente e componenti negativi deducibili in capo al cessionario. Più precisamente:
- il prezzo pagato costituisce il **costo fiscalmente riconosciuto** dell'azienda in capo al **cessionario**;
- la differenza tra il prezzo percepito e il valore fiscale dell'azienda ceduta rappresenta una **plus/minusvalenza** rilevante ai fini fiscali per il **cedente**.

84.2.1. Regole di determinazione delle plus/minusvalenze in capo al cedente

La plusvalenza realizzata in caso di cessione d'azienda deve essere determinata unitariamente, come differenza tra il prezzo di cessione dell'azienda e il complesso dei valori netti fiscali che la costituiscono; non va, quindi, riferita ai singoli beni (art. 86, c. 2, D.P.R. n. 917/1986).
In contabilità, il cedente è tenuto ad effettuare le seguenti scritture all'atto della cessione d'azienda:

Dare	Avere
Il credito verso il cessionario a fronte del corrispettivo di cessione pattuito	
La "chiusura" di tutti gli elementi del passivo trasferiti al cessionario	La chiusura degli elementi dell'attivo trasferirti al cessionario
L'eventuale **minusvalenza** da cessione	L'eventuale **plusvalenza** da cessione

CASO 3 - Cessione d'azienda plusvalente

Si ipotizzi che la società A ceda l'azienda X alla società B.
Si supponga, altresì, che le parti, cedente e cessionario, si accordino nel definire il valore corrente di estinzione delle poste dell'attivo e del passivo, riconoscendo alle attrezzature un valore di 20.000, ai mobili e arredi di 12.000, agli impianti di 24.000 e alle merci di 8.800; di 32.000, e all'avviamento all'azienda un valore di 32.000.
Le parti definiscono, infine, il prezzo di cessione in 86.360.

OPERAZIONI STRAORDINARIE

Situazione patrimoniale alla data di cessione

Attivo		**Passivo**	
Attrezzature	40.000	Fondo TFR	12.000
(Fondo ammortamento attrezzature)	(24.000)	Debiti vs. fornitori	4.000
Mobili e arredi	12.000	Altri debiti	840
(Fondo di ammortamento mobili e arredi)	(4.000)		
Impianti	30.000	**Patrimonio netto di cessione**	**27.560**
(Fondo di ammortamento impianti)	(24.000)		
Rimanenze di merci	8.000		
Crediti vs. clienti	4.800		
Banca c/c	1.600		
Totale attivo	44.400	Totale passivo	44.400

Il bilancio straordinario di cessione è, quindi, il seguente.

Attivo		**Passivo**	
Attrezzature	20.000	Fondo TFR	12.000
Mobili e arredi	12.000	Debiti vs. fornitori	4.000
Impianti	24.000	Altri debiti	840
Rimanenze di merci	8.800		
Crediti vs clienti	4.800	**Prezzo di cessione**	**86.360**
Banca c/c	1.600		
Avviamento	32.000		
Totale attivo	103.200	Totale passivo	103.200

Avendo le parti definito il prezzo di cessione in 86.360, la **plusvalenza** che dovrà essere rilevata dalla società cedente A, a seguito del perfezionarsi dell'operazione ammonta a **58.800**, pari alla differenza tra il **prezzo di cessione** ed il **patrimonio netto contabile** derivante dalla situazione patrimoniale originaria (86.360-27.560).

Permuta - Analogamente a quanto avviene nel caso di permuta di beni strumentali, anche nel caso di permuta di complessi aziendali (ove il **corrispettivo** della cessione è costituito esclusivamente da **beni ammortizzabili** anche costituenti un complesso aziendale o un ramo d'azienda), si considera **plusvalenza** soltanto il **conguaglio in denaro** eventualmente pattuito, a condizione che i beni ricevuti vengano iscritti in bilancio allo stesso valore al quale erano iscritti i beni ceduti (art. 86, c. 2, terzo periodo, D.P.R. n. 917/1986).

Tassazione ordinaria ed eventuale rateizzazione della plusvalenza 84.2.2.

La plusvalenza derivante da cessione d'azienda a titolo oneroso concorre a formare il reddito d'impresa:

- nell'**esercizio di realizzo** ovvero,
- se la cessione riguarda un'azienda posseduta per un periodo non inferiore al triennio, per scelta del contribuente cedente in **quote costanti**, nell'esercizio stesso e nei successivi, ma non oltre il quarto (art. 86, c. 4, D.P.R. n. 917/1986).

Esercizio di realizzo - Le **plus/minusvalenze** da cessione d'azienda si considerano **realizzate**:

- per i cedenti soggetti IRES *IAS/IFRS adopter* e ITA *Gaap* (diversi dalle microimprese) quando sono **rilevate in bilancio** in base alla corretta applicazione dei principi contabili (art. 83, D.P.R. n. 917/1986);

OPERAZIONI STRAORDINARIE

– per le micro-imprese e i soggetti IRPEF alla **data di stipulazione dell'atto** ovvero, se diversa e successiva, alla data in cui si verifica l'effetto traslativo o costitutivo della proprietà o di altro diritto reale (art. 109, c. 2, D.P.R. n. 917/1986).

CASO 4 - Cessione d'azienda a rate con riserva di proprietà

Nel caso di cessione d'azienda a rate con riserva della proprietà, il compratore acquista la proprietà della cosa col pagamento dell'ultima rata di prezzo, ma assume i rischi dal momento della consegna (art. 1523 c.c.).

Per il **soggetto cedente** micro-impresa e soggetto IRPEF, ai fini delle imposte sui redditi, l'eventuale **plus/minusvalenza** si considera **realizzata** al **momento della conclusione del negozio** e non al verificarsi dell'effetto traslativo, differito a mero scopo di garanzia (art. 109, c. 2, D.P.R. n. 917/1986 e ris. 13 ottobre 2016, n. 91/E).

Rateizzazione - Al contribuente, al ricorrere delle condizioni indicate nella successiva tabella, è consentito di rateizzare la plusvalenza fino a un massimo di **5 periodi** di imposta. La scelta va esercitata nella dichiarazione dei redditi.

Nel caso in cui la dichiarazione non sia presentata, la plusvalenza concorre a formare il reddito dell'esercizio in cui è stata realizzata per l'intero ammontare.

Condizioni per fruire della rateizzazione	
Continuazione dell'esercizio dell'attività d'impresa da parte del cedente dopo la cessione	**Sì opzione -** Cedente **soggetto societario** che non si estingue per effetto della cessione e l'**imprenditore individuale** che **continua** la propria attività. **No opzione -** l'**imprenditore individuale** che **cede** l'unica azienda.
Triennio di possesso	Occorre fare riferimento al **giorno** in cui l'**azienda** è stata **acquistata** o l'impresa è stata costituita, indipendentemente dall'acquisto dei singoli beni che la compongono. Per le aziende acquisite mediante operazioni di **fusione** e **scissione**, va considerata la **data di acquisizione** dell'azienda da parte della società incorporata o scissa, in considerazione della neutralità e la continuità dei valori tipica di tali operazioni. Nel computo del triennio, vanno inclusi i periodi durante i quali l'azienda è stata concessa in **affitto o usufrutto,** nonché i periodi in cui l'azienda è stata concessa **in pegno**.

CASO 5 - Cessione d'azienda a tassazione ordinaria

Si ipotizzi che la società A, nel corso del 2021, ceda un ramo d'azienda alla società B.

Per effetto della cessione, la società A consegue una plusvalenza pari a € 140.000; sussistendo le condizioni, decide di rateizzarla in 5 anni.

La società A, al fine di procedere alla rateizzazione della plusvalenza, dovrà effettuare una variazione in aumento per l'importo complessivo della plusvalenza (140.000) e una variazione in diminuzione per la quota di plusvalenza imponibile nell'anno (140.000 x 1/5 = 28.000). La società dovrà, infine, compilare il prospetto di rateizzazione presente nel Mod. Redditi 2022, con l'indicazione della scelta operata.

CASO 6 - Cessione d'azienda con costituzione di rendita vitalizia a favore del cedente

Si discute se la cessione di azienda con costituzione di rendita vitalizia possa determinare l'insorgenza di plusvalenze imponibili in capo al cedente.

Le tesi in campo sono tre:

– tesi 1: la plusvalenza conseguente la cessione d'azienda non è tassabile poiché la controprestazione dell'acquirente è costituita da una rendita vitalizia imponibile nei vari anni di percezione in capo al cedente come reddito assimilato a quello di lavoro dipendente (art. 50, D.P.R. n. 917/1986);
– tesi 2: la plusvalenza conseguente la cessione d'azienda è tassabile sulla base del valore attuale della rendita stessa (art. 86, c. 2, D.P.R. n. 917/1986) e il successivo incasso della rendita non sarebbe tassato;
– tesi 3: la plusvalenza e la rendita vitalizia hanno entrambe rilevanza fiscale in quanto hanno diversi ed autonomi presupposti impositivi: la prima ai fini della determinazione del reddito d'impresa, la seconda agli effetti della formazione del reddito assimilato a quello di lavoro dipendente (da ultimo, Cass. 14 febbraio 2018, n. 3518 e 11 maggio 2018, n. 11434).

Tassazione separata 84.2.3.

Gli **imprenditori individuali**, in alternativa alla tassazione ordinaria (➡**84.2.2.**), **possono optare**, in sede di dichiarazione dei redditi, per la tassazione separata delle plusvalenze realizzate mediante la cessione a titolo oneroso di aziende possedute da **più di 5 anni** (art. 17, c. 1, lett. g), D.P.R. n. 917/1986).

Non possono optare per la tale modalità di tassazione le **società di capitali** e le **società di persone**, indipendentemente dalla circostanza che l'azienda ceduta sia posseduta per un periodo superiore a 5 anni.

Periodo di possesso dell'azienda - Ai fini del computo della durata del possesso dell'azienda devono essere considerati anche i **periodi di sospensione** della gestione dell'azienda da parte del soggetto che successivamente effettua la cessione, come, ad esempio, nel caso di affitto d'azienda.

Liquidazione dell'imposta sostitutiva - La tassazione sostitutiva non è calcolata direttamente dal contribuente in autotassazione, ma è **liquidata dall'Agenzia delle Entrate** che comunica a quest'ultimo il versamento da effettuare mediante apposito ruolo.

Calcolo dell'imposta sostitutiva - L'imposta dovuta è determinata applicando alla plusvalenza imponibile l'**aliquota media** corrispondente alla metà del reddito complessivo netto del contribuente nei due periodi di imposta antecedenti; l'aliquota media deve essere determinata **rapportando l'imposta del biennio** (calcolata con le aliquote marginali in vigore nel periodo di realizzo) al **reddito del biennio ridotto della metà**.

Nel caso in cui **non** sia **determinabile** l'**imposta del biennio**:

- perché in uno dei 2 anni anteriori all'anno in cui si è realizzata la plusvalenza non vi è stato reddito imponibile e, in questo caso, si deve applicare l'imposta corrispondente alla metà del reddito complessivo netto dell'altro anno;
- perché non vi è stato reddito imponibile in alcuno dei 2 anni e, in questo caso, si applica l'aliquota stabilita dall'art. 11 del D.P.R. n. 917/1986 per il primo scaglione di reddito (art. 21, c. 1, secondo periodo, D.P.R. n. 917/1986).

CASO 7 - Cessione d'azienda a tassazione separata

Un imprenditore individuale nel 2021 ceda l'unica azienda esercitata da più di 5 anni realizzando una plusvalenza pari a € 50.000.

Si supponga, altresì, che decida di avvalersi della tassazione separata di tale plusvalenza.

L'imprenditore indica la tassazione separata della plusvalenza realizzata a seguito della cessione della sua unica azienda, compilando la sezione II del quadro RM del Mod. Redditi 2022.

Lo stesso dovrà altresì versare l'acconto d'imposta, nella misura del 20% (10.000), tramite il Mod. F24.

Successivamente, riceverà comunicazione dall'Agenzia delle Entrate dell'importo da versare a saldo per la tassazione separata sulla plusvalenza.

Cessione dell'unica azienda dell'imprenditore individuale precedentemente concessa in affitto - La vendita totale o parziale dell'unica azienda dell'imprenditore individuale prima concessa in affitto o in usufrutto (➡**86.2.**) - indipendentemente dal fatto che il titolare prima dell'affitto abbia o meno direttamente gestito l'impresa (Cass. 6 settembre 2013, n. 20538) - dà luogo a plusvalenze che concorrono a formare il reddito complessivo come redditi diversi (art. 67, c. 1, lett. h), D.P.R. n. 917/1986). L'eventuale plusvalenza, quindi, concorre alla formazione del reddito nell'esercizio di percezione del corrispettivo.

Cessione dell'azienda familiare 84.2.4.

Impresa familiare - Quando tra titolare dell'**impresa familiare** e suoi collaboratori (parenti e affini) non sia stato configurato un diverso rapporto (quale prestazione di lavoro subordinato, società, associazione in partecipazione o comunione di azienda), ai **collaboratori** che prestano la loro attività lavorativa in modo continuativo nella famiglia o nell'impresa familiare è riconosciuto il **diritto al mantenimento** secondo la condizione patrimoniale della famiglia e, in proporzione alla quantità e qualità del lavoro prestato, a partecipare agli **utili** dell'impresa familiare, ai beni acquistati con essa e agli incrementi dell'azienda, anche in ordine all'avviamento (art. 230-bis c.c.).

I **redditi** che derivano dall'**impresa familiare**, limitatamente al **49%** dell'ammontare, possono essere imputati a **ciascun familiare**, che abbia prestato in modo continuativo e prevalente la sua

OPERAZIONI STRAORDINARIE

attività di lavoro nell'impresa, proporzionalmente alla sua quota di partecipazione agli utili; la **quota restante** è imponibile in capo al **titolare** (art. 5, c. 4, D.P.R. n. 917/1986).
La **plusvalenza** derivante dalla cessione dell'azienda familiare è imputabile interamente in capo all'imprenditore, con la conseguenza di essere fiscalmente irrilevante per i collaboratori familiari (ris. 31 agosto 2015, n. 78/E). In senso contrario, si è espressa la giurisprudenza di legittimità per la quale le plusvalenze derivanti dalla cessione di un'azienda gestita in regime di impresa familiare, così come i redditi derivanti dall'esercizio della stessa, stante l'equiparazione dell'impresa familiare alla società di persone, vanno imputati ai singoli partecipanti a prescindere dalla loro effettiva percezione (da ultimo, Cass. 9 marzo 2018, n. 5726).

84.2.5. Ripartizione del prezzo pagato sui singoli beni dell'azienda in capo al cessionario

Il cessionario deve porre in essere una serie di scritture contabili finalizzate ad accogliere gli elementi patrimoniali attivi e passivi acquisiti al loro **valore corrente**. Tale valore è rappresentato:
– da quello che le parti hanno inteso attribuire a ciascun elemento nell'atto di cessione d'azienda o,
– nel caso in cui l'atto di cessione indichi il corrispettivo complessivamente pattuito, senza ulteriori specificazioni, da quello risultante dalla **ripartizione del costo** di acquisto complessivamente sostenuto per l'azienda, effettuata dal cessionario, tra i singoli elementi dell'attivo e del passivo.

In contabilità, il cessionario è tenuto ad effettuare le seguenti scritture all'atto dell'acquisto dell'azienda:

Dare	Avere
L'avviamento riconosciuto dal cessionario al cedente	L'iscrizione del debito verso il cedente a fronte del corrispettivo di cessione pattuito
Le attività aziendali acquisite "a saldi chiusi"	Le passività aziendali di cui il cessionario si è fatto carico

Avviamento negativo - Si realizza se il **prezzo** di cessione è **inferiore** al **netto patrimoniale** dell'azienda acquisita determinato riesprimendo i valori delle attività e delle passività al loro valore corrente.
Le **modalità di contabilizzazione** dell'avviamento negativo divergono a seconda delle ragioni che lo hanno determinato:
– se deriva da presunti futuri risultati negativi dell'azienda acquisita, l'avviamento negativo va portato, prima, a riduzione del valore di carico delle attività immobilizzate (fino anche ad azzerarne completamente i valori) e l'eventuale eccedenza confluisce in un apposito **Fondo per rischi e oneri futuri** da utilizzarsi ogni qualvolta l'azienda realizzerà le perdite attese (ris. 25 luglio 2007, n. 184/E);
– se deriva da un buon affare del cessionario, l'avviamento negativo va allocato in una **riserva di patrimonio netto**, attribuendogli un significato di "plusvalenza da negoziazione non realizzata".

Per consentire al cessionario di dedurre il prezzo pagato per l'acquisto dell'azienda è necessario ripartire tale prezzo sui singoli beni che compongono l'azienda, incluso l'avviamento.
Al cessionario è riconosciuta una certa discrezionalità ed elasticità nell'effettuare tale ripartizione, nei limiti ovviamente della ragionevolezza.

Regole contabili di ripartizione del prezzo - Va, in ogni caso, fatto riferimento alle regole di redazione del bilancio. I **principi contabili** nazionali e, ancor più dettagliatamente, quelli internazionali dettano indicazioni piuttosto vincolanti per la ripartizione del costo di acquisto di un'azienda, soprattutto laddove stabiliscono che l'avviamento costituisce una posta residuale la cui iscrizione nel bilancio è consentita solo se il prezzo pagato non sia allocabile sui singoli cespiti dell'azienda.

Possibili contestazioni dell'amministrazione finanziaria - L'amministrazione finanziaria può contestare la correttezza della ripartizione contabile degli elementi che hanno contribuito alla definizione del corrispettivo nel trasferimento d'azienda, rettificando l'eventuale deduzione di componenti negativi (Cass. 16 aprile 2008, n. 9950).
L'amministrazione finanziaria non può, però, utilizzare, come unico indicatore di irragionevolezza della ripartizione, il valore dell'avviamento accertato ai fini dell'imposta di registro (art. 5, c. 3, D.Lgs. 14 settembre 2015, n. 147; Cass. ord. 6 giugno 2016, n. 11543 e ord. 26 maggio 2017, n. 13323, ord. 8 maggio 2019, n. 12131 e ord. 1° luglio 2020, n. 13406).

CESSIONE D'AZIENDA A TITOLO GRATUITO 84.3.

Neutralità della cessione a titolo gratuito 84.3.1.

Il **trasferimento a titolo gratuito** per causa di morte (➔**65.1.**) o per donazione di azienda (➔**65.7.**) **non costituisce realizzo di plusvalenze**, a condizione che l'azienda sia assunta ai medesimi valori fiscalmente riconosciuti nei confronti del dante causa (art. 58, c. 1, D.P.R. n. 917/1986). La disposizione non si applica nel caso in cui il trasferimento a titolo gratuito avviene in favore di una società commerciale, in quanto in questo caso si genera una sopravvenienza attiva ai sensi dell'art. 88, c. 3, D.P.R. n. 917/1986, costituendo liberalità ricevuta nell'esercizio dell'impresa (Cass. 12 novembre 2021, n. 33789).

Il cessionario riceve l'azienda, dal punto di vista fiscale, non a "valori correnti", ma a "valori storici", con la conseguenza che lo stesso, in caso di successiva alienazione dell'azienda o di un suo componente, sarà tassato su plusvalori che sono maturati nel periodo di possesso del donante.

Le eventuali plusvalenze (o minusvalenze) latenti sui beni componenti l'azienda emergeranno unicamente al momento di una successiva dismissione di tali beni strumentali ovvero della cessione dell'azienda stessa (➔**84.3.3.**).

Continuità nei valori fiscali - Al fine di garantire la neutralità dell'imposizione, il costo fiscale dell'azienda presso il **dante causa** è trasferito al beneficiario a prescindere dai valori contabili iscritti che, eventualmente, daranno luogo a un doppio binario civile/fiscale da monitorare in sede di dichiarazione dei redditi.

CASO 8 - Donazione d'azienda in contabilità semplificata

Nel caso in cui oggetto di donazione sia un'azienda in contabilità semplificata (art. 66 TUIR) che ha realizzato perdite fiscali nel periodo d'imposta 2017, attribuibili in larga parte, alla deduzione del reddito del primo periodo di applicazione del regime, le perdite (pari alle rimanenze finali al 31dicembre 2017) si trasferiscono alla donataria, nonostante il valore del magazzino acquisito in continuità di valori fiscali, ai sensi dell'art. 58 del TUIR, sia pari a zero (cfr. risposta a interpello n. 516/2020).

Scioglimento della società di fatto tra gli eredi dell'azienda 84.3.2.

Società di fatto tra gli eredi - Il trasferimento gratuito può avvenire anche a favore di più beneficiari con la nascita di una **società di fatto** in nome collettivo per l'esercizio in comune dell'attività (Cass. sent. n. 9425/1994).

Per i soli **trasferimenti *mortis causa*** dell'azienda, gli stessi criteri di neutralità valgono anche, qualora, a seguito dello scioglimento entro 5 anni dall'apertura della successione della società esistente tra gli eredi, la predetta azienda resti acquisita da uno solo di essi (art. 58, c. 1, D.P.R. n. 917/1986).

Tale agevolazione **non si applica**:

– in caso di **scioglimento** dell'**azienda** precedentemente **donata** a più di un familiare e assegnazione ad uno solo di essi (circ. 15 maggio 1997, n. 137/E risposta 15.5);
– nel caso in cui il ricevente sia una **società** di persone o una società di capitali.

Tassazione delle plusvalenze in caso di successivo trasferimento d'azienda 84.3.3.

Le plusvalenze realizzate in caso di successiva cessione, anche parziale, delle aziende acquisite in neutralità a seguito di una cessione a titolo gratuito concorrono alla formazione del reddito come **redditi diversi** (art. 67, c. 1, lett. h-bis), D.P.R. n. 917/1986).

I redditi diversi concorrono alla formazione della base imponibile IRPEF "**per cassa**" (➔**15.1.2.**).

L'eventuale anticipazione di corrispettivo di cessione, percepita nel periodo d'imposta precedente a quello in cui ha effetto il trasferimento, deve essere attratta nel periodo in cui ha effetto il trasferimento stesso. In caso di pagamento dilazionato ricadente su più periodi d'imposta, occorrerà rapportare la plusvalenza complessivamente determinata alle somme incassate nei diversi periodi d'imposta, rispetto al totale del corrispettivo.

Determinazione della plusvalenza - La plusvalenza è costituita dalla **differenza** fra il corrispettivo incassato, al netto degli oneri accessori di diretta imputazione, e i valori fiscalmente riconosciuti in capo al dante causa.

OPERAZIONI STRAORDINARIE

Per **oneri accessori** di diretta imputazione si intende ogni altro costo specificamente inerente alla produzione delle plusvalenze (spese di intermediazione, spese legali, notarili ed erariali afferenti la vendita).

Il **valore fiscalmente riconosciuto** comprende anche le spese sostenute al momento dell'acquisizione (ad esempio, onorari notarili).

84.4. IRAP

84.4.1. Esclusione dalla base imponibile IRAP delle plus/minusvalenze da cessione d'azienda

La base imponibile IRAP, per le imprese industriali (*ITA Gaap* e *IAS/IFRS adopter*), è data dalla **differenza** tra il **valore della produzione** (lettera A del conto economico) e i **costi della produzione** (lettera B del conto economico), senza considerare le spese per il personale (a tempo determinato), le svalutazioni dei crediti compresi nell'attivo circolante e delle disponibilità liquide, gli accantonamenti per rischi e gli altri accantonamenti.

Dalla base imponibile IRAP sono espressamente esclusi i **componenti** positivi e negativi di **natura straordinaria** derivanti dal trasferimento d'azienda (art. 5, c. 1, D.Lgs. n. 446/1997).

In sede di dichiarazione IRAP, è necessario **sterilizzare le plus/minusvalenze** da cessione di azienda effettuando le opportune variazioni in aumento e in diminuzione.

84.5. IMPOSTE INDIRETTE

Il regime fiscale relativo all'imposizione indiretta è **indipendente** dalla natura del **soggetto cedente** (persona fisica, imprenditore individuale o società).

84.5.1. IVA

L'operazione di cessione d'azienda non è considerata cessione di beni ai fini IVA e, quindi, è un'operazione **esclusa dall'IVA** (art. 2, c. 3, lett. b), D.P.R. n. 633/1972). La *ratio* dell'esclusione dalla base imponibile IVA della cessione del compendio aziendale deriva dal fatto che oggetto del trasferimento è un elemento patrimoniale e non un'operazione economica (risposta a interpello 25 ottobre 2019, n. 432).

Se la cessione d'azienda è formalizzata in un unico atto, è esclusa da IVA anche se nel contratto di vendita il prezzo è stato frazionato in maniera analitica fra i diversi componenti del patrimonio ceduto.

Il trasferimento del marchio unitamente all'azienda deve scontare la sola imposta di registro in misura proporzionale (ris. 3 aprile 2006, n. 48/E).

Generalmente, dalla data in cui ha effetto la cessione di azienda, il soggetto acquirente subentra in tutti gli obblighi IVA relativi alla stessa (ris. 15 dicembre 1980, n. 384850) e deve provvedere a presentare la dichiarazione di variazione dati nei 30 giorni successivi.

Trasferimento credito IVA - Nell'ambito di una cessione d'azienda, il cedente può trasferire il credito IVA risultante dalla dichiarazione annuale e quello infra annuale eventualmente maturato (in presenza dei presupposti) dall'inizio dell'anno in cui è avvenuta la cessione fino alla data in cui quest'ultima produce effetti (ris. 31 ottobre 2008 n. 417/E).

Trasferimento del plafond - L'acquirente dell'azienda può fruire - a determinate condizioni - del *plafond* relativo agli acquisti in sospensione di imposta per le esportazioni, maturato presso l'impresa cedente (ris. 21 aprile 2008, n. 165/E) (➡49.2.3.).

84.5.2. Altre imposte indirette

Imposta di registro - La cessione d'azienda è imponibile ai fini dell'imposta di registro, in misura proporzionale (artt. 2 e 3, c. 1, lett. b), D.P.R. n. 131/1986).

CASO 9 - Cessione d'azienda e successive cessioni di beni

Ai fini dell'imposta di registro, quando alla cessione di azienda segue una pluralità di negozi aventi ad oggetto singoli beni, già giacenti nel deposito dell'azienda ceduta e tutti funzionalmente collegati ad essa, costituendone le scorte di magazzino, l'operazione va considerata nella sua causa economica reale, ai sensi dell'art. 20 del D.P.R. 131/1986 e, quindi, va assoggettata ad imposta di registro proporzionale, in quanto configura una cessione d'azienda (Cass. 2 novembre 2021, n. 30974 e 19 aprile 2018, n. 9694).

La **base imponibile** è data dal **valore corrente** (c.d. valore venale di comune commercio) dell'azienda, che può essere diverso dal prezzo pattuito tra le parti. Il valore corrente si determina con riferimento al valore complessivo dei beni che compongono l'azienda, dedotte le passività ad essa imputabili. Rileva, altresì, l'**avviamento** sia di segno positivo che negativo (Cass. 17 gennaio 2018, n. 979 e 12 ottobre 2018, n. 25448).

CASO 10 - Passività inerenti all'azienda ceduta
Possono essere dedotte dalla base imponibile dell'imposta di registro le sole passività inerenti all'azienda oggetto di cessione. Sono inerenti le passività collegate funzionalmente all'azienda (Cass. 18 maggio 2016, n. 10218 e Consiglio Nazionale Notariato Studio n. 99-2017/T).

Per individuare **l'aliquota d'imposta** (➡63.29.2.) applicabile è necessario distinguere:
- se il prezzo di cessione è indistinto, cioè non vi è una espressa ripartizione tra i vari cespiti dell'azienda, si applica l'aliquota più alta prevista in relazione alla natura dei beni facenti parte dell'azienda trasferita;
- se il prezzo di cessione è ripartito tra i vari cespiti, si applica l'aliquota prevista per ciascuna tipologia di cespite.

In caso di cessione dell'azienda o di un ramo di essa con **continuazione dell'attività e mantenimento degli assetti occupazionali**, al **trasferimento di beni immobili strumentali** che per le loro caratteristiche non sono suscettibili di diversa utilizzazione senza radicali trasformazioni si applicano l'**imposta di registro** e le **imposte ipotecaria e catastale** nella misura fissa di **200 euro** ciascuna. In caso di cessazione dell'attività o di trasferimento per atto a titolo oneroso o gratuito degli **immobili acquistati prima del decorso del termine di cinque anni dall'acquisto**, sono dovute le imposte di registro, ipotecaria e catastale nella **misura ordinaria** (art. 1, c. 237, Legge n. 234/2021).

La **registrazione del contratto** di cessione azienda va effettuata nell'ordinario termine di **20 giorni** dalla stipula dell'atto ovvero entro 60 giorni per atti formati all'estero (➡63.29.).

CASO 11 - Avviamento e rent to buy di azienda
Nel caso di un contratto atipico di "rent to buy" di azienda che preveda un contratto di affitto di azienda per una durata predeterminata e, al termine dello stesso, l'opzione per l'acquisto dell'azienda a un prezzo già concordato, in sede di accertamento, l'Ufficio non può rettificare l'atto di cessione di azienda, attribuendo un valore di avviamento non dichiarato. In questo caso l'azienda era già stata condotta in affitto per un determinato lasso temporale e il canone pattuito tra le parti era già inclusivo di un corrispettivo per l'avviamento aziendale (Cass., ord. n. 24064/2018).

Imposte ipotecarie e catastali - Sugli immobili facenti parte dell'azienda oggetto di cessione sono dovute altresì le imposte ipotecarie e catastali nella misura fissa di 50 euro ciascuna (art. 10, c. 3, D.Lgs. n. 23/2011) (➡64.2. e ➡64.4.).

SANZIONI 84.6.

Responsabilità del cessionario 84.6.1.

Al fine di evitare che, attraverso il trasferimento dell'azienda, sia dispersa la garanzia patrimoniale del contribuente in pregiudizio dell'interesse pubblico (Cass. 14 marzo 2014, n. 5979), il cessionario assume la **responsabilità** solidale sussidiaria, per il pagamento delle imposte e delle sanzioni, dovuti dal cedente, riguardanti l'azienda, riferibili a:
- **violazioni commesse** dal cedente, nell'anno in cui è avvenuta la cessione e nei due precedenti;
- **violazioni già contestate** (oltre a quelle per le quali le sanzioni sono già state irrogate) al cedente, nello stesso periodo, anche se commesse in epoca anteriore.

La responsabilità del cessionario riguarda tanto le **imposte dirette** che le imposte **indirette**, nonché il mancato pagamento delle **ritenute d'acconto** (art. 14, c. 1, D.Lgs. n. 472/1997).

Responsabilità del cessionario	
Solidale	**Se il soggetto cedente non adempie alle proprie obbligazioni,** è onere del cessionario far fronte al debito fiscale in oggetto.
Sussidiaria	Il cessionario è coinvolto nel pagamento delle imposte e relative sanzioni solo dopo che l'amministrazione finanziaria ha provveduto, con esito negativo, a richiedere al cedente (anche mediante atti esecutivi) il versamento di quanto dovutole.

OPERAZIONI STRAORDINARIE

	Responsabilità del cessionario
	Il cessionario è chiamato a corrispondere solo **l'eventuale importo non pagato dal cedente.**
Limitata	Al **valore dell'azienda al momento dell'acquisto**.

Certificato sull'esistenza di contestazioni - L'**obbligazione** del cessionario è, in ogni caso, **limitata** al debito risultante, alla data della cessione, dagli atti degli Uffici dell'amministrazione finanziaria e degli enti preposti all'accertamento dei tributi di loro competenza, che sono tenuti a rilasciare, su richiesta dell'interessato, un certificato sull'esistenza di contestazioni in corso e di quelle già definite per le quali i debiti non sono stati soddisfatti (art. 14, c. 2, D.Lgs. n. 472/1997). Il **certificato negativo** o **non rilasciato** entro 40 giorni dalla richiesta ha pieno effetto liberatorio del cessionario.

La responsabilità del cessionario è esclusa (art. 14, c. 5-bis e 5-ter, D.Lgs. n. 472/1997) quando la cessione avviene nell'ambito di:
- una procedura concorsuale;
- un accordo di ristrutturazione dei debiti (art. 182-bis, R.D. 16 marzo 1942, n. 267);
- un piano attestato (art. 67, c. 3, lett. d), R.D. 16 marzo 1942, n. 267);
- un procedimento di composizione della crisi da sovraindebitamento o di liquidazione del patrimonio.

84.6.2. Cessione in frode dei crediti tributari

Il cessionario risponde, **solidalmente** (senza il beneficio della preventiva escussione del cedente) e **illimitatamente**, di tutte le violazioni commesse dal cedente fino alla data della cessione, anche se a tale data le stesse non siano ancora state constatate nel caso di frode concretamente accertata o semplicemente presunta e non vinta da prova contraria (art. 14, c. 4, D.Lgs. n. 472/1997 e circ. 10 luglio 1998, n. 180/E). In tal caso, l'eventuale certificato rilasciato (o non rilasciato nei 40 giorni) non avrà alcun effetto limitativo o liberatorio.
La **prova** della frode deve essere, in ogni caso, fornita dall'Ufficio.

Cessione d'azienda effettuata in frode al Fisco - Integrano gli estremi del reato le condotte finalizzate ad eludere l'adempimento dell'obbligazione tributaria consistenti in:
- **alienazioni simulate** (alienazioni di beni, caratterizzate da una preordinata divergenza tra la volontà dichiarata e quella effettiva, sia in ordine all'intero negozio giuridico, sia in ordine a sue singole componenti);
- **altri atti fraudolenti**, come, ad esempio, quei negozi giuridici realizzati al fine di rendere inefficace la riscossione, attraverso la riduzione o l'eliminazione dei beni patrimoniali del contribuente, sui quali l'Erario potrebbe soddisfare le proprie legittime pretese (art. 11, c. 1, D.Lgs. n. 74/2000 e Cass. pen. 24 maggio 2021, n. 20371).

La **frode** si **presume**, salvo prova contraria, qualora la cessione sia effettuata entro 6 mesi dalla constatazione di una violazione penalmente rilevante (art. 14, c. 5, D.Lgs. n. 472/1997).

CONFERIMENTO D'AZIENDA 85.

PREMESSA 85.1.

Il **conferimento d'azienda** è l'operazione attraverso la quale un soggetto apporta in una società la propria azienda o un ramo della stessa (➔84.1.), ricevendone in cambio una **quota di partecipazione**, e divenendo socio della società conferitaria.
La differenza tra l'operazione di conferimento e l'operazione di cessione d'azienda (➔84.2.) è il **corrispettivo** ricevuto in cambio dell'azienda: nelle operazioni di cessione d'azienda si riceve in cambio del denaro, nelle operazioni di conferimento le partecipazioni della società conferitaria.

Elementi costitutivi di un contratto di conferimento d'azienda	
Finalità dell'operazione	suddividere la responsabilità patrimoniale con altri o decentrare o accentrare fasi di attività
Oggetto del conferimento	Azienda (➔84.1.)
Corrispettivo	partecipazione della società conferitaria

CONFERIMENTO D'AZIENDA IN NEUTRALITÀ FISCALE 85.2.

Il conferimento d'azienda effettuato tra soggetti residenti nel territorio dello Stato nell'esercizio di imprese commerciali **non** costituisce **realizzo** di **plusvalenze** o **minusvalenze** fiscalmente rilevanti.
Il conferente deve assumere, quale valore delle partecipazioni ricevute, l'ultimo **valore fiscalmente riconosciuto** dell'azienda conferita e il conferitario subentra nella posizione di quello conferente in ordine agli elementi dell'attivo e del passivo dell'azienda stessa (art. 176, c. 1, D.P.R. n. 917/1986).

Operazione fiscalmente neutrale per il conferente 85.2.1.

Il conferente **non realizza** alcuna **plusvalenza o minusvalenza** fiscalmente rilevante dal conferimento d'azienda, in quanto l'eventuale **tassazione** avrà luogo al momento del realizzo della partecipazione ricevuta per effetto del conferimento.

Contabilmente	Fiscalmente
Plusvalenza da conferimento rilevata a conto economico (pari alla differenza tra il valore attribuito, in sede di conferimento, all'azienda conferita e il valore netto contabile dell'azienda stessa)	**Variazione in diminuzione** del reddito in dichiarazione
Riserva da conferimento nel netto dello stato patrimoniale	**Nessuna variazione** del reddito in dichiarazione
Partecipazione ricevuta in cambio iscritta nello stato patrimoniale per un valore pari al valore attribuito in sede di conferimento al complesso aziendale conferito (ossia pari al **valore di incremento del patrimonio netto della conferitaria**)	**Partecipazione ricevuta in cambio** ha un costo fiscale pari al **valore fiscale dell'azienda conferita**

OPERAZIONI STRAORDINARIE

CASO 1 - Conferimento in neutralità fiscale per il conferente

La società A effettua un conferimento d'azienda a favore della società B.
Di seguito, la situazione patrimoniale dell'azienda conferita.

Situazione patrimoniale					
ATTIVO	**Valori iscritti in contabilità**	**Valore di perizia**	**PASSIVO**	**Valori iscritti in contabilità**	**Valore di perizia**
Fabbricati industriali	32.000	41.200	TFR	13.720	13.720
Fondo di ammortamento	(12.000)	(12.000)	Debiti	24.000	24.000
	20.000	29.200	**Totale passivo**	37.720	37.720
Impianti e macchinari	24.000	28.800			
Fondo di ammortamento	(16.000)	(16.000)	**Patrimonio netto conferito**	7.280	22.280
	8.000	12.800			
Attrezzature	12.000	13.000			
Fondo di ammortamento	(10.000)	(10.000)			
	2.000	3.000			
Materie prime	2.800	2.800			
Prodotti finiti	3.400	3.400			
Crediti	10.000	10.000			
Fondo svalutazione	(1.200)	(1.200)			
	8.800	8.800			
Totale attivo	45.000	60.000			

All'atto del conferimento la conferente A dovrà rilevare in contabilità:

1. L'eliminazione degli attivi e passivi patrimoniali riferiti all'azienda e alternativamente, a stato patrimoniale la riserva da conferimento o a conto economico la plusvalenza.

Diversi	a	Diversi		
Fondo di amm.to fabbricati			12.000	
Fondo amm.to impianti			16.000	
Fondo amm.to attrezzature			10.000	
Fondo svalutazione crediti			1.200	
TFR			13.720	
Debiti			24.000	
B c/conferimento			22.280	
		Fabbricati industriali		32.000
		Impianti e macchinari		24.000
		Attrezzature		12.000
		Rimanenze mat. prime		2.800
		Rimanenze prod. finiti		3.400
		Crediti		10.000
		Riserva di conferimento (SP)/ plusvalenza (CE)		15.000

OPERAZIONI STRAORDINARIE

2. L'iscrizione della partecipazione nella conferitaria B.

Partecipazioni	a	B c/conferimento		22.280

In sede di dichiarazione dei redditi, A - se ha rilevato a conto economico la plusvalenza - dovrà effettuare una variazione in diminuzione di 15.000.
Ipotizzando che il valore fiscalmente riconosciuto dell'azienda conferita sia coincidente con il valore iscritto in contabilità, il costo fiscalmente riconosciuto della partecipazione in B sarà pari a 7.280 (a fronte di un valore contabile della stessa partecipazione pari a 22.280).

Riserve da conferimento - Nel caso in cui il conferente rilevi nel passivo dello stato patrimoniale la riserva da conferimento, quest'ultima può essere **utilizzata a copertura perdite o distribuita ai soci**, anche prima del realizzo della partecipazione ricevuta a seguito del conferimento, **senza** determinare alcun **effetto impositivo** per la società (ris. 6 giugno 2000, n. 82/E).
In capo ai soci, qualificandosi la riserva da conferimento eventualmente distribuita come riserva di utili, concorre alla formazione del reddito come **dividendo** (artt. 47, 59 e 89, D.P.R. n. 917/1986).

Continuità di valori per il conferitario 85.2.2.

Principio di continuità dei valori - Il **conferitario** subentra nella posizione del conferente in ordine ai soli **elementi dell'attivo e del passivo**, facendo risultare da apposito prospetto di riconciliazione della dichiarazione dei redditi i dati esposti in bilancio (che possono essere iscritti sino al valore peritale) e i valori fiscalmente riconosciuti.
L'effetto di "continuità" fiscale previsto per i conferimenti **non** comporta un fenomeno di **successione** a titolo universale della conferitaria nei rapporti giuridici della conferente relativi all'azienda ceduta.

Principio di continuità dei valori - Esempi di applicazione	
Rimanenze	Permane l'eventuale stratificazione LIFO, FIFO esistente presso la conferente e, se tra le rimanenze del conferente e in quelle del conferitario figurano beni omogenei, si deve provvedere all'unificazione delle stratificazioni LIFO o FIFO esistenti.
Beni strumentali	Le residue quote di ammortamento dovranno essere computate assumendo il costo fiscale originario di tali beni.
Spese di manutenzione	Il limite del 5% previsto dalla norma dovrà essere calcolato dal conferitario tenendo conto del costo originario fiscalmente rilevante che i beni ricevuti per conferimento avevano presso il conferente, fermo restando che, qualora il conferimento avvenga nel corso del periodo d'imposta, la relativa deduzione spetta in proporzione alla durata del possesso.

CASO 2 - Gestione del doppio binario civilistico-fiscale da parte della conferitaria
Riprendendo i dati del CASO precedente, se si ha riguardo alla società conferitaria B si può notare come la stessa dovrà gestire un doppio binario civilistico-fiscale al fine di garantire la continuità di valori fiscali dell'azienda acquisita per conferimento.
Di seguito, la situazione patrimoniale dell'azienda mettendo a confronto gli *asset* iscritti in contabilità a valori di perizia e il costo fiscalmente riconosciuto degli stessi.

Situazione patrimoniale					
ATTIVO	**Valori di perizia iscritti in contabilità**	**Costo fiscalmente riconosciuto**	**PASSIVO**	**Valori di perizia iscritti in contabilità**	**Costo fiscalmente riconosciuto**
Fabbricati industriali	41.200	32.000	TFR	13.720	13.720
Fondo di ammortamento	(12.000)	(12.000)	Debiti	24.000	24.000
	29.200	20.000	**Totale passivo**	37.720	37.720
Impianti e macchinari	28.800	24.000			

OPERAZIONI STRAORDINARIE

Situazione patrimoniale					
ATTIVO	**Valori di perizia iscritti in contabilità**	**Costo fiscalmente riconosciuto**	**PASSIVO**	**Valori di perizia iscritti in contabilità**	**Costo fiscalmente riconosciuto**
Fondo di ammortamento	(16.000)	(16.000)	**Patrimonio netto**	22.280	7.280
	12.800	8.000			
Attrezzature	13.000	12.000			
Fondo di ammortamento	(10.000)	(10.000)			
	3.000	2.000			
Materie prime	2.800	2.800			
Prodotti finiti	3.400	3.400			
Crediti	10.000	10.000			
Fondo svalutazione	(1.200)	(1.200)			
	8.800	8.800			
Totale attivo	60.000	45.000			

Il monitoraggio di tali differenziali va effettuato in sede di dichiarazione dei redditi compilando il quadro RV, indicando il valore contabile e fiscale:
- dei fabbricati industriali (rispettivamente € 29.200 e € 20.000);
- degli impianti e macchinari (rispettivamente € 12.800 e € 8.000);
- delle attrezzature (rispettivamente € 3.000 e € 2.000).

Opzione di riallineamento - Il conferitario può optare mediante pagamento di un'imposta sostitutiva per il riconoscimento dei maggiori valori emersi a seguito del conferimento d'azienda (➨**89.**).

Non è un'**operazione abusiva** il **conferimento d'azienda** in continuità di valori fiscali e la **successiva cessione** in esenzione totale o parziale **della partecipazione** ricevuta per effetto del conferimento (art. 176, c. 3, D.P.R. n. 917/1986 e art. 10-bis, Legge n. 212/2000).

85.2.3. Conferimento di impresa individuale

Se l'**imprenditore individuale** conferisce l'**unica azienda**, la successiva cessione delle partecipazioni ricevute a seguito del conferimento è sempre considerata alla stregua di una **cessione di partecipazioni qualificate** (art. 176, c. 2-bis, D.P.R. n. 917/1986) Va evidenziato che, a seguito della Legge di bilancio 2018, ai fini del regime impositivo in capo alle persone fisiche non imprenditori, è venuta meno la differenziazione tra partecipazioni qualificate e non. Pertanto, a partire **dal 1° gennaio 2018**, anche le plusvalenze da cessione di partecipazioni qualificate sono assoggettate ad **imposta sostitutiva del 26%** (➨**11.2.2.**).

Al fine di calcolare l'eventuale **plus/minusvalenza** in caso di **successiva cessione** delle partecipazioni ricevute, è necessario confrontare il corrispettivo ricevuto e il **costo** fiscalmente riconosciuto della partecipazione alienata, pari all'ultimo valore fiscale dell'azienda conferita.

85.2.4. Conferimento e participation exemption

In caso di cessione della partecipazione ottenuta a seguito di un'operazione di conferimento è possibile - al ricorrere dei requisiti soggettivi e oggettivi indicati nella tabella che segue - fruire della **participation exemption** (art. 87, D.P.R. n. 917/1986).

Per quanto concerne i **requisiti soggettivi**, le aziende acquisite in dipendenza di conferimenti effettuati con il regime di neutralità si considerano possedute dal soggetto conferitario anche per il periodo di possesso del soggetto conferente, comprese le eventuali partecipazioni (art. 176, c. 4, D.P.R. n. 917/1986). Per il soggetto conferente, le partecipazioni ricevute a seguito del conferimento d'azienda assumono l'anzianità dell'azienda conferita. Le **partecipazioni ricevute** dal conferente in regime di

neutralità fiscale si considerano iscritte come **immobilizzazioni finanziarie** nei bilanci in cui risultavano iscritti i beni dell'azienda conferita.
Con riferimento ai requisiti oggettivi, vale il principio generale in base al quale le nuove entità legali, che originano dai soggetti precedentemente esistenti, ereditano anche i **requisiti di commercialità e residenza** che caratterizzavano questi ultimi (circ. 4 agosto 2004, n. 36/E).

CASO 3 - Verifica requisiti PEX per la conferitaria costituita da meno di 3 anni
In caso di società conferitaria è costituita da meno di 3 anni, ai fini della verifica del possesso ininterrotto del requisito della commercialità per l'intero "triennio" previsto per fruire della participation exemption (art. 87, c. 2, D.P.R. n. 917/1986), va "cumulato" anche il periodo di possesso dell'azienda da parte del conferente.

Requisiti per fruire della participation exemption		
Soggettivi	Ininterrotto possesso della partecipazione ceduta dal primo giorno del dodicesimo mese precedente quello dell'avvenuta cessione (holding period)	- La partecipazione ricevuta dal **conferente** "eredita" l'anzianità dell'azienda conferita - Le eventuali partecipazioni comprese nell'azienda conferita ereditano in capo al **conferitario** l'anzianità dell'azienda in capo al conferente
	Iscrizione della partecipazione tra le immobilizzazioni finanziarie nel primo bilancio chiuso durante il periodo di possesso	La partecipazione ricevuta dal **conferente** si presume iscritta tra le immobilizzazioni finanziarie
Oggettivi	Esercizio dell'attività commerciale da parte della società partecipata	
	Residenza della società partecipata in un Paese non a fiscalità privilegiata	

CASO 4 - Non abusività della cessione "indiretta" d'azienda in neutralità fiscale
Non è abusiva, non comportando il conseguimento di alcun vantaggio fiscale indebito e non ravvisandosi alcun contrasto con la *ratio* di disposizioni fiscali o con i principi dell'ordinamento tributario, la riorganizzazione societaria posta in essere dai due soggetti, tra cui non vi è alcun tipo di legame se non l'affitto di azienda. Tale assetto negoziale consente al cedente di cedere le partecipazioni anziché direttamente l'azienda e al cessionario di acquistare le partecipazioni per il tramite di un veicolo che si indebiterà con gli istituti bancari per pagare il prezzo di cessione. L'Agenzia delle Entrate ha chiarito che le operazioni poste in essere nel loro complesso non presentano profili di abuso del diritto ai fini delle imposte sui redditi dal momento che, ai sensi dell'art. 176, c. 3, D.P.R. n. 917/1986, il comportamento prescelto nella circolazione indiretta dell'azienda non configura un'ipotesi di abuso del diritto e la costituzione di un veicolo *ad hoc* per l'acquisizione non assume alcuna rilevanza a tal fine (risposta a interpello 13 maggio 2019, n. 138).

CONFERIMENTO TRA NON RESIDENTI 85.3.

Conferimenti infra-comunitari 85.3.1.

Si applica il **principio di neutralità** (➜85.2.) anche nelle ipotesi di "conferimenti infra-comunitari" ovvero:

- **conferimenti** di aziende o rami d'azienda **ovunque esistenti**, che avvengono fra una società di capitali o un ente commerciale residente in Italia e un soggetto residente in altro Stato dell'Unione europea (art. 178, c. 1, lett. c), D.P.R. n. 917/1986);
- **conferimenti** di aziende o rami d'azienda **esistenti in Italia**, **tra soggetti** entrambi **non residenti in Italia**, ma residenti in Stati fra loro diversi dell'Unione europea (art. 178, c. 1, lett. d), D.P.R. n. 917/1986).

Si possono individuare alcune fattispecie tipiche:

- nel caso di società italiana che conferisce un'**azienda situata in Italia** a un **conferitario UE**, sia il soggetto conferente che la società conferitaria possono iscrivere nel proprio bilancio maggiori valori (plusvalenze latenti/avviamento) senza tassazione immediata. L'azienda conferita viene a

OPERAZIONI STRAORDINARIE

costituire una **Stabile Organizzazione in Italia** della società conferitaria, la quale eredita i vecchi valori fiscali già esistenti in capo alla conferente;

– nel caso di una società italiana che conferisce un'**azienda** (Stabile Organizzazione) **situata all'estero**, la plusvalenza realizzata è imponibile nei confronti del conferente italiano a titolo di realizzo al valore normale, con deduzione dell'ammontare dell'imposta corrisposta nello Stato in cui è situata l'azienda conferita. La partecipazione ricevuta è valutata fiscalmente in base all'ultimo valore riconosciuto ai fini delle imposte sui redditi degli elementi patrimoniali conferiti, aumentato di un importo pari all'imponibile corrispondente all'imposta dovuta a saldo (art. 179, c. 5, D.P.R. n. 917/1986).

Conferimento	Azienda	Conferente	Conferitario
infra-comunitario (artt. 178-180, D.P.R. n. 917/1986)	**EE**	**Italia/UE**	**Italia/UE**
	Italia	**UE**	**UE**

CASO 5 - Conferimento di SO italiana a società residente in Italia o ad altra SO italiana

In caso di conferimento di una stabile organizzazione italiana (Alfa) di una società francese (Beta) a favore di una società residente in Italia (Gamma) si applica il regime di neutralità fiscale previsto dal combinato disposto degli artt. 178, c. 1, lett. c), e 179, c. 2, D.P.R. n. 917/1986, a condizione che la partecipazione nella conferitaria confluisca nella contabilità della stabile organizzazione da cui provengono gli asset conferiti. Al contrario, qualora la partecipazione ottenuta a fronte del conferimento e assegnata alla SO "conferente" sia poi trasferita alla sua casa madre, ovvero venga assegnata direttamente (all'atto del conferimento) alla casa madre, ovvero manchi all'atto del conferimento o venga successivamente a mancare la connessione funzionale, l'eventuale plusvalenza realizzata da detta stabile "conferente" è assoggettata ad imposizione e considerata esente (parzialmente) o, in alternativa, l'eventuale minusvalenza indeducibile, solo nel caso in cui la partecipazione in parola possieda i requisiti pex indicati dall'art. 87 D.P.R. n. 917/1986 (ris. 9 agosto 2018, n. 63/E e risposta a interpello 31 dicembre 2020, n. 633).

85.3.2. Conferimenti transnazionali

Si applica il **principio di neutralità** (➡**85.2.**) anche nelle ipotesi di conferimenti transnazionali ovvero di conferimenti tra soggetti residenti in Italia e soggetti residenti in altri Stati non appartenenti all'Unione europea (art. 176, c. 2, D.P.R. n. 917/1986).

Se il conferimento è eseguito da una **società residente** a favore di una **società non residente**, non si produce realizzo di plusvalenze o minusvalenze, in virtù della conversione della porzione di patrimonio della conferente residente in una Stabile Organizzazione della conferitaria non residente.

Se il conferimento è eseguito da una **società non residente** a favore di **una società residente**, l'operazione non produce il realizzo di plusvalenze o minusvalenze, in virtù della conversione della Stabile Organizzazione della conferente non residente in una porzione del patrimonio della conferitaria residente.

La neutralità si applica anche quando **entrambi i soggetti** conferente e conferitario sono **non residenti se l'azienda è in Italia** (circ. 25 settembre 2008, n. 57/E).

Conferimento	Azienda	Conferente	Conferitario
Transnazionale (art. 176, c. 2, D.P.R. n. 917/1986)	**Italia**	**Italia/extra UE**	**Italia/extra UE**

85.4. CONFERIMENTO D'AZIENDA AI FINI IRAP

85.4.1. Esclusione dalla base imponibile IRAP delle eventuali plus/minusvalenze da conferimento d'azienda

La **base imponibile IRAP**, per le imprese industriali (ITA Gaap e IAS/IFRS adopter), è legata alla composizione del conto economico, analogamente a quanto visto per i riflessi ai fini IRAP della cessione d'azienda (➡**84.4.**).

Fino al bilancio 2015, se il conferente l'azienda decideva di rilevare le plusvalenze e minusvalenze derivanti dall'operazione a conto economico (e non in una riserva del passivo dello stato patrimoniale), queste erano contabilizzate in voci non rilevanti ai fini IRAP e, quindi, escluse dalla base imponi-

bile del tributo regionale (circ. 26 maggio 2009, n. 27/E). Dal **bilancio 2016**, a seguito dell'abolizione dell'area straordinaria del conto economico (D.Lgs n. 139/2015), le plusvalenze e minusvalenze da conferimento d'azienda vanno eventualmente rilevate nelle voci A5 (altri ricavi e proventi) e B14 (oneri diversi di gestione).
Ai fini della determinazione della base imponibile IRAP, tali **componenti positivi/negativi** vanno comunque **sterilizzati** mediante apposite variazioni in aumento e in diminuzione in dichiarazione (art. 5, c. 1, D.Lgs. n. 446/1997, come modificato dall'art. 13-bis, co. 3, D.L. n. 244/2016).

IMPOSTE INDIRETTE 85.5.

IVA 85.5.1.

L'**operazione di conferimento d'azienda** non è considerata cessione di beni ai fini IVA e, quindi, è un'operazione **esclusa dall'IVA** (art. 2, c. 3, lett. b), D.P.R. n. 633/1972). È, invece, soggetto ad IVA il conferimento di singoli beni (circ. 23 dicembre 1997, n. 326/E).
Generalmente, dalla data in cui ha effetto il conferimento di azienda, il soggetto conferitario subentra in tutti gli obblighi IVA relativi alla stessa (ris. 15 dicembre 1980, n. 384850) e deve provvedere a presentare la **dichiarazione di variazione dati** nei 30 giorni successivi.

Trasferimento credito IVA - Nell'ambito di un conferimento d'azienda, se si verifica l'**estinzione del conferente**, quest'ultima perde ogni legittimazione in ordine al credito IVA che entra nella piena disponibilità della conferitaria (Cass. 12 marzo 2008, n. 6578; Cass. 14 dicembre 2012, n. 23044), spettando alla conferitaria il recupero dello stesso, attraverso, alternativamente, la richiesta di rimborso o l'utilizzo in compensazione.
Analoga disciplina si applica quando non si verifica l'estinzione del dante causa, se quest'ultima - anteriormente all'operazione straordinaria - abbia gestito con contabilità separata l'attività esercitata dall'azienda o dal ramo d'azienda, poi trasferiti (ris. 13 luglio 1995, n. 183/E).
Laddove, invece, non si verifichi l'estinzione del conferente, l'eccedenza a credito IVA possono essere cedute solo se chieste preventivamente a rimborso *ex* art. 5, c. 4-ter, D.L. n. 70/1988 (risposta a interpello 9 ottobre 2019, n. 402).

Trasferimento del plafond - Il conferente può fruire - a determinate condizioni - del plafond relativo agli acquisti in sospensione di imposta per le esportazioni, maturato presso il conferitario (ris. 21 aprile 2008, n. 165/E) (➡49.2.3.).

Altre imposte indirette 85.5.2.

Imposta di registro - Il conferimento d'azienda è imponibile ai fini dell'imposta di registro in misura fissa (circ. 29 maggio 2013, n. 18/E).
La **registrazione del contratto di conferimento d'azienda** va effettuata nell'ordinario **termine di 20 giorni** dalla stipula dell'atto ovvero dalla iscrizione nel registro delle imprese (per i conferimenti in società di capitali) (➡63.2.1.).

Conferimento d'azienda e successiva cessione delle partecipazioni ai fini dell'imposta di registro - Negli ultimi anni sono stati sempre più frequenti i contrasti tra Fisco e imprese concernenti la qualificazione in cessione d'azienda di operazioni di conferimento d'azienda e successiva cessione delle partecipazioni della conferitaria; contestazioni che si traducono nella liquidazione dell'imposta proporzionale di registro in luogo di quella fissa e che hanno riguardato anche cessioni di partecipazioni precedute da scissione (anziché da conferimento) ovvero preordinate alla successiva fusione con la società acquirente.
Questo orientamento valorizzava gli effetti economici degli atti soggetti all'imposta di registro nel presupposto che l'imposta dovesse colpire la manifestazione di capacità contributiva (art. 20 TUR *ante* Legge di bilancio 2018 e, da ultimo, Cass. 15 marzo 2017, n. 6758). In tal modo, veniva legittimato un sindacato sulla valutazione per lo più degli effetti economici degli atti presentati per la registrazione, complessivamente considerati.
A tale orientamento si contrapponeva una seconda tesi secondo la quale l'indagine degli effetti economici era del tutto preclusa in quanto il campo di indagine degli uffici è limitato agli effetti giuridici dell'atto soggetto a registrazione che vanno ricostruiti con esclusivo riferimento al contenuto dell'atto medesimo e agli elementi che da esso si rinvengono, essendo preclusa una analisi di elementi extra testuali.
Con la Legge di bilancio 2018, è stato precisato che, per individuare la tassazione da riservare al singolo atto presentato per la registrazione, si deve prescindere da elementi interpretativi esterni

all'atto stesso (ad esempio, i comportamenti assunti dalle parti), nonché dalle disposizioni contenute in altri negozi giuridici "collegati" con quello da registrare. Non rilevano, inoltre, per la corretta tassazione dell'atto, gli interessi oggettivamente e concretamente perseguiti dalle parti nei casi in cui gli stessi potranno condurre ad una assimilazione di fattispecie contrattuali giuridicamente distinte (non potrà, ad esempio, essere assimilata a una cessione di azienda la cessione totalitaria di quote) (art. 20 TUR, come modificato dall'art. 1, c. 87, Legge n. 205/2017). Si era poi aperto il dibattito se si trattasse di una norma innovativa, non applicabile retroattivamente (Cass. 18 aprile 2018, n. 9473), ovvero interpretativa, applicabile anche ai rapporti pregressi (*ante* 1° gennaio 2018), sempreché su tali rapporti non si fosse già formato un giudicato o l'accertamento non sia divenuto comunque definitivo (➔63.7.). Con la legge di bilancio 2019 (art. 1, c. 1084, Legge n. 145/2018), è stato precisato che la modifica apportata dalla Legge di bilancio 2018 costituisce norma di interpretazione autentica dell'art. 20, c. 1, del D.P.R. n. 917/1986.
L'Agenzia delle Entrate ha, quindi, chiarito che non può essere riqualificata come cessione d'azienda unitaria ai sensi dell'art. 20 del TUR l'operazione comprendente la cessione totalitaria delle quote sociali preceduta dal conferimento del ramo d'azienda (risposta a interpello 18 giugno 2019, n. 196 e 17 settembre 2020, n. 371; in senso conforme anche Cass. 8 ottobre 2021, n. 27427). Da ultimo, la Corte Costituzionale ha dichiarato non fondata la questione di illegittimità delle ricordate modifiche all'art. 20 del TUR, evidenziando che il legislatore ha inteso, attraverso un esercizio non manifestamente arbitrario della propria discrezionalità, riaffermare la **natura di "imposta d'atto"** dell'imposta di registro e precisare l'oggetto dell'imposizione in coerenza con la struttura di un prelievo sugli effetti giuridici dell'atto presentato per la registrazione, senza che assumano rilievo gli **elementi extratestuali** e gli atti collegati privi di qualsiasi nesso testuale con l'atto medesimo, salvo le ipotesi espressamente regolate dal testo unico (Cass. 21 luglio 2020, n. 158 e 25 ottobre 2021, n. 29858).

Imposte ipotecarie e catastali - Sugli immobili facenti parte dell'azienda oggetto di conferimento sono dovute altresì le imposte ipotecarie e catastali nella misura fissa (➔64.).

Tipologia di imposta	Azienda senza immobili	Azienda con immobili
Imposta di registro	€ 200	€ 200
Imposta ipotecaria	Non dovuta	€ 200
Imposta catastale	Non dovuta	€ 200

OPERAZIONI STRAORDINARIE

AFFITTO E USUFRUTTO D'AZIENDA 86.

PREMESSA 86.1.

Con il contratto di **affitto d'azienda**, un soggetto, detto concedente, concede a un altro soggetto, affittuario, la **disponibilità** e il **godimento** di un complesso di beni organizzati per l'esercizio dell'attività produttiva (art. 2562 c.c.). Non sussiste un contratto di affitto di ramo di azienda qualora l'attività di impresa sia iniziata dall'avente causa o sia quest'ultimo a dare per la prima volta un'organizzazione ai beni cedutigli in godimento, in quanto è assente il **requisito della pre-esistenza** dell'organizzazione del ramo aziendale affittato (Cass. 17 febbraio 2020, n. 3888).

Con l'**usufrutto** di azienda, il proprietario attribuisce ad un altro soggetto (usufruttuario) un **diritto reale di godimento** su un complesso di beni organizzati per l'esercizio dell'attività produttiva (art. 2561 c.c.).

Elementi costitutivi di un contratto di affitto/usufrutto d'azienda	
Finalità dell'operazione	Concedere la disponibilità o il godimento di un'azienda a terzi ovvero attribuire il diritto reale di godimento.
Oggetto del contratto	Azienda (➡84.1.).
Corrispettivo	Disponibilità liquide o mezzi equivalenti sostitutivi di risorse monetarie.

Il conduttore dell'azienda in affitto/usufrutto **non** deve **modificarne la destinazione**; in sostanza, il conduttore dovrà gestire l'azienda esercitando la stessa attività del concedente.

Salvo diversa pattuizione tra le parti, il conduttore deve, garantire il **mantenimento** efficiente dell'**organizzazione** e degli **impianti**, nonché conservare la normale dotazione di **scorte** (art. 2561, c. 2, c.c.).

Conservazione delle normali dotazioni delle scorte - Il conduttore ha l'**obbligo** di avere uno **stock adeguato** all'attività esercitata, nell'ottica del mantenimento dell'efficienza e dell'organizzazione, ma anche di riconsegnare, al termine del contratto, le scorte affittate nella stessa quantità e dello stesso genere di quelle esistenti all'inizio dell'affitto/usufrutto. Le parti possono comunque **derogare** tale obbligo convenendo, per contratto, che sia il concedente a dover provvedere al mantenimento dell'efficienza e dell'organizzazione della struttura affittata.

Differenze inventariali - Le differenze di inventario si determinano in funzione dei **valori correnti** assunti dai beni dell'azienda concessa in affitto/usufrutto al termine del contratto, al fine di assicurare al concedente:

- la **restituzione dei beni** facenti parte della dotazione aziendale all'inizio del contratto, che, probabilmente, avranno subito un logorio per effetto dell'uso fattone dal conduttore e
- una **somma in denaro** per tenere conto delle differenze sia qualitative, in relazione al deperimento e deterioramento dei beni per effetto dell'uso fattone dal conduttore, che quantitative, imputabili ai beni sostituiti e mancanti rispetto all'inventario iniziale e ai beni "in più" presenti rispetto all'inventario iniziale (Cass. 18 ottobre 2018, n. 26193).

IMPOSTE SUI REDDITI 86.2.

Il **concedente** l'azienda in affitto/proprietario deve necessariamente essere, all'atto della stipula del contratto, un **imprenditore**.

OPERAZIONI STRAORDINARIE

Il **conduttore/usufruttuario non** deve essere **necessariamente imprenditore** già prima della stipula del contratto, ben potendo assumere tale qualità contestualmente all'assunzione in godimento dell'azienda oggetto di affitto/usufrutto.

86.2.1. Tassazione in capo al concedente l'azienda in affitto/usufrutto

Nel caso in cui il **concedente** l'azienda in affitto/usufrutto continua ad assumere anche successivamente l'affitto/usufrutto dell'azienda la qualifica di **imprenditore**, perché si tratta o di una società ovvero di un imprenditore individuale che affitta un ramo di azienda, il **canone di affitto/usufrutto** costituisce un componente positivo del reddito di impresa imponibile come **ricavo da prestazione di servizi** (artt. 57 e 85, D.P.R. n. 917/1986).
Trattandosi di contratti da cui derivano corrispettivi periodici, **l'imputazione temporale** del canone avviene per competenza, in relazione alla **maturazione del corrispettivo**.

CASO 1 - Affitto dell'unica azienda dell'imprenditore individuale
Se l'imprenditore individuale affitta l'unica azienda posseduta, perde, per il periodo di vigenza del contratto di affitto, lo *status* di imprenditore (circ. 19 marzo 1985, n. 26/321285). In questo caso, l'attività di affitto/usufrutto d'azienda non si considera effettuata nell'esercizio di impresa e il reddito derivante al concedente dal canone di affitto/usufrutto d'azienda costituisce reddito diverso (art. 67, c. 1, lett. h), del D.P.R. n. 917/1986). L'imponibilità del canone è, quindi, subordinata all'avvenuta percezione del canone medesimo, in applicazione del principio di cassa.
Il reddito imponibile è determinato come differenza tra l'ammontare percepito nel periodo d'imposta e le spese specificamente inerenti alla sua produzione (art. 71, c. 2, D.P.R. n. 917/1986) (➡**15.4.9.**).
Ad esempio, i costi notarili, contrattuali o per imposte che gli accordi tra le parti fanno gravare, di norma, sul proprietario medesimo o, ancora, le spese di manutenzione e riparazione dei beni dell'azienda concessa in affitto, laddove le stesse siano sostenute dal concedente.
Dalla nozione di spesa esulano, invece, gli ammortamenti dei cespiti compresi nell'azienda concessa in affitto/usufrutto, laddove gli stessi competano al concedente. In questo caso, il deperimento dei beni facenti parte dell'azienda nel periodo di esecuzione del contratto assume rilevanza fiscale soltanto all'atto dell'eventuale successiva cessione dell'azienda stessa, in forma di minor plusvalenza imponibile (per i criteri di tassazione della plusvalenza da cessione dell'unica azienda prima concessa in affitto ➡**84.2.3.**).

CASO 2 - Affitto d'azienda e società di comodo
Si considera di **comodo** (➡**30.**) la società che dichiara ricavi inferiori a quelli minimi, in virtù della concessione in affitto della propria azienda a un canone non congruo, se la stessa non prova le "oggettive situazioni" che hanno reso impossibile praticare un canone più alto. A tal fine, è necessario provare, sulla scorta di elementi oggettivi e dati concreti (ad esempio, mediante confronto con le condizioni di mercato dell'epoca e con le ulteriori offerte ricevute) l'impossibilità del conseguimento dei ricavi minimi (Cass. 21 febbraio 2018, n. 4156). La prova non è esperibile laddove l'affitto d'azienda avvenga tra parti correlate, in quanto in questo caso la determinazione del canone di locazione è influenzata non dalle condizioni di mercato e dalla libera concorrenza, ma esclusivamente dagli interessi convergenti delle parti (Cass. 15 novembre 2021, n. 34232).

86.2.2. Componenti negativi deducibili in capo al conduttore l'azienda in affitto/usufrutto

Canoni di affitto/usufrutto - I canoni di affitto/usufrutto corrisposti dal conduttore al proprietario dell'azienda costituiscono un componente negativo di reddito d'impresa fiscalmente deducibile.

Ammortamento beni materiali e immateriali

CASO 3 - Contabilizzazione dell'ammortamento in capo al conduttore dell'azienda in affitto/usufrutto
Si discute sulle corrette modalità di contabilizzazione dell'ammortamento da parte del conduttore l'azienda in affitto/usufrutto.
Tre le possibili soluzioni:

1. tutti gli elementi patrimoniali trasferiti dal concedente al conduttore devono essere iscritti in nota integrativa (fino al 2015 nei conti d'ordine) di quest'ultimo, posto che la proprietà effettiva di detti elementi resta in capo al concedente. Nello stato patrimoniale del conduttore, è stanziato un fondo di accantonamento, volto ad indennizzare il proprietario per il deperimento di beni

OPERAZIONI STRAORDINARIE

utilizzati dal conduttore sulla base del contratto di affitto (circ. 26 luglio 2000, n. 148/E). Gli elementi trasferiti restano contabilizzati nello stato patrimoniale del concedente;
2. tutti gli elementi patrimoniali devono essere iscritti sia nella nota integrativa sia nello stato patrimoniale del conduttore, iscrivendo nello stato patrimoniale del concedente un "credito di restituzione verso l'affittuario" di importo pari al valore netto contabile dell'azienda trasferita e, in maniera speculare, un "debito di restituzione verso il concedente" nel passivo dello stato patrimoniale del conduttore (Assonime, circ. n. 34/2000);
3. i beni fungibili devono essere iscritti nello stato patrimoniale del conduttore in contropartita di un debito o di un credito di restituzione; mentre i beni infungibili restano iscritti nello stato patrimoniale del concedente.

Per stabilire se le quote di ammortamento relative ai beni che compongono l'azienda concessa in affitto/usufrutto sono deducibili in capo al conduttore è necessario appurare la scelta fatta sul piano civilistico-contrattuale in merito al mantenimento della struttura aziendale (art. 102, c. 8, D.P.R. n. 917/1986).

Deduzione delle quote di ammortamento dei beni relativi all'azienda concessa in affitto/usufrutto	
Obbligo in capo al **conduttore** di mantenere "l'efficienza dell'organizzazione e degli impianti" (**NO deroga** art. 2561, c. 2, c.c.)	Le **quote di ammortamento** relative ai beni che compongono l'azienda concessa in affitto/usufrutto **sono deducibili dal conduttore**. Ai fini del **calcolo degli ammortamenti deducibili**, è necessario adottare gli **stessi criteri** di cui si sarebbe avvalso il **concedente**: le quote di ammortamento si determinano sul valore originario, fino ad esaurire il residuo da ammortizzare, come calcolato partendo dal registro dei beni ammortizzabili del proprietario. Nel caso in cui il concedente non abbia tenuto il registro dei beni ammortizzabili, ovvero lo abbia tenuto in modo irregolare, si presume che l'ammortamento sia stato effettuato nella misura del 50%, per cui il conduttore può ammortizzare non oltre il residuo 50%.
Non obbligo in capo al **conduttore** di mantenere "l'efficienza dell'organizzazione e degli impianti" (**Deroga** art. 2561, c. 2, c.c.)	Le **quote di ammortamento** dei beni dell'azienda data in affitto/usufrutto sono **deducibili** in capo al **concedente**. La deduzione può ovviamente avvenire **se** e solo se il concedente **mantiene la qualifica di imprenditore**.

CASO 4 - Ammortamento dei beni relativi a un'azienda in affitto in caso di non deroga al Codice civile

Si ipotizzi che la società A e la società B abbiano stipulato, il 1° gennaio 2020, un contratto di affitto d'azienda, avente una durata di 5 anni e comprendente l'affitto del bene ammortizzabile X (€ 20.000). Le parti, non derogando a quanto disposto dal c. 2 dell'art. 2561 c.c., hanno convenuto che le quote di ammortamento siano deducibili in capo al conduttore (B), imputando conseguentemente tali quote ad un "Fondo reintegrazione beni di terzi" appositamente creato.

In capo alla **concedente A**, il bene dell'azienda affittata continua a essere esposto nell'attivo dello stato patrimoniale, non intervenendo alcun passaggio di proprietà relativamente a tale bene, ma non è più soggetto ad ammortamento dal momento della concessione dell'azienda in affitto. Quindi, ipotizzando che, al 31 dicembre 2019, la società A ha stanziato e dedotto quote di ammortamento relativamente al bene X per € 8.000, lo stato patrimoniale riporterà la seguente situazione del bene:

Beni	20.000	Fondo amm.to	8.000

Il conduttore B, invece, espone il bene dell'azienda affittata nella nota integrativa e inizia a calcolare gli ammortamenti sul bene dalla data di concessione dell'azienda in affitto.

OPERAZIONI STRAORDINARIE

La scrittura contabile per la rilevazione di tale ammortamento per il 2020 è la seguente:

Accantonamento per beni presi in affitto	a	Fondo ricostituzione beni in affitto

Tale quota è deducibile in capo al conduttore fermo restando il rispetto dei coefficienti tabellari di ammortamento (art. 102, c. 2 e 8, D.P.R. n. 917/1986) (➡24.6.1.).

CASO 5 - Ammortamento dei beni relativi a un'azienda in affitto in caso di deroga al Codice civile

Si ipotizzi che la società A e la società B abbiano stipulato, il 1° gennaio 2020, un contratto di affitto d'azienda, avente una durata di 5 anni e comprendente l'affitto del bene ammortizzabile X (€ 20.000). Le parti, derogando a quanto disposto dal c. 2 dell'art. 2561 c.c., hanno convenuto che le quote di ammortamento siano deducibili in capo al concedente (A), che si fa carico di mantenere l'efficienza degli impianti.

In capo alla **concedente A**, il bene dell'azienda affittata continua a essere esposto nell'attivo dello stato patrimoniale e assoggettato ad ammortamento.

La scrittura contabile per la rilevazione di tale ammortamento per il 2020 è la seguente:

Ammortamento bene X	a	Fondo ammortamento bene X

Tale quota è deducibile in capo al concedente, fermo restando il rispetto dei coefficienti tabellari di ammortamento (art. 102, c. 2 e 8, D.P.R. n. 917/1986) (➡24.6.1.).

Il **conduttore B**, in questo caso, non dovrà effettuare alcuna registrazione nella propria contabilità con riguardo all'ammortamento del bene.

Spese di manutenzione - Il **conduttore**, se non espressamente derogato nel contratto di affitto/usufrutto di azienda, è obbligato a gestire l'azienda in modo da conservare l'efficienza dell'organizzazione, degli impianti e le normali dotazioni di scorte; sono, quindi, a suo carico le spese di **manutenzione ordinaria** e **di sostituzione** di quei beni non più idonei. Viceversa, sono, di norma, a carico del **proprietario** le spese di **manutenzione straordinaria**, ovvero quelle spese che apportano al bene un incremento della produttività, della sicurezza o della vita utile.

Deducibilità ai fini delle imposte sui redditi delle spese di manutenzione		
Spese di manutenzione ordinaria	Proprietario	**Deducibili nei limiti del 5%** del valore complessivo dei cespiti che comprende sia i beni acquistati in corso di contratto sia i beni presi in affitto/usufrutto in origine (art. 102, c. 6, D.P.R. n. 917/1986) (➡24.9.).
	Conduttore	
Spese di manutenzione straordinaria	Proprietario	Capitalizzabili sul costo dei beni relativi all'azienda in affitto/usufrutto ed eventualmente **deducibili** sotto forma di **maggiori ammortamenti**.
	Conduttore	-Trattandosi di **spese sostenute su beni di terzi** (del proprietario che ha affittato l'azienda), **deducibili** come **oneri pluriennali** (art. 108, c. 1, D.P.R. n. 917/1986 e nota 8 febbraio 1979, n. 9/543); - capitalizzabili sul costo dei beni relativi all'azienda in affitto/usufrutto e **deducibili** sotto forma di **maggiori ammortamenti**.

86.3. IRAP

86.3.1. Rilevanza dei canoni attivi per il concedente

I **canoni attivi** per il **concedente** l'azienda in affitto/usufrutto, che mantiene la qualifica di imprenditore anche a seguito del contratto, costituiscono un componente rilevante ai fini IRAP.

OPERAZIONI STRAORDINARIE

Deduzione dei componenti negativi per il conduttore 86.3.2.

Il conduttore l'azienda in affitto/usufrutto, nel caso in cui è obbligato a mantenere l'efficienza degli impianti (non deroga all'art. 2561, c. 2, c.c.), può dedurre dalla **base imponibile IRAP** gli ammortamenti/accantonamenti stanziati sui beni relativi all'azienda in affitto/usufrutto (circ. 20 giugno 2012, n. 26/E).

IMPOSTE INDIRETTE 86.4.

IVA 86.4.1.

Per il **concedente**, l'**affitto/usufrutto d'azienda** è un'**operazione imponibile IVA** ad aliquota ordinaria (22%) (art. 3, c. 2, n. 1, D.P.R. n. 633/1972). Fa eccezione l'**affitto dell'unica azienda da parte dell'imprenditore individuale** che è un'operazione **esclusa da IVA** (nota 22 maggio 1995 n. III-7-544 e circ. 19 marzo 1985, n. 26).

CASO 6 - Affitto/usufrutto d'azienda con prevalenza di fabbricati

Si applica il regime proprio delle locazioni di fabbricati nel caso in cui siano soddisfatte entrambe le seguenti condizioni (art. 35, c. 10-quater, D.L. n. 223/2006):

1. il valore normale dei fabbricati (strumentali per natura - immobili classificati in una delle categorie catastali B, C, D, E, A10 (ris. 3 aprile 2008, n. 126/E) è superiore al 50% del valore complessivo dell'azienda;
2. l'eventuale applicazione dell'IVA e dell'imposta di registro secondo le regole ordinarie consentono di conseguire un concreto risparmio d'imposta rispetto a quelle previste per le locazioni di fabbricati. Al riguardo, in caso di affitto d'azienda di durata pluriennale, al fine del confronto tra le due modalità di tassazione è necessario tenere conto anche dell'eventuale riduzione dell'imposta di registro dovuta per la locazione di durata pluriennale di immobili urbani in caso di pagamento in unica soluzione per l'intera durata del contratto (ris. 6 febbraio 2008, n. 35/E).

L'affitto/usufrutto d'**azienda agricola** è **esente** da IVA (art. 10, c. 1, n. 8, D.P.R. n. 633/1972).

Generalmente, dalla data in cui ha effetto l'affitto/usufrutto di azienda, il soggetto conduttore subentra in tutti gli **obblighi IVA** relativi alla stessa e deve provvedere a presentare la **dichiarazione di variazione dati** nei 30 giorni successivi.

Trasferimento del plafond - Il conduttore l'azienda in affitto/usufrutto può fruire - a determinate condizioni - del *plafond* relativo agli acquisti in sospensione di imposta per le esportazioni, maturato presso l'impresa proprietaria (➔49.2.3.).

Imposta di registro 86.4.2.

L'affitto/usufrutto d'azienda è soggetto ad imposta di registro in misura fissa pari a **euro 200** (art. 40, D.P.R. n. 131/1986), dovuta una sola volta a seguito della registrazione del contratto con le modalità ed entro i termini ordinari (➔63.2.1.).

Affitto/usufrutto dell'unica azienda da parte dell'imprenditore individuale - Fa eccezione l'affitto/usufrutto dell'**unica azienda** da parte dell'imprenditore individuale che, essendo un'operazione esclusa da IVA, è soggetta all'imposta di registro in **misura proporzionale** (nota 22 maggio 1995, n. III-7-544 e circ. 19 marzo 1985, n. 26).

Per calcolare correttamente l'imposta di registro dovuta è necessario verificare se il contratto prevede:

- canoni separati per la parte immobiliare e per tutti gli altri beni: si applica l'aliquota del 2% sulla parte immobiliare e quella del 3% sulla parte mobiliare dell'azienda;
- canone unico per gli immobili e per gli altri beni: l'aliquota applicabile è del 3%.

L'imposta è dovuta una sola volta per tutta la durata del contratto e si applica alla registrazione sull'ammontare complessivo dei canoni previsti per l'intera durata del contratto stesso.

87. FUSIONE

87.1. PREMESSA

La **fusione di due o più società** è un **operazione straordinaria** mediante la quale si attua una **concentrazione** di più realtà aziendali in una sola (artt. 2051-2505-quater c.c.).

A seconda dello strutturarsi dell'operazione, si distingue tra:

– **fusione propria** - le società partecipanti alla fusione perdono la loro soggettività giuridica e si estinguono, dando origine ad una **nuova società**, alla quale partecipano i soci delle società fuse. Le azioni o quote delle società partecipanti vengono annullate e, in sostituzione, vengono assegnate ai soci le azioni o le quote della nuova società, in misura corrispondente all'originario valore della partecipazione quale determinato nel rapporto di cambio;

– **fusione per incorporazione** - la società incorporante conserva la propria soggettività giuridica mentre quella incorporata si estingue. Le azioni o le quote della incorporata vengono annullate e, in sostituzione, vengono assegnate ai soci azioni o quote delle società incorporanti, nella misura determinata in base al rapporto di cambio;

– **fusione per incorporazione inversa** - la società partecipante è incorporata dalla società partecipata. I soci della partecipante ricevono azioni della partecipata per annullamento del patrimonio della prima.

Tipologie	
Omogenea	Quando avviene tra **società dello stesso tipo** (società di persone con società di persone, o società di capitali con società di capitali).
Eterogenea	Quando avvengono tra **tipi diversi di società** (ad esempio, società di persone con società di capitali e viceversa) o tra soggetti societari e non (ad esempio, società in capitali in fondazioni e viceversa). Ciò comporta anche la trasformazione di una o più delle società/enti che si fondono.

La partecipazione alla fusione non è consentita alle **società in liquidazione** che abbiano iniziato la distribuzione dell'attivo (art. 2501, c. 2, c.c.).

Sotto il profilo giuridico, la fusione si caratterizza per la contemporanea presenza di **continuità**, con il trasferimento dell'intero patrimonio e il *sub* ingresso della società risultante dalla fusione in tutti i rapporti giuridici, anche processuali, delle società partecipanti, e di estinzione di alcune o di tutte le società coinvolte nel procedimento (Cons. Stato 7 giugno 2018, n. 3433).

L'operazione avviene però senza alcuna soluzione di continuità tra la fase *ante* e *post* fusione (Cass., SS.UU., ord. 8 febbraio 2006, n. 2637).

87.2. IMPOSTE SUI REDDITI

87.2.1. Operazione fiscalmente neutrale

Neutralità fiscale - Ai fini delle imposte sul reddito, l'**operazione di fusione** si configura come **neutrale**, ossia non suscettibile di generare componenti positivi o negativi di reddito in capo alla società incorporante o risultante dall'operazione (art. 172, c. 1-3, D.P.R. n. 917/1986).

OPERAZIONI STRAORDINARIE

In particolare, si prevede che:
- la fusione non dà luogo a realizzo né a distribuzione di **plusvalenze** e **minusvalenze** dei beni della società fusa, comprese quelle relative alle rimanenze e al valore di avviamento;
- nella determinazione del reddito della società incorporante o risultante dalla fusione non si tiene conto dell'**avanzo** o del **disavanzo** conseguenti al rapporto di cambio delle azioni o quote, né di quelle conseguenti all'annullamento di azioni o quote;
- la **neutralità del concambio** delle partecipazioni, fatta eccezione per l'eventuale conguaglio pattuito tra le parti;
- il principio di neutralità si applica anche nel caso di **fusione inversa** (ris. 27 aprile 2009, n. 111/E).

CASO 1 - Neutralità e irrilevanza fiscale dell'avanzo da annullamento
L'avanzo da annullamento generato da un'operazione di fusione, che sia riconducibile alla sopravvalutazione del patrimonio netto della società fusa o incorporata rispetto al suo valore effettivo, o alla previsione di perdite ed oneri futuri o di un *badwill* correlato alle attività della società fusa o incorporata - ove sia iscritto, *ex* art. 2504-bis, c. 4, c.c., tra i fondi per rischi ed oneri nel passivo dello Stato patrimoniale della società risultante dalla fusione o della società incorporante e, quindi, sia effettivamente utilizzato per la copertura degli oneri e delle perdite civilistiche della società fusa o incorporata (al momento del loro manifestarsi) - è irrilevante sotto il profilo fiscale, nel senso che non determina **alcun prelievo fiscale** (Cass. 23 luglio 2020, n. 15757).

Continuità di valori - Vige il principio della continuità in capo alla società incorporante o risultante dalla fusione del valore fiscale dei beni riconosciuto in capo alle società fuse o incorporate. Ciò comporta che i **maggiori valori iscritti** in bilancio per effetto dell'eventuale imputazione del disavanzo, sia esso di annullamento o di concambio, ai beni della società incorporata o fusa **sono fiscalmente irrilevanti**, fermo restando tuttavia l'obbligo di presentare nella dichiarazione dei redditi apposito prospetto di riconciliazione tra dati contabili e valori fiscali.

CASO 2 - Continuità di valori fiscali e beni ammortizzabili
A prescindere dalle modalità di valutazione dei beni adottata in bilancio dalla società incorporata al momento dell'operazione di fusione, il valore fiscale è pari a quello ereditato sulla base del **residuo valore fiscale** che i medesimi cespiti avevano in capo alle incorporate. Tale valore deve corrispondere al valore fiscale originario dei beni, rilevato dalla società incorporata al netto delle quote di ammortamento dedotte fino al momento di efficacia giuridica della fusione. Pertanto, il valore indicato nel registro dei cespiti ammortizzabili assume rilievo come dato base, cui occorre sommare algebricamente gli incrementi e le riduzioni del medesimo valore originate da fenomeni che hanno inciso sulla determinazione della base imponibile IRES, come, ad es. ammortamenti fiscali (risposta a interpello 10 febbraio 2020, n. 47).

Opzione di riallineamento - La società risultante dalla fusione può optare mediante pagamento di un'imposta sostitutiva per il riconoscimento dei maggiori valori emersi a seguito della fusione (art. 172, c. 10-bis, D.P.R. n. 917/1986) (➔**89.**).

CASO 3 - Fusione e continuazione del consolidato
La fusione di società consolidante in società esterna al consolidato - una "SPAC" la cui costituzione era prodromica alla quotazione della società target - non interrompe il consolidato fiscale (➔**26.1.12.**), non dà luogo alla riattribuzione delle perdite del consolidato e le perdite maturate nel periodo *ante* efficacia giuridica della fusione da parte dell'incorporante e dell'incorporata sono utilizzabili nel consolidato (ris. 2 febbraio 2018, n. 134/E; risposta a interpello 10 ottobre 2019, n. 406).

Efficacia della fusione 87.2.2.

L'efficacia della fusione decorre dalla data dell'ultima **iscrizione** dell'atto di fusione nel **registro delle imprese** in cui hanno sede le società partecipanti alla fusione, la società risultante o quella incorporante (art. 2504-bis c.c.).
In caso di fusione per incorporazione, la stessa può avere effetto dall'eventuale data successiva indicata nell'atto di fusione.

Reddito del periodo di imposta ante fusione - Il reddito prodotto tra l'inizio del periodo di imposta e la data di efficacia della fusione dalle singole società fuse o incorporate è determinato in base ad un apposito Conto economico, applicando le **regole ordinarie** di determinazione del reddito proprie di ciascuna società fusa o incorporata (ad esempio, occorre calcolare il rateo di ammortamen-

OPERAZIONI STRAORDINARIE

to per la frazione di esercizio in cui i beni strumentali sono stati utilizzati) (circ. 7 novembre 1988, n. 5/3401).

Retrodatazione degli effetti fiscali della fusione - L'atto di fusione può stabilire che, ai fini delle imposte sui redditi, gli effetti della fusione decorrano da una **data non anteriore**:

- a quella in cui si è chiuso l'ultimo esercizio di ciascuna delle società fuse o incorporate;
- a quella, se più prossima, in cui si è chiuso l'ultimo esercizio della società incorporante.

In tal modo, si evita di determinare separatamente il reddito dei partecipanti all'operazione per una frazione del periodo di imposta in cui interviene l'operazione, nonché, nel caso di fusione per incorporazione, la suddivisione del periodo di imposta dell'incorporante in due frazioni ***ante*** e *post* fusione.

CASO 4 - Retrodatazione della fusione in caso di NewCo incorporante
Nel caso in cui l'**incorporante** sia una **società di nuova costituzione**, la retrodatazione fiscale è ammessa, fermo restando che non può comunque retroagire a data anteriore a quella di costituzione dell'incorporante (ris. 30 maggio 1997, n. 134/E).

Anche in caso di retrodatazione all'inizio del periodo di imposta, è comunque necessario per ciascuna società redigere una **situazione reddituale** relativa alla frazione del periodo compresa fra la data di efficacia fiscale e la data di efficacia giuridica della fusione, al fine di determinare il risultato fiscale di tale frazione di periodo e verificare, nel caso in cui tale risultato sia in perdita, l'eventuale applicazione dei limiti di riconoscimento della medesima (art. 172, c. 7, D.P.R. n. 917/1986).

CASO 5 - Fusione e determinazione del credito d'imposta R&S
Nel caso di fusioni intervenute o che intervengono nel periodo di vigenza dell'agevolazione (2015-2020), al fine di determinare il credito d'imposta per ricerca e sviluppo è necessario distinguere:

- l'ipotesi di retrodatazione della fusione e, in tal caso, l'incorporante calcola il credito d'imposta assumendo la somma dei costi ammissibili sostenuti dall'incorporata fino alla data di efficacia giuridica dell'operazione e di quelli sostenuti in proprio ante e post fusione, nonché la somma della media dell'incorporata con quella dell'incorporante;
- l'ipotesi di non retrodatazione della fusione e, in tal caso, in relazione al periodo che precede l'operazione, l'incorporata assume il parametro storico di riferimento ragguagliato allo stesso numero di mesi per i quali sostiene i costi agevolabili, mentre la parte di media relativa ai restanti mesi è assunta dall'incorporante e si somma a quella determinata in capo alla stessa (circ. 16 maggio 2018, n. 10/E).

87.2.3. Riserve in sospensione di imposta

Le **riserve in sospensione d'imposta** (ovvero riserve il cui utilizzo o un certo tipo di utilizzo fa sorgere un componente positivo di reddito imponibile in capo all'impresa) iscritte nell'ultimo bilancio delle società fuse o incorporate concorrono a formare il reddito della società risultante dalla fusione o incorporante nell'esercizio in cui l'operazione è stata effettuata se e nella misura in cui non siano state ricostituite nel bilancio della società risultante dall'operazione (art. 172, c. 5, D.P.R. n. 917/1986).

Riserve in sospensione d'imposta tassabili in caso di qualsiasi utilizzo - Quindi, se nel bilancio delle società incorporate o fuse, relativo all'esercizio anteriore a quello di perfezionamento della fusione, erano presenti **riserve** in sospensione d'imposta, il medesimo vincolo sussistente su tali riserve deve essere ricostituito sulle poste del patrimonio netto della società incorporante o risultante dalla fusione. In caso di mancata ricostituzione del vincolo del regime di sospensione d'imposta per incapienza dell'avanzo di fusione, delle altre riserve e del capitale sociale disponibili, le **riserve tassabili in caso di qualsiasi loro utilizzo** si presumono *ex lege* utilizzate e il relativo importo è assoggettato a tassazione di conseguenza.

Riserve in sospensione d'imposta tassabili solo in caso di distribuzione - L'**obbligo di ricostituzione** delle riserve in sospensione d'imposta tassabili solo in caso di distribuzione nel patrimonio netto della società incorporante o risultante dalla fusione sussiste **solo se e nel limite in cui** l'operazione ha generato un **avanzo** (da annullamento o da concambio) oppure un **aumento di capitale** per un valore superiore al capitale complessivo delle società partecipanti alla fusione, ridotto delle quote delle partecipazioni di ciascuna di esse già possedute dalla stessa o dalle altre.
Se le riserve imponibili solo in caso di distribuzione ai soci non sono **distintamente iscritte** nell'ultimo bilancio delle società incorporate o fuse, in quanto imputate ad incremento del capitale sociale delle stesse, il vincolo della sospensione d'imposta si intende trasferito automaticamente sul capitale so-

OPERAZIONI STRAORDINARIE

ciale della società incorporante o risultante dalla fusione. Ne discende che la distribuzione dell'avanzo di fusione e/o l'eventuale riduzione del capitale sociale comportano la tassazione di tali riserve in capo alla società incorporante o risultante dalla fusione, limitatamente alla quota distribuita ai soci.

Regime fiscale dell'avanzo di fusione 87.2.4.

All'avanzo di fusione da annullamento (o da concambio) e all'aumento di capitale, per la parte non utilizzata per la ricostituzione delle riserve in sospensione d'imposta (➡87.2.3.), si applica il regime fiscale del **capitale** e delle **riserve** della **società incorporata** o fusa (art. 172, c. 6, D.P.R. n. 917/1986).

La **natura** (di utile e/o di capitale) del capitale e delle riserve della società incorporata o fusa si trasferisce sull'incremento del patrimonio netto della società incorporante o risultante dalla fusione (sotto forma di avanzo di fusione o di aumento di capitale) secondo un criterio proporzionale, assumendosi esso come "formato" dal capitale sociale e dalle riserve presenti nelle società incorporate o fuse e mantenendone così la natura originaria *ante* fusione.

Ad esempio, se la società fusa presenta un patrimonio netto formato, senza considerare le riserve in sospensione, per il 20% da riserve di utili, l'avanzo e/o l'aumento di capitale sociale dell'incorporante assumeranno la stessa natura in via proporzionale.

Non si considerano concorrenti alla formazione dell'avanzo da annullamento il capitale e le riserve di capitale sino a concorrenza del costo della partecipazione annullata. Va, quindi, escluso dal calcolo di incidenza percentuale del capitale e delle riserve di capitale un importo pari al costo della partecipazione annullata.

CASO 6 - Regime fiscale dell'avanzo di fusione da annullamento

Ipotizzando che la società incorporante A sia socio unico della società incorporata B ed abbia la partecipazione iscritta per 500.

Stato patrimoniale società incorporata B

Attivo	**Passivo**
	Capitale 200
	Riserve di capitale 400
	Riserve di utili 400
	Totale PN 1.000

L'avanzo di annullamento, pari a 500 - 1000 = - 500, avrà natura di capitale solo per il 20%.

Sterilizzato il capitale e le riserve di capitale sino a concorrenza del costo della partecipazione annullata, 500, il patrimonio della società fusa si considererà fiscalmente formato per 100 da capitale (20%) e per 400 (80%) da utili.

Ricostituzione delle riserve in caso di fusione inversa - In una fusione inversa per incorporazione, a conservarsi è il patrimonio netto contabile della società che sopravvive legalmente all'operazione (incorporante/controllata), il quale non muta in conseguenza dell'operazione, conservando la composizione storica quali-quantitativa, in termini di capitale sociale, riserve di utili e di capitale, che aveva prima della fusione inversa.

Le regole descritte circa la ricostituzione delle riserve in sospensione d'imposta e delle riserve di utili/capitale (art. 172, c. 5 e 6, D.P.R. n. 917/1986) si applicano con riferimento all'eventuale incremento del patrimonio netto contabile dell'incorporante avvenuto a seguito della fusione (risposta a interpello 4 ottobre 2018, n. 27).

Riporto delle perdite delle società che partecipano alla fusione 87.2.5.

Al fine di contrastare il fenomeno del c.d. commercio delle "bare fiscali" (ovvero di quelle società destinate ad essere incorporate o fuse e che dispongono di perdite da utilizzare con lo scopo di conseguire un risparmio d'imposta), il riporto delle perdite fiscali pregresse relative alle società che partecipano ad operazioni di fusione è subordinato a un **test di vitalità di natura patrimoniale e reddituale** (art. 172, c. 7, D.P.R. n. 917/1986).

Test di vitalità superato	
No	**Sì**
Disconoscimento del riporto delle perdite fiscali pregresse	Riporto delle perdite fiscali pregresse nel limite del patrimonio netto

Il tema del riporto delle perdite in caso di fusione riguarda **solo** le **società di capitali** posto che le perdite prodotte dalle società di persone (art. 8, D.P.R. n. 917/1986) sono imputate direttamente ai soci in proporzione della loro quota di partecipazione agli utili (➡**2.5.1.**). In questo caso non sorge in capo alla società nessuna posizione giuridica soggettiva, collegata alle perdite in parola, che possa essere trasferita alla società incorporante o risultante dall'operazione di fusione poiché il potere di riportare le perdite è esercitabile unicamente dai soci.

Condizioni di vitalità - Le perdite delle società che partecipano alla fusione, compresa la società incorporante, possono essere portate in diminuzione del reddito della società risultante dalla fusione o incorporante sempre che dal Conto economico della società le cui perdite sono riportabili, relativo all'esercizio precedente a quello in cui la fusione è stata deliberata, risulti un ammontare di **ricavi e proventi dell'attività caratteristica**, e un ammontare delle **spese per prestazioni di lavoro subordinato** e relativi contributi, **superiore al 40%** di quello risultante dalla **media degli ultimi due esercizi anteriori**.

Nel caso, ad esempio, di fusione deliberata nel corso del 2020, il confronto deve esser operato tra:

– le risultanze dell'esercizio 2019;
– la media delle risultanze degli esercizi 2018 e 2017.

La medesima verifica deve essere estesa anche ai valori realizzati dalla società che ha prodotto le perdite nella **frazione di esercizio** in cui la fusione è deliberata e fino alla data della suddetta delibera. Se, dunque, in questo periodo la società viene "svuotata", il riporto non sarà comunque possibile anche se, in quello precedente, essa era ancora pienamente "vitale" (ris. 24 ottobre 2006, n. 116/E; ris. 10 aprile 2008, n. 143/E; circ. 9 marzo 2010, n. 9/E).

CASO 7 - Test di vitalità per il riporto delle perdite fiscali

Se, ad esempio, una fusione risulta perfezionata in data 30 giugno 2021, la possibilità di riportare le perdite fiscali pregresse deve intendersi subordinata al superamento del c.d. *test* di vitalità, da parte della società che ha generato le perdite, raffrontando i ricavi caratteristici e le spese per il personale dipendente nell'esercizio 2020 e la media dei ricavi caratteristici e spese per il personale dipendente del biennio 2019-2018 ma anche raffrontando i ricavi caratteristici e le spese per il personale dell'esercizio compreso tra il 1° gennaio 2021 e il 30 giugno 2021 con la media dei ricavi caratteristici e spese per il personale del biennio 2019-2020.

CASO 8 - Limiti al riporto delle perdite in caso di fusione

In data 30 giugno 2021, tra le società B e A è deliberata una fusione per incorporazione; la B incorporata è titolare di perdite fiscali pregresse pari a 2.000.

Dal Conto economico di B relativo all'esercizio chiuso al 31 dicembre 2020 risulta un ammontare di ricavi e proventi dell'attività caratteristica pari a 900 e un ammontare delle spese per prestazioni di lavoro subordinato e relativi contributi pari a 200.

Dal Conto economico dell'incorporata, relativo agli esercizi chiusi al 31 dicembre 2019 e 31 dicembre 2018 risulta un ammontare di ricavi pari, rispettivamente, a 1.100 e 3.000 e di spese per il personale pari a 600 e 200. In questo caso, come dimostra l'esempio sottostante, il test di vitalità è superato.

Componenti reddituali	Bilancio 2020	Bilancio 2019	Bilancio 2018	Media 2019-2018	40% Media	Risultato test
Ricavi	900	1.100	3.000	(1.100+3.000)/2=2.050	820	Superato (900>820)
Spese per personale dipendente	200	600	200	(600+200)/2=400	160	Superato (200>160)

Tuttavia, occorre anche confrontare i dati risultanti dalla contabilità per il periodo 1° gennaio 2021 - 30 giugno 2021 con i dati relativi ai bilanci al 31 dicembre 2020 e al 31 dicembre 2019.

Al riguardo, va ricordato che l'ammontare dei ricavi e proventi dell'attività caratteristica e delle spese per prestazioni di lavoro, relativi all'intervallo compreso tra la data di perfezionamento giuri-

OPERAZIONI STRAORDINARIE

dico della fusione e la data di chiusura dell'esercizio precedente a quello nel corso del quale la fusione si è perfezionata, va ragguagliato ad anno, per consentire che il raffronto con la media dell'ammontare dei medesimi elementi contabili degli ultimi due esercizi precedenti sia effettuato tra dati omogenei (ris. 10 aprile 2008, n. 143/E).

Componenti reddituali	1.1.2021-30.6.2021	Bilancio 2020	Bilancio 2019	Media 2020-2019	40% Media	Risultato test
Ricavi	450	900	1.100	(1.100+900)/2=1.000	400	Superato (450x12/6) >400
Spese per personale dipendente	200	200	600	(600+200)/2=400	160	Superato (200x12/6) >160)

Anche da tale raffronto il test di vitalità risulta superato; pertanto, le perdite potranno essere riportate, salvo le altre limitazioni disposte dall'art. 172, c. 7, (limite del patrimonio netto e precedenti svalutazioni fiscali su partecipazioni).
Diversamente, il test di vitalità non risulta superato - e le perdite fiscali pregresse non risultano riportabili - se i ricavi e proventi e le spese per lavoro dipendente della frazione di esercizio in cui viene approvata la delibera di fusione, ragguagliati ad anno, non superano il 40% della media di tali voci del biennio precedente, anche se il test di vitalità è pienamente superato con riferimento all'esercizio precedente.

Componenti reddituali	1.1.2021-30.6.2021	Bilancio 2020	Bilancio 2019	Media 2020-2019	40% Media	Risultato test
Ricavi	100	900	1.100	(1.100+900)/2=1.000	400	Non superato (100x12/6) <400
Spese per personale dipendente	50	200	600	(600+200)/2=400	160	Non superato (50x12/6) <160

Per le **società neocostituite** o **senza lavoratori dipendenti**, per le quali mancano oggettivamente i parametri per rispettare il test di vitalità, la possibilità di utilizzare le perdite da parte della società incorporante deve essere valutata alla luce dell'effettivo depotenziamento della società (ris. 29 ottobre 2002, n. 337/E e ris. 10 aprile 2008, n. 143/E). In tal caso, è possibile presentare istanza di disapplicazione della norma antielusiva. Va, infatti, considerato che le perdite della società incorporata possono essere il frutto di costi sostenuti nell'esercizio dell'ordinaria attività di gestione di una impresa neocostituita, che non ha ancora ottenuto le autorizzazioni necessarie per lo sviluppo del proprio *core business,* e non la conseguenza di un'attività di "svuotamento" o "depotenziamento" di una c.d. "bara fiscale" (Agenzia delle Entrate, Principio di diritto n. 6 del 15 ottobre 2018).

Limite del patrimonio netto - Dopo aver superato il *test* di vitalità, occorre verificare il limite del patrimonio netto, meccanismo che intende evitare che la "dote" di perdite fiscali pregresse sia riportabile per importi superiori alla consistenza del patrimonio netto della società le cui perdite sono riportabili.
Le **perdite** delle società che partecipano alla fusione, compresa la società incorporante, possono essere portate **in diminuzione** del reddito della società risultante dalla fusione o incorporante per la parte del loro ammontare che non eccede l'ammontare del rispettivo **patrimonio netto** quale risulta dall'ultimo bilancio o, se inferiore, dalla **situazione patrimoniale** di fusione (art. 2501-quater c.c.), senza tener conto dei conferimenti e versamenti fatti negli ultimi 24 mesi anteriori alla data cui si riferisce la situazione stessa. Tra i predetti versamenti non si comprendono i contributi erogati a norma di legge dallo Stato o da altri enti pubblici.

Anche nel caso di **retrodatazione degli effetti fiscali** della fusione (➜87.2.2.) all'inizio dell'esercizio, l'ultimo bilancio per la società che detiene la perdita è il bilancio relativo all'esercizio precedente a quello in cui la fusione è perfezionata giuridicamente (ris. 9 maggio 2011, n. 54/E).

87.2.6. Riporto degli interessi passivi, del ROL e delle eccedenze ACE delle società che partecipano alla fusione

Test di vitalità analogo a quello previsto ai fini del riporto delle perdite fiscali pregresse (➔87.2.4.) è previsto per:

- **interessi passivi** non deducibili in quanto eccedenti il 30% del ROL riportabili agli esercizi successivi,
- **eccedenza ROL** non utilizzata,
- **eccedenza ACE**,

delle società che partecipano alla fusione.

87.3. FUSIONI TRA NON RESIDENTI

87.3.1. Fusioni infra-comunitarie

Si applica il principio di **neutralità** (➔87.2.) anche nelle ipotesi di **"fusioni infra-comunitarie"** ovvero:

- **fusioni** fra **società di capitali** o enti commerciali **residenti in Italia** e **soggetti residenti** in altro Stato dell'Unione europea (art. 178, c. 1, lett. a), D.P.R. n. 917/1986);

Incorporazione di una società residente in Italia in una società residente in Francia

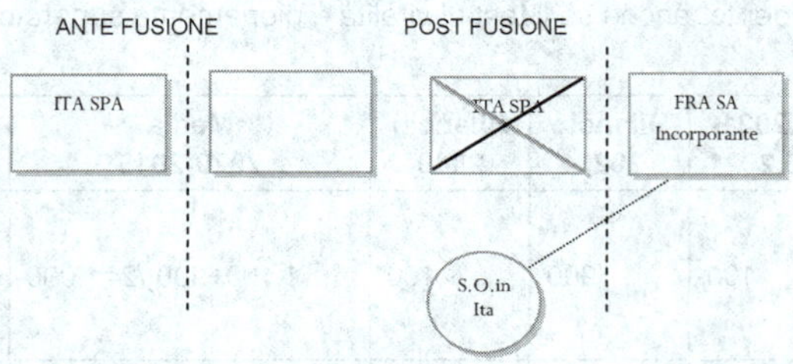

- **fusioni** tra **soggetti entrambi non residenti in Italia**, ma **residenti in Stati fra loro diversi** dell'Unione europea che riguardino **Stabili Organizzazioni in Italia** (art. 178, c. 1, lett. d), del D.P.R. n. 917/1986).

Fusione per incorporazione tra due società non residenti ma con l'incorporata avente Stabile Organizzazione in Italia

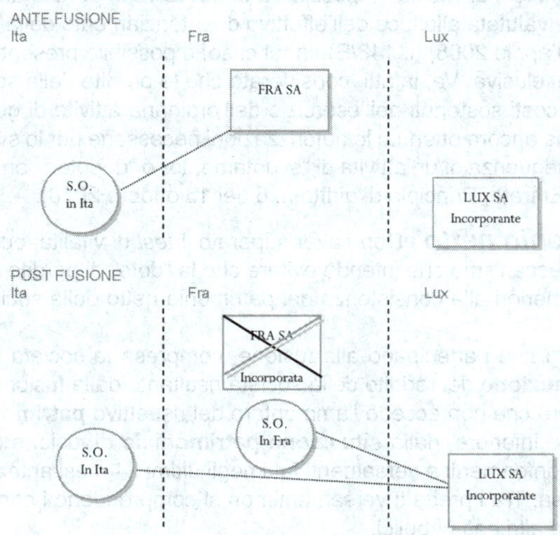

CASO 9 - Fusione intracomunitaria di SO e limiti al riporto delle perdite
In caso di fusione tra società estere aventi entrambe una Stabile Organizzazione nel territorio dello Stato, le **perdite** maturate **anteriormente** alla **fusione** dalla **Stabile Organizzazione** della **società incorporata non** soggiacciono ai **limiti** di **trasferibilità** ordinariamente previsti (➡87.2.4.) nel caso in cui la Stabile Organizzazione della società estera incorporante sia stata appositamente costituita in vista dell'operazione di fusione. In tale ipotesi, infatti, se l'intero patrimonio della Stabile Organizzazione della società incorporata confluisce nella stabile dell'incorporante, non si verifica alcuna integrazione dei rispettivi attivi, per la semplice circostanza che quest'ultima Stabile Organizzazione non preesisteva all'operazione di fusione (ris. 22 dicembre 2017, n. 161/E).

Condizione per applicare il regime di neutralità è che, nel concambio previsto nell'operazione di fusione, l'eventuale conguaglio in denaro ai soci delle società fuse o incorporate non superi il **10%** del valore nominale della partecipazione ricevuta.

CASO 10 - Non abusività della fusione per incorporazione nella controllante italiana della controllata comunitaria
Non integra un disegno abusivo, non consentendo la realizzazione di alcun vantaggio fiscale indebito ai fini IRES, l'operazione di fusione per incorporazione nella controllante italiana ALFA della controllata lussemburghese BETA. Sul presupposto che, per il tramite della fusione transfrontaliera, il valore di ingresso in Italia corrisponderà a quello di mercato al momento dell'ingresso della società lussemburghese e in assenza di posizioni fiscali della stessa riportabili in Italia, nel caso in esame non può ravvisarsi alcun risparmio d'imposta, non subendo l'ordinamento italiano alcuna erosione di base imponibile (risposta a interpello 28 gennaio 2019, n. 11).

IRAP 87.4.

Anche ai fini IRAP, l'operazione di fusione è **neutrale**, in quanto l'incorporante o la società risultante dalla fusione determina la base imponibile applicando le regole ordinarie (➡38.).
La neutralità comporta anche che **i maggiori valori iscritti in bilancio** dalla incorporante o risultante dalla fusione, a seguito dell'operazione straordinaria, **non sono riconosciuti fiscalmente**, tranne che nel caso di opzione per il riallineamento.

ADEMPIMENTI DICHIARATIVI E DI VERSAMENTO POST FUSIONE AI FINI DELLE IMPOSTE DIRETTE 87.5.

Adempimenti dichiarativi 87.5.1.

La società risultante dalla fusione o incorporante **succede** in tutti i **diritti** e in tutti gli **obblighi** delle società fuse o incorporate relativi alle imposte sui redditi (circ. 7 novembre 1988, n. 5/3401).
Per gli obblighi relativi alla dichiarazione dei redditi e IRAP, si distingue a seconda che l'operazione abbia effetto nel corso del **periodo di imposta**, ovvero all'inizio dello stesso.

Fusione con effetto durante il periodo d'imposta - Si determina l'interruzione del periodo d'imposta e la divisione in due distinti periodi, ante e post fusione:
- **periodo ante - fusione** (compreso tra l'inizio del periodo d'imposta e la data in cui ha effetto la fusione): la società risultante o incorporante presenta la dichiarazione dei redditi e quella IRAP relative a tale frazione di esercizio per conto di ciascuna società fusa o incorporata, entro l'ultimo giorno del 9° mese successivo alla data in cui ha effetto la fusione stessa (art. 5-bis, c. 2, D.P.R. n. 322/1998);
- **periodo post - fusione** (successivo alla fusione): la società incorporante o risultante presenta normalmente la propria dichiarazione nei termini ordinari.

Se la fusione ha effetto **prima** della scadenza del **termine ordinario** di presentazione della dichiarazione relativa ai redditi (e IRAP) dell'anno precedente, la stessa deve presentare anche tale dichiarazione per la società fusa o incorporata (ris. 3 giugno 1978, n. 11/1228).
Si pensi ad una fusione con effetto dal 31 marzo 2017, in cui la società incorporata è una s.r.l. con esercizio coincidente con l'anno solare. L'incorporante deve presentare per conto dell'incorporata la dichiarazione relativa al 2016 il cui termine scade (in via ordinaria) il 30 settembre 2017, in quanto a quella data l'incorporata è estinta.

Fusione con effetto dall'inizio del periodo di imposta - La società risultante dalla fusione o l'incorporante è tenuta ad assolvere gli obblighi di **dichiarazione** secondo i **termini ordinari**. In questo caso presenta un'unica dichiarazione in quanto dall'inizio del periodo di imposta le società fuse o incorporate erano già estinte.

OPERAZIONI STRAORDINARIE

Obblighi dei sostituti di imposta - La società risultante dalla fusione o incorporante, dalla data in cui ha effetto la fusione, è tenuta, altresì, ad adempiere tutti gli **obblighi** derivanti dalla disciplina fiscale in materia di **sostituti d'imposta**.
La dichiarazione dei sostituti d'imposta relativa all'anno in cui avviene la fusione va presentata dalla società risultante o incorporante, comprendendo anche i **redditi** e i **compensi corrisposti** delle società fuse o incorporate, nel periodo precedente alla fusione.

87.5.2. Versamenti delle imposte

Anche per obblighi relativi ai versamenti delle imposte, è necessario distinguere a seconda che l'operazione abbia effetto nel corso del **periodo di imposta**, ovvero all'inizio dello stesso.

Fusione con effetto durante il periodo d'imposta - Per il periodo **ante fusione,** le società che si estinguono per la fusione devono effettuare i versamenti delle imposte sui redditi e IRAP (compresi gli acconti), nei termini ordinari, fino alla data di efficacia della fusione; se i termini di versamento scadono successivamente, gli obblighi sono trasferiti in capo all'incorporante. Anche per il periodo ***post* fusione**, si applicano gli ordinari termini di versamento.

Fusione con effetto dall'inizio del periodo di imposta - La società risultante dalla fusione o l'incorporante è tenuta ad assolvere gli obblighi di **versamento** delle **imposte** sui redditi e **IRAP**.

Versamenti dei sostituti di imposta - Le ritenute operate dalle società che si estinguono per effetto della fusione sono versate:
- fino alla data di efficacia della fusione dalle stesse società che hanno operato la ritenuta;
- successivamente, gli obblighi si intendono trasferiti, a tutti gli effetti, alla società incorporante o risultante dalla fusione.

87.6. IMPOSTE INDIRETTE

87.6.1. IVA

La fusione e i relativi passaggi di beni effettuati tra le società fuse e la società risultante dalla fusione non sono operazioni soggette ad IVA (art. 2, c. 1, lett. f), D.P.R. n. 633/1972).
Generalmente, dalla data in cui ha effetto la fusione, la società risultante dalla fusione subentra in tutti gli obblighi IVA relativi alla stessa e deve provvedere a presentare la **dichiarazione di variazione dati** nei 30 giorni successivi.
L'Agenza delle entrate ha precisato che la **data di efficacia giuridica dell'operazione** di fusione per incorporazione è la data dell'ultima iscrizione nel registro delle imprese dell'atto di fusione o la data eventualmente successiva, se le delibere dispongono diversamente (art. 2504-bis, c. 2, c.c.). Non assumono, quindi, rilievo ai fini degli adempimenti IVA eventuali retrodatazioni convenzionali degli effetti contabili e fiscali dell'operazione di fusione, mentre risulta possibile posticipare la decorrenza degli stessi rispetto alla data di ultima iscrizione nel registro delle imprese (risposte a interpello 6 febbraio 2019, n. 25 e 28 luglio 2020, n. 227).

Trasferimento credito IVA - Nell'ambito di un conferimento d'azienda, il conferente può trasferire il credito IVA.

Trasferimento del plafond - La società risultante dalla fusione può fruire - a determinate condizioni - del *plafond* relativo agli acquisti in sospensione di imposta per le esportazioni, maturato presso le società fuse.

CASO 11 - Fusione tra società con pro-rata di detraibilità IVA diversi
L'operazione di fusione ha effetto sulle modalità di determinazione dell'IVA nel caso in cui le società coinvolte abbiano **pro-rata di detraibilità diversi** (➡48.1.4.).

Pro-rata definitivo e rettifica della detrazione sugli acquisti di beni ammortizzabili
Per il pro-rata definitivo e la rettifica della detrazione sui beni ammortizzabili, le istruzioni al **modello di dichiarazione IVA** prevedono che la fusione comporta la definizione dei periodi IVA antecedenti all'effetto giuridico della medesima operazione straordinaria (con conseguente calcolo del pro-rata definitivo e verifica dell'obbligo di rettifica della detrazione dei beni ammortizzabili), mentre i periodi successivi, compreso quello in cui avviene la fusione stessa, costituiscono un nuovo periodo IVA che, nella sua autonomia, dovrà comunque tenere ovviamente in considerazione quale punto di partenza gli effetti IVA derivanti dai periodi precedenti.

Pro-rata provvisorio
Con riferimento, invece, alla determinazione del pro-rata provvisorio (in ipotesi di fusione per incorporazione) - in assenza di indicazioni ufficiali - vi sono due orientamenti: il primo considera gli effetti giuridici della fusione (in termini di subentro dell'avente causa nei diritti e negli obblighi dei danti causa) un elemento dirimente, mentre il secondo si sofferma sul dato letterale della normativa IVA quale elemento insuperabile al fine di rispondere alle modalità di determinazione del pro-rata provvisorio.

Imposta di registro 87.6.2.

Nell'ambito dell'operazione di fusione, sono soggette a **registrazione** con versamento dell'imposta **in misura fissa** (euro 200) (➔63.30.):
- la **delibera di fusione**, che deve essere presentata alla registrazione entro 20 giorni successivi all'iscrizione nel registro delle imprese;
- l'**atto di fusione**, che deve essere presentato alla registrazione entro 20 giorni dalla stipulazione.

OPERAZIONI STRAORDINARIE

88. SCISSIONE

88.1. PREMESSA

La **scissione** di una società è un'operazione straordinaria finalizzata alla **ripartizione del patrimonio** di una società (c.d. società scissa) in uno o più soggetti giuridici di nuova o esistente costituzione (c.d. società beneficiarie) (artt. 2506-2506-quater c.c.).
A seconda dello strutturarsi dell'operazione, si distingue tra:
- **scissione totale** - il soggetto scisso deve necessariamente attribuire ai soggetti beneficiari l'interezza del proprio patrimonio e vi dovrà essere più di una società beneficiaria, in quanto in caso contrario l'operazione risulterebbe una fusione (➔87.1.) risultandone applicabile la relativa disciplina civilistica e fiscale;
- **scissione parziale** - il soggetto scisso attribuisce al soggetto (o ai soggetti) beneficiari solo una parte del proprio patrimonio.

Tipologie	
Proporzionale	Quando ai soci della scissa sono **attribuite le partecipazioni** nella beneficiaria secondo la **stessa proporzione** della loro partecipazione al capitale della scissa
Non proporzionale	Quando **le partecipazioni** nella beneficiaria sono **attribuite** ai soci della scissa sulla base di un **criterio che diverge dalla proporzione** di partecipazione al capitale sociale della scissa

La partecipazione alla scissione non è consentita alle **società in liquidazione** che abbiano iniziato la distribuzione dell'attivo.

Differenze da scissione - Il trasferimento alla beneficiaria delle attività e passività della scissa per effetto della scissione determina l'emersione di differenze contabili che possono risultare di valore positivo (**avanzi**) ovvero di valore negativo (**disavanzi**). Gli avanzi e i disavanzi da scissione possono qualificarsi tanto come **differenze da concambio** quanto come **differenze da annullamento**.

Differenze da scissione		
	Avanzo	**Disavanzo**
Annullamento	**Avanzo da annullamento**, quando il valore annullato della partecipazione detenuta dalla beneficiaria nella scissa risulti di ammontare inferiore al valore contabile del patrimonio scisso riferibile alla quota annullata della partecipazione della beneficiaria nella scissa	**Disavanzo da annullamento**, quando il valore annullato della partecipazione detenuta dalla beneficiaria nella scissa risulti di ammontare superiore al valore contabile del patrimonio scisso riferibile alla quota annullata della partecipazione della beneficiaria nella scissa

Differenze da scissione		
	Avanzo	**Disavanzo**
Concambio	**Avanzo da concambio**, quando l'aumento di capitale della beneficiaria da attribuire ai soci della scissa - diversi dalla beneficiaria che eventualmente partecipi al capitale di quest'ultima - risulti di ammontare inferiore al valore contabile del patrimonio scisso di pertinenza di tali soci	**Disavanzo da concambio,** quando l'aumento di capitale della beneficiaria da attribuire ai soci della scissa - diversi dalla beneficiaria che eventualmente partecipi al capitale di quest'ultima - risulti di ammontare superiore al valore contabile del patrimonio scisso di pertinenza di tali soci.

IMPOSTE SUI REDDITI 88.2.

Operazione fiscalmente neutrale 88.2.1.

Neutralità fiscale - Ai fini delle imposte sul reddito, l'operazione di scissione si configura come **neutrale**, ossia non suscettibile di generare componenti positivi o negativi di reddito in capo ai soggetti partecipanti all'operazione (art. 173, c. 1-3, D.P.R. n. 917/1986).
In particolare, si prevede che:
- per la **società scissa**, sono esclusi dalla formazione della base imponibile ai fini delle imposte sui redditi i plusvalori e i minusvalori dei beni insiti rispettivamente nel disavanzo e nell'avanzo di scissione;
- per la **società** (o le società) **beneficiaria**, le differenze di scissione sono irrilevanti nella determinazione della base imponibile delle imposte sui redditi (indipendentemente dalle scelte contabili attuate);
- per i **soci della scissa**, non determina l'emersione di componenti imponibili l'attribuzione di partecipazioni nella società beneficiaria al fine di ristorare questi della riduzione del valore economico delle partecipazioni nella scissa determinata dall'attribuzione del patrimonio netto di quest'ultima alla società beneficiaria (tranne nel caso in cui sia previsto un conguaglio in denaro superiore al 10% delle partecipazioni attribuite).

CASO 1 - Scissione con una beneficiaria "società semplice"
Il principio di neutralità della scissione non trova applicazione qualora una società scissa che svolge attività commerciale attribuisca i propri beni ad un **beneficiario** qualificabile come **società semplice**. L'attribuzione di beni ad una società semplice realizza, infatti, una forma di destinazione di beni a finalità estranee al regime d'impresa; questi ultimi - nella misura in cui risultano plusvalenti - sono assoggettati ad imposta in capo alla scissa (ris. 10 giugno 2009, n. 150/E).

Continuità di valori - Vige il principio della continuità in capo alla società beneficiaria (e alle società beneficiarie) del valore fiscale dei beni riconosciuto in capo alla società scissa. Ciò comporta che i **maggiori valori iscritti** dalla beneficiaria a seguito dell'allocazione del disavanzo di scissione sugli elementi patrimoniali trasferiti, ovvero sull'avviamento - non avendo scontato imposizione né in capo alla scissa né in capo alla beneficiaria - **non** sono dotati di alcun **riconoscimento fiscale** per quest'ultima.
Una disciplina specifica è prevista per le **rimanenze di magazzino e i titoli** (artt. 92 e 94, D.P.R. n. 917/1986) iscritti nell'attivo circolante della scissa, per i quali è necessario distinguere tra operazioni di scissione con o senza effetti retroattivi (art. 173, c. 7 e 8, D.P.R. n. 917/1986).

Rimanenze di magazzino e titoli della società scissa	
Scissione "retrodatata" (➡88.2.2.)	Il **valore fiscale** delle **rimanenze di magazzino e dei titoli** iscritti nell'attivo circolante si **trasferisce** con la stessa **stratificazione** presente nella società scissa, **in proporzione** alla quantità dei beni trasferiti alla singola beneficiaria.

OPERAZIONI STRAORDINARIE

Rimanenze di magazzino e titoli della società scissa	
Scissione non "retrodatata"	Le **rimanenze e i titoli iscritti** nell'attivo circolante **ricevuti da ciascuna beneficiaria** si presumono, in proporzione alle quantità rispettivamente ricevute, **provenienti pro-quota**: • alle esistenze iniziali, distinte per esercizio di formazione, e • all'eventuale eccedenza formatasi nel periodo di imposta della società scissa in corso alla data di effetto della scissione.

Opzione di riallineamento - La **società beneficiaria** può optare mediante pagamento di un'**imposta sostitutiva** per il riconoscimento dei **maggiori valori** emersi a seguito della **scissione** (art. 173, c. 15-bis, D.P.R. n. 917/1986) (➡89.).

88.2.2. Efficacia della scissione

La scissione ha effetto dalla data in cui è eseguita l'ultima delle **iscrizioni** del procedimento di scissione nel **registro delle imprese** in cui sono iscritte le società beneficiarie (art. 2506-quater c.c.).

Retrodatazione degli effetti civili e fiscali della scissione - L'operazione di scissione può essere retrodatata agli effetti civilistici solo limitatamente a:
- l'individuazione della data dalla quale le azioni o quote, emesse in sede di scissione dalla società beneficiaria, partecipano agli utili;
- l'individuazione della data a decorrere dalla quale le operazioni delle società partecipanti alla scissione sono imputate al bilancio della società beneficiaria dalla scissione.

Agli **effetti fiscali**, la retrodatazione ha effetto solo se risultano integrate le seguenti condizioni aggiuntive a quanto disposto ai fini civilistici:
- la scissione è totale;
- le società beneficiarie sono tutte preesistenti;
- vi è coincidenza tra la chiusura dell'ultimo periodo d'imposta della società scissa e delle beneficiarie e per la fase posteriore a tale periodo.

La retrodatazione degli effetti fiscali **evita** l'emersione di un **autonomo periodo d'imposta** che intercorre tra il termine del precedente periodo d'imposta e la data di efficacia della scissione (c.d. periodo d'imposta frazionale).

Postdatazione degli effetti civili e fiscali della scissione - Può essere stabilita la postdatazione dell'efficacia dell'operazione tranne nel caso in cui le beneficiarie dell'operazione risultino delle società di nuova costituzione (art. 2506-quater c.c. e art. 173, c. 11, D.P.R. n. 917/1986).
La postdatazione degli effetti fiscali determina la possibilità per la società scissa di **non frazionare** il proprio **periodo d'imposta** nel quale è intervenuta l'efficacia giuridica della scissione.

88.2.3. Riserve in sospensione di imposta

Le riserve in sospensione d'imposta - ovvero riserve il cui utilizzo o un certo tipo di utilizzo fa sorgere un **componente positivo** di reddito imponibile in capo all'impresa - iscritte nell'ultimo bilancio della società scissa concorrono a formare il reddito della società (o delle società) beneficiaria nell'esercizio in cui l'operazione è stata effettuata se e nella misura in cui non siano state ricostituite nel bilancio della società risultante dall'operazione (art. 173, c. 9, D.P.R. n. 917/1986).
Quindi, sebbene la scissione non determini per la scissa la tassazione degli utili in sospensione d'imposta, questi utili saranno assoggettati a tassazione in capo alla beneficiaria nella misura in cui quest'ultima nel primo bilancio successivo all'operazione non proceda alla ricostituzione della riserva.

Modalità di ripartizione del vincolo di sospensione - Le riserve in sospensione d'imposta iscritte nell'ultimo bilancio della società scissa si reputano **trasferite proporzionalmente** alla quota di patrimonio netto contabile della scissa trasferito alla beneficiaria. Se, invece, la sospensione d'imposta dipende da eventi che riguardano **specifici elementi patrimoniali** della società scissa, l'obbligo di ricostituzione della riserva in sospensione viene trasferito alla società beneficiaria che acquisisce detti elementi, ovvero, in caso di scissione parziale, non viene trasferito nel caso in cui tali elementi patrimoniali permangono in capo alla scissa.

Riserve in sospensione d'imposta tassabili solo in caso di distribuzione - L'**obbligo di ricostituzione** delle riserve in sospensione d'imposta tassabili solo in caso di distribuzione nel patrimonio netto della società (o delle società) beneficiaria sussiste solo se e nel limite in cui l'operazione ha generato un **avanzo** (da annullamento o da concambio) oppure un **aumento di capi-**

OPERAZIONI STRAORDINARIE

tale per un valore superiore al capitale post scissione della beneficiaria rispetto al capitale della stessa pre-operazione incrementato della porzione di capitale della scissa annullato per effetto della transazione.
Se le riserve imponibili solo in caso di distribuzione ai soci non sono **distintamente iscritte** nell'ultimo bilancio della società scissa, in quanto imputate ad incremento del capitale sociale della stessa, il vincolo della sospensione d'imposta si intende trasferito automaticamente sul capitale sociale della società beneficiaria. Ne deriva che la distribuzione dell'avanzo di scissione e/o l'eventuale riduzione del capitale sociale comportano la tassazione di tali riserve in capo alla società beneficiaria, limitatamente alla quota distribuita ai soci.

Regime fiscale dell'avanzo di scissione - All'avanzo di scissione da annullamento (o da concambio) e all'**aumento di capitale**, per la parte non utilizzata per la ricostituzione delle riserve in sospensione d'imposta, si applica il regime fiscale del **capitale e** delle **riserve** della società scissa (artt. 172, c. 6, e 173, c. 9, D.P.R. n. 917/1986).
La disciplina è analoga a quella esaminata per l'avanzo da fusione (➔87.2.4.).

Trasferimento posizioni soggettive della società scissa 88.2.4.

La scissione comporta la necessità di definire una **ripartizione** delle posizioni soggettive della scissa tra i diversi soggetti partecipanti all'operazione.

Posizioni soggettive trasferibili		
Diritti ed obblighi **connessi in via diretta** a specifici **elementi patrimoniali della scissa**	**Attribuite** alla **società destinataria dell'elemento patrimoniale**, o del gruppo di elementi patrimoniali, a cui la posizione soggettiva risulta connessa in via diretta	Esempi: - i compensi degli amministratori non dedotti (art. 95, c. 5, del TUIR) per la quota parte non ancora oggetto di corresponsione; - l'obbligo di operare una variazione in aumento per i dividendi distribuiti in esercizi precedenti non ancora oggetto di corresponsione da parte della società partecipata; - la durata di possesso dell'azienda da parte della scissa al fine di valutare il decorso del termine triennale per la rateizzazione della plusvalenza emergente in sede di successiva cessione dell'azienda; - la durata di possesso delle partecipazioni trasferite al fine di valutare la sussistenza del requisito del c.d. holding period necessario per l'applicazione del regime PEX; - il valore fiscalmente riconosciuto dei cespiti - i fondi per manutenzione ciclica che risulterebbero connessi al bene o gruppo di beni manutenuti; - i fondi per eventuali contestazioni da parte di terzi; - i fondi per resi di prodotti; - i fondi per prepensionamento e ristrutturazioni aziendali;
Diritti ed obblighi **non connessi** a specifici **elementi patrimoniali della scissa**	Sono **ripartite** tra le società partecipanti alla scissione **sulla base dell'ammontare del patrimonio netto** contabile della scissa loro attribuito	- le spese di manutenzione eccedenti il limite percentuale fissato (art. 102, c. 6, TUIR); - la variazione in aumento del reddito imponibile conseguente dalla rateizzazione delle plusvalenze da alienazione cespiti (art. 86, c. 4, TUIR);

OPERAZIONI STRAORDINARIE

Posizioni soggettive trasferibili		
		- i crediti non ancora utilizzati originatesi a fronte di ritenute trattenute e versate da un terzo soggetto che esplica il ruolo di sostituto d'imposta per specifici redditi della scissa; - i crediti d'imposta per redditi prodotti all'estero (art. 165, TUIR), che non abbiano ancora formato oggetto di scomputo da parte della scissa; - le perdite pregresse della società scissa (➡**88.2.5.**); - le eccedenze di interessi passivi della scissa; - l'eccedenza di ROL della scissa rilevante ai fini della deducibilità degli interessi passivi *ex* art. 96 TUIR; - l'eccedenza di ACE della scissa (risposta a interpello 2 marzo 2021, n. 129).

La **regola (sussidiaria) della connessione** trova specifica applicazione solo quando le posizioni soggettive risultino vincolate agli elementi patrimoniali in maniera diretta e attuale e non soltanto per ragioni di carattere genetico. In particolare, sussiste una connessione specifica ogni qualvolta il diritto all'esercizio e al mantenimento della posizione soggettiva sia subordinato al "possesso" dell'asset che ne ha determinato la genesi e vincolato al mantenimento dello stesso (risposta a interpello 31 dicembre 2020, n. 635).

Trasferimento fondi per rischi e oneri - Il valore fiscalmente riconosciuto dei **fondi** di accantonamento della società scissa si considera **già dedotto** dalla società beneficiaria, oltre che, in caso di scissione parziale, dalla suddetta società per importi proporzionali alle quote in cui risultano attribuiti gli elementi del patrimonio ai quali, specificamente o per insiemi, hanno riguardo le norme tributarie che disciplinano il valore stesso (art. 172, c. 6, D.P.R. n. 917/1986).
Si tratta dei fondi per i quali la normativa fiscale prevede la deduzione (anche solo parziale) delle quote di accantonamento:

- fondo TFR (art. 105, D.P.R. n. 917/1986);
- fondo rischi su crediti (art. 106, D.P.R. n. 917/1986);
- fondo per manutenzioni cicliche su navi ed aerei (art. 107, c. 1, D.P.R. n. 917/1986);
- fondo per beni gratuitamente devolvibili (art. 107, c. 2, D.P.R. n. 917/1986);
- fondo per operazioni e concorsi a premio (art. 107, c. 3, D.P.R. n. 917/1986).

CASO 2 - Scissione e determinazione del credito d'imposta R&S

Ai fini del credito d'imposta ricerca e sviluppo, il criterio da seguire per l'attribuzione del parametro storico di riferimento è quello analitico, collegato agli elementi patrimoniali e organizzativi. Nel caso in cui non sia possibile attribuire analiticamente i costi rilevanti ai fini del calcolo della media di riferimento tra la scissa e le beneficiarie, il criterio di riparto deve essere individuato in relazione allo specifico caso, tenendo conto della natura e delle caratteristiche delle attività di ricerca trasferite per effetto dell'operazione, nonché della natura dei costi agevolabili (circ. 16 maggio 2018, n. 10).

CASO 3 - Scissione e consolidato fiscale

Nel caso di scissione a favore di una NewCo (Beta) della Alfa consolidante dell'omonimo gruppo, il requisito del controllo rilevante ai fini del regime di tassazione di gruppo, già esistente in capo ad Alfa, si trasferisce **senza soluzione di continuità** in capo a Beta. Infatti, Beta subentra nella titolarità di tutte le partecipazioni nella società controllate precedentemente detenute da Alfa (e nei diritti amministrativi ed economici ad essi connessi) e già facenti parte del consolidato di Alfa, rimanendo a quest'ultima solamente partecipazioni in società con le quali non ha optato per il regime del consolidato. Pertanto, il regime di consolidato di Alfa può continuare in capo alla beneficiaria Beta (risposta a interpello 31 dicembre 2020, n. 642).

Riporto delle perdite delle società che partecipano alla scissione 88.2.5.

Al fine di contrastare il fenomeno del c.d. commercio delle "bare fiscali" (ovvero di quelle società destinate ad essere parte dell'operazione di scissione al solo fine di ottenere un vantaggio fiscale), il **riporto delle perdite fiscali pregresse** relative alle società che partecipano ad operazioni di scissione è subordinato a un ***test* di vitalità di natura patrimoniale e reddituale** (art. 173, c. 10, D.P.R. n. 917/1986).

Test di vitalità superato?	
NO - Disconoscimento del riporto delle perdite fiscali pregresse	**SÌ** - Riporto delle perdite fiscali pregresse nel limite del patrimonio netto

Si tratta in ogni caso di una disciplina antielusiva ed è, quindi, possibile presentare istanza di disapplicazione della norma antielusiva.

Il tema del riporto delle perdite in caso di scissione riguarda **solo** le **società di capitali** posto che le perdite prodotte dalle società di persone (art. 8, D.P.R. n. 917/1986) sono imputate direttamente ai soci in proporzione della loro quota di partecipazione agli utili (➜**2.5.1.**). In questo caso non sorge in capo alla società nessuna posizione giuridica soggettiva, collegata alle perdite in parola, che possa essere trasferita alla società beneficiaria poiché il potere di riportare le perdite è esercitabile unicamente dai soci.

CASO 4 - Limiti al riporto delle perdite in caso di scissione in favore di una NewCo

Nel caso di una scissione verso società di nuova costituzione (NewCo) non si pone alcuna limitazione al riporto delle perdite da parte della società beneficiaria atteso che quest'ultima - essendo emanazione della società scissa - non realizza alcun fenomeno di compensazione intersoggettiva delle perdite della scissa (ris. 30 giugno 2009, n. 168/E).

Per quanto concerne le **modalità di effettuazione** del **test di vitalità** e la verifica del **limite del patrimonio netto**, si rinvia a quanto detto con riguardo all'operazione di fusione (➜**87.2.5.**).

Riporto degli interessi passivi, del ROL e delle eccedenze ACE delle società che partecipano alla scissione 88.2.6.

Test di vitalità analogo a quello previsto ai fini del riporto delle perdite fiscali pregresse (➜**88.2.5.**) è previsto per:

- gli **interessi passivi** non deducibili in quanto eccedenti il 30% del ROL riportabili agli esercizi successivi,
- **eccedenza ROL** non utilizzata,
- **eccedenza ACE**

delle società che partecipano all'operazione di scissione.

SCISSIONI CHE COINVOLGONO NON RESIDENTI 88.3.

Scissioni infra-comunitarie 88.3.1.

Si applica il principio di **neutralità** (➜**88.2.1.**) anche nelle ipotesi di "scissioni infra-comunitarie", totali e parziali, ovvero:

- scissioni che coinvolgano società di capitali o enti commerciali **residenti** in Italia e soggetti residenti in altro Stato dell'Unione europea (art. 178, c. 1, lett. b), D.P.R. n. 917/1986);
- scissioni che coinvolgano soggetti **non residenti** in Italia, ma residenti in Stati fra loro diversi dell'Unione europea che riguardino Stabili Organizzazioni in Italia (art. 178, c. 1, lett. d), D.P.R. n. 917/1986).

Condizioni per la neutralità - Per applicare il regime di neutralità è necessario che:

- l'assegnazione delle azioni o quote della beneficiaria ai soci della società scissa avvenga secondo un **criterio proporzionale**,
- la quota di patrimonio trasferita sia costituita da **aziende o complessi aziendali** relativi a singoli rami dell'impresa della società scissa,
- nel concambio, l'eventuale **conguaglio in denaro** ai partecipanti della società scissa non superi il 10% del valore nominale della partecipazione ricevuta.

IRAP 88.4.

Anche ai fini IRAP, l'operazione di scissione è **neutrale**, in quanto la società beneficiaria determina la base imponibile applicando le regole ordinarie (➜**38.1.**). La neutralità comporta anche che i **maggio-**

OPERAZIONI STRAORDINARIE

ri valori iscritti in bilancio dalla società beneficiaria, a seguito dell'operazione straordinaria, **non sono riconosciuti** fiscalmente, tranne che nel caso di opzione per il riallineamento (➔89.).

88.5. ADEMPIMENTI DICHIARATIVI E DI VERSAMENTO POST SCISSIONE AI FINI DELLE IMPOSTE DIRETTE

88.5.1. Adempimenti dichiarativi

Scissione parziale - La società scissa è tenuta agli **adempimenti ordinari** di propria competenza che derivano dalla prosecuzione dell'attività non trasferita a seguito della scissione.

Scissione totale - Le obbligazioni sono trasferite in capo alle società beneficiarie appositamente designate nell'atto di scissione.
Per gli obblighi relativi alla dichiarazione dei redditi e IRAP, si distingue a seconda che l'operazione abbia effetto nel corso del **periodo di imposta**, ovvero all'inizio dello stesso.

Scissione totale con effetto durante il periodo d'imposta - Si determina l'interruzione del periodo d'imposta e la divisione in due distinti periodi, **ante e post scissione**:

- **periodo *ante*-scissione** (compreso tra l'inizio del periodo d'imposta e la data in cui ha effetto la scissione): la società beneficiaria presenta la dichiarazione dei redditi e quella IRAP relative a tale frazione di esercizio per conto della società scissa, entro l'ultimo giorno del 9° mese successivo alla data in cui ha effetto la fusione stessa;
- **periodo *post*-scissione** (successivo alla scissione): la società beneficiaria presenta normalmente la propria dichiarazione nei termini ordinari.

Scissione totale con effetto dall'inizio del periodo di imposta - La società beneficiaria è tenuta ad assolvere gli **obblighi di dichiarazione** secondo i **termini ordinari**. In questo caso presenta un'unica dichiarazione in quanto dall'inizio del periodo di imposta la società scissa era già estinta.

Obblighi dei sostituti di imposta - La società beneficiaria, dalla data in cui ha effetto la scissione, è tenuta, altresì, ad adempiere tutti gli **obblighi** derivanti dalla disciplina fiscale in materia di **sostituti d'imposta**.
La dichiarazione dei sostituti d'imposta relativa all'anno in cui avviene la scissione totale va presentata dalla società beneficiaria, comprendendo anche i redditi e i compensi corrisposti della società scissa, nel periodo precedente alla scissione.

88.5.2. Versamenti delle imposte

Scissione parziale - La società scissa è tenuta al versamento delle imposte di propria competenza che derivano dalla prosecuzione dell'attività non trasferita a seguito della scissione.

Scissione totale - Le obbligazioni di versamento sono trasferite in capo alle società beneficiarie appositamente designate nell'atto di scissione.
Anche per obblighi relativi ai versamenti delle imposte, è necessario distinguere a seconda che l'operazione abbia effetto nel corso del **periodo di imposta**, ovvero all'inizio dello stesso.

Scissione totale con effetto durante il periodo d'imposta - Per il periodo **ante scissione,** la società che si estingue per la scissione deve effettuare i versamenti delle imposte sui redditi e IRAP (compresi gli acconti), nei termini ordinari, fino alla data di efficacia della scissione; se i termini di versamento scadono successivamente, gli obblighi sono trasferiti in capo alla società beneficiaria. Anche per il periodo **post scissione**, si applicano gli ordinari termini di versamento.

Scissione totale con effetto dall'inizio del periodo di imposta - La società beneficiaria è tenuta ad assolvere gli obblighi di **versamento** delle **imposte** sui redditi e **IRAP**.

Versamenti degli acconti d'imposta e ritenute - Per quanto concerne gli obblighi di versamento degli acconti di imposta:

- in caso di **scissione totale**, sono adempiuti, fino alla data di efficacia della scissione, dalla società scissa e, successivamente a tale data, si intendono trasferiti alle società beneficiarie,
- in caso di **scissione parziale**, restano in capo alla **società scissa**.

OPERAZIONI STRAORDINARIE

IMPOSTE INDIRETTE 88.6.

IVA 88.6.1.

La scissione e i relativi passaggi di beni effettuati tra la società scissa e la società (o le società) beneficiaria non sono operazioni soggette ad IVA (art. 2, c. 1, lett. f), D.P.R. n. 633/1972).
Generalmente, dalla data in cui ha effetto la scissione, la società beneficiaria (designata nell'atto di scissione) subentra in tutti gli **obblighi IVA** relativi alla stessa e deve provvedere a presentare la **dichiarazione di variazione dati** nei 30 giorni successivi.

Trasferimento del plafond - La società beneficiaria può fruire - a determinate condizioni - del **plafond** relativo agli acquisti in sospensione di imposta per le esportazioni, maturato presso la società scissa.

CASO 5 - Responsabilità solidale della società scissa e delle beneficiarie
Le società beneficiarie della scissione hanno una responsabilità solidale e illimitata per i debiti tributari (art. 173, c. 13, D.P.R. n. 917/1986). In ambito civilistico, invece, la responsabilità solidale è limitata al valore effettivo del patrimonio netto assegnato alle singole società (art. 2506-quater, c.c.). Tale assetto normativo è stato ritenuto costituzionalmente legittimo in ragione del carattere peculiare del credito fiscale, strumentale ad attuare il principio di capacità contributiva (Corte cost., 26 aprile 2018, n. 90).

Imposta di registro 88.6.2.

Gli atti posti in essere nell'ambito dell'operazione di scissione sono soggetti a registrazione con versamento dell'imposta in **misura fissa** (euro 200) (➜63.30.).

OPERAZIONI STRAORDINARIE

89. REGIMI OPZIONALI PER IL RIALLINEAMENTO DEI MAGGIORI VALORI

89.1. PREMESSA

L'applicazione del **principio di neutralità fiscale** nelle operazioni di conferimento d'azienda (➡85.2.1.), fusione (➡87.2.1.) e scissione (➡88.2.1.) determina la necessità per le imprese di gestire un **doppio binario civilistico-fiscale**.
Per evitarlo, è possibile **optare** per uno dei **regimi di imposizione sostitutiva** previsti.

89.2. REGIME SOSTITUTIVO PER IL RIALLINEAMENTO DELLE IMMOBILIZZAZIONI MATERIALI E IMMATERIALI

Il soggetto avente causa nell'operazione (conferitaria, risultante dalla fusione e beneficiaria della scissione) può optare per il riallineamento oneroso dei maggiori valori iscritti in contabilità rispetto ai valori fiscali originari riconosciuti in capo al dante causa dell'operazione (conferente, fusa e scissa) (art. 176, c. 2-ter, art. 172, c. 10-bis e art. 173, c. 15-bis, D.P.R. n. 917/1986).

89.2.1. Beni affrancabili

Sono "**affrancabili**" le immobilizzazioni (**materiali** e **immateriali**) pervenute all'avente causa per effetto dell'operazione straordinaria (conferimento, fusione e scissione).
Per accedere al riallineamento, è sufficiente l'**iscrizione** dei beni tra le immobilizzazioni del bilancio della società avente causa (conferitaria, risultante dalla fusione e beneficiaria della scissione) (art. 1, D.M. 25 luglio 2008 e circ. 25 settembre 2008 n. 57/E).

Beni riallineabili	
SÌ	**NO**
Immobilizzazioni materiali	- beni merce
- immobili, compresi quelli di civile abitazione concessi in locazione	- costi pluriennali
- impianti e macchinari	- beni monetari (denaro, crediti, obbligazioni, comprese quelle convertibili, azioni e quote societarie ancorché immobilizzate)
- attrezzature industriali e commerciali	
Immobilizzazioni immateriali	
- diritti di brevetto industriale	
- diritti di utilizzazione delle opere dell'ingegno	

OPERAZIONI STRAORDINARIE

Beni riallineabili	
SÌ	**NO**
- diritti di concessione, licenze, marchi, *know-how*, ecc.	
- avviamento	

Valore affrancabile 89.2.2.

Il valore "affrancabile" è pari alla **differenza** tra il **valore** delle immobilizzazioni **iscritto** nella contabilità dell'avente causa (conferitaria, risultante dalla fusione e beneficiaria della scissione) e il **costo fiscale** dei beni stessi in capo al dante causa (conferente, fusa e scissa).

Riallineamento parziale 89.2.3.

Se si opta per il riallineamento, non è necessario affrancare l'ammontare complessivo dei disallineamenti emergenti a seguito dell'operazione straordinaria.
È anche possibile optare per il **riallineamento parziale**, ma in questo caso è necessario farlo per **classi omogenee** e riguardare, per ciascuna di esse, l'intero ammontare della differenza tra il valore civile e fiscale.

<table>
<tr><th colspan="3">Categorie omogenee (art. 1, comma 2, D.M. 25 luglio 2008)</th></tr>
<tr><th colspan="2">Immobilizzazioni materiali</th><th>Immobilizzazioni immateriali</th></tr>
<tr><td>Beni immobili</td><td>Beni mobili</td><td rowspan="7">L'applicazione parziale dell'imposta sostitutiva può essere esercitata distintamente per ciascuna immobilizzazione immateriale, incluso l'avviamento</td></tr>
<tr><td>Aree fabbricabili aventi la stessa destinazione urbanistica</td><td rowspan="6">Raggruppamento per anno di acquisizione e coefficiente di ammortamento</td></tr>
<tr><td>Aree non fabbricabili</td></tr>
<tr><td>Fabbricati non strumentali</td></tr>
<tr><td>Fabbricati strumentali per natura (art. 43, c. 2, primo periodo, D.P.R. n. 917/1986)</td></tr>
<tr><td>Fabbricati strumentali per destinazione (art. 43, c. 2, secondo periodo, D.P.R. n. 917/1986)</td></tr>
</table>

I maggiori valori affrancati relativi ad una determinata categoria omogenea devono essere spalmati secondo un **criterio di proporzionalità** su tutti i beni facenti parte della categoria interessata, dovendo l'opzione riguardare tutti i beni ricompresi all'interno di una medesima categoria omogenea e non potendo il contribuente "scegliere" solo alcuni beni all'interno delle diverse categorie di **immobilizzazioni** (circ. 25 settembre 2008, n. 57/E - par. 3.3.1.).
Ad esempio, se l'impresa decide di "rivalutare" due impianti appartenenti alla medesima categoria omogenea può decidere di affrancare un "X per cento" dei disallineamenti ripartendolo proporzionalmente su entrambi i cespiti.

CASO 1 - Non riallineabili i beni ceduti nel corso del periodo di imposta di esercizio dell'opzione
Le differenze tra valori civili e fiscali relative alle immobilizzazioni cedute nel corso dello stesso periodo d'imposta di esercizio dell'opzione, anteriormente al versamento della prima rata dovuta, sono escluse dalla base imponibile dell'imposta sostitutiva (art. 1, c. 5, D.M. 25 luglio 2008).

Opzione per il regime 89.2.4.

La **società avente causa** (conferitaria, risultante dalla fusione e beneficiaria della scissione) può **optare** per il riallineamento nella **dichiarazione dei redditi** relativa al **periodo d'imposta** nel corso del quale è **effettuata l'operazione straordinaria** (conferimento d'azienda, fusione e scissione) o in quella del **periodo di imposta successivo**, anche in relazione a distinte categorie omogenee per ciascuno dei due periodi d'imposta.
Ad esempio, l'impresa può esercitare l'opzione nel 2022 per i disallineamenti relativi a impianti e macchinari compresi in un'azienda acquisita per conferimento nel 2021 e nel periodo di imposta 2023 procedere all'affrancamento del disallineamento dell'avviamento al 31 dicembre 2022.

Modalità di opzione - L'opzione va esplicitata attraverso la compilazione dell'apposita sezione del **quadro RQ** della dichiarazione dei redditi. L'opzione si perfeziona con il versamento dell'imposta sostitutiva.

89.2.5. Imposta sostitutiva

L'imposta sostitutiva è applicata con **aliquota a scaglioni** sui maggiori valori emersi a seguito dell'operazione straordinaria.

Aliquota imposta sostitutiva	Scaglioni
12%	sulla parte dei maggiori valori fino a 5 milioni di euro
14%	sulla parte dei maggiori valori fino a 10 milioni di euro
16%	sulla parte che eccede i 10 milioni

CASO 2 - Riallineamento in presenza di più operazioni straordinarie

Un soggetto riceve due distinti conferimenti d'azienda (conferimento "A" e conferimento "B") nel medesimo periodo di imposta.

Nel primo periodo di possibile esercizio dell'opzione, relativamente al conferimento "A", l'opzione riguarda la totalità dei disallineamenti, relativamente al conferimento "B", invece, l'opzione viene esercitata in entrambi i periodi di possibile esercizio, come indicato nella seguente tabella.

	Disallineamenti emersi	Disallineamenti affrancati nel primo periodo	Disallineamenti affrancati nel secondo periodo
Conferimento A	4.000.000	4.000.000	
Conferimento B	3.500.000	2.000.000	1.500.000
Disallineamenti affrancati	7.500.000	6.000.000	1.500.000
Aliquota	12% su 5.000.000 14% su 2.500.000	12% su 5.000.000 14% su 1.000.000	14% su 1.500.000

Nel primo esercizio, pertanto, il conferitario applicherà l'aliquota del 12% su 5.000.000 e del 14% su 1.000.000, mentre nel secondo esercizio i rimanenti disallineamenti pari a 1.500.000 sconteranno l'aliquota progressiva del 14%, in quanto tale sarebbe stata se l'opzione fosse stata esercitata totalmente in un unico periodo di imposta (circ. 25 settembre 2008, n. 57/E - par. 3.3.5.).

Versamento - L'imposta sostitutiva deve essere versata in **3 rate annuali**:
- la prima, pari al **30%**, entro il termine previsto per il versamento a saldo delle imposte sui redditi relative al periodo d'imposta con riferimento al quale è stata esercitata l'opzione;
- la seconda, pari al **40%**, entro il termine previsto per il versamento a saldo delle imposte sui redditi del periodo d'imposta successivo;
- la terza, pari al **30%**, entro il termine previsto per il versamento a saldo delle imposte sui redditi relative al secondo periodo d'imposta successivo.

Sulla seconda e sulla terza rata sono dovuti gli **interessi** nella misura del **2,5%** annuali.

Si può fruire della dilazione nei termini di versamento mediante il pagamento della maggiorazione dello 0,40% e utilizzare il cd. **ravvedimento operoso** (➔75.5.).

Al contrario, **non** è consentita la **rateazione mensile**.

L'imposta sostitutiva è compensabile con crediti di altre imposte (D.Lgs. n. 241/1997).

89.2.6. Effetti del riallineamento

Il riallineamento dei valori civili e fiscali, conseguente all'applicazione dell'imposta sostitutiva, produce effetti ai fini delle imposte sui redditi e dell'IRAP a partire dal **periodo d'imposta** nel corso del quale si considera **effettuata l'opzione** per la disciplina (e non a decorrere dal periodo di imposta cui si riferisce la dichiarazione in cui è esercitata l'opzione).

Se l'operazione straordinaria è stata effettuata nel 2022, il riconoscimento fiscale degli ammortamenti decorre dal 2023 (anche se l'opzione è stata esercitata nella dichiarazione dei redditi relativa al periodo di imposta 2022).

OPERAZIONI STRAORDINARIE

L'affrancamento dei maggiori valori ha efficacia generale ai fini delle imposte sui redditi e IRAP, e non solo agli effetti delle quote di ammortamento, ma anche, ad esempio, per il calcolo del plafond di deducibilità delle spese di manutenzione.

Perdita di efficacia dell'affrancamento 89.2.7.

Gli effetti dell'affrancamento sono condizionati al mantenimento dei beni rivalutati all'interno dell'impresa per un certo numero di anni.

Periodo di monitoraggio - L'affrancamento **perde efficacia** se le immobilizzazioni oggetto di riallineamento vengono realizzate anteriormente al quarto periodo di imposta successivo a quello dell'opzione.

Ad esempio, se l'opzione per il riallineamento è stata esercitata nel 2021 per un conferimento effettuato nel 2020, il bene ve mantenuto nell'impresa fino al 2024.

Sono atti di realizzo delle immobilizzazioni suscettibili di dar luogo alla perdita di efficacia dell'affrancamento:

- le **cessioni**;
- i **conferimenti** (di beni);
- le **assegnazioni ai soci**;
- la **destinazione a finalità estranee** all'impresa.

Le operazioni di **riorganizzazione societaria** in neutralità (fusioni, scissioni e conferimenti d'azienda) non costituiscono atti da cui far discendere la revoca *ex tunc* dell'affrancamento (circ. 13 marzo 2009, n. 8/E - par. 3.4.), così come la **dismissione** dei beni o la perdita dovuta ad eventi indipendenti dalla volontà del contribuente (circ. n. 57/E/2008 - par. 3.3.7.).

Conseguenze della perdita di efficacia - In caso di perdita dell'efficacia, il costo fiscale deve essere ridotto dei maggiori valori assoggettati ad imposta sostitutiva e degli ammortamenti nel frattempo dedotti.

È consentito ai contribuenti di scomputare l'imposta sostitutiva versata dalle imposte dovute sul reddito complessivo.

CASO 3 - Perdita di efficacia dell'affrancamento

Si ipotizzi che la società A ha optato per il riallineamento in relazione a un bene ammortizzabile con coefficiente pari al 10% che, per effetto dell'affrancamento, incrementa il proprio valore fiscale da 100 a 130 nel 2021.

Costo del bene	Ammortamento 2020	Fondo ammortamento	Residuo da ammortizzare
130	13	13	127

Si ipotizzi che lo stesso bene è ceduto nel 2022.

Il costo da confrontare con il corrispettivo realizzato è pari a 87, ossia 130 al netto di 30 (importo affrancato) e di 13 (ammortamento dedotto).

In mancanza dell'affrancamento, il costo residuo sarebbe stato 90, ossia 100 al netto dell'ammortamento di 10.

La decadenza dall'affrancamento determina, dunque, anche il recupero a tassazione dell'importo di 3, che corrisponde all'ammortamento tabellare nel frattempo già dedotto sul valore affrancato di 30.

REGIME SOSTITUTIVO PER IL RIALLINEAMENTO DI MARCHI E AVVIAMENTO E ALTRE IMMOBILIZZAZIONI IMMATERIALI 89.3.

Riallineamento di marchi e avviamento 89.3.1.

È possibile optare per il riallineamento oneroso dei maggiori valori iscritti su marchi e avviamento beneficiando su tali maggiori valori della **riduzione** del **periodo di ammortamento** fiscale (art. 15, c. 10, D.L. n. 185/2008).

La deduzione degli ammortamenti sui maggiori valori spetta, ai fini delle imposte sui redditi e IRAP, indipendentemente dall'imputazione a conto economico.

OPERAZIONI STRAORDINARIE

Periodo di ammortamento per marchi e avviamento affrancati		
9 quote	Per le operazioni straordinarie poste in essere dal periodo d'imposta successivo a quello in corso al 31 dicembre 2007 (**periodo di imposta 2008**)	art. 15, c. 10, D.L. n. 185/2008
10 quote	Per le operazioni straordinarie poste in essere dal periodo d'imposta in corso alla data di entrata in vigore della legge di conversione 26 febbraio 2011, n. 10 (**periodo di imposta 2011**)	art. 2, c. 59, D.L. n. 225/2010
5 quote	Per le operazioni straordinarie poste in essere dall'esercizio successivo a quello in corso al 31 dicembre 2015 (**periodo di imposta 2016**)	art. 1, c. 96, Legge n. 208/2015

89.3.2. Riallineamento delle altre attività immateriali

Per le altre attività immateriali, diverse dall'avviamento e dai marchi d'impresa, l'ammortamento fiscale commisurato ai maggiori valori oggetto di riallineamento deve seguire l'ammortamento operato in bilancio. Per altre attività immateriali si intendono tutte le attività immateriali a vita utile indefinita, come ad esempio le testate giornalistiche (circ. 11 giugno 2009, n. 28/E) o la lista clienti (risposte a interpello 18 febbraio 2019, nn. 59 e 60).
È consentito procedere al riallineamento parziale dei disallineamenti.

89.3.3. Imposta sostitutiva

L'imposta sostitutiva, nella misura del **16%**, deve essere versata in **un'unica soluzione** entro il termine per il versamento a saldo delle imposte relative all'esercizio nel corso del quale è stata posta in essere l'operazione straordinaria.
Ad esempio, in caso di conferimento effettuato nel 2020, il versamento deve avvenire, per i soggetti con periodo di imposta coincidente con l'anno solare, entro il 30 giugno 2021.

89.3.4. Effetti del riallineamento

Il riconoscimento ai fini fiscali dei maggiori valori assoggettati ad imposta sostitutiva opera a decorrere dall'inizio del periodo di imposta nel quale è versata l'imposta sostitutiva, mentre la deduzione dei relativi ammortamenti in 5 quote è ammessa a partire dal periodo di imposta successivo (circ. 13 marzo 2009, n. 8/E - par. 3.1).

CASO 4 - Efficacia del riallineamento di marchi e avviamento

Si ipotizzi che da un conferimento effettuato nel 2021 nella società A sia emerso un valore di avviamento pari a 100.000, che la società intende riallineare versando nel 2022 l'imposta sostitutiva nella misura del 16%.
La società A procede, già a partire dal 2019, a calcolare un ammortamento pari a un diciottesimo del costo.
Considerato che l'eventuale riconoscimento fiscale di tale valore opera solo a decorrere dall'inizio del periodo di imposta nel quale è versata l'imposta sostitutiva (quindi dal 2022), tale ammortamento darà luogo, per il 2021, ad una ripresa in aumento in sede di Modello Redditi.
Successivamente, nel 2022, con il pagamento della sostitutiva, il maggior valore sarà riconosciuto fiscalmente.
Da ciò discende che l'ammortamento che Alfa imputerà a conto economico, pari ad un diciottesimo del costo, avrà anche rilevanza fiscale.
Solo dal 2023 è consentito dedurre l'ammortamento dell'avviamento in misura pari ad un quinto dei costi con esclusivo riferimento al maggior valore affrancato (circ. 13 marzo 2009, n. 8/E par. 3.2.).

89.4. REGIME SOSTITUTIVO PER IL RIALLINEAMENTO DEI CREDITI E ALTRE ATTIVITÀ

Sono riallineabili, a titolo oneroso, anche le **attività diverse dalle immobilizzazioni** materiali e immateriali (art. 15, c. 11, D.L. n. 185/2008), i cui maggiori valori emergano a seguito di un'operazione straordinaria neutrale.
È il caso, ad esempio, dei crediti e delle altre immobilizzazioni finanziarie.

Modalità di riallineamento - Per tali cespiti (ad eccezione dei crediti) il riallineamento è consentito previo assoggettamento a tassazione ad **aliquota ordinaria**, in via separata rispetto all'impo-

OPERAZIONI STRAORDINARIE

nibile complessivo, con la conseguente impossibilità di compensare perdite pregresse o perdite di esercizio, versando in un'**unica soluzione** l'importo dovuto.
Pertanto, l'unico vantaggio che può derivare da tale riallineamento è quello della semplificazione, nel senso che si riducono gli oneri amministrativi per le imprese di gestione dei disallineamenti (circ. 13 marzo 2009, n. 8/E - par. 3.5).

Imposta sostitutiva per i crediti - I disallineamenti relativi ai crediti possono essere affrancati con un'imposta sostitutiva del **20%**.

REGIME SOSTITUTIVO PER IL RIALLINEAMENTO DELLE PARTECIPAZIONI DI CONTROLLO 89.5.

È possibile optare per il riallineamento fiscale dei maggiori valori relativi ad avviamento, marchi d'impresa ed altre attività immateriali iscritti nel **bilancio consolidato**, anziché nel bilancio d'esercizio, sempre che siano riferibili ai maggiori **valori contabili** delle **partecipazioni di controllo** acquisite ed iscritte nel bilancio individuale per effetto di operazioni straordinarie o traslative (art. 15, c. 10-bis e 10-ter, D.L. n. 185/2008, art. 1, c. 150-151, Legge n. 147/2013 e circ. 18 maggio 2016, n. 20/E).

Controllo congiunto - L'opzione può essere esercitata anche se i soggetti hanno acquisito una partecipazione di controllo congiunto.
Se il controllo è acquisito nel corso di **più periodi d'imposta**, l'opzione può essere esercitata solo con riferimento alla quota di partecipazione acquisita nel periodo di imposta nel corso del quale si è perfezionato il controllo. Ciascun soggetto può affrancare una quota di avviamento, marchi e altre attività immateriali pari, al massimo, al maggior valore della partecipazione direttamente detenuta.

<table>
<tr><th colspan="2">Soggetti interessati (Provv. 30 novembre 2021)</th></tr>
<tr><td>Incorporanti o risultanti dalla fusione in operazioni di fusione</td><td rowspan="13">A condizione che:
- abbiano iscritto nel bilancio individuale una partecipazione di controllo per effetto di un'operazione straordinaria o traslativa;
- facciano parte di un gruppo nel cui bilancio consolidato, riferibile all'esercizio nel corso del quale l'operazione straordinaria o traslativa ha avuto efficacia giuridica, sia stata iscritta una voce a titolo di avviamento, marchi di impresa e altre attività immateriali.</td></tr>
<tr><td>Beneficiari in operazioni di scissione</td></tr>
<tr><td>Conferitari in operazioni di conferimento d'azienda</td></tr>
<tr><td>Conferitari in operazioni di conferimento di partecipazioni di controllo (art. 175, D.P.R. n. 917/1986)</td></tr>
<tr><td>Conferitari in ipotesi di scambio di partecipazioni mediante conferimento (art. 177, D.P.R. n. 917/1986)</td></tr>
<tr><td>Cessionari in ipotesi di compravendita di partecipazione di controllo</td></tr>
<tr><td>Cessionari in ipotesi di compravendita d'azienda, che includa partecipazioni di controllo</td></tr>
<tr><td>Scambianti che, per effetto di operazioni di scambio di partecipazioni mediante permuta, ricevono a loro volta una partecipazione di controllo</td></tr>
<tr><td>Soci che, per effetto del rapporto di concambio, ricevono una partecipazione di controllo a seguito di un'operazione di fusione o scissione</td></tr>
<tr><td>Conferenti che ricevono una partecipazione di controllo in operazioni di conferimento di azienda</td></tr>
<tr><td>Conferenti che, per effetto di operazioni di conferimento di partecipazioni di controllo, ricevono a loro volta una partecipazione di controllo</td></tr>
<tr><td>Conferenti che, per effetto di operazioni di scambio di partecipazioni mediante conferimento, ricevono a loro volta una partecipazione di controllo</td></tr>
</table>

Valore affrancabile - È il minore tra:
– la **differenza** fra il **valore contabile** della partecipazione di controllo iscritto nel bilancio individuale a seguito dell'operazione e il **valore** della **partecipazione** o della quota o del valore del patrimonio netto e

- il corrispondente **valore di avviamento**, **marchi** d'impresa e **altre attività immateriali**, in proporzione alla percentuale di partecipazione acquisita per effetto dell'operazione, iscritto nel **bilancio consolidato** riferibile all'esercizio nel corso del quale l'operazione ha avuto efficacia giuridica, ancorché rappresentato nel medesimo bilancio in connessione ad altre partecipazioni in conformità ai principi contabili adottati.

CASO 5 - Riallineamento partecipazione di controllo in società estera anche priva di SO in Italia

In base alla formulazione originaria della disciplina, il soggetto che aveva acquisito una partecipazione di controllo in una società estera con Stabile Organizzazione nel territorio dello Stato poteva esercitare l'opzione per il regime dell'imposta sostitutiva, a condizione che la voce relativa all'avviamento, ai marchi d'impresa e alle altre attività immateriali iscritta nel bilancio consolidato fosse riferibile alla Stabile Organizzazione. A seguito delle modifiche introdotte dalla legge di bilancio 2018, l'applicazione del regime sostitutivo è stata estesa altresì agli acquisti di partecipazioni in società non residenti, anche prive di Stabile Organizzazione in Italia, effettuati a partire dal periodo di imposta anteriore a quello in corso al 1° gennaio 2018 (art. 1, c. 81-83, Legge n. 205/2017).

Imposta sostitutiva - L'opzione si considera perfezionata con il versamento dell'imposta sostitutiva delle imposte sui redditi e dell'IRAP nella misura del **16%**, che deve essere effettuato, in un'**unica rata**, entro il termine di scadenza del saldo delle imposte sui redditi dovute per il periodo di imposta in cui l'operazione ha avuto efficacia giuridica.

Effetti del riallineamento - È riconosciuto l'**ammortamento dei maggiori valori** risultanti dall'affrancamento in base alla composizione degli attivi (avviamento, marchi d'impresa e altre attività immateriale) iscritti nel bilancio consolidato, a decorrere dal secondo periodo d'imposta successivo a quello di pagamento dell'imposta sostitutiva e nei limiti dell'importo della base imponibile.
Con specifico riferimento al valore affrancato riferibile ad **avviamento** e a **marchi** d'impresa, la deduzione è consentita in **5 quote** (➔**89.3.1.**).
L'importo assoggettato a imposta sostitutiva **non rileva** ai fini della determinazione del **valore fiscale** della partecipazione.

CASO 6 - Divieto di cumulo tra i regimi sostitutivi

Vige un sostanziale divieto di cumulo tra i regimi sostitutivi.
Non si può optare per il regime di riallineamento delle partecipazioni di controllo in caso di opzione:
- per la disciplina di riallineamento delle immobilizzazioni materiali e immateriali (➔**89.2**);
- per la disciplina di riallineamento di marchi, avviamento e altre attività immateriali (➔**89.3.**).

Anche questi regimi non sono applicabili in caso di opzione per il regime di riallineamento delle partecipazioni di controllo (cfr. da ultimo risposta a interpello 29 dicembre 2021, n. 872).

Decadenza - Gli effetti del riallineamento vengono meno se le partecipazioni, i marchi, le altre attività immateriali o l'azienda (cui si riferisce l'avviamento affrancato), vengono cedute o realizzate (➔**89.2.7.**) entro il **quarto periodo** di imposta **successivo** a quello del pagamento dell'**imposta sostitutiva**.
In tal caso, vanno ripresi a tassazione i maggiori ammortamenti fiscali eventualmente già effettuati (sia ai fini IRES che ai fini IRAP), tramite variazioni in aumento operate nella dichiarazione relativa al periodo d'imposta in cui gli effetti dell'opzione si intendono revocati; parallelamente, è riconosciuto un credito di imposta per l'imposta sostitutiva versata.

SCAMBIO DI PARTECIPAZIONI 90.

PREMESSA 90.1.

L'operazione di **scambio di partecipazioni** è finalizzata al **trasferimento** della partecipazione in un soggetto societario, ricevendo in cambio la partecipazione in un'altra società.
Lo **scambio di partecipazioni** può essere realizzato con due diverse modalità:
- scambio di partecipazioni mediante **permuta**;
- scambio di partecipazioni mediante **conferimento**.

Scambio di partecipazioni mediante permuta - Nello **scambio di partecipazioni mediante permuta**, una società o un ente commerciale acquista o "integra" una partecipazione di controllo in un'altra società o ente commerciale, attribuendo ai soci di quest'ultima **azioni proprie**.
I **soggetti** coinvolti nell'operazione si possono distinguere in:
- società **acquirente**: il soggetto che intende acquisire o integrare il controllo di una società;
- società **scambiata**: il soggetto di cui si intende acquisire il controllo;
- soggetti **scambianti**: i soci della società scambiata.

I primi due sono necessariamente società ed enti commerciali **residenti** in Italia soggetti all'IRES, mentre per i terzi non è necessaria la qualifica di imprenditore commerciale (circ. 19 dicembre 1997, n. 320/E) e possono essere sia residenti che non residenti in Italia.

CASO 1 - Scambio di partecipazioni mediante permuta

La società A, che controlla la società B, pone in essere un'operazione di **scambio di partecipazioni mediante permuta** con la società C, a sua volta controllata dalla società D.
La società C intende acquisire il controllo della società B.
Al tempo t0, le strutture societarie erano le seguenti:

La società A trasferisce alla società C le azioni della società B, ricevendo in cambio azioni proprie della società C (che quest'ultima deteneva in portafoglio).
In questa operazione:
- la società A è il soggetto scambiante;
- la società B è la società scambiata;
- la società C è la società acquirente.

Dopo l'operazione di scambio di partecipazioni, la struttura societaria è la seguente:

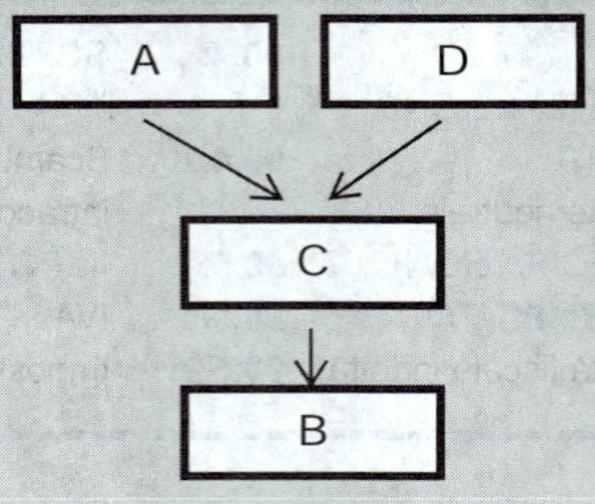

Scambio di partecipazioni mediante conferimento - Nello scambio di partecipazioni mediante conferimento, la società acquisisce il controllo di un'altra società (ovvero incrementa la percentuale di controllo) conferendo in quest'ultima proprie partecipazioni.

I **soggetti** coinvolti nell'operazione si possono distinguere in:

- società **acquirente**: la conferitaria che intende acquisire o integrare il controllo di una società;
- società **scambiata**: il soggetto di cui si acquisisce il controllo, che in questo caso è la società conferita;
- soggetti **scambianti:** i soci della società scambiata.

I primi due devono essere società ed enti commerciali **residenti** in Italia soggetti all'IRES (ris. 4 aprile 2017, n. 43/E).

CASO 2 - Scambio di partecipazioni mediante conferimento

La società A, che controlla la società B, pone in essere un'operazione di scambio di partecipazioni mediante conferimento, volendo acquisire il controllo della società C.

Al tempo t0, le strutture societarie erano le seguenti:

La società A conferisce le proprie partecipazioni nella società B alla società C, che aumenta il proprio capitale. In sostanza, la società A sostituisce le partecipazioni nella società B con quelle nella società C.

In questa operazione:

- la società A è il soggetto conferente;
- la società B è la società le cui azioni sono conferite;
- la società C è la società conferitaria.

Dopo l'operazione di scambio di partecipazioni, la struttura societaria è la seguente:

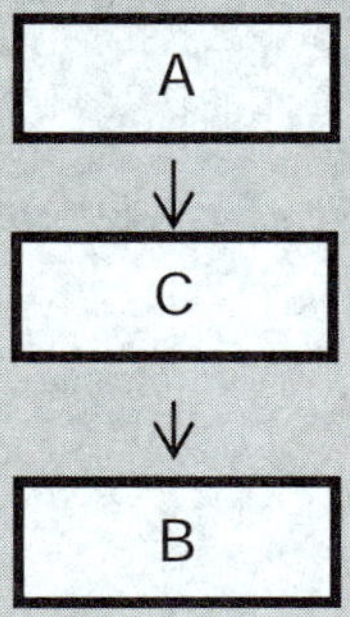

SCAMBIO DI PARTECIPAZIONI MEDIANTE PERMUTA 90.2.

Operazione fiscalmente neutrale 90.2.1.

Neutralità fiscale condizionata - Ai fini delle imposte sui redditi, l'operazione di **scambio di partecipazioni mediante permuta** si configura come **neutrale**, ossia non suscettibile di generare l'emersione di componenti reddituali, a condizione che il costo delle azioni date in permuta sia attribuito alle azioni ricevute in cambio (art. 177, c. 1, D.P.R. n. 917/1986).
La neutralità si applica allo scambio di partecipazioni che consente alla società acquirente di **assumere il controllo** della società scambiata, anche **integrando** la partecipazione già detenuta (circ. 19 dicembre 1997, n. 320/E).

Conguaglio in denaro - L'eventuale conguaglio in denaro pattuito concorre a formare il reddito del percipiente come plusvalenza, fermo rimanendo, ricorrendone le condizioni, il regime della *participation exemption* (➔**23.1.**) (art. 177, c. 1, D.P.R. n. 917/1986). In ogni caso, l'entità del conguaglio in denaro pattuito tra le parti non deve essere tale da snaturare sul piano civilistico l'operazione di scambio di partecipazioni mediante permuta (circ. 19 dicembre 1997, n. 320/E).

CASO 3 - Scambio di partecipazione mediante permuta alla luce della derivazione rafforzata sulle azioni proprie
A seguito della riforma contabile applicabile ai bilanci a partire dal 2016 (D.Lgs. n. 139/2015), le azioni proprie date in cambio in favore dei soci della società *target* sono prive di un valore fiscale in quanto in luogo delle azioni viene iscritta una riserva negativa di patrimonio netto. Questa rappresentazione contabile riconosciuta fiscalmente in derivazione rafforzata per i soggetti IAS/IFRS *adopter* e per i soggetti che redigono il bilancio secondo gli OIC (diversi dalle microimprese) non consente l'applicazione delle regole fiscali proprie dello scambio di partecipazioni mediante permuta.
È stato ritenuto logico, non essendovi fiscalmente azioni proprie da dare in permuta, ricondurre lo scambio - a prescindere dal profilo giuridico e cioè dal fatto che si sia in presenza o meno di un negozio di permuta - al conferimento di partecipazioni (art. 177, c. 2, D.P.R. n. 917/1986) (➔**90.3.**) (Assonime circ. n. 14/2017) Resta ferma invece la possibilità di permuta per le microimprese per le quali le azioni proprie sopravvivono - oltre che sul piano giuridico - su quello fiscale.

SCAMBIO DI PARTECIPAZIONI MEDIANTE CONFERIMENTO 90.3.

Operazione a neutralità fiscale indotta 90.3.1.

Ai fini delle imposte sui redditi, nell'operazione di **scambio di partecipazioni mediante conferimento**, le **azioni o quote** ricevute a seguito di conferimenti in società, mediante i quali la società conferitaria acquisisce il controllo di un'altra società ovvero incrementa la percentuale di controllo, sono **valutate**, ai fini della determinazione del reddito del conferente, in base alla corrispondente quota delle voci di patrimonio netto formato dalla società conferitaria per effetto del conferimento (art. 177, c. 2, D.P.R. n. 917/1986).

Acquisizione del controllo - Ai fini dell'applicazione della disposizione, il requisito del controllo è validamente integrato anche se l'acquisto delle partecipazioni proviene da **più soci** titolari di quote della società conferita, a condizione che l'acquisizione avvenga attraverso un **progetto unitario** che consenta alla società acquirente di assumere il controllo della società scambiata (cfr. ris. 22 marzo 2007, n. 57/E e risposta a interpello 3 settembre 2020, n. 309).
Il regime di realizzo controllato è applicabile anche ai casi in cui le partecipazioni non integrano o non accrescono il requisito del controllo sulla conferita purché il conferimento abbia comunque ad oggetto partecipazioni che superino le seguenti **soglie di qualificazione**:
- per i titoli negoziati in **mercati regolamentati**, le partecipazioni conferite rappresentano, complessivamente, una percentuale di diritti di voto esercitabili nell'assemblea ordinaria superiore al 2 o al 20%;
- per le **altre partecipazioni**, le partecipazioni conferite rappresentano, complessivamente, una partecipazione al capitale o al patrimonio superiore al 5 o al 25%.

In ogni caso, le partecipazioni devono essere conferite in società, esistenti o di nuova costituzione, interamente partecipate dal conferente (art. 177, c. 2-bis, D.P.R. n. 917/1986). In sostanza, il conferente "converte" una partecipazione qualificata diretta in una analoga partecipazione qualificata indiretta detenuta attraverso il controllo totalitario della conferitaria, al fine di favorire operazioni di riorganizzazione o ricambio generazionale in fattispecie che resterebbero altrimenti escluse per la insufficiente misura della partecipazione detenuta, purché ciò avvenga attraverso la creazione di una **holding unipersonale riconducibile al singolo conferente** (risposte a interpello 27 gennaio 2021, n. 57 e 13 aprile 2021, n. 238).

CASO 4 - Conferimento in holding partecipata da più soci

Il **realizzo controllato** non trova applicazione nel caso di conferimento contestuale di partecipazioni detenute in una società A - pari complessivamente al 40% - da parte del socio Tizio e del socio Caio nella società B, dagli stessi interamente partecipata (risposte a interpello 28 luglio 2020, n. 229, 7 settembre 2020, nn. 314 e 315 e 14 dicembre 2020, n. 483).

Neutralità fiscale indotta - **Non** è, quindi, **previsto** un regime naturale di neutralità fiscale, ma è possibile non fare emergere alcuna plusvalenza imponibile qualora il valore di iscrizione della partecipazione e, pertanto, l'incremento di patrimonio netto effettuato dalla società conferitaria, riconducibile al singolo conferimento, risulti pari all'ultimo valore fiscale - presso ciascun soggetto conferente - della partecipazione conferita. In tal caso, i riflessi reddituali dell'operazione, per il conferente dipendono dal comportamento contabile adottato dalla società conferitaria (ossia, l'aumento di patrimonio netto effettuato per effetto del conferimento) (circ. 17 giugno 2010, n. 33/E).

Effetti del comportamento contabile della conferitaria in capo al conferente	
Conferitaria	**Conferente**
Se la conferitaria iscrivendo la partecipazione ricevuta aumenta il patrimonio netto in misura **superiore** al valore fiscale che la partecipazione aveva presso il conferente	**Plusvalenza in capo al conferente**
Se la conferitaria iscrivendo la partecipazione ricevuta aumenta il patrimonio netto in misura **minore** al valore fiscale che la partecipazione aveva presso il conferente	**Minusvalenza in capo al conferente**
Se la conferitaria iscrivendo la partecipazione ricevuta aumenta il patrimonio netto in misura **uguale** al valore fiscale che la partecipazione aveva presso il conferente	**Neutralità indotta**

CASO 5 - Scambio di partecipazione mediante conferimento

Ipotesi 1)

Si ipotizzi che una partecipazione di controllo iscritta nel bilancio del soggetto conferente A ad un valore di 80 sia stata, dopo il conferimento, iscritta al medesimo valore nella contabilità della società conferitaria B.

In tal caso non emerge alcuna plusvalenza in capo al soggetto conferente A in quanto la stessa assume le partecipazioni ricevute allo stesso valore fiscale attribuito alle partecipazioni acquisite dalla società conferitaria B.

Ipotesi 2)

Si ipotizzi che la stessa partecipazione di controllo iscritta nel bilancio del soggetto conferente A ad un valore di 80 sia stata iscritta nella contabilità della società conferitaria B al valore di stima di 100.

In tal caso, in capo al soggetto conferente A emerge una plusvalenza imponibile pari alla differenza tra il valore delle partecipazioni iscritte presso la società conferitaria B (100) e l'ultimo valore fiscalmente riconosciuto delle partecipazioni conferite (80) presso il soggetto conferente A, fermo rimanendo che le partecipazioni ricevute dal soggetto conferente medesimo assumono un costo fiscalmente riconosciuto pari all'incremento di patrimonio netto formato dalla società conferitaria B a seguito del conferimento (nell'esempio 100) (circ. 19 dicembre 1997, n. 320/E).

Scambio di partecipazione mediante conferimento con minusvalenza per il conferente - La **minusvalenza** in capo al soggetto conferente - calcolata come differenza tra il costo fiscalmente riconosciuto della partecipazione conferita e la frazione di incremento di patrimonio netto della società conferitaria - si considera **realizzata** e fiscalmente deducibile solo **se determinata** in base al "**valore normale**", ossia solo qualora il minor valore (della partecipazione conferita) iscritto dalla società conferitaria per effetto del singolo conferimento sia testimoniato da un effettivo minor valore della rispettiva frazione di patrimonio netto della società scambiata (ris. 20 aprile 2012, n. 38/E).

OPERAZIONI STRAORDINARIE

Scambio di partecipazione mediante conferimento del diritto di usufrutto e la nuda proprietà **-** Si applica il **regime** fiscale c.d. "**a realizzo controllato**" (art. 177, c. 2, D.P.R. n. 917/1986) nel caso di uno scambio di partecipazioni mediante conferimento effettuato da due persone fisiche che conferiscono congiuntamente il diritto di usufrutto e la nuda proprietà della partecipazione che possiedono nella **società scambiata** così che la conferitaria acquisisca il controllo della predetta società scambiata (risposte a interpello 20 maggio 2019, nn. 147 e 148 e 22 luglio 2019, n. 290).

Scambio di partecipazione mediante conferimento e consolidato fiscale - Non è preclusa l'opzione per il consolidato alle società neo-acquisite per effetto di un'operazione di scambio di partecipazioni mediante conferimento, sempreché ricorrano gli altri requisiti per l'accesso al regime opzionale (➡26.1.4.) (ris. 17 maggio 2018, n. 40/E).

SCAMBIO DI PARTECIPAZIONI TRA NON RESIDENTI 90.4.

Scambio di partecipazioni intracomunitario 90.4.1.

Si applica il **principio di neutralità pieno**, esaminato con riguardo alle operazioni di fusione (➡87.2.1.), scissione (➡5.2.1.) e conferimento d'azienda (➡2.2.1.), nel caso di scambio di partecipazioni intracomunitario, in deroga al principio di neutralità condizionata previsto per lo scambio di partecipazioni domestico, che vede la neutralità dell'operazione solo quando le partecipazioni conferite siano iscritte allo stesso valore fiscale delle partecipazioni ricevute in cambio (art. 178, c. 1, lett. e), D.P.R. n. 917/1986).

E, quindi, nelle seguenti ipotesi:

- scambio di partecipazioni intracomunitario tramite **permuta**, in cui il soggetto scambiante è una società di capitali residente in Italia;

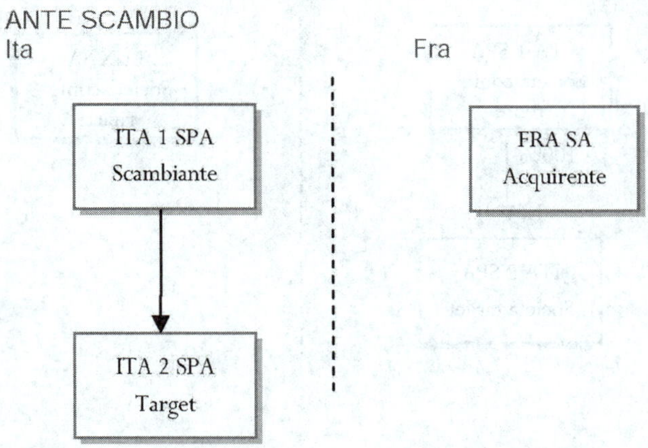

OPERAZIONI STRAORDINARIE

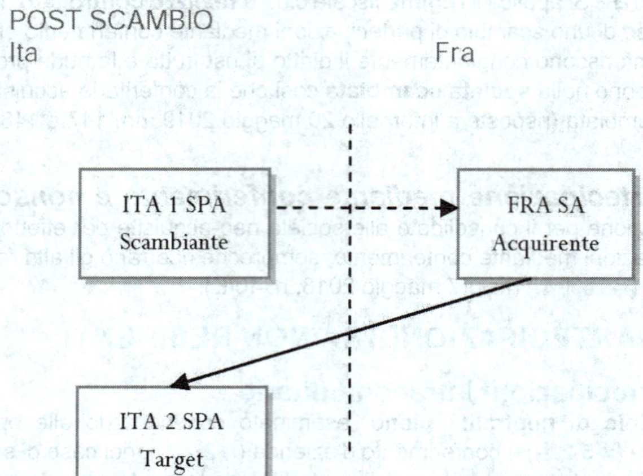

- scambio di partecipazioni intracomunitario tramite conferimento, in cui il soggetto conferente è una società di capitali residente in Italia.

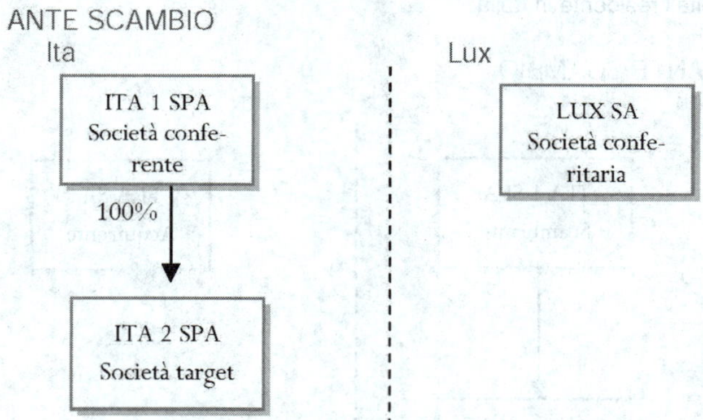

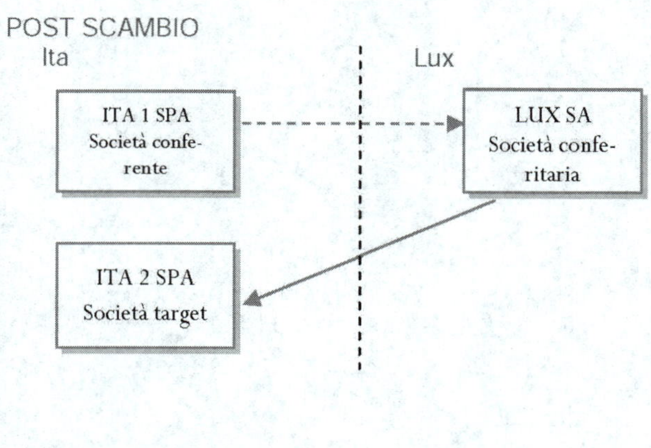

Condizione per la neutralità - Per applicare il regime di neutralità è necessario che l'eventuale **conguaglio** in denaro pattuito non superi il **10%** del valore nominale delle azioni o quote scambiate.

IMPOSTE INDIRETTE 90.5.

IVA 90.5.1.

Lo scambio di partecipazioni sia mediante permuta sia mediante conferimento è un'operazione **esente** ai fini IVA (art. 10, n. 4, D.P.R. n. 633/1972). Entrambe le società che partecipano all'operazione sono tenute ad emettere fattura con l'indicazione del titolo di esenzione (➔44.2.).

Imposta di registro 90.5.2.

In virtù del principio di alternatività IVA-registro, l'operazione di scambio di partecipazioni va assoggettata a registrazione (art. 4, c. 1, lett. a) Tariffa, Parte I, D.P.R. n. 131/1986) con applicazione dell'imposta di registro nella **misura fissa** di **euro 200**.

OPERAZIONI STRAORDINARIE

91. TRASFORMAZIONE

91.1. PREMESSA

Con la **trasformazione** una società muta l'organizzazione sociale esistente e la forma giuridica. È garantita la continuità soggettiva della società e dell'ente, seppur sotto un differente assetto organizzativo (Cons. Stato 19 luglio 2018, n. 4389).

Tipologie di trasformazione		
Omogenea	Progressiva	Da società di persone a società di capitali (artt. 2500-ter e ss. c.c.)
	Regressiva	Da società di capitali a società di persone (artt. 2500-sexies e ss. c.c.)
Eterogenea	Progressiva	Da consorzi, società consortili, comunioni di azienda, associazioni riconosciute e fondazioni in società di capitali (art. 2500-octies c.c.)
	Regressiva	Da società di capitali in società consortili, società cooperative, comunioni di azienda, associazioni non riconosciute e fondazioni (art. 2500-septies c.c.)

Data di effetto - La trasformazione ha effetto dalla data in cui ha luogo l'**iscrizione** della **delibera** nel registro delle imprese e senza alcuna possibilità di post-datazione (circ. 25 gennaio 2002, n. 6/E e circ. 30 gennaio 2002, n. 9/E).

91.2. IMPOSTE SUI REDDITI

91.2.1. Trasformazione omogenea

La **trasformazione omogenea** avviene nell'ambito delle **società commerciali**.

Trasformazione omogenea	
Semplice	Nell'ambito delle società di persone o delle società di capitali
Progressiva	Da società di persone a società di capitali
Regressiva	Da società di capitali a società di persone

Neutralità fiscale - Ai fini delle imposte sul reddito, l'operazione di trasformazione si configura come **neutrale**, non determinando l'emersione di plusvalenze o minusvalenze imponibili sui beni strumentali per l'esercizio dell'attività d'impresa e, conseguentemente, i beni sottostanti all'operazione devono essere trasferiti alla società risultante dalla trasformazione al medesimo valore fiscalmente riconosciuto in capo alla società trasformanda (art. 170, c. 1, D.P.R. n. 917/1986).
L'eventuale recepimento di valori superiori o inferiori a quelli rilevati nella contabilità della società, nel periodo ante-trasformazione, determina una situazione di **doppio binario** tra i valori civilistici e fiscali, con necessità di apportare una variazione in diminuzione o in aumento del reddito imponibile, in sede di presentazione della dichiarazione dei redditi, in presenza di plus/minusvalenze rilevate sui beni trasferiti non soggette a tassazione o non ammesse in deduzione.

Frazionamento del periodo di imposta - La trasformazione non determina sempre il frazionamento del periodo di imposta.
La **trasformazione omogenea semplice** non comporta, infatti, la necessità di procedere, ai fini della determinazione del reddito, al frazionamento del periodo di imposta in due distinti periodi, "ante tra-

OPERAZIONI STRAORDINARIE

sformazione" e "post trasformazione", non verificandosi alcuna soluzione di continuità nell'ambito del periodo d'imposta nel quale la trasformazione ha luogo.
La necessità si presenta, invece, quando la trasformazione determina il transito della società da un gruppo all'altro (da società di persone a società di capitali, o viceversa), e, quindi, il mutamento del regime impositivo cui la società è sottoposta.
La **trasformazione omogenea progressiva o regressiva**, da società di persone a società di capitali o viceversa, comporta l'onere di frazionare il periodo di imposta in cui ha luogo l'operazione, dichiarando, separatamente, i relativi redditi di periodo, al fine di assoggettare i medesimi ai **differenti regimi fiscali** previsti per le tipologie societarie ivi interessate:

- **tassazione per trasparenza** in capo ai soci, per le **società di persone**;
- **tassazione in capo alla società**, per le **società di capitali**.

Il **periodo di imposta** in cui avviene la trasformazione è suddiviso in **due** periodi d'imposta **distinti** ed **autonomi** in relazione a ciascuno dei quali la società è tenuta a seguire, quanto alla determinazione del reddito e, soprattutto, quanto alle modalità della sua imposizione, la disciplina legislativa pertinente al tipo societario di appartenenza (società di persone o di capitali) (art. 170, c. 2, D.P.R. n. 917/1986).

CASO 1 - Trasformazione progressiva e frazionamento delle plusvalenze
In caso di trasformazione progressiva da società di persone a società di capitali, la società trasformata subentra nell'eventuale rateizzazione della plusvalenza realizzata in precedenza (art. 86, c. 4, D.P.R. n. 917/1986). Se la data di perfezionamento dell'operazione non coincide con l'inizio del periodo di imposta, a ciascuno dei due autonomi periodi di imposta (ante e post trasformazione) è imputabile una quota della plusvalenza realizzata.
Si ipotizzi che la Alfa S.n.c. si sia trasformata il 1° giugno 2021 in Alfa S.r.l. (con periodo di imposta coincidente con l'anno solare) e abbia realizzato nel 2020 una plusvalenza di 100, avvalendosi della facoltà di rateizzarla in 5 periodi di imposta.
Nel periodo d'imposta 2019, Alfa S.n.c. ha fatto concorrere alla base imponibile IRPEF una quota di plusvalenza pari a 20. Per il periodo ante trasformazione (1/1/2020 - 1/6/2021), concorrerà alla base imponibile IRPEF la seconda quota di plusvalenza pari a 20 e per il periodo post trasformazione concorrerà alla base imponibile IRES la terza quota di plusvalenza sempre pari a 20.

Riserve di utili nella trasformazione omogenea progressiva - Le riserve di utili provenienti dalla trasformanda conservano il regime del momento di formazione delle stesse, previa iscrizione distinta nel bilancio post-trasformazione della loro origine (art. 170, c. 3, D.P.R. n. 917/1986).

CASO 2 - Distribuzione di riserve di utili in caso di trasformazione progressiva
Le riserve formate quando la società aveva forma di società di persone non concorrono a formare il reddito dei soci, se distribuite dopo la trasformazione in forma di società di capitali, in quanto sono state già tassate in capo ai soci, secondo il principio della trasparenza (art. 5, D.P.R. n. 917/1986; nota 2 marzo 1977, n. 9/1946-76 e 12 ottobre 1979, n. 9/1134).

In caso di **mancata iscrizione** o di iscrizione in bilancio senza l'indicazione della relativa origine, le **riserve** sono **assoggettate al regime di tassazione** proprio delle **società di capitali**.

Riserve di utili nella trasformazione omogenea regressiva - Nella trasformazione omogenea regressiva le **riserve di utili**, che possono ridurre il costo fiscale della partecipazione, sono **imputate ai soci** in base al principio di **trasparenza** (art. 5, D.P.R. n. 917/1986):

- nel **periodo di imposta** in cui vengono **distribuite od utilizzate**, per scopi diversi dalla copertura di perdite di esercizio, a condizione che dopo la trasformazione vengano iscritte in bilancio con indicazione della loro origine;
- nel **periodo di imposta** immediatamente **successivo alla trasformazione**, se non evidenziate nel bilancio della società di persone trasformata ovvero se iscritte senza l'indicazione della loro origine (art. 170, c. 4, D.P.R. n. 917/1986).

Tali riserve sono tassate in capo ai soci della società di persone come utili distribuiti dalle società di capitali e dagli enti commerciali (art. 170, c. 5, D.P.R. n. 917/1986).

CASO 3 - Trasformazione regressiva da società di capitali in trasparenza per opzione
Le riserve maturate in regime di trasparenza (art. 115, D.P.R. n. 917/1986), laddove distribuite, non comportano alcuna conseguenza reddituale in capo ai soci, se non la riduzione del costo fiscale della partecipazione.

OPERAZIONI STRAORDINARIE

Perdite pregresse - Nel caso di **trasformazione omogenea progressiva** (da società di persone in società di capitali), le perdite pregresse attengono alla sfera giuridica dei soci (art. 8, D.P.R. n. 917/1986 e ris. 16 maggio 2005, n. 60/E).

Nel caso di **trasformazione omogenea regressiva** (da società di capitali in società di persone) le perdite fiscali prodotte prima della trasformazione, non potendo essere attribuite ai soci, conservano rilevanza fiscale in capo alla società che le ha prodotte.

Quindi, nonostante il mutamento di forma giuridica, le perdite di una società di capitali possono essere **compensate** solo con utili della società trasformatasi in società di persone (ris. 16 maggio 2005, n. 60/E).

Interessi passivi riportabili - In caso di trasformazione omogenea **regressiva**, gli interessi passivi riportabili **non** possono essere utilizzati **in deduzione** dalla società di persone risultante dalla trasformazione (circ. 27 giugno 2011, n. 29/E).

CASO 4 - Non abusività della trasformazione progressiva se non seguita da una trasformazione regressiva

Non è indebito il vantaggio fiscale derivante dalla trasformazione progressiva (da S.a.s. a S.r.l.) finalizzata alla cessione di un immobile plusvalente al fine di fruire di un'aliquota impositiva in misura proporzionale (al 24%) rispetto ad aliquote progressive in capo ai soci in conseguenza dell'applicazione del principio della trasparenza. Ciò in quanto la cessione dell'immobile effettuata nell'ambito di una società trasparente ai fini fiscali (società di persone) o nell'ambito di una società opaca (società di capitali) non muta la base imponibile su cui calcolare l'imposta. Al contrario, qualora, a seguito della trasformazione da società di persone a società di capitali, fosse deliberata la ri-trasformazione da società di capitali a società di persone risulterebbe integrato il requisito dell'indebito risparmio d'imposta, risultando la momentanea trasformazione in società di capitali meramente strumentale al conseguimento dello stesso (risposte a interpello 28 novembre 2019, n. 503 e 27 marzo 2020, n. 98).

91.2.2. Trasformazione eterogenea

La **trasformazione eterogenea** si realizza quando una **società** soggetta all'**IRES** si trasforma in un **ente non commerciale** e viceversa (art. 171, D.P.R. n. 917/1986).

Trasformazione eterogenea regressiva - Nel caso di trasformazione eterogenea regressiva (da società di capitali a ente non commerciale), si ha la presunzione di realizzo dei beni della società trasformanda in base al valore normale degli stessi, salvo che questi ultimi non confluiscano nell'attività di impresa del soggetto non commerciale (c.d. neutralità condizionata). È assimilata alla trasformazione eterogenea regressiva la conversione di una società per azioni in SICAF immobiliare (risposta a interpello 24 maggio 2021, n. 370).

CASO 5 - Trasformazione da società di capitali in comunione d'azienda

La trasformazione eterogenea regressiva da società di capitali in comunione di azienda è assimilata all'operazione di affitto dell'unica azienda da parte dell'imprenditore individuale, con conseguente tassazione in qualità di "reddito diverso" (art. 67, c. 1, lett. h), D.P.R. n. 917/1986), previa sussistenza delle altre condizioni ivi previste (➡86.2.1.) (art. 171, c. 1, lett. b), D.P.R. n. 917/1986).

CASO 6 - Trasformazione da società di capitali a società semplice

La trasformazione della società commerciale in società semplice, determinando un mutamento del regime reddituale dei beni sociali e la loro destinazione a finalità estranee all'esercizio dell'impresa, comporta plusvalenza tassabile (artt. 85, c. 2, e art. 86, c. 1, lett. c), D.P.R. n. 917/1986) (Cass. 22 novembre 2018, n. 30228).

Trasformazione eterogenea progressiva - La trasformazione eterogenea progressiva di ente non commerciale in società soggetta ad IRES, è **assimilata** a un **conferimento realizzativo** in senso proprio (ancorché limitatamente ai beni diversi da quelli già compresi nell'azienda o complesso aziendale dell'ente non commerciale) (art. 171, c. 2, D.P.R. n. 917/1986).

CASO 7 - Trasformazione di associazione professionale in STP

Alla trasformazione dell'associazione professionale in società tra professionisti S.a.s. si applica il regime fiscale previsto per le operazioni di trasformazione che comportano l'ingresso, o la fuoriuscita, dei beni dal regime di impresa (art. 171, c. 2, D.P.R. n. 917/1986). Quindi, il conferimento dello Studio associato in una neo-costituenda società tra professionisti costituisce un'operazione fiscalmente rilevante e il corrispettivo è determinato in base al valore normale dei singoli beni conferiti al momento della costituzione della società (art. 9, D.P.R. n. 917/1986) (risposta a interpello 13 dicembre 2018, n. 107).

Le **plusvalenze latenti** nei beni relativi all'attività istituzionale si considerano realizzate in base al valore normale (art. 9, c. 2, D.P.R. n. 917/1986) quali redditi diversi, ma sempre che sia integrato uno dei presupposti di tassazione relativi a detta categoria reddituale.
Per ragioni di **simmetria impositiva**, in capo alla società di capitali risultante dalla trasformazione, i beni plusvalenti, avendo scontato l'imposta all'atto della trasformazione, assumono un valore fiscalmente riconosciuto pari al loro valore normale anziché al loro costo storico.
La **neutralità fiscale** della trasformazione è, in ogni caso, assicurata nell'ipotesi in cui i beni posseduti dall'ente non commerciale facciano già parte dell'eventuale attività commerciale svolta dall'ente stesso e ciò in quanto, in questa ipotesi, la trasformazione non pregiudica la continuità del regime d'impresa.

CASO 8 - Trasformazione obbligatoria di un'azienda consortile in società di capitali
Nell'ipotesi di trasformazione obbligatoria di un'azienda speciale consortile in una società di capitali, assumono rilievo fiscale, ai fini dell'ammortamento, i nuovi valori derivanti dalla perizia redatta in occasione della trasformazione (ris. 6 ottobre 2008, n. 375/E).

Riserve di utili nella trasformazione eterogenea regressiva - Nella trasformazione eterogenea regressiva le riserve di utili costituite prima della trasformazione devono essere **assoggettate** a **tassazione** nei confronti dei **partecipanti** alla stregua di **dividendi**:
- nel **periodo di imposta** in cui vengono **distribuite od utilizzate**, per scopi diversi dalla copertura di perdite di esercizio, a condizione che dopo la trasformazione vengano iscritte in bilancio con indicazione della loro origine;
- nel **periodo di imposta** immediatamente **successivo** alla trasformazione, se **non evidenziate nel bilancio** della società di persone trasformata ovvero se iscritte senza l'indicazione della loro origine.

Perdite pregresse nella trasformazione eterogenea regressiva - In caso di trasformazione di società di capitali in ente non commerciale:
- se vi è **cessazione dell'attività commerciale** precedentemente svolta, le perdite di impresa conseguite ante trasformazione risultano non utilizzabili dall'ente commerciale trasformato, trattandosi di perdite non compensabili con redditi di altra categoria;
- se l'**ente "trasformato" continua ad esercitare**, seppure in via marginale, un'**attività commerciale**, le perdite pregresse ante trasformazione possono essere utilizzate ma solo ai fini della compensazione con i redditi di impresa eventualmente conseguiti dopo la trasformazione.

Perdite pregresse nella trasformazione eterogenea progressiva - In caso di trasformazione di ente non commerciale in società di capitali, le **perdite di impresa**, eventualmente conseguite **ante trasformazione**, risultano **utilizzabili** secondo le **ordinarie regole** (art. 8, c. 3, D.P.R. n. 917/1986) (➔2.5.1.).

ADEMPIMENTI DICHIARATIVI E DI VERSAMENTO POST TRASFORMAZIONE AI FINI DELLE IMPOSTE DIRETTE 91.3.

Adempimenti dichiarativi 91.3.1.

Trasformazione omogenea/eterogenea progressiva - Si determina la divisione in due distinti periodi, ante e post trasformazione:
- **periodo ante-trasformazione** (compreso tra l'inizio del periodo d'imposta e la data in cui ha effetto la trasformazione): la società risultante dalla trasformazione presenta la dichiarazione dei redditi e quella IRAP relative a tale frazione di esercizio entro l'ultimo giorno del 9° mese successivo alla data in cui ha effetto la trasformazione, utilizzando il modello approvato nell'anno oggetto di dichiarazione;
- **periodo post-trasformazione** (successivo alla trasformazione): la società risultante dalla trasformazione presenta normalmente la propria dichiarazione nei termini ordinari previsti per le società di capitali.

Trasformazione omogenea/eterogenea regressiva - Anche in questo caso si determina la divisione in due distinti periodi, ante e post trasformazione:

- **periodo *ante*-trasformazione** (compreso tra l'inizio del periodo d'imposta e la data in cui ha effetto la trasformazione): la società risultante dalla trasformazione presenta normalmente la propria dichiarazione nei termini ordinari previsti per le società di capitali;
- **periodo *post*-trasformazione** (successivo alla trasformazione): la società risultante dalla trasformazione presenta normalmente la propria dichiarazione nei termini ordinari.

91.3.2. Versamenti delle imposte

Trasformazione omogenea/eterogenea progressiva - Si determina la divisione in due distinti periodi, ante e post trasformazione:

- **periodo *ante*-trasformazione** (compreso tra l'inizio del periodo d'imposta e la data in cui ha effetto la trasformazione): la società risultante dalla trasformazione versa l'IRAP nei termini ordinari fino alla data di efficacia della trasformazione e i soci effettuano i versamenti relativi al reddito imputato per trasparenza secondo le modalità e le scadenze ordinarie;
- **periodo *post*-trasformazione** (successivo alla trasformazione): la società risultante dalla trasformazione versa IRAP e saldo IRES nei termini ordinari.

Trasformazione omogenea/eterogenea regressiva - Si determina la divisione in due distinti periodi, ante e post trasformazione:

- **periodo *ante*-trasformazione** (compreso tra l'inizio del periodo d'imposta e la data in cui ha effetto la trasformazione): la società che si trasforma deve effettuare i versamenti IRES e IRAP (compresi gli acconti), nei termini ordinari, fino alla data di efficacia della trasformazione; se i termini di versamento scadono successivamente, gli obblighi sono trasferiti in capo alla società risultante dalla trasformazione;
- **periodo *post*-trasformazione** (successivo alla trasformazione): la società risultante dalla trasformazione versa l'IRAP e i soci effettuano i versamenti IRPEF relativi al reddito imputato per trasparenza secondo le modalità e le scadenze ordinarie.

91.4. IMPOSTE INDIRETTE

91.4.1. IVA

La **trasformazione sia omogenea che eterogenea** in altro **ente commerciale non** è un'operazione **soggetta ad IVA** (art. 2, c. 3, lett. f), D.P.R. n. 633/1972). Infatti, non sono considerate cessioni di beni i passaggi (anche di merci) effettuati in dipendenza di trasformazioni sia nell'ambito dello stesso tipo societario, sia in diverso tipo di società o ente commerciale, in quanto viene mantenuta la destinazione all'esercizio dell'impresa la quale prosegue nella nuova veste societaria.
La trasformazione **eterogenea in ente non commerciale** realizza, ai fini IVA, l'ipotesi di tassazione per destinazione dei beni a finalità estranee dall'attività d'impresa, salvo che i beni stessi non siano confluiti nell'azienda o complesso aziendale dell'ente. In quest'ultimo caso, non si ha rilevanza IVA fino a quando i beni rimangono nella sfera dell'attività commerciale dell'ente.
Dalla data in cui ha effetto la trasformazione, la società risultante dalla trasformazione subentra in tutti gli **obblighi IVA** e deve provvedere a presentare la **dichiarazione di variazione dati** nei 30 giorni successivi.

Trasferimento del plafond - La società risultante dalla trasformazione può fruire del *plafond* relativo agli acquisti in sospensione di imposta per le esportazioni, maturato presso la società trasformanda (➡49.2.).

91.4.2. Trasformazione ai fini delle altre imposte indirette

Imposta di registro - Gli atti posti in essere nell'ambito dell'operazione di trasformazione sono soggetti a **registrazione** con versamento dell'imposta in **misura fissa** (**euro 200**), salvo il caso in cui alla trasformazione si affianchi un aumento di capitale.

OPERAZIONI STRAORDINARIE

<table>
<tr><th colspan="3">Trasformazione</th></tr>
<tr><td>Senza aumento di capitale</td><td colspan="2">L'atto è soggetto a registrazione con applicazione dell'imposta in misura fissa (euro 200)</td></tr>
<tr><td rowspan="3">Con aumento di capitale</td><td>Di società, con capitale inferiore al minimo previsto per la società risultante dalla trasformazione e contestuale aumento del capitale sociale, attuato mediante nuovi conferimenti dei soci</td><td>È dovuta unicamente l'imposta in misura fissa (euro 200), o quella percentuale se sono conferiti beni immobili o diritti reali immobiliari, in base alle aliquote specificamente previste, trattandosi di atto contenente più disposizioni che derivano necessariamente le une dalle altre</td></tr>
<tr><td>Di società, con capitale pari al minimo legale richiesto per la società risultante dalla trasformazione e contestuale aumento del capitale sociale, attuato mediante nuovi conferimenti dei soci</td><td rowspan="2">È dovuta l'imposta di registro in misura fissa (euro 200) sull'atto di trasformazione e l'imposta di registro in misura fissa o proporzionale sull'aumento di capitale a seconda del tipo di conferimento, in quanto ciascuna disposizione è soggetta ad imposizione non de5ivando necessariamente le une dalle altre</td></tr>
<tr><td>Di società di persone in società di capitali con aumento di capitale in base alla relazione di stima (artt. 20 e 21, D.P.R. n. 131/1986)</td></tr>
</table>

Imposte ipotecarie e catastali - Se la società trasformanda possiede degli immobili, l'operazione di trasformazione è soggetta alla tassazione in **misura fissa** in quanto consiste in un mero mutamento della forma giuridica societaria e non in un atto di trasferimento.
Se, a seguito della trasformazione, c'è un **aumento di capitale sociale** effettuato con apporto di immobili da parte dei soci, sono invece dovute le normali imposte proporzionali applicate per i trasferimenti immobiliari (art. 10, c. 2, D.Lgs. n. 347/1990).

92. LIQUIDAZIONE

92.1. PREMESSA

Con la procedura di liquidazione si determina la **cessazione** della **destinazione** dell'**azienda a fini produttivi**, per procedere al realizzo delle singole attività, all'estinzione delle eventuali passività e alla ripartizione, se esistente, **dell'attivo residuo**, che rientra nel patrimonio privato dell'imprenditore o viene attribuito ai soci, nel caso di **società di persone** o di **capitali**.

La liquidazione ordinaria è una procedura obbligatoria solo per le **società di capitali**.

Per le **imprese individuali** e le **società di persone** commerciali (S.n.c. e S.a.s.), l'attività d'impresa può estinguersi anche senza un preventivo formale iter di liquidazione, procedendo alla richiesta di cancellazione della società o alla dichiarazione di cessazione dell'attività dell'impresa una volta che in capo ad essa non vi siano più rapporti attivi e passivi (circ. 12 giugno 2002, n. 50/E; ris. 3 gennaio 1991, n. 7/2485).

Ai soli fini della liquidazione, accertamento e riscossione dei tributi e contributi, sanzioni e interessi, l'**estinzione della società** produce effetto trascorsi 5 anni dalla richiesta di cancellazione dal Registro delle imprese (art. 28, c. 4, D.Lgs. n. 175/2014). La disposizione si applica alle richieste di cancellazione presentate dal 13 dicembre 2014 (Cass. nn. 6743/2015, 15648/2015, 7923/2016, 8140/2016, 19142/2016, 11100/2017).

92.2. IMPOSTE SUI REDDITI

92.2.1. Segmentazione del periodo di imposta

Ai fini della determinazione del reddito, è necessario separare tra il periodo ante-liquidazione e il periodo di liquidazione (art. 182, D.P.R. n. 917/1986).

Periodo ante-liquidazione - La **determinazione del reddito** del periodo ante-liquidazione avviene applicando le regole ordinariamente previste in relazione al regime contabile adottato da ciascun contribuente, ragguagliando alla durata dell'esercizio (inferiore ai 12 mesi) alcuni componenti positivi e negativi di reddito, come:

- i proventi relativi agli **immobili patrimonio** (art. 90, D.P.R. n. 917/1986);
- gli **ammortamenti** dei beni materiali e immateriali (artt. 102, 102-bis, 103 e 104, D.P.R. n. 917/1986);
- le **spese di manutenzione** ordinaria (art. 102, c. 6, D.P.R. n. 917/1986);
- le **svalutazioni** (art. 106, D.P.R. n. 917/1986);
- gli **accantonamenti** (art. 107, D.P.R. n. 917/1986).

Data di inizio della liquidazione - La data a partire dalla quale ha effetto la liquidazione, ai fini fiscali, varia in funzione della **forma giuridica** del soggetto interessato a tale procedura.

Inizio della liquidazione	
Imprese individuali	Data indicata nella **dichiarazione di inizio**, variazione e cessazione attività (art. 35, D.P.R. n. 633/1972 e ris. 4 febbraio 2009, n. 31/E).
Società di persone	Data della **delibera di scioglimento** ovvero dalla data di **iscrizione della delibera** presso il registro delle imprese.

OPERAZIONI STRAORDINARIE

Inizio della liquidazione	
Società di capitali	**Data** in cui si determinano gli **effetti dello scioglimento** (artt. 2484 e 2485 c.c.) da individuare in base alla **causa** che ha determinato lo scioglimento della compagine sociale e precisamente: - il decorso del termine; - il conseguimento dell'oggetto sociale o sopravvenuta impossibilità di conseguirlo; - l'impossibilità di funzionamento o continuata inattività dell'assemblea; - la riduzione del capitale al disotto del minimo legale; - la perdita del capitale sociale a seguito del recesso dei soci; - la deliberazione dell'assemblea; - le altre cause previste dall'atto costitutivo o dallo statuto; - l'accertamento, da parte del Tribunale, di una causa di scioglimento.

Determinazione del reddito di liquidazione 92.2.2.

Periodo di "liquidazione" - Il periodo che intercorre tra la messa in liquidazione della società e la chiusura della procedura ha, in linea di principio, **natura unitaria,** ossia costituisce un unico periodo di imposta anche nel caso in cui si protragga per più anni solari.
La **determinazione del reddito** relativo al periodo di liquidazione avviene in base a regole parzialmente **differenti** a seconda della **natura del soggetto**.

Liquidazione di imprese individuali, società di persone e assimilate	
Termine procedura di liquidazione	**Regole di determinazione del reddito**
Entro la residua frazione del periodo d'imposta nel quale ha avuto inizio	Il reddito d'impresa è determinato in base al **bilancio finale di liquidazione** (apportando le eventuali variazioni previste dal TUIR) ed assume carattere **definitivo**.
Entro il triennio	*Esercizi intermedi* Essendo l'intera procedura considerata come un **unico periodo d'imposta**, il reddito d'impresa relativo ai **periodi intermedi** è determinato **in via provvisoria** applicando le regole ordinariamente previste in relazione al regime contabile e di tassazione adottato dal contribuente (ordinaria o semplificata). Durante gli esercizi intermedi, devono continuare ad essere imputate le quote di proventi od oneri la cui imponibilità o deducibilità sia stata rinviata da precedenti esercizi. Le eventuali quote residue oggetto di rateizzazione concorreranno alla formazione del reddito relativo all'ultimo esercizio in cui si chiude la fase di liquidazione (circ. 3 maggio 1996, n. 108/E). *Esercizio finale* Al termine della procedura liquidativa, mediante il **bilancio finale** sono effettuate le **operazioni di conguaglio** tra le imposte sui redditi determinate e versate in via provvisoria e le imposte sui redditi definitivamente dovute sul reddito relativo all'intera durata della procedura.

OPERAZIONI STRAORDINARIE

Liquidazione di imprese individuali, società di persone e assimilate	
Termine procedura di liquidazione	**Regole di determinazione del reddito**
Oltre il triennio	I redditi relativi agli **esercizi intermedi** divengono **definitivi**, con la conseguenza che resta **preclusa** la **possibilità** di effettuare il **conguaglio** in base al bilancio finale di liquidazione e i redditi intermedi concorrono a formare il reddito complessivo dell'imprenditore, dei familiari partecipanti all'impresa o dei soci per i periodi d'imposta di competenza, anche se già tassati separatamente (risposta a interpello 11 gennaio 2021, n. 28).

Liquidazione di società di capitali	
Termine procedura di liquidazione	**Regole di determinazione del reddito**
Entro la residua frazione del periodo d'imposta nel quale è stata deliberata	Il reddito d'impresa è determinato in base al **bilancio finale di liquidazione** (apportando le eventuali variazioni previste dal TUIR) ed assume carattere **definitivo**.
Entro il quinquennio	*Esercizi intermedi* Essendo l'intera procedura considerata come un **unico periodo d'imposta**, il reddito dei **periodi intermedi** è determinato in **via provvisoria** sulla base dei bilanci relativi ai rispettivi periodi, alla redazione dei quali le società di capitali in liquidazione volontaria sono tenute, oltre alla redazione del bilancio finale di liquidazione (circ. 19 maggio 2000, n. 101/E). *Esercizio finale* Al termine della procedura, mediante il **bilancio finale**, sono eseguite le **operazioni di conguaglio** tra le imposte sui redditi determinate e versate in via provvisoria e le imposte sui redditi definitivamente dovute sul reddito relativo all'intera durata della procedura.
Oltre il quinquennio	I redditi relativi agli esercizi **intermedi** divengono **definitivi**, restando così **preclusa** la possibilità di **effettuare il conguaglio** finale.

92.2.3. Gestione delle perdite

Al fine di definire il trattamento fiscale delle perdite nell'ambito della procedura di liquidazione è necessario operare una **duplice distinzione**, differenziando la disciplina fiscale delle perdite delle società di persone e degli imprenditori individuali (soggetti IRPEF) da quelle delle società di capitali (soggetti IRES); bisogna poi distinguere le perdite subite prima dell'inizio della liquidazione da quelle subite durante la fase di liquidazione.

Perdite dei soggetti IRPEF	
Perdite ante-liquidazione	
Società di persone	Non assumono rilievo essendo state imputate ai soci in base al principio di trasparenza.
Imprese individuali in contabilità ordinaria	Possono essere oggetto di riporto nei successivi periodi di imposta a compensazione: - dei redditi del periodo di liquidazione; - dei redditi da partecipazione in società di persone eventualmente posseduti.

Perdite dei soggetti IRPEF	
Imprese individuali in contabilità semplificata	Fino al periodo d'imposta 2017, non potevano essere portate a nuovo, ma soltanto scomputate dal reddito complessivo IRPEF nell'esercizio di formazione della perdita. A seguito delle modifiche introdotte con la Legge di bilancio 2019 (art. 1, c. 23-26, Legge n. 145/2018), le perdite possono essere riportate a nuovo e utilizzate in compensazione dei soli redditi d'impresa.
Perdite di liquidazione	
Società di persone	Possono essere sottratte dal reddito complessivo dell'imprenditore o dei soci soltanto quando si consolidino in base al bilancio finale di liquidazione e non quando emergano dai bilanci relativi agli esercizi intermedi (art. 182, c. 2, D.P.R. n. 917/1986).
Imprese individuali in contabilità ordinaria	
Imprese individuali in contabilità semplificata	

Perdite dei soggetti IRES	
Perdite ante-liquidazione	Le perdite di esercizi anteriori alla liquidazione non compensate nel corso di questa sono ammesse in deduzione dal reddito d'impresa in sede di conguaglio (art. 182, c. 3, D.P.R. n. 917/1986).
Perdite di liquidazione	Le perdite di esercizio realizzate nei singoli periodi di liquidazione sono compensabili indipendentemente dal fatto che la liquidazione si concluda o meno nei previsti 5 anni (ris. 23 aprile 2002, n. 124/E).

Residuo attivo 92.2.4.

Il valore normale dei beni ricevuti dai soci costituiscono **utile** per la parte che **eccede** il **prezzo pagato** per l'acquisto o la sottoscrizione delle azioni o quote annullate e ciò vale anche per la parte di tali eccedenze che derivano da riserve di capitali (art. 47, c. 7, D.P.R. n. 917/1986).
La disciplina fiscale del trattamento del reddito imputato in esito alla liquidazione varia a seconda della natura del soggetto percettore.

Trattamento fiscale del residuo attivo	
Soggetti passivi dell'**IRPEF**, al di fuori dell'esercizio di imprese commerciali	Reddito di capitale (➜**11.**)
Soggetti passivi dell'**IRPEF**, nell'esercizio di **imprese commerciali**	Reddito d'impresa (➜**14.**)
Società ed enti soggetti all'**IRES**	

Tassazione separata - Possono **optare** per la tassazione separata (➜**8.**) del residuo di liquidazione:
- l'**imprenditore individuale** e i suoi familiari partecipanti all'impresa (impresa familiare);
- i **soci persone fisiche** delle società di persone.

Condizioni e limiti per l'opzione per la tassazione separata del residuo attivo	
Periodo minimo di attività	Azienda posseduta (se si tratta di imprese individuali) ovvero la società costituita (nel caso di società di persone) **da più di 5 anni**.
Imponibile	La tassazione si riferisce non alle singole plusvalenze (patrimoniali e non) realizzate, bensì all'intero reddito conseguito dall'imprenditore individuale o imputato ai soci delle società di persone.

OPERAZIONI STRAORDINARIE

CASO 1 - Decadenza dalla tassazione separata per le liquidazioni oltre i 3 anni

Durante i periodi intermedi il contribuente, con richiesta da farsi in sede di dichiarazione dei redditi, ha la facoltà di avvalersi della tassazione separata, ma se la liquidazione si protrae per più di tre esercizi compreso quello in cui ha avuto inizio, si decade dal beneficio della tassazione separata. La **decadenza** ha effetto **retroattivo**, di conseguenza è necessario rideterminare il reddito complessivo dell'imprenditore o dei singoli soci persone fisiche per ciascun periodo e riliquidare la relativa imposta per gli anni in cui è stata applicata separatamente, con conseguente obbligo di versare l'eventuale differenza.

92.3. ADEMPIMENTI DICHIARATIVI E DI VERSAMENTO NELLA LIQUIDAZIONE AI FINI DELLE IMPOSTE DIRETTE

92.3.1. Adempimenti dichiarativi

Periodo di imposta ante-liquidazione - Il liquidatore deve presentare la **dichiarazione dei redditi** e IRAP entro l'ultimo giorno del **9° mese successivo** alla data in cui si determinano gli effetti dello scioglimento.

Va presentata, altresì, la **dichiarazione** dei **sostituti d'imposta** nei termini ordinari, in nome e per conto del sostituto, relativamente al periodo dell'anno in cui lo stesso ha effettivamente operato.

Periodo di liquidazione - Il liquidatore deve presentare, nei **termini ordinari**, la dichiarazione dei redditi e dei sostituti d'imposta relative alla residua frazione del periodo in cui la liquidazione ha inizio e per i successivi periodi d'imposta, se la liquidazione dura più di un esercizio.

Va presentata la **dichiarazione IRAP** relativa alla residua frazione del periodo in cui la liquidazione ha inizio e per i successivi periodi d'imposta, se la liquidazione dura più di un esercizio, in quanto, ai fini del tributo regionale, la **tassazione nei periodi intermedi** avviene in maniera definitiva, **senza** alcun **conguaglio finale**, e a prescindere dalla durata della procedura (circ. 12 novembre 1998, n. 263/E).

Il liquidatore, sulla base del bilancio finale di liquidazione, deve presentare la dichiarazione dei redditi e IRAP, entro l'ultimo giorno del **9° mese** successivo alla chiusura della liquidazione stessa o al deposito del bilancio finale, per l'intero periodo di liquidazione. Esso include anche la frazione del periodo intercorrente tra il 1° gennaio e la data di chiusura della liquidazione che, pertanto, non deve essere oggetto di dichiarazione autonoma (ris. 6 luglio 2010, n. 66/E). Deve, infine, essere predisposto un **prospetto** dal quale risultino i **redditi** e le **perdite** dichiarate negli **esercizi intermedi**.

Revoca della liquidazione - Se interviene la revoca dello stato di liquidazione:

- se la **revoca** è **anteriore** al termine di presentazione della **dichiarazione** del periodo ante liquidazione, il liquidatore è esonerato dal presentare la dichiarazione per il periodo ante liquidazione, non sussistendone più i motivi;
- se la **revoca** è **successiva** al termine di presentazione della **dichiarazione** del periodo ante liquidazione, **ma anteriore** al termine di presentazione della dichiarazione del **primo periodo** di liquidazione, va presentata una dichiarazione per l'intero periodo d'imposta, come se la messa in liquidazione non fosse mai stata dichiarata;
- se la **revoca** è **successiva** al termine di presentazione della **dichiarazione** del primo periodo di liquidazione o di quelle intermedie, le dichiarazioni già presentate restano validi ed efficaci per il periodo d'imposta a cui si riferiscono (art. 5, c. 3-bis, D.P.R. n. 322/1998).

92.3.2. Versamenti delle imposte

Periodo di imposta ante-liquidazione - Il versamento delle imposte risultanti dalla dichiarazione dei redditi e IRAP a saldo vanno effettuati nei **termini ordinari**. Non sussiste l'obbligo di versamento di acconti.

I soci delle società di persone versano l'IRPEF, derivante dall'attribuzione del reddito del periodo, alle scadenze ordinarie.

Periodo di liquidazione - Il versamento delle imposte risultanti dalla dichiarazione dei redditi (a saldo e in acconto) va effettuato nei **termini ordinari**.

IMPOSTE INDIRETTE 92.4.

IVA 92.4.1.

Per le operazioni poste in essere per il raggiungimento dell'obiettivo della liquidazione, quali, ad esempio, la vendita di immobilizzazioni o di merci in giacenza, permangono gli **ordinari obblighi** di fatturazione, registrazione e liquidazione IVA.
Le **assegnazioni ai soci**, fatte in seguito alla ripartizione dell'attivo, seguono il trattamento ordinario IVA delle cessioni di beni o delle prestazioni di servizi.
Nei 30 giorni successivi alla data in cui ha effetto la liquidazione, deve essere presentata la **dichiarazione di variazione dati** e al termine della liquidazione - entro 30 giorni - va presentata la dichiarazione di **cessazione dell'attività** (➡45.3.).

Altre imposte indirette 92.4.2.

Imposta di registro - La liquidazione si configura come una modifica statutaria soggetta a **registrazione** con versamento dell'imposta in **misura fissa** (euro 200).
Anche l'**assegnazione dei beni ai soci**, essendo soggetta a IVA, sconta l'imposta di registro in misura fissa (➡63.2.1.).

Imposte ipotecarie e catastali - L'eventuale **assegnazione di beni immobili ai soci** è soggetta alle imposte ipotecarie e catastali come nel caso di cessione dei beni (➡64.).

OPERAZIONI STRAORDINARIE

93. FALLIMENTO E LIQUIDAZIONE COATTA

93.1. PREMESSA

Le procedure concorsuali, che si instaurano, di norma, quando un'impresa o una società presentano uno stato di **insolvenza** a carattere continuativo ed insanabile, sono finalizzate alla **liquidazione dell'attivo** e al **soddisfacimento dei creditori**.

Fallimento	È un procedimento esecutivo concorsuale che presuppone lo stato di insolvenza, ossia l'impossibilità di soddisfare regolarmente le obbligazioni contratte.
Liquidazione coatta	È una procedura che presuppone l'insufficienza dell'attivo patrimoniale e la struttura del procedimento ed è finalizzata ad escludere dal mercato quelle imprese (bancarie, assicurative, cooperative, etc.) che non appaiono più in grado di esercitare la loro attività senza danni per la collettività.

Data l'analogia di trattamento fiscale delle due procedure, ogni riferimento effettuato al fallimento è da considerarsi inteso anche alla liquidazione coatta.
In ogni caso, le disposizioni previste per il fallimento e la liquidazione coatta amministrativa non si applicano estensivamente al concordato preventivo, durante il quale l'imprenditore insolvente - che non perde la proprietà dei beni (c.d. "**spossessamento attenuato**") - continua ad assolvere gli obblighi tributari secondo le regole ordinarie, come qualunque **contribuente "in bonis"** (Cass. 28 maggio 2020, n. 10108).

93.2. FALLIMENTO E LIQUIDAZIONE COATTA AI FINI DELLE IMPOSTE SUI REDDITI

93.2.1. Determinazione del reddito del periodo pre-concorsuale

Il **reddito del periodo d'imposta pre-concorsuale** (che va dall'inizio dell'ordinario periodo d'imposta al momento del fallimento e costituisce autonomo periodo d'imposta) è determinato in base al **bilancio redatto dal curatore** (art. 183, c. 1, D.P.R. n. 917/1986).
Ai fini del calcolo di tale reddito, valgono le **ordinarie regole di determinazione** del reddito d'impresa (circ. 22 marzo 2002, n. 26/E).

Imprese in contabilità semplificata - Vi è l'obbligo di predisporre il bilancio per le imprese in contabilità semplificata, essendo la redazione dello stato patrimoniale alla data del fallimento elemento necessario per la determinazione del reddito del periodo concorsuale con riguardo ad ogni tipo di impresa. Ciononostante, la determinazione del reddito dovrebbe avvenire con i criteri dettati per le imprese minori (art. 66, D.P.R. n. 917/1986), in considerazione del fatto che la redazione del bilancio disposta dalla legge fallimentare non altera l'ordinario regime impositivo applicabile alle imprese.

Determinazione del reddito del periodo pre-concorsuale	
Imprese individuali	È un componente del reddito complessivo dell'imprenditore.
Società di persone	È (pro quota) componente del reddito complessivo dei soci persone fisiche, soggetto ad IRPEF.
Società di capitali	È tutto il reddito rilevante ai fini IRES.

Determinazione del reddito del maxi-periodo fallimentare 93.2.2.

Il reddito d'impresa relativo al periodo compreso fra l'inizio e la chiusura del procedimento concorsuale, quale che sia la durata di questo ed anche se vi è stato esercizio provvisorio, è costituito dalla **differenza** tra:

- il **residuo attivo**, ossia quanto rimane in beni e/o in denaro dopo aver pagato tutte le spese per lo svolgimento della procedura, nonché tutti i creditori concorsuali;
- il **patrimonio netto dell'impresa** o della società **all'inizio del procedimento**, determinato tenendo conto che rileva il costo fiscalmente riconosciuto degli elementi patrimoniali attivi e passivi e non il loro valore di stima, rilevano le attività e le passività aziendali accertate dal curatore, anche se non registrate nelle scritture contabili e sono esclusi gli elementi, attivi o passivi, appartenenti al patrimonio personale dell'imprenditore individuale (circ. 22 marzo 2002, n. 26/E).

Determinazione del patrimonio netto iniziale in assenza di scritture contabili - Nel caso in cui non siano disponibili le scritture contabili, il curatore deve ricostruire il netto dell'impresa all'inizio della procedura sulla base dei dati disponibili e di quelli emersi nel corso della procedura, in sede di redazione dell'**inventario** dei beni acquisiti all'attivo fallimentare e di predisposizione dello stato passivo.

Valore fiscalmente riconosciuto ai fini del calcolo del patrimonio netto iniziale	
Beni ammortizzabili	**Costo storico** (e non stima dell'attuale valore). In assenza di dati contabili, occorre tenere conto anche dei presumibili ammortamenti dedotti.
Crediti	**Valore nominale** e verificare, sulla base dei dati disponibili, se lo stesso sia stato oggetto di svalutazioni fiscalmente rilevanti.
Debiti	**Valore iscritto in contabilità** e rilevano anche eventuali debiti ammessi allo stato passivo, se riferiti all'impresa fallita, anche se non iscritti in contabilità.

Il risultato dell'**esercizio provvisorio** dell'impresa - privo d'autonoma rilevanza fiscale - confluisce anch'esso direttamente nell'imponibile relativo all'intero periodo concorsuale.

Perdite pregresse - Le perdite maturate nei periodi d'imposta precedenti l'inizio della procedura sono utilizzabili in diminuzione del reddito imponibile della procedura concorsuale, nonché in compensazione degli eventuali redditi prodotti, in caso di ritorno *in bonis* dell'imprenditore fallito (ris. 7 ottobre 1998, n. 153/E e circ. 22 marzo 2002, n. 26/E).

Beni sottoposti a sequestro giudiziario - In caso di beni sottoposti a sequestro giudiziario, questi configurano un **patrimonio separato** e trovano applicazione le disposizioni **sull'eredità giacente** (art. 187, D.P.R. n. 917/1986 e art. 5-ter, D.P.R. n. 322/1998).
Il custode giudiziario è tenuto a gestire i beni interessati e dichiarare gli eventuali redditi da essi derivanti presentando dichiarazioni autonome (nei termini ordinari) ed effettuando i versamenti delle relative imposte liquidate in via provvisoria, fino alla cessazione del sequestro giudiziario (ris. 29 maggio 2008, n. 216/E).

Rilevanza fiscale del reddito prodotto durante la procedura 93.2.3.

La chiusura della procedura non comporta di per sé la cessazione dell'impresa il cui esercizio aveva determinato l'insorgere dello stato d'insolvenza.
Si possono verificare le seguenti situazioni, al ricorrere di ognuna delle quali è ricondotto un **diverso effetto fiscale** in termini di rilevanza del reddito d'impresa prodottosi nel corso della procedura (circ. 4 ottobre 2004, n. 42/E).

OPERAZIONI STRAORDINARIE

Chiusura del fallimento		Effetto fiscale
Per avvenuto esaurimento dell'attivo	Quando l'intero attivo realizzato dagli organi della procedura sia stato ripartito tra gli aventi diritto, anche se tra essi alcuni siano ancora, in tutto o in parte, insoddisfatti; oppure quando manchi addirittura un attivo da ripartire.	Nessun effetto fiscale, non essendovi un residuo attivo da restituire al soggetto fallito, né reddito d'impresa ascrivibile alla procedura concorsuale.
Per integrale pagamento dei creditori	Quando è intervenuto l'integrale pagamento della totalità dei crediti ammessi al passivo, o questi sono in altro modo estinti, e sono stati pagati il compenso del curatore e le spese di procedura.	Il soggetto fallito (individuale o società) ritorna *in bonis* e riassume nel proprio patrimonio i beni del residuo attivo al costo fiscalmente rilevante.
Per inesistenza del passivo	Quando non sono state proposte, entro i termini, domande di ammissione al passivo o, se presentate, non ne è stata autorizzata l'insinuazione.	

93.3. ADEMPIMENTI DICHIARATIVI E DI VERSAMENTO NELLE PROCEDURE CONCORSUALI

93.3.1. Obblighi dichiarativi e di versamento in capo al curatore

Obblighi da sostituto d'imposta - Il curatore fallimentare ed il commissario liquidatore devono operare all'atto del pagamento una **ritenuta a titolo di acconto** dell'imposta sul reddito delle persone fisiche dovuta dai percipienti non solo per i **redditi di lavoro dipendente** ma anche in relazione agli obblighi di ritenuta previsti per altre tipologie di reddito (art. 23, c. 1, D.P.R. n. 600/1973).

Dichiarazione del periodo pre-concorsuale - In caso di fallimento o di liquidazione coatta amministrativa, entro l'ultimo giorno del **nono mese** successivo alla sua nomina, il curatore, ovvero il commissario liquidatore, deve presentare telematicamente la **dichiarazione** relativa al periodo compreso fra l'inizio del periodo d'imposta e la data in cui ha effetto la sentenza dichiarativa di fallimento o il provvedimento di messa in liquidazione (art. 5, c. 1 e 4, D.P.R. n. 322/1998).

Dichiarazione finale - Con riguardo alla dichiarazione finale in esito alla procedura concorsuale è necessario distinguere la natura del soggetto sottoposto alla procedura stessa:

- se si tratta di **soggetti IRPEF**, la dichiarazione finale, predisposta a fini informativi dal curatore, espone un risultato che il fallito, il collaboratore familiare ed il socio di società di persone devono riprendere nella propria dichiarazione dei redditi relativa al periodo in cui cade la chiusura del fallimento. Alla dichiarazione finale del curatore, quindi, non si accompagna alcun obbligo di versamento ai fini IRPEF;
- se si tratta di **soggetti IRES**, la dichiarazione finale è l'unica dichiarazione da presentare. Essa non implica necessariamente il versamento dell'imposta liquidata, ma è funzionale a consentire al Fisco di insinuarsi al passivo per la riscossione dell'imposta.

93.3.2. Obblighi dichiarativi e di versamento in capo al soggetto IRPEF sottoposto alla procedura

Dichiarazione annuale - Per i **soggetti IREPF** sottoposti a procedura, resta fermo l'obbligo di presentare la propria **dichiarazione dei redditi annuale,** nella quale vanno indicati sia i redditi esclusi dal fallimento che quelli attratti ma di cui comunque mantiene la titolarità (ad esempio, plusvalenze da cessione di partecipazioni), nonché il reddito risultante dalla dichiarazione iniziale e da quella finale, presentate dal curatore, di cui deve aver ricevuto apposita copia da parte dello stesso (➡**93.3.1.**).

Versamento dell'imposta - L'IRPEF dovuta in base a tali dichiarazioni deve essere versata dal soggetto sottoposto alla procedura negli **ordinari modi e termini** di legge. Tuttavia, con riguardo ai **redditi attratti** alla procedura, al fine di consentire al soggetto ad essa sottoposto il pagamento della relativa imposta, non potendosi addossare alla procedura un onere impositivo proprio del fallito, si prevede che il curatore, nel calcolare i redditi da lasciare nella disponibilità del fallito, deve tener conto anche di quanto necessario ad assolvere l'imposta dovuta sui redditi attratti al fallimento.

FALLIMENTO E LIQUIDAZIONE COATTA AI FINI DELLE IMPOSTE INDIRETTE 93.4.

Fallimento e liquidazione coatta ai fini IVA 93.4.1.

Per le operazioni poste in essere per il raggiungimento dell'obiettivo della procedura concorsuale, quali, ad esempio, la vendita di beni dell'azienda fallita, permangono gli **ordinari obblighi di fatturazione, registrazione e liquidazione IVA**. Entro 15 giorni dall'accettazione della nomina, il curatore è tenuto a presentare la **dichiarazione di variazione dati** e al termine della liquidazione - entro 30 giorni - va presentata la dichiarazione di **cessazione dell'attività**.

All'inizio della procedura, il curatore è tenuto a presentare:

- la **dichiarazione IVA per l'anno solare precedente** alla dichiarazione di fallimento (sempreché i relativi termini di presentazione non siano ancora scaduti);
- la **dichiarazione** relativa alle **operazioni registrate** nell'**anno solare** in cui è **dichiarato il fallimento**, presentando **due** distinti **moduli**:
  - uno per la **frazione di anno antecedente all'apertura del fallimento**. Tale dichiarazione vale ai fini dell'eventuale insinuazione al passivo, ma avendo come unico scopo quello di "fotografare" la situazione debitoria e creditoria all'apertura del fallimento, non è assimilabile ad una vera e propria dichiarazione annuale. Pertanto, se dalla stessa risulta un'eccedenza di IVA a credito, non è possibile chiederne il rimborso. Tale richiesta potrà avvenire solo in sede di dichiarazione annuale (ris. 12 luglio 1995, n. 181/E). Di diverso avviso la Corte di Cassazione che, sul presupposto che la dichiarazione di fallimento rappresenta il momento di cessazione dell'attività d'impresa, ha ritenuto possibile chiedere il rimborso, per cessata attività, del credito IVA eventualmente emergente dalla dichiarazione in oggetto (Cass. 15 dicembre 2003, n. 19169);
  - uno per la **frazione di anno successiva**.

In ogni caso, laddove emerga un debito IVA relativo alle operazioni effettuate nella frazione d'anno antecedente all'apertura del fallimento e un credito IVA relativo alla frazione d'anno successiva, i detti saldi non possono essere compensati tra loro (circ. 26 aprile 1999, n. 92/E). Viceversa, se per entrambi i periodi risulta un'imposta a debito, deve essere indicato solo quella emergente dalla seconda frazione d'anno.

CASO 1 - Emissione della nota di variazione IVA in sede di chiusura della procedura

Alla conclusione della procedura concorsuale viene giuridicamente ad esistenza l'infruttuosità della medesima e, pertanto, sorge in capo al **creditore** insoddisfatto il diritto alla variazione in diminuzione dell'IVA relativa (art. 26, D.P.R. n. 633/1972). Tale momento va individuato (circ. 17 aprile 2000, n. 77/E, ris. 16 maggio 2008, n. 195/E e Cass. 27 gennaio 2014, n. 1541):

- per il fallimento, dalla scadenza del termine per i reclami al piano di riparto dell'attivo (art. 110, R.D. n. 267/1942 - Legge Fallimentare) ovvero, in assenza del piano di riparto, dalla scadenza del termine per il reclamo al decreto di chiusura (art. 119, R.D. n. 267/1942);
- per la liquidazione coatta amministrativa: decorso il termine previsto per le opposizioni al piano di riparto (art. 213, R.D. n. 267/1942 - Legge Fallimentare).

Simmetricamente, il debitore assoggettato alla procedura, se il creditore si avvale della facoltà di emettere nota di variazione in diminuzione, deve rilevare un'operazione in aumento ai fini IVA, nei limiti della detrazione operata (art. 26, c. 5, D.P.R. n. 633/1972). A tal fine, il credito va registrato nel registro IVA ma non determina l'inclusione del relativo credito IVA vantato dall'Amministrazione nel riparto finale, ormai definitivo. Tale registrazione consente, solamente, di evidenziare il credito eventualmente esigibile nei confronti del fallito tornato *in bonis* (circ. 7 aprile 2017, n. 8/E - par. 13.1).

Fallimento e liquidazione coatta ai fini delle altre imposte indirette 93.4.2.

Imposta di registro - Le operazioni di cessione di beni poste in essere nell'ambito delle procedure concorsuali, essendo soggette a IVA (➔**93.4.1.**), scontano, in virtù del principio di alternatività IVA- registro, l'imposta di registro in misura fissa.

Imposte ipotecarie e catastali - L'eventuale **cessione** di beni immobili nell'ambito della procedura concorsuale è soggetta alle **imposte ipotecarie e catastali** in via ordinaria (➔**64.**).

OPERAZIONI STRAORDINARIE

94. TRASFERIMENTO DELLA RESIDENZA DA E VERSO L'ESTERO

94.1. PREMESSA

Il **trasferimento di residenza** delle società dall'Italia verso l'estero e viceversa ha **riflessi** ai fini dell'**imposizione sui redditi**, ove è prevista un'apposita disciplina. Disciplina quest'ultima che non produce alcun effetto ai fini IRAP (risposta dell'Agenzia delle Entrate n. 460/2019).

Trasferimento in uscita	Trasferimento di residenza dall'Italia verso l'estero	Art. 166, D.P.R. n. 917/1986
Trasferimento in entrata	Trasferimento di residenza dall'estero verso l'Italia	Art. 166-bis, D.P.R. n. 917/1986

94.2. TRASFERIMENTO DI RESIDENZA VERSO L'ESTERO

Per i **trasferimenti in uscita**, la disciplina, applicabile ai fini IRES, cambia a seconda dello Stato di destinazione del trasferimento. La normativa non si applica nel caso di trasferimento di sede estero su estero (risposta a interpello 8 ottobre 2021, n. 694).

Si distingue tra trasferimenti di **residenza dall'Italia**:

- verso **Stati diversi** da quelli dell'Unione Europea (**UE**) o dello Spazio Economico Europeo (**SEE**) **collaborativi**;
- verso **Stati** dell'Unione Europea (**UE**) o dello Spazio Economico Europeo (**SEE**) collaborativi.

94.2.1. Trasferimento di residenza verso Stati no UE e SEE collaborativi

Tassazione immediata - È previsto il **realizzo a valore normale,** e l'immediato prelievo fiscale sui conseguenti **plusvalori**, dei **componenti dell'azienda** che, in seguito al trasferimento all'estero della residenza fiscale, **non** vengano fatti **confluire** in una **Stabile Organizzazione in Italia**, ovvero ne vengano successivamente distolti.

Inoltre, è prevista la **tassazione** dei **fondi in sospensione d'imposta** che non siano ricostituiti nel patrimonio contabile della Stabile Organizzazione nel territorio dello Stato (art. 166, c. 1 e 2, D.P.R. n. 917/1986).

94.2.2. Trasferimento di residenza verso Stati UE e SEE collaborativi

Oltre al regime di tassazione immediata previsto per i trasferimenti di residenza in Stati diversi da quelli UE e SEE collaborativi per il trasferimento verso Stati UE e SEE collaborativi è previsto anche un **regime opzionale** di **differimento dell'imposizione**.

Opzione per il differimento dell'imposizione - I soggetti che trasferiscono la residenza, ai fini delle imposte sui redditi, in Stati appartenenti all'Unione Europea (UE) ovvero in Stati aderenti all'Accordo sullo Spazio economico europeo (SEE) con adeguato scambio di informazioni possono **richiedere la sospensione degli effetti del realizzo** a valore normale dei componenti dell'azienda non confluiti nell'eventuale **Stabile Organizzazione** Italia (art. 166, c. 2-quater, D.P.R. n. 917/1986).

Analogo regime opzionale è fruibile in caso di:

- **trasferimento all'estero** di imprese nazionali, realizzati non tramite lo spostamento della sede legale, ma, indirettamente, **mediante operazioni straordinarie** (art. 179, c. 6, D.P.R. n. 917/1986);

OPERAZIONI STRAORDINARIE

- **trasferimento**, da parte di un soggetto economico non residente in Italia, di una parte o della totalità degli attivi collegati a una **Stabile Organizzazione** nel territorio dello Stato, aventi a oggetto un'azienda o un ramo d'azienda, sempre verso uno Stato membro o un Paese aderente al SEE (art. 11, c. 3, D.Lgs. n. 147/2015).

La possibilità di sospendere la tassazione della plusvalenza è venuta meno a partire dal periodo di imposta 2019 a seguito delle modifiche introdotte in sede di recepimento della direttiva ATAD (art. 2, D.Lgs. n. 142/2018).

Opzione per la rateazione - Il contribuente può scegliere non solo fra la tassazione ordinaria e in via immediata delle plusvalenze ovvero per la loro sospensione fino al momento dell'effettivo realizzo dei beni, ma anche per una terza soluzione, consistente nell'accettare la **tassazione immediata** delle plusvalenze **con un pagamento rateizzato** della **relativa imposta** (in **6 rate annuali di pari importo**). L'opzione per la rateazione **solleva** il contribuente **dagli obblighi di monitoraggio** annuale dei cespiti trasferiti.

Interessi - Sia che si opti per la sospensione che per la rateizzazione sono dovuti gli interessi.

Determinazione della plusvalenza - La plusvalenza, per la quale è ammessa l'opzione per la riscossione differita ovvero la rateizzazione, deve essere **unitariamente determinata** sulla base del **valore normale** dei componenti (positivi e negativi) dell'azienda o del complesso aziendale trasferiti. La plusvalenza include, altresì, il valore dell'**avviamento**, comprensivo delle funzioni e dei rischi trasferiti, determinato sulla base dell'ammontare che imprese indipendenti avrebbero riconosciuto per il loro trasferimento (art. 1, c. 1, D.M. 2 luglio 2014).

A partire **dal periodo di imposta 2019**, in luogo del valore normale, si fa farsi riferimento al "valore di mercato", determinato con riferimento alle condizioni e ai prezzi che sarebbero stati pattuiti tra soggetti indipendenti operanti in condizioni di libera concorrenza e in circostanze comparabili tenendo conto, qualora si tratti di valore riferibile a un complesso aziendale o a un ramo di azienda, del valore dell'avviamento, calcolato tenendo conto delle funzioni e dei rischi trasferiti (art. 166, D.P.R. n. 917/1986).

La determinazione della plusvalenza avviene in maniera unitaria anche nel caso in cui nell'ambito del compendio aziendale vi siano partecipazioni, non trovando applicazione il regime di *participation exemption* (principio di diritto 11 maggio 2021, n. 10).

Fattispecie escluse dal regime di differimento o rateizzazione dell'imposizione (art. 1, c. 2, D.M. 2 luglio 2014)	
Beni-magazzino	Se non confluiti in una Stabile Organizzazione in Italia
Fondi in sospensione di imposta	Se non ricostituiti nel patrimonio contabile della Stabile Organizzazione situata nel territorio dello Stato

Le **imposte sui redditi** sono **determinate** alla **fine dell'ultimo periodo d'imposta** di **residenza in Italia** o di esistenza in Italia della Stabile Organizzazione oggetto di trasferimento (art. 1, c. 3, D.M. 2 luglio 2014). Ad esempio, in caso di trasferimento della sede nel maggio 2022, le plusvalenze in questione concorrono alla formazione del reddito dell'ultimo periodo di imposta di residenza che si chiude il 31 dicembre 2021 (in ipotesi di coincidenza di tale periodo d'imposta con l'anno solare).

Gestione delle perdite pregresse - Le perdite degli esercizi precedenti a quello in cui avviene il trasferimento della residenza **compensano** prioritariamente il **reddito dell'ultimo periodo d'imposta di residenza in Italia**, comprensivo dei componenti esclusi dal regime sospensivo della riscossione. L'**eccedenza** e l'eventuale perdita di tale ultimo periodo **compensano la plusvalenza realizzata** con il trasferimento come sopra determinata, mentre le **ulteriori perdite** che **residuano** sono computabili in diminuzione del reddito della eventuale Stabile Organizzazione mantenuta in Italia (art. 181, D.P.R. n. 917/1986).

Esercizio dell'opzione - L'opzione per la **sospensione** della riscossione (possibile fino al periodo di imposta 2018) o per la **rateizzazione** deve necessariamente riguardare **tutti i beni trasferiti** (art. 1, c. 5, D.M. 2 luglio 2014).

L'opzione va effettuata tramite una **comunicazione** all'Ufficio territorialmente competente entro il termine per il versamento delle imposte sui redditi relative all'ultimo periodo di imposta di residenza in Italia (Provv. 10 luglio 2014).

	Presunzione di realizzo
Beni ammortizzabili (compreso avviamento)	Maturazione delle quote residue di ammortamento, secondo i coefficienti previsti per la normativa fiscale e indipendentemente dall'imputazione a conto economico. In ogni caso, i beni si considerano realizzati - venendo meno quindi il regime di sospensione - dopo 10 anni dalla fine dell'ultimo periodo di imposta di residenza in Italia, che rappresenta quindi il periodo massimo di sospensione.
Strumenti finanziari diversi dalle partecipazioni	Il maggiore valore va tassato in quote costanti in base alla durata residua degli stessi, sempre entro un massimo di 10 anni.
Partecipazioni (no*trading*)	In sede di cessione e negli esercizi in cui vengono distribuiti gli utili o le riserve di capitale della società partecipata. Mediante la percezione degli utili distribuiti, infatti, l'impresa titolare della partecipazione viene, in qualche modo, a riappropriarsi del patrimonio della società partecipata.

CASO 1 - Determinazione dell'imposta sulla plusvalenza "sospesa" in caso di variazione di aliquota

L'ammontare dell'imposta dovuta sulla plusvalenza realizzata a seguito del trasferimento all'estero si determina con riferimento all'ultimo periodo di imposta in cui la società ha la residenza fiscale in Italia. L'eventuale opzione per la sospensione o la rateizzazione della stessa ha effetti solo sul versamento. Ciò comporta che, nel caso in cui successivamente al trasferimento all'estero muti l'aliquota IRES, l'imposta dovuta "sospesa" o rateizzata" non muterà. Pertanto, nel caso di una società che ha trasferito la residenza all'estero nel periodo di imposta 2016 e ha calcolato la plusvalenza applicando l'aliquota IRES del 27,5%, non rileva la successiva riduzione dell'aliquota al 24% operante dal periodo di imposta 2017.

Decadenza - Si determina la decadenza della sospensione, con conseguente obbligo del versamento dell'imposta residua entro il termine previsto per il successivo versamento, nel caso di:
- liquidazione o estinzione del soggetto estero;
- conferimento, fusione o scissione che comportino il trasferimento dell'azienda ad altro soggetto residente in uno Stato diverso da quelli UE o SEE;
- successivo trasferimento di sede in uno Stato diverso dagli Stati UE e SEE;
- cessione delle quote da parte dei soci delle società di persone;
- mancata presentazione o rinnovo della garanzia;
- violazione dell'obbligo di monitoraggio;
- mancato pagamento di una rata nel caso in cui si sia optato per la rateizzazione dell'imposta.

Garanzie - L'**efficacia** dell'**opzione** per la sospensione o rateizzazione è subordinata alla presentazione di garanzie in presenza di **grave e concreto pericolo per la riscossione**. Pericolo che si presume non ricorrere laddove l'impresa che si trasferisce, nei tre esercizi antecedenti, non abbia chiuso bilanci in perdita e abbia un patrimonio netto dell'ultimo bilancio almeno pari al 120% dell'imposta sospesa o rateizzata. Il riferimento all'ultimo bilancio dovrebbe comportare il riferimento ai valori contabili, a prescindere dai valori patrimoniali correnti.

Monitoraggio - La società trasferita è tenuta a presentare anche dopo il trasferimento di sede, la dichiarazione dei redditi annuale in Italia compilando unicamente i quadri inerenti la plusvalenza sospesa.

94.2.3. Trasferimento di residenza verso l'estero: profili IVA

Ai fini IVA, nel caso di trasferimento all'estero di una società residente, la **stabile organizzazione in Italia** che prosegua nell'esercizio di impresa, conserva il numero di partita IVA della società trasferita (risposta a interpello 20 novembre 2018, n. 73). La posizione della ***branch*** che permane in Italia a seguito del trasferimento all'estero della residenza fiscale di una società è assimilabile a quella del soggetto avente causa di un'operazione di riorganizzazione aziendale, il quale succede alla società dante causa negli obblighi e nei diritti relativi all'IVA inerenti al complesso aziendale oggetto del trasferimento (risposta a interpello 10 settembre 2020, n. 336).

TRASFERIMENTO DI RESIDENZA DALL'ESTERO IN ITALIA 94.3.

La disciplina del **trasferimento della residenza** in Italia è diversa a seconda dello Stato di provenienza del soggetto che si trasferisce.
Si distingue tra trasferimenti di residenza in Italia:
- da **Stati white list**;
- da **Stati black list** (➡31.3.1.).

Trasferimento di residenza in Italia da Stati white list 94.3.1.

Soggetti interessati - I soggetti che esercitano imprese commerciali che, trasferendosi nel territorio dello Stato, acquisiscono la **residenza in Italia** ai fini delle imposte sui redditi, valorizzano i beni (attività e passività) in entrata in Italia con il **criterio del valore normale** (art. 166-bis, D.P.R. n. 917/1986). A partire dal periodo di imposta 2019, in luogo del valore normale, si fa riferimento al "**valore di mercato**", determinato con riferimento alle condizioni e ai prezzi che sarebbero stati pattuiti tra soggetti indipendenti operanti in condizioni di libera concorrenza e in circostanze comparabili tenendo conto, qualora si tratti di valore riferibile a un complesso aziendale o a un ramo di azienda, del valore dell'avviamento, calcolato tenendo conto delle funzioni e dei rischi trasferiti (art. 3, D.Lgs. n. 142/2018).
Sono **esclusi** dall'ambito di applicazione della disciplina i trasferimenti di residenza in Italia delle persone fisiche non esercenti attività d'impresa o degli enti non commerciali.

CASO 2 - Trasferimento in Italia di una holding statica estera
Nel caso di una società di capitali estera, *holding* statica di partecipazioni, che si trasferisce in Italia, benché sotto il profilo civilistico (art. 2195 c.c.) l'attività di *holding* "statica" non rappresenti esercizio di un'impresa commerciale, sotto il profilo tributario i redditi della *holding* - in virtù della veste societaria della stessa - sono attratti nel regime del reddito d'impresa. Il presupposto consistente nell'esercizio di un'impresa commerciale, cui è subordinato il regime in esame, deve intendersi riferito a tutti i soggetti titolari di reddito d'impresa secondo l'ordinamento domestico, a prescindere dall'attività economica concretamente svolta dai medesimi (ris. 5 agosto 2016, n. 69/E; risposta a interpello 31 ottobre 2019, n. 460).

Beni valorizzabili al valore di mercato - La valorizzazione al valore di mercato riguarda le **attività e passività** relative all'impresa migrata, compreso l'**avviamento**.
La valorizzazione dei cespiti in ingresso al valore di mercato riguarda anche i **cespiti non indicati nel bilancio** dell'impresa che si trasferisce, come, ad esempio, i beni completamente ammortizzati o i beni immateriali mai espressi in bilancio.
In tal caso si può verificare che il valore fiscalmente riconosciuto dei cespiti ecceda il valore contabile degli stessi; è consentita la **deduzione delle quote di ammortamento** anche se **non imputate a conto economico** (ris. 5 agosto 2016, n. 69/E).

Trasferimento in Italia da Stati black list 94.3.2.

Ruling internazionale - Per i soggetti provenienti da Paesi black list, il **riconoscimento del valore normale (e dal 2019 il valore di mercato) non** è **automatico** ma è legato all'ottenimento di un accordo di *ruling* internazionale (art. 31-ter, D.P.R. n. 600/1973), finalizzato a determinare il valore normale dei beni (art. 9, D.P.R. n. 917/1986) ovvero, dal 2019, il valore di mercato degli stessi.
In **assenza di accordo**, il valore fiscalmente riconosciuto sarà pari:
- per le attività, al minore tra il costo di acquisto, il valore di bilancio e il valore normale (dal 2019, valore di mercato);
- per le passività, al maggiore tra il costo di acquisto, il valore di bilancio e il valore normale (dal 2019, valore di mercato).

ADEMPIMENTI

IRPEF 95.

DETRAZIONE MISURE ANTISISMICHE (SISMA BONUS) 95.1.

Adempimento	È prevista una detrazione d'imposta per le spese sostenute dal 1° gennaio 2017 al 31 dicembre 2024, relative ad interventi su edifici ricadenti in zone sismiche ad alta pericolosità, da ripartire in 5 quote annuali di pari importo, con un limite massimo di spesa di € 96.000, pari al: - 50%; - 70% (75% in caso di interventi realizzati sulle parti comuni di edifici condominiali) se si determina il passaggio ad una classe di rischio inferiore; - 80% (85% in caso di interventi realizzati sulle parti comuni di edifici condominiali) se si determina il passaggio a due classi di rischio inferiori. (➡7.3.) Attenzione: con l'emanazione delle misure urgenti connesse all'emergenza epidemiologica da Covid-19, l'aliquota delle detrazioni spettanti è elevata al 110% per le spese sostenute dal 1° luglio 2020 al 31 dicembre 2023; successivamente, la percentuale scende al 70% per il 2024 e 65% per il 2025.
Chi	Soggetti IRPEF e IRES.
Scade il...	Invio all'ENEA delle informazioni sui lavori effettuati: entro 90 giorni dalla data di ultimazione dei lavori o del collaudo. Trasmissione all'Agenzia delle Entrate - da parte di banche e Poste italiane S.p.A. - dei dati relativi alle spese sostenute: entro il 16 marzo. Trasmissione all'Agenzia delle Entrate - da parte degli amministratori di condominio - dei dati relativi alle spese sostenute: entro il 16 marzo.
Procedura	Il soggetto interessato: 1) invia alla ASL competente per territorio una comunicazione; 2) effettua i pagamenti mediante bonifico bancario/postale; 3) acquisisce l'asseverazione della classe di rischio dell'edificio precedente l'intervento e quella conseguibile a seguito dell'esecuzione dell'intervento progettato; 4) indica nella dichiarazione dei redditi i dati catastali identificativi dell'immobile e, in caso di detentore, gli estremi di registrazione dell'atto che ne costituisce titolo; 5) conserva ed esibisce a richiesta degli uffici i documenti prescritti dalla legge; 6) per gli interventi realizzati sulle parti comuni condominiali, può utilizzare una certificazione rilasciata dall'amministratore del condominio che indichi la somma di cui il contribuente può tenere conto ai fini della detrazione; 7) per gli interventi realizzati sulle parti comuni di edifici condominiali, può cedere il credito d'imposta ai fornitori che hanno effettuato gli interventi per l'adozione di misure antisismiche.

95.2. DETRAZIONE PER INTERVENTI DI RISTRUTTURAZIONE EDILIZIA

Adempimento	È prevista una detrazione d'imposta del 50% (salvo casi particolari), con un limite di spesa di euro 96.000, per le spese sostenute ed effettivamente rimaste a carico del contribuente per interventi di recupero, ricostruzione o ripristino degli immobili (➡7.1.11.)
Chi	Possono usufruire della detrazione tutti i contribuenti assoggettati all'imposta sul reddito delle persone fisiche (IRPEF), residenti o meno nel territorio dello Stato. L'agevolazione spetta non soltanto ai proprietari degli immobili ma anche ai titolari di diritti reali/personali di godimento sugli immobili oggetto degli interventi e che ne sostengono le relative spese.
Scade il...	Trasmissione all'Agenzia delle Entrate - da parte di banche e Poste italiane S.p.A. - dei dati relativi alle spese sostenute: entro il 16 marzo. Invio all'ENEA delle informazioni sui lavori: entro 90 giorni dalla data di ultimazione dei lavori o del collaudo. Trasmissione all'Agenzia delle Entrate - da parte degli amministratori di condominio - dei dati relativi alle spese sostenute: entro il 16 marzo.
Procedura	Il contribuente deve: 1) inviare alla ASL competente per territorio una comunicazione (con raccomandata A.R. o altre modalità stabilite dalla Regione); 2) pagare mediante bonifico bancario o postale; 3) indicare nella dichiarazione dei redditi i dati catastali identificativi dell'immobile e, se i lavori sono effettuati dal detentore, gli estremi di registrazione dell'atto che ne costituisce titolo e gli altri dati richiesti per il controllo della detrazione; 4) conservare ed esibire a richiesta degli uffici i documenti prescritti dalla legge; 5) limitatamente agli interventi di ristrutturazione edilizia che comportino una riqualificazione o un risparmio energetico, trasmettere all'Enea le informazioni sui lavori effettuati. L'amministratore di condominio deve: 1) trasmettere in via telematica all'Agenzia delle Entrate una comunicazione contenente i dati relativi alle spese sostenute nell'anno precedente dal condominio; 2) indicare nella comunicazione le quote di spesa imputate ai singoli condomini.

95.3. DETRAZIONE RIQUALIFICAZIONE ENERGETICA (ECOBONUS)

Adempimento	È prevista una detrazione d'imposta del 65% delle spese sostenute da ripartire in 10 rate annuali di pari importo, per le spese sostenute ed effettivamente rimaste a carico del contribuente per opere finalizzate alla riqualificazione energetica degli edifici esistenti. Per le spese sostenute entro il 31 dicembre 2024, la detrazione è pari al 65% ovvero del 50% in funzione della tipologia di intervento (➡7.4.13.). Attenzione: con l'emanazione delle misure urgenti connesse all'emergenza epidemiologica da Covid-19, l'aliquota delle detrazioni spettanti è elevata al 110% per le spese sostenute dal 1° luglio 2020 al 31 dicembre 2023; successivamente, la percentuale scende al 70% per il 2024 e 65% per il 2025. La detrazione al 110% non spetta per interventi effettuati su unità immobiliari residenziali appartenenti alle categorie catastali A1, A8 e A9.
Chi	a) Persone fisiche, compresi esercenti arti e professioni; b) titolari di reddito di impresa (persone fisiche, società di persone, società di capitali); c) associazioni tra professionisti; d) enti pubblici e privati che non svolgono attività commerciale; e) Istituti autonomi per le case popolari.
Scade il...	Invio della documentazione all'ENEA: entro 90 giorni dalla fine dei lavori. Trasmissione all'Agenzia delle Entrate - da parte degli amministratori di condominio - dei dati relativi alle spese sostenute: entro il 16 marzo. Trasmissione all'Agenzia delle Entrate - da parte di banche e Poste italiane S.p.A. - dei dati relativi alle spese sostenute: entro il 16 marzo.

Procedura	Il soggetto interessato deve: 1) acquisire l'asseverazione di un tecnico abilitato, che consente di dimostrare che l'intervento realizzato è conforme ai requisiti tecnici richiesti; 2) acquisire e trasmettere in via telematica all'ENEA le copia dell'attestato di certificazione energetica e scheda informativa degli interventi realizzati; 3) effettuare il pagamento, nel caso non sia titolare di reddito d'impresa, mediante bonifico bancario o postale; 4) conservare ed esibire all'Amministrazione finanziaria, ove ne faccia richiesta i documenti prescritti dalla legge. L'amministratore di condominio deve: 1) trasmettere in via telematica all'Agenzia delle Entrate una comunicazione contenente i dati relativi alle spese sostenute nell'anno precedente dal condominio; 2) indicare nella comunicazione le quote di spesa imputate ai singoli condomini.

IMPOSTA SOSTITUTIVA SULLA RIVALUTAZIONE DEL TFR 95.4.

Adempimento	Sulle rivalutazioni dei fondi per il TFR maturate ogni anno è applicata dal datore di lavoro/sostituto d'imposta un'imposta sostitutiva del 17%, da versare in due rate, in acconto e in saldo (➡8.3.2.).
Chi	Sono obbligati al versamento tutti i datori di lavoro subordinato, esclusi: - i datori di lavoro domestico; - le imprese di nuova costituzione nell'anno iniziale di attività.
Scade il...	Acconto: entro il 16 dicembre dell'anno per cui si effettua la rivalutazione. Saldo: entro il 16 febbraio dell'anno successivo.
Procedure	A) Acconto 1) Calcolare il 90% delle rivalutazioni maturate nell'anno solare precedente, comprese le rivalutazioni dei TFR erogati nel corso di detto anno (metodo "storico"). In alternativa, l'acconto può essere determinato presuntivamente, avendo riguardo al 90% delle rivalutazioni che maturano nello stesso anno per il quale l'acconto è dovuto (metodo "previsionale"). Sono incluse nel calcolo le quote di TFR versate al Fondo di tesoreria dell'INPS; escluse quelle versate ai Fondi di previdenza complementare. 2) Calcolare il 17% della somma sopra determinata (acconto). 3) Versare l'acconto tramite Mod. F24. B) Saldo 1) Calcolare la rivalutazione del TFR al 31 dicembre dell'anno precedente. 2) Calcolare il 17% della somma sopra determinata e detrarre quanto versato in acconto. 3) Versare la differenza a debito (saldo) tramite Mod. F24. 4) Se il versamento dell'acconto risulta in eccesso rispetto a quanto dovuto (e quindi emerge un saldo a credito) la differenza potrà essere scomputata dalle ulteriori ritenute che il sostituto d'imposta è chiamato a versare oppure può essere compensata in F24. 5) Detrarre l'imposta complessivamente versata dal fondo TFR stesso.
Modulistica	Modello di versamento F24 Codici tributo: 1712 per l'acconto e 1713 per il saldo

MODELLO REDDITI SOCIETÀ DI PERSONE 95.5.

Adempimento	Presentazione del Mod. Redditi Società di persone in via telematica (➡17.3.).
Chi	Sono obbligate alla presentazione del Mod. Redditi SP i seguenti soggetti residenti nel territorio dello Stato: - società semplici; - società in nome collettivo e in accomandita semplice; - società di armamento (equiparate alle società in nome collettivo o alle società in accomandita semplice, a seconda che siano state costituite all'unanimità o a maggioranza);

	- società di fatto o irregolari (equiparate alle società in nome collettivo o alle società semplici a seconda che esercitino o meno attività commerciale); - associazioni senza personalità giuridica costituite fra persone fisiche per l'esercizio in forma associata di arti e professioni; - aziende coniugali se l'attività è esercitata in società fra i coniugi (coniugi cointestatari della licenza ovvero coniugi entrambi imprenditori); - gruppi europei di interesse economico GEIE.
Scade il...	30 novembre dell'anno successivo a quello di chiusura del periodo d'imposta.
Procedura	Le modalità di presentazione sono unicamente telematiche e le medesime previste per il Mod. Redditi società di capitali (➡96.4.).

95.6. MODELLO REDDITI PERSONE FISICHE

Adempimento	Presentazione del Mod. Redditi Persone fisiche per via telematica, direttamente o tramite intermediario abilitato. Sono previsti casi in cui è ammessa la presentazione cartacea (➡17.2.).
Chi	Sono obbligati alla presentazione del Mod. Redditi PF in via telematica le persone fisiche che: - hanno conseguito redditi nell'anno d'imposta e non rientrano nei casi di esonero; - sono obbligati alla tenuta delle scritture contabili (come, in genere, i titolari di partita IVA), anche nel caso in cui non abbiano conseguito alcun reddito. Possono presentare la dichiarazione anche quei contribuenti che, pur rientrando nei casi di esonero, intendono far valere oneri deducibili o detraibili o chiedere il rimborso di crediti derivanti dalla dichiarazione dell'anno precedente o da acconti versati per il periodo d'imposta in corso. Sono esonerati dalla presentazione telematica ed ammessi alla presentazione del modello cartaceo i contribuenti che: a) pur possedendo redditi che possono essere dichiarati con il Mod. 730, non possono presentare il Mod. 730; b) pur potendo presentare il Mod. 730 devono dichiarare alcuni redditi o comunicare dati utilizzando i seguenti quadri del Mod. Redditi: - RM - Redditi soggetti a tassazione separata e imposta sostitutiva - RT - Plusvalenze di natura finanziaria - RW - Investimenti all'estero e/o attività estere di natura finanziaria - monitoraggio - IVIE/IVAFE c) devono presentare la dichiarazione per conto di contribuenti deceduti.
Scade il...	Presentazione in via telematica: 30 novembre. Presentazione cartacea: 30 giugno.
Procedura	La presentazione telematica di presentazione delle dichiarazioni è la stessa prevista per il Mod. Redditi società di capitali (➡96.4.). In caso di presentazione cartacea il soggetto interessato deve: 1) raccogliere la documentazione necessaria per la predisposizione del Mod. Redditi Persone fisiche; 2) compilare la dichiarazione Redditi Persone fisiche; 3) verificare la sussistenza dei requisiti per poter presentare la dichiarazione Redditi Persone fisiche su supporto cartaceo; 4) predisporre la dichiarazione cartacea da sottoscrivere ed inserire nell'apposita busta; 5) presentare, indipendentemente dal proprio domicilio fiscale, il Mod. Redditi Persone fisiche ad un ufficio postale; 6) conservare la ricevuta di presentazione.

OPZIONE O REVOCA DEL RISPARMIO AMMINISTRATO 95.7.

Adempimento	Sui redditi diversi di natura finanziaria derivanti dall'investimento del risparmio il contribuente può optare per una tassazione a titolo sostitutivo e liberatorio, ad opera degli intermediari, che avviene in base al criterio di realizzo (non di maturazione) di ciascuna operazione (➡15.3.20.).
Chi	Soggetti interessati: - persone fisiche, per le operazioni non rientranti nell'esercizio di una attività di impresa, - società semplici e soggetti equiparati, - enti non commerciali che hanno conferito ad un intermediario l'incarico di deposito e custodia di valori mobiliari (diversi dalle partecipazioni qualificate). Soggetti esclusi: - soggetti che detengono partecipazioni qualificate ai quali è consentito solo il regime c.d. "dichiarativo"; - imprese individuali; - società di capitali; - enti commerciali; - società di persone aventi oggetto commerciale, a prescindere dalla natura dell'investimento.
Scade il...	Esercizio dell'opzione: all'instaurarsi del rapporto. La durata dell'opzione è annuale, per il periodo d'imposta successivo. Revoca dell'opzione: entro la scadenza di ciascun anno solare, con effetto per il periodo d'imposta successivo.
Procedure e sanzioni	1) Rilasciare comunicazione scritta all'intermediario contestualmente al conferimento dell'incarico di custodia e amministrazione e all'apertura del deposito o conto corrente; 2) per i rapporti già in essere, sottoscrivere e inviare al soggetto incaricato apposita dichiarazione anteriormente all'inizio del periodo di imposta. L'opzione è valida sino a revoca.

OPZIONE O REVOCA DEL RISPARMIO GESTITO 95.8.

Adempimento	Sui redditi diversi di natura finanziaria derivanti dall'investimento del risparmio il contribuente può optare per una tassazione a titolo sostitutivo e liberatorio, ad opera degli intermediari, che avviene in base al criterio di maturazione (non del realizzo) di ciascuna operazione (➡15.3.20.).
Chi	Soggetti interessati: - persone fisiche, per le operazioni non rientranti nell'esercizio di una attività di impresa, - società semplici e soggetti equiparati, - enti non commerciali che hanno conferito ad un soggetto abilitato l'incarico di gestire somme di denaro o beni diversi da quelli relativi ad imprese. Soggetti esclusi: - soggetti che detengono partecipazioni qualificate ai quali è consentito solo il regime c.d. "dichiarativo"; - imprese individuali; - società di capitali; - enti commerciali; - società di persone aventi oggetto commerciale, a prescindere dalla tipologia di investimento.
Scade il...	Esercizio dell'opzione: all'instaurarsi del rapporto. La durata dell'opzione è annuale, per il periodo d'imposta successivo. Revoca dell'opzione: entro la scadenza di ciascun anno solare, con effetto per il periodo d'imposta successivo.

Procedure e sanzioni	1) Rilasciare comunicazione scritta all'intermediario contestualmente al conferimento dell'incarico di gestione di patrimoni; 2) per i rapporti già in essere, sottoscrivere e inviare al soggetto incaricato apposita dichiarazione anteriormente all'inizio del periodo di imposta. L'opzione è valida sino a revoca.

95.9. OPZIONE PER IL REGIME FORFETARIO

Adempimento	Si tratta di un regime fiscale di vantaggio che prevede: - l'applicazione di un'imposta sostitutiva dell'IRPEF, delle relative addizionali e dell'IRAP pari al 15% (5% in caso di nuove iniziative produttive per i primi 5 periodi di imposta); - numerose agevolazioni e semplificazioni ai fini IVA e previdenziali. È applicabile ai soggetti che: - nel periodo d'imposta precedente hanno percepito ricavi o compensi entro il limite di € 65,000; - nell'anno precedente, non hanno sostenuto spese per personale dipendente per un importo complessivo superiore a € 20.000 lordi (➡14.11.9.).
Chi	- Persone fisiche residenti nel territorio dello Stato esercenti attività d'impresa, arti o professioni in possesso di determinati requisiti; - persone fisiche residenti in uno Stato membro UE o in uno Stato aderente all'Accordo sullo Spazio economico europeo che assicuri un adeguato scambio di informazioni e con almeno il 75% del reddito complessivo prodotto in territorio italiano.
Scade il...	Esercizio dell'opzione: entro 30 giorni dalla data di inizio dell'attività. I contribuenti che già svolgono un'attività di impresa, arte o professione, accedono al regime con la dichiarazione annuale. Opzione per il regime ordinario: con la prima dichiarazione annuale da presentare successivamente alla scelta operata. Richiesta di regime contributivo INPS agevolato: mediante apposita comunicazione telematica messa a disposizione dall'INPS, entro il termine di decadenza del 28 febbraio dell'anno di accesso al regime.
Procedure	Inizio dell'attività 1) Verificare la sussistenza dei requisiti. 2) Presentare all'Agenzia delle Entrate (anche in via telematica) il Mod. AA9/12 per la comunicazione di inizio attività in cui è attestata la presunzione di sussistenza dei requisiti.
Modulistica	Mod. AA9/12.

95.10. VERSAMENTO CEDOLARE SECCA

Adempimento	Il versamento dell'imposta sostitutiva è effettuato a saldo per l'annualità precedente e con primo/secondo acconto ovvero unico acconto (per gli acconti non superiori a euro 257,52) per l'annualità in corso (➡10.3.10.). L'aliquota dell'imposta sostitutiva è pari al 21%. È ridotta al 10% per i contratti di locazione a canone concordato, nei comuni ad alta tensione abitativa. L'aliquota del 10% si applica anche ai contratti di locazione a canone concordato stipulati: - nei comuni per i quali sia stato deliberato, nei 5 anni precedenti la data 28 maggio 2014, lo stato di emergenza a seguito del verificarsi di eventi calamitosi; - nei comuni di cui all'art. 1, c. 1, D.L. 17 ottobre 2016, n. 189 (sisma dell'Italia Centrale del 2016 e 2017), in cui sia stata individuata da un'ordinanza sindacale una "zona rossa".
Chi	Persone fisiche che nel periodo di imposta hanno contratti di locazione assoggettati a cedolare secca.
Scade il...	Saldo e 1° acconto: 30 giugno (o nei 30 giorni successivi con la maggiorazione dello 0,40% a titolo di interesse corrispettivo). 2° acconto: 30 novembre (non rateizzabile).

Procedure	1) Raccogliere la documentazione necessaria per la compilazione del Mod. Redditi Persone fisiche. 2) Compilare il quadro RB con i dati relativi ai redditi fondiari. 3) Individuare i canoni di locazione soggetti a cedolare secca. 4) Calcolare il saldo relativo all'anno precedente e l'eventuale acconto (dal 2021 la percentuale sale dal 95% al 100%) per l'anno corrente, in base all'aliquota del 10% (canone concordato) ovvero 21%. 5) Compilare l'F24 con gli importi dovuti a titolo di saldo e di acconto della cedolare secca, effettuare il versamento e conservare le ricevute di pagamento.
Modulistica	Mod. Redditi PF Modello di versamento F24 Codici tributo: 1842 - saldo 1840 - primo acconto 1841 - secondo acconto

96. IRES

96.1. COMUNICAZIONE DELL'ESERCIZIO DELL'OPZIONE PER LA TRASPARENZA FISCALE

Adempimento	I soggetti che vogliono esercitare l'opzione per il regime di tassazione per trasparenza devono darne comunicazione nella dichiarazione dei redditi presentata nel periodo d'imposta a decorrere dal quale l'opzione ha efficacia (➡25.2.4.).
Chi	Sono interessate le società con forma giuridica di SPA, SAPA, SRL, società cooperative e società di mutua assicurazione residenti nel territorio dello Stato.
Scade il...	Esercizio dell'opzione: entro il termine di presentazione della dichiarazione annuale dei redditi scadente nel primo dei 3 periodi d'imposta di efficacia dell'opzione; l'opzione è irrevocabile per i primi 3 esercizi. Perdita di efficacia dell'opzione: entro 30 giorni dal verificarsi dell'evento. Conferma a seguito delle operazioni straordinarie: entro il periodo d'imposta da cui decorrono gli effetti fiscali della fusione o della scissione.
Procedura	1) Verificare i requisiti per l'opzione della trasparenza fiscale. 2) Predisporre la lettera di manifestazione dell'opzione ai soci. 3) Compilare il quadro OP del Mod. Redditi SC; le società impossibilitate, poiché neo costituite oppure risultanti da operazioni di trasformazione, possono compilare l'apposito modello. 4) Inviare telematicamente il modello dichiarativo. 5) Scaricare la ricevuta e conservarla. 6) Esercitare l'eventuale revoca espressa con le stesse modalità utilizzate per l'esercizio dell'opzione. Se non interviene la comunicazione di revoca, l'opzione è tacitamente prorogata e diviene irrevocabile per il triennio successivo.
Modulistica	Quadro OP, Redditi SC. Modello approvato dall'Agenzia delle Entrate.

96.2. MODELLO REDDITI ENTI NON COMMERCIALI

Adempimento	Presentazione del "Mod. Redditi Enti non commerciali ed equiparati" in via telematica (➡35.2.).
Chi	Il "Mod. Redditi - ENC" deve essere utilizzato dai seguenti soggetti IRES: - enti non commerciali (enti pubblici e privati diversi dalle società, nonché i trust, che non hanno per oggetto esclusivo o principale l'esercizio di attività commerciali), residenti nel territorio dello Stato; - organizzazioni non lucrative di utilità sociale (ONLUS), ad eccezione delle società cooperative (comprese le cooperative sociali); - società ed enti non commerciali di ogni tipo, compresi i trust, non residenti nel territorio dello Stato;

	- curatori di eredità giacenti se il chiamato all'eredità è soggetto all'IRES e se la giacenza dell'eredità si protrae oltre il periodo di imposta nel corso del quale si è aperta la successione. Sono esclusi gli enti non commerciali che non abbiano conseguito alcun reddito, ovvero abbiano conseguito soltanto redditi esenti, soggetti a ritenuta alla fonte a titolo d'imposta o ad imposta sostitutiva sempreché non abbiano obblighi contabili ai sensi del citato art. 13 del D.P.R. n. 600/1973 (es. esercizio di attività commerciali, anche senza conseguirne un reddito).
Scade il...	Ultimo giorno dell'undicesimo mese successivo a quello di chiusura del periodo d'imposta. Per i soggetti d'imposta con periodo d'imposta coincidente con l'anno solare: entro il 30 novembre dell'anno successivo.
Procedura	La presentazione telematica di presentazione delle dichiarazioni è la stessa prevista per il Mod. Redditi Società di capitali (➡96.4.).

MODELLO REDDITI SOCIETÀ DI CAPITALI 96.3.

Adempimento	Presentazione del Mod. Redditi Società di capitali in via telematica da parte dei soggetti IRES. Devono essere presentate per via telematica anche le dichiarazioni predisposte dagli intermediari abilitati, dai curatori fallimentari e dai commissari liquidatori (➡35.1.3.).
Chi	Tutti i soggetti IRES: 1) SPA e SAPA, SRL, società cooperative, comprese quelle che abbiano acquisito la qualifica di ONLUS e cooperative sociali, società di mutua assicurazione, nonché società europee di cui al Reg. CE n. 2157/2001 e le società cooperative europee di cui al Reg. CE n. 1435/2003, residenti nel territorio dello Stato; 2) enti commerciali (enti pubblici e privati, diversi dalle società, nonché trust, che hanno per oggetto esclusivo o principale l'esercizio di attività commerciali), residenti nel territorio dello Stato; 3) società ed enti commerciali di ogni tipo, compresi i trust, non residenti nel territorio dello Stato.
Scade il...	Ultimo giorno dell'undicesimo mese successivo a quello di chiusura del periodo d'imposta. Per i soggetti d'imposta con periodo d'imposta coincidente con l'anno solare: entro il 30 novembre dell'anno successivo a quello di chiusura del periodo d'imposta.
Procedura	La presentazione telematica delle dichiarazioni può essere effettuata attraverso il servizio telematico Entratel o il servizio telematico Fisconline. La procedura si articola nelle seguenti fasi: 1) compilazione della dichiarazione in formato elettronico; 2) controllo della dichiarazione (il file viene sottoposto da un apposito programma alle verifiche di conformità del modello compilato ai requisiti fissati dall'Agenzia; le verifiche riguardano anche la completezza dei dati inseriti); 3) predisposizione ed autenticazione del file da trasmettere: prima dell'invio è necessario apporre al file un codice che consenta la verifica dell'identità del soggetto che procede all'invio e dell'integrità dei dati trasmessi (c.d. "autenticazione").

OPZIONE PER IL CONSOLIDATO NAZIONALE IN DICHIARAZIONE 96.4.

Adempimento	L'opzione consente ai gruppi di imprese di determinare in capo alla società controllante (indipendentemente dalla sua quota di partecipazione) un unico reddito complessivo ai fini IRES, costituito dalla somma algebrica degli imponibili della controllante e delle controllate (➡26.1.6.).

Chi	Può essere esercitata da: - società consolidante del gruppo presentando un'unica dichiarazione unificata; - ciascuna società solo in qualità di controllante o solo in qualità di controllata - società non residenti prive di Stabile Organizzazione in Italia (residenti in Paesi UE o SEE e con forma giuridica analoga a società di capitali, cooperative ed enti commerciali italiani) che designano una società controllata residente per l'esercizio dell'opzione. Soggetti esclusi - Soggetti con scadenza dell'esercizio sociale diversa. - Società che fruiscono di riduzione di aliquota dell'imposta. - Società assoggettate alle procedure di fallimento, liquidazione coatta amministrativa o amministrazione straordinaria delle grandi imprese in stato di insolvenza. - Società che hanno optato per il regime di tassazione per trasparenza (in qualità di partecipate).
Scade il...	Comunicazione dell'adesione all'Agenzia delle Entrate: al momento della presentazione del Mod. Redditi relativo al periodo d'imposta a decorrere dal quale si vuole esercitare (o rinnovare) l'opzione o confermare l'adesione. Durata opzione: 3 anni, irrevocabile. Al termine del triennio l'opzione si intende tacitamente rinnovata per un altro triennio a meno che non sia revocata. Questa disposizione si applica al termine di ciascun triennio.
Procedura	A) Adesione - Il soggetto deve: 1) compilare il quadro OP - sezione II all'interno della dichiarazione Mod. Redditi della società consolidante; 2) presentare la dichiarazione tramite modalità telematiche; 3) scaricare la ricevuta e conservarla. B) Interruzione - Il soggetto deve: 1) compilare il modello "Comunicazione per i regimi di Tonnage tax, consolidato, trasparenza e per l'opzione IRAP" della società consolidante; 2) presentare la comunicazione tramite modalità telematiche; 3) scaricare la ricevuta e conservarla.
Modulistica	Designazione della controllata per l'esercizio dell'opzione per la tassazione di gruppo Quadro OP - Sez. II - Mod. Redditi SC Comunicazioni per i regimi di Tonnage tax, consolidato, trasparenza e per l'opzione IRAP

96.5. OPZIONE PER LA TONNAGE TAX

Adempimento	La tonnage tax è un sistema forfetario di determinazione del reddito derivante dall'attività marittima, attraverso l'attribuzione di un reddito giornaliero per singola tonnellata (➜28.3.).
Chi	Possono esercitare l'opzione le imprese marittime in relazione a navi armate o noleggiate (purché il tonnellaggio della nave noleggiata non sia superiore al 50% di quello complessivamente utilizzato) con tonnellaggio superiore alle 100T di stazza netta, destinate ad attività di trasporto merci e passeggeri, soccorso, rimorchio, realizzazione e posa in opera di impianti/attività di assistenza marittima da svolgersi in alto mare. Le società residenti nel territorio italiano devono avere la forma di SPA, SAPA, SRL, società cooperative e di mutua assicurazione, società europee, società cooperative europee, SNC o SAS. Per i soggetti non residenti esercenti l'attività nel territorio dello Stato tramite una Stabile Organizzazione non è prevista alcuna limitazione alla forma societaria.
Scade il...	Esercizio dell'opzione: con la dichiarazione presentata nel periodo d'imposta a decorrere dal quale si intende esercitare l'opzione. Durata dell'opzione: è irrevocabile per dieci esercizi sociali e può essere rinnovata. Al termine del decennio l'opzione è tacitamente rinnovata salvo revoca.

Procedura	1) Verificare la sussistenza delle condizioni relative al tonnellaggio, all'utilizzo delle navi e alla forma societaria. 2) Compilare e presentare in via telematica il quadro OP Sezione I del Mod. Redditi; per le società impossibilitate è utilizzabile apposito modello di comunicazione. 3) Scaricare e conservare la ricevuta di presentazione.
Modulistica	Mod. Redditi SP Mod. Redditi SC Modello di comunicazione opzione tonnage tax

OPZIONE PER RATEAZIONE DELL'IMPOSTA - EXIT TAX 96.6.

Adempimento	Il trasferimento all'estero con perdita della residenza fiscale in Italia comporta la tassazione dell'eventuale plusvalenza emergente tra il valore di mercato e il relativo costo fiscale riconosciuto dei componenti non confluiti in una Stabile Organizzazione in Italia. Il contribuente può definire con l'Agenzia delle Entrate i valori di liquidazione e il reddito imponibile. Sulle plusvalenze così generate vanno versate le imposte sui redditi (Exit Tax), delle quali può essere chiesta la rateazione o sospensione (➡31.5.2.).
Chi	Soggetti esercenti imprese commerciali che trasferiscono la residenza: - in Stati UE; - in Stati aderenti all'Accordo sullo Spazio Economico Europeo con i quali l'Italia abbia stipulato accordi di reciproca assistenza in materia di riscossione dei crediti tributari. La fattispecie impositiva colpisce anche: - il trasferimento all'estero di stabili organizzazioni situate nel territorio italiano; - i soggetti residenti oggetto di incorporazione da parte di una società fiscalmente non residente; - i soggetti che hanno effettuato una scissione a favore di una o più beneficiarie non residenti; - i soggetti che hanno effettuato il conferimento di una stabile organizzazione o di un ramo di essa situati all'estero a favore di un soggetto fiscalmente residente all'estero.
Scade il...	Esercizio dell'opzione per la rateazione: entro la fine del 6° mese successivo alla fine dell'ultimo periodo d'imposta di residenza in Italia (termine per il versamento del saldo delle imposte).
Procedura	I soggetti interessati devono: 1) esercitare l'opzione in forma libera; 2) predisporre su supporto informatico la documentazione contenente l'inventario analitico dei componenti aziendali (e relativi valori) non confluiti in una Stabile Organizzazione in Italia, l'ammontare della plusvalenza complessiva e della relativa imposta rateizzata (con il previsto piano di ammortamento), l'indicazione dello Stato di destinazione e della sede legale estera; 3) conservare la documentazione con le stesse modalità previste per le scritture contabili obbligatorie; 4) offrire le eventuali garanzie chieste dall'Agenzia delle Entrate; 5) trasmettere/esibire la documentazione su eventuale richiesta dell'Agenzia delle Entrate.
Modulistica	Mod. Redditi - Quadro TR

PATENT BOX 96.7.

Adempimento	Nuovo patent box: (per le opzioni riferite a periodi quinquennali che partono dall'esercizio in corso al 22 ottobre 2021) deduzione del 110% dei costi di ricerca e sviluppo relativi ai beni immateriali ai fini fiscali (Ires e Irap) (➡32.2.2.). Vecchio patent box: (dal 2017 fino alle opzioni esercitate nel 2020) detassazione del 50% dei proventi derivanti dai beni immateriali (➡32.2.12.).

Chi	Titolari di reddito d'impresa che svolgono attività di ricerca e sviluppo ammessi ad esercitare l'opzione. Soggetti IRES residenti con paesi con cui è in vigore un accordo per evitare la doppia imposizione (per il nuovo patent box).
Scade il...	Validità nuovo patent box: per le opzioni riferite a periodi quinquennali che partono dall'esercizio in corso al 22 ottobre 2021 (quinquennio 2021-2025). Possibilità di transito dal vecchio patent box al nuovo patent box: su base opzionale fino al periodo di imposta 2024. Non più possibile a decorrere dal periodo di imposta 2025. Validità vecchio patent box: fino alle opzioni per il 2020 (quinquennio 2020-2024), anche se sono state comunicate, attraverso la compilazione del quadro OP del modello di dichiarazione dei redditi, dopo il 22 ottobre 2021. Esercizio dell'opzione: entro il 30 novembre. Durata dell'opzione: 5 esercizi sociali (l'opzione è irrevocabile e rinnovabile).
Procedura e sanzioni	Nuovo patent box 1) predisporre l'apposita documentazione; 2) indicare la documentazione nel Modello Redditi; 3) è possibile cumulare l'agevolazione con il credito R&S; 4) se è in corso il vecchio patent box e non è stato ancora sottoscritto il ruling con le Entrate si può decidere di transitare nel nuovo regime. Attenzione: in tal caso, sono deducibili al 110% solo i costi riferiti al 2021; 5) dedurre i costi sostenuti nel 2021 in 5 anni, salvo il caso in cui siano svolte attività di ricerca e sviluppo preventive, finalizzate alla successiva creazione di un intangibile oggetto di registrazione (software, brevetti e disegni e modelli). In tale eventualità si può ottenere, su tali costi, la deduzione del 110%, retroattivamente, a decorrere dall'anno in cui è stato conseguito il titolo di privativa industriale fino all'ottavo esercizio precedente (se la privativa è stata ottenuta nel 2021 può recuperare le spese fino al 2013). Vecchio patent box 1) verificare che il bene abbia carattere di originalità e rientri tra quelli agevolabili; 2) procedere alla determinazione dei proventi agevolabili: a) con il ruling: 1) presentando l'istanza di ruling (in carta libera, con copia su supporto elettronico, esente da bollo) a mano oppure a mezzo raccomandata con avviso di ricevimento; 2) comparendo dinanzi all'ufficio competente per definire i termini di svolgimento del procedimento in contraddittorio; 3) Sottoscrivendo l'accordo di ruling nel quale sono definiti i metodi di calcolo dell'imposta sul reddito societario; 4) Esercitando l'opzione tramite Mod. Redditi; oppure, b) con l'autonoma determinazione del reddito (anche, se del caso, interrompendo la procedura di ruling in corso, purché l'istanza non sia stata presentata dal 2 maggio 2019). In tal caso: 1) predispone idonea documentazione attestante requisiti soggettivi e criteri di stima, di cui deve dare comunicazione all'Agenzia in dichiarazione, e che va comunque esibita su richiesta (la consegna esclude la possibile contestazione del reato di infedele dichiarazione); 2) Esercita una nuova opzione in dichiarazione per agevolare un bene immateriale diverso ovvero riattivare un'opzione decaduta in caso di mancata presentazione dell'istanza di ruling o della successiva integrazione oppure - riprendere a tassazione i proventi che erano stati agevolati, ma che poi non erano stati reinvestiti in attività di ricerca e sviluppo. Per l'opzione tardiva (solo per vecchio patent box): se è stata comunque presentata l'istanza di ruling, è possibile effettuare l'opzione entro il termine di presentazione della prima dichiarazione utile, con il versamento di una sanzione ridotta pari a 250 euro.

PRESENTAZIONE DEL MODELLO CONSOLIDATO NAZIONALE MONDIALE CNM 96.8.

Adempimento	Presentazione telematica della dichiarazione dei redditi - Modello dichiarativo CNM (➡26.1.9., ➡26.2.8.)
Chi	Soggetti ammessi: - alla tassazione di gruppo di imprese controllate residenti (consolidato nazionale); - alla determinazione dell'unica base imponibile per il gruppo di imprese non residenti (consolidato mondiale). Tenuta alla presentazione è la società o ente consolidante.
Scade il...	Presentazione della dichiarazione: entro l'ultimo giorno dell'11° mese successivo a quello di chiusura del periodo d'imposta (30 novembre, per le società con periodo d'imposta coincidente con l'anno solare). È ammessa la possibilità di inviare la dichiarazione nei 90 giorni successivi previo pagamento delle sanzioni di legge.
Procedura	Il soggetto obbligato deve: 1) presentare la dichiarazione obbligatoriamente in forma "autonoma" con apposito modello CNM (non è possibile avvalersi in tal caso del Mod. Redditi SC); 2) predisporre la dichiarazione attraverso il servizio telematico Entratel; 3) far apporre eventualmente sul modello CNM il visto di conformità per l'utilizzo dei crediti che ne scaturiscono; 4) effettuare il controllo della dichiarazione, sottoponendo il file prodotto con la procedura di cui al punto 2 alle verifiche di conformità predisposte; 5) autenticare il file da trasmettere apponendovi un codice che consenta la verifica dell'identità del soggetto che procede all'invio e dell'integrità dei dati trasmessi.
Modulistica	Modello Consolidato nazionale e mondiale

97. IRAP

97.1. COMUNICAZIONE OPZIONE IRAP

Adempimento	Le società di persone, in contabilità ordinaria, possono optare per la determinazione della base imponibile secondo le modalità proprie delle società di capitali. L'opzione è esercitabile in sede di dichiarazione IRAP o, per i contribuenti impossibilitati in quanto non tenuti alla sua presentazione per il periodo d'imposta precedente a quello a decorrere dal quale si intende esercitare l'opzione (ad es. primo periodo di imposta di esercizio dell'attività), con apposito modello (➔38.3.1.).
Chi	Possono esercitare l'opzione i seguenti soggetti in regime di contabilità ordinaria: - società in nome collettivo e in accomandita semplice e quelle ad esse equiparate. Sono esclusi: i contribuenti in contabilità semplificata. A decorrere dal 1° gennaio 2022 l'imposta regionale sulle attività produttive (IRAP) non è dovuta dalle persone fisiche esercenti attività commerciali ed esercenti arti e professioni.
Scade il...	- Esercizio dell'opzione: entro la scadenza prevista per la presentazione della dichiarazione IRAP; per i contribuenti impossibilitati a comunicare l'opzione con il Mod. IRAP, entro 60 giorni dall'inizio del periodo d'imposta per il quale la si esercita. - Efficacia dell'opzione: a decorrere dall'anno di dichiarazione; l'opzione è irrevocabile per tre periodi d'imposta e al termine del triennio si intende tacitamente rinnovata per un altro triennio a meno che l'impresa non eserciti la revoca.
Procedura	A) Opzione in dichiarazione IRAP 1) Compilazione del rigo IS35 del Mod. IRAP. 2) Autenticazione del file e invio telematico della dichiarazione. 3) Scarico e conservazione della ricevuta di presentazione. B) Opzione in modello di comunicazione 1) compilare e trasmettere in via telematica il modello, direttamente o tramite i soggetti incaricati, attraverso i canali Entratel o Fisconline ovvero attraverso il software denominato "Regimi opzionali", disponibile gratuitamente sul sito Internet www.agenziaentrate.gov.it.; 2) conservare la ricevuta rilasciata in via telematica dall'Agenzia delle Entrate, che attesta l'avvenuto ricevimento della comunicazione.
Modulistica	Dichiarazione IRAP Modello di comunicazione

PRESENTAZIONE DICHIARAZIONE INTEGRATIVA IRAP PER MODIFICARE LA RICHIESTA DI RIMBORSO 97.2.

Adempimento	I contribuenti, persone fisiche e non, che hanno presentato tempestivamente la dichiarazione IRAP con un credito da essa emergente, e con relativa richiesta di rimborso ovvero di ripartizione del credito tra rimborso e utilizzo in compensazione, possono modificare la scelta originariamente espressa attraverso la presentazione di una specifica dichiarazione integrativa (➔40.1.1.).
Chi	Contribuenti che presentano la dichiarazione IRAP, che rilevino la presenza di una eccedenza di imposta. È, inoltre, richiesto che tali eccedenze siano state, almeno in parte, chieste a rimborso.
Scade il...	Entro 120 giorni dall'ordinario termine di presentazione della dichiarazione. In caso di presentazione della dichiarazione entro i 90 giorni il termine di presentazione della dichiarazione integrativa risulta comunque legato alla scadenza del termine ordinario.
Procedure e sanzioni	Procedura: 1) verificare che il termine per la presentazione della dichiarazione non sia superato: 2) verificare che non sia avvenuto il rimborso, anche parziale, dell'eccedenza di imposta richiesta nel Mod. IRAP; 3) barrare casella "Dichiarazione integrativa (art. 2, c. 8-ter, D.P.R. n. 322/1998)"; 4) modificare il quadro IR per imputare a "compensazione" l'eccedenza di imposta precedentemente chiesta a rimborso; 5) presentare la dichiarazione integrativa entro i 120 giorni dal termine ordinario. Sanzioni Trattandosi della modifica della scelta di ripartizione dell'eccedenza di imposta a credito tra la compensazione e il rimborso, non sono previste apposite sanzioni. Tuttavia, l'utilizzo in compensazione di un importo chiesto a rimborso, in assenza della tempestiva presentazione della dichiarazione integrativa, si configurerà quale indebito, soggetto al relativo sistema sanzionatorio.
Modulistica	Mod. IRAP conforme a quello approvato per il periodo d'imposta cui si riferisce la dichiarazione

PRESENTAZIONE DICHIARAZIONE IRAP PERSONE FISICHE E SOCIETÀ DI PERSONE 97.3.

Adempimento	Le persone fisiche, le società di persone e le società e associazioni ad esse equiparate devono presentare la dichiarazione IRAP. (➔40.1.1.)
Chi	a) Persone fisiche. b) Società semplici, in nome collettivo e in accomandita semplice ed equiparate. A decorrere dal 1° gennaio 2022 l'imposta regionale sulle attività produttive (IRAP) non è dovuta dalle persone fisiche esercenti attività commerciali ed esercenti arti e professioni.
Scade il...	Entro il 30 novembre.
Procedura	Il soggetto obbligato deve: 1) compilare il Mod. IRAP approvato nell'anno successivo a quello di chiusura dell'esercizio; 2) effettuare il controllo preventivo della dichiarazione tramite Entratel; 3) controllare, autenticare ed inviare il file tramite Entratel. La dichiarazione può essere trasmessa: - direttamente; - tramite un intermediario autorizzato; 4) scaricare e conservare la ricevuta di presentazione.
Modulistica	Mod. IRAP conforme a quello approvato per il periodo d'imposta cui si riferisce la dichiarazione

97.4. PRESENTAZIONE DICHIARAZIONE IRAP SOCIETÀ DI CAPITALI, ENTI E PUBBLICHE AMMINISTRAZIONI

Adempimento	Le società di capitali, gli enti e le pubbliche amministrazioni devono presentare la dichiarazione IRAP in via telematica direttamente o tramite intermediario abilitato o società del gruppo (➡40.1.1.).
Chi	a) Società di capitali e enti pubblici e privati che hanno per oggetto esclusivo o principale l'esercizio di attività commerciali (art. 73, c. 1, TUIR); b) Pubbliche amministrazioni.
Scade il...	Entro l'ultimo giorno dell'undicesimo mese successivo a quello di chiusura del periodo di imposta.
Procedura	Il soggetto obbligato deve: 1) predisporre il bilancio dell'esercizio; 2) verificare il modello dichiarativo da utilizzare per la compilazione sulla base della data della chiusura del periodo d'imposta; 3) compilare il Mod. IRAP; 4) effettuare il controllo preventivo della dichiarazione tramite Entratel; 5) controllare, autenticare ed inviare il file tramite Entratel. La dichiarazione può essere trasmessa: - direttamente; - tramite un intermediario autorizzato; - tramite altri soggetti incaricati (per le Pubbliche Amministrazioni). Per le società appartenenti a gruppi, la dichiarazione telematica può essere trasmessa da una società del gruppo attraverso il servizio Entratel; 6) scaricare e conservare la ricevuta di presentazione.
Modulistica	Mod. IRAP conforme a quello approvato per il periodo d'imposta cui si riferisce la dichiarazione

97.5. VERSAMENTO SALDO E PRIMO ACCONTO IRAP

Adempimento	Versamento del saldo e del primo acconto, derivante dai risultati presenti nella dichiarazione IRAP. Il versamento può essere rateizzato. L'acconto è determinato in misura pari al 100% dell'imposta dovuta per il periodo d'imposta per il quale si presentata la dichiarazione: - in due rate di cui la prima pari al 40% e la seconda pari al 60%; - in unica soluzione entro il termine di versamento della seconda rata (30 novembre) se l'importo della prima rata non supera 103 euro. Se l'importo dell'acconto è inferiore a euro 51,65 euro, l'acconto non è dovuto. Per i soggetti ISA: i versamenti sono effettuati in due rate ciascuna nella misura del 50% (➡40.1.2.).
Chi	Soggetti passivi IRAP Soggetti esclusi: - contribuenti esercenti attività d'impresa, arti o professioni che abbiano aderito al regime forfetario agevolato (art. 1, c. da 54 a 89, Legge n. 190/2014); - incaricati di vendita a domicilio soggetti alla ritenuta a titolo d'imposta; - i soggetti che esercitano una attività agricola ai sensi dell'art. 32, D.P.R. n. 917/1986 e le cooperative e loro consorzi di cui all'art. 10 del D.P.R. n. 601/1973; - fondi comuni d'investimento; - fondi pensione; - gruppi europei di interesse economico (GEIE).
Scade il...	Nel caso di contribuenti con esercizio coincidente con l'anno solare: - 30 giugno (o nei 30 giorni successivi con la maggiorazione dello 0,40%). Entro l'ultimo giorno del sesto mese successivo a quello di chiusura del periodo d'imposta, per i soggetti diversi da quelli indicati al punto precedente. Versamenti IRAP 2019-2020 eccedenti limite aiuto temporaneo UE: 31 gennaio 2022.

Procedura	1) Verificare l'importo dell'imposta dovuta. 2) Compilare il Modello di versamento F24 secondo le apposite istruzioni. 3) Effettuare il versamento. 4) Scaricare la ricevuta e conservarla.
Modulistica	- Mod. IRAP - Mod. F24 Codici tributo: 3812 - primo acconto 3800 - saldo

VERSAMENTO SECONDO O UNICO ACCONTO IRAP 97.6.

Adempimento	Versamento del secondo o unico acconto dovuto sulla base delle risultanze da dichiarazione IRAP. Il versamento non può essere rateizzato (➔40.1.2.).
Chi	Soggetti passivi IRAP
Scade il...	30 novembre per i contribuenti con esercizio coincidente con l'anno solare. Entro l'ultimo giorno dell'undicesimo mese successivo a quello di chiusura del periodo d'imposta, se altri soggetti, diversi da quelli indicati al punto precedente.
Procedura	1) Calcolare il II o unico acconto dell'IRAP risultante dalla dichiarazione IRAP (su base storica o previsionale). 2) Compilare l'F24 con gli importi dovuti a titolo di II acconto IRAP. 3) Effettuare il versamento in via telematica. 4) Conservare le ricevute di pagamento.
Modulistica	- Mod. IRAP - Mod. F24 Codici tributo: - 3813 per il secondo acconto o acconto in unica soluzione

98. IVA

98.1. ACCONTO IVA ANNUALE

Adempimento	I soggetti IVA obbligati alla liquidazione e al versamento periodico, devono versare l'acconto IVA dovuto per le liquidazioni periodiche di chiusura dell'ultimo mese o dell'ultimo trimestre dell'anno. L'acconto IVA non è dovuto se inferiore a euro 103,29 (➡62.2.).
Chi	Soggetti obbligati Contribuenti titolari di partita IVA che effettuano liquidazioni mensili e trimestrali. Soggetti esclusi - Soggetti che hanno iniziato o cessato l'attività in corso d'anno; - contribuenti che nel mese di dicembre/ultimo trimestre dell'anno precedente hanno evidenziato un credito; - soggetti a credito nel periodo di riferimento.
Scade il...	27 dicembre
Procedura e sanzioni	1) Scelta della modalità di calcolo dell'acconto (storico, previsionale o effettivo). 2) Determinazione dell'acconto dovuto. 3) Compilazione del Mod. F24, effettuazione del versamento, conservazione della ricevuta. Omesso o insufficiente versamento: sanzione amministrativa del 30% dell'importo non versato.
Modulistica	Mod. F24 Codici tributo: 6013 (contribuenti mensili) e 6035 (contribuenti trimestrali)

COMUNICAZIONE DEI DATI DELLE LIQUIDAZIONI PERIODICHE IVA 98.2.

Adempimento	I soggetti passivi IVA trasmettono una comunicazione trimestrale dei dati contabili riepilogativi delle liquidazioni periodiche dell'imposta effettuate (➨62.1.3.).
Chi	Soggetti obbligati: soggetti passivi ai fini IVA. Soggetti esclusi: - soggetti esonerati dall'obbligo di presentazione della dichiarazione IVA annuale o dall'effettuazione delle liquidazioni periodiche (es. chi ha optato per il regime dei minimi o il nuovo regime forfetario); - soggetti IVA che non hanno registrato operazioni rilevanti ai fini IVA nel trimestre oggetto di comunicazione (salvo che emerga un credito dal trimestre precedente).
Scade il...	Ultimo giorno del secondo mese successivo a ciascun trimestre solare. Per il secondo trimestre, entro il 16 settembre.
Procedura e sanzioni	1) Preparare l'apposita comunicazione delle liquidazioni periodiche IVA. 2) Inviare telematicamente la comunicazione; l'Agenzia delle Entrate mette a disposizione del contribuente le risultanze dell'esame dei dati delle comunicazioni e le valutazioni concernenti la coerenza tra i dati medesimi e le comunicazioni delle liquidazioni. 3) Conservare la ricevuta di avvenuta presentazione della comunicazione. Omessa, incompleta o infedele comunicazione: sanzione da euro 500 a euro 2.000, ridotta della metà ove la trasmissione sia effettuata entro i 15 giorni successivi alla scadenza stabilita ovvero se nel medesimo termine è effettuata la trasmissione corretta dei dati. È applicabile il ravvedimento operoso.
Modulistica	Modello comunicazione liquidazioni periodiche IVA

EMISSIONE DELLA FATTURA CARTACEA 98.3.

Adempimento	L'emissione della fattura comprova l'avvenuta cessione di beni o prestazione di servizi, ed il diritto a riscuoterne il prezzo. È obbligatoria per ciascuna operazione imponibile ma anche per le operazioni non imponibili, esenti o non soggette nonché quelle rientranti in determinati regimi speciali. I soggetti esonerati dall' obbligo di fatturazione elettronica possono continuare ad emettere la fattura in formato cartaceo (➨46.6.).
Chi	- Soggetti che operano in regime di vantaggio; - soggetti in regime forfettario; - soggetti che inviano i dati al Sistema tessera sanitaria (operatori sanitari), ma soltanto per le fatture effettivamente inviate al sistema; - soggetti non tenuti all'invio dei dati al Sistema tessera sanitaria, con riferimento alle fatture relative alle prestazioni sanitarie effettuate nei confronti delle persone fisiche; - soggetti passivi che hanno esercitato l'opzione per il regime di cui alla Legge n. 398/1991 (società sportive dilettantistiche e assimilate), che nel periodo d'imposta precedente hanno conseguito dall'esercizio di attività commerciali proventi per un importo non superiore a euro 65.000.
Scade il...	- Fattura immediata: entro 12 giorni dall'effettuazione dell'operazione. - Fattura differita: entro il giorno 15 del mese successivo a quello di effettuazione delle cessioni di beni la cui consegna/spedizione risulti da documento di trasporto/altro documento. - Commissionari: entro il mese successivo a quello di consegna/spedizione dei beni per le cessioni di beni effettuate dal cessionario nei confronti di un soggetto terzo per il tramite del proprio cedente. - Prestazioni di servizi rese a soggetti passivi UE non soggette ad IVA/ Prestazioni di servizi rese o ricevute da soggetti passivi extra-UE: entro il giorno 15 del mese successivo a quello di effettuazione dell'operazione.

Procedura e sanzioni	1) Il cedente, essendo esonerato dall'emissione della fattura elettronica, continua ad emettere fattura in duplice esemplare: - con consegna a mano, - tramite il servizio postale, - tramite posta elettronica o con procedure informatizzate sempreché i dati siano materializzati in documenti cartacei, - a mezzo fax collegato ad un supporto informatico (e non semplicemente alla linea telefonica) che memorizzi il documento all'interno dell'archivio, garantendone l'integrità. 2) Cedente e cessionario procedono alla stampa e alla conservazione delle fatture su supporto cartaceo. 3) Per le operazioni non imponibili, esenti o non soggette nonché quelle rientranti in determinati regimi speciali: - in luogo dell'imposta devono essere indicate apposite annotazioni; - se l'importo è superiore a 77,47 euro è dovuta un'imposta di bollo di 2 euro.

98.4. EMISSIONE DELLA FATTURA IN MODALITÀ REVERSE CHARGE

Adempimento	Il reverse charge consente l'inversione contabile dal venditore all'acquirente per quanto riguarda gli obblighi IVA. La fattura è emessa dal cedente/prestatore ma senza applicazione dell'IVA, poiché questa deve essere integrata dall'acquirente o dal committente. Il meccanismo è applicabile alle specifiche operazioni di cui agli artt. 17 e 74, D.P.R. n. 633/1972 (➡46.11.).
Chi	Per applicare il reverse charge è necessario che entrambi le parti siano soggetti passivi IVA e che il destinatario del bene o del servizio risieda nel territorio dello Stato.
Scade il...	La fattura integrata deve essere registrata nel registro delle fatture e nel registro degli acquisti entro il mese di ricevimento ovvero anche successivamente, ma comunque entro 15 giorni dal ricevimento e con riferimento al relativo mese.
Procedura	1) Il cedente/prestatore emette la fattura: - senza addebito dell'imposta; - con l'annotazione "inversione contabile"; - con l'indicazione del riferimento normativo che disciplina la procedura (art. 17, c. 5 e 6, D.P.R. n. 633/1972). 2) L'acquirente/committente: - integra la fattura con indicazione dell'aliquota e della relativa imposta; - annota la fattura integrata sia nel registro delle fatture, o dei corrispettivi, sia nel registro degli acquisti ai fini della detrazione.

98.5. EMISSIONE DI FATTURE PER OPERAZIONI UE

Adempimento	Le cessioni intracomunitarie - ovvero le cessioni di beni a titolo oneroso tra soggetti passivi d'imposta nei rispettivi Stati che vengono fisicamente trasportati da uno Stato membro in un altro Stato membro della UE - sono operazioni non imponibili. L'emissione della relativa fattura deve soddisfare precisi requisiti (➡51.10.).
Chi	Soggetti interessati: soggetti passivi IVA nei rispettivi Stati membri della UE iscritti nell'elenco VIES.
Scade il...	Emissione della fattura: entro il giorno 15 del mese successivo a quello di effettuazione dell'operazione.
Procedura	La fattura deve contenere: 1) indicazione, in luogo dell'ammontare dell'imposta, che si tratta di operazione non imponibile con eventuale specificazione della norma comunitaria o nazionale; 2) numero di identificazione attribuito, agli effetti IVA, al cessionario dallo Stato membro di appartenenza (escluse vendite in base a cataloghi e simili); 3) riferimento al cessionario del primo cessionario, per le consegne effettuate in uno Stato diverso;

	4) per beni spediti o trasportati da uno Stato membro in altro Stato membro, acquistati senza pagamento dell'imposta, numero di identificazione attribuito al cessionario dallo Stato membro di destinazione dei beni e designazione dello stesso quale debitore dell'imposta; 5) per beni spediti o trasportati dal soggetto passivo o per suo conto nel territorio di altro Stato membro, indicazione del numero di identificazione allo stesso attribuito da tale Stato; 6) per mezzi di trasporto nuovi, dati di identificazione degli stessi. Dal 1° luglio 2022 le fatture emesse verso soggetti stabiliti nella UE dovranno essere trasmesse attraverso SDI, esattamente come per le operazioni interne.

ESTEROMETRO (TRASMISSIONE TELEMATICA DEI DATI DELLE OPERAZIONI TRANSFRONTALIERE) 98.6.

Adempimento	Trasmissione telematica all'Agenzia delle Entrate dei dati di tutte le fatture emesse nel mese di riferimento, e di quelle ricevute e registrate, da e verso soggetti non stabiliti nel territorio dello Stato nonché i dati delle relative variazioni. Attenzione: il presente adempimento sarà abrogato a partire dalle operazioni effettuate dal 1° luglio 2022. I dati delle operazioni transfrontaliere a partire dalla predetta data saranno inviati all'Agenzia delle Entrate tramite il Sistema di Interscambio (SDI) (➔**62.1.2.**).
Chi	Obbligati alla trasmissione sono i soggetti passivi ai fini IVA residenti o stabiliti nel territorio dello Stato. Sono esclusi i contribuenti che rientrano: - nel regime forfettario; - nel regime fiscale di vantaggio per l'imprenditoria giovanile.
Scade il...	Invio trimestrale: entro la fine del mese successivo al trimestre di riferimento. Dal 1° luglio 2022 Trasmissione telematica dei dati relativi alle operazioni attive, poste in essere nei confronti di soggetti non stabiliti in Italia: entro i termini di emissione delle fatture o dei documenti che ne certificano i corrispettivi, vale a dire entro 12 giorni dall'effettuazione della cessione o prestazione o entro il diverso termine stabilito da specifiche disposizioni (es. giorno 15 del mese successivo in caso di fatturazione differita). Trasmissione telematica dei dati relativi alle operazioni passive, poste in essere da soggetti non stabiliti in Italia: entro il quindicesimo giorno del mese successivo a quello del ricevimento del documento comprovante l'operazione o di effettuazione dell'operazione stessa.
Procedura e sanzioni	1) individuare analiticamente i dati da trasmettere relativi alle fatture emesse e ricevute del trimestre interessato; 2) escludere dall'adempimento le fatture relative ai casi di non assoggettamento all'obbligo (le fatture elettroniche e quelle relative ai regimi ed ai soggetti non tenuti all'adempimento); 3) procedere alla creazione del file relativo alle fatture emesse e/o a quello delle fatture ricevute, avendo cura di autenticare i files stessi (o di apporre il sigillo nel caso si acceda dalla sezione Fatture e Corrispettivi); 4) inviare telematicamente i dati di cui al punto 1; 5) scaricare e conservano le ricevute dell'invio. Omessa o errata trasmissione dei dati: sanzione di 2 euro, con un massimo di 1.000 euro, per ciascun trimestre oggetto di comunicazione. La sanzione è ridotta alla metà, entro il limite massimo di 500 euro, se la trasmissione è effettuata entro i 15 giorni successivi al termine ordinario ovvero se nel medesimo termine è effettuata la trasmissione corretta dei dati. Non trova applicazione il cumulo giuridico.

98.7. FATTURAZIONE DIFFERITA

Adempimento	È possibile posticipare l'emissione della fattura successivamente alla prestazione del servizio o consegna/spedizione del bene (➡46.8.1.).
Chi	a) Soggetti IVA che effettuano cessioni di beni con consegna/spedizione risultante da documento di trasporto o altro documento idoneo; b) soggetti che, nel mese solare precedente, hanno prestato servizi nei confronti di un medesimo soggetto individuabili da apposita documentazione; c) soggetti che si avvalgono del regime "IVA per cassa".
Scade il...	15 del mese successivo a quello di consegna/spedizione del bene o prestazione di servizio.
Procedura e sanzioni	1) Controllare i documenti/operazioni. 2) Verificare se trattasi di cessione di beni o di prestazione di servizi. 3) Individuare il giorno di consegna/spedizione del bene o di prestazione del servizio. 4) Controllare l'emissione del documento di trasporto/altri documenti idonei per cessione beni; controllare la documentazione per le prestazioni di servizi nei confronti del medesimo soggetto. 5) Emettere e registrare la fattura differita. Sanzioni Violazione degli obblighi di documentazione e registrazione di operazioni o individuazione di prodotti determinati Indicazione di imposta inferiore a quella dovuta nella documentazione o nei registri: sanzione amministrativa tra il 90% e il 180% (con un minimo di euro 500) dell'imposta relativa all'imponibile non documentato o non registrato. Operazioni non soggette ad IVA, non imponibili o esenti: sanzione amministrativa tra il 5% e il 10% dei corrispettivi non documentati o non registrati. Quando la violazione non rileva ai fini della determinazione del reddito, sanzione amministrativa da euro 250 a euro 2.000. È ammesso il ricorso al ravvedimento operoso.

98.8. FATTURAZIONE ELETTRONICA

Adempimento	La fattura elettronica è un file in formato XML conforme alle specifiche tecniche approvate dalle Entrate; il ricorso alla fattura elettronica è subordinato all'accettazione da parte del destinatario (➡46.13.).
Chi	La fattura elettronica è obbligatoria per tutti i soggetti passivi IVA (salvo particolari regimi che restano esclusi) per le cessioni di beni, prestazioni di servizi e relative variazioni, effettuate tra soggetti IVA residenti, stabiliti o identificati nel territorio dello Stato. Per le operazioni di cessione di beni e di prestazione di servizi effettuate e ricevute, dal 1° luglio 2022, verso e da soggetti non stabiliti nel territorio dello Stato, gli operatori IVA residenti trasmettono i dati all'Agenzia inviando i file al Sistema di interscambio secondo le regole di compilazione previste dalle specifiche tecniche dell'AdE
Scade il...	Termine conservazione fatture elettroniche per le fatture emesse nel 2020: 28 febbraio 2022. Adesione al servizio di consultazione ed acquisizione fatture elettroniche: 28 febbraio 2021 (prorogato al 31 dicembre 2021). Emissione della fattura: - fatturazione immediata, entro 12 giorni dall'effettuazione dell'operazione; - fatturazione attiva verso l'estero: entro 12 giorni dall'effettuazione dell'operazione; - fatturazione passiva dall'estero: la trasmissione dei file è effettuata entro il giorno 15 del mese successivo a quello di ricevimento del documento comprovante l'operazione o di effettuazione dell'operazione; - fatturazione differita: giorno 15 del mese successivo a quello di effettuazione dell'operazione. La fattura elettronica si considera emessa nella data della notifica di ricezione dello SdI.

Procedura	Il soggetto passivo deve: 1) emettere e ricevere la fattura elettronica, utilizzando il formato XML e il Sistema di Interscambio gestito dall'Agenzia delle Entrate, secondo le regole tecniche stabilite dalla stessa; 2) trasmettere la fattura mediante: - PEC (posta elettronica certificata); - servizio SdICoop (un sistema di cooperazione applicativa, su rete Internet, con servizio esposto tramite Modello "web service" fruibile attraverso protocollo HTTPS); - servizio SdIFtp (un sistema di trasmissione dati tra terminali remoti basato su protocollo SFTP); - la specifica funzionalità del servizio web Fatture e corrispettivi; 3) conservare la fattura elettronica: la conservazione in modalità elettronica dei documenti rilevanti ai fini tributari deve essere comunicata all'Agenzia delle Entrate nella dichiarazione dei redditi (quadro RS). Le fatture elettroniche possono essere conservate anche in uno Stato diverso da quello dell'emittente, con il quale siano in vigore accordi di reciproca assistenza; 4) eventualmente aderire al servizio di consultazione ed acquisizione delle fatture elettroniche sul sito web dell'Agenzia delle Entrate; in assenza di adesione, l'Agenzia memorizza e rende consultabile e scaricabile l'e-fattura solo fino all'avvenuto recapito al destinatario; 5) valutare se delegare un soggetto terzo all'utilizzo dei servizi di fatturazione elettronica, attraverso apposito modulo disponibile sul portale dell'Agenzia; 6) in caso di assoggettamento dell'importo fatturato all'imposta di bollo, effettuare (trimestralmente o semestralmente) il versamento dell'imposta di bollo tramite F24.

FATTURA ELETTRONICA VERSO LA PUBBLICA AMMINISTRAZIONE 98.9.

Adempimento	Nei confronti delle amministrazioni dello Stato la fattura deve essere emessa esclusivamente in forma elettronica (file xml) ed inviata attraverso il Sistema di Interscambio (SdI) (➔**46.13.1.**).
Chi	L'obbligo di fatturazione elettronica riguarda i soggetti passivi IVA che effettuano operazioni nei confronti della pubblica amministrazione, ovvero: a) Ministeri; b) Agenzie fiscali; c) Enti nazionali di previdenza; d) tutti gli enti ricompresi nel conto economico consolidato dello Stato (enti locali e territoriali, altre amministrazioni pubbliche).
Scade il...	I termini per l'emissione della fatturaPA sono i medesimi della fattura cartacea sulla base del momento in cui l'operazione si considera effettuata.
Procedura	1) Predisposizione file XML secondo il formato della FatturaPA (singolo file oppure più file singoli racchiusi in un file compresso). Il file deve essere nominato rispettando la seguente nomenclatura: - Codice iPa; - codice Paese; - identificativo univoco del trasmittente (codice fiscale per soggetto residente in Italia o identificativo proprio del Paese di appartenenza per soggetto residente all'estero); - progressivo univoco del file (stringa alfanumerica massimo di 5 caratteri); - Codice identificativo di gara (CIG), tranne nei casi di esclusione dall'obbligo di tracciabilità; - Codice unico di progetto (CUP), in caso di fatture relative a opere pubbliche. 2) Firma del file tramite certificato di firma qualificata (CAdES-BES o XAdES-BES). 3) Controllo.

	4) Invio al SdI mediante: - PEC; - via Web (con credenziali Entratel o Fisconline o Carta Nazionale dei Servizi (CNS)); - Servizio SDICoop; - Servizio SDIFTP (per soggetti con elevati volumi di fatture); - Servizio SPCoop.

98.10. FATTURAZIONE PER IMBALLAGGI NON RESTITUITI

Adempimento	Emissione della fattura relativamente agli imballaggi e recipienti ceduti nel corso dell'anno precedente con obbligo di resa e non restituiti secondo le pattuizioni contrattuali (➡46.20.).
Chi	Soggetti titolari di partita IVA.
Scade il...	Emissione della fattura: entro il 31 gennaio dell'anno successivo.
Procedura e sanzioni	1) Annotare in apposito registro (distintamente per tipo di recipiente/imballaggio e per aliquota di imposta) le consegne e restituzioni dei recipienti/imballaggi risultanti dalle fatture di vendita dei prodotti. 2) Determinare - per differenza - il quantitativo degli imballaggi/recipienti da assoggettare ad imposta, sottraendo dai quantitativi complessivamente consegnati in ciascun anno solare quelli complessivamente restituiti nel periodo stesso. 3) Calcolare la base imponibile, data dall'ammontare delle cauzioni corrispondenti ai quantitativi dei diversi tipi di imballaggi/recipienti di cui al punto 2). 4) Annotare in fattura, in luogo dell'indicazione dei cessionari, il riferimento al D.M. 11 agosto 1975. Violazione degli obblighi di documentazione/registrazione di operazioni imponibili ai fini IVA ovvero di individuazione di prodotti determinati: sanzione amministrativa fra il 90 e 180% dell'imposta relativa all'imponibile non correttamente documentato o registrato nel corso dell'esercizio, con un minimo di euro 500. È ammesso il ricorso al ravvedimento operoso.
Modulistica	Fattura per imballaggi e recipienti non restituiti. Registro degli imballaggi.

98.11. LIQUIDAZIONE ANNUALE IVA

Adempimento	Determinazione dell'IVA da versare o del credito IVA da riportare nelle liquidazioni successive o, se ne sussistono i presupposti, da chiedere a rimborso o da utilizzare in compensazione (➡61.1.2.).
Chi	Soggetti passivi IVA che presentano la dichiarazione IVA annuale nella quale risulta dovuta un'imposta per l'anno solare precedente.
Scade il...	Versamento in un'unica soluzione: 16 marzo I contribuenti possono rateizzare il versamento. La rateazione non può protrarsi oltre il 16 novembre. Il versamento può essere differito al 30 giugno di ogni anno (anche per le società con esercizio non coincidente con l'anno solare), con la maggiorazione dello 0,40% a titolo di interesse per ogni mese o frazione di mese successivo al 16 marzo.
Procedura	Il soggetto obbligato deve: 1) individuare il saldo a debito risultante dalla dichiarazione IVA annuale; 2) versare il saldo IVA ove risulti superiore a 10 euro con il Modello di pagamento F24, tramite modalità telematiche; 3) in caso di rateizzazione, l'ammontare va suddiviso in rate mensili di pari importo, da versare il giorno 16 di ogni mese, con decorrenza dal mese di marzo o dalla scadenza del termine per il versamento delle imposte sui redditi; le rate successive alla prima vanno maggiorate dello 0,33% per ciascun mese a titolo di interesse; 4) aggiungere la maggiorazione dello 0,40% per ogni mese o frazione di mese successivo al 16 marzo, in caso di versamento al 30 giugno o al 30 luglio.

LIQUIDAZIONE MENSILE IVA 98.12.

Adempimento	La procedura di liquidazione determina l'ammontare dell'IVA da versare o del credito IVA da riportare nelle liquidazioni successive/chiedere a rimborso/utilizzare in compensazione (➡61.1.1.).
Chi	Soggetti obbligati: soggetti passivi IVA che nell'anno solare precedente hanno superato il limite di volume d'affari di euro 400.000 per la prestazione di servizi, o euro 700.000 per l'esercizio delle altre attività, ovvero soggetti che hanno optato per la liquidazione mensile. Soggetti esclusi: contribuenti trimestrali speciali.
Scade il...	16 del mese successivo
Procedura	1) Registrare le operazioni attive e passive del mese di riferimento. 2) Individuare IVA a debito e a credito e calcolare la differenza. Attenzione: per le operazioni soggette allo split payment, l'IVA esposta in fattura non deve essere conteggiata a debito del contribuente che ha emesso la fattura (sono le P.A. a dover versare l'IVA addebitata loro dai fornitori in fattura). 3) Versare l'eventuale differenza positiva tramite Modello di pagamento F24 con modalità telematiche. Attenzione: se l'importo a debito non supera euro 25,82 il versamento è effettuato con quello del mese successivo.
Modulistica	Mod. F24 Codici Tributo: da 6001 a 6012 in relazione al mese per cui si effettua il versamento.

LIQUIDAZIONE TRIMESTRALE IVA 98.13.

Adempimento	La procedura di liquidazione determina l'ammontare dell'IVA da versare o del credito IVA da riportare nelle liquidazioni successive/chiedere a rimborso/utilizzare in compensazione (➡61.1.1.).
Chi	Soggetti obbligati a) Contribuenti trimestrali ordinari: soggetti che nell'anno solare precedente non hanno superato il limite di volume d'affari di euro 400.000 per la prestazione di servizi o euro 700.000 per l'esercizio delle altre attività e che non hanno optato per la liquidazione mensile. b) Contribuenti trimestrali speciali, a prescindere dal volume di affari: distributori di carburanti; autotrasportatori di merci conto terzi; esercenti attività di servizi al pubblico; esercenti arti e professioni sanitarie. Soggetti esclusi: soggetti esclusi dall'applicazione dell'IVA o che applicano il regime fiscale di vantaggio per l'imprenditoria giovanile e lavoratori in mobilità.
Scade il...	16 maggio, 16 agosto, 16 novembre, 16 marzo dell'anno successivo (16 febbraio dell'anno successivo per i contribuenti trimestrali speciali).
Procedura	1) Registrare le operazioni attive e passive del trimestre di riferimento. 2) Individuare l'IVA a debito a credito e calcolare la differenza. Attenzione: per le operazioni soggette allo split payment, l'IVA esposta in fattura non deve essere conteggiata a debito del contribuente che ha emesso la fattura (sono le P.A. a dover versare l'IVA addebitata loro dai fornitori in fattura). 3) Versare l'eventuale differenza positiva tramite Modello di pagamento F24 con modalità telematiche, maggiorata dei relativi interessi da liquidazione trimestrale (1%). Attenzione: se l'importo a debito non supera euro 25,82 il versamento è effettuato con quello del mese successivo.
Modulistica	Mod. F24 Codici Tributo: - 6031, 6032, 6033 (primo secondo terzo trimestre); - 6034 (per i soli contribuenti trimestrali speciali, quarto trimestre).

98.14. PRESENTAZIONE DEGLI ELENCHI INTRA-12

Adempimento	Invio mensile telematico del Mod. INTRA 12 relativo agli acquisti intracomunitari effettuati nel periodo precedente (➡50.1.1.).
Chi	a) ENC e altre organizzazioni non soggetti IVA, e produttori agricoli, per acquisti intracomunitari oltre 10.000 euro oppure che hanno optato per l'applicazione dell'imposta in Italia; b) ENC soggetti IVA, per acquisti intracomunitari nell'esercizio di attività non commerciali; c) Enti, associazioni ed altre organizzazioni non soggetti IVA, e produttori agricoli che applicano il "reverse charge", per acquisti da soggetti non residenti.
Scade il...	Entro la fine del 2° mese successivo a quello di ricezione della fattura e/o emissione/ricevimento autofattura.
Procedura	1) Individuare: - gli acquisti intracomunitari le cui fatture sono state ricevute il 2° mese precedente a quello di presentazione della dichiarazione; - gli acquisti da soggetti non residenti in reverse charge effettuati nel 2° mese precedente a quello di presentazione della dichiarazione; - gli acquisti intracomunitari per i quali è stata emessa autofattura, il 2°mese precedente a quello di presentazione della dichiarazione. - per l'ENC soggetto IVA, gli acquisti risalenti alle attività non commerciali. 2) Verificare il superamento del limite di 10.000 euro. 3) Solo per l'ENC non soggetto IVA: - richiedere l'attribuzione del numero di partita IVA/inizio attività senza alcuna qualifica di soggetto passivo IVA; - integrare le fatture di acquisto esponendo l'IVA e numerarle; - annotare le fatture nell'apposito registro; - versare mensilmente l'imposta utilizzando il Mod. INTRA 12. 4) Compilare e presentare il modello (direttamente o tramite gli intermediari abilitati) in via telematica utilizzando i canali Fisconline o Entratel.
Modulistica	Mod. INTRA-12

98.15. PRESENTAZIONE IN VIA TELEMATICA DELLA DICHIARAZIONE IVA

Adempimento	Redazione e invio telematico della dichiarazione annuale IVA relativa alle operazioni effettuate nell'anno solare precedente (➡62.3.2.).
Chi	Soggetti titolari di partita IVA che esercitano attività d'impresa, attività artistiche o professionali.
Scade il...	Dichiarazione IVA autonoma: dal 1° febbraio al 30 aprile.
Procedura	1) Stampare i registri IVA e raggruppare le operazioni attive e passive per tipologia di aliquota, di regime di esenzione, di non imponibilità. 2) Indicare i risultati delle liquidazioni periodiche e relativi versamenti. 3) Calcolare l'imposta a debito e l'imposta detraibile sulla base del pro-rata di detraibilità. 4) Determinare l'eventuale debito o credito d'imposta. 5) Trasmettere la dichiarazione in via telematica all'Agenzia delle Entrate: - direttamente mediante il servizio Entratel o Fisconline; - tramite intermediari abilitati. 6) Conservare la comunicazione dell'Agenzia delle Entrate attestante l'avvenuta presentazione della dichiarazione inviata telematicamente.
Modulistica	Mod. IVA.

REGISTRAZIONE DELLE FATTURE ATTIVE 98.16.

Adempimento	Le fatture emesse per operazioni attive imponibili, non imponibili, esenti e non soggette vanno annotate in apposito registro seguendo l'ordine di numerazione (➜46.26.1.).
Chi	Soggetti interessati: soggetti passivi IVA e soggetti tenuti a certificare i corrispettivi mediante l'emissione di scontrini/ricevute che hanno emesso fattura su richiesta del cliente. Soggetti esonerati: soggetti che svolgono operazioni esenti IVA se hanno esercitato l'opzione per l'esonero degli adempimenti; contribuenti minimi; soggetti in regime contabile agevolato o in regime fiscale di vantaggio per l'imprenditoria giovanile e lavoratori in mobilità. Esclusi anche i soggetti che si avvalgono del SDI per la trasmissione telematica delle fatture elettroniche.
Scade il...	Fattura immediata: entro il 15 del mese successivo a quello di effettuazione delle operazioni e con riferimento allo stesso mese di effettuazione delle operazioni. Fattura differita - Prestazioni di servizi a soggetti passivi UE non soggette IVA - Prestazioni di servizi rese/ricevute da soggetti passivi extra-UE: entro il 15 del mese successivo a quello di effettuazione delle operazioni e con riferimento allo stesso mese di effettuazione delle operazioni. Autotrasportatori: entro il trimestre solare successivo a quello di emissione. Fatture emesse dal 2° cedente di triangolazione: entro il 15 del mese successivo a quello di emissione e con riferimento al medesimo mese. Operazioni effettuate tramite sedi secondarie/altre dipendenze/dipendenti/ausiliari/intermediari - Cessioni di beni per contratti estimatori - Passaggi dal committente al commissionario: entro la fine del mese successivo di effettuazione dell'operazione.
Procedura	Indicare per ogni fattura raccolta: 1) numero progressivo e data di emissione; 2) per le operazioni imponibili: imponibile e imposta, distinti secondo l'aliquota; 3) per le operazioni non imponibili, esenti o non soggette: ammontare dell'operazione e titolo di inapplicabilità dell'imposta; 4) dati anagrafici del cliente (per autofatture dati del soggetto che cede bene/presta servizio).

REGISTRAZIONE DELLE FATTURE PASSIVE 98.17.

Adempimento	Le fatture relative agli acquisti effettuati (operazioni passive imponibili, non imponibili, esenti) devono essere registrate nel registro degli acquisti ai fini dell'esercizio del diritto alla detrazione. Sono esclusi i documenti relativi ad operazioni non soggette IVA o con IVA totalmente indetraibile. Per taluni acquisti è possibile istituire registri sezionali ovvero separati (es. per acquisti UE) (➜48.7.1.).
Chi	Soggetti interessati: tutti i soggetti passivi IVA. Soggetti esonerati: soggetti che svolgono operazioni esenti IVA se hanno esercitato l'opzione per l'esonero degli adempimenti; contribuenti minimi; soggetti in regime contabile agevolato o in regime fiscale di vantaggio per l'imprenditoria giovanile e lavoratori in mobilità. Esclusi anche i soggetti che si avvalgono del SDI per la trasmissione telematica delle fatture elettroniche.
Scade il...	Registrazione: dopo il ricevimento dei documenti di acquisto e prima della dichiarazione periodica/ dichiarazione annuale in cui si intende esercitare il diritto alla detrazione. Esercizio del diritto alla detrazione: il diritto sorge sin dal momento in cui l'operazione si considera effettuata e può essere esercitato al più tardi con la dichiarazione relativa all'anno in cui il diritto alla detrazione è sorto. Nel caso di operazioni effettuate nell'anno precedente, l'imposta deve essere detratta nell'anno di ricezione del documento. Trascorso tale termine la registrazione è possibile ma non consente la detrazione.

Procedura	Indicare per ogni fattura raccolta: 1) data e numero della fattura/bolletta doganale; 2) per le operazioni imponibili: imponibile e imposta, distinti secondo l'aliquota; 3) per le operazioni non imponibili o esenti: ammontare dell'operazione e titolo di inapplicabilità dell'imposta; 4) dati anagrafici del soggetto che ha ceduto i beni/effettuato le prestazioni (per autofatture dati del soggetto che cede bene/presta servizio). 5) data di registrazione, totale del documento registrato, eventuali importi non rilevanti ai fini IVA presenti nella fattura.

98.18. REGISTRAZIONE DELLE FATTURE PER ACQUISTI UE

Adempimento	Gli acquisti intracomunitari sono effettuati in Italia se i beni provenienti da altro Stato membro sono spediti/trasportati nel territorio nazionale. La fattura ricevuta per acquisti comunitari deve essere registrata distintamente nel registro degli acquisti ai fini dell'esercizio del diritto alla detrazione dell'imposta (➡52.3.1.).
Chi	Soggetti interessati: soggetti passivi IVA nei rispettivi Stati membri della UE iscritti nell'elenco VIES.
Scade il...	Registrazione fattura: entro il giorno 15 del mese successivo a quello di ricezione della fattura, e con riferimento al mese precedente.
Procedura e sanzioni	Integrare le fatture per acquisti comunitari indicando: 1) il controvalore in euro (utilizzando il cambio del giorno in cui l'operazione è stata effettuata) del corrispettivo e degli altri elementi che concorrono a formare la base imponibile dell'operazione, espressi in valuta estera; 2) l'ammontare dell'imposta, calcolata secondo l'aliquota dei beni; 3) (per acquisti intracomunitari senza pagamento dell'imposta, o non imponibili, o esenti), il titolo con eventuale indicazione della norma comunitaria o nazionale. Dal 1° luglio 2022 le fatture o documenti similari ricevuti da soggetti passivi UE dovranno essere integrate dal soggetto passivo stabilito in Italia mediante un documento integrativo in formato XML, da trasmettere a SDI entro il 15° giorno del mese successivo a quello di ricevimento del documento estero. Sanzioni Mancata o irregolare registrazione: sanzione amministrativa fra il 90% e il 180% dell'imposta relativa all'imponibile non correttamente documentato o registrato con un minimo di 500 euro, ridotta a metà per i soggetti con ricavi/compensi non superiori a 5 milioni di euro che utilizzano strumenti di pagamento diversi dal denaro contante e nelle dichiarazioni indicano gli estremi identificativi dei rapporti con gli operatori finanziari. Irregolare od omessa tenuta o conservazione delle scritture contabili: sanzione da 1.000 euro a 8.000 euro.

98.19. REGISTRAZIONE DELLE FATTURE PER CESSIONI UE

Adempimento	Le cessioni intracomunitarie - ovvero le cessioni di beni a titolo oneroso tra soggetti passivi d'imposta nei rispettivi Stati che vengono fisicamente trasportati da uno Stato membro in un altro Stato membro della UE - sono operazioni non imponibili. Le relative fatture devono essere registrate distintamente rispetto alle fatture interne (➡51.10.).
Chi	Soggetti interessati: soggetti passivi IVA nei rispettivi Stati membri della UE iscritti nell'elenco VIES.
Scade il...	Registrazione fattura: entro il termine di emissione della fattura, con riferimento al mese di effettuazione (entro il giorno 15 del mese successivo a quello di effettuazione dell'operazione).
Procedura e sanzioni	1) Registrare distintamente le fatture per cessioni comunitarie rispetto alle fatture interne, secondo l'ordine della numerazione e con riferimento al mese di effettuazione dell'operazione; 2) per le fatture in valuta, effettuare la conversione in euro utilizzando il cambio del giorno in cui l'operazione è stata effettuata.

	Dal 1° luglio 2022 le fatture emesse verso soggetti stabiliti nella UE dovranno essere trasmesse attraverso SDI, esattamente come per le operazioni interne. Anche queste trasmissioni a SDI dovranno essere effettuate entro 12 giorni dalla data di effettuazione dell'operazione. Sanzioni Mancata o irregolare registrazione: sanzione amministrativa tra il 5% ed il 10% dei corrispettivi non documentati o non registrati con un minimo di 500 euro; quando la violazione non rileva neppure ai fini della determinazione del reddito, sanzione amministrativa da 250 euro a 2.000 euro. La sanzione è ridotta a metà per i soggetti con ricavi/compensi non superiori a 5 milioni di euro che utilizzano strumenti di pagamento diversi dal denaro contante e nelle dichiarazioni indicano gli estremi identificativi dei rapporti con gli operatori finanziari. Irregolare od omessa tenuta o conservazione delle scritture contabili: sanzione da 1.000 euro a 8.000 euro.

RIMBORSO INFRANNUALE IVA 98.20.

Adempimento	Richiesta di rimborso dell'eccedenza di imposta detraibile superiore a 2.582,28 euro (Mod. IVA TR) (➜61.3.2.).
Chi	Titolari di partita IVA con liquidazione IVA a credito che rientrano nelle fattispecie definite dall'art. 30 e 38-bis, D.P.R. n. 633/1972.
Scade il...	Presentazione Mod. IVA TR: entro l'ultimo giorno del mese successivo al trimestre di riferimento: - 30 aprile - 1° trimestre; - 31 luglio - 2° trimestre; - 31 ottobre - 3° trimestre. I crediti maturati nel 4° trimestre possono essere chiesti a rimborso esclusivamente in sede di dichiarazione annuale. Presentazione di dichiarazione integrativa (per rettifica): entro il termine di presentazione della dichiarazione relativa al periodo d'imposta successivo.
Procedura	1) Registrare le fatture di acquisto e di vendita del trimestre. 2) Effettuare la liquidazione per la verifica della sussistenza del credito. 3) Verificare i requisiti di presentazione della richiesta di rimborso e l'eventuale garanzia al credito richiesto a rimborso: - richieste superiori ai 30.000 euro: si può scegliere alternativamente tra il visto di conformità o la presentazione di una dichiarazione assieme ad una polizza fideiussoria; - per l'utilizzo in compensazione di crediti superiori a 5.000 euro è necessario visto di conformità. 4) Compilare il modello e presentarlo esclusivamente in via telematica all'Agenzia dell'Entrate. 5) Scaricare e conservare la ricevuta assieme al modello ed all'eventuale dichiarazione sostitutiva. 6) Utilizzare in compensazione il credito a partire dal 10° giorno successivo a quello di presentazione dell'istanza.

SPLIT PAYMENT 98.21.

Adempimento	La scissione dei pagamenti (split payment) deroga all'ordinario meccanismo di applicazione dell'IVA, trasferendo la responsabilità del pagamento dell'imposta dal cedente al cessionario. Sono esclusi gli acquisti soggetti a reverse charge o a regimi speciali che non prevedono l'evidenza dell'imposta in fattura oltre ai soggetti che effettuano prestazioni di servizi nell'ambito del lavoro autonomo ed i cui compensi sono assoggettati a ritenute alla fonte a titolo di imposta sul reddito ovvero a ritenuta a titolo di acconto (➜46.12.).

Chi	Sono soggetti al meccanismo ed esonerati dal versamento i soggetti passivi IVA per le cessioni di beni e le prestazioni di servizi effettuate, nel territorio dello Stato, nei confronti di: - P.A.; - enti pubblici economici nazionali; - società controllate da amministrazioni pubbliche, enti ovvero da società controllate da tali soggetti; - società quotate inserite nell'indice FTSE MIB della Borsa italiana (o altro indice alternativo; - enti pubblici economici comprese aziende speciali e pubbliche di servizi alla persona; - fondazioni e società partecipate da P.A. o da enti e società dalle stesse controllate, in misura non inferiore al 70%.
Scade il...	Versamento dell'IVA (cessionario): entro il giorno 16 del mese successivo al mese di pagamento dei corrispettivi (ovvero di ricezione della fattura in caso di esigibilità anticipata dell'imposta).
Procedura	Il fornitore: 1) emette fattura con annotazione "scissione dei pagamenti"; 2) non è tenuto al pagamento dell'imposta; 3) opera la registrazione delle fatture emesse in modo distinto riportando aliquota applicata e ammontare dell'imposta; 4) non deve computare l'imposta indicata nella liquidazione periodica; 5) è ammesso ai rimborsi dell'IVA. La P.A. e gli altri soggetti cessionari effettuano il pagamento dell'IVA con Mod. F24; in alternativa, gli enti possono annotare le fatture entro il giorno 15 del mese successivo a quello in cui l'imposta è divenuta esigibile, con riferimento al mese precedente: l'imposta dovuta partecipa alla liquidazione periodica del mese di esigibilità o del relativo trimestre.

IMPOSTE INDIRETTE 99.

DICHIARAZIONE IMPOSTA DI BOLLO ASSOLTA IN MODO VIRTUALE 99.1.

Adempimento	I contribuenti che hanno scelto di assolvere al pagamento dell'imposta di bollo in modo virtuale, e hanno ottenuto l'autorizzazione, devono presentare all'Agenzia delle Entrate il modello di dichiarazione esclusivamente in via telematica (➡66.5.2.).
Chi	Gli utenti che hanno richiesto ed ottenuto l'autorizzazione all'assolvimento in modo virtuale dell'imposta di bollo devono presentare la dichiarazione contenente l'indicazione del numero degli atti e documenti emessi nell' anno precedente, distinti per voce di tariffa. Inoltre, deve presentare la dichiarazione: - chi decide di rinunziare all'autorizzazione; - chi, a seguito di operazioni straordinarie, è subentrato nell'autorizzazione; - chi intende sostituire la dichiarazione già presentata. Attenzione: specifiche disposizioni sono previste, con decorrenza dal 2022, per l'imposta di bollo assolta in modo virtuale dai seguenti soggetti finanziari: - Poste italiane Spa; - banche; - società di gestione del risparmio; - società capogruppo dei gruppi bancari; - società di intermediazione mobiliare; - imprese di assicurazioni; - soggetti di cui ai titoli V, V-bis e V-ter del D.Lgs. n. 385/1993; - società esercenti altre attività finanziarie di cui all'art. 59, comma 1, lett. b), del D.Lgs. n. 385/1993.
Scade il...	Presentazione dichiarazione ordinaria: entro il mese di gennaio dell'anno successivo, salvo proroga al primo giorno feriale successivo. Presentazione dichiarazione per soggetti finanziari: entro il mese di febbraio dell'anno successivo, salva proroga al primo giorno feriale successivo. Dichiarazione per rinuncia autorizzazione: contemporaneamente alla comunicazione di rinuncia all'autorizzazione. Dichiarazione sostitutiva: entro il termine previsto per la presentazione della dichiarazione ordinaria.
Procedura	Il contribuente autorizzato all'assolvimento dell'imposta in modo virtuale presenta la dichiarazione consuntiva contenente l'indicazione del numero degli atti e documenti emessi nell'anno solare precedente, distinti per voce di tariffa, unicamente tramite modalità telematiche (direttamente dal dichiarante, tramite i servizi telematici dell'Agenzia delle Entrate o avvalendosi di un intermediario abilitato). La dichiarazione deve essere redatta, a pena di nullità, su modello conforme a quello approvato con Provvedimento del Direttore dell'Agenzia delle Entrate del 29 dicembre 2017; tale versione del modello prevede la possibilità di scomputare l'acconto effettivamente versato nell'anno di riferimento della dichiarazione sulle rate bimestrali e/o sull'acconto dovuto per l'anno successivo.

99.2. REGISTRAZIONE CONTRATTI DI LOCAZIONE

Adempimento	I soggetti che stipulano contratti di locazione di immobili devono provvedere alla registrazione presso l'Agenzia delle Entrate. Per le locazioni fra privati di immobili abitativi, locati a uso abitativo, c'è la possibilità di optare per il regime della cedolare secca (➡63.9.).
Chi	Risultano obbligate in solido alla registrazione del contratto di locazione le parti contraenti che stipulano contratti di locazione di immobili, nonché gli agenti immobiliari, qualora si tratti di contratti conclusi a seguito della loro attività.
Scade il...	Registrazione entro 30 giorni: - dalla data di stipula del contratto; - dalla scadenza del contratto (o di una precedente proroga), in caso di proroga. Comunicazione all'amministratore del condominio solo per contratti di locazione di immobili abitativi: entro 60 giorni.
Procedura	1) Compilare e presentare all'Agenzia delle Entrate il Mod. RLI che consente la registrazione dei contratti, nonché l'esercizio o la revoca dell'opzione per la cedolare secca; 2) solo per i contratti di locazione di immobili abitativi, documentare il rispetto dell'obbligo al conduttore e all'amministratore del condominio, in modo che quest'ultimo possa adempiere agli obblighi di tenuta dell'anagrafe condominiale; 3) versare l'imposta di registro (non dovuta in caso di opzione per la cedolare secca) nella misura del: - 2% del canone annuo moltiplicato per il numero delle annualità per i fabbricati a uso abitativo; - 1% del canone annuo, se la locazione è effettuata da soggetti passivi IVA, o 2% del canone negli altri casi, per i fabbricati strumentali per natura; - 0,50% del corrispettivo annuo moltiplicato per il numero delle annualità per i fondi rustici; - 2% del corrispettivo annuo moltiplicato per il numero delle annualità per gli altri immobili; 4) versare, per ogni copia da registrare, l'imposta di bollo (non dovuta in caso di opzione per la cedolare secca).
Modulistica	Mod. RLI.

99.3. VERSAMENTO BIMESTRALE IMPOSTA DI BOLLO ASSOLTA IN MODO VIRTUALE

Adempimento	Versamento bimestrale dell'imposta di bollo assolta in modo virtuale, delle rate liquidate dall'ufficio, sulla base della dichiarazione fornita per la concessione dell'autorizzazione (➡66.5.2.).
Chi	I soggetti che hanno richiesto apposita autorizzazione per procedere all'assolvimento dell'imposta di bollo in maniera virtuale.
Scade il...	Ultimo giorno di ciascun bimestre solare.
Procedura	Il contribuente ottenuta l'autorizzazione ad assolvere l'imposta in modo virtuale, dopo la verifica da parte dell'ufficio competente circa la sussistenza dei requisiti di affidabilità e di adeguata capacità economica: - versa le rate liquidate dall'ufficio, sulla base della dichiarazione fornita per la concessione dell'autorizzazione stessa. L'imposta di bollo provvisoriamente dovuta per il periodo compreso tra la data di decorrenza dell'autorizzazione e il 31 dicembre viene ripartita, dall'ufficio medesimo, in tante rate bimestrali quanti sono i bimestri compresi in tale periodo; - presenta la dichiarazione annuale entro il 31 gennaio dell'anno successivo e sulla base dei dati indicati in tale dichiarazione, l'Ufficio, procederà alla liquidazione definitiva a consuntivo dell'imposta dovuta per l'anno precedente, imputando la differenza a debito o a credito alla rata bimestrale scadente a febbraio o, occorrendo, a quella successiva. Tale liquidazione andrà assunta quale base per la liquidazione provvisoria dell'imposta per l'anno in corso.

VERSAMENTO IMPOSTA DI REGISTRO SUI CONTRATTI DI LOCAZIONE 99.4.

Adempimento	Antecedentemente alla registrazione cartacea o contestualmente alla registrazione telematica di un contratto di locazione, il locatore e il conduttore sono solidalmente obbligati al pagamento dell'imposta di registro (➔63.27.3.).
Chi	Soggetti che hanno stipulato e stanno per registrare contratti di locazione (di durata non inferiore a 30 giorni nell'anno) di immobili abitativi o commerciali.
Scade il...	Prima annualità: entro 30 giorni dalla stipula del contratto. Annualità successive: entro 30 giorni dalla scadenza della precedente annualità di locazione, a meno che, in sede di versamento della prima annualità, non si sia optato per la possibilità di versare in unica soluzione l'imposta dovuta per tutte le annualità di locazione. Versamento in unica soluzione: entro 30 giorni dalla stipula del contratto.
Procedura	1) Individuare la percentuale dell'imposta di registro applicabile in base alla tipologia di immobile oggetto di locazione; 2) applicare la specifica percentuale individuata al corrispettivo annuo di locazione; 3) procedere al versamento dell'imposta tramite Mod. F24 Elide o al pagamento telematico in caso di registrazione telematica del contratto di locazione. Per i contratti di locazione e sublocazione di immobili urbani di durata pluriennale il pagamento dell'imposta può avvenire, alternativamente: - di anno in anno, applicando il 2% (o 1%) a ciascuna annualità e tenendo conto degli aumenti ISTAT; - in unica soluzione, applicando il 2% (o 1%) all'importo pattuito per l'intera durata del contratto e con uno sconto sull'imposta dovuta pari alla metà del tasso d'interesse legale moltiplicato per gli anni di durata del contratto.

100. ALTRE IMPOSTE E TASSE

100.1. DICHIARAZIONE IMU

Adempimento	Presentazione della dichiarazione IMU per la comunicazione di variazioni rilevanti ai fini della determinazione dell'imposta (➡67.2.8.).
Chi	Sono obbligati alla presentazione i titolari di diritti reali sugli immobili per i quali sono intervenute variazioni rispetto a quanto risulta dalle dichiarazioni già presentate, nonché nei casi in cui si sono verificate variazioni che non sono, comunque, conoscibili dal Comune. In particolare, nei casi di: a) immobili che godono di riduzioni dell'imposta; b) immobili per i quali il Comune non è in possesso delle informazioni necessarie per verificare il corretto adempimento dell'obbligazione tributaria.
Scade il...	Entro il 30 giugno dell'anno successivo a quello in cui il possesso degli immobili ha avuto inizio o sono intervenute variazioni rilevanti ai fini della determinazione dell'imposta.
Procedura e sanzioni	1) Compilare la dichiarazione IMU. 2) Stampare 2 copie di dichiarazione (una per il contribuente ed una per il Comune). 3) Presentare la dichiarazione IMU al Comune nel cui territorio sono ubicati gli immobili oggetto di dichiarazione mediante consegna a mano agli Uffici comunali, oppure raccomandata senza ricevuta di ritorno in busta chiusa recante la dicitura "Dichiarazione IMU 20xx" e indirizzata all'ufficio tributi del Comune competente, oppure trasmissione con posta certificata, oppure invio telematico mediante Fisconline o Entratel. Mancata presentazione della dichiarazione: sanzione dal 100% al 200% del tributo dovuto, con un minimo di € 51. Dichiarazione infedele: sanzione dal 50% al 100% della maggiore imposta; da € 51 a € 258 se l'omissione o l'errore attengono ad elementi non incidenti sull'ammontare dell'imposta.

100.2. DICHIARAZIONE IMU - ENTI NON COMMERCIALI

Adempimento	Gli enti non commerciali che possiedono immobili oggetto dell'esenzione di cui all'art. 7, c. 1, lett. i), del D.Lgs. n. 504/1992, sono tenuti a inviare in modalità telematica la Dichiarazione IMU ENC. (➡67.2.8.)
Chi	Enti pubblici e privati diversi dalle società, residenti nel territorio dello Stato, che non hanno per oggetto esclusivo o principale l'esercizio di attività commerciali e che possiedono immobili imponibili oppure esenti (parzialmente o totalmente) destinati allo svolgimento esclusivo o parziale, con modalità non commerciali (non lucrative), di attività assistenziali, previdenziali, sanitarie, di ricerca scientifica, didattiche, ricettive, culturali, ricreative e sportive, di religione o culto, a scopi missionari (in caso di possesso di immobili non esenti, va presentata la dichiarazione ordinaria).
Scade il...	Entro il 30 giugno dell'anno successivo a quello di inizio del possesso degli immobili o a quello in cui sono intervenute variazioni rilevanti ai fini della determinazione dell'imposta. La dichiarazione non va ripetuta ogni anno, salvo variazioni da cui derivino modifiche dell'imposta dovuta.

Procedura e sanzioni	1) Compilare la dichiarazione IMU ENC inserendo i dati catastali degli immobili (quadri A e B), determinando l'IMU nel quadro C, e indicando l'eventuale credito d'imposta ed il relativo utilizzo in compensazione e/o a rimborso nel quadro D. 2) Presentare la dichiarazione direttamente presso l'ufficio tributi del Comune (che è tenuto a rilasciare ricevuta), oppure con posta raccomandata senza ricevuta di ritorno (la data di spedizione è considerata la data di presentazione), oppure tramite trasmissione PEC, o per via telematica utilizzando il canale Entratel o Fisconline. Omessa presentazione della dichiarazione: dal 100% al 200% del tributo dovuto con un minimo di euro 51. Dichiarazione infedele: dal 50% al 100% della maggiore imposta dovuta; da euro 51 a euro 258 se l'omissione o l'errore non incidono sull'ammontare dell'imposta.
Modulistica	Mod. IMU ENC

VERSAMENTO IMU 100.3.

Adempimento	Il versamento dell'imposta municipale propria dovuta al Comune per l'anno in corso può avvenire in 2 rate (la prima in acconto e la seconda a saldo) oppure in unica soluzione annuale (➡67.2.7.).
Chi	Sono obbligati al versamento: a) i proprietari di immobili (inclusi terreni e aree edificabili), a qualsiasi uso destinati, compresi quelli strumentali o alla cui produzione o scambio è diretta l'attività dell'impresa; b) i titolari di diritto reale di usufrutto, uso, abitazione, enfiteusi, superficie sugli stessi; c) i concessionari, nel caso di concessione di aree demaniali; d) i locatari, per gli immobili concessi in locazione finanziaria; e) le imprese costruttrici, per i fabbricati costruiti e destinati alla vendita.
Scade il...	Acconto (ovvero unica soluzione): 16 giugno. Saldo: 16 dicembre. Attenzione: l'imposta IMU non è dovuta per gli anni 2021 e 2022 (subordinatamente all'autorizzazione della Commissione europea) per gli immobili rientranti nella categoria catastale D/3 destinati a spettacoli cinematografici, teatri e sale per concerti e spettacoli, a condizione che i relativi proprietari siano anche gestori delle attività ivi esercitate.
Procedura	1) Verificare il possesso di immobili soggetti ad IMU. 2) Verificare eventuali riduzioni o esenzioni applicabili agli immobili posseduti. 3) Determinare l'imposta dovuta. 4) Compilare il Mod. F24 con gli importi dovuti a titolo di acconto e/o saldo (in alternativa può essere utilizzato il bollettino di conto corrente postale o la piattaforma PagoPA). 5) Effettuare il versamento e conservare le ricevute di pagamento.

VERSAMENTO IVAFE 100.4.

Adempimento	Le persone fisiche, gli enti non commerciali e le società semplici ed equiparate residenti in Italia che, nel periodo d'imposta, detengono investimenti all'estero ovvero attività estere di natura finanziaria sono tenuti al versamento di un'imposta sul valore dei prodotti finanziari, dei conti correnti e dei libretti di risparmio detenuti all'estero, pari a: - 0,2% del valore dei prodotti finanziari diversi da conti correnti e libretti di risparmio - per conti correnti e libretti di risparmio esteri: a) misura fissa di € 34,20 per persone fisiche (a condizione che il valore medio di giacenza annuo sia superiore a € 5.000) e b) misura fissa di € 100,00 per soggetti diversi da persone fisiche (e con misura massima di € 14.000). È previsto un versamento a saldo per l'annualità precedente e un primo e secondo acconto per quella in corso (➡68.1.7.).

Chi	Soggetti obbligati Persone fisiche residenti in Italia che detengono all'estero prodotti finanziari, conti correnti e libretti di risparmio anche mediante società fiduciarie o soggetti esteri interposti. Attenzione: a decorrere dal 2020 e con effetto per i versamenti dal 2021 sono soggetti passivi dell'IVAFE le persone fisiche, gli enti non commerciali e le società semplici ed equiparate residenti in Italia che, nel periodo d'imposta, detengono investimenti all'estero ovvero attività estere di natura finanziaria.
Scade il...	Saldo e primo acconto: 30 giugno (o 30 luglio con la maggiorazione dello 0,40% a titolo di interesse corrispettivo). Secondo o unico acconto: 30 novembre (non rateizzabile).
Procedura	1) Raccogliere la documentazione necessaria per la compilazione del Mod. Redditi PF. 2) Compilare il quadro RW con i dati relativi alle attività finanziarie detenute all'estero. 3) Individuare il valore delle attività finanziarie da assumere quale base imponibile dell'imposta. 4) Verificare per i conti correnti se la giacenza media risulti o meno superiore a euro 5.000. 5) Applicare l'aliquota d'imposta all'entità delle attività finanziarie rapportate al possesso e alla detenzione e l'imposta fissa ai conti correnti, anch'essa rapportata alla percentuale e al periodo di possesso. 6) Compilare l'F24 con l'importo dovuto a titolo di saldo e di acconto dell'imposta. 7) Effettuare il versamento e conservare le ricevute di pagamento.
Modulistica	Mod. Redditi PF Mod. F24 Codici tributo: 4043 - saldo 4047 - primo acconto 4048 - secondo o unico acconto

100.5. VERSAMENTO IVIE

Adempimento	Le modalità di versamento dell'IVIE (imposta sul valore degli immobili detenuti all'estero) sono le stesse previste in materia IRPEF: versamento a saldo per l'annualità precedente e primo e secondo acconto per l'annualità in corso (➡67.5.4.).
Chi	Sono obbligate al versamento: a) le persone fisiche residenti in Italia che detengono a titolo di proprietà o di altro diritto reale immobili in altri Stati (esclusi immobili adibiti ad abitazione principale di categoria diversa da A/1, A/8 e A/9); b) le società fiduciarie che detengo beni immobili in Stati esteri per conto di persone fisiche. Attenzione: a decorrere dal 2020 e con effetto per i versamenti dal 2021 sono soggetti passivi dell'IVIE le persone fisiche, gli enti non commerciali e le società semplici ed equiparate, residenti in Italia, proprietari di immobili all'estero ovvero titolari di altro diritto reale sugli stessi.
Scade il...	Saldo e primo acconto: 30 giugno (o 30 luglio con la maggiorazione dello 0,40%). Secondo o unico acconto: 30 novembre.
Procedura	1) Raccogliere la documentazione necessaria per la compilazione del Mod. Redditi Persone fisiche. Compilare il quadro RW con i dati relativi agli immobili posseduti all'estero. 2) Individuare il valore dell'immobile da assumere quale base imponibile dell'imposta e applicare la relativa aliquota d'imposta. In caso di immobile estero adibito ad abitazione principale, ove l'immobile sia assoggettabile ad imposizione applicare la prevista detrazione. Sottrarre dall'importo ottenuto l'eventuale imposta patrimoniale pagata all'estero sull'immobile. 3) Compilare il Mod. F24 con l'importo dovuto a titolo di saldo e di primo e secondo acconto dell'imposta. 4) Effettuare il versamento e conservare le ricevute di pagamento. L'importo dovuto a titolo di secondo acconto non può essere rateizzato.

Modulistica	Mod. Redditi PF. Mod. F24. Codici tributo: - "4041" Persone fisiche - Saldo - "4042" Società fiduciarie - Saldo - "4044" Persone fisiche - Acconto prima rata - "4045" Persone fisiche - Acconto seconda rata o acconto in unica soluzione - "4046" Società fiduciarie - Acconto

VERSAMENTO TARI 100.6.

Adempimento	Chiunque possieda o detenga a qualsiasi titolo locali o aree scoperte, a qualsiasi uso adibiti, suscettibili di produrre rifiuti urbani, è tenuto al versamento della TARI, la tassa sui rifiuti destinata a finanziare i costi del servizio di raccolta e smaltimento dei rifiuti (➔67.4.5.).
Chi	- Pluralità di possessori o detentori: sono tenuti in solido all'adempimento dell'unica obbligazione tributaria. - Detenzione temporanea non superiore a 6 mesi nel corso dello stesso anno solare: il tributo è dovuto solo dal possessore dei locali e delle aree a titolo di proprietà, usufrutto, uso, abitazione o superficie. Soggetti esclusi Chi possiede o detiene in via non esclusiva aree scoperte pertinenziali o accessorie a locali imponibili, non operative, e aree comuni condominiali.
Scade il...	Ogni Comune deve prevedere due o più rate.
Procedura	Il contribuente: 1) riceve dal Comune il bollettino PagoPA ovvero altro modello di versamento (Mod. F24 ovvero il bollettino di conto corrente postale precompilato); 2) può pagare in un'unica soluzione ovvero secondo il numero di rate e alle scadenze stabilite dal Comune.
Modulistica	Mod. F24

101. ACCERTAMENTO E RISCOSSIONE

101.1. ACCERTAMENTI ESECUTIVI

Adempimento	Gli avvisi di accertamento concernenti imposte dirette, IRAP e IVA, nonché i contestuali provvedimenti di irrogazione delle sanzioni, hanno efficacia esecutiva. Per non incorrere nell'esecuzione forzata, il contribuente che riceve l'avviso deve valutare la proposizione del ricorso ovvero il pagamento. (➔71.7.)
Chi	a) Persone fisiche e giuridiche. b) Enti commerciali e non.
Scade il...	Pagamento delle somme richieste con l'avviso di accertamento: entro i termini di proposizione del ricorso (60 giorni dalla notifica dell'avviso di accertamento). Emergenza Covid-19: gli avvisi di accertamento con decadenza tra l'8 marzo e il 31 dicembre 2020, devono essere emessi entro il 31 dicembre 2020 e notificati tra il 1° marzo 2021 e il 28 febbraio 2022.
Procedura	Il contribuente che riceve l'avviso di accertamento può alternativamente: 1) pagare le somme dovute entro il termine per impugnare l'avviso di accertamento beneficiando della riduzione delle sanzioni prevista in caso di acquiescenza; 2) presentare istanza di riesame in autotutela; 3) presentare istanza di accertamento con adesione; 4) presentare istanza di compensazione delle perdite pregresse (Mod. Ipea); 5) definire le sole sanzioni; 6) ricorrere contro l'avviso di accertamento; 7) tenere un comportamento inerte: scaduti i termini per impugnare e trascorsi i successivi 30 giorni, l'ufficio affida le somme all'Agente della riscossione per avviare l'esecuzione.

101.2. ACCERTAMENTO CON ADESIONE

Adempimento	È uno strumento deflattivo del contenzioso tributario che permette al contribuente di definire in contraddittorio con l'Ufficio competente gli imponibili accertati dall'Agenzia delle Entrate. Il contribuente beneficia di una riduzione delle sanzioni irrogabili ad 1/3 dei minimi edittali. Dal 1° luglio 2020 è obbligatoria l'attivazione del procedimento di accertamento con adesione prima dell'emissione dell'avviso di accertamento. (➔72.1.)
Chi	a) Persone fisiche. b) Imprese individuali. c) Lavoratori autonomi. d) Società di persone e di capitali. e) Enti commerciali e non commerciali.
Scade il...	Presentazione dell'istanza di accertamento con adesione: entro 60 giorni dalla data di notifica dell'avviso di accertamento o di rettifica.

Procedura	1) Invito a comparire dinanzi all'Ufficio (su iniziativa dell'Ufficio stesso o del contribuente che ha ricevuto accessi, ispezioni, verifiche o avvisi di accertamento). 2) Contraddittorio con l'Ufficio e formulazione della proposta di accertamento con adesione. 3) In caso di accordo, sottoscrizione dell'atto di accertamento con adesione con indicazione degli importi dovuti. 4) Versamento degli importi dovuti in un'unica soluzione ovvero a rate. L'unica o la prima rata va versata entro 20 giorni dalla redazione dell'atto di accertamento. 5) Presentazione all'Ufficio della ricevuta di versamento (entro 10 giorni) e rilascio da parte dell'Ufficio di copia dell'atto di accertamento con adesione.

CARTELLA DI PAGAMENTO 101.3.

Adempimento	La cartella di pagamento è lo strumento con cui sono riscosse: - le somme iscritte a ruolo dagli Enti impositori sulla base di controlli automatici o formali delle dichiarazioni dei redditi, o avvisi di accertamento; - altre entrate messe a ruolo (es. tasse automobilistiche, canone RAI, diritti camerali). Il contribuente che riceve una cartella di pagamento è tenuto al pagamento o all'impugnazione. (➔74.4.13.) L'Agente della Riscossione per le cartelle relative ai carichi affidatigli a decorrere dal 1° gennaio 2022 è tenuto ad utilizzare il nuovo modello di cartella esattoriale. Le novità riguardano l'abolizione degli: - oneri di riscossione (3% o 6% delle somme iscritte a ruolo a seconda che il pagamento avvenisse entro o oltre i 60 giorni dalla notifica della cartella) e dei relativi interessi di mora; - oneri di riscossione (1% delle somme iscritte a ruolo) nei casi di riscossione spontanea (es. se viene chiesta una rateizzazione). Restano a carico del debitore: - le spese esecutive per le attività cautelari e di recupero forzato delle somme insolute; - le spese di notifica della cartella di pagamento e degli eventuali ulteriori atti di riscossione.
Chi	a) Persone fisiche e giuridiche. b) Enti commerciali e non commerciali.
Scade il...	Il pagamento delle somme richieste con la cartella di pagamento - o l'impugnazione della cartella stessa - deve avvenire entro 60 giorni dalla data di sua notifica.
Procedura	1) Controllare la presenza di eventuali vizi della cartella o vizi di merito del ruolo in essa incorporato, ai fini di un'eventuale impugnazione. 2) Decidere se presentare istanza per la sospensione legale della riscossione, dimostrando che il credito erariale risulta interessato da: prescrizione o decadenza intervenute in data antecedente a quella di esecutività del ruolo; provvedimento di sgravio o sospensione amministrativa emessa dall'ente creditore; sospensione giudiziale; sentenza che abbia annullato in tutto o in parte il credito in un processo in cui l'Agente della Riscossione non ha preso parte; pagamento effettuato in data antecedente alla formazione del ruolo; qualsiasi altra causa di non esigibilità del credito. 3) Valutare se procedere al pagamento della cartella in unica soluzione o rateizzato.
Modulistica	Nuovo modello di cartella di pagamento: in uso dal 1° gennaio 2022 Istanza di rateizzazione: moduli R1 e R2 Modello istanza di sospensione legale della riscossione

RATEIZZAZIONE PER DEFINIZIONE DEGLI ACCERTAMENTI 101.4.

Adempimento	Possono essere oggetto di rateizzazione le imposte scaturenti da accertamenti e definite grazie agli strumenti di acquiescenza, accertamento con adesione, compensazione delle perdite pregresse, mediazione tributaria, conciliazione giudiziale. (➔72.1.3.)
Chi	a) Persone fisiche e giuridiche. b) Enti commerciali e non commerciali.

Scade il...	Per l'avvio della rateizzazione la prima rata va versata entro: - 60 giorni dalla notifica dell'atto in caso di acquiescenza e compensazione delle perdite pregresse; - 20 giorni dalla redazione dell'atto in caso di accertamento con adesione; - 20 giorni dalla data di sottoscrizione dell'accordo, in caso di mediazione tributaria e conciliazione giudiziale.
Procedura	1) Scegliere il numero di rate, fino a un massimo di 8 rate trimestrali di pari importo per somme dovute inferiori ad € 50.000 (16 rate per somme dovute oltre € 50.000). 2) Chiedere la rateizzazione degli importi dovuti e il relativo piano di ammortamento. 3) Compilare il Mod. F24 della prima rata, effettuare il pagamento conservando la ricevuta ed esibendola (anche via e-mail) all'Ufficio entro 10 giorni dal pagamento. Non si considera omesso il versamento della prima rata in caso di ritardo non superiore a 7 giorni, ovvero di versamento parziale insufficiente per una frazione del pagamento non superiore al 3% e comunque ad 10.000 euro. 4) Pagare le rate successive alle scadenze previste, conservando le relative ricevute di pagamento (Mod. F24). Si decade dalla rateizzazione per mancato pagamento di una delle rate diverse dalla prima entro il termine di pagamento di quella successiva.

INDICI

INDICE CASI

IRPEF

24. COMPONENTI NEGATIVE DI REDDITO

25. TASSAZIONE PER TRASPARENZA

26. TASSAZIONE DI GRUPPO

30. SOCIETÀ NON OPERATIVE

32. AGEVOLAZIONI

33. CREDITI D'IMPOSTA

35. DICHIARAZIONE DEI REDDITI E SCRITTURE CONTABILI

IRAP

37. SOGGETTI OBBLIGATI ED ESCLUSI

38. BASE IMPONIBILE, ALIQUOTE E CALCOLO

39. DEDUZIONI

40. DICHIARAZIONE E SANZIONI

IVA

42. PRESUPPOSTI DELL'IMPOSTA

43. OPERAZIONI

46. CICLO ATTIVO

48. CICLO PASSIVO

IMPOSTE INDIRETTE

63. IMPOSTA DI REGISTRO

64. IMPOSTE IPOTECARIA E CATASTALE

65. IMPOSTE SULLE SUCCESSIONI E DONAZIONI

ALTRE IMPOSTE E TASSE

67. IMPOSTE SUGLI IMMOBILI

68. IMPOSTE PATRIMONIALI MOBILIARI

69. TRIBUTI ERARIALI

70. TRIBUTI LOCALI

ACCERTAMENTO E RISCOSSIONE

71. CONTROLLI E ACCERTAMENTI

72. PROCEDIMENTO DI ADESIONE E DECADENZA

73. AUTOTUTELA E INTERPELLO

74. RISCOSSIONE

SANZIONI

75. PRINCIPI GENERALI DEL SISTEMA SANZIONATORIO

CONTENZIOSO

81. PROCESSO TRIBUTARIO

82. IMPUGNAZIONI E TUTELA ESECUTIVA

OPERAZIONI STRAORDINARIE

84. CESSIONE D'AZIENDA

85. CONFERIMENTO D'AZIENDA

86. AFFITTO E USUFRUTTO D'AZIENDA

87. FUSIONE

88. SCISSIONE

89. REGIMI OPZIONALI PER IL RIALLINEAMENTO DEI MAGGIORI VALORI

90. SCAMBIO DI PARTECIPAZIONI

91. TRASFORMAZIONE

92. LIQUIDAZIONE

93. FALLIMENTO E LIQUIDAZIONE COATTA

94. TRASFERIMENTO DELLA RESIDENZA DA E VERSO L'ESTERO

INDICE ADEMPIMENTI

IRPEF

IRES

IRAP

IVA

INDICE ANALITICO

- A -

- C -

- D -

Esercenti arti e professioni

Esonero

Esportatori abituali

Esportazioni

Espropriazione

Esterometro vedi Trasmissione telematica dei dati delle operazioni transfrontaliere

Esterovestizione

Exit tax

- F -

F23

F24

Fabbricati vedi Immobili

Fabbricati gruppo D

Fabbricati locati vedi Immobili locati

Fabbricati "merce"

- G -

- K -

- M -

- N -

- O -

- Q -

- R -

Reddito agrario

Reddito d'impresa

Reddito dominicale

Redditometro

Regime de minimis

Regime del margine

Regime di cassa

Regimi forfetari

Regimi speciali (IVA)

Registratori di cassa

Registrazione vedi Imposta di registro

- S -

- W -

- Z -

Wolters Kluwer La Mia **Biblioteca**

è consultabile online su lamiabiblioteca.com

Grazie all'acquisto, puoi consultare questo testo anche online. Accedi subito al servizio *La Mia* ***Biblioteca***: la prima biblioteca professionale digitale con migliaia di testi pubblicati da CEDAM, UTET Giuridica, IPSOA, il fisco, LEGGI D'ITALIA e Altalex.

PER GLI ACQUIRENTI IN LIBRERIA Basta accedere al sito www.lamiabiblioteca.com/registralibri e seguire le indicazioni per l'attivazione

Il servizio di consultazione online del presente testo viene offerto al lettore a titolo completamente gratuito ed a fini promozionali del servizio La Mia Biblioteca e potrebbe essere soggetto a revoca dall'Editore

Questo volume sprovvisto del talloncino è da considerarsi copia fuori commercio come da normativa vigente, mentre il solo talloncino costituisce prova d'acquisto.

IPSOA In Pratica
Fisco
(Cod. 00255513)

5 000002 555138

9 788821 779046

€ 119,00 I.V.A. INCLUSA